《中国精神文化大典（艺术卷）》俄文版编委会

主　编　М. Л. 季塔连科

编　委　А. И. 科布杰夫　　　А. Е. 卢基扬诺夫
　　　　С. М. 阿尼克耶娃　　Д. Г. 格拉韦娃
　　　　М. Е. 克拉夫佐娃　　Л. С. 佩列洛莫夫
　　　　И. Ф. 波波娃　　　　Б. Л. 李福清
　　　　В. Ф. 索罗金　　　　С. А. 托罗普采夫
　　　　В. Н. 乌索夫

《中国精神文化大典》中文版编译委员会

顾　问　М. Л. 季塔连科（俄罗斯科学院）　А. И. 科布杰夫（俄罗斯科学院）
　　　　А. Е. 卢基扬诺夫（俄罗斯科学院）　吴元迈（中国社会科学院）
　　　　李明滨（北京大学）　　　　　　　项　楚（四川大学）

主　编　刘亚丁（四川大学）

编　委（以姓氏笔画为序）
　　　　王志耕（南开大学）　　　　刘文飞（首都师范大学）
　　　　刘亚丁（四川大学）　　　　李志强（四川大学）
　　　　何剑平（四川大学）　　　　张建华（北京外国语大学）
　　　　柳若梅（北京外国语大学）　夏忠宪（北京师范大学）
　　　　阎国栋（南开大学）

《中国精神文化大典》中文版学术委员会

（以姓氏笔画为序）

叶舒宪（上海交通大学）　　　　江晓原（上海交通大学）

李　忠（北京中医药大学）　　　杨国荣（华东师范大学）

张　法（四川大学）　　　　　　张立文（中国人民大学）

张晋藩（中国政法大学）　　　　陈晓明（北京大学）

金冲及（中央党史和文献研究院）　高桂清（火箭军工程大学）

黄德宽（清华大学）　　　　　　曹顺庆（四川大学）

彭　锋（北京大学）　　　　　　舒大刚（四川大学）

谢阳举（西北大学）　　　　　　赖永海（南京大学）

詹石窗（四川大学）　　　　　　霍　巍（四川大学）

《中国精神文化大典》中文版出版委员会

主　　任　甘　霖　汪劲松

副 主 任　李正赤　刘　超　姚乐野

执行主任　侯宏虹　张宏辉

委　　员　庞国伟　李志勇　张建全　邱小平　杨岳峰　欧风偃
　　　　　　朱兰双　李金兰　陈　爽　马晓芳　王小碧　罗　丹

鸣　　谢

中共中央宣传部　　　　　中华人民共和国教育部　　　中共中央党史和文献研究院

全国哲学社会科学工作办公室　国家出版基金规划管理办公室　中国国家版本馆

中国国家图书馆　　　　　中共四川省委宣传部　　　　韬奋基金会

俄罗斯科学院远东所　　　俄罗斯东方文献出版社

ДУХОВНАЯ
КУЛЬТУРА
КИТАЯ

ЭНЦИКЛОПЕДИЯ

ИСКУССТВО

主　编：
М.Л.季塔连科　　　А.И.科布杰夫
С.А.托罗普采夫　　В.Е.叶列梅耶夫
С.М.阿尼克耶娃　　М.А.涅格林斯卡娅
А.Е.卢基扬诺夫

译　者：
王志耕　李春雨　周立新　刘玉颖　张　猛　王玉珠
姜　敏　许　力　白　雪　佟宝慧

译　校：王志耕

中国精神文化大典

艺术卷

四川大學出版社
SICHUAN UNIVERSITY PRESS

上

图书在版编目（CIP）数据

中国精神文化大典 . 艺术卷 / （俄罗斯）季塔连科等
主编 ；王志耕等译 . -- 成都：四川大学出版社，2024.
10. -- ISBN 978-7-5690-7075-0
Ⅰ . K207.8-53
中国国家版本馆 CIP 数据核字第 2024E8D129 号

四川省版权局著作权合同登记图进字 21-24-164 号

书　　名：中国精神文化大典（艺术卷）
　　　　　Zhongguo Jingshen Wenhua Dadian（Yishu Juan）
主　　编：（俄罗斯）М.Л. 季塔连科　等
译　　者：王志耕　等
出 版 人：侯宏虹
总 策 划：张宏辉
选题策划：舒　星　邱小平　王　军
责任编辑：何　静　刘慧敏
责任校对：周　颖　庄　溢
参与编校：李志勇　张宏辉　徐　凯　杨岳峰　曾小芳　曾悦琳　敬铃凌　余　芳
　　　　　孙滨蓉　吴连英　陈　蓉　张宇琛　曹雪敏　朱兰双　喻　震　廖庆扬
装帧设计：吾然设计工作室
责任印制：李金兰
出版发行：四川大学出版社有限责任公司
　　　　　地址：成都市一环路南一段 24 号（610065）
　　　　　电话：（028）85408311（发行部）、85400276（总编室）
　　　　　电子邮箱：scupress@vip.163.com
　　　　　网址：https://press.scu.edu.cn
印前制作：成都墨之创文化传播有限公司
印刷装订：四川宏丰印务有限公司
成品尺寸：185mm×260mm
印　　张：92
插　　页：48
字　　数：1974 千字
版　　次：2024 年 10 月　第 1 版
印　　次：2024 年 10 月　第 1 次
定　　价：730.00 元（全三册）

本书俄文原版著作权属于原作者集体所有。本书部分文字作品稿酬已向中国文字著作权协会提存，敬请相关著作权人联系领取。电话：010-65978917，传真：010-65978926，E-mail：wenzhuxie@126.com

本社图书如有印装质量问题，请联系发行部调换

版权所有　侵权必究

四川大学出版社
微信公众号

ISBN 978-7-5690-7075-0

定价：730.00 元（全三册）

出版说明

一、《中国精神文化大典》是由俄罗斯科学院编撰、俄罗斯汉学泰斗季塔连科院士主编的一部大型百科全书式的海外中国学巨著。全书共6卷，分别为《哲学卷》《神话·宗教卷》《文学·语言文字卷》《历史思想·政治与法律文化卷》《科学·技术和军事思想·卫生和教育卷》《艺术卷》，对从夏商周到21世纪之初的中国精神文化做了历史性和学理性的全面研究，并对相关领域的主要观念、重要事件或事物、代表人物、经典文献等进行了系统梳理与阐释，代表了同期俄罗斯汉学研究的最高水准。本书俄文原版于2006—2010年先后出版，得到中俄两国国家领导人的高度肯定。主编季塔连科，副主编科布杰夫、卢基扬诺夫因本书荣获俄罗斯国家奖。季塔连科院士被中国授予"中俄关系60周年杰出贡献奖"，并当选为国际儒学联合会第五届理事长。2013年3月23日，习近平主席首次访俄会见俄罗斯汉学家时指出：俄罗斯科学院出版了6卷本《中国精神文化大典》，全面诠释了中国5000多年博大精深的文化，集中体现了俄罗斯汉学研究的成果。

二、本书俄文原版主编、副主编及重要作者毕生从事东方学研究，具有渊博的中国文化知识、宏阔的学术视野，对中国精神文化体系的研究与阐释充分体现了"辨章学术，考镜源流"的旨趣，具有评点中西、多维对话、互鉴交流的特点。《中国精神文化大典》以其所涉猎学科之完备，考索问题之渊博，思想诠释之深入，互通互鉴之彰显，置诸世界汉学界，实罕有出其右者。

三、本书中文版翻译工程系国家社科基金重大项目。为保证翻译工作顺利推进，提高翻译质量，并通过中文版的翻译出版实现对俄文原版的纠误和提升（俄文版副主编卢基扬诺夫语），使《中国精神文化大典》成为一部体现中俄高水平学者之间进行跨文化对话和比较研究的传世之作，特成立《中国精神文化大典》中文版编译委员会，以四川大学刘亚丁教授为首席专家、中文版主编，聘请俄文原版主编季塔连科，副主编科布杰夫、卢基扬诺夫三位教授作为俄方顾问，李明滨、吴元迈、项楚三位教授作为中方顾问，编译委员会委员及翻译团队成员囊括了国内多所高校和科研机构的优秀学者，并由每卷译者中的第一位译者主持本卷的翻译。

四、本书中文版在出版环节获得了2020年度国家出版基金资助。鉴于本书全面系统地涵盖了中华文化各领域，学术性、专业性强，体量大、

I

内容广、知识点多，为加强中文版出版环节的学术交流与内容审读，保障本书高质量出版，增强该书在促进中外学术对话、传播弘扬中华文化方面的影响力，更好地发挥其在推进世界文明交流互鉴等方面的重要作用，我们还特别组建了《中国精神文化大典》中文版学术委员会，按照各卷内容，聘请国内各相关领域的一流专家学者担任学术委员。

五、为便于中国读者阅读和从整体上认识与了解俄罗斯的中国学及中国文化研究，中文版体例在俄文原版的基础上做了适当调整与完善。与俄文原版相比，中文版增加了由项目首席专家刘亚丁教授撰写的《〈中国精神文化大典〉译序》，并将之与俄文原版第一卷《哲学卷》卷首两篇总序性质的重要文章一起放在每卷的卷首，列入各卷目录；将俄文原版各卷开头的引言及编者序列入目录。同时，保留俄文原版篇章体例上的特点，各卷正文仍按照俄文原版，以中国传统文化中的十天干"甲、乙、丙、丁……"为序，分成多个板块（部），并在书籍的切口错落设置板块标识，以便读者能快速找到欲翻阅的某部。但各卷的词条部分不再按词条的俄文音序编排，而是改用汉语拼音顺序编排。

六、俄文原版将每卷缩略词、索引、参考文献等附录性内容作为全书非常重要的内容，设置为与正文内容并列的相对独立的板块（部），并在索引、年代表等部分直接提供了中俄双语对照，便于读者对照查阅。中文版最大限度地保留了俄文版各卷的附录性内容，并对附录中各类栏目的编排顺序、层级等进行了统一，在补充中文翻译的同时保留中俄双语对照特点，但考虑学术出版物惯例，对缩略词、参考文献等栏目仅保留俄文版原文。同时，为方便中文版读者查阅，我们对俄文原版的中俄双语对照式索引条目进行了重新编排，不再以俄文为词头，而是改为将各词条的中文作为词头置于俄文音译和意译之前，按中文词条的汉语拼音顺序重新排列，并标注了中文版页码，不再保留俄文原版页码。这样的处理，希望有助于专业读者在阅读中开展中俄语言及文化的互鉴比较。

七、俄文原版出版时间较早。第一卷《哲学卷》于2006年出版；此后，第二卷《神话·宗教卷》（2007）、第三卷《文学·语言文字卷》（2008）、第四卷《历史思想·政治与法律文化卷》（2009）、第五卷《科学·技术和军事思想·卫生和教育卷》（2009）、第六卷《艺术卷》（2010）陆续出版。因此，书中关于当代中国的相关内容时间下限截止于21世纪头十年，涉及中国精神文化的个别内容及其理解相对于我国学界当前的学术认知而言略显陈旧，尤其是《历史思想·政治与法律文化卷》

《科学·技术和军事思想·卫生和教育卷》等,未能涵盖党的十八大以来中国政治、经济、文化、社会发展的最新成果,殊为遗憾。鉴于本书为翻译作品,我们只能尊重和保持俄文原版面貌,不对相关内容另作更新补充,以免蛇足之讥,祈读者明辨。

八、不同国家及民族之间的文化与文明差异会带来认知视野的差异与局限,这是人类认识世界不可逾越的客观规律,然而正是这种差异凸显了文明互鉴与文化交流的价值。作为一部大型百科全书式的海外中国学研究作品,本书涉及中国精神文化各方面十分广博的内容,加上俄文原版编著人员所受本国及西方文化视野的影响,使得本书难免存在一些对历史上中国政治、经济、文化、科技、社会等内容的认知偏差或误读误解,对"中国精神文化"内涵及外延的界定,对部分内容的认识与理解,或许同国内学界的相关认知不完全一致,甚至还存在个别明显的知识性错误,乃至对政治问题的认知偏见。在中文版出版过程中,我们针对不同情况采取了不同处理办法:对于部分内容进行了适当删节;对于明显笔误之类,直接予以修改;对于一般性的误读误解或一些表述不规范、不准确的内容,或按照原版所涉内容,依据国内权威资料予以改正,或尽量保留俄文原貌,而在个别地方采取添加译者注等方式予以纠正或补充说明,以便读者辨析。

九、本书中文版出版工作自2018年7月启动以来,四川大学出版社将之视为代表国家水平的重大出版工程,组建了专门的编辑出版团队,历时6年辛勤耕耘,至2024年10月,全6卷得以完成出版。其间得到了中俄两国学术界、文化界、出版界相关机构和社会各界众多人士的关心、支持、指导和帮助。除各卷卷首所载之外,还有各领域众多专家参与了本书的审读、学术指导等工作,他们是(以姓氏笔画为序):王大伟、王银宏、邓星盈、左大成、田海华、史全伟、刘志超、刘伯根、李洁琼、李黎、杨林、何江涛、余家涛、闵丽、宋守江、张勇、张洪、陈廷湘、邵建斌、林斯澄、易建鹏、侯文富、侯安国、洪澄、骆晓平、黄金武、崔宪、董华锋、樊宪雷、滕胜霖等。谨此表示崇高敬意和衷心感谢!梁泽好、郭宴宏、桑子滨、王慧、杨璐嘉、何姝、罗美欣、沈雨乐、郭凤玲、范冰冰、张钰奇、王凯、英智虹、杨倩楠、邓义超、杨蕊、朱可馨、朱静姝(Arina Chechetkina,俄罗斯)等同学参与了中文版索引的调整编排、有关文献核校等工作,吴秋雨、张婧等同志参与了装帧设计工作,谨此表示感谢!本书在翻译出版过程中参考了国内大量文献资料,在此对这

些文献资料的所有作者、编者、出版者一并表示谢意！

十、由于本书体量巨大，内容涉及中国精神文化众多领域，虽经翻译团队、学术团队、出版团队全体成员多方努力，但学海无涯，挂一漏万，书中难免错讹之处，恳请方家不吝赐教，以便我们在今后进一步修订完善。

2024年10月

目 录

《中国精神文化大典》译序…………………………………………… 一

中国的精神文化………………………………………………………… 二七
作为汉学集大成之作的《中国精神文化大典》……………………… 四六

艺术卷引言……………………………………………………………… 五七
艺术卷前言……………………………………………………………… 六一

甲部　概论

内容与形式　复古与创新………………………………………………… 3
　　理解与说明………………………………………………………… 3
　　形成与发展………………………………………………………… 8
艺术传统………………………………………………………………… 14
　　基本原则…………………………………………………………… 14
　　远古时期…………………………………………………………… 15
　　上古王朝…………………………………………………………… 17
　　"混乱时期"………………………………………………………… 21
　　隋唐时期…………………………………………………………… 23
　　五代和宋代………………………………………………………… 26
　　元　代……………………………………………………………… 28
　　明　代……………………………………………………………… 29
　　清　代……………………………………………………………… 30
　　20世纪……………………………………………………………… 33
在世界汉学中的反映…………………………………………………… 36

乙部　建筑

建筑艺术 ·· 49
　　建筑结构体系与建筑类型 ································ 56
　　宫殿建筑群和民居建筑群 ································ 59
　　祭祀建筑 ·· 61
　　陵墓建筑 ·· 67
　　城市建设 ·· 69
　　近现代建筑的发展 ······································ 71
景观建筑 ·· 75
　　传统园林的组成部分 ···································· 80
　　花园与公园 ·· 91
　　北派园林艺术 ·· 91
　　南派园林艺术 ·· 96

丙部　造型艺术与美学思想

造型艺术 ·· 107
　　传统绘画 ·· 108
　　壁　画 ·· 119
　　漆　画 ·· 120
　　油　画 ·· 120
　　雕　刻 ·· 122
　　剪　纸 ·· 124
　　雕　塑 ·· 125
　　书　法 ·· 130
传统绘画概念和理论 ·· 142
　　概　念 ·· 142
　　理　论 ·· 146
卷轴绘画的传统技艺 ·· 155
传统绘画美学 ·· 161
　　绘画与哲学 ·· 161
　　山水美学 ·· 164

花鸟画的审美含义 ·· 165
　　人物画美学 ·· 166
　　数字与暗影的审美含义 ······································ 166
　　情色符号体系 ··· 170
　　绘画的第一准则 ·· 172
　　绘画的形态学 ··· 173
　　象形文字——卷轴画的模型 ································ 175
　　绘画的符号学视角 ··· 176
　　绘画之病 ·· 177
　　品 ··· 178
　　风格与绘画流派理论 ·· 182
书法美学 ··· 186
佛教艺术 ··· 194
　　造型艺术和建筑中的佛教风格 ···························· 194
　　佛教造型艺术的佛像规范 ·································· 201
当代视觉艺术 ·· 220
　　当代国画与油画 ··· 220
　　现代主义与现实主义 ·· 236

丁部　工艺美术与工艺品

发展阶段 ··· 249
玉 ·· 251
青铜器 ·· 260
陶　器 ·· 276
瓷　器 ·· 294
漆　器 ·· 308
丝　绸 ·· 317
服　饰 ·· 325
家　具 ·· 334
金　银 ·· 344
玻　璃 ·· 351
工艺珐琅 ··· 356
珠宝首饰 ··· 367

戊部　音乐、舞蹈、戏剧、杂技和电影

- 音　乐 ··· 375
  - 音乐在中国文化中的意义 ······································· 375
  - 诗歌和舞蹈发展时期（至10世纪）························· 376
  - 戏曲音乐盛行时期（10—19世纪）························· 379
  - 19世纪至今的音乐发展 ··· 382
- 舞　蹈 ··· 387
  - 传统与创新 ·· 387
  - 产生与发展 ·· 395
  - 传统戏曲 ··· 409
- 木偶戏和影戏 ·· 433
  - 木偶戏 ·· 433
  - 影　戏 ·· 437
  - 木偶戏的历史地位 ·· 438
  - 中国南方木偶戏和影戏传统 ···································· 440
- 新　剧 ··· 445
  - 新剧的产生 ·· 445
  - 1949年以后的戏剧 ·· 456
- 杂　技 ··· 471
- 电　影 ··· 480
  - 1949年以前的电影 ·· 480
  - 1949年以后的电影 ·· 485

己部　程式类艺术

- 武　术 ··· 511
  - 特征概要 ··· 511
  - 总体名称 ··· 512
  - 形成与历史发展 ·· 514
  - 风格与门派 ·· 527
  - 哲学和理论视角 ·· 532
- 茶文化 ··· 540

| 烹饪和餐桌艺术 | 550 |

庚部　俄罗斯的中国艺术研究

实用造型艺术、建筑和音乐	565
舞台艺术与屏幕艺术	601
传统戏剧	601
话　剧	606
电影艺术	609
阿理克——第一位收藏年画的学者	616

辛部　词条

安济桥	629	《唱论》	670
八　宝	630	陈　淳	675
白峰溪	635	陈凯歌	676
梆子调	636	承德避暑山庄	677
宝　塔	637	程砚秋	678
碑	642	楚国的艺术	679
北　京	644	褚遂良	684
笔　法	646	春　画	686
边景昭	649	崔　白	697
边维祺	650	大小米	699
波臣派	651	大足石刻	700
蔡　襄	653	戴　进	701
蔡　邕	654	邓散木	703
曹　禺	656	邓石如	703
插　图	658	《点石斋画报》	705
茶　壶	661	董其昌	707
长　安	663	董　源	712
长　城	668	斗　拱	713

v

中国精神文化大典 艺术卷

敦煌石窟	715
二 黄	724
二里岗	725
二 王	727
范 宽	731
费 穆	733
风 水	734
傅抱石	736
傅 山	737
改 琦	737
高凤翰	738
高克恭	739
高其佩	740
高 翔	741
高行健	741
歌仔戏	742
革命样板戏	744
工 笔	745
骨筋血肉	746
故 宫	747
顾闳中	749
顾恺之	751
关 仝	757
管道升	758
鬼神画	760
郭 熙	761
过士行	765
邢上五朱	766
韩 幹	767
韩 滉	769
何绍基	770
洪 深	771
侯孝贤	773
后四王	774
胡金铨	775
胡正言	775
华 嵒	778
画 院	778
怀 素	784
黄宾虹	786
黄公望	786
黄 绮	789
黄 筌	790
黄山派	792
黄庭坚	793
霍去病墓	795
姜 文	798
蒋兆和	798
焦菊隐	799
金陵八家	800
金 农	802
金 山	802
劲	803
京 剧	805
荆 浩	814
镜 子	817
九龙壁	822
巨 然	824
卷	826
康里巎巎	829
康有为	830
《考工记》	832
刻 帖	833
孔 庙	834
蓝 瑛	836
郎世宁	837
李 安	840
李白纪念园	841
李冰石像	842
李 成	843
李东阳	845
李公麟	846

李翰祥	849	孟京辉	936
李焕之	849	米 芾	937
李可染	851	米友仁	942
李骆公	852	民俗画	944
李瑞清	854	明四家	947
李思训	855	摩 崖	949
李 唐	855	没骨派	950
李小龙	858	墨 法	952
李 行	859	墨 梅	953
李延年	859	墨 竹	957
李阳冰	860	缪嘉蕙	960
李 邕	861	牧 溪	961
李昭道	862	南北宗	966
《历代名画记》	864	倪 瓒	968
梁 楷	868	年 画	969
梁思成	868	聂 耳	979
林散之	874	欧阳询	980
临	875	牌 楼	981
刘胜墓	877	潘天寿	983
刘诗昆	879	辟 邪	984
刘 墉	880	评 剧	987
柳公权	881	莆仙戏	988
龙	882	齐白石	989
龙 舞	889	钱 树	990
娄东派	891	钱 选	992
卢沟桥	892	乾 隆	995
罗家梅派	893	秦刻石	996
罗振玉	894	秦始皇陵	998
洛 阳	895	清初六大家	999
律	899	清末三大家	1000
马 麟	922	清四王	1001
马思聪	924	仇 英	1004
马王堆	925	曲 牌	1008
马 远	928	阙	1009
毛泽东	933	任伯年	1010
梅兰芳	934	任仁发	1011

目录

vii

中国精神文化大典 艺术卷

如意馆	1013
阮玲玉	1017
三星堆	1017
沙孟海	1024
沙叶新	1025
社稷坛	1026
沈　铨	1028
沈尹默	1029
沈　周	1030
狮　子	1032
狮子舞	1038
十三陵	1043
石鼓文	1044
石　涛	1046
书　体	1048
水　华	1055
四才子	1056
四合院	1057
四君子	1059
四　僧	1060
宋　克	1061
宋之的	1062
苏　轼	1064
孙过庭	1065
孙　瑜	1067
太极拳	1067
太　庙	1072
谭鑫培	1074
谭延闿	1075
唐　寅	1075
天　坛	1078
田　汉	1081
《图画见闻志》	1083
外销画	1087
汪士慎	1089
汪笑侬	1090
王　宠	1091
王　铎	1092
王　府	1093
王　翚	1094
王家卫	1096
王　蒙	1098
王　诜	1100
王庭筠	1102
王　维	1103
王希孟	1104
王原祁	1105
王致诚	1106
望都墓	1109
韦　偃	1111
文人画	1112
文徵明	1118
翁方纲	1122
吴昌硕	1123
吴大澂	1125
吴道子	1126
吴　宽	1129
吴　派	1130
吴　镇	1131
武宗元	1133
西泠八家	1134
西　皮	1136
夏　圭	1136
夏　衍	1140
鲜于枢	1143
冼星海	1144
项元汴	1144
小四王	1147
谢　晋	1148
新安派	1148
邢　侗	1150
形意拳	1150

须弥座	1152	恽寿平	1213
徐悲鸿	1153	曾侯乙墓	1216
徐渭	1154	展子虔	1218
徐熙	1156	张隆延	1220
徐晓钟	1158	张瑞图	1221
许道宁	1159	张石川	1222
宣德画院	1160	张问陶	1223
阎立本	1163	张旭	1223
颜真卿	1167	张萱	1225
秧歌	1169	张艺谋	1227
扬州八怪	1170	张雨	1228
阳翰笙	1175	张择端	1229
杨凝式	1176	张芝	1231
杨维桢	1177	赵伯驹	1232
洋风	1178	赵佶	1232
伊秉绶	1179	赵孟頫	1235
颐和园	1180	赵元任	1241
殷商艺术	1183	赵之谦	1241
《营造法式》	1187	浙派	1243
永泰公主墓	1188	郑燮	1244
永字八法	1192	郑正秋	1246
于非闇	1193	智永	1246
于右任	1193	中国风	1247
余三胜	1195	中山国的艺术	1250
虞世南	1196	钟表	1252
玉雕	1197	钟惦棐	1257
玉涧	1198	钟繇	1257
玉衣	1200	周昉	1259
元四家	1201	周文矩	1262
《园冶》	1202	周信芳	1263
袁牧之	1204	朱耷	1264
圆明园	1205	朱践耳	1266
越剧	1211	竹林七贤与荣启期砖画	1267
粤剧	1212	祝允明	1269

壬部　附录

缩略词	1273
人名索引	1277
术语索引	1295
文艺作品、期刊及丛刊索引	1324
书画家印鉴款识辑录	1347
主要参考文献	1364
年代表	1375
本卷作者名单	1376

《中国精神文化大典》译序

刘亚丁

摆在读者面前的这部巨著《中国精神文化大典》，是由已故的俄罗斯科学院院士季塔连科主编、俄罗斯众多优秀汉学家倾力编撰的百科全书式汉学著作。书名的俄文原意是《中国精神文化百科全书》。《中国精神文化大典》共六卷，俄文原版于2010年出齐。这部巨著受到中俄领导人和各界人士的高度关注与好评。2011年，季塔连科、科布杰夫、卢基扬诺夫因"在发展祖国和世界汉学中，在编纂具有重大价值的、科学院本的《中国精神文化大典》中的杰出贡献"荣获俄罗斯国家奖。①2009年3月17日，中共中央总书记、中国国家主席胡锦涛授予《中国精神文化大典》主编季塔连科"中俄关系60周年杰出贡献奖"。②2013年3月23日，中共中央总书记、中国国家主席习近平访俄，在会见俄罗斯汉学家时，他指出：俄罗斯科学院出版了6卷本《中国精神文化大典》，全面诠释了中国5000多年博大精深的文化，集中体现了俄罗斯汉学研究的成果。③

在我们努力实现中华民族伟大复兴的历史关头，在"文明因多样而交流，因交流而互鉴，因互鉴而发展"已成为共识的当下，《中国精神文化大典》的写作翻译出版开风气之先，顺世道之势，应学界之需。《中国精神文化大典》的编者是什么样的学者？他们何以要编写这套书？这套书在世界中国学中有什么地位？它对中国传统文化有何发明？它对中国传统文化在当代的创造性转化有何阐释？这些是我们试图回答的问题。

一

《中国精神文化大典》得以完成，季塔连科（1934—2016）院士厥功至伟。我们知道，一项重大的学术成果，必定有一位主要的思想创意者、发起人、组织者。玉成如此规模的学术巨著，总其事者，其学术水准之高、学术眼识之明、学术人脉之广、学术素养之厚、领导能力之强，自非寻常学者可比。除其他学术成就（如俄罗斯对外战略、俄中关系、俄中

---

① Указ Президента Российской Федерации от 8 июня 2011г. No. 724//Российская газета,10 июня 2011 г.
② 吴绮敏、张光政：《回顾历史　寄语未来——记胡锦涛主席出席中俄建交60周年庆祝大会》，载《人民日报》2009年6月18日。
③ 杜尚泽、施晓慧、林雪丹、谢亚宏：《"文化交流是民心工程、未来工程"——记习近平主席会见俄汉学家、学习汉语的学生和媒体代表》，载《人民日报》2013年3月25日。

发展战略对比等研究领域），仅在中国精神文化领域，季塔连科就取得了很高的学术成就。

1934年4月，季塔连科出生在远东的布里亚特州拉克马亚·布达村一个农民家庭。1953年，他考进莫斯科大学哲学系。大二时，他偶然得到了俄文版《道德经》和《阴符经》，捧读之后，非常喜欢，于是大胆地给郭沫若先生写了一封信，表示自己要学中国哲学。没想到，两三个月后，他居然收到了郭沫若的回信。郭沫若赞赏他学中国哲学的想法，同时告诉他，要学中国哲学，必须学汉语，而且要学古代汉语。于是他向系里提出请求，随后他开始跟着两位老师学习汉语。1957年，周恩来总理访苏，希望苏联向中国派留学生。季塔连科有幸成为第一批苏联派遣到中国留学的55名学生之一，到北京大学学习。到北大后，冯友兰、任继愈成了他的中国哲学老师。任继愈还将自己研究墨子"非攻"思想的一本著作赠送给他。季塔连科说："我看后非常喜欢，立志要研究墨子。"1959年至1961年，他又前往复旦大学哲学系，在胡曲园教授等的指导下学习中国哲学。有了老师和同学们的关心和帮助，他顺利地毕业了。①

1961—1965年季塔连科在苏联驻上海总领馆、苏联驻华使馆工作。在此期间，他在莫斯科大学哲学系函授研究生班学习，研究墨子及其学派。

季塔连科1965年获得副博士学位。1985年，季塔连科的学术著作《中国古代哲学家墨子及其学说》出版。该书共8章：墨子学派诞生和消亡的历史条件；墨子生平和墨家；《墨子》的诞生及其内容；墨家的思想起源；墨家的社会政治观点及其对儒家"礼学"和贵族遗产的批判；早期和晚期墨家的伦理学说；早期墨家的认识论；等等。季塔连科写道："墨子（前5世纪）是中国古代伟大的思想家、政治家，他在自己国家的哲学和政治思想史上占有重要位置。在标志中国社会进入宗法－农奴制崩溃的暴风雨般的社会政治震荡的时代，他是自由劳动者的代言人。墨子和他所创立的哲学流派在前5—前3世纪的思想斗争中发挥了重要的作用，一开始是同早期儒家作斗争，后来又同名家和庄子哲学中的相对主义原理作斗争。"②他指出："早期墨家观念以其复杂、折中和矛盾性而著称。墨子及其早期门徒的自然观（'天'）和世界观整个罩着旧的宗教外衣，但是创造性的思想已经向摆脱神秘主义和神话思维方面迈出了重要一步。作为

---

① 参见刘亚丁：《"米沙同志"——访俄罗斯科学院远东所所长季塔连科院士》，载《人民日报》2014年3月23日；刘亚丁《缅怀中华文化传播家季塔连科》，载《光明日报》2016年3月19日。季塔连科院士曾任俄罗斯科学院远东所所长、俄中友好协会会长、第五届国际儒联理事长。
② М.Л.Титаренко. Древнекитайский философ Мо Ди, его школа и учение. М.: Наука, 1985, с.203.

'兼爱'思想的鼓吹者,在墨子的思想中,还保留着体现善的最高标准和超越性力量的'天命''鬼神'等传统观念,但是在墨子的学说中,已经包含了明显表现出来的唯物主义倾向,尤其是他在一系列观点中,在克服先天'命定'论的同时,鲜明地表达了对人的积极的、改造性的活动的认知。"①季塔连科不但分析了墨子的认知论价值,而且对墨子及墨家"兼爱"原则的社会政治价值作了深入分析。季塔连科的这部著作不但在俄罗斯产生了比较大的影响,1996年其日文译本也在东京出版。②

除了自己研究中国精神文化所取得的成就,季塔连科对中国精神文化在俄罗斯的推广也作出了特殊贡献。1972至1973年莫斯科出版了由杨兴顺(Ян Хин-шу)主编、布罗夫和季塔连科等任编委的《古代中国哲学》第1、2卷,包括《诗经》《尚书》《道德经》《论语》《墨子》《孙子》《孟子》《庄子》《国语》《荀子》《韩非子》《商君书》及杨朱学派著述等的俄文选译、提要和注释。1990年出版了杨兴顺主编、布罗夫和季塔连科等任编委的《中国古代哲学·汉代卷》。该书收录了苏联汉学家翻译的《黄帝内经》《淮南子》《春秋繁露》《盐铁论》《论衡》《太平经》等著作片段。至此,苏联的读者直接读到了中国哲学著作的俄文译本。

1994年,由季塔连科主编的《中国哲学百科词典》出版。该书认为,中国哲学和社会政治思想的特点有如下几点:(1)在中国,关于人和世界的哲学观点在社会发展的远古时期就产生了。(2)在中国,哲学知识是同伦理学和政治密不可分的。(3)尽管中国思想的某些学说是在宗教的范围内产生的,但在中国,哲学与其说是奉神的,不如说是奉传统的。(4)中国智慧看待事物的特点是在整体发展中观察事物,把人、自然和精神看成是互相联系的有机整体,特别强调现实结构中的有机性和整体性。(5)中国哲学的范畴和概念体系具有独特性和悠久的历史。在中国思想近三千年的发展历程中,关于自然和社会的独特观念有机地形成了概念体系。(6)在中国哲学和传统观念同质性与稳定性的背景下,中国哲学还积极回应与文明交往相联系的外来观念,如纪元之初外来的佛教,再如19世纪初中国文化同西方文化的交流。③《中国哲学百科词典》对从先秦到当代的中国哲学流派和代表人物作了全面介绍。后来,季塔

---

① М.Л.Титаренко. Древнекитайский философ Мо Ди, его школа и учение. М.: Наука, 1985, c.203.
② РАН.Михаил Леонтьевич Титаренко. М.: Наука, 2004, c.27.
③ Китайская философия. Энциклопедический словарь. Главный редактор М.Л.Титаренко, М.:Мысль, 1994, cc.5-8.

连科组织《中国哲学百科词典》作者的原班人马投入《中国精神文化大典》第一卷（《哲学卷》）的写作中。季塔连科积极倡导"新欧亚主义"（новоевразийство），它有利于破除西方中心主义的偏见，也成了《中国精神文化大典》写作中的一条精神红线。①

除了积极推广中国精神文化，季塔连科还开创了研究中国哲学的学派，致力于培养中国精神文化研究人才。1970年，由季塔连科提议，莫斯科大学哲学系开办了中国文化讲习班，讲授中国文化和汉语，当时在苏共中央国际部工作的季塔连科、科学院远东所的费奥克蒂斯托夫和哲学所的布罗夫去讲课，莫斯科大学亚非学院的教师们，如尼科利斯卡娅、卡拉佩吉扬茨（高辟天）、谭傲霜（Тань Аошуан）、刘凤兰（Лю Фенлань）、波梅兰采娃、波兹德涅耶娃等任教。从这个班上毕业了7名学生，现在他们中的一些人成长为俄罗斯研究中国哲学的中坚力量。比如，俄罗斯科学院蒙古学、藏学和佛教研究所的扬古托夫，俄罗斯科学院东方学所的科布杰夫和远东所的卢基扬诺夫，即《中国精神文化大典》的两位副主编。这几位学者把研究中国哲学当成自己的志业，而不仅仅是个人赖以生存的职业，因而津津有味，孜孜不倦，都作出了很大的贡献。学者们肯定了季塔连科的功绩，"借中国智者的话说，季塔连科和费奥克蒂斯托夫成了这个学派的开山祖师"。②

季塔连科1985年任苏联科学院远东所所长，1997年当选为俄罗斯科学院通讯院士，2003年当选为俄罗斯科学院院士。③他还担任国际儒联理事长。这使他具有相应的学术组织号召力，为他的学术组织才干的施展提供了更加广阔的空间，成为他组织写作《中国精神文化大典》的丰厚的"学术资本"。

回顾季塔连科的学术经历，环顾俄罗斯汉学界，以学术声望、学术眼识、组织驾驭才能而论，实无能出其右者。《中国精神文化大典》的思想创意者、发起人和组织者，非季塔连科莫属。

---

① 新欧亚主义是一个具有精神文化内涵的术语，它与具有地缘政治倾向的杜金所宣扬的欧亚主义截然不同。《中国精神文化大典》是这样概括新欧亚主义的："俄罗斯囊括了欧洲和亚洲空间的部分，并将它们结合在欧亚之中，因而容纳欧洲和亚洲的文化因素于自己的范围内，形成了最高级的，人本学、宇宙学意义上的精神文化合题。"（Духовная культура Китая: Энциклопедия. Философия. Редакторы М. Л. Титаренко, А. И. Кобзев, А. Е. Лукьянов, М.: Восточная литература, 2006, c.29.）
② Философиский мир ДАО в ИДВ РАН//Проблемы Дальнего Востока,No.5,2006.См.,М.Л.Титаренко,А.Е.Лукьянов, А.В.Ломанов.Филосовский МИР ДАО//Люди и идеи.Ответственный редактор А.В.Островский, М.:ИДВ РАН, 2006, с.143.
③ 若干资料所载季塔连科被选为通讯院士和院士的年份有误，请参见俄罗斯科学院出版的介绍其院士的丛书《季塔连科》：РАН. Михаил Леонтьевич Титаренко, М.,: Наука, 2004, cc.17,23.

二

《中国精神文化大典》有二百余位作者，他们分别来自莫斯科、圣彼得堡、乌兰乌德、符拉迪沃斯托克（海参崴）和新西伯利亚的汉学研究机构。由于人员众多，限于篇幅，我们下面仅介绍副主编卢基扬诺夫、科布杰夫，以及老一代俄罗斯汉学家中的杰出人物——李福清院士、佩列洛莫夫（嵇辽拉）等四位，他们既担负分卷编委的重责，又把自己的科研成果转化为《中国精神文化大典》的有关文章和词条。

李福清（1932—2012）[①]，1955年毕业于列宁格勒大学东方系中国语文科，1965—1966年在北京大学进修，俄罗斯科学院院士，俄罗斯科学院高尔基世界文学研究所首席研究员。1961年，他以《万里长城的传说与中国民间文学的体裁问题》获副博士学位。1970年，他以《中国讲史演义与民间文学传统——论三国故事的口头和书面异体》获博士学位。其著作的中文本主要有：《中国古典文学研究在苏联》（1987）、《中国神话故事论集》（1988）、《汉文古小说论衡》（1992）、《李福清论中国古典小说》（1997）、《关公传说与〈三国演义〉》（1997）、《〈三国演义〉与民间文学传统》（1997）、《神话与鬼话——台湾原住民神话故事比较研究》（2001）、《古典小说与传说(李福清汉学论集)》（2003）、《中国各民族神话研究外文论著目录》（2007）、《东干民间故事传说集》（2011）、《李福清中国民间年画论集》（2012）等。2003年，他荣获中国教育部颁发的"中国语言文化友谊奖"。李福清的学术成就涉及若干领域，除中国民间文学、中国神话、中国当代文学而外，他还对中国年画、中国古籍珍本在世界的流传等进行考索。

李福清研究中国文学的主要方法是大量搜集原始材料并开展比较研究，从中找出规律性的东西。通过对有关孟姜女的大量材料的搜集、整理、对比、研究，他发现了一个很重要的现象，即中国汉族的民间文学有一个特点：同一个情节往往会在各种体裁中反复出现，这是中国文化一笔极其宝贵的财富。孟姜女的故事，有民歌，有鼓词，有宝卷，还有大量的

---

① 关于李福清的学术成就，请参见钟敬文、马昌义为《李福清神话故事论集》（台湾学生书局，1984年）写的序言；李明滨先生在为《古典小说与传说——李福清汉学论集》（中华书局，2003年版）写的序言；刘亚丁《"我钟爱中国民间故事"——俄罗斯汉学家李福清院士访谈录》（上、下），载《文艺研究》2006年第7、8期；刘亚丁《历史形态学的启示——李福清院士的文学研究方法》，载《国外社会科学》2013年第3期；Лю Ядин.Методика литературоведа Б.Л.Рифтина:синтез типологии и исторической поэтики//Общество и государство в Китае.Том XLIV, часть 1, Институт Востоковедения РАН,2014.

地方戏，等等，这就构成了李福清的副博士论文《万里长城的传说与中国民间文学的体裁问题》的主要内容。他研究孟姜女故事在各种体裁中是如何变化的：宝卷中的孟姜女故事有很强的佛教色彩；传说中孟姜女到长城的行程叙说得很简略，但在戏曲里则很详尽，因为在戏曲里，可以用各种唱腔来表达人物在去长城时的思绪和情感。在《〈三国演义〉与民间文学传统》中，李福清实际上是以三国的题材为核心，展开对这个题材的历史流变考察。他对三国题材的流变史是从三个层面来加以研究的，即研究意识形态层、描写层和叙述层。在该书第一部分，李福清分析了《三国志》及裴松之《注》、民间的《三国志平话》，认为它们是《三国演义》的源泉；在第二部分，李福清以丰富的材料考察了书面的《三国演义》向民间各种体裁"回流"的过程。

李福清还曾参加大型工具书的组织和写作工作，如参加1980年苏联大百科全书出版社出版的由塔科列夫主编的《世界各民族神话百科全书》（两卷本）的若干项工作。在这本书中，李福清的作用非同寻常，他三种身份兼备：10位编委之一，14位编审委员之一，73位作者之一。除佛教神话的词条，中国神话的词条基本上是李福清一人写的。1990年，他同《世界各民族神话百科全书》的若干作者共同荣获苏联国家奖。后来，李福清出任《中国精神文化大典》编委及其《神话·宗教卷》的编者，他的很多前期研究成果也转化为此卷和《文学·语言与文字卷》的文章与词条。

佩列洛莫夫[①]（1928—2018，嵇辽拉）的父亲是中国人，名叫嵇直，曾与恽代英、任弼时共同组织工人运动，1924年被派到莫斯科东方劳动者共产主义大学学习。1925年"五卅"运动爆发，嵇直回到上海，在腥风血雨中加入中国共产党。1926年，嵇直第二次来到苏联，在符拉迪沃斯托克（海参崴）爱上了教自己俄文的西伯利亚姑娘佩列洛莫娃，并成就了一段异国姻缘。1928年，佩列洛莫夫出生。嵇直多次往来于苏联和中国，并加入了苏联共产党，曾受苏共委派化名潜回新疆从事地下工作，第二次世界大战期间参加过莫斯科保卫战，战功显赫。1955年在张闻天的帮助下，嵇直回到祖国参加新中国的建设。

父母分离后，佩列洛莫夫留在了苏联。他于1946年毕业于莫斯科第

---

① 关于佩列洛莫夫其人其事，请参见李明滨《佩列洛莫夫：莫斯科的孔夫子》(中文)，载 Л.С.Переломов.Конфуций.Лунь юй. М.: Восточная литература,1998；阎国栋《俄罗斯有个儒学大师》，载《环球时报》2006年1月13日；Янь Годун. Корифей Конфуцианства//Проблемы Дальнего Востока, No.2, 2006, а так же:Люди и идеи.Ответственный редактор А.В.Островский, М.:Памятник исторической мысли. М.:ИДВ РАН, 2006, сс.83—86.

一炮兵学校，1951年毕业于莫斯科东方学院，1951—1972年在苏联科学院中国学研究所工作，在那里以《秦帝国之建立与覆亡（前221—前207）》通过副博士学位论文答辩，1970年以《法家与中国第一个集权国家之形成》通过博士学位论文答辩。1973年调到苏联科学院远东所工作，为首席研究员，担任俄罗斯儒学基金会主席。

他的《孔子及论语》于1998年在莫斯科出版。该书有三大部分：佩列洛莫夫写的"孔子研究"，以及他翻译注释的《论语》和附录。在"孔子研究"部分，包括孔子时代中国的政治经济制度、孔子生平事迹、孔子学说、孔子学说的命运等内容。在"孔子学说"这部分，佩列洛莫夫对儒学中的若干重要概念作了深入的探讨，而且列出了"仁""义""礼""道""三纲""五常""中庸""大同"等概念，并作了比较辨析。佩列洛莫夫的孔子研究引经据典，征引了程树德、杨树达、钱穆、范文澜、冯友兰、杨伯峻、赵纪彬、匡亚明、成中英、毛子水等人的相关研究成果，体现了其学术态度之严谨和学术视野之宽广。如在研究孔子生平的"任司寇"一节中，佩列洛莫夫引用了《论语》之语："子曰：'禄之去公室五世矣，政逮于大夫四世矣，故夫三桓之子孙微矣。'"接下来佩列洛莫夫引用杨伯峻的研究，列出了"五世""四世"和"三桓"的具体人物。① 佩列洛莫夫的《论语》翻译也很有特色，可称之为"研究性翻译"。他反复比较各种译本、注本，最后才落笔译出。比如《论语》中的某些句子，他引述阿列克谢耶夫（阿理克）、克里夫佐夫（克立朝）、谢麦年科、马良文的俄文翻译，理雅各、亚瑟·韦利、刘殿爵、莫利兹、程艾兰等的英、德、法文翻译，以及中文的现代汉语翻译，甚至日文、韩文的翻译，经过比较后，推敲斟酌，才译出俄语句子。

2004年，佩列洛莫夫主持的"四书"译注由莫斯科东方文献出版社出版。② 该系列包含了科布杰夫译注的《大学》、卢基扬诺夫译注的《中庸》、佩列洛莫夫本人译注的《论语》，以及一百年前俄国汉学家柏百福翻译的《孟子》。每种书的译文之前，都有译者写的小序（《孟子》的小序和注释是马伸作的）。小序包括对这四种书基本内容和它们在欧洲

---

① Л. С. Переломов. Конфуций. Лунь юй. М.: Восточная литература, 1998, с.101.
② 关于俄罗斯从18世纪到21世纪的儒学研究，参见刘亚丁《孔子形象在俄罗斯文化中的流变》，载《东北亚外语研究》2013年第2期；刘亚丁《20世纪90年代俄罗斯对中国智者形象的建构》，载《俄罗斯研究》2009年第3期。

他国与俄罗斯翻译情况的介绍。书的前面有时任中国驻俄大使、上合组织秘书长张德广写的序言《理解中国，认识孔子》。佩列洛莫夫写了长达60页的序言《"四书"：认识儒学的关键》，该文详尽罗列了孔子的学说。关于孔子对人的论述，他认为，孔子把人分为三类：君子、人、小人，并且孔子详细分析了君子的四种品性——仁、文、和、德。关于文，佩列洛莫夫举例说："文，即是'社会的精神文化'，孔子在他的时代捍卫了这个概念的原初意义。孔子离开魏国去陈国，被匡的暴民围攻，他在危急时刻说的话，就证明了这一点。'子畏于匡。曰："文王既没，文不在兹乎？天之将丧斯文也。后死者不得与于斯文也。天之未丧斯文也，匡人其如予何？"①佩列洛莫夫挖掘了孔子对社会的论述，他指出："孔子认为理想的社会是建立在氏族社会（община）的道德规范和道德价值之上的，孔子本人对远古社会的道德规范作了新的解释和规范。"②这就是"仁""孝""礼""智"。佩列洛莫夫还讨论了孔子关于国家的观点。他认为，孔子非常注重礼在国家管理中的作用："上好礼，则民易使也。"③佩列洛莫夫又详细讨论了孔子的语录对国家司法的影响："在孔子建构的国家管理模式中，对乡党（община）的理解具有非常重要的地位。这里不仅涉及教育，还涉及乡党的法律特权：'吾党有直躬者，其父攘羊，而子证之。'子曰：'吾党之直者异于是，父为子隐，子为父隐，直在其中矣。'在那个时代，这段语录表明，孔子肯定了乡党领导人的司法权力。……此后，孔子的这句话不仅对中国，而且对儒家文化圈的司法实践有很大的影响。"④显然这里不乏以俄罗斯的文化模式来解读孔子学说之意。佩列洛莫夫的序言还涉及孔子与商鞅的关系，孔子和孟子学说在20世纪70年代中国大陆的命运，小康与中国当代社会等方面。佩列洛莫夫的孔子研究、儒学研究的不少成果直接转化为《中国精神文化大典》的内容，如《孔子的论语》和《"四书"：认识儒学的关键》的一些内容经过修改转化为《中国精神文化大典》的相关文章和词条。2004年这

---

① Л. С. Переломов. «Четверокнижие» — ключ к пониманию конфуциансова//Конфуцианское «Четверокнижие»(Сы шу). М.:Восточная литература, 2004, c.19.

② Л. С. Переломов. «Четверокнижие» — ключ к пониманию конфуциансова//Конфуцианское «Четверокнижие»(Сы шу). М.:Восточная литература, 2004, c.21.

③ Л. С. Переломов. «Четверокнижие» — ключ к пониманию конфуциансова//Конфуцианское «Четверокнижие»(Сы шу). М.:Восточная литература, 2004, c.25.

④ Л. С. Переломов. «Четверокнижие» — ключ к пониманию конфуциансова//Конфуцианское «Четверокнижие»(Сы шу). М.:Восточная литература, 2004, c.31.

本《"四书"：认识儒学的关键》作为国礼由普京总统赠送给了胡锦涛主席。

《中国精神文化大典》的副主编卢基扬诺夫（1948—2021）①，曾任国际儒联副会长。他于1975年毕业于莫斯科大学哲学系，1978年研究生毕业，1979年以《中国古代哲学的发生学研究》通过副博士学位论文答辩，1991年以《早期道家之道与德》通过博士学位论文答辩。他曾在各民族友谊大学任教，1997年任俄罗斯科学院远东所东亚文明比较研究中心主任。在《哲学在东方的发祥·古代中国、印度》一书中，他提出，在中国和印度都有过前哲学时期，这就是氏族内的神话一典礼一禁忌共同发挥作用的时期。他比较了《易经》和《奥义书》：自然之体与人的融合提供了微观世界和宏观世界同一的观念。在人和自然之间形成了精神和形体相互协调的思想状态：身体的部分和颂诗意识形成交互关系。这种平衡就是古代中国人和印度人的前哲学世界观的基本特点。②卢基扬诺夫还比较了《道德经》中的道和《奥义书》中的奥义。该书附有卢基扬诺夫翻译的《易经》的"系辞传"。

2001年卢基扬诺夫出版了《老子和孔子的道之哲学》，这实际上是两本书，即《老子的道之哲学》和《孔子的道之哲学》，附有作者自己翻译的《道德经》和《论语》。在《老子的道之哲学》中，卢基扬诺夫研究了老子哲学与宇宙观、道的诞生、道与名、道的本体论、道的认识论、道的心理学和道之君子、天下的和谐、老子与孔子、老子与赫拉克利特和恩培多克勒、老子的哲学自传等问题。他的一些见解是值得关注的，比如他写道："在自然领域，老子、赫拉克利特、恩培多克勒与无名的本质相嬉戏，在同人类文明交往时，他们不得不将自然的和谐倾倒进语言——逻各斯和道。它在同样的程度上既是肉体的，同时又是精神的，又是理想的。

---

① 参见刘亚丁：《咏中华经典 探文化精髓——访俄罗斯汉学家、〈中国精神文化大典〉副主编卢基扬诺夫》，载《人民日报》2013年11月17日。有必要说明：2010年10月四川大学当代俄罗斯研究中心成立时，卢基扬诺夫率8位俄罗斯汉学家代表前来祝贺，赠送给中心一套完整的《中国精神文化大典》。这是促成我们发愿翻译这套巨著的重要原因。在我们翻译《中国精神文化大典》的过程中，卢基扬诺夫多次率团来四川大学给予我们支持。他还主讲了四川大学中华文化研究院"观涟堂：汉学家论中国文化"系列讲座第一讲（2019年4月29日），笔者是主持人。2021年4月23日卢基扬诺夫遽然离世，我含泪以近体诗一首遥送他魂归道山："犹记当年图籍前，神州向往貌拳拳。八人儒硕来相贺，六卷宏文意更妍。君讲'观涟'声大吕，吾翻《大典》着韵鞭。来函旬日商询后，盼尔回音竟隔天。"

② См, А.Е. Лукьянов.Становление философии на Востоке. Древний Китай и Индия. М.: УДН, 1989, с.107.

它的言语同时是身体行为、精神信仰和绝对思维。它当然是魔鬼式的（更准确地说是开创式的）宇宙语言、生产式的语言。赫拉克利特、恩培多克勒和老子连同他们的逻各斯和道被视为从地心里钻出来的先知、黑魔法师、魔术师、预言家、估价师、诗人、智者、学者、哲学家和魔鬼。但是他们的语言不是自然本身，而是自然在文明环境中的反射性本质。"①在《孔子的道之哲学》中，卢基扬诺夫研究了《论语》与孔子，新人概念、君子和理想和孔子之道，道的精神原型与天下之国，孔子、《易经》和老子等问题。卢基扬诺夫认为道的精神原型是德、仁、义、礼、信。②卢基扬诺夫将中国文化与外国文化做汇通研究的成果，在《中国精神文化大典》的文章和词条中也得到了再现。

科布杰夫1953出生，1975年毕业于莫斯科大学哲学系本科，1978年研究生毕业。1978年以《王阳明的哲学(1472—1529)》通过副博士学位论文答辩，1989年以《中国古典哲学的方法论》通过博士学位论文答辩。从1978年开始任职于苏联科学院东方学所，从2011年起任该所中国部主任，从2011年起兼任俄罗斯人文大学东方哲学科教中心主任。他还任国际易联理事。科布杰夫关于中国哲学和中国文化的著述宏富。1993年出版《中国古典哲学中的象数学》，在该书中，科布杰夫研究了中国哲学与科学的关系，认为象数学是古代中国哲学和科学认识世界的，内容丰富且运用广泛的方法。他区分了显性的和隐性的象数学，分析了象数学与逻辑学的关系，具体研究了"三"与天文学的关系，研究了五行的本体论和认识论价值。在该书中，科布杰夫还研究了中国象数学与西方哲学的关系，比如他着重分析了其与毕达哥拉斯学说的相似关系。③2002年科布杰夫出版了《中国理学哲学》一书，研究了10世纪至20世纪初的新儒学。他分析西方汉学界的"新儒学"概念，将其同"宋学"等概念作比较辨析。他着重研究了王阳明的哲学，将其同朱熹、陆九渊学说作比较，同道家哲学和佛教相对比，借此建构王阳明的主观本体论的基本结构；他还分析了王阳明的"德""善""道""太极""仁""义"等概念，分析了王阳明关于知行的价值认识论和晚清的儒学遗产。④科布杰夫在《中国精神文化大典》

---

① А. Е. Лукьянов. Лао-цзы и Конфуций: Философия ДАО. М.:Востчная литература, 2000, с.155.
② А. Е. Лукьянов. Лао-цзы и Конфуций: Философия ДАО. М.:Востчная литература, 2000, сс.253-259.
③ См, А.И.Кобзев. Учение о символе и числах в китайской классичесой философии. М.:Восточная литература, 1993.
④ См, А. И. Кобзев. Философия китайкого неоконфуцинства. М.:Восточная литература, 2002.

中撰写了大量词条。①

上述因素，成就了《中国精神文化大典》这样一套巨著。我们还注意到，中国文旅部、驻俄大使馆、中国国家开发银行，以及一些企业、基金会对这套书的问世，也有不同程度的贡献。

三

国内有些同行对翻译出版《中国精神文化大典》这项工作表示不理解：俄罗斯人谈中国的东西，中国人又翻译回来，有什么价值呢？以下从外部因素和内在价值等方面来解读《中国精神文化大典》，尝试解答诸如此类的疑惑。②

从世界范围着眼，在历时性的维度上，基督教传教士、思想家和职业汉学家从事中国知识的生产，其产生的时间有先后，且相互影响；从共时性的维度看，其所产生的中国知识的宗教性面相、思想性面相和专业汉学研究面相互影响。愈到晚近，部分专业汉学家向思想性面相靠近的趋向愈发显明。中华传统文化是否能够创造性转化的问题，成为从事中国研究的学者们普遍关注的问题。

世界有关中国知识的生产，由17世纪的耶稣会传教士开启。他们通过翻译中国经典和撰写报告、游记等著作来传播他们对中国的认知和解释。他们的主要贡献在于对中国经典的译介以及编写学习汉语的书籍。比如意大利耶稣会传教士利玛窦用意大利文写的日记，后经比利时耶稣会士

---

① 科布杰夫一直关心《中国精神文化大典》的翻译工作。2022年6月24日，科布杰夫主讲了四川大学中华文化研究院"观涟堂：汉学家论中国文化"系列讲座第九讲 "俄罗斯和苏联的汉学"，笔者是主持人。在讲座中他把俄苏的汉学区分为两种学派：注重传统的俄罗斯汉学和注重研究现实问题的苏联汉学。笔者在《中国传统文化的创造性转换：俄罗斯〈中国精神文化大典〉价值平议》（《四川大学学报》2016年第2期）中指出俄罗斯汉学界长期具有研究中国国情学和中国传统文化的两种路径，并认为，东正教驻北京使团的汉学家就有大量研究中国国情学的成果。

② 中国学者介绍、评论《中国精神文化大典》的文章请参见：刘亚丁《鸿篇巨制传友情》，载《人民日报》2010年2月12日；刘亚丁《"永乐大典"在海外——俄罗斯科学院〈中国精神文化大典〉侧记》，载《中外文化交流》2011年第4期；刘亚丁《俄罗斯〈中国精神文化大典〉：翻译与思考》，载《俄罗斯文艺》2013年第3期；刘亚丁《探究中国哲学 溯源华夏心智——〈中国精神文化大典·哲学卷〉管窥》，载《甘肃社会科学》2013年第4期；刘亚丁《中国传统文化的创造性转换：俄罗斯〈中国精神文化大典〉价值平议》，载《四川大学学报》2016年第2期；李志强、谢春燕《踵事增华 汉学奇葩——评〈中国精神文化大典〉》，载《中国俄语教学》2010年第1期；李明滨《俄罗斯汉学的百科全书传统》，见《国际视野中的中国研究——历史与现状》，中国社会科学出版社，2013年，第99—102页；柳若梅《评俄罗斯科学院远东所〈中国精神文化大典〉》，载《国外社会科学》2009年第4期；Лю Ядин. Понимание и диалогичность: значение энциклопедии «Духовная культура Китая»//Проблемы Дальнего Востока, No.4, 2014; Ли Чжисян, Се Чуньянь. Важный мост между культурами. Об энциклопедии «Духовная культура Китая»//Проблемы Дальнего Востока, No.1, 2014.

金尼阁整理翻译为拉丁文，书名为《利玛窦中国札记》，1615年出版。①类似的著作有葡萄牙耶稣会传教士曾德昭1643年出版的《大中国志》②等。毋庸讳言，传教士在谈论中国文化时，往往会在不经意间流露出文化偏见。比如利玛窦叙及佛教的世界起源："看起来，这第二种教派的创始人有些概念是从我们西方哲学家那里得来的。例如，他们只承认四元素，而中国人则很愚蠢地加进了第五个。根据中国人的理论，整个物质世界——人、动植物以及混合体——都是由金、木、水、火、土五种元素构成的。"③从这里不难察觉到欧洲中心主义的文化傲慢。

传教士对中国文化典籍的翻译不失为西方中国知识生产的一个途径。利玛窦曾将"四书"翻译成拉丁文，但此稿下落不明。金尼阁的"四书"拉丁文译本曾在杭州出版。④1687年柏应理在巴黎出版了拉丁文本的《中国哲学家孔子》（《四书直解》），但缺了《孟子》。德国传教士卫礼贤把《易经》翻译成了德文。英国传教士理雅各在王韬等人的襄助下将多种中国经典译成了英文，出版了《中国经典》五卷，包括"四书""五经"《庄子》《道德经》《阴符经》等。这些译文对于在西方传播中国精神文化无疑具有积极作用。在对这些文化传播者满怀敬意之际，也应看到其明显的"文化误译"。有中国学者认为，柏应理的翻译不止是借译宣教，更是在宣扬一种中国文献中早有与天主教教义所谓一致的思想观点。⑤费乐仁发现，理雅各在对《论语》《大学》和《中庸》的翻译中表现出明显的汉学东方主义倾向。⑥

针对西方传教士对中国的研究，牟宗三、徐复观等指出："其动机乃在向中国传教，所以他们对中国思想之注目点，一方是在中国诗书中言及上帝，与中国古儒之尊天敬神之处，而一方则对宋明儒之重理重心之思想，极力加以反对。"⑦美国学者莱·M.詹森也发现了耶稣会士们所传播的中国知识是不可靠的，他以孔子为例作了分析："'孔子'作为想象的本土因素的等价物，依然是耶稣会士的虚构。对那些作为外人、对当地的环境缺乏亲近感的神父们来说，圣人只是多义的，但有特别意义的指涉对

---

① 利玛窦、金尼阁：《利玛窦中国札记》，何济高等译，广西师范大学出版社，2001年。
② 曾德昭：《大中国志》，何济高译，商务印书馆，2012年。
③ 利玛窦、金尼阁：《利玛窦中国札记》，何济高等译，广西师范大学出版社，2001年，第73页。
④ 张西平：《传教士汉学研究》，大象出版社，2005年，第137页。
⑤ 吴孟雪：《明清时期欧洲人眼中的中国》，中华书局，2000年，第191—192页。
⑥ 费乐仁：《理雅各〈中国经典〉第一卷"引言"》，in The Chinese Classics, Vol. I by James Legge, 华东师范大学出版社，2011年，第11页。
⑦ 牟宗三、徐复观、张君劢、唐君毅《为中国文化敬告世界人士宣言》，见封祖盛编《当代新儒家》，生活·读书·新知三联书店，1989年，第4页。

象。'孔子'从他们所研究的中国文化中剥离出来，成了他们发明的前提条件。中国的圣人只是表达耶稣会士的本土化的意愿载体，他已经不是中国的了，而是折射传教士的文化适应性、传达对付梵蒂冈日益增长的疑虑的文化适应性的载体，但这对于欧洲的学者而言却有很高的价值。"①这些讨论，仿佛是某种清醒剂，让人冷静下来，以便进一步认识传教士汉学的复杂性。

传教士和汉学家提供的材料，让一些启蒙思想家，如伏尔泰、魁奈等人得以建构"乌托邦中国"，以阐发自己的思想。尤其是伏尔泰，在《百科全书》里他推崇孔子，在自己的《风俗论》和《路易十四时代的风俗》中他构建了"理想国"——中国，将中国构筑成了与西方相反的模式。伏尔泰对中国文化满怀敬意，他在《风俗论》中征引了耶稣会士宋君荣、李明等人的旅华札记。②传教士对思想家产生影响，或许最有代表性的个案是莱布尼茨和荣格。德国哲学家、数学家莱布尼茨从八卦中得到启发，论证了二进制。③

20世纪的汉学出现了明显不同的进路，一部分职业汉学家在中国传统文化领域深耕，一部分汉学家则更多地关注历史上的中国与今天的世界的关系。

对于学术性的汉学在欧洲出现的时间，学界大致有比较一致的看法：1914年11月11日法兰西学士院设立汉语鞑靼语满语教授讲座，雷慕沙成为首席教授，此即为欧洲汉学的滥觞。④职业汉学家对中国的研究别开生面，与传教士汉学家相比较，呈现出聚焦专题研究因而异常深入的特点。在对传统中国展开学术研究方面，法国汉学家马伯乐堪称典范。他从1920年起任职法兰西学院中国语言文学的讲席教授，以对汉语、中国史和道教的研究为志业，著有《古代中国》（1927），其弟子整理出版了他的《道教与中国宗教》（1971）。在后一部著作中，第一辑为《中国宗教及

---

① Lionel M. Jensen, Manufacturing Confucianism: Chinese traditions and universal civilization, Durhan and London: Duke University Press, 1997, p.86.
② 伏尔泰：《风俗论》上册，梁守锵译，商务印书馆，1995年，第216—217页。
③ 参见莱布尼茨《致德雷蒙先生的信：论中国哲学》，见何兆武、柳卸林《中国印象：外国名人论中国文化》，中国人民大学出版社，2011年，第119—121页。李约瑟、艾田普以1703年莱布尼茨读到白晋的信时已然发明了二进制为由，否定莱氏受八卦影响发明二进制之说。胡阳、李长铎则论证了1687年底莱布尼茨就读到了包含六十四卦图的柏应理的《中国哲学家孔子》。参见胡阳、李长铎《莱布尼茨二进制与伏羲八卦图考》，上海人民出版社，2006年，第1—35页。
④ Herbert Frake, In Search of China: Some General Remarks on the History of European Sinology, in Europe Studies China, edited by Ming Wilson and John Cayley, London: Han-Shan Tang Books, 1995, p.13.张国刚：《文明的对话：中西关系史论》，北京师范大学出版社，2013年，第265—266页。对俄罗斯学术性汉学产生的历史概括与此有所不同，即将东正教使团成员的汉学视为学术性汉学的起点，请见下文。

其发展》，他研究了远古宗教、战国及宗教危机、道教、佛教和儒家。马伯乐善于从学者们忽视的细节入手来研究问题，得出结论。一般人认为，唐代在儒学发展中几无建树，而马伯乐首先肯定了孔颖达作《五经正义》的功劳，还详细介绍了韩愈对人性的分析以及他所提出的解决之道：通过教育来植善倾恶。他认为韩愈"将人的动机的古老问题置于世界和天性的领域来思考，主张与其将这个问题放在玄学中，不如放在道德和心理学领域来解决。"①有评述者将此辑称为"着眼于发生期的关于中国宗教传统的洞见纷呈的概论"②。这实际上是马伯乐研究中国宗教的纲领之作。接下来，马伯乐研究了中国现代的神话、古代中国的社会和宗教、佛教进入中国等问题。

荣格则因为受到卫礼贤翻译的《易经》和《金花的秘密》的影响，心理学观念发生了改变。1949年，荣格为故友卫礼贤的《易经》译文写了长篇序言，其中分析了鼎、坎、井等卦的爻辞。在他的序言中，可以明显感到《易经》对他的观念的冲击，他指出，"这种假设涉及我所谓同步性的奇异概念，它是同因果关系完全对立的。后者仅仅是统计学上的真相，而非绝对真理，它只是假设一件事是如何从另一件事发展而来的假设，而同步原理则立足于时间与空间的巧合，这是一种比变化更有意义的现象，它既是事件之间客观的依赖关系，同时又是一种主观的（心理的），即观察者之间的依赖关系。"③有学者认为，正是通过与《易经》等集东方智慧之大成的典籍进行对话，荣格才真正获得了原型假设的跨文化依据和进一步的研究突破，通过《易经》可以呈现荣格所受的中国文化影响的意义和价值。④

汉学家影响思想界的趋势继续保持，同时，一些职业汉学家逐渐像一些思想家那样，不但思考中国传统的意义和价值，也考察中国的历史传统是否适应现代的问题，从而形成了西方汉学和西方思想界研究中国问题的一条重要进路。就汉学界而言，这体现了汉学研究的汇通性和现实性。儒学之于当下价值如何？是否能进行现代转化？不但是吾人念兹在兹的大哉问，也是世界汉学史和思想史学术视野的聚焦点。

---

① Henri Maspero, Taoism and Chinese Religion, Translated by Frank A. Kierman, Jr., Amherst: The University of Massachusetts Press, 1981, pp.68-70.
② J. Russell Kirkland, Taoism and Chinese Religion, in The Journal of Asian Studies, Vol. 42, No.2, 1983, p.395.
③ C.G. Jung, Foreword, in The Iching, or Book of Changes, Richard Wilhelm translation from Chinese into German, Rendered into English by Cary F. Baynes, Princeton: Princeton University Press, 1990, p.xxiv.
④ 参见李娟、沈士梅：《荣格的〈易经〉心理学思想探微》，载《周易研究》2011年第5期；申永荷、高岚：《荣格与中国文化》，首都师范大学出版社，2019年。

从思想界来看，德国学者马克斯·韦伯的《中国的宗教：儒教与道教》值得特别关注。韦伯于1915年出版了《中国的宗教：儒教与道教》，与其德国同胞黑格尔相似，他沉浸于一种西方欧洲中心论和历史终结论的迷思，似乎将新教伦理下的德意志资本主义视为人类历史的最高阶段，或曰历史终结。从这种迷思出发反推儒教和道教伦理下的中国，他写道："令人惊讶的是，在这个无休止的、强烈的经济盘算与非常令人慨叹的极端的'物质主义'（Materialismus）下，中国并没有在经济层面上产生那种伟大的、讲求方法的经营观念——具有理性的本质，并且是近代资本主义的先决条件。"① 《中国精神文化大典》中，作者便以详尽的分析，对这种以资本主义为历史终结的迷思作了"隔空"反驳。

20世纪五六十年代，美国汉学家列文森在《儒教中国及其现代命运》中写道："从19世纪60年代开始，儒家与西方之间不同信仰的调和开始充斥思想生活。虽然这些都发生在改良主义者的圈子内，而不是发生在反儒教的革命者的圈子内，但它们极大地削弱了儒教的权威……这种转换，使儒教在思想上变得陈腐平庸，在社会上变得不起作用了。"② 谈及儒学在当代中国的命运，列文森认为，保护孔子主要并不是想复兴儒学，而是把他作为博物馆的收藏物，其目的就是要把它从现实的文化中驱逐出去。③ 于是就此形成了当时所谓"儒学是博物馆收藏物"之说。随着"亚洲四小龙"的经济崛起，人们开始关注以儒家学说为代表的中国传统文化在现代的价值，国际汉学界也给予关注，如日本和韩国在20世纪六十年代曾举行过"儒家传统与现代化"的国际学术会议，我国香港也在八十年代举行过"中国文化与现代化"的国际学术会议。

从俄苏学界本身来看，1991年苏联学者Б.波斯别洛夫在《作为经济发展事实的儒家文化与西方文化的综合》一文中全面研究了这个问题，他首先指出日本、韩国、新加坡，以及中国台湾、香港地区取得了非常可观的经济成就。他介绍了儒家文化关于处理人际关系和人与国家关系的基本原则：仁、义、孝、忠、礼，认为它们具有现代价值。他分别分析了在这些国家和地区儒家文化与西方文化相互影响的状况，指出："在西方意识形态和道德规范的影响下，儒家观点的体系发生了变革。在日本、韩国、中国这种变革的形态不同，但是应该指出，恰恰是在东亚大多数国

---

① 马克斯·韦伯：《中国的宗教：儒教与道教》，康乐、简惠美译，上海三联书店，2020年，第329页。
② 列文森：《儒教中国及其现代命运》，郑大华、任菁译，中国社会科学出版社，2000年，第248页。
③ 列文森：《儒教中国及其现代命运》，郑大华、任菁译，中国社会科学出版社，2000年，第337—338页。

家中儒家文化与西方文化互相影响的结果形成了现代工业文明最重要的因素，这种工业文明被称为'人性化的事实'，保障这些国家步入了经济发达的前列。"①波斯别洛夫实际上也是在韦伯设定的框架内来思考问题的。

上述思路和举措都未能摆脱韦伯迷思之阴影，但《中国精神文化大典》则另辟新路，在拒绝承认西方话语对现代化的垄断的条件下认定：中国现代化的发展与儒学的新生有内在的关联性。在《历史思想·政治与法律文化卷》的《编者序》中，作者指出："与儒教文化圈的其他国家——建成了'儒家资本主义'的日本、韩国、新加坡不同，中华人民共和国在对早期与儒学相似的价值观做出重新解释的基础上，正在创建世界上前所未有的'中国式的市场社会主义'模式。"②《中国精神文化大典》的作者还表达了寻找中国经验对世界的，普遍性意义的意图。作为本书总序，《中国的精神文化》一文中写道："《中国精神文化大典》是俄罗斯和西方汉学界首次以如此宏大的规模出版的百科全书，本套书尝试展示从远古时代至今中国精神文明的独特性、整体性和丰富性。编撰这套百科全书是为了回应我们这个时代的科学和教育需求，与公众对中国文化的兴趣、对这个国家的现代化经验的非凡增长有关。百科全书的作者和编撰者，不仅考虑到中国精神文化对中国许多邻国文化的重要影响，还考虑到中国文化是世界文化宝库重要的组成部分这个事实，除此之外，也关注到在实施改革开放政策的进程中，迅速变化的中国已经成为世界强国之一，并在很大程度上决定了人类和世界文明的未来。"③

从汉学界来看，集体性、长期性的研究计划的出现，催生了多人合编、体量宏大的汉学（中国学）研究巨著，费正清主编的"剑桥中国史"与李约瑟主编的《中国科学技术史》最为典型。这些汉学家的史学、科学史学著作，实际上可视为与思想面相合流之作，它们在研究中国传统时，都是以西方的现实为参照。

费正清主编"剑桥中国史"，作者阵容强大，引证详尽，既参照最新史学成果，又能深入到史实内部，是不可多得的史学巨著。这套书以

---

① Поспелов Б. Ситез конфуцианской и западной культур как фактор экономического роста. Проблемы Дальнего Востока,1991, No.5.
② Духовная культура Китая: Энциклопедия. Историческая мысль. Политическая и правовая культура. Редакторы М. Л. Титаренко, Л. С. Переломов и др., М.: Восточная литература, 2009, c.15.
③ Духовная культура Китая: Энциклопедия. Философия. Редакторы М. Л. Титаренко, А. И. Кобзев, А. Е. Лукьянов, М.: Восточная литература, 2006, c.13.

《剑桥中国晚清史》为全书的逻辑节点。有西方学者在高度肯定《剑桥中国晚清史》价值的同时,也指出了它的不尽如人意之处:"在此书中还可以发现其他问题,比如费正清试图将中国现代史简化为一元模式,即黑格尔式的'革命'进程以共产党的胜利而达到顶峰。"①中国学人也反思这套书的价值和问题。在这套书中,总体上透视出哈佛学派的"冲击—回应"模式,即夸大了西方文明在中国近代化、现代化进程中的积极作用,而无视现代中国崛起的内在动因。这种研究方式下,在研究20世纪中国的历史和革命时,主要关注西方文化和思想对中国的冲击与影响,以及中国对此的回应。②

李约瑟的《中国科学技术史》是首部对中国传统科学技术做出专题研究的史学巨著:不仅把科学技术置入思想史的纵深层面予以考察,探究科技的文化起源,分析中国社会转型期科技发展或停滞的影响机制,这成为《中国科学技术史》的重要特点,而且以详尽的材料论证了中国难题的深层结构。从这里可以看到李约瑟的研究方法和研究目的之间存在矛盾:研究中国科学的发展,却以欧洲的近代科学为标准。③尽管该巨著也从文明、制度等层面研究中国科学与技术,但就学科而言,它重在科学技术的各个分支。

无论是传教士对中国的解释,还是与思想界合流的西方汉学家对中国文化是否适应现代的阐述,往往都是在以西方的宗教或社会为人类基本模式的话语背景下,以西释中,以我化人(当然,也有启蒙思想家借中国的历史来建构自己未来的个案)。今天,这样的中国知识生产模式的局限性已日益显露,其合法性正在受到质疑。

在这样的大背景下,俄罗斯汉学界的《中国精神文化大典》具有突出的意义。《中国精神文化大典》既顺应西方汉学家和思想界合流的趋势,又在中国文化能否适应现代的问题上给予肯定回答,而且以其学科的全面性独具一格。具体而言,首先,《中国精神文化大典》在解释传统中国与今天中国的关系方面,凭借其区别于西方汉学界的话语方式,以

---
① Thomas A. Metzger, In The Cambridge History of China. by John K. Fairbank, in Pacific Affairs, Vol. 53, No.1 (Spring, 1980), p.124.
② 参见侯且岸《费正清与美国现代中国学》,载《史学理论研究》,1995年第2期,第108—109页;张铠《从"西方中心论"到"中国中心观"——当代美国中国史研究的发展趋势》,载《中国史研究动态》1994年第11期,第2—10页;冯天瑜、唐文权、罗福惠《评〈剑桥中国晚清史〉的文化观》,载《历史研究》1988年第1期,第87—95页。
③ 桂质亮:《李约瑟难题究竟问什么?》,载《自然辩证法通讯》1997年第6期。

新欧亚主义为对话的基础，对中华传统文化在现代社会的转化和对世界的意义等问题给出了肯定性答案（详见此序后文第五部分）。其次，它所展示的学科全面性（涉及哲学、宗教、文学、语言、历史思想、政治和法律文化、科技、军事思想、艺术等方面），使它成为俄罗斯汉学和世界汉学绝无仅有的大作。简而言之，《中国精神文化大典》既有职业汉学的专门性和深刻性，又不乏融合了思想界因素的汉学的汇通性和现实性。

四

俄罗斯汉学在整个世界汉学界举足轻重。研究中国国情和研究中国精神文化并行，是俄罗斯汉学的基本特征。

俄罗斯汉学始终对中国的精神文化和中国国情给予高度关注。俄罗斯的汉学滥觞于俄国开始派遣东正教使团到北京的时候（1725—1729年）。①俄罗斯汉学从一开始就注重翻译介绍体现中国精神文化精髓的经典，并对中国精神文化某些具体领域进行深入研究。А. 列昂节夫翻译了《大学》《中庸》。②东正教使团团长、俄罗斯帝国科学院院士比丘林（Н. Бичурин）翻译了《三字经》③，还出版了《中国的民众及道德状况》④等著作。东正教使团的随团学生、后来的帝国科学院院士王西里（瓦西里耶夫）在文学、历史学等方面都很有建树，他开创了俄罗斯的佛教研究，出版了《东方的宗教儒释道》⑤和《中国文学史纲》⑥。

从今天国情学的角度来看，俄罗斯汉学家利用东正教使团成员的身份，在中国居留期间对中国进行了全面的研究，发表了大量研究性的报

---

① П.斯卡奇科夫：《俄罗斯汉学史》，柳若梅译，社会科学文献出版社，2011年，第67页。阎国栋：《俄国汉学史》，人民出版社，2006年，第105页。
② Алексей Леонтьев. СЫ ШУ ГЕЫ,КНИГА ПЕРВАЯ.философа Конфуциуса.Санктпетербург: Императоская Академия наук, 1780.在此之前的一年，1779年《圣彼得堡通报》（Санкт-Петербургский вестник）5月号发表了匿名作者的译作《大学，中国的最高哲学》（Та-гио, или великая наука, заключающая в себе высокаю китайскую философию），这是俄国作家冯维津对《大学》的俄文译本，他是根据汉学家冯国英（P.-M. Cibot）的法文本翻译的。若追溯更早，则有俄国科学院德裔院士拜耶尔（Байер）于1730年出版的《中文博览》（Museum sinicum），该书第一卷讲解汉语语法和中国文学，收录汉语的《大学》《孔子生平》和其拉丁文译文。
③ Иакинф. Сань-цзы-цзинь или Троеслoвиe. С. Петербург, Типография Х. Кииса,1829.
④ Н. Бичурин. Китай в гражданском и нравственном состоянии. Москва, Восточный Дом, 2002.
⑤ В. Васильев. Религии Востока: конфуцианство, буддизм и даосизм. Санктпетербург, типография В. С. Балашева, 1873.
⑥ 参见李明滨《中国文学在俄罗斯传播史》，学苑出版社，2011年，第23—29页；柳若梅《沟通中俄文化的桥梁——俄罗斯汉学史上的院士和通讯院士》，外语教学与研究出版社，2010年，第183—198页；赵春梅《瓦西里耶夫与中国》，学苑出版社，2007年。

告或译文。1837年比丘林发表了《大清帝国统计概述》①。王西里则根据实地考察写了大量的地理考察记，如1852年他在《国民教育部杂志》发表了《中亚和中国控制的主要山峰》，从1853年到1857年，他在《俄国皇家地理学会学报》发表了《满洲志》《宁古塔纪略》《流入阿穆尔河（黑龙江）的河流》《满洲的火山》等。②1899年，H.维诺格拉茨基在皇家地理学会的资助下出版了《大清帝国地理学、民族学、统计学概述》。该书以非常详尽的统计数据，对大清国的国境、气候和灌溉、舰队和军队、汉族、蒙古族、藏族、行政区划及其财政等作了描述。③这些大都是应俄罗斯帝国与大清国各方面交往之需而作的。

在苏联时代，阿列克谢耶夫院士为汉学研究扩展了新的领域，他以中国文学研究和年画搜集研究为主攻方向，旁及儒释道。④阿列克谢耶夫翻译了《聊斋志异》中的几乎所有作品，并发表了《〈聊斋志异〉中的儒生悲剧与官吏观念》⑤等研究《聊斋》的论文。他还翻译了朱熹所注《论语》的前三章。⑥在1937—1938年的肃反运动中，从莫斯科到列宁格勒，从喀山到远东，一大批苏联汉学家同其他东方学家一起蒙受迫害，有的被逮捕，有的被处决。如精通多种语言的青年汉学家Ю.休茨基（楚紫气），他翻译了《易经》《抱朴子》，在参加完博士学位论文《中国经典〈易经〉语文学研究及翻译》⑦答辩两个月后，他于1937年8月以"间谍罪"被捕，次年2月被枪决。750名汉学家遭到迫害，其中三分之二的人被枪决或死于关押中。⑧苏联汉学界蒙受了难以估量的损失。劫后余生，施图金在中风之后依然完成了《诗经》的全译本，斯卡奇科夫完成了《俄国汉学史》和《汉学书目》。

到了20世纪60年代末70年代初，由于中苏交恶，两国的关系降至冰点，部分苏联汉学家陷入对中国政治的狂热批判之中。尽管如此，那些真正的汉学家并未放弃对中国精神文化的探究。即使在中苏关系恶化的时

---

① Иакинф. Статистические сведения о Китае// Журнала Министерства народного просвещения, т. 16, 1837 г., No. 10, с. 227–246.
② Васильев (Василий Павлович)//Энциклопедический словарь Брокгауза и Ефрона,т.Va, Санкт-Петербург,1892, с.607.
③ Н. Виноградский. Китай. Географическое, этнографическое и статистическое описание Китайской империи, С.–Петербург, Невская типография, 1899.
④ В. Алексеев. Наука о Востоке, М.:Наука,1982, с.302.
⑤ В. Алексеев.Труды по китайской литературе.М.:Восточная литература РАН, кн.1, сс. 415–433.
⑥ В. Алексеев.Труды по китайской литературе.М.:Восточная литература РАН, кн.2, сс. 161–248.
⑦ Щуцкий Ю. К. Канон И цзин. СПб., Изд. Дом Нева. М.: ОЛМО ПРЕСС,2000.
⑧ Люди и судьбы.Изд. подг. Я. В. Васильков, М. Ю. Сорокина. СПб. : Петербургское востоковедение, 2003.

期，依然可以看到研究中国文化的著作。1972年莫斯科出版由杨兴顺主编、布罗夫和季塔连科等任编委的《古代中国哲学》第一卷，包括《诗经》《尚书》《道德经》《论语》《墨子》《孙子》《孟子》《庄子》《国语》及杨朱学派著述的译文、提要与注释。①1982年在莫斯科出版了三部苏联汉学家研究中国哲学的集体论文集，涉及儒、释、道等方面，如《儒学在中国》②《佛教、国家和社会在中世纪中亚和东亚》③《道与道教在中国》④。70年代，季塔连科倡导在莫斯科大学哲学系开设中国哲学史和汉语课程，他本人和波梅兰采娃（《淮南子》专家）等授课，激发了学生对中国哲学和传统文化的浓厚兴趣。从1985年起，季塔连科成为苏联科学院远东所所长。1994年季塔连科主编的《中国哲学百科词典》⑤出版。从1995年开始，远东所坚持举办"东亚哲学与现代文明"大型学术研讨会。

值得注意的是，自1970年至今，苏联（俄罗斯）几乎逐年出版《中华人民共和国年鉴》，1970年至1986年由苏联科学院远东所所长斯拉德科夫斯基任主编，从1987年开始，由他的继任者季塔连科任主编。《中华人民共和国年鉴》逐年对中国的政治、经济、文化和外交等领域的新进展作出及时描述。比如2014年的《中华人民共和国年鉴》就涉及2012年的中共十八大和2013年的十二届全国人大一次会议、"中国梦"和中美新型大国关系等内容。⑥对中国持续的国情学研究构成了编撰《中国精神文化大典》的基础条件。

在苏联时期，形成了由学术权威担纲、集体撰写大型学术著作的传统，直到世纪之交，这种注重集体协作的苏联学术传统之余绪在俄罗斯汉学界并未彻底式微。⑦在季塔连科的精心组织下，从20世纪90年代开始，

---

① Древнекитайская философия. М.:Мысль, 1972.
② Конфуцианство в Китае: Проблемы теории и практики. М.: Наука, 1982.
③ Буддизм и государство и общество в в странах Центральной и Восточной Азии в средние века. М.: Изд. Наука, 1982.
④ Дао и Даосизм в Китае. М.:Наука, 1982.
⑤ Китайская философия.Энциклопедический словарь. М.: Смысль, 1994.
⑥ См.,Китайская Народная Республика: Политика, экономика, культура: К 65-летию КНР / РАН. Ин-т Дал. Востока; Гл. ред. Титаренко М.Л. М.: Форум, 2014.
⑦ 如20世纪50年代起出版了苏联科学院世界史所所长Е. М. 茹科夫（Е. М. Жуков）院士主编的10卷本《世界史》（1953—1965），80年代起出版了由苏联科学院高尔基世界文学所所长Г. П. 别尔德尼科夫（Г. П. Бердников）通讯院士主编的8卷本《世界文学史》（1983—1991），2014年上海译文出版社出版了由刘魁立、吴元迈两位先生任总主编的该书的中译本。更值得关注的是，2017俄罗斯科学院远东所齐赫文斯基院士主编的《中国通史》第十卷出版，其第一卷以考古材料描述新石器时代的中国历史，第十卷则写到了21世纪。南开大学阎国栋教授于2018年开始主持翻译这部巨著的国家社科基金重大项目。

俄罗斯科学院远东所、东方学所等汉学机构和高校众多汉学家鼎力协作，《中国精神文化大典》全六卷于2010年始告完成。

从俄罗斯汉学艰难的发展历程看，《中国精神文化大典》的问世，既是对正在复兴的中国文化的正面回应，又是俄罗斯汉学发展的内在逻辑结果。当中俄两国关系处于良性发展阶段时，俄罗斯汉学界对中国文化往往给予正面评价；但是在中俄两国关系处于低谷时，俄罗斯汉学界对待中国文化的立场就会产生分化。其中某些俄罗斯汉学家在逆境中的坚守，令人肃然起敬。在中国改革开放取得极大成就的时候，俄罗斯汉学界通过编撰《中国精神文化大典》，阐明中国今天的发展同中国数千年文明史的内在关联，这是对俄罗斯汉学将中国精神文化研究与中国国情学相结合的传统的继承。

"扶正祛邪"既是中国传统医学的要旨，也应是中国学术界对待国外汉学（中国学）的态度。今天，俄罗斯汉学界又面临多重挑战，首先，正在进行的俄罗斯科学院改革，对研究中国传统文化的学术机构和学术人才势必产生冲击；其次，俄罗斯汉学界如同俄罗斯整个学术界一样，正转向更注重现状、更注重对策的研究。《中国精神文化大典》的问世，像是俄罗斯老一代汉学家划下了一个比较完满的句号。在这样的背景下，《中国精神文化大典》值得我们倍加珍视。

五

对中国的学术界来说，《中国精神文化大典》具有明显的学术价值。

《中国精神文化大典》倡导"新欧亚主义"，展开文化对话。认识《中国精神文化大典》的学术价值，要从中俄两个民族的历史渊源着眼。20世纪90年代以来笔者论证了历史上中俄两大民族文化上曾有的隔膜：俄罗斯人自认为是《旧约》中亚当子孙雅弗的后裔，同时把自己统治者的血脉上溯到罗马王公，因而同处于东方的中国文化异源异流，多有隔膜。[①]《中国精神文化大典》为中俄之间的文化沟通创造了契机。《中国精神文化大典》的作者群体提出了新的理论设想，他们通过倡导"新欧亚主义"来消除中俄文化间的隔膜。所谓"新欧亚主义"，其核心观念为：俄罗斯在地理上和文化上处于欧洲和亚洲两大板块，因而能够吸收欧洲文化和亚

---

① 参见刘亚丁《苏联文学沉思录》（四川大学出版社，1996年）第四章第二节"弥赛亚：苏联文学中的世界幻象"、刘亚丁《观象之镜：俄罗斯建构中国形象的自我意识》，见乐黛云主编《跨文化对话》第20辑（2007年）。

洲文化各自的优长，从而形成新的文化空间。在《中国的精神文化》一文中，作者指出："俄罗斯精神上的自我反省具有现实意义并使新欧亚主义的理念具体化。"①这种"新欧亚主义"消除了俄罗斯原来自恃的东正教（基督教）文化的傲慢和居高临下。正是在这个意义上，在《中国精神文化大典》中，俄罗斯汉学家将中国文化的元命题"道"同其他民族文化的元命题并置。"道"在《哲学卷》中被提到了"本体论"的高度，作者还将它同俄罗斯文化中的"言"（Глагол）相比较。他们认为，俄罗斯的"言"同中国的"道"、印度的"真言"和西欧的"逻各斯"一样，都是文化的原型。②

《中国精神文化大典》探讨中国文化的元命题，为我们认识中华文化的核心价值、演进规律以及未来走向提供了独特的参照。在《中国精神文化大典》中，俄罗斯汉学家对中国精神文化进行逻辑性归纳，为我们认识中国精神文化的价值提供了可贵的参照。在《中国的精神文化》一文中，作者强调了"道"在中国文化中的基础性地位，在俄罗斯汉学家看来：多层次的中国天下文化的宇宙之书获得了共同的文化命名，这就是"道"。中国的智者和哲学家详尽描绘了"道"的文化功能的有机结构。从中国的古籍来看，道的文化是充盈着肉体的、精神的和理想性品质的活的机体。在原型的层面上，可以发现建筑在宇宙最高法则"道"基础上的精神文化的一系列特征。其一，在道的文化中可以发现其特有的人与宇宙（天）的统一："天人合一"。其二，在道文化的原型中形成了文明主体言与行的逻辑、行为基础，"言行，君子之枢机……言行，君子之所以动天地也"。《易经》的作者借此肯定了宇宙的社会人本学地位，也就是说，人类生活的流程体现在天地自然矩阵中的社会规律。其三，人是道文化的精神实质的基本承担者。人是通灵者，是天之理念和地之物质汇聚、结合和分散的媒介。因此可以说，道的文化在归一中获得表达，即是说，发展着的精神文化与人本中心应统一。孔子用这样一句话来强调这一点："人能弘道，非道弘人。"③《中国精神文化大典》的作者还论述了道在

---

① Духовная культура Китая: Энциклопедия. Философия. Редакторы М. Л. Титаренко, А. И. Кобзев, А. Е. Лукьянов, М.: Восточная литература, 2006, с.29.
② Духовная культура Китая: Энциклопедия. Философия. Редакторы М. Л. Титаренко, А. И. Кобзев, А. Е. Лукьянов, М.: Восточная литература, 2006, с. 31.
③ Духовная культура Китая: Энциклопедия. Философия. Редакторы М. Л. Титаренко, А. И. Кобзев, А. Е. Лукьянов, М.: Восточная литература, 2006, с.20.

中国各种哲学思潮中的地位。以儒家为例，儒家复兴道的方法是发挥个体和群体的能动性，其手段是扩展人之德（德乃社会形态之道的精神性相似语，即精神原型"五常"的概括性表达），其精神领袖是君子，其终极目标是经由"小康"达到"大同"。在《中国精神文化大典》的作者们看来，"道"这个概念在中国哲学，甚至整个中国精神文化中，具有基础性作用。《中国精神文化大典》还从本体论、认识论、伦理学等角度，阐释了中国文化的50对基本范畴。①

《中国精神文化大典》为中国学术界的相关研究提供了启发和参照。中国学术界在研究中国问题的时候有时会只顾自我沉思，或只同国内同行争鸣对话，而不顾国际同行的相关研究，更遑论与之对话、争鸣，共同将学术推进到新的层面。《中国精神文化大典》在中国文化的若干领域提出了俄罗斯汉学界的独特视角、独特观点，在不少方面足以拓展我们的视野，启发我们的思路，补充我们的研究。比如在《科学・技术和军事思想・卫生和教育卷》，作者论及中国先秦的"象数学"（нумерология）时认为，象数学的深处隐藏着令人震惊的科学材料，《管子》《吕氏春秋》《淮南子》和《山海经》都援引了"土地规划者"禹的说法：四海之内，东西二万八千里，南北二万六千里。《中国精神文化大典》的作者将这些数字按照周代的里数换算，然后作了比较：地球赤道直径为12756.28千米，上述古籍中为13379.52千米；地球南北两极直径为12713.52千米，上述古籍中为12423.84千米。《中国精神文化大典》的作者指出："这些数字，与地球穿过地心的东西直径、南北直径的公里数惊人的近似。"②这是值得中国古代科技史研究者关注的断语。再如，在《哲学卷》和《神话・宗教卷》，俄罗斯的汉学家探讨了道佛交融问题和儒释道三教和平相处的问题。我国的宗教问题研究者，不应对这些研究置之不顾。

对于今天的中国社会而言，《中国精神文化大典》的意义也不容忽视。

《中国精神文化大典》对中华传统文化在现代政治实践中的转化作了论述。前面已经叙及，西方汉学（中国学）界曾经流行的一种观点是，

---

① См., Лю Ядин, Понимание и диалогичность: значение эциклопедии «Духовная кулытура Китая»// Проблемы Дальнего Востока, No. 4, 2014, cc.137-143.
② Духовная культура Китая: Энциклопедия. Наука, техническая и военная мысль, здравоохранение и образование. Редакторы М. Л. Титаренко, А. И. Кобзев и др., М.: Восточная литература, 2009, cc.20-21.

以儒家为代表的传统文化在现当代中国已经成了"博物馆的陈列物"。《中国精神文化大典》的作者群体则阐发了与之相反的观点。在《历史思想·政治与法律文化卷》中有篇研究文章——《中华人民共和国政治文化中的儒家与法家思想》，文中分析了儒家和法家在新中国政治中的命运。谈及1987年邓小平在中共十三大上描绘小康生活目标时，该文作者指出，邓小平宣布要达到"小康"水平，提出了中国特色社会主义与儒家理想社会的合题。①该文还指出，2001年江泽民在中宣部的讲话中宣布，从今以后要把"依法治国"和"以德治国"联系起来，然后分析了当年颁布的《公民道德建设实施纲要》中提出的基本道德规范"爱国守法、明礼诚信、团结友善、勤俭自强、敬业奉献"，认为它与汉代董仲舒提出的儒家"五常"规范及后来朱元璋、康熙提出的道德准则有相似之处。②作者还分析了胡锦涛在"三个代表"重要思想理论研讨会上的讲话，认为讲话中"立党之本、执政之基、力量之源"的说法，是借助孟子的"仁政"理论，活用了儒家的术语。③该文还分析了胡锦涛所作十七大报告，认为报告中"努力使全体人民学有所教、劳有所得、病有所医、老有所养、住有所居，推动建设和谐社会"的提法，体现了儒家的社会理想——"大同"。作者指出："事实上，胡锦涛和现在的中共领导层接过了邓小平的接力棒，创造性地发展儒学思想，使之成为中国意识形态的组成部分，并逐渐由小康走向大同。"④

足见，不论是从世界汉学，还是从俄罗斯汉学着眼，《中国精神文化大典》都具有不容忽视的地位。由于对中国文化和中国现实的深入研究，它对中国的文化建设和学术建设都具有重要的参照价值。所谓"他山之石，可以攻玉"，全面了解俄罗斯汉学家的这些研究成果，有利于提升我们的文化自信和道路自信。

唐人《初学记》序云："非吾圣人直为是炳炳琅琅者，以夸耀于千万世之人也。由是以载其道，而济千万世之人者也。"⑤《中国精神文

---

① Духовная культура Китая: Энциклопедия.Историческая мысль. Политическая и правовая культура. Редакторы М. Л. Титаренко, Л. С. Переломов и др., М.: Восточная литература, 2009, с.212.
② Духовная культура Китая: Энциклопедия.Историческая мысль. Политическая и правовая культура. Редакторы М. Л. Титаренко, Л. С. Переломов и др., М.: Восточная литература, 2009, с.213.
③ Духовная культура Китая: Энциклопедия.Историческая мысль. Политическая и правовая культура. Редакторы М. Л. Титаренко, Л. С. Переломов и др., М.: Восточная литература, 2009, с.214.
④ Духовная культура Китая: Энциклопедия.Историческая мысль. Политическая и правовая культура. Редакторы М. Л. Титаренко, Л. С. Переломов и др., М.: Восточная литература, 2009, сс.215-216.
⑤ 徐坚等：《初学记》，中华书局，2004年，第1页。

化大典》的俄文版已可见出中国文化济外方人士之功,此系她不贾吾人之力,直入外人之心的"主动"走出去。现在《中国精神文化大典》中文版的出版,会为深化中俄学界的学术对话提供新的可能,双方可以围绕俄罗斯汉学界对中国文化的研究等方面展开对话。①新儒牟宗三先生已为我们导夫先路,他讲中西哲学会通的可能性,讲王阳明致良知与西方哲学,讲黑格尔跟王船山的会通,讲中国传统思想与西方民主精神的会通与相济。②以此而言,从更宏观的角度着眼,中国文化会在与域外文化的对话中获得新的生机,我们应该主动展开中国文化与俄罗斯文化的对讲,与俄罗斯哲学的对讲,汲取其精华,这是促进中国文化与域外文化会通并增进自身生机的方略,是文明交融互鉴的坦途。

****

《中国精神文化大典》中文版能够问世,有赖诸位领导大力支持,他们是吴元迈、陈众议、杨泉明、罗中枢、晏世经、姚乐野、李昆、熊兰、古立峰、李怡、彭亮、段峰等;众多学者相助,他们是陈建华、吴笛、舒大刚、姜生、何剑平、黄立良、蔡尚伟、何江南、匡宇和傅珩等先生和朋友;四川大学出版社领导和编辑团队为此书付出辛劳,尤其是侯宏虹社长、张宏辉总编、邱小平编审、舒星主任、杨岳峰主任和各位责任编辑。在长达八年的翻译过程中,季塔连科主编和卢基扬诺夫、科布杰夫副主编给予大力支持,中方的学术顾问项楚、李明滨先生时时与闻,不吝赐教。出版社领导不辞奔波劳累,用心筹划组建中文版学术委员会,叶舒宪、江晓原、李忠、杨国荣、张法、张立文、张晋藩、陈晓明、金冲及、高桂清、黄德宽、曹顺庆、彭锋、舒大刚、谢阳举、赖永海、詹石窗、霍巍(以姓氏笔画为序)共18位来自全国12所著名大学和研究机构的先生们,在万忙之中阅览卷帙浩瀚的译稿,在肯定该书的同时,更是

---

① 笔者也尝试做过这样的工作,2006年11月笔者曾与俄罗斯科学院东方学所圣彼得堡分所(现俄罗斯科学院东方文献所)首席研究员C.A.马尔蒂诺夫进行对话,马氏翻译了《论语》,并对儒学作了深入研究。对话的内容首先发表于《跨文化对话》第22辑"海内外儒学专号"(《儒学具有巨大的机遇》,[俄]亚·马尔蒂诺夫/刘亚丁),后又作为附录收入刘亚丁《龙影朦胧——中国文化在俄罗斯》(北京大学出版社,2018年,第282—291页)。
② 参见牟宗三著、罗俊义编:《中西哲学之会通十四讲》,上海古籍出版社,2007年。

提出了不少中肯、专业的意见和建议。除我担任《神话·宗教卷》的分卷主编，其他五位分卷主编——夏忠宪、刘文飞、张建华、李志强和王志耕呕心沥血，我们带领六十多位学者移译甚勤……我想到的名字很多，难以尽述，感激之意，岂能言表。"俄罗斯《中国精神文化大典》中文翻译工程"作为国家社科基金重大招标项目，结项时受到专家们高度认可，被评定为"良好"。出版时这套书又受到国家出版基金资助。六卷十四册的《中国精神文化大典》中文版篇幅宏大，所涉学科甚多，翻译中错讹难免，望读者诸君不吝指正。作为这套巨著翻译工作的主持者，感慨良多，不免赋诗言情：

友俄赞夏意宛蜒，格物致知著巨篇。
聃籍儒行知俗圣，羲轩彝鼎辨愚贤。
西来童寿圆通义，东返慈恩遍照诠。
端赖同侪皆勠力，八音迭奏韵悠然。

谨为译序。

刘亚丁：四川大学中国俗文化研究所研究员、四川大学文学与新闻学院教授

中国的精神文化

М.Л.季塔连科　　А.Е.卢基扬诺夫

《中国精神文化大典》是俄罗斯和西方汉学界首次以如此宏大的规模出版的百科全书，本套书尝试展示从远古时代至今中国精神文明的独特性、整体性和丰富性。编撰这套百科全书是为了回应我们这个时代的科学和教育需求，与公众对中国文化的兴趣、对这个国家的现代化经验的非凡增长有关。百科全书的作者和编撰者，不仅考虑到中国精神文化对中国许多邻国文化形成的重要影响，还考虑到中国文化是世界文化宝库重要的组成部分这个事实，除此之外，也关注到在实施改革开放政策的进程中，迅速变化的中国已经成为世界强国之一，并在很大程度上决定了人类和世界文明的未来。

不同于近些年来在俄罗斯和西方出版的一般概述性的参考书和辞典，五卷本①百科全书旨在提供关于中国精神文化的综合概念，展示其在世界文化中的作用。百科全书的首卷为《哲学卷》，它揭示了中国精神文化的基础，即古代和现代所有重要的哲学思潮和流派具有代表性的学说。第二卷为《神话·宗教卷》，涵盖了中国古代的神话和宗教思想，它们是在宗教体制和日常信仰之中形成的。第三卷向读者介绍中国文学和艺术的丰富遗产。独特的历史思想、政治文化和法律意识是百科全书第四卷的内容。第五卷的内容涵盖最广泛的人文科学和自然科学领域——从教育学、经济学到数学和天文学等。《中国精神文化大典》与《中国哲学百科词典》（莫斯科，1994）一样，成为对俄罗斯汉学的创始人——Н.Я.比丘林、П.И.巴拉第、В.П.王西里、В.М.阿理克的遗训的回应。这些人都在研究和出版关于我们伟大邻邦的、具有重要价值的著述方面树立了榜样。正如编撰者所希望的那样，这套百科全书将有助于解决启蒙的难题：面向读者首次以如此巨大的规模用俄文出版揭示中国深邃思想和精神的材料。百科全书力求从整体上再现中国作为天下之国的精神全貌，揭开许多中国文化现象未知且神秘的面纱，这些文化现象通常不能纳入俄罗斯和西方流传的概念和价值体系框架。

---

① 后又增加了第六卷《艺术卷》。——译者注

中国国家的形成也像整个文明的形成一样，一直基于灌溉农业的发展，始于夏商时期。大规模灌溉和水利工程的实施不仅需要集中整个国家的经济和政治资源，而且还需要由氏族贵族阶层掌控的大批人力的集体努力。作为国家、氏族、家庭最高权威的权力来源的祖先崇拜和对天的崇拜，维系了这种氏族贵族阶层的统治地位。上帝和祖宗神的灵魂起到了一种有机联系的统一体的作用，对他们的崇拜奠定了宗教天命观的基础。氏族贵族内部、统治者及其官员与氏族贵族阶层之间的关系，以及平民阶层与政府官员之间的关系，都受到严格的礼仪规范的约束。基于对天的崇拜，这个礼仪规范形成（转化）为一个完整的政治思想管理体系，它"赋予"统治者至高无上的权力和对祖先的崇拜。与此同时，亦保留了对"亲亲"的尊崇规则，而父慈子孝、兄友弟恭、尊长爱幼等，则成了宗族内、家庭内、家庭间关系的调节器。

在西周、春秋、战国，直至建立大秦帝国的时代，可以发现中国人围绕着对礼、对作为最高权力来源的天、对作为天意的实现的命、对效仿其始祖的传统立场取向及传统礼仪与新的法典的相互作用等问题的解释，持续不断地发生争论和尖锐的思想斗争。围绕着其体现者（世袭封号继承者）的权利与侵犯这些权利的新富地主和商人之间，也产生了尖锐的矛盾。因此，"正名"的思想具有特殊的现实意义，这些冲突也反映了氏族特权阶层和新贵之间的冲突。氏族特权阶层力争恢复其政治地位，新贵则力求在由传统礼仪调节的、现行的政治体系框架内拥有一席之地。在《庄子·天下》中，这一情景是以下列意识形态话语呈现的："以天为宗，以德为本。"

人与灵性的宇宙（天）和周围世界（地）的复杂关系记录于哲学典籍之中，呈现为以下情节：气化的辩证法式的演变，五行的相生相克，最高法则道与太极的辩证衍化，对立能量阴阳的相互作用。它们的相互影响、相互转换及蜕变的过程通过中国哲学一系列专门的范畴和概念再现出来：天与人，神灵与凡人，包容与单一，一与多，直与曲，静与动，古与今，恒与变，有与无，知与行，心与物，它们的相互关系也具有相互影响、相互转换的辩证性质。

中国文明的承载者是地球上人口众多的超级族群——中华民族，它始终如一地历经了人类历史发展的所有阶段，因此可以作为东方文明起源的典范。纵观其五千年的历史，中国文明表现出非凡的生命力和凝聚力。

中国精神文明是在相同的地理空间和族群社区的基础上形成的（在汉族占主导地位的情况下，内部部落和语言的差异只强调统一）。这促成了人们对自己的历史家园产生长久的热爱之情，并发展出深厚的族群内部团结的传统。

中国文明在世界观、意识形态和政治上构建为中央之国。时间和空间的周期循环和节奏在这里以这样一种方式组建起来，即离心力始终存在并被专注于社会自然中心的向心力所平衡。该中心体现了民族的自我认同、自给自足、经久稳定的理念，并为内在文明运动设定了指导方针。

诚然，在现实中，中国文明史比在社会演变规律逻辑上的理论再生产要丰富得多。它不仅包括中华民族（首先是汉族）发展和繁荣的时代，而且也包括悲剧性的同室操戈，还有兄弟相争，以及统一的中华国家体制的衰落甚至分裂的阶段。曹植著名的《七步诗》就是其鲜明写照。他的皇兄胁迫他写诗，否则他会遭到可怕的惩罚。曹植面对坐在王位上的兄长，走了七步，并诵咏了以下即兴诗：

> 煮豆持作羹，
> 漉豉以为汁。
> 萁在釜下燃，
> 豆在釜中泣。
> 本自同根生，
> 相煎何太急？

中国文明始终在自身内部找到活力和更新的内在资源。这方面最重要的前提是其最强的适应性、注重自我完善、从其他文化的经验中学习。自孔子（前6世纪—前5世纪）时代以来，中国人自我意识的主要表现就在"修身"和"好学"上。

中华民族的地理位置在其自我意识中被定义为中心，其特征在于，最初的几个世纪以来中国一直在自身的基础上发展，与其他文明发展的中心——古希腊、古罗马、古印度、波斯、阿拉伯国家并没有密切的和直接的相互影响。

直至秦始皇时代，大秦帝国才开始与中亚国家和游牧民族接触。在此之前，汉族仅与邻国交流，其文化发展水平超过了邻国。中国与这些部落和族群进行交流，建立了朝贡关系。其中许多部落被征服和同化，另一些部落，如匈奴则离开了与这些国家和地区毗邻的领土，完成了从亚洲到欧洲的大迁徙。他们一路上与其他许多部落同化，成为芬兰等民族的祖先。

大约在公元1世纪，佛教从印度传入中国。然而，在中国的土地上，佛教经历了显著的变化并吸收了中国民间信仰、道家和儒家思想的许多因素，而被韩国、日本和越南所接受的正是中国版的佛教。在中国精神文化"修身"这一传统的影响下，佛教发展出一种深刻的精神和身体自我调节、自我完善的哲学与心理学体系。这一体系在当时的日本得以广泛的传播和发展。佛教也从日本以禅宗的名义传播到欧洲和北美，在知识精英中特别流行。

公元9—10世纪，伊斯兰教传到中国，部分汉人接受了它。传统的中国文化与伊斯兰文化的综合，在中国超级族群范围内造就了一个独立而完整的族群——东干人。

思想观念变化的例子还可以继续列举，例如，孙中山的思想体系，即本着中国传统的精神，将西方现代主义的自由主义思想和社会主义思想重新加工并综合成一种统一的学说。

这些思想在毛泽东的解释中一度成为动员民族解放斗争和中国伟大复兴以及中国文明发展的意识形态。

在现代中国，沿着毛泽东思想，马克思主义"中国化"发展形成中国特色社会主义的新概念，在构建和谐社会的口号下，它基于以下三种文化的发展和繁荣：

——物质文化（经济的发展与人口福利的增长）；

——精神文化（文化、科学、教育的全面发展）；

——政治文化（立足于中国特色，不断发展和完善人民民主）。

中国精神文化的显著特点之一是它的世俗性，即不依赖于宗教的独立性。中国人可同时善待不同的宗教——基督教、道教、佛教等的仪式和习俗，即中国精神文化素有的特点是信仰宽容和愿意对话。

虽然传统的民间信仰、万物有灵、道教、佛教，以及伊斯兰教、天主教、新教、东正教，都以某种方式对中国哲学乃至整个社会思想产生过影响，但在中国五千年的历史上，上述任何一种宗教并没有成为占主导地位的意识形态。

国际经济、政治和文化发展的现状和前景表明，中国因素和中国文明的经验，在支持不同文明之间建设性的对话方面发挥着越来越重要的作用。因此，我们可以认为，中国文明的崛起及其影响力的增长，从总体上看，将成为整个人类文明发展的重要促进因素。

中国精神文化的概念

今天任何一种严肃的人文学科都离不开"文化"这一概念。然而，每一学科均以自己的方式、目的、认知能力和价值取向来界定文化。因此，在现代研究文献中出现了数十种对"文化"的定义，但它们并未给予文化完整的解释。这种状况也反映在对通过文化所界定的"文明"范畴的理解上。文明被称为"广义上的文化""文化的完整性""文化特征和现象的汇集""城市文化""文化的命运"等。结果出现了许多有关文明概念的定义，这些定义非但未使"文化"这一定义深化和相互补充，反而招致更多的混乱。当精神文化和精神文明现象成为研究对象时，问题不仅更趋复杂，而且发展成一个研究课题。

似乎可以通过揭示文化和文明形成的关键因素，使这个问题在相当程度上得到简单解决。这种关键因素固定在一些名称中，例如中国的"道"、印度的"真言"和西欧的"逻各斯"、俄罗斯的"言"。定义文化和文明的这种方法以它们的结构-功能原型为基础。在这种情况下，中国文化和"道"的文明就可以作为例子。

"цивилизация"这个术语在汉语中用"文明"两个汉字来表示，而"культура"这个术语在汉语中用"文化"两个汉字来表示。"文明"这个术语的字面意思是"文采光明""文治教化"，而"文化"这个术语的字面意思是"文化发展""文化化"。这些概念直接表明"文明"源自"文"。换言之，中国文明，在理性的"明"和历史的"化"的程度上，是"文"的一个发展阶段。

"文"这个术语从词源上可追溯到"纹"和"图案装饰"义。在哲学语境中，它历经了内容上的变化，已经开始表示天网和地纹，每一种哲学学说都将其对自然和人类生活的理解置于其中。例如，在古代典籍《易经》中就能见到"文明"一词，在《文言传》里就揭示出第一卦（乾卦）九二爻的含义："《易》曰：'见龙在田'，天下文明。"这里提到的龙象征着人的土生土长、氏族的实质，其意义体现在龙纹上。潜龙（乾卦的初九爻）、见龙在田（九二爻）、龙纹使宇宙之光——阳光和月光明媚。因此在平面纹路上排列着海量的"象"，人从中可以读取其氏族生活的含义。

"文明"这个词在对第四十九卦（革卦）解释性的语句中也能见到，这一卦为异卦相叠（离下兑上）。"文明以说，大亨以正。"在此，

亦可发现内在与外在的结合——隐藏在"文"和"明"中"道"的实质，后来它反映在文明的概念中。它集文化内在的奥秘及其外在的自觉意识与实际的体现于一身。

随着时间的推移，在文明时代的更替序列里，永恒定格在天地宇宙之纹中的"文"得到越来越新的启蒙阐释。这样一来，层层叠加，延续扩展，就形成了多层次的中国天下文化的宇宙之书，通称为道文化。

中国圣贤和哲学家详细描述了道文化的有机结构和功能。根据古老的文字资料，道文化是一个活生生的有机体，充盈着物质的、精神的和理念的（思维的）特质。其生命进程是由宇宙能量阴和阳促进的，根据《易经》的说法，中国文化的名称由此而来："一阴一阳之谓道。"阴和阳是从每个定性成分中形成五阴和五阳的元素。从物质定性的阴和阳分离出物理性的元素——木、火、土、金、水，被统称为五行。从精神定性得出仁、义、礼、智、信，它们被统称为五常。从理念（思维）定性得出数字元素——十进制内5个奇数和5个偶数：阳——1，3，5，7，9；阴——2，4，6，8，10，被统称为天数和地数，它们总括起来构成五数。在道文化中，阳的元素垂直分布，阴的元素横向呈十字形分布（一个元素在中间，四个元素在十字形对角线的两端）。这些元素均镜像般地成双成对并相互关联，沿着封闭的环状路径运动。它们相遇在其构成中心并在一个完整的循环周期中编织着物质的、精神的和理念的三位一体的螺旋曲线。后者扮演着道文化的结构功能原型的角色并携带其遗传密码。螺旋曲线在道文化原型的总螺旋曲线里是其精神原型。每个原型成分——五行、五常、五数乃是其宇宙域的基础：五行是物质领域（物质圈）的基础，五常是精神道德领域（伦理圈）的基础，五数是理智领域（智力圈）的基础。

在道的原型元素的结合过程中，天下宇宙被建构起来：理念－思维品质构成天和理智领域（智力圈），物质品质构成大地和物质领域（物质圈），精神品质构成中心和精神道德领域（伦理圈）。与此同时，实现人、物、祖先（氏族图腾）的综合，它们分散在宇宙的各个层面：祖先升天成仙，物质下降大地，而人立于这个精神中心。由此产生中国古代哲学关于人类学的格言，如杨朱（前5世纪—前4世纪）所言，人乃"有生之最灵者"。一旦一个人改变了精神中心阴阳能量脉动的节奏，哪怕是一点点，就会立即引起整个精神的变化，随之而来的是道的、物质的和思想的调整。这就是为什么中国人自古以来就如此珍视保持其精神的和谐运行，并称之为"五常"。

在此，在原型的层面上，已经显现出一系列具有道的精神文化和文明的特性，它们建立在道——宇宙最高法则的构成原则基础上。

第一，在道文化中呈现出亘古以来人与宇宙（天）的内在同一性，古语曰："天人合一，天人相生相克。"这种同一性展开为基本的思维反省模式，根据这一模式，活生生的宇宙以人的形象进行思维，而人则按照宇宙的法则典范思考，达到所求的精神上的统一和启智澄澈，如《易经》中写道："子曰：天下何思何虑？天下同归而殊途，一致而百虑。天下何思何虑？日往则月来，月往则日来，日月相推而明生焉。"

第二，道文化的原型奠定了文明主体的言行逻辑和行为基础："言行，君子之枢机……言行，君子之所以动天地也。"这就是《易经》的作者所说，并由此确认了宇宙的社会学地位，即人类生活的进程依照体现在天地自然矩阵中的社会规律。

第三，道文化中精神实质的主要体现者是人。人是通灵者，是天之理念和地之物质的品质在他身上根据自己的位置汇聚、统一和分化的媒介。若没有一般的人类灵性，道文化的整个和谐结构就会崩溃。因此，可以得出结论，以统一状态表现出来的道文化是一种以"人"为中心的不断发展的精神文化。孔子用自己的话巩固了这一点："人能弘道，非道弘人。"

随着时间的流逝，由于人无限度的自由和活动，尚未稳固的文明和谐被破坏。从世界观来看，这表现为人与世界的中间环节脱节。他降落到大地上，在自己对世界的感受中与"万物"平等。人与宇宙的联系断裂，精神中心空虚，整个世界陷入混沌。在重建昔日和谐的愿望中，中国人从其大众精神领袖中挑选出了"圣人"。他们弥合了巨大的精神鸿沟，按照道的原型组成了联盟，融入自然节奏，使新的社会节奏与之相协调，开辟了国家社会结构的前景，也发展了道文化原型的新模式。他们创造的结果构成了由八卦演变而成的六十四卦爻组成的螺旋图。

这是对《易经》中描写的道文化的和谐进行精神修复的首次尝试。哲学家们保持了自己导师的美德和能力，继承了圣人的智慧、预言的天赋和诗性。他们取代了圣人的位置，实现了对道文化进行精神修复的第二次尝试，为道家和儒家的产生奠定了基础。

老子（前6世纪）被认为是道家的创始人，道家的学说基于道的横向构成原型。它在世界观上指向氏族的过去。道家修复道的方法——"无为而无不为"，依靠的是自然；手段——常德（精神原型"五常"的概括性

表达和道的道德类比);精神领袖——圣人;最终的目标——恢复业已丧失的人与自然和祖先的统一。道家的哲学信条用"绝学"这个术语来表示,它具有双重含义:在儒家方面"断绝巧智之学",以及在道家学派的自我意识方面"完善学识智慧"。

孔子是儒家的创始人,儒家的学说基于道的纵向构成原型。它在世界观上面向未来,面向世俗社会的理想。儒家对道进行修复的方法——根据古代道德-精神样板弘扬道的个人和集体的积极性;手段——人所扩展的德(精神原型"五常"的概括性表达和社会形态的道的道德类比);精神领袖——君子;最终的目标——通过"小康"社会的中间阶段,建设"大同"社会。儒家的哲学信条用"好学"("哲学")这个术语来表示,它与道家的"绝学"概念相对立。

道家和儒家基于世袭的文化原型发展出了各自道的原型。它们充分地反映在书面文献《淮南子》(前2世纪)和《白虎通》(前1世纪)中,这些文献对古代道家和儒家的发展做出了总结。然而,这两大学说虽然在世界观上有不同的指向,但如果在《易经》的基础上结合起来,或许能够形成一种和谐的综合学说。这种和谐综合是双方在中国漫长的历史长河中试图实现的,在郭店发掘的竹简特别能证明这一点。

应当指出的是,在战国时期,还存在过其他哲学流派,其代表人物积极地与道家和儒家信徒展开辩论。其中占有特殊位置的是伟大的智者和中国逻辑及认知理论的创始人墨翟(前5世纪)及其追随者——"后期墨家"。他们为了将自己导师的原则付诸实践,创建了为"兼相爱""交相利"的理想而奋斗的独特团体。墨家是这些年代产生的工匠、商人、浪迹天涯的学者、读书人等人数众多的阶层的代言人。

与儒家相反,墨翟及其学派所倡导的上下之间关系的调节,并不基于礼仪,而是基于在社会中贯彻百姓和明君的"圣王""尚同"的契约原则。墨翟试图将自己的学说与"天命"相提并论,同时反对儒家关于每个人的命运都是预定的见解。

在前3世纪—前2世纪之交,墨家失去了其继续存在的社会和思想基础,退出了哲学舞台。直到18世纪末,特别是在20世纪上半叶,墨翟具有民粹主义性质的类似于原基督教乌托邦的思想才再次引起列夫·托尔斯泰等研究者和道德家的关注。

总的说来,儒家、道家和《易经》按照道的原型模式对道文化——宇宙和人真正的道的和谐——进行的修复,部分地运用了战国时期"名家"

的精神价值、共相和范畴，实质上成为中国精神文化和文明的基础。这一自觉而又有明确目的的修复变成了真正的创造。它根据时代的需求将神话和宇宙的纹（形象地说是龙纹）变为文化的"文"（道的纹）及其"明"，并将它"化"于时代的需求且体现在中国精神文明（文明、文化）中。本书的基本内容论证了所有这一切。

通常，精神文化的概念及其范围仅限于哲学和宗教，即反映精神和灵魂的那些理智和信仰领域。在本书中，这些框架得到了显著的扩展，而且在我们看来是有理由的：每个部分都根据其对象和方法的特色反映了道的精神文化的发展。例如，文学以神话-仪式性祖先的道为出发点，在精神话语中掌握其奥秘（《易经》曰："神也者，妙万物而为言者也"），在道的原型模式中，以音乐和诗歌的韵律展开，编织出一幅浩瀚的道的精神心灵之书卷（《易经》曰："《易》之为书也，广大悉备，有天道焉，有人道焉，有地道焉"），其流派、体裁、风格倍增，在神形、兽形与人形的形象中体现了《易经》、道家和儒家的道，以氏族和社会礼仪使之充满活力，在口头和书面语中把它们拓展到人民的广度，提升到中国官僚等级的高度，在人及其自然环境中将它们本体论化，以精神的道充盈现实。

历史意识也起着精神变化的作用。中国史学的奠基人之一司马迁（前2世纪—前1世纪）将历史进程视为封闭的循环。司马迁运用阴阳家学派主要代表邹衍（前4世纪—前3世纪）提出的原理，把这些循环投射到五行——道的原型的物理建构上。根据五行的数量，司马迁引用了临近他所处时代的相互更替的五个王朝：英雄大禹的王朝与土元素相关，夏朝与木元素相关，殷朝与金元素相关，周朝与火元素相关，秦朝与水元素相关。继秦朝之后，又从土元素开始了新的历史循环。

司马迁就这样将朝代置于原型模式中。然而，这还仅仅是历史自发的现象部分，它借助于原型结构载入中国的宇宙学。同时，历史的道德意义表现在"五常"的五种精神美德中，它们与"五行"和朝代所指称的物理元素一起，通过道的原型产生联系并循环往复。在它们中间起作用的还有性情率直、孝敬长辈等。这种理解历史意义的原型方法，在中国的世界观中牢固地占据了一席之地。它被运用于建构古代的历史概念，也在现代使用。因此，历史意识的部分理所当然地包含在精神文化的构成中。

读者或许最没想到的是，中国的经济思想会被纳入精神文化的范畴，然而自古以来，正是在这里，"利益"这一经济原则与"责任/正义"这一精神原则之间最密切的联系可以得到追溯。例如，为了平定天下的混乱，儒家提出了两个相互关联的社会观念：其中第一个被称为"大同"，它对应于"天下为公"的和谐阶段。"大同"之后，混沌时期到来，"大道既隐，天下为家"，为了克服这种失去和谐的状态，儒家提出了"小康"这一过渡性的概念。它完全基于道的精神原型，在《礼记》中能够见到对它的清晰描绘："今大道既隐，天下为家。各亲其亲，各子其子，货力为己。大人世及以为礼，城郭沟池以为固。礼义以为纪，以正君臣，以笃父子，以睦兄弟，以和夫妇，以设制度，以立田里，以贤勇知，以功为己。故谋用是作，而兵由此起。禹、汤、文、武、成王、周公，由此其选也。此六君子者，未有不谨于礼者也；以著其义，以考其信，著有过，刑仁讲让，示民有常。如有不由此者，在势者去，众以为殃。是谓小康。"

上述概念，现在已经按从"小康"奔向"大同"的顺序，表现在中国的现代生活中。然而，它并非作为遥远古代的令人难忘的事实，而是作为官方构建和谐发达社会的文化、政治和经济纲领。例如，中国的"中国特色社会主义"建设就是在更新小康观念的背景下进行的，小康将每个家庭"实现平均收入"和全民"建设精神文明"结合起来。"精神文明"应该吸收道的精神文化中的一切精华。与此同时，它的影响力还超出了中国的边界。对于亚太地区而言，形成诸如"儒家文化圈国家"正在成为现实，其中"道"的儒家精神文化在社会和经济进程中发挥着主导作用。因此，经济思想的篇章在这套百科全书中有其应有的位置。我们在制定本套书的编撰体例时，每个部分的基本原理都是相同的，这反映在文章内容中，因此没有必要在这里正式介绍所有这些基本原理。

中国精神文化的演变与分期

中国精神文化的演变始于它的源头——道的氏族原型。最初它以生动的螺旋曲线内接天地的宇宙纹理，人类就在天地之间，位于宇宙的中心。作为集体氏族共同体的一部分，圣人从宇宙纹理中读取和谐恒常的典范，将其固定在氏族的记忆里，并以精神自我调节的新内容补充它们，将它们再次解读为天地纹理。所有这一切均由人通过集体的神话仪式交流来实施，其快慢与大自然的阴阳节奏一致。由于这种解读，道的精神象征以动物化、神化或拟人化的形式在氏族的意识中形成。《山海经》（前4世纪）中的凤凰就是这方面的例子，它是氏族的精神象征。在凤凰的身上，在低吟、舞蹈和以自然补给能量的过程中，在五彩纹理中，"五常"原型的精神螺旋形图式得以显现:"有鸟焉,其状如鸡,五采而文,名曰:凤凰。首文曰德,翼文曰义,背文曰礼,膺文曰仁,腹文曰信。是鸟也,饮食自然,自歌自舞,见则天下安宁。"

随着氏族向国家过渡,道的原型被人类主体复制、图式化,并转移到与之一起被人类主体积极运作的领域,而不管自然节奏的交替和存在的循环过程。与此同时,精神的氏族象征也历经变化,在图式化的过程中撕下了它们的神化、动物化和拟人化①的面纱,其纯粹的概念本质得以揭示,迅即得到了口头名称和书面象形文字符号。老子曰:"吾不知其名,强字之曰道,强为之名曰大。"在破除道的神话性时他如此言道。

精神文化之书建立在由宇宙纹理、图形符号和象形汉字组成的"道"的原型螺旋形图解之上,成为内容丰富且具有严格的固定联系和一定数量的概念共相——五阴和五阳范畴。根据正在发生的社会变化,相同范畴名称的新层次建立在它们之上,只不过充满补充的意义,并通过新的联系结合在一起。在这个同心的结构里,每一个范畴层次都是对上一层次的注释、补充、发展并改变"道"的精神面貌。这些层次被松动了,在节点连接之间布满了补充的连接链和范畴,并被压缩,恢复到原初的规模。用古代经典大师的话来说,精神的"道"的文本呈现着变化。

道文化的层次按照"结"或"系"的方法层层相连。例如,根据《易经》八卦和六十四卦的图形系统,复制着铭刻在宇宙纹理中道的原型,天、地之道的画面完全交织在一起。这是氏族祖先与宇宙原型基础联系在一起的第一层。接下来是新的一层,它由引入新的循环、节奏和舞蹈的新形象和词句构成,以圣人与八卦和六十四卦图联系起来,如《易经》曰"圣人立象以尽意,设卦以尽情伪,系辞焉以尽其言,变而通之以尽利,鼓之舞之以尽神",从而将创建变化体系的优先权交给圣人。

接着是第三层,即哲学家作为作者创作的层面,它与第二层(其中包括连接六十四卦的词句)联系起来。这一方法程序在《易经》中是由孔子亲自完成的:"易曰:何校灭耳,凶。"接下来,孔子将自己的阐释与这一覆盖层词句联系起来。"子曰:危者,安其位者也。亡者,保其存者也。乱者,有其治者也。是故君子安而不忘危,存而不忘亡,治而不忘乱,是以身安而国家可保也。"

在道家的论著,例如在《道德经》中也可发现同样的情况。与圣人

---

① 也可译为:神形说、兽形说和人形说。——译者注

有关系的新论旨将作为其结果的某个原初的（原型的）论旨联系起来："为者败之，执者失之。是以圣人无为故无败，无执故无失。"

应当指出的是，将道文化演变的阶段联结起来的"系"（反之为拆解）的方法，具有普遍性。它无所不在——无论是在印度文化的"真言"里（一个囊括无遗的好例子是吠陀语料库的创建和基于它的哲学学说），还是在希腊的逻各斯文化中（在神话转化为逻各斯的任何环节中均可发现）。

有趣的是，"系"的方法，还在英语"引导程序"直译的称谓中，在现代物理学中表现出来。它奠定了将量子力学和相对论相结合的粒子理论的基础，这样一来，保证了西方基础科学方法的激进突破。这一理论的实质集中在拒绝探寻物质宇宙的"最初组成部分"，并将其视为相互关联的事件的动态网络。在建构科学世界观的领域里，"引导程序"理论被引入"引导"哲学的框架中，并被誉为"西方思维最深刻的体系"。显然，在其基本的原理中引导的方法类似于"道"文化原型的同心的扩张和收缩方法。只是道的原型不仅包括物质，而且还包括人的心理和意识。"引导程序"方法和"引导程序"哲学的理念再次证实了：第一，基于螺旋原型文化起源方法的普遍性；第二，"引导性"无论在哪里显露，无论是表现在自然科学中还是哲学中，均既不是独一无二的特点，也不是"西方思想体系"的首先发明；第三，新，就是很好被遗忘的旧。

因此，中国精神文化的演变是对道文化最初本义和形象的层层扩展的注释。每一层都是道的精神起源的一个阶段，以万花筒般的概念和美学形象呈现出来。这种演变运动的驱动力是人类社会的自然（大自然）和历史（文明）的脉动，以道为中心，以它的精神导师——圣人和哲学家为代表。它们与道一起被理论化，与其外形和含义合而为一，与此同时，其注释外壳涵盖了社会的所有生命过程。因此，根据人文主义的目标倾向，精神文化每层的范畴都充满含义内容，它们中的同一套系统在内容方面可以是哲学的、宗教的、政治的、伦理学的，等等。

这并非通常归因于象形文字并被研究者们称为"概念混合主义"的道文化的缺陷，而是哲学语言毋庸置疑的优势，它能够在一个螺旋式的范畴模式中表达道的辩证意义的全部丰富性。除此之外，必须考虑到易学、理学和儒学三大学说中的每一个学说，都提出了自己的分层注释的含义展开，这可以在单个的范畴中得到展现，例如"仁"的范畴。

在仁的神话仪式的象征化中——这就是图腾鸟凤凰——歌者（神话）

和舞者（仪式）世界观身体上的色彩花纹（文），承载着天下和谐的精神意义："膺文曰仁……见则天下安宁。"

在《易经》中，仁被纳入道的宇宙精神生成："一阴一阳之谓道，继之者善也，成之者性也。仁者见之谓之仁。"

在道家老子那里，仁爱与友爱紧密相连，充满善心："与善仁。"

在孔子那里，仁被置入人之道的生成，有其家族和宗族关系的基础，而在家族和宗族关系中，有对长辈的敬畏："君子务本，本立而道生。孝弟也者，其为仁之本与！"

按照道的原型模式对范畴的并置和关联，保障了它们的自我反省，其中每个范畴内的阴阳的对立通过中间环节相互反映，具有正负的模态。这极好地彰显了老子的一系列回文式的哲学范畴："为无为""知不知""学不学""德不德""道可道"等。与此同时，每个范畴也反映了范畴的一般原型结构，并揭示了五个词义。当孔子被问及仁时，孔子曰："能行五者于天下为仁矣。请问之，曰：恭、宽、信、敏、惠。"仁的范畴可以过渡到下一注释层面，并且不是以其专有名称，而是以同义词和范畴定义关系从上一注释层面移到下一注释层面，构成无穷多的填字游戏。

道的精神文化演变的分期乃是其层层叠叠的形成过程，它与中国社会的历史进程交织在一起。它历经氏族社会、过渡社会、国家体制社会的阶段，继而改变其形式，直至现代的共和国。每一重要的历史阶段都会在精神文化的同心建构中对应于自己的圈层。通常，这些阶段由王朝统治的更替来划分。因此，在这套百科全书里，材料的呈现在形式上是按朝代、按时间的先后顺序进行的，但对应为欧洲纪年法，并在道特定的文化层面的语境中对具体现象进行分析阐释。毫无疑问，在诸如哲学、宗教、艺术等某个特定学科领域内部，精神文化演变的动态进程可能不尽相同，有时会断断续续，或是以儒学，或是以道家，或是以易学，或是以中国佛教，或是以它们的综合思想构成为主导。然而，本套书所提出的分期方法考虑到了所有这一切，并有助于再现道的精神演变的总体图景。

新欧亚主义与文化的交响乐

关于中国精神文化百科全书式的编撰工作，是由既在中国本土，也在整个亚太地区所发生的现代进程所推动的。首先，这直接涉及文化—文

明人类学的问题。建构中国精神文明的规划面向教育体系、学者和政权机关提出了塑造新人的任务，它在"以人为本"的纲要中得到言简意赅的表述。历史表明，在从一个发展水平过渡到另一个发展水平的过程中，没有哪一个文明过去和现在解决过这样的问题。

例如，在《山海经》中早已记录了从氏族到国家的过渡，谈到了"能"与"不能"从事经济和政治活动的人的新范畴："此天地之所分壤树谷也，戈矛之所发也，刀铩之所起也，能者有余，拙者不足。封于太山，禅于梁父，七十二家，得失之数皆在此内，是谓国用。"

孔子实现了在精神和道德基础上构建文明的思想，提出了一种理想的新型完人——君子，集"学问"和"自然"的和谐于一身："质胜文则野，文胜质则史，文质彬彬，然后君子。"

道家的创始人老子提出了人与自然统一的理念，塑造了新型的完人——精神领袖，在人造的社会宇宙的那一边，领导着自发形成的精神世界："知其荣，守其辱，为天下谷。为天下谷，常德乃足，复归于朴。""朴散则为器，圣人用之，则为官长……故大制不割。"

所有这些新型的人被作为中国所有民族共同体理想的主体提供给社会。

历经数世纪，中国文明已经过渡到了下一个历史阶段，再次号召必须塑造新人。与中国接壤的一些国家的人民，乃至整个人类都有兴趣知道，这将是何许人也？会用何种方法和精神材料来塑造他？他的理想是否在永恒的天地间的宇宙中心，即在其精神发祥地得以确立，抑或这一理想被置于底层大地之上，置于物质价值和道德邪恶统治的领域？他是何种类型的人：仅是一个中国人，抑或是一个新的地球人？我们应该如何以及基于什么精神基础与他建立关系？他会向我们提出什么样的人道主义要求？我们对他又有什么样的要求？显然，这并非地域性民族的问题，而是一个普遍的课题。中国正在向全球提出其人类学的挑战，而这一挑战我们必须共同面对。

中国的道文化是一种土生土长的文化。它有一个原型基础，并在此基础上持续产生了国家民族的精神价值。这方面的一个例子是公民道德，这是一个发展社会道德原则的纲领，其中包括了数千年高深的精神传统价值。在亚太地区国家政治和经济一体化以及中国融入全球化进程的条件下，中国的道的民族精神价值可以发展成全人类的、能影响其他民族的精神生活的倾向。对此该怎么办：否定抑或接受，保持沉默抑或寻找自己的文化原型并与之对话？它们会带来什么——"中国化"的危险抑或民族文化发展的促进因素？其影响的边界以及整个中国的边界延伸到什么地理范围？中国的道的景观在中国境外是"自己的"还是"异己的"？

中国位于欧亚大陆，不可避免地会参与欧亚世界观的形成，因而，了解中国精神文化对于俄罗斯具有原则性的意义，这对在最为复杂的时期培养民族自我认同思想至关重要。就其位置而言，俄罗斯位于世界上所有伟大的文明，如欧洲－日耳曼文明、美洲文明、希腊文明、中国文明、日本文明、阿拉伯－伊斯兰文明、乌戈尔－芬兰文明、突厥文明的交叉路口。俄罗斯在"历史轴心"上使东西方紧接在一起，这为文明的形成和发展设定了循环周期，使它在欧亚大陆活生生的有机体中发挥了纽带作用。历史不止一次地表明，欧亚大陆所有文明的精神以及随之而来的智力上和身体上的自我感觉在很大程度上取决于俄罗斯精神上的自我感觉：无论是精神因素胜过智力和身体因素，还是智力和身体因素胜过精神因素。因此，在其内在实质和外在表达中了解其他文明的精神文化，是不同文明以交响乐的方式相互接近的必要条件——在保持自身独特性的同时，维护它们的平等和统一，百科全书《中国精神文化大典》的使命就在于此。

了解邻国的精神文化及其相互作用对于俄罗斯来说具有特殊的意义。

首先，中国的精神文化在地理上和种族上有着根深蒂固的深厚传统，历经不间断演变的漫长道路，为世界精神价值的武库做出了重大贡献，并给予日本、韩国、越南、蒙古的精神文化以生气勃勃的推动力。其身后有着数千年的精神经验，掌握了精神共相的集体再生产手段。揭示这种文化的真正面貌有助于俄罗斯精神上的自我反省，并在自己的精神文化中突显一系列亚洲特点。也许读者可能会感到惊讶，但是，例如，人道主义（仁爱）作为俄罗斯精神的一种特质，最初便具有广泛展开的亚洲根源。这一论点源于仁爱的理念和基于人与人之间关系的和谐、人与周围自然世界的和谐、人与国家之间的和谐——这些基本的价值既是俄罗斯欧亚主义，也是我们亚洲邻国的民族意识形态所素有的。中国古代文献《中庸》里的名言"仁者，人也"美妙地"响彻"在这一语境里。

其次，俄罗斯精神上的自我反省具有现实意义并使新欧亚主义的理念具体化。应该专门指出的是，现代俄罗斯欧亚主义是影响到全球客观存在的事实，是地理的、人文的和社会的现实。俄罗斯包括欧洲和亚洲的部

分空间，并将其连接到欧亚大陆，集欧洲和亚洲文化元素于一身，综合了人类学宇宙品质最高的精神文化。俄罗斯欧亚大陆的遗传密码对应于特定类型的世界观，这种世界观浓缩在欧亚主义的理念之中，自俄罗斯诞生以来它就一直存在，然而，它是思想家小圈子的精神财富，遗憾的是，真正意义上的它仅保持在人们的潜意识层面，或者以不适当的宗教形式表达，却被外来的投机的政治学说控制，并被有欧洲中心主义取向的政权蔑视。目前，这些学说变得走味了，以焕然一新的形式出现的欧亚主义理念在俄罗斯族群自我意识中浮出水面。其复兴、范畴化并植根于民族土壤的主体——是俄罗斯科学和精神精英的代表，杰出的俄罗斯哲学和宗教欧亚主义思想家的继承者。

对于俄罗斯来说，新的欧亚主义理念，不仅是解决地缘政治问题的关键，而且也是解决俄罗斯民族的人文精神自我认同问题的关键，并揭示了俄罗斯文明的精神奥秘及其目的论和原则形成基础，没有这一点就不可能与任何一个文明达到相互理解。新的俄罗斯欧亚主义理念赋予俄罗斯文化新的力量，这些力量将俄罗斯民族的其他文化吸引到使人有好感的领域，并为它们开辟了共同发展的新视野。

新的俄罗斯欧亚主义理念给予俄罗斯文化团结和俄罗斯文明繁荣的内在范式，形成伟大民主的俄罗斯复兴的世界观基础，并作为其强国建设的意识形态。它集中并相应地反映着所有民族、所有社会阶层、所有宗教信仰最共同的、生命攸关的切身利益：恢复俄罗斯民族的激情，并肯定俄罗斯人民因共同的历史命运而团结一致的聚合性、互助与合作的原则。

作为欧亚主义的普遍原则，新的欧亚主义理念不仅具有纯俄罗斯和俄罗斯联邦的特色，而且也具有全球的特征。欧亚主义展示了其他文化、文明、族群吸收某些文化、文明、族群的多种可能的抉择方案，它是全球文明间关系未来新秩序的组成部分之一，这些关系能够保障文化和文明的生态，保护种族和文明的多样性。欧亚主义肯定这一点：欧亚主义乃是世界发展的要素，并强调对历史进步的理解恰恰需要各种不同文化的平等和相互丰富。

新欧亚主义是俄罗斯文化伟大聚合性的人文传统的接受者、继承者和保护者。它为克服自古相沿的东方－西方、北方－南方的两极分化提供了可能，并为欧亚空间里所有国家的繁荣发展开辟了道路。新欧亚主义具有独特的机制，能够确保欧亚文化的协调、共同发展和共同繁荣，使深厚的民族传统得到提升、复兴和充满崇高精神，揭示其起源，显示其统一性和差异性，并形成其协调的方式。

在理论和实践的横断面，新欧亚主义带有整个欧亚文化的遗传密码，并将这密码植入民族的土壤和文明的现实（文明的"位置""发展之地"），从而将文明体系精神内核的神圣奥秘祛神圣化，消除封闭的反射作用，并倾向于开放性。与此同时，它保障每个族群文化的无冲突、存续和繁荣发展。

自古以来，欧亚主义的这些规律性在中国文化中清晰可见。例如，它们都反映在墨家的意识形态中，并直接反映在墨子的十项原则中，如"兼相爱，交相利""强扶弱""贵义"，等等。中国现代性以19世纪80—90年代就宣扬的洋务原则（中国完美的精神道德文化与海外工程学技术的结合）为标志，以孙中山在20世纪初发展的创造性借鉴外国经验的原则——化西，如今在开放、改革和现代化的基础上，建设"中国特色社会主义"以及"社会主义精神文明"，"以崇高的精神塑造人"。

所有这一切都证实了欧亚主义的全球客观性，其全球性表明中国精神文化并非与新欧亚主义格格不入，它是其民族文化学的变型。

在世界观的维度上，新欧亚主义创建了一个全球领域，这使得其中的每一种文化，第一，具体化了与其他文化的关系；第二，都重新发现了自己的传统，并积极朝着自我认同方向发展；第三，都根据其性质获得存在和发展的途径；第四，都与其他文化共同参与人类精神词汇的开掘。因此，所有的文化都获得了统一，消除了文化间发生冲突的可能性，进而达到了文化交响乐的状态。

在这个领域可以实现中国和俄罗斯文化真正的对话。从中国方面来看，即将奋起的是一个具有高度精神性的人；从俄罗斯方面来看，即将奋起的则是一个新欧亚人。他们将运用人类精神词汇进行对话。我们出版的百科全书《中国精神文化大典》会在文化交响乐战略中促进这种对话。

善于思考的读者会注意到，中国确实拥有植根于自然景观和中华民族的强大文化。它基于自己的原型，拥有道的名称，专心于人的精神再生产，使真正的本体具有遗传密码。它铭记自己的过去，洞悉自己的未来，使自己的智者、诗人和哲学家发挥启迪作用，并借他们之口说出预言。它既具有可塑性，同时又是稳定的，不惧怕外来文化的入侵，并时刻准备和这些外来文化进行对话。这是一种与伙伴的原型协调构建的对话。是什么，是谁站在古代俄罗斯一边？数十年来理论家们都在谈论俄罗斯文化，却让它无名。俄罗斯文化叫什么名字？它的原型结构是什么样的？谁是我

中国精神文化大典 艺术卷

们觉悟了的精神文化的先贤和先知？俄罗斯精神文化在数百年中是如何在中国文化所掌握的领域中表明自身的？中国古代哲学家庄子（前4世纪—前3世纪）曾经说过，道在秋毫之末。无论往哪里看，无论看何处，无论做什么——道无处不在。中国的大自然－人的宇宙就是如此。

在俄罗斯文化中，也有这样的宇宙，即便不是文本构造的，那也是诗意的。这便是——普希金，他的名字在我们这里已经变成了生命的源泉和日常的生活形象。上苍令他成为先知，并说出俄罗斯文化原型的名称：

于是我听见上帝的声音在呼唤我：
起来，先知，瞧吧，听吧，
按照我的旨意行事吧，
走遍陆地和海洋，
用言去点燃人们的心灵。

言是俄罗斯文化之名及其原型。俄罗斯之言与中国之道、印度之真言和希腊的逻各斯作为原型之名一样，它们都具有言——话语、言语、说话的词义。

对言的歌唱并非只有先知普希金一人，还有罗蒙诺索夫、果戈理、托尔斯泰、陀思妥耶夫斯基，他们用不同的体裁创作做到了这一点。但是，重要的是，人们已经证明，言的原型亦即我们的欧亚空间，不是无亲无故和无精神的虚空。普希金表明，自己的祖国有先知！根据他们所给定的言的原型，我们可以恢复自己的精神性，并与任何精神文化建立对话。

最后，应当强调的是，在十余年里，百科全书《中国精神文化大典》的概念一直发生着变化和发展。在1994年《中国哲学百科词典》问世后，我们产生了超越中国哲学史这一中国文化的精神内核的想法，并试图展现中国精神文化其他部分——历史、文学、艺术、宗教、政治、法律和军事思想的丰富内容。

编撰这样的大典的想法得到了中华人民共和国文化部同行、中国大使李凤林、武韬、张德广、刘古昌，香港著名商人许智铭博士，以及美国学者、黄兴基金会代表薛君度教授的热烈赞许。这个想法还得到玛格丽特·基维特女士——美国著名的基维特慈善教育基金会（美国波士顿）的代表的支持。多亏他们的精神和物质支持，编委会才能够召集到一个高度专业的作者团队，邀请的不仅有俄罗斯科学院远东研究所和莫斯科东方研究所的重要学者,也有一些来自圣彼得堡、乌兰乌德、符拉迪沃斯托克(海参崴)、新西伯利亚和中国的著名专家。筹备关于中国精神文化的两卷本百科全书的最初计划,已经成为出版五卷本百科全书《中国精神文化大典》的大项目。

  同时,这套百科全书的编撰者觉得完全有必要说明,这五卷不管是从内容角度来看,还是从分析深度来看,都还与充分地揭示世界上伟大的、最古老的"活的"文化的全部丰富性和独特性相距甚远。我们希望新一代汉学家在与中国学者更紧密的合作中完善这项工作。

季塔连科:俄罗斯科学院远东所所长、院士

卢基扬诺夫:俄罗斯科学院远东所中国文化研究中心主任、首席研究员

(夏忠宪译)

作为汉学集大成之作的《中国精神文化大典》

А.И.科布杰夫

人与其他任何动物之间的主要区别在于人拥有和积极地运用非遗传的信息,即文化。文化在其历史发展中,类似于黑格尔的绝对精神,越来越少地依从于体现它的物质形式。人类的进步恰恰在于物质与精神文化之间的平衡日益变化,有利于后者,最终导致在智力圈理念中形成自我意识。提出这一理念的是20世纪两位杰出的学者和思想家——一位是法国籍的耶稣会士德日进,他在中国生活了20多年,参与鉴定了北京猿人;另一位是使他产生灵感的俄罗斯的В.И.维尔纳茨基院士。令人惊讶的是,诺伯特·维纳的控制论和阿兰·图灵的算法"机器"理论、"通用计算机"理论等其他计算机工艺学的组成部分是同时创建的,并且独立于它们。

智力圈在现代以全球信息文明的身份出现,它的形成至少需要具有三大有重大价值的发明:文字、印刷、计算机。

汉字是当今尚在使用的文字中最为古老的文字。它具有现代信息工程工艺学最宝贵的品质特点,诸如形式化(半人工的、接近逻辑语法的、等级上标准化的、广为术语化的词汇)、紧凑性(自我归档和以超文本的形式展开)和视觉的象征化。

中国印刷术传统同样也是世界上最古老的,因为它起源于这里,此外,它有机地集排字和雕版印刷术于一身,创立了心智分析与视觉综合的统一。

固定在中国书面文化的原型——《易经》从形式上(数量上和几何上)有机地组织起来一套爻、卦——中的普遍二进制的符号化的原则,预示了后来的逻辑运算和莱布尼茨的二进制算术、布尔的二进制代数,而且还被运用于现代的计算机。其首个典范是约翰·阿塔纳索夫在1937年设计的二进制运算法。

因此,上述中国人的发明可以被认为是产生现代后工业文明信息技术工程的先驱,它们在世界智力圈内,在我们的眼前将一切人类知识变成互联网式的超级百科全书。

在这些条件下很难重新评价任何一部参考书,尤其是重新评价关于中国的百科全书的意义。中国本地土生土长、不间断发展的、最古老的文明成就了当今全球化的世界上最大的民族共同体。它向西方先进的"黄金十亿人"①展示了一种同样卓有成效的替代生存方式，同时保留了完全不同且完全独特的文化基础。如此令人印象深刻的成就要求人们对它具有同样清楚的认识，但如果没有关于这一现象真实可信和多方面的信息，则是不可能认识的。

1912年在俄罗斯由著名的布罗克豪斯叶弗龙出版公司出版的书，是最早接近解决编撰关于中国精神文化百科全书问题的。它有代表性地选择了与俄罗斯有密切联系的В. 格鲁别（他在彼得堡工作，师承В. П. 王西里）关于中国文学、哲学、宗教的单行本。该书非常成功地冠名为《中国精神文化》，尽管其内容并没有这么宽泛。它的主要部分在当代的再版证明，它至今仍未丧失意义（参阅《中国面面观》，第1册，莫斯科，2003年，第15—81页；第2册，2002年，第102—109页、第172—209页；《中国史》，莫斯科，2003年，第103—213页）。同样富有象征性的是，正如序言"编者按"所表明的那样，1912年此书出版的动机针对的是新的全球化形势——"世界联盟"：过去分散的国家和民族进入了"密切而多样性的且愈加复杂的互动"，某些历史进程变成了"全世界的历史——囊括整个人类的统一进程"和"我们星球上所有有人居住的层面"。（В. 格鲁别：《中国精神文化》，圣彼得堡，1912年，第3页）

这一被В. 格鲁别同时代人的许多见证所证实，又以似曾相识的效果令我们吃惊的、首次尝试的全球化图景，在世界大战状态下被世界联盟激进地改画，并被尖锐地划分为敌对的联盟。但后者同样也导致了两大"阵营"——或三个"世界"内部的联盟，提高了一体化的整体水平，并为一个世纪前"铁幕"崩落之后的世界全球化创造了更为严峻的先决条件。在这种情况下，对统一世界舞台上的重要角色的精神面貌和文化价值的了解，就具有特殊的、至关重要的意义。得到公认的是，中国就是这样的角色，它发挥着越来越重要的作用。中国文化具有独立发展创纪录的持续时间，不仅在其体现者的数量上，而且在内在复杂性的程度上，无疑是世界的引领者。

由此可以直接得出结论：必须最充分、最准确，同时又最方便和最紧凑地描述中国文化的精神特色。而这些特征要求明确地对应于百科全书

---

① 20世纪70年代中期，人们首次谈论"黄金十亿"。它是西方发达国家人口在资源有限的情况下生活水平相当高的一种表达方式。它与美国（3.105亿）、加拿大（3430万）、澳大利亚（2250万）、欧洲联盟（27个国家，总共5亿）、日本（1.274亿）等国家和地区的总人口有关。——译者注

的形式。这一形式的形成恰逢欧洲启蒙运动时代，而其发展自"百科全书派"时代以来，已成为在现代西方文明构建中占主导地位的智力因素之一。

编撰这样一部"汉学集大成之作"，应当基于对中国"精神文化"历史和逻辑的整体描述。中国"精神文化"作为遗传内核，始终决定中国文明的现象型形式。正是这样，中国自古以来一直将自己理解为"礼乐之邦"，其中"文"与质、朴，以及更原始的野与武的对立，被认为是一种赋予符号意义的活动，这首先体现在审美化的象形文字和文学中。由"文"派生的"文化"一词形成于西汉时代。①当时著名的学者刘向写道："凡武之兴，为不服也，文化不改，然后加诛。"在20世纪，这个词已相当于现代西方的"culture"这一术语，在非严格的划分中带有与文明同一"词根"所派生的含义。"焕然一新，此之谓文明"，这可以追溯到周代的文本：《尚书》和《易经》的注释部分。

19世纪末至20世纪初在北京出版的华俄大词典（巴拉第、柏百福，1888；因诺根基亚，1909）尚未记录此类术语。《哲学辞典》专门用来解释西方的术语，1925年由樊炳清在上海出版，文化（culture，Kultur）的概念得以界定，辞典中突出了教化（教育、学习）和修养（教育、培植、完善）两个词，但指出了可以使用"文化"来传达这一西方的概念，而"文物"则可用于对"文明"这一术语的翻译。六年之后，在P. 马修斯的辞典（上海，1931）中，教化和文明被界定为"文化"和"文明"，而文化被界定为"文明"和"文化"。时过两年，在《王云五大辞典》（上海，1930）中"文化"与"культура"（culture）平等地得到了规定。后来，文明与"цивилизация"（civilization）一起被平等地收录在宏大的百科全书式详解辞典《辞海》（上海，1947）里。

从上述简短的补论中可以看出1939年B. M. 阿理克院士所写的这段话的正确性："文化的这一称谓本身表明了它与儒家文学思想意识的直接联系，因为文化一词可以通过'文学启蒙（或影响）'来表达。"（B. M. 阿理克：《中国文学研究》第一册，莫斯科，2002年，第41页）

中国文化特有的文学性质无可争议地由另一个源自"文"的现代术语——"文学"所证实。它可追溯到孔子的《论语（第十一章）》中，其

---

① 在中国古代，"文"与"化"联缀使用最早见于先秦时代的《易经》中，"观乎天文，以察时变；观乎人文，以化成天下"。而"文化"一词正式出现是在西汉刘向的《说苑·指武》中。——译者注

中这个词的意思是"以文学为教也"(在不同的翻译里,"文化"和"文学"出现的概率相同)。儒家哲学的确是在古代中国将文学-文化联系起来的焦点。儒家哲学认为文的创始人是前11世纪周王朝的奠基者——文王(即字面意义上的"文化主宰"或"文化之王")(《论语》第九章),他使自己的信徒——来自将过去理想化的文人(《尚书》卷四十八、卷五十六)成为文学志士(《韩非子》卷四十六)。

从语文学方面看,"文"这个术语具体表示韵文文本或者追荐祷告体裁;从语言学方面看,"文"这个汉字表示交错呈现的纹理——"错画"①,如第一部大型汉字辞典《说文解字》中的定义,其名称本身也可反映出来。"文"这个字在最大的程度上与周围世界基本意象相似,如天文,或地上的鸟兽之纹、虎豹毛皮的斑纹,或人的文身和手纹,或钱币上的图案和甲骨文。同样,文也系统地反映在阳"—"和阴"--"的"错"和"纵"的抽象语言之中,它们构成"书之书"的卦(三爻卦和六爻卦)。《易经》可供选择的另一个名称《周易》表明它是与周代的文化传统一致的。

在现代语言中,"文"这个范畴并未丧失其语义广度,它一方面表示文字,而另一方面表示文明或一般的文化,包括其精神的(文学)和物质的(文物)以及延伸至大自然的对象(天文学)。

文化-文之最大的奥秘就在于中国历来对人为与自然、人与神的对立的扬弃,这是西方再熟悉不过的,它包括哲学和科学、文学和艺术、诗歌和散文、文言和文物。

中国人自身在编撰各种文选、辞典和百科全书方面,传统上就是"世界冠军",其各类辞书是整体描述自身文化成就的信息库。中国学者在20世纪上半叶掌握了西方的科学标准后,便开始从事新的学科——文化学。黄文山(他名字的第一个汉字就是文化之意)于1932年开始发表这方面的文章。在这之后,中国学者的活动已获得了特殊的意义。所有这一切甚至促使Б. М. 阿理克在1948年断定:"事实上,欧洲汉学家所起的参考书的作用已经结束:现在已经不可能追赶上中国人了。"(Б. М. 阿理克:《中国文学研究》第二册,莫斯科,2003年,第262页)

Б. М. 阿理克在一卷本《中国文学家大辞典》的书评里得出了他的结论。这部辞典囊括了近7000名文学家,1934年由谭正璧首次在上海出版,

---

① "文"字,《说文解字》的注释是"错画也,象交文",即"文"的基本意义是"错画也",一是指"纹",即各种形状的线条,二是指由交错的线条所组成的图案。——译者注

1981年再版。从那时起，现代的中国学者们就已经取得给人越来越强烈印象的成果。在1980年代，已是二卷本的《中国文学家辞典》（《中国文学家辞典》1—2卷，成都，1980—1983），其范围仅涉及从上古到唐代（618—907）部分的中国文学史[①]。除此之外，由马良春和李福田主编的八卷本《中国文学大辞典》于1991年在天津出版，1987年由吴文治编撰的二卷本《中国文学史大事年表》在合肥出版，书中囊括了从公元前772年至1919年的大事件。

在1980至1990年代，由廖盖隆、罗竹风、范源共同编撰的三卷本《中国人名大辞典》，囊括了近3万人，其中包括"历史人物"一卷中的14000人（1990）。另外还有更大型的二卷本《中国历代人名大辞典》（1999），由张㧑之、沈起炜、刘德重共同编撰，囊括了近55000人，近3000页。而在天津由陈炳华编撰的近1000页的《中国古今诗画名人大辞典》（1998，2002），囊括了近3万人。

在上海，出版了由施宣圆编撰的《中国文化辞典》（1987），篇幅1500多页，30个专题，包含了近10000个词条；由虞云国等人编撰的，篇幅1000多页的《中国文化史年表》（1990），收录了从旧石器时代到1949年中华人民共和国成立的现象和事件；由冯至等人共同编撰的十四卷本《中国历史大辞典》（近4万个词条），包括"思想史"（1989）和"史学史"（1983）；六卷本《哲学大辞典》，包含了近13000个词条和"中国哲学史"一卷（1985）。

在北京和上海出版了胡乔木等共同编撰的80卷《中国大百科全书》。它包含的词条数量创造了世界纪录——近10万个，而哲学（1987）和中国文学（1986）两卷的内容均非常丰富。

最后，由罗竹风等编撰的、在汉学信息方面史无前例的12卷百科全书式详解《汉语大词典》（上海，1986—1993年，平均每本1500页，大开本），其中包括近37万个词条。而在北京，1990年姚鹏等共同编撰的《中国思想宝库》（约1400页，大开本小号字）选集，涵盖了100多个文化学问题。2003年，同样在北京，由钟福邦、陈世铙、肖海波等人共同编撰的庞大的中国精神文化辞典《故训汇纂》（2700余页，小号字），其规模超出自己著名的前辈先驱《经籍纂诂》（它是此前200多年由杰出的哲学家戴震和著名的版本学家阮元编撰的）四倍。

[①] 本书涉及中文出版物信息时，有局部差错，为保留文献原貌，局部与实际不符的信息予以保留，下同。——译者注

所以,"关于中国通用的大型工具书项目",В. М. 阿理克在1944年提出,作为战后必须编撰的工具书,资料翔实,内容丰富,实际上历经半个世纪后才在中国得以完成。

俄罗斯关于中国的首批百科全书式的成果,最初由俄国驻北京的传教团成员撰写。第七届传教团(1781—1794)的小教士伊万·奥尔洛夫出版了近1000页的《中华帝国历史和地理最新详志》(莫斯科,1820)。第九届传教团(1807—1821)的团长、俄罗斯汉学的创始人Н. Я. 比丘林(亚金甫神父)赋予其百科全书式的描述以科学研究的性质,其主要的成果:《中国,其居民、道德、习俗、教育》(圣彼得堡,1840);《中华帝国详志》(圣彼得堡,1842;北京,1910;莫斯科,2002);《中国的民情和风尚》(圣彼得堡,1848;北京,1911—1912;莫斯科,2002)。它们在俄罗斯驻中国外交官的出版物中得以继续:И. Я. 廓索维慈《中国人及其文明》(圣彼得堡,1896);А. В. 涂日林《近代中国》第1—2卷(圣彼得堡,1910年),并且补充了翻译文献。

在苏联和最近的后苏联时期,已经不是由单个作者,而是由合作者和集体编撰一系列类似的出版物,它们也是按专题原则编撰的:И. 马马耶夫、В. 克罗克罗夫《中国》(莫斯科,1924);В. М. 阿理克、Л. И. 杜曼、А. А. 彼得罗夫《中国:历史·经济·文化》(莫斯科、列宁格勒,1940);М. Л. 季塔连科《在现代化和改革路上的中国:1949—1999年》(莫斯科,1999年)。

在这方面的最高成就有6本书,它们兼顾材料组织的专题原则和历史原则,综合并始终一贯地描述了从诞生到20世纪初的中华文明,它们是——М. В. 克留科夫、М. В. 索夫罗诺夫、Н. Н. 切博克萨洛夫《古代中国人:民族起源问题》(莫斯科,1978);М. В. 克留科夫、佩列洛莫夫、М. В. 索夫罗诺夫、Н. Н. 切博克萨洛夫《中央帝国时代的中国人》(莫斯科,1983);М. В. 克留科夫、В. В. 马良文、М. В. 索夫罗诺夫《中世纪初的中国民族》(莫斯科,1979);М. В. 克留科夫、В. В. 马良文、М. В. 索夫罗诺夫《中世纪的中国民族》(莫斯科,1984);М. В. 克留科夫、В. В. 马良文、М. В. 索夫罗诺夫《中世纪与近代之交的中国民族史》(莫斯科,1987);М. В. 克留科夫、В. В. 马良文、М. В. 索夫罗诺夫、Н. Н. 切博克萨洛夫《19世纪—20世纪初的中国民族》(莫斯科,1993)。

至于说作为专门研究对象的中国精神文化，在俄罗斯文献中，迄今尚未准确完整地得以呈现。在B.格鲁别有促进作用及预言精神的书首次尝试之后，紧接着出现了一系列完全建立在俄国学术成就基础上的其他成果。

后续的尝试是在1959—1960年。列宁格勒和莫斯科的汉学家共同筹备编撰多卷本的《中国文化史概要》，然而，未能印刷。这一活动的印迹散见于各出版物，相当晚才问世（参阅С. Е.亚洪托夫《中国语言研究史：公元前一千纪至公元一千纪》，载《语言学研究的历史：古代世界》，列宁格勒，1980；С. Е.亚洪托夫《中国语言研究史：十一至十九世纪》，载《语言学研究的历史：中世纪的东方》，列宁格勒，1981；В. А.维尔古斯《中世纪中国》，莫斯科，1987）。

自20世纪50年代末到90年代初，总共出现了三部研究范畴的书，篇幅都不大，均用流行的特写轻松风格写成：Б. И.潘克拉托夫总编《汉的国度·古代中国文化概述》（列宁格勒，1959）；В. Я.西吉赫缅诺夫《中国：历史篇章》（莫斯科，1974年）；И. А.阿利莫夫、М. Е.叶尔马科夫、А. С.马尔蒂诺夫《中央之国·中国传统文化引论》（圣彼得堡，1997）。其中第一部仅涉及古代，第二部涉及清代精神文化和政治文化、日常生活与风尚，第三部篇幅最小——仅涉及中国传统文化的某些方面。

迈出新一步的是Г. А.特卡琴科编撰的、信息量极大的"辞典参考书"《中国文化》（莫斯科，1999），其中全部材料——256个词条和相应的俄汉对照索引——都按字母顺序排列。然而，这一小型教科书偏重实践与教学应用的倾向决定了其内容的不完善和庞杂，而且缺乏相应的附录，也没有参考文献和引文注释。正如其摘要中所说的那样，М. Е.克拉夫佐娃尝试在"有重大价值的、百科全书性质的"教科书《中国文化史》（圣彼得堡，1999，2003）里，首次呈现"中国文化从古至今的发展和现状，以及所有构成其传统和精神价值的完整图景"。这本书无疑在材料的系统化程度和广度方面比其前辈具有优势，但其内容要窄得多，仅略微涉及了物质文化，甚至连"中国精神文化"的概念也缩小了，因为它实际上几乎没有涉及哲学方法论、教育学、科学和技术思想、医学和军事艺术。除此之外，显然，教科书的体裁使之缺乏对西方和中国文献的引文注释以及索引。

标志着这项工作大大向前推进了一步的是В. В.马良文的《中国文明》（莫斯科，2000）一书的问世。其篇幅比之前所有类似的成果大两到三倍，正如在其简介中所指出的，这是"我国首次系统地描述中国人民的生活方式和精神价值的书"。这的确是俄罗斯首部相当充分地描述中国传统精神文化的主要领域和物质文化的某些领域的出版物。但是，这一重要之作还不能被称为严格意义上的百科全书，因为，首先，它体现的是作者的"亲身经验"和"看待中国文明的本性的独创观点"，而不是对公认的和无可争议的整个汉学成就的汇编；其次，除了人名、名称的索引，还缺乏参考书式的和百科全书式的出版物的形式特征，其中包括缺少任何形式的参考书目。

在上述用俄语概述的关于中国精神文化的这个名单里，还应当包括不久前出版的两部文选，尽管选集基于至少半个世纪前的资料：《中国面面观》（2002，2003）和《中国的过去》（2003），以及Ч. П. 菲茨杰拉德的两本书：《中国文化简史》（1998）、《中国史》（2004）。

应当承认，西方汉学家从最开始就遵循如今全世界普遍接受的科学方法论，在过去的两个世纪里在上述方面已经做了大量而卓有成效的工作，尽管要么只涉及中国文明的某些领域，要么虽涉及整个中国文明，但没有分类，没有将中国精神文化作为一个独立的对象。

从19世纪中叶起，西方开始出版涉及面最广的"中国手册"：S. W. 威廉姆斯《中央之国：大清帝国地理、区划、教育、社会生活、宗教考察》［第1—2册，纽约，1848年（1883年、1901年；台北，1965年）］；W. M. 迈耶尔《中国手册：史传、神话、文学》［上海，1874年（1910年；伦敦，1924年）］；H. A. 吉勒斯《远东研究的参考文献》［上海，1878年（1886年、1900年；伦敦，1974年）］；D. 贝尔《中国面面观》［上海，1892年（1893年、1900年、1926年、1934年）］，该书部分被翻译成了俄文《按字母顺序排列的中国问答手册》，第1册，载《符拉迪沃斯托克东方研究所学报》1903—1904年，第8卷第1册；H. E. 戈尔斯《中国》（伦敦，1899年）；S. 科林《中国百科全书》（上海、伦敦），1917年；H. E. 艾克斯《中国》（哥达，1918年）。这些最早的经验逐渐得以完善［例如，参阅：R. 道森《中国遗产》，牛津，1964年；B. 霍克斯《剑桥中国百科全书》（伦敦，1982年）］，并在21世纪初编撰出了内容丰富、质量上乘的参考书，例如，德国长达千页的辞典《中国大百科全书》（达姆施塔特，2003）。除此之外，1987年，在北京面向西方用英语出版了《新中国大百科全书》，1989年，它的俄语版在莫斯科问世。

从19世纪末起，先是开始出现简明的介绍，然后是对中国历史的详细描述并倾向于对中国文化的历史概述，这些为1986年开始出版有重大价值的、包含丰富历史文化内容的十五卷本"剑桥中国史"（到2003年出版了十二卷）奠定了基础。直到20世纪中叶都沿着这样的轨道发展，尽管不算全面，但也出版了概括性的出版物、文集：H.齐索菲亚的《中国文化专题》（上海，1931）；A. F.赖特等的《中国思想研究》（芝加哥，1953）；费正清等的《中国的思想和制度》[芝加哥，1957，1973（第六版）]；C. A.穆尔等的《中国意识》（檀香山，1967）；在"认识中国"丛书中出版了董集明的《简明中国历史》[北京，1959（第二版）]。

杰出的英国科学家和百科全书式学者李约瑟与顶尖专家集体合著并持续合作，打造了巨作系列《中国科学技术史》（剑桥），这是中国科技思想史上在理论深度和事实广度方面前所未有的集大成之作。这些内容涉及从哲学、逻辑学、语言学到数学、天文学、地理学、物理学、化学和生物学的中国科学思想史。从1954年到2004年的半个世纪里，这个系列出版了七卷二十册令人印象深刻且篇幅巨大、插图丰富的大开本。

对西方汉学成果的概述表明，20世纪末西方出现了对四百年的交往和两百年中国学术研究中积累的海量信息加以蓄积的明显需求。如同任何科学一样，汉学不断发展、分化。如上所述，这个过程在20世纪80年代的中国蓬勃发展，同样也促进了国内的现代化和国外的全球化。

其中最引人注目的证明之一是1986年12月15日—17日，在那不勒斯召开的题为"中国历史文化百科全书：研究纲要"国际会议，这是一个宏大的项目，旨在以国际汉学协会的力量编撰规模宏大的十卷本《中国历史文化百科全书》。计划第一卷是对中国的一般性描述，接下来的五卷是从新石器时代到现代某些历史时期的描述，从主题视角来看，最后四卷是按字母顺序排列的各种词典条目。这个出色的项目以世界汉学的著名代表，例如兰乔蒂、弗兰克、胡可、罗威、加福利科夫斯基、陈启云等为首，但遗憾的是，该项目没有实施。数十年以后来看，正如兰乔蒂所说，这仍然是一项紧迫的任务。（《欧洲的中国研究》，伦敦，1995年，第74页）

苏联学者也计划积极参与编撰"百科全书"，因为俄罗斯/苏联汉学是西方最古老和最强大的汉学之一。在对欧洲汉学史的简述里，弗兰克明确地指出："在17世纪征服西伯利亚地区之后，俄罗斯和中国已经成为有着数千公里共同边界的邻国。俄罗斯人也成为首批与中国缔结条约（尼布楚，1689；恰克图，1727）的欧洲人，并因此体会到汉学和满洲学发展所

具有的切身利益。"（弗兰克《中国研究：中国汉学史的核心问题》，载《欧洲汉学》，伦敦，1995年，第15页）

这种情况反映了百科全书一般的演变。它从个体发生到系统发生，起初遵循的是内容原则——按照专题、具体内容、问题和时间顺序来排列，然后，遵循的是形式的原则——按字母顺序来排列。这一进程的发展显示出这两种方法的优缺点：第一种方法具有理论上的优势，与现象的意义、逻辑和历史联系相对应，第二种方法具有实践的优势，能保障读者方便快捷地获得信息。由此可见，最佳的是两者相结合。1986年拟定国际项目《中国历史文化百科全书》编撰计划的汉学家们所得出的正是这种合乎逻辑的结论。

俄罗斯百科全书《中国精神文化大典》的编撰者们，基于上述理论和历史前提，以常理为指导，完全独立地制订了类似的计划。与此同时，他们并不奢求像自行车发明人那般的荣耀，而是乐于承认其杰出前辈们的优先权。

除此之外，我们的项目凸显了一系列特点。

第一，其卷数少一半，不过，相应地内容也"少一半"——只是中国精神文化，而不是整个中国文化。五卷本将包括下列组成部分：（1）《哲学卷》；（2）《神话·宗教卷》；（3）《文学·语言文字卷》；（4）《历史思想·政治与法律文化卷》；（5）《科学·技术和军事思想·卫生和教育卷》。顾名思义，各卷可以由几部分组成，它们同样也分章节。

第二，基于这样的划分，此项目第二个最重要的特点，恰恰在于独立成卷或者各卷的某些部分的建构方法。每卷结构的基础是三个部分：（1）概论部，符合内容上的标准要求，在逻辑的相互联系、历史的连贯性和高度的概括性中反映所含内容的基本主题和问题；（2）词条部，符合词条按字母顺序排列的形式标准要求，最大限度地使第一部分的内容具体化；（3）附录部，也符合形式标准要求，包括必要和足够数量的人名、书名、术语索引，以字母顺序排列，并附原作语言，与词条部相配合，以使现在这一版本不仅能发挥百科全书的功能，而且能发挥词典的功能。

第三，在我们这个时代，以丰富的百科全书和词典产品为标志，电子版本的效能成倍增加，甚至将其魅力扩展到美文（例如，参见，M.帕维奇：《哈扎尔辞典》），在这件事上，有必要在斯库拉和卡律布狄斯之间①（即前者是无所不包的、无边无际的客观主义，后者是满不在乎的或傲慢的主观主义，甚至在其最好的典范中宣称"客观性顶多不过是一种专横的幻觉"）铺设一条艰难的道路。（В. П. 鲁德涅夫：《20世纪文化百科辞典》，莫斯科，2003年，第2页）

在各种自我限定中间，为使我们的出版物不至于"扩散"无形，并赋予它"非一般的表达力"，其核心的、个体化的追求是利用量子物理学的范例，不仅反映主题对象，而且还反映方法，即透过俄国汉学的三棱镜呈现中国精神文化，从而创造一个类似于表现画家画作的超文本。这是非常受人尊敬的，因为是被前辈实践过的，所以现在很流行。

当然，从另外一些学术传统的观点来看，这种方法先验地意味着一定的不平衡。在俄罗斯研究得好的方面，将会呈现得较为详尽，而未被研究的方面，尽管很重要，却可能暂付阙如。然而，这种不平衡类似于面部的不对称性，这种不对称性乃是其最重要的特征之一。

第四，这个项目的第四个主要特征是它的开放性，即进一步发展、补充和矫正上的可能性。

在这种情况下，开放性还指最大限度地广泛地（在体裁限定的框架范围内）参考西方和东方前辈的著述，不过首先是俄罗斯的。П. Е. 斯卡奇科夫在题为《中国专题书目》的"关于中国的图书、期刊文章系统俄语索引"中收集了关于俄罗斯汉学研究最完整的书目数据，其中第一版（莫斯科、列宁格勒，1932）涉及从1730年到1930年的200年。在第二版（莫斯科，1960）里，则截至1957年（含1957）。后来，В. П. 茹拉夫廖娃在1974—1988年发表的年鉴《关于中国的俄语书籍和期刊文章》（《中华人民共和国俄语参考文献索引》，1976—1991）、专题图书目录《1989—1999年关于中国的俄语书籍》（《在现代化和改革路上的中国：1949—1999》，莫斯科，1999）等其他出版物中继续从事这项工作。П. Е. 斯卡奇科夫的《中国专题书目》直接延续了其1957年以后用俄语描述的汉学文献项目，其主要部分将收录在这本百科全书的附录部里，特别是第一卷包含的1958—2005年的哲学专题书目里。

科布杰夫：俄罗斯科学院东方所中国研究部主任、首席研究员

（夏忠宪译）

---

① 斯库拉和卡律布狄斯是古希腊神话中的两个著名角色，是专门溺死过往的航海者的妖怪，分别代表着危险和恐怖。这个典故后来成为"陷入斯库拉和卡律布狄斯之间"（Caught Between Scylla and Charybdis）的表达，用来形容进退两难、左右为难的境地。——译者注

艺术卷
引言

　　《中国精神文化大典》第六卷的问世使历时五年的研究出版以及此前长达十年的科学组织工作臻于完成。这些工作旨在对中国精神文化这一具有世界意义的独特现象进行全面而完整的描述。此前已经出版五卷：《哲学卷》（2006），《神话·宗教卷》（2007），《文学·语言文字卷》（2008），《历史思想·政治与法律文化卷》（2009），《科学·技术·军事思想·卫生和教育卷》（2009）。这六卷书均面向中国文化、汉学理论及汉学史等领域的专家以及一切对此感兴趣的人。

　　这一宏大项目不但在俄罗斯史无前例，即便在世界同类项目中也不遑多让。关于其特点、建立条件和编纂原则等已经在第一卷的序文中详细阐明。起初原本计划出版五卷，后来又增设此卷。这是因为，对一个创新性项目来说，需要解决众多无法预见的创造性的和技术层面的问题，不断寻找更准确的材料，进行补充性科研工作。这一过程直观地反映在逐卷增加的规模中。我们说第六卷是增设的，仅仅针对原定的五卷本规模，而绝非针对预定内容而言。因为艺术贯穿中国文化始终，从高级的理论层面到日常的体现，堪称无所不在，几乎代表着中国文化的最独特之处。也正因如此，在本卷前言中所介绍的"中国艺术"的概念才异常广泛，其材料之多创下纪录。就题材而言，包括传统种类（建筑、音乐、绘画等），直至格斗艺术、厨艺和餐饮艺术；文字内容也尤其多，以至于在排列词条时不得不比前几卷更为紧凑。从形式上，增设的第六卷展示了中国文化审美的丰富性，以及从哲学到艺术的百科全书式的包罗万象。本卷可视为一种特殊形式的总括，与前几卷的主题密不可分：第一卷是哲学、审美、伦理，第二卷是宗教神话和祭祀，第三卷是文学和语言文字，第四卷是历史和政治，第五卷是科学和教育。哲学、神话、宗教、政治、文学、艺术之间紧密联系的鲜明例证就是传统音乐（参见"律"）。由于这一特点，第六卷与其他卷相比，插图的质量最高、数量最多，特别是大量配备说明文字的彩色插图。

　　和此前各卷一样，第六卷也分为总论、词条和索引等部分，按中国传统十大天干标记为"甲""乙""丙"等。这一结构是为了最大限度地赋予材料之相互补充和联系，以期组成统一的超文本。总论包含详尽的历史和理论概述，交代了基本课题和主要问题。第六卷还增设了一个特有的理论和书目部分，介绍中国艺术的文化历史特色，以及建筑、造型艺术和审美思想、工艺美术和手工艺、音乐、舞蹈、戏剧、杂技、电影、行为艺术等，并且和第三、第五卷一样，以俄罗斯对中国艺术的研究概述而结束。词条部分列举了中国的人名、作品名、术语，其中还包括两位曾在中国工作的欧洲画家（Attiret J.D.，王致诚；Castilione G.B.，郎世宁），以及一个外来术语Шинуазри（源自法语chinoiserie，意为"中国风"）。和第五卷一样，第六卷的参阅标记见诸全书（而在前四卷中只有词条部分才有）。两个部分的每个词条都带有详细的参考文献，既包括经典著作，也包括最新的文献资料，全部都有权威性出处，特别是俄文译本和俄罗斯国内研究，以及其他语言的重点著作。在*标记之后是中文、日文、俄文及西文文献，按照时间先后排序；在**标记之后是俄文、中文、日文和西文文献，按字母表顺序排列。按照惯例，给出的文献为最新版本，而在正文中则标注初版时间或著作创作日期。作者姓名写在词条和书目之后。附录部分包括缩略词，人名索引，术语索引，文艺作品、期刊及丛刊索引，书画家印鉴款识辑录，方便博物馆工作人员及个人收藏家鉴定中国书画大师的作品，以及其他附录。此项目的一个主要目是展示俄罗斯汉学棱镜之下的中国精神文化，参考著述的作者既包括20世纪后半叶至21世纪初期的大部分俄罗斯汉学家，也包括年轻学者。

在不同卷可能会遇到相同或相近的词条，这是不同卷的编者从自身视角出发对同一现象所作出的描写。如：康有为在卷一中被介绍为哲学家，在卷四中被介绍为国务家和社会活动家，而在卷六中被介绍为书法家；毛泽东在卷三中是诗人，在卷四中是历史人物，在卷六中是书法家；《考工记》在卷五中是哲学著作，在卷六中是建筑学著作；龙在卷二中是神话动物，而在卷六中是艺术形象。此类重复现象不胜枚举，证明了中国传统文化的综合性，其杰出代表通常兼具多种品质，而文化范畴则带有通用性和多义性的特点。这也构成了本卷的一个主要特点：将理论与实践、哲学与实际、审美与实用、世俗与宗教融为一体，以反映中国艺术的特点。中国艺术就是以神奇的形式将抽象与具体、精神与物质、艺术与手艺、神性与人性熔于一炉。因此，在本卷中读者将接触到多姿多彩的题材范畴：从新石器时代晚期和殷商时期到21世纪的现实艺术，从古代木偶皮影剧院到当代的电影艺术，从寺庙陵墓建筑到园林建筑艺术再到最新建筑艺术，从绘画到书法，从祭祀玉器和青铜器再到珠宝首饰，从佛教艺术到茶文化，等等。中国的艺术创作为现代文明的发展做出了巨大贡献，在这一宏图伟卷中，既有举世闻名的杰作，也有众多鲜为人知但同样精彩的成果，它们从全新的角度展示了中国传统文化。比如，数百年来西方认定中国艺术没有"性"，这是一种过分夸大，甚至是歪曲，本卷中就介绍了彩色绘画及造型艺术中不一而足的性符号（总论）、轻佻的"春画"以及明代版画（胡正言），这些完全可以与世界同类艺术的最高典范相媲美。

中国的人名、术语、作品名按照俄罗斯传统的汉语拼音转换表的顺序排列，对应汉字，若为文言则使用连字符，用于分隔专有名词（爵位、头衔、荣誉称号、学说学派名称等），若为白话则不使用连字符。用汉语拼音表示的外国人名、术语、地名和民族名称不使用连字符。对于拼音相同的同音异义字，以中括号加数字作为区分。术语用黑体凸显，其对应汉字则列于索引中。在介绍人物的词条中，除姓名之外，还介绍了人物的字、号及笔名，艺术家的此类别称尤其多。名字称呼及俄语译案写在相应的索引里。多个说法或多个译案之间用"/"分隔开。

本大典的部分额外材料已挂在synologia.ru网站上，这对于没有整套丛书的人来说尤其珍贵。我们对本卷的所有作者和编者深表谢忱，同时也感谢来自国内外的热心评论者，他们对大典前几卷的建议我们都尽可能地采纳了。欢迎大家提出宝贵意见和建议，来信请寄：俄罗斯社科院远东研究所，莫斯科市纳西莫夫斯基大街32号（117848, г. Москва, Нахимовский проспект, 32, Институт Дальнего Востока РАН），邮编117848。网址：www.ifes-ras.ru。

（编辑部全体同仁撰，李春雨译）

艺术卷
前言

　　艺术是中国精神文化最为重要的构型，其基础是不断更新与永恒"复古"之间的有机互动。中国精神文化对亘古不变的传统的坚守决定了其几千年来一脉相承和举世无双的稳定性。以极为直观的方式证明这一点的正是艺术：书法字体和绘画体裁传承至今，古诗和古典戏剧至今仍很普及。这一现象最重要的视觉和语义"原型"是中国文字，中国汉字由通用的象征符号和文学艺术文化元素组成，可以追溯到古代图画文字和远古的符号图案。汉字在中国文化中占据中心地位，决定了书法艺术的崇高地位，以及装饰造型艺术的相应特点，甚至舞台和荧幕上象征性景观的特殊作用。

　　所有这些艺术拥有一个共通的内在的唯能论原则，该原则符合"气"这一最高哲学范畴，将艺术溶解于个体与社会生活的聚合体——"国一家"中。它将个体的自我实现与社会政治制度紧密结合，有助于促成固有典范的理想化和"冲突性"情节的最小化，将公民激情转化为教化和启蒙。按照占据官方统治地位的儒家思想，职业艺术家不能置规矩于不顾，仅仅听凭自己的幻想和灵感；而在道教和佛教中，艺术创作服从于更加宽泛的哲学宗教目标，同样杜绝"为艺术而艺术"。对于艺术如此宽泛的理解促成了艺术与各种技艺——从"百工"到厨艺和武术——在术语、理论和实践方面的共性。得益于汉字的形象性，中国文化早在古代就从整体上完全审美化了，艺术形式无论在哲学思辨还是在日常生活中，都获得了决定性意义。

　　孔子（前552/551—前479）将这一古代观念纳入了他的一个理论，即所有的艺术都起源并取决于"乐"——包括乐器演奏和歌唱、诗歌和舞蹈。"正乐"被视为社会和谐乃至宇宙和谐的调节器，而"淫乐"则会导致普遍的混乱。儒家学者认为正乐可以从宇宙学角度进行解释，能够引导人民遵从宇宙节奏。乐器的声响与社会道德，根据《礼记》的说法，是相互关联的：音乐中的喜、怒、悲分别对应着社会政治和谐、不公平和国家灭亡。由此，中国实现了自我意识并成为外邦眼中的"礼乐之邦"。类似的谐调功能也被赋予了传统戏剧，就其性质而言完全是音乐性的，它

和武术一起渗透到当代电影业，在新的技术层面重塑了当年曾让欧洲启蒙主义者神往的中国传统形象。

社会结构的基础性等级制度由来已久，这影响了各种塑形艺术中主次格局的调配，使得其中带有明显中心的镜像对称体系占有主导地位。早在新石器时代的居民点就可以看到房屋同心式的布局。经典建筑群差不多也是这样布置的，而且不仅是宫廷建筑，中心布局自古以来就为中国（中心之国）及其统治者——天子所有，而天子是在都城天坛举行盛大祭天仪式的。

在西方的欧洲地中海文明区，中国在新旧纪元之交开始闻名，这或许主要得益于由中国首位陆上探险家张骞开拓的伟大的丝绸之路。因此在罗马帝国，中国被称作"赛尔之国"或"赛里卡"，从民族称名学来说，它源自"丝"这个词。这也证明，从最开始中国就被西方视为实用艺术最优秀范本的故乡。当英国成为西方与中国互动的最主要中介者之后，该形象被英文具化为China，即生产瓷器的国度。欧洲与中国在18世纪的接触使得"中国风"（Шинуазри）广泛流行，从建筑（包括花园、公园等）到小型雕塑和装饰实用艺术，中国传统艺术种类（漆器和瓷器）受到广泛欢迎，普遍落地生根，并衍生出新的形式，而中国文化也通过借鉴欧洲的油画、铜版画等工艺美术技法得以丰富。

这种相互补益对双方都是有益的，有时会形成相当复杂的结合物。比如，从西方借鉴而来的嵌珐琅艺术在中国开花结果，最终成为中国的招牌产品和向西方出口的主要产品之一。又如，由皇族后裔朱载堉（1536—约1610）所发明的乐律，其重要程度不亚于四大发明（造纸术、印刷术、指南针、火药），对世界文化产生了重要影响。该乐律于17世纪传至欧洲，在约·塞·巴赫的《平均律》中得到实际运用，此后为全球音乐界所仿效。而在自己的祖国，该乐律最初却未被接受并被忘却，直到20世纪才在西方的影响下得到推广。在当时的西方，中国的装饰实用艺术品已经走进千家万户（如茶具、布匹、扇子和妇女饰物），某些东西经过变形之后完全本土化（比如漆器、瓷器和玩偶）。崇高的艺术刺激创新，比如20世纪初叶的印象派和戏剧先锋派的艺术创新活动为20世纪30年代京剧大师梅兰芳在西方国家和苏联的轰动巡演奠定了良好基础。就连看似完全产自西方本土的电影艺术同样受到了中国影响，包括古代发明——暗箱、"走马灯"、皮影戏以及19世纪广泛流行的活动图片放映机。电影艺术的奠基者和理论家谢·米·爱森斯坦就形成了"电影象形文字语言"理论并将其运用到自己的创作中。

19—20世纪之交发生的变化对中国社会尤为重要。新知识分子，特别是在国内或者国外接受了西方教育的人，向往欧洲文化，提倡改革传统艺术，在极端情况下甚至提出与旧世界彻底决裂。这在1919年的五四新文化运动中得到了体现，即提倡使用白话文，摒弃作为所有艺术经典基础的文言文。20世纪初叶，众多的中国艺术工作者在法国、德国、日本和美国接受教育。1949年新中国成立之后，他们又留学苏联。他们在回国之后，促进了民族艺术的欧洲化。现代性在不同程度上为民族艺术引入了西方概念，比如"冲突"（主观利益冲突的客观形式）、"揭露"（社会批判）、心理逻辑（独立个性辩证法）。西方戏剧、欧洲歌剧、油画、架上雕塑和欧洲建筑分别成为中国戏剧、音乐、造型艺术和建筑领域的变革标准。

20世纪中叶是中国文化的转型期：随着中国整体社会政治和意识形态的转向，此前面向人类普遍价值观的人道主义运动停止了。艺术领域受政治影响最多，有时是极为致命的（这其实在之前也发生过，特别是在外族入侵或集权统治时期），结果导致崇尚西方经验和转向民族遗产两种倾向彼此交替。在20世纪40—50年代，随着对欧洲不同历史风格和结构主义的折中式模仿，开始尝试在民族传统的基础上打造建筑风格（"中国文艺复兴"）。与油画和西方铜版画同时兴起的，还有从古典艺术衍生的国画。

20世纪50年代初期，中国开始成立国家剧院和戏剧教学机构。与苏联的合作促使西方音乐的演奏者和芭蕾舞演员的技艺提升，形成了教授新兴学科的音乐教学体系，如音乐学、指挥学、音乐基础、室内乐、歌剧、芭蕾舞等。电影艺术在中国出现于19—20世纪之交，最初被视为外来现象，随后被视为西方对中国古老发明的模仿。不管怎样，电影在中国很快就吸收了中国传统戏剧的象征性，走上了一条迥异于欧美电影"小说银幕化"（即以19—20世纪小说的情节、对话和心理探究为基础）的道路。

20世纪80—90年代为艺术提供了新的发展契机，当时中国结束了"文化大革命"，开始面向世界文化和重振本国传统文化。运用当代形式和风格不再被禁止，与此同时，民族传统得到复兴。自80年代以来，就话剧的后续发展道路曾展开激烈讨论。话剧现代化的支持者号召掌握新兴体裁——知识分子剧、心理话剧、多声部话剧、荒诞话剧、反话剧，提倡广泛应用先锋派戏剧的舞台技巧。

在21世纪初期的当代现实艺术中，保留传统剧种和技巧与借鉴20世纪下半期西方现代主义新形式相结合，比如装置艺术、表演技巧、影像艺术等。这些艺术形式存在于造型艺术（绘画、雕塑）和时间艺术（戏剧、电影）的交界处，而理论创新则主要通过打破意识形态、政治及道德方面的禁忌来实现，比如政治波普艺术或玩世现实主义。有些完全属于传统的艺术，比如武术、茶道和厨艺，曾被孙中山（1866—1925）认为是欧美所无法企及的中国文化博大精深的证明，如今在西方备受欢迎，而且与为程序艺术概念所涵盖的世界最新倾向相契合。所谓程序艺术以动作、行为为主，其本身就兼具审美功能和实用功能，而且后者更为人们所看重。在中国古代所推崇的"六艺"中，三分之一属于武术（射、御），其审美性毫不逊色于奥林匹克的表演或者时尚汇演，甚至渗透到欧洲文化最为神圣的芭蕾之中。中国艺术传统的功利性也被后工业文明最大限度地现实化，其中的审美特性具有实用性，成为技术标准（"设计精良的飞机即是美的"）和商品属性（设计、时尚、风格）的指标。

当代中国艺术以惊人的方式将对古典形式的再现和对奇异创新的预见结合起来，既遵从传统原则和社会主义现实主义的要求，也借鉴西方先锋派成就，同时又没有丢掉本民族的文化历史特征和独特性。

（А. И. 科布杰夫、М. А. 涅格林斯卡娅、С. А. 托罗普采夫撰，李春雨译）

甲部概论

中国精神文化大典

内容与形式　复古与创新

理解与说明

中国艺术整体上很难与手工艺（装饰艺术与实用艺术）区分开来，因为艺术不仅直接由手工艺发展而来，而且几乎在其整个发展史上都保留着原则上的实用性。这一点也可以从"艺术"这一现代术语中看出，从词源角度来讲，它既源自理论化的"艺"，如计算和书写，又源自手工艺技能——"术"，后者包括广泛的行为领域，从国家管理到著名的武术。

这一崇高文化的代表者——杰出的工匠、画家、歌者、舞者、杂技艺人，甚至是当代著名的电影明星——一直被社会视为大师，即从事"体力劳动"的工匠（"工"），区别于从事文案工作（"作"）的精英分子——文官、学者。工匠的社会地位一般不高，但这非但不影响，反而能够促进其技艺。艺术之所以能够维持工艺和精神两个层面的统一，首先得益于二者被划归为同一文化范畴；其次还因为社会底层的专业技能与上层精英的艺术探索通过科举考试联系起来，其中重点考查的就是诗文和书法。

在稳定期相对不长的中国历史的各个阶段，各行各业的艺术家们达到的高超技艺是国家政权美德（"德"）的可靠标志；相反，社会技艺的整体降低则是朝代衰亡的危险标志。在探寻到这一逻辑规律之后，这种观念帮助清代著名哲学家和学者龚自珍对其所处时代社会的衰亡做出了预警，他的出发点就是各行各业技艺的普遍衰落。

玉兽面纹牌饰，红山文化

（前 4000—前 3000 年）

1911年清王朝覆灭，1919年五四运动提倡文化改革，1920年语言文字正式从文言转向白话并开始全面推行西化，由此在中国大规模采用西方科学标准。而在此之前，中国艺术在国内完全是在传统哲学范畴内进行诠释的，这对西方的理解造成了双重障碍。首先，将中国哲学范畴转换为西方哲学概念是十分困难的，甚至是根本不可能的。其次，中国传统对于审美和艺术研究的术语和问题域并无明确界定。数百年来艺术这一概念本身一直十分宽泛。在文言和相应的传统哲学词汇中，艺术可以用几个词汇来表示：术、数、艺、道、巧、技、工。

以上每个词汇的语义都十分宽泛，根据《汉俄大词典》（莫斯科，1983—1984）列举如下，包括它们共有的其他含义："术"——技术、技巧（管理）；方式、方法、战术、策略；方术、占星、占卜；街道、道路、小巷；"千户"（古代行政单位）；在当代汉语中，构成艺术、科学、技术名称的类别语素，以及专用语理念的承载符号，叫作"术语"，字面意思就是"技术语""艺术语"。"数"——数目、数量；算术、数学；考虑、计划；标准、原则、秩序、体系；命运、运数；预言、占卜；日历；桌牌游戏；现代汉语中表示数目、数量，数学及其衍生义。"艺"——能力、才华、天赋；技巧、擅长；手艺、技术；尺度、标准、准则、样板；规则、法律、秩序；范围、极限、界限、边界；靶子、目标、箭下猎物；掌握"六艺"，即礼、乐、射、御、书、数，或者通晓六种典籍，《易经》《尚书》《诗经》《春秋》《礼记》《乐经》；总之，艺在现代汉语中专指技艺、艺术及其衍生义。"巧"——技巧、灵巧、熟练；精确、适当、及时、凑巧；雅致、精美、优雅、美丽、奢华；高超、杰出；机巧、聪敏、机灵、创意、狡猾。"道"——道路、路径、路段、线路、航线、方向；地带、沿线、运行图；方式、功能、方法、能力、技术；技能、计谋、狡计；规律、原则、动因、基础；道理、学说、理论、教条；真理、道德、风尚；绝对；作为行政单位的"道"；在现代汉语中与"德"连用——"道德"，表示崇高品质。"技"——能为、擅长、技术、技巧、技艺、专长、手段；才能、能力（猜测能力）；手艺；总之，"巧"在现代汉语中表示"技术"及其衍生义。"工"——工作、劳作；手艺、工业、生产；技艺、精密性、优雅、精细、微妙、细巧、艺术性；巧妙；它还组成术语"工夫"，表示时间、工时、熟练工作、老道、有经验、千锤百炼、能为、高超技巧、功业、进取精神，在国际语汇中，同音词"功夫"（kung—fu）指的是格斗艺术；在现代汉语中也指"工程""技术"。

上面分析的汉字，其语义重叠部分就揭示了其所代表的艺术的基本标志，比如技术性、条理性、深思熟虑、标准化（规范性）、象征性、思想性、道德性和实用性（功能性），这与艺术的历史形象也十分相符。传统中国艺术同时将学理抽象性（尤其是在书法与诗歌中）和日常实际性（尤其是在手艺和程序艺术中）加以审美化，其出发点是智慧与技巧、精神与字形的不可分割性，在这一艺术中，哲学内容与装饰实用形式合而为一。

《迎宾拜谒图》壁画局部，洛阳（今属河南），西汉

这种文化的基础为汉字，其源起是图画，即从古代艺术的内核中导出的图形符号（A. M. 高辟天《古代文化中的造型艺术与文字：公元前一千纪中叶之前的中国》，见《早期艺术形式》，莫斯科，1972，第444—467页）。而且，尽管多次演化，汉字仍保留了构型的视觉特性和审美功能，这首先就保证了书法相对于绘画的独特优势——它不仅是一种高雅的精神活动，也是一种优雅的艺术。汉字既是中国文化的文字系统，同时也承载着其全部内容，这一点在其名称中得到完整反映——文。不管是从词源角度，还是从语义角度，"文"都与艺术联系密切，将文化与文学、文字结合起来。

中国的艺术自古以来就不仅是文化的一种基本形式，而且是决定其特性的标志。文化自身决定了其审美特性，并致力于赋予一切艺术形式普遍的实用性，最大限度地扩大其范围，直至与文化生活相融合。这种文化生活以文人为代表，他们从事哲学和科学、文学和行政工作，创作诗歌和书法、绘画和音乐。按照文化典籍"经"和哲学著作"子"所规定的理想状态，该文化的最主要代表者，代表该文化与"天"互动的人——天子，也就是皇帝——也应该是这样的人。因此，所有杰出的国家统治者，直至毛泽东，都致力于在艺术中展现其能力，尤其是在书法和诗歌中。

不过，中国文化世所罕见的整体性、均质性和稳定性取决于作为其基础的形声文字和整体的象形化，亦即审美化。不仅统治者和精英，就连底层人民也致力于维持这些特点。不同于大众传媒时代之前的西方国家，中国的底层人民没有被社会文化障碍与"自由的""精英的"艺术（artes ingenuae / liberales, beaux arts）隔离开来，因有机会在日常生活中与之接触。其范围甚广，从门上和墙上的书法，到技艺高超的厨艺作品和武术，艺术包罗万象，与"道"一样。所谓"道"，按照《庄子》的定义，"行于万物者"（《外篇·天地第十二》），无所不在，"神鬼神帝"（《内篇·大宗师第六》），"盗亦有道"（《外篇·胠箧第十》），甚至于"在屎溺"（《外篇·知北游第二十二》）。如此一来，我们就不难理解对于司厕之神紫姑的崇拜，禅学和禅宗对于"厕筹"的毫不避讳，以及世界上最古老的冲水便器（据西汉墓地可知），中国最近流行的以画作装饰公厕的趋势（参见И. А. 阿利莫夫《中国：厕所和果皮箱》，见《私密器皿》，圣彼得堡，2002，第84—95页）。

在当代汉语中，"艺术"这一概念在狭义上可理解为艺术，在广义上则可以理解为技艺、技术、技巧、技道、艺道、工艺。此外，由同样寓意丰富的汉字"美"又组成了一些与美学相关的术语：美学、审美、审美学、美术。美术通常指造型艺术，广义上包括装饰实用艺术，狭义上专指绘画。在20世纪上半叶形成的当代术语体系中，西方的概念"art"被不同学者翻译为以上提到的多个双音节词之一：技艺（П. С. 波波夫《俄汉字典》，北京，1896，第180页），艺术（樊炳清《哲学辞典》，上海，1925），美术（《王云五大辞典》，上海，1933，《中英术语对照表》，第3页）。有些辞书则同时使用几个词语与之对应：艺术、美术和技术（Mathews R. H. *A Chinese-English Dictionary*. Shanghai, 1931, pp. 58, 451, 620）。但第二次世界大战后出版的著名的《辞海》（上海，1947，《西方术语译名表》，第4页），将"art"译为"艺术"并从此固定下来。"艺术"一词意味着学术性和技巧性、智慧和技艺、抽象性和实用性的结合。

根据《汉语大词典》（上海，1992，第9卷，第601页），与曾国藩交好的举人吴敏树已经用"艺术"一词指代类似含义，而在文言中该词语出现于《后汉书》，在《晋书》中被术语化。唐太子李贤在《后汉书》的注释中指出，"艺"包括书、数、射、御，而"术"包括医术、方术、术数。这一定义基于何晏在对孔子《论语》的注疏中提出的"艺，六艺也"。而"六艺"在《周易》中被解释为礼、乐、射、御、书、数。班固在刘向、刘歆的基础上所著最古老的目录学文献《汉书·艺文志》中，将"六艺"排在六个部分之首，囊括《论语》等儒家典籍以及语言学著作，符合将"六艺"解释为六部经典的传统定义：《礼记》《乐记》《尚书》《诗经》《易经》《春秋》。该定义由司马迁在《史记》中借孔子之口道出。

班固还强调了"六艺"与"六书""六体"这两个术语之间的联系。

这两个术语均与数字占卜及相应的语言学文献相关。后者因古汉字的创造者仓颉的名字而变得神圣。

《艺文志》第五章的名字由两个同音字构成——"术数",数学、天文学、占星术、自然哲学、神话学、占卜术、神秘论,这些同样被归为"艺"的范畴。晚于班固近百年的郑玄在对《礼记》作注时直接将"艺"和"术"等同。

从词源学角度来讲,艺的本义是"种植、播种",术指"耕种的高粱",这在《尚书》、《诗经》(《唐风·鸨羽》)和《孟子》(《滕文公上》)中得到反映。这与拉丁文中的"cultura"(种植、耕种、栽种、种田)以及由此衍生而来的西方术语十分相近,从另一个角度反映了中国艺术与文化的密不可分。

早在《尚书》《礼记》《左传》《论语》等古代典籍中,"艺"字就获得了艺术的大致意义。论者尤其指出其以下意义:"典范、规则"(《左传·昭公二十年》),"区分、鉴别"(王肃《孔子家语·正论解》)。孔子经过哲学反思,将"艺"归类于哲学范畴,将其与"道""德""仁"相提并论(《论语》,第七章),能够使人完美(成人;《论语》,第十四章),使人能够从事管理(政;同上,第六章),并且也是对孔子本人的评价之一(《论语》,第九章)。嵇康在《琴赋》中可能首次强调了"艺"的自身审美价值,在该书结论中将抚琴称为"冠众艺"。

从原则上讲,重要的是,在当代词汇学中,对应于"art"的乃是承载着传统内涵的古老双音节词,而非音译产生的新词汇(比如以"逻辑"对应"logic")。也就是说,在"艺术"这一概念中多少保留了其原始的宽广性。在西方也是如此。比如,英文"art"的原型是拉丁文"ars",该词汇不仅表示艺术,也表示科学、理论、规则、技艺、手艺、技巧性、精致、道德、计谋;同样,英文"art"既包含高雅艺术(fine arts),也包含手艺、人文科学、计谋、魔法(black art, hermetic art)、医学(art of healing)、烹饪(culinary art)、格斗术(manly art)甚至军事艺术(military art)。与此相似的不仅有直接源自拉丁文"ars"的词汇——法语的"art"或俄语的"артистизм",还有源自其他词根的同义词——德语的"Kunst"和俄语的"искусство"。将之与上文提到的中文术语相对比,可以发现"艺术"的全人类相通的共性,其中包含着一些在当代看来截然对立的概念:手艺与科学,技巧与理论,诡计与规则,运智与道德。

而这只能证明其远古性。

这一概念被狭义化为"高雅艺术"仅仅发生在近代,然而,在当今西方,摆锤似乎开始向相反方向移动。当代艺术开始变得程序化,在街头表演等艺术中,假定性和现实之间逐渐失去界限,造型艺术与设计、戏剧与真人秀、电影与格斗艺术开始融合,并且开始积极吸收古代中国艺术(武术、方术、茶道、厨艺等),这与当代世界对艺术这一概念的复古式泛化遥相呼应。

形成与发展

与世界其他地方一样,艺术在中国自古以来就是人类活动不可替代的标志,有意识的材料加工在这里古已有之。比如,距今十多万年前的丁村人(山西省)已经会将石珠打磨成完美的椭圆形。20世纪70年代在河北、河南两省的考古发现将中国文明的早期阶段确定为约公元前6000年。连云港(江苏省)古岩画距今约4000年。仰韶陶器上的图案,除花纹之外还包括人、鹿、蛙、鱼,以及蛇—龙的图像。龙的图案在周代和秦汉时期的艺术中尤其普遍。另外一个流行的图案是凤凰,出现在祭祀器皿、壁画和砖石上。新石器时代的猪形陶鬶(高21.6厘米,长22.4厘米)出土于大汶口文化遗址(山东省泰安市),是对家畜形象现实主义再现的范本。另一方面,在殷商时期的青铜器上开始出现象征性形状——神兽假面(饕餮、夔)或者象征性的人面。后来,祭祀器皿的形状和纹饰被纯粹实用功能的青铜器、漆器和瓷器制品所继承。

猪形陶鬶,大汶口文化
(前4400—前4100年)

早期雕塑肖像画的范本包括西安市附近出土的秦始皇陵兵马俑。寺庙的雕塑和建筑是随着佛教在新纪元的前几个世纪的传入出现的,带有印度艺术传统的烙印。敦煌莫高窟始建于366年,包括492个洞窟,2500多尊泥塑,45000多平方米的独特壁画。云冈石窟(山西省)和龙门石窟(河南省)中巨大的石刻佛像创作于6—7世纪。这些典范在很大程度上影响了道

齐白石《杏花》，
20世纪上半叶

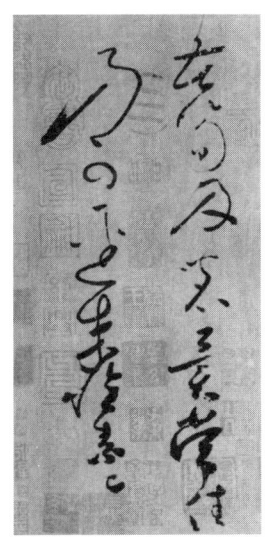

怀素草书，8世纪中叶

观（"道教"）中的摆设（特别是门神像）。

绘画最初也带有仪式意义，同样源远流长。在战国时期和西汉时期的陵墓中发现了画在丝绸上的随葬画，其中包括彩绘，属于楚国的艺术，将阴曹地府的宗教神话形象与萌芽中的肖像画结合起来。关于彼岸世界的图画大概也是自此开始用于装饰奢华的宫殿：汉代皇帝成为首批艺术品收藏者，从全天下挑选作品。最杰出的大师被邀请到都城绘画宫廷生活场景，为皇帝的宠臣创作肖像画或者塑造山中隐士的形象。神话人物和历史场景还被刻画在石头上（山东省2世纪武梁祠陵墓壁画及四川省的浮雕）。

艺术渐渐不再仅是职业活动，而且变成了精英分子喜爱的休闲方式。与此同时，一些著名画家（如顾恺之）开始撰写绘画理论著作。谢赫完成了《古画品录》，书中提出了对后世影响甚大的"六法"理论。847年，张彦远完成了该领域第一部通史性著作《历代名画记》。该书包含了完善的绘画理论以及373位历代著名画家的资料，从公元前3800年到公元841年，包括一些仅有摹本存世的画家。

在唐代开始出现体裁分类：一些画家（吴道子）主要绘画宗教团体的生活场景，另外一些画家（阎立本、张萱、周昉）描绘宫廷日常场景和人物，包括侍女图。在唐代末期还出现了花鸟画，其典范之作出自边鸾之手。随着山水诗的出现，山水画开始流行，至隋（展子虔）、唐（李思训、王维）两代达到顶峰。在五代和宋代，山水画和书法得到了后续发展（李成、范宽、王希孟）。宋徽宗本人就是画家和书法家，他对1104年成立的翰林图画院——画学里的画家十分关照，画学在1110年成为翰林院的一部分。同时流行的还有文人画，其理论家是苏轼（苏东坡）。文人尤其喜欢概念性内容：四君子，即梅兰竹菊，或者梅妻鹤子的隐逸学者。该时期涌现出一大批著名的山水画理论著作，包括荆浩的《笔法记》，其中列举了绘画作品的"六要"和"四势"。郭熙的经典绘画作品被认为是北宋绘画的范本；南宋画派的著名代表是马远（1140—1225）。1074年，著名的《图画见闻志》问世，作者郭若虚。元代大家如云，如黄公望、吴镇、倪瓒、王蒙，后来被合称为"元四家"。高克恭在山水画中率先使用了干笔技法。水墨山水画趋于完善。在明代，花草（特别是竹子）、鱼和昆虫的绘画技巧臻于完善（孙隆）。在清代，综合了前代画家的经验，总结了绘画技巧的发展（程正揆）。这一时期还有僧人石涛创作的《画语录》，以及原创教材《芥子园画传》。《芥子园画传》的前三章于1679年出版木版印刷本，编辑王概；后三章出版于1701年（1818年又增加四章）。那时开始出现外籍宫廷画家，比如意大利传教士郎世宁，主要创作于乾隆年间（1736—1795）。19世纪末20世纪初，国画传统最著名的继承者是任伯年和齐白石。1981年10月，中国成立了中国画研究院。很多当代中国画家也很擅长欧洲风格绘画。

秦始皇陵兵马俑

　　早在中世纪，特别是在宋代，书画与诗歌就融为一体，成就了难以逾越的山水画样本，至今仍是中国室内和办公场所装饰的重要元素，以及最为普遍的设计主题。

　　中国书法既可以被视为绘画艺术的一部分，也可以作为独立艺术，还可以被当成关于文字书写，包括文字发展史在内的传统科学，并设立相应的教育机构。其中第一所机构是由隋文帝创立的"书学"。唐代书学设有两位书法教授（"博士"——博学之士）和一位助教，学生近三十人。学制六年，除书法课程之外，还要学习经典著作。各种风格的书法（篆、隶、草）在宋代画学中都有教授，那里有严格的成绩评估标准，学生要经过三个阶段的学习，每个阶段都要通过考试。

　　许慎编著了中国第一部详解词源的字典《说文解字》，在《序》中列举了六书：象形、指事、会意、形声、转注、假借。书法风格的分类中既包括古代范本，也包括被争相模仿的后世书法家的个性字迹。例如，大篆的样本是石鼓文，而小篆的样本则是泰山石刻，其作者为秦始皇的宠臣、书法改革家李斯。相传正是李斯当政时，狱吏程邈创立了隶书（字面意思为"官吏书体"），其实际意义等同于当代的楷书。楷书创立于汉代，大约同时，刘德昇创立行书，该书体最杰出的作品出自王羲之和王献之父子之手。王献之的草书自成一家，唐代书法家怀素被视为草书大家。草书更多展示的是书法家的个人风格，很难模仿。中国人相信，字如其人，从一个人的笔迹可以判断其性格，特别是其弱点。因此，自古至今，中国的读书人在小时候都要花大量时间来训练写一笔好字。定期举行的书法比赛表明古老的书法艺术之花至今仍常开不败。

中国汉字是人类智慧独一无二的发明，在几千年时间内不仅满足了东亚国家识文断字的居民在各种思想交流中的书面沟通需要，而且与传统的绘图一起，构成了蕴含该地区日常生活元素的艺术形式的主要特点。即便在当代，汉字仍然是中国文化的标志性符号，无论它出现在世界哪个角落（也无论以何种形式出现），都可以准确无误地彰显其存在。中国装饰艺术源远流长，其一切形式至今仍是东方艺术文化中蓬勃发展的现象。

各种艺术和手艺之间密不可分的联系通过宗教和世俗仪式互相整合，在中国千百年的历史中保留下来。在商周时期装饰实用艺术与青铜礼器、钟和其他礼仪器具的生产密切相关。漆木器具、陶瓷和丝绸绘画构成汉代随葬器物的主要部分，显示出其制造者的高超技艺。

对于中国传统建筑面貌而言，除了拥有人类史上最宏伟的建筑，如长城、大运河、秦始皇陵兵马俑，也有适宜个体居住的低层楼房，为数不多的大型石头建筑（城墙和山寺除外），房屋与内院（天井）和贮水池通过带顶通道相连，以自然物体作为点缀，在由直角房屋围成的四合院中，设施摆放的相互位置遵循复杂的风水原则。还有大量独立或者依附的廊、亭、楼、塔。楼和塔成为中国景观的独特之处，其横切面呈圆形、正方形或多角形，或高或低，经常为多层，坐落于高地之上。此外，园林艺术也是世界上最古老、最发达、最具原创性的艺术之一，园林杰作在中国随处可见。

中国建筑风格十分多样，以梁柱架构最为典型，屋顶为双坡式或者平凸式，架在纵横交错的房梁上。梁柱之间的间隙由常用材料填充，墙体从不承重。贵族宫殿建筑和后来出现的寺庙建筑之间的差别主要在于规模和装潢。装潢时特别注重装饰斗拱、支撑柱以及券顶。券顶不仅为房屋主人遮风挡雨，而且具有辟邪的功用。在向上凸起的飞檐上放置着陶瓷的辟邪神兽——龙、狮等。为了防御孤魂野鬼和闲杂人等的窥视，还设置了专门的影壁，遮拦大门后的空间，在进入院子的时候必须从影壁绕行。影壁通常装饰精美，绕行影壁的行为可提醒来访者，自己进入了私人领地，需要表现出应有的尊重。宋代制定了宫殿、陵寝、民居、园林等不同建筑的特定标准。整体而言，建筑工人遵循一些基本原则，其中最主要的是建筑要与周围环境保持和谐，甚至融入其中；整个建筑群的结构，包括其周围的人工景观，都以主建筑为中心；装饰细节与建筑物的材料和构造相适应。

中国的乐同样与礼密不可分。礼乐构成区分文明与野蛮的标志。按照儒家的传统看法，礼乐是确立并维系社会等级制度的重要手段。社会等级制度明确界定了隶属关系，包括君臣、父子、夫妇、兄弟、朋友（不同年龄的友人）①。乐还被视为一种教育手段，儒家认为崇高的礼乐文化足以维持必要的社会秩序（在这一点上儒家与坚持刑律的法家相互对立。后者坚持以法治国，当然，刑不上大夫）。从最初开始，乐就被认为对自然和社会具有强大影响，是构成知识分子阶层（士）日常生活的必要元素。传统意义上的君子，和孔夫

孔子学琴于师襄子，当代版画

子本人一样，经常被塑造为抚琴的乐者形象。乐的和谐是社会和谐的重要体现，皇帝在自然哲学（"帝王宗教"）中首先被理解为协调万物者，因而成为天下的神圣元素。而整个天下被视作乐声和谐的"神器"。

对于音乐教化民众的重视无疑推动了音乐理论和实践的早期发展。在理论方面，主要任务在于构建调和的音序（律吕）；在实践方面，主要是发明演奏古乐的乐器，特别是在宫廷仪式上。真正的古典音乐作品，由于缺少公认的乐谱体系而未能流传下来（但借助保存的曲调恢复作品的尝

---

① 此处作者将朋与友理解为因年龄不同而带有的一种隶属关系，与朋友的本义有出入。朋指同学，友指同志，合称友人。——译者注。按：本卷正文之脚注皆为译者所加。

试从未间断）。不过，已知大量歌曲片段的名称和文本，这方面收录最完整的是《诗经》。据说在汉代设有乐府，专门负责收集和保护民间歌曲作品。

古代乐器得以流传至今，其中最为珍贵的当属商周时期的青铜编钟。最大的一套编钟由65件各种型号的钟组成（前5世纪）。后来，特别是汉代以来，除琴之外，开始出现拨弦乐器——琵琶。世界上最古老的乐队起源于古代仪式，其构成千百年来未曾改变。这从大量陶乐俑和陶舞俑，以及汉代随葬乐器中可以得知。其中包括打击乐器——钟、鼓、磬，弦乐器——琴、瑟和管乐器——笙、笛。

随着时间的推移，乐队成为剧院演出的必备元素，特别是戏曲。戏曲源自唐玄宗（712—756在位）时期组建的歌舞剧团，该剧团因宫廷名称而得名"梨园"，后来成为专有名词。最为流行的戏曲体裁是著名的京剧，这是元代戏曲以及明代昆曲发展的产物，在清代末期达到鼎盛，受到精英分子青睐。

据著名戏曲和文学研究家孙楷第推测，中国近代戏曲源自宋代的傀儡戏和影戏。这一结论或可商榷，但其依据是无可争辩的，因为二者有诸多共性，包括剧目、舞台手法、体态手势、象征人物性格的脸谱面具等。可以看到，中国傀儡戏和影戏在今天也得到了空前发展，著名专家C. B. 奥布拉兹佐夫曾经根据他在1952年的亲身体验对此有精彩描写，同时指出，其类型要多于传统真人曲艺。

至于由西方发明，但可能有中国渊源的电影艺术，是在1896年传入中国的。最初它们被视作影戏或影灯戏的一种。历史学家将影戏的出现时间追溯至秦二世及汉武帝时期。自唐代或五代开始流行。因此，电影（字面意思为"用电投影"）最初被称为"影戏"。1905年北京开始制作国产电影，后来电影制作中心转移到上海。20世纪后半叶，采用中国传统戏曲格斗艺术手法的中国电影（先是港台，继而大陆）风靡全球。所有剧目传统上被分为文戏和武戏，无论男角女角都要学习武术，这在中国京剧大师梅兰芳的回忆录（著于1950—1961年，三册，分别于1951、1952、1981年出版，俄译本为1963年版）中有相关描写。格斗及军事艺术、击剑拳击的名称之一是"武术"，同样带有艺术的总体含义。因此，对于形式上高科技、超现代，拍摄内容上却古老传统的"中国风电影"而言，功夫明星自然闻名遐迩：李小龙（李振藩）、成龙（陈港生）和李连杰。整体而言，在中国本土这种反映中国特色的电影被称为"中国流"。

**A. И. 科布杰夫《反映在名称中的中国艺术特色》，见《第40届"中国社会与国家"学术研讨会论文集》，莫斯科，2010；Л. Е. 波梅兰采娃《晚期道士论自然、社会和艺术（〈淮南子〉，前2世纪）》，莫斯科，1979；Г. А. 特卡琴科《宇宙，音乐，礼仪》，莫斯科，1990；Г. А. 特卡琴科，《中国文化》，莫斯科，1999；《淮南子》，Л. Е. 波梅兰采娃译，莫斯科，2004。

（А. И. 科布杰夫、Г. А. 特卡琴科撰，李春雨译）

艺术传统

基本原则

中国的艺术从新石器时代至今不断发展。五千年来，得益于民族和组织结构的统一，艺术传统得到了稳定传承。人口持续增长促使越来越多的工匠、古董商和收藏家进入艺术领域，这为空前丰富的艺术遗产的诞生奠定了基础。书籍的传播催生了最初的理论反省，数以百计的美学论著即是明证。凭借高度发展的历史思维，早在西方汉学产生之前，中国人就研究并记录了中国艺术的发展史。

对中国艺术史通常分朝代进行研究。在其存在的每个阶段，中国艺术都在技术和艺术表达两方面达到尽善尽美，为其超前发展做了充足储备，并将朝代更替和历史结构转换给社会造成的灾难性影响最小化。世界历史上最为普及的艺术发展形式都充满着艺术传承的断裂，这是文化范式的变更造成的。没有此种经历的文化要么完全消失，要么被

郑板桥《竹石图》，
17—18 世纪

其他更为蓬勃的文化同化。而在中国，却是完全相反。在这里，对世界的唯能论反思所具有的物质、精神双重属性排除了艺术中的超验性理想。艺术传统的核心轴是民族的可塑性模式，它在所有的历史表现形式中都维持

了基础性原则。其重要特点如下：

不是将艺术形式理解为封闭的空间，而是将其理解为"气"贯通循环的通道；

不是将艺术形式理解为质量，而是理解为统一的时空统一体的动态排列，其中背景与图景之间的界限是相对的、变动的；

通过相互对立的直观属性以及运动矢量的平衡来达到形式的和谐；

借助中心和向心矢量优势达到"气"在各元素构成中的集聚；

艺术形式中宏观和微观层面塑形原则的统一。

由于中国传统文化缺少"世界创造本源"的概念，艺术更加注重"此时此地"。造型标准由数字占卜、风水原则和"养生"方面的一整套文化实践充当。符合养生学的风格探索获得了优先发展，与之相反，"为艺而艺"则被扼杀在摇篮里。自东周以降，艺术的理论支撑主要为儒释道等哲学思想。

古代中国将世界视为能量统一场域，将创作行为视作创造性能量——气的高度凝聚，借由艺术作品，气可以穿越任何时空距离。由于人在天地人三位一体中的核心地位，人类的文化空间被视为整个宇宙的能量循环区域。其美学中产生了一种思想，即不同时代的创作行为可以产生精神能量共振（气韵），这成为艺术流派得以传承的认识论基础。在文化聚合体中，过去、现在和未来被理解为能量统一体，而艺术则是其互动交流的重要方式之一。艺术家在艺术传统的三个时间维度产生创造性共鸣的范围和强度，成为衡量其才华的标准。

社会调节功能由两个方面完成：一方面是国家，通过学术机构和考试体系、宫廷定制和皇家收藏；另一方面则是知识阶层（士），他们是艺术品的主要收藏者，避免了国家对艺术领域的垄断性控制。这两种社会力量在美学观点上存在分歧，这些分歧时而扩大，时而缩小。不过，基于儒家思想的社会价值体系的共性促使国家和社会共同抵制艺术领域的反社会倾向，而无须通过制定造型艺术标准或借助神学教义。通过世俗与宗教、肉体与心灵的结合，中国艺术传统实现了人类学的主要功能——延长创造主体在文化记忆中的存在。

远古时期

20世纪的考古研究在黄河流域和长江流域发现了一系列始于公元前

一万年左右的新石器时代文化遗址。尽管中国的新石器时代有多个中心，且各个中心的发展阶段性特征各不相同，并伴有人口迁徙，但人口种族构成以及后来的民族构成的同源性，决定了基于统一塑型元素的地区艺术传统的兼容性和继承性。

新石器时代的陶器工艺经历了泥条盘筑法（前6000—前4000）到轮制法（前3000），后者完善的构造使焙烧料的硬度和细度达到了"蛋壳"的标准。陶器类型丰富多样，除了器皿，还有塑型面具、小型雕像和建筑模型等。陶瓷装饰经历了从单色装饰（前6000—前5000）到多色装饰（前4000），最后又回归单色装饰（前3000）的演变过程。环形纹饰最为典型，另有自然主义风格的造型元素，装饰手法包括雕刻、浮雕和彩绘。纹饰构图通常结合使用两种基本主题：产生空间位移的运动和原地运动，即环形旋转。在空间位移

红陶人面像，仰韶文化，前4000年

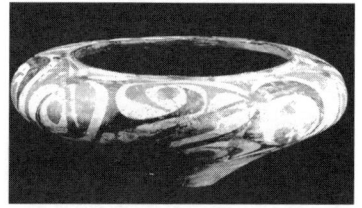

陶钵，多色绘饰，庙底沟文化，前4000年

运动中，要刻意保持相反方向的运动矢量之间的相互平衡。旋转中心同时是旋流纹饰的出发点和收汇点。

玉用于制作斧头、刀、玉盘（璧）、环形玉器（环）、带缺口的环形玉器（玦）、半璧形玉器（璜）、项链、手镯、发簪、筒状玉器（琮）、钺，以及动物和人形雕塑等。还出现了骨制品和贝壳制品，以及最早的漆质绘饰制品。陶器和玉器展示了中国艺术史上最早的造型图案，如猪、猫头鹰、鱼、蛇、蜥蜴、龙、青蛙、虎、波浪、草、云、火球、斧头、鬼神面具等。随着文化的发展，纹饰主题的图腾意义逐步区分为历法、神话、社会和原始哲学等层次。如此一来，图案变成了一种原始符号，维护了中国艺术在整个历史长河中各个领域的符号语言的统一。

对于古代中国地区的文物而言，最典型的是本能性艺术思想，其表现形式根据艺术客体类型而各不相同。当所描绘的对象不是物体而是过程时，就出现了圣像画法，仅记录其发展阶段的重要标志。圣像画法在概括

性不断增强的同时，也日益注重传递可塑形象运动的具体性。器皿形制及其纹饰反映出不同装饰元素之间的能量联系，因为平面性缺失了，而对传达所塑形象动态的兴趣始终不减。这将古代中国文化中的陶器纹饰与其他民族新石器时代文物的二维静态纹饰区分开来。在新石器时代艺术的演化过程中，产生了民族雕塑艺术的关键原则，形成了稳定的地区传统。

上古王朝

大约在公元前2000年，中国产生了最早的世袭制王朝，并进入青铜器时代。考古学家发现了数十个殷商城市遗址，其中最著名的是二里头和二里岗（全部位于今河南省境内）①，最大的是位于安阳附近的殷墟。所有建筑都是木质结构；墓室同样以木材装潢；住房和墓室的墙壁涂有鲜艳的颜色。艺术成为复杂的法术仪式的一部分，这反映在商代文物的联想特性中。

商代书法起源于根据龟壳和大型牲畜肩胛骨上的纹路进行占卜的仪式。在硬质材料上雕刻，既需要力道深厚，又要恰到好处。字体形式简洁，薄厚均匀，线条笔直，棱角分明。20世纪的甲骨文书法家对商代占卜文字的构形特点进行了大量研究。

殷商时期的饕餮纹

商代礼仪包括祭祀神灵。祭品盛放在铜质器皿中。器皿的重量为15—60千克不等，个别重达700千克。随着时间的推移，器皿表面会附着一层氧化物，多数呈浅绿色，少数呈褐色。因此，后代收藏家称其为青铜器。新旧纪元之交，中国鉴赏界就已经形成了独特的"青铜美学"，其主要宗

---

① 二里头遗址早于二里岗遗址，属于夏文化。

旨在于克服时间对于文化纽带作用的削弱。宫廷作坊打造出可拆解结构的青铜器，如编钟。

公元前2000年左右，在新石器时代陶器形状的基础上，出现了祭祀青铜器的分支：用于做饭的（鼎、鬲、甗），用于加热和盛放祭品的（簋、豆），酒杯（爵、角、觥、觚、觯），加热和倒酒的（斝、卣、盉），存储和端酒的器皿（尊、方彝、罍、瓿、壶），盛水的容器（盘、匜），勺，刀，台形托盘，台形案（禁）和有脚的案（俎），以及乐器和武器。这些制品通常带有背景纹饰，包括云纹、雷纹、三角云纹和羽纹等。浮雕装饰图案主要是神兽面具——饕餮、龙、夔、蟠螭、螭虺，以及各种各样的动物形象。为了对画面进行平面切分，通常采用弦纹、珠纹、环纹或者绳纹等。铜器和陶器上常见乳钉纹，不仅排列紧密，而且覆盖整个器皿，间或以雷纹构成的方形图案为背景。商代的纹饰元素有一定规范，但其排列组合的方式极为多元。商代艺术反映了国家的神圣威严。上天的权力、祖先的权力和统治者的权力，成为统一且唯一的整个体系的共有因素。这种体系不仅适用于宇宙，也适用于人类社会。商代铜器的艺术形象的单义性，使其对于宗教仪式具有异乎寻常的效应。当时宗教仪式上，个体多样性和美学元素还无法作为独立的文化价值而存在。仪式的使命在于维护商代政权顺应天意的统治。因此，在青铜雕塑中达到了史无前例的能量聚合，远远超越了同时代其他文明以及后世中国的器具。

仪式用器皿上刻有文字，被称为"金文"或"古文"。商朝末期出现了釉陶和白陶、硬陶。部分餐具上带有漆绘或镶嵌绿松石。

公元前2000年前后还有几个边远地区的艺术区域：三星堆（四川省）、吴城（江西省）、夏家店（内蒙古）和另外几个遗址。

在周朝，艺术开始在本体论意义上的伦理——礼仪综合体——礼的框架内发展，正是在后者的空间出现了艺术的种种任务。得益于此，人们开始进行积极的创作探索，而中国日

青铜盉，殷商，
前1600—前1400

青铜甗，吴城文化，
前1400—前1200 年

益严重的政治分裂也促进了各种方案的变形。艺术的演变取决于周朝人的历史自我意识，艺术标准被理解为对前辈有益经验的继承与完善。该经验的关键要素是数字符号学规律和联想对应关系体系。

周朝，书法成为独立的艺术种类，并享有崇高地位，形成了几种不同区域的大篆字体，由此奠定了书法美学的基础并开创了种种技法。最为珍贵的是青铜器和石器上的铭文（金文和石鼓文）。据书面文献记载，巨型彩绘和丝绸卷轴绘画在该时期得到了普遍发展，这也得到了考古方面的证实。在建筑中，木质建筑占据主要地位，开始兴建二层宫殿和多层塔楼。大约在公元前9—前8世纪开始出现瓦，随后又出现了砖，后者主要用于平台和要塞墙壁的镶面。"洛书"中的"九宫图"构成了城市建设的规划模型。随着青铜加工技术的发展，失蜡法、雕刻、贵金属和宝石镶嵌等技艺渐次出现，礼器种类获得极大丰富。青铜器具不仅用于祭祀，而且用于政治和纪念。玉器种类中增加了玉佩、玉像和带钩等。陶器保留了新石器时代和商代传统，增加了仿制青铜器皿的手法。漆器生产在周朝末期独立并成熟。漆的使用范围得到极大拓展，开始用于建筑、武器制造、餐具、棺木等。

在公元前5—前3世纪，不同文化区域的艺术表现出各自的鲜明特色：中部诸侯国（山西分水岭古墓群、河南金村东周王陵、山西侯马遗址等）；南方诸侯国——楚国（湖北鲁台山古墓葬群、湖北随州曾侯乙墓、湖南长沙市郊马王堆汉墓等）；西北诸侯国——秦国（陕西凤县遗址等）；东方诸侯国——齐国和燕国（山东临淄齐国故城和商王村战国墓地等）。尽管不同的区域文化都有自己的特征，但共同的中国本体论结构使聚合压倒离心，成为艺术领域的主导趋势。秦国的军事成功为文化交融步入新阶段提供了政治条件。两汉时期，艺术领域的一体化进程自然而然，稳步推进。汉代思想统一（儒家—法家—道家）为美学多元化发展和艺术领域的创新奠定了基础。

秦代统一文字标志着对书法艺术长达千年的艺术探索做出总结。新的字体被称为小篆。与此同时，开始推广书写更为便捷的隶书。在汉代，笔墨质量得到改善，出现了第一张纸。书法家创造了更加高效的书写技巧，出现了行书、草书和楷书。新纪元初期，在走仕途的知识分子中间出现了一些以书法作为创造性自我表现的人。此后，书法艺术开始发展。这不仅是区域内部传统逐渐成熟的自然结果，也得益于天赋个体的创造性探索。别开生面的书法家和最初的理论家如杜度、蔡邕、张芝和钟繇等。

儒家的世界观决定了宫廷绘画的教化功用和题材特点：历史传奇、人物肖像、宫廷生活、宗教神话。在儒家思想的影响下，还出现了将仕途与创作结合起来的新型画师。宫廷和墓葬的绘饰仍然主要由手工艺人完成，但从汉末开始，知识阶层逐步成为该领域的主导者。墓葬雕塑（俑）始于战国时期，秦始皇陵兵马俑全部为真人大小，且规模

青铜壶，春秋中期　　青铜豆，春秋战国之交，晋国

空前庞大（1—4号坑；陕西临潼）。为了达到惟妙惟肖的效果，采用了相面术和占星法。汉代墓葬雕塑回归小巧风格，形态丰富。风格或为程式化，或为自然主义；前者做工粗糙，后者高度专业。塑像题材主要是人物、家畜，还有房屋模型、炉灶、摇钱树等。常用材料包括黏土、木材、青铜，偶尔也会使用石头。墓葬雕塑将日常生活场景自然生动地展现出来。墓葬装饰艺术的目的是使墓室充满能量和人间生活节奏，人间生活在中国始终具有高度的美学价值。墓葬墙壁满饰彩绘，或者饰以彩色的石质或陶质浮雕，其内容与绘画题材相符。通往墓穴的通道里装饰着"陵墓卫士"主题的大型雕塑。在陕西省西安市郊保存了11座皇帝陵寝和霍去病墓（参见"霍去病墓"）。

中国建筑的整个历史都遵循"养生"的准则。正因如此，石头没有成为中国最主要的建筑材料，而代表性建筑群的磅礴气势也并非依靠某个主建筑的宏阔来体现，而是由多个单独建筑、宫殿和花园共同呈现的。梁柱骨架结构是主要的建筑方式。在南方地区，骨架以涂抹黏土的竹质栅栏填充，而在北方则使用砖砌。由于风水忌讳，在住宅下方不可修建地下室，因此房子修建在以黏土夯实、表面砌砖的台基上。为了使为数不多的木柱能够承受砖砌屋顶的重量，早在周代就发明了斗拱，以便将"负荷"在支撑物之间重新分配，并保证屋檐向外延伸。在公元前4—前3世纪，屋顶两侧向上弯曲。屋顶的曲率能让雨水滴到远处并能保证构造的空气动力学稳定性。屋顶属于阳，因此其外形呈轻盈翱翔状；墙壁属于阴，因此呈现静

态，承受重力。斗拱将这两极结合为统一的整体。类似的技术数据与艺术效果方面的错位是中国建筑传统的独特性。早在周代，建筑群落的单位就是院落，其主体建筑位于中心或者正对影壁的中间位置。在随后的朝代，这一布局成为国家住宅的空间定型，被称为"四合院"。总共创造了五种建筑类型：殿、台、亭、楼、廊。由于建筑为木质结构，只有台基、柱基和瓦片等留存下来。

在汉代，铜镜、玉器和漆器的生产兴旺发达。丝绸种类包括绢、缎、绫、纱、罗等。

朱雀画像砖，汉代

彩绘木雕博戏俑，汉代

"混乱时期"[①]

汉代以后，游牧民族南下加剧了国家的政治破碎状态，古代文化中心遭到重创，但社会动荡并未阻碍艺术整体向前发展，艺术领域完成了从匿名创作向署名创作的过渡。文化进程的去中心化将门阀贵族的艺术派别推到历史前台，其重要性和稳定性经常超过宫廷中心文化。

个性化原则的确立伴随着"风流"文化的产生，逐步形成了一些夸张的心理描写手法和极端艺术行为（包括用自己的头发、手指、脚趾、帽子、纸团等书写、绘画，且通常刻在建筑墙壁上和崖壁上等）。艺术领域的礼仪行为和反礼仪行为并存，使人们认识到创作个体心理、生理状态的差异，将

佛像，约550—557年

① 魏晋南北朝。

创新派和保守派的对立转变为习以为常的阴阳互补。

中国北方当时处于其他民族政权的控制之下，成为保存汉族书法仪式纪念传统的核心地区。而在汉族统治得以保存的南方，则致力于书法创新，并产生了几大家族：卫、索、陆、郗、庾、谢。还有著名的王氏家族，其中杰出的代表有王羲之、王献之（参见"二王"）、王徽之、王荟、王珣、王僧虔、王慈、王志、智永等。

该时期的另外一大创新是开始在绢质的水平卷轴上作画。这出现在周朝末期，最初用作文本插图，后来逐步演变成一种独立的绘画题材，作为对传统壁画和装饰绘画的补充。这一时期，最著名的画家当属顾恺之。早在汉代画作和雕塑中就得到应用的风景背景图，晋宋之间发展成为一种独立题材——山水画，这一点可以从文献资料以及6世纪真迹的宋代临摹品中得到印证。

公元3—6世纪，美学逐渐成为独立的知识范畴，形成了书面记录艺术大家的谈话和议论的传统。这些记录不仅家庭成员能够看到，整个业界、爱好者和收藏家都能看到。其文体风格简洁凝练，其中包含行业术语，并附有大量的口头解释。流传至今的包括王羲之、顾恺之论著的片段，宗炳的《画山水序》，谢赫的《古画品录》。

在中国，雕塑从来不被列为高雅艺术，因为雕塑需要粗糙的体力劳动，而知识分子从不参与其中。因此，雕塑领域没有相关论著，而雕塑家大部分是没有文化或者文化水平极低的手艺人，他们默默无闻。和秦汉时期一样，雕塑家继续进行墓葬群雕（比如南京市郊公元5—6世纪的陵墓，其中包括31处墓地），但佛教的出现为雕塑艺术的发展注入了新的动力。

佛教的积极传播促使中国艺术有史以来首次广泛而系统地接受了外国造型艺术准则。佛教将建造神像雕塑的传统带入中国。用黏土、木材、漆器或青铜制成的圣坛群雕成为寺庙装饰的主要元素。施主为峭壁和洞穴中的寺庙定做了规模宏大的浮雕。大型汉传佛教雕塑群如位于今甘肃省的敦煌莫高窟、炳灵寺石窟（5—10世纪）、麦积山石窟（4—17世纪），以及云冈石窟（5—12世纪，山西省）、龙门石窟（5—9世纪，河南省）、悬空寺（约5—17世纪，山西省）等。对于大部分坐落于岩壁上的寺庙而言，雕塑装饰材料主要为中国工匠所惯用的黏土（与有机填充物一起放入木桩、木片、金属丝、绳圈做成的架构里），黏土表层涂上各色颜料。特大型的神像用石头雕刻而成。在中国文化改造机制的影响下，源自印度的

造型艺术标准在本时期末发生了巨大变化。

在3—6世纪的实用艺术文物中，可以明显看到印度、中东，乃至古希腊的印迹。经过实用主义遴选，异族文化元素逐渐被改造为符合本民族文化传统和艺术准则的装饰题材。

隋唐时期

这一时期是地区艺术传统进行整合的阶段，其主要特点在于深刻的民族中心主义与世界主义的开放性相结合，雅致的贵族主义开始向普通民众普及。随着署名创作的发展，艺术传统的空间开始被个体经验的限定化区域所填充。不同风格的团体被称为"门"。掌握大师的艺术经验即领悟了其精神，"得门而入"。各个门派都紧紧围绕门派创始人，即"建立门户"者。当无法确定某个门派的掌门人时，就会挑选比较适合的历史人物或者历史传说人物。开门立户是创作追求的最高目标，被认为是文化传统"拓扑学"整体上的扩大。拥有固定风格特点的门派构成特定中心，拥有共同的空间框架，在这一空间里经常完成某些大师的风格转向。单个大师的个性在其开创的独特路径中得到体现。

在拥有各自特色的标准中心之间保持着密切联系，这促进了艺术经验在广度和深度两方面的扩展，从而得以维持高超的艺术水准。新兴风格门派在各种道路的交会点出现，并形成了自己的独特性。因此，在艺术传统的发展过程中既保留了艺术特征的共性，又发展了多样性。

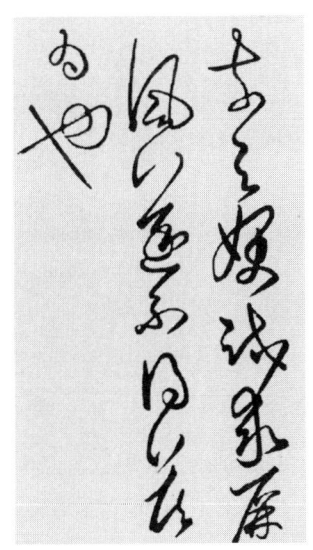

王羲之草书，4世纪

在唐代，宫廷书法家综合了前朝大家的书写技巧和艺术手法。在此基础上，每位书法家又开创了自己的独特风格，这些风格的整合构成了此后历朝历代书法家的基石，取得了正统的典范地位。从王羲之的创作遗产出发，唐代书法家沿着两条相互对立的线路发扬了书法传统：一条线路被命名为"内擫"，主要用于楷书，在字形上书法家增加了形体的风骨和结构的密度（如虞世南、欧阳询、褚遂良、颜真卿等）；另外一条线路被命名为"外拓"，其大家包括张旭和怀素，主要发展了王羲之的行书遗产，用笔大开大合，字体令人印象深刻。唐代画家流传至今的作品多为后代仿作，因为直至10世纪都还盛行将卷轴作为随葬品的习俗。宫廷画师隶属画院，拥有官衔，按照宫廷的命令对宫殿、办公场所和贵族墓穴进行装饰。唐代巨型绘画的精品是永泰公主墓（今陕西咸阳附近）中的彩绘。占主导地位的人物画题材包括肖像，宫廷、都市及农村生活场景，以及历史传说等。新兴的动物题材被命名为花鸟画，其成就在于画牛、马、虎、龙和鱼。山水画蓬勃发展，其重要性与日俱增。此外，还出现了建筑物题材，后来被命名为"界画"。佛教和道教题材的作品也相对独立。

绘画传统的后续发展遵循两条基本线路：第一条线路是遵循传统的工笔技法和写生的审美原则，代表者有李思训、李昭道、阎立本、张萱、周昉、韩幹等；第二条线路是在减笔新技法的基础上出现的，遵循写意原则，其奠基者是王维和吴道子。唐代各绘画流派的共性在于宏伟质朴的风格以及和谐完整的形象。之前表现迅疾运动的兴趣被表现静止所取代，人物形象处于彻底放松的状态。女性以"丰腴"为美。鉴赏家欣赏绘画作品对于生活的忠实和积极态度，而创作之高尚精神的标准是自然性和内心的平静。最著名的艺术理论家是张怀瓘、王维、张彦远等。

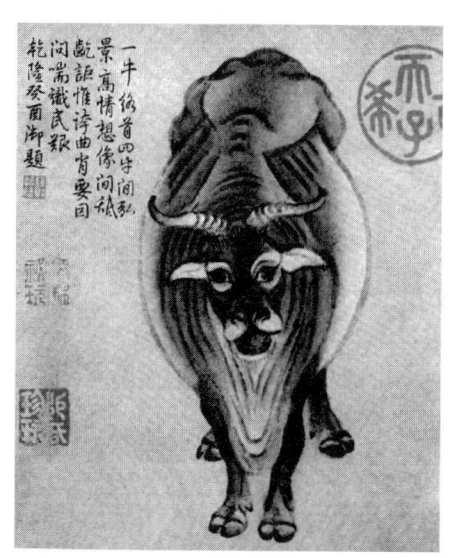

韩滉《五牛图》（局部），8世纪

唐代中国佛教艺术的特点在于宗教人物的世俗化，不仅是次要人物，更常见的是中心人物。在这些人物形象中，理想化被自然主义和日常化具体化所取代，这表明印度佛教造型艺术标准被彻底汉化。传统佛教中心继续发展，建造了新的岩壁寺庙（大足，今属重庆市）。除室内作品之外，还创作了巨型作品，其中最大的是71米高的佛像（四川省凌云山，8世纪）。整体而言，"贪大"并非中国雕塑的特点，因为过大的雕塑被认为大而不当，不过在中国艺术史上这种情况也偶尔出现，这是本土与异域艺术风格交流融合的结果。艺术理论家一致认为，在书法绘画雕塑艺术中，过大或过小都是庸俗化的表现。

唐代都城长安（今陕西西安）是一个宏伟的城市建筑群，总面积87.27平方千米。中国文化中没有精神与物质的对立，这使得世俗和祭祀建筑均遵循风水原则。寺庙被视为神佛石塑身体的居所，因此使用与统治者的宫殿一样的建材，并遵循一样的建筑原则。在山西省有很多唐代寺庙保存至今，如南禅寺和佛光寺。

佛寺的主要特点是佛塔众多。塔的功能不同，分储藏（宝物、贡品、卷轴、寺庙财产）和纪念（存放骨灰）。塔林建筑群（8世纪）属于后者。位于嵩山（河南省）的少林寺的塔林，由200多座塔组成。塔分大小，小塔一般没有内部空间，如6世纪的一个方塔（河南省安阳市修定寺），位于嵩山的八角形的净藏禅师塔以及同样位于河南省的九层塔。多层宝塔如陕西西安的大雁塔、香积寺善导塔、小雁塔等。

唐代皇帝陵寝都十分宏伟。7—8世纪的18个墓穴构成的陵寝在西安郊区被发现。在一些陵寝建筑中保留了巨型石雕（高2—6米），排列在神道两旁（在乾陵中保留下来100多个此类雕塑，在顺陵中有30多个）。随葬雕塑在唐代生产规模如此之大，以至于需要通过立法，根据葬墓主人的地位品级规定其规模和数量。陶俑不但开始使用彩绘，甚至还施以彩釉。雕塑形象除了传统的仆人、侍女和乐伎之外，还有外国商人和骆驼。

6—7世纪之交，瓷器开始进入日常生活，其与陶石器的不同之处在于其洁白度和光泽度更高。第一批日用瓷器出产于定州窑（河北省）；7世纪，景德镇（江西省）地区的瓷窑投入生产。不过就数量和质量而言，在当时的精品中占主导地位的是施釉（无色或彩色）陶器。在10世纪后半期，由于黄河流域气候变冷，中国室内空间规模

敦煌莫高窟第205窟菩萨像，唐代

鎏金青铜塔，唐代

发生变化，开始流行立式家具及新的类型，如圈椅和凳子。彩绸在唐代广泛流行。出现了新的织物品种：缎、丝绒、锦缎。平民百姓和从前一样穿麻衣，不过出现了新的纺织品生产。这一时期的艺术风格追求奢华，且多种风格兼容并蓄，这在金属制品上得到了鲜明反映。金银器制造业的繁荣与吐蕃王朝和萨珊王朝的影响有关。中国的工匠完全掌握了引自西方的镀金、压花、冲制、细丝等新工艺。

五代和宋代

在这一时期，艺术的发展受到朝廷和私人收藏家的庇护，官方和私人收藏都十分丰富，堪比画廊。为了保障宫廷艺术的高水准，宋徽宗赵佶于1104年开设宫廷书法学校（书学）和绘画学校（画学），后者于1110年升级为画院（划归翰林图画院）。书法家们纷纷致力于开创自己的创作风格。五代影响力最大的书法家是杨凝式。宋代书法家的代表是四大家：苏轼、黄庭坚、米芾和蔡襄。

画家的社会地位开始接近书法家（有些书法家同时也是杰出画家）。绘画与哲学和文学的紧密而有机的联系决定了绘画的高度精神性及跨行业性。教学实践通常从临摹前人作品开始，然后是写生，最后才是独立创作。在卷轴画领域，新技法层出不穷，画家借此开创自己的绘画风格。在宋朝，所有的绘画题材都得到了充分发展。不同题材之间的等

张择端《清明上河图》（局部），北宋

级差异开始改变，山水画占据第一位，并维持至今。西方文化的代表者也许会觉得，中国的山水画表达的是人与大自然的情景交融。然而，对于中国的知识分子而言并非如此。山水是按照风水原则设置的，其所展示的是自然生活的一切形式和能量转化为个体内部结构元素。画家认为自己的

任务在于以技艺完善自然之物。这就意味着将其变成有益于人类的,不管是为果腹还是悦目,而在养生学中,二者是紧密相连的。

在五代和宋代最终形成了四种绘画传统。坚持保守主义的是画院画派,或者说宫廷画派,即宫廷画,其代表画家有顾闳中、周文矩、荆浩、关仝、郭熙、赵佶(宋徽宗)、张择端、王希孟、李唐、李迪、萧照、阎次平、苏汉臣、赵伯驹、马远、夏圭等。后二者被评论家合称"马夏",作为南宋画院风格流派的代名词。著名花鸟画画家包括黄筌、崔白、吴元瑜、艾宣、易元吉等。

山东灵岩寺罗汉像,宋代

自由与创新的创作潮流由文人画或曰士大夫画引领。其代表者是苏轼、米芾等。他们属于社会精英,不依赖于定制。其师承于王维及以下画家:董源、巨然、徐熙、李成、范宽、文同等。以白描手法(单用墨色线条勾勒轮廓)从事日常生活题材绘画的大家是李公麟。

禅宗僧人画家通过艺术进行心理实验。他们多活跃于12世纪末至13世纪上半叶,包括梁楷、牧溪、颜辉等。其作品在韩国和日本很受欢迎,但中国的艺术资助者并不支持禅派,认为它太过怪异和故弄玄虚。

为数众多的民间工匠代表了第四个派别,即所谓的大众画(俗画)。他们和画院画派一样保守。民间工匠按照自己的理解对既有样本进行模仿和变异。这样的绘画传统使得经验得以传承和发扬。得益于绘画题材和技法的统一,以上四种传统之间密切互动。

保守与改革两极在书画艺术中的并存,保证了艺术传统按照阴阳理论进行有效的自我矫正。艺术传统的两极发展促进了各种流派的共生共存。两极分化体制将艺术经验的分化与整合有机结合起来,因为改革派画家全部具备扎实的传统功底,而保守派则迅速掌握改革派的成功尝试并将其纳入正统标准。从历史循环模式来看,阴阳意味着朝代的兴衰,而在文化领域,阴阳意味着传统不断经历内(阴)外(阳)发展阶段的交替。在内阴阶段，主要积聚主观存在主义内涵（六朝、宋）；而在外阳阶段，则积聚具有社会意义的内容（汉、唐）。中国艺术理论家只会谈论具体流派的衰落与复兴，而极少论述艺术传统的致命危机。

北宋的都城是开封，其格局呈菱形，城墙周长27千米。宫殿和庙宇的结构因部件众多而更加复杂。庙宇建筑一般为两到三层。房顶曲度增加，在斗拱上增加了末端倾斜的斜制构件——昂。建筑师李诫编纂了《营造法式》（1103）一书。保存较好的古代庙宇有道教元妙观三清殿（福建省）、晋祠圣母殿（山西省）、关帝庙大殿（山东省）、独乐寺观音阁（天津市）、隆兴寺藏经阁（河北省）、善化寺（山西省）等。

木塔呈八角形，每层回廊环绕，瓦片覆顶，并有宽阔的外檐。代表作有杭州六和塔（浙江省）、佛宫寺释迦塔（山西省）等。砖砌的多边形塔带有大量浮雕装饰，仿木建筑结构，如开封铁塔、定县开元寺塔（河北省）、北京天宁寺"密檐塔"等。具有同样装饰的还有以下砖石结构的塔：旧州塔（四川省）①、崇圣寺三塔（云南省）等。

该时期大型石雕的代表是位于河南省的宋神宗和宋哲宗陵墓纪念碑。佛教岩洞雕塑继续发展，主要在中国西南，特别是大足。至今保存着大量佛教塑像：大同华严寺的辽代塑像（山西省），灵岩寺罗汉像（山东省），独乐寺十一面观音像（河北省），晋祠圣母殿彩塑（山西省），等等。木雕佛像的典范之作是释迦牟尼佛、文殊师利菩萨和普贤菩萨三圣像（广胜寺，山西省）。最大的铜质寺庙雕像是位于隆兴寺的高22米多的观音像（河北省）。与此同时，铁质纪念塑佛像得到普及，如嵩山中岳庙的四座"镇库铁人"（河南省）。岩石雕刻的杰作当属位于福建的5米多高的老子像，其肖像塑造明显受到了佛教的深刻影响。

10世纪初—13世纪下半叶，艺术手工业发生了有趣的变化。首先是始于五代、兴于宋代龙泉的青瓷（一种带有色粉画色调釉彩的陶瓷）生产。该时期的装饰品广泛应用了裂纹釉（碎纹瓷），有时兼用染料。瓷器制品变薄，纹饰采用多种浮雕技术。宋代纺织业中的缂丝技术达到了巅峰，刺绣工人可以精确复制出复杂画作。

元 代

蒙古族统治时期，书法艺术进入了新的发展阶段。"尚古"成为

---

① 实为砖塔。

主流思想，书法家都倾向于研学古代大师的精神。赵孟頫、杨维桢和张雨是该时代的三大书法家。元朝政权仅对佛教及道教绘画给予官方支持，但得益于文人画大师的创作，中国艺术传统不仅保留了自己的原则，而且取得了新的成就。中国评论界推选出了元代六大画家，以赵孟頫为首，其次是文人画代表高克恭、黄公望、吴镇、倪瓒、王蒙。除此之外，突出的艺术家还有钱选、李衎、李士行、王绎、任仁发等。在宗教绘画中，道教永乐宫（山西省）壁画保存至今。该时代的建筑积极引入西藏建筑艺术形式，这在北京的妙应寺白塔中有所体现。佛教密宗肖像画法得到普及，广泛见诸青铜、木质和干漆造像中。在恢复古代瓷器制作中心的过程中，同时更新了其生产方法、种类和装饰方法。出现了青花瓷，开始制作珐琅彩瓷。

明 代

在明代，中国传统文化得到恢复和发展。当时中国人在文化领域对世界各国的民族优越感整体上决定了明代文化的发展。明代对历朝历代，特别是宋元时期的文化遗产进行了新一轮的体系化和规范化。至15世纪，传统艺术创作达到高峰，成为后续历史演变的重要因素。经验的集中化甚至使普通艺术工作者获益匪浅。他们无须彻底理解美学原则，只需遵守传统即可，而后者的强大惯性将其艺术质量提升到相当水平。对于青年才俊而言，这种经验以集中化的方式激发了其雄心壮志，使其致力于超越前辈所达到的高度。明代有一批大师克服了形式上的折中主义，穷其一生创造独家风格，以新的成就丰富了传统。

明代涌现出了众多的书法家。该时期书法艺术的特点是，其主流艺术活动以及书法作品的最高水平并不属于保守派或先锋派，而属于中间派。他们活动于北京之外的省级中心。不同派别之间的区别在于师承选择，以及面对古代遗产的自由度。和宋朝一样，明朝很多书法家同时也是画

张凤翼《红拂记》插图版画，1601年

家。属于吴派的有吴宽、祝允明、文徵明、王宠等。松江派的领袖和理论家是董其昌。宋克、李东阳、邢侗不属于任何派别。陈淳、徐渭、张瑞图、王铎、傅山等则是狂放派代表。

15世纪20年代，宣德画院恢复。和书法一样，绘画艺术迅猛发展，区域门派林立，争奇斗艳，作品众多，水准高超。在国家画院体系之外，产生了众多专业画家。他们构成了一系列非正式的创作联盟：浙派，师承"马夏"画派，汇集了一大批画家，如戴进、吴伟、蓝瑛、陈洪绶等；吴派，沈周、文徵明、文伯仁、王宠、张复阳、陈淳、钱谷等。还有不分门派的画家：唐寅、仇英、徐渭等。他们共同发展了文人画。

明代重建北京城，其构造如同层层相套的正方形——紫禁城、内城、外城。天坛坐落于外城之中。所有建筑群都突出了轴对称原则。位于南京市郊的朱元璋陵墓和位于北京市郊的十三位皇帝的陵墓是最大的陵寝建筑。北京的佛教建筑体现了西藏和南亚的影响。其特点是具有统一形式的几座塔并列组合在一起（如北京真觉寺，又名大正觉寺、五塔寺）。伊斯兰建筑风格对祭祀建筑的影响继续存在。不过，伊斯兰建筑风格在传入中国以后，逐渐失去了自身的一些特色。因此，在位于西安的清真大寺中，伊斯兰风格仅仅体现于内部装饰上。

明代实用艺术在功能性与审美性方面达到了统一。养生学决定了实用艺术制品对于形式和装饰的功效性的高度要求，尤其是服装、室内家具。陶瓷生产在很多地区达到繁荣，特别是在景德镇（江西省）。陶瓷彩绘除了蓝色（钴），还采用了红色釉下彩（氧化铁）和釉上彩。最初是三彩，16世纪又出现了五彩。图案装饰增加了带情节内容的多人物构图和山水主题。明代瓷器生产达到繁荣，装饰多采用釉下彩或者浅浮雕。漆器产品丰富多样，有彩绘漆、浮雕漆、雕刻漆、镶嵌漆，描金或戗金。这一时期开始大量生产嵌珐琅瓷器（参见总论部分）。

清　代

满族人入关和清朝的建立并未给社会文化生活带来大面积混乱，但是，满族政权的狭隘观念阻碍了官方艺术的发展。清朝宫廷对于欧洲艺术风格的青睐并未给过分保守的文化政策带来明显变化，但其促进了民族的自我认同。政府严格的审查制度未能完全控制中国社会文化生活，文化工作者传承了民族遗产。在书法领域，自17世纪下半叶至18世纪中期，正统帖学派主要师承董其昌。张照、刘墉、翁方纲等人的创作维持了书法创作的高水平。18世纪下半叶至19世纪中期，最大的运动是碑学派主导的，代表者是金农、郑燮、邓石如、伊秉绶等。19世纪下半叶至20世纪初，以上两个流派相互靠近，在此基础上，创作个体的风格探索丰富多元。代表人物是何绍基、赵之谦、吴大澂等。

石涛《山水册页》，17世纪末—18世纪初

清朝，中国画家需要克服学院派高雅艺术传统的消亡与艺术质量的退化这两种危险。在17世纪，无论学院画派还是独立画派，都受到董其昌的强烈影响，各自发扬了其创作遗产中的不同方面，这些方面有时甚至是相互对立的。宫廷画派（正统派）趋于保守，技艺精湛，装饰华美。代表人物是"四王"：王时敏、王鉴、王翚、王原祁。吴历、恽寿平与四人齐名。宫廷画派中的欧式绘画在整个18世纪得到发展，但直至19世纪中期仍被中国知识分子视为异邦之物，不被重视。

与正统派对立的是野逸派，最著名的有朱耷和石涛。其中同样存在地方派系。安徽派善用干墨，用半干的毛笔勾勒出稀疏而明朗的线条，构成大致形状。该派的代表人物有萧云从、弘仁、查士标、戴本孝、梅清等。南京派色调丰富，使用大量的湿墨或水墨。该画派没有形成鲜明的固定风格，画家各具特点，代表者有龚贤、髡残、程正揆、法若真、高岑、樊圻等。

18世纪出现了著名的"扬州八怪"，他们延续了个体创作的崇高传统，但更加古怪而简易；其中包括金农、郑燮、罗聘、黄慎、汪士慎、高翔、华喦、高凤翰等。19世纪下半叶，在非正统派别中以海派为首。海派领袖为赵之谦及任氏家族画家——任伯年、任熊、任薰等。与其风格相近的画家有虚谷。在城市和农村的工坊中，数千名工匠专门从事版画创作，包括书籍插图和民间年画。

在清代出版的为数众多的绘画论著中，最值得一提的是《芥子园画传》。

清代建筑风格是装潢华美，系统使用外来建筑形式。对北京紫禁城、曲阜（山东省）孔庙等古旧建筑群进行了改造。遵化（河北省）皇陵以传统风格建造。18世纪修建了一系列藏传佛教风格建筑，如北京雍和宫、北京郊区碧云寺的金刚宝座塔、承德（河北省）普陀宗乘之庙等。缅甸、泰国风格的建筑包括曼春满佛寺（云南省景洪市）。伊斯兰建筑以吐鲁番（新疆维吾尔自治区）清真寺为代表。圆明园内皇帝行宫的部分建筑采用欧洲风格。

兰花，《芥子园画传》插图，17世纪末

明清两代，源自商周统治者苑囿的园林艺术继续发展。对景观布局起到决定性意义的是风水原则。花园的非对称性补充了园林建筑住宅区域的规律性。部分住宅功能逐渐转移到园林建筑中，早在汉代就不再只是休息散步的场所，而且是私人生活区域。明清两代，有面积达数百公顷的皇家园林（北京紫禁城后花园、京城郊区颐和园等），有面积不大的城区和城郊私人园林（苏州的拙政园和留园、上海的豫园等）、寺庙园林（苏州西园寺和狮子林等），还有自然景区园林（杭州西湖、桂林山水等）。园林传统上分南北两派。北派规模宏大，色彩丰富；南派小巧玲珑，色彩淡雅。中国园林建筑的特点如下：形式多样（包括内墙和外墙、殿、亭、廊、石砌广场和道路等），假山、山洞、池塘和小河相结合，精心挑选的植物和动物，对经书典籍和古典文学作品内容的联想与再现，各色花卉的季节变换，对于园林中生长和生活的一切加以灵活运用。园林是各类知识综合运用的结果，人们将野生植物、天然石头和流水转换为人文环境元素，以便休养身体，培育心智，获得审美享受。在制造艺术效果的同时利用各种光学幻觉，借以实现空间规模变换、光影变幻、材料风格变化等。

在清代，工艺品的生产规模空前壮大。瓷器生产中心仍然是景德镇（江西省），这里出现了新的产品类型。瓷器作坊还分布于德化窑（福建省）、郎窑（江西省）。在18世纪各种釉下彩和釉上彩广泛流行（包括以红色颜料在素瓷上作画）。除传统主题之外，还广泛运用中亚、欧洲题材（这是因为瓷器大量出口）。在单色绘饰中，绿色调被新的粉色调代替，后者是在欧洲影响下被引入艺术创作的。与此同时，传统和新兴种类的单色釉瓷继续生产，有"月白釉""茶叶末釉""火焰红釉""乌金釉"等。作为茶具的耐热无釉陶器在宜兴（江苏省）生产。在18世纪的金属工艺中流行藏族风格。珐琅工艺保持了高水准，包括嵌珐琅、掐丝珐琅、画珐琅（广东珐琅）、透明珐琅等。在丰富多彩的漆器技法中，尤为时兴的是"科罗曼德漆器"，主要用于家具制造业。

20 世纪

当代造型艺术史可以分成三个阶段，分别与社会政治现代化的阶段相对应：1912—1949，1949—1976以及20世纪的最后25年。辛亥革命是传统文化机制现代化的开始：开设了国立公共博物馆和展览馆，艺术市场民主化，开设了效仿西方设立的中等和高等艺术教育中心。

面对西方文化的不断挑战，中国画家以对民族艺术传统的深入研究做出了回应。比如，书法家充分利用了继承传统的优势。与西方现代派画家不同，中国知识分子整体上既没有对本土文化的古代直觉进行重构，也没有对本民族传统的历史标准进行解构。对外来流派的认识仅仅加深了中国画家对本民族文化模式优势的自信。书法家对于古老字体的兴趣尤为高涨，因为每一种古老字体都是有效的文化经验密码体系，研究这些古老字体也是再现这些密码的完善的心理技术学。为数众多的书法流派时而相互对立，时而结合成更大的流派。19世纪末至20世纪最著名的书法家是吴昌硕、康有为、罗振玉、李瑞清、梁启超、谭延闿、沈尹默、于右任、邓散木等。

宫廷画院体系的解体促进了区域绘画中心的发展。北京画派以萧逊、陈少梅等为代表。广东画派以梁鼎铭、赵少昂等为代表。广东岭南画派的领袖人物为高剑父、高奇峰等。以潘天寿、吴昌硕、齐白石、黄宾虹等大师为代表而发展起来的国画流派继承了民族绘画传统。在西方绘画影响下，19世纪末至20世纪上半叶涌现出一大批国画大师，如陈衡恪（陈师曾）、李叔同、徐悲鸿等。最早留学海外的雕塑家包括李金发、滑田友、刘开渠等。

中华人民共和国成立以后，中国共产党积极使用艺术作为意识形态工具。毛泽东、郭沫若、陈毅等人就是书法大师，其字迹经常用于宣传工作。尽管面对意识形态要求，林散之、沙孟海等书法家还是继承了高雅的传统。张正宇和李骆公成功地创造了新的字体风格。在绘画领域，社会主义现实主义风格借助油画得到推广，著名画家包括冯法祀、陈逸飞、陈逸鸣、魏景山等。一些杰出的国画大师继续自己的创作，如朱屺瞻、林风眠、董寿平、李可染、傅抱石、刘海粟、丁衍庸、蒋兆和、吴冠中、黄胄等。在雕塑领域，苏联风格的革命纪念碑独占鳌头，这方面的大家包括滑田友、郭其祥、叶毓山等。

20世纪最后二十年，职业书法界分成两派，一派坚守传统，一派寻求创新。坚守传统的书法家又可细分为正统派和革新派，前者包括启功、黄绮、胡问遂、李普同、陆石、刘顺等，后者包括王学仲、沈鹏、康殷、刘江、欧阳中石、黄金陵等。在书法先锋派中，表现突出的是传统技法和材料的革新者：黄苗子、张鼎、古干、王冬龄、陈振濂，以及为数不多的极端先锋派书法家，他们借助视频设备等进行创作。

王式廓《解放区农民》，20世纪中期

当代中国绘画的一个特点在于流派和风格丰富多彩。中国画流派蓬勃发展，其代表者是程十发、陆俨少、石鲁、吕寿琨、亚明、关山月、李华生等。从事版画创作的画家有董克俊、吴凡、赵宗藻、王维新、李少文等。油画领域现实主义风格的代表画家是鲍加、靳尚谊、李忠良、艾轩、何多苓、朱毅勇等。一些大师开始发展先锋艺术风格：邵飞、徐冰、耿建翌、顾德新、方力钧、曾梵志等。

一些当代画家在中国大陆以外生活和工作，首先是在台湾地区，如画家张大千、沈耀初、刘国松等。而在雕塑家中，获得世界声誉的有朱铭和杨英风。在香港和东南亚地区的著名画家有吕寿琨、梁巨廷、周绿云等。定居西方国家的有赵无极、王克平、谷文达、马德升、顾雄等。

20世纪文化现代化的经验表明，中国的民族艺术传统是一个可以持续发展、富于生命力的体系。完全改变传统在中国是不可想象的，正如无法全面拒绝民族同一性一样。因此，21世纪初中国部分极端先锋派艺术家与传统艺术模式的彻底决裂只是这些艺术家突破民族艺术界限的个人做法。显然，在国际文化交流日益扩大的条件下，对中国有益的创新只能植根于民族艺术传统沃土并充分利用其成就。

**阿理克（Алексеев В. М.）《中国民间绘画》，莫斯科，1966年；Л. Е. 别任《风流原则：3—4世纪中国艺术家形象》，莫斯科，1982年；В. Г. 别洛焦罗娃《中国卷轴画》，莫斯科，1995年；В. Г. 别洛焦罗娃《中国书法艺术》，莫斯科，2007年；Н. А. 维诺格拉多娃《中国园林》，莫斯科，2004年；郭若虚《图画见闻志》，К. Ф. 萨莫秀克翻译、注释，莫斯科，1978年；Е. В. 扎瓦茨卡娅《中国古代绘画的美学问题》，莫斯科，1975年；Е. В. 扎瓦茨卡娅《齐白石》，莫斯科，1975年；Е. В. 扎瓦茨卡娅《石涛〈画语录〉》，莫斯科，1978年；Е. В. 扎瓦茨卡娅《米芾的奇思妙想》，莫斯科，1983年；Е. В. 扎瓦茨卡娅《颐和园——充满和谐的园林》，见《独秀苑》，莫斯科，1991年；М. Е. 克拉夫佐娃《中国艺术史》，圣彼得堡，2004年；В. В. 马良文《16—17世纪中国的传统与文化》，莫斯科，1995年；В. В. 马良文《中国艺术》，莫斯科，2004年；И. Ф. 穆里安《古典雕塑统一空间中的4—8世纪中国早期佛教雕塑》，莫斯科，2005年；М. А. 涅格林斯卡娅《国立东方民族艺术博物馆收藏的中国画珐琅》，莫斯科，1995年；М. А. 涅格林斯卡娅《中国清代珠宝饰品：历史、寓意、审美》，莫斯科，1999年；М. А. 涅格林斯卡娅《中国景泰蓝》，莫斯科，2006年；Т. А. 波斯特列洛娃《10—13世纪的中国画院》，莫斯科，1976年；К. И. 拉祖莫夫斯基《中国肖像画论》，列宁格勒，1971年；《芥子园画传》，Е. В. 扎瓦茨卡娅翻译注释，莫斯科，1969，2002年；С. Н. 索科洛夫－列米佐夫《文学－书法－绘画：远东文化中的艺术融合问题》，莫斯科，1985年；С. Н. 索科洛夫－列米佐夫《从中世纪到近代：17世纪末至19世纪初中日绘画历史与理论》，莫斯科，1995年；С. Н. 索科洛夫－列米佐夫《扬州八怪：中国十八世纪绘画史略》，莫斯科，2000年；С. Н. 索科洛夫－列米佐夫《过去与未来之间：未来学意义上的中日书法与绘画艺术》，莫斯科，2004年；Л. П. 思乔夫，В. Л. 思乔夫《中国服饰：象征、历史、文学与艺术诠释》，莫斯科，1975年；《中国美术全集》，第1—60卷，北京—上海，1985—1989；《中国陶瓷全集》，第1—15卷，北京，1999；《中国建筑艺术全集》，第1—24卷，北京，1999—2009年；刘正成《中国书法全集》，第1—100卷，北京，1995年；朱仁夫《中国古代书法史》，北京，1992年；朱仁夫《中国现代书法史》，北京，1996年；Barrass G.S. The Art of Calligraphy in Modern China. L., 2002; Chang L., Miller P. Four Thousand Years of Chinese Calligraphy. Chic. -L., 1990; Chung Wah Nan. The Art of Chinese Gardens. Hong Kong, 1982; Farrer A.S. "The Brush Dances & The Ink Sings": Chinese Paintings and Calligraphy from the British Museum. L., 1990; Gao Jianping. The Expressive Act in Chinese Art / From Calligraphy to Painting. Uppsala, 1996; Siren O. Chinese Painting. Leading Masters and Principles. Vol. 1-7. N.Y., 1956-1958; Sullivan M. Art and Artists of 20th Century China. Berk., 1996; The Century of Tung Ch'i-chang, 1555-1636. With essays by Wai-kam Ho, Dawn Ho

Delbanco, Wen C. Fong et al. / Ed. by Ho Wai-kam. Vol. 1-2. Kansas City-Seattle-London, 1992; The Golden Age of Chinese Archaeology. Celebrated Discoveries from the People's Republic of China. Catalogue for an Exhibition at the National Gallery of Art / Ed. by Yang Xi-oneng. Wash., 1999; Törmä M. Landscape Experience as Visual Narrative. Helsinki, 2002.

(В. Г. 别洛焦罗娃撰，李春雨译)

在世界汉学中的反映

由于众所周知的社会政治原因，对于本国传统艺术全面的研究在中国直至20世纪80年代改革之后才得以开启。当时出版了一些大部头书籍，如60卷本的《中国美术全集》（北京、上海，1985—1989），《中国工艺美术大辞典》（吴山编著，南京，1989；1990年第二版），《中国书画辞典》（刘万朗编著，北京，1990），《中国古今书画名人大辞典》（陈炳华编著，天津，1998），《音乐百科词典》（缪天瑞等编著，北京，1998），《中国大百科全书·戏曲、曲艺》（蒋春芳编著，北京—上海，1983），《中国电影大辞典》（上海，1995）等。

在西方，中国艺术的象征性表现形式、中国人的哲学理念和宗教信仰、神话传说和习俗传统的艺术形象在威廉姆斯的流行词典中得到了反映（Williams C.A.S. Outlines of Chinese Symbolism and Art Motives. Peking, 1930）。该词典多次再版（1932, 1941, 1960, 1974, 1976），并被译成俄语，但译文不够专业（Вильямс К. А. Энциклопедия китайских символов. М., 2001.）。威廉姆斯的著作由W. 艾伯华进行了极其专业的补充[Eberhard W. Lexikon chinesischer Symbole. Köln, 1983（A Dictionary of Chinese Symbols. Tr. by G. L. Campbell. L.-N.Y., 1986; ibidem, 1996）]。在此前和此后又出现了其他专业词典，包括：Hansford S. H. A Glossary of Chinese Art and Archaeology. L., 1979; Fang Jingpei. Symbols and Rebuses in

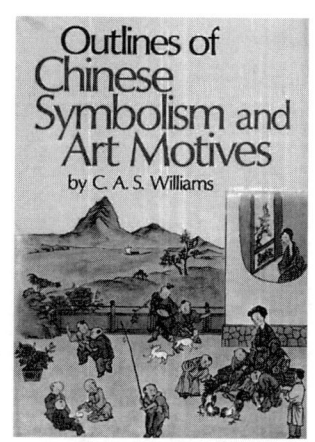

威廉姆斯《中国艺术象征及基本主题概况》

Chinese Art, Figures, Bugs, Beasts and Flowers.Berkeley-Toronto, 2004.

中国艺术概述类的著作在19世纪末至20世纪初随着中国风（китайщине, шинуазри / chinoiserie, 参见Jacobson D. Chinoiserie. L., 1993; 俄译本：ДжекобсонД. Китайскийстиль. M., 2004）的再度兴起开始在西方出现。

在瑞典历史学家和艺术学家O.Sirén（1879-1966）及其他研究者的著作中，对中国艺术阐释的广度达到了全新水平。前者的著作包括：Histoire des arts anciens de la Chine. Vol. 1-4. P., 1919-1930 (英译本：A History of Early Chinese Art. Vol.1-4. L., 1929-1930; N.Y., 1970); La sculpture chinoise du Ve au XIVe siècle. Vol. 1-5.P., 1924 (英译本: Chinese Sculpture. Vol. 1-4. L., 1925; N.Y.,1970); A History of Early Chinese Painting. Vol.1, 2. N.Y., 1933 (法译本: Histoire de la peinture chinoise. Vol. 1, 2. P., 1934, 1935); A History of Later Chinese Painting. Vol. 1, 2. L., 1938; Gardens of China. N.Y., 1949; Chinese Painting. Leading Masters and Principles. Vol. 1-7. L. N.Y., 1956-1958。其他著作包括：Ashton L., Gray B. Chinese Art. L., 1935; Ferguson J. C. Survey of Chinese Art. Shanghai, 1939; Grousset R. La Chine et son art. P., 1951; Buhot J. Arts de la Chine. P., 1951; Paul-David M. Arts et stylesde la Chine. P., 1953; Genova F. Arte Chinese. Chinese Art. Venezia,1954; Hajek L. Chinesische Kunst. Prag, 1955; Sickmann L., Soper A.The Art and Architecture of China. Harmondsworth, 1956 (1971); Prodan M. Chinesische Kunst. Freiburg, 1958; Willets W. Chinese Art. Vol.1, 2. Harmondsworth, 1958; Lion-Goldschmidt D., Moreau-Gobard J.-C. Arts de la Chine. Fribourg, 1960 (5-e éd. 1980; 英译本：Chinese Art. N.Y., 1960); Speiser W. The Art of China; Spirit and Society. N.Y., 1961; Violet R. Einfuhrung in die Kunst Chinas. Lpz., 1981; Watson W. Art of Dynastic China. N.Y., 1981; Sullivan M. The Arts of China. Berkeley-Los Angeles-London, 1984; Tregear M. Chinese Art. L., 1993; Clunas C. Art in China. Oxf., 1997.

对中国艺术的各种门类，西方研究最多的是绘画和书法：Giles H.A. An Introduction to the History of Chinese Pictorial Art. L., 1905 (1918); Petrucci R. Kiai tseu yuan houa tchouan. L'encyclopédie de la peinture chinoise. P., 1918; id. Chinese Painters. A Critical Study. N.Y., 1920; Cohn W. Peinture chinoise. P., 1948; Gulik R. H. van. Chinese Pictorial Art as Viewed by Connoisseur. Roma, 1958 (Taipei, 1982); Priest A. Aspects of

Chinese Painting. N. Y., 1954; Acker W.R.B. Some Tang and Pre-Tang Texts on Chinese Painting. Bd. 1. Leiden, 1954; Waley A. An Introduction to the Study of Chinese Painting. N. Y., 1958; Swann P. Chinese Painting. N. Y. -P., 1958; Cahill J. La peinture chinoise (Chinesische Malerei). Genève, 1960 (1977); Delahaye H. Les premiers peintures de paysage en Chine: Aspects religueux. P., 1981; Bush S., Shih Hsiao-yen. Early Chinese Texts on Painting. Cambr. -L., 1985; Vainker S. Modern Chinese Paintings. Oxf., 1996; China, Zeitgenossische Malerei / Hrsg. von D. Ronte.Köln, 1996; Wu Hung. The Duble Screen: Medium and Representation in Chinese Painting. Chic. -L.,1996; Clunas C. Pictures and Visuality in Early Modern China. L., 1997; Gao J. The Expressive Act in Chinese Art: From Calligraphy to Painting. Uppsala, 1996; Chiang Yee. Chinese Calligraphy-An Introduction and Its Aesthetic Technique. Cambr., 1954; Ch'en Chih-mai. Chinese Calligraphers and Their Art. N. Y., 1966; Ecke G., Tseng Yu-ho. Chinese Calligraphy. Philadelphia-Boston, 1971; Willetts W.Chinese Calligraphy. Hong Kong, 1981; Chinese Calligraphy / Ed. by Nakata Yujiro. New York-Tokyo,1983; Hung W. S. H. A Complete Course in the Art of Chinese Calligraphy. Hong Kong, 1983; Billeter J.F. L'art chinois de l'écriture. Genève, 1989; Chinese and Japanese Calligraphy / Ed. by H. Götze. Munich, 1989; Chang L., Miller P. Four Thousand Years of Chinese Calligraphy. Chic. L., 1990; Tseng Yu-ho. A History of Chinese Calligraphy. Hong Kong, 1998; Barrass G. S. The Art of Calligraphy in Modern China. L., 2002.

紧随其后的是建筑和园林艺术：Boerschmann E. Die Baukunstundreligiöse Kultur der Chinesen. Bd 1-3. B., 1914-1931; id. Chinesische Architektur. Bd 1, 2. B., 1925; Kerby K. An Old Chinese Garden. Shanghai, 1922; Howard E. Chinese Garden Architecture. N.Y., 1931; Graham D. Chinese Houses and Gardens. N. Y., 1938; Boyd A. Chinese Architecture and Town Planning 1500-1911. Chic., 1962; Inn H. Chinese Houses and Gardens. N. Y., 1962; Blaser W. Chinese Pavilion Architecture. Niedertenfen, 1974; Thilo T. Klassische chinesische Baukunst. Lpz., 1977; Morris E.T. The Gardens of China: Art, Architektur and Meanings. N.Y., 1984; Chang Chao-kang, Blaser W. China-Tao in Architecture / Tao in der Architektur. Bâle, 1987 (фр. пер.: Architecture de Chine. Lausanne, 1988); Ruitenbeek K. Carpentery and Building in Late Imperial China: A Study of the Fifteenth Century Carpenter's Manual Lu Ban Jing. Leiden-New York-Köln, 1993; Chan B. New Architecture in China.2005; Xue

C.Q.L. Building a Revolution: Chinese Architecture since 1980. Hong Kong, 2006.

雕塑艺术：Chavannes E. La Sculpture sur pierre en Chine au temps des deux dynasties Han. P., 1893; Aston L. An Introduction to the Study of Chinese Sculpture. L., 1924; Tokiwa D., Sekino T. Buddist Monuments in China. Vol. 1-6. Tokyo, 1926-1938; Maspero H., Grousset R., Lion L. Les Ivoires religieux et mé dicaux chinois. P., 1939; Fisher O. Chinesische Plastik. München, 1948; Muzuno S. Chinese Stone Sculpture. Tokyo, 1950.

陶器和瓷器：Julien S. Histoire et fabrication de la porcelaine chinoise. P., 1856; Laufer B. Chinese Pottery of the Han Dynasty. Leiden, 1909; Zimmermann E. Chinesisches Porzellan. Lpz., 1913 (1923); Hobson R. L. Chinese Pottery and Porcelain. Vol.1, 2. L.,1915; Honey W.B. The Ceramic Art of China. L., 1945; Koyama F.The Story of Old Chinese Ceramics. Tokyo, 1949; Jenyns S. Later Chinese Porcelain. L., 1951 (Glasgow, 1971); Trubner H. Chinese Ceramics from the Prehistoric Period through Ch'ien Lung. Los Ang.,1952; Lion-Goldschmidt D. Les Poteries et porcelains chinoises. P.,1957; Gompertz G.S.G.M. Chinese Celadon Wares. L., 1958; Medley M. The Chinese Potter. L., 1976 (1980, 1989, repr. 1982, 1986, 1998, 1999); Pierson S. Designs as Signs: Decoration and Chinese Ceramics. L., 2001.

青铜器：Koop A.J. Early Chinese Bronzes. L., 1924; Leroi-Gourhan A. Bestiaire du bronze chinois. P., 1936; Karlgren B.Yin and Chou in Chinese Bronzes // BMFEA. VIII, 1936, pp. 9-156; id. New Studies on Chinese Bronzes // ib. IX, pp. 1-117; id. A Catalogue of the Chinese Bronzes in the A.F. Pillsbury Collection.Minneapolis, 1952; Heusden W. van. Ancient Chinese Bronzes of the Shang and Chou Dynasties. Tokyo, 1952; Rawson J. Chinese Bronzes. Art and Ritual. L., 1988.

玉雕：Laufer B. Jade. A Study in Chinese Archaeology and Religion. Chic., 1912; Pope-Hennessy U. Early Chinese Jades. L., 1923; Pelliot P. Jades archaïques de Chine. Paris-Bruxelles, 1925; Nott S.C. Chinese Jade. L., 1926; Laufer B.

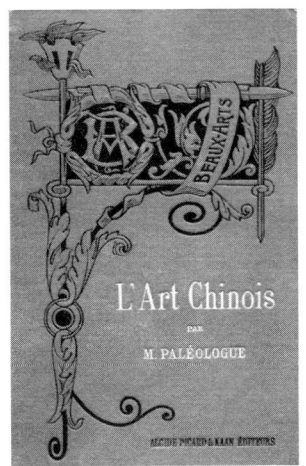

Archaic Chines Jades. N.Y., 1927; Salmony A. Carved Jade of Ancient China. Berk., 1938; Hansford S.H. Chinese Jade Carving. L., 1950.

家具：Cescinsky H. Chinese Furniture. L., 1922; Dupont M. Les meubles de la Chine. L., 1926; Ecke G. Chinese Domestic Furniture. Peking, 1944 (Rutland, Vermont, 1962); Sickman L. Chinese Classic Furniture. L., 1978; Beurdeley M. Chinesische Möbel. Freiburg-Tübingen, 1979 (英译本：Chinese Furniture. Tokyo-New York-San Francisco, 1979); Wang Shixiang. Classical Chinese Furniture. S.F., 1985; Clunas C. Chinese Furniture. L., 1988; Wu B.G. Chinese Furniture. Hong Kong, 2003; Chen J.J., Mao C.W. Permanence: Classical Chinese Stone Furniture. Taipei, 2003.

音乐：Courant M. Essai historique sur la musique classique des chinois avec un appendice relative à la musique coréenne. P., 1912; Granet M. Fêtes et chansons de la Chine ancienne. P., 1919; id. Dances etlégendes de la Chine ancienne. P., 1926 (1959); Wilhelm R. Chinesische Musik. Fr. / M., 1927; Levis J. Foundation of Chinese Musical Art. Peiping, 1936; De Woskin K.J. A Song for One or Two: Music and the Concept of Art in Early China. Ann Arbor, 1982; Liang D.M. Music of the Billion. N.Y., 1985; Thrasher A.R. China // Ethnomusiology / Ed. by H. Myers. Vol.2. N.Y., 1993; Lam J.S. State Sacrifices and Music in Ming China. Albany, 1998.

戏剧电影：Johnston R.F. The Chinese Drama. Shanghai-Hong Kong-Singapore-Hankow-Yokohama, 1921; Buss K. Studies in the Chinese Drama. Bost., 1922; Jacovleff A., Tchou Kia-kien. Le théâtre chinois. P., 1922; Zuker A.E. The Chinese Theatre. L., 1925; Arlington L.E. The Chinese Drama from the Earliest Times until Today. Shanghai, 1930; id. Famous Chinese Plays. Peiping, 1937; Zung C. Secrets of the Chinese Drama. Shanghai, 1937; Scott A.C. The Classical Theatre of China. L., 1957; Mackerras C., Wichmann E. Chinese Theatre: From Its Origin to the Present Day. 1988; Lopez M.D. Chinese Drama-An Annotated Bibliography of Commentary, Criticism, and Plays in English

Translation. Lanham, 1991; Chu Kun-Liang. Les aspects rituels du théâtre chinois. P., 1991; Fei Faye. Chinese Theories of Theater and Performance from Confucius to the Present. Ann Arbor, 2002; Leyda J. Dianying: An Account of Films and the Films Audience in China. Cambr. -L., 1972; Bergeron R. Le cinéma chinois. Vol. 1-3. P. a. o., 1977-1997; Clark P. Chinese Cinema: Culture and Politics since 1949. Cambr., 1987; Zhang Y., Xiao Z. Encyclopedia of Chinese Film. L., 1998; Zhang Y. Chinese National Cinema. N. Y., 2004.

在俄罗斯，对于中国艺术的整体描述及理论反思所给予的关注相对较少，直至不久以前都仅仅局限于简短的百科全书词条和简要介绍：Б. П. 杰尼凯《中国艺术》，见《苏联大百科全书》，第32卷，莫斯科，1936年，第770—783页；К. И. 拉祖莫夫斯基《中国艺术》，见《中国：历史·经济·文化》，莫斯科—列宁格勒，1940年；О. 格鲁哈廖娃、Б. П. 杰尼凯《中国艺术简史》，莫斯科—列宁格勒，1948年；П. А. 别列茨基《中国艺术概要》，基辅，1957年；О. Н. 格鲁哈廖娃《中国艺术》，莫斯科，1958年；Н. А. 维诺格拉多娃《中国艺术》，见《艺术简史·远东国家艺术》，莫斯科，1979年，第9—206页；Н. А. 维诺格拉多娃《中国艺术》，莫斯科，1988年；О. Н. 格鲁哈廖娃、С. Н. 索科洛夫《中国艺术》，见《世界各国艺术》，莫斯科，1965年；Л. И. 库兹缅科、В. Л. 思乔夫《中国艺术》，莫斯科，1990年；В. В. 马良文《中国文明》，莫斯科，2000年，第433—514页。除此之外，还有一些规模不大的词典中的少数文章，包括Н. А. 维诺格拉多娃、Т. П. 卡普捷列娃的《东方传统艺术》（莫斯科，1997），Т. Х. 斯塔罗杜布的《中国文化》（莫斯科，1999），Г. А. 特卡琴科的《大众艺术百科全书》（卷1、卷2，莫斯科，1986）。这一情形同样反映在《俄罗斯大百科》中，该书缺少"中国艺术"的综合词条，只有具体艺术门类的词条（第14卷，莫斯科，2009，第150—169页）。

在这一领域达到接近西方成就的新水平的标志是М. Е. 克拉夫佐娃的规模宏大、内容丰富的专著——《中国艺术史》（圣彼得堡，2004）。目前，这部近一千页、带有插图的著作是俄语读者详尽了解中国艺术基本门类及其从新石器时代直至20世纪的历史形态的最好读本。不过，限于教材的体例，这本书缺少重要的科研附件，特别是没有索引。

在具体艺术门类和单个历史时期的研究方面出现了更多文献，特别是造型艺术和实用艺术：Э. Х. 维斯特法连、М. Н. 克列切托娃《中国瓷器》，塔林，1947年；С.М.科切托夫《中国艺术中的瓷器与纸张》，莫斯科，列宁格勒，1956年；Е.卢博－列斯尼琴科《艾尔米塔什博物馆收藏的古代中国织物和刺绣（前5—3世纪）》，列宁格勒，1961年；Т.Б.阿拉波娃《艾尔米塔什博物馆收藏的中国瓷器》，列宁格勒，1977年；Т.Б.阿拉波娃《艾尔米塔什博物馆收藏的中国彩绘珐琅》，莫斯科，1988年；М.А.涅格林斯卡娅《国立东方民族艺术博物馆收藏的中国画珐琅》，莫斯科，1995年；М.А.涅格林斯卡娅《15—20世纪初叶的中国景泰蓝：国立东方民族艺术博物馆藏品》，莫斯科，2006年；М.А.涅格林斯卡娅《中国清代（17—20世纪初）珠宝饰品：历史、寓意、审美》，莫斯科，1999年；Т.И.卡申娜《仰韶文化陶器》，新西伯利亚，1977年；М.М.博加奇欣《中国陶器：历史，传说，奥秘》，莫斯科，1998年；М.Н.克列切托夫《艾尔米塔什博物馆中的中国石雕》，列宁格勒，1960年；Д.В.叶尔绍夫《中国玉器和石雕艺术》，莫斯科，2007年；Б.Б.维诺格罗茨基《中国玉器：时间之纹饰》，莫斯科，2006年；Б.Б.维诺格罗茨基《中国住宅——风水格局》，莫斯科，2007年；Б.Б.维诺格罗茨基《茶道·器与人》，莫斯科，2007—2008年；Н.А.维诺格拉多娃《中世纪的中国艺术》，莫斯科，1962年；Н.А.维诺格拉多娃《中国山水画》，莫斯科，1972年；Н.А.维诺格拉多娃《中国园林》，莫斯科，2004年；Н.А.维诺格拉多娃《中国绘画中的花鸟》，莫斯科，2009年；Т.А.波斯特列洛娃《10—13世纪的中国画院》，莫斯科，1976年；《艾尔米塔什博物馆收藏的16世纪末至19世纪的中国出口艺术品》，圣彼得堡，2003年；Е.В.戈洛索娃《中国园林艺术》，莫斯科，2008年；Н.А.切尔沃娃《当代中国版画》，莫斯科，1960年；阿理克《中国民间绘画》，莫斯科，1966年；李福清、王树村编选《苏联藏中国民间年画珍品集》，列宁格勒，北京，1991年；И.Ф.波波娃编《清代北京：民俗画》，圣彼得堡，2009年；Л.П.思乔夫，В.Л.思乔夫《中国服饰：象征、历史、文学与艺术诠释》，莫斯科，1975年；В.Г.别洛焦罗娃《中国传统家具》，莫斯科，1980年；В.Г.别洛焦罗娃《中国家具及室内陈设》，莫斯科，2009年；В.Г.别洛焦罗娃《中国卷轴画》，莫斯科，1995年；В.Г.别洛焦罗娃《中国书法艺术》，莫斯科，2007年；С.Н.索科洛夫－列米佐夫《文学—书法—绘画：远东文化中的艺术融合问题》，莫斯科，1985年；В.В.马良文《16—17世纪中国的传统与文化》，莫斯科，1995年；В.В.马良文《顿悟之书》，莫斯科，1997年；А.А.玛丝洛娃《东方格斗艺术百科全书：中国武术传统与奥秘》，莫斯科，2000年。

关于戏剧也有不少文章，与关于绘画的文章一样，这些文章自1840年开始出现在俄国的期刊上。而在20世纪，一些著名的俄罗斯文化工作者开始从事中国戏剧研究，如Н. Н. 叶夫列伊诺夫、С. М. 爱森施坦、С. М. 特列季亚科夫、С. В. 奥布拉佐夫、С. И. 尤特克维奇，Б. П. 契尔柯夫。主要论著如下：Б. А. 瓦西里耶夫《中国戏剧》，见《东方戏剧》，列宁格勒，1929年；А. 阿纳斯塔西耶夫《在中国戏剧中》，莫斯科，1957年；С. В. 奥布拉佐夫《中国人民的戏剧》，莫斯科，1957年；С. А. 谢罗娃《中国音乐戏剧（19世纪中叶至20世纪40年代）》，莫斯科，1970年；С. А. 谢罗娃《16—17世纪的中国戏剧与传统中国社会》，莫斯科，1990年；С. А. 谢罗娃《中国戏剧——世界的美学形象》，莫斯科，2005年；И. В. 盖达《中国传统戏剧》，莫斯科，1971年；В. Ф. 索罗金《13—14世纪中国传统戏剧：起源、结构、形象、情节》，莫斯科，1979年；Т. А. 马林诺夫斯卡娅《中国传统杂剧历史概要（14—17世纪）》，圣彼得堡，1996年。关于音乐、建筑和电影的介绍较少：Р. И. 格卢别尔《中国音乐文化》，见Р. И. 格卢别尔著《音乐文化史》，第1卷，莫斯科，列宁格勒，1941年；Г. 什内尔松《中国音乐文化》，莫斯科，1952年；В. И. 西苏阿利《中日仪式音乐》，圣彼得堡，2008年；В. В. 兹古拉《中国建筑及其在欧洲的反映》，莫斯科，1929年；Е. А. 阿谢普科夫《中国建筑》，莫斯科，1959年；С. А. 科米萨罗夫，А. А. 库拉金，Н. А. 克里沃舍因娜《中国建筑史纲要》，新西伯利亚，2007年；С. А. 托罗普采夫《中国电影史概论》，莫斯科，1979年；С. А. 托罗普采夫《台湾电影》，莫斯科，1998年；С. А. 托罗普采夫《中国电影的"国际品牌"——导演张艺谋》，莫斯科，2008年。

一系列艺术学领域的经典著述被译成俄文，首先是关于诗歌、绘画和音乐的：В. М. 阿理克《关于诗人的中国诗歌》，圣彼得堡，1916年；王禹偁《大合乐赋》，苏洵《乐论》，见《中国文学论集》，卷1，莫斯科，2002年；В. М. 阿理克《诗人—画家—书法家论灵感的奥秘》，见《中国文学论集》，莫斯科，2003年；《东方国家音乐美学》，莫斯科，1967年；《芥子园画传》，Е. В. 扎瓦茨卡娅译，莫斯科，1969年；К. И. 拉祖莫夫斯基《中国肖像画论》，列宁格勒，1971；Е. В. 扎瓦茨卡娅《文选：中国哲学家和艺术家论绘画本质》，《中国古代绘画的美学问题》，莫斯科，1975年；Е.В.扎瓦茨卡娅《石涛〈画语录〉》，莫斯科，1978年；Е.В.扎瓦茨卡娅《米芾的奇思妙想》，莫斯科，1983年；郭若虚《图画见闻志》，К.Ф.萨莫秀克译，莫斯科，1978年；И.И.谢梅年科《嵇康〈琴赋〉》，见《东方语文学问题》，莫斯科，1979年；司马迁《乐书》《律书》，见《史记》，卷4，Р.В.越特金译，莫斯科，1986年；И.С.利谢维奇《中国》，见《东方诗学：文本、研究、注释》，莫斯科，1996年；В.А.鲁宾娜《乐记》，见《古代中国个体与政权》，莫斯科，1999年；《吕氏春秋》，Г.А.特卡琴科译，莫斯科，2001年；《中国艺术》，В.В.马良文编译，莫斯科，2004年；В.Ф.费奥科蒂斯托夫《荀子〈乐论〉》，见《荀子哲学论集：研究、翻译、汉学家思考》，莫斯科，2005年；以及一些研究文献：К.哈格曼《各民族游戏》卷三《中国、非洲》，列宁格勒，1924年；陈烟桥《鲁迅与木刻》，莫斯科，1956年；《论中国音乐：中国作曲家、艺术学家论文集》，卷1，莫斯科，1958年；И.З.阿连杰尔《中国乐器》，莫斯科，1958；约翰·罗利《中国绘画原则》，莫斯科，1989年（又载《启蒙之书》；《中国艺术》，马良文主编并翻译）；К.杰本－法兰克福《古代中国》，莫斯科，2002；乔·埃文斯《中国墨》，莫斯科，2004；《故宫博物院馆藏珍宝》，莫斯科，2007年；《中国颜料、民间服饰及手艺》，圣彼得堡，2007年；《丝绸之路：丝织艺术五千年》，圣彼得堡，2007年；《中国100大奇迹》，莫斯科，2007年；《东亚艺术》，法尔－贝克尔编，2007年；张安治《中国绘画史》，顿河畔罗斯托夫－克拉斯诺达尔，2008年。

**3. С.杜巴索娃《法国汉学：组织、人名索引、图书编目》，莫斯科，1979年；《资本主义国家对中国的研究：图书索引》，第1—4部，莫斯科，1966—1967年；《意大利汉学》，莫斯科，1976年；А.И.科布杰夫《全球化与summa sinologiae》，见《第37届"中国社会与国家"学术研讨会论文集》，莫斯科，2007年；А.И.科布杰夫《中国与西方汉学》，见《第39届"中国社会与国家"学术研讨会论文集》，莫斯科，2009年；А.И.科布杰夫《包罗万象的中国文化与〈中国精神文化大典〉》，见《中国：寻觅和谐》，莫斯科，2009年；С.И.库切拉《古代中国史料研究》,见《古代东方史料研究:伊朗,中亚,印度,中国》,圣彼得堡,2002年;А. В. 罗曼诺夫《中国对国外汉学的研究》,见《中国:寻觅和谐》,莫斯科,2009年;С. Д. 米利邦德《国内东方学家传记辞典》,卷1、2,莫斯科,1995年;С. Д. 米利邦德《20—21世纪初俄罗斯东方学家:传记辞典》,卷1—3,莫斯科;В. Н. 尼基佛罗夫《苏联历史学家论中国问题》,莫斯科,1970年;《国外中国历史汇编综述:英国汉学》,莫斯科,1977年;П. Е. 斯卡奇科夫《中国书志学》,莫斯科,1960年;П. Е. 斯卡奇科夫《俄罗斯汉学史综述》,莫斯科,1977年;温肇桐《1912—1949年美术理论书目》,上海,1965年;《古代艺术三百题》,上海,1989年;丁福保《四部总录艺术编》,上海,1957年;大村西崖《中国美术史》,陈彬龢译自日文,台北,1971年;张光福《中国美术史》,北京,1982年;严绍璗《日本的中国学家》,北京,1981年;Europe Studies China. L., 1995; Franke H. Orientalistik. I. Teil. Sinologie. Bern, 1953; Leslie D., Davidson J. Author Catalogues of Western Sinologists. Canberra, 1966; Zurndorfer H.T. China Bibliography. Leiden, 1995.

(А. И. 科布杰夫撰,李春雨译)

乙部 建筑

中国精神文化大典

建筑艺术

中国建筑是世界最古老的文化之一，其民族性表现在鲜明的艺术特色、设计和规划发展的传承性等方面。它是一个独特的精神实体，能够在自身的传统框架内重新解读所有外来创新，并影响了整个远东地区的建筑特点和发展之路。

考古发现表明，最早的洞穴式和干栏式居所出现于公元前5000—前3000年（新石器时期的河姆渡、龙山、仰韶文化），城市建设原则确立于夏（前21—前16世纪）和殷商时期（前16—前12/11世纪），景观建筑的起源，据书面史料，可追溯到公元前21世纪至公元前16世纪有关皇家禁猎区的记载。中国传统建筑的发展之路一直持续到19世纪末，之后便开启了一个在与世界建筑相融合的过程中探索民族建筑新形式的阶段。

音乐、书法和诗歌一贯被认为是中国最高等级的艺术形式，而建筑与上述优雅艺术相比，由于其形式的"实体感"，首先被视为一种手工艺。古希腊和古罗马时代以来的欧洲文化，以美学、艺术、建筑等理论著述为基准，其历史使著名建筑师的名字得以留存。与之相比，中国建筑传统的传承者们则是以"建筑世家"的形式为载体，在实践活动中，世世代代口头传递着工艺秘诀。

二里头宫殿建筑复原图，前16—前14世纪

所有基本设计原则和平面规划都形成于公元前3世纪之前，主要包括：建于夯土石面高台地基（阶式台基）之上的梁柱木架构；建筑物、院落、建筑群、城市都以直角轮廓为主；建筑中心以光照方向进行定位；四合院建制为立体空间构图单位；对称原则；以中央南北轴定向；在整体高度上呈现建筑设计"次第"的清晰性；正门朝南。所有这些建筑基本原则在中国大地自形成之日起一直沿用至今。

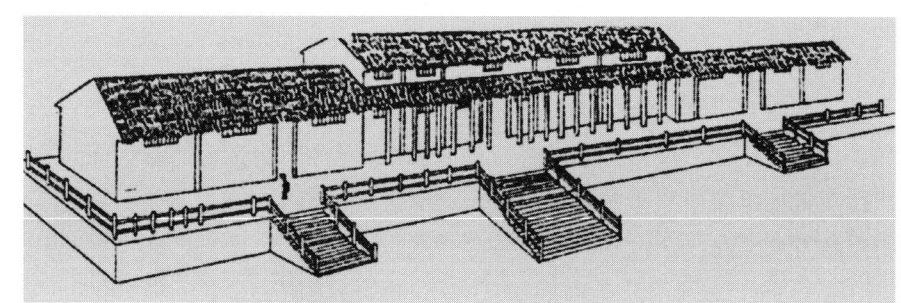

台基建筑复原图，安阳殷墟，前 14—前 12 世纪

　　建筑传统异常稳定的原因应该从远古的世界图景中去寻找。源于神话传说、宗教知识、占卜实践和古代中国人经济活动的世界秩序，其唯一"代码"就是道，将人（社会、国家）和自然（天和地）之间的和谐以三维和六维图示的形式转换成"代码"的《易经》成为中国人世界观的核心。建筑学是共同文化的一部分，《易经》中的象征与数字，实质上是"天"与"地"形象的具体表达，在晚些时候的哲学理论、宗教学说和美学流派的诠释中，建筑学都被赋予了不同的思想。儒家和道家学说、风水（地理占卜学）体系规则、中国社会的伦理和美学思想成为中国建筑学坚实基础中相辅相成的部分。

　　中国文化的基本理念是天、人、地（三才——三元、三宝）合一，因此，建筑形式与自然景观的和谐统一、思想艺术构思与实际用途相符等原则便成为建筑的依据。对自然现象与人类活动相互依赖的认知，决定了人们对建筑地点的选择要求非常高。人们更喜欢阴（大地、黑暗）和阳（天空、光明）平衡、五种元素——五行平衡的地方，以及地球内部的生命能量——气（"精气""宇宙的呼吸"）的循环能够最接近表面的地方。建筑时，还要考虑到景观的凸起与凹陷，突出苍穹中天体的线条与轮廓。那些传承

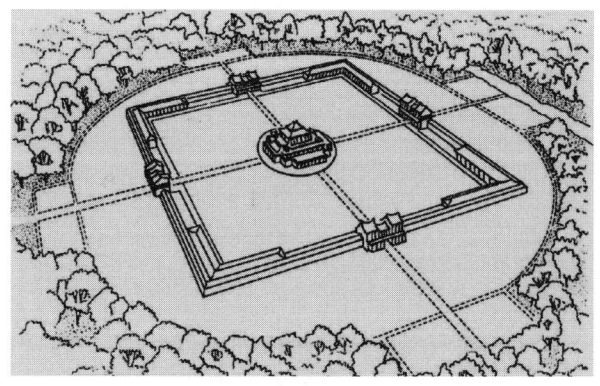

**长安（西安）礼制建筑——明堂复原图，
公元 1 世纪**

者认为，建筑与周围世界平衡和谐的环境，才是能够对人、社会和国家起到良好作用的"文化环境"。

司马迁的《史记》记载，早在公元前4世纪，就已开始由堪舆家（天地之事的预测家，"堪舆"也称"风水"）来为家族中德高望重的死者挑选墓地。与殡葬有关的风水体系作为一门独立的学科形成于汉代，且至今还显示着其特有的生命力。它教人们如何进行建筑布局，才能使其置于良好作用的保护之下，防患于未然，使人类活动与自然环境达到和谐统一。选择建筑地址时，最受青睐的是受上天庇佑的高地（山地、丘陵等）和作为生命之源的水体（河流、湖泊等）。如果地形不具备合适的自然条件，那么其建筑者就会人工挖掘水道、堆筑山丘，以及竖起一些高塔或自佛教传入中国后便受到推崇的佛塔。

在中国，任何一座建筑的平面设计及建筑群的布局都与古代中国人对世界的认知密切相关。中国人认为：天为阳，呈圆形，为创造者，是动态的；地为阴，呈方形，为执行者，是静态的。因此，庙宇及与祭天有关的祭坛通常设计为圆形，而与祭地有关的祭坛则设计成方形。统治者的宫殿和宝座应位于阴面，即坐北面南。按照儒家的学说来解释，其意为：应遵从统治者和臣民、高贵者（尊）和低微者（卑）贵贱有别——面朝南者为统治者、贵人，面朝北者为附庸者、卑微者——的秩序来执政。根据道家学说，应遵循自然之道，实现"无为而治"。最古老的祭祀建筑——明堂（明厅、神座）是用来发布政令、祭天祀祖和朝会诸侯的场所。明堂主体为方形建筑，建筑设计中没有墙体，共设有四个出口，圆顶。这与对世界的四个方向和天、地等概念的认知相符。有关明堂的最早记载可追溯到《周礼》和《淮南子》，相传，第一处明堂出现于神话中的黄帝时期。

以固定点为中心，方向均衡对称的构图理念起源于古老的"五方"观念（五方即五个方向：北、南、西、东和中），象征着人类社会按自然界的规则实现平衡的理念。"中"被认为是天与地之间的连接通道。因此，考古专家认为，新石器时代良渚文化（浙江良渚）的村落布局，与礼器琮（八面体玉质礼器，中间为圆形穿孔，琮自身所包含的圆与方象征着天与地，中间的穿孔是通道，天与地通过该通道相互联系；大部分琮上有动物图案，它们象征着保障通过中间通道实现天地联系的传递力量）的形状相符。哲学著作《管子》一书中提出"天子中而处"，即统治者是连接天与地的中介。

统治者是实现天地之间联系的"引导者"的思想，充分体现在上文所提及的明堂建筑的构图中。周代此类建筑都是由五座殿堂构成的建筑群，按九宫格局排列，主殿（实际上是明堂）居南。统治者举行典礼时，位于中央，作为天地之间的中介，负责将神圣世界与人类世界结合起来，使万物和谐。该类型建筑物的建造传统直到公元6世纪仍有迹可考，此后便逐渐走向衰落。在现代汉语中，"明堂"作为和谐的世界秩序的一种比喻。

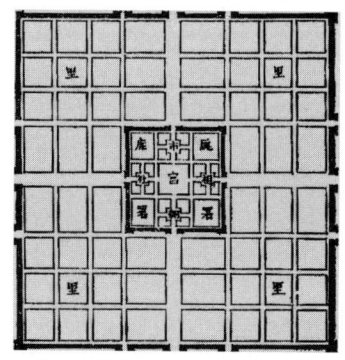

据《考工记》所绘都城平面图

古代文献《吕氏春秋》证明了这种"中心"论与城市建设原则有关的思想："古之王者，择天下之中而立国，择国之中而立宫，择宫之中而立庙。"首部建筑规则汇编《考工记》（据不同起源的记载，明确的时间为前770—前476年或前475—前221年）中描述了理想的都城设计方案，甚至强调，统治者的宫殿也应居中。平面图设计遵循"九九见方"的原则，该原则源于经纬（经线和纬线）成网的观念，与天相符的为南北方向的竖线——经线，而与地相合的为东西方向的横线——纬线：都城的每个方向为九里，每个方向建有三门，道路九经九纬，路宽九轨（1轨等于8尺，而1尺等于0.33米——作者注）。宫殿中间，左祖（统治者祖先的圣殿——作者注）右社（土地神和谷神的圣殿——编者注）。其后朝代的都城建设也都遵循了这种中心位置分布的规划方案。

数字在任何一种文化中都是建筑行业的必要"工具"。中国建筑中，数字同样被赋予了象征与神秘的意义。据《易经》记载，奇数属天，为阳；偶数属地，归阴。天（阳）用不间断的线条标识，用数字九表示；地（阴）用中间间断的线条标识，用数字六表示。在古代中国人的眼中，数字具有宗教占卜意义，尤其是大门、通道、建筑的层数、装饰细节、屋脊斜坡上的图形等，都是作为天端的一种象征，可获得影响人和国家命运的上天恩赐。"天九"及其倍数作为皇宫和庙宇的特权，强调的是天子的特殊地位。道观建筑构造的尺寸几乎都与《易经》的数字相关。建立于数字上的"等级"建筑体系，折射出儒家礼仪及其尊卑（高低区分）观念所对应的国家体制和社会关系原则。自西汉武帝统治时期起至清朝衰落，作为国家学说的儒家思想多方面地发挥着主导作用，促进了已确立起来的建筑形式与设计原则的"封存"。礼仪学说（礼），即行为端正规范是儒家思想与道德的核心。儒家典籍《荀子·礼论》记载："礼有三本：天地者，生之本也；先祖者，类之本也；君师者，治之本也。"传统礼仪是国家和谐与稳定的保证者，是社会关系和人际关系的衡量者，保障其存续是建筑的功能之一。上文所提到的建筑规则汇编《考工记》是儒家典籍《周礼》的一部分，该汇编将"尊"对应为"中"，成为建筑中尊卑关系的一个确定标准。古时候严格规定的不同社会阶层的建筑规格与建筑结构类型，很多世纪以来一直在沿用。唐朝在《考工记》的基础上发布了国家规定汇编——《考工典》，该汇编使得建筑构造的等级制度合法化。宋朝对木构建筑和部件进行了统一规范，在此基础上，皇家营造师李诫组织编纂了一部详尽的著作——《营造法式》。该书总结了中国的建筑经验，巩固了建造、木结构和小部件的制作规则，采用斗拱模数制。18世纪初，清朝皇帝康熙改革时期，为了维持已沿用的尊卑关系体系，出版了法律汇编，禁止不合规定的房屋改建。1734年刊行的《工程做法则例》，严格规定了27种建筑的规模，并列举设计实例，成为建筑标准化的范本。

门是建筑中表明尊卑关系的显著例证。在信奉儒家的古代中国，门的功能可从实用的"出入"提高到"主人面孔"的意义高度。正门的结构差别及其数量，彰显出房屋所有者社会地位高低的差距。

庄园入口，源自山东沂南县墓葬浮雕，公元1—3世纪

对正门的描述不仅能够提供房屋规模大小的信息，而且还能说明房屋主人官居何职。该建筑特点被巧妙地用于文学作品中。唐诗中用"朱门"来比喻财富与显赫，用"柴门"来象征平民百姓的贫寒居所。

尊卑原则也非常鲜明地体现于四合院建筑（四面筑有围墙的院落）中，四合院由正房、厢房及正面对着正房的倒座组成，其布局体现了长幼、父子、夫妻等家庭伦理关系。宫殿建筑群中，大小四合院的布局反映了君臣，皇帝与皇后、妃嫔及子嗣之间的伦理关系体系。

等级原则同样影响到建筑装饰方面。建筑中采用五种带有宗教礼仪色彩的颜色：黄色象征着力量、伟大、财富和威势，被视为皇家颜色；红色象征着幸福、友好；绿色（天蓝色、蓝色）象征着永恒的和平与安宁；白色象征着纯洁、光明、和谐和哀悼；黑色象征着毁灭与空虚。因此，皇宫和庙宇建筑的屋顶为黄瓦，达官显贵居所的顶盖为绿瓦，而普通官员的屋顶则为灰瓦。房柱和木制构件的着色也取决于该建筑所属的等级。

建筑装饰和图案不仅反映出民族的伦理价值，同时也折射出民族的美学思想。一些具有象征意义的图案表达着人们的"善良愿望"，成为主要装饰图案，如用石榴果实、成串的葡萄及象征"九世同堂"的九头想象中的狮子等图案来寄寓家族人丁兴旺、子嗣绵延的愿望。某些环境中，会采用象征着四季的鲜花、竹子和众多飞翔的蝙蝠等图案来表示对神州大地和平安宁的祈愿。牡丹、桃子、白发老人（喻夫妻白头到老）等被认为是家庭幸福的标志，燕子、柳树、花草则象征着春天的来临和新家的诞生。牡丹作为精英审美的标志象征着高贵、富足、财富，它与李树、竹子和梧桐一同代表富贵、显赫与长寿。民间文化中，用长寿之神——寿星作为长寿的标志，人们常将其图像雕刻或粘贴在正门、屋门或者窗户之上。长寿的其他象征还有松、鹤、蟠桃等，这些都是小型青铜雕塑和雕刻品的典型图案。装饰图案中常见"寿"（"长寿"）字，有时它会作为一个独立图案使用，有时则会与其他一些汉字，如"福"（"幸福""好运"）和"万"（"一万""很多"）等作为一个整体图案使用，喻指"万福万寿"。喜鹊图案具有快乐、成功之寓意。认为喜鹊是成功预言者的传统可追溯到中国古代诗歌选集《诗经》，这种比喻后来可见于唐朝诗歌。

装饰图案展示出中国文化中所固有的自我完善和精神净化思想。梅兰竹菊作为"四君子"形象而被中国文学作品世代颂扬。在诗歌传统中，竹的形象被认为是崇高品质的象征。宋朝诗人苏轼（苏东坡）曾写道："可使食无

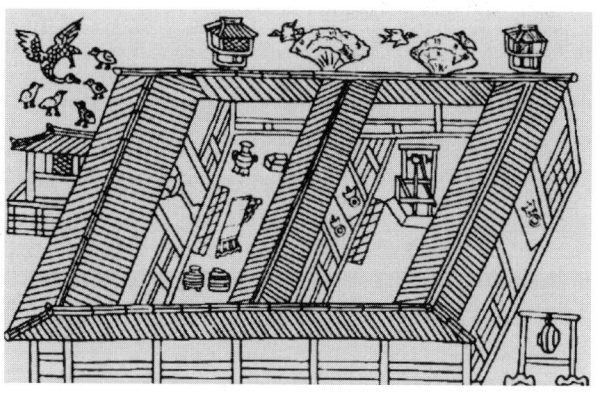

墓园，源自山东沂南县公元 1—3 世纪墓葬浮雕

肉，不可居无竹。无肉令人瘦，无竹令人俗。"

与自然界动植物象征图案并存于建筑装饰中的还有源自宗教和神话中的一些象征图案。最常见的是佛教的八大金刚和中国传统中归入道教传说的"八仙"形象。龙、凤、虎、龟四种神兽也是最受欢迎的图案，它们对应东、南、西、北四个方向，为各方主宰者。在墓葬祭祀建筑中可见猫头鹰（鸮）的图案。龙凤图案象征皇帝和皇后，是皇宫和庙宇必用的典型装饰图案。

中国建筑史上，道教的作用毫不逊色于儒家礼学的作用。上文所提到的风水学说与道家传统理念具有同源关系。老子"以柔克刚""道生万物""无限""空无""道法自然"等思想影响了建筑结构体系的形成。人们证实柔韧的木制连接部件具有抗震性，因此，在古典园林空间建筑构造中，人们选择可塑性强、具有柔韧性的建筑材料（木材、黏土、瓦等皆属此类）。老子教导说："人法地，地法天，天法道，道法自然。"（《道德经》第二十五章）大自然的自身变化与表现永无止境，因此，造园者应具有遵循自然的能力。仿效自然是园林艺术的首要原则，其决定了园林形式的多样性。计成在1634年刊行的第一部造园理论专著《园冶》的"相地"部分指出："园基不拘方向，地势自有高低；涉门成趣，得景随形……有高有凹，有曲有深，有峻而悬，有平而坦，自成天然之趣。"景观设计的自由性原则也关乎园林的建筑，该类建筑无须遵循中轴对称原则，建议分散布局。在中国的众多园林之中，经常可见沿着山坡上行的长廊与凉亭、拱桥、层叠建筑的墙壁等景观。园林建筑形式新奇别致，犹如对大自然的自身想象一般无穷无尽。著名的苏州园林"半园"，因其园中的每处建筑皆采用独特的半圆形状，犹如月相中的半月而得名。

"道法自然"的理念培养出人们对"回归自然"的追求，就园林艺术而言，意味着营造能够发人深省的远离人世喧嚣的幽静氛围。园林借助于高耸的墙体和自然起伏的山峦（如位于城外的清朝皇家夏季行宫承德避暑山庄）让人们免受尘世的烦扰。在古典园林景观中，自然界所有能够使人平

网师园（渔隐）

心静气的因素都得以充分体现。古典园林中的景观数量是有限的，而这种有限性却通过景观的无限变化得到了补偿。苏州网师园（渔隐）规模有限，但其"园中园""景中景"的经典形象，却让其达到了"小中见大""有限中见无限"的效果。

内涵丰富而深刻的、具有象征性意义的中国建筑语言是千百年来所形成的，它充分汲取了大自然的美丽、古人的智慧和创作中的想象。中国建筑群和汉字一样，具有限定的线条构架，服从于严格的"笔顺"，但因其组合的无限多样性、"黑白"——"空满"的不同样式而"气韵生动"，促进了各种思想的表达。

建筑结构体系与建筑类型

自新石器时代起，梁架结构就是中国建筑的基础。组成几间纵向中堂（长厅）的支柱为构架的核心。建造大型构架时，柱子的安放向内稍有倾斜（1°—2°），支柱向上与纵横梁相连接，将支撑房顶的细径木固定在纵梁上，在上面用横梁将支柱连接起来，构成空间距离——间。间为建筑物的特有模数，通过在纵向和横向增加间数来达到增加居所面积的目的。借助该模数，不仅可以使建筑变得更加简单，而且还可以严格控制取决于房屋用途和房屋所有者社会地位的全部建筑物的级别规模。搭建构架时，保证屋顶稳固性并象征美满之家的屋脊梁柱最受关注。

与欧洲建筑结构不同，中国建筑物墙体不承受荷载，所谓"墙倒屋不塌"便是与此有关的俗语。在外墙的支柱间隔中，下方为木制护墙板，上方为木框格。中国北方建筑物端面的墙体有时也采用砖来砌筑，构架支柱嵌入墙体内。

中国建筑的独特性在具有异域传统文化的人看来，很多方面都与高大的曲线屋顶相关。中式屋顶结构由横向和纵向两部分组成，但在欧洲观点中该结构的屋架是不被采用的。在靠近支架的横梁上立矮柱，在这些矮柱上再架短一些的横梁，在横梁上再立短柱，如此反复，横梁逐渐截短，层层收缩上举，构建出所需要的屋顶坡度。大幅度的出檐是中式屋顶的突出特点，为支撑延伸的屋檐，几排圆柱之上的独特结构——斗拱，自春秋时期起就已著名。其主要构件"斗"为斗形木块，"拱"为弓形短木。这种悬臂在建筑物之内清晰可见，使用这种构件来支撑横梁，固定架、内梁、外部托架及以其为支撑的挑檐便会连为一体。除结构功能外，斗拱还创造出建筑物顶部独特的美观效果，其上饰有大量的装饰图案，使得从柱到挑檐的过渡具有轻盈感，彰显出建筑物的重要性及主人的社会地位——斗拱只被允许用于宫殿和寺庙建筑。

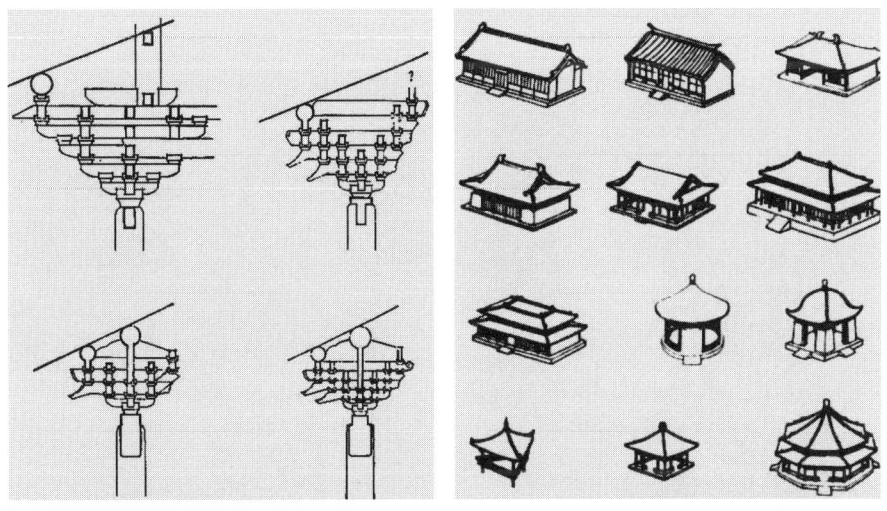

梁架结构及悬臂支架——斗拱　　中国古代宫殿寺庙建筑的屋顶类型

双坡屋顶（悬山）和用于宫殿与祭祀建筑的四坡屋顶（庑殿）是屋顶的主要类型，其上翘的檐角——飞檐是中式屋顶的标志性特征。这些屋檐宽大的外伸部分能够保护建筑物免受雨水的侵蚀，保证了建筑的耐久性；此外，从视觉上减轻了由于屋顶繁重而带来的压抑感。最初，人们是用禾秸覆顶，至殷商时期已经开始用瓦来覆顶。圆柱形的陶瓦借助特制的剖面在斜坡式屋脊上牢牢连接起来，连接处用神话中的神仙和鸟兽陶像遮盖。除实用和美观功能外，这些善良之神还扮演着使房屋免遭邪恶之神侵害的保护者角色。房屋主人的社会地位越高，安放于屋顶的这些人物和动物的塑像就越多。被弯曲成"鸱尾"（诸如古希腊、罗马风格的山墙饰物）的屋顶凸出部分将整个大的块状屋顶完美收官。

虽然在中国建筑中存在着几十种建筑形式的名称，但它们大多数只不过是在功能用途上有所不同而已，其中主要是殿、亭与廊的区别。一层殿堂通常为长方形设计（很少为正方形和圆形），为建筑群布局中最主要的部分，其作为独立布局的情况实际上较为少见。亭有方形、圆形或多角形结构，既可作为建筑群的组成部分来布局，也可单独布局。廊是不同建筑形式之间的连接部分。这三种类型的建筑物皆由起于夯土之上的阶式台基、以石砌面的建筑物框架和顶盖组成，三个组成部分之间比例分配极其严格。皇宫和庙宇的殿堂建造在断面和线条经过精细加工并已压筑成型的阶式高台（2—3米）——须弥座上。须弥座上建有雕饰柱和由小柱组成的大理石柱形栏杆、饰有浮雕的台阶、入口坡道等。殿堂可为四周立柱的建筑或只是正面带圆柱的建筑。

屋顶装饰（脊兽）

飞檐

其余的所有建筑形式——多层的楼、阁、高台，各种不同的园林建筑，都是上述三种基本形式的衍生。如同搭建积木一般，将几座殿或亭叠加在一起，中国人就得到了多层的楼阁和塔。建于高底座上的亭称为台，其较为流行的建筑形式为门楼。

传统建筑中，人们偏爱使用材质较轻、可塑性强、便于加工的材料——木材和黏土。除其具有优异的建筑质量外，在中国人的观念中，木属于"乃顺承天"（《易经》，第二卦"坤"）的大地阴物质。木和土是五行中培养人的生命能量的元素，正如《礼记》中所记载的那样："人者，天地之心也，五行之端也。……五行以为质，故事可复也。"

中国工匠偏好木材是事实，但这丝毫未影响其对石材天然品质的认知。始建于公元前3世纪的独一无二的防御性建筑——万里长城（参见"长城"）就是该种建材的最佳使用范例。砖石广泛运用于多层宝塔、阶式台座、多孔

长城一隅

桥等建筑物的建造中。由隋朝工匠师李春设计建造的世界上现存最早的拱桥——位于河北省赵县的安济桥（意为"可以安全渡过水流的桥"），以及位于北京郊区的卢沟桥（1189年建造，意为"建于芦苇河上的桥"），即以1275年到访北京的著名威尼斯人马可·波罗而闻名的"马可·波罗桥"，就是上文中所提及的使用石材建造的典范。人们还使用石材来建造大门两边的方柱或圆柱、方尖碑、石碑、宫殿和陵墓（"地下宫殿"）等。按照"风水"术的说法，石头房屋属于"阴宅"（"逝者居住的房屋"），"硬"石房屋不利于生命，老子曰："人之生也柔弱，其死也坚强……强大处下，柔弱处上。"（《道德经》第七十六章）也有可能，此处是谐音的缘故，汉语中"石"与"尸"为同音异形词。根据中国的气候条件，如果要在居所建筑构造中使用"无机材料"，那么中国人总能够找到中和的方法——或者以砖砌一半高度的墙体，或者用木材制作整面南墙。

卢沟桥（北京近郊）　　　　　安济桥（河北赵县）

宫殿建筑群和民居建筑群

正如父权制家庭是构成中国传统社会的主要"核心"一样，在中国建筑中，建筑群的意义远超于单体建筑，因此，四合院（四面建有房屋的院落）或三合院、两合院（相应地在院落的三个方向或两个方向建有房屋）式的空间结构成为建筑群的主要结构单位。任何一座民居建筑的院落和建筑物数量、建筑装饰的豪华程度都取决于其主人的社会地位。

四合院是中国北方住宅的典型式样。这种住宅由一个院子和分布于院墙内周围的一些建筑物组成，正面坐北朝南。面积大的宅院是由一系列位于南北轴线上的院落或者几个与其并行的轴线上的系列院落组成的。宅院的主建筑位于中轴线的中间或者院落的深处，常用回廊将侧房与正房连接，院落的自由空间布局彰显出"外实内虚"的含义。对称原则在院落平面设计中起主导作用，鲜有被次要建筑破坏平衡原则的情况。传统上，整个院落一般划分为前院、中院和后院三部分。在王府和达官显贵的宅院中，与建筑物一同的还建有私家花园，尤其是都城和南方城市的院落。与经济有关的建筑物必须按照风水术中的"火位"和"水位"概念沿着东西墙来分布。外墙入口处，如果允许建造房屋，应从南方来布置。整个院落用内墙来划分空间，各部分之间的墙体上设有长圆形、圆形和花瓶形的通道。位于正门处一眼可见的影壁，保护房屋免受恶神的侵害，具有遮挡好奇目光窥探"家事"的作用。

这种设计平面已存续了几千年之久，无论是普通的院落，还是登峰造极的宏伟的紫禁城（始建于1406年，1925年后改称故宫）宫殿建筑群，都遵循了这种建筑设计原则。在长达近500年的时间里，紫禁城一直都是明朝和清朝的皇宫。高耸的宫墙和宽阔的护城河护卫着这个"天子之家"。包括帝王施政大厅、豪华的厅堂、大殿、亭台、为数众多的服务及经济类建筑在内，该宫殿建筑群总共有9000多个建筑物。建筑构图遵循南北中轴对称（象征中心、集中与和谐，天之干为经）的原则，采用正厅在前、内室居后（象征刚柔结合的原则，刚柔并济为天地之道）、三厅五门（对应于"三纲五常"）的布局。清晰有序的重复建筑形式与元素、主次建筑与院落的和谐连接与从属、向建筑群中心靠近的建筑形式所逐步积聚起来的宏大规模等，都从时空角度呈现了建筑构图的目的性。

长江以南流行地方特色的住宅建筑。安徽南部和江西北部地区，由两层或四层建筑合围而成的方形小院在当地民居建筑群中占据主要地位。这种院子被称为"天井"，它保障了采光和房间通风的良好性能。在广东、福建和江西等省份的客家人居住地区，最常见的是由圆形或者方形外墙合围而成的高大坚固的城堡式民居——土楼。"城堡"内部沿四周（直径50—90米）或周边建有3—5层

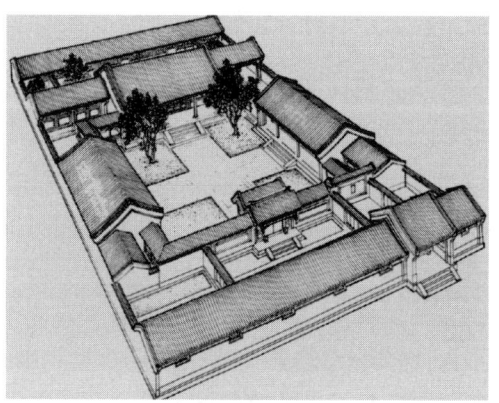

四合院模型图

的居所，居所房间门的开口朝向环形长廊。院子的中心位置通常建有祖堂。这种住宅里一般居住的是整个家族，共计几十个家庭。

广泛流行于黄土高原地区的窑洞是史前居所的直系"后裔"。直接在山丘的斜坡上挖掘，入口面和内部通常采用砖砌体来进行加固。贴着鲜艳木版画（年画）和剪纸的门及窗格雅致的大窗是这种住宅的装饰。也有一些带四合院式前院的窑洞院落。窑洞式居所具有建筑费用较低、冬暖夏凉等一系列优点。

祭祀建筑

作为建筑群的建筑单位而采用的四合院建制之所以成为中国建筑的独有特征，是因为宗教建筑与祭祀建筑之间缺乏明显差别。属于不同宗教和祭祀的寺庙设计，虽然在细节上有所不同，但主要遵循的仍是民居和宫殿建筑群的建筑规则。院落和建筑物的数量与规模都依据庙宇或寺院的"等级"来确定，宗教祭祀的要求决定了此类建筑的装饰。通常主殿前的院中沿着南北中轴方向分布着成对的方尖碑、圆柱或亭，其上题有经书、寺庙重大事件编年史的引文等。佛教或藏传佛教寺庙的前院中，建筑群主院大门前，通常建有两座小型的塔楼——钟楼和鼓楼。建于主门或者主殿前的凯旋门式的牌楼也是很多庙宇不可或缺的组成部分。庙宇主建筑隐于建筑群深处，进入者需途经一系列复杂的建筑才能进入主殿。主门和大殿前的雕刻基座上设有神兽的青铜雕像，寺庙大殿前的空地上分别摆

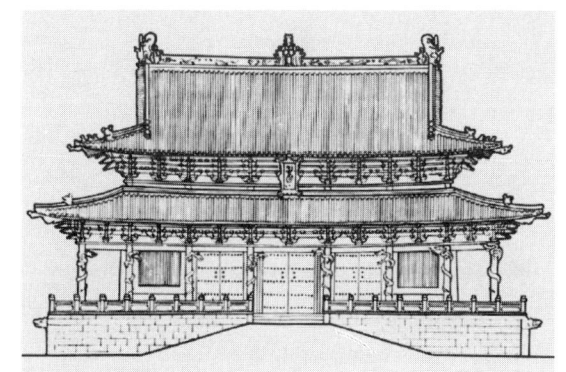

山西晋祠圣母殿（1023—1032）平面图

悬空寺（山西大同）

放着香炉、祭台和其他一些宗教祭祀的标志物。佛教与道教寺院建筑群可分为两种基本类型：平原城市建筑和山地建筑。第一种建筑属"庄严派"风格，具有设计工整的宫殿和民居建筑群的本质特点，院落分布有序，主建筑是整个建筑结构的中心，建筑物布局以中轴为中心严格对称。该类建筑保留着使用红漆涂刷木料对佛教寺院内外进行装潢的做法，对木制构件进行复杂的雕刻或镶嵌珍珠母贝等，还大量运用小青铜雕塑、壁画和绘画等装饰元素。

第二种山地寺院建筑群的构图，首先是由具体的自然环境决定的，以"道法自然"为设计理念，主要目标是人与自然的统一、自然与艺术的和谐。在遵循保留院落系统结构完整、朝南、平面对称、划分中心等原则的同时，该类型建筑群通常依据自然山势设计，充分彰显自由性、特殊空间设计（诸如阶式构图）的可能性、将独特景观纳入建筑群的包容性等特点。该建筑形式的出现可追溯至古老的传统木桩式建筑，如"悬挂式寺庙"——框架轻盈的小型建筑群，如同搭建在不同平面的燕巢"飞"向拱起的山坡（如佛教寺院"悬空寺"，始建于公元5世纪末，山西省）。"悬挂式寺庙"顺自然山势而建成，露台、长廊、大门窗开口等建筑设计元素的采用，使该类建筑从内部空间向外部空间得以自然延展过渡。

祈年殿（北京）

祭祀建筑群：天坛的圜丘坛（北京）

中国祭祀建筑通常分为两组：坛和庙。祭坛——圆形（天坛）或方形（地坛）的高台，为坛庙建筑的中心。坛是一种古老的祭祀建筑，源于新石器时代筑于丘陵顶部或山顶的土台。坛上供奉给天（天坛）和地（地坛）、给国家保护者土地之神"社"和五谷之神"稷"（社稷坛）的"牺牲"，向日神（日坛）和月神（月坛）、太岁神（太岁坛）、先农（先农坛）和桑蚕神（先蚕坛）祷告。时至今日，坛庙建筑中庙堂的出现仍然是个谜。有一种假说认为，它可能是由建在祭坛旁边或者直接建于祭坛之上的建筑而形成的。考古发掘表明，周朝祭坛、斋宫、宗教礼仪用器储存房屋等建筑已加入坛庙建筑群。保存至今的天坛（始建于明朝永乐十八年，1420年）建筑群中，除圜丘坛之外，还包括祈祷丰收的祈年殿、皇穹宇和几个服务用途的建筑。

第二组祭祀类建筑——庙（通用意为庙、佛堂、祈祷室）分为祖庙（宗庙或太庙、祠堂，宗庙——诸侯的祖庙）、神庙、文庙和武庙、山神庙、河神庙、海神庙，以及为数众多的自然现象和神灵保护者庙。

在信奉儒家学说的中国，祖庙被赋予特殊的地位，它们被认为是仁的完美体现者，是礼的保护者和文的承载者。在庙堂类建筑中，太庙——古代皇帝的宗庙，占据主导地位。此类建筑必须建于皇宫的左侧，以强调其地位的重要性在"社稷坛"之上。不同历史时期，太庙的大殿中供奉着执政朝代创建者和几代先祖及前朝皇帝们的牌位，皇帝在这些牌位前举行祭祀典礼。据中国现代文献资料记载，太庙的前身就是古代殿堂建筑——明堂。

家族（同姓氏）和具有血缘关系的氏族先祖庙——祠堂，在南宋时期被称为家庙。人们在离族长家不远的公共宗庙土地上建造祠堂，供一个或几个具有血缘关系的家族使用。富裕的家庭有自己的祠堂。祠堂内设祭品供桌和礼仪聚餐用的餐桌，还有香炉、蜡烛等物。在专用的柜子中存放最重要的资料（族谱、珍贵的纪念品、杰出祖先的传记等）。中国的祠堂历来不是威严的庙宇，而是一些家族的宗庙，族人到这里来同祖先"议事"，向祖先表达敬意，禀告家事，纪念家族生活中的重大事件等。一些不太富裕的家庭则直接将祭奠

曲阜孔庙

白马寺（洛阳）

祖先的供桌摆放于家中。

在供奉传说中的帝王将相与圣贤的众多庙宇中，孔庙（或"文庙"）——孔夫子庙占据着尊贵的地位。首座孔庙建于孔夫子去世（前479）之后，庙址位于其故乡山东曲阜。公元前195年，汉朝第一位皇帝高祖刘邦亲自以三牲之礼"太牢"（牛、羊和猪）献祭于这位哲人的墓前，开启了孔子国祭的先河。公元555年为纪念这位"圣贤"，国家颁布了法令，规定所有郡县均应建立孔庙并在其中为孔子举行祭礼。

除建筑风格接近皇宫建筑的曲阜孔庙之外，所有孔庙的设计与布局都遵循了标准范式。始于南面正门的红砖墙环绕整个院落，院中建有不大的泮池及两座用于盛放祭祀所用牲畜、祭器及冲洗的侧方建筑。院子的北部有进入内院的大门，孔庙主殿坐落于内院，祭祀孔圣人的仪式在此处举行。该院落的两侧建有供奉孔子86位弟子及追随者牌位或塑像的配殿。孔庙旁边通常建有学宫，如北京孔庙旁边的国子监（始建于1287年）。

道教祭祀建筑名称丰富，有宫、观、洞、庙、庵、院、台等。自唐代起，"宫"和"观"成为主要名称。道教宫观通常建于远离尘世的高山或僻静的低谷。通往宫观的长路沿着山林穿过一系列的"天关"，成为宫观建筑群结构的一个主要组成部分，充分营造出进入仙界的氛围。建筑的布局、规模和装饰与《易经》中的象征和数字相符。以子午（南北）线为中轴，入口通常位于北面（东北方为阳光诞生之地）。宫观建筑群通常包括一个或几个大殿及必配的建筑——殿堂、斋堂和道舍等。墓地位于宫观的墙外。院落宽敞，地面保持原生状态——"自然王国和虚空"是道教宫观的特点。上清宫所在地——四川青城山和纪念道教创始人的老子庙被认为是道教的"摇篮"。其他著名宫观还有北京的白云观、山西省的永乐宫和以紫金城为中心的道教神山湖北武当山大型建筑群等。

在中国的祭祀建筑中，以寺（佛寺）、山岩寺院石窟和塔（佛塔）（源自宝塔）为代表的佛教建筑群占有重要地位。在大型寺院许可范围内创建并从事宗教活动的小型寺庙和隐修区被称为子孙庙或庵。根据中国传统，寺庙中的神像安放是重要的宗教活动，因为所供奉的神像不仅是神的塑像，而且还是神的化身。中国流行着佛教的两种教派：南传佛教和北传佛教，后者的分支之一是确立于西藏的藏传佛教。南传佛教派和藏传佛教的寺院建筑具有鲜明的外来或双重的地域性特征。中国盛行的是北传佛教，因此，寺院建筑群大多属于该教派类型建筑。

自佛教寺院在中国出现，其建筑构图就得到了极大的改变。最初，塔是以其原型——印度佛塔[没有内部空间的半球形或锥形建筑物，为供奉佛祖释迦牟尼遗骨舍利子的地方，是须弥山（又称苏迷卢山）的象征]的形式出现的，是寺院建筑群建筑结构和精神的中心。中国第一座佛教寺院白马寺（河南，1世纪）就是根据该原则建造的。但如果与印度佛塔周围不能同时建造其他建筑的特点相比，中国宝塔——多重宝塔的周围则建有方形台基，有廊和殿。因此，佛教寺院建筑始建之初起就是民族文化与外来文化相融合的产物。

唐朝伊始，宝塔用于佛教寺院建筑主殿——佛殿的作用明显减弱，人们开始沿一条主线建筑佛殿。其后，宝塔开始被移置于大殿之后的位置或建于独立的院落中。随着墓塔的流行，塔被迁于寺庙院墙之外。主庙作用的增强引起祭祀礼仪自身的变化。祷告和焚香目前不只是在宝塔前，而且还可以在主殿中或主殿前进行。

宋代确立了七堂伽蓝（七堂寺院）序列宫殿的建筑模式，山门、佛殿、法堂、禅房、库房、斋堂、浴房是该建筑模式必不可少的构成因素。因此，佛教寺院虽然为起源于印度的外来型建筑，但最终依然是一种具有中国特点的建筑。中国寺院里的佛塔早已丧失其重要地位，其功能也变得越来越倾向于实用性（塔被用于供奉舍利子、用作图书馆或收藏宗教仪式所用乐器）。祭祀和非宗教建筑群在建筑布局的采纳、建筑结构和艺术手法等方面的差别也明显缩小，这使得它们在不同年代的功能和用途变化等方面也具有相同性。佛教繁荣时期，皇帝和达官显贵将其宫殿和庄园变成佛教寺院成为一种普遍现象。

与佛教从印度一同传入中国的还有石窟寺院建造艺术，中国北魏和唐朝时期石窟建造艺术达到鼎盛阶段。建造于这一时期的著名建筑群有甘肃敦煌莫高窟、山西大同云冈石窟、河南洛阳龙门石窟等。石窟的主要类型共计四种：中心柱窟、大像窟、方形窟和僧房窟。中心柱窟类似于寺院建

位于北京大学未名湖畔的博雅塔

筑群，由前厅、中厅和后厅三个大厅组成。承重结构的大佛像石窟分为有后室和无后室两种形式。方形窟是僧侣讲经布道的地方，有前殿和后殿。僧房窟彼此之间有通道相互连接，为众僧侣的单人居室。云冈石窟建筑群共有五个椭圆形的石窟，没有后室。

　　佛教石窟寺院以优美的古代壁画和雕塑而著名。壁画的题材和情节取自经籍及与佛祖释迦牟尼有关的传说和醒世故事。敦煌莫高窟以彩色塑像著称。众多雕塑中，那些具有4—6世纪早期明显特征的形象体现了古印度犍陀罗艺术风格的巨大影响。高13.7米的释迦牟尼巨大佛像被认为是云冈石窟的杰作。龙门石窟建筑群中，共计保存下来1352个石窟、2300个佛龛、97000多个雕像、3680多块碑刻题记和40多座佛塔，其中大多数为唐朝的作品。

云冈石窟　　　　　　　　　　　**大雁塔**

　　上文提到，中国的塔是受印度佛塔影响而形成的一种建筑类型，保留着收藏僧侣遗骸的佛塔和放置物品、经书等储物塔的功能。塔基、塔身及塔顶是构成塔的主要建筑要素，塔顶象征着佛教宇宙论有关"欲界""色界""无色界"的划分。中国的塔在"入土为安"的传统观念影响下，其建筑构成要素中又添入了第四个要素——存放舍利子的石室——"地宫"。中国的塔通常都具有偶数（阴数）角和奇数（阳数）层，其层数从一层到九层或更多。中国既有印度类型的多角形密檐式砖塔[嵩岳寺塔，建于北魏正光年间（520—525），河南省]，也有融入了汉代传统建筑楼和台的建筑元素的中式塔楼，如西安市的唐朝的大雁塔和小雁塔。塔按形状来分有方形塔、六角塔、八角塔等，如著名的佑国寺铁塔（建于1049年，北宋京城汴梁，今开封市）。用于塔的建筑材料有木（佛宫寺的释迦塔，

1056年，山西省应县）、砖、石、铁、釉瓦等。塔类建筑最具雄伟气魄的时代是唐宋时期。唐塔具有庄严朴素的古典建筑风格，到了宋末，转变为追求塔的极致美观，有广惠寺（12世纪，河北省）华塔为证。元朝蒙古族统治时期，藏传佛教佛塔在中国出现，由尼泊尔建筑师阿尼哥设计的北京白塔就属于该类建筑。装饰图案丰富的五塔或"金刚宝座塔"（该称呼源自《金刚经》——大乘佛教《金刚般若波罗蜜经》，北京真觉寺的五塔，1473年，为该类塔的典范）为明代建筑的新事物。18世纪，在宫殿和景观建筑中，盛行以彩色琉璃砖砌面的小型宝塔，施釉构件之多令人惊叹。如北京皇家花园颐和园中的多宝琉璃塔（建于1751）。

中国有一些由塔组成的特殊的大型建筑群。其中最大的一处是位于著名寺院少林寺的塔林，该塔林由240余座砖石墓塔或佛塔构成，其建筑时间延续了千年以上（7—19世纪）。

小雁塔

五塔寺

佑国寺铁塔

陵墓建筑

古代中国人认为，死者的灵魂能够庇护其后代的命运，因而形成了祭祀先人的制度，并且成为中国古代最重要的传统之一："故天望而地藏也，体魄则降，知气在上，故死者北首，生者南乡，皆从其初。"（《礼记》）人们生前就已开始准备体面地进入另外一个世界，因而十分重视安葬地点的选择、陵墓的建造等。

在中国，"入土为安"的习俗始于新石器时代，20世纪在半坡遗址（仰韶文化，前4000—前3000年，陕西省西安市）墓地的考古发现证明了这一点。夏和商的国家体制形成时期就出现了墓室。1928—1937年在殷商古都旧址发现了西北冈大墓（河南省安阳县）中高约3米的木结构椁室，内壁饰以壁画、木雕和镶嵌物等。墓地的其他发现证明，墓室的规模和内部装饰皆取决于墓主生前的地位。

　　周代丧葬礼仪得到强化。棺椁的层数根据死者的地位确定：天子七重，诸侯五重，大夫三重，士再重；并开始出现了一些规模不大的坟丘。战国时期，被称为"寝殿"的地上祭祀大厅纳入陵墓建筑群。

　　秦朝建立之后，皇家开始建设大型墓地——皇陵，其布局以都城和皇宫为范本。安葬地依据堪舆家的建议来选择，有河流（保证受到天与地的庇护）的山地备受青睐。中国古代中央集权国家的建立者秦始皇的陵墓——秦始皇陵位于距陕西省西安市50千米的骊山脚下，陵墓封土高达76米（最初约为115米）。汉朝石材开始成为陵墓的主要建筑材料。汉墓以地宫前饰有龙凤图案的宏伟柱塔——阙而著名，阙前安放成对的双翼狮雕塑。其后的朝代，北方出现的高大的方尖石碑代替了阙，南方取而代之的则是样式各异的木质华表，其形状酷似树身，充分证明其源自宫前竖立的木柱。建于南朝并保留至今的梁吴平忠侯萧景墓前的华表由大理石雕刻而成。墓地内常见玄武（其被认为是四分之一天空——北方的主宰者）、圆柱、想象中的双翼狮等雕塑，这些都清晰地反映了汉代所遵循的传统。

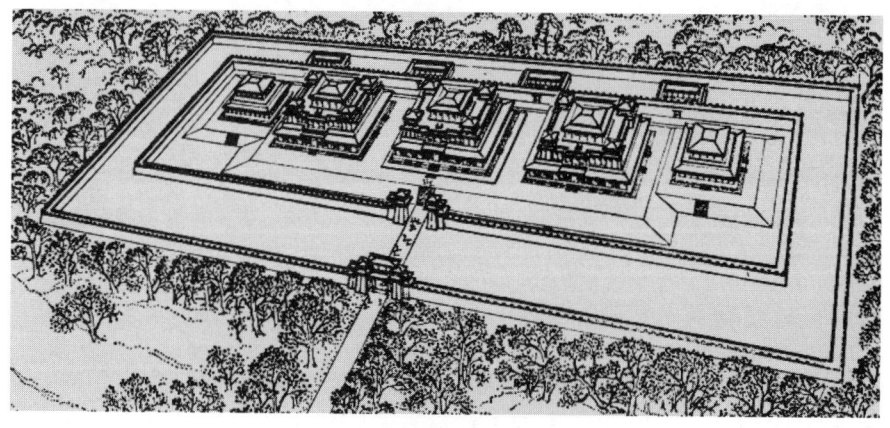

中山王陵墓建筑群复原图

　　皇陵建筑中，始于大理石拱门之后、绵延数千米的"神道"，彰显出皇帝无论是在生前还是死后都希望皇权无限的思想。神道两旁安放着仿真的护卫雕像和动物雕像，以及牌楼、碑亭等，栽种着象征不朽的松柏。陵墓建筑群本身由陵冢、陵前的系列建筑及入口在南面的围墙组成。建筑群的院落和陵冢分布在神道延续部分的中轴线上，建筑群沿从南至北的垂直线排列。整个建筑结构用一堵外墙和两堵内墙划分成三进院落，院落中有大（红）门、祭祀香炉、祭祀大殿、拱门、供案、明楼等，明楼中立帝庙谥石碑。明楼墙壁与墓冢墙壁毗连，其下便是石地宫。陵寝大厅安放着皇帝和皇后的棺椁及其生前使用的物品。南京的明孝陵和北京北部的明十三陵就是根据该建筑原则建造的陵墓。清朝的帝王陵墓分布在沈阳（清朝的奠基人清太祖和开国之君清太宗的陵墓位于此处），以及不合传统礼制地分散在首都东部的东陵和首部西部的西陵。清朝陵墓建筑构图较为自由，神道明显缩短，雕塑数量减少。地宫建筑工艺发生变化：在提前开辟的墓坑周围竖起建筑物宫墙，然后在建筑物上覆盖瓦顶，再用土填充以遮掩下方的墓冢。周围移栽以松树而非柏树为主的保护林。这就是清代的造墓方法。雕刻着象征皇权的云中飞龙的系列大理石纪念拱门是清朝皇陵的鲜明特征。

城市建设

新石器时代分布于黄河、渭水和汉水谷地的古代村落为中国城市的雏形，但夏、商和西周等古国的形成时期则被认为是城市建设史开始的确切时间。因为系统的中国城市规划正是形成于这个时期，这种规划设计后来被远东其他国家的一些城市建设，其中包括日本的都城奈良和京都所采纳。

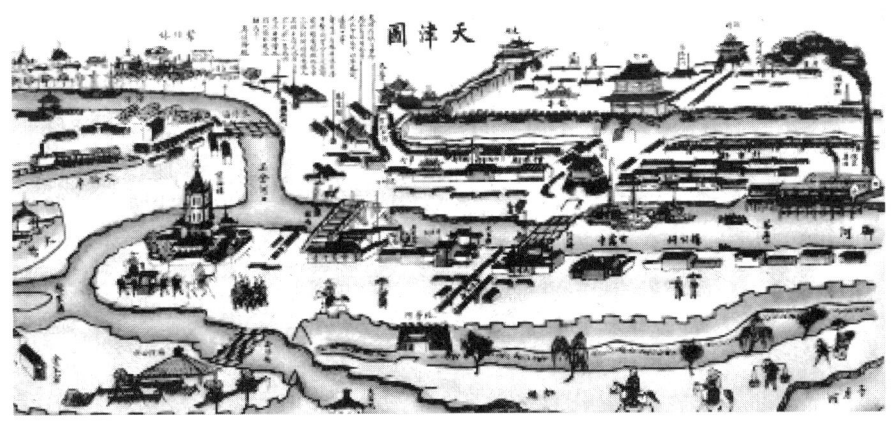

年画《天津图》

中国的城市规划可分为两类：追求对称的（长江以北）和相对自由的（长江以南）。

第一类城市的轮廓呈方形或长方形，沿南北中轴线布局，两条垂直相交于城市中心的宽阔主干线将整个城市划分为四个城区。主干线与四个城门相连接，南门为四个城门中的主门。城市的四面由堆筑起来的土堤或土墙（后来为砖墙）、运河或水沟环绕护卫。主干道将城市分割成一些矩形的街区，这些街区最初被称为"里坊"（源自"里"，0.5千米），自宋代起称为"街坊"（源自"街"）。院落墙体构成街区内部的街道空间，宅院主门朝向街道。房屋外墙用烧制好的砖或半成品的砖坯垒砌而成。中国南方宅院的外墙常被粉刷成白色。

　　在这种建筑设计形式单一背景的衬托之下，城门楼、鼓楼和钟楼显得尤为出众。在离这些建筑物不远的大型行政中心区，分布着地方执政者的官邸和国家行政机构。那些高大恢宏的庑殿和正门与其周围的建筑物形成了鲜明的对比。寺庙建筑群或高大的塔楼，一些归大型手工作坊主和商贾地主等所有的建筑以及学府、市场、仓库等汇聚在一起，有时也为其余的城区增添了活力，也可见到一些富丽堂皇的寺庙建筑群占据整个街区的景象。

　　第二类城市布局自由，缺乏严格的规划，多半是山地使然。这些城市的轮廓由于建在山冈的塔楼和寺院而更为多样，城墙依地势而筑。对于那些距离长江稍远一些的城市来说，别致的街道是其典型特征。这些街道通常为商业街，用木柱承重的几层长廊低垂于街道之上。众多的河流与湖泊彰显了南方一些城市的这种建筑特点，如杭州和苏州。带花园或园林的民居设计洒脱而入画，与周围的自然景观和谐地融为一体。一条条运河贯穿整座城市，而一座座石拱桥装点着运河。由精巧的木柱、精雕细刻的围栏、大弧檐角的装饰所构成的大雅之美是南方城市建筑的整体特点。

　　作为华夏中心象征的都城，其建设被认为具有极其重要的意义。在选址、设计和建设时遵循两个优先原则：一是强调天子权力无限的思想，二是与周围自然景观的和谐。周边地域辽阔，北部有保护都城的群山，南部有庙宇明堂可观望到的河流，这些都是建都的必要条件。东周时期的优秀都城设计直接影响到了秦都咸阳、汉朝长安和洛阳、唐朝长安、宋朝汴梁、明朝南京等城市的规划。明清时期的北京及其主要宫殿、庙宇和园林等建筑群的建设标志着中国城市建筑工艺达到了顶峰。

鼓楼（北京）

钟楼（北京）

近现代建筑的发展

18世纪，中国建筑进入了一个更加注重装饰性的新的发展阶段，并出现了首批具有欧洲风格的建筑。以弧线为主，各种曲线优于直线和平缓的表面是此类建筑的一个显著特征。在耶稣会传教士的指导下，按照朱塞佩·伽斯底里奥内（郎世宁）的设计，1747年在皇家园林圆明园中建成了一座宫殿，该建筑为巴洛克风格，无论是在结构上还是在装饰图案中都没有使用任何中式元素。尽管整体上保留了中国建筑形式和结构上的传统，但人们热衷于富丽堂皇的装饰风格，复制欧式建筑式样，进而形成了这个时期的中式巴洛克建筑风格。

19世纪后半叶至20世纪初，建筑领域被认为进入了"洋风"发展过程的折中主义时期。因为中国的大片领土落入外国列强的控制之下，仿制西方建筑形式或其翻版成为建筑的一个方向。诸如上海、广州、厦门、营口、青岛、南京、武汉等港口城市，以及边境省份的行政中心哈尔滨、昆明等都根据外国列强的设计规划建造了一批建筑物。同一时期，建成了欧式经典主义风格的上海外滩区和南京路、天津新哥特式建筑风格的天主教堂等。行政贸易中心广州就是一个被称为"骑楼"风格的建筑实例。青岛建有一系列的德国新文艺复兴式风格的建筑。哈尔滨的中东铁路管理局主楼是根据俄罗斯建筑师杰尼索夫的设计方案建造的；此外，哈尔滨还有圣母大教堂、尼古拉大教堂及圣·索菲亚教堂等，其中后者是哈尔滨最宏伟的东正教教堂。

1840年后，特别是1911年辛亥革命之后，以积极引入西方园林艺术理论和实践为前提的景观建筑发生了变化。园林建筑思想自身发生了变化：娱乐—教育功能代替了审美—哲学功能。建于上海的"法国公园"（1908）是拿破仑风格的典型代表，而建于天津的"英国公园"（1887）则是维多利亚风格的代表。还可看到意大利风格建筑（鸡公山的若干建筑）和荷兰风格建筑（上海惠山公园）的复制品。俄罗斯风格、德国风格、日本风格，并且通常是上述风格与中国传统风格的融合，对当时的中国园林建设产生了一定的影响。但是，其中没有任何一种风格能够传承至今。

中国建筑近代以来的发展特点是追求民族形式的复兴。20世纪40到50年代，与折中主义的模仿作品并行，在民族传统的基础上，对各种欧式风格（哥特式、古典主义及其他）和构成主义风格进行了尝试，并发扬光大。该流派有时被称为"中式复兴"，即"仿古"。两层以下的"中式复兴"风格建筑，大多数都是按照现代欧洲工艺规则建造的，但保留了传统的弧形屋顶和施釉彩瓦。圆柱支撑的开放式长廊和斗拱，类似古老的庙宇建筑。圆柱也是典型的传统建筑装饰构件，被漆成大红大绿的色彩。窗栅和玻璃门上仿制的都是老式门窗精巧奇异而又复杂的花纹。南京政府机构的很多建筑、武汉大学、北京苏联专家居住的"友谊"宾馆等都是"中式复兴"风格建筑。

"大跃进"时期，建设步伐的加快导致建筑质量的下降，但也有一些建筑项目值得关注，其中之一就是庆祝中华人民共和国成立十周年的献礼项目。1959年10月，北京有十个主要项目竣工，其中多半是遵循苏联时代"斯大林式恢宏大气"风格而建造的项目：人民大会堂、中国历史博物馆、中国人民革命军事博物馆、北京火车站、北京工人体育场、全国农业展览馆、民族文化宫及一系列宾馆等。天安门广场进行了扩建，广场中心矗立起37.94米高的人民英雄纪念碑。该纪念碑于1958年5月1日举行了揭幕仪式。

"文化大革命"实际上使上述各时期所取得的理论和实践成绩受到不同程度的破坏，中国建筑同整体文化一样，直到1979年才度过了这个严重的危机。1976年至1978年，"文化大革命"之前获得认可的苏联建筑流派的创作思想与方法依旧在中国建筑中占据着重要地位（毛主席纪念堂是典型的例证）。但1979年以后，情况发生了巨大变化。随着改革开放，中国建筑迎来了一个新的发展阶段。研究国外建筑理论和引入现代建筑经验的机遇激发了中国理论家的积极性，他们发表新的科学著作，建立建筑项目筹备阶段的竞争机制，进行公开讨论和学术辩论，开展优秀建筑项目评选等，理论领域的复兴很快就在实践中得到了反映。

开放政策和对外经济关系的发展刺激大量外资涌入酒店建设领域。在外资建造的酒店项目中，应重点提及的是北京"香山饭店"。该酒店将中国传统与现代建筑的要求完美地结合在一起。广州"白天鹅宾馆"根据中国设计师的设计方案建造，其内部空间布局毫不逊色于西方同类建筑。特别是将人工瀑布纳入酒店大堂的建筑布局中，体现了中国园林艺术传统与现代建筑工艺的创造性结合，获得了极大的成功。"上海宾馆"（1983年，项目设计者汪定曾）的设计者们在现代空间利用的简约性与传统装饰元素所创造的鲜明而纯正的民族色调中找到了平衡。

当代洛阳

酒店建设成为开启现代建筑新纪元的"突破口"，向世界表明了中国对外开放和"人类优先"的理念。中国建筑师获得了一个了解西方现代建筑成就并将新的技术手段和材料用于实践的机遇，同时他们也用现代民族流派的独特思想丰富了世界实践。

20世纪80—90年代，中国大陆（内地）建筑大多在重复新加坡和中国台湾、香港地区的建筑之路，特点是热衷于建造高层建筑，建筑选址集中在一些大型城市（北京、上海、天津、广州）和经济特区。高层建筑能够最大效率地利用地块面积，增加建筑物的实用功能。整片的老旧平房建筑街区从城市版图上消失，取而代之的是用玻璃和混凝土建成的高大建筑物。虽然在大都市中人们试图保留一些个别历史街区（如北京复修后的琉璃厂街和后海区，天津的古文化街），但先前那种从周围向中心递进聚集、协调一致的整体建筑布局及其无与伦比的魅力却无法保存下来。

自20世纪90年代起,如何对待建筑需求改变条件下的文化遗产、世界文化进程中的民族建筑地位等问题,成为中国建筑理论领域极具科学争议的主要论题。20—30年代,建筑传统的继承性表现为"忠实于已形成的建筑形式",50年代则表现为"确立民族形式"。90年代,建筑师们的观点产生了分歧:一部分建筑师主张全面摒弃民族风格,另一部分则主张结合现代和民族建筑需求来维护和发展中国的优秀建筑传统。虽然理论上的争议仍在持续,但建筑传统的根源仍然存在。按照四合院类型建于曲阜孔庙旁边的现代酒店,其设计师成功地保留了古典建筑群布局的完整性。在北京和上海,一些平房胡同区被多层建筑构成的生活小区替代,其内部用楼房分隔成一些独立的绿化带和一个发达的服务区,这些地方完善了花园和为老四合院中的人们提供日常服务的功能。中国的建筑师们正在同国外同行展开积极的合作,勇于尝试前卫艺术,以此迎接新千年的到来。矗立于上海的101层建筑——环球金融中心(设计者为美国KPF建筑事务所Architects[①])为巨大的碑形建筑。该建筑于2008年竣工,高度为492米,曾为世界最高建筑。同期,中央电视台总部大楼、国家大剧院及一系列计划在北京奥运会之前完工的体育综合建筑被纳入北京的城市版图中。中央电视台总部大楼(德国人奥雷·舍人和荷兰人雷姆·库哈斯带领大都会建筑事务所设计)是一座外形令人震撼的极不规则的摩天大厦。中国国家大剧院(由法国建筑师保罗·安德鲁主持设计)外形为巨大的球形,建于北京的中心街——长安街上。

当代上海

① 上海环球金融中心由美国KPF建筑事务所和日本株式会社入江三宅事务所共同设计。

中国新一代设计师追求原创形式，按新方式来完成与西方建筑理论和实践最新成果相关的创作任务，但这一切都源于继承丰富的民族文化遗产的初衷，所有这些都使现代中国建筑艺术的独特复调式发展成为可能。

**阿理克（Алексеев В. М.）《中国寺庙》，圣彼得堡，1911年；阿理克《东方记事：源自中国寺庙的混合性》，第1卷，列宁格勒，1927年；Е. А. 阿谢普科夫《中国建筑》，莫斯科，1959年；Е. А. 阿谢普科夫《中国园林建筑特点》，见《东南亚国家建筑》，莫斯科，1960年；Е. А. 布利诺娃《明堂》，见《中国哲学：百科辞典》，莫斯科，1994年；Л. С. 瓦西里耶夫《中国的祭祀、宗教和传统》，莫斯科，1970年；Л. С. 瓦西里耶夫《古代中国》，第1卷，莫斯科，1995年；《建筑通史》，第9卷，莫斯科—列宁格勒，1971年；Р. В. 越特金《中国的博物馆和名胜古迹》，莫斯科，1962年；О. Н. 格鲁哈廖娃，Б. П. 杰尼凯《中国艺术简史》，莫斯科—列宁格勒，1948年；О. Н. 格鲁哈廖娃《古代建筑遗迹》，见《苏联建筑》，莫斯科，1952年；季奥尼西·波兹德尼亚耶夫，《俄罗斯传教士在中国》，莫斯科，1997年；Н. И. 孔拉特《17世纪后半叶和18世纪的中国文化》，莫斯科，1974年；М. Е. 克拉夫佐娃《中国文化史》，圣彼得堡，1999年；В. В. 马良文《中国文明》，莫斯科，2001年；《中国的宝塔》，载《中国报道》，1985年第7—8期；Б. П. 雷奇洛、М. В. 索恩采夫《北京：俄罗斯游客中国首都名胜新指南》，莫斯科，2000年；В. Я. 西季赫梅诺夫《中国：历史之页》，莫斯科，1987年；土树林等《中华物质文明》，南昌，1994年；罗哲文《中国古代建筑》，上海，1990年；刘华训《中国名关》，上海，1997年；彭一刚《创意与表现》，哈尔滨，1994年；《建筑史研究论文集（1946—1996）》，北京，1996年；张文生《中国皇陵》，北京，1992年；张斌远等《中国古塔》，杭州，1996年；吴宇江《中国名园导游指南》，北京，1999年；范纬等《中国名寺》，上海，1998年；张育英《中国佛道艺术》，北京，2000年；朱耀庭，郭引强，刘曙光《古代长城》，沈阳，1996年；朱耀庭、郭引强、刘曙光《古代坛庙》，沈阳，1996年；王世瑛等《中国古代建筑文化》，北京，2005年；《中国大百科全书·建筑、园林、城市规划》，北京—上海，1988年；杨秉德《中国近代城市与建筑（1840—1949）》，北京，1993年；罗哲文等《中国著名佛教寺庙》，北京，1995年；沈冬梅等《中国寺观》，杭州，1996年；Rossbach S. Interior Design with Feng Shui. N. Y., 1991.

（Н. Ю. 杰米多撰，周立新译）

景观建筑

中国园林艺术历史悠久，它与人的精神生活和物质生活等方面密切相关，是世代生活经验积累的体现。中国的园、园林、园苑是一个特别的世界，人们在这里摆脱日常生活中的忙碌，感受自由，与永恒而变化的自然界生命合一。花园作为一个散步和观赏植物、昆虫鱼鸟等的幽静之地，是一个能够给人带来创作灵感的永恒之泉。人们在花园里作诗，举办学术沙龙，泼墨挥毫。那些中国最著名的园林，其独特之美与诗意所生成的传奇，能够促使人们踏上遥远的旅途，感受欣赏奇迹的愉悦。坦白地说，其作用犹如音乐或舞蹈对人的影响，可使人摆脱日常生活中的束缚。那些匠心独运的山石、树木和水体的设计风景如同一个个含义深刻的标志与象征，令观者沉醉。同样能够令人领略自然美景的日韩园林文化，就是在中国园林艺术的深刻影响下形成的。无论是自然条件、气候条件，还是这些国家的生活方式都各不相同。因此，在面积较小的岛国日本，以从房屋内外观赏为目的的微型花园景观具有重要意义。简朴、精巧、自然的日本园林设计中，包含了"山水"和世界构成的基本元素等概念，极具抽象色彩与象征意义，相比于中国园林，更倾向于固定模式。中国园林则与之相反，风景因素得到更加积极的发挥。为观景和散步而设计的园林在空间布局上极具特色，在设置众多景点的同时，还相应地考虑了感知的动态性。

  在中国能够见到的所有园林中，最让欧洲客人感到惊讶的就是其想象力。例如，13世纪到访临安（杭州）的马可·波罗，其书中对南方园林热情洋溢的描述令人印象深刻。18世纪，当中国皇家园林景观艺术处于其最后的繁盛之期时，"中国风"已远播西方，对欧洲文化产生了深刻的影响。在客观自然条件相似的情况下，作为对周围空间的自身感知及其回响，中国园林和欧洲园林的实质却迥然相异。欧洲人按照自己的方式改善和美化自然，能够利用与周边环境完全不同的自然几何图形建造出奇特的建筑。反之，对中国人来说，在作为客观对象的地形上所进行的创作活动，意味着应首先将其变成充盈自然气息的精神元素。中国园林"天生"缺乏欧洲园林的那种典型规律性，没有那些人物及动物雕像制作的围栏，修剪整齐的草坪、林荫，也没有水流垂直喷射的喷泉。与追求园林各个部分的边界和视觉延展效果相结合的欧洲人不同，中国人利用墙体、屏障、门窗等元素将园林划分成众多部分，鉴于此，甚至是面积极小的园林都可以让人产生风景空间无数、景致无限、变化无穷等印象，观赏此类园林就如同感受一个完整的生命体一般。

  园林艺术的发展，离不开中国文化的整体发展，而这种文化的发展则有赖于中国人世界观和日常生活的传统特性。中国人的宗教观念自古以来就与自然界的神奇力量和现象相关。在此深刻而敏锐的自然情感的基础上，感受自身是整个世界的一部分，并因此而形成了园林艺术法则。小型宅院旁的花园和华丽宫殿的园林是按不同方式建造的，但它们鲜明地表达出一个相同的特点：广泛使用山地、河流、湖泊、森林、树丛、花丛和竹林营造出形式多样的民族风格景观。中国园林极易识别，且具有可辨识其固有的地方性"形貌"的典型规律，更确切地说，是其整体自然面貌、季节更替的画面及蕴含其中的相互和谐的动静之力。

园林景观

接近大自然原貌的中式花园，尽管都受到了设计师遵循天性、自然和变化规律的复调式造园理念的影响，但它们形态各异、彼此不同。中国的景观大师们甚至在个别细微之处也不忘极力捕捉生命的普遍规律，在极小的一块土地上再现创作世界的原则，保持世界节奏的和谐。正是这种对总体和谐的探索，决定了中国园林与其他艺术形式之间具有极其紧密的联系。最直接的反映就是与传统建筑的关联，亭台楼榭、长廊塔桥等都是园林的有机组成部分，与自然环境形成统一的整体，并彰显出环境的美丽。中国的任何一个园林都有建筑物。通常，这些建筑强调视觉排列次序，一步一景，景随步移，尽量在建筑物之间的空间添加"微型景观"。同时，园林"主题"还与绘画有关，特别是"花鸟"题材的山水画。园林的空间布局不应一览无余，而应徐徐展开，犹如数米长的巨幅画卷，给人带来无尽的印象变换。如同在中国山水画中一样，山和水同样是构成中国园林布局和意境的基本要素，它们在古老的阴阳自然哲学范畴中也是阳与阴、明与暗、刚与柔等彼此相辅相成的主要元素的化身。中国园林建筑中实体和空间、高地和低地协调一致的设计都与中世纪论著中所记载的绘画法则相符。

与卓越的园林艺术同样优秀的还有著名的中国手工艺术，造园者擅长通过精细加工来增添建筑景观，利用材料来表现自然美景，极力使建筑的构成元素——屋顶、入口、楼梯和围栏、镂空门窗、长廊、建筑群的"精致"边框等外部装修多样化。中国优秀园林景观建筑构图中，实用艺术作品的加入并没有破坏大自然本身所固有的自然而从容的观感。中国园林虽然都是人工建造的，但造园者也只是认为，自己概括和突出物质本身的天然属性、"崇尚大自然"的能力得到了认可而已。

　　　五亭桥（扬州瘦西湖）　　　　　　　　上海豫园中的一亭

中国园林的艺术性是在几千年的漫长时期内逐步形成的，因为，最初的园林是商朝和西周的统治者为狩猎和娱乐而建造的，其出现不仅是统治者权势的标志，还是其维护与大自然神圣不可侵犯关系的象征。春秋战国时期，随着诗歌艺术的发展，园林开始成为休闲和观赏自然美景的地方。秦朝和汉朝有目的地制定造园规则是这些转变的结果，该目的与其说是保留自然景观，不如说是用比天然的山和水体更美的人工山和水体来美化园林。根据这些规则建造的唐朝和北宋的宏伟皇家园林为诗歌作品所颂扬。南宋时期，皇帝管辖的领土减少，统治者遂迁都南方，造园热情空前高涨，艺术家和知识分子在贵族庄园中建造的奢华室内花园得到发展。

16—18世纪被认为是园林艺术传统最终形成并达到鼎盛的时期。此前，中国已经形成了按功能和两个主要地域方位划分的不同园林基本类型。其中之一是南方园林，以属于民居庄园综合体的小型园林为代表。这类庄园始见于南宋时期长江三角洲地区的城市中，极其优雅而引人入胜。许多保存至今的苏州、杭州、扬州和无锡市的园林闻名遐迩，它们没有北方皇家园林富丽堂皇的正门，因为它们注定是为了创作、静修和观赏自然而建造的。该流派造园者推崇将中国南方的自然特征进行微缩概括和传达，他们的这种能力将此类园林变成了真正的艺术作品。

另一种类型为北方园林。它集规模宏大、郊外官邸和皇帝夏宫于一体，园林建设集中了很多世纪以来中国造园的全部优点。皇家园林中，主殿建筑、庙宇、宝塔与天然及人工山体、大型水体及山谷相结合。对皇家园林来说，其构图的整体特征，是在广阔的水体周围有意通过分类和聚合来建造众多的分线景观，主线景观与分线景观交替，景观各部分之间通过桥和堤坝等彼此相连。

北京景山公园中的周赏亭

皇家园林的发展经历了一个漫长的过程，不同的历史时期，在不断变化的都城长安（西安）、开封、南京和北京都可觅到它们的身影，清王朝的皇帝行宫建设标志着其自身的发展已达到顶峰。

隐士花园在园林传统艺术发展中起到了一定的作用，它们是一种建于简陋茅舍附近的小型园林，通常位于山地或人迹罕至的地方。还有一些诞生于寺院、庙宇和陵园建筑周围的园林，它们都介于上文所强调的两种基本流派之间，成为两者之间的一种连接环节。

目前，园林艺术传统仍具有其自身的现实意义。18—19世纪的大型园林在中国现代生活中已成为城市布局中的保护区或露天博物馆，显而易见，不同时代的园林文化之间具有密切的直接联系。

从历史的角度看，诗人、画家和学者的园林由功勋贵族的庄园演变而成。根据传统，庄园领地就像每座位于其上的房屋用地一样，是一个长方形地块，被无门窗的围墙圈起，按光照方向来定位——主门位于庄园南部。庄园北部包括一系列院落，它们位于南北中轴线上，前后串联，有序分布。南部为正面，由客厅、厅堂和书房等空间组成。北部用于居住，以设有通道的墙体与南部相隔，甚至自南向北延伸的建筑都为长方形构架。

其纵列结构有时也会因地貌的关系而受到破坏：庄园的扩建经常会导致最初边界的改变，分布于其上的建筑和花园具有不规则的轮廓等。

中国南方园林建筑群是逐步形成的，建立在造园的传统知识体系和规律之上。但中国园林传统从不是墨守成规的。造园者不但追求再现真实世界，而且追求赋予园林以精神，彰显其和谐性。实际上，造园的过程，本质上也是一个追求对天然材料进行艺术改造的过程，是一个确定所有建筑基本要素之间相互关系的过程。

传统园林的组成部分

中国园林的形成历史注定与建筑艺术相关联。园林如同房屋一样，是人们的生活空间。因此，它也是人们的精神需求及其与世界关系体系的表达者。园林，即使其规模再小，其自身也包括众多不同的建筑——各种用途的小型轩榭、凉亭、长廊、桥体等，这些建筑构成了其周围的园林空间，并与园林规模相称，从各种不同观景角度开发感知景观的无限可能性。园林自身包括两至三层的楼或阁等建筑，其上层被认为是远观周边地区风景的最佳之处。这种楼阁通常矗立于园林中较为偏远背阴的角落，使得视觉上具有空间开阔之感。涂以红色或棕色油漆的木建筑小巧而轻盈。支柱之间的格状挡板利于透光和空气流通，木质墙体上开有圆形或椭圆形的窗口，这些窗口甚至可用精雕细刻的镂空窗棂进行装饰。建筑物南部通常建有长廊和凉台，它们能够起到调节内部装修向外部开阔空间渐进过渡的作用，且每座建筑都会以自己的方式与之相连。如此，岸边的舫借用一系列埋入水底的柱体与水相连，使之成为童话中才有的类似神舟一样的建筑；或者以石阶与水体相连，逐阶趋向水面。在山坡和丘陵的阶地上通常建有凉亭。与园林的其他亭台不同，凉亭的四面没有遮挡，为开放型建筑。其形状可设计为圆形、方形、六角形和八角形。亭非居所，而是避热和躲雨之地，集休憩与观景于一

公园凉亭

身，宛若一道砌成的风景。在园林的最高点设立一座观赏最佳景致的凉亭，等于创立了一个新的视点来聚焦周边的景观。屋顶是任何一种建筑都有的主要组成部分之一，它与大自然紧密相关。屋顶高大，并覆之以灰瓦、黄瓦或绿瓦，这种巨大的屋顶在园林美学中具有重要作用。由于屋顶檐角大幅弯曲上翘（特别是南方园林突出这一特点）构成飞檐，彰显了园林的美观性，使园林具有更加独特的表现力。

廊

将随意或按墙线定位的梁或枋连接成有顶盖的单体建筑——长廊，这是南方流派建筑师的独特造园方法。在地面上微微翘起的长廊，其作用为遮挡阳光和躲避恶劣天气，帮助游园者在一年之中的任何季节都能观赏风景。长廊的曲线和转弯使长廊拥有了视点变化的多样性，从其中任何一处地点观望同一景观都可以收到不同的视觉效果。用来固定长廊顶盖的支柱可创造出一定的动感，其下部所设置的两排不间断长凳，可供游人在此休息和环顾周围景色。用波形、八面体、扇形、梯形等几何图形的雕刻花纹装饰的侧面柱形栏杆，突出了建筑结构的清晰、通透和美观。长廊构成了榭、亭和各式楼阁之间的连接链条。由于楼阁自身的不对称性分布，常常使得楼阁之间彼此楼角相连。楼阁连接之处所构成的内部小巧花园，给人带来意想不到的视觉感受，透过窗孔或门洞，可以看到风景画般的景致。这些"微型花园"里种植着一些竹子、开花灌木或是低矮的树木。

追求意外效果的中国园林，通常不会使人一览无余。建筑物的墙壁、树木、山水一定要遮住园林的另外一部分，使身临其境者能够收获一种全新而尽善尽美的风景艺术之感。

在此层面上，如何高估墙体的意义都不为过，因为它起到一个标识园林边界并对内部空间进行划分的作用。园林外墙遵循地貌，彰显自然景观的造型美，为自身带来真正的动态感与形象性。覆盖在没有门窗的黏土墙顶的瓦片，宛若龙躯上的鳞片；墙体模仿龙身的弯曲，如同卧于丘陵脊背之上。既然龙被认为是掌管雨水的神灵，那么，以其为形的外墙就兼有美学和象征的作用。园林的内墙体通常为白色，用来作为反衬分布在其附近的树和灌木的背景。月夜，这些植被投映在白色的墙壁之上，宛若笔墨勾勒出的幻影，新奇而别致，如同一幅高雅精湛的素描。空荡的白色墙壁好似画卷一般，其上题写着抒怀的文字，为园林增添了雅趣。这些以散文或诗歌形式撰写的题词，都是由园林主人或对园林表达特殊印象的来访者所创作的。内墙的另一个优点是，墙体上的开口门设计为观者提供了无限的机会，使其能够尽览展现在眼前的各种如画风景。内墙门的形状具有象征意义或隐喻，如花形、花瓶形、扇形、贝壳形等，如同一张张画板。花形门让人联想到园林女性居住者的婀娜多姿，花瓶象征着真空中贮存的能量，甚至成为母爱之地的象征符号。但是，被称为"月门"的圆形门是最流行的形状。圆形是天空的象征，自古就被纳入中国艺术图形的"武库"。圆形的"月门"与古代青铜镜同出一辙，折射出整个世界。这些门是背阴处的光源，它们在起到框景作用的同时，也吸引着观赏者的注意力，将他们带入诗和美的世界。

比门更具多样性的园林建筑组成部分就是封闭式长廊和楼阁的窗户。造园中还使用风景假窗，用半透明的石板制作而成，石板的纹理与山和树的形状相似。窗上装饰着黏土塑成的栅栏，上面饰有枝头鸟儿和盛开的花朵等图案。亭台楼阁的窗棂上粘贴着柔软的稻草窗纸。它们像表演皮影戏一样，映出花园的暗影，描绘出外面植物和山石的轮廓。夜晚，烛火点燃时，花园被柔和的灯光照亮，那些窗口犹如幻灯一般。

架设在沟壑和水体之上的桥梁，其自身结构设计常采用各种各样的木桥或石桥，它们不仅实用，而且适合精致的视觉文化。它屈身如弓立于平静的水面上，与倒影吻合，形成一个封闭的圆环，创造出一种新的视觉效果，激发着观赏者去感受自然形态变化的魅力。它高高地腾起于地面之上，或者蜿蜒匍匐于水面之上，总之，它们促进了空间视觉的革新。无论何种情况，装饰设计都要服从于自然风景：简朴由模仿乡村地区的朴素而来，而造型优雅的装饰着各种动物图像的大理石栏杆，其自身就是一种吸引注意力和激发鉴赏力的艺术客体，令人联想到宫殿的奢华。

刻意铲去一些草地上的植被铺设成蜿蜒小径，用鹅卵石、马赛克等镶嵌各种图案，类似桥和长廊，提前引导游园者沿着固定的线路行走，这也是中国花园的独有特点之一。小径的图案装饰通常较为规整、简单且追求乡村的原生态，一般采用鸟类、花草、鱼虫等图形，它们能够吸引行路人的注意，从而放慢前行的脚步。这种"景中景"营造了一种自然形象的演示效果，且其形象意义不断变换，轮流出演主角或配角，按照中国人的说法，就是"主客"变换。

月门

泥塑漏窗

各种不同种类、尺寸和形状的装饰石在中国园林中具有特殊意义。这是一些单独摆放的新奇而别致的巨大石块，轮廓像各种植物、动物等，或者是由叠石构成的一些微型山地景观。在中国传统园林的自然形象的广义代表中，石头作为山的形象象征着自然之"骨"，而水则为其"血"。将山石作为对人有神奇力量的载体来敬重，这源自远古时期。被神圣化的山石多用于祭祀祖先的宗教仪式中。石被认为具有唤雨和阻止水灾的能力。诸如神话中的英雄禹（大禹，洪水治理者），其诞生就与石有关。形状不俗的石头被认为具有能够延长人的寿命的力量。石头的迷人之美在整个中世纪唤起了人们的虔敬之感，成为人们崇拜的客体，诗人在诗歌中颂扬它，画家竭尽所能地描绘它。人们甚至认为，人品也可以用石头来划分。因此，唐朝诗人白居易曾说过，石如人，有性格，有自己的精神品质。它们之中也有高尚与卑鄙之分。有的富丽庄严，好似尊贵的君主；有的威严而庄重，如同严厉的官员；有的则精巧文雅，宛如画中的美人。众石之中，有的形如天上的龙凤，有的则像地上的鬼怪与动物。据传，宋代著名画家米芾非常崇拜矗立于其花园中的一块巨石，称其为"石兄"。象征自然力量的石头被挑选出来，从它们的外形上就能够感受到山的气势。王概的艺术理论文集《芥子园画传》中有专门介绍山石的《石谱》，该部分为绘画者提供了各种有关如何画石、如何展示其本质的建议："观人者，必曰'气骨'。石乃天地之骨，而气亦寓焉，故谓之曰云根。无气之石，则为顽石，犹无气之骨，则为朽骨。岂有朽骨而可施于骚人韵士笔下乎？是画无气之石固不可，而画有气之石，即觅气于无可捉摸之中，尤难乎其难。"

祭山在中国也是非常古老的习俗。祭祀活动中，人们对先人的敬重与天体演化思想紧密交织在一起。在祈雨、祈求丰收、祈求飓风停止、祈求战胜敌人时，人们祭山就是在祭神。山与世界的形象联系在一起，与宇宙的模式联系在一起。在中国与五座神山（五岳）相关的祭祀与尘世国度的概念紧密相关。分布于氏族部落领地之上的丘陵、山岩和堆积的石块，被认为是女性妊娠的源泉。

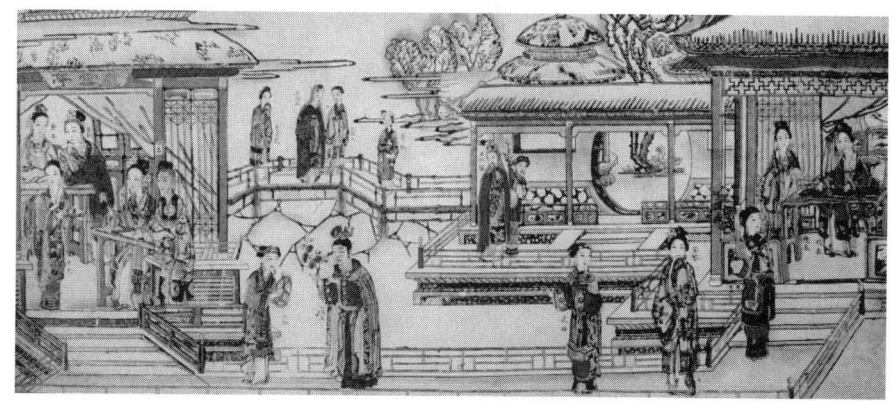

版画《芦雪庵应景联诗》

因此，将山石置于花园之中，并按照风水学的要求进行摆放，意味着将花园空间融入宇宙。杜绾在其编撰的《云林石谱》中，列举出一百多种用于园林布局的山石。据古典园林著作《园冶》记载，仅安徽一省，就有14个向宫廷花园提供不同装饰石材的产地。其中灵璧石以其清晰的纹理而享有盛誉。英州出产的山石受到人们的钟爱，人们认为该石富有非同凡响的内力。园林中还使用湖石（字面意义为"湖中的石头"）或太湖石（"取自太湖的石头"），太湖石上分布着大量的孔洞，由太湖（距离苏州不远）水中的青灰色或青黑色石灰岩形成。将它们立在园林中平整的地方，可以起到自然雕塑的装饰作用。为了呈现太湖石的颜色和形状，需要使用金属刀小心谨慎地刮擦湖石，然后用竹刷进行清洁，最后用瓷粉来打磨，如此之后，用木棍敲打时便可发出金属般的清脆之声，湖石才死而复生般地再现其活力。湖石上新奇别致的孔洞，可令人联想到神仙安身之处的洞穴。在观赏者想象力的作用下，园林中的石头便具有古树、野兽和龙的外形。

皇帝曾专门颁布法令，命令各地居民寻找形状怪异的奇石。那些从大地中脱颖而出带着"神力"的奇石被送往都城。在一国之内搬运这些巨石往往需要花费几年的时间。朝廷对奇石相关费用采取的是低税收政策。在中国南方发现了很多独特的装饰石，是自然环境促进了这些奇石的产生。从江苏昆山开采的白色巨石就属于稀有的山石，还有产自西南天府之国的点缀着黑色斑点的白色巨石。

现代版《芥子园画传》

现代版《云林石谱》

多样性是花园中山石布局的特点。包括典籍《园冶》在内的所有文献资料，在谈到园林占地范围内的山石分布时，都赞同尽力保持其在大自然中的原样分布，没有固定的规则。造园者会根据地形、湖泊的轮廓、花园空间的大小等布置山石。传统上要以布局的多样性为前提，造景时常采用叠山手法，山石向上伸展，独立成景，构成多层面景观布局：可以用山石修筑水岸线，用山石创建岛屿，用山石做挡板、案台、石凳等。甚至可以将形状和大小相同的石头以不同的方式进行摆放。根据《园冶》一书中的观点，巨大的山岩，其最佳位置是池塘中心，用作池塘中心的岛屿。一块孤单的山石应立于亭的正面或处于美丽花丛的合围之中。17世纪的学者张潮在《幽梦影》一书中提出了这样的建议："梅边之石宜古，松下之石宜拙，竹傍之石宜瘦，盆内之石宜巧。"经典书籍《芥子园画传》中甚至给出了几种画石大间小、小间大之法，因为石如人，彼此之间需要交流："树有穿插，石亦有穿插。树之穿插在枝柯，石之穿插更在血脉。大小相间有如置棋，穿插是也。近水则稚子千拳而抱母，环山则老臂独出而领孙，是有血脉存焉。"

山石的分类和在花园中建造人工假山是园林艺术家最重要的美学任

务。有时，复杂而高耸的山地景观，大多数情况下都需要采用加盖凉亭的工艺。这既再现了大自然的原貌，又进行了与园林整体结构相符的艺术优化改造。造园规则中指出了三种最重要的叠山形式：第一种是"厚重饱满"型；第二种是"委婉飘逸"型，如云一般飘飞的山岩；第三种是多孔洞向四面开放的"意味深长"型。山岩的这些采用方式被称为"眼"。每种类型的假山突出的都是人工山的美和多样性，这些山的命名都具有形象比喻意义（狮子山、公牛山、龙山等）。用山石建造的假山，石块彼此之间用石灰浆和铁扒钉连接，接缝在暗处，令人难以察觉；也有用土堆积而成的假山，假山上装饰着凸起的似是无意间夹杂的山石。那些山岩如同身处大自然中一样，呈不均衡分布，山岩上裂出洞穴，石头周围栽种灌木丛和花树。光和影的变幻、山石和小径的分布所带来的意外之感营造出了如画的风景。造园规则中指出，山和石分布的最大难点在于它们彼此之间及与建筑规模之间的比例关系。大石和小石的摆放应彼此平衡，应如同"主宾"或"主仆"一样呈现在人们面前。大型园林中，亭和山石之间的分布距离约为30米，以便提供在稍远之处就能更好地观赏山石的可能性。山石、树木、建筑和水体好似整幅画卷中的一个个细节，应该在园林中彼此和谐地组合在一起。

　　与山石并存的园林的主要构成元素还有水体：小溪、池塘和湖泊。它们是对山石的补充，共同创造着阴阳之间的和谐。湖泊被认为是花园的心脏。在南方流派造园者设计的园林景观中，依据当地的条件，湖泊所占据的面积有时会大于园林面积的一半。通常，水体与山体一样，虽同为人工建造，却给人自然天成的感觉。漫向水边的堤岸有意建造得起伏有致，从视觉上增加了湖泊的规模和湖岸线的曲折度。水面的垂柳、看上去像是偶然散落在岸边的石头、水中鲜艳亮眼的游鱼和荷花、风景如画的岛屿，以及倒映在水中、装点着景观自然之美的各种几何形状的亭台楼阁，都为光滑如镜的湖面增添了活力。似乎是被遗忘在辽阔水面上的岛屿，连同其上的亭台楼阁、四周的树木和荡漾的水波，这一切都对视觉造成了冲击，营造出了横无际涯之感，拓展了周边水面的广阔空间。其诱人的美丽令人联想到尘世之外的美妙天堂乐土——神话传说中的"仙人岛"。人工岛通常都是由建湖时的掘土堆积而成的，因此，建园就始于建造湖泊和湖中的岛屿，这些岛屿也就因此而成为中国园林的核心部分。岸边的小屋和凉亭将湖泊景观以及周围地区衬托得更加寂静而安宁。湖泊可以是一个整体的水域空间，也可以由几个池塘组合而成，它们之间以专门挖掘的渠道相互连通。静止的水面体现出一种沉静的思索，瀑布和小溪则是生命活力的象征。小溪流淌过卵石和石块，或者流经山中隐士茅舍旁的细长竹管，激起淙淙乐音，这在园林的构成中具有重要的作用。

上海豫园中的月亮门和湖石

既然中国南方的著名景观经常被作为首都大型园林的模型，那么小型人工湖泊就应再现其引以为荣的自身之美的真实原貌。造园者所做的不是单纯的复制，更确切地说，他们再现的通常是湖泊神奇景观的灵魂、其基本特征、岛屿及其滋养地的构造。将湖泊人为地划分成园林各部分中一系列随意蜿蜒和形状变化的小河湾、河岔，创造出独特的水上迷宫，使乘坐小船游览于其上的人无法看清园林的平面布局。湖水清澈纯净，游鱼之影倒映于水底，这样的湖水质量增添了湖泊之美。岸边的树木和水中带露的荷叶创造了一种凉爽的效果。诗人、画家、学者是园林的主人与常客，他们在这里度过了许多时光，看水，观鱼，欣赏盛开于水面之上的莲花，或者从最适宜观赏水景的亭台楼榭中观赏倒映于清澈水面上的月影。水在这些众多的观赏内容中透射出异乎寻常的魅力。水让园林充满了生命力，将整个园林带入永恒的运转之中。它冲洗着石头和树木，在墙根和房屋之下喧响，水面上倒映着白云。秋天，它则身披落叶织就的花毯。水还给园林带来了实际益处，它滋养植物，便于人们乘船游览和开展其他水上娱乐活动。

园林构图中极其注重树木、灌木丛和花种的选择，像园林其他组成部分一样，这些景物布局具有多样化特征，在讲求实用的同时，还要具有象征和美学意义。与园林其他部分单独分隔开，构成独立地带的果树和灌木丛具有特殊地位。通常，会在水体、石山旁边栽种一些固定的植物，这些植物与世代形成的道德和美学标准的象征体系相关。选择树木时，会考虑到这些植物的季节性变化，让园林全年保持美景。象征着高尚、坚强、生活智慧和长寿的松树、竹和柏树被认定为常青的冬季植物。风中之竹不畏飓风和阴雨，宁折不弯，是经得住命运打击、千锤百炼的君子化身。松、竹和早开的梅被认为是"岁寒三友"。紧随梅后盛开的是桃花和石榴，它们是长寿、幸福和高尚的象征。

夏季开花的灌木有木蓝、海棠和八仙花等。随着秋季的来临，槭树叶红了，落叶如同五彩的斑点覆盖在湖面上；桂树盛开着黄色的小花，整个园林飘荡着桂花沁人心脾的馨香。冬季，树叶落尽，树枝线条加强了园林的透明度，创造出一种新的空间感，呈现出园林布局的协调性。夏季，由于再现真实活力的鲜艳色彩，每个园林都充分地展示着其自身特有的华丽。园林中，每一株植物或树丛都占据着便于被观赏到的最佳位置。每一株美丽的树木都是园林的构图素材。房屋旁边通常栽种诸如孟加拉榕类的阔叶树，这种树木能够用"雨乐"使人的心灵恢复安宁，让人联想到在安静的书房中埋头书案的学者。造园时，设计者悉心考虑树木与山石、水体、建筑物的比例关系和色彩搭配。考虑绿植的色彩——随着位置的变化，花园前部的颜色稍浅，越往花园深处颜色就会越深，这样可以起到强化园林空间延展性的效果。如同身处中国的风景画中一样，园林的植物颜色巧妙地彼此协调一致，避免出现杂色。无论是树木之美，还是树木之形，都会引起造园者的关注。特别是那些由于恶劣天气而曲折的古老树干，会受到特别的重视。它们更能衬托园林的年龄和历史，呈现出一种生命的沧桑之感。在中世纪的园林中，自由的即兴创作成为传统特点。

选择花卉品种时，传统也占据了主导地位。那些与正面象征无关的花卉被认为不适合在园林栽种。园林花卉整体上被想象成善良的承载者，它们被大面积地栽种在园林中，在花圃、花坛、宽大的木桶和花盆里随处可见；在水畔的茂密植物丛及湖泊的水生植物中，到处都有它们的身影。公元4世纪，很多牡丹品种就已非常著名。宋朝人喜爱牡丹甚至达到了成癖的地步。明朝，园艺家们培植出了一百多个牡丹品种。牡丹为花中之魁，被认为是贵族阶级、贵族身份和财富的象征。人们将其盛开之季中的5月5日定为牡丹花节。牡丹花季一过，在苗圃中压枝的其他季节的花就被提到首要位置。盛开于春季的优雅之花——兰花在唯美主义者中享有永恒之爱，它是精神高雅的象征。中国有很多不同品种的兰花，其中特别受到珍爱的是一根花茎上只绽放一朵的兰花，其花朵小巧玲珑，象征着外表谦虚而精神富有的君子，其在社会上的存在似乎无足轻重，但缺少它就失去了完美。盛开于初夏的莲花改变了园林的景致，人们对它表现出极度虔敬的态度。从湖底深处而生，一枝坚挺的花茎上是一朵纯净的几近透明的粉色、蓝色或白色的花朵，它象征着精神的纯洁，令人联想到佛祖其身。秋天的象征是菊花，它坚韧不拔，不畏严寒，是长寿的标志，它在园林中的持久绽放被视为吉兆。在中国园林中，菊花品种繁多，有卷瓣形、多针形、球形等，颜色和大小各不相同。这些菊花或一类独放或多类齐放，它们让空气中充满了秋天微苦的味道，花瓣类似光线，其光芒使整个花园熠熠生辉。菊花通常被栽种在木桶和花盆中，沿着花园小径的两旁摆放。在中国，欣赏季节性鲜花已成为一种习俗，在固定的日子里，富贵之家庄园的大门向慕名而来赏花的远客开放。

栽种矮生树种是人们追求微型花园景观的体现，矮生树占用空间小，与石头和植物组合成微型盆景。该装饰风格反映出自"小中见大"原则而来的大自然视觉艺术，一棵树、一节树枝或一个花朵即可体现出整个世界。栽种矮生树的习俗诞生于中世纪早期，在几百年的时间内成长为园林艺术的一个特有流派并具有自己独特的传统。盆景装饰了学者的书桌，将自然风光引入了室内。它如同门外枝繁叶茂的园林一样，四季更迭，保持着生命运动的永恒，并做好了随时变革的准备。盆景也体现出了世界多样性的园林艺术思想。

房屋的内部装修布局与园林空间相辅相成，因为在中国传统文化中，房屋与其说是用来躲避外部世界纷扰的场所，不如说是用来建立与外部世界联系的地方。因此，室内设计装饰镶板、描绘着花鸟形象的陶瓷花盆和花瓶等，这些装饰品与花园景色遥相呼应，并以自己的方式诠释着花园主题。在18世纪曹雪芹所著的长篇小说《红楼梦》中，有这样一段对园林楼阁陈设所做的详细描写："四面皆是雕空玲珑木板，或'流云百蝠'（蝙蝠是幸福的象征），或'岁寒三友'（对松、竹和梅的通称），或山水人物，或翎毛花卉，或集锦，或博古，或万福万寿，各种花样，皆是名手雕镂，五彩销金嵌玉的。一槅一槅，或贮书，或设鼎，或安置笔砚，或供设瓶花，或安放盆景。其槅式样，或圆或方，或葵花蕉叶，或连环半璧，真是花团锦簇，剔透玲珑！……贾政等走了进来，未进两层，便都迷了旧路，左瞧也有门可通，右瞧又有窗暂隔。"该片段中引人注意的是：房屋如同花园一样，又像一个迷宫。进入这些地方别试图走直线，因为在这些地方，通常都放置着阻挡恶魔的移动影壁。影壁的使用还有将空间划分为几个地带、创造多层次空间效果的艺术目的。绘有风景、花鸟草虫的装饰画卷让主人和客人足不出户就能够享受到大自然的景致。中国的木制房屋中，构架是主要组成部分，因此，首先要做的就是建造构架，而墙壁只是用来加固构架并起到隔板作用的部分。装修总体设计与园林建筑一样，占优势的同样是一贯坚持的平衡和个体形式变化原则。中式装修中没有天花板，裸露在外的木梁和顶板用雕刻和绘画来装饰，这些雕刻和绘画采用了大量的自然界图案，它们将外部空间与内部空间联系在一起。房间的隔断有的采用绘有彩画的宽门，有的采用透气透光、精雕细刻的精致隔板。家具中很多都是可移动的物品——动态十足的各种屏风、围挡等都被纳入装修设计。如同花园里的植物一样，装饰艺术中的绘画和饰品都具有季节性意义，在更新房屋内部陈设时可时常变换。

　　楼阁门上匾额的书法艺术题字突出了房屋与园林之间的联系，并与园林的书法风格一致。它们能够唤起人们一系列的联想，感受到时间的延续。因为这些题字通常都摘自名言警句，这就给人提供了捕捉暗含其中的生活哲理的可能性。正如著名长篇小说《红楼梦》一书中所写的那样，通过题额联对来比试才华成为园林来访者的传统娱乐活动。当写到一家之主贾政看到一块平整光滑的园石时，认为"正是迎面留题处"，建议众人为此处题名。众人争相建议，有说该题"叠翠"的，有说该题"锦嶂"的，也有说"赛香炉"的，提议竟达几十个之多。造园者所表达的思想倾向与园林艺术规则相符。园林的新颖，按照中式的概念，就是既要保留自身所有，又应不断追求完美的古代风格。宋代诗人苏轼（苏东坡）说："古者有喜，则以名物，示不忘也。"珍稀的草木多年之后方能成材，重视古老性可使园林保留一种宁静祥和的氛围，将园林置于往昔岁月的历史背景之中。这些题词，使园林成为一所汇聚道德格言和古代至理名言的学校。为园林命名的传统，同样起源于古代，是园林文化的重要组成部分。这种做法，使得每一位在场者，都成为参与者和见证者。被选中的园名具有神奇的作用，它使园林的精神得以升华，活力焕发。

影壁

花园与公园

北派园林艺术

北京（北方之都）是中国最古老的城市之一，公元前5世纪就已开始在中国的城市历史中发挥重要作用。它在不同的历史时期起到了中国都城的作用，成为北派园林艺术的中心。北派园林与12—13世纪的宫殿园林紧密相关，金朝和元朝时所挖掘的湖泊被建成了设施完善的公园，这些公园开启了皇家园林的古典风格，而皇家园林古典风格的完全形成则是在14—17世纪时的明朝和清朝。自1421年起北京就成为中国的首都，是统治者宫殿所在地和国家最重要的艺术中心。明王朝迁都北京的决定使建设北京的宫殿、庙宇和公园等建筑群的积极性出现了一个前所未有的高潮。明朝，这座布局规整的北方之都变成了一个完整的宫殿园林建筑群，其中心是紫禁城，即现在的故宫博物院，它包括内城和由城墙围成的长方形皇城，皇城中分布着大量的假山和人工湖。与元朝城市布局不同的是：花园和公园的位置不是在南部，而是位于都城的中部。明朝统治者拆除了元朝的宫殿，进行了大幅度的改建，并极大地扩充了园林的占地面积。此时的湖泊——太液池被划分为三个部分，分别称为北海、中海和南海。湖岸线四周开阔的北海被誉为皇城的明珠。该湖轮廓新奇别致、湖岸蜿蜒，位于波平如镜的水面之上的琼华岛成为娱乐休闲的大内御苑。

故宫御花园　　　　　　　　颐和园中的凉亭

清朝，北京的城市布局没有本质的变化，但对首都的公园都进行了大幅度的改造，增加了一系列新建筑。城市布局中纳入了大量保存至今的17—19世纪的公园建筑，它们都属于城市中最美的部分。那些极其精美的清朝公园，如北海、景山和御花园等，大部分位于皇城中的内城。著名的郊外皇家园林建筑有颐和园和圆明园，它们都是较早建成的园林。如果说颐和园是中国南北方园林特点完美结合的典范，那么，圆明园则是融合了中国宫殿建筑历史传统、南方赏园文化和欧洲巴洛克建筑新风格的杰出代表。

17—18世纪的清朝统治者非常注重宫殿园林建筑群的装饰，注重改造布满庙宇、长廊、亭台和其他建筑物的皇城花园。对由皇宫向北分布的景山——北京城的中心点和最高点进行了实质性的设计改造。景山的五座峰顶都装饰着小巧的重檐凉亭，构成了景山错落有序的建筑群，耸立在城市的最高处。

北海公园曾历经多次改建。在旧宫殿建筑的遗址上建成了为数众多的各式建筑，它们按照新的方式重组了空间。中间的岛屿琼华岛，其上筑起的大理石白塔是清朝统治者热衷藏传佛教的标志。白塔按照藏传佛教建筑标准建造，是北京城的制高点之一。被长廊环绕的湖岸线使湖泊与新构图之间达成了完美的统一。精巧优雅的开放式重檐亭榭与点缀着假山、台阶、桥体的自然风景和谐地融为一体。为了装潢和点缀公园，不仅采用了石材、木材和砖等作为公园的装饰材料，而且还采用了彩釉瓷砖以与公园绿植协调一致。

郊外宫殿建筑群与都城宫殿建筑群不同，其布局更加自由，缺乏紫禁城建筑群所固有的那种明显的对称性。如果将安宁、幽静、独处视为南方园林的特点，那么注重鲜明变化的感受、匠心独运的装饰、展现规模宏大的丰富的外观风景则是北方园林的造园主旨。因此，北京的公园最终呈现出的都是北方园林有别于南方园林的主要特征，极尽豪华与庄重，技艺更加高超，更具高雅的欣赏性。

琼华岛上的桥

现代的北京是一座处于不断成长与变化中的大都市，在它的怀抱中，用玻璃、钢筋和水泥建成的楼宇基本上取代了用木材建成的老旧建筑，束缚其发展的都城防御墙遭到破坏。保存下来的宫殿和庙宇，连同其园林建筑群都已成为民族文化保护区，它们在保留传统景观构造的同时，也丰富了现代人的精神生活。

北海 北海公园位于北京市的中心，在紫禁城的西北方，它是首都最大最美的公园之一。湖水清澈，湖面开阔，长满各种植物和古树的高耸山地岛屿——琼华岛将公园变成了独特的绿洲，为周边增添了生命的气息。

北海在结构上与从北京中央干线向北分布的其他两个湖泊——南海和中海相连。与其毗连的公园地带，与文化价值巨大的宝库、中心花园博物馆——北海公园不同，目前是对外关闭的政府官邸。历史上，北海公园与北京的发展密切相关：早在10世纪时，这里就建有瑶屿行宫。辽代，这里出现了人工湖泊，湖水是靠山泉来供给的。琼华岛上有用精选出来的石材建造的宫殿、亭台和假山。近几个世纪以来，公园、湖泊及其周围的整个建筑群都在不断扩大。装饰和完善建筑群的重要工作是在17—18世纪进行的，这段时间被认为是中国历史上的园林兴建时代。在琼华岛山丘顶端，有始建于1651年的白塔，其旁建有一座善因殿，北海岸边建有一些长廊和被称为五龙亭的系列小巧凉亭。

所有建筑物，包括大理石桥、保留着古代书法石刻的阅古楼、装饰着龙形图案的浮雕石柱、用彩色琉璃砖瓦砌成的花园影壁——九龙壁、用火山砾岩雕成的"铁影壁"、众多的庙宇、亭台楼阁等都是清朝所建。

封建帝制被推翻之前，北海公园中的建筑和辽阔的水域都归皇城所有。1911年之后，北海公园虽然已熬过了外来武装力量野蛮干涉的1900年，但实际上已处于破败荒芜的境地。1925年，北海公园对外开放。中华人民共和国成立之后，对其进行了修复，对湖泊进行了疏通和深掘。1956年拓宽了北海大桥，庆霄楼、五龙亭和大多数殿堂都被重新粉刷，并装饰了一些符合其建筑年代的装饰画，修复了琼华岛上刻有乾隆皇帝题写的"琼岛春阴"的石碑。

北海公园中的九龙壁　　　　　　北海公园中的白塔

团城矗立在北海公园南出口旁边，由高度约为5米的石墙围筑而成，先前的寺庙花园面积为4500平方米，这里保留着一些古老的松柏和建筑物。该"园中园"的历史始于金朝统治时期（1115—1234），当时这里是郊外湖泊岛屿式的花园综合体。元朝，这里修建起供皇帝娱乐的仪天殿。该殿由土筑院墙围筑，保留至明朝。其后，新建筑完全取代了先前的建筑，在仪天殿的原址上建造了承光殿。清朝，承光殿里放入了玉佛像，庙宇修葺一新，周围建有长廊和亭台，其原貌保留至今。这座位于高地之上的花园，有圆形的长廊，有散落于浓密树丛中的亭台楼阁，即便是传说中的山中仙居也莫过于此。

景山　它是与白塔并列的北京城中心的第二制高点，由紫禁城北门之外的五座山丘组成，在首都和谐对称的建筑布局设计中发挥着重要的作用。由于巧妙地利用了地形，从中央山顶就可以观看到北京的全景，宫殿建筑群的总体布局和城市主要干线的分布可尽收眼底。

景山公园的历史与都城其他一些建筑群的历史相似：元朝，这里就是皇家公园。明朝，此处是一座由散煤堆积而成的山丘，规模不断扩大之后，得名"煤山"，由五个煤丘构成。多年以来，亭台、果树、松柏不断将其美化，使其又获得了一个新的名称——景山（风景如画的山）。清朝，这里建造起能够凸显公园总体布局的五座凉亭。其中，周赏亭和富览亭为圆形建筑，依山而建的绮望楼则是供奉孔子牌位的地方。其建筑涂刷红漆和金瓦覆顶的装饰方法与封建帝制晚期北方宫殿园林的传统艺术风格相符。

景山上的坡道

宁寿宫花园中的凉亭

宁寿宫花园　紫禁城内保存下来的花园之一。这是一座建于宫殿建筑群东北部的内廷花园，是乾隆皇帝为向其父雍正皇帝表达孝敬之意，于退位之前所建。花园自北向南包括五进院落。其中两进院落为北方宫殿风格：树木分布严格有序，石铺地面。其他三进院落的风格更倾向于设计自由的南方花园，着重突出厅堂楼阁、石山、稀有树木的多样性。畅音阁大戏楼与乾隆花园相连。宁寿宫皇极门外建有一面彩色琉璃砖砌成的浮雕墙——九龙壁，类似北海公园里的同名九龙壁。该花园修复之后，于1982年对外开放。

御花园　这是一座面积较小的花园，位于紫禁城北部，神武门附近，是供皇后和妃嫔休闲的地方。除其中的一座大殿之外,其余所有建筑皆建于17—18世纪。建筑物、石砌花边围起的树木、大量石块堆砌成的小山,这些构园要素的分布,与花园的总体布局一样,同样遵循的是中轴对称原则,这也是整个宫殿建筑群布局的主要原则。重装饰是该园的另一典型特征。精巧的水池,高耸的假山,山上长满苍松翠柏,山顶建有色彩鲜艳的亭台,这些都证明了造园者注重装饰的特点。一条条小径贯穿整个花园,小径上是用鹅卵石砌成的彩色图案,到处点缀着岩洞与花坛。诱人的风景、建筑景观和形式的多样等因素所产生的饱和度,仿佛从视觉上扩大了花园的空间规模。御花园与其他介于南北方流派之间的同时代园林建筑群一样,集中国两大园林艺术流派的优点于一身。

大观园 兴建于1984年,位于北京市南部,是一座独具特色的文学历史博物馆。它详尽地呈现了曹雪芹著于18世纪的著名长篇小说《红楼梦》中所描绘的园林景观、建筑、厅堂陈设及日常点缀装饰等。在荒芜的园林旧址上建起的大观园,其自身包含了传统的人造景观成分:众多的红漆木制亭台楼阁,石块堆砌的假山,带有岛屿的湖泊,以及垂柳、竹林和蜿蜒的小径等,这些元素都符合封建帝国晚期的建筑风格,再现了贵族之家富有诗意的庄园及传统的日常生活环境。

御花园中的亭

大观园园门

南派园林艺术

杜甫草堂 这是成都市的一座纪念性公园,建成于北宋时期(960—

1127），唐朝著名诗人杜甫曾在此居住。759年，诗人历经长期的漂泊和灾难之后定居于此，找到了临时的安身之处。杜甫在此度过了近四年的时光，为自己建造了小屋，栽种了花木，并将其称为草堂。草堂后来历经多次修葺和扩建，成为四川省的名胜之一。公园由一系列传统的木构厅堂、树木环绕的湖泊、竹林等组成。目前，公园呈现出的是宁静的氛围和漂泊诗人朴素的日常生活。

苏州 中国南方古老的文化艺术中心，是一座诗人、学者、画家、刺绣工匠和纺织工匠汇聚之城。这座城市以其园林景观而驰名中外。在唐、宋、元、明、清这些漫长的历史时期内，园林艺术在这里逐步发展起来。此处的地理环境和气候条件十分优越，家境富裕的市民都有能力建造与其财富和品位相符的花园。苏州园林的造园历史长达几个世纪，易主之时多次重建。最近的一些重大变化发生在清朝，当时，苏州城内结合了艺术技巧和传统风格的园林共计270座，到1980年前保存下来的却仅有8处。20世纪末的修复结果是将一些园林改建成了露天博物馆。苏州幸存园林主要集中在市区，城市建筑密度大，园林的规模和布局设计多次发生改变（根据相邻地块的情况缩小或增大），这些园林因此便具有异常曲折的轮廓特征。一些园林被纳入了世界优秀景观建筑的行列。它们的建筑规模普遍偏小：其中最大的是拙政园，占地面积约为5公顷；而最小的网师园，面积只有约0.5公顷。苏州园林属于世界文化珍宝，已被列入联合国教科文组织文化遗产名录。

沧浪亭 苏州古老园林之一，始建于五代时期。自1044年起归宋代一位诗人所有，定名为沧浪亭，并沿用至今。为了让进入其中的游人能够感受其周边大自然的原生态并沉浸在古老的氛围之中，在这个占地面积1公顷多的小型园林中，造园者设计了几条清澈的小溪、竹林和石头堆砌的山岩。园林的中间是一个湖泊，其上建有一个小岛。曲折的游廊将分布于北部的亭台连接起来，复廊沿湖岸蜿蜒，仿佛为湖岸镶嵌了一道花边。太平天国运动时期（1851—1864）该园林遭到破坏，其后花园被修复，1927年重建，并加入了一系列的现代建筑，位于山丘顶部的沧浪亭虽然保留下了传统的外形，但已被混凝土制造品所替代。

杜甫草堂

沧浪亭

狮子林 位于苏州，始建于元朝末期，确切地说，是1342年前夕。很多画家参与了造园规划，其中包括元朝的著名书画家倪瓒。该园的创建者为居于此地寺庙的佛教禅师，寺庙最初名为"菩提正宗寺"，后为纪念禅师曾得法于浙江省狮子岩而得名。花园位于寺院的后面，这里曾经运来大量的石头，这些形状像狮子的石头动感十足，新奇别致。狮子林曾多次转手，明清时期又多次重建，但是湖岛景观，特别是花园中狮子林堆石规模宏大的特点，如同园林中最高大的石头——千疮百孔的狮子峰一样，保存至今。

大部分石崖位于园林建筑群的东南部，对面有小溪、小桥、凉亭及其他建筑物等，它们向西北方向分布。带顶的游廊、走廊和堤坝曲折蜿蜒，独出心裁，将花园分割为众多较小的部分。每个厅阁都有一个富有诗意的名称——修竹阁、荷花厅、五松园、问梅阁等，呈现给游园者的是一幅幅崭新的画面。此园尽管规模不大，却给人视觉上的无尽之感，一步一景，别有洞天。20世纪，狮子林增加了一系列新的建筑，如东北部用木材和混凝土建造的船形石舫，带有鲜艳花窗的玻璃厅等。中华人民共和国成立之后，狮子林被重新改造，成为园林博物馆。

留园 苏州的古老园林之一，由一名告老还乡的官员徐泰时建于1600年前后。留园的原名叫东园，现在的名称是其最后一位私人拥有者所起。留园是苏州的大型园林之一，以雕刻花窗、厅堂间的曲径游廊、书法碑刻而著称。一块高约6.5米、重约5吨，名为冠云峰的太湖巨石是公园中心的象征。

狮子林　　　　　　　　　　留园

网师园　苏州面积最小、布局最为紧凑的园林，位于苏州市南部，占地面积0.5公顷。始建于南宋，由来自扬州的达官显贵所建。后来，园林长期处于荒芜的状态。1770年，一位退休的高官重建园林，并定为现今的名称，以表其退隐归老之意。岸边曲折的池塘占据了园林中心的位置，建筑物主要分布在东部和北部。所有建筑、水体和景观都通过沿湖环绕的曲廊连接为一个整体。18世纪网师园曾以牡丹而著名，后该园被改建，在19至20世纪这段时期内改变了原有的外观。1940年及中华人民共和国成立之后先后对该园进行了修复。

拙政园　苏州东北部最开阔的园林，16世纪由一位退职官员以佛教寺院为基础拓建而成，后曾多次易主。19世纪时，曾被太平天国起义者用于行政办公之地。1955年，该园恢复了唐代园林的风格。目前，拙政园是苏州最大的园林，面积约5公顷。园林自东向西延展，其入口在园林的东南部。整个园林被划分为三个部分，每一部分中，湖泊都占据了大部分的空间，纵横的堤坝将岛屿与湖岸连接起来，岸边的景色中巧妙地点缀着各种各样的建筑。风景和建筑元素为游客提供了众多的观赏视点，目光所及，可以看到园林之外的远景。腾驾于水面之上、倚墙蜿蜒的长廊以及修复过程中所建的石山为园林西部的亮点。该园林因其一位设计者——明朝著名画家文徵明而具有历史文化层面上的意义。

怡园　建于清朝晚期，确切地说，是19世纪末。这是建于苏州的最后一座传统园林，其自身汲取了上述园林的诸多特点：模仿沧浪亭而建的曲折的复廊，模仿网师园池塘而建的荷塘，湖岸上的石舫则仿效了拙政园中石舫的外观。

冠云峰湖石　　　　　　　　　怡园

耦园　位于苏州，建于清初。19世纪新园主对其进行了改建。1981年，该园西部进行了重建。目前，耦园由两部分构成，每部分都布置着精心设计的叠石假山。园林的东部，从艺术的角度来看更为著名，装饰着雕刻图案窗栅的内墙、月亮门和贯穿园林的曲折长廊，从视觉上增大了园林的空间。隐藏在假山之后的双层主楼意外地呈现在观众面前所产生的视觉效果，为园林建筑群增添了入画性。

西园　位于苏州阊门之外，创建于13世纪下半叶，始名归元寺。16世纪半叶，寺院和园林被富有的达官显贵改建，成为私人府邸，园林固定为现在的名称。

1860年，战乱时期，园林及其中建筑遭遇到毁灭性火灾。19世纪末，重建后的建筑群重新获得了礼佛之地的重要地位。该园建有一系列寺院庙堂，其中有大量的浮雕和佛像。建筑群的一角是西园林，明朝统治时期恢复为南派风格园林，为苏州园林艺术的经典作品之一。一座方形双层白色楼阁是这个"园中园"最美的景点，它位于风景如画的湖泊中间，以小桥与岸边相连，其自身为锥形高顶建筑，飞檐翘角，优雅美观。

豫园　上海的名胜之一。上海是中国南方最大的商业和文化中心，也是人口最多的城市。16世纪，一位名叫潘允端的官员，为了孝敬不能到北京去游览皇家园林的年迈的父亲，建造了此园。该园林是彰显规模宏大的北方宫廷园林的南方版本，强调别出心裁的外形和装饰细节。此种背景下，该园具有南方园林建筑突出的攒尖顶、以仿龙鳞瓦片覆顶的龙墙。造园者去世后，园林衰败。1760年，当地的一些富商对园林进行了修葺，不同程度上改变了外观,重新建造了大量的石山。在战争和外来武装力量干涉的19世纪中晚期,园林蒙受了巨大的损失,失去了大量的建筑物和雕塑。1956年复建时,重筑了公园的外墙,并在公园的南部增建了一处公园内部建筑群——内园。

耦园

豫园

杭州 位于浙江省,为中国南方最重要的艺术生活中心,中国最古老的城市之一,已具有两千多年的城市历史。五代时期是吴越国的重要中心,南宋时期是国家的首都。杭州以生活在此的诗人和艺术家而闻名。很久以来,它就已作为一个与蚕桑业有关的手工艺中心而存在。杭州有著名的缂丝、刺绣、织锦手工作坊。正是在这里,在著名的西湖附近,在良好的气候条件下,周边繁茂的山冈谷地之中,形成了在中国长盛不衰的"美丽如画"的园林风景类型。

西湖 位于杭州市,三面环山,自宋代起,其湖岛景观就已成为国家所有都城公园精心模仿和复制的典范。双向栽满垂柳和桃树的两座巨大的堤坝将西湖划分为三个部分,堤坝与各岛屿相连,每座岛屿上都有建筑群,每个建筑群都是一个由花草树木、亭台楼阁组成的综合体,它们美如仙宫,风景如画。唐宋时期的两位中国著名诗人白居易和苏轼参与了堤坝布局、花园组建和湖岸线构思等设计。①湖泊的周围分布着山冈、寺庙和佛塔。其中最著名的是被礁石和石窟造像围绕的灵隐寺,还有建于丘陵顶端的七层宝塔保俶塔。随着时代的变迁,西湖逐渐发展为一个集传统园林

---
① 白堤是后人为纪念白居易而命名,非白居易修建。

建筑特点于一身的花园建筑综合体。

灵隐寺 杭州最受欢迎的名胜古迹之一。位于山脚下的佛教庙堂建筑综合体灵隐寺，不仅以自己的建筑规模而闻名，而且还以其周边风景的美丽而著称。灵隐寺始建于326年，由慧理和尚所建。① 该寺千百年来多次被毁，每次恢复重建，其边界都得到扩大。灵隐寺主殿是一座重檐歇山顶建筑，其侧面建有两座收藏佛教典籍的石塔。过去这里曾是佛教僧人朝圣的中心，目前该庙宇已经成为一座博物馆，是一个集建筑、雕塑于一体，与大自然和谐相处的建筑群。这是一个占据了巨大空间的建筑群，它建于各种观感交错之处。灵隐寺前耸立着一座陡峭山崖——飞来峰，其边缘如同斧劈一般齐整。山脚下有一条清澈的山泉小溪，岸边伫立着一座专门为观赏周边美景、倾听溪水淙淙流淌而建的小巧凉亭。另一座类似的凉亭建于通往飞来峰顶的路上，为的是让游人观赏山地全景。一系列新颖别致的洞穴沿东南方分布，山岩间的窄缝中透着日光，这些特点都在其名称中得到体现。带有高高拱顶的洞天，意为"通往天空的洞穴"，而山崖上著名的通道则被称为"一线天"，有"一缕阳光"之意。飞来峰的山崖上、那些洞穴的内部和附近的山岩上有雕刻于10至17世纪的大量佛像。

灵隐寺

西湖上的亭

**H. A. 维诺格拉多娃《中国园林》，莫斯科，2004年；《建筑通史》，第9卷，莫斯科，1971年；И. С. 戈卢别夫、谭傲霜等《北海》，北京，1956年；Е. В. 扎瓦茨卡娅《中国古代绘画的美学问题》，莫斯科，1975年；В. В. 马良文《16—

---

① 灵隐寺开山祖师为西印度僧人慧理和尚。

17世纪中国的传统与文化》，莫斯科，1995年；《芥子园画传》，E. B. 扎瓦茨卡娅译，莫斯科，1969年；曹雪芹《红楼梦》，B. A. 帕纳秀克译，第1—3卷，莫斯科，1958年；《清代宫廷生活》，香港，1985年；Draham D. Chinese Gardens. N. Y., 1938; Howard E. Chinese Garden Architecture. N. Y., 1931; Morris E. T. The Garden of China: Art, Architecture and Meanings. N. Y., 1984; Zhu Jiajin. Treasures of the Forbidden City. Hong Kong, 1986.

另参见词条：北京、故宫、颐和园、圆明园、九龙壁、风水、《园冶》。

(H. A. 维诺格拉多娃撰，周立新译)

西湖

保俶塔

西湖边的雷峰塔

丙部 造型艺术与美学思想

中国精神文化大典

造型艺术

在中国文化的框架下，造型艺术的概念包括书法、绘画、雕塑和线条画。最早的书法样式出现于公元前14世纪，绘画的最早样式出现在公元前5世纪，雕塑（小型雕塑）则出现于公元前2世纪。书法的五种字体最终形成于公元3世纪，传统绘画的三种风格则形成于10世纪。这些风格的经典样式分别形成于4—11世纪和11—13世纪。中国的版画艺术产生于9世纪。造型艺术不仅历史悠久，而且持续发展，因而对艺术传统的继承性成为中国造型艺术的基本特征之一。由此使得旧（经典）与新（现代）、复古思想与传统更新之间的相互关系以及对于它们的阐释具有永恒的现实意义，同时也凸显了典范的特殊作用。书法字体及绘画风格体系的稳定性体现出人们对尊崇传统的坚定性。

书法的超前发展及其在中国精神文化中的特殊地位决定了其在中国造型艺术体系中的关键作用，具体表现为如下特征：对传达"思想—内涵"（意）的强调；美学与道德元素的交织——在创作中反映"心"（即什么样的人就写什么样的字——书如其人）；绘画语言的书法性以及诗（词）与绘画的联系；对于绘画的假定性而言，"不似之似"的特殊类型的有机性；单色水墨画的发展；与书法相似，在绘画中富有表现力且简洁的文体出现，即"一笔画"。美学思维的图形储备在雕塑的特性上得以体现，在这些雕塑中，除了受印度传统的一定影响而创作的佛教万神殿经典，还出现了浮雕的影子。

中国造型艺术的显著特征表现在强调公开的装饰性（在很大程度上与书法的功能有关——石碑、雕刻和印章等），以及与实用装饰艺术的密切关系，这种密切关系促进了一种艺术样式与另一种艺术样式的自由交织（因此，屏风、折扇、雕刻、剪纸以及小型雕塑同时存在于造型艺术与实用艺术的范畴内）。小型雕塑将中国的雕塑理念表现得淋漓尽致并非偶然。在这种装饰性的且富有生气的艺术形象流派中，其与诗学和哲学的

铜鹿角立鹤，曾侯乙墓出土，战国时期

结合显露出连接所有造型艺术样式的轴心思想——崇尚和谐。

19世纪末20世纪初，与传统绘画并行出现了油画，在线条画领域与木刻画并行产生了水彩画、水粉画、石版画和铜版画。与插图同时出现的还有架上素描。在传统的纪念碑雕塑和小型雕塑中增加了架上雕塑。这一过程伴随着对欧洲艺术传统诗学的相应吸收。同时，中国造型艺术明显表现出的个人因素在很大程度上促进了实名架上版画和雕刻的蓬勃发展，一改在这些艺术样式中匿名创作占大多数的传统。

中国造型艺术的整体演变以多层次综合发展为特征——纪念碑式与小型、高雅与普通、理性与感性，多种艺术样式、风格、手法和体裁的融合，目的是提炼并充实富有表现力的手法，逐步加强艺术语言的假定性，深化和拓展作品内涵，实现从某一流派特征权威声音的决定性意义到以个人艺术手法、"思想空间"（意境）独创性和非重复性为首要意义的过渡。

传统绘画

传统绘画（中国画，简称国画）以材料（笔、墨、颜料、宣纸和绢帛）、装裱方式（用绢帛装裱，卷成水平或垂直的轴、册页、扇形）、书写工艺和方法（与书法同源）的独特性为特征，同时还有与之相对应的、富于表现力的艺术形象化语言，这种语言形成了种种和谐——均衡、精细、具体的书写同笔尖宽泛而动感的撞击与涂抹相协调；严谨洗练的黑色墨迹与清晰明快的多彩色板（与墨汁混合或者没有墨汁）相协调。

由于传统绘画和书法的有机联系，它们组合而成的"笔墨"被广泛使用；而"书画同源"等理论命题也尽人皆知。书法的主要概念"笔力""笔势"也同样适用于绘画。这种特性决定了在一定空间内的图形具有明显的假定性（带有白色背景最积极作用的分散且全面的透视图）。其重点在于传递所描

吴历《湖天春色图》，1676年

绘事物的思想、本质和"灵魂",并透过艺术家的心灵来反映形象。基本意义如下:"以形写神";用"意境"表达作品的深刻内涵;"留白"和"灵光"则强调空白空间存在的必要性;"意在画外";"意在笔先"。在绘画中,材料富有灵性,道德规范(艺术家的文化水平和灵魂高度)和美学准则(绘画的艺术价值)相结合。题词因与书法的亲缘关系,通过一定条件下空间的处理以及加盖朱砂红的书法印鉴,使其在图画中表达情感和哲学内涵成为可能。书法和绘画统一发展,其目的是实现"诗书画一体"。与诗歌的深层联系相适应,抒情性(绘画形象性称呼中的一种——"无声诗")是中国画的另一大典型特征。此特征也与主张和谐美观、传递给读者喜悦之情和纯粹享受的主题思想相吻合。这一重要方面决定了中国画将一切不和谐(悲剧和冲突等)的图景排除在外,以形象性为主的美学特征。少见的批判性基调通常出现在画面之外,只出现在表达绘画潜在象征性意义的题词当中。

与"写生"并行,中国画如书法一样,通过复制和重复经典,同时使用包含各种范例和规范的传统绘画教科书,仔细研究传统典范。由此出现了中国画的另一个显著特征——以发展经典和充分发挥艺术家的艺术技巧、自我表现的创作自由为目的。从强调表现语言的假定性而来的高度的概括性(有时几乎是图形的"抽象性")与外在相似性取得必要的共存,这种外在的相似性有时更接近于自然主义(由此可知,20世纪末中国画中产生的超现实主义变体的基本属性)。语言的假定性特征也道出了装饰性元素的特殊意义:通过墨色和彩色的多色调涂抹所获得的描绘事物鲜活性的表现手法,轻松地过渡到书法线条构成的花纹或者是平面图画的鲜艳色调。

迄今为止,中国已发现的最早的绘画作品是分别于1949年和1973年在长沙(湖南省)战国时期(前475—前221)楚墓出土的两幅帛画。画中分别绘有侧身伫立、注视龙凤共舞的女子,以及身着华服、执缰御龙的男子,也许他们就是希望灵魂顺利地走向来世的墓主的原型。这两幅画的特点在于线条、细节的刻画和少量的颜色渲染。

1972年出土于长沙马王堆的T型铭旌在构图上则更为复杂。三级结构(天上、人间与地下)集中体现于侍女、奇兽、植物以及神话人物环绕的驼背老妪的刻画上。

 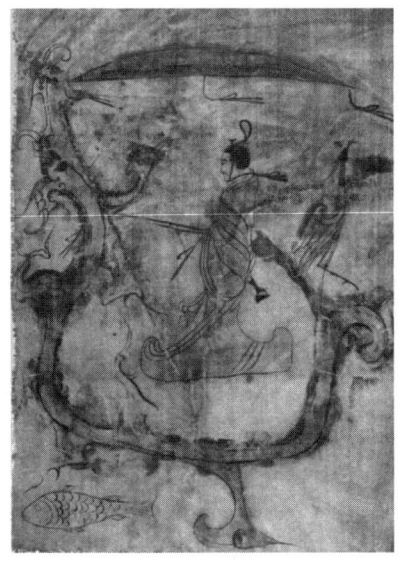

《人物龙凤图》帛画，出土于长沙楚墓（湖南省），战国时期　　《人物御龙图》帛画，出土于长沙楚墓（湖南省），战国时期

　　汉代复杂且形象众多的石刻和砖雕代表了早期绘画的发展水平。这些石刻和砖雕显然没有像今日那样按照草图来雕刻。公元前1世纪至公元3世纪古墓中漆器髹饰和留存的早期壁画样本是这一时期绘画的代表。

　　著名艺术家顾恺之开创了具有个人特色的绘画风格。2—3世纪的文献中曾提及他的前辈画家。他们的作品主题涵盖人物、鱼、龙、虎和马。在顾恺之横轴画作列表（也许是他晚期作品的列表）中已经非常鲜明地呈现了中国画的基本特征——书法性、开放的假定性、突出的装饰性、内容上的抒情—哲理倾向。从以人物刻画为核心主题的顾恺之开始，中国绘画在三个依次出现的题材轨道上发展——"人物"（人物画在10世纪前一直占据首要位置）、"山水"（产生于唐朝，形成于10—11世纪，最终确立于14世纪）、"花鸟"（始于11世纪）。这种题材上的严格划分，时至今日，仍然保留着。

　　按照传统的朝代分期（唐以前、唐、宋、元、明、清）可以概括为四个基本的演化时期：仿古时期——从汉朝（前202—220）到西晋（265—316），原始经典时期——从西晋到唐朝（618—907），经典时期（经典规范形成）——从唐朝到明朝（1368—1644），后经典时期（对经典规范的开拓）——从明朝到清朝（1644—1911）。从清末到20世纪末是体裁更新、统一以及与世界艺术诗学相接轨的时期。在更新时期可以看到"新经典"——个人风格的独创性,风格的纯粹、透明和简明——的特征与建构于细微差别和语调之上的艺术语言的精确性的融合,与增强形式的内容性的融合,与普通、"低级"和崇高、"高级"语言的融合。经常发生重心转移的中国画艺术语言流变的全景,大致呈现以下模式:从"工笔"(参见"工笔")到"写意";从学院派的严谨到无拘无束的"文人画"(参见"文人画"),而文人画的内在实质——是从正统路线转向追求个性原则的独立路线;从"北宗"到"南宗";从巍峨到隐秘;从"社会秩序的深厚基础"和"生命能量的气息"到"灵魂"和"心灵";从用基本颜色勾勒轮廓和涂饰到随意的色彩渗透和多彩笔墨;从醒目的色彩到清浅着色与调色的细微差别;从书法意蕴的隐藏到公开;从绢帛到纸本;从翔实的叙事性绘画到内心感受充满表现力的表达。

马王堆汉墓出土铭旌(局部)

顾恺之《洛神赋图》(局部),
4世纪末—5世纪初

在世界艺术的框架下,架上素描和彩色画之间,书法性和与之相关的绘画诗意性语言是中国画的标志。书法与在中国被认为是所有艺术基础的音乐相近,因而在绘画中也可以找到音律,这也是经典古籍《吕氏春秋》(前3世纪)中所提及的:"凡乐,天地之和,阴阳之调也。"中国艺术家在创作中将之发挥到极致——"笔补造化天无功"(李贺)。

中国画的主流是文人画——在16世纪之前是诗赋画和诗人画。这一流派表达了特有的不懈追求哲学和道德与美学统一的,将绘画与文学,特别是诗学和书法紧密结合的倾向,并将个人修养放到首位。文人画的源头有诗人、画家王维,之后是苏轼多方面的创作,其创作奠定了文人画流派的理论基础。文人画的主张产生于14世纪(倪瓒等),术语拟定和确立(参见"董其昌")于16世纪(参见"徐渭""陈淳""文徵明""沈周"),16世纪以后文人画在本质上成为中国画长久发展的主线,中国画后期的所有提升均与这一流派大师的创作有关。文人画的诗学特征清晰地表现在它的理论中：多绝，这意味着艺术家才能的多样性（绘画、诗歌、书法、篆刻，或许还有音律）；将诗歌、书法和绘画融入包含书法题诗的平面图画中；"享乐"（自娱或自乐）是创作的目的，体现出创作的纯粹和无私；"内心"的奔放（"心自放"或"心弦"）；"不同寻常的"、充满灵感的用笔（逸笔）；笔戏、墨戏；"无法而法"；"不似之似"；意境和其他突出"意"和艺术家灵魂内心的决定性作用的理论。后经典时期的文人画出现了两个分支：失去了力量、沉寂于20世纪初的原始经典派——将重点放在书本、贵族做派、渊博学识之上，模仿经典；胜利的非原始经典派——高瞻远瞩的、发展独特和别出心裁的准则，"无法而法"，不墨守成规，与时髦、市场和所有暴力形式抗争。

　　绘画的两大主要技法之一是工笔（或者称为细笔）。这种技法是以平静、低调的笔触完成线条，通常是巧密而精细的细节处理。工笔最主要的特征是用白描表现"人物画"，用建筑式的青绿色和金碧色的色调表现"山水画"，结合不同题材的白描或者双钩廓填表现"花鸟画"，即带有明快色调的"工笔"，用水彩着色的"工笔"，以及用于礼仪装饰的绘画。与工笔相对的是写意（也称粗笔、意笔），是一种随意的书写方式，旨在用简练放纵的笔致有条件地、广义地表现描绘对象。写意更广泛地表现在单色和设色画中，其中包括如下画法：减笔、泼墨、一笔画、指画、"戏笔"、"墨戏"。除了最大限度地表达主观情感的大写意，还常用没骨技法表现创作中的小写意。

董其昌《仿王蒙山水》，
　17世纪初

王维《长江积雪图》，8世纪

如果说工笔与学院派绘画相关,那么写意则确定了"文人画"的风格。在中国画与书法固有的组合中,工笔与楷书、写意与草书分别相呼应。在20世纪一系列后经典时期画家中,有人有时将两种互相呼应的样式结合,直接应用于绘画中,进一步发展了这种趋势。与之相对应,在理论中也出现了"兼工带写"这样的概念。

人物画在中国画三大画科中出现最早。根据原始经典时期和经典时期所表现出的绘画特点的传统分类,人物画可以分为以下主题类型:道释画、仕女画、风俗画、历史故事画和肖像画。家庭祭祀中描绘逝者的礼仪肖像(16—19世纪尤为流行)的专业术语是"结帛"。顾恺之提出的"以形写神"主张是该画科的理论基石,该主张将传达内心感受作为画家的首要任务。同时,主要目的还包括忠实于本质并最大限度地与之接近。作品中形式和内心揭示同等比重的完美处理是评判画家创作水平的最高准则。线条充满表现力并具精细技巧,被认为是六朝时期绘画的最高技法,其传统来自战国和汉朝仪式的工艺美术装饰、壁画和浮雕。这一基本的艺术准则是人物画这一画科绘画语言进化中的决定性因素。

吴道子《送子天王图》(局部)

人物画的开端和风格的确立与四位大师的名字密切相关:顾恺之,陆探微,张僧繇,吴道子。他们的创作开创了两种不同风格:密体(其后是工笔),这是顾恺之的创作特点,如"春蚕吐丝"、行云流水一般的线条;疏体(其后是写意),此为吴道子的绘画特点,线描流畅自如,犹如兰叶一般曲折多姿。最初经典时期的很多画家在进行卷轴画创作的同时,着力创作巨幅壁画。这种传统在唐朝——人物画最为繁荣的时期——仍然保留着。渐渐地,盛行的宗教题材被宫廷和贵族生活题材取代(参见"周昉""顾闳中")。在经典阶段的鼎盛时期,11—13世纪初,工笔画中出现了白描技法,代表画家是李公麟。与此同时,单色写意画法最终形成。这种画法在梁楷的作品中尤为突出,他以"水墨泼洒"巩固了始于石恪(10世纪)的减笔画法。后经典时期,在对人物画题材兴趣明显减退的情况下,出现了曾鲸的人物肖像画,以及风格奇特的陈洪绶、怪诞的黄慎、精致的改琦的人物画。工笔与写意、写生和默写相互融合(任伯年)的成功探索给人物画带来了意义重大的复苏。以写生素描为基础,在保持线条的书法性和空白意义的同时,这一流派的进一步发展,欧洲绘画个别元素的小心引入(首先是肖像立体阴暗的特点)伴随着对新的日常生活、而后是爱国主人公题材(徐悲鸿、蒋兆和)的积极研究,确定了20世纪50—60年代的人物画特点。

人物画在20世纪80—90年代的新发展与如下现象有关:减笔,绘画的书法性增强,工笔和写意结合的新途径,对工笔风格在抒情或装饰方向的仔细研究,淳朴的风格。在广泛的主题表现手法上,与描绘女性形象同时,区分出包含传统诗意,重现古代的诗人、哲学家、书法家和画家灵魂面貌的肖像作品。

沈周八十岁《自画像》,**山水画绘制准则:高远、平远和深远**
16世纪初

在中国画三大画科中占据首要地位的是山水画。在原始经典阶段的初期,山水是作为人物画的背景出现的,起到补充的作用。7—9世纪山水具备了独立的意义。与此同时,山水画分化成两大类:以刚性线条为造型手段的北宗和以柔性线条为造型手段的南宗。南宗得到广泛发展的是水墨山水画(11—13世纪),之后是写意画(14世纪)。在后经典时期,南宗得到发展,北宗则渐渐衰败。在革新时期,山水画的特点是尝试着把北宗的爽健同南宗的精微结合起来。山水画的哲学准则是人与自然的融合、宇宙的和谐，在其中同时包含着由山表达的男性起源和由水表达的女性起源的统一。感悟景色中的美是最重要的思想。"意境"这一术语具有重要意义，它决定着作品内容的丰富程度，同时也决定着山水中画家个性隐性存在的包含度。除了写生，艺术家的创作手法还有"内心景色"的描绘和经典范例的使用。在表现手法的诗性语言中，"三远"法占据最重要的地位，它将山水垂直分为高远、平远和深远。

山水画中有南北宗（参见"南北宗""北宗画"）等一些重要的概念。北宗的风格是势壮雄强、色调鲜明，而南宗的风格则是融浑静穆、色调低沉。从历史（列举此派或彼派的具体画家）和评价角度出发的、有争议的南北宗定义对于确定中国造型艺术（包括所有的绘画、书法和雕塑）的两大基本风格是非常重要的，简单概括即雄壮的（热烈的）和抒情的（伤感的）。这种分类的相对性和复杂性表现出中国画的特征——在作品艺术形象语言中"笔墨"的细微差别、色调、内在情感的作用等。在很大程度上，相对的概念与两种流派风格的发展紧密相关，如：学院派和文人画、正统派和独立派、工笔和写意、骨法和没骨法、鲜明色调和低沉色调等。20世纪的绘画和书法的发展趋势是相互融合，两者中的一种占据主导的风格的融合。

三大画科之一的花鸟画形成于11世纪。它的诗学基础确立于经典时期中叶。这一画科主题可分为如下几类：蔬果、禽鸟、奇兽、翎毛、花卉、草虫和鱼龙。基本的象征性意象完整地体现在"四君子"（参见"四君子"）——梅、兰、竹、菊主题中，它们传达着不同程度的清雅淡泊。同样具有美好寓意的还有"装堂花"——偏重于厅堂装饰的工艺花鸟画。同时也有表现在小尺幅绘画——册页和扇面中的浓郁抒情基调，甚至是局限于梅、竹、桃、梨等主题的折枝花卉作品。花鸟画的典型特征之一是艺术大师能够选用一种"最爱"的事物（鹤、鹰、孔雀、荷花、鱼、牡丹、松树、马、虎、猴等），集中表达一种主题。

夏圭《溪山清远图》，13 世纪初　　　　　李鱓《荷花图轴》，18 世纪初

绘画的一个特殊种类——仿古，表现了中国画的一些特征，例如，写实主义的假定性，与传统的对话性，与完成音乐作品的相似性。更准确地可称为"诠释经典"的仿古创作在风格、笔法和情感等方面具有其他特征。在后经典时期（明清）仿古得到了广泛发展，并在山水画中得到体现。作品诠释的水平由画家的才能，画家与被诠释作品作者对话的能力，画家领悟作品潜在情感的能力所决定。

应该将仿古与绘画传统技巧中的重要分支——临摹——区别开来。这一技法由谢赫首创，是其提出的绘画六大基本准则（六法）中的最后一项，意指"传承经典""临摹范例"。大量的说明图册和教科书都指向临摹。同时，在绘画中，"临"区别于"摹"，它能够更自由地处理经典绘画范例；但与书法不同，它只具备教学功能。与书法中必备的技能，掌握写实和默写技法一样，临摹是规范教学的基础。

中国画的主要技法之一是减笔。对语言简单的诉求在道家和儒家经典中已经有所体现。简洁作为艺术标准出现在《淮南子》中："一叶知秋"。陆探微的"一笔画"可以看成是减笔画的源头，与之对应的是王羲之的"一笔书"。减笔画作为独立的绘画风格，其确立与人物画画家石恪和梁楷、花鸟画画家法常有关。20世纪齐白石使用了术语"一挥"。这一风格在单色水墨画，特别是人物画中使用广泛。减笔画继承和发展了中国画的特点，即与书法之间的开放性联系、艺术语言着重指出的假定性、对"不似而似"准则的忠实以及对表现力和怪诞风格的诉求。20世纪末对减笔风格兴趣的提升经常伴随着对"求真"这一流行风格的广泛研究。减笔的特征可以在讽刺画大师们的线条绘画作品中找到。

传统绘画最特别的样式是指头画，或称指画（或指墨），画家用手指代替传统的毛笔蘸墨作画。它在9世纪被首次提及，作为独立现象的确立则与高其佩的创作相关。"指墨"为18—19世纪的一些大师所使用，并在20世纪60年代得到了新发展。潘天寿和钱松嵒是指头画的积极倡导者，并创作了新的经典。而后这种技法在张立辰、王之海、叶尚青等人的作品中广泛使用。指头画技法要严格遵循中国画的传统规范——画家要有用笔进行常规绘画的基础。在创作中画家经常使用指肚、指尖和手掌边缘。按照惯例，食指最能承重，大拇指和小拇指积极

项圣谟《蒲蝶图》，17世纪

齐白石《虾》，1951年

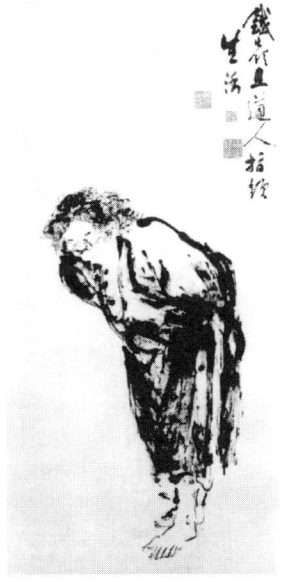

高其佩《乞儿图》，
18世纪初叶

黄宾虹山水画，
20世纪初叶

运动，其他指头均参与其中。指头画在其他无笔绘画和书法的各种样式中占据显要地位。与同时用两个手指或嘴或者手脚交替使用进行创作的书法相同。

中国画分为单色画和多彩画。（黑色）墨绘制而成的单色画——水墨画（简称墨画）具备中国画的一般特征，如语言假定性，与书法相关，与线描近似，审美上标新立异，细微差别的表现力和独特的清心寡欲。王维创作的诗意山水画促进了单色画的发展。他认为："画道之中，水墨最为上"。单色画发展的繁荣时期是在宋朝（960—1279）和元朝（1271—1368）。单色画以中国画的"四君子"题材和人物画的减笔以及白描成就最高。单色画的诗学基础是从深黑色到亮灰色的"五色"墨。彩色画在11世纪前占据首要位置（中国画早前被称为"丹青"）。上色时用矿物或植物颜料。将这些颜料与墨汁按照不同的比例混合后能形成复杂的颜色（大约有35种派生颜色）。革新时代之前彩色画在很大程度上与学院派风格和工笔的诗学特征紧密联系。19—20世纪彩色画重整旗鼓，在文人画大师赵之谦、吴昌硕、黄宾虹和齐白石的创作中得到了发展。

空间的假定性，破碎的、拉伸的以及多侧面的远景，留白的表现力，与线条画的相似性，用纸和丝绸作为材料等并不是中国画的全部特征。除此之外，还有独特的图画配置和装裱方式。

和林格尔东汉墓壁画（局部）

传统的卷（参见"卷"）有纸质（丝质）立轴或横轴，附着在衬纸上并镶有丝边或纸边，保存时卷折成轴，固定在画的下边（立轴）或左边（向左展开的横轴）。有四直幅（描绘植物或四季的画，形成景色的整体布局）和二直幅（对开直幅）两种。

此外还有小卷轴——画在折叠的或少数情况下呈圆形的扇子上，呈长方形或正方形的画片，这些画片可根据不同的工艺装订成册（单向、双向或折叠风琴式）。丝质镶边萌芽于5世纪，发展于唐朝，最终形成于12世纪。现代装裱形式在

16—19世纪进行了改良。装裱用绢（纸）有三种方案——三色、二色或一色。立轴结构的基本要素包括：画上端附着的木条，绢质（纸质）的镶边——两边垂直对称的绢质窄条。

画的基础部分由窄条状锦缎分为上下两个部分。卷轴由木制的被安置在画末端的轴心和两边突出的顶端构成，这两端一般是木质或象牙。横幅以绢（纸）镶边，然后是画本身，画后有绢质（纸质）条带，通常有几米长，用来题词——行家、名家或收藏家的补记。

画册页镶有绢质或纸质边框。画册通常第一页和最后一页空白。从上到下包有厚重的、用丝绸或纸张糊成的封皮。书法作品采用的也是这种装裱原则和形式。

壁 画

在纪念性宏大绘画类型，如壁画上，中国有着丰富的传统。它的传统工艺是用毛笔和水彩（主要是矿物性色料）在表面涂有灰泥、胶水、明矾的石头和砖上作业。保留着中国画诗学基础的经典壁画语言，以线条的书法性、偏重于写实性、极具表现力和极强的装饰性为特征。

在原始经典（7—10世纪）和经典时期（14—17世纪），这一领域取得了极高成就，这与"工笔"的不同变体在人物画中的发展紧密相关。4—8世纪许多卷轴画大师积极参与了宫廷壁画和寺观壁画的创作，如顾恺之、陆探微、王维等。

壁画的基本分类包括：宫廷壁画、寺观壁画、石窟壁画和墓室壁画。据记载，壁画的广泛发展始于战国时期，而最早的墓室壁画始于公元前1世纪（河南商丘永城西汉墓出土的《四神云气图》）。在这些早期的纪念物中已经体现了经典壁画将宗教文化与世俗文化主题相融合的特征。在墓室壁画中占据绝对优势的题材性绘画（宫廷生活情节、骑射、牧牛、狩猎、宴饮、舞蹈表演、奏乐、杂技等）反映了逝者之前的生活；与此同时，还有各

敦煌千佛洞壁画残片，7—8世纪

种美好祝愿的象征物、奇珍异兽、神话人物等图画，以此来促成逝者来世的富乐安康。人物（不同阶层）和马是核心题材。

宗教题材是寺观壁画和石窟壁画的基础，一般也包含渐渐占据主流的世俗生活题材。例如，描写佛陀生活的神圣的本生故事，与佛教（道教）人物活动相关的有教育意义的传说和谚语，这些构成了石窟壁画中心——莫高窟（敦煌）的主要内容，和谐地包含着日常生活场景——耕地、挤奶、待客、弹古筝、马戏表演及建筑群、山景等。正是这些内容较为全面地反映了中国民族艺术传统的特点。

20世纪的最后25年和20—21世纪之交，对宏大艺术兴趣的提升伴随着壁画艺术的拓展，以及传统工艺与装饰结构基础上新材料和新方法相结合的尝试，即用作装饰墙壁和天花板的绘画（例如，1979年首都国际机场建筑的艺术形式）的出现。

漆　画

20世纪60—70年代中国传统架上画和纪念性绘画中出现了新样式——漆画。它形成于历史久远的中国传统绘画基础之上，从属于装饰艺术之列。漆画的绘画水平清晰地表现在战国时期文物表面的图画中，时至今日，这些画已不仅仅是装饰工艺，同时也是绘画艺术在这一遥远历史时期高水平发展的见证。今天漆画仍享有盛名，主要的工艺中心位于福建省、北京市、天津市、河北省和江苏省。因其明确的装饰特性，漆画很少具有宏大艺术的特征。在一些作品中可以感受到中国漆画与产生稍早一些的越南画架漆画的相似之处。同时，许多大师巧妙地将传统绘画的个别元素置于自身作品的表现性语言中，寻求漆画与传统绘画的共性以及重要元素的融合之路。利用材料的装饰特性来阐释复杂的绘画形象，大师们将漆画变成了一种具有中国画独特属性的现象。

油　画

在欧洲文化渗透之前，油画在中国是不存在的。与油画的初识有赖于16—18世纪欧洲传教士在中国的传教活动和艺术创作。起初只局限于肖像油画。19世纪末到20世纪初，尤其是1911年辛亥革命之后，许多年轻的中国艺术家奔赴日本、欧洲和美国留学。在上海、杭州、广州和其他城市开始形成大量的艺术家团体；开始出现几种倾向——现实派（主要代表人物是徐悲鸿）和印象派以及后现代派（丁衍庸、林风眠），还有达达派、立体派和超现实派（庞薰琹、倪贻德）。1938年成立于延安的鲁迅艺术学院对现实主义流派的确立起到了重要作用。

20世纪中叶起油画进入各大艺术院校，并渐渐出现在综合性和专门的展览中。1949年中华人民共和国成立之后，油画在苏联现实主义流派的影响下继续发展。许多中国艺术家在莫斯科、列宁格勒各大艺术院校受到苏联教师指导，以及在中国本土学习。现实主义流派在这一阶段取得的成就与一些大师的名字密切联系，如王式廓、罗工柳、董希文。这一时期的整体特点是追求选题的拓展，"正确的"现实主题的选择和完成这些主题的熟练性。在"文化大革命"之后出现了20世纪之初的那种趋势。与现实主义者一道出现了行走于艺术流派世界多元化之列的先锋派艺术家。抽象主义的不同变体，超现实主义、观念主义、纯自然主义和造型派取代了现实主义。与此同时，许多知名油画大家转向传统中国画并取得巨大成就。目前摆在油画艺术家面前的是研究对中国来说还是新的且充满"模仿"倾向的民族传统。在悠久文化的背景之下，油画这一个世纪的积极发展成为这一艺术形式的民族流派确立进程中的小小开端。

20世纪初，民族传统的新样式——水彩画、水粉画和蛋彩画的融入要容易得多。特别是水彩画，它的线条性、色彩的透明性和多重性与中国传统的绘画语言相近（难怪有时被称为"中国水彩画"）。

徐悲鸿《奔马图》，油画，
1941年

王式廓《阳光下的少女》，油画，
1953年

雕 刻

中国有木雕——木刻、版画的传统。与印刷术的发明关系紧密的雕刻艺术在唐朝已经产生（迄今为止最早的作品之一产生于868年）。最初完全是宗教题材，11—12世纪版画在学术论著中出现，14世纪以后版画作为文艺作品的插图始终占据一定的位置。彩色木版画在14世纪中叶得到发展，并于16世纪末广泛应用于艺术画册。南京"十竹斋"在1627年出版了以13世纪水印工艺完成的《十竹斋书画谱》，清晰地传达了绘画复刻的特性。1644年出版的《十竹斋书画谱》。此谱引起了大众对木刻——这一在20世纪初达到鼎盛的题材的兴趣。1679年著名的绘画教科书《芥子园画传》问世。15世纪出现了第一批插画书籍，并以连环画的形式受到广泛好评。19世纪开始木刻艺术形成两种风格：北派（北京），以严谨、精细和略带枯干为特征；另一风格是南派，较为跳脱不羁——建安（福建省）、杭州、新安（安徽省）、江宁（南京）。19世纪以水印技术为基础出现了新型木刻，这种木刻使准确复刻绘画书法作品成为可能。（刻印作坊有：南京的十竹斋；北京的松竹斋，成立于1672年，后在1894年改名为荣宝斋；上海的朵云轩，成立于1900年。）除了插图版画和复刻版画，木刻工艺也成功地应用于木版画——广为流行的"年画"（参见"年画"）中。迄今为止，最早的木版画（"东方朔偷西王母蟠桃"或者"倾国倾城的美女形象"类型）出现于12—13世纪，流传于15—16世纪。18世纪中叶，木版画得到广泛发展。

荣宝斋老照片

《义勇武安王》，木刻，12世纪

年画的主要功能是在农历新年到来时装饰房屋，这决定了其艺术语言充满美好祝愿的象征性主题和节日装扮的特性。古老木刻的典型特征是夸张、拙朴、布局简洁以及色彩鲜艳。年画的基本主题包括：佛教、道教的神灵（如门神）画像；按传统，建立在谐音、同音异义和寓言之上的美好祝福，包括神奇的和现实的动物、植物；日常生活的图景、自然风景；传说中的英雄；美女和孩童；戏剧和文学作品的片段；等等。

传统年画《酒醉八仙图》，19 世纪末—20 世纪初

年画的生产中心是开坊于17世纪初的杨柳青（天津）（"北派"，更具线条感的版画，接近于学院派绘画中的"工笔"），形成于18世纪的桃花坞（苏州）（"南派"，特点是较少细节上的刻画）。总体上，全国有分布在17个省的50多个年画生产中心。

中华人民共和国成立以后，"新型木版画"广泛流行，这一新型木版画与石印挂画相似，石印挂画来源于具有逼真性和亲热度元素的古老版画文化。在20世纪80年代出现了传统木版画的复兴和创作研究。一种被称为"农村绘画"的独立艺术形式与之相似。

在作家鲁迅的积极支持下，20世纪30年代产生了"现代版画"，这一艺术语言建立于对欧洲传统的改造之上。20世纪40年代现实爱国主义题材的现代版画的特点是追求表现力，民族元素令人信服地展现在模仿民族木版画或剪纸的作品当中（古元，1919—1996；李群，1931—；等等）。除了占据主导地位的木版画，还有石版画、铜版画和漆布画。在上海、杭州、北京和广州出现了大量的组织和团体，这些组织和团体受"左翼文学运动"和苏联素描画的影响。1942年成立中国木刻研究会，1949年归入中国美术家协会。1980年成立中国版画家协会。成立于1945年的北京中央美术学院的版画系是最大的版画教育中心。20世纪60年代水彩版画得到发展。"文化大革命"后的风格多元化潮流也影响了版画——出现了先锋派、原型派和超现实派等。

剪 纸

剪纸是通俗的民族装饰艺术形式。节日（新年）时装饰房屋的带有特定花纹的剪纸贴在窗户（以前没有玻璃则用油纸）、门楣、墙、顶棚、灯和扇子上。它也用作刺绣的纸样。剪纸工艺也应用于皮影戏花样的制作。在农村，剪纸艺术作为女孩必须掌握的手工技艺被一代代传承。剪纸是夸张的、简练的、单色的（通常是红色，也有白色和黑色）和多色的、镂空的和装饰性的。剪纸可以是各种尺寸和形状——矩形、圆形、三角形、正方形、椭圆形、扇形，单个的和组合的，它的尺寸通常从6厘米到1.5米。剪纸一般用剪刀或者专门的刀具和特殊的薄纸，工匠按照图例或者随意进行剪纸。按照惯例，剪纸一般是从上到下，从左到右，复杂布局的则从中心到边框。

剪纸

与新年图景相呼应的剪纸与各种不同的美好心愿的象征有关：现实的和传说中的植物和动物的谐音，代表不同事物的字符；同时也包含舞台场景和受欢迎的剧中人物的装扮，历史和传说人物，从20世纪40年代开始也包含农村生活场景、风景和复杂的情节。

剪纸的诗学特征是节日性、色彩性、和谐性和完整性的统一，同时精巧、雅致与质朴和外在的粗糙相结合。剪纸无处不在，在山西、河北、山东、江苏、浙江和广东尤为典型。出自山西北方区域的红色（少有黑色和白色）剪纸的特点是画风粗犷硬朗、布局简单。与它相近的是甘肃省的工匠风格，沉醉于儿时的天真和质朴。出自浙江省的白色和红色剪纸的特征是精巧、雅致、富有戏剧情节的布局。形象、清新是河北省多彩剪纸的特点，那里除了鲜艳华美风格，还有彩色的动态花样和传统戏剧人物的脸谱。江苏省的红色和白色剪纸则是文雅、玲珑且带有花鸟图案。工艺的娴熟和手法的敏捷是山东黑色剪纸的特点。鲜明的装饰性则是广东剪纸的特色。金色花纹的使用使其能与精巧的艺术作品相媲美。剪纸的艺术表现力得到高度评价，并对架上木刻民族风格的确立产生了有益的影响。

雕塑

中国传统雕塑分为墓葬的纪念性雕塑、寺院石窟雕塑、随葬塑像、寺庙雕塑、小型应用—装饰性雕塑、画像石和画像砖，同时还有传统架上雕塑和新型纪念性雕塑。传统雕塑取得的主要成就可追溯到3—13世纪（在唐朝到达顶峰）。它的发展经历了以下几个阶段：公元前2—3世纪的原始阶段（石雕、陶雕）；原始经典的严谨艺术构图时期（铜雕、石雕）；写实风格递增的经典时期（陶雕、大型石雕）；转向小型装饰性雕塑时期，此时完成了架上雕塑的"更新"阶段（19世纪末到20世纪）。中国传统雕塑的特点是现实性、富有表现力（向带有幽默元素的怪诞过渡）、追求动静相宜。最为完整地表现民族特点的是葬礼雕塑、小型装饰性雕塑，同时还有石窟雕塑的二级人物塑像和寺院雕塑中的独立群像。20世纪新型纪念性雕塑也向架上雕塑转变，这反映了在借鉴欧洲传统雕塑之上创造具有民族个性的独特雕塑流派的尝试。

墓葬的纪念性雕塑 在陵墓的布局中最重要的地方被称为"神道"，对称地配置于神道两侧的有石雕动物（奇异的麒麟、翼马、狮、象、马等）和人像。人像分为三种：武官、文臣和侍臣。现存的此种布局中最早的是霍去病（前

青铜人头像，三星堆，公元前12—前11世纪

140—前117）墓（近陕西茂陵）的神道。其墓前石雕的中心作品是"马踏匈奴"，还有其他石雕——卧牛、卧马、伏虎、野猪、跃马、怪兽吞羊、人抱熊等。

东汉时期的雕塑特点是简单（青铜人物）和表现力（奇兽）的结合。强烈的艺术感染力是南京地区南朝时期帝王陵墓纪念性雕塑的特点。

唐朝雕塑规模逐渐壮大。规模最大的是乾陵（陕西省）内的全套（雕塑），此处为高宗皇帝与武则天合葬墓。除了狮子和马立于门旁，乾陵神道两侧分布成对的群像——翼马一对、鸵鸟一对、石马和马夫五对、石翁仲十对、石碑一对、立柱一对，南门外多位带有礼物的使臣石刻像。唐朝雕塑追求写实的特点在（太宗）皇帝的六匹爱马（昭陵六骏）中得以清晰体现。

河南省境内的北宋皇帝陵墓的雕塑群包含近千个雕塑：侍臣、将军、文官、石虎、石羊、石马与控马官等。

明朝（1368—1644）纪念雕塑最著名的是北京地区的十三陵，坐落于天寿山麓。石雕群由白石琢成，包括狮子、骆驼、象、獬豸、马、麒麟、石人——武将、文臣等。

寺院石窟雕塑 分为圆形、半圆形和浮雕。这种布局是受3世纪印度传统的影响。5世纪初叶，佛教题材雕塑出现（最早的黏土雕塑——站立的"弥勒"佛像）。到14世纪佛教诸圣（佛、菩萨、罗汉等）的雕塑都被呈现出来。它们区别于浮雕，大多是静态的，与印度艺术传统（犍陀罗）有关。中国传统雕塑的特点更多地表现在二级人物（随从、信徒）的塑像中。材料和与之相对应的制作工艺是由自然条件决定的，石雕常常与黏土结合建模。5—6世纪的佛教雕塑特点是简单、雅致、含蓄；7—9世纪造型开始独立，颜色变得清晰，写实性增强；10—14世纪的雕塑趋于模型化。地理分布广泛——今新疆、甘肃、陕西、河南、山西、河北、山东、辽宁、四川和云南等省区。共计50余个石窟群，其中主要的有麦积山、莫高窟（俗称千佛洞）、炳灵寺（以上三大石窟位于甘肃

立狮，顺陵

省），云冈石窟（山西省），龙门石窟（河南省）和大足石窟（重庆市）。

随葬塑像 此种风格包含不同尺寸的雕塑（小型更为常见），如人物俑、动物俑和少许特定的现实事物，用来陪逝者过渡到来世。大部分雕塑用经过不同程度处理的陶土、木材、金属、石料或者釉面瓷（晚期）等加工而成。

青铜羽人，汉朝　　**秦始皇陵兵马俑**

随葬塑像（俑）替代稻草所制仪式塑像早在《孟子》《礼记》等著作中就有提及。跪坐的青铜人像最早可追溯到西周，出自安徽省。现存的人物雕塑多是由木材和金属制作而成。最早也是最大的秦朝的雕塑群在秦始皇陵附近（骊山，陕西省西安市）被发现，这个雕塑群是借助步兵、车兵、骑兵（约8000人）以及马（600匹）、战车（125辆），按实际尺寸完成的。靠近这个巨大陵墓的陪葬坑中还发现了两辆带有四匹马和御马师的青铜战车。这一雕塑和兵马俑一样，具有鲜明的写实性。

这种风格的多种变体（有时尝试人像雕塑的个性化，有时则更加标准化或者带有原始的基调）存在于西汉时期战争主题的雕塑中，如陕西省杨家湾西汉彩绘兵马俑（1965个步兵俑和583个骑兵俑）等。还有表现舞蹈的雕塑作品：出土于西安古墓的长袖舞女陶俑（彩陶），山东济南出土的乐舞杂技俑（21个陶塑）。在早期的写实风格中加入表现力和抒情的基调是东汉时期雕塑的特点。例如：载歌载舞的黏土雕塑（伎乐俑，四川成都）或是提着灯笼的青铜侍女雕塑（长信宫灯，河北满城汉墓）。6世纪出现陶像模型（迄今为止发现的此类遗物最早可追溯到595年）。

唐朝占据主导地位的是施有三色釉料的陶塑。作品的内容变得复杂（例如：骑驼乐舞三彩俑，西安）。女性形象（侍女）最具表现力；施有三色釉料的陶马是唐朝雕塑的经典代表。最新出土的墓穴雕塑相对具有较高的艺术水平，可追溯到14世纪（山西古墓）。

寺庙雕塑 最早提及寺庙雕塑是在2—3世纪之交。在新疆维吾尔自治区米兰寺废墟中发现了3世纪的印度犍陀罗风格的黏土雕塑碎片。中唐和晚唐时期的黏土雕塑典范陈列于南禅寺和佛光寺（山西省）中。唐代雕塑的写实风格在辽代得到进一步发展——大同的华严寺（山西省），而后在宋代寺院大量的雕塑中出现。在这一阶段，除黏土（基本材料）和石材以外，木材、青铜、干漆也被广泛使用。在接下来的几个世纪，随着变"小"趋势的发展，荒诞取代纪念性占据首位，最清晰地表现在圣者塑像中。

莫高窟佛像，唐朝

青铜鸮尊，商朝

北京碧云寺的"五百罗汉堂"（1748）是典型代表。寺院雕塑主要是佛教题材，极少有道教题材。

小型应用—装饰性雕塑 具有纪念性雕塑和墓穴雕塑的特征——写实性、抒情性、荒诞性以及装饰性元素，生动地表现了中国民族雕塑理想的具体特点。由木头、象牙、陶器和瓷器制成的道教（占主要地位）和佛教的万神殿、传说和小说中的英雄、真实的或奇幻的动物雕塑，专业工艺与民族传统相结合，世代充当着中国经典艺术传统承载者的角色。不断丰富着新的形象，雕刻工艺直到今天仍然顺利发展着。

古老的玉雕（玉器）出现在龙山文化（公元前2600—前2000年）。在安阳（河南省）商代的墓葬中也曾出现。随后，玉雕生产中心是北京和杭州、苏州。在18—19世纪，这一艺术形式得到广泛发展，扩展到南京、扬州、天津、广州和其他城市。广州、北京、上海和天津的工坊以象牙雕塑闻名。中国有很多地区以木雕闻名。从11世纪开始，浙江、广东、福建、山东出现了大量民间作坊。竹雕主要产地是浙江、湖南以及上海。曲阳（河北省）半宝石雕刻由来已久，已有约500年的历史。景德镇（江西省）和德化（福建省）是瓷塑的主要产地，而陶塑则产自石湾（广东省）。

画像石和画像砖 画像石和画像砖主要用于装饰家族祠堂和陵园。画像石和画像砖出现于公元前2—前1世纪，并在公元1—3世纪得到广泛发展。类似于建筑中的壁画，神话题材的浮雕的用途是让逝者顺利地向另一个世界过渡，并描绘其生命之路。通常采用高浮雕和浅浮雕，有时也用镂空雕，艺术家（可能按照草稿）按多种布局，使用带状花纹装饰墙壁，在某种程度上这是横轴画未来形式的呈现。

这一风格最著名的作品是山东武氏祠东汉画像石。武氏祠包括三处祠堂，最著名的是武梁祠（151），内有历史、神话和来世生活情景等多种内容的石刻装饰画。用浅浮雕呈现基础图画的平面，同时在细节上结合镂空雕。浮雕的艺术风格是在构造结构的同时保持平稳的动态性，兼具绘画的清晰度和力度。另一个意义深刻的石刻画像位于山东的郭氏墓石祠（1世纪），采用线刻展现清晰动态的画面，将神话与来世图景（盛宴、舞蹈、杂技、狩猎等）相结合。主题丰富，与沂南古墓（约3世纪）石刻画像不同。后者的42块画像石分别刻画歌舞、杂技表演和战斗等情景。

东汉西王母画像砖拓片，四川省，东汉

画像砖在汉朝用来装饰陵墓，晚些则是在女真族政权金朝（1115—1234）使用。多见于安徽省、江苏省、浙江省、福建省，最完整的则在河南省和四川省。画像砖是线和面的结合，一般采用浮雕或浅浮雕。有时画像砖是染有颜色的。神话内容与来世场景（狩猎、农村劳作、盛宴、舞蹈、出行等）相结合。在艺术风格上，画像砖的特点是画面清晰、复杂构图的和谐性、不羁的动态性以及叙事性。

最著名的画像砖出土于成都羊子山汉墓（四川省）。它们引人注意的主要是大众化内容（采盐、鸡和鹤的舞蹈、乐师和杂耍艺人、狩猎和秋收等），简单而优雅。郑州画像砖（河南省）的有趣之处在于它的制作工艺——由砖坯成模并采用镂空雕工艺。此种画像砖还出土于南京公元前1

世纪的古墓。除此之外，还出现了"竹林七贤"（参见"竹林七贤"）的内容——由3世纪著名诗人、哲学家、知识分子组成的群像，他们同时也出现在4—5世纪著名艺术家的作品中。邓州（河南省）出土的带有传说、神话和传奇情节的古墓画像砖是染有颜色的。多阴影是较晚时期画像砖的显著特点。

架上雕塑和新型纪念性雕塑　19世纪末到20世纪初中国架上雕塑出现的新现象与艺术家们对世界文化兴趣的提升有关。许多艺术家远赴法国、日本和美国，在那里除了进行油画创作，还从事欧洲传统的架上雕塑创作。在学院派写实主义的支配之下，架上雕塑占据主导地位。渐渐地，各大艺术院校（上海、广州、杭州）开始研究架上雕塑。1931年在上海举办了第一届中国架上雕塑家作品展，1937年举办了第二届。1949年以后出现了大型雕塑，苏联派取代欧洲派。这一时期最好的作品具有中国传统的艺术特征，其一是极具表现力，除此之外（主要是女性形象上）是含蓄的诗意和言犹未尽。60年代中期出现了自然主义倾向。在"文化大革命"之后产生了各种艺术流派，其中包括先锋主义。与城市建设复兴相关的大型雕塑占据重要地位。在北京和上海，以及其他一些省级院校均开设了雕塑专业。现实派随着其与民族雕塑理想内在联系的增强而发展。在抽象派和新图形派之间，试图挣脱学院派的桎梏，找到新的表达方式，利用中国传统固有的语言。以上种种是新一代雕塑家的特点（孙绍群、曹恒等）。雕塑家林春的作品通过有趣的尝试——用抽象和概念化的雕塑语言表达复杂的形象和哲学建构。寻求表现手法的突破是倾向于装饰艺术的雕塑的特征。

书　法

书法——造型艺术的文字形式，具有中国象形文字的规范性，是对固定文字结构的创造性诠释。篆书（大篆和小篆）、隶书、楷书、行书和草书——五种书法字体的形成，始于公元前8世纪，确立于约公元3世纪。早在象形文字产生和形成的殷商时期，刻在陶器、龟壳、牛骨和青铜器上的铭文，其实用性便与艺术性并存，这从文字的宗教和神圣寓意以及相应的巫术含义中可以获得解释；所有这些都在铭文的特征中体现。

《北齐校书图》
（局部，摹本），7世纪

象形文字的起源与传说中的帝王伏羲有关。根据传说，未来文字的图形包含着阴阳之力相互作用的象征原型（根据宇宙学的原理，阴为静之本源，阳为动之本源；参见"阴阳"）。黄帝时期的官员仓颉的传说讲的是文字的进一步发展："颉有四目，仰观天象。因俪鸟龟之迹，遂定书字之形。"这些传说有利于了解和评价象形文字的功能负载区域：除了释义和语音功能，造型成分具有独特意义，其中不仅包含着与古代仪式的隆重相适应的某种装饰元素，同时也有其背后的神秘寓意。中国文字图形语言的特点表明，宇宙统一和谐思想的象征体现是其建构的原始准则。书画艺术评论家姜澄清认为：中国书法之美，简言之，即阴阳表现之美和它们之间的相互作用之美。在象形文字建构原则和书法艺术的诗学中，阴阳理论的象征意义明显地表现在对立关系中：方—圆，低—高，内部—外在，空—满，稀薄—稠密，简单—复杂，湿润—干燥，阴郁—明亮，白—黑，等等。书法艺术美学意义的奥秘与其自身的形而上学密不可分。关于这一点，书法天才王羲之有更好的表述："夫书者，玄妙之伎也。"

象形文字是书法艺术（需与习字区别开来）的原始材料。它强大的主体是某种"音符"储备，为书法家所用。与音乐家类似，书法家创造自己的"多声部乐曲"和"改编曲"。严格的、钻研至细节的规范（手型、运墨、符号架构和文本构成）与大量创作阐释结合在一起。与音乐相似，书

米芾《参政帖》

法的根基也是和谐的思想。与理性的起源和刚毅风格相结合的和谐均衡是3—9世纪书法的整体趋势。通过有着女性柔和色彩的感性的主观因素，确定了11—17世纪书法和谐的基本倾向。最后，18—20世纪，正是这种跨越美学界限的，同时包含"不美，不正"的和谐观念开始尝试理性与情感、客观与主观、刚毅与柔美的结合。在书法艺术的多种风格特色中，中国专家划分出四种基本风格："阳刚崇高"，其最高成就代表是颜真卿的作品；"阴柔婉秀"，明显地表现于王羲之作品《兰亭序》中；"放肆自由"，表达于张旭和怀素的"狂草"、黄庭坚的行草和草书、米芾的行草中；"中实刚劲"，其最高成就

代表是欧阳修的书法。除此之外，还有一种占据20世纪末主要地位的风格——"古朴敦厚"。

值得一提的是，许多书法大家融合多种风格进行创作，在书法中充分体现着以艺术最高使命为基础的理念。其存在的范围异常宽泛和多样。与音乐—乐器演奏的特征相关，书法自身具有多种艺术作品的回应，如：舞蹈（笔尖移动的动作）、声乐艺术（韵律、音调、声调、张弛、停顿）和建筑（字形结构的构建，整体性，轻重结合的尝试）。这种联系不同程度地体现在笔体中——建筑元素最清晰地体现于篆书，舞蹈和音乐性体现于草书，声乐体现于楷书。

运笔规则包括精心设计的一套体系，如落笔的不同形态（起笔），书写中用笔的手法（行笔）以及笔从纸上收起（收笔）；而持笔的规则（执笔法）也是如此。这套体系旨在将力度和灵活性融合在笔上，这反映在线条的强度、美观，以及各种字形变化的多样性上。具有特别重要意义的是"笔力"。对于笔力存在一些广泛流行的充满想象力的说法："入木三分""力透纸背""笔力扛鼎"等。

汉字的笔画元素　基本元素包括：点，从上到下，或从左到右；横，从左到右，略微向上；竖，从上到下；撇，从右上到左下；捺，从左上到右下；折，先横后竖（横折），或先竖后横（竖折）；提，从下到上；钩，从左向右（横钩），或从上向下（竖钩），收笔时笔尖微微上提。这些笔画形象地表现在"永"字的结构中（"永字八法"由此而来）。遵循这种笔画规则的作者有很多，如王羲之。更广泛的分类系统有李阳冰的"二十四法"，李溥光的"三十二势"，20世纪书法家和艺术家王学仲的"五十法"。根据不同字体的特点，考虑到基本元素的各种变体的多样性。许多元素和图形的线条在传统上有很多形象性名称："怪石"或者"悬珠"（点），"玉案"（横），"铁柱"（竖），"蟹爪"（钩），等等。

线条布局顺序　规范的顺序准则，保证了书法家笔尖运动的连贯性，拓展了观者的认知。书法家的笔尖在观者面前展开了创作进程和象形文字结构的构成。基本线路如下：从上到下；从左到右；先横后竖；文字的上"包围"结构——先外后内；左下"包围"结构——先内后外；左右结构——先中后侧；全"包围"结构——先外（侧面、上面）后内，

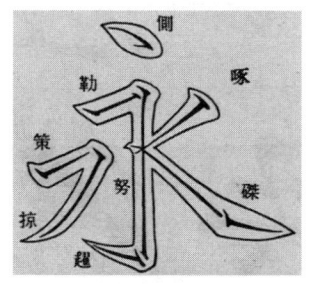

"永"字笔画示意图

最后是外下；上右和内点在最后。

"文房四宝" （"文"指学者、文学家、艺术家、书法家）。指笔、墨、纸、砚。这一概念的稳定性和普遍性强调了书写工具的意义。无论是绘画还是书法，它又一次指明了两者的统一性，并在一定程度上阐释了大师级画家或书法家，包含文学家和学者共同组成的名称"文人"的审美氛围。

笔——更准确地说是"毛笔"，根据考古资料，出现于战国时期。按传统说法，公元前3世纪末秦始皇时期的武将蒙恬发明了毛笔，后经长期改良，实质上是细节上的改造（笔杆从木质到竹质，笔头从硬鬃到软毛，等等）。早期只有基本的需求，但到16世纪末陈继儒提出，毛笔应具有"四德"：尖、齐、圆、健。现代书家补充了密度这一需求。毛笔因笔头的软硬程度和笔杆的长短、粗细而不同。毛笔按其产地，可分为湖笔（产自湖州）、湘笔（长沙）和宣笔（宣州）等。

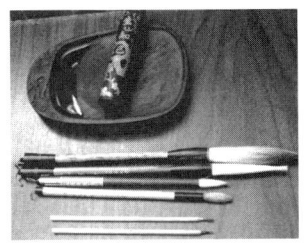

笔、墨和砚

笔在"文房四宝"中占据首位，其次是墨。西汉时期，烟墨逐渐取代了石墨。公元3世纪关于韦诞的记载是有关制墨的最早的资料。墨有两种：以松木烧成烟灰制作而成的松烟墨，以桐油、豆油、麻子油或者菜籽油烧烟制作而成的油烟墨。第一种轻薄、无光泽，容易渗透于纸，广泛用于书法；第二种有光泽且色重、黏稠，更适用于绘画。墨块的特殊气味源于其配方中的樟脑和麝香。也有复合松油墨，黏性比油烟墨小，有光泽且色深。任何一种墨都应符合以下质量要求：有硬度，轻薄，可研磨；色纯净且为深黑（如带有紫色则最好）；有黏度，能附着在毛笔上，但不能从笔尖流下。墨的优点可简括如下："黑如漆，坚如玉。"最著名的是唐朝末年起产自安徽歙县的徽墨。墨块分为不同形状——长方形（最常见），椭圆形，圆形，几何图形；一般装饰有压花的图案（鲤鱼、龙、神话人物和风景）；不仅具有实际用途，还有艺术审美价值，受到收藏家和美学爱好者的青睐。近年来，在实践中更方便的成品墨汁使用广泛。

尽管直至元朝绢帛画仍占主体，但"文房四宝"中的纸，不仅在书法中占据绝对地位，且与绢帛相比，在敏感度、笔尖触碰的细微差别和湿墨刷就的色调上都更优质。古纸范本出土于公元前2世纪（陕西西安），更为高质量的纸张可追溯到东汉官员蔡伦的发明（105），采用旧渔网和木纤维等制作而成。代替产生之初不同种类的纸张（以灌木、大麻等为材料），唐朝初年成功掌握了新的材料（桑树皮、藤树皮、柳树皮、瑞香树皮等）并制作出新的纸张——宣纸（产自宣州的纸），传承至今，成为主要的纸张类型之一。安徽泾县以青檀树树皮、麦秸和桑树皮制成的宣纸，特点是轻薄透亮、洁白平滑、具有良好的吸水性，满足了传统上人们对纸或者"楮先生"（"楮夫子"，纸的别称；楮为提供造纸材料的树）的基本要求。

在"文房四宝"中，砚占据独特的地位。它产生于新石器时代初期，在石墨发现之前，由石头、金属或者陶瓷制作而成，呈碟状或槽状。除此之外，还有研墨使用的石头。唐朝砚具有很高的艺术水平，成为赏玩之物。其形式多样，雕刻图案和书法题词成为必备的元素。石头上的天然花纹——纹理、斑点和色彩从审美角度看具有重要意义。砚台制作的基本原料是地方不同类型较为珍贵的岩石。

根据外部形态的审美价值，砚台的基本优点应包括：厚重、坚固而精细，水分饱满，亮如玉，柔软平滑，不会损害毛笔笔尖，同时用手摸起来如婴孩肌肤般娇嫩，能够快速稀释墨汁。为使研磨深透，砚的外形应方便墨棒运动，内部凹槽要深，能够容纳充足的墨汁。实用元素和艺术元素的结合使得砚台成为中国文化的独特现象之一。几个世纪以来书法家和画家对砚都有所提及，在苏轼、苏辙、李贺等人的诗作中对其都有赞美，有专业论文和学术著作专门论砚，砚也始终吸引着收藏家的注意；描述著名砚藏品的插画集在中国传统艺术图书中是一个较大的分支。

笔、墨、砚及其他文房用品

文人桌上的四大"珍宝"旁边还应有如下物品：非常讲究的有装饰花纹的笔筒（以竹、木或陶瓷制成）；造型（山峰形、龙形等）笔搁（由石、木或陶瓷制成）；笔挂；笔洗（以陶瓷、软玉或者其他较珍贵的石头制成）；砚滴（以陶瓷或较珍贵的石头制成）或水壶；放墨锭的托盘；镇纸（以金属、石、木或陶瓷制成），通常绘（刻）有花纹。

临与摹 传统书法字帖的临摹。摹——以教学为目的的复制，是学习的必由阶段，掌握书法艺术的主要方法之一。包括用墨笔在已经完成的字帖上描红，同时最重要的是，以字帖打底，在上面蒙上透明的纸。临——模仿，是更高层次的学习，同时也是流行的类似于绘画中仿古的创作方法。分为以下几类：在带格纸上模仿——由欧阳询制成的九个正方形网格（"九宫格"），八个三角形的米字格，或者由四个正方形组成的田字格；将字帖置于身前，在不带格的漏字板上模仿，最后按照记忆和共同思想，允许最大限度的模仿创作自由。

汉字构造原则 包括一系列分析书法结构的传统准则体系：欧阳询《三十六法》、李淳《大字结构八十四法》、黄自元《间架结构九十二法》等。现代出版物一般以欧阳询的体系为基础。所有体系的核心理念是达到和谐——平衡和统一。根据现代教科书王学仲的《书法举要》，基本准则如下：①中宫；②重心；③布白。包含疏密、长短、粗细、虚实的组合。针对这一点，在需要改变同一笔画的长度时，应注意什么变小、什么变大、什么缩短、什么加长，学会区分贯入一级笔画和主要的某些二级笔画的特殊力度。

九宫格纸，"我"字

整幅书法的章法 整幅书法章法的基本任务是达到部分与整体的和谐统一。应满足以下要求：文字与边栏之间黑白的互相补充、互相强调，疏密适宜，虚实一致，首尾相连，相互依存，从字符到字符、从边栏到边栏均相互呼应、相互联系并相互补充，大小适宜，韵律图画和谐，风格严谨。文本边栏结构布局有四种形式：①垂直和水平对称；②垂直对称，水平不对称；③水平对称，垂直不对称；④垂直和水平均不对称。纸上第一个字的意义在于：奠定整幅文字的风格基调，文字的大小与页面的尺寸和文本的大致容量有关。文字与边栏的距离关系有如下几种：①边栏间距大于文字间距；②距离相等；③为保持边栏垂直，改变边栏和文字间距离；④边栏的布局不受限，自由决定距离。建构于前三个准则基础之上，对文本来说最重要的是保持每行文字的稳定性，这在很大程度上取决于其有力的轴心线。

书法字体 有四种基本字体：篆（书）、隶（书）、楷（书）、草（书），以及第五种——介于楷书和草书之间的行（书）。

篆（书）。古代的篆体基本分为两类：大篆和小篆。大篆常见于多种类型的古文字中：凿刻在龟壳和动物骨头上的占卜文字（甲骨文），铸刻在青铜礼器和钟鼓上的文字（金文），蝌蚪文（或公元前2世纪中叶镂凿在墙壁上的文字），战国时期的古文字，等等。而后秦始皇进行文字改革，大篆出现后期变体和模仿鸟虫图案的文字（鸟书和虫书）。更晚些则是在12世纪出现了九叠篆，并广泛用于14世纪的书法篆刻。

总体来说，大篆字体的特点是符号和文本结构轮廓自由变化，线条硬朗，丰富明晰的几何图形（方形和圆形），象形字指示清晰，字与字之间始终保持较小的距离，形成稳定性和内在动感的结合——飘逸（在所谓石鼓文——秦时刻在鼓形石碑上的书法——中尤为明显）。

赵孟頫篆书，13世纪末—14世纪初

书法字体的发展过程：1. 甲骨文；2. 金文；3. 篆书；4. 隶书；5. 楷书；6. 草书；7. 行书

"大篆"体经过几度变化，到了小篆，又增加了新特征。小篆出现于秦始皇时期，第一次统一文字的时期。因此，小篆也称秦篆。小篆的线条严谨清晰。纵向伸长的文字增加了弧形、椭圆形元素，其主要基调是"节制"——无论是横线还是竖线，线条都是均匀的（无加粗）。

篆体在碑刻书法中占据最重要的地位，实质上确定了篆刻书法的风格，而其长期以来在书法艺术大师的创作中占据相对较低

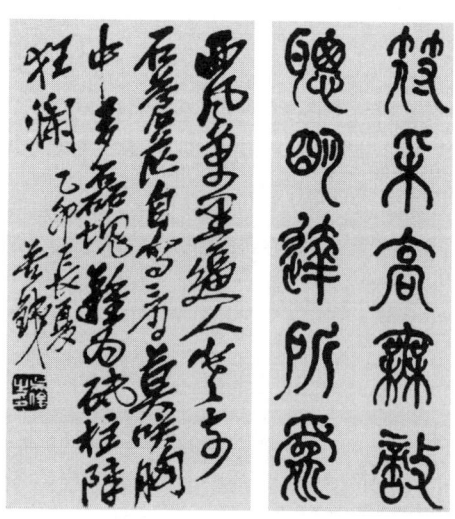

左：吴昌硕的行草，19世纪末—20世纪初
右：何绍荃篆书，19世纪末

的位置。19—20世纪在篆体不同风格的艺术发展中取得巨大成就的大师有邓石如、吴大澂、吴昌硕、齐白石、章炳麟等，他们同时也活跃于篆刻书法领域。

隶书。一种说法是，公元前3世纪，几乎与"小篆"同时出现，由县狱吏程邈发明。小篆典型的线条弧形弯曲被折弯取代；书写简化的文字轮廓与简洁精致、有序多样相结合，实质上确定了几个世纪后出现的中国书法基础字体——楷书的外形。楷书的精美，通过符号结构的水平扩展确定拉长的波形线，甚至在最早的还不成熟的字体形态中也能看出来——这些字在秦汉时期经由毛笔和墨在竹片或木板上完成。用于公文记录而产生的隶书很快成为最雅致优美的书法字体，为人们所接受。正是此种字体被用作中国书法艺术最珍贵的纪念物——汉魏时期纪念碑的雕刻。对该字体的发展做出了巨大贡献的是书法家蔡邕，此后是韩择木。而这之后的很长一段时期是其他字体——楷书、行书和草书占据主导地位。

在17—18世纪，人们重燃对隶书的兴趣，具体表现于郑簠和创出独特字体——漆书的金农的作品中。漆书字体宽阔有力，像用漆帚写出，横线坚实，竖线精巧。有些书家认为隶书的发明者是王次仲（1世纪），他很可能将新的特征注入这一书法字体，为中国书法的基本字体——楷书打下了基础，所以楷书最开始被称为"今隶"。

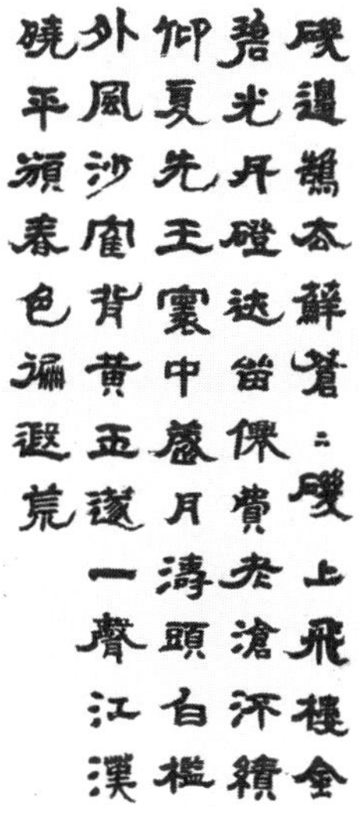

被称为"正书"的楷书是所有书法形式字符加工的基础，是文字的主要图形元素、结构要素和文本组织的基础。楷书成型于被称为"楷书鼻祖"的钟繇的创作中，而后又在王羲之和王献之（见"二王"）

邓石如《登黄鹤楼和毕秋帆韵》，隶书，18世纪

赵孟頫《玄妙观重修三门记》，楷书，13世纪末—14世纪初

的作品中得到充分表达，于唐朝发展到顶峰。欧阳询、虞世南、褚遂良、颜真卿等人的书法珍品或刻帖，以及和这一时代其他经典作品一直是后世学习的典范和审美的对象。他们的书法风格各异："沉着稳健"（虞世南），"严谨工整"（欧阳询），"灵巧空明"（褚遂良），"刚劲有力"（颜真卿），"骨力道健"（柳公权）。尽管在下一阶段（10—12世纪）行书占主导地位，此时多位大师笔下仍出现了一系列楷书杰作。

大致与"正书"之隶书和楷书同时，有两种"非正书"之行书和草书开始形成和发展。如果说第一种形态的潜力体现在艺术性和商业性（书写快捷）上，那么第二种则是直接表达情感冲动，自由展现大胆的创造性思想。

一种说法认为，行书——行走的文字或者半草书，为汉末刘德昇所创。为加快书写速度，他的书法特点是：各部分之间的联系扩大，出现连钩，结构多角度倾斜，笔可以与纸张脱离并出现"飞白"，与楷书相比在文本结构上有更大的自由，能简化字的笔画，加快书写速度，与行楷或者行草相近。

在行草体上取得最大成就的莫过于王羲之。关于书法他有这样的论述："夫书者，玄妙之伎也""凡书贵乎沉静"。这些具有轻巧魅力的品质，我们可在所有流传至今的早期（唐代）对这位大师作品的摹本中看到，其中包括《兰亭序》，其真迹随唐朝皇帝太宗殉葬。王羲之的儿子——王献之行书具有很高水平，但他尤以草书闻名。后世书法家无一例外地以王羲之的《书论》为纲领，其中最著名的是唐代的颜真卿、李邕。对行书最感兴趣的有宋朝的苏轼、米芾、黄庭坚，这些大师的作品时至今日仍有真迹。在后经典时期（始于8世纪）行书仍然流行。创造了混合字体——"六分半书"的郑燮将隶书、篆书和楷书元素以及绘画技巧应用于行草。距离我们较近的著名行草书法家有将苏轼和米芾风格相结合的沈尹默，著名学者郭沫若，追寻颜真卿风格的何绍基。在20世纪最后25年，草书占据首位。追寻草书的源头，有创造章草的史游，章草的特点是圆转如圜，字字独立；开创"今草"字体的张芝。王羲之和王献之则是张芝的追随者，同时在王羲之的书法中常常有行书元素。另有智永和孙过庭，后者著有《书谱》。

"今草"发展到顶峰的标志是张旭和怀素的作品，他们的书法风格极具表现力，充分自由地表达自身的热情，因而得名"狂草"。狂草充分展现了草书的艺术潜能和特色，它对自由和不合常规的向往：笔触动感十足，线条飞扬律动，有时是符号向符号过渡之间的"飞白"，无限的压笔和陡然间释放，出人意料的、好似自发的符号结构的变形——一些字符被拉长，其他的则被缩短。

草书在书法艺术的各个阶段都没有失去引人入胜的魅力。可以并列大量草书大师的名单。与自由、创新、自然、个性和独特理想相结合，草书与各种字体结合的尝试，朴素风格不同变体的仔细研究成为中国现代书法的主要倾向之一。20世纪50年代中期向"简体字"的过渡是具有争议的现象，简体字缺乏书法传统字体的艺术特征，而这种特征是艺术性书法风格出现的前提。

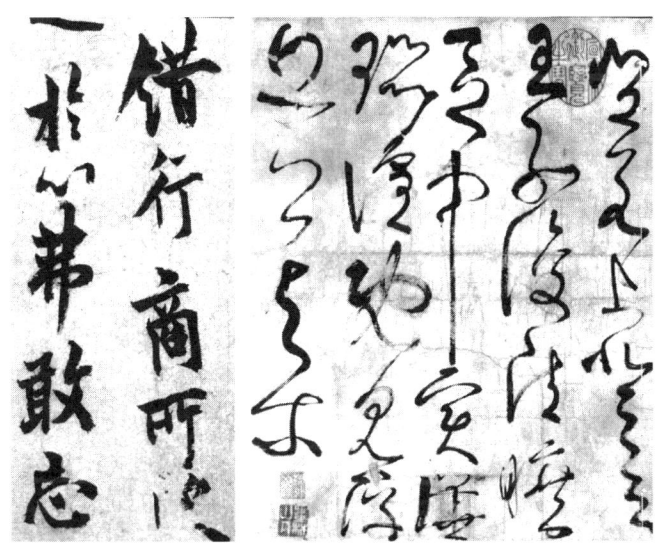

张旭的"狂草"，
7世纪末—8世纪初

欧阳询的"行书"，
6世纪末—7世纪初

篆刻 篆刻是从术语上分离于书法的独立艺术形式，将书法雕刻或铸造于（石头、青铜、木材、陶瓷、象牙制成的）印章之上。传统上，由篆体完成。数据表明，印章出现于公元前7世纪，而得到艺术美学性承认是从公元前4世纪开始。

印章可分为：公章、私章、名章、鉴赏印章、鉴定印章、办公章、书简章、真迹印章、图案印章、自由印章及与其类似的习语印章和美好祝愿印章。形状多样（长方形、圆形、方形、椭圆形、半圆形、多角形），图形的整洁性在铸造（一般由青铜制成）或用软玉雕刻的战国印章中可见到。到秦朝，印章制作达到更高水平。当时除铸造的印章外，雕刻印章也开始广为流行。文字为小篆体。

这种趋势一直延续到印章以精细为特点的汉代。出现了图案印章，除了公章、私章和首批包含成语的"习语"印章，3—5世纪的印章图形中出现了结构的伸展和线条的细化。6—7世纪九叠篆印章流行起来，类似于俄语中的花体字。7世纪上半叶，在皇帝宫殿出现首批鉴赏印章和办公章。

12—14世纪艺术家和书法家开始独立雕刻私章。14世纪在李阳冰篆体书法的影响之下出现了"圆形红字"。在以九叠篆印章为模板的背景之下，著名画家王冕开创了在文人圈广为流行的用珍贵的玉石雕刻印章的传统。他采用花乳石治印，其石能够用图案传达某种"篆刻风格"，开拓了篆刻的艺术表现力。首批鉴赏印章由此出现。

印章

18世纪中叶以丁敬为首的著名浙派篆刻出现，其中包括著名的"西泠八家"。而后著名书法和篆刻大师邓石如开创了新的流派——新徽派，或称邓派。与浙派严谨的风格不同，邓派风格更为自由，图案结构轻松变换。著名的"四绝"——包括诗歌、书法、绘画和篆刻在内的艺术性结合——在赵之谦、吴昌硕、1904年创建于杭州的西泠印社，以及与这一辈杰出的书法家和艺术家活动相关的作品中得到更有力的展示。

在发扬赵之谦的传统的同时，齐白石创造了令人印象深刻的独特风格。在不同阶段，印章用金属（雕刻，或常为铸造）而成，有时也用不同的材料雕刻——角、象牙、木材、竹子以及经常使用（特别是从7世纪起）的不同种类的宝石。

印章分为两种：①阳刻，此种印章要使用专门的红色印泥，现出"红色"印痕；②阴刻，印痕为白色。

印章的制作过程包括纸上图形的完成，将其镜像转到（印制）提前准备、经过仔细抛光（尽可能使用专门的夹具）的印坯底部的表面。一般使用两种刀具——扁平的和四方的。在印章书法的艺术表现语言中，艺术结构的排列占据首位（空与满、白与红，在不平衡中达到平衡），与文字结构的创造性解释和文字各组成部分密切相关。在自由印章中充分体现着抽象（形式）与具体（思想）的完美结合，其实质是与"习语"的结合。他们在文本中表达着多样的哲学和诗学内容。

从14世纪开始出现了用雕刻题词装饰印章边框的传统，其中包含着印章创造的历史信息（有时转变为完整的故事），是对文本的某种补充或解释；有时包含有形象的情节。侧面题词在赵孟頫、"西泠八家"、吴昌硕等的印章中能够看到。这是20世纪许多大师作品的典型特征。带有红色印痕的印章是绘画或书法作品必不可少的组成部分，它的内容丰富着绘画或书法作品的艺术世界；当其转向图画时，又一次强调了其语言的假定性和绘画与书法的亲属关系。装饰艺术所具有的"高深"思想与书法语言的深度和多样性结合，以自由印章中的文学和哲学潜台词为辅，印章书法是中国艺术文化中最耀眼和独特的现象之一。

不同的印面形状及阳文和阴文篆刻

**阿理克（Алексеев В.М）《中国民间绘画》，莫斯科，1966年；В.Г.别洛焦罗娃《中国书法艺术》，莫斯科，2007年；Н.А.维诺格拉多娃《中国艺术》，莫斯科，1988年；Н.А.维诺格拉多娃《中国山水画》，莫斯科，1972年；О.Н.格鲁哈廖娃、Б.П.杰尼凯《中国艺术简史》，莫斯科—列宁格勒，1948年；О.Н.格鲁哈廖娃《中国民间艺术》，莫斯科，1958年；郭若虚《图画见闻志》，К.Ф.萨莫秀克翻译、注释，莫斯科，1978年；Е.В.扎瓦茨卡娅《石涛〈画语录〉》，莫斯科，1978年；Е.В.扎瓦茨卡娅《米芾的奇思妙想》，莫斯科，1983年；Е.В.扎瓦茨卡娅《中国古代绘画的美学问题》，莫斯科，1975年；И.Ф.穆里安《远东水墨画的装饰性基础》，见《亚非艺术中的艺术形象和装饰性》，莫斯科，1969年；И.Ф.穆里安《中国民间木版画》，莫斯科，1960年；Н.С.尼古拉耶娃《画家、诗人、哲学家马远及他所处的时代》，莫斯科，1968年；Т.А.波斯特列洛娃《10—13世纪的中国画院》，莫斯科，1979年；《芥子园画传》，Е.В.扎瓦茨卡娅翻译、注释，莫斯科，

1969年；С. Н. 索科洛夫－列米佐夫《扬州八怪：中国十八世纪绘画史略》，莫斯科，2000年；С. Н. 索科洛夫－列米佐夫《文学—书法—绘画：远东文化中的艺术融合问题》，莫斯科，1985年；С. Н. 索科洛夫－列米佐夫《从中世纪到近代：17世纪末至19世纪初中日绘画历史与理论》，莫斯科，1995年；王伯敏《中国绘画史》，上海，1982年；王学仲《书法举要》，天津，1983年；王树村《中国年画史》，北京，2002年；郭冰冠《刻章绪论》（日语），东京，1955年；古干《现代书法三步》，北京，1990年；祝敏申《大学书法》，上海，1993年；李浴《中国美术史纲》，沈阳，1984年；榊莫山《中日书法史》，大阪，1993年（日语）；《四大家研究：吴昌硕、齐白石、黄宾虹、潘天寿》，杭州，1992年；徐建融《当代十大画家》，上海，1995年；伍蠡甫《中国画论研究》，北京，1983年；张光福《中国美术史》，北京，1982年；朱仁夫《中国古代书法史》，北京，1992年；王伯敏《中国美术通史》，1—8卷，济南，1987—1988年；《中国美术辞典》，上海，1987年；《书法小辞典》，北京，1988年；《书法辞典》，1990年；Chiang Yee. Chinese Calligraphy. An Introduction to Its Aesthetic and Technique. L., 1955; Chien Chihmai. Chinese Calligraphers and Their Art. Melbourn, 1966; Chinese Popular Prints. Leningrad, 1988. Gulik R. H. van. Chinese Pictorial Art as Viewed by Connoisseur. Taibei, 1982; Sirén O. Chinese Painting: Leading Masters and Principles. Vol. 1-7. L.-N. Y., 1956-1958; id. Chinese Sculpture. Vol. 1-4. N.Y., 1970; Sullivan M. Chinese Art: Recent Discoveries. L., 1973.

另参见词条"秦始皇陵""霍去病墓""刘胜墓""敦煌石窟""笔法""墨法""书体""碑"。

（С. Н. 索科洛夫－列米佐夫撰，王玉珠译）

传统绘画概念和理论

概　念

不同于西方，根据中国文化中造型艺术的分类，绘画——"画"的含义更广（图画、图形、绘画、装饰、线条画、平面图、特征、线、样式、象征、区分、规划、停顿），同时包括图形（绘图）和平面图（制图），绘画和素描，油画和版画，彩绘和轮廓画，多色与单色，复式图和单线条图，这之间均没有原则性的区分。

在该系统中，与西方不同，画与其他传统概念中意义较弱的雕塑艺术,如建筑并不相近,而与书[书、文件、笔记、文字、书信、书法、"六书"(汉字的六种书写类别)]相近。其中文字可以是一种或多种颜色,由一条或多条、一种或多种的列宽和色度构成。在"书画"这一术语中,画也处于第二位。而且,它们的关系是相互渗透的。一方面,象形文字本身是由图形文字而来,因此在绘画中加上书写具有典型性,是自身属性的展现,整体上其创作的概念如同"写"(谢赫"六法"中的最后一个);另一方面,象形文字的主要组成部分——单个线条称为"画",这一术语狭义上指书法中的水平分割线,广义上则是指书法性。"一画"相关论述占据石涛《画语录》的第一章,确定了"众有之本"和"万象之根"的"一画之法"。

因此,不同于西方的价值尺度,书写和绘图、书法和绘画,更能充分体现书画一体的单色画的地位高于多色画。实际上,人们往往赞同书法和绘画的统一,因为无论是书法还是绘画,都使用同样的工具、材料(主要是毛笔、墨汁、纸张和丝绸),具有一样的完成方法、评判标准,由同样的大师(最开始是手稿抄录人、占星家、编年史的编纂者,而后在书写世俗化和知识普及以后是所有的"文人"——具有文学艺术知识的人)操作。

石涛《兰竹图》

如同俄语中源自动词"写"并同样指书写和绘画的一些词汇的表意,中国的"写"类似于将一种新事物置于一个场所,正如许慎在《说文解字》中所述"置物"的概念。"写"的第二种意义是公元前4—前3世纪文本中的"再现,复制"(《国语》《周髀算经》),"临摹,画"(《墨子·墨经》)的概念。在更晚的1世纪(《汉书》),尽管与汉武帝时代有关的意义"写"是与"写书"搭配,在画中使用的术语"写",显然因为其与更为高尚和抽象的书法艺术相关,表达的不是外部的相似,而是内部的本质。例如,刘勰《文心雕龙》表述的"写气图貌"。该意义的引申义体现在"写"的派生术语中,如写心、写实和写神、写真、写意。

类似的方法符合"画"的语义和词源,它可以追溯到古代甲骨文的象形文字:一只持有刻字工具（看上去是一把凿子）的手，下面是一个由两条交叉且对称的"S"形线条构成的装饰图案，并演变成一个"田"字形图案——一种表示分界以及有序规划的图形符号，进而成为一种带有普遍意义的时空图式。由此可见，画的原初意义为"分"，这在孔安国的《尚书》注释和杜预的《左传集解》中可见，而后被顾野王在《玉篇》中固定下来，或者称作"节"；"象田四界"，正如许慎在《说文解字》中所言。在这一意义上，"画"呈现出分开的构成空间最初的和最简单的结构的线条。根据石涛的哲学思想，伴随着线条的出现，"太朴"消失，而后画家或书法家通过画以"形天地万物"。

"书"字可以追溯到甲骨文中类似的词素，它描绘了一只手，拿着书写工具（凿子），对着某物刻写符号或图画。"画"字和"书"字在古代占卜意义上词义近似：第一个意思是表示《易经》中的"三爻"和"卦"，第二个意思是画与书合成"魔法方阵"（洛书）。

在这对字之间还有一个极为重要的共同术语——图。它与"书"结合成双音节词"图书"（河图洛书），见于《韩非子》。图与画义同，这在张揖的辞书《广雅》中有说明。郭璞在解说司马相如的诗时也有直接表述："图，画也。"但图最初的含义是"图示、地图、绘图"，可以上溯到方形、矩形、框形及城郭的象形图，在时间上远远晚于甲骨文、金文（青铜器上的符号），它强调的是图形整体的线条连接。图近于画和书，同时也包含八卦和"魔法十字"（河图）的意思。

"画"字早已存在于古代文献和儒家经典《尚书》中，而表示绘画之义的词语"五色"出现于另一部经典《周礼·考工记》中，并被刘熙在其词源辞书《释名》中记录下来："画，挂也，以五色挂物象也。"这个定义还说明着画与卦的同源关系，因为在上述刘熙对"挂"的定义中，"挂"与"卦"音同，即"展示"（悬挂、注册、标记）。这个字在《说文解字》中也是通过"画"来定义的。绘画与三爻六卦的描述符号性质上的一致也在辞书《玉篇》中记载的刘兆对《周易》的注疏中得到说明：卦可称为画，即"图画"。

"图"类似的意义在公元前5—前3世纪的哲学典籍，如《左传》和《庄子》中也可以找到。同时，两种术语结合在一起并形成共同的称呼"画图"（《庄子》）和"图画"（司马迁《史记》）。大概，在相同的组合中"图"指绘图，而"画"指涂色。无论如何，双音节词"图画"出现于郭若虚著名的理论典籍《图画见闻志》的标题中。

图画的起源和本质作为经典理论被论述,是描述图画历史的首创者张彦远的《历代名画记》。书的卷首确立了正题,书和画名称不同,但有共同的基础,都来自上文提及的远古的祖先和文化人物(伏羲、黄帝、仓颉)。这种共性集中体现于"六书"之一的"象形"之中。张彦远援引权威典籍《尔雅》《广雅》《说文解字》《释名》,确定了术语"图"和"画"的意思。他引证博士、文学家和官员颜光禄(颜延之)的话:"图载之意有三:一曰图理,卦象是也;二曰图识,字学是也;三曰图形,绘画是也。"画因其崇高的本质,可以"成教化,助人伦,穷神变,测幽微,与六籍同功"。除此之外,"记传,所以叙其事,不能载其容;赋颂,有以咏其美,不能备其象。图画之制,所以兼之也。"

在19—20世纪之交形成了两个不同的术语——中国画和西洋画(油画)。尽管在技术、方法、材料和思想特征、社会文化角色方面有根本差别,但两种传统都能在象形字"画"中找到共通之处。这一概念的广度足以涵盖西洋的异质材料。

戴进《葵石蛱蝶图》,1446年

*张彦远《历代名画记》,上海,1964年;张彦远《历代名画记》,见E. B. 扎瓦茨卡娅《中国古代绘画的美学问题》,莫斯科,1975年;E. B. 扎瓦茨卡娅《石涛〈画语录〉》,莫斯科,1978年;张彦远《历代名画记》,见《中国艺术:准则·流派·大师》,马良文编纂、翻译,莫斯科,2004年;Acker W. R. B. Some Tang and Pre-Tang Texts on Chinese Painting. Bd 1. Leiden, 1954; Bush S. Shih Hsiao-yen. Early Chinese Texts on Painting. Cambr. -L., 1985.

**Т. И. 维诺格拉多娃《民间艺术中"图""画"二词的使用差别》，莫斯科，2005年；Е. В. 扎瓦茨卡娅《中国古代绘画的美学问题》，莫斯科，1975年。

（А. И. 科布杰夫撰，王玉珠译）

理 论

绘画理论在中国的确立已是汉朝（前3世纪末—3世纪）。5—16世纪的艺术家、历史学家和艺术批评家在其文章中界定了绘画美学现象的基本问题。关于"笔墨艺术"的论著明确了中国人自己是如何理解绘画的地位，如何从教学法、技巧、艺术风格角度对其加以评价，如何利用这些术语将其归入哲学语境中。"笔墨艺术"是借助这些体裁被创造出来的：录、记、论和谱。这些论著的作者描述了绘画艺术的历史和艺术家的生平，个人的或是已经由前人确立的艺术观点。

最著名的论著是从绘画和书法的产生开始叙述，此二者的源头站立的尽是古代贤明、传说中的统治者和权贵。据传说，最古老的文字符号刻于洛水的乌龟壳、黄河的龙马背上。伏羲记录了这些符号，这些符号构成了《易经》的基础。

三爻和六爻的变化，产生了《易经》中相应的八卦和六十四卦。这样世界上的万千形态在绘画中展现为"一画"的变体，和书法中八种基本的和诸多补充的线、点、阴影。与五个方位——南、北、东、西、中的五行（火、水、木、金、土）相对应的是五色——赤、黑、青、白和黄。在"笔墨艺术"的理论中同样涉及这些空间方位和色彩。根据相面术中的元素分类，脸部分为五点——额头、双颧、鼻子和下巴，这是肖像绘画必须考虑的。

宇宙是垂直的"三位一体"——天、人和地，体现在山水画的内容和构图结构中，则是：天——山，人——树，地——水、石。宇宙在山水画中的范围比在其

伏羲画像，卜千秋墓壁画，汉代

他题材的绘画中更为广阔。山水画指代的就是"山水"。在画卷结构中，山是垂直的，起于阳，明亮有力，表示为长横线卦象；水是水平的，起于阴，阴暗柔弱，表示为两个短横线卦象。阴阳结合是世界存在的缘由，构成了世界的统一体，是"道"——事物的自然秩序，即自然之道——的表现。画卷的阴阳交替展现于垂直和水平之中，表现为明暗结合、刚柔相济。"笔墨艺术"的基础清晰地呈现在线——阳性起源的承载者和不确定的水墨点——阴性起源的承载者中。

类似的关于绘画创作起源和属性的概念被后世的画家和绘画理论家奉为古代权威的固定真理所认知，并形成了绘画传统理论的"元语言"。真正的艺术作品表明，在那些表现出神似的地方，在那些有"气"和"元"的地方，才能表现出绘画创作者及其"生动"创作的内在品质。这些术语都被纳入了5—6世纪之交谢赫的中国绘画理论中，并沿用至20世纪。可能表达形式不同，其实质却没有改变。谢赫《古画品录》的思想是建立在传统绘画理论基础上的。其中首先确定了"六法"，成为此后中国绘画理论的主要方针：第一法，最难翻译和理解，气韵生动；第二法，骨法用笔；第三法，应物象形；第四法，随类赋彩；第五法，经营位置；第六法，传移模写。后五法属于可以掌握的技巧。但如果画家只掌握了五法，画中却少了气韵，那么根据北宋杰出绘画理论大师之一、《图画见闻志》作者郭若虚的说法，此类作品属"平常之作"，不能称为真正的绘画创作。

郭若虚《图画见闻志》

《富春山居图》（局部），1347—1350

《古画品录》当代解析
作品封面

几乎每个中国画研究者都给出了关于气韵的解释。在中国，对气韵的解释也是因人而异。在16—17世纪的美学思想中，基本释义为"韵脚"的"韵"字转化为"运动"之义，气韵被用作传达模糊感觉的艺术手段。

重要的是，"气"不仅在绘画美学中，同时也在文学理论思想中占有重要地位。"气"首次在文学领域被使用是在曹丕的《典论·论文》中。他简要提出"文以气为主"的论断。在谢赫之后，六朝时期最著名的文学理论集《文心雕龙》的作者刘勰也将"气"置于理论建构的中心。有一种观点认为，在文学理论思想框架内，"气"应该被理解为"生命之气"，即宇宙的能量物质。现代美籍华人学者曾尝试着不将"气韵"看作是双音节词，而将之看成两个独立的字——在词组中，"气"类似于文学理论思想中的意义，传达生动的创作力量，而其通过"韵"实现其在作品中的和谐。

对"气韵"的进一步阐释体现在唐朝杰出理论家和绘画历史学家张彦远的著作中，在《历代名画记》中他首次与"神似"对照提出了"形似"。这种对照表达了普通技巧与传达本质的绝妙技能的差别。郭若虚将之深化并使"气韵"思想的范围更为宽泛。于他而言，"气韵"是先天的、不可知的，只有品德高尚的人才具备。而"气韵"同为作家本人和其创作的特点。根据郭若虚的说法，气韵需要"生知"。若是"生知"，那么"气韵"可以在"默契"和"神会"中悟到。这一词组的意思与佛教禅宗的学说相适应。郭若虚在《图画见闻志·论用笔得失》中写道："气韵本乎游心"。在道教思想和禅宗学说中，"心"指代人所有的精神、感觉和智力才能。真正的画家将"心"——内心的想法融入作品。张彦远举例说

魏文帝（曹丕）

刘勰《文心雕龙》
当代版本封面

明是何原因使其画完善时答道:"外师造化,中得心源。"郭若虚称之为"心印"。

很多绘画理论家在谢赫理论的基础上对相关理论加以注释,有时则是重新理解。举例来说,9—10世纪的著名理论家荆浩在论著《笔法记》中提及"六要",11世纪的刘道醇则重复此说。按照荆浩的说法,第一要是气,然后是韵、思、景、笔和墨。刘道醇增加了"格制俱老",即创作独特的题材——格制;关注色调和墨汁特征的转换——彩绘有泽;同时提出了"去来自然"和"师学舍短"。郭若虚考察前人的规则并按照自己的方式解释它们。他尤为关注人物画,这种画根据现代术语可以分为叙事人物画、历史人物画或者醒世人物画。郭若虚看重画的思想内容,同时关注画家本应该知道答案的问题:他们为什么作画?画中应包含何种思想?

山水画的理论思想有专门的论文和独立的理论及绘画史论著。应该指出的是,与山水画和谐匹配的谢赫"六法"产生于山水画刚刚萌发之时。因此,现代研究者认为,谢赫的理论只涉及人物画。六朝时期另一部典籍——宗炳的《画山水序》直接涉及风景。宗炳,哲学家,佛教信徒,可能也是画家。宗炳是不是画家,他是不是创作过风景作品均不重要,重要的是,他开创了"游历"中构思的传统。他是一位隐居者,曾置身于秀丽的山水之间,感叹自然美景。晚年曾将游历所见景物绘于居室之壁,"不出房门"即思游于山水之中,在虚静的状态下,达到"万趣融其神思"的境界,从而捕捉到山水作品中的神韵,达到畅神的目的。

王鉴"山水册页"(两幅),17世纪

郭熙《早春图》,绢本,11世纪

很多著作都分析阐述过山水画理论。最早的是《画学秘诀》，作者是唐朝画家和诗人王维。实际上，王维的作者身份是值得怀疑的。据推测，该著作的完成晚于南宋（1127—1279）。不过该著作仍是最好的山水画理论典籍之一。作者主要向画家指出，如何创作山水画卷，如何表达季节、山形、水的光泽、波浪和树木的特点。大概，正是因为强调对烟霞、雾霭环绕的山峰、山间小雨、空气环境等自然现象效果的描绘要采用水墨渲染的手法（"夫画道之中，水墨最为上"），并将其视为传达空间深度的首选手法，使人们有理由对该论著的传统版本产生怀疑，推断其应作于南宋时期。

在宗炳和王维的著作之后，《林泉高致》也谈及山水画理论。它由郭熙的儿子郭思根据其父的观点汇总完成。因此，郭熙常被认为是该书作者。作者在论著中阐述了掌握绘画技巧的秘诀，确定了空间传达的结构方法——"三远"理论。但是，可能这部著作的主要理论价值是包含于其中的关于创作心理的论述：画家赋予环境和创作时的心理状态以重大意义。在有关绘画的论著中，常常把创作过程与沉思——"禅"加以类比，并阐述沉思所必需的心灵净化和明确目标——"志"。"凡落笔之日，必明窗净几，焚香左右，精笔妙墨，盥手涤砚，如见大宾；必神闲意定，然后为之。"郭思如此描述郭熙是如何准备创作的。

郭熙与郭思的同代人郭若虚同样将心与自然的和谐状态、灵魂参与世界——"神似"视为创作过程的主要条件。类似的思想同样体现于张彦远的表述中："不滞于手，不凝于心，不知然而然。"所有这些均是合理之外的条件，是寂静的状态下，集中人所有力量和才能时所特有的。创作是直觉和高尚的状态，而认知过程的特点是循序渐进。

而伟大的诗人和艺术家苏轼，也是郭熙的同时代人，却对创作行为有不同的理解和体验："空肠得酒芒角出，肝肺槎牙生竹石。森然欲作不可回，吐向君家雪色壁。"这里说的是：想要爆发的冲动，醉酒状态，不受理性和意志的控制，突发性的认知特点。

对画作的观察、参悟与创作行为等同，与沉思类似，对此郭熙写道："看此画令人生此意，如真在此山中，此画之景外意也。见青烟

苏轼《枯木怪石图》，11 世纪

白道而思行，见平川落照而思望，见幽人山客而思居，见岩扃泉石而思游。看此画令人起此心，如将真即其处，此画之意外妙也。"画家的任务在于，使观者通过形象感受画家对画的态度。除了上述意图，此处也对观者提出了要求：创作活动包括他的共同参与。中国画的联想层面需要观者与画家灵魂和智力上的匹配。观者应不逊于画家。

绘画批评必不可少的部分是对绘画作品的评价。传统的美学思想包括五大评价准则：自然、神、妙、精和谨。早在六朝理论家已经开始对评价准则体系进行研究，其中包括谢赫。他提出了三品——上、中、下，每品分为三种，因此谢赫将之称为"三品九人"。

张彦远、荆浩、郭熙和郭若虚也对绘画评价问题有所研究。荆浩提出了"能"。郭熙认为"精"不是评价概念，而是目的本身：画家应该传达"精"。张彦远的论著继续阐明了上述观点："夫失于自然而后神，失于神而后妙，失于妙而后精，精之为病也，而成谨细。自然者为上品之上，神者为上品之中，妙者为上品之下，精者为中品之上，谨而细者为中品之中。余今立此五等，以包六法，以贯众妙。其间诠量，可有数百等，孰能周尽？非夫神迈识高、情超心慧者，岂可议乎知画？"

在发于天性的画作中，在作画的画室中，真正的画家应不仅记录事物的外部形态，同时也应传达其真正的含义：气韵、精和深意。"若知画有疏密二体，方可议乎画。"张彦远说。

评价理论同时包括解释画作的缺陷，即分析病。郭若虚在《论用笔得失》中论述了用笔技巧以及绘画和书法的统一性问题。他提出一个固定的双音节词："有笔有墨"或者"用笔"。荆浩则指出了两种"毛病"：有形之病和无形之病。第一种可以改正，取决于技法的掌握，影响的只是绘画的外部吸引力；而第二种则是很难改正的——涉及绘画传达本质的能力。郭熙谈及不足，则或指形态，或指画家本人。他认为，绘画纯粹形式上的优点直接与画家的心理状态有关。郭若虚将"三不足"放到首位，这三点为

王庭筠《幽竹枯槎图》，12世纪下半叶

后世的所有绘画专著所接受。三点全部与用笔技巧和画家的内在状态有关。应当指出的是，郭若虚引用了《庄子》中谈论真正画家的名句，在开始绘画之前，"解衣般礴"，即陷入沉思，集中精神，摆脱纷乱的外部世界的干扰——这是创作活动的基本要素和成功保证。

　　一些绘画理论著作还涉及题材层级高低的问题。无论哪种题材，其优先要反映的就是不同历史时期的世界观。宗教（佛教）绘画直至9世纪中期都占据主导地位。根据张彦远的描述，在唐代之前和唐代，宗教题材占据首位，之后是人物画，这在保存下来的著名佛寺中得到充分证明。根据郭若虚的说法，在北宋时期出现了绘画题材层级的合理转变，山水画占据首位。决定着绘画在许多世纪不断进化的这一重要变革，是中国精神生活发生深刻变化的反映。从10世纪开始，画家们从道教和佛教禅宗思想中受到启发，这些思想在山水画的形成中也起着决定性作用。山水画画家的任务是最大限度地概括自然景象；所有描绘的图形都上升到象征层面，因此许多山水画传达的不是具体的景观，而是像郭熙那样，描述世界的全景，或者像明朝画家那样，传达崇高的世界观。

　　《庄子》中"万物齐一"的道教思想成为题材平等的理论基础。著名的中国花鸟画与欧洲的植物或者鸟类绘画相差甚远。正是出于道教的"万物齐一"思想和禅宗的"众生平等"思想，石头、人或者花草价值相同，使得花鸟画与山水画地位平等。类似于山水画和人物画，花鸟画也包含着古代自然哲学思想。中国人总是将世界看成是所有联系、普遍规律和自然规律表现的统一。

　　花鸟题材也包括"墨竹"，即竹子画。在宋朝，竹是画家和学者，或者"文人"（见"文人画"）最喜欢的题材。苏轼有一句广为流传的话："故画竹必先得成竹于胸中"。

　　创作个体与大自然内在的联系牢不可破，这一思想表现在画家的行为准则和必不可少的对周围现实的完整认知中。

　　画家的行为准则最为清晰地确定在"拙"中。因此，"简单的、自然的、贴近自然的、粗略的、未加工的"等形容词不仅修饰作品，同时也修饰作家本人。术语"疏野"用来指明达到自然朴素、回归本性的个人。例如，10世纪著名山水画大师范宽。当时另一位著名的画家徐熙（花鸟画创始人之一）使用了术语"闲放"。疏野和闲放是画家和诗人的特质，他们摆脱了忙碌的生活，或按照阿理克（Алексеев В. М.）的说法，他们是"道家诗人"。

中国画家将自然看成自己主要的老师,将传达"相似"当作基本任务。每一个画家都要写生,画整本整本的册子,有时这种笔法与在寂静画室中凭记忆完成的作品风格完全不同。

所有山水画画家、花鸟画大师,所有描绘林木、昆虫、鱼类、鸟类等的画家,均要花很长的时间研究自然。正如郭若虚谈及11世纪一位画家时所说:"入万守山百余里,以觇猿狄獐鹿之属,逮诸林石景物,一一心传足记。得天性野逸之姿。寓宿山家,动经累月,其欣爱勤笃如此。又尝于长沙所居舍后疏凿池沼,间以乱石丛花、疏篁折苇,其间多蓄诸水禽,每穴窗伺其动静游息之态,以资画笔之妙。"

《引路菩萨图》,10世纪

传达相似并不意味着盲目地模仿自然,复制它的外形。"如生"不是西方概念中的"现实主义"和"逼真",中国画家描绘的是事物本身——人、鸟、石头,而不是类似物。相反,幻想中的类似与中国的品位不同,并引起了真正艺术家的非议。例如,某些术士画家根据执政者的命令画喜鹊,将之描绘成叽叽喳喳的鸟。而真正的花鸟画大师黄筌画喜鹊,没有将它局限于鸟。黄筌向显贵解释道,自己的画是艺术作品,术士的画是幻术作品。郭若虚说,所谓成功之作,不能"眩惑以沽名",那些"皆出方术怪诞,推之画法阙如"的作品不是艺术。

中国美学思想发展的一个重要阶段是明朝(1368—1644)。无论理论家还是画家,大家关心的主要问题是:传统与过去、历史、艺术个性的相互关系;经典与自由创作的相互关系。由于一系列历史文化的原因,明代艺术转向了伟大的过去。此后,对中国文化传统宏富性的重新理解占据了主要位置。但也与其他一些持续存在的因素有关,如苏轼所说的文化"沉淀物"。达到完美境界的雕塑形式、技术技巧和经得起时间检验的画卷结构元素的选择,这些元素既是语义的,又是结构的,不需要改善,更没有理由破坏。因此,画家似乎充当了诠释者和即兴创作者的角色,他们进行的是一种引人入胜的构图游戏。但不能简单地认为,明代画家和清代画家的创作总体上只是"对古代大师作品的注释",一些研究者(其中包括B.B.马良文)已经表明他们的看法。在这些时代始终都存在被称为非正统流派的大师,代表人物有沈周、徐渭、石涛、朱耷、龚贤等。这一流派还未得到充分的理论论证,但也许不需要这样的论证,因为正统的观点已将该流派视为道教禅宗艺术的延续,即自由的、无拘无束的、在术语上与数千年前的基本范畴相契合。

范宽《溪山行旅图》(局部),
10世纪

黄筌《写生珍禽图》,10世纪初

*王维《画学秘诀》,见于安澜《画论丛刊》,北京,1960年;郭熙《林泉高致集》,见于安澜《画论丛刊》,北京,1960年;宗炳《画山水序》,见于安澜《画论丛刊》,北京,1960年;郭若虚《图画见闻志》,俞剑华注释,上海,1959年,北京,1963年;《苏东坡笔记》,萧屏东校注,长沙,1991年;顾恺之《论画》,见张彦远《历代名画记》,上海,2002年;谢赫《古画品录》,见张彦远《历代名画记》,上海,2002年;李成《山水诀》,E.B.扎瓦茨卡娅翻译,见《美学史·世界美学思想遗产》第1卷,莫斯科,1964年;郭熙《林泉高致集》,C.M.科切托娃翻译,见《艺术大师论艺术》,第2卷,莫斯科,1965年;郭熙《画诀》,阿理克翻译,见《艺术大师论艺术》,第2卷,莫斯科,1965年;郭若虚《图画见闻志》,K.Ф.萨莫秀克翻译、注释,莫斯科,1978年;王维《画学秘诀》,见《中国艺术》,B.B.马良文翻译、注释、作序,莫斯科,2004年;谢赫《绘画六法》,见《中国艺术》,莫斯科,2004年。

**Е.В.扎瓦茨卡娅《中国古代绘画的美学问题》，莫斯科，1975年；В.В.马良文《道的黄昏·新时期中国文化》，莫斯科，2003年；《中国绘画准则》，见《中国艺术》，В.В.马良文翻译、注释、作序，莫斯科，2004年；К.Ф.萨莫秀克《中国绘画的美学现象》，见《佛陀回归·中国博物馆文物展》，圣彼得堡，2007年；Acker W. Some Tang and Pre-T'ang Texts on Chinese Painting. Vol.1-2. Leiden, 1954, 1974; Gulik R. H. van. Chinese Pictorial Art. Rome, 1958; Lin Yutang. The Chinese Theory of Art: Translations from the Masters of Chinese Art. N. Y., 1967; Nakamura Shigeo. Chugoku garon no tenkai: The Development of Chinese Painting Theory. Kyoto, 1965; Soper A. Kuo Jo-hsu's Experiences in Painting (T'u-hua chien-wen chi): An Eleventh Century History of Chinese Painting. Wash., 1951; Vandier-Nicolas N. Le Houa-chede Mi Fou (1051-1107) . P., 1964.

（К.Ф.萨莫秀克撰，王玉珠译）

卷轴绘画的传统技艺

在明清时期的木版画上，观察画卷的中国专家，俯视画卷，将视线集中于阴影、点、轮廓等等，特别是艺术形式的技术层面。对绘画技巧的高度关注是中国美学的特点，这与其说与材料的特性（绢帛或纸张的吸水性和染料的水溶性）有关，不如说首先与古代绘画传统的本体论评价标准有关。中国文化的能量聚合体中，对精神和物质不加区分，这导致书写技巧和艺术内涵之间具有直接关系。有赖于现有绘画形式对传统的保留，我们可以用现代画家的详细示范来补充古代论著的简短信息，因此这些画家的实用教程在中国近二十年出版了很多。很多带有杰出画家范本的DVD非常珍贵。上述出版物宣传绘画基础知识，而没有这些知识，西方的专家很难适当地理解中国古代文本，进而正确地传播它们。在俄罗斯第一个真正意义上涉及中国画技法问题的是Е.В.扎瓦茨卡娅翻译的17—18世纪的巨著《芥子园画传》。其出版于1969年的译本和注释目前还是独一无二的，虽然Е.В.扎瓦茨卡娅翻译的其他论著（例如：石涛的《苦瓜和尚画语录》，1978）也不可避免地涉及技法问题。在20世纪西方的东方学中，华裔艺术家（郭大卫等）也对中国画的技法做过简单阐释。

中国的绘画传统包括两种基本技法：最古老的是"工笔"，用于精细描绘微小的细节；出现于唐朝的"减笔"，大部分情况下用于概括。第一种技法体现"写神"，第二种则是"写意"。工笔技法对应楷书的造型技巧，减笔技法则对应草书。减笔技法主要由知识分子使用，虽然类似的例子也能在民间大师的作品中找到，包括壁画（陵墓壁画和庙宇壁画）、陶瓷和漆器绘饰。一幅作品可以采用一种技法，或者同时采用两种技法，背景则以减笔完成。当将"万化"造型置入一种阴影之

工笔技法范例：王希孟
《千里江山图》（局部），12世纪

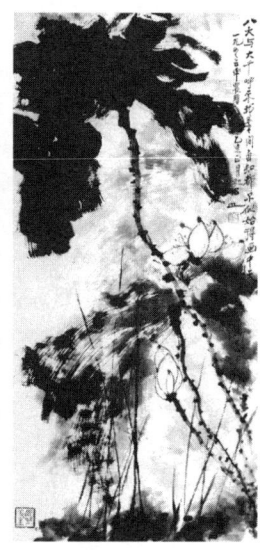
减笔技法范例：黄绮
《莲》，20世纪

中，而主要人物以工笔完成，此时需要表达"万化"的统一性。不同技法的完美结合需要画家成熟的心智和高超的技巧。

在两种技法中，墨起着主要作用，而色彩起到的是补充作用。颜料只是填充，而不是中国画的结构性成分，这区别于西方的水彩画和水粉画。不用墨线勾勒出轮廓线，而是完全用墨或色渲染成的绘画技法称为"没骨法"。也就是说，不构建结构。在文人圈内这被认为是一种普通的技法，只有19世纪下半叶的海上画派的大师将该技法引入水墨画中。

同书法一样，绘画也分为"笔法"和"墨法"。笔法是用笔方法，墨法是墨水的稀释和染色方法。不同种类中国毛笔笔毫和长度的选择，会产生完全不同的造型特点。正圆形，尖锐，笔头柔软有弹性。使用这种笔尖，不换笔，整个毛束就能够使线条的粗细呈现多样化。主要的用笔方法有：

1. "中锋"或者"藏锋"——笔移动时笔杆垂直，笔锋只在线条正中。在书法和绘画中这种技法称为"圆笔"，在阴阳理论中，它对应着"阳"，象征着圆，与天相关。用笔可轻可重，可快可慢。压痕反映用力的大小，用笔速度则是对时间的掌握。所有这些信息都通过线条来传达。

2. "侧锋"——笔移动时笔锋稍偏侧。在书法和绘画中这种技巧被称

为方笔，对应着"阴"，象征着方，与地相关。

3. "偏锋"或者"逆笔"——笔锋在侧面移动，因此"顺笔"中突然会显露出"逆笔"，用以描绘不平整的轮廓，使线条多样化。

4. "散锋"或者"破笔"——笔尖蘸取墨汁或颜料以后，置于砚台表面挤压，因而线和点具有不确定的轮廓，同时其中会有空白产生。

与书法不同，绘画中不仅能够完成转笔，也可以实现"滚笔"和"折笔"。

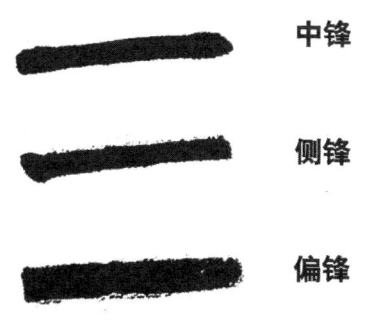

中锋，侧锋，偏锋

根据笔墨水分含量的多少可分为"干笔"（枯笔）和"湿笔"（渴笔）。用墨的方法与水和颜料混合成液体的比例以及用法方法有关。传统的用墨方法有五种：①焦墨——用少量水稀释墨，墨色不均匀且有空白；②浓墨——墨汁浓稠，形成均匀的深色调；③重墨或者湿墨——用大量水稀释墨，有少许亮色，容易扩散，隐约可见液体漫流的痕迹；④淡墨——将墨水稀释成中灰色，流动自如，能明显看见液体漫流的痕迹；⑤清墨——浅灰色调的透明墨。笔尖浸墨的多少和运笔速度影响着同一色调的色彩特征。例如，笔触奔放地使用"浓墨"，将会呈现出"湿墨"的效果。体现"变化"是中国绘画大师的首要任务之一。作为中国哲学的本体论构成，它涉及传统绘画技法的方方面面。

墨法的技巧包括以下几种：①如果底层完全变干，则"浓墨"超过"淡墨"；②如果底层仍湿润，则"淡墨"被"浓墨"浸染；③如果底层半干，则"淡墨"和"浓墨"互相浸润。每种技法都可单独使用，三种技法也常常被用于一幅作品中的不同位置。准确地掌握这些技法需要时间，因而往往直到年迈才能成就真正的大师。

多种多样复杂的水墨技法经历了多年的发展和完善。其目的是扩大水墨和颜料的色调范围，增强画面中绘画区域的空间效果。绘画大师常用的墨法有"破墨"——墨色依次呈现在完全变干的层面（有时达到10—25层），从浅色到深色，同时可以呈现黑色的特殊深度。类似的工作流程也出现在"破墨"技法中："泼墨"或者"泼色"——墨汁或者颜料被泼洒到画面需要的部分，使其同时向各个方向扩散，产生滋润鲜活的效果。除了上述技法，还有"焦墨法""积墨法""宿墨法"等。中国的墨汁变干速度快，干透之后已不能看出下一层着色的痕迹。颜色通常覆盖在墨色之上，但也有相反的情况。

为描绘具体的事物，中国绘画传统中详细规定了专门的线条元素。这些线条大部分与书法同源，并在相关论著中有所提及。因此，如果在书法中用术语"画"，那么在绘画中则是"线"和"阴影"。存在三种基本的造型元素：①线——垂直的笔尖连续且均匀地运动，在书法中符合楷书的垂直与水平；②皴——笔尖倾斜滑动而成，在书法中类似于折；③点——笔触不连贯，类似于书法中的点。每一个元素都有多种变化。这些元素的完成不再是笔尖运动的单独方式，而是与固定的由画家以及带有周围环境能量流的作品结合而成的能量循环相关。

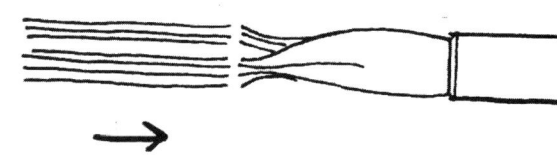

散锋

墨的五种样式（从左向右）：焦墨、浓墨、重墨、淡墨、清墨

"线"被用作对立的技巧"白描"或构形的辅助。中国画家从一些已被认知的基本几何形式的不变形原则出发，对每一种，如同在书法中一样，仔细研究出能体现最佳的画笔运动效果的连续性。例如，描绘圆形石头，笔尖应该按照楷书"口"字的书写方式运动。描绘圆形石头的轮廓，笔尖应该置于中心。在转弯处笔尖则倾斜。这种技法出自书法中的"方中带圆"。在转弯处不能有过界的线痕、过渡的墨迹和凸出部分。轮廓的完美构成必然体现以下准则之一：外方内圆或者内方外圆。只有在深刻理解世界观中阴阳元素的多样交互关系和相互转换规律之后，才能将这些宗旨贯彻到应有的境界。用线条描绘物体轮廓之后，还需用晕线表现形态。与表达物体体积和风格的西方的晕线（其中包括印度的"步骤"）不同，中国的皴法不仅表现物体的凹凸，同时也展现其内部结构。这一结构不可或缺的成分是所有形式都存在的内部的"空"。这种内部的"空"使画面与外部的"虚"相结合，保证了何时何地都不能中断的统一的"实"。

古代画家仔细分析了十种皴法，以供表现不同种类的绘画。皴法的名称以外形相似的某种事物命名，既有自然的，也有手工制造的。某种皴法的研究和分析都是作为独立的造型运动而进行。为描绘石头和山会采用近乎二十种皴法，其中最常见的如下：

上：长披麻皴和短披麻皴
下：大斧劈皴和小斧劈皴

1. 长披麻皴。披麻皴因山的表面纹路好像披着麻缕一样而得名。笔尖倾斜，从上而下。其任务是表现皴的"乱而不乱"。

2. 短披麻皴。较长披麻皴距离更短、幅度更小。

3. 大斧劈皴。斧劈皴像斧头劈下的痕迹。笔尖倾斜，"浓墨"与"淡墨"交替完成。使用"焦笔"时会出现草书的"飞白"。晕线平行，布局规整。

4. 小斧劈皴。较大斧劈皴尺寸更小。

5. 马牙皴。以马牙形长方笔迹进行勾皴。笔尖倾斜。大师建议此种皴应有不同的轮廓和尺寸，但大小形状不能彼此接近。

6. 折带皴。较马牙皴在形状上呈方形拉长。

描绘树木和其他植物还有另外一类皴法，即"似连非连"。其造型应该是自然的，以此来表现石头与山的"生气"。

点常常由墨，而不是颜料来完成。在描绘对象的轮廓之内，通常是从左到右绘制。其分类简单包括：①"圆点"，笔尖垂直；点的第一层面用浅色，然后在变干的层面上分布更深的点。②横点，笔尖极度倾斜；点的轮廓为圆形或尖锐的形状。③直点，笔尖倾斜。④斜点，较之直点，笔尖向侧面倾斜。⑤裂点，分裂的笔尖极度垂直。造型和点的深浅色调的变化能够传达气势。大师经常将"横点"和"直点"混用：有时第一种点表现草丛，第二种则是树木；山上面的"横点"表现长满青苔的台阶，山下面的则是树冠。裂点刺激了联想。根据造型，点的白描可软可硬，可尖可钝。然而，硬中有软，软中有硬。一些拉伸较长的点用肉眼看接近于晕线，但下笔和收笔符合点的书写规则。

线、晕线和点的造型表达着深刻的世界观，对它们的认知指向复杂的传统美学范畴。这种机制最初形成于书法之中,这也注定了绘画形式的"书法认知"。这种认知聚焦于中国自身的民族气质,并在与其他国家艺术的接触中凸显中国文化的特征。

绘画技巧中还包括"擦"和"染"。擦有时类似于皴,但皴法能看到笔尖运动的痕迹,而擦则不能。擦时,笔尖或手指倾斜压置于晕线之上,色调是从浅至深。这种连贯性能有效地传达所描绘事物的内外部动态性。这与"书法认知"的习惯有直接关系。擦法的使用能表现石和山的明暗部分。染则由蘸有浅色墨汁或颜料的倾斜笔尖轻柔地完成。使用染法时不应有流痕。染能够呈现不同的色调深度。色调等级标示出形体的凹凸,揭示了其内空的特性。在绘画完成时要加深阴暗区域。染可以是"干染"或者"湿染"。在和谐的作品中,二者互为补充。

绘画的连贯性包括五个步骤:①用淡墨或者铅笔勾勒出大型物体的位置和轮廓;②仔细研究晕线;③在干的晕线上擦;④根据擦层置点,有时在着色之后置点;⑤在着墨之后涂色。涂色由浅色开始,以深色结束。先涂暖色调——粉色和米色,然后是冷色调——蓝色和绿色。

大斧劈皴的范例:马远《踏歌图》(局部),
13 世纪初

董其昌作品中圆点、横点、直点的使用,
16 世纪末—17 世纪初

结构上,必须考虑大小、高低、虚实和远近的关系。这些相互关系被称为"呼应"。构图中所有元素之间的联系都是动态的,而这并不取决于情节上是否存在运动的物体。需要指出的是,"呼应"是书法和绘画的共同原则。

画家应坚持传统的垂直和水平结构绘制的连贯性,这既取决于作品的题材,也取决于具体流派的传统。全景描绘通常是先底部,然后是中部,最后是顶部。笔尖通常是从右向左，少数情况下是从左向右。山之后画树木，然后是瀑布、河流和湖泊，而后是云朵和烟雾。长期的训练以及画家在所有画种中对特定技法和主题的狭隘的专业化决定了中国画的复杂性。知识技能的多样性是极高天赋和不懈努力的结果。

中国画的技法没有即兴创作和修改的余地。整个构图和行为的连贯性必须经过反复思考，即"意在笔先"。艺术构思需要长时间的思考，正如一些论著的作者所言，大师可能会"突然"抓起笔，在抑制不住的兴头中完成自己的杰作。

分析绘画技法可以看出，中国绘画艺术形式的微观和宏观层面的相互关系，存在与西方绘画技法相反的情况。在中国画中，较之于表达多层次语义和复杂句法的宏观形式，微观形式（线、晕线、点）传达着关于画家身心和精神世界的容量更大、更直接的信息。鉴赏家以技法知识为基础能够近距离地观察作品，此时他不是消极地观察，而是在思辨中"重现"画家笔尖运动的全过程。这种"共同创作"加深了其对画家精神世界的理解，这是分处于两个遥远时空的个体的"灵魂对话"。

**《芥子园画传》，E. B. 扎瓦茨卡娅翻译、作序及注释，莫斯科，1969年（2001年再版）；E. B. 扎瓦茨卡娅《石涛〈画语录〉》，莫斯科，1978年；顾德润《中国画技法示范·白描·工笔·写意：浅绛山水》，武汉，2003年；李明耀《中国画技法一点通·山水篇》，1—2卷，上海，2007年；刘知白《写意画范·山水》，北京，2005年；徐永万《中国画技法新解：焦墨·枯笔山水》，合肥（安徽），2002年；陈志明《绘画教程·国画山水》，上海，2007年；Kwo Dawei. Chinese Brushwork in Calligraphy and Painting: Its History, Aesthetics, and Techniques. N. Y., 1990.

（В. Г. 别洛焦罗娃撰，王玉珠译）

传统绘画美学

绘画与哲学

中国哲学思想的双重性表现在传统绘画的多个方面，其表现方式也多种多样。这种双重性预先表现在儒家和道教美学观念的对立中。中国美学所描述的真正的工艺要么是非常精致的,要么就是朴实无华的。画家的创作或是以严肃、沉重的工作,或是以轻松、自发的接近游戏的行为出现。有时画家特意在画卷上描绘所有微小的细节,有时画作又仿佛是未完成的草图。由儒家确定并在道教和佛教中实现的世界二元性认知,成为构造绘画形象的基础,这种形象证明:总体上中国人的世界认知更具融合性,最终获得有机的完整性品格。

绘画美学文本的概念层面是多方面的,其中也存在着这种双重统一。在直接涉及绘画美学的文献中,很少有抽象的文章。它们通常是涉及画家生活形象和艺术实践的具体说明,因此显示出创作属性的美学范畴种类非常广泛。在文本中任何一种最抽象的范畴也常常与"用"这一符号紧密相连。绝对的、"真正的""为"被定义为"道"。"为"这一概念本身主要被理解为心灵的"工作",用"行"或者"修行"来表达。真正的作品,其绝对属性是"自然"和"无为"。文本中如下的道德—美学概念占据着绝对位置:善与恶,开化与无知,清醒与糊涂。所有反对这些观念的人都是不入流的作者,因为美德和功绩、罪孽与谬误都是日常表征,它们在绝对层面上被调和了。

在有关中国绘画的大量文献中经常提及"道"。这个范畴也可以指个人道路,是在绘画或者绘画流派中确定的倾向。但首先,"道"是中国最广泛流传的经典哲学概念之一。极为重要的是,正是这种抽象的哲学范畴通过绘画得到了完全对应的表达。从最宽泛的层面上讲,"道"反映着自然界中秩序与和谐的基本哲学思想,因此这一概念适用于任何事物。与中国古代文化所有其他现象类似,绘画存在于"道"的观念体系中,"道"决定了绘画的基本准则和技法,以及此种文化携带者对画家的态度。

庄子认为:"道,物之极,言默不足以载。"绘画被看作"道"最有效的表达方式,比其他许多艺术更能传达"非言非默"的状态。

了解绘画本身的"道"是中国画家和理论家创作的必备条件。通常在寻找个人道路的过程中,他们诉诸以往的经验,充当着诠释者的角色,想从中寻找新艺术的范本和稳定的美学准则。每一代人都带来对"道"的诠释的某种修正,因此在绘画中个人对这一领域的理解,比在哲学中更为强烈。天才大师的每一笔线条都具有不可复制的特点,都体现着"道"。画家和美学家的影响不仅加剧了绘画实践中的变化,也促进了传统哲学观念"道"的各个方面的变化。

作为绘画"基础"的"道"多种多样，在任何一种绘画情节中都能够体现它在广泛意义上的某种征兆。水是"道"最广泛的象征。在风景中急剧的瀑布是希望展现世界和谐的画家思维结构的插图。中国画家追求更完整且多面地在绘画中展现"道"的特性。

中国绘画的起源是同丧葬仪式和祖先崇拜紧密相关的。儒家礼仪使今世与永生互相接近。因为，正如Г.С.波梅兰茨所指出的，通过这种或那种方式与先辈的世界建立联系，"用永恒的光辉照亮自己的日常生活"。中国画家再现的事物始终同时具有"尘世"和"天界"两种时间。因此，在创作中存在着两种元素：仪式性—合乎规矩的，即鼓励重复一个众所周知的主题；自发性—个性的，它使画家自主进行主题转换的选择和色彩、线条的处理。

山水画和花鸟画来自道教和佛教仪式。如果说儒家绘画将注意力集中于社会和个人的社会性方面，那么道教和佛教艺术则相反，它使个人从社会问题中脱身。总体来说，中国艺术家试图表现天地人的相似性，表现天地人对永恒奥秘的转瞬即逝的参与。

在这方面，中国绘画的传统性和典籍的核心作用（根据荣格的观点，典籍表达的是集体无意识）与其说是这种艺术在历史发展进程中的停滞不前，不如说是由于时间本身的"哲学"，由于中国文化中特定的"不受时间限制的"原型。

事实上，直至20世纪初，中国还没有宗教（儒家、道教或者佛教）之外的绘画。但从明代开始，许多绘画形象中的神圣含义仅被保留为原型——对绘画形象的审美及感知世俗的符号，而这些形象的"神圣性"往往很难再被意识到。

戴进《春山积翠图》，
15世纪上半叶

郭熙《幽谷图》，
11世纪上半期

在礼仪的基础上，绘画被打上天地神圣含义的烙印。自然而然，正是这些最重要的宇宙学起源决定了绘画卷轴的结构：展现作品内部动态的基本行为。宋代山水画画家和理论家郭熙在论著中指出，艺术结构的本质是在画卷中固定天与地的位置和它们的相互关系。"凡经营下笔，必合天地。何谓天地？谓如一尺半幅之上，上留天之位，下留地之位，中间方立意定景。"

中国卷轴画的结构特征之一（根据上文提及的原因）是大范围未被填满的白色斑点，这被称为"天—地"或者"留白"，用来衬托"画意"。但在中国画家的创作中，天与地并不是消极存在的，他们以空白的形式表现白云或流淌的河流。在具象化的各种方法中，对立统一的思想首先传达着传统绘画的道家特征。"虚""空"和"旷"经常出现在理论作品中。这种蕴含着巨大能量的"虚无"类似于道家的"无为"，也就是表面上没有运动（潜在的活动）。

山水美学

山水画将三种自然元素——水、石和木统一起来，并在其组合之中融入第四种元素——时空的绘画结构。山水画美学中的视角理论直接解决了观者在时间中所理解的空间建构问题。

中国画卷中的空间是根据这里已经确立的、将三维世界"转移"到绘画平面的体系来建构的。画家经常使用所谓散点视角，即（根据П. А. 弗洛连斯基的理论）建构结构的"分散中心"。在此种情况下，按照直线透视来规划的画卷每部分都有自己独特的中心。换言之，画面的聚焦点经常发生变化，使观者进行符合山水画结构布局的意识之旅。在传达明暗中偏离实际的"确定性"也同样具有根据：运用光和阴影，中国画家经常"照亮"最重要的部分，且经常违背光学准则，而是按照需要将画卷的这个或者那个区域置于阴影之下。

画卷空间结构的动态性在功能上与肉眼可见的空间折叠有关，这种折叠相应地影响并放缓了一定时间段内的节奏。为了在风景中构建"微观世界"，中国画家将这种效力发挥得淋漓尽致。观者位置的动态性是以目光焦点高于或低于水平线为前提的，这种位置变化产生了空间变形。这种扩大空间范围并将其引向另一种品质（统一的时空）的绘画方法使风景具有壮丽感，这种壮丽实际上不取决于画卷的尺寸。因此，作为其时间表达，空间中的现象"包容"是一种内部包含着全部中国传统文化处世态度的绘画形式。山水空间的"奥秘"体现于《林泉高致集》——宋代著名画家郭熙关于山水画创作的经验总结，由其子郭思编纂完成——中的"三远"理论。中国山水画对空间的处理，是取消作为艺术世俗化标志的线性原则，从而无可争议地证明，这不是一种世俗的，而是具有宗教实质的绘画题材。比例的混杂、一个结构中不同点的组合，都向观者传达着另外一种区别于感性内容的对心灵真相的体验。

花鸟画的审美含义

花鸟画的发展体现了传统诗歌与哲学的联系。花鸟画主题的形象—象征意义并不小于其美学意义。多部理论著作中提及此种中国画重要分支的不同创作方法，如被后人传承的10世纪画家徐熙和黄筌的创作方法。郭若虚简单定义了两位大师创作的不同："黄家富贵，徐熙野逸"。黄筌的风格在中国美学中被称为"写生"——更准确地说是"书写生活"，而徐熙的风格是"写意"。后来这些概念转向了山水画和绘画的所有类型，但最重要的是，这些概念体现于花鸟画中。

黄筌《溪芦野鸭图》，10世纪

被誉为"四君子"的梅、兰、竹、菊，构成了花鸟画的特别分支。与山水画一样，中国画中的花鸟题材也是极为流行的。

梅的高洁主要与宇宙论的象征意义有关；竹画揭示了儒家伦理和道家哲学的精髓；兰花和菊花则充满了人文气息。古典诗歌中的菊花形象充满了文学联想。兰花画被著名的大师（如赵孟頫）、文学家和许多画家创作出来，有关兰花画最重要的著作是由明朝绘画理论家李日华完成的。竹画的杰作由如下大师完成：文同、苏轼、梁楷（宋朝）和倪瓒（元朝）等。竹画的笔法细致到最微小的细节，涉及多种绘画和植物的个别部分，因此，竹叶的画法和梅花的细节刻画，常常与书法技法相提并论。

有趣的是，花鸟画画家也会随机绘制信笺和信封，以及工艺美术作品。因此，关于中国艺术的装饰性及其象征意义的论述，研究者通常会提到与实用艺术密切相关的"花鸟"流派，这也是中国绘画的美学特征之一。

人物画美学

天地概念的哲学思想不仅体现在山水画中，也体现在人物画中。在天-地-人（三才）"三位一体"的画像中，最后一个元素没有获得独立的象征意义，而是通过天地特征的组合来表达。值得一提的是，人物画发展的高峰，如唐代和明代，也不能与这种题材占据主导地位的汉代相提并论。我们实际上并未见到汉代艺术遗迹，但书面文献证明了在这一时期人物画不同寻常的普及。中国理论家们用一些术语来表达"人物"这一概念。苏轼和陈憯用"传神"（"灵魂""精神元素""神灵""神气""超自然的""不可知的""生力""宇宙元气"）一词来传达，而王绎则用"写像"。丁思铭和丁皋将人物定位于"写意"。在这种语义结构中，"神"具有主要意义。因此，中国理论家表达语义中的"人物"概念是人物画的基本目的，就是试图最大限度地在人物画中表现"神""人类的本质"。

天地的哲学思想通过数字、几何图形、色彩和奇妙形式的象征意义得到揭示。

数字与暗影的审美含义

在众多揭示中国画精髓的概念中，数字占据特殊地位。因为天是统一形象的体现，而地是多数思想的化身，从一到九的奇数代表着天，而从二到十的偶数则体现着地。一和二在"三位一体"中体现着天地合一的思想，同时象征着天的威力，凝聚阳之力；三乘以四得十二——一年的月份数，因此这个数字也是天的象征。数字的审美意识有两种最为清晰的表现形式：一种体现在所谓"无画之画"的学院派山水画中，一种体现在基于相术的人物画理论中。"无画之画"——表达着"虚道"准则，一种理想的缺失状态，在艺术创作中呈现为"无为"。在这种情况下，画家的创作并不试图在其中表现思想，他只是作为无个性创作元素的听话的向导来运笔。

在绘画结构中，纸张或者绢帛留白部分的意义要比画本身的意义重大，因为画是暂时的，而空白的空间是超时空的、中立的"零位置"（"绝对值"的操作领域）。我们认为，两个极点的结合也表现为中国人对单色画的嗜好，在那里所有的颜色都"混合"为一。考虑到艺术家有意识地参与了与"绝对"的对话，人们可以发现，一方面在马远和米芾的山水画留白中一些抽象的相似，另一方面在早期马赛克和神像中金色背景的相似。两种情况下的"缝隙"用来表达另一个非现实世界的时空。应该再次指出的是，中国画通常建构于最严格精准的规范之上，这种规范既是从绘画外部结构中能够辨认出来的，又是其隐秘思想所构成的。

山水画是最抽象的数字范畴的具象表现，因此，背景的白纸和统一的构图比例本质上都是同一个范畴的数字表达。山水画画卷可以分为三个部分：天、地、人。这三部分决定了整个画卷的数字比例。画卷顶部为"天"，其占画卷的比例通常为奇数（三和五尤其多）。画卷底部为"地"，其占画卷的比例通常为偶数（主要是二和四）。画卷中间是属于人的部分，其占画卷的比例十分复杂，主要取决于与"天""地"两部分的比例关系。

数字符号学原理在肖像画及其基础——相面术中体现得十分明显。一幅肖像画的伦理意义、神秘主义和美学价值都融合在它的数字象征中，象征着人的性格和命运（人的命运被称为天书）。

以下是中国绘画几种主要的数字表达方式："零"（"无言之道"，表现为山水画背景的空白。在古代中国计数法中，是用空白来表示"零"的，直到8世纪初，"零"的数字符号才传入中国。——编者注）；数字"一"象征作品的整一性；数字"二"背后隐含着实际上贯穿所有中国绘画的阴与阳的二元对立；数字"三"在绘画理论中十分重要和受欢迎，如山水画中的"石有三方"（勾画石头的方法技巧）、"三远"透视法，绘画作品中的"三品"（画作的三种品级）、"三病"（绘画的三种败笔），等等。

中国画家经常运用数字"五"（"五彩""墨分五色""五味"等），这与古代中国"金、木、水、火、土"五行学说密不可分。"五"在中国绘画的数字文化中也占据重要地位，因为它寓意着天地合一（三加二等于五）。

几何形状是中国绘画中同样重要的数学符号："天圆地方"，据中国阴阳学家解释，圆和圆形轮廓的物体代表着世界上天空的入口，方形和矩形物体代表大地。三角形通常与数字"三"相联系，代表"天"的力量（例如，在最古老的象形文字中，"山"字是三个依次排列的三角形，因此在山水画中经常用山来代表天空的力量）。

"中"的理念在带有数字性的中国美学中非常重要，倘若没有"中"，那么围绕它的四方都失去了意义（五方，即东西南北中）。这样便确立了绘画中空间结构的基本原则。

中国数字美学的一个基本特征是对无限大与无限小的统一性的认识（因此，画卷哪怕只有一片叶或一枝花，实际上，这简洁的形式包含着关于整个集合的信息）。

显然，在中国艺术中，当然也包括绘画，对数字的美学理解及其巨大作用的认知是由绘画理论的哲学性质决定的。它的本质表现为与"世界秩序"的图景、规律和数字密切相关的"思想""首要原则"等范畴。因此，数字美学的主要任务是表达神圣及艺术层面中主体和空间的综合。

对于"存在"辩证法的普遍观念在绘画各种颜色的象征意义中显而易见。红色依稀透过黑色（玄），象征着黑暗深处的光源。黄色——成熟的庄稼的颜色，代表着大地及其果实在云、雨、雷等媒介的帮助下与天空相融合（象征着天空让大地孕育了一切）。如果说红色代表天空与大地的婚姻关系，那么橙色则是天空与大地孕育的结晶。与这些颜色有关的还有龙的形象。龙作为云之主，可将"带火的珍珠"——闪电玩弄于股掌。几个世纪以来，龙画始终是一种独立的题材，张僧繇被公认为其鼻祖。龙或现于湖海，或隐于云雾，体现了万物间不断变化的存在和虚无的合一感。道的形象不仅体现在龙头、龙尾及布满鳞片的龙身中，还体现在未被画笔触碰的留白上，此称为"白龙"，就是没有图画的空白画纸——这被认为是体现龙"道"的最高境界。

C.G.荣格认为中国美学最重要的原始意象之一就是阴影（这一点与欧洲相同）。阴影这一概念在不同历史背景下有着不同的解读：最古老的、最深层的解读是《易经》，由于阴影自身与绘画密切相关的图像性质，"阴"被看作世界结构的两极因素中更为重要的一极。自古以来，阴影、黑暗和神秘这些范畴与女性起源有关。纵观中国历史，无论在哪个时代，其政治和文化的特

吴镇《墨竹图》，1350年

点要么是光明的（阳），要么是黑暗的（阴）。

值得注意的是，单色的水墨画被喻为"阴影绘画"。这一点在宋代关于墨竹起源的传说中得到证实：一位富贵人家的女眷李氏，在月光皎洁的夜晚，看到窗户上竹子投下的阴影，便在纸上用墨将其临摹下来。她的画作显示，这种单色水墨画比先前多种色彩的画法更能体现竹子的本质。

元代历史学家证实，中国绘画中还有同样的画法——墨梅，即用单一的墨色来勾勒梅花。

绘画中图像的黑白特征与明暗对比的客观物理定律联系并不紧密，这表现了世间事物的无限而神秘的特性。因此，阴影可以被视为折射在绘画中的中国美学的"原始意象"之一。

欧洲哲学和美学对阴影的解释（指出阴影对人或事物的负面影响）与中国美学中阴影的概念相矛盾。中国美学发现了阴影中蕴含着道家的"太极"观念：阳主动，阴主静；阳极则阴，阴极则阳。正如黄钺所言，画家或诗人"如松之阴"，只反映大自然本身的创造力。

恽寿平《五色芍药图》，
17世纪下半叶

按照宋朝皇帝徽宗（赵佶，1100—1126在位）的旨意编纂的著名的《宣和画谱》中指出，真正的艺术大师"则不知艺之为道，道之为艺"，因为他无视自然界与人内心世界的界限。在宋朝，秉承"道"的理念创作的作品，其价值高于自然的创造。

画家作品中自然的存在不由自主地将其行为变成了"无为"，其绘画技巧也不再矫揉造作。因此，自然被认为是天才的基本标志。中国当代学者对绘画美学的看法是：合理——绘画的基本原理；传术——大师的高超技巧。

如果一个画家可以敏锐地捕捉到光与影的变化，敏感地体会到世界上色彩的丰富，那么他就能以特殊的心态对每一种色彩做出反应，同时知道色彩的多样性并不能完全表达色彩的真实本质。事物的真实形象就是没有形象（"大象无形"），在这个方向上发展的创造性人才的思想变得更加完美、灵活，因为他学会在"无名"的情况下在世间生活，不区别现象，能看到所有对立的事物"被抹去"。

情色符号体系

对传统绘画中"性密码"的分析尤其令人感兴趣，因为所有研究者一直以来都发现中国艺术家着重强调羞耻心。事实上，中国传统绘画的主要题材——风景、花鸟（草木和昆虫）、日常生活和肖像，与古典欧洲艺术相比，似乎没有色情主题和色欲图像。儒家的绘画规则规范了它是一种清除了不雅内容的文雅现象。性情节只存在于"俗"画中。然而在现实中，远非所有的艺术家都遵循了这些规定，一些艺术家乐于创作"春画"。但即使在遵守儒家道德的情况下，中国画中也存在特殊的艺术标志与暗示来表现性，使性的隐喻非常精致和多样。花和蝴蝶，风景，建筑群，不同的物件，如花瓶、箭、如意等图像，形成了一个渗透着性意味的丰富的形象世界。

作为符号统一体的画卷创作需要发展相关（联想）思维，这种思维建立了理解不同符号的共性和完整性。远古时代中国文化中就塑造出与绘画"性符号"密切相关的普遍象形原型，如天、月、影、水、树、三角形、龙、蛇、心、肝、火等。性标志是它们的许多语义层之一，由于其与象形文字的密切关系，它们还具有更多的语义。在关于绘画的中国文献中，没有人特地去研究性符号这个参数。只有在描述艺术家生活，在文学作品中的类似主题或书籍的插图中，才能发现中国的研究者对某些风景画的性意象的见解。

在消除高雅文化（文）与粗俗情调（俗）界限的科学研究中，德裔美籍权威汉学家艾伯华（Wolfram Eberhard，1909—1989）的大量著作发挥了重要作用，其中尤为引人注意的是《中国文化象征词典》（1983年，英译本1986年），这部著作也是Е. В. 扎瓦茨卡娅（1993）和Л. И. 伊萨耶娃（2006）同类著述的基础。该书一个重要内容是收录了一百多个条目的植物代码。在中国艺术中，植物符号形象可以说占据着核心位置。几乎所有的树、花、草都可以在某种程度上引发性联想，成为情色的刺激因素。杜鹃花是女性诱惑力的化身，它被称为"布谷鸟之花"，暗示着不确定的关系；而拥有类似阴茎形状的茄子则相反，扮演着性挑逗者的角色；甚至佛教中神圣的菩提树也包含着性密码，如"菩提水"即开悟之水，这是精子的隐喻；"花心"是女性生殖器官的名称之一；黄花代表着处女；

莲花和芍药（特别是红莲）指女性生殖器官；水仙和兰花表示婚姻关系；梅花则是轻佻女孩的俗称。"梅开二度"这一说法含有色情之义："同一晚的第二次房事"。

　　昆虫和鸟类的图像也会引发性联想。蝴蝶和蜜蜂从花中取花蜜，象征着性交，被描述为"招蜂引蝶"。象形文字"鸟"意为阴茎，通常用于脏话。燕窝是一种男性性欲刺激剂，因此燕子的图像含有色情讽喻；"鸡"指代妓女；大家熟知的象征着神话中牛郎和织女欢聚的两只喜鹊，也可能包含一种性色彩；"鸳鸯"是婚姻忠诚的化身，它还有另一种含义：这是房事书籍《洞玄子》中介绍的30个性交体位之一。"黄鹂—鹧鸪"有时用来称呼妓女；"鹌鹑"指代轻佻女孩；"麻雀""小麻雀"指代男性生殖器官；"翡翠（鸟）"用来称呼30个性交体位之一。双鱼戏水是性满足的标志；"螃蟹"（"干蟹"）被认为是男性性欲的极佳刺激剂；"鳗鱼"指阴茎；"黄鳝"指同性恋。兔子，尤其是拿着杵臼捣物的兔子，象征着男性的性行为。"打兔子"一词的意思是"逛妓院"；"小兔儿"是一个淫秽的词；"阴兔"是阴道的名称。马在中国是女性本源的体现，然而，"马眼"表示阴茎头上的口，"马摇蹄"表达的是30个性交体位之一。象征着四相、天体、五行、颜色、声音的传说中的神兽——麒麟、青龙、白虎、龟（与蛇，即"玄武"），也具有性的含义。例如，在生育子女时带来祥瑞的麒麟，也是性交30个体位之一的象征物。龟，或者更确切地说，龟的象形文字，是阴茎的图形符号，而蛇，作为女性的起源，与龟合体代表阴阳并存的混沌的水世界，——这是中国艺术中性的核心意象之一。青龙，被认为是男性性欲的化身；狮子或狮子舞球——是性游戏的形象。"鸾双舞"是30个性交体位之一。双羊即双阳，是男性性行为的象征。艾伯华揭示出，中国画作所展现的多样化物象世界中充满了与人类性生活领域相关联的微妙有趣的暗示。例如，圆璧意味着处女；球，通常指绣球，被解读为一个神奇的、孕育生命的蛋——因此狮子舞球，以及龙戏珠都具有类似的象征意义，属于性的形象。"善射者"一词被认为是一种色情隐喻。书画用的笔通常象征着阴茎；蜡烛熔化淌泪可以被认为是性交的激情；渔网表示女性生殖器官。一些乐器如长笛、琵琶、琴瑟等，都具有一定的性意义："听琵琶曲"意味着去妓院，而琴是阴唇的隐喻。

　　在描绘高山与河流、树木、空中明月、各种桥梁和亭子、在船上沉思的孤独渔夫和江湖散人等内容的山水画的构图中也隐藏着某种性意义。山，或者更确切地说玉山,通常用来称呼女性乳房,山谷即乳沟,乳头则类比为葡萄和莲子。色情文学中的桥梁表示肛门和阴道之间的部分。一个孤独男子在溪流中的小桥上散步的画面具有某种暗示,可能意味着同性恋。建筑群中后花园的图像无疑与同性恋相关,同样,"赏满月""三重塔"隐喻阴道,三角形则自古以来就是人所共知的外阴的象征。各种自然元素、自然物体的相互作用、物体的功能等都可能渗透着特殊的性意味。"骑马"是一个性交比喻;"问柳"意味着去青楼;"白虎腾"是30个性交体位之一;喜欢风月代表着积极的性活动;云雨象征着性行为的一体:云是伴侣之间的互动,雨是高潮;飞,一起飞翔意味着互爱。"灵魂出窍"是对性高潮的描述;"吃烤肉"的意思是性交;"南风"被称为同性恋,因为这个短语发音和"男风"一样,意思是"男色"。

当然,中国绘画中大多数符号图像的性联想并不总是为观者所感知。范宽的壮美山水画或吴镇大师技艺精湛的竹子素描,倪瓒纯正、简单的构图,都不会引发性符号上的情感和思想。但一些花鸟画、风俗画、肖像画以及山水画在一定程度上有着性暗示。

绘画的第一准则

在传统的中国美学中,所有与绘画属性、才能和创作特点相关的问题,都在南朝艺术家谢赫制定的绘画六法的第一准则范畴内得到阐述。因此中国的绘画哲学被看成是对其"气韵生动"规范的注释和理解,甚至是"重构"。

第一准则的最主要部分是"气"的概念——中国哲学的基本范畴之一。根据理论家的解释,这一领域的方法可以分化出这个或那个美学流派。绘画美学按照这一领域内涵更为丰富的道路发展。宋代、元代和明代的第一个绘画美学准则的特征是描写"韵"。"韵"是"气"的变体,虽然只是这个或那个思想的细微差别。在谢赫的准则(也如这一规范更为古老的理解)中强调自发的"韵",画家产生与宇宙以韵律为基础

**陈洪绶《荷花鸳鸯图》,
17世纪上半叶**

的共鸣。由此得出，从9世纪开始，第一准则即是对作品韵律结构的假设。

绘画理论中最尖锐的论争是有关"生动"的问题。争论的焦点首先是，人是否可以学会掌握它，或者这种"韵律"是否是"超自然的力量"，是否是一种"天赋"。一小部分理论家认为，创作美好图画的同时，画家也将"气韵"带入其中。宋代艺术理论家郭若虚则相反，他认为"气韵"是先天的才能，是不能通过学习达到的。具备这种先天的才能被认为是一种独特的现象，因此可以说，"气韵"在中国美学中是作为一种真正才能的特点、天才的特征而存在的。

第一准则的第二部分——"生动"在内容上更为具体，它并不与某种哲学—美学观念想联系，尽管"生"出现在另一个美学概念"写生"（与最重要的美学范畴"写意"相对的概念）中。

明代末期对第一准则的重新理解更是意味深长，它根本性地改变了这一标准。清代理论家盛大士以原创作品的四个特征为基础，提出了"气骨古雅"。根据后来的理论家的观点，这种形象性表述的主要特征是：与"气"有关；在笔墨的帮助下描绘清晰的结构（骨）；传统的权威，画家渴望简单地贴近古代思想；与古代艺术的"简朴"相关的文雅精巧。根据中国鉴赏家和艺术批评家的观点，第一准则在为数不多的大师作品中得到了艺术的展示。

倪瓒《容膝斋图》，1372年

绘画的形态学

形态学，即关于艺术对象结构的学说，例如B. Я. 普罗普（1895—1970）或法国哲学家H. 福西永（1881—1943）的理论，可以作为研究中国绘画审美现象的方法论基础。

形态学分析的主要部分是由画卷中不同"人物"的特征分析构成的：从最简单的物体到画中刻画的动物、人和神话事物。其中，结构中现实元素和神话元素的结合是很有意思的。它们经常具有相反的功能：在山或者树木中，画家看到并表达的神话元素（如，松树枝的画与凤凰相似），虚拟的形象——麒麟、龙或者三足蟾蜍——描绘得如此细致，画家希望描绘准确的细节，就好像这些生物长时间对着他摆姿势。

传统绘画最重要的特征是画中的元素具有功能性。功能相对有限，因而他们经常从一种物体转向另一种物体。这为中国绘画所特有。针对这一点，В. Я. 普罗普的话表达了对神话传说的态度，且更为公正："一方面，其多样性令人惊奇；而另一方面，其单一性、重复性更让人惊奇。"在作品结构中最常见的功能有"宾主""开合"及与之类似的其他功能。有时个别的功能缺失，但这不能改变其他功能的顺序，因此绘画的结构整体上是同一类型的。绘画的中立立场（或者按В. Я. 普罗普的定义"原始情境"）是通过符号表明"入口"的。通常绘画的某种主要元素能起到这种作用。可能是作为整个作品背景的石头，确定了"石头哲学"；"入口"的角色也可以由树木或者单独的花来扮演。一次展开的结构分析表明，结构中许多功能是成对或者成组出现的，很少遇到单个出现的情况，因而其中的一些具有双重形态意义。在绘画结构中，联系各种功能的辅助成分起到了一定的作用。元素加倍或者三倍是个别辅助方法之一。具有特征的细节增加或者个别功能增加三倍；它们的重复或是均匀的，或是递增的。

形态学方法在分析山水画、花鸟画和人物画中是最有效的。但就整个绘画体裁来说，日常场景的形态元素和功能很难被清晰地描绘出来。

传统绘画形态学的分析不能完全不顾及绘画与书法的联系。这种联系并不局限于绘画技巧的书法属性。在绘画和书写符号之间存在最初的自然的统一（对于所有原始艺术来说，"写"和"画"的概念是同义的，其中也包括中国艺术）。

绘画的起源与伏羲相关，正如《周易·系辞传》中叙述的那样："仰则观象于天，俯则观法于地。"书写和绘画之起源的八卦就是这样创造出来的。在这种情况下，将绘画定义为微观世界似乎并不奇怪，而微观世界在结构和符号上都对应于宇宙的宏观世界。一条线（整条或者间断的）作为卦的组成部分，无论是在绘画还是在象形文字中，从《易经》时代开始，就展示了诸如创造世界或者分开天地时极为复杂的状况。

17世纪最著名的理论家和大师石涛在《画语录》中

石涛《横塘曳履图》，17世纪末—18世纪初

写道："太古无法，太朴不散。太朴一散，而法立矣。法于何立？立于一画。……立一画之法者，盖以无法生有法，以有法贯众法也。"

"一画"虽然在石涛之前至少千百年的书法和绘画论著中也曾见到，但它是由石涛在完整意义上揭示的概念。石涛在不同层面上对这一概念进行解析，难以置信的是，它同时包含了具体的、技术的和哲学的天体的思想。

在技术层面上，"一"，"最简"笔画——这是最初级的形状，并拥有绘画语言，像所有其他事物一样，根据事物的本质，是绘画的变体和结合。

这一概念的美学层面揭示了"一画"的原生性。这一画构成了孩子用笔的第一步练习，同时也是绘画和书法的出发点，是这两种艺术所有的难点和奥秘的集中点。这也是为什么在古代文本中，如果要说明艺术创作，最经常使用的动词是"写"而不是"画"。"一画"——这是绘画语言和这个词后一个字的"第一声牙牙学语"。"一画"是"绝对"的化身。

在叙述传统中国绘画起源的理论中，有几种情况很重要：首先，要确定书写和绘画是同时产生的，这样就否定了是图像逐渐转变为符号的公认观念（摆脱艺术是从视觉属性向书写的图示化和线条的假定性转化的观念）；其次，在最基本的符号——"一画"中体现着语用意义和深刻的哲学思想的自然结合。

唐寅《春山伴侣图》，16 世纪

象形文字——卷轴画的模型

最简单的图形线条可能是客观世界的元素平面上的假定性符号。构成象形文字的线条的组合成为特殊的造型符号，并以复杂的形状构造周边的空间。重要的是，象形文字在原则上不同于其所指代的现实对象，也不同于创造三维幻觉的图像。在象形文字中只要通过一些基本特征就可以猜出这个现实对象，从而使观者可以感知常规符号而不是貌似可靠的图像。象形文字的图形,即被抽象读取和理解的抽象平面图画,构成了中国书法艺术的基础。象形文字的相似性也可以解释主要绘画元素的经典化:画家笔下的石头、树木、水流、花鸟甚至人物,按惯例都是典型化的。

意识的审美活动和概念的哲学活动之间的相互关系是一个难题,对这一难题的解决取决于对绘画本质的思考。绘画是思想形成的方式,它"不是自性存在",因为在平面作品中它已经超越了自己,具有携带对其来说个体性和全面性统一的形象特征。绘画中写意逻辑成分的提出是直接的,但在这种情况下,摆脱了现实理想的"意"成为形象的特征。类似的还有包含作品形象结构的绘画中的颜色,与某种超出其"自然"属性的象征意义相对接。同样,绘画的意象本身也没有明确的界限,而是指涉某种外部事物。

列维-斯特劳斯(1908—2009)在中国绘画中发现了语言和绘画语言统一的更清晰的例子。他在《神话学:生食和熟食》一书中写道:"图形符号,特别是汉字,无论其应传达的智力含义如何,都具有美学特性。"

节奏的书写特征是其固定成分。线条的书写"不按照这种节奏"可能会引发对重要的美学准则的破坏,这不仅仅在书法中,也在其同源的绘画中。在方法论上,象形文字结构和线条的分析与绘画的构造方法意义相同。这与其说是某种象形图形的直接借用,不如说是两种类型——书写和绘画——符号结构的内部共性。因此,在中国象形文字的线条中,草书作为象形文字的变形最接近绘画。

许慎据以编纂《说文解字》的确定性系统和他所发展的"六书"理论,实际上是理解中国绘画风格多样性的一把钥匙。

绘画的符号学视角

中国绘画包含两种类型的象征符号——神圣的和凡俗的,尽管常常是同一种符号具有两面性。绘画作品本身也具有类似的两面性。绘画体现具体的、可见的世界,同时也是存在的虚无"符号",因为非可视的物体可以通过可视的物体来显现。同时,中国绘画理论中与这两者相关的内容和形式的层次不是孤立的,而是有机相连的。

卷轴可以看成"某种现实",它具有自身存在的时间和空间(确切地说,时空),是与外部世界同样多层面的。在画中可以区分出几种存在"层面":物理的、感官—形象的和意识的(后者也决定着作品的结构)。"世界"结构上的类似物并没有消除指称物体和感官符号间的复杂关系。事物朴素的"肖像"特征是艺术家们揭示世界本真的手段。如果说当今欧洲造型艺术中的每一个"符号"都具有许多偶然性的意义,那么在中国传统绘画中其意义则是被严格限制的。虽然对于抽象的绘画"符号"来说,通常不具备直接的现实原型,但其语义在传统携带者的意识中是不可动摇的,因此,"符号"(如绘画的美学表达)从"贤明"的思想转化成"美丽"的形态。与此同时,任何一种新的诠释,均被认为是对形态的改变。

内行和真正的鉴赏家通晓每个符号的美学意义。也正因为如此,在他们的说明体系中,从来不存在任何的"好像""我认为""似乎"等这些欧洲当代研究者针对中国绘画常常使用的词汇。上述所言解释的是一个有趣的事实,即在对中国绘画的认知过程中,重要的不是抽象的解释,而是对绘画符号"恰如其分"的、类似于注解般的理解。在这种情况下,才可以期待观者能够熟悉中国绘画的独特句法、语义和语用。

按照Ю. М. 洛特曼的想法,绘画可以像文本一样累积,并像"文字"一样揭示"多层"语义,且有效地研究中国古典绘画。同时,不同语义"层"的符号将以自己的方式显示内容,促使观者深入到含义的深处,为每个符号找到该语境允许的解释的适当版本。

观者对作品的反应首先要以他的艺术评价为前提,这种评价的基础首先是固定的美学准则(或准则体系)。应当指明的是,在中国绘画理论中,从其建构之初,就确定了几条最重要的价值标准,在清朝这种评价转变为本体论和认识论的概念。

绘画之病

在现存书法论著中,早在5—6世纪就有关于"病"的论述。"病"诗人和书法家在自己的创作中应该避免的。"病"的范畴在绘画理论中流行较晚,它出现于张彦远的《历代名画记》(9世纪)中。

理论家认为,绘画的"病"包括两种:第一种,与绘画的本质——"精神"有关;第二种,源于第一种,涉及绘画的形式。对艺术的缺陷在荆浩的《笔法记》(10世纪)中有明确的区分:"夫病有二:一曰无形,二曰有形。有形病者,花木不时,屋小人大,或树高于山,桥不登于岸,可度形之类也。是如此之病,尚可改图。无形之病,气韵俱泯,物象全乖,笔墨虽行,类同死物,以斯格拙,不可删修。"荆浩特别强调绘画的所谓"四势",没有"四势",画就会很差。

郭熙在《林泉高致》中就山水画分析了绘画的"病",根据他的观点,山水间的不正确关系、云的"不自在"使全景变得粗俗。

郭若虚在《图画见闻志》中揭示绘画的"三病"在于用笔:"一曰版,二曰刻,三曰结。版者,腕弱笔痴,全亏取与,物状平褊,不能圆混也;刻者,运笔中疑,心手相戾,勾画之际,妄生圭角也;结者,欲行不行,当散不散,似物凝碍,不能流畅也。"

郭若虚将准确的术语应用于最新的绘画理论中。虽然乍一看来,"三病"属于用笔的范畴,但实际上它们与画家的内心世界直接有关,因为这些病就源于画家的惰性和不自信。

李成《晴峦萧寺图》,10世纪中期

中国理论家认为,绘画的优长和毛病是很接近的,这就需要具有区分它们的能力。例如,作为不足的弱笔,经常与被看作绘画长处的嫩笔相似。"刻笔"之病通常会出现在用墨极少的画家那里;而这种技法若再进一步,则会使画卷失去色调渐变而使线条更清晰。

品

"品"字有很多含义,包括"属性""质量""等级""程度""分类""评价"等。在《说文解字》中,其意义是"丰富""众多"。从词源结构来看,品由三个口构成。《说文解字》的注释根据不同的上下文,揭示了这一概念不同的方面。《周礼》中讲述了物体的高低质量(品)。在论亲缘关系的儒家体系的《虞书》中,品被用来描述夫妻、父子、兄弟之间的关系。在《汉书》中,品是人的"特征"(例如,奇人)。

在绘画理论文献中,该词首先出现在顾恺之(4世纪末—5世纪初)的论述中:"凡画,人最难,次山水,次狗马;台榭一定器耳,难成而易好，不待迁想妙得也。此以巧历，不能差其品也。"

沈周《庐山高图》，
15世纪中期

张怀瓘在《书断》中首次定义了"三品"：神、妙、能。而后在李嗣真的《续画品录》中出现了第四品——逸，该品高于已有的三品。朱景玄在《唐朝名画录》中除了其他三品，也加入了"逸"。在9—10世纪末的作者那里，"逸"获得了更明确的绘画特征。在张彦远的《历代名画记》中，"逸"与自然的概念被视为同一；而在荆浩的《笔法记》中，"逸"与"奇"的意义相近——原创。这一等级的画家"有笔无思""文理合仪"。

在黄休复的作品《益州名画录》的序言中提及"四格"，该四格是对58位画家进行分类的唯一标准。作者如是描述"逸"格："笔简形具，得之自然，莫可楷模，出于意表，故目之曰逸格尔。"具备"逸"格的作品与所有普通的、千篇一律的作品不同，可称为最好的作品。逸是画家内心的直接表达。它高于一切，甚至是最完善的规范和标准。这是纯净灵魂的特征，是熟知绘画真谛的人的行为。这一级别的艺术是谢赫第一法的体现，需要"气韵生动"。

"逸"格的学说是中国标准美学中最重要且最深刻的部分。在中国，它被认为是在佛教禅宗秘传体系的基础上发展起来的。"逸"的概念已经包含在佛教涅槃范畴的转义之中，同时，"逸"格级别作家的创作概念与道教相关，表明了与禅宗哲学系统的共同特征。

自然在道教和佛教概念中是天才创作的开端，是微观和宏观世界的统一，这种与世界的精神—韵律的一致，使得画家可以自发地、随意地、本能地表现生活的本质。这种自然实现了精神（和艺术）与道的融合。在这种情况下，创作时的绘画方式已在画家内心"准备好"，对这一方式的固定只是绘画技法掌握的问题。由此得出中国绘画天才的特点：表现于绘画形式的创作中，类似于草稿般轻松，但不允许任何进一步的修正；同时，许多"逸"格天才画家的"表演"特点，也由非人格的宇宙元素所"启发"。有关画家创作的流行观点：天才地完成比直接地创作更好。观者在艺术作品接受中的积极地位非常重要，因为根据上述提及的原因，发现艺术形象的能力有时比创作作品的能力更为重要。这种信心是以文化为基础——蜥蜴状的树根或石头上状如远山的花纹乃非人工所能创造的天才艺术作品的本质。传统上符合"逸"格的画家并不多，其中最著名的是元代杰出书画家倪瓒。

在分析过"逸"格的特点之后，就能更容易理解"神"格处于"二级"的较低品位的原因。黄休复如此界定第二品绘画："大凡画艺，应物象形，其天机迥高，思与神合。创意立体，妙合化权，非谓开厨已走、拔壁而飞，故目之曰神格尔。"上天赋予的绝妙灵感使得画家可以创造"神"；但这有些不同，不那么融合于道，如在"逸"格中表达的那样。引人注目的是，在明代理论论著中，王穉登将"逸"置于"神""妙""能"之后的位置。可能该时期的理论家不再赞叹"美好的不确定性"和"灵感"。根据明代人的观点，在很大程度上，他们服从于更为明晰的艺术准则。"神"格的作品较之于"逸"格的作品更多见，如李成和沈周的山水画、徐熙的花鸟画。

黄休复对"妙"格做了明确的规定："画之于人，各有本性，笔精墨妙，不知所然。若投刃于解牛，类运斤于斫鼻。自心付手，曲尽玄微，故目之曰妙格尔。"具有灵感和渊博知识的画家属于这一"格"。画家中"出色的技巧"相对常见（较之于中国绘画史中不多见的"逸"格和"神"格天才）。"妙"的概念包含内容的高尚和技巧的完善。属于"妙"格的画家包括高克明和徐崇嗣。

（旧传）黄筌《枯木水禽图》，10世纪

与"妙"格相对，"能"的概念只涉及笔法和墨法技艺的高超。"能"意味着对所有可以学习的东西都有深入的了解，仅此而已。无懈可击的技法，艺术家能够在无灵感的状态下达成，但是其笔法应具有完成作品的精细和美感。诗意的"景观"不会打扰这类作家。属于"能"类的画家有著名花鸟画大师黄筌。

"品"在中国美学中还有一个重要意义——它揭示了能力的界限或诗人、书法家和画家创作灵感的程度。

诗人的信条在9世纪司空图的《二十四诗品》中已有概述。千年以后，黄钺在诗歌中表达了画家的信条，该诗歌是对这位中世纪诗人的回答，其中包含了他对已形成的"品"的重新理解。黄钺指出作品真实性的标准和真正创造力的特征。这位清代作者认为，绘画的基础是气韵——绘画艺术的第一准则。第二种是"神妙"，关乎作品的真实性和原创性。之后是高古。意和古，根据黄钺的说法，贯穿空间和世界，到处存在。绘画的第四品与美丽的、变化无常的世界有关。画家用最简单的方式表达世间所有的色彩，这一行为好似本能地完成，因而使作品成为"绝对"的体现，"如松之阴"。第五品和第六品彼此相近。为解释它们，黄钺使用了隐喻，并把绘画的高超技法比作古代著名厨师的艺术，这位厨师了解人们的胃口，具有与生俱来的协调感，能够将不同要素进行组合。

第七品——"淡逸"尤为重要，它是"逸"字（早期定义画家的最高品级——逸品）和"淡"字（经常定义充满高朴气息的原创艺术作品）的结合。比淡更精妙的极端"朴拙"在灵感闪烁的一瞬间向画家敞开。这种高水平的、道教的朴拙，最好的表现是在冬景中，按照黄钺的观点，它符合绘画的第八品。

"超脱"的创作状态表现在第九品中。画家可以自由创作，没有思想过程，可以创作出充满灵感和"古代精神"的作品。

第十品和十一品的特点好比自由游戏的真实创作，不受任何内部或外部规范的约束。在第十四和十五品中融入了画家个人的"清旷"和"性灵"；接下来的两品是艺术的"圆浑"和"幽邃"。黄钺认为，绘画的奥秘在于揭示各种自然元素之间内在的相互关系，其中每一种都与另一种有关，并且经常是对立的。

"清"（十四品"清旷"）的概念作为美学特征还重新出现在第十八品中，（与"朴拙"一起）是高品位绝妙创作最重要的特征。随后在黄钺的第十九品中，画家的注意力被转移到能够展开图画所有本质的细节的重要性上，与此同时，要避免细节的过剩，因为"简洁"和"空灵"是画卷最重要的优点。

只是在评价创作的第二十一品中才涉及绘画热衷的事情——技巧。然而，正如黄钺在他提出的第二十二品中所指出的那样，真正的艺术应当没有杜撰和技术上的呆板——这些特征能够使最诗意的形象失去生机。

风格与绘画流派理论

中国美学普遍认为，真正的艺术的本质是体现于古代杰作中的自发性、自然性、简单和"质朴"。

正是这些标准决定了后期绘画风格的特殊性。16世纪的理论家莫是龙、董其昌和陈继儒几乎同时提出了山水画存在两种流派——南宗和北宗的理论，该理论源于8世纪佛教禅宗的南宗和北宗。20世纪著名学者林语堂提出中国绘画历史上有四个风格流派，以北宗现实主义画家、南宗印象派画家、色调主义者（包括米芾、米友仁和许多禅宗画家）和表现主义画家（以禅宗画家为代表，尤其是17世纪的许多画家，如石涛和朱耷）为代表。许多研究者认为，这一有趣的见解至今还存在争议。

北宗重写生，以院体画为主。根据两派的理论，北宗从唐代山水画家李思训的创作开始。在不同程度上可以将所有彩墨画归入这一风格流派，这些彩墨画的特点是装饰性强，趋于真实的描

米芾《春山瑞松图》，11世纪末

述性。在主题绘画领域，这一流派的特点是有说明性和叙事性。数米长的横轴画卷在意境和构图上类似于圣像画描绘圣徒生平和奇闻轶事，其中主人公的生活场景一幕接着一幕，像用朦胧如云雾的帷幕相隔。10世纪著名卷轴画大师顾闳中的《韩熙载夜宴图》就是此绘画类型的典型作品。

北派山水画的特点是，山的描绘以青绿色调较为显著，有时以金色勾边；用纯净的朱砂色表现建筑细节；云层明亮白净。

南宗以文人画为主，重写意，通常是指那些大师，他们在创作中偏爱墨水胜于颜料，偏粗犷自由而避形式性记述，追求所绘之本质而非其真实，与文学的联系则不求情节相关而求哲思和诗意。据上述明代理论家所

言，此派开山始祖乃大师王维，尽管一些论著的作者将这一角色归于吴道子、王治等唐代大师。

明代学者认为画派的独特性分为两个层次。他们将"实质"层面分别与佛教禅宗的北宗和南宗联系起来，认为它们受各种理论假设的制约，而非地理特征的制约（董其昌指出，"画之南北二宗，亦唐时分也。但其人非南北耳"）。另一个层面则界定了画派之间的本质区别，即基于对绘画与书法之间关系的分析。从这个层面可见，南派显然从王维开始，不再使用直笔，而是转为淡淡的洇墨，致力于纯粹的绘画技术。南宗禅画充分体现了这一精髓。

日本禅宗艺术研究员久松真一教授指出了这一艺术现象构成的七个特性：不对称、简洁、严谨、自然、精练、绝对自由和平静。

梁楷《八高僧故事图》（局部），13 世纪初叶

禅画作品中的不对称性表明，从原则上讲，禅画与规律性、外部完整性和准确性之美是不相干的。禅画大师们克服了那些规范，创建不对称图像，利用线条、对象变形手法，偏爱草书而不用其他书法形式，从而创造出"混沌之美"。他们于观者如同宇宙人类一样，愿意去爱哪怕是难以接受的事物。

简洁需要"无准备"的意识，即摒弃文化的"负担"。这是一种不受拘束的天真的美。

严谨的形象本身就是一棵经历了变形的老松树，但是在与风雪的长期斗争中并没有失去其灵活性。它的尊严和力量，取代了年轻时的天真和鲜嫩，变得无可挑剔。"严酷"属性的发掘，要求艺术家犹如从事物和自己身上"剥皮"，以塑造"冷酷无情"的性格。由"原始""陈旧""干枯""落寞"和"空虚"组成的严酷，是一种当事物还其"本质"时就会显现出来的疏离美。

自然，应理解为无拘无束，并非从出生起就不变的本能。自然只表明艺术家能够保护自己的本质不受社会文化影响而变形。

不对称、僵化的严谨和无条件的自由，如果仅仅是模仿禅宗人生观的结果，就会变得丑陋和令人反感。在这样的绘画中，寻求"无知无念"的传达是徒劳的。在佛教禅宗中，"无知无念"并不意味着真的丧失了知识与思想；反之，是思想及其对象的完全统一。

深度精练具有"模糊"的属性，因为对象中隐藏了太多东西，无法充分表达其本质。深度精练是难以企及的真正整体性的深度。

绝对自由要求禅画家达到一种完全超脱的状态，能够不拘泥于外界物象、佛像乃至分离的观念本身。

最后，平静（宁静）源于艺术家的心境——"寂静无澜"。不仅有"静中静"，还有"噪中静"。禅学诗人言："鸟鸣山更幽"。幽静不在于鸟儿的沉默，而在于鸟鸣，鸟鸣显得周遭环境更加幽静。无论言或默，动或静，艺术家的内心都是平静的。

以上所列的七种禅艺属性是密不可分的，任何一种特性都不可孤立存在，每一种特性都需要其他六种的支持。

在唐末以及随后的五代十国时期，特别是在宋代，当禅艺达到真正成熟时，其体现的美学和伦理原则就渗入了中国文化的许多方面。基于佛教的思想，禅学大师本可走正统佛教绘画创作的道路，但现实并非如此。禅画遵循超脱原则，很少描绘释迦牟尼佛、罗汉和长老。禅画，与其说与神话世界相关，不如说与可见的世界相关，它描绘山川河流、花果鸟兽。在禅画中，"开悟"的普通百姓更为常见，与之类似的还有"超度"的佛陀和宗师，如梁楷（13世纪上半叶）的卷轴画中的"出山释迦"和"六祖慧能"。禅宗认为，"开悟"者通过充分认识人的潜能而达到了佛的境界，所以艺术创作的目的是描绘他们"开悟"的情形。在禅宗看来，这种情形更切近涅槃重生时佛陀的

牧溪《渔村夕照》，约1250年

生活状态。

因此，禅宗艺术家不仅致力于通过释迦牟尼展现佛教状态，而且争取以人的形象体现"无形的真理"。牧溪和梁楷的画作都旨在以绘画促使观者达到类似的终极和不变的人性境界。

由此引出这一画派的另一种风格特点。禅学艺术家由于其创作未遵循正统的佛教绘画之路，与大师们甚至在感知速度上也不吻合，因此，他们不得不以此创造整体的和谐世界。

禅的"顿悟"，更多的可能是"无用之事"（额外的行为）这一异常实践的结果，而不是由于一个人的理性行为给他带来日常生活中的成功。禅画大师的绘画作品似乎并不是有目的的创作，而是不由自主产生的，而且画家的画笔表达出无限的意境。对这种绘画进行更改和改进是不可能实现的，不仅由于技术原因（墨水瞬间被纸吸收），而且由于每一个（甚至是"不成功"的）墨迹和笔触都反映着现实世界中转瞬即逝的存在。

大致说来，这些都是构成中国画美学现象的原理。当然，在两千多年的历史进程中，这些艺术现象也发生了重大变化。然而，长期以来形成的中国传统绘画作为一种不可或缺的艺术现象，与西方的同类作品有着不可比拟的区别，至今仍保留着其与众不同的面貌。也许正因为如此，寻找艺术的现代风格，寻求能够对不同民族传统的人产生美学影响的艺术形式，也促使欧美艺术家关注这一现象。西方世界对禅宗艺术的迷恋已经持续了一个多世纪，这就是当代艺术生活的一个特征。

赵孟頫《鹊华秋色图》，1295 年

*《系辞传》；《说文解字》，上海，1935年；《佩文斋书画谱》，上海，1937年；《美术丛书》，1—20卷，上海，1947—1949年；《道德经》，《诸子集成》第3卷，北京，1956年；《论语》，《诸子集成》第1卷，北京，1957年；汤垕《画鉴》，北京，1958年；石涛《画语录》，北京，1963年；郭若虚《图画见闻志》，上海，1964年；《芥子园画传》，E.B.扎瓦茨卡娅翻译及注释，莫斯科，1969、2001年。

**阿理克（Алексеев В. М.）《中国山水画诗人的灵感和创作》，见《中国文学》，第二卷，莫斯科，2003年；Е. В. 扎瓦茨卡娅《石涛〈画语录〉》，莫斯科，1978年；Е. В. 扎瓦茨卡娅《中国艺术中灵芝的哲学和美学含义》，见《国立东方博物馆学术通讯》，第9辑，莫斯科，1977年；Е. В. 扎瓦茨卡娅《中国古代绘画的美学问题》，莫斯科，1975年；Е. В. 扎瓦茨卡娅《作为中国传统绘画特殊色彩的"性"》，见《中国情色》，А. И. 科布杰夫编，莫斯科，1993年；Л. И. 伊萨耶娃《符号中的生活》，莫斯科，2006年；Ю. М. 洛特曼《文化类型学》，塔尔图，1967年；И. Ф. 穆里安《远东水墨画的装饰性基础》，见《亚非艺术中的艺术形象和装饰性》，莫斯科，1969年；Г. С. 波梅兰采娃《中国文化中的准则和规范》，见《中国文化传统》，莫斯科，1969年；В. Я. 普罗普《故事形态学》，莫斯科，1969年；П. А. 弗洛连斯基《无穷的象征》，见《新道路》，莫斯科，1904年；沈叔羊《谈中国画》，北京，1957年；《中国画论书目》，北京，1964年；Eberhard W. A Dictionary of Chinese Symbols / Tr. by G. L. Cambell. L. -N.Y., 1986; Focillon H. La vie des formes. P., 1955; Rowley G. Principles of Chinese Painting. N.Y., 1947; Weber I. A. La psychologie de l'art. P., 1961; Willetts W. Chinese Art. Vol.1-2. Balt, 1958.

（Д. Г. 格拉韦娃、А. И. 科布杰夫、М. А. 涅格林斯卡娅根据 Е. В. 扎瓦茨卡娅的著作整理编撰，王玉珠译）

书法美学

书法在中国的造型艺术中占据着极为崇高的地位，是艺术实践中风格明显的领域。定位于线条造型主题的动力特征，在美学上形成了特殊的"书法视野"。作为造型运动的书法诠释的是所有中国艺术的典型特征，它以各种方式体现在传统（绘画、杂技、戏剧、舞蹈、武术等）和现代艺术（照片、电影、艺术设计等）形式中。

几个世纪以来，书法艺术所探寻的不是理性的形式，而是完美的造型运动。完美造型运动的主要准则是其与宇宙生命创造力量的一致性。传统的美学赋予书法造型以人的身体的基本属性。在书法造型的构造中，如下成分被区分开来，如"骨""筋""血""肉"。书法造型需要生命，而生命取决于其气的充裕程度。在书法艺术中，气是可视化的，可以对它进行体现个性特征的美学诠释。在书法美学中，气分为内气和外气。现代研究者姚淦铭解释道："内气"指一字有气势韵味，从点画调停和谐中来；"外气"指字与字、行与行及整幅作品之联络照应。为体现"内气"，中国作者经常使用术语"行气"。

"气"的空间分布形式用术语"势"来表示。"势"可以翻译成"энергопоток",同时也不排除其他的翻译方案,例如,Е. В. 扎瓦茨卡娅(1978)翻译为"линии сил",С. Н. 索科洛夫－列米佐夫(1985)则翻译为"энергия [кисти]"。西方学者对该领域的研究开始于不久之前,与俄罗斯专家类似,在这方面尚处于初始阶段。术语"势"规定了"气"的空间分布形式。"势"引导潜在状态下的造型主题转为实际,同时也表达着其独特的艺术内涵。钟繇在其《用笔法》中引入了术语"取势",他在该论著中提及,"势"不是创造的而是显露的;一旦出现,就会受到自身规律的引导。书法家通过笔只能掌握它们的结构和轨迹。与之相关,唐朝及后世的作者论述了"自然之势"。沈宗骞在《芥舟学画编》中写道:"气以成势,势以御气。势可见而气不可见,故欲得势,必先培养其气。""势"保证作品风格的统一,结合生命循环运动中的所有元素,通过这一循环,书法造型达到"自己运动"的效果。因此,"势"是载体,点和线是支撑。专业表达即"笔情墨趣",这意味着,笔发现了"势",而墨向其延伸。书法论著中提及的"势"有三十余种,其名称与鲜活的和无生命的自然界中的不同运动产生关联。对这些种类的研究目前还是西方专家尚未解决的任务。大概,"势"之种类的术语与中国的堪舆学(风水学)词汇存在共性,在西方科学中尚未得到研究。值得一提的是,术语"势"不仅是风水学中的关键词之一,同时也在医学、动物学、战争、围棋和中国传统文化其他领域有十分重要的意义。"势"的构建有循环的本性,包括与其表现出的混沌化有关的能量输出、消耗周期,以及伴随着其结构化的能量充斥周期。书法家的任务在于达成气流发散和收敛的协调。书法结构应保持"势"的统一,不允许僵硬(板)、断裂(克)和阻塞(截)。

书体是能量实现的过程中不同的表现形态。对具体书法作品中"势"的分析变得日益复杂,因为涉及能量循环的共鸣,以及无法区分什么是支撑力,什么是它们之间的间隔。由于西方艺术研究的重点是形式的研究,认为背景部分具有间隔意义,因而在书法作品分析中产生了很多错误。因为书法造型的支撑力在楷体中经常是背景环境,点和线是其间隔;而在草书中情况则相反。但是杰出的书法家能够改变支撑力的分布原则,这也使得他们在不改变所诠释的古代大师作品中共有特征的前提下,创造自己独特的风格。

左：青铜器《宰甫卣》铭文刻帖，
　　金文，公元前13—前11世纪

右：眉县大鼎内壁铭文刻帖，
　　金文，公元前11世纪

  书法造型的能量特征造成《周易》中"阴阳"原则在书法美学中的多方面运用。以下这句到处传抄的话被认为是王羲之说的："阳气明则华壁立，阴气太则风神生。"刘熙载在《书概》中对此做了如下解释："书要兼备阴阳二气。大凡沉着屈郁，阴也；奇拔豪达，阳也。"

  在创作过程中，书法家让气在其体内循环；与之相关，中国评论家则在仔细研究书法家在气的循环过程中的能量特征。在书法美学中，术语"韵"意指阴阳两极循环转换周期，这一周期构成了书法造型的动态特征。这些变化的图画构成了独特的风格差异。书法美学把风格概念与气息结合起来。通过气息，气韵传到双手，唤起神韵。根据中国专家的观点，每个朝代的书法风格都有自己的韵律。如果在临摹过程中，书法家成功地捕捉到真迹的韵律，那么就认为其与真迹作者在形式上建立了准确的联系。专业术语即为"韵高千古"。在技术层面上，书法家的气韵分为笔韵和墨韵。在书法和绘画中，中国作者认为笔韵（参见"笔法"）指的是运笔的造型节奏，墨韵（参见"墨法"）则是指色彩和墨色的层次交替。

 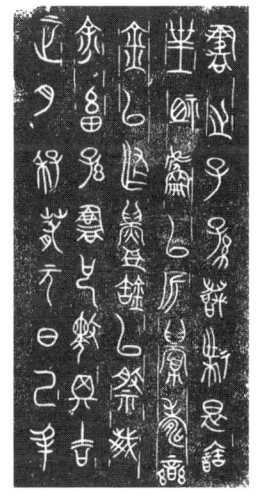

左：石鼓文刻帖，大篆，公元前8世纪中期

右：《栾书缶》铭文刻帖，大篆，楚国，公元前6世纪

书法造型的特点在于，微观形式（点、线、单个符号）的能量强度大于宏观形式（字行、文本段落）。因此，在整体上作为不同强度气场的作品，在不采用某些透视结构时也具有空间深度。书法"子空间"中能量强度的差异使创造空间远离和接近的效果成为可能，既可以是个别的点和线，同时也可以是字符或字符组。区别于普通作品，书法杰作的特点是始终处于某种生动的"运笔"中线条的非固定空间布局效果。明显的是，书法真迹的空间效果保留于刻帖（参见"刻帖"）中，因为对于"势"的传递来说，重要的不是色调，而是书法造型的特点。

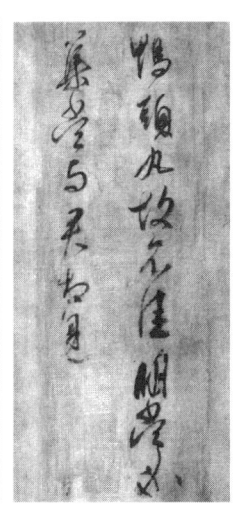

王羲之《十七帖》，草书，4世纪

王献之《鸭头丸帖》，草书，4世纪

书法作品中的时间有两种：作品创作所消耗的时间和全面观察作品所必需的时间。因为书法技法使得准确掌握作者的创作速度成为可能，而创作行为的时间参数是书法作品艺术内涵最重要的组成部分。在观察书法作品的过程中，两个时间参数同步，这是观者理解作者意图所必备的条件。在这一层面上，书法与音乐接近。在

这两种艺术中，作者韵律图形的连贯性都在时间中显现，然而书法作品的观者能够从任意地方和任意细节切入，以任意方向观察。

在书法美学中，作品本身的能量对观者时间感知的影响已被深入研究。草书中造型和空间环境的高动态性强化了时间特征；而在能量强度特别密集的楷书中，这种特征则被弱化。书法家巧妙地利用了这种空间单位的能量饱和及时间流逝之间的客观规律。根据自身考虑，书法家时而加快，时而又减慢时间效果。但是无论多慢，书法造型运动也不会是导致气流闭塞的完全静止状态。书法造型的所有时间模式仅适应于此刻。此刻的变形导入这个脉动点，从而将前后的笔画均匀地连通起来。术语"古朴"是最高的评价，证明书法家达到了作为继承者的理解能力，他成功地体现了书法造型的原型。对传统的继承是书法创作最有价值的准则之一。王僧虔在其《笔意赞》中写道："书之妙道，神采

邓石如《赠肯园四体书册》，篆书，1799年

何绍基"对联"，草书，19世纪

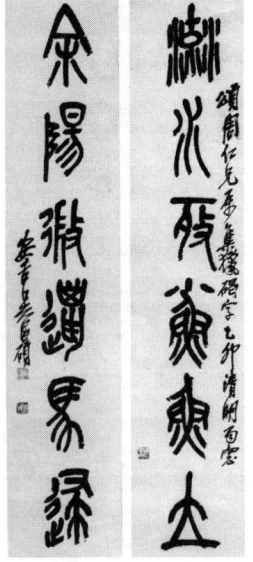

董其昌《自书敕诰》，楷书，1636年

吴昌硕"对联"，篆书，19世纪末—20世纪初

为上，形质次之，兼之者方可绍于古人。"

在分析书法造型时，评论家们使用了传统的类比方法，借助该方法能够展开不同对象造型动态以其能量过程一致为基础的相似性分析。袁昂的《古今书评》给出了一系列类别，成为后世作者的文选材料，如："鹏羽未息，翩翩自逝"；"龙威虎振，剑拔弩张"；"龙跳天门，虎卧凤阙"；"飘风忽举，鸷鸟乍飞"；"舞女低腰，仙人啸树"。利用能量循环的相似性原理以及其在不同生活现象中可见的造型运动，书法家能够再现世界，而不像绘画那样采用现实方式。

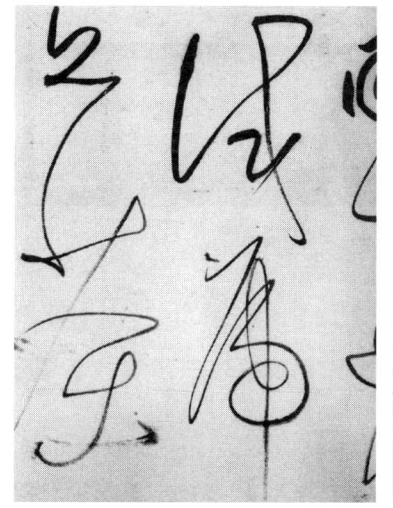

董其昌《试笔贴》（局部），
行草书，1603 年

黄绮《寿》，草书，
1993 年

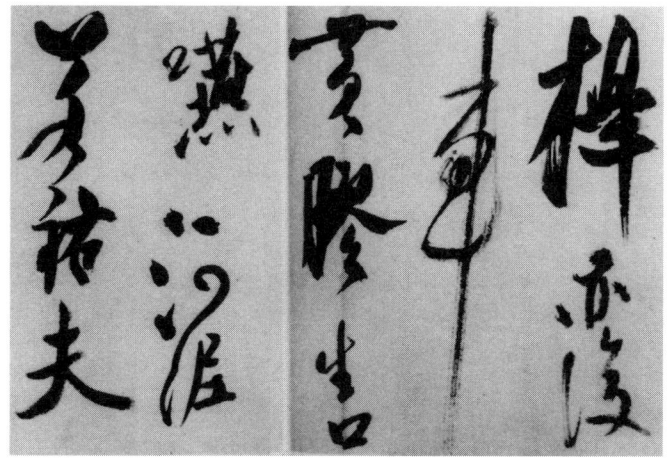

米芾《吴江舟中诗》（局部），行草，1095 年

在书法美学中，书法家通过经验深刻且全面地研究身体对能量信息接受的能力。书法心理学旨在"理解身体"，因此"临"是书法准备的主要方法。通过造型运动和与之相关的能量循环，书法家不仅体现，同时也最终认清自己或者别人的艺术思想。中国理论家一致重申"意在笔先"。对书写内容的详细考虑发生在书写过程之前。下笔的速度越快，预先的考虑则更长久、更详尽。脑力的集中和构思集中成"气"，同时经由能量循环开始运转。但是这种连续性是两方面的。在用笔临摹的过程中，再现真迹的形态，接入其能量循环，并捕捉到作者"气"的心理特点，这能够相应地揭开作品的构思，即构成临摹者和作者灵魂的"相遇"。在书法美学中，创作行为被解释为个体自觉的过程。人们认为，在创作行为中，书法家能够实现个性的延续、共性的和谐，以及对传统书法伟大前辈的精神的延续。书法的特点在于，它必定是书法家自身完全的阐释。在书法艺术中没有内容的更改和造型形式的变化，人们无处隐藏自己的不足，不能"觉得"，只能是"是"。在书法造型中，不能描述力量，而应该体现；不能假装充满的感觉，只能是"具有"；不能机械地复制其他人的经验，而应该领悟。书法作品体现了书法家身体和灵魂协调的个性。专业说法为"书如其人"和"风格即人"。项穆在《书法雅言》中写道："论书如论相，观书如观人。"书法家从汉末开始在书法作品中署名，而画家到了宋朝才开始署名。宋代著名的书法家、画家和鉴赏家米芾认为，绘画作品能够模仿，而书法则不能，因为其中线条能量振动的差异不可避免地会出卖伪造者。

在书法艺术中，作者本人可以展开与其他时代人物的对话，既可以是过去的人物，也可以是未来的人物。书法作品是其个人会面的代表：大师与前辈——其作品中所使用经验的所有者——的会面，大师与其现在作品的观者的会面，大师与其作品的未来评论者——这些人在他的作品中写上题词和补记——的会面。中国文化的任何阶段都存在着个体之间的"对话"，将自身扩展到元角色中，有选择地综合前辈的经验。书法源于这种交流、解释和对话。在这种对话中，存在着一种能量的"合作"，无论是在精神上还是在身心上，都极大地增强了个体的力量。

中国美学明确区分了一个人通过阅读文本所获得的信息和他通过欣赏同一文本的书法创作所获得的信息。张怀瓘《文字论》写道："文则数言，乃成其意；书则一字，已见其心。"但是，关于文本在书法艺术中的作用则没有明确的答案。如果文本不以订制为条件，那么创作活动开始之前的选择是主要因素。书法家自定创作文本是常见的情况。如果文本创作过程与书法完成过程相结合，那么可以说这是综合的创作行为。但是，在书法史上类似的情况下很少能够创造杰作，因为他们需要尤为紧张的状态，再加上过度的能量消耗。通常情况下，如果书法家自己书写文字，那么他会选择早期的作品，当时他完全专注于语言表达形式。很多书法家在考虑书写题材时，也会结合其早期创作的相关书法作品。草稿则例外，在草稿中大师是在探索语言和造型的表现力，并加以删改。将语言与造型意象结合起来，从声音和视觉进行思考，是非常难困难的，这也解释了所谓的"千字文"在书法家中的流行。文学文本内容通常与书法造型的艺术意象相关联。但是，当书法家不重视文本的内容，仅仅将其用作一组造型主题时，则可能出现变换的情况。在特殊情况下，书法家不顾文本而创作，其书法造型的内容给观者带来的感受与文本截然不同。

中国的美学，一方面总是将绘画看成书法的独特分支，有着次于书法传统的地位，另一方面又竭力强调"书画同源"。它们共同的源头是古老的象形文字，通过线性图形同时描述和指代现实。虽然上述说法是由唐代理论家张彦远所提及，但在宋代之前书法和绘画很少在同一位大师的创作中结合。在宋代，出现了同时精通书法和绘画的大师。尽管工具和基本技法相似，绘画技法在本质上与书法是不同的。在这方面，中国艺术史学家正确地区分了被证明是杰出艺术家的书法家和创作个人书法作品的艺术家。在一位大师的创作传记中，书法与绘画并重的情况极为罕见。这类大师包括赵孟頫、董其昌和吴昌硕。书法写作技巧在绘画中的应用卓有成效，而将画家的技巧引入书法的尝试却鲜有成果。书法技法在绘画中的应用卓有成效，而将绘画技法引入书法的尝试却鲜有积极成果，也从未发展成为书法传统的重要方向。造成这种格局的原因是，对图像元素和色彩的强调削弱了书法造型的能量特征。

"心平气和"是练习书法的心理效果。毫无疑问，"养生"的效果与书法家的专业技能有关，但对业余水平的人也同样有效。这就是书法在中国的退休者中非常流行的原因。在从事书法创作的过程中，人会产生"入静"，此时能够缓解精神上的紧张。人们认为，在从事书法创作时，手、手腕和手指间的气流可以治疗血管和关节疾病。书法技法在预防性上接近于针灸疗法和气功。这与完成传统书法技法时需要的稳定性有关。

书法技法难以掌握，不仅因为其规范的复杂性，更重要的是，它与学习者整个人格的深层心理结构调整有关。书法技法需要学习者达到一定的精神境界才能适当体现出来，因此历代杰出的书法家，即使是神童，也要到了成熟的年龄，不会早于40岁，才能达到真正的造诣，而其创作的繁荣期是在50—90岁。

**Е. Б. 扎瓦茨卡娅《石涛〈画语录〉》，莫斯科，1978年；С. Н. 索科洛夫－列米佐夫《文学—书法—绘画：远东文化中的艺术融合问题》，莫斯科，1985年；С. Н. 索科洛夫－列米佐夫《中国书法——造型理想典范》，莫斯科，1995年；С. Н. 索科洛夫－列米佐夫《从中世纪到近代：17世纪末至19世纪初中日绘画历史与理论》，莫斯科，1995年；С. Н. 索科洛夫－列米佐夫《中国书法——民族特性的通用表达》，见《东方艺术：美学特征问题》，圣彼得堡，1997年；С. Н. 索科洛夫－列米佐夫《扬州八怪：中国十八世纪绘画史略》，莫斯科，2000年；С. Н. 索科洛夫－列米佐夫《过去与未来之间：未来学意义上的中日书法与绘画艺术》，莫斯科，2004年；李存山《中国气论探源与发微》，北京，1990年；刘玉平、周晓琳《艺术的幽思——琴棋书画》，成都，1996；齐冲天《书法论》，北京，1990年；史紫忱《书法美学》，台北，1976年；沈尹默《历代名家学书经验谈辑要释义》，1—2卷，上海，1963年；姚淦铭《汉字与书法文化》，南宁（广西），1996年；Billeter J. Fr. L'art Chinois de l'écriture. Genève, 1989; Gao Jianping. The Expressive Act in Chinese Art: From Calligraphy to Painting. Uppsala, 1996; Tseng Yuho. A History of Chinese Calligraphy. Hong Kong, 1998; Yee Chiang. Chinese Calligraphy: An Introduction to Its Aesthetic and Technique. Cambr., 1973.

（В. Г. 别洛焦罗娃撰，王玉珠译）

佛教艺术

造型艺术和建筑中的佛教风格

在中国佛教艺术中，图案装饰精美，雕塑造型韵律性强。在风格或起源上，印度佛像造型形式主要经中亚传入中国；与此同时，装饰和佛像中的伊朗和犍陀罗元素则通过古印度的王国和商队路线传入中国。

在释迦牟尼佛像传播史上有两个超出常规的著名事件：一是11—12世纪越南庙宇中佛和梵天的金色雕像盛行；二是汉明帝夜梦"金人"，仿佛预示着佛教在中国的盛行。这个看似真实的梦境中出现的象征性佛像版本在汉永平年间（58—75）成为现实。当时，两位印度高僧将两尊旃檀木雕刻的佛像作为礼物赠予汉明帝。当佛像送到洛阳时，汉明帝命画工对其进行了复制并将其中一尊存在清凉台，另外一尊存放在显节陵。在中国的一本《释迦牟尼佛传》的插图中表现了"优填王造佛像"的情节。

尽管公元841年的大范围破坏对早期佛教艺术造成了极大的损失，但保留下来的样本足以使人感受到佛和梵天的威严和崇高。更早时期（4—5世纪）佛教艺术的主要代表是位于山西大同的云冈石窟和河南洛阳的龙门石窟。北魏迁都洛阳，并于490—494年修建了云冈石窟的主体部分。位于云冈石窟第20窟的阿弥陀佛巨型像开凿于460—493年，高约14米，是一尊有支架覆瓦的具有中国古代建筑设计特点的正面佛像。大佛身躯体的古朴棱角与表现衣纹的线条装饰相协调。云冈石窟的造型艺术，形式多样，种类繁多，在构图上保持一致，是典型的大乘佛教中佛和菩萨的造型综合体。在始凿于494年的龙门石窟内，象征佛教的多层次曼陀罗和异彩纷呈的窟顶是对线性风格及纯粹的中国造型元素很好的补充。

6世纪装饰性青铜雕塑具有书法线条、阿拉伯式精细雕刻花纹、优雅的表层雕塑和"表演式"的轮廓建筑设计等特点。根据B.戈卢别夫（V. Goloubev）《装饰图案》中的定义，这些特点是一种独有的统一。

塔楼通常称为"佛塔"（该词据说源自梵文"dhatugarbha"——舍利子的守护者），对佛教建筑具有非常特殊的贡献。佛塔建筑，尤其是其外观证明了犍陀罗式佛塔的影响力。然而，佛塔的直线垂直形式，特别是悬挑的屋檐可直接追溯到中国早期的木结构建筑。云冈石窟的佛塔用众多雕塑装饰，8世纪的长安大雁塔各层以壁柱分隔。总体而言，唐朝的佛塔与印度的原型的相似之处已经很少，佛教建筑已成为中国古典艺术最重要的分支之一。

敦煌莫高窟被认为是最伟大的大乘佛教艺术宝库。佛经和密宗图画的场景体现出不同历史时期中亚、印度、尼泊尔、中国—尼泊尔和汉藏风格。敦煌的"伎乐画"富有装饰性，但如果图画的场景合乎主题，那么装饰关系的增加使"天乐神"

四川乐山弥勒大佛

（早期佛经术语）从天而降的题材，将阿旃陀风格转化为敦煌的"国际风格"。场景中天女佩戴金饰、肩披帛巾，向下抛出橘红色彩带，贯穿了翻卷的翠绿色和深蓝色云朵（北周时期404号窟）。唐朝敦煌绘画中的人物造型符合典型的中国线性（无骨）写实特点。在空间背景中"可塑性"和"优美性"风格的连接证明了虽然阿旃陀遗产和中国传统在视觉上具有同一性，但这种艺术的审美却呈现多样性。

敦煌石窟壁画中的"西方极乐世界"或"西方净土"和阿弥陀佛呈现在一幅幅壮观的景象中。这些图像的冥想性质表现在极乐世界园林的人工美学特征上，使人联想起道教通往神圣岛屿和九霄云峰的景观描绘。在佛教中有大量图景描绘了不同形式和材料的乐土。这主要是基于想把"彻底清除因果报应的阻碍"的理念带入阿弥陀佛的极乐世界之中。

6—7世纪石窟中强大的石刻门户守护者具有十分重要的作用。他们的形象可追溯到犍陀罗大力神形象中的金刚手菩萨，在远古历史文化的背景下可以寻找到类似的联想，例如16世纪早期意大利文艺复兴时期的雕像（如米开朗琪罗的"奴隶题材的"雕像）。最有代表性的是713—803年开凿的四川省乐山市凌云寺石壁上的弥勒佛坐像，通高71米，是世界上最大的一尊石刻造像。在石像上方曾修建有13层木结构建筑，17世纪中叶被大火烧毁。1996年乐山大佛被联合国教科文组织列入世界文化与自然遗产名录。

梁楷《六祖撕经图》，
13世纪

禅宗艺术由"非语言"传达真理的理念所形成的一系列特征有别于其他的大乘佛教流派。禅宗的反仪式主义和圣像破坏运动没能摧毁传统佛教仪式惯例（参见《六祖撕经图》，梁楷）。总的来说，禅宗的圣像破坏运动未超出大乘佛教"高超手法"和密宗弟子的震惊程度。禅宗对佛陀形象的阐释与阿罗汉的佛像有关，共分为16500个字符，在单色图像中具有美学区别（梁楷的《出山释迦图》和吴道子的《释迦牟尼佛》手稿）。在单色画中，印度化的象征性形象"圆满众生佛和菩萨"诗意般地转化为圆满的人——"大行菩萨"（大乘佛教中菩萨的称号）。禅宗典籍中阐释了如来佛祖形象的虚幻变化，即表现"如来"的32种相和80种好（如来藏）。因此，在禅宗的理解中，显像通过墨水色调直接呈现在纸张上,产生再生意识的成果(顿悟)(可比较《二祖调心图》所描绘的内容)。

元、明、清时期(13—20世纪初)的建筑和雕塑的演变经过相互影响、相互模仿和相互联系,创作出大量的体现藏传佛教形象的雕塑(浮雕、浅浮雕)和建筑物。根据中国古典作品的观点,中世纪晚期的汉藏绘画、雕塑、建筑风格受到了周边宗教绘画传统的影响——西夏的"唐古特"(西夏)和藏传佛教金刚乘、元朝的宫廷艺术、清朝的宫廷风格。历史风格可以与"国际风格"相结合[汉藏意识特点——M.莱纳(M. Lerner)],例如元朝的中国—尼泊尔风格和西藏门萨画派风格。密宗艺术"国际风格"的全盛时期出现在17世纪五世达赖喇嘛阿旺罗桑嘉措时期,当时在西藏占统治地位的格鲁派逐渐受到清朝宫廷风格的影响。

在哈拉浩特绘画(10—13世纪,西夏)中只显示出汉藏风格的轮廓。除了"西方极乐世界"图景,文殊菩萨(文殊师利)和普贤菩萨像、炽盛光佛和五星形象、"四方神"形象外,印度文明起源时期的彩雕样式和众多绘画中密宗圣像类型都含有稳定的西藏风格元素。形式的线形发展、色彩层次的细化、彩面密度的稀疏和华丽的装饰呈现出了汉化的艺术蜕变。虽然16—17世纪中原地区和西藏的绘画艺术并行发展,但藏族肖像风格中除背景和其他装饰元素外,其形象主体依旧没有被融合和转化。藏族绘画一直处在印度造型文化的范围之内。版画作为木刻佛教插图孤立存在。密宗画像中,中国的人物线形设计与佛经和明朝永乐年间(1403—1424)的佛教艺术有着密切的关系。

佛教禅宗六祖惠能,壁画,10—13世纪初

在密宗"西方极乐世界"题材的绘画中,中国风格有一种空间感、飘逸感,人物身披复杂的长袍,体态丰满。印度风格的人物和背景造型的同质性被彩色的天空画面取代。在唐卡绘画中,从变幻莫测的诗学中走出来的中国山水画的空间感和全景式被构图的对称性取代。18世纪东藏风格和宫廷风格唐卡的特点就是瑜伽宗弟子、空行母在闪亮空间内的超自然运动。另一方面,17—18世纪的汉藏后期风格,在唐卡的景观描绘中出现了汉文化元素,这些元素在藏文化中没有对应的原型。

在服务于上流贵族的宫廷艺术中，奢华风格的用色传统是在背景空间色彩变换的表达中使用了贵金属颜料及青金石和绿松石，以呈现"极乐世界"的真正色彩。正是在汉藏风格中色彩表达的雅致性达到了顶峰。各种亮度、饱和度和密度的粉色、紫色和淡紫色以及精细的蓝色都非常考究。具有独特亮度的蓝色时而明亮，时而深沉，呈现出近似于绿松石的饱和色调。

汉藏风格金刚乘的雕塑效仿与密宗艺术相称的肖像和经书。明朝金属雕塑的汉藏风格呈现出洛可可式的优雅特点。通过抛光，铜铸雕塑宛如一面镜子，呈现出优美的身体结构，平滑的线条上下浮动，精美至极，身上的镀金也喷涂得无比精巧。明朝艺术的敏感性反映了宫廷生活的奢华，以及庇护藏传佛教的皇帝对宗教信仰的喜好。

此外，以乾隆皇帝令人修造的宝相楼密宗圣者雕塑群为代表的18世纪的"宫廷风格"雕塑，重点体现在局部镀金的青铜和银，因年深日久而呈现暗紫色的紫铜质料，以及名贵宝石的镶嵌技术。宝相楼独一无二的雕塑根据佛经和密宗的肖像制作而成，其中包括以佛和密集金刚为核心经典人物的各类密宗神灵："半怒""忿怒""恐怖"。在清朝雕塑中明朝的仿古精致装饰形式被放弃，取而代之的是塑造结构更为紧密、轮廓更为清晰和带有装饰线条的"寂静"神。然而，光和色彩的饱和度却没有变："寂静"神雕像上的镀金在反射光的作用下闪烁发光，"忿怒"神则闪耀明亮；乾隆时期金属雕塑的装饰中常用的嵌珐琅彩釉中各种花纹闪烁着光彩；用于雕刻的木料上泛着红色、紫色和黑色的光泽。

在北京的故宫里有一个特别的寺庙建筑群——中正殿，在格鲁派寺庙中，特别是清朝，具有象征性地位。其雕塑和画像多数为密宗长寿佛——无量寿佛（阿弥陀佛）和尊胜佛母，因为清朝北京乃神权的所在地，宫廷寺庙和佛堂的功能就是延长执政皇帝的寿命。紫禁城唯一的汉藏合璧的楼阁式建筑——雨花阁是藏传佛教的密宗佛堂，是乾隆皇帝于1749年命人仿照西藏阿里古格的托林寺坛城殿修建的。寺庙的每层供奉密宗体系的各种神灵，而皇权的象征则体现在四条屋脊上的铜鎏金行龙上。

北京最大的格鲁派寺庙——雍和宫修建于1694年，在雍正皇帝登基之前称之为雍亲王府。雍正皇帝登基后，改名为雍和宫。1744年，乾隆皇帝为表达对已故父亲的崇敬，命中国最优秀的工匠重修雍和宫，并将其改为寺庙。雍和宫中有一尊弥勒大佛，由南方运来的整根巨型檀木雕刻而成。在格鲁派的传统中，雕刻家和画家的肖像制作流程是制定好的。佛和菩萨旁边的圣殿专门用来供奉格鲁派中特别受人尊重的神（密宗保护神）——大威德金刚、密集金刚和胜乐金刚。雍和宫原有的宫廷特点使其有别于清朝其他的佛教建筑。例如，其建筑设计的特点是连接不同圣殿的阳台和悬廊。雍和宫作为大小寺庙的一个综合体，无论是结构和特点，还是宫廷风格的象征性，都可以说是中国古典建筑风格的传承，其有别于当时的那些多半以雕塑和重复图案装饰的宝塔。早期佛塔建筑形式被明清时期复杂的形式取代，在北京的五塔寺可以见到与印度相似的建筑样式，以及印度其他的"装饰"和鲜明样式。

位于北京北部承德市热河区的宏伟宫殿寺庙群（18世纪根据拉萨的布达拉宫修建而成）与扎什伦布寺被认为是清朝皇室建筑中汉藏风格的独特典范。它们的建筑宏大，具有空间性，外墙则简洁朴素。内室呈现出中国传统风格：多层复杂的雕刻、梁架上明亮多彩的传统图案以及刻有装饰性图案的大红柱子。汉藏建筑风格的融合使得八个外部寺庙的布局、佛塔外形、屋顶的结构实现了和谐统一。部分墙体以方砖垒砌，部分墙体用黏土夯实而成。宫殿和寺庙按照中原的中轴线设计规划坐落在山谷中，部分建筑则按照西藏建筑原则沿上坡分布，形成了宏伟城堡般的多级建筑群。

守护神，碧云寺

大足石刻

**《中国古代格言》，莫斯科，1988年；Ж. 贝根，Д. 莫列尔《紫禁城外》，莫斯科，2003年；《佛陀回归·中国博物馆文物展：展览名录》，圣彼得堡，2007年；И. С. 戈卢别夫《雍和宫》，北京，1956年；《佛教城市录》，见《古印度的历史和文化》，莫斯科，1990年；Р. Е. 费舍尔《佛教艺术》，莫斯科，2001年；А. Д. 岑季纳《……有个地方叫西藏》，莫斯科，2002年；周一良《中国的密宗》，见《佛教》，莫斯科，2004年；《魏晋南北朝雕塑》，《中国美术全集·雕塑编》，第三版，北京，1988年；《敦煌壁画》，第1卷，见《中国美术全集·雕塑编》，上海，1988年；《敦煌雕塑》，北京，1978年；《四川壁画》，见《中国美术全集·绘画编》，北京，1988年；《四川石窟雕塑》，见《中国美术全集·雕塑编》，北京，1988年；《五代宋雕塑》，《中国美术全集·雕塑编》，北京，1988年；《云冈石窟雕刻》，见《中国美术全集·雕塑编》，北京，1988年；Art Treasures of Dunhuang. Beijing-Hong Kong, 1983; Buddhist Art from Rehol. Taipei, 1999; Bussagli M. Central Asian Painting. Geneva; Cahill J. Chinese Painting. Geneva, 1977; Carter M. The Mistery of Udayana Buddha // Annali Istituto Universitario Orientale, Vol. 50, fasc. 3, 1990; Chandra L. Buddha in Chinese Woodcuts. New Delhi, 1973; Chu Fo Pu.sa Sheng Hsiang Tsang Pantheon // Two Lamaistic Pantheons. Cambr. -IMass., 1937; The Lotus Sutra in Chinese Art. L., 1955; L'art bouddhique. P., 1921; Gilded Dragons. Buried Treasures from China's Golden Ages. L., 1999; Hiuen Tsiang. Si-Yu-Ki. Buddhist Records of the Western World. Vol. I–II. L., 1906; lwanowski A. Dsandan dsou yin domor, legende de la statue de buddha faite en lois de tchandana // Le Museon. t. 2, fasc. 1, 1983; L'iconographie de la "Descente d'Amida" // Etudes d'orientalisme. T. I. P., 1993; Lubac H., de. Amida. P., 1955; Pao.hsian Lou Pantheon // Two Lamaistic Pantheons. Cambr. -Mass., 1937; Palaces ofthe Forbidden City. L., 1991 ; Rawson Ph. Introducing Oriental Art. L., 1973; Secret D. Buddhistische Kunst Ostasiens. Stuttgart, 1957; id. Shakyamunis Ruckkehr aus dem Bergen: Zur Deutung des Gemaides von Liang K'ai // Asiatische Studien. Bern, 1965; Serinde, terre de Bouddha. P., 1996; Soper A. C. Literary Evidence for Early Buddhist Ar in China. Ascona, 1959; id. T'ang Parinirvana Stele // Artibus Asiae, vol. XXII, pt. 1-2, 1959; The Art of East Asia. Vol. 1. Cologne, 1998; Weiner Sh. L. Ajanta: Its Place in Buddhist Art. Berkeley and Los Angeles, 1977.

另参见词条"故宫""敦煌石窟"。

（Ц. Б. 巴德马扎波夫撰，王玉珠译）

佛教造型艺术的佛像规范

佛教造型艺术的产生以及佛像规范的形成与犍陀罗派和马图拉派密切相关。犍陀罗派出现于公元1世纪的古印度西北部，那里曾是强大的贵霜帝国（1—4世纪）的中心。犍陀罗艺术的纪念物保存于印度、巴基斯坦（白沙瓦）、阿富汗和阿姆河北岸的城址。这一流派的产生是贵霜帝国领导人将宗教与政治结合的直接结果，传说中的贵霜王（1—2世纪）宣布自己为佛教信徒，并且以佛教教义为国家的思想基础。犍陀罗派的艺术特点形成于希腊化，即希腊—巴克特里亚艺术的强烈影响之下，因此，该艺术被认为是古罗马（希腊和罗马）雕塑艺术直接继承者之一。仔细研究其中对佛的形象的说明——用来传达人类肉体和心灵之完善，与希腊体现于阿波罗形象中的艺术手法相比较。但是，在接受希腊—罗马艺术中类人神像的思想和形式的同时，犍陀罗派也借鉴了民族艺术经验。最终，创作出的佛像流派中，古罗马雕塑的唯美主义和现实主义与印度雕塑的自然主义结合在一起。

印度民族雕塑的传统发源于具有明显文化历史系统——"印度文明"——的哈拉帕（前3000年末—前2000年初）文化。佛像艺术本身起源于公元前3世纪的孔雀王朝（前4—前2世纪），当时在印度产生了第一个中央集权的国家，同时佛教也得到了国教的地位。随后建造了佛教建筑佛塔——中国塔的前身。佛塔的表面装饰有宗教象征图案和古印度神像的浮雕。其中显露出与佛教祭祀艺术相关的主要特征之一——赋予图案及其个别元素以深刻的宗教和哲学内涵，这也成为佛像艺术形成的基础。犍陀罗派也接受了这一象征，而且民族艺术根源在其中的表现比希腊

犍陀罗派：坐佛像

犍陀罗派：菩萨像

化影响更为强烈。与希腊和罗马的雕塑不同，犍陀罗艺术中的佛像不仅仅是人身美丽的化身和美学享受的对象，其外形的所有细节都具有象征意义。马图拉派产生于约公元前1世纪或更早的恒河（马图拉市）中部。它受到了犍陀罗派和希腊化艺术的一些影响，但主要依靠地方的艺术经验，它因此被视为第一个纯粹的印度民族艺术流派。它不仅继承了造型艺术传统，同时也继承从属于印度宗教和祭祀领域的舞蹈艺术传统，在舞蹈中凝结出完整的、具有宗教和宇宙学语义的姿势和手势体系。在佛教和佛教应用心理学产生之前，这个体系已经部分地转化为应用心理学，同时被瑜伽实践者采纳。这类瑜伽实践者主要是流浪的传道者——苦行僧、沙门和耆那教（产生于约公元前6世纪的宗教体系，对印度精神文化的发展有重大影响）信徒。

犍陀罗派和马图拉派的风格在4—6世纪的艺术中仍然延续，当时北印度重新处于古普塔帝国（320—约535）的庇护之下。在古普塔的艺术流派中，雕塑和建筑最典型的代表是埃洛拉石窟寺院（位于今马哈拉施特拉邦），同时其与耆那教和印度教文化艺术的渊源也很深。

除此之外，在某个阶段，佛教造型艺术经历了金刚乘（密宗，晚期的流派，大概在公元前的最初几个世纪处于大乘的框架之下；与之相对的是小乘，乃主要的佛教流派）的影响。正是构成大乘佛教密宗部分的金刚乘促进了多种佛教形象的确立，其中包含三种主要形式："寂静的"（以拟人化形式表现）、"忿怒的"（以多臂和多面的形式表现，经常面目狰狞）和"女性的"神灵。根据金刚乘教义，佛教神灵，首先是拟人化的菩萨，他们的使命是与恶战斗或者对冥想过程产生影响。金刚乘的思想和实践最终为许多佛像元素增添了更多意义，深化了其语义并赋予其深奥的含义。传统观点认为，唐朝中期传入的金刚乘虽然在中国没有广泛流行，但从北宋开始对中国佛教文化产生了重要影响。

在现今与佛教有关的著名艺术作品中，最古老的可追溯到东汉时期（25—220）。其中最重要的图案是墓葬浮雕上的狮子形象和青铜钱树顶部的小佛像。然而，研究者们一致认为，中国佛教造型艺术形成于六朝时期（3—6世纪），或者更准确地说，是南北朝时期（5—6世纪），当时中原部分地区被少数民族占领，黄河流域处于拓跋氏的控制之下（北魏，386—534）。正是在这一佛教具有很高政治权威的政权开始创建著名的大型的佛教古迹——莫高窟（另名：敦煌千佛洞）、炳灵寺和麦积山、云冈、龙门石窟。北魏的艺术遗迹还包括祭坛雕塑，例如，其中最大的一座青铜鎏金佛像（高140.3厘米，477年，纽约大都会艺术博物馆藏）。

已知的祭坛和寺庙雕塑是以贵金属、铁、珍贵木材和名贵的矿物等制成，最大的青铜佛像高约14米。

佛教艺术积极发展，在4—6世纪继续存在于长江流域。文字资料中不止一次提到南方的寺庙雕塑，同样以多种材料制成，包括黄金。同样也创立了崖壁寺庙，虽然在高度和规模上不如北方的古迹。最著名的是栖霞寺的千佛岩（今南京近郊）。该寺庙的建造始于484年，在山脚下不高的山崖上，开凿出佛龛294个，现存佛像515尊。

关于中国佛教艺术6世纪末的发展水平最为明确的证据是文献中隋朝创立者的活动。资料显示，根据他的命令，为建造近4000所寺庙制作了106580座金属的、木质的和石质的佛像，同时修复了150万件前朝的作品。现在能够明确的是，4—7世纪在中国至少形成了六种佛教艺术流派，它们的遗产不仅包括崖壁寺庙，同时在考古中也发现了用于佛教庙宇的独立雕塑作品。六个流派

青铜镀金佛像，477年　**千佛洞坐佛**，484年

的命名与身份相符：陕西派、山西派、河北派、山东派、四川派和东南派（江苏省和浙江省）。每一流派在佛教人物特点的阐释和雕塑技巧上都有其艺术独特性。例如，陕西派的活动从6世纪下半叶开始，特点是以白色大理石圆雕为主。

例如，保存在陕西省博物馆（西安）的1米高的方位护法雕塑，虽然受损严重（头和手没有保存下来），但它的工艺令人惊叹，在传达姿态的自然性、强调人体优雅线条的手法上，流露出作者对自然发自内心的欣赏，这类似于古罗马的雕塑艺术。

因在永宁寺和龙兴寺（青州地区）进行的考古活动，20世纪后期人们才知道山东派的存在，这两个地方有大型的工艺作坊。仅在龙兴寺就发现

了约200件佛教题材的雕塑和石碑，其中最早的可追溯到5世纪中叶。

大部分作品以当地灰蓝色的石灰岩制成，同时也包括黏土质、木质、金属质、大理石质和花岗岩质造像。几乎全部辅以红色、孔雀绿色、蓝宝石色、黄色、褐色、黑色和白色等多彩图饰；广泛使用镀金和金色饰品修饰。图案的特点是线条精致、形象

山东派：佛像，北齐

陕西派：方位护法雕塑

鲜明、比例优雅，同时外貌细节和主要人物特征的刻画极为细致。山东派（现在称"青州派"）的独特性在很大程度上是由当地历史和民族特点决定的。4—6世纪，这一地区受到东魏和南朝政权的交替统治，同时成为中国东北、西北地区移民的避难所，其中的不少移民为少数民族，包括粟特人。因此，青州派的作品受多种艺术传统的影响，这些传统源于马图拉、中亚和中国西南艺术。

河北派的作品在1953年被发现，这也是对修德寺进行开发的结果，那里有220多件大理石和青铜镀金的雕塑，其中最早的完成于520年，最晚的完成于750年。20世纪90年代初期在封龙山（元氏县西北部）发现由两处石窟构成的6世纪中期具备这一宗教艺术传统的多岩石寺院。尽管与山东作坊相近，河北派仍然具有独特的造型手法。其雕塑的特点是姿态自然，人物穿着衣摆下垂、有柔和褶皱的袈裟。在佛像的刻画上明显结合了"西方"和中国民族特征，这种特征体现在面部的柔和线条、挺拔的鼻梁、丰满的嘴唇和狭长的眼睛上。

四川派的中心位于今成都市（四川省的行政中心），在20世纪中叶发现大量的雕塑和石碑，其中最古老的创作于424—452年，以允许雕刻极微小花纹的当地石材制成。这些作品的特点是极为精美、雅致。其中最杰出

的是一件缺失了头部的雕塑，刻画的大概是站立的佛或菩萨，其优雅的姿势、流畅的线条和精致的服饰给人留下深刻的印象。在地方作坊中完成的石碑（0.5米高）的特点是浮雕构图复杂，由一些人物、众多辅助性图案和精美的细节构成。此外，在中国佛教艺术中，首次对佛教中心人物辅以真实的动物（狮子）和神话传说中的动物图案。四川派与佛教著名石窟大足石刻（距大足市15千米，在重庆市辖区内）的开创有关。

尽管在艺术风格上存在地区差异，但中国佛教艺术在形成过程中始终遵循普遍的规律，包括在初期对印度两大流派——犍陀罗派和（较小程度上）马图拉派的仿效，以及形象的多角度变化。主要的变化是人物形象的中国化，表现为赋予其蒙古人种的特征，并在构图中加入民族服饰和地方形象性图案装饰。同时，佛教神灵出现了"女性化"倾向，即在佛像的塑造中加入女性化因素，晚期则塑造佛教神灵的女性化身。

但是，这些变化并未触及佛像的基本规范及其标准要素，其中首先包含姿态（梵文：asana；中文：座，法座）和象征性的手势（梵文：mudra；中文：印）。

法座起源于佛教冥想方法，作为佛像元素，最初成型于犍陀罗派和马图拉派，其目的是传达佛为向信徒施加某种精神影响而集中沉思的状态。除此之外，其也是瑜伽实践的直观教科书。法座分为三种基本类型，表现人物形象的"卧"姿、"立"姿和"坐"姿。"卧"姿只在一种情况下使用——刻画"睡佛"，即佛处于涅槃的状态，表达其从逻辑思维和心理情感活动中完全解脱的状态。

"立"姿即展示人物全身站立的姿势，根据腿的位置不同，又可以细分为不同的姿势。

四川派：方位护法雕塑，唐朝

女性特征明显的菩萨像，敦煌莫高窟，8世纪

有的姿势，如盘腿或表现行走、奔跑、腾空和神奇地穿越自然障碍物（空气、立柱和水）的运动姿势，只用来刻画次要人物。单腿（通常是右腿）屈膝并高高举起的"舞"姿，用来刻画天王、神仙舞者和妖怪。

在佛教神殿的核心佛像中，主要的姿势是直腿站立。在中国佛教艺术中，早期这种姿势适用于任何人物，包括佛陀。后来这种姿势为阿弥陀佛像——根据佛教教义，世界的西方的主宰、佛教净土的创造者和主宰——所特有，同时菩萨和佛的使者、主要的罗汉和僧侣是其第一批信徒。

"坐"姿是最常见的法座，同时在术语上具有独立的象征意义。它有几种姿态："全莲花坐""半莲花坐"。就表意而言，佛像（同时在瑜伽实践中）的第一种坐姿是"金刚坐"（另一种梵文名称：禅坐），这一姿态在中国佛教术语中指的是结跏趺坐。结跏趺坐传达的是禅定的状态，是冥想专注的终极形态（三昧）。在这种状态下，沉思主体、沉思对象和沉思过程之间的区别消失了。三昧的结果是心神达到完全的平静，内部和外部世界的矛盾消失，个人意识和宇宙真谛相融合。因而，它是大道的终结阶段，引领个人达到涅槃。结跏趺坐要弯曲膝盖，交叉小腿或脚踝，此时膝盖略微抬起，腿部交叉形成的线条几乎与地面平行。两脚均脚掌朝上，左脚抵住右腿，右脚抵住左腿。双腿交叉是佛与众生合一的象征，而将左脚放到右腿上则体现了教义的引导作用。除了佛陀，这种姿势也适用于万佛殿中的任意形象，但天王和与地狱有关的神灵除外。

"半莲花坐"（梵文：padmasana；中文：普贤跏，贤坐，半结跌坐）部分重复了前一种坐姿（双腿交叉，右脚紧贴左腿），但左脚更为灵活，甚至可以与右腿重叠。这符合其象征意义：右脚代表真实，左脚代表妄念，整个姿势象征着真正的大道，代表着菩萨通过向众生布道而成为对抗邪恶和无知的胜利者。

按惯例，"吉祥坐"和"自在坐"多用于菩萨的刻画。第一种有两种变体，其中人物的腿部弯曲且交叉，但膝盖可以自由在座位上平放，或者一条腿（通常是左腿）弯曲，与身体垂直，肘

浙江灵隐寺北方多闻天王像

部支在另一条从座位上垂下的腿上，通常依靠额外的支撑物完成。"自在坐"有三种变体。其中一种"经典性"的类似于第二种"吉祥坐"，但右腿不从座位上垂下，而是弯曲膝盖，几乎与座椅表面垂直。第二种变体，右腿屈膝，左腿下垂。两种形态均辅以专门的手部动作：右臂向侧面伸展，肘部放在膝盖上；左臂依靠座位。该姿势的第三种变体，单膝或双膝从座位移开，一只脚掌放在另一条大腿上。人们认为，"自在坐"的所有形态的特点是简单而优雅，同时传达着教义的深度和通过冥想专注而获得的内心的平静。这一姿势经常用于表现观世音菩萨的慈悲（观世音、观音）。

"弥勒坐"用来刻画未来佛——逗留在属于欲界兜率天的弥勒。作为唯一将人物的双腿从宝座上放下来的体式，这一姿势有三种变体：交叉式、平行式和高架式。无论如何，下垂的双腿都象征着弥勒佛随时准备降临人世。

后来，在中国佛教艺术中，弥勒佛像产生了另一种"坐"姿，与"蹲坐"的"经典"方式类似，区别是右腿稍微从座位垂下。

"入定坐"没有原创的术语符号，可见，这是犍陀罗派对古罗马雕塑艺术的借用。人物坐在宝座上，左腿下垂，右腿膝盖弯曲，搭在左腿上。右臂屈肘部弯曲，搭在微微翘起的膝盖上，伸出食指的手掌触及脸部或头发。左臂肘部微微弯曲，松弛地搭在右脚脚踝处。在中国佛教艺术中，这种姿势在10—11世纪非常流行，主要用于弥勒佛像和观音像。

宝座是对姿势的补充，其种类也是相当多样的。最古老的宝座样式是方形或长方形平台，表示传说中佛陀（释迦牟尼）成道时所坐的菩提树下的座位。在中国佛教艺术中，这种宝座的使用相对较少，主要是用于次要佛教人物形象的刻画，例如，阿难——佛陀的堂弟，佛陀十大弟子中最勤奋、最虔诚的一位。

"莲花座"占据主要地位，其在崇拜艺术中的出现与佛教思想的演变有关。在小乘传统中，佛陀不是作为神灵（超自然的存在），而是作为独立寻找"救赎"之道并将其展示给人民的导师而受到尊敬。因此，在最古老的雕塑中，佛是坐在普通的座位之上或直接站在地上。在大乘佛教中，佛陀被神化，成为所有存在最高准则的体现和宇宙的化身，从而导致相应的佛像的改变：佛像雕像被安放在莲花上。4—6世纪中国佛教的一些雕塑作品记录了"莲花座"形成过程的最初阶段，当时一朵花或几朵花实际构成了构图的一个独立部分。后来在中国佛教艺术中形成了"莲花座"的风格变体：一种是接近现实的形式，另一种则是由一排、两排、三排或八排花瓣组成的极度风格化的花朵，以及"千瓣莲花宝座"。外排的花瓣通常向下弯曲，内排的花瓣向上翘起，确定了花朵扁平部分的边界，作为佛像的支撑。不仅是释迦牟尼佛，其他佛和菩萨也被描绘坐在莲花宝座上。"莲花座"不仅用于刻画释迦牟尼、其他佛和菩萨，同时也用于刻画大部分神殿中的历史传说人物。

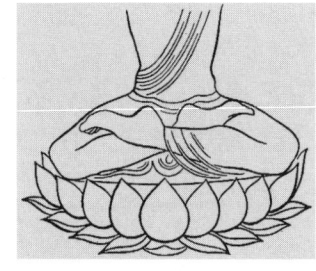 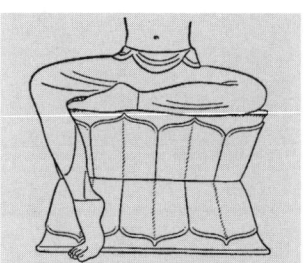
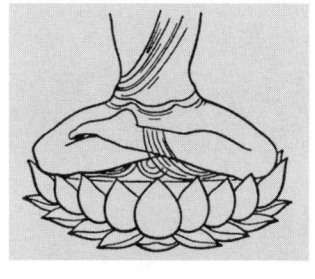 

莲花坐、吉祥坐、半莲花坐、自在坐（经典姿势）

"站"姿形象几乎都配有莲花座。大约在8世纪，"莲花座"几乎取代了其他类型的宝座，除了一些人物的标志性宝座。"莲花座"在语义上与"须弥座""须弥坛"——按惯例，由多个建筑构件构成的布局复杂的物体——相似。支点通常是两个被截短的圆锥体或八面体。这个宝座是须弥山的具体体现。根据印度教和佛教的宇宙论，须弥山位于世界的中心，被认为是众神的居所。该宝座上的佛像象征着世界的本质和"法"的通用性。在中国佛教艺术中，"莲花座"和"须弥座"经常结合在一起。

动物样式的宝座具有个人特征，动物被认为是具体佛和菩萨的使者。此类宝座形式多样，其中包括牛、马、鹿、野猪、乌龟、金翅鸟迦楼罗、孔雀和鹅等。动物形状的宝座在日本佛像中最为流行，而在中国佛教艺术中只有两种形式——狮子和大象的形象，分别属于体现智慧的佛教教义的保卫者——文殊菩萨和佛教基本原则及真理的化身——普贤菩萨。

在群雕和绘画作品中，中心人物的姿态可能各不相同。在中国佛教寺庙中，一般为三尊几乎一样的"坐"佛，按惯例，再辅以两尊小型"立"佛。在一种情况下，三尊佛是过去、现在和未来的化身；另一种情况下，中间是释迦牟尼，两侧是宇宙中心或东方的主宰大日如来和阿弥陀佛。"立"姿形象是佛的弟子。如果佛有菩萨的陪伴（经常是两位），那么他们都是"立"姿或"坐"姿，这在早期的中国祭祀艺术中更为典型；当佛是"莲花坐"姿态时，他的同伴就是"菩萨坐"。另一种就是，佛是坐姿，菩萨是站姿。

象征性的手印可以追溯到古老的礼仪和仪式手势系统（伸出的手表示给予，举起的手表示问候，等等）。随后在古印度仪式活动和佛教产生以前瑜伽活动实践的框架下，这些手印经历了进一步的转变和

交脚弥勒菩萨像，莫高窟第275窟，5世纪

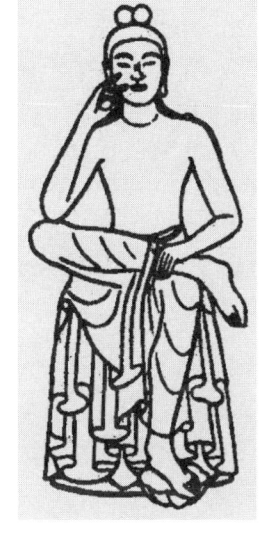

入定坐

系统化，并在古希腊雕塑艺术的影响下，开始发展成为犍陀罗派的一种图像元素。最初为使形象具有更为严格的佛像特点，并结合一定的生平事迹（这首先涉及佛本身），预设手印没有马上就具有深刻的象征意义。只是在金刚乘的影响下，手印被赋予了特殊的深奥含义，一种无比微妙而又抽象的智慧。手印类型包括八种主要的和六种辅助性的，在中国佛教中主要是"禅定印"。"禅定印"（梵文：dhyana-mudra）可追溯到印度古代。它是"坐姿"的有机组成部分，首先是"莲花坐"。它可以用一只手（最常见的是左手）或两只手完成，并有多种变体。

最初的手印是张开手掌，手背放在膝盖上。用双手完成的"禅定印"有三种主要的变体。第一种，手掌交叠，一只手掌的背面紧紧压在另一只手掌的掌面，手指伸直或微微弯曲。右手掌（类似于"莲花坐"中右脚的姿势）通常放在左手上，相当于再次强调，一方面是佛陀和佛法与众生的统一性，另一方面是佛陀与佛法的等级地位。第二种变体，双手的拇指都参与其中：它们组合在一起，在水平状态下构成三角形或圆形。三角形象征"三宝"——佛、法、僧；圆形是存在循环和"法"圆满的象征。在第

三种变体中，除了大拇指，还使用食指和（或）中指，这两个手指相触，形成一个几何图形，好像由两个圆组成。

"施愿印"（梵文：varada-mudra）用一只手掌（通常是右掌）完成，手掌张开，正面朝下，面向观者。张开的手掌象征着佛法的兴盛和殊胜，而整个手势则象征着佛陀的慈悲和随时准备将众生置于他的保护之下。这种手印的出现可追溯到佛陀为拯救众生而立下的誓言。"施愿印"广泛用于对菩萨的刻画，尤其是观世音菩萨。慈悲菩萨的指尖滴下甘露（类似于"长命水"），强调其对众生无尽的怜悯。

"施无畏印"（梵文：abhaya-mudra）用一只手（右手）完成，屈肘向上举起，手掌张开且面向观者，手指朝上。这一手印的产生与佛教传说中佛陀对抗佛法的敌人有关。事实上，"施无畏印"很可能是在希腊艺术的影响下出现在佛教图像中的，是对罗马雕塑的直接借用。罗马雕塑通常刻画直立的帝王形象，举起右手，手掌面向观者。

"莲花座"与"须弥座"之结合

坐在动物形态宝座上的万佛殿人物（摹本）

"施无畏印"象征佛陀的内在力量和佛法保护地球上所有生灵的能力，此外还呼吁众生克服因内心的疑虑和矛盾以及因外部世界的威胁而产生的恐惧感。在刻画"立"姿和"坐"姿人物时，"施愿印"常常与"施无畏印"相配合，前者通常用右手完成，后者则用左手完成。

"触地印"（梵文：bhumispars-amudra）用右手完成，有三种形态：手掌背面朝向观者，手指伸长，指向地下；食指伸长，指向地面；手指向右转，掌心与地面平行。据传说，佛祖使用该手印从地心召唤能消除恶魔的地下精灵，派他们去对抗恶魔之王魔罗。据另一传说，佛用该手印指向大地，是其开明状态的见证。

"禅定印"（梵文：vyakhyana-mudra）被认为是佛陀智慧的体现。这一手印用右手或左手完成，手掌打开，向上举起，手指形成固定的样式——常见的是用食指或中指和大拇指围成一个圆圈。

佛像标准适用于人物外貌的所有细节，包括身体的各个部位、面容、发型和服饰。外貌表现准则在佛像中得到了良好的彻底。它们以被称为"三十二相"的特殊符号体系为基础，该体系出自《阿含经》（巴利文：Lakhana-suttana，梵文：Lakshana-sutra；最初的佛教经典《三藏》第一部《经藏》的首节）。4世纪时该经文被翻译成汉语——《三十二相》。经文和后世的注释显示，最初该特征为"大人"（梵文：mahapurusha）的外表所有。在印度佛教术语中，意思是高精神等级的生灵：不仅是佛，也包括能够统治整个世界的转轮王（梵文：chakravartinraja）。佛经原文（巴利文）和译本中的这些特征的文学表述含义模糊，其中包含神奇动物的特征。例如，据说"大人"嘴里有四十颗獠牙，又宽又长的舌头，口水滴答，手指和脚趾之间有蹼，像水禽一样；性器官类似于马的，大腿则像鹿。显然，这些特征可以追溯到比佛教更古老的宗教思想，很可能与古老的

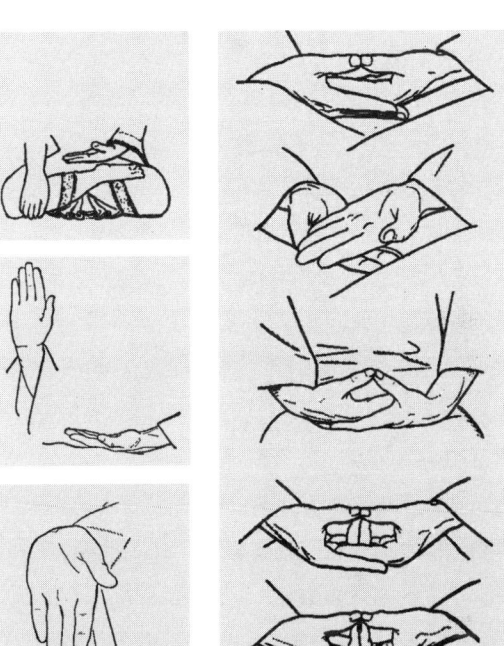

从上到下：一只手完成的"禅定印""施无畏印""施愿印"

双手完成的"禅定印"

统治者形象有关。后来"三十二相"被专门归于佛陀的外貌，并应用心理学和美学的意义阐释，确定了这位导师主要外貌特征的艺术诠释和象征意义。根据已确立的解释，佛陀的头顶有一个肉质的突起，上面覆盖着一圈圈卷曲的头发，以肉髻的形式相连。佛陀的眉毛之间长出向右卷曲的白发，从白发中散发出环绕头部的光芒，这就是佛教光环的语义。佛祖的额头宽阔，鼻子修长，鲜红的嘴唇微启，表示他对众生孜孜不倦的教诲。头部以下，宽阔的肩膀则是赋予其的与"百兽之王"狮子类似的外貌，象征着力量和无畏。伸长的双手和手指强调其身形的优雅。他的身体散发着光芒，这可以解释为该雕

塑用了镀金工艺，而他胸前的"卍"字则象征着佛教经典的再现。

在弄清楚佛像特征以后，还要确定其外貌的一些细节，例如，眉毛呈半月形镰刀状，眼睛像莲花花苞，双手像大象的躯干，耳垂拉长的耳朵是印度的民族现实的体现（贵族男子佩戴有沉重坠饰的耳环）。除此之外，在犍陀罗派早期雕塑和特定的时期的汉传佛像艺术中，佛陀和菩萨面部都有胡须。

施"施愿印"和"无畏印"的立佛像

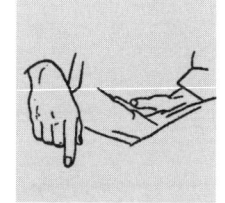
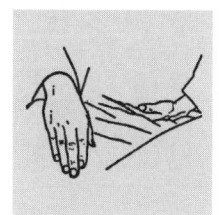
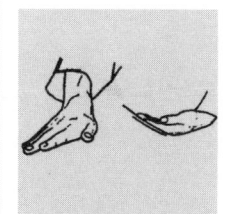

"触地印"种类

上述佛像标准在刻画五方佛（五智如来），即宇宙五方的主宰。与此同时，五佛都有相应的色彩象征和特点，包括随伴的动物。世界中心的统治者毗卢遮那对应白色（"莲花座"的花瓣也是白色）和狮子；西方的统治者阿弥陀佛对应红色和孔雀；东方的统治者阿閦佛对应蓝色和大象；南方的统治者宝生佛对应黄色和马，北方的统治者不空成就佛对应绿色和神鸟迦楼罗。在中国佛教艺术中，弥勒佛有一种特殊的佛像样式：被描绘成一个坐在宝座上的胖子，身着僧袍，光头，脸庞宽阔，漾着欢喜的笑容，肚子很大（满足的标志）。在中国的世俗艺术中，弥勒佛通常保留了这一形象。

菩萨外观的典型特征是佩戴手镯、项链、头饰或"冠"等众多珠宝首饰。手镯、项链、头饰或"冠"，在马图拉画派的佛教造像中，这些珠宝饰品已经开始出现，可追溯到当地的服饰和珠宝制作工艺。在菩萨的图像中，大量的珠宝与强调优雅的袈裟结合在一起，这与他们在中国的解释中获得的女性气质是一致的。

观世音菩萨像的特点是复杂多样的艺术化身。这个慈悲菩萨的名字因早期译者对佛经中两个梵文单词——士和音的混淆而不断变化，但该名字已经很好地传达了神灵的品质和功能：不知疲倦地倾听世界上发生的一切，并随时准备为任何需要帮助的人提供帮助。在佛教神话中，观世音菩萨被赋予了根据帮助众生的条件化身为不同形态的能力。因此，从一开始，中国佛教艺术就倾向于创造不同的菩萨艺术形象：8—10世纪的菩萨以拟人化的形式出现，经常是僧侣或军人；晚期出现虚构的外貌，通常是三种或十三种面容，四只、六只甚至千只手——千手观音。"多臂"的雕像中，手掌上经常带有眼睛——象征其智慧无边，能明察秋毫。

直到10世纪，在观世音菩萨像的所有变体中都是男性占据主导，后来这种身份逐渐被女性取代。

大多数研究者表示，观音的女性形象可追溯到金刚乘中观世音菩萨的三个女性化身之一（首次出现在1—4世纪的文献中），准确地说是起源于白度母，相关崇拜在尼泊尔和中国西藏、内蒙古地区尤为流行。白衣观音是白度母的直接化身，她身着白色长衫，让人联想到印度纱丽，头上戴着头纱。值得注意的是，白衣观音像的首次出现不是在宗教艺术中，而是在中国世俗绘画中。该石刻像的摹本由北宋著名的画家李公麟完成。这幅画成为观音的众多变体的原型，在这些变体中，观音是一位身着白袍的温柔女子，通常独自坐在地上，没有任何佛教符号或特征。

17—19世纪白衣观音的形象被纳入寺庙的艺术装饰中，其中最受欢迎的是以须弥山为背景的"站立姿势"和立在巨鱼头上的形象——巨鱼是大洋的化身，洗涤着佛教宇宙观中的四大部洲。还有一些其他样式的寺庙观音也很出名，例如，在特定环境下化身为少女或贵妇，并具有不同的特征。其中，最常见的是"祝寿观音""水月观音"和"玉印观音"。

世俗绘画中的白衣观音

17—18世纪，中国对观音菩萨的崇拜出现了一种新的形式——送子观音，其中可以明显地看出圣母形象和基督教圣像画的影响。在宗教内容的年画和雕像中，观音总是以坐在宝座上、膝上抱着婴儿的中年妇女的形象出现。

佛教图画中的必备元素还包括手印。在

佛教艺术中有大量的手印。各种必备元素分为不同的主题，其中包括佛教的基本象征、乐器、武器、宗教仪式和日常事务、建筑、动物和植物等。第一类包含轮盘、金刚杵、如意珠、钵和念珠。

轮盘呈圆形，以辐条分割为多个相等的扇形，它显然来自印欧民族文化中普遍的太阳符号。这个符号最初是"宇宙主宰"转轮圣王的特征，是其权力的主要标志。在佛教传统中，轮盘的象征意义根据语境的不同而大大扩展，表示宇宙的轮回，"法"的完善和不容置疑（"法轮"），法和佛教神灵的创造能力（启动"境界之轮"），法的力量和威力（像滚动的轮子，扫除一切障碍，消灭一切敌人），最后是个人在自我完善的道路上前进的决心。在佛教图画中，有七条轮辐的轮盘占据主要地位，象征着通往涅槃之路的"八正道"的各个阶段。

送子观音

金刚杵作为佛教的象征，相当于基督教的十字架、伊斯兰教的新月，其历史可以追溯到共同神话中有关喷射闪电的神器的观念，这种神器通常被赋予至高无上的雷神（如宙斯）。金刚杵的直接神话原型被认为是古印度因陀罗神的"雷吼斧"。在佛教传统中，金刚杵代表诸佛的"金刚心"，它能像闪电一样摧毁无明的堡垒。此外，在金刚乘中，它还体现了宇宙的阳刚之气，以慈悲和活跃为特征。金刚杵有几种变体，其基础是一束中间截断、两端弯曲的闪电。其中最重要的是单向金刚杵，中间为握手，两端刃头分别有独股、二股、三股、四股、五股、九股等，形状类似半开的莲花花瓣；还有十字形金刚杵——金

莲花座八轮法轮

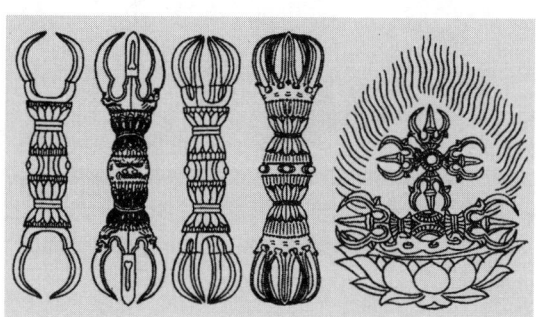

金刚杵

刚杵呈四角十字形，两端各有三个棱。金刚杵在语义上可追溯到世界的中心须弥山，象征着宇宙的完整性、"法"与所有世界的统一性以及通往涅槃之路。金刚杵的棱数以三为起点，与数字组合和分类概念（"三宝"、佛陀的四个生命时期、众生出生的四种方式）相对应。十字形的金刚杵象征着佛法在宇宙的各个方向传播。金刚杵的三棱分别代表"行为""语言"和"思想"而十字则代表它们之间的等比例关系。

如意珠这一形象的起源不明，最早出现在关于转轮圣王的传说中，被称为继"轮"之后的第二个权力标志。在佛教传统中，珠即"珍珠"，象征着"法"的真实、佛陀的真诚和愿意倾听恳求，这在汉语中的"佛陀"一词中有所体现。"珠"在不同的佛教分布区有不同的意义：在中国西藏，"珠"是镌刻咒语的石头，安装在山上、城墙上、寺庙附近或纪念地，以标记神圣的空间。在中国其他地区，"珠"的形象与公元前5—前3世纪产生于地方装饰艺术中的"火珠"的形象结合在一起，作为雷声或者球形闪电的图形。在中国佛像中，如意珠表现为球形、椭圆形或者心形，通常被火焰覆盖，安放在莲花上。石质和金属质的如意珠广泛用于中国佛教文化建筑中；塔顶的构图中也有如意珠的身影。

钵是一种特殊的半球形容器，用于收集布施，这种做法在小乘僧侣中早已确立。作为苦行和对忠于"法"的象征，钵体现了俗人的美德，因为向僧侣施舍被认为是一种善行，可以改善来世的因果报应。在更深层次的形而上学意义上，钵与其他类型的器皿一样，是"法"的"容器"，可以替代佛陀本人的形象。在金刚乘传统中，它代表宇宙的阴性。

念珠是僧侣必备的物品，其实际用途是计数祈祷。念珠是以线贯串一定数目之珠粒，这些珠粒是由金属、石头、骨头、玻璃、木头或果核制成。念珠是佛教从古印度宗教和礼仪传统中借鉴来的，在佛教典籍和佛教图像中，自公元3世纪以来才不断出现念珠。念珠最常见的变体由108颗珠粒组成——这是一个古印度的神奇数字，是数字"9"的倍数，在佛教中，"九"与世俗激情的数量和克服激情的方法的数量相关联。由54粒、27粒、18颗珠粒组成的念珠的其他变体也与可被9整除的数字有关；32颗的念珠寓意佛陀的32种美德或相貌特征；21颗的念珠让人联想到慈悲的度母菩萨的形体数量；18颗的念珠则主要是阿罗汉的象征。完整版的108颗念珠在结构上很复杂，其中包括4个嵌入物（比其他珠更大或为其他颜色），均匀地穿在线绳中（在第18颗、第21颗、第27颗和54颗念珠之后）。所有版本的念珠都有一个由三颗珠子组成的吊坠——佛、法和僧三位一体的象征，穿念珠的绳子体现着"法"能穿透一切的力量。作为佛像的特征，念珠经常被用来刻画阿罗汉、历史人物和观音，象征着菩萨为了解脱世间的苦难而承担一切世俗激情的慈悲之心。

中国佛教造型艺术：
如意珠的经典样式

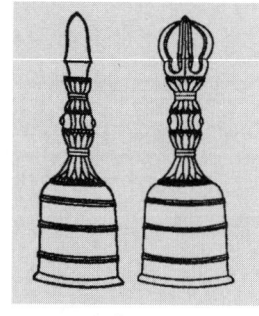

钟

在乐器中，法螺和钟（铃）在佛教图像系统中占有最重要的位置。法螺来自海洋软体动物的螺旋状外壳，在古代印度（以及古代世界的其他地方），它最初被用作传递军队信号和命令的号角。它被古印度神话所采用，成为毗湿奴的一种标志，其声音可以使敌人产生恐惧。在佛教中，法螺象征着"法"的"雷鸣之声"，像号角声一样传播开来；也比喻"佛音"，召集信徒。由于贝壳的形状向右侧（即"好"的一面）单边扭曲，它成为"法"的视觉标志，也是太阳的象征，表示太阳的方向，因此也是时间流逝、新的生死轮回和通往涅槃之路的象征。法螺的形象"融入"了佛像其他的特征中：佛陀头顶卷曲的头发，与法螺的螺旋形相似。钟（梵文：ghanta）是一种乐器，同样起源于古印度文化，它的流行与湿婆神话有关。在佛教传统中，钟有两种主要的象征意义：其一，它像法螺一样，象征"法"音响彻世界；其二，它体现了无常的思想：钟发出的声音很快就会消失，它可以被听到，但不能保留。在中国古代人的认知中，钟声好似"法"音的化身，具有驱赶恶势力的能力。

佛教图像中几乎使用了古代所有主要类型的砍杀和射击武器，包括剑、铲、战斧和弓箭。与摒弃暴力的宗教哲学体系明显相悖的是，武器在这里主要与"法"战胜邪恶的思想联系在一起。剑，类似于金刚杵，是佛英明的标志，能够消除疑虑、斩断虚假的矛盾，是"法"战胜无知的象征。剑与金刚杵一样，是诸佛和知识智慧的象征，是能够斩断疑惑和虚妄矛盾之结的物件，是教法战胜无明的象征。剑通常被描绘成金刚杵状，置于莲花上，即所谓的"智慧之剑"。这样的构图象征着佛陀和菩萨实现了消灭世间邪恶的誓言。带有普通刀刃和三叉戟的矛象征着对抗邪恶和抵御恶魔的力量。三叉戟（因其与火的古老联系）与剑一样，在意义上与金刚杵相呼应，其棱体现了"力量""权力""保护"（佛教分类概念）和（或）"三宝"（佛、法、僧）的化身。在佛教图像中，斧既是武器，也是劳动工具，其中文名称"斧头"强调了这一点。作为战斧，它是能够将所有试图遮蔽真理之光的邪恶势力"斩草除根"的武器；作为劳动工具，它是"法"创造自然的象征。弓和箭既能驱赶恶势力，又能驱除人的妄想和恶习——在顿悟"法"中的健忘和粗心、无视"法"的道德规范等。在佛像刻画中，弓和箭既可以一起使用，也可以分开使用（弓在一只手中，箭在另一只手中），这在"多臂"神像中最典型。

仪式和日常用品构成了象征物的最大部分，其中有几件对佛教图像的刻画非常重要的物品：镜子、灯、瓶、套索和拂尘。根据中国采用的设计，镜子被描绘成一个金属圆盘。这一形象保留了镜子在传统文化中的象征意义，即镜子是内心纯净的象征，能够彰显事物和现象的真谛，并能辟邪。在佛教文献中，镜子常常被比作佛祖的眼睛。同时，它清楚地说明了现象世界的虚幻性和感知的虚假性，因为它只能反映外部现实，而不能捕捉其本质。灯（梵文：dipa）比喻"智慧之灯"，照亮世界；"法的灯塔，比喻佛法是在"欲海"中指向救赎之路的灯塔。

瓶（梵文：kalasha）是一个传统术语。它是直接意义上的象征性容器（例如，供奉佛陀的容器）或形象表达中的象征性容器（法律、真理的"容器"）。瓶作为独立的象征物，其中包括：带盖和悬挂着珠串的容器——甘露瓶（"长生瓶"，梵文：amrita-kalasha），寓意良好意愿的集聚，装着像珠子一样，能垂落世界，使人精神焕发的甘露；带盖，上面镶有宝石和如意珠的瓶；插有花（包括莲花）的瓶，寓意道德和身体的治愈。

瓶的不同种类

手持拂子的阿难形象（木刻画）

套索（梵文：pasha）也有双重象征意义，可从以下方面加以解释：一方面，套索是佛陀和菩萨拯救和帮助生灵的象征（好似他们抛出套索，从苦难世界拉出被自己保护的人）；另一方面，套索象征着束缚各种无知和邪恶。因此，作为佛像刻画的重要元素，套索经常出现在某些神灵的左手中，与右手握着的铁钩搭配使用。

拂尘是佛教传统中一种重要物品，不仅在图像设计中，而且在宗教仪式中也很重要，它象征着服从、愿意遵守法规和消除道路上的一切障碍，同时避免暴力（拂尘用于驱赶昆虫而不是伤害它们）。在佛教的入门仪式中，师父会用拂尘抚摸弟子的头，象征着消除（驱赶）其通往觉悟之路的所有障碍。在宗教仪式上，寺庙的住持通常会手持拂尘，以示其教导者身份和引导弟子悟道的精神权利。因此，在佛教图像中，拂尘是佛陀的弟子、僧侣等人物标准的象征物，他们一般将拂尘持在右手中。在观音像中，拂尘是强调菩萨慈悲无边的象征。

佛教人物的象征物中有两种主要的建筑式样：象征"法"的创造能力和不可侵犯性的宝塔；体现"法"的追随者所向往的极乐世界，主要是极乐世界的"光明殿"。

象征物中，动物变形图像的数量相当多。最流行的是狮子和白象，它们也是从早期印度信仰中借用过来的佛教传统。其中第一个形象最初与最高权力机构有关，在佛教图像系统中，它成为佛陀作为世界精神统治者的象征，是"法"的至高无上和内在力量（"无畏"）的化身。大象的形象可以追溯到古印度神话中的几个人物："宇宙"之象，根据最古老的印度宇宙观，地球表面就建构在"宇宙"之象的背上；大象——因陀罗的坐骑；"智慧之神"伽内什，他被

普贤菩萨，敦煌莫高窟壁画（局部），7世纪后半期

描绘成象头人身。"白象"是转轮圣王的象征物之一。在佛教图像系统中，大象代表智慧、内在力量和"法"的至高无上。

在植物中，莲花在佛教图像中占有重要位置。在印度文化中，莲花最初具有太阳的象征意义，而在佛教中，莲花变成了神灵内在纯洁和完美的象征，是神灵内在纯洁和完美的象征。这朵美丽的花朵从泥水中生长出来，当它从水池底部长到阳光下时，它保持了花瓣的纯洁。同时，作为一种夏季花卉，莲花代表着肥沃、自然的丰硕成果、"法"和个人的精神努力。莲花被视为点缀"天国"的主要花卉并非偶然。在佛教图像中，莲花是崇高圣洁的象征。莲花通常被描绘成有八片花瓣的半开花蕾，在形态和语义上与轮盘相似；三茎三花的形式象征"三宝"；五茎五花的形式则是五方佛（五智如来）的形象的体现。有三种颜色的莲花出现在绘画作品中：红色（花瓣呈圆形）——象征佛和菩萨的能力和完美；蓝色（花瓣呈尖形）——佛的象征；白色——象征众生的纯洁和美德。

在"千手观音"像中有一个由42个象征物构成的特殊组合，其中包括：佛像，白拂——战胜邪恶和恶习的象征，柳枝——身体和精神痊愈的象征，印章——至高无上权力的标志，玉环——宇宙男性和女性起源统一的象征。

丙

**Е. А. 陶奇夫编《佛教袖珍词典》，圣彼得堡，2002年；《佛陀回归·中国博物馆文物展：展览名录》，圣彼得堡，2007年；М. Е. 叶尔马科夫《中国佛教的世界》，圣彼得堡，1994年；М. Е. 克拉夫佐娃《佛经的中国版本：佛教文化中的"权力"研究》，载《东方》，1998年第1期；М. Е. 克拉夫佐娃《中国艺术史》，圣彼得堡，2004年；И. Ф. 穆里安《古典雕塑统一空间中的4—8世纪中国早期佛教雕塑》，莫斯科，2005年；Г. А. 普加丘科娃《犍陀罗艺术》，莫斯科，1982年；К. Ф. 萨莫秀克《12—14世纪佛教绘画中的哈拉浩特》，圣彼得堡，2006年；В. С. 西多罗娃《古印度雕塑》，莫斯科，1971年；А. А. 捷连季耶夫《试论佛教形象博物馆描述的规范化》，见《佛教评论中的佛教收藏利用》，列宁格勒，1981年；Е. А. 陶奇夫《佛学导论》，圣彼得堡，2000年；С. И. 秋利亚耶夫《印度艺术：建筑·造型艺术·手工业》，莫斯科，1968年；刘建华《北齐赵郡王高睿造像及相关文物遗存》，载《文物》，1999年第8期；丁福保《佛学大辞典》，北京，1984年；李湜《方维仪和她的〈观音图〉轴》，《文物》，1994年第10期；夏树芳《栖霞山》，江苏，1986年；张尚马、雷玉华《成都市商业街南朝石刻造像》，载《文物》，2001年第10期；赵正强《山东广饶佛教石造像》，载《文物》，1996年第12期；杨泓《关于南北朝时青州考古的思考》，载《文物》，1998年第2期；The Buddhist Art of China // Arts of China. Vol. 2. Tokyo, 1969; Deneck M. M. Indian Sculpture. Masterpieces of Indian, Khmer and Cham Art. L., 1963; The Encyclopedia of Eastern Philosophy and Religion. N.Y., 1999; Marshall J. The Buddhist Art of Gandhara. Cambr., 1960; Munsterberg H. Chinese Buddhist Bronzes. Tokyo, 1967; Rhie M. Early Buddhist Art of China and Central Asia. Vol. 1. Leiden-Boston, 2007; id. Interrelations between the Buddhist Art of China and Art of India and Central Asia. Napoli, 1988; Saunder. E. D. Mudra. A Study of Symbolic Gestures in Japanese Buddhist Sculpture. Princ., 1985; Soper A. Literary Evidence for Early Buddhist Art in China. Ascona, 1959; Williams C. A. S. Outlines of Chinese Symbolism and Art Motives. N.Y., 1976; Woodcock G. The Greeks in India. L., 1966.

（M. E. 克拉夫佐娃撰，王玉珠译）

当代视觉艺术

当代国画与油画

"国画"是"中国画"的简称，产生于19—20世纪之交，当时有必要将中国绘画与欧洲绘画区分开来。在中国，国画的概念涵盖了从产生至今的所有民族绘画；而在西方，国画仅指20世纪的传统中国绘画，其中包括一些源于西方的创新。20世纪20年代，中国艺术史学家曾试图为20世纪的作品专门引入术语"新国画"，但并未成功。

19—20世纪之交，西方的影响主要体现在油画在中国的发展和传播上。油画的绘画技巧首先在清朝康熙、雍正和乾隆皇帝的北京宫廷得到肯定。西方的艺术家传教士（大多为耶稣会会士）担任"馆长"，他们在中西文化密切交流时期在清朝宫廷的活动在中国被视为欧洲向清朝统治者献上的知识贡品。除了油画和铜版画（蚀刻）技能，传教士还向中国宫廷大师们灌输了使用以前未知的构图和叙事方法的经验，以及基于光影造型和线性透视原理的西方图像系统的"幻觉"技术。因此，清代的艺术中出现了一种折中的风格——西方风格的民族变形——中国风（法语：chinoiserie），并作为洛可可式的分支在18世纪得到发展。在19世纪的大部分时间，这种新的经验几乎在绘画中消失了，但在光绪年间（1875—1908年），由于皇室的赞助和乾隆时期成就的复兴，这种新的经验又被用于实践。中国的整体形势（两次鸦片战争后被迫成为一个"开放"的国家）和民族文化状况（其中不仅有西方的影响，也有日本的影响）促使传统油画技法受到广泛关注。20世纪初，一些最有才华的画家除了接受中国艺术教育外，还接受了欧洲和日本的艺术教育。例如，著名的山水画大师傅抱石曾赴日本留学；徐悲鸿于1917—1927年在日本、法国和德国学习，回国后同时以西方绘画技法和国画技法创作。

传统文化综合体的权威性保证了在民族绘画框架下传统绘画形式和手法的维持。两种基本技法（国画和油画）的历史性存在，相当于两种感知和反映现实的方式，不仅没有相互排斥，甚至在20世纪的大部分时间里，还刺激了中国画综合欧洲和本国艺术经验的尝试。然而，在西方文化、政治利益和艺术市场的经济压力的积极影响下，具有既定结构和强大传统的国画陷入了困境。较之于其他类型的中国艺术，国画与西方艺术之间的直接互动更为困难，因为国画中可以直接复制的技法和观念范围有限。因此，对于国画来说，通过中国油画对西方经验进行过滤的改造方式更为可取。无论如何，考虑到这一现象的特殊性，两种可能性都值得注意。

研究者们从清末在上海创作的一些画家，如任伯年、吴昌硕以及与吴昌硕风格接近的王震的作品中看到了国画的本源。国画的形成使中国艺术有机地进入了世界艺术体系。因此，吴昌硕和王震的绘画在日本享有盛名。因徐悲鸿的努力，1934年，中国现代绘画首次在莫斯科、列宁格勒、巴黎和柏林巡回展出，其中展出了300多幅国画大师（从唐代到20世纪）的作品。当时，在艾尔米塔什博物馆的收藏中出现了一些国画传统大师的作品——最著名的花鸟画大师齐白石、徐悲鸿和潘天寿。在国画的形成时期，民族主义的、激进的（共产主义的）、民主的以及自由主义的观点决定了中国社会的"气候"。在后两种温和情绪激励下，资产阶级文化——19世纪末西方现代性的代表，一个世纪后转变为中国的现代主义——虽然没有在国家艺术体系中占据主导地位，但它促

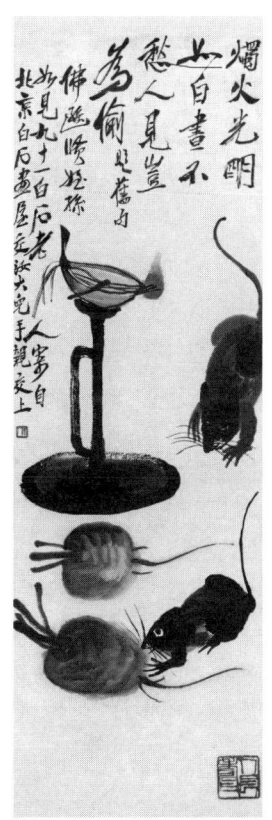

齐白石《烛火光明》，
1955年

使个人从传统社会的束缚中解放出来，并增强了创作中的主观元素。西方的现代艺术（新艺术，19世纪80年代末—20世纪初）表现出对东方文化的特殊兴趣。

对于现代艺术来说，与远东艺术的和解尤为重要，西方18世纪洛可可—中国风、19世纪的浪漫主义和印象派的画家们早就开始接触远东艺术。"新风格"的画家创造性地利用了诸如中国和日本的绘画传统。大多数当代艺术史学家认为，日本对新艺术的影响大于中国。然而，应该考虑到的是，以前远东国家之间的关系是以不断的文化交流为特征的，而中国在其中扮演着传统奠基人的角色。因此，远东国家在吸收和再加工中国艺术元素的基础上形成了自己的民族风格。后者在很大程度上决定了远东文化对19—20世纪之交欧洲艺术的综合影响的方向。在这种情况下，我们谈论的也许不仅是内容的借用，例如，现代派中流行的"花鸟画"图像和自然主题——与道教和禅宗（日本的禅）哲学相关的水和水流的形象。现代派对远东文化的兴趣在某些情况下非常浓厚，并影响到传统的精神层面，因为当时欧洲的意识已经成熟，可以进行这种接触。中国美学，从根本上说，贯穿着对自然生命和作为"道"的人的程式化感受，这对远东艺术本身是非常有益的。在这种情况下，禅宗遗产成为某种营养。在此基础上，中国传统在韩国和日本的传播经历了几个世纪。道教和禅宗的空间感受，例如"空"在远东绘画中转变为大量自由的空白背景，并在形式层面确定了绘画的特性。现代派画家也经常利用单色背景，不受图案的影响，以此向这种"引人遐想的无限性"表达敬意。新艺术运动的艺术特点是强调节奏感而非平衡感，并引用了传统的电影拍摄手法。在新艺术中，强烈的纵向或横向拉长的作品形式，强调韵律重于平衡，并以中国传统的卷轴画为证。线条是远东艺术的基本要素，具有书法艺术的性质，在19—20世纪之交成为欧洲艺术富有表现力的重要元素。新艺术派的线条几乎与毛笔大师的线条一样"辩证"，他们从小就懂得艺术的和谐感，理解"黄金分割"的原则。新艺术的韵律感也与将音乐提升到重要艺术地位的文化一样。在这两种情况下，平面上的线条只是艺术家通过冥想净化后的能量痕迹。中国和远东艺术很早就表现出对综合的渴望，新艺术风格对这种渴望也很熟悉，因为其本质就是综合。新艺术对远东文化浓厚而多变的兴趣注定了后者对西方现代主义和后现代主义的参与。

20世纪的俄罗斯艺术批评中有一种观点认为，当代中国民族绘画是一种现象，具体地说，是一种不合时宜的（没有时间的痕迹）或陈旧的（专注于中世纪艺术）现象。

就技术手段而言，国画大师的作品是绢帛或纸张上的水墨画，通常以卷轴（以及屏风、壁板、册页或扇面）的形式呈现。书法线条是主要的表现手段，在"写意"风格的作品中尤为明显，但较少使用墨点。线条的书法性是民族造型艺术的现象，只能通过传统材料和整套工具（绢帛或纸张，墨和笔）来实现，但近代以来，传统与外来技法的结合导致了中国画的艺术"变异"。其色调传统上以墨色为主，有时辅以彩色；也使用最初为工笔所特有的彩墨画技法。在既定的配色方案中，最常见的是金碧、大小青绿和水墨。除了基本的书写技巧——"设色"和"工笔"外，还包括勾勒、填色、没骨和泼彩等。国画的创作原则基于它对环境的"开放"。与封闭于画框内的欧洲油画不同，国画（平面的白色背景包含空间的感觉）大师的作品通常很容易与室内空间相互作用，与建筑物及周边环境形成美学条件的关系。作品的节奏和色彩组织通常服从于同一问题的解决。在表现手法上，国画更接近于图形，而非欧洲绘画（无论如何，这种形式从文艺复兴时期的14—16世纪一直盛行到19世纪末）。中国中世纪的工笔画传统包括：在构图中利用纸张或绢帛的浅色背景的美学可能性（禅宗的"无为"在绘画中的体现）；在画面"卷起"的状态下，通过明暗布局传达物体的"具体性"，这一明暗布局源自西方绘画以及基于欧洲线性透视法的空间错觉，这是自17世纪起即为中国艺术家所熟悉的原则。一般来说，作品的构图特点是视野开阔，不拘泥于任何特定的"焦点"。中国画的艺术理念为在画作中体现大师的精神境界和已经成熟的理念（最初的草稿除外）提供了可能性。这些特点揭示了国画大师们的"专注"，这种专注直接源于其作品的冥想性和古老性，他们更注重表达思想和对象的内在本质，而不是再现根据光学规律感知的视觉形象。在抽象水墨画出现之前，国画总体上保留了传统的题材结构，这一结构形成了人物画、山水画和花鸟画（包括一些变体——花卉、花果、翎毛、走兽、虫鱼等）。C.H.索科洛夫—列米佐夫认为，题材分类体系本身反映了中国绘画的"理想主义"："山水""花鸟"和

黄宾虹《松风流水画》，
20世纪初

"人物",实际代表了理想世界的各个领域。但是,我们要注意的是,这是低层次的世界(尘世),而不是高层次的世界(天堂),后者在传统作品中更多地是以"沉默的形象"出现。根据众多研究者的观点,"沉默"这个词的本质是"缄默"。由于缺乏个性化,特殊性和单一性从属于一般性和绝对性,直到最近,才采用概括方法将中国国画置于中世纪艺术的范畴。甚至有人认为,从国画中更容易看到后者的"典型性",而不是现象与当代世界艺术界相适应的迹象。

В. Л. 思乔夫认为,中国画的特色材料和工具以及艺术中反映的现实是中国画的特殊标志。我们可以同意这种说法,但要注意的不是这种现象的虚构性(绘画题材的罗列、民族生活的描绘和民族主题的揭示),而是国画大师在传统范畴内认真思考的能力。正是这种能力使他们能够在诸多制约因素下有机地存在:题材的选择性,往往是古老的艺术语言,放弃作者的个性权利,以及在创作过程中补充力量的能力。最后一种考虑解释了国画和与之同源的书法艺术之间的高度适应能力。根据В. Г. 别洛焦罗娃公允的见解,不同社会阶层的代表对书法的兴趣(书法不属于专业领域,在现代中国的条件下似乎有点多余)是可实现的,这是一种传统的个人再生方法,其基础是利用人的内在能量(气)。在这种情况下,我们不难看出,中国画的两种一般风格——工笔和写意——反映了两种不同类型的冥想:一种是"被动"的梦境模式,它再现了"真实"世界极其准确的画面;另一种是"主动"模式,它发展于禅宗,涉及主体在意识改变状态下的行为。既然我们在这里谈论的是一种民族性的精神实践形式,那么"消除"国画这一现象的难度并不亚于废除俄罗斯艺术中的圣像绘画。但与此同时,中国民族绘画在精神上仍然是"世俗的",因此它比任何宗教背景下的经典艺术都更容易应对变革。在20世纪大部分时间内,国画的演变处于上述传统原则内,这些原则被投射到一定的社会文化条件中。

20世纪,国画按照三个基本方向发展:传统主义方向(以"返璞归真"为原则,保留了培养工笔画风格的学术传统);写意方向(与类似于西方观念艺术的禅宗美学相关)——在20世纪由潘天寿、

潘天寿《无限风光》,1963年

齐白石、傅抱石和李可染等大师成功实施；最后，"中""西"结合的方向，20世纪的徐悲鸿、林风眠和吴冠中是其代表，现在的大多数中国画家都在朝着这个方向努力。

中华人民共和国成立之初，大部分画家以国画技法创作，少部分画家创作油画。1953年，全国共有13所高等专科学校和6所中等专科学校，教授绘画、素描和雕塑。直到20世纪90年代初，中央美术学院的一些画家一直以工笔技法创作，如田世光和金鸿钧。现今，江宏伟——曾参加2003年和2005年北京双年展，喻慧——毕业于江苏省国画院，曾参加全国艺术联展并在美国和英国举办个展的，是工笔技法的推行者。

用写意技法创作的潘天寿（吴昌硕的学生和追随者）1924年在上海美专教授理论和实务，1927—1928年在上海新华艺专和林风眠积极参与组建的国立艺术学院任教，其目的是建构民族艺术新形式（新国画）。1928年后，潘天寿在杭州的西湖艺专任教十年，并于赴日本考察美术教育。他在《中国绘画史》中阐明了自己对民族传统的理解，这一专著1926年在上海首次出版，并多次再版。他认为，在写意和文人画中将绘画、文学与书法三者统一起来，应该成为现代艺术家不可动摇的创作原则，在这一组合中，书法元素占据主导地位，它决定了造型形式。潘天寿提出的另一原则极为重要——在作品中要集中"作者的精神力量"。

20世纪30—40年代欧洲现实主义在中国绘画中的试验之路在新中国的艺术实践中得以延续，因为新中国的艺术继承了早期被改造的西方"写生"的创作方法，事实证明，其不适合直接用于国画，需要寻求折中的解决方案。国画大师在20世纪中期的艺术探索与新题材——静物写生和裸体写生——的"开放"有关。如果李斛以素描和国画技法完成的摆姿势的模特是欧洲学院派的写实典范，那么林风眠的《裸女》（纸本，水墨，设色，32.5厘米×32厘米，1955年，私人收藏）在技法和意境上类似于巴黎学派（Ecole de Paris）的代表亨利·马蒂斯（1869—1954）和巴勃罗·毕加索（1881—1973），以及他们的同时代人法国诗人、画家和编剧让·科克托（1889—1963）的线条素描。以简洁的线条勾勒的女性轮廓具有某种私密的性感，虽然轮廓线本身只是阻止模特身体溶解到空间的象征性界线。

这一时期的国画包含将西方艺术技巧细腻地运用到"国画"现象中的例子：光影造型；基于平面图叠加的空间构造，类似在地图上做标记，标明"深度"；低地平线的使用，以及对绘画主要对象所处周围环境非常细致的渲染。最具创造性的解决方案属于几位大师，其中包括国画大师齐白石。他创作了优雅的《蜡烛静物》（立轴，37厘米×97厘米，纸本，水墨，设色，布拉格国立美术馆馆藏），其中包括花瓶和酒杯的图像——"百古图"的元素（"百古图"是清代中国艺术中流行的图案，早于静物画）。这一阶段在吸收西方影响的过程中发挥作用的还有徐悲鸿——在中国推广了欧洲的解剖学和素描教学的经验，以及曾在法国和德国接受教育的林风眠。

林风眠与同时代的其他画家如李斛一样，对戏剧题材表现出浓厚的兴趣，他刻意进行装饰性描绘，并选择性地使用颜料与墨水相结合的色彩方案。正是林风眠直接启发了中国戏曲中的演员题材，以及欧洲印象中体现这一题材的表现方式，例如，瓦西里·康定斯基（1866—1944）的作品，德国艺术家团体"方阵"（1901—1904）在慕尼黑创立的"Elf Scharfrichter"戏剧艺术协会，或者俄罗斯"白银时代"的艺术家——"巴黎戏剧季"的组织者（1909—1911）。

20世纪40年代末至80年代初的国画历史反映了国家政治进程的重要变化。在此背景下，值得注意的是，在当今中国，年轻人（30岁以下）往往对中国后现代主义比对当代国画更感兴趣。也许，在整个20世纪的国画历史中，政治性实践发挥了不小的作用。

20世纪50年代初，一些国画精品被创作出来；在国画现代化的尝试过程中出现了很多人物画和山水画题材的作品。与没有发生任何变化的花鸟画相比，山水画则充满了工业化时代的痕迹：高速公路、水坝和电线的图像（这一题材最好的作品出自傅抱石之手）。1953年举办了首届"全国民间美术工艺品展览会"。1955年，在文化部的支持下，中国美术家协会主办了第二届"全国美术展览会"，1956年举办了一系列省级展览和北京大型国画展。展出作品的非政治性使国家领导层相信，有必要在艺术中体现具有社会意义的主题，并对艺术家进行相应的教育。由于当时的国画创

林风眠《宇宙锋》，1977年

作无法独立完成纪念碑式艺术创作的任务,因此建议借鉴国际经验。这一问题在油画技法中更容易解决,但在50年代中期,国画处于政府关注的焦点,按照Б.Л.思乔夫的说法,这是中国政治中的民族主义倾向。1957年国画得到了国家领导层强有力的支持:在北京和上海成立了两个专门的研究所,并在首都的画院成立了一个独立的国画系,而在此之前,该画院只有一个彩墨画系,因为当时西画和国画还没有呈现对立状态。很快,很快,由于艺术上的两极分化,油画大师和一些对西方艺术成就感兴趣的国画代表人物——古元和吴作人,被"命令"去"上山下乡,体验生活"。与此同时,还尝试对国画与民族木版画艺术进行"交叉"。木版画的兴起过程(上海木版画中保留了一些欧洲艺术元素,如20世纪初的商业广告)伴随着50年代末的"大跃进"。按照对艺术来说致命的原则——"多、快、好、省"——创作的绘画和素描作品,在视觉上与木版画相似。根据这一原则,"鼓励"专业艺术家向"工农"业余艺术爱好者学习,后来(1964年)又向军队业余艺术爱好者学习。1959年,国画大师们参与了为庆祝中华人民共和国成立10周年而修建的北京公共建筑的装饰任务。傅抱石和关山月为首都的人民大会堂绘制了大幅挂画,这在一定意义上成为20世纪中国大型艺术发展的起点。

20世纪60年代初社会状况的一个"征候"是在民族绘画中不由自主表现出的焦虑和悲观情绪。60年代中期以后,新政治方针的迹象是呼吁重新审视齐白石遗产以及专业人士在整个艺术领域的地位。1966年中央美术学院的一些著名画家(其中包括李可染)被指责散播"外国绘画技巧"、同情西方国家(其中包括苏联)以及对毛泽东思想的忽视等。受其影响,国画在1966—1967年的艺术实践处于真空状态。此时,艺术仅限于少数官方要求的类型(海报、漫画)和题材(主要绘制"伟大领袖"的肖像),具有业余性、匿名性和集体主义等特征。

自1969年以来,人们一直希望重振花鸟画,而花鸟画明显的非政治性以及对图像和主题进行各种象征性诠释的可能性使其首先免于被遗忘。在"文化大革命"时期,选择性地恢复绘画的原因被正确地归结为毛泽东思想的民族性。这也使人们认识到,由于客观原因,中国艺术家在画面方面的实力要强于油画甚至版画。70年代初期,在军队艺术家继续举办展览的背景下,艺术大师李可染、古元和吴作人的作品复制品得以恢复出版。1976年以后,中国的艺术生活更加活跃。专业展览活动(外国艺术展是一个重要的现象）恢复，之前停刊专业杂志——《美术》《中国画》《版画》《美术研究》等恢复出版，同时出版新的杂志如《漫画选刊》《油画选刊》《新美术》等。这些积极的进程伴随着中国美术家协会的恢复，推动了中国艺术的复兴，激发了前所未有的体裁、主题和风格的多样性，并对20世纪中国艺术的发展历史重新加以评估。1949—1956年被认为是高水平创作时期，在经历1957—1959年的回落之后，"文化大革命"时期对艺术充分反映现实和形式探索的禁令中断了这一发展。80年代初期是中国现代主义形成时期，中国画仍然以两种主要形式存在——国画和油画，具有相互影响的巨大潜力。

吴作人《金鱼》，1980年

20世纪50年代末，由于审美之外的原因，国画流派已经改变了其原有的含义，在新的社会条件下，"人物画"（其在欧洲的类似流派由历史、战斗、日常生活等题材和肖像画等构成）取代了"山水画"和"花鸟画"，这些流派以前在传统艺术中占主导地位，现在被广泛用于装饰领域（设计师和应用艺术大师经常使用这些题材）。在20世纪中期的国画中，可以看出苏联社会主义现实主义的影响。1959年上海出版的由画家张雪父选编的专业画家和业余爱好者的国画作品集表明，在"艺术服务于政治"的口号下，对苏联经验的借鉴尤为明显，题材上以工业为主题。西方（主要是苏联）的水彩画、书籍插图和海报，通过中国现代版画和民族木版画的棱镜折射出的矛盾美学影响，是20世纪50年代国画的总体特征。20世纪初，造型艺术中的版画和应用艺术中的版画的交汇是由于中国生活的普遍民主化，后来它表达了人民政府利用大多数人所理解的版画艺术与传统文化之间的深刻联系，创作以年画为基础的宣传和鼓动作品。50年代初关于"艺术服务于政治"并"为人民服务"的要求诱发了"新版画"（由专业艺术家在传统基础上创作的"民间绘画"），从事该题材创作的国画大师有李可染、古元和叶浅予等。矛盾的情况是，这些艺术家甚至不以名家名作为标准，而是以无名作品为标准，他们的作品达到了专业与民间融合的效果。撇开这一决定的外部动机不谈，应当注意的是，它是自发的（不受政治因素影响），只有在达到杰出水平，当专业人士认为有明显的机会将原作的形式和精神进行综合或至少是风格化时，这种"捐赠"艺术才有可能被接受。做出这种选择的在文化上合理的原因可能是对匿名艺术经验的美学品质的认可，而这不需要考虑接受者的水平。

总的来说，20世纪中叶国画对社会潮流的盲从往往使其变成"浅俗美学"，这种"浅俗美学"建立在传统象征主义和对美善观念的通俗理解之上，在专业作品中通常会在媚俗的边缘取得平衡，这导致了中国艺术家对"政治波普"（英语：political pop art）风格的模仿。然而，对年画经验的借鉴有助于在民族绘

聂鸥《秋风送凉好入眠》，1990年

画中形成一种奇特的原始主义思潮，这种思潮探索"天真"感知世界的创造可能性，间接地体现在民间版画中，而直接体现在儿童画中。例如，北京画家聂鸥1990年在此艺术方向下创作的《秋风送凉好入眠》。这是一幅儿童画，描绘了一个孩子在南瓜藤蔓下安适地休息，与周围的世界完全和谐。

20世纪60年代初，国画大师们在美学和造型问题上昙花一现，表现为对印象派的迷恋，而印象派在形式上的可能性激发了他们对自身传统的修正。因此，据H. A. 维诺格拉多娃考察，国画大师李可染倾向于"框定图像"，即在某种程度上强行将图像框定在绘画形式的框架内。对这种技法的强调，原则上亦为中国古典绘画所熟悉，这在新一代艺术家的一些代表——张步和汤集祥的山水画中也很明显。印象派画家是西方第一批有意识地使用"框架"构图技巧的画家，他们的灵感来自西方新艺术（19世纪—20世纪初）——摄影和后来的电影。例如，埃德加·德加（1834—1917）经常在描绘骑马和芭蕾舞课的作品中使用"框架"的错觉。在傅抱石的作品中，印象派的影响表现在开放的笔触和清新的色彩上。

20世纪60年代初，印象派开始受到持续关注，这在80—90年代的艺术家作品中得以延续，其中包括张仁芝、李颖，还有至今在国内已广为人知

的老一辈国画及油画大师、天津大学教授王学仲,其个人展览于2007年在俄罗斯艺术学院(莫斯科)举办。对西方绘画经验的借鉴不仅体现在国画艺术家开阔的运笔方式、在单色水墨构图中选择性地引入纯色,还体现在长卷的格式上,它往往接近于油画的长方形或正方形格式。(这一现象的先例,作为适应西方影响这一过程的"桥梁",存在于敦煌佛教寺院墙壁上的唐宋绘画构图中。)摒弃了长卷的修长比例,强化了水墨画的磅礴气势,这在山水画中尤为明显。

但总的来说,20世纪50—70年代中期政治对国画发展的影响,导致1976以前国画的任务基本保持不变。到20世纪80年代初,现代民族绘画已经走过了将近一个世纪的历程,它继续朝着先前确定的方向和一些新的方向发展。在20世纪80—90年代之交,在结构上,官方认可的艺术(形式上为现实主义,赞同中国艺术家联合会在文化部的支持下组织的展览内容)与"自由"艺术家们的市场艺术(转向西方现代主义和后现代主义的成果)相对立。此外,还有面向外国消费者的民族艺术,复制了20世纪国画经典的研究成果。以民族形式创作的艺术品装饰着餐馆、俱乐部、外宾旅馆;国画的架上绘画打算在古董和艺术品商店出售,或者以更"民主"的方式出售。"异国情调"是以艺术陈词滥调的形式复制最成功的经典国画形象而创造的。在В. Л. 思乔夫看来,这是中国艺术发展到"市场"阶段的必然现象。用于复制的对象包括:齐白石的虾、徐悲鸿的马、李可染的水牛、吴作人的牦牛、黄胄的驴以及叶浅予的民族服装舞者等。对形式表现力的追求催生了以混合技法(水墨、水彩、油画和水粉)或模仿国画技法创作的大师,他们用合成颜料绘制壁板。后者显然是社会秩序的结果,并延续了国画与纪念碑艺术之间的趋同路线,这种趋同路线早在20世纪50年代末傅抱石的作品中就有所体现。

20世纪最后二十年对国画的发展具有根本性的重要意义,一方面是对艺术与政治关系论的反思,另一方面是20世纪80年代中国不仅对西方现代主义,而且对后现代主义的实际认可。1985年秋天在北京的中国美术馆举办的"波普艺术先驱"罗伯特·劳森伯格(1925—2008)作品回顾展,显然促进了中国新艺术的形成。这位美国著名艺术家主张混合使用不同的技法,尤其是绘画和拼贴。

创作于1985—1990年的一些极引人注目的国画作品,见证了画家对西方绘画理念的吸收,令人惊讶地接近于20世纪50—70年代的抽象表现主义作品,在权利上等同于更早被认可的现实主义。抽象表现主义是一种趋势，它将一位抽象表现主义大师的话作为自己的座右铭："为我们命名，无异于给我们带来一场灾难。"它的代表人物是20世纪中后期纽约的一大批艺术手法迥异的画家。他们在1951年（在同名回顾展出之后）被赋予另一个名称——"纽约画派"（英语：New York School），类比以前被认为是世界艺术领域领军的巴黎学派（法语：Ecole de Paris），反映了传统延续的理念。就像巴黎画派的艺术家们一样，他们来自不同的国家，被共同的时代和生活方式联系在一起。许多抽象表现主义者都是定居纽约的移民。抽象表现主义进入全盛时期与杰克逊·波洛克（1912—1956）和威廉·德·库宁（1904—1997）的作品有关，他们通过大胆即兴地使用材料（就像很久以前中国怪诞艺术家所做的那样）进行"行动绘画"（action painting）。有趣的是，波洛克经常像潘天寿一样，在地板上铺一块布来画画。20世纪90年代初以来，中央美术学院的李阳和杨君等大师都以抽象画的方式进行创作。张继平的画作则将抽象主义与古典山水画传统成功结合。

国画艺术家对抽象表现主义者的成就表现出兴趣，他们寻找将抽象表现主义的两个主要倾向之一融入民族传统的方式。该倾向以"生物形态"和有机形式运作，是一种直观的，带有感情色彩，类似于超现实主义的非理性艺术。而具有几何学结构本质，接近于立体派和结构派艺术语言的另一派抽象表现主义，则鲜有人问津。在吴冠中、孙其峰等人的作品中可以看出波洛克及其追随者对20世纪70年代第二代抽象表现主义艺术家的直接影响，尽管在国画大师的画作中，抽象远非"无源之水"，而是通常与具体的主题相结合。国画作品很少能够达到抽象表现主义画布的宏大规模，而且（与后者不同）经常保留着构图上固定的层次（固定的画卷上部和下部）。这些作品也少有侵略性或自我情绪。国画大师线条的表现力不

钟飙《社会主义》，布面丙烯，木炭，油画，2008年

仅基于纯粹的表现，也基于书法的书写技巧；他们的个人风格往往综合了几位表现主义艺术家的艺术成果。例如，孙其峰的《春在枝头》（1988，纸本，水墨，设色，138厘米×68.5厘米），描绘了树枝缠绕、麻雀栖息的景象，从中可以看出波洛克和琼·米切尔（1925—1992）的影响。米切尔充满活力的抽象作品受到当代诗歌和自然体验的启发：她的作品"Hamlock"（1956，布面油画，231.1厘米×203.2厘米，纽约惠特尼美术馆藏）名称受到美国诗人华莱士·史蒂文斯（1879—1955）的诗歌"Domination of Black"的启发，让人联想到一棵被风吹得凌乱的积雪覆盖的针叶树。因此，孙其峰和米切尔的作品不仅在构图、色彩和白色背景的意义上趋于一致，而且在形象潜力上也趋于一致，这种潜能是由作者和谐的世界观所决定的。

米切尔和抽象派画家菲利普-加斯顿（1913—1980年）在20世纪50年代的绘画风格被评论家定义为"抽象印象派"。例如，他的作品"For M"（1955，油画，193.99厘米×183.52厘米，旧金山现代艺术博物馆藏），仿佛"溶解"在邓林的作品《红梅》（1990，纸本，水墨，设色，70厘米×69.5厘米）和《芭蕉红梅》（1990，纸本，水墨，设色，69厘米×69厘米）的构图和色彩中。在一些现代民族绘画大师——周思聪（《荷》，1990，水墨，设色，55.5厘米×97.5厘米），李世南（《秋江图》，1987，纸本，水墨，设色，68厘米×68厘米），邱陶峰（《春山积翠》，1987，纸本，水墨，设色，46厘米×63厘米），贾又福（《云中行》，1990，纸本，水墨，设色，34.5厘米×34.5厘米；《云之歌》，1990，纸本，水墨，设色，35厘米×34厘米）和王维宝（《漫漫岷江畔》，1988，纸本，水墨，设色，49.5厘米×82厘米）的作品中，可以明显看到马克·罗斯科彩色云体的"浮动"和对海伦·弗兰肯特尔水彩画技法的模仿。

第二次世界大战后美国转向抽象艺术的原因和中国在"文化大革命"后对抽象艺术的诉求可以用两种情况下经历的"人性形象危机"来解释，这有助于不接受社会惯例、不问政治的艺术家个性的形成。在20世纪五六十年代的西方社会，抽象主义与"自由世界"的文化相联系，而现实主义则与极权主义政权的艺术相联系，这并不奇怪。同样值得注意的是，通过借鉴抽象表现主义的成就，中国艺术家（无论是书法还是国画）实际上是在走20世纪60年代日本艺术的道路。抽象主义在国画中令人惊讶的轻松适应似乎是自然而然的，它让我们看到了中国传统绘画与这种"非现实主义的"西方绘画之间的内在本质联系。20世纪末的国画大师们从抽象表现主义画家那里借鉴的线条和形式的风格化技巧，总体上与清初中国画家石涛和朱耷的成就，以及"国画"奠基人之一吴昌硕的风格并不矛盾。

另一方面，当代西方艺术中"现实主义—抽象主义"的两极分化，在中国的民族艺术土壤中是有先例的：工笔—写意。可见，19—20世纪之交，西方艺术按照其自身发展的逻辑接近这种两极分化的必然性，但这并不排除中国传统经验对当代西方艺术产生间接或直接影响的可能性。

与现代中国绘画相反的趋势是一些画家转向西方超写实主义的经验。"超写实主义"一词指的是20世纪70年代西方，尤其是

贾又福《云之歌》，1990年

美国艺术的一种趋势，当时在抽象主义蓬勃发展的情况下，许多艺术家转向了具象绘画和雕塑。超写实主义绘画模仿彩色照片，注重细节，极为细致。在描绘日常或工业题材时，作品的"现实主义"品质和自身的"公正性"受到影响，这使超写实主义艺术家更接近波普艺术家。虽然摄影对绘画的影响早在印象派时期就已存在，但超写实主义艺术家的创作方法却是全新的、现代的，因为他们利用现成的艺术形式（摄影、广告、电视和电影）来吸引观众关注人类环境中"真实"与"人工"之间的关系问题。由此产生的效果让观者意识到现成的视觉形式对感知心理的冲击力，感受到现实的虚幻性。陈辉——毕业于清华大学美术学院，现为清华大学美术学院教授，曾多次参加国内外展览，《皖南印象之一》（2005，纸本，水墨，设色，145厘米×195厘米）的作者。这幅画描绘的是室内的一角（可能是一间艺术工作室），里面有杂乱的家具、空画框、成堆的杂志、花瓶和花盆。该作品在摄影技术、形式和尺幅的宏大性上接近于西方超写实主义作品。与众不同的是，中国艺术家选择了黑白（而非彩色）摄影，因为黑白摄影的传统性不会对意识造成如此强烈的冲击。此外，传统的单色水墨画技法也因这一选择而受到追捧。值得注意的是，在2005年北京双年展

上，油画大师郭华的作品利用超写实主义的经验，模仿了彩色照片（《一家人》，2004，油画，150厘米×180厘米）。

与此同时，在千年之交的中国艺术环境下，艺术家们重新深刻地认识到将民族绘画和书法视为一门艺术——笔墨艺术的可能性。20—21世纪之交，对民族传统最纯粹的坚持体现在"新文人画"发展上，这与历史上的写意风格有关。这一名称出现于1989年在中国美术馆举办的展览中。此次展览共展出了20多位画家的作品，其中包括中央美术学院的大师——陈平和田黎明的作品。20世纪90年代末，人们对"文人画"的功能、意象及其在当代文化中的地位的理解发生了质的变化，但仍保留了创造一种非政治性艺术的总体目标，即以精神修炼为目的。这种趋势要求大师具备传统绘画、书法、诗词、哲学（包括当今西方也很需要的禅宗）和篆刻等方面的基本知识，在北京、上海、江苏和浙江等省市的艺术圈内得到了发展。在2005年北京双年展展出的田黎明的《自然中的都市人》（2004，纸本，水墨，设色，249厘米×124厘米）是一幅由三个人物在景观环境中合理构造的"现实主义"构图。模糊的效果使其更接近于一些西方抽象表现主义画家（如马克·罗斯科）的绘画技巧。

韩静霆是最有才华的知识分子艺术家之一，是著名

陈辉《皖南印象之一》，2004年

的花鸟画大师许麟庐的学生。他改变了齐白石的创作方式。2007年在莫斯科展出的韩敬亭的部分作品（尤其是马的形象）体现了表现主义的民族样本；其他作品（如嬉戏的孩子形象）则体现了原始主义精神，让人联想到传统的年画。韩静霆的人物画和山水画能够与西方观念主义作品相媲美。使用原始语言，韩静霆是中国工笔画大师，他认为他的主要关注点是"养生"。韩静霆作品特点是阿尔贝特·施韦泽（1875—1965）所说的"敬畏

生命"和亨利希·弗洛姆（1900—1980）所定义的确保整个物种生存的人类基本尊严。

遵循传统和实验的道路，20—21世纪之交，中国艺术试图更新自己与文学创作和国家哲学体系的关系。一些艺术家试图克服学院派书画的唯美主义，实现其过程性，使图像和文字符号的创造艺术被视为游戏，从而使其更接近行为艺术--表演。例如，许平（自1995年1月起在石板上用水写日记）和朱青生的作品就体现了这种现象。后者在随笔《朱青生作品的赞歌》中描述了自己与音乐家张维良于1997年共同演出的《溪山箫书》。朱青生模仿文人，在张维良的箫声伴奏下，在浸入山泉小溪的绢帛上书写文字。因此，国画中的该种行为已经不仅仅是对西方油画、水彩画和合成颜料的探索，还包括对装饰艺术和行为艺术的接受，它们与国画的距离更远。当然，在这一领域有多少真正富有成效的艺术解决方案仍是个问题。

20—21世纪之交，国画艺术的实验方向以谷文达的作品为代表。他摒弃了传统的书法技法，在国画中基本实现了笔墨分离，通常使用喷雾器在大平面上进行涂抹。然而，这并不妨碍谷文达尝试使用象形文字（将其与抽象绘画相结合，任意排列或扭曲已有的文字符号），以及发明新的象形文字，从而创造出自己的观念艺术类型。其成就可与西方后现代主义代表，"Codex Seraphinianus"（纸本，彩色铅笔画，出版于1998年，部分馆藏于米兰）的作者路易吉·塞拉菲尼的创作探索相提并论。该作品类似于一部梦幻世界的百科全书，以"Seraphinianus"文字进行注释，与欧洲中世纪手抄本相媲美。上述例子表明，与中国上一代画家不同，一些现代国画画家在表面成功"赶上"了后现代主义艺术。

同时，由于"国画"强大的人文潜力，与之平行的中国后现代主义并不总是与国画两极分化。例如，后者一直是当代艺术家黄岩和他的妻子张廷美的创作源泉，他们以"季节"（2005，以彩色照片片的形式固定，100厘米×80厘米）为主题，以观

郭华《一家人》，油画，2004年

念艺术的方式创作了一系列带有山水构图（山水）的多色面部文身。照片中男子的眼睛不仅注视着这个世界，而且透过这个世界，尽管他脸上的风景反映出季节的变化，但这种目光的平和内涵却始终不变。这组照片还提醒我们，西方现代主义艺术的源头之一就是禅宗学说。

20—21世纪之交世界发生的转折显示，对民族艺术流派的持守似乎随时都会在"国际"艺术元素中消失得无影无踪。在当前条件下，许多艺术家意识到有必要使已成为国际时尚标志的国画和书法充分适应当代世界艺术。而国画的"内在"生活远离政治、时尚和商业，因为这种艺术的主要任务仍然是引导人走上精神发展的道路。即使在努力将国画与西方艺术的任何新形式"交叉"时，决定一切的也是艺术家的深刻意图，而不是他所认同的社会态度。正如一位禅宗大师所言，如果一幅"国画"作品不仅仅是一幅画，那么它的形式不过是浪尖上的一只羔羊。

现代主义与现实主义

近三十年来，中国艺术形成了一种新的"现代主义"趋势，不仅在题材和技术上，而且在结构上与西方现代艺术相似：与已"建立的"现代民族艺术共存的还有更加活跃、更新速度更快的部分，在西方被称为当代艺术——具有现实意义的艺术，即创作于时间流动瞬间的艺术。

中国现代主义的萌芽阶段是1978—1984年，当时还没有从政权的压力中恢复、处于休克状态的中国艺术界术开始复苏。艺术生活中的一个重要事件是1979年"星星画展"在北京的举办（1980年再次举办），首次是在中国美术馆旁边的一个公园中举办。展览揭示了这一时期的主要趋势——在对中国现实和传统遗产持批判态度的背景下，人们开始关注西方当代艺术，并呼吁关注社会生活问题。这一时期中国绘画中出现的"乡村现实主义绘画"（"乡土绘画"）和"伤痕绘画"（"伤痕美术"）反映了对社会人性化和治愈社会创伤的渴望。罗中立（《父亲》，1980，油画，222厘米×155厘米）和詹建俊（《马大爷》，1997，《清风》，

康璨《危险的晚餐》，
2007年

1983，油画）等"乡村现实主义"大师的油画作品，表达了以艺术解决具象问题的振奋人心的愿望。"文化大革命"时期以鲜红色为主色调的色彩被充满活力的天空和大地的色彩取代；农民的面部表情变得更加人性化，人物被特写描绘，这在以前是政治家和革命英雄的专利。张晓刚是20世纪90年代延续"伤痕"主题的最有趣的艺术家之一，他创作了"照片"系列。他在油画作品中运用了老照片的艺术效果，这些老照片也具有伦理意义。在"大家庭"系列作品之一（一号画，2001，油画，200厘米×250厘米）中，在"文化大革命"漩涡中消失的父母"照片"表现为阴影，但比他们真正的后代——一个无助的婴儿，像一个彩绘娃娃——更有活力。2007年，这位大师的作品参加了在莫斯科举办的中国前卫艺术展。

这些和其他最成功的绘画表明，即使在复苏的早期阶段，当代中国艺术对解决抽象艺术问题的渴望，这在老一辈浪漫主义大师的作品中得到了生动的体现。例如，吴冠中使用油画、素描和水彩画技法在20世纪90年代末之前创作了大量作品。他的作品综合了中国传统和西方绘画的经验，既有意义，又有美感，让人想起20世纪40年代和50年代美国抽象表现主义画家、"前卫小说家"的成就。这一运动的特点是所使用的手段特别"刺激"，使所描绘的现实变形，以及作者自我表达的激情，对20世纪西方艺术产生了深刻影响。吴冠中20世纪80—90年代的作品（《孔林》，1980，纸本，水墨，草图；《山》，1987，纸本，水墨，设色，70厘米×140厘米；《点线迎春》，1993，纸本，水墨，设色，68厘米×68厘米）在视觉上接近波洛克的英美继承人在20世纪70年代末的作品（例如，Art & Language杰克逊·波洛克风格的作品《约瑟夫·斯大林》，1979，油画，珐琅，177厘米×126厘米）。这些作品与赵无极的油画构图也很接近，赵无极是一位华裔法国艺术家，深受塔希主义（20世纪50年代抽象表现主义的法国变体）的影响。赵无极1921年出生于北京，曾

张晓刚《大家庭》，2001年

在杭州的艺术学校学习六年，学习欧洲的绘画技巧、希腊—罗马传统雕塑以及油画技法。自1948年在巴黎生活和工作以来，他一直被研究者视为20世纪40年代和50年代所谓的"第二巴黎学派"的杰出代表。赵无极这一时期的作品（例如，《黑色人群》，1955，油画，卡内基艺术博物馆藏）中反映了西方现代主义艺术家对远东传统文化的普遍迷恋，尤其表现为他们对禅宗创作方法和象形文字抽象方向的形成的兴趣。在这种绘画中，象形文字符号被"拆分"成单个的字符，然后重新组合成可读的图像。赵无极的创作在20世纪70—90年代达到成熟期，正值西方对抽象表现主义成就的兴趣"回归"的时期。这一时期赵无极创作的油画作品（例如，油画《10.01.74》，台湾艺术博物馆藏；《5.03.75/7.01.85》，私人收藏，巴黎）表现了创作自我实现的不完全状态下的宇宙"抽象风景"。这样，它们一方面类似于牧溪等早期道教和禅宗大师恍惚的艺术"神秘"，另一方面又让人联想到波洛克画布上的表演（例如绘画：《海底》，1947，油画，129.2厘米×67.5厘米，纽约现代艺术博物馆藏；《秋韵，第30号》，1950，油画，266.7厘米×525.8厘米，纽约交通博物馆藏）。

张群与孟禄丁《在新时代——亚当·夏娃的启示》，1985年

总体而言，中国研究者认为，中国"非现实主义"当代艺术的形成是在1985—1989年，在时间和意识形态上以在北京举办的"前进中的中国青年美术作品展"（1985）和"中国现代艺术展"（1989）为框架。前者的年龄构成其实并不单一，值得注意的是，旅居国外的中国人也参加了展览。张群和孟禄丁创作的巨

王广义《大批判——可口可乐》，油画，1993年

幅油画《在新时代——亚当·夏娃的启示》（油画，197厘米×165厘米）获得此次展览的鼓励奖，并一举成名。这幅画有点类似于米开朗琪罗的梵蒂冈绘画，被翻译成超现实主义语言（体现了艺术中的幻象和梦境）。同时，中国艺术家的作品也接近西方的流行艺术。这幅画与梵蒂冈米开朗琪罗的壁画类似，被改写成超现实主义语言（在艺术中，梦想被具象化）。与此同时，中国画家们的创作与西方波普艺术作品相近。从伦理角度看，这幅画挑战的是无性社会和同样无性的艺术，这是极权主义歪曲人类平等观念的产物。"灵魂没有性别"这一说法诞生于宗教，并被启蒙哲学所继承，在西方工业革命时期、苏联时期和中国"文化大革命"时期的社会中以不同的方式被扭曲，但结果大致相同。女性变得与男性平等（这被普遍宣称为一项社会成就），而现在她们与男性并无区别。心理学家、法兰克福社会学派的精神领袖弗洛姆认为，建立在这种极性基础上的情爱也随之消失，威胁着人类的生存。张群与孟禄丁用西方艺术的意象和语言，从根本上宣告了中国情爱新生的必要性，并得到了观众的理解。值得注意的是，在这一问题的解决过程中，中国画家比他们的前辈——社会艺术的代表、莫斯科概念主义的早期趋势之一（1960—1990）——走得更远。20世纪90年代—21世纪初，为了克服当代艺术中的极权主义意识形态，形成了"性别平等"意识，这也是西方女权主义的发源地。新潮流（"女性艺术"）当然也少不了女性主义的影响，有时甚至过于直接。2008年在莫斯科中央百货商场举办的中国前卫艺术家画展"中国……前进！"上展出的、面向西方鉴赏者的钱冰戈（笔名：Sofia Soh，1973年，在北京生活和创作）的摄影作品《后·面 No.12，21，22》（2007，光面，黑白，90厘米×61厘米）中提出了令人苦闷的问题：这场性别革命什么时候才能最终结束？但在中国现代艺术家最成功的作品（例如，尹秀珍的装置作品《称鞋》，或者她的表演《洗河》，成都，1995）中，这种趋势确实体现了通过女性目光看世界的观点。

　　20世纪的最后十年，中国艺术出现了新的潮流——政治波普艺术和玩世现实主义。这两种中国现代主义的"乳牙"在某种程度上都是从"伤痕绘画"发展而来，但都具有明显的商业倾向。安迪·沃霍尔（1928—1987）以从流水线上下来的"坎贝尔"汤罐头或可口可乐瓶为背景，复制了同时代的著名人物形象，政治艺术将中国的"民族色彩"浇上了安迪－沃霍尔的艺术遗产。同沃霍尔一样，王广义在他的画作《大批判——可口可乐》（1990—1993，布面，油画，200厘米×200厘米）中嘲讽社会上的陈词滥调。

20世纪90年代"玩世现实主义"的代表（如方力钧和岳敏君），在几乎与他们同时出现的庸俗艺术（"艳俗艺术"）潮流中，预先确定了波普艺术和"玩世现实主义"成就的综合。公认的大师之一，北京画家俸正杰两次将作品在莫斯科展出（2007年和2008年）。在《中国肖像》（2002，布面，150厘米×150厘米）中表现了由粉红色和绿色共同描绘的"玉女"——一个阴险的诱惑者，她脸上面具般的凝固表情和"失去焦距"的瞳孔让人联想到日本旧版画中的男演员肖像。与其他"艳俗艺术"的画家一样，俸正杰面对的是现成的平面艺术形式（木刻画、海报、广告牌、明信片）和现成的观念（"迷人"的梦想，在电视连续剧中打磨）。顾名思义，"以冒犯为目的"进行创作的"艳俗艺术"艺术家的立场，比"独自生存"的愤世嫉俗的愿望更有才华，也更健康，因为对"艳俗艺术"的讽刺能表达出一种观念——选择同流合污就是精神自杀。

20世纪90年代，中国当代艺术市场的兴起催生了自由艺术家和展览策展人，他们通常受过专业教育，但放弃了全职工作，通过出售作品或创意谋生；同时也出现了以商业为导向的画廊主和经销商。自由艺术家的聚居地已经成为中国艺术生活的一个新现象，如北京郊区的西村和东村，上海莫干山路的工作室等。最早出现的北京西村（1984）持续了十年，位于圆明园遗址，成为中国与西方历史上矛盾关系的一种象征。

自2000年以来，显然是由于中国政府的关注，中国当代艺术家（摄影家、画家、雕塑家）在世界各地举办的展览数量显著增加。这些展览的地域覆盖了中国和其他国家的许多主要城市。在中国，近年来出现了大量新的博物馆和美术馆，它们举办当代艺术展，参加国际展览和艺术节。据公开资料，参加2008年莫斯科展览的艺术家也参加了在北京举办的展览项目（Beijing Art Gallery of Central Academy of Fine Arts; Paris-Beijing Photo Gallery; Sanshang Art; Mook Gallery of Contemporary Art; World Art Museum; National Art Museum; BANG-Beijing Art National Gallery; Red Gate Gallery; 等等），以及在成都（Gallery Chengdu, Reconstructed World View K, 2007）、上海（Duolun Museum of Modern Art; Shanghai Art Museum; HSS Art Centre Shanghai; International Contemporary Art; Shanghai City Exhibition, Sculpture Century, 2005; Eastlink Gallery; 等等）、厦门（Chinese European Art Center, Happy Life, 2004）、天津（Luxury Time, 2005）、南京（Nanjing Art Museum, Second China Art Triennial, 2005）、香港（Osage Kwun tong, выставки Chinese Whispers и Post Avant-Garde Chinese Contemporary Art: Four Directions of the New Era, 2007）

和中国其他城市举办的展览。艺术家同时也积极地将自己的作品在其他国家展出，如日本（东京, Ikebukuro, Inter-Doosan Art Center, A Truth beyond the Real, 2007）、新加坡（Red Memory, 2006），印度尼西亚（雅加达, Vanessa Art House）、意大利（威尼斯, Venice Biennale, 1999, 2007; 米兰, Museo Deila Permanente, Chinese Painting Art, 2008; 比耶拉, Biella Territorio Museum; Падуя, Made in China, 2006）、法国（巴黎, Palais de Tokyo, No comment, 2002; 里昂, Contemporary Art Centre, Actualités Rectangle, 2002）、比利时（安特卫普, China-Belgium Contemporary Exhibition, 2004; 布鲁塞尔, Beursschouw-berg, China on the Road, 2008）、德国（汉堡, Atelier Werner Schaarmann; Карлсруэ, New Asian Waves, ZKM Center for Art and Media, 2007）、丹麦（哥本哈根, Gallery Susanne Ottesen, My Chinese Friends, 2007）、瑞士（37th Art Exposition in Basel, 2006）、奥地利（Museum moderner Kunst Stiftung Ludwig Wien, China-Facing Reality, 2007）、西班牙（巴塞罗那, Espace Cultural Ample, Proyecto Genero, 2008）、美国（纽约, International Center of Photography and Asia Society, Between Past and Future: New Photography and Video from China, 2004; 休斯敦, The Museum of Fine Arts, выставка Red Hot-Asian Art Today , 2007；丹佛, Robischon Gallery, Chinese Contemporary Art Exhibition, 2006; 迈阿密, Art Basel Miami Beach, The Bridges, Six 21st Century Chinesc Neo-Pop Artists, 2007）等。该列表为不完全列表。

中国现代主义和现实主义在组织上的发展不仅伴随着展览的复兴，展览的范围越来越国际化，而且还伴随着在中国主要城市创办严肃的、资金充足的期刊。这些期刊的宗旨是教育，分析世界和中国艺术问题以及艺术史。最有影响的出版物，在不同程度上阐释现代艺术问题的杂志，包括：中国美术家协会主办的《美术》；1974年创刊，江苏人民出版社出版的《江苏画刊》（后更名为《画刊》）；《艺术家》；1979年创刊，由中央美术学院主办的《世界美术》；上海书画出版社主办的《艺术当代》；中国艺术研究院主办的《艺术评论》（2003年由文化部和中国艺术研究院主办的杂志）。

值得注意的是，在20世纪90年代初之前，中国艺术中所有反映西方影响的有形变化都是在油画技法方面，后来则是在观念艺术方面。从形式上看，

俸正杰《中国肖像》，油画，2002年

它的特点是使用非传统的美术"材料",如文学文本、照片、录像、工业产品、自然物(在土地艺术作品中)、人体(人体艺术)的,其理由是诉诸它们作为普遍文化"字母表"的"符号"的传统特性。在观念艺术作品中,最主要的含义是思想(观念)之美,而思想(观念)的实现可以借助从西方现代主义借鉴而来的审美之外的方法和手段,如视频艺术(video art)、装置(installation)和行为(performance)。"performance"一词有很多含义,包括"表演""动作""电影表演""戏剧""音乐会"以及"特技""壮举",在航空领域甚至与飞机的"飞行品质"这样的专业术语联系在一起。"installation"的意义包括可译为"引入、介绍""就位""安装",专业术语为"安装、装配"。所有这些含义都或多或少地揭示了这两种相对较新的观念艺术流派各自的含义。从本质上讲,装置艺术和行为艺术有着相同的目标:在一个人们变得相同但并不团结的世界,寻找新的联系,以取代断裂和丢失的联系。一般来讲,装置作品通过将物体和异化的功利主义设置为三维构图(如雕塑),解决了在物体和异化的功利主义之间发生新关系的问题。该装置提供了以自发的方式安排事物或其部分的选择,借鉴了达达主义的成就。1915年,达达主义在欧洲和美国艺术中出现,并于20年代与超现实主义相融合。达达主义提出了有趣的创造性解决方案,以令人震惊的拼贴形式出现在雕塑中。

  为了寻找克服人与环境相互疏离的方法,行为艺术利用艺术家的姿态和行为模式,让观众有机会欣赏在他们眼前表演的"行为美学"或"行为之美"。但这也是这一新流派的弱点,其固定性需要录像或摄影等辅助手段。行为表演为中国当代摄影(现实主义、沙龙和情境)的复兴做出了贡献,它经历了20世纪90年代的繁荣,后渐渐在自由艺术市场中不再流行,因为它几乎没有给艺术家带来现实的收入,虽然他们也可以创作广告。张洹(在纽约和上海生活和工作)是中国当代艺术中最多才多艺的大师之一,同时也从事雕塑工作。他的"行为"作品《祖国》(2002),就像是一场"回忆",暗合了著名的秦始皇陵兵马俑的武士形象,同时又让人想起千年之交创作的美国"宇宙"战斗片(如《X战警》)中的

张洹雕像
《香灰头1号》,2007年

奇幻情节。

张洹早期最著名的集体表演《为无名山增高一米》（1995，彩色照片，77.5厘米×113.5厘米）中，有雕塑家马六明（在北京生活和工作）、展览策展人、才华横溢的中国当代艺术大师黄岩（在北京和纽约生活和工作）以及其他北京艺术家的参与。黄岩以中国四季风景为主题的面部文身系列作品（2005年，彩色打印，100厘米×80厘米），曾在TSUM展览会（2008）上展出，在某种意义上可以视为用照片记录下来的表演。黄岩的作品可以作为一座"桥梁"，将中国当代艺术的西方形式与同步发展的国画联系起来，综合了民族文化传统和现代社会中精神历练的经验。值得注意的是，黄岩是最早对视频艺术这一新类型表现出兴趣的艺术家之一，他在20世纪90年代末举办了名为"431"的展览，此后，中国艺术家的这一类型作品开始定期出现在国际媒体艺术节上。

因此，到第三个千年之初，中国艺术总体上已经采用了现代和当代世界艺术的新形式和新成果，尽管实际上其中许多形式，包括具有程序性特征的行为艺术，都不能被视为与中国文化绝对格格不入。不仅是道教和禅宗艺术家的创作方法，就连书法作品的创作过程本身，在精神上也是接近的。尤其是在光滑的石面上用水书写符号的方法，这种方法原本显然是掌握书法技法的辅助手段，如今却成为著名的文化圣地（如颐和园的石板路上）"志愿者"表演的旅游奇观。元朝时民众与藏传佛教有了密切接触，在藏传佛教的修行中，有一种向神灵供奉用彩色牦牛油制作的雕塑的仪式，以及用干燥的彩砂创作曼陀罗（宇宙几何图画）这种短暂而又昙花一现的艺术。这种现象类似于行为艺术，似乎具有创造性和哲学深度，而一些概念作品只是声称具有这种深度。

到21世纪初，中国艺术界已经接受了世界上最流行的当代艺术形式，如采用了与大量观众互动的最壮观的方式，有时令人痛苦地联想到电视真人秀节目。中国艺术进入国际舞台是从参加世界知名展览开始的，例如，威尼斯双年展（中国艺术家首次参加该展览是在1993年，2003年政府正式允许国有美术馆参展），巴西圣保罗双年展，德国卡塞尔文献展，美国惠特尼双年展［一些中国艺术家，如黄岩参加了第一届（2005）和第二届（2007）莫斯科双年展］。自20世纪90年代末以来，中国也成为"双年展"的举办地。继中国历史上第一次在上海举办的双年展（1996年经文化部和上海文化局批准创办）之后，又出现了广州三年展（自2002年始）和北京双年展（自2003年始）。这类展览如果组织得力，可以带来丰厚的收入,但没有较高的专业水平是办不好的。这意味着,中国政府认为,国家的国际形象与对现代世界所接受的商业性交流形式——文化和政治交流语言——的掌握程度是相互依存的。显然,主导这样的游戏,对任何一个强大国家的政府来说都是一个诱人的前景。

统计数据显示,2007年7月至2008年6月,中国艺术家在世界艺术市场上的受欢迎程度急剧增长,中国作家的作品销售总额达到2.7亿英镑(相比之下,2003—2004年他们的"收入"不超过86万英镑)。同时,在20位最"昂贵"的当代艺术大师中,有11位中国人,包括上文提到的张晓刚(创纪录地排名第5,收入3230万英镑)、岳敏君(排名第7,收入2780万英镑)、王广义(排名第9,收入1170万英镑)、方力钧(排名第14,收入960万英镑)。查尔斯·萨奇[当今世界最大的当代艺术品交易商和收藏家,曾"发掘"了以达明安·赫斯特为首的"英国青年艺术家"团体(YBA)]于

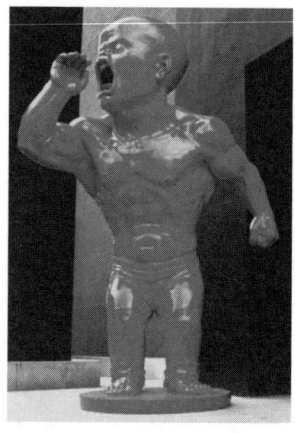

陈文令《小矮人》,青铜,油漆,2006年

2008年10月在伦敦新画廊举办的中国当代艺术家作品展,或许可以被视为同样的现象。萨奇自己也承认,他一直对中国艺术持讽刺态度,但现在他显然改变了看法,他说:"如果你能把中国艺术品放在惠特尼双年展上,而没有人说'哦,这对一个中国人来说还不错',那就没问题。"

萨奇画廊中最引人注目的作品有:白宜洛的《文明》(超现实主义风格的装置作品,由12个陶瓷半身像构成,象征着从阿波罗到伏尔泰的西方文化,雕塑高约160厘米),以超现实主义风格完成的全身雕塑《天使》(作者:孙原和彭宇;2008,布料、纤维聚合物、硅凝胶、丙烯酸),张洹的《香灰头1号》(2007,混合介质、灰烬,228厘米×227厘米×244厘米)。后两件作品源于萨奇的藏品原型。灰发的"天使"自然地摊开在地上,其亲切感被后背上部被拔掉的鸡翅的美食外观所干扰,给人一种欺骗性的表演印象。这似乎是对著名的雕塑家"年轻的英国人"罗恩·穆克的《死去的爸爸》(1996—1997,硅胶、丙烯酸、作者头发,高102厘米,伦敦萨奇画廊)离谱的模仿,充满了真正的戏剧性。张洹的"灰烬雕塑"系列的开篇作品,在形式上是装置艺术,在情绪上则带有某种讽刺意味,让人不禁想起"英国青年艺术家"团体(YBA)的杰出代表马·奎恩的

自画像（《我自己》，1991年，一个由艺术家的冷冻血液制成的三维头像；直到最近，这件作品还在萨奇画廊展出），它已成为英国当代雕塑的"经典"。张洹的"灰烬的头"与奎恩的自画像一样充满了"末世"感，但也有其自身的深度，因为中国作者作为一个古老文明的代表，在任何转变结束时都会对材料进行处理。

丙

**H. Б. 阿夫托诺莫娃《В. В. 康定斯基创作中的"非人格"主题》，见《面具：从神话到狂欢》，莫斯科，2008年；《俄罗斯博物馆展览目录》，圣彼得堡，2007年；В. Г. 别洛焦罗娃《中国书法艺术》，莫斯科，2007年；《世界艺术进程背景下的中国当代艺术》，莫斯科，2008年；Н. А. 维诺格拉多娃《中日百年艺术》，莫斯科，1999年；Н. А. 维诺格拉多娃《潘天寿与国画传统》，莫斯科，1993年；《中国艺术家韩静霆先生作品展》，北京，2007年；Б. 黑斯《抽象的表现主义》，莫斯科，2008年；Д. 雅各布逊《中国的风格》，莫斯科，2004年；Е. В. 扎瓦茨卡娅《齐白石》，莫斯科，1982年；《中国……前进！》，中央百货商场临时展出，莫斯科，2008年；В. Л. 克留奇科娃《17—18世纪北京的欧洲传教士》，载《莫斯科国立文化艺术大学学报》，2005年第2期；Н. С. 尼古拉耶娃《日本现代艺术的几点趋势》，见《东方和古罗马艺术》，莫斯科，1977年；К. 拉祖莫夫斯基，А. 斯特列尔科夫《中国艺术展》，载《艺术》，1934年第5期；Д. В. 萨拉比亚诺夫《现代派·风格史》，莫斯科，2001年；《中国现代造型艺术》，莫斯科，1984年；Г. 斯米尔诺夫－格列奇《东方的动机哲学》，载《艺术纪实》，2009年第5期；С. Н. 索科洛夫－列米佐夫《远东经典绘画中的结构典范》，见《亚非远古和中世纪的典范问题》，莫斯科，1978年；С. Н. 索科洛夫－列米佐夫《文学－书法－绘画：远东文化中的艺术融合问题》，莫斯科，1985年；С. Н. 索科洛夫－列米佐夫《中国现代传统绘画·主要发展趋势》，载《艺术》，1988年第9期；В. Л. 思乔夫《造型艺术》，见《中国文化的命运（1949—1974）》，莫斯科，1978年；В. Л. 思乔夫《造型艺术的复兴之路》，见《中国的文学与艺术（1976—1985）》，莫斯科，1989年；Э. 弗洛姆《希望的革命》，莫斯科，2006年；К. 洪内夫《沃霍尔》，莫斯科，2008年；Д. 阿尔及尔《抽象艺术》，莫斯科，2009年；《第二届中国北京国际美术双年展作品集》，2005年；《李虎画集》，北京，1986年；张雪父等《现代中国画选集》，上海，1959年；《吴冠中绘画艺术与技法》，北京，1996年；"九十年代现代中国画代表作家展"，汉城，1990年；当代大师展，北京，1990年；詹建俊画展，河北，1984年；《中国当代美术二十年》，北京，2008年；《中央美术学院四十教师优秀作品选》，北京，1990年；《冲突与选择》，"第二回当代青年雕塑家邀请展"文献，杭州·青岛·深圳，2000年；俄罗斯中国年韩静霆中国画作品展，北京，2007年；The Age of Diaghilev. СПб., 2001; Andrews J.F. Painters and Politics in the People's Republic of China: 1949-1979. Berk., 1994; Andy Warhol, Prints, Verzeichnis der Druckgrafik. München, 1985; Dempsey

A. Styles, Schools and Movements. L., 2002; Eighty-two Chinese Painters of Our Era. Beijing, 1989; Die Essenz der Moderne. Amsterdam-Dresden, 1997; Lippard L. R. Pop Art. München, 1968; Peinture Chinoise. Ecole de Chang-hai. Prague-Paris, 1987; Roy C. Zao Wou-Ki. P., 1988; Media in Late 20th Century Art. N.Y., 1999; Sullivan M. Chinese Art in the Twentieth Century. L., 1992.

(М. А. 涅格林斯卡娅撰，王玉珠译）

丁部 工艺美术与工艺品

中国精神文化大典

发展阶段

工艺美术服务于人类生活的广泛领域，千百年来在中国文化中发挥着重要作用，反映了传统日常生活方式、审美品位以及不断完善的高超技艺。发展伊始，中国南方与北方的艺术作品就形成了差异，不同地区确立了不同的优先发展方向。经过不断创新和借鉴外来经验，处理材料的技术和艺术手法不断完善，各行各业能工巧匠的职业经验也日渐丰富。由于以家庭传统为基础，此类经验世代相传。在特定时代，由民间和皇家作坊制造的日常用具和寺庙用具、日常和祭祀服装饰品等都能够反映其所有者的社会地位，给人们的日常生活带来美感与和谐。它们与造型艺术作品一起，帮助我们准确了解中国社会的精神文化在各个发展阶段的情况。

在中国，对于各领域文化艺术的广泛兴趣被视为信奉儒家的君主的一项美德，构成民族传统的一部分。皇帝经常亲自视察宫廷艺术作坊，以确保出产的作品符合传统手工艺的最高标准。流传至今的大量带有皇帝年号的物件即是明证。在历朝历代，执政文化纲领的实现都需要大量物力，这只有通过宫廷作坊中创作的职业化才能实现。这些经过层层选拔的能工巧匠都是最优秀的。在稍晚时代，职业的宫廷艺术家作为御用设计师，在皇帝的鼓励之下，创新精神被极大地激发，这一切保证了产品的精湛质量。由于在这一基础上生产的手工艺品与传统审美和艺术性密不可分，它们可以当之无愧地被称为工艺美术品。工艺美术的重要任务在于构建建筑环境、自然环境和服饰搭配。该任务由中国自古有之的传统服饰和珠宝行业，以及处于实用艺术与建筑艺术重叠区的园林艺术来完成。

在中国，自古就形成了以石头、黏土、青铜、贵金属、漆和丝绸等材料制作日常、祭祀及装饰用品的传统。该传统从未间断，但不同时代有不同的优先发展对象。新石器时代是陶器艺术的鼎盛时期，南方和北方制陶中心生产的陶器均品质精良。此外，石刻艺术也很兴盛。青铜铸造工艺在商代和周朝初年达到完善，至周朝末期，仅保留仪式作用，受到彩绘漆器的排挤，而后者在技术和装饰上都与青铜器有原则性差异。

唐代出现了瓷器，在很长一段时期内一直是奢侈品。唐代鼎盛时期，宫廷文化带有世界主义的特点，受到东方相邻民族的艺术影响，琉璃、丝绸及金银制品生产取得显著进步。正是在唐代，中国的珠宝行业获得了完全独立的意义，成为一门专门技艺，并在之后的宋朝达到鼎盛，其标志为金丝饰品技术。宋朝末期，中国学者和知识分子提倡精致美感的审美理想，这在优雅简洁的玉雕中得到了完美体现，该时期的陶瓷造型也模仿玉器。

蒙古人对中原地区的征服和此后近一个世纪的统治使得拥有广泛需求的兵器和丝绸布匹的生产达到繁荣。其间，中国工匠从当时在宫廷作坊任职的中亚同行那里借鉴了很多技法。该时期的丝绸色彩鲜艳，饰有硕大的金色花鸟图案，充分地体现了元朝的艺术风格。

14世纪以降，随着城市的发展和各种传统手工业中心的兴盛，装饰艺术开始积极创新，逐渐成为高雅艺术。比如，从明代开始，瓷器的装饰从文学和戏剧中广泛汲取题材，并借鉴传统绘画、书法和雕塑的内容、形象乃至艺术手法。雕刻艺术日渐繁盛，包括漆雕、石雕、竹雕、木雕、骨雕和犀角雕等。与宋代玉器不同，之后的玉器制作综合运用圆雕、浮雕、透花雕以及巧雕等技法，不仅技艺精湛，而且与时代精神相符，极具叙事性。在清朝统治期间，皇帝尤其重视用作礼器的机械表以及金属胎珐琅器。金属珐琅彩绘画技艺是于康熙末年从欧洲引进的，被广州作坊和北京的宫廷作坊改造为中国风格，广泛用于装饰瓷器和玻璃制品。作为清朝的文化创新，该技艺在传统持有者的意识中至今仍被视作中国装饰艺术中的清朝风格。

如此一来，正是历史及文化背景的独特性决定了不同时期艺术对于现实的独特感知与反映。其结果是，不同历史时期拥有各自的艺术成就：古代的陶器、青铜器，中世纪盛期和晚期的瓷器、石雕、漆器、丝绸和珠宝，封建帝制没落时期的艺术珐琅、玻璃制品和机械表。

**Т. Б. 阿拉波娃《艾尔米塔什博物馆收藏的中国瓷器》，列宁格勒，1977年；Т. Б. 阿拉波娃《艾尔米塔什博物馆收藏的中国彩绘珐琅》，莫斯科，1988年；Н. А. 维诺格拉多娃《中国园林》，莫斯科，2004年；М. Е. 克拉夫佐娃《中国艺术史》，圣彼得堡，2004年；Е. И. 卢博—列斯尼琴科《丝绸之路上的中国》，莫斯科，1994年；М. А. 涅格林斯卡娅《中国清代珠宝饰品：历史、寓意、审美》，莫斯科，1999年；М. А. 涅格林斯卡娅《15—20世纪初叶的中国景泰蓝：国立东方民族艺术博物馆藏品》，莫斯科，2006年；Э. П. 斯图任娜《16—18世纪的中国手工业》，莫斯科，1970年；Л. П. 思乔夫，В. Л. 思乔夫《中国服饰：象征、历史、文学与艺术诠释》，莫斯科，1975年；《丝绸之路：丝绸艺术五千年》，圣彼得堡，2007年；《故宫雕刻珍萃》，北京，2002年；《金属胎珐琅器》，香港，2002年；《中华服饰艺术源流》，北京，1994；Brinker H., Lutz A. Chinese cloisonnǐ. The Pierre Uldry Collection. N.Y.-L., 1989; Deydier

Ch. Chinese bronzes. N.Y., 1980; Harada Y. Chinese dress and personal ornaments in the Tang dynasty. Tokyo, 1970; Jurg C.Y.A. Chinese ceramics in the collection of the Rijksmuseum, Amsterdam. The Ming and Qing Dynasties. Amsterdam, 1997; Li Xueqin. The wonder of Chinese bronzes. Beijing, 1980; Michaelson C. Gilded dragons. L.,1999; Singer P. Early Chinese gold and silver. N.Y., 1971; Wiesner U. Chinesisches Porzellan. Die Ohlmersche Sammlung in Roemer-Museum Hildesheim. Mainz, 1981; Wilson M. Chinese jades. L., 2004; Yang Enlin. Chinesische Porzellanmalerei im 17. und 18. Jahrhundert. Lpz., 1986.

（M. A. 涅格林斯卡娅撰，李春雨译）

玉

玉在中国艺术中占据特殊地位，被誉为"国石"，超越包括贵金属在内的其他一切天然珍宝。老话说："黄金有价玉无价。"在中国文化中，玉从最初就被赋予了特殊性质和象征意义。首先，它与最高权力机关有着密不可分的联系：最重要的王权（后来又发展为帝权）的象征物就是玉质的，而非金质。高官的象征物也是如此。玉与最高权力在语义上的统一从"玉"字的结构上也能看出——它比"王"字只在右下方多了一个点。其次，玉被奉为神石，能使人长生不死。这一信念明显地反映在宣传"长生不死"的信仰、理论与实践的道教术语中。这一汉字存在于众多道教神明的名号中，比如玉女、玉皇。再次，玉使人联想到儒家宣扬的"五德"中的四种宝贵品质：玉石光泽温润，对应仁；其色彩和质地的纯净对应人的纯洁和忠诚——信；玉在敲击时会发出悦耳的声音，对应智；而玉的坚固对应勇气和正义——义。最后，玉在中国文化通用的审美范畴内，还是对物体、事物和人外貌完美的隐喻。

如果说玉的文化象征意义是显而易见且广为人知的，那么其矿物性质则非常不明确。"玉"字有"珍宝""美石"之义，原则上可以用来指称任何外观美好的矿石，包括蛇纹石、碧石，甚至部分大理石。正因为如此，在俄罗斯文献中很长时间内一直将"玉"翻译成"яшма"（碧石、碧玉）。此外，除"玉"

玉质摆件，
18 世纪下半叶

之外，汉语中还有很多其他术语，被用来指称不同种类的玉，其中包括"琼"（有纹理的红色玉）、"瑶"（极其珍贵的玉）。不过，这些石头到底指什么，至今还是个问题。这一意义上的不确定性极大地阻碍了对玉本身进行矿物学鉴定。不过，在当代科技文献中盛行一种观点，即在绝大部分情况下，玉应该被视为一种坚硬的闪石类矿物，是晶体结构在压力和温度作用下发生质变的产物。这一类别的所有矿物都十分坚硬（莫氏硬度表7—8级），在这个指标上甚至超过钢铁，仅略逊于金刚石，两者拥有共同的化学分子式：$Ca_2(MgFe)_5SiO_2(OH)_2$。由此可知，其中还包含一些其他物质，首先是镁和铁。根据后两种物质含量的不同百分比，闪石可以分成两个基本系列，分别以透闪石和阳起石为首。透闪石（俄语为Тремолиты，源自瑞士南部的Тремола河谷），镁含量很高，铁含量则完全没有或微乎其微。阳起石（俄语为Актинолиты，字面意思为"发光石"，лучистый камень，源自古希腊语aktis—луч，lithos—камень），是一种铁含量极高的矿物。纯透闪石或纯阳起石均单色透明，结构均匀，在自然界中非常罕见。常见的玉都是二者的中间物，其结构和颜色取决于形成条件和化学成分。接近纯透闪石或纯阳起石的玉呈奶白色；铁含量赋予玉绿色调，根据铁含量的不同，从灰绿色到深绿色，再到深褐色；镁赋予玉玫瑰色调；赤铁矿、铬铁矿（铬铁）等杂质的存在则使玉带有黄色、蓝色甚至黑色的斑点或条带状纹理。

根据玉的自然特点，可依照中国文化通用的五色原则对其进行分类：带有淡黄色调的白玉，类似于羊脂色；带有棕色调的黄玉，类似于煮栗子的颜色；红玉，色如鸡冠；黑玉，像涂了一层漆；还有青玉。玉的颜色在皇家礼服和礼器中具有决定性意义，它们必须符合宇宙论的颜色象征意义，标志着一年四季。比如，根据古代王制，君主在春季应佩戴青玉饰物，夏季则使用红玉制成的器物，等等。在珠宝行业尤其珍视白色、淡绿色和灰绿色（青灰玉）主色调。欧洲人说青灰玉的颜色"像痰一样"，这种说法虽然粗俗，却很形象。

在中国艺术史上，对玉的使用可以追溯到新石器时代。这一时期，中国境内出现了几个文化共同体，其代表者积极地以玉为材料制作装饰品和祭祀器具（包括殉葬器具），有些学者建议将其称为"玉族"。由此甚至出现了所谓"玉带"文明的说法，包括中国黄河流域、东北（辽宁、河北）、东部（山东半岛）、东南部（江苏、浙江）以及长江中游地区（湖北、湖南）。在分布于此的新石器时代文化中出现了地区性的玉石加工中心，其制品形状各异、花纹独特。玉器生产在中国东北部大约始于公元前6000年。当地工匠最初使用玉制作一些简单的管乐器（各种笛子），用于劳动的斧头或者用于战斗的战斧（有的高达5.2米）；还有一些被当作饰品的中间有孔的扁平圆环（直径3.8—4厘米）。这些器物基本上以磨光方法制成，没有纹饰。公元前5000年，东北地区的玉器种类极大地增多，形式和装饰也更为复杂。装饰品中开始出现手镯、戒指和耳环及其他玉佩。现代学者认为，祭祀器具和等级器具的制作也较为广泛，这证明在这一文化共同体中存在高度发达的万物有灵信仰，并且开始了社会分化进程。

从艺术角度来看，最令人感兴趣的是云状和团龙状的玉佩，以及玉雕。云佩是一种小型玉雕（约9.5厘米），其轮廓像云，有时也像某种神兽的头部。其表面通常布满微微凸起的浮雕花纹，有些类似神兽假面。

御制白玉瓜棱式羊首掐丝珐琅提梁壶，清乾隆时期（1736—1795）

第二种玉佩模仿的是一种团成半圆形的动物，有点像蠕虫或蛇，头部略微有点像猪头。科学文献中称之为"猪龙"。有猜测说，猪龙可能是此后出现的中国龙的原型之一。

玉雕通常刻画蟾、龟和鸟——燕子、猫头鹰（或者鹰）。尽管很小，但细节刻画得很到位，很容易辨识。为了刻画得惟妙惟肖，雕刻师根据玉石颜色巧妙运用各种表现手法。比如，雕刻蟾使用墨绿色的带褐色斑点的玉，以求近似于蟾的体色；雕刻燕子和鹰则使用淡灰色或灰白色的玉，并选用带有红色斑点的，用来表现羽毛。

中国东部的玉石作坊在公元前3000年前还生产原始的乐器、武器和饰品，其中最独特的是束发用的玉簪和可能作为玉佩的玦。

新石器时代玉石加工艺术的最高水平属于东南部文化共同体，其历史可以追溯到公元前5000年，在良渚文化时期（前3200—前2200年）达到鼎盛。在一些地方的墓穴中发现了数百件玉器，包括各种饰品（玉佩、项链、手镯），各种祭祀器具，与古代中国普遍闻名的、作为王权标志的成套玉器部分相符。这些东西中，有些看上去像樽或者璧，璧中间有孔，外缘光滑或者带齿。

良渚文化玉器中的绝大部分带有装饰性浮雕图案，少部分带有镂空的装饰图案。最典型的例子是发簪，其组成部分包括一个带有竹节状纹饰的簪杆和一个梯形簪头，簪头上带有神兽面部的镂空图案，以及两个对称放置的碧绿色嵌入物。

这些制品的装饰驳斥了一种观点，这种观点认为，由于玉的特殊性质（坚硬且脆），在没有金属工具的情况下无法对玉材进行雕刻（更不用说穿孔了），因此古代工匠只能使用磨光和抛光技法，也就是说，只能用研磨材料对天然玉石进行加工。然而，新石器时代工匠们制作的玉器工艺复杂，包括雕刻在内，这表明其所使用的石质工具的坚硬程度不亚于金刚石，可以帮助工匠们实现复杂的艺术构型。另一个间接证据是，直到公元前13至公元前11世纪，中国还在使用一系列石器（用于钻孔、磨光、切割），尽管当时中国已经进入了青铜铸造业的鼎盛时期。在南部新石器时代的文化遗址中发现的玉器相对较少，但其技术水平和艺术水准在当时来说都是相当高的。最古老的地方器物，比如，一件公元前4000年的椭圆形避邪物，上面以浅浮雕技法刻着一张人脸。另一批工艺复杂的精美玉器产生于公元前3000年。其中有两个玉佩，上面雕刻的两个生物很像后来出现的龙和凤。另一个玉佩刻画的是一只猛禽，双翅张开，有两个侧面人头像。地方玉石加工的杰作是一把仪式用刀，刀柄上雕刻着一只鸟的侧面图像，双爪间好像抓着一颗人头。

良渚文化玉石加工的继承者是后来在山东半岛出现的龙山文化（前3000年），该文化如今被视为国家体制形成的初始阶段。其中最著名的珍贵文物是一批玉版（约5厘米×4厘米），造型为某种神兽的头颅，头部两侧有角或者某种独特的头饰。这些造型最突出的特点是巨目圆睁，血盆大口，在科学文献中被称为"魔兽"。一般认为，当地玉石加工中形成的魔兽形象起源于良渚文化玉石中的装饰性图案，后来成为中国最古老的国家政权——殷商时期玉器和青铜器纹饰的来源之一。

玉版（东北部新石器时代文明）

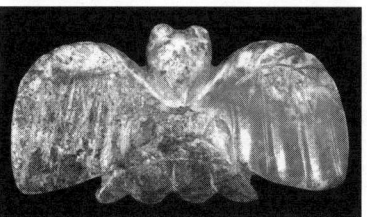

玉鸟（东北部新石器时代文明）

殷商时期和周朝前半期，玉石加工的技艺基本停留在新石器时代水准，仍然使用雕刻或局部磨光手法制成的浅浮雕进行装饰。商代最完美的艺术品是妇好墓——妇好是商王武丁的妻子，妇好墓是殷墟考古遗址的一部分——出土的小型人物和动物雕像。其造型包括现实主义风格的虎（长11.7厘米）、象（长6厘米）和鸟（长6厘米），其表面覆满羽毛纹饰或者兽皮图案。

人像雕塑类只有几个跪着的人像（高8—12厘米），由此可推断其所刻画的是奴仆。同样采用现实主义风格完成，对于人物面部细节的刻画更加细致，人物的五官、发型和服装惟妙惟肖。除了小型玉像，妇好墓的随葬品中还有790块未加工的玉石和其他类型的玉器，包括37根发簪和3把梳子，装饰图案丰富。根据化学鉴定，部分矿石是从贝加尔湖畔运到中国的，这或许表明当地的玉矿已逐渐耗尽，中国玉石加工业开始使用进口原材料。

在一系列贵族陵墓中出土了大量成套玉器，其中最丰富的一套藏品制作于公元前9—前8世纪，共有50多件，出土于曲村天马遗址（今山西西南部）的一对公侯夫妇的墓葬中。这套文物包括礼器、雕有动物或人物侧面像的玉佩、复杂的裙饰和项饰、微型雕塑等。

该时期最不同寻常的玉器是由几十个玉块构成的面具，可能是附在殓衣上的（它们黏合在一起，构成了人面）。

中国玉石加工业发展史上的全新阶段是周朝之后的战国时期（前5—前3世纪），此时的工匠开始使用金属工具，因而可以在玉石表面完成由微小细节构成的密集花纹。最受欢迎的是卧蚕纹（又称谷纹）和蒲纹。前者由浮雕螺纹构成，通常认为是在古代中国南方实用艺术中的木雕（前11—前3世纪，楚国）的影响下形成的。后者由一个个小圆圈组成，应该是受到古代青铜器中惯用的颗粒状纹饰的影响。此外，在玉石雕刻中也开始广泛使用穿孔和凹雕技术，因此可以完成由纹饰细节构成的复杂构图。

龙纹玉璧，前11—前10世纪

以上列举的各种技艺在汉代（前3—3世纪）和六朝时期（3—6世纪）

得到了后续发展。在这几个世纪，制品种类也发生了极大变化：部分礼器退出使用，同时出现了一些新的种类，其中最值得一提的是汉代的玉角杯（高近18.3厘米）。

目前已知的大部分周代和汉代玉器均使用从外地运来的原材料，主要产地为今新疆维吾尔自治区莎车及和田的古城。玉属于不同的矿物系列（包括几乎纯粹的透闪石、透明的白色石头），从和田地区附近的两条河流的河床上开采。这两条河有非常好听的名字，分别叫"黑玉"和"白玉"。中国玉石加工业对外来供应的依赖在很大程度上决定了玉在不同历史时期的热度变化，但名义上一直是最贵重的珠宝原料。

比如，六朝时期，国家陷入混乱，失去了以前的外交优势，国际贸易联系中断，玉制品的数量，据现有考古资料判断，较此前的几个世纪锐减。不过，玉石加工业萎缩并未影响到玉器质量。相反，古代传统得到精心传承，玉器生产维持了高质量和高水准。最值得一提的制品包括带钩（长近10厘米）和心形玉佩，图案极其繁复，使用了浮雕和透花雕技法。小型玉雕和玉质容器的生产得以继续，模仿青铜器风格，代表作品包括一个玉碗（高16.3厘米，口径10.8厘米）。

唐朝（618—907），玉石加工艺术重新进入繁荣期，玉的流行程度再度提升。唐王朝的兴盛，极大地促进了外交和国际贸易联系，保证了玉石原材的大量输入。唐代珠宝工匠的主要创新是用金银来装饰玉器。此外，还兴起了室内装饰品玉雕，最常见的主题是骆驼、狮子、乌龟、兔子及各种鸟类和神兽雕像。在一些文学作品中曾提到唐玄宗（712—756年在位）心爱坐骑的玉雕，制作技艺巧夺天工。唐代玉器的另外一个独特种类是道家的"玉书"：玉版——刻有文字的玉片。

玉角杯，西汉　　　　　神兽玉佩，辽代

北宋时期（960—1127），玉器生产再次萎缩，其不仅是因为中国失去对过境通道的控制，导致进口原材料减少，也因为珠宝工匠对于贵金属及其他材料的热情增长。南宋时期（1127—1279）情况稍有改善，尽管进口玉料仍然不足。宋王朝的新首都——临安城（今浙江杭州市）出现了官方和民间的玉石加工作坊，生产日常装饰和实用器具。其中占有一定位置的是酒具（高15厘米以下，口径7厘米），与此前大部分玉质餐具不同，它们模仿的是陶瓷器具。

11—12世纪，中国其他民族也形成了自己的玉石加工传统，包括契丹族和女真族。前者在中国东北部地区建立了自己的政权（辽国，916—1125），后者在黄河流域地区建立了政权（金国，1115—1234）。流传至今的契丹玉器主要为衣物饰品，如玉坠和玉佩，纹饰精美。经常出现的画面是围猎场景以及中亚风格的鸟兽交替的构图。最具地域特色的主题是一种幻想生物，龙头鱼身，长有弯角、翅膀和鱼鳍，该形象源自印度的水中之王。以上列举的主题和形象后为女真族的玉石工艺所继承，后来又渗透到了中国14世纪的工艺美术中，并得到了民族化的诠释，衍生了新的图案风格。

在明朝，玉石加工业的变化不像其他众多实用艺术那样巨大。最为重要的事件是，在北京成立了官方作坊。北京的工匠在发扬珠宝加工传统的同时使用各种技法，尤其钟爱透花雕，这也构成了明代玉器的独特性。

中国传统玉石加工业的最后阶段出现在清朝前半期，玉器再次达到兴盛。这得益于几个因素：一方面收复新疆使得清王朝直接控制了和田玉矿，另一方面是乾隆皇帝本人对玉的偏爱。乾隆帝是一位公认的玉器鉴赏家，他的宫廷中收藏了大量稀世珍宝，并在中国东南部的古代玉石加工中心地区——苏州城（今江苏省）成立了官方作坊，其地位等同于都城的作坊。18世纪下半叶至19世纪初期，北京和苏州的作坊出产的玉器主要包括以下类型：皇权标志物和礼仪用具；由玉质编钟构成的礼仪乐器；书房用具（笔架、砚台）；衣物饰品和头饰；印章；各种装饰用具，包括花瓶、香炉等，通常模仿古代青铜器风格；室内雕塑。

"玉山"可被视为室内雕塑中的一种：由一整块玉石，上面雕刻山水风光和主题场景，根据玉石尺寸大小，可以用来装饰园林、房间或桌案。不过，所谓"玉山"，并非体积最大的玉雕。

自然界中也能找到巨大的玉石，但极为罕见。现存两件由巨大玉石雕成的器物，其中一件为青灰色（高66厘米，口径150厘米），作于元代。

其外表装饰着穿波越浪的鱼、龙和海怪等浮雕图案。这件玉瓮起初收藏于元代统治者的宫廷，明代统治者将其赐予一家道观，1745年又回归宫廷，被陈列于一个专门修建的大殿，[①]直至今日。第二件玉瓮由墨绿色玉石雕成（高59.2厘米，口径130厘米），作于清代。

清代玉石加工业形成了三种相对独立的风格：古典派、西方派和创新派。古典风格倾向于模仿古代器具的形状和图案，包括玉器和青铜器、陶瓷器和漆器。所谓西方风格，主要借鉴的不是欧洲样本，而是中东和东南亚地区的工艺美术。创新风格类似于17—18世纪的欧洲中国风（19世纪末的欧洲现代派）：各种起源不同、审美各异的主题和形象杂糅其间。

除玉之外，中国玉石加工业还广泛使用"仿玉"。其中最贵重的是硬玉（辉石玉）。和玉一样，这种矿物也是由变质作用形成的，但化学结构不同，其成分中含有硅酸钠和铝。硬玉大约在17—18世纪从东南亚，主要是从缅甸进入中国，缅甸后来一直是最主要的原料供应地。硬玉带有靓丽的苹果绿或宝石绿色调，因此

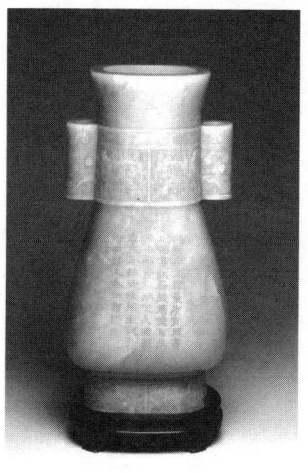
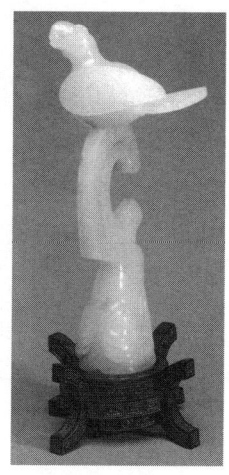

仿古青铜器造型之玉花瓶，清代　　　仿古风格台饰，18世纪下半期

得名翡翠。这种矿物立即吸引了中国工匠的注意，他们将其视为制作个人饰品和其他各种器具（香炉、花瓶、盒子等）的绝佳材料。至19世纪初，翡翠已经对玉造成很大排挤。

玉的另一种流行的替代物是碧玉，属于半贵重矿石。碧玉是质地细密、韧度高的细粒矿石的总称，包括石英、玉髓、长晶石、绿泥石、石榴石、赤铁矿等。其特点是韧性好、色彩斑斓，通常具有新奇别致的自然纹理。确定无疑，这种矿石自古即广泛应用于中国的玉石和珠宝加工业，与玉分庭抗礼，经常取而代之。不过，准确定位碧玉在中国工艺美术中的地位是不可能的，因为它经常与玉混合使用。

---

① 此器疑为"渎山大玉海"，高0.7米，口径1.35—1.82米，现置于北海公园团城上的承光殿前。

其余各种"仿玉"都是制作手工艺品用的石头，比如块滑石、寿山石和部分大理石。块滑石（也称"皂石"）是一种密集潜晶结构的矿石，主要由含水镁硅酸盐矿物构成。寿山石，在欧洲被称为"擦上肥皂的石头"，是一种高密度叶蜡石——含水铝硅酸盐矿物。这种矿物带有不同的色彩，和玉的色调相似。寿山石很容易雕刻，因此成为最受欢迎的小型玉雕材料，或者用于雕刻印章、砚台、小花瓶、桌饰、烟灰缸等室内装饰实用用具。尽管看起

微型雕塑：寿山石雕，19 世纪

来相似，但寿山石制品和玉制品很容易区分：前者不透明，且比后者重得多。可以作为玉的替代品的还有白色大理石，又称"白玉"，开采于蓝田（陕西省西安市以南）的"蓝田大理石"是一种漂亮的白石头，带有艳红色、绿色、黄色的纹理，自古就用于珠宝加工业。

玉同样应用于当代中国的珠宝业，然而，由于天然玉石稀少，仅用于奢侈制品。低中档价位的首饰和纪念品则通常使用仿玉。中国玉石主要的加工中心仍然是北京、上海、苏州、南京、扬州等城市的作坊。

**M. E. 克拉夫佐娃《中国艺术史》，圣彼得堡，2004年；A. 德·莫兰《工艺美术史》，莫斯科，1982年；《上海博物馆珍品》，上海，2007年；邓聪《东亚玉器》，香港，1998年；殷志强《中国古代玉器》，上海，2000年；吴山《中国工艺美术大辞典》，南京，1989年；Agers J., Rawson J. Chinese Jade Through the Ages. Catalogue of a Loan Exhibition Held at Victoria and Albert Museum. L., 1975; Laufer B. Jade. A Study in Chinese Archaeology and Religion. Chic., 1912; Lawton Th. Chinese Art of the Warring States Period. Change and Continuity. Wash., 1982; Loehr M. Ancient Chinese Jades. Cambr., 1975; Mysteries of Ancient China. New Discoveries from the Early Dynasties / Ed. by J. Rawson. L., 1996; Possessing the Past. Treasures from the National Palace Museum, Taipei. Taipei, 1996; Rawson J. Chinese Jade: From

Neolithic to the Qing. L., 1995; Treasures from the Working of Nature. Eight Thousand Years of Antiquities / Ed. by Chi Jo-hsin. Taipei, 2007; Zeileis Fr. G. Ausgewahlte Chinesische Jade aus sieben Jahrtausenden. Korneuburg, 1994; Watt J. C. Y. Chinese Jades from Han to Ch'in. Catalogue of Exhibition Held at Asia House. N.Y., 1980.

（M. E. 克拉夫佐娃撰，李春雨译）

青铜器

　　青铜铸造在公元前2000—前1000年（公元前17—前11世纪的殷商时期，以及公元前11—前3世纪的周朝）一直是古代中国最主要的手工艺，而青铜器也是这几千年来艺术遗产中最为重要的部分，反映了整个古代中国艺术的特点。青铜合金是一种贵金属，以该种材料制成的器具属于奢侈品，是隆重的仪式器具，被用作贵族的随葬品、寺院贡品或礼品等。哪怕最穷的家庭也要努力挣得一两件青铜器，将其视为传家宝，代代相传。

　　在中国，收藏古青铜器和其他古董的传统早在公元2世纪末—3世纪初就形成了。至5世纪，这些藏品成为皇亲国戚、高官显贵家中必不可少的器物。在11世纪90年代，出版了首部皇家古董珍藏目录——《考古图》，其中包括对两百余件青铜器的详细描述，指出了每件珍品的尺寸、纹饰特点和出土时间、地点。在20世纪初的同类文献中，根据目录制定者的鉴定，共提及皇家或私人珍藏的近6000件古青铜器。得益于20世纪从未间断的考古发掘工作，青铜文物的出土数量极大增加。青铜器的发现地不仅局限于墓葬或庙宇遗址，还有一些窖藏，这是器物的主人突然迁居别处时藏起来的。这些青铜器为今天的科学研究提供了非常丰富的实物材料，可以从细节上恢复古代中国青铜铸造业的发展史以及相关的艺术传统。在中国的神话传说中，早在远古时代，中国就掌握了青铜铸造工艺，其创造者是黄帝

青铜器，商代

和禹，前者据说是中华民族的始祖，后者是伟大英雄和传奇夏朝的缔造者。据说，正是黄帝熔铸出了最古老的青铜器——鼎和镜子。大禹据说创造了王权的标志——九鼎，象征国家行政区划，即九州。科学研究已经证明，中国的青铜制造业出现于公元前三千纪，在时间上与古代世界冶金业的出现时间重合。目前已知三个早期金属冶炼的区域中心，分别位于中国东北部（红山文化，前4500—前3000年，在今河北和辽宁省）、西北部（新石器时代晚期齐家文化，前2200—前1600年；四坝文化，前1600—前1400年。二者均位于今甘肃省）和东部（山东半岛，龙山文化，前2000—前1600年）。其中，东部发源地在后世发挥了最重要的作用。它从公元前4000—前3000年之交开始形成（作为前5000—前3000年大汶口文化的分支），至公元前三千纪初期已经覆盖了几个地区性的冶炼中心。起初生产铜器（这完全符合世界冶炼业的发展规律），铸造的是最简单的箭镞、锥子和挂钩。大约在公元前三千纪中期，黄河中游地区开始成为主要的青铜铸造中心，在二里头文化遗址（前1900—前1600年，今河南省境内）发现的文物可以为证。这一文化遗址的年代被众多当代学者等同于传奇的夏朝。该文化遗址最主要的文物群发现于偃师区郊区（距离河南省洛阳市12千米），从中发现了青铜铸造作坊的残骸和成品。其中包括武器、日用器皿和镶嵌有绿松石的玉佩（14厘米×10厘米）。不过，通常认为，中国真正进入青铜器时代是在殷商时期，这时确立了最古老的中国政权。其佐证如二里岗古城遗址，这可能是殷商的第一个首都，其中发现了各类厨房用具和餐具，有些尺寸庞大（高近1米）。在经历了几个发展阶段之后，商代的青铜铸造在公元前12—前11世纪达到鼎盛，技术工艺和纹饰方法最终确立。

　　古代中国青铜器公认的最主要特点是浇铸工艺占主导地位；其他技法，如锻造和冲制，中国工匠并不使用。浇铸工艺的主导地位是由合金的性质决定的，该合金由三种主要成分铜、锡、铅构成，三者比例因器物生产的时间和地点可能会有很大差别。比如，在古代青铜器中，铜的含量从63.3%—93.3%不等，锡含的量在1.7%—21.5%，而铅则占0.007%—26%。锡和铅可降低合金的熔点，增强其柔韧性，极大地降低器物铸造和后续装饰的难度，进而影响成品的外观。如果锡在青铜合金中的含量超过10%，合金的红铜色就会带上黄色调；当锡的含量达到30%以上时，器物就会变成银白色。如果合金中铅的含量低于9%，铅就会与其他成分融合；如果高于9%，在金属冷却的过程中，铅就会从合金中分离出来，在坩埚或者铸型的器壁上沉淀下来。除铜、铅、锡之外，商代青铜合金中还含有大量其他矿物质和有机成分，包括锌（0.1%—3.7%）、铁（<1%）。这些物质，哪怕含量极少，也会影响器物的颜色，使其显示为淡黄色。此外，还有镍（约0.04%）、钴（0.013%）、铋（0.04%），以及微乎其微的锑、砷、金、银等。使用的有机添加物一般是亚磷物质，比如骨粉，用作脱氧剂（中和氧化过程），以便使合金更具可铸性。

青铜器铸造过程由三个基本技术步骤构成：熔炼，铸型制模，铸造。熔炼在由耐高温的黏土制成的坩埚中进行。陶范一般也由黏土制成，有些外省地区的冶炼中心也会使用木头或石头。以木炭作为燃料，可使熔点达到1000℃。在青铜铸造业发展的初期以及生产原始制品时，采用组合陶范铸造工艺。至公元前17—前15世纪，中国古代的工匠就开始采用"一体铸造"法，其特点是形状复杂，模型固定。陶范制作从模型制造开始，在形体的外表面画上装饰图案轮廓（一般用红色颜料），其凹面用刀刻在黏土上，即构成未来的浮雕形状，而凸面则由事先制好的部件构成。模型上附上一层黏土，然后烘干，切成数块。焙烧之后，将各块集中起来，补充上辅助的结构部件，包括定位销、盖子、底座等，这样就制成了用于浇铸的模范。而有些部件，比如足部和耳部，可事先浇铸，然后再装到模上，以便正式浇铸时与器身合为一体；或者相反，可先浇铸器身，其余部件在二次浇铸时再补充。后一种技术方案经常用于制作双金属制品，比如，一些青铜器身和铁足的器皿。于商朝中后期发明的技术能够浇铸轮廓奇特、形体巨大（重约1吨）的青铜器，并且能够装饰繁复的图案。

二里头遗址出土的青铜鼎　　二里岗遗址出土的青铜爵

殷商时期有五种基本的青铜器：礼器、武器、装饰品、战车部件及马具、塑像。礼器在商代青铜器中占据重要位置，分为烹饪器皿、储存器皿及饮宴器皿。烹饪器皿分为三种类型的"锅"——鼎、鬲、甗，其形状早在新石器时代的制陶业中就出现了。

鼎分为三足圆鼎或四足方鼎。鬲同样为圆形，三足。甗用于蒸东西，器身呈球形，下部轮廓和鬲类似。这几种"锅"一般都带有一对弧形耳，从上面固定在器身两侧。耳部通常带有独立装饰，有时为现实动物或神兽雕塑。器足则经常塑造成象征性的动物形象。

鼎不仅是常见的厨房用具，还是一种等级标志。天子九鼎，诸侯七鼎，大夫五鼎。现存的鼎尺寸不一，有些形同玩具（6.3厘米），是商代一位国王赠送给自己女儿的礼物；也有高133厘米、重832.84千克的庞然大物，这被公认为世界古代冶金史上最大的浇铸青铜器。

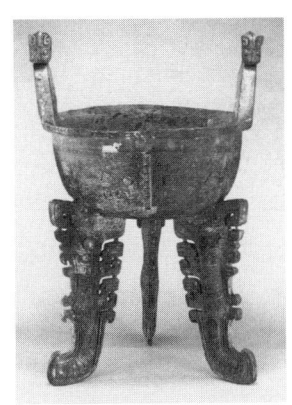

商代青铜器——鼎

商代酒器——斝

商代的生活用具由各种簋构成，用于储存粮食和其他食物，此类器物呈半球形，两侧有一对耳，有些器身立在筒形的底座上。

饮宴器皿包括三组东西——高脚酒杯、酒壶和盛水容器。每组各包含几种不同功能的器皿。高脚酒杯包括爵、斝、角、觚、觥。爵由垂直圆形槽和凸底或平底构成，下部有平稳弯曲、均匀分布的三只长足。器身一侧有三角形杯口，另一侧是弯曲的宽板，下方是弧形柄。这使得酒杯看上去像一只挺立的鸟。它的名字也有此意："爵"通"雀"。

角和斝的形状与爵类似，但角的口沿有两个形状相同、对称分布的小柱，而斝则既没有曲面，口沿也没有小柱，且是平底；此外，二者都可以带盖。除了用作宴饮餐具（20—40厘米高），还有特制酒器供于祠庙。它们有的高70厘米，可能用作家居装饰。觚是双锥体长形器皿，细腰，上下呈喇叭状。觥（后来用于指称犀牛角酒盅）为平面杯体，下部有方形支架或者四足。觥带盖（与杯体结构类似），侧面有耳。觥经常用作雕塑品或者整体塑造结构，这些同样可被视为造型艺术品。

酒器有六种：尊、卣、方彝、罍、瓿、壶。尊有两种主要形状。第一

中国精神文化大典 艺术卷

种器身呈圆形，下部为梯形，颈细长，喇叭口。这种酒器用于主人敬奉贵客，因此，后来"尊"字有了"尊贵"的意思。第二种带有雕塑，体型巨大，可高50厘米，重17千克，不是用于宴饮，而是庙堂上供用。值得一提的是，公元前11—前10世纪，尊通常被塑造为祭祀牲畜（牛、羊、猪）的形状。卣为手提式酒器，带有提梁。方彝最为独特，因为它模仿了建筑的形状。总体上，这些器皿为棱柱形器身，高盖，安放于带图案的底座上。罍是陶罐的变体，器身巨大，平底，上部收紧，斜颈，宽口，边缘弯曲。肩部两侧通常带有弧形耳，耳上有铜环。瓿与罍类似，不同之处在于器身更加扁平，两侧没有耳。壶身呈圆形，底部呈圆柱形，颈部呈弧形，与新石器时代陶器风格相似（这些陶器外形被用于青铜器发生于商朝中期）。

商代青铜器——卣　　商代青铜器——方彝

盛水器皿有四种：盘、匜、盉、鉴。盘总体上与作为餐具的盘类似，但体积大得多，底部呈圆柱形，两侧有垂直的耳。盘用于进餐或盛宴之前洗手。匜形似帆船，四足，前有流，后有鋬，同样用于洗手，通常与盘一起使用。盉，圆形，三足，上有活动的盖子，前有长长的流，后有弧形把手（鋬），形状很像现代茶壶。这种器皿可以两用——洗手或用水调酒。餐具种类如此丰富，这与后世有关商代贵族喜好奢华之盛宴的书面记载一致；不过也有可能，盛宴在当时起到仪式作用。鉴具有多重功能，四耳，比盘更重，高可达30厘米，口径60厘米，可用于冲洗身体、储存冰块或冷藏食品等。鉴中装满水，可用作镜子。通常，盆和盘内部刻有图案，包括乌龟、鱼、水鸟以及与水元素相关的神奇动物。在盛满水后，这些器皿里像是有动物在戏水。如此高超巧妙的艺术手法符合商代艺术文化的创造精神和美学潜质。

商代图案装饰艺术通常分为四个阶段。前三个阶段发生于殷商王朝前半期（前17—前14世纪），青铜铸造工艺经历了从纯粹模仿陶器（一般为无装饰的器皿）到研发一系列造型技巧和手段。公元前13—前11世纪，装饰艺术高度繁荣，被称为"安阳风格"。该风格因安阳市（河南北部）得名。在安阳市郊发现了殷商王朝的最后一个都城遗址。安阳风格的特点在于，装饰空间内部图案和花纹极其繁密，广泛采用高浮雕，与背景的平面纹饰形成鲜明对比。同时，它还倾向于通过辅助性的雕塑部件和装饰元素使器物结构更加复杂，比如镂空构件，穿插于器物的顶部或侧面。根据艺术构图特点，该风格主要分为两种，在欧洲文献中分别被称为A派和B派。第一种装饰密集，突出主要形象和背景图案，通常是雷纹。它由密密麻麻的圆圈、螺旋以及相互交织的T形、L形、V形线条构成。主要形象就是人脸，现实和神话动物的头部。这样的装饰结构严格按照垂直轴分布，主要形象呈反向对称。第二种风格产生于商代末期，重视镶边装饰结构，大量重复使用几何与动物图案。安阳风格乃至整个商代装饰艺术最值得注意的重要特征，就是以动物形象为主。现存类人图案装饰为数不多，最著名的范例是人面纹方鼎，四面都饰有人面浮雕。

商代动物图案装饰分为三个艺术流派：现实主义、抽象美学主义和幻想主义。它们均能在日常用具和雕塑器皿的主体或部件装饰中得到体现。现实主义风格的动物形象完全仿照现

青铜器——盉

人面纹方鼎，商代

实动物。抽象美学主义派在这些形象基础上做了诠释，使其符合整体装饰风格，由此导致形象被曲解或象征化，变得近似于几何图案。两派的原型都来自商朝的动物种类，其中最普遍的是大象、老虎、鹿、水牛、驴、羊、猫头鹰、蛇和蝉。幻想主义派致力于创造"半现实"或者完全虚构的形象。所谓"半现实"，即为自然界真实存在的动物赋予某些特性。此类典型是一对尊（高45.9厘米，重16.7千克），形似猫头鹰，器身上饰有具有象征意义的蛇的图案，搭配各种动物纹饰。这导致其整体造型有些古怪。

幻想动物形象由不同动物的外形元素组合而成，这主要出现在雕塑器皿上，其中可能会相结合，比如，虎和猫头鹰的元素。这样就形成了一个雕塑的结构，具有隐喻性质，随着转动，器皿后部雕刻的猫头鹰会渐变为

老虎；反之亦然。

特别值得一提的是一件青铜卣，高32.7厘米，外形由人和幻想生物构成。这一幻想生物结合了四种不同猛兽的特点——虎口，熊耳，象腿，蛇身蛇尾。蛇身同时构成器物表面的纹饰。人的躯体与幻想生物紧贴在一起，仅略作勾勒，融入背景图案，与采用现实主义手法刻画的、五官清晰可辨的头部形成鲜明对比。与此同时，其表情会随着审视器物视角的不同而变化，或安静平和，或略显惊慌。以上这些特点使一些学者认为器物上刻画的是准备享用祭品的怪物；而另外一些学者则将其解释为一个人在贴近其具有护佑功能的图腾。

描绘幻想生物的类似器物，每件都是独一无二的。很有可能，其所刻画的形象尚未最终形成固定方案，而更像是工匠们创作幻想的产物。只在两种幻想动物——饕餮和夔龙的形象中可以隐约发现某种标准。饕餮呈现为面孔，模仿的是猛兽的嘴脸，头上长角或者从鼻梁生出角状凸起物。

觥，造型由不同动物形象组合而成，商代

虎食人卣，造型为神兽（虎）和人，商代

除了这种经典形象，饕餮还可以有其他表现形式：有时模仿现实动物，如虎、山羊、绵羊、水牛；有时由一对动物形象构成，经常是鸟或者神兽；还有些由几何图案元素组成。饕餮在器皿表面的分布及其在装饰图案中的作用也是多种多样的：它可以是器皿的寓意或构图的中心元素，也可以是器皿上部或下部的次要构图元素，还可以是某种补充部件的艺术形式。但不管在何种情况下，永远不变的是面具的眼睛——扁杏仁状，瞳孔浑圆，通常比其他器官更加凸显。

在"B"风格中，饕餮经常被简化为两只圆眼，周围环绕着几何装饰图案。这一主题十分流行，并且有多种表现风格，这暗示着它具有特殊的象征意义。在中国典籍中，饕餮被解释为一种食人怪兽，后来被黄帝砍去头颅。为了纪念此次胜利，黄帝下令将其头颅刻画在青铜器皿上。在当代文献中流行一种观点，即认为这种刻画怪兽的主题源自新石器时代玉器上的图案。还有一种说法，认为饕餮是对一种幻想物种的大致描摹，根据商代晚期的信仰，当举行特殊的祭奠仪式时，祖先的魂灵会附身于这一幻想物种的形象上。

"夔龙"的形象表现为一种幻想物种的侧面像，它长着蛇的身子、猛兽的头和爪。文献中通常认为该形象源自传说中的独脚音乐家夔，但其真正寓意至今仍是谜。夔龙图案一般由两个垂直对称的形象组成，由此构成饕餮面具，或者是一对，或者是重叠的形象。还有一种鼎，鼎足也被雕刻成夔龙的形象。现实动物或幻想动物的图案不仅增强了商代青铜器的审美表现力，而且赋予了它们神秘气息，强调其与神圣世界的密切联系。

商代青铜铸造业的地理分布不只局限于首都地区。早在公元前15—前14世纪，在商王朝的若干外省地区（今陕西、山西、河北、山东和湖北省境内）就出现了冶炼中心，在这里既仿制首都的青铜器，也生产具有独特形状和花纹的器具。商代上半期在首都以外地区生产的最完整的青铜产品由159件器具组成，包括武器和68件器皿。这是在盘龙古城遗址（在今湖北省东部，武汉市以北5千米）附近的墓葬中发现的，该地被认为是地方政权所在地，该政权要么是独立部落，要么附属于商代政权。引人注目的是，当地器皿在类型、形状和

饕餮经典纹饰及其图示

斝，盘龙古城，商代

艺术装饰方面几乎与同时期的首都产品相同。

目前已发现一个完整的长江流域商代下半叶青铜冶炼中心分布网络：今安徽省西北部（阜南县），湖北省南部（江陵—沙市），湖南省北端（岳阳—华容），陕西省西南以及四川省中部。将这些地区的产品与安阳青铜器对比可以发现，所有这些地区，不管民族和地缘政治状况，都处于商代政权强大的文化影响之下。对于这一事实的理论反思让我们有理由认为，中央集权国家在中国的确立促使地区艺术传统在首都艺术的影响下趋于统一。

中国精神文化大典 艺术卷

在整个周代，青铜铸造业发生了很大变化：产品种类增加，器物种类、形状及其艺术构型原则发生变化。产品种类丰富，其中最重要的，除了礼器，还有雕塑、乐器、武器、镜子、装饰品等。至公元前5—前4世纪，此前的大部分餐具和酒具都已退出使用。取代商代酒器尊的是另外一些形状和装饰都简朴的器皿。首先是"觯"，器身细高，一般带有高圈足和圆盖子。这种器皿很快就让位于另外的器皿——杯和尊，其中最流行的是"耳杯"，平底，杯身两侧有一对扁平的耳。这种器皿的材质迅速扩展到其他材料——木、玉、骨，从此进入中国宴饮器皿之列。约公元前8世纪，方彝退出使用；约公元前7世纪，卣和尊退出使用。它们都失去了此前所具有的形状明晰、纹饰丰富的特点。另外一些餐具的生命力更为持久，不仅用于仪式，而且用于日常生活，比如壶、盘、鉴。特别是壶，该器皿不仅在整个周代都在生产，而且新增了三种形式：耳壶、方壶、扁壶。耳壶是高牛奶罐一样的器皿，壶颈两侧有两个环状或圆柱状耳；方壶器身呈棱柱状；扁壶类似于军用水壶。这些样式也成为陶瓷、漆器产品的范本，使其在青铜冶炼业之外又存在了很长时间。

日常生活用具也补充了新的种类，其中主要有簋、敦和豆。簋最初是用来装祭祀谷物用的竹筥，剖面为梯形，由器身、器盖和高高的花式器底组成；敦是一种圆形或椭圆形器皿，三足，器盖上有三个竖直的捏手；豆身呈圆形，高足，顶端有一个半球形、带竖直捏手的盖子。这些容器外观精美，主要用于储存切碎的半成品肉类。青铜锅具也逐渐失去精致外形，成为日常厨房用具。青铜器皿在种类和形式上的变化是由周代中国社会政治文化和意识领域的变化导致的。统治阶层权威衰落，世袭贵族被新晋贵族排挤，价值观体系发生变化，这些都反映在宗教和礼仪中，导致青铜制品的文化地位逐渐衰落。公元前2—前1世纪，青铜时代结束，然而古老的青铜器存留在中国人的历史记忆中，见证了古代的伟大精神和艺术传统。其造型和纹饰直至20世纪仍被陶

青铜壶，
前7—前6世纪

陈璋铜方壶，前4世纪

瓷、漆器、石雕、骨雕、珠宝、珐琅制造业作为范本，而青铜器的图像也被融入寓意吉祥的艺术构图中，或者作为具有象征意义的特征进入政治家和文化名人的肖像。

在青铜器种类和外形发生变化的同时，其艺术设计的原则也在改变。在周朝最初的几个世纪，青铜器的装饰主要模仿商代纹饰，但形式和装饰均呈现简化趋势，最终确立了由商代"B"风格演变而来的体系，其特点是图案以饰带方式分布，出现了新的装饰主题，其中成对侧立的鸟儿，冠羽很长，尾羽华丽，其原型应为孔雀，也是凤凰的原型之一。

公元前8—前7世纪，中国中部（河南省）和西部（陕西省）地区的青铜铸造业形成了一种风格，其特点是由现实或传说中的动物图案转向几何图案，图案装饰元素被打破，主要图案和背景花纹之间的反差得以缓和。这一倾向导致了"李峪风格"的出现——得名于山西省东北部的李峪村，在这里，1923年发现了第一批周朝存在过的物质见证。在公元前6—前5世纪，"李峪风格"在中国工艺美术中占据了主导地位，除了南部地区（参见"楚国的艺术"）。该风格的显著标志首先是严谨、简洁：早期的圆形或扁平形状变成椭圆形，方形则变成圆形。其次是包括饕餮纹在内的图案最终都简化为几何元素，如螺旋纹、曲折纹和相互交织的条带，其动物性起源只能从抽象的、象征性的兽头猜度一二。商代的兽形装饰仅保留在器耳、器足、怪面装饰中。再次，"李峪风格"的图案装饰面通常由几个纹饰重复的水平饰带组成，饰带之间以细条隔开。主体图案和背景图案之间的反差最终消失，由不断重复的细节构成的所有纹饰元素均采用浅浮雕技法完成。

周朝青铜铸造业和装饰艺术的重要创新是以贵金属镶嵌青铜器的技术。以绿松石和其他材料镶嵌青铜器表面的技术早在商代就开始使用了。特别之处是将凸起元素之间的凹陷处用黑色物质填充，得益于此，浮雕看似为加粗的轮廓线条所环绕。该物质的准确化学构成尚未分析出来，据推测是由未经加工的漆加入碳、石英、铜等构成。贵金属镶嵌技术始自公元前7—前6世纪，应该是由楚国匠人发明的。已知最早的以金镶嵌的产品（描绘了六种传说中的动物形象，配以几何图案）是1997年在湖北省境内的墓葬中出土的一件器皿（高11.5厘米，口径22厘米）。在中国中部地区的工艺美术中，公元前6—前5世纪中叶开始使用铜镶嵌青铜器，最流行的是动物主题。研究者认为，这表明该技术有可能是从斯基泰人那里借鉴而来。镶嵌技术发展的下一阶段出现在公元前5世纪中叶至前4世纪中叶，由动物主题转向几何图形和植物花纹，使用贵金属以及绿松石和孔雀石等。此后，镶嵌青铜器开始在中国各地生产。

金银镶嵌技法流程如下：用厚度为0.5—2毫米的金属线在器具表面构成镶嵌图案，然后用锤头敲击，将其紧密地固定在器皿上。使用此技法可以做出各种不同的轮廓图案和别致的花纹。值得注意的是，周朝工匠所研发的金银镶嵌工艺在中国一直存续到公元7—8世纪，在武器制造业最为长久，被用于装饰宝剑和匕首。

青铜提梁卣，对鸟纹饰，前7世纪　　青铜壶，李峪风格，前5世纪

公元前6—前5世纪出现了另一种装饰风格，在欧洲科学文献中被称为"绘图青铜器"（pictorial bronzes）。此类青铜器带有场景图案，通常是多人物场景，呈水平饰带状分布，几乎覆盖整个器皿表面。此种装饰主题的多样性令人印象深刻，包括日常生活、战斗、宴饮和神话场景。不同场景构成带有统一内容主线的叙述作品。人物和其他构图元素的描绘一般为象征性风格，通常十分粗糙；但与此同时，又自然而动感十足，所有人物都处于运动姿态，且人体比例精当。此类纹饰的构图原则一般为水平放置，并分为不同的局部画面，这成为后世纪念绘画（墓室壁画）和架上绘画作品的前身。

周朝的青铜制造业，在"李峪风格"的框架下，还在继续制造雕塑器皿，它们完全可以被视为造型艺术作品。其中包括一件公元前5世纪乌鸦造型的酒器。乌鸦的身体比例、姿势及典型外貌特征（弯曲的喙和利爪）得到了准确再现，工艺精湛的浅浮雕让人感觉这像是一幅用细线条勾勒的图画，细致入微地刻画了羽毛和脚爪皮肤的纹理。凸出的瞳孔镶嵌金线，赋予画面额外的生动性，塑造出目光犀利的猛禽形象。特别值得注意的是，和商朝器皿表面一样，乌鸦的身体覆盖着"幻想"主题的装饰图案：头和胸部饰有龙纹，闭合的翅膀外缘有一条鳞带，仿佛抽象的蛇身。

公元前9—前8世纪，在周朝的青铜器中出现了一种趋势，即在产品的艺术外形中引入现实动物、幻想动物和人类图案。此类器物的范例是一个车厢形状的小盒子（10.5厘米×7.5厘米×7.5厘米），上面坐着一个人和一只长得像熊的野兽。在周朝中期，塑像逐渐被纳入灯具、乐器和家具的设计。类似器物在曾侯乙墓及中山王墓（参见"中山国的艺术"）中都有发现。

贵金属镶嵌的青铜器——豆，
前 5 世纪

兔尊，前 9—前 8 世纪

然而，独立存在于工艺美术之外的青铜雕塑传统，在古代中国的发展似乎极其缓慢。目前已知最古老的纪念性金属雕塑作品可追溯到公元前14—前11世纪，它们被发现于中国的西南，今三星堆地区（四川省）。在有关商周的考古材料中，没有中国本土存在青铜雕塑艺术的物证。周代的青铜塑像主要包括以下几类。首先是悬挂在墓室墙壁上的特定面具。其中最古老的两个面具属于公元前10世纪（21厘米×21.6厘米和18.3厘米×18.3厘米），出土于北京郊区的墓葬。最完整的一套面具由八件组成（高15—15.7厘米、宽16.3—17.1厘米、厚0.3厘米，公元前8—前7世纪），出土于河南省中部地区的王公墓葬。上述所有面具再现的都是带着微笑的面孔，圆眼、浓眉，并加入了动物图案元素。其次，目前出土的几件青铜塑像中，最古老的一件为身穿礼服的人物立像（高20厘米），属于公元前11—前10世纪。在位于黄河中下游地区（河南省）的公元前5—前3世纪的墓葬中，不时会发现雕塑体裁的作品（高10—25厘米），其中一个是小男孩，双手抓着一只玉鸟；还有一个是杂耍艺人，撑着一根杆子，杆顶有一只小熊。所有这些雕塑都结合了传统与现实的自然性和形象的生动性。

然而，我们有充分的理由相信，金属雕塑传统在古代中国艺术中要比考古材料所显示的发达得多。在这方面一个无可争辩的证据，是于中国乃至世界艺术史上规模最为宏大的雕塑群，即中国首位皇帝——秦始皇（前

221—前210年在位，参见"秦始皇陵"）陵发现的"兵马俑"。中空的武士和战马塑像均仿照真实尺寸制作，这实际上正是青铜铸造所用的陶范的类似物。此外，在雕塑群中还有两件真正的大型金属雕塑作品——两辆四驾马车。其中一辆是敞篷带华盖的轻便马车，另一辆是带篷马车。两件雕塑均约为实物的一半大小。其中一件长225厘米，重1061千克；另一件长317厘米，重1241千克。带篷马车的车厢由3462个零部件构成，经技术鉴定，这些零部件是焊接在一起的。两件雕塑都带有人像：轻便马车上站着一位马车夫（高75厘米），带篷马车上的马车夫坐在驾驶座上（高约50厘米）。他们都是由紧密贴合在一起的独立元素构成的——躯干、四肢、头，重复了黏土雕塑的制作工艺。在雕塑图案的表面，局部装饰有金银镶嵌物。马具完全由贵金属浇铸而成。虽然在技术和艺术层面与黏土雕塑有相似之处，但青铜的车夫和马匹具有独特的表现力：坐着的人双臂紧绷，仿佛在使劲拽动缰绳，控制烈马；两个马车夫脸上都带着灿烂的笑容；马匹前胸肌肉紧绷，鼻孔债张，耳朵直立，富于动感。这些车辆是在20世纪90年代被发现的，间接地证明了一个传说的真实性。根据这个传说，秦始皇曾下令将所灭王国居民的武器收缴，将其熔铸为12个巨型青铜塑像，包括天神和秦朝先祖。塑像据说被排列在通往宫殿的两侧长廊上。也就是说，在公元前一千纪的最后几个世纪，中国已经形成了制作巨型金属雕塑的传统，其中包括人像。青铜乐器和兵器在商代和周代的艺术遗产中同样占据重要地位。最主要的乐器是编钟，但这些钟没有钟舌，按照欧洲乐器分类法，应被归入打击乐器。中国编钟最古老的变种是铙，它被装在一个木杆上，形状像带柄的小铲子，以木槌击打"铲子"部分而发声。有一种观点认为，铙是商代最主要的乐器。已知的一套铙器中，最大的一件高达89厘米，重达154千克。铙在周朝初期也被广泛使用，并具有极强的装饰性。而到了公元前8世纪，这些乐器几乎已退出使用。然而

秦始皇陵出土的带篷四驾马车

"铙"这个术语永远地进入了中国音乐文化，从公元前3世纪开始，用来指代一种专业的军事用钟，发出开战或停战的信号。周朝最主要的青铜乐器是由铙派生而来的钟，同样呈铲状，但与铙不同，钟是挂起来的。根据大小不同，周朝的钟分为钮钟（大的）和甬钟（小的），后者悬挂时略微倾斜。

古钟的一种独立类型是镈，同样出现于周朝初期。其形状类似于传统的钟，但有钮可悬挂。镈通常带有大量纹饰，且体积庞大：已知的一件高75厘米，重62.5千克，制作于公元前7世纪。

由为数众多的钟构成的组合乐器编钟，是整个周代最常见的乐队乐器。最古老的编钟样本由一个木架和两根横杆组成，木架上最多可悬挂16个钟，音阶从第三个八度到第四个八度，系公元前11—前10世纪的作品。最大的编钟（由65个钟组成）是在上文提到的曾侯乙墓中发现的。后来，钟的数量不断减少，直至一格两钟，这表明编钟在乐队中的地位下降。最后，编钟演变为由一组小钟组成的新的乐器种类。

铙，商代　　　　　钟，周代　　　　　镈，周代

商代的青铜武器首先是钺（战斧），呈梯形（高达30厘米），圆形刀刃。钺具有巨大的劈砍力（一下就能将人腰斩或斩首），被用作战斗武器和刽子手武器（包括在仪式化的死刑中），也被用作打击乐器。此外，钺还被视为帝王标志，甚至有种说法，认为汉字"王"就是源自钺的图像。因此，不足为奇，钺经常被发现于商代达官贵族的随葬品中，且通常带有丰富的艺术设计、浮雕图案和镂空装饰，主题通常为变形或幻想的动物面孔，类似饕餮面具，还有一些人和动物参与的场景。

公元前11—前8世纪，钺逐渐被其他用于劈砍的武器取代。其中最主要的是戟，带有长木柄，刃呈斧状①，尖端锋利。

公元前8—前7世纪，在中国中部地区出现了剑，并很快形成两种类型：一种是短剑，剑身长度43—60厘米；一种是长剑，剑身长度可达1米。短剑成为最流行的战斗武器和仪式用具。在公元前5—前3世纪的墓葬中经常会发现很多剑，有些多达30把。大部分剑柄都装饰精美，镶嵌着珍珠玉石，剑刃往往以黄金镶嵌装饰。

古代中国青铜器中最具特色的还有钱币，公元前9—前8世纪开始使用。最初模仿易货贸易时期所用器具的形状，比如一些农具——铲、锄，以及劳动工具——刀、纺锤，或者近似乐器，均具有特殊的仪式意义。

周代钱币形式丰富多样，因为不同地区有各自的货币体系和流通钱币。后来，一种圆形方孔钱逐渐成为中国的通用货币，但其诞生地目前仍无定论。在技术层面，青铜钱币是十分完美的制品：它们是借助凸起的阳模浇铸的，类似技术在欧洲直到19世纪初才广泛使用。阳模也是青铜制作的，是一种铜板，刻有要制作的青铜钱币的浮雕形象。钱币的正面和反面使用不同的阳模制成，然后再将其结合，并用黏土包住，以免移位。在公元前5—前3世纪，钱币上刻着不同题铭，标明其产地、重量和面值。

在秦始皇统一货币的改革之后，圆形方孔钱成为唯一的货币，并于公元前2—前1世纪最终确立于中国的货币体系（其基本形状一直在演变，直到7—8世纪）。钱币的面值很小，以至于不能单独作为货币单位，而是要将1000个或500个钱币用绳子串在一起。尽管如此，在20世纪初，得益于青铜合金不可动摇的价值，钱币成为最主要的国家流通货币。此外，钱币还是一种世界构成的模型：圆形（外缘）方孔（中心的小孔，之所以做成方形是出于实际考虑，

青铜钺，商代

即为了减少对穿绳的磨损），象征天地和谐。钱币上作为题铭的四个汉字对称排列于钱孔的四周，象征着世界的四方。值得注意的是，钱币上的文字是按照事先设计好的艺术草图，仿照著名书法字体书写的，草图需经政

---

① 戟是矛与盾的结合体，双锋四刃。

府批准。有时钱币上的字迹为皇帝御笔，因此，古钱币上包含有关于中国书法艺术史的宝贵信息。

不仅如此，青铜钱币本身也构成一种艺术图像：单个钱币或一串钱币的图像成为中国通用的物质财富的象征，见诸祝福性质的绘画或雕塑；同时还作为神赐财富的标志，用作不同实用艺术品的纹饰。作为钱币图案的变体，出现了一种与之形状相似的"盘长"（吉祥结），成为具有吉祥寓意的八宝图案之一。由很多钱币串连在一起构成的钱纹在工艺美术，包括丝织业和玉石加工业中备受青睐。钱的命运充分证明，中国艺术中普遍存在对纯粹功利的事物进行艺术改造的可能性。

**A. A. 贝科夫《中国钱币》，列宁格勒，1969年；P. C. 瓦西列夫斯基《东方国家艺术》，莫斯科，1986年；M. E. 克拉夫佐娃《中国艺术史》，圣彼得堡，2004年；С.И.库切拉《中国考古》，莫斯科，1977年；《上海博物馆珍品》，上海，2007年；吴山《中国工艺美术大辞典》，南京，1989年；金正耀《二里头青铜器的自然科学研究与夏文明探索》，载《文物》，2000年第1期；《秦始皇陵兵马俑》，北京，1998年；Allan S. The Shape of the Turtle. Myth, Art and Cosmos in Early China. Albany, 1991; Bagley R. W. Shang Ritual Bronzes in the Arthur M. Sackler Collections. Cambr., 1987; The Cambridge History of Ancient China. From the Origins of Civilization to 221 B.C. / Ed. by M. Loewe, Ed.L. Shaughnessy. N.Y., 1999; The Freer Chinese Bronzes. Vol. 1-2. Wash., 1967-1969; The Great Bronze Age of China / Ed. by Wen Fang. N.Y., 1980; Karlgren B. Onceagain the A and B Styles in Yin Ornamentation // BMFEA. No. 18. 1949; Lawton Th. Chinese Art of the Warring States Period. Change and Continuity. Wash., 1982; Li Xueqin. The Wonder of Chinese Bronzes. Beijing, 1980; id. Chinese Bronzes. A General Introduction. Beijing, 1995; Loehr M. Ritual Vessels of Bronze Age China. N.Y., 1968; Mysteries of Ancient China. New Discoveries from the Early Dynasties / Ed. by J. Rawson. L., 1996; Xi'an- Legacies of Ancient Chinese Civilization. Beijing, 1992; Weber Ch.D. Chinese Pictorial Bronze Vessels of the Late Chou Period. Ascona, 1968; Wu Hung. Monumentality in Early Chinese Art and Architecture. Stanf., 1995.

（M. E. 克拉夫佐娃撰，李春雨译）

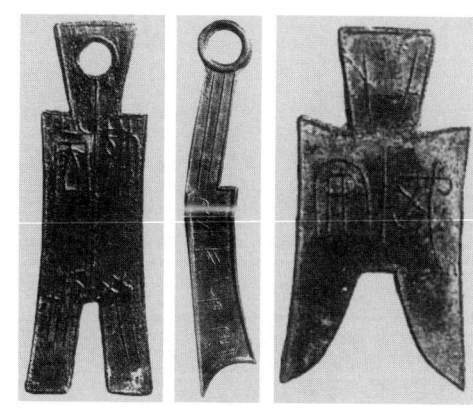

中国古代青铜钱币

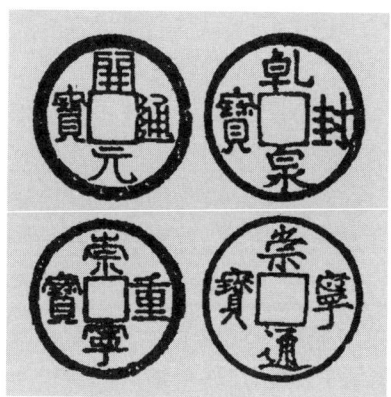

10—12世纪钱币（拓片），上有不同字体铸字

陶 器

陶器是中国最古老、规模最大的一种工艺美术和手艺。传统认为，制陶业是由中国传说中的祖先——神农氏和黄帝发明的。这些传说主要记载于1774年出版的《陶说》（作者朱琰，18世纪）的开篇几章。除了制陶业本身，陶器材料还广泛用于造型艺术，用来制作随葬品和寺庙雕塑及浮雕作品，以及一些建筑构件和其他各种器具。本文主要谈论餐具。

陶瓷器皿分类 中国陶瓷分为很多种类，在现代专业文献中主要包括三种类型：陶器，炻器和瓷器（参见"瓷器"）。陶器（earthenware）指的是以普通黏土制成，焙烧温度在800℃—1000℃的制品。炻器（stoneware）和瓷器的制作材料中包含高岭土。所谓高岭土，指的是高熔点的稀薄黏土，其成分中含有高岭石，是岩层中的铝和硅经过地质作用产生的。其完整化学式为：$Al_2O_3 \cdot 2SiO_2 \cdot 2H_2O$。该术语源自河南、河北省交界地区自北向南延伸的山脉名称——高岭。含有高岭土的地质层同样分布于中国很多其他地区。它们在中国西北部和中部地区呈宽带状分布，位于厚厚的黄土层下面，后来逐渐上升到河北、河南两省交界的山脉靠近地表的地方。高岭土储量最丰富且化学成分最优的地区为中国南部和东南部。

"china"是瓷器的英文名称之一，最早出现于16世纪的欧洲。在汉语中，包括瓷器在内的一切含高岭土的陶瓷制品统称为"瓷"。因此，直至不久前，欧洲艺术学都没有对瓷器与炻器做出明确区分。炻器被称为"原瓷""类瓷"或者带有瓷器焙烧料的器具。瓷器与炻器的原则性差异在于陶土成分和技术程序。瓷器原料的必要成分是瓷石——一种火山岩，由长石与水白云母等组成。炻器制作需要添加含石英的物质，最常使用的是砂粒。瓷石即便使用，所占比例也是与瓷器不同的。炻器的制作无需像瓷器那样，对组成部分进行彻底清洗，因此炻器的焙烧料一般带有浅绿色、淡奶油色或者灰白色，与高品质瓷器的雪白色焙烧料差异明显（低品质的瓷器有时也含有少量有色杂质）。

炻器与瓷器的另外一个原则性区别在于烧制温度。炻器类的烧制温度，根据生产时间和地理位置的不同，为1050℃—1250℃。而瓷器的烧制温度不应低于1350℃，只有在这个温度下坯体的初始物理结构才会发生质变：由于包含在高岭土中的硅，坯体变成玻璃状，半透明且完全不透水。

中国陶瓷发展史的初始阶段出现在新石器时代，当时形成了陶器制作的基本技法，产品的基本类型和形式及其装饰方法。

新石器时代的制陶业 陶器是新石器时代物质遗产中规模最大的一类。制陶业在所有地区文明和聚落中都是最主要的行业，目前在中国境内发现的这些聚落已经超过30个。根据地理分布的不同，这些聚落可以分为：中部——黄河中游地区（今河南、陕西、山西），被称为仰韶文化，西北部（所谓的西仰韶，今甘肃），东北部（今河北、辽宁），东部（今山东），东南部（今江苏、浙江），南部（今湖北、湖南）。尽管

彩陶罐，半坡文化

中国进入新石器时代的时间目前被认定为公元前11000—前10000年，但新石器时代制陶业的历史是从公元前7000—前6000年开始的。陶器制品大量分布于目前已知的所有新石器时代遗迹中，既包括居民点，也包括墓葬。比如，仅在属于仰韶文化早期类型的半坡遗址（前4500—前3500年，陕西西安市郊区），就发现了1000多件完整的陶器和约5万块残片。

在所有的地区，陶器制作中心都掌握了最初的陶器制作工序：黏土的选择与加工，制备陶泥，产品成型，装饰，焙烧。

仰韶文化中最主要的陶瓷材料是黄河流域的黄土沉淀层，由细颗粒（直径0.01—0.05毫米）构成，它们最初是被风从沙漠吹来的沙尘，其成分包括石英、云母、长石、石灰石，铁含量相当高（近30%）。南部和东

南部地区的制陶业主要使用不同产地的各种黏土，都属于红土，含有大量的氧化铁水合物。东部地区使用的黏土种类，属于不含硅酸盐的草甸冲积土。黄黏土具有油脂性和耐火性，但其制作的陶坯却相对柔软、多孔、厚重（5—6毫米）。南部、东南部和东部的壤土和黏土则相反，能够制作极其坚硬和轻薄的陶坯。新石器时代制陶业最高的技术成就属于公元前3000年的南部和东部地区，这里的陶器器壁极薄，通常为0.8—2.2毫米，最薄可至0.2毫米。

陶泥制备首先要清除岩石中的杂质和灰尘。最简单的清理方法是清洗（沉淀分离）。将黏土稀释于水中并充分搅拌，这样一来，黏土物质沉淀到底部，而渣滓则浮出水面。随后沉淀物被分离和脱水，就得到了制陶原料。净化程度决定了陶泥质量（粗糙还是细腻）。为了降低黏土在烘干时的缩水率，防止器物在焙烧过程中发生龟裂，人们在陶泥中加入了所谓的"减弱剂"——不同的物质，比如磨细的蚌壳、滑石粉、耐火泥等，但地区制陶中心使用最多的是石英（一般是颗粒比较大的石英砂）。仰韶文化陶器的标准成分包括约60%的纯黄黏土和40%的细砂。值得注意的是，在很多个世纪里，使用砂粒一直是中国制陶业的典型特征，包括一些炻器种类。公元前3000年初，在南部、东南部和东部文明中，制陶业开始完全使用细黏土和仔细清洗过的陶泥，这不仅降低了陶坯厚度，也使器物形状更为复杂。

壶，良渚文化，
前3200—前2200年

紧接着的一个工序是器物成型。这在整个新石器时代经历了几个发展阶段，从最初的手塑法到模塑法和泥条盘筑法，到最终使用转盘或陶轮制作。手塑法在古老文明的制陶业中使用最广。半坡文化时期，就已经手工制作了器皿局部、浮雕图案装饰部件和整体制品（十分罕见）。大部分陶器采用模塑法制成，后来又采用泥条盘筑法。模塑法是世界上已知最早的制陶技术。其做法是在物品（通常是编织品）内表面涂上一层黏土，这样成品表面就会留下垂直排列的编织印记。泥条盘筑法：在撒满沙子的木板上制作器皿的圆饼状底部，然后将其边缘抚平，在其上叠加螺旋状泥条，从而形成器皿侧壁。最后，将泥模置于压力下，或者用手按压制品，以便挤出泥条接缝处的空气和水分。转盘为木质托盘，靠手来转动，发明于公元前5000年末期。公元前4300—前3100年，东南部文明的制陶工业中最早使用该技术。公元前四千纪，转盘技术在东南、东部和南部地区得到全面普及。公元前三千纪，转盘技术开始应用于西部仰韶文化的彩绘中，由此决定了其纹饰特征：仅器物的颈部、肩部和器身上部得到装饰，而器身下部由于不方便操作而没有纹饰。陶轮也是中国东南或者南部地区的发明。它产生于公元前4000—前3000年（比地中海地区早将近1000年），至公元前三千纪中期

仰韶文化的壶，北首岭遗址，
前4800—前4300年

已在东部和东南部地区制陶业中牢固确立。但形式最复杂的产品仍用手工制作，转盘和陶轮仅在最后完成时使用。

装饰既与陶器的生产方法紧密相关，也与其用途有关。器皿侧壁可以用特制的竹梳或者骨质、木质、陶质磨光器抛光，直至器皿发出独特的光泽。抛光后，器皿被放入特制的、仔细去除杂质的陶浆中，以使表面更加平滑鲜亮。然后再施一层釉底料——彩色陶泥制成的装饰涂层。可将器皿浸入釉底料中，或把釉底料涂到晒干的制品表面，给整个表层或准备绘饰的部分着色。釉底料能遮盖陶坯，并具有均匀吸收颜料的特性，因此成为理想的绘画表层。它也可以作为独立的装饰手法，成为陶器仅有的装饰。釉底料在大多数地方制陶中心得到应用，因此成为中国新石器时代陶器技术与艺术方面的特征之一。在某种程度上，它构成了另一种更为发达的陶器制作技术——施釉——的前身。不同地区制陶中心都拥有自己的釉底料调色板，这在构成器具独特性的同时，也成为鉴别制品的依据。比如，仰韶文化的陶器使用白色、红色或红褐色釉底料。白色釉底料由石灰石或白云石制成。红色釉底料则由含铁量极高的物质构成。仰韶文化以外地区的制陶业还使用黑色和黄色釉底料。焙烧在制陶炉中完成。这是一个在当时来说相当复杂而完善的装置。至今留存着两种基本构造的新石器时代制陶炉残片。其中一种为垂直结构，由袋状炉膛和位于上层的燃烧室构成。炉高1.3—3米，底座直径1.9—2.75米。上面没有烟筒，而是用直角孔（一般不超过6个）排烟，保障燃烧室温度更为均衡。另一种结构是水平

筒状火炉（洞穴式）。燃烧室不在炉膛正上方，而在侧上方。炉膛的热气经过2.1米长的倾斜气道和3个专门通道，沿10个直角孔（通常每个孔直径为10.5厘米）进入燃烧室。洞穴型火炉装置保障温度高度均衡，因此靠近烟道孔的制品不会过热，而稍远一些的制品也能充分焙烧。燃烧室温差不应超过30℃—50℃。出土文物表明，新石器时代的工匠对此十分了解。水平式火炉的燃烧室通常是圆的，不大（直径为0.8—1米），可同时烧制4—5个中等尺寸的器皿或者一个大型器皿。

仰韶文化陶器的烧制温度为800℃—850℃，这对于黄土质陶泥完全适用。但其他黏土需要更高的焙烧温度，为此工匠不断寻找方法提高温度。早期南部、东南部和东部地区文明的制陶业中，焙烧温度也不过850℃，但至公元前3000年，已经达到1000℃以上。专门文献中关于焙烧温度达到1300℃—1400℃的表述存疑，因为1000℃—1100℃已经接近瓷器的焙烧临界温度。如此高的温度只有使用木材做燃料，并依靠强劲的风力鼓动才可能达到。

仰韶文化的瓶，釉上彩，马家窑文化，前3300—前2050年

新石器时代的工匠为了获得理想中的陶器颜色，使用了两种焙烧方法——氧化烧与还原烧（隔断氧气）。氧化烧使天然材料中的铁与氧气反应，成为氧化铁，于是陶器就会呈现红色；还原烧状态下，氧化反应停止，焙烧料保留自身颜色，比如仰韶文化陶器中的灰陶。如果将器皿叠放在一起（一个套一个）放进燃烧室，得到的陶器有些外红内灰，有些则相反，内部呈红色，外部则是两种颜色，而且是下灰上红。

技术最先进、最有特色的新石器时代陶器出产于东部龙山文化（公元前3000年，山东半岛）。科学文献按颜色划分将其称为黑陶。其制作方法曾长期是个谜团，但前不久得出推断，龙山文化陶器是在氧气缺失、一氧化碳充足的条件下以还原烧方法制成的。此种焙烧过程中，如果黏土中的氧化铁含量超过10%，就会使碳颗粒逐渐向坯体内部渗透，使坯体呈现深黑色。

新石器时代的陶器主要包括日用品和墓葬品。后者用作随葬品或祭祀器皿，用于存放或供奉祭祀食品。日用品分三类：餐具、厨房用具和储存用具（存放液体和食物）。共有30多种器皿，形状各异。餐具有11种，包括钵、盆、碗、杯、盘、豆等高足器皿；厨房用具有4种，包括釜、鼎等；储存用具有5种，最常见的是罐（高6—20厘米）和壶（可高达60厘米）。

不同地区的器皿形状千差万别，展示了各地艺术创作的独特性。仰韶文化陶器的特色是标准化、结构简单、轮廓清晰、吝于修饰。南部、东南部和东部地区的陶器则相反，追求结构的多样复杂，辅助元素丰富。比如，南部地区制陶业中特别流行一种器皿——豆（高达20—25厘米），这是一种高足器，剖面通常呈梯形，有些带有可摘下的盖子。

在东南部地区的制陶业中，豆的形式更为多样。其中一种为小腹，直口或口稍向内收，其他则为某些部位收紧的圆形或复杂结构。足既可颀长（达到整个高度的五分之四），也可短小如锥，或变成器皿的底座。东部地区最流行的典型陶器是三种形状各异的杯。第一种为筒形或锥形杯身，侧旁有耳（几乎与今天的带把水杯相同）。第二种为孔杯，有两种常见形态：一种像高足杯，杯身内凹，宽口，高足；另一种类似长颈水罐，矮足或高足，与杯身自然连接。第三种为三足杯，敞口，杯身内凹，底部细而高，位于扁平底座上，底座由三只小足支撑。

中国东南部和东部地区创造了几种形式独特的新石器时代陶器，比如鬶。这种器皿的腹部为球形、椭圆形或宽椭圆形，带弧形侧柄；下有三只乳头状空心足，上接管状或鞘形槽口。这些陶罐呈动物形状（狗、母牛）。在东方文化中，它们接近于真正的塑像（如猪形）。

东北地区文明的陶器恰恰相反，种类、形式有限，造型简洁。多数器皿为平底，器身被拉长，接近圆筒或锥形。这种形状在考古学上称作筒形，类似竹节，被用于日用家什（罐）和餐具（杯）中。这种形状几千年来保持着惊人的稳定性，说明当地制陶业相对保守，艺术创作传统得到高度传承。

绘饰陶盆，仰韶文化

根据纹饰特点，新石器时代陶器可分为彩陶（多色，染色或涂色）和单色陶（无绘饰）。两种陶器均在所有地区生产，但彩陶和单色陶的比例在各个文明遗址中差别很大，这同样是不同地区制陶工艺和艺术流派独特性的重要标志。彩陶主要流行于仰韶文化。该文化一度被称为彩陶文化。东南部和东部地区文明以单色陶为主。在这些文明的不同时期，彩陶制品数量占出土文物总量的1%—2%至10%—12%。至公元前3000年，单色陶在这些地区占据绝对主导地位。在南方地区的一些遗址中，彩陶占出土陶制品总量的20%，而在东北地区文明遗址中却屈指可数。

陶器绘饰的颜色搭配在不同地域之间同样千差万别。仰韶文化陶器彩绘只用白、红、黑三种颜色，但背景底色丰富，包括黑色、灰黑色、黑褐色、红褐色和深橙色。红色染料含赤铁矿（三氧化铁），白色颜料含石灰石，黑色颜料含锰化合物。仰韶文化所用染料的确切化学成分至今仍未确定，但显然，它们包含某些能保护染料层的物质。新石器时代陶器的彩绘有时施于釉底料上面，有时直接施于器物自然表层，既可以在焙烧前，也可以在焙烧后。仰韶文化一律采用焙烧前彩绘。在南部、东南部和东部地区都采用焙烧后彩绘，其特点是色料容易脱落，光泽暗淡。陶器彩绘艺术在西部仰韶文化早期（前4000—前3000年）达到高度繁荣。在发展过程中，创造了数量繁多的图案：几何纹和植物纹，以及植物图像、动物图像和人物图像。几何纹共包含20多种图案和单独元素。其纹饰类型包括以下几种：圆点纹（由形态各异的点和钩组成），条纹（水平、倾斜、垂直、波浪形、齿形和弧形），简单的几何形状组合（圆形、菱形、三角形、弧形），锯齿纹（如闪电、梯形图案），旋纹（S形和C形螺旋纹及其组合），十字纹（单十字、双十字、"卍"字形）；复合图案（网纹、菱格、曲折纹）。仰韶文化图案纹饰艺术确立了自己的装饰原则，确定了器物形状与装饰图案的对应关系，找到了标准化的图形方案，包括图案元素的对称性与不对称性分布。其结果是纹饰变成了封闭的、自给自足的艺术体系，表现出各组成部分的节奏一致。彩绘遵循这样的符号学规律是为了获得预期的视觉效果。这充分表明，仰韶文化彩陶是名副其实的艺术现象，标志着新石器时代制陶业形成了美学原则。这些原则为未来的中国艺术所继承。

植物图案以花朵及其衍生纹饰为主。动物图案由鱼、鹿（半坡文化）、鸟（中部仰韶文化）、蛙（西部仰韶文化）构成。鱼的侧视图引人关注。这些图刻画在器物表面，看上去像是游动的鱼群。

鱼纹彩陶盆，半坡文化

植物纹与鸟纹以不同方式结合起来的趋势十分明显（庙底沟文化，前

5000—前3000年），这一趋势在后世工艺美术中获得极大发展，并构成花鸟画的主要内容。仰韶文化纹饰图形艺术的另一特点是，动物图像逐步演变为象征性图案和抽象几何图形。比如，在半坡文化的彩绘中，天然生动的鱼纹完全被象征性图案取代，它们后来分解为鱼身体的各部分，逐渐演变为几何形状，由此构成新的图案类型。庙底沟彩绘中的鸟类侧视图演变为几何纹饰元素，这些侧视图经常与植物纹饰并用。由此形成了庙底沟彩绘最典型的纹饰类型——由三角形、弧形和点构成，且经常与垂直线条、网格、圆内接菱形等组合使用。类似形变是整个中国纹饰艺术最重要的特色之一。

类人纹样的代表是人面纹（半坡人面像）（参见卷二"中国新石器时代的文化与信仰"），以及呈运动状态的单人或多人像。在青海省东部（马家窑文化，前3300—前2000年）出土的一个陶盆内，绘有十五人构成的图案。人物为全身像，服饰和发型细节清晰可辨。他们五人一组，手拉手围成一圈，当代研究者认为，他们是在跳某种具有仪式意义的圆圈舞。彩绘采用横向构图，将画面切分成几个局部。这一手法后来在中国工艺美术乃至壁画和画架画领域均得到应用。有理由断定，在仰韶文化的线条艺术中，风俗画实际上已经开始萌芽，中国造型艺术的整体符号原则亦开始确立。

南方文化的陶瓷彩绘色彩极其丰富，染料颜色众多，有黑、褐、红灰、黄灰等色调。有时为了获得必要的色调，会调和三四种颜料，因而多色画法不断增加，色彩方案逐渐多元化。留存至今的有一些色彩独特的制品。比如，有一块器物残片，红色釉质上面覆盖着紫罗兰色图案；还有一件器物，为红橙双色釉质，上面分别绘有紫黑色和红色图案。研究人员将几何纹和植物纹分成几类。其中一类图案以条带、链条和循环的简单形状为主体（比如颜色交替变换的条纹和点，或S形螺旋纹）；植物纹则以花瓣图案和树枝嫩芽图案为代表。

东南部地区河姆渡文化（前5000—前3400年）中的彩陶引人注目。其色彩仅限于咖啡色和棕黑色，但绘画内容丰富多样。除几何图案之外，还有极具象征性的鸟、乌龟和形

庙底沟文化陶器——盆，绘有动植物纹饰

似水蜘蛛的不明生物的图案，从而构成了极其宏大的构图。

东部地区文化的陶器彩绘不仅主题多样，而且色彩繁多，包括白色、黑色、鲜红色、红褐色与淡黄色。几何纹由锯齿纹、网纹、三角纹、菱格纹、波浪纹或S形螺旋纹构成，偶尔还有八角星。也有植物绘饰和幻想动物图像绘饰，为程式化装饰风格。它由三角形、点、细直线段和细曲线段构成。大体表现的是花和昆虫图案（比如蝴蝶翅膀纹），或长角的虚构动物形状，由此构成某种场景。

东北部地区彩陶尽管出土文物不多，但仍不失为一种独特的艺术现象，其纹饰线条技法和调色技术精湛。主要采用黑釉红彩或红釉黑彩。这种彩陶纹饰独特，由圆圈和细弧线组成循环往复的螺旋纹，看似花朵或植物的嫩芽。单色陶采用五种主要纹饰技术，包括雕刻、透花、模压、压制和雕塑装饰。雕刻装饰是以锐器或钝器雕刻在器物表面的。透花装饰由不同形状的孔洞组成，属于东南部和东部地区文化的一种专门技法，通常用于装饰酒樽的足，在其上雕刻各种形状的孔洞（圆形、椭圆形、菱形、三角形、八角星形），它们或者排成一线，或者组合成花纹，覆盖整个表面。

模压装饰借助各种物品的印模形成。可以使用绳索或者编织物品（篮子、草席、渔网、粗麻布），也可以使用自然物品（果核、叶子、谷物）。还有专门的工具，看上去像是削尖的楔子，以此得到各种几何图形，如三角形、四边形、圆锥形、椭圆形等。在仰韶文化制陶业中最为普遍的是使用粗细不一的绳纹。这些纹饰通常覆盖整个或者大部分表面，形状包括垂直线、水平线、对角线或者交叉线。

压制装饰是一种独特的浮雕技法，同样可以使用模压方式获得，因此经常与模压装饰合并。最简单的变种是"指甲纹"，由匠人用指甲压出。该技法广泛见诸所有的区域制陶中心以及整个新石器时代的大部分时间。

东部地区彩绘陶器，新石器时代

雕塑装饰包括各种浮雕细节，主要为凸形条纹，也包括具象图形，完全可被视为塑形艺术的范本。仰韶文化陶器使用基本的几何图形（圆形、椭圆形、三角形和矩形）装饰，一般位于器物的上部或中部。还有另外几种凸形条纹（扁平的、浑圆的、波浪形、锯齿形、环形），位于器物上部，或者覆盖整个器物表面。东南部和东部地区文化中的雕塑装饰丰富多样，非常美观。这里使用半环形、短的梳状物和乳钉纹，通常聚集在一起，构成某种特殊纹饰。这些地区的制陶业中的雕塑条纹还以梳状条带作为补充，好像是用绳子编织起来的；器物的把手也可以做成编织物状。在东南部和东部上层文化的制陶业中经常可以见到由雕塑装饰技法构成的整个构图。具有地区特色的纹饰包括"竹纹"（呈竹节状），由凸起的棱面构成。东南部和东部地区的制陶业还有一个特点，即在同一器物中使用不同的装饰元素，而且器物本身越复杂，纹饰就越丰富。这很好地表现在所有类型的豆上，其纹饰包括琴弦纹、竹节纹以及由各种形状组成的透花纹。

在新石器时代制陶业中使用的线条图案装饰技法逐渐演变为后世陶器生产中最为流行的装饰技法：雕刻装饰发展为后来的雕刻法，模压法发展为后来的冲孔法，雕塑法即后来的浮雕技法。

制陶业反映出新石器时代中国艺术创作的两条主脉络，分别以黄河和长江流域古文明群落为代表。仰韶文化（黄河流域）创作的作品表现出艺术保守主义，以图形作为自我表达的方式，因此器物形状严谨，彩陶多于单色陶。与此相反，东南部和东部地区的器物制造则表现出创新精神，不断探索新的结构和形状，以便创作造型独特、艺术新颖的器物。器物构造设计日益复杂的趋势，加之对浮雕图案的优先使用，表明长江流域文明的创造者具有更加发达的空间想象力。

新石器时代陶器的最后阶段的主要代表为龙山文化，其器物造型更加规整，轮廓线条整体简化，纹饰以模压几何图案为主。龙山文化的这种陶器开始向新石器时代中国的其他地区传播，尤其是黄河中游地区。之前仰韶文化所在地的彩陶制造业很快中断。其他新石器文化及其制陶传统的命运至今不详。

古代中国（前2000—前1000年）陶器 在中国最古老的朝代——商朝（前17—前11世纪）以及周朝（前11—前3世纪）上半期遗址的考古发现中，陶器在随葬物品中受到青铜器的排挤，仅占次要地位。绝大部分陶器制品都是在800℃—900℃高温下，以红色和灰色黏土（应为广泛见诸黄河流域的第三纪矿层）烧制而成，并添加黄土。其中以单色陶为主，装饰一般采取模压几何纹，其形状整体上与新石器时代陶器最终定型的范本一致。大约在公元前7世纪，中国古代制陶业开始步入新的发展阶段，其标志性特征是模仿青铜器样式。稍晚，彩绘器物开始复兴。模仿青铜器样式及装饰的器物最早产生于南部和东南部地区，旧属楚国和越国。目前已发现一套26件陶器，为公元前4世纪越国所造。这些器物带有密集的模压几何纹饰,准确复制了青铜器物的样式。为使器物更像青铜器,制作者还为其涂上了与青铜器色泽相仿的褐色釉彩。

公元前4—前3世纪,模仿青铜器样式乃至装饰的陶器生产开始普及。与此同时,在一些区域性陶器生产中心开始生产彩绘陶器,同样模仿青铜器。值得注意的是,其中有两个位于黄河中游地区,靠近今河南省洛阳市。河南省即仰韶文化所在地,这里生产的器物使用各色釉底料(褐绿色或者深绿色),上面绘有动物纹饰(蛙、鱼)以及几

仿古青铜器造型彩绘陶器,战国时期

何纹饰,使用红色、绿色、褐色和淡紫色颜料。20世纪90年代于今江苏省北部地区发现的陶器中心生产的器物同样别具一格,其轮廓线条通常粗犷豪放,与青铜器上的纹饰如出一辙,但色彩丰富,调色大胆。在绘画中综合使用白色、黑色、黄色、靛蓝色、绿色颜料,背景为黑色、白色和绿色釉底料。

西汉同样生产彩绘陶器,但留存至今的器物有限,且全部为仪式用途(随葬品)。尽管如此,这些器物绘饰技巧高超,线条纤细优美,使用红黑两色颜料,釉底料为白色。最常见的是花边构图,包括四神图在内,以及一些场景画面,其内容和风格均与后世墓室的浮雕壁画极为相似,这使我们有理由将这些绘饰放置于中国绘画艺术发展的大背景中去研究。在新纪元的最初几个世纪(东汉,25—220),在中国陶器生产中,炻器开始占据主导地位,其中绝大部分为单色制品。

炻器发展的最初阶段 根据最新考古资料,高岭土制成的陶器(专业文献称之为"白陶")早在新石器时代就出现了。目前已知两个白陶生产中心,分别位于中国东部和东南部地区,分属马桥文化(距今3000年前,今上海市)和大汶口文化(距今6500—4500年,今山东省中部)。这两个中心的文化遗产中所包含的器物带有S形和X形交叉线条构成的模压图案,经过1000℃—1150℃高温焙烧。白陶为龙山文化制陶业所继承,后传播至黄河中游地区的制陶中心。

炻器发展史上的下一个阶段与殷商时期重合。得益于陶泥的改良和焙烧温度的升高,该时期的器物已接近瓷器,故通常被称为原始瓷。

这些器物以高岭土混合细粒石英砂为原料，经过1050—1150℃高温焙烧。其焙烧料薄而坚硬，以白色为主，略带黄色、绿色或灰色。

如今已知，原始瓷生产于一系列制陶中心，构成两个区域——北方和南方。前者包括黄河中下游地区以及都城（位于今河南省安阳市）地区的作坊。后者包括长江中下游地区的大量陶器生产中心，具体位于今安徽（黄山地区）、江苏（太湖地区）和浙江（杭州市和天台山地区）。

最典型的殷商"原始瓷"是1940年出土的罐（高33厘米），与青铜器皿相似。整个器皿表面覆盖着水平分布的浅浮雕纹饰，为相互交替的花纹和曲折纹以及不断循环的小回纹。颈部为夔龙图案，器物下部是两个动物头像。虽然这个罐出土于商朝都城遗址，但并不排除它为南方作坊所生产。但无论如何，它都是当时制陶业高度成就的代表。

鬶，高岭土材质，新石器时代，山东省

早在殷商时期陶器艺术家就已经掌握了施釉工艺。20世纪50年代，在二里岗遗址（河南郑州市，殷商第一个都城，前17—前16世纪）发现了目前已知最古老的原始青瓷。该陶器同样以高岭土制成，使用绿色和灰黄色釉彩。大多数专家认为，原始青瓷实际上是由东南地区（今浙江省）工匠最先发明的，后来才传播至二里岗。

已经确定，至公元前11—前7世纪，在中国东南部地区形成了一个制陶中心网络，主要生产施釉炻器。自公元前4—前3世纪起，其分布范围不断扩大。尽管各个地区中心的产品在技术和工艺上存在一定差别，但釉层的配方却是一致的：其必要成分包括熔融铅添加物和氧化铁，这为釉彩增添了灰蓝色、绿色或淡褐色的色调。这也解释了为什么中国古代施釉炻器又被称为"青瓷"。不过，在当代科技文献中根据色调对青瓷进行了分类，包括骨质瓷、绿釉瓷，二者分别施以灰绿色和鲜绿色的釉彩。在汉代，青瓷的生产扩大至长江中下游地区

施釉炻器，商代

荷花造型盆，陶器，灰绿色釉，9世纪

（今江苏、安徽、江西、湖北、湖南）。一些作坊制作的器物的器壁厚度仅为0.8厘米，这要求对原料进行十分精细的加工，且焙烧温度需高达1310℃。1—2世纪发现了新的黑釉，其成分包括氧化铁。这一发现后来导致了新的炻器——黑瓷（blackwares）的出现，其表面施黑色或者深褐色釉。

六朝时期（3—6世纪）的陶瓷 3—6世纪是青瓷蓬勃发展时期，并最终占据中国制陶业的主导地位。主要生产中心仍然集中在今浙江省境内，根据目前已经确定的信息，其中包括四个中心、几十家作坊。其中一部分，如上虞窑（今上虞区境内）、富盛窑（今绍兴市境内）早在上古时期就已出现，而其余的，包括吴兴窑（今吴兴区境内），出现于3—4世纪。产品质量不断提升，种类不断丰富。除砂之外，开始使用瓷石作为原料。焙烧温度达到1170℃—1250℃，能够制作十分坚硬的玻璃状陶器片，色泽十分接近瓷器。在釉彩中加入了石灰和碱性添加物，因此釉彩轻微熔化，在器皿壁上形成了带有装饰效果的彩色痕迹。如果说古代"青瓷"主要用于随葬器皿以及某些餐具（碗、盘），那么在六朝时期则开始制作所有种类的器皿，还有各种随葬雕塑品——仿造厨房用具、人像、动物塑像以及专门的仪式用具。随葬仪式用具首先包括魂瓶，瓶盖为多人形雕塑构造，由浮雕图案和三维图案构成。其次是虎瓶，形状为插翅虎。第三种是尊（模仿古代青铜器皿），同样形如雕塑。尊的典型样式是一些雕刻为坐兽形状的容器，包括熊和有血盆大口的幻想凶兽（高约30厘米，1966、1976年出土）。青瓷中的特殊一类是长明油灯的雕塑底座（烛台，高11—25厘米，长18—30厘米），造型包括"飞羊""飞马""狮子狗"等。在4—5世纪，器物装饰图案中经常使用特定的动物元素，据此对器物类型进行了标准化。其中最为流行的是"鸡首壶"，又名"天鸡壶"，壶嘴为鸡首状，头部和鸡冠细节逼真。在餐具纹饰中使用动物造型元素后来成为中国制陶业通用的装饰手法。

除"绿陶"外，东南部地区的一些作坊还创造了专门种类的、施有黑色和深褐色釉彩的陶器，类似德清窑（今德清县）的产品。中

魂瓶，陶器，饰有堆塑，
六朝

国南部地区的一些制陶中心以独特的炻器而闻名。比如洪州窑（今江西省北部的曲江镇，位于南昌以南约70千米处）生产的一种厨房器皿上刻有花蕾，里面密布植物元素的浮雕装饰，外面施有黑色、墨绿色和黄黑色的釉彩。特别值得一提的是温州窑（今浙江省东南部温州地区），它是中国南部地区最早掌握釉下彩技法的。这些作坊创作了一种器皿，上面密集地覆盖着微小的（大头针大小）黑褐色斑点，上层施有褐色釉彩。有时这些斑点组合构成象征性的植物图案。

据现有考古资料，在5—6世纪，中国北部的作坊活跃起来。至6世纪中叶，这些作坊生产出构造复杂、纹饰精美的器具（最常见的花纹是荷花），这显然是受到中东和中亚地区金属餐具的影响。不过北部制陶业最杰出的成就是烧制出了一种特殊的白瓷，品质很高，施有白色釉料。白瓷文物首次发现于1971年，在河南省北部的北齐（550—577）高官——范粹的墓葬中。这证明，早在6世纪中叶，中国东北部的一个区域性制陶中心就烧制出了白瓷——瓷器的先声。此外，北部地区的制陶业继续发扬彩陶传统，其产品因施釉彩绘技术而愈加丰富。在大约出现于4世纪的磁州窑（河北省南部磁县）的作坊中生产一些带有黑褐色彩绘的陶器制品，以铜化合物颜料施以白色或象牙色釉底料，最后再施釉彩。

唐代（618—907）陶器 中国唐代制陶业的主要成就包括早期炻器的进一步发展，陶器生产中心的地理分布扩大，陶器种类日益丰富，瓷器出现。在有关唐代的书面文献中提及以下大型陶瓷生产中心：岳州窑、定州窑、婺州窑、越州窑、朔州窑和洪州窑。最新的考古发现帮助我们将该名单扩大至18个。在各种陶器中，占据最重要地位的是新型"青陶"，又称越瓷（因越州而得名，越州位于杭州湾右岸地区，今浙江省东部）。越州窑实际上是众多的小作坊的总称（分布于今绍兴市、萧山区、上虞区和余姚市境内）。它们覆盖70余平方千米的区域，集中于上林湖周围，以其作为主要水源。与该地区3—6世纪生产的青瓷种类相比，越窑制品有几处重要区别。首先，对于陶坯杂质的清除更加精细，因此制品的陶片带有灰白色，尽管焙烧温度维持原有水平，甚至有所降低（1190℃—1200℃）。其次，釉彩配方由于添加了新的矿物元素而更为复杂，包括钛和氧化铜，能使釉层获得鲜明的绿黄色和绿色。得益于此，陶器外观更接近玉器。除以釉彩流变作为主要的装饰手段之外，器物上还描龙画鸟，有时还辅以文字，指明制品名称，比如"茶碗""苦茶碗"等。也不排除一种可能性，即越窑是为满足宫廷需求而生产的官方中心（所谓的"秘色瓷"）。考古发现证明，越窑产品属于奢侈品，用于宴会器具或者礼器。1987年在法门寺（今陕西省西安市西北部）院内开展的考古工作发现了16件器具，是唐代皇室成员馈赠寺庙住持的礼物。

作为著名豆青瓷（龙泉窑生产）的前身，越窑瓷器为唐代众多瓷窑所争相效仿。中国东南部地区仿制越瓷的最大中心是婺州窑，它结合了浙江省中部地区（今金华市、兰溪市、东阳市、永康市等地）的众多瓷窑。这些瓷窑使用当地的各种红土类高岭土，在仿制越窑产品之外，还生产带有深红色和深灰色釉彩的独特器皿。长江中游地区也有一些大型区域中心。除了以上提到的洪州窑，还有寿州窑（安徽省中部淮南市附近）和萧窑（安徽省北部郊区萧县）。这些瓷窑以出产施有黄色、绿色和白色（较少）釉彩的茶具而闻名。还有岳州窑（今湖南省北部湘阴县），主要生产施绿色、黄色、褐色和绿褐色釉彩的陶器。

越窑瓷器，唐代

在北部中心，受单色釉陶器传统影响最深的当属考古发掘的耀州作坊（今陕西省中部，西安市北部90千米处）。截至1984年，此地共发现了40多个作坊及50个焙烧炉遗址以及数量众多的产品，分属唐代、五代和北宋时期。根据上述内容，这些作坊正是唐代的定州窑，也是黑釉陶器的最早产地。

但就整体而言，黄河中游地区的制陶业最为流行的是由普通黏土制成的彩釉陶器。尤为著名的是唐三彩或彩釉陶。在当代艺术研究中，此类陶器被公认为整个唐代工艺美术的最高成就之一，体现了当时最重要的审美原则，反映了外国艺术传统（波斯）对中国艺术的影响。

直至20世纪中叶，唐三彩仅见诸15—17世纪的文献记载。唐三彩实物首次出土于1949年，在洛阳（今河南）郊外的一处墓葬中。已经确定，唐三彩的生产始于7世纪最后25年，至8世纪上半叶达到鼎盛，除厨房用具和各类器皿之外，还包括大量的小型随葬雕塑品、香炉和枕头。唐三彩最主要的生产中心是1957年发现的巩县窑（今巩义市，洛阳市附近）。唐三彩工艺复杂，分几种方案。釉彩成分包括铅、氧化铜、氧化钴、氧化铁和氧化锰，这为釉彩增添了丰富的色彩，如绿色、黄色、褐色等。很多产品的焙烧温度达到1170℃—1300℃。在这种情况下，施在器皿表面的大量釉彩就会流淌，留下不均匀的、相互覆盖的彩色痕迹，然后再以绘饰加以补充。还有另外一种工艺，产品预先施以白釉，然后以900℃的温度焙烧，再施以釉彩并在800℃的温度下二次焙烧。在纹饰中可以使用补充釉彩，经常带有钴化合物，因为钴是当时最昂贵稀有的蓝色颜料。同时还会对器皿局部进行染色（比如盘子边缘）。唐三彩的生产在北宋时期虽有延续，但不断收缩，直至终止。这可能与金国攻占中原部分地区，导致唐三彩生产中心被毁坏有关，但也有可能是因为此类陶器的鲜明色彩不符合10—13世纪中国艺术新的审美标准。目前，仿唐三彩产品的生产在中国得以恢复，虽然工艺不同，但审美趣味相似。作为一种区域性手工艺，主要生产纪念品，复制唐代随葬雕塑品。最常见的是一些面向游客的小型马匹和骆驼塑像，这是7—8世纪随葬雕塑品中最为流行的样式；还有一些大型雕塑，被当地居民用于园艺装饰。

除了唐三彩，黄河中下游地区的一些作坊——鲁山窑、郏县窑（河南省）、交城窑（山西省）和铜川窑（陕西省）还生产一种工艺独特的陶器，其纹饰由两色釉彩流变而成——花釉陶。在进行装饰时，器身被涂成黑色、黄褐色或者深绿色，表层再施以蓝色、蔚蓝色、灰色釉彩。在1000℃以上的高温焙烧过程中，主色釉彩与辅色釉彩相互交融，形成色调鲜明的斑点或痕迹（比如黑色表面的浅灰色和黑色斑点）。彩陶传统延续至唐代，很大程度上得益于磁州窑，该窑当时主要生产面向普通民众的陶器。更值得一提的是，在此前以单色陶为主的中国南部地区也出现了彩陶中心，包括铜官窑（又称长沙窑，位于今湖南省中部，长沙市西北部27千米处）。这些陶窑是在1956年文物普查工作中发现的，当时发现了多处焙烧炉遗址和大量成品。研究表明，该制陶中心出现于唐代中期，至10世纪达到鼎盛，同样于10世纪不复存在。专家一致认为，铜官窑不仅是大规模生产基地，也是独立的艺术流派，使用含铜化合物的多色彩绘颜料，主要以绿色和红色底色搭配黄褐色和褐色釉彩。研究者区分了五类绘饰：第一类是几何图案，由菱形、圆形、十字形等形状搭配云朵、海浪和荷花图案构成；第二类是花草图案，如荷花，大面积涂抹，细线条勾勒，有时略加染色，因此近似于油画；第三类是动物图案，寥寥几笔即可勾勒出栩栩如生的动物，包括现实世界的动物——野兽、鸟、鱼以

**唐三彩凤首壶，
唐代**

及幻想动物（龙凤）；第四类是山水风景，有些类似卷轴风景画；第五类是风俗场景，其中特别值得一提的是孩童嬉戏画面和官员肖像。题词被广泛用于陶器纹饰，有时甚至作为独立装饰。铜官窑的产品虽然在中国国内市场需求不大，却是中国陶器乃至瓷器发展史上的重要一环。

在整个唐代、五代和北宋时期，瓷器由流行于中国东北部的区域性产品变成中国制陶业的主要种类。与其同时存在的还有各种炻器，其中一些也在当代中国工艺美术中扮演了一定的角色。

几种当代炻器 当代中国最受欢迎的炻器是所谓的宜兴陶，由宜兴（江苏省太湖西部沿岸地区）的作坊生产。其原料采用当地富含氧化铁和氧化硅的高岭土，制品色彩鲜艳——褐色、橘红色、黄色、绿色，甚至是蓝色。该地区黏土储量丰富，矿层绵延8—10千米，为当地生产提供了充足的原料来源。宜兴黏土在与石英混合时可以得到细晶粒陶料，获得坚硬、致密、轻薄、不渗水的瓷料，在后续加工中获得细腻的光泽，仿佛施了一层釉彩；但这实际上只是错觉，因为宜兴陶完全不使用釉彩和专门的染色剂。产品的色泽——各种色调的褐色，从驼色到黑巧克力色——都是黏土的自然成分所致。由于质地坚硬，产品色彩独特，宜兴陶在中国被称为紫砂。

据文献记载，宜兴陶生产可追溯至公元前5—前3世纪。但考古资料表明，其起源要晚得多，直至6—8世纪才形成了独立的制陶中心。今天所谓的"紫砂"陶器直至明代（1368—1644）才开始出现，但很快就在当地居民中流行开来，并扩散到江苏省以外的地区。由于黏土自然性质所致，宜兴陶耐热和隔热性能极强，是非常理想的茶具。除此之外，这种黏土的可塑性极佳，可以制作奇形怪状的器具，模仿青铜器、木雕、折纸，再现三维图像和整体构图。与其他制陶中心（包括景德镇的瓷器生产中心）以无名氏工匠为主的情况不同，早在16—17世纪就经常

唐三彩骆驼载乐俑，唐代

有著名艺术家专程前往宜兴，在此生产餐具、茶具和文房四宝。在当代作坊中，古代艺术传统得到精心传承，很多宜兴产品复制古代样本并采用手工制造。宜兴陶于17世纪末至18世纪初传到欧洲并获名"红瓷"，曾在英

国和荷兰风行一时。如今，大量产品流入俄罗斯市场，但遗憾的是，其质量并非都是上乘。

**T. Б. 阿拉波娃《上海博物馆收藏的中国瓷器和陶器》，圣彼得堡，2007年；T. 卡申娜《仰韶文化陶器》，新西伯利亚，1977年；C. M. 科切托娃《中国艺术中的瓷器和纸张》，莫斯科，1956年；M. E. 克拉夫佐娃《中国艺术史》，圣彼得堡，2004年；C.И.库切拉《中国考古》，莫斯科，1977年；A. 德·莫兰《工艺美术史》，莫斯科，1982年；《上海博物馆珍品》，上海，2007年；张亚青（音）《中国东部新石器文化陶器》，新西伯利亚，1984年；权奎山《陆羽〈茶经〉与洪州窑瓷器》，载《文物》，1995年第2期；南京博物院《江苏六朝青瓷》，北京，1980年；张朋川《中国彩陶图谱》，北京，1990年；《中国大百科全书》，北京—上海，1986—1988年；余继明、杨寅宗《中国古代瓷器鉴赏辞典》，北京，1992年；吴山《中国工艺美术大辞典》，南京，1989年；《中国陶瓷全集》，第1卷《新石器时代》（安金槐主编）、第2卷《夏商周春秋战国》（安金槐主编）、第3卷《秦汉》（朱伯谦主编）、第4卷《三国两晋南北朝》（朱伯谦主编）、第5卷《隋唐》（李辉柄主编）、第6卷《唐五代》（李辉柄主编），北京，1999年；成耆仁《认识中国五千年陶瓷史——自史前彩陶至宋元瓷》，见《史物丛刊9·历史文物赏析》（Artifacts and History Series. 9），台北，1995年；陈文平《中国古陶瓷鉴赏》，上海，1998年；Argence L. d'. Chinese Ceramics in the Avery Brundage Collection. S.F., 1960; Ayers J. Far Eastern Ceramics. L., 1980; Bi Keguan. Chinese Folk Painting on Porcelain. Beijing, 1991; Bushell St. (transl.). Description of Chinese Pottery and Porcelain being a translation of the T'ao Shuo with introduction, notes and bibliography by St.W. Bushell. Oxf., 1973; Chinese Ceramics. One Hundred Selected Masterpieces from Collections in Japan, England, France and America / Ed. by Fujio Koyama. Tokyo, 1960; Dark Jewels: Chinese Black and Brown Ceramics from the Shatzwan Collection. North Carolina, 2002; Fontein J., Wu Tung. Unearthing China's Past. Bost., 1973; Kiln Sites of Ancient China. Recent Finds of Pottery and Porcelain. L., 1973; Klapthor Fr. Chinese Ceramics from the Collection of the Baltimore Museum of Art. Baltimore, 1993; Mino Yutaka, Wilson P.A Index to Chinese Ceramic Kiln Sites from the Six Dynasties to the Present. Toronto, 1973; Pierson St. Earth, Fire and Water. Chinese Ceramic Technology. A Handbook for Non-Specialists. L., 1996; Pirazzoli-t'Serstevens M. L'arte per la vita nell'Aldila. Capolavori di arte antica cinese della collezione Meidaozhai. V. 1-3. Torino, 1999; Vainker S.J. Chinese Pottery and Porcelain. From Prehistory to the Present. L., 1991; Valenstein S.G. A Handbook of Chinese Ceramics. N.Y., 1975; Watson W. Tang and Liao Ceramics. N.Y., 1984; Wood N. Chinese Glazes: Their Origins, Chemistry and Recreation. L. -Phil., 1999.

（M. E. 克拉夫佐娃撰，李春雨译）

瓷器

中国瓷器与陶器的区别主要在于原料的化学成分，瓷器的原料包含两种成分——白色的黏土和所谓的瓷石，后者是石英和云母的天然结合。材料的制作程序很复杂，包括一系列工序。将瓷石在臼中碾碎，与水混合，黏土过筛并沉淀、分离、过滤、冲洗和静置。产品塑形通过印痕、揉压、旋压、模压、陶轮修整等步骤完成。成型器具在空气中风干或通过低温烧制（不超过600℃）烘干，然后施上釉彩。有时先彩绘，后上釉（如果彩绘采用含有钴或铜、铁化合物的颜料）。然后才放进窑炉，以1200℃—1350℃的温度烧制。

瓷器在中国的出现是陶器长期发展的结果。自唐朝初年就出现了很多专门生产特定产品的陶器作坊。中国北部（河北、河南省）的作坊在该时期发展尤其迅猛。帝国的昌盛促进了手工业的发展和陶器生产的繁荣。由于已开采的铜矿储量趋近衰竭，朝廷颁布了禁止铜钱出口和禁止制造青铜器具的命令。这也促进了统治精英审美趣味的转移，提高了其对陶器产品的兴趣，对此有文献和历史资料为证。在唐代审美理念的转变中发挥重要作用的还有陆羽的《茶经》，其中有两章专门论述茶具，包括陶制茶具。（参见"茶文化"）

最早的瓷器制品出现于7世纪末8世纪初，主要是各种尺寸的碗、盘和其他小容器，形制都非常简单。普遍流行的是高足杯，造型优美，比例匀称。一般器物上都会施以透明釉彩，以便于人们鉴赏胎体的光洁度。不过，早在7—9世纪时，在波斯陶瓷的影响下钴彩饰就已经流行开来。瓷器上带有雕花或几何图案装饰，浮雕形象生动，不过人们更看重的是器物造型和釉彩颜色，偏好柔和的浅色调。

唐代越窑（浙江省）瓷闻名遐迩，多使用蔚蓝色或浅绿色釉彩，烧制过程中还会形成多彩流痕，这是在釉料中添加氧化铜所导致的。很多器物饰有龙和鸟的图案。起到装饰效果的还有款识，有时也用来指明器物的名称和用途（比如"茶碗""苦茶碗"等）。从唐代开始，朝廷任命专职官员从瓷窑中为宫廷挑选最优质的器物，用于祭祀仪式或日常生活。

在北宋时期，北方瓷窑受到朝廷的重点保护，工匠们继续对瓷坯和釉彩进行完善。该时期被认为是陶瓷历

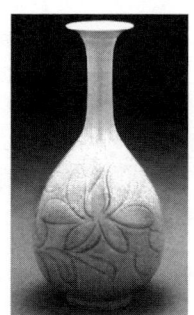

刻荷花纹瓷瓶，10世纪下半期—11世纪

史上的古典时期，重点关注瓷器线条的优雅性和色彩的雅致性，其蔚蓝色和淡绿色釉彩的色调多变令人吃惊。中世纪文人赞美瓷器，称其"青如天，明如镜，薄如纸，声如磬"。

邢窑（河北省）瓷不仅驰名中国，而且在东亚、东南亚、中东和非洲各国也声名远播。其特点是胎体与釉彩细腻光洁，包括很薄的盘（圆边或花边）和小器皿。这些器物的装饰或者由单个图像（花朵或者汉字）构成，或者在盖子上描绘狮子、龙等。中国北部部分瓷器作坊的瓷器制品反映出游牧民族艺术的影响，比如出现了军用水壶形状的器皿，其原型是皮质器具，器身呈球形或椭圆形，细长颈，顶端为碗状、盘状，或者鸟头状。

中国北部最著名的瓷窑是定窑（河北省）。北宋时期，定窑瓷器在宫廷、寺庙中都很盛行。因为这些薄壁器物是以覆烧法烧制的，这样可以保证重量均匀分配，避免出现裂痕或损伤，器物口沿部没有釉彩，经常会镶嵌金属边圈。定窑瓷器的特点是使用薄壁白色瓷坯，上面施象牙白釉彩。最流行的器物类型是碗、盘、杯、瓶；10—11世纪末，瓷器作坊开始生产更多形状的器物。装饰方法仍然是雕花——莲花和牡丹花纹，由工匠手工制作或者用模型压制而成。纹饰逐渐丰富，包括鲤鱼跃波、荷花池、小船、仙鹤、蝴蝶、在花丛中嬉戏的孩童等。这些图案当时尚未形成特定的象征意义，主要是从其他艺术种类借鉴而来，比如造型艺术（绘画）和实用艺术（丝织、金属工艺）。12—13世纪，主要流行模印法。图案（主要是植物）变得细碎，经常覆盖整个器具表面。宋代出现了灰绿色和蓝绿色釉彩的器物，文献称之为青瓷（该术语是19世纪由第一批研究中国瓷器的法国人萨尔维塔和勒布朗引入的）。一般而言，青瓷包括龙泉窑（浙江省）、耀州窑（陕西省）和临汝窑（河南省）的产品，即北方青瓷。在更晚的时候，青瓷包括官窑（浙江省）、钧窑和汝窑（河南省）的产品。北方青瓷的焙烧温度在1000℃以上，瓷坯呈淡灰色，细密无孔，釉彩为透明的橄榄绿，器型丰富多样（有瓶、香炉、各种尺寸的碗、盘、灯座等）。大型器物用模型制作，通常由不同部位组装而成。花纹有牡丹花、莲花等，包括整朵花或者花瓣，覆盖整个器物表面；还有戏水的鸭子，施釉彩或者用模型压制出螺旋形图案；有时也会有浅浮雕的狮子和龙。还有一些器物的装饰图案模仿青铜礼器，这是出于对古代艺术的热爱。

在金国攻占北方领土以后，宋廷将首都南迁至临安（杭州），该地出现了两个官窑。南方陶瓷业生产在12—13世纪达到鼎盛。其中最著名的是官窑、哥窑和龙泉窑。龙泉窑的产品也叫南方青瓷，在陶瓷原料的颜色和成分上差别不大，从墨黑到近似白色。器物未经焙烧的部分呈红褐色，这也是南北青瓷的区别所在。其釉彩是暗绿色的，有时会带点黄或者蓝灰色。釉彩的色调取决于焙烧条件：中度或轻微氧化，且温度在1300℃时呈现暖黄色调；而在还原焙烧过程中，温度在1180℃—1200℃时就会呈现冷蓝色调。龙泉窑烧制各种形状的器物，而且和北方窑一样，大部分造型模仿古代青铜器。装饰图案包括植物元素，器物把手有时会雕成龙、鸟等动物形状。不带装饰图案的器物借由釉彩本身的色调变化达到艺术效果。

哥窑瓷碗，施釉，裂纹瓷

官窑和哥窑制品最典型的特征是暗灰色瓷坯，各种蓝灰色调的釉彩以及器具表面的冰裂纹装饰。这些裂纹本身是技术工艺缺陷的产物（由瓷坯和釉彩膨胀率的差异所致），但很快就被用作装饰。工匠们对其分布进行设计，让釉彩以不同层次覆盖瓷坯表面，经过多次反复焙烧，使得每一层流痕都构成独特的图案，有时还特地用彩色凸显出来。

蒙古人占领中原，建立元朝，大部分陶瓷中心被损毁，但豆青瓷的生产在浙江省得以延续。统治者的品位在很大程度上决定了龙泉窑的产品特征。器物的种类和形状发生改变：大而厚的盘、碗、瓶等得以流行。尺寸的扩大在某种程度上是中国陶瓷产品出口到印度尼西亚、印度等国家，受客户品位影响所致。与此同时，纹饰变得更加复杂。在盘和盆上描绘的图案既有长满果实、花朵或叶片的树枝，也有游龙戏珠的浅浮雕图案；而且这些瓷器的胎体并不总是施釉，胎体的红色调与灰绿色的釉彩形成鲜明对照。在封闭形状的器物（如瓶）上会保留一些不施釉彩的区域，上面绘有花卉、人物等。（在施釉之前，图案被蜂蜡或者油脂覆盖，蜂蜡和油脂在烧制过程中会熔化。）

在这一时期出现了新的纹饰技术，能够在淡蓝色釉彩上形成褐色或者黑色流痕，这是由釉料中氧化铁导致的。

陶瓷艺术领域的创新主要体现在瓷器生产方面。在元朝，一系列作坊聚集在景德镇（江西省）周围，逐渐形成了中国瓷器生产的主要中心。

经典的薄壁白胎瓷器通常被称为青白瓷,这在很大程度上归功于带有淡蓝色釉彩的器具,后者自10世纪开始在中国南部和东南部、西南部作坊中制作(安徽、江西、浙江、福建、广东、湖南、湖北和广西等省区)。这种釉彩是借助还原烧,在炉温达1170℃—1260℃时形成的(炉子使用木材做燃料,以石灰岩为熔剂)。金属工艺美术对青白瓷器产生了毋庸置疑的影响,特别是银,这体现于饮茶饮酒用的高足杯和碗(其底座较大,呈圆形或花瓣状)中。器物表面通常饰波状纹,且以雕刻的云和花朵作为装饰,后来又出现了嬉戏的男孩(表示对子嗣的渴望)。

元朝在青白瓷的基础上出现了因添加钴料而形成纹饰的青花瓷,恢复了唐朝以后中断的以蓝色釉彩绘制纹饰的传统。至14世纪,瓷器形状更加复杂多样,成为这一传统工艺的基础。其中备受青睐的是大尺寸的厚壁盘子,边缘为圆形或锯齿形,还有各种尺寸的碗、瓶、高颈罐、高足杯、兽面纹双耳瓶等。最稳定不变的容器是罐和梅瓶,后者瓶身修长,瓶颈细而短,只能放进一枝盛开的梅花。器物装饰图案主题丰富多彩:植物嫩芽;牡丹、荷花、山茶花、栀子花、菊花;葡萄藤和南瓜藤;在长满水藻的池水中嬉戏的鱼和鸭子;鹳、孔雀、野鸡和鹿;神话动物,如麒麟、狮佛(佛祖宝座的守卫者;参见"狮子")、凤凰和龙;佛教图形标志;

瓷瓶,装饰图案为竹、芭蕉树、石,14世纪下半期

等等。构图方法也是多种多样,不过在很多敞口器物(如盘)中一般突出正面中部,其周围是植物图案、波浪纹和几何图案。这种构图源自中东,主要是波斯的金属制品。有些盘(如锯齿形边缘的厚壁器物)不是用陶轮而是用模型制成的,在这种情况下,装饰图案是白色的,而背景则相反,填满了蓝色钴料。器物装饰表达了工匠们欲将整个表面饰满图案的愿望(这种对于空白的独特恐惧尤其表现在不同藏品中的罐状器物上)。瓷器的白色表面是纹饰的良好材料,这一点早在14世纪就被陶瓷工匠意识到并积极使用。此后瓷器上不仅有装饰性构图,还有从著名文学作品中借用的主题纹饰(主要是戏剧场景),佛教和道教神祇及神话人物等图案。

景德镇后来也一直是中国瓷器生产的主要中心。明朝最初几任皇帝迅速恢复了被毁坏的瓷窑,并建造了新的瓷窑,使得官窑(为宫廷服务)和私窑(其产品在国内外市场销售)数量激增。14世纪后半叶的瓷器的装饰和构图与元代瓷器相差无几。器身扁圆，颈部细长，饰有花鸟纹的双系扁壶仍然受到青睐。宣德年间（1426—1435）流行一种碗，上面绘有"岁寒三友"——竹、松、梅。

1435—1460年，由于政治动荡，瓷器生产迅速萎缩，因此流传至今的15世纪中期的产品稀少。成化年间（1465—1487）和弘治年间（1488—1505）情况才有所好转。这一时期瓷器的主要特点是装饰工艺的多样性。成化年间开始使用本地生产的略带灰色的蓝色钴料。与钴蓝装饰一起普遍流行的还有多色绘画，这两种工艺经常结合在一起使用。比如，有时在钴蓝中加入红色颜料或者略微加入其他色彩。成化年间的瓷器在明朝末年的评价甚高，当时私人作坊已经开始仿制。尤其著名的是一种器壁薄如竹纸的瓷器。据18世纪的文献记载，明神宗（年号万历，1572—1620年在位）喜欢在用膳时摆两件成化瓷盘，每件价值十万钱，可见成化瓷器在明朝末年的价值之高。

15世纪，多彩绘饰在某种程度上取代了其他瓷器装饰方式。成化年间有两种多彩绘饰最受欢迎：斗彩和五彩（或者多彩，因为不一定是五种）。斗彩器物的装饰图案轮廓以钴料完成，随后再施以釉彩，其余部分用含铅釉彩绘制，再在850℃—900℃的温度下进行第二次焙烧。五彩器物的制作工艺相对简单，因为不使用钴料（图案轮廓以黑色或红色的釉上彩完成）。

海水云龙纹高足碗，
15世纪初

这一时期的产品形状几乎没有创新，以小型的器物为主。彩绘内容却极其丰富。除了植物图案，鸟兽形象比15世纪上半期更为常见，还出现了风俗画场景，如嬉戏的孩童、八仙。小碗上最常见的图案是母鸡或公鸡带着一群小鸡。龙凤图案仍然流行。正德年间（1506—1521），中国与中东地区交往密切，在碗、盘的图案中出现了阿拉伯文字或波斯文字，以及从中东实用艺术借鉴而来的图案。在图案风格上形成两种流派：一种偏好柔和而富于表现力的线条，一种偏好浓墨重彩的斑点。15—16世纪之交，饰有植物图案的盘子重新流行，但构图并未发生显著变化，仍以传统的枝条、嫩芽、花朵、岩石及构图完整的风景图片为主，且仍为同心圆布局。偶有变化的只是图案与留白之间的比例，此外，还经常使用螺旋纹装饰带作为花边。

这一时期在生产宫廷用品时重新使用进口钴料（改从伊朗进口）。有时蓝色钴料彩绘以黄色釉彩为背景，比如一组绘有盛开的石榴花枝的盘子。值得注意的是，这些器物的构图整体上再现了早期（宣德年间）的彩绘图案。这一时期还流行带有雕刻图案的产品，雕刻于施釉（黄色或绿色）之前完成，这标志着传统陶瓷制作又增添了一种新技法。

16世纪可能是传统形状和装饰主题变化最多的时代，出现复杂化倾向，开始流行葫芦状器皿、仿制青铜器觚的中间加粗的双锥形器皿以及梨形壶、碗和盘等。和早些时候一样，工匠们巧妙地利用不同色调的钴料，使得16世纪中叶的产品中，钴料通常带有紫色调。在彩绘中通常将图像和图形结合在一起。除了用钴料绘制的青花瓷，更流行的是多彩瓷器。这一时期瓷器上的构图经常出现寓意吉祥的植物，还有八宝图案，传说中的麒麟（象征善良和幸福，后来也象征财富）、鱼（象征官运亨通，富余）、鹤（象征长寿）。叙事性构图和山水画在彩绘中的作用增大，传统情节和装饰图案的寓意发生变化。山水画在构图方法、空间组织、构图局部的诠释方面与中国传统绘画相互呼应。

不过，在明代彩绘上得到最大发展的是情节构图。就内容而言，可以将其分为文化风俗类和吉祥寓意类。前者包括一些从日常生活中截取的场景、文学作品的插画、历史人物和传奇人物图像，这是民族文化成就的体现。此类情节的流行得益于城市的发展和艺术的平民化，以及人民喜闻乐见题材的兴盛。瓷器上开始出现《三国演义》《西厢记》等文学作品中的情节。其构图手法接近风俗画和印版画，按空间布局，十分注重细节真实，人物形象典型化（书生、士兵、官员、贵妇等）。有些彩绘描绘了诗人陶渊明、书法家王羲之（参见"二王"），或者孔子、老子等，能使人建立相关联想，唤醒传统文化记忆。

这些具有吉祥寓意的彩绘使得我们能够考察情节构图在整个明代的发展。其中最为流行的是男童和八仙（道教传说中最著名的一组人物）图案。瓷器彩绘中的男童形象出现于14世纪末期。其形象很容易辨识，发型（头发剃光，只留下最前面的一撮）和服饰（短衫和长裤）极富特色。一般而言，这些男童都是富于动感的（奔跑或者嬉戏的），但是这一时期彩绘的构图（无论是整体还是细节）均未达到高超的水平。男童图像在整个15世纪都没有发生太大变化，不过随着这一内容的后续发展，其吉祥寓意得到增强，构图也不断复杂化（更多的注意力逐渐转移到背景设置上）。一些器物的彩绘中，男童在玩钱币状的球，或手持钱币（象征财富）和书籍（象征博学）。在16世纪，类似构图逐渐多元化。比如，广泛流行一种私塾中的书童形象，其中一些书童骑着玩具马，戴着乌纱帽（象征仕途顺利），或者手拿桂枝（象征金榜题名）。由于内容本身的特点，这些彩绘细节十分逼真。对寓意的反复强调促使工匠不断丰富场景细节。与此同时，也表现出复杂化的整体趋势，有时构图过于繁复，这是16世纪下半叶瓷器彩绘所特有的特点。源自宋代风俗画的另一流派呈现在另外一些彩绘中，诸如男童在花园中玩耍的场景。这类场景同样见诸其他实用艺术门类的作品。还有一些绘图范例，画中男童上身赤裸，下身穿着系腰带的长裤，有时会引入植物元素（这或许可以视为对佛教纪念绘画的遥远回忆）。整体而言，瓷器彩绘有清晰的风俗特征，是宋代绘画传统的直接延续。

与道教八仙相关的象征符号在瓷器上最早出现于15世纪，但直到16世纪才普遍流行，特别是在嘉靖、隆庆和万历年间（1522—1620），这不仅是艺术发展的内部逻辑的结果，也得益于该时期皇帝对道教的尊崇。

瓷器上的道教八仙形象是从造型艺术品中借鉴而来的。在保留至今的几幅印版画和早期的木版画上就绘有寿星及八仙。不过这些图画被认为难登大雅之堂，在中国明代未被纳入收藏品，仅保留下为数不多的几幅，无法由此追踪某个人物形象的演变过程。这一空白点有时可以通过瓷器上的彩绘得到补充，虽然其特点（器物的实用性质，各阶层居民普遍使用）决定了其在塑造道教人物形象时表现出的高度自由。

在整个明代，八仙形象都带有吉祥寓意。八仙图从元代起就被当作贺寿礼物，后来开始寓意长寿、幸福。16—17世纪，八仙人物的分工开始明确：吕洞宾是道教文学和理发匠人的守护神，韩湘子是音乐家的守护神，蓝采和是花匠的守护神，等等。值得注意的是，这一分工正是在明代出现的，当时城市的居民——手艺人和商人——开始在国家生活中扮演越来越重要的角色。

通过追踪八仙主题在彩绘中的变化可知，在保留吉祥寓意的同时，场景的风俗画性质得到加强。与此同时，八仙人物的形象也发生了一些变化。比如，蓝采和有时被画成手持花篮的男青年。在15世纪初的图画中，蓝采和被画成一个身着破烂长衫的中年男子，靠化缘度日，得来的钱财要么接济穷人，要么买酒喝。换言之，他是对尘世财富不屑一顾的象征。在15—16世纪，八仙人物不仅外貌发生变化，寓意内涵也发生了改变。蓝采和逐渐被塑造为衣着光鲜的女仙，成为花匠的守护神。这个人物以及其他七仙的演变也许是受到了戏剧诠释的影响，虽然其他七仙的形象在明代以后的彩绘中变化不大。有些仙人（蓝采和、钟离权）在明代彩绘中没有固定道具，这表明其形象在当时尚未定型。有时为了增强瓷器构图的吉祥寓意，除八仙之外，还会绘制其他带有各种吉祥寓意的形象，比如双胞胎和三足金蟾，后者原为财富的象征，此处象征长寿。

寿星形象与八仙联系甚密。寿星形象在中国的出现一方面是由于星象学崇拜，另一方面得益于道教的兴盛。寿星形象的原型出现于汉代。在明代，寿星的形象基本固定——白胡子老者，秃顶，大脑门。其道具则不一而足。这表明，截至明代，寿星形象已经经历了一定的演变过程，但尚未最终定型。15—17世纪初叶的瓷器彩绘，以及其余实用艺术品纹饰呈现出该形象的不同方案，包括祝贺寿星寿辰的场景，福禄寿三仙群像、单独的寿星像，有的骑着仙鹤，有的手持灵芝或仙桃。

在明代瓷器装饰中，众多传统技法和新兴技法并存。有些瓷器直接将多色釉彩或珐琅画在烧制的瓷坯上，有些器物的纹饰接近景泰蓝技法，图案轮廓用泥浆（混合玻璃粉浆）以细条纹勾勒，条纹之间的空间由彩釉填充，具体方法如同嵌珐琅（参见"工艺珐琅"）。这种技法被称为"法画"。

单色釉彩瓷器获得了高度关注：包括白色、红色、青色、黄色、碧绿色和粉色画的豆青瓷。施釉陶瓷主要包括碗、盘，也有壶、瓶（梅瓶）等制品，上面施有透明的彩釉。白瓷的特点是胎体细腻，釉面光亮。

青花缠枝花卉纹执壶，明宣德年间（1426—1435）

明代初期推崇暗花瓷器，即纹饰是刻在尚未变干的瓷胎上或者以极浅浮雕的方式刻在模具上的（如果采用模具），接着再给器皿施釉。一般而言，图案主要有植物藤蔓、云、荷花和佛教法器八吉祥。这种瓷器上的图案只有在强光照射下才能看到，故名暗花。

随着时间的推移，瓷器定制者和陶瓷匠人逐渐将兴趣转移到彩釉制品上。带有浅蓝色釉彩的器物相对较少（蓝色一般用于瓷器绘饰）。当釉彩中加入氧化铜时还会呈现碧绿色和黄色；当以铅作为助熔剂时也会产生黄色；如果使用碱，则会出现碧绿色。经过长期实验，工匠们终于以添加氧化铜，经还原焙烧的方式得到了深红色釉彩。

在16世纪末期，在加工纯红色釉彩时，使用氧化铁代替氧化铜，为釉彩增添了些许橙黄色调，不过这些产品没有了以氧化铜为基础的单色瓷器的色彩纯度。

明代青瓷生产后来逐渐衰落，不过在14—15世纪下半期，陶瓷工匠仍能烧制丝毫不逊色于此前产品的高品质产品。大约在万历（1573—1620）末期，青瓷开始在景德镇生产，最初专门从龙泉窑邀请工匠，后来委托给那些为宫廷仿制古瓷器的工匠。明代青瓷种类繁多，包括香炉、碗、瓶、盘等，但最多的还是盘。色调包括各种青蓝色、蓝色和绿色。最早的器物是蓝绿色或淡蓝色的。有时器表带有冰裂纹装饰技法所形成的奇特纹饰。在底部有一个明显的无釉环，带有暗红色的焙烧痕迹；大部分制品上面带有雕花纹饰。以植物元素为主，有时也有几何图案，鸟和鱼的图案比较少见。明代以后，龙泉窑瓷器质量逐渐滑坡，很快就停产了。

除景德镇以外，白瓷也在福建省德化窑生产，其制品瓷胎素净，釉彩透明光亮，根据烧制条件（氧化或者还原）而带有象牙白的暖色调或者奶白色。在欧洲，德化瓷被称为"blanc de Chine"，这是法国人起的名称。这些作坊最大的知名度源自其微雕。观音、禅宗始祖菩提达摩、弥勒的雕塑不仅在中国广受尊崇，在国外也享有很高的知名度。佛教人物塑像内里中空，十分厚重。先进行模塑，然后再以手工精心加工；头部单独制作，烧制之前再固定到雕像身体上。德化窑的微雕与巨型雕塑在风格上很接近。这些作坊生产的日常用品并不普遍。

另外一个与景德镇齐名的陶瓷中心是宜兴窑（江苏省），其工匠掌握了用高温烧制红褐色致密质地陶瓷的秘诀，这种瓷器被称为"炽器"。从16世纪开始，宜兴窑烧制各式器皿，其中最流行的是古典茶壶和雕塑茶壶。

17世纪中国的政治和经济危机导致1644年明朝政权被清朝政权代替，这也影响到了陶瓷生产。1620—1674年的瓷器在文献中被称为"过渡时期制品"。这一时期因没有朝廷命官对作坊生产进行监管，因而在产品形状、装饰图案方面享有高度自由，陶瓷工匠可以更加鲜明地展现个性，开创新的造型、装饰手法，尝

青花折枝花纹双耳扁壶，明宣德年间（1426—1435）

试前所未有的构图方法。传统造型发生变化（比如罐），在其基础上创造了新的高身粗颈的圆柱形器皿，从古代青铜器衍生而来的瓿的形状也发生了变化。钴料绘饰方面的一大创新是颜料冲刷和轮廓线开始结合，在多色瓷器画方面则出现了新的色彩系列。装饰画场景也变得更加丰富，其主题大部分是从当时的文学作品、著名传说、历史故事中汲取的。对于这些主题的诠释反映出来自书籍印版画的强烈影响。

1670年，景德镇完成了对在明末战争和农民起义中受到损毁的瓷窑的修复工作，由此开启了瓷器生产的新阶段。京城专员奉命监督产品的质量和数量。在清代，瓷窑数量增长了四倍。

这一时期的艺术倾向彼此矛盾，一方面注重保持现有成就，比如花费大量精力完善瓷料，发展现有的纹饰种类——蓝色釉下彩和多色釉上彩，并尝试着恢复前代失传的陶瓷技法。在18世纪的瓷器生产领域，特别是在康熙年间（1662—1722），模仿古器的做法发挥了尤为重要的作用（专注于此类产品的作坊受到朝廷的重点保护）。另一方面，在清代瓷器生产领域，积极研发新的技法和装饰手法。

明清两代皇帝对陶瓷生产的兴趣的表现之一是开始给瓷器加上标签（此前只在宋元两代偶尔为之）。

标签，或曰款识，通常由六个汉字组成，包括朝代名称和皇帝年号；或者只有四字年号。在清代，皇帝的年号款识除使用钴料（蓝色釉下彩）以外，还会施红色的釉上彩。清初，朝廷颁布了禁止私人工匠在自制瓷器上使用皇帝年号的法令（1667），此后经常使用八宝中的物件来代替款识，最常见的是菱形和蒿叶形，被置于器物底部。被用作款识的还有吉祥寓意的文字、产地或作坊名称，或者宫殿名称（如为宫廷订货），还可以标记制品名称，在极个别的情况下还会标上工匠的名字。清代瓷器有时会使用明朝皇帝的年号作为款识。

清代瓷器造型在种类上胜过明代。这种多样性主要得益于其广泛借鉴历朝历代的古件，对罐和梅瓶进行变形，并借鉴其他国家的艺术形式。清代瓷器最常见的种类包括瓶（圆柱形瓶颈，球状瓶身，偶尔也有扁形瓶身）、棱形器皿、碗、盘和各种壶等。

在使用钴料的彩饰中，山水画得到了发展。类似于卷轴画，瓷器上的山水画也辅以诗文，包括经典文学作品的节选。在继承"过渡时期"传统的同时，工匠们致力于创造新的装饰性构图并试图再现作为范本的山水画的意境。作品中经常会出现陶醉于大自然的隐士或诗人的形象。

如果说在明代，使用钴料的彩绘作品充分体现了瓷器产业的发展方向，那么在康熙年间扮演类似角色的则是多彩瓷器。最初主要是继承明代五彩瓷器的五色瓷，在欧洲文献中被称为"蓝色系彩绘瓷器"（法语famille verte）。该术语指出了其主导色调，于19世纪由萨尔维塔和勒布朗引入。在青色釉上彩出现之前，这些制品的纹饰就已与钴料绘画相结合。

珐琅彩红地梅竹碗，清代

17—18世纪之交，瓷器多色彩绘的主题十分广泛，充分反映了传统中国绘画的基本类型——花鸟画、人物画、山水画。但最受青睐的还是花鸟和吉祥符号。而在18—19世纪，更受青睐的是风俗画（包括仕女图）。

盖碗，瓷器，珐琅彩绘饰，清代

在纹饰构图上，除了覆盖瓷器全身的传统技法，还引入了一种以花边框定绘画区域的做法，器物背景色十分丰富。对复杂构图进行镶边增强了彩绘的装饰效果，精心挑选的背景色使得主色调更加醒目。在瓷器的情节构图中，和之前一样，仍然可见文学作品插图和吉祥寓意主题。最常见的形象是魁星——书生和文人的守护神，一般被画成右手高举毛笔和书本的神祇形象，有时候左手拿着一个小箱子，单腿站立在鱼头或者龙头上。

绿色系彩饰一般用于装饰敞口器具——盘、碟，而容器类，如碗、盒子、托盘、茶叶罐等则以钴料做釉下彩装饰。这一时期使用钴料彩饰的瓷器主要为白色瓷胎，天蓝色装饰。生动逼真的冰雪中傲放的梅花枝，在蓝色背景上雕刻而成（带有这种装饰的器具一般在重要的节日之一——春节时使用，纹饰本身即带有独特的新年祝福）。

康熙年间出现了一种新的钴料技法——粉青（法语bleu poudré，即喷洒钴粉）。使用这种技法时，钴料通过一根末端以丝布包裹的竹管被喷洒到还未烘干的瓷坯上，然后再上釉烧制。在采取此类装饰的瓷器中，钴料作为背景色，上面描金或者做白色涡形装饰，然后再用绿色系釉料绘制纹饰。装饰主题以植物图案为主，还可以见到山水画。

清代瓷器工匠的一大辉煌成就是粉色系彩绘瓷器，即粉彩（法语

famille rose）。彩粉也用于彩绘玻璃和金属胎珐琅（该工艺于1720—1730年引自欧洲，被成功地移植到中国实用艺术中）。之所以叫粉彩，是因为在绘画调色板中添加了粉色颜料，这是以专门加工的黄金制成的（粉色调由极其微小的金粉颗粒与锡作用而产生）。粉彩色调柔和、图案雅致，因此备受青睐；其装饰图案中，传统的中国艺术形象与欧洲艺术主题相互交织。

中国工匠不仅研制了新的釉彩，而且复原了古老的各色釉彩。其中最为流行的是苹果绿、金鱼色、碧绿色和淡蓝色（在添加少量钴料的情况下获得）。借助这些釉彩，景德镇烧制出了仿宋代施釉瓷的精美单色瓷。工匠们继续使用钴料制作单一的深蓝色的制品。不过，尤其令人瞩目的是清代工匠烧制的另

青花云龙纹象耳瓶，1351 年

花叶纹高足碗，13—14 世纪

外一些瓷器，它们标志着红色釉彩（使用氧化铜）的复兴，并在此基础上发展了其他色调，如桃红色等，这是在还原烧的过程中出现的。还有一些瓷器覆盖着暗红色釉彩，有些地方甚至着色不均匀，这种瓷器在中国被称为"朗窑红"，在欧洲被命名为"牛血红瓷"（法语 sang de boeuf）。还有一种釉彩为火焰红（法语 flambé），带有灰色或蔚蓝色流痕。

当釉彩中含有少量氧化铁时，会出现柔和明亮的色带，有些为绿色，如青瓷，有些为淡灰色或薰衣草色。在氧化焙烧时，氧化铁能够使瓷胎获得深浅不一的褐色，相对较淡的被称为奶咖色釉彩（法语café au lait）。在某些单色物体中结合使用了几种染色剂，如混合使用氧化铁、氧化钴和氧化锰，能够制成光亮的黑色瓷，中国人将其称为乌青，而欧洲人称其为"黑镜"（英文black mirror）。

中国瓷器中的特殊种类由那些出口产品构成。其中最早的产品出现在

16世纪末。在17世纪初东印度公司成立之后，瓷器出口数量急剧增长。在几个世纪的时间里，正是出口瓷器使境外形成了有关中国的生活方式、习俗和道德的印象。

第一批出口到欧洲的瓷器被视为奢侈品，是极高社会地位的标志，其拥有者包括葡萄牙国王曼努埃尔一世（1469—1521）、西班牙国王费利佩二世（1527—1598）和法国国王路易十四（1638—1715）。17—18世纪之交，大部分欧洲统治者的行宫都拥有所谓的瓷器馆（其中最著名的一个在柏林夏洛腾堡宫），由此形成了最早的一批中国瓷器藏品，如陈列于德累斯顿的萨克森选帝侯奥古斯特二世（1670—1733）的收藏。

东印度公司（英国及荷兰的）的贸易组织帮助欧洲向中国定制单个器皿及整套餐具，包括吃巧克力等甜食用的小勺子、茶具或餐具，甚至还附带定制品草图。对中国出口瓷器的极大需求刺激了西方企业家在欧洲瓷窑模仿和复制中国瓷器，这种实践最初在佛兰德（代尔夫特）获得成功，后来又扩展到了德国（迈森）、法国（尚蒂伊、圣克卢、塞夫尔）、英国（切尔西、伍斯特）和其他国家。

16世纪末，伊万·伊万诺维奇大公（1554—1581）使用过的一件酒瓶是第一件出口到俄国的中国瓷器，现存于莫斯科军械库博物馆。在整个17世纪，为数不多的样品借由中亚商人的中间贸易进入俄国市场。在17世纪末，彼得一世统治时期（1672—1725），中国瓷器的进口数量急剧增加，其主要供货商为荷兰东印度公司。中国瓷器在彼得大帝时期的官员列福尔特、缅希科夫、戈洛温、沙菲罗夫的府邸中收藏。首批大规模藏品属于莫斯科切尔卡斯基公爵。18世纪40年代末期，俄国出现了国产瓷器，其与欧洲早期样品一样，受到中国瓷器的直接影响。

青花缠枝草龙纹碗

碗底款识：大明成化年制

（1465—1487）

也有反向影响，即17世纪的中国瓷器中出现了新的西方样式。借鉴的源泉有很多：德国和荷兰的陶瓷和玻璃、法国和英国的金属制品、中东的陶瓷。瓷器彩绘成为国际贸易和文化交流的重要客体，可以帮助我们追踪产品纹饰的发展过程，其影响因素包括欧洲时尚及中国瓷器需求量的变化，以及西方艺术风格的演变。清代艺术表现出的折中主义是这一时期的典型特征，以至于很多时候，仅凭器物形状和彩绘风格很难准确判断订货者。目前已知的是，所谓的耶稣瓷器（上面绘有《圣经》或《福音书》故事，根据欧洲传教士带到中国的图画绘成）同样流行于中国基督徒中；而一些带有阿拉伯和波斯风格彩绘的器具，不仅出口到伊斯兰国家，也为中国的穆斯林所使用。通过出口器具的装饰不仅可以考察中国与东方伊斯兰国家及东南亚国家的交流，还可以发现中日交流的印记（17世纪出口日本的器具产量创下纪录）。

乾隆年间（1736—1795）是传统陶瓷艺术的最后一个鼎盛时期。中国19世纪政治经济生活的变化促使瓷器生产组织出现大众化现象，结果导致产品质量下降，无法应对西方类似产品的竞争。不过在皇家作坊中，特别是在19—20世纪之交，仍继续生产高品质的产品，使用前一个世纪的传统技法，经常以乾隆时期的风格为标准。

在当代杰出陶瓷大师的原创作品中，可以发现其在继承和发扬历史传统的基础上进行的创新性探索。景德镇至今仍是中国瓷器之都，这里的大师们在秉承古代技法的同时，也在彩绘陶瓷的多色技法中借鉴了当代西方陶瓷和绘画杰作的艺术成就。

粉彩松鼠葡萄纹四方瓷瓶，清代

**Т. Б. 阿拉波娃《艾尔米塔什博物馆收藏的中国瓷器》，列宁格勒，1977年；Т. Б. 阿拉波娃《14世纪末至18世纪初叶中国瓷器彩绘中的吉祥寓意构图》，见《国立东方博物馆学术通讯》，第9辑，莫斯科，1977年；Т. Б. 阿拉波娃、М. Л. 缅希科娃、Н. Г. 普切林、М. Л. 鲁多娃《艾尔米塔什博物馆收藏的16世纪末至19世纪的中国出口艺术品》，圣彼得堡，2003年；《白金：中国瓷器的经典与现代》，圣彼得堡，2007年；М. Н. 克列切托娃《17世纪末—18世纪中国出口欧洲瓷器的绘饰内容》，见《印度及远东国家文化与艺术》，列宁格勒，1975年；蓝浦《景德镇陶录》，北京，1815年；宋应星《天工开物》，上海，1954年；Arapova T. Chinese Transitional Wares in the State Hermitage Museum // Oriental Art. Summer 1994. Vol. XL, No. 2, pp. 12-18; Harrison-Hall J. Ming Ceramics in the British Museum. L., 2001; Kerr R. Song Dynasty Ceramics.

L., 2004; Krahl R. Chinese Ceramics in the Topkapi Saray Museum. A Complete Catalogue. L., 1986; Lo K. S. The Stonewares of Yixing. From the Ming Period to the Present Day. Hong Kong, 1986; Medley M. The Chinese Potter. A Practical History of Chinese Ceramics. N.Y., 1982; Scott R. A Remarkable Tang Dynasty Cargo. Vol. 67. 2002-2003. L., 2004; Vainker S. J. Chinese Pottery and Porcelain. From Prehistory to the Present. L., 1991.

(Т. Б. 阿拉波娃撰，李春雨译)

漆 器

漆器工艺是中国最古老、最著名的手工艺和工艺美术之一。漆是漆树的树脂，产自越南、日本以及很多其他地区，生长于海拔900—2000米的山区。中国人早在公元前9—前8世纪就掌握了漆树种植技术，后来培植了能够适应不同气候条件的品种，使得漆器生产的地理范围极大扩展。目前在中国约有160个漆树种植和加工中心，其中部分位于中国南部（云南省）、西南部（贵州省）和北部（山西省）。

漆器生产的技术特点 工艺流程最终确定于公元前一千纪后半期，由几个步骤组成。首先是漆树种植和生漆的采集，与天然橡胶的采集方式相差无几：将一段树干剥去树皮，将表面切开，然后将切口处流出的树脂装入特殊的容器中。采集周期90—120天。一棵树每隔两三年采集一次树脂，总共不超过四五次，之后树木就需要更新换代。每次采集能够获得最多50克生漆，这是一种黏稠液体，呈奶白色或灰黄色。得益于其中所包含的化学成分极为复杂的漆酚（$C_{21}H_{32}O_2$），漆树的树脂具有天然特性，可与聚合物媲美。漆树树脂不易受水和空气等的影响，能够承受200℃—250℃的温度（据某些资料，有的甚至可以承受400℃—450℃的高温），不会发生酸碱反应，能够使木材和布匹不受腐蚀，防止金属生锈。它还是一种万能胶水，能够涂抹于任何一种物体表面——从石头、金属到布匹和纸张。因此漆涂层不仅用于漆器生产，还用于武器制造、造型艺术、建筑业，被涂抹于各种木质结构表面。但漆酚使得漆很不容易加工——它使收集到的树脂迅速硬化，因此中国的工匠不得不持续地寻找方法对其进行人工稀释。其中一个非常奇特的方法发现于公元前2世纪：在装有生漆的容器中放入螃蟹，蟹壳部分含有能够抑制树脂变硬的有效物质。生漆有毒，会释放对人体有害的气体，因此整个漆器的加工和生产过程都需要特定的防护措施。

生漆的加工包括清洗、熬制（使多余水分蒸发），随后根据用途将其与其他物质混合。生漆一般通过添加不同的矿物颜料或有机颜料来着色，如朱砂、铁、钙、砷、锰、硅、炭黑等。为了获得金色或银色漆，可使用贵金属。还可使用无色的漆，一般用来涂抹成品，不过其制作方法是将漆与植物油（最好是桐油）混合。这种方法直到12世纪才被发现，比彩色漆的制作方法要晚很多。

漆制品生产有一系列工序。首先是准备各种原料。其"半成品"自古以来都由专门的作坊生产，然后供应给漆器生产中心。为了完成后续工序，需要专门的搅拌工具，而且需要保持必要的湿度和温度，因为漆器涂层如果是在不适宜的空气环境下（尤其是在干燥空气中）涂抹的话，很快就会龟裂。漆器生产中的一道必备工序是涂底漆，即在模型上涂上几层底漆，也作为对模型进行艺术加工和绘制纹饰的基础。准备底漆的工艺如下：将漆与水和捣碎成粉状的黏土添加物混合，然后将混合物用米纸过滤，再涂抹在胎体上。底漆涂层经常会使用布匹覆于胎体上，再于其上涂漆两次，每次都需要在空气中烘干，大约需要一昼夜的时间，然后用浮石加水打磨。再将制品在空气湿度接近90%的潮湿房间里放置8—10小时，随后再次对底漆涂层进行细心打磨，将微小的杂质和灰尘除去。接着就是艺术塑形阶段了，其风格取决于漆器具体类型的艺术特点。

漆器生产史的主要阶段　漆器生产始于新石器时代，最古老的漆器是1978年在中国东南部（今浙江省境内）出土的一些木质器物，属于河姆渡文化（前5000—前3300年）早期文物。这些器物里外都带有添加了染色剂的生漆涂层；有些是在漆层上面用颜料彩饰。1977年的考古发掘还发现了一些陶瓷器皿，据推断是酒樽，是以红色漆料彩饰的，它们是于公元前3700—前3600年在新石器时代的中国东北部（今辽宁省）制作的。也就是说，可能早在公元前4000年左右，中国就已经形成了几个掌握漆树树脂采集和使用技术的区域中心。

漆器生产史上的下一个重要阶段是殷商时期（公元前17—前11世纪）的后半期。在商朝最重要的遗址——殷墟（在今河南安阳郊区）中发现了为数众多的漆器制品，主要是餐具，采用三种不同技术制成：第一种是所谓的彩漆，即在漆层表面（红褐色底）以漆进行彩绘，在形状和图案风格上明显模仿同时期的青铜器；第二种是在雕刻木料表层上漆；第三种是带有漆涂层并镶嵌绿松石的器物。也不排除在当时的漆器装饰中还使用了金箔纸贴花工艺，这一点可以从出土的器物得到证实。这些出土文物确切无疑地表明，在商朝的国土上存在着专门的漆器生产作坊。

在公元前一千纪，漆器生产逐渐成为中国古代手工业的一个独立分支，并于战国时期（公元前5—前3世纪）达到鼎盛。根据书面文献记载，早在公元前8—前7世纪，漆树就在长江中下游地区普遍种植。至战国时期，漆树种植扩展到了黄河中下游地区（在中原地带、山东半岛），甚至北部地区（今山西省、陕西省）。一些研究者不无理由地将中国古代的漆器生产比喻为流水生产线：其不同技术工序是由经过专门培训的工匠分别独立完成的。在生产过程中，有时需要动用大量人力，分别负责特定的工序。据说，为了制造一件漆器，需要100位工匠和助手参与。正是在周朝发明了底漆技术。起初坯料是由漆灰层和织物层构成，这样坯料不仅可以使用木材，还可以使用各种不同的材料，极大地拓展了漆器的种类及漆涂层的适用范围，开始被积极应用于丧葬仪式（涂刷在木质棺材表面）和武器制造业（涂在兵器的杆、箭袋、刀鞘和盔甲上，以便增强坚固性）。

根据考古资料，战国时期存在几个漆器生产中心。其中大部分属于楚国（公元前11—前3世纪；参见"楚国的艺术"），位于长江中下游地区。自公元前6—前5世纪始，楚国确定了将漆器制品纳入随葬品的风俗，由此，当地的漆器生产才由真正的手工艺品呈现出来。楚国漆器的特点是漆涂层与木雕相结合，而且采用多色彩绘。工匠使用这种技术制成了各种形状和用途的器具：餐具、日常用具（首饰盒、小匣子）、乐器、家具等。还有造型艺术作品，主要是神话动物的木质雕像。

当地工匠使用的漆器颜料有九种颜色，包括红色、黄色、褐色、绿色、白色、黑色，还有通过添加金银而得到的各种色调。楚国工匠的一件杰作是落地屏风（高约1米），呈矩形护板状，上面雕刻着各种动物——鹿、蛇、蛙、鸟等，总数超过50个。整个底部涂有黑漆，上面用红色、灰色、金色、银色等各色颜料绘制的图案。周朝末期，楚国工匠开始生产漆器，只用黑—红色调，要么是黑底红纹，要么相反（红底黑纹）。在其他区域中心，需要特别提及的是齐国（公元前11世纪—前221年，位于山东半岛）的漆器生产。这里的漆器也以彩绘漆器为主，其装饰图案十分独特。最受欢迎的是几何形纹饰以及由相互缠绕的蛇形组成的富有特色的图案。还有少数器物带有故事性绘饰，再现了鸟、树木、建筑和人物等组合图案。中国西南部（今四川省）的漆器生产同样引人注目。借助于2000—2001年的考古发现，其历史可追溯到公元前5世纪，这表明当时在该地区已经形成了漆器生产中心。当地的漆器制品为黑底红纹，色调与楚国器具接近，但绘画风格独特。家具装饰以不断重复的小几何图形构成的纹饰为主，可以辨认出极具象形特征的动物。器物上的装饰图案由近似三角形、菱形、弧形、正方形的图形和曲线构成。

楚国漆器生产以绘饰器具为主，同时也使用其他技法。在最引人注目的一些器物中，漆器装饰与金属部件（以青铜、金银等制成的非常薄的金属箔，最薄的0.1毫米）相结合。如果使用金，镶饰则置于金色漆面上。得益于镶饰与漆色的对比，图案达到了绘画般的呈现效果。遗憾的是，这些艺术实验性质的技法在后来的漆器生产中未能得到继承和发展。

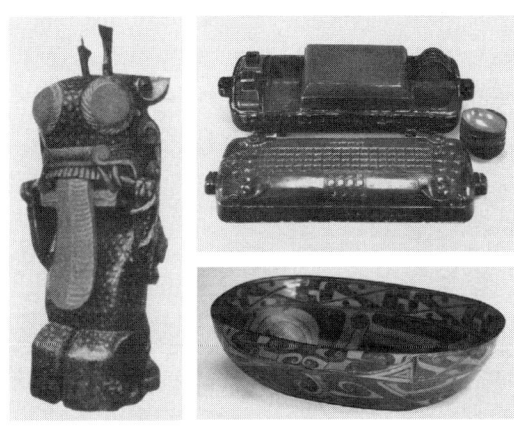

左侧：古代祭祀雕塑，带漆涂层，楚国，公元前6—前5世纪

右上：带盖漆盒，湖北荆门出土，公元前4世纪

右下：彩漆器，湖北江陵出土，公元前3世纪

在汉代（前3—3世纪）和六朝时期（3—6世纪），绘饰漆器占有绝对的主导地位。汉代漆器生产乃至整个造型艺术的最杰出作品应属轪侯夫人的棺木，其表面有艺术水平极高的彩绘；该文物是从马王堆遗址的一个墓葬中出土的。

目前已知的六朝时期最杰出的漆器制品是1997年出土于江西省中部地区（南昌市境内）一个3—4世纪的墓葬中的数十件漆器。这些文物也许全部由同一个漆器生产中心制作，但它们仍然表明，在该时期保留着创作多色彩绘的趋势。典型物证是两个盘子，其中一个（直径约22厘米）上面有宗教神话内容的构图，第二个盘子（直径26.1厘米）上的彩绘反映的是盛宴场景。两个盘子的彩绘内容丰富、生动逼真。

在艺术方面同样杰出的作品还有制作于5世纪下半叶的一块板（80厘米×20厘米，是木屏风的部件），1965年出土于今山西省境内的一个女性墓葬。板上面的红色漆涂层再现了几个场景，其内容和风格与著名画家顾恺之的画作相仿。图案以黑色线条勾勒，人物服饰和家具细节被涂成黄色，偶尔也有蓝色。

漆器生产的质变发生在唐代（618—907），首先是发明并广泛使用一种新技术——平脱。和上文提到的几种古漆器制品一样，其中同样使用了金银箔，但技术要完善得多。在唐代器具中，图案细节粘附在基座上，在上面涂上几层漆，然后打磨漆涂层，形成图案。此种技法见诸各式器具：小盒子、首饰匣、餐具（包括碗、碟、筷子）和镜子。镜子的镶饰直接粘贴在青铜表面。唐代的平脱装饰题材丰富、细节逼真、构图形象众多，绘有鸟和花，通常带有众多的辅助性细节。与此同时，唐代工匠掌握了其他漆器工艺，其实验刺激了新技术和艺术技法的产生，其形态改变在同一传统框架下一直持续到明代（1368—1644）末期。

最重要的漆器技术和艺术种类 在现代科技文献中，根据技术和艺术的差别将中国漆器分成九大类。这些类别通常有相当古老的来源，但直到明清时期才被最终确定。这九类技法分别是彩绘、磨绘、堆漆、雕漆、镶嵌、戗金、"科罗曼德漆"、干漆和髹漆。

带有彩漆涂层的器物分为单色、金色和洒金器物。单色器物包括带有单一漆层的器物，主要色彩有黑色、红色、黄色、绿色、褐色和紫色等，其表面再涂上透明漆。这种器物在北宋时期开始大量制作，模仿当时相当流行的带有深色（黑色和褐色）釉彩的陶瓷器。14—19世纪，这一技术主要在餐具中得以保留，其坯体由木头、混凝纸浆、布匹和金属丝编织而成。制成的漆器与单色陶瓷或者石器在外形上相似。漆涂层也用于家具，其涂漆以专门的技法完成。木质表面经过精心研磨，接缝处以纤细的麻垫填充，随后在上面覆盖一层薄纸或绸布，再覆盖几层由金刚砂粉、红色砂岩、朱砂（或者藤黄）、牛胆汁混合物构成的底漆。每层底漆都需风干，用砂岩、浮石和木炭打磨，在所有这些工序结束之后才开始上漆。

漆盘，湖南长沙出土，西汉

金色涂层的漆器是指在灰色的漆器表面洒上一层厚实的金粉或者盖上一层金箔，最后再给器具表面涂上透明漆。这一技术产生于12—13世纪，能使器物具有金属器物（金或青铜）般的外观，在礼器制作中使用最为广泛，同时也用于装饰

漆器，汉代

家具，只不过与漆器生产有些差别。在涂了漆的表面覆盖一层厚纸，在上面画上图案，然后刺穿，撒上白粉，根据白粉的轮廓，用刀刺或者用针点孔，再在漆器上绘制图案。在缝隙处填上混合了朱砂的漆料，用金箔镶嵌出图案，再在上面涂上一层透明的漆。

与上面描述的方法类似，洒金漆指的是将金粉或者细小的金箔片洒在灰色的漆器表面。贵金属颗粒构成不平滑的涂层或者花纹，在透明的漆涂层的衬托下，从不同角度看会产生光华闪烁的效果。在清代，工匠们利用这种方法为漆器绘饰或者镶嵌制造背景。

彩绘漆器指的是纹有单色、多色、金色纹饰的器物，且上面覆盖有彩色漆涂层。尽管形式丰富多样，但彩绘漆器后来在工艺美术中的地位微不足道。最复杂的工艺是在覆盖金粉或者镶嵌金箔的生漆上面用金色彩漆绘制纹饰。在很多样品中，金色绘饰与多色绘图和镶嵌图案相结合，其中最常用的是螺钿。还有一种类型是在金漆绘饰表面涂以彩色漆。

堆漆的制作使用专门配置的材料，其成分包括漆和稠化剂（主要是木炭）。堆塑图案可以覆盖整个器物表面或者仅仅覆盖局部。根据与其他技法的结合，这种漆器分成多色堆漆、描金堆漆和红色堆漆。第一种漆器中，堆漆构图整体或者局部被一种或几种漆颜料描绘，以对比色的组合为主，如平滑的表面和背景纹饰被染成红色，而主要纹饰被染成黑色，抑或相反。描金堆漆采用两种办法：图案要么用一层金粉覆盖或者用金色漆描绘，要么由几层漆构成，再撒上一些金粉，等风干之后，再进行堆塑。在某些图像中借助金银箔片的镶嵌而形成装饰效果，这些金银箔片彼此紧贴，很像龙鳞。在清代的实用艺术中，描金堆漆广泛用于家具装饰和木质室内隔断，造成镀金的效果。带有红色堆漆的器物，通常模拟红色漆器雕刻技法，涂抹清漆以成型。

所谓雕漆指的是那些在多层漆器涂层上以雕刻进行装饰。这或许是最耗费人力的工艺，需要在涂刷过底漆的模型（木质、布质，偶尔是金属质地）上涂刷30—200层漆，其中每一层都要单独风干，有时还需要抛光。根据雕刻和色调特点，这些漆器被分成

**黑漆嵌螺钿花卉纹盒，
18世纪**

313

剔犀（云雕）、剔红和剔彩。剔犀是用黑红相间或黑红紫三色更迭的漆层剔刻螺旋状的花纹（绦环、回纹、云纹），又称"云雕漆"。浮雕局部涂上黑色或者金色（黄色）颜料，因而在外形上与青铜制品接近。一般认为，"云雕漆"技法产生于10—11世纪，在元代确立，当时采用这种技法制造餐具（盘）、匣和瓶。采用"云雕漆"技法的制品在明清时期开始生产，但其数量不断下降，让位于上面所提到的另外两种雕刻产品。剔红漆器与"云雕"漆器的区别在于雕刻的特点，且其装饰题材和元素更加丰富。在演变过程中，这种器物发生了不少技术和艺术上的变化。比如，15世纪（剔红技法开始的时间）的产品在雕刻特点上与"云雕"漆器类似，主要再现的是几何图案，线条柔软圆润，没有鲜明的棱角。15世纪末至16世纪初，雕刻开始变得棱角分明，出现背景图案和主体图案的区分。16世纪前三十年，在背景装饰中主要使用一种所谓的"锦纹"，模仿布匹编织中的图案。与此同时，雕刻手法和内容也变复杂了，开始流行人物众多的场景，经常模仿绘画作品，在细节上要求非常细致。物品色调也出现变化。在明代，主要是深红色、褐色或者淡紫色调，而自16世纪中叶开始带有深红色。在这一时期，每个涂层都会经过认真研磨，所以成品的涂层具有一定的透明度。

16世纪中叶至17世纪初，明代的漆器雕刻中开始使用所谓的轮廓指示线，从底层开始，每涂十层红漆，就在其上涂四至五层黑漆。在后来的漆器中没有看到这些线条，且漆层是暗淡的，红漆是晦暗的。这可能是17世纪上半期正确涂漆和对漆器涂层进行修饰的技法暂时性失传的缘故。18世纪中期，中国工匠恢复了此前的传统，剔红漆器得以重新流行，至18世纪下半期已经成为最受欢迎的漆器工艺，被广泛运用于私人饰物、家具、室内物品、日常用具（匣、瓶、宝塔模型）等。雕刻经常与镀金青铜、玉石镶嵌、珐琅和錾花等工艺相结合。

圆盒，雕漆，元代

剔犀技法起源于唐代武器制造业，当时会在骆驼皮制成的盾牌上涂刷几层黑红两色的漆。

漆器生产开始使用剔彩技法大概是在11—13世纪。在剔彩漆器制品中最常见的是四种颜

红漆托盘，雕漆，13—14世纪

色——红色、绿色、黄色和黑色，其涂层先后顺序不一。多色可以帮助制作构图复杂的器物，其典范是18世纪的小盒子，上面画着八仙中的张果老，骑着神驴，飞行于怪兽出没的海面。仙人的黄色衣服与怪兽的红色躯体及绿色的波浪形成鲜明对比。与此同时，大部分类似器物的色调都以两种颜色的结合为主（最常见的是红色和绿色）。

镶嵌漆器分为三大类：填漆、螺钿镶嵌和金属镶嵌。其中第一种也采用了多层漆层的雕刻办法，只不过是在花纹内填充各色漆料。填漆有两种装饰方法：第一种是在漆器涂层上雕刻，再借助多色漆料完成图案的构造。在风干和抛光之后，这种镶嵌很像多色彩绘。第二种方法，图案的轮廓用浅浮雕来完成，其中的空隙则用漆料填充，这样就会呈现出彩绘或者刺绣的效果，且花纹是镶边的。

螺钿镶嵌工艺根据材料质量的不同也有几种不同的技法。当工匠选择纤薄的螺贝片时，他们会将其"点"在漆坯上，制成独特的马赛克式装饰板；他们也使用较厚的贝壳和预先经过艺术加工的贝壳局部，构造浮雕图案。

这两种方法都出现于元代，在清代达到鼎盛，当时螺钿被用于装饰大型器具，尤其是家具。螺钿一般镶嵌在黑漆底上，并辅以金银箔片镶嵌和金色彩绘。在一些地方的漆器中心，将蛋壳与螺钿一起使用，或者单独使用蛋壳，也将其与金色彩绘相结合。这些物品直至今日在福建省的作坊中仍有生产。除螺钿之外，作为漆器镶嵌物的还有贵金属、有色金属和黑金属（铁）、矿物（玉石、绿松石）、珊瑚、琥珀、象牙、犀牛角、龟甲、珍贵木材等。

戗金漆器采用精细的雕刻图案进行装饰，并填充金粉或银粉。雕刻使用锋利的工具完成，再现多姿多彩的构图或者风格多样的书法题字。另外一种类型被称为"清勾"，只对图像的轮廓进行雕刻。尽管工艺简单，但用这种方式装饰的物品受到知识分子和达官显贵的高度评价。与此同时，镶金漆器因技术相对简单，又与奢侈品有相似之处，因此在大众群体中有很大需求。考虑到潜在购买者的品位，作坊开始生产大众消费品，不用精美构图和书法题字，而

八仙图案漆盒，18世纪末

是采用从年画中借鉴的场景作为装饰。

"科罗曼德漆"这一术语以印度半岛的海岸命名,该海岸曾是中国产品出口到欧洲的主要中转地。因此在欧洲艺术学界流行一种观点,即这种技术仅仅用于出口产品。实际上,该技术(汉语称为"广彩")出现于明代,最初用于各种手工艺品(其类似技法也存在于彩绘瓷器中),后来主要用于漆器生产中的家具制作,至清代专门用于生产落地屏风,被称为"软螺钿巨幅漆屏风",后传至欧洲,改称"科罗曼德屏风"。在清代初期,类似器物被皇帝用作给亲近的臣子和显贵的赏赐,几件保存至今的器物题词可以为证。科罗曼德屏风尺寸巨大(高177—275厘米),多扇(4—12扇),面板多为双面装饰。其制作工艺被某些研究者认为是传统漆器制作最后一个重要成就,工艺复杂。首先要在坯料上刷一层掺了稠化剂的漆作为底漆,然后覆以黑漆或彩漆,在上面绘制图案,再据此雕刻。随后,将部分区域的漆剔除,根据图案用各色漆料(或其他物质,必须是油性的,以便形成图案元素)填充露出的空隙。如此精细的技术能够制作构图复杂、细节丰富的多彩图景,如山水画或宫廷生活场景,其逼真性堪与卷轴绘画媲美。

"干漆"("脱胎造像")也许是最具特色的漆器工艺,专门用于制作纪念性雕塑。先用木头框架勾勒出设计图案的轮廓,缠上几层丝布或粗麻布,用漆将其浸透,然后再制成雕塑。用金粉或金箔以及一层透明漆覆盖,制成的雕塑肉眼看去与镀金铜像毫无二致。

"脱胎造像"技术大约出现于公元前4—前3世纪,当时开始流行用浸透漆的布料制作漆器制品的坯料。造型艺术中开始使用这一技术的时间大概是在6—7世纪。有些研究者(包括迈克尔·苏立文)认为,"干漆"在唐代造型艺术中占据重要地位,相比石头和金属,它赋予了艺术家高度的创作自由。除了塑形方面的潜力,漆器雕塑还有一个相当重要的特质:它很轻,在必要时单人即可挪动。难怪这种技术被广泛用于雕塑艺术并走出国门,得到了远东地区其他国家的认可。首先是在日本,该国从8世纪起即开始制作佛教漆器雕塑。

坐佛像,干漆造像,汉代

**T. Б. 阿拉波娃《15世纪中国剔红盘》，见《国立艾尔米塔什博物馆丛刊》，第34辑，列宁格勒，1972年；P. 阿特杰尔别里、Л. 塔尔普《插图古董百科全书》，莫斯科，1997年；B. Г. 别洛焦罗娃《中国传统家具》，莫斯科，1980年；M. E. 克拉夫佐娃《中国艺术史》，圣彼得堡，2004年；M. Л. 缅希科娃《明清剔红特点》，见《第14届"中国社会与国家"学术研讨会论文集》，第一卷，莫斯科，1983年；M. Л. 缅希科娃《艾尔米塔什博物馆藏品中的14—17世纪中国雕漆》，见《国立艾尔米塔什博物馆丛刊》，第27辑，列宁格勒，1989年；A. 德·莫兰《工艺美术史》，莫斯科，1982年；《上海博物馆珍品》，上海，2007年；《故宫博物馆藏雕漆》，北京，1985年；吴山《中国工艺美术大辞典》，南京，1989年；Garner H. Chinese Lacquer. London-Boston, 1979; Lawton Th. Chinese Art of the Warring States Period. Change and Continuity. Wash., 1982; Sullivan M. Chinese Art. Recent Discoveries. L., 1973; Urushi. Proceedings of the Urushi Study Group. June 10-27, 1985, Tokyo / Ed. by N.S. Branmelle and P. Smith. Tokyo, 1988; Wang Shixiang. Ancient Chinese Lacquer Ware. Beijing, 1987; Watson W. Overlay and p'ing-t'o in Tang Silverwork // JRAS. 1970.

(M. E. 克拉夫佐娃撰，李春雨译)

丝　绸

丝绸不仅在中国丝织业中占有重要地位，而且很多个世纪以来一直是中国的文化象征之一。

丝织工艺　丝织生产由三道主要工序组成，每道工序都分属相对独立的工业和工艺，即养蚕、缫丝、织造。养蚕业包括种植桑树、养殖蚕虫、加工蚕茧。所有这些工序早在公元前一千纪后半期就形成了，直到20世纪在专门的农场中进行。获得丝线从收集蚕卵开始。毛虫的生命周期约为40天，在此过程中，它会慢慢长大，变成半透明的肉色蠕虫，长7—8厘米，有成人小拇指粗细。照顾蚕虫是异常费力和琐碎的工作。它们容易得各种疾病（有很多的历史案例，即某种疫病传染多个县城，使得蚕农破产）。此外，蚕虫对外界变化异常敏感：温度变化、穿堂风、气味、噪声——所有这些都会导致其体质变差，影响后期丝线的质量。蚕虫对食物也很挑剔，它们只吃在一天中的特定时间从树木特定部位（树枝的上部或下部）采摘的桑叶，而且要用特定的方法切割：不能太大，也不能太碎。桑叶的品种决定丝线的成色。如果蚕虫只用家种桑树的叶子喂养，丝线就会呈现理想的白色。如果前二十天用野生（山上的）桑叶喂养，后二十天用家种桑叶喂养，丝线就会呈现黄色。还有一种柞蚕丝，是由一种生长在中国东北部山区（辽东半岛）的柞树叶子喂养蚕获得的。柞蚕丝呈褐色，不易漂白，手感粗糙，易断。

蚕织茧的周期持续3—4个昼夜，这段时间同样需要注意上述事项（保持温度，防止穿堂风、气味、噪声）。对结好的茧加以挑选，留下最好的，以便获取新生蚕蛾。将茧拆开有几种办法。在古代，先用白开水浇烫蚕茧，随后用热水蒸软。为此使用专门的装置，由锅（一般与烤炉相连，以便维持必要的水温）和摇纱机组成。

缫丝机（源自书籍插画）

摇纱机是木质设备，由摇纱轮和脚踏驱动组成。将每个蚕茧的蚕丝头解开，由于天然蚕丝十分纤细，它们会立刻拧成一小股（每股4至18个蚕茧不等），通过小钩和小环（一般为玉质）缠绕到摇纱机上。靠近蚕虫的蚕茧末端不用于缫丝，而用于制作丝绵。最不适宜使用的残料可以用来给田地施肥。一个蚕茧得到的丝线长度，根据蚕的种类和喂养条件，可达350—1000米。要得到1千克丝线需要18千克蚕茧，其总长度为300—900千米。缫丝时使用热水是为了从蚕丝中除去丝胶——将蚕丝结成蚕茧的自然物质。丝胶在冷水中同样可以溶解，但是极慢。不过，使用冷水可使蚕丝变得更加坚韧而富于弹性。冷水缫丝法在不久前（合成纤维引入之前）还用于中国工业生产中，以便得到尤其坚韧的丝线，用于军事技术，比如用来制造降落伞绸。

得到的丝线被缠绕在小的竹质卷线机上，必要时反复加粗或者搓捻，但实际上其质量很好，无需搓捻。由此得到的半成品被送往其他专门的手工业中心，在那里丝线被织成丝纱，这需要额外的加工和染色。冲洗丝线，除去丝胶残余和可能的污渍，熬煮，漂白。根据染色剂的不同，有时还需经过特定的浸洗。染色使用的是以植物色素和矿物色素为基础的染料。最古老的植物色素是兰草（生长于中东和东南亚的靛蓝植物的变种，能够得到深蓝色的染色剂）、茜草根茎（红色）、栀子果（黄色）和橡实（黑色）。在公元前2—前1世纪，开始种植红花，作为红色染料的原料，这种植物是沿着伟大的丝绸之路传入中国的，且很快就适应了当地的条件。在矿物染料中，通常使用朱砂（染红色）、赭石（可得到红色、黄色和褐色染料）和铅化合物。古代中国的染色工匠完美地掌握了多层染色技术，能够通过染料搭配得到所需要的色调。比如，为了获得明红色，要染色三遍，以不同的比例轮流使用红色和蓝色（或者红色和黑色）颜料。7—8世纪，染色剂得到极大丰富，主要是从国外进口和引进其他民族的技艺。染色业开始积极使用孔雀石、石绿、蓝铜、石青、雌黄（天然的硫化物，能染黄色），以及植物色素，如藤黄（一种近似山竹的树木的汁水凝固物，可得到高品质的金黄色颜料）、苏木（其汁水可以提供红色染色剂）、波斯靛蓝等。在引进的染色剂中有一些非常奇特，比如紫胶，是由紫胶虫分泌的物质，东南亚国家有专门饲养这种虫子的。

丝绸能够用生丝编织，然后进行精细加工。这样的丝绸一般用作中国画的画布，不过绘画用的丝绸有时也会经过专门加工。比如，在中国画的第一个鼎盛期——唐代（618—907），用作画布的丝绸被浸入添加了淀粉的开水中，然后用木棍敲打。这样丝绸表面就会变得平整光亮。不过很多画家更喜欢在生丝上创作，因为这种丝绸可以更好地吸收颜料和墨水。

丝织工序从拉紧经线和制作纬线轴开始。经线在专门的纺机上被水平排列，一根一根紧密贴近。为了缠绕丝线，丝织业史上曾使用不同的捻丝工具。比如，早在14世纪，使用的是手摇的卷线机。丝织技术最大的变革出现在18世纪，当时出现了带轮织布机，靠工匠的双腿带动，这极大地提高了生产效率。

织机同样在不断改良。约在公元前6—前5世纪使用非常简单的机床：不带脚踏板，带有两个织轴、一个机杼和一个手动开口装置。至1世纪初，织机得到显著改良，变成了木框和两个旋转线轴（前轴和后轴）。

卷线机（源自书籍插画）

此外，那时候的机床有两个柱脚，可借此对基座进行机械分离以形成梭道。由于织工的双手还是空闲的，无需助手协助，可以自己将带有纬线和梳刷器的梭子穿过去，并拉出纬线。经验丰富的织工（中国从事织布的一般是女性）在这样的一台织机上一天可以织出近3米长的光滑的布匹。类似构造的织机在欧洲直至6世纪才出现，13世纪才广泛使用。随着中国纺织技术的发展，出现了更加复杂的织机。在纺织有花纹和多色的丝绸时，需要技术上尤为先进的织机。早在公元前一千纪后半期，带花纹的布匹就开始在一些织机上生产。织机上配置标杆或板条，可以根据图案将经线分开；织机还有踏板，可以打开梭道。根据流传至今的样品上花纹的复杂程度，织机应该有4个以内的踏板和300多个板条。用于织大花纹和多彩布的织机构造最为复杂，这种织机大约制造于唐代末期。欧洲第一批类似构造的织机（只能织窄布条）出现于16世纪的德国，而且花纹布织法在欧洲直至18世纪在机械提经装置发明之后才正式确立。中国用于纺织大花纹和多彩布的织机在16—17世纪最终形成，这是真正的工程杰作。它包括水平的织轴、脚踏板和综框，由双人操作：织工在织机的底座上工作，其助手在上面的综框旁边工作。纺织多彩布从制作专门的坯料（挑花）开始。在设计图案时，经验丰富的织工在布料上勾勒隐约可见的网格，然后用细线沿着网格编织出循环往复的花纹。其布局和轮廓与图案的基本线条完全吻合，这样挑花便完成了。随后布料被固定在综框上部，线条末端被固定在与综框连接在一起的绳制传送装置上。织工的助手轮番拉紧线条，改变基座上线条的布局，织工则将梭子穿过特定数量的线。

织布的最后一道工序是整理（染色布和彩色布）、割线（丝绒）；如果采用生丝制作，则为染色和砑光。

丝织业发展的主要阶段　一般认为，中国丝织业的基本工序是在公元前一千纪后半期最终形成的，但其历史可追溯至更加古老的时期。按照中国传说，丝织业的出现与中华民族始祖黄帝的妻子——嫘祖有关。古代中国确实存在将嫘祖奉为丝织业始祖加以崇拜的现象。从周朝后半期，即公元前一千纪中期便有据可考，这是官方崇拜的一部分，形成了专门的祭祀仪式，由皇后亲自主持。

最新的考古发现证明，丝织业早在新石器时代就出现了，在公元前6000—前5000年的长江下游地区。能证明丝织业存在的最早的考古发现是用于缠绕成品布的木轴和用来剪断线头的剪刀等物。所有这些实物均出土于新石器时代的河姆渡文化（公元前5000/4500—前3400年，中国东南部，今浙江省北部）遗址中。今天已知最早的中国丝织品样本是一些碎片（2.4厘米×1厘米），出土于随后的东南文化——良渚文化（前3200—前2200年）遗址中。经过放射性碳测定，这些丝织品属于前2750年，其密度为每平方厘米40根经纱和48根纬纱。根据化学鉴定的结果，它们是由家养蚕所吐丝生产的。这表明，新石器时代的工匠不仅会养殖蚕，还掌握了丝织技艺。

丝织业的下一步发展出现在古代中国殷商时期和周代前半期。虽然这一时期没有真正的丝织品样本流传下来，但有一些间接物证——留在青铜器和玉器上的丝织品痕迹，这是由于随葬品习惯用丝织品包裹。在完全腐烂之前，丝织品（在一系列必要条件之下）会在金属或玉质器具上留下痕迹，而且非常清晰，可以据此复原丝织品的种类及其工艺，甚至上面织的花纹。在一些经鉴定属于公元前11—前5世纪的文物中，有一些真正的丝织品碎片，与复原后的商代丝织品大致相符。

丝织业发展史的全新阶段出现在周朝后半期，始于战国时期。正是这一时期的大量丝织品碎片甚至丝织衣物保留了下来。它们经常见诸长江中下游的楚国贵族墓葬。比如，仅在一位女性的墓葬中（前378—前340年）就发现了452卷丝织品。死者身穿13层31件衣物，包括8件锦袍、3件单衣、1件夹襦和2条单裙等；最外面罩着3层丝质盖布和殓衣。经鉴定，在该时期以及汉代不仅彻底形成了丝织业的基本生产工序和丝织品种类，而且确定了最主要的丝织业中心，既包括中国南部和东南部（楚国境内），也包括中国东部（今山东省）、东北部（今河北省）、北部（今山西省）和西南部（今四川省）。

中国丝织生产经历革命性变革的重要阶段是在唐代。当时中国的工匠借鉴突厥的经验创造了前所未有的丝织技术——纬锦。8世纪中叶，这种技术在某些地区的丝织业中占据主导地位，促使纺织方法和织物种类得到极大更新。更重要的是，唐代的丝织业有可靠的物证。在日本皇室收藏机构正仓院（奈良市）保留着170万件布匹样本和相关物品（包括皇帝朝服和佛教住持衣服、经幡和书籍封皮等）。在后续的历史朝代，丝织业进一步演变，在16—18世纪生产体系逐渐完善，虽然在这一时期中国的丝织业没有经历类似唐代这样的根本性变化。

丝绸的基本种类 丝绸种类繁多，其区别首先在于丝线的粗细以及经纱和纬纱在每平方厘米表面积交织的平均密度。其次在于经纱和纬纱交织的方式，据此将丝绸分为经锦和纬锦。再次，丝绸有各种不同颜色（可分为单色和多色）和装饰。单色丝绸分为素面（包括纱罗、棱纹平布、平纹丝织物、缎子、丝绒）和带花纹的（花纹由纱线交织的特定方式构成）。多色丝绸可细分为非单色（不少于两种）、多色、小花纹、大花纹和凸纹。

中国古代丝绸的一种是光滑布匹，称为缦。缦又分为几种，其中包括将生丝煮熟而制成的练、丝线密实而稀有的绢、双经双纬的缣、有白色光泽的素。后来，素开始指代生丝及用其制成的带有自然颜色的布匹。古代中国光滑丝绸的所有类型都可归结为平纹丝织物和凸纹丝织物，其密度为每平方厘米60—90条经线和30—50条纬线。最好的光滑织品被文献称为"纨"，根据其文学描写，这是一种纤细的有白色光泽的丝织品，在欧洲的出版物中一般被称为"冰塔夫绸"。据说，这种丝织品生产于1—2世纪的山东地区。后来其制作工艺失传，但其故事仍保留在传说中。比如，有传说认为，纨是由神蚕吐丝织成的，这种神蚕是一种巨大的虫子，身体有鳞和角，在神山中生长，远离人类世界，能够织出带有雪白外壳的彩色蚕茧。这种丝线织成的布具有神奇特质：水浸不透，火烧不着。

其余中国古代丝绸种类是绉、纱和绮。绉是一种质地轻薄、表面有皱缩效果的丝织物（其同义词是高质量的结实的麻布），由丝线以不同密度织成。密度高的可以达到每平方厘米40—60根经线和40—50根纬线。纱是纱罗，由光滑且带有花纹的丝线织成。这种布最早还包括罗，根据古代文献的解释，罗是一种独特的带有花纹的纱罗布。后来"罗"字成为汉语中丝绸的泛称。所有古代纱罗均使用两种不同的经线，一种作为背景线，一种作为工作线，并且带有如棋盘状分布的孔隙。纱罗还有类似亚麻布的由四经三纬（四条经线中，两条构成背景，两条构成花纹，由一条纬线连接起来）构成的带状纹路。

  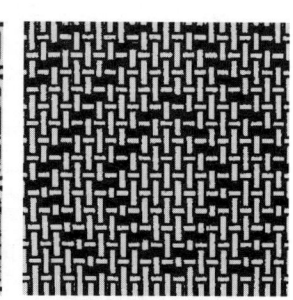

古代纱罗编织图　　古代花纹织品编织图　　楚国多色织品编织图

花纹织品的织造技法有一些不同之处：由一根根纬线构成一系列的条带，因此，这类布料最为典型的装饰是菱形花纹组合。绮是一种花纹织品，其中被书面文献单独列出的一种是绫，带有类似冰纹的装饰图案。所有中国古代的花纹织品都采取两种织法。第一种织法可追溯至商代，其经纬线比例为3:1（一根经线穿过三根纬线）。第二种织法是构成花纹的经线与纬线相互交替。

在古代丝织业中也生产彩色布匹——锦（后来的锦缎），其技法由平纹编织衍生而来。其花纹借由经线更换以及经线在三条、五条或七条纬线的穿梭中形成。这种技法在中国丝织业中一直持续到7—8世纪之交，能够完成相当复杂的花纹，比如由菱形、S形、六边形和六芒星形等几何图案构成的纹饰。

在3—6世纪（六朝时期），上述织物种类未发生较大变化。只是到了唐代，当中国工匠掌握了丝绒、花缎、缂丝等丝织技术时，才发生了显著变化。丝缎和丝绒的相似之处在于二者都存在大部分细经线被纬线覆盖的情况。然而，二者在技术和审美层面有很大不同。丝绒很柔软，其表面覆盖着经纬线被割断而产生的绒毛。丝缎采用缎纹组织，经纱或纬纱浮长较长，织物表面呈现出平滑、光泽的效果。织锦时使用丝线，上面缠着纤细的金银箔。不排除一种可能性，即这种织法早在古代的纺织业中就被掌握了，只不过当时是以平纹编织而成。可以证明这一点的是从蒙古地区贵族墓葬（公元前1世纪末至公元1世纪初）中出土的带有云朵和动物图案的丝织品，由于长期冻结而保存良好。唐代丝织业最主要的创新是从锦缎编织中输入了纬锦技法，从而使得丝织品质量显著提高，并提升了其装饰潜力。

所有彩色丝绸的装饰特点也发生了巨大变化。传统的（源自古代丝织业）花纹和装饰元素被外来图案所取代，比如"蜂窝状""方格状""珍珠项链状"。"蜂窝状"图案源自中东，由有节奏的曲线组成，构成蜂窝形状，其中带有植物或者动物形象，有时也会有正面站立的拟人化形象。"方格状"图案源自萨珊艺术，由水平和垂直线条组成，在小方格中有竖直排列的水牛、狮子、大象等形象。"珍珠项链状"源自地中海，由圆形或椭圆形框组成，上面镶嵌着圆形珍珠和人、鸟类（孔雀、凤凰）、天马等形象。

带有外来元素的彩色丝绸在7世纪和8世纪初达到鼎盛，随后其比重开始下降，带有植物图案的开始上升，这意味着丝织工艺重新回归民族艺术传统。

锦缎和彩色丝绸的主要织造中心在唐朝的西南部（今四川省），故它们被形象地称为"蜀锦"。这里的生产技术水平很高。比如，当时使用的大纺车，可以同时带动12个纺锤进行工作。

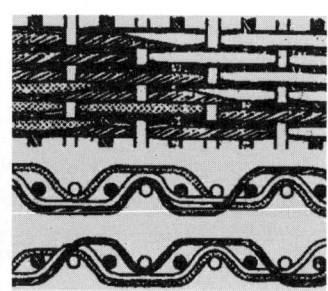

| 古代多色丝织样品 | 唐代珠链装饰丝织 | 采用纬锦技法编织的多色丝织图案 |

缂丝是光滑的彩色织物，上面带有图案，类似欧洲无绒毛的织花壁毯，其生产技术来自西域，而"缂丝"这一术语或许源自波斯语。此类织物在小型的手工织机上完成，以生丝为经线，彩色丝线为纬线。经线固定在木质枢轴上，随后在上面勾勒出花纹的轮廓。丝线被工匠们借助竹梭一根一根地排列起来，然后用木刷压紧。按照图案，纬线会在彩色区域的边缘产生间隙，结果形成由孔隙构成的独特纹饰。一般认为，该技法的中国名称"缂丝"即由此而来。缂丝的生产需要花费大量的劳动力和时间，仅仅生产一件女式长袍所需缂丝就要花费近一个月。唐代生产的缂丝主要以几何图案和植物元素装饰。不过，11—13世纪已经开始出现奇特的彩色构图，甚至还有完整的风景和故事场景。

唐代发明的丝绸种类在中国后续朝代的纺织业中占据稳固地位。只是其地理分布发生了显著改变，特别是在中原部分地区被金国攻占（12世纪）以及元朝统治确立之后。在战争过程中，很多传统生产中心遭到毁坏或者衰落，就像西南部的丝织业一样。主导者转向了新的中心，集中到中国东南部的南京（江苏省）、苏州（江苏省）和杭州（浙江省）等城市。这些城市至今仍在中国的丝织工业和手工业中占据主导地位。南京的作坊从一开始就专注于生产锦缎、丝绒，以其色彩艳丽（以金黄色、红色和深蓝色调为主）、图案清晰、大量使用金银线而闻名。最为著名的是南京的"云锦"。苏州成了透明薄绸和单色、小花纹织物的主要生产中心，其产品的装饰图案以小几何图形为主，包括用圆形将短线头构成的复杂网格连接起来。传统的杭州丝绸与苏州丝绸风格相近，不过以浅色和植物图案为主。如今，杭州生产各种类型的丝绸，被认为是中国最好的民族丝绸中心。

**Н. А. 维诺格拉多娃等《中国传统艺术术语词典》，莫斯科，1997年；М. Е. 克拉夫佐娃《中国艺术史》，圣彼得堡，2004年；Е. И. 卢博－列斯尼琴科《艾尔米塔什博物馆收藏的古代中国织物和刺绣（前5—3世纪）》，列宁格勒，1961年；Е. И. 卢博－列斯尼琴科《丝绸之路上的中国》，莫斯科，1994年；Э. П. 斯图任娜《16—18世纪的中国手工业》，莫斯科，1970年；《丝绸之路：丝绸艺术五千年》，圣彼得堡，2007年；Э. 舍费尔《撒马尔罕的金桃：唐代舶来品研究》，译自英文，莫斯科，1981年；《丝绸之路上的汉唐织物》，北京，1972年；吴山编《中国工艺美术大辞典》，南京，1989年；Scott H. The Golden Age of Chinese Art. The Lively T'ang Dynasty. Tokyo, 1970; Textiles in the Shoso-in.Vol. 1-2. Tokyo, 1963; Watson G.C.Y., Wardwell A. E. When Silk was Gold: Central Asian and Chinese Textiles. N.Y., 1997.

（М. Е. 克拉夫佐娃撰，李春雨译）

服　饰

中国服饰史可以比较清晰地追溯到古代殷商王朝后半期，这主要得益于在雕塑（主要是玉器）纹饰上开始出现服饰元素，这些雕塑是在商朝国君武丁的王后妇好的墓葬中发现的。人物雕塑穿着长袍式外衣，长至膝盖，右衽。袖子很窄，紧裹在胳膊上，盖住手腕。衣领、衣襟和袖边都装饰着仿刺绣或者多色织物条纹的宽花边，腰带上也有独立纹饰。此外还保留下来一件雕塑的局部，上面可以分辨出布满花纹的服饰。

也就是说，有理由推测当时至少存在两种服装装饰方式。头饰在所有雕塑中都存在，这表明头饰自古就是中国服饰的一部分。头饰是一顶小圆帽，类似无檐便帽。考虑到这些雕塑普遍被认为是仆人形象的再现，所以不能排除商朝贵族的服饰还可能有其他特点，比如服饰的剪裁式样（衣襟长度、袖子宽度），或者一些富有特色的头饰和其他饰品。

公元前一千纪后半期的战国服饰使人们对中国古代的服饰有了更加完整的了解。其来源除了书面文献（包括诗歌作品）中关于民族服饰的零星信息，还有雕塑（所谓的随葬雕塑）和图画（古老的帛画）中的人物形象，以及穿在死者身上的服饰文物（长袍、上衣、裙子等）。

衣物、服饰细节纤毫毕现的随葬雕塑、装饰着风俗场景的工艺美术物品，以及艺术图像（浮雕、壁画）一直存在于后续历史时期的墓葬中。比如，公元前3世纪的武士制服被细致地呈现在中国第一位皇帝秦始皇陵中的陶俑（高1.7—1.9米）上，其形象再现了士兵所穿着的带有金属扣的皮甲、颈巾、腰带徽章以及高级指挥官、军官、士兵的不同头饰等。

公元前2—前1世纪的服饰在作为随葬品的木偶上（参见"马王堆"）得到完整再现。特别值得一提的是一个编织盒的漆盖，系公元前2—前1世纪所制，上面精细地雕刻着十个男子坐像，身着长袍，领口、衣襟和袖口都饰有花边。从4—5世纪开始，中国传统绘画作品成为研究中国服饰发展史的另一重要的实物资料。其中最重要的是人物画，包括肖像画、宗教和日常生活题材的绘画（如顾恺之、周昉、张萱、阎立本的画作），这些画作全部表现出作者对人物外表的高度重视。

2世纪开始出现专门论述服饰的著作。其中最早的是著名学者兼文学家蔡邕的《独断》和董巴的《大汉舆服志》。4世纪以降，官方历史著作中开始引入服饰制度的篇章，一般称作"舆服"。首次出现这样的章节是在范晔的《后汉书》中。大约自10世纪起，关于古代文物的注释汇编开始带有插图，后来又发展为印版画。第一部带有古代服饰信息的出版物是对儒家典籍《仪礼》《礼记》和《周礼》的插图注释，即《三礼图》，后多次在中国（1676年和20世纪初）和日本（1761）再版。后来又创作了更加详尽的关于中国服饰史的插图版百科全书式出版物，其中最著名的是基础性著作《三才图会》。

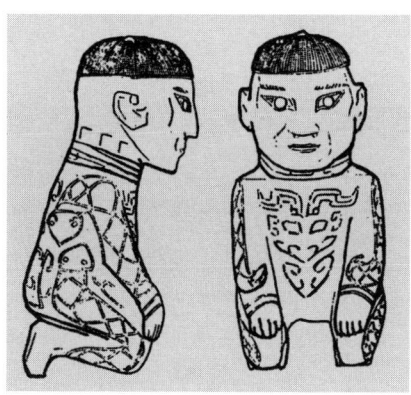

殷商时代服饰（源自妇好墓玉雕）

清代对服饰进行了统一化和标准化。1759年颁布的法令确定了男女服饰的形式，包括便服和军装。在1766年颁布的法令中配上了插图，构成了多卷本书籍，详尽地描述了特定的服装样式。第一类是礼服和朝服，用于官方祭祀仪式和最重要的宫廷仪式。第二类是节庆服饰——吉服，用于朝廷较次要的官方仪式。第三类是常服，即日常生活中的穿戴。以上服饰名称适用于皇帝、皇后、皇亲国戚、嫔妃、贵族及九品以上官员。第四类是行服，与常服类似。第五类是雨衣，是由毛布乃至鸟绒（达官贵人用）制成的长披肩，也可以是由竹子、稻草制成的蓑衣（平民百姓用）。此类雨衣早在获得法律认可之前就已长期被各个阶层的中国民众普遍使用。

无论在清代，还是在整个发展史上，中国服饰的类型特征均具有保守性，配套有限，且男女两性的服饰差异比较模糊，某些元素通用于男女服饰。以上列举的全部服饰形式，除雨衣之外，其构成元素均与此前服饰种类相差无几。

文武官员官服，清代 **满族女性服饰，清代**

在整个历史长河中（至少从商代开始），上衣一直是中国服饰的主要元素。其以长袍为代表——披在肩上，遮住整个身体，下摆到踝骨或者拖地，袄、背心（坎肩）、裘皮大衣是袍的变体，袄与袍的区别仅在于长度（一般只到腰际）。袍和袄均为对襟无扣，由三块布料按照同一模式裁剪而成：两条长布构成前后面，裁剪并对折，折缝对应肩部缝合处。缝制时针脚藏在袖子内侧和腰际。左右两半在背部缝合。在左半边布料前方缝上第三块短布料，短布上端裁剪出花边。左前襟要盖住右前襟（尽管在中国历史上也有右前襟在上的例子）。袍分冬夏两种：夏袍用薄里子，通常与面子异色；冬袍的里子则多用棉花或皮毛。

就款式而言，袍和袄分对襟和斜襟。对襟袍衫一般在前面有一条束带。斜襟又分为开放式和封闭式两种。前者衣襟边沿在胸前交叉。这种穿戴风格类似有领口的长裙，在唐代女性服饰中很流行。

17世纪以降，此样式仅用于道教服饰。封闭式斜襟袍包括仿照北方民族服饰的戎装。这些衣袍一般在右肩脖颈处有绳带或纽扣，有时还有圆领。在清代占主导地位的款式中，锁扣位于右锁骨和右肋处。此外，封闭式斜襟还可能在侧边有开衩。

上衣的统一设计并不影响不同风格变体的出现，以便迎合不同时期的时尚，这体现在袍服的个别细节上。比如，在周代流行宽大（腰围约90厘米，至下摆长度约1.8米），长至脚踝，袖子宽大（宽约30厘米）的长袍。

汉代（前3—3世纪）以及六朝时期（3—6世纪）是服饰制作中浪漫主义风格的鼎盛时期。流传下来的雕塑和绘画作品显示，当时女性服装最典型的是质地轻盈的长袍。其腰部经常用细布带扎起来，布带尾端很长，衣料由此形成轻微的褶皱。长袍披在肩上的效果像披肩。袖子长而宽，当双手交叠在胸前时，袖边几乎垂到膝盖。在男性服饰中也出现类似倾向。

宽袖时尚后来不止一次恢复，在北宋时期（960—1127）达到顶峰。当时的长袍，袖口边缘从肩膀一直垂到小腿中间。在明代（1368—1644），此种袖口仅用于礼仪服饰。清代服饰则相反，喜欢短而瘦的马蹄袖，且衣襟只在下端放宽。

宋代男女服饰

明代男女服饰

坎肩在六朝时期成为中国女性服饰的流行样式。和女式短衫一样，坎肩也是套在长衫外面的，后来成为礼服和吉服的标配。和长衫剪裁一样的皮裘在周朝成为风尚。书面文献记载，裘皮大衣有些由狐狸皮、北极狐皮、黑貂皮等珍贵毛皮制成，有些则由山羊皮、猴皮和狗皮等制成，是作为等级标志的服饰，与长袍搭配穿戴。统治者要穿狐狸皮裘和多色丝绸制成的长袍，官员则根据官阶高低穿深褐色狐狸皮裘，搭配深色或单色丝绸长袍，或者赤狐皮裘搭配黄色丝绸长袍。裘皮大衣后来的发展史，包括其流行程度、穿着规则和等级标志意义等已很难考证，但可以确定的是，在历朝历代裘皮大衣都是奢侈衣物。有书面证据显示，从六朝开始，裘皮大衣上就有珍绣图案或者用漆粘贴的金银箔片作为装饰。

由于袍一般没有纽扣，且不挑体型，故一定配有腰带。在中国最早的腰带是一块布条，围在腰间，从后面系扣或者打结，就像商代的一件玉雕人像所穿戴的那样。

周朝开始流行带扣环的腰带,这成了男性服饰的必备品。在汉代出现了皮革制或布制腰带,上面镶嵌着珠宝。而在六朝时期,腰带完全由金属薄片制成。此后直至清末,腰带一直都是最重要的男性饰品和身份地位的象征。

腰带的使用因时而异。比如,在明代,带镶嵌物的腰带纯属装饰物,其用途不是将长袍束紧,而是松散地系在袖子下方的绳结上,垂到臀部。清代服饰则相反,腰带用于收紧腰身,而且是藏在短衫或坎肩下面的。在历朝历代的女性服饰中,主要使用带状的两端很长的编织腰带。皇帝朝服和官员官服中最重要的特色是具有象征意义或等级特征的图案装饰。从公元1世纪开始,皇帝朝服的主要装饰和象征元素是"十二章纹",其历史应该十分悠久。其中包括太阳和月亮的象征物——分别为围成一个圆圈的三足乌(上古太阳的象征)和公鸡以及鸟儿和月兔,还有山峰、植物、火焰等的象征性图案和几何形纹饰——黼、黻。黼、黻是源自古代礼器的图案,是由三角形和曲折纹构成的对称性组合,象征司法公正。十二章纹中的每一个纹样都有其独特意义,合在一起则表达了至高无上的权力的宇宙本质和皇帝的个性——皇帝本质上是宇宙的"支柱"。最为直观的证据是,在各个朝代的皇袍上,太阳和月亮的标志物均被分置于两肩。

从明代开始,龙的形象开始在皇帝服饰中占据特殊位置,并最终成为最高权力的主要象征。龙形图案有几种标准的变体:团龙,象征着世界的和谐和统治政权的完美;行龙——龙的侧面形象,象征着世界进程的动态性;升龙,象征已故的帝王;降龙,象征新君即位。后两种龙一般共同绣在胸口,或分别绣在两个袖子上,象征最高权力的延续。龙的数量及其分布位置有严格的规定,明代,御服的表面遍布十二条团龙。

中国古代皇帝带有章纹和冕旒的朝服

清代,龙的图案分布于皇袍的肩部、胸部和衣襟处。

正式的官方服饰图标体系形成于明代，并在清代最终统一。这些图标被称为"补"，为鸟兽图案，刺绣或用布料粘贴，分布于官服的前胸或后背，作为九品文武官阶的区别性标志。比如，锦鸡和白鹇分别代表二品和五品文官，麒麟图案代表一品武官。

除上衣之外，构成中国服饰体系的下衣有三种：裳、裙和裤。中国的裳是一整块布料，围裹身体的下半部分，在腰部打结束紧。裳大约从公元前一千纪中期存在于男女服饰中，在特定历史时期曾作为礼服。作为礼服，由矩形布料裁剪而成的裳象征着"公平"和"正直"；作为其他服饰，裳则由上窄下宽的楔形布制成。

中国的裙子在很多方面近似于欧洲的拼接服装。这类服装构成唐代女性服饰时尚的特点。裙子两侧上端有三角形剪口，可以看到内搭的上衣。裤装是在周代进入中国服饰的主流的，很可能是受到邻近游牧民族服饰的影响。裤子通用于男女服饰，但样式有别，这在清代服饰中体现得尤其明显。整体而言，裤子的样式比上衣更为保守。千百年来都是同样的宽松、无缝、没有前开口，两个裤腿之间的角度有时可达90度，裤裆很低，约在膝盖处。由于社会上层将裤子视为十分私密的服饰，在贵族衣着中裤子一般完全被长袍或裙子遮盖，而普通百姓则将其作为工作服或日常服装。裤子的材料为麻布、棉布或丝绸，冬天的裤子则由羊毛绗缝的。

除裤子之外，贴身穿的服装还有专门的内衣，用更精细的布料制成，以白色为主。外衣和内衣的比例与欧洲服饰有差别。贴身穿的服装尺寸经常超过外衣，因此其领口、袖口和衣襟从外衣边缘露出来，两者在布料颜色和样式上都有差别。

据考古材料和书面证据，冠是男性服饰的必备品，用于办公场所或者参加仪式、盛宴时穿戴，有时家居时也会穿戴。在中国服饰的发展过程中，冠的种类多次变换，其中很多还保留着最早的男性帽子——头巾的痕迹。比如，目前已知的最古老的冠名为"进贤冠"，就是由古代专门戴在头发上的饰物和包布组成的。随着时间的推移，包布变成了包带。在周代和汉代，这种冠成为官员和学士服饰的一部分。

明代皇帝朝服

六朝时期，进贤冠被帽子替代，帽子由布料和毛皮制成，形式多种多样。

在8—13世纪，由帕头演化而来的幞头开始获得特殊意义。幞头裹在头上，带子两端自由垂在背后。随着时间的推移，幞头的布面涂上漆，裹带套在金属丝上，向两侧撑起，构成独特的幞头帽子，这种帽子见诸北宋时期的服饰。

元代，出现了新的头饰种类。蒙古族头饰是一种宽檐帽，远远看去很像欧洲的软木头盔或者金属乐器钹。帽子后面的内沿系有一块布，几乎垂到肩膀。

在明代，正式的男帽仿照宋代幞头的样式，呈圆形轮廓，由于使用黑色丝绸，被称为乌纱帽。还有一种日常戴的帽子是由六块楔形组成的，类似绣花小圆顶帽。这种帽子不仅在清代至20世纪一直保留在男性服饰中，直至今日，在农民和老年人群中仍有使用。在中国侨民的服饰中，帽子成了他们尊重民族传统的独特证物。

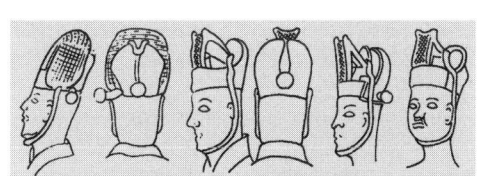

帽的不同形式（源自随葬雕塑）

东汉时期的官服和进贤冠

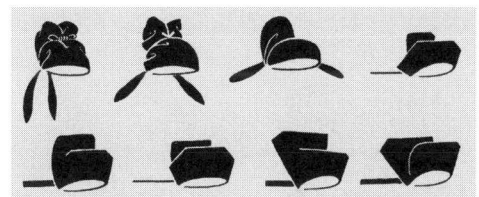

幞头的不同形式（五代及宋代）

在清代，官帽又经历了一次根本性变化，出现了两种全新的类型——夏帽和冬帽。夏帽是宽檐帽，由芦苇或竹篾编织而成，用红色流苏装饰，几乎覆盖整个帽面。冬帽是圆形帽子，帽檐上翘，内衬丝绒、紫貂皮、黑狐皮或羔羊皮等。这两种文官帽子都有球状顶端，由黄金和珠宝（珊瑚、宝石）制成，是官阶的标志。武官帽子则以孔雀翎代替珠宝，孔雀翎上的眼的数量不等，代表不同官阶。

在中国服饰史上，君主的头饰占有单独的篇章。其中最古老的被书面文献称为羽冠，由各种颜色的羽毛制成，根据传说，这种羽冠是神仙和上古传奇君主所戴。在新石器文化遗址——良渚遗址（良渚文化，前3200—前2200）中出土的玉器的图案中发现了皮类羽冠，其形象整体上与文献记述相符。

从周朝开始，出现了专门的礼仪头饰，称作冕。冕起初不仅是君王的头饰，也是高官的头饰，从汉代起成为皇帝专属。冕带有圆柱形的帽顶，通过专门的发簪固定在头发上。发簪像大钉子一样，两端从帽顶两边冒出来。帽顶最上面是小木板一样扁平的帽檐，有时是矩形或者由矩形和椭圆形组合而成的几何形状。在这种情况下，冕旒在皇帝额头上方构成一个弧形。由于圆形使人联想到天空和太阳，因此帽檐象征着天空的庇佑，以及统治者在宇宙空间中的地位（面南背北）。

帽檐前后悬挂着丝线，上面串着玉珠，遮住帝王的脸和后脑，避免邪恶力量的侵害。冕的两侧，与耳朵齐平的位置，低垂着两根绳子，固定在发簪两端，两根绳子上各系着一个玉质小球或薄片。冕作为皇帝的头饰一直保留到北宋时期，在中国人心目中一直是皇权的象征。可能正是因此，冕才成为统治整个世界或局部世界的神仙画像的标志，比如玉皇大帝。

北宋时期，冕被新的礼仪服饰取代，其高度约当从下巴到头顶的距离，由高高的帽圈和展筒组成，以布带固定在金属冠梁上。最上面的边沿镶嵌着24颗大珍珠（象征二十四节气）；额头饰有象征长寿的蝶或者12只蝉（象征一年的十二个月）——代表长生不老；帽圈上镶嵌着珍珠和宝石。

中国古代皇帝带冕旒的朝服

宋代皇帝朝服

清代皇帝朝服

在明代，御冠为金质，形状仿照幞头。明代御冠的实物出土于明神宗（万历）陵墓，由极细的带网纹的金属丝编织而成，上面有两条用金箔片制成的龙。

在清代，御冠为丝绒或皮毛（冬帽）制成的圆帽。帽子顶部分为三层，上面雕有一条金龙和15颗镶在黄金上的大珍珠，最顶上缀着一颗巨大的"顶珠"。

御冠前面有一块金牌，周围镶嵌15颗东珠。御冠后面有舍林，镶嵌7颗东珠。太子及诸阿哥的冠帽与此类似，只是细节不同。皇储顶戴上镶嵌13颗东珠，金牌和舍林上分别镶嵌13颗、6颗东珠。诸阿哥顶戴上镶嵌红宝石和10颗东珠，前有舍林，饰东珠5颗；后有绦带花结，饰东珠4颗。

除了特定的顶戴，皇帝服饰还包括特定的装饰品。最初此类饰品包括方心曲领，是一种精致的护领。元代出现了专门的项链——朝珠，由珠粒和垂饰构成，原料不一（如珍珠、珊瑚、琥珀、青金石、绿松石等），后沿用至明清两代的庆典礼服中，但珠粒数量和所用原料在不同时代各不相同。

中国服饰中的鞋样式变化不大。直至9—10世纪，在女性裹脚习俗确立之前，男鞋和女鞋之间并无原则性差异。已知最古老的样式为布鞋，鞋底为木质或软底（由毡、布或者皮革制成）。鞋光脚穿，与冠帽不同，进屋之前必须脱下。布鞋的不同变种经历朝历代沿用至今。大约在前4—前3世纪，皮革鞋开始出现，但起初并未流传开。前3世纪出现了木屐，两齿木底，用布带或绦带固定在脚上（类似日本木屐）。这种木屐为雨天的不二之选，广大民众不分男女和社会地位都常穿着。自6—7世纪初变成男性官方服饰必备品的靴子，在中国最早作为军靴出现于前4—前3世纪。在唐代，皮鞋作为游牧民族的标志，被柔软的近乎长袜的布靴替代。这种鞋在中国服饰中一直盛行到17世纪。在清代，礼仪节庆服饰中开始出现由黑色丝绸或者皮革制成的硬底靴子，鞋底非常厚，文官的为圆头，武将的为方头。

**М. Е. 克拉夫佐娃《中国艺术史》，圣彼得堡，2004年；М. В. 克留科夫、В. В. 马良文、М. В. 索夫罗诺夫《中世纪的中国民族》，莫斯科，1984年；М. В. 克留科夫、В. В. 马良文、М. В. 索夫罗诺夫《中世纪初的中国民族》，莫斯科，1979年；М. В. 克留科夫、В. В. 马良文、М. В. 索夫罗诺夫《中世纪与近代之交的中国民族史》，莫斯科，1987年；М. В. 克留科夫、Л. С. 别列洛莫夫、

М. В. 索夫罗诺夫、Н. Н. 切博克萨罗夫《中央集权王朝时期的古代中国人》,莫斯科,1983年;М. В. 克留科夫、М. В. 索夫罗诺夫、Н. Н. 切博克萨罗夫《古代中国人:民族起源问题》,莫斯科,1978年;Л. П. 思乔夫、В. Л. 思乔夫《中国服饰:象征、历史、文学与艺术诠释》,莫斯科,1975年;华梅《中国服装史》,天津,1999;《中国服饰五千年》,香港,1984年;沈从文《中国古代服饰研究》,香港,1981年。

(М. Е. 克拉夫佐娃撰,李春雨译)

家 具

中国的高型家具经历了15个世纪的持续发展,而在此之前,矮型家具的历史同样悠久。中国发明了数量空前的家具种类,研发了家具的制作工艺,形成了独特的艺术技巧。

家具最早进入学者视野大约是在10世纪,当时完成了一部现已失传的著作《木经》。家具制作在很长时期内被视为手艺,对它的兴趣直至16—17世纪才显现出来,当时家具文化不仅为文人墨客所看重,而且扩散至富商群体。历史学家和收藏家的经验总结于以下著作中:《鲁班经》《髹饰录》《三才图会》《遵生八笺》等。

中国家具早在演变之初,就呈现出两种结构的并行发展:抽屉类为框架结构,而架子类为支柱结构;支柱结构用于椅子、凳子、桌子等,框架结构则用于柜子、搁架和台等。家具业的发展与木结构建筑工艺的发展密不可分,因为古代中国的所有住房都是木结构的。

青铜禁,商代

中国的家具史充满了对其他文化的借鉴。中原地区的人民很快从北方游牧民族那里借鉴经验,同时学习文明高度发达的印度,以使自己的居住环境更加舒适。一切都得到了彻底改造,最终形成了纯粹的中国特色。

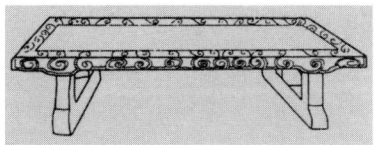

案,河南信阳出土,战国时期

当代考古发现可以让我们得出结论,即在公元前2000年,甚至连矮型家

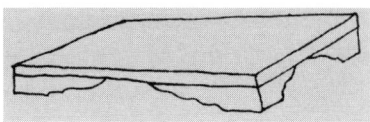

随葬石榻,汉代

具都没有。在举行祭祀仪式时，人们用青铜支架来放置盛有祭祀食物的容器，支架的形状再现了带腿的木质托盘或者平台状结构。公元前1000年，地面仍然是室内活动的主要场所。随着气候不断变冷，矮型家具出现了。另一个刺激因素是部分人的社会地位提升，从普通大众中脱离出来。贵族们的草席变厚，并开始镶嵌彩边。统治者居住的草席后面放置屏风（黼扆）。开始使用肘托（几），在后续的一千年，逐渐演变为由很多小桌子组成的一套家具。中国上层社会人士早在公元前一千纪下半叶就不在席子上睡了，而是睡在床上。床由木质框架构成，支在短而刻花的床帮上，床身四周有矮护栏。矮小的方桌用于祭祀和宴饮，其形状是传统台架的各种变体。最初就形成了两大类：禁（台桌）和俎（脚桌）。为了存放日常用品，人们使用矮柜、箱子和编筐。

公元前后，矮型家具的发展达到了历史顶峰。除了以前的草席，几乎同时得到普及的还有单人短木榻和能容纳两到三人的长木榻。它们仅在白天使用，而更加宽敞的床则用于夜间睡觉。单人榻被视为尊贵的座椅，比长榻略高，装饰也更为精致。与榻同时出现的还有矮凳和长凳。汉灵帝时期流行一种从游牧民族那里借鉴而来的胡床，用绳索编织的软座垫和交叉在铰链上的腿使其可以迅速折叠，便于携带。按照习俗，人们一般蜷腿而坐。该时期的一项创新是出现了两扇或者三扇的高屏风，将坐垫和榻围起来。当时还出现了最早的衣柜，是方形大箱子，矮腿，立式箱门，顶部类似房顶。

3—6世纪，中国家具的演变适应了居住空间由矮到高的彻底转变。4—6世纪，古老的床和榻出现了变化——变高并且加上了围栏和几，从而促进了高型家具的出现，特别是椅子和凳子，坐在上面时可以把双腿垂放下来。佛教在3—6世纪的传播促进了中国人行为模式的转变。佛教绘画向中国人介绍了西方的坐姿，而在僧人群体中开始流行有垂直支架的椅子和凳子。在文献中还出现了"椅"这一术语。箱式榻仍在使用。其高度显著增加，榻身四周出现了矮屏。与此同时，榻还出现了新的变化，带有蹄状立腿。到4世纪，在底部为箱状的床上出现了不高的帐子。从床面向上竖起了垂直支架，支撑住床顶，即由轻木板制成的护顶，上面铺上布面，给床封上顶。高高的格栅和挂在上面的帷幔一起将床变成了一个小房间。两扇小门进一步强化了这一印象。

7—13世纪，中国北方急剧变冷，中国人向北方邻居（最有可能是从朝鲜人那里）借鉴了可以加热的砖砌床（炕）。在炕上、榻上和床上，人们一般蜷腿而坐，也可以将腿垂下来。之前的小矮桌变成了高大的餐桌，桌旁的男女都坐在凳子上，双腿垂地。随着家具变高，立地屏风也变高了。

如果说在7—8世纪高型家具和矮型家具同样普及，那么在10世纪，高型家具开始占据主导，且家具数量和种类开始与当代需求接近。开始流行三面围栏的床。从外观上看，这种床很像沙发，只是没有包垫，而且更深，被后世称为罗汉床。桌椅腿的尾端经常雕刻成云状。后来，云状床腿因为不够结实而退出使用，但直至19世纪仍然出现于绘画和印版画中。结实且易于移动的立柱结构盛行于桌椅板凳中，古老的箱式结构逐渐退出使用。

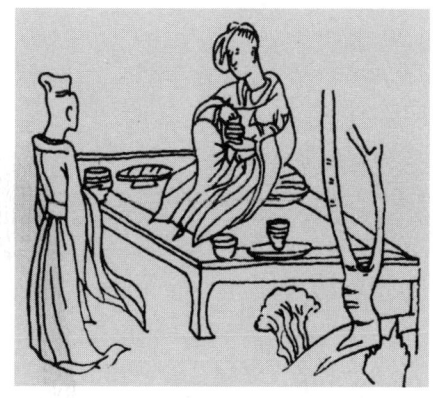

床，局部图示，北魏

短榻和几，莫高窟等203号窟壁画（唐代）图示

在家具出现之前，地板表面是干净的，进入房间之前必须脱鞋。后来，沙发、床、椅子和凳子居于干净区域，而地板变成易脏区域。在房间内部，大件家具都有其固定位置，而且在摆放时必须考虑风水。得益于家具，原先空置的室内空间摆上了与人体适配的物品，让生活变得轻松舒适，让人们感觉自己是居住空间的主人。

10—14世纪，除宫廷之外，家具先是稳步走进了普通市民的生活，后来又进入了农民的生活；不仅如此，还出现了儿童家具和学校家具。桌椅高度达到了峰值，以至于需要脚垫。如果说从前桌子与椅凳高度相差不大，那么此时前者要比后者高得多了。随着椅凳在日常生活中逐渐盛行，古老的短榻逐渐退出使用。但这一名词却保留下来，开始指代各种尺寸的榻，而"床"则开始专指睡觉用具。开始流行小桶状的凳子，上面涂漆并镶嵌螺钿、玉石等，还出现了编织凳。在14世纪，沙发的形式开始完善。

它们不再有短扶手，确定了最终的外形，在后续几个世纪均未发生重大变化。

在当代古董市场，明嘉靖年间（1522—1566）和清康熙年间（1662—1722）的家具制品最受推崇，因为专家公允地将其认定为中国传统家具发展的高潮期。明代中国的外贸联系以南海各国为主，中国从这些国家进口大量热带木材，用于家具制造。由坚固木材制作的家具结实耐用、外形美观。自18世纪下半叶清王朝实施"闭关锁国"政策，中国的工匠逐渐失去了很多珍贵材料，不得不使用更为廉价的替代品，开始对产品质量产生了负面影响。表面涂漆的软木家具在昂贵品中退居次席。

在明代，宫廷不再是流行风格的垄断者。文人雅士和达官贵人的祖传庄园奠定了流行风格的基调，私人居家文化得到极大提升。宫廷和寺庙的家具保留了奢华样式，但在私人生活中，华丽装饰开始被视为庸俗的体现。更受看重的是昂贵木材的自然色泽和纹理。明代家具的风格居于宋代的简洁雅致与唐代的富丽堂皇之间。明代的家具匠人将深思熟虑的简洁形式与舒适性结合起来，在比例与轮廓之间达到了最佳平衡。优秀的家具一经问世便成为收藏品。

清代乾隆年间（1736—1795），家具和服饰一样受到严格管理，并开始回归唐代风格。宫廷家具变得体积巨大。对古老箱式结构的模仿使得直角样式得到加强，比例变得粗犷。螺钿镶嵌得到普及。雕刻体积变大，数量增多。宫廷订单要求工匠将中国古典风格与皇室的华丽庄严结合在一起。这一任务的刻意性导致宫廷家具技术上的完善与其艺术处理的水准之间的矛盾日益加剧。富商紧随宫廷喜好，订购充斥着长寿及财富象征物的雕刻品。开始流行以石头、骨头、瓷器为材质的嵌接件，以及黄金绘饰。这些奢侈品引人注目，彰显着主人的财富。这一时期出现了新的家具类型：陈列架、大圆桌、双扶手椅、西式立地镜等。部分家具总算没有过度夸张，但此前的简洁形式主要保留于廉价的大众家具中。

明清两代，家具样式繁多。榻很像欧洲的卧式沙发，只是没有后者那样的软垫。其平均长度为190—200厘米，宽80—100厘米。底座为编织物或木质，坐

架子床，明代

垫部分颜色有别于器身。与卧式沙发不同，罗汉床三面有围栏。有时靠背的中间部分高出两端。罗汉床上放有平坦的垫子和各种形状的枕头、几案和靠枕。在明代，古老的平底台座被或直或弯的立腿取代。弯曲的立腿使底座构成所谓的"马蹄状"。供女性休憩用的床被称为架子床。帷幔垂挂在镂空格栅的里侧。作为室内体积最大的家具，床一般背靠主墙正中。

中国椅子的构造表现出人们对健康的关注，这体现于每个细节。座椅比西方的高，以免脚掌接触石砖铺砌的地板。双脚放在凳子下面特地向前凸出的横木上，或者放在高10—13厘米的足撑上。举行典礼用的椅子和宝座则配有宽大的桌案。特别重视结构的稳固性。扶手高度符合身体需求，靠背则符合身体自然曲度，背靠在上面十分舒服。在明清两代有很多种椅子，其中每种都分男、女、儿童三种尺寸。官帽椅并不古老，但其原型可追溯至8世纪。其之所以得名是因为靠背上面的横梁凸出的两端很像官帽的展脚（"纱帽翅"）。一般椅子前腿的倾斜度大于后腿。从外面看椅腿和横木呈圆形，而从里面看则呈方形。南官帽椅的腿和横木均为圆形，扶手和靠背没有突出的末端。梳背椅的名字源于栅栏式的靠背和类似梳齿的扶手。玫瑰椅与南官帽椅的不同之处在于前者的靠背上没有垂直的横木。椅腿、顶端横木和支柱均外圆内方。

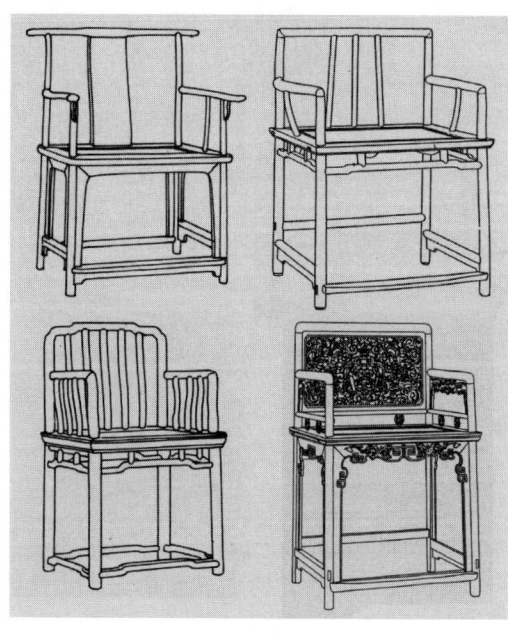

明代座椅：官帽椅、南官帽椅、梳背椅、玫瑰椅

太师椅流行于清代。其靠背由三部分或五部分组成，且中间部分明显高于两侧，有时还向后凸出，扶手带有奇特的拐子纹。椅子不大，呈椭圆状，靠背呈半圆形，座位呈方形。椅腿外圆内方。靠背中心是一块竖直的窄板。可折叠的交椅带有相互交叉成X形的支架、靠背和扶手，延续了古代的可折叠胡床的特点，别名醉翁椅。

靠背椅不如扶手椅那么高端，但因方便摆放而广泛流行。靠背椅出现于宋代，其形状直至清代均未发生重大变化。下面的横木是椅腿的支架。灯挂椅由圆形立柱和中间的窄木板构成。上面的横木呈弓形,两端向上挑起。如果顶部横木的两端不向外挑出,则被称为一统椅。折叠椅的靠背为长方形或椭圆形。

凳子在唐代广泛流行。它们一般都是一套(四件或者更多),经常放在桌子四周,与其配套使用。可折叠的交椅源自古代的折叠座椅——胡床。折叠凳的简洁形式使其在各社会阶层广泛使用。带腿方凳坚固舒适,在官方场合是给下层人物准备的。凳腿用楔子固定在座位突出的边缘下方,像支架一样,或与座位边缘齐平,或与撑相连。带腿圆凳流行于唐代和明代,不如方凳坚固。条凳,有时也被称为春凳或双人凳,在城乡普遍流行。桶状的绣墩(或鼓墩)的原型是编织凳和鼓。

16—19世纪,此前出现的三类桌子的变体丰富多样。每类桌子都是为特定的用途而设计。与此同时,不同种类桌子的功能也存在重叠的现象。值得注意的是,此时桌子不再严格划分为世俗的和礼仪的。某些种类的桌子彼此相差甚远,但在很多情况下又表现出极大的相似性,因此很难进行归类。所有三类桌子都有矮型,用于炕上或者榻上。软木做的桌子外面通常刷清漆。桌面由木头或石板制成。在办公场所、寺庙和宴会上,一些桌子要用桌布罩起来,可以罩三面、两面或者仅罩正面。桌布的颜色和装饰图案标志着桌旁所坐之人的社会地位。

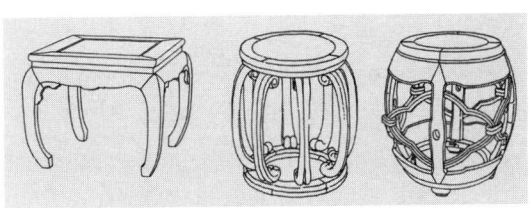

明代凳子:方凳、圆凳、鼓墩

案面是窄长的四方形,很高。案在欧洲家具中找不到类似物。平头案高85—95厘米,案面长150—350厘米,宽45—60厘米。案放在墙边或者床、榻旁边。条案一般长约2米,宽50—60厘米,高80余厘米。

另一种桌子的变体是翘头案,其标志性特征是

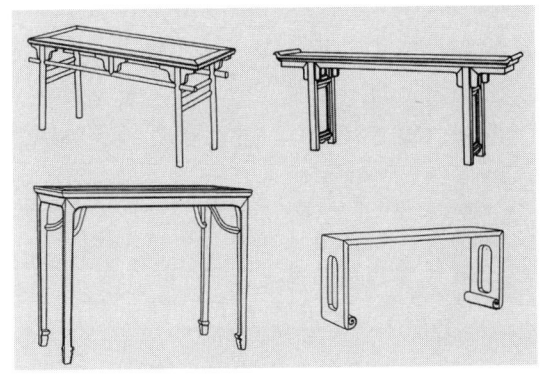

明代桌案:条案,翘头案,条桌,条几

桌面两端向上翘起。桌子长度为宽度的三到四倍。翘起的两端可以防止蜡烛、香、卷轴等物品从桌上滚落。书案或者画案也属于这种类型，其高度为85—90厘米，长度是宽度的两到三倍。放香炉的香案末端翘起或下垂。在寺庙中，香案被直接放在祭坛前，上面放着香炉、香托、花瓶、烛台等。还有一种晚期的组合形式——架几案，案面窄（30—40厘米）而长（150—200厘米），放在两个支架上，带有抽屉、架子，有时还带有小门。放在炕上的炕案高30—50厘米，案面和条案大小相仿。炕案横放在炕或者榻上，用途多种多样。

　　桌子包括大尺寸的正方形桌或者近似正方形的桌子。条桌与案的区别在于桌面较短（长宽比大约为1∶2），高约80厘米。它可以用作餐桌或书桌。在为贵宾举办的宴会上，每人一张桌子，而规格较低的宴会则几人共用一桌。在桌子中数量最多的是方桌，桌面在1平方米以内，高80—87厘米，比欧洲宴会桌高出整整10厘米。餐桌可坐一至四人。因为菜是一道一道上的，即便最隆重的宴会，桌子也无需太大。桌子旁边摆放凳子，较少用椅子，只放一张圈椅给最尊贵的人。进餐之后，桌子被放到墙边或者储藏室，因为在中国没有专门用于进餐的房间。用于祭祀的供桌放在庙里的香案之后，比香案宽。这些桌子上摆满盛放祭祀食物的器皿。用于饮酒的酒桌长1米，宽0.5米。琴桌很窄，长宽比例为3.5∶1，很容易与案混淆。书桌比案更短更宽。炕桌的形式和比例多种多样，与炕案几乎没有区别。明代的桌子还包括月牙桌，有三至四条腿，桌面呈半圆形，直边一端靠墙。圆形的桌子直至清代才出现，被称为圆桌。有些桌子由两张半圆桌拼接而成，不过也有些整体构造的圆桌，有五至六条桌腿。它们被用作餐桌，因此桌子的半径不超过手臂伸直的长度，可供10—12人使用。这种桌子在20世纪的中国餐馆中最为常见。有些桌子带有抽屉（屉桌），比如或许是最晚出现的梳妆台。其鲜明特点是桌面下方带有二至四个抽屉，桌面放置镜子和各种梳妆用具。办公桌尺寸很大，长度只比宽度多三分之一，主要用于各种办公场所。

　　"几"包括不大的桌子，仅限于特定用途或放置特定物品。高几一般都是成对的，

清代桌子：方桌和书桌

用于放置物品；而矮几则放在榻和床上。

中国客户对于柜子和抽屉柜的主要要求是结实耐用。为了满足这些要求，工匠们设计出了有效的结构，合理使用材料，保障产品的坚固性。密室和插销使这些柜子和抽屉柜变成了当时的保险箱。书柜为方形，上端稍窄。高度为1.5—2米，长约1米，宽约0.5米。正面有两扇门，门后放着两三个搁板和两个抽屉。书柜成对制作，置于文人书房中，用于存放书籍卷轴和其他文具。书籍一般横放在架子上。衣物放在两层的衣柜（大柜）中。上层高70—80厘米，用于存放男性必备的服饰，特别是正式场合佩戴的帽子。柜子的整体高度在2米以上，长104—170厘米，宽54—70厘米。上层有一个搁板，下层有两个搁板和两个抽屉。衣服叠好放在搁板上。中部支架借由中央把手很容易取出，不会影响服装叠放。抽屉中放着各种服饰零碎。底部有一个暗箱，上面有盖子，带着一个小的环状把手。里面存放家庭积蓄，外面上锁。柜子一般都是两个、四个或者更多组成一套。顶部开放式的"万历柜"用于办公。

明代的柜（单层）和大柜（双层）

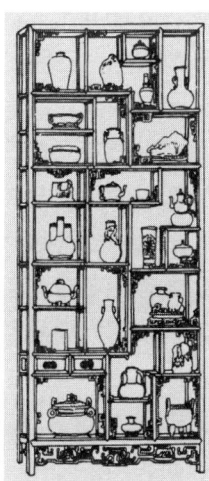
多宝格，明代

中国的抽屉柜还兼具陈列柜的作用，带有抽屉（1—5个）和暗箱，只有把抽屉整个抽出之后才能看到暗箱。闷户橱的顶盖两端明显凸出并上翘，类似于翘头案。五斗橱主要用于女性闺房。家用橱柜存放不常用的东西，如餐具和其他器皿。其上端摆放食碟或者匣子。在家里的供台处，祖宗肖像前面通常放置一个小木橱。寺庙则使用涂漆镀金的大型橱柜，放在祭坛前面或者供桌后面。有些橱柜不仅带有抽屉，还带有搁板和柜门，分为两种：一种带有两端下垂的盖子（柜橱），一种没有（联二橱）。联二橱总是成套制作，彼此紧挨着排成一排。药箱高0.5米多，正面有两扇窗扇，里面有大小不一的多个抽屉，内部还有搁板。

衣箱用于存放暂时不穿的衣物。名为官皮箱或百宝箱的梳妆箱用于存放男女饰物。箱子带有可折叠的插销，能同时卡住上下开的盖子和左右开的门。中国架子的形式、种类数不胜数：从普通的货架到外形奇特的多层高架。架子一般是成对的，它们彼此紧邻或对称放于桌子或沙发的两侧。书橱（书格）崇尚简洁雅致。架格与书架的不同之处在于前者带有三面围起或仅从后面围起的格栅。还有一些专门摆放古董等珍贵物品的多宝格。另有一种放脸盆的盆架。有些盆架带有很高的（165—180厘米）"U"字形面架，用于放毛巾。日常穿的服饰被放在宽大的衣架上。衣架高166—175厘米，由两根立柱和横杆组成，横杆上下各一根，中间有镂空雕花的嵌入物。落地的烛台多是成对的，有一个挂灯用的竖杆，底部有一个稳固的十字形支架。

立地屏风（插屏）自商代就已存在。随着家具变高，屏风的高度也在不断增加，直到两米。屏风在公元前后开始流行。屏风扇的数量和高度也在不断增加。风水师借助屏风调节室内空气和能量的流动。

中国家具虽然没有欧洲家具中所谓的艺术风格，但同时存在着两种截然不同的审美趣味：简洁和繁复，自然与人工，构造性和装饰性。这种艺术传统中的两极性不仅存在于家具中，还存在于中国艺术的各个门类中，是由普遍存在的阴阳对立所决定的。两种风格在不同时期的交替主导推动传统不断向前发展。比如，在16—17世纪的家具制作推崇简洁、自然和构造性，而在18—19世纪则崇尚繁复、人工和装饰性。不过，在所有的历史时期都能感受到对立趋势的矫正作用，以保证整体发展的平稳性和继承性。

欧洲16—19世纪的家具因风格迥异，可将其生产年代的鉴定误差控制在10—15年，而在中国的家具鉴定中则无法做到。早期家具形式与19世纪的差别与其说是风格上的，不如说是对相同艺术原则履行的细节和质量上的。虽然新的技术工艺总是在不断出现，但起决定性作用的永远是艺术形式，任何创新都是通过寻找历史先例而得以确立的。

遵循对立两极相辅相成的原则，艺术形式的和谐被理解为差别迥异的轮廓与表现手法之间的微妙平衡。吸光的木材用反光的金属贴边来平衡，光滑的平面由局部雕刻来补充，细板条要与宽坐面或者门窗的宽平面相邻，有直线形式则必有曲线形式。中国家具的基本塑形原则就是天圆地方。这体现于方方面面：椅子的椭圆形靠背与方形坐面，柜子的方门与门锁的圆形扣环，家具腿外圆内方的截面，直角板条与被修整得浑圆的轮廓。

中国家具的式样在空间上既封闭又开放，由此构成其形式的独特性。中国一直将空间理解为一种流动的环境，其动态特征借由特定的轮廓来协调。配置家具的任务主要在于组织有利的空间循环，因此家具的轮廓是其形式的主要标志。

中国的家具工匠们一贯重视家具轮廓的简洁。其形式不仅包括外部形状，而且包括内部空间。中国家具的最优秀式样是空白与可填充空间的极佳平衡，构成统一的塑形整体。

家具中的构造元素与建筑中的一样，分为被支撑的、承压的和隔断的。不管装饰如何丰富，这些构成部件都分工明确，不过，这种构造性是带有欺骗性的，因为被支撑的部分（屋顶、桌面等）在视觉上不像是向下压的，反而像是悬挂起来的，而支撑部分（柱子、家具腿等）则静态地站立着，似乎并不承受什么重量。因此，各个元素的外观与其构造功能并不相符。对于阳动阴静的认识决定了中国建筑师和家具设计师思维上的开放性，他们致力于达到对立两极的平衡。这最直观地反映在家具腿如被压紧的弹簧一样的蜷曲造型上。

中国实用艺术的一个特点是模仿原则，在一种更为珍贵、更耗费人工的材料上通常会再现更廉价但历史更久远的材质所表现出的风格和结构特点。这体现了中式审美的历史主义以及追求产品质量标准发生蜕变的原则。最受推崇的材料是竹子，无论是新石器时代的玉器、周代的青铜器，还是唐宋的青瓷，抑或是明清的珍贵瓷器，都模拟这种材质。中国的家具工匠们延续了这一传统，在硬木和漆器家具中模拟竹节和蔓草。

中国家具具有最优的人体工学参数，在舒适性上远胜于17—19世纪针对紧身服饰而设计的西欧家具。与此同时，中国家具的心理参数对于在人类中心主义模式下培育的西欧人的感受心理而言并不舒适。中国家具与西方家具在式样上很不相容，在西方的室内格格不入，会损害他们所习惯的舒适性。这是因为，在中国文化中，人的地位很高，但并非独一无二的。他是宇宙三元素——天地人三者中的平等一环，而这三种元素是开放互动的。这种开放性正是西方观念所不能接受的，因为他们从古希腊罗马时代就将人理解为单体存在。同理，中国人也无法欣赏欧洲古典设计，这种设计令其产生了束缚感。

17—19世纪西欧家具风格的迅速更迭表现出一种"游戏"原则,这对于西方文明至关重要,欧洲人借此追寻个体自由。而中国的艺术则普遍是本体论的,对世界构造的理解是遵照其本来形式的。中国文化教导人们运用这种构造获得个人幸福,因此人们对于日常用品的态度是严肃而审慎的。在养生学中,时尚仅仅是中国实用艺术发展的奴婢,而绝非夫人。

*阮长江《中国历代家具图录大全》,南京,1992年。

**В.Г.别洛焦罗娃《中国传统家具》,莫斯科,1980年;В.Г.别洛焦罗娃《中国家具及室内陈设》,莫斯科,2009年;李宗山《中国家具史图说》,武汉,2001年;濮安国《明清家具》,上海,1997年;胡文彦《中国家具鉴定与欣赏》,上海,1995年;杨代欣《中国家具收藏与鉴赏》,成都,2000年;Ecke G. Chinese Domestic Furniture. Peking, 1944, repr.: Rutland, 1962; Handler S. Austere Luminosity of Classical Chinese Furniture. Berk., 2001; id. Ming Furniture: In the Light of Chinese Architecture. Berk., 2005; Tian Jia-qing. Notable Features of Main Schools of Ming and Qing Furniture. Hong Kong, 2001; Wang Shi-xiang. Connoisseurship of Chinese Furniture. Ming and Early Qing Dynasties. 2 vols. Chic., 1990.

(В.Г.别洛焦罗娃撰,李春雨译)

金 银

中国拥有储量丰富的金银矿藏,主要集中在几个地区。最早的采金中心是西北部(甘肃)、东部(山东)和西南部(四川)。山东的金矿开发在10—11世纪最为活跃,当时能够出产重达1千克的金矿石。在四川,金以颗粒的形式存在于冲积层中(筛金)。不过金储量最大的地区是广东、广西和云南等省区。广东省不仅有金矿(在广东省南部),而且有含金的河流和水库。据文献记载,唐代广州市郊有一个湖,湖水富含金,当地居民甚至专门养殖鹅鸭,从其粪便中收集金。银矿主要集中于东南部(福建、广东)和南部(广西、贵州和云南)。在很长一段时期内,银矿开采的主要中心一直是福建。这里的银存在于银铅矿石中,因此从铅矿中收集,每384份铅矿石只能产出一到两份银。有记载显示,9世纪中叶福建省拥有42个精炼作坊，年产银800千克。

在中国，金银不仅是珠宝原料，而且是货币金属。中国最古老的金钱是位于长江中下游地区的楚国（前11—前3世纪）发行的金锭。金锭大约从公元前7世纪开始在此地流通（取代其他国家普遍使用的铜钱）。金锭扁平，有时呈规则的四角形，重量从8.21—17.53克到309—437克不等。在秦代和西汉，标准重量的金锭（分别为304克和244克）成为国家货币。与此同时，西汉时期还使用前4—前3世纪开始流通的银锭作为国家货币。金钱的价值原则上与其所含金属的价值相同：单位金钱价值是单位银钱价值的10倍，单位银钱价值又是单位铜钱价值的10倍。因此，在前2—前1世纪，金成为首要的支付和储蓄工具：用金锭数量来衡量国库储蓄、支付额度及个人财产。在东汉和六朝时期，金锭和银锭继续在国家的货币体系中占据首要地位。或许是在外来货币（包括萨珊王朝的德拉克马银币）的影响下，政府曾有几次（在536年和562年）试图将金币和银币引入流通领域。不过，早在5—6世纪就形成了一种趋势，即银作为货币，其地位逐渐超越金。在北宋时期，银最终成为最主要的货币（和铜币一起）。当时确定了两种最主要的银锭形式：银饼（扁圆形）和银锭（束腰状），其重量分别为150克、350克、700克、1250克和2500克。在中国的度量衡体系中，其重量用两计算，一两等于50克。尽管自14世纪末开始，政府逐渐减少银钱的使用，增加铜钱和纸币，但银的货币职能在后续朝代仍得到延续。国家的货

财神像，其周围是银锭造型的物品
（源自中国年画）

币政策使得银锭价值增加且转化为普遍的储蓄方式。比如，在16世纪出现过一系列高官巨贾，其财产多达几百万两白银。白银同时还是外贸和贡赋的主要支付方式。也难怪朝廷总是白银短缺，只好从东南亚和中亚国家进口，从18世纪开始大量进口墨西哥银币。因此，银锭变成了通用的财富代码，其图像出现在寓意吉祥的图画中，成为掌管财富的神明——尤其是财神——的专属。白银制品（银器）和白银首饰在中国与金器一样受重视。

天然金银由于质地柔软，在用于工艺美术时必须与其他金属制成合金使用。中国流行的金银合金珠宝与欧洲合金珠宝乍一看相差无几，但实际上，中国工匠考虑的不是原料的化学成分，而是其审美效果，这就形成了与欧洲不同的贵金属合金体系，因此，同样一个术语可以指代不同原料。中国的工艺美术使用三种最主要的含金合金：黄金、白金和赤金。黄金由金和银构成，最为珍贵，审美价值最高；白金也是金银合金，但银的含量更高；赤金为金铜合金，在中国被认为是最差的。白金还用于指代19世纪开始使用的金箔，而赤金也用于指代铜。还有一种含金合金，虽然被称为赤铜，却是由金、铜和锑构成的。有文献中还提到了紫金，从六朝时期开始用于珠宝制造业，直到明代。不过目前尚未出土任何一件使用该种合金的真正文物。在当代研究中有一种推测，认为紫金或许与著名的埃及淡紫金在工艺上近似。埃及淡紫金中含有铁，因此在加热时会产生粉红色或淡紫色的覆盖物。最流行的银合金是一种被称为白铜的原料。它早在汉代就被开发出来，由银、铜和镍构成。目前这一术语（在欧洲被称为"beitung"）在中国被用来指代铜镍合金（镍含量50%以下）或者锰铁合金，其外表与银相似，用于制作妇女饰物和纪念品。

最早使用金箔的实例出现在殷商（前17—前11世纪）末期，应该是用来装饰漆器的。在后续的几个世纪，金在中国工艺美术中极少出现，应该是受外来艺术传统影响的结果。比如，金器最常见于古代秦国（前8—前3世纪）的墓葬中，秦国出现在古代中国版图的边缘（今甘肃省和陕西省），与斯基泰—西伯利亚民族的居住地毗邻。中国贵金属实用艺术形成的最初阶段是在战国时期。金和银开始广泛用于青铜器镶嵌，以及带钩、衣裙上的金属片和其他贵重饰品的制作。在工艺美术中使用金银最为频繁的是楚国和中山国，这两个国家分别位于古代中国的南部（长江流域）和东北部（今河北省境内）。正是在南部地区最早开始制作全金属器具，其物证包括曾侯乙墓出土的金质餐具。

令人同样感兴趣的还有一把使用镂空浇铸技法制成的剑柄，以及一件由金项链（长40.7厘米）和舞女形状的玉坠

错金铜带钩，战国时期

组成的胸饰。项链环环相扣，表明当时中国的珠宝工匠已经掌握了金编织技术。

据考证，在战国以前就开始了器具镀金的实践，起初采用最古老的形式——用薄金片覆盖木胎或青铜胎。这些金片被锻造而成，背面带有浮雕装饰。周朝末期，中国的工匠可能已经掌握了冷热两种经典的镀金工艺。周朝墓葬中出土的银器比金器要少得多，但银器生产同样开始出现。根据考古发现，银器最主要的生产中心位于东部（今山东省），其中出产各种形式的浇铸器具，装饰丰富。

在汉代，金银器具的种类有所增多。和此前一样，金主要用于首饰加工。当时最为典型的是黄金带钩，通常采用斯基泰艺术风格，这种风格是中国工匠通过匈奴人的艺术传统接触到的。

斯基泰装饰风格的黄金带钩，前2—前1世纪

汉代金匠最重要的技术创新是粒化技术，其奥秘在于在金属胎上焊接同种金粒。该工艺是将金粒在木炭粉中加热，由此形成金质碳化膜，借此将珠子固定在器物表面。该技术起源于古罗马时代流行的伊特鲁里亚文明的艺术，大概是从印度传入中国的。最初当地的金珠尺寸较大，直径在0.5—1毫米不等（而伊特鲁里亚人使用的金珠直径为0.14毫米）。金粒用于制作整体背景或者为嵌入物加框。其物证包括于朝鲜（今平壤市附近）出土的一件明显出自中国的带钩。上面装饰着龙的浮雕形象，其背景是由珠子构成的涡纹，并镶嵌绿松石。

汉代，银主要用于制作宴饮用具（碗、尊）和盥洗用具。还有银质的墓葬雕塑品和专门的墓葬器具（比如面具）。在银器生产中使用浇铸、镀金、镶嵌等工艺。六朝时期，金银获得了文化象征意义，这在很大程度上是拜道教和佛教观念所赐。在道教观念中，金被认为是完美的金属，本身不受损害（因其抗腐蚀特性），也能赋予人类机体同种特性。因此，它们在道教制作"长生药"的炼丹术实验中发挥了主要作用。当然，道教使用的是专门准备的实验用金。不过对于金的神奇特性的信念也扩展到了自然物质上。在佛教观念中，金银领衔最主要的自然宝物名单（七宝），它们与最高的精神价值相对应。在六朝时期的诗文中，经常提到金器，如首饰、餐具等，这间接证明了黄金工艺的流行和发达（尽管尚无考古材料证实）。同样有理由推测，正是在这一时期，中国的珠宝业受到了佛教艺术文化和苗族工艺美术的一定影响，苗族掌握高度发达的银加工工艺。这些民族的首饰中包括箍（项圈的一种），上面带有珠串、避邪物和小铃铛。银质小铃铛或许也是某种首饰的配件，经常出现于中国4—5世纪的墓葬中。大约在6世纪，根据考古发现，少数民族聚居的中国北部地区开始流行模仿中亚风格的银质餐具。

中国金银工艺演变的全新阶段出现于唐代。至今留存大量实物，有些是考古发现，有些被收藏于日本。日本藏品源自8—9世纪从中国进口的器具，包括各种首饰（如耳环、手镯、戒指、头饰）、餐具及宴饮器具（盘、碗、尊）和佛教法器。同样丰富多样的器具被发现于法门寺（陕西省宝鸡市附近）的修复过程中。其中包括鎏金银盆（重6265克），一根木质的镶满金银珠宝的寺庙住持锡杖，还有一套小匣子，里面据说曾经装过当时运往中国的最珍贵的舍利——佛祖的指骨舍利。

套匣一共有八个，相互嵌套。最外面的匣子由檀香木制成，接下来的三个分别为镀金白银、纯银和镀金白银。第五个小匣子为金质，装饰着观音菩萨的浮雕像。从内向外数第三个小匣子为金质，第二个小匣子为玉质，两个匣子都镶嵌着珍珠和石头。最里面的小匣子呈金塔状。

唐代中原地区金属浮雕工艺的鼎盛与其他地区珠宝工艺的影响不无关系，包括吐蕃和萨珊王朝。吐蕃手工艺（文献中关于宫廷供奉的记载）就制作工艺和艺术水平而言，在远东地区无出其右者。比如，据说当时从吐蕃运来了巨大的金质雕塑

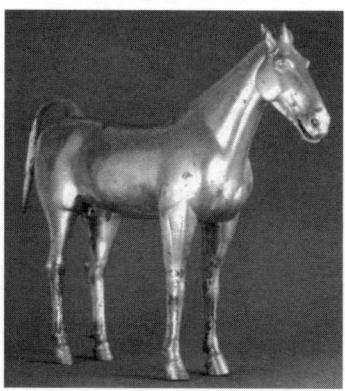

鎏金铜马，西汉

中亚风格的鎏金银壶，6世纪下半叶

器物（高2米多，重达500千克）以及金质城市模型，上面有骑士、战马、大象和狮子的形象。萨珊王朝的艺术促进了镂刻工艺的发展，后来成为独立的珠宝工艺，为中国的珠宝行业增添了全新的金属加工工艺——刻。这些技法和工艺很有可能是波斯工匠传授给中国同行的。金刻，特别是银刻广泛地应用于餐具制作。在装饰图案中，波斯工艺美术主题极为流行：皇家狩猎的场景、葡萄藤蔓对称花纹（源自古罗马的装饰元素）、狮子形象等。

为装饰这些器皿，工匠们使用镀金、金属镶嵌和金属雕刻等工艺。艺术构图通常雕刻于密集地刻画着细小的圆圈的背景上，或者使用背面模压浮雕或局部雕刻。波斯和印度佛教的形象与主题被积极引入饰品装饰。此方面的例证是带有金质顶端的木梳，上面装饰着以背面模压技法制成的后肢站立的狮子图案，周围是嫩芽和枝叶构成的花纹。中国工匠对外来形制和装饰的青睐并未造成民族工艺手法的失传。在同样的餐具中，有很多波斯装饰风格的器具在形式上与中国古代青铜器十分相似；反之，也有一些外来形式的器具中使用了中国传统装饰图案。这样一来，当地与外来装饰元素融合的起始时间点就得到了界定。

伊朗艺术中典型的图案——花、植物藤蔓、棕叶饰和神话动物——经常与凤凰、龙、虎的形象相伴出现（后来融合到一起）。比如，一把梳子（7—8世纪）的银质涂层上装饰着凤凰图案（也可能是孔雀），周围则环绕着相互缠绕的植物。另一件头饰中结合了佛教的莲花和涡纹，以及龙凤呈祥纹，整个图案以纤细的银丝在银片上构成。

对后世中原金匠产生重要影响的是11—12世纪毗邻民族的工艺美术，首先是建立了辽国（907—1125，今河北、辽宁、吉林）的契丹族。根据最新的考古材料，金银器，特别是金器在辽地甚至比在中原地区还流行。如今已经出土了很多真正独一无二的器具，首先是一顶王冠（直径28厘米），由四个半圆形金片组成，以镂空雕刻技法装饰，以金箔组成的装饰细节作为补充。王冠的花纹包括中间金片上的凤凰戏珠图案，以及细密的花样镶边。

另一个有趣的考古发现是一个头枕（高17厘米，宽30厘米），其形状是一个躺在莲蓬上的裸体男孩（这个构图让人联想起佛教的"莲花宝座"）。在其向上举起的四肢上放着一张荷叶，荷叶上面刻有双龙戏珠图案。

还有一系列仿造瓷器形状的金器，图案装饰极其繁复，既有中国元素

（如凤凰、莲花），也有极具特色的图像——龙头鱼身，且长有弯角、翅膀和鳍的生物。该形象的原型有可能是印度神话中的水生动物之王，曾在中国唐代的珠宝制作中出现过，11—12世纪以后销声匿迹。但在契丹人的艺术创作中，它却成为最受欢迎的主题之一。

制作金银器的实践在元代也十分活跃，尤其是餐具生产。据威尼斯著名

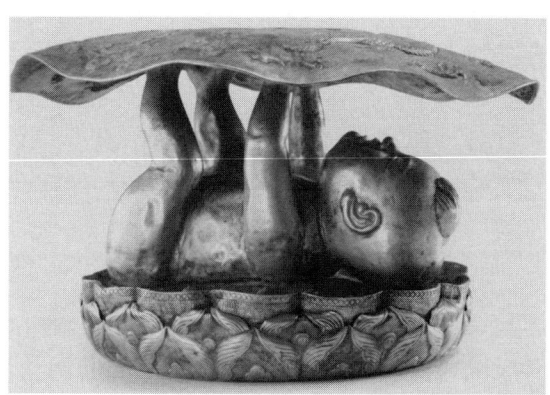

婴戏荷叶形金枕，11—12世纪

旅行家马可·波罗回忆，皇宫拥有大量的金银餐具，以至于首次步入宫廷用膳的人看到餐桌时目瞪口呆。银器的生产中心位于北京，银器生产至今仍是中国珠宝业的主要领域之一。北京作坊的产品——银质酒杯和咖啡杯等因其造型精美、比例得当、装饰雅致而闻名。

古代中国金银制造史——尤其是私人饰物制造史——的最后一个阶段出现在清代。清代珠宝业最重要的特点是综合使用此前发明的所有工艺和装饰手法：浇铸、雕刻、冲模、镀金、花丝、镶嵌。与此同时，又从满族和欧洲艺术中借鉴了很多技法。比如，结合了满族用珍珠、彩石、珊瑚、玻璃珠串装饰金属首饰的技法。中国珠宝业对于欧洲艺术的借鉴是使用精细打磨的石头，以及从19世纪下半叶开始在金属胎上使用透明的彩色珐琅，并雕刻图案。

镂空凤鸟纹金冠，辽代

当前中国对于金银器具的消费需求不断增长，不管是民族风格的，还是欧洲风格的。尤其是金的流行程度激增，对中国传统珠宝业更为青睐的银形成明显冲击。比如，在20世纪90年代初，中国与东南亚国家一起每年消费998.7吨黄金，几乎相当于东欧、西欧等国和美国、加拿大消费量的总和（1009吨）。仅在中国，金的年消费量从1989年到1994年就增长了4倍多（从39吨到215吨）。1994年中国珠宝业用于

生产首饰的黄金达203吨，其中大部分是相对便宜的软金（成色为990—999）项链和首饰，消费群体主要为中国和东南亚国家的农村人口。中高档黄金珠宝的产量也有增长，材质主要为585金（14K金），均价为350—500美元。其中绝大部分是欧洲风格的首饰，有些镶有钻石。它们在北京和其他的大型工商业城市，特别是上海和广州，需求巨大而稳定。中国也出口很多首饰产品，目前（包括香港和台湾地区）已经在东南亚国家珠宝制品进口市场中占据主导地位，在世界市场占据第四位，女性饰品出口量占据第一位。据专家预测，在21世纪，中国将成为生产和出口中低档黄金制品最多的国家。

**A. A. 贝科夫《中国钱币》，列宁格勒，1969年；M. E. 克拉夫佐娃《中国艺术史》，圣彼得堡，2004年；R. 库珀、J. 库珀《中国艺术杰作》，译自英文，明斯克，1997年；A. 德·莫兰《工艺美术史》，莫斯科，1982年；《上海博物馆珍品》，上海，2007年；Э. 舍费尔《撒马尔罕的金桃：唐代舶来品研究》，译自英文，莫斯科，1981年；《金银玻璃珐琅器》，见《中国艺术全集》，第10卷，北京，1979年；周汛、高春明《中国历代妇女装饰》，上海，1997年；Ancient Chinese Art. N.Y., 1985; Lawton Th. Chinese Art of the Warring States Period. Change and Continuity. Wash., 1982; Possessing the Past. Treasures from the National Palace Museum, Taipei. Taipei, 1996; Relly C. W. Chinese Gold and Silver in American Collections. Dayton, 1984; Singer P. Early Chinese Gold and Silver. N.Y., 1971.

亦可参见"珠宝首饰"的参考文献。

（M. E. 克拉夫佐娃撰，李春雨译）

玻　璃

玻璃，作为陶瓷器中一种易熔的釉料，最早（约公元前3800年）出现于埃及；而作为一种独立的手工艺原料，最早出现于美索不达米亚（约公元前2500年）。玻璃生产的基础是熔化技术，需要将专门准备的材料加热到结晶状态，然后冷却。成分包括硅酸盐石英、硅（石英砂——二氧化硅）、石灰石（石灰）、碱（小苏打、草木灰）以及少量金属（铅、钡、钠）。玻璃原料用以上金属氧化物着色，与制作景泰蓝和珐琅彩的金属氧化物相同。在玻璃画（以及瓷器画和金属画）中使用的硅酸盐（玻璃）颜料——一种彩色的熔合物，是在熔化玻璃的前期将程序中断而得到的（硅酸盐形成）。

学界关于中国玻璃生产的起源问题（最早的书面记载是公元前2世纪）在很长时间内一直争论不休，特别是由于中国用来表示玻璃制品的术语——玻璃和琉璃比较多义，这两个术语也可能有其他含义。比如，琉璃是对梵文绿柱石（Vaidūrya）的音译略称，在中国传统文献中既可指代绿柱石，也可指代其他表面无光泽、带有纹理的矿物，比如青金石和某些玉石；玻璃经常用来指代云母、水晶和透明玉。

早在20世纪60年代就有观点认为，最早使用玻璃的中国制品（作为釉彩的装饰膜或者金属制品的镶嵌材料）出现在公元前5—前3世纪，即周朝末期的战国时期。20世纪最后二十年的考古发现表明，铅玻璃，即后来所谓的琉璃，早在周朝初期就已经开始使用，这方面的物证是一些小型玻璃制品，比如于洛阳市（河南省）附近出土的一对制作于公元前11世纪的奶白色珠粒。虽然保存下来的最早的玻璃制品十分罕见，且其鉴定常常疑点重重，但目前的主流观点认为，中国的玻璃生产始于公元前一千纪的一次独立的技术发明。据推测，玻璃生产是从高度发达的中国古代冶金业分离出来的；根据另外一种观点（著名学者杨伯达也持这种观点），玻璃可能

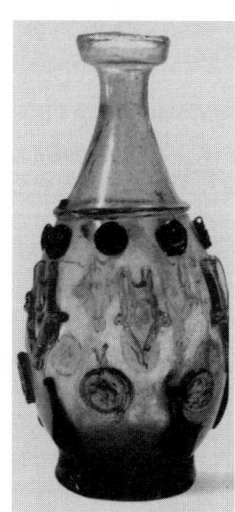

盘口细颈贴塑淡黄色琉璃瓶，法门寺出土，唐代

是在制作陶瓷的过程中偶然发现的。今天已知为数众多的例证表明，中国古代用多彩玻璃（绿色、红褐色和蓝色）制作珠串，其杰作完成于战国时期。这些珠粒一般尺寸较大（直径约5厘米），而且中心一般都绘有大小不一的带瞳孔的眼睛图案。中国"蜻蜓眼"的珠粒与埃及出口制品的原型十分相似。类似的珠粒被发现于中国西部地区公元前4世纪的物品中。这种珠粒在中国的流行程度可通过出土物分布的广泛性来证明——西至新疆，东至山东，北至河南，南至广东。这种珠粒在长江流域和古代楚国境内也很流行。为了制作珠子，周朝末期以降，除浇铸法之外，还使用玻璃毛坯雕刻技法，这比用石质工具在珠子上雕刻要轻松一些。不过大部分古代珠子都采用缠丝法制胎。在此过程中使用各种材料，包括中国手工艺者已经习用的高岭土。除

了作为青铜首饰的镶嵌物（垂饰、带钩）和刀剑的护手，琉璃还用于制作独立的器具。首先是一些祭祀用途的，比如璧。璧多为玉质，使用玻璃时选择白色和奶绿色的，这种玻璃在烧制过程中加入了铅或锡，因此成为半透明的。在后续的历史朝代，铅玻璃继续被当作矿物替代品使用。比如，在汉代，用于出口的玻璃珠串生产仍然保留着，包括带有眼睛图案的，只是玻璃制品的质量下降了。出现于汉代的新型珠子的生产一直延续到清代，呈球形或者椭圆形，带有纵向凹槽。

流传至今的玻璃制品或带有玻璃镶嵌物的饰品以唐代为最。一些研究者（如Э.舍费尔）认为，琉璃用于指代一些类似青金石、绿松石和绿柱石的哑光玻璃（当代术语——珠宝）。在唐代，这种玻璃与宝石同价，用于制作私人饰品（垂饰、手镯），比如在日本旧都奈良市的佛寺宝库正仓院中就有这种饰品。托莱多美术博物馆中的藏品，比如仿玉玻璃璧和像光玉髓的小玻璃制品，目前被认定为7—10世纪的作品。

早期中国玻璃不仅铅含量较高，钡含量也较高。这些金属应该是存在于原料中的。其中铅的含量（5%以上）保证了要素的最佳熔化度及成品的优秀质量，使其富于光泽、易于雕刻，但也会使玻璃变脆。钡在唐代以后完全从玻璃的成分中消失。铅的含量在元代和明代虽有所减少，但仍然持续至17世纪，并非如过去一些研究者（如李约瑟和Э.舍费尔）所坚称的那样，大约从唐代起铅玻璃便被钠玻璃完全取代。值得注意的是，在17世纪，除中国人之外，铅玻璃似乎再无人生产了。清代制作的玻璃制品表面磨损程度较高，一些研究者（如P.哈代）认为，其原因在于为提高焙烧质量而加入的钙（石灰）含量过高。

按照当代的观点，玻璃这一名词最初用于指代透明玻璃（含钠），这是从中亚或近东地区（通过丝绸之路）传入汉朝的。钠玻璃在中国的生产大约在六朝时期开始形成，黄河流域自4世纪处于少数民族政权的控制之下，当地政权积极邀请外来工匠，开始了这种玻璃的生产。中国目前已知最古老的这种玻璃制品是从北魏墓葬中出土的小器皿（高4—7厘米），使用的是绿色和蓝色玻璃，带有紫色、黄色和红色的斑点，表面用相互交织的条带状浮雕花纹作为装饰。隋代时，钠玻璃生产进入了全新的发展阶段。此方面的证据是该时期生产的绿色和蓝色的透明玻璃器皿，模仿单色陶瓷。唐代，这种玻璃制品的种类极大增多，从首饰（最常见的是淡绿色和琥珀色的玻璃手镯，分别仿玉和琥珀材质）到各种餐具。这一时期的优秀制品包括一个黄绿色的玻璃罐子，带有弯把手和鸟喙一样的罐口；绿色玻璃碗，外形为一朵花，其外轮廓从器身平缓过渡到边缘，复制了此前的瓷器制品的形状和装饰。

尽管国内玻璃生产成绩斐然，但在唐代最受青睐的是从费尔干纳、托卡里斯坦（巴克特里亚）等地区和罗马、拜占庭等帝国进口的彩色钠玻璃制品。进口玻璃在颜色鲜艳程度上不如国内玻璃，但在坚固程度上远远胜出。这使得中国人在几个世纪内不止一次求助于西方工匠，或许也正因如此，才导致中国本土没有玻璃生产的错误观点。另外一种观点认为，中国人此前根本不了解彩色透明玻璃的生产，直至清代才由欧洲人引入。20世纪的考古发现证实，早在南宋时期就存在一系列大型玻璃生产中心，位于今苏州（江苏省）和杭州（浙江省）地区。清代，在广州（广东省）、博山（山东省）和北京都有玻璃作坊；而且根据考古资料，博山的玻璃生产早在元代就开始了。值得注意的是，陪同英国马戛尔尼勋爵出使中国的吉兰博士在1793—1794

玻璃画珐琅葫芦式鼻烟壶，清乾隆时期（1736—1795）

年写道，在这一时期中国只有进口玻璃，而且就连广州由欧洲人开办的作坊都处于萧条中。后半句话可能是公正的，但这种萧条只是暂时的，因为根据西方作者（如卫三畏）的介绍，在19世纪下半叶，广州被视为玻璃生产的领头羊。

大约在10—11世纪，中国对于彩色玻璃的热衷开始衰减（与唐代相比），而本土玻璃的生产技术仍在继续完善。比如，明代生产的一些制品带有雕刻和铸造而成的细节，使用染色玻璃。与此同时，主导地位仍为浇铸工艺占据，虽然早在唐代工匠们就掌握了吹制玻璃的技法。

玻璃生产的巨变出现于17—18世纪之交，1696年康熙皇帝在北京建立了负责玻璃生产的宫廷作坊，隶属造办处。该举措引发了一场"革命"，通过西方传教士，中国工匠吸收了欧洲的经验。很多传教士担任宫廷玻璃作坊技术总监，比如纪理安（1655—1720，1694年起在中国）。至18世纪中期，宫廷作坊仅生产小型玻璃器具（比如鼻烟壶），数量极其有限。比如，北京故宫博物院收藏的玻璃制品，康熙年间的仅一件，雍正年间的12件，乾隆年间的数百件。就内容和构图而言，玻璃制品的款识与同时代的金属珐琅器和瓷器类似。御用品一般包含皇帝年号，由四个或六个汉字组成，置于方框中或者排成一列，以楷书写成，偶用篆书。目前确定，乾隆年间中国的玻璃制品生产达到了前所未有的高度，尽管专家认为，在带有该时期款识的文物中只有近60件是毋庸置疑的真品。日常和礼仪用玻璃制品（碗、盘以及祭祀用花瓶、香炉、烛台等）主要为带有浮雕的多层彩色玻璃制品、毛玻璃制品或透明单色玻璃制品（琥珀黄、蓝色、蔚蓝色或者绿色）。在多层彩色玻璃制品中流行高浮雕，而在单色玻璃制品中则采用浅浮雕和细雕，这一时期的雕刻能够借助专门的轮式刻刀或者金刚石笔完成。在西方研究中，清代多层玻璃制品被称为"浮雕玻璃"（cameo-carved），即用雕刻装饰的、类似浮雕宝石花纹的制品（指的是古希腊罗马或者后世仿制的浮雕宝石制品）。在双层玻璃制品中搭配使用奶白色和红色，粉红色和绿色（或蓝色），白色和蓝色，红色和橙黄色，黄色和绿色；在三层玻璃制品中经常搭配使用粉红色、黄色和黄绿色。在很多情况下，使用相对浅色的玻璃作为背景。乾隆年间的艺术玻璃是熔化、吹制和模铸的器皿，无论厚度如何，皆浑然一体；其支脚一般与器身紧密相连，作为统一整体的一部分。在仿制古代青铜器的器具（如三足鼎的香炉）上刻有从三足鼎借鉴而来的几何动物图案（最常见的是饕餮纹）；在单色物品上书写诗句（比如乾隆皇帝的诗）。

宫廷作坊的鼎盛时期终结于嘉庆（1796—1820）初期，到19世纪时大部分质量上乘的工艺美术玻璃器具为北京私人作坊所生产，包括鼻烟壶，这是一种独特的实用品，其在中国的出现受到了欧洲的影响。清代鼻烟壶一经问世即成为收藏品，目前收藏于众多博物馆（包括北京故宫博物院、伦敦维多利亚博物馆和阿尔伯特博物馆、圣彼得堡艾尔米塔什博物馆）以及世界各地的私人藏品中。鼻烟壶是一种小瓶子（高5—8厘米），带有软木塞和配套的取鼻烟用的小勺，是由葡萄牙水手从新大陆带到欧洲去的，后借由欧洲使节和传教士传入中国。作为朝廷文化创新的象征，鼻烟壶在清代艺术玻璃制品中占据特殊位置。玻璃鼻烟壶的制作和装饰方法多种多样。经常使用浇铸法，为了获得多层玻璃，向同一个模子中浇灌特定颜色的熔合物两至三次。在一些鼻烟壶中，染色的毛玻璃会带来瓷器或石器（玉、光玉髓、大理石）的效果。据T. Б. 阿拉波娃鉴定，艾尔米塔什博物馆收藏的一件18世纪的仿大理石鼻烟壶制作于北京，有可能模仿了威尼斯的玻璃小瓶。一些玻璃鼻烟壶带有黄金绘饰或者技术复杂的多色珐琅绘画，色调为绿色系或者粉色系，该技法同样用于瓷器和金属珐琅器装饰。19世纪初，开始在无色或浅色的透明玻璃瓶身上创作精细绘画，而且是画在内壁。内容有山水、通俗文学作品和戏剧作品场景、八仙图案、花鸟、吉祥图案等。玻璃鼻烟壶的制作一直延续至今。

不过,整体而言,至19世纪,玻璃在中国已经成为制作廉价女性饰物和实用品(镜子、窗玻璃和灯玻璃)等手工艺品的材料。

**Т. Б. 阿拉波娃《中国鼻烟壶》,圣彼得堡,1993年;М. Е. 克拉夫佐娃《中国艺术史》,圣彼得堡,2004年;М. В. 克留科夫、В. В. 马良文、М. В. 索夫罗诺夫《中世纪初的中国民族》,莫斯科,1979年;А. 德·莫兰《工艺美术史》,莫斯科,1982年;М. А. 涅格林斯卡娅《中国清代珠宝饰品:历史、寓意、审美》,莫斯科,1999年;Э. 舍费尔《撒马尔罕的金桃:唐代舶来品研究》,译自英文,莫斯科,1981年;《金银玻璃珐琅器》,见《中国艺术全集》,第10卷,北京,1979年;吴山编《中国工艺美术大辞典》,南京,1989年;杨伯达《关于我国古玻璃史研究的几个问题》,载《文物》,1979年第5期;A Chorus of Colors. Chinese Glass from Three American Collections. S.F., 1995; Arts of China. Vol.1. Tokyo, 1968; Brill R.H., Martin J.H. Scientific Research in Early Chinese Glass. N.Y., 1991; Francis P. Glass Beads of China // Arts of Asia. Sept. -Oct., 1990; Harada Y. Chinese Dress and Personal Ornaments in the T'ang Dynasty. Tokyo, 1970; Hardie P. Chinese Glass: the Qianlong Conundrum // Oriental Art. Vol. XLIV, No 2, 1998; Kleiner R. Bob C. Stevens' Collection of Chinese Snuff Bottles // Arts of Asia. Jan.-Feb., 1982; Lawton Th. Chinese Art of the Warring States Period. Change and Continuity. Wash., 1982; Moss H. By Imperial Command. An Introduction to C'hing Imperial Painted Enamels. Hong Kong, 1976; Needham J., Wang Ling, Robinson K.G. Science and Civilization in China. Vol.4. Cambr., 1962; Singer P. Early Chinese Gold and Silver. N.Y.,1971; Scott H. The Golden Age of Chinese Art. The Lively T'ang Dynasty. Tokyo. 1970; Stevens B.C. Chinese Painting as Seen Through Snuff Bottles // Arts of Asia. Jan. -Feb., 1982; Wan Go Wen, Yang Boda.The Palace Museum Peking Treasures of the Forbidden City. N.Y., 1985; Williams S.W. The Middle Kingdom. Vol.1. N.Y., 1883.

(М. Е. 克拉夫佐娃、М. А. 涅格林斯卡娅撰,李春雨译)

工艺珐琅

錾胎珐琅和景泰蓝 中国最著名的金属胎工艺珐琅是錾胎珐琅、景泰蓝和画珐琅。錾胎珐琅未能广泛流行。它们使用模压或雕刻金属做胎,以珐琅这种彩色玻璃状的物质作为装饰(被熔入金属表面的凹处)。其艺术效果经常令人联想起宝石或者玻璃镶嵌。可能正因如此，一些研究者倾向于在远古器物中寻找其类似物。古代（前2000—前1000年）个别青铜礼器和武器部件就镶嵌有彩色石头和玻璃。有些产品中的嵌入物是借助焙烧固定的，这可以视为后来錾胎珐琅器的原型。日本的收藏品中含有少量此类制品，可能是唐代制作的。在15世纪上半叶公布的一些制品中结合了錾胎珐琅和景泰蓝两种工艺，这些制品为著名收藏家皮埃尔·奥尔德里所有。中国及国外大部分著名博物馆或私人收藏的中国珐琅器都是清代的。现在有理由认为，在清代之前，中国尚无真正的錾胎珐琅生产：北京故宫博物院的专家们认为，其发轫应该是在清代。中国的术语"錾胎珐琅"是对"冲模胎珐琅"的字面翻译。在欧洲语言的科学文献中，各个文化系统的錾胎珐琅被统一称为"champlevé"（法文名称）。

自古至今，在中国最受欢迎的是景泰蓝。它在文献中还有另外一个统称——掐丝珐琅（cloisonné，源自法语"嵌格"）。这一术语体现了生产过程的实质——在生产类似制品时，彩色的珐琅粉末通过焙烧熔于由金属嵌格线组成的图案网格中。金属胎珐琅器最初是在中世纪从拜占庭和中东地区经外贸途径进入中国的，明代初期被称为"大食窑"（阿拉伯焙烧器），其出现刺激了中国类似生产的发展。景泰蓝这个流行的中国术语按字面意思可翻译为"景泰时期的蔚蓝色器具"，景泰指的是明代宗的年号（1450—1457），这是中国景泰蓝珐琅器的繁荣时期。体现技术特性的术语——掐丝珐琅，主要出现在中国的专业文献中。景泰蓝生产的主要中心是北方的北京和南方的广州、扬州。扬州位于长江流域，是大运河的枢纽，过去是中国南北贸易的中转站。在19世纪，特别在光绪年间（1875—1908），北京除了宫廷作坊，还有私人作坊。宫廷作坊的产品通常带有皇帝年号作为款识。

中国人早在古代就掌握了青铜铸造技术和彩色玻璃烧制技术，这些技术和材料成为后来珐琅器生产的基础。北京的宫廷珐琅作坊，可能是在元代建立的，当时为了给宫廷制作器具，从工艺发达的国家引进了工匠和技术。在北京故宫博物院的珐琅器名册上，有些器具在我们看来是属于元代的，不过其中过半数都带有景泰年号

乌龟男童造型香炉，嵌珐琅，镀金，18世纪上半期

的款识。看来，关于元代是否已经存在成熟的珐琅制作工艺的问题尚未完全解决。中国景泰蓝艺术在清朝统治时期臻于极致。这并不奇怪：景泰蓝装饰鲜艳花哨，是较晚才传入中国文化系统的，在很大程度上并不符合中国传统的审美标准。中国14世纪的收藏家曹昭撰写的《格古要论》中的一个观点被很多人引用：认为珐琅器不适合文人学士冷清而含蓄的书房，只适合妇女的闺房（在此确实得到广泛使用）。不过满洲贵族喜爱珐琅，因此，在清代类似制品成了学者书案上的必备品；清代寺庙中通常摆放着祭祀用的珐琅制品；皇帝的行宫中满是珐琅器，皇帝的寝宫也是如此。康熙皇帝高度关注珐琅器的生产和收藏，在其授意下，中国工匠掌握了新的珐琅制作工艺，比如画珐琅技法。康熙皇帝之孙乾隆皇帝也对珐琅器生产十分重视。

中国工匠主要使用铜和铜合金作为珐琅器胎。台北故宫博物院的专家所进行的化学分析表明，明代景泰蓝瓷器所使用的合金通常含70%—80%的铜，20%—30%的锌，不到1%的锡和铅。在清代，除纯铜之外，还使用类似的合金，并允许将多种材料（纯铜和铜合金）结合使用。从17世纪下半叶开始，除传统材料之外，还使用铁。在雍正和乾隆年间，珐琅胎有时使用纯金制作。在另外一些情况下，在生产过程的最后，没有施珐琅彩的金属部分通常会镀金。明代工匠使用的镀金工艺（也被称为"火镀金"，使用汞剂）很早以前就在中国出现了。这一装饰涂层，在今天几乎已经从很多明代珐琅器中消失了，而在清代珐琅器上则保存完好，这不仅因为其生产年代要晚得多，而且因为镀金质量更好、金层更厚。从19世纪下半叶开始，生产程序机械化，开始使用电镀金。一般而言，银在中国传统珐琅器制作中并未起到重要的装饰作用，但在清末和20世纪初叶的作品中，可以找到整整一类的银胎或者镀银胎器具。这一时期似乎也开始流行将金属所生绿锈作为装饰。除了镀金、镀银和绿锈等技法，早在明代就开始使用单色珐琅。就化学成分而言，珐琅属于硅酸盐（铅硅酸盐玻璃）。通过在合金中加入氧化砷、氧化锡、高岭土等抑制剂而达到不透明的效果。色彩则通过添加金属氧化物而获得。比如，添加铜能够得到蓝绿色、绿色和红色，添加锑能够得到黄色，添加锰能够得到紫色和紫红色，添加铁能够得到红褐色，添加钴能够得到深浅不一的蓝色。台北故宫博物院专家的研究资料显示，在极个别情况下，为了得到红色，在景泰时期的珐琅器中使用类似玛瑙的碎矿石。第一道工序是将矿石在1300℃—1400℃的高温下加热，然后碾成粉，加水后充分融合。在将准备好的材料注入图案网格之前，金属表面要用雕刻刀加工或者用酸液浸洗，以便珐琅彩与金属结合得更加紧密。器具要反复经过几次焙烧，时间仅为短短的几分钟甚至几秒，温度较低（750℃—680℃），只需让珐琅粉末熔化并附着到金属胎上即可。

中国珐琅器生产的第一个繁荣期出现于明代第五任皇帝——宣德帝在位期间（1426—1436），尽管按照传统观点，明代最好的珐琅器是在景泰年间制作的。景泰蓝这一统称正是由此而来。明代珐琅器工匠在16世纪上半叶和明神宗万历初期成就最高。万历皇帝是著名的佛教信徒和庇护者。统治者及其近臣的偏好决定了中国景泰蓝的艺术特点和形式特点。明代珐琅器中的一些日常器具和礼器及其艺术主题和形式成为这一实用艺术的后世典范。珐琅器用于装饰、家具、家庭和寺庙用具。

鸭形香薰炉，铜合金，嵌珐琅，镀金，15世纪下半期

除本时代的日常和装饰形式之外，在明代珐琅器中还有一类相当古朴的礼器，能够追溯到商周时期的青铜礼器。很快工匠们不再单纯地复制，而是更加富有创造性地模仿，以使古老的形式适应当代社会生活。由此出现了从15世纪开始常见于中国珐琅器中的寺庙花瓶和香炉。最为流行的一种是古代的礼器——三足鼎，其形式得到复原，但功用却迥异：古代三足鼎用于烹制祭祀食品，鼎很高，能够直接在鼎底架柴生火；后来成为焚香的香炉，用于优化住宅和寺庙的室内空气。另外一些得到复兴的古代样式包括礼仪酒器——壶、尊和觚。觚在古代用于礼仪祭酒，后用作花瓶，逐渐成为"五供"之一。15世纪最早的景泰蓝器物体积很大，铜胎，合金浇铸。类似器具一般以基本色彩——蓝绿色、蓝色、绿色、黄色、红色和白色的珐琅进行装饰，涂在金属胎上，涂层很厚（超过1毫米）。其色调近似于明代五彩瓷器的釉饰（在清代与西方的"绿

方鼎造型香炉，铜合金，嵌珐琅，镀金，康熙年间（1662—1722）

色系"彩绘相似），其基础是纯粹颜色的鲜明对比。这些颜色的饱满度至今仍能与一些宝石的天然颜色媲美，比如其中使用的蓝色钴在色调上近似青金石或者蓝宝石。对更加复杂的色彩方案的追求促使工匠在同一个单元中混合两种颜色的珐琅，或者在相邻的单元中分别使用不同颜色（比如红与绿、白与黄）的珐琅。在15—16世纪之交，中国景泰蓝制作的重心从坚固的浇铸金属转向了精致的锻造器。主色系珐琅不同色调的使用（最流行的是浅绿色，通过混合黄色和绿色珐琅而得到），使其色彩变得更加丰富。与此同时，在16世纪的器具中更经常地使用透明的彩色珐琅（褐色、绿色、紫色和蓝色），使其与半透明的和哑光的珐琅相结合。

中国景泰蓝的装饰图案丰富多彩，其中包括随历史进程而不断丰富的动植物元素、风景、风俗图景、花鸟虫、象征性宝物、具有吉祥寓意的汉字等。16世纪上半叶创作了很多作品，上面有藤蔓纹饰，包括莲花（偶尔也有菊花），背景为蓝绿色。藤蔓纹饰几个世纪以来都是中国景泰蓝制作中最受青睐的，最早为葡萄藤。这一花纹与其他外来花纹一起用于唐代金银器装饰，不过，从那时开始葡萄藤就经常被替换为莲蓬。在18世纪至19世纪上半叶，景泰蓝制品中的植物嫩芽一般为多色。在这一花纹中发生显著变化的还有莲花的画法，这可以帮助我们确定珐琅器的制作时间。早在明代，中国的珐琅器上就经常出现佛教八宝——八吉祥图案。这一套图案包括法轮、

摆件，铜合金，嵌珐琅，镀金，16世纪初叶

觚形花瓶，铜合金，嵌珐琅，浇铸，雕刻，镀金，万历年间（1573—1620）

盘长（吉祥结）、金鱼、宝瓶、莲花、宝盖、宝伞、法螺。工艺美术品中类似图案的流行显示出佛教对于世俗艺术的极大影响。16—17世纪的艺术品中尤其流行的是神话动物图案——天狮、凤凰、龙。这些动物图案也有助于确定器物年代。比如，在万历年间（1573—1620）珐琅器上的"双龙

戏珠"图案中，龙的五官很有特点：圆眼突出，眉如鸡冠，巨口大张，触须飘动，鬓毛直立。双龙之间经常有一个"寿"字或者"卍"字。后者也是长寿的象征，在万历年间尤其流行（作为万历年号首字的同音异形字）。在该时期景泰蓝制品的装饰中，既流行以几何图形为背景，也有与现实接近的花鸟图案，比如容易辨认的蝴蝶，盛开的梅花、荷花、菊花、石竹花、山茶花及其他生长在园林石之间的花卉。这些图案有时会与传统的狮子图案以及藤蔓状的植物嫩芽和莲蓬相伴出现。

除花鸟画之外，在16—17世纪的景泰蓝中还流行山水画和日常生活图景。这一时期的山水画包括悬崖峭壁、瀑布、松树、建筑、人物以及鹿和仙鹤等，这些图案属于道教所信奉的长寿象征。该时期构图的主要特点是视野开阔，色彩具有象征性。明神宗驾崩（1620）之后出现了一段混乱时期，随后又改朝换代，此间皇权对手工业作坊失去控制，直到清康熙年间才再次恢复。与瓷器相比，处于皇帝监管之下的景泰蓝器的质量改进直到十年之后才实现。清代珐琅器艺术水平最高的历史时期分别是18世纪三位伟大的皇帝（康熙、雍正、乾隆）统治时期，以及19世纪最后二十年和20世纪初期。在18世纪，器物纹饰以不透明珐琅为主，只有透明的绿色珐琅例外，后者曾在康熙年间的景泰蓝中使用。早在18世纪初，在以小型日常用具为主的时候，恢复后的宫廷作坊偶尔也会生产大型景泰蓝，有些制品还带有御用标志。雍正年间（1723—1735）的景泰蓝通常没有款识，经常在蓝绿色背景上装饰多色图案或花卉图案，以及蝴蝶和花。整体而言，该时期的器物构图疏朗雅致，其中的几何图案是从更早的器物中继承而来的，自然而不拘泥。乾隆时期（1736—1795）可以称为中国景泰蓝的黄金时期，宫廷作坊被改组并扩大。乾隆皇帝及其近臣对奢华生活的追求体现在富丽堂皇的器具制作上。乾隆皇帝对于宫廷作坊的一切产品都很感兴趣，因此18世纪的景泰蓝制品往往带有款识。乾隆皇帝致力于恢复"远古"时期的传统，恢复"周礼"，以法律的形式将《皇朝礼器图式》所载的一些古代青铜器确立为皇家寺院进行宫廷祭祀的礼器。这些器物成为景泰蓝器的范本。奉敕编纂的古

鼎式香炉，铜合金，嵌珐琅，镀金，18世纪

代青铜器皇家收藏名册（其中最具代表性的是《钦定西清古鉴》）也刺激了当时艺术中古代形式的扩大。周代青铜器的典型样式重现于18世纪祭祀仪器中的香炉和花瓶。所有礼器通常都饰有植物嫩芽和莲蓬的彩色图案。器物的造型常常辅以雕塑或浮雕部件，比如龙凤形象和镀金的兽面纹等。典型的边框纹饰为几何图案，结合了欧洲的曲折纹饰（18—19世纪西方古典主义艺术中十分流行的一种装饰，起源于古希腊时期）和古代中国青铜器所使用的雷纹。乾隆时期流行的珐琅器装饰元素还包括山水画。与早期更具象征性的构图不同，这一时期的山水一般都有明确的色彩区分：蔚蓝色天空、土黄色大地和绿色草地。在保留中国山水画惯用的垂直构图（这是俯视角度唯一可能的构图）的同时，天空占用的空间很大，几乎为构图的一半。这种对传统形式的背离应该是受欧洲风景画的影响，这是西方工匠带到中国来的，其中最著名的是意大利人郎世宁（1688—1766）。这些人长期在北京的宫廷任职，创造了乾隆时期所特有的折中风格。18世纪中晚期的景泰蓝制品仅使用不透明的彩色珐琅，其中包括18世纪初叶才从欧洲传入的粉彩，后者在金属胎和瓷胎珐琅器中尤其流行。乾隆时期中国景泰蓝形式多样、装饰丰富，包括神话动物和现实动物，甚至是人的雕塑造型，这些经常会被当作风俗画处理。这一时期艺术家的创作实验主要致力于追求原创性和精湛的技艺。

很多文物中结合着多种技法：景泰蓝、画珐琅和錾胎珐琅；很多景泰蓝制品的外形没有奇特的雕塑元素（这些元素有些雅致有趣，有些则过于矫饰或虚幻），但所有制品均技艺精湛。宫廷作坊的繁荣期于乾隆末年终结。嘉庆时期（1796—1820）的景泰蓝使用蓝绿色背景下的莲蓬图案和雷纹，其色调和装饰大体延续乾隆时期风格。

18、19世纪之交中国出现的创新是在錾刻背景上进行浮雕珐琅技法（repoussé），用于装饰器身或者部件。19世纪中期手工艺生产出现短暂缩水，这源自复杂的国内政治局势，也影响到了景泰蓝生产的数量和质量。直到同治（1862—1874）和光绪（1875—1908）年间才走出这一危机，生产与外贸得到恢复，手工业日渐复兴。与此同时，宫廷作坊的主导作用一去不返，很多此前执行的禁令都被忽视（如禁止使用皇帝的象征——龙和黄色）。这种情况与国家政权的威望衰落有关，加之包括欧洲人在内的私人订单数量增多，使得清代景泰蓝的面貌发生了改变。同治时期的器物表明工匠们正努力恢复中断的传统，其纹饰特点是图案高度概括、色彩数量相对较少。从这些作品中可以看到对明代景泰蓝技法的模仿以及对某些图案的再现。比如，热衷于再现明代风格的莲蓬和双龙戏珠图案。在各种收藏的19世纪仿制品中，有很多仿照16世纪产品的低劣赝品，正因如此，专家对它们较为冷淡。不过也不能将这些珐琅器统统归结于商业目的的造假，尽管这种行为确实存在过：在鸦片战争之后，对于明代风格器具的需求因欧洲人的兴趣而激增。不过，这种现象并不新鲜，从康熙朝就存在了。这反映出中国创造力保守的一面。在明代产品基础上制作的器具构成了清代景泰蓝器具中的独立方向。与此类似，在后期的瓷器中存在一类带有"古典"单色钴绘画技法或五彩绘画技法装饰的瓷器。

鼎造型香炉，铜合金，嵌珐琅，镀金，19世纪

晚清珐琅器生产的转折点及其最后的繁荣出现在光绪和宣统年间。这一时期的作品经常是欧洲客户定制的，表现出西方风格（折中主义和现代派）。20世纪初期受日本文化影响，一些景泰蓝虽大体上延续中国传统风格，但与借鉴明代器物制作经验的日本珐琅器有诸多相似之处。决定该时期器物艺术面貌的重要技术创新，比如镀银工艺和金属发乌技法，器物磨光效果的整体提升和隔板厚度的减小，彩色背景代替传统的碧绿色背景等，在一定程度上受到日本的影响。与此同时，彩色背景的尝试也是基于中国手工艺所惯有的追求，景泰蓝工艺被用来仿制其他材质的制品，如白瓷，带有彩色装饰的红色或黑色漆器。可见，晚清时期的工匠在有意识地对传统景泰蓝生产工艺加以总结，在自我创作中融合明代工匠以及18世纪珐琅技师的发明创造。比如，18世纪的珐琅技师习惯于使用几何图案印记或者圆形带图案的印记，在整体背景上通过色彩凸显出来。这一艺术技法顺利地为西方折中主义的审美习惯所接受，成为晚清景泰

罂粟花纹盘，铜合金，嵌珐琅，镀金，光绪年间（1875—1908）

蓝装饰的基本手法之一。透明彩色珐琅器属于明代传统，在18世纪初叶以后的清代器具中完全没有出现，却为19世纪下半期至20世纪初期的日本工匠成功借鉴，在光绪年间的中国景泰蓝生产中得到回归。19世纪带有皇帝年号款识的中国景泰蓝十分罕见。不过很多作品，特别是清末的作品，带有伪造的明代款识，以篆书或楷书书写，但更常见的是楷书字样"乾隆年制"。

甚至在当代中国的景泰蓝生产中也有使用此类伪造标志的，这种对景泰蓝繁荣时期的追念是一种独特的质量标签。

*《皇朝礼器图式》，1766年；《钦定西清古鉴》，上海，1889年；

**Т. Б. 阿拉波娃《艾尔米塔什博物馆收藏的中国彩绘珐琅》，莫斯科，1988年；《紫禁城：中国皇帝珍宝——莫斯科克里姆林宫展览目录》，莫斯科，2007年；М. Л. 缅希科娃《中国景泰蓝》，见《文化中的舶来品》，圣彼得堡，1995年；М. А. 涅格林斯卡娅《东方民族艺术博物馆收藏的中国画珐琅》，莫斯科，1995年；М. А. 涅格林斯卡娅《15—20世纪初叶的中国景泰蓝：国立东方民族艺术博物馆藏品》，莫斯科，2006年；《金属胎珐琅器》，香港，2002年；《明初掐丝珐琅工艺》，载《文物光华》，台北，1991年第4期；Brinker H., Lutz A. Chinese Cloisonne: The Pierre Uldry Collection. N.Y., 1989; Cammann V.R. Miniature Art from old China. Chinese Snuff Bottles from the Montclair Art museum collection. 1982; Chang Lin-sheng. The dragon motif in cloisonne // National Palace Museum Bulletin. Vol. XI, No 4, Sept. -Oct. 1976; Chu A., Chu G. Oriental cloisonne and other enamels. N.Y., 1975; Coben L.A., Ferster D.C. Japanese cloisonne. History, technique and appreciation. Tokyo, 1990; Garner H. Chinese and Japanese cloisonne enamels. L., 1962; 1970; Gyllensvard B. Tang gold and silver. Stockh., 1957. Li Xueqin. The Wonder of Chinese Bronzes. Beijing, 1980; Liu Liang-yu. Chinese Enamel Ware. Its History, Authentication and Conservation. Taipei, 1978.

（М. А. 涅格林斯卡娅撰，李春雨译）

画珐琅 画珐琅是金属胎，在白色不透明珐琅背景上绘饰彩色珐琅，出现于17、18世纪之交的中国。在画珐琅制作中，天主教传教士发挥了一定作用，他们向中国皇帝介绍了法国、德国和瑞士（日内瓦）的珐琅器。不过，中国最有可能引入的是法国的彩绘珐琅，因为正是在法国出现了在白色背景上绘饰彩色珐琅的创意，而且16世纪这些绘饰出现在利摩日生产的器具中。此外,在经东印度公司运入中国的外国商品中,最常被提及的就是法国产品。最后,中国人最初的金属胎画珐琅模仿的就是利摩日的样本,尽管这种风格非常传统。博物馆藏品中的珐琅器即可为证。

在18世纪的大部分时间里,中国存在两个画珐琅生产中心——广州和北京。绝大部分器具生产于广州的作坊,因此在文献中,中国的画珐琅经常被称为"广珐琅"。这两个中心几乎同时出现,只不过针对不同用户。北京的作坊为皇帝及其近臣服务,而广州的作坊主要针对广阔的国内市场及海外市场,同时也接受朝廷订单。

广州作坊和北京作坊的制品不仅材料不同,而且风格各异。北京画珐琅使用四种原料(含合金):金、银、铜和黄铜(铜合金),而广州画珐琅的主要原料是铜。在金属胎制作完毕之后(用模具或者冲压制成),在上面涂抹白色玻璃状的珐琅底釉。其成分除二氧化硅和各种碱性化合物之外,还包括长石及少量石灰和氧化镁。为使珐琅变得不透明,其中加入了氧化锡、高岭土和其他抑制剂。器物内壁涂上一层珐琅保护层,然后再经焙烧。第一次焙烧之后,表面再绘饰彩色珐琅,通过加入各种金属氧化物而得到不同颜色的珐琅,然后再次焙烧。涂刷黑漆和镀金是最后的步骤,此后就不再焙烧。在18世纪的中国画珐琅使用与同一时期瓷器生产相似的多色珐琅绘饰技术(主要是两种色调,被欧洲人分别笼统地称为绿色系和粉色系,前者主要在18世纪30年代以前,后者主要在此之后)。最初中国人试图按照欧洲技法制作珐琅器,但其尝试没有成功,因而他们将珐琅成分稍加改变,加入了本地材料,比

提梁壶,铜,画珐琅,
18世纪初叶

如瓷石。中国画珐琅的特别之处在于器物边缘不是涂抹珐琅,而是镀金,其他没有涂抹珐琅的金属胎也要镀金,包括以铜、黄铜或银为胎者。

北京作坊制作的器物的外形和纹饰有严格规定,受皇帝直接监管,草图、绘饰图案和产品模型均需经过御批。在北京作坊工作的还有欧洲工匠(如倪天爵、郎世宁等)。根据用途不同,器物被分为日用器和礼器。后者的花纹和形式源自古代青铜器。日常用具的基本装饰图案为花鸟、蝴蝶、山水。礼仪用途的画珐琅通常有皇帝年号的款识。

广州作坊的珐琅器根据客户的喜好,在形式和花纹上更加多样。其画

珐琅根据形式可以分成三类：第一类是传统形式的珐琅器，第二类是仿造外来样品，第三类是对传统和外来元素的独特融合。

画珐琅装饰图案一方面反映了中国绘画所特有的题材分类，即山水、日常风俗和结合了吉祥寓意图案的花鸟画；另一方面也包含对西方图案和印版画的部分再现，甚至还有当时的欧洲纸牌。欧洲肖像画早在18世纪初的绘饰中就出现了。这是出于对欧洲及其艺术的广泛兴趣，在康熙和乾隆年间尤为突出，当时宫廷有来自欧洲的画家、建筑师、工程师、学者，他们都是天主教传教士。正是在这一时期，清代皇帝的行宫圆明园中出现了巴洛克风格的宫殿建筑，是按照传教士、画家郎世宁和蒋友仁的设计建造的。行宫内满是欧洲奢侈品（比如1766年路易十五赠给乾隆皇帝的法国高比林双面壁毯，以及青铜器、珐琅器、欧式家具等）。显然，在圆明园的宫殿中也有以欧洲风格完成的中国实用艺术品。

在乾隆时期，中国对于西方艺术的热衷达到鼎盛，无论是皇宫还是贵族府邸，都充斥着大量欧洲生产或欧洲风格的艺术品，曹雪芹长篇小说《红楼梦》的描写可以为证。买不起进口器物的城市居民，转向中国工匠制作的仿制品，包括画珐琅。正因如此，在器物中才出现了异域造型，以及自由诠释的欧洲主题。

将欧式风格的画珐琅与出口瓷器加以对比即可发现，对于某些样品的仿制在画珐琅中出现得要比瓷器中少得多。在画珐琅中流行的写生画，便是在与欧洲人的直接接触之下完成的。尽管如此，在两种器物中都表现出清代中国艺术家对新的表现方式的追求。

直到不久以前，画珐琅还被艺术学家视为纯粹用于出口的器物。然而，对材料更加细致的研究使人们意识到，在广东画珐琅中更多的是传统形式的器物，而且宫廷也高度重视画珐琅生产，这使得上述观点有待商榷。不过中国画珐琅很大一部分的确是为西方市场生产的。很多出口画珐琅，包括烛台、脸盆、壶等，保存于欧洲博物馆和私人收藏中。需要特别指出的是三件十分罕见的器物——绘有万年历图案的手杖，是瑞典东印度公司定制的，其中两件藏于俄罗斯，一件藏于英国。中国画珐琅作为家具的装饰性插件，被18—19世纪的西方广泛用于室内陈设（比如在叶卡捷琳娜宫中的中国厅）。在清代的实用艺术中，画珐琅是联系出口器具和传统中国艺术品的中间一环。

**Т. Б. 阿拉波娃《艾尔米塔什博物馆收藏的中国彩绘珐琅》，莫斯科，1988年；Т. Б. 阿拉波娃《艾尔米塔什博物馆收藏的两件中国宫廷作坊器物》，载《国立艾尔米塔什博物馆通讯》，圣彼得堡，1999年；М. А. 涅格林斯卡娅《国立东方民族艺术博物馆收藏的中国画珐琅》，莫斯科，1995年；Chang Lin-sheng. Introduction to the Historical Development of Ch'ing Dynasty Painted Enamel-Ware // National Palace Museum Bulletin. Vol. XXV, No. 4-5. 1990; Liu Liang-yu. Chinese Enamel Ware. Its History, Authentication and Conservation. Taipei, 1978.

（Т. Б. 阿拉波娃撰，李春雨译）

珠宝首饰

在中国，和在其他传统社会一样，衣服上的珠宝装饰有着特殊的语义，是其所有者社会地位、性别和年龄等的标志。同时，衣服上的珠宝装饰还具有重要的审美意义。西方珠宝行业制定的材料分类方法（比如，将宝石按照价值分成三类——天然宝石、工艺宝石和人工宝石），在中国并没有与之对应的体系。在中国，所有矿物和有机宝石都被认为是"珍贵的"，值得被用于装饰，一如动物的角和骨、龟壳、玻璃、珐琅以及相对不那么耐久的雌性翠鸟的蓝色羽毛等。中西方对某些贵金属（比如金银）价值的看法比较一致。不过，近代西方珠宝匠所青睐的铂金在中国传统手工艺中几乎从未使用过。宫廷和贵族的个人装饰品制作喜欢使用一系列的专门材料，比如中国人喜爱的玉和翠羽，以及在中世纪占据主导地位的金、珍珠、珊瑚。其中一些材料在不同时期被用作贵族和官员的等级标志。

从新石器时代起，中国人就喜欢使用抛光和雕刻的石头作为个人饰品的基本材料，这一偏爱保存至今。相反，具有独特优势、不可替代的贵金属很晚才受到重视。自殷商（前17—前11世纪）直至汉代（前3—3世纪），中国工艺美术使用的金属主要是青铜，而金银的地位并未凸显。金质饰品偶尔会出土于商代古墓，如1977年北京市郊出土了金质耳环（长3.4厘米）和金笄（长27.2厘米），系铸造而成。不过直到汉代，地方珠宝制造业才开始对这种贵金属感兴趣，而这在很大程度上是受到北部和西部地区游牧民族的影响。

中国珠宝匠人几个世纪以来都保持着对特定的珠宝制造和装饰技艺的偏爱。其中包括浇铸、刻、压印、镀金、金银累丝、镶嵌宝石或玻璃珠、点翠和嵌珐琅。每种工艺在历史上都与中国珠宝业发展的特定阶段相关。将古代晚期制作的饰品与中世纪早期的制品进行对比即可发现，饰品制作呈现小型化和简化的趋势。浇铸首饰尽管从未彻底消失，但受到金属薄片首饰的排挤，而在唐代，又受到金银薄片与细丝相结合的精美饰物的排挤。正是在唐代，中国的珠宝业完全成为一种独立的实用艺术。从这一时期开始，刻和镂刻成为中国珠宝匠人最钟爱的工艺。宋代以来，中国贵族饰品开始流行花丝工艺，即用金丝或银丝编织。早期主要是在金属薄片的表面用螺旋状细丝编出花纹。后期这种工艺仍偶有使用，不过从明代开始，花丝饰品的很大一部分完全由立体或平面的金属丝网组成，这些金属丝网拼缀成复杂的构图，然后点缀上彩色宝石和珍珠。从远古时期直至清代，金银饰品就用点翠工艺进行装饰。这些饰品为金属胎，上面粘附颜色相近的被修剪成鳞片状的翠羽，构成一层细密的蓝色覆盖物，远远看去好像涂了珐琅一样。

中国首饰的重要特点是使用悬挂的坠饰，因用纤细的丝线或者游丝固定，所以十分灵活。尽管目前已知的最早使用游丝的首饰是10世纪女性的头饰，但直到明代，中国首饰制作才广泛使用游丝。彩色宝石或玻璃一般会制成弧面状——打磨光滑的凸面形状，底面平整。用彩色透明或者无色玻璃，有时也使用宝石，进行复杂的多棱形状加工是从欧洲珠宝匠人那里借鉴而来，在明代后期偶有使用，直至19世纪下半期才相对广泛地使用。从南京郊外的一处明末墓葬中出土的一支金簪（长11.2厘米）顶部就镶嵌着矿物水晶，使用祖母绿切工。中国饰物经常使用珠子或者珠串作为装饰，可以是珍珠或者珊瑚珠串，也可以是玻璃珠串。这种技法是自古居住在中国境内的西伯利亚和中亚民族的服饰传统，在中国的使用不晚于汉代。这种技法在珠宝业的流行程度在辽（907—1125）、金（1115—1234）和清（1644—1911）这几个时期尤为突出。这几个时期供皇后嫔妃使用的簪子和节庆头饰就是以类似方法装饰的，现收藏于北京的故宫博物院。

用于传统饰物的宝石和其他有机物（比如翠鸟等鸟类的羽毛），一般都具有古老的象征意义。在服饰上使用羽毛做装饰的习俗与道教以及更早的原始宗教有关。其痕迹在底层民间信仰中保存了很久。道教推崇的炼金术经常使用珠宝原料，因此这些原料在中国首饰中的象征意义经常与炼金术的诠释体系相吻合。有些材料（金、银、珍珠、玉）被视为"天产"，具有耐久性，不会腐烂生锈，因此受到炼金术师的欢迎，认为借助这些材料就可延年益寿。有些珠宝材料的象征性，特别是玉和珍珠，反映了中国不同文化现象所共有的宗教融合特征。在中国珍珠既与道教传统有关，也与佛教传统有关，珍珠在佛教中被视为象征性珠宝的代名词（梵文摩尼），指代佛陀及佛法。在清代，佛教（包括藏传佛教）对中国文化的影响迅速增强，大颗海水珍珠（东珠）用于装饰皇帝和显贵的朝服。佛教的影响也渗透到了清代礼仪饰品上。比如，皇帝朝冠的三层顶形状和数量与藏传佛教宝塔的伞状顶盖相似。而清代的朝珠由108颗珍珠和坠饰组成，是佛教念珠的模仿物。清代确立了文武官员服饰使用贵金属和宝石的规矩：一品官员使用红宝石，二品使用镂花珊瑚，三品使用蓝宝石，四品使用青金石，五品使用水晶，六品使用砗磲，七品使用素金，八品使用镂花金，九品使用镂花银。值得注意的是，在清朝，几乎所有的品级材料都属于佛教"七宝"范畴。明清两代珠宝材料注重象征意义还有一个证明，即在举行祭祀仪式时皇帝要穿戴镶嵌特定宝石的首饰：在天坛使用青金石，在地坛使用黄琥珀，在日坛使用红珊瑚，在月坛使用白松石。

头饰，金质，宝石镶嵌，明代

中国人对于宝石的态度从其命名上也能体现出来，比如绿松石、蜜蜡、蓝宝石、红宝石或者红玉。可见，对于中国珠宝匠人而言，宝石的颜色比透明度更加重要，因为首饰的色彩饱和度千百年间都会保持不变。一般情况下主要使用色彩鲜艳的宝石，而透明材料（红宝石和蓝宝石）直到明代才受到欢迎。欧洲珠宝匠最青睐的钻石在中国传统首饰业根本没有用武之地。不过，自唐代开始，经常使用白色或者略带粉色的珍珠。清代，由于使用多色珐琅，原料色调日益复杂。而出于对翠羽的蓝绿色彩的青睐，清代珐琅饰品也以这种色调为主。

按照传统，首饰在中国被用于男性、女性和儿童服饰（儿童饰品主要为避邪物，佩戴于头上或胸前）。成人饰品又分为正式（官用）和非正式（节庆、日常）。前者遵照礼制规定。在正式服饰中，男性头饰和女性发饰一直起到重要作用，包括笄，这是中国最古老的个人饰物。在艺术层面最引人注目的是殷商时期的骨簪或者玉簪，1976年出土于今安阳（河南省）殷墟。用玉等石材制作发簪的传统一直保留至封建王朝的最后几年。

头饰在中国服饰制度中一直被首先提及。经过细心梳理和编织的头发在古代被认为是文明的标志,将汉族人与披头散发的游牧民族区分开来。因此,成年的中国人要举行第一次佩戴头饰仪式,男性戴冠,女性梳发髻。帽子和发型按照传统都会用笄固定,直到明代末期,这种发簪都属于正式饰品。汉代皇后和贵妇的正式饰品是带有坠饰的大簪——步摇(走路时会晃动,故名)。自唐代至明代末期,一直沿用以金丝或贵金属薄片、宝石和翠羽等制成的凤冠。明神宗孝端皇后的凤冠至今保存完好,于20世纪中叶出土于北京附近的定陵,同时发现的有一整套男女饰品。清代,皇帝的正式头饰上仍然为金龙,而皇后和嫔妃则是金凤。

蝴蝶头饰,金质、珍珠、珐琅,1778年

　　腰带装饰——钩、扣、佩、板是最具特色的中国男性服饰零件,自古代直至清代都是作为品级的区分标志。根据乾隆时期的法令,皇帝的朝带有四条金边,镶嵌红宝石和珍珠,并配有圆版或者方版,两侧带有坠饰。怀表(参见"钟表")也是一种时代标志物。这是从欧洲进口的,被满族人视为朝廷礼器,在《皇朝礼器图式》中有描述。

皇后的凤冠,黄金掐丝工艺,珍珠、宝石、翠羽,万历年间(1573—1620)

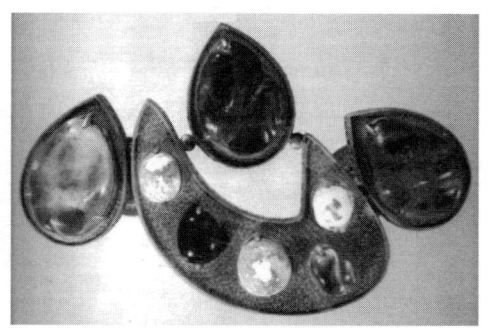

腰带扣,黄金掐丝工艺,宝石镶嵌,万历年间(1573—1620)

与男性饰品相比，女性饰品自古以来更加多样，更注重装饰性。除以上列举的种类之外，还有很多其他的女性头饰和服饰，比如耳环、梳篦、花钿，以及昆虫和花鸟类形状的花饰，用丝线缠绕，插在头发上。胸饰包括珠子（宝石珠或玻璃珠）和避邪物。手上或手指上一般戴有成对的手镯、指环和用于保护长指甲的护指，后者在较晚时期才广泛流行，尤其是在清朝。

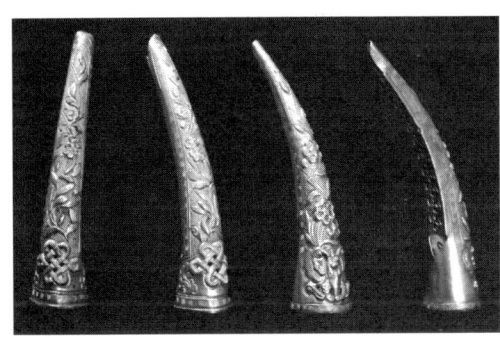

护指，银，压模，雕刻，19世纪

头饰（皇冠部分），黄金掐丝工艺，琥珀镶嵌，直径9厘米，明代，南京博物馆藏

在装饰图案上，广泛流行的形象和内容相对有限。神话动物和现实动物是中国饰品最基本的装饰图案，其中一些源自上古文化和远古图腾崇拜。比如龙凤为男女两性和帝后的象征。蝉和麒麟的形象也源远流长。真实的形象，如鹤、蝙蝠、蝴蝶、鱼、蟾等，在中世纪的首饰中作为幸福、多子、财富和长寿等的象征出现。除极个别的情形之外，植物元素直至中世纪前期才出现在首饰中，但在唐代至清代的女性装饰中一直占据主导地位。在所有的植物元素中，牡丹拔得头筹，被视为花中之王，因此与凤凰一起出现在凤冠之上。同样流行的还有灵芝和兰花、梅花、莲花、菊花，这是女性气质和美丽的象征。饰品制造业对于花鸟主题的诠释与中世纪传统绘画审美相对应。莲蓬、石榴、桃子、佛手等在女性头饰中通常作为多子多孙、幸福祥和的象征。石榴、桃子和佛手构成了固定的组合，寓意三种最重要的福气：子嗣、长寿和幸福。人物形象在中国首饰中的作用不如动植物形象。自唐代开始，在头饰中经常见到佛和菩萨的形象，在清代的女性和儿童的避邪物中还流行道教八仙的形象。中世纪中国首饰盛行的装饰图案还包括具有象征性意义的"八宝"，指佛教的八吉祥和道教的八宝，由佛祖、菩萨或道教八仙的宝物组成。装饰元素，如雷纹和云纹，尽

管在中世纪首饰业中的作用微乎其微，却有着古老的文化渊源。在中国珠宝中，文字也很常见，且多与各种造型相结合，从而具有不同的寓意——寿、福、双喜。汉字可以组合成传统的祝福语（如"万寿无疆"）。总而言之，中国的饰品不仅是官阶的标志物，还是避邪物，能够激发神圣力量的庇佑。与此同时，在传统服饰，特别是女性的服饰体系中，饰品扮演着重要的审美角色，与色彩鲜艳的布匹、刺绣图案和艳丽的妆容相得益彰。

中国珠宝首饰最具代表性的样品收藏于博物馆（包括北京故宫博物院、台北故宫博物院、上海博物馆、南京博物院等）中。在中国之外，此类藏品见诸纽约大都会艺术博物馆、伦敦维多利亚与阿尔伯特博物馆、圣彼得堡艾尔米塔什博物馆等世界级博物馆。

*《皇朝礼器图式》，第3—7卷，清乾隆三十一年（1766）武英殿刻本。

**H. 维谢洛夫斯基《饰品中的中国符号》，圣彼得堡，1911年；M. A. 涅格林斯卡娅《故宫：中国皇帝的珍宝展览目录》，莫斯科，2007年；M. A. 涅格林斯卡娅《中国清代珠宝饰品：历史、寓意、审美》，莫斯科，1999年；И. В. 苏斯洛娃《中国女性头饰及其象征意义》，见《亚洲民族服饰》，列宁格勒，1977年；Л. П. 思乔夫《中国服饰：象征、历史、文学与艺术诠释》，莫斯科，1975年；南京市博物馆编《明朝首饰冠服》，北京，2000年；故宫博物院编《清代后妃首饰》，香港，1992年；周锡保《中国古代服饰史》，北京，1984年；周汛，高春明《中国历代妇女装饰》，上海，1997年；黄能馥等《中华服饰艺术源流》，北京，1994年；Gyllensvard B. Tang gold and silver. Stockh., 1957; Harada Y. Chinese dress and personal ornaments in the T'ang dynasty. Tokyo, 1970; Ming Wilson. Chinese jades.Victoria and Albert museum. Far Eastern Series. L., 2004.

（M. A. 涅格林斯卡娅撰，李春雨译）

戊部 音乐、舞蹈、戏剧、杂技和电影

中国精神文化大典

音　乐

音乐在中国文化中的意义

中国的"乐"自古就是在宗教—哲学学说的语境中发展起来的。诸多儒家典籍都阐释了音乐中蕴含的宇宙观，强调了音乐的社会政治功效——音乐被视为一种治理国家的工具，是教化民众和实现社会和谐的一个现实要素。与此同时，根据道家的学说，音乐应该展现人的自然心理反应，成为人与自然融合的工具。

中国人赋予音乐以神圣的意义，认为音乐的创作者是古代的伟大君王，无论是传说中的还是历史上实有其人的。道家的奠基性著作之一《庄子》中记载："黄帝有《咸池》，尧有《大章》，舜有《大韶》，禹有《大夏》，汤有《大濩》，文王有《辟雍》之乐，武王、周公作《武》。"

儒家经典著作《礼记·乐记》中记载："凡音之起，由人心生也；人心之动，物使之然也。感于物而动，故形于声。声相应，故生变；变成方，谓之音。比音而乐之，及干戚羽旄，谓之乐。乐者，音之所由生也，其本在人心之感于物也。是故其哀心感者，其声噍以杀；其乐心感者，其声啴以缓；其喜心感者，其声发以散；其怒心感者，其声粗以厉；其敬心感者，其声直以廉；其爱心感者，其声和以柔。六者，非性也，感于物而后动。是故先王慎所以感之者。故礼以道其志，乐以和其声，政以一其行，刑以防其奸。礼、乐、刑、政，其极一也，所以同民心而出治道也。"

在中国古代，音乐和社会生活是息息相关的。《荀子·乐论》记载："乐中平则民和而不流，乐肃庄则民齐而不乱。民和齐则兵劲城固，敌国不敢婴也。"

王振鹏《伯牙鼓琴图》（局部），元代

音乐中的象征思维反映了试图在独立的音调、乐器、音乐种类、体裁与体现心理和社会结构的构建世界的元素之间建立对应关系。十二律吕就是与昼夜更替、日月轮回、四季交替等现象相联系的。例如，从律吕中分离出来的五声音阶，分别与五行、五情、五脏、五畜、五伦等相对应。到了公元前一千纪中期，除五声音阶，还使用了七声音阶。七声音阶和欧洲音乐中的利底亚调式相对应。按照当时的理解，乐器的发声应该严格遵循规定的音高，否则会产生自然界和社会政治方面的不良后果，这一规矩对于礼仪合奏乐团来说尤为重要。

相传，中国的音乐产生于公元前三千纪初期。龟甲兽骨上的文字证实，公元前14世纪至公元前12世纪就有了祭祀音乐。根据史料记载，公元前11世纪至公元前8世纪逐渐形成了庞大的乐队演奏祭祀音乐的传统（包括编磬、各式编钟、鼓、吹奏乐器等）。《诗经》中收录了祭祀诗、赞颂诗、民间歌曲等，证实了当时诗歌创作的空前发展。

中国的音乐史可以划分为三个阶段：第一个阶段是从原始部落社会到五代时期（907—960），这个阶段以诗歌和舞蹈的发展为主；第二个阶段是从宋朝（960—1279）到第一次鸦片战争（1840—1842），这个时期戏剧盛行；第三个阶段是从19世纪中期至今，在此期间各种音乐艺术得到了全面发展。

中国音乐经历了几千年的发展，不仅自身的潜能得到了发掘，而且受到了中东地区和中亚、南亚、东南亚等地区音乐传统的影响。中国音乐还融合了各少数民族的音乐元素，这些少数民族在历史发展的不同阶段与华夏民族融合，包括维吾尔族、藏族、蒙古族、女真族、满族等。与此同时，中国音乐也对韩国、日本等国家的音乐，亚洲及太平洋东南部地区的一些民族音乐产生了重要影响。

诗歌和舞蹈发展时期（至10世纪）

在公元前7000年至公元前4000年中国新石器时期的原始村落遗址中，发现了大量乐器，其中大部分是不同形态的骨笛或者陶埙。最古老的乐器当数出土于河南省贾湖村的七音孔骨笛。在陕西省半坡村出土了一音孔陶埙，在甘肃省火烧沟遗址出土了三音孔陶埙。除此之外，还发现了石磬、陶铙，甚至土鼓的残片。

新石器时期，舞蹈艺术也和音乐一起发展了起来。青海省大通县出土的陶盆上以舞蹈为装饰纹，记录了青年男女集体载歌载舞的情景。

随着国家结构的快速发展,产生了独唱、独舞等与以往不同的表演形式。这在很大程度上丰富了宫廷歌舞艺术。为了表现王权的巨大能力和威武庄严的气势,统治者的宫廷中供养着数量众多的乐师,以组织规模宏大的歌舞表演。根据中国史学著作中的故事,传说中的君王(一般认为是公元前29—前23世纪)统治时期,这种音乐被称为"韶",夏朝称为"大夏",商朝称为"大濩",周朝称为"大武"。故事甚至称,商纣王(帝辛,前11世纪)时期宫廷乐师的数量达到几万人。每天清晨他们排练时,音乐之声数里之内可闻。同样的史料显示,周朝的音乐机构数量较之前朝大幅减少,只保留了几千人。在朝廷的推动下开始了诗歌搜集工作,到公元前6—前5世纪,已经搜集了3000多首诗歌,其中只有305首被整理出来,这就是保存至今的《诗经》——中国最古老的诗歌总集。

虎座凤架悬鼓,湖北九连墩战国楚墓出土

在这一时期,乐开始从歌和舞中剥离出来,出现了独奏表演,开始形成一种独立的艺术形式,但是仍然和歌、舞并存。因此,"音乐"一词在公元前3世纪的《吕氏春秋》中才出现,在此之前,"音"表示乐器之音,"乐"则表示集诗歌、音乐、舞蹈于一体的混合艺术。

周朝设置了合编乐队,根据制作材质的不同把乐队中的乐器分为八大种类,分别是金、石、丝、竹、匏、土、革、木。1978年在随县(湖北省)曾侯乙墓出土了一组124件乐器,其中包括编钟、七弦琴、二十五弦瑟、横吹竹篪、竖吹竹箫、簧管乐器笙等,体现了当时的乐队构成及规模。尤其令人震撼的是由65个编钟组成的一组打击乐器,其精美的做工、独具匠心的设计令人惊叹。这组编钟总音域达五个八度之广。有的钟一钟双音,因而编钟整体上由90个音构成。

歌唱艺术同样具有重要的意义。传说那个时期秦青擅歌,其嗓音"响遏行云"。《乐记》中记载,乐师师乙深入研究了不同人的音色和音高、不同歌曲的特点和风格,认为歌唱不仅要表现作品的内容,还要传达歌者的情感。这为后世歌唱音乐的发展奠定了良好的基础。从那时起,歌唱风格和方式的完善从未中断。

周朝末期（前4—前3世纪），在儒家学说的影响下，建立了宫廷礼仪体系。表演者遵照礼仪体系的规范，在程式化的顺序中进行歌唱和乐器表演。宫廷里设立了专司礼仪和音乐的机构"大司乐"。歌舞艺术不仅在宫廷中占据重要地位，在民间也得到了广泛普及。

汉朝的帝王们为中国音乐史做出了多方面的贡献。汉朝根据前朝秦的宫廷音乐机构模式，设立了"乐府"。乐府除了主要掌管宫廷祭祀和典礼时演奏的礼仪音乐，还在全国范围内采集民间诗歌和舞蹈，以丰富宫廷宴会上的娱乐节目。汉朝活跃着军乐队，主要为宫廷宴会和祭祀活动服务。除此之外，还有为民间节庆演奏而成立的"丝""竹"管弦乐队。这些乐队的人数在300—800人。汉朝逐渐形成了弦乐——琴、瑟独奏的传统（著名演奏流派的创始人有苏祇婆、李延年等），自古以来这些乐器一直被视为伴奏和合奏乐器。

3—5世纪，汉朝音乐流传到了南方，在中原大地上也涌现出大量外来民族的音乐。在这个汉人和相邻民族进行文化大融合的时代，很多乐器被引进中原。北方民族艺术逐渐渗透进来，它们那充满了战斗精神、勇敢和活力的造型，给中国歌舞艺术注入了新鲜血液。有人物和故事情节的歌舞表演成为那个时期的特色，如《兰陵王入阵曲》等。

隋唐两代是中国音乐大繁荣的时期。唐代，百姓生活的各个方面都得到前所未有的提升。外国音乐和舞蹈传入中国，歌舞音乐和歌唱艺术得到蓬勃发展。唐代末期整理而成的《乐府杂录》中记载："善歌者必先调其气，氤氲自脐间出，至喉乃噫其词，即分抗坠之音。既得其术，即可致遏云响谷之妙也。"由此看来，十个世纪以前，歌唱在中国已经被视为一种掌握调息运气之法的艺术了。

乐舞伎俑，唐代

这一时期设有专门的音乐官署——太乐署和鼓吹署。太乐署掌管典范音乐和民俗音乐，鼓吹署则掌管宫廷乐队。宫廷音乐主要有雅乐、俗乐、宴乐、胡乐、鼓吹、散乐和琴乐等，这些音乐又被分为两大基本类型：立部伎（堂下演出的音乐）和坐部伎（堂上演出的音乐）。在演奏宴乐的乐队中，除了中国乐器，还使用印度、高丽及中南半岛、中亚地区的国家及民族的乐器，同时这些国家的音乐也被融入演出剧目。7世纪时，宫廷乐队扩大了编制（达到1500人）。到8世纪初期，开设了五个专门的音乐教习机构，其中有宫廷教坊和宫廷梨园。当时的文人家中流行在室内演奏丝弦乐器和管乐器（笛子、箜篌、琴、琵琶等）。许和子、李龟年、段善本等乐人在这个时期名噪一时。当时的许多诗人（李白、白居易等）以诗作歌，由乐人在琴的伴奏下演唱。唐朝的音乐风格也流传到了高丽、日本和越南。

戏曲音乐盛行时期（10—19世纪）

从10世纪开始，中国音乐艺术进入了一个全新的发展时期——戏曲和流行音乐的形成时期。

在宋代儒说大放异彩的时期，人们开始尝试恢复古代宫廷音乐传统，出现了一批新的、更加高雅的音乐类型，其中之一是丝弦乐器伴奏下的词调音乐。这一时期娱乐艺术开始流行：出现了娱乐场所"瓦子"，上演音乐伴奏下的说唱故事（诸宫调）；演出多幕剧"传奇"以及音乐剧"南曲"，在"传奇"和"南曲"的演出中使用了唢呐、蒙古四弦琵琶"胡拨四"等新式乐器。

这一时期调式体系得到深入研究。对此做出贡献的有沈括、蔡元定等。调的结构取决于五声音阶（或七声音阶）中的哪个声被选定为曲子的主调，以及其与十二律吕中的哪一律相配。理论上调有六十个，但是在实际

宋《事林广记》之《唱赚图》

应用中要少得多。

　　唐代戏剧和音乐的曲谱及唱词没有完整地保存下来，宋代的戏剧也是如此：后人记录了南戏和北戏的词曲，在这些古老的曲谱集中可以找到近千段曲子，但这只是沧海一粟。被记录下来的曲子未必原汁原味，但可以借助它们构建对这一时期音乐艺术的总体印象。为了表达人物丰富的情感，创作者们转向了一种创制曲调的新方法——曲调与剧情谐调一致的"集曲"。

　　元代，寺院、宫观、城市坊间、乡间地头都传唱着各种不同的音乐。在歌唱、乐器演奏、舞蹈等众多风格的音乐中，最为知名的当数秧歌（民间歌伴舞）、二人转和二人台（对唱戏）、花鼓、花灯（传统歌唱和音乐短剧）。大鼓、琴书、弹词、走唱等说唱艺术的地方形式也广为流传。这些艺术形式在20世纪的艺术舞台上仍然保留着自己的一席之地。

　　中国音乐的乐器种类超过了一百种。弹拨乐器主要有琴、筝、瑟、琵琶、月琴等；弓弦乐器（胡琴类）有二胡、板胡、四胡、京胡等；吹奏乐器有箫、排箫、篪和笛等；吹奏类簧管乐器有唢呐、笙等；打击乐器鼓分为大型建鼓、单面打击的小型板鼓、腰鼓等，还有青铜编钟；等等。

　　元杂剧成为中国文化和艺术的重要构成元素。其情节取材于历史传说或者人们的日常生活。在这些作品中，人们运用戏剧的形式和诗歌的语言来反映时代情感。一般来说，元杂剧由四折组成，每一折中要用到十多种曲调。虽然在一本戏里可以使用另一本戏的曲调，在曲调结构上也基本保持不变，但是运用到不同的情节中，被不同的主人公演绎出来，就会产生各种不同的效果。元曲的调式建立在七声音阶的基础上，南戏则使用五声音阶。元曲里的每一折戏构成了一个曲牌联套体，联套体中的所有套曲都按照同一个主调写成。而在南戏中，一般情况下没有固定的曲牌联套。元曲中任何一个曲牌在不同的剧本中都不会完全相同。比如，曲牌【梅花酒】在《窦娥冤》和《汉宫秋》里，不仅唱词的行数不同，而且每一行的字数也不相同：在《窦娥冤》中行长，而在《汉宫秋》中行短。这说明，套曲的作者和演员紧密合作，做到了曲调和剧情的高度统一。为了增强传情达意时的表现力，人们会刻意避免与原有的曲调完全一致。实际上，戏剧就是这样产生的。后来，很多剧种里的曲调革新都是按照这一模式进行的。把曲牌联套的经验和曲调变化进行结合成为戏剧发展的一个重要途径。

　　明代是中国传统戏剧发展的鼎盛时期。这一时期的中国戏剧影响了远东和亚洲东南部国家（朝鲜、日本、越南）的戏剧发展。在众多的地方戏种中，中国南方的昆曲（"昆山腔"）脱颖而出，从16世纪初开始，这一剧种在中国北方流行。

这一时期在音乐理论领域取得了不菲的成就。朱载堉经过多年潜心研究和经验积累，提出了十二平均律以代替传统的律吕。朱载堉在《律吕精义》中阐述了自己的思想，该书于1596年出版。当时很少有人关注到他创新的音乐体系，直到17世纪初期，这一音乐体系被耶稣会传教士熟知。由此看来，正是他们把这个音乐体系的信息传播到了欧洲。

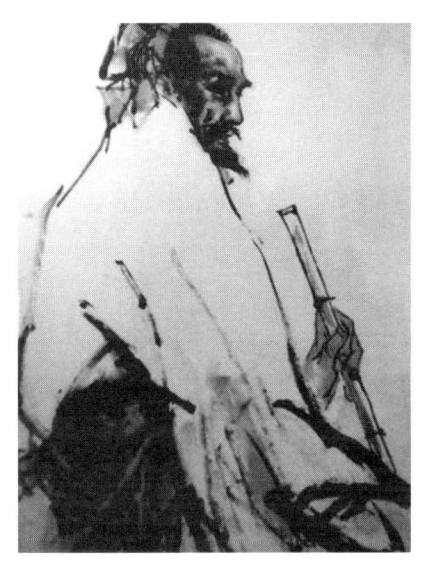

朱载堉

第一位提及十二平均律的欧洲人是荷兰学者、工程师S.斯蒂文，这一论述出现在他未公开发表的作品中。1636年，法国神父M.梅森在《宇宙和谐》一书中详细论述了十二平均律原则。A.魏克迈斯特一生致力于十二平均律的推广工作，而J.S.巴赫发表于1722年的《十二平均律钢琴曲集》成为划时代之作。十二平均律起源于中国的观点被许多现代欧洲人认可。

明朝和清朝在建立政权之后，都采取各种措施安定社会，文化生活也得以发展繁荣。在这个时期，戏剧和各种舞台艺术甚至普及到了国家的边疆地区，戏剧艺术也同时吸收了地方特色。戏剧同方言和地方曲调相结合，带来了各种新型地方剧种和舞台艺术的空前繁荣：在五百年的时间里，几乎所有的省份都形成了具有地方特色的剧种和舞台艺术。比如，在北方许多地方出现了鼓书和琴书，而南方则出现了弹词、扬琴、清音、渔鼓等形式的艺术。

明清时期，戏剧和各种舞台表演领域活跃着众多优秀的音乐家和戏剧家。明朝的魏良辅为昆曲的发展做出了巨大贡献，使音乐与戏剧的特殊要求相统一。他在套曲的结构方面做出的成就，使得音乐艺术在戏剧化的道路上迈出了重要的一步：通过对每一折曲调韵律的仔细调整和唱腔高度的适度升降，促使人物性格进一步展开，更加深入地表达剧本内容的思想性和情感；在表演时强调汉语的声调特点，重音字的发音清晰明朗。在南戏的基础上形成了独具特色的剧种——昆曲，在伴奏上引进了北戏的丝弦乐器，一种新型的乐队也由此产生。乐队里除了吹奏乐器和丝弦乐器，还补充了鼓和响板等打击乐器，极大地丰富了音乐表演方式。

随着梆子腔（梆子调）在中国北方的普及，京剧的发展进入繁荣时期。和梆子腔一样，京剧中拒绝使用曲牌联套体，而是继续沿用板腔变化体，进而形成了独具特色的北方戏剧曲调规范体系。这一变革持续了半个世纪之久——从18世纪中期一直到19世纪初。在此之后，演员们在表演时开始模仿名家的演唱，逐渐形成了不同的艺术流派。

随着汉族地方戏剧的发展，中国其他民族地区的戏剧也开始创建。最早创建的是藏戏。14世纪时，西藏地区就已经以佛经里的驱邪情节为内容进行表演。直到17世纪，戏剧才从宗教仪式中彻底分离出来。中国其他民族，如蒙古族、塔吉克族、锡伯族、毛南族、侗族、壮族、傣族、苗族、布依族的戏剧和舞台艺术直到18世纪以后才产生。

19世纪至今的音乐发展

经历了戏剧的一统天下之后，中国音乐在19世纪步入全面发展阶段。这一时期，宫廷音乐全面衰落。虽然清朝宫廷依然保留了800多名乐人和舞者，其表演被用于祭祀、朝会、宴会以及其他仪式和娱乐节目，但他们表演的只是经过整理加工的汉族民间音乐。在此基础之上，他们创作了在隆重祭祀仪式上演奏的大型器乐作品——"中和韶乐""丹陛大乐"等。在此期间，中国其他民族的音乐和外国音乐的影响甚微。

1840年后，欧洲音乐文化开始渗入中国，出现了许多校园歌曲——学堂乐歌。学堂乐歌的兴起，标志着中国音乐文化的发展踏上了新台阶。尽管1898年的戊戌变法以失败告终，但是各地却纷纷效仿欧洲和日本的教育制度，开设了新式学堂。学堂里使用的是梁启超等维新派编写的课本。梁启超等人将日本校园歌曲和战争歌曲重新填词，新词充满变革精神，成为宣传维新变法的有效工具。数字简谱从日本引入，成为在中国

昆曲《牡丹亭》演出海报

普及音乐的重要手段。

1919年的五四运动揭开了中国音乐史上的崭新篇章。中小学里开始以中国原创歌曲取代日本乐曲,这一变化在赵元任创作的众多独唱歌曲中体现得尤为明显。赵元任拒绝模仿民歌,也反对过度依赖欧洲歌曲。他以自己的《新诗歌集》为歌词基础,创作了具有独特个人音乐风格和鲜明民族特色的作品,尽管这些作品中也吸收了欧洲歌曲作者的一些音乐元素。

作曲家萧友梅是首批接受欧洲音乐文化的音乐家之一,他在中国创建了专业音乐教育结构体系。在著名学者、教育家、思想家蔡元培的支持下,萧友梅建立了北京大学附设音乐传习所,而后在上海筹建了国立音乐学院。它们成为中国第一批高等音乐教育机构。王光祈和丰子恺在自己的著作中系统地介绍了欧洲音乐文化,这些推介在中国音乐发展史上起到了非常重要的作用。黎锦辉创作的儿童歌舞音乐广泛流行。他的音乐语言通俗易懂,适应小学教科书的要求。相比以前的校园歌曲,其作品也更加贴近儿童和青少年的心理。后来,黎锦辉开始创作流行音乐,这些音乐成为各大城市舞厅里的宠儿。

为反抗1931—1932年日本的侵略行径,中国涌现出大批抗战歌曲,其中以黄自、聂耳等作曲家的作品为代表。光未然和冼星海创作了音乐史诗《黄河大合唱》。这一时期,使用西方五线谱体系的专业作曲家有冼星海、马思聪、吕骥、贺绿汀、黄自等。很多爱国歌曲使用了以传统"词"的形式谱写的曲调和歌词。

1942年,在中国共产党领导下的陕甘宁边区的中心延安,秧歌剧体裁的音乐—戏剧作品《兄妹开荒》诞生。秧歌剧里采用了以方言演唱的民歌——"秧歌"。除此之外,反映敌后人民斗争的歌剧《白毛女》也被搬上舞台。作品鲜活地展现了剧中每个人物的独特个性。从结构上看,这是一种新型戏剧,它既没有盲目照搬西方戏剧,也没有沿用中国传统戏剧的形式,而是在民歌的基础上进行创作,为中国戏剧艺术开辟了新路。

1949年中华人民共和国成立之后,中央政府对所有和音乐相关的学院进行了改革和重组,改革涉及教育、表演、作曲、理论研究等领域。所有与音乐有关的部门被重新规划设置,其中包括剧院、舞台表演机构、电影院、广播电台、出版单位等。在北京成立了中华全国文学艺术界联合会、中华全国音乐工作者协会(1953年更名为中国音乐家协会),并构建了音乐教育体系。在北京、上海、天津成立了音乐学院,在武汉、沈阳、西安、成都等地成立了音乐专科学院,在北京成立了民族音乐研究所,在全国各城市开设了职业音乐学校。贺绿汀、赵沨、喻宜萱、李凌、陈洪等著名音乐艺术活动家曾任教于这些音乐学院。

中国20世纪50年代的音乐教育是以苏联为模板进行的。这一时期成立的中央音乐学院引进苏联教育体系，进行西方音乐教学。从1954年开始，按计划批次邀请苏联专家教授音乐课程。这些专家在中国开展了系统的教学工作，内容包括西欧和俄罗斯古典音乐以及苏联时期的音乐。除了大量音乐学院的师生，还有很多全国各地的演员和音乐学校教师前来求学。

此举提高了中国音乐表演者的专业水平，形成了学院教育体系，国内出现了一批新型核心教学科目，如音乐学、指挥、音乐基础、室内乐、歌剧等。大批音乐家的表演已经达到国际水平。钢琴家周广仁和刘诗昆、歌唱家郭淑珍等在国际比赛中取得了优异成绩。

一批中国学生被选派到苏联学习音乐，这也成为提高中国音乐文化水平的重要方式。1957—1960年，留学苏联的有作曲家吴祖强，歌唱家郭淑珍，小提琴演奏家盛中国，钢琴家刘诗昆、殷承宗，指挥家郑小瑛等。苏联音乐学院课程和音乐理论著作《苏联音乐美学问题》《西方音乐史》等被翻译成中文。

中国传统音乐的研究工作进一步展开（杨荫浏、张洪岛、李元庆等）。一些民俗歌舞团、独立演出团体相继成立，其中包括部队文艺演出团体。由于京剧大师梅兰芳的贡献，京剧这一剧种得以广泛流行。大众歌曲的体裁得到发展（马可、李焕之），甚至创作出了室内乐和交响乐作品（作曲家马思聪、瞿维、朱践耳），培养了刘诗昆、李名强等一批杰出的中国音乐演奏家。

虽然中国音乐历史悠久，但是专业音乐创作，特别是使用现代音乐技术进行创作的历史却不足一个世纪。中国成立了剧院、交响乐团、民族乐团、芭蕾舞团等演出机构、团体。创作了著名的《刘胡兰》、《洪湖赤卫队》、《望夫云》（歌剧），《长征组歌》、《祖国万岁》（合唱），《草原英雄小姐妹》（琵琶协奏曲），《梅园吟》，《金湖大合唱》，《梁山伯与祝英台》（小提琴协奏曲），《兰花花》（音乐舞蹈剧），《珍珠湖》（芭蕾舞）等经典音乐作品。既有标题音乐，也有无标题音乐；既有交响乐，也有其他器乐曲。民族音乐的种类更加丰富多样。在音乐创作过程中，人们首先关注的是保留民族风格，同时力求达到音乐语言通俗易懂。

中华人民共和国成立后，各级音乐院校在探寻教学形式和教学方法的道路上取得了一系列不菲的成绩。音乐家们不仅对民族传统表演艺术，而且对其他国家的表演经验进行了深入研究。研究者当中不乏年轻人。从20世纪60年代初到"文化大革命"期间，音乐被用来阐释政治口号；中国传统音乐被禁；外国作曲家的作品，甚至中国作曲家1966年之前创作的作品都受到了排挤。集体创作的京剧革命样板戏（《红灯记》《沙家浜》）、芭蕾舞剧（《白毛女》）上演，其伴奏乐团使用的只有中国民族乐器。音乐团体被解散，音乐教学机构被关闭。

从20世纪80年代开始，独立的艺术创作活跃起来，成立了一批新的专业团体，恢复了现代音乐和传统音乐领域的研究工作，开展了音乐教育工作。出现了一批研

纪念 E. 葛利格逝世一百周年音乐会海报（2007）：《我爱你！》，印象三重奏团（Ars Trio）（台北）

究民族音乐传统的机构，其中一些机构开始定期出版音乐刊物。音乐研究者投入各个专题领域的研究中，其中包括对民族传统音乐的美学基础及特点的分析、对中国音乐思想发展史的研究、对中国音乐的独特性及其发展趋势的研究。出版了奠基性专著《中国古代音乐简史》，各种研究性论文集问世，创办了《音乐研究》杂志。

中国古代音乐的典范当属七弦古琴曲《广陵散》《胡笳十八拍》，琵琶曲《十面埋伏》，管弦合奏曲《春江花月夜》等，这些乐曲经常被作为典范演奏。

众多作曲家中，著名的有李焕之、刘炽、瞿希贤、瞿维、朱践耳、郑秋枫、施光南、吴祖强、江定仙、谭盾、叶小纲等。著名音乐学家杨荫浏、吕骥、汪毓和。著名表演艺术家李德伦、严良堃、郑小瑛（指挥家）；周小燕、胡松华、李光羲、王昆、胡晓平、詹曼华、傅海静（歌唱家）；韦丹文（钢琴家）；盛中国、薛伟（小提琴演奏家）。著名民乐演奏家刘德海（琵琶），姜建华（二胡），吴景略、吴文光（古琴）。中国出版发行约40种音乐杂志，其中包括《人民音乐》《音乐研究》《中国音

乐学》。每年举办多场音乐节。

20世纪90年代重要的音乐机构、组织有中央歌剧院，中国歌剧舞剧院，中央芭蕾舞团，上海芭蕾舞团，北京、上海、西安等城市的交响乐团，众多城市的京剧院，中央民族乐团，东方歌舞团，中央民族歌舞团，众多城市的歌舞团，中国音乐家协会，八所音乐高等学府等。

中国音乐家们活跃在国际音乐比赛的舞台上，不少人摘得桂冠。除此之外，中国还定期举办各种大型音乐节。比如"上海之春"国际音乐节、羊城音乐花会（广州）、北京国际音乐节、沈阳音乐周、华北音乐节、西北音乐节、春城音乐节（昆明）、"哈尔滨之夏"音乐会、"泉城之秋"音乐会（济南）等。

业余艺术活动也在国家音乐生活中占有重要位置。每年举办的观摩演出有"五月的鲜花歌咏比赛"（北京）、"十月歌会"（上海）、福建省大学生艺术节、学校合唱节（广州）等。

广东省传统剧院的乐团

中国台湾地区现代音乐发展状况：1945年12月，台湾地区成立了第一个交响乐团，蔡继琨任团长兼指挥。1946年4月，著名小提琴演奏家、作曲家马思聪受邀担任乐团指挥一年。1947年，乐团推出杂志《乐学》，但是该杂志只出版了四期。1948年10月，乐团在蔡继琨的领导下演奏了贝多芬的《第九交响曲》，由85人组成的乐团当时已经成为一个社会性质的组织。1970年6月，戴粹伦担任乐团团长。乐团定期举办音乐会，并且经常巡回演出。这是台湾地区历史最为悠久的一个音乐组织。在台湾地区的音乐文化中，少数民族的民俗艺术和世界顶级古典音乐和谐共存。台湾地区还活跃着为数不少的专业京剧演出团体。复兴剧艺实验学校为这些京剧团体培养演员。

**Ф. Г. 阿尔扎马诺夫《论中国民间音乐中的多声部特点》，见《亚洲和非洲人民的音乐》，第5辑，莫斯科，1987年；Е. 瓦西里琴科《琴乐及其在中国文化中的地位》，见《亚洲和非洲国家的音乐传统》，莫斯科，1986年；魏廷格《20—40年代的中国新音乐》，见《20—40年代中国的文化和现代性》，莫斯科，1993年；В. Е. 叶列梅耶夫《中国古代关于十二律的研究》，见《音乐与时间》，2006年第5期；В. Е. 叶列梅耶夫《〈易经〉的象与数》，莫斯科，2005年；В. Е. 叶列梅耶夫《琴及其弦数》，见《科学与艺术中的数字》，莫斯科，2007年；В. Е. 叶列梅耶夫《中国古代音律体系的数字结构》，见《数字：科学论文集》，莫斯科，2009年；《中国乐器》，И. З. 阿伦德译，莫斯科，1958年；С. А. 谢罗娃《京剧》，莫斯科，1970年；Г. М. 施耐叶尔松《中国的音乐文化》，莫斯科，1952年；Liang Ming-yue. Music of the Billion. An Introduction to Chinese Musical Culture. N.Y., 1985; Reinhard K. Chinesische Musik. Eisenach-Bassel, 1956; Temple R. The Genius of China. 3000 Years of Science, Discovery and Invention. Singapore, 1991; Thrasher A.R. The Sociology of Chinese Music: an Introduction // Asian Music. 1981. Vol. XII, No 2; De Woskin K.J. A Song for One or Two: Music and the Concept of Art in Early China. Ann Arbor, 1982; Wu Zuguang, Huang Zuolin, Mei Shaowu. Peking Opera and Mei Lanfang. A Guide to China's Traditional Theatre and the Art of Its Great Master. Beijing, 1981.

（А. Н. 热洛霍夫采夫撰，В. Е 叶列梅耶夫补充，刘玉颖译）

舞　蹈

传统与创新

舞蹈艺术　在中国最古老的文字——甲骨文中，就有"舞"这个字。甲骨文存在于公元前两千纪中后叶，证实了"舞"这一现象的悠久历史。作为象形文字，"舞"表现了一个张开双臂跳舞的人的形象，舞者手持牛尾或羽毛（用它们做成的"羽""旄"或者其他舞具）。该字形着意强调手臂的动作。后来，在秦朝的通用书写字体小篆中，"舞"这一符号的下端被添加了两条对称的腿的形象，似是借以表达全身舞蹈动作之意。

周朝，在祭祀舞蹈中形成了一系列具有象征意义的标准动作。专业乐师和舞者在宫廷宴会或者宗教节日上进行表演，展现了各种具体事件、历史和神话故事情节。这一传统贯穿了整个帝王史。在此期间，舞蹈一直伴随着高规格的祭祀活动而存在，其中包括由天子，即皇帝本人完成的"祭天"。在这一传统的基础建构中，存在着一个古老的理念，这一理念在《礼记》中得到了阐释："观其舞，知其德。"音乐和舞蹈被赋予了重要的教化功能，因而这两门艺术的传授得到了广泛普及。

从周朝开始，舞蹈分化为"雅舞"和"杂舞"两大范畴。前者在隆重场合、宫廷仪式和朝见时表演。"雅舞"又分为两大类：第一类是"文舞"，也称"羽舞"或者"龠舞"；第二类是"武舞"，也称"兵舞"或"干舞""万舞""象舞"。根据郭茂倩《乐府诗集》的记载，这两类舞蹈的区别首先在于其整体的礼仪意义：以文德得天下的先作文舞，以武功得天下的先作武舞。其次，两者在情节、音乐伴奏、舞蹈风格、动作结构、舞者的装扮及所持舞具等方面也存在诸多差异。其中，文舞动作柔缓，舞者左手持龠，右手持羽毛或用长尾山雉尾部做成的"翟"（《诗经·国风·邶风·简兮》）。武舞旨在模仿人与人之间、人与兽之间的搏斗，以及战争场面等。武舞建立在激烈的、带有攻击性的动作基础之上，舞者使用"干""戈"或者"戚"等器具，以"朱干玉戚"著称（《礼记》）。根据《诗经》（《简兮》）中的描述，武舞的舞者也会使用文舞的舞具。《周礼》中甚至记载了绂舞、旄舞、皇舞和人舞，并载兵舞用于祭祀山川，绂舞用于祭祀土神和谷神，羽舞用于祭祀四方，皇舞用于祈雨。

"杂舞"以其形式、风格、动作、伴奏及人文元素的自由多变而独树一帜。杂舞和"散乐"相互融合。《周礼》中对"散乐"已有记载。"散乐"亦即非正式的音乐舞蹈艺术，汉代时从朝廷所崇尚的"正乐"中分离出来，逐渐和产生于隋唐时期的杂技融合，在边疆农牧地区流行。这种舞蹈艺术的典型代表是广泛

舞蹈纹彩陶盆，马家窑文化
（前 3300—前 2050 年）

流行于唐朝以前的"七盘舞",或称"杯盘舞""盘鼓舞"。这一舞蹈常被古典文学作品提及,尤其是自张衡的《西京赋》之后。该舞蹈也经常成为当时绘画作品的主题,С. И. 库切拉(1974,1977)专门对这一现象进行过研究。

中国自古为"礼乐"之邦,这在《乐记》中便有记载。中国人认为"乐"具有和同天地、调节风俗、颐养性情的功能。"乐"调节社会文化及其所蕴含的宗教哲学,因此能整合所有和韵律有关的成熟的艺术形式。这首先体现在舞蹈上,"舞"字在许慎的《说文解字》中被定义为"乐",表达"用足相背"之意。这一释义在小篆体的"舞"字中得以体现:该字形添加了双腿的形象,或者按照许慎的说法,增加了部首"舛",以表达相互对立之意。该意大概是要表达古代舞蹈中阴阳两极建构的思想。对较之小篆历史更加悠久的古文"舞"字进行分析时,许慎从该字中分离出其基本意义单位——"羽",该意义应该是指向初始象形文字"舞"表达的舞者所持的器具。辽代僧人希麟区分了"舞"的两种名称,该名称组成现代的"舞蹈"一词。以《诗大序》为基础,希麟在《续一切经音义》中确定"手谓之舞,足谓之蹈也"。这种释义恰巧与"舞"的古义吻合。

根据最早记载于《乐记》和《诗大序》中的传统理论,音乐和舞蹈作为内心情感与美德的极致表达形式,与诗歌有着密不可分的关系:"德者,性之端也;乐者,德之华也;金石丝竹,乐之器也。诗,言其志也;歌,咏其声也;舞,动其容也。三者本乎心,然后乐气从之。"(《乐记》)"诗者,志之所之也。在心为志,发言为诗。情动于中,而形于言;言之不足,故嗟叹之;嗟叹之不足,故咏歌之;咏歌之不足,不知手之舞之足之蹈之也。"(《诗大序》)在严肃的经学著作中也不排除情感的"不经意"表达。经学是以宗教礼仪为基础的,而在宗教礼仪中扮演重要角色的正是舞蹈和音乐。

中国古代的早期诗人就已经在赋这种体裁中对舞蹈进行了诸多赞誉。其中宋玉所作的《舞赋》最为著名。这篇文章未流传下来,但是傅毅和张衡的同名作品被收录于《文选》。傅毅在序中引用宋玉的观

中国古代长袖舞:汉代玉舞人

点:"舞以尽意,是以论其诗不如听其声,听其声不如察其形。"这恰好与《诗大序》中的阐述吻合。按照张衡的观点,歌与舞恰如和风、时雨,有利于移风易俗。汉朝,受儒家学说的影响,舞蹈艺术具备了礼仪教化的功能。在祭祀舞蹈中,远古时期流传下来的神秘的咒语和高声的叫喊不复存在,取而代之的是根据严格的规则,和音乐一起强调仪式的肃穆与庄严。祖庙舞蹈随之出现,这种舞蹈在祭祀祖先时表演,具有抽象的思想意境。其中,明与暗、长与消、男与女构成的内部阴阳和谐在"对比"的原则中表现出来。该原则要求线条的曲直、节奏的刚柔与急缓要相互结合;手掌、足部的动作要协调一致。甚至要求所有的舞蹈动作以及舞蹈的整体画面要与舞者的情绪状态、服装的色调等相互调和。与天地崇拜有关的古代宇宙观在舞蹈中得以体现,其图形被画为一个四方形——象征大地并用来判定各国的方位。甚至很多单个的舞蹈动作也可以表达确切的空间定位及其相对应的象征意义。在印度古典舞蹈艺术的建构中,"姿势"占主导地位;在中国的舞蹈艺术中,占主导地位的既非姿势,也非机械式站位,而是动态人物的融合。就像在书法艺术中一样,线条组合和整体结构具有独特的意义。后来的舞蹈艺术保留了当时非常流行的用于祈祷国富民昌的"字舞",如作"天下太平"字的舞蹈。公元前2世纪,都城长安设有专门管理歌舞艺人(近800人)的乐府,这些艺人是从各地挑选出来的。

在随后的几百年里,演出剧目日渐丰富,舞者的表演技巧也日臻完善,业余舞蹈也得到极大的发展。在隋朝的东都(今洛阳),参加节庆歌舞表演者可达数万人。唐朝是舞蹈艺术的繁盛时期。舞蹈开始分化成不同的种类:健舞、软舞、字舞、花舞、马舞等。前两种是舞蹈美学的主要类别,舞蹈美学以后的发展基调也由此确定。这两类舞蹈分别源自周朝的"文舞"和"武舞",古代的阴阳二元论成为其建构的基础。在此基础之上,补充了"轻"和"飘"两种舞蹈原则,即在舞蹈中融入"浪"与"云"这两种自由的自然元素。舞蹈技艺的基础不是手脚笔直的、固定摆放的静态展示,而是优美的弧形曲线。这种曲线隐含着运动潜能,并且在"圆"这一原则中表达出来。这种阐释方法把完整的生活图景在舞蹈中呈现出来。唐朝,一方面舞蹈作为一门独立的艺术从音乐诗歌统一体中分离出来;另一方面,舞蹈开始了和音乐、诗歌在新的高度上重新融合,这种融合的结果是一种新型音乐剧——戏剧的产生。朝廷重臣(宰相)、史学家杜佑编撰了首部治国理政的百科全书《通典》。全书共分为九典,其中专门辟出《乐典》以论述音乐。《乐典》从理论上论证了"声""容"

之间不可分割的关系："乐之在耳者曰声，在目者曰容。声应乎耳，可以听知；容藏于心，难以貌观。故圣人假干戚羽旄以表其容，发扬蹈厉以见其意，声容选和而后大乐备矣。"

"大曲"产生于汉朝，是集歌唱、诗词、舞蹈于一体以表达剧情的一种表演形式。大曲由三部分组成：音乐、歌唱、歌唱—舞蹈。唐朝盛行《霓裳羽衣舞》，该舞蹈的配乐曲《霓裳羽衣曲》起初叫作《婆罗门曲》，再现了天上的宫殿和神仙们的生活。另外一种表演形式则促成了"哑杂剧"的出现。"哑杂剧"是一种综合性戏剧形式。舞蹈、歌曲和戏剧艺术的发展促进了专业培养体系的建立。714年，几所宫廷教育机构创建，这些机构被统一称作"梨园"。其中有负责教授孩子们歌唱和舞蹈的机构，这些孩子经常在宫廷表演。

"梨园"祖师爷唐玄宗李隆基

宋朝，舞蹈专业化的趋势日渐缓慢，舞蹈更多的时候是作为辅助元素在演出结束时出现。这一时期是综合性戏剧形式和新型演员产生的时期，这些演员精通乐、唱词和舞蹈艺术，其舞蹈动作在形式上与舞台动作十分接近。这一时期，"哑杂剧"继续保持流行趋势并不断完善。

元朝，随着文学戏剧的繁荣，舞蹈完全成为戏剧的附属品。明清时期，舞蹈作为一门独立艺术的地位已荡然无存。然而，舞蹈艺术却在戏剧中得到了进一步完善，尤其是在昆曲中。14—15世纪，昆曲形成于江苏省。昆曲中包含大段的舞蹈表演（参见"音乐"部分）。后来，很多昆曲的剧目演变成舞蹈剧（《玉簪记》《秋江》等）。京剧产生于18世纪末19世纪初，舞蹈剧在京剧中得到了极大的发展（《三岔口》《闹天宫》等）。1949年，中央戏剧学院下设舞蹈团，这是中华人民共和国成立后创建的第一个舞蹈团。自此，该类舞蹈团体在全国各地相继成立。1953年，举办了第一届全国民间音乐舞蹈会演。至60年代初期，有20多个舞蹈团体活跃在中国各地的舞台上。

芭蕾舞 早在20世纪20年代，从俄国来巡演的舞蹈家和教育家就把欧洲古典芭蕾舞介绍给了中国观众。然而，中国创建自己具有欧洲风格的芭蕾舞却是在30年以后。中华人民共和国成立后，中央戏剧学院下设的中国第一个舞蹈团成立。此类团体在全国各地也相继成立。在其中工作的有中国老一代舞蹈家——戴爱莲、吴晓邦、贾作光、胡果刚、赵德贤（中国第一批芭蕾舞蹈家，精通欧洲古典舞），以及年轻一代舞蹈家——赵青、白淑湘、林阿梅、刘德康、孙天路等。1953年，中国舞蹈艺术研究会成立。该研究会自1958年开始出版刊物《舞蹈》。1950年，舞蹈家戴爱莲融合欧洲芭蕾舞和中国古典舞蹈的特点，创作并主演了第一部具有重大意义的芭蕾舞剧作品《和平鸽》。在对民间舞蹈进行舞台再创作之后，一批芭蕾舞剧相继被搬上舞台，如《荷花舞》《采茶扑蝶舞》等。

舞蹈艺术家戴爱莲

为了培养本国的舞蹈人才，1954年成立了北京舞蹈学校（戴爱莲任校长）。北京舞蹈学校开设了芭蕾舞专业课，由苏联教育家В. И. 查普林（1955）、П. А. 古谢夫（1958）领导教学工作，成立了古典舞蹈部和民间舞蹈部。О. А. 伊林娜、И. Н. 谢列布连尼科夫、В. В. 鲁缅采娃都曾在此任教。1959年，由学校的第一批毕业生组建成北京舞蹈学校实验芭蕾舞团。该团在中国首次上演了世界古典芭蕾舞剧，之后更名为中央芭蕾舞团。该舞蹈团的演出剧目由芭蕾舞剧和音乐节目组成，其中由П. А. 古谢夫（1958—1960）编排的剧目有：П. И. 柴可夫斯基的《天鹅湖》，А. 亚当的《海侠》《吉赛尔》，杜鸣心、吴祖强（和芭蕾舞专训班及中国欧洲古典舞蹈部的学生共同创作）的《鱼美人》；Р. В. 扎哈罗夫（1962）编排的剧目有Б. В. 阿萨菲耶夫导演的《巴赫奇萨拉伊的水泉》。1964年，英国女舞蹈家В. 格雷曾经在学校短期任教，其间编排了П. И. 柴可夫斯基的双人舞《睡美人》。

1953年，在北京创建了中国首家歌剧院——中央实验歌剧院。1963年，在该剧院器乐部、歌剧部、芭蕾舞部的基础上成立了中央歌剧舞剧院。1978年，中央歌剧舞剧院改组为中央歌剧院。1996年，中央歌剧院与中央芭蕾舞团合并，更名为中央歌剧芭蕾舞剧院。首批被搬上舞台的有梁克祥的《白蛇传》（1957，编导：王萍等），该剧是根据同名京剧（1952

年由田汉改写剧本），采用传统音乐改编的。在另外一些首批被搬上舞台的民族舞剧中，有的是在神话传说的基础上改编的，如《宝莲灯》（音乐：张肖虎；芭蕾编舞：李仲林、黄伯寿；导演：В.И.查普林、李少春）、《雷峰塔》（音乐：梁克祥）；有的是根据历史革命事件创作的，如商易的《小刀会》、《五朵红云》（1959，广州军区战士歌舞团、实验剧团）等。

"革命样板戏"芭蕾舞剧《白毛女》

1960年，上海芭蕾舞学校成立，下设民族舞蹈表演专业和芭蕾舞表演专业。在此任教的北京舞蹈学校的毕业生排演了柴可夫斯基的《天鹅湖》和《胡桃夹子》片段，以及明库斯的《堂·吉诃德》、阿萨菲耶夫的《巴黎的火焰》等。当时全国各地活跃着20多个舞蹈团体。然而，"文化大革命"随之而来，在让舞蹈成为革命的群众艺术和民族艺术的口号下，先前的芭蕾舞剧目被全部取缔，取而代之的是一些革命题材的节目。如《红色娘子军》（1964，李承祥、蒋祖慧、王希贤任编导，在西方舞蹈的基础上创作），该舞剧由工农兵芭蕾舞团（1963年成立）演出。此后，该芭蕾舞剧多次改版，成为"文化大革命"时期的八部"革命样板戏"之一。这些样板戏由三个京剧团和两个芭蕾舞团演出。

"文化大革命"结束后，古典芭蕾开始复兴，一批新剧目相继问世。1979年，上海芭蕾舞团成立。该团的一些剧目改编自中国作家的作品（鲁迅的《阿Q正传》，曹禺的《雷雨》，《白毛女》），以及俄罗斯古典芭蕾舞剧（柴可夫斯基的《天鹅湖》《胡桃夹子》，普罗科菲耶夫的《罗密欧与朱丽叶》等）。主要演员有孙慎逸、范晓枫等。

1980年，辽宁芭蕾舞团成立。1993年，王训益任团长。该团创作的中国风格的芭蕾舞剧有《嘎达梅林》《梁山伯与祝英台》《二泉映月》等。陈姝、杨晓光为该团的主要演员。

20世纪80年代，芭蕾舞的创作积极性得到极大的提高，其成果体现在1985年举办的第一届全国芭蕾舞比赛上。民族舞剧《丝路花雨》获得极高的赞誉。1993年,广州芭蕾舞团成立,张丹丹任团长。该团在排演世界著名古典芭蕾舞的同时,创作了民族芭蕾舞剧《洛神舞》《玄凤》等。北京、上海、杭州、苏州和吉林、内蒙古等地的芭蕾舞团数量有所增加。1987年第二届国际芭蕾舞比赛见证了芭蕾舞的发展。这一时期的优秀芭蕾舞剧有《玄凤》、《二泉映月》、《青春祭》(纪念被枪杀的诗人殷夫)、《雷雨》(根据曹禺的《雷雨》改编)、《情天恨海圆明园》(赵季平作曲)等。

新古典舞团的表演,台湾地区

21世纪初,演出剧目体现了芭蕾舞、杂技艺术和现代舞蹈风格的融合。例如杂技芭蕾舞剧《天鹅湖》由广州军区战士杂技团和上海城市舞蹈有限公司共同创作,2005年首场演出。此种风格的演出团体还有台湾地区的云门舞集和香港地区的城市当代舞蹈团。

台湾地区现代舞的发展继承了一个世纪以来的民族传统。在台湾舞蹈团表演的舞蹈音乐作品中,运用了太极拳的传统技巧,并在整体上使用武术元素。他们以鼓伴奏,创造了古典哲学所描述的宇宙及世界构建过程的音乐韵律形象。舞台上呈现的运动哲学也与佛教密切相关,与禅学的冥想关系尤为密切。

**С.И.库切拉《中国古代的"杂耍"》,见《第5届"中国社会与国家"学术研讨会论文集》,莫斯科,1974年;С.А.谢罗娃《黄旛绰〈明心鉴〉与中国古典戏剧美学》,莫斯科,1979年;欧阳予倩《一得余抄(1951—1959年艺术论文选)》,北京,1959年;孙景琛《舞蹈讲座》,北京,1958年;吴晓邦《舞蹈基础知识》,北京,1957年;周贻白《中国戏剧史长编》,北京,1960年;周贻白《中国戏剧与舞蹈》,见《中国戏曲论集》,北京,1960年;Grey B. Through the Bamboo Curtain. L., 1965; Wang Kefen. The History of Chinese Dance. Beijing, 1985.

(А.И.科布杰夫撰,С.А.谢罗娃补充,刘玉颖译)

产生与发展

在中国的神话传说中，舞蹈艺术源自远古诸神。传说女娲以葫芦造笙（葫芦笙，吹奏乐器），作《芦笙舞》。每年农历的第二个月祭祀女娲时，便要表演该舞蹈。另外两支古代舞蹈——《云门大卷》和《扶犁》则与黄帝和神农有关。前者是为纪念黄帝而作；根据文学描述，后者则要复杂得多，表演时需要几队人参加，整个舞蹈分为八个独立的部分，其中要依次歌颂上苍的神力，请求新的赐福（五谷丰登、生活安宁、人畜两旺等）。特别值得关注的是舞蹈《葛天氏之乐》。此外，还有传说记载的根据上古帝王命令而作的舞蹈，有些舞蹈则是帝王们当政期间表演过的，如尧时期的《大章》，舜时期的《大韶》。这些传说反映了舞蹈艺术的远古渊源、舞蹈的神圣性及其与祭祀和上层政权的关联性。甚至可以见到有关军事舞蹈的传说，如《蚩尤舞》，描述了黄帝战胜蚩尤的事件。表演该舞蹈时，舞者们头戴面具，面具上带角，再现了神话人物的战争场面。还有一种可以根据名称推知其战争性质的舞蹈——《干戚舞》。显然，最初这种舞蹈被认为与搏斗艺术——武术同源。最新考古发现证实，以上关于舞蹈艺术的猜想是正确的。舞蹈艺术确实发源于史前时期，至少是在新石器时代中期。现存的一些陶制品上画有舞蹈图案，甚至在中国很多地方（今云南省、陕西省、甘肃省、新疆维吾尔自治区、内蒙古自治区）发现的大量岩画中也有舞者的形象。不少绘画中都表现了集体舞蹈的情景。比如，黑山岩画（甘肃省，1972年发现）描绘了30个舞者编成3组，成列相向而立的画面。此外，甚至还有舞者身着战衣的画面。以上多数绘画跟少数民族——苗、壮等民族的祖先有关，这也印证了史料中关于一些古代舞蹈起源的说法。由此可见，舞蹈艺术不仅非常古老，而且在起源上具有异构性，吸收了各地区、各民族丰富的舞蹈传统。

在中国历史上能被考古资料证实的第一个王朝——商朝，舞蹈开始成为一种相对独立的艺术形式。首先，舞蹈在祭祀仪式中的地位得到提高。在这些祭祀活动中，要求经过专业训练的舞者进行表演。舞者们在甲骨文中被称为"大万"和"多万"，这应该是对主要演员和其他所有演员的称呼。在祭祀舞蹈中，舞者的服装

春秋时期舞者的形象

渐趋专业化，其中还包括不少羽毛制作的头饰，在纪念传说中商王朝的创建者——成汤的舞蹈中，这种头饰第一次被提及。之后，此类头饰被用到两种典型的舞蹈中——一种是祭祀四方神灵的"羽舞"，另外一种是祭祀先妣的"皇舞"，"皇舞"的舞者全部为女性。殷商时期，出现了把舞蹈转化为宫廷娱乐节目的趋势。在商王朝的最后一个国王——纣王（帝辛）时期，为舞蹈伴奏的有"淫声"或"靡靡之音"，因其名字明显包含贬义，后人对它们持极力否定的态度。在殷商时期还有可能出现了"奏舞"，舞者表演时或演奏乐器，或以手脚拍击出节奏。今天中国的很多民族中依然保存着各种"奏舞"，如"腰鼓舞""花鼓舞""铜鼓舞"等。它们产生于祭祀活动，随着时间的推移，逐渐演变为民间舞蹈。

上述发展趋势在周朝得以延续，其标志是人们尝试恢复古代的舞蹈，这种尝试的结果是形成了两大宫廷祭祀舞蹈系统：一是"六代舞"，其中包括与古代传说中的帝王名字相关的各种舞蹈作品，如《大韶》《大夏》；二是"六小舞"。据文字记载，"六代舞"中最为复杂的当属《大武》，该舞蹈为周公所创，周公是周朝的创建者武王的弟弟。《大武》共分为六段舞蹈，艺术地呈现了姬周克商的各种战争场面。"六小舞"包含周朝重大宗教仪式和宫廷典礼上表演的各种舞蹈，除"羽舞""皇舞"，还有"帗舞""旄舞""干舞""人舞"。"帗舞"起初是用于祭祀社稷，舞者手持用丝绸飘带装饰的竹竿起舞。"旄舞"和"干舞"在表演时手持该舞蹈名称所对应的舞具。以上所述诸舞蹈皆可由习舞者——儿童完成。周朝的其他舞蹈中尤其值得一提的当属"象舞"①和"勺舞"。前者产生于殷商时期，模仿了当时狩猎大象的情景。周朝该舞蹈演变成舞剧表演，为宫廷（由64名舞者完成）或者各诸侯（由48或32名舞者完成）表演。表演"勺舞"时，舞者手持各种乐器。上述舞蹈的复杂程度各不相同，它们在社会教育过程中也起到了举足轻重的作用：13岁的少年已能表演"勺舞"，之后学习"象舞"，27岁才开始学习其他舞蹈。在宫廷的表演节目中甚至包括一些来自社会底层的舞蹈以及外国舞蹈。

自汉朝开始，一些绘画艺术作品成为文字记载的补充，如壁画、岩画和陶器上的浮雕画，以及被称为兵马俑的墓葬随葬品，这些作品生动地再现了舞蹈情景和舞蹈中的舞者形象。平面或立体的舞者形象成为汉代玉佩的流行主题。这一时期的创新之处在于：第一，女子舞蹈发展起来，开始专门教授女子学习舞蹈。第二，古代朝鲜半岛、古代印度和中亚地区的舞

---

① 象舞，周代摹拟用兵时的击刺动作以象征武功的一种乐舞。

蹈元素开始融入。经由战争和开辟丝绸之路的方式，中国与这些地区建立了外交及商贸关系，从而接触到了来自这些地区的舞蹈。第三，舞蹈美学艺术得到显著发展，这一点在"袖舞"（后来发展为"巾舞"）中表现突出。该舞蹈由清一色的女子表演（她们多数人身体柔软，舞姿曼妙），表演时均身着专门的长袖舞服。舞者们舞动长袖，展示复杂美妙的舞蹈动作，如飞舞的鸟儿挥动翅膀一般。后来，人们在长袖里衬上丝布，从内部用竹棍撑起袖筒，舞者借此可以更加艺术地控制舞服。表演者的面部表情具有特殊的作用，这种表演技巧深受观众的喜爱。

汉代最为复杂的舞蹈之一当数"鼓舞"。"鼓舞"分"盘鼓舞"和"建鼓舞"。表演"盘鼓舞"时，盘和鼓并排而立，舞者立于鼓面或者专制的金属盘之上，以脚击打出节拍。与前面所述舞蹈一样，舞服的袖子长而宽大，舞者随着节拍把袖子甩向空中。"建鼓舞"作为"百戏"的重要组成部分，是一种融杂技、舞蹈和武术于一体的表演节目。表演"建鼓舞"时，舞者要用桴击鼓。在南方少数民族苗族的舞蹈中，仍然保留着这种舞蹈的变体形式。

汉朝"百戏"

较之以前，持有舞具表演的舞蹈更为流行。舞具不仅可以由鼓、铃铛、扇子（其他各种日常用具）充当，也可以是武器，如舞蹈名称所示的"剑舞""棍舞""刀舞""干舞"等。舞蹈和武术、杂技的融合因此得以发展，这推动了诸如"角抵"等舞蹈的出现。"角抵"是模仿斗牛的一种舞蹈：舞者身穿特制舞服，头戴有角的面具。这种舞蹈大抵是起源于宗教仪式上的表演，而后演变成一种舞蹈特技节目。

尽管3—6世纪的社会动荡不安（汉朝灭亡，国家四分五裂），艺术仍然不断被一系列新奇的舞蹈形式丰富起来。其中以"白纻舞""拍胸舞""力士舞""杯盘舞"最为著名。"白纻舞"起源于汉代末期，在女子祭祀舞蹈的基础上产生，到东晋趋于完善。该舞蹈成为最受宫廷喜爱的舞蹈之一。舞者身着轻柔飘逸的纱裙，舞动像披肩一样的白色长飘带。舞蹈时，姑娘们向上高举手臂，手和飘带的动作被赋予特殊的含义。该舞蹈动作轻柔优雅，可以不露痕迹地从柔缓平滑过渡到快速折腰转身。在北方少数民族地区，男子也可以跳长袖舞。敦煌（莫高窟）壁画上的舞者形象证明了这一点：男舞者身材魁梧，手持长飘带。表演"拍胸舞"时，男舞者们赤裸着身体，随着音乐节奏拍打自己的后背、胸部、肩膀以及腿部。"力士舞"也是一种男子舞蹈，意在强调男人身体的强健有力。从敦煌壁画上的舞者形象看，这支舞是由高大魁梧的舞者手持石头完成的。"杯盘舞"是一种融合了陶瓷皿器杂耍技巧的女子舞蹈（广泛流行于中国现代杂技中）。

这一时期的重要创新是出现了一些著名的舞者。一些名字或绰号世代流传下来，其中男性有史丑多（"丑多"是绰号，与丑角有关；或者"史丑多"是外来语的音译），女性有冯小怜、章丹、陈珠等。

随着中央集权统治的恢复，以宫廷舞为首的众多舞蹈尝试着走向规范化。隋朝的建立者杨坚（文帝，581—604年执政）是进行此项改革的第一人，他以七部宫廷舞蹈为基础创建了"七部乐"（"七部伎"，即中原及周边各民族地区的乐舞）。隋朝的下一代帝王——杨广（炀帝，604—617年执政）又添加了两部舞蹈。至唐代，舞蹈总数增加到十部，即"十部乐"。这些乐舞在宗庙仪式和大型活动时表演，包括宫廷盛宴和接见外国使者之时。所有舞者的舞服和装扮整齐划一。舞蹈本身按照表演的复杂程度分为几个部分。随着隋唐统治者对外政治态度的开放，宫廷舞中逐渐增添了一些新元素，比如，来自西北地区民族的《于阗佛曲》和《凉州舞》，取自西凉乐的《狮子舞》，源自印度和中亚地区的《天竺乐》和《康国乐》等。

敦煌壁画中的飞天

宫廷舞蹈分为两大类型：坐部伎和立部伎。坐部伎在宫廷内表演，舞者3—12人不等；立部伎在宫廷外表演，其中不乏露天演出，舞者数量增加到64—180人。这种舞蹈之后演变为戏剧表演。

对舞蹈节目进行规范化的同时，还在太常寺和内教坊里分别教授宗庙礼仪舞蹈和宫廷舞蹈。太常寺在北齐时期设置，掌管宗庙礼仪。唐朝，作为宫廷教坊的内教坊被纳入太常寺管辖。另在全国各省开设了专门的音乐舞蹈教育机构——左右教坊。

流行舞蹈得到进一步发展。同时，流行舞蹈由于融入了许多外来元素而得以丰富。比如来自中亚地区的《胡旋舞》，由年轻的姑娘站在一块很小的地毯上完成。表演时，姑娘身穿用极细腻的布料裁制的盛装，肩披长斗篷。衣领、衣袖等部位配以许多颜色亮丽的饰品。舞蹈以优美流畅的手部动作为基础，给人一种雪花在空中飘舞的感觉。舞者要完成大量的折腰旋转动作。这种舞蹈在普通民众和宫廷中广泛流行，玄宗尤为喜爱。玄宗曾下令宫廷中的嫔妃和宫女们学习该舞蹈。皇帝的宠妃——杨贵妃（杨玉环）精于此舞，唐朝杰出诗人李白、杜甫、白居易都曾作诗颂之。但是，这绝非流行舞蹈流入宫廷的孤例。比如，"剑器舞"的认可度不亚于上述舞蹈，表演该舞蹈时，舞者手持武器，也是由女子完成。该舞蹈以击鼓配乐，鼓声好似霹雳，增强了观众的内在紧张感。该舞蹈的著名表演者公孙大娘的名字（或者绰号）被保留下来，杜甫曾为其赋诗赞颂。应唐太宗（627—649年执政）的邀请，公孙大娘曾在宫廷音乐戏剧教习机构——梨园任教，但是她的技艺梨园弟子中无人能及。公孙大娘创建了身着士兵服装表演的舞蹈风格，该舞风不仅影响了当时的女子流行风尚，而且影响了舞蹈本身的风格：从女子独舞开始逐渐转为呈现战争场面的男子群体舞蹈。

玄宗吹笛，贵妃起舞。
大理石板上的雕刻图案，西安，兴庆宫

北宋时期，舞蹈初步形成了三大类别——宫廷舞蹈、民间舞蹈和杂技舞蹈（百戏）。流行舞蹈之间的界限，首先体现在与历法节日和国家重大活动相关的节目创作上。农历灯节（元宵节）庆祝节目的产生尤其引人注目。这个节日是在每年新年过后的第一个满月之日（农历正月十五）。或许节日本身源于汉朝，但是首次大型的庆祝活动却是从隋朝开始的。为庆祝自己登基两周年，杨广下令在京城（今洛阳，河南省）举行大型的表演活动，包括身着舞衣的化妆舞蹈表演，同时伴以幻术、走钢丝、高跷等有特技效果的表演。北宋时期，时令节日或其他节庆活动都毫无例外地包含了大型舞蹈表演，舞蹈爱好者也可以参与其中。为了鼓励民间游园活动，朝廷设置了专门的演出（或者临时性的音乐会）场地，这些场地成为固定剧场的前身，为以后专业舞蹈团队的发展奠定了基础。其中最为著名的舞蹈团队当数演出团体"社火"，该团体演出了各种不同的助兴节目。《村田乐》这个节目取得了巨大的成功，在该节目中，表演者穿上贫苦人的衣服，甚至有时特意穿上破烂的衣服，模仿农民的形象。在另一个节目《旱龙船》中，舞者用手臂和腿部的舞蹈动作，辅之以道具，模仿了赛龙舟时划船的景象。一些舞蹈包含很多杂技技巧和武术元素，比如在"舞蛮牌"中，舞者手持盾牌、木刀或者长羽毛表演厮杀的场景和翻转腾挪的动作。一些舞蹈是面具舞蹈，还有一些是舞者用锣等乐器为自己伴奏。

　　契丹、唐古特和女真等民族的舞蹈作用独到。这些民族都曾经占领过中原的土地，分别建立了自己的政权——辽国（916—1125）、西夏国（1038—1227）和金国（1115—1234）。在辽国不仅流行民族舞蹈，中原舞蹈也广为流行，尤其是唐朝舞蹈受到追捧。每年农历正月初一，受邀前来觐见的辽国显贵们要献上舞蹈，以表达对国君的尊敬与臣服。每年七月十三日，国君要离开都城，去行营中生活几日。在他到达军营的当天，军中的将领和士兵要表演各民族的歌舞，而第二天则要表演中原歌舞。这一娱乐活动在契丹的墓葬壁画中可以找到，该壁画描绘了舞者的形象和舞蹈表演的场景，其中可以看到中原舞蹈。可见，只有在重大庆典和特殊节日的时候才表演契丹本民族舞蹈。

　　敦煌莫高窟壁画以及墓葬中的壁画是考证有关唐古特人舞蹈的重要来源。在多数壁画中，从表演者的服饰和动作特点上可以判断出是中原舞蹈。然而，还可以看到一些此处独有的绘画，其中一幅画上呈现了群体舞蹈的场景，表演者几乎赤裸身体，身上披挂绸带。这些舞蹈动作证明了唐古特人舞蹈传统的独特性和发达程度。

　　舞蹈在女真文化中占据着重要的位置。金国宫廷下设专门的学校，教授舞蹈和歌唱艺术。在力争保护本民族传统的同时，当权者鼓励舞者表演地方舞蹈，并在其基础上创作新的作品。后来，蒙古族政权确立，称为元朝（1279—1368）。在元朝民族文化政策的推动下，女真的传统也融入了中原舞蹈艺术。在此时期，中原的民族舞蹈被禁止表演，只有一些具有特殊宗教意义的舞蹈被保留下来，其中包括与佛教相关的舞蹈——佛教得到了当政者的鼓励和保护。宫廷舞蹈的传统也没有中断：宫廷重新设立了舞

蹈团体和女子舞蹈团，他们需在节日和宫廷庆典的时候表演。诚然，和唐宋时期的宫廷舞蹈相比，表演的节目发生了根本性变化。源自佛教传说的作品成为表演的首选节目，比如《十六天魔舞》。

起先为颂佛而专门创作的舞蹈转化为极具视觉冲击力的娱乐节目。在《十六天魔舞》中，十六位女子装扮成佛教神女（天魔，各掌管佛界的一方事务）的形象：她们的头发梳成若干小辫，戴着象牙佛冠，身披昂贵布料裁制的服装，上缀大量珠宝，下着大红色镶金边的长裙，腰系帛带，肩披以珍珠拼出图案的披肩。她们手执白色花束和铃杵，完成姿态各异的手部动作。在此期间，十六位舞者成一列站立，观众只能看到最前面的一位舞者，给人造成多臂金刚本尊在跳舞的错觉。为舞蹈伴奏的乐队也皆由女子组成，她们身着紧身衣裙，头戴红色锥形帽子。表演者中有几人舞姿尤为曼妙，每次都能得到皇帝赏赐的珠宝等物。音乐舞蹈节目《海青拿天鹅》也颇为流行，这个节目更像舞台戏剧。然而，现代艺术学把它划分到了舞蹈类。该表演由两人完成，舞台化地再现了海青捕猎一只美丽的天鹅的情景。这只天鹅用完美的歌声和舞蹈打动了海青，让它不忍心杀死自己。元朝的一些舞蹈和现代蒙古舞非常相似。事实上，这一时期中原舞蹈的传统并没有中断，因为蒙古舞本身已经受到了中原舞蹈的影响。除此之外，中原舞蹈还把自己的影响扩大到了戏曲领域（被称为戏曲舞蹈）。

随着明朝的建立，古典舞蹈开始尝试着复兴。根据明朝开国皇帝朱元璋（太祖，1368—1398年在位）颁布的命令，宫廷乐师冷谦修订了音乐、舞蹈节目的表演规则。规则修订后，宫廷乐团中只保留信奉道教的少男少女。演出的节目和表演者的服装也全部改变。比如，在元旦的庆祝活动中，应该表演团体舞蹈。一些研究者认为，该舞蹈源自北宋时的宫廷舞。然而，一些非中原的音乐舞蹈节目并没有被拒之门外，这些节目被统一称为"四夷乐"。它们也在宫廷表演中出现，这就具有政治意义：一方面，强调了中央政权对"蛮夷"的统治；另一方面，对他们进行安抚。自然科学家（天文学和数学）朱载堉的研究也取得了重要的成就。他撰写了几本关于音乐和声学的书籍。在《律吕精义·外篇》中，他对舞蹈的起源做出了解释，对历代舞蹈作品进行了分类并撰写了序跋。

满族政权清朝建立后，中原舞蹈传统受到了一些冲击。这首先体现在宫廷舞蹈的表演节目上：大量改编自满族舞蹈的节目被加入进来。乾隆皇帝曾经下旨将所有宫廷舞蹈团体合并，称为"庆隆舞"，该团体成员全部为满族人（个别领域用一些汉族乐师作为补充）。宫廷舞队进行的第一次

戊

大型舞蹈表演尝试是"德胜舞",这是为庆祝平定叛乱的胜利而创作的舞蹈。该舞蹈仿照了周朝的"武舞"。同时,外国舞蹈以积极的面貌在宫廷表演中出现,比如朝鲜、越南舞蹈。

19世纪末20世纪初,欧洲舞蹈开始流行,出身贵族的裕容龄是其倡导者。1895年裕容龄随父母前往日本,在那里开始学习舞蹈艺术。几年之后又去往法国。在那里,裕容龄结识了伊莎多拉·邓肯并向她学习舞蹈。1903年回国后,裕容龄成为中国第一个掌握欧洲和美国舞蹈技艺的舞者。当谈到中国舞蹈艺术史上开启的新里程时,很难不提到裕容龄这个名字。

在中国艺术史上,20世纪的中国舞蹈艺术史分为三个基本阶段:1911—1919年,被称为"清末民初的舞蹈";1919—1949年;中华人民共和国的舞蹈(1949年以后)。在第一阶段,"戏曲舞蹈"盛行,这被视为在推翻清朝统治后民族艺术传统复兴的标志。剑舞、长袖舞,甚至根据神话传说改编的新舞剧(如《洛神舞》)及流行的传统题材舞蹈(《西施舞》)都成为叫座节目。五四运动给中国人的精神生活带来重大改变,它同时也触及了舞蹈艺术。从1925年开始,很多艺术家有了去苏联学习的机会,其结果是一批相应的意识形态化舞蹈被创作出来,如"工人舞""农民舞"。除此之外,国内革命战争时期,很多文化活动家为军队组织了多场演出,帮助创作了一些军队团体舞蹈(其中也不难看出苏联舞蹈的影响)。这种趋势在抗日战争期间得到进一步发展,当时的舞蹈具有鲜明的爱国特征,代表作品有《大秧歌舞》《丰收舞》《生产舞》等。国民政府对新舞蹈艺术持鼓励的态度,设立了一些舞蹈学校,以促进其发展。

裕容龄,舞蹈《玫瑰与蝴蝶》

"中国当代舞蹈"的发源地是内蒙古,这是中国第一批脱离国民党统治的地区之一。吴晓邦是"中国当代舞蹈"的创立者之一。他是卓越的舞蹈艺术家,青年时代曾经学习过多种舞蹈艺术,并在上海创办了第一所舞蹈学校。第二次世界大战结束后,吴晓邦带着自己的学生们来到内蒙古。在那里,吴晓邦积极展开舞蹈活动,把一批讲述普通人生活,展现他们对未来希望的舞蹈搬上舞台;同时,创作了一批战争题材的舞蹈作品。为了表演著名舞蹈《义勇军进行曲》，吴晓邦带领演员深入军营，帮助他们体悟士兵的角色。"中国当代舞蹈"的先期代表作品当属《希望》（蒙古舞）。这支舞蹈由两位女演员完成，她们在表演开始时用手做出一个希望的标志，希望人们获得和平安宁的生活；其余的所有舞蹈动作都象征着舞者对美好未来的希冀和信心。伴奏音乐也同时表达了这种情感：表演以紧张、激越的音乐开始，然后逐渐被舒缓柔和的旋律代替。

在内蒙古创作完成的舞蹈成为中华人民共和国成立后演出剧目的基础。20世纪50年代，中国培养出一批舞蹈艺术家（其中有戴爱莲、谭嗣英、黄玉淑、周国宝、贾作光等），从事中国古典舞（"中国古典舞"这个名词从20世纪50年代中期开始使用）的创作和表演。他们对以前的作品进行再创作，推陈出新。这种实验性舞蹈的代表作有《荷花舞》，该舞蹈取自旧时的同名舞蹈，但是在戴爱莲的编排下，这支舞蹈被赋予了新的思想内涵和艺术风格。

舞蹈艺术家们也经常关注少数民族的舞蹈传统。典型的例子就是舞蹈《快乐的啰嗦》。这部作品由冷茂弘任编导，根据彝族的民族舞蹈创作而成。这支舞蹈精彩地再现了人们无忧无虑的幸福生活，因此，在20世纪60年代初成功进入了中国各个舞蹈团体的节目单。对于传统的关注并没有阻碍舞蹈艺术家们创作时政题材的作品。1964年《洗衣歌》首演。这部作品呈现了藏族姑娘们为了表达对解放军的感激之情，主动为战士们洗衣服的场景。带有故事情节的舞蹈被推出，如周国宝创作的《跑驴》（1953年）。该舞蹈主要讲述了一名年轻人帮助一对年轻夫妇从泥泞中拉出车子的故事。这部作品成功在国外演出，并获得奖章。

当时创作出来的大型舞蹈作品在演出时要表演不同的系列舞蹈。最为著名的是大型音乐舞蹈史诗《东方红》，该作品由九部分、二十多个独立的歌舞节目构成，这些舞蹈与歌曲和诗朗诵交替进行，超过3000名舞蹈演员参加表演。

20世纪50年代中后期，欧洲芭蕾舞开始在中国发展。1954年11月，莫斯科大剧院为庆祝十月革命胜利37周年开始进行世界巡演，这一活动对欧洲芭蕾在中国的发展起到了推动作用。当时共演出六部作品，观众印象最为深刻的是Г. С. 乌兰诺娃主演的《天鹅湖》。同年，中国根据文化部的意见开设了芭蕾舞学习班，并邀请苏联专家任教。几年后，在北京推出了全部由中国演员担纲的《天鹅湖》（П. А. 古谢夫导演）首演。50年代末到60年代初，出现了一系列原创芭蕾舞作品：《鱼美人》（李承祥、王世琦编剧），根据渔夫和美人鱼的爱情故事改编，讲述了美人鱼从海妖的宫殿解救出勇敢的年轻人的故事；《红色娘子军》（1964年）——描述了农村姑娘琼花的生活：20世纪上半期，她从一个丫鬟成长为一名勇敢的战士；《白毛女》（1965年）——讲述了一对恋人在战争背景下曲折的爱情故事。这些作品照亮了中国芭蕾舞发展初期的舞台：它们充分利用了民族舞蹈元素，并与中国民间故事、文学作品以及历史事件相结合。

"文化大革命"期间，很多作品被禁止演出，包括前十年创作的芭蕾舞作品。另外一些舞蹈，如《白毛女》则被彻底改编。一批以军队—爱国为主题的作品被创作出来，如：《铁路哨兵》——关于铁路工人的舞蹈，他成功拆除了被敌人放置在铁路上的炸药；《金色的种子》——讲述了敌人试图毁坏庄稼，两名哨兵成功守卫的故事；《渡口》——描述了战士们与偷偷溜上甲板的敌人决战的场景。

现代表演形式：女子独舞

尽管内容单一，但是这类舞蹈作品的表演却达到了相当高的专业水平：其中使用了诸多民族舞蹈和芭蕾舞的元素。1976年以后，这些舞蹈基本上退出了演出节目单。

从20世纪70年代中期开始，舞蹈艺术就已经显现出恢复之势，出现了一些新作，如《草原儿女》《草原女民兵》。这些作品着重表达人物的内心世界。贾作光非同凡响之作《鸿雁高飞》是这一时期的里程碑式作品——无论是思想意境还是表达方式都非常复杂，几乎是"无情节"作品：一名骑马人在闯过暴风雪时从马上摔落下来，之后畅想着一群大雁战胜艰难险阻展翅高飞。主演用了一个独立的章节来演绎大雁的飞翔。1976年2月7日—19日举行了全国舞蹈调演，共演出了260多个作品，给中国舞蹈艺术的发展带来了新的动力。

从1978年开始，基本上在所有剧院和晚会的舞台上都恢复了舞蹈表演。由政府主导的舞蹈艺术研讨大会开了整整一个月（1978年5月26日—6月25日）。政府发布了正式文件，让所有舞蹈演员和艺术家回归专业创作。1979年，中国舞蹈工作者协会更名为中国舞蹈家协会，吴晓邦当选为主席。1976—1989年被认为是新时期舞蹈艺术的形成阶段。

新时期舞蹈依然涵盖几种不同的艺术风格。观众对传统的喜爱决定了在恢复"古典"舞蹈初期阶段的优先发展方向，即回归民族舞蹈的源头——古代舞蹈和戏曲舞蹈。当时的评论界拒绝在"古典"舞蹈中引入欧洲（俄罗斯）芭蕾舞元素。他们强调，20世纪50—60年代在苏联模式下培养的中国舞蹈艺术家与中国"古典"舞蹈是脱节的。这种尝试的第一个颇有成效的作品是女子独舞《水》，表现了一位姑娘欣赏自己水中倒影的情景。该舞蹈运用了傣族的舞蹈传统。1982年舞剧《高山流水》（音乐精品，取材于《列子·汤问》和《吕氏春秋》中的故事，讲述了乐师伯牙在抚琴的时候，他的朋友——一位善于欣赏音乐的人，能领会其音乐所指：或志在高山，或志在流水）首演，这是对"水"这一题材的进一步发挥，由舞蹈艺术家李晓筠创作。表演时，男舞者着绿色服装，寓意高山；女舞者着白色服装，寓意徜徉在山间的流水。这部舞蹈博得了评论界和观众的好评。

在此期间，舞剧完全形成，它部分沿用了先前多幕式舞蹈节目或者芭蕾舞作品的模式（与后者的相似之处在于其情节的复杂性）。例如，带有历险色彩的舞剧《丝路花雨》（1979年）呈现了一个发生在唐朝边境城市敦煌的故事，那里居住着主人公——画工神笔张和他的女儿，他们经常容留穿越沙漠的朝圣者暂住。女儿不幸被强盗绑架，父亲和他的客人四处寻找，最终在敦煌遇到了她，但是女儿已经沦落为街头歌舞伎。剧作的故事情节已经预设了其艺术创新之处——以莫高窟壁画中的唐朝舞蹈为基调，对多个独舞进行了风格化处理。唐朝佛教圣像画的精髓在于，舞者要用自己的身体做出"S"形的动作，这对他们的艺术修养和

回族舞蹈

身体的柔韧性都提出了极高的要求。

与舞剧同时发展起来的舞乐成为那个时期一种相对新的艺术形式。与京剧一样，舞乐剧除了舞蹈，还包括歌曲和诗歌朗诵。最为成功的舞乐作品是《九歌》（1984年，根据屈原的同名辞赋的主题改编）和《编钟乐舞》（1983年），后者对古代多种祭祀舞蹈进行了风格化创作，其中之一的《楚宫宴乐》就是参考古代画作和图案纹样创作的。

欧洲对中国20世纪80年代芭蕾舞的发展影响重大，从"欧洲古典舞"这个名词上即可见一斑。1983年，英国芭蕾舞团来中国巡演，演出了两部舞剧（其中一部为《睡美人》）；德国芭蕾舞团分别在1985和1987年来华巡演。中国观众在1989年才重新欣赏到了苏联的芭蕾舞（《斯巴达克》），但是这次苏联的芭蕾舞却没能像50年代那样引起强烈的反响。在当今中国，舞台创作者和舞蹈艺术家更倾向于借鉴民族舞蹈和欧洲舞蹈，关注它们的可塑性和文学性。1980—1984年，芭蕾舞创作取得了可喜的成就，出现了一批新作品。除了北京的艺术家，来自上海和沈阳的艺术家也激情投入。1978年，舞蹈艺术家黄伯虹和邬福康推出了根据安徒生同名童话改编的芭蕾舞剧《卖火柴的小女孩》。稍后，另一支舞蹈艺术家团队（林莲蓉、唐满城、张旭）根据巴金的同名小说改编创作了芭蕾舞剧《家》。这部舞剧中应用了中国古典民族舞蹈风格的群体舞蹈表演。几乎与此同时，根据鲁迅的散文改编的芭蕾舞剧被相继推出，例如著名的《阿Q正传》。另外一部代表性实验作品是《林黛玉》（1982年，李承祥、王世琦编导），该舞剧以曹雪芹的旷世之作《红楼梦》中女主角之一的名字命名。在芭蕾舞艺术中是否要以著名的、但对于芭蕾舞来说不是很实用的散文作品为基础进行创作？这一问题在中国戏剧研究学者中引起了激烈争论，其

根据《牡丹亭》改编的现代芭蕾舞

中一些学者认为，还是应该更多地关注表现日常生活的描述性和情节性文学作品。基于此，出现了芭蕾舞剧《天鹅情》（1982年，祝士方编

导）——表现了一位年轻的芭蕾舞女演员对因大火致残的未婚夫的爱情；《阿里巴巴与四十大盗》（1982年，张大为、缪曼龄编导）。

20世纪90年代，这种争论进入了新阶段，涉及编剧过程中芭蕾舞元素与传统舞蹈元素之间的关系这一问题。很多评论家坚持应该创作民族芭蕾舞的观点，认为创作中要以"古典"舞蹈和民间舞蹈为指引，于是出现了相应的实验作品《舞越潇湘》（张建民编导）。这部舞剧中没有故事情节，而是单纯设置了使用诸多杂技技巧（例如，演员在舞伴的手臂上完成劈叉动作）的舞蹈节目。

对"新舞蹈"领域的尝试还在继续。其中，《谢公屐》（2000年）就是在这种趋势的引领下创作出来的。该舞蹈作品表现了诗人、贵族谢灵运的故事。传说谢公为了便于登山游玩，独创了一种特殊的鞋。舞者们穿着特制的鞋起舞，这种鞋给舞蹈动作增添了一种特殊的悠闲自得、平稳洒脱之感（在欧洲和俄罗斯的舞蹈中也有类似的表演）。在另一部广为人知的舞蹈作品《风吟》（2001年）中，舞者在不同音乐节奏下（快节奏下，一分钟可以精确地完成七至十个不同的舞蹈动作），借助旋转、腾跳等动作表现了一种轻盈空灵的状态。从表演效果和复杂性两个方面对舞台演出提出极高要求的当属《千手观音》，该舞蹈在2005年春节晚会上与观众见面（之前曾在雅典的残奥会闭幕式上表演）。在这支舞蹈中，所有演员——从领舞到20名群演，都是聋哑人。他们经过长期坚持不懈的训练，在动作的协调性上达到了非同寻常的境界。中国民族舞成为"新舞蹈"的领军方向，涵盖了中国各民族的舞蹈艺术和各个专业团体。其中一部分专业团队创建于20世纪60年代，历史最为悠久的是东方歌舞团，创建于1962年1月。该团现有100多位演员拥有国家高级职称，很多演员享受国务院颁发的特殊津贴。东方歌舞团在全国各地进行巡回演出，访问过世界上70多个国家和地区。在各省市区的歌舞团体中，贵州省歌舞团（创建于1956年）最为著名，该团包括舞蹈团体和歌唱团体、交响乐队以及舞美团队。其演员均来自多个民族（苗族、布依族、侗族、彝族、土家族、仡佬族等）。如今，该歌舞团拥有17位一级演员和58位二级演员，有5位舞蹈演员被授予国家级和省级荣誉称号。自1983年起，该舞蹈团在欧洲各国和美国、加拿大、阿拉伯联合酋长国等国家巡演。

当今中国，欧洲音乐舞蹈流派及新生事物盛行，出现了众多独立表演者。这一趋势在北京舞蹈学院的教学大纲和教学结构的设置中体现出来。北京舞蹈学院自创建之日起，始终保持着中国这一领域主要学术中心和教育中心的地位，也是当今世界规模最大的著名舞蹈学院。该学院学生分别学习中国古典舞、民族民间舞、国际标准舞、芭蕾舞、交谊舞、音乐剧、编导、艺术设计、艺术传播、艺术理论等。学院还培养各种表演和其他小众领域的专业人才。

在各种独立表演中最为流行的是街头爵士舞、弗拉明戈舞、踢踏舞、街舞、肚皮舞等。肚皮舞不局限于女性，男性也掌握了这种舞蹈技术，产生了卡波埃拉舞、非洲肚皮舞、卡巴莱肚皮舞、拉美舞蹈等不同风格的舞蹈流派，由不同舞蹈学派构成的艺术空间成长壮大起来。

新古典主义舞剧《绝代佳人》

现代舞

**С.И.库切拉《中国舞蹈艺术史漫谈》，莫斯科，1977年；П.А.卢基切娃《汉代雕塑中的礼仪舞蹈及其造型表现》，见《东方—俄罗斯—西方："世界宗教和艺术"国际学术研讨会报告提要》，圣彼得堡，2001年；王克芬《中国舞蹈发展史》，上海，2004年；叶进《当代舞蹈精品聚焦》，上海，2008年；刘芹《中国古代舞蹈》，北京，1991年；冯双白《新中国舞蹈史（1949—2000）》，长沙，2002年。

（А. Б. 瓦茨撰，刘玉颖译）

传统戏曲

中国传统的世界观将世界视为一个整体，每一件物品、每一个人或每一种艺术现象都是"宇宙统一体"的一部分，并确立了万物之间的联系，这使得生活与艺术的界限几乎不为人所察觉。艺术成为生活的延续。艺术家用自然的语言传达已经说过的话，使自己的作品服从于宇宙的一般规律，从而使艺术具有影响生活的能力。

这一形而上学的思维模式在戏剧理论家汤显祖的理论体系中体现出来。他认为，戏剧不仅是天地法则的镜像体现，更应该是记录过去和当下"千般变化"的方式。生活本身在舞台上实现，因此，不管是生活还是人本身都因呈现在舞台上的、能被看见的一切而发生改变，思维焕然一新：可以使君臣的关系融洽，使父子之间亲情笃厚，使长幼之间和睦，使严重的精神疾患得以治愈。

由此，戏曲在对佛道的普世思想和儒家的道德伦理价值观进行融合呈现的同时，创造了一整套广义的中国文化传统结构。

中国传统戏曲是戏剧艺术的综合体，涵盖了歌唱、舞蹈、舞台语言和舞台动作，甚至吸收了杂技和武术技巧。中国传统戏曲的每一个组成元素都有自己独立的发展历史，直至融合在一起，才形成了古典"戏曲"的完整形式。

中国戏曲艺术源自殷商时期的巫文化。在具有戏剧结构的章回中，巫师们把精确传达内容的动作和歌舞结合起来，特殊的服饰和妆容也增强了整个过程的戏剧效果。

周朝的宗教礼仪和宫廷表演逐渐促成了舞台动作的规范。春秋时期的历史文献记载了那些擅长歌唱、舞蹈以及模仿人和动物外貌和习性的艺人。专业演员（优）产生于宫廷专门逗乐的人及侏儒、歌伎、舞伎之中。歌唱和舞蹈艺人被称为唱优，丑角、角色模仿演员、滑稽演员则被称为俳优。

戏曲的发展还与对民间习俗礼仪的遵循相关，如生育、死亡、家庭及家族的节日。以上列举的活动孕育着戏曲和表演艺术的萌芽，可视为中国早期戏剧和早期舞台的表演形式。

汉代，普通百姓的表演被称为"百戏"或者"角抵戏"，由各种不同的杂技节目组成：舞剑、戏法、走钢丝、角力、吞剑、吐火、爬竿、舞蹈、舞龙等。唐代，"百戏"广泛流行。之后，"百戏"这个名称逐渐消失，取而代之的是各种风格的杂技本身的名字。"百戏"里还有一种专门的舞台表演节目，表演者模仿各种著名人物的外貌和神态（"戏象"——模仿、仿效），表演者被称为"象人"。汉朝最早有情节表演的节目之一叫《东海黄公》，讲述了一位通晓法术的黄公的故事。在这个故事里，野兽都听命于黄公，但是他在老年时却由于失去法力而被老虎咬死。

说唱俑，汉代

汉朝还产生了"傀儡戏"，之后这一戏种得到广泛传播。戏剧中的戏偶（傀儡）源自中国古代的墓葬木偶，具有联系死去的人（鬼，"鬼"字的意思是"死者的灵魂"）和活人世界的功能。这种和两个世界直接的联系赋予了木偶神秘的能量。

唐朝皇帝玄宗在宫廷中保留了傀儡戏的演出团体，他本人也喜欢观看其表演。在自己的诗作中，唐玄宗称刻木牵线的木偶"与真同"，在跟木偶交流之后，皇帝便产生"还似人生一梦中"之感。照此，木偶仿照人类（"本真的事物"）创造了某个用于交流的游戏空间，但是在整体上它和人类并不完全吻合，构成了演员的游戏空间这一概念。唐朝史料显示，木偶可以像真正的演员一样准确地做动作、跳舞。实质上木偶是把自己饰演的角色和演员本身"连接"到了一起。后来，木偶参与水中幻境剧的表演，呈现了野兽、龙、人类等形象。这一时期除了木偶戏，同样被称为"傀儡戏"的舞蹈节目中还有戴面具表演的假面傀儡戏。这个名称很可能指木偶和面具都曾为古代的祭祀活动所用，有其神秘起源。戴上面具之后，活动的参与者"进入面具角色"，即极力模仿被表现的人物。由此，形成了遮面与露面这样一个二元对立，也就是中国戏剧里模仿艺术的二次呈现和陌生化原则。

唐朝著名的面具歌舞戏是《大面》（又名《兰陵王入阵曲》），讲述了一位骁勇善战的"王"却长了一副温婉清秀的女人面容，上阵厮杀之时，王就戴上面具恐吓敌人。故事本身在唐朝之前就已经为人所知，并以舞蹈哑剧的形式呈现。崔令钦的《教坊记》将该戏归类为"大面"，列入此类的还有其他剧目，如《拨头》《苏中郎》。《拨头》的剧情是从西域流传过来的，讲述了一个儿子是如何寻找咬死其父的野兽，最终将其杀死的故事。《苏中郎》是关于一个官宦的故事，此人嗜酒，酒醉之际入娱乐场所癫狂入舞。这一剧情的另外一个版本是《踏谣娘》，讲述了一名妇女边舞边唱自己苦命——被醉酒的丈夫毒打的故事。这些作品结合了戏剧和表演艺术的基本元素，成为戏曲的雏形。面具却没有扎根于中国的戏剧文化，逐渐让位于化妆，即画脸谱。化妆时所使用的图画和颜色的怪诞形式的确和面具非常接近。大概正因为如此，"画过的脸谱"有了自己的另一个名字——"大面"。在传统戏剧的现代演绎中，面具已经基本消失。

元杂剧演员（山西省考古发现）

《大面》（又名《兰陵王入阵曲》）中的人物

唐朝，城市的快速发展、手工技艺和文化的多样性促进了戏剧艺术的发展，特别是歌舞形式的戏剧艺术受影响较大。这一时期，西域对戏剧的重要影响表现在音乐和表演艺术方面，一些乐器由西域传入。佛教的传播在这一时期对戏剧产生了显著的影响。佛教在整个大唐疆域内流行。在宫廷中，以佛教为题材的舞蹈节目很受推崇。佛教的梵呗、音乐、佛像姿态的复杂模式和象征性影响了中国戏剧表演艺术和舞台动作规范的形成。从8世纪开始，除了原有的雅乐和散乐两大类，中国传统音乐和外来音乐两个概念被补充进来。

以科白为主、以喜剧讽刺效果见长而篇幅短小的参军戏得到进一步的发展，由此首次产生了"参军"这一角色。在之后的发展中，对白开始和歌唱、舞蹈穿插进行。

唐玄宗在宫廷中设立了专门的音乐教习机构——梨园，教授有特殊才华的男童女童音乐、歌唱、舞蹈和演艺。宫廷娱乐活动由教坊掌管。除此之外,教坊还专司青年歌伎、舞伎的培养,监管从民间百戏中挑选歌曲和舞蹈,作为大众表演节目。教坊在一些大城市设有分支机构。教坊的功能一直延续到明朝,当时称为教坊司,隶属礼部。清朝雍正皇帝在位期间,教坊被废止。

宋朝,著名的戏剧形式得到进一步发展和完善。参军戏的很多剧目被保留下来,而新的戏剧形式——杂剧的产生与参军戏有着直接的联系。其中塑造了大量角色,但是参军戏的构建原则,即讽刺内容在两个角色的一问一答间呈现的这种形式被保留下来。

著名的歌舞表演如"大曲""说唱""诸宫调"各自取得了新阶段的发展成就。"说唱"是由民间说唱艺人表演的。北曲和南曲这两个剧种的确立和诸宫调直接相关。北曲声腔高亢昂扬、遒劲朴实,建立在七声音阶之上;南曲则柔和平缓,建立在五声音阶之上。北曲和南曲确立了戏剧艺术的特点。照此,首次形成了大规模区域性的戏剧种类:北方的杂剧或者院本杂剧和南方的温州杂剧。杂剧在产生之初接近了此前多种杂技节目的混合表演。在之后的发展中,戏剧成分有所加重,出现了各种题材的剧目,其形式为一曲四折。这些剧目的戏文已经遗失,但是借助中国南方各种汇编作品的记载,剧目的名称(两百多部)得以保留下来。这些剧本涉及历史题材、生活题材、爱情题材、神话题材等。温州杂剧是多折戏,这就使得戏剧的基本内容能够从各个细节和角度加以叙述。温州杂剧中著名的有《目连救母》《赵贞女》等。剧目作者不详,但戏剧作品的创作有文人参与,这对其文学和艺术水平产生了积极影响。

京剧《贵妃醉酒》中的
杨贵妃

戏剧艺术的新形式为新的角色行当的产生提供了条件:男性角色"副末"和"副净",从功能上接近参军戏中的角色;"末泥"——具有指挥功能的演员,处于领导地位,通常为班主或主演;"引戏"——"引导整场戏的人",这一角色在温州杂剧的多折戏中尤显重要;"装旦"——"装扮成女人",可见这个角色是由男子扮演的。

北方的戏剧中心在开封,南方的戏剧中心则在杭州——北宋政权瓦解之后文化中心南迁至此。随着城市的发展，出现了城市固定戏剧演出场所，同时为农村观众演出的流动艺人队伍也继续发展壮大。城市里存在两类基本的剧场建筑，可以容纳几千人：瓦子——为普通大众设立的棚子，观众在瓦棚下面或站立或坐于板凳上；勾栏——接近中国传统戏院建筑的结构，设有舞台和位于舞台之后专门为演员设置的后场，还设有观众席。

宋朝，编撰有关戏剧的历史和现况的百科全书这一传统得以延续。12世纪上半期此类著作有王灼的《碧鸡漫志》。

元朝是中国戏剧发展的黄金时期。其条件有二：一是蒙古人占领中原；二是文化阶层和普通民众之间的关系紧密起来，首先表现在儒家学者、诗人、文学家这个层面。文人的社会地位降低这一共同感受促使受高等教育的阶层去接近普通大众的生活，去了解他们的苦难和需求。戏剧作为最具有表现力的艺术种类之一，不仅是普通大众，也是社会受教育阶层最为需求的艺术形式。民间艺术和专业戏剧家的创作成果相对丰富，促生了所谓的"元杂剧"的现象。

元杂剧在宋朝院本和杂剧的基础上产生，保留了北方戏剧的曲调类型，一般为四折戏，题材是当时已经为众人所熟知的内容。南方戏剧则继续保持其流行的趋势，元朝的多折戏"传奇"就是从南方戏剧中分离出来的，这一戏剧种类在明朝跃居主导地位。

元朝后半期，北方戏剧和南方戏剧相互交流、融合。北方曲调和南方曲调被用到同一部戏剧中，构成所谓的"南北合套"的混合戏剧类型。固定的曲集形成，这些曲子可以在不同剧目中使用。这样一来，区域性限制消失，为创建统一的民族戏剧类型奠定了基础。

融合现象首先在舞台艺术上体现出来。南北曲调类型的融合，表现在戏剧曲调和韵律的艺术构筑上，这一变化提高了对演员表演艺术水平的要求。表演艺术理论得到空前发展，涉

13—14世纪戏剧舞台场景，
源自山西省明应王殿元杂剧壁画

及演唱艺术的各个方面。理论家周德清著有《作词十法》，其用意在于：曲调应该让听众明白，为此应该在作曲时根据实际发音遵循用韵的规则。

题材的多样性加上悲剧情感的深沉表达，使元杂剧为新角色的诞生提供了先决条件。事实上，元朝戏剧创建了一个确定未来戏剧角色结构的体系。"正末"成为男主角，这一角色和上一时期的"末泥"相关，这是唯一在每一折戏中都演唱的角色；"外末"（或者"外"）——次等重要的男性角色；"小末"（全称为"小末泥"）——男童，少年；"冲末"即宋朝戏剧中的"副末"，但该角色的作用被压缩，只余开幕的功能；"净"——按照其重要性划分应是第二男主角，一般为反面角色；"副净"——次等重要角色；"孤"——官员；"孛老"——老年男性；"邦老"——贼；"丑"——鼻子上画着一个白色"豆腐块"的滑稽角色。以上即为北方戏剧"杂剧"中男性角色概览。南方戏剧"传奇"中的角色基本和北方一致，只有"生"——男主角例外。

元杂剧中的女性主要角色同样表现了女性角色行当在戏剧中的发展。正旦——女主角，老旦——老年妇女，小旦——闺阁少女，旦儿——小女孩，搽旦——泼辣或奸刁的女性人物，贴旦——侍妾丫鬟，外旦——偶尔穿插的女性角色。

第一部专门研究演员表演技巧的著名理论著作是《唱论》，作者署笔名燕南芝庵，成书于13世纪末至14世纪初，是一部篇幅不大却内容丰富的论著。作者把声乐艺术划分为两种类型——"男性"（"雄"）和"女性"（"艳"）。这种划分在后世的戏剧理论中一直沿袭下来。作者还论述了对发声咬字的要求以及乐曲的特色等问题。

演员的表演水平得到进一步提高，这为戏剧理论家们讨论表演艺术的完美性提供了前提条件。胡祗遹在《紫山大全集》中提出了"九美说"。这不仅仅是指歌唱技巧，还指向了表演的各个方面：传达情感的能力，对情景进行全面描述的能力，为此演员应掌握全套的表演方法和表演知识；演员的表演不应该过于贵族化，但是也不能太庸俗，唱词的发音要准确清晰，唱腔要干净圆润。当演绎某个行为的时候，应该深入理解角色所经历的情感，并把这种情感传递给观众，使之产生共鸣。胡祗遹预先提到了很多表演艺术中存在的问题，这些问题后来被明朝的戏剧理论家重新提出并得到研究。

戏剧演出场所的建筑结构参照宋朝的"勾栏"风格。女性相当积极地参与了元朝戏剧的表演。演出中没有戏份的人集中在戏台一侧没有布景的场子上。乐队位于戏台之上。戏剧演出过程中用到的道具，如椅子、桌子由演员自己搬上戏台。灯笼和画有图案的旗子指示着发生在戏台上的事件：骑马前行、过河等。戏剧结束时乐队会敲打散场锣鼓作为提示，或者由杂役喊着"散场"，把观众送出场外。

　　元朝的戏剧已经发展成为一种内容丰富的视觉艺术，其中呈现了传统戏曲的所有元素——从戏剧创作和舞台表演，再到戏剧理论。

　　明朝是中国文化的繁荣时期，在多个艺术创作领域取得了巨大成就。昆曲（"昆山腔"）的产生和快速发展是这一时期戏剧发展的标志。昆曲是南方唱腔之一，发源于14世纪中叶，后来成为全国性戏曲。昆曲契合了当时精神生活中新的发展趋势和社会的文化需求。其所倡导的"变"的思想与儒家正统的"常"的思想对立，在精神文化作品创作中成为形式变化的依据，有助于中长篇小说、剧本的审美价值的确定。商业和手工业的繁荣把文学和艺术创作引领到了社会大众阶层，促进城市成为文化中心，而富有商人对戏剧的资助成为戏剧发展的经济推动力。

权贵府第中的戏剧演出

手工业生产的发展和劳动分工使得城市和乡村之间的联系紧密起来，城乡之间的文化交流也日益加深。和先前一样，在民间地方戏和音乐形式的基础上产生了各种新曲调、戏剧和表演艺术类型。这些新形式一经问世便迅速出现在城市中。受过良好教育的文学家此时也对戏剧表现出兴趣，在他们和演员、音乐家的影响之下，新戏剧艺术的雏形诞生了。从不同地方云集到城市中的观众，都希望看到符合自己口味的戏剧。于是，创造全民戏剧形式的先决条件出现了，这种戏剧便是北京音乐戏剧——京戏，而昆曲是京戏发展成型道路上的路基。

　　昆曲作为公认的"高雅"剧种，其产生和戏曲、音乐家魏良辅的名字不可分割。专注"昆山腔"之后，魏良辅在这一领域取得了卓越的成就。

他把北曲和南曲声腔特点结合起来，扩大了乐队的构成，加入了南方和北方音乐类型的乐器，其结果便是"新昆曲"的出现。在《曲律》一书中，魏良辅阐释了"清唱"理论，该理论在之后成为昆曲的声腔理论。该理论的基本要求之一是"字清"，即遵守调性和每个音节的准确发音，保持唱词时发音部位准确。另外一个曲调构建规则是"板眼"，可以理解为在音乐韵律结构片段（"板"）中，要具备一定数量的停顿（"眼"）。为了准确合拍，表演者应拉长每个字的发音，强调音节的开始、中间和结尾部分。这种把音节融合在一起的发声方法与昆山腔婉转绵延的特点相吻合。在创建昆曲的戏剧形式方面，音乐家、剧作家梁辰鱼的贡献显著，他以梁伯龙的名字为世人所熟知。梁伯龙创作的剧本如《浣纱记》，文采斐然，吸引汇集了一批新剧种的钟情者——社会受教育阶层。戏剧理论界立即认可了新体裁的"典雅性"和贵族性（雅部），将其和"普通大众"的"混合的"体裁（乱弹）区别开来。

当时戏剧创作界人才荟萃，他们极大地丰富了这一时期的戏剧史。在璀璨的众星当中，影响最大的当数剧作家、理论家、散文家、文学评论家和社会活动家汤显祖，他对当时的社会哲学思想贡献非凡。汤显祖创作了四部戏剧作品，以自己的出生地江西省临川县命名为"临川四梦"。每一部作品都设置了一些来自生活中的问题，而这些问题也成为哲学争论的对象。

戏剧《紫钗记》讲述了一位英勇的将军和一位才貌双全的女子之间坚贞曲折的爱情故事，展现了男女主的可贵品性和美好情韵。《南柯记》描绘了一个理想国的景象，理想国作为不完美的现实生活发展的必然归宿而产生。俄罗斯把T.莫尔的理想国翻译成"乌托邦"，汤显祖则在泰州学派的思想精神中创造了自己的"乌托邦"，而其本人就属于泰州学派。剧本完成时，作家年五十。此时，汤显祖正处于个人内在发展最为重要的阶段之一，这个阶段带给他巨大的收获——对生活、人和周围环境进行成熟而深刻的思考。剧本共有四十四出，但是从来没有完整演出过。由于剧本偏重于议论，而非触动人心的情感，因此当时并没有广泛流行。

《牡丹亭》是汤显祖的旷世之作。尽管该剧篇幅宏大（共五十五出），但剧本取得了不可超越的成就，在此后的几百年间保持着独有的地位。汤显祖研究"新"人的问题，按照泰州学派的观点，该问题的本质是个人的愿望和执着，并可在"情"尤其是爱情中鲜明地表达出来。汤显祖把"情"的概念建构为戏剧作品的基础,强调"人生而有情","世总为情"。情可以改造世界和人,《牡丹亭记题词》中的"生者可以死,死可以生"道出了作品中女主人公爱情的伟大力量,她宁愿去死,也不愿意没有爱的生。

和汤显祖齐名的还有徐渭。徐渭是杰出的戏剧作家、戏剧理论家,他对汤显祖的创作和艺术观点影响至深。徐渭反对盲目模仿古代作品。他认为,创作是该时代艺术家内心情感的自然流露,是对周围世界的情感展现及其透过角色进行的二度呈现。汤显祖秉承了徐渭的观点,认为剧作家应该具备"童心",即以儿童般的纯净心灵直面世界,而作品应该从这样的剧作家笔下流淌出来。以汤显祖为代表的临川派以"情"为灵魂进行

昆曲《牡丹亭》插图

创作,吸引了大量才学不凡的剧作家,除徐渭外,还有洪昇、王思任等。

汤显祖首次在中国文学史上提出了作者思想的重要性这一观点。相应地也提及作者文本的神圣性问题,因为改编有时会曲解作者设置在文本当中的思想。正因如此,汤显祖触及了遵从经典与创作自由这一对立的问题,这个问题对于整个中国文学传统非常重要。由于遵从内心意愿而违反了传统规则,汤显祖遭受了来自正统派的攻击。凭借自己的才华和"点铁成金"的能力,他还是不可逆转地成了最终的胜利者。昆曲的繁荣推动了表演艺术的完善,戏剧理论的蓬勃发展即可证明这一事实。在1959年出版的48种有关戏剧的选集中,有17种属于明朝。其中在戏剧艺术理论方面的经典著作之一是黄旛绰的《明心鉴》。该著作用了相当长的篇幅论述表演技巧,这也证实了当时表演艺术高水平发展的状况。舞台形象规范是《明心鉴》戏剧理论中的主要部分,由

现代根据汤显祖剧本改编的戏剧演出剧照

三个基本方面组成："八形"——某一社会人群的社会功能及其非社会属性的自然特征；"四状"——演员和人物之间的内在联系；八个基本角色和四个补充角色。"八形"："贵者：威容、正视、声沉、步重。富者：欢容、笑眼、弹指、声缓。贫者：病容、直眼、抱肩、鼻涕。贱者：冶容、邪视、耸肩、行快。痴者：呆容、吊眼、口张、摇头。疯者：怒容、定眼、啼笑、乱行。病者：倦容、泪眼、口喘、身颤。醉者：困容、模眼、身软、脚硬"。"四状"："喜者：摇头为要。俊眼、笑容、声欢。怒者：怒目为要。皱鼻、挺胸、声恨。哀者：泪眼为要。顿足、呆容、声悲。惊者：开口为要。颜赤、身战、声竭"。

正如作者所述，演员首先应该做到触动自己的心灵，才能表达出人物的情感状态。自然情感和演员的情绪都应该听命于理智的思考。演员应该站在旁观者的角度观察自己，以此掌握真实的情感波动及二次呈现的技巧，同时又能从角色中跳出来。

《明心鉴》规定了演员舞台动作的美学典范和表演技巧，包括正确的台步和经典的手势，这些在很大程度上受到佛像姿势的影响。此外，还包括对武术技巧的掌握。掌握表演艺术的程度表现在以下几个范畴：妙、神、美、善（不仅是外在的美，更是内在的美）。有的理论家还提出了"能"这一范畴，但是黄旛绰并没有提及，大概是因为作者想塑造一个完美的演员形象。和中国戏剧的传统一致，作者把相当多的精力用在了论述声腔和念白艺术上。按照上述经典规范的要求，昆曲的表演艺术被打磨得日益成熟，并且成为其他流派表演艺术的基础。

在《明心鉴》成书之前，昆曲已经征服了京城的观众，在宫廷中站住了脚跟。昆曲以典雅的文风培养了造诣高深的演员，演员们都深谙古典作品。这些特点造就了昆曲的一系列优良品质，使其成为必选的演出节目。至18世纪，昆曲势衰，逐渐让位于在普通百姓间流行的声腔——"弋阳腔"。

弋阳腔分为各种不同的地方声腔，如江西省的乐平腔、安徽省的四平腔等。其音乐形式较为自由，更加符合大众的口味。弋阳腔的特点是曲调韵律明快，其舞台事件发展和舞台战争场面随时带给人紧张感。与昆曲不同，弋阳腔更能调动观众的情绪，使其时刻处于紧张状态。同时，弋阳腔不要求观众具备专业的文学素养。然而在同昆曲的竞争中，弋阳腔缺乏自身独有的戏剧作品，其作品多是从昆曲中汲取的。随着时间的推移，弋阳腔逐渐转向历史长篇著作和小说，如罗贯中的《三国演义》、施耐庵的

《水浒传》、吴承恩的《西游记》、钱彩的《说岳全传》等，在这些作品内容的基础上创作了剧本。

弋阳腔的特色是创造了连台本，即连续演出好几天，每一天的演出都是在剧情发展到最为激烈的时刻戛然而止。对重大历史事件和农民战争的展现使剧中融入了众多舞台战斗场景及杂技、剑术、舞蹈等元素。弋阳腔在其他省份迅速传播开来，并同当地独特的方言、流行歌曲及曲调相结合。汤显祖对弋阳腔的这一特点大加赞赏，并在创作自己的昆曲剧本时运用了弋阳腔的曲调。也正因为如此，严苛的评论家如沈璟等指责汤显祖破坏了昆曲的典范规则（沈璟本人是剧作家和诸多评论著作的作者）。通过将高度专业化的戏剧形式与地方歌舞形式相结合，汤显祖为中国戏剧的未来做出了努力。

17世纪中后期颇具声望的戏剧及舞台艺术理论家是李渔。他是十部传奇剧和系列理论作品的作者，其中《闲情偶寄》在戏剧理论和戏剧史上占有相当分量。在这部作品中，作者把注意力集中到了当时戏剧发展所提出来的问题——剧本和观众、演员和观众以及戏剧的舞台呈现之间的关系。

李渔批评了当时已经定型的戏剧规则，这些规则体现了社会的不平等性。李渔认为，用蓝色和深色服装来区分"高贵的人"和"小人物"是不公平的。饰演"高贵的人"的演员身穿蓝色服装，而"小人物"则由"丑"角或者"净"角身穿靛蓝色服装来饰演。对于李渔来说，人的心灵和情感色彩的丰富性更为重要，这才应该是人和人的区别所在。在质疑声中，李渔提出，今人在模仿古人典范时所表达的情感，并不能穷尽其丰富的内心世界。

因此，李渔提出"新"这一范畴。其实质是世界的不断更新，这种更新是由剧作家发掘出来并在自己的思想体系中实现的。李渔把"新"这一概念引入"美"的范畴："新也者，天下事物之美称也。"同汤显祖一样，李渔也断定，对于舞台来说作品最可贵之处是其情感的萦绕。

明朝已经有颇为成熟的戏剧表演团体——"班"。这个名称在宋朝便已确立，当时叫作"杂班"。各种"班"以其庇护者的社会群体性质分类。"班"的基本形式是依附于祠堂，在各种地方势力的资助下生存的团体。一些为农民服务的戏班专门在由几个村庄联合举办的农贸集市上演出。一些戏班隶属对农村和城市居民都拥有控制权的宗族，这种戏剧组织形式在当时非常流行。因此，其表演的节目就会全方位地表现宗族的文化活动。明朝，私人戏班也非常流行，特别是在扬州、苏州、南京等这些

戊

昆曲盛行的地方。其中一个著名的是苏州的"申时行家班",其以蓄养者——朝廷高官申时行的名字命名。汤显祖和沈璟还拥有个人戏班,其演员均选自自家的佣人。私人戏班经常在宴会上为来宾演出,演出剧目由来宾选定。演员的命运完全取决于他们的蓄养者。在一些大都市还存在地方戏班,他们不隶属任何一种势力,自己跟当地官府打交道,解决自身的相关事宜。他们表演最为活跃的时间是在春耕和夏耕结束之后。还存在一个戏剧组织形式——起源于合作的戏班,戏班由一个或者几个著名演员领导。这类戏班的存在有赖于演出的收入。

随着昆曲艺术的发展,出现了一批独立的女子戏班,这类戏班独立掌管自身事务。她们选拔有才华的女子,在爱好戏剧的富裕家庭中表演,即所谓的"家唱"。遇到男性角色时,戏班就邀请男演员来出演,有时也由她们亲自扮演。女子戏班只能在宴会上演出,寺庙、市场等人流涌动的地方禁止她们演出。

女子戏班演员的舞台装扮并不完全是为了表现角色的特点,而是突出丰满的嘴唇、流转传情的眼睛。她们特别注重发型和头饰。她们用美丽的头钗把头发挽起,盘成复杂的发髻。钗在中国被认为是女人的象征。小说《红楼梦》早期的名字之一就叫《金陵十二钗》,其中一位女主人公名为宝钗。舞台上有不少关于爱情的戏剧,其名字中往往带着"钗"字。如之前谈到的汤显祖的《紫钗记》。钗作为信物被送给恋人。玉钗、凤钗引发观众丰富的日常和文化联想,其中最重要的是情色。

尽管演员们身属不同性质的戏班,他们的社会地位历来都非常低微。戏班主人不但掌握着演员的艺术命运,还管控着他们的个人生活。

剧院的存在很大程度上由其在社会结构中所处地位的矛盾性决定。一方面,戏班的日常生活和演出活动由控

佛教寺庙里的戏台(广东省)

制了整个中世纪中国人生活的社会制度管理。另一方面,这些制度又竭力

把戏班排挤到社会结构的边缘。因为按照儒家学说，戏剧之所以不能在社会结构中占据受人尊重的地位，是因为它远离实用主义行为范畴，而实用主义行为能够给国家积累财富。从元朝开始，在各种法令中都可以找到禁止戏剧演员、杂技演员、说书人演出的条文，其借口是他们"不参与生产劳动"，而且给国家经济带来损害。从官方的角度来看，戏剧"罪责"的深重更在于其吸引了大批劳动力，让他们抛下自己的田地任其荒芜。

在戏剧演出上的巨额花费违背了儒家的"礼"学，而这一学说是被明朝廷载入法典的。

集市上的演出吸引了大量观众，这引起当权者的极度恐慌。在节日的喧闹中，诱拐儿童、偷盗、杀人等事件时有发生。官府害怕那些反对政府的戏剧演出，因此经常禁止戏剧节日演出。一些小说如《水浒传》等也引起官府极大的不安，这些小说所表达的起义思想在17世纪人民的反抗情绪中找到了丰厚的土壤。朝廷极力把演出剧目置于监管之下，明末及清朝，政府曾多次下令（1642、1850、1851、1868）禁止传播这些小说。同时，官府鼓励那些歪曲丑化人民喜爱的英雄形象的作品，因为这些作品的唱本是由都察院组织编写的，教坊司则在演员中推广这种版本。尽管如此，戏剧还是找到了表达对历史事件及时局非官方的评价出口，并且在广大观众中引发了强烈反响。为了对演员（优伶）进行严格监管，朝廷实施了传统的社会管理体制——户籍制度。户籍制度限制社会流动，规定"社会阶层属性不可更改"。1552年朝廷出台了专门的律法，拒绝接收家庭成员中有演员的人家的孩子入学。那些曾经参与16—17世纪文化新思潮的人，在某种程度上敢于挑战演员低下的社会地位这一传统。如汤显祖、李渔，他们对待演员的态度是平等的，尽管这种做法并没能改善官方对演员的态度。

明朝，观众对戏剧的影响力上升。社会活动中，那些能够起到人格重塑作用的新事物、新思想滋养了观众的审美情趣，他们越来越看重演员表演造诣的高深程度，而不是简单停留在好玩与否上面。明朝的戏剧演员，特别是昆曲演员具备精湛的表演技艺，这促进了演员角色的深度细化，从而对表演方式提出了更高的要求。演员应该在表演艺术上孜孜不倦地进行自我完善。天赋和勤奋确保了演员拥有自己独特的崇拜者群体，在公众中形成了戏迷圈。

戏剧以自己神奇的艺术魅力成功地将演员变为普遍存在的规律的载体和引导者。以这些规律为基础，中国戏剧得以建立：舞台——四方体——大地的象征，这个象征物以宇宙空间的四方为参照形成。在一些必要的情况

戊

下，舞台可以被有戏剧常识的观众理解为边界以外的世界。舞台上呈现出来的事物——道具、服装、妆容无不渗透着与宗教和国家仪式密切相关的思想。舞台动作和舞蹈严格遵循规范模式。空间和时间借助音乐等方式展现出来。

戏剧美学建立在彼此不能分离的二元对立上：实和虚。这两个戏剧美学范畴实质上是整个中国戏剧史上评论家们所一直谈论的基本范畴。

传统戏剧形象的象征含义促进了舞台艺术基本原则的提炼和形成——怪诞美学。其表现为：华美艳丽的戏剧服装、在对唱词和句子进行变调的基础上形成的特殊风格的舞台语言、假声发出的具有穿透力的声音、演员那种奇幻而且图案复杂的妆容。空旷的舞台空间把怪诞艺术的边界推向了极致。声音、色彩、韵调、动作的神秘特性把演员和观众连接到一起。如感叹标志一般的停顿，分布在乐曲和动作（亮相）的高潮处，不仅为戏剧自身带来了美学思想，而且作为一种表达沉默的元素，在早期历史上迈出了塑造人物内心世界的第一步。由此，戏剧在观众面前最大限度地表达了神秘而且深奥的人类艺术。普通观众在剧院里且欢笑且哭泣、且伤怀且愉悦，用丰富高昂的情绪对这种怪诞艺术做出回应。剧院几乎成为人们不被要求保持中庸态度，不把自己的情感限定在规定尺度的唯一去处。戏剧性和演员们呈现的专属于舞台的游戏性共同在剧院周围创造出另一个世界的光环——鲜艳的、喜庆的、不限制把人的日常生活幻化成各种可能性的、不限制各种想象自由飞翔的世界。这也正是让中国人成为世界上最具戏剧细胞的民族的原因。

京剧（京戏）在19世纪发展成为独立剧种。京剧的产生和1790年安徽省的几个戏班应邀进京有关。早期，扬州作为繁华的大都市吸引了大批演员。18世纪末，几个徽戏戏班来到扬州，其成就和名望引起了宫廷的注意。为给皇帝庆寿，宫廷邀请以高朗亭为台柱的"三庆"徽班进京演出。后来，又出现了三个徽班，分别是"四喜""春台"和"和春"。它们在京城获得了"四大徽班"的称号。

京剧特有的音乐形式催生了各种地方曲调——秦腔、梆子调（一种乐器的名字——响板——剧种以该乐器命名）、皮黄等。皮黄是京剧的另一个名字，该术语是两种曲调"西皮"和"二黄"名称的缩写，这两种曲调同其他曲调一样，在京剧出现多年前产生于农村。18世纪末，秦腔因艺术大师魏长生而在京城名声大噪。民间戏曲的发展挤压了昆曲的生存空间。艺术大师程长庚细腻演绎的昆曲让"四喜"班名扬天下。其他戏班也相继吸收昆曲的剧本作为自己的演出剧目。因此，昆曲对京剧影响巨大。

京剧的剧目多源于徽班演员们演唱的剧本，剧本情节大都取材于流行小说，如《三国演义》《水浒传》《西游记》《杨家将》等。这些题材成为数量众多的剧本素材，几乎成为京剧剧目中最重要的部分。偶尔也会出现重新改写的剧本，这些剧本基本上取材于明传奇和元杂剧。京剧甚至吸收了一些流传已久的著名剧目的情节，如《目连救母》，该剧目由徽戏演员改编而成。京剧同各种地方戏剧有着密切的关系，如剧本《打金枝》讲述唐朝固执任性的升平公主出嫁后的故事，这个剧本和秦腔的同名剧本非常相似；《汾河湾》——徽调剧本；讲述反抗唐朝皇帝的农民起义的《沙陀国》——汉调剧目。

19世纪中叶，京剧成为独立剧种。该剧种由两种艺术流派交融而成，这两种艺术流派自古以来就滋养着中国的戏剧艺术——以昆曲为代表的宫廷典雅艺术（雅部）和泛指各种地方戏曲的"乱弹"（花部）。这种融合推动了京剧艺术在京城大众中的传播——从普通大众阶层到宫廷的风流雅士。这一特点对这一新兴剧种的命运影响深远，帮助它确立了真正的国剧地位。

19世纪中叶前夕，京剧表演技巧形成。从各个地方戏曲中吸收了基本角色并为每个角色赋予了特定的舞台动作，京剧以其精雕细琢的高超的表演技巧将之前的其他所有戏剧形式远远地抛在后面。

京剧中保留了四种基本的人物角色：生（男性主角）、旦（女性主角）、净（男性角色，又称为"花脸"）、丑（伶俐风趣或阴险狡黠的角色）。至此，流行于16—17世纪的古老称名彻底消失。

戏曲的唱腔也发生了根本性改变。16世纪的戏剧中，只存在两个演唱角色——男主角和女主角。明朝戏剧中，演员不分角色大小，共同完成演唱。15—17世纪，角色分工进一步细化，这也为京剧中形成更加严谨细致的角色体系奠定了基础。"生"角细化为小生、文生、武生、老生等。小生中又更加精细地划分出巾生（一般指头戴软巾的人物角色）、穷生（贫困书生）、官生（做官的人）和扇子生（手持扇子的角色）等。后两个角色是从昆曲中引进的。扇子生一般具备风流潇洒的特点，擅长使用舞动扇子的翩翩动作表达自己的细腻情感。扇子生的谈吐优雅，易打动女性的心。

武生角色出现在17世纪末，而后在京剧中被完善。历史长篇小说中的民族英雄形象成为这一角色的原型。武生又分为长靠（身穿靠的武生）、短打（穿着短衣裤的武生）、雉尾生（头戴雉鸡翎的武生）。

19世纪末20世纪初，武生和小生角色派生了武老生（老年武生）和武小生（青年武生）。

源自元杂剧的女性角色旦角包括老旦（老年女性）、青衣（贤淑的女性，着朴素的蓝色服装）。这一名称随着徽班进京而出现。按照传统，女性主角以唱为主。演员在整个表演过程中，自始至终保持"抱肚子"的姿势站立不动，"抱肚子"即双手环绕于腹前。直至20世纪初期，当艺术大师王瑶卿、梅兰芳的艺术创新还没有拓展到青衣的表演方式的时候，这一角色在大众中尚未得到广泛认可。青衣在梅兰芳、程砚秋、欧阳予倩等人的艺术作品中大放异彩。

与青衣性格相反的角色是花旦（身穿色彩鲜艳服装的姑娘），这一角色让人想到意大利或者法国歌剧中调皮活泼的女仆形象，她们都是自己主人的心腹。

大量描写战争的戏本把战争中的女子形象推向前台，从而出现了刀马旦（骑马挎剑的女性）和武旦（战场上的女性）。

净（花脸）——性格特点鲜明的男性角色，包括正面人物和反面人物。净行又分为文净和武净。文净又分大花脸（工唱、念）、二花脸和架子（性格傲慢的角色）。架子花脸的演员重做工。这一角色还分出奸白脸（用白粉画脸的歹徒，恶棍角色）和黑头（脸上画黑色油彩的角色，一般是忠诚、正直的官员）两个角色。

京剧中的角色：旦、老生、小生、武生、正净、丑

丑角（喜剧角色）或称小花脸，分为文丑、武丑。

角色性格经典化之后，每个角色都被规定了一套特定的表演方式。比如，仅笑的方式就有二十多种：大笑、冷笑、欢笑、疯笑、老年人无声的笑等。每种笑都伴有一定的面部表情（眼部表情和眉毛的动作）。

舞台动作除了具有美学意义，还具有思想内涵。任何一个舞台动作都是由一整套的动作构成的，从这些动作中能看到雅致精细的昆曲流派的影响。

手臂动作同样是多种多样的：张开的手臂、无助的手臂、阻止的手臂，以及表示思考的手势等。存在多种水袖动作，各个种类的台步动作：仙女的"云步"，花旦踮着脚走路时的"花梆步"，跌跌撞撞的步伐，等等。

在头后面插上两根长长的雉鸡翎的动作创造了生动的视觉感受。"低垂的雉鸡翎"根据不同的情景可以表达思考或者惊讶。如果演员用嘴咬住了雉鸡翎，则表示该角色已经完全做出了某种决定。每一组舞台动作以亮相开始，亦以亮相结束。

前面提到的《明心鉴》是对演员表演艺术进行总结的巅峰之作。书中所述的戏剧理论被京剧演员奉为圭臬。这部著作一直以抄本的形式流传，直至1917年才正式出版。

19世纪是对戏剧形式进行完善的最后阶段，当时的一些论述还原了这一时期的情境。这些论述的作者在思考戏剧取得的艺术成就的同时，对其历史进程进行了总结。例如，焦循，一位受过多方面教育的学者，著有十多部著作及对哲学经典的注疏。焦循对戏剧研究颇深，有三部相关著作出自他的笔下：《剧说》《花部农谭》《曲考》。姚燮为研究宋代以来戏剧的结构特点等贡献了论著《今乐考证》。这部著作早于王国维的著作出现。王国维作为戏剧新形式的研究者，曾经留学日本，掌握日语、德语和英语，受到中国古典科学和欧洲文化的双重熏陶，这决定了他研究中国戏剧各个方面的独特视角。在《宋元戏曲考》（后更名为《宋元戏曲史》）这部著作中，王国维概述了宋元时期的戏剧史，并考察了当代戏剧。王国维认为，当代戏剧在很大程度上保留了以前的形式，同时也为未来戏剧树立了典范。他认为，这种戏剧应该保留一种综合的艺术形式，以呈现民族戏剧艺术的特点。王国维称之为"真正的"戏剧。

19世纪末20世纪初是传统戏剧发展的新阶段。从某个方面来说，这是一个表演艺术进一步完善的时期。新的艺术流派形成，著名京剧表演艺术大师梅兰芳、周信芳、谭鑫培成为这些流派的创始人。老一代艺术大师（谭鑫培、王瑶卿等）受邀参演宫廷戏剧，以飨口味讲究至极的观众。

宫廷表演风格进一步演进，这种宫廷风格曾经一度被视为艺术的至尊圣典。此类表演技

京剧《打瓜园》
（陶洪，花脸）

巧无形中开始遏制演员的艺术创新。都察院不仅对宫廷剧目，而且对地方城市剧院的剧目进行严格审查。1889年，《水浒传》被禁止传播，其原因是该作品宣传匪盗观念。1893年，同样的命运降到《西游记》上，因其宣传了违背道德规范的爱情。《杨家将》系列剧目也被改编。这样一来，到世纪末的时候，演出剧目中那些最好的作品都被取缔，取而代之的是一些描写历史事件的正剧。与此同时，那些对荒淫、恐怖、杀戮场面津津乐道和宣扬陈旧思想的剧本数量大增。

19世纪末20世纪初中国的经济、政治和文化生活发生了重大变化。新知识分子阶层出现，他们以欧洲的思想和文化为榜样塑造自己的世界观。他们认为，传统戏剧应该进行根本性的改变，西方歌剧则成为变革的标尺。他们站在西方歌剧的立场对整个民族文化遗产和民族戏剧进行了评判。一部分知识分子在认同对传统戏剧进行变革的必要性的同时，仍然呼吁不能割断其与民族艺术传统之间的联系。激进知识分子则聚集在《新青年》杂志的周围。该杂志的刊文中，将创建新型民主社会和反对陈旧艺术的斗争这一要求结合了起来。

1918—1920年，《新青年》杂志连续刊文对戏剧发展问题进行讨论，其中胡适对戏剧艺术的发展给出了明确的方案。胡适曾留学美国，并推崇实用主义哲学。胡适认为，应该用白话把音乐和歌唱这些"残余"从中国戏剧中挤压出去，因为白话才能拉近民族戏剧和欧洲歌剧之间的距离。胡适批评戏剧的形式和内容脱离生活并且不切实际，并认为中国文化的民族封闭性是其根源。

为了解除这种禁锢，《新青年》向读者介绍了蕴含最新的戏剧理念的欧洲和俄罗斯的文学和戏剧作品，其中包括英国戏剧家戈登·克雷的理论。戈登·克雷的与众不同之处在于，他通过东方神秘的宗教学说，特别是道家学说来表达自己对傀儡戏演员的浓厚兴趣。这位欧洲导演在中国和日本演员身上看到了服从于超越个人任务的大师身影。中国新文化思想家在戈登·克雷那里寻求完全不同的问题的答案，希望得到改革自身"陈旧"戏剧的良方。欧洲和中国的改革者们各

谭鑫培和王瑶卿
在《南天门》中（分别饰演曹福和曹玉莲）

自诉说着自身亟待解决的问题，他们没有发现的是，双方正在试图同时相向而行。但是，中国人通过戈登·克雷相当详尽地了解了俄罗斯戏剧、表演理论家K.C.斯坦尼斯拉夫斯基，关于这个名字他们以前只是从日本人那里略知一二。其时，日本人和莫斯科艺术剧院有着更密切的合作关系。

胡适关于民族戏剧的最终结论非常明确：民族戏剧将完全欧化（这是一种以功利主义对待民族戏剧传统甚至对其完全否弃的态度）。

并非所有中国人都赞同民族戏剧全盘欧化的观点。比如陈独秀就乐观地认为，应该把世界文明和文化成果与民族传统相结合。他的观点得到了接受京剧现代化改良的一些艺术大师的支持。

在传统京剧舞台上出现了被称为"时装戏"的新剧。一方面，各剧团或者剧社，正如他们开始重新命名一样，试图在改良后的传统风格中呈现西方歌剧作品。如此，《新茶花女》就出现在几家剧院的演出剧目中。与此同时，演员和剧作家专门为传统舞台创作了新剧。如《血泪碑》（讲述了现代年轻人的悲剧爱情）、《黑籍冤魂》、《惠兴女士》——这只是出现在传统舞台剧目中的一小部分新剧。

《西厢记》，明代版本

1912年成立于西安的易俗社为自己制定了现实任务，即通过戏剧进行社会道德教育。以此立场为出发点，该社从以前的戏剧中挑选出好的作品进行演出。从1912年到1949年，易俗社的成员为传统舞台创作了200部左右现代题材的新作品。1931年和1937年，剧团两次来到北京，其与京剧剧团的接触使得双方都获益颇深。鲁迅对易俗社的活动给予高度评价。欧阳予倩也密切关注该社的工作，他自己也积极投身于戏曲改良活动。梅兰芳对戏剧的现代改良也做出了自己的贡献，排演了几部"时装戏"。

20世纪20年代，人们对"时装戏"的热情大大降低，因为传统与欧洲化的表演相结合并不能快速见到成效。新剧没有能力与已经斩获殊荣的舞台艺术家和剧团表演的传统戏剧抗衡。

20世纪30年代是中国遭受日本侵略的时期。1937年艺术界活动家们在上海成立了"上海救国会"，救国会参与创建宣传队，奔赴前线进行演出。1937年末，"中华全国戏剧界抗敌协会"成立，著名传统戏剧活动家欧阳予倩、梅兰芳、周信芳和其他来自传统戏剧流派的代表都加入进来。抗敌协会呼吁全体戏曲活动家投身到抗日斗争中来，并提出了创建现代戏剧这一任务。演员们的街头演出和流动宣传队的活动成为当时最为流行的戏剧活动形式。1938年在武昌进行的观摩演出对宣传队的活动进行了总结，提出了提高表演艺术水平的任务。

从战争开始之时，京剧大师们就尽力把表现为自由而战的传统剧目纳入自己的演出名单，如《生死恨》《抗金兵》《史可法》等。日本人占领中国大城市之后，主要的京剧剧团都留在了敌占区。许多剧目被禁止演出，替代它们的是那些愚昧的、公开表现色情的戏剧。梅兰芳和程砚秋等戏剧大师减少了演出活动。"中华全国戏剧界抗敌协会"基本上停止工作。

戏剧改革的中心转移到了中国共产党领导的地区。1938—1939年在那里演出的戏剧成为挑选和变革剧目建立旧戏剧改革标准的实验基础。评剧剧团接受了创建新戏剧的尝试，但是其迈出的第一步并非一帆风顺。关于传统戏剧的命运和改革可能性的讨论被重新掀起。1939年，张庚在延安的鲁迅艺术学院发表演讲，坚定地表示传统戏剧和话剧必须相互结合。当时制订了第一份改革评剧的具体计划，接着在1940年出版了第一部评剧戏剧集。1942年召开的延安文艺工作者座谈会对戏剧的命运产生了深远的影响。延安文艺工作者座谈会在理论上支持保留与发展传统艺术思想。而在戏剧改革的实践中，从实用主义的角度评价文艺作品的思想却不时地显现出来。在会议上，将艺术的阶级属性简单化的思想占主导地位。会议取得的理论成果在中央宣传部1943年发布的《关于执行党的文艺政策的决定》中得到体现。

延安成为改革的中心。在这里，在战斗平剧社的基础上组建了延安平剧研究院，该院从事了大量实际问题的研究工作。在研究院的支持下，两部京剧派剧本被相继推出：李纶的《难民曲》和张一然的《上天堂》。尤其是第二部剧的演出非常成功。该剧讲述了边区农民的生活，戏剧内容与京剧传统曲调自然结合，深受大众喜爱。

1943—1944年，延安平剧研究院创作团体完成了两部传统剧目的制作——《三打祝家庄》和《逼上梁山》。这两部戏剧的内容选自长篇小说《水浒传》以及取材于该小说的一些传统戏剧作品。毛泽东在给《逼上梁山》剧作者的信中提出了重新思考历史事件、历史人物的意义和性质的问题。这是中国共产党在政治思想引领这一领域的开端，众多以反抗日本侵略、解放全中国为目标的新型创作团体成为这一领域的领导力量。解放战争结束前夕，华北戏剧音乐工作委员会成立，负责审查众多京剧剧院的演出剧目。

1939—1940年产生了一种新的音乐剧体裁——新歌剧。1944年，戏剧作家贺敬之、丁毅和民族音乐研究者马可共同创作了歌剧《白毛女》。该剧的主要内容取材于白毛仙姑的传说。这一传说在整个解放区广为流传，因此该歌剧作品演出获得了成功。同时，该歌剧是在流传已久的民间歌舞秧歌的基础上创作的。歌剧中塑造了女英雄的形象，该形象拉近了新剧作品和以前许多传统戏剧之间的距离，同时在舞台上推出了新的英雄形象——人民战士、人民解放者，这一形象也确定了悲剧情节终将走向幸福的结局。《白毛女》的出现成为新歌剧的开端，它在观众中引起的强烈反响使人们看到了将传统艺术形式和新内容相结合的希望。

从整体上看，京剧在战争年代几乎没有什么改变。京剧作为一种城市戏剧艺术出现并流传，在城市中由那些著名表演艺术家演出。

1949年以后，中国文化进入连续发展的新阶段。1950年，由周扬担任主任委员的文化部戏曲改进委员会成立，传统戏曲界的很多著名艺术家加入。1951年政务院《关于戏曲改革工作的指示》强调，"人民戏曲是以民主精神与爱国精神教育广大人民的重要武器"，鼓励宣传反抗剥削、热爱祖国、热爱劳动，展现劳动人民优点特质的戏剧；反对宣扬封建奴隶道德、野蛮恐怖行为、侮辱或者丑化劳动人民的戏剧。应吸引知名艺术家加入戏剧改革，鼓励进行各种戏曲形式的自由竞赛。同时，进行剧团的行政改建工作，出现了公营、公私合营以及"私营公助"等多种形式，其中"私营公助"是在合作的基础上组建的。鼓励演出反映时代精神，那些与时代

京剧《白毛女》剧照

精神相吻合的旧剧目的剧团尤其受到赞扬。

20世纪50年代提出了"百花齐放"的方针。响应进行戏剧自由创作这一号召,各传统戏剧纷纷扩大自己的演出剧目,创作新的历史题材作品。梅兰芳以宋代的历史事件为基础,排演了新剧《穆桂英挂帅》;由著名昆曲表演艺术家俞振飞和言慧珠率领的上海京剧院以元代剧作家白朴的杂剧为蓝本,创作了历史题材剧《墙头马上》;上海越剧院根据小说《红楼梦》编排了新剧。

相继而来的是对存在于"百花"中的"毒草"进行清除的行动。之后,"大跃进"随之而来。戏剧更多地陷入政治讨论,在政治口号的指引下,戏剧被以政治行动的方式进行了改编。在这种状况下,真正的创作异常艰难,而且从事创作的知识分子在那个年代都接受了"再教育",他们不仅开始怀疑自己的创作行为,更对自身的存在产生了怀疑。

60年代,历史学家、剧作家吴晗写了关于明朝官员海瑞的文章和剧本。他的剧本《海瑞罢官》被上海京剧院排成戏剧《海瑞上疏》。这也成为当时的剧院院长——著名艺术家周信芳在"文化大革命"期间遭受悲惨命运的重要原因。另一部戏剧《海瑞罢官》也被搬上舞台,该剧在观众中和评论界引发强烈反响。该剧的主人公——16世纪的高官,试图减轻农民负担,但是因表达了与朝廷当政者相反的立场被罢免。一些人认为,吴晗在自己的剧作中是在为1959年被免职的彭德怀元帅做辩护。

1962年9月召开的中共中央全体会议把主要精力放在了反对"现代修正主义者"和开展"社会主义再教育"上,"革命戏剧"成为后者使用的武器之一。传统剧目受到"改革"及"现代化"改编,旧剧从内容到舞台演出的整体艺术性被削弱。60年代中后期,"文化大革命"使中国文化遭受了劫难。首先遭受打击的是吴晗和他的剧本《海瑞罢官》。剧本被称作对人民毒害深重的"毒草"。吴晗本人被安上莫须有的罪名。许多著名艺术家因不堪主要由青年学生组成的红卫兵的凌辱而自杀。传统经典剧目被禁演。全国的戏剧舞台上上演的是被称作"革命样板戏"的戏剧,这些剧作充满激情,塑造的

电影《海霞》海报

是从宣传海报上走出来的英雄形象。

70年代初,对"文化大革命"进行重新评价的趋势开始出现,并开始纠正其极端行为。1974年在北京再次举办了华北地区文艺调演,其间除了上演"样板戏",还演出了京剧传统剧目以及其他传统戏剧流派的剧目。70年代末,开始了为大部分艺术工作者平反的工作,其中包括吴晗和周信芳。创作团体、创作协会的工作也开始恢复,禁止演出传统剧目的命令被取缔。取消所谓的"禁区"——文学艺术的禁忌题材和内容。恢复戏剧研究机构的研究工作。

当整个复杂而庞大的戏剧机器开始运转之后,"文化大革命"带来的破坏性后果在戏曲领域开始显现。最严重的后果之一是,上一代和年轻一代观众对艺术传统的认知出现了断层。"文化大革命"中成长起来的一代人已经失去了对传统戏剧艺术的兴趣,而在那个年代被迫停止工作的艺术家则失去了创作足以吸引现代观众的高水平艺术作品的能力。在这一时期,艺术家处于进退两难的境地:是为了留住大众而极尽所能,还是把戏剧留给选择者和接受者?

世纪之交,面对观众对传统戏剧的"无需求"状况,重振民族戏曲就和创作新的优质戏曲作品、创新舞台语言(在保留基本传统的前提下)以及提高表演技能的演员培养体系联系起来。

20世纪和21世纪之交,传统戏曲带着自己的重大创新重新出发。这是一个运用民族戏曲的方法进行创作的过程。它在两个方面进行:或以国内新编戏剧作品为素材,或选取国外经典戏剧题材。上海和四川成为寻求创新的领军者。上海推出的悲剧《金龙与蜉蝣》,就像是索福克勒斯的《俄狄浦斯王》的复活版。四川省创作的"现代化"戏剧《中国公主杜兰朵》《茶花女》《变脸》《霸王别姬》《死水微澜》《潘金莲》等则在国内外得到

故宫里的传统剧院建筑

广泛的认可。21世纪初,根据现代剧本编排的戏剧,如罗怀臻的《李清照》、马莉莉主演的《宋庆龄在上海》等,以及根据中国现代著名作家老舍和其他作家作品创作的戏剧,如《茶馆》《骆驼祥子》和《孔乙己》等成为重大革新创作。此外,还出现了纯商业性质的戏曲作品,如《牡丹亭》《红楼梦》《舞台姐妹》等。这些戏剧以生动的场面、一流的演员阵容、先进的现代灯光技术和舞台设备、华美的舞台布景等著称。这些戏剧在保留传统戏剧的综合性的基础上,又以革新后通俗易懂的舞台语言、新曲调、新型的舞台设计区别于传统戏剧。这些戏剧中使用了现代导演和舞美技术。

两大基础性著作的出版成为21世纪初的重大事件:吴新雷、朱栋霖主编的《中国昆曲艺术》,南京,2004年;叶明生著《福建傀儡戏史论》上下册,北京,2004年。

**B. M. 阿理克《中国民间戏剧和中国民间绘画》,见《中国民间绘画》,莫斯科,1966年;B. M. 阿理克《中国史籍中的优伶角色》,见《中国文学研究》,莫斯科,2002年;Б. А. 瓦西里耶夫《中国戏剧》,见《东方戏剧》,列宁格勒,1929年;И. В. 盖达《中国传统戏剧》,莫斯科,1971年;С. В. 奥布拉兹佐夫《中国民间戏剧》,莫斯科,1957年;К. И. 拉祖莫夫斯基《中国艺术》,见《中国:历史·经济·文化》,莫斯科—列宁格勒,1940年;С. А. 谢罗娃《京剧》,莫斯科,1970年;С. А. 谢罗娃《黄旛绰的〈明心鉴〉与中国古典戏剧美学》,莫斯科,1979年;С. А. 谢罗娃《16—17世纪的中国戏剧与传统中国社会》,莫斯科,1990年;С. А. 谢罗娃《俄罗斯白银时代的戏剧文化与东方艺术传统(中国、日本、印度)》,莫斯科,1999年;В. Ф. 索罗金《13—14世纪中国古典戏剧:起源、结构、形象、情节》,莫斯科,1979年;王国维《王国维戏曲论文集》,北京,1957年;王利器《元明清三代禁毁小说戏曲史料》,上海,1981年;林河《傩史——中国傩文化概论》,台北,1994年;李学勤《走出疑古时代》,长春,2007年;廖奔《中国古代剧场史》,郑州,1997年;孙楷第《傀儡戏考原》,上海,1952年;《汤显祖集》,北京,1962年;胡天成《民间祭礼与仪式戏剧》,贵阳,1999年;周贻白《中国戏剧史长编》,北京,1960年;《中国古典戏曲论著集成》,1—10辑,北京,1959年;《中国戏剧学史稿》,上海,1986年;余秋雨《戏剧理论史稿》,上海,1983年;Hsu Daoching. The Chinese Conception of the Theatre. Seattle-London, 1985; Ida W., West S. Chinese Theatre (1100-1450). Wiesbaden, 1982; Makkerrace C. The Rise of the Peking Opera. (1770-1870). Oxf., 1972.

(С. А. 谢罗娃撰,刘玉颖译)

21 世纪的中国国家大剧院，北京

木偶戏和影戏

木偶戏

中国形成了独特的，或许是世界上最为完善的木偶戏剧，被称为"傀儡戏"或者"木偶剧""木偶戏"。与木偶一样，木偶戏源于古代丧葬习俗。古代丧葬时用人形偶为逝者陪葬，其中包括舞者、乐师和滑稽表演者，让他们在另一世界为逝者服务。和祭祀礼仪的关系可以在有关木偶戏早期的记载中得到证实：东汉时期的都城洛阳，在宴会和婚礼上，达官贵族将音乐伴奏下的木偶表演作为娱乐活动。

最早的木偶是机械性质的，在水力推动下运行。比如，北齐时期统治者的宫廷花园中放置了一种特殊的设有三层舞台的表演船。其底层是由七名木刻乐师组成的乐队，中间一层有七名木刻僧人手持焚香依次向佛礼拜，上面一层则是云雾缭绕之中的佛教诸神，所有"木人"的运动都是在水力推动下进行的。

更具艺术性的木偶戏在隋炀帝的宫廷中形成。隋炀帝甚至令士人学者、《隋书》的编者之一杜宝编著了十五卷本配有良工绘制插图的《水饰图经》，其中部分收录于其著作《大业杂记》（又名《大业拾遗记》）中，并收录于李昉等人编著的《太平广记·伎巧》（《太平广记》卷二百二十七）中。皇帝带领一众随从欣赏"水饰"，其由七十二个独立单元组成，取材于与水有关的神话和历史故事。例如，伏羲从出自河中的神龟处获得八卦图；黄帝从出自黄河的黄龙处获得河图；仓颉从出自洛河的"背负丹甲的灵龟"处获得洛书；尧从出自河中的赤龙处获得河图；舜从出自河中的龙马处获得"甲文"（甲骨文）；禹自"白面鱼身长人"处获得河图，之后劈开龙门山，疏通黄河河道，引之入流；姜嫄于河岸边践巨人足迹怀孕而生后稷，之后弃之于冰上；还有关于西王母、武王、穆王、汉高祖、汉武帝和之后的一些帝王，孔子以及投汨罗江而死的屈原等与水的故事。船、山、平原、山崖、宫殿都由木头雕刻而成。人偶——"木人"高二尺有余（60多厘米），身穿锦缎华服，佩戴金玉饰品。各种有生命之物如鱼、鸟等动作皆栩栩如生。"水饰"以"妓航"轮番表演。在二十条长一丈（3米多）、宽六尺（2米左右）的扁舟上，"木人"们演奏磬、钟、筝、琴等乐器，表演"百戏"中的各种杂技节目：舞剑、翻筋斗、爬竿、掷绳等；而在七条长八尺的船上，"木人"们伸出手臂送出酒杯，又取回空杯，如此为每位客人敬酒三次。所有动作都由令人惊奇而不可思议的"水机"完成。

传统木偶戏里的人物

木偶戏表演，
15世纪版画作品

公元6世纪出现了固定的木偶戏人物"郭公"或"郭秃"，其原型为生活中的滑稽演员。根据颜之推所著《颜氏家训》的记载，"郭秃"参演的节目大致包括独白短剧、舞蹈、演唱。唐代木偶表演盛行，出现了提线木偶戏。与同时期其他体裁的戏剧艺术一样，提线木偶戏用于娱乐众神和逝去的灵魂。封演在《封氏闻见记》中描述了贵族葬礼上演出唐朝将军大战突厥的木偶戏的情景。

宋代，木偶戏进入全盛时期，流行更为广泛。根据孟元老在《东京梦华录》中的记载，在都城汴梁（开封），木偶戏被俗称为"小杂剧"，其演出从早至晚终日不绝。吴自牧《梦粱录》载，汴京城里仅一处娱乐场所就有24个木偶剧团演出。周密在《武林旧事》中列举了71部木偶戏的剧目名称，其中很多作品在杂剧中都有同名剧目。

那一时期的木偶戏艺人热衷于选取民间故事作为题材。充满幻想的怪诞情节在木偶戏中尤为突出，在剧目中占据显著地位的永远是关于神仙、神话人物以及来自遥远国度向中原朝廷贡献宝物的使节的传说等，后世学者吴自牧评价为"多虚少实"。与以往相同，"郭秃"仍然博得了观众的喜爱，同时出现了另外一名固定伙伴"鲍老"作为补充，其主要作用是完成引戏的工作。后世学者指出，13世纪的福建省就有三百多个剧团，而四川省也有一百多个剧团，其演出剧目都有"鲍老"参与。从宋代开始，木偶戏通常在鼓和笛子的伴奏下演出。

儿童木偶戏，宋代

农村的木偶戏演出，清代

当时，先古机械木偶的后世承袭——"水傀儡"远近闻名，这种木偶在专门的表演船上演出。水傀儡为半身木偶，固定在浮板或"十"字形架子上。除与杂剧类戏剧一样具有情节之外，这类演出中还融入了百戏中的杂技节目，奇幻般的舞台出神入化。还存在一类"肉傀儡"，其特点尚不完全明确。一种说法是，将孩子仿照木偶的穿着进行装扮，然后让孩子在成年人肩膀上模仿木偶。另一种说法认为，此类木偶被称为"布袋木偶"，即戴在手上的木偶。还存在一些关于"药发傀儡"的记载，此类木偶以火药带动表演动作。后来，木偶发展出四种类型：①布袋木偶；②提线木偶，从上方用线操控，木偶数量可多达四十；③杖头木偶，自下方用固定在木偶头部、肘部或手腕上的木杖操控；④铁线木偶，把木偶垂直固定在金属丝上，通过后面布景上的洞孔操控的一类木偶。

中世纪晚期，尽管戏剧快速发展，木偶戏却并未失去自身的流行地位。不但如此，中国戏剧艺术的特点在这里还得到了淋漓尽致的发挥——贴近大众的生活、机动灵活的存在形式、传统化和风格化倾向。木偶戏（以布袋木偶为代表）在中国东南沿海的福建和台湾地区流传甚广，鼎盛时期，这一地区仍有一千多个剧团活动。木偶戏的重大社会文化功能在提线木偶戏中得以深度呈现。作为最流行的木偶表演之一，提线木偶戏在很多地区呈现出纯粹的宗教目的，是一种净化仪式，甚至还在婚礼上为新婚夫妇祝福。比如，福建省木偶剧团的木偶由72个头和36个身子组成，象征着宇宙的全部神圣力量。木偶被认为是神灵的化身，因此在演出开始之前要向神灵奉上供品。在此类驱魔仪式上，观众甚至因害怕被驱赶的魔鬼附身而担心不已。不少时候，木偶表演是作为净化仪式在由人表演的常规戏剧开演之前进行。戏剧中的驱魔木偶、节日仪式或寺庙祭祀众神的仪式上巨型官宦和神仙形象的木偶之间既有区别，又存在联系。

现代木偶戏演出

木偶戏在寺庙里的演出非常频繁，祭奠女神及其神龛的木偶戏可以专供妇女观看，虽然传统上女性观看木偶戏是被禁止的，传说这与周穆王发现木偶向他的嫔妃抛媚眼有关。根据英国传教士约翰·亨利·格雷（Gray, J. H., 1878；俄译本，2006）的观察，19世纪中叶提线木偶戏分为女性木偶戏和男性木偶戏，并可以伴以演员朗读台词，虽然所有台词文本通常由木偶表演者自己完成，有时他们为了转换嗓音会在嘴里放上变声器。

根据C. B. 奥布拉兹佐夫的观点，源自中国的布袋木偶在产生之后的两三百年间并未经历太大的变化。布袋木偶经常在流动的"扁担剧场"演出，其舞台道具异常简单：用扁担支撑起一个不大的舞台，舞台的下端用幔布围起，遮挡表演者。两个木偶同时在舞台上表演，木偶演员用五指操纵其动作，同时兼念唱白，只使用小铜锣作为音乐伴奏。这种典型的街头表演一般由一些不长的滑稽戏组成。杖头木偶和铁线木偶的各种变体形式广泛流行。在四川还有与真人身高相近的大木偶表演。

中国的木偶戏作为原汁原味的民间艺术，体现了表演者高超的技术水平，蕴含着内容丰富的地方传统习俗。在以福建为代表的很多地区，木偶戏对地方戏曲形式的发展产生了显著的影响。

影 戏

"影戏"或者"影灯戏"的名称直接指出了它与"影灯"之间不可分割的关系。也正因为如此，1896年自西方传入中国的电影一开始作为影戏的变体被中国观众接受，并被赋予同样的名称：影戏。随着电影胶片被认知，为与前者区别，改用"电影"这一名称（字面意思为"电的影子"），其基本意义单位——"影"依然反映了自身与影戏的渊源。为此佐证的是有据可循的真实谱系，如摄像和电影设备的重要原型暗箱，其原理在《墨经》中已被描述，中国也早已创造了"影灯"。

刘歆著、葛洪辑抄以及六朝时期佚名学者所著《西京杂记》中记载，其一，在秦始皇的继任者秦二世在位期间（前209—前208），曾经使用过一种灯，燃灯时可以看到龙的鳞甲在颤动。其二，曾经存在一种长二尺三寸的二十六孔"玉管"，如果向管中吹气，则看到车马、山林，听到车马前后相接驶过的隐隐约约的声音；如果停止吹气，则景象即刻全部消失，被称为"昭华之琯"。此处所用的两个同音字"管"和"琯"不仅可以表示吹奏乐器（如双簧管和短笛），还可以表示其他物体。前者可以是任何管状物体，后者则表示用来观察景象闪烁变换的玉制望远镜。"昭华"一词，见于古代伏生及其弟子对《尚书》的注解之作《尚书大传》中，书中构建了与"昭华之琯"并列的另外一个短语"昭华之玉"，描述了上古尧帝传位给舜帝时交给他的一件器物。由此可见，"昭华之玉"很有可能不是乐器，而是一件玉制的神秘法器，一些研究者认为它是"影灯"的雏形。后者在唐朝就已经广泛普及，尤其是在洛阳。冯贽在《云仙杂记》中对此有记载。

早些时候，司马迁《史记》、班固《汉书》及王充《论衡》等书中均记载了发生在汉武帝身上的一件事：方士少翁夜间借助方术和帷帐（可能是帷房，也可能是屏风），向皇帝展示其已逝爱妃的样子。其术似乎与"灶鬼"相关，大概是指某种光（火）的

影戏造型：虎、马、云、人物

神力。一千多年以后，高承在其类书《事物纪原》中专辟"影戏"一章详细记述了这个故事，并判断这是对古代影戏表演的描述。宋朝出现了最早关于影戏的详细记载。13世纪末的临安（杭州）城里，有二十多名影戏表演大师。表演内容与戏剧和木偶戏的来源相同——广为流传的历史故事和民间传说。半透明的造型用皮子（羊皮、驴皮或福建的猴子皮）制成，偶尔也会使用彩纸制作，着色后以彩色丝绸装饰，其艺术形象的塑造借助剪纸工艺完成。与木偶戏和传统戏剧不同的是，影戏中的布景非常发达。按照C.B.奥布拉兹佐夫的说法，这种美丽的表演可以称为彩影戏，因为透过纸质或者布质的幕布映射出彩色造型，皮影静止时紧贴幕布，活动时则力求最大限度地靠近幕布。皮影由三根固定在颈部、手腕的细棍操控，其胳膊、腿的主要关节是可以活动的。中国至今仍保留着大量地方传统影戏，其中一些还促进了地方戏剧的形成，如在西北地区。

木偶戏的历史地位

在成书于1944年、出版于1952年的首部奠基性和开拓性研究著作《傀儡戏考原》中，著名学者孙楷第作出以下结论：整体上讲，中国新时期的戏剧产生于宋朝的木偶戏和影戏。作为证据，作者指出：第一，宋朝上述剧种在剧目上存在相似性。第二，演员的一系列表演手法，从属性上讲，

更倾向于木偶戏和影戏。比如，演员首次在舞台上亮相时，其自我介绍显得不自然，而在木偶戏中却由木偶师自然地表达出来。第三，由木偶的外貌衍生出来的戏剧人物形象的面具化及妆容的常态。第四，在演员表演中加入了木偶的体态和动作。比如，在一种特殊的台步动作中，演员的腿在膝盖处呈直角弯曲，垂直于地面抬起并放下，该动作与木偶的动作相同，这是由木偶受固定在其膝盖部位的线绳牵引所致。

西方著名道教研究者施舟人（Schipper, K. M., 1982）认同"木偶戏是中国最古老的戏剧形式"这一说法，他指出，戏剧表演的鼻祖就是木偶师。И. В. 盖达（1971）对这一说法予以反驳，她认为，木偶戏的表演中大量模仿了"人"在百戏中的表演，而非反之。相应地，中国的木偶戏是在戏剧化后的歌舞和杂技表演的影响下形成的，正是后两者首次把故事舞台化。她认为，百戏不仅是木偶戏的"摇篮"，更是确定木偶戏形成的一种"艺术形式"。然而，从汉代开始，曾被多人记录，更被张衡写入《西京赋》中的百戏，正如其名称一样，指向了所有舞台表演形式，涵盖了最为广泛的表演范畴——从动物、杂技演员、魔术演员表演的杂技节目到歌舞节目。也就是说，百戏还没有分离出专门的戏剧特点，这正是首批木偶戏作为专门的戏剧表演的独特之处。

根据1952年在中国的经历所获得的感受，С. В. 奥布拉兹佐夫指出，木偶戏和影戏得到了前所未有的快速发展，其类型"比由人表演的传统戏剧的类型还要多"。

（А. И. 科布杰夫撰，В. В. 马良文补充，刘玉颖译）

影戏人物

手影教材

影戏中的钟馗

中国南方木偶戏和影戏传统

中国南方传统的木偶戏和影戏当属闽南戏（产生于福建省南部及其与广东省相邻的地区）和广东（广州）戏，在海外的中国南方华侨中影响广泛。马来西亚自古以来就有各种主要类型的木偶戏和影戏表演。尽管影戏在中国的历史非常悠久，马来西亚—印度尼西亚影戏（哇扬戏）流派也得到了很好的发展，但是现代马来西亚的华侨基本上不了解影戏。布袋木偶如今在中国台湾地区较为流行，而在马来西亚更受欢迎的是中国的提线木偶。

闽南木偶戏分为泉州、漳州、潮州三个流派。泉州木偶戏于20世纪初传入马来西亚，首先出现在槟城和马六甲。其乐曲与昆山腔（昆曲）相仿，但是更柔和。情节基本上是文戏，演员补充以即兴幽默表演。木偶的眼睛和嘴巴可活动。漳州木偶戏以武戏为主，具有浓厚的民间故事色彩。还有一些介于上述二者之间的过渡性表演形式。潮州戏（既可以由木偶表演，也可由真人表演）在马来西亚更为流行。现在，潮州戏有几个剧团，但是在很长一段时间内只有"金玉楼春"一家剧团。"金玉楼春"的成员大部分来自同一个家庭——剧团的创建者及她的丈夫、儿女、儿媳和孙子，在必要的时候也会邀请外来演员参加演出。剧团有时也会编排由真人表演的潮州戏。事实上，木偶戏是中国戏剧的微缩版（不仅潮州戏如此），二者在音乐、文学作品、服装、表演方法（唱腔、念白、动作、武术）等方面完全相同。

"金玉楼春"的木偶高约70厘米，身体为木制，头为陶制，胳膊和腿由木块制成并用铁丝连接（肘部和膝部可弯曲，即木偶可以做跪姿），手由铁丝制成并用纸糊上。木偶的脸上画有彩色颜料，眼睛和嘴巴不能动。男木偶可以微笑，其中一些甚至可以大笑（可见牙齿），女木偶（以及小生）表情要矜持一些。木偶由三个分别粘附于背部（可拆卸）和胳膊上（固定）的手柄操纵。手柄粗的一头由木偶演员控制，细的一头连接到木偶身上。背部的手柄最为粗实，但是其连接木偶的那一头是灵活的。在必要的情况下（例如操纵腿部的时候），会使用辅助手柄（没有连接在木偶身上）。木偶的手指可以弯曲，能握住东西（毛笔、书、卷轴、鞭子、桶、包袱、桨及其他工具）。演出过程中，头部及帽子、鞋可以轻松更换。据演员讲述，木偶的服装源自宋朝；其他资料显示，木偶的服装中还具有元朝、明朝和其他朝代服装的元素。

所有的木偶均由两名演员操控：左边坐着师傅，右边是其徒弟（从观众席的角度看）。师傅可以同时操控四个木偶，学徒一般操控一个，偶尔操控两个木偶。在需要登场但是不用活动的时候，木偶一般会悬挂在支架上，或者靠背柄支撑住，柄的另一端被演员用双膝夹住。所有复杂的操作（高难度的动作、给木偶换头）均由师傅完成，徒弟手握木偶配合操作。也可以由一位师傅操控木偶，对白及打击乐器伴奏下的台词、演唱均由另一位师傅（不一定是操控木偶者）完成。木偶演员还可以一边操控着一个木偶，一边为另一个木偶配音。小生和小旦以高声调演唱，其他角色，如老生、老旦、净、丑等均以低声调演唱。男演员只能为男木偶配唱，而女演员和儿童可以为任何性别的木偶配唱。

和戏剧一样，传统上木偶戏所有角色的表演都由男性完成。然而，后来女性开始逐渐占据主导地位。据"金玉楼春"成员讲述，这个过程发生于人们开始吸食鸦片的时候，吸毒的男人们已经不能进行表演。在这个剧团中，木偶的操控均由女性完成，其中包括八九岁的小女孩。

木偶演员被幕布遮挡，但并非全部遮挡住。更换、准备木偶及道具都是当着观众的面完成的。演员可以大声交流操作信息、用语言相互提示、吃供品甜食、演唱、检验声音传送设备。空闲时，他们便在大家的注视下躺在吊床上休息。剧本的演出是在严格的传统规制（背诵）下完成的，但是也有即兴的成分：演员在演出开始前几分钟选择剧本，之后即可自主决定以什么样的风格进行本场演出。在一天之内可能演出两个不同剧本的片段，剩余部分可以在第二天继续演出。一个片段可以持续一至三个小时。两个片段之间设置几个小时的休息时间。

演出中使用以下乐器：①扬琴——弹拨乐器，类似古斯里琴；②鼓——用鼓槌敲击；③无边的钹，以特制的槌敲击，槌头用软布包裹；④无锣边中锣和小锣；⑤无边中间隆起的中钹和小钹；⑥笛子；⑦拉弦乐器板胡。在演出开始之前，打击乐器要敲打几分钟。使用麦克风、扩音器、现代照明设备、字幕显示屏，因为所有的戏剧都使用潮州方言演出，大部分人听不懂（演员们除了演出也不讲潮州话）。布景两侧用中英两种语言写着"金玉楼春"的名字。绣着八仙图案的幕布只有在演出结束或者中场休息的时候才落下，而在短暂的技术性暂停时不落幕布。舞台背景在以前是要更换的，现在已经不更换了，上面描绘了古代衙门升堂的景象，并写有"公正廉明""公堂重地　禁止喧哗"的字样。木偶于20世纪初制成，约有55个。

正派主角可以把长长的白色水袖甩向高处（这是真人演戏剧的经典动作）。木偶可以完成各种传统潮州戏规定的表达情感的动作：象征性拥抱、手贴胸部、背手、拱手礼等。木偶甚至可以写字，虽然它们写的字看不见（没有使用墨水），但是观其手部的动作可以断定，它们写的正是所唱的内容。所有动作都是在台词或者演唱的韵律下完成的。木偶退场时，都是在地板上移动，即从舞台上"走"下去，而不是从布景上"飞"走。剧团中没有排练，演员们从小就经常待在老一辈演员身边，已经把剧本熟记于心。

木偶戏具有重要的宗教和仪式功能。潮州木偶戏经常在婚礼、葬礼、赛会、敬奉家里的神祈、巫术仪式时演出，表演开始之前要先举行祈求仪式，祭拜戏神。

潮州木偶戏很大程度上保持了自身的传统。而闽南其他木偶戏的分支在马来西亚却经历了不少改变：①为了让观众更好地理解表演，把闽南方言、马来语、英语融合在一起；②使内容情节，尤其是其中的笑话更加本土化；③在服装上使用了马来西亚民族图案；④将中国和马来西亚的传统戏剧曲调和西方流行音乐相结合。

近几十年来，闽南木偶戏很大程度上受到西方娱乐文化的挤压，逐渐衰退。现在的表演更多的是为了"祭祀神灵"，大厅里甚至见不到观众了。

每次开场时都要演开台吉祥戏。吉祥戏由以下几部分组成：①《八仙贺寿》。②《跳加冠》。木偶扮演的老生身穿蟒袍，头戴面具，一只手拿笏板，另一只手拿写有祝词的手卷。③《仙姬送子》。讲述仙女带着董永之子返回天庭的故事，董永其时已经亡故。④《唐明皇净棚》。戏中要烧纸钱，呼唤戏神。⑤《京城会》。讲述一位姑娘算命时得知穷书生吕蒙正会在朝廷的科举考试中高中状元，于是就把绣球抛给了他（选婿的方式）。其父因此将其赶出家门。但最终预言实现了，她与自己的夫婿在京城相会。插演这些剧目的意义不言而喻：祝寿、祝愿官运亨通、祝愿多子多福及开场之前的净棚。在《仙姬送子》中，有一个"小神仙"的形象——一名三岁儿童，演出过程中人们把这个孩子送到当地寺庙供奉的神祇面前，而后把他连同供品一起送回舞台。"小神仙"被供养在台后的特质竹篮中。

潮州木偶戏的特别之处在于其情节。在《金花女》中，美丽的金花姑娘爱上了善良的穷书生刘永。其兄赞赏，其嫂却欲极力将其嫁给富有的恶霸。有情人结为夫妇，但是刘永却无力养家。他试图变卖自己的书籍，却招来嘲笑。金花请求哥哥资助，以便让刘永赴京赶考。不顾突然回到家中的妻子的反对，哥哥把自己的钱借给了金花。年轻夫妇踏上了赴京之路。当他们渡河时，恶毒的船夫妄图绑架美丽的金花，她跳入河中。书生和船夫奋力搏斗，但是也被推入河中。金花和刘永均获救，但是他们都以为对方已遭不幸。金花返回了哥哥家。嫂子又逼迫她嫁给那个富人。哥哥留在家中，保护妹妹免受嫂子的非难，但是嫂子以有事为由让哥哥离开家。即使独自面对嫂子，金花依然拒绝嫁给那个富人。于是嫂子让金花去山上放羊。金花在山上独自劈柴。恶毒的嫂子偷偷派土匪绑架金花欲送给富人，金花逃跑。在山坡上，她遇到了一名年轻官吏，于是向他诉说了嫂子的行径。年轻官吏告诉金花，自己解决不了此事，建议她向即将来此地巡查的官员递诉状。金花听从了建议。一段时间后，督察使来到此地，此人正是状元及第的刘永。刘永要为金花诵读安魂祭文，年轻官吏却呈上了貌似诉状的东西。刘永读着诉状激动地询问递状人在哪里，夫妻二人就此团聚。刘永把金花的嫂子告上了公堂，金花的哥哥也站在金花这一边。但是金花本人却为欺负她的人辩解，说其所遭受的非难都是小事，不值得一提。金花的嫂子看到刘永已经今非昔比，于是与他和解。自此家中气氛和谐。剧情使演员们得以展现木偶复杂的动作，如划桨、写诉状、搏斗等。日本东京图书馆收藏了明刻本《摘锦潮调金花女大全》，其内容被划分为17出潮州戏。

潮州戏《柴房会》讲述了一名货郎夜宿客店柴房的故事，尽管之前有人警告过他，柴房中有鬼魂出没。是夜女鬼果然出现，货郎惊恐万分，在柴房中的各种物件之间辗转腾挪（此处木偶饰演的货郎为"小丑"角色，其各种动作对于操作木偶的演员来说难度非常高。"金玉楼春"的女演员曾经专门来到中国，跟如今已经去世的艺术家学艺）。女鬼讲述，自己生前是歌姬，因轻信一名向自己提亲的男子之言，随其一起上路。途中女子生病，未婚夫抢走她所有钱财之后抛弃了她，因该男子感兴趣的只是她积攒的财物。女子悲愤之下自缢身亡。货郎同情女子的遭遇，答应陪同她去扬州状告负心男子。剧中经常用到的舞台场景就是柴房，这样的舞台是"折子戏"的特点。"折子戏"是一整个剧目中情节完整的片段。

中国精神文化大典 艺术卷

《桃园奇冤》，讲述了皇帝的外甥女和自己的父亲、丫鬟来到郊外的庄园。由于女孩身体不适，滞留在那里。当他们在桃园散步时，丞相之子偷爬到园中采花，遭到父亲的制止，父亲因此身遭横祸，被打致死。狗扑向年轻狂徒，撕咬之。女孩向地方官告状时从官员的名字得知他正是自己被指婚但从未谋面的未婚夫。但是其未婚夫却不敢审判丞相之子。女孩又诉至另一官员，该官员却是

清朝的街头表演（欧洲画家作品）

肇事者的哥哥。女孩被肇事者的哥哥投入大牢，只有忠诚的丫鬟来探望她。女孩的母亲向自己的兄长——皇帝控诉此事，皇帝派官员前往查办，该官员却被作恶者——丞相收买。女孩的母亲再次向皇帝控诉。皇帝亲自前往事发地，解救了女孩，惩罚了为恶者。未婚夫被女孩指责胆小怕事而羞愧不已，也参加了营救。

与这些"诉讼类"剧目有很大区别的是《莲香戏鞋》，该剧根据蒲松龄的小说改编，但是情节上有很大变动。剧中详细叙述了狐仙（狐狸精）莲香在遇到桑生之前的生活：她在山上修行了三千年。剧本中莲香、李氏都没有附体轮回为人。蒲松龄的小说中，莲香、李氏和桑生三人最终生活在一起，而在剧本中桑生只是和复活后的李氏生活在一起。

（Р. Г. 沙皮罗撰，刘玉颖译）

*颜之推《颜氏家训》，上海（民国刊本）；孟元老《东京梦华录》（外四种），北京，1957年；封演《封氏闻见记》，北京，1957年；李昉等《太平广记》，北京，1959年。

**И. В. 盖达《中国传统戏剧》，莫斯科，1971年；Д. Г. 格雷《中国古代史》，莫斯科，2006年；Сим. 德雷登《复活的传说·中国木偶戏的表演》，载《涅瓦》，1957年第5期；Л. 库兹涅佐夫《活的影子》，载《环球》，1957年第12期；Т. 库拉科夫斯卡娅《木偶戏与影戏》，载《星火》，1957年第3期；В. В. 马良文《木偶戏与影戏》，见М. В. 克留科夫、В. В. 马良文、М. В. 索夫罗诺夫《中世纪与近代之交的中国民族史》，莫斯科，1987年；В. В. 马良文《木偶戏与影戏》，见В. В. 马良文《中华文明》，莫斯科，2000年；С. В. 奥布拉兹佐夫《我的同仁》，载《外国文学》，1956年第11期；С. В. 奥布拉兹佐夫《中国民间戏剧》，莫斯科，1957年；Т. 奥西波娃《神奇的影子与童话般的木偶》，载《戏剧》，1957年第3期；Т. 列米《中国的影戏》，载《保卫和平》，1957年第73期；С. А. 谢罗娃《中国戏剧——世界的美学形象》，莫斯科，2005年；孙楷第《傀儡戏考原》，上海，1952年；田仲一成《清代地方剧资料集》，东京，1968年；田仲一成《南宋时期福建地方戏》，见《日本中国学会报》，第22辑，1973年；周贻白《中国戏曲论集》，北京，1960年；周贻白《中国戏剧史长编》，北京，1960年；虞哲光《木偶戏艺术》，上海，1957年；Gray J.H. China. A History of the Laws, Manners and Customs of the People. L., 1878; March B. Chinese Shadow-figure Plays and Their Marking. Detroit, 1938; Wimsatt G. Chinese Shadow Shows. Cambr., 1936; Schipper K.M. Some Remarks on the Gods of the Chinese Marionette Theater // Bulletin of the Institute of Ethnology. Academia Sinica, 1967; idem. Le corps taoïste. P., 1982.

（А. И. 科布杰夫撰，刘玉颖译）

新　剧

新剧的产生

19世纪末20世纪初，重大社会政治事件的发生和中国社会的进步，爱国主义、反帝国主义革命情绪的高涨，维新派力量的兴起，都强烈要求新思想的推广和普及。这表现在中国社会对戏剧这一最受大众喜爱、最为流行的艺术的日益关注上。戏剧在传统上行使了社会教化功能。在中国历史发展中，戏剧不仅带来了审美享受，还承载了儒家思想，在很多方面影响着人的思想和道德。鉴于戏剧的强大功能，维新派思想家认为，戏剧在文明程度不高的国家占有特殊地位,它能够普及现代新思想。20世纪初,维新派领导人之一梁启超把戏剧对社会的作用与一系列具有普遍性的问题联系起来,如怎样加强对大众的领导、怎样改良大众自身等,事实上把戏剧变成了"政治和社会基石的创建者"。

然而,旧戏剧囿于传统,过于关注历史,远离现代社会问题和冲突,文言听上去晦涩难懂,以及夸大了表演上的视觉冲击力。这些特点都阻碍了上述任务的实现。传统戏剧具有自身的意义和价值,可以唤起人们对历史的联想并引发共鸣,然而它们却与20世纪初的新问题距离遥远。

一些著名的传统戏曲艺术家创建以现实问题为内容的"时装戏"的实验并未取得圆满成功:传统戏剧在表演艺术、化妆、服装等方面的丰富宝库不适用于现代人形象的舞台表演。戏剧面临着一系列现实问题。传统戏剧不可能实现向现代化的快速转变,看不到改良传统戏剧的具体的、明确的途径,所有这些决定了1919年五四运动著名活动家胡适、傅斯年、周作人、刘半农等人对传统戏剧严厉的否定和不抱幻想的态度。刊登在《新青年》杂志上的诸多讨论,呼吁"废唱"、创建欧洲戏剧范本的"真正的戏剧"的思想占了上风。思想上的交锋、五四运动领导人的社会活动引领着在欧洲戏剧的基础上创建新型戏剧的实验。

《茶花女》(1906)

在此之前,中国已经进行了新形式戏剧的首次"试车",之后这种戏剧被称为"话剧",以区别于以音乐演唱为主的传统戏剧。20世纪初,在一些大城市的西式学校里,演出了以国外作者作品内容为基础进行改编的戏剧("学院戏剧"),观众仅限于这些学校的学生及其家属。

热爱新剧的中国留日青年学生在东京创办了"春柳社",他们排演了小仲马《茶花女》中的两幕剧。之后,于1907年排演了根据哈里特·比彻·斯托的小说《汤姆叔叔的小屋》改编的《黑奴吁天录》。剧中主人公被塑造为一位为公民权利而战的英勇斗士,全剧以黑人战胜奴隶主而结束。中国新剧的诞生时间一般是从这部戏的演出开始计算的。春柳社根据外国剧本排演的戏剧还有《托斯卡》(根据V.萨尔杜的剧本改编)、莎士比亚的《奥赛罗》、易卜生的《海达·加布勒》、根据列夫·托尔斯泰小说改编的《复活》以及日本作者的系列作品。该社排演的戏剧的特点是关注社会心理和社会主题，探讨善与恶两种力量的对抗，而反映现代政治事件的戏剧较少。

另外一个进步团体是"进化团"，创建于1911年辛亥革命前夕。进化团的领导者任天知为自己设定的任务是"在舞台上向社会黑暗势力展开公开的战斗，坚定而积极地宣传革命"。利用新剧的表演形式——建立在西方戏剧模板上的讲述体（文明戏），任天知在演出中以独白的形式融入了尖锐的内容，表达对国家重大事件的看法。在喜剧、滑稽剧、悲剧中，任天知对清朝的社会制度、政府、官员的黑暗进行了嘲讽。该团体没有固定的演出剧本，使用的是草稿——写有情节主线和人物名单的"幕表"，演员自由发挥，在近乎真实生活的表演中抒发"今日之愤恨"。演出中他们采用了丰富的舞台背景和道具，使用了灯光和音响效果，选择性运用了传统戏剧元素——人物角色的明确划分、男扮女装、演员动作的象征性、传统的鼓锣伴奏。在传统戏剧占统治地位的情况下，早期新剧团体开始寻找戏剧艺术的其他途径。

革命运动的消退，对戏剧的严格审查、禁演以及对相关人士的镇压（1911年，进化团活动家之一王钟声被处决）都指向了"文明戏"。此时商业性质的演出占据上风，纯娱乐性质的戏剧上演，并添加了诸如驯蛇、吞剑之类的表演。正是这一时期的新剧活动把它带到了之后否定质疑的评价中。中国现代戏剧开拓者之一欧阳予倩认为，要更公正地看待"文明戏"，应当把它看作一个"新的实验，是在舞台上回答人民感兴趣的政治社会问题的尝试"。（根据В. С.索罗金提供的资料，在为数不多的"文明戏"风格的外国戏剧中，1910年前后，"社会教育"剧团在徐半梅的领导下、在著名演员史海啸的参与下排演了列夫·托尔斯泰的《复活》。——А. И.科布杰夫注。）1920—1930年是话剧被确定为一种独立的、真正的新戏剧形式的界标。这是在一系列事件的促使下形成的：整理了过去这些年话剧发展的经验；在此过程中聚集了众多未来著名的活动家；了解了国外戏剧创作经验、戏剧理论和舞台艺术；形成了民族戏剧学；出现了首批培养新剧人才的学校。

1921年，沈雁冰（茅盾）、欧阳予倩、陈大悲、熊佛西、徐半梅等人在上海创建了"民众戏剧社"。该社提出了新剧的概念：创作行使社会教育功能的人民戏剧；保障戏剧创作的国民性，回应社会需求；培养导演和演员人才。演出转向了非商业的、出于兴趣而创作的作品。该社发行了

《戏剧》月刊，刊登了国外剧本的译本以及戏剧理论文章。20世纪20年代，在国外接受过专门教育的戏剧艺术家踊跃活动，其中有留学美国的洪深、余上沅、熊佛西，留学日本的欧阳予倩，留学法国的陈绵，留学瑞士的宋春舫。他们在戏剧创作、导演、人才培养等各个领域展现自己的才华。年轻一代的文学作家田汉、郭沫若和社会戏剧作家丁西林等人投入戏剧创作中。

继《新青年》杂志刊登易卜生、萧伯纳、列夫·托尔斯泰的戏剧作品译本之后，翻译文集《俄国戏曲集》于1921年出版。其中收录了果戈理的《钦差大臣》，奥斯特洛夫斯基的《大雷雨》，屠格涅夫的《村居一月》，列夫·托尔斯泰的《黑暗的势力》《教育的果实》，契诃夫的《伊凡诺夫》《万尼亚舅舅》《樱桃园》，等等。此时中国人开始认识莎士比亚、奥古斯特·斯特林堡、王尔德、尤金·奥尼尔等人的作品，接触各种创作流派，如颓废主义、唯美主义、象征主义、表现主

《易卜生戏剧的自由观念》

义、新浪漫主义等。所有这些都对投入戏剧创作的作家们的艺术探寻产生了影响，并决定了创作题材、形式风格的多样性。

首先获得广泛流行的是与易卜生的思想契合，反映个体与社会之间对抗的作品。这些作品中渗透着对封建家庭关系的控诉，呼吁妇女解放、恋爱和婚姻自由。

娜拉的中国化形象在田汉的《南归》《获虎之夜》，郭沫若的《卓文君》《王昭君》，欧阳予倩的《潘金莲》，胡适的《终身大事》，熊佛西的《我到哪里去》等话剧中被刻画出来。深刻批判被封建偏见毁掉的家庭关系的主题在欧阳予倩的《屏风后》、陈大悲的《幽兰女士》中被表达出来。与此同时，以普通劳动者的艰难生存状况（欧阳予倩的《车夫之家》）和工人罢工（田汉的《顾正红之死》《火之跳舞》）为题材的话剧也初露锋芒。田汉的《黄花岗》、洪深的《赵阎王》、熊佛西的《一片爱国心》则表现了中国社会反帝国主义、反军阀主义的情绪。

积极的新剧人才培养工作开始于20世纪20年代，这项工作在话剧的确定、进一步发展、由业余向职业化转变等方面起了重要作用。北京大学的教学大纲中引入了欧洲戏剧讲座课程，由在瑞士进行过专业学习的宋春舫

担任主讲。1925年，余上沅和熊佛西在国立北京艺术专门学校建立了戏剧系（后改组为北平大学艺术学院戏剧系）。这是在国立高等教育体系中引入戏剧专业教育的第一次尝试。在此之后，上海艺术学院成立。田汉领导的南国艺术学院于1927年在"南国社"的基础上成立。"南国社"当时设有戏剧、电影、音乐、文学、绘画等五部。在南国艺术学院，听众不仅可以听到话剧表演艺术方面的专门讲解，还可以听到传统戏剧方面的讲座。观众在此欣赏了田汉20年代末的话剧作品《生之意志》《苏州夜话》《古潭的声音》等。在此排演了田汉最优秀的早期作品之一——《名优之死》。"南国社"还排演了菊池宽的《父归》、斯蒂芬·菲利普斯的《未完成之杰作》、王尔德的《莎乐美》（田汉翻译）和根据梅里美的小说改编的《卡门》。

后来，"南国社"主要活动家之一唐槐秋在其创办的"中国旅行剧团"中延续了该社的传统。1933—1949年，"中国旅行剧团"为那个年代众多著名民族戏剧作品以及欧洲古典、现代戏剧作品赋予了舞台生命。

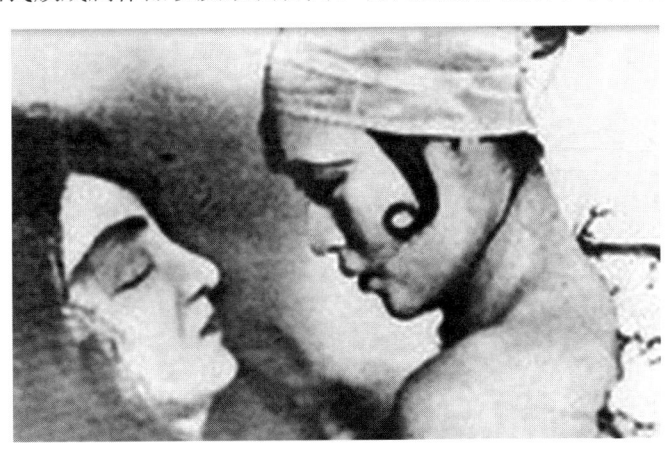

《莎乐美》（"南国社"根据王尔德的剧本创作的话剧剧照）

以20世纪20年代培养的戏剧人才为基础，南京国立戏剧专科学校于1935年成立。余上沅任该校的领导直至1949年。在14年的时间里，这所学校培养了一千多名演员、导演、舞台美术人员。该校把学习和舞台实践、观摩及在中国大城市的巡演相结合。在巡演过程中，观众接触了众多国内外作品，话剧本身也赢得了越来越多的观众。20年代，话剧最终确立了自己在中国的地位，拥有了专业的戏剧作品和杰出的导演（洪深、唐槐秋、应云卫），演员的舞台表演艺术水平大大提高，为话剧由业余向职业化转变奠定了基础。1924年的《少奶奶的扇子》（由洪深改编自王尔德的《温德米尔夫人的扇子》并搬上话剧舞台）标志着话剧艺术水平迈上了一个新台阶。正是从那个时候起，新剧开始被称作"话剧"。

20世纪30年代初期，人们开始认真尝试将话剧作为政治宣传的渠道。在经历1925—1927年的大革命失败，工作被迫转入地下，急需合法渠道宣传自己思想的情况下，中国共产党建立了"艺术剧社"。"艺术剧社"提出建立"无产阶级戏剧"的口号。剧社的任务是在工人、学生群体中开展中国共产党领导下的群众宣传活动。国民党政府编造谣言，诬陷这些活动是反对国家的，于1930年查封剧社，逮捕剧社成员。第二年初，逃离逮捕的"艺术剧社"成员和当时已经停止活动的"南国社"成员联合创建了同样目标的"中国左翼戏剧家联盟"。享有盛誉的话剧界领军人物——田汉（联盟执行委员会主席）、夏衍、刘保罗、郑君里等人的加入使"联盟"的影响力得到显著增强。"联盟"于1931年秋公布的《最近行动纲领》对戏剧工作做出如下规定：深入城市无产阶级和革命学生中，积极宣传"半殖民地国家无产阶级的伟大历史使命"的纲领，同国民党进行坚决的斗争，拥护中国工农红军，在戏剧中揭示资产阶级和无产阶级之间加剧的矛盾，与广大观众地位平等，等等。"联盟"对当时的苏维埃戏剧表现出浓厚兴趣，尤其是对"蓝衫剧团"的兴趣更浓。借助自己建立的演出团体的力量，"联盟"的宣传活动取得了突破性成绩。诸多戏剧作家、导演、演员与这些演出团体进行合作，如洪深、夏衍、应云卫、冯乃超、金山等。"联盟"在北京、南京、广州、武汉、南昌、杭州建立了分盟。"联盟"的积极活动招致了国民党的镇压，截至1934年，所有分部全部被查封。在恐怖气氛中，"联盟"的领导层决定改变策略，把以下任务放在首位：保存和积蓄力量，精进技艺，发展舞台艺术。"联盟"相当大的一部分宣传作品由于缺乏艺术性和苍白的表达而被遗忘。

"无产阶级戏剧"总的思想方向体现在田汉这段时间的作品中，如《月光曲》《扬子江的暴风雨》《暴风雨中

南京剧院（建于1930年）

的七个女性》《梅雨》《洪水》等。30年代中期，"联盟"的成员处于涣散状态。建立"国防戏剧"的号召被提上了日程。

"无产阶级戏剧"成为利用话剧进行群众政治宣传的首次实验。在其活动纲领中可以看到"左倾路线"的痕迹。"左倾路线"很大程度上决定了20世纪下半叶中国戏剧的命运。然而，这一路线在20世纪30年代却没有成为决定性的方向。并非所有的戏剧活动家都赞成"联盟"的主张。大批戏剧家，如熊佛西、李健吾、欧阳予倩等主张人的个性思想，反对政治宣传。他们认为艺术的价值在于艺术家精神上的自我揭示，而非社会和道德教化。甚至与左翼联盟合作的夏衍、洪深也不完全同意其主张。

20世纪30年代，一批民族话剧作品冉冉升起，其中以曹禺、夏衍、郭沫若、陈白尘、阳翰笙等人的作品为代表；创建了第一批职业团体（有洪深、唐槐秋、金山、应云卫、马彦祥、袁牧之等一批已经具备成熟技术的导演与之合作）；出版活动得到深入发展。上述成就成为这一时期话剧发展的里程碑。

1933年，曹禺的第一部悲剧作品《雷雨》问世。这部话剧本身蕴含着巨大的力量，揭示了封建家庭的黑暗腐朽，揭露了复杂、畸形的人与人之间的关系。1935年，曹禺完成了自己的悲剧作品《日出》。这部话剧构建了沿海大都市残酷的社会生活图景，在那里，用人的名誉、肉体、尊严、命运做交易之风盛行。曹禺不断拓宽自己的创作题材，于1937年完成了一部表现主义话剧《原野》。作品揭示了中国农村中的尖锐矛盾，以及寻求向迫害者复仇的农民最终被个人意愿带向绝望的残酷性。

20世纪30年代，夏衍加入话剧创作的行列。据他本人讲述，在接触曹禺的作品之前，他"只是把戏剧艺术看作是宣传的工具"。继历史题材话剧《赛金花》《秋瑾传》之后，夏衍于1937年创作了自己最优秀的话剧之一——《上海屋檐下》。这部作品的问世，确立了夏衍作为一位擅长对"小人物"进行细腻刻画的大家的地位。通过对"小人物"日常生活和命运的平静讲述，剧本揭示了那个年代上海的社会政治氛围及其对这个城市里各色人等生活的影响。

20世纪30年代初的职业剧团中，有两个团体处于领导地位。一是唐槐秋导演创建的"中国旅行剧团"（1933）。唐槐秋竭力推动演剧职业化，满足观众需求，以高艺术水准排演了各种话剧。其中有曹禺的《雷雨》《日出》，田汉的《名优之死》，经过现代编排的传统戏曲《打渔杀家》，以及外国作家王尔德、哥尔多尼等人的剧作。二是"中国业余实验剧团"。该剧团演出的话剧有曹禺的《雷雨》、陈白尘的《金田村》、宋之的的《武则天》、莎士比亚的《罗密欧与朱丽叶》等。

20世纪30年代上半期，人们对外国戏剧作品及戏剧理论的认识得以拓展，这得益于对西方和日本戏剧作品的积极翻译。1908—1929年翻译成中文的剧本有177部，而仅30年代上半期就有206部。这一时期中国戏剧界认识了斯坦尼斯拉夫斯基、梅耶荷德的舞台体系。尽管如此，新剧还只有为数不多的大都市中的受教育阶层才能看到，远远低于传统戏剧的普及率。

抗日战争的全面爆发极大地影响了戏剧活动。1937—1938年，全国范围内大规模的以戏剧为工具的抗日宣传工作展开。在上海剧作者协会的基础上成立了中国剧作者协会，该协会在戏剧工作者协会的积极参与下，组织了12支流动宣传队，它们在城市、农村、军队进行演出。宣传队演出的是歌颂保家卫国者的英雄气概、揭露敌人的罪行、痛斥叛变者的可耻行径等情节并不复杂的剧目（《八百壮士》《古城的怒吼》《民族公敌》等）。

"无产阶级戏剧"宣传队的主要任务是宣传中国共产党的路线，与国民党进行斗争。与之不同，流动宣传队号召全国人民进行爱国主义斗争，因此吸引了持不同政治观点的戏剧家参与到这一活动中来。血战卢沟桥后，田汉、陈白尘、张季纯等作者为纪念该事件所写的话剧几乎同时出现。上海沦陷后，戏剧家宋之的、崔嵬等人马上创作了号召人民抗战的话剧《上海战争》。愤怒控诉侵略者暴行，呼唤人们对国家所面临危机的警醒，呼吁人们与敌人进行斗争等，充斥在阳翰笙的《塞上风云》、田汉的《春回大地》中。在曹禺和宋之的合作的大型话剧《全民总动员》的200

《曹禺戏剧集》

多名参演者中，有未来著名演员赵丹、白杨、舒绣文等。战争时期戏剧工作的一项重大成果是，在国共统一战线框架下成立了"中华全国戏剧界抗敌协会"。其领导层由田汉、洪深等著名戏剧活动家组成。协会宣言（作者田汉）号召组成广泛的、超越个人观点和政治方向制约的抗敌戏剧集体。

在认识到极端环境下可以利用戏剧作为大众宣传渠道的同时，工作在国民党统治区的戏剧家们并没有让戏剧局限在仅此一项任务上。同时进行的还有利用戏剧促进教育的普及，促进新中国文化建设，促进建立一个民族复兴的国家的事业，促使广大群众了解世界上发生的新的、进步事件等工作。

20世纪30年代末40年代初，前线局势相对稳定，社会各界对国民党可能走向消极抗战，其与共产党的对立有可能演变为自相残杀的战争的态势忧心忡忡。与此同时，这一时期的戏剧创作也掀起了新的高潮，出现了大量由著名戏剧家创作的历史题材的剧作。在这些作品中，作者通过评价历史事件提出了当下的尖锐问题。很多作品描述了国民党统治区的社会状况、各种思潮、矛盾冲突等。历史题材剧本有郭沫若创作的《棠棣之花》《屈原》《虎符》等。阳翰笙的悲剧作品《天国春秋》中充满了对"大敌当前，自相残杀"危险的预警。在欧阳予倩的《忠王李秀成》、于伶的《大明英烈传》、吴祖光的《正气歌》等历史题材话剧中，表现了对国家和民族命运的担心，批判了高官之间的内讧，讴歌了民族英雄的英勇气概等。

曹禺的《蜕变》，宋之的的《雾重庆》，夏衍的《心防》《愁城记》《一年间》等话剧，展现了抗战时期中国社会生活的全景。讽刺题材得到发展。观察细腻、讽刺尖锐是老舍的《残雾》，陈白尘的《乱世男女》《升官图》，丁西林的《等太太回来的时候》《三块钱国币》等话剧的特点。这些作品呼应时代，针砭社会问题与冲突，艺术水平高超，这些特点保障了它们在一年一度的重庆戏剧节（"雾季公演"）（1941—1945）上取得不可撼动的成就。

抗日战争时期，话剧活动在中国西南地区积极开展起来。太平洋战争开始后，大部分职业演剧活动家（田汉、欧阳予倩、夏衍、洪深、马彦祥、焦菊隐等）和部分"抗敌宣传队"、学校从上海、汉口转移到桂林，广西戏剧改进会和由欧阳予倩领导的广西省立艺术馆对话剧活动的开展做出了巨大贡献。在桂林活跃着两个职业演剧团体——广西艺术馆话剧实验剧团和新中国剧社，出版杂志《戏剧春秋》。在大批优秀剧目中，有《忠王李秀成》（欧阳予倩）、《再会吧，香港》（田汉、洪深、夏衍）、《秋声赋》（田汉）、《雷雨》（曹禺）等。1944年在桂林举办的规模空前的戏剧展览会（持续三个多月，参加演出者近一千人）成为一大盛事。这次戏剧展览会是对话剧所取得成绩的一次大检阅。在22场演出中，有前面提到的曹禺、夏衍、田汉、欧阳予倩、阳翰笙等人的作品。外国戏剧作品被搬上舞台的有奥斯特洛夫斯基的《大雷雨》、果戈理的《钦差大臣》、小仲马的《茶花女》、萧伯纳的《卖花女》等。戏剧展览会上也展示了一些宣传戏剧——"活报大会串",但是它们所占数量较少。重庆和桂林的著名戏剧家们竭力维护戏剧的艺术本真性,他们坚决反对强加给戏剧的"左倾路线"的原则,诸如"戏剧运动的主要意义是宣传""政治标准决定艺术性"之类。戏剧家宋之的告诫人们不要忽视戏剧的艺术性,他认为,上等璞玉也要经过伟大雕刻家之手才能成为完美的珍宝。但是,也有一些来自"左"倾阵营的声音,例如:断言话剧不能深入大众,高深的文学语言对于革命作品是不适用的,而话剧本身的发展是欧化的。郭沫若、欧阳予倩、田汉、阳翰笙等很多著名戏剧家的作品被诬为"毒草"。

战争的回声同样传入了上海的戏剧生活。上海是近代重要的进步戏剧活动中心。日本军队入侵后,特别是太平洋战争爆发后,留在上海的戏剧团体转为演出政治上中立的戏剧,或者进行戏剧改编(常为国外作者的作品),他们把精力集中到了对创作的艺术探寻和演剧职业化上。他们演出了《乱世英雄》(根据莎士比亚的《麦克白》改编)、《大马戏团》(根据安德列耶夫的剧本《吃耳光的人》改编)、《舞台艳后》(根据奥斯特洛夫斯基的剧本《无辜的罪人》改编)、《夜店》(根据高尔基的剧本《在底层》改编)和果戈理的《钦差大臣》。

在上海活跃的戏剧活动表象下,隐藏着艰难岁月的印记,以及对那些年所发生的现实的逃避。在此背景之下,1945年日本投降和上海光复之后排演的田汉的新剧《丽人行》被认为是一部具有震撼性的创作。作者采用蒙太奇手法,通过三个不同社会地位的被战争摧残的女性的命运,呈现出1944年上海社会政治生活的全景。

20世纪30年代末至40年代,革命根据地和解放区戏剧活动的一个特点是,戏剧活动明确地为宣传工作和群众思想政治教育服务。根据"无产阶级戏剧"的思想,大批演艺人员和戏剧爱好者来到延安,组建了数量众多的流动宣传剧团,在前线和后方进行宣传工作。1938年,鲁迅艺术学院在延安成立,该学院进行戏剧人才的培养工作。鲁迅艺术学院设有三个系:音乐系、美术系、戏剧系(后者由张庚担任系主任)。学院第一批学制为三个月的毕业生和教师组建了"实验剧团",该剧团的主要任务之一是创作宣传剧本。1939年,日军的进攻势头被有效遏制,戏剧宣传队的活动数量减少,得以把大部分精力投入戏剧的固定演出上。为了培养专业人才,鲁迅艺术学院把学习期限延长到三年。在教学大纲中设置了"舞台实践""斯坦尼斯拉夫斯基体系导论"等课程。在严肃戏剧匮乏的情况下,演艺人员和"工余剧人协会"的导演建议排演中外著名戏剧家的剧本。根据毛泽东的提议，第一部上演的中国剧目是中国戏剧家曹禺的《日出》。此后，各个演出团体排演了曹禺的其他剧作，以及夏衍的《法西斯细菌》《秋瑾传》，宋之的的《雾重庆》等。排演的外国戏剧作品有H.包戈廷的《带枪的人》、В.伊万诺夫的《铁甲列车14—69》、K.西蒙诺夫的《俄罗斯人》、Б.法捷耶夫的《毁灭》、F.沃尔夫的《马门教授》等。

然而，毛泽东1942年在延安文艺座谈会上的讲话，以及随后在与鲁迅艺术学院集体见面会上的讲话（以更加尖锐的形式），对这股思潮提出了批评。在延安文艺座谈会之后开展的"整风运动"中，教师和学生都进行了"自我批评"，他们在发言中批判了自己"闭门造车""低级趣味""关注外国戏剧""演出城市生活的话剧，却不关注农村，不反映普通大众的生活"等错误。造成这些错误的一个主要原因被称为"崇洋媚外"。

"整风运动"之后创作的第一批被认为是高水平的话剧作品中，有《同志，你走错了路》（姚仲明、陈波儿合作）。该剧讲述了党员和军人服从党的路线的必要性，以及要无条件地在生活中贯彻党的路线。话剧《粮食》（集体创作）颂扬了八路军战士和农民为获取粮食丰收，在与蓄意破坏的"阶级敌人"的斗争中展现的革命热忱。

然而，20世纪40年代末在解放区进行的延安话剧演出并非所有人都赞同。在东北地区，这些话剧被认为是针对农村的，而对于城市无效。有人为专业精神辩护，不同意努力提升艺术技巧就意味着"为艺术而艺术"，批评为政治而歪曲现实，批评对创作人员的偏见和不信任。

在中华人民共和国宣告成立前夕召开的中华全国文学艺术工作者代表大会上，同样出现了对于戏剧艺术的不同观点。会上出现了两种主要立场。周恩来、郭沫若、周扬、张庚的发言认为，延安的实验是"中国新戏剧的雏形"，而戏剧专门为政治服务则被称为一种"新风尚"，对全国来说都是必要的。东北地区代表在发言中呼吁重新修订"乡规民约"，提高专业创作的声望。阳翰笙也不同意对国民党统治区戏剧成就的消极评价。最终，无论是在《中华全国文学艺术界联合会章程》中，还是在大会决议建立的戏剧工作者协会章程中，都没有关于毛泽东路线至高无上的规定。

20世纪上半期，开始进行欧洲歌剧风格的创作尝试，这对于中国来说是一种戏剧的新种类。20世纪初期，在一些大都市里创建了欧洲模式的音乐学校。在这里，来自国外的音乐家和在世界著名音乐学府接受过教育的中国音乐家共同授课，为学生介绍欧洲音乐史和欧洲音乐的特点，其中包括歌剧。第一位投入歌剧创作的是作曲家黎锦晖。他创作了十部校园戏剧类型的儿童短剧。其中最优秀的作品是《麻雀与小孩》，该剧曾于1993年在中国中央电视台播出。20世纪30—40年代，以故事和历史为题材进行歌剧创作的有青年作曲家沙梅（《红梅阁》）、黄源洛（《秋子》）。他们广泛运用了民族传统戏曲的创作手法。40年代初，延安的青年作曲家——鲁迅艺术学院的毕业生时乐蒙、马可、陈紫等尝试以流行的民间音乐形式创作歌剧。这些作品被称为"秧歌"（群体性歌舞形式）、"花鼓"（以鼓为主要伴奏乐器的说唱形式）。以歌剧手法进行创作取得丰硕成果的是音乐剧。一方面，在音乐和演唱风格上倾向于民族传统；另一方面，使用了欧洲学派所特有的合唱和合奏，如《白毛女》（马可作曲）、《刘胡兰》（陈紫、茅沅、葛光锐作曲）、《王贵与李香香》（梁寒光作曲）等。在这个阶段，民族话剧自身的特点也显现出来：剧中增加了对话部分，演员在表演中运用传统戏曲元素，唱腔则使用民族唱法。这些作品经受住了时间的考验，也正是从它们开始，中国出现了类似西方歌剧的民族歌剧。

1942年延安平剧研究院成立特刊

1949年以后的戏剧

中华人民共和国宣告成立时，话剧已经作为民族戏剧艺术的一种形式扎根于中国的大地上，已经具备了成熟的剧本创作、舞台经验以及专业演职人员。1949年成立了中华全国戏剧工作者协会，1953年更名为中国戏剧家协会。作为一个社会性组织，该协会几乎囊括了戏剧界所有权威人物——剧作家、导演、演员。协会主席由田汉担任。与此同时，出现了对于戏剧目标和任务的不同理解：是作为艺术乃至精神文化的一种重要组成部分，还是作为思想政治宣传的工具？

20世纪40年代末至50年代初期，建立了一个国家剧院和戏剧教育机构网络。第一批主要的话剧院团是北京人民艺术剧院、中国青年艺术剧院（2001年该剧院与中央实验话剧院重组为中国国家话剧院）、上海人民艺术剧院、中国儿童艺术剧院、中国福利会儿童艺术剧院。这些剧院一直是话剧界的领军团体，一百多位著名剧作家、导演曾在这些剧院工作。为推广话剧及其舞台经验，1950年开始出版《人民戏剧》，1952年出版《剧本》杂志。中央戏剧学院和上海戏剧学院成为培养戏剧人才的重要基地。中央戏剧学院下设实验话剧团。从1951年开始，在重组综合艺术团体（305个团体，共计2万人）的基础上成立的话剧院团出现在各个行政中心、各省、各大城市中。截至1953年春，共有79个剧团，6800名工作人员。这些工作人员中，除了少数人是无产阶级出身，其他人都要接受"思想改造"。

必须积极地、及时地把工作和政治任务相结合的路线指导着正式的演出。50年代初的代表性剧本有胡可的《战斗里成长》，讲述了从农民成长起来的战士的英勇顽强和对党的忠诚。杜印等人的《在新事物的面前》讲述了工人干部作为工人阶级代表的高素质和高度自觉性。孙芋的《妇女代表》，讲述了一名普通农村妇女通过积极参加农村的教育活动当选为妇女委员的故事。《六号门》（集体创作）把码头工人过去的劳苦生活和现在的光明生活进行了对比。

除这些作品外，老舍的话剧新作《龙须沟》成为一个新的亮点。该剧讲述了生活在北京贫穷地区人们的生活、道德面貌和喜怒哀乐。剧本中所描述的发生在1949年之前的事情比后来所发生的事情更加令人印象深刻。在中国戏剧家协会第二次会员代表大会上，与会者纷纷发言，要求加强协会在戏剧工作各个方面的作用，表示已经做好了对戏剧进行全国范围内的、大规模的方向性影响的准备。话剧剧目组被委以向剧院推荐五四运动以来优秀作品的任务。自1954年起，《戏剧报》成为协会的出版物。

电影《六号门》海报

中国第一个中央实验歌剧院于1953年成立，剧院设有两个团体——民族歌剧团和外国歌剧团。在解散后重组的综合舞蹈团的基础上成立了11个歌剧团，其中包括在上海、西安、重庆、汉口的剧团。

1953—1954年，许多三四十年代的优秀剧目重返舞台，包括曹禺的《雷雨》《日出》，郭沫若的《屈原》，夏衍的《法西斯细菌》等。外国作家的剧目也有所增加，其中主要有俄罗斯剧目如契诃夫的《樱桃园》

《三姐妹》《万尼亚舅舅》，根据托尔斯泰的小说改编的《复活》，高尔基的《叶戈尔·布雷乔夫》，果戈理的《钦差大臣》，奥斯特洛夫斯基的《大雷雨》《无辜的罪人》等。莎士比亚的戏剧《罗密欧与朱丽叶》也被搬上舞台。苏联作家的戏剧有索弗朗诺夫的《莫斯科性格》、西蒙诺夫的《俄罗斯问题》、奥斯特洛夫斯基的《保尔·柯察金》等。

（И. В. 盖达撰，刘玉颖译）

首部被搬上中国舞台的俄罗斯戏剧是果戈理的《钦差大臣》。该剧本由贺启明翻译，南开新剧团于1921年在天津上演，取名为《巡按》。剧情被设定为发生在中国南方的一个城市，但是剧中角色的对话基本上保持原样，几乎没做变动。果戈理的戏剧在中国获得了巨大的成功。从俄文原版翻译的第一个译本于1941年出版（耿济之），最后一个译本于1963年出版（满涛）。该剧本共被翻译过7次，截至1960年，至少11次被重新编排后搬上舞台。1936年，史东山根据自己的构思拍摄了电影《狂欢之夜》（片头显示该片是根据果戈理的《钦差大臣》改编的）。1944年，该剧以云南地方戏滇剧的形式在昆明上演。另外，还有一些更接近原著的演出版本。这些剧作于20世纪40年代初在延安演出有两个基本原因：第一，提高地方艺术创作水平的需要；第二，知识分子对于某些党的工作人员在军事、政治、经济、文化方面的行为存在一定程度的不满。诗人艾青说道："作家并不是百灵鸟，也不是专门唱歌娱乐人的歌伎。……他只知道根据自己的世界观去看事物，去描写事物，去批判事物。"当时在延安上演了莫里哀的《醉心贵族的小市民》和果戈理的《婚事》。

1931年，高尔基的剧本《在底层》的译本《夜店》问世。由柯灵改编的新剧《夜店》成为1945年最受欢迎的话剧。1947年，导演黄佐临把该剧搬上银屏。该剧以中国为背景，内容强调了底层人民的沉重生活，但是卢卡的哲学却在这里化为乌有。这种表现手法是俄罗斯戏剧在亚洲上演的典型特征（试比较1957年黑泽明根据高尔基戏剧作品改编的电影《在底层》、1946年切丹·阿南德的电影《贫民窟》）。在中国以类似手法改编的剧本还有果戈理的《婚事》，托尔斯泰的《黑暗的势力》《复活》，奥斯特洛夫斯基的《没有陪嫁的姑娘》等。像契诃夫的《万尼亚舅舅》（1930、1954）、《三姐妹》（1936）、《求婚》、《蠢货》、《纪念日》等根据精准的翻译内容进行表演的剧本为数较少。在剧本选择、舞台呈现风格上能感觉到苏联戏剧学派的影响。

中国戏剧和俄罗斯戏剧之间存在着更为复杂的关系。明显的例子就是《钦差大臣》和老舍的《西望长安》。1952年，鲁迅创作研究学者陈涌和作家茅盾发表果戈理逝世一百周年纪念文章。他们二人认为，虽然果戈理描写的是沙皇俄国的故事，但是他的批判在很大程度上同样适用于革命前及时下一些沉湎于懒惰思想、奢侈享乐、贪赃受贿的道德败坏的官员。1955年，公安部部长罗瑞卿号召中国的剧作家们编写如《钦差大臣》一样的讽刺性剧本。老舍积极响应这一号召，于1956年创作并发表了喜剧

《西望长安》海报

作品《西望长安》。剧本的名字与其被省略的后半部分合在一起，就是被贬谪诗人李白的诗句"西望长安不见家"。这是公元758年诗人在流放途中经黄鹤楼（今属武汉）时所作，后半句的谐音令人联想到"没有好结果"之意。《西望长安》的主人公在西安被公安人员抓捕，而西安旧称"长安"，是古代的都城，在剧中象征追求功名者的聚集地。老舍自己承认，以上结局正是暗合了诗文后半句的意蕴。主人公——骗子栗晚成编造了自己的履历，谎称自己是革命英雄（志愿军战斗英雄），因英勇无比而获得勋章。他从事党务工作，利用官员的轻信，在仕途上迅速升迁，而且找到了一位"前途无量"的妻子。他的妻子认为人们低估了自己丈夫的功勋和价值。他被任命为某部门领导，拿着工资却不出现在单位，貌似由于在战斗中受伤而不得不一直住院。最终栗晚成被揭发，他在结束高层领导会议返回西安的时候被逮捕。全剧在审讯中结束。

老舍并不认为自己的作品属于传统讽刺类型。事实上，这是一部更接近于幽默类型的作品。第一，在中国并没有西方独幕喜剧的传统，而这种传统影响到了果戈理的创作（虽然他也曾批判过独幕喜剧的"空洞的笑"）。毫无疑问，中国古典戏剧中存在喜剧甚至滑稽剧，但是它们建立在完全不同的手法之上（严格规范的念白、身形动作、演唱技法、武打艺术——念、做、唱、打）。第二，果戈理描写的是发生在偏远小镇的事

件，他可以毫不掩饰地对官员进行尖锐的批判。而被老舍搬上舞台的是高级别的领导干部，使用了具体机构的名称，只要对名称稍作修改，就可以容易猜到原型。在此情形之下，老舍不得不小心谨慎：主人公的职务越高，作者的批评就越克制。真实事件以软化的形式呈现。剧中也有正面角色——揭发骗子的唐石青，他受过教育、头脑聪明、热爱工作，而且具备其他必要的美德。对于果戈理来说，中心人物（赫列斯达可夫）首先是被作为嘲讽官僚的工具，而不是主要的讽刺对象。老舍剧中的画面是镜像的——他首先揭露的是栗晚成，那么其他犯罪人员的心灵显而易见就不是一片净土了。剧本把批判限定在对英雄的过度崇拜、享受特权、轻信他人、形式主义、名利主义和文化水平低这个范围内。当时评论界的大多数人对这部剧避而不谈。1956年刘仲平曾经写道，自己的同事们对于这部话剧"不敢写出自己的全部想法"。按照他的观点，剧本中的嘲讽不够尖锐。甚至读者在写给老舍的来信中也表达了这一观点。然而，在那个年代，剧作家不得不谨慎行事。他的作品可以被认为是非常勇敢的。

（Р. Г. 沙皮罗撰，刘玉颖译）

1955年开展的批判"胡风反革命集团"运动延缓了戏剧艺术的发展和戏剧剧目在革命艺术规范以外的拓展。批判的矛头直指那些反对非冲突和陈词滥调在戏剧中占主导地位，主张必须提高艺术水平和利用外国经验的人——他们批评剧院管理的行政方法和对创作知识分子的不信任。

在开展批判运动的同时，还对剧目进行了"清理"。其结果是第一届全国话剧观摩演出会（1956）的剧目主要是历史革命和军事题材的作品、歌颂工业建设成就的作品（13部）和歌颂农村社会主义改造的作品（15部）。政治法规的影响也体现在曹禺的剧本《明朗的天》中。该作品谴责了在北京医院工作的美国医生的犯罪行为。

1956年"百花齐放"方针宣布和"整风"运动开展之后，发生了从"禁止"到"无限"自由，从谴责任何表达异议和反对政府戏剧政策的言论到鼓励自由表达意见的急剧转折。不久之前才经历过批判运动的戏剧界人士受到了政府机构的批评，他们被认为意志薄弱，不愿意推进"整风运动"。在这种情况下，戏剧家们先后进行了改变戏剧剧目的尝试。1957年，在纪念中国话剧运动50周年之际，田汉、曹禺、夏衍、郭沫若、欧阳予倩等人的民族话剧的经典剧目重返舞台。被重新搬上舞台的还有国外经典作品，如莎士比亚、哥尔多尼的剧作。这一时期出现了一批新剧，作品中正面说教和口号让位于对个人的喜怒哀乐和家庭问题的关注，如岳野的《同甘共苦》、艾明之的《幸福》；还出现了一批讽刺性作品，如杨履方的《布谷鸟又叫了》等。戏剧家们反对狭隘地理解戏剧服务于政治，反对"粉饰"英雄人物，捍卫"书写真实"，主张"揭露社会生活中不良现象"，"深入现实生活的权利"，批评了对戏剧创作进行指挥的外行行为，甚至有意见认为，"延安讲话的时代已经过去了"，等等。为此，中共中央于1957年6月发出《关于组织力量反击右派分子进攻的指示》。一些杂志编辑、戏剧作家、戏剧评论家（吴祖光、李长之、孙家琇、戴涯等），以及前面提到的一些剧本的作者都受到了严格审查。这些措施的目的不仅是要压制反对情绪，引领知识分子创作阶层无条件地服从政治指令，更是要为戏剧重新定位，为支持1958年开始的"大跃进"运动做好准备。1958—1959年，延安时期的政策全部恢复，剧院必须严格遵守："打破常规"，以大规模增加作品数量的途径来实现"繁荣"；要求作品通俗易懂，不设质量上的高要求；引入集体创作的方法；实现业余创作的"大跃进"。"无产阶级戏剧"的经验得以恢复：成立了为数众多的宣传工作队，他们在街头、工厂、公共场所进行演出，推动了"大跃进"。田汉创作了《十三陵水库畅想曲》，歌颂了水库建设者的工作热情；老舍创作了《红大院》《女店员》，描写北京胡同里的居民积极投身于"大跃进"的故事；段承滨创作了《降龙伏虎》。这些剧目的共同特点是口号式、浮夸、鲜明的戏剧性。一批知名导演和演员的加入也促进了上述特点的形成。战胜一切困难的激情，对中国共产党和光明未来的信念，体现在当时创作的历史革命题材戏剧中，如《八一风暴》（集体创作）、《红色风暴》（编剧、导演、主演金山）、《智取威虎山》（根据曲波的长篇小说《林海雪原》改编）等。

《智取威虎山》剧照

与"大跃进"时期戏剧创作的这种基调形成鲜明对比的是北京人民艺术剧院上演的老舍的话剧《茶馆》和田汉的话剧《关汉卿》。后者是为纪念伟大的戏剧家关汉卿戏剧创作700周年所作。该剧不但赞美了艺术家的才华，更颂扬了他不畏权贵，抨击当权者肆意专横的英勇精神。话剧《茶馆》也远离政治态度，呼吁在历史的裂缝中思考人类的命运。这两部话剧的导演均为著名艺术家焦菊隐。

话剧《茶馆》剧照

在中央实验歌剧院的管弦乐团、歌剧二团、芭蕾舞团的基础上组建的中央歌剧舞剧院成立于1963年。中央歌剧舞剧院给观众带来了国内外系列歌剧，国内作品如《槐荫记》（作曲张定和）、罗宗贤的《草原之歌》、梁寒光等人的《长征》、马可的《小二黑结婚》；国外作品如柴可夫斯基谱曲的《叶甫盖尼·奥涅金》、威尔第的《茶花女》、普契尼的《蝴蝶夫人》、加吉别科夫的《货郎与小姐》、梅图斯（作曲）的《青年近卫军》。

面对"大跃进"的明显失败和对"大跃进"口号的否定，人们开始尝试调整戏剧方针。1962年在广州召开的全国话剧、歌剧、儿童剧创作座谈会上提出了戏剧的主要任务，即提高戏剧创作和舞台美术的艺术水平。周恩来、陈毅等党的领导人出席座谈会。会议强调要拓宽戏剧的题材范围，真实、深刻地反映社会现实。座谈会上批评了给戏剧家"贴标签"、无根据地诋毁他们名誉的行为。戏剧刊物上出现了与"政治是统帅"这一口号相反的言论，认为除了能从中汲取战斗灵感和接受革命教育的作品之外，人民还需要那些能够丰富其精神生活和满足其审美需求的戏剧作品。还有观点认为，对于"革命现实主义和革命浪漫主义相结合"的创作方法，要遵循自愿的原则。20世纪60年代初的戏剧生活再一次表明，由政治方针确定的准则在戏剧艺术中难以执行，在"调整"时期（1960—1962），似乎要弥补逝去的时间一般，各剧团陆续恢复了那些1958年开始就退出了人们视线的剧目。

那些年，当国家处于饥荒和"大跃进"引发的希望落空的情况下，最明显的现象是出现了大量（两年中超过200部）历史题材的戏剧。这些作品通过回溯历史，对正在发生的事情进行展望和评价。在田汉的《谢瑶环》、吴晗的《海瑞罢官》、孟超的《李慧娘》等剧作中，人们可以感受到与中国现实的相似之处。

与上述作品相对立的是，郭沫若的剧本《蔡文姬》和《武则天》美化了以阴险残暴著称的历史人物曹操和皇后武则天。还有一些戏剧将人民的灾难归咎于外敌。在《胆剑篇》中，曹禺认为摆脱苦难的出路在于"民胞物与"，在于"自强不息"。尽管这些剧作在观念上存在差异，对历史人物的评价也不尽相同，但它们都是高度戏剧化的典范。

1962年广州会议后，一些人夸大了戏剧在舆论导向中的作用，并从一些剧目中看到了所谓反对情绪日益高涨的迹象，很快便发起了攻势。为了配合"社会主义教育"运动，他们采取了"戏剧革命化"的

明朝大臣海瑞

新措施，对剧院及其剧目进行了广泛检查，并要求宣传"社会主义条件下的阶级斗争"这一论点。关于"个人幸福"的作品被认为"不符合群众和革命的利益"，"理想英雄"的概念被积极引入。1963年，历史题材的戏剧被禁止。

毛泽东1963年和1964年所作批示成为后续运动的信号。第一份批示批评了文艺工作的整体状况，尤其对戏剧工作表示了不满。第二份批示中，毛泽东提出要对创作协会及其出版物进行"严肃改造"。在京剧现代戏观摩演出人员的座谈会（1964）上，江青称这些剧目没有"保护社会主义经济基础"，并指责知识分子创作集体缺乏应有的"阶级立场"和"良心"。《部队文艺工作座谈会纪要》（1966年2月）认定，为了"破旧立新"，必须"破除对30年代文艺的迷信"，"破除对中外古典文学的迷信"，结束"写真实"论，"中间人物"论，反"题材决定"论等。在摧毁"旧的"基础上，计划创造"开创人类历史新纪元的最

光辉灿烂的新文艺"。截至1966年，中国共计有3000个左右的演出团体，其中2000多个为戏曲团体，90个为话剧团体。开始于1964年的对中国戏剧家协会及戏剧杂志编辑部领导人的严厉批判和开始于"文化大革命"初期的对剧院艺术委员会的肃清在1966年升级。田汉、夏衍、阳翰笙、周扬、孙维世（莫斯科戏剧学院的毕业生）等众多艺术家受到批评并被监禁。话剧和歌剧基本上处于被禁止的状态，其大部分工作者被下放到农村、山区、矿场进行思想改造。大部分的戏剧工作者在"文化大革命"期间不同程度地受到迫害。

戏剧学校停课。只有三个京剧团和两个芭蕾舞团在江青的控制下继续活动，它们演出的是前期已经创作的七部"革命样板戏"，达到了戏剧"成为毛泽东思想的伟大精神象征"总体目标。70年代初期，当发现剧团和被禁止的剧目有悄悄恢复的迹象时，"文化大革命"路线的追随者发起了一场反对所谓"右倾回潮"的斗争。他们批判了对"满足群众文化需求"的"错误倾向"的姑息放任。只有那些颂扬"文化大革命"的新作品才被允许扩充进剧目。然而，这样的企图并没有得逞。

发生在1976年"文化大革命"末期的事件，为废止当时的戏剧路线提供了可能。1977年，停止印发丑化建国17年来（1949—1966）戏剧状况的材料，废止1966年的《部队文艺工作座谈会纪要》和1964年江青的发言，恢复执行1951年5月5日周恩来签署的中华人民共和国政务院《关于戏曲改革工作的指示》。这意味着戏剧作为民族文化的重要组成部分的地位得以恢复。但是，并没有官方文件对戏剧领域的"文化大革命"进行评价并确定未来的戏剧政策。

毛泽东题词"向雷锋同志学习"宣传画报

这一阶段更具有决定性意义的一步是开启了戏剧社会化的进程。在1979年召开的中国戏剧家协会第三次会员代表大会（与第二次召开时隔19年）上，"文化大革命"路线被定性为"极左反动路线"。与会代表坚持破除思想禁锢，提出权利保护方面的问题，涉及"创作自由""观点争论自由"等。他们悼念了"文化大革命"期间被迫害致死者，为被错划为"右派分子"的人平反，其中有许多人进入了中国戏剧家协会的管理层，曹禺当选为协会主席。

20世纪70年代末期是异常艰难的话剧组织和创作恢复阶段。创作活动、舞台表演长期被迫中断，许多著名艺术家（田汉、欧阳予倩、焦菊隐、金山等）相继去世，新生专业人才青黄不接，所有这一切都不可能不对戏剧的艺术水平产生影响。尽管如此，70年代末仍然出现了一大批剧作。国内外经典戏剧逐渐返回舞台。在一些历史革命题材的剧作中首次出现了领导人和军事家的形象。而引发观众更大兴趣和共鸣的则是那些直接反映"文化大革命"时期社会悲剧的剧作。首次出现了揭露"四人帮"恶行的话剧作品。赵寰、金敬迈执笔的话剧《神州风雷》揭示了1971—1976年发生的政治斗

《老舍之死口述实录》，
2009年在中国出版

争。苏叔阳的话剧《丹心谱》则痛诉了"四人帮"对科技知识分子代表的迫害。剧作家们的注意力逐步转向了"文化大革命"给整个中国社会带来的灾难性后果上。年轻一代作家创作的剧作更加具有这方面的鲜明特点。关注人本身及其命运，反映人们迫切关心的问题，批评随心所欲的行为等，这一切宣告着戏剧创作中"新浪潮"的来临，被称为"伤痕文学"的作品首次发声。

在王平的剧《我们》中，被"文化大革命"毁掉的年轻人对昔日的理想失去了信心，变得愤懑、玩世不恭，感觉自己被社会所遗弃。李婉芬的话剧《老师啊，老师》呈现了被宣传品迷惑的学生们放纵嚣张的行为。宗福先的《于无声处》中充斥着对他人的告密、诽谤，以此保住自身平安和仕途的内容。

这些剧作与社会上的不满情绪相一致，呼吁反对暴力和人格侮辱，批判官僚主义和特权作风（如沙叶新的剧作《假如我是真的》）。剧作家和戏剧工作者被建议要把"文化大革命"看作已经翻过去的历史一页，应该集中精力创作与实现"四个现代化"蓝图紧密相关的作品。作品应反映积

极、进步、正面的现象,歌颂"社会主义新人",歌颂中国共产党;建议在批判负面现象的时候要注意分寸。为了克服不良风气,开展了反对"资产阶级自由化思潮"和"精神污染"的斗争。这虽然延缓但却没有中断戏剧的积极变化。

20世纪80年代初,一些剧作家转向回避现实问题和社会冲突的作品创作,但是仍然出现了一些描写"四个现代化"宏伟蓝图的话剧,这些作品不仅以颂扬为主旋律,也突出了那些阻碍"四个现代化"实现的原因。这类作品被归类为"寻根文学"。实际上,对"左"倾主义余波、保守主义、缺乏创作原则、贪污腐化等现象的尖锐批评被以"光明战胜黑暗"为主旋律的圆满结局柔和化了。

以话剧《智取威虎山》为主旋律的交响乐演出海报

20世纪70年代末期,中国戏剧开始恢复与外国戏剧的联系,其中与西欧各国和美国、日本等国家的联系尤为活跃。1982年至1984年出版的《外国戏剧》杂志推动了外国戏剧经验的传播。戏剧的翻译工作取得长足进展。在剧院的演出剧目中出现了弗里德里希·迪伦马特、尤金·奥尼尔、丽莲·海尔曼、田纳西·威廉斯、索福克勒斯等人的戏剧。1986年举办了第一届莎士比亚戏剧节;1988年举办了尤金·奥尼尔戏剧节。此外,一批苏联戏剧家的作品被搬上舞台,如阿尔布卓夫的《等待》、佐林的《好心人》、万比洛夫的《去年夏天在丘里姆斯克》、盖利曼的《我们在下面签字》、沙特罗夫的《红茵蓝马》、杜达列夫的《列兵们》、布拉金斯基和梁赞诺夫的《命运的捉弄》等。

根据剧本《我们》改编的电影(海报)

20世纪80年代展开了关于话剧发展道路的激烈讨论。戏剧"现代化"

的追随者坚持扩大对世界戏剧经验的认识，掌握新的创作体裁，如文艺剧、心理剧、多声部剧、荒诞剧、反话剧等，广泛使用先锋剧的舞台表现手法。而反对者则是现实主义戏剧以及斯坦尼斯拉夫斯基体系的支持者。媒体刊登了对先锋派导演的介绍，如彼得·布鲁克、安托南·阿尔托；同时，对梅耶荷德、普多夫金、贝托尔特·布莱希特等人的兴趣显著提升。至于现代苏联导演，人们则更青睐托夫斯托诺戈夫，他被视为均衡掌握苏联和国外戏剧流派"各种语言"的典范。在戏剧创作和导演领域出现了观点、倾向等方面的诸多分歧。

西方存在主义和荒诞主义的特点可以在高行健的话剧《车站》（类似贝克特的《等待戈多》）、《彼岸》、《野人》中察觉到。这些作品主要展示了人与人之间的误解、彼此的疏离以及对那些失去的、不可挽回的事物的叹息。刘树纲在话剧《一个死者对生者的访问》中提出了关于人的价值、当人面对冷漠的社会时那种无助的状态等问题的思考。刘锦云的话剧《狗儿爷涅槃》对农民深陷失望的心理状态进行了哲学思考。孙惠柱的剧本《中国梦》（导演黄佐临）则突破了传统现实主义的框架。根据朱晓平的小说改编、由徐晓钟导演的话剧《桑树坪纪事》呈现了20世纪60年代中国农村的景象。在那里，封建礼教、保守主义、狭隘思想的痕迹依旧非常明显。而沙叶新的《寻找男子汉》、马中骏的《红房间·白房间·黑房间》刻画了当代青年人的整体形象，讲述了他们的追求和向往。忠实于现实主义的重要作品有何冀平的《天下第一楼》、白峰溪的家庭抒情剧、杨利民的《黑色的石头》等。这些作品展现了几代人之间的激烈冲突。80年代末上演的首部台湾音乐剧《搭错车》成为这一时期的新现象。

1989年后，话剧的主要任务被确定为促进社会稳定，"西化"、脱离毛泽东提出的革命现实主义和革命浪漫主义相结合的创作方法、对"错误倾向"的作品不设关卡等问题受到批判。所有不符合这些原则的80年代创作的作品都从剧目中消失，取而代之的是匆忙间恢复的40—60年代的剧目。有人建议广泛吸收"思想健康"的工人、农民、士兵参与创作。90年代初，出现了一种奇特的情况：出版了大量符合

在北京人民艺术剧院上演的《哈姆雷特》

新要求的剧本，组织了一系列话剧会演。戏剧评论家认为这是话剧空前繁荣的表现，但观众并不接受新剧目。新闻界称话剧进入了"淡季"，面临"停滞"和"危机"。

邓小平关于解放思想、加快改革的提议（1992年）成为话剧走出上述局面的信号。同年，中共中央政治局常委李瑞环对"左"倾路线的支持者提出严厉批评，批评他们在确定文艺目标时的片面性，批评他们没有正确评价文艺的娱乐、认知、审美功能。从1993年开始，剧院开始关注"自我发展"。90年代中期，剧院开始从政府政策引导转变为适应市场生存条件。剧院的财政支持大幅度缩减（最多的达30%）。已存在几十年的不计算个人劳动强度和劳动效率的平均工资制度（被称为"铁饭碗"）被打破，已经不在岗人员的终身编制被取消。引进评定制度，剧团所有人员都必须参加评定，顺利通过评定者签订工作合同。剧团的生存与发展直接取决于演出活动所获得的收入和寻求外来资金的能力等方面。这一状况使得那些不盈利的单位或者被合并，或者关门停业，大量工作人员被解聘。允许创办私人剧团、艺术工作室、戏剧联合体等，它们以集体所有制为基础，自负盈亏。鉴于在市场条件下开展工作的复杂性，给予剧院根据观众的需求和票房收入自主拟定剧目的权利。商业戏剧的创作问题也被提出讨论。剧院甚至被赋予了根据观众需求进行多种形式作品的创作、创新和探索的权利。

同时，建议倾向于那些"弘扬民族精神、爱国主义和集体主义"的剧本，确保作品的思想性、艺术性和吸引力。评价标准应该建立在社会效益和经济效益相结合的基础上。不允许禁演和粗暴地抨击那些流行于人民群众中的、在政治意识形态领域无害的高艺术水准的话剧。90年代，娱乐产业、商业演出、多样化的影视产品市场蓬勃发展，电视覆盖面增大，都使戏剧的生存与发展面临困境，况且话剧活动是在相当严格的规则框架下进行的。而个别剧院则出现

高行健（法籍华裔剧作家）

"客满无票"的通告，这说明观众的审美疲劳是戏剧发展困难的原因之一，同时还存在剧本本身的问题以及舞台艺术水准等方面的因素。那些剧本创作、舞台呈现俱佳的话剧赢得观众的认可。例如，北京人民艺术剧院上演的李龙云的话剧《正红旗下》（根据老舍的小说改编）、何冀平的《天下第一楼》、刘锦云的《阮玲玉》、老舍的新话剧《茶馆》、刘锦云的《风月无边》等。其中《风月无边》是纪念中国古代诗人、剧作家李渔的作品。

具有20世纪20—30年代特点的话剧也获得了成功。这些尘封多年的家庭生活题材话剧与政治经济政策没有直接关系，它们反映的是家庭的冲突与命运，当下中国人的个人生活等。这些作品没有给出最终的评判，而是呼唤人们去思考。它们还具备正在探索中的电影的特性。这些作品在"小剧场"上演，著名导演、演员参与演出。90年代，根据外国剧作家作品改编的话剧在那些主要剧院的演出单中也占据着显著位置。西欧和美国这一时期的作家受到特别关注。

90年代，一些可以与官方剧目相提并论的作品突破了以前黑白分明的特点和标签化特征，努力把英雄人物"人性化"。这一特点可以在纪念国家伟大领导人的历史革命题材话剧中看到，如欧阳逸冰的《周君恩来》，呈现了周恩来青年时代的生活。

在20世纪和21世纪之交，出现了一种新型宣传类作品，它们关注现实问题，对鲜活的现实生活进行评论。这类话剧涉猎的问题非常广泛。例如，蓝荫海的《沓儿胡同》，讨论了解决大城市中老旧城区住房问题的各种方案。赵化南的话剧《OK，股票》让观众了解了股票交易的机遇和危险性。杨宝琛的话剧《北京往北是北大荒》颂扬了中国人所特有的奋斗精神和奉献精神。沙叶新的话剧《东京的月亮》给出国工作、留学的年轻人提出了具体建议。继《搭错车》上演之后，音乐剧《秧歌浪漫曲》《现在的年轻人》《海风吹来》问世，出现了改编音乐剧《白蛇传》《第十二夜》《美女与野兽》等。广东省成立了第一家音乐剧院。

歌剧逐渐在中国扎下了根，即使1940—1950年中国最为成功的作品已很少上演。一些作曲家的作品被评价为歌剧创作的成功典范，如金湘作曲的《原野》（根据曹禺的同名话剧改编），徐占海作曲的《苍原》，刘振球作曲的《巫山神女》，施光南作曲的《屈原》，石夫作曲的《阿美姑娘》，等等。

中国戏剧"走向世界"的脚步日益加速，与西方戏剧界的接触日益广泛，各种国际会演和国际戏剧节（现代化戏剧综合体的修建促进了活动的举办）不断举办。国际会演和国际戏剧节让人们认识了世界戏剧艺术的各个流派。所有这一切都对中国戏剧产生了影响。

北京人民艺术剧院

进入21世纪后，中国成为世界上最具发展前景的戏剧大国之一。运行着2500多个不同级别的公立院团和5000多个水平不等的民间剧团，同时存在数量不多的股份制公司，也有个人"艺术工作室"。如今，无论在戏剧种类，还是在剧本的体裁和主题、表演、作品创作流派、导演、舞美（从传统的到超现代的）等方面，戏剧都处于多元化发展状态。戏剧已经取得的成就和自身的民族特点为其"走向世界"开辟了广阔空间。然而，在自身发生明显变化的时候，戏剧在实现上层建筑的任务方面却处于保守落后状态。为了达到应有的社会效果，戏剧应该掌握现代理论，形成社会观点，助力改革和经济建设；应肩负起培养有理想、有道德、有文化、有纪律的社会新人的责任，促进人民团结，弘扬爱国主义和民族精神。

**В. С. 阿吉玛穆多娃《时代背景下的田汉》，莫斯科，1993年；И. В. 盖达《中国民间戏剧》，莫斯科，1959年；И. В. 盖达《戏剧》，见《中华人民共和国的文化的命运（1949—1974）》，莫斯科，1978年；И. В. 盖达《戏剧与时代》，见《中华人民共和国的文学与艺术（1976—1985）》，莫斯科，1989年；葛一虹、左莱《"五四"之后中国现代戏剧的形成与发展》，见《20—40年代的中国文化与现代性》，莫斯科，1993年；Л. А. 尼科利斯卡娅《田汉与20世纪中国戏剧》，莫斯科，1980年；Л. А. 尼科利斯卡娅《曹禺创作概论》，莫斯科，1984年；左莱《抗日战争和解放战争时期的话剧》，见《20—40年代的中国文化与现代性》，莫斯科，1993年；《高行健戏剧研究》，北京，1989年；《论焦菊隐导演学派》，北京，1985年；马森《西潮下的中国现代戏剧》，台北，1994年；茅盾《关于历史和历史剧》，北京，1962年；欧阳予倩《话剧、新歌剧与中国戏剧艺术传统》，上海，1959年；《戏剧观争鸣集》第1—2辑，北京，1988年；徐半梅《话剧创始期回忆录》，北京，1957年；《徐晓钟导演艺术研究》，北京，1991年；徐晓钟《走具有中国特色的话剧发展之路——纪念中国话剧九十年》，载《中国戏剧》，1998年第2期；冼济华、赵云声《话剧皇帝——金山传》，北京，1987年；左莱、梁化群《苏区"红色戏剧"史话》，北京，1987年；张庚《论新歌剧》，北京，1958年；《中国话剧运动五十年史料集》第1—3辑，北京，1958—1963年；Modern Drama from Communist China / Ed. by W.J. Meserve. N.Y., 1970; 王克芬《中国舞蹈史》，北京，1985年。

（И. В. 盖达撰，刘玉颖译）

杂　技

杂技艺术（杂技——"融合杂耍、技巧的各种艺术"，杂戏——"各种（混合）表演"，马戏——"马上的表演，骑术表演"）首先以身体技巧的形式产生于中华文明形成的"黄金时期"。从春秋时期开始，各种类型的杂技表演得到广泛普及。汉代，它们被统称为"百戏"。在这些表演中，与身体技巧表演者同时演出的还有竞技运动者、侏儒、畸形人、滑稽戏演员、驯兽师、耍蛇人、平衡术表演者、杂耍表演者等，他们表演爬竿、吞剑、角抵、击剑、百步穿杨以及扛鼎等技巧。可以作为道具使用的有劳动工具和武器（剑、刀、三齿叉等），以及机关、移动模型、由人模仿的动物和幻想的生物形象等。

《列子》一书中对"技"进行了描述，其中说到一名江湖魔术师（兰子）为宋国国君宋元公表演。此人脚踩两倍于自己身高的高跷，边走边跑，同时手里交替舞弄着七把剑，总有五把剑抛在空中。班固在《汉书》中记载，在汉武帝的一次宴会上，除了歌舞表演，还有爬竿、与奇异动物一起进行的舞蹈杂技、角抵等。另据《汉书》记载，公元前108年举行了声势浩大的角抵戏表演——"三百里内皆观"。根据司马迁在《史记·李斯列传》中的记载，角抵表演更早的见证者是秦二世。可以看到，角抵从一开始就是一种头部搏斗的竞技运动。根据袁珂的观点，该运动与头上长角的巨人蚩尤的传说有关，他为这种表演取名为"蚩尤戏"。表演者头戴有角的面具，以头相抵。从颜师古《汉书》注中所引文颖注释可以明显看出，汉朝的"角抵"一词与"杂技"的意义相近，而且其外延更大，不仅包括搏斗，还囊括了古代"六艺"中的其他竞技运动，如射（射箭）、御（驾车）。

在《西京赋》中，汉朝的著名科学家、文学家张衡详细描绘了各种"百戏"节目，如走索、倒挂、跳丸、爬竿、戏豹舞罴、"总会仙唱"和角抵戏《东海黄公》等。根据《西京杂记》的记载，生活在公元前3世纪的东海人氏黄公，会巫术，佩带象征周朝朝廷威严的"赤刀"或称"赤金刀"，用红绸束发，能驱蛇伏虎，能兴云雾，能造山河。后来年老体衰，饮酒过度，到了秦末，死于与白虎的搏斗中。这个故事被编成节目来演，在汉代被采入宫廷。

在临近山东省嘉祥县的武氏墓群石刻（武梁祠，始建于公元147年）上，刻画了杂技演员表演的情景。其中有两名表演者以手臂支撑倒立于鼓上。此外，还有"七盘舞"的表演情景，这种舞蹈在古籍中经常被提及，尤其是自从张衡的《西京赋》对其进行记述以后。С.И.库切拉对这种艺术进行了详细研究。类似的百戏画像还可见于河南、安徽、江西、四川等地的墓葬中。1956年发掘了四川省彭县东汉晚期墓葬，此地距离成都市40千米。在墓葬的画像砖上，一名平衡术表演者站立于由12个几案叠加而成的约1.2米的高处，一名杂耍表演者耍着3个球，一名女舞者在口朝下的6个盘子和2面鼓上跳舞。

汉朝，普通百姓中流行的"杂舞"已经从民间渗透到了上层人的生活，杂技与其结合并改编融入了大量神话传说。在《汉书》和范晔《后汉书》中分别记载了为汉武帝以及刚登基一年的汉安帝表演"鱼龙漫衍"（神奇之物的幻化：鱼和龙相互幻化）之事。该表演也称"曼衍鱼龙"，表演中陆地和水中不同的动物相互幻化，最为神奇的是比目鱼变成了八丈（1丈＝3.3米）长的黄龙。1954年，在位于山东省沂南县北寨村公元2—3

世纪的墓葬画像石上也发现了这类百戏图，其称名已经成为表现艺术中的一个普通名词。

隋唐时期，杂技与音乐舞蹈相结合并成为最受名门显贵喜爱的娱乐节目之一。这种表演形式获得了一个新名称——"散乐"。该称名曾出现在《周礼》中。从周朝开始，这一名称表示边缘的、乡村地区的歌舞艺术；而从汉朝开始就表示非正式的艺术，以区别于官府所赏识的"正乐"。隋朝皇帝杨广（炀帝）专委掌管祭祀、礼仪、音乐、星象及天文术数、庆典祭品等方面事务的太常寺教授杂技技艺。在都城长安，每逢新春佳节就会有多达3万名杂技演员进行表演，这些表演持续近一个月。唐朝，杂技艺术进一步发展繁荣，宫廷所属的教坊里培养各种项目的杂技演员，杂技剧目达12种。那里还训练马匹，让它们随着音乐矫健地驰骋，甚至叼着酒杯给观众送去美酒。在《新乐府·立部伎》一诗中，白居易描写了"舞双剑""跳七丸""袅巨索"和"掉长竿"等节目。敦煌洞窟寺庙建筑群壁画上描绘了杂技演员、歌者、舞者、骑术表演者等人物形象。宋朝，杂技在宫廷中失去地位，这在很大程度上是由于戏剧的兴起。于是，杂技逐渐转变为民间娱乐活动，其表演艺术和娱乐性不断提升，节目达到40多种。北方出现了一种民间艺术——莲花落，俗称落子。在这种节目中，常常是将响板伴奏下通俗易懂的说唱，与舞球、舞花盘、舞灯笼、舞铃铛、舞剑、踏索、缘竿、跳火圈、跳刀圈等节目交替进行表演。其中最受欢迎的是男女相扑表演。

元明时期，杂技、平衡技的元素已经成为传统戏剧不可或缺的艺术表现手法。清朝，杂技艺术在安徽省的剧班中得到精进。徽班具有广泛的影响力，18世纪末被宫廷邀请进京演出。据当时的亲历者证实，在他们的表演中，一名演员可以撑起五个人叠起的罗汉，而另一名演员则可以飞身跃至几丈高。他们甚至专门以杂技表演为基础排演了戏剧，如《卖艺》。该剧中设有"耍火流星"表演，表演者舞动身体，旋转绳子，绳子的两端分别系有铜丝编的圆形笼子，笼内放置烧红的木炭；或者以绳作小圈套，分别放置盛有水的器皿。这种技艺成为最著名的传统戏剧种类——京剧形成时的重要构成元素。编撰于康熙年间（1662—1722）的类书《渊鉴类函》专辟《巧艺部》介绍这门艺术。

中国的杂技从本源上与劳动、宗教、战争等关系密切，这在很多方面决定了其与众不同的特点。有观点认为，第一批走索表演者出自从事编麻大绳的手艺人。他们为了检验绳子的牢固性，把绳子拴在两棵树或者专门的桩子上，然后在绳子上攀爬跳跃。随着时间的推移，对于年轻的手艺人来说，这种行为转变为游戏，而后则演变为向大家展示技艺的一种表演。

马戏，1975年出土于咸阳市（陕西省）的西汉初期的漆器图案

一个独具特色的杂技项目是"顶坛"，这个项目的产生和远古时期的劳动技能相关。在陶瓷烧制技术发明以前，人们用黏土制作没有把手的器皿，搬运时用头部顶着更加省力。这项劳动技能成为杂技节目"顶宝塔"（表演时头顶高高撂起的碗）的基本元素，一般由身体极其柔韧灵活的演员完成，演员站在凳子上，头顶"宝塔"，做出各种高难度

"鱼龙漫衍"表演，沂南县（山东省）出土的汉代画像石（拓片）

动作，同时保持平衡。在现存的各种原生态杂技表演形式中，享誉世界的节目非用竹杖顶起盘子旋转的"转碟"莫属。这是一种与瓷器生产有关的技艺，为了给顾客展示产品的高品质，瓷器手工艺人用手指尖或者棍尖顶起盘子来旋转。在萨尔瓦多·达利的版画《中国人》（1966）中，生动记录了杂技表演者旋转盘子时曼妙婀娜、韵律精准的动作。这些表演一般来说是团体性的：几名演员在转碟的同时有序加入各种利用身体柔韧性表现的平衡技巧。他们做出各种令人难以置信的柔韧性动作，完成人们认为不可能实现的转身、翻滚、跳跃、单足旋转，以及在单臂上、头上、膝盖上

站立，叠起极其复杂的罗汉，等等。在所有的动作环节中，竹杖一直保持直立状态，而盘子则像粘在上面一样始终不停地旋转。

街头杂技，荷兰首个访华团（1655—1657）使臣约翰·纽霍夫（Johan Nieuhof, 1618—1672）作（此画首次刊登于作者编写的记录该访华团的著作中）

中国独创的另一个杂技项目是舞弄旋转的竹轴，该项目起源于古代儿童游戏——"空竹"（空的竹子；也叫"空钟"——空的钟），即要玩竹制的形状类似计时所用沙漏的玩具。空竹的两端是用两个圆锥体木轴连接，演员用一根细绳在木轴中间部位缠绕，细绳的两端连接在两根木棍上。一套空竹在手，表演者以有力且平衡的动作将空竹抛掷出去，后者由于快速旋转而在线绳上保持着平衡状态。对称的物体在快速旋转时保持平衡的性能使得舞动空竹时能做出各种进一步提升难度的动作：将其抛向空中并用线绳接住，使其在倾斜或垂直的线绳上快速移动，等等。随着时间的推移，这个节目演变成为集体项目、女子项目，同时融入了各种杂技技巧，这些杂技技巧是利用空竹从一名表演者手中飞向另一名表演者的间隙表演的。从军事领域发展出剑术（"舞双剑"）和舞三叉戟项目。表演中，三叉戟依照表演者的意愿自由舞动：忽而在保持沿中心轴旋转的状态下顺着演员身体慢慢滑动；忽而通过手或脚的强劲力量被高高抛起，一飞冲天；忽而在空中保持直立状态，表演者只是用前臂，或者弯曲右臂、用肩膀瞬间贴近长柄，使其保持直立。表演者从不用手抓住戟，只是速度极快地、干净利落地用前臂触碰戟身，使其沿着自己的身体或在头顶上方完成各种匪夷所思的动作。三叉戟用金属材制作而成，因而在旋转时会发出特有的声响，突出了表演中精准的韵律。演员甚至自己创作了独特的韵律动作，它们类似古代战场上的祭祀舞蹈。在表演这个节目之前，常常上演一套士兵以矛和剑厮杀的舞蹈节目。这种把杂技与舞蹈相结合的手法令人产生了以下推理，即以战争武器为工具的杂技表演发源于戏剧。实际上，剑术和舞三叉戟的技艺远比戏剧古老得多。汉字"戲"是对戏剧表演的总称，词源为"持矛的舞蹈"，该字的图形由几部分组成："戈"、虎头面具、鼓。虎头面具置于鼓之上，整体上表示祭祀时手持武器在战鼓声中所做的厮杀表演。由此可见，舞三叉戟是从古老的战场和祭祀舞蹈中传入杂技和戏剧表演的。戏剧对杂技舞戟的影响仅仅是表现在后者的戏剧性上。

中国杂技不仅从其本源上，更是从其所表现的民族精神上展示了自身的特性。如果说印度人赋予自己的表演以神秘性，日本人追求仪式的庄严，那么中国人则总是表现实实在在的劳动。中国人对劳动有着真正的崇拜。与欧洲人和日本人不同的是，中国人从不使用任何技术设备来降低技艺的难度。他们的技艺堪与鬼斧神工的牙雕套球媲美。而事实上，后者是一种工艺水平极高、极其繁复的手工生产技术。演员们从来都不是单打独斗，他们就像手工艺者一样组合成团体，由技艺高超的师傅出任领头人。师傅负责处理一切与专业演出、生活起居、社会事务有关的问题。师傅还负责挑选学徒，传授给他们专业技能。学徒一般从很小的时候就开始学习了，有时甚至从三岁开始。起初学习的是难度最低的动作，之后，动作难度逐渐增大，但是对这些幼小的身体并不采取强制措施。人文性是这里最重要的教育原则。然而，这种教育方法也有不足的一面。孩子们在把握动作细节方面精雕细磨，使得表演技艺优先于个性和情感。这种艺术的感染力从整体上来说是蕴藏在高水准的表演技艺和传统中的。

在杂技中，就像在传统戏剧中一样，通常由男子承担表演任务，虽然有一些项目自古至今都是由女子完成的，首先是舞蹈杂技、平衡术表演。19世纪中期，约翰·亨利·格雷（Gray J.H.，1878；俄译本2006）记录了女演员的走绳表演，她们拥有小巧的"莲足"，在铙钹和锣的伴奏下展示技巧。到20世纪初期，女子开始经常参加表演，她们在以展示身体的优雅度、灵活性、柔韧性为主的传统杂技项目发展中起到了至关重要的作用。女性在"顶宝塔""转碟""抖空竹"以及柔术、蹬技（表现腿部技巧）等项目中更是功绩卓著。

中国的杂技表演，18世纪版画

杂技演员自古就过着漂泊的生活。为了谋生，他们常常跨越中国边境。他们不仅是一些与中国毗邻的国家的常客，甚至在波斯、土耳其、古希腊、古罗马等地方留下了自己的足迹。从19世纪中期开始，他们在欧洲各国的演出已经经常化。在欧亚各国很多民族的文化中都可以看到中国杂技的影响。比如，乌兹别克斯坦杂技师的陶瓷杂耍、舞者的彩盘舞，以及该国的身体技巧表演项目、魔术表演等。当今的非洲杂技演员表演中国的杂技节目"钻圈"。欧洲杂技引入了中国平衡术演员的高空叠椅、杂技演员的"吊发"、身体技巧演员的桌上表演，以及魔术节目"解环""帽中变兔"等。

最后一个项目已经成为魔术表演的国际标志，根据李约瑟的观点，它是通过阿拉伯的"（人工）再生术"和古代中国人孜孜不倦追求的炼丹术把死物变成活物。这种技术似乎与古代中国术士越来越关注动物息息相关。例如，著名史学家、文学家陶宗仪在其札记《辍耕录》中记载了擅长炼丹的松江道士之事："至松江，见一全真道士，寓太古庵。一日，取二鳅鱼。一黄色，一黑色，大小相侔者，用药涂利刃，各断其腰，互换接续，首尾异色。投放水内，浮游如故。"在19世纪的中国，走街串巷的普通戏法表演就包括36种"大"戏法和72种"小"戏法，其中包括"分解"活人、喷火、吞剑、空碗变莲花、腰带变蛇、鞋变兔子、树叶变鱼等。

中国现代被称为"杂技"的艺术，主要指身体技巧，"杂技"一词常常与"身体技巧"意义等同，不包括丑角、驯兽、骑术。而近代西方杂技是在马术项目基础之上产生的。中国人在接受西方杂技时首先使用了中国古代的"马戏"来命名它，表示驯马及马术。"马戏"一词在这个意义上的使用最早见于汉朝的《盐铁论》。唐宋时期，这种杂技艺术达到了鼎盛。现代语言中，随着"杂技"一词被确认为统称名词，"马戏"一词所指范围缩小至"驯兽"，而后者在中国也有着深厚的传统。例如，陶宗仪记录了七只乌龟的表演，它们顺次爬到另一只的背上搭成宝塔形状。另外还记录了青蛙的表演：八只小青蛙在一只大青蛙前面排成两行，依次爬到大青蛙面前呱呱叫，然后回到原位。除了比较容易被人类驯服而且容易学会模仿的猴子、熊，人们还训练过老鼠、蚂蚁、鱼等。蚂蚁模仿士兵列队，鱼则随着锣声跃出水面，头戴饰物，旋转起舞。如今中国杂技中主要盛行平衡术、杂耍、体操、魔术等。表演一般不在传统马术项目所要求的圆形竞技场，而是在舞台上进行。

技巧组合项目尤其得到发展，如带子上和杆上的体操表演、绳上和钢丝上的平衡表演、跳刀圈、跳火圈、倒立表演、转碟、顶碗、顶盘、舞狮、舞旗、舞绸、舞伞、单杠表演等。司马迁在《史记》中首次记载的古老的声音模仿技术依然存留，如模仿鸟叫，模仿大自然的声音，模仿乐器的声音等。

中华人民共和国成立后，开始了积极创建国家杂技团的进程。政务院总理周恩来本人是该事业的积极倡导者。1950年10月，文化部成立了由七人组成的筹备杂技团工作组。工作组成员有来自戏剧界的人士和活动家，同时还有来自部队和地方的知名人士，如罗瑞卿、廖承志、田汉、李伯钊等。在一个月的时间里，从北京、上海、天津、武汉等地选拔了优秀节目和演员。之后在中南海的怀仁堂举行了颁奖演出，出席的国家领导人有毛泽东、刘少奇、周恩来、朱德等。参加演出的人员随后组建了中国第一个国家级杂技团（中华杂技团；自1953年更名为中国杂技团），由周恩来郑重宣布成立。上海、重庆、广州、沈阳、武汉等地相继成立了有固定剧场的国有杂技团,甚至出现了专门在全国各地巡回演出的流动杂技团。每个团体都设有自己的学校,培养后继专业人才、创作新节目。中国杂技家协会于1981年成立。自1987年开始,在石家庄市(河北省)每两年举办一届中国吴桥国际杂技艺术节。

从20世纪后半期开始,中国杂技开展国际交流,经历了创作的上升期。在中国杂技场上开始出现自行车杂技、晃板杂技、使用欧洲古典道具的杂技、叠罗汉、头顶技巧(从一名演员的头上飞跃到另一名演员的头上,后者站在另外一人头上)。他们不是机械地引进节目,而是进行创造性改编,由此产生了一系列原创作品。例如,杂技演员傅秀玉在欧洲传统杂技节目单轮车表演中融入了独创的特技:三重平衡。单轮车的车轮在球体表面行驶,演员不仅要保持身体在单轮车上的平衡,同时用脚把三只金属碗踢上头顶并保持平衡。由来自广东省的杂技演员吴正丹、魏葆华表演的《东方天鹅——芭蕾对手顶》2002年荣获第26届蒙特卡罗世界杂技大赛最高奖。该表演把高超的双人杂技技巧和传统芭蕾舞(柴可夫斯基的《天鹅湖》片段)相结合,创造了杂技芭蕾的新体裁,实现了杂技创作的真正突破。中国人民解放军广州军区战士杂技团和上海城市舞蹈有限公司联合制作的杂技舞蹈剧《天鹅湖》(舞蹈编导赵明,2005年,上海)是杂技艺术和芭蕾舞艺术的完美结合。剧中有机地融合了技巧、杂耍、体操、平衡术、魔术等表演形式。天鹅和王子的双人舞表演由吴正丹和魏葆华完成。2006年,该剧在俄罗斯巡演,首场在克里姆林宫大剧院演出。21世纪初期,中国拥有12000多名专业杂技演员,在世界杂技舞台处于领先地位。

**К. 加格曼《民间技巧》第三辑,见《中国·非洲》,列宁格勒,1924年;И. В. 盖达《中国传统戏剧》,莫斯科,1971年;Д. Г. 格雷《中国古代史》,莫斯科,2006年;В. В. 科什金《飞盘》,莫斯科,1994年;С.И.库切拉《中国古代的"杂耍"》,见《第5届"中国社会与国家"学术研讨会论文集》,莫斯科,1974年;С.И.库切拉《有关中国舞蹈艺术七盘舞的史料》,莫斯科,1977年;С. М. 马卡罗夫《中国演员对俄罗斯杂技发展的影响》,见《戏剧·舞台·杂技》,莫斯科,2006年;С. М. 马卡罗夫《俄罗斯杂技中的中国智慧:中俄杂技的互动》,莫斯科,2009年;В. В. 马良文《中国文明》,莫斯科,2000年;С. А. 谢罗娃《京剧》,莫斯科,1970年;黄明华《百戏:中国杂技的两千年传统》，见《信使·杂技——面向大众的艺术》，巴黎，1988年；周贻白《中国戏剧与杂技》，见周贻白《中国戏曲论集》，北京，1960年。

（А.И. 科布杰夫撰，В.В. 科什金补充，刘玉颖译）

电 影

1949年以前的电影

中国电影是在东西方文明碰撞中诞生的，这一点在很大程度上决定了其社会命运。电影属于舶来品，是一种外来的异域文明，一种技术官僚现象。在许多人看来，这一现象与传统中国一直认同的"崇高精神"背道而驰，而中国的文化价值观高于西方"低级"的技术文化。

1896年8月11日，在上海娱乐场徐园的一个简易放映棚放映了"西洋影戏"。1905年秋天，摄影师任庆泰在自己位于北京琉璃厂大街的照相馆拍摄了取材于中国传统戏剧《三国演义》的片段《定军山》（这是一个表现战斗场景的片段）。可以把这组日期和世界电影史上的其他重要节点作一个对比：1896年，包括俄罗斯在内的29个国家认识了法国人的发明；日本第一部自己的电影拍摄于1899年，俄罗斯则是在1908年。

**中国第一部电影《定军山》
（1905）中的人物
（中国电影博物馆模型，北京）**

在北京拍摄的第一组镜头的背景是琉璃厂的艺术品市场，该市场专门经营中世纪艺术品，整修后被封闭在其时的规范之中。因此，毫无疑问，规范性成为第一部国产电影的主基调——标准版的中世纪戏剧风格。传统戏剧，无论是在舞台上还是在电影胶片上，都非常适合。现代电影摄影技术、现代人的世界观总是与古老的传统背道而驰。

在西方，电影艺术的持续性发展大

多根源于文学，它以小说的形式展现人类的生活长卷，再现其外部世界现实生活中的心理世界。中国电影从一开始就没有把目光投入摄影棚之外的现实生活，而是转向戏剧艺术舞台，捕捉生动、鲜活，但又经过过滤、净化和验证的动作。对于它来说，最重要的是在作者积极参与剪辑之下，以传统的说教形式再现事件。第一层面的意义并不是事件本身，而是将对事件的诠释呈现给观众。那些优秀剧目自身的美学价值不仅不会影响其说教，反而强化了其作用。

这至少会产生两种后果：思想性是第一位的，即看重被净化过的、去除了偶然性的、负有深层教育任务的事件的本质。人是第二位的，即"人"在这里不被看成事件的推动力，而只是参与者，是从属元素。中国电影长期以来都是作为古典和现代两种价值观的竞技场而存在的。

毋庸置疑，上海曾经是中国电影的中心。商务印书馆活动影戏部拍摄了中国早期的电影作品之一。该馆搭建了全国第一个摄影棚，于1921年拍摄了第一部长篇故事片《阎瑞生》。这是一部社会题材的电影，讲述了一个嫖客杀害妓女的真实事件。这是一个取材于生活、贴近生活的剧情，它使电影从戏剧框架中脱离出来，而这些框架对早期电影的影响非常明显。

20世纪20年代的上海有三家电影公司相继成立，成为电影制作行业的领头军。它们分别是明星影片公司（1922）、天一影片公司（1925）、联华影业公司（1930）。它们的作品充满温情和感伤，具有道德教化功能。例如，拍摄于1923年的电影《孤儿救祖记》讲述了一个聪明的穷孩子救了一个富翁性命的故事，这位老人原来是孩子的亲祖父。

1931年日军入侵中国东北，1937年日军侵占上海，抗日战争全面爆发。这两个事件确定了30年代电影的主基调。同时，这两个事件对电影影响巨大，不管是在经济上、政治上，还是在世界观上。

1937年，民族电影的中心上海沦陷后，全国范围内基本上停止了电影生产，只是拍摄了数量有限的或者表现中立、或者表现妥协思想的电影。有时也会有这样的影片破土而出，它们"直面黑暗"，通过包装过的电影情节映射社会现实。例如，拍摄于上海的历史剧《花木兰》非常叫座，故事的主人公是率领军队抗击外敌入侵的巾帼英雄。从有限的电影内容中获取更广泛的对社会生活的认识完全符合（中国人的）民族心理和艺术传统。

抗击日寇的行为在表演艺术的先锋舞台上激发了民众的爱国主义情感，然而并没能引导民众走向完全的团结。各个电影流派也反映了其所对应的不同的政治策略（军事抵抗、威慑、合作）。这些电影流派被当时的舆论划分为"强硬派"和"温和派"。"强硬派"颂扬对侵略者的武装抵抗，而"温和派"则试图将自己与社会进程隔绝，认为电影只是一种消遣，是脱离严酷现实的娱乐，是"心灵的柔软沙发"。

但是"强硬派"电影本身并不是千篇一律的。其中占据重要地位的是直接以武力抗击日本侵略的主题（"保家卫国的电影"）。这个派别的追随者往往走向极端，要求所有电影都要表达这一主题，那些在这个主题之外的电影被他们认为是"非现实主义影片"。然而，袁牧之（《都市风光》《马路天使》）、孙瑜（《大路》）、蔡楚生（《渔光曲》）等艺术家在"强硬派"主题的边缘地带创造了一种艺术形式，这种形式能够表达饱满的美学思想，成为社会艺术风向标。美国学者Jay Leyda（陈力）把袁牧之导演对社会底层生活微妙的、偶尔带有讽刺意味的探索与雷内·克莱尔（René Clair）和阿尔贝托·卡瓦尔康蒂（Alberto Cavalcanti）相提并论；而演员阮玲玉（《新女性》）的才华在他看来则与葛丽泰·嘉宝（Greta Garbo）比肩，她们能够把一个普通、平淡甚至平庸的故事演绎到纯粹的艺术水准，俘获观众的心。这类电影在国民党统治区制作完成，它们获得了合法发行权，并得到了审查机构的许可，虽然在放映时已经被大面积剪切过。

在中国共产党领导的地区（延安），电影创作所走的是一条具有自身特色的道路。那里工作着著名导演袁牧之、编剧应云卫等人，然而摄影器材、胶片、化学制剂等摄影物资匮乏成为难以逾越的重大障碍。事实上，当时那里的电影只是处于入门阶段，在1949年以前，其作用和意义只局限于延安地区。延安电影是作为后来的中华人民共和国"人民电影"工作原则实验基地而存在的。延安电影具有强烈的意识形态色彩，旨在达到立竿见影的宣传效果。当时的影片几乎是清一色的纪录片（只拍摄了一部专题短片），其主题几乎都是反映军队生活和百姓对部队的支持的。

1942年，毛泽东在延安文艺座谈会上的讲话奠定了中国新电影的方法论基础。毛泽东明确地把思想性从艺术性中分离出来，按照两者的重要程度把思想性放在无可置疑的第一位，而艺术性则处于从属的第二位。他认为，艺术不是复制生活，而是把生活"典型化"和"浓缩化"；艺术不应该依赖生活，而应该影响生活。

1947—1949年对于中国电影来说是一个特殊时期。经过战争年代的长时间沉寂之后，电影恢复生产。电影艺术从整体上讲"在战争之外"得以生存，并探索自身的艺术宝藏，这使得电影工作者对社会以及自身在社会中的地位进行重新认识和定位，并更加深入地探索人的内心世界。像以前一样，战争题材依然占据重要地位，但是却从对英雄的一味赞颂转向了对人民命运以及处在战争重压之下的个人命运的反思（史东山的《八千里路云和月》、金山的《松花江上》、蔡楚生和郑君里的《一江春水向东流》）。在一些影片中（如由郑君里执导的《乌鸦与麻雀》），个人的私生活被真实地呈现出来，它们成为城市底层生活的真实写照。外国影评人把这些影片与意大利新写实电影导演罗伯托·罗西里尼（Roberto Rossellini）、维托里奥·德·西卡（Vittorio De Sica）的作品相提并论。

《孔夫子》（1940，导演：费穆）

正是在这一时期，费穆创作了可能是20世纪40—50年代最好的中国电影——《小城之春》。影片通过镜头所展示的局部情节传达了整个社会紧张压抑的氛围。片中共有五个角色，而故事内容本身则是建立在"三角恋"的基础上：生病的丈夫、寂寞的妻子和她远道而来的旧相识。影片内敛、简洁扼要，寥寥数语，却极富表现力。偶尔的对白缺失（取而代之的是精心构建的景观、音乐、蒙太奇、表现内心世界的长镜头）却强于语言，它强烈地向观众传达那种对痛苦的来临惶恐不安的等待，就像弥漫在空气中，

《神女》
（主演：阮玲玉）

象征整个社会现状的暗语一样——这个时候的中国卷入了一场不断流血的国内战争,并且处于分裂的边缘。

1949年以后,台湾海峡阻碍了这部影片对中国电影艺术所应该产生的深远艺术影响。在大陆,它被认为是"小资产阶级颓废的艺术"等而遭到批判。在台湾,这部影片诚然受到尊重,但也被束之高阁。

台湾岛上的电影发端与大陆并不完全相同。从1895年开始的半个世纪里,台湾被日本掠夺过去并处于其殖民地般的管理之下。在这里,第一批舶来胶片的出现要晚一些(1901),但是在同一年完成了第一部纪录片的拍摄,共使用了6000米胶片。影片的摄制由日本人完成,其目的是宣传日本政府的所谓"慈善"。这部电影产生于完全不同的、更加趋向现代的艺术理念下。尽管电影由日本人制作,但是可以认为这是台湾电影的开端(其后不止一次地产生过争论——是否把这部使用日本材料、由日本电影工作者参与制作的影片纳入台湾电影的范畴)。

《大路》剧照

日本侵占中国台湾时期,台湾的电影发展以发行为主。因此,至1946年在台湾岛上共设有149个放映点,而当时在中国大陆只有上海和江苏有放映点。

《一江春水向东流》剧照

1922年,日本人田中钦在台湾拍摄并上映了《大佛的瞳孔》。该片内容为传统的神秘题材——在一座庙里,一对恋人神奇地得到救助。1936年,台湾出现了第一部有声电影《呜呼!芝山岩》,这一时间比日本晚了7年,比上海晚了5年。直到1937年,台湾本土资本才注入电影生产,并且创建了自己的电影制片厂,其导演则由日本人担任。

1945—1949年，台湾回归祖国，但并没有给电影带来根本性的变化。这四年出现了以下几个变化：行政改组；电影结构从日本体系到中国体系的重新定位，因战争而被束之高阁的上海电影重返银幕——主要是指30年代的影片。然而，正是这最后的时刻对台湾电影的发展意义重大，它有助于恢复台湾民众的中华民族意识。

总体而言，1949年以前台湾电影生产增长乏力，主要以影片发行的形式存在，所发行的影片先是来自日本，后来则来自上海、香港，以及西方国家。

1949年以后的电影

新中国的电影事业实际上是1948年在长春（吉林省）起步的，当时该地已经由中国共产党管理，而这距离中华人民共和国在北京正式宣告成立还有一年时间。新中国电影事业的起步并不是在全国范围内推广延安创作原则，而更像是对国民党统治时期30—40年代、被认为是"严格"合法的那一部分影片发展方向的延续。监管部门并没有立刻完成艺术创作原则的制定，因而先期的银幕没有丢弃那些当时被认为"进步"的影片。一些在国民党统治时期就已经开始制作的影片，在进行了一些修改之后继续拍摄，首先是那些在政治上似乎"无害"的历史题材电影，如《武训传》《清宫秘史》等。

新政权领导下拍摄的影片无论是在美学原则上还是在思想性上，都表现出与《在延安文艺座谈会上的讲话》原则的基本一致性，但是，在深度上还没有达到可以称之为"新电影"的程度。

在这些影片中也出现了青年导演的一些有益探索。1949年，水华导演把贺敬之、丁毅创作的剧本《白毛女》搬上了银幕。① 该剧本讲述了一位少女被"卖"给地主为妾，后来被八路军救出的故事，在当时受到广泛欢迎。晚些时候，水华成为中国文艺片导演中公认的领军人物之一。剧本采用"新歌舞剧"的体裁创作。在剧本创作中，作者尝试对传统戏剧形式做现代化处理。"新歌舞剧"产生于20世纪40年代的革命根据地。这部电影在女主人公形象的个性化的塑造方面迈出了重要的一步，但却有损于"阶级"类型。

---

① 电影《白毛女》由王滨、水华执导，拍摄于1950年，1951年3月上映。

那些坦率的、"不务正业"的人物形象引起了人们的广泛关注。例如在刚刚崭露头角的导演吕班的作品《六号门》（1952）中为争取自己的社会权利而斗争的码头装卸工。电影《鸡毛信》（1954，导演石挥）中年轻的游击队员在战斗的危险时刻表现出来的那种可以理解的人性弱点（好像与1974年的电影《闪闪的红星》中不屈不挠的人物形象完全相反）。1959年水华把茅盾的短篇小说《林家铺子》搬上银幕，导演对这部作品进行了深刻的艺术化诠释。该片讲述了一位深陷于商业"魔爪"掌控之中的上海小商人的不幸遭遇。在20世纪50—60年代的电影作品中，一些演员的表演令人称赞（《白毛女》中的田华，《海魂》中的赵丹、崔嵬，《林家铺子》中的谢添等）。

《白毛女》（1950）剧照

这类电影中贯穿着对人性和社会人道主义的探索，在此基础上逐渐走向对人物内心状态的心理分析。然而，这些有望发展成为一场生动的艺术运动的作品，却大多遭到了或多或少的谴责。谢晋导演的《红色娘子军》（1960）讲述的是20世纪30年代游击队的战斗故事。行政主管部门并不认可谢晋在影片中塑造人物形象的原则，但却将其经过彻底修改的情节作为"文化大革命"期间"样板"作品的基础应用于各种文艺形式（京剧、芭蕾舞剧、电影）中。毛泽东本人曾在后来发表的一封信中指出电影《早春二月》（1963年，导演谢铁骊）中对20世纪30年代的普通人与知识分子的政治态度的差异。在美学路线与倾向性路线的斗争中，后者逐渐取得优势，从而使中国电影实际上从文化领域转向政治思想领域。直到70年代末，电影运动的标杆不再是电影本身，而是政治"再教育运动"，每一次运动都或多或少地涉及了电影领域。这些运动的目的是对电影艺术工作者进行"思想再教育"，使创作思想服从于政治思想。

电影《武训传》（导演孙瑜，主演赵丹）成了第一批"再教育"运动（1951—1952）的核心目标。在中华人民共和国成立以前该片已经投入拍摄，但是按照新政府的要求，对高利贷者武训募化、而后为穷人的孩子开办义学的慈善行为这一部分内容进行了政治宣传方向上的更改。尽管如此，无论是媒体还是观众在先期对该片都是持赞赏态度的。

一段时间之后，《人民日报》发表了一篇措辞严厉的社论，指责影片中存在的"封建主义残余"。导演不得不在同一家报纸上发文进行"自我批评"，紧接着一大批甚至没有参与这部作品的电影工作者（导演石东山、演员白杨等）也纷纷"悔过"自己曾受过"小资产阶级思想"的熏陶。全国电影指导委员会对电影拍摄计划重新进行了审查，导致1951年全国电影制片厂一部故事片都没有拍摄。第二年，私人电影公司都被收归国有。自此之后的几十年间，中国电影制作单位全都是国有企业。

《林家铺子》（1959）剧照

在随后的历次运动中，电影无一例外地成为政治批判对象。这些运动名目繁多，比如对"胡风反革命集团"的批判、"反右倾"斗争、"大跃进"等。而60年代的运动更是一浪接一浪，直到1966年发生"文化大革命"。"文化大革命"彻底摧毁了所有的"旧电影"，取而代之的是其所谓"革命艺术"。一些著名电影活动家曾试图抗议这种僵化的思想指令，但其代价则是被取消电影从业资格，如1956年的影评人钟惦棐和1962年的瞿白音。

这种运动的结果是在电影界形成了一种模式化和倾向性。关于积极参加社会活动的女工的电影《黄宝妹》（1958）催生了一系列"记录—艺术"类型的影片，它们以真实事件为基础，但是对其进行了"美化"，以达到所需要的宣传效果。1963年，被称为"理想英雄"的传记电影《雷锋》拍摄，这是一部关于一位年轻士兵的真实故事的影片，他将自我与社会理想相融合，用一系列对社会有益的行为做出示范。但即使是这部电影，在"文化大革命"期间也遭到了谴责，因为它是以主人公的牺牲为结局的，而"理想"的英雄必须是永生的，就像理想本身一样。

"文化大革命"时期的电影中，每一个画面，甚至画面中的细节都有政治象征意义。一个参加20世纪30年代游击队战斗的男孩，乘着木筏在湍急的河流中航行，两边的河岸绿意盎然（《闪闪的红星》，1974）。评论界对这个情节（绿色和湍流）的解读是：吸引主人公投身其中的革命运动正在迅猛发展。在另一部电影中，事件发生在中国北部的冬天，导演在农民房屋的墙壁上挂上了晒干的一串串红辣椒（并非产于此地），这不是从画面色彩角度去考虑的，而是为了在画面灰白色的空间里植入能让人联想到革命的红色。

《祝福》（1956）剧照

《闪闪的红星》（1974）剧照

在"文化大革命"结束后，显著的变化开始了。1979年，国务院批准了文化部关于对整个电影系统进行结构性调整的建议。在接下来的13年时间里，电影系统经历了一系列结构性变革。阻碍电影发展的困难存在于各个领域，首先是从经济领域开始，必须解决的是"文化大革命"造成的破坏。好莱坞的一个代表团向北京电影制片厂赠送了最新的1000瓦的摄影灯，却不能使用，因为这将占用附近医院和学校所需的电能。而六年之后，媒体已经自豪地宣布，在全国40家电影制片厂中，有两家已经配备了"最先进的设备"。然而更难克服的是习惯性的心态，全部国有化的电影业完全依赖于政治方针。起初，"文化大革命"时期的作品被重塑，已经完成的剧本被投入生产，但是主人公的政治色彩有了彻底的变化，原则上不改变作品的艺术水平。在改变中国电影现状方面，刚出现不久的批判电影发挥重要作用，例如《苦恼人的笑》（1979，导演杨延晋、邓一民），讲述了一名记者的遭遇，其因质疑当权者的正义性而险些被无情压制。

电影在消除了已经习惯的刻板印象后，艰难地为自己开辟道路。1979的电影《小花》（导演张铮）讲述了一个女孩在战火中寻找哥哥的故事，从影片的战斗画面中可以略微察觉其在艺术形式领域的探索，却被指责"唯美主义"——这个标签在当时仍然具有负面的含义，即过度突出形式而有损"正确"的内容。从传统标准转向对主人公心理状态的描述是当时世界电影的潮流，这在《小花》的一些片段（由受伤的女主角燃起的意识催生的耀眼的白色星星在蓝色背景上闪烁；一个片段中的影像在彩色和黑白色之间更替）中可以看到。这对中国电影人来说，是开辟了广阔的艺术视野。

在抛弃教条主义和旧机制的艰难历程之后，电影逐渐转向了人，即把人作为艺术的主要对象和主体，人性战胜了宣传性和社会性。这首先体现在电影制作人身上，他们受到激励，尽力在电影中表现人的个性；电影人物从典型化转向个性化塑造；观众获得了电影评价权，并开始发表自己的评论，而不久前他们在有组织的集体观摩中只能被灌输经统一的"意见"。

老一代导演谢晋成为70年代末、80年代初这场破除禁锢运动的领导者，他拍摄了关于在之前浩劫中遭受政治迫害的受害者的影片，场景主要设置在农村，他们遭受政治诽谤，失去社会地位，但在精神上已经复苏。

如电影《牧马人》《天云山传奇》。特别是电影《芙蓉镇》,其中的女主人公在60年代初就已经尝试做自己的小生意,但政治"再教育"运动打破了她的梦想。谢晋的电影以自己的社会情感对中国电影和观众产生了强烈的影响。然而,这位完全在传统土壤里成长起来的导演,在电影的创新方面并没有迈出中国电影所需要的那根本性的一步。也许正是由于谢晋在中国电影界

电影《牧马人》(1982)剧照

的领导地位,一些年轻的影评人才会批评他的"电影儒学"吸引了个别群体。导演吴贻弓(其电影《巴山夜雨》揭示了"文化大革命"中狂热分子的心理危机。这是发生在"南方某地的一段久远的历史",将一个80年代知识分子家庭的生活通过不同寻常的角度——儿童的认知展现出来)、黄蜀芹(其电影《人·鬼·情》体现了一位中国戏剧演员的真实生活经历)、吴天明(其电影《人生》表现一个年轻农民在得到教育后,为追求自我实现而不顾一切地奔向城市,最后却徒劳无果;《老井》表现在人格同一化的干旱山村里,人们为了寻找水源、为了生存而斗争)的作品具有深度心理分析的典型特征。

《老井》(1987)剧照

中国电影打破旧藩篱而发展已经成为可以达成的现实，这是由于中国在80—90年代开始推进改革，不断把电影纳入市场关系结构。改革的战略方向是权力下放，将制片权和发行权从过去单一的经济中心，更重要的是政治和意识形态中心，逐步转移到地方制片人手中。同时，审查制度的保护作用和中共中央领导下的党的机关的指导作用依然存在，尽管形式较为宽松。

真正意义上的电影革命发生在1984—1985年之交，北京电影学院的年轻毕业生和该学院短期导演课程班的学员拍摄的电影相继问世。媒体把"新电影"的作者称为"第五代导演""青年学院派"。他们进入艺术领域的方式与前辈根本不同："文化大革命"摧毁了对传统的虔诚，同时也带来了反人类和残酷的冲击，导致他们形成了完全不同的世界观。这一代人不惧怕独立思考，也不惧怕质疑周围的现实。其与以前的中国电影的联系被切断了，从这个意义上讲，年轻的电影人好像是从一张"白纸"开始，不受传统所累。"文化大革命"之后，电影界打破了以前仅限于采用自己和苏联经验的故步自封的状态，年轻一代开始汲取他们的前辈所无法接触到的世界艺术经验。

《小花》（1979）剧照

这些导演开始与观众进行直接对话，他们拒绝接受那些以往被视为第一层次的主题、思想、口号，以及把主人公一分为二地划为好人和坏人的做法。他们在自己的作品中塑造了复杂的人物形象，其个人生活不同于其他人，有时候具备矛盾的性格特征。其结果是电影内容的冲击力急剧增强，形成具有复调性和多重性的艺术形象。

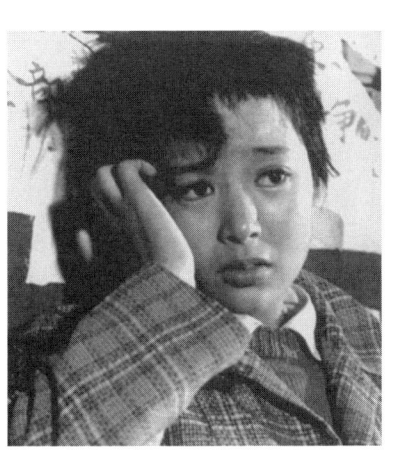

《小街》（1981）剧照

20世纪80年代中国的"新电影"主要是作为一种抗议艺术而出现的,它不仅反对机械性和政治化的电影制作,而且反对不久之前出现的将个人"解剖"为组成部分的社会趋势。中国"新电影"的诞生无论是对观众,还是电影人,甚至对意识形态及内容审查机构来说,都是一个痛苦的过程。"新电影"的真正开创性作品是张艺谋担任摄影的《一个和八个》。1983年12月,这部电影在北京首映,但是在审批之前的封闭状态下仅限于专业人员观看。押解八名罪犯(匪徒、逃兵、投毒犯,甚至有一个"被不公正定罪的"共产主义者)这个发生在20世纪30年代的故事,不是以史诗"陌生化"技巧表现出来,而是以一种接近人、接近人的内心世界、接近人的灵魂的形式揭示了人格的复杂性,打破了以往非好即坏的"双色图标"的惯用手法。

中国"新电影"的正式崛起被认为是从陈凯歌的电影《黄土地》开始的,这部影片同样聚焦于20世纪30年代。反思过去是"第五代"导演思想转变的标志之一。导演表现了在"中国文明的摇篮"——黄土高原上,一位采集民歌的红军战士与贫穷落后村庄的村民之间既和谐又矛盾的关系。电影语言富有表现力,它是一个"讲故事的人",而不只是一个只管记录周围环境和人物行为的中立的"记录员"。上述两部电影的摄影师都是日后的著名导演张艺谋。电影《黄土地》艰难地走向银幕,而还没有做好准备的观众也是艰难地解读。遇到此种境况的还有其他同样不寻常的"新电影"早期作品,如吴子牛导演的战斗片《喋血黑谷》,田壮壮导演的以少数民族地区乡村为题材的《猎场札撒》《盗马贼》。黄建新导演的系列作品[《黑炮事件》《错位》(影片中展现了一系列荒诞怪异场面)]是在电影领域进行的更加深入的实验。"新电影"最终没有成为一个独立的艺术运动,但是它对中国电影艺术的进一步发展产生了重要影响。

《黄土地》(1984)海报

张艺谋、陈凯歌、姜文的电影作品在国际上得到广泛认可，成为20世纪和21世纪之交新电影思想最生动的体现。陈凯歌导演的影片除了《黄土地》，最为著名的是《霸王别姬》，该片在1993年荣获戛纳国际电影节金棕榈奖，并获奥斯卡奖提名。这部影片聚焦于两个传统戏剧演员的命运，是对20世纪20—90年代中国社会生活的全景式呈现。影片以暗线和伏笔为主线，具有非常强的表现力，并且极其优雅。它告诉人们，戏剧是对现实生活的娱乐性转化结果，如果把戏剧和现实生活混为一谈，而这种现实恰好发生在演员自己身上，由此强迫改变"游戏规则"，这对于戏剧来说是致命的危险。

《霸王别姬》（1993）剧照

《红高粱》（1988）海报

导演张艺谋的创作是多重性的。正是他的电影催生了流行于中国的"橱窗性"理论。这种理论认为，有一种电影是真正中国的、为国人所接受的；另外一种电影是"橱窗"性的，即为了满足外国观众的"口味"而拍摄的。后者却受到了公开批评，甚至未被允许公映。《菊豆》和《大红灯笼高高挂》被审查了数年；1994年在戛纳国际电影节获奖的影片《活着》[根据余华的小说改编；小说部分章节的俄语版发表，题目为"Жить"（《活着》）]，至今未在国内公映。但是张艺谋指导的第一部电影《红高粱》（1987）于1988年获得了中国电影发展史上第一个最高级别的奖项——柏林国际电影节"金熊奖"。柏林国际电影节是世界上最权威的电影节之一。同时，这部电影在国内受到热烈欢迎。这部电影不仅引发了或者赞赏或者批评的反响，而且引发了分析性评论。在这些评论中，该影片被认为是中国电影艺术整体发展所取得的丰硕成果之一。甚至电影着重渲染的给人带来不愉快的、与中国传统格格不入的"狂欢"现象（它受到了反对者的合理质疑）也没能否定导演对新的电影表现手法的深刻探索。

张艺谋把中国电影从美学建构的框架中解放了出来。《红高粱》把目光转向了人的强烈的、狂欢的自然性。该影片所展示的"人"是摆脱一切束缚的人，他不听从于自己的身体，哪怕这是他第一性的躯壳。甚至爱国主义的产生也不是由于外部环境，而是一种无法遏制的、为保卫家园而呐喊的内在冲动。

电影《菊豆》（1990）呈现了家庭的毁灭（患病的年老丈夫、被强迫卖身给他的年轻妻子、妻子的恋人构成的"三角关系"）、社会认知的重洗、家庭关系的破裂（"魔障"的儿子毁掉了整个"三角关系"），其结果是人成为存在的自主个体。

《活着》（1994）海报
（海外版）

《大红灯笼高高挂》（1991）中，一个大户人家在红灯笼的照耀下彰显着它的富丽堂皇，表面上看似波澜不惊，实则暗潮汹涌。在这里，红色发挥的不是它的常规功能，即象征"革命""激进""欢乐"，而是相反地表达了压抑、霉变、邪恶、墨守成规和衰亡。红灯笼挂在哪个妾室的房檐下，就代表着她对主人意志的服从，准备满足他的任意需求，臣服于他。如果有哪一个妾室不愿意一味顺从地做满足主人欲望的工

《大红灯笼高高挂》（1991）
剧照

具，妄想反抗，那么她就会被标以黑色（用黑布蒙起来的灯笼）。

几乎在张艺谋的所有作品中，在故事的中心都站着一个与群体对立的叛逆的个体：叛逆的妾室（在刚才提到的电影中），反抗有钱有势的人随心所欲的暴力和欲望；反抗霸道的村长（《秋菊打官司》，1992）；反抗上海黑帮的破坏性势力（《摇啊摇，摇到外婆桥》，国外发行片名为《上海三合会》，1995）。甚至电影《活着》中，主人公被置于社会"夹缝"中，最终没有与其融合，而是在内心以一个拥有自己命运、自己喜怒哀乐的纯粹个体形式存在。

然而在1997年以后，张艺谋作品的重心发生了转移。在其90年代后期的影片《一个都不能少》和《我的父亲母亲》中，积极的个体已经不再与权力机构对立，而是顺应社会体制的主导趋势；相应地，这一个体也从社会体制的受害者变为赢家。

20世纪90年代对于中国来说是一个重要的发展稳定时期，其关键是从计划经济向市场经济过渡、从传统电影向现代电影过渡。1999年以后，被视为宣传精品的"关键性电影"这一类别消失。

21世纪初期，中国电影在各个方面快速发展。根据电影业的官方战略，2000年是"9550工程"（"九五"期间，5年内共拍摄50部"精品电影"）和在该工程推动下"第三次浪潮"的收官之年。"第三次浪潮"即中国电影在2001年中国共产党建党80周年前夕的新崛起（前两次"浪潮"被认为分别是在20世纪50—60年代中华人民共和国成立10周年之时、80—90年代中华人民共和国成立40周年暨中国共产党建党70周年前夕）。张艺谋执导的优秀影片《英雄》（2002）被奥斯卡正式提名，但是却未能获得美国电影艺术与科学学院的小金人。

电影《英雄》（2002）海报

之前被禁止却获得国际广泛认可的电影导演张元的作品的恢复放映，受到人们的关注。《过年回家》是该导演被允许在国内放映的第一部电影。他早期作品中的人物有酒鬼、失业人员、心理病人、杀人犯、摇滚歌手、同性恋者等。影片《东宫西宫》在1997年入选戛纳国际电影节"一种注视"单元电影。2000年夏天，莫斯科电影节邀请张元担任评委会成员。

特别需要指出的是，中国有意识地放弃了对电影生产的垄断，把市场关系引入电影业。2002年，中国开放了首轮院线。国家广播电影电视总局出版的官方报纸曾经这样评价：这"粉碎了中国电影发行的计划经济的冰山"（《中国电影报》，2004年5月28日）。2004年初开放第二轮院线，这里提供的是那些在首轮院线已经放映过但没有带来预期收入的电影。2004年，超过80%的影片或者是由小型非国有制片单位制作，或者是由国有电影制片厂制作，但有国内或国外私人投资者的参与（是年中，联合拍摄电影的新规则出台，简化了相关审批程序）。著名影评人贾磊磊预测：在全球趋势下，"制作电影将取代导演电影"（《中国电影报》，2005年12月1日）。按照全球标准，中国电影带来的收入并不太多，如果说每部电影的平均成本为1500万美元（在美国是1亿美元），其收入却不超过2000万美元（《中国电影报》，2005年6月16日）。

电影导演姜文

从电影艺术发展的角度来看，影片《鬼子来了》（导演姜文）获得2000年戛纳国际电影节评委会大奖是一个标志性事件。这部电影通过一个个体棱镜，以一种非常规的、"接地气的"方式揭示了一个被战火烧毁的普通人的悲剧。

2007年年底，在经过长时间寻找剧本和赞助商之后，姜文推出了自己导演的第三部作品《太阳照常升起》。这是一部对于中国电影艺术来说非同寻常的影片，它缺失了开放性的社会声音，而转向了潜意识、幻觉以及弗洛伊德理论中精神分析的梦主题。电影中人物与现实的联系极其微弱、受限，而荒诞、象征性的意象则排在首位，这是从各种综合体以及人物的恐惧中提取出来的。

电影空间有时充满了令人难以理解的联想和隐喻，就像在超现实主义流派的作品中一样：会说话的鹦鹉不断重复一句话，还原了令女主人公（"发疯的母亲"）精神失常的悲剧时刻。这位母亲，其生命在精神错乱的状态下才能支撑，心智恢复正常时就会被她撕裂。南方的鸟儿呱噪着从灌木丛中飞出，被猎人（唐雨林，导演本人扮演）射杀；两峰骆驼驮着两位主人公穿越沙漠。频繁诉诸欧洲文化（俄罗斯主题——幕后用俄语朗读普希金小说《射击》，从中提取"阿廖沙"这一名字作为"发疯的母亲"的被杀丈夫的绰号；在火焰中燃烧的袋子，上面用俄语写着"马蹄铁"）。一个巨大的石掌被放置在沙丘顶部，上面写着警示语"尽头"。

电影《太阳照常升起》（2007）海报

影片由四部分组成，分别发生在不同的地方（中国的南部、东部、西部地区）和不同时间（20世纪50年代和70年代）。其内容整体上被分割成几个独立片段，并且全部是虚拟出来的——在观众的认知意识中形成。不得不注意的是，荒诞意象的叙述与每个片段中字幕上显示的精确时间和地点形成鲜明对比。

影片是如此巧妙地被导演构建起来，如此敏锐地被摄影团队记录下来，把观众吸引进它的光环中，后者是在主人公各种生活境遇及情感经历的感官性、临界性中产生的。这甚至已经不再是张艺谋社会意识的层面，它走得更远而且要深刻得多。但是，这依旧属于那个由张艺谋发端的，奋力跨越禁锢与自由界限的过程。

2001年，在经过长时间的精心准备，中国加入了世界贸易组织。在此期间，电影领导机构在两年之内独自发布了126份文件，与文化部共同发布了320份文件（其制定的政策旨在最大限度地减小国际市场对国产电影的压力；而相反地，要积极参与到国际电影市场中去）。成功加入世贸组织既刺激了外国电影的放映（按照政府确立的渐进式年配额，先期每年引进10部影片，到2007年达到每年20部），也刺激了中国电影在境外的商业发行（例如，2007年就有2部中国影片跻身国际票房收入排名的前列）。2007年，由国家的31个电影制作单位拍摄的78部影片被投放到境外发行（47个国家和地区）。但是早在2002年，电影《英雄》就进驻了美国2000家影院，并且票房收入在美国非国产片发行历史上占据了第三的位置。张艺谋的电影《满城尽带黄金甲》引发了巨大反响。电影投入为3.6亿元人民币，但是该片投放市场仅一个月就将2.81亿元人民币收入囊中，刷新了票房纪录。中国电影的境外票房收入令人印象深刻。2003—2005年，中国电影在美国的发行收入为人民币9.50804亿元（42部电影），在日本为8.11562亿元（28部电影），在韩国为1.58884亿元（3部电影）。中国大陆在中国香港地区和台湾地区分别发行45部和38部影片，票房收入分别为2.0674亿元和1.28253亿元。

《满城尽带黄金甲》
（2006）海报

中央政府与香港特区政府于2003年6月29日正式签署《内地与香港关于建立更紧密经贸关系的安排》，其中涉及电影业。《安排》规定[①]，只有那些内地与香港合拍并通过审查的影片才能取得与内地相同的发行权，但为它们设置了主题（故事情节或主要人物须与内地有关）和制作方面（主要演员中必须有内地演员）的限制。香港地区自己拍摄的影片，即使通过了审查，也只能以"进口"影片的形式在内地发行。这意味着香港电影与内地电影在发行方面的失衡。

中国采取了一系列示范性措施：允许外商投资新建和改造电影院（在

[①] 根据中央政府和香港特区政府签署的《内地与香港关于建立更紧密经贸关系的安排》，及内地与香港在电影上的具体承诺，2003年10月21日，国家广电总局电影局就加强内地与香港电影业合作管理的有关问题制定了《关于加强内地与香港电影业合作、管理的实施细则》。下文实际是对该《实施细则》内容的阐释。

全国范围内外资占比不超过影院设施总造价的49%，在北京、上海、广州、成都、西安、武汉、南京等7个大型试点城市不超过75%）；电影院可以长期（30年）出租给外国业主，但是必须严格遵守发行配比（2/3的发行份额应该分配给国产电影）。至此，国内开始形成有外资参与的影院网络。第一家此类性质的影院于1995年出现在上海，到2001年已经达到20家（《中国电影报》，2001年9月20日）。

2001年年底，中华人民共和国国务院通过了新的《电影管理条例》，取代1996年起实施的《电影管理条例》。它确立了电影领域所有生产性活动的审批原则，规定影片在制作过程中，须经过上级电影主管部门的三次审批，甚至要由专门的电影审查委员会确认，才能获得"许可证书"。没有该证书的中国影片无论在国内还是国外都不得上映。《条例》严格规定，电影成像和剪辑工作应主要在中国境内进行。文件起草者的本意是防止不符合意识形态要求的未经批准的制作。

中国已开始参与各种大型国际电影项目。在2002年的戛纳国际电影节开幕式上，放映了来自芬兰、德国、荷兰、西班牙、英国、中国等国家的15位导演的15部十分钟短片，中国电影以陈凯歌导演的《百花深处》为代表。2004年多伦多国际电影节播放了电影《爱神》。这是一部三段式剧情长片（104 分钟）（美国、意大利、中国香港等联合制作，2004年），史蒂文·索德伯格、米开朗基罗·安东尼奥尼和王家卫执导。这部电影塑造了不同的文化形象，展示了他们对爱与性的不同看法。其中，在中国香港导演王家卫的短片《爱神之手》（巩俐、张震主演）中，爱神存在于人的想象及灵魂中，因此总是超越现实。电影讲述了一个裁缝和一个交际花的爱情。2006年，威尼斯国际电影节把"金狮奖"颁发给贾樟柯导演的电影《三峡好人》（海外发行片名为《静物》），这是中国电影受到国际认可的鲜明例证。影片讲述了两个年轻人，一个拒绝爱，一个

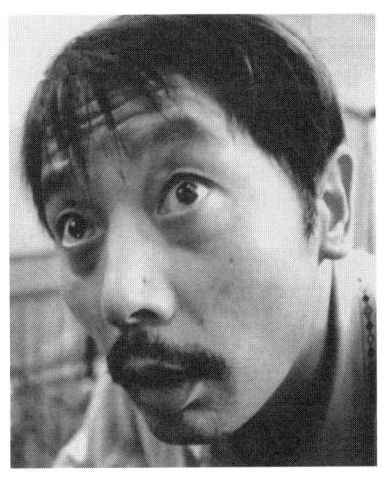

葛优在电影《卡拉是条狗》中

为爱而战。这部影片提出了个人选择这一问题。王全安的电影《图雅的婚事》获得第57届柏林国际电影节（2007）"金熊奖"。这部影片讲述了一个来自内蒙古的年轻女性艰难的道德抉择。导演在谈到影片时认为，自己试图"让电影回归艺术"；同时尝试理解他人，因为"别人对生活的看法不同于你"，这是非常必要的。

2005年年底，中国电影举行了盛大的百年庆典（比俄罗斯早三年）。一百年来，中国大陆、中国台湾和中国香港等共生产了26300多部电影，其中故事片7200多部，戏剧电影约470部，动画片650部，纪录片12400部，科普片4800部，电视电影700多部。到2005年，电影长片的年产量已经达到260部（凭借这一数字，中国跃居世界第三，位列美国、印度之后。2008年的产量已增至406部）。这些影片由全国一百多个制片厂生产，在超过3000家影院上映（显然，这里既包括专门的影院，也包括为放映电影而改造的俱乐部、剧院和其他公共机构的场所），其中宽银幕影院2600家，新技术装备多功能影院1200家（而美国有此类影院3.6万家，为2亿人提供服务）。在全国各地越来越舒适的影院里，观影人数超过10亿（《中国电影报》，2005年12月29日）。

2006年，有330部故事片取得了"许可证书"（之前的三年分别是140部、212部、260部），其中220部胶片电影、110部数字电影（比2005年增加27%）。生产和发行进一步扩增和细化，同时继续进行技术改装，引进新技术特别是数字影院技术。在数字影院数量方面（有110家，美国是150家），中国居亚洲第一位（《中国电影报》，2005年12月22日）。合资影院的建设进一步推进（2006年，有277家），此类影院由国家资本控股51%。

到2007年，中国共有270家电影制作单位，其中75%为私人性质。然而，相对于数量庞大的居民，这一数字仍然很小：截至2007年，国家在1325个固定放映点（包括电影院，其中还包括多厅、多功能动画放映室）投放影片，共计3034块屏幕，即一块屏幕供428477人观影（而美国共设37700块屏幕，每块屏幕为8100人提供服务）。2005年12月，位于北京的中国电影博物馆主体工程落成，2007年2月正式开放，拥有21个展厅、1500多部电影展品和4300多个展位。

2007年末和2008年初,"文化软实力"这一总口号进入了电影界。"文化软实力"的口号已经宣传了好几年,并在中国共产党第十七次全国代表大会上获得通过。其目的是在世界上确立传统价值观与现代意识形态相结合的中国世界观的基本概念。"文化软实力"的观点可以看作中国文化价值观的传播,希望将中国文化中的意识形态部分打造成重要的"国际品牌"。哲学概念"道"在数千年的传统中传达着宇宙秩序和宇宙发展的根本原则,在这里获得了现代意识形态的强调。在电影艺术方面,这种社会宣传理念依次体现在以下两个构成部分上:

(1)20世纪90年代的主流电影。其情节以当时的宣传主题为基础。这些作品被媒体广泛宣传,受到政治领导层的赞扬,获得国家级评比大奖,有正规而广泛的全国发行渠道,包括农村的流动放映队,起初甚至以有组织的"集体观摩"的形式发行。

(2)古装武打电影。在21世纪已经开始广泛生产。它们建立在对古代故事内容开发的基础上,反映角色的矛盾心理。故事中的角色采用夸张、激进的行为方式,包括使用武器达到自己的目的。这些作品都是高成本制作,深受中国人的欢迎,在国外被视为"中国的面孔",赢得了包括奥斯卡奖在内的国际奖项和高观影率。

对于后一个领域的作品,评论界引入了"中国流"这一颇具特色的表达,这表明它们不是单个作品,而是一个艺术方向,起着"展示"现代中国的作用。从这方面讲,形式是次要的,最主要的是传达民族文化精神——有媒体如是说(《中国电影报》,2008年3月20日)。

在这股潮流中也出现了美学艺术水平高超的作品(《卧虎藏龙》《英雄》《十面埋伏》等)。这些影片首先突出的是人物的性格特点及其行为的心理动机,而不是武打技巧本身,后者只作为故事背景而存在。这类影片获得包括奥斯卡奖在内的诸多国际奖项,场场

《十面埋伏》(2004)剧照

爆满。

"软实力"是中国电影在国际竞争中彰显自我的杠杆，继经济和结构调整之后，中国电影全面改革进入新阶段。在张艺谋拍摄《英雄》（2002年）之后的五年间，中国电影已从"小康时代"步入"大片思维"，前者主要生产中低成本的影片，后者则是打造一系列足可与好莱坞媲美的高成本影片。2008年上半年，国产影片的票房收入已超过进口影片。媒体持续公布年度电影产量和票房收入，用以说明一个事实，即20世纪90年代电影生产的不稳定性已被基本克服。这一过程开始于2001年（中国加入世贸组织），巩固于2005年，也就是中国电影百年庆典之时。2008年，电影产量进一步攀升，这要归功于奥运会的成功举办。据《中国电影报》（2008年9月4日）的报道，改革开放30年来，中国电影产量增长了9倍——从1978年的46部到2008年的406部。1990—2000年的票房数字如下（单位：百万元）：1992年—1990；1998年—1500；1999年—850；2000年—960；2001年—870；2003年—1000；2004年—1570；2005年—2000；2006年—2620；2007年—3300；2008年—4215。（信息来源：互联网；《当代电影》杂志，2008年第2期）

《英雄》（2002）剧照

世界经济危机使中国电影放慢了发展脚步，但中国电影并没有停滞不前。为克服经济危机，中国政府于2008年11月宣布投入4万亿元人民币用于发展经济，其中包括电影业。2009年年初召开的电影工作会议确认了先前已经提出的完成农村（东部地区）和城市（西部地区）电影普及工程2009—2010。

新中国成立后,中国台湾地区的中文电影由三股支流构成:旧上海电影、香港电影和台湾电影。其中台湾电影又分成两个支流——汉语电影和方言电影,两者之间存在长期激烈的竞争。台湾电影的生存和发展,得益于方言电影的流传和民间电影制作的活跃。

方言电影以民族特色为基础,不可能走向岛外,只能在台湾人中间传播。同时,它耗费低,容易回收成本,拍摄周期短——有时仅用七天时间。在方言电影的"黄金时期"(1956—1960)共拍摄了208部讲方言的影片(其中26%改编自地方戏曲歌仔戏的剧目,该地方戏是从"山地歌谣"发展成熟起来的)。这股潮流成了电影人的"避风港",它帮助电影人维系了电影的专业形态。

让台湾电影站稳脚跟的一个更为重要的因素是民营影业。然而,直到60年代中期以前,民营电影公司的数量及其产片量皆微不足道。情况发生变化是在1963年。这一年,著名导演李翰祥从香港移居台湾。他的大型古装片(《梁山伯与祝英台》)震撼了岛民的思维,重新唤起了他们对电影的兴趣。

电影《梁山伯与祝英台》(1963)剧照

李翰祥创办了自己的电影公司,地方资本开始以其为风向标,纷纷投资电影业。官方电影制片厂也从中受益,他们把摄影棚租借给那些在先期还没有自己拍摄基地的民营公司。宣传性让位给竞争能力,后者是市场的固有特征,而电影市场在台湾已经形成。这一点甚至迫使官方电影制片厂重新思考自己的产品结构和特点。

这股潮流下的第一部影片是著名导演李行的作品《蚵女》,该片表现了村民的爱情,以及其反抗并战胜僵化的传统的过程。导演李行是制片厂该潮流乃至整个台湾电影的领军人物之一。在接下来的十年间,他执导了优秀的古装电影《秋决》(1972),演员欧威在片中塑造了一个男人的形象，这是一个从等待执行死刑的自我放纵者和杀人犯转变为一个意识到过去、现在、将来之间有不可分割的联系，从而具有道德价值的人。

70年代末，当台湾涌现出"乡土"和"自我认同"浪潮时，李行拍摄了一些具有重要意义的作品，其中包括电影《原乡人》，该片表现了"寻根"的主题。他为电影做出的另一重要贡献，是把当时台湾非常流行的琼瑶的爱情小说搬上银幕。在琼瑶的小说中，挣脱教条的礼制束缚的自由爱情完全"反传统"地超越了家庭和宗族的价值体系。在这一类影片中，著名演员林青霞非常引人注目地展现了自身的才华。

那个年代台湾有"四大电影导演"的说法，除了李行和李翰祥，还有白景瑞和胡金铨。前者曾留学意大利，偏爱感伤的基调和室内装饰的观赏性，但是整体上并没有脱离传统叙事风格，经常尝试用电影语言诠释这些特点。后者更接近传统，主要体现在武侠电影（"功夫片"）中，同时又融入心理分析和拍摄技术上的创新。其具有深刻精神内涵的影片《侠女》（拍摄开始于1967年，1970年才上映）在世界范围内得到广泛认同，给台湾带来了戛纳国际电影节的第一个奖项（但不是最高奖）。胡金铨本人被西方权威影评人赞誉为"世界五大导演"之一。从模仿他开始生发出一个古装武侠片流派（1971年生产83部，占年度产片总量的42%；1977年生产116部），包括那些后来被称为"功夫片"的影片。

80年代初，在台湾电影业整体明显停滞的情况下，开始出现新的"第四代"导演的作品。"第四代"导演主要包括侯孝贤、杨德昌、王童、张毅等人。当老一代还把自己禁锢在传统儒家思想之中时，已经有部分"第三代"和更多的"第四代"导演在社会变革和经济发展的氛围中成长起来。

他们与"粉饰"生活（不仅仅是出于宣传的需要，也是传统戏剧所遵循的习惯，中国电影在很大程度上沿袭了其风格）的风格决裂，从"评论"的顶端走下来，进入具体的人。在"第四代"导演的电影中，对话的作用被削弱。对话一直以来是传统电影中表达作者思想和观点的主要手段。而此类电影强调的重点从内容和主题转移到了事件的情节以及吸引观众注意力的"语调"上，让观众关注的不是"拍了什么"，而是"如何做到的"。这已经是相当现代的电影了，它有去戏剧化的结构、联想性的形象语言、心理主义、对个人的关注、与观众的直接对话，意味着观众在理解电影时的主动"共谋"，而不仅仅是被动地感知银幕上的动作。"新电影"由此发端。在其积极支持者、台湾影评人焦雄屏看来，虽然不能否认"新电影"与民族传统的血缘关系，但是其却远离"通常的电影摄影"，民族传统已被现代电影语言的形式所改变。这一流派早期的作品主要有《光阴的故事》（1982，由陶德辰、杨德昌、柯一正、张毅联合执导的四个独立故事）、《儿子的大玩偶》（1983，侯孝贤、曾壮祥、万仁联合执导的三段故事）等。更晚一些时候的影片有侯孝贤（被外国评论界誉为"二十一世纪导演"）执导的《悲情城市》（1989，威尼斯国际电影节"金狮奖"）、《戏梦人生》（1993）；杨德昌的《恐怖分子》（1986，洛迦诺国际电影节银豹奖）、《牯岭街少年杀人事件》（1991，东京国际电影节评委会大奖、奥斯卡奖提名）。无论是观众还是专业人士，对于不同寻常的电影的态度都是褒贬不一的。它的出现恰逢另一个停滞期。到1990年，观众人数已从1987年的1140万下降到了850万。年产量从70年代的一百多部下降到二三十部。"新电影"很少能跻身年度票房前十名，因为审查机构会让它们滞留好几个月。事实上，在台北举行的金马影展上，"新电影"连续五年（1983—1987）荣获"最佳"影片奖。但是大多数影评人并不接受"新电影"，认为它们只是边缘的，终将走入死胡同。少数支持者认为，真正的新电影已经诞生，"在逃避现实三十多年"（焦雄屏语）之后，它将改变台湾艺术。

尽管如此，"新电影"作为一场独特的艺术运动，为台湾艺术注入了新的活力。它打破了观念、制作、审查和市场上的保守主义，并帮助培养了新的观众群。它加速了整个台湾电影的"成熟"。值得注意的是，中国大陆在"新电影"方面卓有成效的探索比台湾地区的同一进程稍稍落后。它们的相对同步性表明，"新电影"的驱动力与其说是电影内部原因，不如说是社会和政治原因。

继"第四代"之后出现的新生代电影导演（李安、蔡明亮、赖声川、徐小明、叶鸿伟等）都接受过良好的专业教育，他们在艺术形式领域的探索不断深入。侯孝贤早在1993年就曾说过："有些年轻导演试图挣断叙事方式的束缚。他们开始寻找自己的创作空间。"1994年，蔡明亮导演的电影《爱情万岁》荣获威尼斯国际电影节"金狮奖"。他的电影《洞》在1998年的戛纳国际电影节上获奖。不过，这些导演中最有名的还是李安（在西方媒体上名为"Ang Lee"）：《喜宴》荣获柏林国际电影节"金熊奖"；由英国女演员艾玛·汤普森编剧、李安在美国执导的电影《理智与情感》荣获一项奥斯卡金像奖和八项奥斯卡奖提名；影片《断背山》（美国，英文版）荣获奥斯卡最佳导演奖；影片《卧虎藏龙》荣获四项奥斯卡金像奖（2001）。《卧虎藏龙》拍摄于中国大陆，由中国内地演员与香港演员共同出演。该片成为美国电影史上票房收入最高的外国影片（上映101天，将1.004亿美元收入囊中；此前的纪录保持者是5700万美元）。

2006年的第九届上海国际电影节将"华语电影杰出贡献奖"这一特别奖项授予李安导演。李安特别关注年轻一代的培养，他用个人资金创办了"推手工程"，为新人导演提供资助（2007）。

电影《卧虎藏龙》（2000）剧照

**《电影百科词典》，莫斯科，1986年；А.С.普拉霍夫《33位国际著名电影导演》，维尼茨，1999年；С.А.托罗普采夫《中国电影的艰难年代》，莫斯科，1975年；С.А.托罗普采夫《中国电影史概论》，莫斯科，1979年；С.А.托罗普采夫《日落时分烛映窗：中国电影札记》，莫斯科，1987年；С.А.托罗普采夫《"社会原野"上的中国电影》，莫斯科，1993年；С.А.托罗普采夫《台湾电影》，莫斯科，1998年；С.А.托罗普采夫《中国电影的"国际品牌"——导演张艺谋》，莫斯科，2008年；王一川《张艺谋神话的终结——审美与文艺视野中的张艺谋电影》，郑州，1998年；《当代中国电影》，北京，1989年；杜云之《中国电影史》，台北，1972年；李尔葳《汉子姜文》，沈阳，1998年；焦雄屏《台湾新电影》，台北，1990年；《中国大百科全书·电影》，北京，1991年；《中国电影大辞典》，上海，1995年；程季华《中国电影发展史》，北京，1963年；Bergeron R. Le cinema chinoise: 1949-1983. P., 1984; Clark P. Chinese Cinema: Culture and Politics since 1949. Cambr., 1987; Leyda J. Dianying. An Account of Films and the Film Audience in China. Cambr. -L., 1972; New Chinese Cinemas: Forms, Identities, Politics. Cambr., 1994; Rey Chow. Visuality, Sexuality, Ethnography, and Contemporary Chinese Cinema. N.Y., 1995; Taiwan Films.Taipei, 1993; Transnational Chinese Cinemas: Identity, Nationhood, Gender. Honolulu, 1997; Yingjin Zhang, Zhiwei Xiao. Encyclopedia of Chinese Film. L., 1998.

亦请参考词条"革命样板戏"。

（С. А. 托罗普采夫撰，刘玉颖译）

2

国家出版基金项目
NATIONAL PUBLICATION FOUNDATION

ДУХОВНАЯ
КУЛЬТУРА
КИТАЯ

ЭНЦИКЛОПЕДИЯ

ИСКУССТВО

主 编：
М.Л.季塔连科　　А.И.科布杰夫
С.А.托罗普采夫　　В.Е.叶列梅耶夫
С.М.阿尼克耶娃　　М.А.涅格林斯卡娅
А.Е.卢基扬诺夫

译 者：
王志耕　李春雨　周立新　刘玉颖　张　猛　王玉珠
姜　敏　许　力　白　雪　佟宝慧

译 校：王志耕

中国精神文化大典

艺术卷

下

四川大学出版社
SICHUAN UNIVERSITY PRESS

乾隆

乾隆是清高宗（1736—1795年在位，本名弘历，号长春居士、十全老人）的年号。乾隆帝是清朝著名的开明君主之一。他接受了中国传统教育，熟读孔孟经典，有大量诗作，并从事书画创作。他创作了有董其昌神韵的山水画，同时还画花鸟画。在书法上他承袭赵孟頫笔法。他对传教士带来的西洋画也感兴趣。

乾隆在位期间，宫廷书画收藏得到很大的补充。1744年乾隆命人编辑收藏目录，直到1791年编辑工作仍在继续。很多保存在宫廷或者不知何时出现在宫廷收藏中的作品上，都有乾隆的亲笔题词和多枚钤印，这在某种程度上证实了作品的真实性或者它们的特殊价值。乾隆的题词和钤印虽被广泛模仿，但评论界普遍认为，其真迹对中国画的鉴定具有重要意义。《中国书画家印鉴款识》（1987年）中共收录其172枚钤印：爱竹学心虚、八徵耄念之宝、半榻琴书、万国农桑痦瘵中、道宁斋、得大自在、内府图书、写心、太上皇帝等。乾隆的第十一子永瑆（1752—1823）也是书法家、画家和收藏家。他年轻时跟随父亲临摹赵孟頫的书法，擅写楷书、篆书和隶书。同时，创作不同风格的绘画作品（兰、竹，山水），临摹唐宋多个流派的范本。永瑆早期的作品大概创作于1786年，也就是他三十四岁的时候，其钤印有"伴云""人间书""看云阁""三径"等。

乾隆和永瑆的题词和款识样本在俄罗斯东方博物馆（莫斯科）有收藏。

**В. Л. 思乔夫《中国传统绘画的鉴定方法》，见《国立东方博物馆学术通讯》，第24辑，莫斯科，2001年；《清代宫廷生活》，香港，1985年；China: The Three Emperors, 1662-1795. L., 2005.

另参见词条"改琦"的参考文献。

（В. Л. 思乔夫撰，王玉珠译）

秦刻石

秦刻石，这一专有名词指的是六处碑刻，是秦朝碑刻书法的典范。秦朝的建立者秦始皇出巡时，在传统名山的山坡和山顶立起石块或石碑，以歌颂其功业。在他统治期间，一共立了六块此类刻有碑文的纪念石碑，在中国书法史上分别被命名为"峄山刻石"或"峄山碑"、"泰山刻石"、"琅琊刻石"、"碣石刻石"、"会稽刻石"和"之罘刻石"[①]。所有的碑文均使用当时盛行的小篆书就。大部分的碑刻在公元500年之前依然保存着，生活于汉、魏、晋时期的文学家们的文字证明了这一点。唐宋时期的收藏家曾藏有这些刻石的拓本。这些刻石的风格成为一种独立的书法类型，经常为传统书法所用。目前仅存其中两个碑刻的碎片。

传统上认为，这些石碑的书法作者是秦朝大臣李斯（卒于公元前208年）。当时在安放这些石碑时必定考虑了所有的风水法则，因此碑的形状、书法的风格都发挥了重要的但不为现代科学所知的功能。一些石碑有可能是长方形或圆形的碑，另外一些是石柱。能够确定石碑形状的文献资料十分匮乏。石碑被安放在举行祭拜仪式、祷告山中神灵和星宿的地方。碑文既写给天地神灵，也写给子孙后代。今天的学界对于这些纪念石碑的起源，研究得还不够充分。根据中国的传统记载，周朝时曾竖立长方形石碑，借以测量日影，推算时间。人们还在宗庙中竖碑以拴祭祀用的动物。或许周朝时就已经出现了小型石刻，但是直到秦朝才开始在石碑上篆刻大量文字，用以记录皇帝的功勋。秦刻石是最早的纪念形式书法的典范。

"峄山刻石"位于峄山（今山东省）之上，是最早竖立的石碑。公元5世纪，北魏太武帝（423—452年在位）下令将石碑推下山，导致石碑碎成了三部分。后来这些石碑原石在火灾中被烧毁，多亏南唐书法家徐铉（公元10世纪）的摹本，借助据其摹本多次翻刻的木版拓本，碑文得以保存

---

① 秦刻石共有七处，又称"秦七刻石"，除上文所述六处刻石，还有"东观刻石"。

下来。如今在西安的碑林博物馆中保存着北宋时依据唐代摹本制成的石碑。这些拓本的质量受到行家们的批评，但即便这样也不影响碑刻的价值。该刻石文字被认为是小篆的标准字体，由于其笔画瘦劲圆润，结构匀称，因此获得了"铁线篆"的美称。

"泰山刻石"始刻于公元前219年，为秦始皇登泰山（山东省）封祀后所立。该山的一座山峰上竖立了一块椭圆形石头，西周时石上已刻了一些字符。秦时这块石头被凿成柱状，四面各刻下纪念文字。① 宋欧阳修等人曾制作存有46字的拓本。1740年，该碑在火灾中受到严重损毁，在一段时间里完全绝迹。直到1815年该石刻的残石被发现，上面有10个汉字。由于石头严重风蚀，目前可以辨别的汉字不超过9个。鉴赏家们最为青睐的是北宋时的拓本，上面存有165个汉字。何绍基收藏有明代拓本，存29个汉字。尽管该刻石保存不当，但其拓本还是传达出了秦代小篆的雄浑与峻拔丰姿。

"琅琊刻石"立于山东省琅琊山上。据资料记载，石刻书法作者也是李斯。最早的碑文共有497个汉字，镌刻于天然石柱之上。宋代诗人、书法家苏轼曾为该刻石写过激情昂扬的诗歌。清朝时，这块风化严重的石头被遮挡在亭子下，但雷电又将其击成细小的碎片。20世纪20年代，其中的一些残石被黏合修复，后来又移置山东博物馆。1959年起，该残石（高132.2厘米，宽71.3厘米，厚36.2厘米）被收藏于中国国家博物馆，并被认为是秦碑书法最可靠的范本。现存13行87字，这些字在结构上与"石鼓文"有明显的相似之处。其运笔兼具浑融与秀丽。并且，与前面的几块石碑一样，该石刻文字圆润流畅，自然生动。几百年来，所有学习小篆的爱好者都在钻研这一碑刻的拓本，将其视为评价杰出作品的标准。

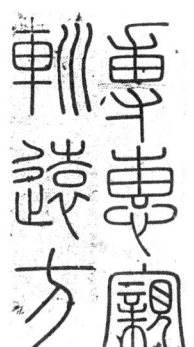

*何应辉《秦汉刻石》，北京，1993年；苏士澍《中国书法艺术·秦汉》，北京，2000年。

---

① 三面刻始皇之文，一面刻二世诏书与从臣姓名。

**В. Г. 别洛焦罗娃《中国书法艺术》，莫斯科，2007年；丛文俊《中国书法史·先秦、秦代卷》，南京，2002年；朱仁夫《中国古代书法史》，北京，1992年；《杨守敬评碑评帖记》，北京，1990年；Chang Leon L.-Y., Miller P. Four Thousand Years of Chinese Calligraphy. Chic.-L., 1990; Ch'en Chih-mai. Chinese Calligraphers and Their Art. Melbourne, 1966.

（В. Г. 别洛焦罗娃撰，张猛译）

秦始皇陵

秦始皇是中国历史上第一个中央集权国家——秦王朝（前221—前206）的缔造者。1974—1976年考古勘察时，在距离陕西省西安市（古都长安）以东30千米处发现其陵墓。该陵墓在骊山北麓。历史学家司马迁在《史记·秦始皇本纪》中指出，规模宏大的陵墓建筑群的建造持续了39年（前247—前208），共动用了70多万人力。陵墓建筑群占地56.25平方千米，平面呈长方形。目前，此地已发现600多座皇室成员、将军、朝臣、仆从等的坟墓，以及存放随葬物品的陪葬坑等。秦始皇陵的总体设计仿照了帝都咸阳的平面设计：两重城垣将陵园划分成"内城"和"外城"，内城周长约3.8千米，外城周长约6.3千米。占据南部位置的封土堆——由夯实的积土堆砌而成的方锥形、高76米（起初为115米）的坟丘是内城的中心。向北50米处有一座长方形建筑物——供祭祀之用的寝殿残基。封土堆之下的地宫中隐藏着秦始皇的墓室。《史记》中有描写地宫的内容，地宫的内部以汞为河流，室顶模仿星空镶嵌着珍贵的宝石。大厅里填满了从全国各地运来的奇珍异宝，长明灯照亮整个地宫，入口处有弓弩护卫。秦始皇陵的地宫迄今为止还未被挖掘，但20世纪80年代对地宫上方地块的土壤分析显示，坟丘内部的确存在着汞含量异常高的区域。1974—1976年在距外城向东约1千米处发现了三个陪葬坑，其内部巨大的土木结构坑室中发现了8000多个身穿铠甲、携带兵器的赤褐色陶俑。这些兵俑的身高大小都与真人相当，其中一些士兵端坐在双轮马车

上或骑在马上。科学研究显示，这支"兵马俑"是与秦始皇同时被埋葬的。1979年，设立了秦始皇兵马俑博物馆。1987年，秦始皇陵墓建筑群被联合国教科文组织列入《世界遗产名录》。

*张大可《史记全本新注》，第1—4卷，西安，1990年；司马迁《史记》，第2卷，Р. В. 越特金、В. С. 塔斯金翻译及注释，Р. В. 越特金主编，莫斯科，1975年。

**Е. А. 阿谢普科夫《中国建筑》，莫斯科，1959年；Р. В. 越特金《中国的博物馆和名胜古迹》，莫斯科，1962年；《中国的世界遗产》，北京，2003年；Б. П. 雷奇洛、М. В. 索恩采夫《北京：俄罗斯游客中国首都名胜新指南》，莫斯科，2000年；В. Я. 西季赫梅诺夫《中国：历史之页》，莫斯科，1987年；赵立赢《秦始皇陵》，见《中国大百科全书：建筑·园林·城市规划》，北京—上海，1988年；《中国古代建筑文化》，北京，2005年。

（Н. Ю. 杰米多撰，周立新译）

清初六大家

"清初六大家"是中国艺术学中的一个合称，包括"清四王"——王时敏、王鉴、王翚、王原祁以及恽寿平和吴历，因此又称"四王恽吴"。此六人的创作确立了清代绘画的主流风格。

传统艺术学经常根据画家宣称的创作理念、审美原则、相同姓氏等共同特征而将其联系在一起。"清初六大家"都发扬了明末著名画家和理论家董其昌的理念，他们临摹经典画家画作，尤其推崇"元四家"——黄公望、王蒙、吴镇、倪瓒（或赵孟頫）。"清初六大家"对娄东派和虞山派等在官方流派中发展起来的、与皇家画院及宫廷艺术相关的创作团体（正统派、宫廷派）产生了影响。

**China: The Three Emperors, 1662-1795. L., 2005.

另参见词条"改琦"参考文献。

（В. Л. 思乔夫撰，李春雨译）

清末三大家

"清末三大家"指中国艺术史上清朝末年最重要的三位画家任伯年、吴昌硕、赵之谦。

任伯年（1840—1896），海上画派的关键人物。师从书画家任熊（1823—1857）及其弟任薰（1835—1893），师法陈洪绶（1598—1652），擅长花鸟画、人物画。刻有任公子、任千秋、印心石等印章。画作署款多为"山阴任颐"。

吴昌硕（1842/1844—1927）是任伯年的朋友和学生，杰出画家、书法家、篆刻大师。30岁开始习画，对20世纪的很多大师影响巨大。他刻有130余枚印章（并非所有印章都带有姓名），包括阿仓、古桃州、老缶、木鸡、梅花手段、吴中、施酒等，最经常使用的印章为安吉、湖州安吉。其作品在日本备受欢迎。

第三位大师赵之谦（1829—1884）是杰出的书法家、篆刻家、画家，擅长写意花卉，在作品中致力于达成绘画、书法、诗歌与篆刻艺术的完美融合。刻有谦、谦顿首上、赵、悲翁、二金蝶堂、生后康成四日、不见是而无闷等印章。

"清末三大家"的创作对20世纪国画艺术传统的发展产生了重要影响。

**В. Л. 思乔夫《中国传统绘画的鉴别方法》，见《国立东方博物馆学术通讯》，第24卷，莫斯科，2001年；《任伯年画集》，北京，1960年；《任伯年和他的画》，载《美术》，1957年；《简明美术辞典》，哈尔滨，1982年；《中国书画家印鉴款识》，北京，1987年。

（В.Л. 思乔夫撰，李春雨译）

清四王

"清四王"指中国艺术史上的四位王姓画家，他们被公认为清代初期最著名的四位画院画家。

"清四王"的领袖是王时敏（1592—1680），江苏人，字逊之，号归村老农、偶谐道人、西田遗老、西田老人、西田主人、西庐老人、烟客。王时敏出身官宦世家，是明末宰相王锡爵之孙。他自幼成长于众多名家之间（曾受16世纪下半叶至17世纪初最著名的画家和理论家董其昌亲自指点）。王时敏创作、仕途两不误，以恩荫官至太常寺少卿。清朝建立以后，王时敏和很多同时代官员一样，拒绝出仕，隐居于家族庄园，收藏古物，潜心文学、绘画、书法创作与研究。

较高的社会地位并未妨碍王时敏捕捉并领会明末国内艺术生活出现的新事物。当时，南宗（南方山水画派）传统在由11—12世纪著名画家米芾和米友仁的创作推向鼎盛之后，至明末已经趋于停滞。王时敏对山水画加以革新，引入了独特的技法和色调处理，开创了"娄东派"。体现其创作风格的最好作品是根据唐代伟大诗人杜甫的诗意所描绘的册页（纵39厘米，横25.5厘米，纸本设色，北京故宫博物院藏）。画面景致被红绿对比鲜明的秋叶所充斥，但这与其说是为了达到装饰效果，不如说是为了加强构图的真实性：绚丽的色彩仿佛在枝叶凋谢之前愈发浓烈。王时敏还是一位著名书法家，尤其擅长楷、行、隶书。署款多为全名。刻有其笔名或字号的印章，如归村老农和西田（应为王时敏隐居之所）自1644年以后才开始使用。还刻有真寄、真趣、画禅、藻野堂等印章。

王时敏最亲近的学生和继承者是他的孙子王原祁（1642—1715）、画家王鉴（1598—1677，

江苏人,字玄照、圆照,号染香庵主、湘碧、弇山后人,人称王廉州)和王翚(1632—1717)。与王时敏一样,后三王也主要从事山水画创作,其风格因各自模仿的典范不同而各有差别,但所有人都在实践中追求创新。

王鉴出身书香门第和官宦世家,祖父为明朝书画家、文学家、收藏家王世贞(1526—1590),主要师法董源(南方山水画派奠基人之一)和元代画家。王鉴熟谙诸家绘画和书法技巧,广摹各种名作。不过,在表面的折中主义之下,其作品表现出自出机杼的独特风格以及对自我感受和情绪的传达。在他的山水画作中,画面和留白的比例十分特殊,画家以此表现空气或雪景,而无需借助水墨渲染技法。其作品色调的反差引人注目:浓密饱和的色彩(山峦、树木)与近乎透明的色调(辽阔水面或天空)形成鲜明对比。《山水册》中的册页就是如此(纵约40厘米,横约40厘米,纸本设色,1669,广东省博物馆藏)。这些描绘四季景致的册页无一例外地体现着与整体构思吻合的艺术思想,营造了写生的效果。王鉴刻有来云馆、雨新斋、弇山堂等印章。同时代人及后世评论家认为他是一位杰出的绘画大师,开创了将诗情画意与高超技艺相结合的山水画风格。

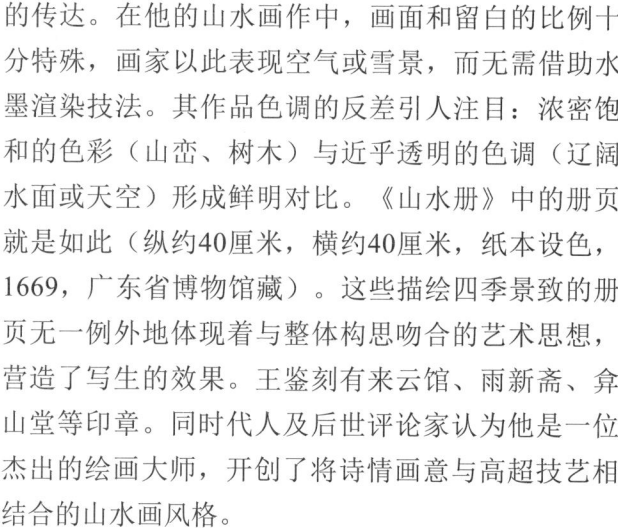

王翚作品(约200幅)中既有所谓的"全景宏大风格"山水画,其师承可追溯至10—11世纪的著名大师范宽、李成和郭熙(如《青嶂瑶林图》,纵108.4厘米,横54.3厘米,纸本设色,上海博物馆藏),也有倪瓒风格的小型画作(如《山水图》册页,纵39厘米,横53厘米,纸本墨笔,巴黎吉美博物馆藏)。画家的个性表现在将10—11世纪山水画的古老元素与现实景象出人意料的结合上。如横轴《夏日山水》(绢本,设色,圣彼得堡国立艾尔米塔什博物馆藏)。在人物画中,王翚开创了清代画院派宫廷生活题材的全景式传统,这直观地表现在他与其他画师合作的横轴《康熙南巡图》中。

王原祁的作品（现存100余幅）同样融合了古代著名画家的笔意和自我风格：卷轴《仿高克恭云山图》（纵113.6厘米，横54.4厘米，纸本，设色，上海博物馆藏），借鉴了高克恭对空间的表达及对山脉的诠释，不失为一幅独特而杰出的山水画作。画家规模最大的一幅作品是《竹溪松岭图》（纵26.8厘米，横471.7厘米，纸本，墨笔，北京故宫博物院藏），其每个局部都能够发现不同时代山水画的艺术特征，但整个作品又呈现出独特而协调的景致。

与"清四王"相提并论的还有两位画家——恽寿平（1633—1690）和吴历（1632—1718）。吴历为江苏人，本名启历，字渔山，号墨井道人、墨井草堂、桃溪居士、渔山子、延陵，刻有印章"家在桃溪深处"。

在中国艺术史上，恽寿平被列入最杰出的花鸟画大师行列，其主要成就是发展了没骨画彩色技法。这一技法之前被徐熙和陈淳用于描绘植物，但仅仅是单色，或者淡设色。

吴历是王时敏的学生、王翚的挚友，在50岁（1682）之后，他的生活道路发生了巨大变化：加入了天主教，致力于传教布道。一些杰出的画家，如恽寿平和吴历等人皆不是画院画家。虽然在清代有很多著名的职业画家（包括宫廷画院和省级画院），但其中仅有很少一部分在中国艺术史上留下了名字。吴历是最早尝试借鉴西方经验的中国画家之一：他尤其欣赏透视技巧，并将其与移动视点相结合。比如，卷轴《湖天春色图》（纵123.5厘米，横62.5厘米，纸本设色，上海博物馆藏）就是其中代表。吴历的实践证明，早在郎世宁和王致诚等传教士画家在北京宫廷任职之前，中国部分职业画家就表现出了对欧洲艺术的兴趣。

由于生活年代以及创作风格的相近，一些中国艺术学家将恽寿平、吴历、王翚、王原祁合称为"康熙四家"，"四王"、恽寿平、吴历通常被称

为"清初六大家"。

**Н. А. 维诺格拉多娃《中国艺术》，莫斯科，1988年；М. Е. 克拉夫佐娃《中国艺术史》，圣彼得堡，2004年；R. 库珀、J. 库珀《中国艺术杰作》，译自英文，明斯克，1997年；В. Л. 思乔夫《根据照片鉴定中国古画的经验》，载《国立东方博物馆学术通讯》，第24辑，莫斯科，2001年；《王鉴〈山水册〉》，北京，1984年；李萍《恽寿平〈仿宋人花果册〉介绍》，载《文物》，1997年第3期；庄嘉怡、聂崇正《中国绘画》，北京，2000年；《中国艺海》，上海，1994年；邵洛羊《中国美术大辞典》，上海，2002年；《中国美术全集·绘画编》，第6卷，北京，1988；《上海博物馆藏品精华》，上海，2004年；Paintings in Chinese Museums // Arts of China. Vol. 3. Tokyo, 1970; Paul-David M. Arts et styles de la Chine. P., 1951; Possessing the Past. Treasures from the National Palace Museum, Taipei. Taipei, 1996; Siren O. Chinese Painting. Leading Masters and Principles. Vol. 5-7. L., 1958; Sullivan M. The Arts of China. Berk. -Los Ang., 1979. Weng Wango. The Palace Museum: Beijing. N.Y., 1982.

（М. Е. 克拉夫佐娃撰，李春雨译）

仇英

仇英（生卒年不详），字实父，号十洲，太仓（今属江苏）人。明代最伟大的画家之一，传统上将他与文徵明、唐寅、沈周并称"明四家"。

仇英出身于工匠家庭，早年学习漆器的制作。后来他决定学画，于是来到当时中国文化中心之一的苏州，先后跟随几位画家学习，其中包括唐寅。仇英的绘画才能被著名画家、他的老师周臣发现。周臣（1460—1535），字舜卿，号东村，吴（今江苏苏州）人。仇英早期的作品反映出周臣的风格对他的影响；周臣去世以后，仇英与书画鉴赏家、收藏家项元汴交往甚密，并在其家中生活了将近十年，观赏和临摹了项元汴收藏的上千幅宋元时期画作，提高了画艺。故宫博物院收藏有仇英《临宋元六景册》，上有项元汴的题跋，时间为1547年。仇英是那个时代为数不多的几个职业画家之一，以卖画为生，创作了不同题材的作品：山水、人物、建筑、风俗和历史场景等，每个题材他都同样擅长。那个时代的同行们尤其对他使用工笔创作的以经典的青绿色为底色的山水画赞不绝口。正是由于在这一领域取得的成就，这位普通工匠出身的画家进入了以文徵明为中心的、知识分子画家的圈子。而许多仇英的追随者和模仿者以及后世的艺术史家们，更加青睐他创作的风俗和历史题材的多人物画作，这些画作在当时也成为人物画的典范。仇英最为精湛的作品创作于他生命的最后几年。他不是学者和书法家，因此不曾在画上留下长篇题跋，有少数几次连作品创作的日期也没有署。他经常署的名款是"仇英制"，有时会加上他的字"实父"；他在大部分作品上钤有典型的葫芦形状的印鉴"十洲"。在现存的仇英作品中，经常会见到他的朋友、鉴赏家王宠、文徵明、彭年、陆师道、项元汴等人的题跋。1533年之前的画作是由王宠题词的，更早的题词则不可靠。

仇英的姓氏有两种读音：Chóu和Qiú。西方文献通常将仇英写作Qiú Yīng，俄罗斯在20世纪30年代写作Чоу Ин（Chóu Yīng），1948年О. Н. 格鲁哈廖娃倾向于使用Цю（Qiú），从1957年起又重新使用Чоу（Chóu）（Е. В. 扎瓦茨卡娅除外）。

　　**Е. В. 扎瓦茨卡娅《芥子园画传》，莫斯科，1969年；К. Ф. 萨莫秀克《仇英〈十八罗汉〉图》，见《国立艾尔米塔什博物馆丛刊》，第27辑，列宁格勒，1989年；В. Л. 思乔夫《国立东方博物馆藏的两幅苏若兰回文诗画卷》，见《国立东方博物馆学术通讯》，第24辑，莫斯科，2001年；王逊《中国美术史讲义》，北京，1956年；潘天寿《中国绘画史》，上海，1983年；《明清时期中国著名书法作品画册》，第1—2卷，大阪，1985年；单国霖《仇英〈右军书扇图〉鉴赏》，见《上海博物馆藏宝录》，上海，1989年；Siren O. Chinese Painting. Leading Masters and Principles. Vol. l-7. L. -N. Y., 1956-1958; Tregear M. Chinese Art. L., 1980.

另参见词条"小四王"的参考文献。

(В. Л. 思乔夫撰，张猛译)

仇英创作最积极的时段是16世纪上半期。他的作品现存约120件，最早的画作署明年份为1530年，画作上有文徵明的书法作为装饰。在漆器上作画的技能，以及以临摹前人作品为基础的学习，使得仇英的绘画风格具有无可争议的独创性和感染力。在他的同时代人那里，仇英的画极受欢迎：它们经常被临摹、伪造和模仿。最使画家感兴趣的题材，首先是男人之间的友谊：描摹一对友人在大自然的怀抱之中怡然自得，譬如藏于台北故宫博物院的纸本立轴淡设色画作——《蕉阴结夏图》《桐阴清话图》。其次是描绘自然风景理想性的场景，即存在于山水画、人物画交界处的所谓世外桃源的主题绘画。此类作品如《春游晚归图》（145.5厘米×76.5厘米，绢本，设色，台北故宫博物院），画作的正中是一处农家，周围被茂密的树木环绕，背景为群山，而前景则是一条小路，路上有骑马的人及其随从。一些亮色斑点——绿色（树冠）、红色、黄色（农舍的大门和围墙）、白色（人物衣袍）的组合，加上细小的、"闪光的"碧绿色矿物染料（在衣服的花纹和褶皱上），不仅给风景增加了装饰效果，还奇妙地传达出春天欢快的感受和回归田园的愉悦之情。更为典型的是卷轴画《松溪横笛图》（116厘米×65.8厘米，绢本，设色，南京博物院）和《桃源仙境图》（175厘米×66.7厘米，绢本，设色，天津博物馆）。后一幅画取材于六朝著名诗人陶渊明的知名作品《桃花源记》，描述了一个与世隔绝的仙境，那里的人生活在中国古代的"黄金时代"。在这两幅画中，在大自然的怀抱下，吹笛的少年形象与三个朋友促膝交谈的场景相对应。这两组人物在意境上很接近，但是在构图、形象处理和色彩上又能发现作者创作风格的多样性。《松溪横笛图》（该创作受马远影响很深）色彩淡雅，遵循对角线构图的原则；山水占据了绝对的地位，使得以平原和耸入云端的高山为背景的松林尽头吹

笛少年的形象若有若无。而在《桃源仙境图》中，云层中显现的群山构成了明确的垂直向度，表明了尘世与神仙世界之间的联系，以及所描述地点的绝妙之处。在事物的色彩上，以人物服装的白色为衬托，鲜艳的蓝青色（群山）和绿色（松树树冠）为主色调，这说明仇英意欲承袭产生于唐代、得到明代画院派代表倡导的"青绿山水"传统。

仇英得以进入中国绘画史主要凭借其广受欢迎的多样性的人物画，这一类型被称为"仕女画"。他沿着唐寅的创作思路，促进了这一流派两种风格类型的发展。仇英的"浪漫主义"作品具有场景的简洁性特点，对细节进行详细的描画，喜欢明艳的色彩。这些特点也表现在东方博物馆（莫斯科）收藏的、被认为是仇英的作品——卷轴《弃妇诗图》（29.2厘米×98厘米，绢本，设色，有可能是17世纪的摹本）、《红叶图》（36厘米×25厘米，绢本，设色，册页）中。历史题材的《汉宫春晓图》（局部，29.5厘米×364厘米，绢本，设色，台北故宫博物院）是"仕女画"中的"经典"样式。在这幅图中，仇英对古老的汉代的一些宫殿进行多图景构图：一位宫廷画家在凉亭里为皇后（妃子）画像，被画的女性端坐在宝座之上，周围是宫女和仆从——有些人在热闹地交谈，另一些人在观赏画家作画。建立在色彩对比组合（以绿色、红色、黑色和白色为主色）基础上的色彩装饰性，凸显了笔法的细腻与人物形象的精细化处理。程式化的绘画手法在某种程度上降低了场景在情感上的紧张程度，赋予其更多的插图性质，尽管这有可能是仇英刻意追求的效果。

仇英在仕女题材的绘画中最宏伟的作品是卷轴《千秋绝艳图》（29.5厘米×667.5厘米，绢本，设色，中国国家博物馆），描绘了古代近70位（历史上的和文学作品中的）著名女性，其中包括成帝的妃子班婕妤、长诗《陌上桑》的女主角罗敷、著名词人李清照等。

仇英作品有意识的装饰性以及他对于以往艺术经验坚定的追随态度，符合明代画院的审美准则。因此，后人经常将他的创作归入在中国东南部的文化中心（包括苏州）发展起

来的绘画传统"保守派",或者认为他的创作属于学院派中相对独立的"南派"。

**H. A. 维诺格拉多娃《中国艺术》,莫斯科,1988年;M. E. 克拉夫佐娃《中国艺术史》,圣彼得堡,2004年;R. 库珀、J. 库珀《中国艺术杰作》,译自英文,明斯克,1997年;庄嘉怡、聂崇正《中国绘画》,北京,2000年;《中国艺海》,上海,1994年;《中国历代绘画·天津艺术博物馆藏画集》,天津,1985年;邵洛羊《中国美术大辞典》,上海,2002年;《中国美术全集·绘画编》第5卷,北京,1986年;Cahill J. Parting at the Shore: Chinese Painting of the Early and Middle Ming Dynasty, 1368-1580. New York-Tokyo, 1979; Dubosc J. -P. A Letter and Fan Painting by Ch'iu Ying // Archives of Asian Art. 28 (1976/75); Hajek L. Chinesische Kunst. Prague, 1954; Paintings in Chinese Museums // Arts of China. Vol. 3. Tokyo, 1970; Possessing the Past.Treasures from the National Palace Museum, Taipei. Taipei, 1996; Weng Wango. The Palace Museum: Beijing. N. Y., 1982.

(M. E. 克拉夫佐娃补充,张猛译)

曲牌

曲牌(曲调调名、标准旋律),术语,指具有固定调式调性(宫调)的完整音乐作品。起初曲牌是给词(一种歌唱式的诗歌体裁)中押韵的诗节提供弦乐伴奏的旋律。通常这些旋律根据传统的与其相关联的词命名。后来人们用早期的曲牌创作了一些新词,然而在这种情况下,最初的旋律名称仍被保留下来,如"折杨柳""虞美人""后庭花"等。

曲牌来源于金、元戏剧中唱段的旋律和民间曲调。深谙音律的著名戏曲家沈璟编纂的曲牌名录中列举了685种曲牌旋律,清朝的乐曲谱集《九宫大成南北词宫谱》中记录了2094个曲牌。后来中国地方戏剧也使用了唱段,而这些唱段同样被称为"曲牌"。不同唱段中每一行的字数、行的长度和韵律都是变化的,但都服从于诗词韵律的规则。曲牌的名

称体现了它的节律或作曲的特点以及起源。

**《中国戏曲曲艺词典》，上海，1981年。

（Е. А. 扎维多夫斯卡娅撰，姜敏译）

阙

阙即高台，成对的大理石高台、塔或石柱，是古时候建在宫殿、祠庙前及陵墓围墙入口前的建筑。在今河南、山东、四川等地的考古挖掘中发现了中国古代的塔柱，这些塔柱上都标注有汉朝（前206—220）的日期。

汉朝的阙分为几种类型，其中既有雅致严谨型，也有雕饰丰富型。最简单的一种阙是由独块巨石所构成的矩形台座，有三个与横面相接的半露柱，其垂直面上刻有字或图案，向上是带有几何雕刻图案装饰的中楣，接着冠之以微微上翘的檐顶。较为复杂的阙，其特点是采用起支撑作用的横墙——扶垛。阙本身是一种由四个部分向上衔接而构成的建筑，分别是：台基、阙身、楼部和顶盖。发现于河南省的阙，具有更加规整的特征，几乎没有装饰任何雕刻图案。发现于四川省的阙，轻巧、雅致，结构复杂：具有挑檐和檐下额枋，显然是模仿了木结构建筑的建造手法，各个立面都雕刻有富含寓意的图案。

*О. Н. 格鲁哈廖娃、Б. П. 杰尼凯《中国艺术简史》，莫斯科—列宁格勒，1948年。

**Е. А. 阿谢普科夫《中国建筑》，莫斯科，1959年；叶启申《阙》，见《中国大百科全书：建筑·园林·城市规划》，北京—上海，1988年；《中国古代建筑文化》，北京，2005年。

（Н. Ю. 杰米多撰，周立新译）

任伯年

任伯年（1840—1896），山阴（今浙江绍兴）人。名颐，初名润、小楼，别号晓楼、次远、寿道士。晚清海上画派（"海派"）杰出画家。

任伯年出生于商人家庭，幼年没有接受过系统教育，但凭借自身天赋成为一名画家。青年时代靠画扇养家糊口，为了能卖出更多扇子，他在画上题写当时著名画家任熊（1823—1857）的名字。当任熊发现市场上有人假冒他的名字出售画作时，他决定弄清楚扇子的来源。他寻访到任伯年工作的作坊，将他收为自己的学生。后来任伯年又师承任薰（1835—1893）。任伯年是包括两位老师以及任预（1853—1901，任熊之子，任薰的侄儿）在内的"四任"中最具天赋的画家。除此之外，任伯年还被推崇为"清末三大家"之一。早年他曾参与太平天国起义，父亲去世后来到上海。除了几次短暂离开，他一生的大部分时间都在这里度过。在艺术上，他涉足各种题材和主题，涉猎范围十分广泛。他的花鸟画具有独特的个人风格，但人物画的成绩更为突出，创造了一系列灵动传神的天师钟馗形象。

陈洪绶、朱耷以及18世纪先辈画家"扬州八怪"的绘画，对于任伯年绘画风格的形成产生了很大影响。他成功地将"文人画"的高雅传统与民间绘画、在港埠兴起的西方广告画所具有的天真直率有机结合起来。在任伯年的作品中，抒情风格的形象结合了新颖的题材视角，简洁的构图布局结合了出其不意的绘画角度，笔法从容灵动。鲜明纯净的色彩传达出画家固有的对待生活开朗、从容、略带讽刺的态度。任伯年的创作在很大程度上凸显了20世纪初"国画"派的形成。这位画家有众多声名远扬的追随者和继承者，20世纪的杰出画家徐悲鸿（1895—1953，1949—1953年任中华全国美术工作者协会主席）也位列其中。徐悲鸿于1917—1927年在日本、法国和德国学习，回国后同时创作运用西方技巧的油画和民族风格的国画。

**丁羲元《任伯年艺术论》，《朵云》画报，上海，1983年；

《任伯年画集》，北京，1960年；《任伯年和他的画》，《美术》，1957年。

（В.Г. 别洛焦罗娃撰，张猛译）

任仁发

任仁发（1254—1327），字子明，一名元发、霆发，号月山，青龙镇（今上海郊区）人，元代著名画家。

他出身官宦世家，受过良好教育，18岁参加乡试，成绩优异，中举人。这本来向他敞开了仕途的大门，但1271—1279年元兵南下灭宋使得此事无望。元朝建立以后，尽管他身为汉人（南方人），仍被任命为都水监，管理水利。曾在中国中部地区工作过一段时间，负责修治黄河水利工程。后调至东南部地区（今浙江省）担任副使，定居于此。

任仁发是一位业余画家，只在公务之余画画。主要从事人物画（日常题材）创作，自认为是古代两位伟大画家——韩幹和李公麟的继承者。此外还从事花鸟画创作，比如《秋水凫鹭图》（纵114.3厘米，横57.2厘米，绢本设色，上海博物馆藏）。这幅画十分精细，装饰美观，属于北宋画院画派风格。

任仁发的画作内容可以帮助我们了解中国传统绘画体裁分类的特点。虽然在花鸟画和人物画两种体裁中都包含动物画，但人物画主要画野生动物或大型牲畜（虎、牛、马等），而花鸟画则多画鸟和其他一些小型动物。早在10世纪，就曾经有人试图将动物画独立为畜兽画，但后来，描绘大型动物的画作一般仍然被归为人物画。

任仁发最喜欢画马。最著名的作品为《九马图》（纵55厘米，横76厘米，绢本设色，伦敦维多利亚和阿尔伯特博物馆藏①），《二马图》（纵28.8厘米，横142.7厘米，绢本，墨笔，设色，北京故宫博物院藏），《系马》（26.3厘米×25.1厘米，纸本，设色，柏林亚洲艺术博物馆藏）。第一

---

① 《九马图》当为120.81厘米×56.99厘米，藏于美国纳尔逊·阿特金斯艺术博物馆。

幅画描绘的是喂马的场景，从各种角度展现人物和马。从艺术角度来看，最成功的要数构图的左部，色调别致，构成单独的场景，两名马倌正向牲口槽中撒饲料，三匹马环立左右。鲜红色（牲口棚木柱与其中一名马倌的衣服颜色）与其余景物的黑色或灰褐色构成鲜明对比。第二幅画作更富表现力，尽管尺寸很大，却只画了两匹马：一匹年轻体健、被悉心照料的骏马和一匹年老体衰、瘦骨嶙峋的老马，两匹马画得栩栩如生。虽然没有其他的补充细节，但其寓意一目了然——人生苦短，任何事业和成就都是转瞬即逝的。马的题材在后世画家那里得到了继承，包括一些清朝前期在中国居住并在宫廷任职的欧洲画师，比如传教士画家郎世宁。

任仁发绘制的日常题材名画有《张果老见明皇图》（纵41.5厘米，横107.3厘米，绢本，设色，北京故宫博物院藏），根据著名仙人张果老的传说绘制而成，再现了这位长生不死的道士向唐玄宗展示自己的神驴的故事。画作中能明显察觉到人物画大师阎立本、周昉等人的影响，以及北宋官方肖像画传统的折射。和阎立本的画作一样，玄宗皇帝的形象要比其他人物高大，但宝座上皇帝的身体和面部则是四分之三侧面，和北宋绘画所通用的程式一样。画上一共有六位侍从，四左两右，和周昉画作一样，均为粗略勾勒。除宝座之外，再无任何家具装饰，这是唐代绘画的特点。

尽管任仁发对前人创作的模仿以及折中主义的绘画风格均未脱离元代绘画的主流趋势，但其画作仍然在元朝的艺术遗产中脱颖而出，完全有理由被认为是中国绘画史上最别开生面的大师之一。

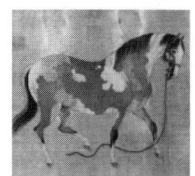

**H. A. 维诺格拉多娃《中国艺术》，莫斯科，1988年；M. E. 克拉夫佐娃《中国艺术史》，圣彼得堡，2004年；《中国历代绘画·故宫博物院藏画集》，第4卷，北京，1982年；邵洛羊《中国美术大辞典》，上海，2002年；《上海博物馆藏品精华》，上海，2004年；Cahill J. Hills beyond a River, Chinese Paintings of the Yuan Dynasty 1279-1368. N.Y., 1974; Lee Shekman E., Ho Wai-kam. Chinese Art under the Mongols:

The Yuan Dynasty (1279-1368). Cleveland, 1968; Lidderose L. Orchiden und Felsen. Chinesische Bilder im Museum für Ostasiatische Kunst Berlin. B., 1998; Paintings in Chinese Museums // Arts of China. Vol. 3. Tokyo, 1970; Siren O. Chinese Painting. Leading Masters and Principles. Vol. 4. L., 1958.

（M. E. 克拉夫佐娃撰，李春雨译）

如意馆

如意馆，是1736年根据乾隆皇帝的命令设立的机构，宫廷作坊之一，实质上是创立中国艺术"清朝风格"的地方。一批中国画家和西方传教士画家在该馆供职，创作绘画作品及建筑设计、实用装饰物品（包括瓷器、玻璃以及彩绘珐琅）的草图。如意馆里最著名的欧洲画家有郎世宁（Giuseppe Castiglione，1715—1766年在华）、王致诚、艾启蒙、安德义、潘廷璋（Joseph Panzi，1771—1812年在华）和贺清泰（Louis—Antoine de Poirot，1770—1813/1814年在华）。

一些中国学者（如张临生）认为，17世纪90年代清圣祖（康熙）在位期间兴起的宫廷作坊，其组织形式在很多方面与路易十四（1638—1715，1643年起任法国国王）设立的织花壁毯作坊相似，产品的生产遵照圣谕。18世纪，这些作坊规模相当庞大，和该馆同时运作的还有14个重要的宫廷作坊，生产珐琅、玻璃、纯金制品、玉石、木制品、漆制品、刺绣、缝纫品、帽子、钟表、马具、金属铸件、火炮、地图等。从康熙朝开始，欧洲的传教士便开始在隶属总管内务府的宫廷作坊的运作中发挥了重要作用。工人来自全国各地，他们的工钱由朝廷支付。苏州皇家丝绸作坊的管理者和广东省海关官员参与中国南方手艺人的挑选；而生产玻璃的匠人则来自山东省。18世纪，朝廷常年需求金属和珐琅、雕版方面的专业人员以及制造西式钟表和古代天

文仪器的工匠。那些具有此类专长的西方传教士刚一到达广州的港口，就被该省行政官员送往宫廷。譬如，1719—1722年负责宫廷彩绘珐琅的是法国的耶稣会教士倪天爵（Jean Baptiste Gravereau），后来意大利教士N.托马切利（Nicolo Tomacelli，1722—1725年在华）短期接替了他的这一职务。

如意馆坐落在紫禁城的一个宫室中，在位于郊区的宫殿圆明园中也有分部，这是因为康熙的继任者——雍正和乾隆曾长期在这座宫殿中生活，并带来了宫廷里的艺术家。从教士们的通信中可以了解到，欧洲人在北京宫廷里的工作是特殊的、舍身忘我的，因为对于许多西方艺术家来说，这项工作耗费了他们的健康，他们在异国他乡的陌生环境下抛洒自己的生命。王致诚在寄往欧洲的信中讲到，早上不得不很早就去宫中工作（这对于典型的西方人来说实在是太早）；他描述了工匠们工作的宫馆的艰苦环境，呼呼的大风让人想起夏天炽热如烤炉，冬天却如此寒冷，为了不使颜料冰冻，匠人们不得不在烧着熏烟煤的火炉旁边加热它们。总体上来说，乾隆皇帝对待对他有用的欧洲"公职人员"还算得上彬彬有礼。

在北京的天主教教士将引导中国人转向天主教作为自己的目的。但他们扮演着将欧洲的成就传播到远东的角色。得益于此，他们在中国被视为向清朝皇帝进贡西方世界知识"贡品"的载体。清朝的皇帝们遵循儒家学说，充当文化守护者的角色，发扬中国文化传统精髓，并引进从这些西方文明代表身上汲取的创新成果。因此，在18世纪的宫廷文化中，有根据乾隆皇帝命令在圆明园中建造欧式风格建筑和喷泉的例子，彩绘珐琅、机械钟表的生产以及油画艺术、铜版画（蚀刻版画）都呈现出繁荣的景象。

清军平定准噶尔部之乱后，乾隆帝决定将自己的胜利画面刻入铜版画中永久保留。这一举措是为了宣扬其武功成就，同时意味着自康熙朝传入的西方铜版刻画技术得到了官方的关注：乾隆帝对他的皇祖曾经感兴趣的事物也都充满兴致。从耶稣会会士刘松龄（Ferdinand Augustin Haller von Hallerstein，字乔年，1703—1774）的信中可以得知，乾隆帝对于呈献给他品鉴的来自奥格斯堡的当时赫赫有名的战事画家格奥尔格·菲利普·卢根达斯（Georg Philipp Rugendas，1666—1742）的作品大加赞赏，并希望也能为自己定做一个类似的作品。1766年底，由东印度公司商船得到乾隆帝的订单，马力涅侯爵（1727—1781）领导的巴黎绘画与雕塑学院承接了这个订单。在如意馆中完成的蚀刻铜版画的草图上附有皇帝亲自撰写的16首诗和跋。项目的负责人是当时公认最好的素描画家查尔斯·尼古拉斯·柯欣（Charles Nicolas Cochin，1715—1790）。这项工作进展缓慢，但在1775年，最后的一批版画总算被送到了北京。

根据订单要求，每种蚀刻铜版画的100份成品以及所有铜版应该转交到中国皇帝手中。乾隆帝的订单在巴黎引起了关注：对于绝大多数法国民众来说，中国是开明国家的典范，其君主在艺术上学养深厚、知识渊博。耶稣会会士的信件和当时精确的制图学，给人留下了一种大清帝国气势磅礴的印象，在18世纪60年代这一宏伟印象达到顶峰。这样一来，乾隆帝的举动就达到了效果：西方了解了中国的胜利以及巩固边疆的成就。路易十六为自己保留了一套版画，1785年，印有缩小款式版刻的相应画册出版之后，巴黎的民众争相购买。知道这些以后，乾隆帝毫不掩饰自己的喜悦之情，甚至向巴黎版画商预订了新的版画，因为他需要在18世纪最后20年复杂的军事政治形势下获得情感上的支持。

蚀刻铜版画系列的草图由表现战争场面的16个作品构成，由如意馆的四个宫廷教士艺术家王致诚、郎世宁、艾启蒙与安德义负责拟定。查尔斯·尼古拉斯·柯欣发现这些草图的质量参差不齐，便在雕刻铜版画时进行了一些改动，使得艾启蒙和安德义的风格与王致诚、郎世宁的风格相协调，这样，中国和欧洲艺术经验之间达到了最为成功的折中。这一风格给乾隆皇帝也留下了深刻印象，深得其喜爱。当时在北京，和王致诚、郎世宁这两位最好的艺术大师同时工作的除了艾启蒙和安德义，还有其他西方艺术家，但乾隆皇帝更

愿意将自己的肖像画交给王致诚和郎世宁完成。他们是新绘画流派的奠基人（这也是他们得以在北京宫廷里工作的先决条件），在中国都有才华横溢的学生。如此说来，如意馆的中国人之所以能够接受欧洲艺术的影响，其中一个主要原因是，这其实是朝廷已经深思熟虑的政策，清政府意欲借助引进创新来革新文化传统。欧洲人的学识和经验得到了充分利用。"清朝风格"艺术包含了符合中国需要的欧洲特征，首先在油彩画、铜版画和建筑设计等领域的宫廷艺术中得到发展，同时这一风格在精致的宫廷技艺中不断发展。

**Т. Б. 阿拉波娃《艾尔米塔什博物馆收藏的中国彩绘珐琅》，莫斯科，1988年；Д. В. 杜布罗夫斯卡娅《耶稣会在华传教》，莫斯科，2001年；《艾尔米塔什博物馆收藏的16世纪末至19世纪的中国出口艺术品》，圣彼得堡，2003年；Н. Г. 普切林《耶稣会在中国的传教（1579—1842）》，副博士论文摘要，圣彼得堡，1999年；Beurdeley C., Beurdeley M. G. Castiglione. Tokyo, 1972; Chang Lin-sheng. Introduction to the Historical Development of Ch'ing Dynasty Painted Enamelware // National Palace Museum Bulletin. Vol. XXV, 1990, No. 4-5; China: The Three Emperors, 1662-1795. L., 2005; Collected Works of Giuseppe Castiglione. Taipei, 1983; Curtis E. Christian Motifs in Chinese Snuffbottles // Arts of Asia. Jan.-Febr., 1982; Gernet J. Gott und Caesar // Europa und die Kaiser von China. Fr./M., 1985; Loehr G. Missionary Artists at the Manchu Court // Transactions of the Oriental Ceramic Society. Vol. 34, 1962/1963; Müller-Hofstede C., Walravens H. Paris-Peking: Kupferstiche für Kaiser Qianlong // Europa und die Kaiser von China. Fr. / M., 1985; Veit V. Jean-Denis Attiret: Ein Jesuitenmaler am Hofe Qianlongs // Ibid.

（M. A. 涅格林斯卡娅撰，张猛译）

阮玲玉

阮玲玉（1910—1935），演员。自1926年起共参演29部电影，如《故都春梦》《三个摩登女性》《小玩意》《神女》和《新女性》（现代女性为争取社会地位而斗争的悲剧故事）等，多为悲剧形象。表演质朴、真实，观众将其表演风格与葛丽泰·嘉宝相媲美。因个人问题自杀离世。

**C. A. 托罗普采夫《中国电影史概论》，莫斯科，1979年；杜运志《中国电影史》第1—3卷，台北，1972年；《中国大百科全书·电影》，北京，1991年；《中国电影大辞典》，上海，1995年；程季华《中国电影发展史》第1—2卷，北京，1963年。

（C. A. 托罗普采夫撰，姜敏译）

三星堆

三星堆，中国最重要的考古遗址之一，是公元前两千年的古遗址。该遗址位于四川广汉。该地的考古工作始于20世纪30年代，在三星堆发现了总面积为17平方千米的大规模古蜀文化遗址，该遗址由公元前2800年至公元前1000年的四期地层构成。下两层出土器物（主要是陶器）表明，当地的文化类型与长江中下游的南部和东部（山东）的新石器时代文化有关，或是与同这两种文化有交流的文化相近。第三层属公元前2100年至公元前1400年，即时间上与黄河中游地区的二里头遗址和商代早期相吻合。该层含有古城遗址，遗址占地3.5平方千米，被厚重的围墙（高4—6米，底宽40米，顶宽20米）环绕，古城规模与包括二里岗在内的商代早期城市相当。同时，它还具有一些自身特征：城墙不采用夯土工艺，而是用风干的陶块砌成，城中不仅有长方形的建筑，还有圆形的建筑。出土文物有陶器、青铜器，它们也都与二里头和商代早期的器皿大体相符，但在形状和纹饰细节上有所不同。根据上述考古资料，可以推断，公元前两千纪前半期，源于当地的区域文化共同体的行政中心就位于三

星堆。这种文化共同体在中国古代的发展，或许是受到二里头文化的影响，而后是受殷商统治（附庸关系）的影响。

1986年的勘探工作带来了真正令人震惊的发现：在距离南部城墙以北450米处，在彼此相距30米的地方，发现了两个坑，分别被标注为"一号坑"和"二号坑"。坑的深度约为1.5米（146—164厘米和140—168厘米），坑壁几乎垂直，坑底表面都被夯实，也就是说，它们都是提前挖好的窖坑。两坑共计发现公元前13—前11世纪的文物869件，其中最早的一件文物确定属于公元前1250年。值得注意的是，这些文物的制作时间都与殷商重要的历史政治事件——将都城从黄河右岸地区迁移到黄河左岸地区（在今河南省安阳市附近）的时间非常吻合。根据最新推算，这次迁都事件发生在公元前1300年前，其原因成了未解之谜。

一号坑中的物品主要是青铜器、玉器、礼器、兵器等。很显然，它们中的大多数都是外运进来的商朝制品和当地按照商朝制品样式制作的产品。二号坑象牙层下面埋藏着一些真正的稀世珍品，其中有青铜塑像和镶金物品。很多制品破损严重，一些物品上还有火烧的痕迹，让人觉得这些物品是在匆忙之中被人藏匿起来的，是在某种灾难发生时试图极力保存下来的东西。二号坑中放置的是那些对其拥有者具有特殊价值的物品。

青铜塑像包括立人像、半身像、人头像、类人形的动物塑像、面具、神兽形状的塑像，还有做成"祭坛"状的青铜制品、青铜神树等。青铜大立人像身材魁梧（高172厘米），矗立在结构复杂的底座上，该底座安放在具有四条雕塑腿的支架上，支架是模仿长着弯曲长鼻子的象头形状的锥形底座（立人像通高为262厘米，重量为180千克）。中国古代青铜铸造工艺极为精细，令人惊叹，该作品的创作者能够精细地仿制出人物外表的所有细微之处，包括服装元素。人物通体身着长及脚踝的衣服，乍一看，很像商代就已经存在的中式长袍。但值得注意的是，其中有很多独特之处：衣服为左衽（而非中式服装惯用的右衽），下摆长度不同，衣领处开口，后摆呈三角形，没

有腰带（这是服装的必备元素）。主人公的头顶有类似王冠的头饰，这种头饰不同于中国古代文学和艺术作品中所描绘的任何一种已知头饰。头饰和服装上遍布几何图案和神兽图案。图案中的一些元素与殷商青铜器装饰中流行的图案有几分相似，如雷纹、夔龙纹（参见总论"青铜器"）。同时，如果说，在商代纹饰以镜面对称为原则，那么，在这件青铜器上，衣服的纹饰却具有不对称性：长袍的左侧花纹呈纵向分布，而右侧花纹却是横向分布。塑像具有硕大的梯形耳部轮廓，耳垂部分有很大的孔洞，很显然，孔洞是用来戴耳环的，而作为印度佛教的饰品，耳环在3—4世纪之后才传入中国。塑像的双手偏大，与塑像不成比例，呈弯曲状，且左手掌紧握成拳，好像握着某种弯曲的拉长物品，大概是象牙之类的东西。两只赤足戴着脚镯，这也与中原地区的习俗相悖。大多数研究者认为，该作品是当地统治者或精神领袖的塑像。

半身青铜像（高40.2厘米，重1046克）所塑人物戴着像头盔一样的专用头饰，"头盔"后部用三个略微弯曲且呈扇形分散的构件固定。双手的造型与肃穆的形象相符。还有一些小型塑像（高不超过3厘米），其中一些（如跪姿的男子）与商代的玉石雕像遥相呼应，其他雕塑（类似单腿下跪的人物塑像或者身着类似长衫的人物塑像）也都是殷商时期艺术的典型形象。青铜头像（高35—50厘米）大体是按照统一的图像方案制作的，但在头像外部特征和细节处理方面差异明显。现代研究结果将这些头像分成了八种不同的类型。一部分头顶平坦，或许这是一种特殊的发型，抑或是用布料或金属做成的头饰。另外一些头像头顶略呈圆形，并辅以各种头饰元素，如头冠或紧贴头顶的帽子，以及在后脑勺处系成一个大蝴蝶结的头巾。在一些情况下，还可见到垂至肩膀处的发辫、穿有1~3个耳孔的耳朵等。

一些青铜头像上还保留着薄薄的金箔残片，就像面具一样，半遮着脸。可以发现，其创作者已经掌握了用黄金装饰青铜器表面的工艺，这种工艺就是镀金工艺的前身。除了上述雕塑，在三星堆的出土文物中还有一些采用类似工艺装饰的物品，其中包括一根用金箔装饰的木手杖，手杖表面雕刻着人脸、鱼和猛禽造型组合而成的图案。

青铜面具按照尺寸可划分为三个系列，而按照其艺术特征则可以分为五种形态类型。其中最大的一个面具高达138厘米，还有两具高80厘米（每具重量为20千克），其余面具的尺寸都在20—50厘米不等。"V型"系列的面具，遮盖面部鼻腔部分的地方分布着复杂的垂直构件，并以尖顶的形式升起。

所有塑像再现的都是单一的肖像，显然，这是一种常见的人类学类型。其特征，第一，杏仁状大眼，外眼角向上倾斜，几乎挑至鬓角处，而眼球又大又圆，不成比例（在面具系列中，眼睛被处理成强烈向外突出的圆柱体）。眼睛上方是宽阔的浓眉。第二，塑像的面孔上分布着似乎是在微笑中被拉长的薄嘴唇，方下巴。鼻子形状从略微扁平到"鹰钩鼻"不等，鼻梁处有一个驼峰。兽形雕塑以鹰科猛禽头像（高达43.3厘米）和真实的公鸡雕像（长10厘米，高14.2厘米，重272克）为代表。值得注意的是，公鸡和除猫头鹰之外的猛禽形象，都不是商代艺术的特征。以这种"自然主义"风格完成的雕塑还有爬行的蛇，并且所展示的是爬行蛇的实际尺寸，所有的特征都通过纹饰真实地呈现（其长度分别为54.8厘米、35.6厘米和21.2厘米）。

在神兽塑像系列中，有几种动物雕塑引人注目。第一种是头戴类似权杖的塑像，高12厘米。该塑像躯干为猛禽，头部为长着鹿角的人头。第二种有猛兽的面孔、山羊角及蛇形躯干，装饰着一个用途不明的圆柱形物体（高41.4厘米）。上述雕塑作品表明，当地工匠在创作真实和奇幻雕塑形象方面同样技艺精湛。

被视为祭坛的青铜制品根据单独的残片和构件被复原。其组装好的形式呈现出复杂的雕塑结构，高约半米，由三个艺术装饰层构成。下层是一个奇异生物的雕塑，它的外形结合了捕食者的身体、一对偶蹄目动物的角和鸟的尾巴。中层包括四个背对着对方站立的人物形象，这些人物形象又是四个半球形装饰板的支撑物。上层由一个立方体构成，立方体表面有站立的人物浮雕，侧面上方有成对的长角的猛禽造型的神兽塑像。

青铜树是形体最大、形象众多和工艺最复杂的造型艺术作品。根据所发现的残片判断，二号坑出土了四件这样的青铜树，但得以完整修复的只有一件：由带花纹的底座和"树干"所构成的部分有4米高，"树干"由几节中空管构成，上面固定着三排弯曲的细管，代表树枝。"树枝"上添加了树叶和花蕾的造型，花蕾上还落有神鸟。树上装饰着神兽图像，其外表具有猛禽的特征，使人觉得它就是这棵青铜树的"守护者"。与其他文化艺术的类似主题相比，这种集树木、花鸟和神兽"守护者"等形象于一体的模型，恰到好处地诠释了生命之树常青的概念。

青铜文物中还有一些不属于艺术作品，其用意也非常值得研究。首先是具有五个轮辐的青铜轮形器（直径约85厘米），可以认为，这种轮形器是一种祭祀用品，具有与太阳有关的象征意义，同时也存在其创作者了解轮式交通工具的可能。另一类青铜制品是尺寸不等的菱形板，中间饰有凸起的圆盘，这使人联想到与太阳有关的象征意义。从现有的孔洞来看，这些菱形板可能是固定在木制品表面上的，因此它们可以作为宫殿、庙宇的外墙或内部装饰。

三星堆出土的兵器，其外表与商朝的钺和戈相似，其多样性引起了人们的广泛关注。实际上，三星堆的钺不只是形状上不同于商朝的钺，而且在重要的工艺细节上也不相同：底端两面斜刃，还有能够将刀刃插在木柄上的刀耳。商朝的钺只有一面锋利的刀刃，或绑或钉在一根被劈开的木杆上。因而，它们是比商朝的钺更加牢固、更具实用性的兵器。三星堆的戈也有安装柄，戈援上下刃为锯齿形，这些细节使三星堆的戈比商朝的戈在战斗中更具危险性。玉剑（长28厘米）的发现曾轰动一时。此外，1989—1990年发现于成都郊区的一对类似的青铜剑（长度分别为20.2厘米和20.9厘米）被确定是公元前两千纪末期的制品，是对玉剑这一发现的补充。可以说，在古代中国的西南地区，剑的出现比中部地区要早得多，中部地区剑的使用不早于公元前8世纪，

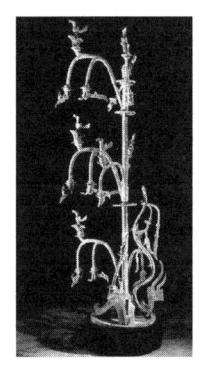

而且显然受到游牧民族军事习俗的影响。

三星堆青铜器与殷墟青铜器的化学成分不同。虽然这两种青铜合金的主要成分都是铜、锡和铅，但它们的百分比含量是不同的。三星堆的部分物品是用铁（达到3.42%）、镍（达到1.32%）、磷（达到2.12%）、硅（达到0.9%）和铝（达到0.34%）等青铜合金制作而成，其含量高于殷墟的青铜器合金；当时诸如铋、砷和锑这些物质已经固定不变地进入殷墟的青铜器合金中，而三星堆的青铜制品中实际上并不包含这些物质。矿石的天然成分是上述差异产生的原因，但这种解释并不完全适用于制造兵器的合金。殷商的兵器制造使用高含量的铅和锡（高于26%），这些金属不仅能使冶炼出的青铜有所需的硬度，而且还能使青铜具有韧性。三星堆兵器所用合金由87%—98.4%的铜组成，而铅和锡等添加物有时根本不用，或者只使用含量为1.64%和7.98%的小剂量，以增加兵器的坚固性。铸造薄壁青铜器和空心管的特殊工艺技术是三星堆青铜铸造业成就毋庸置疑的证明。

通过对三星堆出土文物的分析可以断定，与商朝相比，其创造者掌握了更加先进的青铜铸造技术、兵器制造技术和黄金加工工艺，能够铸造不朽的雕塑，而且还形成了与商朝不同的宗教观念。现代科学文献中，主要是出版于中华人民共和国成立之后的文献中最普遍的假说是：所有这些东西都是由古蜀民族文化群体的代表创造的，该群体产生于新石器时代文化的南部和西南部，并保留了当地的习俗和艺术传统。根据有关古代传说和神话情节的书面信息，研究人员提出了族群与最古老的国家形态共存的可能性，并假设它们之间发生过军事冲突。例如，关于中华民族的神话祖先、中国早期国家的缔造者黄帝与被书面资料称为"三苗"的南方民族的首领蚩尤的战争的传说，就提出了这样的解释。但上述假设很多地方经不起推敲，尤其是在对古蜀国历史的假设上，对如此明显的差异没有任何明确的解释：古蜀国在公元前两千纪后半期是如何突然出现的，然后又为何会突然之间消失，历史上没有任何关于其种族和文化特殊性的资料记

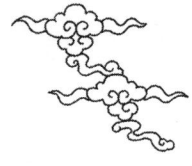

载。但是，无论三星堆文物创造者的真实民族文化特征如何，其理性的认识和艺术成就对商朝文化艺术产生过重大影响是毋庸置疑的。公元前13世纪，商代青铜器生产进入了一个新的发展阶段，以产品质量大幅度提高、装饰图案更加复杂为标志。饕餮纹成为商代青铜器装饰的典型图案，它与三星堆拟人图像有一定的相似性。三星堆艺术对中国其他艺术的影响，在后来的几个世纪中仍有迹可循。因此，在公元1—2世纪，中国的西南地区及其邻近地区形成了在墓葬中随葬所谓的钱树和树形陶灯的习俗，这些灯树在结构和艺术上与三星堆的青铜树有明显的相似之处。我们有理由认为，大概产生于公元前一千纪末期的大型青铜雕塑传统，同样源于三星堆青铜器铸造技术和造型艺术。

**M. E. 克拉夫佐娃《中国艺术史》，圣彼得堡，2004年；段渝《巴蜀青铜文化的演进》，载《文物》，1996年第3期；俞伟超《三星堆蜀文化与三苗文化的关系及其崇拜内容》，载《文物》，1997年第5期；Das Alte China. Menschen und Götter im Reich der Mitte 5000 v. Chr.-220 n. Chr. München, 1995; Ancient Sichuan. Treasures from a Lost Civilzation / Ed. By R. Bagley. Wash., 2001; Falkenhause L. Some Reflections on Sanxingdui // Regional Culture, Religions, and Arts before the Seventh Century. Papers from the Third International Conference on Sinology. Taibei, 2002; Mysteries of Ancient China. New Discoveries from the Early Dynasties / Ed. By J. Rawson. L., 1996; Shen zhongchang. A Preliminary Report on the Standing Bronze Figure from Sacrificial Pit Number Two, Sanxingdui // Early China, 1988, No. 3.

（M. E. 克拉夫佐娃撰，周立新译）

沙孟海

沙孟海（1900—1992），原名文若，号石荒、沙村、决明。鄞县沙村（今属浙江宁波）人。书法家、篆刻家、书法史学家和理论家。其父为著名中医，喜好书法、篆刻。沙孟海自幼即表现出书法上的天赋。他在书法上师法吴昌硕、康有为。凭借书法上的才华，沙孟海很快便进入知识分子圈层。1929年开始在中山大学（广州）任教。1941年在蒋介石侍从室任职。1949年起在浙江大学（杭州）担任教授。20世纪50年代，沙孟海在浙江省博物馆（杭州）工作，经常受邀为历史遗址题字。自1963年起，在浙江美术学院任教。沙孟海获得了全国性声誉，成为书法学界泰斗。其所创作的20部书法史学和美学著作至今仍备受推崇。自20世纪70年代末开始，政府给予沙孟海诸多荣誉。他被任命为杭州博物馆名誉馆长、西泠印社（于1979年恢复）社长。1981年成为重建后的中国书法家协会副主席、浙江书法家协会主席。其作品在各大书法展览上从未缺席，在艺术品市场上供不应求。其书法作品被挂在杭州的酒店、饭店、商店等，用以彰显店家的品位。北京著名老字号"荣宝斋"的牌匾也出自他手（1991年版）。他还为自己的老友——沈尹默在上海的故居题写了牌匾。1981年，他受邀为绍兴（浙江省）王羲之祠堂题写牌匾。他的众多书法杰作被刻于石，散布中国各地。

沙孟海作品的特点在于他对书法和谐性准则的罕见感悟，特别是在楷书和行书上。其书法技巧无可挑剔，在楷书和行书的创作上不拘囿于前辈巨擘。沙孟海90岁高龄的作品表明，即使耄耋之年，其仍保留着运笔的力度和精度。沙孟海的楷书上承钟繇、索靖，下继柳公权、宋克、黄道周。盛年集中临摹唐代书法家，特别是颜真卿的作品。随后又研习了宋代和清代书法大家的技法。结果成就了其博采众长又别开生面的风格。其书法笔画匀称协调，字体相对紧凑的构架通过笔画末端的开放性得到了"补偿"。一笔一画，气势磅礴。沙孟海终其一生认真研习"二王"的行书遗产。其行书笔力道劲，结构硬朗，墨色浓重，只是偶尔间以飞白，因此虽然整体上运笔急速，但仍然气势磅礴。和楷书一样，行书

中所有字符的布局都非常匀称。沙孟海的书法既循章法又高度自由，笔力遒劲又优雅自如。

*《现代书法：现代书画学会书法首展作品选》，北京，1986年。

**朱仁夫《中国现代书法史》，北京，1996年；马国权《沈尹默论书丛稿》，香港，1981年；Barrass G. S. The Art of Calligraphy in Modern China. L., 2002; Chang Leon L. -Y., Miller P. Four Thousand Years of Chinese Calligraphy. Chic. -L., 1990.

（В. Г. 别洛焦罗娃撰，李春雨译）

沙叶新，1939年出生于江苏省。现代剧作家，20世纪80年代戏剧"新潮"流派的代表作家之一。1957年，他考入华东师范学院中文系。1961年毕业后被保送进上海戏剧学院读研究生。1963年，在上海人民艺术剧院担任编剧。1989年，他成为剧院的院长，当选为中国戏剧家协会理事会成员，中国话剧艺术研究会会员。1965年，他的第一个剧本《一分钱》问世。20世纪80年代是他创作的鼎盛时期，剧本《假如我是真的》《大幕已经拉开》《〈风波亭〉的风波》使他名声大振。他的剧本《寻找男子汉》《耶稣·孔子·披头士列侬》《东京的月亮》的特色在于对待诸多现实问题的尖锐态度，如现代人的塑造、他们对国家开放的新环境的适应以及在物质文化和精神文化冲突之间的痛苦等。《马克思"秘史"》独树一帜。尽管他的剧作曾引起激烈的争论，但依旧收获了大量的观众和读者。《陈毅市长》和《假如我是真的》获得一致好评。

**И. В. 盖达《时间与戏剧艺术：20世纪90年代初期的中国戏

剧》，载远东科学院《信息通报》，1995年第1期；И. В. 盖达《什么是戏曲艺术》，载远东科学院《信息通报》，1990年第8期；И. В. 盖达《戏剧》，见《中华人民共和国成立55年：政治·经济·文化》，莫斯科，2004年。

（И. В. 盖达撰，许力译）

社稷坛

社稷坛是明清两代皇帝祭祀土地神和五谷神的祭坛。皇帝每年在此祭拜两次——春天和秋天，举行祭祀土地神（社）和五谷神（稷，后稷——稷王）的大典。土地没有五谷就无法显示其肥沃，而相应的，五谷离开土地就无法生长，其神灵需要共同的祭品。社稷坛类建筑物起源于远古时期。据《周礼·考工记》记载，社稷坛应该置于皇宫之右（西），与左侧（东）的太庙对称。社稷被尊为王朝的守护神，土地的肥沃和五谷的丰收都取决于社稷，因此整个王朝的福祉也取决于社稷。

北京的社稷坛（始建于1420年）为社稷坛建筑的经典范例。其庙宇建筑群占地24万平方米，被高大的外墙围绕。一条柏树林荫道通向内墙，内墙严格按照朝向设有四个大门。内墙的西南角设有神厨和神库，与其并列的外墙处设有宰牲亭。按照中国古代天体演化观念（天圆地方），庙宇建筑群的所有主要建筑全部呈矩形。祭坛建在宽阔的场地中央，底座是用汉白玉砌成的正方形三层平台，底层边长为18.8米，高1米。祭坛上面均匀地分成几个部分，铺垫着五种颜色的土壤：中心为黄色土壤，四个方向分别为南红、北黑、西白和东青。象征着五种分布于中国的肥沃土壤和五谷（豆、麻、稷、麦、稻）。从中国不同地方进贡的不同种类的土壤象征着"溥天之下，莫非王土"。

拜殿（建于15世纪，自1928年

起更名为中山堂）位于祭坛的北部，必要时，拜殿内放置供桌，皇帝面朝南完成祭祀。面阔五间的大殿，其外装饰着雕栏，内部装饰着丰富的彩绘。大殿之前为汉白玉牌坊（牌楼）。拜殿向北是戟门，为庙宇建筑群的主要入口。

1914年社稷坛被辟为中央公园，1928年改称中山公园。中华人民共和国成立之后对其进行了修复，新栽种了花草树木，并辟出专门的地方种植季节性植物，保留了中世纪建筑群的结构规则。这个分布在18公顷多土地之上的公园，以其古老的宫殿、柏树林、点缀的假山巨石和大量水体而著称。其中最大的一块巨石是从郊外的圆明园移来的，因其神奇的形状而被称为"蓝云"。

建筑群的西南部是传统的人工湖岛景观。从南入口向北双向分布着蜿蜒的长廊。南面的曲线形长廊延伸至耸立于湖面深处的水榭。该长廊向北通向花卉温室唐花坞，这里全年花草繁茂。长廊还绕经兰亭，兰亭中保存着古老的碑刻作品。西部，长廊沿荷花池的岸边伸展。西南部是全园最引人注目的部分。这里呈现了园林的各类建筑：亭、台、楼、阁，它们分布于池塘、小山、垂柳、松柏、竹林和人工石洞之间的岛屿上。架于水塘之上的小桥、蜿蜒的小径创造出一种无尽的空间感。公园以多年生牡丹树和观赏鱼而著称。公园的面貌因季节的变化而处于不断变化之中。

**阿理克（Алексеев В. М.）《中国寺庙》，圣彼得堡，1911年；Л. С. 王西里《中国的祭祀、宗教和传统》，莫斯科，1970年；Б. П. 雷奇洛、М. В. 索恩采夫《北京：俄罗斯游客中国首都名胜新指南》，莫斯科，2000年；《天安门广场导游》，北京，2002年；冯凌宇、史卫民《中国文化掠影》，北京，2001年；张秀芳《社稷坛》，见《中国大百科全书·建筑、园林、城市规划》，北京—上海，1988年；《中国古代建筑文化》，北京，2005年；朱耀廷、郭引强、刘曙光《古代长城》，见《古代坛庙》，大连，1996年。

（Н. Ю. 杰米多撰，Н. А. 维诺格拉多娃补充，周立新译）

辛

沈铨

沈铨（1682—1762），字衡之，号南苹。浙江人。画家。

沈铨偏爱画羽毛鲜艳的孔雀、雉鸡和凤凰，同时也从事人物画的创作。根据O.西林对其作品的考证，这些作品的真实性值得怀疑——其创作贯穿1725—1780年。中国当代的专家认为，沈铨最晚的作品出现在1762年。他们指出，画家在1762年逝世，享年80多岁。即便考虑到中国计算年龄的传统，也应不晚于1765年。

1731年应日本天皇（他为沈铨的《百马图》感到惊叹）之聘，沈铨东渡日本，从事创作。他居留长崎三年之久，受到热烈欢迎，他的学生和追随者甚至形成了一支日本艺术史上独立的流派——"南苹派"。沈铨保留下来的有准确日期的作品中不包含其赴日本之前的作品，除了（1721年）具有元代大师风格的山水画册，而这些不足以代表沈铨的创作特点。

钤印：笔头活，拟古，天机自然，吴兴沈铨，放情丘壑，衡门为绿绕沼潭水等。

**В. Л. 思乔夫《中国传统绘画的鉴别方法》，见《国立东方博物馆学术通讯》，第24辑，莫斯科，2001年；《日本书法和艺术家大辞典》，卷1—4，东京，1991年；潘天寿《中国绘画史》，上海，1983年。

另参见词条"改琦"的参考文献。

（В. Л. 思乔夫撰，王玉珠译）

沈尹默

沈尹默（1883—1971），字秋明，号君墨，别号鬼谷子。祖籍浙江湖州。著名学者、诗人、书法家、教育家。对传承中国书法传统做出了特殊贡献。

沈尹默的祖父和父亲都是著名的书法家。23岁时，沈尹默去日本求学。回国之后，在文化领域担任重要的行政职务。20世纪30年代，任北京大学教授和北平大学校长等职。1949年以后，任全国政协委员及中央文史馆副馆长等。1961年在上海创建中国书法篆刻研究会。创作有若干书法史和书法美学作品：《谈书法》（1952），《历代名家学书经验谈辑要释义》（1963），《二王法书管窥》（1964），等等。20世纪下半叶的很多书法家均从他的作品中受到教益。

沈尹默的书法创作之路开始于对褚遂良作品的临摹。30岁时他开始研究文徵明、米芾、智永和孙过庭的作品。50岁以后，欧阳询的风格对他的影响尤为重要。在所有大师的作品中，沈尹默最感兴趣的是"二王"——王羲之和王献之的遗风，这也是其创作道路的主要和最终目标。即使成年以后，他仍然反复临摹王羲之的作品《兰亭集序》。最终他如愿达成了与晋代大师的共鸣，被认为是20世纪书法家中王羲之最杰出的追随者。其行书作品尤为出色，技法纯熟，笔触柔和，书法线条再现了王羲之的轻灵和刚劲。

*沈尹默《历代名家学书经验谈辑要释义》，上海，1963年；马国权《沈尹默论书丛稿》，香港，1981年；沈尹默《书法论丛》，上海，1984年；В. Г. 别洛焦罗娃《中国书法艺术》，莫斯科，2007年；朱仁夫《中国现代书法史》，北京，1996年；Chang Leon L.-Y., Miller P. Four Thousand Years of Chinese Calligraphy. Chic.-L., 1990.

（В. Г. 维诺格拉多娃撰，王玉珠译）

沈周

沈周（1427—1509），字启南，号石田、白石翁、玉田生、竹居主人、竹庄老人。长洲（今江苏苏州）人。明朝画家、书法家、文学家。传统上（与文徵明、唐寅和仇英）并称"明四家"，"吴派"的创始人。

沈周出身于一个以创新精神著称的世家（他的父亲和叔父热衷绘画，是著名画家王蒙的好友），在艺术熏陶下成长。除了亲友，他还接受过苏州最有才华的人的教育。但是，沈周无意科举考试和入朝为官，因此其生平被收录在《明史·隐逸传》中。三十岁时，他作为书法家和文学家而闻名。其个人文集《石田集》和个别文选保留了下来，其中包括《石田杂记》。在诗歌创作上，沈周主要以唐代和北宋的诗歌为范例。

沈周的绘画创作与文学实践相比，开始得相对较晚，但这并未影响他留下丰富的艺术遗产（约200件作品，最早的创作于1464年）。对其绘画作品的研究从明代就已经开始。按传统，他的创作分为两个阶段。第一个阶段的特点是谨细，被称为"细沈"。第二个阶段其绘画才能极盛，风格更加直接和写意，中国艺术家称之为"粗沈"。此时他师法元代大师之一吴镇的创作风格，虽然在其他阶段他曾倾心于不同历史时期和艺术流派多位大师——董源、李成、马远、夏圭、黄公望、王蒙——的遗风。由天赋、家庭教育和自我修养而造就的高超艺术水平，使沈周能够富有成效地从事不同题材作品的创作：山水画、花鸟画和人物画。他的创作特点是水墨和彩墨技法所呈现的多样风格，并同时使用两种基本的绘画技巧：工笔和写意。其画卷中包含极多诉诸传统的细节，例如，册页《秋林读书图》（28厘米×38厘米，纸本，墨笔，台北故宫博物院藏）。笔法古拙，似在模仿赵孟頫的画作，展现了一幅秋日树下的图景；刚毅的线条类似于夏圭，而在意境和结构上，使用对角线构图，与马远的绘画风格遥相呼应。但是，沈周绘画风格的独特性体现在对前辈画家技法的诠释之中。

沈周花鸟画中最优秀的作品之一是三折画《三桧图》（46.1厘米×100.4厘米，46.1×121厘米，纸本，水墨，南

京博物院藏），每幅画（其中的两幅尺寸相同）都绘有一棵古桧树。其绘画技法起源于北宋学院派，特点是细节精细，尽管使用水墨技法，但具有装饰性，而且在绘画风格的表现上类似于"墨竹"。

沈周风格多样的山水画，证明了他对绘画风格不间断的探索。沈周的早期作品在一定程度上受到黄公望绘画风格的影响，这在他尺幅最大的作品《西山纪游图》（28.6厘米×867.5厘米，纸本，设色，上海博物馆藏）中清晰可见。沈周的画作中，空间感被平面感取代，线条的重要性得到提升，这使得他的一些水墨画作品类似于版画（例如：册页《风景》，38厘米×40厘米，纸本，水墨，巴黎吉美博物馆藏）。沈周的另一幅册页作品《山中诗人》（38.7厘米×60.2厘米，纸本，水墨，淡设色，美国堪萨斯城纳尔逊美术馆藏）在构图上以岩石林立的峭壁为主导，在峭壁顶端、云雾之间，伫立着身着长衫、手持拐杖的徒步者，而画卷右侧的书法题词平衡了画面的不对称。沈周晚年对黄公望的作品重燃兴趣，这在他的《仿大痴山水图》（115.5厘米×48.5厘米，纸本，水墨，淡设色，1494年，上海博物馆藏）中有明显体现。该画作非常准确地再现了这位元代山水画大师的风格。

沈周晚期创作的精品是册页《吴门十二景图册》，该画册专为苏州而作，苏州不仅因画中的自然景色，同时也因其中吸引画家的建筑群而闻名。但是，沈周作画的目的在于传达自己所感受到的城市的内在美，因而他的画作只是通过个别细节偶尔展示苏州的真实景观。册页集的特点是绘画技术精湛，以著名的绘画技巧为基础，如披麻皴、雨点皴等，这些技巧通过线条细微的改变或者书法形式的缓和赋予作品独特性。

沈周八十岁的《自画像》被认为是独一无二的作品（71厘米×53厘米，绢本，设色，北京故宫博物院藏）。画家按照肖像画的传统，利用心理学知识，准确地传达了人物内心专注的情绪。画作结合了精细的线条和独创的色彩处理方案，以黑色的头饰、浅褐色衣服以及花白胡须形成鲜明对照，吸引了观者的目光。画家的面容是鲜活的，双目炯炯有

神，丝毫看不出年老的疲惫。几乎看不出的皱纹和紧据的双唇突出其高度的自制力，这一点也体现在其书法题词中。沈周的弟子和追随者的创作延续了苏州绘画流派——吴派的传统。

*《明史》，北京，1974年。

**Н. А. 维诺格拉多娃《中国艺术》，莫斯科，1988年；Е. В. 扎瓦茨卡娅《儿子的爱和沈周的创作》，莫斯科，1993年；М. Е. 克拉夫佐娃《中国艺术史》，圣彼得堡，2004年；R. 库珀、J. 库珀《中国艺术杰作》，译自英文，明斯克，1997年；В. В. 马良文《道的黄昏：新时期中国文化》，莫斯科，2003年；《中国艺海》，上海，1994；邵洛羊《中国美术大辞典》，上海，2002年；《中国美术全集·绘画编》，第5卷，北京，1986年；Cahill J. The Distant Mountains: Chinese Painting of the Late Ming Period, 1570-1644. New York-Tokyo, 1982; Edwards R. The Field of Stone. A Study of the Art of Shen Chou (1427-1509). Wash., 1962; Eight Dynasties of Chinese Painting. The Collection of the Nelson Gallery-Atkins Museum, Kansas City, and the Cleveland Museum of Art. Cleveland, 1980; Ninety Years of Wu School Painting. Taibei, 1975; Paintings in Chinese Museums // Arts of China. Vol.3. Tokyo, 1970. Paul-David M. Arts et styles de la Chine. P., 1951; Sirén O. Chinese Painting. Leading Masters and Principles. Vol. 4, 6-7. L., 1958; Weng Wan-go. The Palace Museum: Beijing. N.Y., 1982.

（М. Е. 克拉夫佐娃撰，王玉珠译）

狮子

狮子，中国艺术中的重要形象之一。这一形象发源于古印度文化艺术，据史料记载，狮子当时是作为军事贵族（刹帝利种姓）和统治者的象征，这一点在造型艺术中也有明确的反映。目前已知的最早的狮子雕塑可以追溯到孔雀王朝时期（公元前4—前2世纪），当时狮子雕塑用于装饰阿育王在位期间（公元前3世纪）建造的两根纪念圆柱的神,丝毫看不出年老的疲惫。几乎看不出的皱纹和紧据的双唇突出其高度的自制力,这一点也体现在其书法题词中。沈周的弟子和追随者的创作延续了苏州绘画流派——吴派的传统。

*《明史》,北京,1974年。

**H. A. 维诺格拉多娃《中国艺术》,莫斯科,1988年；E. B. 扎瓦茨卡娅《儿子的爱和沈周的创作》,莫斯科,1993年；M. E. 克拉夫佐娃《中国艺术史》,圣彼得堡,2004年；R. 库珀、J. 库珀《中国艺术杰作》,译自英文,明斯克,1997年；B. B. 马良文《道的黄昏：新时期中国文化》,莫斯科,2003年；《中国艺海》,上海,1994；邵洛羊《中国美术大辞典》,上海,2002年；《中国美术全集·绘画编》,第5卷,北京,1986年；Cahill J. The Distant Mountains: Chinese Painting of the Late Ming Period, 1570-1644. New York-Tokyo, 1982; Edwards R. The Field of Stone. A Study of the Art of Shen Chou (1427-1509). Wash., 1962; Eight Dynasties of Chinese Painting. The Collection of the Nelson Gallery-Atkins Museum, Kansas City, and the Cleveland Museum of Art. Cleveland, 1980; Ninety Years of Wu School Painting. Taibei, 1975; Paintings in Chinese Museums // Arts of China. Vol.3. Tokyo, 1970. Paul-David M. Arts et styles de la Chine. P., 1951; Sirén O. Chinese Painting. Leading Masters and Principles. Vol. 4, 6-7. L., 1958; Weng Wan-go. The Palace Museum: Beijing. N.Y., 1982.

(M. E. 克拉夫佐娃撰,王玉珠译)

狮子

狮子,中国艺术中的重要形象之一。这一形象发源于古印度文化艺术,据史料记载,狮子当时是作为军事贵族(刹帝利种姓)和统治者的象征,这一点在造型艺术中也有明确的反映。目前已知的最早的狮子雕塑可以追溯到孔雀王朝时期(公元前4—前2世纪),当时狮子雕塑用于装饰阿育王在位期间(公元前3世纪)建造的两根纪念圆柱的顶端。今比哈尔邦的圆柱顶端装饰有单个的坐狮形象，而在阿育王时期最著名的纪念碑、鹿野苑的"柱石"，其顶部由四只目视四方、背部相连的狮子（前）半身像构成。鹿野苑的"狮子柱顶"石刻后来成为印度的国徽图案。狮子的形象被佛教传统接受（据推测，这是由于佛祖乔达摩·悉达多王子出自刹帝利种姓），并且成为典型的宗教象征，代表了佛祖及其教义的内在力量（"无畏"）、威严和精神上的无上权力。

中国的狮子形象很大程度上产生于佛教在远东地区的传播浪潮之中，这也符合普遍接受的观点，即产生于汉朝（前3—3世纪）的中期或稍早时期（参见"钱树"）。目前已知中国最早的有关狮子的艺术形象出现于一处墓葬的陶质浮雕上，该墓葬20世纪90年代发掘于山东省境内，大约修建于公元前1世纪后半期。这一雕塑保留着一系列和狮子的形象特征相符的细节（长有利爪的脚掌，张开的大口，尾巴以及夸张的鬃毛）。这种描绘方式在中国艺术的其他变形动物中也是比较常见的。我们有理由推测，最初中国人对于狮子的认识更多的是建立在印度佛经、外国传教士和商人掺入了相当多想象成分的描述的基础上，而不是来自作为凶猛野兽的中国文化中的狮子形象。值得注意的是，上述浮雕是大型屏风的一部分，该屏风由六扇画屏组成，画屏上的情节和结构相互独立。其中的一扇上面有荷花（莲）状的装饰图案，它同样是常见的佛教信仰象征符号之一。其他的陶制画屏上也刻画有被认为是天上四方守卫者的、出自想象的兽类"四神"形象。山东发现的浮雕证明，公元前1世纪狮子形象就已经闻名中国，并且是出现在纪念性的、独特的、保守的陵墓艺术之中。狮子图像和"四神"毗邻说明狮子的形象已占据了中国"寓言式动物"的重要位置，成为其宇宙学的象征之一。中国人还意识到狮子在动物世界中的至高无上地位，这一点从它的术语含义可以得知——"狮子"大约出现于公元1—2世纪的汉语中，字符"狮"是象形文字"师"的图形化变体，其本意为"首领，统帅"。

公元2—3世纪，中国艺术家对这一形象的兴趣进一步增

加，也许这要归结于当时中国人认识了现实中的狮子。保存下来的资料显示，公元87年，一头活狮子作为月氏王室的礼物被送往汉王朝的宫廷；公元101年和133年，类似的"贡礼"来自帕提亚和喀什噶尔。

保存下来的一些墓葬的石狮子共有两种艺术类型。一类取材于真实的狮子形象，如在今四川和陕西省境内发现的"走狮"雕像。第二类狮子形象为"翼狮"。这种雕塑的残片1914年在四川省首次发现，1962年在山东嘉祥县出土了一件完整的狮子雕像，标注年份为公元147年。根据这些出土物的地理方位判断，"翼狮"形象已经传播到了中国东西截然相反的地区。同时，这一形象与公元2—3世纪中国陵墓艺术中居于主导地位的神兽（辟邪）在外形上有明显的相似性。关于这两种形象的起源，在学术文献中存在着两种说法。一些研究者认为"翼狮"形象很可能起源于异国——斯基泰的"动物形象"风格以及古老的中东艺术。这种说法指的是亚述和波斯的"具翼怪物"，关于它们的文学描述或者反映在实用装饰艺术品上的图像有可能是沿着丝绸之路经由波斯传到了中国。另一种说法则认为，"辟邪"形象产生于中国的本土艺术中，中国古代的艺术中早已萌生了创造"翼兽"形象的意图，正是中国古代创造出的这种动物的肖像略图在某一时期被移植到狮子形象上。

另一点值得单独提出来的是，据传说，公元210年成对的坐狮石雕（高91厘米，长102厘米）已经作为宫廷雕像出现。公元2—3世纪造型艺术中的狮子形象得以流行，这证明了比文献记载的时间更早的时候，佛教就已经对中国文化有了相当的影响。

六朝时期，"现实的"和"想象的"狮子的两种艺术样式都获得了进一步发展。第一种样式在中国南朝时期的艺术创作中得到广泛的传播，这几个政权随着中国的局部战争在长江流域地区相互更迭。"南部风格"最杰出的作品要数保存于南京市近郊的两米高的石质"狮子"雕像。该雕像造型为蹲坐的怪兽，前爪弯曲与胸齐，紧握着一个石球。这一雕刻物与猫科动物仅有几分相似，其头部造型使人印象深刻：

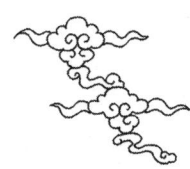

不成比例的大口、圆形的凸出眼球使人联想到古代青铜器纹饰中饕餮的特点。

形成于南朝时期的狮子形象，在公元1—3世纪培育的一种狗的身上得到体现，这种狗因此得名"狮子狗"。或许为了培育一个新品种，中国古人曾利用了地方观赏性动物的基因库——据史料记载，在公元前1世纪后半期已经存在于中国的一种"矮型狗"。培育狮子狗的动机与其说是出于审美的需求，不如说是因为君主希望身边终日有一个象征其至高权力的活物相伴，也即是说，"狮子狗"是作为狮子的"替代品"产生的，而它的玲珑体态只是为了衬托皇帝形象的高大，这样"狮子本身只能够达到其脚踝的高度"。据更晚的历史时代，尤其是慈禧摄政时期的材料，这些"狮子狗"进入了欧洲人的视线，显然，它们作为特例生活在皇宫之中，受到最大限度的恩宠。甚至文献中描写，在15—18世纪，它们作为佛祖的化身而受到敬重。从15世纪开始，"狮子狗"成为艺术创作中独立和流行的形象。其中一组"狮子狗"雕像作为仪式用器皿和灯座十分有名，这些"狮子狗"已经具有这一品种的典型特征：巨大的头颅配以凸出的圆眼球和扁鼻子，宽阔的胸脯，毛茸茸的"鬃毛"，身体靠短短的、弯曲的脚爪支撑。有可靠资料为证，在南朝的许多艺术作品中，包括陵墓石雕和佛教造像构件在内，令人印象深刻的恰恰是"狮子狗"，得益于此，狮子肖像的特殊样式在当时的艺术创作中最终被确立下来。

与之相反，在中国北部地区"非中原风格"艺术中，包括拓跋魏（北魏）在内，在公元4—6世纪的整个时间段内"写实风格"狮子占据了优势。这方面最富有表现力的作品，要数6世纪初叶大概为装饰拓跋魏的皇宫而在洛阳（今河南省）凿刻的石雕。6世纪下半叶，坐狮形象出现在成对的雕塑（高约100厘米）中，这也是中国北方艺术中首次使用坐狮形象。

唐朝，狮子雕像成为皇家陵墓地上部分雕塑群的必要组成部分。最初这些雕塑在制作时显然没有遵循任何图像和符号学规则。例如，唐朝第二位皇帝唐太宗的昭陵中就有两尊

狮子雕像。其中一尊（高约200厘米）呈现出"行走"的动物形象，而另一尊（高160厘米）是由人与狮子形体构成的形态优美的组合体，这或许是模仿了戏剧舞蹈场景——"舞狮"。唐代墓葬的特点是在墓室四周墙壁的通道处放置成对的狮子坐像。这样的"组合"出现于乾陵建筑群中，高宗及其皇后——武后（武则天）即葬于此。

与此同时，唐朝的纪念性雕塑所呈现的狮子形象易于识别。狮子形象的这一差异是由以下因素决定的：首先，唐朝艺术的优势在于它是以中国北方而非南方的传统为基础。其次，对现实世界中的狮子的认知有了更新：与汉朝后半期一样，其他国家的统治者仍然会把这种"贡礼"送往皇宫。除此之外，将狮子雕塑引入皇室陵墓建筑群这种做法表明，狮子作为抵御邪恶势力的"守卫者"的象征性功能得到巩固。目前尚不清楚，在唐朝的世俗艺术中是否使用过狮子形象。值得注意的是，有一段文献记载了954年，五代时期的后唐统治者下令用生铁浇铸了巨型（高6米多）狮子雕像，以纪念其战胜邻邦①。因此，10世纪的狮子形象最终跨过了佛教雕塑和陵寝艺术的界线，用作纪念碑和世俗建筑的题材。

正如1189—1192年建造于永定河上、著名的卢沟桥雕塑所显示的那样，北宋时期想象的狮子形象传统得到部分回归。桥身两侧的石雕护栏各有望柱140根②，柱头上均雕有俯卧的小型石狮。狮子形态各异，是对唐朝雕塑形象和南朝"狮子狗"形象特征的综合，并从后者形象中吸收了鲜明的巨型头颅、凸出的眼睛以及张开的方形大口这些特征。狮子的这种处理样式成为以后历史时期雕塑家们模仿的范本。当然，在他们的作品中也有对狮子近乎写实的描绘。

明朝建立后不久，一种新的风俗进入了社会生活：在任意建筑群，如宫殿、宗庙、国家行政机构入口处的两侧都立起了成对的狮子雕像。这样的成对组合一般是由雄狮和雌狮构成，并且雄狮通常爪子下面踩着一个圆球，而雌狮由一只

① 此即沧州铁狮子，铸造于后周广顺三年（953），身长6.264米，通高5.47米。
② 南侧望柱141根，北侧望柱140根。

或几只幼崽环绕。这一传统在清朝得到沿袭，成对的组合甚至被用在诸如桥梁和楼梯之类的工程建筑之中。成对狮子的雕塑形象在明清时期的工艺品（陶瓷、木雕和石雕）中也同样流行。

狮子形象的象征意义在已经为人熟知的层面得到巩固，同时也得到了极大的拓展：狮子成为高尚、纯洁和人类伟大思想的化身，同时又是勇敢、坚忍不拔以及功成名就的象征。清朝，狮子形象是一等武官区别于其他等级的官方徽章（官补）。当时也产生了有狮子形象的标准构图，尤其是在年画中，狮子扮演了美好祝愿的角色。儿童与狮子（或幼狮）嬉戏或者狮子滚绣球的画面就属于此类。第一种构图取意汉字"狮"与"师"在发音上的相同，表达了希望儿童成为未来王位继承人的导师的愿望。第二种则与地方迷信传说有关。据说母狮的乳汁可以治愈百病，要想得到母狮的乳汁，需要把绣球抛给幼狮，这样幼狮舌头和爪子上残留的乳汁就会粘在绣球上，谁先抢到绣球，谁就能获得母狮的乳汁。狮子作为艺术形象的历史是外来形象进入中国文化并转化为民族艺术元素的典型例证之一。

**阿理克（Алексеев В. М.）《中国民间绘画》，莫斯科，1966年；М. Е. 克拉夫佐娃《中国艺术史》，圣彼得堡，2004年；Б. Я. 斯塔维斯基、В. А. 科兹洛夫斯基《古铁尔梅兹城的狮子柱顶》，见《东方文化遗产：问题·探寻·讨论》，列宁格勒，1985年；《魏晋南北朝雕塑》，见《中国美术全集·雕塑编》，第3册，北京，1988年；《六朝艺术》，北京，1981年；《古都南京——南郊风景名胜》，南京，1986年；邵洛羊《中国美术大辞典》，上海，2002年；冯沂、霍启明《山东临沂金雀山画像砖墓》，载《文物》，1995年第6期；Arts of China. Tokyo. Vol.1. 1969; Fang C. Animals and Birds in Chinese Art. Catalogue of an Exhibition at China House. N.Y., 1967; Luo Zhewen. China's Imperial Tombs and Mausoleums. Beijing, 1993; Paludan A. The Chinese Spirit Road. The Classical Tradition of Stone Tomb Statuary. New Haven-London, 1991; Segalen V., Voisin G. de, Lartique J. Mission Archéologique en Chine (1914). L'Art

funéraire à l'époque des Han. P., 1935; Sirén O. La sculptures chinoise du Ve au VIXe siécle. Vol.1-4. P.-Brux., 1925-1926; Williams C. A. S. Outlines of Chinese Symbolism and Art Motives. N.Y., 1976.

(M. E. 克拉夫佐娃撰，张猛译)

狮子舞

"狮子舞"又称"狮舞"，是中国最著名、流行最广的舞蹈之一。

关于这种舞蹈的起源，流传着不少故事，各地都有自己的版本。根据目前公认的说法，舞狮最初形成于东汉（后汉，公元1—3世纪），当时一只活狮子被作为礼物送入中国的宫廷。佛教很可能对"狮子舞"的形成产生了一定的影响。关于这一点，保存下来的文献中记载，在佛教的礼拜仪式上，佛像被僧人们从寺院里抬出来，而走在僧侣队伍前方的是一只"狮子"，它负责清理佛祖前方的道路。有一种传说称"狮子舞"的起源与公元5世纪60年代的一场战争有关。敌人使用了战象，导致中国军队接连失利。这时候人们决定使用狮子，更确切地说是仿制的"狮子"来吓唬战象，因为当时中国还没有真正的狮子。他们用布和其他材料做成龇牙咧嘴、凶猛巨大的狮子形象，让士兵将其套在身上。象群四散，抛下了骑在上面的士兵，甚至踩死了自己的步兵，最终它们落入了中国军队预先设下的陷阱之中。这样，中国的军队取得了胜利。从此之后，军队中通常会利用"狮子舞"鼓舞士气。

"狮子舞"发展的下一个阶段是隋朝和唐朝。在隋朝，舞狮已经不仅在宫廷中表演，民间也有舞狮。到了唐朝，"狮子舞"的一种——"五方狮子舞"已经被列为宫廷表演中的保留剧目。现在还留存有一组雕塑（在新疆维吾尔自治区的一座博物馆展出），专家认为，它们展示了当时的"狮子舞"。其中有一个站立的狮子形象，头部上扬，嘴巴张开。这只狮子由两个人扮演，他们的腿仿佛出自狮子的腹中。唐代著名诗人白居易曾在诗中描述过狮子和"狮子舞",这间接说明了狮子舞在公元8—9世纪的流行程度。大约从10世纪开始,即"狮子舞"在中国的各个地区广泛传播之际,具有宗教意味的"狮子舞"产生了。在这些形式中,狮子的形象以及舞蹈的动作都十分特别。14世纪之后,"狮子舞"成为中国人庆祝自己的新年——春节的固定活动。据说这一传统产生于中国东南部的广东省,很快便在全国各地流传,因为人们都相信"狮子舞"能够带来好运和繁荣。

狮子的躯干一般由枝条扎成,金色绒布紧紧裹在外面,其鬃毛由麻制成,头部被涂成黄色、红色或者金色。"狮子舞"由两个人完成:靠前的舞者手举狮子头,两条腿充当了狮子的前爪;另一个舞者充当了狮子的身躯和后腿。两位舞者应当十分协调,以成功模仿出这种兽类的动作。但最为重要的任务落在了掌控"狮子头"的那个舞者身上。他不仅决定了舞蹈的方向和节奏,同时手中还拽着一根位于狮子头内部的绳索,这根绳索连通了"狮子"的眼睛和耳朵:眼睛闭上的时候,耳朵就会竖起来,反之亦然。有时候还会有一只调皮、可爱的"小狮子"加入"狮子舞"中,这只小狮子被称作"少狮",其动作由一个舞者来完成;相应地,那只主要的(由两位舞者完成)"狮子"就被称作"太狮"。除此之外,在表演中通常还会有一个穿着类似于军队礼服的舞者,手里举着一个彩色的绣球。他戏弄着"狮子",让它上蹿下跳,仿佛在与绣球嬉戏。表演中经常会使用到桌子、椅子、柱子、梯子等,"狮子"会攀爬上去。"狮子舞"伴随着鼓声、锣声,以及其他能传达欢快的节日气氛的乐器击打声。

"狮子舞"由一套固定不变的程式舞蹈动作构成,其中最基本的动作有:①跌扑——表现捕食者攻击猎物的动作;②翻滚;③跳跃;④搔痒;⑤滚绣球;⑥过跳板;⑦上楼台;⑧跳桌。

"狮子舞"共有两种主要类型——"文狮"和"武狮"。第一种舞蹈中的狮子温顺、安静,而第二种舞蹈中的狮子则充满攻击性,动作迅速,表演者必须准确地传达狮子这两种形象特有的习性和动作。"文狮"的表演要竭力突出

其温和、调皮的性格，表演中常常会加入穿着僧侣服装的舞者以及猴子。而在"武狮"的表演中，演员们会进行大量的旋转、跳跃，运用舞蹈的动作和杂技技巧，表现狮子的矫健和灵活。不难理解，表演者应当具备体操运动员的素质，具有良好的身体条件，要知道单单是服装、面具就已经重达40千克。

按照主要的地域风格来划分，"狮子舞"被分为"南狮"和"北狮"。前一种也被称作"醒狮"，在广东、广西和福建流行。这种狮子的头部通常被涂成彩色，眉毛很粗，头顶有一对角。表演时不仅要表现出狮子的动作，还要传达它的快乐、悲伤、愤怒等情绪。因此"狮子"时而跳跃得非常迅速，时而又垂头丧气，而这些姿势都要准确模仿真正兽类的动作。"南狮"在舞台表演方面分为几个独立的派系，其中最为著名的是"采青"；这一名称中"采"（与"菜"只在写法和读音上相近）和象征财富的"财"是同音词。表演者在青菜中放入钱币，然后将它们高高挂起。表演的时候，"狮子"应该采摘到带有钱币的青菜，并将其扔给悬挂青菜的人。如果他顺利地接住了，则预示着将会得到好运和财富。另一种做法是：在10米左右高的竹竿上悬挂一个钱袋。将一个梯子靠在竹竿上，"狮子"将沿着它爬上去。"狮子"咬到了钱袋，就会迅速跳下来，做出各种各样的灵巧动作。通常，所有这些行动都会伴随着三种不同的鼓声进行。还有一个动作，即类似于宗教仪式的"点睛"，会在邀请"狮子"再次上台时进行：在观众面前为它的眼睛涂上红色，以表明它的"苏醒"。

"北狮"流行于中国中部地区（长江以北）。其"狮子"的头由木头制成，耳朵、眼睛和下巴都可以动。舞者的裤子颜色和狮身颜色相同。舞狮时主要的乐器为锣，锣声与舞步相呼应。

在上海和北京，甚至是在这两个地方的不同区域，存在着不同类型的"狮子舞"。上海最有特点、最流行的狮子舞是"调狮子"和"手狮舞"。前者流行于崇明区，其中还包含"狮子吞吃婴孩"的情节。这一舞蹈样式源于当地的传说：这里曾经栖息着一只水怪，其外形酷似狮子，每年春汛时出现，吞噬牲畜，甚至伤害人命。绝望的居民们决定给这只水怪送一个婴孩做祭品：他们将孩子投入水怪出现的地方，从此之后这只水怪再也没有攻击过人。这一舞蹈先天具有的仪式特征，为它的表演规定了时间和程式："狮子舞"在新年的正月十五进行。表演开始前，舞者们会先去拜谒佛教寺院，在佛像前点燃两支红蜡烛。然后他们穿上"狮子舞"的表演服装，在寺庙前拜谒十二下，开始跳具有特殊名称"接狮子"的舞蹈。做完这些，他们才能在别的地方进行表演。而当表演结束之后，他们还要再次回到寺院，举行"送狮子"的仪式，以感谢佛祖保佑演出成功。"调狮子"的表演周期为正月十五至二月二。这种狮子的形象很有特点，它的嘴又扁又长，像鸭子的喙，双眼凸出，和传说中的水怪相似。舞蹈动作舒缓、平稳。

关于"手狮舞"（又称"狮子灯"）的起源，有两种不同的说法，这两种说法也衍生了两个完全不同的名称。其中一个传说是，唐朝的皇帝梦见一头绿色的狮子坐在寺庙的大门口。醒来后，他命人寻找这只奇异的野兽，但没有一个人能够找到，大批的官员和奴仆因此被处死。众仙获悉那些无辜的人们被处死，遂赐予了皇帝一头绿色的狮子。但只要皇帝一摸这只狮子，它立刻就消失了。皇帝由于伤心而得了重病，谁也不知道该怎么帮助他。这时一个下人给皇帝送来一只专为他制作的绿色的手工狮子，皇帝龙颜大悦，身体立即康复了。另一个版本与上海1911年（清王朝被推翻当年）的史实有关，当时警察在驱赶情绪激昂的人群，而"狮子舞"的表演者们脱去了道具服装，将它们焚烧，以示抗议。这一舞蹈充满了转身、跳跃和翻滚等剧烈动作。由于老上海的街道十分狭窄，舞蹈时步伐很细碎，有时候"狮子"甚至要侧身舞动，或者前进两步再后退一步——所有这些动作都保留了下来，并沿用至今。"手狮灯"分为三类——文、武和看。"文狮"指的是起源于城市街巷的舞狮，"武狮"在广场上表演，而"看狮"是一种独立的舞蹈，不局限于特定的表演场景或套路。看狮又称太狮，常与云牌相伴，称云牌太

狮舞，其道具有自己的特点："狮子"的头一般用彩色的布料和竹子制作，身躯用密实的绒布做成，头部和身体的后半部分用手杖支撑，表演者借助于手杖掌控全局。"狮子"的颜色以蓝色、绿色、红色和银色为主，以呼应唐朝异兽奇特的毛色。"狮子"的爪子中一般会抓着一个球，有时是一个动物像，同时在它的头部和尾部燃点蜡烛。根据"狮子"的大小和结构，道具的重量一般为15—40千克，有时候甚至达到50千克。

北京的"狮子舞"通常由两人，有时也由单人完成，并且经常会表演"雄狮与雌狮"的舞狮节目，表演时雄狮一般为蓝色，雌狮为黄色。正是在北京，明清两代的首都，"狮子舞"的宫廷仪式特征保存得最为长久。据悉，在慈禧太后六十大寿的时候，"狮子舞"被列为庆典的节目。在北京，可以同时在一个地方表演若干种"狮子舞"，这种表演被称为"狮子会"。清朝官方艺术确立的对狮子的描述，以及其在首都雕塑中的呈现，与北京舞狮中的"狮子"外观相似：巨大的脑袋、向外鼓出的大眼睛和大张的嘴，赋予其威严的样貌。从艺术学的角度看，这种相似是十分有意思的。"狮子"的头上一般会挂上铜铃铛（7—30个），这极大地增加了道具的重量——整个"狮子"头部有可能达到35—40千克。狮身有时完全用光滑的布料制作，有时则相反，使用长毛布料来模仿狮子的鬃毛。在具体的表演过程中，除上述动作外，还要加上一些特定的技巧，如"狮子过桥""狮子戏水"等。在北京"狮子舞"的诸多地区变体中，最具特色的是"铜山太狮"和"白纸坊太狮"。前一种的起源与东城区及当地新年庆典中的祈雨仪式有关。这种舞蹈细致地传达了狮子的情绪和状态，并伴随着头上那些由动作特点所决定的铃铛声。在演出中，"狮子"的某些动作和一些家畜——猫甚至是狗的习性相近，这样它突然就变成了温顺的、不伤人的兽类。白纸坊街区本来是一个造纸作坊聚集地，当地通常会举办活动，庆祝传说中造纸的发明人蔡伦的生日（农历三月十七），庆祝活动上会表演特别的"狮子舞"。该"狮子舞"的主要特点在于表现狮子的威猛形象。

如今，"狮子舞"已经不仅出现在农历节日或大型民间娱乐活动中，婚礼或者其他庆典，譬如新店开业，都可以预约舞狮表演。在一些地方，危重病人的床前（安徽省）和葬礼上（山东省）也会有舞狮表演。诸如此类的表演说明，"狮子舞"还远没有丧失其宗教象征意义，在大众意识中，它仍旧被赋予神奇的特质，能够带来好运，保护人们免受邪恶势力的侵扰。

**《东亚民族日常习俗与礼仪》，莫斯科，1985年；罗斌、朱梅《舞龙舞狮》，北京，2009年；《中国民族民间舞蹈集成》，北京，1993年。

（А. Б. 瓦茨撰，张猛译）

十三陵

十三陵是明朝十三位皇帝的陵寝建筑群。作为一座位于北京西北50千米处的纪念性公园，它是都城保存下来的园林建筑群之一。这些始建于1409年的陵墓，自明朝迁都北京之后，逐渐形成了一个与自然环境相融合的由雄伟建筑群和宏大雕塑群构成的综合体。这个占地40平方千米的综合体展示了中国建筑的宏大规模，体现了中国建筑师传统的空间思维原则。

十三陵建筑群包括一系列种满高大松树的坟丘和被大片森林覆盖的建筑设施。由五孔大理石拱门构成的正门①（高12米，宽29米）矗立在距离陵墓南部较远的地方，顺着山脉的走势，与"神道"相连，神道两侧设有动物和人的全身塑像。逝者的守卫者有动物（狮子、獬豸、骆驼、大象、麒麟、马）和人（勋臣和文臣、武将）等18对石像生，它们分布在通向陵墓的神道两侧。陵墓建筑群包括各种建筑，诸如先祖庙一样的祾恩殿、安放所葬皇帝谥石碑的地方——明楼、宝城、大理石地宫等。

---

① 此应指石牌坊，共计五间，仿木结构建筑。陵园的正门是大红门（大宫门），为三洞券门，砖石结构，庑殿顶，上覆黄色琉璃瓦。

十三陵建筑群以古代传统为基础建造而成，该传统起源于汉代。每座陵墓都类似一座城市的模型，有沿南北中轴延展的主路，有大门、塔楼、树木和坐落于坟丘之下的地宫。按照南京附近明朝第一个皇帝明太祖的陵墓设计原则所建造的明朝皇陵建筑群十三陵，其特点为占地面积大、空间范围广。所有陵墓建筑群皆呈扇形分布于天寿山北部的山脚下，形成一个规模宏大的建筑布局结构，其所遵循的设计、建筑和礼仪的元素几乎完全相同并拥有共同的自然背景。

1957年，考古学家开始对该建筑群进行挖掘研究。在对明神宗的地宫研究中，获得一些重要发现。1959年定陵博物馆正式对外开放。

**В. В. 马良文《16—17世纪的中国：传统和文化》莫斯科，1995年，第208—209页；《芥子园画传》，Е. В. 扎瓦茨卡娅译，莫斯科，1969年，第108页；Beijing Glimpses of History. Beijing. 1989, pp. 86-89.

（Н. А. 维诺格拉多娃撰，周立新译）

石鼓文

石鼓文是中国最古老的纪念碑铭石刻文字，也是书法史上最著名的作品之一，虽然对于它的鉴定至今仍在讨论中。"石鼓"——形状似鼓的圆石，唐初在今陕西西部凤翔被发现。现已知"石鼓"共有十枚，高约三尺，径约二尺。"石鼓"的表面镌刻有文字，记述秦皇游猎之事。中国古代专家认为，这些碑铭出自公元前9世纪末期大篆的创始人史籀之手。19世纪时经证明，这些诗文是公元前768年，为纪念秦国统治者襄公狩猎而作。也就是说，早在石碑出现以前，人们就已经将纪念文字刻于"石鼓"，而不是祭祀用的青铜器之上。作为古代文化遗产，"石鼓"被送交到后世各个朝代的首都，放置在宫殿的府院之中。正是在这样的转运过程中，第三枚"石鼓"丢失了。1113年，宋徽宗下令对"石鼓"进行重新"包装"。于是上面的刻字被镶上了黄金，而石鼓被安置在皇宫之中。北宋首都汴京被女真人的军队占领之后，"石鼓"经过多次流转，刻字上的镶金也被强盗刮掉。元朝建都后，"石鼓"被运往北京。石头的表面遭受了严重的损害，随着时间的流逝，损毁的面积越来越大。宋代从"石鼓"上翻印的拓本上包含总数718字中的462字，然而今天的拓本可以清楚辨别的仅有300余字。刮取纯金填充物的野蛮举动，也损坏了字体的轮廓。

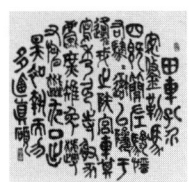

这些字的书法风格被认为是秦国的典型风格。它与青铜器铭文之间的差别不仅在于材料上，"石鼓文"的字号也比后者要大。这些字在比例上被拉长了。字体形状接近长方形，尽管这些字是用垂直笔法写成，鉴赏家据此认为"石鼓文""圆中带方"，也即出现了竖直笔法的圆笔和倾斜笔法的方笔相结合之处。其字体风格端庄凝重，在运笔时存在着一种独特的力度，从而使字体的形态具有一种史诗般的庄严感。唐代书法巨擘，如虞世南、褚遂良、欧阳询等，都曾深入研究过石鼓文，也正是由于他们的举荐，"石鼓文"成为"古妙"的样板。

*启功《中国美术全集·商周至秦汉书法》，北京，1987年。

**В.Г. 别洛焦罗娃《中国书法艺术》，莫斯科，2007年；冯振凯《中国书法史》，台北，1974年；朱仁夫《中国古代书法史》，北京，1992年；王镛《中国书法简史》，北京，2004年；马国权《沈尹默论书丛稿》，香港，1981年；Chang Leon L. Y., Miller P. Four Thousand Years of Chinese Calligraphy. Chic.-L., 1990; Tseng Yuho. A History of Chinese Calligraphy. Hong Kong, 1998.

（В.Г. 别洛焦罗娃撰，张猛译）

石涛

石涛（1642—1707/1718），俗姓朱，名若极，法名原济、道济，号苦瓜和尚、靖江后人等。广西全州人。明代出色的诗人和艺术理论家，优秀的山水画、花鸟画画家。石涛是"清初四僧"之一，"黄山派"代表人物。他先皈依佛教，后转入道教。他对自由的知识分子画家产生了重要影响，后来又以"清初四僧"成员闻名于世。

石涛是明宗室后裔，清朝建立之后，他削发为僧。石涛经常外出云游，多次到过著名的安徽黄山附近的宣城（他的朋友和老师梅清即住在该地），那里也成为他诗歌和绘画创作灵感的源头。他到过南京，于17世纪80年代末至90年代初生活于扬州，在那里受到巡游江南的圣祖皇帝的召见。画家对园林艺术的热爱，促成了万石园在扬州的修建。该园现在已经不复存在，但当时的名气确实很大。在石涛的同时代人中，只有少数人推崇他的作品。这其中包括学院画派最出色的代表、"清四王"之一的王原祁，他认为石涛在中国南方同时代的所有画家中居于首位。

石涛也因其著作《苦瓜和尚画语录》而出名。这本书篇幅短小，看似只是一本阐明基本绘画技艺的指导手册，实际上却同时蕴含了整体创作过程以及绘画艺术本质的深层哲学内涵。该著述讨论的基础是"一画"原则，这也是整体哲学和审美认识在绘画语境中思索的结果。"一画"（作为精神的显现、书画统一的原则，甚至是最简运笔的痕迹）反映出画家对于在哲学、审美、雕塑和技术所有层面上均有涉猎的创作过程独特性质的认识。他认为"受"建立了心灵与世界

及前人的"识"之间的联系，对于"受"的练习是创作的必要条件，也即是说，石涛认为创作源自洞察了现象本质的心灵。"一画"的原则意味着"无法胜有法"。这一原则并不排除具备传统认识的必要性，只是号召画家打破传统的局限。在石涛看来，在掌握常规的"经"的基础上，还要具备变通的能力。也即是说，他意识到，渴望尽力与某著名画家相似，无异于"食某家残羹"，因此他将传统的残酷性与画家采取行动的自由对立了起来。

这部作品在中国被多次印刷，并被翻译成欧洲语种出版；Е.В.扎瓦茨卡娅曾为其俄语译本做过详细的注释（1978）。一些研究者（林语堂、张成）认为，《画语录》反映了禅宗的美学与哲学观点；傅抱石则认为禅学是石涛世界观的源泉。俞建华指出石涛也受到了儒家和道教的影响，在哲学和美学观点上体现出"包罗万象"的特点。A.索佩尔和方闻肯定了佛教在石涛创作中的重要作用，他们客观地指出，这位画家显贵渴望在政治形势下保全自身，因而选择了在佛院里的生活。郑拙庐的著作中引用了石涛的一段话，也可作为证明："我不会谈禅，亦不敢妄求布施，惟闲写青山卖耳。"

石涛最早的作品大约完成于1655—1657年。他熟练掌握了运笔用墨的经典方法，同时遵循了自己的理论立场，革新前人的绘画风格，在创作上从一种手法转向另一种手法：笔法从缓慢、精细转向粗糙、锐利，风格上从古风表面的天真转向典型的表现主义。他使用动感的交替曲线，用笔讲究、线条极其轻盈、从容，这些特点都令人尤为叹服。画家的艺术表现多种多样，又冠以各种化名，或许正是由于这种多样性，他在知名度上不及同时期在创作形式上比较统一的著名僧人朱耷。

石涛遗留下大量的画作，其中的一部分作品收藏于北京的故宫博物院，譬如他生活在黄山近郊时创作的立轴《采菊图》（1671年，112.5厘米×47.2厘米，纸本，水墨）。该画作借用了著名诗人陶渊明诗歌的一个主题，从作者在画作右上方所署日期可以看出，这幅画创作于重阳节（农历九月九日）的前夜。同样被收藏于故宫博物院的还有《山水隐逸图》（1679—1680，27.7厘米×313.5厘米，纸本，水墨），这幅作品交替呈现了绘画和书法（共使用楷书、行书、隶书三种字体）的五个片段。

石涛的作品在很多博物馆都有收藏，其中包括中国扬州、上海、南京、天津、广州等地的博物馆，以及日本神奈川县博物馆（有资料证明，石涛

的作品在日本曾经很受欢迎）。常用的钤印有：半个汉、道合乾坤、得未曾有、得一人知己无憾、老涛、学书、小乘客、苦瓜和尚济画法等。

*《石涛书画集》，第1—2卷，北京，1983年；《石涛画选》，北京，1986年；《石涛世界》，北京，1988年；Е. В. 扎瓦茨卡娅《石涛〈画语录〉》，莫斯科，1978年。

**傅抱石《石涛上人年谱》，上海，1948年；韩林德《石涛与〈画语录〉研究》，南京，1996年；郑午昌《中国画学全史》，上海，1935年；郑拙庐《石涛研究》，北京，1961年；俞剑华《石涛〈画语录〉》，北京，1962年；China: The Three Emperors, 1662-1795. L., 2005; Lin Yutang. The Chinese Theory of Art. L., 1967; Soper A. The Letter from Shi'tao to Pa'ta Shan'Jen // Artibus Asiae. Vol. 29. 1967, 2/3 ; Wen Fong. A Letter from Shi'tao to Pa'ta Shan'Jen and the Problem of Shi'tao's Chronology // Archives of the Chinese Art Society of America. Vol.13. 1959.

（С. Н. 索科洛夫－列米佐夫、В. Л. 思乔夫撰，张猛译）

书体

书体即书法字体，该术语表达的是中国书法艺术的造型原则。"体"字在传统上包含于多种书体的名称中，其形式源于手写字体。每种字体的形成过程都是复杂的，有着漫长的历史。有些字体的起源研究会涉及大量极具争议的观点，这些观点在书法传统中已被普遍接受，却与最新的考古发现不太相符。这个具有现实意义的话题从科学的角度来说阐释得还不够明确。

书法造型是通过线条来显示的，这些线条将运动形象化，并将构图的动态组织成一个整体。书法美学引用"画"这个概念，通过它描述书法艺术的造型元素。汉字笔画与西文线条有所不同。如果说西文线条让人联想到无尽线条的一部分，那么，汉字笔画则代表的是特定时空形成的造型的完整性，具有完整的存在感。在西方平面艺术和书法中，线条通常指象征性的、虚构的或者真实的形式，而在中国书法中，笔画与文字不同，抛开它们的符号形式化，笔画直接表示特定的精神能量状态。

汉字有五种基本笔画，因具体的书法类型而异。每一种笔画都是造型原型的变体，设定了时空连续的总坐标：①"横画"表现了一种造型运动，标记出上（天）下（地）区域的对称，标记出过去与未来，在中国宇宙论中，上与过去联系，下与未来有关；②"直画"是标记两侧区域对称的造型运动：东方（一天之始）与西方（一天之终）；③"撇画"（撇、捺、挑）创造一种造型运动，标记出中间空间坐标及与其相对应的时间矢量的位移；④"点"表示不改变时空关系的运动；⑤"钩"与根据坐标矢量发生的转换运动有关。书体是对象形文字和符号列中可塑性特征及其构成方式的解释。

每种书法类型的出现都与书写工具的发展紧密相关，但并非取决于书写材质。在硬质材料上雕刻的书法通常也可以在纸上用毛笔完成，反之亦然。实际上任何一种雕刻书法都是先用毛笔书写的。如果说在任何一种书法形成之初，书写工具的性能是其重要影响因素之一，那么，根据具体书法的形成过程，终究是造型任务对书写材质的发展产生影响。

对于中国共有多少种书体这个问题，甚至中国的专家们也很难清楚地回答。这是因为古代论著中提到的书体数量要远多于现在已经确定的数量。自周朝起，书体一直以两种并行模式发展。第一种造型方式以变形线性笔画、点以及文字中的释义元素为目标。第二种造型方式是允许在象形文字特征图形中引入额外的装饰元素。中世纪西方的大写字母是第二种造型方式发展的典型例子。在字体论著里提到的中国书法中的"蚊脚书""骨书""日书""云书""蝌蚪书"等也属于这种造型方式，大致有上百种。可见，装饰性字体的数量如装饰性图案一样有很多。将装饰造型引入书写符号的形式是出于国家象征意义的需要。如果中国书法的发展被局限于这种装饰模式的框架内，那么它在造型艺术领域的地位

就会像在西方那样低。在西方，书法装饰是随着主要艺术风格的变化而演变的。

造型方法将书体的形成导向线性形式的能动表达。同时，在公元前一千纪的下半叶，出现了从书写速度而言占主导地位的三类书体，书法造型的主流都是在这三类书体的框架内产生和发展的。这三类书体由慢速字体（甲骨文、金文、篆书）、中速字体（隶书、楷书、行书）和快速字体（草书）组成。如果说在商周时期慢写字体为主要书写方式，那么，从唐朝开始，中速字体稳居传统的中心位置。

甲骨文因刻写在龟的腹部甲壳和牲畜的肩胛骨上而得名，它们在殷商时期被用来占卜。多数情况下，都是先用毛笔书写之后再刻上去。周朝，不再用兽骨和龟甲占卜，这种字体也逐渐被遗忘。20世纪上半叶，安阳的重大考古发现使书法家们重拾对甲骨文的兴趣，甲骨文也很快广泛流行。20世纪的书法家们开始根据刻刀在硬质材料上的凿刻力度，用毛笔在纸上书写。甲骨文的主要特点是线条直，且末端尖细。所有的线条转折处都具有直角轮廓，笔画的粗细差别很小。书写技巧隐蔽，运笔速度极其缓慢，这就需要特别精准地对墨汁加以把控。所有的动态效果都呈现于内部，字符的内部空间比外部空间更大。没有对字符大小和比例的限制。雕刻符号与象形字体形式的选择有关。这种字体的书写需要高度集中的冥思能力。

金文与甲骨文同时并存，但它主要存在于商朝衰落之后的整个西周时期。该字体主要用于钟鼎，文字以浇铸的形式被刻画出来，与青铜器一起成型。除直线外，金文笔画还具有椭圆形结构，而缺乏直角笔画。笔画通常又粗又短。该字体的书写标准尚未制定出来，每个字符所占空间与其构成元素的数量相对应。字符形状近长方形。这种字体在公元前后已完全不再用于书写，但是，在宋朝，作为最古老的一种书法造型，它又重新出现，并且至今都为不同流派的书法家所喜爱。用毛笔书写时，笔法的技巧含而不露。运笔速度虽不快，但也不像甲骨文那样慢。整个笔画的动态完全集中在字符的造型中，这使字符显得特别大气，尽管其尺寸并不大。这种风格的古代作品是容量最

大、能量最强的。字符行列彼此之间分布得如此之近，以至于所有的书写空间都被它们均匀且密实地填满。这种字体的象形基础清晰可见，在书法作品的内容生动方面发挥着重要作用。在书写过程中允许作者自由发挥。

大篆字体形成于东周时期，它有许多变体，既有功能性的，也有区域性的。首先，它与青铜礼器有关，青铜器的表面覆盖着容量很大的文本。文字不是与器皿一起浇铸，而是在器皿铸好之后再镌刻。在凹槽镶嵌金银的情况并不少见。石碑上的大篆字体也很有名。在20世纪下半叶的考古发现之前，人们认为这种字体的造型程序是在雕刻技术的影响下形成的。但是，公元前一千纪中晚期在石刀、木简以及丝帛书写文字的考古遗迹为人们反驳上述观点提供了依据。在随后的朝代，东周时期的书法字体得到了一个概括性的名称"古印体"，鉴赏家们后来将其区分为六个及以上的变体。在大篆字体的所有雕刻类型中，书写都没有严格的规范化。字符的大小取决于笔画的数量，但是，字符的线条粗细与西周时期相比，变得越来越均匀。

秦朝进行了书法改革，其结果就是出现了一种新的字体——小篆。与大篆不同的是，小篆所有字符，无论笔画的数量多少，都符合统一的竖排格式，字符的结构也受竖排的支配。文字以整齐的纵列分布，列与列之间的距离在足够大的范围内变化。字的书写严格标准化，结构体系也有调整。笔画平稳，线条粗细一致。根据其线条特点，它们又被称为"玉筋篆"或"铁线篆"。字体造型中椭圆形更为常见，这使得其形状均匀对称。明朝书法家赵宧光创作出名为"草篆"（"飞白篆"）的字体。该字体需要特别娴熟的技术，因为要留白，运笔速度必须比平常更快，同时还要保持相当均匀的笔画粗细度，这在书写椭圆形字体时是相当复杂的。人们用篆书刻制印章，因此，"篆"这个名词本身就成了"印鉴"的同义词。篆体的书写要求毛笔严格保持垂直状态，笔尖的重心固定不变。毛笔的运动速度是缓慢的，笔画的外部动态保持最小化，这样才有可能保证能量的积

累。为了拉大小篆字体的字符比例,造型主体结构的外部与内部空间得到了部分平衡。笔画结构应当均衡和稳定。篆书显示出线性造型思维的纯粹性,中国专家正是从中发现了所有其他书法字体的艺术解决方案的源泉。象形符号表意的程式化达到了如此高的程度,堪称书法艺术中造型运动自主性的开端。这种字体具有积极的、使人心神安宁的作用。

隶书形成于秦朝,真正的创始人为程邈。根据传统,他采用"方笔"中的倾斜笔法,代替"圆笔"中毛笔垂直的写法,由此创造出新的书法造型。程邈的作用很有可能是在周朝末年将用毛笔在竹简上书写公文的技术系统化。这是第一种书法风格,即令有力度变化的毛笔倾斜书写技术变成了可能。这种字体出现的目的在于,在文牍处理过程中可以控制书写速度。隶书的笔画结构转为横向格式。字体的轮廓反映出,隶书的书写需要更快的运笔速度:轮廓由椭圆形变为长方形,过去画在一起的形状现在被分割成线条独立的笔画。在每一行中,用笔的速度和力道也变得不均匀。在隶书中,书法家首次做到在运笔时,笔力的收与放有明显变化。笔画"捺"长长地向右侧伸展,强调了隶书空间构成中的水平主导地位。隶书是极为标准的字体,在实践中有严格的书写规则。但是,其书写并不要求像篆书那样结构高度集中,而是与字符元素的象形基础的联系越来越疏远。

楷体可用三个术语表示:楷书、正书和真书。楷体的形成是中国书法史上一个备受争议的问题。一些论著的作者称公元2世纪的学者刘德昇和他的弟子们是楷体的始作者,但是,钟繇被视为把楷体变成重要艺术现象的第一位书法家。楷体的传播推动了毛笔和纸张制造技术的改进。尽管如此,在石碑和岩石上的题词是这种风格最著名的遗迹。楷体的字符形状近正方形,所有的字大小几乎一致。笔画的粗细传达出用笔的力道。用毛笔书写的技术保持笔力收与放之间的平衡。书写顺序和笔画形状都有严格的标准,遵守这些规则,能确保运笔过程中笔力收与放的平衡。在这种字体中,也能发现字符内外空间的平衡关系。楷

体的造型是如此和谐，以至于无论书写者的书法造诣如何，都能够产生强烈的心理治疗效果。学习汉字和书法要从楷体开始；许多书法家在晚年都会转向楷书，因为在章法的范围内实现内心的自由被认为是大师创作生涯的最高成就。楷书是众多排版字体的基础。

对于行书起源的疑虑并不比楷书少。公元前4世纪—前1世纪的考古发现表明，普通书写者的笔迹存在许多中间变体，在此基础上，公元2—4世纪的书法大师们发展出一种简略的笔迹形式，这就是中国书法史上著名的碑刻的基础。王羲之被认为是公元4世纪行书发展过程中实现真正突破的泰斗。迄今为止发现的考古遗迹中没有一件在品质上接近其作品的摹本，这一事实证明了这位书法家的地位。王羲之的行书风格在中国历朝历代的宫廷中都得到了发展。行书以竖排为主。由于合并了某些特征，其书写速度明显加快。楷书明确的平衡性转向外部动态的变化和能量的释放。但是，这些破坏章法的现象并不重要。行书通常是大小相同，变化较小。书法家应该能够在混乱和有序的形式之间保持平衡，并实现从一种形式到另一种形式的多样性过渡。书写技巧甚至建立在从明显的书写方法到隐蔽的书写方法的转变之上。笔画粗细是书法家即兴创作的范畴，哪些部分可以缩写，而哪些部分又应该满写，也是由书法家决定的。象形文字的字形起源变得几乎无法辨认。在善于结合极端造型技巧和表现即兴创作的能力中，书法家的个性得以彰显。

传统的观点是将史游视为草书的始创者，他是西汉元帝统治时期（前48—前33）的一名官员。史游仿佛是在隶书和篆书的基础上创造了一个简化系统。史游所有的原稿早已散佚。很有可能，他的创新推广了在普通文士间形成的粗略书写做法，对简牍文字的考古发现证实了这一点，这些文书是官员们的"报告"。大约在公元3世纪，该字体已经成为所谓"章草"的变体。每个字看起来都是独立的，但是在字符内部，所有笔画都是一气呵成，并且省略了一些字符元素。同时，在许多字符中，最后一笔（通常是"捺"）像八分字体，而且有拉长延伸。张芝被认为是草书的第一位书法大家，他开始在一笔中不仅结合单个符号的特征，还结合相邻的字符，从而将"撇"和"捺"结合起来，形成所谓"狂草"的雏形。在草书中，大多数笔画的轮廓都是椭圆形的，这源于篆书。草书书写速度最快，书法造型最为开放。草书运笔急促，字符摆动幅度大，占据大块空间。由于运笔速度太快，墨汁来不及充分为笔画着色，就会出现"飞白"现象。在狂草字体中，字符的内部空间与背景之间的区别往往会消失。字符的力道通过笔画积极而不间断的动态向外充分展现。书法家的任务是表现混沌形式的和谐。其规范化程度最低，允许随意更改相邻字符的大小。字符的格式以纵向为主，而且往往具有拉长的结构。在草书笔画中几乎无法识别原始象形符号。草书的书写需要书法家具有强烈的感情。在创作过程中，大师们常常陷入恍惚的状态，大声喘息以及呐喊。

不同字体的书写程式存在原则性差异。书法家有句行话："楷书如站立，行书如踱步，草书如跑步。"。任何一种字体都无法单独涵盖书法美学的所有参数。只有所有字体的总和才能代表书法美学在不同历史阶段的整体发展方向。

在实践中，书法大师往往会将两种字体的书写程式结合起来，或者是在平等的基础上，或者是其中一种书写程式起主导作用。在组合书写程式时，书法家会利用其造型程式的吸引力或排斥力。以下两种变体最为普遍：行楷和行草。此外，还有一种字体——隶行，隶书和行书的结合。合成字体从宋代开始广泛普及，此后成为书法艺术传统发展的要素。"碑书"也可以被认为是合成字体的变形，是楷书和隶书的结合。合成字体应当区别于"改编"实践，即对具体作品基本字体的改编实践，这与其他字体在造型上存在细微差别。专家们根据基本字体与其他字体造型结合的数量来评判书法家的水平。在这些交叉联系中，没有任何限制和规范，只是要求同时将几种书写程式有机地联系起来。造型的细微差别表现得越矛盾，书法家的成就就越受重视。反过来，大师们总是能预料到，一定会有鉴赏家破解其造型风格的秘诀。

这套造型字体涵盖了主要的心理类型，为书法家提供了

实现自我创作所需要的自由选择。只有当书法大师精准地确定了最适合自己的字体类型并在此基础上有所发展时，这种艺术形式才能达到卓越的品质。主要字体的变化往往标志着大师创作生涯中的重要里程碑。许多书法家同时在几种字体上追求完美，因为对他们来说，这是发现"另一个自己"（自己本性的不同侧面）的一种方式。在某些历史时期，对某些书法作品的兴趣往往是由某个特定人物的心理、生理特点决定的，他能够凭借自己的成就，吸引大批追随者。如果字符的创作动机与时代的主流相符，那么，占据优势的那种字体能够成为一个时代的总体特征。

书体起着原则性的艺术纲领的作用，书写者在此纲领的范围内实现具体的创作行为。书体的造型潜力受到象形符号语义的限制，但后者并不能决定书法艺术中艺术形象的内容。在每一个创作行为中，书体的特征都充满了作者的思想。因为这些特征能够反映民族造型艺术的原型，在文化的相互借鉴中，被传达的只是它们的外部特征。

**В. Г. 别洛焦罗娃《中国书法艺术》，莫斯科，2007年；С. Н. 索科洛夫－列米佐夫《文学—书法—绘画：远东文化中的艺术融合问题》，莫斯科，1985年；王冬龄《书法艺术》，杭州，1986年；范韧庵、李志贤《书法辞典》，南京，1990年；冯振凯《中国书法志》，台北，1974年；林宏元《中国书法大字典》，香港，1983年；《真行草大字典》，长沙，1990年；姚淦铭《汉字与书法文化》，南宁，1996年。

（В. Г. 别洛焦罗娃撰，许力译）

水华即张水华（1916—1995），著名的电影导演。他在上海学习过戏剧表演艺术。1949年，他拍摄（与王滨合作）了第一部电影《白毛女》（20世纪30年代一位被地主强买去做妾的女性的悲剧）。他的其他电影作品有：《土地》、《林家铺子》、《革命家庭》（在莫斯科获奖）、《烈火中永生》、《伤逝》。

**《当代中国电影》，1—2卷，北京，1989年。

另参见词条"钟惦棐"的参考文献。

（C. A. 托罗普采夫撰，许力译）

四才子

"四才子"是对出生和居住在苏州的明代四位杰出画家的统称，其中包括文徵明、唐寅（二人又被列入"明四家"）、祝允明和徐祯卿。

"四才子"中的文徵明在近30年的时间里一直是这一流派的主要人物。文徵明（原名文壁，1470—1559），诗人、学者、书法家和画家，被认为是苏州文人画最重要的代表之一。文徵明的画作、手稿和钤印在莫斯科的国立东方艺术博物馆都有收藏。一些作品除了有他本人的书法手迹外，还有"四才子"中其他画家的诗和书法手迹。钤印有停云馆、悟言室印、玉兰堂印、玉磬山房。

唐寅（1470—1523），诗人、书法家、山水画家，在花鸟画、人物画上亦有涉猎，其人物画里最为人熟知的是仕女画。在绘画上，他结合了李成、李唐、赵孟頫、王蒙、黄公望，以及稍年长的同代人沈周的艺术手法。《明史》中对于唐寅生平的官方介绍称，唐寅在与祝允明相识之后，将大量精力投入学习中，1498年他考中乡试的第一名解元，成为苏州府举人，这在后来他的名号（唐解元）中得到反映，然而会试时却被人污蔑科场舞弊。关于这一事件说法不一，它显示出唐寅事实上处于被抛弃的境地：他对于仕途失望，醉心于禅宗，后来不再为仕途奔波，尽管他并未失去朋友们的认可。

祝允明（1460/1461—约1526/1527），字希哲，号枝山、枝山老樵，文学家、书法家、画家。1492年考中举人，供职于公务机构。根据他作品中标注的日期判断,他的创作时期在1488—1525年;在16世纪早期之前他的作品中常署全名,后来他逐渐将自己的名字和号结合在一起。祝枝山作为书法家十分有名,在楷书上他模仿王羲之,而草书上受黄庭坚的影响比较大。作为画家,他主要画山水、花和树。

"吴中四才子"中的最后一位徐祯卿(字昌谷或昌国,1479—1511)较少为人所知,他主要以行书著名。1505年,他高中进士,在官府任职。

* 《缩印百衲本二十四史·明史》,上海,1958年。

** К. Ф. 萨莫秀克《仇英〈十八罗汉〉图》,见《国立艾尔米塔什博物馆丛刊》,第27辑,列宁格勒,1989年;王逊《中国美术史讲义》,北京,1956年;《明清时期中国著名书法作品画册》,第1—2卷,大阪,1985年;《中国书画家印鉴款识》,北京,1987年;沈子丞《中国古代名画家》,上海,1954年。

另参见词条"小四王"的参考文献。

(В. Л. 思乔夫撰,张猛译)

四合院

四合院指"封闭之院","四面围合而成的院落建筑",是中国北方地区的主要民居类型,形成于12世纪的北京城市庄园被认为是其经典类型。

在开始建筑四合院时,建造者首先要考虑风水,并严格遵守等级建筑秩序和社会头衔规则。布局设计的基本要求是:以南北中轴来定向,遵循对称原则,考虑"内外""高低""长幼""男女"区别等因素。主体建筑位于中轴,正面朝南,在中心部分为内院留出开阔的空间,栽种树木和摆

放花盆。根据五行学说，石头不宜于生者，因此，主要建材为木材。整个建筑为一层建筑，用石头或砖砌面的夯实低土台作为基座，采用木支柱结构和双坡屋顶。使用白色稻草纸贴窗。廊柱、边框、门用油漆漆面。如四合院主人非名门显贵，则不允许使用斗拱、琉璃瓦建屋，不允许采用金色油漆涂刷装饰部件，而门也不能使用红色油漆。

四合院空间无论大小，都被划分为两半——前厅（外宅部分）和后院（住所部分）。大门（入口）、廊、正厅、正房、厢房（东厢房和西厢房）、正房两侧增建的耳房、入口处的建筑倒座（南墙边朝北的房屋）等是四合院必不可少的建筑组成部分。宅院的入口通常建在外墙的东南角，入口前分布着辟邪防护墙体——影壁墙。在院落深处的东北角专门拨出地方建筑家庭祭奠先祖的房屋。根据风水规则，各种用途的房间应水火相济，厨房应位于东部，厕所位于西部。

四合院建筑物和内院的规模与数量取决于主人的官阶、财政状况。规模大的院落是由几个四合院连在一起而构成的，它们是沿中轴方向或与其一并行一个接着一个地分布，无论是宽度还是深度都会增加最多可达三至四进封闭的院落。在两进或两进以上的四合院中，外院与内宅之间通常用垂花门相隔，禁止年轻男性进入内宅，甚至连男仆也禁止入内。宅院主人为大院中的仆人们另设单独的院落，侧院和后院通常建有小巧而精致的花园，其中有凉亭和装饰性水池等。

四合院是"四世同堂"传统家庭生活方式和孔子礼教思想的反映。借助正房、厢房、耳房、倒座等体现家庭关系中的秩序。按照家庭等级原则，房主占据住宅的主要建筑，年老的亲属则安置在内院安静之地，年轻的家庭成员居住在厢房，同等情况下，年长者居住在左侧，年少者居住在右侧。这种建筑分布顺序不仅用于表现家庭关系，其扩展形式还用于表现社会关系及更高的层面。建筑宫殿群时四合院大小形制的使用揭示出统治者与臣民以及皇帝与皇室成员的伦理关系特点。四合院的空间概念不仅用于居所、宫殿和寺庙建筑群的规划设计，还用于村庄或整个城市的建筑规划设计。

除"经典型"四合院之外，还存在着其变体形式：三合院——院落的一面没有建筑物，两合院——只有两面盖有房屋。不同地方的自然条件具有重要作用，决定了四合院的地方特色，如陕西省和山西省。

**E. A. 阿谢普科夫《中国建筑》，莫斯科，1959年；《建筑学通史》，第9卷，列宁格勒—莫斯科，1971年；B. B. 马良文《中国文明》，莫斯科，2001年；Б. П. 雷奇洛、М. В. 索恩采夫《北京：俄罗斯游客中国首都名胜新指南》，莫斯科，2000年；冯凌宇、史卫民《中国文化掠影》，北京，2001年；王其明、尚廓《民居》，载《中国大百科全书·建筑、园林、城市规划》，北京—上海，1988年；王世瑛、朱德明《中国古代建筑文化》，北京，2005年。

（Н. Ю. 杰米多撰，周立新译）

四君子

"四君子"是花鸟画中最重要的主题之一，其中包括竹、兰、梅和菊，象征着精神美德的复杂体系——坚定（竹）、素雅清幽（兰）、高洁清雅（梅）、淡然隐逸（菊），因共同具有的纯净思想而组合到一起，在黑白水墨画中占据主要位置。该术语固定下来是在17世纪初（陈继儒），墨竹主题的源头是文同的创作，同时他也是著名的墨竹湖州派创始人。这一主题还有以下组合：五清/五友（四君子加上松或石）、四友（竹、梅、松和兰）、岁寒三友（竹、梅和松）。在这一主题系统中，最能表现中国传统绘画假定性语言特点的是书法和篆刻的结合。绘画、诗歌和书法的统一标准得到最大程度的发展（按惯例，绘画中包含诗歌内容的书法题词），其结果是术语"画"被术语"写"替代。

**C. H. 索科洛夫－列米佐夫《四君子概念在中国精神文化建构中的重要地位》，见《东方艺术·艺术形式和传统》，圣彼得堡，2004年。

（C. H. 索科洛夫－列米佐夫撰，王玉珠译）

四僧

四僧，亦称四大名僧、四僧画家，在中国传统艺术史上通常指清朝初期出家为僧的几位画家，包括石涛、朱耷、髡残和弘仁。

石涛（1641/1642—1707/1719），广西全州人，法名道济、原济，俗名朱若极，号膏肓子、钝根、苦瓜、零丁老人、瞎尊者、靖江后人、济山僧、清湘遗人、枝下叟、粤山人等（根据E. B. 扎瓦茨卡娅的统计，共有约40个名号），杰出画家、绘画理论家、诗人。石涛的绘画题材广泛，是中国绘画史上这一时期野逸派或创新性流派中最鲜明的代表之一。钤印有半个汉、冰雪悟前身、不从门入、大本堂、湘泉谷口人、小乘客、前有龙眠济等。作为山水画家，石涛受到西方中国艺术史学家的高度评价。在中国艺术传统中，他也被视为黄山派的代表。

朱耷（1626—1705），江西南昌人，号八大山人，卓越的画家、书法家、诗人，清初野逸派的重要代表，花鸟画、山水画大师。在书法方面发展了写意风格，并多有创新。

髡残（1612—约1674/1694），生于武陵（今湖南常德），俗姓刘，字石溪、介丘，号白秃、电住道人、电住老人、忍辱仙人、天壤残者、残道人、石秃、石道人，著名山水画画家。有资料记载，他幼丧双亲，随后成为禅宗寺庙的和尚，再后来成为南京近郊牛首山寺庙的和尚。钤印有大歇堂、残者、石等。

弘仁（1610—1663），俗名江韬，画家、文学家。他擅画山水画，尤其对于"元四家"之一倪瓒的绘画经验十分关注。传统上，他也被认为是新安派的继承者。

由于"四僧"中的每一位在绘画上都有其独特个性，并显示出与传统典范的创作关系，与艺术中的正统派构成了平衡状态，因此传统上将这四位画家相提并论并归为所谓的野逸派就显得合情合理。这些僧侣画家的山水画经验为后世继承者带来了巨大的影响，如"扬州八怪"即受其影响。

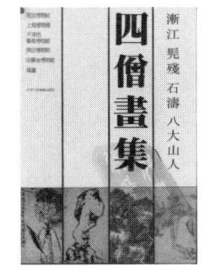

**E. B. 扎瓦茨卡娅《石涛〈画语录〉》，莫斯科，1978年；C. H. 索科洛夫－列米佐夫《扬州八怪：中国十八世纪绘画史略》，莫斯科，2000年；《八大山人画集》，上海，1958年；《八大山人研究》，南昌，1986年；《扬州八家画集》，南京，1959年。

另参见"邗上五朱"的参考文献。

（B. Л. 思乔夫撰，张猛译）

宋克，字仲温，号南宫生。1327年生于长洲（今江苏苏州），1387年卒。历史上与其他两位宋氏书法家宋广（14世纪下半叶）、宋璲（1344—1380）合称"三宋"。宋克属于自由书法家。在明代初期，大部分书法家都受到赵孟頫的强烈影响，并通过后者师承二王。为了摆脱赵孟頫的影子，宋克开始从西晋书法家索靖（239—303）的创作中汲取灵感，学习其章草字体。这种字体自三国时期以降，很少有人研习。在长达一千年的间隔之后，宋克开始展示索靖作品之美。他借鉴二王之前的书法传统经验，创造了有别于明代书法整体趋势的独特流派。他的字体呈钝角弯曲，像拉紧的弹簧。很多字的最后几笔都采用八分笔法（隶书技巧，由蔡邕所创），由此获得了独特的表现力，含蓄而有韵律的字体营造出一种古朴感。宋克成为明代章草的先驱。

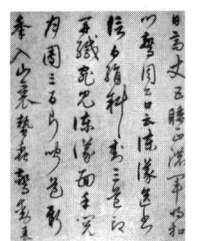

**黄惇《中国书法史·元明卷》，南京，2001年；朱仁夫《中国古代书法史》，北京，1992年；王镛《中国书法简史》，北京，2004年；马国权《沈尹默论书丛稿》，香港，1981年；Chang Leon L. -Y., Miller P. Four Thousand Years of Chinese Calligraphy. Chic. -L., 1990.

（В. Г. 别洛焦罗娃撰，李春雨译）

宋之的

宋之的（1914—1956），原名宋汝昭，中国剧作家、随笔作家。

1948年加入中国共产党，1949年后成为中国作家协会委员、中国戏剧家协会常务委员和中国文学艺术界联合会委员，1953年后成为中国作协理事会成员，1950年加入《剧本》的编辑委员会，后担任《解放军文艺》主编。

在中国，宋之的的名字与对抗反动制度的斗士形象联系在一起。他出身于贫苦的农民家庭，曾就读于北京大学。1932—1936年参与中国左翼戏剧家联盟的工作。30年代时两次因从事革命活动被捕入狱。曾担任杂志《戏剧新闻》的主编，组织"新地剧社"协会。剧本《谁的罪》发表后，人们开始谈起作为剧作家的宋之的。此后又发表了历史题材的剧本《武则天》，该剧以7世纪为背景讲述了暴力与独裁不能解决国家积重难返的问题。1937年"七七事变"后，宋之的作为作者之一进行剧本《保卫卢沟桥》和《八百壮士》的创作工作。1938年成为救亡演剧队第一队的领导人。1939年与老舍率领作家代表团奔赴山西。1940年创作剧本《雾重庆》，其中揭露了国民党统治的腐败以及大后方的衰败。该剧本标志着宋之的的创作进入了新阶段。剧作《国家至上》（与老舍合著）号召同胞在抵抗日本侵略者的斗争中组成民族统一战线。该剧作应"回教救国协会"要求而创作，创作意图轻松、迅速地得到了体现，因为两位作者都非常了解中国北方穆斯林的生活和习俗。

1941年宋之的前往香港负责领导旅港剧人协会，在太

平洋沿岸战事爆发后回到重庆。在这段时间里，宋之的发表了一部又一部剧作：《刑》、《祖国在呼唤》、《黑字二十八》/《总动员》（与曹禺共同创作）、《戏剧春秋》（与夏衍、于伶共同创作）、《春寒》（该剧展现了科学家们自我意识的提高，主题与夏衍的作品《法西斯细菌》呼应）、《草木皆兵》（与夏衍、于伶共同创作）。

  1946年宋之的到达东北。1947年领导哈尔滨文学活动，成为报纸《生活报》的主编。创作了剧本《故乡》，该剧以一个家庭的悲剧为例展现了内战前后人民生活的不同。在剧作《群猴》中，宋之的揭露了四个财阀家族（蒋、宋、陈、孔）——当时操纵国家的四大巨头——的活动。1948年他以通讯员的身份奔赴第四野战军，创作了历史题材的剧本《皇帝与妓女》。1950年宋之的被任命为中国人民解放军总政治部文化部文艺处处长。50年代初期，朝鲜战争期间，他两次到中国志愿军所在地，并创作了剧本《爱国者》，还有歌剧剧本《打击侵略者》（与魏巍共同创作）和话剧《保卫和平》（1956年获得全国话剧观摩演出会二等奖），颂扬了为和平而战的战士们的勇敢和坚毅。1956年，他创作了关于中国农村生活的剧本《春苗》、关于创立中国人民解放军的剧本《八一起义》以及电影剧本《杜甫》。

  宋之的的创作与中国人民的革命斗争紧密相连。作者爱憎分明，形象现实感强，剧情富于变化。

  *宋之的《保卫和平》，北京，1956年；《宋之的剧作选》，北京，1958年。

  **《中国文学家辞典》，成都，1979年；《中国当代作家小传》，香港，1976年；《中国现代文学史》，第2卷，北京，1980年。

（Л. А. 尼科利斯卡娅撰，姜敏译）

苏轼

苏轼（1037—1101），字子瞻、和仲，号东坡、东坡居士、雪堂。四川眉山人。北宋著名文学家、诗人、散文家、哲学家、艺术理论家、书法家和画家。

这位伟大的儒家学者的生活态度和创作追求更多地体现在文学上。考中进士以后，他供职于京师，被卷入政治斗争，遭贬谪之后还实践过炼丹术。在造型艺术方面，他是一位杰出的山水画家（但是现存的15幅题有他名字的画作中，仅有两幅是他的真迹），为文人画派的重要代表。他喜欢画怪树奇石，以画竹闻名（见"墨竹"），墨竹之外，还用朱砂画朱竹。其竹画源于以画竹、石、梅（见"墨梅"）而为人称道的著名画家文同。总体而言，比起绘画，苏轼更钟情的是书法艺术，他继承了晋唐书法家王羲之、颜真卿的书法传统。他和黄庭坚、米芾、蔡襄一起被称作"宋四大家"。

**Е.В.扎瓦茨卡娅《中国古代绘画的美学问题》，莫斯科，1975年；《世界文学史》，第1—3卷，莫斯科，1983—1985年。

（В.Л.思乔夫撰，张猛译）

苏轼还在世的时候，他的书法作品就已被收藏，而随后的历朝历代，这些作品通过雕版印刷术被大量发行，每个学生都知道这些作品。苏轼重视所有的书法工具，还是一个狂热的砚台收藏家，曾经多次作诗描写砚台；他欣赏砚台这一典故后来也为艺术家们津津乐道。他对书法百科全书式的博学，反映在其大量风格瑰丽的作品中，譬如《评书》、散文集以及诗集。

苏轼的书法艺术形成期共分为三个阶段。最初他钻研王羲之的《兰亭序》，有唐代书法家徐浩和柳公权雅致、美观之风；随后他致力于研究颜真卿和李邕的书法，笔法圆劲而以韵优胜；艺术成熟时期他的书法增加了深度和洞察力，凭借这样的造诣，苏轼成为同时代人中最卓越的书法家之一。苏轼将用笔着力处比作逆水撑船，他用传统的经验充实了自己，能够自如地控制笔尖。苏轼作品的独特性在行书上体现得尤为鲜明，他的行书作品长久以来一直是崇高内蕴和精湛技艺的典范。其中最为著名的作品有长卷《黄州寒食诗帖》（1082年，台北故宫博物院藏），这幅作品具有侧锋运笔的特点，其中的几行苏轼出其不意地使用了"悬针竖"的笔法，字形拉长增大，笔触势如破竹，一气呵成。苏轼的信条是："天真烂漫是吾师。"

现存苏轼1093年的卷轴书二赋合卷：《洞庭春色赋》和《中山松醪赋》（吉林省博物馆藏）。这幅作品结体扁肥，用墨较多，肉丰而骨劲。字体朴实、紧密，左右取势，撇捺舒展。苏轼的书法创作在同时代人那里可以找到踪迹：黄庭坚、晁补之、秦观和张耒被公认为是苏轼书法风格的杰出继承者。

*沈鹏《中国美术全集·书法篆刻编·宋金元书法》，北京，1986年。

**В. Г. 别罗焦洛娃《中国书法艺术》，莫斯科，2007年；马国权《沈尹默论书丛稿》，香港，1981年；徐邦达《古书画过眼要录：晋、唐、五代、宋书法》，长沙，1987年；曹宝麟《中国书法史·宋辽金卷》，南京，1999年；朱仁夫《中国古代书法史》，北京，1992年；王镛《中国书法简史》，北京，2004年；Chang Leon L. -Y., Miller P. Four Thousand Years of Chinese Calligraphy. Chic. -L.,1990.

（В. Г. 别洛焦罗娃撰，张猛译）

孙过庭（648—703），字虔礼。出生地一作富阳（今浙江富阳），一作陈留（今河南开封），一作吴郡（今江苏苏州）。唐代书法家、书法理论家。

孙过庭十四五岁即开始研习书法。根据祭文，他没有在朝廷任职高官，且未至年老而去世。张怀瓘的《书断》将孙过庭的作品归于"能品"一列，并认为其草书优于楷书和行书。后代评论家也偏向于对其草书给予更高的评价，但他并不属于一流大师。

孙过庭以《书谱》而闻名，此书于公元687年以草书完成。起初有两卷，但目前只保存下来一卷。该论著是唐朝中国美学思想的里程碑之一。"二王"草书的风格变体构成了《书谱》书法造型处理的基础。孙过庭的草书格律严谨，笔尖挥动范围不大。他多用圆笔进行创作，用笔着力，线条粗犷，有些地方又突转细线，这也形成了其书法造型变化的多样性。上述特点与隶书技巧的使用相关。他在起笔时多用露锋，这使得字与字之间的上下承接更为成熟。行笔流畅，点画勾连映带，变化无穷，笔势纵横处理不离法度，结构平正中见奇崛，用笔精熟，均为高水平之作。这位唐朝书法家以极度的热诚再现了"二王"草书的韵律结构。评论家认为，孙过庭在整幅长卷中做到了同一字写法的微妙变化。

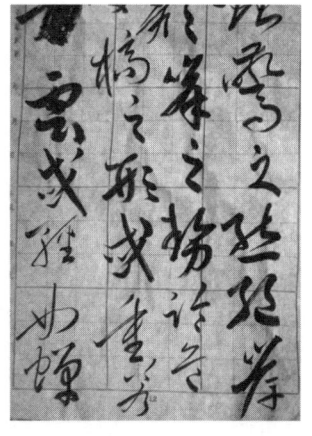

*朱建新《孙过庭书谱笺证》，北京，1963年；杨仁恺《中国美术全集·书法篆刻编·隋唐五代书法》，北京，1989年；王靖宪《中国书法艺术·隋唐五代》，北京，1998年；萧元《初唐书论》，长沙，2004年。

**В.Г.别洛焦罗娃《中国书法艺术》，莫斯科，2007年；朱关田《中国书法史·隋唐五代卷》，南京，1999年；朱仁夫《中国古代书法史》，北京，1992年；Chang Ch'ung-ho, Frankel H.H. Two Chinese Treatises on Calligraphy: Treatise on Calligraphy (Shu pu) [of] Sun Qianli; Sequel to the Treatise on Calligraphy (Xu shu pu) [of] Jiang Kui. New Haven-London, 1995; Goepper R. Shu-p'u. Der Traktat zur Schriftkunst des Sun Kuo-t'ing. Wiesbaden, 1974.

（В.Г.别洛焦罗娃撰，王玉珠译）

孙瑜

孙瑜（1900—1990），编剧、导演。曾在美国学习戏剧和文学，1928年开始拍摄电影，作品有《故都春梦》、《小玩意》、《大路》（修筑一条具有战略意义的道路的故事，充满英雄浪漫主义基调）、《武训传》（一个乞丐靠行乞积攒的资金为穷人创办免费学校的故事）。受左翼思潮影响，他执导了多部社会题材片。

**С. А. 托罗普采夫《中国电影的艰难岁月》，莫斯科，1975年；С. А. 托罗普采夫《中国电影史概论》，莫斯科，1979年；《中国大百科全书》，北京，1991年；《中国电影大辞典》，上海，1995年；《中国电影发展史》，第1—2卷，北京，1963年。

（С. А. 托罗普采夫撰，姜敏译）

太极拳

太极拳是中国和国外最为普遍的"内功"形式武术流派。这一拳法几个不同流派的一系列套路适合各个年龄段、各种身体状况的人练习，被认为能够收到强身健体、治愈疾病的效果。

关于太极拳的起源和历史主要存在两个版本的说法。一种说法出自武术史学家唐豪和顾留馨，在20世纪40—60年代广为流传。这种说法认为太极拳的奠基者是"陈氏太极拳"的创立者陈王廷（1600—1680），发源地为河南省温县的农村（这个版本的另一种说法认为创立者是陈王廷的始祖——生活于14世纪的陈卜）。这种说法的证据源自《陈氏家乘》《温县志》《陈氏太极拳图说》等史料。据说，陈王廷领导了河南、山东等地的剿匪斗争，退隐后他吸收了16世纪军事将领戚继光等人的武术精髓，创立了自己的武术体系。陈式太极拳中的"太极五路"、"炮捶一路"、"长拳"108式和剑、枪、棍等传统冷兵器器械套路、双人粘枪套路，以及内力"劲"的专门形式"推手"等，都被归入陈王廷名下。

陈王廷拳法一个最突出的特点是从戚继光那里借用的"缠丝劲"法，这种技法创立于枪术和棍术的基础上，在其他的太极拳套路中没有使用。陈王廷的拳法特点是大开大合。认为太极拳起源于陈氏拳法的支持者称，陈王廷的习拳要领与现代太极拳的要求相符："以柔克刚""连绵不断""以静制动""静中有动""后发先至""急缓相间""用意不用力""以小胜大""四两拨千斤""引进落空""沾粘连随不丢顶"等。

陈王廷的后代陈长兴从太极拳中演化出两个体系——太极和炮捶，两者被称为"二路"。陈长兴家的帮工杨露禅潜心习武，被陈长兴收为徒弟，后来杨露禅在进入皇宫后，对"陈式"风格进行了更改，赋予这种套路强身健体的方向，对一些剧烈的动作——跳跃、蹿蹦等进行了改动。他仿佛是因为太极拳招式名称不够文雅而重新对其命名，赋予它们更多的道家意味。他的孙子杨澄甫改进了杨氏"健体"风格的套路。20世纪末陈式太极拳最德高望重的一代宗师都是陈长兴的后代陈发科的弟子。

陈氏家族这一脉的其他太极拳套路也来源于陈家的武术学校。武式太极拳创始人武禹襄曾经是杨露禅的弟子，后拜陈长兴的亲戚赵堡（属于河南省）陈清萍为师，在其指导下研习陈式太极拳的"赵堡新架"，这一派的代表人物还有久负盛名的理论家陈鑫。吴式太极拳的创立者吴鉴泉是清朝端王府侍卫全佑之子，全佑曾跟随杨露禅及其子杨班侯习拳。但"武派"与"吴派"都和陈式太极拳没有任何共同之处。和陈式太极拳有这种关系的还有形意拳、八卦掌的大师孙禄堂创立的孙式太极拳，孙禄堂曾在武禹襄门下学习武术。

太極拳體用論據

认为太极拳起源于陈氏家族的说法，是试图对这一最流行的武术形式的历史进行合理化解释的结果。太极拳传统上就与一些半传奇性质的道家隐士及与之相关的神奇事件有关。按照"道家版本"，名为太极拳的拳术是由一个叫韩拱月的人创立的，后来传授给梁朝将领程灵洗。他的后人程铋在南宋时将太极拳改名为"小九天法"。由韩拱月创立的15式的名称一直流传至今，与杨式、吴式、武式和孙式太极拳的名称相同或相关。认同这种说法的有道教研究学者和唐代诗人许宣平。据说许宣平曾撰写过一系列论述武术的文章，其中有《八字歌》《三十七心会论》等。一些据考证为许宣平撰写的文章，阐述了运气养性的"八法"，现代太极拳以此为基础，区分了"四正"和"四隅"。其中也提到了用太极拳进行搏击的"沾、粘、连、随"技法和"四两拨千斤"原则等。许宣平三十七式的名称也和太极拳的现代名称相近。

在"道家版本"中，太极拳的创始人还有同样生活于唐代的胡镜子（其所传"后天法"以运用内力的"八法"为基础），以及实践"先天拳"的李道子。李道子晚年成为武当山的隐士，相传他活了几百岁。这些显然是传奇性质的说法，记载于宋远桥的《宋氏家传太极功源流支派论》和宋家的年谱中。其中的一个传说讲到，宋远桥和他习武的朋友们曾经去山上寻访李道子，路遇道士张三丰，并跟他学习了太极拳。

传说中的张三丰是宋代或者元末明初的一代宗师。他曾经担任高官，但为了自我修行，辞去官职，晚年归隐武当山。张三丰跟随道士贾得升（火龙真人）学习太极拳，后又师承仙人陈抟老祖（字图南，号希夷先生；10世纪），而《太极图》的成型也得益于陈抟老祖。张三丰的功夫可以用四个要诀来概括："以静制动""以柔克刚""以慢胜快""以寡御众"。他总结太极拳为"十三式"，其本质在于运用内力的"八法"和"五步"，是对八卦和五行理论的运用。按照这个说法，张三丰制定了太极拳的整套路数以及完成这些路数的顺序，之后太极拳分为两个流派：北派和南派。和北派相关的人物是王宗岳、蒋发，而主要发展于浙江省的南派代表人物众多，著名的有陈州同、张松溪、叶近泉、周云泉、单思

南、王征南和黄百家等。在王征南（17世纪）的墓志铭中，著名哲学家黄宗羲明确地将张三丰的武当"内家拳"和少林的"外家拳"予以区别。南派太极拳在17世纪就已经绝迹，只留下一些论著。

北派太极拳的代表人物中，首屈一指的当属来自陕西西安的王宗（王宗岳），不同的文献对他生活的时代描述不一，有说明代、清初，还有的认为是宋代。文献指出，他曾求学于张三丰或其弟子。有一种推论认为，王宗和王宗岳是生活于不同时代的两个人。王宗岳被认为是《太极拳谱》的编著者，其中收录了一篇署名为张三丰的文章《太极拳论》。

许多资料认为，明朝或清朝时生活在西安的蒋发是王宗岳的徒弟。他还曾跟随南派太极拳的代表人物甘凤池习武。蒋发将自己的武功传授给了河南温县赵堡的村民，而来自陈家沟的陈长兴也成为他的徒弟，由于这个原因，陈氏宗族禁止将祖传的拳法传授给陈长兴。从这段史料记载来看，陈长兴的太极拳和陈氏家族的武术传统并没有关系。杨露禅确实曾跟随陈长兴学习过，但不是作为仆人学艺，因为杨露禅本人家境十分殷实。杨露禅后来迁往北京，他的弟子们及后人逐渐形成了吴式、武式、孙式太极拳等派别。1928年，陈长兴的曾孙陈发科来到北京后，陈式太极拳名声大震；陈发科在炮捶格斗技艺和曾祖父的"内功"基础上，确立了今天著名的"陈式"太极拳。赵堡武术大师的后人陈鑫去世之后，其著作名称上又添加了"陈氏"两字，成为《陈氏太极拳图说》。

19世纪末20世纪初，太极拳除了上述五个主要流派，还出现了其他一些派别，一个地方会同时发展几种不同的流派，如赵堡出现的"和式太极拳"。杨澄甫的徒弟董英杰在"杨式"的基础上创立了"董式太极拳"，以及太极快拳——快慢相间，慢是以静制动，快是发劲神速。20世纪上半叶，太极拳得到了广泛传播，打破了"秘授"的传统，在全国的数百家"国术"研究所和研究院作为强身健体、自我防御的手段被传授。

20世纪50年代初期，在传统武术改革方案框架内，以强健体魄为目的，"杨式太极拳"成为优先推广的太极拳套路。1956年，国家体委（今国家体育总局）组织编写了《二十四式简化太极拳》，整套动作可在5分钟之内完成。这套拳法被纳入中学体育锻炼大纲，后来借助科普电视节目广为流传，在许多课程上被教授。先是在日本，后来是在欧洲国家得到传播。"88式太极拳"是以"杨式太极拳"基本套路85式为基础，完成一套动作约需20分钟。1979年，根据杨式、孙式和吴式拳法的特点，编排了"48式太极拳"套路。同时还出现了"32式太极剑"简化套路。在单独的太极拳派别中也出现了简化套路，如陈式"37式"和吴式"37式"。20世纪80年代末出现了"42式太极拳"竞赛套路，以及吸收了杨式、孙式、陈式、吴式风格的太极拳套路。20世纪90年代，中国的太极拳爱好者至少有2亿人。

**А. А. 马斯洛夫《搏击艺术的天朝之路：中国武术的精神艺术》，圣彼得堡，1995年；А. О. 米良纽克《莫斯科武术协会"太极拳历史问题"研讨会资料》，莫斯科，1999年。

（А. О. 米良纽克撰，张猛译）

*《张三丰全集》，方春阳点校，杭州，1990年；В. В. 马良文翻译、注释《搏击艺术：中国、日本》，莫斯科，2002年；徐致一《吴氏太极拳》，А. О. 米良纽克翻译、注释，莫斯科，2003年；李苏建（音，Ли Суцзянь）《七星螳螂拳》，莫斯科，2004年。

**Е. 格列博夫《少林武术》，顿河畔罗斯托夫，2002年；郭永泰（音，Го Юнтай）《少林红拳》，莫斯科，2003年；郭永泰（音，Го Юнтай）《少林炮拳》，莫斯科，2004年；马济人《中国气功学》，М. М. 博加奇辛翻译，2卷本，圣彼得堡，

1996年；A.马斯洛夫《起舞的凤凰：武术内功秘笈》，顿河畔罗斯托夫，2003年；A.马斯洛夫《武德：中国搏击艺术探秘》，顿河畔罗斯托夫，2004年；斯尼萨连科《形意拳、八卦掌和太极拳大师孙禄堂》，顿河畔罗斯托夫，2002年；А.О.米良纽克《吴图南大师和他在太极拳领域的研究》，莫斯科，2008年；В.В.西契科《心意门》，1—3册，第聂伯罗彼得罗夫斯克，2003年；Е.切尔托夫斯基赫、А.特拉夫尼科夫《武术的搏击技术》，顿河畔罗斯托夫，2005年；于志钧《杨式太极拳——小架及其技击应用》，А.О.米良纽克翻译，莫斯科，2008年；马有清《中国武术词语手册》，香港，1985年；《太极拳全书》，北京，1988年；李诚《武术大全》，北京，1990年；吕光荣《中国气功辞典》，北京，1991年；林中鹏《中华气功学》，北京，1989年；Chen Y. K. Tai-chi Ch'uan. North Hollywood, 1979; Docherty D. Complete Tai chi chuan. Ramsbury, 1997; Dong P., Raffill T. Empty Force (the Ultimate Martial Art). Rockport, 1996; Shi Ming, Siao Weijia. Mind over Matter: Higher Martial Arts. Berk., 1994; Wile D. Yang Family Secret Transmissions. N.Y., 1983.

（А.И.科布杰夫撰，张猛译）

太庙

太庙（帝王的祖庙），是礼祭先人的最高等级庙祠。据推测，成书于春秋晚期、汉初补入《周礼》的文献作品《考工记》中，规定了皇家宫殿建筑设计原则，明确了太庙的重要地位。

北京的太庙是太庙建筑的典范（建于1420年，于1535年和1545年先后进行了改建，1644年烧毁，1649年重建）。太庙与皇宫建筑群故宫同时建成。太庙中保留着当朝皇帝祖先的灵牌，最初是明朝，而后是清朝。太庙建筑群共有三重围墙。太庙的正门五彩琉璃门开在第二重围墙上，位于中轴线南部。门内自西向东有笔直的金水河，河上有五座大理石桥（中心桥群）。18世纪金水河通

水时，在石桥上增建了柱形栏杆。左桥和右桥对面的两处空地上建有两个井亭，金水河东端建有放置祭祀用具的神库。大戟门在中心桥群之后，该门通向第三道围墙围起的院落深处，将建在三层大理石台基之上的前殿和中殿隔开。

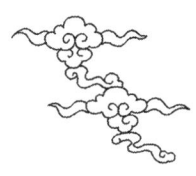

太庙的主要建筑为宫殿建筑形式的前、中、后三座大殿。其特征是重檐庑殿顶，这在此类祭祀建筑中并不常见。前殿和中殿建在完整的三层大理石须弥座之上，该台基从正面方向向前方突出。前殿没有长廊环绕。支柱和墙壁涂刷红色的油漆。其他构件的装饰以蓝色和绿色为主色调，夹杂着黄色。

前殿大厅中设有先朝帝、后神位，是皇帝举行祭祀仪式的场所。东西两侧配殿中供奉着有功的皇族和对朝廷有重大贡献的官员的灵位。中殿供奉着先朝帝、后神牌。后殿是供奉皇帝远祖的大殿，又称祧庙。

1924年，整个建筑群被辟为和平公园向公众开放。自1931年起，太庙一度成为故宫博物院的一个分馆，1950年5月1日，公园和建筑群一起更名为劳动人民文化宫。雄伟的庙宇厢房呈阶梯状排列，后被改建为展览馆、戏剧舞台和艺术中心，但仍保留了中世纪建筑群的布局原则。建筑物周围的公园区域种植有古老的树种——松树和柏树，按照中国的传统，这些树木与丧葬祭祀等有关，还种有对中国园林来说较为典型的垂柳树丛。在通往庙堂建筑的铺砌有鹅卵石的道路两侧摆放着盆栽植物，盆中盛开的鲜花应季节的变化而更新：春天是石榴花，夏天是牡丹，秋天是桂花。公园的后面是运河，人们夏季在此划船，冬季在此滑冰，将古老的庙宇建筑综合体变成了一幅现代人民公园的画面。

**阿理克（Алексеев В. М.）《中国寺庙》，圣彼得堡，1911年；О. Н. 格鲁哈廖娃《19世纪中叶之前的东亚和东南亚建筑·中国建筑》，见《建筑通史》，第9卷，莫斯科—列宁格勒，1971年；Л. С. 瓦西里耶夫《中国的祭祀、宗教和传统》，莫斯科，1970年；Б. П. 雷奇洛、М. В. 索恩采夫《北京：俄罗斯游客中国首都名胜新指南》，莫斯科，2000年；В. Я. 西季

赫梅诺夫《中国：历史之页》，莫斯科，1987年；《天安门广场导游》，北京，2002年；张勖采《太庙》，见《中国大百科全书·建筑、园林、城市规划》，北京—上海，1988年；王世瑛、朱德明《中国古代建筑文化》，北京，2005年；朱耀廷、郭引强、刘曙光《古代坛庙》，大连，1996年。

（Н. Ю. 杰米多、Н. А. 维诺格拉多娃撰，周立新译）

谭鑫培

谭鑫培（1847—1917），原名谭金福。湖北江夏（今武昌市）人。著名的京剧大师，工老生。

他发扬了著名前辈——京剧创始人、京剧演员程长庚、余三胜的技巧。他既能演生活戏（文戏），又能演打斗戏（武戏），唱、念、做、打俱佳。他创造了一种高亮醇厚的唱腔，世称谭派。他扮演的老生被视为经典和最高标准，其追随者——著名演员余叔岩、马连良、言菊朋、杨宝森等都以他为典范。

他是老生艺术的集大成者，并将其标准化，也使京剧获得了崇高的戏剧艺术所固有的结构和完整形式。在近七十年的演艺生涯中，谭鑫培曾在宫廷中为皇帝表演，也曾随着流动剧团为普通的农民演出，获得了广泛声誉，赢得了全国各地观众的喜爱。他演出的《定军山》的一折成为中国电影拍摄的第一个场景（1905）。

**《中国戏曲》，北京，1998年；《中国戏曲曲艺词典》，上海，1981年。

（Е. А. 扎维多夫斯卡娅撰，姜敏译）

谭延闿（1880—1930），字祖庵，号无畏、切斋。湖南茶陵人。诗人、文学家、杰出的书法家。

谭延闿曾接受传统教育，并在清政府任职，后加入革命运动。

他与弟弟谭泽闿一起收集了大量18—19世纪的书法作品。其中包括刘墉、邓石如、伊秉绶等人的真迹，何绍基的作品尤为齐全。谭延闿是颜真卿书法的崇拜者，后期着意临摹北宋时期书帖。他在中年时期临摹了很多公元2世纪的汉代碑帖，其弟谭泽闿将这些拓本出版，重新引起了青年一代书法家对八分字体的兴趣。谭延闿的行书明显受到翁同龢的影响。

**朱仁夫《中国现代书法史》，北京，1996年；马国权《沈尹默论书丛稿》，香港，1981年；Chang Leon L. -Y., Miller P. Four Thousand Years of Chinese Calligraphy. Chic. -L. 1990.

（В. Г. 别洛焦罗娃撰，李春雨译）

谭延闿

唐寅（1470—1523），字子畏，又字伯虎，号鲁国唐生、六如居士、桃花庵主、逃禅仙吏，世称唐解元。江苏吴县（今苏州市）人。文学家，明代主要画家之一，苏州"四才子"之一。

唐寅创作早期以其字伯虎而闻名，及至晚年，潜心于佛教，开始使用六如居士的名号。传统上将他与文徵明、仇英和沈周并列为"明四家"。唐寅的生平事迹在《明史》中有记载。常见的钤印有梦墨亭、南京解元、学圃堂、唐居士、逃禅仙吏、吴郡等。

*《缩印百衲本二十四史·明史》，上海，1958年。

（В. Л. 思乔夫撰，张猛译）

唐寅

唐寅受过良好的通识教育及绘画教育，很早就显露出非凡的艺术天赋，被称为"江南才子"。唐寅进入苏州的艺术创作群体之后，与文徵明成为至交，尽管后来家庭屡遭变故——父亲去世（1494年）、母亲亡故（1494年）、妹妹自尽（1494年），唐寅还是继续坚强地准备科举考试。在应天府乡试时他成绩斐然，高中举人（1498年），接着奔赴北京城参加会试。然而由于受会试泄题案牵连，他被怀疑试图买通考官以提前获知试题，结果不仅失去了已经考中的功名，还被罚永世不得为官。唐寅在多舛的命运面前一蹶不振，靠卖画糊口度日。后来他喜欢上佛教，四处流浪，遍访风景宜人之地，拜谒各处的寺院、道观。唐寅对佛教尤其喜爱，这一点在他为自己所取之号中也可看出。"六如"是佛家用语，比喻世事如同梦、幻、泡、影、露、电一般，虚幻无常，稍纵即逝。唐寅的名气随时间逐渐消散，晚年穷困潦倒，54岁时悄然而逝。

唐寅的画作流传下来的共159幅，作品署名时间最早为1506年，最晚为1522年。在创作的繁盛期，他在山水、花鸟和人物画各种题材上都表现不俗。作为一名画家，他吸取了北宋、南宋以及元代各时代画家的创作经验，台北故宫博物院收藏的两幅画《函关雪霁图》（69.9厘米×37.3厘米，绢本，设色）、《山路松声图》（194.5厘米×102.8厘米，绢本，设色）就说明了这一点。唐寅的一些作品明显模仿了

"马夏画风"，即马远和夏圭的创作风格，但即使是相似的情节，他也总能不落窠臼，形成自己独特的风格，譬如卷轴画《落霞孤鹜图》（105.4厘米×189.1厘米，绢本，水墨，上海博物馆藏）在绘画情节上模仿了夏圭，却被公正地评价为唐寅最具抒情性的创作。

从唐寅更晚期的作品中，可以清晰地觉察14世纪山水画家王蒙、同时代的文徵明及整个"吴派"对他的影响。同时，唐寅还一如既往地在自己的作品中大量融入宋代画院的成分，以至于后来形成了以布局严整、刻画精细、色

彩明亮以及装饰性较强的独特风格。这一风格最典型的例子当属横轴《溪山渔隐图》（高29.4厘米，绢本，设色，1523年，台北故宫博物院藏），这幅画色彩多样，以褐、红、绿色为主色调。在绘画的手法上极度强调细节，因此画中植物、群山以及人物最细微的部分都一目了然。与此同时，画家在结构处理上趋向于摹古风格，从而使其山水画给人以非现实的印象。总的来说，唐寅的画符合明代宣德画院的审美标准，这些画作使得古代的理论家及之后的现代艺术理论家将唐寅看作明代宫廷画派的代表。唐寅还与"人物画"中的"仕女画"相联系，他的作品确立了这一题材"古典"与"浪漫"两个方向。这两种仕女图除了描摹单个的仕女形象，更常见的是描绘若干个女性聚集的场景，这些场景通常来自神话或文学作品的情节。"古典"风格仕女图中所有的细节，包括人物外貌在内，都刻画得尤为细致。唐寅的作品中这一类型最典型的例子是《王蜀宫妓图》（又名《四美图》，124.7厘米×63.6厘米，绢本，设色，北京故宫博物院藏）。这幅画描绘了一组仕女，她们身着前朝宫廷服饰，雍容华贵。此画构图精致，人物优雅端庄，以珠宝装饰的华丽发型、裙裾上的精细图案等细节刻画精妙。"浪漫"风格的仕女画具有形象生动、笔法简括的特点，这在唐寅的一组以古代美女（仙女）为题材的作品中得以体现。他最喜欢的人物是班婕妤（汉成帝妃子）和嫦娥仙子。这一题材的所有绘画均以同一种风格完成，画面的结构也相当统一：每一幅作品的画面中心均为单个女性，一般是以独立的风景元素为背景——树枝或月亮。这样的构图在《秋风纨扇图》（77.1厘米×39.3厘米，墨笔，纸本，上海博物馆藏）和《嫦娥图》（135.3厘米×58.4厘米，墨笔，纸本，设色，纽约大都会艺术博物馆藏）中可以看到。《秋风纨扇图》中"秋扇"的形象正可看作对弃妇的隐喻。唐寅创作这两幅画的时间并不相同，却流露出相同的情绪，这些画反映了悲伤、孤独的心境，仿佛是画家本人

生活潦倒、郁郁不得志的写照。

**H. A. 维诺格拉多娃《中国山水画》，莫斯科，1972年；H. A. 维诺格拉多娃《中国艺术》，莫斯科，1988年；M. E. 克拉夫佐娃《中国艺术史》，圣彼得堡，2004年；R. 库珀、J. 库珀《中国艺术杰作》，译自英文，明斯克，1997年；K. Ф. 萨莫秀克《仇英〈十八罗汉〉图》，见《国立艾尔米塔什博物馆丛刊》，第27辑，列宁格勒，1989年；《故宫博物院馆藏珍宝》，莫斯科，2007年；《中国艺海》，上海，1994年；邵洛羊《中国美术大辞典》，上海，2002年；《中国美术全集·绘画编》，第5卷，北京，1986年；《上海博物馆藏品精华》，上海，2004年；Cahill J. Parting at the Shore: Chinese Painting of the Early and Middle Ming Dynasty, 1368-1580. New York-Tokyo, 1979; Chiang Chao-shen. T'ang Yin's Poetry, Painting and Calligraphy in Light of Critical Biography Events // Words and Images. Chinese Poetry, Calligraphy and Painting / Ed. by Murch A., Fong Wen C. N.Y. -Princ., 1991; Paintings in Chinese Museums // Arts of China. Vol. 3. Tokyo, 1970; Siren O. Chinese Painting. Leading Masters and Principles. Vol. 5-7. L., 1958; Sullivan M. Symbols of Eternity: Landscape Painting in China. Stanf., 1979; The Shanghai Museum of Art / Ed. by Zhen Zhiyu. N.Y., 1981.

（M. E. 克拉夫佐娃补充，张猛译）

天坛

天坛是祭坛式庙宇，位于北京市南部，建于明朝。始建于1406年，竣工于1420年。最初被称为天地坛，1530年单独的地坛建成，1534年天地坛更名为天坛。天坛是一个神圣的地方，皇帝——天子每年冬至这一天在此举行祭天大典。

天坛占地近280公顷，两重围墙将其划分为内外两部分，唯一的入口是西门。按照中国古代人的观念，天为圆形，在上，为内；地为方形，在下，为外。在天坛及位于其中的独立建筑中，既可见到方形设计，也可见到圆形设计，这些都会令人想起以前该坛作为天地坛时的功能。三个主要建筑群呈"品"字形分布，由三个正方形构成：斋宫（平面为方形）遵照南北中轴线的对称中心向西墙方向延展。在南部"方块"中则坐落着圜丘坛（也称祭天台）和皇穹宇，在北部的"方块"中则是带有基座的祈年殿（也称祈谷坛）。这种建筑布局营造出无限空间的效果。整个建筑群的装饰以象征天空的蓝色为主色调。

圜丘坛（建于1530，1749年改建）呈圆形，平面设计为层层上举的以汉白玉石砌面的三层平台。平台高度为5.18米，基座直径为33.3米。四面都有台阶通向祭坛的最上层平台，每层平台的边缘和台阶边缘都装饰有大理石栏杆和栏板，栏杆是一些雕刻着龙形图案的小柱，排水口被做成龙头形状。栏板的总数与中国天文学周天360度的数字相符。祭坛中心放置着一个直径小于1米的圆石，它是"天心"的象征，以其为中心，四周用尺寸稍小的石板铺设成一圈圈圆环，石板的数量随着直径的增大而增加。祭坛的整体几何尺寸、石板和台阶的数量，都是"天数"九的倍数。举行祭祀仪式时，这里安放皇天上帝和当朝皇帝先祖的牌位。圜丘坛有墙墙两重，形成内圆外方的建筑物，墙墙上半部饰以蓝色（天），下半部饰以红色（地），四面建有棂星门，门框石造，门扉朱漆。

从圜丘坛向北是皇穹宇（建于1530年，1752年改建），它是一座鎏金宝顶的单檐攒尖顶建筑，屋顶上铺着蓝色的琉璃瓦，为存放皇天上帝和皇帝先祖灵牌的场所，左右配殿中保存着其他天神和云雨雷电等诸神的牌位。皇穹宇高19.5米，直径为15.6米。内部装饰富丽堂皇，木石上的绘画和雕刻绚丽多彩，令人叹为观止。地面上装饰着富有象征意义的花纹：中心为圆石，其周围是用扇形石头所砌成的九重圆环。第一重圆环由八块石头组成（象征着"八方"），接下来每

一重圆环所用石头都以八的倍数增加，共用360块石头。大殿之外建有一座结实厚重的圆形围墙，即"回音壁"，以其周围能够产生声音共鸣而著称。通向大殿的台阶上有三块石板——三音石，具有独特的声学性能。回音壁的南面和北面各设有一个大门。

丹陛桥始于皇穹宇北门之外，是一座建在高堤上的平坦石台，长度为360米，宽度为29.4米，被划分成三条大道：神道（中间的坡道）、御道和王道。丹陛桥通往矗立于祈谷坛（建于1420年，1545年改建）上的祈年殿（建于1420年，1896年重建），祈谷坛为三层汉白玉圆台（基座直径为90.8米，高5.56米）。祈年殿为一座鎏金宝顶蓝色琉璃瓦三重檐攒尖顶建筑（高38米，直径近30米）。该建筑没有采用大块状人字梁，无大梁和长檩。28根巨大的木柱和彼此互相衔接的枋桷支撑着高大厚重的檐顶。中央四柱（高19.2米）象征着四季，中层的12根木柱代表12个月，外层的12根木柱代表12时辰。藻井天花板上是精致的彩绘。雕刻挡板代替了墙体，赋予整个建筑以轻盈之感。祈年殿是举行祭祀天神和祈谷大典的场所。

斋宫像是一座城堡，被高大的砖墙和分布于两旁的御河所围护。四周沿墙体外面有一圈回廊环绕，是守卫士兵布岗的地方。主门是东墙上一大两小的三个拱形门，通往建有钟楼的前院。内院中心是一座带有1.5米高宽敞露台的砖石大殿。其后分布着冬夏寝宫和沐浴房间。

天坛建筑群中还建有皇乾殿、神厨、宰牲亭、神乐署，这些建筑有些部分已经损毁。

栽种着6万多棵柏树的园林占据了天坛的大部分地方，柏树为祭天大典营造出庄严与神圣的氛围。

**《建筑通史》，第9卷，莫斯科—列宁格勒，1971年；Р.В.越特金《中国的博物馆和名胜古迹》，莫斯科，1962年；Б.П.雷奇洛、М.В.索恩采夫《北京：俄罗斯游客中国首都名胜新指南》，莫斯科，2000年；《中国的世界遗产》，北京，2003年；

В.Я.西季赫梅诺夫《中国：历史之页》，莫斯科，1987年；张勘采《天坛》，见《中国大百科全书·建筑、园林、城市规划》，北京—上海，1988年；王世瑛、朱德明《中国古代建筑文化》，北京，2005年；朱耀廷、郭引强、刘曙光《古代坛庙》，大连，1996年。

（Н.Ю.杰米多撰，周立新译）

田汉

田汉（1898—1968），中国现代话剧的奠基人之一，著名剧作家、编剧、诗人、戏曲理论家、政论作家，颇具影响的戏剧活动家和社会活动家。

田汉出身于农民家庭，曾就读于长沙师范学校，1916年远赴日本，考入东京高等师范学校。1921年和郁达夫、成仿吾等一同参与组建了创造社，接触了莎士比亚、歌德、席勒、拜伦、易卜生、霍普特曼、托尔斯泰、安德列耶夫等人的作品，把莎士比亚的《哈姆雷特》《罗密欧与朱丽叶》和王尔德的《莎乐美》译成了中文。他在大学生杂志《少年中国》上发表了最初的诗作。那时他就开始尝试新戏剧的创作。当时他创作的最成功的作品是《咖啡店之一夜》和《午饭之前》。1922—1935年田汉主要在上海工作。1924年他创办了《南国》半月刊，在该杂志上刊载了自己的话剧《获虎之夜》和其他一些话剧；1926年他创建了南国电影剧社；1928年他与上海艺术学院紧密合作，创建了南国艺术学院（存在的时间是1928—1930年），包括戏剧系、文学系、绘画系。在举办的演出观摩节目中有田汉的话剧（其中《名优之死》获得了巨大的成功）和国外作者的作品。一些杰出的戏曲大师也参加了观摩演出。他和夏衍以及其他人一起于1929年组建了上海艺术剧社，1930年成立左翼剧团联盟（1931年更名为"左翼戏剧家联盟"），喊出创建"无产阶级剧社"的口号。此后，田汉的创作特点发生了急剧变化，从感伤浪漫主义变为政论宣传风格，这一点在他发表于《南国》月刊上面的文章《我们的自己批判》中得以体现，其中他表达了决心——与美学的彷徨、青年的感伤主义、无政府

主义决裂，转向无产阶级的思想立场。这也同样体现在他30年代初期的作品中，如《乱钟》《梅雨》《暴风雨中的七个女性》《洪水》以及其他作品，还有对高尔基的长篇小说《母亲》的创造性改编。他积极参与戏剧宣传队、大道剧社、蓝衣剧社的创作与活动。1932年田汉加入中国共产党。1934—1935年，他把《阿Q正传》改编成剧本（改编自鲁迅的小说），还完成了对托尔斯泰《复活》的改编以及歌剧《扬子江的暴风雨》的写作。抗日战争时期，他创作了一系列宣传爱国主义精神的作品，积极开展上海文化界救亡协会、上海戏剧界救亡协会的工作，组织戏剧宣传队的流动宣传工作。

1938年，田汉成为国共合作时期的军事委员会政治部文艺宣传科的负责人。[①]他参与了中华全国戏剧界抗敌协会的创建（宣言起草者），并且被推选为该组织的领导成员，陆续组建了13个抗敌演剧队。他力争在抗战的形势下更广泛地运用民族戏剧，投入基于传统戏剧情节而发出爱国主义呼声的"新剧"——《江汉渔歌》《风云儿女》《岳飞》和其他剧本的创作，并且（与欧阳予倩一道）参与新话剧演员培训班的创建工作，完成了剧本《秋声赋》的创作。1944年，他参与举办中国西南大型戏剧展览会。他还创作了戏曲剧本《琵琶行》《珊瑚引》。抗战胜利后，他完成了剧本《丽人行》，并随即在北京、上海、无锡以及其他城市上演，取得了巨大成功。

1948年田汉来到解放区。在李家庄，田汉初遇毛泽东。1949年他同中国人民解放军一道抵达北京，参加了中华全国文学艺术工作者代表大会，被选为中华全国戏剧工作者协会主席。根据全国政治协商会议的决议，由田汉作词的《义勇军进行曲》（聂耳作曲）被定为国歌。新中国成立后，他被任命了一系列行政领导职务，其中包括文化部戏曲改进局局长、艺术事业管理局局长、北京戏曲实验学校校长、中国文学艺术界联合会副主席。

在田汉的戏剧遗产中占据重要地位的是他为戏曲剧院创作的传统情节剧本《白蛇传》（1952）、《金鳞记》（1957）、

---

① 1938年，国民政府军事委员会政治部第三厅成立，田汉出任第六处处长，负责文艺宣传。参见中国共产党新闻网（http://cpc.people.com）。

《西厢记》(1958)、《谢瑶环》(1961),以及为话剧剧院创作的话剧《关汉卿》(1958)和《文成公主》(1960)。1964年在"整风运动"中,田汉成为被批判和审查的对象。京剧《谢瑶环》被称为"毒草"。"文化大革命"期间,他成为严厉批斗的主要对象,被扣上了诸如"戏剧界牛鬼蛇神的祖师爷"等帽子,在经历了身体和心理上的摧残之后,他被关入了监狱,最后因重病离世。1979年得以平反,恢复名誉。

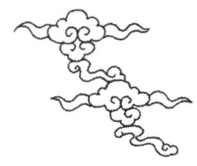

* 《田汉论创作》,上海,1983年;田汉《女御史谢瑶环》,C. 斯佩什涅夫译,见《当代中国戏剧》,莫斯科,1990年。

**B. 阿志玛姆多娃《田汉:时代背景下的肖像》,莫斯科,1998年;Л. 尼科利斯卡娅《田汉与20世纪中国戏剧》,莫斯科,1980年;《中国话剧艺术家传》,北京,1984年。

(И. В. 盖达撰,姜敏译)

《图画见闻志》

《图画见闻志》,中国著名的绘画史和理论著作,作者郭若虚(11世纪),出身于名门望族,任官职时间不长,一生从事艺术品的收集和研究。著作完成于神宗皇帝在位的1074年,在时间上承续张彦远的《历代名画记》(9世纪)。对郭若虚论著的最早引征出现于12世纪,最古老的手抄本出现于13—14世纪,17世纪有毛晋刊行本。

该著作以中国古代文雅文体之一——志的体裁完成,由一篇序言和六卷正文构成,主要记叙了关于绘画史、绘画理论及绘画评论的不同观点,包括383位画家的生平资料,以及对画家绘画、收藏和掌故的描述。作者在翔实资料的基础上,记录事实,依次叙述事件。论及绘画在社会生活中的地位时,郭若虚展开自己对绘画的理解——绘画是教化的艺术,是国家的重要事务,并举例说明绘画对普通人和帝王道德的有益影响。按照郭若虚的说法,绘画所具有的直观性,

使其比文学和书法更为重要且通俗易懂。从纯粹的儒家教育一认知的角度来评价艺术：道德即美。他根据儒家的"正名"之说，指出画作名称要符合画作的意旨。在《叙图画名意》一章中列出根据儒家经典（十三经）主题而创作的作品，以及遵守了儒家伦理规范的历史人物故事画。观者的认知行为和立场被简化为对美学内容和社会意义的评价，而绘画本身不具备独立的意义，或者说它完全从属于思想。但与此同时，《图画见闻志》的作者认为绘画是脱离周围生活的一种手段，在这个过程中，感知行为即观者通过对绘画的深入观察而与绘画所承载的形象融为一体。艺术的这种双重功能——儒家的教化，道教与佛教的沉思——反映了宋代中国人将世界观与教育观相结合的理念。

郭若虚定义了题材、风格和艺术流派，阐明了个别画家的活动在流派形成中的重要性。在论述曹仲达和吴道子的《论曹吴体法》一篇中，郭若虚阐明，二人是两种佛教绘画风格的创始人，并归纳了两种风格的特点，这两种特点成为一组相对的概念，在不同论著中流传："吴带当风，曹衣出水。"曹仲达生活于北齐，既是著名的佛教题材绘画大师，也是来自西域的肖像画家。他的作品没有流传下来，甚至生活在9世纪的张彦远都没有看到过其作品。根据其姓氏特征，曹仲达出生于粟特，按汉语的读音就是曹国。他是最早绘制阿弥陀佛的画家之一。郭若虚将之列为中国绘画中受西方影响的代表画家，这种影响一直持续到唐朝。吴道子是中国传统绘画技法的代表人物，书法研习为他的绘画打下了坚实的基础，其画作对线条的运用达到了炉火纯青的境地。

10世纪在中国北方和南方地区创作的山水画家，实际上彻底改变了山水画的面貌。郭若虚挑选了一批杰出画家，他们是10世纪山水画三大流派的创始人——李成、关仝和范宽，三家鼎峙，各具风格，构成了中国北部和东部地区的风格流派。他们与南派——董源和巨然相对立。对于后两位，郭若虚只是在介绍其生平时赞许了几句。大概，他没有在南方生活过，对他们的作品并不了解，或者他更偏爱北方画家。

在10世纪的花鸟画中，郭若虚挑选并公正评价了两位画家——蜀人黄筌和江南人徐熙，尽管二人在风格和技法上并不相同。郭若虚称因黄筌在朝为官，其绘画风格被概括为"黄家富贵"；徐熙为"处士"，较之于仕途，更喜"放达不羁"，绘画呈"野逸"之风。作者认为两位画家不是对手，而是两个流派的创始人。郭若虚这种理性客观的立场，也使他有别于11世纪的其他评论家。

《叙自古规鉴》和《论气韵非师》两篇都直接与绘画理论的分析有关。郭若虚一方面将理论定义为一个基本概念，另一方面又将其定义为有关创作实践本身的主题。与其说他是理论的创造者，不如说他是理论的解释者。在中国的绘画论著中，某些术语在不同的论著中使用相同的文字，但在不同的时代，这些术语的含义却各不相同，理解也不尽相同。郭若虚在自己的著作中重新解读了古代的术语和前人的理论。他挑选了荆浩《笔法记》中提出的绘景"六要"中的一些理论进行阐释。郭若虚认为人物画画家应按类型塑造人物，要体现绘画的思想内涵，以及画家本人对绘画人物和思想的理解。他认为，在佛教题材的绘画中应该表现善的思想，在道教题材中则表现虔诚，等等。在评论其他题材时，郭若虚谈到了绘画的法则：线条特征、用墨特点。但是技法的掌握不是目的本身，对于画家的深入体察，观者应该赞赏，如，画林木"须崖岸丰隆，方称蟠根老壮"。郭若虚同样对造型体系的问题感兴趣，注重物象的深度、高度、体积及绘画本身材质属性等的传达。但是郭若虚并不是画家，较之于绘画创作实践，他更多的是对基本理论问题感兴趣。这种兴趣尤为明显地体现在《论气韵非师》中，他在这一篇中发展了"气韵"的概念——绘画"六法"中的第一法。"六法"首次出现于谢赫的《古画品录》中，并成为中国所有绘画理论的基础——"气韵生动"。

《论用笔得失》论用笔技法和书画的统一。郭若虚分析了若干绘画作品，首先论述了绘画"三病"。郭若虚的前辈和同代人尝试确定绘画之"病"。荆浩在评价某幅画的优劣时，指出一些画家的优点在于笔法，即线条、轮廓的表现

力；另一些画家的优点在于墨法，即对晕染技巧、墨色的掌握。郭熙对绘画中"病"的看法与郭若虚的观点类似，他将之与用笔相结合。第一病为板：腕弱笔痴，全亏取与，物状平褊，不能圆混也；第二病为刻，运笔中疑，心手相戾，勾画之际，妄生圭角也；第三病为结，欲行不行，当散不散，似物凝碍，不能流畅也。此"三病"，郭若虚没有在所关注的众多画家中找到，因此可以说，他们所有人都克服了这些弱点，"三病"是用于指导那些处于学习阶段的人。"三病"是技艺不精的直接后果。如果说气韵是先天的禀赋，不以画家的意志为转移，即"凡画，气韵本乎游心"，而某种难以捉摸的渗透在"理"或"造化"中的东西则取决于"精神和谐"，其"神采生于用笔"，即对技巧的完美把握才能表现出绘画的神采。

　　郭若虚在其著作中对作品或画家有两类评价：第一类，从"工艺"的角度评价，另一类则是传统的评价标准"品"——艺品、自然——神、妙、能。郭若虚的评价可以分为三组。第一组，包括"意趣""意境"，指画家刻画事物精神本质的能力。第二组包括"体""风规""格律"，即同时代的"风格""风格标准"，亦即"时流"。画家应善于表现对象的特质，创造自己的风格。如果第一组评价关乎创作者的内心世界及其理解世界的能力，那么第二组评价则涉及技艺的独特性、笔法的个性以及将这些特点轻松地传达出来的能力。第三组是对画家才能的高度评价，可以将之与"自发而为""自然天成"或者"灵感妙悟"同等看待。

　　郭若虚的评价中还包括达到完美的方法："迹与心合""随心所合""默契神会"。这些方法都是非理性的，是处于沉静状态、意识与意志集中时的特征。这与画家在创作时的心理状态密切相关。

　　这部论著的内容极为丰富。作者并不局限于简单记录"所见"或"所闻"，也不局限于罗列画家及其作品的名字；艺术鉴赏家的经验使他能够对事实进行深入思考，表达自己的观点。

*郭若虚《图画见闻志》，俞剑华注释，上海，1959年，北京，1963年；郭若虚《图画见闻志》，К. Ф. 萨莫秀克翻译、注释，莫斯科，1978年；《芥子园画传》，Е. В. 扎瓦茨卡娅翻译、注释，莫斯科，1969年。

**Е. В. 扎瓦茨卡娅《中国古代绘画的美学问题》，莫斯科，1975年；Е. В. 扎瓦茨卡娅《米芾的奇思妙想》，莫斯科，1983年；于安澜《画论丛刊》，北京，1960年；Early Chinese Texts on Painting / Ed. by S. Bush, Shih Hsio-yen. Harvard Univ. Press, 1985; Siren O. Chinese Painting. Leading Masters and Principles. Vol. 1-7. L., 1956-1958; Soper A. Kuo Jo-hsu's Experiences in Painting (T'u-hua chien-wen chi) : An Eleventh Century History of Chinese Painting. Wash., 1951.

（К. Ф. 萨莫秀克撰，王玉珠译）

外销画

外销画（Chinese export paintings）是因中国出口画册在欧洲流行而产生于18世纪末19世纪初的中国传统绘画的变体。传统上，西方将其看成民俗画，画面表现清代晚期中国的日常生活和风俗。

最早的外销画是在中国的欧洲画家创作的，当时在欧洲，对中国的理想化想象转变为对这个国家现实生活的兴趣。传统风俗、中国的动植物世界，甚至航运和手工艺，尤其是瓷器、丝绸和茶叶的生产引起了欧洲收藏者的兴趣。或许，是欧洲人预先决定了"外销画"的形式和制作工艺，虽然它们的内容与中国学院派的生活绘画传统（以图画表现城市的日常生活），和以"图谱""图示"表现日常用具、武器、服饰等的绘画传统紧密相关。19世纪"外销画"主要在广州和北京的专业作坊制造。图画由带胶水的颜料用接近水彩的技法完成，一般画在中国产的薄纸或厚重的通草纸（Tetrapanax papyriferus）上。根据比例、颜色

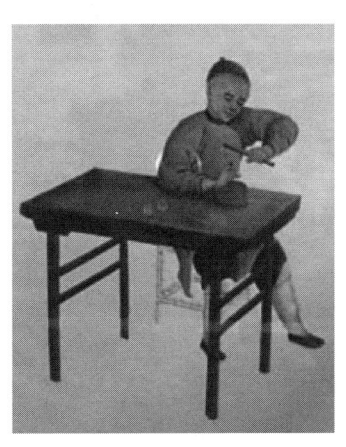

和构图,图画由不同的画家复制,画家根据图画范本,不使用任何镂花模板,手工完成。绘画上的印鉴和题词(招牌、寺庙名称等)由中国人或精通汉语的人完成。通常绘画色彩鲜艳,在没有照片的时代,绘画代替照片,成为重要的民族学研究资料。

外销画在欧洲和美洲都有收藏。在俄罗斯,外销画的收藏主要是在俄罗斯科学院东方手稿研究所、国立艾尔米塔什博物馆、俄罗斯人类学与民族学博物馆、俄罗斯国家图书馆等地。它们是使用不同的材料、采用不同的方法完成的。其中最早的作品是马德里曼努埃尔·帕洛米诺(Manuel Palomino)的圣费迪南德专业绘画科学院的册页集,由 A. C. 斯特罗加诺夫男爵(1733—1811)收集,1929年开始藏于俄罗斯科学院东方手稿研究所。由彩色丝绸包裹的画册《鱼》中包含69幅水彩画(27厘米×34.5厘米),白纸,画上有汉字印鉴和拉丁字母拼音。其绘画由菲律宾王室商贸公司的主要代理人曼努埃尔·德·阿高特(Manuel de Agote,1775—1803)于1795年完成。画册《花》(X—82)中包含37幅图画(29.5厘米×36厘米),同样由该画家创作。图画非常精致,被装裱在红色的羊皮画册中,画的名称用汉语标注。该画家的另一个画册《中华帝国的舰船》包含69幅画(25.5厘米×32厘米,画页主体为29厘米×36.5厘米),有汉语印鉴和西班牙语的简要说明。

俄罗斯收藏的画卷中还描绘了其他内容,例如,神仙帝王和古代英雄、身着朝服的官员、穿着少数民族传统服装的代表人物、道教和佛教寺观中的仪式场景、建筑群、官方仪式。许多画册或者单独的册页是根据俄罗斯驻中国传教士使团成员的订单制作的。俄罗斯人类学与民族学博物馆的藏品中有12个通草纸画册(编号311—1—12,1—12),这些画册是1891年赠送给俄国皇太子尼古拉·亚历山大罗维奇的,当时他正随俄国茶商在杭州旅行。这些由红色丝绸镶边的图画(21厘米×33厘米,画页主体——25厘米×37

厘米）上呈现了街景、女子闺房生活、寺庙场景、官员、戏剧表演、小船、鸟类和昆虫等。一些与1890—1891年皇太子出游有关的画册藏于国立艾尔米塔什博物馆。

*Corpsman C.L. The China Trade: Export Paintings, Furniture, Silver and Other Objects. Princ., 1972; Clunas G. Chinese Export Watercolors, Victoria and Albert Museum. L., 1984; Chinese Export Art and Design / Ed. by Clunas G. L., 1987; Views from the West. Collection of 19th Century Pith Paper Watercolours Donated by Mr. Ifan Williams to the City of Guangzhou. Пекин, 2001; Souvenir from Canton-Chinese Export Paintings from the Victoria and Albert Museum. Shanghai, 2003; Williams /. Nicholas of Russia Travels to the East. III. A Gift en Route // Manuscripta Orientalia. Vol. 11. No. 3, Sept. 2005; Alimov I. Chinese Watercolours on Pith in the MAE RAS Collection: List of Subjects // Ibid..

**М. Л. 缅希科娃《斯特罗加诺夫文集中的中国艺术》，见《斯特罗加诺夫：赞助人和收藏家》，圣彼得堡，2003年；Н. В. 斯捷潘诺娃、Л. И. 克里雅金娜、Ю. Г. 阿尔恰科娃、И. Н. 库列绍娃《俄罗斯科学院东方学研究所圣彼得堡分所通草中国画馆藏研究》，载《东方书面文物》，2007年第2（7）期。

（И. Ф. 波波娃撰，王玉珠译）

汪士慎

汪士慎（1686—1759），字近人，号晚春老人、溪东外史、巢林等。海阳（今安徽休宁）人。清代著名画家、书法家、篆刻家和诗人。

他的创作高峰（按照 О. 西林的说法）出现于18世纪30至50年代，在文献中并未提及他1726年之前的作品。晚年左眼失明，这在他的一些钤印中得到反映，同时也有助于确定其作品的创作年代。钤印有丙寅人、我法、卧雨山房、富溪、成果里人、尚留一目著花梢等。其钤印"丙寅人"（出生于丙寅年，即1686年的人）确定了他的出生年份，而"尚留一目著花梢"的印鉴说明了他有一目失明，时间不晚于1742年。

他主要创作花鸟画，尤为偏爱梅花和水仙。在扬州创作期间，与华喦、高翔和金农交好。这些画家被归为"扬州八怪"之列，其中还包括郑燮、李鱓、罗聘、黄慎和李方膺。他们继承了明代徐渭和清初在野画家石涛、朱耷的写意传统。

**С. Н. 索科洛夫－列米佐夫《扬州八怪：中国十八世纪绘画史略》，莫斯科，2000年；《扬州八怪书画展》，东京，1986年；Siren O. Chinese Painting. Leading Masters and Principles. Vol. 1-7. L.-N.Y., 1956-1958.

另参见词条"改琦"的参考文献。

（В. Л. 思乔夫撰，王玉珠译）

汪笑侬

汪笑侬（1858—1918），演员、戏剧作家，满族人。他从小接受传统教育，曾考中举人。对法律、世界史、心理学、催眠术均有涉猎，对佛教、矿物学、天文学颇感兴趣。还学习医学、商贸，以及绘画、书法、胡琴演奏等。他经常观看三庆班演出，热爱戏剧，将自己的一生奉献给了戏剧。

在为数不多的专业戏剧作家之中，汪笑侬关注"时装新戏"，创作了《瓜种兰因》（《波兰亡国惨史》）和《缕金箱》，作品中贯穿着反对时政的情绪。1912年，在天津主持戏剧改良社，兼任正乐育化会副会长，编写戏剧教材。

1915年于北京加入"翊文社"，又将自己的两部时装戏《三万三千三百三十三》和《现身说法》搬上舞台。其最出色的作品当属传统题材戏剧《党人碑》《哭祖庙》和"三骂"系列等。这些戏剧虽描述的是陈年往事，却引发观众对自身所处时代的共鸣。汪笑侬共创作了30多部戏剧作品，其中大多数为京剧。

作为演员，汪笑侬在吐音咬字上有特殊功夫，他机智权变，擅长即兴发挥，舞台表演细腻。1915年，在演出自己最优秀的剧目《献地图》和《马前泼水》后，汪笑侬结识了未来著名表演艺术家周信芳，后者被他饱含激情的表演所震撼，并影响了其未来的创作风格。在汪笑侬的晚年，二人常同台演出。

* 《汪笑侬戏曲集》，北京，1957年。

**C. A. 谢罗娃《京剧》，莫斯科，1970年；李洪春、董维贤、曲六乙《略谈汪笑侬的表演艺术》，《戏剧报》，1957年第22期。

(C. A. 谢罗娃撰，刘玉颖译)

王宠

王宠（1494—1533），字履吉，号雅宜山人。吴县（今属江苏苏州）人。明代书画家，吴派代表人物。

他的生命虽只有短短的40年，但在书法上却与祝允明、文徵明等书法家齐名，合称"吴中三家"。这一事实令明清以来，包括当代鉴赏家都感到不可思议。他比文徵明小24岁，成名却早于后者。这得益于王宠极其罕见的天赋，对于书法的痴迷和勤学苦练。他留下了众多的书法作品和画作。其成就在很大程度上要归功于其老师——书法家蔡羽，后者曾名闻一时。

王宠擅长楷书、行书和草书。其楷书和行书字字独立，互不相连，字体方正，但气势流畅。有些笔画得唐代虞世南之妙。运笔技巧尊晋唐先贤，同时多有变化，自成一家，远非一个30岁年轻人的功力所能及。王宠运笔轻快自然。中国学者指出，王宠的笔法兼具祝允明的独特神采和文徵明的协调雅致。其名作《千字文》为章草体，现藏于台北故宫博物院。此帖有王羲之《十七帖》之遗风。一般认为，明代书法家中无人能像王宠这样参悟《十七帖》堂奥并将其融入自己的创作中。因此，后人用"巧中见拙，以拙取巧"来形容王宠的书法。

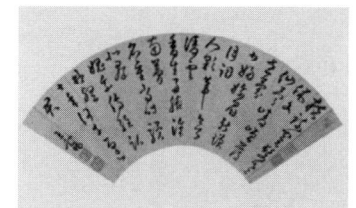

**В. Г. 别洛焦罗娃《中国书法艺术》，莫斯科，2007年；徐利明《中国书法风格史》，郑州，1997年；黄惇《中国书法史·元明卷》，南京，2001年；朱仁夫《中国古代书法史》，北京，1992年；马国权《沈尹默论书丛稿》，香港，1981年；Fu Shen C. Y. Chinese Calligraphy in the Jade Studio Collection // The Jade Studio: Masterpieces of Ming and Qing Painting and Calligraphy from the Wong Nan-p'ing Collection. New Haven, Yale University Art Gallery, 1994; Hyland A.R.M. The Literati Vision: Sixteenth-century Wu School Painting and Calligraphy. Memphis, 1984.

（В. Г. 别洛焦罗娃撰，李春雨译）

王铎

王铎（1592—1652），字觉斯、觉之，号嵩樵、痴庵、十樵等。河南孟津人。书画家、诗人。

他是明末清初书法家中的杰出代表，全面领悟了王羲之的精髓，兼纳米芾、董其昌之风。与同时代人张瑞图不同，他更偏爱浑圆线条，不喜棱角分明。晚年醉心于玩味暗淡墨色，从米黄到淡黑色，类似缟玛瑙。湿润的线条不乏轻盈律动，有王羲之之风；干枯的线条则凸显出"骨"（参见"骨筋血肉"）的棱角，最喜在绫绢上创作。他的某些纵轴书法作品特别长。

**徐利明《中国书法风格史》，郑州，1997年；黄惇《中国书法史·元明卷》，南京，2001年；朱仁夫《中国古代书法史》，北京，1992年；Chang Leon L. -Y., Miller P. Four

Thousand Years of Chinese Calligraphy. Chic. -L., 1990; Fu Shen C. Y. Chinese Calligraphy in the Jade Studio Collection // The Jade Studio: Masterpieces of Ming and Qing Painting and Calligraphy from the Wong Nan'p'ing Collection. New Haven, Yale University Art Gallery. 1994; Zhang Yiguo. The Meaning of Wang Duo's Line: A Study of a Scroll of the Tang Poems. Thesis (Ph. D.) . Columbia University, 2001.

(В. Г. 别洛焦罗娃撰，李春雨译)

王府

王府是皇帝赏赐给自己亲属或显贵家族的豪华府邸。王府在北京出现于明朝的永乐年间（1403—1424）。15—18世纪王府占据了内城的一个个完整街区。府邸通常是以其最后一位主人的称号来命名的。王府有两种类型：一种府邸是不能按遗产来继承的，因为按照当时的法律，如果儿子的官阶封号低于其父，府邸就要转给获得宫廷封号级别更高的人；另一种府邸是按照皇帝的命令，为了表彰对国家有杰出贡献而赏赐给显贵家族的，可以永久或长期拥有，也可以作为遗产传承。王府庄园仿照皇宫，绕园建造一些华美的亭台楼阁。

如今北京保存下来的王府，一些被用作国家行政机关和文化教育机构的办公场所，其余的则被设为博物馆。如，中华人民共和国成立之后，民政部设在礼王府；克勤郡王府目前是一所小学的所在地；顺承郡王府是中国人民政治协商会议全国委员会的办公地；自1981年起，世袭的醇亲王府的花园成为宋庆龄故居。该庄园位于什刹海湖畔，保存完好且以优美的花园著称。什刹海对岸为恭王府，是曹雪芹在著名长篇小说《红楼梦》中所描写府邸的原型。该王

府是保存良好的大型庄园之一，其建筑布局由三部分组成：东部、西部和府邸主体所在的中部。主殿未保存下来，殿后居所部分长180余米的双层建筑（1986—1987年曾进行修缮）被亲王用于收藏珍宝。其后是按照中国优秀园林艺术设计建造的花园。花园中建有小型池塘，形如蝙蝠张开的羽翼，蝙蝠是幸福的象征；花园中还矗立着用太湖石堆成的假山。恭王府内的大戏楼特别值得关注，该戏楼再现了19世纪的舞台布景与道具。戏楼的内部装修中多次使用蝙蝠的仿制图形。

**Б. П. 雷奇洛、М. В. 索恩采夫《北京：俄罗斯游客中国首都名胜新指南》，莫斯科，2000年。

（Б. П. 雷奇洛、М. В. 索恩采夫撰，周立新译）

王翚

王翚（1632—1717），字石谷，号臞樵、石谷子、耕烟、耕烟外史、耕烟野老、耕烟老人、耕烟散人、雪笠道人等。虞山（今江苏常熟）人。清代画家。

王翚出身于绘画世家，孩童时期就开始习画，并展现出非凡的才能。杰出的画家、"清初六大家"之一王鉴，收王翚为徒，传授他历代杰出画家的技法奥秘。不久，因新的任命，王鉴不得不去其他地方任职，因而将王翚介绍给自己的朋友、同样著名的画家王时敏。成为王时敏的弟子之后，王翚和自己的老师去南方和长江以北地区游历。其间，他能够研究并临摹大量大师的经典作品，这些作品都是王时敏的朋友收藏的。王翚与写生派拥护者恽寿平交好，可能恽寿平对王翚本人的绘画风格也产生了影响。然而，对古代大师的临摹、效仿和诠释仍是其创作的主流。得益于天赋和勤奋，王翚获得了辉煌的成就和广泛的认可。1672年，根据O. 西林的说法，当时王翚还是一个年轻人，但其声名已经很盛。高官、书法家、画家、文学家、收藏家和书画鉴赏家周亮工写道，王翚是近百年来最伟大的画家，并认为王翚完成的摹本实际上与真迹无差，因而一些人为了贪财而把这些摹本以古时风格装裱，冒充真迹出售。17世纪90年代初，他的声名远播到宫廷，康熙皇帝在第二次南巡（1689）之后，命王翚领一批画家主持绘制由十二卷画面组合而成的《康熙南巡图》，得到皇帝嘉赏，获赐"山水清晖"四字。王翚后来便用"清晖"作为自己的号。

王翚的传世作品很多，许多作品都被国外收藏。其中大部分是摹古作品，是对唐宋元明时期著名画家作品风格的诠释。王翚留下大量有准确日期的作品，这大概无人能及。但以这些作品为基础，却很难追寻其艺术偏好及创作的流变。王翚自己说，他长期以来都不能找到正确的道路，不知道应该遵循当时众多流派中的哪一个，直到最后才明白，应该利用不同大师和不同流派中最好的部分。一些中国艺术史学家，如O.西林，没有过高评价王翚的创作潜能，而是将之归入折中的一类，虽然其绘画为技术的完善做出了贡献。从20世纪80年代开始，在中国的研究者中出现了另一种对王翚的态度。他们指出，与王鉴和王时敏不同，王翚不仅临摹前辈的作品，观察鲜活的自然也是他创作的来源。利用古时大师的成就，王翚形成了独特的风格。根据画家、理论家、多部艺术专著作者张庚所作传记，王翚卒于89岁，也就是1720年，这种说法不大可信。根据71部有准确日期的作品，其创作从1653年持续到1716年。到1660年，题词中不再出现号"石谷"，1690年之后有时会使用号"耕烟"。印鉴：意在丹丘黄鹤白石青藤之间、上下古今、画禅、西爽、西爽阁等。

中国艺术理论家将王翚列入"清四王"。除此之外，他被认为是吴派的分支——清早期山水画"虞山派"之首。虞山派内有很多他的追随者。

**崔锦、孙宝发《从"四王"的作品中借鉴些什么》，载《美术》，1980年第8期；陈金陵《清代卓越画家王石谷》，载《美术》，1980年第8期；Siren O. Chinese Painting. Leading Masters and Principles. Vol. 1-7. L. -N.Y., 1956-1958.

另参见词条"改琦"的参考文献。

(В. Л. 思乔夫撰，王玉珠译)

王家卫

王家卫，电影导演，1958年生于上海，1963年全家移居香港。1981年毕业于香港理工学院，1982年考入香港无线电视台编导培训班，之后五年进行剧本创作。中国电影后现代主义流派的形成与其名字紧密相连。

如今，王家卫已经成为亚洲著名的导演，是诸多国际电影节的参与者，他拍摄的每部电影都成为文化盛事。自从拍摄黑帮武打电影（《旺角卡门》）和武侠题材电影（《东邪西毒》）之后，王家卫迅速成为现代电影界的领军人物。其作品中，起主要作用的不是人，而是情绪、情感和记忆，这种意识流紧紧抓住了观众。在王家卫的影片中，故事情节往往以几条平行线的方式发展，这让内容几乎无法复述：在事件深刻的内在逻辑之下进行的叙述看上去散漫无拘、相互之间几乎没有关联，欲言又止，镜头也是随意性的。导演用大量的细节以及鲜明却又捉摸不透的感觉充盈观众的注意力。正如评论家所说，他的作品以主观印象主义的透视区别于他人，同时长于唤起人们的悲观情绪。评论家所注意到的"印象主义"在王家卫20世纪80年代末至90年代的作品（《旺角卡门》《堕落天使》）中已经存在，这建立在导演不容妥协的创作选择之上，成为王家卫的鲜明标识。其电影中存在大量主人公面部的长特写镜头，甚至是在他们静止、沉默或睡着的时候，这迫使观众仔细观察这些一般不会在意的细节。在培养自身专注于从旁观者角度观察生活的能力方面，王家卫大概从安迪·沃霍尔（1928—1987）这位后现代主义艺术标志性人物那里汲取了灵感。沃霍尔将自己的处女作《沉睡》（1963）献给了该艺术流派，他用简单的手法记录了"睡眠"的过程，成为把业余爱好者用摄像机"草率"拍摄影片和好莱坞戏剧、歌剧刻板规矩地拍摄相对立的第一人。就像他的标准作品一样，沃霍尔将平庸提升到了艺术的高度。除有目共睹的相似之外，波普艺术"魅力四射"的大师和中国现代"殿堂级"导演的作品之间的区别是"情感"：如果说激发沃霍尔创作的是"对生命和死亡的恐惧"（正如克劳斯·霍内夫的评价），王家卫则以真正的佛家智慧暗示观众要爱自己身边的人。

王家卫可以长时间重复拍摄电影中的某个片段，擅长突然间直接在拍摄现场改写一场戏，可以同时进行两部不同风格电影的拍摄（《重庆森林》《东邪西毒》），或者无限地推迟一部电影的拍摄而接拍另一部。因此，评论界揶揄他拍摄了5年的电影《2046》可能要等到电影名字所示的时间才能上映。在其许多电影中，故事的背景往往是贫民区、街道、不整洁的公寓、咖啡馆，是导演眼中庞大却并非总是如电影画面一般的东方城市。《重庆森林》上映后，昆汀·塔伦蒂诺邀请他前往美国。

自2000年起，王家卫开始参与一些国际项目（如由米开朗基罗·安东尼奥尼提议的电影《爱神》）；担任2006年戛纳国际电影节评委会主席，由此成为亚洲导演担任此项职务的第一人。他最新拍摄的是一些拥有"美国名字"的影片，邀请西方演员参加（其中有埃德·哈里斯、娜塔莉·波特曼、裘德·洛、蕾切尔·薇姿），在香港本土之外拍摄：2006年8月在孟菲斯拍摄电影《蓝莓之夜》期间，他被授予象征这座美国城市的钥匙，成为中国知名人士中获此殊荣的第一人。在诸多盛誉之下，他始终保持着自我，着手进行一些探讨人类社会问题的尝试，这使他成为国际观众关注的焦点。从1996年起，他也开始拍摄电影短片。

他拍摄的艺术电影有《旺角卡门》（1988）、《阿飞正传》（1990）、《东邪西毒》（1994）（威尼斯国际电影节最佳摄影奖）、《重庆森林》（1994）、《堕落天

使》（1995）、《春光乍泄》（戛纳国际电影节最佳导演奖）（1997）、《花样年华》（2000）、《2046》（西班牙瓦雅多里电影节奖）（2004）、《爱神》（《爱神》短片之一《爱神之手》，海外片名《手》）（2004）、《蓝莓之夜》（中国内地/香港/法国出品）（2007）、《每个人都有他自己的电影》中的短片《我走过9000公里把它给你》（2007）、《东邪西毒》（导演为适应美国电影市场由1994年影片剪辑而成）（2009）、《来自上海的女人》（2009）、《苏乞儿》（2009）、《一代宗师》（2013）。

**《外国电影史》，莫斯科，2005年；K.索科洛娃《伟大的默片》，见《革命的魅力》，莫斯科，2005年；K.洪涅夫《沃霍尔》，莫斯科，2008年；《电影艺术》，北京，2002年第1期。

（C. A. 托罗普采夫撰，M. A. 涅格林斯卡娅补充，刘玉颖译）

王蒙

王蒙（1308—1385），字叔明，号黄鹤山樵、香光居士。浙江吴兴人。元代最著名的六大书画家之一，与高克恭、倪瓒、吴镇、黄公望、赵孟頫齐名，通常也被列入"元四家"——元代最著名的四位山水画家。

王蒙系赵孟頫外孙。曾任小官，元代灭亡的前两年辞官，隐居吴兴黄鹤山（今属浙江省）。王蒙何时归顺明朝开国皇帝朱元璋不详，但在明朝政权建立之后不久，王蒙就出任泰安知州，直至14世纪80年代初。后朱元璋开始对官员进行大规模清洗，包括从前的功臣。（在镇压运动中共计处死1.5万人）据说，时年77岁的王蒙因参与谋反被捕入狱，死于狱中。

从流传下来的作品来看，王蒙专攻山水画。起初受赵孟頫影响甚深，《溪山高逸图》即是明证（113.7厘米×65.3厘米，绢本，设色，台北故宫博物院藏）。后转向董源等南宗画家（南宗，现称南方山水画派；参见"南北宗"），在广采博纳的基础上逐渐自成一家。其特点是色彩鲜艳，整体装饰性与笔法的象征性和想象性相结合。这种画风于王蒙隐居之后初现端倪，在上海博物馆所藏画作《春山读书图》（132.4厘米×55.5厘米，纸本，墨笔，设色）及《青卞隐居图》（140.6厘米×42.2厘米，纸本，墨笔）中显露出来。这两幅画分别创作于1366年的春季和深秋，再现了吴兴卞山风光。第一幅画有巨石、苍松、峭壁，结合了南宋著名画家马远的苍劲青松和北宋画院画派的山石画法。同时，摒弃细描而采用点画，又赋予了画作南派所特有的柔美。画作中的山水具有象征性概括的特点，体现了元代及明代将现实风景变成抽象构图的整体趋势，这在《青卞隐居图》中体现得尤为明显：画面的空间几乎全部被山岭占据，像海浪或游龙一样向中心山峰攒聚。山峰采用10世纪山水画家巨然的画法，轮廓平滑圆润，山坡则以画笔用力点出。能代表王蒙画风的最好作品是《具区林屋图》（纸本，设色，68.7厘米×42.5厘米，台北故宫博物院藏）。画面构图饱满，整个被奇山怪岭、建筑、人物所占据，构成布局严谨的大写意山水。建筑物和人物游离于整体构图，让人联想起古代壁画中的"分段式"构图原则。强化其绘画风格古朴印象的是其画作中没有尝试表现大气环境，且在画山的时候没有刻意保持平整。与此同时，画卷技法高超，色彩鲜明，表现力独特。

明清两代一致尊王蒙为国画史上最著名的山水画家之一，其创作影响了明清两代的众多画家。

**H. A. 维诺格拉多娃《中国山水画》，莫斯科，1972年；M. E. 克拉夫佐娃《中国艺术史》，圣彼得堡，2004年；R. 库珀、J. 库珀《中国艺术杰作》，译自英文，明斯克，1997年；《故宫博物院馆藏珍宝》，莫斯科，2007年；

潘天寿、王伯敏《黄公望与王蒙》，上海，1958年；《中国艺海》，上海，1994年；邵洛羊《中国美术大辞典》，上海，2002年；《中国美术全集·绘画编》，第4卷，北京，1986年；《上海博物馆藏品精华》，上海，2004年；Cahill J. Hills beyond a River, Chinese Paintings of the Yuan Dynasty 1279-1368. N.Y., 1974; Lee Shekman E, Ho Wai-kam. Chinese Art under the Mongols: The Yuan Dynasty (1279-1368) . Cleveland, 1968; Paintings in Chinese Museums // Arts of China. Vol. 3. Tokyo, 1970; Possessing the Past.Treasures from the National Palace Museum, Taipei. Taipei, 1996; Siren O. Chinese Painting. Leading Masters and Principles.Vol. 4. L., 1958; Sullivan M. Symbols of Eternity: Landscape Painting in China. Stanf., 1979; The Shanghai Museum of Art / Ed. by Zhen Zhiyu. N.Y., 1981.

（M. E. 克拉夫佐娃撰，李春雨译）

王诜

王诜（1037/1048—1093/1104），字晋卿。太原（今属山西省）人。政治家、北宋中期最著名的画家之一。

王诜出身于贵族，迎娶皇室血脉（英宗的女儿），拥有皇室领地，并在一段时间内身居高职，曾官利州（今陕西省南部）防御使。王诜仕途不顺，全身心投入经典文学的研究、艺术创作和艺术作品的收藏。他是京城显贵中最早与文人画派最著名的代表人物有私交的人，其中包括苏轼、李公麟和米芾。他虽不是画院的弟子，但与画院画家郭熙一样师法10世纪著名画家李成，亦受郭熙影响。除此之外，王诜受到"金碧山水"——主要表现于李昭道绘画中的唐朝画院派山水画的一定影响。其"画院派"风格最典型的作品是《渔村小雪图》（44.5厘米×219.5厘米，绢本，水墨，淡设色，北京故宫博物院藏），采用对角线构图，画卷的右半部分满是高耸山峰的"立壁"，前景描绘松树（模仿李成画树的技巧），这些松树是作为画卷的垂直中线出现的，表明画卷的中心。画卷左半部分是扩散开的、山脉环绕的水面，山脉则是呈"波形"出现在后景中。

《烟江叠嶂图》（45.3厘米×165.5厘米，绢本，水墨，淡设色，上海博物馆藏）则完全不同，该画是根据苏轼的诗词绘制的，标志着王诜向"文人"创作的转变。这幅画明确地与所有画院派准则对立。其中的三分之二为空白空间，形成浓雾笼罩的效果。构图左侧是覆盖树木的山峰，这些山峰好似多石的小岛，穿出浓雾或水面，像是模糊的幻影，与米芾画中的山峰类似。据文献记载，王诜山水画构图师法李成，但不同的是，王诜又作着色山水，评论家认为，王诜的山水画自成一家，不古不今。其墨竹画也受到广泛好评，据资料记载，王诜在画墨竹时仿效文同的风格，表现出对传统绘画技巧的熟练掌握。

现代文艺理论家更关注王诜与北宋三大风格之一——士大夫流派相关的创作，三大风格的另两种是文人派和学院派。士大夫流派以京城显贵的高水平独立画家为代表，如"文人画"一样，主张创作自由，在这一意义上与宫廷画家相对立。作为士大夫流派的一员，王诜的创作不仅体现了个人的绘画风格，同时也代表了该流派整体上的演化。

**M. E. 克拉夫佐娃《中国艺术史》，圣彼得堡，2004年；《中国艺海》，上海，1994年；《中国历代绘画·故宫博物院藏画集》，第2卷，北京，1982年；邵洛羊《中国美术大辞典》，上海，2002年；《上海博物馆藏品精华》，上海，2004；Cahill J. The Lyric Journey. Poetic Painting in China and Japan. Cambr., 1996; Murck A. Poetry and Painting in Song China. The Subtle Art of Dissent. Harvard, 2000; Paintings in Chinese Museums // Arts of China. Vol. 3. Tokyo, 1970; Siren O. Chinese Painting. Leading Masters and Principles. Vol. 2-3 . L, 1958; The Shanghai Museum of Art / Ed. by Zhen Zhiyu. N.Y., 1981.

（M. E. 克拉夫佐娃撰，王玉珠译）

王庭筠

王庭筠(1151/1156—1202),字子端,号黄华山主。河东(今山西省永济县)人。金代文学家、书法家、画家。

王庭筠为汉人,是北宋末年著名书画家米芾的外甥,出生于金国占领区,这一地区是金国的主要组成部分(其更准确的出生地有时被认为是熊岳,今辽宁省盖州)。尽管出身如此,他约二十岁时就已经考取进士,开启了辉煌的仕途:官至翰林院修撰。

王庭筠与米芾既没有私交(米芾在他出生时已去世),与米芾的同道人也不相识,但这位金国画家还是被认为是米芾的精神传人、文人画传统的后继者。王庭筠只使用水墨画技法,创作变形的枯木竹石,这体现在其唯一保留下来的作品——横轴《幽竹枯槎图》(绢本,水墨,日本京都藤井有邻馆藏)中。王庭筠的创作和主张对金国的绘画产生了实质性影响,他将文人画的绘画技巧和美学宗旨带入金国的绘画。这种影响清晰地体现在一些画家的作品中,这些画家与王庭筠和传统的"文人画"画家类似,是独立创作的。这一时期出现了一大批创作"墨竹"画,同时师法文同和湖州竹派风格的画家。一些金国的画家,主要是自由画家,身居高位,研习"文人画"及南宗山水画传统(南宗,在现代术语中为南方山水画派)。其中知名的如李仲略(?—1205),据资料记载,他善于模仿米芾的山水画。现存的佚名画卷《洞天山堂图》(183.2厘米×121.2厘米,绢本,淡设色,台北故宫博物院藏),证实了南派山水画在金国流行的事实。很多专家甚至认为这幅画是10世纪著名山水画大师董源的作品,因其准确地再现了董源的技法。

**邵洛羊《中国美术大辞典》,上海,2002年;《中国绘画全集》,第3卷,杭州,1997—2005年;Bush S. Chinese Literati on Painting: From Su Shi (1037-1101) to Tung Ch'i-ch'ang (1556-1636). Cambr., 1971; Cahill J. Chinese Painting. Geneva, 1960; idem. The Lyric Journey. Poetic Painting in China and Japan. Cambr., 1996; Siren O. Chinese Painting. Leading Mastersand Principles. Vol. 2. L., 1958; Wai-kam Ho. The Development of Ink

Bamboo Painting around Liao-piang School and the Hu-zhow School // Flowers and Birds Motifs in Asia (International Symposium an Art-historical Studies 1) . Kyoto, 1982.

（M. E. 克拉夫佐娃撰，王玉珠译）

王维

王维（701—761），字摩诘，世称王右丞。太原祁县（今属山西省）人。唐代著名画家、绘画理论家、诗人、作曲家。

王维自幼就表现出全方位的才能：写诗，弹琴，将自己的诗词改编成乐曲。玄宗在位时（712—756），聚集了当时中国文化界最杰出的代表：画家吴道子、诗人李白等。王维在妻子去世（731）后，陷于思念，经常离开京城，创作山水画和诗。他痴迷佛教，为了阅读佛经原文而学习梵文。为了表示对维摩诘菩萨的尊敬取字摩诘。756年京城长安被叛军安禄山攻占，王维被捕并被迫出任伪职。朝廷平定叛乱之后，他入狱为囚，后因有身居高位的兄弟保护而被释放。王维耗时很久完成了两部山水画理论作品：《山水诀》和《山水论》。目前普遍认为后一部作品体现了王维的艺术观点。其艺术和诗歌创造的分析出现在不同的艺术和文学作品中，其诗作被收录于多部诗歌汇编和选集中出版发行。王维的绘画作品迄今只有晚期的摹本保留下来。山水画中他偏爱用泼墨技法完成水墨画构图；人物画中选取佛教题材，画罗汉和菩萨。（参见总论"佛教艺术"）

根据董其昌关于中国绘画分为两派（参见"南北宗"）的理论，王维是南宗的始祖，他开创了独特的通常为水墨画所使用的绘画技法，利用自由的笔法和明显的线条，赋予山水画浪漫甚至神秘的特性，这与源自古代传统的北宗相对，北宗的特点是按照经典的工整线条行笔和青、绿、金色设色（在北宗大师所开创的"青绿山水"中，起主要作用的不是黑色，而是彩色）。但是据文献和王维追随者的论著显示，由董其昌所确定的南宗的代表画家，在现实中倾向于色彩画，相反，其对立者经常按照王维的传统创作。

**Н. А. 维诺格拉多娃《中国山水画》，莫斯科，1972年；Н. А. 维诺格拉多娃、Н. С. 尼古拉耶娃《远东国家艺术》，见《艺术简史》，莫斯科，1979年；Е. В. 扎瓦茨卡娅《中国古代绘画的美学问题》，莫斯科，1975年；《世界文学史》，第1—3卷，莫斯科，1983—1985年；薛峰、王学林《简明美术辞典》，哈尔滨，1982年；俞剑华著《中国美术家人名辞典》，上海，1987年；Siren O. Chinese Painting. Leading Mastersand Principles. Vol. 1-7. L.-N.Y., 1956-1958.

（В. Л. 思乔夫撰，王玉珠译）

王希孟

王希孟（1096—1113年后），北宋末年山水画家，宋徽宗（参见"赵佶"）执政期间于画院学习，被称为画院最优秀的学生，受到亲自主持画院事务的皇帝的注意。

山水画中的鸿篇巨制——《千里江山图》（51.5厘米×1188/1191.5厘米，绢本，设色，北京故宫博物院藏）即出自王希孟之手。据保存至今的资料，此画创作于1113年，当时画家还未满18岁，此后不久就身染重疾去世。画作采用深蓝色、孔雀石绿色、褐色和赭色调，再现了雄伟壮阔的山脉、河流和谷地。画作由无数精心绘制的微型图景拼成，天上飞鸟、山中驴马、形态各异的人物，均精微自然。很明显，王希孟所遵循的是所谓的全景式山水画传统，该画法在整个11世纪的画院中占据主导地位。和北宋著名画家郭熙一样，王希孟也致力于解决同样的艺术问题：表现大自然的空间感和多样性。为此，他画的水面时而水波不兴，时而波澜壮阔；山峦时而清晰可见，时而深藏雾中。画风雄伟，构思宏大，色阶完美。

同样重要的是，王希孟的画作与当时新兴的单色水墨山水画画法并不一致。单色画法在12世纪初的国画史上独霸一时，主要是由于当时的审美习惯和某些业余画家，特别是文人画派代表的创作实验。或许正是由于格格不入，王希孟很快就被完全遗忘，其创作遗产的价值直到近代才被艺术研究界充分认可。当代艺术鉴赏家（首先是中国的学者，如庄嘉怡、聂崇正）将其列为中国最别开生面的山水画家，称其创作是中国传统国画史上对唐代"金碧山水"乃至整个多色绘画风格的首次再现。王希孟所开创的这一绘画传统后来在不同时代为钱选、赵孟頫、王蒙、蓝瑛等人所继承。

**M. E. 克拉夫佐娃《中国艺术史》，圣彼得堡，2004年；庄嘉怡、聂崇正《中国绘画》，北京，2000年；《中国历代绘画·故宫博物院藏画集》，第2卷，北京，1982年；邵洛羊《中国美术大辞典》，上海，2002年；《中国绘画全集》，第2卷，杭州，1999年；Paintings in Chinese Museums // Arts of China. Vol. 3. Tokyo, 1970; Xu Yanzhong. Selected Poems and Pictures of the Song Dynasty. Beijing, 2005.

（M. E. 克拉夫佐娃撰，李春雨译）

王原祁

王原祁（1642—1715），字茂京，号麓台、石师道人。太仓（今江苏省）人。著名画家、书画鉴赏家，"清初六大家"之一王时敏（1592—1680）之孙。[O. 西林错误地将之称为王士禛（1634—1711）之孙]

1670年考取进士，在朝廷为官，供奉内廷，负责宫廷艺术藏品的鉴定，以及其他艺术作品目录的编纂。擅作山水画，在仿古上尤为成功，其中包括摹仿巨然（10世纪末—11世纪初）和黄公望（1269—1354）的山水画风格。

王原祁的遗作非常丰富：《中国书画家印鉴款识》中记录了其90多个款识、50个印鉴，O. 西林的书摘目录中涵盖了其130多幅著名的画卷和册页。最早的作品可追溯到1671年。其绘画的典型特征是反复晕染，笔墨秀润。王原祁通常署全名，从17世纪90年代起，也署笔名麓台祁。虽然这个笔名并未出现在

中国的辞典当中，但可以看出同属于一个画家，因为他的很多印鉴署其号麓台而不是全名，亦多署后二字"原祁"。王原祁的印鉴还署作古期斋、墨戏、三昧、苍润、埽华庵、西庐后人、画图留与人看等。

　　中国评论家认为，王原祁最成功的作品创作于中年，而到了晚年他的绘画失去了艺术语言的完整性和清晰性。除此之外，王原祁属于四王（见"清四王"）之一，同时也被认为是"清初六大家"之一，清代正统派的杰出代表，对娄东山水画派产生了尤为重要的影响。很多画家都是王原祁的弟子和追随者，如"小四王"之一王昱。

**薛锋、王学林《简明美术辞典》，哈尔滨，1982年；《中国书画家印鉴款识》，北京，1987年；China: The Three Emperors, 1662-1795. L., 2005; Siren O. Chinese Painting. Leading Masters and Principles. Vol. 1-7. L.-N.Y., 1956-1958.

（В. Л. 思乔夫撰，王玉珠译）

王致诚

Jean Denis Attiret，中文名王致诚（1702—1768），法国人，天主教耶稣会传教士，1739—1768年供奉于内廷。

　　王致诚出身于职业画家家庭，就像另一位耶稣会传教士钱德明（Jean-Joseph-Marie Amiot，1718—1793）所说，他"诞生于调色板与画笔之间"。他很早就显露出非凡的绘画天赋，父亲是其第一任教师，此后在罗马专业学习绘画，后于阿维尼翁市加入耶稣会（1735年）。1737年，应北京传教士团请求，他被派到中国担任宫廷画师。1738年王致诚来到澳门，1739年2月至3月抵京入职，与郎世宁（1688—1766）等传教士画师（参见如意馆）共事。王致诚为乾隆皇帝创作了一些宗教题材画作（《三王来朝图》等）、山水画（《四季图》）、风俗场景画（《仕女梳妆图》，毁于圆明园大火），但主要以肖像画著称。在中国任职期间，王致诚共创作了200余幅油画肖像画，所画对象来自各个民族、各个社会阶层，包括显贵和皇帝。这些画作中还有一些是奉乾隆皇帝之命所作。1754年乾隆皇帝命令王致诚为其新归附的臣子准噶尔王公阿睦尔撒纳及其他大汗画像，这些人刚刚成为大清的藩王，他们遵照乾隆皇帝命令摆出姿势让王致诚画了一系列肖像速写，但是，据目击者回忆，他们明显为此感到难堪。这是乾隆皇帝精心设计的举措，一方面可以以画像的形式记录对自己而言尤为重要的历史时刻，另一方面可以从精神上压制新臣子，命其破天荒地在一位宫廷画师面前摆出各种姿势，更何况这位画师还是效忠于大清皇帝的欧洲人。

这些肖像画背后的创作故事可以帮助我们了解王致诚和其他传教士在北京的创作环境，非但创作题材，就连审美趣味和最后的话语权都属于皇帝。皇帝在看过草图之后会提出要求，而这些要求是不容置喙的。同样硬性的要求还体现在绘画技法上：为方便中国观众理解，成功完成创作——创作题材多种多样，不仅仅是包括王致诚在内的欧洲画家所擅长的肖像画——他们不得不创造性地运用中国的绘画传统，并在自我职业追求和皇帝的期待之间创造新的审美形象。中国的绘画传统有自己的"劣势"，特别是对于人体形态的表现不够细腻，这主要是由于缺乏足够的裸体人像写生实践，而欧洲绘画自古希腊罗马时代起在这方面就经验丰富。与王致诚同时供职于北京的钱德明证实说，中国人从王致诚那里学会了不去缩小人物的身高，而是极为准确地以其真实比例加以反映，而王致诚则从中国画家那里学到了以简洁的笔法表现一景一物，借鉴了其浑然天成的优雅和魅力，遵守这种原则所创造出来的东西足以令所有人折服。按照中国绘画研究者的观点，中国的艺术较之西方更为"客观"，西方绘画中的很多东西建立在对幻想主义效果的追求和作者的"随心所欲"之上。与此同时，中国人认为欧洲画家的油画追求逼真写实，虽然并非真正的艺术，却反映了其高超的绘画技艺。传统画派的代表者非常担心现实主义与耶稣会传教士画家无可挑剔的绘画技巧的完美结合会博得皇帝的青睐。乾隆皇帝

辛

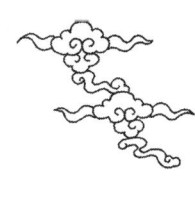

高度评价宫廷欧洲画家的风格，但同时对其做出了修正。皇帝对艺术颇为倾心，但他喜爱水彩颜料胜过油质颜料，也无法理解明暗法烘托对比的优点——阴影在他看来是画面的污点。因此王致诚和郎世宁画作中的明暗对比未得到足够赏识。乾隆皇帝高度评价他们在人物形象细节描绘方面的"客观"准确（具体到肖像画，即对于发型、脸上的毫毛、服饰细节的准确刻画），以及对于周围自然环境的准确再现（植物花叶、鸟羽兽毛）。对于这些要求的遵从催生了精雕细琢的线条式绘画风格以及构图上的留白，这是两位大师所共同具备的。对传统中国绘画技法的遵从保证了线条画和色彩画并驾齐驱，赋予油彩以水彩一般清淡透明的色调。

王致诚和其他传教士画家郎世宁、艾启蒙（Ignatius Sickeltart，1708—1780）、安德义（Joannes Damaseenus Sallusti/Salusti，1765—1781年在中国）共同参与了系列铜版画的草图设计，该铜版画系列后于巴黎印刷，共计16幅，内容与其所创作的彩色画相同，反映了乾隆时期清军在准噶尔大获全胜的场景。

**《艾尔米塔什博物馆收藏的16世纪末至19世纪的中国出口艺术品》，圣彼得堡，2003年；Н. Г. 普切林《耶稣会在中国的传教（1579—1842）》，圣彼得堡，1999年；Collected Works of Giuseppe Castiglione. Taipei, 1983; Curtis E. Cristian Motifs in Chinese Snuffbottles // Arts of Aisa.January-February 1982; Gernet J. Gott. und Caesar // Europa und die Kaiser von China. Fr. / M., 1985; Loehr G. Missionary Artists at the Manchu Court // Transactions of the Oriental Ceramic Society. 1962-1963, Vol.34; Muller-Hofstede C., Walravens H. Paris-Peking; Kupferstiche fur Kaiser Qianlong // Europa und die Kaiser von China Fr. / M., 1985; Veit V. Jean-Denis Attiret; Ein Jesuitenmaler am Hofe Qianlongs // Ibid.

（M. A. 涅格林斯卡娅撰，李春雨译）

望都墓

　　望都墓是一座发现于望都的陵墓，是汉代造型艺术最重要的遗址之一。

　　望都墓位于望都县（今属河北省）北部，1952年发掘，陵墓内的壁画属中国古代大型壁画的经典之作。据文字记载，中国大型壁画的传统源于周代，有文字提到，当时已开始用一些壁画来装饰殿堂。汉代的文学作品，如王延寿的《鲁灵光殿赋》中，对壁画的构图就有笔墨恢宏的描述。从中可见，当时不仅存在与祭祀有关的壁画，而且还有非宗教内容的大型壁画，这些壁画能够呈现人物众多的全景。对中国历史上的第一个皇帝秦始皇的皇宫遗址进行的考察（1980年），部分证实了书面资料的可靠性。考察时发现了一些或完整的或残缺不全的绘有装饰华丽的双轮马车、卫兵、动植物等图案的墙体，专家认为，这些动植物图案自古以来就进入了宫廷车马的构图，诸如此类的图画场景通常以园林建筑群或狩猎场为绘画背景。人与动物的形体使用虚线来勾画轮廓，并以几种色彩涂之。植物部分则不使用勾画轮廓的画法，而使用接近中国画没骨法的技法来完成。望都墓中，甚至还发现了更多使用复杂绘画技巧的痕迹，该绘画技巧是借助于特有的线条和色彩点的连接来进行组合，使画面达到浮雕甚至是三维绘画一般的视觉效果。

　　尽管中国大型壁画的真正历史早在公元1世纪后半期就已形成，但当时只用于与墓葬传统相关的方面。这种实际运用，显然与特殊结构类型陵墓的出现有关，这种类型的陵墓具有用所谓的砖——大型陶土块（约50厘米×100厘米）砌面的墙体。壁画直接完成于用陶土烧制成的材料表面或涂抹底色的材料表面。前者是在每一块砖上绘制单独的画面，如此得到的是一种风景如画的"画廊"。酒泉一号汉墓即以由64块画像砖组成的壁画闻名。后者是在饰面上涂以混有石膏的厚黏土层，来完成覆盖全部或大部分墙体的布局。只在干土上作画，这是中国大型壁画原则上有别于欧洲水彩壁画的地方。无论底色是否存在，整个过程都是按照单一的模式来进行的：在底色上用红色颜料涂出图像轮廓，然后上色，而后再重新用黑色来勾勒轮廓。一些中国工匠掌握了相当丰富的色彩表现手法，该色彩方案由红、蓝、黄、绿、棕等五种基本颜色及与其相近的颜色构成。

目前发现的带有壁画的古老陵墓多属于公元1世纪后半期的建筑，这些陵墓位于河南洛阳的周边地区，即大汉帝国时期的都城地区。1—2世纪时，陵墓壁画已深深融入国家各个地区的葬礼仪式：东北地区和中原地区（现今的辽宁省、河北省）、北方地区（现今的内蒙古南部）和西北地区（甘肃省），虽然尚不清楚导致这种地理分布的原因。今天已知有200多处这种类型的陵墓，它们保存了大量的绘画艺术杰作，如载入文化史的《车马出行图》（176年）和《乐舞百戏图》（80厘米×110厘米）等壁画作品。其中第一幅壁画1971年发现于今河北省中部安平县境内的陵墓，为四幅面连壁巨作，画面上绘有80条辆双轮马车图像。上述第二幅陵墓装饰壁画发现于内蒙古境内，属横向罗列式，描绘的是乐者和舞者演出的场景。中国其他一些陵墓壁画经常展现的是历史传说和宗教神话故事中的内容，包括神仙图像、神话人物和宗教仪式等。无论内容如何，都是通过相对独立的、规模宏大的系列场景分布来构图，源于这种构图方式的艺术空间的间断性是此类壁画的特点。

汉朝晚期，陵墓壁画的内容由于叙事体裁的普及而有了一些变化，人物个性化得以突出。由一个个人物或加入同一活动的一些人物所构成的队列行进式场景得到特别推广。望都墓壁画就是此类形象最鲜明的代表，原则上具有新艺术的优点。该墓的壁画分布于通往墓室的长廊墙壁上方，描绘的是若干身着祭祀服装，似乎正在肃穆地举行葬礼的男子。人物的形体用黑色线条勾勒而成，且涂饰赤、蓝和黄色染料，其姿势自然而不拘谨，每个人的形象都具有个性特征，队列行进者面部的悲痛之情跃然画上。望都墓壁画的突出特点表明：公元3世纪前，肖像画的真正概念在中国陵墓壁画中就已形成。

**H. A. 维诺格拉多娃《中国艺术》，莫斯科，1988年；О. И. 戈罗别茨卡娅《中国肖像画形成起源》，摘自《第24期总设计师室新书简报》，第1部分，莫斯科，1993年；М. Е. 克拉夫佐娃《中国艺术史》，圣彼得堡，2004年；王仁波等《秦汉文化》，上海，2001年；《洛阳古墓博物馆》，洛阳，1987年；《中国大百科全书》，北京—上海，1986—1988年；《中国艺海》，上海，1994年；《中国美术全集·绘画编》，第1卷，北京，1986年；《中国绘画全集》，第1卷，杭州，1997年；Arts of China. Vol. 1. Tokyo. 1968; Fonnlein J., Wu Tung. Unearthing China's Past. Bost., 1973; Giles H. An Introduction to the History of Chinese Pictorial Art. Shanghai, 1918; Lancman E. Chinese Portraiture. Tokyo, 1966; Schloss E. Art of the Han. N.Y., 1979; Wu Hong Art and Architecture of the Warring States Period // The Cambridge History of Ancient China. From the Origins of Civilization to 221 B. C./ Ed. by M. Loewe, Ed. Shaughnessy. N. Y., 1999.

（М. Е. 克拉夫佐娃撰，周立新译）

韦偃

韦偃，唐代画家，长安（今陕西西安）人。

9世纪朱景玄的《唐朝名画录》中有关于韦偃的生平和创作的详细记载。该书称，韦偃出生于京城，后来到西南蜀地（今四川省）隐居；"以善画山水、竹树、人物等，思高格逸。居闲尝以越笔点簇鞍马人物、山水云烟，千变万态……。山以墨斡，水以手擦，曲尽其妙，宛然如真。"可以看出，与唐朝的大部分画家不同，韦偃主要从事人物画和山水画创作。之后，包括12世纪《宣和画谱》在内的多部论著，列举了其30余部作品的名称，如《三马图》《松石图》《古柏图》等。

韦偃作为人物画分支的动物画大师被载入中国画历史，具体说来，是画马大师。《牧放图》为其

代表作之一，著名的摹本（46.2厘米×429.8厘米，绢本，淡设色，北京故宫博物院藏）由北宋著名的画家李公麟创作。画卷中共包含1286匹或跳跃或嬉闹或在草地打滚的马，和143个人物——饲马员、放牧人和看守的官员，富有动态性和表现力的同时兼具大量的细节描写和复杂的构图，充分体现了韦偃处理大场面中远近大小的比例关系以及表现动物、人物的各种姿态的艺术能力。

韦偃可以称为中国杰出的动物画家以及动物画全景风格的缔造者，画卷中的无数马群，大概是国家强盛理念的艺术性体现。这种动物画风格在北宋仍然存在，关于这一点在文献资料中提及的绘画作品《百马图》可以证实。该画作者佚名（26.7厘米×302.1厘米，绢本，淡设色，北京故宫博物院藏），现代专家认为其时间可追溯到11—12世纪，也可能是韦偃另一同名作品的摹本。

*朱景玄《唐朝名画录》，见《中国艺术》，B. B. 马良文翻译、作序及注释，莫斯科，2004年。

**M. E. 克拉夫佐娃《中国艺术史》，圣彼得堡，2004年；邵洛羊《中国美术大辞典》，上海，2002年；《中国美术全集·绘画编》，第2卷，北京，1986；《中国绘画全集》，第1、3卷，杭州，1997—1999年。

（M. E. 克拉夫佐娃撰，王玉珠译）

文人画

文人画这一术语由明代最著名的山水画家、理论家之一的董其昌首先提出，主要包含两个方面。广义上讲，它指的是非专业（自娱自乐的）画家，即那些完全不在宫廷任职之人（这在中国封建社会中是很罕见的现象，除了僧侣），或者身为官员，在空闲时出于陶冶个人情操而从事的绘画。狭义上的文人画指的是在北宋著名文人（思想家、文学家）苏轼周围所形成的创作团体,以及由该团体成员在山水画上形成的风格流派,该流派常常被称为"文人画派"("文人"一词在普通词汇义项上指"文学家、作家")。

苏轼在自己的论述中使用了"士人画"("官员之画")的术语,该定义彰显的不是人的个性,而是他的社会地位。鉴于此,苏轼在中国美学思想史上首次表明业余和专业画家创作上的原则性区别,其中专业画家指的是画院成员和所有的宫廷画家(官员画家)。他们被动地依照订单工作,服从官方认可的审美准则以及皇室贵胄的个人艺术喜好。而那些为了个人怡情而创作的官员,在苏轼看来,完全摆脱了上述外在意识形态和审美要求。将业余画家的地位作为文人画传统定义标准,这一点也得到了大多数现代学者的认可。

尽管苏轼被认为是"文人画派"的思想先驱,但他并没有留下总结性的理论著述。他关于该流派美学纲领的一些观点散见于诗歌作品、札记、散文、书信、画作题词等作品中。他的许多同道中人也对绘画创作的理论问题予以关注,其中包括他的弟弟苏辙(1039—1112),朋友——晁补之和其堂兄弟晁说之,书法家、诗人黄庭坚,陈师道,以及这一创作团体的成员米芾。

艺术学界普遍认为,苏轼的理论体系建立在道教哲学和佛教禅宗的自然哲学思想和美学观点之上。他讨论的中心论题在于如何实现由"独特性"(逸品、逸格)所确立的创作行为的最大自由度。苏轼认为,绘画应该传达的不是形象的表面特征,而在于人通过对外物自发、直观的认识所揭示的内在意义。从该论题出发,他驳斥了必须准确再现现实和实物的观点(他所谓的"死皮囊")。自然物象不过是原材料而已,在将之转化为艺术形象的过程中应该进行质的转换。也就是说,完成绘画作品的内容、形象序列以及手法完

全取决于艺术家的个性——他的人生观、世界观、个人绘画风格，以及他在创作过程中的心态。创作过程的自发性应当符合对周围现实的自发、直觉理解。艺术家可能会为创作一幅画准备很久——观察实物、在想象中选择主题和形象、构图，以及引导自己进入绘画行为所必需的精神状态。但是绘画本身应该在很短的时间内，以尽可能快的速度进行。苏轼用了一个形象的比喻，说创作行为的迅捷就像逃避雄鹰追击的兔子，稍有迟疑，就会前功尽弃。因此在苏轼看来，那些专业技能只会妨碍创作自由，使得绘画的人止步于画匠。他将张彦远和荆浩建构的绘画品评标准进行了完善，明确地将绘画分为"士人画"和"工匠画"，而"工匠画"的创造者在他看来恰恰是那些接受了绘画训练，将"能"与"巧"相结合，能较好地传达出实物的外在状貌的专业画家。因此，苏轼不仅批驳这种类型的绘画训练本身，并且对画院的活动也提出了质疑，实际上是和那些画院派理论家，尤其是和郭熙进行非正面辩论。苏轼最重要的理论贡献就是他提出并论证了诗、画、书三者有机统一的思想，这几个范畴被他定义为用于表现画家内心状态和精神潜能的创作活动的决定性类型。

众所周知，苏轼不仅仅局限于理论探索，他还努力将这些探索付诸绘画实践。据现存的资料记载，他尤其擅长墨笔画，喜欢创作由石头、竹子或者树干弯曲如龙身的枯树组成的小幅构图。苏轼的同时代人（包括米芾）在这些画作中发现了苏轼的思想和焦虑的具象化，他反对朝廷实施的改革，并预见到它们对于王朝的致命后果。的确，其画作《枯木怪石图》（26.5厘米×50.5厘米，纸本，墨笔，个人收藏）就体现了这种不安和绝望，这幅画由形状怪异的石头以及从它下面生长出来的枯树组成，虽然只是用寥寥数笔勾勒，石头的纹理以及树木的细节（有结节的树干、树枝）却被十分精确地传达出来。

以苏轼为中心而形成的创作团体的主要画家有米芾、以画墨竹著称的文同和李公麟。随后成为文人画"第一代"代表人物的是米友仁和王庭筠——他们分别是米芾的儿子和外

甥。国画传承脉络上的不同宗派，以及将其严格划分为画院派和文人画派的合法性问题，一直在中国的理论和美学思想领域被广泛讨论，自董其昌之后至今一直是学术争论的主题。和这些问题有实际关联的，还有一个事关两种主要绘画风格存在与否的基本问题，即所谓的北宗和南宗。这一问题也由董其昌提出，他认为南宗的作品体现了文人画的理想，而北宗则主要是指南宋时期画院派画家及其作品。后来确立了有关这两个不同创作方向的更详细的谱系。王维被认为是南宗画派的创始人，同时也是文人画传统的奠基者；而他的主要继承者以及苏轼创作团体中画家与理论家的先驱当推董源与巨然。北宗肇始于唐代的画院派绘画，而其发展的下一个阶段被确定为北宋时期的画院派绘画。

南北画派最明显的形态差异体现在山水画中。因此许多现代研究者认为，"二宗"论在现实应用中仅针对这一题材的创作。这样一来，在山水画的具体分野中，起到重要作用的无疑是自然地理因素：中国北方地区（黄河中游）和南方地区（长江中下游）独特的自然景观。这一因素的影响在唐代和北宋的山水画中体现得尤为明显。在以生活在黄河中游（此地还坐落着两朝故都）的画家为主体的北宗（学院）绘画中，当地的山间景色得到再现（或描摹）。而由土生土长的南方人或者长期在南方生活的画家组成的"南宗"画派的创作，则呈现了中国东南地区的风景。

董其昌及其支持者指出，两派明显的差别还表现在技法和色彩处理上。同时他们所指出的技法和形态学特征与地域并无关联：北宗最初就以多色彩技艺为特点，经常使用明亮色调和明暗对比，注意表现艺术空间的饱满，突出细节，这些做法使得作品具有普遍的装饰性。南宗的创作特点与此相反，传统上倾向于单色技法，即水墨创作和素描书写，充分体现了生活和创作过程的自发性。

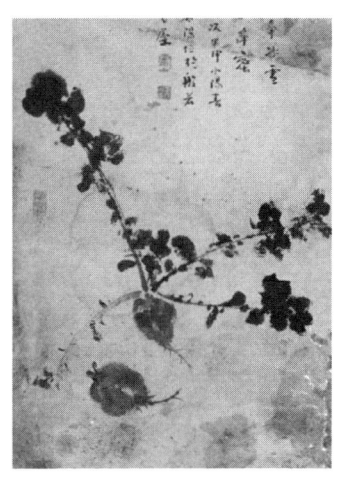

尽管北宗和南宗传统上存在上述差异，但对于画派产生的时间和文化、意识形态因素，研

究者的观点仍然存在很大分歧。譬如存在这样一种观点，即这些画派真正成为一种独立的艺术现象是在元代末期，而它们的最终形成则要更晚——明清时期，即两派真正对峙的时候。因此，考虑到"文人画家"的作品视为苏轼的理论原则以及独立画家创作个性的体现，北宋时期的绘画艺术可以被认为是相对同质的。

现代中国艺术评论界存在一种观点，即不应当如此区分南宗和北宗，而应该将之作为两种单独存在于山水画中的风格，将它们界定为"北方山水画派"和"南方山水画派"或者"江南山水画派"（"江南"即"江之南"，指长江的中游和下游地区）。在这种情况下，"北方山水画派"仍旧指画院山水画创作，而"南派"指独立画家的创作，包括巨然和米芾。

在俄国艺术研究领域还存在一种观点，即南北画派的分流在中国绘画发展的初期就已经产生，并且这种分流要么根据С. Н. 索科洛夫－列米佐夫的观点，反映了两种主要的哲学和美学思想（官方的、画院正统的实证主义和相对自由的直觉主义），要么如Е. В. 扎瓦茨卡娅所说，与唐代中期禅宗分为南北两派并使王维的作品焕发出生命力有关。在后一种情况下，被划分为南派的绘画方向也有其确定的禅宗流派——这种观点多基于18世纪著名的著作《芥子园画传》，书中将绘画的分流与禅宗派别的划分相提并论。

虽然禅宗美学思想影响南宗画派的事实无可置疑，但这种影响不应该被过分夸大。从画院创作和独立艺术创作的类型学特征来考量南北两派，显然更为适宜。

同时应当指出的是，文人画的出现不只有审美因素和意识形态，还具有社会和心理学因素——对当权者推行的政策的失望、经济和国内政治危机的加剧等。这种情绪不仅弥漫在地方官员的周围，也影响到了京城，影响了那些比苏轼及其同僚更为循规蹈矩的官员，从而产生了一个新的风格流派——"士大夫画"。苏轼指出了这一派别的存在，这一派别被现代艺术评论家认为是北宋后半期继画院派和文人画之后影响最为深远的绘画传统。这一画派的作品是独立创作的，但创作者隶属京城官员的高层，也同样以单色技法、建立在诗意主题与形象基础上的山水画创作为特点。11世纪末，文人画与士大夫画两个流派在最大程度上实现了合并，两个流派的代表人物譬如苏轼和王诜的私交促进了这种合并，这一现象对画院派开始产生影响。这一插曲充分证明，尽管南北画派之间以及其他画派之间存在着种种外部"对立"，但它们之间并不存在不可逾越的障碍；它们很容易相互影响，仍然是同一传统的不同两极。

*《芥子园画传》，Е.В.扎瓦茨卡娅翻译、注释，莫斯科，1969年；于安澜《画论丛刊》，北京，1960年。

**《佛陀回归·中国博物馆文物展》，圣彼得堡，2007年；Е.В.扎瓦茨卡娅《中国古代绘画的美学问题》，莫斯科，1975年；М.Е.克拉夫佐娃《中国艺术史》，圣彼得堡，2004年；С.Н.索科洛夫《远东〈文人〉阅读札记》，见《近现代东西方文化艺术的相互作用问题·学术会议报告与通讯论题》，莫斯科，1972年；Г.Б.希什金《文人画：10—13世纪的中国艺术》，载《艺术家》，1989年第10期；刘道广《中国古代艺术思想史》，上海，1998年；庄嘉怡、聂崇正《中国绘画》，北京，2000年；邵洛羊《中国美术大辞典》，上海，2002年；Bush S. Chinese Literati on Painting: From Su Shi (1037-1101) to Tung Ch'i-ch'ang (1556-1636). Cambr., 1971; Bush S., Hsio-yen Shih. Early Chinese Texts on Painting. Cambr., 1985; Cahill J. Chinese Painting. Geneva-London, 1978; idem. The Lyric Journey. Poetic Painting in China and Japan. Cambr., 1996; Gao Jiaping. The Expressive Act in Chinese Art: From Calligraphy to Painting. Stockh., 1996; Lee Sh.E., Wen Fong. Streams and Mountains without End. A Northern Song Handscroll and Its Significance in the History of Early Chinese Painting. Ascona, 1955; Lin Yu-tang. The Chinese Theory of Art: Translations from the Masters of Chinese Art. N.Y., 1967; Murck A. Poetry and Painting in

Song China. The Subtle Art of Dissent. Harvard, 2000; Paintings in Chinese Museums // Arts of China. Vol. 3. Tokyo, 1970; Silbergeld J. Chinese Painting Style: Media, Methods, Principles. Seattle-London, 1982; Sirén O. Chinese Painting. Leading Masters and Principles. Vol. 2-3. L., 1958.

另参见词条"董其昌""李公麟""米芾"的参考文献。

(M. E. 克拉夫佐娃撰,张猛译)

文徵明

文徵明(1470—1559),原名壁,字徵明,后更字徵仲,号停云、停云生、衡山、衡山老人、衡山居士、仲子、文待诏(官名)等。长洲(今江苏苏州)人。诗人、书法家、画家,明代最杰出的大师之一。与祝允明、王宠合称"吴中三家"——吴派的领头人物,与沈周、唐寅、仇英同属"明四家"。

文徵明的家族在唐朝非常出名,16世纪末17世纪初,文氏家族成为明代主要的文化中心之一苏州的文化世族,文徵明的传记亦被纳入《明史·文苑传》。他接受了良好的教育,有丰富的经典知识储备。他的老师均是家乡杰出的创作大师。15世纪90年代初,文徵明师从吴派创始人沈周学习书画,二人志同道合。按照家族传统,他的前半生为仕途奋斗,多次应举皆未中(第一次是在1495年,最后一次是在1522年,是年他已经50多岁),想必是因为对诗文书画艺术的热爱和不愿屈从八股文风。其前半生是科举与书画研究并行,获得了同时代人的认可。1523年他以荐入京,任翰林院待诏,参与《武宗实录》的编纂。1526年辞官,返回苏州,不与权贵往来,全身心投入艺术创作。他身边有多位杰出的青年才俊,一同聚集于停云馆,停云馆由此成为当时苏州艺术世界的代名词。停云馆的成员还包括文徵明的儿子文彭和文嘉,他们都是著名的收藏家和艺术家。文彭以篆刻闻名,著名篆刻家、"西泠八家"之一的陈豫钟是他的弟子。文嘉是画家、教育家和书画鉴赏家。文徵明的孙子也钻研绘画。

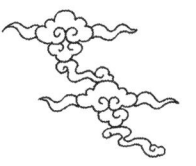

文徵明活到近90岁，一直保持着旺盛的创作力，这也是其"养生"之道的完美体现。尽管文徵明的传世作品甚多（已知有213部，其中有具体日期的不少于180部），但其大部分作品创作于1504—1558年，时间间隔如下：1506年，1509年，1513年，1515年，1518年和1522—1526年，其中一年的间断也许是偶然，但四年的间隔与其在京城的应举考试和从事文学创作的时间相吻合。对其真迹鉴定尤为重要的是，在有明确日期的作品中，文徵明的原名"璧"（两种写法，一作"壁"）共出现八次（印鉴和款识合计），这些作品日期都不晚于1530年；其字徵仲和仲子则多出现于晚期作品中。他在作品中多只留字而无姓（48个有明确日期的印鉴中共有两例包含姓氏，即1544年和1545年）；徵明最初是画家的字，而后（在取号衡山之后）以字行，再晚些更字为徵仲。

**К. Ф. 萨莫秀克《仇英〈十八罗汉〉图》，列宁格勒，1989年；В. Л. 思乔夫《国立东方博物馆藏的两幅苏若兰回文诗画卷》，见《国立东方博物馆学术通讯》，第24辑，莫斯科，2001年；王逊《中国美术史讲义》，北京，1956年；潘天寿《中国绘画史》，上海，1983年；《明清书法名作集》，卷1—2，大阪，1985年；《上海博物馆藏宝录》，上海，1989年；Tregear M. Chinese Art. L., 1980.

另参见词条"改琦"的参考文献。

（В. Л. 思乔夫撰写，王玉珠译）

在沈周的影响下，文徵明的绘画多取法北宋和元代的大师，如他对赵孟𫖯、王蒙、吴镇的创作有独特的兴趣，擅长多种风格的创作：花鸟画（比如墨竹）、人物画和山水画。绘画上，文徵明的创作分为以下几个阶段：早年以彩墨画见长，作品以装饰类为主；中年几乎完全转向水墨画；暮年，根据当代学者的观点，自成一家，以简朴、自然及内涵丰富闻名。

文徵明人物画的代表作是《湘君湘夫人图》（100.8厘米×35.6厘米，纸本，淡设色，1517年，北京故宫博物院藏），描绘了古代帝王舜的两位妻子的传说。丧夫之后，她们悲恸不已，投入湘江（湖南省），因而被视为湘江的保护神。文徵明将该内容进行创造性处理：背景留白，纯以线条刻画身着古风长裙的两位女子。形象的柔弱、服饰的淡粉色调以及意象的极度简洁赋予了作品构图浪漫性和抒情性。

对独特构图以及色彩运用的追求显著地体现在《松下观泉图》（348.2厘米×104.6厘米，纸质，淡设色，台北故宫博物院藏）之中。区别于上一幅作品，该画结构明晰：作品的结构和思想中心是两个朋友共坐于小溪两侧。后景以松树和阔叶树木丛生的山峰构成；前景的左侧独出心裁地将石块换为粗大结实的树干。画卷以淡蓝色和绿色的冷色调为主，这种色调赋予图画虚幻的氛围。

文徵明的大部分作品结构明晰，空间布局紧密，色彩光艳，有意仿古，典型的例子如《真赏斋图》（36厘米×107.8厘米，纸本，设色，1557年，上海博物馆藏）和《惠山茶会图》（21.8厘米×67.5厘米，纸本，设色，北京故宫博物院藏）。其中第二幅画在内容上与《松下观泉图》呼应，但细节不同：两个朋友相近而坐在小溪同侧；画面的左侧描绘了多岩石高地与平原交替处的亭子。画卷颜色鲜艳，虽然算不上五光十色，但作为主色调的绿色和棕色的背景清晰地呈现了身着白衣的人物形象。

文徵明热衷于表现山水画中的松树和柏树主题，经过独特的诠释，将树木融入山林形态的整体线条"构图"中，正如在《古木寒泉图》（193.6厘米×59厘米，纸本，设色，1549年，台北故宫博物院藏）中所见，其构图因狭长如带的瀑布而连接在一起，瀑布作为垂直中线，向下流淌到前景。余下的大部分空间由精细描绘

的、浅绿色和棕色色调的、长着粗壮树冠和粗大枝干的老松构成。传统上认为，文徵明的山水画创造性地结合了前人的经验，并在此基础上开创了绘画的新风格，具有毫无疑问的独特性。

文徵明在书法上师从李应祯，并与李应祯的女婿祝允明相交。沈周对文徵明的书写风格和技巧也产生了巨大影响，沈周去世后，文徵明成为吴派毫无疑问的领头人，他仔细研习王羲之的作品，并且与沈周一样，对黄庭坚的风格精心研习。文徵明创作不同字体的书法作品，尤以行书和小楷闻名；创作了篆书、隶书、楷书和草书四体《千字文》，因此被称为"明代赵孟頫"。他在中年以后形成了独特的书法风格。1551年（是年81岁），他以小楷完成欧阳修的《醉翁亭记》，后辈均赞叹，如此高龄竟能书写蝇头小楷。文徵明的小楷师从钟繇和王羲之，他说："小字贵开阔，字内间架宜明整开阔，一如大字体段。"其最后的作品去掉了外在的浮华，技巧已臻纯熟——清劲秀雅，轻折处多圆劲柔和，气息贯通，无一懈笔。

文徵明在吴派中独创一支。他的教育才能使得其弟子并不是盲目模仿他，而是成功地在书法和绘画中表现创作个性。例如，他的弟子张凤翼和更晚些的追随者王穉登，皆以高超的技巧、高雅的品位和广博的知识而闻名，是吴派"第二代"书画家。

*《明史》，北京，1974年。

**М. Е. 克拉夫佐娃《中国艺术史》，圣彼得堡，2004年；R. 库珀、J. 库珀《中国艺术杰作》，译自英文，明斯克，1997年；《佛陀回归·中国博物馆文物展》，圣彼得堡，2007年；《故宫博物院馆藏珍宝》，莫斯科，2007年；徐利明《中国书法风格史》，郑州，1997年；黄惇《中国书法史·元

明卷》，南京，2001年；朱仁夫《中国古代书法史》，北京，1992年；《中国艺海》，上海，1994年；《中国美术全集·绘画编》，第5卷，北京，1986年；《上海博物馆藏品精华》，上海，2004年；马国权《沈尹默论书丛稿》，香港，1981年；Cahill J. Parting at the Shore: Chinese Painting of the Early and Middle Ming Dynasty, 1368-1580. New York-Tokyo, 1979; Chang Leon L. -Y., Miller P. Four Thousand Years of Chinese Calligraphy. Chic. -L., 1990; Clapp de Coursey. Wen Cheng-ming: The Ming Artist and Antiquity. Ascona, 1975; Dubosc J. -P. Wen Tcheng-ming et son école. Lausanne, 1961; Edwards R. The Art of Wen Cheng-ming. Ann Abor, 1976; Hyland A. R. M. The Literati Vision: Sixteenth-century Wu School Painting and Calligraphy. Memphis, 1984; Ninety Years of Wu School Painting. Taibei, 1975; Paintings in Chinese Museums // Arts of China. Vol. 3. Tokyo, 1970; Possessing the Past. Treasures from the National Palace Museum, Taipei. Taipei, 1996; Siren O. Chinese Painting. Leading Masters and Principles. Vol. 5-7 . L., 1958; The Shanghai Museum of Art / Ed. by Zhen Zhiyu. N.Y., 1981; WHson M. F., Wong K. S. Friends of Wen Cheng-ming: A View from the Crawford Collection. Exhibition catalogue. N. Y., 1974.

（М. Е. 克拉夫佐娃、В. Г. 别洛焦罗娃撰，王玉珠译）

翁方纲

翁方纲（1733—1818），字忠叙，号覃溪、苏斋。顺天大兴（今属北京）人。清代学者、考据家、诗人、书法家，帖学派代表人物。

翁方纲出身贫寒，才华卓著，19岁即中进士（1752），是当时最年轻的进士。历任要职，是皇家图书馆藏《四库全书》的纂修官之一。因劳苦功高，于1814年获二品衔。因家有余财而成为当时最大的收藏家，同时慷慨资助青年才俊。他潜心钻研古青铜器和碑刻上的文字，但其书法创作主要学唐代书法名家，特别是欧阳询和虞世南。这些书法家的影响在其行书中体现得尤为明显。其书法字体清晰，富有韵律，笔画紧凑，笔墨丰润，字形稍长，筋劲骨健。翁方纲最令同代人惊奇之处在于其视力卓越，腕力稳健，在其去世前一个月，以85岁高龄，还能一天之内在十粒芝麻上各写四个吉祥字眼。

**刘恒《中国书法史·清代卷》，南京，1999年；徐利明《中国书法风格史》，郑州，1997年；朱仁夫《中国古代书法史》，北京，1992年；马国权《沈尹默论书丛稿》，香港，1981年。

（В.Г.别洛焦罗娃撰，李春雨译）

吴昌硕

吴昌硕（1842/1844—1927），名俊卿，又字苍石，别号大聋、苦铁、老缶、破荷、乡阿姐、缶道人、缶庐。浙江安吉人。诗人、书法家、画家、篆刻家。

吴昌硕出身于书香门第，幼年在父亲的熏陶之下，对书法篆刻十分热爱，从那时起，篆书便成为他基本的艺术表现形式。在这方面，吴昌硕继承了碑学派的传统方向。他细致地考察了他那个时代著名的秦汉时期印章石刻的范例，以及商代和周代青铜器上的书法，从文物碑刻的篆书中选中《石鼓文》，并临摹多年。1924年，吴昌硕完成了后来著名的《临石鼓文》，该书由12页石鼓文构成，这些石鼓文最吸引吴昌硕的是严整的表现性和结构上的完美。吴昌硕以其新鲜独特的视角，对那些众所周知的作品重新予以阐释，入古出新，其艺术表现的新颖性和技法的娴熟令行家叹为观止。

吴昌硕在年逾古稀时形成了个人风格的篆书，后来评论家将这一风格与李阳冰和邓石如的作品风格相提并论。吴昌硕将石鼓文典型的平正造型改为长方形。其作品"刚中有柔""熟中有生"，用笔充满霸悍之气，字符结构都可以在石鼓文原型中隐约可见，与此同时，结体以左右上下参差取势，自然生动。吴昌硕晚年的篆书经常参以行草笔意，尽管他还有一些纯粹的草书和行书作品。在草书作品中，吴昌硕运笔急速，字体结构出于篆书，却有草书的灵动之势。吴昌

硕在许多字体的末尾处留有"空隙",即没有像一般斜体字那样,写到最后时笔端向后回转。吴昌硕的运笔具有非篆书固有的迅捷特点,富有弹性的椭圆与折角交替出现。他的作品具有草书的自然特点。这种笔法上动态和静态的相互渗透构成了吴昌硕书法风格的本质。

30岁之后,吴昌硕才开始在学习绘画,师从海上画派领军人物任伯年。师生二人在性格气质、创作特点以及社会地位方面各不相同。吴昌硕创作了一批山水画和日常题材的作品,但他最广为人知的还是花鸟画。其作品的典型特点是从日常生活中选取题材。吴昌硕成熟时期的作品只在一些色彩的处理方面使人想起他的老师。其画作中书法技巧的运用和构图,早已被画家在篆书上取得的成就所决定。他喜欢将绘画作品设定为极度延长的长方形,也是受书法卷轴比例的影响。无论是绘画,还是书法,吴昌硕对于画面章法整体的构成效果都表现出独特兴趣。他以金石书法入画,笔致奔放,极具浑圆、雄强的力量感。绘画构图独特,注重整体,讲究疏密有致,在图画和背景之间寻求复杂的平衡,这是其智慧高度集聚的成果。吴昌硕共有130多个印章(不是所有的印章都附带他的姓名),其中包括阿仓、古桃州、老缶、木鸡、梅花手段、吴中、季仙、常寿长等,他经常使用带有"安吉"或"湖州安吉"字样的钤印。

吴昌硕是中国近代艺坛的中心人物,20世纪最初十年,他在南方创办了"题襟馆",后来发展为"西泠印社"。这一名称有可能得名于"西泠八家",即18—19世纪初一个著名的篆刻家团体。西泠印社的建树影响了上海地区许多篆刻家的创作,并对齐白石和黄宾虹产生了影响。吴昌硕被称为"清末三大家"之一,是20世纪艺术史上当之无愧的宗师。

**B. Г. 别洛焦罗娃《中国书法艺术》,莫斯科,2007年;朱仁夫《中国现代书法史》,北京,1996年;马国权《沈尹默论书丛稿》,香港,1981年;姚淦铭《汉字与书法文化》,南宁,1996年;Chang Leon L.-Y., Miller P. Four Thousand Years of

Chinese Calligraphy. Chic. -L., 1990; Ellsworth R. H. Late Chinese Painting and Calligraphy: 1800-1950. Vol. 1-3. N.Y., 1987; Ledderhose L. Die Siegelschrift (Chuan-shu) in der Ch'ing-Zeit. Ein Beitrag zur Geschichte der Chinesischen Schriftkunst. Wiesbaden, 1970; idem. Aesthetic Appropriation of Ancient Calligraphy in Modern China // Chinese Art. Modern Expressions / Ed. M.K. Hearn, J.G. Smith. N.Y., 2001.

(В. Г. 别洛焦罗娃撰，张猛译)

吴大澂

吴大澂（1835—1902），字止敬，号恒轩。江苏苏州人。清代书法家、画家、社会活动家和学者。

吴大澂出身于普通商人家庭，33岁考取进士，授编修，继而担任文武官职。吴大澂曾是书画团体"萍花社书画会"成员，晚期加入一系列主要在上海的创作团体，被归为"海派"艺术家。吴大澂是清代青铜器礼器和印鉴的收藏大家之一，他本人也被认为是古代文物鉴定和古文字研究（如汉碑）的优秀行家。他也是最早使考古学在中国获得科学地位的学者之一。他一直从政，参与大量的政治活动，并能坚持抽空研习书法。在他的圈子里有一些专事书法的高级政要，如翁同龢、沈曾植等。吴大澂对其他书法家予以照顾，如吴昌硕和黄士陵。

吴大澂最钟爱的字体是先秦时期的大篆和东汉的隶书。他用这两种字体创作的作品成为20世纪初书法初学者的范本。他是同代知识分子和文人中唯一用大篆书写私人信件的人。与用行书或者草书为作品署名的同代人不同，他经常用隶书署名。他崇尚古雅朴茂，引金文入书法，将金文写得整饬规范。他在公元前2—前1世纪的文物中看到了民族文化的源头，这也反映在他自身世界观的形成中。

吴大澂的篆书运笔缓慢，笔力均匀，结体圆润匀称，行笔凝重，转折处方硬带圆，结字谨严，行列整肃有致，具有一种刚劲不拔的气势。吴大澂是著名的篆刻大师，印鉴

有二十八将军印斋等。其篆书作品有成对卷轴、大篆书迹（1883年，台北故宫博物院藏）、篆书册页集（1884年，台北故宫博物院藏）等。

*刘恒《中国书法史·清代卷》，南京，1999年。

**朱仁夫《中国古代书法史》，北京，1992年；王镛《中国书法简史》，北京，2004年；Bai Qianshen. From Wu Dacheng to Mao Zedong. The Transformation of Chinese Calligraphy in the Twentieth Century // Chinese Art. Modern Expressions / Ed. M.K. Hearn, J. G. Smith. N. Y., 2001; Chang Leon L. -Y., Miiier P. Four Thousand Years of Chinese Calligraphy. Chic. -L., 1990; Ellsworth R. H. Late Chinese Painting and Calligraphy: 1800-1950. Vol. 1-3 . N. Y., 1987.

（В. Г. 别洛焦罗娃撰，王玉珠译）

吴道子

吴道子（约685—约758/792），又名道玄，阳翟（今河南禹州）人，唐代著名画家。关于吴道子的生平和创作在中国绘画史权威论著中都有涉及，如朱景玄的《唐朝名画录》和张彦远的《历代名画记》、郭若虚的《图画见闻志》。

吴道子出身于普通家庭，少孤，在贫困中成长，独立研习绘画，模仿前辈大师，如4世纪著名画家顾恺之的作品。天赋和后天习得的专业技巧使得他大概从20岁开始就靠卖画为生，这些画一般是个人和寺院订制的。他在中国东部（今山东省）地区生活了一段时间，而后来到唐朝文化古都——洛阳的近郊。他绘画天赋的名声传到宫廷，被玄宗皇帝任命为供奉。当时他改用道子作为自己的官方姓名。之后他被授以"内教博士"职衔。吴道子擅长壁画创作，完成了300多幅宫殿、佛教和道教寺院庙宇的壁画，其中包括宗教和山水主题。后世认为他是山水画创始人之一。段成式的《京洛

寺塔记》中记载了吴道子创作寺院壁画的补充信息。吴道子佛教题材的宏大绘画经典当属再现地狱痛苦场景的《地狱变相图》。

关于其壁画作品，绘画史学家一致认为，他能以高超技艺描绘任何事物和现象：禽类、草木、山水、建筑。史料中还保留着有关其创作的构图资料，这种构图形式在花鸟画的特殊风格与主题流派"墨竹画"的起源中可以找到。但吴道子最著名的称呼仍是人物画大师。我们确定的是，他掌握了描绘动态人物的技巧，并能够使用可以达到三维效果的技法。因而他笔下的人物，仿佛光下的影子投射到墙壁表面，向前后移动，从侧面看形象鲜明。类似效果的获得还需借助服饰的描绘：他笔下的衣裙如风吹般轻轻摆动，衣带飘扬。吴道子对服饰细节的刻画令同辈画家惊讶，称之为"吴带当风"，这个形容在后来成为通用的绘画术语——"吴装"。

吴道子的创作毫无疑问地得到后世理论家和绘画史家的高度评价，例如，郭若虚称："吴生之作，为万世法。号曰画圣，不亦宜哉。"

遗憾的是，吴道子的真迹，甚至绘画摹本都没有保留下来。这位画家的大量壁画和版画可以部分地弥补这种遗憾。孔庙主殿大成殿中孔子生平场景的壁画，被认为是按照吴道子的绘画真迹绘制的。人们认为，在创作孔子生平的艺术"画卷"时，对于作者来说，主要的不是使孔子的现实生活流芳百世或者歌颂其丰功伟绩，而是传达其个人魅力和风范；塑造的不是神的形象，而是圣贤和导师。画中甚至可以再现孔子的奇闻轶事。这些描绘虽然存在一些不准确之处：无论是孔子和周围人的服饰，还是人物所使用的物品（如写字的毛笔），在孔子生活的时代实际上并不存在。但是正是上述的不合规矩使得画家能够赋予孔子形象以独特魅力，使之最大限度地接近所有观者的想象，而不论其生活年代及当时中国文化水平如何。还有一座庄重的孔子半身石雕像亦源自吴道子的画作，传说这是享有盛名但久已散佚的原作的复制品。这幅

半身像具有很高的艺术水准：孔子的肖像显示出令人惊叹的威严感（庆典礼服和庄重的头饰凸显了威严感）和"普通"人的特征：睿智、专注的眼神，沉思的表情，深深的皱纹满布额头，还有嘴唇半启的柔和轮廓。半身像的最后一个细节乍看上去仿佛是直接来自佛像，但这个细节在此处具有另一种艺术阐释：伟大的圣人没有说教和传道，仿佛只是在与看不见的对话者交流，或者因自己的想法莞尔一笑，这样的表情使人物的面部神态跃然纸上，显示出孔子的亲切和善，表明这个人能够客观地评价自己的成就，完全没有傲慢或者权力的野心。

这个摹本是特殊的版画形式，以石版印刷术完成。早在唐朝，摹本已经能够准确地传达画作真迹的整体风格和细节，但还无法完全准确地再现范本，尤其是黑白水墨画。吴道子摹本中规模最大的作品是收藏于日本大阪市立美术馆的《送子天王图》。该摹本很可能完成于北宋时期，并且不是从真迹而是从另一个摹本仿制的，该摹本证明了吴道子在多人物构图上的高超技艺和刻画人物细节的过人本领。但通过版画无论如何都很难识别出书面资料中所提及的吴道子天才的绘画技巧。尽管如此，现代艺术理论界还是承认，吴道子是唐代最伟大的画家之一，是中国造型艺术史上人物画最完美的大师，其创作与绘画演化过程中的新阶段密切相关，这一阶段在单纯用墨、间或使用淡设色的基础上，摆脱了彩墨－装饰风格，发展了水墨技法。

*张彦远《历代名画记》，上海，2002年；郭若虚《图画见闻志》，К.Ф.萨莫秀克翻译、注释，莫斯科，1978年；朱景玄《唐朝名画录》，见《中国艺术》，В.В.马良文翻译、注释、作序，莫斯科，2004年。

**Е.В.扎瓦茨卡娅《中国古代绘画的美学问题》，莫斯科，1975年；М.Е.克拉夫佐娃《中国艺术史》，圣彼得堡，2004年；王伯敏《吴道子》，上海，1958年；《中国艺海》，上海，1994年；邵洛羊《中国美术大辞典》，上海，2002年；Lancman E. Chinese Portraiture. Tokyo, 1966; Siren O. Chinese Painting. Leading Masters and Principles. Vol. 1, 3. L., 1958.

（M. E. 克拉夫佐娃撰，王玉珠译）

吴宽

吴宽（1435—1504），字原博，号玉延亭主，明代政治家、诗人、书画家。

吴宽以优异成绩通过了各级科举考试，在朝廷任职三十余年。吴宽是苏州流派（吴派）的代表，与沈周交好。与其他画家相比，吴宽的作品并不多。然而，作为书法家，他对明代中期的杰出书法大师产生了重要影响，为著名流派"苏黄米"（苏轼、黄庭坚、米芾）风格的传承起到了重要作用，该风格在下一代书法家，主要是祝允明和文徵明手中达到鼎盛。

吴宽的作品具有很高的造诣：字体血肉丰满，笔法刚劲优美。他继承苏轼的技法，不用笔尖而用整个笔端写字。尽管笔画粗细不一，但其雅致的文化气息和纵逸流畅的笔法令人着迷。

**黄惇《中国书法史·元明卷》，南京，2001年；朱仁夫《中国古代书法史》，北京，1992年；Fu Shen C. Y. Chinese Calligraphy in the Jade Studio Collection // The Jade Studio: Masterpieces of Ming and Qing Painting and Calligraphy from the Wong Nan-p'ing Collection. New Haven, Yale Univ. Art Gallery. 1994.

（В. Г. 别洛焦罗娃撰，李春雨译）

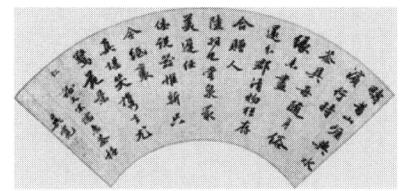

吴派

吴派，又称吴门画派（苏州流派），是明代山水画流派之一，因苏州古称吴城而得名。"明四家"——沈周、文徵明、唐寅和仇英均属吴派，合称"吴门四家"。

吴派所延续的传统以唐代画家王维为宗，后经荆浩、关仝、董源、巨然、米芾、米友仁及元四家（一般认为包括黄公望、王蒙、吴镇、倪瓒，也有人以赵孟頫代替倪瓒）等大师不断发展。吴派在一个世纪之内都是明代绘画的重镇，然而它并非统一的创作团体，因为加入吴派的职业或业余画家并没有一个固定的理论平台和共同的审美规范。吴派得以维系主要因为他们有共同的居住地，以及画家之间的亲戚或朋友关系。但在不同时期，在苏州及其周边地区居住并创作的画家中，也有一些并不属于吴派，比如著名画家徐渭。

吴派允许单个流派的自由发展，有时由一两个画家构成。其中一个以文徵明的几个弟子为代表，包括其侄子文伯仁、陈淳、钱谷、陆治等。

吴派著名代表人物包括画家、书法家、艺术鉴赏家、文学家陈继儒。陈继儒（1558—1639），字仲醇，号白石樵、白石山樵、麋公、眉公、眉道人、雪堂，生于松江。印鉴有一腐儒、陈阁、列仙之儒、临池、西皋草堂等。他精通花鸟画，尤喜单色构图，善画竹、梅花和水仙，也画山水风景，刻有70余枚印章，大部分使用全名或笔名。

吴派的著名代表人物还有陈继儒的同时代人邵弥。邵弥（约1594—1642/1662），字僧弥，号瓜畴、瓜畴老人、弥远、芬陀居士、青门隐人、灌园叟，生于长洲（今江苏苏州）。印鉴有表世之交、道心之尘、如画斋、南有堂、吴下阿弥、参砚斋等。他是诗人、书法家、山水画家，也画兰花、水仙、梅花和石头。据俞剑华（1987）说，存于北京故宫博物院的邵弥的一幅作品，创作于1662年，因此邵弥的死亡年份应该是在此之后。陈继儒和邵弥的署名作品和印章在俄罗斯国立东方博物馆（莫斯科）也有收藏。

被归入吴派的还有另外一位明末画家、书法家和诗人——盛茂烨。盛茂烨，字与华，号念庵、研庵、研庵居士，约1607—1640年在长洲（今江苏苏州）创作，是扇面画和册页小品大师。评论家指出其画作受黄公望和吴镇的影响。盛茂烨画山水、花鸟和人物，经常使用金笺，并常为画作题诗，这些风格特点在日本得到继承并广泛流传。

吴派的分支之一是清初山水画派虞山派，其代表画家为王翚及其继承者。吴派通常与浙江杭州附近的浙派相对。

*《缩印百衲本二十四史·明史》，上海，1958年。

**潘天寿《中国绘画史》，上海，1983年。

另参见"小四王"参考文献。

（В. Л. 思乔夫撰，李春雨译）

吴镇

吴镇（1280—1354），字仲圭，号梅花道人、梅沙弥、梅花和尚。嘉兴（浙江）人。元朝六大画家（王蒙、高克恭、倪瓒、黄公望和赵孟頫）之一，以及传统上所称"元四家"之一。

吴镇出身于世袭官宦之家，接受了良好的教育，却隐居不仕（可能是因为不愿接受元朝的统治），从事绘画创作。在中国艺术史上，这位画家（他的作品只有约15部）被称为山水画和花鸟画的独立题材与主题——墨竹画的大师。

在山水画上，吴镇被认为是10世纪著名画家巨然和董源的追随者，广义而言，他是南方山水画派的继承者，这一画派的影响清晰地体现在其一系列作品当中，其中包括《清江春晓图》（114.7厘米×100.6厘米，绢本，水墨，1330年，台北故宫博物院藏）和《芦花寒雁图》（83.3厘米×27.8厘米，绢本，水墨，淡设色，北京故宫博物院藏）。第二幅画，与画名相反，是完整意义上以山为背景的小溪风景，前景画有渔船。吴镇作品内容上的共性不能代表其作品风格的同一性，其每一幅画都采取不同的场景构建方法和绘画技巧，这些内容的组合可以传达不同的情绪，正如三幅同名的横轴水墨画《渔父图》。美国弗利尔美术馆（华盛顿）收藏的作品描绘了湖或河流的部分水面，中景和后景是以不高的锥形山峰组成的山脉。左侧前景是堆积的石块和揽系的渔船，画中描述的渔父背朝观者，正在捕鱼或是陷入沉思。山影的清晰和水面的平静暗示着，画中是晴朗的春天或是

夏天。另一幅画（176.1厘米×95.6厘米，台北故宫博物院藏）中展示的是完全不同的风景：可分辨出多石的河岸、两棵树枝伸展的大树和一间茅舍。背景是冈峦起伏的群山，山顶呈圆锥形或扁平状，稀疏的树林和渐渐消失在雾霭中的村舍屋顶；画面中心的水面与长满芦苇的近岸分离，载着两名渔父的渔船向岸边靠近。虽然风景中的树木仍然枝繁叶茂，构图却透露出短暂秋日的阴郁和自然几近枯萎的感觉。第三幅画（1342年）的构图动态性区别于其他两幅：多石的河岸上长满茂密的树木，前景是河流的弯曲处，载着渔父的小船随波流向观者。这幅作品的绘画方式以快速、充满活力的笔触为主，画面具有一定的写生性，风格类似于12—13世纪著名的山水画大师夏圭。吴镇发展了传统"墨竹画"创始人文同画风的作品是《墨竹坡石图》（103.4厘米×33厘米，纸本，水墨，北京故宫博物院藏）和册页《墨竹》（40.3厘米×52厘米，纸本，水

墨，台北故宫博物院藏），画中竹子与石头结合，最终确定了其绘画后期构图的特点。印鉴：梅花盦。

**Н. А. 维诺格拉多娃《中国山水画》，莫斯科，1972年；М. Е. 克拉夫佐娃《中国艺术史》，圣彼得堡，2004年；《中国艺海》，上海，1994年；《中国历代绘画·故宫博物院藏画集》，第3卷，北京，1982年；邵洛羊《中国美术大辞典》，上海，2002年；《中国美术全集·绘画编》，第2卷，北京，1986年；Cahill J. Hills beyond a River, Chinese Paintings of the Yuan Dynasty 1279-1368. N. Y., 1974; Hajek L. Chinesische Kunst. Prague, 1954; Lee Shekman E., Ho Wai-kam. Chinese Art under the Mongols: The Yuan Dynasty (1279-1368). Cleveland, 1968; Paintings in Chinese Museums // Arts of China. Vol. 3. Tokyo, 1970; Possessing the Past. Treasures from the National Palace Museum, Taipei. Taipei, 1996; Siren O. Chinese Painting. Leading Masters and Principles. Vol. 4. L., 1958; Sullivan M. Symbols of Eternity: Landscape Painting in China. Stanf., 1979.

（М. Е. 克拉夫佐娃撰，王玉珠译）

武宗元

武宗元（？—1050），初名宗道，字总之，白波（今河南孟津）人，北宋宗教题材绘画大师。

武宗元官至虞部员外郎，此前可能是独立画家，既创作卷轴画，也创作大型绘画，作品多为佛教、道教题材和鬼神内容。据资料记载，武宗元17岁时就为建于北邙山上（与今河南洛阳相邻）的老子庙作壁画，引起绘画鉴赏家们的注意。郭若虚的著名绘画史论著《图画见闻志》中还提及他所绘的三十六天帝壁画，这幅壁画曾引起宋真宗的惊叹。武宗元的创作技巧和鬼神画特点在其画卷《朝元仙仗图》（57.8厘米×789.5厘米，绢本，水墨）中得到诠释，这幅画是从玉清昭应宫壁画上临摹下来的。该画作描绘了道教的帝君前往朝谒天宫最高统治者（元始天尊）时的仪仗队列。该图共有87位神仙，他们身着华丽的长袍，形成庄严肃穆的朝元队伍。

在现代艺术理论中，武宗元被认为是杰出的鬼神画大师，继承了唐代著名画家吴道子的人物画风格传统。

*郭若虚《图画见闻志》，К. Ф. 萨莫秀克翻译、注释，莫斯科，1978年；Evaluations of Sung Dynasty Painters of Renown: Liu Tao-ch'un's Sung-ch'ao ming-hua p'ing. Transl, with an Introd. by Ch. Lachman. Leiden-New York, 1989.

**武宗元《八十七神仙卷》，北京，1939年；《中国艺海》，上海，1994年；邵洛羊《中国美术大辞典》，上海，2002年；Lancman E. Chinese Portraiture. Tokyo. 1966, c. 92-93; Siren O. Chinese Painting. Leading Masters and Principles. Vol. 1. L., 1958.

（М. Е. 克拉夫佐娃撰，王玉珠译）

西泠八家

"西泠八家"是中国传统艺术史中，按照职业和地区划分的、公认的清代西泠（浙江杭州）地区的艺术家团体，地名也确定了团体名称。其中包括：丁敬、蒋仁、黄易、奚冈、陈豫钟、陈鸿寿、赵之琛、钱松。大部分团体成员的资料都较少。

丁敬（1695—1765），字敬身，号玩茶叟、丁居士、钝丁、龙泓山人、梅农、胜怠老人、砚林、砚林外史，钱塘（今浙江杭州）人，篆刻大师、书法家、画家和诗人、艺术鉴赏家。其篆刻技法居"西泠八家"之首。

黄易（1744—1801/1802），字大易，钱塘人，著名的篆刻大师、文学家、书法家和画家。在朝中任职。作为画家，尤好创作山水画和花鸟画。印鉴有碑痴、老九、莲宗弟子、浮梅槛、汉画室、黄九、尊古斋等。

奚冈（1746—1803），字纯章，号冬心先生、冬花庵主、蝶野子、萝龛、萝龛外史、蒙道士、蒙泉外史、散木居士、奚道士、铁生、鹤渚生，钱塘人，篆刻家、书法家、画家。在篆刻上遵循丁敬的风格，在书法上研习隶书、行书和草书，效仿倪瓒和恽寿平。作为画家主要画兰花和竹，同时遵循"清四王"的流派传统，经常创作山水画。印鉴有古水、冬华盦、老九、奚九、铁生、翠玲珑、振衣千仞、用松园墨、烟萝子等。

蒋仁（1743—1795），字阶平，号吉罗居士、女床山民、山堂，仁和（今杭州）人，书法家、篆刻大师，师从丁敬。印鉴有磨兜坚室、世尊授仁者记。

陈豫钟（1762—1802/1806），字浚仪，号秋堂，钱塘人，著名画家，从事书画创作，画兰花和竹。篆刻上师从丁敬和明朝著名篆刻大师、著名画家文徵明之子文彭。文彭（1498—1573），字寿承，号三桥，长洲（今江苏苏州）人，印鉴有文寿承氏等。

陈鸿寿（1768—1822），字子恭，号恭寿、翼盦、老曼、曼龚、曼生、胥溪渔隐、夹谷亭长、种榆仙吏、种榆仙客，钱塘人，画家、书法家、文学家、诗人。作为画家，主要从事山水画创作，画兰花和石，偏爱长幅横轴和大幅立轴。印鉴有阿曼陀堂、万、连理双桂树楼、曼陀罗室、梦饲千八百鹤草堂、山荪亭等。他取法秦汉的篆刻风格被广为称赞。陈鸿寿与同代和同姓人陈豫钟并称"二陈"。

遵循"西泠八家"中"二陈"风格的是他们的同代人——篆刻家、书法家和画家赵之琛（字次闲，号宝月山人、献父。1781—1852，钱塘人）。

"西泠八家"中年龄最小的一位是钱松（1818—1860），字叔盖，号未道人、未道士、耐青、西郭外史、西郊、西郊外史、铁庐、秦大夫、云和山人、云居山人，钱塘人，山水画、花鸟画画家，书法家。与陈鸿寿类似，钱松的篆刻是在师法秦汉的基础上形成自己的风格。

**В. Л. 思乔夫《中国传统绘画的鉴别方法》，见《国立东方博物馆学术通讯》，第24辑，莫斯科，2001年。

（В. Л. 思乔夫撰，王玉珠译）

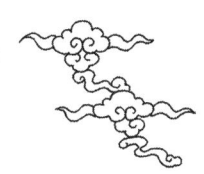

西皮

西皮，一种戏曲声腔，中国很多地方戏种都是在西皮的基础上形成的。公元17世纪，"秦腔"（见梆子调）由山西、陕西两省流传到湖北省武昌、汉口一带，随后同多种当地地方唱腔融合。晚些时候出现的地方戏种，如京剧、湖北汉剧等便是西皮和二黄两种曲调融合的结果。西皮与二黄融合之后产生了新的腔调——皮黄。在湘剧和桂剧中，西皮被称为"北路"，由古老的秦腔变体发展而来，二黄则被称为"南路"。京剧和其他地方戏种的一些个性节拍中存在西皮元素。西皮中四二拍的原板用于个人唱白，表现主人公内心的平和安静，四一拍的慢板表现苦闷与沉思。散板和摇板节奏传达兴奋的心情或者激昂的情感。值得强调的是，在节奏转换的过程中曲调始终如一，保持不变。

西皮唱腔刚劲有力、冲击力强，伴有或欢快或跳跃的曲调。一般认为，西皮的高音唱腔用来表现高昂的情绪和情感的爆发。《击鼓骂曹》中祢衡的唱段、《断桥》中白素贞的唱段即为这种诠释的例证。二黄的唱腔一般比较缓慢，用以表达主人公的忧愁、疑虑和不安。

与此同时，还有被称为反西皮和反二黄的腔调。这两种唱腔使人联想起古民俗中的送别曲或者哭诉歌，反映主人公的不幸遭遇或者无助的心情。

**《中国戏曲曲艺词典》，上海，1981年；《中国戏曲》，北京，1998年。

（Е.А. 扎维多夫斯卡娅撰，刘玉颖译）

夏圭

夏圭（约1180/1195—约1230/1264），字禹玉，钱塘人，南宋著名画家、"南宋四家"之一。

夏圭任职画院，在那里一直工作到13世纪30年代初，在宁宗时官至画院待诏。现存夏圭50多部作品（画卷和册页）为不同的博物馆和个人收藏，大部分在中国和日本。一般认为，夏圭在年轻时从事人物画创作，构图上师法李唐，创作成熟之后，转向山水画，并达到了其绘画创作的高峰。

夏圭使用黑白水墨和彩墨技法，取景构图偏重边角。其山水画主要类型之一是通景长卷，其代表作是《山水十二景图》（长2米余，绢本，水墨，美国纳尔逊·艾京斯美术馆藏）和《溪山清远图》（46.5厘米×889.1厘米，纸本，水墨，台北故宫博物院藏）。《山水十二景图》参以董源及米芾、米友仁（"云雾烟霭"）的南方山水画派墨法，构图简约，用笔简练，使用湿笔淡墨晕染，营造出空蒙的氛围，再用尽量少的线条勾勒云雾笼罩下的群山轮廓。在第一幅画中，与以前的"云雾烟霭"作品相比，夏圭的创新之处在于使用将景观分割成片段的方法，自然地从一个片段过渡到另一个片段，每个片段都具有构图的独立性，甚至有独立的名称，例如《清江写望》《茂林佳趣》《遥山书雁》等。四字题名（让人想起古代的四字诗律）以书法字体完成，同时将绘画、题词引入艺术空间，一方面作为书画结合的直接应用，体现了"文人画"代表在美学发展中宣扬的书画有机结合的态度；另一方面，对南宋时期的绘画来说，这种独立又相连的山水画或许反映了诗意小品化的共同倾向。

《溪山清远图》展示的是由巨大层叠山脉构成的山水画，以一角之景展现全景之气象。这幅画的艺术空间结构紧密，但在一些片段中（开阔江面、山脊上方的天空以及向远方延伸的悬崖），江水和烟云占主导地位。构图的所有细节（岩石、山坡、树木、灌木丛、房屋、渔船、跨越溪流的桥梁）都经过精心设计。总体而言，画家在这幅画卷中偏爱线条技法：细线、阴影和皴点。

在夏圭的作品中，"万物静观"绘画构成独立的、重要的风格类别，这类绘画有两种构图方案。其中一种以描绘山水环境中的孤独人物为基础，例如册页《临流抚琴图》（25.5厘米×26.5厘米，绢本，水墨，淡设色，北京故宫博物院藏）。另一种

是利用融入山水之中的隐居茅舍的意象来构图，例如册页《梧竹溪堂》（23厘米×26厘米，绢本，水墨，淡设色，北京故宫博物院藏）和《观瀑图》（24.7厘米×25.7厘米，绢本，墨色，淡设色，台北故宫博物院藏）。这类小幅山水画中包含一些有限的元素：多岩石的河岸，或者湖岸或河岸上的石块，遮掩茅舍的一些松树树干或阔叶树木，渐渐消失在云层远处的群山。他经常采用边角构图。

夏圭偏爱小品册页。一些研究者认为，与其说这是他个人的艺术品位使然，不如说是南宋学院山水画派共有的程式，这一程式与对人的个性和情绪的日益关注以及传达沉思状态的需求有关。所有这些在一系列的小品绘画册页中得以体现，画作的交替出现能使观者的印象发生快速变化。

夏圭创作的一大特征是画中"雪"景的大量出现。关于这一点，其晚期作品最能体现，例如《江天霁雪图》《风雪归庄图》。现存该类型作品包括《雪堂客话图》（28.2厘米×29.5厘米，绢本，水墨，设色，北京故宫博物院藏）。在意境和构图特点上，该画接近于"万物静观"的场景：左侧描绘了坐落于河岸边、山麓下，被光秃树木环绕的房屋。引人注目的是，画中的山峦被画卷左侧边缘部分切断，承继了北宋山水画对山的诠释。右侧展示了逐渐消失在高处的山峦。总体而言，构图的美学独特性在于沉寂的冬日雪景与精细描绘的树木的勃勃生机之间的反差。

现存夏圭画作中有一些作品较为独特，无法将其归入已有的类别，如《风雨图》（绢本，水墨，日本藏）。前景描绘山脉及几棵被大风吹弯的树木——大风从凌乱的树枝上卷下幸存的树叶。河岸的树木下依稀可见破旧的建筑和架在湍急河流之上摇摇欲坠的小桥，桥上有行人急急忙忙走进小亭躲避风雨。

夏圭作品的许多特点（以"万物静观"为主题，偏爱小型构图，对艺术空间

空白的尝试，偏重于边角构图，对人物和树木的独特诠释）与南宋另一位著名画家马远的作品特点有相似之处。但是毫无疑问，夏圭的绘画具有卓越的艺术独创性，用笔与马远相比更为简练率意，数法兼用，画面水墨浑融，生动自然，具有特殊的装饰效果，虽为黑白水墨山水画，却可以传达出彩色的效果。

夏圭和马远的作品在他们在世时即成为绘画的标准，在后世的中国绘画理论中有"马夏"的说法，即"马远和夏圭的风格"。

**H. A. 维诺格拉多娃《中国山水画》，莫斯科，1972年；H. A. 维诺格拉多娃《中国艺术》，画册，莫斯科，1988年；M. E. 克拉夫佐娃《中国艺术史》，圣彼得堡，2004年；B. B. 奥辛穆克《中国禅宗绘画与画院山水》，莫斯科，2001年；T. A. 波斯特列洛娃《10—13世纪的中国画院》，莫斯科，1976年；《故宫博物院馆藏珍宝》，莫斯科，2007年；邓白、吴莆之《马远与夏圭》，上海，1958年；庄嘉怡、聂崇正《中国绘画》，北京，2000年；《中国艺海》，上海，1994年；《中国历代绘画·故宫博物院藏画集》，第3卷，北京，1982年；邵洛羊《中国美术大辞典》，上海，2002年；《中国美术全集·绘画编》，第3卷，北京，1986; Cahill J. The Arts of Southern Sung China. New York-Tokyo, 1962; Eight Dynasties of Chinese Painting. The Collection of the Nelson Gallery-Atkins Museum, Kansas City, and the Cleveland Museum of Art. Cleveland, 1980; Loehr M. The Great Painters of China. Oxf., 1980; Paintings in Chinese Museums // Arts of China. Vol. 3. Tokyo, 1970; Possessing the Past. Treasures from the National Palace Museum, Taipei. Taipei, 1996; Siren O. Chinese Painting. Leading Masters and Principles. Vol. 2-3. L., 1958; Sullivan M. The Arts of China. Berk. -Los Ang. -L., 1984.

（M. E. 克拉夫娃撰，王玉珠译）

夏衍

夏衍（1900—1995），原名沈乃熙，字端先。浙江杭州人。剧作家、翻译家、电影编剧、电影理论家、出版人及社会活动家。

夏衍出身于一个家道中落的地主家庭。1914年小学毕业，因为经济困难只能暂时辍学。后来他被派到浙江省立甲种工业学校学习，1920年因成绩优异被派往日本的一所技术学校学习。在那里他开始接触世界文学，屠格涅夫、托尔斯泰、契诃夫、高尔基、斯蒂文森和狄更斯成为他最喜爱的作家。日本的大学生引导他阅读了马克思列宁主义经典作家的作品。他投入工人运动中，开始接触日本的共产党员。他不时撰写时政文章，向中国杂志投稿。1927年夏衍回到祖国，在上海定居，并且迅速加入了中国共产党。受党组织委托，他从事马克思主义的宣传工作，组织群众集会和会议，参与创建左翼作家联盟（中国左翼作家联盟），并成为联盟的积极成员，创办了上海戏剧团体"艺术剧社"。1932年，他成为左翼戏剧杂志《艺术》和《沙仑》的主编，并开始从事翻译活动。1929年，他做好了出版高尔基的长篇小说《母亲》和剧本《小市民》的准备，但在当时无法出版。从1932年起，他开始担任明星电影公司的编剧顾问。20世纪30年代根据他的电影剧本拍摄的电影有《狂流》《春蚕》《上海二十四小时》。

夏衍从20世纪30年代开始从事写作活动。1936年，轰动一时的报告文学《包身工》问世，这是一部讲述人民贫苦境况的作品。同年，他创作了第一部历史讽喻多幕剧《赛金花》。这部话剧是由当时德高望重的导演洪深、应云卫、欧阳予倩负责编导，并有一批著名演员参演，这也推动了这部话剧的走红。剧中的女主人公是一位叫赛金花的女子，她在历史上是一个风尘女子，当时正值义和团运动，八国联军向北京城发动进攻。赛金花成为一个德国军官的情人，清朝的官员通过她和外国人建立联系。后来赛金花走下了舞台，被世人遗忘，在贫困潦倒中死去。夏衍借助这一情节，采用隐喻的手法，批判了那些在日本人面前卑躬屈膝的人，借以达到揭露国民党高层叛国的行为。剧本中反映的问题对于中国

来说非常现实,因此引起了社会各界的热烈讨论,演出后遭到禁止。然而,直到21世纪初关于这部话剧的话题还是常说常新。

还是在1936年,夏衍完成了一部英雄主义基调的话剧《自由魂》(又名《秋瑾传》)的创作,这部作品讲述的是他的同乡、女诗人秋瑾的故事。秋瑾主要因其在20世纪初的革命活动而成名,1907年在绍兴被公开处决,这是中国第一次公开屠杀女性,举国震惊。夏衍在作品中歌颂了这位意志坚定、勇敢无畏的女性的高尚品格。

1937年,夏衍开始关注当代主题,创作了剧本《上海屋檐下》,作品讲述了近邻——一群住在上海一个贫穷地区的普通人的故事,展现了他们艰辛的、有时是悲惨的命运。同一时间在舞台上不同空间(剧本中是在不同房间)发生的对比鲜明的场景,反映了他们平日里的生活状况以及他们沉重的生活负担。坐监八年的匡复被释放后探询妻子(杨彩玉)和女儿的下落,然而失去希望(当时很多人下落不明)的杨彩玉已改嫁给他的朋友。各种情况导致三个勇敢的人痛苦不已,但若不改变现状孩子将遭受更严重的心理创伤。忠于自己理想的匡复牺牲自己的幸福,勇敢离开,继续为全民族的事业而奋斗。

1937年夏衍成为上海文化界救亡协会机关报《救亡日报》的主编,并在自己的岗位上坚守了九年。其间,他创作了几部讲述全面抗日战争时期上海生活的剧本,比如《一年间》。1941年,受中共中央委托,夏衍在香港组织创办《华商报》,使那里成为一个新的宣传中心,为来到香港的进步戏剧活动家提供支持。1941年末,夏衍转赴桂林,与田汉以及洪深合作,创作了多幕剧《再会吧,香港》。转赴重庆后,夏衍创作了《水乡吟》《法西斯细菌》。在后一部作品中,夏衍塑造了微生物科学家俞实夫的形象,后者潜心钻研"纯粹的科学",认为科学超脱于政治和社会现象而存在。1931年之后,俞实夫在中国继续做曾在日本进行的科学实验,实验是在由日本人出资建设的实验室里进行的。俞实夫知道日本人的目的绝对不是科学实验,但是他不关注这一

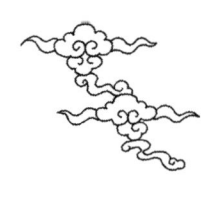

点，只要有机会继续进行自己的探索就足够了。十年间，他一直在逃避战争，辗转于东京、上海、香港、桂林等地。但是"法西斯细菌"对他步步紧逼，最终在敌占区的城市追上了他，日本侵略者正在那里扫荡。他们强行闯入他的家中，大肆屠杀，杀死他的朋友。在承受了严重的心灵创伤之后，他克服自身的彷徨和软弱，意识到"法西斯细菌"是躲不了的，必须坚定不移地与之斗争。夏衍20世纪40年代初的大部分作品主题都是关于抗日战争的，他的出版活动没有仅限于一家报社。1940年，他创办了杂志《野草》，1942年主办《新华日报》副刊，1945年任《新华日报》代总编辑。

1949年3月，夏衍抵达北京，5月奔赴上海，负责领导城市的文化建设。夏衍曾任全国人大代表、全国政协常委、中国文学艺术界联合会副主席及成员。1954年，他被任命为国务院文化部副部长，主管电影及外联工作。其间，他继续自己的电影剧本创作活动，创作了电影剧本《祝福》《革命家庭》《林家铺子》。1954年他创作了一部具有现实意义的生产题材作品《考验》。

1959年，夏衍遭到批判，但所有的指责很快就消失了。针对夏衍的新一轮批判浪潮在1964年再度袭来。1965年，在"整风运动"中，夏衍被撤销文化部副部长职务，成为对外文委亚非拉文化研究所的一名科研工作人员。1966年，夏衍再次被公开批斗，同年12月被关入监狱，在狱中度过了八年多的时光。1979年，夏衍被恢复名誉，并当选中国电影家协会主席，后当选全国文联副主席。夏衍一共创作了15部话剧，其中4部是他和其他剧作家合作的。他的作品为中国话剧的发展做出了名副其实的贡献。

**《夏衍剧作选》，北京，1953年；夏衍《考验》，北京，1955年；《夏衍研究资料》，北京，1980年；《祝福》，见《中国电影剧本》，莫斯科，1959年；夏衍《上海屋檐下》，莫斯科，1961年；C. A. 托罗普采夫《夏衍与中国电影艺术》，载《远东问题》，1985年第3期；《电影论文集》，北京，1979年；《中国大百科全书·电影》，北京，1991年；

《中国电影大辞典》，上海，1995年；《中国现代文学史》，北京，1980年；《中国话剧艺术家传》，第1卷，北京，1984年；程季华《中国电影发展史》，第1—2卷，北京，1963年。

（И. В. 盖达、Л. А. 尼科利斯卡娅、С. А. 托罗普采夫撰，姜敏译）

鲜于枢

鲜于枢（1246/1257—1302），字伯机，号困学山民、寄直老人。生于汴梁（今河南开封）。元朝书法家，曾担任中下级官职。鲜于枢凭借其天赋，在元代所有的书法家中仅次于赵孟頫。这两位书法家相互认识，交往密切。许多年间，每当鲜于枢从北京来到东南的浙江，两个人都要互相通信。这些信件被保存了下来，从中可以看出，对于王羲之书法的共同热爱，以及渴望恢复中国传统书法源流的共同愿望将两位书法家连到了一起。中国的书法研究者认为鲜于枢的书法与赵孟頫的书法相比，属于"骨多肉少"。这位书法家天生精力充沛，在30余岁时写下长10米甚至更长的书法长卷，而一般的书法家要经过几十年的锤炼，直到老年才有可能创造出这样的作品。40岁时，鲜于枢已经成为远近闻名的书法家。颜真卿的作品对鲜于枢有重要的影响。鲜于枢书法的显著特点是用笔圆润遒劲，点画爽健而富有立体感。现存署名为鲜于枢的作品共40多幅，其中最著名的是《老子道德经卷》《苏轼海棠诗卷》《论草书帖》等。

*沈鹏《中国美术全集·书法篆刻编·宋金元书法》，北京，1986年。

**В. Г. 别洛焦罗娃《中国书法艺术》，莫斯科，2007年；黄惇《中国书法史·元明卷》，南京，2001年；曹宝麟《中国书法史·宋辽金卷》，南京，1999年；朱仁夫《中国古代书法史》，北京，1992年。

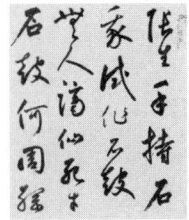

（В. Г. 别洛焦罗娃撰，张猛译）

冼星海

冼星海（1905—1945），作曲家。1928—1929年就读于上海国立音乐院，1931—1935年在巴黎音乐院（梵生·丹第和保罗·杜卡的高级作曲班）学习。1938—1940年，担任延安鲁迅艺术学院音乐系主任。1940年开始居住在莫斯科。他是《黄河大合唱》（1939），《九一八大合唱》（1939），交响曲《民族解放交响曲》《神圣之战交响曲》，狂想曲《中国狂想曲》（1944年在莫斯科的医院完成）的创作者，所作歌曲现存250余首，并且创作了小提琴和钢琴演奏的作品。

**《中国大百科全书·音乐、舞蹈》，北京，1998年。

（A. H. 热洛霍夫采夫撰，姜敏译）

项元汴

项元汴（1525—1590），字子京，号墨林、墨林外史、墨林堂、墨林子、墨林居士、墨林主人、墨林山人、墨林生、香严居士、退密斋主人、惠泉山樵、漆园傲吏、鸳鸯湖长。浙江嘉兴人。明代艺术鉴赏家，绘画、书法和瓷器收藏家，画家。

项元汴出身名门，家资富饶。他的祖辈在宋朝时居于河南，其祖父和父亲均在朝廷任重要官职。同代人认为，尽管项元汴不是专业的艺术家，但他在书画上取得了很高的成就。他们认为，项元汴在书法上学智永（6—7世纪）和赵孟頫，在山水画上学黄公望、倪瓒。项元汴同时也创作花鸟画，主要画松、竹、梅和兰。他偏爱水墨写意画，经常在画中附上相当长的诗句题词。其作品在当时广为流传，求画者先预付定金，并设法在他题款前取走画作。根据O.西林的猜测，项元汴的绘画被同代人高估了，因为"其创作才能在任何程度上都与其鉴赏水平不相符……作为画家，他不见得比有才能的鉴赏家更成功"。在中国，对项元汴晚期在收藏活动方面的评价高于他的其他功绩。《中国绘画史》的作者潘天寿没有在明代绘画和花鸟画的画家中提及项元汴，而是称之为明代最权威的绘画鉴赏家。项元汴的收藏（其藏书阁天籁阁闻名于世）包括千余种宋代、元代和明代绘画范本，是当时三大收藏家之一，其代表性藏品的艺术水平高于其他人。项元汴没有编辑藏品目录，但其藏品在明末的著录中为人知晓。项元汴去世后，他的收藏由继承者保管了一段时间，到17世纪中叶，当清军攻占浙江之后，这些收藏被一抢而空。此后，一部分作品归于乾隆皇帝的宫廷收藏。但很多物品经多次转手后，一些流散到日本或西方的博物馆，另外一些则完全散佚。按照已有的说明或收藏款识确定为项元汴旧藏的，经常被用作鉴别真伪和作品艺术价值的证明。项元汴作为绘画真伪鉴定大师的名声近来失去光彩，因为早期单独出版的一些册页，经他草率判定，400余年来都被认为是宋代大师的作品，但在今天则被认为是明代的摹本。

项元汴应是在前人的基础之上进行收藏的。著名画家仇英受项元汴的邀请，在项家临摹古代大师的作品将近十年，即当项元汴16—17岁时，仇英已研究其收藏的作品，而在那个年纪项元汴未必能独立完成巨大的收藏。与此同时，资料记载，项元汴天资聪慧，在创作中成熟较早。项元汴在唐寅的画卷《秋风纨扇图》上的两处书法题词较为出名，收藏该画的上海博物馆出版的图书中介绍称：项元汴的题词作于卷轴左侧，撰写日期是嘉靖十九年（1540）和二十一年（1542）。第一处题词作者注明的日期是"嘉靖庚子年九月"，第二处标注的是"壬寅年春"，没有标明朝代。项元汴完成第一处题词时约15岁，当时一般情况下中国的画家和书法家达到创作的成熟阶段相当晚，按照常规，作者在28—30岁之前多不在作品上署名。因此著名大师绘画上出现年轻作者的署名，是令人惊奇的。至今，项元汴个人作品中保存下来可供研究的真迹非常少。《中国书画家印鉴款识》（1987）中只提到两件。在项元汴的108枚印章样本中，有一枚是从其作品上临摹的，其他

的都是从他曾经收藏的作品中摘取的。辞典中一共出现了两处"项元汴"的印鉴（在绘有兰竹图案的扇面及立轴山水画上）。其印鉴有博雅堂宝玩印、宫保世家、六艺之圃、癖茶居士、虚朗斋、子孙世昌等。项元汴的印鉴在俄罗斯国立东方博物馆（莫斯科）中有收藏。

得益于收藏活动，项元汴的收藏款识经常出现在中国古代的绘画作品上，但是需保持小心谨慎的态度，因为他的款识存在大量伪造之作，正如O.西林所指出的，因商业用途，伪造者在一些可疑的、与项元汴毫无关系的绘画或书法作品上署上了他的名字。另外，包含项元汴两个号（墨林和叔子）的印章则完全不属于他，而属于他的儿子项德新。

项元汴的孙子项圣谟（1597—1658，字孔彰，号古胥山樵、大酉山人、逸父、逸居士、松涛散仙等）也是画家。他创作山水画和人物画，有时也创作花鸟画，画花草、松树、竹石。在风格上与文徵明相近，受到宋代和元代大师的一定影响。项圣谟继承了项元汴大部分收藏，并有所补充，这从他的一些印鉴中可以体现出来：半僧、博雅、不作人间无益事、丁酉生、怡情、考古正今、六艺之圃等。（北京出版的辞典中提及项圣谟名字的印鉴有150种）。

项元汴及其亲属有时被中国艺术理论归于嘉兴派——明代绘画中一个较小的绘画流派。

*《缩印百衲本二十四史·明史》，上海，1958年。

**В.Л.思乔夫《国立东方博物馆藏的两幅苏若兰回文诗画卷》，见《国立东方博物馆学术通讯》，第24辑，莫斯科，2001年；王云五《天籁阁旧藏宋人画册》，商务印书馆。

另参见词条"浙派"的参考文献。

（В.Л.思乔夫撰，王玉珠译）

小四王

"小四王",因与清初最大的画家团体——"清四王"类似而被中国艺术理论划分出来的画家团体。"小四王"包括王昱、王愫、王宸和王玖。王昱,字日初,号东庄、东庄老人、云槎山人,江苏太仓人,是"清四王"和"清初六大家"之一王原祁的亲戚和学生。王昱继承元代大师的传统,从事山水画创作。其最晚的作品出现于1739年,根据O.西林的说法,他多在1680—1729年进行创作。印鉴有笔外、隐求堂、平淡、三昧、寒香阁、积铁、清香等。

王宸(1720—1797),字子凝、子冰,号柳东居士、蒙叟、蓬心、蓬樵、蓬樵老、潇湘翁、退官衲子、玉虎山樵,江苏太仓人,是王原祁曾孙,画家、书法家、诗人。作为画家,他从事山水画和花鸟画创作,画竹子和兰花。书法学颜真卿,诗歌学苏轼。考取举人后在朝为官。中国艺术史学家认为他属于山水画派中的娄东派。

王玖(18世纪后半期),字次峰,号逸泉主人、二痴、二痴居士、海隅山樵,江苏常熟人,是"清四王""清初六大家"之一王翚(1632—1717)的曾孙。王玖从事山水画创作,延续其曾祖父的风格。印鉴有王家墨沼、耕烟后人、耕烟曾孙、如南山之寿、汝则锡之福、太原等。

与"后四王"、娄东派和虞山派这些"团体"代表的绘画相同,"小四王"的创作属于正统派,该流派是由"清四王"等艺术家确定下来的,以明代画家和理论家董其昌的美学准则为基础。这一流派的主要特征或多或少地与画院派和宫廷派有关,追求运笔、用墨技法的完善,肯定临摹经典(如"元四家"——黄公望、王蒙、倪瓒和吴镇)的必要性。这一流派与在野画家(见"四僧")对立,在整个清代占据主导地位。

**薛锋、王学林《简明美术辞典》,哈尔滨,1982年;俞剑华编《中国美术家人名辞典》,上海,1987年;《中国书画家印鉴款识》,北京,1987年;Siren O. Chinese Painting. Leading Masters and Principles. Vol. 1-7. L., 1956-1958.

(В. Л. 思乔夫撰,王玉珠译)

谢晋

谢晋（1923—2008），电影导演。自1948年开始拍摄电影，共拍摄了20余部作品：《女篮五号》、《红色娘子军》（这两部电影均曾在苏联发行）、《舞台姐妹》、《天云山传奇》、《牧马人》、《高山下的花环》、《芙蓉镇》、《鸦片战争》等。曾多次获得中国电影节奖项。其优秀影片以社会政治和个人命运为主题。

**C. A. 托罗普采夫《中国电影的艰难岁月》，莫斯科，1975年；C. A. 托罗普采夫《中国电影史概论》，莫斯科，1979年；C. A. 托罗普采夫《日落时分烛映窗：中国电影札记》，莫斯科，1987年；C. A. 托罗普采夫《"社会原野"上的中国电影》，莫斯科，1993年；《作为中国现代化一面镜子的谢晋》，载《今日亚非》，1999年第10期；《当代中国电影》，第1—2卷，北京，1989年；《中国大百科全书·电影》，北京，1991年；《中国电影大辞典》，上海，1995年。

（C. A. 托罗普采夫撰，姜敏译）

新安派

新安派，又称新安四大家、安徽派、海阳派（海阳为地名，在今安徽休宁），指的是清代早期的四位画家：查士标、孙逸、汪之瑞和弘仁。

查士标（1615—1698），海阳人，字二瞻，号白岳逋客、懒老、梅壑、梅壑散人、后乙卯生，著名画家、书法家、文学家、收藏家、古典艺术鉴赏家。明朝末期考中秀才，明朝灭亡后辞官隐居。主要在扬州生活并从事创作。他的作品最早在史料中出现是在1646年。在绘画上，他先是借鉴元代画家倪瓒、黄公望的作品，后期继承了吴镇的风格。书法上，他模仿米芾和董其昌，偏好行书。查士标收藏了大量的古典艺术珍品。俄国文献中经常误把其姓写作cha，或许这是因为该姓氏的拼写在И. M. 鄂山荫旧版《汉俄词典》和O. 西林的作品中都出现了这种错误。钤印主要有壹、待雁、待雁楼、芥舟、后乙卯生、朝朝染翰、不夜斋、长乐无息。

孙逸，生活在17世纪，安徽徽州人，字无逸，号疏林，画家、书法家。作为画家他主要画山水画，模仿黄公望风格。

汪之瑞，字无瑞，17世纪后半期在海阳从事创作，书法家、画家，以写意山水画而著名。

弘仁（僧名，俗名江韬）（1610—1663），出生于安徽徽州，字六奇、鸥盟，号孤啸主人、梅花古衲、无智、渐江、渐江僧、渐江学人。他是著名画家、文学家，尤擅山水画，常常研习研倪瓒的作品。最初他常署俗名江韬和字六奇，1647年出家之后便用僧名弘仁及其他名号。钤印有懒朦、何处有我、是迂且痴、云、隐等。在中国艺术史上他被归入"四僧"之列。

新安派四个画家之所以归为一派，不是就创作风格而言（他们各有个性），而是根据时间和地域原则。这反映了中国传统上对实际的艺术发展加以分类的局限性：其中并没有学派、倾向、流派等严格分野，将不同的艺术家合在一起，要么根据他们所宣称的创作宗旨，要么根据同乡原则，要么根据其姓氏等共同标志。按照这个传统，还可以把安徽出生的著名画家——黄山派的典型代表梅清（1623—1697）也归入新安派。

**С.Н.索科洛夫－列米佐夫《倪瓒的山水画》，见《亚非国家艺术瑰宝》第1辑，莫斯科，1975年；Siren O. Chinese Painting. Leading Masters and Principles. Vol. l-7. L. -N.Y., 1956-1958.

另参见词条"改琦"的参考文献。

（В.Л.思乔夫撰，张猛译）

邢侗

邢侗（1551—1612），字子愿，号来禽生。临邑（今山东德州）人。明代诗人、书法家、画家。由于多才多艺，他在23岁便高中进士，仕途坦荡。他在临摹上具有极高的才能。同时代人常常将他的书法天赋与董其昌相比，因而有"北邢南董"的说法。邢侗吸收了中国书法史上从古代一直到赵孟頫的艺术精华，并将其表现在自己的风格中。他对于经典作品的再创作具有独特性。邢侗最著名的书法作品是行书和草书作品。

**黄惇《中国书法史·元明卷》，南京，2001年；朱仁夫《中国古代书法史》，北京，1992年；Chang Leon L. -Y., Miller P. Four Thousand Years of Chinese Calligraphy. Chic. -L., 1990.

（В. Г. 别洛焦罗娃撰，张猛译）

形意拳

形意拳，中国搏击艺术中占主导地位的内家拳种之一，确切地说，是中国搏击艺术风格流派的一种。这一名称于19世纪中期被确立下来，在这之前该风格被冠以不同的名称：行意拳、心意拳、六合拳。传统认为，形意拳的创始人为佛教创始人菩提达摩，也有人认为是太极拳的创始人、神秘的道士张三丰或著名将领岳飞。

认为创始人为举世闻名的少林功夫创立者菩提达摩的说法，其依据主要是形成于少林寺的诗。这首诗中讲道："达摩西来一字无，全凭心意下功夫。"至今少林派仍保留了一些以形意拳命名的招数，但这些招数中并没有任何典型的形意拳风格特征。传说，抗击金人的宋朝将领岳飞将自己的招数命名为形意拳或意拳，但介绍其特点的文献资料并没有留存下来。岳飞去世五百年之后，出现了由其名命名的形意拳理论、实践拳谱，该"秘籍"仅在岳飞故乡山西省非公开的武术派别的骨干成员中流传①。大概这一拳法的真正创始人

---

① 岳飞为宋朝相州汤阴（今河南省汤阴县）人。

是山西人姬龙峰（名际可）。但18世纪又流传一种说法，认为形意拳创始人是古时两位著名的将士姬龙和姬峰。

据称，姬龙峰在自己的拳法系统中加入了矛术和枪术。姬龙峰的拳法后来被称作"际可拳"或"六合拳"。后一种名称指的是在打斗时手与足合、肘与膝合、肩与胯合，以及精神状态上的心、意、力、气之间的协调。"六合"的原则如今出现在所有的"内修"功夫中，而它最早形成于形意拳中。

据传，姬龙峰将12种动物的搏斗特长引入形意拳的实践之中，这些动物是龙、虎、猴、马、鼍、鸡、燕、鹞、蛇、鸱（神话中的鸟）、鹰、熊。姬龙峰的生平履历中记载了对于武术宗师来说较为典型的情节：他曾观察动物的搏斗（该文中提到的是鹰与熊的搏斗）。然而对于形意拳来说，要模仿的与其说是动物的外形和动作，倒不如说是模仿它们的"内在气质"和"搏斗意念"。在有关形意拳的"两仪歌"中，熊与鹰的搏斗被描述为宇宙的两个极点阴阳的相互转化，形意拳就寓于"阴阳暗合"中。

形意拳之山西派、河北派与河南派各不相同。这些派别的创始人都是姬龙峰的弟子：河南派——马学礼，河北派和山西派——戴龙邦。戴龙邦的侄子戴文雄的徒弟李洛能（又称李飞羽、李能然）建立了形意拳的理论体系。他整理总结出五种基本击打方法——劈拳、崩拳、钻拳、炮拳、横拳，这些击打方法在理论上与形意拳的"五行"相对应，包含许多具体的变体。"行"或"元素"是古代中国传统科学中规定的分类系统的几个本源，这些本源与事物、现象和品质有一系列的具体对应关系，尤其是与身体的内脏、身体构成、机体生理循环系统"气"的成分等有对应的关系。因此，上述击打方法以某种方式作用于确定的位置，在理论上与搏击者本人及其对手确定的内脏功能相联系。五行与卦——描述自然界中事物与现象之间联系的周期符号及其他分类学说相关联，借此，操练形意拳就将人带入了宇宙力量相互作用的复杂体系中。

形意拳的所有动作都基于环境原则。对于中国宇宙观而言，形意拳是宇宙完整性的独特形式。形意拳"招式浑圆"

中国精神文化大典

艺术卷

技能的实现以"三体式"（三元式，又称三才式、三玉式）为基础。这个名称指出了宇宙起源的三位一体——天、地、人，三体式桩法正是象征了这一内涵，以及较低三元分类级别中三位一体所有组成部分的统一性，如精、气、神的统一。人是阴和阳中间的一环，凭借这点人能够利用阴阳之间的相互转化。正确操练这一桩法将会建立人体内的最佳能量平衡，协调气的循环。这一桩法包括了凝神的方法、"目视技巧"、"呼气"。据说，"三体式"能够使人突破"先天"完美世界和"后天"物质世界之间的界限。近现代武功高深的形意拳大师有郭云深（19世纪）、车毅斋（1833—1914）、宋世荣（1849—1927）、李存义（1847—1921）、孙禄堂（孙福全，1861—1932）等。他们中的一些人，如孙禄堂，实践了拳术的若干招式，将该拳法和八卦拳一起研习。形意拳的套路作为传统武术的一支，活跃于中国的公开表演活动中。

**А. А. 马斯洛夫《形意拳：形意合一》，莫斯科，1994年；
А. А. 马斯洛夫《搏击艺术的天朝之路：中国武术的精神艺术》，圣彼得堡，1995年。

（А. А. 马斯洛夫撰，张猛译）

须弥座

　　须弥座（"细眉座"），指成型的阶式台基、石台，其上建筑宫殿或庙坛。须弥座的高度可达1.5米以上，以雕刻饰面，线条轮廓独特清晰，凹凸分布均衡，中部为束腰形式。表面大部分雕刻花纹，一些曲面上的图案具有伊奥尼亚式图案特征。装饰线条的数量及其尺寸按专门标准来确定。栏杆由顶端雕花的白色大理石小方柱和墙裙构成。栏杆尺寸、雕刻的特征与主题根据规格来确定。

　　皇宫和庙宇主殿建于多层台座之上。须弥座阶式台基的每层都设有多层台阶及附属构造，其中包括吸收了藏式艺术的龙头或幻想中的海怪等具有排水功能的雕刻物，这些构造设置在平台的边角处，同时具有使须弥座更加庄重的装饰功能。

**О. Н. 格鲁哈廖娃《19世纪中叶之前的东亚和东南亚建筑·中国建筑》，见《建筑通史》，第9卷，莫斯科—列宁格勒，1971年。

（Н. Ю. 杰米多撰，周立新译）

徐悲鸿

徐悲鸿（1895—1953），江苏人，当代画家、教育家、传统艺术传播者。他出身于书画之家，习画之初临摹岭南画派的画作，后来转向欧洲画的研习，求学于法国。1927年起，在南京、北京等城市积极投身于教育事业。1933—1934年赴欧洲（法国、意大利、德国、比利时、英国）举办中国传统绘画展。1934年访问苏联期间，徐悲鸿向莫斯科和列宁格勒的博物馆捐赠了一批20世纪初叶的珍贵藏品。1949年以后任中央美术学院（北京）院长，当选中华全国文学艺术工作者联合会常务委员。他从事人物画和山水画创作，努力将欧洲艺术传统的元素（明暗对比、线性透视）融入中国传统之中，拓展了绘画题材，并赋予自然写生最重要的地位。同时，他还在油画和素描领域下了不少功夫。徐悲鸿在绘画上的最大成就是花鸟画，尤其擅长画马。北京有一座徐悲鸿纪念馆。

**Н. А. 维诺格拉多娃《徐悲鸿》，莫斯科，1980年；Т. А. 波斯特列洛娃《徐悲鸿的创作与20世纪中国的艺术文化》，莫斯科，1987年；廖静文《徐悲鸿一生》；《徐悲鸿彩墨画》，北京，1959年；徐建融《当代十大画家》，上海，1995年。

（С. Н. 索科洛夫－列米佐夫撰，张猛译）

徐渭

徐渭（1521—1593），初字文清，后改字文长，号白鹇山人、天池、天池山人、天池漱仙、田水月、金垒山人、青藤道士、青藤老人、鹅鼻山侬等。山阴（今浙江省绍兴市）人。著名的文学家（诗人）、戏剧家、军事家、书法家和画家。

在西方的东方学家眼中，徐渭主要作为画家而闻名。他自认为书法第一，诗第二，文第三，画第四。徐渭的生平颇具戏剧性，它体现了中国鉴赏家的罕见例外：他们将一位患有精神疾病的人纳入了当时的杰出大师之列。这不是因为明朝"养生"的需要，因为明朝当时已经衰落。相反，人们认识到，书法传统的经验给一个天赋异禀的人以力量，使他能够承受病痛的重负。中国鉴赏家从未忽视"创作狂"与精神疾病之间的差别。

徐渭出身于浙江省的一个官员家庭，孩童时期就已经开始创作书画、诗歌和音乐。后因生活困顿，他不得不靠自己的才华（文学、音乐和书画创作）来谋生。但是，他的科举考试之路却出了问题：第一次参试连童生试也未通过，乡试亦一连八次失败，他参加最后一次科举考试时已然43岁。他在40岁时出现严重的精神失常，三年内曾多次自杀未遂（其中一次用斧子砍断自己的颧骨，将钉子钉进自己的耳朵）。病情发作时，他杀死了继妻，根据法律被判死刑，在朋友的斡旋之下被判七年监禁。出狱时已经52岁。在20年的时间里，徐渭在朋友的帮助下勉强过活，他们以衣物吃食来交换他的作品。

徐渭的书法遗作很多，其50岁之后以狂草或草书完成的作品大部分保留下来。其书法作品行列紧密，甚至造成某种程度的混乱，字符忽大忽小，一些字迹明显倾斜，似乎要被掀翻。线条忽粗忽细，墨迹出自带刺或开裂的毛笔。线条的狂放流露着非同寻常的表现力——结构超出书卷（类型通常是立轴）范围。同代人称徐渭的创作是"己笔意"和"我面目"。同时，在其作品中可以清晰地看到对索靖、米芾、黄庭坚和倪瓒风格的继承，这也证明了他的作品是创新与传统的结合。重要的是，他无意推翻传统。

徐渭的病使他的潜能发挥在传统法度中受到限制。甚至当他用楷书创作时，线条中会出现一些变形，传达出令人不愉快的扭曲和咄咄逼人之势，但这些字符却能催眠般地吸引观者的注意力。

徐渭是第一个在书法作品中展示自己内心世界的人，这也是他对传统的贡献所在。明代末期著名的草书大师，如张瑞图、王铎和傅山使用了徐渭的一些形式上的创新，但在艺术本质上他们不是徐渭的继承者，虽然他们被统一归为发端于唐代书法家张旭和怀素的狂放派。

**B. Г. 别洛焦罗娃《中国书法艺术》，莫斯科，2007年；黄惇《中国书法史·元明卷》，南京，2001年；朱仁夫《中国古代书法史》，北京，1992年；马国权《沈尹默论书丛稿》，香港，1981年；Cahill J. Parting at the Shore: Chinese Painting of the Early and Middle Ming Dynasty, 1368-1580. N. Y., 1978; Ryor K. M. Bright Pearls Hanging in the Marketplace: Self-expression and Communication in the Painting of Xu Wei. N. Y., 1998.

（B. Г. 别洛焦罗娃撰，王玉珠译）

徐渭已确定的作品多创作于1570—1591年。在绘画上，他是公认的花鸟画大师，他的作品被藏于中国和海外主要的博物馆如北京故宫博物院、上海和南京艺术博物馆、华盛顿弗利尔美术馆中。在绘画技巧上，徐渭借鉴了著名的画院派画家、人物画大师梁楷（13世纪上半叶）的风格，寥寥几笔便能塑造出鲜活的形象。与此同时，徐渭师法林良，林良是宫廷花鸟画家、四季主题多联画作者，善于将工笔与写意相结合，有时则创作单色水墨画。在明朝的艺术家中，徐渭非常推崇沈周。徐渭的绘画不拘成法，具有罕见的表现力。他喜欢大的卷幅和单色结构，常以此将小的形象加以夸大。徐渭常在纸上进行大面积晕染（例如画石头），与之相对，他又精细地描绘了单个植物的茎叶，例如天津博物馆收藏的《竹石水仙图》（135厘米×47厘米，

纸本，墨色）所表现的那样。在他的作品中，水墨色调和泼墨技法使用非常广泛。这些特征在文人画大师的作品中得到发展。徐渭的直接追随者属于青藤派。印鉴有公孙大娘、孺子、聋哑大家公、鹏飞处人、辛卯七十一、佛寿等。

**H. A. 维诺格拉多娃《中国山水画》，莫斯科，1972年；
《佛陀回归·中国博物馆文物展》，圣彼得堡，2007。

另参见词条"邗上五朱"的参考文献。

（В. Л. 思乔夫撰，王玉珠译）

徐熙

徐熙（生卒年不详），五代时期最著名的画家，花鸟画的创始人之一。

徐熙为金陵（今江苏南京）人，一说钟陵（今江西进贤）人，《图画见闻志》的作者郭若虚说："徐熙江南处士，志节高迈，放达不羁，多状江湖所有汀花野竹、水鸟渊鱼。"徐熙的隐居生活没有妨碍他的创作和知名度：12世纪初的《宣和画谱》中提到了他后来散佚的249部作品。

在中国传统美学思想和现代艺术学中，人们普遍认为徐熙是花鸟画独立风格变体的创始人，这一变体在原则上区别于以黄筌为代表的另一种花鸟画风格。与雕琢细致、具有装饰性并因此得名"富贵"的"黄体"相反，徐熙的绘画线条具有简逸性且配色柔和。他采用明快、雅致的色彩，辅以水墨轮廓线，使用"落墨"技巧，使得画面意态生动。另外，其画不用墨勾线，在花鸟画中被称为"没骨"（见"没骨派"）。郭若虚在其论著中强调徐熙之画"落墨为格，杂彩副之。迹与色不相隐映也"。

较之于郭若虚的资料，《宣和画谱》中提及的徐

熙画作涉及了更多主题。其中指出，徐熙喜爱的内容有出淤泥而不染的莲花、落入水中的树叶、玉兰花、水鸟、蝉、蝴蝶等。在徐熙的绘画中占据主要地位的是牡丹画（39幅）和梅花画（4幅），也许正是这些作品促进了墨梅作为花鸟画中独立主题流派的形成。

徐熙的画风被形象地称为"野逸"，因其清淡和自然，当时没有立即得到画家和鉴赏家的肯定，甚至被列入北宋初期花鸟大师之列的其孙徐崇嗣看起来也比他更为多产，因为《宣和画谱》中提到了徐崇嗣的142幅画，他抛开祖父的创作成就，而偏爱黄筌的风格。

只有文人画创作团体的代表苏轼和米芾对徐熙的画做出了正确的评价，《画史》赞叹道，徐熙笔下的画活灵活现，除此之外，他的画还具备感染人心的力量，令人难以复制，在这一点上有别于黄筌。

后来，源自黄筌和徐熙的花鸟画风格变体构成了这一题材的艺术主线，与中国画主要的创作风格——工笔和写意相一致。"徐熙体"能够传达画家的印象和情绪，画家能够用笔在作品中进行最大胆的尝试，在与学院派大师对立的独立画家中最为盛行。"徐熙体"显著体现于"禅画"（12—13世纪）、徐渭、朱耷、"扬州八怪"等代表人物的创作以及产生于19世纪中期的"国画"中，至今仍在中国美术中占有重要地位。

*郭若虚《图画见闻志》，К. Ф. 萨莫秀克翻译、注释，莫斯科，1978年。

**Н. А. 维诺格拉多娃《中国山水画》，莫斯科，1972年；М. Е. 克拉夫佐娃《中国艺术史》，圣彼得堡，2004年；《中国艺海》，上海，1994年；邵洛羊《中国美术大辞典》，上海，2002年；Barnhart R. Peach Blossom Spring: Gardens and Flowers in Chinese Painting. N. Y., 1983; Bickford M. Ink Plum.

The Making of a Chinese Scholar-Painting Genre. Cambr., 1996; Gao Jiaping. The Expressive Act in Chinese Art: From Calligraphy to Painting. Stockh., 1996; Laing E. J. The Development of Flower Depiction and the Origin of the Bird-and-Flower Genre in Chinese Art // BMFEA. 64 (1992); Siren O. Chinese Painting. Leading Masters and Principles. Vol. 1-3 . L., 1958.

(М. Е. 克拉夫佐娃撰，王玉珠译)

徐晓钟

徐晓钟，1928年出生于湖北省，著名导演、教育家、戏剧理论家、社会活动家。他在童年时就表现出了对传统戏剧的兴趣，并参加过学校的表演。在抗日战争期间接触到话剧表演，观看了根据曹禺的剧本、亚·尼·奥斯特洛夫斯基的剧本（《大雷雨》）改编的话剧演出以及根据高尔基的剧作《底层》改编的话剧《夜店》。1946年参加武汉青年话剧团体"武汉学生联合剧团"的创建活动，了解了斯坦尼斯拉夫斯基体系。1948年考入南京戏剧专科学校，加入中国共产党。1949年到达北京进入华北大学三部，后并入中央戏剧学院。土地改革时期参与了秧歌剧的宣传演出工作。1954年被派往苏联国立卢那察尔斯基戏剧学院学习戏剧艺术，积极了解剧目和戏剧流派，结识剧作家。他的毕业作品是《青年近卫军》和《乐观的悲剧》。

"文化大革命"后，徐晓钟的导演才华在话剧《马克白斯》（1981）、《培尔·金特》（1983）、《桑树坪纪事》（1987）、《大雪地》中得以展露。对斯坦尼斯拉夫斯基体系的深刻理解和创造性运用，以及对当代世界戏剧潮流的关注使他跻身于中国一流导演之列。1983—2002年，担任中央戏剧学院院长、中国戏剧家协会副主席。他还撰有探讨导演问题和舞台艺术问题的理论著作。

*林荫宇编《徐晓钟导演艺术研究》，北京，1991年。

(И. В. 盖达撰，姜敏译)

许道宁

许道宁（约970—1052），河间（现河北省）人，一作长安（今陕西西安）人。北宋著名山水画大师。

许道宁的山水画师法李成，他早年以卖药为生，并以画作招揽生意，后画名远扬，在绘画鉴赏家中获得广泛认同，并受公卿大臣之邀作画。郭若虚的著名论著《图画见闻志》和晚期的资料表明，许道宁主要创作大型山水画。

12世纪的《宣和画谱》中提到其作品138部，其中包括《关山密雪图》。由他创作的装饰皇宫内一间宫室的两幅壁画也非常著名，但是关于这两部作品的任何细节都没有保存下来。郭若虚称，许道宁的创作技法随着时间推移产生了重大的变化："始尚矜谨，老年唯以笔画简快为己任。故峰峦峭拔，林木劲硬，别成一家体。"

郭若虚关于许道宁创作风格特性的观点是正确的，这在确定为许道宁真迹的山水画稀世珍宝《渔父图》（48.9厘米×209.6厘米，绢本，水墨，淡设色，美国堪萨斯城纳尔逊美术馆藏）中得到证实。虽然该作品总体上符合当时在画院派绘画中占据主导的"全景式"风格，但同时亦表现出另一种平远景致构图，对山景以及其他元素进行了特别诠释。与10世纪典型的山水画（例如关仝和范宽的作品）中只有唯一的制高点，两侧是低矮的山峰不同，这幅画中展示了多条山脉，构成了画卷一个又一个水平和垂直的中心。近景是平静河面上的渔船和有行人通过的小路，中景从右起是山的陡坡和河流弯曲处以及矗立河岸的峰岩绝壁。远景是不同高度和形状的连绵山峰，这些山峰笔力劲硬，从峰头到山脚以水墨长皴扫出。山谷部分以浓墨及渲染的交替使用完成。前景中陡峭的悬崖和光秃秃的树干与远处柔和的溪水、宽阔江面上的数只渔舟形成鲜明的对比。背景中因丝帛材质而具有的金色色调，形成了"淡设色"的印象，营造出秋日高爽和澄澈的氛围，有助于感受山水的整体性和真实性。

因此有理由认为，许道宁的画是对北宋学院画派中占据主导的"全景山水画"的某种改变，

这种改变发生于该题材达到全盛阶段之前，而其全盛阶段的标志是11世纪郭熙的巨幅山水画作。

*郭若虚《图画见闻志》，К.Ф.萨莫秀克翻译、注释，莫斯科，1978年。

**Н.А.维诺格拉多娃《中国艺术》，莫斯科，1988年；М.Е.克拉夫佐娃《中国艺术史》，圣彼得堡，2004年；R.库珀、J.库珀《中国艺术杰作》，译自英文，明斯克，1997年；Т.А.波斯特列洛娃《10—13世纪的中国画院》，莫斯科，1976年；К.Ф.萨莫秀克《郭熙》，莫斯科，1976年；《中国艺海》，上海，1994年；《中国美术全集·绘画编》，第3卷，北京，1986；Eight Dynasties of Chinese Painting. The Collection of the Nelson Gallery-Atkins Museum, Kansas City, and the Cleveland Museum of Art. Cleveland, 1980; Siren O. Chinese Painting. Leading Masters and Principles. Vol. 1-3. L., 1958; Sullivan M. Symbols of Eternity: Landscape Painting in China. Stanf., 1979.

（М.Е.克拉夫佐娃撰，王玉珠译）

宣德画院

宣德画院，明代设立的国家级学术研究机构，旨在培养职业画家，协调宫廷画师工作。

明朝开国皇帝朱元璋在新王朝建立之后不久即征召画家入京（今江苏南京），这首先是出于宫廷对画师的需求，以便为经历了数十年内战之后重建的宫殿和京城各部门的建筑绘制壁画和装饰画。不过，专门的画院直到15世纪20年代中期才由明宣宗下令成立，仿照北宋和南宋时期的画院，因此画院后来被称为宣德画院（在宣德年间，由明宣宗所建）。画院重建使得画院派绘画以及满足宫廷及皇家精神需求的官方艺术的审美倾向发生变化。对明代画院活动产生决定性影响的是当时文化生活的整体趋势，即致力于在元朝统治之后恢复古代精神传统和价值观。宫廷画家面临着一个任务，即复兴国家性和精神性最浓厚时期——唐代和宋代的艺术遗产。由此出发制定了一整套规章制度，包括绘画题材、形象及创作手法等，稍有偏差就会招致行政处罚甚至流放。宫廷画家奉旨作画，即一些为朝廷歌功颂德的场景画、妍丽的花鸟画和雄浑的山水画，多以古代大师杰作为范本，富有外部装饰性。在明代后半期，画院逐渐萧条。值得注意的是，尽管宣德画院在职人员众多，但只有为数不多的杰出画院画家被载入中国绘画史，这些画家主要从事花鸟画创作，其作品规模宏大、色彩艳丽。

明代画院派花鸟画的奠基人之一是边文进（边景昭，15世纪）。他出生于中国东南边远地区（福建），后来成为南京宫廷画师，并成为著名的花鸟画大师。边文进也创作人物画和动物画（后者起初也属于人物画，参见"任仁发"），以画虎见长。边文进花鸟画的构图明显借鉴北宋画院派画家的创作。他的作品，比如《春禽花木图》（纵155厘米，横99厘米，绢本设色，上海博物馆藏），色彩艳丽，气势宏大，景物众多，描绘细腻。边文进的继承者，宣德画院史上另一位著名花鸟画大师是林良（字以善，广东人），主要继承和发扬了南宋时期画院派代表画家的风格。林良的代表作品是《山茶白鹇图》（又名《山茶白羽图》，纵152.3厘米，横77.2厘米，绢本设色，上海博物馆藏）。观众的视线一下子被吸引到侧身傲立于岩石之上的白鹇身上，这主要是由于画作的构图效果以及色彩处理——主要采取黑白（羽毛）、朱红（鸟爪和脸盘）搭配的效果。画作的次要细节也颇具吸引力——岩石周围茂盛的灌木丛，一对喜鹊站在下面的一块石头上，无比羡慕地欣赏着"鸟王"的风采。林良对花鸟画最主要的艺术创新是对猛禽（鹰、隼）的描绘，这在之前的花鸟画中很少出现，这象征着自然中生与死的持久平衡。在山水画家中，需要特别提及的是李在（15世纪上半叶）和郭纯（15世纪）。

李在（字以政，福建人），宣德时在画院供职。同时代人认为，其最主要的成就是对郭熙和马远这两位风格迥异的

前辈山水画家技巧的同时继承。实际上,正如流传至今的四幅画作所显示的,李在的山水画主要受到戴进及浙派早期代表画家的影响。李在的代表作品《琴高乘鲤图》(纵164.3厘米,横95.8厘米,绢本,淡设色,上海博物馆藏),是根据一位道士的传说创作的。画家描绘了一位名叫琴高的古代仙人(擅长鼓琴),他可以像鱼儿一样自由地潜入水底,有时会骑着一条神鲤浮出水面。画作再现的就是琴高从水中浮现,惊呆了众人(官员或学者,身着仿古白袍)的场景。画家刻意增强画作的装饰性以及人物和山水背景的象征性(比如树冠上的绿点,好像树冠被突然卷起的风吹散了一样,以及画面远景中山脊的巨大轮廓),画作富有表现力,传达出道教传说所特有的神秘感和吸引力。

郭纯(字文通,浙江永嘉人),15世纪初画院成立之前的宫廷画师。是唐代官方艺术主导流派"青绿山水"传统的著名继承者。其杰出作品是《青绿山水图》(纵161厘米,横95.3厘米,绢本,设色)。除唐代青绿设色山水画的影响之外,还能从他对远景山脉的诠释中察觉到南宗画派(现代术语学称南方山水画派)(首先是董源)的风格特征。郭纯还采用倪瓒等元代画家创作中所特有的"云雾烟霭"画法来诠释景致,这一点从画作右侧前景中的圆滑巨石和树木可以看出。尽管融合了这么多的传统技巧,郭纯的画作中仍有一种写实感,保留了抒情性,因此他不仅是画院派的代表,而且是整个明代最杰出的山水画家之一。

**M. E. 克拉夫佐娃《中国艺术史》,圣彼得堡,2004年;B. B. 马良文《道的黄昏:新时期中国文化》,莫斯科,2003年;庄嘉怡、聂崇正《中国绘画》,北京,2000年;邵洛羊《中国美术大辞典》,上海,2002年;《中国美术全集·绘画编》,第5卷,北京,1986年;《上海博物馆藏品精华》,上海,2004年;Barnhart R. Painters of the Great Ming. The Imperial Court and the School. Dallas, 1993; Cahill J. Parting at the Shore: Chinese Painting of the Early and Middle Ming Dynasty, 1368-1580. New York-Tokyo, 1979; Hajek L. Chinesische Kunst. Prague, 1954; Paintings in Chinese Museums // Arts of China. Vol.

3. Tokyo, 1970; Siren O. Chinese Painting. Leading Masters and Principles. Vol. 4, 6-7. L., 1958; The Shanghai Museum of Art / Ed. by Zhen Zhiyu. N.Y., 1981.

(M. E. 克拉夫佐娃撰，李春雨译)

阎立本

阎立本（600？—673），雍州万年（今陕西临潼）人，唐代最重要的人物画画家之一。

阎氏家族可能是中国北部边陲（今内蒙古境内）居民的后裔，连续几代在6世纪末—8世纪的中国艺术创作生活中扮演着重要角色。阎立本的父亲阎毗是北周宫廷画家，后来在隋朝宫廷继续从事艺术活动。阎立本的哥哥阎立德也是名冠一时的宫廷画家。阎立本开始在秦王（唐太宗）麾下任职，670年官至中书令。虽然身居高位，但他和父兄一样积极从事绘画创作，并担任宫廷画师。其创作的鼎盛时期是7世纪50—60年代，即唐高宗执政前半期。据朱景玄《唐朝名画录》和郭若虚《图画见闻志》等文献记载，阎立本从事各种画架画和纪念画的创作。为他带来声誉的是历史题材画作（如《十八学士图》），朱景玄称阎立本"凡画人物、冠冕、车服，皆神妙也"。

阎立本的两幅大型画作凭借11—12世纪的摹本保留下来：《步辇图》（38.5厘米×129厘米，绢本，设色，北京故宫博物院藏）和《历代帝王图》（51.3厘米×531厘米，绢本，设色，波士顿美术博物馆藏）。《步辇图》据传为7世纪40年代初绘制，画的是风俗画场景，以唐太宗御容为构图中心。皇帝身着龙袍，端坐于由六名侍女抬着的步辇之上，另有两名侍女为皇帝执扇，一名侍女手展旌旗。画面左侧是三位外族使节①，似乎被眼前的辉煌惊住了。

《历代帝王图》卷轴由汉代和公元3—6世纪

---

① 左侧三人，前为典礼官，中为吐蕃使臣禄东赞，后为通译者。

历代王朝的13位帝王的肖像组成。分别是：西汉昭帝，东汉光武帝，三国时期魏国、吴国、蜀国的创建者——曹丕、孙权、刘备，西晋武帝，陈朝的四位皇帝，北周武帝，以及隋朝的两位皇帝。这种对人物的选择似乎有些奇怪。这些帝王或站或坐，均在侍从簇拥之下（其形象明显大于侍从）。卷轴总共描绘了46个人物，场景各自独立，似乎是随意散布于卷轴之上。阎立本画作中绘画空间的离散性和并列构图明显源起于古墓壁画，在望都墓中就有此类壁画的范本。与此同时，在卷轴中明显能察觉到艺术构思的统一性和画家炉火纯青的技艺，他完美地运用纤细灵动的线条，自信地勾画出人物的面部轮廓和衣服褶皱，将单独的场景合而为一。色调以艳丽的暖色调为主，如绿色、黄色、褐色、紫色[①]，增强了构图的统一性，使画作庄重而华丽。画作整体为现实主义风格，帝王形象呈现静态，手势具有"仪式化"，面部神情肃穆；仆人和随从的形象则相对活泼。帝王服饰的描绘十分细腻，如剪裁样式、装饰图案、头饰等饰品和象征皇权地位的帝王标志等，画家对这些外部细节的重视程度超过对人物内心世界的反映。细节的准确性使这幅作品成为研究中国服饰史研究的珍贵资料，而阎立本画作的风格特征成为中国官方肖像画的基准。

有学者在研究著作（包括Л. П. 思乔夫、B. Л. 思乔夫和E. 兰斯曼的著作）中证实了一种说法，认为对人物程式化的描绘不仅是为了让已故帝王流芳百世，而且隐藏着更深刻的意义，当我们将每位帝王的画像参照其统治历史进行观察时就会发现这一点。原来，那些以最优雅的礼仪服饰和丰满的身材出现的帝王都是统一中央集权国家的缔造者，并且遵从儒家学说及其道德伦理价值观。比如，光武帝通过政变推翻新朝，复兴汉室；晋朝开国皇帝晋武帝在3世纪上半叶的内乱之后恢复了国家的政治统一（虽然维持时间较短）；北周的缔造者（北周武帝）为统一国家而进行改革，最后由隋朝开国皇帝隋文帝杨坚彻底完成，从而结束了旷日持久的（3

---

① 该画作以赭石、朱砂、白粉和花青等几种颜色为主。

世纪初—6世纪末）国家分裂的政治局面。反观那些坐着的帝王，其统治要么有缺陷，要么就是在位期间发生了危及全国的政治动荡。画作中首先出现的此类帝王是汉昭帝，他在位期间，西汉开始衰落，并最终走向覆灭。其后是曹丕、孙权和刘备，他们通过各自建立政权终结了汉王朝，使国家一分为三。值得注意的是，他们的神态相比汉昭帝显得较为松弛，面部表情也更具个性：曹丕显得固执严厉，刘备略带忧郁，这似乎是其政治命运的反映；而且刘备和孙权面向对方，这种构图暗示着他们的国家是相对而立的，分别在西南（今四川）和东南（今长江下游地区）。这一人物画像长廊中的最后两位是陈朝皇帝——文帝和宣帝，传统上被认为是佛教信徒，普遍认为，这预示了其王朝的短暂命运。也就是说，阎立本创作的是一幅能够反映历史进程，表明统治者个人在其中的作用及地位的艺术作品。

显然，人物形象描绘的特点与其说是阎立本的个人风格，不如说是官方肖像画的绘画要求。目前又发现了两幅据考为阎立本所作巨幅画作——《北齐校书图》（27.6厘米×114.7厘米，绢本，设色，波士顿美术博物馆藏）和《萧翼赚兰亭图》（27.7厘米×64.7厘米，绢本，设色，台北故宫博物院藏）。如果画作鉴定无误的话，那么这两幅画就揭示了阎立本作为肖像画和人物画大师的才华横溢的新面貌。第一幅画描绘的是学者樊逊等人奉北齐政权缔造者文宣帝旨意对儒家经典进行校勘的历史事件。画卷由两个主要场景（画面右侧是樊逊及其弟子，中间是坐在榻上的皇帝，旁边有两名学者），以及一个"辅助"场景（奚官与两匹马，似乎在恭候皇帝）组成。画卷中的所有人物，包括樊逊和他的弟子、次要人物乃至皇帝本人的描绘都未呈现出官方美学特征，而是表情生动、体态自然，反映了知识分子的创作精神。最吸引人注意力的是皇帝右手边的樊逊的侧面半身像。画家将其画成一个老者，面貌奇特（高额头，鼻子微微隆起，嘴很小）。这些

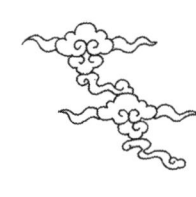面部特征反映出人物的心理特点——他正沉浸于知识创作中，以完成工作为己任。值得注意的是，卷轴的这个局部被某些美术出版物复制，作为阎立本的独立作品。

第二幅画《萧翼赚兰亭图》描绘的是梁元帝曾孙萧翼的故事。他在唐太宗时期社会地位很高。萧翼是阎立本的同时代人，两人很有可能是熟人。因此画作不仅是一幅风俗画，而且是这位历史人物的真实肖像。画中萧翼和两位僧人相伴而坐（一位僧人位于画面中间，正面呈现，其余两人均为四分之三侧面像）。三个人物形成了统一的艺术构图，完美地营造了倾心交谈的氛围。萧翼和两位客人的面部表情刻画得细致入微，令人信服地展现了每个人物的个性：年老的僧人看起来像一个苦行僧，努力追求觉悟，这从他瘦弱的身躯、手持拂尘（佛教的法器，象征着净化自身恶习和污秽的愿望）以及他平静的面容和像阿罗汉一样垂下的浓眉可以看出。在第二位僧人的肖像中，人们看到的是一位在僧侣团体的等级制度中处于较高地位的人，他的体格魁梧，姿势漫不经心，衣着对于僧侣来说过于考究。最生动传神的还是萧翼的肖像。他身着宽袖长袍，体型健硕，显是惯于行伍。他面露贵气，五官精致，一双睿智的眼睛专注地注视着交谈者，为其增添了活力。画卷左侧还有另一个场景，由一个仆人和一个侍女（体型明显不如主角）组成，两人正在烹茶。他们似乎在画布表面滑行，体现了世俗日常生活之外的另一种现实。

这两幅画都有力地证明了唐代存在一种肖像画传统，它诉诸人物的个性，在类型学意义上与礼仪肖像画有着本质的区别。

与阎立本的名字相关的还有很多杰出的唐代雕塑作品——唐太宗陵墓的地表部分，由六块石刻组成（每块面积约170厘米×205厘米），上面以高浮雕技法塑造了唐太宗最喜爱的六匹骏马，体态各异。其中一匹马正在疾驰，另一匹马在战场上负伤，一名士兵正从其胸膛向外拔箭。和唐代著名动物画家韩幹笔下的马一样，这些马生动逼真，富有表现力，这得益于画家对马匹身体构造和习性的深刻了解。其中一些画面氛围异常紧张激烈。据说这些浮雕是根据阎立本的草图完成的，若果真如此，那么阎立本就不仅是一位杰出的人物画画家，而且是一位动物画大师。

*朱景玄《唐朝名画录》，В. В. 马良文翻译、注释、作序，莫斯科，2004年；郭若虚《图画见闻志》，К. Ф. 萨莫秀克翻译、注释，莫斯科，1978年。

**Н. А. 维诺格拉多娃《中国艺术》，莫斯科，1988年；М. Е. 克拉夫佐娃《中国艺术史》，圣彼得堡，2004年；R. 库珀、J. 库珀《中国艺术杰作》，译自英文，明斯克，1997年；Л. П. 思乔夫、В. Л. 思乔夫《中国服饰：象征、历史、文学与艺术诠释》，莫斯科，1975年；吴玉贵《中国风俗通史·隋唐五代卷》上海，2001年；庄嘉怡、聂崇正《中国绘画》，北京，2000年；《中国艺海》，上海，1994年；邵洛羊《中国美术大辞典》，上海，2002年；《中国美术全集·绘画编》，卷2，北京，1986年；Fontein J., Wu Tung. Unearthing China's Past. Bost., 1973; Lancman E. Chinese Portraiture. Tokyo. 1966; Sirén O. La sculpture chinoise du V-ᵉ au XIVᵉ siècle. Vol.3. P.Brux., 1925-1926; idem. Chinese Painting. Leading Masters and Principles. Vol. 1, 3. L., 1958; Sullivan M. The Arts of China.Berk.Los Ang.L., 1984; Watson W. Art of Dynastic China. N. Y., 1981.

（М. Е. 克拉夫佐娃撰，李春雨译）

颜真卿

颜真卿（709—784），字清臣，世称"颜平原""颜鲁公"。京兆万年(今陕西西安)人。唐朝名臣、书法家。

颜真卿出身于名门世家。早年丧父，随母寄居苏州外祖家。后来到洛阳，结识了张旭，并向他学习书法。734年中进士。736年经吏部铨选，任校书郎。742年中"博学文词秀逸科"，被任为醴泉县尉。746年，任长安县尉。752年，转任武部员外郎。因显贵排挤，出任平原郡太守。

尽管公务繁忙，颜真卿还是一直坚持练习书法。尚在科举考试准备时期，他就开始研习楷书，仔细研究王羲之的楷

书范本。玄宗年间，结构紧凑的楷书被认为是标准字体，波浪式的粗细变化和末端尖锐锋利，正是与颜真卿同时代的徐浩的书法特点。唐代宫廷学院风格的影响可以追溯到著名的《多宝塔碑》碑文。该碑建于752年，目前保存于西安碑林博物馆。颜真卿早期的楷书风格受到篆书大师李阳冰等人的影响，结构严谨，力量均衡，端正大方。

公元8世纪50年代中叶，颜真卿形成了个人风格，这在《东方朔画赞碑》碑文中得以体现。该碑创立于754年，字体浑厚苍健，气势开张。颜真卿碑体雄浑的风格发源于6世纪北魏的范本，以及摩崖石刻书法。

在安禄山于755年发动的叛乱中，颜真卿表现出了对朝廷的忠诚和将帅之才。758年书法家用行书创作了《祭侄文稿》。今藏于台北故宫博物院的原稿有九个题跋，其中最著名的出于元代书法家鲜于枢之手。这篇悼文因其所蕴含的真契情感和内在力量而闻名，中国历代的书法家都为之折服。文稿的第一部分，颜真卿的书法以简洁、克制的方式表达了他对不幸遇害侄子的哀悼。哀痛之情的表达开始于作品的第二部分。书法家不止一次地修改关于"贼臣拥众不救"的文字。最后一部分是用淡淡的笔触书写的。行列失去笔直，与线条一起摇动，好似香烛燃烧时产生的袅袅烟雾。书法作品和文学文本因共同的经历而结合在一起，共同缅怀颜家的悲惨遭遇。该作品的书写技法完全摆脱了以王羲之风格为标准的宫廷风格。如果说晋代大师使用侧笔书写，颜真卿则使用正笔书写。

771年，颜真卿写下《大唐中兴颂》。刻在岩石上的书法以楷书完成。宋代每一位学者都曾临摹并熟知这一书法作品。遗憾的是，时至今日，其字迹保存状况不佳。

颜真卿的仕途坎坷，但他始终刚正不阿。783年，他被派去与叛军谈判，后被叛军监禁，备受折磨，但矢志如山，不移其志。

颜真卿后期创作了大量碑文，其中大部分是为了纪念其父亲。在这些纪念性作品中，书法家的楷书臻于完美。其字符造型如此雄浑有力，以至于被认为具有雕塑结构。颜真卿晚期的代表作之一是780年创作的《颜氏家庙碑》（今藏西安碑林博物馆）。在颜真卿的碑文中，字体的末端采用了藏锋技法。象形文字的比例被拉长，符号内部的线条排列更加宽敞，分布也更加均匀。颜真卿的字体呈长方形，力量分布均匀。所有被突出的线条均具有稳定性和厚重性。这些造型特点与篆书的造型有直接关系，这两种字体的结合，被宋代后期的书法家们准确地判定为颜真卿风格中最重要的创新。这种造型处理对体现线条的力量是非常必要的。儒家道德思想在其书法作品中亦得到极高程度的体现。

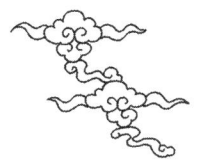

*杨仁恺《中国美术全集·隋唐五代书法》，北京，1989年；朱关田《颜真卿》，北京，1993年；王靖宪《中国书法艺术·隋唐五代》，北京，1998年；刘正成《中国书法全集·隋唐五代墓志》，北京，2002年。

**В. Г. 别洛焦罗娃《中国书法艺术》，莫斯科，2007年；徐邦达《古书画过眼要录：晋、隋、唐、五代、宋书法》，长沙，1987年；徐利明《中国书法风格史》，郑州，1997年；朱关田《中国书法史·隋唐五代卷》，南京，1999年；朱仁夫《中国古代书法史》，北京，1992年；马国权《沈尹默论书丛稿》，香港，1981；姚淦铭《汉字与书法文化》，南宁，1996年；Chang Leon L. -Y., Miller P. Four Thousand Years of Chinese Calligraphy. Chic. -L., 1990; Ch'en Chih-mai. Chinese Calligraphers and Their Art. Melbourne, 1966; NairAmy Mc. The Upright Brush. Yan Zhenqing's Calligraphy and Song Literati Politics. Honolulu, 1998; Tseng Yuho. A History of Chinese Calligraphy. Hong Kong, 1998.

（В. Г. 别洛焦罗娃撰，王玉珠译）

秧歌是一种带有戏剧元素的民族歌舞艺术种类。它在古老歌谣的基础上形成，这些歌谣是农民在田间劳作、祭祀地上神灵和地方守护神土地神的仪式上演唱的。秧歌出现在北方，在明清之际就已经遍布全国。在节日庆祝活动"社火"中，业余和专业演员表演的歌曲、舞蹈甚至是杂技节目，都成了秧歌的组成部分。根据秧歌的表演形式，可以将其视为古老的驱邪仪式（包括描绘驱邪的场景）向成熟的戏曲之间

的过渡。秧歌的歌唱、舞蹈和短小的情景小品不是在舞台上表演的，而是由移动的队伍，通常是在元宵节（农历新年的第15天）表演的。队列的参加者以横列前进，表演舞蹈和杂技节目（踩高跷、舞扇子、敲小鼓、"狮子舞"等）。秧歌的特点是表演者的移动要按照复杂的轨迹行进，形成一条奇异的弯曲的路线，这种画面被认为具有神奇的作用。有时表演者会绕着同村人的房子走一圈，并且举行驱邪祛病的仪式。表演者的角色与戏剧中的角色相似——官员、"老生"、和尚和女人。情节通常具有娱乐的特点，包括一些轻佻的玩笑。一个人拿着伞或者灯笼，穿着长衫，引导队列；有时他身着戏剧中将军角色的服装，手持两根木棍，为跟在他后面的打击乐队击打节拍。山西省西部临县的"伞头秧歌"最为著名。

**《中国戏曲曲艺词典》，上海，1981年；章诒和《中国戏曲》，北京，1999年；Holm D. Art and Ideology in Revolutionary China.Oxf., 1999.

（E. A. 扎维多夫斯卡娅撰，许力译）

扬州八怪

"扬州八怪"是清代中期（18世纪）扬州八位杰出书画家的合称。其成员实际上并不固定，一般认为是：汪士慎（1686—1759）、高翔（1688—1753）、李方膺（1695—1755）、李鱓（1682/1686—1755/1757）、罗聘（1733—1799）、黄慎（1687—1772）、金农（1687—1763/1764）、郑燮（1693—1766）。

汪士慎，安徽人，中年时来到扬州，开始绘画时间及师承不详。据说汪士慎主要创作花卉画（属于花鸟画分支），同时也尝试过人物画。墨梅画在其创作中占有独特地位。其构图模仿经典画作，如《梅花图》卷轴（113.3厘米×50.2厘米，纸本，墨笔，上海博物馆藏）。其画作多为单色，喜画有象征意味的花卉，其形状仿佛教、道教神祇。汪士慎的绘画在一定程度上受到清初著名画家石涛的影响，尤其是其宗教题材的绘画。比如，广东省博物馆收藏的一幅卷轴（53.5厘米×119.8厘米，纸本，墨笔），描绘了一位在雾气缭绕中打坐的僧人。石涛的影响体现于人物姿态和整体的怪诞风格上，但在画作所达的意境上二者大相径庭：石涛笔下的人物大多孤独寂寞，沉浸于精神求索之中，而汪士慎的这幅画则散发着安宁与平静的气息。

高翔是扬州本地人，以篆刻闻名。他在绘画领域不如其他人活跃，主要从事山水画创作。高翔准确可考的作品为数不多，包括一个册页（28.6厘米×38.5厘米，纸本，墨笔，上海博物馆藏）。这幅画佐证了一种普遍观点，即高翔的画风糅合了17世纪独立画家（最著名的是弘仁）的风格，并融入了石涛山水画的特点，其笔下的山水具有简洁、抽象和超脱等特点。

李方膺，字虬仲，号晴江、秋池。关于其生平与创作，人们知之甚少。

郑燮被归入"扬州八怪"归结于其青年时代的喜好。他顺利地通过了各级别的科举考试，中进士，仕途顺利，但从未中断绘画，最后成为公认的墨竹画大师。

李鱓，字宗扬，号复堂、懊道人，江苏人。出身于官宦世家，顺利通过科举考试，担任官职。在东部地区（山东省）任职几年之后，不知何故提交辞呈，回到故乡，全身心投入绘画。他以明代画家为典范，同时开创了个性化的和毫不抽象的风格，避免陈腐画风，凭借灵感运笔。其最优秀作品之一是《城南春色图》（193厘米×105.6厘米，纸本，设色，1754年，上海博物馆藏），将山水与花鸟结合起来。整个画面被岩石所占据，上面长满了牡丹花和紫藤。画家的高超技艺体现在画作的构图和色彩上：花朵的鲜艳斑点在岩石的背景下闪烁光芒，娇嫩的花瓣与坚硬的岩石构成强烈

反差，强调着短暂与永恒的统一，为画作赋予了深刻内涵以及繁盛自然的诗情画意。

罗聘，字遯夫，号两峰。出身于官宦世家，祖籍安徽，但自幼居于扬州。师从金农，是其最得意的弟子，这也是罗聘被列为"扬州八怪"的主要原因，尽管其画风相当传统。他主要画山水和各类人物画，创作历史、宗教题材作品，也画鬼。他的作品通常采用粉彩，场景和人物都非常理想化，人物刻画细腻，但较之于线条勾勒，画家更喜欢自由涂抹。最能代表其风格的画作是《奉花老人图》（151.1厘米×62.2厘米，纸本，设色，上海博物馆藏）。上面画的是一位身材健硕的老者，面带善意的微笑，身穿及地宽袍，步履轻盈，背着一筐花。虽然人物外貌无任何奇异之处，却令人不由得联想到古代传说中的森林之主、神医或仙人。罗聘的山水画细节丰富，一般采用古朴风格，博采历代大师之长，如李昭道（8世纪）和王蒙（14世纪）。北京故宫博物院收藏着一幅罗聘的山水画（100.5厘米×24.2厘米，纸本，设色，1794年），色彩浓艳，结构细密，体现了画家的独特风格。

黄慎，字恭寿，号东海布衣。他生于福建，久居扬州。除绘画之外，还喜好诗歌和书法，书法师法公元3—6世纪及唐代的名家。其准确可考的作品不多，但中国艺术史学家认为，起初他尝试山水画，师法元代著名画家黄公望和倪瓒，后转向宗教题材绘画（描绘道教神仙和佛教僧侣）和花鸟画。其画风具有抽象主义和印象主义特点，给人一种精致华丽的印象。尤其能证明这一点的是一个花卉册页（23.5厘米×29.1厘米，纸本，墨笔，南京博物院藏）。叶片墨色浓重，形象立体，花朵则娇弱易逝，二者形成强烈反差。画作上的题字造型古怪，被视为画面构图的一部分。

金农，"扬州八怪"中最著名的人物。他在三十多岁时来到扬州，很快就融入了当地艺术圈，尽管当时他并未从事绘画。后来他游历全国各地近二十年，直到五十岁时才回到扬州，开始习画。尽管半路出家，但金农凭借天赋成为一代大家。他既擅长山水画，又工于竹画、动物画。他以前辈画家为典范。画竹时模仿竹画创始人文同，画马时模仿唐代动

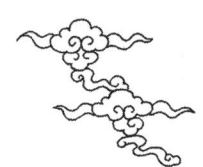

物画画家韩幹。金农不大注重形似,他任意调整描绘对象的形状和比例,但这并不影响画作的生动逼真。金农最优秀的画作是他75岁时所作《花卉册》(25厘米×32厘米,纸本,设色,辽宁省博物馆藏)。其中一幅画的是生长在岩石脚下的兰花,但画家根本未顾及形似,因此两个客体(岩石与兰花)更像是印象派画家漫不经心的素描,是传统绘画技法中所没有的。它们以观者难以理解的某种方式获得了艺术的"物质性"和强大的生命力,从而使形象具有真正无穷的象征性。

在18世纪的扬州生活着众多的画家,他们同样有资格被列入"扬州八怪"。其中包括华喦——独具特色的动物画、花鸟画和山水画画家。和朱耷一样,华喦经常采用怪诞和随意的风格,刻意改变人物、岩石、树木的自然比例,仅用线条勾勒其大致形状。以这种方式创作的一个山水册,欧洲艺术学家习惯上将其命名为《秋日场景》(22.8厘米×16.1厘米,纸本,设色,1729年,华盛顿弗利尔美术馆藏)。即便是在"师古"的画作中,华喦仍然能够做到生动逼真、浑然天成,如《鹦鹉图》(130.5厘米×53厘米,纸本,设色,上海博物馆藏)。

总之,尽管各位画家的风格不一,但整体而言完全可以将扬州画派视为一种统一的艺术现象。扬州画家的创作在某种程度上是对文人画和禅宗画传统的延续。扬州画家大多不是苏轼和董其昌这样的知识分子,他们既不注重对自我艺术实验进行理论总结,也没有制定共同的艺术纲领。但与此同时,他们又完全认可文人画和禅宗画的美学思想(或许是凭直觉遵循),比如创作行为的自发性,对现象深层"真实"本质的描绘,以及对周围现实的情感表现,等等。在创作探索中,"扬州八怪"尝试经由禅宗画实践(参见"牧溪")检验的古怪技法和工具,以竹刷甚至手指代替毛笔作画。

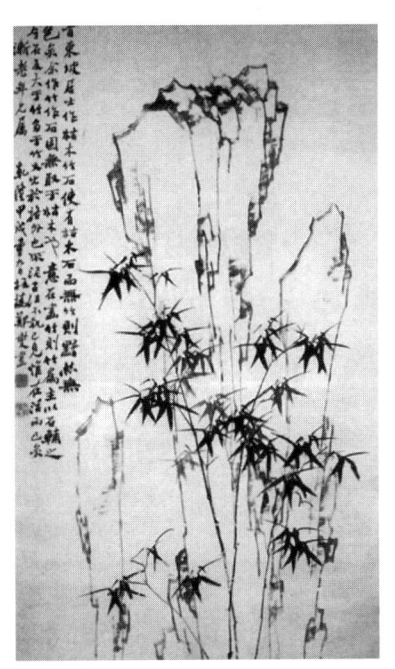

同样重要的是,这一群体形成于清朝统

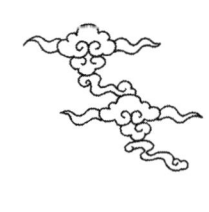

治时期，当时独立艺术和官方（宫廷画院）艺术之间的分野不再是单纯的审美分歧，而是具有民族政治意味。自17世纪开始，由伟大的画家石涛和朱耷主导的独立绘画被视为民族意识和潜伏在社会深层的反清情绪的表达方式，与被政权控制、忠于朝廷的画院派艺术分庭抗礼。

"扬州八怪"这一创作群体在扬州的出现也有其必然规律：经过数百年间对中国东南地区丰富艺术遗产的积累，扬州在清代成为文化名城和民族精神的堡垒。石涛在扬州度过了生命中的最后几年，对当地文人产生了重要影响。经济因素同样促进了当地艺术的繁荣：扬州附近有盐场，盐的开采和贩卖使当地商人富裕起来，有财力收藏画作或支持画家创作。慷慨的财力资助保证了画家创作的自由度和相对独立性。值得注意的是，当盐业衰落，盐商破产之后，扬州的艺术生活也随之消退了。或许正因如此，"扬州八怪"的继承者才寂寂无闻。尽管如此，"扬州八怪"的创作仍然在很大程度上影响了中国绘画艺术的后续发展道路，为包括任伯年等人在内的所谓"新潮流画家"（海派代表，19世纪下半叶）提供了范本，成为国画艺术最重要的源泉之一。

**В. Г. 别洛焦罗娃《中国书法艺术》，莫斯科，2007年；М. Е. 克拉夫佐娃《中国艺术史》，圣彼得堡，2004年；С. Н. 索科洛夫－列米佐夫《扬州八怪：中国十八世纪绘画史略》，莫斯科，2000年；林秀薇《扬州画派》，台北，1985年；庄嘉怡、聂崇正《中国绘画》，北京，2000年；邵洛羊《中国美术大辞典》，上海，2002年；《上海博物馆藏品精华》，上海，2004年；《扬州八怪》，北京，1981年；Ginger Cheng-chi Hsu. Merchant Patronage of the Eighteenth Century Yangchou Painting // Artists and Patrons. Some Social and Economic Aspects of Chinese Painting / Ed. by Cahill J., Wai'kam Ho. Kansas-Hong Kong, 1980; Paintings in Chinese Museums // Arts of China. Vol.3. Tokyo, 1970; Scott W. H. Yangzhow and Its Eight Eccentric // Asiatische Studien.17. 1964.

（М. Е. 克拉夫佐娃撰，李春雨译）

阳翰笙

阳翰笙（1902—1993），著名作家、编剧、电影工作者。他出身于商人家庭，自幼接受传统教育，在读初中的时候就展现出非凡的文学天赋。18岁时来到成都，接触到有关五四运动思想的杂志。1924年考入上海大学社会学系。1925年加入中国共产党。20世纪20—30年代初，他作为散文家和电影编剧受到好评。1936年，他的剧本《前夜》表达了抗日激情。1938年，出版歌颂英雄的剧本《李秀成之死》。在抗日战争时期，他受中国共产党的委派，组织宣传剧社，参与创建中华全国戏剧工作者协会和中华全国电影界抗敌协会，担任军事委员会政治部副部长①。1938年，出版剧本《塞上风云》，颂扬各民族人民的团结精神。1941年，他完成了引发社会广泛反响的历史悲剧《天国春秋》。该剧采用历史类比的方法，强烈谴责国民党同室操戈、破坏团结抗战的行为。1942年，他创作了关于四川省保路运动的历史剧《草莽英雄》。1943年，他的剧本《两面人》反映了战争期间不法商人的两面派行为。1946年，阳翰笙与身在重庆的洪深、曹禺、宋之的、马彦祥等人联名向政协委员会的成员递交了坚决反对发动国内战争、争取和平、停止打击进步文艺活动家的请愿书。同年，阳翰笙前往上海，负责领导戏剧和电影工作，参加了一系列电影的筹备工作（《八千里路云和月》《一江春水向东流》等）。1949年他到达北平，参加全国文艺工作者代表大会的筹备工作，并在会上做了关于国统区的戏剧与电影工作者工作成就的报告。他当选为中国文学艺术界联合会常务委员会委员、全国戏剧工作者委员会委员以及电影工作者委员会主席。1949年后，他创作了剧本《三人行》，经过大量修改之后，于1960年出版。"因为正确地反映了农村的阶级斗争"，该作品于1964年获奖。1964年，由于电影《北国江南》遭到批判，对阳翰笙的迫害开始了。"文化大革命"期间阳翰笙一直受到压制。1979年恢复名誉。

---
① 1938年春，国民政府军事委员会政治部在武汉成立。周恩来出任政治部副部长，阳翰笙任第三厅主任秘书。

**И. В. 盖达《时间与戏剧艺术：20世纪90年代初期的中国戏剧》，载远东科学院《信息通报》，1995年第1期；И. В. 盖达《什么是戏曲艺术》，载远东科学院《信息通报》，1990年第8期；И. В. 盖达《戏剧》，见《中华人民共和国成立55年：政治·经济·文化》，莫斯科，2004年。

（И. В. 盖达撰，许力译）

杨凝式

杨凝式（873—954），字景度，号虚白。华州华阴（今陕西华阴）人。书法家。

杨凝式出身于官宦世家。唐朝覆灭以后，曾在先后成立的几个政权为官。随着年龄增长，他愈发专注于书法。他临摹欧阳询和颜真卿作品，但由于心理性格影响，风格近似于癫草书。为了坚持内心自由，其行为愈发癫狂怪异，人称"杨疯子"。考虑到"风流才子"的传统，这种名声是对其才华的认可。

杨凝式的草书师法张旭和怀素，但既不同于前者的感性，也不同于后者的谨慎。其笔锋的变化总是出人意料，灵动异常。他的字体笔画和架构都略微倾斜。就灵感的自发性而言，较之唐代草书家，杨凝式的书法十分接近"二王"（王羲之和王献之）神韵。在继承癫草书传统的同时，杨凝式将自己的风格控制在工整与潦草之间，既精心设计，又随心所欲；既臻于完美，又不加修饰。炉火纯青的技巧使得其作品笔法古朴，结体自然，显得天真烂漫。他的书法作品包括《夏热帖》《韭花帖》《神仙起居法》（均藏于北京故宫博物院）等。杨凝式还是大字书法大师，他经常在寺庙墙壁上题写书法，可惜未能留存。

中国专家将杨凝式与颜真卿相提并论，合称"颜杨"，二人为7—10世纪中国书法艺术的两座高峰。中国学者一致认为杨凝式的创作是连接唐代楷书与宋代行书的一座独特桥梁。杨凝式摆脱了唐代书法严谨的法度束缚，开创了更加主观的"尚意"原则。宋代很多书法大家，如黄庭坚、米芾等都受其影响。

*杨仁恺《中国美术全集·隋唐五代书法》，北京，1989；刘正成《中国书法全集·隋唐五代墓志》，北京，2002年。

**В.Г.别洛焦罗娃《中国书法艺术》，莫斯科，2007年；徐邦达《古书画过眼要录：晋、隋、唐、五代、宋书法》，长沙，1987年；朱仁夫《中国古代书法史》，北京，1992年；王镛《中国书法简史》，北京，2004年；马国权《沈尹默论书丛稿》，香港，1981年；Chang Leon L. -Y., Miller P. Four Thousand Years of Chinese Calligraphy. Chic. L., 1990; Ch'en Chih-mai. Chinese Calligraphers and Their Art. Melbourne, 1966.

（В.Г.别洛焦罗娃撰，李春雨译）

杨维桢

杨维桢（1296—1370），字廉夫，号铁崖、铁笛道人。会稽（今浙江绍兴）人。书画家、学者。

杨维桢出身于书香世家，是10世纪著名书法家杨凝式的后代。杨维桢的父亲藏书丰富，书馆名"铁崖馆"，"铁崖"后来成为杨维桢的名号之一。1327年中进士，此后数十年在朝廷担任官职。致仕后在自己的庄园（今上海郊外）生活。他将诗歌、书法、绘画与修道相结合，经常头戴道冠，身披羽衣，泛舟小河，笛奏古曲。

杨维桢师法7世纪书法家欧阳通，而欧阳通的风格上承北朝碑刻。他在运笔时笔力轻重变化极大，通常一笔之内就可见线条粗细变化，由此赋予字体额外的内部动感，这种动感亦不时显露于外。其书法作品的整体特色是以草书手法为静态字体增加动感。他创造了独特的行书字体，近似狂草。杨维桢每次运笔前都饱蘸浓墨，一直写到墨汁用尽方才提笔，因此字迹起初笔墨淋漓，最后若有若无。书法家刻意选用旧毛笔，以制造凌乱、柔和的感觉。他的字看起来不同寻常，被中国专家喻为"飞瀑"。

杨维桢最著名的作品为《周上卿墓志铭》（楷书，辽

宁省博物馆藏）；《真镜庵募缘疏卷》（行草，上海博物馆藏）。

*沈鹏《中国美术全集·宋金元书法》，北京，1986年。

**В.Г.别洛焦罗娃《中国书法艺术》，莫斯科，2007年；黄惇《中国书法史·元明卷》，南京，2001年；朱仁夫《中国古代书法史》，北京，1992年；马国权《沈尹默论书丛稿》，香港，1981年。

（В.Г.别洛焦罗娃撰，李春雨译）

洋风

"洋风"即"海外风格"，属于中国建筑史上的一个时期（19世纪下半叶—20世纪初），当时中国的一系列领土落入外国列强的势力影响之下。折中主义、对西方建筑风格和样式的模仿或复制在建筑形式领域占据主导地位。这一时期形成了诸如上海、广州、厦门、营口、青岛、南京、武汉等贸易港口城市以及哈尔滨和昆明等边境省份行政中心的城市风貌，这些城市的建筑开始按照外国列强的总体规划建造。上海外滩地区和南京路的建筑基本上是按欧洲古典主义风格所建；天津的天主教堂为哥特式艺术风格，"英国公园"则为维多利亚风格；广州粤海关税务司署办公大楼为西方近代新古典主义建筑风格；青岛的一系列建筑为德国新文艺复兴风格；哈尔滨的中东铁路管理局主楼是按照俄罗斯建筑师德尼索夫的设计方案建造的，此外，还有圣母守护教堂、圣·尼古拉大教堂和圣·索菲亚教堂（最晚建成，同时也是规模最宏伟的东正教教堂）等。俄罗斯建筑师的创作思想体现在满洲里的中东铁路俄式建筑群的规划设计中，毫无疑问，这对中国北方的城市规划建设产生了一定影响。

1840年之后，特别是1911年的辛亥革命之后，园林艺术进入新的发展阶段。西方理论与实践的广泛借用成为主要特征，园林建筑思想自身也发生转变：娱乐教育功能代替了中国古典园林的美学哲学功能。这一时期，1908年在上海建造了"法国公园"。1877年在天津建造了上文中所提到的维多利亚风格公园。无锡鸡公山的若干建筑，上海汇山"荷兰公园"等成为意大利风格的代表。俄罗斯、德国、日本等国建筑风格也对当时的中国园林风貌产生了一定的影响，但构图原则总体上仍遵循中国传统。这些公园没有一座保存至今。

**C. C. 列沃什科《20世纪东北亚的俄罗斯建筑和城市建设》，见《东北亚的俄罗斯、中国和日本：21世纪的地区互相促进问题》，符拉迪沃斯托克（海参崴），2000年；潘谷西《中国建筑史》，北京，2004年；张复合《中国近代建筑史：洋风时期之典型》，见《建筑史研究论文集》（1946—1996），北京，1996年；赵辰、伍江《中国近代建筑学术思想研究》，北京，2003年；杨秉德《中国近代城市与建筑》（1840—1949），北京，1993年。

（H. Ю. 杰米多撰，周立新译）

伊秉绶

伊秉绶（1754—1815），字组似，号墨卿、默庵。宁化（今属福建）人。清代书法家、篆刻家、画家，"碑学派"代表人物。

伊秉绶出身于名门望族、书香世家。1789年中进士，曾任扬州知府、刑部主事。因廉洁正直而深受百姓爱戴。

伊秉绶书法最初学习宋朝文学家、艺术家欧阳修和苏轼。1798年以后，开始对新兴的"碑学派"产生兴趣，主要临摹汉朝碑文。通过对古代碑文的潜心学习，他在两种字体上皆有所成就：一种是在汉代经书碑文基础上发展而来的隶书，一种是行书的变体。在隶书作品中，伊秉绶专注于字体的方正平稳，因此字符所占空间较大。其运笔采用圆笔技法，笔画像篆书一样平稳有力。因此其笔画方直，字体大而有力。用笔没有晚期汉隶特有的"蚕头雁尾"，笔画末端呈

方形，赋予字体古典的简洁与庄重。其运笔遒劲有力，写大字时尤其如此。其字体架构明显带有汉初碑文的雄浑气势，和邓石如一样，伊秉绶同样具有"现古于今"的天赋。伊秉绶的行书也很有特色，发扬了李东阳的传统。在行书中，伊秉绶只用笔锋，保持笔杆竖直，其线条有力而飘逸，轻快而稳重。笔画向汉字中心聚合，字体间留白很多。

伊秉绶有一句名言："诗到老年唯有辣，书如佳酒不宜甜。"一语道出了这两种平行发展的中国文人艺术的本质差别。诗是个人自我表达的一种手段，而书法是个人自我创造的一种方式。

**В. Г. 别洛焦罗娃《中国书法艺术》，莫斯科，2007年；刘恒《中国书法史·清代卷》，南京，1999年；徐利明《中国书法风格史》，郑州，1997年；朱仁夫《中国古代书法史》，北京，1992年；王镛《中国书法简史》，北京，2004年；马国权《沈尹默论书丛稿》，香港，1981年。

（В. Г. 别洛焦罗娃撰，李春雨译）

颐和园

颐和园是中国宫殿园林建筑的典范，是清朝皇帝的主要避暑行宫。颐和园位于北京城区西北15千米处，总面积约为290公顷。颐和园的前身是1750年按照乾隆皇帝的命令，在前朝小型皇家园林建筑群的原址上修建而成的，命名为清漪园，该园实际上毁于1860年的第二次鸦片战争。1886年按照慈禧太后的命令重建，两年后更名为颐和园。1900年义和团起义时被八国联军攻占，再次遭到严重破坏。慈禧太后再次下令修缮，成功修复了部分被毁建筑。但是由于要将其修复到最初的模样是一项规模宏大的工程，因此修复工程在1949年之后才得以完成。

颐和园的园区相对分为三个地带：宫殿地带、万寿山地带和昆明湖地带。宫殿部分设有主门东宫门。宫殿建筑群传统上由两个部分组成：行政区和生活区。行政区的中心是仁寿殿（仁爱和长寿之殿），光绪皇帝（载湉，1875—1908年在位）和慈禧太后曾在此决定国家的命运。其他办公场所从中心建筑向两侧分布。接下来是生活区，包括玉澜堂，该堂起初为光绪帝的豪华寝宫，后来光绪帝被囚禁于此；生活区还有乐寿堂（快乐与长寿之殿），每年4月至10月慈禧太后在此居住。从此地向东矗立着建有三层台面的德和园，或称为大戏楼。大戏楼高21米，京剧的演出戏台宽度为17米。

双面空廊将宫殿地带和万寿山地带连接起来，长廊沿昆明湖北岸延伸，长约一千米。长廊将一个个独立的建筑连成一体，并发挥了重要的装饰功能，达到了与周围景色协调一致的美学效果。分隔长廊的四个凉亭是四季的象征。长廊由273间组成，廊中的每根枋梁上都绘满了舞台风格的彩绘，其情节取材于中国古典长篇小说，还有山水、动植物图案等，共有图画14000余幅。

长廊通往万寿山的山脚，万寿山高109米，占公园面积的五分之一。大多数建筑物都集中在万寿山的山坡及与其毗连的平地上。南面山坡上的寺庙殿堂建筑群是整个园林的构图中心。正门牌楼五孔拱门白云门，门后之路通往排云殿，该殿是慈禧生辰时接受朝拜的场所。山坡再往上的位置坐落着德辉殿。这两栋建筑都是典型的宫殿风格，画栋，前出柱廊，琉璃瓦覆顶，正脊为歇山顶，坡脊置赤陶雕塑（脊兽）。佛香阁为三层建筑，阁高40米，总建筑高58米，为八角形结构，比例协调，是整个颐和园的建筑构图中心。佛殿之内安放着5米高的释迦牟尼镀金佛像。每月的第一天慈禧都在此烧香礼佛。从佛香阁底座旁的凉亭上可观赏到昆明湖和西山迷人的风景，虽然西山与其相距很远，但根据造园者的设计，这些景色都被纳入颐和园的构图。佛香阁的重要地位也烘托出位于其对面的宗教建筑——智慧海的重要性，智慧海中供奉着

观音的塑像，这是一栋敦实的建筑。这座无梁殿以五彩琉璃瓦镶面，建筑外墙壁上的壁龛中共安放着1008尊彩塑佛像。在万寿山山顶的其他建筑中，古铜色的宝云阁最为突出，宝云阁铸造用铜共计207吨。

万寿山后面（北面）的斜坡设计追求"原生态"。山坡上栽种着树木，蜿蜒的小路纵横交错。一些中式和藏式建筑掩映在茂密的树丛中。从北面斜坡的山脚下至颐和园的外墙掘有一条人工河道。其中间地段得名"苏州街"：河道两岸建造成以花园、河流和湖泊著称的长江以南城市商业街的面貌。

谐趣园位于万寿山东北山麓下，是一座规模不大却非常隐秘与独立的"园中园"，该园的设计以中国南方无锡的寄畅园为蓝本。其独立的堂、亭、廊都自由地分布在形状不规则的人工水体旁边，该水体为寄畅园的建筑布局中心。

从万寿山向南为昆明湖地带。湖面最宽处达1600米，南北距离2000米。昆明湖西部模仿杭州西湖大堤筑土为坝，堤坝将湖面分成三个水域，每个水域各有一个湖心小岛。龙王庙所在的南湖岛是该地带结构布局中最重要的地方。十七孔桥将龙王庙与湖岸连接起来，该桥是中国最美的孔桥之一。在长150米、宽8米的孔桥上，两侧的柱形栏杆共雕有500个姿态高傲的石狮。湖区地带还有一座著名的建筑——长篇小说《金瓶梅》中提过的知春亭。从亭中可以观赏到万寿山及其建筑群最美的景色。昆明湖北岸停泊着一艘永远"抛锚"的清晏舫（大理石舫），船身上建有两层船楼，石舫长36米，船尾上翘，此处为皇帝及其亲信喝茶消遣之地。

颐和园中共计有3000多座不同的建筑物，按其朝向来说，大多数建筑朝南。进行自由设计时所遵守的这项原则，赋予了颐和园建筑布

局简洁清晰的特点。在总体布局严谨而新颖、风景和建筑种类丰富而多样、自然和人工景观与高超的建筑工艺有机结合的理念方面，颐和园可谓清代宫殿园林艺术发展的巅峰之作。1998年颐和园被纳入联合国教科文组织的《世界遗产名录》。

**《建筑通史》，第9卷，列宁格勒—莫斯科，1971年；P. B. 越特金《中国的博物馆和名胜古迹》，莫斯科，1962年；《中国的世界遗产》，北京，2003年；楼庆西《中国园林》，桑华等译，北京，2003年。

（Н. Ю. 杰米多撰，周立新译）

殷商艺术

殷商艺术，指商朝的艺术。殷商统治时期，一些大的城市中心迅速发展，复杂的国家管理体系形成，文字的使用得以确立和扩展。古代中国的文明和国家体制也在这一时期形成。对公元前14—前11世纪作为国家首都的殷墟遗址进行考古发掘所发现的物质材料，是研究商朝社会精神文化和重建仪式性艺术的重要依据。

绝大多数礼器都是在墓葬中发现的，在那里还发现了日常器物的残片，器物上几乎没有装饰，只有极少数有最简单的几何花纹和一些制造或仿制的过程中产生的所谓的技术性装饰，譬如在制造器皿时，由于使用铁砧和小铁锹而使陶器上产生不同方向的刻纹。礼器主要有陶器、青铜器、石器、骨器，或许还有木器，如石头雕刻的片状物、石质或骨质的牌状物、石质圆盘、雕塑，一些不同类型的石制和青铜兵器。许多石制兵器，如用薄石片制成的戈，看起来并不适用战场上的厮杀，想来它们的作用也只限于祭祀。青铜器在大多数情况下是功能性的，但是那些装饰繁复的大铜斧可以用来达到祭祀的目的，譬如动物和人的献祭。

最近流行这样一种观点，即大多数被制造的器皿用于祭

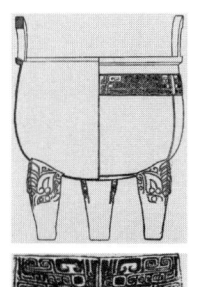

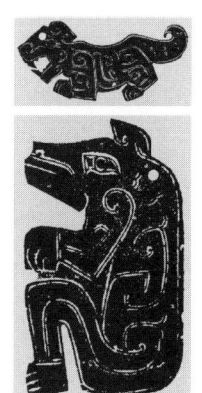

祀性的宴会，其任务之一是确立并巩固社会等级。《周礼》中记载了祭祀神祇和祖先的复杂仪式，以及祭祀使用的器皿。青铜器显示了其所有者的社会地位，用于祭祀和宴飨等礼仪活动。青铜器上的花纹往往具有不同的工艺特点。陶瓷用具的外观十分简洁，上面的图案也基本显示了其工艺特点。有时候在这些痕迹上覆盖了一层带状的黏土，形成三角形、菱形、螺旋形等几何图案；还有一些工艺，如将器皿的耳或支脚做成动物的头部形状，以及在器身上装饰浮雕纹样等。最普遍的纹饰方法是，借助于尖刃或者类似叉子的器具在器皿的肩部或颈部形成一圈凹弦纹作为装饰。

在墓葬遗址不远处发现的有纹饰的石片，有可能是借助布条或细绳固定下来的。这些物品的边缘处通常有洞眼，它们或多或少地与整体的装饰效果协调。这些石片显然具有防御意义，古代的文化典籍中曾提到"保玉"（宝玉），考古学家于20世纪在汉代贵族的陵墓中发现过玉衣，而殷墟出土的石片应该是"保玉"的雏形。这些殷墟出土的骨制或石制片状物、盘状物或雕塑的价值目前还不太明确，但有一点是确定的：它们和社会生活中的仪式紧密相关。不是所有的仪式用品都具有艺术价值，譬如一些单独的器具，除了雕塑，完全没有雕饰或者只有简单的几何图形装饰。

装饰图案的位置首先取决于物体的形状。器皿上的装饰图案通常位于一面或几面水平的腰身，以及垂直的对称处，一般会凸出器皿的表面。紧密地（"地毯式"）覆盖花纹的情况仅见于动物形状的青铜器，这些器皿的整个表面被彼此相连的动物形象所覆盖。而武器上的花纹分布在器物功能上不被使用的部位：斧子的中央部位，戈的花纹在与戈刃握柄的接头处，匕首在其刃面上部边缘，等等。刻纹石片通常是侧面雕饰有动物和人的图像，一般是两侧对称分布；而石板则完全或部分装饰以带状花纹；对于雕塑，如果以圆周视野打量它，则它们是对称且静态的。装饰花纹水平上沿腰线分布、垂直方向沿对称轴加强的规则，与某些观念密切相关，这些观念认为，当时存在若干平行世界，而将它们统一起来的是"世界之树"或"世界之山"，这些观念的实质是人类最古老的原始宗教的世界图景。花纹沿腰线分布在某种程度上是由成分复杂的青铜器件的铸件工艺学结构特征所决定的。

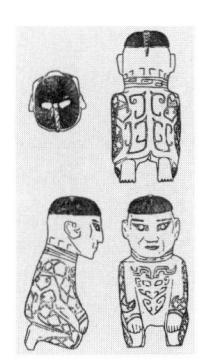

尽管在技艺上存在实质性差别，但所有材料（铜、石、骨、陶、木）制品的花纹可以纳入统一的形象系统。在这个系统中，人的形象微不足道，雕塑的或者二维的人像数量不多；没有表现人类活动的图案，诸如祭祀的、军事的、日常的、仪式的等；也没有描述周围环境和"社会"现实——包括住房、日常用品等的画面。目前只在几个青铜器具上看到人的面部图案，以及在一块彩石上看到若干身体图形。这些形象极具风格化，构造讲究对称，尽管只是雕塑形象，看起来却像有真实的原型一样，因为它们似乎是将"肖像"特征确定下来得到的。这种"肖像式"图像的缺乏在古代社会中普遍存在，因为民族学研究证明当时有一种普遍的迷信：如果器物上出现一个人的形象，将会给这个人的肉身和"精神"带来灾祸。

商朝造型艺术中较多的是神奇的动物形象。这些动物形象将爬行动物、鸟类、偶蹄目动物、猛禽猛兽和一些特别处理过的危险、凶猛的特征（爪子、长牙、鸟喙、尖角）结合起来。比较普遍的形象有蝉、鱼、猫头鹰和其他被饰以巨大尖嘴的猛禽、老虎。其中龙的形象尤其突出——蛇一样的形体带有巨型哺乳动物的嘴脸、双角，有"无脚龙"和长有一对或两对下肢的龙两种类型。龙身上一般有花纹装饰——经常是菱形花纹，或许是为了模仿鳞片。某些老虎的形象和龙十分接近，主要差别在于龙长有双角。

装饰图案中的一些动物形象，特别是某些猛禽和神话形象，它们的特征可以称为"拟人化"：它们拥有类人的眼睛和耳朵；其中一些动物以跪姿出现，而这是人的特点。而其他的一些动物形象（比如鸟类）具有圆形的眼睛，这一特征具有辨别意义。可以将变形的动物图案分为若干类型。第一类图案是单独的动物，其形象的完整性没有被破坏（譬如，巨型动物的角被安放到龙身上，或者将鸟的翅膀结合到龙的形体之中）。第二种类型是一种生物的侧身或尾部变形为另

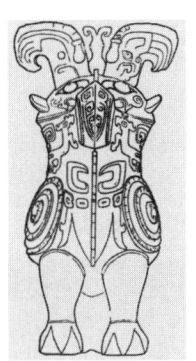

辛

一种生物。第三种类型是动物的头部由两种动物的完整轮廓构成，脸部正中沿垂直的中轴线对称，并在水平方向上向两边对称展开。这些基本的类型经常混合在一起，形成形象复杂的聚合体。这一时期艺术的内在特征在于严格的对称性、情节的重复性，以及每个形象姿态的静止。同时，这些动物图像基本上以侧面和正面形态出现，但侧面形态是最早出现的，也是最常见的，因为正面形态在大多数情况下是由两个侧面投影（常常不仅有兽头，还有兽身）构成的。在演变过程中，无论是动物的总体轮廓还是单独部分，都经常被风格化，并由于被转变为几何图形而完全丧失最初的形态。另一个典型特征是背景由几何图形填充，这些图形常常源于动物形态，并且在纹饰中几乎完全没有出现植物纹样。其中有一些图案形似花草，是经过漫长的更加风格化的处理，从其他类型的图案演化而来的。

　　现存的文物研究表明，殷商时期精致的、风格化的、在仪式上意义重大的艺术经过了漫长的发展道路。其艺术处理的多种形态和特点与新石器时代的传统有关；生产技术特性间的相互作用是另一个重要特征。动物形象是商朝社会仪式艺术的核心元素。它们出现在典礼宴会所使用的器皿上、在阴间起保护作用的玉石上，说明这些图案具有特别的防御意义，尽管这并不是它们的唯一功能。形象的复杂性和综合性，以及图案上人物形象的出现，证明它们具有更广泛的意义。可以推测，这些形象的产生与古代中国人的图腾观念有关。根据书面资料的记载，中国许多神话中的统治者都具有兽类特点，或者其出身与动物紧密相关。譬如，伏羲与女娲为蛇身人面的形象；神农为蛇身，而其头部结合了人、牛与虎的特点；商代始祖契的出生也与鸟有关；等等。因此，从这一时期祭祀文化中的动物形象可以看到神话形成过程中呈现出的人物形象。

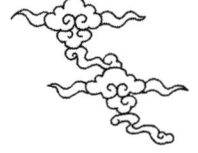

**Π. M. 科任《新石器和青铜时代中国北方陶器及青铜器纹饰对族源研究的意义》，见《远古和中世纪的东亚、东南亚民族

历史》，莫斯科，1981年；M. E. 库兹涅佐娃－费季索娃《殷商时期金属制造对于陶器、石器、骨制器具生产的影响（公元前16—前11世纪）》，《第35届"中国社会与国家"学术研讨会论文集》，莫斯科，2005年；Д. Е. 库利科夫《殷商文化中的鸟类学主题及其与古代中国神话的联系》，《第32届"中国社会与国家"学术研讨会论文集》，莫斯科，2002年；Karlgren B. Some Fecundity Symbols in Ancient China // BMFEA. Stockh., 1930, No. 2；《殷墟妇好墓》，北京，1985年；《河南出土商周青铜器》，第1卷，北京，1981年。

（M. E. 库兹涅佐娃－费季索娃撰，张猛译）

《营造法式》

《营造法式》刊行于1103年，是建筑学和建设法则方面的经典著作，并附有图纸，在中国建筑发展中发挥了重要作用。《营造法式》是中国古代建筑学、建筑施工和装饰部件制造方面最全面和完整的参考资料，具有非凡的科学价值。作者李诚（字明仲，约1060—1110），郑州管城（今河南新郑）人，建筑家，北宋宫廷将作监主簿。宋代，建筑部件被纳入统一化的科学管理，这为《营造法式》的成书奠定了基础。

《营造法式》全书共34卷，主要分为五个部分：释名、各作制度、功限、料例、图样，以及目录、注释等。

第1、2卷《总释》《总例》，将在文献中所遇到的所有与建筑有关的术语的异名、俗称与正规用法且为人们所普遍接受的术语进行了对比，并阐述了建筑制作的通用定例。第3—15卷详细描写了具体工种的制度规范，包括土作、石作、大木作（梁、柱的制作），还有小木作（门窗、隔墙、房檐、栏杆、楼梯、家用祭坛等的制作），与这些材料相关的各种工程及竹作、砖瓦作等工种。因为当时中国的住房类型基本都是木框架房屋，书中鲜有砖石房屋建造资料，甚至没有援引石柱或石材地面的资料，只有关于石角壁柱、柱形石栏杆、楼梯上的石龙头、石门槛的资料。同时，还准确记述了各式各样的平台、露台、水闸等石建工程的制度规范。

在屋顶建造规则一卷中，记述了屋顶装饰图形如何完成的问题。书中严格规定了房屋基座的高度、建筑物的宽度和高度、房瓦和支柱的材料与颜色、房屋内部装修的豪华程度等。《营造法式》首次制定和采纳了严格的模数制，根据这种模数制，所有基本构造都要依据与样品相符的标准测量单位"材"，即拱的断面高度来计算。绝对尺寸"材"是一种特殊的模数，共有八种尺寸，每种尺寸的选择都取决于建筑规模（总宽度）和建筑物的级别。这种模数制一直沿用至清朝开始实行新的模数制（斗口）为止。此外，书中详细叙述了按图纸建造大型工程的施工方法，对建筑学的长远发展具有重大意义。

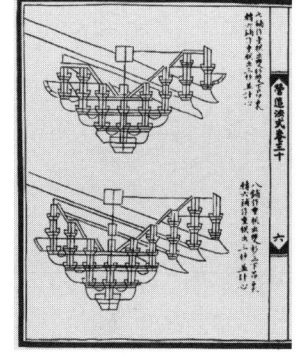

**李诫（明仲）编修《营造法式》，1145年；再版，上海，1925年。Е. А. 阿谢普科夫《中国建筑》，莫斯科，1959年。《建筑通史》，第9卷，莫斯科—列宁格勒，1971年。О. Н. 格鲁哈廖娃、Б. П. 杰尼凯《中国艺术简史》，莫斯科—列宁格勒，1948年。《中国古代建筑文化》，北京，2005年。陈明达《营造法式》，见《中国大百科全书·建筑、园林、城市规划》，北京—上海，1988年。

（Н. Ю. 杰米多撰，周立新译）

永泰公主墓

永泰公主墓是唐代造型艺术最重要的古迹之一。

永泰公主（684—701）是武后（武则天，624—705；684—704年当政）的孙女，在17岁那年被女皇下令处死。其父中宗复辟后，下令以公主之礼将其遗骨迁葬乾陵——武后及其夫君高宗的陵寝。

该墓葬于1961年进行考古发掘时，已经被盗，且盗墓年代久远，但仍然出土了包括金银玉器在内的1300余件文物，其最初的奢华及随葬器物之丰富可见一斑。

不过，永泰公主墓最重要的"瑰宝"是壁画，应该联系唐代墓室壁画的发展史对其加以审视。其优点在与7世纪壁画典范进行对比时尤为明显。7世纪壁画杰作中最早的一幅是658年贵族墓室中的舞女壁画。舞女形体以黑色线条在单色光滑背景上勾勒而成，服饰细节以红褐色和绿色颜料描绘而成（肩部缠绕的丝带为绿色）。虽然其技法和构图相对简单，但形象自然逼真。舞姿动感洒脱自如，这些动作通过服饰细节反映出来——飞舞的长袖，轻盈的裙裾，飘扬的衣带。专家认为，这幅专业水准的壁画意义重大，它实质上标志着纪念绘画传统在墓葬仪式中的复兴，该传统早在汉代就已形成，但由于不确定的因素在3—6世纪时销声匿迹。舞女的服饰具有某种异域风格，其对舞女形象的塑造提示我们，该艺术传统的复兴得益于对世俗壁画绘制经验的借鉴，而后者深受佛教艺术影响（比如，当时流行的宫廷娱乐活动场景，其中有些舞女形象类似于"飞天"）。

接下来重要的唐代墓葬绘画是高官李寿（668年去世）的墓室壁画。其墓室北面、东面和西面的墙壁及甬道构成了一整个画廊。其中每幅画面都带有水平边饰，整体上符合古代（1—2世纪）纪念绘画的艺术特点，后者所描绘的队列由侍女、仆人、乐师构成。壁画中依次画有12个人物，其中有乐师，也有侍女。侍女手中端着餐具和日常用具。人物和器物以黑色线条勾勒轮廓，侍女的衣服被涂成红色，服饰细节为绿色。人物被置于建筑物背景下或者室内，室内物品也被涂成红色，所有日常用具、餐具和乐器都画得十分精细。

遵照类似的原则，永泰公主墓壁画也画在前室、后室和通道等的墙面上，高约两米。其绘画技法与李寿墓壁画相比又发生了很大变化：先用红色勾勒轮廓线，然后用黑色线条描边；绘画色彩更加丰富，除红色以外，还使用深浅不一的蓝色、绿色和褐色。建筑物和室内装饰细节的作用也发生了重大变化，立柱和横梁上的装饰图案成为重要的结构元素，充当单个场

景的画框。这促进了壁画的艺术整体性，使其近乎统一的全景图。

更重要的是，在绘画中出现了两种艺术手法。其中一种用于主墓室及其耳室的壁画，其特点是注重装饰性和某种刻意性。通常画着一群衣着艳丽的宫廷侍女，毕恭毕敬地迎候着自己的女主人：这些人物呈静止状态，其外貌表现出某种象征性。通道上的壁画给人以独立画面的印象，再现了生趣盎然的宫廷生活场景：画面中的女性怡然自得，有些看着鸟儿在盛开的灌木丛上嬉戏，有些在和小狗玩耍。所有这些图画都十分自然，让人联想起同时期类似题材的画架画，特别是张萱和周昉的作品。永泰公主墓壁画描述的场景与画架画还有很多其他相似之处：草木花卉的存在；对人物心理状态的刻画，如与小狗玩耍的少女的无忧无虑。

类似的"风俗画场景"也见诸懿德太子和章怀太子的墓室壁画中。懿德太子为永泰公主的兄长，其命运和妹妹一样悲惨，后来被移葬在永泰公主墓旁。章怀太子是武后的第二子，被武后逼迫自杀。其中以描绘章怀太子骑兵随从和马球游戏场景的壁画最为著名，不仅篇幅宏大，而且人物、马匹动感十足，栩栩如生。

永泰公主墓及两位太子墓壁画的风格和题材特点让我们有理由认为，在7—8世纪之交，墓室壁画艺术最大限度地与世俗绘画艺术相接近，这使其达到全新的艺术水准。与此同时，墓室壁画如此迅速（半个世纪之内）的演变表明，该艺术传统尽管属于本质上相对保守的祭祀仪式，但仍然具备转型的能力，能随着宗教观念及审美趣味的变化而变化。类似的转变在北宋墓葬艺术品中体现得尤为明显，当时墓室普遍模仿住宅建造，带有高高的穹顶，并借助浮雕再现建筑的木质结构。墙壁上绘有壁画，通常反映家庭生活场景：吃饭，与家人对坐聊天，跟孩子交流等。这些图画色调柔和，一派祥和与温馨。流传至今的作品无不如此。

唐代和北宋墓葬绘画对其他少数民族的艺术创作也产生了一定影响。最先接受这一传统的是原居住于中国东北部，后建立辽国的契丹族。在已知的50多个辽代墓葬（在今内蒙古、辽宁和河北境内）中，大部分都有壁画，在内容、构图和风格上近似于北宋时期的纪念绘画和画架画。后来，这一传统在女真族的墓葬仪式中得到巩固，女真族控制了黄河流域并建立了自己的政权——金。金代墓葬遵循北宋和辽代原则，模仿住宅而建，以宏大的山水画和风俗绘画作为装饰。13世纪以降，墓葬绘画艺术不复存在。

**M. E. 克拉夫佐娃《中国艺术史》，圣彼得堡，2004年；王健群，陈相伟《库伦辽代壁画墓》，北京，1989年；《西安名胜古迹》，西安，1986年；庄嘉怡、聂崇正《中国绘画》，北京，2000年；《中国艺海》，上海，1994年；《中国绘画全集》，卷1，杭州，1997年；Arts of China. Vol. 1. Tokyo, 1969; Luo Zhewen. China's Imperial Tombs and Mausoleums. Beijing, 1993; Ruhn D. A Place for Dead: An Archeological Documentary on Graves and Tombs of the Song Dynasty (960-1279). Heidelberg, 1996; Xi'an-Legacies of Ancient Chinese Civilization. Bcijing, 1992; Xian: Places of Historical Interest. Memories of Chang'an. Xi'an, 2000.

（M. E. 克拉夫佐娃撰，李春雨译）

永字八法

"永字八法"是中国传统书法规范体系,这些规范以"永"字的八种元素(线条)为名称。相传由王羲之所创。"永"字在古老的象形文字中表现为源源不绝的水流,因为总是有新的溪流汇入其中。这个象形字很有可能促成了这样一个事实,即它的笔画成为造型元素体系的基础,被所有古代中国书法专著和出版物的作者重复并解释。这一体系的起源及其精髓并不完全清楚。可能,八法体系通过"永"字笔画和《易经》八卦之间的联系确定书法造型的八种方法。

楷书的"永"是围绕轴心组织起来的离心和向心矢量的平衡,这符合中国文化的造型思想。"永"字由八种元素——在每个字符中都出现的"笔画"构成:点为侧,横为勒,竖为弩,钩为趯,提为策,撇为掠,短撇为啄,捺为磔。正如它们的术语说明,八个笔画的划分不符合后期线条的分类。以下是与传统书写方法有关的八个要素——"练笔八法":颜真卿在《八法颂》中对这些运笔类型做了解释,陈思的《书苑菁华》也谈到八法系统中固有形式的各种表现,而根据程瑶田的《书势》,这些书法元素分属于阴阳两极之一端。下表左侧第一列括号内为八法的当代名称。

笔 画	练笔八法	来 源		
		《八法颂》	《书苑菁华》	《书势》
侧(点)	落	蹲鸱而坠石	怪石	阴
勒(横)	起	缓纵以藏机	玉案	阳
弩(竖)	走	弯环而势曲	铁柱	阴
趯(钩)	加	峻快以如锥	蟹爪	阳
策(提)	叠	依稀而似勒	虎牙	阳
掠(长撇)	围	仿佛以宜肥	牛角	阴
啄(短撇)	回	腾凌而速进	鸟喙	阴
磔(捺)	藏	抑趌以迟移	金刀	阳

根据程瑶田的解释,所有向下的运笔对应阴极(侧、弩、掠),向上的运笔对应阳极(勒、趯、策);运笔向心矢量与阴相对(啄),离心矢量与阳相对(磔)。王羲之

时代，八法最初形成时楷书的造型原则刚刚确立，因此这一系统是将未经正式确认的书体作为实际存在的造型程序来推广，这在很大程度上促进了"永字八法"的发展。

**C. H. 索科洛夫－列米佐夫《文学—书法—绘画：远东文化中的艺术融合问题》，莫斯科，1985年；王冬龄《书法艺术》，杭州，1986年；程瑶田《书势》，见黄宾虹、邓实《美术丛书》，上海，1947年；俞剑华《书法指南》，北京，1988年；Ch'en Chih-mai. Chinese Calligraphers and Their Art. Melbourne, 1966.

（В. Г. 别洛焦罗娃撰，王玉珠译）

于非闇

于非闇（1889—1959），山东人，书法家、篆刻家、教育家和绘画理论家。他在北京工作，使用工笔技法创作花鸟画。在色彩鲜艳的彩墨绘画作品中，他将源于赵佶楷书的瘦金体与工笔花鸟完美结合。著有多部理论著作——《中国画颜色的研究》《我怎样画工笔花鸟画》等。

**C. H. 索科洛夫－列米佐夫《传统课》，载《艺术》，1989年第9期。

（C. H. 索科洛夫－列米佐夫撰，王玉珠译）

于右任

于右任（1879—1964），号太平老人。陕西三原人。政治家、文学家、书法家。

于右任出身于农民家庭。幼年丧母，由伯母抚养。二十四岁时中举。后来到上海，投身革命运动，在革命刊物任记者，其间为躲避清政府追捕逃到日本。辛亥革命后，于右任在国民政府任职，并不断升迁。1949年移居台湾，后在此去世。

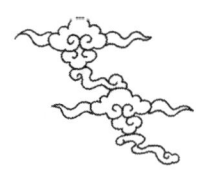

于右任被认为是20世纪阜书大帅之一。他的阜书风格与他的豪爽性格十分相符。其草书的成功得益于其坚持练习楷书所打下的坚实基础。他最初师法赵孟頫。于右任收藏有汉代晚期的石经拓片以及北魏时期和唐朝的碑刻拓片。这些拓片的影响在其楷书中清晰可见，不过也有重要区别。于右任通过微移和倾斜增强了笔画的动感。在他的碑体楷书作品中，笔锋的运动速度近乎草书，而笔画的动感从潜在变成了显在，由此营造了一种"原地跑步"的独特效果。与此同时，整个作品又保持着某种动与静的奇妙平衡。

于右任的草书风格一方面可追溯到怀素，另一方面建立于北魏碑刻的运笔和布局原则之上。这种结合正是形成其独特风格的关键。在草书中，他对笔画进行了最大限度的简化，同时使其充满活力和韵律。他的书法既平易近人，又令人难以企及。于右任积极推广草书，希望尽量多的中国人掌握草书。为了实现这一目标，他自1932年起出版杂志《草书月刊》。①1936年出版了自己的草书字帖《千字文》。该字帖后来以《标准草书千字文》为名于1960年前再版了17次。在该书前言中，书法家提出了草书的四大优势：好记、好写、好认、美观。于右任试图让草书这种优雅的书法字体回归其历史原型——汉代普通职员的字体，正是在此时，草书作为公文信函字体出现。因此，他为草书开辟了新天地，激发了初学者对草书的兴趣。在于右任的倡议下，1932年成立了草书社。他在远东地区组织举办了大量展览。于右任对草书发展所做的贡献得到人们的高度评价，被尊为当代"草圣"。

**В. Г. 别洛焦罗娃《中国书法艺术》，莫斯科，2007年；朱仁夫《中国现代书法史》，北京，1996年；马国权《沈尹默论书丛稿》，香港，1981年；Chang J., Lawton Th., Allee St. Brushing the Past: Late Chinese Callig-raphy from the Gift of Robert Hatfield Ellsworth. Wash., 2000; Chang Leon L. -Y., Miller P. Four Thousand Years of Chinese Calligraphy. Chic.L., 1990; Ch'en

---

① 《草书月刊》创刊于1941年。

Chih-mai. Chinese Calligraphers and Their Art. Melbourne, 1966.

(В. Г. 别洛焦罗娃撰,李春雨译)

余三胜

余三胜(1802—1866),原名开龙。湖北省罗田县人。著名的京剧演员,与"京剧鼻祖"程长庚和张二奎并称"老生三杰"或"梨园三鼎甲"。

他自幼入徽班学戏,扮演末角。来到北京后,改扮其他角色。

在演唱风格上,他遵循北方皮黄和安徽二黄等古老剧种的传统,同时,古老的昆曲,甚至是秦腔(参见"梆子调")的风格,都对他产生了一定的影响。这些剧种都是京剧的基础,在京剧形成的过程中,余三胜凭借自己的艺术探索做出了重大贡献。为了使从其他省份借鉴的戏曲唱腔能够适应京剧的旋律和发音,余三胜做出了很多努力,此举甚至保证了京剧的知名度。作为《定军山》《四郎探母》《捉放曹》以及其他一些剧目的角色扮演者,他被载入了中国戏剧史。他奠定了京剧唱腔的基础,同时也非常注重舞台动作的精准性和表现力。

余三胜那些扮演"老生"角色的杰出弟子,如著名京剧演员谭鑫培,继续发展了他的成就。余三胜的一些后代也是京剧名角,其孙余叔岩在老生行当中享有盛誉。

**参见词条"二黄"的参考文献。

(Е. А. 扎维多夫斯卡娅撰,许力译)

虞世南

虞世南（558—638），字伯施，世称"虞永兴"。越州余姚（今浙江慈溪）人。虞世南与欧阳询、褚遂良并称"初唐三大家"。

虞世南师从智永和尚，因而书法风格远承王羲之。与欧阳询一样，虞世南在隋朝走上仕途，后在唐太宗在位时期继续为官。唐太宗不仅因其才能，同时也因其美德而对这位书法家非常尊重。传说唐太宗称赞虞世南有五绝：一是德行，二是忠直，三是博学，四是辞藻，五是书翰。一个人只要具备其中一绝，就足可称为名臣，而虞世南这五绝都达到了。虞世南是皇帝最中意的交谈者，经常与之长时间讨论书法艺术准则。著有《书旨述》《劝学篇》和《笔髓论》等。他在《笔髓论》中写道："故知书道玄妙，必资神遇，不可以力求也。机巧必须心悟，不可以目取也。"

在行书和草书方面，虞世南都能游刃有余。但其对中国书法史的主要贡献是碑刻。唐朝最受人敬仰的碑文作品之一是《孔子庙堂碑》，创作于626—630年该庙堂的修复过程中。虞世南用楷书完成了该作品，其风格庄重典雅、秀润温和，笔法具有内刚外柔的特点。虞世南的书法作品经常被后世书法家临摹，直至今日，但其风格和谐的秘密只有少数优秀的人才能体会。这些人是宋代书法家蔡襄，元代书法家赵孟頫，明代书法家祝允明和董其昌。

*杨仁恺《中国美术全集·隋唐五代书法》，北京，1989年；王靖宪《中国书法艺术·隋唐五代》，北京，1998年；萧元《初唐书论》，长沙，2004年。

**В.Г.别洛焦罗娃《中国书法艺术》，莫斯科，2007年；В.В.马良文《中国艺术：准则·流派·大师》，莫斯科，2004年；包备五《中国书法简史》，上海，1983年；朱关田《中国书法史·隋唐五代卷》，南京，1999年；朱仁夫《中国古代书法史》，北京，1992年。

（В.Г.别洛焦罗娃撰，王玉珠译）

玉雕

玉雕指玉等其他珍贵工艺用石的雕刻艺术。玉雕艺术的历史在中国可追溯到几千年前，于乾隆时期达到鼎盛。

传统玉器的种类繁多。其中仿古玉是较为独特的种类，采用特殊的工艺，包括再现瑕疵，创作出的产品令人有将其归属于古代作品的错觉。除此之外，利用工艺，通过煅烧、在不同成分的液体中煮沸或者与氧化的铁制品一起存放在潮湿土壤中等方法，可以改变玉石的颜色。

玉石等材质的硬度决定了中国玉雕技术的主要特征。严格地说，这些产品不是雕刻的，而是将材料在投入金刚砂、石英和其他矿物质所制成的粉末状研磨料中，加水研磨而成。古代玉器制作的主要工具是水凳。水凳的框架由木头制成，踏板则是裂开的一节竹子的一半。木轴回旋的中轴、底板和保护匠师、防止碎石飞溅的外壳，由金属制成。木轴以在特殊凹槽内活动的木制"轴承"为支撑。木轴的末端嵌入床座的孔内，另一端固定在金属质地的固定座上。木轴不是固定在水凳上，而是由用力拉紧的导向绳保持在某个位置。必要时工匠停止工作，从水凳上拿下木轴，换上另一个带有固定座的木轴。工匠座位靠近水凳，其左手边是装有被水浸湿的研磨材料池的台架。今天该行业已经使用现代化设备，但在20世纪50年代的中国，水凳仍然随处可见。

玉石的雕刻过程包括如下步骤。第一步，匠师研究材料的外形和结构。主要注意材料的裂纹、不同的杂质和其他瑕疵。同时，还要构思成品的尺寸、形状和颜色。研究结束后，匠师锯开石材，剥除"外壳"。随后在毛坯表面画出产品的轮廓——这是在墨汁的帮助下实现的。第二步是玉石雕刻。第三步与装饰图案和铭文的标绘及完成有关。第四步是最后的抛光。然后产品在一段时间内被浸泡在有活水流动的容器中，以洗掉残留的研磨料。再用融化的蜡或者加热的油处理。最后一步是使产品具有温润的光泽并"消除"最小的裂缝。用柔软的布将产品擦出镜面光泽，并放置在事先准备好的木雕或青铜底座上。

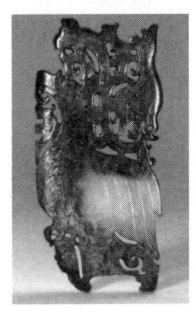

玉雕工艺在古代中国与材料的产地无关，而与大型的贸易和手工业中心有关。元明时期的玉雕艺术中心是苏州、扬

州、杭州和南京。18世纪最终形成了两个主要的玉雕艺术流派——北派（以北京为中心）和南派（以苏州为中心）。北京的工匠能够得到上好材料的供给，并从国库得到俸禄。乾隆年间，吸引外地匠师到北京培训京城的工匠，同时完成特殊订制的做法开始盛行。尽管缺乏国家支持，南派仍占据主导地位：清廷认为苏州匠师的作品"简洁精美"，而北京的雕刻品则"粗枝大叶"。玉雕艺术中心体系一直延续到19世纪末。20世纪初外国收藏者成为中国玉雕工匠的主要客户。与之相关的是，玉雕行业的中心迁移到沿海商业城市，如上海和广州。1949年中华人民共和国成立后，在国家的支持下，传统玉雕中心开始复兴。

**Б. Б. 维诺格罗茨基《中国玉器：时间之纹饰》，莫斯科，2007年；Д. В. 叶尔绍夫《璀璨的碧玉——中国玉器和石雕艺术》，莫斯科，2007年；М. Н. 克列切托娃《艾尔米塔什博物馆中的中国石雕》，列宁格勒，1960年；沈追鲁《中国玉雕》，北京，1991年。

（Д. В. 叶尔绍夫撰，王玉珠译）

玉涧

玉涧，南宋画家，禅画杰出代表之一。他是以禅宗为基础的禅宗画派的代表画家中最神秘的人物。禅宗画派的创始人被认为是牧溪。在同期的书面资料中提及两位禅宗僧人，他们可以与这位传奇的大师（牧溪）相提并论：莹玉涧和若芬玉涧。关于第一位的资料很少，只记载他居住在京城（临安，今浙江杭州）的净慈寺。关于第二位的资料较为详细：他是中国东南地区（今浙江省）人士，俗名曹仲石，为京城上天竺寺住持，并在那里从事山水画创作。晚年返回家乡，建造一亭，亦自称"玉涧"。

玉涧是著名的禅宗山水画家，在他的笔下，山水达到了极致的写生，几乎变成了一种抽象的绘画。其最著名的四幅作品：《庐山图》（绢本，水墨，冈山县立美术馆藏）、《洞庭秋月图》（日本文化厅藏）、《远浦归帆》（名古屋德川美术馆藏）和《山市晴峦图》（东京出光美术馆藏）。后三幅画是《潇湘八景》的片段，传说该画是按照日本统治者（幕府将军）的命令被分割的，目的是想同时观欣赏画卷描绘的所有风景。

最有趣的是《山市晴峦图》，该画几乎没有勾勒的图像：其构图简化为一点点相似的轮廓，由墨笔渲染和皴点而成，构图和表现力极为独特。创作类似作品，山水可以作为沉思的对象而被有效利用，因为它们有助于消除观者心中的杂念。

尽管禅宗山水与马远和夏圭所代表的学院山水画派截然不同，但也不应夸大其在中国画中的独特性：它发源于米芾和米友仁的"米氏云山"。禅宗画家喜爱潇湘景观，不仅因其风景秀丽，更是因为潇湘景观具有特殊的文化象征，这使得禅宗山水画具有特定的文化和艺术背景。因而更准确地说，禅宗山水画既从属于禅宗佛教世界观，也属于在禅宗哲学形成中起到一定作用的道教的神秘主义。

**M. E. 克拉夫佐娃《中国艺术史》，圣彼得堡，2004年；R. 库珀、J. 库珀《中国艺术杰作》，译自英文，明斯克，1997年；B. B. 奥辛穆克《中国禅宗绘画与南宋画院山水》，莫斯科，2001年；邵洛羊《中国美术大辞典》，上海，2002年；Cahill J. Chinese Painting. Geneva-London, 1960; Munsterberg H. Zen and Oriental Art. Tokyo, 1965; Sirén O. Chinese Painting. Leading Masters and Principles. Vol. 1-3. L., 1958.

另参见词条"牧溪"的参考文献。

（M. E. 克拉夫佐娃撰，王玉珠译）

玉衣

玉衣是棺椁里的殓服,由金属丝或丝线串联数千块玉片制成,为中国石雕艺术的独特丰碑。在丧葬中使用玉衣,反映了古代中国人对玉的信仰,他们认为玉具有保护尸体免于腐烂的超自然力量。

用玉片制成的面具遮盖显贵死者的习俗在战国时期就已经出现了。据《后汉书》记载,曾经有皇帝穿着"金缕玉衣"下葬。书中也提到,诸侯、列侯、始封贵人、公主使用"银缕玉衣",大贵人、长公主使用"铜缕玉衣"。使用"玉衣"最频繁的时期为西汉。公元222年,魏文帝下诏,鉴于"汉氏诸陵无不发掘,至乃烧取玉匣金缕,骸骨并尽",禁止使用玉衣。在中国考古史上,没有在魏国后期至西晋这段时间的墓葬中发现过"玉衣"。

一般来说,"玉衣"由五个部分组成:头盔、上衣、裤子、手套和鞋。每个部位本身又分成若干部分,譬如头盔又分为前脸部和后脑,上衣分为前胸、后背以及左右两只袖子。这些分散的部分被连接起来,形成了一副完整的铠甲,将死者的身体从头到脚完全覆盖。制作一件"玉衣"需要精心挑选不同形状的抛光玉片,玉片的数量不一(一些著名的墓葬中,玉片数量为2160—2600片)。每块玉片的边缘都有穿孔,金属丝或丝线穿过孔洞,将玉片串联在一起,从而形成"玉衣"。在西汉墓葬中,"玉衣"和其他的玉石制品一起使用。其中有填塞或遮盖死者身上九个孔窍的九件玉器,以及放在死者口中和手中的礼器。

文献资料中再次提到"玉衣"时,已经把它当作了一种隐喻,以表示对于古代宫廷礼仪奢华的惊叹。历史上再次对"玉衣"的关注和研究,源于江苏睢宁县九女墩东汉墓的考古发现。1954年,该墓葬出土229片边缘穿孔的玉片。1958年,中国历史学家李蔚然根据墓志资料,首次推测:这些出土的玉片没有别的用途,而是一种特殊的殓服。1968年5月,河北满城古墓中发现完整的"玉衣"。这些殓服是在皇室成员刘胜(死于公元前113年)及其妻子窦绾(死于公元前104年)墓中发现的。截止到1989年,中国境内共有34起考古发现发掘到"玉衣"(共发现38套此种殓服,其中4套完好无损）。发现"玉衣"最多的地方是徐州（江苏省），这里从1970年开始，共发现3套"玉衣"，最后一套发现于90年代中期。迄今最早的"玉衣"于1983年在广州市境内被发现，是公元前122年入葬的南越文王赵眜的陵墓出土物。

＊《满城汉墓》，北京，1978年。

＊＊Д. B. 叶尔绍夫《璀璨的碧玉——中国的玉与石刻艺术》，莫斯科，2007年；李银德《西汉玉衣葬式和形制的检讨》，见杨伯达《中国玉文化玉学论丛》，北京，2005年。

另参见总论"玉"。

（Д. B. 叶尔绍夫撰，张猛译）

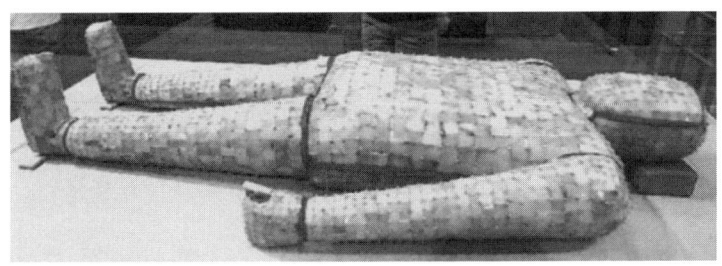

元四家

"元四家"指元代山水画的四位代表画家：黄公望、吴镇、倪瓒和王蒙。有时也以赵孟頫代替倪瓒。赵孟頫也是一位多才多艺的画家、书法家、政治家和文学家。

"元四家"之首是黄公望（1269—1354）——山水画大师，五十岁开始潜心绘画，师法董源和巨然。黄公望的山水画卷轴《富春山居图》在明清两代出现摹本数百幅。吴镇（1280—1354）——杰出书画家，工山水画，师法巨然，尤以画墨竹闻名。倪瓒（1301/1306—1374）——书法家、诗人、山水画家，也画竹石。青年时期师法董源，晚年形成了自己独特的绘画风格。年龄最小的一位是王蒙（1308—1385），书画家，尤其擅长山水画和花鸟画，是赵孟𫖯和管道升夫妇的外孙。

元代绘画大师普遍对山水画情有独钟，都致力于水墨的表现力，并将书法与绘画相结合。他们喜欢在纸上，而非绢帛上作画。"元四家"中的每一位都对中国山水画乃至整个绘画艺术的发展产生过重要影响。

**В.Г.别洛焦罗娃《中国书法艺术》，莫斯科，2007年；С.Н.索科洛夫－列米佐夫《倪瓒的山水画》，见《亚非国家艺术瑰宝》，卷1，莫斯科，1975年；В.Л.思乔夫《国立东方博物馆藏的两幅苏若兰回文诗画卷》，见《国立东方博物馆学术通讯》，第24卷，莫斯科，2001年；潘天寿《中国绘画史》，上海，1983年；《书道全集》，第1—26卷，东京，1974年。

另参见"小四王"参考文献。

（В.Л.思乔夫撰，李春雨译）

《园冶》

《园冶》是中国园林建筑最早和最重要的理论著作。成书于1634年。作者计成（生于1582年）是明代著名园林艺术实践家和理论家，江苏省吴江县人。计成年轻时酷爱绘画，书法造诣颇深，曾游历过许多中国古典诗歌及绘画中所讴歌的以秀美闻名的地方。出众的才华与渊博的学识、对大自然之美的敏锐感受在其理论研究和创作实践中得到生动的体现。

《园冶》由10个篇章构成，被认为是解读中国古代各类园林造园法则的经典之作。该书有6章论述的是园林的建造方法，并附有详细的图表和插图，其中描绘了60多个木制门窗的范例、100多种形式的栏杆，列举了各种建筑材料、花园墙壁的外形及其建造方法等，这些不同墙体模式范例图都带有标明其功能的注释。此外，作者还指出建造内外墙体必须挑选符合季节的材料，以及如何根据所建墙体的位置创造性地使用这些材料等。所建花园墙体应顺应当地地形的起伏，不应破坏其自然性特征，在具有实际用途的同时，还应成为景观的一部分。大门的装饰，以及透过大门所展现的景色被赋予了特殊的意义——"涉门成趣"。

该著作中，有相当大的一部分是写"掇山"及如何为其选石。按照计成的表述，"片山有致，寸石生情。"他详细地描绘了17种人工堆砌的典型假山及16种从太湖湖底石到黄石（砂岩）的外形，解释了这些石头的地质特点和使用方法。

该部著作总结了在不同环境条件下——山林、城市、乡村、郊区、私人府邸——造园的经验，阐述了园林艺术的理论概念。作者总结了几个世纪以来形成的园林规划、构图和组织的原则和方法，完善了造园法则——在拒绝重复现成刻板模式的情况下保留传统，在进行艺术创作时遵循自然性原则。根据计成的观点，无论是建造城市园林还是郊区园林，都应当从所建园林的景观条件和功能出发，在对传统规则加以变化的同时，力求保留主要的传统。根据该原则，园林应该形状匀称和规整。必须遵循自然规律，努力让每一个元素，即使是人工制作的，也应与自然生态的某一部分相似。自然现象的变化无穷无尽，因此，园林布局应该合乎自然规律。模仿自然是园林艺术的主要原则，该原则决定了园林形式的多样性。作者在《相地》篇中指出："园基不拘方向，地势自有高低，涉门成趣，得景随形……""园地惟山林最胜，有高有凹，有曲有深，有峻而悬，有平而坦，自成天然之趣，不烦人事之工。"可见，所有园林建筑和人工景观都应被理解为大自然的馈赠，中国园林建筑的主要原则和重要意义就在于此。

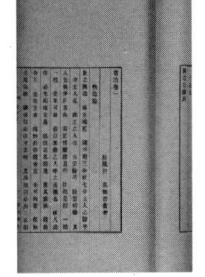

*计成《园冶》，1638年；张家骥《园冶全释》，太原，1993

年；Ji Cheng. Craft of Gardens / Tr. By A. Hardie. New Haven-London, 1988.

**C. A. 阿谢普科夫《中国园林建筑特点》，见《东南亚国家建筑》，莫斯科，1960年；《建筑通史》，第9卷，列宁格勒—莫斯科，1971年；楼庆西《中国园林》，俄译本，北京，2003年；B. B. 马良文《中国文明》，莫斯科，2001年；朱有玠《园冶》，见《中国大百科全书·建筑、园林、城市规划》，北京—上海，1988年。

（Н. Ю. 杰米多撰，周立新译）

袁牧之

袁牧之（1909—1978），导演，演员，编剧。20世纪30年代执导过一些优秀影片：《都市风光》（1935，上海底层生活的全景风貌）、《马路天使》（1937）等。1938年，他前往延安，拍摄具有宣传意义的纪录片。1940年他被派往苏联，参加谢尔盖·爱森斯坦执导的电影《伊凡雷帝》的拍摄工作，还拍摄了关于哈萨克诗人江布尔的纪录片。从1946年起，担任行政工作（东北电影制片厂厂长、中央电影事业管理局局长）。1954年因病离职休养。1983年，袁牧之的电影艺术理论著作结集出版。

**C. A. 托罗普采夫《袁牧之——演员、导演、编剧、剧作家》，载《今日亚非》，1979年第3期；C. A. 托罗普采夫《中国电影的艰难岁月》，莫斯科，1975年；C. A. 托罗普采夫《中国电影史概论》，莫斯科，1979年；C. A. 托罗普采夫《日落时分烛映窗：中国电影札记》，莫斯科，1987年；C. A. 托罗普采夫《"社会原野"上的中国电影》，莫斯科，1993年；《当代中国电影》，1—2卷，北京，1989年；《中国大百科全书·电影》，北京，1991年；《中国电影大辞典》，上海，1995年。

（C. A. 托罗普采夫撰，许力译）

圆明园

圆明园是18世纪三大皇家郊外官邸之一（位于北京西北部约10千米处），连同与其相连的另外两个园林——长春园和绮春园，总面积347公顷。

乾隆年间，圆明园的占地面积约为150公顷，将两个类型——中国传统式和欧洲新式的宫殿园林融为一体。欧式宫殿位于圆明园南部，占地4公顷以上，是乾隆皇帝与在朝任职的西方文明代表者共同创作的结果。建筑群大体上保留了三位清朝皇帝——康熙、雍正和乾隆的个人生活印记。晚些时候，嘉庆、道光和咸丰皇帝也曾在此长住。

圆明园的宫殿和园林是整个综合体中最早按照传统规则修建的建筑群，1709年被康熙皇帝赠与第四个儿子，也就是其皇位继承者、下一位皇帝雍正。继位大典和持续27个月之久的康熙皇帝丧期之后，雍正皇帝搬至圆明园皇家官邸，且在自己相对较短的执政期内长居于此。在将政权交给乾隆皇帝之后，雍正皇帝在圆明园病逝。雍正皇帝在世时，园林布局和亭台楼阁的外观几乎没有变化。乾隆时期则不然，乾隆皇帝继位之后，便颁布了旨意，在中国式亭台楼阁和花园旁边，按照18世纪西方建筑规范建造欧式喷泉和宫殿。夏季，皇家画院"如意馆"在圆明园运营。该机构在北京的宫殿内有自己的永久性场所。

按照康熙皇帝的构想，圆明园建筑群应由湖心岛园林系统中的传统建筑结构组成，充分体现崇尚自然环境的中国艺术原则。该园林位于一个正方形的水域内，其岛屿数量象征着古代中国的九州。除居宅、日常事务场所和寺庙外，园林中还有藏书楼和书房，以及人工设计建造的仿中国南北方风景的假山和湖泊。皇帝结束一天的事务之后，可以在这里调节身心，感受人与自然的和谐。建造于平静湖面之上的"万方安和"是综合体的名胜之一。该建筑平面呈"卍"字形，"卍"是长寿的象征。这是一座根据传统规则

建造的宫殿,是一座用于工作、休息和冥思的场所,体现了在绝对的内心安宁中领悟存在充实的和谐理念。王致诚领悟了中式花园的深刻意蕴,他在18世纪40年代的一系列信件中,在描述圆明园的中式建筑部分时,对其自然之美充满溢美之词。这些信件在欧洲引起轰动,被译成德文和英文,并刊发在德国柏林和英国伦敦的出版物上(1751—1752)。在这个欧洲人喜悦的目光中,中国皇家花园"所有的山岭都覆盖着树木,尤其是花卉。这是一个真正的人间天堂。人工运河如同我们那里的一样,两岸由方石砌成笔直的堤岸,但它们都是非常简朴的粗石,并夹杂着岩石,有的向前凸起,有的向后凹缩,它们是以非常艺术的方式排列起来的,可以说这是大自然的鬼斧神工之作"。王致诚的审美观受到中国生活的影响而发生了变化,他承认圆明园这座建于对称和有序基本原则基础之上的园林的优点,同时指出,中国人熟知这种美,但中式花园中引人注目的是别致的无序与不对称。其建造的主要原则是注重呈现自然的原貌和乡村景观,创造幽居环境,体悟人与自然融合之感。研究者认为,18世纪英国景观园林与王致诚所描述的中国圆明园具有原则上的类似。

根据乾隆皇帝的命令,完全按照另外一种原则,即按照欧洲时尚建筑风格建造的圆明园综合体由三部分构成:谐奇趣、海晏堂和万花阵。位于南北中轴上的谐奇趣的设计出自郎世宁,郎世宁设计该建筑作为宫殿前喷泉的背景,其中第一个喷泉是1747年由耶稣会教徒蒋友仁(Michel Benoist)建造的。主建筑和两侧呈弧形对称分布的建筑是整个布局的主要组成部分。主建筑的西北是蓄水楼——一座带有为喷泉储水的蓄水池的多层建筑。从蓄水楼向北,在谐奇趣北面,是已经修复的花园迷宫,一些有意建得混乱的小径通向迷宫的中心。海晏堂位于东西中轴线上,它是最后一个竣工的建筑,由主建筑和一些小型的附属建筑构成。其

正前方分布着一座由传教士设计的大型蚌壳状喷泉,沿水池边缘排列着象征十二生肖和昼夜十二时辰的青铜动物雕塑。喷泉能够指示时间,如同计时器一般喷水:这些动物雕像不仅能够依次喷射不同力量的细流,而且隐藏在喷泉和楼梯栏杆中心的水管正午时分还可以同时被接通,使十二生肖相雕像同时喷水。

有关园林的设计建造过程在传教士的通信中有记载:"当第一批喷泉建好之后,还应该继续建造。最后,皇帝的灵感远在设计构思之上,他下令建造规模空前的、别出心裁的欧式新建筑。花园的奇思妙想任由建造者,喷泉的规模也远远超出我们的想象。"就这样,中国人首次认识了欧洲园林规划原则。17—18世纪的西方园林风格,源自文艺复兴晚期及巴洛克时期的意大利园林。意大利园林风格的特点是拓展周围建筑的风景,通过台阶和通道的结合而被划分出的"绿色雅间"成为风景的延续。两岸长满一排排树木的长长运河,令人视野开阔,周边的景色尽收眼底。在那样的花园里,有增强远处风景效果的露台阶地,这些阶地并没有打破布局规整的法式花园的平面结构。水和光变化多样,效果奇妙,保证了为数众多的喷泉细流在阶地的最后一层平台上垂直喷射。勒·诺特尔遵循古典主义风格主持设计的凡尔赛宫提供了那种公园的典型范例,将自然环境视为人类的理性活动客体,合乎启蒙时代的精神。17—18世纪西方众多花园中的典范之作凡尔赛花园,显然激发了圆明园欧洲花园部分造园者的设计灵感,但同时在郎世宁的影响下,其中也加入了意大利的巴洛克建筑风格。花园中的欧式宫殿建筑受郎世宁影响采用了折中风格,却有别于其所创作的清朝宫廷画,很显然,其中占优势的不是中国元素,而是西方元素。发现显示,在这座夏宫建筑群的建筑中使用的宽敞楼梯,由壁柱和不受拘束的飞檐分割的华丽外墙,都是巴洛克风格的产物,它们犹如雕塑的一种图案装饰,

几乎不具有结构上的用途。与其并存的是，宫殿外观明显遵循了中国建筑的某些传统，例如建在平台上的建筑物使用了高大的基座。

一些绘画作品提供了已被毁掉的圆明园欧式宫殿的内部装饰情况，如收藏在德国汉堡民族学博物馆的一幅绢帛画，是由18世纪下半叶的欧洲一位不知名画家所画，画面展示的是宫廷仕女的室内生活，由室内装饰背景可知其建筑装修符合洛可可风格。墙体装饰板类似于凡尔赛宫的小翠安农宫，建于1750年的左右，具有典型的圆形纹饰元素与直线相结合的特征；家具构件保留了脚凳和高直靠背，符合路易十四早期的风格。画面构图中是三个中国美人和一个女仆，衣着与发型符合17—18世纪之交中国人所领会的欧洲时尚。坐在放有棋盘的桌旁的贵妇，以镶嵌着玻璃的高大窗户为背景。乾隆皇帝希望在自己的"夏宫"中能够拥有"欧洲"宫廷的豪华套房，相应地，路易十五希望为他的臣子们穿上充满异国情调的"中国"服装。出自汉堡民族学博物馆的一幅风俗画，证实了乾隆的"夏宫"曾是展示法国家具、绘画、画镜和博韦工厂的郭伯廉花毯最合适的地方。郭伯廉花毯是按照路易十六宫廷画家弗朗索瓦·布歇的画稿模板创作生产的。这套来自博韦的壁毯有几件复制品，其中之一属于国王的宠妃德·蓬巴杜侯爵夫人，而另一幅则被路易十五赠送给了乾隆皇帝。据传教士钱德明、郎世宁和王致诚的叙述，皇帝专门订制了一面巨大的镜子，将这套情节画装裱起来挂在宫殿中。自然，镶在镜中的画展现的是欧洲风景。或许，乾隆时期的这座欧式宫殿是用来收藏来自西方的礼物的地方，如1699年路易十四赠送给康熙皇帝的版画，它是根据尼古拉斯·普桑和皮埃尔·米格纳尔德的素描制作的。

装置喷泉设备的建筑的内部装饰注重的是实用性，因为其外立面应保持舞台布景的效果。乾隆皇帝

对欧洲喷泉艺术表现出特殊的兴趣,并将其实实在在地布置在水体面积占据了四分之三的"夏宫"之中。这与园中利用静水创造出沉思内涵的中国宫殿部分形成了对比,围绕着欧式宫殿的是流动的水——喷泉、瀑布等。宫殿结构图中水道纵横交错,甚至该宫殿的时间显示也是通过"活力"之水变成水钟喷泉的形式来实现的。圆明园中有大量水体的原因也是由于当地的气候问题——只有大量的水才可以减轻北京夏季的干燥。值得指出的是,园林水体与圆明园和北京附近其他贵族花园的水体相通,都属于共同的运河水系。因此,有充分的证据说明,这座建有注满山泉水的水体的皇家官邸,是水资源的储存地,能够在紧急情况下为都城提供用水。众所周知,早在元朝,北京就已与大运河连通,而明清时期,运河网络数量增加,延伸至都城周边地区的山下。或许,圆明园的"水趣"系统应该置于这些总体水利工程的背景下来研究。

刻有已被毁建筑群及其喷泉的铜版画让后人对其艺术价值有了更多认识。郎世宁及其两位助手遵照皇帝的旨意刻好的版画,随着建筑的竣工即刻付印面世。这些版画证明,乾隆皇帝对西洋设计给予了特殊的重视。在画面上可以见到意大利巴洛克式建筑物的外部雕塑装饰,具有典型的远瞻和幻觉效果,建筑物周围还有修剪成锥形的树木。其中最引人注目的装饰元素之一就是广泛流行于17—18世纪欧洲建筑中的贝壳的形式。18世纪圆明园历经的变化为中国整个宫廷艺术带来了均衡的改变。康熙和雍正时期园林建筑群的建筑与布局中,传统因素起主导作用。传教士画家和西方宫殿的欧洲工艺装饰作品所带来的非传统因素,在近18世纪中期的清朝文化中反映出新的比例关系。圆明园,这个实质上为乾隆式装饰版本的花园,在其改造方面的庞大投入是有具体目的的。由"西方蛮夷"所建造的为中国皇帝带来荣耀的喷泉和

宫殿，成为国家强盛的象征。在皇帝的亲自监督之下，中国工匠和欧洲传教士共同创造出了清朝的宫廷艺术风格，如宫廷绘画、机械钟表等都是具有该风格特征的艺术作品，这种特征在清朝的珐琅彩绘、瓷器和玻璃制品中都有所体现。

圆明园展示了清朝宫廷不同的文化生活、欧洲传教士在其中的作用等方面的信息，表明清朝艺术风格在乾隆时期发展到了高峰。圆明园的命运是中国与欧洲文化交流史的一个折射。神州大地上的这座18世纪欧式建筑丰碑只存在了百年，一个世纪后，在第二次鸦片战争期间（1856—1860）被英法军队洗劫和烧毁。该古迹目前只以残垣断壁的形象展现在世人的面前。战后幸免于难的所有艺术作品中，包括十二生肖青铜雕像等，都被陆续盗光，大概是被运出了国境。自1987年起，部分生肖塑像在欧洲被拍卖，其中的五件现在已知其归属。① 目前，中国正计划对圆明园进行改造并将其变成国家公园。②

**Д. В. 杜布罗夫斯卡娅《耶稣会在华传教》，莫斯科，2001年；Н. Г. 普奇林《中国耶稣教会的使命》（1579—1842），副博士学位论文，圣彼得堡，1999年；О. Л. 费什曼《神话与现实：欧洲人眼中的中国（13—18世纪）》，圣彼得堡，2003年；《清代宫廷生活》，香港，1985年；Beijing: Glimpses of History. Beijing, 2001; Collected Works of Giuseppe Castiglione. Taibei, 1983; Desroches J. P. Yuanming Yuan. Die Welt als Garten // Europa und die Kaiser von China. Fr. / M., 1985; Veit V. Jean-Denis Attiret: Ein Jesuitenmaler am Hofe Qianlongs // I bid.

（М. А. 涅格林斯卡娅撰，周立新译）

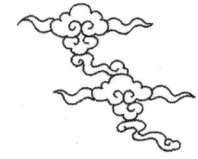

① 截至2020年12月，牛首、猴首、虎首、猪首、鼠首、兔首、马首等七尊圆明园流失兽首通过不同的方式回归中国。剩余五尊仍下落不明。
② 1983年，经国务院批准，圆明园被规划为遗址公园。

越剧

越剧是上海地方戏曲，诞生于1925年。浙江的民间曲调是其音乐基础。1917年，由于演技还不完善，农民剧团在上海的首次巡回演出没有取得成功。1920年，农民剧团上演了一系列宣传男女平等和启蒙思想的剧目，深受观众欢迎。从绍兴请来的乐师们确定基本调式为"do—sol"，海派京剧和绍剧的演奏、演唱、舞蹈成为主要的形式，在上海的娱乐场所演出。

从1923年起，来自浙江的女子剧团的演出在上海流行起来。到19世纪20年代末，它们的数量已达到36个。从1931年起，越剧团著名的女演员开始和男演员合作演出，并且女性的表演更受青睐。以姚水娟为代表的这些女性对"文明戏"这一过时的剧种进行改革，在四年的时间里，创作出了400个新剧本，内容和风格更加多样化，更加符合时代的口味。越剧对艺术界所发生的变化迅速做出反应：把一些著名的都市剧目搬上舞台，还有演员去拍摄电影。

从1942年开始，根据著名演员袁雪芬的倡议，进行了越剧改革，纳入一些话剧的元素，诞生了"新越剧"。当时创作了多部新剧作，引入分幕制，演出轰动一时，并引发社会反响。1946年，袁雪芬领导的剧团上演了根据鲁迅短篇小说《祝福》改编的剧目《祥林嫂》。1955年，在上海建立了第一座国家传统戏剧剧院①，汇聚了当时最优秀的戏剧艺术工作者。1950—1960年是越剧的"黄金时代"，这一时期，新上演的一些优秀剧目获得了巨大成功：《梁山伯与祝英台》《西厢记》《红楼梦》《孔雀东南飞》《打金枝》《李娃传》等。从20世纪50年代起，男声合唱团开始参与音乐伴奏。从1956年开始，上海戏剧学院开始为上海各大剧院培养人才。

"文化大革命"之后，上演了一些描写毛泽东、周恩来、鲁迅等著名人物的剧目。

**参见词条"粤剧"的参考文献。

（E. A. 扎维多夫斯卡娅撰，许力译）

---
① 1950年成立了上海第一个国家剧团——华东越剧实验剧团。1955年上海越剧院正式成立。

粤剧

粤剧主要流行于广东省的地方戏曲，源自宋代南戏的传统，明代开始在广东和广西发展。起初，唱段要遵循"韵"的规则，这些规则是在周德清的著作《中原音韵》所整理的元代真实发音基础之上形成的。这部著作是为了帮助元杂剧演员而创作的。在清朝统治末期，为了使戏曲更加通俗易懂，粤剧逐渐转向用广州方言演唱。

粤剧是板式戏的一种，京剧、上海越剧、安徽的黄梅调以及湖北、湖南、广西的地方戏曲都属于板式戏。粤剧的剧目中有不少情节来自元杂剧，甚至许多剧目的名称也与元杂剧相似，如《西厢记》《赵氏孤儿》《窦娥冤》等。

粤剧的发展史可以分为几个时期。16世纪，来自江西和湖南的许多剧团到广东巡回演出，民间曲调弋阳腔和"昆山调"（昆曲）的一些表演者留在了当地，渐渐开始有了由本地演员和外来演员组成的剧团，只是在很长一段时间里，这些剧团都是分散存在的。在明代中叶，佛山市组建了一所会馆——"琼花会馆"，用来举办仪式和戏曲表演。从这里出发，演员们可乘坐小船到达临近的居民点演出，这些小船则变成了表演的舞台。直到17世纪中叶，地方戏在民间节庆日已经广泛演出。在1854年广东的粤剧演员李文茂率领粤剧伶人起义，响应太平天国运动之后，清政府禁止戏曲演出达15年之久。许多演员离开广东，或者进入皮黄剧团。在这一时期，广东省的戏曲走出国门，开始在加利福尼亚金矿的中国工人中间，甚至在主要来自广东的新加坡、印度尼西亚和越南的华侨圈流行起来。禁令解除之后，本地粤剧团的演出活动重新恢复，但是，他们的声腔出现了变化：受梆子和二黄的影响，此时的角色多达十几种。在著名演员邝新华、独脚英、林之等人的努力下，1889年广州八和会馆新戏院落成。其建设资金源自新年等节庆的演出收入，甚至是演员们的额外报酬；除此之外，所有会员均捐赠了二两白银。在这个戏院中有八个剧场，戏院附近有供不同角色的演员居住的地方。19世纪末，广州又开设了五家戏院，并有专门的剧团，组织巡回演出。

辛亥革命前夕，广东民众中具有改革意识的知识分子

意识到，剧院可以作为启蒙思想的宣传阵地。同盟会组织的剧团"志士班"对剧本的内容产生了不小的影响。辛亥革命后，同名剧团达三十多个。这些剧团开始用当地方言演出，上演宣扬爱国主义和反对帝国主义内容的剧目，如《文天祥殉国》、《秋瑾》（写女革命家的故事）、《戒洋烟》等。

民国初年，粤剧的演出形式发生了变化，演出越来越多地在专门的封闭场所进行。当然，这就不需要声带承受从前那种压力，演唱变得更加安静和平稳；除此之外，结尾的唱段采用白话的形式也开始流行起来。中华人民共和国成立后，进行了大量复兴粤剧的工作，使其重返地方戏的舞台，剧本《搜书院》等也重见天日。

**С.А.谢罗娃《京剧》，莫斯科，1970年；С.А.谢罗娃《16—17世纪的中国戏剧与传统中国社会》，莫斯科，1990年；В.Ф.索罗金《中国古典戏剧》，见《东方古典戏剧》，莫斯科，1976年；章诒和《中国戏曲》，北京，1999年；《中国戏曲曲艺词典》，上海，1981年。

（Е.А.扎维多夫斯卡娅撰，许力译）

恽寿平（1633—1690），初名格，字正叔，号白云外史、抱瓮客、东野道人、东园客、南田生、瓯香散人、瓯香馆主等。武进（今属江苏常州）人。明末清初杰出的书画家。

恽寿平出身于没落贵族家庭，是画家恽道生的侄子和学生。童年恰逢明朝衰落。少年时与父兄一起参加反清斗争，被俘后经历了影响其未来命运的种种考验。后来返回家乡，成为自由画家，与画院派分庭抗礼。他靠卖画为生，赡养父亲。

恽寿平早年即显露惊人天赋，八岁时曾作咏莲诗。他一生嗜好书画，因其在诗书画三个领域的成就被时人誉为"三绝"。

恽寿平流传至今的著作有诗文集《瓯香馆集》。不过恽寿平最为人称道的是花鸟画创作，被认为是清初最负盛名的花鸟画大师，与"清四王"和吴历合称"清初六大家"。恽寿平和"清四王"均为当时的大师，拥有共同的创作态度。他与杰出的山水画家王翚相交甚厚。据《国朝画征录》，恽寿平最初创作山水画，但因无法超越王翚，又不甘屈居第二，遂全身心投入花鸟画创作，成为当之无愧的领军人物。这多半只是传说，因为在画家生前最后十年的画作中，三分之一以上是山水画，而且在艺术水准上并不逊色于其花鸟画。尽管在世时即享有盛名，但画家经济拮据。他经常低价出售画作或免费赠予友人，但对于自己讨厌的人，无论多少钱都不卖。恽寿平去世后，家人无钱安葬，还是王翚出资帮助料理其后事。

在O.西林列出的不完全统计清单中，计有恽寿平的160幅卷轴和册页，还有同等数量的钤印和近40种签名。恽寿平属于复古派，和"清四王"一样，师法董其昌。他的山水画效仿宋元名家，同时留下一定的自由阐释空间。在花鸟画中（就像恽寿平本人和王翚在其画作落款和题词中所指出的一样），他独创设色"没骨画"，该技法基于徐熙之孙、宋代著名画家徐崇嗣和明代画家陈淳的创作。在"没骨画"中，轮廓线条要么不起主导作用，如徐崇嗣的作品；要么根本不存在，如恽寿平的大部分作品一样。恽寿平的"没骨画"与前辈的区别在于：首先，徐崇嗣等人的没骨花鸟画主要使用墨，只是偶尔设浅色；其次，即便恽寿平模仿徐崇嗣画法时（其画作仍以勾勒为前提），其线条的使用也很有分寸，仅在构图的某些片段使用近乎透明的黑色或彩色线条，例如《花卉图册》（约30厘米×22厘米，绢本，设色，上海博物馆藏）。可见，在研习经典的同时，恽

寿平高度重视对自然的观察。

恽寿平有三十余个字号，恽格、恽寿平、恽南田和南田等在文献中的使用频率几乎相等；其余名号，如东园和瓯香馆主，多有背景意，使用较少，但有时也能有助于确定其作品创作时间。比如，其落款中带有"园"字的作品，标注的创作时间不早于1665年，因此他从常州到东园（一说到杭州）应该在17世纪60年代初。而他在1680年以后的落款中不再使用这个字，这说明，在17世纪80年代初期或中期，画家又一次迁居，这次迁到了温州白云寺（在画作钤印中有时还会出现"园"字，这不奇怪，因为总不能将旧印扔掉吧）。他将自己在白云寺的住所称为瓯香馆，其中的"瓯"字是古代温州的简称。

钤印：白华斋、不远斋、北野、问华阜、以当万舛等。恽寿平的创作对后世花鸟画家产生了影响，追随者众多，史称"常州派"或"没骨派"。

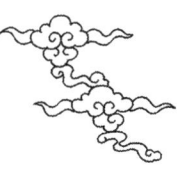

**B. Л. 思乔夫《根据照片鉴定中国古画的经验》，见《国立东方博物馆学术通讯》，第24辑，莫斯科，2001年；白坚《恽寿平的传奇身世》，载《江苏画刊》，1979年第4期；潘天寿《中国绘画史》，上海，1983年；郑振铎《伟大的艺术传统图录》，上海，1955年；《恽寿平画册》，北京，1959年；《恽寿平山水册》，北京，1931年。

另参见"邗上五朱"参考文献。

（B. Л. 思乔夫撰，李春雨译）

曾侯乙墓

曾侯乙墓，曾国君主"乙"的陵墓，周朝中期最重要的墓葬群之一。

曾侯乙于公元前433年去世。曾国是一个很小的国家，存在于周朝的长江流域中部（今湖北省东北部的随州），曾经是南方楚国（前11—前3世纪）的属国。因此，通常认为曾侯乙墓的随葬品充分代表了公元前6世纪末—前5世纪初的楚国艺术（参见"楚国的艺术"）。

曾侯乙墓墓坑面积220平方米，深13米，椁室由四个部分构成：中室、东室、西室、北室。北室用于存放武器和战车部件。曾侯乙的遗骸存放于绘有彩饰的木棺中，西室发现了13个涂着漆饰的木棺。这些发现是保存完好的同类文物中最古老的，可以帮助我们了解楚国漆器生产的艺术水准（参见总论部分"漆器"）。彩漆绘宗教神话题材的复杂构图中包括一些神话人物和动物像。其中一个棺木上的图像现在被认为是四大灵兽中东、西方的守护神——青龙与白虎的最早图像。

随葬品以青铜器为主，总重量超过10吨，其中包括140件器皿。墓中出土的青铜器与目前已出土的其他采用失蜡法铸造的楚国青铜器相比是最好的。

除器皿之外，在墓中还发现了青铜神鸟塑像（铜鹿角立鹤，高143.5厘米，重38.4千克），脖子细长如鹭，身子像鹤，还长着分叉的鹿角。角、头和颈部都有错金装饰，躯干和翅膀上镶嵌着绿松石。"神鸟"站在状如方形地毯的扁平底座上，上面以浅浮雕技法雕刻着象征性的蟠虺纹。这件塑像应该是某种专门的礼仪乐鼓的支架，乐鼓可以挂在角上，是当时宏大金属雕塑艺术中独特的典范之作，也是使用镶嵌技法的最古老作品之一（参见"青铜器"）。

除青铜器之外，还有大量漆器，如餐具、盒子等用具，构成了当时最具代表性的漆器制品。值得注意的是动物造型的用具，比如用于装香料的鸳鸯形盒。与青铜神鸟塑像不同，该雕塑采用别样风格——鸳鸯的全部外形细节，包括羽毛的细微之处都是用绘饰传达的，这些绘饰对雕塑形状做了补充。也就是说，在楚国艺术文化中，除了描绘神话动物的幻想方向，还有现实主义传统。

楚国乃至整个周朝珠宝艺术的杰作是一套缝在衣服上的饰品，由11个金属片组成，其中7个为圆形（直径15.2厘米），其余的为三角形或长方形。所有金属片要么是浇铸而成，要么是以模压花纹装饰模仿浇铸效果。这套饰品再次证明楚国艺术对金的特别青睐，表明金匠们不仅使用浇铸工艺，还使用模压工艺，后者是金属加工方式的根本性创新——相对于以浇铸技术为主导的青铜铸造而言。

曾侯乙墓的随葬品中最为独特的是一套古代乐器——由64件大小不一的钟组成的青铜编钟[①]，这是保存最完整的编钟实物。目前已知还有一系列类似的编钟，但数量要少得多。曾侯乙编钟悬挂在满饰黑漆彩绘花纹的横木钟架上，分为上中下三层。横木支架为六个站立的青铜人像，下面三个尺寸较大（高75厘米）。雕塑造型端庄，有些抽象，但身材比例准确，相貌细节逼真。这表明，楚国艺术家在该时期已掌握了大型青铜雕塑和人像刻画的技法。

曾侯乙墓中的部分制品尽管在形式、风格上与古代中国中部地区（黄河流域）的同类器物有若干相似之处，但它们同时具有鲜明的独创性，从而证实了中国南方艺术文化独立性的假设。

**M. E. 克拉夫佐娃《中国艺术史》，圣彼得堡，2004年；《曾侯乙墓》，卷1—2，北京，1989年；张正明《楚文化史》，上海，1987年；《中国大百科全书》，北京—上海，1986—1988年；Fontein J., Wu Tung. Unearthing China's Past. Bost., 1973; From Neolithic Cultures to the T'ang Dynasty. Recent Discoveries // Arts of China. Vol. 1. Tokyo, 1968; Lawton Th. Chinese Art of the Warring States Period. Change and Continuity. Wash., 1982; Li Xueqin. Chinese Bronzes. A General Introduction. Beijing, 1995; Mysteries of Ancient China. New Discoveries from the Early Dynasties / Ed. by J. Rawson. L., 1996; New Perspective on Chu Culture during the Eastern Zhou Period / Ed. by Th. Lawton. Wash., 1991.

（M. E. 克拉夫佐娃撰，李春雨译）

[①] 另有一件楚惠王送给曾侯乙的镈钟，总计65件。

展子虔

展子虔（550？—617？），渤海（今山东阳信）人，公元6—7世纪初杰出的画家之一。

展子虔的生平与创作记载于几部中国古代绘画史著作中，包括张彦远的《历代名画记》和郭若虚的《图画见闻志》。据载，展子虔祖籍中国东北，生于北齐年间，北周和隋代曾任宫廷画师。他积极从事卷轴画和壁画创作，尝试过当时的各种体裁：人物画、动物画和山水画。其人物画以宗教和日常题材进行创作，再现宫廷生活场景。

他完成了数量可观的佛教寺院（如光明寺、灵宝寺、元华寺）壁画创作，这些寺庙分布于今陕西省、河南省、江苏省和浙江省境内，足以证明展子虔在当时的广泛知名度。很有可能，著名的莫高窟壁画中也有一些出自展子虔之笔。

在张彦远的著作中提到了十余幅展子虔的绘画作品，包括《长安车马人物图》、《杂宫苑图》、《南郊图》（郊——专业术语，指的是在郊外举行隆重祭祀仪式的场所）。12世纪初的一部著作《宣和画谱》中还提到了展子虔的另外几幅作品：《十马图》《按鹰图》《摘瓜图》《石勒问道图》等，后者描绘的应是公元4世纪初的著名将领、后赵开国皇帝石勒；此外，还有隋代著名将领王世充的肖像画。展子虔的作品在北宋时期备受推崇，很多被皇帝收藏。但后来其艺术遗产几乎全部失传，明代著名画家董其昌最后一个提及其私人藏品中的展子虔作品。

现存展子虔画作仅有一幅，是后人于11—12世纪所作《游春图》摹本（纵43厘米，横80.5厘米，绢本，设色，北京故宫博物院藏）。画的是一条河流，风光秀丽，群山环绕，色调包括灰色、蔚蓝色、绿色、蓝色、黄色和橙黄色。景致错落有致，线条流畅有力，轮廓清晰。连绵起伏的山岩，和顾恺之画作中的山水一样构成了宏大的背景。在保证构图整体性的同时，展子虔也在透视法方面进行了尝试：画家突出前景，画满巨大的、轮廓分明的建筑物和树木，中景由山岩和较小的树木填充，远景由延伸至远方的山峦构成。构图中心借由一条河流与近景隔开，河面上升起淡淡的水雾，营造出空间无限延伸的视觉效果。画作中有大量细腻逼真的场景，衣着华丽的人们和繁花盛开的树木背依着规模庞大的山体，为画作赋予了欢快氛围。

在当代艺术研究界流行一种观点，认为展子虔的创作代表着中国山水画发展的初期阶段，是以顾恺之为代表的六朝绘画与唐代绘画之间的过渡环节。还有一种说法认为，展子虔的创作开"青绿山水"之先河，后来该技法在唐代画院艺术中占据主导地位。

*郭若虚《图画见闻志》，К. Ф. 萨莫秀克翻译、注释，莫斯科，1978年；张彦远《历代名画记》，上海，2002年。

**Н. А. 维诺格拉多娃《中国山水画》，莫斯科，1972年；М. Е. 克拉夫佐娃《中国艺术史》，圣彼得堡，2004年；王伯敏《展子虔》，上海，1958年；吴玉贵《中国风俗通史·隋唐五代卷》，上海，2001年；傅抱石《中国古代山水画史的研究》，上海，1962年；朱睿根《展子虔的〈游春图〉》，见《中国艺海》，上海，1994年；邵洛羊《中国美术大辞典》，上海，2002年；《中国美术全集·绘画编》，卷2，北京，1986年；Chinese Painting and Calligraphy. 5th century B. C. 20th century A.D. Beijing, 1984; Siren O. Chinese Painting. Leading Masters and Principles. Vol. 1, 3. L., 1958.

（М. Е. 克拉夫佐娃撰，李春雨译）

张隆延

张隆延（1909—2009），本名龙炎，字十之，号矗翁。江苏南京人。学者、书法家。

张隆延对于书法的兴趣源自他的篆刻家父亲。青年时代，张隆延在南京的金陵大学政治系学习。在学习政治的同时，他还拜著名书法家胡小石为师。后来在欧洲，他潜心钻研西方文化。他在南溪大学（法国）获得法学博士学位，并在柏林大学、牛津大学及哈佛大学进修。20世纪60年代，张隆延在瑞士学习西方艺术史。后来纽约圣约翰大学授予其"杰出客座教授"称号。1962年，张隆延任台湾文化大学艺术学系主任。张隆延熟练掌握英语、德语和法语，几十年来积极从事文化合作方面的交流活动。

张隆延的学术探索丰富了书法史的传统认知。1971年他的著作《中国书法》出版，很快这本书又以法语在巴黎出版。1989年，他的专著《中国书法四千年》问世。1990年，这本书由张隆延的学生、挚友皮特·米勒翻译成英文出版。20世纪后半叶，他在中国台湾地区和美国组织了多场个人作品展。1999年，在台北举办了张隆延1964—1998年个人作品回顾展，以纪念这位大师的九十岁寿辰。展览的主题"隆古延今"正是出自他的原话。

20世纪80年代中期，张隆延别出心裁，以"清墨"的手法完成了一系列行书作品。他以冲淡的墨汁书写，呈现灰色的不同色调，如同绘画上的刷墨。凭借此种手法写出来的字体获得了非同寻常的透明质感。这种手法也使线条的交叉、笔画的弯折清晰可见，字体内部墨汁的流动映入观者眼帘。墨汁的透明性显露出毛笔的运动情形，以及书法家对于作品结构的控制。张隆延对于"清墨"的喜爱与他在隶书上逐日递增的对于"焦墨"的兴趣同时产生。"焦墨"技法于20世纪80年代末出现在他的创作中。色质的高度凝聚传达出墨汁的独特韧性，也需要书法家在写作时倾注更大的力量。以"焦墨"技法完成的字体具有独特的力度。张隆延的书法作品证实了他的理论假设："气"来自"神"，而非"形"。

张隆延书法理论的主导问题在于论证不同艺术形式间

的深层亲缘关系，可以概括为一个词："综相"。张隆延认为，"经过深思熟虑，耳可听，目能视。"他的书法作品以奇特的形象，获得了丰富的声学联想效果。张隆延是中国台湾地区书法教育的奠基者之一。

* 《隆古延今：张隆延书法九十回顾展》，历史博物馆编辑委员会，台北，1999年；Chang Leon L., Y., Miller P. Four Thousand Years of Chinese Calligraphy. Chic. -L., 1990.

** В. Г. 别洛焦罗娃《张隆延——中国书法在西方的"大使"》，载《东方》，2006年第4期。

（В. Г. 别洛焦罗娃撰，张猛译）

张瑞图

张瑞图（1570—1644），字长公，号二水、白毫庵主、平等居士、果亭山人等。晋江（今属福建）人。书画家、文学家，与董其昌、邢侗、米万钟并称晚明四大书法家。

张瑞图28岁中进士，37岁入翰林院，随后扶摇直上，在熹宗年间入阁，官至大学士。其仕途如此顺利与权阉魏忠贤不无关系，张瑞图为其写了很多歌功颂德之词。魏忠贤覆亡后，张瑞图也被撤职。但在清人为他编写的传记中，张瑞图已经很少因政治上的无原则性受到指摘，而是被视为明代著名的书法家之一。仕途中断之后，心灰意冷的张瑞图转向了禅学，沉湎于诗歌和书法。在生命的最后15年创作了自己最优秀的书法作品。其绘画效法元代画家黄公望。

张瑞图最擅草书和行书，其笔力遒劲，作品富于表现力，专家比喻其书法风格如来去突然的飙风。他时而用力压笔停顿，时而又运笔如风。由于书写速度和力度的急剧变化，其字体肥瘦不一，线条时而粗壮浓重，时而纤细干枯。他将所有的直线笔画缩减到最小，同时借助急剧的转折强化曲线轮廓。他喜欢在字行之间留下大量空白，这使其与文徵明、徐渭等文字排列紧密的书法家区别开来。他所写下的字行犹如用力压紧的弹簧，字行之间的留白增强了字体的动态效果。这一手法在傅山、黄道周等人的创作中得到发扬。

张瑞图喜欢在白绫上书写大字。由于白绫吸附力强大，适合使用枯墨或淡墨。白绫中夹杂的动物纤维使得墨汁的吸收程度不一，由此丰富了笔画的浓淡变化。张瑞图草书风格中的绘画元素与书法水乳交融，既不显得突兀，也不会造成过分的装饰性。

*徐利明《中国书法风格史》，郑州，1997年。

**В. Г. 别洛焦罗娃《中国书法艺术》，莫斯科，2007年；黄惇《中国书法史·元明卷》，南京，2001年；朱仁夫《中国古代书法史》，北京，1992年；王镛《中国书法简史》，北京，2004年；Chang Leon L. -Y., Miller P. Four Thousand Years of Chinese Calligraphy. Chic. -L.,1990.

（В. Г. 别洛焦罗娃撰，李春雨译）

张石川

张石川（1889—1953），中国第一代电影导演之一。1913年，他与郑正秋联合制作了反对传统包办婚姻的短片《难夫难妻》。其他电影作品有：《孤儿救祖记》（1923）、《火烧红莲寺》（1928）、《歌女红牡丹》（中国第一部有声电影，1931）、《压岁钱》（1937）等。

**С. А. 托罗普采夫《中国电影史概论》，莫斯科，1979年；杜云之《中国电影史》，第1—3卷，台北，1972年；《中国大百科全书·电影》，北京，1991年；《中国电影大辞典》，上海，1995年；程季华《中国电影发展史》，1—2卷，北京，1963年。

（С. А. 托罗普采夫撰，许力译）

张问陶

张问陶（1764—1814），字仲冶，又字乐祖，号宝莲亭主、豸冠仙史、船山、蜀山老猿、药庵退守等。四川遂宁人。画家、书法家、诗人。

1790年，张问陶考中进士。他进入仕途，担任过山东莱州知府，后因病辞官，辗转至吴门（今江苏苏州）。在绘画方面，他涉猎的题材广泛。据说，他在绘画上继承了明朝杰出画家、书法家、文学家徐渭的风格。乾隆年间，张问陶和其他多名画家曾应召为北京故宫养心殿里的屏风作画。这些屏风以及张问陶的书画作品（包括他最喜爱的山水画、花鸟画题材作品），现已流失。与诗歌和书法作品不同的是，张问陶在绘画中模仿了中国画巨擘——米芾的创作风格。他常见的钤印有"船山""扁舟载酒""管领三神山"等三十余种。

张问陶的一份手迹和一方印章收藏于莫斯科国立东方博物馆。

**В. Л. 思乔夫《中国传统绘画的鉴别方法》，见《国立东方博物馆学术通讯》，第24辑，莫斯科，2001年。

另参见词条"改琦"的参考文献。

（В. Л. 思乔夫撰，张猛译）

张旭

张旭（675—750），字伯高，世称"张长史""张颠"。吴郡（今江苏苏州）人。唐代著名的书法家。

张旭出身于书香门第，家族后代中出现著名的中国书画理论家张彦远，中国绘画史及理论巨著《历代名画记》的作者。①年轻时，张旭任常熟尉，后官至金吾长史。辞官之后，居于洛阳，进入当时的文化名流圈。张旭的学生中有唐

---

① 张旭曾向堂舅陆彦远学习书法。张彦远为蒲州猗氏（今见山西临猗人），二者无亲缘关系。此句或为作者误记。

朝著名书法家颜真卿和怀素。

张旭的传记资料总是让人或多或少地联想到"酒神"传统，其中讲述到张旭遵循王羲之的传统，公开表演书写过程。因而，在洛阳的一个寺庙里，观者一天之内可能会看到裴旻将军舞剑、吴道子作画和张旭书写。建构于共同造型原则之上，这三种艺术形式固有的联系使得类似的行为大获成功。

张旭在楷书和草书方面有非凡的造诣，受到同时代人的高度评价。他的书法作品在宋代刻帖中保存下来的是《郎官石柱记》（741）。张旭的草书主要师从汉代书法大师张芝和东晋书法大师"二王"——王羲之和王献之。其创作的草书在草书史上具有里程碑式的意义。《古诗四帖》被认为是张旭笔法的体现，以狂草书写，现藏于辽宁省博物馆。作品内容是谢灵运的两首古诗与庾信《道士步虚词》中的两部分。作品上的75个印鉴以及董其昌所作后记，证实该作品出自张旭。但是，现存作品是否真迹远非无可争议，很多现代研究者对此持否定意见。迄今为止，还没有哪部作品毫无争议地归属张旭，这也限制了辽宁省博物馆对该作品做进一步的鉴定。张旭草书风格的形成建立在篆书的线条造型和楷书的坚实基础之上。张旭的草书是对汉代草书的直接继承。与东晋"二王"的草书相比，张旭的草书特点是更加宽博。"笔法十二意"被认为是张旭所述。

*杨仁恺《中国美术全集·隋唐五代书法》，北京，1989年；王靖宪《中国书法艺术·隋唐五代》，北京，1998年。

**В. Г. 别洛焦罗娃《中国书法艺术》，莫斯科，2007年；С. Н. 索科洛夫－列米佐夫《张旭的"狂草"》，见《独秀苑》，莫斯科，1991年；启功《论怀素〈自叙帖〉墨迹本》，载《文物》，1983年第12期；朱关田《中国书法史·隋唐五代卷》，南京，1999年；朱仁夫《中国古代书法史》，北京，1992年；马国权《沈尹默论书丛稿》，香港，1981年；Chang Leon L.-Y., Milter P. Four Thousand Years of Chinese Calligraphy.

Chic. -L., 1990; Ch'en Chih-mai. Chinese Calligraphere and Their Art. Melbourne, 1966; Schlombs A. Huai-su and the Beginnings of Wild Cursive Script in Chinese Calligraphy. Stuttgart, 1998; Tseng Yuho. A History of Chinese Calligraphy. Hong Kong, 1998.

(В.Г. 别洛焦罗娃撰，王玉珠译)

张萱

张萱（生卒年不详），京兆（今陕西西安）人，唐代著名的人物画画家之一。

张萱曾在唐玄宗的宫廷任职。据朱景玄《唐朝名画录》和郭若虚《图画见闻志》的记载，张萱主要从事卷轴绘画，是同时代最负盛名的描绘宫廷生活场景的画师。据《唐朝名画录》，张萱"尝画贵公子、鞍马、屏幛、宫苑、仕女，名冠于时"。在中国传统审美中，张萱被认为是人物画题材中一个特殊主题——仕女画（本意为贵族妇女、宫中女官）的奠基者，主要描绘宫廷贵族，特别是宫中仕女的生活场景。

张萱的两幅作品最为著名，均为11—12世纪末完成的摹本——《捣练图》（纵37厘米，横145.3厘米，绢本，设色，波士顿美术博物馆藏）和《虢国夫人游春图》（纵51.8厘米，横148厘米，绢本，设色，辽宁省博物馆藏）。

第一幅画再现了贵族妇女捣练缝衣的工作场景。画面由几个相对独立的片段构成：第一组画的是四位仕女，正围立在一个大木臼前用木杵捣练。其他片段绘有七位仕女：两位坐着，其中一位在纺线，另一位坐在小板凳上缝纫；还有四位正在绷紧布料并熨烫（织布的一道工序），一位正在煽火。尽管构图并不连贯，但整个作品呈现出艺术完整性，布局从容自然，人物栩栩如生。这得益于画家擅长塑造动态人物，对各种姿势了然于胸。一些人物为背面像，但同样生动。色彩以明亮的暖色调为主，主要是绿色和黄褐色，营

造出温馨感。

第二幅图生动地描绘了一支由五位女士组成的骑行队伍，由三位男性陪同，其中一位女性抱着小女孩骑在马上。人物外貌的描写细致入微，发型和头饰的区别一目了然。队伍打头的骑士身着黑衣，在队列中格外醒目。女性的裙子为粉红色或淡青色。马匹身形匀称，动感十足，画家特意表现了其外表的细微差别——毛色、仔细梳理的马鬃和马尾、马具上的装饰图案等。画笔的运用和色调的处理为画作赋予了节日的隆重氛围和道地考究的品位，传递出唐代宫廷生活的气息。

张萱所描绘的宫廷仕女和骑行队伍的场景在公元7—8世纪的墓室壁画中屡见不鲜，可以认为，画家的创作反映了中国绘画发展过程的特定阶段，在这一时期它受到壁画艺术的强烈影响。

*郭若虚《图画见闻志》，К. Ф. 萨莫秀克翻译、注释，莫斯科，1978年；朱景玄《唐朝名画录》，В. В. 马良文翻译、注释、作序，莫斯科，2004年。

**М. Е. 克拉夫佐娃《中国艺术史》，圣彼得堡，2004年；徐邦达《张萱和周昉》，北京，1959年；吴玉贵《中国风俗通史·隋唐五代卷》，上海，2001年；庄嘉怡、聂崇正《中国绘画》，北京，2000年；《中国艺海》，上海，1994年；邵洛羊《中国美术大辞典》，上海，2002年；《中国美术全集·绘画编》，第2卷，北京，1986年；《中国绘画全集》，第1卷，杭州，1997年；Lancman E. Chinese Portraiture. Tokyo, 1966; Siren O. Chinese Painting. Leading Masters and Principles. Vol. 1, 3. L., 1958; Sullivan M. The Arts of China. Berk. -Los Ang. -L., 1984.

（М. Е. 克拉夫佐娃撰，李春雨译）

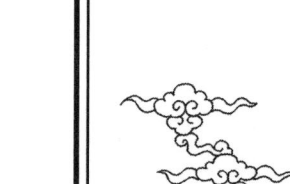

张艺谋

张艺谋1950年出生于西安，1982年毕业于北京电影学院。1986年开始成为导演，在此之前，他是电影《黄土地》（在洛迦诺国际电影节获奖）、《一个和八个》、《大阅兵》的摄影师和电影《老井》（这部电影讲述的是在山村中寻找水源的故事，在东京国际电影节获奖）的主演。随后他拍摄了电影《红高粱》（1987，讲述了20世纪30年代酿酒师们为生存而抗争的悲剧，1988年获柏林国际电影节金熊奖）、《菊豆》（1990，讲述了传统家庭破裂的故事，获得奥斯卡奖提名）、《大红灯笼高高挂》（1991，讲述了妇女不屈服于权势的故事，在威尼斯国际电影节获奖，并获得奥斯卡奖提名）、《秋菊打官司》（1992，讲述了农妇上访并起诉村长的故事）、《摇啊摇，摇到外婆桥》（外国版名为《上海三合会》，1995，讲述了20世纪30年代上海黑帮的血腥故事）。他的作品被认为是"新电影"的顶峰和对传统的颠覆，内容的深度、人物形象的心理描写和表现手法的精确性是其电影的突出特点。在国外他是公认的电影大师，而在中国他的作品常引发热议。自1997年起，他更多地关注现实社会的冲突，有时对人物的心理描写呈现出感伤主义的特点：《一个都不能少》（讲述了农村女教师的故事）、《我的父亲母亲》（讲述了乡村女学生对老师的爱）。到了21世纪，张艺谋回归传统的浪漫主义手法，展现作品的哲学意义，执导了四部知名影片：《英雄》（2002）、《十面埋伏》（2004）、《千里走单骑》（2005）、《满城尽带黄金甲》（2006）。尤其是《英雄》（获奥斯卡提名奖），该片将令人叹为观止的华丽场景同深刻的内涵完美融合，谱写了一曲人性解放的颂歌。

**С. А. 托罗普采夫《张艺谋：大师之路》，载《远东问题》，2000年第5期；С. А. 托罗普采夫《张艺谋在中国电影发展中的角色》，载《远东问题》，2005年第5期；С. А. 托罗普采夫《中国电影的"国际品牌"——导演张艺谋》，莫斯科，2008年；王一川《张艺谋神话的终结》，郑

州，1998年；《当代中国电影》，第1—2卷，北京，1989年；《论张艺谋》，北京，1994年；《中国大百科全书·电影》，北京，1991年；《中国电影大辞典》，上海，1995年。

（C. A. 托罗普采夫撰，姜敏译）

张雨

张雨（1283—1350），字伯雨，号山泽臞者。钱塘（今浙江杭州）人。元代书画家。

张雨出身于书香门第，书法师从赵孟頫，深受王羲之影响。二十岁时弃家从道，追随著名的道长，后逐渐成为元代著名的道教布道者之一，也是文人团体所尊崇的诗人、书画家。张雨的书法师法唐代大师李北海、怀素。他创作了所谓的"酒神派"书法风格的狂草作品。他偏爱稠墨，有些地方几乎使用干笔，以此制造飞白效果。张雨的书法作品令人惊奇地将相互对立的元素结合起来：秩序与凌乱，显露与隐藏，即兴与熟虑，巧妙与笨拙，力量与柔弱。其真迹包括《行楷自书诗》（上海博物馆藏）、《七言律诗》（台北故宫博物院藏）等。

*沈鹏《中国美术全集·宋金元书法》，北京，1986年。

**В. Г. 别洛焦罗娃《中国书法艺术》，莫斯科，2007年；黄惇《中国书法史·元明卷》，南京，2001年；朱仁夫《中国古代书法史》，北京，1992年。

（В. Г. 别洛焦罗娃撰，李春雨译）

张择端（1085—1145），字正道。琅琊东武（今山东诸城）人。北宋著名画家，风俗画大师。

张择端少年时期来到首都汴梁（今河南开封），接受了专业的绘画教育。宋徽宗执政时期被召入画院。北宋覆灭以后张择端的命运如何无法确知其详，但在古代文献和当代研究论著中都有这样的说法：他顺利地来到了新的王朝——南宋的都城临安（今浙江杭州），再次成为画院画师，官至待诏。不过他的生平与创作传统上都归入北宋时期。在明代和清代的宫廷收藏目录中有几幅张择端的画作，但后来佚失，从名字来看属于山水画，如《春山图》《武夷山图》等。在中国艺术史上，张择端因为一幅杰作——《清明上河图》闻名于世，目前有多个摹本存世。其中最接近原作的是北京故宫博物院收藏的图卷（纵24.8厘米，横528.7厘米，绢本，设色）。画作作于清明节，这个节日在每年4月4日至6日的某一天，是祭祀先祖和踏青扫墓的日子。画作描绘的是位于汴河岸边的北宋都城清明节的盛景，因此，俄罗斯艺术研究者经常将其解释为"汴河上的祭祖日"。

画卷以展现都城郊区景色开始，标志着春天即将来临。随着画卷展开，距离城市中心越来越近，艺术空间中的人物和建筑越来越密集，有城墙、城门、城楼、纵横交错的街道、鳞次栉比的各式建筑物、横架河上的桥梁等，这些都是都城节庆活动的主要场所。衣着光鲜的城市居民成群结队地走在街道上，流动叫卖的商贩在行人中间往来穿梭，商铺前买东西的人挤成一团，河面上漂浮的小船满载游人，看热闹的人挤在桥上观看游船。这幅长卷中总共描绘了550多个人物，50多只动物，20多只船，20多辆车轿。画家为每一种描绘客体都找到了独特的绘画和几何表达方法：建筑物和马车以流畅的直线为主，人和动物则主要以纤细的曲线表现。整个画卷的艺术完整性借由统一主题、画作的整体情绪和风格特点而达成。

《清明上河图》在中国绘画史上的意义不仅源自其极高的艺术价值，而且因为这幅画已成为"界画"这一题材演变的重要里程碑。已经确定，界画源于古代装饰艺术（工匠们

有时会在自己作品的纹饰中加入建筑图案）和壁画（建筑图案经常出现在墓室或宫殿壁画中）。以建筑景观为描绘客体的完整画作的出现不晚于唐代，最早为佛教巨型绘画，莫高窟（敦煌）壁画即可为证。在莫高窟壁画中，除了佛祖、菩萨和善男信女居住的天上宫阙，还有普通的城市建筑风貌。在世俗绘画中，界画最早出现于10世纪中晚期至11世纪初期。最初被刘道醇的《宋朝名画评》纳入风俗画，称为"屋木"。据文献记载，界画的奠基人是郭忠恕，据说他描绘了很多林木环绕的建筑物。其唯一的传世之作是画卷《雪霁江行图》（纵74厘米，横69.8厘米，绢本，设色，台北故宫博物院藏）。画卷描绘了两艘在河上航行的船只，甲板上方的结构刻画得十分精细，非常雄伟。张择端的画作中也有类似的图画，描绘的是京郊河面上正在建造的船只。在北宋，画院派绘画确立了一种全景式"建筑风格"，其首创者被认为是张择端的前辈——画院派画师燕文贵，后来失传的界画《七夕夜市图》的作者。

在南宋绘画中又出现了另外几种界画类型，其中的建筑包括神仙宫殿，如赵伯驹的《仙山楼阁图》，以及单个建筑——亭台楼阁，通常尺寸较小（册页），具有山水画和日常生活场景绘画的特点。以湖泊或山脉为背景的界画即是如此，其中最具代表性的是李嵩的《月夜看潮图》（纵27.4厘米，横22厘米，绢本，设色，台北故宫博物院藏），以及一些住宅图画，后者因描绘日常生活场景而变得生动，这些场景中通常有仕女出现。

上述所有界画类型在中国绘画艺术中均得到传承。

**H. A. 维诺格拉多娃《中国艺术》，莫斯科，1988年；M. E. 克拉夫佐娃《中国艺术史》，圣彼得堡，2004年；T. A. 波斯特列洛娃《10—13世纪的中国画院》，莫斯科，1976年；郑振铎等编《宋人画册》，北京，1957年；傅熹年《中国古代的建筑画》，载《文物》，1998年第3期；庄嘉怡、聂崇正《中国绘画》，北京，2000年；《中国艺海》，

上海，1994年；《中国历代绘画·故宫博物院藏画集》，卷3，北京，1982年；邵洛羊《中国美术大辞典》，上海，2002年；《中国美术全集·绘画编》，卷3，北京，1986年；《中国绘画全集》，卷1，杭州，1997年；Evaluations of Sung Dynasty Painters of Renown: Liu Tao-ch'un's Sung-ch'ao ming-hua p'ing / Tr.with an Introd.by Ch. Lachman. Leiden-New York, 1989; Paintings in Chinese Museums // Arts of China. Vol. 3. Tokyo, 1970; Siren O. Chinese Painting. Leading Masters and Principles.Vol. 1-3. L.,1958.

（М. Е. 克拉夫佐娃撰，李春雨译）

张芝

张芝（生年不详，约卒于192年），字伯英。敦煌（今属甘肃省）人。东汉书法家，"草书之祖"。淡于仕进，勤于创作，被时人称为"张有道"。

他是第一批不在木板而在绢帛上创作的书法家，并使用了当时的新材料——纸，这使他能够将普通的公文式书法转变为造型丰富的字体。他汲取了杜度的草书精华，成为著名的章草大师。与此同时，传统上认为他是"一笔书"——一些字符或者一整行字符无停顿书写——的创始人。

张芝遗作保留下来的仅有一些近似的摹本，其中后世常见的是《八月帖》。中国评论家认为，张芝的书法，用笔"如行云流水"，"神化自若，变态不露"。

*启功《中国美术全集·商周至秦汉书法》，北京，1987年；苏士澍《中国书法艺术·秦汉》，北京，2000年。

**В. Г. 别洛焦罗娃《中国书法艺术》，莫斯科，2007年；朱仁夫《中国古代书法史》，北京，1992。

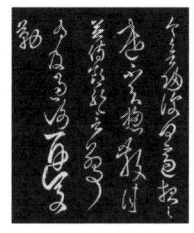

（В. Г. 别洛焦罗娃撰，王玉珠译）

赵伯驹

赵伯驹（生卒年不详），字千里。南宋著名画家。宋太祖七世孙。

赵伯驹在汴梁和临安的画院任待诏。曾奉宋高宗旨意为宫殿的一个大厅创作了屏风画。他从事各种体裁的创作：人物画（包括日常生活、历史和宗教题材）、花鸟画和山水画（创作"青绿山水"和楼台界画）。古代画录及清代宫廷藏品目录中，都载有其各种题材的大量作品，然而在当代艺术研究中，关于其画作的数量及真伪素有争议。

赵伯驹被认为是李思训的继承者。其创作对后世画家产生了重大影响，特别是元代的黄公望和明代的文徵明。赵伯驹的弟弟赵伯骕（1124—1182，字希远）从事山水画和人物画创作，但最擅长画鸟兽。

**Т. А. 波斯特列洛娃《10—13世纪的中国画院》，莫斯科，1976年；В. Л. 思乔夫《中国传统绘画的鉴别方法》，见《国立东方博物馆学术通讯》，第24辑，莫斯科，2001年；朱铸禹《唐宋画家人名辞典》，北京，1958年；薛峰、王学林《简明美术词典》，哈尔滨，1982年；俞剑华《中国美术家人名辞典》，上海，1987年；Siren O. Chinese Painting. Leading Masters and Principles. Vol. 1-7. L. -N. Y., 1958.

（В. Л. 思乔夫撰，李春雨译）

赵佶

赵佶（1082—1135），宋朝皇帝（1101—1125年在位），宋神宗的第十一子。喜好收藏著名书法家、画家和诗人的艺术珍品。他退位之前，数次更改年号，其中"宣和"年间（1119—1125）对于中国造型艺术来说，意义重大。

1126年秋，金兵围攻北宋都城汴梁（今开封），赵佶禅位给儿子（钦宗），赋予自己崇高的精神地位，自封"道君太上皇帝""教主道君皇帝"。1127年春，北宋都城再次被围攻，2个月后北宋政权覆灭，徽宗和钦宗作为俘虏被押送至金国的五国城，在那里度过了余生（徽宗死于1135年，钦宗死于1156年）。

赵佶在位的25年时间被认为是高雅的宫廷文化最繁荣的时期。皇帝对于艺术毫无节制的醉心导致其执政上的重大失误，最终导致了北宋政权的灭亡。

1104年，赵佶下令征召当朝最出色的书法家和画家，服务于由他所设立的绘画机构——画院（隶属翰林院）。赵佶后来将画院擢升为独立的部门，加强和完善了它的机构，制定了专门的考试制度。新措施致力于提高艺术文化的总体水平，丰富绘画的内涵，加强绘画意境的表达。在赵佶的支持下，多卷本的宫廷收藏汇编目录《宣和谱》得以完成，其中包括绘画分卷（《宣和画谱》）和书法分卷（《宣和书谱》）。

在中国绘画史上，赵佶被视为当之无愧的"花鸟画"大师。他喜欢"工笔细描"的多色技法，师法徐熙。他还创作了"人物画"和"山水画"，其中的单色画具有李成和郭熙的风格。将高超的书法艺术与"工笔"的多色技法相结合，是赵佶创作风格的独特标志，这种风格在国画（尤其是花鸟画）中得到了发展。在他的大量作品中，有许多作品似乎是由宫廷画家临摹他的原作或将其风格化而创作的。钤印：内府图书之印、宣和、宣和中秘、紫宸御书宝、政和、双龙、御书、御书之宝等。

赵佶的作品藏于北京故宫博物院、台北故宫博物院、上海博物馆、辽宁省博物馆等。莫斯科的国立东方民族艺术博物馆藏有赵佶的钤印。

*《宋史》，北京、上海，1977年。

**Т. А. 波斯特列洛娃《赵佶的创作对于中国10—13世纪花鸟画的影响》，列宁格勒，1975年；Т. А. 波斯特列洛娃《10—13世纪的中国画院》，莫斯科，1976年；В. Л. 思乔夫《中国传

统绘画的鉴别方法》，见《国立东方博物馆学术通讯》，第24辑，莫斯科，2001年；《简明美术辞典》，哈尔滨，1982年；《中国书画家印鉴款识》，北京，1987年。

（С. Н. 索科洛夫－列米佐夫、В. Л. 思乔夫撰，张猛译）

徽宗皇帝（赵佶）对于书法和绘画的热爱史无前例。在同时代的艺术中，他尤其偏爱黄庭坚的书法，这位书法家启发了他在自己的书法作品中运用绘画的技巧。他在楷书中尝试使用方笔书写，从而使字体获得了独特的瘦长、飘逸的风格；他在转折处增大了力度，这赋予字体异乎寻常的精致感；他的书法转折处圆润饱满，而收笔之处又以斜勾加以强调。这种书法风格来自褚遂良，张怀瑾赞其曰："美人婵娟，似不轻于罗绮，铅华绰约，甚有余态。"在赵佶之前还没有人像他那样，书法既具有鲜明的绘画性，又具有自身的美观效果：他的字体侧峰明显具有兰竹的品性。正是这位皇帝的高雅品位使他的作品免于鉴赏家的严厉批评，因为如果书写时不够认真，这种艺术手法就容易为人诟病。

赵佶创造了一种独特的字体："瘦金体"（又称"瘦筋体"）。这种字体在他在位期间曾刻于钱币之上，但由于其过分媚俗而没有得到广泛流传。宋朝这位皇帝的书法后来被金章宗模仿。20—21世纪初，"瘦金体"被用于装饰艺术和工业设计上的题字。总体而言，这种字体只是中国书法史上的一个插曲，宋代的中国书法传统很好地避免了这种死胡同式的发展。

赵佶的著名书法作品有：《闰中秋月诗帖》（楷书，北京故宫博物院）、《千字文》（1122年，狂草，辽宁省博物馆）。

*沈鹏《宋金元书法》，北京，1986年。

**В. Г. 别洛焦罗娃《中国书法艺术》，莫斯科，2007年；曹宝麟《中国书法史·宋辽金卷》，南京，1999年；朱仁夫《中国

古代书法史》，北京，1992年；Barnhart R. M. et al. Three Thousand Years of Chinese Painting. New Haven-Beijing, 1997; Siren O. Chinese Painting. Leading Masters and Principles. Vol.2. L., 1956.

（В. Г. 别洛焦罗娃补充，张猛译）

赵孟頫

赵孟頫（1254—1322），字子昂，号鸥波、松雪道人、水晶宫道人。湖州吴兴（今浙江湖州）人。政治家、书法家、画家、文学家，"元六家"（赵孟頫、王蒙、高克恭、倪瓒、吴镇和黄公望）之一。宋太祖十一世孙。

南宋灭亡后，赵孟頫隐居不仕。直至1286年，作为江南二十位杰出人才之一，觐见元世祖，被授为兵部郎中。后居高职，其中包括翰林院学士承旨等。1289年去临安（今浙江杭州）公干，与管道升结为夫妻，与之返回京都。1292年到济南（山东省）任职。1295年还京，编纂《世祖实录》。后因病辞官，与妻子返乡。两年后，重返仕途，而后在不同省份任职。妻子亡故（1319）后主要生活在湖州。1322年病逝，与妻子合葬于浙江德清县东衡山。后追封魏国公。

赵孟頫的才华非常全面：他能够书写任何一种字体，尤为著名的是楷书和行书；其印章篆刻技术高超，著有《印史》；作为画家，他在山水画、花鸟画领域都取得了很高成就，其中包括墨竹以及动物题材。在西方文献中，赵孟頫被特别标注为动物画画家。中国研究者承认其在山水画上的成就，并将其作品分为三类：第一类是对董源的继承；第二类是对李成的继承；第三类是赵孟頫的自身特色，即兼具出色的轮廓、高超的飞白技巧和流畅的线条，营造出细微的阴影——皴缺失的印象。正是这一点为黄公望和倪瓒继承和发展，从根本上改变了中国山水画的风格。

赵孟頫最早的作品（1286—1287）是两份文本手稿：由行书和草书完成的《千字文》。其书法和绘画作品中经常包含他的名字"孟頫"或"子昂"，有时与姓氏相结合；有时落款会出现姓氏大于名字的现象，类似于晚期的日本绘画。其至今尚存的遗作很多：O.西林列举了74件作品，其中的12件是毫无疑问的真迹。赵孟頫的一些作品——绘画、手稿和印章被收录于国立东方博物馆（莫斯科）。钤印：大雅、澄怀观道、天水郡图书印、吴兴、赵氏画印等。

**В. Л. 思乔夫《国立东方博物馆藏的两幅苏若兰回文诗画卷》，见《国立东方博物馆学术通讯》，第24辑，莫斯科，2001年；潘天寿《中国绘画史》，上海，1983年；《书法全集》，第1—26卷，东京，1974年；谢稚柳《唐五代宋元名迹》，上海，1957年；《简明美术辞典》，哈尔滨，1982年；俞剑华《中国美术家人名辞典》，上海，1987年；《中国书画家印鉴款识》，北京，1987年；《上海博物馆藏宝录》，上海，1989年；Special Exhibition Chinese Painting from Two American Museums. Токио, 1982; China: The Three Emperors, 1662-1795. L., 2005; Siren O. Chinese Painting. Leading Masters and Principles. Vol. 4. L., 1958.

（В. Л. 思乔夫撰，王玉珠译）

移居至吴兴后，赵孟頫成为钱选的学生和挚友，并成为"吴兴八俊"的一员。

在动物画方面，他画马和蒙古骑士，这使他受到蒙古显贵的认可，但这也经常作为画家对异姓朝廷的忠诚而被议论。但是值得注意的是，马是中国历代绘画中最受人们喜爱的题材之一，赵孟頫事实上与其说是转向现实题材，不如说是以享有盛名的民族样本来创作，其著名的作品——《浴马图》（28.5厘米×154厘米，绢本，设色，北京故宫博物院藏）就是证明，这幅画在内容、构图和笔法上都是对唐朝动物画画家韩幹和韦偃的模仿。与之类似，赵孟頫展示了在岸边饮水和嬉戏的马群；山水背景取法传统，采用古老的表达方式，在画面的色彩上选用鲜艳的装饰色调，类似于唐朝的

"青绿山水"。在风格上类似的还有《秋郊饮马图》（23.6厘米×59厘米，绢本，设色，北京故宫博物院藏），这幅画表现出画家赵孟頫做出了适当的妥协，他的名声和崇高的社会地位皆归功于此。他利用动物题材来践行"吴兴八俊"为保护古代艺术传统而诉诸古代经典的美学章程。

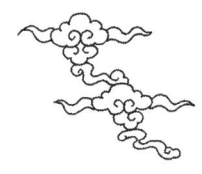

赵孟頫山水画的典型范本是《鹊华秋色图》（28.5厘米×93.3厘米，纸本，设色，1295年，台北故宫博物院藏），完成于赵孟頫回到故乡吴兴时，取法由李成、许道宁和郭熙等人发展的北宋画院派绘画的全景式构图。但是，与该派雾气缭绕的高山景色不同，赵孟頫采用不同的手法来勾勒景色。近景是湖岸或河边低洼处的芦荻，斜坡上的树木；第二层从右侧可见高耸的锥形山峰；远处是与天空相接的平静水域，与岸边的树木相比，水面上散布的渔船极其微小。山和树均采用"粗浅的"、古老的并且有些别致的技法；明亮的色彩以青绿色调为主，与秋季树叶的红黄色斑点形成鲜明对比。其范例来源于唐代的"青绿山水"和宋代画院派绘画以及米芾、米友仁开创的"米氏云山"，使用这种技法创作的山水画有如古老的传说或者怀古之人的梦境。

赵孟頫晚期的画作属于另外一种风格，如《茅亭松籁图》（26.3厘米×27.8厘米，册页，绢本，设色，台北故宫博物院藏）和《自画像》（24厘米×23厘米，纸本，设色，北京故宫博物院藏）。在《自画像》中，赵孟頫身着白色长衫，立于高耸的、大概是竹子的植物丛中。

赵孟頫的创作遗产中包含风格不同的作品，如《洞庭东山图》（60.8厘米×26.6厘米，绢本，设色，上海博物馆藏）和《水村图》（24.9厘米×120.5厘米，纸本，水墨，淡设色，1302年，北京故宫博物院藏）。其中第一幅画采用的水墨技法准确仿效董源这位著名的南方山水画派大师；第二幅则是李唐、马远、马麟等南宋画院派大师风格的变形，其特点是婉约、抒情和色彩柔和。

赵孟頫的水墨画代表作品是《疏林秀石图》（54.1厘米×28.3厘米，纸本，水墨，1299年，台北故宫博物院藏），画中描绘了处于高树之间、以山岩为背景的岩石。构图以精细的树木描绘为基础,与背景的岩石形成了鲜明的对照。赵孟頫对色彩的驾驭能力在《红衣罗汉图》(26厘米×52厘米,辽宁省博物馆藏)中得到充分表现。在这幅画中,红衣僧人坐在分叉树木下的圆石之上。画卷以鲜艳的绿褐色和红色色调为主。

在花鸟画作品中,结构最特别的、名称也很难翻译的是《幽篁戴胜图》(25.4厘米×36.2厘米,绢本,淡设色,北京故宫博物院藏),画面呈灰褐色调,画中竹子与栖息在其上的戴胜鸟融为一体。

赵孟頫的创作毫无疑问地得到同时代人和后世评论家的高度评价。他们认为,赵孟頫具有唐代大师的精细技法和宋代大师的情感表现力。现代艺术家的观点则不尽相同:一些人认为,赵孟頫的作品(尤其是山水画)缺乏前代作品的真实性和哲学深度;另一些人则相反,他们看到了其作品中表现出的独特风格,尽管兼收并蓄,却具有新颖性和前所未有的表现力(后者甚至可以与塞尚等法国后现代画家的画作相提并论)。

应当指出的是赵孟頫在元代艺术中的特殊组织作用:身居较高的官职并受到权贵的尊重,他的周围聚集了一批才华横溢的画家,其中包括他的儿子赵雍和赵奕,妻子管道升,很多弟子和追随者。两个儿子都仿效他的作品风格,管道升则才华出众,并在花鸟画上声名鹊起,尤其擅长画竹和兰花。

赵孟頫的其他追随者还有年纪较轻的同辈人——朱德润和王渊。朱德润在翰林院任职。他创作山水画,作品深受京城贵族的喜爱。其部分作品保留了下来,包括《秀野轩图》(28.3厘米×210厘米,纸本,淡设色,北京故宫博物院藏)和《浑沦图卷》(29.7厘米×86.2厘米,纸本,水墨,上海博物馆藏)。前一幅画描绘了用于接待客人和展示个人创作的陈列室全景,秀野轩位于其朋友在浙江的庄园;前景从右侧展示的是一个村庄和远处消失

于天际的群山；左侧是被雾霭笼罩的河岸和平静的水面。其构图呈现了精致的画面和丰富的表现力，细节传达的准确性清晰地再现了源自北宋画院派的绘画风格。

王渊（1341—1367年从事创作）从中国东南地区（浙江省）来到京城为官，与赵孟頫类似。他创作山水画（效法郭熙）和其他题材绘画（唐朝大师风格），在花鸟画上具有极高的天赋。他仅用墨作画，将文人画中的"墨竹"的技法和黄筌的风格相结合，取得了良好的成果，例如《竹石集禽图》（137.7厘米×59.6厘米，纸本，水墨，上海博物馆藏）。

王渊、朱德润和赵孟頫的其他追随者注重对传统绘画的继承，确保了在元朝统治时期恢复传统文化的优势。

**H. A. 维诺格拉多娃《中国山水画》，莫斯科，1972年；H. A. 维诺格拉多娃《中国艺术》，莫斯科，1988年；M. E. 克拉夫佐娃《中国艺术史》，圣彼得堡，2004年；R. 库珀、J. 库珀《中国艺术杰作》，译自英文，明斯克，1997年；С.И.库切拉《元朝中国文化传统的传承问题》，见《中国文化历史的传统地位》，莫斯科，1972年；《故宫博物院馆藏珍宝》，莫斯科，2007年；刘道广《中国古代艺术思想史》，上海，1998年；庄嘉怡、聂崇正《中国绘画》，北京，2000年；《中国艺海》，上海，1994年；《中国历代绘画·故宫博物院馆藏画集》，第4卷，北京，1982年；《中国美术全集·绘画篇》，第4卷，北京，1986年；陈葆真《管道升和她的竹石图》，《故宫季刊》，1977年第11卷；《上海博物馆藏品精华》，上海，2004年；Bernhart R. Streams and Hills under Fresh Snow // Words and Images. Chinese Poetry, Calligraphy and Painting / Ed. by Murch A., Fong Wen C. N. Y. -Princ., 1991; Cahill J. Hills beyond a River, Chinese Paintings of the Yuan Dynasty 1279-1368. N.Y., 1974; Lee Shekman E., Ho Wai-kam. Chinese Art Under the Mongols: The Yuan Dynasty (1279-1368). Cleveland, 1968;

Paintings in Chinese Museums // Arts of China. Vol.3. Tokyo, 1970; Possessing the Past. Treasures from the National Palace Museum, Taipei. Taipei, 1996; The Shanghai Museum of Art / Ed. by Zhen Zhiyu. N.Y., 1981.

（M. E. 克拉夫佐娃撰，王玉珠译）

赵孟頫认为自己在书法上的使命是复兴王羲之真正的、已被唐宋书法家改变的书写技法。唐朝书法家李邕的创作被他用作贯通王羲之书法风格的独特桥梁。除了晋朝大师的书法，他还对汉魏的碑帖感兴趣。赵孟頫信奉"以故为新"的准则，追求古代书法家令人信服的质朴风格和精神的完整性，并试图通过艺术传统的优秀成果尽力维护对他所处时代而言必要的民族文化的根基。

赵孟頫的楷书和行书作品被后世奉为教科书，他具有罕见的保持构图元素韵律一致性的天赋。他的作品具有气韵流畅、墨色深沉、集古创新等特点。赵孟頫"师古"的才能是独一无二的：其秘诀在于他能够充分理解"古意"，并找到它们之间的共性，从而达到"超个人"的完美境界。

由于赵孟頫对民族书法传统的绝对虔诚，书法的发展没有衰退：尽管经历了历史浩劫，但他为同时代的书法家树立了最高的专业标准，这一标准为后世几乎所有书法家所遵循。就现代书法词典中引用的书法字体实例而言，赵孟頫的书法实例几乎仅次于王羲之。但是，已成为标准的赵孟頫的作品却极难模仿：这位艺术大师身上固有的"古雅完美"的风格，在模仿他的作品时会悄然消失。其书法作品如：《玄妙观重修三门记》（1292年，篆书、楷书，日本东京国立博物馆藏）、《老子道德经卷》（1316年，小楷，北京故宫博物院藏）、《烟江叠嶂图诗卷》（苏轼的诗，行书，辽宁省博物馆藏）等。

1330年文宗皇帝命人整理皇家收藏的书画作品。包括书法家虞集、柯九思在内的一批专家受命负责对藏品进行鉴定和评估，正是这些宫廷大师，以及邓文原、郭畀、俞和等人成为赵孟頫风格的直接继承者。

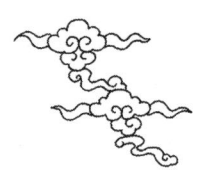

*沈鹏《中国美术全集·宋金元书法》，北京，1986年。

**В.Г. 别洛焦罗娃《中国书法艺术》，莫斯科，2007年；任道斌《赵孟頫系年》，郑州，1984年；黄惇《中国书法史·元明卷》，南京，2001年；陈高华《元代画家史料》，上海，1980年。

（В.Г. 别洛焦罗娃撰，王玉珠译）

赵元任

赵元任（1892—1982），音乐家、物理学家、诗人、语言学家。1910—1920年在美国求学，接受了音乐教育。自1938年起，曾任美国多所大学教授。1915年发表《和平进行曲》。他一生共创作了100多首钢琴曲，40多首歌曲和伴奏曲，其创作的儿童歌曲尤为珍贵，至今仍是中国及海外华人音乐教育的基础。他收集和改编的许多民歌至今仍是艺术家们的保留曲目。

**《中国大百科全书：音乐·舞蹈》，北京，1988年。

（А.Н. 热洛霍夫采夫撰，刘玉颖译）

赵之谦

赵之谦（1829—1884），字㧑叔、益甫，号梅庵。会稽（今浙江绍兴）人。学者、诗人、画家、篆刻家。从事古代青铜器和金石铭文的研究。

1859年考取举人，三次参加会试皆未中。失败的原因在于赵之谦偏爱古朴的散文风格而非正统的哲学思想。但其才华和广博的学识受到同时代人的高度评价，后数次任地方知县。

在绘画方面，赵之谦主要从事花鸟画创作，取法徐渭、朱耷、恽寿平和石涛（"四僧"之一）等人。他主张在观察生动的自然的基础上进行独立创作，反对盲目临摹古代范本。他继承了"扬州八怪"的传统。他虽以画闻名，但书法和诗歌作品更广为人知。

赵之谦精通五种书法字体。在篆书和隶书方面，他深受邓石如的影响。其隶书方正和宽阔的特征可追溯到北魏的碑刻。在楷书方面，他初师颜真卿，后取法魏碑，笔致婉转圆通，人称"颜底魏面"。他将许多古代碑刻的风格技巧完美地融合在一起。他的一些作品并不能明确地归属于某种字体，因为它们是多种风格复杂而有机的结合。

赵之谦是19世纪篆刻巨擘之一。有评价称他："以石为纸，以刀为笔。"这一评价反映了其深厚的艺术造诣。他在研究汉魏碑刻，乃至5—6世纪篆刻的基础上，融会贯通，并应用于其篆刻之中。其朱文印章线条犹如丝线，精巧均匀；白文印章线条则简单朴实，具有复古风格，好像"雪覆冬山"。他的印章得到收藏家的高度评价。

**В. Г. 别洛焦罗娃《中国书法艺术》，莫斯科，2007年；С. Н. 索科洛夫－列米佐夫《从中世纪到近代：17世纪末至19世纪初中日绘画历史与理论》，莫斯科，1995年；刘恒《中国书法史·清代卷》，南京，1999年；朱仁夫《中国古代书法史》，北京，1992年；马国权《沈尹默论书丛稿》，香港，1981；Ellsworth R. H. Late Chinese Painting and Calligraphy: 1800-1950. Vol. 1-3. N.Y., 1987; Eu Shen C. Y., Fu M., Niell M.G, Clark M. J. Traces of the Brush: Studies in Chinese Calligraphy. New Haven, 1977.

（В. Г. 别洛焦罗娃撰，王玉珠译）

浙派

浙派形成于浙江杭州，属于中国明代绘画中的画院派。很多浙派画家都在明朝的首都北京担任宫廷画师。

浙派创始人通常被认为是擅长各类体裁的大画家戴进（1389—1462）。他在山水画创作中发展了以李唐、马远、夏圭等人为代表的南宋画院派传统，在人物画中则师法吴道子和李公麟。由于遵循董其昌所开创的传统，戴进又被归入北宗画派。

戴进及其继承者——吴伟和蓝瑛并称浙派三大家。吴伟（1459—1508），字士英，号鲁夫、小仙、次翁，江夏（今湖北武汉）人。官至画院待诏，以人物画闻名，擅长白描和山水画。钤印：锦衣百户、醉乡侯之章、上林仙史、世窗堂等。

蓝瑛（1585—1664），著名书画家。师法唐宋元众多名家，尤尊黄公望。擅长所有体裁画作，尤其是山水画。其创作的重要性有时被与沈周和文徵明相提并论。钤印：蝶圃、梦道人、烟芜亭、飞云阁等。

同属浙派的还有宫廷花鸟画师吕文英（1421—1505，今浙江丽水人）和吕纪（1477—？，字廷振，号乐愚，今浙江宁波人）。后者初师边景昭，后改学唐宋名家。二人通常被合称"大小吕"。

浙派下一代画家包括17世纪的人物画家陆翰（字少征，杭州人），著名书画家余集。余集（1738—1823），浙江仁和（今浙江杭州）人，字蓉裳，号佛泉外史、子成、秦望山民、秋室、秋室居士等，以兰、竹画和仕女画闻名。钤印：冰瓯涤笔、展也大城、余氏之印等。

传统上将浙派与同时期的吴派（苏州流派）并举。

* 《明史》，见《缩印百衲本二十四史》，上海，1958年。

** В. Л. 思乔夫《中国传统绘画的鉴别方法》，见《国立东方博物馆学术通讯》，第24辑，

奥斯科，2001年；潘天寿《中国绘画史》，上海，1983年；《简明美术辞典》，哈尔滨，1982年；俞剑华《中国美术家人名辞典》，上海，1987年；《中国书画家印鉴款识》，北京，1987年；Siren O. Chinese Painting. Leading Masters and Principles. Vol. l-7. L. -N. Y., 1956-1958.

（В. Л. 思乔夫撰，李春雨译）

郑燮

郑燮（1693—1765），字克柔，号板桥、板桥道人。江苏兴化人。清代著名文学家、画家、书法家，篆刻大师。中国评论界认为他是文人画的杰出代表，名列"扬州八怪"。郑燮的创作方法受石涛和朱耷影响颇深。

他于康熙五十二年（1713）考取秀才，雍正十年（1732）中举，乾隆元年（1736）中进士，这也被记录到他的书画印章中（"康熙秀才雍正举人乾隆进士"）。1742—1752年在朝为官，任山东范县、潍县县令。其管辖县内发生饥荒，他开仓赈灾，被责令辞官，后客居扬州，该地与其大部分的创作有关。之后他再未为官，以卖画为生。

作为画家，他创作花鸟画，喜爱画竹、兰、梅和怪石，主要采用水墨绘画技法。他掌握所有书法字体。作为非凡的诗人，他在作品中经常采用三种艺术样式——绘画、书法和诗歌的融合。他反对一味临摹古代经典范本，坚持绘画创作必不可少的态度——以仔细观察周围世界为基础。

他致力于发展"四君子"题材的单色水墨画，专注于竹子和兰花的描绘。郑燮为文人画的发展做出了杰出贡献，他积极地将书法技法应用于绘画，将绘画技法应用于书法。除此之外，他增强了形式语言的表现力，在保留绘画写实性的基础上提升其艺术水平，并通过书法题跋拓展了绘画的内容空间。总体而言，郑燮在绘画上的成就与他在书法中追

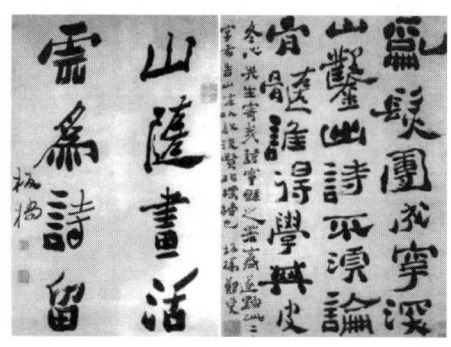

求创新有关，他在即兴创作的基础上创造了一种独特的风格。这种风格以楷书为基础，结合了具有草书元素的行书以及古代篆书。其作品中呈现了"扬州八怪"的主要艺术特征——独创、简洁、典雅、有深度和广度。

郑燮通常署全名或笔名"板桥"，或者在不同的场合，用两种变体书写名字中的"燮"字。他的印鉴不少于95枚，可以确定的日期涵盖1742—1763年。印鉴：白笺、丙辰进士、书带草、游好在六经等。他的作品分别藏于北京故宫博物院，台北故宫博物院，天津艺术博物馆，南京、扬州的收藏机构及四川博物院等。

**C. H. 索科洛夫-列米佐夫《扬州八怪：中国十八世纪绘画史略》，莫斯科，2000年；B. Л. 思乔夫《中国传统绘画的鉴别方法》，见《国立东方博物馆学术通讯》，第24辑，莫斯科，2001年；潘天寿《中国绘画史》，上海，1983年；薛锋、王学琳《简明美术辞典》，哈尔滨，1982年；周积寅《郑板桥书画艺术》，天津，1983年；俞剑华《中国美术家人名辞典》，上海，1987年；《中国书画家印鉴款识》，北京，1987年；《郑板桥画选》，北京，1989年；陈书良《郑板桥评传》，成都，1989年；《扬州八怪书画展》，东京，1986年；Siren O. Chinese Painting. Leading Mastersand Principles. Vol. 1-7. L. -N.Y., 1956-1958.

（C. H. 索科洛夫-列米佐夫、B. Л. 思乔夫撰，王玉珠译）

郑正秋

郑正秋（1888—1935），中国首批电影导演、编剧之一。1913年他与张石川联合制作了反对传统包办婚姻的电影短片《难夫难妻》。他是《孤儿救祖记》电影剧本的作者，《姊妹花》的电影剧本的编剧和导演。

参见词条"张石川"的参考文献。

（C. A. 托罗普采夫撰，许力译）

智永

智永（生卒年不详），俗名王法极。会稽山阴（今浙江绍兴）人。书法家。书法家和文学家王羲之的七世孙。早年出家，几乎一生都在永欣寺（在今浙江省）生活，因而得名"永禅师"。

闭门习书四十年，智永的勤奋传说一度流传甚广。大师用坏的笔均收集在大瓮之中。当集满五个大瓮，他就将之埋于地下，自撰铭词以葬之，号为"退笔冢"。智永的名声很大，以至于他不得不用铁皮包上门槛，以免被纷至沓来的倾慕者踏破，继而"铁门槛"有了褒奖之意。为推广祖辈的创作经典，他用真、草临写了一千多本《千字文》，并从中挑选最满意的八百本，分送到浙东的各个寺院，但至清朝仅有摹本保留下来。其作品以《真草千字文》最为著名。公元1109年，智永已散佚的一件真迹的唐代摹本被镌刻在一块石头上，现存于西安碑林。该碑刻共202行，每行10字，共2020字。相邻两列分别用楷书和草书书写同样的字符。评论家认为，智永成功地再现了王羲之书法的遒美健秀，以及王羲之书法造型的优美流畅，两者的统一构成了作品的和谐。

*王靖宪《中国书法艺术·魏晋南北朝》，北京，1996年；刘正成《中国书法全集·魏晋南朝名家》，北京，1997年；В. Г. 别洛焦罗娃《中国书法艺术》，莫斯科，2007年；王元军

《六朝书法与文化》，上海，2002年；马国权《沈尹默论书丛稿》，香港，1981年；Chen Chih-mai. Chinese Calligraphers and Their Art. Melbourne, 1966.

（В. Г. 别洛焦罗娃撰，王玉珠译）

中国风

"中国风"（法语chinoiserie）是17—18世纪产生于欧洲艺术中的一种风格，其形成基础是西方对中国及其他"异域"文化（日本、印度、中东）多重特征的兴趣组合。这一名称既表明中国元素在其中占主导地位，也证明了"中国风"最先在法国出现，后来才传播到其他西方国家。广义上的"中国风"指的是中国在文化中的"存在"，它是"东方主义"——东方学在西方的表现形式之一。

西方（欧洲—地中海）文明的代表对中国的关注古已有之，或许，这种关注恰好与"丝绸之路"的开通同时出现。欧洲对中国的了解始于13—14世纪的西方旅行者、商人和传教士的报告，而中国文化对欧洲文化的深刻影响则是18世纪的事情。地理大发现拉开了欧洲国家为争夺海洋主导权与开发新市场的权利而进行斗争的序幕，也促使欧洲国家在17—18世纪将目光转向中国，将其视为贸易伙伴和传教对象。贸易促进了贸易双方的富足，这样一来，一些欧洲国家（英国与荷兰）成为极其繁荣的资本主义国家，而清朝宫廷则在18世纪的大部分时间极尽奢侈，在整个远东地区无与伦比。双方交往所产生的影响，则远远超出了实际利益的范畴。

在17—18世纪两种截然不同的世界文化"相遇"时，中国正处于以礼教为支撑的神话世界图景的解体阶段。而自文艺复兴以来，欧洲的知识分子一直在努力复兴希腊罗马神话——西方国家的共同文化基础，而在专制主义时代，这些努力获得了新的推动力，当时看似不合时宜的中国文化展示了传统神话形象中君主专制思想的无限可能性。

中国文化的特殊性在西方的精神生活中留下了印记，这一点在法国启蒙思想家查理·路易·孟德斯鸠（1689—1755）、德尼·狄德罗（1713—1784）、伏尔泰（1694—1778）的哲学和文学作品中清晰可见。在耶稣会传教士的影响下，西方的文化精英创造了理想中国的乌托邦式景象，中国的皇帝们不仅是自己国家最早的祭司和土地所有者，而且还崇尚艺术，并从耶稣会传教士那里学到了欧洲的科学知识。这样相比于失去智慧的西方世界，"天朝之国"就思辨性地站在了它的对立面。欧洲对于中国的兴趣经历了几个阶段（从收藏、复印运送来的书籍到与西方艺术主流趋势相一致的风格化），17世纪末期，"中国风"作为一种风格逐渐形成。欧洲艺术的新类型即为"中国风格"的产品，尤其是漆器和瓷器。对它们的钻研已经十分深入，以至于让人忘记了模仿借鉴的事实。17—18世纪中国艺术也从欧洲艺术源泉中汲取养分，这表现在当时的油画铜版画（蚀刻版画）技术，金属和钟表上的珐琅画工艺等方面。

17—18世纪的中国风与欧洲的几种连续风格（巴洛克、洛可可、古典主义）进行了综合，标志着西方和东方首次一致尝试寻找一种共同的艺术语言，并促进了将真正的中国作品纳入欧洲艺术体系（尤其是在住宅室内设计装修和服装样式方面）。这一经验在18世纪的洛可可艺术家那里得到了卓有成效的应用，后来它又被现代主义（19世纪80年代—1914年）和装饰主义（20世纪20年代）的大师们所使用。21世纪初期一次转折席卷全球，号召保护民族艺术流派——在此之前它们似乎注定要在"国际主义"艺术元素中销声匿迹，这一转折证实了西方公众对"中国风"的高度兴趣，不仅是其传统形式，也包括对其被艺术产业强加的"异域"形式的关注。

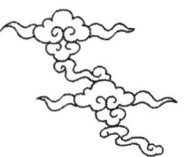

**Т.Б.阿拉波娃《18世纪带有欧洲情节的中国彩绘珐琅》，见《国立东方博物馆学术通讯》，第13辑，莫斯科，1980年；Т.Б.阿拉波娃，Т.В.库德里亚夫采娃《俄罗斯的远东瓷器：18世纪至20世纪初》，圣彼得堡，1994年；Д.杰科布森《中国风》，莫斯科，2004年；热加尔·米·扎《远东国家的美术文化对欧洲现代派（绘画、造型艺术）的影响》，莫斯科，1999年；《卡地亚艺术：1847至1960年的法国珠宝艺术》，圣彼得堡，1992年；《艾尔米塔什博物馆收藏的16世纪末至19世纪的中国出口艺术品》，圣彼得堡，2003年；А.И.科布杰夫《中华文明的精神基础》，见《第34届"中国的社会与国家"学术研讨会论文集》，莫斯科，2006年；Л.В.利亚霍娃《西方世界与东方神话——早期迈森瓷器主题中的西方与东方》，圣彼得堡，2007年；М.Л.缅希科娃《来自中国的扇子》，圣彼得堡，2004年；Н.Н.纳乌缅科娃《"中国风"与远东艺术在18世纪上半期法国艺术中的地位》，《第13届"中国的社会与国家"学术研讨会论文集》，莫斯科，1982年；Н.Н.纳乌缅科娃《中国服装在法国洛可可风格绘画中的表现》，见《第17届"中国的社会与国家"学术研讨会论文集》，莫斯科，1986年；М.А.涅格林斯卡娅《17—18世纪生活在北京的基督教传教士：中国宫廷文化中欧洲"中国风"的创造者》，载《莫斯科国立文化与艺术大学学报》，莫斯科，2005年第2期；М.А.涅格林斯卡娅《18世纪欧洲珠宝饰品中的传统中国装饰和"中国风"》，见《国立东方博物馆学术通讯》，第22辑，莫斯科，1996年；М.А.涅格林斯卡娅《18世纪北京宫廷作坊中的彩绘珐琅制品》，载《东方》，莫斯科，2006年第1期；Н.С.尼古拉耶娃《日本——欧洲：艺术中的对话》，莫斯科，1996年；Д.В.萨拉比亚诺夫《现代派·风格史》，莫斯科，2001年；О.Л.费什曼《神话与现实：欧洲人眼中的中国（13—18世纪）》，圣彼得堡，2003年；К.Г.荣格《瑜伽与西方》，利沃夫，1994年；《清宫西洋仪器》，上海，1999年；《清宫钟表珍藏》，香港，1995年；《清代宫廷生活》，香港，1985年；Beurdeley C., Beurdeley M. Castiglione. Tokyo, 1972; Beurdeley M. Porcelain de la Compagnie des Indes. Fribourg, 1974; Chang Lin sheng. Introduction to the Historical Development of Ch'ing Dynasty Painted Enamelware // National Palace Museum Bulletin.Vol. XXV. 1990, No. 4-5; Curtis E. B. Cristian Motifs in Chinese Snuffbottles // Arts of Asia. 1982, Jan.-Feb; Erdberg E. Chinese Influence on European Garden Structure. Cambr., 1936;

Europa und die Kaiser von China. Fr. / M., 1985; Honour H. Chinoiserie. The Vision of Cathay. N.Y. L., 1971; Howard D., Ayers J. China for the West. Vol. 1. L. N.Y., 1978; Impey O. Chinoiserie. L., 1977; Irons N. J. Export Fans of the South China Coast // Arts of Asia. 1982, Jan. Feb.; Jörg C. J. A. 16th Century Chinese Porcelain in a Delft Context // Oriental Art. Vol. XLIV. 1998, No.2; Le Corbeiller C. Ch'ing Trade Porcelain. Patterns of Exchange. N. Y., 1974; Loehr G. Missionary Artists at the Manchu Court // Transactions of Oriental Ceramic Society. Vol.34, 1962-1963; Medcalf C. J. B. The Apotheosis of Chinoiserie // Oriental Art. Vol. VI, 1960, No.3; Meier G. Porzellan aus der Meissner Manufaktur. B., 1981; Reichwein A. China and Europe. Intellectual and Artistic Contacts in the XVIIIth Century. N. Y., 1925; Ronan Ch.E., Oh B. C. East Meet West: The Jesuits in China (1582-1773). Chic., 1988; Sullivan M. The Meeting of Eastern and Western Art. From the XVIth Century to the Present Day. L., 1973; Les Styles Franc,ais. P., 1894; Wincek H., Lowry G. D., Heller A. Storm across Asia. The Rise and Fall of Empires Genghiskhan and the Mongols. L., 1981; Yang Enlin. Chinese Porzellanmalerei im 17. und 18. Jahrhundert. Lpz., 1986.

(M. A. 涅格林斯卡娅撰，张猛译)

中山国的艺术

中山国（公元前6世纪—公元前296年，位于今河北省中部）是由少数民族白狄建立的国家。通常认为白狄约于公元前8世纪迁至华北地区，公元前6世纪建立国家。公元前296年，中山国被邻国赵国攻占。

中山国的艺术传统随着两个古墓群的发现而为世人所知。这两个古墓群分别位于灵寿和平山，由30多位中山国贵族墓葬组成，其中包括两座王陵，建筑年代为公元前4世纪末叶。两座王陵的地表部分都有宏伟的建筑群，显示了白狄艺术传统的独特性及其建筑技术的发达水平，与邻近地区的葬礼习俗很不相同。从中共计出土文物19000余件，包括青铜器，其表面饰有大量的象形文字铭文，采用黄金镶嵌工艺制作。还有青铜家具、室内装饰品、雕塑品，以及近3000件玉石器（材质为玉、水晶、玛瑙等稀有矿物）。大部分文物都非常罕见，是装饰造型艺术的杰作。

首饰中最特别的是两个发现于动物（狗）骨架上的项圈，为皮革材质，带有金银配件。这些例证表明，在中山国的工艺美术品中，贵金属的使用十分流行，且珠宝工艺非常发达。还有一些装饰品和实用物品同样引人注目，近乎造型艺术杰作，其中包括一件青铜人形雕塑灯具（高66.4厘米，重11.6千克）。很多类似的物品表明，人像造型在周朝极为流行。此类文物中最古老的是一件公元前7—前6世纪的灯具（高32.7厘米，1975年出土），造型为跪着的仆人。不过，造型最为奇特的当属楚国工匠制作的一件灯具，其造型是一个骑着骆驼的人（高19.2厘米，1965年出土）。中山国的灯具造型更加复杂，工艺更加精美。其中心部分是一个男子，长袍及地，广袖宽带，布料图案非常精细，以彩色镶嵌技法完成，即在金属表面涂以黑红双色漆，与青铜表面形成鲜明对比。雕塑头部用银独立铸成，安放在躯干顶部的孔内，栩栩如生，如同肖像。刻画的人物志得意满，面带微笑，有着漂亮的卷须，眼睛泛着狡黠的光芒（这种效果得益于镶嵌的抛光黑石）。灯柱被人像握在右手，其造型仿佛一段树干，上面缠绕着一条蛇，高处还有一只调皮的猴子。人像左侧是另外一个稍小的灯座，造型是一条蛇缠绕在树桩上。

另外一件吸引眼球的青铜器（高24.6厘米）塑造的是一个神话动物，被认为是龙。龙的造型独特，长着一对强壮有力的翅膀，形态生动逼真，身体绷紧欲跃，张着血盆大口。另外一个桌板基座（高34.7厘米）的造型与此相似，由四个神话动物构成，它们的身体和翅膀如鸟，脖子细长如蛇，兽头上长有一对犄角，翅膀舒展，脖子前伸，胸廓紧绷，似欲乘风飞去。这两件文物都采用金银镶嵌工艺，在青铜表面形成复杂的装饰图案。

这些采用龙和其他神话动物造型的基座都是精美的艺术品，表明中山国有自己独特的艺术传统，而且可能是中国历史上首次将古代艺术中的两种动物塑造风格——现实的和幻想的结合起来，这使得中山国工匠能够将幻想生物塑造得如

同真实存在一般。

虽然白狄的民族文化源头不是很清楚,而且其国家历史也相对较短,但很明显,这个民族有自己独特的艺术传统,并对后来的中国艺术产生了重要影响。另外值得注意的是,在中山国灭亡以后,其故地数百年来都保留着文化和艺术的独特性。公元5—9世纪,这里兴起了贵金属(主要是黄金)加工业、丝绸制造业,并形成了大型石雕中心和众多的陶瓷作坊,瓷器制造的奥秘正是在这些作坊中被揭示的。

**M. E. 克拉夫佐娃《中国艺术史》,圣彼得堡,2004年;《光明使者——灯具》,上海,2001年;Das Alte China. Menschen und Götter im Reich der Mitte 5000 v. Chr. -220 n. Chr. München, 1995; Lawton Th. Chinese Art of the Warring States Period. Change and Continuity. Wash., 1982; Mysteries of Ancient China. New Discoveries from the Early Dynasties / Ed. by J. Rawson. L., 1996; Treasures from the Tombs of Zhong Shan Guo Kings. Catalogue of an Exibition Held at Tokyo National Museum. March 17-May 5. Tokyo, 1981.

(M. E. 克拉夫佐娃撰,李春雨译)

钟表

源自西方的机械钟,在清朝广泛流传,成为清朝最著名的科技和文化创新之一。

机械钟属于近代欧洲天文仪器的范畴,西方国家最早的机械钟是靠秤锤驱动的轮式钟楼自鸣钟。14世纪,很多欧洲城市都修建了此类钟楼。至15世纪出现了以弹簧为动力的时钟,其生产在意大利和德国得到发展,特别是在纽伦堡——欧洲最重要的工业、贸易和科技中心。16世纪已出现钟表作坊。其主要的机械部件是发动机、齿轮传动装置、擒纵调速器——用于将发动机的推动力传递给擒纵调速器。这些基本部件在数百年间几乎没有变化,不过西方的工匠一直在对钟表进行完善。在科学家和机械师的不懈努力下,一些补偿性装置被用于抵消温差的影响，钟表的精度不断提升。

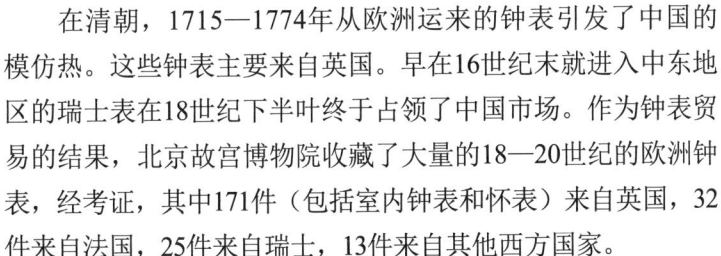

随着技术的进步，自17世纪末开始，钟表上开始安装第二个指针——分针。到19世纪，第三个指针——秒针逐渐普及。摆轮调节器的使用决定了圆形钟表的主导地位，它取代了其他结构的表壳。18—19世纪，在怀表的制造中开始使用无匙上弦技术。从17世纪初，开始使用凸面玻璃覆盖表盘。18世纪末，表盘由凸面变成平面。对于优化处理方案的孜孜以求，钟表生产技术的不断改进，以及迅速更迭的审美潮流——从巴洛克到洛可可，再到古典主义，均影响了室内钟表和怀表的设计。在17—18世纪，宫殿建设大兴土木，西方家具工匠从事室内钟表设计，以使其与室内装饰相协调。在制造小型座钟以及精致的怀表时，不仅有机械师，还有珠宝商参与，他们采用复杂工艺对钟表加以装饰，如镶嵌金、银、宝石、彩色珐琅等。画珐琅工艺发挥了极为重要的作用：在18—19世纪，精美的微型珐琅画，包括历史人物、神话和文学作品场景等，装饰了表壳的正反两面，甚至锁眼盖。在17—19世纪，机械表不仅是欧洲人日常生活的必需品，也成为出口东方国家的重要商品，是西方文明的科学与艺术成就的标志。

在清朝，1715—1774年从欧洲运来的钟表引发了中国的模仿热。这些钟表主要来自英国。早在16世纪末就进入中东地区的瑞士表在18世纪下半叶终于占领了中国市场。作为钟表贸易的结果，北京故宫博物院收藏了大量的18—20世纪的欧洲钟表，经考证，其中171件（包括室内钟表和怀表）来自英国，32件来自法国，25件来自瑞士，13件来自其他西方国家。

机械钟表通常被纳入使节礼品，与启蒙时代流行的其他科学仪器（天文学、大地测量学和数学）以及其他由贵金属和珐琅制成的餐具、鼻烟壶和镜子等一道。欧洲机械表最初正是这样传入中国的，那还是在明代末期，由砝码带动的自鸣钟以及小型的室内金钟被耶稣会传教士利玛窦作为礼物进献给明神宗。这些钟表被交给一些通晓数学的宫廷宦官管理，但他们对时钟的控制很差，因此西方传教士不得不常年留在北京协助这项工作。

明朝晚期，中国开始尝试制造机械技术装置。《明史·天文志》记载，古代计时仪器（壶漏）被"五轮沙漏"取代，该"五轮沙漏"已经类似现代的机械表。流传至今的还有天启六年（1626）一段关于齿轮传动装置的描写，其中主要装置有16齿，次级装置有48齿，辅助装置有36齿。

乾隆年间，机械钟被统治者以法律形式确定为王朝的礼仪用具。《皇朝礼器图式》中介绍了两种机械钟表：一种是自鸣钟，广泛用于宫廷，成为贵族不可或缺的室内装饰品；一种是戴在身上的微型怀表，是男性官服上的个性装饰。

北京的宫廷钟表作坊是康熙末年设立的，在乾隆年间达到鼎盛。在此期间，北京的宫廷作坊以及南方城市，如广州和苏州的作坊，都开始模仿欧洲样品制造室内钟表。根据1749年的命令，广州的地方政府需要定期（春节、皇帝寿辰、端午节前夕）向宫廷进贡钟表。这一命令于1820年被重申。运往北京的室内钟表有些是欧洲工匠制造的，有些是中国工匠制造的，但所有的微型怀表无一例外地带有鲜明的西方特征。在北京故宫博物院收藏的钟表中，有24件由宫廷作坊制造，42件由广州作坊制造，另有5件由苏州作坊制造。

北京的宫廷钟表作坊由欧洲传教士管理。在清朝初期是意大利人利类思（Ludovico Buglio）和葡萄牙人安文思（Gabriel Magalhaens），二者分别于1637年和1640年来到中国，都擅长制造自鸣钟和各种自动化玩具，由他们监制的玩具专供皇家娱乐。后来，宫廷钟表作坊的组织工作主要由1707年来到中国的瑞士传教士林济各（Franz Stadlin）负责，由他来指导自鸣钟的生产。他在这一职位上历经三朝，长达三十余年，直至1740年去世。Д.贝尔在关于俄国驻华使节的笔记（1719—1722）中提到了这位"老钟表匠"。林济各不仅指导宫廷机械产品的生产，还亲自制造了很多室内钟表。除他之外，曾经在宫廷钟表作坊工作过的还有沙如玉（Valentin Chalier，1728—1747年在北京）、杨自新（Gilles Thebault，1738—1766年在北京）、汪达洪（Tean-Mathieu Ventavan，1766—1778年在北京）、李俊贤（Hubert de Mericourt，1773—1774年在北京）等。

宫廷钟表作坊于康熙年间设立，位于养心殿，名为造办处；雍正年间改称造钟处，隶属于内务府。在18世纪，御用钟表匠制成了以砝码带动的自鸣钟和夜间敲更报时用的更钟。最壮观的艺术作品当属那些宫廷作坊的产品——座钟和落地钟，它们被用于宫殿内部装饰。座钟是上发条的，带有一个小窗口，能够看到钟摆的摆动（明摆钟），在表盘上端经常带有四字款识——乾隆年制。所有这些精准时钟都有两个指针，很多钟表还配有自动音乐装置，每隔一刻钟报时一次。特别需要指出的是一些用于宫廷室内装饰的小型音乐钟。工匠通常采用欧洲生产的机械零件和自动音乐装置，这些部件连同西方钟表制成品定期由广东府衙进贡朝廷。在嘉庆年间，造钟处的产量逐渐减少，至道光末年彻底衰落。宫廷作坊出产的钟表主要集中于北京故宫博物院，但由于历史原因，有些还是流失到海外市场，偶尔会出现在国际拍卖会的目录中。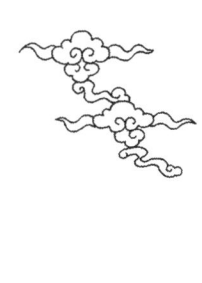

从广东进贡朝廷的机械钟表被称为广钟。据《广州府志·物产志》记载，乾隆年间广东生产链条齿轮传动的钟表，但其质量不如西方钟表，且计时标准每天不是24小时，而是12个时辰。到1779年，广东钟表的质量问题明显得到解决，且开始使用欧洲计时标准。当地生产的钟表开始和西方钟表一道作为贡品被运往京城，尽管数量不多（二至四只）。广东钟表的质量在嘉庆年间也没有退化，因此地方政府在19世纪前20年仍旧将其作为贡品。到19世纪中叶，钟表生产逐渐衰减，但部分18世纪广钟风格的室内钟表的生产一直持续至光绪年间。

苏州作坊的钟表生产规模稍小，其生产在乾隆、嘉庆和光绪年间最为活跃。苏钟的很大一部分是清末制造的。在外形上中国钟表以亭台楼阁式座钟为主，原型来自西方（特别是英国）。同时广泛使用的还有结合喷泉和烟花图案的建筑题材。在钟表生产本土化的过程中开始流行传统题材：博古图，八仙图，麒麟、鹤等瑞兽以及象征皇帝皇后的龙凤等；西藏风格的图案：佛教八宝（八吉祥，参见"八宝"）、藏传佛教的转经筒、双鹿法轮等。除了欧洲哥

特式立柱建筑造型之外，流行的时钟造型还有中国的亭台楼阁或者宫殿、宝塔等。

清朝皇帝对钟表生产的热衷不但出于个人喜好，也出于政治利益，因此在整个18世纪向该产业投入了大量物力。由西方传教士参与制造的用于天文测量的御用机械钟表与"天"的理念相符，因而也与皇权相匹配。如此一来，钟表在清朝的重要意义就不言而喻。钟表生产和其他一些文化创新（油画、铜版画、画珐琅）一样，是18世纪由欧洲传教士引入中国的，被视为清朝的文化成就，并作为其君主对中国传统文化的贡献。

*《皇朝礼器图式》，第3卷，1766年。

**И. А. 扎戈罗德尼娅、М. П. 戈洛瓦诺娃、В. И. 马尔格娃《古代钟表与挂毯：莫斯科克里姆林宫展览目录》，莫斯科，1994年；В. Ю. 马特维耶夫《艾尔米塔什博物馆收藏的太阳钟、月亮钟和恒星钟》，列宁格勒，1983年；《18世纪的中俄关系》，卷1，莫斯科，1978年；《钟表》，见Ф. А. 布罗克豪斯、И. А. 叶夫龙《百科词典》，卷2（3），卷38（75），圣彼得堡，1903年；《清宫西洋仪器》，上海，1999年；《清宫钟表珍藏》，香港，1995年；《清代宫廷生活》，香港，1985年；《清代后妃首饰》，香港，1992年；Chang Linsheng. Introduction to the Historical Development of Ch'ing Dynasty Painted Enamelware // National Palace Museum Bulletin. 1990. Vol. XXV, No. 4-5; Patrizzi O. The Watch Market in China // Arts of Asia. 1980.

（М. А. 涅格林斯卡娅撰，李春雨译）

钟惦棐

钟惦棐（1919—1987），电影评论家。曾在延安鲁迅艺术学院学习。1951年起，在中共中央宣传部工作。其反对教条主义和命令主义的文章《电影的锣鼓》遭到批判，钟惦棐被革职，被禁止从事专业工作，并被划为"右派分子"，直至1978年。"文化大革命"后，他加入中国电影家协会理事会，领导电影评论家协会工作，主编系列丛书《电影美学》，著述颇丰。

**С. А. 托罗普采夫《中国电影的艰难岁月》，莫斯科，1975年；С. А. 托罗普采夫《中国电影史概论》，莫斯科，1979年；С. А. 托罗普采夫《日落时分烛映窗：中国电影札记》，莫斯科，1987年；С. А. 托罗普采夫《"社会原野"上的中国电影》，莫斯科，1993年；《中国大百科全书·电影》，北京，1991；《中国电影大辞典》，上海，1995年。

（С. А. 托罗普采夫撰，许力译）

钟繇

钟繇（约151—230），字元常，颍川郡长社县（今河南长葛）人。根据其生活的年代可以认为其既是汉代，也是三国时期杰出的书法家。他与张芝和"二王"（王羲之和王献之）并称"书中四贤"。

钟繇出身贵族，在魏国身居高位，并积极参与当时的政治事件。他在书法上学习刘德升。钟繇被誉为"正书之祖"，同时也是隶书和行书的杰出大师。其创作成就是其非凡努力的结果，据说，他的研习持续了三十年。他认真钻研蔡邕的作品。在钟繇的作品中，汉隶的创新得到了完善，为传统开辟了新的发展前景。钟繇的书风结合了严格的规范和自发的灵感，体现了晋朝书法造型艺术在个人表现力方面的探索。他在完善楷书方面的创新为公元4世纪的杰出书法大师理解和采纳。他的书法如"云鹄游天，群鸿戏海"。

归于钟繇名下的有用楷书创作的仅保留有摹本的三篇

"表"。按传统的说法，这些摹本出自4世纪的王羲之。时至今日，这些作品因与18世纪的历代书法作品刻帖辑录《三希堂法帖》中的书法作品有相似的痕迹而闻名。三篇"表"的归属尚无定论，但毫无疑问是三国时期最早的楷书范本，为不同朝代的书法家所临摹。

《宣示表》的真迹藏于王羲之的舅舅——著名的书法家王导处。意识到该作品的非同寻常，王导将之送给侄子。年轻的王羲之以小楷反复临摹钟繇的作品。时代变迁，《宣示表》的真迹随王羲之的一位后人入土为安，所以唐朝人研究的只是王羲之的摹本。钟繇的风格是刚柔相济，富于表现力，这符合王羲之的创作追求。即使考虑到摹本再现原版时的模仿痕迹，也可以从中看出其高超的艺术水平，以及钟繇风格对4—6世纪南朝大师作品的巨大影响。在钟繇的楷书中，横线不再呈波浪状，这体现了他对隶书风格的继承。字符的内外空间比例变得均衡且对等。

《贺捷表》（219）被评价为最能体现钟繇风格的作品。在拉长的形式下，从其横线和折线中仍能感受到与隶书的联系。字符的排列不再单调，结构自然。运笔变化多端，时快时慢，能在停顿中感受内在的动力。宋明时期该帖有大量的木刻版本，但其质量却远不及《宣示表》的刻帖。

第三部作品《荐季直表》的真迹在唐朝时为皇家收藏，今天见到的想必是元明时期的摹本。钟繇的著作目前只有《用笔法》的小部分流传下来。

*潘运告《汉魏六朝书画论》，长沙，2006年。

**В.Г.别洛焦罗娃《中国书法艺术》，莫斯科，2007年；Е.В.扎瓦茨卡娅《米芾的奇思妙想》，莫斯科，1983年；朱仁夫《中国古代书法史》，北京，1992年；马国权《沈尹默论书丛稿》，香港，1981年。

（В.Г.别洛焦罗娃撰，王玉珠译）

周昉

周昉,于765—800年从事创作,唐朝著名的宫廷画家。擅长肖像画,尤其擅长画贵族妇女,同时参与壁画创作。曾任不同官职——宫廷司仪、监察官、越州和宣州长史别驾等。他发展了张萱(8世纪初)的艺术风格,在人物画中引入了色泽艳丽的观赏性绘画风格。其绘画建构于精细的工笔技法与局部色彩的多色调结合的基础之上。现存作品主要有《挥扇仕女图》(北京故宫博物院藏)、《簪花仕女图》(辽宁省博物馆藏)、《调琴啜茗图》(美国堪萨斯城纳尔逊·阿特金斯艺术博物馆藏)。

**徐邦达《张萱和周昉》,北京,1959年。

(C. H. 索科洛夫-列米佐夫撰,王玉珠译)

周昉,字景玄、仲朗。京兆(今陕西西安)人。唐朝著名画家,人物画大师。

周昉出身于京城贵族家庭,年轻时在京城显贵圈内周旋,师从当时最优秀的宫廷画师张萱,并很快超越了自己的老师。根据朱景玄《唐朝名画录》和郭若虚《图画见闻志》的记载,周昉从事卷轴画和壁画创作,装饰宫廷居室。他偏爱肖像画和仕女画——人物画中的特殊题材,侧重于宫廷和贵族生活场景,主要是后宫佳丽。周昉创作之闻名得益于尚存的11—12世纪两副摹本:《挥扇仕女图》(33.7厘米×204.8厘米,绢本,设色,北京故宫博物院藏)和《簪花仕女图》(46厘米×180厘米,绢本,设色,辽宁省博物馆藏)。第一幅画实际上是对张萱同样表现仕女日常生活的《捣练图》的模仿。在构图上是十三个人物组成一个群体,又分为五个相对独立的场景。这些妇女或从事日常活动,或相互交谈。人物姿态自然轻松,表明张萱的弟子继承了其通过一系列复杂的角度来展现人物动态的本领。

由五位仕女构成的第二幅画的表现手法则不同。第一眼看上去，构图好似随意为之：四位仕女构成近景，第五位立于侧面，好似与那四位关系疏远，尽管画家并没有试图表现透视效果。两位仕女好像在与小狗嬉戏：手持鲜花的一位站在仙鹤旁，她的同伴站在盛开的花树旁，活泼的小狗在其脚下撒欢。这些肖像画在表现某些细节时一丝不苟，但在需要描绘环境时又会突然"缺席"，赋予画卷耐人寻味的神秘感。周昉精细地描绘出仕女的衣物、首饰和发型：有花纹的"深色"长裙和半透明的披帛，缀有宝石和羽毛的金属饰品，高高梳起并簪有鲜花的发髻。精致的服装包裹着仕女保养良好的身体：精致的妆容，柔软的手腕，纤长的手指，高耸的胸脯。为使服饰更好地衬托曼妙的身材，周昉使用了以矿物质和植物制成的特殊的半透明颜料。

另一部作品《内人双陆图》（31.7厘米×64.6厘米，绢本，设色，美国华盛顿弗利尔美术馆藏）被认为是周昉作品的摹本，或是画家知名的两幅画——《挥扇仕女图》和《调琴啜茗图》的变体。无论如何，《内人双陆图》在许多方面都是独一无二的绘画作品。区别于周昉的其他绘画作品，这幅画的构图中心是两位失去往昔风采的高龄贵族妇女。她们身着朴素的日常服饰，对坐弈棋，似乎在悠闲地交谈。女性形象生动而真实。侧脸面向观众的女性的形象极富表现力：懒散的身形、下巴突出的脸庞和钩状的鼻子等所有细节都充分地传达了坚毅但仍不失风度的人物性格。同样有趣的还有她的对手——一个脸蛋平平、身材丰腴的女子，显然，她曾是有名的宫廷美人，至今仍不失天

真。对次要人物的描写突出其微妙的心理状态：一对男女仆人，假装恭敬地看向贵妇，掩饰着对自己无所作为的烦恼；两名训练有素的女仆，保持着谦卑的姿势，随时准备执行命令，虽然脸上流露出不屑的神情。构图中心的侧面展现了两个费力抬着大酒罐的小姑娘；二人的面部表情充满着初到宫廷的自豪感和深藏心中的呐喊。画家准确地捕捉到了人物的情绪，使画面的叙事既具有深度，同时又不乏轻松幽默。这幅画采用柔和的色调，人物的外貌缺乏细部刻画，室内装饰也同样简洁，仅限于贵妇所坐的圆凳和摆放着棋盘的矮桌。所有这一切，再加上画作的某种草率性，给观众一种偶然出现在画卷情境中的印象。

托名周昉所作在绘画题材上最著名的一幅画当属《杨妃出浴图》（120厘米×55厘米，绢本，设色，莫斯科，国立东方民族艺术博物馆藏），专家们判定其创作时间为17世纪。这幅画描绘的是唐玄宗的宠妃——杨玉环，她以自己的封号——贵妃而闻名。她体态丰腴，性感迷人，画面展示了她在侍女的陪伴下走出宫廷浴室的情景。她的娇躯在透明的帷幔后闪闪发光，引人遐想。画卷场景的设计使观者仿佛置身于宫殿之中，成为事件的隐形参与者。尽管画面中一些人物和辅助细节的诠释特点，使得有人认为该画是佚名作者的自我创造，但其中所传达的宫廷氛围符合唐朝的实际，而其主题也符合周昉本人的创作兴趣。

*郭若虚《图画见闻志》，К.Ф.萨莫秀克翻译、注释，莫斯科，1978年；朱景玄《唐朝名画录》，见《中国艺术》，В.В.马良文翻译、注释作序，莫斯科，2004年。

**Н.А.维诺格拉多娃《中国艺术》，莫斯科，1988年；М.Е.克拉夫佐娃《中国艺术史》，圣彼得堡，2004年；R.库珀、J.库珀《中国艺术杰作》，译自英文，明斯克，1997年；吴玉贵《中国风俗通史·隋唐五代卷》，上海，2001年；邵洛羊《中国美术大辞典》，上海，2002年；《中国美术全集·绘

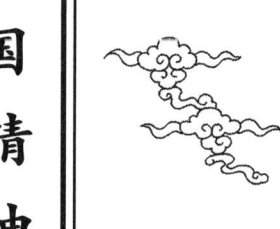

画编》，第2卷，北京，1986年；《中国绘画全集》，第1卷，杭州，1997年；Chinese Painting and Calligraphy. 5th century B. C. -20th Century A.D. Beijing, 1984; Siren O. Chinese Painting. Leading Mastersand Principles. Vol. 1,3. L.,1958; Sullivan M. The Arts of China. Berk. - Los Ang. -L., 1984.

（M. E. 克拉夫佐娃撰，王玉珠译）

周文矩

周文矩（生卒年不详），句容（今属江苏）人。画家，南唐后主李煜在位时（961—975）任翰林待诏。有记载称，在937—942年，周文矩完成了皇帝要求创作的山水画，而在968—976年他的画作被皇室收藏。

他从事各种体裁的创作，如山水画（包括其分支——界画），但以人物画为主，尤其以模仿周昉（创作于780—810）风格的宫廷仕女图而闻名。此外，他还有宗教题材的画作。他首次在绘画中引入了儿童游戏主题，这一主题在苏汉臣等后世画家的创作中得到了发展。北京故宫博物院收藏了一幅他与后主李煜共同创作的作品。

**T. A. 波斯特列洛娃《10—13世纪的中国画院》，莫斯科，1976年；朱铸禹编《唐宋画家人名辞典》，北京，1958年；俞剑华《中国美术家人名辞典》，上海，1987年；Siren O. Chinese Painting. Leading Masters and Principles. Vol. l-7. L. -N. Y., 1956-1958.

（В. Л. 思乔夫撰，李春雨译）

周信芳

周信芳（1895—1975），卓越的表演艺术家、戏剧活动家。他出身于贫苦的艺人家庭，后成为京剧演员。六岁时被父亲送去学戏，年仅七岁登台演出了剧目《文昭关》《打渔杀家》。在戏班获艺名"麒麟童"，其名按谐音有两个意思："七龄男童"和"麒麟男童"（麒麟，神话中的瑞兽）。按照公元8世纪著名诗人杜甫的诗歌中对"麒麟"一词的解释，这是一位"具有极其罕见才能的男童"。周信芳的确名副其实，他创建了别具一格的艺术风格和独具特色的表演流派。

1913年到上海之后，周信芳开始尝试正剧演出。他排演了由孙玉声编剧的剧目，该剧讲述了著名民主革命家宋教仁被刺杀的事件。因反对当局的政治统治，周信芳于1915年排演了《王莽篡位》。该剧根据真实的历史事件改编而成，观众在戏中可以看到编剧对时局的暗示。他和自己的许多同事一样，对"时装新戏"产生了很大的兴趣，出演了三部戏：《邓霞姑》《一缕麻》《牢狱鸳鸯》。1919年五四运动期间，他演出了由任天知编剧的《学拳打金刚》，该剧随即被当局禁演。抗议的旋律同时也在他出演的多部传统剧目中体现出来。

1910—1920年是传统戏剧史上的艰难时期。周信芳坚信传统艺术价值的不可磨灭性，同时意识到寻求使其长远发展的途径的必要性。1927年他加入由剧作家田汉创立的南国社（全称"南国电影剧社"）。与同为南国社成员的欧阳予倩建立友谊之后，他把后者编剧的《潘金莲》搬上了舞台，并在剧中饰演为真理而战的英勇斗士武松。在南国社期间，他对正剧有了更加深刻的认识和理解，这使得他在以后出演曹禺的话剧《雷雨》时，能够把一个复杂、多面的周朴园的形象成功地呈现在舞台上。周信芳是中国首批保护戏剧演员权利的呼吁者之一。

1920年周信芳的演出剧目得到大范围拓展。他在《赵五娘》（改编自著名的《琵琶记》）、《清风亭》和《乌龙院》中的表演获得广泛认可。1931年日本侵占中国领土之际，他把《洪承畴》搬上舞台，该剧辛辣地讽刺了政府官员的卖国行为。为了吸引知识界反对当时的投降情绪，他积极

倡议创立"移风社"。战争年代，周信芳塑造了抗元英雄文天祥的形象，该剧以主人公的名字命名，但未能公演。他排演的第二部戏《史可法》同样遭遇到了被禁演的命运，周信芳在这部戏中饰演抗清名将史可法。1937年他加入"上海戏剧界救亡协会"，同时积极支持"中华全国戏剧界抗敌协会"的活动。

周信芳以其卓越的才华构建了自己的艺术创作风格。他所创建的艺术流派对中国戏剧界影响极其深远，吸引了众多演员。他的表演极具张力，对戏剧内容表达深刻，转音风格独具特色，能细腻地感受停顿所表达的情感。其独特的表演技巧还在于把演唱与发音吐字清晰的念白巧妙地结合。为使表演更具感染力，周信芳借鉴了很多其他舞台角色的语言表达技巧，扩大了生角的表演范畴。除此之外，周信芳还能出色地完成团体演出，能敏锐地捕捉到团体表演的整体节奏与曲调。

1949年以后周信芳积极参与传统戏剧的改编工作，同时热心投身于国家的社会生活。

*《周信芳戏剧散论》，北京，1960年；卫明、吕仲记录《周信芳舞台艺术》，北京，1961年；《周信芳文集·戏剧论文集》，北京，1982年。

**C. A. 谢罗娃《京剧》，莫斯科，1970年。

（C. A. 谢罗娃撰，刘玉颖译）

朱耷

朱耷（1626—1705），字刃庵，号八大山人、雪个、个山、个山驴、人屋、秋月、良月、破云樵者、望云子、驴屋驴、驴屋和因是僧、何园、书年等，佛家法名传綮，道家道号道朗、道明。著名画家、书法家、诗人，中国传统艺术史上僧侣画家团体"四僧"之一。

朱耷出身于一个没落的宗室家庭（明朝皇室后裔）。因家中藏有大量绘画和书法作品，朱耷从小便涉猎艺术，八岁时便能作诗，十一岁能画青绿山水，且喜临摹米芾的书法。1648年，清朝建立之初，朱耷便逃离世俗生活，出家为僧，以示反抗。几年之后，他又喜爱上道教思想，先是还俗，而后做了道士。后来朱耷时而亲近佛教，时而转向道教。他一生大部分时间在南昌及其近郊生活。在文献中出现了他的很多名号，最常见的名号是"八大山人"和"传綮"。

**八大山人《八大山人作品选》，上海，1958年；《八大山人研究》，南昌，1986年。

另参见词条"改琦"的参考文献。

（В. Л. 思乔夫撰，张猛译）

朱耷是清代中国画不拘规则的野逸派的代表。他从事花鸟画和山水画的创作，发展了写意的技法，并进行了许多创新。中国的评论家指出，朱耷笔下的鸟和鱼的种属无法确定，也就是说，比起再现真实的客体，画家更喜欢表现自己对于周围自然的观感。西方的中国艺术史学家高度赞赏作者的这种绘画观，并将他归入最具创造性的中国艺术家之列。

朱耷的绘画以奇异著称，他画中人物的服饰和行为举止都堪称奇特，怪诞与抒情、硬朗与柔软融为一体。建立在不对称基础之上的构图的独特性，体现在单一色调的丰富表现力上，深浅、干湿的结合相得益彰。朱耷的作品，正是石涛绘画理论中所阐述的"象外之象"境界的鲜明体现。他的画作在保留现实性的同时，常常处于抽象的边缘，是大胆突出形式语言表现力的典范。画作之简洁精妙绝伦，而素色画笔淡淡勾画的风景的完整性更是令人称奇。朱耷

的书法作品也别具特色：笔法上追求自然流畅，行笔之间无起止之迹，沉稳流动。朱耷在绘画上的创新成为后世乃至今日艺术家们灵感的源泉、摹写的范本。其流传于世的作品有《水木清华图》（南京博物院藏）、《荷石水禽图》（旅顺博物馆藏）、《河上花图》（天津博物馆藏）、《花鸟山水册》、《鱼鸭图》以及《书画册》（上海博物馆藏）等。画家的诗歌遗产收录在《八大山人诗钞》（上海，1981）一书中。

**《八大山人书画集》，第1—2集，北京，1983年；谢稚柳《朱耷》，上海，1979年。

（C. H. 索科洛夫－列米佐夫补充，张猛译）

朱践耳

朱践耳，1922年出生于天津市，作曲家。1947年，他创作了歌曲《打得好》，在解放区广泛传唱。1955—1960年，他在莫斯科音乐学院学习。从1961年起，他在上海歌剧院工作。从1975年起，在上海交响乐团工作。他是毛泽东诗词大合唱《英雄的诗篇》（1961）、交响幻想曲《纪念为真理献身的勇士》（1980年，1981年获得全国首届交响音乐作品评奖优秀奖）、以中国西南民族民间创作为基调的交响组曲《黔岭素描》（1982）的作者。他为二胡乐团音乐会（1983）作曲，并为弦乐、民乐队创作，其作品还有大众歌曲、电影配乐等。

**《中国大百科全书：音乐·舞蹈》，北京，1988年。

（A. H. 热洛霍夫采夫撰，许力译）

竹林七贤与荣启期砖画

竹林七贤与荣启期砖画是六朝时期（3—6世纪）中国造型艺术的杰作之一。在陶质砖块（纵约50厘米，横约100厘米）上雕刻图案，用以装饰墓室墙壁的做法早在公元1—2世纪的中国就已确立，在西南部（今四川省）及中部地区（今河南省南部）的殡葬习俗中传播最广。这些古老砖画的艺术价值极高，内容丰富多样（包括神话场景、贵族休闲娱乐场景以及日常生活场景，如狩猎、采盐、农耕等），在中国造型艺术史上起到了重要作用，成为后世绘画题材的源泉之一。然而在3—6世纪，这些艺术传统由于某种原因几乎完全中断。因此，那些20世纪60年代发现于江苏南京——公元4—6世纪为中国都城（建康）所在地——附近的一座墓葬中的砖画就更加珍贵。该墓葬建于5世纪末，墓主应为都城贵族。

其他古代砖画的艺术构图一般局限于一面墙壁，而在这里则为两面墙壁（每面墙壁上的图案尺寸均为纵80厘米，横240厘米），在制作上也有一些技术创新。看得出来，图案先是雕刻在木板上，然后分成局部印在稍小的土坯砖上（约纵20厘米，横40厘米），焙烧之后再按顺序拼接起来。墓穴南墙和北墙上的雕刻构成了一幅完整的艺术作品，画的是竹林七贤——公元3世纪七位著名的贤者和文人。南墙上的砖画描绘的是嵇康、阮籍、山涛和王戎，北墙上的砖画描绘的是向秀、刘伶、阮咸以及荣启期。后者是一位传说中的音乐家，见录于古代著作《淮南子》。他并不属于竹林七贤，被加进来也许是为了构图的对称，也许别有深意，旨在强调竹林七贤的言行对道家文化传统的继承。两面画壁都是由砖块拼成的，每块砖上画一幅肖像。

所有人都坐于树下，但每个人物的角度、手势和面部表情、服饰及其他辅助细节均不相同。有的在专心致志地弹奏乐器，有的在从容地交谈；有人在喝茶（或者饮酒），有人在沉思。树木的形象同样多姿多彩，既具有象征意味，又有清晰的针叶或阔

叶树种特征。所有的构图元素都具有中国艺术前所未有的可塑性：线条纤细而优雅，图案细节精雕细琢。艺术构思的整体性、作品构思的周密性、人物形象心理刻画的生动性都非常突出。画面内容完全符合对"竹林七贤"的传统文学解释和道教的精神理想，而外部的装饰性与当时文学诗歌的风格也相符。因此，从艺术角度讲，砖画是一幅真正的画卷，同时又包含着中国造型艺术前所未有的肖像画的概念，旨在传达人物的内心世界和情感状态。

如果将竹林七贤与荣启期砖画与20世纪70年代在今河南省西南部发现的墓室砖画相对比，前者的艺术价值会愈发凸显。该处墓葬属于公元6世纪上半叶，墙壁上有34幅浮雕图案，分刻在60多块砖上（每块砖纵38厘米，横19厘米）。和古代浮雕一样，这些砖画同样题材丰富，再现了舞蹈、民间节日、日常活动等场景，其生动性令人欣赏。然而，在审美表现力和精神充实性上，这些砖画却远远不及竹林七贤与荣启期砖画。

**Н.А.维诺格拉多娃《中国艺术》，莫斯科，1988年；М.Е.克拉夫佐娃《中国艺术史》，圣彼得堡，2004年；М.В.克留科夫、В.В.马良文、М.В.索夫罗诺夫《中世纪初的中国民族》，莫斯科，1979年；《魏晋南北朝雕塑》，见《中国美术全集·雕塑编》，第3卷，北京，1988年；《六朝艺术》，北京，1981年；邵洛羊《中国美术大辞典》，上海，2002年；Arts of China. Vol. 1. Tokyo, 1969; Spiro A. Contemplating the Ancients: Aesthetic and Social Issues in Early Chinese Portraiture. Berk. -Los Ang., 1990.

（М.Е.克拉夫佐娃撰，李春雨译）

祝允明（1461—1527），字希哲，自号"枝指生""枝山"。长洲（今江苏苏州）人。明代杰出的书法家、吴门书派的领袖。

祝允明出身于名门望族，天资聪颖，才能全面。五岁能写大字，十岁时与成年人一样写诗，并在这个年纪已经熟背主要经典作品。在书法上师从外祖父——高级官员和以草书闻名的书法家徐有贞。他的另一位老师是岳父李应祯。在书法学习阶段，祝允明接触了中国书法史上几乎所有的名家，因而他被称为"书法的饱学之士"。他年轻时就成为当时最优秀的书法家之一。

祝允明的楷书创作出色之处在于，展示多种风格，但没有一个压倒另一个之势。祝允明同时用三种技法创作草书。第一种是古朴淳厚的行草，由章草变化而来，运笔迅疾，线条精到。除此之外，他还将楷书技法应用于草书。第二种源自晋代流丽畅达的草书，楷法基本隐去，草纵完全展现出来。第三种是狂草。在这种草书中，祝允明通常写大字。专家称他的作品是"草以神胜"。他的草书神采照人，有风雨之疾，充满变化。其作品看上去率性而为，实则构思深邃。

在《论书帖》中，祝允明写道："有功无性，神采不生；有性无功，神采不实。"在祝允明的书法中，两种成分都非常丰富，因此其优秀之作皆神采飞举。

**В.Г.别洛焦罗娃《中国书法艺术》，莫斯科，2007年；徐利明《中国书法风格史》，郑州，1997年；黄惇《中国书法史·元明卷》，南京，2001年；朱仁夫《中国古代书法史》，北京，1992年；王镛《中国书法简史》，北京，2004年；陈玉龙《中国书法艺术》，北京，1991年；马国权《沈尹默论书丛稿》，香港，1981年；Ch'en Chih-mai. Chinese Calligraphers and Their Art. Melbourne, 1966.

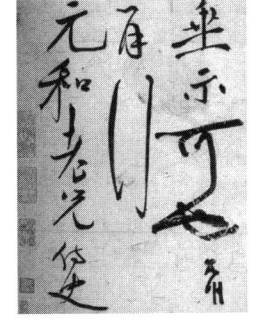

（В.Г.别洛焦罗娃撰，王玉珠译）

壬部 附录

中国精神文化大典

缩略词

主要缩略词

абс . — абсолютный
авт . — автор
автореф . — автореферат
акад . — академик
амер . — американский
англ . — английский
араб . — арабский
архим . — архимандрит
арх-ра — архитектура
б-ка — библиотека
библиогр. — библиография, библиографический
буд . — буддийский
букв . — буквально
вар . — вариант
введ . — введение
ввод . — вводный
вестн . — вестник
внеш . — внешний
внутр . — внутренний
вост . — восточный
вступ . — вступительный
выс . — высота
в т.ч . — в том числе
гл . — главный
гл . обр . — главным образом
гол . — голландский
гор . — городской
гос . — государственный
гос-во — государство
даос . — даосский
дин . — династия, династийный
дип . — дипломатический
дис . — диссертация
доп . — дополненный, дополнительный
д-р — доктор
др . — другой, другие
др.-кит . — древнекитайский
дух . — духовный
европ . — европейский
журн . — журнал
зав . — заведующий
зам . — заместитель
зап . — западный
заруб . — зарубежный
избр . — избранный
изв . — известный
изд . — издание
изд-во — издательство
изобр . — изобразительный
ил . — иллюстрация
им . — имени
имп . — император, императорский
инд . — индийский
иностр . — иностранный
ин-т — институт
иск-во — искусство
исп . — испанский

испр . — исправленный
исслед . — исследование
ист . — исторический
итал . — итальянский
канд . — кандидат
кит . — китайский
к.-л . — какой-либо
к.-н . — какой-нибудь
кн . — книга
коммент. — комментарий, комментированный
кон . — конец
конф . — конфуцианский; конференция
кор . — корейский
к-рый — который
л . — лист, листы
лат . — латинский
лит . — литературный
лит-ра — литература
макс . — максимальный
м.б . — может быть
мань-ж . — маньчжурский
междунар . — международный
митр . — митрополит
МКФ — международный кинофестиваль
млн . — миллион
мн . — многие
мон . — монастырь
монг . — монгольский
моск . — московский
муз . — музыкальный
н.с . — новая серия
назв . — название, названный
наиб . — наиболее
напр . — например
нар . — народный
наст . — настоящий
науч . — научный
нац . — национальный
нач . — начало, начальный
нек-рый — некоторый
нем . — немецкий
неск . — несколько
об-во — общество
обл . — область, областной
обраб . — обработка, обработанный
общ . — общий
ок . — около
опубл . — опубликован, опубликованный
орг-ция — организация
ориг . — оригинальный
осн . — основной
отв . — ответственный
отд . — отдел, отдельный
офиц . — официальный
парт . — партийный
пер . — перевод
перераб . — переработанный

пол. — половина
полит. — политический
пр-во — правительство
пред. — председатель
предисл. — предисловие
прил. — приложение
примеч. — примечание
пров. — провинция, провинциальный
прозв. — прозвание, прозвище
произв. — произведение
проф. — профессор
псевд. — псевдоним
раб. — работал
р-н — район
разд. — раздел
разл. — различный
ред. — редакция, редакционный, редактор
редкол. — редколлегия
религ. — религиозный
род. — родился
рос. — российский
рук. — руководитель
рук-во — руководство
рум. — румынский
рус. — русский
санскр. — санскритский
сб. — сборник
сев. — северный
сент. — сентябрь
сер. — середина; серия
след. — следующий
собр. — собрание
собств. — собственный
сов. — советский
совм. — совместно
совр. — современный
сокр. — сокращенно, сокращенный
сост. — составитель
соц. — социальный
соч. — сочинение
спец. — специальный

ср.-век. — средневековый
ст. — статья
стер. — стереотипный
стихотв. — стихотворение, стихотворный
стр-во — строительство
т. — том, тома
тангут. — тангутский
тв-во — творчество
темат., тематич. — тематический
т.зр. — точка зрения
тибет., тиб. — тибетский
т.к. — так как
т.н., т. наз. — так называемый
т.о. — таким образом
тр. — труды
традиц. — традиционный
тыс. — тысячелетие, тысяча
указ. — указатель, указанный
ум. — умер
ун-т — университет
учеб. — учебный
уч. зап. — ученые записки
филол. — филологический
филос. — философский
франц. — французский
ф-т, фак-т — факультет
хоз. — хозяйственный
хоз-во — хозяйство
худ. — художественный
центр. — центральный
цз. — цзюань
цит. — цитата, цитируемый
чл. — член
чл.-кор. — член-корреспондент
швед. — шведский
шир. — ширина
юж. — южный
яз. — язык
янв. — январь
япон., яп. — японский

机构组织名称

АН СССР — Академия наук СССР
АОН — Академия общественных наук
ВАРЛИ — Всекитайская ассоциация работников литературы и искусства по отпору врагу
ВСНП — Всекитайское собрание народных пред-ставителей
ГМВ/ГМИНВ — Государственный музей Востока / Государственный музей искусства народов Востока. М.
ИВАН — Институт востоковедения АН СССР
ИВ РАН — Институт востоковедения РАН
ИВР РАН — Институт восточных рукописей РАН
ИДВ — Институт Дальнего Востока АН СССР (ныне РАН)
ИМЛИ — Институт мировой литературы АН СССР (ныне РАН)
ИСАА — Институт стран Азии и Африки при МГУ им. М.В. Ломоносова
КПК — Коммунистическая партия Китая
ЛГУ — Ленинградский государственный университет
ЛО ИВАН — Ленинградское отделение Института востоковедения АН СССР
МАЭ РАН — Музей антропологии и этнографии им. Петра Великого РАН (Кунсткамера)
МИД — Министерство иностранных дел
МГУ — Московский государственный университет им. М.В. Ломоносова

НИИ — научно-исследовательский институт
НОАК — Народно-освободительная армия Китая
НПКСК — Народный политический консультативный совет Китая
ПК — Постоянный комитет
РАН — Российская академия наук
РГБ — Российская государственная библиотека
РГГУ — Российский государственный гуманитарный университет
РНБ — Российская национальная библиотека
СКП — Союз китайских писателей
СПбГУ — Санкт-Петербургский государственный университет
СПбФ ИВ РАН — Санкт-Петербургский филиал Института востоковедения РАН

出版地（城市，州）

Л. — Ленинград
М. — Москва
Новосиб. — Новосибирск
Пг. — Петроград
Ростов н/Д — Ростов-на-Дону
СПб. — Санкт-Петербург

B. — Berlin
Berk. — Berkeley
Bost. — Boston
Brux. — Bruxelles
Cambr. — Cambridge
Chic. — Chicago
Fr./M. — Frankfurt-am-Main
Hamb. — Hamburg

Ill. — Illinois
L. — London
Los Ang. — Los Angeles
Lpz. — Leipzig
Mass. — Massachusetts
N.J. — New Jersey
N.Y. — New York
Oxf. — Oxford
P. — Paris
Phil. — Philadelphia
Princ. — Princeton
S.F. — San Francisco
Stanf. — Stanford
Stockh. — Stockholm
Wash. — Washington

图书、期刊

ААС — Азия и Африка сегодня. М.
В. — Восток. М.
ВА — Восточный альманах. М.
ВДИ — Вестник древней истории. М.
ВИМК — Вестник истории мировой культуры. М.
ВК — Восточная коллекция. М.
ВП — Вэньсюэ пинлунь (Литературное обозрение). Пекин
ВУ — Вэнь у (Культурное наследие). Пекин
ВФ — Вопросы философии. М.
ВШЧ — Вэнь ши чжэ (Литература, история, философия). Пекин
ЖМП — Журнал Московской патриархии. М.
ЗВОРАО — Записки Восточного отделения (Имп.)Русского археологического общества. СПб., Пг.
ИБ — Информационный бюллетень / РАН. Институт Дальнего Востока. М.
Изв. РГПУ — Известия Российского государственного педагогического университета. СПб.
ИЛ — Иностранная литература. М.
ИМ — Информационные материалы / РАН. Институт Дальнего Востока. М.
КБ — Китайский благовестник. М.
КСИНА — Краткие сообщения Института народов Азии АН СССР. М.
КЭТ — Кунсткамера: Этнографическиететради. СПб.
НАА — Народы Азии и Африки. М.
НК — Народный Китай.
НК ОГК — Научная конференция «Общество и государство в Китае». М.
ПВ — Петербургское востоковедение. СПб.
ПДВ — Проблемы Дальнего Востока. М.
ПП и ПИКНВ — Письменные памятники и проблемы истории культуры народов Востока. М.–Л.
СББЯ — Сы бу бэй яо (Главные в полноте [всех произведений] по четырем разделам), серия .Шанхай, Пекин, 1936
СБЦК — Сы бу цун кань (Собрание публикаций по четырем разделам), серия. Шанхай, Пекин, 1929–1937
СНВ — Страны и народы Востока. М.–СПб.
СЭ — Советская этнография. М.
ТГЭ — Труды Гос. Эрмитажа. Л.
ТПИЛДВ — Теоретические проблемы изучения литератур Дальнего Востока (сб. статей; науч. конф.)
Тр. / БКНИИ — Труды / Бурятский комплексный научно-исследовательский институт. Улан-Удэ, 1965. Вып. 16. Серия востоковедения. Мате- риалы по истории и филологии Центральной Азии. Вып. 2.
ТЧРДМ — Труды членов Российской духовной миссии в Пекине. СПб.

ЦШЦЧ — Цун шу цзи чэн (Корпус классических книг), серия . Шанхай, Пекин, 1935

ЧЦЦЧ — Чжу цзы цзи чэн (Корпус философской классики), серия . Т . 1–8. Шанхай, Пекин, 1935 (Пекин, 1988)

BEFEO — Bulletin de l'École française d'Extrême-Orient. Hanoï (Paris–Saïgon)

BMFEA — Bulletin of the Museum of Far Eastern Antiquites (Ostasiatiska Sammlingarna). Stockh.

BSO (A) S — Bulletin of the School of Oriental (and African) Studies, London Institution (University of London)

HJAS — Harvard Journal of Asiatic Studies. Cambr. (Mass.)

JA — Journal asiatique. P.

JAS — Journal of Asian Studies. Ann Arbor

JAOS — Journal of the American Oriental Society. New York–New Haven

JRAS — The Journal of the Royal Asiatic Society of Great Britain and Ireland. L.

JNCBRAS — Journal of the North China Branch of the Royal Asiatic Society. Shanghai

TP — T'oung Pao, ou Archives concernentl'histoire, les langues, la géographie, l'ethnographie et les arts de l'Asie Orientale. Paris–Leiden

人名索引

阿閦佛 Акшобхьей (кит. Ачу жулай) 212
阿尔贝特·施韦泽 Швейцер Альберт 234
阿尔布卓夫 Арбузов А. 466
阿拉波娃 Арапова Т.Б. 42, 355, 567, 571, 575
阿理克（阿列克谢耶夫）Алексеев В.М. 42-43, 152, 568-574, 578, 581, 591, 602, 616-624, 689, 970, 976
阿睦尔撒纳 Амурсана 839, 1107
阿难（陀）Ананда（梵文 Ānanda）206, 217, 719
阿尼哥 Арника (XIII в.) 67, 640,
阿普拉克辛 Апраксин Ф.М. 565
阿育王 Ашока 1032-1033
埃德加·德加 Дега Эдгар (Degas E.) 229
艾伯华 Эберхард В. (Eberhard W.) 36, 170–171
艾启蒙 Зихельбарт И. (Sichelbarth I.) 839, 1013, 1015, 1108
艾青 Ай Цин (наст. имя Цзян Чжэн-хань) 458, 607
艾轩 Ай Сюань 34
艾宣 Ай Сюань 27
爱德华·谢弗（薛爱华）Шефер Э. (Schafer E.) 553-554
爱森斯坦 Эйзенштейн С.М. 603, 610-611, 936, 1204
安德烈耶夫 Андреев Л. 454, 1081
安德烈·波佐 Поццо Андреа (Pozzo Andrea) 837, 839
安德义 Саллюсти Ж.Д. (Sallusti/Salusti J.D.), 1013, 1015-1016, 1108
安迪·沃霍尔 Уорхол Энди 239, 1096
安禄山 Ань Лу-шань 1103, 1168
安托南·阿尔托 Арто А. (Artaud A.) 467
敖继公 Ао Цзи-гун 992
奥布拉兹佐夫 Образцов С.В. 13, 437-439, 603
奥登堡 Ольденбург С.Ф. 722
奥尔别利 Орбели И.А. 566
奥古斯特二世 Август II 306
奥尼尔 О'Нил Ю. (O'Neill) 448, 466, 656
奥斯特洛夫斯基 Островский А.Н. 448, 453-454, 458, 1158
奥斯瓦尔德·喜龙仁 Сирен О. (Siren O.) 869
巴勃罗·毕加索 Пикассо Пабло 225
巴金 Ба Цзинь (李芾甘 наст. имя Ли Фэй-гань) 406, 656-657
白峰溪 Бай Фэн-си 467, 608, 635
白景瑞 Бай Цзин-жуй 504
白居易 Бо Цзюй-и (乐天 Лэ-тянь) 83, 101, 379, 399, 473, 542, 1039
白淑湘 Бай Шу-сян 392
白杨 Бай Ян 452, 487
白衣观音 Бай-и Гуань-инь 213, 848
拜伦 Байрон Дж. Г. (Byron) 1081
班固 Бань Гу (孟坚 Мэн-цзянь) 6-7, 438, 471, 686, 913-914
班婕妤 Бань-цзеюй 753, 1007, 1077
班科夫斯卡娅 Баньковская М.В. 617
包公 Бао-гун (лит.) 810
包世臣 Бао Ши-чэнь 830-831

宝生佛 Ратнасамбхава (Бао-шэн жулай) 212
保罗·安德鲁 Андре Поль (Andreu P.) 74
鲍加 Бао Цзя 34
鲍照 Бао Чжао (明远 Мин-юань) 953
贝多芬 Бетховен Л. ван (Beethoven L. van) 386
贝克特 Беккет С. (Beckett S.) 467
比彻·斯托 Бичер-Стоу Г. (Beecher-Stowe) 446
彼得·布鲁克 Брук Питер (Brook Peter) 467
彼得一世 Петр I 306, 565-566, 576
边景昭 Бянь Цзин-чжао (边文进 Бянь Вэнь-цзинь) 649-650, 1161, 1243
边鸾 Бянь Луань 9
边维祺 Бянь Вэй-ци (边寿民 Бянь Шоу-минь, 颐公 И-гун, 渐僧 Цзянь-сэн, 墨仙 Мо-сянь, 绰绰老人 Чочо-лаожэнь) 650-651
别洛焦罗娃 Белозёрова В.Г. 42, 224, 569, 572, 583-584
波波夫 Попов А.Ф. 945
波波夫—塔基瓦 Попов-Татива Н.М. 572
波梅兰茨 Померанц Г.С. 163
伯特格尔 Беттгер И.Ф. (Boettger J.F.) 661
伯牙 Бо-я (лит.) 405
伯夷 Бо И (дин. Чжоу) 857
不空成就佛 Амогхасиддха (кит. Бу-кун жулай) 212
布拉金斯基 Брагинский Э. 466
布莱希特 Брехт Б. (Brecht B.) 467, 742
布雷特施奈德 Бретшнейдер Э.В. (Bretsneider E.) 946
布歇 Буше Ф. (Boucher) 1208
财神 Цай-шэнь (神话) 345, 617, 623, 972-973
蔡楚生 Цай Чу-шэн 482-483, 610
蔡继琨 Цай Цзи-кунь 386
蔡京 Цай Цзин 781
蔡伦 Цай Лунь (敬仲 Цзин-чжун) 133, 1042
蔡明亮 Цай Мин-лян 505
蔡襄 Цай Сян (君谟 Цзюнь-му, провз. 忠惠 Чжун-хуй) 26, 653, 1064, 1196
蔡邕 Цай Юн (伯喈 Бай-цзе, 中郎 Чжун-лан) 19, 137, 326, 654-655, 941, 1061, 1257
蔡羽 Цай Юй 1091
蔡元定 Цай Юань-дин (季通 Цзи-тун) 379
蔡元培 Цай Юань-пэй (鹤卿 Хэ-цин, 仲申 Чжун-шэнь) 383
仓颉 Цан-цзе (神话) 7, 131, 145, 434
曹操 Цао Цао (武帝 У-ди) 463, 810,, 853, 975
曹臣 Цао Чэнь 542
曹国舅 Цао Го-цзю (神话) 632
曹恒 Цао Хэн 130
曹丕 Цао Пи (文帝 Вэнь-ди) 148, 1164-1165
曹喜 Цао Си 654
曹雪芹 Цао Сюэ-цинь (梦阮 Мэн-жуань, провз. 雪芹 Сюэцинь) 89, 96, 366, 406, 585, 737, 1093
曹禺 Цао Юй 393-394, 451-453, 455, 457, 460, 463, 465, 469, 606-607, 656-657, 799-800, 1063, 1158, 1175, 1263
曹昭 Цао Чжао 358
曹植 Цао Чжи 752-753, 756

中国精神文化大典 艺术卷

曹仲达 Цао Чжун-да 865, 1084
柴可夫斯基 Чайковский П.И. 392-393, 462, 479, 879
嫦娥 Чан-э（神话）1077
晁补之 Чао Бу-чжи 1065, 1113
晁说之 Чао Юэ-чжи 1113
车毂斋 Чэ И-чжай 1152
陈白尘 Чэнь Бай-чэнь（陈增鸿 Чэнь Цзэн-хун）451-453
陈波儿 Чэнь Бо-эр 455
陈卜 Чэнь Бу 1067
陈淳 Чэнь Чунь（道复 Дао-фу, прозв. 白阳山人 Байян-шаньжэнь）30, 111, 675, 951, 1003, 1030, 1214
陈大悲 Чэнь Да-бэй 447-448
陈独秀 Чэнь Ду-сю（陈乾生 Чэнь Цянь-шэн, 仲甫 Чжун-фу）427
陈发科 Чэнь Фа-кэ 1068, 1070
陈洪 Чэнь Хун 384
陈洪绶 Чэнь Хун-шоу（章侯 Чжан-хоу, прозв. 老莲 Лаолянь）30, 114, 172, 659, 1000, 1010
陈鸿寿 Чэнь Хун-шоу（子恭 Цзы-гун, прозв. 伯子 Бо-цзы, 恭父 Гун-фу, 恭寿 Гун-шоу, 翼盦 Ихэ, 老曼 Лао-мань, 曼公 / 龚 Мань-гун, 曼生 Мань-шэн, 胥溪渔隐 Сюйси-юйинь, 夹谷亭长 Цзягу-тинчжан, 种石轩 Чжуншисюань, 种榆道人 Чжуньюй-даожэнь, 种榆仙吏 Чжуньюй-сянь-ли, 种榆山馆 Чжуньюй-шаньгуань, 种榆仙客 Чжуньюй-шанькэ）1134-1135
陈继儒 Чэнь Цзи-жу（仲醇 Чжун-чунь, прозв. 白石樵 Байши-цяо, 白石山樵 Байши-шаньцяо, 麋公 Мигун, 眉公 Мэйгун, 雪堂 Сюэтан）133, 182, 937, 1059, 1130-1131
陈凯歌 Чэнь Кай-гэ 492-493, 499, 614, 676
陈力 ейда Джей (Leida J.) 482
陈录 Чэнь Лу 956
陈绵 Чэнь Мянь 448
陈其通 Чэнь Ци-тун 607
陈清萍 Чэнь Цин-пин 1068
陈容 Чэнь Чжун 886
陈少梅 Чэнь Шао-мэй 33
陈师道 Чэнь Ши-дао 1113
陈师曾 Чэнь Ши-цзэн（陈衡恪 Чэнь Хэн-кэ）33, 580
陈思 Чэнь Сы 1192
陈王廷 Чэнь Ван-тин（陈奏庭 Чэнь Цзоу-тин）1067-1068
陈鑫 Чэнь Синь（陈品三 Чэнь Пинь-сань）1068, 1070
陈逸飞 Чэнь И-фэй 34
陈逸鸣 Чэнь И-мин 34
陈毅 Чэнь И 33, 462
陈涌 Чэнь Юн 459
陈豫钟 Чэнь Юй-чжун（浚仪 Цзюнь-и, прозв. 秋堂 Цютан）1118, 1134-1135
陈慥 Чэнь Цзао 166
陈长兴 Чэнь Чан-син（云亭 Юнь-тин）1068, 1070
陈振濂 Чэнь Чжэнь-лянь 34
陈紫 Чжэнь Чжи 456

陈遵 Чэнь Цзунь 654
成帝 Чэн-ди（汉朝）（刘骜 Лю Ао）686, 753, 1007, 1077
成仿吾 Чэн Фан-у（наст. 成灏 Чэн Хао）1081
成汤 Чэн Тан 396
成王 Чэн-ван 512
成兆才 Чэн Чжао-цай 987
程邈 Чэн Мяо 11, 137, 1052
程十发 Чэн Ши-фа 34
程砚秋 Чэн Янь-цю 424, 428, 678, 808, 813
程瑶田 Чэн Яо-тянь（易田 И-тянь, 易畴 И-чоу, прозв. 让堂 Жантан）1192
程长庚 Чэн Чан-гэн 422, 805, 813, 1074, 1195
程正揆 Чэн (наст. 程正葵 Чэн Чжэн-куй, 端伯 Дуань-бо, прозв. 鞠陵 Цзюйлин, 青溪道人 Цинси-даожэнь, 青溪老人 Циси-лаожэнь）10, 31
蚩尤 Чи-ю（神话）395, 472, 515, 1022
炽盛光佛 Будда Теджапрабха 197
褚遂良 Чу Суй-лян（登善 Дэн-шань, 褚河南 Чу Хэ-нань）23, 138, 684-685, 729, 940-941, 980, 1029, 1045, 1196, 1234
醇亲王 Чунь-циньван（奕譞 И Сюань）1093
慈禧 Цы Си 960, 1035, 1042, 1180-1181
崔白 Цуй Бо（子西 Цзы-си）27, 697-698, 954
崔寔 Цуй Ши 654
崔鬼 Цуй Вэй 452, 486
崔瑗 Цуй Юань 654
妲己 Да-цзи 686
大米 Да Ми 699（参见 米芾 Ми Фу）
大日如来 Татхагата Великое Солнце 208
大势至菩萨 Махастхамапрапта 719
大威德金刚 Ваджрабхайрава 199
代宗 Дай-цзун（唐朝）（李豫）546
代宗 Дай-цзун（明朝）（朱祁钰）357（参见 景泰 Цзин-тай）
轪侯夫人 Дай хоу ци-цзы 311, 925-927
戴爱莲 Дай Ай-лянь 392, 403
戴本孝 Дай Бэнь-сяо 31
戴粹伦 Дай Цуй-лунь 386
戴进 Дай Цзинь（文进 Вэнь-цзинь, прозв. 玉泉山人 Юйцюаньшань-жэнь）30, 145, 163, 701-702, 836, 967, 1162, 1243
戴龙邦 Дай Лун-бан 1151
戴震 Дай Чжэнь 832
道光 Дао-гуан（宣宗 Сюань-цзун）1205
德宗 Дэ-цзун（李适 Ли Ко）769
邓千江 Дэн Цянь-цзян 672
邓散木 Дэн Сань-му（菊初 Цзюй-чу, прозв. 钝铁 Дунь-те, 老铁 Лао-те）33, 703
邓石如 Дэн Ши-жу（邓琰 Дэн Янь, прозв. 顽伯 Ваньбо, 完白山人 Ваньбай Шаньжэнь）31, 137, 140, 190, 703-704, 770, 1075, 1123, 1180, 1242
邓文原 Дэн Вэнь-юань 1240
邓小平 Дэн Сяо-пин 468
邓一民 Дэн И-минь 489
迪伦马特 Дюрренматт Ф.（Dürrenmatt）466
电母 Дянь-му（神话）817

丁皋 Дин Гао 166, 570
丁敬 Дин Цзин (敬身 Цзин-шэнь, прозв. 玩茶叟 Ваньча-соу, 孤云石叟 Гуюнь-шисоу, 丁居士 Дин-цзюйши, 钝丁 Дуньдин, 龙泓山人 Лунхун-шань-жэнь, 梅农 Мэйнун, 胜怠老人 Шэнтай-лао-жэнь, 玉几翁 Юйцзи-вэн, 研林 Яньлинь, 研林外史 Яньлинь-вайши) 140, 1134-1135
丁谦 Дин Лянь 958
丁西林 Дин Си-линь 448, 453, 656
丁衍庸 Дин Янь-юн 34, 121
丁毅 Дин И 429, 485
东方朔 Дунфан Шо 122, 1168
董巴 Дун Ба 326
董克俊 Дун Кэ-цзюнь 34
董其昌 Дун Ци-чан (玄宰 Сюань-цзай, прозв. 思白 Сы-бай, 香光居士 Сянгуанцзюй-ши) 30-31, 111-112, 160, 182-183, 190-191, 193, 571, 582-583, 699, 707-711, 713, 770, 774, 784, 815, 824, 880, 891, 966, 995, 999, 1001, 1092, 1103, 1112, 1115, 1147-1148, 1150, 1173, 1196, 1214, 1218, 1221, 1224, 1243
董寿平 Дун Шоу-пин 34
董希文 Дун Си-вэнь 121
董源 Дун Юань (вар. 董元, 董北苑 Дун Бэйюань, прозв. 叔达 Шу-да) 27, 708, 712-713, 739, 787, 800, 824-825, 939, 967-968, 992, 1002, 1030, 1084, 1098, 1102, 1115, 1130, 1132, 1137, 1162, 1201, 1235, 1237
窦绾 Доу Вань 877-878, 1200
独脚英 Ду Цзяо-ин 1212
杜宝 Ду Бао 433
杜达列夫 Дударев А. 466
杜度 Ду Ду 19, 654, 1231
杜甫 Ду Фу (子美 Цзы-мэй) 97, 399, 516, 1001, 1263
杜绾 Ду Вань (季扬 Цзи-ян, прозв. 云林 Юнь-линь) 84
杜佑 Ду Ю 390
杜育 Ду Юй (方叔 Фан-шу) 541
杜预 Ду Юй 144
段成式 Дуань Чэн-ши 1126
段善本 Дуань Шань-бэнь 379
阿弥陀佛 Амитабха (阿弥陀 梵文 amitābha) 195-196, 198, 206, 208, 212, 718-719, 1084
鄂山荫 Ошанин И.М. 1148
二王 Эр Ван также (参见王羲之 Ван Си-чжи, 王献之 Ван Сянь-чжи) 22, 137, 299, 685, 727, 730-731, 941, 980, 1024, 1029, 1061, 1066, 1176, 1224, 1257
法常 Фа-чан (牧溪 прозв. Муси) 116, 961
法若真 Фа Жо-чжэнь 31
法因贝格 Фейнберг С.Е. 879
樊国梁 Фавье П. М. А. (Favier P. M., кит. Фань Го-лян) 839
樊圻 Фань Ци (会公 Хуй-гун, прозв. 洽公 Чжи-гун) 31, 800
樊逊 Фань Сюнь 1165
范成大 Фань Чэн-да (至能 Чжи-нэн) 954
范宽 Фань Куань (中正 Чжун-чжэн, 中立 Чжун-ли) 9, 27, 152, 154, 172, 731-732, 757, 762, 824, 843, 856-857, 1002, 1084, 1159
范蠡 Фань Ли 661
范晔 Фань Е (蔚宗 Вэй-цзун) 326, 474
梵天 Брахма 194-195
方力钧 Фан Ли-цзюнь 34, 240, 244
方士庶 Фан Ши-шу (循远/洵远 Сюнь-юань, прозв. 小师道人 Сяоши-даожэнь, 小师老人 Сяоши-лаожэнь, 天慵 Тянь-юн, 天慵庵主 Тяньюн-аньчжу, 丰草 Фэн-цао, 环山 Хуань-шань) 891-892
方婉仪 Фан Вань-и 893-894, 957
菲利普·加斯顿 Филип Гастон (Guston Ph.) 232
菲利普斯 Филипс С. 449
费利佩二世 Филипп II 306
费穆 Фэй Му 483, 733
费什曼 Фишман О.Л. 586, 603
丰子恺 Фэн Цзы-кай (наст. имя Фэн Жунь 丰润) 383
封演 Фэн Янь 435
冯法祀 Фэн Фа-сы 34
冯骥才 Фэн Цзи-цай 621
冯婕妤 Фэн-цзеюй 753
冯乃超 Фэн Най-чао 450
冯贽 Фэн Чжи 438
弗鲁格 Флуг К.К. 570
弗洛连斯基 Флоренский П.А. 164
弗洛姆 Фромм Эрих (Fromm E.) 235, 239
弗洛伊德 Фрейд З. (Freud S.) 496
伏生 Фу Шэн 437
伏羲 Фу-си 131, 145-146, 174, 434, 551, 720, 865, 914, 923, 1186
佛陀 Будда (佛 Buddha, Шакьямуни; 释迦牟尼) 120, 184, 196, 206-207, 209-212, 215-218, 369, 578, 720
福西永 Фосийон А. (Focillon H.) 173
傅抱石 Фу Бао-ши 34, 221, 225-227, 229-230, 736, 1047
傅海静 Фу Хай-цзин 385
傅山 Фу Шань (傅青竹/青主 Цин-чжу, прозв. 石道人 Ши даожэнь, 朱衣道人 Чжуи даожэнь) 30, 737, 1155, 1222
傅斯年 Фу Сы-нянь (孟真 Мэн-чжэнь) 446
傅惜华 Фу Си-хуа 671
傅毅 Фу И (武仲 У-чжун) 389
伽内什 Ганеша (神话) 218
改琦 Гай Ци (伯韫 Бо-юнь, 香白 Сян-бай, прозв. 七芗 Цисян, 雪巷生 Сюэсян-шэн, 壶史 Хуши, 横池渔父 Хэнчи-юйфу, 横沜渔父 Хэнмао-юйфу, 玉壶生 Юйху-шэн, 玉壶外史 Юйху-вайши, 玉壶山人 Юйху-шаньжэнь) 114, 737
盖达 Гайда И.В. 43, 439, 603-604, 606, 608
盖利曼 Гельман А. 466
甘凤池 Гань Фэн-чи 521, 1070
高岑 Гао Цэнь (蔚生 Вэй-шэн, 榕园 Жун-юань) 31, 800
高承 Гао Чэн 438
高尔基 Горький А.М. 454, 458, 1082, 1140, 1158
高凤翰 Гао Фэн-хань (西园 Си-юань, прозв. 檗琴翁 Боцинь-вэн, 檗琴老人 Боцинь-лаожэнь,

归云老人 Гуйюнь-лао-жэнь, 丁巳残人 Динсы-цаньжэнь, 老痹 Лаоби, 老阜 Лаофу) 31, 738
高剑父 Гао Цзянь-фу 33
高克恭 Гао Кэ-гун (彦敬 Янь-цзин, прозв . 房山道人 Фаншань-даожэнь) 10, 29, 675, 739, 786, 1003, 1098, 1131, 1235
高克明 Гао Кэ-мин 180
高罗佩 Гулик Р . ван (Gulik R. van) 588, 687, 689-691, 699, 776
高明 Гао Мин (则诚 Цзэ-чэн, прозв . 菜根道人 Цай- гэнь-даожэнь) 601
高其佩 Гао Ци-пэй (韦之 Вэй-чжи, прозв . 且园 Це-юань) 117, 740, 893, 983
高奇峰 Гао Ци-фэн 33
高适 Гао Ши (达夫 Да-фу, прозв . 常侍 Чан-ши) 516
高翔 Гао Сян (凤冈 Фэн-ган, псевд . 西唐 Си-тан, 山林外臣 Шаньлинь-вайчэнь) 31, 741, 1090, 1170-1171
高行健 Гао Син-цзянь 467-468, 608, 741-742
高延 И. де Гроота (J. J. M. de Groot) 734
高益 Гао И 760
戈卢别夫 Голубев В. 195
戈洛温 Головин Ф.А . 306
哥尔多尼 Гольдони К. 451, 461
歌德 Гёте И.В . фон (Goethe) 1081
格雷 Грэй В. 392
格雷 Грэй Д.Г . (Gray J.H.) 436, 476
格鲁别尔 Грубер Р.И. 591
格鲁哈廖娃 Глухарева О.Н. 41, 572, 579, 581, 589, 1005
葛洪 Гэ Хун (稚川 Чжи-чуань, прозв . 抱朴子 Бао-пу- цзы) 437
葛丽宝 • 嘉宝 Гарбо Грета (Garbo Greta) 482, 1017
葛仙翁 Гэ-сяньвэн (神话) 974
葛优 Гэ Ю 499
耿济之 Гэн Цзи-чжи 458
公孙大娘 Гунсунь да-нян 399, 1156
龚开 Лун Кай 761
龚贤 Гун Сянь (半千 Бань-цянь, 半亩 Баньму, прозв. 野遗 Е-и, 半山野老 Баньшань-елао, 扫落叶僧 Саолое-сэн, 柴僧 Чайсэн, 柴丈人 Чай-чжанжэнь, 钟山野老 Чжуншань-елао) 31, 154, 800-801
龚自珍 Гун Цзы-чжэнь (瑟人 Сэ-жэнь, прозв . 定盦 Дин- ань) 3
古干 Гу Гань 34, 853
古元 Гу Юань 123, 227-228
谷文达 Гу Вэнь-да 34, 235
顾闳中 Гу Хун-чжун 27, 113, 182, 749-750, 754
顾恺之 Гу Кай-чжи (长康 Чан-кан, прозв . 虎头 Ху-тоу) 9, 22, 110-111, 113, 119, 179, 311, 326, 751-756, 846, 862, 867, 938, 1126, 1218-1219
顾凝远 Гу Нин-юань 649
顾雄 Гу Сюн 34
顾炎武 Гу Янь-у (прозв . 亭林 Тин-линь) 540
顾野王 Гу Е-ван (希冯 Си-фэн) 144
关汉卿 Гуань Хань-цин 462, 601
关山月 Гуань Шань-юэ 34, 227

关全 Гуань Тун (关同 / 关童 / 关穜 Гуань Тун) 27, 732, 757-758, 762, 779, 824, 843-844, 967, 1084, 1130, 1159
关羽 Гуань Юй (关帝 Гуань-ди) 810, 972
观音 Гуань-инь (观世音 Гуань-ши-инь, 观世音菩萨 Авалокитешвара) 207, 213, 216, 302, 348, 719, 721, 817, 964, 1182
管道升 Гуань Дао-шэн (仲姬 Чжун-цзи, прозв . 瑶姬 Яо-цзи , 魏国夫人 титул Вэйго-фужэнь) 758-759, 1202, 1235, 1238
光未然 Гуан Вэй-жань 383
光武帝 Гуан-у-ди (汉朝) (刘秀 Лю Сю) 984, 1164
光绪 Гуан-сюй (德宗 Дэ-цзун) 1181
光宗 Гуан-цзун (宋朝) 929
贵霜王 Канишка 201, 718
郭畀 Го Би 1240
郭茂倩 Го Мао-цянь 388
郭沫若 Го Мо-жо 33, 138, 448, 451, 453-455, 457, 460, 463, 657, 799, 802, 841, 850
郭璞 Го Пу (景纯 Цзин-чунь)144, 735
郭其祥 Го Ци-сян 34
郭若虚 Го Жо-сюй 10, 44, 145, 147-153, 165, 173, 178, 577-578, 697, 712, 732, 750, 757, 760-761, 769, 790, 814, 824, 843, 864-865, 958, 1083-1086, 1126-1127, 1133, 1156, 1159, 1163, 1218, 1225, 1259
郭淑珍 Го Шу-чжэнь 384
郭思 Го Сы 150, 165, 762-763
郭熙 Го Си (淳夫 Чунь-фу) 10, 27, 149-152, 163-165, 178, 571, 577, 708, 761-764, 781, 844, 947, 1002, 1086, 1100, 1104, 1114, 1160-1161, 1233, 1237, 1239
郭云深 Го Юнь-шэнь 1152
郭忠恕 Го Чжун-шу 1230
果戈理 Гоголь Н . В . 448, 453-454, 458-460, 802
过士行 Го Ши-син 765-766
海尔曼 Хелман Л . (Hellman L.) 466
海瑞 Хай Жуй 430, 463, 744
韩非 Хань Фэй 558
韩幹 Хань Гань 24, 767-769, 778, 846-847, 992, 1011, 1166, 1173, 1236
韩滉 Хань Хуан (太冲 Тай-чун, 韩晋公 Хань Цзинь-гун) 24, 769
韩秦娥 Хань Цинь-э 671
韩熙载 Хань Си-цзай 749
韩湘子 Хань Сян-цзы 300, 632
韩择木 Хань Цзэ-му 137
汉安帝 Ань-ди 472
何充 Хэ Чун 848
何多苓 Хэ До-лин 34
何冀平 Хэ Цзи-шэн 467, 469
何良臣 Хэ Лян-чэнь (惟圣 Вэй-шэн, прозв . 际明 Цзимин) 518
何绍基 Хэ Шао-цзи (子贞 Цзы-чжэнь, прозв. 东洲 Дун-чжоу, 东洲居士 Дун-чжоу-цзюши, 蝯叟 Юань-со) 31, 138, 190, 770-771, 876, 997, 1075
何仙姑 Хэ Сянь-гу (神话) 632
何逊 Хэ Сунь (仲言 Чжун-ян) 953

河伯 Хэ-бо (神话) 683
贺敬之 Хэ Цзин-чжи 429, 485
贺绿汀 Хэ Лу-тин 383-384, 591
贺启明 Хэ Ци-мин 458
贺清泰 Пуаро Л. де (L. de Poirot, Хэ Цин-тай) 1013
亨利·马蒂斯 Матисс Анри 225
弘仁 Хун-жэнь (江韬 Цзян Тао, 六奇 Лю-ци, прозв. 鸥盟 Оу-мэн, 孤啸主人 Гусяо-чжужэнь, 梅花古纳 Мэйхуа-гуна, 无智 Учжи) 31, 792-793, 1060, 1148-1149, 1171
洪深 Хун Шэнь 448-453, 606, 656, 771-772, 802, 1140-1141, 1175
洪昇 Хун Шэн (Хун Фан-сы) 417
侯孝贤 Хоу Сяо-сянь 504-505, 773
后稷 Хоу-цзи 434, 552, 1026
胡蝶 Ху Де (наст. имя Ху Жуй-хуа 胡瑞华) 610
胡光炜 Ху Гуан-вэй 854
胡金铨 Ху Цзинь-цюань 504, 775
胡适 Ху Ши (наст. имя Ху Хун-син 胡洪骍) 426-427, 446, 448
胡松华 Ху Сун-хуа 385
胡问遂 Ху Вэнь-суй 34
胡晓平 Ху Сяо-пин 385
胡愷 Ху Цзао (石公 Ши-гун) 800-801
胡正言 Ху Чжэн-янь (曰从 Юэ-цун, прозв. 十竹 Ши-чжу) 691, 775-777
华佗 Хуа То 541
华嵒 Хуа Янь (秋岳 Цю-юэ, 空尘 Кун-чэнь, прозв. 白沙 Байша, 白沙道人 Байша-даожэнь, 布衣生 Буи-шэн, 东园生 Дунъюань-шэн, 离垢居士 Лигоу-цзюйши, 新罗 Синьло, 新罗山人 Синьло-шаньжэнь) 738, 766, 778, 1090, 1173
滑田友 Хуа Тянь-ю 33-34
怀素 Хуай-су (钱藏真 в миру Цянь Цан-чжэнь) 9, 11, 23, 131, 138, 730, 784-785, 933, 1155, 1176, 1194, 1224, 1228
黄宾虹 Хуан Бинь-хун 33, 117-118, 223, 650, 786, 851, 874, 1124, 1193
黄道周 Хуан Дао-чжоу 1024, 1222
黄帝 Хуан-ди 145, 260-261, 266, 276, 320, 375, 395, 434, 515, 527, 818, 1022
黄鼎 Хуан Дин (尊古 Цзунь-гу, прозв. 独往 Ду-ван, 独往客 Ду-ван-кэ, 旷亭 Куан-тин, 旷园 Куан-юань, 静垢老人 Цзингоу-лаожэнь, 闲圃 Цзянь-пу) 891
黄公望 Хуан Гун-ван (. 陆坚 Лу Цзянь, 子久 Цзы-цзю, прозв. 大痴 Дачи, 大痴道人 Дачи-даожэнь, 大痴学人 Дачи-сюэжэнь, 一峰 Ифэн, 一峰道人 / 山人 Ифэн-дао/шаньжэнь, 黄山谷 Хуаншаньгу, 井西道人 Цзинси-даожэнь, 静坚道人 Цзинцзянь-даожэнь, 闲墅 Цзянь-шу) 10, 29, 582, 739, 774, 786-788, 891, 947, 967-968, 999, 1030-1031, 1056, 1098, 1105, 1130-1131, 1144, 1147-1149, 1172, 1201, 1221, 1232, 1235, 1243
黄建新 Хуан Цзянь-синь 492
黄金陵 Хуан Цзинь-лин 34
黄居寀 Хуан Цзюй-цай (伯鸾 Бо-лунь) 791
黄苗子 Хуан Мяо-цзы 34, 853
黄绮 Хуан Ци (黄匡一 Хуан Куан-и, прозв. 九一 Цзю-и) 34, 156, 191, 789
黄筌 Хуан Цюань (要叔 Яо-шу) 27, 153-154, 165, 180-181, 649, 697, 790-791, 951, 992, 1085, 1156-1157, 1239
黄慎 Хуан Шэнь (恭寿 Гун-шоу, прозв. 东海布衣 Дунхай-буи) 31, 114, 1090, 1170, 1172
黄蜀芹 Хуан Шу-цинь 490, 615
黄庭坚 Хуан Тин-цзянь (鲁直 Лу-чжи, прозв. 山谷道人 Шаньгу дао-жэнь, 涪翁 Фу-вэнь) 26, 131, 138, 569, 653, 784, 789, 793-795, 1057, 1064-1065, 1113, 1121, 1129, 1154, 1176, 1234
黄休复 Хуан Сю-фу 179-180
黄易 Хуан И (大易 Да-и, 小松 Сяо-сун, прозв. 大业 Дае, 秋盦 Цюхэ) 1134
黄钺 Хуан Юэ 169, 181, 568-569
黄自 Хуан Цзы 383
徽宗 Хуй-цзун 9, 26-27, 169, 577, 671, 768, 781-782, 833, 855, 938, 940, 951, 954, 1044, 1104, 1229, 1232, 1234
惠文王 Хуй-вэнь-ван 842
慧能 Хуй-нэн 184
霍内夫 Хоннеф К. 1097
霍去病 Хо Цюй-бин 795-797
姬龙峰 Цзи Лун-фэн (姬际可 Цзи Бяо-кэ) 1151
嵇康 Цзи Кан 7, 591, 1267
箕子 Цзи-цзы (子胥余 Цзы Сюй-юй) 558-559
计成 Цзи Чэн 51, 55, 1202, 1203
加吉别科夫 Гаджибеков У. 462
贾科莫·普契尼 Пуччини Дж. (Puccini. G.) 462
贾樟柯 Цзя Чжан-кэ 499
贾政 Цзя Чжэн 90
贾作光 Цзя Цзо-гуан 392, 403-404
江记仙 Цзян Дин-сянь 385
姜建华 Цзян Цзянь-хуа 385
姜文 Цзян Вэнь (Цзян Сяо-цзюнь) 493, 496, 614, 798
姜嫄 Цзян-юань 434
蒋发 Цзян Фа 1069-1070
蒋介石 Чан Кай-ши 872, 1024
蒋仁 Цзян Жэнь (阶平 Цзе-пин, прозв. 空实居士 Кунши-цзюйши, 女床山民 Нюйчуань-шаньминь, 阶明 Цзе-мин, 吉罗居士 Цзило-цзюйши, 山堂 Шань-тан) 1134-1135
蒋友仁 Бенуа М. (Benoist M.) 366, 1206
蒋兆和 Цзян Чжао-хэ 34, 114, 798
焦秉贞 Цзяо Бин-чжэнь (прозв. 尔正 Эр-чжэн) 652
焦菊隐 Цзяо Цзюй-инь 453, 462, 465, 799-800
焦雄屏 Цзяо Сюн-пин 505
焦循 Цзяо Сюнь (理堂 / 里堂 Ли-тан) 425
杰尼凯 Денике Б.П. 41, 572, 579, 589
金刚手菩萨 Ваджрапани (金刚手 Цзинь-ган-шоу) 196
金农 Цзинь Нун (寿门 Шоу-мэнь, прозв. 百二砚田富翁 Байэръ- янь-тяньфу-вэн, 百砚翁 Байянь-вэн, 古泉 Гуцюань, 冬心 Дунсинь, 冬心先生 Дунсинь-сяньшэн, 枯梅盦主 Кумэй-хэчжу) 31, 137, 802, 893, 1090, 1170, 1172-1173
金山 Цзинь Шань (наст. имя Чжао Мо 赵默) 450-451, 461, 465, 483, 802-803

金湘 Цзинь Сян 469
靳尚谊 Цзинь Шан-и 34
京房 Цзин Фан (君明 Цзюнь-мин) 914-917
荆浩 Цзин Хао (浩然 Хао-жань, прозв. 洪谷子 Хунгу-цзы, 泌水人 Бишуй-жэнь) 10, 27, 149, 151, 177, 179, 569, 571, 577, 708, 757, 779, 814-816, 824, 844, 967, 1085, 1114, 1130
景帝 Цзин-ди (汉朝) (刘启 Лю Ци) 664, 686-687, 877
净藏 Цзин-цзан 25, 638
菊池宽 Кикути Кан (наст. имя Кикути Хироси) 449
巨然 Цзюй-жань (вар. Цзюй Жань) 27, 787, 824-825, 967, 994, 1084, 1099, 1105, 1115-1116, 1130, 1132, 1201
卡津 Казин В.Н. 570
康定斯基 Кандинский В. 226
康里巙巙 Канли Няо-няо (子山 Цзы-шань, прозв. 正斋 Чжэн-чжай, 恕叟 Шу-соу) 829
康熙 Кан-си (圣祖 Шэн-цзу) 53, 220, 354, 358, 361, 692, 837-838, 1013-1014, 1095, 1205
康殷 Кан Инь 34
康有为 Кан Ю-вэй (南海 Нань-хай, 祖诒 Цзу-и, 广厦 Гуан-ся, прозв. 长素 Чан-су, 更甡 Гэн-шэн, 明夷 Мин-и, 天游化人 Тянью-хуажэнь) 33, 704, 830-832, 1024
康赞修 Кан Цзань-сю 830
柯九思 Кэ Цзю-сы 1240
柯灵 Кэ Лин 458
柯欣 Кошен Ш. Н. (Cochin Ch. N.) 1015
柯一正 Кэ И-чжэн 505
科布杰夫 Кобзев А.И. 583, 587-588, 592, 690, 693
科切托娃 Кочетова С.М. 570-571
克拉夫佐娃 Кравцова М.Е. 41, 687
克列切托娃 Кречетова М.Н. 41, 570-571
克维尔费力德 Кверфельд Э.К. 571
孔安国 Кун Ань-го 144
孔子 Кун-цзы (孔丘 Кун Цю, 孔夫子 Кун Фу-цзы, 仲尼 Чжун-ни) 6-7, 12, 64, 95, 299, 434, 527, 551-552, 555, 619, 671, 834-835, 899, 982, 1058, 1127-1128
库切拉 Кучера С.И. 389, 472, 556, 592
邝新华 Куан Синь-хуа 1212
魁 (星) Куй(-син) (神话) 304, 972
夔 Куй (神话) 267, 883
昆汀·塔伦蒂诺 Тарантино Квентин (Tarantino Quentin) 1097
髡残 Кунь-цань (介丘 Цзе-цю, прозв. 石溪 Ши-си, 白秃 Байту, 残道人 Цань-даожэнь, 电住道人 Дянь-жу-даожэнь, 电住老人 Дянь-жу-лаожэнь, 电住行人 Дянь-жу-синжэнь, 忍辱仙人 Жэнь-жу-сяньжэнь, 天壤残人 Тяньжан-цаньжэнь, 残道人 Цань-даожэнь, 石秃 Шиту, 石道人 Ши-даожэнь) 31, 1060
拉夫罗夫 Лавров М.И. 572
拉祖莫夫斯基 Разумовский К.И. 41, 43, 570-571, 606, 624
莱纳 Лернер М. (Lerner M.) 197
赖声川 Лай Шэн-чуань 505
郎瑛 Лан Ин 686

兰陵笑笑生 Ланьлин Сяосяошэн 691
蓝采和 Лань Цай-хэ 2 (神话) 300-301, 632
蓝荫海 Лань Инь-хай 469
蓝瑛 Лань Ин (田叔 Тянь-шу, прозв. 万篆阿主者 Ваньчжуаньа-чжу-чжэ, 蝶道人 Де-даожэнь, 蝶叟 Де-соу, 东郭老农 Дунго-лаонун, 东园蝶叟 Дуньюань-десоу, 西湖外史 Сиху-вайши, 西湖研民 Сиху-яньминь, 山公 Шань-гун, 石头陀 Шитоу-то) 30, 702, 766, 836, 1105, 1243
郎世宁 Кастильоне Дж. Б. (Castilione G.B.) 10, 71, 362, 365-366, 652, 837-839, 1003, 1012-1013, 1015-1016, 1106, 1108, 1206-1209
老舍 Лао Шэ (наст. имя Шу Цин-чунь 舒庆春) 432, 453, 457, 459, 462, 469, 657, 800, 1062
老子 Лао-цзы (老聃 Лао Дань, 李耳 Ли Эр, 李伯阳 Ли Бо-ян, 道德天君 Дао-дэ-тянь-цзюнь, Лао Пэн, Лао-цзюнь) 55, 59, 299
勒·诺特尔 Ленотр А. (LeNôtre André) 1207
勒布朗 Леблан Н. (Leblanc И.) 295, 304
嫘祖 Лэй-цзу 320
黎锦晖 Ли Цзинь-хуй 456
李安 Ли Ань (Энг Ли, Ang Lee) 505-506, 840
李白 Ли Бо (太白 Тай-бо) 379, 399, 459, 516, 829, 841, 848, 860, 1103
李宝嘉 Ли Бао-цзя 706
李冰 Ли Бин 842
李伯钊 Ли Бо-чжао 478
李成 Ли Чэн (咸熙 Сянь-си) 9, 27, 178, 180, 708, 731-732, 739, 757, 762, 780, 824, 843-844, 947, 1002, 1030, 1056, 1084, 1100-1101, 1159, 1233, 1235, 1237
李春 Ли Чунь 59, 629
李存义 Ли Цунь-и 1152
李德伦 Ли Дэ-лунь 385
李迪 Ли Ди 27
李东阳 Ли Дун-ян (宾之 Бин-чжи, прозв. 西涯 Си-яй) 30, 845, 1180
李方膺 Ли Фан-ин (虬仲 Цю-чжун, прозв. 晴江 Цин-цзян, 秋池 Цючи) 1090, 1170-1171
李昉 Ли Фан (明远 Мин-юань) 434
李公麟 Ли Гун-линь (伯时 Бо-ши, прозв. 龙眠山人 Лунмяньшань-жэнь, 龙眠居士 Лунмянь-цзюйши) 27, 114, 213, 846-848, 937, 992, 1011, 1100, 1112, 1114, 1243
李光羲 Ли Гуан-си 385
李龟年 Ли Гуй-нянь 379
李翰祥 Ли Хань-сян 503-504, 775, 849
李贺 Ли Хэ 111, 134
李鸿章 Ли Хун-чжан 802
李华生 Ли Хуа-шэн 34
李焕之 Ли Хуань-чжи 384-385, 849-850
李健吾 Ли Цзянь-у 451
李诫 Ли Цзе (明仲 Мин-чжун) 28, 53, 869, 1187
李金发 Ли Цзинь-фа 33
李衎 Ли Кань 29, 959
李可染 Ли Кэ-жань 34, 225, 227-230, 584, 851
李克恭 Ли Кэ-гун 777
李凌 Ли Лин 384
李龙云 Ли Лун-юнь 469

李骆公 Ли Ло-гун (立民 Ли-мин, 黑沙骆 Хэйша-ло) 34, 852-853
李名强 Ли Мин-цян 384
李普同 Ли Пу-тун 34
李溥光 Ли Пу-гуан 132
李清照 Ли Цин-чжао (прозв. 易安居士 И-ань цзюй-ши) 1007
李日华 Ли Жи-хуа 165
李瑞环 Ли Жуй-хуань 468
李瑞清 Ли Жуй-цин (仲麟 Чжун-линь, прозв. 梅庵 Мэй-ань, 梅痴 Мэй-чи, 清道人 Циндаожэнь) 33, 854
李鱓 Ли Шань (宗扬 Цзун-ян, прозв. 复堂 Футан, 懊道人 Ао-даожэнь) 116, 1090, 1170-1171
李少文 Ли Шао-вэнь 34
李士行 Ли Ши-син 29
李寿 Ли Шоу 1189
李叔同 Ли Шу-тун 33
李思训 Ли Сы-сюнь (建睍 Цзянь-цзянь, прозв. 大李将军 Да Ли цзянцзюнь) 9, 24, 182, 846, 855, 862-863, 966-967, 1232
李斯 Ли Сы 11, 654, 860, 879, 996-997
李嗣真 Ли Сы-чжэнь 179
李嵩 Ли Сун 969, 1230
李唐 Ли Тан (晞古 Си-гу) 27, 769, 855-858, 826-863, 929-930, 947, 1056, 1137, 1237, 1243
李文茂 Ли Вэнь-мао 1212
李贤 Ли Сянь 6
李小龙 Ли Сяо-лун (Брюс Ли, Bruce Lee) 13, 858
李行 Ли Син 503-504, 613, 773, 859
李雄 Ли Сюн 760
李延年 Ли Янь-нянь 378, 859-860
李阳冰 и Ян-бин (少温 Шао-вэнь) 132, 140, 845, 860, 1123, 1168
李应祯 Ли Ин-чжэнь 1121, 1269
李邕 Ли Юн (泰和 Тай-хэ, прозв. 北海 Бэй-хай) 138, 861, 1064, 1228, 1240
李渔 Ли Юй (наст. имя Ли Сянь-люй 李仙侣, 笠鸿 Ли-хун; прозв. 笠翁 Ли-вэн) 419, 421, 469, 550, 556, 560, 690
李煜 Ли Юй (李后主 Ли Хоу-чжу) 671, 749, 1262
李元庆 Ли Юань-цин 384, 591
李约瑟 Нидэм Дж. (Needham J., псевд. Холореншоу Г., кит. Ли Юэ-сэ) 353, 477, 735
李在 Ли Цзай (以政 И-чжэн) 1161-1162
李昭道 Ли Чжао-дао (прозв. 小李将军 Сяо Ли цзянцзюнь) 24, 814, 855, 862-863, 967, 992, 1100, 1172
李真 Ли Чжэнь 963
李忠良 Ли Чжун-лян 34
李仲略 Ли Чжун-люэ 1102
利玛窦 Риччи М. (Ricci M., Ли Ма-доу) 839, 1253
梁辰鱼 Лян Чэнь-юй (伯龙 Бо-лун, прозв. 少白 Сяобай, 仇池外史 Чоучи-вайши) 416
梁鼎铭 Лян Дин-мин 33
梁寒光 Лян Хань-гуан 456, 462
梁巨廷 Лян Цзю-тин 34
梁楷 Лян Кай (прозв. 梁疯子 Лян Фэн-цзы) 27, 114, 116, 165, 184-185, 196, 584, 868, 993, 1155
梁克祥 Лян Кэ-сян 392-393
梁令瓚 Лян Лин-цзань 760
梁启超 Лян Ци-чао 33, 382, 446, 868
梁思成 Лян Сы-чэн. 589, 868-873
廖承志 Ляо Чэн-чжи 478
列夫•Толстой Л.Н. 446-448, 458, 1081-1082, 1140
列福尔特 Лефорт Ф.Я. 306
列维-斯特劳斯 Леви-Строс К. (Levi-Strauss K.) 176
林春 Линь Чунь 130
林风眠 Линь Фэн-мянь 34, 121, 225-226
林洪 Линь Хун 560
林良 Линь Лян (林以善 Линь И-шань) 1155, 1161
林青霞 Линь Цин-ся 504
林散之 Линь Сань-чжи (霖 Линь, прозв. 三痴 Сань-чи, 左耳 Цзо-эр) 33, 874-875
林语堂 Линь Юй-тан 182, 1047
林兆华 Линь Чжао-хуа 608
林之 Линь Чжи 1212
灵帝 Лин-ди (刘宏 Лю хун) 335, 654-655
刘半农 Лю Бань-нун (наст. имя 刘复) 446
刘保罗 Лю Бао-ло 450
刘备 Лю Бэй 975, 1164-1165
刘达临 Лю Да-линь 688
刘道醇 Лю Дао-чунь 149, 750, 760, 1230
刘德海 Лю Дэ-хай 385
刘德昇 Лю Дэ-шэн 11, 138, 1052, 1257
刘鹗 Лю Э (铁云 Те-юнь) 706
刘国松 Лю Го-сун 34
刘海 Лю Хай (刘海儿 Лю Хар, 刘海蟾 Лю Хай-чжань/чань) 620
刘海粟 Лю Хай-су 34
刘江 Лю Цзян 34
刘开渠 Лю Кай-цю 33
刘伶 Лю Лин 1267
刘少奇 Лю Шао-ци 478
刘胜 Лю Шэн (中山靖王 Чжуншань Цзин-ван) 877-878, 1200
刘诗昆 Лю Ши-кунь 384, 879
刘树纲 Лю Шу-ган 467, 608
刘顺 Лю Шунь 34
刘松龄 (字乔年) Халерштайн/Галлерштейн (Hallerstein F.A. von, кит. Лю Сун-лин, прозв. Цяо-нянь) 1014
刘松年 Лю Сун-нянь 541-542
刘熙 Лю Си 144
刘熙载 Лю Си-цзай 188
刘向 Лю Сян (刘更生 Лю Гэн-шэн, 子政 Цзы-чжэн) 6, 555, 686, 755
刘勰 Лю Се (彦和 Янь Хэ) 143, 148
刘歆 Лю Синь (刘秀 Лю Сю, 子骏 Цзы-цзюнь, 颖叔 Ин-шу) 6, 437
刘墉 Лю Юн (崇如 Чун-жу, прозв. 石庵 Ши-ань, 青原 Цин-юань, 东武 Дун-у, 日观峰道人 Жигуаньфэн-дао-жэнь, 溟华 Мин-хуа, 穆庵 Му-ань, 香岩 Сян-янь, 文清公 титул Вэньцин-гун) 31, 880, 1075

刘兆 Лю Чжао 144
刘振球 Лю Чжэн-цю 469
刘仲平 Лю Чжун-пин 460
柳公权 Лю Гун-цюань (прозв. 诚悬 Чэн-сюань) 138, 881, 941, 1024, 1064
柳永 Лю Юн (柳三变 Лю Сань-бянь, 景庄 Цзин-чжуан, 耆卿 Ци-цин) 672
卢根达斯 Ругендас-старший Г.Ф. (Rugendas) 1015
鲁班 Лу Бань 974
鲁缅采夫 Румянцев Н.П. 567
鲁迅 Лу Синь (наст. имя Чжоу Шу-жэнь 周树人) 123, 393, 406, 427-428, 459, 686, 841, 936, 1082, 1211
陆翰 Лу Хань (少征 Шао-чжэн) 1243
陆师道 Лу Ши-дао 948, 1005
陆石 Лу Ши 34
陆探微 Лу Тань-вэй 113, 116, 119, 751
陆俨少 Лу Янь-шао 34
陆游 Лу Ю (务观 У-гуань, прозв. 放翁 Фан-вэн) 553, 841
陆羽 Лу Юй (鸿渐 Хун-цзянь, прозв. 竟陵子 Цзин-лин-цзы, 桑苎翁 Саннин-вэн, 东冈子 Дунган-цзы) 294, 541, 544-547, 784-785
陆治 Лу Чжи 1130
路易十四 Людовик XIV 306, 782, 1013, 1208
路易十五 Людовик XV 366, 1208
路易十六 Людовик XVI 1015, 1208
罗工柳 Ло Гун-лю 121
罗贯中 Ло Гуань-чжун 418, 518
罗聘 Ло Пинь (遯夫 Дунь-фу, прозв. 衣云 И-юнь, 衣云和尚 Июнь-хэшан, 两峰 Лян-фэн, 两峰子 Лянфэн-цзы, 廖洲渔夫 Ляочжоу-юйфу, 薰道人 Си-даожэнь, 花之寺僧 Хуачжи-сысэн, 金牛山人 Цзиньню-шаньжэнь, 竹叟 Чжу-соу, 师莲老人 Шилянь-лаожэнь) 893, 957, 1090, 1170, 1172
罗瑞卿 Ло Жуй-цин 459, 479
罗允绍 Ло Юнь-шао 893, 957
罗允缵 Ло Юнь-цзуань 893, 957
罗振玉 Ло Чжэнь-юй (叔蕴 Шу-юнь, прозв. 雪堂 Сюэ-тан) 33, 894-895
罗宗贤 Ло Цзун-сян 462
洛神 Ло-шэнь (神话) 752
洛特曼 Лотман Ю.М. 177
吕班 Люй Бань 486
吕洞宾 Люй Дун-бинь (. 神话) 300, 632
吕后 Люй-хоу (吕雉 Люй Чжи, 娥姁 Э-сюй) 664
吕纪 Люй Цзи (廷振 Тин-чжэнь, 廷孙 Тин-сунь, прозв. 乐愚 / 乐渔 Лэ-юй) 649, 1243
吕骥 Люй Цзи 383, 385
吕寿琨 Люй Шоу-кунь 34
吕文英 Люй Вэнь-ин 1243
马贲 Ма Бэнь 928
马德升 Ма Дэ-шэн 34
马可 Ма Кэ 384, 429, 456, 462, 591
马可·波罗 Поло Марко 59, 76, 350, 892
马逵 Ма Куй 929
马力涅 Маринье 1015
马连良 Ма Лянь-лян 813, 1074

马麟 Ма Линь 922-923, 1237
马世荣 Ма Ши-жун 929
马思聪 Ма Сы-цун 383-384, 386, 591, 924
马王 Ма-ван (神话) 621
马兴祖 Ма Син-цзу 929
马学礼 Ма Сюэ-ли 1151
马彦祥 Ма Янь-сян 451, 453, 772, 1175
马远 Ма Юань (遥父 Яо-фу, прозв. 钦山 Цинь-шань) 10, 27, 160, 167, 701, 708-709, 769, 783, 788, 858, 863, 922-923, 928-932, 939, 967, 992, 1006, 1030, 1076, 1099, 1139, 1161, 1199, 1237, 1243
马中骏 Ма Чжун-цзюнь 467, 608
满涛 Мань Тао 458
曼努埃尔·德·阿高特 Мануэль де Аготе (Manuel de Agote) 1088
曼努埃尔一世 Эммануил Великий 306
毛泽东 Мао Цзэ-дун 5, 33, 227, 429, 455, 463-464, 467, 478, 482, 486, 525, 703, 744, 784, 841, 872, 874, 933, 1082, 1211, 1266
茅盾 Мао Дунь (наст. имя Шэнь Янь-бин 沈雁冰) 447, 459, 486
茅元仪 Мао Юань-и 518
茅沅 Мао Юань 456
梅兰芳 Мэй Лань-фан 13, 384, 424-425, 427-428, 430, 603, 610-611, 678, 805, 807-808, 813, 934-936
梅清 Мэй Цин (远公 Юань-гун, 润公 Жунь-гун, 渊公 Юань-гун, прозв. 老瞿 Лаоцюй, 梅痴 Мэйчи, 雪庐 Сюэлу, 凡父 Фаньфу, 瞿硎 Цюйсин, 瞿硎山人 Цюйсин-шаньжэнь, 瞿山 Цюйшань, 瞿山人 Цюйшань-шаньжэнь) 31, 792-793, 1046, 1149
梅森 Мерсен M. (Mersenne M) 381
梅图斯 Мейтус Ю. 462
梅耶荷德 Мейерхольд В.Э. 452, 467, 601, 742, 936
美查兄弟 Мейджор, братья (Major, E.; Major F.) 705
蒙恬 Мэн Тянь 133, 668
孟超 Мэн Чао 463
孟京辉 Мэн Цзин-хуй 608, 936-937
孟锡珏 Мэн Си-цзюэ 617
孟元老 Мэн Юань-лао 435
孟子 Мэн-цзы (孟轲 Мэн Кэ) 7, 551
弥勒佛 Майтрейя 196, 207, 212, 520, 717-719
米芾 Ми Фу/Фэй (米黻 Ми Фу, 元章 Юань-чжан, прозв. 海岳外史 Хайюэ-вайши, 襄阳漫士 Сянъян-маньши) 26-27, 83, 131, 138, 167, 182, 191-192, 581, 653, 699, 739, 782, 825, 846, 930, 937-943, 950, 967, 992, 1001, 1029, 1064, 1092, 1100-1102, 1113-1114, 1116, 1129-1130, 1137, 1148, 1154, 1157, 1176, 1199, 1223, 1237, 1265
米开朗琪罗 Микеланджело (Michelangelo) 196, 239
米万钟 Ми Вань-чжун 1221
米友仁 Ми Ю-жэнь (尹仁 Инь-жэнь, 元晖 Юань-хуй, 虎儿 Ху-эр, прозв. 懒拙老人 Ланьчжо-лаожэнь) 182, 675, 699, 930, 938, 941-943, 967, 1001, 1114, 1130, 1137, 1199, 1237
缅希科夫 Меншиков А.Д. 306, 565, 567
明帝 Мин-ди (汉朝) 194-195, 984

明帝 Мин-ди (三国·魏) 897
莫尔 Мор Томас (More Thomas) 416
莫是龙 Мо Ши-лун 182, 571
缪嘉蕙 Мяо Цзя-хуй (素筠 Су-юнь, прозв. Нань Дянь Су-юнь) 960-961
木兰 Мулань 935
牧溪 Му Ци (Му-ци) 27, 184-185, 238, 584, 886, 939, 961, 964-965, 993, 1173, 1198
穆帝 Му-ди (东晋) (司马聃 Сыма Дань) 729
穆王 Му-ван (周穆王) 434, 436, 768
尼基京 Никитин Л.А. 572
倪天爵 Граверо Ж.-Б. (Gravereau J.B.) 365, 1014
倪贻德 Ни И-дэ 121
倪瑛 Ни Ин 776
倪瓒 Ни Цзань (元镇 Юань-чжэнь, прозв. 云林 Юнь-линь, 云林子 Юньлинь-цзы, 云林先生 Юньлинь-сяньшэн, 云林散人 Юньлинь-саньжэнь, 东海瓒 Дунхай Цзань, 如幻居士 Жухуань-цзюйши, 懒道人 Лань-даожэнь, 懒瓒 Лань-цзань, 倪迂 Ни-юй, 奚元朗 Сиюань-лан, 萧闲仙卿 Сяосяньсяньцин, 净名居士 Цзинмин-цзюйши) 10, 29, 98, 111, 165, 172-173, 180, 709, 739, 786, 891, 967-968, 999, 1002, 1060, 1098, 1130-1131, 1135, 1144, 1147-1149, 1154, 1162, 1172, 1201, 1235
聂耳 Не Эр 383, 979, 1082
宁宗 Нин-цзун (赵扩 Чжао Ко) 922, 929, 1136
牛王 Ню-ван 621
女娲 Нюй-ва (Нюй-гуа) 395, 720, 927, 1186
欧威 Оу Вэй 503
欧阳通 Оуян Тун 1177
欧阳修 Оуян Сю (永叔 Юн-шу, 文忠 Вэнь-чжун, псевд. 醉翁 Цзуй-вэн, 六一居士 Лю-и цзюй-ши) 132, 997, 1121, 1179
欧阳询 Оуян Сюнь (信本 Синь-бэнь) 23, 135, 138-139, 684, 729, 941, 980, 1029, 1045, 1122, 1176, 1196
欧阳逸冰 Оуян И-бин 469
欧阳予倩 Оуян Юй-цянь 424, 427-428, 447-448, 451, 453-454, 460, 465, 471, 610, 799, 1082, 1140, 1263
欧阳中石 Оуян Чжун-ши 34
欧子明 Оу Цзы-мин 661
潘克拉托夫 Панкратов Б.И. 572
潘天寿 Пань Тянь-шоу 33, 117, 221, 225, 231, 983, 1145
潘廷璋 Панци Дж. (Panzi G.) 1013
庞薰琹 Пан Сюнь-цин 121
彭德怀 Пэн Дэ-хуай 430
彭年 Пэн Нянь 948, 1005
毗湿奴 Вишну 216
菩提达摩 Бодхидхарма (梵文 Bodhidharma, 达摩 сокр. Дамо) 302, 519, 527, 531, 538, 1150
蒲风 Пу Фэн (наст. имя Хуан Жи-хуа 黄日华) 616
蒲松龄 Пу Сун-лин (псевд. 聊斋 Ляо Чжай) 444, 520, 555
普多夫金 Пудовкин В. 467, 610
普罗科菲耶夫 Прокофьев С.С. 393
普罗普 Пропп В.Я. 173-174
普贤菩萨 Самантабхадра (кит. Пусянь-пуса 普贤菩萨) 28, 197, 208, 218
溥仪 Пу И 798, 894
戚继光 Ци Цзи-гуан (元敬 Юань-цзин, 南塘 Наньтан, 孟诸 Мэн-чжу) 518, 520, 523, 528, 1067-1068
齐白石 Ци Бай-ши 9-10, 33, 35, 116-118, 137, 140, 221, 225-227, 230, 234, 570, 581, 851, 989, 1124
启功 Ци Гун 34
契恩豪斯 Чирнгауз Э.В. (Tschimhaus E.W. von) 661
契诃夫 Чехов А.П. 448, 457-458, 607, 656, 799, 1140
千手观音 Цянь-шоу Гуань-инь 213, 219
钱德明 Амио Ж.-Ж.-М. (Amiot J.-J.M.) 1106-1107, 1208
钱慧安 Цянь Хуй-ань 970
钱乐之 Цянь Юэ-чжи 917
钱绍武 Цянь Шао-у 841
钱松 Цянь Сун (叔盖 Шу-гай, прозв. 未道人 Вэйдао-жэнь, 未道士 Вэйдао-ши, 耐青 Найцин, 西郭外史 Сиго-вайши, 西郊 Сицзяо, 西郊外史 Сицзяо-вайши, 铁庐 Телу, 秦大夫 Цинь-дайфу, 云和山人 Юньхэ-шаньжэнь, 云居山人 Юньцзюй-шаньжэнь) 1134-1135
钱选 Цянь Сюань (舜举 Шунь-цзюй, прозв. 玉潭 Юй-тань, 巽峰 Сюнь-фэн) 29, 992-994, 1105, 1236
乾隆 Цянь-лун (高宗 Гао-цзун, 弘历 Хун Ли, прозв. 长春居士 Чанчунь-цзюйши, 十全老人 Шицюань-лаожэнь) 94-95, 198, 220, 257, 355, 358, 361, 366, 401, 692, 805, 809, 833, 837, 839, 880, 892, 956, 995, 1013-1015, 1106-1108, 1145, 1180, 1197,1205-1206, 1208-1210
乔达摩·悉达多 Сиддхартха Гаутама см. Будда 1033
乔仲常 Цяо Чжун-чан 848
钦宗 Цинь-цзун (宋朝) 1232
秦二世 Эр Ши-хуан 13, 437, 472
秦观 Цинь Гуань 1065
秦始皇 (帝) Цинь Ши-хуан(ди) (嬴政 Ин Чжэн) 11, 68, 136, 271-272, 274, 325, 437, 668, 842, 996-999, 1109
琴高 Цинь-гао 1162
琼瑶 Цюн Яо 504
仇英 Цю Ин (实父 Ши-фу, прозв. 十洲 Ши-чжоу) 30, 578, 659, 691, 737, 947-948, 1004-1007, 1030, 1075, 1118, 1130, 1145
曲波 Цюй По 462
屈原 Цюй Юань 406, 434, 802
瞿白音 Цюй Бай-инь 488
瞿维 Цюй Вэй (наст. имя Цюй Ши-сюн 瞿世雄) 384-385
瞿希贤 Цюй Си-сянь 385
全佑 Цюань Ю (公甫 Гун-фу, прозв. 保亭 Баотин) 1068
让·科克托 Кокто Жан (Cocteau Jean) 225
仁宗 Жэнь-цзун (赵祯 Чжао Чжэнь) 653, 697
任伯年 Жэнь Бо-нянь (任颐 Жэнь И, 润 Жунь, 小属 Сяо-шу, прозв. 小楼 / 晓楼 Сяо-лоу, 次远 Цы-юань, 寿道士 Шоу-даоши) 10, 31, 114,

中国精神文化大典 艺术卷

221, 570, 1000, 1010, 1124, 1174
任景丰 Жэнь Цзин-фэн 609
任仁发 Жэнь Жэнь-фа（任子明 Жэнь Цзы-мин, 任元发 Жэнь Юань-фа, 任霆发 Жэнь Тин-фа, прозв. 明山 Мин-шань）29, 1011-1012, 1161
任天知 Жэнь Тянь-чжи 447, 1263
任熊 Жэнь Сюн 31, 1000, 1010
任薰 Жэнь Сюнь 31, 1000, 1010
任预 Жэнь Юй 1010
荣格 Юнг К.Г. (Jung C.G.) 163, 168
荣启期 Жун Ци-ци（神话）752, 1267-1268
阮籍 Жуань Цзи 1267
阮玲玉 Жуань Лин-юй 482, 1017
阮咸 Жуань Сюань 1267
阮元 Жуань Юань（伯元 Бо-юань）830-831
若芬 Жо-фэнь（曹仲石 в миру Цао Чжун-ши）1198
萨都剌 Са Ду-ла（萨都拉 Са Ду-цы; 天锡 Тянь-си, прозв. 直斋 Чжи-чжай）672
萨尔维塔 Сальвета 295, 304,
萨莫秀克 Самосюк К.Ф. 44, 569, 577-578
塞尚 Сезанн П. (Cézanne P.) 1238
沙菲罗夫 Шафиров П.П. 306
沙利文 Салливэн М. (Sullivan M.) 782
沙梅 Ша Мэй 456
沙孟海 Ша Мэн-хай（沙文若 Ша Вэнь-жу, прозв. 石荒 Ши-хуан, 沙村 Ша-цунь, 决明 Цзюэ-мин, 兰沙 Лань-ша）34, 1024-1025
沙特罗夫 Шатров М. 466
沙畹 Шаванн Э. (Chavannes E.) 618-620, 622
沙叶新 Ша Е-синь 465, 467, 469, 608, 1025
莎士比亚 Шекспир У. (Shakespeare W.) 446, 448, 452, 454, 458, 461, 466, 657, 799, 1081
山涛 Шань Тао 1267
尚小云 Шан Сяо-юнь 808
少翁 Шао-вэн 438
邵飞 Шао Фэй 34
邵弥 Шао Ми（僧弥 Сэн-ми, прозв. 瓜畴 Гуа-чоу, 瓜畴老人 Гуачоу-лаожэнь, 弥远 Ми-юань, 芬陀居士 Фэньто-цзюйши, 青门隐人 Цинмэнь-иньжэнь, 灌园叟 Гуаньюань-соу）1130-1131
申时行 Шэнь Ши-син 420
神农 Шэнь-нун 276, 395, 540, 1186
神宗 Шэнь-цзун（赵顼 Чжао Сюй）28, 781, 1083, 1232
沈曾植 Шэнь Цзэн-чжи 1125
沈德符 Шэнь Дэ-фу 686-687
沈古之 Шэнь Гу-чжи（神话）671
沈璟 Шэнь Цзин 419-420, 1008
沈括 Шэнь Ко（存中 Цунь-чжун）379
沈鹏 Шэнь Пэн 34
沈铨 Шэнь Цюань（衡之 Хэн-чжи, 衡斋 Хэн-чжай, прозв. 南蘋/南苹 Наньпин）1028
沈耀初 Шэнь Яо-чу 34
沈尹默 Шэнь Инь-мо（沈秋明 Шэнь Цю-мин, прозв. 君墨 Цзюнь-мо, 鬼谷子 Гуйгу-цзы）33, 138, 730, 875, 1024, 1029
沈周 Шэнь Чжоу（启南 Ци-нань, прозв. 石田 Ши-тянь, 白石翁 Байши-вэн, 玉田生 Юйтянь-шэн, 竹居主人 Чжуцзюй-чжужэнь, 竹庄老人

Чжучжуан-лаожэнь）30, 111, 114, 154, 179-180, 675, 766, 776, 947-948, 1004, 1030-1032, 1056, 1075, 1118-1119, 1121, 1129-1130, 1155, 1243
沈宗骞 Шэнь Цзун-цянь（熙远 Си-юань, прозв. 芥舟 Цзе-чжоу) 187, 648
盛茂烨 Шэн Мао-е（与华 Юй-хуа, прозв. 念庵 Нянь-ань, 研庵 Янь-ань, 研庵居士 Яньань-цзюйши) 1131
盛中国 Шэн Чжун-го 384-385
师襄子 Ши Сян-цзы 12
师乙 Ши-и (Чжань-го) 377
施光南 Ши Гуань-нань 385, 469
施耐庵 Ши Най-ань 418, 518
施舟人 Скиппер К. (Schipper K.M.) 439
湿婆 Шива（神话）216
石存符 Ши Цунь-фу（神话）671
石夫 Ши Фу 469
石挥 Ши Хуй 486
石恪 Ши-кэ 114, 116, 963
石勒 Ши Лэ 1218
石鲁 Ши Лу 34
石涛 Ши-тао（道济 Дао-цзи, 元济/原济 Юань-цзи, 朱若极 в миру Чжу Жо-цзи, прозв. 膏肓子 Гаохуан-цзы, 钝根 Дуньгэнь, 苦瓜 Кугуа, 零丁老人 Линдин-лаожэнь, 瞎尊者 Сяцзунь-чжэ, 靖江后人 Цзинцзян-хоужэнь, 济山僧 Цзишань-сэн, 清湘遗人 Цинсян-ижэнь, 枝下叟 Чжися-соу, 山乘客 Шаньшэн-кэ, 石道人 Ши-даожэнь, 粵山人 Юэшань-жэнь）10, 31, 143-144, 154-155, 174-175, 182, 233, 571, 580-581, 766, 792-793, 1046-1047, 1090, 1171, 1174, 1242, 1244, 1265
时乐蒙 Ши Ло-мэн 456
史东山 Ши Дун-шань (наст. имя Ши Куань-шао 史匡韶) 458, 483
史海啸 Ши Хай-сяо 447
史游 Ши Ю 138, 1053
史籀 Ши Чжоу 654, 1044
释迦牟尼 Шакьямуни（参见 Будда）28, 65-66, 184-185, 194, 207-208, 641, 718-719, 1181
寿星 Шоу-син（神话）54, 300-301, 973
叔齐 Шу Ци 857
舒绣文 Шу Сю-вэнь 452
水华 Шуй Хуа (наст. имя Чжан Шуй-хуа 张水华) 485-486, 1055
舜 Шунь（神话）375, 395, 434, 437, 883, 923, 958, 1120
司空图 Сыкун Ту 181, 568
司马迁 Сыма Цянь（子长 Цзы-чжан）6, 44, 51, 144, 438, 472, 478, 558, 591, 618, 687, 904, 906-908, 910, 913-914, 916, 998
司马相如 Сыма Сян-жу 144, 557, 859
思乔夫 Сычёв В.Л. 41-42, 224, 227, 230, 579, 585, 590
斯科罗杜莫夫 Скородумов Н.В. 588
斯坦尼斯拉夫斯基 Станиславский К.С. 427, 452, 454, 467, 936, 1158
斯特林堡 Стриндберг А. (Strindberg) 448

1286

斯特罗加нов Строганов А.С. 1088
斯图任娜 Стужина Э.П. 588
宋伯仁 Сун Бо-жэнь 954
宋春舫 Сун Чунь-фан 448
宋广 Сун Гуан (昌裔 Чан-и) 1061
宋克 Сун Кэ (仲温 Сун Чжун-вэнь, прозв. 南宫生 Нань-гуншэн) 30, 1024, 1061
宋庆龄 Сун Цин-лин 1093
宋璲 Сун Суй (仲珩 Чжун-хэн) 1061
宋之的 Сун Чжи-ди (наст. имя Сун Жу-чжао 宋汝昭) 452-455, 657, 1062-1063, 1175
送子观音 Сун-цзы Гуань-инь 213-214
苏汉臣 Су Хань-чэнь 27, 1262
苏若兰 Су Жолань (苏蕙 Су Хуй) 585
苏轼 Су Ши (苏东坡 Су Дун-по, 子瞻 Цзы-чжань, прозв. 东坡居士 Дунпо-цзюйши, 雪堂 Сюэтан, 和仲 Хэ-чжун) 9, 26-27, 54, 90, 101, 111, 134, 138, 150, 152, 154, 165-166, 542, 571, 577, 653, 672, 699, 708, 759, 782, 794, 880, 937-938, 941, 958, 997, 1064-1065, 1100-1101, 1113-1117, 1129, 1147, 1157, 1173, 1179, 1240
苏叔阳 Су Шу-ян 465
苏小小 Су Сяо-сяо 672
苏辙 Су Чэ (вар. Су Чжэ) 134, 1113
苏祇婆 Су Чжи-по 378
素女 Су-нюй 687
孙过庭 Сунь Го-тин (虔礼 Цянь-ли) 138, 880, 1029, 1065-1066
孙菊仙 Сунь Цзюй-сянь (наст. имя Сунь Лянь 孙濂) 805
孙楷第 Сунь Кай-ди 13, 438, 691
孙隆 Сунь Лун (廷振 Тин-чжэнь, прозв. 都痴 Дучи) 10
孙禄堂 Сунь Лу-тан (孙福全 Сунь Фу-цюань) 523, 1068, 1152
孙权 Сунь Цюань (三国·吴) 975, 1164-1165
孙绍群 Сунь Шао-цюнь 130
孙维世 Сунь Вэй-ши 464
孙悟空 Сунь У-кун (神话) 806, 811
孙诒让 Сунь И-жан (仲容 Чжун-жун, прозв. 籀颅 Чжоуцин) 832
孙逸 Сунь И (无逸 У-и, прозв. 疏林 Шулинь) 1148-1149
孙瑜 Сунь Юй 482, 487, 1067
索福克勒斯 Софокл 431, 466
索靖 Со Цзин 1024, 1061, 1154
索科洛夫 - 列米佐夫 Соколов-Ремизов С.Н. 42, 187, 223, 569, 579, 581, 738, 778, 1116
索佩尔 Сопер А. (Soper A.) 1047
太祖 Тай-цзу (明朝) (朱元璋 Чжу Юань-чжан) 401, 823, 1044
泰罗夫 Таиров А.Я. 936
谭盾 Тань Дун 385
谭鑫培 Тань Синь-пэй (谭金福 Тань Цзинь-фу, 谭金培 Тан Цзинь-пэй, псевд. 小叫天 Сяо Цзяо-тянь) 425-426, 805, 813, 1074, 1195
谭延闿 Тань Янь-кай (祖安 / 祖庵 Цзу-ань, прозв. 无畏 У-вэй, 切斋 Це-чжай) 33, 770, 1075
谭泽闿 Тань Цзэ-кай 1075

汤普森 Томпсон Э. (Thompson E.) 506, 840
汤显祖 ан Сянь-цзу (义仍 И-жэнь, прозв. 海若 Хай-жо, 清远道人 Цинъюань-даожэнь) 409, 416-417, 419-421, 604
汤贻汾 Тан И-фэнь (若仪 Жо-и, , прозв. 若翁 Жо-вэн, 老雨 Лао-юй, 龙公琴隐 Лунгун-циньинь, 琴隐道人 Циньинь-даожэнь, 错道人 Цо-даожэнь, 粥翁 Чжоу-вэн, 山外山人 Шань-вай-шаньжэнь, 师堀主人 Шику-чжужэнь, 雨生 Юй-шэн, 贞愍 титул Чжэнь-минь) 957
唐槐秋 Тан Хуай-цю 449, 451
唐太宗 Тай-цзун (李世民 Ли Ши-минь) 399, 684, 728-729, 866, 980, 1035, 1163, 1166, 1196
唐寅 Тан Инь (唐子畏 Тан Цзы-вэй, 唐解元 Тан Цзе-юань, прозв. 伯虎 Бохy/Байху, 鲁国唐生 Луго- тан-шэн, 六如居士 Люжу-цзюйши, 桃花庵主 Таохуа-аньчжу, 逃禅仙吏 Таочань-сяньли 30, 175, 659, 691, 737, 766, 776, 947-948, 1004, 1007, 1030, 1056, 1075-1077, 1118, 1130, 1145
陶谷 Тао Гу 560
陶渊明 Тао Юань-мин (陶潜 Тао Цянь) 299, 848, 993, 1006, 1047
陶宗仪 Тао Цзун-и 477-478
特列季亚科夫 Третьяков С.М. 43, 602-603, 611
田汉 Тянь Хань 393, 448-454, 456, 460-465, 478, 606-607, 611, 656, 772, 800, 802, 1081-1083, 1141, 1263
田壮壮 Тянь Чжуан-чжуан 492
铁拐李 Ли Те-гуай (神话) 632
屠格涅夫 Тургенев И. 448, 1140
托夫斯托诺гов Товстоногов Г.А. 467
托马切利 Томачелли Н. (Tomacelli N.) 1014
瓦赫坦戈夫 Вахтангов Е.Б. 742
万比洛夫 Вампилов А. 466
万历 Вань-ли (神宗 Шэнь-цзун) 298, 333, 359
万仁 Вань Жэнь 505
汪桂芬 Ван Гуй-фэнь 805, 813
汪士慎 Ван Ши-шэнь (近人 Цзинь-жэнь, прозв. 晚春老人 Ваньчунь-лаожэнь, 甘泉山人 Ганьцю-ань-шаньжэнь, 溪东外史 Сидун-вайши, 七峰草堂 Цифэн-цаотан, 七峰居士 Цифэн-цзюши, 左盲生 Цзоман-шэн, 巢林 Чаолинь) 31, 738, 778, 1089, 1170-1171
汪笑侬 Ван Сяо-нун 1090-1091
汪毓和 Ван Юй-хэ 385
汪之瑞 Ван Чжи-жуй (无瑞 У-жуй) 1148-1149
(王) 操之 (Ван) Цао-чжи 727
王宸 Ван Чэнь (紫凝 / 子凝 Цзы-нин, 子冰 Цзы-бин, прозв. 柳东居士 Лю-дун цзюйши, 蒙叟 Мэн-соу, 蓬心 / 蓬薪 Пэн-синь, 蓬樵 Пэн-цяо, 蓬樵老 Пэн-цяо лао, 潇湘翁 Сяосян-вэн, 退官衲子 Туй-гуань на-цзы, 玉虎山樵 Юй-ху шаньцяо) 891, 1147
王宠 Ван Чун (履吉 Люй-цзи, 雅宜山人 Яишань жэнь) 30, 948, 1005, 1091-1092, 1118
王慈 Ван Цы 22
王次仲 Ван Цы-чжун 137
王导 Ван Дао 727, 1258

王冬龄 Ван Дун-лин 34, 875
王敦 Ван Дунь 727
王铎 Ван До (觉斯 Цзюэ-сы, 嵩樵 Сун-цзяо) 30, 1092, 1155
王尔德 Уайльд О . (Wilde O.) 448-449, 451, 656, 772, 1081
王敷 Ван Фу 541
王概 Ван Гай (东郭 Дунцзяо, 安节 Ань-цзе) 10, 83
王光祈 Ван Гуан-ци 383
王广义 Ван Гуан-и 238-239, 244
王国维 Ван Го-вэй 425
(王) 涣之 (Ван) Хуань-чжи 730
王翚 Ван Хуй (石谷 Ши-гу, 臞樵 Цюй-цяо, прозв . 石谷子 Шигу-цзы, 耕烟 Гэнъянь, 耕烟外史 Гэнъянь-вайши, 耕烟野老 Гэнъянь-елао, 耕烟老人 Гэнъянь-лаожэнь, 耕烟散人 Гэнъянь-санжэнь, 雪笠道人 Сюэли-даожэнь, 象文 Сянвэнь, 天放闲人 Тяньфан-цзяньжэнь, 海虞 Хайюй, 海虞山樵 Хайюй-шаньцяо, 剑门樵客 Цзяньмэнь-цяокэ, 清晖外史 Цинхуй-вайши, 清晖老人 Цинхуй-лаожэнь, 清晖主人 Цинхуй-чжужэнь, 乌目山人 Умушань-жэнь, 乌目山中人 Умушань-чжунжэнь, 烟客外史 Янькэ-вайши) 31, 774, 892, 999, 1002-1003, 1094-1095, 1131, 1147, 1214
(王) 徽之 (Ван) Вэй-чжи 22, 730
王荟 Ван Хуй 22
王家卫 Вонг Кар-вай 499, 1096-1097
王鉴 Ван Цзянь (玄照 Сюань-чжао, 元照 Юань-чжао, прозв . 染香庵主 Жаньсян-аньчжу, 湘碧 Сян-би, 圆照 Юань-чжао, 弇山后人 Яньшань-хоужэнь, 王廉州 Ван Лянь-чжоу Ван [из] Лянь-чжоу) 31, 149, 999, 1001-1002, 1094-1095
王玖 Ван Цзю (次峰 Цы-фэн, прозв . 逸泉主人 И-цюань чжужэнь, 二痴 Эрчи, 二痴居士 Эрчи-цзюйши, 海隅山樵 Хай-юй шаньцяо; 2-я пол.) 774, 1147
王克平 Ван Кэ-пин 34
王旷 Ван Куан 727-728
王昆 Ван Кунь 385
王茂之 Ван Мао-чжи 728
王蒙 Ван Мэн (叔明 Шу-мин, прозв . 黄鹤山樵 Хуанхэшань-цяо, 香光居士 Сянгуанцзюй-ши) 10, 29, 709, 739, 786, 788, 836, 891, 947, 967-968, 999, 1030, 1056, 1076, 1098-1099, 1105, 1119, 1130-1131, 1147, 1172, 1201-1202, 1235
王冕 Ван Мянь (元章 Юань-чжан, 元肃 Юань-су, прозв . 煮石山农 Чжуши- шаньнун, 白衣司马 Байи-сыма, 老村 Лао-цунь, 梅叟 Мэй-соу, 梅花屋主 Мэйхуау-чжу, 闲散大夫 Сяньсань-дафу, 饭牛翁 Фаньню-вэн, 浮萍轩子 Фупинсюань-цзы, 会稽外史 Хуэйцзи- вайши, 会稽山农 Хуэйцзи-шаньнун, 句曲司马 Цзюйцюй-сыма, 九里先生 Цзюли-сяньшэн, 江南古客 Цзяннань-гукэ, 江南野人 Цзяннань- ежэнь, 竹冠草人 Чжугуань-цаожэнь, 竹堂 Чжу-тан, 竹斋生 Чжучжай-шэн, 山阴野人 Шаньинь-ежэнь) 140, 955-956

王鸣韶 Ван Мин-шао (夔律 Куй-люй, прозв . 鹤溪 Хэ-си, 鹗起 Э-ци) 774
(王) 凝之 (Ван) Нин-чжи 730
王全安 Ван Цюань-ань 500
王戎 Ван Жун 1267
王三锡 Ван Сань-си (怀邦 Хуай-бан, прозв . 竹岭 Чжу-лин) 774
王僧虔 Ван Сэн-цянь 22, 190
王诜 Ван Шэнь (晋卿 Цзинь-цин) 939, 1100-1101, 1117
王时敏 Ван Ши-минь (逊之 Сюнь-чжи, прозв . 归村老农 Гуйцунь-лаонун, 偶谐道人 Оуцзе-даожэнь, 西田遗老 Ситянь-илао, 西田老人 Си-тянь-лаожэнь, 西田主人 Ситянь-чжужэнь, 西庐老人 Силу-лаожэнь, 烟客 Янь-кэ) 31, 652, 999, 1001-1003, 1094-1095, 1105
王实甫 Ван Ши-фу 658, 975
王士雄 Ван Ши-сюн. 560
王士禛 Ван Ши-чжэнь 1105
王世充 Ван Ши-чун 1218
王世贞 Ван Ши-чжэнь* 1002
王式廓 Ван Ши-ко 34, 121
王思任 Ван Сы-жэнь (季重 Цзи-чжун, прозв. 谑庵 Нюэ-ань) 417
王廷元 Ван Тин-юань (州元 Чжоу-юань, 赞明 Цзань-мин; кон.) 774
王廷周 Ван Тин-чжоу (恺如 Кай-жу, прозв . 鹅池 Во-чи) 774
王庭筠 Ван Тин-юнь (子端 Цзы-дуань, прозв . 黄华山主 Хуанхуашань-чжу) 151, 739, 1102, 1114
王童 Ван Тун 504
王微 Ван Вэй 735
王维 Ван Вэй (王右丞 Ван Ю-чэн, прозв . 摩诘 Мо- цзе/ци) 9, 24, 27, 111, 118-119, 150, 183, 569, 577, 712, 855, 866, 939, 966-967, 1103, 1115-1116, 1130
王维新 Ван Вэй-синь 34
王武 Ван У 588, 693
王希孟 Ван Си-мэн 9, 27, 156, 1104-1105
王希贤 Ван Си-сянь 393
王锡爵 Ван Си-цзюэ 1001
王羲之 Ван Си-чжи (逸少 И-шао, 澹斋 Дань-чжай, прозв . 王右军 Ван Юцзюнь) 11, 22-23, 116, 131-132, 137-138, 188-189, 299, 653, 685, 727-730, 785, 794, 861, 866, 933, 980, 992-993, 1024, 1029, 1053, 1057, 1064, 1092, 1121, 1143, 1167-1168, 1176, 1192, 1196, 1224, 1228, 1240, 1246, 1257-1258
王献之 Ван Сянь-чжи (子敬 Цзы-цзин, прозв. 官奴 Гуань-ну, 大令 Да-лин) 11, 22, 137-138, 189, 685, 727, 730, 980, 1029, 1176, 1224, 1257
王学仲 Ван Сюэ-чжун 34, 132, 135, 230
王珣 Ван Сюнь 22
王训益 Ван Сюнь-и 393
王延寿 Ван Янь-шоу (文考 Вэнь-као, 子山 Цзы-шань) 1109
王瑶卿 Ван Яо-цин 424-426, 934
王绎 Ван И 29, 166, 570
王廙 Ван И 727-728

王昱 Ван Юй (日初 Жи-чу, прозв. 东庄 Дун- чжуан, 东庄老人 Дун-чжуан лао-жэнь, 东庄农隐 Дун-чжуан нун-инь, 龙道人 Лун даожэнь, 樵云山人 Цяо-юнь шаньжэнь, 云槎山人 Юнь-ча шаньжэнь) 774, 1106, 1147

王渊 Ван Юань 1238-1239

王原祁 Ван Юань-ци (茂京 Мао-цзин, прозв . 石师道人 Шиши-даожэнь) 31, 891, 999, 1001, 1003, 1046, 1105-1106, 1147

王远 Ван Юань 831

王震 Ван Чжэнь 221

王正 Ван Чжэн 727

王之海 Ван Чжи-хай 117

王志 Ван Чжи 22

王致诚 Аттире Ж.-Д . (Attiret J.D.) 652, 839, 1003, 1013-1016, 1106-1108, 1206, 1208

王穉登 Ван Чжи-дэн 180, 1121

王钟声 Ван Чжун-шэн 447

王宗岳 Ван Цзун-юэ 523, 1069-1070

威尔第 Верди Дж. (Verdi G.) 462

威廉姆斯 Вильямс К.А. (Williams C.A.) 36

韦诞 Вэй Дань 133

韦偃 Вэй Янь 847, 1111-1112, 1236

维摩诘 Вималакирти (梵文 Vimalakīrti) 847, 1103

维斯特法连 Вестфален Э.Х. 41, 571

维谢洛夫斯基 Веселовский Н.И . 568

卫夫人 Мадам Вэй 728

卫子夫 Вэй-фужэнь 795

魏景山 Вэй Цзин-шань 34

魏良辅 Вэй Лян-фу 381, 415-416

魏忠贤 Вэй Чжун-сянь 1221

文伯仁 Вэнь Бо-жэнь 30, 1130

文昌 Вэнь-чан (文昌帝君) (神话) 972, 974

文帝 Вэнь-ди (南朝 · 宋) 985

文帝 Вэнь-ди (南朝 · 陈) (陈蒨 Чэнь Цянь) 1165

文帝 Вэнь-ди (三国 · 魏) 148, 1200 (см. 曹丕 Цао Пи)

文帝 Вэнь-ди (隋朝) (杨坚 Ян Цзянь) 10, 398, 664, 1164

文嘉 Вэнь Цзя 1118

文彭 Вэнь Пэн (寿承 Шоу-чэн, прозв, 三桥 Сань-цяо) 1118, 1135

文殊菩萨 Манджушри, кит. 文殊 (师利) Вэньшу(шили) 28, 197, 208, 721

文天祥 Вэнь Тянь-сян (лит.) 1264

文同 Вэнь Тун (与可 Вэнь Юй-кэ) 27, 165, 958, 1059, 1064, 1101-1102, 1114, 1132, 1172

文王 Вэнь-ван (周文王) 375, 540, 663

文王 Вэнь-ван (南越文王) 1201

文王 Вэнь-ван (秦惠文王) 842

文宣帝 Вэнь-сюань-ди (дин . Сев . Ци) 1165

文徵明 Вэнь Чжэн-мин (文壁 Вэнь Би, 徵仲 Чжэн-чжун, прозв., 衡山 Хэн-шань, 衡山居人 Хэншань цзюжэнь) 30, 99, 111, 675, 776, 801, 947-948, 1004-1006, 1029-1030, 1056, 1075-1076, 1091, 1118-1121, 1129-1130, 1135, 1146, 1222, 1232, 1243

文宗 Вэнь-цзун (元朝) 1240

翁方纲 Вэн Фан-ган (忠叙 Чжун-сюй, прозв. 覃溪 Тань-си, 苏斋 Су-цзи/чжай) 30, 1122

翁同龢 Вэн Тун-хэ 1075, 1125

翁仲 Вэн-чжун 126, 842

沃尔夫 Вольф Ф. (WolfF) 455, 802

乌兰诺娃 Уланова Г.С . 403

无量寿佛 У-лян-шоу (阿弥陀佛) 198

吴彬 У Бинь 776

吴昌硕 У Чан-ши (吴俊卿 У Цзюнь-цин, 吴仓石 У Цан- ши, прозв. 大聋 Далун- жэнь, 苦铁 Ку-те, 老缶 Лао-фоу, 破荷 По-хэ, 乡阿姐 Сянъацзе, 缶道人 Фоу-даожэнь, 缶卢 Фоу-лу) 33, 118, 136-137, 140-141, 190, 193, 221, 225, 233, 580, 704, 894, 1000, 1024, 1123-1125

吴承恩 У Чэн-энь 419

吴大澂 У Да-чэн (止敬 Чжи-цзин, 清卿 Цин-цин, прозв . 恒轩 Хэнсюань) 31, 137, 1125

吴道子 У Дао-цзы (наст. имя У Дао-сюань 吴道玄) 9, 24, 113, 183, 196, 778, 846, 865, 957, 992, 1084, 1103, 1126-1128, 1134, 1224, 1243

吴发祥 У Фа-сян 776

吴凡 У Фань 34

吴冠中 У Гуань-чжун 34, 225, 231, 237

吴晗 Хань 430-431, 463, 744

吴宏 У Хун (远度 Юань-ду, прозв . 竹史 Чжуши.)800-801

吴鉴泉 У Цзянь-цюань 1068

吴景略 У Цзин-люэ 385

吴宽 У Куань (原博 Юань-бо, прозв . 玉延亭主 Юйянь- тин-чжу) 29, 1129

吴历 У Ли(渔山 Юй-шань, 吴启历 У Ци-ли, прозв . 墨井道人 Моцзин-даожэнь, 墨井草堂 Моцзин-цаотан, 桃溪居士 Таоси-цзюйши, 渔山子 Юйшань-цзы, 延陵 Янь-лин) 31, 108, 999, 1003, 1214

吴天明 У Тянь-мин 490

吴伟 У Вэй (士英 / 世英 Ши-ин, прозв. 鲁夫 Луфу, 小仙 Сяосянь, 次翁 Цывэн) 30, 1243

吴文光 У Вэнь-гуан 385

吴晓邦 У Сяо-бан 392, 402-403, 405

吴贻弓 У И-гун 490

吴友如 У Ю-жу (嘉猷 Цзя-ю) 705

吴玉如 У Юй-жу 875

吴元瑜 У Юань-юй 27

吴镇 У Чжэнь (仲圭 Чжун-гуй, прозв . 梅花道人 Мэйхуа-даожэнь, 梅沙弥 Мэй-шами, 梅花和尚 Мэйхуа-хэшан) 10, 29, 168, 172, 739, 786, 891, 947, 967-968, 999, 1030, 1098, 1119, 1130-1132, 1147-1148, 1201, 1235

吴子 У Цзы-ню 492

吴祖光 У Цзу-гуан 453, 461, 772

吴祖强 У Цзу-цян 384-385, 392

武帝 У-ди (南朝 · 梁) (萧衍 Сяо Янь) 655, 746, 865, 986

武帝 У-ди (汉朝) (汉武帝 Хань У-ди, 刘彻 Лю Чэ) 13, 52, 143, 438, 471-472, 795, 834, 859, 878, 905, 990-991

武帝 У-ди (北周) (宇文邕 Юй Вэнь-юн) 1164

武帝 У-ди (南朝 · 齐) (萧赜) 986

武丁 У-дин 255, 325, 818

中国精神文化大典 艺术卷

武王 У-ван（周朝）375, 396, 434, 515, 663, 923
武禹襄 У Юй-сян 1068
武则天 У Цзэ-тянь（武后 У-хоу）126, 463, 684, 687, 862, 1036, 1188
武宗元 У Цзун-юань（武宗道 У Цзун-дао, 总之 Цзун-чжи）761, 1133-1134
西蒙诺夫 Симонов К. 455, 458
西王母 Си-ван-му（神话）129, 434, 756, 927, 990-991
郗夫人 Си фужэнь 730
奚冈 Си Ган（纯章 Чунь-чжан, 铁生 Те-шэн, прозв. 冬心先生 Дунсинь- сяньшэн, 冬花庵主 Дунхуа- ань-чжу, 蝶野子 Де-е-цзы, 萝龛 Ло-кань, 萝龛外史 Локань-вайши, 蒙道士 Мэн-даоши, 蒙泉外史 Мэнцюань- вайши, 散木居士 Саньму-цзюйши, 奚道士 Си-даоши, 鹤渚生 Хэ-чжу-шэн）1134
席勒 Шиллер И.Ф.（Schiller I.F.）550, 1081
夏圭 Ся Гуй 27, 116, 701, 769, 783, 858, 863, 922, 932, 939, 967, 992, 1030, 1076, 1132, 1136-1139, 1199, 1243
夏文彦 Ся Вэнь-янь 993
夏衍 Ся Янь 450-451, 453, 455, 457, 460, 464, 606, 612, 799-800, 802, 1063, 1081, 1140-1142
鲜于枢 Сяньюй Шу（伯机 Бай-цзи, прозв. 困学山民 Кунь- сюэ-шаньмин, 寄直老人 Цзи-чжи-лаожэнь）1143, 1168
冼星海 Сянь Син-хай 383, 849, 1144
献帝 Сянь-ди（汉朝）（刘协 Лю Се）654
向秀 Сян Сю 1267
项德新 Сян Дэ-синь 1146
项穆 Сян Му 192
项圣谟 Сян Шэн-мо（孔彰 Кун-чжан, прозв. 伯子 Боцзы, 古胥山樵 Гусюй-шаньцяо, 大酉山人 Даю- шаньжэнь, 易庵 Иань, 易庵道人 Иань-даожэнь, 疑雨斋主人 Июй-чжай-чжужэнь, 莲塘居士 Ляньтан-цзюйши, 松涛散仙 Сунтао-саньсянь, 胥山樵 Сюй-шаньцяо, 兔鸣叟 Туняо-соу, 存存居士 Цуньцунь-цзюйши, 烟波钓徒 Яньбо-дяоту, 烟雨楼边钓鳌客 Яньюйлоубяньдяоао-кэ）1146
项元汴 Сян Юань-бянь（子京 Цзы-цзин, прозв. 墨林 Молинь, 墨林外史 Молинь-вайши, 墨林堂 Молинь-тан, 墨林子 Молинь-цзы, 墨林居士 Молинь-цзюйши, 墨林主人 Молинь-чжужэнь, 墨林山人 Молинь-шаньжэнь, 墨林生 Молинь-шэн, 香严居士 Сяньянь-цзюйши, 退密斋主人 Туйми-чжай-чжужэнь, 惠泉山樵 Хуэй-цюань-шаньцяо, 净因庵 Цзинъиньань, 净因庵主人 Цзинъиньань, 子京父 Цзы-цзин-фу, 漆园傲吏 Циюань-аоли, 叔子 Шуцзы, 鸳鸯湖长 Юаньян-хучжан）948, 1004-1005, 1144-1146
萧伯纳 Шоу Б.（Shaw B.）448, 453
萧纲 Сяо Ган（Цзянь-вэнь-ди）953
萧绩 Сяо Цзи（南康简王 Наньканцзянь-ван）986
萧景 Сяо Цзинь 68
萧逊 Сяо Сунь 33
萧翼 Сяо И 1166
萧友梅 Сяо Ю-мэй 383, 849
萧云从 Сяо Юнь-цун 31

小仲马 Дюма-сын А.（Dumas）446, 453
孝文帝 Сяо Вэнь-ди 718
谢道韫 Се Дао-юнь 953
谢赫 Се Хэ 9, 22, 116, 143, 147-149, 151, 172, 179, 571, 577, 815, 867, 1085
谢晋 Се Цзинь 486, 489-490, 1148
谢灵运 Се Лин-юнь（康乐公 titul Канлэ-гун, прозв. 谢客 Се-кэ）407, 1224
谢曼诺夫 Семанов В.И. 603, 960
谢荪 Се Сунь 800-801
谢添 Се Тянь 486
谢朓 Се Тяо（玄晖 Сюань-хуй）841
谢铁骊 Се Те-ли 486, 850
谢五知 Се У-чжи 691
邢侗 Син Тун（子愿 Цзы-юань）30, 1150, 1221
熊佛西 Сюн Фо-си 447-449, 451
熊小明 Сюн Сяо-мин 776-777
虚谷 Сюй-гу 31
徐半梅 Сюй Бань-мэй 447
徐悲鸿 Сюй Бэй-хун 33, 114, 121, 221, 225-226, 230, 570, 577, 798, 851, 1010, 1153
徐冰 Сюй Бин 34
徐崇嗣 Сюй Чун-сы 180, 950-951, 1157, 1214
徐浩 Сюй Хао 1064, 1168
徐渭 Сюй Вэй（文清 Вэнь-цин, 文长 Вэнь-чан, прозв. 白鹇山人 Байсянь-шаньжэнь, 雪月山人 Сюэюэ- шаньжэнь, 天池 Тяньчи, 天池山人 Тяньчи-шаньжэнь, 天池漱仙 Тяньчи-шусянь, 田水月 Тяньшуйюэ, 金回山人 Цзиньлэй-шаньжэнь, 青藤道士 Цинтэн- даоши, 青藤老人 Цинтэн-лаожэнь, 之罘山人 Чжифу-шаньжэнь,, 鹅鼻山侬 Эби-шаньнун）30, 111, 154, 417, 675, 766, 1090, 1130, 1154-1157, 1222-1223, 1242
徐熙 Сюй Си 27, 152, 165, 180, 649, 950, 954, 1003, 1085, 1156-1157, 1214, 1233
徐小明 Сюй Сяо-мин 505
徐晓钟 Сюй Сяо-чжун 467, 1158
徐铉 Сюй Сюань 996
徐有贞 Сюй Ю-чжэнь 1269
徐祯卿（昌谷 Чан-гу, 昌国 Чан-го）1056-1057
许道宁 Сюй Дао-нин 1159, 1237
许和子 Сюй Хэ-цзы 379
许慎 Сюй Шэнь 10, 143-144, 176, 389
宣德帝 Сюань-дэ（明宣宗 Сюань-цзун）359, 1160
宣帝 Сюань-ди（陈顼 Чэнь Сюй）1165
玄奘 Сюань-цзан（玄奘法师 Сюань-цзан фа ши）638, 685
玄宗 Сюань-цзун（李隆基 Ли Лун-цзи, 明皇 Мин-хуан）13, 256, 391, 399, 410, 411, 515, 666, 671, 760, 767-768, 862, 1012, 1103, 1126, 1225, 1261
薛伟 Сюэ Вэй 385
荀子 Сюнь-цзы（荀况 Сюнь Куан, 荀卿 Сюнь Цин）559, 591
亚明 Я Мин 34
严良堃 Янь Лян-кунь 385
言菊朋 Янь Цзюй-пэн 1074
阎次平 Янь Ци-пин 27

阎立本 Янь Ли-бэнь 9, 24, 326, 865-866, 1012, 1163-1167
阎立德 Янь Ли-дэ 866, 1163
阎毗 Янь Пи 1163
颜光禄 Янь Гуан-лу (颜延之 Янь Янь-чжи) 145
颜辉 Янь Хуй 27
颜师古 Янь Ши-гу 472
颜真卿 Янь Чжэнь-цин (清臣 Цин-чэнь, прозв. 颜鲁公 Янь Лу-гун, 颜平原 Янь Пин-юань) 23, 131, 138, 653, 770, 792, 794, 845, 880-881, 940-941, 1024, 1064, 1075, 1143, 1147, 1167-1169, 1176, 1192, 1124, 1242
颜之推 Янь Чжи-туй 435
晏几道 Янь Цзи-дао 672-673
燕南芝庵 Янь-нань Чжи-ань/Чжи Ань 414, 670
燕文贵 Янь Вэнь-гуй 1230
扬无咎 Ян У-цзю 955
阳翰笙 Ян Хань-шэн 451-455, 464, 802, 1175
杨班侯 Ян Бань-хоу 1068
杨宝琛 Ян Бао-чэнь 469
杨宝森 Ян Бао-сэн 1074
杨朝英 Ян Чао-ин 671
杨澄甫 Ян Чэн-фу 1068, 1070
杨德昌 Ян Дэ-чан (Эвард Янг, Edward Yang) 504-505
杨坚 Ян Цзянь (参见隋文帝 Вэнь-ди) 398, 664, 1164
杨利民 Ян Ли-мин 467
杨露禅 Ян Лу-чань (杨福魁 Ян Фу-куй) 1068-1070
杨履方 Ян Ли-фан 461
杨凝式 Ян Нин-ши (景度 Цзин-ду, прозв. 疯子 Фэн-цзы, 虚白 Сюй-бай, 华阳人 Хуаян жэнь) 26, 710, 1176-1177
杨慎 Ян Шэнь 560, 687
杨维桢 Ян Вэй-чжэнь (廉夫 Лянь-фу, прозв. 铁崖 Те-я, 笛道人 Ди дао-жэнь) 29, 1177
杨文骢 Ян Вэнь-цун 776
杨小楼 Ян Сяо-лоу 805
杨延晋 Ян Янь-цзин 489
杨荫浏 Ян Инь-лю 384-385, 591
杨英风 Ян Ин-фэн 34
杨玉环 Ян Юй-хуань (杨贵妃 Ян-гуйфэй) 399, 412, 1261
杨筠松 Ян Юнь-сун (叔茂 Шу-мао, прозв. 救贫先生 Цзю-пинь сянь-шэн) 735
炀帝 Ян-ди (杨广 Ян Гуан) 398, 433, 473, 687, 898
尧 Яо 375, 395, 434, 437, 673, 923
姚水娟 Яо Шуй-цзюань (наст. имя Яо Вэнь-сянь 姚文贤) 1211
姚燮 Яо Се (梅伯 Мэй-бо, прозв. 复庄 Фу-чжуан, 大梅山民 Да мэйшань-минь) 425
姚仲明 Яо Чжун-мин 455
叶鸿伟 Е Хун-вэй 505
叶卡捷琳娜一世 Екатерина I 566
叶尚青 Е Шан-цин 117
叶圣陶 Е Шэн-тао 656
叶小纲 Е Сяо-ган 385
叶欣 Е Синь (叶荣木 Е Жун-му) 800-801

叶毓山 Е Юй-шань 34
伊秉绶 И Бин-шоу (组似 Цзу-сы, прозв. 墨卿 Мо-цин, 默庵 Мо-ань.) 31, 770, 1075, 1179-1180
伊萨耶娃 Исаева Л.И. 170
伊萨耶娃 Исаева М.В. 591, 913
伊莎多拉·邓肯 Дункан Айседора (Duncan A) 402
伊万诺夫 Иванов А.И. 568
伊万诺夫 Иванов В. 455
易卜生 Ибсен Г. (Ibsen) 446, 448, 656, 1081
易元吉 И Юань-цзи 27
懿德 (太子) И-дэ (тай-цзы) 1190
因陀罗 Индра 214, 218
殷承宗 Инь Чэн-цзун 384
殷夫 Инь Фу 394
应云卫 Ин Юн-вэй 449-451, 482, 1140
英宗 Ин-цзун (赵曙 Чжао Шу) 1100
莹玉涧 Ин Юй-цзянь 1198
雍正 Юн-чжэн (世宗 Ши-цзун) 95, 198, 220, 361, 412, 834, 837, 839, 1014, 1205
永乐 Юн-лэ (成祖 Чэн-цзу) 644
永泰 (公主) Юн-тай 1188, 1190
永理 Юн Син 995
尤特克维奇 Юткевич С.И. 43, 603, 606, 612
于非闇 Юй Фэй-ань 1193
于伶 Юй Лин (наст. 任锡圭 Жэнь Си-гуй, 禹成俞-чэн, псевд. 任大加 Жэнь Да-цзя, 尤兢 Юкэ) 453, 1063
于右任 Юй Ю-жэнь (诱人 Ю-жэнь, прозв. 太平老人 Тайпин-лаожэнь) 33, 1193-1194
余华 Юй Хуа 493
余集 Юй Цзи (蓉裳 Жун-шан, прозв. 佛泉外史 Фоцюань-вайши, 子成 Цзычэн, 秦望山民 Циньван-шаньминь, 秋室 Цюши, 秋室居士 Цюши-цзюйши, 展长 Чжань-жан) 1243
余三胜 Юй Сань-шэн (наст. имя Кай Лун) 805, 813, 1074, 1195
余上沅 Юй Шан-юань 448-449
余叔岩 Юй Шу-янь 805, 1074
俞大猷 Юй Да-ю (志辅 Чжи-фу, 逊尧 Сюнь-яо, прозв. 虚江 Сюй-цзян) 518, 520
俞和 Юй Хэ 1240
俞剑华 Юй Цзянь-хуа 650, 740, 801, 1131
虞集 Юй Цзи 1240
虞世南 Юй Ши-нань 伯施 Бай-ши, прозв. 虞永兴 Юй Юн-син, 永兴公 Юн Син-гун) 23, 138, 684-685, 729, 980, 1045, 1091, 1122, 1196
禹 Юй (神话) 83, 261, 375, 434, 557, 923
庚信 Юй Синь 1224
玉皇大帝 Юй-хуан шан-ди (神话) 251, 332, 972
玉涧 Юй-цзянь 939, 965, 1198
玉女 Юй-нюй (神话) 251
郁达夫 Юй Да-фу (郁文 Юй Вэнь) 1081
喻宜萱 Юй И-сюань 384
裕容龄 Юй Жун-лин 402
尉迟乙僧 Юйчи Исэн 839, 865-866
元帝 Юань-ди (刘奭 Лю Ши) 753, 914, 1053, 1166
元帝 Юань-ди (萧绎 Сяо И) 866
元公 Юань-гун 471
袁昂 Юань Ан 191

袁珂 Юань Кэ 473
袁牧之 Юань Му-чжи 451, 482, 610, 1204
袁雪芬 Юань Сюэ-фэнь 1211
岳飞 Юэ Фэй (鹏举 Пэн-цзюй) 538, 1150
岳敏君 Юэ Минь-цзюнь 240, 244
恽冰 Юнь Бин (清於 Цин-юй, прозв . 兰陵女史 Ланьлинь- нюйши, 南兰女子 Наньлань-нюйцзы, 寒闺女史 Ханьгуй-нюйши, 浩如 Хаожу) 951
恽道生 Юнь Дао-шэн 1213
恽寿平 Юнь Шоу-пин (наст. имя Юнь Гэ 恽格, 正叔 Чжэн-шу, прозв . 白云外史 Байюнь-вайши, 白云草堂 Байюнь-цаотан, 抱瓮客 Баовэн-кэ, 东野道人 Дунье-даожэнь, 东园 Дун-юань, 南田生 Наньтянь-шэн, 瓯香散人 Оусян-саньжэнь, 瓯香馆主 Оусянгуань) 31, 169, 951, 999, 1003, 1094, 1135, 1213-1215, 1242
臧懋循 Цзан Мао-сюнь (晋叔 Цзинь-шу, прозв . 顾渚 Гу-чжу) 671
灶王 Цзао-ван (神话) 620- 622, 689, 972
曾梵志 Цзэн Фань-чжи 34
曾国藩 Цзэн Го-фань 6
曾侯乙 Цзэн Хоу И 1216
曾鲸 Цзэн Цзин (波臣 Бо-чэнь) 114, 651- 652
曾瑞卿 Цзэн Жуй-цин 601
曾壮祥 Цзэн Чжуан-сян 505
查士标 Ча Ши-бяо 31, 1148
扎瓦茨卡娅 Завадская Е.В . 43-44, 155, 170, 187, 569, 580-581, 583-584, 586, 588, 693, 699, 1005, 1047, 1060, 1116
詹曼华 Чжань Мань-хуа 385
展子虔 Чжань Цзы-цянь 9, 862, 953, 1218-1219
张步 Чжан Би 229
张潮 Чжан Чао (山来 Шань-лай; прозв . 心斋 Синь-жай, 心斋居士 Синь-жай-цзюйши) 85
张大千 Чжан Да-цянь 34, 854
张道陵 Чжан Дао-лин 756
张鼎 Чжан Дин 34
张二奎 Чжан Эр-куй 805, 1195
张凤翼 Чжан Фэн-и 29, 1121
张庚 Чжан Гэн 1095
张庚 Чжан Гэн 428, 454-455
张果老 Чжан Го-лао (神话) 315, 632, 1012
张衡 Чжан Хэн (平子 Пин-цзы) 389-390, 439, 473, 687, 889
张洪岛 Чжан Хун-дао 384
张华 Чжан Хуа 671, 753, 864
张怀瓘 Чжан Хуай-гуань 24, 179, 192, 1065
张即之 Чжан Цзи-чжи 653
张季纯 Чжан Цзи-чунь 452
张军钊 Чжан Цзюнь-чжао 613
张耒 Чжан Лэй 1065
张立辰 Чжан Ли-чэнь (прозв . 渔人) 117
张隆延 Лун-янь (张龙炎 Чжан Лун-янь, 十之 Ши-чжи, прозв. 罍翁 Лэй-вэн) 1220-1221
张骞 Чжан Цянь 558
张瑞图 Чжан Жуй-ту (果亭 Го-тин, прозв . 二水 Эр-шуй, 白毫庵主 Байхао-ань-чжу, 平等居士 Пиндэнцзю-ши, 果亭山人 Готин-шаньжэнь) 30, 1092, 1155, 1221-1222
张三丰 Чжан Сань-фэн 527-528, 1069-1070, 1150
张僧繇 Чжан Сэн-яо 113, 168, 751, 865, 953
张石川 Чжан Ши-чуань 1222, 1246
张天师 Чжан Тянь-ши 619, 971-972
张问陶 Чжан Вэнь-тао (仲冶 Чжун-е, 乐祖 Лэ-цзу, прозв . 宝莲亭主 Баолянь-тинчжу, 老船 Лаочуань, 豸冠仙史 Чжайгуань-сяньши, 船山 Чуаньшань, 蜀山老猿 Шушань-лаоюань, 药庵退守 Яоань-туйшоу) 1223
张先 Чжан Цзы-е 672
张晓刚 Чжан Сяо-ган 237, 244
张旭 Чжан Сюй (伯高 Бай-гао, прозв . 张长史 Чжан чжан-ши, 张颠 Чжан дянь) 23, 131, 138-139, 730, 784, 1155, 1167, 1176, 1123-1124
张萱 Чжан Сюань 9, 24, 326, 750, 1190, 1225-1226, 1259
张炎 Чжан Янь 670
张彦远 Чжан Янь-юань (爱宾 Ай-бинь) 9, 24, 145, 148, 150-152, 177, 179, 193, 571, 577, 756, 864-867, 1083-1084, 1114, 1126, 1218, 1223
张揖 Чжан И 144
张艺谋 Чжан И-моу 492-495, 497-498, 502, 609, 614, 1227
张毅 Чжан И 504-505
张又新 Чжан Ю-синь (孔昭 Кун-чжао) 543
张羽 Чжан Юй 993
张雨 Чжан Юй (伯雨 Бо-юй, прозв . 山泽曜者 Шаньцзэ-синчжэ) 29, 1228
张元 Чжан Юань 496
张择端 Чжан Цзэ-дуань (正道 Чжэн-дао) 26-27, 1129-1130
张照 Чжан Чжао 31
张铮 Чжан Чжэн (наст. имя 张淑珍) 489
张正宇 Чжан Чжэн-юй (прозв . 石门老人 Шимэньлаожэнь) 34
张芝 Чжан Чжи (伯英 Бо-ин, прозв . 张正 Чжан Чжэн, 张有道 Чжан ю дао Чжан, обретший Дао) 19, 138, 654, 1054, 1224, 1231, 1257
张镃 Чжан Цзы 954
章炳麟 Чжан Бин-линь 137
章怀 (太子) Чжан-хуай (懿德太子) 1190
昭帝 Чжао-ди (汉朝) 1164-1165
赵伯驹 Чжао Бо-цзюй (千里 Чжао Цянь-ли) 27, 967, 1230, 1232
赵伯骕 Чжао Бо-су (希远 Си-юань) 1232
赵昌 Чжао Чан 649
赵丹 Чжао Дань 452, 486-487
赵德贤 Чжао Дэ-сянь 392
赵沨 Чжао Фэн 384
赵化南 Чжао Хуа-нань 469
赵佶 Чжао Цзи (徽宗 Хуй-цзун) 26-27, 169, 577, 685, 768, 855, 1104, 1193, 1232-1234
赵孟坚 Чжао Мэн-цзянь 954
赵孟頫 Чжао Мэн-фу (子昂 Цзы-ан, прозв . 鸥波 Оу-бо, 松雪 Сун-сюэ, 松雪道人 Сунсюэ-даожэнь, 水晶 / 精宫 Шуйцзингун, 水晶 / 精宫道人 Шуйцзингун-даожэнь, 魏国公 титул Вэй-

гогун) 29, 136-137, 141, 165, 185, 193, 544, 690, 739, 758-759, 766, 776, 786, 788, 829, 861, 880, 947, 967, 992, 995, 999, 1030, 1056, 1061, 1098, 1105, 1119, 1121, 1130-1131, 1143-1144, 1150, 1194, 1196, 1201-1202, 1228, 1235-1240

赵青 Чжао Цин 392

赵少昂 Чжао Шао-ан 33

赵无极 Чжао У-цзи 34, 237-238

赵宧光 Чжао Хуань-гуан 1051

赵奕 Чжао И 1238

赵雍 Чжао Юн 1238

赵元任 Чжао Юань-жэнь 383, 1241

赵之琛 Чжао Чжи-чэнь (次闲 Цы-сянь, прозв. 宝月山人 Баоюэ-шаньжэнь, 献父 Сяньфу) 1134-1135

赵之谦 Чжао Чжи-цянь (㧑叔 Вэй-шу, 益甫 И-фу, 梅庵 Мэй-ань, 子欠 Цзы-цянь, 支自 Чжи-цзы, прозв. 悲盦 Бэй-хэ, 悲傪 Бэй-хэ, 憨寮 Гань-ляо, 孺卿 Жу-цин, 坎寮 Кань-ляо, 冷/泠君 Лэн/Лин-цзюнь, 梅盦 Мэй-хэ, 婆娑世界凡夫 Попо-шицзе, 思悲翁 Сыбэй-вэн, 笑道人 Сяо-даожэнь, 铁三 Те-сань, 无闷 У-мэнь, 凡夫 Фань-фу, 叔子 Шу-цзы) 31, 118, 140, 1000, 1241-1242

赵宗藻 Чжао Цзун-цзао 34

哲宗 Чжэ-цзун (宋朝) 28

真宗 Чжэнь-цзун (宋朝) 1133

郑簠 Чжэн Гуй 137

郑君里 Чжэн Цзюнь-ли 450, 483

郑秋枫 Чжэн Цю-фэн 385

郑小瑛 Чжэн Сяо-ин 384-385

郑燮 Чжэн Се (克柔 Чжэн Кэ-жоу, прозв. 板桥 Бань-цяо, 板桥道人 Баньцяо-даожэнь, 风子 Фэн-цзы, 红雪山樵 Хунсюэ-шаньцяо, 愕散 Шу/Чусань, 愕散人 Шу/Чу- саньжэнь) 31, 138, 650, 958, 1090, 1170-1171, 1244-1245

郑玄 Чжэн Сюань 7, 832

郑振铎 Чжэн Чжэнь-до (西蒂 Си-ди) 777

郑正秋 Чжэн Чжэн-цю 1222, 1246

智永 Чжи-юн (王法极 в миру Ван Фа-цзи) 22, 138, 784, 1029, 1144, 1196, 1246

中宗 Чжун-цзун (唐朝) (李显 Ли Сянь) 1188

钟惦棐 Чжун Дянь-фэй 488, 1257

钟馗 Чжун Куй (神话) 439, 619-620, 740, 760, 893, 1010

钟离权 Чжунли Цюань (神话) 301, 632

钟繇 Чжун Ю (元常 Юань-чан, прозв. 钟太傅 Чжун Тай-фу) 19, 137, 187, 1024, 1052, 1121, 1257-1258

仲仁 Чжун-жэнь (прозв. 华光 Хуа-гуан) 954

周臣 Чжоу Чэнь (舜卿 Шунь-цин, прозв. 东村 Дун-цунь) 1004

周德清 Чжоу Дэ-цин 414, 673, 1212

周恩来 Чжоу Энь-лай 455, 462, 464, 469, 478, 850, 1211

周昉 Чжоу Фан (景玄 Цзин-сюань, 仲朗 Чжун-лан) 9, 24, 113, 326, 687, 750, 754, 778, 1012, 1190, 1259-1262

周公 Чжоу-гун 375, 396

周广仁 Чжоу Гуан-жэнь 384

周亮工 Чжоу Лян-гун 1095

周绿云 Чжоу Люй-юнь 34

周密 Чжоу Ми 435

周培春 Чжоу Пэй-чунь 945

周仁 Чжоу Жэнь 687

周文矩 Чжоу Вэнь-цзюй 27, 749, 1262

周小燕 Чжоу Сяо-янь 385

周信芳 Чжоу Синь-фан 425, 428, 430-431, 813, 1091, 1263-1264

周扬 Чжоу Ян 429, 455, 464

周贻白 Чжоу И-бай 671, 673

周作人 Чжоу Цзо-жэнь 446

纣辛 Чжоу-синь (商纣王) 377, 396, 558, 663, 686

宙斯 Зевс (神话) 214

朱本 Чжу Бэнь (素人 Су-жэнь, прозв. 溉夫 Гайфу, 竹西 Чжуси) 766

朱次琦 Чжу Цы-ци 830

朱耷 Чжу Да (八大山人 Бада-шаньжэнь, 个山 Гэшань, 个山驴 Гэшань-люй, 人屋 Жэнь-у, 秋月 Цю-юэ, прозв. 良月 Лянъюэ, 破云樵者 Поюнь-цяочжэ, 望云子 Ванъюньцзы, 驴屋驴 Люйу-люй, 驴汉 Люйхань, 驴屋和因是僧 Люйу-хэинь-шисэн, 何园 Хэюань, 书年 Шунянь, буд. монашеские имена: 刃庵 Жэньань, 传綮 Чуань-ци, прозв. 雪个 Сюэгэ; даос. монашеские имена: 道朗 Дао-лан, 道明 Дао-мин) 31, 154, 182, 233, 580, 1010, 1047, 1060, 1090, 1157, 1173-1174, 1242, 1244, 1264-1266

朱德 Чжу Дэ 478

朱德润 Чжу Дэ-жунь 1238-1239

朱桂 Чжу Гуй 823

朱沆 Чжу Хан (达夫 Да-фу, прозв. 完岳 Ваньюэ, 浣芳 Хуаньфан, 浣岳 Хуаньюэ) 766-767

朱鹤年 Чжу Хэ-нянь (野云 Еюнь, прозв. 野堂 Етан, 野云山人 Еюнь-шаньжэнь) 766-767

朱践耳 Чжу Цзянь-эр 384-385, 1266

朱景玄 Чжу Цзин-юань 179, 769, 1111, 1126, 1163, 1225, 1259

朱龄 Чжу Лин (菊坨 Цзюй-ча, прозв. 黄华道人 Хуанхуа-даожэнь) 766

朱伦瀚 Чжу Лунь-хань (涵斋 Хань-чжай, 亦轩 Чжу И-сюань, 涵道人 Хань-даожэнь) 740, 893, 983

朱屺瞻 Чжу Ци-чжань 34

朱仁夫 Чжу Жэнь-фу 876

朱淑真 Чжу Шу-чжэнь 672

朱文新 Чжу Вэнь-синь (涤斋 Дичжай) 766

朱熹 Чжу Си 672, 973

朱琰 Чжу Янь 276

朱彝尊 Чжу И-цзунь 560

朱毅勇 Чжу И-юн 34

朱载堉 Чжу Цзай-юй 381, 401

诸葛亮 Чжугэ Лян 975

祝允明 Чжу Юнь-мин (希哲 Си-чжэ, прозв. 枝指生 Чжи-чжи шэнь, 枝山 Чжи-шань) 29, 1056, 1091, 1118, 1121, 1129, 1196, 1269

颛顼 Чжуань-сюй (神话) 679

转轮王 Чакравартин (кит. 传轮土 Чжуань-лунь-ван, 轮王 Лунь-ван) 211
庄子 Чжуан-цзы (庄周 Чжуан Чжоу) 162, 864
紫姑 Цзы-гу (神话) 6
宗炳 Цзун Бин (少文 Шао-вэнь) 22, 149-150, 756, 866

宗福先 Цзун Фу-сянь 465, 608
邹喆 Цзоу Чжэ (方鲁 Фан-лу, прозв. 锡民 Симинь) 800-801
尊胜佛母 Ушнишавиджая 198
佐林 Зорин Л. 466

术语索引

阿罗汉 алохань 196, 215-216, 719, 1166；参见 Лохань
阿修罗 асуры (asura) 719
安徽派 Аньхой-пай 31, 1148
安济桥 Аньцзицяо 59, 629
安康 Анькан 636（地名），120（祝福义，"幸福安康"）
庵 ань 64
案 ань 18, 69, 85, 88, 257, 338-341, 358, 472, 703
暗花 ань-хуа 301
暗劲 ань цзинь 804
昂 ан 714
袄 ао 327
八宝 ба бао 275, 299, 303, 360, 371, 630-632, 634, 637, 1255
八达岭 Бадалин 669
八法 ба фа 1069
八分 ба фэнь 646, 654, 704, 728, 1054, 1061, 1075
八谷 ба гу 552
八卦 ба гуа 144, 146, 174, 534-535, 735, 914, 1069, 1192
八卦教 багуа-цзяо 521
八卦掌 ба гуа чжан 523, 529, 535, 804, 1068
八和会馆 Бахэ хуйгуань 1212
八吉祥 ба цзи сян 301, 360, 371, 632, 637, 1255
八仙 ба сянь 55, 298-301, 315, 356, 371, 441, 632, 973, 1255
八仙贺寿 ба сянь хэ шоу 619
芭蕾舞 балэй у 391
白茶 бай 543, 548
白瓷 бай-цы 289, 297, 301-302, 363, 548
白狄 бай ди 1250, 1252
白拂 бай-фу 219
白虎 бай ху 171, 720, 885, 1216
白话 байхуа 1213
白金 бай цзинь 346
白龙 бай лун 168
白马寺 Баймасы 63, 65
白描 бай мяо 27, 112, 114, 118, 158-159, 692, 847, 1243
白塔 Байта 29, 67, 92, 94, 640, 645
白陶 байтао 18, 286
白天鹅宾馆 Байтяньэ биньгуань 73
白铜 бай тун 346
白文 бай вэнь 1242
白鹇 байсянь 330, 1161
白象 бай сян 218-219
白阳青藤 бай ян цин тэн 675
白玉 бай юй 252, 256, 259
白云观 Байюньгуань 64
白云门 Пайюньмэнь 1181
白纻舞 Бай чжу у 397
百宝箱 байбао-сян 342
百份儿 байфэн-р 617
百古 байгу 226

百谷 бай гу 552
百戏 бай си 397, 399, 409-410, 412, 434, 436, 439, 472-473, 988
百叶龙舞 Бай-е-лун у 890
拜殿 Байдянь 1026-1027
班 бань 419
斑龙 бань лун 887
斑竹 бань-жу 958
板 бань 370
板凳龙 бань-дэн-лун 890
板鼓 баньгу 380
板胡 баньху 380, 441
板腔体 баньцян ти 988
板式戏 баньшиси 1212
板眼 баньянь 416
版画 бань хуа 32, 34, 61, 84, 108, 122-124, 197, 227-228, 434, 474, 477, 519, 567, 572, 588, 621-624, 658-660, 689-693, 776-777, 839, 969-977, 1015, 1031, 1127-1128, 1208-1209
半莲花坐 бань цзя фу цзо 206, 208
半坡 Баньпо 67, 277-278, 282-283, 376, 663
半园 бань юань 55
邦老 бан лао 414
梆子 банцзы 636, 812, 987, 1212；参见 банцзы дяо
梆子调 банцзы дяо 382, 422, 636, 724, 1136, 1195
梆子腔 банцзы цян 382, 636；参见 банцзы дяо
包子 бао-цзы 555
宝塔 бао-та 25, 58, 64-65, 67, 79, 101, 199, 218, 369, 630, 637-641, 655, 700, 872, 1256
宝相楼 Баосянлоу 198
宝云阁 Баоюньгэ 1182
保俶塔 Баочута 101, 103
保和殿 Баохэдянь 748
保玉（宝玉）бао юй 1184
杯 бэй 281
杯盘舞 Бэй пань у 389, 397-398, 935
碑 бэй 642
碑林 Бэйлинь 642
碑书 бэй-шу 980, 1054
碑学派 бэй-сюэ-пай 31, 703, 770, 874, 1123, 1179
北斗 Бэй-доу 535
北方地区 бэйфан дицюй 1057, 1110, 1115
北方山水画派 бэйфан-шаньшуй-хуапай 779, 815, 824, 836, 862, 1116
北海 Бэйхай 91-95, 645
北京蹦蹦 бэйцзин бэнбэн 988
北京画派 Бэйцзин хуапай 33
北京烤鸭 Бэйцзин као-я 557
北京舞蹈学校实验芭蕾舞团 Бэйцзин удао сюэсяо шиянь балэй-у туань 392
北京舞蹈学院 Бэйцзин удао сюэсяо 407
北龙 бэй лун 887
北派 бэй-пай 787, 966

北曲 бэй цюй 412, 416, 673
北狮 бэй-ши 1040
北宗（画）бэй-цзун (хуа) 111, 114-115, 182-183, 708, 779-780, 815, 824, 855, 862, 966-967, 1103, 1115, 1243
孛老 пэйлао 414
背 юн цзу сян бэй 389
背临 бэйлинь 876
背心 бэй-синь 327
崩拳 бэн цюань 1151
鼻烟壶 бияньху 354-356, 575, 1253
比目鱼 би-му-юй 472, 553
笔 би 108, 133, 815
笔法 би фа 156, 180, 188, 646
笔法十二意 Ши эр и би фа 1224
笔力 би ли 108, 132, 653, 1052
笔墨 би-мо 108, 115
笔墨艺术 би мо и 146-147, 234
笔情墨趣 би цин мо цюй 187
笔势 би ши 108, 675, 685, 1066
笔戏 би си 112
笔韵 би юнь 188
笔中用力 би чжун юн ли 794
笔冢 би чжун 784
铋 би 262, 1022
狴犴 би-се 887
碧云寺 Биюньсы 32, 128, 199
壁画 би хуа 8, 66, 119-202, 1109, 1188
避火图 би хо ту 689
璧 би 16, 253, 353
边 бянь 826
编钟 бянь чжун 13, 18, 272-273, 376-377, 380, 900-901, 1217
扁壶 бяньху 268, 298, 302
汴梁 Бяньлян 66, 70, 435, 824, 1143, 1229, 1232
变 бянь 415, 708
变化 бянь хуа 157, 865
变文 бянь-вэнь 658
变相 бянь-сян 658
变虞 бянь юй 916
别子 бецзы 826
宾主 бинь чжу 174
兵马俑 Бинмаюн 8, 10-11, 20, 127, 242, 272, 396, 590, 999
兵舞 бин-у 388
饼茶 бин ча 541, 661
炳灵寺 Бинлинсы 22, 126, 202
病龙 бин лун 887
拨镫法 бо дэн фа 646
波臣派 Бочэнь-пай 651-652, 838
玻璃 боли 351-357, 367-368
钵 бо（梵文 патра）214-215
博山炉 Бошаньлу 877, 878
博士 бо ши 145
博雅塔 Боята 65
镈 бо 273
擘窠 бокэ 960

不凝于心 бу нин юй синь 150
不仁 бу жэнь 529
不似之似 бу сы чжи сы 107, 112
不正确执笔 бу чжэн цюэ чжи би 646
不知然而然 бу чжи жань эр жань 150
不滞于手 бу чжи юй шоу 150
布达拉宫 Потала 199, 590, 677
布鞋 бусе 333
布依[族] буи[цзу] 382, 407
步虚 бу-сюй 672
步摇 буяо 370
部首 бушоу 389, 552
瓿 бу 18, 263-264
擦 ца 160
材 цай 714, 1188
财 цай 1040
财神 цай-шэнь 345, 617, 622-623, 972-973
采 цай 1040
采莲 цай-лянь 672
采石矶 Цайшицзи 841
彩龙 цай лун 887
彩墨画 цай хуа 182, 323
彩釉陶 цайсэю-тао 290
菜板 цай-бань 555
菜刀 цай-дао 555
菜肴 цай-яо 542
参军 751
参军戏 цаньцзюньси 411-412
参伍 сань у 913
蚕头 цань-тоу 770, 1179
苍龙 Цань-лун 887
沧浪亭 Цанлантин 97-99
藏 цан 1192
藏锋 цан фэн 156, 648, 653, 770
藏头 цан тоу 655
草 цао 541
草虫 цао-чун 90, 115, 989
草龙 цао-лун 889
草圣 цао шэн 1194
草圣三昧 цао шэн саньмэй 785
草书 цаошу 11, 19, 113, 130-132, 135-139, 156, 159, 176, 183, 187, 189-191, 646, 648, 653, 704, 710-711, 729-730, 737, 767, 770, 784-785, 789, 794-795, 829, 860, 874, 933, 959, 966, 1050, 1053-1054, 1057, 1066, 1091, 1121, 1123-1125, 1150, 1154-1155, 1176-1177, 1194, 1196, 1221-1222, 1224, 1231, 1236, 1245-1246, 1269
草书社 Цао-шу шэ 1194
草以神胜 цао и шэнь шэн 1269
草篆 цаочжуань 1051
厕筹 цэ чоу 6
侧笔 цэ би 1168
侧锋 цзэ фэн 156-157, 648, 1065
策 цэ 1192（书法术语）
插屏 чапин 342, 828
插图 ча-ту 658-660
茶 ча 540-545

茶道 ча дао 8, 542-548
茶壶 ча ху 264, 302, 544, 548, 661-662, 885
茶花 чахуа 721
茶盘 чапань 544, 547
茶人 ча жэнь 544-545
茶诗 ча ши 542
茶事 ча ши 542, 545, 547
茶文化 ча вэньхуа 294, 540, 543-546, 547-549
茶艺 ча и 544-547
茶之父 ча чжи фу 544
茶之母 ча чжи му 543
搽旦 чадань 414
钗 чай 420
柴门 чай мэнь 53
禅 дзэн (яп.) 150
禅 чань (梵文 дхьяна) 6, 27
禅茶一味 чань ча и вэй 541
禅定 чань дин (梵文 самадхи) 206
禅定印 ань вэй инь (梵文 витаркамудра, вьяк-хьянамудра) 209-211
禅师塔 Чаньшита 25, 638
禅宗 чань-цзун 6, 27, 148, 152, 154, 179, 182-185, 196, 222-225, 234, 236, 238, 243, 302, 520, 527, 531, 707-708, 785, 794, 866, 886, 893, 939, 955, 961-964, 1047, 1056, 1060, 1113, 1116, 1173, 1198-1199
禅坐 дхьяна-асана 206
蝉 чань 265, 332, 371, 1157, 1185
蝉纹 чань вэнь 819
蟾 чань 253, 371
阊门 Чанмэнь 100
长安 Чаньань 25, 50, 70, 79, 195, 390, 459, 473, 663-667, 720, 757, 769, 864, 898, 998, 1103, 1111, 1159, 1167
长安街 Чаньаньцзе 74
长城 Чанчэн 11, 58, 668-669
长春园 Чанчуньюань 1205
长江 Чанцзян 15, 60, 69-70, 78, 203, 252, 267, 285, 287, 290, 310, 320-321, 345-346, 352, 357, 532, 552, 679, 725, 805, 819, 842, 855, 1017, 1034, 1040, 1094, 1115-1116, 1165, 1182, 1216
长靠 чанкао 423
长廊 Чанлан 55, 61-62, 70, 72, 77-78, 80-82, 92, 94, 99-100, 272, 871, 982, 1027, 1073, 1110, 1165, 1181
长陵 Чанлин 664
长披麻皴 чан пи ма цунь 159, 825
长庆寺 Чанцинсы 961
长拳 чан цюань 524, 526, 528, 531, 1067
长沙 Чанша 19, 109, 110, 133, 153, 291, 312, 550, 679, 683-684, 925, 980, 1081
长沙窑 Чанша-яо 291
长衣 чан-и 811
常 чан 415
常服 чанфу 326
常州派 Чан-чжоу-пай 951, 1215

畅音阁 Чаньиньгэ 95
唱 чан 459, 670
唱优 чанью 409
朝带 чао-дай 370
朝服 чаофу 321, 326, 329, 332, 369, 1088
朝冠 чаогуань 369
朝珠 чаочжу 333, 369
炒 чао 555
砗磲 чэцюй 369
臣 чэнь 652, 838
辰 чэнь 903, 907, 908, 909, 911, 916
陈式太极拳 Чэнь ши тай цзи цюань 1067-1068, 1070
衬字 чэнь цзы 674
成语 чэньюй 139
承德 Чэндэ 32, 199, 677
承德避暑山庄 Чэндэ Бишу шань-чжуан 55, 677
鸱尾 сяо вэй 57
蚩尤戏 Чи-ю си 472, 515-516
迟内 чи нэй 916
箎 чи 377, 380
尺 чи 52, 164, 434, 437, 752, 764, 845, 914, 1044
齿轮 чилунь 1252, 1254-1255
赤刀 чи дао 472
赤金 чи цзинь 346
赤金刀 чи цзинь дао 346
螭虺 чихуй 18
赤龙 чи лун 434, 887
赤铜 чи тун 346
冲末 чунмо 414
虫鱼 чун-юй 223
丑 чоу 414, 423, 441, 671, 806, 808
出锋 чу фэн 653, 785
出龙 чу лун 889
出神入化 чу шэнь жу хуа 436, 704
楮 чу 134
楮先生 Чу-сяньшэн 134
楚国的艺术 Чу-го ды ишу 9, 269, 310, 679, 683, 1216
处士 чу-ши 1085, 1156
触地印 чу ди инь (梵文 бхитисрарашамудра) 210, 212
川剧 чуаньцзюй 636
穿 чуань 328 (穿戴义)
舛 чуань 389
舜 чуань 541
穿插 чуаньча 85, 265, 411, 414, 692, 889
传 чуань 528
传奇 чуаньци 379, 413-414, 419, 423
传神 чуань шэнь 166, 751, 877, 1010, 1166
传术 чуань шу 169
传统武术 чуаньтун у шу 514, 524-527, 529, 535-536, 1071, 1152
床 чуан 335-336
窗画 чуан-хуа 971
吹腔 чуйцян 636
垂花门 чуань хуа мэнь 1058

壬

1297

中国精神文化大典 艺术卷

垂幛 чуй-чжан 721
春册 чунь цэ 686
春凳 чунь-дэн 339
春宫 чунь гун 686-687
春宫画 чунь гун хуа 686, 776
春宫图 чунь гун ту 686
春画 чунь хуа 170, 686-687, 690-691, 693, 776
春节 чуньцзе 304, 407, 889, 953, 969, 1039, 1254
春柳社 Чуньлю шэ 446, 607
春台 Чуньтай 422
词 цы 674
词话 Цы-хуа 691-692
祠堂 цы тан 63, 129, 419, 643, 1024
瓷 цы 294
瓷石 цы-ши 277, 288, 294, 365
磁州窑 Цычжоу-яо 289, 291
雌黄 цы-хуан 319
葱 цун 976
琮 цун 16, 51
粗笔 цу би 112, 778, 836
粗沈 цу Шэнь 1030
蹿跃 цуань-яо 889
翠羽 цуйлин 367
村落百戏 цунь ло бай си 516
皴 цунь 158-160, 699, 712, 732-733, 745, 800, 855, 959, 968, 1137, 1159, 1199, 1235
寸 цунь 437, 521, 752, 862, 905, 907, 914,
大成殿 Дачэндянь 834-835, 1127
大成门 Дачэнмэнь 834
大乘 да шэн (梵文 махаяна) 67, 195-196, 202, 207
大刀 да дао 519
大纺车 дафан-чэ 323
大夫 да-фу 12, 68, 263
大斧劈皴 да фу пи цунь 159-160, 856
大鼓 дагу 380
大观园 Дагуаньюань 96
大柜 дагуй 341
大花脸 да-хуа-лянь 424
大将军 дацзянцзюнь 855, 862
大乐 да-юэ 391, 672
大理三塔 Дали сань та 641
大理寺 Далисы 846, 864
大吕 да люй 901, 903-904, 906, 909, 911, 915-917
大麦 да май 552, 557
大蟒神 махорага (梵文 mahoraga) 719
大面 дамянь 410-411
大明宫 Дамингун 665-666
大木偶 да му-оу 437
大曲 да-цюй 391, 412, 672-674
大人 да жэнь 211
大石调 да ши (дяо) 674
大食窑 даши яо 357
大同 Датун 28, 61, 65, 128,195, 823
大万 да вань 395
大汶口文化 Давэнькоу вэньхуа 8, 261, 286
大武 да у 377
大戏楼 Дасилоу 1181

大小青绿 да сяо цин люй 223
大写意 да се и 112
大兴 Дасин 767
大兴城 Дасинчэн 664-665
大兴宫 Дасингун 665
大学士 дасюэши 829, 880, 1221
大雁塔 Даяньта 25, 66, 195, 638, 685
大正觉寺 Дачжэньцзюэсы 30, 639
大篆 да-чжуань 11, 19, 130, 135-136, 189, 854, 860, 894, 1044, 1051, 1125-1126
大足 Дацзу 24, 28, 205
大足石刻 Дацзушикэ 199, 205, 700
代笔 дай би 960
待诏 дай-чжао 649, 699, 760-761, 778-779, 791, 855, 868, 929, 1118, 1136, 1229, 1232, 1243, 1262
丹陛桥 Даньбицяо 1080
丹青 дань цин 118
丹田 дань тянь 534, 771
单钩 дань гоу 646
旦 дань 423-424, 806-810, 935
旦儿 даньэр 414
淡墨 дань мо 157-160, 651, 732, 952, 968, 1137, 1222
淡逸 дань и 181
当涂李白文化园 Данту Ли Бо вэньхуаюань 841
当阳 Данъян 639, 679
刀 дао 16, 18, 519
刀马旦 даомадань 424, 807
刀舞 Дао у 397, 515
导板 дао-бань 811
蹈 дао 389
倒座 даоцзо 53, 1058
道宫 дао гун 673
道家 дао-цзя 19, 50-51, 55, 116, 152, 164-165, 169, 256, 375, 426, 532, 536, 542, 581, 633, 671-672, 846, 864, 867, 926, 975, 1068-1069, 1264, 1267
道教 дао-цзяо 24, 55, 128, 222, 347, 535, 675, 715, 756
道情 дао-цин 672
道术 дао шу 513
稻 дао 552
得门而入 дэ мэнь эр жу 23
德 дэ 3, 4, 7, 389, 528
德和园 Дэхэюань 1181
德化窑 Дэхуа-яо 32, 302
德辉殿 Дэхуйдянь 1181
德清窑 Дэцин-яо 288
德胜舞 Дэ шэн у 402
地 ди 1079
地杆 дигань 826
地宫 дигун 66, 68-69, 998, 1043-1044
地坛 Дитань 62, 369, 645, 1078
地头 дитоу 826
地支 ди чжи 819, 903, 905, 907-908, 910
灯挂椅 дэнгуа-и 339
灯画 дэнхуа 971
邓派 дэн-пай 140

1298

笛 ди (笛子 ди-цзы) 13, 171, 253, 379-380, 632, 672, 1007
翟 ди 388
第一奇书 Ди и ци шу 691
典故 дяньгу 617, 864, 1064
点 дянь 146, 158-161, 938, 1049, 1192
点茶 дянь ча 542-543
点翠 дяньцуй 368
点睛 дянь-цзин 1040
电影 дяньин 437
殿 дянь 21, 32, 57-58
殿堂 дяньтан 52, 57-58, 63-64, 94, 835, 1109, 1181
雕刻工艺 дяокэ гунъи 128
雕漆 дяо ци 312
掉长竿 дяо чан гань 473
跌扑 де-пу 1039
叠 дэ 1192
蝶 де 332
顶珠 дин чжу 333
鼎 дин 18, 89, 261, 263, 265, 267, 281, 355, 359, 726
定陵 Динлин 370
定武 Диньу 729
定武本 Диньу бэнь 729
定州 Динчжоу 859
定州窑 Динчжоу-яо 25, 289, 290
东方歌舞团 Дунфан гэ-у туань 386, 407
东方朔偷西王母蟠桃 Легендарный Дунфан Шо крадет персик в садах владычицы Си-ван-му 122
东方学 дунфан-сюэ 155, 572, 715, 1247
东宫门 Дунгунмэнь 1181
东京 Дунцзин 898
东陵 Дунлин 69
东市 Дунши 666
东四牌楼街 Дун сы пайлоу цзе 981
东文学社 Дунвэнь сюэ-шэ 894
东阳门 Дунъянмэнь 897
东珠 дунчжу 333, 369
动 дун 389
冻酒 дун цзю 558
洞 дун 64
洞龙 дун-лун 887
都水监 душуйцзянь 1011
都尉 дувэй 859
兜率天 Доушуай тянь (梵文 Тушита) 207
斗 доу 56, 714
斗彩 доу цай 298
斗茶 доу ча 544
斗方 доуфан 828
斗拱 доу-гун 12, 20-21, 28, 53, 56-57, 72, 590, 638-640, 713-714, 1058
斗口 доукоу 714, 1188
斗气 доу ци 914
豆 доу 18, 268, 271, 280-281, 285
豆腐 доу-фу 553, 556
豆腐块脸 доу-фу куай лянь 810

饾版 доу бань 775
毒龙 ду лун 887
读万卷书，行万里路 ду вань цзюань шу син вань ли лу 949
杜甫草堂 Ду Фу цаоюань 96, 98
肚皮舞 дупи у 408
镀金 ду цзинь 358, 367
端 дуань 389
端午 дуань-у 969
短打 дуанькао 423, 531
短披麻皴 дуань пи ма цунь 159
短衣 дуань-и 811
段龙 дуань-лун 890
缎子 дуань-цзы 321
对比 дуй-би 390
对虎 дуй-ху 720
对襟 дуй цзинь 327
对联 дуйлянь (对子 дуйцзы) 190, 569, 621, 827, 830
对临 дуйлинь 876
敦 дуй 268
敦煌 Дуньхуан 119-120, 195-196, 230, 398, 405, 473, 573, 658, 715-717, 721-722, 752, 894, 1230-1231
敦煌石窟 Дуньхуан шику 196, 658, 715, 718;参见 Дуньхуан
敦煌学 дуньхуан-сюэ 715
炖 дунь 555
顿 дунь 966
顿悟 дунь у 185, 197, 217, 530, 542, 707, 961-962, 966
多宝格 до-бао-гэ 341-342
多绝 до цзюэ 112
多万 до вань 395
朵云轩 Доюнь-сюань 122
俄罗斯戏剧 Элосы сицзюй 427, 458-459, 601, 604
峨眉派 Эмэй-пай 531
恶龙 э лун 887
鳄鼍类龙 это-лэй лун 887
鳄形龙 э-син лун 882
耳杯 эрбэй 268
耳房 эрфан 1058
耳壶 эрху 268
耳环 эр-хуань 212, 253, 348, 367, 371, 634, 1019
二胡 эрху 380, 385, 935
二黄 эр-хуан 422, 724, 811-812, 1136, 1195, 1212
二里岗 Эрлиган 17, 261-262, 287, 725-726, 1017
二里头 Эрлитоу 17, 49, 261-262, 726, 883, 1017-1018
二六 эр-лю 811
二路 эр лу 1068
二人转 эр-жэнь-чжуань 380, 987
发劲 фа цзинь 525, 537, 804
发条 фатяо 1255
法 фа (梵文 дхарма) 208-209, 214-219
法宝 фа-бао 632
法国公园 Фагогунъюань 72, 1179
法画 фа хуа 301

法轮 фа лунь 214, 360, 632-633, 1255
法螺 фа ло(梵文 дхарма-шанкха) 216, 360, 632-633
法门寺 Фамэньсы 290, 348, 352, 547-548
法堂 фа тан 65
法无法 фа у фа 874
法座 фа-цзо 205-206
珐琅 фа-лан 356-370
翻滚 фань-гунь 474, 889, 1039, 1041
反二黄 фань эр-хуан 724, 1136
反西皮 фань си-пи 1136
饭 фань 552
方版 фан-бань 370
方笔 фан би 157, 646, 648, 655, 1045, 1052, 1234
方便 фан бянь[梵文 (упая-каушалья)] 689
方鼎 фан-дин 263, 265, 359
方术 фан шу 4, 6, 8, 438
方心曲领 фан-синь цюй лин 333
方彝 фанъи 18, 263-264, 268
方中带圆 фан чжун дай юань 158
方桌 фанчжо 335, 340
仿 фан 708, 876
仿古 фан гу 72, 116, 135, 891, 1105, 1120
仿古玉 фангуюй 1197
飞白 фэй бай 138, 159, 655, 789, 831, 875, 952, 1024, 1054, 1228, 1235
飞白草 фэй-бай-цао 655
飞白篆 фэй-бай-чжуань 655, 1051
飞来峰 Фэйлайфэн 102
飞龙 фэй лун 822-823, 887
飞檐 фэйянь 12, 57-58, 81, 100, 589, 639-640, 1207
扇画 фэй-хуа 658-659
芾 фу 699
分 фэнь 144
粉彩 фэнь-цай 304-305, 362, 1172
粉青 фэньцин 304
丰邑 Фэнъи 663
风采 фэн цай 866
风格即人 фэнгэ цзи-ши жэнь 192
风规 фэн-гуй 1086
风流 фэн-лю 21, 423, 673, 731, 940, 1176
风水 фэн-шуй 11, 15, 20, 25-26, 32, 50-51, 55, 59-60, 84, 187, 336, 342, 734-736, 827, 869, 949, 996, 1057-1058
风水师 фэн-шуй ши 342, 734
风水先生 фэн-шуй сяньшэн 734
风俗 фэн су 292, 300, 310, 366, 389, 515, 643, 705-706, 735, 769, 817, 838, 856, 944, 973, 990, 1005, 1022-1023, 1036, 1087
风俗画 фэнсу-хуа 113, 172, 283, 298-300, 304, 362, 761, 944-945, 1163, 1166, 1190, 1208, 1229
凤 фэн 55, 254, 881, 885
凤冠 фэн-гуань 370-371
凤凰 фэн-хуан 8, 173, 269, 297, 323, 349-350, 360, 371, 883, 1028
夫妇 фу фу 12, 255, 403, 436, 443, 730, 754, 817, 877, 925, 1202

弗拉明戈 фолаймингэ 408
扶风 Фуфэн 884
佛 фо 126, 195, 198, 205-206
佛殿 Фо дянь 65, 1181
佛宫寺 Фогунсы 28, 66
佛光寺 Фогуансы 25, 128, 871
佛教 фо-цзяо 201-219
佛经 джатака 195
佛手 фошоу 371
佛寺 фосы 25, 32, 64, 152, 531, 643
佛塔 Фота 25, 51, 64-67, 101, 195, 199, 201, 637-638, 640, 864
佛陀 будда (梵文 buddha) 120, 184, 196, 206-207, 209-212, 215-218, 369, 578, 720; 参见 фо
佛香阁 Фосянгэ 1181
佛像马家 фо сян ма цзя 928
拂子 фуцзы(梵文 чамара) 217
峓舞 фу-у 396
福 фу 54, 372, 619, 960
幞头 путоу 331, 333
黻 фу 699, 937
斧 фу (梵文 парашу) 217
釜 фу 280, 555
簠 фу 268
黼 фу 329
黼扆 фуи 335
父子 фу цзы 12
阜新 Фусинь 882
复背 фубэй 826
副净 фуцзин 412, 414
副末 фумо 412, 414
副使 фу ши 1011
赋 фу 389
富贵 фу гуй 1156
富盛窑 Фушэн-яо 288
盖碗 гай вань 548
甘露 гань лу (梵文 амрита) 210, 217
甘露瓶 гань лу пин (梵文 амритакалаша) 217
干 гань 388
干笔 гань би 10, 157, 712, 1228
干舞 гань-у 388, 396-397
赣剧 ганьцзюй 636
刚柔 ган—жоу 60, 390
刚中有柔 ган чжун ю жоу 1123
缸画 ганхуа 971
高古 гао гу 181
高粱 гаолян 7, 552-553
高岭土 гаолин ту 276-277, 286-287, 290, 292, 352, 358, 365, 726
高平 (调) гао пин (дяо) 673
高腔 гаоцян 636, 724
高远 гао юань 114-115, 762, 764, 847
戈 гэ 1021
歌 гэ 523
歌节病 гэ цзе бин 674
歌仔戏 гэцзай си 503, 742-743
革命样板戏 гэмин янбань си 385, 393, 430, 464,

744-745, 806
阁 гэ 58, 80, 1256
格鲁派 гелугпа 197-199
隔界 гэцзе 826
更钟 гэнчжун 1255
工 гун 3, 4
工笔 гун-би 24, 111-115, 118-119, 123, 155-156, 223-225, 233, 649, 697, 745, 786, 801, 947, 966, 989, 1005, 1030, 1155, 1157, 1193, 1223, 1259
工人舞 Гунжэнь у 402
弓 гун (梵文 шава) 217
功夫 гун-фу 4, 513-514, 521-523, 526, 528-530, 532, 536-538, 858, 1069, 1150-1151
功夫茶 гунфу ча 543-544
供奉 гунфэн 767, 778, 1126
供桌 гун-чжо 63-64, 340-341, 835, 1027
宫 гун 916
宫城 Гунчэн 665
宫调 гун дяо 1008
宫廷画 гун-тин-хуа 27, 891
宫廷画家 гуньянь хуа-цзя 10, 652, 749, 752, 929, 1007, 1101, 1113, 1161, 1163, 1208, 1233, 1259
觥 гун 18, 263, 266, 630-631
巩县窑 Гунсянь-яо 290
拱花 гун хуа 775
贡茶 гун ча 541
勾栏 гоулань 413-414
勾勒 гоу-ле 223
钩 гоу 370
孤 гу 414
姑舅兄弟 гу-цзю сюн-ди 674
姑洗 гу сянь 903-904, 906, 909, 911, 915-916, 918
觚 гу 18, 263, 299, 303, 359
古梅 гу-мэй 954
古妙 гу мяо 1045
古朴 гу пу 190
古瘦漓骊半无墨 гу шоу ли ли бань у мо 875
古文 гувэнь 18, 389, 830
古文化街 Гу вэньхуа цзе 73
古雅 гу я 173, 757, 1125, 1240
古佚小说刊行会 Гу и сяошо каньсин хуй 691
古意 гу и 708-709, 1240
古乐 гу юэ 12
谷纹 гу вэнь 255
骨 гу 186, 746, 881
骨法 гу фа 648
骨法用笔 гу фа юн би 147
骨筋血肉 гу, цзинь, сюэ, жоу 746
骨气 гу ци 655
骨质瓷 гуйхуй-цы 287
钴 гу 262
鼓吹 гучуй 379
鼓楼 Гулоу 61, 70, 641
鼓书 гу шу 381
鼓舞 Гу у 397
故宫 Гугун 60, 92, 198, 747-748, 822-823, 870, 1072
故宫博物院 Гугун боуюань 91, 354-355, 372, 586;

参见 Гугун
卦 гуа 144, 534,
挂 гуа 144
乖龙 гуай лун 887
观念艺术 гайнянь ишу 224, 235, 241-242
官补 буфан 1037
官城梅 гуань-чэн-мэй 954
官帽椅 гуаньмао-и 338
官梅 гуань-мэй 954
官皮箱 гуаньпи-сян 342
官生 гуань-шэн 423
官窑 Гуан яо 295-296
冠 гуань 212, 330, 976
冠云峰 Гуаньюньфэн 98, 100
冠众艺 гуань чжун и 7
馆 гуань 521-522, 527
管 гуань 437
光明寺 Гуанминсы 1218
广彩 гуан цай 316
广惠寺 Гуанхуйсы 67
广济寺 Гуанцзи сы 841
广钟 гуан-чжун 1255
归 гуй 993
龟 гуй 55, 171, 253, 820, 885, 887, 1050
龟背 гуй-бэй 720
硅 гуй 1022
鸄 куай 281
鬼 гуй 410
鬼神 гуй-шэнь 760-761
蠱 гуй 18, 263
柜橱 гуйчу 342
贵州省歌舞团 Гуйчжоу гэ-у туань 407
桂花 гуйхуа 88, 841, 1073
桂林画院 Гуйлинь хуа-юань 852
滚笔 гунь би 157
滚绣球 гунь-си-сю 1037, 1039
棍舞 Гунь у 397
国画 го-хуа 220-233, 235-236; 参见 чжунго-хуа
国际少林拳联合会 Гоцзи шаолиньцюань ляньхэхуй 526
国立音乐专科学校 Голи иньюэ чжуанькэсюэсяо 849
国术 го шу 514, 524, 1071
国术馆 го шу гуань 524
国术研究所 Го шу яньцзю-со 524
国语 гоюй 514
国子监 Гоцзыцзянь 64
过跳板 го-тяо-бань 1039
海龙 хай-лун 887
海派 Хай-пай 31, 705, 1010, 1125, 1174
海派京剧 Хай-пай цзинцзюй 1211
海晏堂 Хайяньтан 1206
亥 хай 904, 907, 909, 911, 916
邢上五朱 Хань шан у Чжу 766
含元殿 Ханьюаньдянь 666
汉城 Ханьчэн 645
汉调 ханьдяо 423, 805

汉剧 ханьцзюй 636, 805, 1136
汉戏 хань-си 805
汉中 Хань-жун 636
翰林院 Академия Ханьлинь 9, 760, 767, 770, 778-779, 829, 1102, 1118, 1221, 1233, 1235, 1238
杭州 Ханчжоу 101
合理 хэ ли 169
和 хэ 555, 634
和春 хэ чунь 422
和羹 хэ гэн 556
和式太极拳 Хэ-ши тай цзи цюань 1070
和同 хэ тун 389
河北师范学院 Хэбэй шифань сюэ-юань 852
河北省书法家协会 Хэбэй шуфацзя сехуй 789
河龙 хэ-лун 887
河姆渡文化 Хэмуду вэньхуа 283, 309, 320, 883
河图 Хэ ту 144, 434, 534
横点 хэн дянь 159-160, 699, 938, 941-943
荷 хэ 634
盉 хэ 18, 264-265
禾 хэ 552
鹤 хэ 54, 115, 129, 299, 371, 538, 554, 681, 791, 976, 1216
鹤膝 хэ си 746
黑瓷 хэй-цы 288
黑龙 хэй лун 887
黑陶 хэйтао 280
黑头 хэйтоу 424
黑玉 хэй юй 252, 256
横幅 хэнфу 119, 827, 845
横画 хэн хуа 648, 1049
横卷 хэнцзюань 826-828
横批 хэнпи 828
横拳 хэн цюань 1151
红宝石 хун-бао-ши 33, 369-370
红花 хун-хуа 318
红莲 хун-лянь 171
红龙 хун лун 887
红绿重色画山水 хунлюй чжунсэ-хуа шань-шуй 953
红梅 хун-мэй 954
红山文化 Хуншань вэньхуа 3, 261
红卫兵 хунвэйбин 430
红玉 хун-юй 252, 369
洪拳 хун цюань 528, 531
洪州窑 Хун-чжоу-яо 289-290
猴 хоу 976
后蹬爪 хоу дэн чжао 886
后宫 хоу гун 687
后海 Хоухай 73
后四王 Хоу сы Ван 774, 892, 1147
后天 Хоутянь 1126, 1152
后天法 хоу тянь фа 1069
呼应 хуин 160
狐狸精 хули-цзин 444
胡饼 ху бин 554
胡拨四 хубосы 379

胡床 ху-чуан 335, 338-339
胡琴 хуцинь 380, 888, 1090
胡乐 ху юэ 379
壶 ху 18, 263, 268, 281, 301, 303, 359, 366, 661
壶漏 хулоу 1254
葫芦 хулу 299, 395, 632
葫芦笙 хулу-шэн 395
湖笔 ху би 133
湖龙 ху-лун 887
湖石 ху ши 84, 100
湖州竹派 Хучжоу чжу-пай 958, 1102
蝴蝶 ху-де 371
虎丘 Хуцю 638
虎拳 ху цюань 527
虎形龙 ху-син лун 882-883
琥珀 ху-по 315, 333, 353
护指 ху-чжи 371
花背镜 хуабэйцзин 820
花部 хуабу 423
花旦 хуадань 424-425, 807, 809
花灯 хуа дэн 380, 890
花鼓 хуа гу 380, 456
花鼓舞 Хуагу у 396
花卉 хуа-хуй 32, 88-89, 115, 219, 223, 296, 361, 632, 766, 774, 1000, 1027, 1171, 1206
花篮 хуалань 300, 632
花脸 хуа-лянь 423-425, 807-808
花龙 хуа-лун 887
花鸟画 хуа-няо хуа 115-116, 152-153
花乳石 хуа жу ши 140
花衫 хуа-шань 807
花饰 хуа-ши 371
花纹 хуа вэнь 819
花舞 хуа у 390
花釉陶 хуаю тао 291
华北联合大学 Хуа-бэй ляньхэ дасюэ 850
华表 хуабяо 68, 644, 822
华光寺 Хуагуаншаньсы 954
华侨 хуацяо 440, 526, 802
华塔 Хуата 67
华严寺 Хуаяньсы 28, 128
化 хуа 534
化劲 хуа цзинь 804-805
画 хуа 142-145, 158, 174-175, 1048, 1059
画案 хуа-ань 340
画儿 хуар 619-622, 969
画珐琅 хуа фалан 33, 356, 358, 362, 364-366, 565, 1256
画院 хуа-юань 24, 26-27, 227, 577, 649, 652, 697, 699, 701-702, 708, 712, 731, 739, 757, 760-761, 778-783, 787, 791, 815, 824, 836, 855, 857-858, 1160-1162
画张 хуачжан 969
画真 хуа чжэнь 867
画状 хуа чжуан 867
话剧 хуацзюй 428, 446-458, 460, 462, 464-469, 606-608, 656, 657, 766, 771-772, 799-800, 802-803,

936-937, 1063, 1081-1083, 1140-1142, 1158, 1211, 1263
怀表 дай-бяо 370, 1253-1254
怀仁堂 Хуайжэньтан 478
欢乐图 хуаньлэ-ту 969
欢喜佛 хуань-си фо (梵文 мандикешвара) 689
环 хуань 16
环纹 хуаньвэнь 18
圜丘坛 Юаньцютань 62-63, 1079
皇城 Хуанчэн 91-92, 94, 644-645, 665-666, 898
皇陵 хуан лин 68
皇穹宇 Хуанцюнъюй 63, 1079-1080
皇天 Хуаньтяньдянь 1079
皇舞 хуан-у 388, 396
黄冈 Хуанган 724
黄花 хуан хуа 170
黄金 хуан цзинь 346
黄龙 хуан-лун 434, 474, 823, 885-887
黄梅调 хуанмэйдяо 1212
黄山派 Хуаншань-пай 792-793, 1046, 1060, 1149
黄铜 латунь 365
黄玉 хуан юй 252
黄钟 хуан чжун 901-909, 911-913, 915-917, 920-921
黄钟宫 хуан чжун гун 673
璜 хуан 16
徽调 хуйдяо 423, 805
徽剧 хуй-цзюй 805
徽墨 хуймо 133
回 хуй 1192
回腕 хуй вань 771
回族 хуй-цзу 405, 532
会 хуй 674
馄饨 хунь-тунь 553, 557
魂瓶 хунь-пин 288
混沌 хунь дунь 553
混元盒 хуньюаньхэ 971
火龙 хо-лун 887
火龙舞 Шао-хо-лун у 889
火焰 хоянь 720
火珠 хо чжу 215
霍去病墓 Хо Цюй-бин му 20, 795, 797
击壤 цзи-жан 672
鸡 цзи 171
鸡叫城 Цзицзяочэн 725
鸡首壶 цзитоу-ху 288
积墨法 цзи мо фа 158
笄 цзи 369-370
屐 цзи 333
吉服 цзифу 326, 328
吉祥坐 цзи сян цзо (梵文 лалита-асана) 206-208
极乐世界 Цзи лэ ту 196-198, 218, 520, 720
疾 цзи 730
集曲 цзи цюй 380
几 цзи 335, 340
己笔意 цзи би и 1154
戟 цзи 274
戟门 Цзимэнь 1027

记 цзи 146
技 цзи 4, 473
技巧 цзи-цяо 4
技术 цзи-шу 4
技艺 цзи-и 4
忌 цзи 674
际可拳 ци кэ цюань 1151
妓航 цзи хан 434
寄畅园 Цзичанъюань 1182
稷 цзи 552
稷下学宫 Цзися сюэгун 832
夹钟 цзя чжун 902-903, 906, 909, 911, 915-916, 918
迦楼罗 Гаруда 208, 212, 719-720
家 цзя 527
家谱 цзя пу 528
嘉兴派 Цзясин-пай 1146
嘉峪关 Цзяюйгуань 669
郏县窑 Цзясянь-яо 291
甲骨 (文) цзягу(вэнь) 17, 136, 143-144, 387, 395, 434, 552, 554, 852, 883, 894-895, 1050
甲文 цзя вэнь 434
假借 цзя-цзе 11
斝 цзя 18, 263, 267
架格 цзягэ 342
架几案 цзяцзиань 340
架子 цзяцзы 424
架子床 цзя-цзы чуан 337-338
尖笔 цзянь би 648
尖歌倩意 цзянь гэ цянь и 672
间 цзянь 56
间架 цзяньцзя 1121
笺 цзянь 777
犍陀罗 гандхарва (梵文 gandharva) 66, 126, 128, 194-196, 201-202, 205, 207, 209, 212, 718
煎 цзянь 555
煎茶 цзянь ча 541-543, 545
减笔 цзянь-би 24, 112, 114, 116-118, 155-156, 745, 932
剪纸 цзянь чжи 61, 107, 123-125, 438, 569
简体字 цзянь-ти-(цзы) 139
蹇龙 цзянь лун 887
建鼓 цзяньгу 380
建鼓舞 Цзянь гу у 397
建国 цзянь го 832
剑 цзянь (梵文 кхадха) 216
剑器舞 Цзянь-ци у 399
剑舞 цзянь у 397, 402, 515, 935
渐 цзянь 966
鉴 цзянь 264
箭衣 цзянь-и 811
江陵 Цзянлин 267, 311, 679
江龙 цзян-лун 887
江梅 цзянь-мэй 954
江南山水画派 цзяннань-шаньшуй-хуапай 1116
江宁 Цзяннин 122, 800, 824
降龙 цзян лун 329, 887
酱油 цзян ю 556

中国精神文化大典 艺术卷

交城窑 Цзяочэн-яо 291
交龙 цзяо лун 884
交泰殿 Цзяотайдянь 748
交椅 цзяо-и 338-339
交谊舞 цзяо-и-у 408
茭纹 цзяовэнь 819
浇溜 цзяо-лю 555
浇铸 цзяо-чжу 261-263, 272, 274, 346-347, 350, 352, 354-355, 359-360, 367-368, 639, 820-821, 1036, 1050-1051, 1217
焦墨 цзяо мо 157, 932, 1220
焦墨法 цзяо мо фа 158
角 цзюэ 263
角抵 цзюэ ди 397, 471-472, 515-516, 517
角抵戏 цзюэ ди си 409, 472, 515
角调 цзюэ дяо 673
饺子 цзяо-цзы 553, 557, 972
绞缠 цзяочань 889
轿车围子 цзяочэ вэйцзы 971
教 цзяо 527（教派义）
教坊 Цзяофан 379, 398-399, 412, 473, 749
教坊司 Цзяофансы 412, 421
街 цзе 70
街坊 цзефан 70
街舞 цзе у 408
节 цзе 144
洁面 цзе-мянь 810
结 цзе 178
结躬 цзе гун 916
结跏趺坐 цзе цзя фу цзо 206
碣石刻石 Цзеши кэ ши 996
解元 цзе-юань 947, 1056, 1075
界画 цзе-хуа 24, 847, 1229-1230, 1262
接狮子 Цзе ши-цзы 1041
巾生 цзиньшэн 423
巾舞 Цзинь у 397
斤 цзинь 180
今草 цзинь цао 138
今隶 цзинь ли 137
金 цзинь 344-351
金银累丝 цзинь-инь лэйсы 367
金碧 цзинь би 112, 223, 855, 1100, 1105
金碧法 цзинь-би фа 863
金凤 цзиньфэн 370
金刚宝座塔 Цзиньганбаоцзота 32, 67
金刚乘 цзинь-ган-шэн（梵文 ваджраяна）197-198, 202, 209, 213-215
金刚杵 цзинь-ган-чу（梵文 ваджра）214-216
金陵 Цзиньлин 800-801, 937, 1156
金陵八家 Цзиньлин ба цзя 800-801
金陵大学 Цзиньлин дасюэ 1220
金龙 цзинь-лун 333, 370, 748, 835, 887
金轮 цзинь лунь 632
金门 Цзинь мэнь 674
金器 цзинь ци 345-349
金石书派 цзиньшишу-пай 349
金丝 цзинь сы 249, 368, 370, 878-879

金文 цзиньвэнь 18-19, 136, 144, 188, 852, 1050, 1125
金墉城 Цзиньюнчэн 897
金玉楼春 Цзинь юй лоу чунь 440-441, 443
筋 цзинь 186, 746, 881
紧那罗 киннара 718, 720
锦鸡 цзиньцзи 330
锦纹 цзинь-вэнь 314
进化团 Цзиньхуа туань 447, 607
进士 цзинь-ши 560, 653, 707, 740, 748, 770, 793, 831, 845-846, 854, 880-881, 992, 1057, 1064, 1102, 1105, 1122, 1125, 1150, 1167, 1171, 1177, 1179, 1221, 1223, 1244-1245
进贤冠 цзиньсяньгуань 330-331
劲 цзинь 537, 803-805, 1067
京白 цзин-бай 809
京胡 цзинху 380, 812
京剧 цзинцзюй 13, 382, 384-387, 391-392, 406, 412, 422, 425, 427-431, 463-464, 473, 486, 604, 610, 724, 742-745, 799, 805-813, 987, 1074, 1083, 1091, 1136, 1181, 1195, 1263
京师大学堂 Цзинши дасюэтан 894
京戏 цзинси 415, 422
经礼 цзин ли 901
经纬 цзин-вэй 52
精 цзин 151, 552
井龙 цзин-лун 887
井田 цзин тянь 832
景 цзин 149
景安陵 Цзиньаньлин 986
景德镇 Цзиндэчжэнь 25, 30, 32, 128, 292, 296-297, 302-303, 305, 307, 778
景山 Цзиньшань 92, 94-95, 644, 748,
景泰蓝 клуазоне 356-364
净 цзин 414, 419, 423-424, 441, 671, 806-808
净慈寺 Цзинцысы 1198
净土 цзинту 520
净土宗 цзинту-цзун 520
敬酒 цзин цзю 434, 558
镜片 цзинпянь 828
镜子 цзин-цзы 217, 261, 268, 817
九叠篆 цзю-де-чжуань 136, 139-140
九法 цзю фа 687
九宫 цзю гун 52, 534
九谷 цзю гу 552
九九八十一 цзю цзю ба ши и 905
九里山 Цзюлишань 955
九龙壁 Цзюлунби 94-95, 645, 822-823
九似 цзю сы 885
酒 цзю 542
酒壶 цзю ху 263, 661
酒神 цзю шэнь 1224
酒神书法 цзю шэнь шуфа 784
酒桌 цзю-чжо 340
菊 цзюй 10, 54, 89, 115, 165, 297, 360-361, 371, 801, 938, 1059
举人 цзюй жэнь 6, 792, 870, 1011, 1056, 1076, 1090, 1147, 1241, 1244

卷 цзюань 826-828
绢 цзюань 321
角力 цзюэ ли 409, 515
玦 цзюэ 16, 253
爵 цзюэ 18, 263
君臣 цзюнь чэнь 12, 53, 409
君子 цзюнь цзы 12, 88-89, 511, 551, 555, 707, 857
钧窑 цзюнь яо 295, 662
开合 кай-хэ 174, 648-649
开脸 кай лянь 970
开门立户 кай мэнь-ху 23
开元寺 Кайюаньсы 28, 639
楷 кай 135, 880, 1001
楷书 кайшу 11, 19, 23, 113, 130, 132, 135-138, 155, 158, 190, 355, 364, 646, 653, 655, 675-676, 685, 704, 711, 729-730, 737, 789, 794, 829-830, 838, 845, 861, 881, 940-941, 945, 959-960, 980, 995, 1024, 1047, 1050, 1052-1054, 1057, 1066, 1091, 1121, 1155, 1167-1168, 1176-1177, 1192-1194, 1196, 1224, 1234-1235, 1240, 1242, 1245-1246, 1257-1258, 1269
堪舆 кань юй 51
堪舆家 каньюй-цзя 51, 68, 735
坎肩 кань-цзянь 327-329
康熙四家 Канси сы цзя 1003
炕 кан 335, 339-340
炕案 кан-ань 340
炕桌 кан-чжо 340
烤 као 555
靠 као 811
科举 кэ цзюй 3, 442, 541, 633, 675, 707, 762, 807, 976, 1030, 1076, 1118, 1129, 1154, 1167, 1171
蝌蚪书 кэдоу-шу 1049
蝌蚪文 кэдоу-вэнь 136, 794
渴笔 кэ би 157, 952
克 кэ 535
刻 кэ 349, 367
刻帖 кэ-те 138, 188-189, 643, 770, 833, 854, 861, 875, 980, 1224, 1258
客家 кэцзя 60
缂丝 кэ сы 28, 101, 323-324
空白 кун бай 164
空钟 кун-чжун 475
空竹 кун-чжу 475
箜篌 кунхоу 379
孔杯 кун-бэй 281
孔府 Кунфу 835
孔庙 Кунмяо, 834-835
孔雀 кунцюэ 115, 208, 212, 269, 297, 323, 349, 720, 976, 1028
孔雀石 кун-цюэ-ши 270, 319
孔子庙堂碑 Кун-цзы мяо тан бэй 1196
口 коу 158
扣 коу 370
枯笔 ку би 157
苦 ку 556
裤 ку 330

会稽刻石 Гуйцзи кэ ши 996
块滑石 куайхуаши 259
快板 куай-бань 811
筷子 куай-цзы 558
狂草 куанцао 131, 138, 784-785, 1054, 1154, 1177, 1224, 1228, 1234, 1269
奎文阁 Куйвэнь-гэ 835
夔 Куй 8, 18, 267, 883
夔龙 Куй лун 266-267, 287, 883, 1019
傀 куй 410
傀儡 куйлэй 410
傀儡戏 куйлэй си 13, 410, 426, 433
坤 Кунь 910-911
昆剧 куньцзюй 805
昆仑山 Куньлунь 756
昆明 Куньмин 71, 386, 458, 872, 960, 979, 1178
昆明湖 Куньминху 1182
昆曲 куньцюй 13, 381-382, 391, 415-424, 430, 440, 724, 805, 1195, 1212
昆山腔 куньшань цян 381, 415-416, 440, 805
兰 лань 10, 894
兰花 лань-хуа 32, 89, 165, 171, 371, 893, 938, 1131, 1135, 1147, 1173, 1238, 1244
兰亭 Ланьтин 1027
蓝宝石 лань-бао-ши 360, 369
蓝田 Ланьтянь 259
蓝铜 лань-тун 319
郎窑 лан-яо 305
廊 лан 11, 21, 32, 55, 57, 65, 81, 1058, 1181-1182
琅琊刻石 Ланье кэ ши 996-997
老北京画 лао Бэйцзин хуа 944
老旦 лаодань 414, 424, 441, 807
老夫聊发少年狂 лао-фу ляо фа шао-нянь куан 771
老生 лаошэн 423, 441-442, 806, 813, 1074, 1170, 1195
乐空双运 лэ кун шуан юнь 689
乐平腔 юэпинцян 418
乐寿堂 Лэшоутан 1181
勒 лэ 1192
雷峰塔 Лэйфэнта 103, 974
雷纹 лэй-вэнь 18, 265, 362, 371, 1019
擂台 лэй тай 516, 523
罍 лэй 18, 263-264
类书 лэйшу 438, 473, 659
梨园 Лиюань 13, 379, 391, 399, 411
蠡 ли 18, 263
黎祁 лици 553
礼 ли 4, 12, 18, 53, 63, 375
礼部 Либу 412, 781
礼乐 ли юэ 12, 389
李白纪念园 Ли Бо шижэнь цзиняньюань 841
李白衣冠冢 Ли Бо и гуань му 841
李冰石像 Ли Бин шисян 842
里 ли 70
里坊 ли фан 70
理 ли 1086

鲤鱼 лиюи 133, 553-554, 633
力士舞 Ли ши у 397, 398
力在字中 ли цзай цзы чжун 655
利州 Ли-чжоу 1100
隶 ли 10, 135, 770, 789
隶书 лишу 11, 19, 130, 136-138, 655, 684, 704, 728, 794, 854, 860, 959, 980, 995, 1001, 1047, 1050, 1052-1054, 1061, 1066, 1121, 1125, 1135, 1179, 1220, 1242, 1257-1258
隶行 лисин 1054
连笔 ляньби 646, 648
连环画 ляньхуаньхуа 122, 658
连子 лянь цзы 634
莲 лянь (梵文 падма) 634
莲花 ляньхуа 87, 89, 171, 207-208, 212, 214-217, 219, 295, 349-350, 360, 371, 478, 632-634, 637, 720, 972, 1157
莲花画 ляньхуа 791
莲花落 ляньхуалао/ло 473
莲花式 ляньхуа ши 886
莲花坐 ляньхуа цзо 206, 208-209
莲花座 лянь цзо 207-208, 210, 212, 214, 885
莲子 лянь цзы 172, 634
联 лянь 827
联二橱 лянь-эр-чу 342
联珠 лянь-чжу 720
脸谱 лянь-пу 810
练 лянь 321
练笔八法 лянь би ба фа 1192
良工 лян гун 433
良渚(文化) Лянчжу (вэньхуа) 51, 253-254, 278, 320, 332, 883
两合院 лянхэюань 59, 1059
两仪 лян и 533
亮相 лян сян 422, 425, 439
亮掌爪 лян чжан чжао 886
料敌塔 Ляодита 639
林钟 линь чжун 903-906, 909, 911, 915-916, 919
临 линь 116, 134-135, 192, 710, 875-876
临安 Линьань 76, 257, 295, 438, 782, 855, 929, 942, 961, 992, 1198, 1229, 1232, 1235
临川四梦 Линьчуань сы мэн (又称"玉茗堂四梦" Юйминтан сы мэн) 416
临摹 линьмо 116, 134
临汝窑 линьжусянь 295
磷 линь 1022
灵宝寺 Линбаосы 1218
灵光 лин гуан 109
灵光寺 Лингуансы 641
灵隐寺 Линъиньсы 101-102, 206
灵芝 линь чжи 301, 371, 619, 631, 653
凌云爪 линь юнь чжао 886
菱格 лин-гэ 282, 720
翎毛 лин-мао 89, 115, 223, 791
绫 лин 21, 322
岭南画派 Линнань хуа-пай 33
刘胜墓 Лю Шэн му 877

留白 лю бай 109
留园 Лююань 32, 98-99
流派 лю-пай 527
流水 лю шуй 636, 811
琉璃 люли 352-353
琉璃厂 Люличан 480
琉璃塔 Люлита 67, 641
柳枝 люй-чжи 219
六 лю 52
六代舞 Лю дай у 396
六法 лю фа 9, 143, 147, 149, 172, 815, 1085
六分半(书)лю фэнь бань (шу) 138
六谷 лю гу 552
六合拳 лю хэ цюань 1150-1151
六鹤殿 Люхэгун 790
六籍 лю цзи 145
六气 лю ци 556
六如 лю жу 1076
六十四卦 лю ши сы гуа 146
六书 лю шу 6, 11, 143, 145, 176
六体 лю-ти 6
六通寺 Людунсы 961
六要 лю яо 10, 149, 815, 1085
六艺 лю и 4, 6, 472
龙 2лун 822-888
龙伯 лун-бо 887
龙的传人 лун ды чуань жэнь 888
龙灯 лун-дэн 889
龙灯舞 лун-дэн у 889
龙马 лун-ма 146, 434
龙门石窟 Лунмэньшику 8, 22, 65-66, 127, 195, 202
龙母 лун му 887
龙女 лун нюй 887
龙盘云柱 лун пань юнь чжу 889
龙泉(窑)Лунцюань 28, 290, 295-296, 302
龙山(文化)Луншань (вэньхуа) 128, 254, 261, 280, 285-286, 661, 725, 883
龙孙 лун-сунь 887
龙腾云间 лун тэн юнь тянь 889
龙王 Лун-ван 886-887
龙舞 лун у 889
龙兴寺 Лунсинсы 203
龙珠 лун чжу 630
龙子 лун цзы 887
娄东派 Лоудун-пай 774, 891-892, 999, 1001, 1147
楼 лоу 11, 21, 58, 1027
楼阁 лоугэ 58, 80-81, 100, 637, 637-638, 718, 1093
镂花金 лоухуа цзинь 369
镂花珊瑚 лоухуа шаньху 369
镂花银 лоухуа инь 369
镂刻 лоукэ 349, 368
卢沟桥 Лугоуцяо 59, 452, 892-893, 1036
鲁山窑 Лушань-яо 291
录 лу 146
鹿 лу 976
鹿形龙 лу-син лун 882
露锋 лоу фэн 648, 1066

乱 луань 551
乱弹 луаньтань 416
乱而不乱 луань эр бу луань 159
轮 Лунь (梵文 чакра) 215
论 лунь (梵文 шастра) 146
罗 ло 322
罗汉 лохань 184, 206, 1103
罗汉床 лохань чуан 336, 338
罗汉拳 лохань цюань 528, 531
罗家梅派 Ло-цзя мэй-пай 893, 957
罗盘 лопань 735-736
逻辑 лоцзи 7
洛书 Ло шу 19, 144, 434, 534
洛邑 Лои 895-897
落 ло 1192
落墨 ло-мо 1156
吕 люй 901, 905, 915
铝 Люй 1022
律 люй 673, 899-907, 910, 912-917, 920-921
律历 люй ли 916
律吕 люй люй 12, 376, 379, 381, 673, 900-901, 905, 913-914
绿萼梅 люй-э-мэй 954
绿龙 люй лун 887
绿松石 люй-сун-ши 18, 198, 261, 269-270, 309, 315, 333, 347, 353, 369, 630, 1216
绿釉瓷 люйю-цы 287
绿柱石 люй-жуши 352
掠 люэ 1192
麻 ма 552
麻龙舞 Ма-лун у 890
马家窑文化 Мацзяо вэньхуа 280, 283, 388
马桥文化 Мацяо вэньхуа 286
马球 мацю 1190
马上猴 машан хоу 976
马王堆 Мавандуй 109, 311, 326, 550, 682, 687, 925, 928
马尾式 ма вэй ши 886
马舞 ма у 390
马戏 ма-си 120, 471, 474, 478
马夏 Ма-Ся 27, 30, 1139
马形龙 ма-син лун 882
马牙皴 ма я цунь 159
麦 май 552
麦积山 (石窟寺) Майцзишань (ши ку сы) 22, 126, 202
脉络 моло 285, 1115
馒头 мань-тоу 554-555, 557
满城 Маньчэн 127, 877
曼陀罗 маньтуло 195, 243
曼衍鱼龙 мань-янь юй-лун 472
慢板 мань бань 636, 724, 811, 988, 1136
慢唱 мань-чан 672
缦 мань 321
芒针式 ман чжэнь ши 886
蟒 ман 811
蟒袍 мандала 442

毛笔 мао би 133
毛泽东思想 маоцзэдун сысян 227, 464, 525, 933
茅台 мао-тай 558
旄 мао 387
旄舞 мао-у 388
卯 мао 903, 907, 909, 911, 916
茂陵 Маолин 126, 795
帽 мао 331
玫瑰椅 мэйгуй-и 338
眉 мэй 953
梅 мэй 88-89, 115, 165, 298, 776, 894, 1059, 1064
梅花 мэйхуа 165, 169, 171, 297, 304, 361, 371, 792, 893, 953-956, 1090, 1130
梅花美人 мэйхуа-мэйжэнь 955
梅瓶 мэйпин 297, 301, 303
煤山 Мэйшань 95
美 мэй 6, 419, 815, 953
美术 мэй-шу 6, 513
美术家协会 Мэйшуцзя сехуй 852
美学 мэй-сюэ 6
门 мэнь 23, 522, 527-528
门画 мэньхуа 971
门神 мэнь шэнь 9, 123, 619, 622, 969, 971
闷户橱 мэньху-чу 341
猛龙甩尾 мэн лун шуай вэй 889
蒙古舞 Мэнгу у 401, 403
弥勒坐 бхадрасана 207
靡靡之音 Мими чжи инь 396
米 ми 552
米点 ми дянь 699, 938, 943
米兰寺 Милань сы 128
秘传 ми чуань 529
秘诀 ми цзюэ 523
秘色瓷 бисэ-яо 289
秘戏 (图) ми/би си (ту) 686-687
密体 ми ти 113
密宗 ми-цзун 202
冕 мянь 332
面架 мянь-цзя 342
描 мяо 646, 704
妙 мяо 151, 179-180, 418, 815-816, 1086
妙应寺 Мяоинсы 29, 640
庙 мяо 62-63
庙祠 мяоцы 1072
庙底沟文化 Мяодигоу вэньхуа 16, 282-283
民居 минь-цзюй 12
民俗画 миньсу-хуа 944-946, 971, 973, 1087
民族舞 (蹈) миньцзу у 400, 403-407, 890
闽南 минь нань 440, 442
名茶 мин ча 543
明 мин 521
(明) 孝陵 (Мин) Сяолин 69
明摆钟 минбай-жун 1255
明德门 Миндэмэнь 665-666
明劲 мин цзинь 804
明楼 Минлоу 69
明器 мин ци 991

明师 мин ши 528
明四家 Мин сы цзя 737, 766, 801, 947, 1004, 1030, 1056, 1075, 1130
明堂 мин тан 50-52, 63, 70, 832
茗 мин 541
摹 мо 875
摹本 мобэнь 1128
摹效 мосяо 876
模拟 мони 313, 343, 535, 884, 913, 935
摩崖 мо-яй/я 700, 949-950, 1168
末角 мо 1195
没骨 могу 223, 1156
没骨（画）могу (хуа) 938, 951, 1003, 1214
没骨法 могу-фа 115, 156, 950, 1109
没骨派 могу-пай 950-951, 1156, 1215
莫干山路 Моганьшаньлу 240
莫高（窟）Могао(ку) 8, 22, 25, 65-66, 120, 126, 128, 195, 202, 205, 209, 218, 336, 398, 400, 405, 715, 718, 722, 752, 1218, 1230
墨 мо 108, 133, 149, 815, 952
墨法 мо фа 156-157, 180, 188, 646, 746, 952, 1086, 1137
墨龙 мо лун 887
墨梅 мо-мэй 169, 791, 938, 953-954, 957, 1064, 1157
墨戏 мо си 112, 943
墨韵 мо юнь 188
墨猪 мо чжу 746, 952
墨竹 мо-чжу 152, 169, 697, 739, 953, 957-958, 1031, 1059, 1064, 1101-1102, 1114, 1119, 1201, 1235, 1239
默契 мо ци 148
默写 мо се 114, 116
牡丹 мудань 54, 88, 99, 115, 297, 371, 976, 1073
牡丹画 мудань хуа 791, 1157
木 му 58
木耳 муэр 631
木刻 мукэ 122
木龙 му-лун 887
木人 му жэнь 433-434
墓碑 му бэй 642-643, 833
墓志 му-чжи 643
那伽 нацзя（梵文 нага）885-886
捺 на 132, 771, 1049, 1052, 1054, 1065, 1192
男女双修 нань нюй шуан сю 689
南梆子 нань-бан-цзы 812
南北合套 нань-бэй хэтао 413
南北画派 нань-бэй хуа-пай 1115-1117
南北曲 нань бэй цюй 724
南北宗 нань-бэй-цзун 115, 966
南禅寺 Наньчаньсы 25
南方地区 наньфан дицюй 282
南方山水画派 наньфан-шаньшуй-хуапай 712-713, 739, 787, 825, 836, 930, 992, 1001-1002, 1099, 1102, 1116, 1137, 1162, 1237
南风 нань фэн 172
南官帽椅 нань-гуань мао-и 338
南国社 Наньго шэ 449-450, 772, 1263

南湖岛 Наньхудао 1182
南京 Наньцзин 70-71
南京路 Наньцзинлу 71, 1178
南京派 Наньцзин-пай 31
南龙 нань лун 887
南吕 нань люй 673, 902-904, 906, 909, 911, 915-916, 919-920
南派 нань-пай 32（园林），123（年画），787（山水画）
南苹（派）нанхинга (яп.) 1028
南曲 наньцюй 379, 412, 416
南拳 нань цюань 526
南人 нань жэнь 992
南山寺 Наньшаньсы 519
南狮 нань-ши 1040
南宋四家 Нань Сун сы цзя 928, 1136
南戏 нань си 380-381, 988, 1212
南阳 Наньян 984
南宗 нань-цзун 111, 114-115, 182-183, 699, 708, 712-713, 739, 825, 836, 930, 939, 966-967, 1001, 1098-1099, 1102-1103, 1115-1116, 1132, 1162
铙 нао 272-273
内 нэй 1078
内城 Нэйчэн 30
内丹 нэй дань 535
内方外圆 нэй фан вай юань 158
内功 нэй гун 530
内家 нэй цзя 529-532
内家拳 нэй цзя цюань 529-531, 1070
内教坊 Нэй цзяо фан 398-399
内气 нэй ци 186
内廷 Нэйтин 748
内务府 Нэйуфу 1013, 1255
内擫 нэй е 23
嫩笔 нэнь би 178
能 нэн 151, 179-180, 815, 1114
能品 нэн пинь 1066
泥像 ни сян 991
鲵形龙 ни-син лун 882
逆笔 ни би 157
年画 нянь-хуа 32, 61, 69, 122-123, 213, 228-229, 234, 316, 345, 566, 569, 572-574, 578, 584, 587, 602, 616-620, 623-624, 693, 705, 761, 923, 969-973, 975-977, 1037
念 нянь 670
念珠 нянь чжу 214-216, 369
鸟 няо 153
鸟类龙 няо-лэй лун 887
袅巨索 няо цзюй со 473
涅槃 непань（梵文 нирвана）179, 184, 205-206, 214-216
镍 не 262, 346, 1022
宁寿宫花园 Ниншоугун хуаюань 95
牛形龙 ню-син лун 882
牛子 нюцзы 971, 973
钮钟 нючжун 273
农科 нун кэ 894
农民舞 Нунминь у 402

浓墨 нун мо 157, 159, 733, 789, 874, 895, 952, 1159, 1177
女儿图 нюй-эр ту 687
女性艺术 нюйсин ишу 239
女真 чжурчжэни 129, 257, 376, 400, 639, 1045, 1191
欧洲古典舞 оу-чжоу гудянь у 392, 406
耦园 Оуюань 100-101
拍板 пайбань 632
拍胸舞 Пай сюн у 397-398
俳优 пайю 409
排箫 пайсяо 380
排云殿 Пайюньдянь 1181
牌坊 пайфан 981-982, 1027
牌楼 пайлоу 61, 644, 822, 981, 1027, 1181
派 пай 527
盘 пань 18
盘鼓舞 пань-гу-чжи-у 389, 397
盘龙古城 Паньлунчэн 267
蟠螭 паньчи 18
蟠螭纹 паньчи-вэнь 819
蟠龙 пань лун 823
般涉（调）бань шэ (дяо) 673-674
炰 пао 555
袍 пао 327-329
袍带小生 пао-дай сяо-шэн 807
跑龙 пао лун 887
泡茶 пао ча 543
炮拳 пао цюань 531, 1151
陂 пэй 811
佩 пэй 370
配件 пэй-цзянь 348, 544, 1251
盆 пэнь 280
盆架 пэнь-цзя 342
烹 пэн 554
烹调 [术] пэн-тяо[-шу] 550
烹饪 [法] пэн-жэнь[-фа] 550
朋友 пэн ю 12
蓬莱池 Пэнлайчи 666
劈拳 пи чжан 1151
皮黄 пихуан 422, 636, 724, 811, 1136, 1195
毗湿奴 вишая (visaya) 216;参见 Цзин
琵琶 пипа 13, 171, 379-380, 385, 749, 812
偏锋 пянь фэн 157, 648
飘 пяо 390
飘带式 пяо дай ши 886
票房 пяо-фан 498, 502
票友 пяо-ю 802
撇 пе 132, 771, 1049, 1054, 1192
品 пинь 178
品茶 пинь ча 543-545
平 пин 634
平话 пинхуа 658
平山 Пиншань 1250
平头案 пинтоуань 339
平远 пин юань 114-115, 762, 764
评剧 пинцзюй 428, 987-988
坪林茶业博物馆 Пинлинь чае боугуань 545

屏风 пинфэн 342
瓶 пин (梵文 калаша) 217
萍花社 Пинхуа-шэ 1125
泼彩 по-цай 223
泼墨 по мо 112, 157, 650, 699, 736, 757, 1103, 1156
泼色 по сэ 157
泼水龙舞 По-шуй-лун у 890
破笔 по би 157
破墨 по мо 157, 851
破体 по ти 730
莆田 Путянь 651, 988
莆仙戏 пусянь си 988-989
菩萨坐 пуса цзо (梵文 бодхи-асана) 209
菩提树 пути шу 170, 207
菩提水 пути шуй 170
葡萄 путао 54, 172, 721
蒲纹 пу вэнь 255
普洱 пуэр 543, 545, 548
谱 пу 146
七宝 ци бао 348, 369, 630
七部乐 Ци бу юэ 398
七堂伽蓝 ци тан цзялань 65
七星 ци син 535
栖凤阁 Цифэнгэ 666
栖霞寺 Цисясы 203
戚 ци 388（武器义）
戚家拳 Цицзя цюань 518
漆 ци 308
漆画 ци хуа 120,
漆器 ци ци 308-316
漆书 цишу 137
齐家文化 Цицзя вэньхуа 261, 818
奇 ци 179（绘画意境）, 815
祈谷坛 Цигутань 1079-1080
祈年殿 Циняньдянь 62-63, 1079-1080
耆那教 джайнизм 202
麒麟 цилинь 125-126, 171, 173, 297, 299, 330, 371, 885, 972, 984-986, 1043, 1255, 1263
起 ци 1192（练笔八法之一）
起笔 ци би 132, 648, 854, 1066
绮 ци 322
绮望楼 Цзивантин 95
气 ци 15, 50, 147-149, 172-173
气功 ци гун 193, 536, 538
气骨古雅 ци гу гу я 173
气味 ци-вэй 672
气息 ци си 649, 672（呼吸义）
气韵 ци юнь 15, 147-148, 151, 172-173, 177, 181, 188, 711, 785, 1085-1086, 1240
气韵生动 ци юнь шэн дун 56, 147, 172, 179, 1085
契丹 цидань 257, 349-350, 400, 760, 1191
器象 ци сян 900
掐丝珐琅 ця/цао сы фалан 33, 357
千瓣莲花宝座 цянь е ляньхуа цзо 208
千佛洞 Цяньфодун 119, 126, 202-203, 578, 715, 722, 752
千寻塔 Цяньсюньта 641
铅 цянь 261-262, 290, 298, 301, 351, 353, 358,

千

1309

中国精神文化大典 艺术卷

820, 1022
前殿 (祭殿) Цяньдянь (Цзидянь) 1073
前后立柱 цяньхоу ли-чжу 826
前伸爪 цянь шэнь чжао 886
钱树 цянь шу 202, 990-991, 1023, 1033
钱塘 Цяньтан 684, 701, 800, 836, 868, 922, 928, 1134-1136, 1228
钱纹 цянь вэнь 275
乾 Цянь 534, 908-910
乾陵 Цяньлин 25, 126, 1036, 1188
乾隆年制 Цяньлун-нянь чжи 364, 1255
乾清宫 Цяньцингун 748
潜龙 цянь-лун 887
羌 цян 890
巧 цяо 4, 815, 1114
巧中见拙 цяо чжун цзянь чжо 1092
翘 цяо 714
翘头案 цяо тоу ань 339, 341
切肉刀 це-жоу-дао 555
亲王 цинь-ван 879, 1094
秦刻石 Цинь кэ ши 996
秦岭 Циньлин 664
秦腔 цин-цян 422-423, 636, 724, 805, 1136, 1195
秦始皇陵 Цинь Ши-хуан-лин 8, 10-11, 20, 68, 127, 242, 272, 325, 998-999
秦篆 цинь-чжуань 136
琴 цинь 7, 12-13, 171, 378-380, 405, 434, 542, 1162
琴乐 цинь юэ 379
琴书 цинь шу 380-381
琴桌 цинь-чжо 340
禽鸟 циньняо 115, 649, 697
青白瓷 цин бай 297
青城山 Цинчэншань 64
青瓷 цин-цы 28, 287-289, 295-296, 302, 305, 343
青灰玉 цин-хуй юй 252
青金石 цин-цзинь-ши 198, 333, 352-353, 360
青龙 цин лун 171, 720, 885, 887, 1216
青绿山水 цинлюй-шаньшуй 702, 883, 947, 993, 1007, 1103, 1162, 1219, 1232, 1237, 1265
青绿设色 цин-люй шэсэ 863, 993, 1162
青山 Циншань 841
青檀树 цинтаньшу134
青陶 цинтао 289
青藤派 цинтэн-пай 1156
青铜 цин тун 20
青铜器 цинтун ци 260-270
青衣 циньи 424, 678, 807, 811, 934
青玉 цин юй 252
轻 цин 390 (舞蹈术语)
轻重 чжун-цин 647
清 цин 900 (音律中的清音)
清初六大家 Цин чу лю да цзя 652, 774, 999, 1004, 1094, 1105-1106, 1147, 1214
清勾 цингоу 315
清华大学美术学院 Цинхуа дасюэ мэйшу сюэюань 233

清明 цин-мин 764, 808
清末三大家 Цин мо сань да цзя 1000, 1010, 1124
清墨 цин мо 157-158, 1220
清四王 Цин сы Ван 652, 774, 891-892, 1001, 1003, 1046, 1095, 1106, 1135, 1147, 1214
清谈 цин тань 541
清言 цин янь 541
清晏舫 Циньянфан 1182
清漪园 Циньиюань 1180
情 цин 389, 416-417
请龙 цин лун 889
庆 цин 631
磬 цин 13, 295, 434
穷生 цюньшэн 423
琼 цюн 252,
琼花会馆 Цюнхуа хуйгуань 1212
琼华岛 Цюнхуадао 91-94, 640
裘 цю 327-329
曲 цюй 670
曲阜 Цюйфу 32, 64, 74, 619, 834
曲阜三孔 Цюйфу сань Кун 835
曲阜石人 Цюйфу-шижэнь 843
曲江 Цюйцзян 289
曲牌 цюй-пай 1008
曲阳 Цюйян 128
取势 цюй ши 187, 1065, 1123
去灭 цюй ме 916
圈椅 цюаньи 26, 340
全相 цюань сян 658
全真教 цюань-жэнь-цзяо 787
泉龙 цюань-лун 887
拳 цюань 527
拳法 цюань фа 518, 522, 526-527, 529-530, 535, 1067-1068, 1070-1071, 1150-1152
拳派 цюань-пай 527
拳社 цюань шэ 528
阙 цюэ 68, 984, 1009
裙 цюнь 330
染 жань 160
热河行宫 Жэхэ сингун 677
人物画 жэнь-у хуа 110, 113-114, 992
仁 жэнь 7
忍冬 жэньдун 720
仞 жэнь 559
仁寿殿 Жэньшоудянь 1181
日本茶道 жибэнь ча дао 544-545
日书 жи-шу 1049
日坛 Житань 63, 369, 645
荣宝斋 Жунбао-чжай 122, 777, 1024
肉 жоу 186, 746, 672, 881, 1065, 1092, 1129, 1143
肉食者 жоу ши чжэ 554
如来 жулай 196
如来藏 Жулай-цзан (梵文 Татхагата-гарбха) 196
如生 жу шэн 153
如鼠尾 жу шу вэй 932
如意 жу-и 170, 631, 886
如意馆 Жуигуань 652, 960, 1013-1016, 1106, 1205

如意珠 жу и чжу 214-217
儒家 жу-цзя 12, 20, 53, 163, 671
汝南太守 Жунань тайшоу 984
乳钉纹 жудинвэнь 18, 285
入静 жу цзин 193
软螺钿巨幅漆屏风 жуань лодянь чэньфу ци
    пинфэн 316
软舞 жуань у 390
蕤宾 жуй бинь 903-907, 909, 911, 915-916, 919
弱笔 жо би 178
洒金漆 ша цзинь ци 313
卅法 са фа 687
赛会 сай-хуй 442
三宝 сань бао (梵文 триратна, трини ратна) 209,
    215, 217, 219
三病 сань бин 167, 1085-1086
三才 сань цай 50, 166, 533, 535, 1152
三才式 сань цай ши 1152
三彩 саньцай 30
三层顶 сань цэн дин 369
三叉戟 саньгуцзи 216, 475-476
《三坟记》碑 Сань фэнь цзи бэй 860
三纲五常 сань ган у чан 60
三合院 саньхэюань 59, 1059
三间书 сань цзянь шу 789
三角云纹 саньцзяоюньвэнь 18
三教合一 сань цзяо хэ и 517
三块瓦脸 сань куай ва лянь 810
三骂 Сань ма 1090
三昧 самадхи 206
三苗 сань мяо 1022
三品 сань пинь 151, 167, 179
三品九人 сань пинь цзю жэнь 151
三奇 сань ци 794
三清殿 Саньциндянь 28
三庆班 Сань цин бань 1090
三十二相 саньшиэр сян 211
三宋 Сань Сун 1061
三体式 сань ти ши 1152
三停 сань тин 885
三兔 сань ту 721
三弦 саньсянь 812
三星堆 Саньсиндуй 18, 125, 271, 884, 991, 1017,
    1019, 1021-1023
三音石 сань инь ши 1080
三玉式 сань юй ши 1152
三远 сань юань 115, 150, 165, 167, 764
三折法 сань чжэ фа 648-649
三足杯 сань цзу бэй 281
三足乌 сань цзу у 329, 927, 990
散 сань 655
散板 сань бань 636, 724, 811, 988, 1136
散打 сань да 524, 526
散锋 сань фэн 157-158
散曲 сан-цюй 670-671
散乐 сань-юэ 379, 388, 411, 473
搔痒 сао-ян 1039

色 сэ (梵文 рупа) 66
涩 сэ 730
瑟 сэ 13, 378, 380
僧 сэн (梵文 сангха) 209, 215, 217
沙门 шамэнь (梵文 шраман) 202
纱 ша 21, 322
纱帽生 ша-мао-шэн 807
砂糖 ша тан 553
山海关 Шаньхайгуань 669
山龙 шань-лун 887
山门 Шаньмэнь 65
山水画 шань-шуй(хуа) 9-10, 32, 146-147, 756
山水诗 шань-шуй ши 9, 764
珊瑚 шань-ху 315, 331, 333, 350, 367-369, 630
闪石 амфиболы 252
扇画 шань-хуа 971
扇子生 шаньцзышэн 423, 807
善 шань 418
善因殿 Шаньиньдянь 94
伤痕绘画 шанхэнь хуйхуа 236, 239
伤痕美术 шанхэнь мэйшу 236
商 шан 673-674 (音乐术语)
商调 шан дяо 673
上 шан 1078
上海美术专科学校 Шанхай мэйшу чжуанькэ
    сюэсяо 851-852, 983
上海新华艺专 Шанхай синьхуа и-чжуань 225
上陵礼 шанлинли 984
上龙 шан лун 887
上楼台 шан-лоу-тай 1039
上清宫 Шанцингун 64
上天竺寺 Шантяньчжусы 1198
上图下文 шан ту ся вэнь 658-659
上虞窑 Шаньюй-яо 288
尚古 шан гу 28
尚意 шан и 1176
裳 шан 330
烧酒 шао цзю 558
勺 шао 18, 559
少林派 Шао-линь пай 527, 530-531, 1150
少林拳 шао-линь цюань 527, 529-530
少林寺 Шаолиньсы 25, 67, 519-521, 525, 530-531,
    537, 620, 641, 874, 1150
少狮 шао-ши 1039
少阳 шао ян 533
少阴 шао инь 533
绍剧 шаоцзюй 1211
绍兴画院 Шао-син хуа-юань 783
蛇类螭龙 шэ-лэй чи-лун 887
蛇形龙 шэ-син лун 882-884
舍林 шэлинь 333
设色 шэ-сэ 223
设色画 шэсэ хуа 112
社 Ш э 63
社火 шэ хо 400, 1169
社稷 шэцзи 396, 551, 1026
社稷坛 Шэцзитань 63, 644, 1026, 1027

中国精神文化大典 艺术卷

射 шэ 4, 6
申 шэнь 904, 907, 909, 911, 916
砷 шэнь 262, 309, 1022
深意 шэн и 151, 617, 939, 1267
深远 шэнь юань 114-115, 698, 762, 764, 844
神 шэнь 151, 166, 179-180, 751, 816, 1086
神采 шэнь цай 190, 1086, 1091, 1269
神厨 Шэньчу 1026, 1080
神道 шэнь дао 25, 68-69, 125-126, 642-643, 797, 984-986, 1043
神龟 Шэнь гуй 434
神化 шэнь-хуа 207, 810, 1086
神会 шэнь хуй 148, 708
神龙本 Шэнь-лун бэнь 729
神妙 шэнь мяо 181, 1163
神气 шэнь ци 166
神器 шэнь ци 12
神似 шэнь сы 148, 150
神童 шэнь тун 194, 787
神武门 Шэньумэнь 95, 644, 748
神遇 шэнь юй 1196
神乐署 Шэньюэшу 1080
审美 шэнь-мэй 6
审美学 шэнь-мэй-сюэ 6
升 шэн 714
升龙 шэн лун 329, 887
生 шэн 414, 423, 806
生动 шэн дун 173
生机 шэн цзи 746
生命 шэн мин 186, 746
生气 шэн ци 159
生知 шэн чжи 148
声 шэн 390-391
声韵 шэн юнь 672, 808
笙 шэн 13, 377, 380, 812, 976
绳纹 шэнвэнь 18, 284
圣迹殿 Шэнцзидянь 835
尸 ши 59
失 ши 674
师 ши 1033, 1037
师父 ши фу 528
师古 ши гу 709, 992, 1173, 1240
诗 ши 389
诗书画一体 ши шу хуа и чжи 109
狮佛 ши-фо 297
狮子 ши-цзы (устар. ши-цза) 54, 98, 126, 171, 202, 205, 208, 211-212, 218, 256, 295, 297, 323, 349, 361, 639, 821, 888, 893, 985-987, 1032-1041, 1043
狮子灯 Ши-цзы дэн 1041
狮子狗 ши-цзы гоу 288, 1035-1036
狮子会 Ши-цзы хуй 1042
狮子林 Шицзылинь 32, 98-99
狮子舞 ши-цзы у 1038-1043, 1170
施无畏印 ши у вэй инь (梵文 абхаямудра) 210-211
施愿印 ши юань инь (梵文 варамудра/варада-мудра) 210-212

湿笔 ши би 157, 701, 1137
湿墨 ши мо 31, 33, 157, 845, 952
十八般武艺 ши ба бань у-и 518-519
十部乐 Ши бу юэ 398
十二章纹 шиэр чжан 329
十七孔桥 Шицикунцяо 1182
十三行 Ши сань хан 730
十三经 Ши сань цзин 1084
十三陵 Шисаньлин 69, 126, 1043-1044
十三式 ши сань ши 1069
十竹斋 Ши-чжу-чжай 122, 776
十字门脸 ши цзы мэнь лянь 810
什刹海 Шичахай 644, 1093
石 ши 59
石幢 ши чуан 643
石额 ши-э 643
石鼓文 ши гу вэнь 136, 997, 1044-1045, 1123
石碣 ши-цзе 643
石经 ши цзин 642, 655, 1194
石窟寺 ши ку сы 65-66, 202
石绿 ши-люй 319, 719, 836
石青 ши-цин 319, 719
石有三方 ши ю сань фан 167
石篆山 Ши-чжуаньшань 700
时流 ши-лю 1086
时息 ши си 916
识 ши 1046
实 ши 158, 533
食 ши 552, 554
史 ши 143, 899
士 ши 12
士大夫（画）шидафу (хуа) 27, 782, 791, 939, 1101, 1116-1117
士人（画）ши жэнь (хуа) 1113-1114
世界精武体育会联谊机构 Шицзе цзин у тиюйхуй ляньи цзигоу 526
仕女 ши-нюй 766, 1077, 1208, 1225, 1230, 1260
仕女画 ши-нюй-хуа 113, 737, 947, 1007, 1056, 1077, 1225, 1243, 1259
仕女娃娃 ши-нюй ва-ва 971, 974
式 ши 527
似方非方 сы фан фэй фан 980
似连非连 лянь фэй лянь 159
似圆非圆 сы юань фэй юань 980
势 ши 187, 189, 941
事 ши 145
饰 ши 367-372
视频艺术 шипинь ишу 242, 243
释迦牟尼佛、文殊师利菩萨和普贤菩萨三圣像 Будда Шакьямуни с бодхисаттвами Манджушри и Самантабхадра 28
释迦塔 Шицзята 28, 66
谥 ши 740
收笔 шоу би 132, 159, 648, 785, 881, 1234
手搏 шоу бо 515
手狮舞 Шоу ши-цзы 1040-1041
手印 шоу-инь 209-210, 213-214

1312

手镯 шоу-чжо 16, 212, 253, 348, 353, 371, 630, 634
寿 шоу 54, 361, 372, 619, 651
寿州窑 Шоу-чжоу-яо 290
受 шоу 1046
狩猎 шоуле 78, 119, 129, 349, 396, 511, 514, 721-722, 811, 839, 1044, 1267
兽类龙 шоу-лэй лун 887
兽头 шоу-тоу 721
瘦金体 шоуцзиньшу 1193, 1234
瘦筋 шоу-цзинь 1234
瘦硬如屈铁 шоуин жу цюйте 932
书 шу 143-144, 926
书案 шу-ань 340, 358
书法 шу-фа 10, 130, 139
书格 шу-гэ 342
书柜 шу-гуй 341
书画 шу хуа 143
书画舫 Шу хуа фан 940
书画同源 шу хуа тун юань 108, 193
书吏 шу-ли 787
书奴 шу ну 876
书如其人 шу жу ци жэнь 107, 192
书圣 шу шэн 730
书体 шу ти 187, 646, 830, 1048-1050, 1055
书学 Хуа-сюэ 10, 26
书中仙手 шу чжун сянь шоу 861
书桌 шу-чжо 340
梳背椅 шубэй-и 338
梳篦 шу-би 371
疏 шу 151
疏处可以走马，密处不使透风 шу чу кэи цзоу ма, ми чу бу ши тун фэн 704
疏体 шу ти 113
疏野 шу е 152
蔬果 шу-го 115
熟 шу 711
熟中有生 шу чжун ю шэн 1123
黍 шу 552
蜀锦 шу-цзинь 323
术 шу 3-4, 6, 7, 513
术数 шу-шу 7
术语 шу-юй 4
数 шу 4, 6
摔跤 шуай цзяо 515-516, 524
双调 шуан дяо 673
双钩 шуангоу 646
双钩廓填 шуан-гоу ко-тянь 112, 728
双龙 шуан лун 361, 721, 885, 1233
双龙戏珠 шуан лун си чжу 349, 363
双人凳 шуан-жэнь-дэн 339
双身佛 шуан шэнь фо 689
双喜 шуан-си 372
水 шуй 405, 689
水凳 шуйдэн 1197
水壶 шуй ху 134, 632, 661
水机 шуй цзи 434
水晶 шуйцзин 352, 369, 703, 1251

水晶龙 шуйцзин-лун 887
水龙 шуй-лун 887
水墨 шуй мо 31, 223, 232
水墨苍劲派 шуймо-цанцзин-пай 932
水墨烘染 шуймо хунжань 943
水墨画 / 墨画 шуй-мо-хуа/мо хуа 107, 116, 118, 156, 169, 223, 230, 584, 787, 942, 954, 989, 1031, 1059, 1103, 1119, 1128, 1132, 1155, 1237, 1244
水榭 Шуйсе 1027
水心榭 Шуйсиньсе 677
水袖 шуй-сю 811
顺笔 шунь би 157
说唱 шочан 412
说书人 шошуды 975
司马台 Сыматай 668
丝 сы 317-318, 671
丝绒 сы-жун 26, 323-324
思 сы 149, 631,
巳 сы 907, 916
四坝 [文化] Сыба [вэньхуа] 261
四才子 сы цай-цзы 947, 1056, 1075
四大徽班 Сы да хуй бань 422
四大名旦 сы да мин дань 808
四大王 сы да Ван 999
四德 сы дэ 133
四方 сы фан 274, 388
四格 Сы гэ 179
四合院 сыхэюань 21, 49, 53, 59-61, 74, 645, 1057-1059
四胡 сыху 380
四绝 сы цзюэ 140
四君子 сы цзюнь-цзы 10, 54, 115, 118, 165, 1059
四灵 сы лин 885
四平调 сы-пин-дяо 812
四僧 сы сэн (四大名僧 сы да мин сэн) 774, 793, 1046, 1060-1061, 1147, 1149, 1242, 1264
四僧画家 сы сэн хуа-цзя 1060
四山纹 сы шань вэнь 819
四梢 сы шао 534
四神 сы шэнь 286, 1033
四势 сы ши 10, 178
四王恽吴 сы Ван Юнь У 999
四喜 сы си 422
四贤 сы сянь 1257
四象 сы сян 533-534
四艺 сы и 542
四正 сы чжэнь 1069
寺 сы 64
寺庙 сымяо 61
松江派 Сунцзян-пай 30, 707
松竹斋 Сун-чжу-чжай 122
嵩岳寺塔 Сунъюэсыта 66
宋楷 сун кай 653
宋庆龄故居 Сун Цин-лин гуцзюй 1093
宋诗派 Сун ши-пай 770
送龙 сун лун 889

中国精神文化大典 艺术卷

送狮子 Сун шин-цзы 1041
苏黄米 Су-Хуан-Ми 1129
苏钟 сучжун 1255
苏州 Су-чжоу 97-100, 257, 259
俗 су 170
俗画 су-хуа 27
俗乐 су юэ 379
俗字 су цзы 945
素 су 322
素金 су цзинь 369
素面 су-мянь 321, 810
速度 суду 647
宿墨法 су мо фа 158
酸 суань 556
随县 Суйсянь 377
唢呐 379-380, 812
塔 та 11, 64-65, 1009
塔林 Талинь 25, 67, 641
拓跋（氏）тоба(ши) 202, 897
榻 та 335-337, 339, 341
台 тай 21, 58, 64, 1027
太白碑林 Тай-бо бэйлинь 841
太常 тай-чан 938, 980
太常寺 Тайчансы 398-399, 473
太簇 тай цоу 903-904, 909, 911, 915-916, 918
太湖 Тайху 84, 287, 292, 968, 1203
太湖石 тай-ху-ши 84, 1094
太极 тай цзи 169, 533, 535, 953
太极快拳 тай цзи куай цюань 1070
太极拳 тай цзи цюань 394, 523, 525-527, 530, 532, 804, 1067-1071, 1150
太极五路 тай цзи у лу 1067
太牢 тай лао 64
太庙 таймяо 63, 644, 834, 1026, 1072-1073
太朴 тай пу 144, 175
太师椅 тайши-и 338
太狮 тай-ши 1039, 1041
太守 тай-шоу 842, 958, 984, 1167
太岁坛 Тайсуйтань 63
太阳 тайян 533
太液池 Тайечи 91, 666
太阴 тай инь 533
泰山 Тайшань 537, 997
泰山刻石 Тайшань кэ ши 996-997
泰州 Тайчжоу 416, 766
坛 тань 62
坛唱 тань-чан 672
弹词 тань цы 380-381
潭龙 тань-лун 887
潭州 Тань-чжоу 684, 980
唐古特 тангутэ 197, 400
唐卡 танка 197, 689
唐李公青莲寺 Тан Ли-гун цинляньсы 841
唐山落子 таньшань лоцзы 987
糖霜 тан шуан 553
螳螂拳 танлан цюань 527, 529
绦带 тао-дай 333, 826

饕餮 тао-те 8, 18, 266-267, 273, 887, 1035
桃 тао 115
陶 тао 1185
陶龙 тао лун 887
陶器 тао ци 250, 276
套版 тао-бань 659
套路 тао лу 514-515, 524, 529
套曲 таоцюй 670
套数 тао-шу 670, 672
套索 лосо 218
剔红 тихун 314
剔犀 тици 314
锑 ти 262, 358, 1022
踢踏 тита 408
提腕 ти вань 647
题跋 тиба 826
题襟馆 Ти цзинь гуань 1124
题目 ти-му 672
体 ти 1048, 1086
体育 ти юй 524
屉桌 ти-чжо 340
趯 ти 1192
天 тянь 5, 50, 167-168, 535
天安门 Тяньаньмэнь 72, 644
天宝 Тянь-бао 767
天地 тянь ди 166, 389, 764
天杆 тяньгань 826
天关 тянь гуань 64
天鸡壶 тяньцзи-ху 288
天井 тянь цзин 11, 60
天籁阁 Тянь лай гэ 1145
天理 тянь ли 780
天理教 тяньли-цзяо 521
天禄 тянь лу 984-986
天马 тянь ма 323
天门 Тяньмэнь 547
天师道 тяньши-дао 756
天数 тянь шу 835, 1079
天台山 Тяньтайшань 287
天坛 Тяньтань 62-63, 645, 1078
天头 тянь тоу 826
天王 Тянь-ван 206
天下 Тянь ся 388
天鼋龟龙 тянь-юань гуй-лун 887
天真 тянь чжэнь 229, 699, 939
天真烂漫 тянь чжэнь лань мань 1065, 1176
天真平淡 тянь чжэнь пин дань 711
天子 тянь-цзы 5, 388, 1078
天子中而处 тянь цзы чжун эр чу 51
添字病 тянь цзы 674
田 тянь 144
挑 тяо 1049
挑花 тяо хуа 320
桃庙 Тяомяо 1073
条案 тяоань 339
条凳 тяодэн 339
条形式 тяо син ши 886

条桌 тяо-чжо 339-340
调和 дяо-хэ 390
调狮子 Тяо шн-цзы 1040-1041
跳七丸 тяо ци вань 473
跳桌 тяо-чжо 1039
帖 те 833
帖学派 те сюэ пай 880, 1122
铁 те 67, 203, 309
铁锅 те-го 555
铁戟磨沙体 те цзи моша ти 789
铁门槛 те мэньсянь 1246
铁塔 Тета 639
铁线草 те сянь цао 874
铁线篆 те сянь чжуань 997, 1051
铁影壁 Теинби 94
听劲 тин цзинь 804-805
亭 тин 11, 21, 32, 1027, 1182
停云 (馆) Тин-юнь(гуань) 947, 1056, 1118
通草纸 тунцао 1087-1088
同 тун 389
同盟会 Тунмэнхуй 1213
同州 Тун-чжоу 636
铜 тун 262, 365, 1022, 1185
铜版画 тунбань-хуа 108, 123, 1108, 1256
铜川窑 Тунчуань-яо 291
铜鼓舞 Тунгу у 396
铜官窑 Тунгуань-яо 291-292
铜龙 тун лун 887
铜山太狮 Туншань тай ши 1042
图 ту 144-145
图画 ту хуа 142, 144-145
图画院 Тухуаюань 767
图理 ту ли 145
图谱 ту пу 944, 1087
图识 ту ши 145
图示 ту ши 144, 1087
图书 ту шу 144
图形 ту син 142
土 ту 58, 146, 167
土地堂 тудитан 620
土家族 туцзя 407, 890
土龙 ту-лун 887
土楼 тулоу 60
团城 Туань-чэн 94
团凤 туань-фэн 721
团花 туань-хуа 721
团练 туань лянь 517
团龙 туань лун 329, 721, 883, 885, 887
推手 туй шоу 1067
退笔冢 туй би чжун 1246
托林寺 Толинг 198
脱胎造像 ту тай сян 316
鸵鸟 тоняо 720
娃娃戏 вава си 976
瓦舍 ва шэ 516, 522
瓦子 вацзы 379, 413
外朝 Вайчао 747-748

外城 Вайчэн 645, 665, 998
外方内圆 вай фан нэй юань 158
外家 вай цзя 529-530, 532
外末 ваймо 414
外气 вай ци 186
外拓 вай то 23
外滩 Вайтань 71
外销画 вайсяо-хуа 944, 973, 1087-1088
玩世现实主义 ваньши сяньшичжуи 239-240
万 вань 54
万春亭 Ваньчуньтин 748
万方安和 Ваньфаньаньхэ 1205
万花阵 Ваньхуа-чжэнь 1206
万化 вань хуа 156
万历柜 ваньли-гуй 341
万寿山 Ваньшоушань 1180-1182
万寿无疆 вань шоу у цзян 372
万舞 вань-у 388
卍 вань 361, 1205
王城岗 Ванчэнган 726
王府 ван-фу 60, 645, 1093
王制 ван чжи 252
网师园 Ваньшиюань 97, 99
望都墓 Ванду му 1109-1110, 1164
威猛 вэй-мэн 689
微 вэй 913
围 вэй 1192
围棋 вэй ци 187
帷 вэй 438
帷房 вэй фан 438
尾声 вэй шэн 672
尾子 вэйцзы 826
纬 вэй 52
卫画 вэйхуа 969
为沟洫 вэй гоусюй 832
未央宫 Вэйянгун 664
味 вэй 556
温州杂剧 вэнь-чжоу цзацзюй 412
文碑 вэнь бэй 642-643
文丑 вэнь-чоу 424, 808
文房四宝 вэнь фан сы бао 133-134, 933
文服 вэнь-фу 811
文华殿 Вэньхуадянь 748
文化大学 Вэньхуа дасюэ 1220
文化软实力 вэньхуа жуань шили 501
文静 вэнь-цзин 689
文联 вэнь лянь 1142
文庙 Вэньмяо 63-64, 834
文明戏 вэньмин си 447, 606, 1211
文人画 вэньжэнь-хуа 111, 113, 152, 234, 708-709, 1010, 1101-1102
文生 вэньшэн 423
文狮 вэнь-ши 1039, 1041
文舞 вэнь-у 388, 390
文戏 вэньси 440, 1074
文学馆 Вэньсюэгуань 778
文言 вэньянь 3-4, 6, 446

文以气为主 вэнь и ци вэй чжу 148
文渊阁 Вэньюаньгэ 770
文章 вэнь чжан 672
蚊脚书 вэнь-цзяо-шу 1049
翁仲 вэн-чжун 842
倭寇 во-коу 520
我面目 во мянь му 1154
卧蚕纹 воцань вэнь 255
乌龙 у лун 887
乌青 у цин 305
乌纱帽 ушамао 300, 331
屋漏痕 у лоу хэнь 794
屋木 у-му 1230
无法而法 у фа эр фа 112
无法生有法 у фа шэн ю фа 175
无极 у цзи 535
无名 у мин 170
无射 у и 901, 904, 909, 911, 915-916, 920
无为 у вэй 162, 164, 166, 169, 223, 864
无锡 Уси 78, 751, 1082
无形之病 у син бин 151, 177, 816
无用 у-юн 185
吴 У 1004
吴（门）派 У(мэнь)-пай 30, 675, 865, 892, 947, 1030, 1032, 1068, 1130-1131
吴城 Учэн 18, 1130
吴带当风 У дай дан фэн сокр 1084, 1127
吴门四家 Умэнь сы цзя 947, 1130
吴兴八俊 Усин ба цзюнь 992-994, 1236-1237
吴兴窑 Усин-яо 288
吴中三家 У чжун сань цзя 1091, 1118
吴装 У чжуан 1127
五百罗汉堂 У бай лохань тан 128
五步 у бу 1069
五彩 у цай 30, 167, 298
五德 у дэ 251
五方 у фан 168, 552
五方佛 / 五智如来 у фо/у чжи-жулай 212, 219
五方狮子舞 У фан ши-цзы у 1038
五佛 панча-татхагата 212
五福 у фу 632
五供 у гун 359
五谷 у гу 552, 1026
五龙亭 Улунтин 94, 645
五声 у шэн 376, 379-380, 412, 556, 674, 900, 905, 915-916
五四运动 у сы юньдун 3, 383, 402
五塔 у-та 67, 639-640
五塔寺 Утасы 30, 67
五台山 Утайшань 721
五味 у вэй 167, 556
五星 у син 760
五行 у син 50, 146, 167, 171, 376, 533-535, 556, 912, 1151
五音 у инь 673, 900, 914
五岳 у юэ 84, 766, 819
午 у 904, 907, 909, 911, 916

午门 Умэнь 644, 747
虎殿 удян 57, 70
武 у 511-513, 521
武丑 у-чоу 424, 808
武旦 удань 424, 807
武当派 Удан-пай 531
武当山 Уданьшань 64, 527, 531, 1069
武德 у дэ 529
武服 у-фу 811
武官 у гуань 125, 512
武老生 улаошэн 424
武僧 у сэн 520
武生 ушэн 423-424, 670, 806
武狮 у-ши 1039-1041
武术 у-шу 13, 186, 395, 397, 440, 511-538, 649, 742, 803-804, 808, 874, 1067-1071, 1152
武术会 у шу хуй 522
武松脱铐 У Сун то као 518
武松醉打蒋门神 У Сун цзуй да 518
五色 у са 144, 146, 252
武舞 у у 388, 390, 402, 514
武戏 уси 440, 1074
武小生 усяошэн 424
武艺 у-и 513, 518
武英殿 Уиндянь 748
舞 у 387-389, 515, 647
舞蹈 у-дао 387-412
舞剧 у-цзюй 396, 405-406
舞乐 у-юэ 406
舞龙头 у-лун-тоу 890
舞蛮牌 У мань пай 400
舞狮 у ши 478, 515, 1036, 1038, 1040-1043
舞双剑 у шуан цзянь 473, 475
婺州窑 Учжоу-яо 289-290
西安 Сиань 663, 667
西北冈 Сибэйган 68
西湖 Сиху 101
西湖国立艺术院 Сиху голи ишуюань (今中国美术学院 совр. Чжунго мэйшу сюэюань) 851
西湖龙井 Сиху Лун цзин 543
西泠八家 Силин ба цзя 1118, 1124, 1134-1135
西泠印社 Силин инь шэ 1024, 1124
西凉乐 Си лян юэ 398
西陵 Силин 69, 982
西皮 сипи 422, 724, 811-812, 1136
西山 Сишань 641, 1181
西市 Сиши 666
西四牌楼街 Си сы пайлоу цзе 981
西阳门 Сиян-мэнь 897
西洋画 си-ян-хуа 145
西园 Сиюань 100
犀角 си-цзюэ/цзяо 630-631
犀牛 синюй 630
犀首 сишоу 630
锡 си 261-262, 820, 1022
锡伯[族] сибо[цзу] 382
溪龙 си-лун 887

熹平石经 Си пин ши цзин 654-655
喜画 сихуа 969, 971
喜鹊 сицюэ 54, 698
戏 си 476
戏出儿 сичур 618-619
戏曲 сицюй 13, 379, 401, 409, 411, 415, 423, 636,
    670-671, 724, 805, 975-976, 1211-1212
戏象 си сян 410
细笔 си би 112
细沈 си Шэнь 1030
下 ся 151
下笔用力 ся би юн ли 655
下龙 ся лун 887
夏家店 Сяцзядянь18
仙 сянь 538
仙胎 сянь тай 536
仙游 Сянью 653, 988
先蚕坛 Сяньцаньтань 63
先农坛 Сяньнунтань 63, 645
先天 Сяньтянь 1152
先天拳 сянь тянь фа 1069
先王 сянь ван 556
闲放 сянь фан 152
弦纹 сяньвэнь 18, 285
咸 Сянь 556
咸阳 Сяньян 24, 70, 998
现代书法 Сяньдай шуфа 139, 853
现代主义 сяньдайчжуи 221, 228, 230, 235-236,
    238-239, 241-242
现古于今 сянь гу ю цзинь1180
线 сянь 158
乡土绘画 сянту сеши хуйхуа 236
相扑 сян пу (яп. сумо) 473, 515-516
香案 сян-ань 340
香草龙 сян-цао-лун 889
香港 Гонконг 34, 73, 498
香火龙舞 Сян-хо-лун у 890
香山饭店 Сяншань фаньдянь 73
湘笔 сянби 133
湘妃竹 сян фэй чжу 958
湘江 Сянцзян 1120
翔鸾阁 Сянлуань-гэ 666
象 сян 125-126, 255
象人 сян жэнь 410
象数之学 сяншу-чжи-сюэ 519
象舞 сян-у 388, 396
象形 сян-син 11, 145
象牙 сян я 119, 128, 139-140, 315, 401, 558, 630-
    631, 1019
萧窑 Сяо-яо 290
箫 сяо 377, 380, 957
小唱 сяо-чан 672
小乘 сяо шэн 202
小丑 сяо чоу 443
小旦 сяодань 414, 441
小殿 Сяодянь 762
小斧劈皴 сяо фу пи цунь 159

小花脸 сяохуалянь 424, 808
小九天法 сяо цзю тянь фа 1069
小楷 сяо кайшу 647, 653, 730, 941, 1121, 1258
小令 сяо-лин 670, 672, 674
小六 Сяо лю у 907
小末（泥）сяо мо(ни) 414
小生 сяошэн 423-424, 440-441, 806-807
小石 сяо ши 673-674
小四王 сяо сы Ван 774, 891-892, 1147
小写意 сяо се и 112
小雁塔 Сяояньта 25, 66-67, 638
小篆 сяочжуань 11, 19, 130, 135-137, 387, 389,
    860, 996-997, 1051, 1052
楔子 се-цзы 671
歇指 се чжи 673
斜点 се дянь 159
斜襟 се цзинь 327
斜匣塞 секэ яньдянь 932
谐奇趣 Сецицюй 1206
谐趣园 Сецюйюань 1182
写 се 143, 174-175, 1059
写貌 се мао 867
写神 се шэнь143
写生 се шэн 24, 114-115, 165, 173, 182, 745, 1094
写实 се ши 143
写书 се шу 143
写心 се синь 143
写意 се и 24, 111-115, 143, 155, 165-166, 173, 182,
    223-225, 233-234, 774, 806, 966, 989, 1030,
    1060, 1090, 1155, 1157, 1265
写真 се чжэнь 143
心 синь 107, 148, 389, 555, 1151
心平气和 синь пин ци хэ 193
心悟 синь у 1196
心弦 синь сянь 112
心形玉佩 синьсин юйпэй 256
心意 синь и 728, 1150
心意拳 синь и цюань 1150
心印 синь ин 149
心正则笔正 синь чжэн цзэ би чжэн 881
辛 синь 556
锌 синь 262, 358
新安派 Синьань-пай 793, 1060, 1148-1149
新安四大家 Синьань сы да цзя 1148
新地剧社 Синь ди цзюн- шэ 1062
新电影 синь дяньин 491-492, 505, 613, 1227
新歌剧 синь гэцзюй 429
新剧 синь цзюй 427, 429, 446-448, 450, 452, 454,
    458, 461, 606, 771, 1082
新昆曲 синь куньцюй 416
新时期舞蹈艺术 синьшици удао ишу 405
新文人画 синь вэньжэнь-хуа 234
信 синь 251
信笔 синь би 711
信阳 Синьян 334, 679-680
星期 син-ци 535
星星画展 Синсин хуа чжань 236

中国精神文化大典 艺术卷

刑部 Синбу 739, 1179
邢 син 375
行 син 162
行笔 син би 132
行草 синцао 131, 136, 138, 191, 653, 730, 789, 829, 941, 1054, 1178, 1269
行服 синфу 326
行楷 синкай 138, 653, 1054
行龙 син лун 198, 329, 823, 887
行气 ин ци 186, 876
行书 синшу 11, 19, 23, 130, 136-139, 646, 648, 653, 675-676, 729-730, 737, 770, 789, 794, 829, 831, 845, 861, 933, 980, 1024, 1029, 1047, 1050, 1053-1054, 1057, 1065-1066, 1075, 1091, 1121-1123, 1125, 1135, 1148, 1150, 1168, 1176-1177, 1179-1180, 1196, 1220-1221, 1235-1236, 1240, 1245, 1257
行为 синвэй 242
行意拳 син и цюань 1150
形 син 1220
形似 син сы 148, 708, 1173
形势 син ши 655
形意拳 син и цюань 523, 529-530, 535, 1068, 1150-1152
醒狮 син-ши 1040
兴化 Синхуа 653, 988
兴庆宫 Синцин-гун 399, 666
杏坛 Синтань 835
兄弟 сюн ди 12
匈奴 сюнну 668, 795, 897
雄 сюн 414
熊形龙 сюн-син лун 882
修行 сю син 162
秀才 сюцай 1148, 1244
袖舞 Сю у 397
绣墩 сю-дунь 339
戌 сюй 904, 907, 909, 911, 916
须弥山 Сюймишань 65, 208, 213, 215, 632
须弥坛 сюй ми тань 208
须弥座 сюймицзо 58, 208, 210, 640, 823, 834, 1073, 1152-1153
虚 сюй 158, 164
宣笔 сюаньби 133
宣德 Сюань-дэ 298-299, 301-302, 359, 649, 1160-1161
宣德画院 Сюань-дэ хуа-юань 30, 1077, 1160-1161
宣纸 сюань-жи 108, 134
玄 сюань 168
玄秘塔碑 Сюань ми та бэй 881
玄武 Сюань-у 68, 171, 720, 885
玄学 сюань-сюэ 524, 760
悬空寺 Сюанькунсы 22, 61-62
悬山 сюаньшань 57
悬腕 сюань вань 647, 770
悬针竖 сюань-чжэнь-шу 1065
悬肘 сюань чжоу 771
旋 сюань 636

漩涡 сюаньво 720
学堂乐歌 сюэтан юэгэ 382
血 сюэ 186, 746
压力 я ли 647
压印 яинь 367, 775
哑杂剧 я цза-цзюй 391
雅部 ябу 416, 423
雅舞 я-у 388
雅乐 я юэ 379, 411
烟雨楼 Яньюйлоу 677
烟云供养 янь юнь гун ян 939
延华洞 Яньхуа-дун 847
言 янь 389
颜底魏面 Янь ди Вэй мянь 1242
颜氏家庙碑 Янь ди цзя мяо бэй 1169
眼 янь 416
颠 янь 18, 263
砚 янь 89, 133-134, 150, 157, 257, 259, 619, 728, 738, 1064
艳 янь 414
艳俗艺术 яньсу ишу 240
宴乐 янь юэ 379
雁尾 янь вэй 1179
秧歌 янгэ 380, 383, 429, 456, 1169-1170
秧歌剧 янгэцзюй 383, 607, 1158
扬琴 ян цинь 381, 441
扬州八怪 Янчжоу ба гуай 31, 580, 650, 738, 778, 893, 957, 1010, 1061, 1090, 1157, 1170-1174, 1242, 1244-1245
羊 ян 64, 264
阳 ян 50-52
阳起石 актинолит 252
阳气 Ян ци 188
洋风 ян фэн 71, 1178
洋鬼（子）ян гуй 521
仰韶（文化）Яншао (вэньхуа) 8, 16, 49, 67, 277-286, 551-552, 554, 661, 882
养生 ян шэн 15, 20, 27, 193, 536, 939, 1119, 1154
腰鼓 яогу 380
腰鼓舞 Яо-гу у 396
爻 яо 144, 146, 535, 914
窑洞 яо дун 61
摇板 яо бань 636, 724, 1136
摇钱树 яоцяньшу 20, 972
瑶 яо 252
药箱 яо-сян 342
耀州 Яочжоу 290
野梅 е-мэй 954
野逸 е-и 1085, 1157
叶儿 еэр 672
夜叉 якша 719
一笔画 и би хуа 107, 112, 116
一笔书 и би шу 116, 730, 784, 941, 1231
一笔一笔 и би и би 704
一画 и хуа 146, 175, 1046
一画之法 и хуа чжи фа 143
衣 и 811

衣架 и-цзя 342
衣箱 и-сян 342
匜 и 18, 264
夷则 и цзэ 903-904, 907, 909, 911, 915-916, 919
怡园 Июань 99-100
宜昌 Ичан 679
宜兴 Исин 292, 302, 544, 547-548, 661-662
宜兴紫砂 исин цзы ша 661
颐和园 Ихэюань 92, 243, 581, 641, 645, 1180-1183
以形写神 и син се шэнь 109, 113
以拙取巧 и чжо цюй цяо 1092
椅 и 335
弋阳腔 иянцян 418-419, 1212
义和（神）拳 и хэ (шэнь) цюань 521
义和团 ихэтуань 521, 973, 1140, 1180
艺 и 3-4, 6-7, 513
艺道 и-дао 6
艺术剧社 Ишуцзюй-шэ 450, 1081, 1140
议郎 илан 654
易 и 534
易俗 Ису 427
峄山碑 Ишань бэй 996
峄山刻石 Ишань кэ ши 996
逸 и 179-181
逸笔 и би 112
逸格 и-гэ 962, 1113
逸品 и пинь 962, 1113
翊文社 Ивэнь шэ 1090
意 и 112, 176, 536, 1151
意笔 и би 112
意境 и-цзин 109, 112, 115
意趣 и-цюй 1086
意在笔先 и цзай би сянь 109, 161, 192
意在画外 и цзай хуа вай 109
阴 инь 27, 52, 77, 157, 168-169, 553, 538, 548, 648, 689, 797, 908, 910
阴兔 инь-ту 171
阴阳 инь-ян 342, 389-390, 533, 548, 555-556, 647-649, 655, 734, 746, 914, 952, 1151-1152, 1192
阴宅 инь чжай 59
音 инь 377, 671, 901
音均 инь цзюнь 900
音乐 иньюэ 377
音乐剧 иньюэ-цзюй 408
殷墟 Иньсюй 255, 309, 1183-1184
银 инь 262, 368
银器 инь ци 345, 347, 350
银丝 инь сы 368
银针 инь чжэнь 548
淫声 Инь шэн 396, 671
淫书 инь шу 691
寅 инь 903, 907-909, 911, 916
引首 иншоу 826
引戏 инь си 412
饮茶 инь ча 541-544
印 инь 140, 205
应钟 ин чжун 902-904, 907, 909, 911, 915-916, 920-921
英国公园 Ингогунъюань 72, 1178
鹦鹉 инъу 720
鹰形龙 ин-син лун 882-883
营国 ин го 832
影 ин 437, 867
影壁 ин би 12, 21, 60, 90, 822-823, 1058
影灯 ин-дэн 437
影灯戏 ин-дэн-си 437
影戏 ин-си 437-440
硬鞭 бянь 519
硬陶 иштао 18
雍和宫 Юнхэгун 32, 198-199
雍亲王府 Юн-цинь ванфу 198
永 юн 132, 1192
永安寺 Юньаньсы 640
永嘉 Юнцзя 1162
永乐宫 Юнлэгун 29, 64
永宁寺 Юннинсы 203
永欣寺 Юнсиньсы 1246
永字八法 юн цзы ба фа 132, 1192-1193
甬钟 юн-чжун 273
咏 юн 389
俑 юн 20, 127
用 юн 162
用笔 юн би 147, 151, 156, 178, 646-647, 794, 866-867, 876, 1085-1086
用劲 юн цзинь 804
用墨 юн мо 157, 952, 1065, 1085
优 ю 409
油彩画 юцай-хуа 1016
油画 ю-хуа 120-121, 130, 142, 145, 220-221, 223, 230, 232, 234-235, 241, 798, 837, 839, 851-852, 1010, 1107, 1153, 1248
有笔无墨 ю би у мо 952
有笔有墨 ю би ю мо 151, 952
有墨无笔 ю мо у би 952
有形病 ю син бин 177, 816
酉 ю 907, 909
卣 ю 18, 263, 264, 266, 268
右龙 ю лун 887
佑国寺 Югосы 66, 638
余 юй 633, 974
鱼 юй 371, 632-634, 1185
鱼画 юй-хуа 971
鱼类龙鲤 юй-лэй лун ли 887
鱼龙 юй-лун 115
鱼龙曼衍 юй-лун мань-янь 474
鱼尾式 юй вэй ши 886
鱼形龙 юй-син лун 882
渔父 юй-фу 633
渔鼓 юй гу 381, 632
虞山派 Юйшань-пай 774, 892, 999, 1095, 1131, 1147
羽毛 юй-мао 387-388, 1028, 1161
羽舞 юй-у 388, 396, 935
雨花阁 Юйхуагэ 198

中国精神文化大典 艺术卷

雨衣 юй-и 326-327
语录 юйлу 525
语录拳 юй лу цюань 525
玉 юй 251-259, 268, 355, 367, 630, 878-879, 1200
玉雕 юй дяо 128, 253, 256-257, 259, 1197-1198
玉环 юй-хуань 219
玉筋篆 юй цзинь чжуань 860, 1051
玉兰堂 Юйланьтан 947
玉龙 юй-лун 887
玉器 юй ци 16, 128, 250, 253-258, 1197, 1200
玉衣 юй и 878-879, 1184, 1200-1201
欲海 юй-хай 217
欲界 юй цзе 66, 207
御 юй 4, 6
御花园 Юйхуаюань 92, 95-96, 748
御使 юй ши 1100
豫剧 Юйцзюй 636
豫园 Юйюань 32, 100
鸳鸯 юань-ян 171, 976, 1216
元华寺 Юаньхуасы 1218
元曲 юаньцюй 380, 670
元四家 Юань сы цзя 10, 774, 786, 891, 967-968, 999, 1060, 1098, 1130-1131, 1147, 1201-1202
元宵（节）юань-сяо(цзе) 399, 890, 971, 973, 1170
园林 юаньлинь 76-93, 95-101
园林石 юань-линь-ши 361
员外郎 юаньвайлан 864
原板 юань бань 636, 724, 811, 1136
原龙 юань-лун 882
原始瓷 юаньши-цы 286-287
原始青瓷 юаньши цин-цы 287
圆 юань 133, 672
圆版 юаньбань 370
圆笔 юань би 156, 646, 648, 655, 1045, 1052, 1066, 1179
圆璧 юань-би 171
圆凳 юаньдэн 339, 1261
圆点 юань дянь 159, 282, 941
圆明园 Юаньминьюань 92, 366, 641, 645, 837, 839, 1014, 1205-1210
圆曲 юань-цюй 889
圆胜 юань-шэн 631
圆中带方 юань чжун дай фан 1045
圆桌 юань-жо 337, 340
远近 юань-цзинь 160, 1112
院 юань 64
院本杂剧 юаньбэнь цзацзюй 412
月蟾 юэ чань 927, 990
月光 юэгуан 169, 971, 990
月镜 юэ цзин 817
月门 юэ мэнь 82-83
月琴 юэцинь 380, 812
月坛 63, 369, 645
月兔 юэ ту 329, 990
月牙桌 юэячжо 340
乐 юэ 4, 6, 375, 389,
乐府 Юэфу 13, 378, 390, 859, 905

乐器 юэ ци 13
岳州窑 Юэчжоу-яо 289, 290
钺 юэ 16, 273, 1021
越瓷 юэ ци 289-290
越剧 юэцзюй 1211-1212
越窑 юэ яо 289-290, 294
越州窑 Юэчжоу-яо 289
粤剧 юэцзюй 1212-1213
龠舞 юэ-у 388
云雕漆 юнь дяо ци 314
云冈（石窟）Юньган (шику) 8, 22, 65-66, 127, 195, 202
云锦 юнь цзинь 324
云龙 юнь-лун 720
云佩 юнь пэй 253
云气 юньци 739, 926
云书 юнь-шу 1049
云纹 юнь-вэнь 18, 314, 681, 819, 885, 984
云雾烟霭 юньу-яньай 709, 739, 825, 939, 942, 992, 1137, 1162
云岩寺塔 Юаньяньсыта 638
运 юнь 148
运腕 юнь вань 646
韵 юнь 148-149, 172-173, 672, 815, 1212
韵白 юнь-бай 809
韵高千古 юнь гао цянь гу 188
杂班 цзабань 419
杂技 цза-цзи 409, 419, 471-480
杂剧 цзацзюй 412-414, 423, 435-436, 670-671
杂舞 цза-у 388, 472
杂戏 цза-си 471
宰牲亭 Цзайшэнтин 1026, 1080
宰相 цзай сян 390, 1001
在野 цзай-е 1090, 1147
簪 цзань 369-370
錾胎珐琅 цзаньтай фалан 356-357, 362
早梅 цзао-мэй 954
藻井 цзаоцзин 717
灶鬼 цзао гуй 438
灶王码 цзаованма 622
造办处 Цзаобаньчу 354
造化 цзао хуа 149, 865, 1086
造钟处 Цзочжунчу 1255
曾侯乙墓 Цзэн Хоу И му 19, 107, 271, 273, 346, 377, 680, 884, 901, 1216-1217
甑 цзэн 554
扎什伦布寺 Ташилхунпо 199
查海（文化）Чахай (вэньхуа) 882
查拳 чжа цюань 532
炸 чжа 554-555, 560
斋宫 Чжайгун 63, 1079-1080
沾、粘、连、随 чжань, нянь, лянь, суй 1069
章 чжан 143, 329
章草 чжан-цао 138, 684, 829, 1053, 1061, 1092, 1231, 1269
长史 чжан-ши 1223, 1259
涨墨 чжан мо 746, 952

丈 чжан 434, 473
昭华 чжао хуа 437
昭华之琯 чжао хуа чжи гуань 437
昭华之玉 чжао хуа чжи юй 437
昭陵 Чжаомин 126, 642, 866, 1035
赵州桥 Чжаочжоуцяо 629
折 чжэ 132, 671
折笔 чжэ би 157, 648
折钗股 чжэ чай гу 794
折带皴 чжэ дай цунь 159, 968
折叠椅 чжэдэи 339
折杨柳 Чжэ янлю 1008
折枝 чжэ чжи 115
折子戏 чжэ-цзы-си 443
蛰龙 чжэ лун 887
磔 чжэ 1192
赭石 чжэ-ши 318, 719, 786
褶 сюэ 811
褶子生 чжэ-цзы-шэн 807
浙江大学 Чжэцзян дасюэ 1024
浙江美术学院 Чжунго мэйшу сюэюань 983, 1024
浙江书法家协会 Чжэцзян шуфацзя сехуй 1024
浙派 Чжэ-пай 30, 140, 701-702, 836, 967, 1131, 1162, 1243
浙派三大家 Чжэ-пай сань да цзя 1243
着地爪 чжао ди чжао 886
真传 чжэнь чуань 528, 537
真书 чжэнь-шу 1052
真行 чжэньсин 730
枕边书 чжэнь-бянь шу 687
枕腕 чжэнь вань 648
振动 чжэньдун 192, 728
镇海 Чжэньхай 769
镇宅图 чжэнь-чжайту 622
争 чжэн 556, 804
筝 чжэн 380, 434
蒸 чжэн 554-555
整脸 чжэн лянь 810
正笔 чжэн би 1168
正旦 чжэндань 414, 807
正宫 чжэн гун 673
正龙 чжэн лун 823
正末 чжэнмо 414
正平调 чжэн пин дяо 673
正确执笔 чжэн цюэ чжи би 646, 746
正史 чжэн ши 899
正书 чжэн-шу 137-138, 1052
正书之祖 чжэн шу чжи цзу 1257
正统（画）派 чжэнтун-пай 31, 34, 115, 417, 699, 774, 939, 999, 1061, 1106, 1147
正乐 чжэн-юэ 388, 473
政 чжэн 7, 375
之罘刻石 Чжифу кэ ши 996
支 чжи 735（天干地支）
芝 чжи 301, 371, 619, 631, 653
枝江 Чжицзян 679
知春亭 Чжичуньтин 1182

织锦 чжичэнь 101, 565, 576, 585
栀子 чжи-цзы 297, 318
祇候 чжи-хоу 779
脂粉 чжи-фэнь 810
执笔 чжи би 646-647, 746, 771
直点 чжи дянь 159
直画 чжи хуа 1049
纸龙 чжи-лун 887
纸龙舞 Чжи-лун у 890
纸马 чжима 969, 971-972, 974
指（头）画 чжи (тоу) хуа 98, 112, 117-118, 740, 893, 983
指环 чжи-хуань 371
指墨 чжи мо 117
指事 чжи-ши 11
徵 чжи 914-916
志 чжи 150, 899-900, 1083
志士班 Чжиши бань 1213
帙 чжи 827
炙 чжи 555
掷绳 чжи шэн 434
智 чжи 251
智慧 чжи хуй 689
智慧海 Чжихуйхай 1181
置物 чжи у 143
雉尾生 чживэйшэн 423
觯 чжи 18, 268
中 чжун 53（建筑），151（绘画），168（方位），389（情动于中），533-534（武术）
中餐 чжун цань 553
中都 Чжунду 644
中锋 чжун фэн 156, 648, 653, 704, 785
中宫 чжун гун 135
中国电影家协会 Чжунго дяньинцзя сехуй 1142
中国风 шинуазри 220, 222, 258, 565, 575, 586, 603, 1247-1248
中国古典舞 чжунго-гудянь-у 403, 408
中国科学院 Чжунго кэсюэ юань 868
中国李白研究会 Чжунго Ли Бо яньцзюхуй 841
中国流 чжунго лю 13, 501
中国美术馆 Чжунго мэйшу гуань 230, 234, 236, 968
中国美术家协会 Чжунго мэйшу-цзя сехуй 124, 226, 228, 241
中国民族舞 чжунго миньцзу у 407
中国农业大学 Чжунго нунье дасюэ 894
中国书法家协会 Чжунго шуфацзя сехуй 789, 1024
中国书法篆刻研究会 Чжунго шуфа чжуань кэ яньцзюхуй 1029
中国文学艺术界联合会 Чжунго вэньсюэ ишуцзе ляньхэхуй 1062, 1082, 1142, 1175
中国舞蹈家协会 Чжунго удаоцзя сехуй 405
中国舞蹈艺术研究会 Чжунго уда ишу яньцзю хуй 392
中国戏剧家协会 Чжунго сицзюйцзя сехуй 456-457, 464-465, 657, 803, 1025, 1062, 1158

中国戏曲研究院 Чжунго сицюй яньцзю юань 671, 936
中国音乐家协会 Чжунго иньюэ-цзя сехуй 383, 386, 850, 924
中国杂技团 Чжунго цза-цзи туань 478
中国左翼戏剧家联盟 Чжунго цзои сицзюйцзя ляньмэн 450, 772, 1062
中国左翼作家联盟 Чжунго цзои цзоцзя ляньмэн 1140
中和殿 Чжунхэдянь 748
中和韶乐 Чжун хэ Шао юэ 382
中华全国戏剧工作者协会 Чжунхуа цюаньго сицзюй гунцзочжэ сехуй 456, 657, 772, 1082, 1175
中华杂技团 Чжунхуа цза-цзи туань 478
中郎将 чжун-лан-цзян 654
中龙 чжун лун 887
中吕宫 чжун люй гун 673
中南海 Чжуннаньхай 478
中秋 чжун-цю 969
中山大学 Чжуншань дасюэ 1024
中山国的艺术 Чжуншань-го ды ишу 1250
中书 Чжуншу 846, 862
中书令 чжуншу-лин 1163
中堂 чжунтан 56, 828
中央芭蕾舞团 Чжуньян балэй-у туань 386, 392
中央歌剧芭蕾舞剧院 Чжуньян гэцзюй балэй-у цзюйюань 392
中央歌剧舞剧院 Чжуньян гэцзюй уцзюй юань 392, 462
中央歌剧院 Чжуньян гэцзюй юань 386, 392
中央歌舞艺术团 Чжуньян гэ-у ишу туань 850
中央美术学院 Чжуньян мэйшу сюэюань 124, 225, 227, 231, 234, 241, 798, 851, 1153
中央民族歌舞团 Чжуньян миньцзу гэутуань 386
中央民族乐团 Чжуньян миньцзу юэ-туань 386, 850
中央实验歌剧院 Чжуньян шиянь гэцзюй юань 392, 457, 462
中央研究院 Чжуньян яньцзю юань 868
中央音乐学院 Чжуньян иньюэ сюэюань 384, 850, 879, 924
中正殿 Чжун-чжэндянь 198
钟 чжун 216, 272-273, 434, 901, 1252
钟表 чжунбяо 1013-1014, 1210, 1248, 1252-1256
钟楼 Чжунлоу 61, 70, 644, 1080, 1252
中举 чжун цзюй 776, 854, 1193, 1244
仲吕 чжун люй 902
重墨 чжун мо 157
州 чжоу 261
周赏亭 Чжоушуантин 95
粥 чжоу 552, 554, 972
轴 чжоу 826-828
绉 чжоу 21, 322
朱干玉戚 чжу гань юй ци 388
朱门 чжу мэнь 53
朱雀 чжуцюэ 720, 885
朱义 чжу вэнь 1242
珠 чжу 367-371, 630
珠纹 чжувэнь 18
珠子 чжу-цзы 215, 217, 347, 352-353, 368, 371
诸宫调 чжугундяо 379, 412
诸侯 чжу-хоу 51, 63, 68, 263, 396, 1200
猪龙 чжу лун 253
猪形龙 чжу-син лун 882
竹 чжу 10, 672-673
竹林七贤 чжу линь ци сянь 130, 752, 1267-1268
烛台 чжу тай 288, 340, 342, 355, 366, 877
主宾 чжу бинь 86
主流 чжу лю 111, 120, 515, 553, 632, 661, 1050, 1055, 1094
主仆 чжу пу 86, 747
主色 чжу-сэ 810, 1007
煮 чжу 554
煮茶 чжу ча 541, 543-544, 547-548
箸 чжу 558
专用衣 чжуань-юн-и 811
砖龙 чжуань лун 887
转笔 чжуань би 157, 648
转注 чжуань-чжу 11
赚 чжуань 673（音律术语）
篆 чжуань（篆书 чжуаньшу）10, 130, 132, 135, 138, 355, 364, 646, 648, 654, 684, 704, 789, 794, 845, 854, 860, 894, 959, 980, 995, 1050-1054, 1121, 1123-1126, 1168, 1179, 1224, 1240, 1242, 1245
篆刻 чжуань-кэ 139-140
装旦 чжуандань 412
装堂花 чжуан тан хуа 115
装置 чжуанчжи 242, 279-280, 318-320, 713, 1252-1255
壮（族）чжуан(цзу) 382, 395
状元 чжуан юань 442-443
准 чжунь 914（音律）
拙 чжо 152, 708
拙政园 Чжо-чжэньюань 32, 97, 99
捉月台 Чжоюэтай 841
桌 чжо 339-340
桌围 чжо-вэй 971
浊 чжо 900
啄 чжо 1192（书法术语）
子宫 цзы гун 686
子母调 цзы му 674
子孙庙 цзы сунь мяо 64
子午 цзы-у 64
子午谷 Цзыугу 664
紫金 цзы цзинь 346
紫金城 Цзыцзиньчэн 64
紫禁城 Цзыцзиньчэн 30, 32, 60, 91, 93-95, 198, 644, 747, 1014
紫龙 цзы лун 887
紫砂 цзы-ша 292, 547, 661-662
紫砂壶 цзы ша ху 544, 661
自乐 цзы лэ 112, 1112

自明 цзы-мин 764
自鸣钟 цзымин-чжун 1252-1255
自然 цзы жань 151, 162, 176, 179, 634, 655, 707, 1086
自然之势 цзыжань чжи ши 187
自娱 цзы юй 112, 892, 968, 1112
自在坐 дунь цзо 206-207
字儿 цзыр 619, 674
字舞 цзы у 390
字中有笔 цзы чжун ю би 794
宗庙 цзунмяо 63, 398, 663, 822, 832, 996
综相 цзун сян 1221
总管内务府 Цзунгуань нэйуфу 1013
总会仙唱 цзун-хуй сянь-чан 472
走唱 цзоу чан 380
走兽 цзоу-шоу 223
奏会 цзоу хуй 522
奏舞 Цзоу у 396

足撑 цзучэн 338
俎 цзу 18, 335
祖庙 цзумяо 63, 834, 1043, 1072
钻 чжань 804 (см. словарную статью "劲")
钻拳 цзуань цюань 1151
攥云爪 цзуань юнь чжао 886
醉裉儿 цзуй кэнь 674
醉翁椅 цзювэнь-и 338
尊 цзунь 18, 263-265, 268, 288, 347-348, 359
尊卑 цзунь-бэй 52-53
樽 цзунь 253
左龙 цзо лун 887
作 цзо 3
坐 цзо 206
坐部伎 цзобу цзи 379, 398
坐禅 цзо чань 519
座 цзо 205, 207, 208

壬

文艺作品、期刊及丛刊索引

《阿Q同志》А'Кью тун-чжи «Товарищ А'Кью» 936

《阿Q正传》А'Кью чжэн чжуань «Подлинная история А'Кью» 393, 406, 1082

《阿飞正传》А-фэй чжэн чжуань«Подлинная история А-фэя» 1097

《阿里巴巴与四十大盗》Алибаба юй сы ши да дао «Али-Баба и сорок разбойников» 407

《爱国者》Айгочжэ «Патриоты» 1063

《爱情万岁》Айцин ваньсуй «Да здравствует лю- бовь» 506

《爱神》«Эрос» 499, 1097-1098

《爱神之手》Ай шэнь чжи шоу «Рука Духа любви» 499, 1098

《按鹰图》Ань ин ту «Быстрый ястреб» 1218

《奥赛罗》«Отелло» 446

《八百壮士》Бабай чжуанши «Восемьсот стойких» 452, 1062

《八大山人诗钞》Бада шаньжэнь шичао«Поэ- тическое наследие отшельника (человека гор) Бада» 1266

《八法颂》Ба фа цзюэ «Тайны восьми методов» 1192

《八诀》Ба цзюэ «Восемь тайн» 980

《八骏图》Ба цзюнь ту«Восемь благородных скаку- нов» 838

《八千里路云和月》Ба цянь ли лу юнь хэ юэ«Дорогав восемь тысяч ли, луна и облака» 483, 1175

《八一风暴》«Буря 1 августа» 461

《八一起义》Ба и ции «Восстание 1 августа» 1063

《八月帖》Ба юэ те «Манускрипт [от] восьмого месяца» 1231

《八字歌》Ба цзы гэ «Речитатив восьми иероглифов» 1069

《巴赫奇萨拉伊的水泉》«Бахчисарайский фонтан» 392

《巴黎的火焰》«Пламя Парижа» 393

《巴山夜雨》«Ночной дождь в горах Башань» 490

《芭蕉红梅》Ба-цзяо хун-мэй «Банан и слива» 232

《霸王别姬》«Властитель прощается с наложницей» см . Ба-ван бе цзи 431, 493, 614, 676, 807-808, 812, 935

《白峰溪剧作选》Бай Фэн-си цзюйцзо сюань «Избранные пьесы Бай Фэн-си» 635

《白毛女》Баймао нюй «Седая девушка» 383, 385, 393, 404, 429, 456, 485-486, 850, 1055

《白蛇传》«Легенда о Белой змейке» см . Бай шэ чжуань 392, 469, 812, 1082

《白云红树图》Бай юнь хун шу ту «Белые облака красные деревья» 836

"白纸坊太狮" Байчжифан тайши«Великий лев [квартала] Бай-чжифан» 1042

《百花深处》Байхуа шэнь чу «Цветы в глубине дво- ра» 499

《百骏图》Бай цзюнь ту «Сто благородных ска- кунов» 838

《百鹿图》Бай лу ту «Сто оленей» 928

《百马图》Бай ма ту«Сто коней» 1028, 1112

《百雁图》Бай янь ту «Сто гусей» 928

《百猿图》Бай юань ту «Сто обезьян» 928

《版画》Баньхуа«Гравюра» 228

《包身工》Бао шэнгун «По найму» 1140

《宝莲灯》«Волшебный фонарь лотоса» 393

《宝章待访录》Бао чжан дай фан лу «Сведения опоисках драгоценных свитков» 940

《保尔·柯察金》«Павел Корчагин» 458, 802

《保卫和平》Баовэй хэпин «Защитим мир» 1063

《保卫卢沟桥》Баовэй Лугоуцяо «Отстоим Лу- гоуцяо», «Защитим Лугоуцяо» 772, 1062

《保卫祖国》Баовэй цзуго «Защитим отечество» 850

《暴风雨中的七个女性》Бао фэн юй чжун ды цигэ нюйсин «Семь женщин в бурю» 450, 1082

《暴风骤雨》Бао фэн чжоу юй «Ураган и ливень» 850

《悲情城市》Бэйцин чэнши «Записки печального города», «Город скорби» 505, 773

《北国江南》Бэйго цзян нань «Юг на севере» 1175

《北京人》Бэйцзинжэнь «Пекинец» 657

《北京日报》Бэйцзин жибао «Пекин» 765

《北京晚报》Бэйцзин ваньбао «Вечерний Пекин» 765

《北京往北是北大荒》«К северу от Пекина — великая Северная цели- на» 469

《北齐校书图》«Ученые династии Северная Ци» 1165

《本命年》Бэньмин нянь «Год судьбы» 798

《逼上梁山》Бишан Ляншань «Уход в горы Лян- шань» 428

《彼岸》Би ань «Тот берег» 467, 742

《笔法记》Би фа цзи «Записи о приемах письма ки-стью», «Записи о законах кисти», «Заметки о приемах письма кистью» 10, 149, 177, 179, 815, 1085

《笔赋》Би фу «Поэма о кисти» 655

《笔论》Би лунь «Рассуждения о кисти» 655

《笔髓论》Би суй лунь «Беседы о сути кисти» 1196

《笔意赞》Би и цзан«Похвала кисти» 190

《笔阵图》Би чжэнь ту «Боевое построение кисти» 746

《敝帚斋余谈》Би-чжоу-чжай юй тань «Досужие беседы из Кабинета Старой метлы» 687

《碧鸡漫志》Бицзи мань чжи «Заметки праздного, написанные в квартале Бицзи» 413

《碧云天》Биюнь тянь «Небо лазоревых облаков» 859

《编钟乐舞》Бянь-жун уюэ «Музыкально-танцевальное [представление под аккомпанемент] набора колоколов» 406

《变脸》«Изменение лиц» 431

《标准草书千字文》Бяочжунь цаошу «Нормативы скорописи» 1194

《拨头》Ботоу «Патра» 410

《波兰亡国惨史》Полань ванго цан ши «Скорбь о гибели Польши» 1090

《博物志》Бо у чжи «Трактат обо всех вещах» 671

《卜商帖》Бу шан те «Манускрипт „Гадания [династии] Шан"» 980

《不知秋思在谁家》Бу чжи цюсы цзай шуцзя «Есть ли семья, где нет треволнений» 635

《布谷鸟又叫了》«Кукушка снова закуковала» 641

"布龙舞" Бу-лун у «Танец с тканевым драконом» 889

《步辇图》Бунянь ту «Поднесение дани» 1163

《部队文艺工作座谈会纪要》Бу дуй вэньи гунцзо таньхуй цзи яо «Протокол совещания по вопросам работы в области литературы и искусства в армии» 463-464, 744

《采茶扑蝶舞》«Сбор чая и ловля бабочек» 392

《采菊图》Цай цзюй ту «Разбирая хризантемы» 1047

《采薇图》Цай вэй ту «Сбор повилики» 857

《蔡文姬》Цай Вэнь-цзи «Цай Вэнь-цзи» 463,800

《蔡忠惠公文集》Цай Чжи-хуй гун вэнь цзи «Собрание эссе господина Цай Чжи-хуя» 653

《残雾》«Обрывки тумана» 453

《苍原》«Безжизненная степь» 469

《草莽英雄》Цаоман инсюн «Рыцари больших дорог» 1175

《草木皆兵》Цао му – цзе бин «Травы и деревья — все солдаты» 1063

《草原儿女》Цаоюань эрнюй «Степная девушка», «Девушка из степи» 404

《草原女民兵》Цаоюань нюйминьбин «Степные героини», «Степная девушка-солдат», «Героини степей», «Девушка-солдат из степи» 404

《草原之歌》«Песнь степей» 462

《层岩丛树图》Цэн я цун шу ту «Горные кручи и кущи деревьев» 824

《茶馆》Ча гуань «Чайная» 432,462,469,800

《茶花女》Чахуа нюй «Дама с камелиями» 431, 446, 453, 462

《茶经》Ча цзин «Канон чая», «Трактат о чае» 294, 541, 544-546, 784

《茶酒论》Ча цзю лунь «Спор чая и вина» 541

《柴房会》Чай фан хуй «Встреча в дровяном сарае» 443

《长安车马人物图》Чаньань чэ ма жэнь у ту «Люди и колесницы, [запряженные] лошадьми, в Чаньани» 1218

《长城那边的情色》«Эрос за Китайской стеной» 587, 693

《长征》«Великий поход» 462

《长征组歌》Чан-чжэн цзугэ «Кантата о Великом походе» 384

《嫦娥奔月》Чан-э бэнь юэ «Чан-э убегает на Луну» 935

《嫦娥图》Чан-э ту «Чан-э» 1077

《唱论》Чан лунь «Рассуждение/Суждения о пении», «О пении» 414,591, 603, 670-671

《唱赚图》«Игра в ножной мяч в сопровождении оркестра» 379

《朝元仙仗图》Чао юань сянь чжан ту «Свита прародителя династии, [состоящая из] бессмертных» 1133

《车夫之家》Чэфу чжи цзя «Семья рикши» 448

《车马出行图》Чэ ма чусин ту «Выезд колесниц» 1110

《车站》Чэ чжань «Автобусная остановка» 467, 742

《陈氏家乘》Чэнь-ши цзя пу «Семейные хроники господина Чэня» 1067

《陈氏太极拳图说》Чэнь-ши тай цзи цюань ту шо «Разъяснения изображений [приемов] тай цзи цюань господина Чэня» 1067, 1070

《陈毅市长》Чэньи ши-чжан «Мэр Чэньи» 1025

《城南春色图》Чэннань чунь сэ ту «Весенние краски Чэннани», «Весенний пейзаж Чэннани» 1171

《城市之夜》Чэнши чжи е «Ночь города» 733

《吃耳光的人》«Тот, кто получает пощечины» 454

《臭虫》«Клоп» 936

《出山释迦图》«Шакьямуни, спускающийся с гор» 196

《初月帖》Чу юэ те «Манускрипт [от] начала месяца» 729

《楚辞》Чу цы «Чуские строфы» 848, 927

《楚宫宴乐》Чугун янь юэ «Пиры и музыка во дворце [царства] Чу» 406

《传神秘要》Чуань шэнь би яо «Рецепт портрета» 570

《传授诀》Чуань шоу цзюэ «Наставления в тайном» 980

《荈赋》Чуань фу «Ода о чае» 541

《春蚕》Чунь цань «Весенние шелкопряды» 1140

《春草闯堂》Чунь цао чуан тан «Весенняя трава в ритуальном зале» 989

《春宫秘戏图》Чунь гун ми/би си ту «Изображения тайных забав весеннего дворца» 686

《春光乍泄》Чунь гуан чжа се «Внезапная весна» 1098

《春闺梦》Чунь гуй мэн «Сон о возвращении весны» 678

《春寒》Чунь хань «Весенние холода» 1063

《春画——由〈金瓶梅〉图像谈到春宫画》«Весенние картины — обсуждение картин

ве- сенних дворцов на основе образов „Цзинь пинмэй" 691

《春回大地》Чунь хуй да ди «Мелодия возвращения весны» 452

《春江花月夜》Чунь цзян хуа юэ е «Лунный свет и цветы на весенней реке» 385

《春节组曲》Чунь-цзе цзу чой «Новогодняя сюита», «Сюита Праздника весны» 850

《春苗》Чунь мяо «Весенние ростки» 1063

《春禽花木图》Чунь цинь хуа му ту «Весенние птицы и цветы» 1161

《春秋》Чунь цю «Вёсны и осени» 4, 6, 655

《春山读书图》Чунь шань ду шу ту «Читая в весенних горах» 1099

《春山积翠图》Чунь шань цзи цуй ту «Начинающие зеленеть весенние горы», «Весенние горы — нагромождение лазури» 163, 701

《春山瑞松图》Чунь шань жуй сун ту «Весенние горы и сосны», «Весенние горы и чудесные/благовестные сосны» 182, 938

《春山图》Чунь шань ту «Весна в горах» 1229

《春桃》Чунь Тао «Чунь Тао» 798

《春天》Чуньтянь «Весна» 924

《春宵秘戏图》Чунь сяо ми/би си ту «Изображения тайных забав весенних ночей» 687

《春游晚归图》Чунь ю вань гуй ту «Возвращение домой весенним вечером» 1006

《春在枝头》Чунь цзай чжи тоу «Весна в древесной кроне» 232

《淳化阁帖》Чуньхуагэ те «Собрание прописей из Павильона Чистоты нравов» 833

《蠢货》«Медведь» 458

《辍耕录》Чо гэн лу «Записи остановившего вспашку на меже [во имя перемен]» 477

《辞海》Цы хай «Море слов» 6

《村居一月》«Месяц в деревне» 448

《村田乐》Цунь тянь юэ «Музыка сел и полей» 400

《存复斋集图》Цунь фу чжай цзи ту «Пребывание в уединенном месте», «Жилище в деревне» 1238

《错位》«Не на своем месте» 492

《搭错车》«Сесть не в ту телегу» 467, 469

《打得好》Да дэ хао «Хорошо воюем» 1266

《打击侵略者》Дацзи циньлюэчжэ «Отпор агрессорам» 1063

《打金枝》Да цзинь чжи «Золотая ветвь» 423, 1211

《打渔杀家》Да юй ша цзя «Месть рыбака» 451, 935, 1263

《大佛的瞳孔》Да фо ды тункун «Глаз Будды» 484

《大红灯笼高高挂》Да хун дэнлун гаогао гуа «Высоко висят красные фонари» 493-494, 614, 1227

《大濩》Да хо «Великое Жертвоприношение» 375

《大雷雨》«Гроза» 448, 453, 458, 1158

《大幕已经拉开》Дамо ицзин лакайла «Занавес уже открылся» 1025

《大闹天宫》«Переполох в небесном дворце» 812

《大韶》Да Шао «Великие Шао», «Великая [музыка] Шао» 375, 395-396

《大太监李莲英》Ли Лянь-ин «Ли Лянь-ин» 798

《大唐中兴颂》Дай Тан чжун син сун «Славословие о процветании великой [династии] Тан» 1168

《大武》Да У «Великий Воинственный» 396, 515

《大夏》Да Ся «Великое Ся» 375, 396

《大雪地》Дасюэ ди «Заснеженная земля» 1158

《大秧歌舞》Да янгэ у «Большой танец [под] песнюянгэ» 402

《大业杂记》Да-е цза цзи «Разные записки [о периоде] Да-е [605–616]» 434

《大阅兵》Да юэбин «Большой военный парад» 676, 1227

《大章》Да чжан «Великие гимны», «Великое совершенное» 375, 395

《大字结构八十四法》да цзы цзегоу ба-ши-сы «84 правила конструирования больших иероглифов Ли Чуня» 135

《带枪的人》«Человек с ружьем» 455

"丹陛大乐" Даньби да юэ «Музыка императорского двора», «Музыка алых ступеней» 382

《丹心谱》«Партитура о чистых сердцах» 465

《胆剑篇》Дань цзянь пянь «Желчь и меч» 463, 657, 800

《当代电影》Дандай дяньин «Современное кино» 502

《党人碑》Дан жэнь бэй «Памятник единомышленникам» 1090

《导引图》Даоинь ту «Схема поз [гимнастики] даоинь» 927

《捣练图》Дао лянь ту «Изготовление шелка» 1225, 1259

《盗马贼》«Конокрад» 492

《道德经》Дао дэ цзин «Канон дао и дэ», «Канон Пути и благодати» 55, 59, 926

《得失帖》Дэ ши те «Манускрипт дэ ши» 729

《地狱变相图》Диюй бяньсян ту «Метаморфозы в адских землях» 1127

《登石头城》Дэн шитоу чэн «Поднимаюсь на каменную стену» 671

《等待》«Ожидание» 466

《邓散木诗词选》Дэн Сань-му шицы сюань «Сборник стихотворений и высказываний Дэн Сань-му» 703

《邓霞姑》Дэн Ся-гу «Дэн Ся-гу» 935, 1263

《第十二夜》«Двенадцатая ночь» 469

《典论·论文》Дянь лунь лунь вэнь «Рассуждения о классическом», «Трактат о классических суждениях» 148

《点绛唇》Дянь цзян чунь «Алые губы» 674

《点石斋画报》Дяньшичжай хуабао «Иллюстрированный журнал из Кабинета прикосновения к камню» 705-706

《点线迎春》 «Весна, похожая на нити» 237

《电影的锣鼓》 Дяньин ды логу «Набат кино» 1257

《电影美学》 Дяньин мэйсюэ «Эстетика кино» 1257

《调琴啜茗图》 Дяо цинь чо-мин ту «Игра на цине [вовремя] чаепития» 1259-1260

《喋血黑谷》 «Кровь в Черной долине» 492

《蝶恋花》 Де лянь хуа «Бабочка любит цветок» 672

《定军山》 Динцзюньшань «Гора Динцзюнь» 480, 610, 1074, 1195

《冬冬的假期》 Дундун ды цзяци «Каникулы Дундуна» 773

《东方红》 Дунфан хун «Алеет восток» 403

《东方收藏》 «Восточная коллекция» 588, 693

《东方朔画赞碑》 Дунфан шо хуа цзань бэй «Панегирик в честь портрета [даосского наставника] Дун-фан» 1168

《东方天鹅——芭蕾对手顶》 Дунфан тянь е «Восточный Лебедь» (акробатический дуэт) 479

《东宫西宫》 Дун гун си гун «Восточный дворец, Западный дворец» 496

《东海黄公》 Дунхай Хуан-гун «Хуан-гун из Дунхая» 410, 472

《东京的月亮》 Дунцзин ды юэлян «Токийская луна» 469, 1025

《东京梦华录》 Дун цзин мэн хуа лу «Записи грез о красоте Восточной столицы» 435

《东邪西毒》 Дун се си ду «Порок повсюду» 1096-1098

《冬官》 Дун гуань «Зимние чиновники/службы» (разд. «Чжоу ли») 832

《冬暖》 Дун нуань «Зимнее тепло» 849

《洞》 «Дыра» 506

《洞天山堂图》 Дун тянь шань тан ту «Пещерные небеса, горные залы» 1102

《洞庭春色赋》 Дунтин чунь сэ фу «[Стихи о вине сорта] „Весенние краски горы Дунтин"» 1065

《洞庭东山图》 Дунтин дуншань ту «Восточные горы у озера Дунтин» 1237

《洞庭秋月图》 Дунтин цю юэ ту «Осенняя луна над озером Дунтин» 1199

《洞玄子》 Дун-сюань-цзы «[Канон] Учителя, Проникшего в Таинственную Тьму», «Учитель, Проникший в Таинственную Тьму» 171, 687

《都市风光》 Души фэнгуан «Городские сцены» 482, 1204

《窦娥冤》 Доу Э юань «Обида Доу Э» 380, 601, 678, 1212

《独断》 Ду дуань «Единственно верное» 326

《读碑窠石图》 Ду бэй кэ ши ту «Читая стелу», «Чтение стелы» 843

《杜甫》 Ду Фу «Ду Фу» 1063

《杜鹃山》 «Гора азалий» 806

《渡口》 Дукоу «Переправа» 404

《断背山》 Дуань бэй шань «Горбатая гора» 506, 840

《断桥》 Дуань цяо «Разрушенный мост» 1136

《对于批评家的希望》 Дуйюй пипинцзя ды сиван «Об упованиях критиков» 686

《堕落天使》 Доло тянши «Падшие ангелы» 1096

《俄狄浦斯王》 «Царь Эдип» 431

《俄罗斯人》 «Русские люди» 455

《俄罗斯问题》 «Русский вопрос» 458

《儿子的大玩偶》 Эрцзы ды да ваньоу «Большая кукла сына» 505, 773

《尔雅》 Эр я «Приближение к классике» 145

《2046》 Эр лин сы лю «2046» 1097-1098

《二马》 Эр цзюнь ту «Два скакуна» 1011

《二泉映月》 «В двух родниках отражается луна» 393-394

《二十四孝》 Эр ши сы сяо «24 примера самоотверженного служения родителям» 973

《二王法书管窥》 Эр Ван шуфа гуань-куй «О каллиграфии двух Ванов» 1029

《二谢帖》 Эр Се те «Манускрипт Эр Се» 729

《二祖调心图》 Эр цзун дяо синь ту «Два патриарха, гармонизирующих свое сознание» 197, 963

《伏虎罗汉图》 «Патриарх и тигр» 963

《法西斯细菌》 Фасисы сицзюнь «Бациллы фашизма» 455, 457, 1063, 1141

《范村梅谱》 Фань цунь мэй пу «Каталог/книга о [живописи цветущей] сливы, [из] деревни Фань» 954

《芳春雨霁》 Фан чунь юй цзи «Благоухающая весна после дождя» 923

《仿大痴山水图》 Фан Дачи шань шуй ту «Пейзаж в стиле Да-чи» 1031

《仿高克恭云山图》 Фан Гао Кэ-гун юнь шань ту «Облачные горы в стиле Гао Кэ-гуна» 1003

《仿王蒙山水》 Фан Ван Мэн шань-шуй ту «Пейзаж в стиле Ван Мэна» 112, 709

《放歌行》 Фан гэ син «Шагая, распеваю во весь голос» 711

《飞将军》 Фэй цзянцзюнь «Летающий генерал» 772

《分界线》 Фэньцзе сянь «Разделительная линия» 840

《汾河湾》 Фэньхэ вань «Излучина реки Фэньхэ» 423, 935

《丰收舞》 Фэн-шоу у «Танец сбора урожая» 402

《风暴》 Фэньбао «Буря» 803

《〈风波亭〉的风波》 Фэнботин ды фэнбо «Скандал в беседке бурь» 1025

《风雪归庄》 Фэн сюэ гуй чжуан «Возвращение в усадьбу [под ветром и снегом]» 1138

《风吟》 Фэн инь «Звуки ветра» 407

《风雨故人来》 Фэн юй гу жэнь лай «Преодолев не-астья, возвращается старый друг» 635

《风雨图》 Фэн юй ту «Ветер и дождь», «Буря» 1138

《风月》 Фэн юэ «Ветер и луна» 677

《风月无边》 «Безбрежны луна и ветер» 469

《封氏闻见记》 Фэн-ши вэнь цзянь цзи «Записки

господина Фэна о слышанном и виденном» 435

《奉花老人图》Фэн хуа лао жэнь ту «Старик держащий цветы» 1172

《扶犁》Фу ли «Хождение за сохой» 395

《芙蓉镇》Фужун чжэнь «Поселок Лотосов» 490,798,1148

《福建傀儡戏史论》Фуцзянь куйлэй си ши лунь «Об истории кукольного театра Фуцзяни» 432

《父归》«Возвращение отца» 449

《父亲》«Отец» 236

《妇女代表》Фу нюй дай бяо «Женщина-депутат» 457

《复活》«Воскресение» 447, 458, 1082

《富春山居图》Фучуньшань цзюй ту «Жизнь/Обитель в горах Фучунь» 147, 787, 1201

《旮旯胡同》«Переулок Голар» 469

《干戚舞》Гань-ци у «Танец [со] щитами и топорами» 395

《钢笔字写法》Ганби цзы се фа «Способы письма иероглифов перьевой ручкой» 703

《高山流水》Гао шань лю шуй «Высокие горы, Текущие воды» 405

《高山下的花环》Гао шань-ся ды хуахуань «Венки под высокой горой» 1148

《高士侣鹤图》Гао ши люй хэ ту «Высокопоставленный чиновник/чиновник высоких [помыслов] с журавлем» 923

《高行健戏剧集》Гао Син-цзянь сицзюй цзи «Собрание пьес Гао Син-цзяня» 742

《歌女红牡丹》Гэнюй хун мудань «Певица Красный пион» 1222

《革命家庭》Гэмин цзятин «Семья революционера» 1055, 1142

《格古要论》Гэ гу яо лунь «Рассуждение о древности / древних образцах» 358

《葛天氏之乐》Гэтянь ши чжи юэ «Музыка рода Гэтянь» 395

《工程做法则例》Гунчэн цзофа цзэли «Правила инженерно-строительных работ» 53, 870

《公寓春光》«Квартира» 937

《宫廷画师郎世宁》Гунтин хуаши Лан Ши-нин «Дворцовый художник Лан Ши-нин» 840

《狗儿爷涅槃》«Нирвана Гоу Эр-е» 467

《孤儿救祖记》Гуэр цзю цзу цзи «Сирота спасает деда» 481, 1222, 1246

《古柏图》Гу бо ту «Старый кипарис» 1111

《古城的怒吼》Вэйчэн ды нухань «Гневный клич в осажденном городе» 452

《古画品录》Гу хуа пинь лу «Предисловие к „Категориям старинной живописи"», «Заметки о категориях старинной живописи» 9, 22, 147, 867, 1085

《古今书评》Гу цзинь шу пин «Обсуждение древней и современной каллиграфии» 191

《古列女传》Гу ле нюй чжуань «Жизнеописания прославленных женщин древности» 686, 755

《古木寒泉图》Гу му хань цюань ту «Старые деревья [у] холодного водопада» 1120

《古诗四帖》Гу ши сы те «Четыре древних стихотворения» 1224

《古潭的声音》Гутань ды шэньин «Голос старого пруда» 449

《牯岭街少年杀人事件》«Дело об убийстве девушки на улице Гулин» 505

《故都春梦》Гу ду чунь мэн «Весенний сон в старом городе» 1017, 1067

《故乡》Гусян «Отчий край» 1063

《顾正红之死》Гу Чжэн-хун чжи сы «Гу Чжэн-хун» 448

《关汉卿》Гуань Хань-цин «Гуань Хань-цин» 462, 800, 1083

《关山密雪图》Гуань шань ми сюэ ту «Горный проход, занесенный снегом» 1159

《关山行旅图》Гуань шань син люй ту «Путники на горной дороге», «Путники, идущие через перевал» 757

《观瀑图》Гуань пу ту «Взирая на ливень» 1138

《观音・猿・鹤图》Гуань-инь юань хэ ту «Гуань-инь, обезьяна [и] журавль» 964

《官场现形记》Гуаньчан сяньсин цзи «Наше чиновничество» 706

《管子》Гуань-цзы «[Трактат] Учителя Гуань [Чжуана]», «[Трактат] Учителя Гуаня» 51, 905

《光阴的故事》«Повесть света и тьмы» 505

《广陵散》Гуанлин сань «Вариации [на тему мелодии] „Гуанлин"» 385

《广雅》Гуан я «Расширенное „Приближение к] классике"» 144-145

《广艺舟双楫》Гуан И чжоу шуан цзи «„Пара весел ладьи искусств" от [господина] Гуана» 830-831

《广州府志・物产志》Гуан-чжоу фу-чжи. Учань чжи. «Архив гуан-чжоуской администрации. Гуан-чжоуские заметки. Природные богатства и выпускаемая продукция» 1255

《归去来辞图》Гуй цюй-лай цы ту «Возвращение», «Снова дома» 993

《归去来兮辞》Гуй цюй-лай си цы «Домой к себе» 993

《鬼神搜山图》Гуй шэнь соу шань ту «Поиски духов и богов в горах» 760

《鬼子来了》Гуйцзы лайла «Дьяволы на пороге» 496, 614

《贵妃醉酒》Гуйфэй цзуй цзю «Опьянение Ян-гуйфэй» 678, 812, 935

《国家至上》Гоцзя чжишан «Государство превыше всего» 1062

《国民公敌》«Враг народа» 656

《国语》Го юй «Государственные речи», «Речи царств» 143, 591, 901

《虢国夫人游春图》Го го фу жэнь ю чунь ту «Прогулка весной знатных особ из владения Го» 1225

《哈姆雷特》«Гамлет» 799, 1081

《孩子王》Хайцзы ван «Король детей» 676
《海达·加布勒》«Гедда Габлер» 446
《海风吹来》«Дует ветер с моря» 469
《海魂》«Морская душа» 486
《海青拿天鹅》Хайцин на тяньэ «Сокол, схвативший лебедя» 401
《海瑞罢官》Хай Жуй ба гуань «Разжалование Хай Жуя» 430,463,744
《海瑞上疏》«Хай Жуй представляет доклад» 430,744
《海天落照图》«Закат над морем» 855
《海侠》«Корсар» 392
《海岳名言》Хай яо мин янь «Знаменитые высказывания из [студии] „Океан и пики"» 940
《韩非子》Хань Фэй-цзы «[Книга] Учителя Хань Фэя» 144,558
《韩熙载夜宴图》Хань Си-цзай е янь ту «Пир Хань Си-цзая», «Ночная пирушка» 182,749
《寒江独钓图》Хань цзян ду гоу ту «Одинокий рыбак на замерзшей реке» 930
《寒雀图》Хань цюэ ту «Замерзшие воробьи» 697
《汉宫春晓图》Ханьгун чунь сяо ту «Весеннее утро в ханьском дворце» 1007
《汉宫秋》Ханьгун цю «Осень в ханьском дворце» 380
《汉宫遗照》Хань гун и чжао «Отражения, оставленные Ханьским дворцом» 690
《汉书》Хань шу «История [династии] Хань», «Книга [о династии] Хань» 143,178, 438, 471-472, 686, 900, 905, 913
《汉语大词典》Ханьюй да цыдянь «Большой словарь китайского языка» 6
《旱龙船》Хань лун-чуань «Вспотевшие на лодках-драконах» 400
《好男好女》Хао нань хао нюй «Добрый мужчина и добрая женщина» 773
《好心人》«Добряки» 466
《和你在一起》Хэ ни цзай ици «Вместе с тобой» 677
《和平鸽》«Голубь мира» 392
《和平进行曲》Хэпин цзиньсин цюй «Марш мира» 1241
《河上花图》Хэ шан хуа ту «Цветы на реке» 1266
《荷》Хэ «Лотос» 232
《荷花舞》Хэхуа у «Танец лотоса» 392,403
《荷石水禽图》Хэши шуйцинь ту «Лотос и водяная птица на камне»1266
《贺捷表》Хэ Цзе бяо «Мемориальная плита Хэ Цзе» 1258
《黑暗的势力》«Власть тьмы» 448, 458
《黑籍冤魂》Хэй сян юань хунь «Повесть о загубленной душе курильщика опиума» 427
《黑奴吁天录》Хэй ну ху тянь «Черный раб взывает к небу» 446,607
《黑炮事件》«Инцидент с черной пушкой» 492
《黑色的石头》Хэй сэ ды шитоу «Черный камень» 467

《黑字二十八》Хэй цзы эршиба «28 черных иерог-лифов» 1063
《红大院》«Красный двор» 461
《红灯记》Хун дэн цзи «Красный фонарь» 385,806
《红房间·白房间·黑房间》«Красная, белая, черная комната» 467
《红高粱》Хун гаолян «Красный гаолян» 493-494, 614, 798,1227
《红楼梦》Хун лоу мэн «Сон в красном тереме» 89-90, 96, 366, 406, 420, 430, 432, 585, 587, 737, 975,1093, 1211
《红梅》«Красная слива» 232
《红梅阁》Хун мэй гэ «Дворец алой сливы» 456
《红磨坊》«Мулен руж» 588, 693
《红色风暴》Хунсэ фэнбао «Красный ураган» 462,802,803
《红色娘子军》Хунсэ нянцзы цзюнь «Красный женский отряд», «Красный женский батальон» 393, 404, 486, 1148
《红衣罗汉图》Хун и лохань ту «Архат в красном одеянии» 1238
《红茵蓝马》«Синие кони на красной траве» 466
《虹霓关》Хун нигуань «Радужный перевал»935
《虹县诗》Хунсянь ши «Стихи, [написанные на реке] Хунсянь» 941
《洪承畴》Хун Чэн-чоу «Хун Чэн-чоу»1263
《洪湖赤卫队》Хунху чивэйдуй «Красные партизаны Хунху» 384
《洪水》Хун шуй «Наводнение» 451, 1082
《鸿雁高飞》Хун янь гао фэй «Гуси-лебеди летят высоко» 404
《后汉书》Хоу Хань шу «Книга [об эпохе] Поздней Хань», «История Поздней Хань» 6, 326, 472, 900, 905, 912-914, 1200
《后庭花》Хоутин хуа «Цветы женских покоев» 1008
《胡笳十八拍》Хуцзя ши-ба пай «Сюита из 18 частей для флейты хуцзя» 385
《胡桃夹子》«Щелкунчик» 393
《胡旋舞》Ху сюань у «Танец варварского/хуского кружения» 399
《湖天春色图》Ху тянь чунь сэ ту «Озеро, небо и весенние краски» 108,1003
《蝴蝶夫人》«Чио Чио Сан» 462
《虎符》Ху фу «Тигровый знак» 453
《扈从帖》Ху-цзун те «Манускрипт Ху-цзуна» 653
《花部农谭》Хуабу нун тань «Беседы земледельца о простонародном театре» 425
《花卉册》Хуа хуй цэ «Цветы и травы» 1173
《花木兰》Хуа Му-лань «Хуа Му-лань» 481
《花鸟山水册》Хуа-няо шань-шуй цэ «Цветы-птицы и горы-воды» 1266
《花气诗帖》Хуа ци ши те «Манускрипт со стихотворением „Ци цветка"» 795
《花样年华》Хуаян няньхуа«Пестрые годы» 1098
《华光梅谱》Хуа-гуан мэй пу «Каталог/Книга о [живописи] сливы [сделанная] Хуа-гуаном» 954

壬

1329

中国精神文化大典　艺术卷

《华商报》Хуашанбао «Коммерческая газета Китая» 1141
《华阳国志》Хуа ян го чжи «Трактат о государствах [области] Хуаян [к югу от горы Хуашань]» 540
《华岳高秋图》Хуа юэ гао цю ту «Горы Хуа в разгар осени» 836
《画关山行旅》Хуа гуань шань син люй «Изображение путников, идущих через перевал» 757
《画山水序》Хуа шань-шуй сюй «Предисловие к изображению пейзажа», «Введение в пейзажную живопись», «Предуведомление к изображению гор и вод» 22, 149, 756
《画史》Хуа ши «История живописи» 939-940, 1157
《画学秘诀》Хуасюэ мицзюэ «Тайное откровение науки живописца», «Тайны живописи» 150, 569
《画眼》Хуа янь «Обозревая живопись», «Основные моменты живописного творчества», «Основные/важные моменты живописи» 707, 711
《画引》Хуа инь «Руководство по живописи» 649
《画语录》Хуа юй лу «Записи речей о живописи-графике», «Собрание высказываний о живописи» 10, 143, 174, 1047
《画云台山记》Хуа Юньтайшань цзи «Записи о том, как живописать гору Юньтайшань», «Записки о живописном изображении горы Юньтайшань» 751, 756
《画旨》Хуа чжи «Смысл живописи» 707, 711
《画竹谱》Хуа чжу пу «Каталог/Книга живописи бамбука» 959
《淮河大合唱》дахэчан «Кантата о реке Хуайхэ» 924
《淮南子》Хуайнань-цзы «[Трактат] Учителя из Хуайнани», «Философы из Хуайнани» 51, 116, 591, 905, 907, 916, 1267
《槐荫记》«Под сенью акаций» 462
《坏话一条街》Хуайхуа итяо цзе «Улица злословия» 766
《宦海潮》Хуань хай чао «Страсти бушуют в чиновничьем мире» 934
《浣纱记》Хуань ша цзи «Женщина, моющая шелк» 416
《荒山泪》Хуаншань лэй «Слезы о диких горах» 678
《皇朝礼器图式》Хуан-чао лици туши «Образцы предметов ритуальной утвари царствующей династии» 361, 370, 1254
《皇帝与妓女》Хуан-ди юй чжинюй «Император и наложница» 1063
《皇甫诞碑》Хуан-фу Дань бэй 980
《皇明表忠纪》Хуан Мин бяо чжун цзи «Основы увековечения верности царствующей [династии] Мин» 777
《黄帝宅经》Хуан-ди чжай цзин «Канон Желтого императора о жилище» 735
《黄河大合唱》Хуанхэ дахэчан «Кантата о реке Хуанхэ», «Река Хуанхэ» 383, 1144
《黄花岭》«Пик желтых цветов» 803
《黄花曲》Хуан хуа цюй «Песнь о желтых цветах» 850
《黄庭经》Хуан тин цзин «Канон Желтого дворца» 729
《黄土地》Хуан туди «Желтая земля» 492, 493, 613, 676, 1227
《黄州寒食诗帖》Хуан-чжоу хань ши ши Те «Поэма о Празднике холодной пищи, написанная в Хуан-чжоу» 1065
《挥扇仕女图》Хуй шань ши-нюй ту «Знатные дамы с веерами», «Красавицы, обмахивающиеся веерами» 1259-1260
《惠山茶会图》Хуй шань ча хуй ту «Чаепитие в прекрасных горах» 1120
《惠兴女士》Хуй син нюй ши «Окажите милость женщине» 427
《婚事》(Гоголь) «Женитьба» (Н. Гоголь) 458
《活着》Хочжэ «Живи», «Жить» 493-495, 614
《火烧红莲寺》Хошао хунлянь сы «Сожжение храма Красного лотоса» 1222
《火烧圆明园》Хошао Юаньминьюань «Сожжение дворца Юаньминьюань» 849
《火之跳舞》Хо чжи тяо у «Пляска огня» 448
《货郎与小姐》«Аршин Малалан» 462
《获虎之夜》Хо ху чжи е «Ночь ловли тигра» 448, 656, 1081
《击鼓骂曹》Цзигу ма Цао «Проклиная Цао под бой барабанов» 1136
《鸡毛信》«Письмо с петушиными перьями» 486
《鸡鸣早看天》Цзи у цзао кань тянь «Петух, возвещая утро, смотрит на небо» 772
《吉赛尔》«Жизель» 392
《伎巧》Цзи цяо «Художественные изощрения» 434
《纪念日》«Юбилей» 458
《纪念为真理献身的勇士》Цзинянь вэй чжэньли эр сяньшэн ды юнши «Памяти павших за правду» 1266
《祭侄文稿》Цзи чжи Цзи-мин вэнь гао «Черновик некролога племянника Цзи-мина» 1168
《家》Цзя «Семья» 406, 657
《假如我是真的》Цзяжу во ши чжэн ды «Если бы я был им на самом деле» 465, 1025
《煎茶水记》Цзянь ча шуй цзи «Записки о воде для варки чая» 543
《间架结构九十二法》ханьцзы цзяньцзя цзегоу цзю-ши-эр фа «92 правила конструирования архитектоники иероглифов Хуан Цзы-юаня» 135
《荐季直表》Чжи Цзи-чжэнь бяо «Мемориальная плита Чжи Цзи-чжэня» 1258
《江帆楼阁图》«Парусники на реке, дворцовые постройки среди деревьев» 855, 863
《江汉渔歌》Цзянхань юй гэ «Песни рыбаков на реках Янцзы и Ханьшуй» 1082
《江天霁雪图》Цзян тянь цзи сюэ ту «Река и небо после прекращения снегопада» 1138

《将相和》 «Примирение полководца и первого министра» 812

《匠人》 Цзян жэнь «Ремесленники», «Ремесленный люд» 833

《降龙伏虎》 «Покорим драконов и тигров» 461

《蕉阴结夏图》 Цзяо инь цзе ся ту «Летнее затворничество в тени бананового дерева» 1006

《脚气帖》 Цзяо ци те «Манускрипт [о болезни] бери- бери» 653

《教坊记》 Цзяофан цзи «Записки палаты Цзяофан» 410

《教育的果实》 «Плоды просвещения» 448

《解放军文艺》 Цзефанцзюнь вэнь и «Литература и искусство НОАК» 1062

《戒洋烟》 Цзе ян янь «Отказ от заморского табака» 1213

《芥舟学画编》 Цзе-чжоу сюэ хуа бянь «Собрание наставлений в живописи Цзе-чжоу» 187,648

《芥子园画传》 Цзецзыюань хуа чжуань «Слово о живописи из Сада с горчичное зерно» 10, 32, 43, 83, 85, 122, 155, 581, 959, 1116

《今乐考证》 Цзинь юэ као-чжан «Исследование по современному театру» 425

《金刚般若波罗蜜经》 Цзинь ган божо боломи цзин «Праджняпарамита-сутра, рассекающая неведение подобно удару громового скипетра», «Сутра о запредельной премудрости, отсекающей заблуждения алмазным скипетром» (简称《金刚经》«Алмазная сутра») 67, 759, 940

《金湖大合唱》 Цзиньху дахэчан «Хор о Цзиньху» 384

《金花女》 Цзинь-хуа нюй «Девушка Золотой цветок» 442

《金花女大全》 Цзинь-хуа нюй да цюань «Полное собрание [пьес о] девушке Цзинь хуа» 443

《金鳞记》 Цзиньлинь цзи «Записки о Цзиньлинь» 1082

《金陵十二钗》 Ши эр цзинь чай «Двенадцать цзинь-линьских шпилек» 420

《金龙与蜉蝣》 «Цзинь Лун и Фу Юй» 431

《金瓶梅》 Цзинь пин мэй «Цзинь, Пин, Мэй», «Цве- ты сливы в золотой вазе» 560, 588, 690-691, 776, 1182

《金色的种子》 Цзинь-сэ ды чжун-цзы «Золотистые зерна» 404

《金田村》 Цзиньтяньцунь «Деревня Цзиньтянь» 452

《晋书》 Цзинь шу «История [династии] Цзинь», «Книга [об эпохе] Цзинь» 6, 671, 900-902, 907, 913

《京洛寺塔记》 Цзин Ло сы та цзи «Записи о пагодах и монастырях столицы и Ло[яна]» 1126-1127

《静居集》 Цзин-цзюй цзи «Собрание произведений обитающего в безмолвии-чистоте» 993

《静听松风图》 Цзин тин сун фэн ту «Спокойно слушаю [звуки] ветра [среди] сосен», «В умиротворении слушаю, как поют сосны» 922

《九成宫醴泉铭》 Цзю чэн гун бэй «Стела „Дворца девяти свершений"» 980

《九峰雪霁图》 Цзю фэн сюэ цзи ту «Девять пиков после прекращения снегопада» 788

《九歌》 Цзю гэ «Девять песен» 406

《九宫大成南北词宫谱》 Цзюгун дачэн наньбэй цы гунпу «Ноты северной и южной музыки цы де- вяти тональностей» 1008

《九件衣》 Цзю цзянь и «Девять одеяний» 799

《九马图》 Цзю ма ту «Девять лошадей», «Конюхи с лошадьми» 1011

《九势》 Цзю ши «Девять энергопотоков» 655

《九一八大合唱》 Цзю и ба дахэчан «18 сентября» 1144

《九珠峰翠图》 Цзю чжу фэн цуй ту «Девять жемчужин бирюзовых пиков» 787

《灸艾图》 Цзю ай ту «[Лечение] старика прижиганием», «Сельский лекарь» 856

《韭花帖》 Цзю хуа те «Манускрипт [письма о засо- ленных] цветах [душистого] лука» 1176

《救亡日报》 Цзюван жибао «Спасение» 1141

《就是溜溜的她》 Цзюши люлю ды та «Вот она какая гулена» 773

《菊豆》 Цзюй-доу «Цзюй-доу» 493-494, 614, 1227

《橘绿图》 Цзюй люй ту «Мандариновая зелень» 923

《具区林屋图》 Цзюйцюй линь у ту «Лесная хижина в Цзюйцюй» 1099

《剧本》 Цзюйбэнь «Драматургия», «Пьесы» 457,1062

《剧说》 Цзюй шо «Разговор о театре» 425

《聚瑞图》 Цзюй жуй ту «Изображение множества благовещих [цветов и растений] 838

《绝对信号》 Цзюэдуй синьхао «Запретительный сигнал» 742

《咖啡店之一夜》 Кафэйдянь чжи и е «Ночь в кофейне» 1081

《卡拉是条狗》 «Кара — это собака» 499

《卡门》 «Кармен» 449

《康国乐》 Кан-го юэ «Музыка государства Кан/Хорезма» 398

《康熙南巡图》 Кан-си нань сюнь ту «Инспекционная поездка [императора] Кан-си на юг» 1002, 1095

《抗金兵》 Кан цзинь бин «Сопротивление цзиньским войскам» 428, 935

《考工典》 Као гун дянь «Уложение о ремеслах» 53

《考工记》 Као гун цзи «Записки об изучении ремесел» 52-53, 832, 1072

《考古图》 Каогу ту «Собрание древностей с иллюстрациями» 260

《考验》 Каоянь «Испытание» 800, 1142

《蚵女》 Кэ нюй «Девушка среди устриц» 503, 859

《空城计》 «Хитрость с пустым городом» 812

《孔夫子》 Кун Фу-цзы «Конфуций» 483, 733

《孔林》 «Лес Конфуция» 237

《孔雀东南飞》Кунцюэ дун нань фэй «Павлины летят на юго-восток» 1211

《孔乙己》Кун И-цзи «Кун И-цзи» 432

《孔子家语》Кун-цзы цзя юй «Речи Конфуция для школы» 7

《恐怖分子》«Террористы» 505, 608

《枯木怪石图》Ку му гуай ши ту «Высохшее дерево и одинокий валун» 1114

《哭祖庙》Ку цзу мяо «Плач в храме предков» 1090

《苦瓜和尚画语录》Кугуа хэшан хуа юй-лу «Беседы о живописи монаха Горькая тыква» 155, 1046

《苦恼人的笑》«Улыбка страдальца» 489, 613

《苦笋帖》Ку сунь те «Терпкий побег бамбука» 785

《快乐的啰嗦》Куйалэ ды лосо «Счастливый разговор» 403

《快雪时晴帖》Куай сюэ ши цин те «Письмо после снегопада» 729

《匡庐图》Куанлу ту «Горы Куанлу», «Горный пейзаж» 814

《狂欢之夜》Куанхуань чжи е «Карнавальная/Брачная ночь» 458, 802

《狂流》Куан лю «Бурный поток» 1140

《来自上海的女人》«Леди из Шанхая» 1098

《兰花花》Лань Хуа-хуа «Лань Хуа-хуа» 384

《兰陵王入阵曲》Ланьлин ван жу чжэнь цюй «Ланьлинский ван вступает в бой» 378, 410, 411

《兰亭诗集》Ланьтин ши «Стихи Павильона орхидей» 729

《兰亭序》Ланьтин сюй «Предисловие к [стихам] Павильона орхидей», «Предисловие [к стихам, сочиненным] в Беседке Орхидей» (全称《三月三日兰亭诗序》Сань юэ сань жи Ланьтин ши сюй «Предисловие к стихам, [написан- ным в] Павильоне орхидей [во время Празд- ника] 3-го дня 3-го месяца») 131,138, 729-730,1064

《蓝莓之夜》«Мои черничные ночи» 1097-1098

《狼山喋血记》Ланшань е сюэ цзи «Кровь на Волчьей горе» 733

《牢狱鸳鸯》Лаоюй юань ян «Влюбленные встречаются в тюрьме» 934,1263

《老残游记》Лао Цань ю цзи «Путешествие Лао Цаня»706

《老井》Лао цзин «Старый колодец» 490, 1127

《老师啊，老师》«О, учитель, учитель» 465

《老子道德经卷》Лао-цзы Дао дэ цзин цзюань «Сви- ток Лао-цзы „Дао дэ цзин"» 1143, 1240

《乐府诗集》Юэ фу ши цзи «Собрание стихов юэфу» 388

《乐府新编阳春白雪》Юэфу синь-бянь ян-чунь бай/бо-сюэ «Заново составленные, [классиче-ские, как древняя песня] „Белый снег солнечной весны", юэфу» 671

《乐府杂录》Юэфу цзацзи «Пестрые записи о Палате музыки», «Разнообразные записи о Музы-кальной палате» 378

《乐观的悲剧》«Оптимистическая трагедия» 1158

《乐记》Юэ цзи «Записи о музыке», «Записки о музыке» 44, 377, 389, 591

《乐经》Юэ цзин «Канон музыки» 4

《乐舞百戏图》Лэ у байси ту «Музыкальные и тан- цевальные представления» 1110

《乐学》Юэсюэ «Музыковедение» 386

《雷峰塔》«Башня Лэйфэнта» 393

《雷锋》Лэй Фэн «Лэй Фэн» 488

《雷雨》Лэйюй «Гроза» 393-394, 451-453, 457, 656-657, 1263

《礼记》Ли цзи «Записки о благопристойности», «Книга установлений», «Записки о ритуале», «Книга ритуалов» 4, 6-7, 58, 67, 127, 326, 388, 554, 558-559, 591, 901

《李白古风诗卷》Ли Бо гу фэн ши цзюань 829

《李白行吟图》«Поэт Ли Бо, декламирующий стихи» 868

《李白捉月》Ли Бо чжо юэ «Ли Бо, берущий в руки луну» 848

《李慧娘》Ли Хуй-нян «Ли Хуй-нян» 463

《李清照》Ли Цинь-чжао «Ли Цинь-чжао» 432

《李娃传》Ли ва чжуань «Сказание о красавице Ли» 1211

《李秀成之死》Ли Сю-чэн чжи сы «Смерть Ли Сю- чэна» 802, 1175

《理智与情感》«Разум и чувство» («Sense and Sensibility») 506, 840

《历代帝王图》Ли дай ди ван ту «Императоры и государи различных исторических эпох», «Властелины древних династий» 866, 1163

《历代名画记》Ли дай мин хуа цзи «Записки о зна-менитой живописи-графике в череде эпох», «Записи о знаменитых картинах прошлого/ прошлых эпох», «Записки о знаменитых кар-тинах», «Записи о знаменитых художниках всех времен» 9, 145, 148, 177, 179, 756, 864, 866-867, 1083, 1126, 1218, 1223

《历代名家学书经验谈辑要释义》Ли дай мин цзя сюэ шу цзин янь тань цзяо ши «Высказывания о каллиграфии знаменитых мастеров с ком-ментариями» 1029

《立部伎》Ли бу цзи «Представление [с музыкан-тами, аккомпанирующими] стоя» 473

《丽人行》Ли жэнь син «Красавицы» 454, 802, 1082

《莲香戏鞋》Лянь сян си се «Лянь-сян играет баш- мачком» 444

《恋爱的犀牛》Лянь ай ды синю «Влюбленный носорог» 936

《恋恋风尘》Ляньлянь фэнчэн «Пыль на ветру» 773

《凉州舞》Лянчжоу у «Танец Лянчжоу» 398

《梁山伯与祝英台》Лян Шань-бо юй Чжу Ин-тай «Лян Шань-бо и Чжу Ин-тай» 384, 393, 503, 812, 849, 1211

《两面人》Лянмянь жэнь «Двуличие» 1175

《列兵们》«Рядовые» 466

《列女仁智图》Ле ной жэнь чжи ту «[Иллюстрации] к разделу „гуманные и просвещенные" [из трактата] „Жизнеописания женщин"» 754

《列子》Ле-цзы «[Трактат] Учителя Ле» (又称《冲虚真经》Чун сюй чжэнь цзин) 471

《列子御风》Ле-цзы юй фэн «Учитель Ле, управляющий ветром» 848

《烈火中永生》Лехо чжун юншэн «Бессмертие в пламени» 1055

《猎场扎撒》«Закон охоты» 492

《林黛玉》Линь Дай-юй «Линь Дай-юй» 406

《林海雪原》«В безбрежных лесах и заснеженных равнинах» 461

《林家铺子》Линь-цзя пуцзы «Лавка Линя» 486-487, 1055, 1142

《林泉高致》Линь цюань гао чжи цзи «Сборник [записок о] высоких помыслах о лесах и родниках» 150, 178, 763

《临流抚琴图》Линь лю фу цинь «Игра на цине употока», «Игра на лютне у реки» 1137

《临石鼓文》Линь ши гу вэнь «Копии письмен на каменных барабанах» 1123

《灵谷春云图》Лин гу чунь юнь ту «Божественное ущелье в весенних облаках» 701

《刘胡兰》Лю Ху-лань «Лю Ху-лань» 384, 456

《流民图》Лю минь ту «Беженцы» 798

《六号门》«Ворота № 6» 457, 486

《六书正讹》Лю шу чжэн э «Исправление ошибок шести [категорий] письма» 777

《六月雪》«Снег в июне» 812

《六祖撕经图》Лю-цзу сы цзин ту «Шестой патриарх, разрывающий [свиток] канона» 196, 868

《六祖斫竹图》Лю-цзу чжо чжу ту «Шестой патриарх расщепляет бамбук» 868

《龙门客栈》Лунмэнь кэчжань «Корчма у Драконьих врат» 775

《龙宿郊民图》Лунсу цзяо минь «Простолюдины в предместьях Лунсу» 712

《龙须沟》Лунсюйгоу «Канал Драконова уса» 457

"卢沟晓月" Лугоуцяо юэ «Предрассветное лунное сияние над мостом Лугоуцяо» 892

《芦花寒雁图》Лу хуа хань янь ту «Замерзшие гуси [среди] тростника» 1132

《芦笙舞》Лу-шэн у «Танец под [аккомпанемент] шэна» 395

《芦雁图》Лу янь ту «Дикий гусь [и] тростник» 697

《庐山图》Лушань ту «Горы Лушань» 756, 1199

《鲁班经》Лу Бань цзин «Книга Лу Баня» 334

《鲁灵光殿赋》Лингуандянь фу «Ода [о] Дворце чудесного сияния» 1109

《路》Лу «Дорога» 859

《乱世男女》Луань ши нань нюй «Беспокойное время господ и дам» 453

《乱世英雄》Луань ши инсюн «Герои суетного мира» 454

《乱钟》Луань чжун «Набат» 1082

《论草书帖》Лунь цаошу те «Манускрипт „Рассуждения о скорописи"» 1143

《论画》Лунь хуа «О живописи» 751

《论书帖》Лунь шу те «Рассуждения о каллиграфии» 1269

《论用笔得失》«О достоинствах и недостатках кисти» 148, 151, 1085

《论语》Лунь юй «Суждения и беседы», «Рассуждения и речения», «Теоретические речи» 6-7, 671

《论篆》Лунь чжуань «Беседы о почерке чжуань» 860

《论作曲的艺术》Лунь цзо цюй ишу «Суждения об искусстве композиции» 850

《罗密欧与朱丽叶》«Ромео и Джульетта» 393, 452, 458, 657, 799, 1081

《萝轩变古笺谱》Ло-сюань бянь гу цзянь пу «Комплект/Альбом отличающейся от древней художественной/почтовой бумаги Ло-сюаня» 776

《洛神赋》Ло шэнь фу «Ода о божестве/фее реки Ло» 730, 752

《洛神赋图》Ло шэнь ту «Фея реки Ло», «Божество реки Ло» 111, 751-752, 756

《洛神舞》Ло шэнь у «Танец божества [реки] Ло» 394, 402

《洛阳桥碑》Лоян цяо бэй 653

《骆驼祥子》«Верблюжонок Сян-цзы» 432

《落霞孤鹜图》Ло ся гу ту «Закатная дымка, одинокая утка» 1076

《吕氏春秋》Люй-ши чунь цю «Вёсны и осени господина Люя» 52, 111, 377, 405, 591, 902, 904-906

《缕金箱》Люй цзинь сян «Ящик с золотыми узорами» 1090

《律历志》Люй ли чжи «Записи о звукоряде-люй [1] и календаре» 899, 913-914

《律吕精义》Люй люй цзиньи «Тонкости науки о звукоряде», «Сущностный смысл [звукоряда] люй люй» 381

《律吕精义・外篇》Люй люй цзин и вай пянь «Внешние главы [трактата] „Сущностный смысл [звукоряда] люй люй"» 401

《绿茶》Люй ча «Зеленый чай» 798

《麻雀与小孩》Мацюэ юй сяохай «Воробей и малыш» 456

《马大爷》«Почтенный Ма» 236

《马可·波罗游记》«Книга Марко Поло» 892

《马克思"秘史"》Макэсы миши «Тайная история Маркса» 1025

《马路天使》Малу тяньши «Уличные ангелы» 482, 1204

《马门教授》Мамэнь цзяошоу «Профессор Мамлок» 455, 802

《马前泼水》Ма цянь по шуй «Расплескать

воду перед конем» 1091
《麦克白》 «Макбет» 454
《卖花女》 «Пигмалион» 453
《卖梨人》 Май ли жэнь «Продавец груш» 771
《卖艺》 Май и «Бродячий цирк», «Жонглер» 473
《满城尽带黄金甲》 Маньчэн цзинь дай хуанцзинь цзя «Весь город в желтых лепестках как в латах золотых» 498, 1227
《漫画选刊》 Маньхуа сюанькань «Избранные карикатуры» 228
《茅亭松籁图》 Мао тин сун лай ту «Хижина, крытая тростником, [среди] сосен» 1237
《茂林佳趣》 Моу линь цзя цюй «Упиваясь красотою кущи деревьев» 1137
《没有陪嫁的姑娘》 «Бесприданница» 458
《梅花赋》 Мэй хуа фу «Ода [о] цветущей сливе» 953
【梅花酒】 Мэйхуа цзю «Вино из сливы мэйхуа» 380
《梅花图》 Мэй хуа ту «Цветы сливы» 1170
《梅花喜神谱》 Мэйхуа си шэнь пу «Каталог/Книга о [живописи] цветов сливы [вызывающих состояние] радостной духовности» 954
《梅谱》 Мэй пу «Каталог/Книга о [живописи цветущей] сливы» 954
《梅石溪凫图》 Мэй ши си фу ту «Дикая слива, камни, ручей и утки», «Утки, скалы и мэйхуа» 931
《梅雨》 Мэй ю «Сливовый дождь» 451, 1082
《梅园吟》 Мэйюань синь «Сливовый сад» 384
《梅月辉映图》 «Цветение сливы под луной» 956
《每个人都有他自己的电影》 «У каждого свое кино» 1098
《美女与野兽》 «Красавица и чудовище» 469
《美术》 Мэйшу «Изобразительное искусство» 228, 241
《美术丛书》 Мэйшу цуншу «Живопись» 786
《美术研究》 Мэйшу яньцзю «Исследования по изобразительному искусству» 228
《猛龙过江》 Мэн лун го цзян «Свирепый дракон пересекает реку» 858
《孟子》 Мэн-цзы «[Трактат] Учителя Мэна» 7, 127
《迷宫》 Мигун «Лабиринт» 936
《米襄阳志林》 Ми Сяньян чжи линь «Лес записей о Ми [из] Сяньяна» 937
《秘书十种》 Ми/би шу ши чжун «Десять тайных книг» 690
《民族解放交响曲》 Миньцзу цзефан цзяосянцюй «Симфония „Национальное освобождение"» 1144
《民族民间音乐散论》 Миньцзу миньцзянь иньюэ сань-лунь «Отдельные суждения о национальной народной музыке» 850
《名优之死》 Мин ю чжи сы «Смерть знаменитого актера» 449, 451, 1081
《明皇幸蜀图》 Мин-хуан син Шу-го ту «[Император] Мин-хуан осчастливил [своим приездом] царство Шу», «Путешествие императора Мин-хуана в Шу» 855, 862-863
《明史》 Мин ши «История [династии] Мин» 1056, 1075
《明心鉴》 Мин синь цзянь «Зеркало просветленного духа» 417-418, 425, 604
《明月初照人》 Мин юэ чу чжао жэнь «Яркая луна впервые осветила человека» 635
《命运的捉弄》 «Ирония судьбы» 466
《模仿者》 Мофанчжэ «Подражатели» 742
《末代皇后》 Модай хуанхоу «Последняя императрица» 798
《陌上桑》 Мо шан сан «Туты на меже» 1007
《莫斯科性格》 «Московский характер» 458
《墨经》 Мо цзин «Моистский канон» 143, 437
《墨梅图》 Мо мэй ту «Изображение сливы тушью» 955
《墨竹》 Мо чжу «Бамбук монохромной тушью» 1132
《墨竹坡石图》 Мо чжу по ши ту «Бамбук и покатый камень» 739, 1132
《墨竹谱》 Мо чжу пу «Каталог/Книга [живописи] бамбука тушью» 959
《墨竹石图》 Мо чжу ши ту «Бамбук [и] камни» 958
《墨竹图》 Мо чжу ту «Изображение бамбука тушью» 168, 958
《墨子》 Мо-цзы «[Книга] Учителя Мо» 554
《母亲》 «Мать» 1082, 1140
《牡丹亭》 Муданьтин «Пионовая беседка» 382, 406, 416-417, 432, 812
《牡丹图》 Мудань ту «Пионы» 994
《木经》 Му цзин «Книга дерева» 334
《目连救母》 Мулянь цзю му «Мулянь спасает мать» 412, 423
《牧放图》 Му фан ту «Табун на выпасе» 847, 1111
《牧马人》 Мумажэнь «Табунщик» 490, 1148
《牧马图》 Му ма ту «Выпас лошадей» 767
《牧羊哀歌》 Му-ян ай-гэ «Пастушья элегия» 850
《穆桂英挂帅》 Му Гуй-ин гуашуай «Му Гуй-ин ведет войска» 430
《娜拉》 «Нора» 656
《南归》 Нань гуй «Возвращение на юг» 448
《南国》 Наньго «Южная страна» 1081
《南国再见，南国》 Наньфан цзайцзянь наньфан «Прощай, Юг, прощай» 773
《南郊图》 Нань цзяо ту «Южное предместье», «Южное предместное святилище» 1218
《南柯记》 Нанькэ цзи «Сон о Нанькэ» 416
《南天门》 «Врата в Южное небо» 426
《难夫难妻》 Наньфу наньци «Брачные осложнения» 1222, 1246
《难民曲》 Нань минь цюй «Беженцы» 428
《闹天宫》 Нао тянь гун «Переполох в небесном дворце», «Дамы играющие в шашки-го» 391
《内人双陆图》 Нэй жэнь шуан-лу ту «Подражание „парным холмам" [в настольной игре] людей

[эпохи] Тан» 1260

《尼罗河女儿》 Нилохэ нюйэр «Дочь Нила» 773

《霓裳羽衣曲》 Ни чан юй и цюй «Мелодия радужных юбок и одежд из перьев» 391

《霓裳羽衣舞》 Ни чан юй и у «Танец в радужных юбках и одеждах из перьев» 391

《念奴娇》 Нянь-ну цзяо «Изящество Нянь-ну» 672

《鸟人》 Няо жэнь «Птичники» 765

《孽海波澜》 Не хай болань «Смятение в грешном мире» 934

《农村三部曲》 Нунцунь саньбу цюй «Сельская три- логия» 772

《女店员》 «Продавщица» 461

《女篮五号》 Нюйлань ухао «Баскетболистка № 5» 1148

《女史箴图》 Нюй ши чжэнь (ту) «Картины к [трактату] „Наставления женщинам [основанные на прецедентах] истории"», «Наставления при- дворным дамам» 751

"女性三部曲" Нюйсин саньбуцзюй «Женская три- логия» 635

《OK, 股票》 «Акциям — о'кэй!» 469

《瓯香馆集》 Оу сян гуань цзи «Записки [из] Кабинета вэнь-жоуских ароматов» 1214

《潘金莲》 Пань Цзинь-лянь «Пань Цзинь-лянь» 431, 448, 1263

《跑驴》 Пао люй «Бегущий ослик» 403

《培尔·金特》 «Пер Гюнт» 1158

《琵琶记》 Пипа цзи «Лютня» 601, 1263

《琵琶行》 «С лютней по дорогам» 1082

《贫民惨剧》 Пиньминь цаньцзюй «Трагедия бедноты» 771

《贫民窟》 «Город в долине» 458

《平安》《何如》《奉橘》三帖 Пин ань, Фэн жу, Фэн цзюй сань те «Манускрипт [с] тремя [письмами]: Пинань, Фэн жу [и] Фэн цзюй» 729

《平沙落雁》 Пин ша ло янь «Садящиеся дикие гуси», «Гуси, опускающиеся на ровный песок» 965

《平原作战》 «Битва на равнине» 806

《评纸帖》 Пин чжи те «Экспертиза бумаги» 940

《屏风后》 Пинфэн хоу «За ширмой» 448

《泼墨仙人图》 Бо мо сяньжэнь ту «Портрет небожителя-сянь методом брызганной туши» 868

《婆罗门曲》 Поломэнь цюй «Мелодия брахмана» 391

《七夕夜市图》 Ци си е ши ту «Городской рынок в ночь [Праздника] Седьмого дня» 1230

《七修类稿》 Ци сю лэй гао «Семь компиляций классифицированных очерков» 686

《七言律诗》 Ци янь люйши «Семь слов [из] восьмистишья» 1228

《奇峰白云图》 Ци фэн бай юнь ту «Дивные пики, белые облака» 709

《棋人》 Ци жэнь «Шахматисты» 765

《弃妇诗图》 «Поэма о покинутой жене» 1007

《千家诗》 Цянь цзя ши «Стихи тысячи поэтов» 658

《千里江山图》 Цянь ли цзян шуй ту «Изображение тысячи ли гор и вод» 156, 1104

《千里走单骑》 Даньци цзоу цянь ли «Одинокий всадник пробегает тысячи ли» 1227

《千秋绝艳图》 Цянь цю цзюэ янь ту «Несчастные красавицы тысячи осеней» 1007

《千手观音》 Цянь шоу Гуань-инь «Тысячерукая Гуань-инь» 407

《千文六书统要》 Цянь вэнь лю шу тун яо «Общая суть шести [категорий] письма тысяч знаков» 777

《千字文》 Цянь цзы вэнь «Пропись тысячи иероглифов», «Тысяча слов», «Тысячесловный текст», «Тысячесловие» 1092, 1121, 1194, 1234, 1236, 1246

《前夜》 Цянь е «Накануне» 1175

《黔岭素描》 Цяньлин сумяо «Этюды гуй-жоуских перевалов» 1266

《墙头马上》 «Приключение всадника у стены» 430

《桥》 Цяо «Мост» 657

《钦定西清古鉴》 Циньдин Сицин гуцзянь «Высочайше утвержденный [каталог] древностей [кабинета] Сицин» 362

《秦始皇本纪》 Цинь Ши-хуан бэнь цзи «Основные записи [о деяниях дома] первого императора Цинь» (раздел «Ши цзи») 998

《秦颂》 Цинь сун «Ода империи Цинь» 798

《琴赋》 Цинь фу «Ода цитре/лютне» 7, 44, 591

《琴高乘鲤图》 Цинь-гао чэн ли ту «Цинь-гао верхом на карпе» 1162

《青卞隐居图》 Цин Бянь инь цзюй ту «Уединение в зеленеющих [горах] Бянь» 1099

《青春祭》 «Жертвы во имя весны» 394

《青绿山水图》 Цин люй шань шуй ту «Горы и воды в сине-зеленых тонах» 1162

《青年近卫军》 «Молодая гвардия» 462, 1158

《青石山》 Цин ши шань «Гора синего камня» 935

《青杏子》 Цин син-цзы «Зеленый абрикос» 674

《青嶂瑶林图》 Цин чжан яо линь ту «Зеленые пики и красно-нефритовый лес» 1002

《清风》 «Свежий ветер» 236

《清风亭》 Цинфэн тин «Беседка свежего ветра» 1263

《清宫秘史》 Цин гун би ши «Тайная история цинского двора» 485

《清宫珍宝丽美图》 Цин гун чжэнь бао ли мэй хуа «Двести прекрасных картин из драгоценностей Цинского дворца» 588, 692

《清江春晓图》 Цин цзян чунь сяо ту «Весенний рассвет над чистой рекой» 1132

《清江写望》 Цин цзян се ван «Вид на чистую [гладь]» 1137

《清明上河图》 Цин-мин шан хэ ту «[Праздник]

千

1335

Цин- мин на реке», «День поминовения предков на реке Бяньхэ» 26,1229

《清式营造则例》Цин-дай ин-цзао цзэ-ли «Архитектурно-строительные правила и примеры эпохи Цин» 870

《清异录》Цин и лу «Ясные записи о странностях» 560

《情天恨海圆明园》 «Юаньминьюань—любовь и ненависть» 394

《晴峦萧寺图》Цин луань сяо сы ту «Невысокий пик в ясную погоду с уединенным буддийским монастырем» 178, 843

《秋风纨扇图》 Цю фэн вань шань ту «Шелковый веер под осенним ветром» 1077,1145

《秋江》Цю цзян «Осенняя река» 391

《秋江图》Цю цзян ту «У осенней реки» 232

《秋郊饮马图》Цю цзяо инь ма ту «Лошади на во-допое в осеннем предместье» 1237

《秋瑾传》Цю Цзинь чжуань «Биография/Сказание о Цю Цзинь», (又名《自由魂》Цзыю хунь «Дух свободы») 451, 455, 1141

《秋菊打官司》Цю-цзюй да гуаньсы «Цю-цзюй идет по инстанциям», «Цю-цзюй обращается в суд» 495,1227

《秋决》Цю цзюэ «Осенняя казнь» 503,613,859

《秋林读书图》Цю линь ду шу ту «Чтение среди осенней природы» 1030

《秋日场景》 «Осенняя сцена» 1173

《秋山问道图》 Цю шань вэнь дао ту «Поиски Дао в осенних горах», «В осенних горах вопрошаю [о] Дао» 824

《秋声赋》Цю шэн фу «Голос осени», «Ода об осен-них звуках» 453,1082

《秋水凫鹭图》Цю шуй фу и ту «Дикие утки на осенней воде» 1011

《秋兴八景图》Цю син ба цзин цэ «Восемь осенних пейзажей», «Восемь осенних видов» 709

《秋子》Цюй-цзы «Учитель Цюй» 456

《求婚》 «Предложение» 458

《曲考》Као цюй «Изучение драмы» 425

《曲律》 Цюй люй «Метрические законы арий» 416

《屈原》Цюй Юань «Цюй Юань» 453,457,469, 802

《去年夏天在丘里姆斯克》 «Прошлым летом в Чулимске» 466

《全民总动员》 «Всенародная мобилизация» 452, 657

《劝学篇》Цюань сюэ пянь «Главы о взглядах на обучение» 1196

《鹊华秋色图》Цяо Хуа цю сэ ту «Осенние цветы в горах Цяо и Хуа» 185,1237

《群猴》Цюнь хоу «Стая обезьян» 1063

《热风》Жэ фэн «Горячий ветер» 686

《人·鬼·情》 «Человек. Демон. Страсть.» 490

《人民日报》Жэньминь жибао «Народная газета» 487, 933

《人民戏剧》Жэньминь сицюй «Народный театр» 457

《人民音乐》Жэньминь иньюэ «Народная музыка» 385

《日出》Жи чу «Восход солнца» 451, 455, 457, 656-657

《日知录》Жи чжи лу «Записи повседневных познаний» 540

《容膝斋图》Жунси-чжай ту «Павильон Жунси-чжай» 173, 968

《肉蒲团》Жоу пу туань «Подстилка из плоти» 690

《阮玲玉》 «Жуань Лин-юй» 469

《闰中秋月诗帖》Жунь чжун цю юэ ши те «Поэма об осенней луне високосного года» 1234

《塞上风云》Сайшан фэньюнь «Бури над крепостью» 452, 1175

《赛金花》Сай Цзинь-хуа «Сай Цзинь-хуа» 451, 802, 1140

《三才图会》Сань цай ту хуй «Собрание иллюстраций, [представляющих] три сферы [Небо–Земля–Человек]», «Собрание иллюстраций, [изображающих Великую] триаду [— Небо, Землю и Человека]» 326, 334

《三藏》Сань цзан «Три сокровищницы» 211

《三岔口》Саньча коу «На перекрестке трех дорог», «Тройная развилка» 391, 810, 812

《三打祝家庄》Сань да Чжуцзячжуан «Три удара по Чжуцзячжуану» 428

《三个摩登女性》Саньгэ модэн нюйсин «Три современные женщины» 1017

《三桧图》 «Три кипариса» 1030

《三国演义》Саньго яньи «Троецарствие», «Пространное повествование о трех государствах» 299, 418, 423, 480, 518, 658, 810, 812, 975

《三姐妹》 «Три сестры» 458

《三块钱国币》Сань куай гэби «Банкнот в три юаня» 453

《三礼图》Сань ли ту «Рисунки к Трем [каноническим книгам по] ритуалу» 326

《三马图》Сань ма ту «Три коня» 1111

《三人行》Сань жэнь син «Песнь о троих» 1175

《三十二相》Сань-ши-эр сян цзин «Сутра о признаках», «Сутра о тридцати двух [иконических] признаках» 211

《三十六法》Сань ши лю фа «Тридцать шесть норм», «Тридцать шесть правил [Оуян Сюня]» 135, 980

《三十七心会论》Сань ши ци ши синь хуй лунь «Суждения относительно собрания свидетельств о 37 приемах/ формах» 1069

《三希堂法帖》Сань си тан фа те «Собрание пропи- сей из „Зала трех раритетов"» 833, 1258

《三峡好人》Санься хао жэнь «Добрый человек из Санься» 499

《三长两短斋印存》Сань-чан лян-дуань чжай инь цуй «Три достоинства и два недостатка хранения печатей в кабинете» 703

《桑树坪纪事》Саншупин цзи ши «Записки о деревне Саншупин», «Деревня Саншупин» 467, 1158

《丧乱帖》Сань-луань те «Манускрипт Сань-луань» 729

《僧怀素传》Тан сэн Хуай-су чжуань «Биография танского монаха Хуай-су» 784

《沙家浜》Шацзябан «Шацзябан» 385, 744

《沙陀国》Шато го «Государство Шато» 423

《莎乐美》«Саломея» 449, 1081

《厦门自唱》Сямэнь цзы чан «Сямэнь/Амой запевает/восстает» 850

《山》(吴冠中)«Три вершины» 237

《山茶白鹇图》Шаньча бай сянь ту «Дикие камелии и серебристый фазан» 1161

《山茶水仙图》Шаньча шуйсянь ту «Камелия и нарциссы» 675

《山川出云图》Шань чуань цюй юнь ту «Горы и поток в тающей облачной [дымке]» 709

《山谷集》Шань-гу цзи «Собрание [даоса] Горного ущелья» 795

《山家清供》Шань цзя цин гун «Чистые подношения горной семьи» 560

《山径春行》Шань цзин чунь син «Весенняя прогулка по горной тропе», «Прогулка по пути весной» 931

《山居罗汉图》Шань цзюй лохань «Архаты в горах» 848

《山居图》Шань цзюй ту «Горная обитель», «Жизнь в горах» 801, 993

《山居早起》Шань цзюй цзао ци «Живя в горах, вставать спозаранку» 704

《山林之歌》Шаньлинь чжи гэ «Песня о горных лесах» 924

《山路松声图》Шань лу сун шэн ту «Голоса сосен на горной дороге» 1076

《山市晴峦图》Шань ши цин лань ту «Горная деревня в рассеивающемся тумане» 1199

《山水册》Шань шуй цэ «Пейзаж» 1002

《山水诀》Шань шуй цзюэ «Тайна пейзажа» 1103

《山水论》Шань шуй хуа лунь «Рассуждения о пейзаже» 1103

《山水十二景图》Шань шуй ши эр цзин ту «Двенадцать пейзажных видов» 1137

《山水隐逸图》Шань шуй инь-и ту «Пейзажи с отшельниками» 1047

《山中传奇》Шань чжун чуаньци «Горное предание» 775

《山中诗人》«Поэт на горе» 1031

《山庄图》Шань чжуан ту «Горная усадьба» 847

《珊瑚引》Шаньху инь «Коралловое ожерелье» 1082

《闪闪的红星》«Сверкающая красная звезда» 486, 488

《伤寒秘要》Шан хань ми/би яо «Тайная суть лихорадочного поражения холодом» 777

《伤逝》Шан ши «Скорбь по ушедшей» 1055

《上海二十四小时》Шанхай 24 сяоши «24 часа Шанхая» 1140

《上海屋檐下》«Под крышами Шанхая» 451, 799, 802, 1141

《上海战争》Шанхай чжаньчжэн «Битва за Шанхай» 452

《上天堂》Шан тяньтан «Посещение храма» 428

《尚书》Шу цзин «Книга исторических писаний/документов/преданий», «Канон/Книга писаний/преданий» 4, 6-7, 144, 437, 550, 556, 655, 900-901

《尚书大传》Шан шу да чжуань «Великое предание о „Почтенных писаниях"» 437

《苕溪帖》Тяоси те «Свиток стихов, [написанных на реке] Тяоси» 941

《少林寺传奇》«Легенда о монастыре Шаолинь» 520

《少奶奶的扇子》«Веер молодой госпожи» 449, 656

《少年中国》Шаонянь Чжунго «Молодой Китай» 1081

《舌华录》Шэ хуа лу «Записи болтливого языка» 542

《社会主义好》Шэхуйчжуи хао «Социализм — хорошо», «Да здравствует социализм» 850

《射击》«Выстрел» 497

《谁的罪》Шуйды цзуй «Чья вина?» 1062

《神女》Шэньнюй «Святая» 483, 1017

《神圣之战交响曲》Шэньшэньчжи чжань цзяосянцюй «Симфония „Священная война"» 1144

《神仙起居法》Шэнь сянь ци цзюй фа «Пропись „Жития бессмертных"» 1176

《神州风雷》«Ветры и громы в Поднебесной» 465

《升庵外集》Шэн-ань вай цзи «Внешнее собрание [сочинений] Шэн-аня» 560

《升官图》Шэн гуань ту «Лестница карьеры» 453

《生查子》Шэн ча-цзы «На плоту» 672

《生产舞》Шэнчань у «Производственный танец» 402

《生活报》Шэнхо бао «Жизнь» 1063

《生死恨》Шэн сы хэнь «Смертельная ненависть» 428, 733

《生之意志》Шэн чжи ичжи «Воля к жизни» 449

《诗大序》Ши да сюй «Большое предисловие к „[Канону] поэзии"» 389-390

《诗经》Ши цзин «Канон стихов/поэзии», «Книга песен/стихов» 4, 6-7, 13, 54, 376-377, 388, 552, 555, 686, 735, 955

《诗谭》Ши тань «Беседы о поэзии» 777

《十八学士图》Цинь-фу ши-ба сюэ ши ту «Восемнадцать ученых мужей при дворе наследника Цинь» 1163

《十二平均律钢琴曲集》«Хорошо темперированный клавир» 381

《十二月帖》Ши эр юэ те «Двенадцатая луна» 730

《十八天魔舞》 Ши лю тянь-мо у «Танец шестнадцати небесных демонов» 401

《十马图》 Ши ма ту «Десять скакунов» 1218

《十面埋伏》 Шимянь майфу «Круговая оборона», «Круговая засада» 385, 501, 1227

《十七帖》 Ши ци те «17 писем» 189, 729, 1092

《十三陵水库》 Шисаньлин шуйкуан «Симфония Шисаньлинского водохранилища» 803

《十三陵水库畅想曲》 Шисаньлин шуйку цзяосянцюй «Симфония/сюита/рапсодия Шисаньлинского водохранилища» 461, 803

《十竹斋笺谱》 Ши-чжу-чжай цзянь пу «Комплект/Альбом художественной/почтовой бу-маги из Кабинета Десяти бамбуков», «Свод образцов почтовой бумаги из Ши-чжу-чжай» 776-777

《十竹斋书画谱》 Ши-чжу-чжай (шу) хуа пу «Комплект/Альбом рисунков и (каллиграфии) из Кабинета Десяти бамбуков», «Свод образцов каллиграфии и живописи из Ши-чжу-чжай» 122, 776

《石勒问道图》 Ши Лэ вэнь дао ту «Ши Лэ вопрошает о Дао/Пути» 1218

《石田集》 Ши-тянь цзи «Собрание произведений Каменного поля» 1030

《石田杂记》 Ши-тянь цза цзи «Различные записи Каменного поля» 1030

《食论》 Ши лунь «Канон еды» 541

《食宪鸿秘》 Ши сянь хун би/ми «Великие тайны устоев питания» 560

《食鱼帖》 Ши юй те «Манускрипт [о] рыбном блюде» 785

《史记》 Ши цзи «Исторические записки» 6, 44, 51, 144, 438, 478, 558, 591, 618, 687, 900, 903, 913, 915, 998

《史可法》 Ши Кэ-фа «Ши Кэ-фа» 428, 1264

《事物纪原》 Ши у цзи юань «Основы и истоки дел и вещей» 438

《视学》 Ши сюэ «Учение о визуальном» 839

《释迦牟尼佛传》 «Деяния Шакьямуни, тела преобразования Татхагаты/жулай» 195

《释名》 Ши мин «Толкование имен» 144-145

《书断》 Шу дуань «Суть каллиграфии», «Рассуждения о каллиграфии», «Нормы каллиграфии» 179, 1065

《书法举要》 Шуфа цзюйяо «Основы каллиграфии» 135

《书法学习必读》 Шуфа сюэси би ду «Руководство по изучению каллиграфии» 703

《书法雅言》 Шу фа я янь «Просвещенные речения о методах каллиграфии» 192

《书概》 Шу гай «Каллиграфический очерк» 188

《书谱》 Шу пу «Каллиграфические анналы», «Каталог каллиграфии», «Свод [правил по] каллиграфии» 138, 1066

《书史》 Шу ши «История каллиграфии» 940

《书势》 Шу ши «Энергопотоки в каллиграфии» 1192

《书苑菁华》 Шу юань цзинхуа «Все самое цветущее из каллиграфического заповедника» 1192

《书旨述》 Шу чжи шу «Изложение каллиграфических установок» 1196

《菽园杂记》 Шу-юань цза цзи «Разные записки из Бобового огорода» 560

《疏林秀石图》 Шу линь сю ши «Сухие деревья и благоухающие камни» 1237

《蜀素帖》 Шу су те «Каллиграфия на сычуаньском шелке» 941

《双钩竹石图》 Шуан гоу чжу ши ту «Пара бамбуков с искривленными стволами [и] камни» 959

《双喜鹊图》 Шуан сицюэ ту «Пара сорок», «Две сороки бранящие зайца» 697-698

《水》 Шуй «Вода» 405

《水村图》 Шуй цунь ту «Деревня у реки» 1237

《水浒传》 Шуй ху чжуань «Речные заводи» 419, 421, 423, 426, 428, 518, 658, 975

《水乡吟》 Шуйсян инь «Вздыхаю о родных местах» 1141

《睡美人》 «Спящая красавица» 392, 406

《说文解字》 Шо вэнь цзе цзы «Изъяснение знаков и разбор/толкование иероглифов», «Истолкование знаков и разъяснение иероглифов», «Изъяснение [простых письменных] знаков и анализ [составных] иероглифов» 10, 143-145, 176, 178, 389, 552, 827

《丝路花雨》 Сы лу хуа юй «Цветочный дождь [на] Шелковом пути», «Цветами осыпан Шелковый путь» 393, 405

《思凡》 Сы фань «Думы об обыденном» 936

《死水微澜》 «Рябь в стоячей воде» 431

《四郎探母》 Сы лан тань му «Четвертый сын навещает мать» 1195

《四梅图》 Сы мэй ту «Четыре сливовых [дерева]» 955

《四清图》 Сы цин «Четыре чистейших» 959

"四夷乐" Сы и юэ «Музыка варваров [всех] четырех [стран света]» 401

《松风阁》 Сун фэн гэ ши цзюань «Свиток стихов о палате „Сосны на ветру"» 569

《松花江上》 Сунхуацзян шан «На реке Сунгари» 483, 803

《松萝晚翠图》 Сун мэн вань цуй ту «Спящие сосны в вечерней бирюзе» 836

《松石图》 Сун ши ту «Сосны и камни» 1111

《松溪横笛图》 Сун си хэн ди ту «Играя на флейте в сосновой долине» 1006

《松下观泉图》 Сун ся гуань цюань ту «[Сидя] под соснами любуются родником» 1120

《宋朝名画评》 Сун-чао мин-хуа пин «Оценки прославленных живописных [произведений] династии Сун» 750, 760, 1230

《宋庆龄在上海》 «Сун Цин-лин в Шанхае» 432

《宋氏家传太极功源流支派论》 Сун-ши цзя чуань тай цзи гун юань лю чжи пай лунь «Суждения об истоках мастерства направления

《宋氏养生部》Сун-ши ян шэн бу «Свод рода Сун / господина Суна о пестовании / вскармливании жизни» 560

《宋书》Сун шу «История [династии Лю] Сун», «Книга [об эпохе] Сун» 900

《宋元戏曲考》Сун Юань сицюй као «Изучение театра периодов Сун и Юань» 425

《宋元戏曲史》Сун Юань сицюй ши «История театра периодов Сун и Юань» 425

《送子天王图》Сун цзы Тянь-ван ту «Небесный царь, ниспосылающий ребенка», «Тянь-ван с ребенком на руках» 113, 1128

《搜书院》Соу шуюань «Обыск в школе» 1213

《苏联音乐美学问题》«Вопросы советской музыкальной эстетики» 384

《苏轼海棠诗卷》Су Ши Хайтан ши цзюань «Свиток со стихотворением Су Ши „Яблоня замечательная"» 1143

《苏中郎》Су-чжунлан «Су-чжунлан» 410-411

《苏州夜话》Су-чжоу еxya «Ночной разговор в Су-чжоу» 449

《素女经》Су-нюй цзин «Канон Чистой девы» 687

《隋书》Суй шу «История [династии] Суй», «Книга [об эпохе] Суй» 433, 900, 917, 920-921

《随息居饮食谱》Суй си цзюй инь ши пу «Каталог питья и еды для находящегося на отдыхе» 560

《岁朝图》Суй чжао ту «Первый день Нового года» 969

《岁寒三友图》Суй хань сань ю ту «Изображение трех друзей холодного [окончания] года» 956

《踏歌图》Та гэ ту «Пляски и песни», «Песни в честь урожая» 160, 788, 929

《太极拳论》Тай цзи цюань лунь «Суждения о кулачном [искусстве] Великого предела» 523, 1070

《太极拳谱》Тай цзи цюань пу «Анналы кулачного [искусства] Великого предела» 1070

《水饰图经》Шуй ши ту цзин «Иллюстрированный канон водных постановок/красот» 433-434

《太平广记》Тай-пин гуан цзи «Обширные записи [периода] Тай-пин», «Обширные записи [годов под девизом правления] Тай-пин» 434, 760

《太阳照常升起》Тайян чжаочан шэнци «И все-таки солнце взойдет» 496-497, 614, 798

《谈书法》Тань шуфа «Беседы о каллиграфии» 1029

《汤姆叔叔的小屋》«Хижина дяди Тома» 446

《唐朝名画录》Тан-чао мин хуа лу «Записи о прославленных картинах/живописцах династии Тан», «Заметки о знаменитых картинах/художниках периода Тан» 179, 767, 769, 1111, 1126, 1163, 1225, 1259

唐三彩骆驼载乐俑 «Музыканты на верблюде» 292

《堂·吉诃德》«Дон Кихот» 393

《棠棣之花》Танди чжи хуа «Цветы дикой вишни» 453

《桃花扇》Таохуа шань «Веер с персиковыми цветами» 799

《桃园奇冤》Тао юань ци юань «Неслыханная обида в персиковом саду» 444

《桃源仙境图》Тао юань сянь цзин ту «Персиковый источник [в] краю бессмертных» 1006-1007

《陶说》Тао шо «Слово о фарфоре» 276

《天朝交际花》«Куртизанки Поднебесной» 588, 693

《天池石壁图》Тянь чи ши би ту «Каменные кручи у Небесного озера» 787

《天鹅湖》«Лебединое озеро» 392-394, 403, 479

《天鹅情》Тянъэ цин «Любовь лебедя» 406

《天国春秋》Тяньго чунь цю «Весна и осень Тайпинского государства» 453, 1175

《天马赋》Тянь ма фу «Ода о небесном скакуне» 711

《天女散花》Тянь нюй сань хуа «Небесная фея разбрасывает цветы» 935

《天下第一楼》Лучший в Поднебесной» 467, 469

《天云山传奇》Тяньюньшань чуаньци «Сказание Заоблачных гор» 490, 1148

《天竺乐》Тянь-чжу юэ «Музыка Тяньчжу/Индии» 398

《铁甲列车14—69》«Бронепоезд 14—69» 455

《铁路哨兵》Телу шао-бин «Дозор на железной дороге» 404

《通典》Тун дянь «Всепроникающий свод» 390

《同甘共苦》«Вместе делить горе и радость» 461

《同声歌》Тун шэн гэ «Песня о созвучии» 687

《同志，你走错了路》Тун-чжи ни цзоуцо лэ лу «Товарищ, ты пошел не по тому пути» 455

《桐阴清话图》Тун инь цин хуа ту «Возвышенная беседа в тени туна» 1006

《童年往事》Туннянь ванши «Детские воспоминания» 773

《童女斩蛇》Тун нюй чжань шэ «Обезглавливание змеи» 935

《秃头歌女》Тутоу гэнюй «Лысая певица» 936

《图画见闻志》Тухуа цзянь вэнь чжи «Все, что я видел и слышал о живописи», «Записки о живописи: что видел и слышал», «Трактат о виденном и слышанном относительно графики и живописи / рисунков и картин» 10, 44, 145, 147-148, 178, 577, 697, 712, 732, 750, 757, 760-761, 767, 769, 790, 814, 824, 843, 864, 958, 1083-1084, 1126, 1133, 1156, 1159, 1163, 1218, 1225, 1259

《图绘宝鉴》Тухуй баоцзянь «Драгоценное зерцало живописи» 993

《图像中国建筑史》«Иллюстрированная история китайской архитектуры» 872-873

《图雅的婚事》Туя ды хуньши «Туя выходит замуж» 500

《土地》Туди «Земля» 1055

《推手》Туй шоу «Толкающие руки» 840

中国精神文化大典

艺术卷

《蜕变》Туйбянь «Обновление» 453, 657
《托斯卡》«Флория Тоска» 446
《外国戏剧》Вайго сицзюй «Зарубежный театр» 466
《皖南印象之一》»Впечатление юга пров. Аньхой № 1» 233-234
《万壑松风图》Вань хо сун фэн ту «Сосны [на] ветру [посередине] тысяч ущелий/долин», «Сосновый ветер в ущельях», «Сосны на ветру в бескрайних долинах» 825, 856
《万历野获编》Вань-ли е хо бянь» «Сочинение о своевольных приобретениях [в период] Вань-ли [1573–1619]» 686
《万绿阴中》Вань люй инь чжун «Посреди десяти тысяч тенистых лазоревых склонов» 704
《万尼亚舅舅》Ванния шушу «Дядя Ваня» 448, 458, 802
《汪洋中的一条船》Ваньян-чжунды итяо чуань «Челн в бурном море» 859
《王贵与李香香》Ван Гуй юй Ли Сян-сян «Ван Гуй и Ли Сян-сян» 456
《王莽篡位》Ван Ман цзуань вэй «Ван Ман узурпирует власть» 1263
《王时敏像》Ван Ши-минь сяо сян ту «Маленький портрет Ван Ши-миня» 652
《王蜀宫妓图》Ван Шу гун цзи ту «Танцовщицы во дворце правителя [царства] Шу», «Четыре красавицы» 1077
《王昭君》Ван Чжао-цзюнь «Ван Чжао-цзюнь» 448, 657
《王征南先生传》Ван Чжэн-нань чжуань «Жизнеописания Ван Чжэн-наня» 523
《旺角卡门》Ван Цзюэ–Ка-мэнь «Ван Цзюэ–Кармен» 1096-1097
《望夫云》Ван фу юнь «Тоска по мужу» 384
《未完成之杰作》«Незаконченный шедевр» 449
《魏晋胜流画赞》Вэй Цзинь шэнлю хуа цзань «Сла- вословие к картинам с изображением выдаю- щихся личностей периода Вэй–Цзинь» 751
《魏书》«Книга [об эпохе] Вэй» 900
《温德米尔夫人的扇子》«Веер леди Уиндермир» 772
《温县志》Вэньсянь сянь чжи «Историко-географическое описание уезда Вэньсянь» 1067
《文成公主》Вэнь Чэн гунчжу «Принцесса Вэньчэн» 802, 1083
《文天祥殉国》Тянь Вэнь-сян сюнь го «Тянь Вэнь-сян гибнет за родину» 1213
《文心雕龙》Вэнь синь дяо лун«Резной дракон сердцевины изящных словес», «Резной дракон литературной мысли», «Дракон, изваянный в сердце письмен» 143, 148
《文苑图》Вэнь юань ту «Сад словесности» 769
《文昭关》Вэнь-жао гуань «Застава Вэнь-жао» 1263

《文字论》Вэнь цзы лунь «Рассуждения об иероглифике» 192
《我爱XXX》Во ай XXX «Я люблю XXX» 936
《我到哪里去》Во дао на ли цюй «Куда мне идти» 448
《我的父亲母亲》Во ды фуцинь муцинь «Мои отец и мать» 495, 1227
《我们》Вомэнь «Мы» 465
《我们的自己批判》Вомэнь ды цзыцзи пипань «Моя самокритика» 1081
《我们在下面签字》«Мы, нижеподписавшиеся» 466
《我怎样画工笔花鸟画》Во цзэян хуа хуа-няо хуа «Как я работаю в жанре „цветы-птицы"» 1193
《卧虎藏龙》Во ху цзан лун«Крадущийся тигр, затаившийся дракон», «Крадущийся тигр, притаившийся дракон» 501, 506, 840
《乌龙院》У лун юань «Зал черного дракона»1263
《乌鸦与麻雀》«Вороны и воробьи» 483
《巫山神女》«Фея Колдовской горы» 469
《呜呼！芝山岩》»Взывающая гора Чжишаньянь» 484
《无辜的罪人》«Без вины виноватые» 454, 458
《无极》Уцзи «Безграничность»677
《吴江舟中诗》Уцзян чжоу чжун ши «Стихи, [написанные] в лодке на реке У» 941
《吴门十二景图册》Умэнь ши эр цзинту цэ «Тетрадь [из] двенадцати видов Умэнь»1031
《梧竹溪堂》У чжу чи тан «Подворье [на берегу] озера [среди] утунов и бамбуковых зарослей» 1138
《五朵红云》«Пять красных облаков» 393
《五马图》У ма ту «Пять лошадей» 847
《五牛图》У ню ту «Пять буйволов» 24,769
《五星二十八宿神形》У син эршиба сю шэнь син «Облик божеств пяти звезд и двадцати восьми созвездий» 760
《午饭之前》Уфань чжи цянь «Перед обедом» 1081
《武训传》У Сюнь чжуань «Жизнь У Сюня» 485, 487,1067
《武夷山图》Уишань ту «Гора Уи» 1229
《武则天》У Цзэ-тянь «У Цзэ-тянь»452,463,800,1062
《舞蹈》Удао «Танец» 392
《舞赋》У фу «Ода танцу» 389
《舞台姐妹》У тай димэй «Сестры по сцене» 432, 1148
《舞台艳后》У тай хуанхоу «Королева сцены» 454
《舞越潇湘》У Юэ Сяо-Сян «Танцы [царства] Юэ, [междуречья] Сяо и Сян» 407
《雾重庆》У Чунцин «Чунцин в тумане» 453,455,1062
《西湖十景》Сиху ши цзин «Десять видов озера Сиху» 974
《西京赋》Си цзин фу «Ода Западной столице» 389, 439, 472
《西京杂记》Си цзин цза цзи «Разные записки о

Западной столице» 437, 472

《西山纪游图》Сишань цзи ю ту «Странствование [по] Западным горам» 1031

《西施》Си Ши «Си Ши» 849, 935

《西施舞》Си-ши у «Танец Си-ши» 402

《西望长安》Си ван Чанъань «Гляжу на запад на Чанъань», «С запада гляжу на Чанъань» 459

《西厢记》Си сян цзи «Западный флигель», «Записки о Западном флигеле» 299, 427, 658, 807, 812, 975, 1083, 1211-1212

《西游记》Си ю цзи «Путешествие на Запад» 419, 423, 426, 806, 975

《希望》Сиван «Надежда» 403

《溪芦野鸭图》Си лу е я «Утки в камышах» 165, 790

《溪山高逸图》Си шань гао и ту «Возвышенное уединение [среди] потоков и гор» 1098

《溪山兰若图》Си шань цзянь жо ту «Потоки, горы и вьющиеся растения» 825

《溪山清远图》Си шань цин юань ту «Ясные дали потоков и гор», «Далекие ясные виды над потоками и горами» 1137

《溪山箫书》Си шань сяо шу «Река, гора, [звук] флейты, каллиграфия» 235

《溪山行旅图》Си шань син люй ту «Путники среди гор и ручьев» 154, 732

《洗衣歌》Си и гэ «Песня о постиранной одежде» 403

《喜宴》Си янь «Свадебный банкет» 506, 840

《戏剧》Сицзюй «Театр» 448, 606, 608

《戏剧报》Сицзюй бао «Вестник театра» 457

《戏剧春秋》Сицзюй чуньцю «Вёсны и осени театра», «Летопись театра» 453, 1063

《戏剧新闻》Сицзюй синьвэнь «Театральные новости» 1062

《戏梦人生》Симэн жэньшэн «Сон театра жизнь человека» 505, 773

《系辞传》Си цы чжуань «Предание привязанных афоризмов» 908

《系马》Си ма «Конь на привязи», «Скакун» 1011

《侠女》Сянюй «Рыцарша», «Воительница» 504, 775

《夏景山口待渡图》Ся цзин шань коу дай ду ту «В ожидании парома на дороге в горах, [залитых] летним светом», «Летний пейзаж, в ожидании переправы у горного перевала» 712

《夏山图》Ся шань ту «Летние горы» 712

《仙山楼阁图》Сянь шань лоу гэ ту «Башни и палаты в горах бессмертных» 1230

《闲情偶寄》Сянь цин оу цзи «Случайное пристанище для праздных дум/чувств» 419, 550, 560

《咸池》Сяньчи «Пруд Сянь» 375

《现身说法》Сянь шэнь шо фа «Убеждать своим примером» 1090

《现在的年轻人》«Нынешняя молодежь» 469

《献地图》Сянь ди ту «Пожалование земель» 1091

《乡言解颐》Сян янь цзе и «Сельские речи с улыбкой» 969

《湘君湘夫人图》Сян цзюнь Сян фу-жэнь ту «Владычица [реки] Сян и госпожа [реки] Сян» 1120

《祥林嫂》Сянлинь сао «Невестка Сянлинь» 1211

《像鸡毛一样飞》Сян цзимао и ян фэй «Летят, как куриные перья» 937

《萧翼赚兰亭图》Хуа Сяо И цзуань Ланьтин ту «Изображение Сяо И, беседующего в Павильоне орхидей» 1165-1166

《潇湘八景》Сяо Сян ба цзин «Восемь видов рек Сяо и Сян» 965, 1199

《潇湘白云图》Сяо Сян бай юнь «Белые облака [над реками] Сяо и Сян» 943

《潇湘奇观图》Сяо Сян ци гуань «Дивный вид [рек] Сяо и Сян» 943

《潇湘图》Сяо Сян ту «Реки Сяо и Сян», «Виды рек Сяо и Сян» 712

《小毕的故事》Сяо Би ды гуши «Рассказ о маленьком Би» 773

《小城之春》Сяо чэн чжи чунь «Весна в городке» 483, 733

《小刀会》«Восстание Союза малых мечей» 393

《小二黑结婚》Сяо эр хэй цзе хунь «Женитьба маленького Эр-хэя» 462

《小花》Сяо хуа «Цветочек» 489, 491

《小街》«Улочка» 491

《小市民》«Мещане» 1140

《小玩意》Сяо ваньи «Игрушка» 1017, 1067

《写生珍禽图》Се шэн чжэнь цинь «Наброски редкостных птиц» 154, 790

《写像秘诀》Се сян би цзюэ «О портрете» 570

《写真秘诀》Се чжэнь ми/би цзюэ «Трактат о портрете» 570

《谢赐御书诗》Се ци юй-шу ши «Благодарственные стихи об удостаивании императорским письмом» 653

《谢公屐》Се-гун цзи «Туфли князя Се» 407

《谢瑶环》Се Яо-хуань «Се Яо-хуань» 463, 1083

《心防》Синь фан «Психологическая оборона» 453

《新茶花女》«Новая дама с камелиями» 427

《新华日报》Синьхуа жибао 1142

《新乐府》Синь юэ фу «Новые юэфу» 473

《新美术》Синь мэйшу «Новое изобразительное искусство» 228

《新青年》Синь циннянь «Новая молодежь» 426, 446, 448

《刑》Син «Казнь» 1063

《行楷自书诗》Син-кай цзы шу ши «Стихи в собственной каллиграфии [смешанным почерком] синкай» 1228

《性爱之道》«Дао любви» 588, 693

《兄妹开荒》Сюн мэй кай хуан «Брат и сестра поднимают целину» 383

《髹饰录》Сю ши лу «Записки о декоре» 334
《秀野轩图》Сю е сюань ту «Домик [среди] ароматной пустоши» 1238
《绣像小说》Сюсян сяошо «Иллюстрированная проза» 706
《续画品录》Сюй хуа [лу] пинь «О категориях живописи» 179
《续一切经音义》Сюй и це цзин инь и «Продолжение „Звучаний и смыслов всех сутр/канонов"» 389
《宣和画谱》Сюань-хэ хуа пу «Каталог живописи [периода правления под девизом] Сюань-хэ», «Каталог живописной [коллекции периода под девизом правления] Сюань-хэ» 169, 697, 782, 790, 843, 938, 951, 954, 958, 1111, 1156-1157, 1159, 1218, 1233
《宣和谱》Сюань-хэ пу «Сводный каталог [императорской коллекции периода правления под девизом] Сюань-хэ» 940, 1233
《宣和书谱》Сюань-хэ шу пу «Каллиграфические анналы», «Каталог каллиграфической коллекции [периода правления под девизом] Сюань-хэ» 728, 940, 1233
《宣示表》Сюань-ши бяо «Мемориальная плита Сюань-ши» 1258
《玄凤》«Таинственный/темный феникс» 394
《玄妙观重修三门记》Сюаньмяогуань чун-сю сань мэнь цзи «Запись о ремонте трех врат [монастыря] „Обитель сокровенного"» 137, 1240
《学拳打金刚》Сюэ цюань да цзиньган «Кулак разбивает алмаз» 1263
《雪霁江行图》Сюэ цзи цзян син ту «На реке после прекращения снегопада» 1230
《雪景寒林图》Сюэ цзин хань линь ту «Заснеженный лес» 732
《雪梅图》Сюэ мэй ту «[Ветви] сливы [под] снегом» 955
《雪山图》Сюэ шань ту «Заснеженные горы», «В заснеженных горах» 929
《雪堂客话图》Сюэ тан кэ хуа ту «Беседа гостей в зале [занесенном] снегом» 1138
《雪图》Сюэ ту «Снег» 930
《雪岩栈道图》«Дорога в заснеженных горах» 701
《血泪碑》Сюэ лэй бэй «Стела горючих слез» 427
《寻找男子汉》Сюнь чжао наньцзыхань «Ищу настоящего мужчину» 467, 1265
《巡按》(《钦差大臣》) «Ревизор» 458 (Гоголя «Ревизор», адаптированного 1921 году в Тяньцзине при показе получила название «巡按»)
《荀子》Сюнь-цзы «[Трактат] Учителя Сюнь-[Куана]» 53, 375, 559
《压迫》Япо «Гнет» 656
《压岁钱》Ясуй цянь «Новогодняя монета» 1222
《鸦片战争》Япянь чжаньчжэн «Опиумные войны» 1148
《鸭头丸帖》Я тоу вань те «Манускрипт „Пилюля [в форме] утиной головы"» 189, 730
《烟江叠嶂图》Янь цзян де чжан «Река в тумане и застывшие пики» 1101
《烟江叠嶂图诗卷》Яньцзян де-чжан ту ши «Поэма о гряде гор в Яньцзян» 1240
《烟寺晚钟》Янь сы вань чжун «Буддийский монастырь в тумане [и] вечерний колокол» 965
《盐铁论》Янь те лунь «Суждения/Спор о соли и железе» 478
《阎瑞生》Янь Жуй-шэн «Янь Жуй-шэн» 481
《颜氏家训》Янь ши цзя сюнь «Домашние поучения рода Янь» 435
《砚史》Янь ши «История тушечниц» 940
《明朗的天》Минлян ды тянь «Ясный день» 460, 657, 800
《燕京开教略》Яньцзин кай цзяо люэ «Очерки о распространении [христианской] религии в Яньцзине (Пекине)» 839
《艳阳天》«Теплый солнечный день» 657
《艳遇》Яньъюй «Любовная встреча» 937
《雁塔圣教序》Янь та шэн-цзяо сюй «Предисловие [к началу строительства пагоды] святого [буддийского] учения „Большой" пагоды [диких] гусей"» 685
《燕南芝庵论曲》Янь-нань Чжи-ань лунь цюй «Суждения об ариях Янь-нань Чжи-аня» 671
《秧歌浪漫曲》«Романтическая сюита янгэ» 469
《扬子江暴风雨》Янцзыцзян баофэнюй «Ураган над Янцзы» 979
《阳光灿烂的日子》Янгуан цаньлань ды жицзы «Дни яркого солнца» 798
《阳台》Янтай «Балкон» 936
《杨妃出浴图》Ян-фэй чу юй ту «Ян-гуйфэй после купания» 1261
《杨贵妃》Ян-гуйфэй «Ян-гуйфэй» 849
《杨家将》Ян ши цзян «Полководцы из семьи Ян» 423, 426
《养鸭人家》Янья жэньцзя «Птичница» 859
《摇啊摇，摇到外婆桥》Яо-ба яо яо дао вайпоцяо «Раскачивайся, люлька, до Бабкина моста», «Шан-хайская триада» 495, 614, 1227
《瑶峰琪树图》Яо фэн ци шу ту «Нефритовые пики и драгоценные деревья» 843
《遥山书雁》Яо шань шу янь «Одинокий гусь, [летящий над] дальними горами» 1137
《耶稣·孔子·披头士列侬》Есу Кун-цзы питоу ши Ленун «Леннон лицом к лицу с Иисусом и Конфуцием», «Конфуций, Иисус Христос и Джон Леннон» 608, 1025
《野草》Е цао «Дикие травы» 1142
《野人》Ежэнь «Дикий человек» 467, 742
《叶甫盖尼·奥涅金》«Евгений Онегин» 462
《叶戈尔·布雷乔夫》«Егор Булычев» 458
《夜半歌声》Банье гэшэн «Песни в полночь» 802
《夜店》Едянь «Ночлежка» 454, 458, 1158

《一代宗师》Идай цзунши «Время учителя» 1098

《一分钱》Ифэнцянь «Монетка» 1025

《一个都不能少》Игэ доу бу нэн шао «Ни одним меньше» 495, 614, 1227

《一个和八个》Игэ хэ багэ «Один и восемь» 492, 613, 1227

《一个无政府主义者的意外死亡》Игэ учжэнфучжуичжэ ды ивай сыван «Случайная смерть анархиста» 936

《一江春水向东流》Ицзян чуньшуй сяндун лю «Весенние воды текут на восток» 483-484, 1175

《一缕麻》Люй ма «Полотняная повязка» 935, 1263

《一年间》И нянь цзянь «В течение года», «За один год» 453, 1141

《一片爱国心》И пянь айгосинь «Сердце патриота» 448

《伊凡雷帝》«Иван Грозный» 610, 1204

《伊凡诺夫》«Иванов» 448

《仪礼》И ли «Образцовые церемонии и [правила] благопристойности» 326, 655

《倚云仙杏图》И юнь сянь син ту «Бессмертный абрикос, опирающийся на облака» 931

《义勇军进行曲》Июнцзюнь цзиньсинцюй «Марш добровольцев» 979, 1082

《艺林伐山》И линь фа шань «Покоряющий горы лес искусств» 687

《艺术》Ишу «Искусство» 1140

《艺文志》И вэнь чжи «Трактат об искусствах и текстах» 7

《艺舟双楫》И чжоу шуан цзи «Пара весел ладьи искусств» 830

《易筋经》И цзинь цзин «Канон об изменениях в мышцах» 520

《易经》«Книга перемен» 50, 52, 58, 64, 146, 168, 174, 910, 1192

《阴符经》Инь фу цзин «Канон сокрытых знаков» 711

《音乐百科词典》Иньюэ байкэ цыдянь «Музыкальный энциклопедический словарь» 36

《音乐创作散论》Иньюэ чуаньцзо сань-лунь «Отдельные суждения о музыкальном творчестве» 850

《音乐研究》Иньюэ яньцзю «Музыкальные исследования» 385

《饮膳正要》Инь шань чжэн яо «Главное в правильном питье и питании» 560

《饮食男女》Инь ши нань нюй «Питие. Еда. Мужчины. Женщины» 840

《饮馔服食笺》Инь чжуань фу ши цзянь «Объяснение приемов питья и пищи» 560

《印史》Инь ши «История печатей» 1235

《英雄》Инсюн «Герой» 495, 498, 501-502, 614, 1227

《英雄的诗篇》Инсюн ды шипянь «Песнь о героях» 1266

《樱桃园》«Вишневый сад» 448, 457

《鹦鹉图》Иньу ту «Попугай» 1173

《营造法式》Ин цзао фа ши «Методы архитектуры», «Строительные стандарты», «Законы и образцы архитектуры и строительства» 28, 53, 590, 869-870, 873, 1187-1188

《营造法式注释》Ин цзао фа ши чжу ши „Методыархитектуры" с комментарием» 873

《咏梅图》Юн мэй ту «Воспеваю сливу-мэй» 953

《用笔法》Юн би фа «Методы работы кистью» 187, 1258

《用笔论》Юн би лунь «Беседы о применении кисти» 980

《幽篁戴胜图》Ю хуан дай шэн «Таинственный росток бамбука, несущий на себе [существо]» 1238

《幽梦影》«Тени глубокого сна» 85

《幽竹枯槎图》Ю чжу ку ча ту «Уединенный бамбук и засохшее дерево» 151, 1102

《油画选刊》Юхуа сюанькань «Избранные произведения масляной живописи» 228

《游春图》Ю чунь ту «Весенняя прогулка» 953, 1218

《有话好好说》Ю хуа хаохао шо «Если есть что сказать — говори» 798

《于阗佛曲》Юйтянь фо цюй «Буддийские мелодии Юйтяня/Хотана» 398

《于无声处》«Там, где царило безмолвие» 465

《鱼人》Юй жэнь «Рыболовы» 765

《鱼鸭图》Я ту «Утка» 1266

《渔村夕照》Юй цунь си чжао ту «Закат над рыбацкой деревней» 184, 965

《渔村小雪图》Юй цунь сяо сюэ цзин ту «Рыбацкая деревня под первым снегом» 1100

《渔父图》Юй фу ту «Рыбаки», «Ловля рыбы» 1132, 1159

《渔光曲》«Песня рыбаков» 482, 610

《渔庄秋霁图》Юй чжуан цю цзи ту «Рыболовные угодья [во время] осеннего прояснения» 968

"虞美人" Юй мэйжэнь «Красавица Юй», «Красавица-рыбка» 1008

《虞书》Юй шу «Документы Юя» 178, 900-901

《舆服志》Юй фу чжи «Трактат о колесницах и одеяниях», «Описание колесниц и одежды» 326

《宇宙和谐》«Всеобщая гармония» 381

《雨竹图》Юй чжу ту «Бамбук [под] дождем» 739

《玉篇》Юй пянь «Нефритовые главы» 144

《玉簪记》Юй чай чуань «Предание о нефритовой шпильке» 391

《玉照堂梅品》Юйчжао-тан мэй пинь «Категории [цветущей] сливы [из] Зала нефритового сияния» 954

《浴马图》Юй ма ту «Купание коней», «Лошади на водопое» 1236

1343

《鸳鸯冢》Юань ян чжун «Могильный холм любящих супругов» 678

《渊鉴类函》Юань цзянь лэй хань «Классифицированное собрание широчайших отражений» 473

《渊明听松风》Юань-мин тин сун фэн «[Тао] Юань-мин, слушающий [звуки, издаваемые] соснами под ветром» 848

《元曲选》Юань цюй сюань «Изборник юаньских пьес» 671

《园冶》Юань е «Изящество парка/парков» 55, 84-85, 1202

《袁崇焕》Юань Чун-хуань «Юань Чун-хуань» 809

《原乡人》Юаньсянжэнь «Соплеменник» 504, 859

《原野》Юань е «Дикая пустошь» 451, 469, 656

《远宦帖》Юань гуань те «Манускрипт юань гуань» 729

《远浦归帆》Юань пу гуй фань «Лодки, возвращающиеся к отдаленной отмели», «Возвращение парусников» 965, 1199

《远山烟竹图》«Бамбук в тумане на фоне далеких гор» 958

《约瑟夫·斯大林》«Иосиф Сталин в стиле Джексона Поллока» 237

《月光曲》Юэ гуан цюй «Лунная соната» 450

《月夜看潮图》Юэ е кань чао «Лунной ночью взирая на озеро» 1230

《月夜图》Юэ е ту «Лунная ночь» 931

《岳飞》Юэ Фэй «Юэ Фэй» 1082

《云横秀岭图》Юнь хэн сю цэнь ту «Облачные вершины благоухающие пики», «Облака тянущиеся [над] благоухающими пиками» 739

《云锦呈才图》Юнь цзинь чэн цай ту «Облачно-черные [и] злато-парчовые, дикие [как] стихия» 839

《云林石谱》Юнь-линь ши пу «Реестр камней [отшельника] Юнь-линя» 84-85

《云门大卷》Юнь-мэнь да цзюань «Великое собрание [у] Облачных ворот» 395

《云山得意图》Юнь шань дэ и «Исполнение желаний в облачных горах», «Облака [и] горы» 943

《云仙杂记》Юнь-сянь цза цзи «Разные заметки Юнь-сяня» 438

《云之歌》Сюэ чжи гэ «Пение снега» 232-233

《杂宫苑图》Цза гун юань ту «Различные дворцы и парки» 1218

《再会吧，香港》Цзай хуй ба, Сянган «До свидания, Сянган», «Прощай, Гонконг» 453, 1141

《在那河畔青草青》Цзай на хэ пань цинцао цин «Зелена зеленая травка на том берегу» 773

《在新时代——亚当·夏娃的启示》Цзай синьшидай — ядан сява-ды циши «Прозрение Адама и Евы в современную эпоху» 238-239

《仕新事物的面前》«Перед лицом нового» 457

《簪花仕女图》Цзань хуа ши-нюй ту «Знатные дамы с цветами в прическах», «Красавицы со шпильками и цветами» 1259

《葬书》Цзан шу «Книга погребений» 735

《早安，台北》Цзаоань Тайбэй «Доброе утро, Тайбэй» 773

《早春二月》«Февраль, ранняя весна» 486

《早春图》Цзао чунь ту «Ранняя весна», «Начало весны в горах» 149, 762, 781

《怎样学习作曲》Цзэньян сюэси цзоцюй «Как изучать композицию» 850

《赠肯园四体书册》Цзэн Кэнь Юань сы ти шу цэ «В дар Кэнь Юаню альбом четырех каллиграфических почерков» 190, 704

《摘瓜图》Чжай гуа ту «Сбор тыкв» 1218

《战斗里成长》«Выросшие в боях» 457

《张果老见明皇图》Чжан Го цзянь Мин-хуан ту «Чжан Го на аудиенции у [императора] Мин-хуана» 1012

《赵氏孤儿》Чжао ши гуэр «Сирота [из] рода Чжао» 812, 1212

《赵五娘》Чжао у нян «Пятая госпожа Чжао» 1263

《赵阎王》Чжао-Янь-ван «Чжао-дьявол» 448

《赵贞女》«Добродетельная Чжао» 412

《照夜白图》Чжао е бай ту «[Конь по кличке] Сия-ние Ночи» 767, 769, 847

《珍珠湖》Чжэнь чжу ху «Жемчужное озеро» 384

《真镜庵募缘疏卷》Чжэнь-цзин-ань му-юань шу 1178

《真赏斋图》Чжэнь Шан чжай ту «Кабинет Чжэнь Шана» 1120

《正红旗下》«Под пурпурными стягами» 469

《正论解》Чжэн лунь «Правильные суждения» 7

《正气歌》Чжэн ци гэ «Песнь стойкому духу» 453

《织工》«Ткачи» 656

《智取威虎山》Чжицюй Вэйхушань «Ловкий захват горы Вэйху», «Захват горы Вэйхушань» 461, 466, 744

《中国版画史略》«Очерк истории гравюры» 692

《中国大百科全书》Чжунго да байкэ цюаньшу. Сицюй цюйи «Большая китайская энциклопедия. Театр и драматическое искусство» 36

《中国电影大辞典》Чжунго дяньин да цыдянь «Большой словарь китайского кино» 36

《中国工艺美术大辞典》Чжунго гун-и мэй-шу да цыдянь «Большой словарь китайского прикладного и изобразительного искусства» 36

《中国公主杜兰朵》«Китайская принцесса Турандот» 431

《中国古代音乐简史》Чжунго гудай иньюэ цзяньши «Очерк истории древней

китайской музыки» 385

《中国古今书画名人大辞典》Чжунго гу-цзинь шу-хуа мин-жэнь да цыдянь «Большой словарь знаменитых древних и современных каллиграфов и художников Китая» 36

《中国画》Чжунго-хуа «Китайская национальная живопись и графика» 228

《中国画颜色的研究》Чжунго хуа яньляо яньцзю «О красках, применяемых в китайской традиционной живописи» 1193

《中国建筑史》Чжунго цзянь-чжу ши «История ки-тайской архитектуры» 872

《中国狂想曲》Чжунго куансянцюй «Рапсодия „Китай"» 1144

《中国昆曲艺术》Чжунго куньцюй ишу «Сценическое искусство театра куньцюй Китая» 432

《中国美术全集》Чжунго мэйшу цюань цзи «Полное собрание [произведений] китайского искусства» 36, 776-777

《中国梦》«Китайские сновидения» 467

《中国木版年画集成》Чжунго мубань няньхуа цзичэн «Свод китайских ксилографических народных картин» 976

《中国情色》«Китайский эрос» 587, 692-693

《中国情色诗歌》«Китайская любовная лирика» 588, 693

《中国人》«Китайцы» 474

《中国书法》Чжунго шуфа «Китайская каллиграфия» 1220

《中国书法四千年》Чжунго шуфа сы цяньнянь «Четыре тысячелетия истории китайской каллиграфии» 1220

《中国书画辞典》Чжунго шу-хуа цыдянь «Словарькитайской каллиграфии и живописи» 36

《中国文化象征词典》«Словарь китайских символов» 170

《中国肖像画论》«Китайские трактаты о портрете» 43, 570

《中国性史图鉴》«Иллюстрированный обзор истории секса в Китае» 688

《中国性学秘史》«Тайны китайского секса» 588, 693

《中国音乐学》Чжунго иньюэсюэ «Китайское музыковедение» 385-386

《中国营造学社汇刊》Чжунго ин-цзао сюэшэ хуйкань «Вестник Общества изучения архитектуры и строительства Китая» 871

《中华帝国的舰船》«Суда Китайской империи» 1088

《中山松醪赋》Чжун шань сун лао фу «Ода о вине [сорта] „Сосны посреди гор"» 1065

《中原音韵》Чжуньюань инь юнь «Рифмы произношения Центральной равнины» 673, 1212

《忠烈图》Чжунле ту «Планы верности» 775

《忠王李秀成》Чжунван Ли Сю-чэн «Верный князь Ли Сю-чэн» 453

《终身大事》（胡适）«Женитьба» (Ху Ши) 448

《重庆森林》Чунцин сэньлинь «Чунцинский лес» 1097

《周髀算经》Чжоу би суань цзин «Счетный канончжоуского/всеохватного гномона» 143

《周君恩来》«Энь-лай из семьи почтенного Чжоу» 469

《周礼》Чжоу ли «Чжоуские ритуалы», «Чжоуские правила благопристойности» «Чжоуская/Всеохватная благопристойность»51, 53, 178, 326, 388, 473, 686, 832, 1072, 1184

《周上卿墓志铭》Чжоу Шан-цин мучжимин «Могильная эпитафия Чжоу Шан-цина» 1177

《周易》Чжоу и «Чжоуские/Всеохватные перемены» 6, 144, 188, 655

《朱青生作品的赞歌》«Восхваление работ Чжу Цин-шэна» 235

《诸上座帖》Чжу Шан-цзо те «Манускрипт [в дар] Чжу Шан-цзо» 794

《竹林七贤与荣启期》Чжу линь ци сянь цзи Жун Цици чжуань «Семь мудрецов из бамбуковой рощи и [музыкант] Жун Ци-ци» 752

《竹鸥图》Чжу оу ту «Бамбук и чайка», «Бамбук и цапля» 697-698

《竹谱》Чжу пу «Книга о бамбуке»959

《竹石集禽图》Чжу ши цзяо цинь «Бамбук, камни и стая встревоженных птиц» 1239

《竹石水仙图》Чжу ши шуйсянь ту «Бамбук, камень, нарцисс», «Уединенный уголок: бамбук, ка-мень, вода» 1155

《竹态谱》Чжу тай пу «Книга об образе бамбука» 959

《竹溪松岭图》Чжу си/ци сун цэнь ту «Бамбуковые [заросли] потоки сосны и скалы» 1003

《祝福》Чжу фу «Моление о счастье», «Счастье» 488, 1142, 1211

《篆刻学》Чжуань кэ сюэ «Обучение резьбе почерком чжуань» 703

《篆势》Чжуань ши «Энергопоток [почерка] чжу-ань» 655

《庄子》Чжуан-цзы «[Трактат] Учителя Чжуана» 6, 144, 152, 375

《状元与乞丐》Чжуаньюань юй цигай «Победившийв экзаменах и нищий» 989

《捉放曹》Чжо фан Цао «Пленение Цао» 1195

《卓文君》Чжо Вэнь-цзюнь «Чжо Вэнь-цзюнь» 448

《姊妹花》Цзымэй хуа «Цветы сестер» 1246

《紫钗记》Цзы чай цзи «Рубиновая шпилька» 416, 420

《紫山大全集》Цзышань да цюань цзи «Полное собрание произведений Фиолетовой горы» 414

《自画像》Цзы хуа сян «Автопортрет» 114, 1031, 1237

《自然中的都市人》Цзыжань чжун-ды души жэнь

«Горожане среди природы» 234
《自书敕诰》Цзы-шу чи-гао «Собственная транскрипция [указов своих] назначений на должности» 711
《自叙帖》Цзы сюй те «Автобиография» 784, 785
《自由魂》Цзыю хунь «Дух свободы» 1141
《总动员》Цзун дуньюань «Всеобщая мобилизация» 1063
《祖国》Цзуго «Родина» 242,924
《祖国万岁》Цзуго вань суй «Да здравствует Родина!» 384
《祖国在呼唤》Цзуго цзай хухуань «Родина зовет» 1063

《醉翁亭记》Цзуй Вэн тин цзи «Записки из Беседки Старого Бражника» 1121
《醉心贵族的小市民》«Мещанин во дворянстве» 458
《遵生八笺》Цзунь Шэн ба цзян «Восемь заметок Цзунь Шэна» 334
《左传》Цзо чжуань «Предание Цзо» 7,144,554-556
《作词十法》Цзо цы ши фа «Десять правил сочинения цы» 414
《作曲教程》Цзоцюй цзяочэн «Курс композиции» 850
《坐石看云图》Цзо ши кань юань ту «Сидя на камнях, взирают на облака» 857

书画家印鉴款识辑录

阿仓 A цан（吴昌硕 У Чан-ши）
阿大 A да（任预 Жэнь Юй）
阿曼陀堂 A мань то тан（陈鸿寿 Чэнь Хун-шоу）
阿梅 A мэй（李瑞清 Ли Жуй-цин）
阿梅草篆 A мэй цао чжуань（李瑞清 Ли Жуй-цин）
爱根业海 Ай гэнь е хай（李鱓 Ли Шань）
爱丘山 Ай цю шань（黄鼎 Хуан Дин）
爱吾庐珍藏印 Ай во лу чжэнь цан инь（李恩庆 Ли Энь-цин）
爱止山林 Ай чжи шань линь（黄鼎 Хуан Дин）
爱竹学心虚 Ай чжу сюэ синь сюй（乾隆 Цянь-лун）
安吉 Ань цзи（吴昌硕 У Чан-ши）
安节堂 Ань цзе тан（龚贤 Гун Сянь）
安乐 Ань лэ（方亨咸 Фан Хэн-сянь）
八还 Ба хуань（朱耷 Чжу Да）
八红叟生 Ба хун соу шэн（蒋宝龄 Цзян Бао-лин）
八千岁春 Ба цянь суй чунь（李方膺 Ли Фан-ин）
八十二老人 Ба ши эр лао жэнь（陈元龙 Чэнь Юань-лун）
八十一翁 Ба ши и вэн（沈周 Шэнь Чжоу）
八徵耄念之宝 Ба чжэн мао нянь чжи бао（乾隆 Цянь-лун）
白发老顽皮 Бай фа лао вань пи（梅清 Мэй Цин）
白华斋 Бай хуа чжай（恽寿平 Юнь Шоу-пин）
白笺 Бай цзянь（郑燮 Чжэн Се）
白门野人 Бай мэнь е жэнь（陈芹 Чэнь Цинь）
白石里 Бай ши ли（尤荫 Ю Инь）
白头翁是羽林儿 Бай тоу вэн ши юй линь эр（汤贻汾 Тан И-фэнь）
白下复庵 Бай ся фу ань（朱鹤年 Чжу Хэ-нянь）
白雪斋 Бай сюэ чжай（陆应阳 Лу Ин-ян）
白阳家学 Бай ян цзя сюэ（①陈铣 Чэнь Сянь；②陈书 Чэнь Шу）
白衣门下 Бай и мэнь ся（罗聘 Ло Пинь）
白云窗 Бай юнь чуань（李升 Ли Шэн）
白云居 Бай юнь цзюй（倪元璐 Ни Юань-лу）
白云山樵 Бай юнь шань цяо（吴大澂 У Да-чэн）
百花洲 Бай хуа чжоу（张鹏翀 Чжан Пэн-чжун）
柏枧山口人家 Бо цзянь шань коу жэнь цзя（梅清 Мэй Цин）
柏枧山中人 Бо цзянь шань чжун жэнь（梅清 Мэй Цин）
拜经老人 Бай цзин лао жэнь（吴荣光 У Жун-гуан）
半窗华雨 Бань чуан хуа юй（倪元璐 Ни Юань-лу）
半舫 Бань фан（李方膺 Ли Фан-ин）
半个汉 Бань гэ хань（石涛 Дао-цзи）
半僧 Бань сэн（项圣谟 Сян Шэн-мо）
半榻琴书 Бань та цинь шу（乾隆 Цянь-лун）
半塘 Бань тан（周亮工 Чжоу Лян-гун）
伴云 Бань юнь（永瑆 Юн Син）
宝笈重编 Бао цзи чун бянь（乾隆 Цянь-лун）
宝米斋 Бао ми чжай（方濬颐 Фан Цзюнь-и）
宝穰 Бао жан（张廷济 Чжан Тин-цзи）
宝石室 Бао ши ши（李瑞清 Ли Жуй-цин）
保合太和 Бао хэ тай хэ（玄烨 Сюань-е/康熙 Кан-си）
葆真堂 Бао чжэнь тан（陈芹 Чэнь Цинь）

抱罍子 Бао лэй цзы（吴云 У Юнь）
悲翁 Бэй вэн（赵之谦 Чжао Чжи-цянь）
碑痴 Бэй чи（黄易 Хуан И）
北方 Бэй фан（李世倬 Ли Ши-чжо）
北江 Бэй цзян（陆西星 Лу Си-син）
北平李氏珍藏图书 Бэй пин ли ши цан инь ту шу（李恩庆 Ли Энь-цин）
北泉草堂 Бэй цюань цао тан（郑燮 Чжэн Се）
北墅 Бэй шу（恽格 Юнь Гэ）
比德 Би дэ（乾隆 Цянь-лун）
笔端造化 Би дуань цзао хуа（乾隆 Цянь-лун）
笔耕 Би гэн（邹一桂 Цзоу И-гуй）
笔花春雨 Би хуа чунь юй（乾隆 Цянь-лун）
笔华烟雨 Би хуа янь юй（张学曾 Чжан Сюэ-цзэн）
笔头活 Би тоу хо（沈铨 Шэнь Цюань）
笔外 Би вай（王昱 Ван Юй）
笔研精良人生一乐 Би янь цзин лян жэнь шэн и лэ（①周之冕 Чжоу Чжи-мянь；②陈淳 Чэнь Чунь）
笔沾恩雨 Би чжань энь юй（张培敦 Чжан Пэйтунь）
必逢名士为写真 Би фэн мин ши вэй се чжэнь（闵贞 Минь Чжэнь）
碧梧疏雨 Би у шу юй（华岳 Хуа Янь）
薛荔山居 Сюэ ли шань цзюй（彭年 Пэн Нянь）
扁舟载酒 Бянь чжоу цзай цзю（张问陶 Чжан Вэнь-тао）
标悟简率 Бяо у цзянь люй（刘墉 Лю Юн）
别号园客 Бе хао юань кэ（倪元璐 Ни Юань-лу）
冰壶秋月 Бин ху цю юэ（王绂 Ван Фу）
冰鉴 Бин цзянь（邹一桂 Цзоу И-гуй）
冰瓯涤笔 Бин оу ди би（余集 Юй Цзи）
冰上鸿飞馆 Бин шан хун фэй гуань（黄宾虹 Хуан Бинь-хун）
冰香室 Бин сян ши（文伯仁 Вэнь Бо-жэнь）
冰心 Бин синь（邹一桂 Цзоу И-гуй）
冰雪悟前身 Бин сюэ у цянь шэнь（石涛 Ши-тао）
冰雪之交 Бин сюэ чжи цзяо（罗聘 Ло Пинь）
丙辰进士 Бин чэнь цзинь ши（郑燮 Чжэн Се）
丙寅人 Бин инь жэнь（汪士慎 Ван Ши-шэнь）
病鹤 Бин хэ（顾沄 Гу Юнь）
病梨阁 Бин ли гэ（郑燮 Чжэн Се）
博雅 Бо я（①项圣谟 Сян Шэн-мо；②项奎 Сян Куй）
博雅堂 Бо я тан（陈元素 Чэнь Юань-су）
博雅堂宝玩印 Бо я тан бао вань инь（项元汴 Сян Юань-бянь）
渤海藏真 Бо хай цан чжэнь（陈骥德 Чэнь Цзи-дэ）
不从门入 Бу цун мэнь жу（石涛 Ши-тао）
不见是而无闷 Бу цзянь ши эр у шань（赵之谦 Чжао Чжи-цянь）
不借石床秋兔毫 Бу цзе и чуан цю мянь хао（罗聘 Ло Пинь）
不能言斋 Бу нэн янь чжай（龚贤 Гун Сянь）
不是画 Бу ши хуа（高其佩 Гао Ци-пэй）
不受迫促 Бу шоу по цу（李鱓 Ли Шань）
不洗砚斋 Бу си янь чжай（何绍基 Хэ Шао-цзи）
不夜斋 Бу е чжай（查士标 Чжа Ши-бяо）
不饮酒 Бу инь цзю（李方膺 Ли Фан-ин）

不远斋 Бу юань чжай（恽寿平 Юнь Шоу-пин）
不足存 Бу цзу цзай（戴本孝 Дай Бэнь-сяо）
不作人间无益事 Бу цзо жэнь цзянь у и ши（项圣谟 Сян Шэн-мо）
布衣 Бу и（罗聘 Ло Пинь）
布衣三老 Бу и сань лао（金农 Цзинь Нун）
布衣身 Бу и шэнь（张问陶 Чжан Вэнь-тао）
布衣生 Бу и шэн（华岳 Хуа Янь）
参得禅也 Цань дэ чань е（瑛宝 Ин Бао）
参砚斋 Цань янь чжай（邵弥 Шао Ми）
残者 Цань чжэ（髡残 Кунь-цань）
苍江不极 Цан цзян бу цзи（陈撰 Чэнь Чжуань）
苍润 Цан жунь（王原祁 Ван Юань-ци）
苍玉洞人 Цан юй дун жэнь（黄慎 Хуан Шэнь）
沧海客 Цан хай кэ（华岳 Хуа Янь）
沧江虹月 Цан цзян хун юэ（米汉雯 Ми Хань-вэнь）
沧州野趣 Цан чжоу е цюй（邹一桂 Цзоу И-гуй）
藏之名山 Цан чжи мин шань（石涛 Ши-тао）
藏之名山传之其人 Цан чжи мин шань чуань чжи ци жэнь（梅清 Мэй Цин）
曹原一涕 Цао юань и ди（龚贤 Гун Сянь）
草木中人 Цао му чжун жэнь（王武 Ван У）
草堂 Цао тан（邹一桂 Цзоу И-гуй）
草香堂 Цао сян тан（龚贤 Гун Сянь）
曾叨染翰 Цэн дао жань хань（朱伦瀚 Чжу Лунь-хань）
曾经沧海 Цэн цзин цан хай（王文治 Ван Вэнь-чжи）
曾为二百兰亭斋所藏 Цзэн вэй эр бай лань тин чжай со цан（吴云 У Юнь）
茶陵世家 Ча лин ши цзя（李东阳 Ли Дун-ян）
茶峡 Ча ся（梅清 Мэй Цин）
茶峡草堂 Ча ся цао тан（梅清 Мэй Цин）
禅仙 Чань сянь（唐寅 Тан Инь）
昌 Чан（董其昌 Дун Ци-чан）
昌歜羊枣 Чан чу ян цзао（张问陶 Чжан Вэнь-тао）
长安策蹇人 Чан ань цэ цзянь жэнь（罗聘 Ло Пинь）
长病仙 Чан бин сянь（项元汴 Сян Юань-бянь）
长乐无息 Чан лэ у си（查士标 Чжа Ши-бяо）
长陵旧学 Чан лин цзю сюэ（赵之谦 Чжао Чжи-цянь）
长沙 Чан шао（李东阳 Ли Дун-ян）
长生 Чжан шэн（李方膺 Ли Фан-ин）
长水 Чан шуй（项圣谟 Сян Шэн-мо）
长水鑫 Чан шуй кань（邵弥 Шао Ми）
长松馆 Чан сун гуань（朱之蕃 Чжу Чжи-фань）
长揖古人 Чан и гу жэнь（宋荦 Сун Ло）
长宜子孙 Чан и цзы сунь（任预 Жэнь Юй）
长州吴氏 Чан чжоу у ши（吴宽 У Куань）
常寿长 Чан шоу чан（吴昌硕 У Чан-ши）
畅叙亭 Чан сюй тин（许初 Сюй Чу）
巢松 Чао сун（邹一桂 Цзоу И-гуй）
臣本布衣 Чэнь бэнь бу и（戴本孝 Дай Бэнь-сяо）
臣今老矣 Чэнь цзинь лао и（朱伦瀚 Чжу Лунь-хань）
臣聘 Чэнь ло（罗聘 Ло Пинь）
臣淇私印 Чэнь ци сы инь（陶淇 Тао Ци）
臣寿 Чэнь шоу（陈鸿寿 Чэнь Хун-шоу）
臣维 Чэнь вэй（边维祺 Бянь Вэй-ци）

臣熙 Чэнь си（戴熙 Дай Си）
臣闲长寿 Чэнь сянь чан шоу（周闲 Чжоу Сянь）
臣贤 Чэнь сянь（龚贤 Гун Сянь）
臣周南印 Чэнь чжоу нянь инь（陶淇 Тао Ци）
陈 Чэнь（陈鸿寿 Чэнь Хун-шоу）
陈阁 Чэнь гэ（陈继儒 Чэнь Цзи-жу）
宸翰 Чэнь хань（乾隆 Цянь-лун）
成果里人 Чэн го ли жэнь（汪士慎 Ван Ши-шэнь）
成趣 Чэн цюй（永瑆 Юн Син）
成山 Чэн шань（陈鸿寿 Чэнь Хун-шоу）
程 Чэн（程正揆 Чэн Чжэн-куй）
程父 Чэн фу（程庭鹭 Чэн Тин-лу）
程长儒 Чэн чан жу（程庭鹭 Чэн Тин-лу）
澂观 Чэн гуань（乾隆 Цянь-лун）
澂怀观道 Вэй хуай гуань дао（程庭鹭 Чэн Тин-лу）
澄怀观道 Дэн хуай гуань дао（赵孟頫 Чжао Мэн-фу）
吃饭穿衣 Чи фань чуань и（郑燮 Чжэн Се）
摛藻为春 Чи цзао вэй чунь（乾隆 Цянь-лун）
痴绝 Чи цзюэ（①石涛 Ши-тао；②郑燮 Чжэн Се ③金侃 Цзинь Кань）
赤松仙史 Чи сун сянь ши（项元汴 Сян Юань-бянь）
出处自天然 Чу чу цзы тянь жань（金廷标 Цзинь Тин-бяо）
出入大吉 Чу жу да цзи（潘恭寿 Пань Гун-шоу）
初日芙蓉 Чу жи фу жун（吴东发 У Дун-фа）
橘南老圃 Чу нань лао пу（允禧 Юнь Си）
处士家风 Чу ши цзя фэн（戴熙 Дай Си）
船珊 Чуань шань（张问陶 Чжан Вэнь-тао）
窗草盆鱼 Чуань цао пань юй（李世倬 Ли Ши-чжо）
吹万 Чуй вань（恽寿平 Юнь Шоу-пин）
吹玉箫兮弄明月 Чуй юй сяо си нун мин юэ（吴伟业 У Вэй-е）
垂露 Чуй лу（乾隆 Цянь-лун）
春草闲房 Чунь цао цянь фан（金俊明 Цзинь Цзюнь-мин）
春华秋实 Чунь хуа цю ши（吴允楷 У Юнь-кай）
春耦斋 Чунь оу чжай（乾隆 Цянь-лун）
春生 Чунь шэн（张敔 Чжан Юй）
莼菜桥西处亦家 Чунь цай цяо си чу цзи цзя（倪元璐 Ни Юань-лу）
淳化轩 Чунь хуа сюань（乾隆 Цянь-лун）
词画轩印 Цы хуа сюань инь（改琦 Гай Ци）
辞官卖画 Цы гуань май хуа（李鱓 Ли Шань）
此间真趣岂容谈 Цы цзянь чжэнь цюй ци жун тань（沈铨 Шэнь Цюань）
此生多事 Цы шэн до ши（方婉仪 Фан Вань-и）
此翁 Цы вэн（张瑞图 Чжан Жуй-ту）
此中别有天然趣 Цы чжун бе ю тянь жань цюй（李方膺 Ли Фан-ин）
此中取真意 Цы чжун цюй чжэнь и（高士奇 Гао Ши-ци）
此中有真意 Цы чжун ю и（改琦 Гай Ци）
次公 Цы гун（张镠 Чжан Лю）
赐本 Цы бэнь（乾隆 Цянь-лун）
赐闲堂 Цы цзянь тан（申时行 Шэнь Ши-син）
赐研斋 Цы янь чжай（①戴熙 Дай Си；②陈元龙

Чэнь Юань-лун）
赐衣传茶 Цы и чуань ча（刘墉 Лю Юн）
从容 Цун жун（朱昂之 Чжу Ан-чжи）
从吾所好 Цун у со хао（①项元汴 Сян Юань-бянь；②朱之赤 ЧжуЧжи-чи）
丛云 Цун юнь（乾隆 Цянь-лун）
萃玉堂印 Цуй юй тан инь（朱鹭 Чжу Лу）
翠玲珑 Цуй лин лун（奚冈 Си Ган）
翠雨轩 Цуй юй сюань（周之冕 Чжоу Чжи-мянь）
存复斋 Цунь фу чжай（朱德润 Чжу Дэ-жунь）
存古 Цунь гу（李灿 Ли Цань）
存古氏 Цзай гу ши（张敔 Чжан Юй）
存翁 Цунь вэн（周闲 Чжоу Сянь）
存我 Цунь во（①王震 Ван Чжэнь；②李方膺 Ли Фан-ин）
大本堂 Да бэнь тан（石涛 Ши-тао）
大本堂极 Да бэнь тан цзи（石涛 Ши-тао）
大德不逾 Да дэ бу юй（周闲 Чжоу Сянь）
大吉祥 Да цзи сян（王震 Ван Чжэнь）
大开笑口 Да кай сяо коу（①李方膺 Ли Фан-ин；②李鱓 Ли Шань）
大块假我以文章 Да куай цзя во и вэнь чжан（乾隆 Цянь-лун）
大歇堂 Да гэ тан（髡残 Кунь-цань）
大写 Да се（王震 Ван Чжэнь）
大学士印 Да сюэ ши чжан（申时行 Шэнь Ши-син）
大学士章 Да сюэ ши чжан（①张瑞图 Чжан Жуй-ту；②申时行 Шэнь Ши-син）
大雅 Да я（①赵孟頫 Чжао Мэн-фу；②张祥河 Чжан Сян-хэ）
大姚 Да яо（陈淳 Чэнь Чунь）
大姚村 Да яо цунь（陈淳 Чэнь Чунь）
大愿船 Да юань чуань（张问陶 Чжан Вэнь-тао）
大云 Да юнь（吴伟业 У Вэй-е）
大宗伯印 Да цзун бо инь（董其昌 Дун Ци-чан）
待雁 Дай янь（查士标 Чжа Ши-бяо）
待雁楼 Дай янь лоу（查士标 Чжа Ши-бяо）
丹诚 Дань чэн（耿昭忠 Гэн Чжао-чжун）
丹心白发 Дань синь бай фа（金湜 Цзинь Чжи）
澹如斋书画印 Дань жу чжай шу хуа инь（允礼 Юнь Ли）
道合乾坤 Дао хэ цянь кунь（石涛 Ши-тао）
道宁斋 Дао нин чжай（乾隆 Цянь-лун）
道卿后裔 Дао цин хоу и（邹一桂 Цзоу И-гуй）
得大自在 Дэ да цзы цзай（乾隆 Цянь-лун）
得风作笑 Дэ фэн цзо сяо（罗聘 Ло Пинь）
得佳趣 Дэ цзя цюй（乾隆 Цянь-лун）
得句自长吟 Дэ цзюй цзы чан инь（梅清 Мэй Цин）
得未曾有 Дэ вэй цэн ю（①石涛 Ши-тао；②陆恢 Лу Хуй）
得象外意 Дэ сян вай и（乾隆 Цянь-лун）
得一人知己无憾 Дэ и жэнь чжи и у хань（石涛 Ши-тао）
德成于忍 Дэ чэн юй жэнь（李方膺 Ли Фан-ин）
德充符 Дэ чунь фу（乾隆 Цянь-лун）
德日新 Дэ жи синь（乾隆 Цянь-лун）
帝甸唐之苗裔 Ди яо тан чжи мяо и（项元汴 Сян Юань-бянь）
第二 Ди эр（张问陶 Чжан Вэнь-тао）
第一希有 Ди и си ю（朱之赤 Чжу Чжи-чи）
点染云山 Дянь жань юнь шань（陆道淮 Лу Дао-

хуай）
殿前侍御 Дянь цянь ши цин（邹一桂 Цзоу И-гуй）
雕虫馆 Дяо чунь гуань（李鱓 Ли Шань）
钓鱼湾 Дяо юй вань（朱鹤年 Чжу Хэ-нянь）
蝶圃 Де пу（蓝瑛 Лань Ин）
丁未进士 Дин вэй цзинь ши（王世贞 Ван Ши-чжэнь）
丁酉生 Дин ю шэн（项圣谟 Сян Шэн-мо）
东川男子 Дун чуань нань цзы（张问陶 Чжан Вэнь-тао）
东林高隐 Дун линь гао инь（程正揆 Чэн Чжэн-куй）
东南之美 Дун нань чжи мэй（朱之赤 Чжу Чжи-чи）
东坡一肚皮 Дун по и ду пи（张培敦 Чжан Пэйтунь）
东人 Дун жэнь（陆暘 Лу Вэй）
东山草堂 Дун шань цао тан（梅清 Мэй Цин）
东山卧客 Дун шань во кэ（吴彬 У Бинь）
东轩 Дун сюань（张鹏翀 Чжан Пэн-чжун）
冬华盦 Дун хуа хэ（奚冈 Си Ган）
动而得谤名亦随之 Дун эр дэ бан мин и суй чжи（郑燮 Чжэн Се）
都官 Ду гуань（郑燮 Чжэн Се）
读画楼 Ду хуа лоу（闵贞 Минь Чжэнь）
读雪 Ду сюэ（李方膺 Ли Фан-ин）
读异书饮美酒赏名华对丽人 Ду и шу инь мэй цзю шан мин хуа дуй ли жэнь（何绍基 Хэ Шао-цзи）
端居室 Дуань цзюй ши（王穀祥 Ван Гу-сян）
钝士 Дунь ши（瑛宝 Ин Бао）
鹅场散人 Э чан сань жэнь（周臣 Чжоу Чэнь）
二百兰亭斋 Эр бай лань тин чжай（吴云 У Юнь）
二甲传胪 Эр цзя чуань лу（邹一桂 Цзоу И-гуй）
二金蝶堂 Эр цзинь де тан（赵之谦 Чжао Чжи-цянь）
二金蝶堂藏书 Эр цзинь де тан цан шу（赵之谦 Чжао Чжи-цянь）
二乐斋 Эр лэ чжай（王三锡 Ван Сань-си）
二黟 Эр и（金廷标 Цзинь Тин-бяо）
二山深处 Эр шань шэнь чу（陆西星 Лу Си-син）
法本法无法 Фа бэнь фа у фа（石涛 Ши-тао）
法堀 Фа ку（朱耷 Чжу Да）
法门 Фа мэнь（石涛 Ши-тао）
法王 Фа ван（高翔 Гао Сян）
法无法 Фа и фа（戴本孝 Дай Бэнь-сяо）
方 Фан（方士庶 Фан Ши-шу）
方外司马 Фан вай сы ма（陆士仁 Лу Ши-жэнь）
方旬 Фан сюнь（方士庶 Фан Ши-шу）
方邹 Фан цзоу（李方膺 Ли Фан-ин）
芳草堂 Фан цао тан（王武 Ван У）
芳草王孙 Фан цао ван сунь（王武 Ван У）
仿古 Фан гу（周璕 Чжоу Сюнь）
放浪山水 Фан лан шань шуй（华嵒 Хуа Янь）
放情丘壑 Фан цин цю хэ（沈铨 Шэнь Цюань）
放亭 Фан тин（黄慎 Хуан Шэнь）
放下 Фан ся（张问陶 Чжан Вэнь-тао）
放鹇亭客 Фан сянь тин кэ（许初 Сюй Чу）
飞花入砚田 Фэй хуа жу янь тянь（李方膺 Ли Фан-ин）
飞云阁 Фэй юнь гэ（蓝瑛 Лань Ин）
非我所能为者 Фэй во со нэн вэй чжэ（高其佩

中国精神文化大典 艺术卷

Ｉао Ци-пэй）
丰道人 Фэн дао жэнь（李世倬 Ли Ши-чжо）
风尘俗吏 Фэн чэнь су ли（郑燮 Чжэн Се）
风雨两山堂 Фэн юй лян шань тан（程正揆 Чэн Чжэн-куй）
枫桥 Фэн цяо（陈洪绶 Чэнь Хун-шоу）
凤 Фэн（郑燮 Чжэн Се）
凤池染翰 Фэн чи жань хань（张祥河 Чжан Сян-хэ）
凤泉茶所 Фэн цюань ча со（陈芹 Чэнь Цинь）
凤松 Фэн сун（项圣谟 Сян Шэн-мо）
奉国将军弋阳王孙 Фэн го цзян цзюнь и ян сунь（朱多炡 Чжу До-чжэн）
夫容城主 Фу жун чэн чжу（张问陶 Чжан Вэнь-тао）
佛弟子 Фо ди цзы（①方婉仪 Фан Вань-и；②罗聘 Ло Пинь）
佛寿 Фо шоу（徐渭 Сюй Вэй）
浮梅槛 Фу мэй цзянь（黄易 Хуан И）
浮沤馆 Фу оу гуань（李鱓 Ли Шань）
抚清时之可放 Фу цин ши чжи кэ фан（李方膺 Ли Фан-ин）
复父 Фу фу（李鱓 Ли Шань）
富贵吉祥 Фу гуй цзи сян（王武 Ван У）
富溪 Фу си（汪士慎 Ван Ши-шэнь）
覆松轩 Фу сун сюань（蒋廷锡 Цзян Тин-си）
橄榄轩 Гань лань сюань（郑燮 Чжэн Се）
高翰 Гао хань（高凤翰 Гао Фэн-хань）
高生老 Гао шэн лао（高翔 Гао Сян）
高云共此心 Гао юнь гун цы синь（禹之鼎 Юй Чжи-дин）
高仲子 Гао чжун цзы（高凤翰 Гао Фэн-хань）
个相如吃 Гэ сян жу чи（朱耷 Чжу Да）
根柢一诚 Гэнь чжи（乾隆 Цянь-лун）
庚辰进士 Гэн чэнь цзинь ши（张祥河 Чжан Сян-хэ）
庚辰政七十 Гэн чэнь чжэн ци ши（吴云 У Юнь）
庚戌同进士 Гэн сюй тун цзинь ши（张问陶 Чжан Вэнь-тао）
耕心草堂 Гэн синь цао тан（石涛 Ши-тао）
耕烟曾孙 Гэн янь цэн сунь（王玖 Ван Цзю）
耕烟后人 Гэн янь хоу жэнь（王玖 Ван Цзю）
耕隐 Гэн инь（项元汴 Сян Юань-бянь）
耕云 Гэн юнь（李方膺 Ли Фан-ин）
耿耿其心 Гэн гэн ци синь（虚谷 Сюй-гу）
工拙随意 Гун чжо суй и（华嵒 Хуа Янь）
公 Гун（耿昭忠 Гэн Чжао-чжун）
公孙大娘 Гун сунь да нян（徐渭 Сюй Вэй）
宫保世家 Гун бао ши цзя（项元汴 Сян Юань-бянь）
宫保之章 Гун бао чжи чжан（董其昌 Дун Ци-чан）
宫坊中允之章 Гун фан чжун юнь чжи чжан（米汉雯 Ми Хань-вэнь）
恭绘 Гун хуй（焦秉贞 Цзяо Бин-чжэнь）
龚处士 Гун чу ши（龚贤 Гун Сянь）
姑苏台下逸人 Гу су тай ся и жэнь（谢时臣 Се Ши-чэнь）
古庵 Гу ань（陆深 Лу Шэнь）
古柏草堂 Гу бо цао тан（虚谷 Сюй-гу）
古华亭 Гу хуа тин（陆深 Лу Шэнь）
古欢 Гу хуань（梅清 Мэй Цин）

古梅江上诗史画帅 Гу мэй цзян шан ши ши хуа ши（萧云从 Сяо Юнь-цун）
古期斋 Гу ци чжай（王原祁 Ван Юань-ци）
古秋 Гу цю（王震 Ван Чжэнь）
古水 Гу шуй（奚冈 Си Ган）
古太史氏 Гу тай ши ши（吴宽 У Куань）
古桃州 Гу тао чжоу（吴昌硕 У Чан-ши）
古味 Гу вэй（陆恢 Лу Хуй）
古稀 Гу си（杨晋 Ян Цзинь）
古稀天子 Гу си тянь цзы（乾隆 Цянь-лун）
古稀天子之宝 Гу си тянь цзы чжи бао（乾隆 Цянь-лун）
古香 Гу сян（①陆时化 Лу Ши-хуа；②黄慎 Хуан Шэнь；③蒋廷锡 Цзян Тин-си）
古香书屋 Гу сян шу у（尤荫 Ю Инь）
古渔 Гу юй（张洽 Чжан Ця）
古之狂也 Гу чжи куан е（李方膺 Ли Фан-ин）
谷口 Гу коу（郑燮 Чжэн Се）
瓜州 Гуа чжоу（郑燮 Чжэн Се）
卦之德藏于密 Гуа чжи дэ цан юй ми（弘智 Хун Чжи）
观 Гуань（永瑆 Юн Син）
观书为乐 Гуань шу вэй лэ（乾隆 Цянь-лун）
观天地生物气象 Гуань тянь ди шэн у ци сян（乾隆 Цянь-лун）
观于海者 Гуань юй хай чжэ（张问陶 Чжан Вэнь-тао）
观斋 Гуань чжай（李日华 Ли Жи-хуа）
管领三神山 Гуань лин сань шэнь шань（张问陶 Чжан Вэнь-тао）
灌隐 Гуань инь（吴伟业 У Вэй-е）
光风霁月 Гуан фэн цзи юэ（金农 Цзинь Нун）
广寒 Гуан хань（吴山涛 У Шань-тао）
广汉 Гуан хань（张学曾 Чжан Сюэ-цзэн）
归来堂印 Гуй лай тан инь（文嘉 Вэнь Цзя）
归去来兮 Гуй цю лай си（吴山涛 У Шань-тао）
归研斋 Гуй янь чжай（杨能格 Ян Нэн-гэ）
圭璋文府 Гуй чжан вэнь фу（乾隆 Цянь-лун）
闺中诗画 Гуй чжун ши хуа（方婉仪 Фан Вань-и）
癸 Куй（程正揆 Чэн Чжэн-куй）
癸亥生 Гуй хай шэн（张熊 Чжан Сюн）
癸卯 Гуй мао（陈撰 Чэнь Чжуань）
癸卯生人 Гуй мао шэн жэнь（李育 Ли Юй）
癸巳生 Гуй сы шэн（吴荣光 У Жун-гуан）
桂 Гуй（邹一桂 Цзоу И-гуй）
国子祭酒 Го цзы цзи цзю（陆深 Лу Шэнь）
海滨民 Хай бинь минь（郑燮 Чжэн Се）
海阔天空 Хай ко тянь кун（郑燮 Чжэн Се）
海笠 Хай ли（徐渭 Сюй Вэй）
海印三昧 Хай инь сань мэй（丁云鹏 Дин Юнь-пэн）
海云楼 Хай юнь лоу（王震 Ван Чжэнь）
邢上朱生 Хань шан чжу шэн（朱本 Чжу Бэнь）
含豪邈然 Хань хао мао жань（乾隆 Цянь-лун）
含辉 Хань хуй（乾隆 Цянь-лун）
含经味道 Хань цзин вэй дао（乾隆 Цянь-лун）
含英咀华 Хань ин цзюй хуа（乾隆 Цянь-лун）
涵虚朗鉴 Хань сюй лан цзянь（乾隆 Цянь-лун）
寒瘦 Хань шоу（周莲 Чжоу Лянь）
寒香阁 Хань сян гэ（王昱 Ван Юй）
汉画室 Хань хуа ши（黄易 Хуан И）

翰林供奉 Хань линь гун цзюй（戴熙 Дай Си）
翰墨苍头 Хань мо цан тоу（李方膺 Ли Фан-ин）
蒿芑生 Хао ли шэн（项元汴 Сян Юань-бянь）
好奇 Хао ци（张问陶 Чжан Вэнь-тао）
浩歌亭 Хао гэ тин（陈淳 Чэнь Чунь）
合江楼 Хэ цзян лоу（陆深 Лу Шэнь）
合同 Хэ тун（项元汴 Сян Юань-бянь）
合章 Хэ чжан（项元汴 Сян Юань-бянь）
何必戴 Хэ би цзянь дай（吴大澂 У Да-чэн）
何妨百不能 Хэ фан бай бу нэн（李方膺 Ли Фан-ин）
和光积中 Хэ гуан цзи чжун（乾隆 Цянь-лун）
和亭 Хэ сун тин（宋荦 Сун Ло）
河南 Хэ нань（方亨咸 Фан Хэн-сянь）
荷屋审定 Хэ ши пань дин（吴荣光 У Жун-гуан）
鹤 Хэ（朱鹤年 Чжу Хэ-нянь）
黑三昧 Хэй сань мэй（徐渭 Сюй Вэй）
横扫 Хэн сао（郑燮 Чжэн Се）
衡洞草堂 Хэн дун цао тан（梅清 Мэй Цин）
衡门绿绕迢潭水 Хэн мэнь лу жао тяо тань шуй（沈铨 Шэнь Цюань）
衡山世家 Хэн шань ши цзя（文枏 Вэнь Нань）
弘此远谟 Хун цы юань мо（萧云从 Сяо Юнь-цун）
红藕花馆 Хун вэй хуа гуань（陶淇 Тао Ци）
红闲碧静 Хун цзянь би цзин（吴楷 У Юнь-кай）
红雨山房 Хун юй шань фан（高士奇 Гао Ши-ци）
虹雪 Хун сюэ（邹一桂 Цзоу И-гуй）
后乙卯人 Хоу и мао жэнь（查士标 Чжа Ши-бяо）
后之视今 Хоу чжи ши цзинь（费丹旭 Фэй Дань-сю）
壶天十二峰 Ху тянь ши эр фэн（张祥河 Чжан Сян-хэ）
湖州安吉 Ху чжоу ань цзи（吴昌硕 У Чан-ши）
花溪 Хуа си（蒋廷锡 Цзян Тин-си）
花月 Хуа юэ（梅清 Мэй Цин）
华暗子云居 Хуа ань цзы юнь цзюй（徐渭 Сюй Вэй）
华氏剑光阁珍藏印 Хуа ши цзянь гуан гэ чжэнь цан инь（华夏 Хуа Ся）
华亭 Хуа тин（陆应阳 Лу Ин-ян）
华亭张一 Хуа тин чжан и（张祥河 Чжан Сян-хэ）
华原草堂 Хуа юань цао тан（高士奇 Гао Ши-ци）
华之道士 Хуа чжи дао ши（周亮工 Чжоу Лян-гун）
画禅 Хуа чань（①王翚 Ван Хуй；② 王时敏 Ван Ши-минь；③ 董其昌 Дун Ци-чан；④ 张应召 Чжан Ин-чоу）
画禅室 Хуа чань ши（乾隆 Цянь-лун）
画禅颐寿 Хуа чань и шоу（乾隆 Цянь-лун）
画从我心心从天 Хуа цун во синь синь цун тянь（朱偁 Чжу Чэн）
画法 Хуа фа（石涛 Ши-тао）
画舫 Хуа фан（米汉雯 Ми Хань-вэнь）
画阁题诗 Хуа гэ ти ши（方元鹿 Фан Юань-лу）
画里吾家 Хуа ли у цзя（陈继儒 Чэнь Цзи-жу）
画梅楼 Хуа мэй лоу（汤贻汾 Тан И-фэнь）
画梅乞米 Хуа мэй ци ми（罗聘 Ло Пинь）
画师 Хуа ши（张庚 Чжан Гэн）
画史诗人 Хуа ши ши жэнь（邹一桂 Цзоу И-гуй）
画松 Хуа сун（梅清 Мэй Цин）
画髓 Хуа суй（戴本孝 Дай Бэнь-сяо）
画图留与人看 Хуа ту лю юй жэнь кань（王原祁 Ван Юань-ци）
画外 Хуа вай（李方膺 Ли Фан-ин）
画隐 Хуа инь（文伯仁 Вэнь Бо-жэнь）
画中诗 Хуа чжун ши（王三锡 Ван Сань-си）
画渚 Хуа чжу（朱耷 Чжу Да）
怀古堂 Хуай гу тан（朱耷 Чжу Да）
怀古田舍 Хуай гу тянь шэ（王士禛 Ван Ши-чжэнь）
怀麓堂印 Хуай лу тан инь（李东阳 Ли Дун-ян）
怀烟阁 Хуай янь гэ（陆愚卿 Лу Юй-цин）
槐溪诗屋 Хуай си ши у（陈铣 Чэнь Сянь）
欢喜园 Хуань си юань（乾隆 Цянь-лун）
幻中了幻 Хуань чжун лэ хуань（李世倬 Ли Ши-чжо）
浣贞舫印 Хуань чжэнь фан инь（吴荣光 У Жун-гуан）
皇十七子 Хуан ши ци цзы（允礼 Юнь-ли）
皇十一子 Хуан ши и цзы（永瑆 Юн Син）
黄 Хуан（①黄鼎 Хуан Дин；② 黄易 Хуан И；③ 黄慎 Хуан Шэнь）
黄九 Хуан цзю（黄易 Хуан И）
黄龙砚斋 Хуан лун янь чжай（李瑞清 Ли Жуй-цин）
黄竹园 Хуан чжу юань（朱耷 Чжу Да）
悔亭 Хуй тан（李鱓 Ли Шань）
会心不远 Хуй синь бу юань（乾隆 Цянь-лун）
会处 Хуй синь чу（① 项元汴 Сян Юань-бянь；② 邹一桂 Цзоу И-гуй）
绘月有色水有声 Хуй юэ ю сэ шуй ю шэн（乾隆 Цянь-лун）
几席有余香 Цзи си ю юй сян（乾隆 Цянь-лун）
积铁 Цзи те（王昱 Ван Юй）
缉熙殿宝 Ци си дянь бао（赵昀 Чжао Юнь）
稽古右文之玺 Цзи гу ю вэнь чжи си（乾隆 Цянь-лун）
吉会堂 Цзи хуй тан（项源 Сян Юань）
吉祥善吏 Цзи сян шань ли（周亮工 Чжоу Лян-гун）
即事多所欣 Цзи ши до со синь（乾隆 Цянь-лун）
集贤院御书印 Цзи сянь юань юй шу инь（李煜 Ли Юй）
集虚 Цзи сюй（改琦 Гай Ци）
几暇鉴赏之玺 Цзи ся цзянь шан чжи си（乾隆 Цянь-лун）
几暇临池 Цзи ся линь чи（乾隆 Цянь-лун）
几暇怡情 Цзи ся и цин（乾隆 Цянь-лун）
己卯以来之作 И мао и лай чжи цзо（金农 Цзинь Нун）
记游 Цзи ю（邹一桂 Цзоу И-гуй）
季仙 Цзи сянь（吴昌硕 У Чан-ши）
济南 Цзи нань（王士禛 Ван Ши-чжэнь）
寄敖 Цзи ао（① 项奎 Сян Куй；② 项元汴 Сян Юань-бянь）
寄客 Цзи кэ（瑛宝 Ин Бао）
寄庐 Цзи лу（陆恢 Лу Хуй）
寄情物外 Цзи цин у вай（陆道淮 Лу Дао-хуай）
寄岳云 Цзи юэ юнь（恽寿平 Юнь Шоу-пин）
家居白云深处 Цзя цзюй бай юнь шэнь чу（梅清 Мэй Цин）
家学 Цзя сюэ（张之万 Чжан Чжи-вань）
家在翠华山之南 Цзя цзай цуй хуа шань чжи нань

（黄慎 Хуан Шэнь）
家在梅花泾北 Цзя цзай мэй хуа цзи бэй（陈铣 Чэнь Сянь）
家在桃溪深处 Цзя цзай тао си шэнь чу（吴历 У Ли）
家中平康 Цзя чжун пин кан（项元汴 Сян Юань-бянь）
家住苕南余不溪 Цзя чжу шао нань юй бу си（沈铨 Шэнь Цюань）
家住小东园 Цзя чжу сяо дун юань（华嵒 Хуа Янь）
嘉靖壬子时年六十六 Цзя цзин жэнь цзы ши нянь лю ши лю（谢时臣 Се Ши-чэнь）
嘉靖戊戌进士 Цзя цзин моу сюй цзинь ши（陆师道 Лу Ши-дао）
嘉庆戊午浙江解元 Цзя цин моу у чжэ цзян цзе юань（张廷济 Чжан Тин-цзи）
嘉石庭 Цзя ши тин（张祥河 Чжан Сян-хэ）
甲戌榜眼 Цзя сюй бан янь（王鸣盛 Ван Мин-шэн）
甲子 Цзя цзы（黄易 Хуан И）
假司马印 Цзя сы ма инь（汪昉 Ван Фан）
坚白斋 Цзянь бай чжай（王穀祥 Ван Гу-сян）
茧室 Эр ши（恽寿平 Юнь Шоу-пин）
简静斋 Цзянь цзин чжай（高士奇 Гао Ши-ци）
见天心 Цзянь тянь синь（乾隆 Цянь-лун）
剑外张郎 Цзянь вай чжан лан（张问陶 Чжан Вэнь-тао）
鉴古 Цзянь гу（乾隆 Цянь-лун）
江东 Цзян дун（陆深 Лу Шэнь）
江口人家 Цзян коу жэнь цзя（罗聘 Ло Пинь）
江南布衣 Цзян нань бу и（李方膺 Ли Фан-ин）
江南春 Цзян нань чунь（罗聘 Ло Пинь）
江左布衣 Цзян цзо бу и（项圣谟 Сян Шэн-мо）
江左江右青溪金溪 Цзян цзо цзян ю цин си цзинь си（吴宏 У Хун）
江左王郎 Цзян цзо ван лан（王世贞 Ван Ши-чжэнь）
江左周郎 Цзян цзо чжоу лан（周之冕 Чжоу Чжи-мянь）
将移我情 Цзян и во цин（恽寿平 Юнь Шоу-пин）
蒋山人诗记 Цзян шань жэнь ши хуа цзи（蒋宝龄 Цзян Бао-лин）
蕉窗夜雨 Цзяо чуан е юй（倪元璐 Ни Юань-лу）
校理秘文 Сяо ли ми вэнь（永瑆 Юн Син）
絜矩 Цзе цзюй（乾隆 Цянь-лун）
暎巢书屋 Шань хао шу у у（邹一桂 Цзоу И-гуй）
解春馆印 Цзе чунь гуань инь（陈鸿寿 Чэнь Хун-шоу）
介眉 Цзе мэй（张敔 Чжан Юй）
戒之在得 Це чжи цзай дэ（玄烨 Сюань-е/ 康熙 Кан-си）
芥舟 Цзе чжоу（查士标 Чжа Ши-бяо）
芥子 Цзе цзы（张瑞图 Чжан Жуй-ту）
借书传画 Цзе шу чуань хуа（郑燮 Чжэн Се）
今雨草堂 Цзинь юй цао тан（汤贻汾 Тан И-фэнь）
金门丞旨 Цзинь мэнь чэн чжи（李鱓 Ли Шань）
金门画史之章 Цзинь мэнь хуа ши чжи чжан（李在 Ли Цзай）
金石刻画臣能为 Цзинь ши кэ хуа чэнь нэн вэй（陈鸿寿 Чэнь Хун-шоу）
金石寿世之居 Цзинь ши шоу ши чжи цзюй（吴云 У Юнь）
金氏八分 Цзинь ши ба фэнь（金农 Цзинь Нун）
金氏秘笈 Цзинь ши ми цзи（金望乔 Цзинь Ван-цяо）
金粟 Цзинь су（吴山涛 У Шань-тао）
金粟如来是前身 Цзинь су жу лай ши цянь шэнь（石涛 Ши-тао）
金台 Цзинь тай（陈铣 Чэнь Сянь）
锦衣百户 Цзинь и бай ху（吴伟 У Вэй）
进士为官不若服田获寿保年 Цзинь ши вэй гуань бу жо фу тянь хо шоу бао нянь（张鹏翀 Чжан Вэнь-тао）
晋灯龛 Цзинь дэн кань（金俊明 Цзинь Цзюнь-мин）
京口里人 Цзин коу ли жэнь（张深 Чжан Шэнь）
净土人 Цзин ши жэнь（朱耷 Чжу Да）
敬亭画逸 Цзинь тин хуа и（梅清 Мэй Цин）
静寄 Цзин цзи（项奎 Сян Куй）
静中观造化 Цзин чжун гуань цзао хуа（乾隆 Цянь-лун）
镜清砥平 Цзин цин ди пин（乾隆 Цянь-лун）
九兰画舫 Цзю лань хуа фан（改琦 Гай Ци）
九龙山房诗画 Цзю лун шань фан ши хуа（邹一桂 Цзоу И-гуй）
九英斋 Цзю ин чжай（陆应阳 Лу Ин-ян）
酒侠 Цзю ся（陈洪绶 Чэнь Хун-шоу）
旧山楼 Цзю шань лоу（改琦 Гай Ци）
掬水月在手 Цзюй шуй юэ цзай шоу（乾隆 Цянь-лун）
菊涧 Цзюй цзянь（恽寿平 Юнь Шоу-пин）
沮溺之俦 Цзюй ни чжи чоу（项元汴 Сян Юань-бянь）
莒州刺史 Ин чжоу цэ ши（李方膺 Ли Фан-ин）
举肥 Цзюй фэй（方士庶 Фан Ши-шу）
句漏山房 Цзюй лян шань фан（张问陶 Чжан Вэнь-тао）
狷盦 Цзюань ань（陆恢 Лу Хуй）
觉道人 Цзюэ дао жэнь（李方膺 Ли Фан-ин）
看帆楼 Кань фань лоу（张鹏翀 Чжан Пэн-чжун）
看云阁 Кань юнь гэ（永瑆 Юн Син）
康熙秀才雍正举人乾隆进士 Кан си сю цай юн чжэн цзюй жэнь цянь лун цзиньши（郑燮 Чжэн Се）
考古正今 Као гу чжэн цзинь（项圣谟 Сян Шэн-мо）
考古证今 Гай гу чжэн цзинь（项元汴 Сян Юань-бянь）
柯 Кэ（柯九思 Кэ Цзю-сы）
柯氏私印 Кэ ши（柯九思 Кэ Цзю-сы）
可得神仙 Кэ дэ шэнь сянь（朱耷 Чжу Да）
可为知者道 Кэ вэй чжи чжэ дао（梅清 Мэй Цин）
可翁 Кэ вэн（李育 Ли Юй）
可以长存 Кэ и чан цунь（李方膺 Ли Фан-ин）
孔氏图书之印 Кун ши ту шу чжи инь（孔广陶 Кун Гуан-тао）
孔氏岳雪楼收藏书画印 Кун ши юэ сюэ лоу шоу цан шу хуа инь（孔广陶 Кун Гуан-тао）
孔颜乐处谁寻得 Кун янь лэ чу шуй сюнь дэ（乾隆 Цянь-лун）
来爽 Лай шуан（蒋廷锡 Цзян Тин-си）

来云馆 Лай юнь гуань（王鉴 Ван Цзянь）
莱州太守 Лай чжоу тай шоу（张问陶 Чжан Вэнь-тао）
赖古堂 Лай гу тан（周亮工 Чжоу Лян-гун）
兰亭亭长 Лань тин тин чжан（张廷济 Чжан Тин-цзи）
朗润 Лан жунь（乾隆 Цянь-лун）
朗润堂 Лан жунь тан（高士奇 Гао Ши-ци）
琅琊 Лан я（王士禛 Ван Ши-чжэнь）
瑯琊吏隐 Лан я ли инь（许初 Сюй Чу）
浪得名耳 Лан дэ мин эр（朱耷 Чжу Да）
劳我以生 Лао во и шэн（张问陶 Чжан Вэнь-тао）
老而作画 Лао эр цзо хуа（郑燮 Чжэн Се）
老缶 Лао фоу（吴昌硕 У Чан-ши）
老刚 Лао ган（居廉 Цзюй Лянь）
老桂山房 Лао гуй шань фан（刘墉 Лю Юн）
老薲 Лао хэн（程庭鹭 Чэн Тин-лу）
老画师 Лао хуа ши（边维祺 Бянь Вэй-ци）
老九 Лао цзю（①黄易 Хуан И; ②奚冈 Си Ган）
老舲 Лао лин（张祥河 Чжан Сян-хэ）
老舲写意 Лао лин си и（张祥河 Чжан Сян-хэ）
老梅 Лао мэй（梅清 Мэй Цин）
老寿 Лао шоу（边维祺 Бянь Вэй-ци）
老涛 Лао тао（石涛 Ши-тао）
老秀才 Лао сю цай（高凤翰 Гао Фэн-хань）
老颐 Лао и（边维祺 Бянь Вэй-ци）
老子自食其力 Лао цзы цзы ши ци ли（张庚 Чжан Гэн）
乐此不疲 Лэ цы бу пи（陆恢 Лу Хуй）
乐寿堂鉴藏宝 Лэ шоу тан цзянь цан бао（乾隆 Цянь-лун）
乐万民之所乐 Лэ вань минь чжи со лэ（乾隆 Цянь-лун）
乐砚田之无税 Лэ янь тянь чжи у шуй（吴之湄 У Чжи-мэй）
乐意寓静观 Лэ и юй цзин гуань（乾隆 Цянь-лун）
乐渔 Лэ юй（文鼎 Вэнь Дин）
楞山 Лэн шань（陈撰 Чэнь Чжуань）
冷香飞上诗句 Лин сян фэй шан ши цзюй（陈撰 Чэнь Чжуань）
李供奉书画记 Ли гун фэн шу хуа цзи（李鱓 Ли Шань）
李生 Ли шэн（李方膺 Ли Фан-ин）
李氏爱吾庐收藏书画记 Ли ши ай во лу шоу цан шу хуа цзи（李恩庆 Ли Энь-цин）
李氏图书 Ли ши ту шу（李鱓 Ли Шань）
李忠定文定子孙 Ли чжун дин вэнь дин цзы сунь（李鱓 Ли Шань）
立翁 Ли вэн（任预 Жэнь Юй）
荔雨斋 Ли юй чжай（张鹏翀 Чжан Пэн-чун）
连理双桂树楼 Лянь ли шуан гуй шу лоу（陈鸿寿 Чэнь Хун-шоу）
莲花峰顶三生梦 Лянь хуа фэн дин сань шэн мэн（梅清 Мэй Цин）
莲居士 Лянь цзюй ши（潘恭寿 Пань Гун-шоу）
莲宗弟子 Лянь цзун ди цзы（黄易 Хуан И）
廉老诗画 Лянь лао ши хуа（周莲 Чжоу Лянь）
廉翁六十岁以后之作 Лянь вэн лю ши суй и хоу чжи цзо（周莲 Чжоу Лянь）
两峰之妻 Лян фэн чжи ци（方婉仪 Фан Вань-и）
两壶盦 Лян ху ань（吴大澂 У Да-чэн）

两溟鱼鸟 Лян мин юй няо（徐渭 Сюй Вэй）
列仙之儒 Ле цзюань чжи жу（陈继儒 Чэнь Цзи-жу）
林西一老 Линь си и лао（尤荫 Ю Инь）
临池 Линь чи（陈继儒 Чэнь Цзи-жу）
临汀 Линь тин（华嵒 Хуа Янь）
留耕堂印 Лю гэн тан инь（朱之赤 Чжу Чжи-чи）
留真迹与人间垂千古 Лю чжэнь цзи юй жэнь цзянь чуй цянь гу（项圣谟 Сян Шэн-мо）
六分半书 Лю фэнь бань шу（郑燮 Чжэн Се）
六研斋 Лю янь чжай（李日华 Ли Жи-хуа）
六艺之囿 Лю и чжи пу（①项圣谟 Сян Шэн-мо; ②项元汴 Сян Юань-бянь）
龙宝轩 Лун бао сюань（何绍基 Хэ Шао-цзи）
龙虎丁卯 Лун ху дин мао（金农 Цзинь Нун）
龙节虎符之馆 Лун цзе ху фу чжи гуань（吴大澂 У Да-чэн）
龙老 Лун лао（杨文骢 Ян Вэнь-цун）
龙门下士 Лун мэнь ся ши（瑛宝 Ин Бао）
龙哑大家公 Лун я да цзя гун（徐渭 Сюй Вэй）
娄东毕氏家藏 Лоу дун би ши цзя цан（毕泷 Би Лун）
娄东毕氏真赏 Лоу дун би ши чжэнь шан（毕沅 Би Юань）
庐山真面 Лу шань чжэнь мянь（陆恢 Лу Хуй）
鹿柴 Лу чай（金俊明 Цзюнь-мин）
鹿樵溪舍 Лу цяо си шэ（吴伟业 У Вэй-е）
路旁井上 Лу пан цзин шан（①李方膺 Ли Фан-ин; ②李鱓 Ли Шань）
麓云楼藏 Лу юнь лоу цзан（汪士元 Ван Ши-юань）
罗 Ло（罗聘 Ло Пинь）
罗生 Ло шэн（罗聘 Ло Пинь）
罗氏收藏 Ло ши шоу цан（罗聘 Ло Пинь）
罗四 Ло сы（罗聘 Ло Пинь）
落纸云烟 Ло чжи юнь янь（①乾隆 Цянь-лун; ②恽寿平 Юнь Шоу-пин）
驴 Люй（朱耷 Чжу Да）
绿天盦头陀 Лу тянь хэ тоу то（李鱓 Ли Шань）
绿野亭印 Люй е тин инь（项元汴 Сян Юань-бянь）
绿云书屋 Лу юнь шу ши（陈元龙 Чэнь Юань-лун）
麻丫头针线 Ма я тоу чжэнь сянь（郑燮 Чжэн Се）
卖画不为官 Май хуа бу вэй гуань（李鱓 Ли Шань）
满地月明金错刀 Мань ди юэ мин цзинь цо дао（罗聘 Ло Пинь）
曼公 Мань гун（弘智 Хун Чжи）
曼陀罗室 Мань то ло ши（陈鸿寿 Чэнь Хун-шоу）
曼翁寿 Мань вэн шоу（陈鸿寿 Чэнь Хун-шоу）
漫兴 Мань син（①陈淳 Чэнь Чунь; ②吴东发 У Дун-фа）
漫与 Мань юй（张问陶 Чжан Вэнь-тао）
懋勤殿鉴定章 Мао цинь дянь цзянь дин чжан（乾隆 Цянь-лун）
眉山松雪石室梅堂 Мэй шань сун сюэ ши ши мэй тан（张培敦 Чжан Пэйтунь）
眉寿 Мэй шоу（方士庶 Фан Ши-шу）
眉州 Мэй чжоу（华嵒 Хуа Янь）
梅筏 Мэй фа（程庭鹭 Чэн Тин-лу）
梅花盦 Мэй хуа хэ（吴镇 У Чжэнь）
梅花道场 Мэй хуа дао чан（罗聘 Ло Пинь）

中国精神文化大典　艺术卷

梅花手段 Мэй хуа шоу дуань（①李方膺 Ли Фан-ин；②吴昌硕 У Чан-ши）
梅花书屋 Мэй хуа шу у（梅清 Мэй Цин）
梅花屋 Мэй хуа ши（杨晋 Ян Цзинь）
梅花知己 Мэй хуа чжи и（李方膺 Ли Фан-ин）
梅华 Мэй хуа（萧云从 Сяо Юнь-цун）
梦道人 Мэн дао жэнь（蓝瑛 Лань Ин）
梦痕 Мэн хэнь（陆恢 Лу Хуй）
梦墨亭 Мэн мо тин（唐寅 Тан Инь）
梦饲千八百鹤草堂 Мэн сы цянь бай хэ цао тан（陈鸿寿 Чэнь Хун-шоу）
梦翁 Мэн вэн（朱偁 Чжу Чэн）
梦园鉴赏 Мэн юань цзянь шан（方濬颐 Фан Цзюнь-и）
麋研斋印 Ми янь чжай инь（王禔 Ван Ти）
秘殿新编 Ми дянь синь бянь（乾隆 Цянь-лун）
秘殿珠林 Ми дянь чжу линь（乾隆 Цянь-лун）
绵津山人 Мянь цзинь шань жэнь（宋荦 Сун Ло）
面山主人 Мянь шань чжу жэнь（张培敦 Чжан Пэйтунь）
妙意写清快 Мяо и се цин куай（乾隆 Цянь-лун）
闽黔粤蜀使者 Минь цянь юэ шу ши чжэ（何绍基 Хэ Шао-цзи）
名余曰聘 Мин юй юэ пинь（罗聘 Ло Пинь）
谟 Мо（项圣谟 Сян Шэн-мо）
磨兜坚室 Мо доу цзянь ши（蒋仁 Цзян Жэнь）
墨涔 Мо цэнь（恽寿平 Юнь Шоу-пин）
墨池飞出北溟鱼 Мо чи фэй чу бэй мин юй（石涛 Ши-тао）
墨点澄心纸 Мо дянь дэн синь чжи（黄鼎 Хуан Дин）
墨花馆 Мо хуа гуань（陈淳 Чэнь Чунь）
墨林叔子 Мо линь шу цзы（项德新 Сян Дэ-синь）
墨妙笔精 Мо мяо би цзин（①王渊 Ван Юань；②文嘉 Вэнь Цзя）
墨磨人 Мо мо жэнь（高凤翰 Гао Фэн-хань）
墨翁 Мо вэн（朱岷 Чжу Минь）
墨戏 Мо си（王原祁 Ван Юань-ци）
墨云 Мо юнь（乾隆 Цянь-лун）
墨庄 Мо чжуан（陆时化 Лу Ши-хуа）
木鸡 Му цзи（①戴本孝 Дай Бэнь-сяо；②吴昌硕 У Чан-ши）
木头老子 Му тоу лао цзы（李方膺 Ли Фан-ин）
慕堂 Му тан（张廷济 Чжан Тин-цзи）
慕天阁 Му тянь гэ（杜堇 Ду Цзинь）
穆陀轩 Му то сюань（陈撰 Чэнь Чжуань）
南冈草堂 Нань ган цао тан（①梅清 Мэй Цин；②周荃 Чжоу Цюань）
南海孔氏世家宝玩 Нань хай кун ши ши цзя бао вань（孔广陶 Кун Гуан-тао）
南华仙史 Нань хуа сянь ши（项元汴 Сян Юань-бянь）
南涧 Нань хэ（朱彝尊 Чжу И-цзунь）
南京解元 Нань цзин цзе юань（唐寅 Тан Инь）
南阳山中樵者 Нань ян шань чжун цяо чжэ（华喦 Хуа Янь）
南有堂 Нань ю тан（邵弥 Шао Ми）
内府书画之宝 Нэй фу шу хуа чжи бао（乾隆 Цянь-лун）
内府图书 Нэй фу ту шу（乾隆 Цянь-лун）
内府图书之印 Нэй фу ту шу чжи инь（赵佶 Чжао Цзи）
内府珍秘 Нэй фу чжэнь ми（乾隆 Цянь-лун）
内廷供奉 Нэй тин гун фэн（①冷枚 Лэн Мэй；②邹一桂 Цзоу Игуй）
能事不受相迫促 Нэн ши бу шоу сян по цу（方亨咸 Фан Хэн-сянь）
拟古 Ни гу（沈铨 Шэнь Цюань）
年已七十矣 Нянь и ци ши и（张熊 Чжан Сюн）
念云堂 Нянь юнь тан（高士奇 Гао Ши-ци）
宁寿宫续入石渠宝笈 Нин шоу гун сюй жу ши цюй бао цзи（乾隆 Цянь-лун）
农桑余事 Нун сан юй ши（费丹旭 Фэй Дань-сю）
浓花淡柳钱唐 Нун хуа дань лю цянь тан（陈鸿寿 Чэнь Хун-шоу）
努力加餐饭 Ну ли цзя цань фань（金农 Цзинь Нун）
女工之末 Нюй гун чжи вэй（陈书 Чэнь Шу）
瓯钵罗室珍秘 Оу бо ло ши чжэнь ми（李玉棻 Ли Юй-фэнь）
鸥墨 Оу мо（张祥河 Чжан Сян-хэ）
偶然 Оу жань（邹一桂 Цзоу И-гуй）
偶然拾得 Оу жань ши дэ（方士庶 Фан Ши-шу）
派接徐黄 Пай цзе сюй хуан（邹一桂 Цзоу И-гуй）
培月 Пэй юэ（邹一桂 Цзоу И-гуй）
沛国 Пэй го（朱之蕃 Чжу Чжи-фань）
佩韦 Пэй вэй（高其佩 Гао Ци-пэй）
佩文斋 Пэй вэнь чжай（玄烨 Сюань-е/ 康熙 Кан-си）
佩之 Пэй чжи（李方膺 Ли Фан-ин）
鹏飞处人 Пэн фэй чу жэнь（徐渭 Сюй Вэй）
癖茶居士 Пи ча цзюй（项元汴 Сян Юань-бянь）
癖于斯 Пи юй сы（陆恢 Лу Хуй）
僻言少人会 Би янь шао жэнь хуй（黄慎 Хуан Шэнь）
片石居 Пянь ши цзюй（黄宾虹 Хуан Бинь-хун）
贫道明怀 Пинь дао мин хуай（金俊明 Цзинь Цзюнь-мин）
品外 Пинь вай（李方膺 Ли Фан-ин）
平淡 Пин цан（王昱 Ван Юй）
平生真赏 Пин шэн чжэнь шан（项元汴 Сян Юань-бянь）
平生知己 Пин шэн чжи и（李方膺 Ли Фан-ин）
平原村长 Пин юань цунь чжан（陆应阳 Лу Ин-ян）
泼墨 По мо（乾隆 Цянь-лун）
破研斋 По янь чжай（王绂 Ван Фу）
仆本恨人 Пу бэнь хэнь жэнь（李方膺 Ли Фан-ин）
曝书亭藏 Пу шу тин цан（朱彝尊 Чжу И-цзунь）
七品官耳 Ци пинь гуань эр（郑燮 Чжэн Се）
七十二峰间人 Ци ши эр фэн цзянь жэнь（陆道淮 Лу Дао-хуай）
七十二峰主人 Ци ши эр фэн чжу жэнь（朱孝纯 Чжу Сяо-чунь）
七十二翁 Ци ши эр вэн（谢时臣 Се Ши-чэнь）
七十四翁 Ци ши сы вэн（谢时臣 Се Ши-чэнь）
七十一峰深处 Ци ши и фэн шэнь чу（李东阳 Ли Дун-ян）
七松 Ци сун（陆道淮 Лу Дао-хуай）
柒翁 Ци вэн（改琦 Гай Ци）
齐物 Ци у（乾隆 Цянь-лун）
奇怀室 Ци хуай ши（吴伟业 У Вэй-е）
耆德忠正 Ци дэ чжун чжэн（苏轼 Су Ши）

1354

淇四十后以字行 Ци сы ши хоу и цзы син（陶淇 Тао Ци）
祺印 Ци инь（边维祺 Бянь Вэй-ци）
启秀 Ци сю（金侃 Цзинь Кань）
契理亦忘言 Цзе ли и ван янь（乾隆 Цянь-лун）
千古 Цянь гу（李方膺 Ли Фан-ин）
千里咫尺 Цянь ли чжи чи（黄鼎 Хуан Дин）
千秋 Цянь цю（任预 Жэнь Юй）
千秋渔父 Цянь цю юй фу（李方膺 Ли Фан-ин）
谦 Цянь（赵之谦 Чжао Чжи-цянь）
谦顿首上 Цянь дунь шоу шан（赵之谦 Чжао Чжи-цянь）
前丙申生 Цянь бин шэнь шэн（萧云从 Сяо Юнь-цун）
前身应画师 Цянь шэнь ин хуа ши（石涛 Ши-тао）
前有龙眠济 Цянь ю лун мянь цзи（石涛 Ши-тао）
前有龙眠 Цянь ю лун мин（石涛 Ши-тао）
钱塘陈氏鉴藏 Цянь тан чэнь ши цзянь цан（陈鸿寿 Чэнь Хун-шоу）
乾 Цянь（乾隆 Цянь-лун）
乾卦 янь гуа（赵佶 Чжао Цзи）
乾坤清赏 Цянь кунь цин шан（王世贞 Ван Ши-чжэнь）
乾隆丙戌生 Цянь лун бин сюй шэн（文鼎 Вэнь Дин）
乾隆东封书画史 Цянь лун дун фэн шу хуа ши（郑燮 Чжэн Се）
乾清宫宝 Цянь цин гун бао（乾隆 Цянь-лун）
潜园 Цянь юань（陆心源 Лу Синь-юань）
潜园鉴赏 Цянь юань цзянь шан（陆心源 Лу Синь-юань）
羌无故实 Цян у гу ши（张问陶 Чжан Вэнь-тао）
强恕斋 Цян шу чжай（张庚 Чжан Гэн）
且园 Цзе юань（周祚新 Чжоу Цзо-синь）
钦赐爱日堂 Цинь цы ай жи тан（陈元龙 Чэнь Юань-лун）
琴道家 Цинь дао цзя（张笃行 Чжан Ду-син）
琴书千古 Цинь шу цянь гу（李方膺 Ли Фан-ин）
琴书堂 Цинь шу тан（耿昭忠 Гэн Чжао-чжун）
琴香初地 Цинь сян чу ди（陈撰 Чэнь Чжуань）
青宫太保 Цин гун тай бао（董其昌 Дун Ци-чан）
青古轩 Цин гу сюань（邹一桂 Цзоу И-гуй）
青山淡而忘舍 Цин шань дань эр ван шэ（朱伦瀚 Чжу Лунь-хань）
青山乱虬 Цин шань мэнь ши（徐渭 Сюй Вэй）
青藤门下牛马走 Цин тэн мэнь ся ню ма цзоу（郑燮 Чжэн Се）
青玉山房 Цин юй шань фан（陈芹 Чэнь Цинь）
青照台 Цин чжао тай（黄宾虹 Хуан Бинь-хун）
轻顺阁 Цин шунь гэ（杨文骢 Ян Вэнь-цун）
清白吏子孙 Цин бай ли цзы сунь（王武 Ван У）
清河伯子印 Цин хэ бо цзы инь（张熊 Чжан Сюн）
清净 Цин чжэн（汪士元 Ван Ши-юань）
清净堂 Цинь цю тан（项圣谟 Сян Шэн-мо）
清世逸民 Цин ши и минь（彭年 Пэн Нянь）
清香 Цин сян（王昱 Ван Юй）1147
清心抒妙理 Цин синь шу мяо ли（乾隆 Цянь-лун）
清仪阁藏 Цин и гэ цан（张廷济 Чжан Тин-цзи）
清真堂 Цин чжэнь тан（张瑞图 Чжан Жуй-ту）
秋庵 Цю ань（黄易 Хуан И）
秋高亭 Цю гао тин（陆深 Лу Шэнь）

秋景盦 Цю цзин хэ（黄易 Хуан И）
秋空一鹤 Цю кун и хэ（①李方膺 Ли Фан-ин; ②华岳 Хуа Янь）
秋水伊人 Цю шуй и жэнь（方士庶 Фан Ши-шу）
秋岳 Цю юэ（华岳 Хуа Янь）
秋岳岩印 Цю юэ янь инь（华岳 Хуа Янь）
求是堂 Цю ши тан（王原祁 Ван Юань-ци）
瞿硎清 Цюй син цин（梅清 Мэй Цин）
蘧庐 Цюй лу（项元汴 Сян Юань-бянь）
取快目前 Цюй куай му цянь（龚贤 Гун Сянь）
取益在广求 Цюй и цзай гуан цю（乾隆 Цянь-лун）
取之 Цюй чжи（张庚 Чжан Гэн）
去懒 Цюй лань（陆恢 Лу Хуй）
去盈 Цюй ин（梅清 Мэй Цин）
全无成见 Цюань у чэн цзянь（高其佩 Гао Ци-пэй）
然犀野史 Жань си е ши（梅清 Мэй Цин）
染翰 Жань хань（邹一桂 Цзоу И-гуй）
染翰倚红云 Жань хань и хун юнь（冷枚 Лэн Мэй）
穰梨馆主 Жан ли гуань чжу（陆心源 Лу Синь-юань）
人间书 Жэнь цзянь шу（永瑆 Юн Син）
人日生人 Жэнь жи шэн жэнь（罗聘 Ло Пинь）
人生只合驻湖州 Жэнь шэн чжи хэ чжу ху чжоу（王震 Ван Чжэнь）
仁山 Жэнь шань（金湜 Цзинь Чжи）
任 Жэнь（任颐 Жэнь И）
任公子 Жэнь гун цзы（①任伯年 Жэнь Бо-нянь/任颐 Жэнь И; ②任熊 Жэнь Сюн）
任千秋 Жэнь цянь цю（任伯年 Жэнь Бо-нянь）
任氏 Жэнь ши（任伯年 Жэнь Бо-нянь）
日靖四方 Жи цзин сы фан（彭年 Пэн Нянь）
荣木堂 Жун му тан（陆师道 Лу Ши-дао）
蓉湖一老 Жун ху и лао（邹一桂 Цзоу И-гуй）
榕岑 Жун цэнь（金俊明 Цзюнь-мин）
如画 Жу хуа（张培敦 Чжан Пэйтунь）
如画斋 Жу хуа чжай（邵弥 Шао Ми）
如南山之寿 Жу нань шань чжи шоу（王玖 Ван Цзю）
如如处 Жу жу чу（陈芹 Чэнь Цинь）
如是观 Жу ши гуань（乾隆 Цянь-лун）
如水如镜 Жу шуй жу цзин（乾隆 Цянь-лун）
如无文字 Жу у вэнь цзы（程庭鹭 Чэн Тин-лу）
孺子 Жу цзы（徐渭 Сюй Вэй）
汝则锡之福 Жу цзэ си чжи фу（王玖 Ван Цзю）
入眼秋光尽是诗 Жу янь цю гуан цзинь ши ши（乾隆 Цянь-лун）
入意云山输画匠 Жу и юнь шань шу хуа цзян（程庭鹭 Чэн Тин-лу）
瑞墨斋图书记 Жуй мо чжай ту шу цзи（李永昌 Ли Юн-чан）
睿鉴 Жуй цзянь（玄烨 Сюань-е/康熙 Кан-си）
润色太平 Жунь сэ тай пин（郎世宁 Лан Ши-нин）
若水轩 Жо шуй сюань（项元汴 Сян Юань-бянь）
萨克达氏 Са ке да ши（介文 Цзе Вэнь）
三径 Сань цзин（永瑆 Юн Син）
三昧 Сань мэй（①高凤翰 Гао Фэн-хань; ②王昱 Ван Юй; ③王原祁 Ван Юань-ци）
三昧游 Сань мэй ю（梅清 Мэй Цин）
三十六鸥亭 Сань ши лю оу тин（程庭鹭 Чэн Тин-лу）
三十七峰草堂 Сань ши ци фэн цао тан（虚谷

中国精神文化大典　艺术卷

Сюй-гу）
三天子都外臣 Сань тянь цзы доу вай чэнь（丁云鹏 Дин Юнь-пэн）
三我生 Сань во шэн（梅清 Мэй Цин）
三希堂 Сань си тан（乾隆 Цянь-лун）
三希堂精鉴玺 Сань си тан цзин цзянь си（乾隆 Цянь-лун）
三月十九 Сань юэ ши цзю（朱耷 Чжу Да）
扫华庵 Сао хуа ань（王原祁 Ван Юань-ци）
僧悔 Сэн хуй（陈洪绶 Чэнь Хун-шоу）
山川之美堂 Шань чуань чжи мэй тан（高士奇 Гао Ши-ци）
山夫 Шань фу（华嵒 Хуа Янь）
山高水长 Шань гао шуй чжан（梅清 Мэй Цин）
山林而已 Шань линь эр и（金侃 Цзинь Кань）
山林外臣 Шань линь вай чэнь（罗聘 Ло Пинь）
山楼 Шань лоу（陈洪绶 Чэнь Хун-шоу）
山癖 Шань пи（法若真 Фа Жо-чжэнь）
山青云白 Шань цин юнь бай（陆道淮 Лу Дао-хуай）
山水间人 Шань шуй цзянь жэнь（黄鼎 Хуан Дин）
山水心 Шань шуй синь（黄鼎 Хуан Дин）
山水中人 Шань шуй чжун жэнь（倪元璐 Ни Юань-лу）
山荪亭 Шань сунь тин（陈鸿寿 Чэнь Хун-шоу）
山阴布衣 Шань инь бу и（徐渭 Сюй Вэй）
山阴道上行者 Шань инь дао шан син чжэ（任伯年 Жэнь Бо-нянь）
山中白云 Шань чжун бай юнь（罗聘 Ло Пинь）
珊瑚钩 Шань ху гоу（陈寿祺 Чэнь Шоу-ци）
商丘宋氏收藏图书 Шан цю сун ши шоу цзфн ту шу（宋荦 Сун Ло）
赏异 Шан и（高翔 Гао Сян）
上林仙史 Шан линь сянь ши（吴伟 У Вэй）
上下古今 Шан ся гу цзинь（王翚 Ван Хуй）
上下千古 Шан ся цянь гу（李方膺 Ли Фан-ин）
上下千年 Шан ся цинь нянь（①陆道淮 Лу Дао-хуай; ②金俊明 Цзинь Цзюнь-мин; ③邵弥 Шао Ми）
尚留一目著花梢 Шан лю и му чжу хуа шао（汪士慎 Ван Ши-шэнь）
少宗伯 Шао цзун бо（朱之蕃 Чжу Чжи-фань）
涉事 Шэ ши（朱耷 Чжу Да）
身到蓬莱 Шэнь дао пэн лай（顾沄 Гу Юнь）
深心托毫素 Шэнь синь то хао су（乾隆 Цянь-лун）
神来 Шэнь лай（高其佩 Гао Ци-пэй）
神品 Шэнь пин（①项元汴 Сян Юань-бянь; ②张纯修 Чжан Чунь-сю）
神奇 Шэнь ци（项元汴 Сян Юань-бянь）
神游心赏 Шэнь ю синь шан（项元汴 Сян Юань-бянь）
神祖宰相之家 Шэнь цзу цзай сян чжи цзя（李鱓 Ли Шань）
审定真迹 Пань дин чжэнь цзи（柯九思 Кэ Цзю-сы）
生后康成四日 Шэнь хоу кан чэн сы жи（赵之谦 Чжао Чжи-цянь）
生花 Шэн хуа（蒋廷锡 Цзян Тин-си）
生欢喜心 Шэн хуань си синь（张问陶 Чжан Вэнь-тао）
生平爱雪到峨嵋 Шэн пин ай сюэ дао э мэй（黄

慎 Хуан Шэнь）
生平十五到天台 Шэн пин ши у дао тянь тай（朱伦瀚 Чжу Лунь-хань）
生秋庭 Шэн цю тин（乾隆 Цянь-лун）
生生 Шэн шэн（邹一桂 Цзоу И-гуй）
生于丁卯 Шэн юй дин мао（金农 Цзинь Нун）
生于癸丑 Шэн юй гуй чоу（罗聘 Ло Пинь）
生于山东 Шэн юй шань дун（张问陶 Чжан Вэнь-тао）
师真山 Ши вай шань（戴本孝 Дай Бэнь-сяо）
诗禅 Ши чань（朱岷 Чжу Минь）
诗画 Ши хуа（邹一桂 Цзоу И-гуй）
诗境 Ши цзин（陈撰 Чэнь Чжуань）
诗绝字绝画绝 Ши цзюэ цзы цзюэ хуа цзюэ（郑燮 Чжэн Се）
诗林 Ши линь（张祥河 Чжан Сян-хэ）
诗癖 Ши пи（方濬颐 Фан Цзюнь-и）
诗翁 Ши вэн（张祥河 Чжан Сян-хэ）
诗意 Ши и（法若真 Фа Жо-чжэнь）
施酒 Ши цзю（吴昌硕 У Чан-ши）
十得 Ши дэ（朱耷 Чжу Да）
十二古琴书屋 Ши эр гу цинь шу у（汤贻汾 Тан И-фэнь）
十九科登翰林 Ши цзю кэ дэн хань линь（吴云 У Юнь）
十六金符斋 Ши лю цзинь фу цзай（吴大澂 У Да-чэн）
十年县令 Ши нянь сянь лин（郑燮 Чжэн Се）
十年长梦采华芝 Ши нянь чан мэн цай хуа чжи（程庭鹭 Чэн Тин-лу）
十万户长 Ши вань ху чжан（李鱓 Ли Шань）
石 Ши（髡残 Кунь-цань）
石盦 Ши хэ（刘墉 Лю Юн）
石曾观印记 Ши цзэн гуань инь цзи（张笃行 Чжан Ду-син）
石痴 Ши чи（高凤翰 Гао Фэн-хань）
石赤 Ши чи（金俊明 Цзинь Цзюнь-мин）
石颠竹醉 Ши чжу цзу（周祚新 Чжоу Цзо-синь）
石铫山房 Ши яо шань фан（尤荫 Ю Инь）
石耕 Ши гэн（沈铨 Шэнь Цюань）
石经楼印 Ши цзин лоу инь（陈鸿寿 Чэнь Хун-шоу）
石鸥馆 Ши оу гуань（徐渭 Сюй Вэй）
石渠宝笈 Ши цюй бао цзи（乾隆 Цянь-лун）
石渠宝笈所藏 Ши цюй бао цзи со цан（乾隆 Цянь-лун）
石渠定鉴 Ши цюй дин цзянь（乾隆 Цянь-лун）
石渠继鉴 Ши цюй цзи цзянь（乾隆 Цянь-лун）
石泉 Ши цюань（华嵒 Хуа Янь）
石之农 Ши чжи нун（高凤翰 Гао Фэн-хань）
石芝山房 Ши чжи шань фан（李世倬 Ли Ши-чжо）
时帆 Ши фань（法式善 Фа Ши-шань）
时行 Ши син（谢时臣 Се Ши-чэнь）
拾得 Ши дэ（①张问陶 Чжан Вэнь-тао; ②朱耷 Чжу Да）
史官 Ши гуань（①毛奇龄 Мао Ци-лин; ②朱彝尊 Чжу И-цзунь）
始旦 Ши дань（吴东发 У Дун-фа）
世昌 Ши чан（项元汴 Сян Юань-бянь）
世传堂 Ши чуань тан（吴伟 У Вэй）
世间何物似情浓 Ши цзянь хэ у сы цин нун（张问

陶 Чжан Вэнь-тао）
世狂 Ши куан（李方膺 Ли Фан-ин）
世塞山通 Ши сай шань тун（汤贻汾 Тан И-фэнь）
世外法宝 Ши вай фа бао（项元汴 Сян Юань-бянь）
世外人山中隐 Ши вай жэнь шань чжун инь（朱岷 Чжу Минь）
世尊授仁者记 Ши цзунь шоу жэнь чжэ цзи（蒋仁 Цзян Жэнь）
式古堂 Ши гу тан（卞永誉 Бянь Юн-юй）
式古堂书画印 Ши гу тан шу хуа（卞永誉 Бянь Юн-юй）
柿叶山房 Ши е шань фан（王文治 Ван Вэнь-чжи）
柿叶轩 Ши е сюань（陈继儒 Чэнь Цзи-жу）
手笔 Шоу би（高其佩 Гао Ци-пэй）
手到处 Шоу дао чу（高其佩 Гао Ци-пэй）
手法 Шоу фа（高其佩 Гао Ци-пэй）
手劈寒山作冻皴 Шоу пи хань шань цзо дун цунь（朱伦瀚 Чжу Лунь-хань）
守砚 Шоу янь（戴本孝 Дай Бэнь-сяо）
寿 Шоу（①陈鸿寿 Чэнь Хун-шоу；②金农 Цзинь Нун；③恽格 Юнь Гэ）
寿福 Шоу фу（黄宾虹 Хуан Бинь-хун）
寿父 Шоу фу（张熊 Чжан Сюн）
绶 Шоу（陈洪绶 Чэнь Хун-шоу）
书禅 Шу чань（王文治 Ван Вэнь-чжи）
书带草 Шу дай цао（郑燮 Чжэн Се）
书画禅 Шу хуа чань（朱偁 Чжу Чэн）
书画印 Шу хуа инь（柯九思 Кэ Цзю-сы）
书画斋 Шу хуа чжай（文俶 Вэнь Шу）
书印 Шу инь（陈书 Чэнь Шу）
菽翁 Шу вэн（汪昉 Ван Фан）
疏放 Шу фан（华岩 Хуа Янь）
庶子泉头散吏 Шу цзы цюань тоу сань ли（许初 Сюй Чу）
数峰破墨写庐山 Шу фэн по мо се лу шань（陆恢 Лу Хуй）
漱芳润 Шу фан жунь（乾隆 Цянь-лун）
漱仙 Шу сянь（徐渭 Сюй Вэй）
漱玉 Шу юй（蒋廷锡 Цзян Тин-си）
双清馆 Шуан ци гуань（何香凝 Хэ Сян-нин）
爽鸠氏之官 Шуан цзю ши чжи гуань（郑燮 Чжэн Се）
水村 Шуй цунь（黄鼎 Хуан Дин）
水明庵 Шуй мин ань（倪元璐 Ни Юань-лу）
水墨处士 Шуй мо чу ши（项奎 Сян Куй）
水月两澄明 Шуй юэ лян чэн мин（乾隆 Цянь-лун）
水云居 Шуй юнь цзюй（沈周 Шэнь Чжоу）
水云楼 Шуй юнь лоу（张敔 Чжан Юй）
水云乡 Шуй юнь сян（边维祺 Бянь Вэй-ци）
司封 Сы фэн（张问陶 Чжан Вэнь-тао）
司燕研农 Сы янь янь нун（李世倬 Ли Ши-чжо）
思贻父母令名 Сы и фу му лин мин（郑燮 Чжэн Се）
四勿 Сы у（张庚 Чжан Гэн）
四先生里人 Сы сянь шэн ли жэнь（程庭鹭 Чэн Тин-лу）
似我者拙 Сы во чжэ чжо（禹之鼎 Юй Чжи-дин）
松窗 Сун чуан（蒋廷锡 Цзян Тин-си）
松叟 Сун соу（吴云 У Юнь）
松隐 Сун инь（吴山涛 У Шань-тао）

松竹梅华 Сун чжу мэй хуа（陆西星 Лу Си-син）
松竹心 Сун чжу синь（张宗苍 Чжан Цзун-цан）
松竹一庭道心 Сун чжу и тин дао синь（乾隆 Цянь-лун）
嵩南旧草堂 Сун нань цзю цао тан（黄慎 Хуан Шэнь）
俗吏 Су ли（郑燮 Чжэн Се）
俗吏之为之也 Су ли чжи вэй чжи е（郑燮 Чжэн Се）
素位而行 Су вэй эр син（陈元素 Чэнь Юань-су）
素心 Су синь（①黄宾虹 Хуан Бинь-хун；②倪元璐 Ни Юань-лу）
素心人 Су синь жэнь（陈元素 Чэнь Юань-су）
睢阳世家 Суй ян ши цзя（朱德润 Чжу Дэ-жунь）
岁在癸丑 Суй цзай гуй чоу（罗聘 Ло Пинь）
遂宁人 Суй нин жэнь（张问陶 Чжан Вэнь-тао）
邃庐 Суй лу（邹一桂 Цзоу И-гуй）
所宝惟贤 Со бао вэй сянь（乾隆 Цянь-лун）
所南翁后 Со нань вэн хоу（郑燮 Чжэн Се）
所谓伊人 Со вэй и жэнь（周蕃 Чжоу Фань）
所作必思古人 Со цзо би сы гу жэнь（项圣谟 Сян Шэн-мо）
太山长 Тай ань чан（朱孝纯 Чжу Сяо-чунь）
太上皇帝 Тай шан хуан ди（乾隆 Цянь-лун）
太上皇帝之宝 Тай шан хуан ди чжи бао（乾隆 Цянь-лун）
太史氏 Тай ши ши（①董其昌 Дун Ци-чан；②李东阳 Ли Дун-ян；③毛奇龄 Мао Ци-лин；④倪元璐 Ни Юань-лу）
太史氏印 Тай ши ши инь（吴宽 У Куань）
太史之章 Тай ши чжи чжан（董其昌 Дун Ци-чан）
太素道人 Тай су дао жэнь（华岩 Хуа Янь）
太玄著 Тай сюань чжэ（徐渭 Сюй Вэй）
太平寿世之人 Тай пин шоу ши чжи жэнь（瑛宝 Ин Бао）
泰谷 Тай гу（邹一桂 Цзоу И-гуй）
探怀授所欢 Шэнь хуай шоу со хуань（黄慎 Хуан Шэнь）
唐居士 Тан цзюй ши（唐寅 Тан Инь）
桃花源里人家 Тао хуа юань ли жэнь цзя（项元汴 Сян Юань-бянь）
桃里 Тао ли（项元汴 Сян Юань-бянь）
陶庐 Тао лу（法式善 Фа Ши-шань）
特健药 Тэ цзянь яо（张培敦 Чжан Пэйтунь）
体物 Ти у（蒋廷锡 Цзян Тин-си）
天 Тянь（李方膺 Ли Фан-ин）
天赐长年 Тянь си чжан нянь（张廷济 Чжан Тин-цзи）
天地为师 Тянь ди вэй ши（乾隆 Цянь-лун）
天恩八旬 Тянь энь ба сюнь（乾隆 Цянь-лун）
天放此闲身 Тянь фан цы цзянь шэнь（恽寿平 Юнь Шоу-пин）
天放狂夫 Тянь фан куан фу（徐渭 Сюй Вэй）
天放翁 Тянь си сянь жэнь（陆西星 Лу Си-син）
天府珍藏 Тянь фу чжэнь цан（乾隆 Цянь-лун）
天根 Тянь гэнь（戴本孝 Дай Бэнь-сяо）
天根月堀 Тянь гэнь юэ ку（乾隆 Цянь-лун）
天机自然 Тянь цзи цзы жань（沈铨 Шэнь Цюань）
天空任鸟飞 Тянь кун жэнь няо фэй（虚谷 Сюй-гу）
天籁阁 Тянь лай гэ（项元汴 Сян Юань-бянь）
天籁阁中文孙 Тянь лай гэ чжун вэнь сунь（项圣

中国精神文化大典　艺术卷

谟 Сян Шэн-мо)
天趣轩 Тянь цю сюань (张弼 Чжан Би)
天然 Тянь жань (程正揆 Чэн Чжэн-куй)
天上人间 Тянь шан жэнь цзянь (邹一桂 Цзоу И-гуй)
天水郡图书印 Тянь шуй цзюнь ту шу инь (赵孟頫 Чжао Мэн-фу)
天水图书 Тянь шуй ту шу (赵雍 Чжао Юн)
天随后人 Тянь суй хоу жэнь (陆恢 Лу Хуй)
天下冰凌 Тянь ся бин лин (朱彝尊 Чжу И-цзунь)
天心区兹 Тянь синь цюй цы (朱耷 Чжу Да)
天涯一十八重阳 Тянь яй и ши ба чжун ян (李鱓 Ли Шань)
天延阁 Тянь янь гэ (梅清 Мэй Цин)
天真 Тянь чжэнь (张问陶 Чжан Вэнь-тао)
田畴耕耨 Тянь чоу гэн ноу (项元汴 Сян Юань-бянь)
铁村草堂 Те цунь цао тан (吴东发 У Дун-фа)
铁钩锁 Те гоу шан (罗聘 Ло Пинь)
铁生 Те шэн (奚冈 Си Ган)
听枫山馆 Тин фэн шань гуань (吴云 У Юнь)
听默 Тин мо (朱之蕃 Чжу Чжи-фань)
听雨词人 Тин юй цы жэнь (改琦 Гай Ци)
听雨屋 (印) Тин юнь у (инь) (永瑆 Юн Син)
廷 Тин (蒋廷锡 Цзян Тин-си)
停云 Тин юнь ①文枬 Вэнь Нань; ②文嘉 Вэнь Цзя)
停云馆 Тин юнь гуань (文徵明 Вэнь Чжэн-мин)
同心之言 Тун синь чжи янь (尤荫 Ю Инь)
桐华院 Тун хуа юань (陈元素 Чэнь Юань-су)
桐山子 Тун шань ц Дай Бэнь-сяозы (陆道淮 Лу Дао-хуай)
桐叶题诗 Тун е ти ши (张培敦 Чжан Пэйтунь)
头白依然不识字 Тоу бай и жань бу ши цзы (石涛 Ши-тао)
涂松乡 Ту сун сян (程庭鹭 Чэн Тин-лу)
兔白 Ту бай (张洽 Чжан Ця)
退密 Туй ми (项元汴 Сян Юань-бянь)
退食之余 Туй ши чжи юй (李世倬 Ли Ши-чжо)
退娱堂 Туй юй тан (周闲 Чжоу Сянь)
外人那得知 Вай жэнь на дэ чжи (方亨咸 Фан Хэн-сянь)
完耳生 Вань эр шэн (张镠 Чжан Лю)
玩侬 Вань нун (项奎 Сян Куй)
顽皮 Вань пи (李鱓 Ли Шань)
顽生 Вань шэн (华嵒 Хуа Янь)
晚香堂 Вань сян тан (陈继儒 Чэнь Цзи-жу)
晚知书画真有益 Вань чжи шу хуа чжэнь ю и (陆恢 Лу Хуй)
万 Вань (陈鸿寿 Чэнь Хун-шоу)
万国农桑癙寐中 Вань го нун сан у мэй чжун (乾隆 Цянь-лун)
万华宫鉴藏宝 Вань хуа гун цзянь цан бао (乾隆 Цянь-лун)
万几余暇 Вань цзи юй ся (玄烨 Сюань-е/ Кан-си)
万卷方家 Вань цзюань фан цзя (方元鹿 Фан Юань-лу)
万柳江村 Вань люй цзян цунь (张笃行 Чжан Ду-син)
万水千山独往来 Вань шуй цянь шань ду ван лай

(黄鼎 Хуан Дин)
万有同春 Вань ю тун чунь (乾隆 Цянь-лун)
汪姓翰墨 Ван син хань мо (汪士元 Ван Ши-юань)
王氏珍藏 Ван ши чжэнь цан (王禔 Ван Ти)
王氏仲父 Ван шн чжун фу (王中立 Ван Чжун-ли)
王者香 Ван чжэ сян (瑛宝 Ин Бао)
忘机心宇旷 Ван цзи синь юй куан (乾隆 Цянь-лун)
薇省莲池 Вэй шэн лянь чи (李绍箕 Ли Шао-цзи)
惟精惟一 / 弌 Вэй цзин вэй и (乾隆 Цянь-лун)
惟心净土 Вэй синь цзин ши (项元汴 Сян Юань-бянь)
维扬李氏 Вэй ян ли ши (李方膺 Ли Фан-ин)
潍夷长 Вэй и чжан (郑燮 Чжэн Се)
纬萧草堂画记 Вэй сяо цао тан хуа цзи (宋荦 Сун Ло)
芳艾 Вэй ай (朱耷 Чжу Да)
未能忘物 Вэй нэн ван у (蒋廷锡 Цзян Тин-си)
味梅室 Вэй мэй ши (朱熊 Чжу Сюн)
渭南伯后 Вэй нань бо хоу (① 陆时化 Лу Ши-хуа; ② 陆愚卿 Лу Юй-цин)
魏国夫人赵管 Вэй го фу жэнь чжао гуань (管道升 Гуань Дао-шэн)
温故知新 Вэнь гу чжи синь (陆恢 Лу Хуй)
文几方生 Вэнь цзи фан шэн (方元鹿 Фан Юань-лу)
文学侍从之臣 Вэнь сюэ дай цун чжи чэнь (①毛奇龄 Мао Ци-лин; ②米汉雯 Ми Хань-вэнь; ③倪元璐 Ни Юань-лу)
文章太守 Вэнь чжан тай шоу (王文治 Ван Вэнь-чжи)
问道渔樵 Вэнь дао юй цяо (梅清 Мэй Цин)
问华阜 Вэнь хуа фу (恽寿平 Юнь Шоу-пин)
我法 Во фа (①汪士慎 Ван Ши-шэнь; ②石涛 Ши-тао)
我非文士 Во фэй вэнь ши (汤贻汾 Тан И-фэнь)
我何济之有 Во хэ цзи чжи ю (石涛 Ши-тао)
我是如来最小之弟 Во ши жу лай цзуй сяо чжи ди (罗聘 Ло Пинь)
我心松石青霞里 Во синь сун ши цин ся ли (黄鼎 Хуан Дин)
我用我法 Во юн во фа (戴本孝 Дай Бэнь-сяо)
卧游 Во ю (黄鼎 Хуан Дин)
卧雨山房 Во юй шань фан (汪士慎 Ван Ши-шэнь)
斡奴 Во ну (黄慎 Хуан Шэнь)
无画氏 У хуа ши (张瑞图 Чжан Жуй-ту)
无尽藏 У цзинь цан (李灿 Ли Цань)
无可无不可 У кэ у бу кэ (项圣谟 Сян Шэн-мо)
无所住庵 У со чжу янь (丁敬 Дин Цзин)
无所住盦 У со чжу хэ (罗聘 Ло Пинь)
无争三昧 У чжэн сань мэй (永瑆 Юн Син)
芜烟亭 У янь тин (蓝瑛 Лань Ин)
吾印一画二酒三诗四书五词六 У инь и хуа эр цзю сань ши сы шу у цы лю (程庭鹭 Чэн Тин-лу)
吴会孤云 У хуй гу юнь (金俊明 Цзинь Цзюнь-мин)
吴郡 У цзюнь (①唐寅 Тан Инь; ②沈周 Шэнь Чжоу)
吴趋 У цюй (①王武 Ван У; ②唐寅 Тан Инь)
吴山小隐 У шань сяо инь (陆时化 Лу Ши-хуа)
吴下阿弥 У ся а ми (邵弥 Шао Ми)

吴兴 У син（沈铨 Шэнь Цюань）
吴越王孙 У юэ ван сунь（钱慧安 Цянь Хуй-ань）
吴中 У чжун（吴昌硕 У Чан-ши）
梧窗 У чуань（张宗苍 Чжан Цзун-цан）
五峰樵客 У фэн цяо кэ（文伯仁 Вэнь Бо-жэнь）
五福五代堂宝 У фу у дай тан бао（乾隆 Цянь-лун）
五福五代堂古稀天子宝 У фу у дай тан гу си тянь цзы бао（乾隆 Цянь-лун）
五湖诗酒客两浙旧王孙 У ху ши цзю кэ лян чжэ цзю ван сунь（方亨咸 Фан Хэн-сянь）
五愿徐陵 У юань сюй лин（金俊明 Цзинь Цзюнь-мин）
五岳草堂 У юэ цао тан（高翔 Гао Сян）
五芝玄涧 У чжи сюань жунь（陆师道 Лу Ши-дао）
五铢 У чжу（张问陶 Чжан Вэнь-тао）
武功将军章 У гун цзян цзюнь чжан（汤贻汾 Тан И-фэнь）
武肃王二十八世孙 У су ван эр ши ба ши сунь（钱慧安 Цянь Хуй-ань）
武英殿宝 У ин дянь бао（朱瞻基 Чжу Чжань-цзи）
戊戌进士 Моу сюй цзинь ши（陆师道 Лу Ши-дао）
务时敏 У ши минь（乾隆 Цянь-лун）
物外玄赏 У вай сюань шан（项元汴 Сян Юань-бянь）
悟言室印 У янь ши инь（文徵明 Вэнь Чжэн-мин）
西陂 Си по（宋荦 Сун Ло）
西畴耕耦 Си чоу гэн оу（项元汴 Сян Юань-бянь）
西楚王孙 Си чу ван сунь（项元汴 Сян Юань-бянь）
西窗竹下 Си чуан чжу ся（项圣谟 Сян Шэн-мо）
西皋草堂 Си гао цао тан（陈继儒 Чэнь Цзи-жу）
西河 Си хэ（毛奇龄 Мао Ци-лин）
西庐后人 Си лу хоу жэнь（王原祁 Ван Юань-ци）
希言自然 Цы янь цзы жань（刘墉 Лю Юн）
希之 Си чжи（朱之赤 Чжу Чжи-чи）
息深体穆养到神秘 Си шэнь ти му ян дао шэнь ми（永瑆 Юн Син）
奚 Си（奚冈 Си Ган）
奚九 Си цзю（奚冈 Си Ган）1135
锡 Си（蒋廷锡 Цзян Тин-си）
锡训 Си сюнь（柯九思 Кэ Цзю-сы）
习苦 Си ку（戴熙 Дай Си）
席上珍 Си шан чжэнь（乾隆 Цянь-лун）
喜 Си（罗聘 Ло Пинь）
禊堂 Цзи тан（朱耷 Чжу Да）
仙舫 Сянь фан（刘墉 Лю Юн）
先代一人师 Сянь дай и жэнь ши（程正揆 Чэн Чжэн-куй）
先 民 有 作 Сянь минь ю цзо（金俊明 Цзинь Цзюнь-мин）
闲夫 Цзянь фу（朱耷 Чжу Да）
闲圃印记 Цзянь пу инь цзи（黄鼎 Хуан Дин）
闲云野鹤 Цзянь юнь е хэ（瑛宝 Ин Бао）
贤居 Сянь цзюй（龚贤 Гун Сянь）
衔我千里心 Сянь во цянь ли синь（法若真 Фа Жо-чжэнь）
现居士身 Сянь цзюй ши шэнь（周蕃 Чжоу Фань）
香草诗林 Сян цао ши линь（罗聘 Ло Пинь）
香雪 Сян сюэ（①罗聘 Ло Пинь；②尤萌 Ю Инь）
香雪楼 Сян сюэ лоу（恽冰 Юнь Бин）

香严头陀 Сян янь тоу то（丁云鹏 Дин Юнь-пэн）
香叶草堂 Сян е цао тан（罗聘 Ло Пинь）
香州 Сян чжоу（瑛宝 Ин Бао）
湘管斋 Сян гуань чжай（徐渭 Сюй Вэй）
湘泉谷口人 Сян цюань гу коу жэнь（石涛 Ши-тао）
祥河 Сян хэ（张祥河 Чжан Сян-хэ）
祥翁 Сян вэн（张熊 Чжан Сюн）
项 Сян（项圣谟 Сян Шэн-мо）
项翰墨印 Сян хань мо инь（项元汴 Сян Юань-бянь）
消闲 Сяо сянь（恽冰 Юнь Бин）
萧疏澹远 Сяо шу дань юань（朱耷 Чжу Да）
萧条方外 Сяо тяо фан вай（丁云鹏 Дин Юнь-пэн）
萧闲斋 Сяо сянь чжай（文嘉 Вэнь Цзя）
潇洒 Сяо са（邹一桂 Цзоу И-гуй）
小笔 Сяо би（尤萌 Ю Инь）
小草 Сяо цао（张瑞图 Чжан Жуй-ту）
小乘客 Сяо шэн кэ（石涛 Ши-тао）
小窗夜雨 Сяо чуан е юй（李方膺 Ли Фан-ин）
小东门客 Сяо дун мэнь кэ（华嵒 Хуа Янь）
小技 Сяо цзи（顾沄 Гу Юнь）
小李 Сяо ли（①李方膺 Ли Фан-ин；②李琪枝 Ли Ци-чжи）
小蓬壶仙馆 Сяо пэн ху сянь гаунь（陈铣 Чэнь Сянь）
小卜驴 Сяо пу хэй люй（罗聘 Ло Пинь）
小清凉界 Сяо цин лян цзе（永瑆 Юн Син）
小三昧 Сяо сань вэй（王士禛 Ван Ши-чжэнь）
小松圆阁 Сяо сун юань гэ（程庭鹭 Чэн Тин-лу）
小天籁阁 Сяо тянь лай гэ（项源 Сян Юань）
小停云 Сяо тин юнь（①文柟 Вэнь Нань；②文掞 Вэнь Янь）
小游仙馆 Сяо ю сянь гуань（顾沄 Гу Юнь）
小园 Сяо юань（华嵒 Хуа Янь）
小长芦 Сяо чан лу（①朱熊 Чжу Сюн；②朱彝尊 Чжу И-цзунь）
小珠山人 Сяо чжу шань жэнь（法若真 Фа Жо-чжэнь）
晓梦窗 Сяо мэн чуан（张问陶 Чжан Вэнь-тао）
携笔流云藻 Цзуй би лю юнь цзао（乾隆 Цянь-лун）
写生 Се шэн（①边维祺 Бянь Вэй-ци；②乾隆 Цянь-лун；③邹一桂 Цзоу И-гуй）
写我心曲 Се во синь цюй（项圣谟 Сян Шэн-мо）
写心 Се синь（①戴本孝 Дай Бэнь-сяо；②乾隆 Цянь-лун）
写言 Се янь（罗聘 Ло Пинь）
写真不貌寻常人 Се чжэнь бу мао сюнь чан жэнь（罗聘 Ло Пинь）
燮何力之有焉 Се хэ ли чжи ю янь（郑燮 Чжэн Се）
心禅 Синь чань（吴之湄 У Чжи-мэй）
心清闻妙香 Синь цин вэнь мяо сян（乾隆 Цянь-лун）
心 赏 Синь шан（①华嵒 Хуа Янь；②杨晋 Ян Цзинь）
心手相师 Синь шоу сян ши（玄烨 Сюань-е/康熙 Кан-си）
心太平 Синь тай пин（永瑆 Юн Син）
心向往之 Синь сян ван чжи（陶淇 Тао Ци）

中国精神文化大典 艺术卷

心园 Синь юань（尤荫 Ю Инь）
心月同光 Синь юэ тун гуан（虚谷 Сюй-гу）
辛亥 Синь хай（陈撰 Чэнь Чжуань）
辛亥生 Синь хай шэн（陆恢 Лу Хуй）
辛卯七十一 Синь мао ци ши и（徐渭 Сюй Вэй）
辛卯人 Синь мао жэнь（允禧 Юнь Си）
辛巳七十矣 Нянь сы ци ши и（张庚 Чжан Гэн）
新篁里 Синь хуан ли（张廷济 Чжан Тин-цзи）
信公鉴定珍藏 Синь гун цзянь дин чжэнь цан（耿昭忠 Гэн Чжао-чжун）
信国公孙 Синь го гун сунь（文鼎 Вэнь Дин）
信天主人 Синь тянь чжу жэнь（乾隆 Цянь-лун）
刑部尚书郎 Син бу шан шу лан（吴荣光 У Жун-гуан）
行庵生 Син ань шэн（牛石慧 Ню Ши-хуй）
行云流水 Син юнь лю шуй（李鱓 Ли Шань）
形见神藏 Син цзянь шэнь цан（戴本孝 Дай Бэнь-сяо）
形似 Син сы（蒋廷锡 Цзян Тин-си）
兴到 Син дао（张宗苍 Чжан Цзун-цан）
兴到笔随 Син дао би суй（蒋廷锡 Цзян Тин-си）
兴酣落笔摇五岳 Син гань ло би яо юэ（朱龄 Чжу Лин）
兴化人 Син хуа жэнь（郑燮 Чжэн Се）
杏花春雨 Син хуа чунь юй（刘墉 Лю Юн）
性拙身多暇 Син чжо шэнь до цзя（陆愚卿 Лу Юй-цин）
胸无成竹 Сюн у чэн чжу（李方膺 Ли Фан-ин）
修竹书房 Сю чжу шу фан（吴宽 У Куань）
秀色入窗虚 Сю сэ жу чуан сюй（乾隆 Цянь-лун）
秀水 Сю шуй（朱彝尊 Чжу И-цзунь）
秀州女子 Сю чжоу нюй цзы（陈书 Чэнь Шу）
袖里青蛇 Сю ли цин шэ（徐渭 Сюй Вэй）
绣铁斋 Сю цзя чжай（陈撰 Чэнь Чжуань）
绣园 Сю юань（瑛宝 Ин Бао）
虚朗斋 Сюй лан чжай（项元汴 Сян Юань-бянь）
宣和 Сюань хэ（赵佶 Чжао Цзи）
宣和中秘 Сюань хэ чжун ми（赵佶 Чжао Цзи）
宣文之宝 Сюань вэнь чжи бао（玄烨 Сюань-е/康熙 Кан-си）
玄赏 Сюань шан（恽寿平 Юнь Шоу-пин）
玄赏斋 Сюань шан чжай（董其昌 Дун Ци-чан）
学博士印 Сюэ бо ши инь（张廷济 Чжан Тин-цзи）
学古 Сюэ гу（永瑆 Юн Син）
学镜千古 Сюэ цзин цянь гу（乾隆 Цянь-лун）
学礼人 Сюэ ли жэнь（李方膺 Ли Фан-ин）
学圃堂 Сюэ пу тан（唐寅 Тан Инь）
学书 Сюэ шу（石涛 Ши-тао）1048
学书不成 Сюэ шу бу чэн（汤贻汾 Тан И-фэнь）
学书黄庭换白鹅 Сюэ шу хуан тин хуань бай хэ（石涛 Ши-тао）
学堂气味 Сюэ тан ци вэй（蒋廷锡 Цзян Тин-си）
学陶 Сюэ тао（周亮工 Чжоу Лян-гун）
雪舫 Сюэ фан（张问陶 Чжан Вэнь-тао）
雪篷轩 Сюэ фэн сюань（改琦 Гай Ци）
雪鬟鬟同日生 Сюэ пань пань тун жи шэн（郑燮 Чжэн Се）
雪斋 Сюэ чжай（张学曾 Чжан Сюэ-цзэн）
烟萝子 Янь ло цзы（奚冈 Си Ган）
烟玄氏 Янь сюань ши（李世倬 Ли Ши-чжо）
烟云供养 Янь юнь гун ян（①华岳 Хуа Янь；②黄鼎 Хуан Дин；③张庚 Чжан Гэн；④朱岷 Чжу Минь）
烟云舒卷 Янь юнь шу цзюань（乾隆 Цянь-лун）
烟云无尽藏 Янь юнь у цзинь цан（乾隆 Цянь-лун）
延陵 Янь лин（吴宽 У Куань）
延年 Янь нянь（陈鸿寿 Чэнь Хун-шоу）
延秀堂印 Янь сю тан инь（陈芹 Чэнь Цинь）
延州来季子后 Янь чжоу лай цзи цзы хоу（吴宽 У Куань）
延州来季子苗裔 Янь чжоу лай цзи цзы мяо и（吴宽 У Куань）
岩穴之士 Янь сюэ чжи ши（华岳 Хуа Янь）
研精固得趣 Янь цзин гу дэ цюй（乾隆 Цянь-лун）
研露 Янь лу（乾隆 Цянь-лун）
弇山堂 Янь шань тан（王鉴 Ван Цзянь）
眼中之人吾老矣 Янь чжун чжи жэнь у лао и（石涛 Ши-тао）
砚北 Янь бэй（华岳 Хуа Янь）
砚耕 Янь гэн（黄慎 Хуан Шэнь）
砚田农 Янь тянь нун（邹一桂 Цзоу И-гуй）
雁门 Янь мэнь（文鼎 Вэнь Дин）
雁门文子 Янь мэнь вэнь цзы（文枏 Вэнь Нань）
扬州兴化人 Ян чжоу син хуа жэнь（郑燮 Чжэн Се）
阳枝耆英 Ян чжи лао ин（邹一桂 Цзоу И-гуй）
杨 Ян（杨文骢 Ян Вэнь-цун）
杨伯子 Ян бо цзы（杨文骢 Ян Вэнь-цун）
仰山堂印 Ян шань тан инь（陈长吉 Чэнь Чан-цзи）
养欢喜神 Ян хуань си шэнь（程庭鹭 Чэн Тин-лу）
养素斋 Ян су чжай（陈铣 Чэнь Сянь）
养心殿鉴藏宝 Ян синь дянь цзянь цан бао（乾隆 Цянь-лун）
养拙 Ян чжо（陆时化 Лу Ши-хуа）
遥属 Яо шу（朱耷 Чжу Да）
也可 Е кэ（华岳 Хуа Янь）
野而不官 Е эр бу гуань（程庭鹭 Чэн Тин-лу）
野夫 Е фу（华岳 Хуа Янь）
业 Е（吴伟业 У Вэй-е）
一拂轩 И фо сюань（陈继儒 Чэнь Цзи-жу）
一腐儒 И фу жу（陈继儒 Чэнь Цзи-жу）
一尖 И цзянь（高其佩 Гао Ци-пэй）
一墨大千 И мо да цянь（瑛宝 Ин Бао）
一念禅 И нянь чань（朱鹭 Чжу Лу）
一瓯香乳听调琴 И оу сян жу тин дяо цинь（乾隆 Цянь-лун）
一片江南 И пянь цзян нань（恽寿平 Юнь Шоу-пин）
一切吉祥 И це цзе ян（李育 Ли Юй）
一切惟心造 И це вэй синь цзао（张问陶 Чжан Вэнь-тао）
一琴一鹤 И цинь и хэ（倪元璐 Ни Юань-лу）
一人师 И жэнь ши（程正揆 Чэн Чжэн-куй）
一日千古 И жи цянь гу（李方膺 Ли Фан-ин）
一日清闲一日仙 И жи цин сянь и жи сянь（金农 Цзинь Нун）
一日三摩挚 И жи сань мо ша（陆恢 Лу Хуй）
书生 И шу шэн（杜堇 Ду Цзинь）
一秃翁 И ту вэн（程庭鹭 Чэн Тин-лу）
一溪云 И си юнь（黄慎 Хуан Шэнь）

一笑 И сяо（邹一桂 Цзоу И-гуй）
一笑而已 И сяо эр и（朱伦瀚 Чжу Лунь-хань）
一研梨花雨 И янь ли хуа юй（张大镛 Чжан Да-юн）
一枝栖 И чжи ци（吴彬 У Бинь）
一炷清香尽日留 И чжу цин сян цзинь жи лю（允禧 Юнь Си）
伊蔚 И вэй（张学曾 Чжан Сюэ-цзэн）
衣白山人 И бай шань жэнь（李鱓 Ли Шань）
衣裳在筒 И шан цзай сы（永瑆 Юн Син）
依旧草堂 И цзю цао тан（费丹旭 Фэй Дань-сю）
壹（查士标 Чжа Ши-бяо）
怡情 И цин（项圣谟 Сян Шэн-мо）
宜尔子孙 И эр цзы сунь（耿昭忠 Гэн Чжао-чжун）
宜认酒徒 И жэнь цзю ту（梅清 Мэй Цин）
宜子孙 И цзы сунь（①华夏 Хуа Ся; ②乾隆 Цянь-лун）
颐颐草堂 И и цао тан（任伯年 Жэнь Бо-нянь）
颐印 И инь（方濬颐 Фан Цзюнь-и）
已指斋 И чжи чжай（梅清 Мэй Цин）
以当万卉 И дан вань хуй（恽寿平 Юнь Шоу-пин）
以酒为名 И цзю вэй мин（李方膺 Ли Фан-ин）
以手为长 И шоу вэй чан（高其佩 Гао Ци-пэй）
以天得古 И тянь дэ гу（郑燮 Чжэн Се）
以约 И юэ（张庚 Чжан Гэн）
弋阳王孙 И ян ван сунь（朱多炡 Чжу До-чжэн）
亦庐 И лу（恽寿平 Юнь Шоу-пин）
抑斋 Ян чжай（乾隆 Цянь-лун）
逸庐 И лу（陈长吉 Чэнь Чан-цзи）
意到 И дао（邹一桂 Цзоу И-гуй）
意在笔先 И цзай би сянь（乾隆 Цянь-лун）
意造 И цзао（陆恢 Лу Хуй）
因弦氏 Инь сянь ши（李世倬 Ли Ши-чжо）
吟咏春风里 Хань юн чунь фэн ли（乾隆 Цянь-лун）
银藤花馆 Инь тэн хуа гуань（张熊 Чжан Сюн）
饮人以和 Инь жэнь и хэ（郑燮 Чжэн Се）
隐居放言 Инь цзюй фан янь（项元汴 Сян Юань-бянь）
隐求堂 Инь цю тан（王昱 Ван Юй）
印心石 Инь синь ши（任伯年 Жэнь Бо-нянь）
婴宁 Ин нин（郑燮 Чжэн Се）
荥阳郑生 Ин ян чжэн шэн（郑燮 Чжэн Се）
永清 Юн цин（李瑞清 Ли Жуй-цин）
用笔在心 Юн би цзай синь（乾隆 Цянь-лун）
用松园墨 Юн сун юань мо（①奚冈 Си Ган; ②黄易 Хуан И）
用我心目 Юн во сэнь му（蒋廷锡 Цзян Тин-си）
忧国仙人 Ю го сянь жэнь（恽寿平 Юнь Шоу-пин）
幽室灯青 Ю ши дэн цин（张问陶 Чжан Вэнь-тао）
幽心入微 Ю синь жу чжэн（华岳 Хуа Янь）
犹日孜孜 Ю жи цзы цзы（乾隆 Цянь-лун）
游方之外 Ю фан чжи вай（①李方膺 Ли Фан-ин; ②项元汴 Сян Юань-бянь）
游好在六经 Ю хао цзай лю цзин（郑燮 Чжэн Се）
游六艺圃 Ю лю и пу（乾隆 Цянь-лун）
游目爱三余 Ю му ай сань юй（允禧 Юнь Си）
游目骋怀 Ю му чэн хуай（恽寿平 Юнь Шоу-пин）
游思六经冥想五岳 Ю сы лю цзин цзе сян у юэ（郑燮 Чжэн Се）
游戏 Ю си（①高凤翰 Гао Фэн-хань; ②李方膺 Ли Фан-ин; ③华岳 Хуа Янь; ④张问陶 Чжан Вэнь-тао）
游戏 Ю си（华岳 Хуа Янь）
游戏三昧 Ю си сань мэй（梅清 Мэй Цин）
游艺 Ю и（邹一桂 Цзоу И-гуй）
游于艺 Ю юй и（蒋廷锡 Цзян Тин-си）
游之方外 Ю чжи фан вай（丁云鹏 Дин Юнь-пэн）
友古轩 Ю гу сюань（项元汴 Сян Юань-бянь）
友竹 Ю чжу（项圣谟 Сян Шэн-мо）
有孚惠也 Ю фу хуй е（乾隆 Цянь-лун）
有明王氏图书之印 Ю мин ван ши ту шу чжи ин（王世贞 Ван Ши-чжэнь）
有竹居 Ю чжу цзюй（①陆治 Лу Чжи; ②沈周 Шэнь Чжоу）
有竹可免俗 无钱不厌贫 Ю чжу кэ мянь су у цянь бу янь пинь（沈周 Шэнь Чжоу）
有竹庄 Ю чжу чжуан（沈周 Шэнь Чжоу）
酉 Ю（项元汴 Сян Юань-бянь）
酉君 Ю цзюнь（禹之鼎 Юй Чжи-дин）
于野 Юе（陆道淮 Лу Дао-хуай）
余力学文 Юй ли сюэ вэнь（郑燮 Чжэн Се）
余生 Юй шэн（戴本孝 Дай Бэнь-сяо）
余氏之印 Юй ши чжи инь（余集 Юй Цзи）
渔隐 Юй инь（沈铨 Шэнь Цюань）
虞山 Юй шань（黄鼎 Хуан Дин）
与花传神 Юй хуа чуань шэнь（李鱓 Ли Шань）
与林处士同邑 Юй линь чу ши тун фэй（金农 Цзинь Нун）
与山水传神 Юй шань шуй чуань шэнь（项圣谟 Сян Шэн-мо）
与造物游 Юй цзао у ю（朱德润 Чжу Дэ-жунь）
雨新斋 Юй синь чжай（王鉴 Вань Цзянь）
玉带砚斋 Юй дай янь чжай（汪士元 Ван Ши-юань）
玉兰堂 Юй лань тан（文徵明 Вэнь Чжэн-мин）
玉兰堂印 Юй лань тан инь（①文徵明 Вэнь Чжэн-мин; ②文嘉 Вэнь Цзя; ③文从龙 Вэнь Цун-лун）
玉梅华盦主摹拓 Юй мэй хуа хэ чжу мо то（何绍基 Хэ Шао-цзи）
玉暖珠香 Юй нуань чжу сян（罗聘 Ло Пинь）
玉山上行 Юй шань шан син（华岳 Хуа Янь）
玉堂 Юй тан（朱之蕃 Чжу Чжи-фань）
玉延秋馆 Юй янь цю гуань（法式善 Фа Ши-шань）
玉音怀抱清朗 Юй инь хуай бао цин лан（宋荦 Сун Ло）
浴德 Юй дэ（乾隆 Цянь-лун）
欲将八法写湘君 Юй цзян ба фа се сян цзюнь（罗聘 Ло Пинь）
御赏 Юй шан（乾隆 Цянь-лун）
御史中丞印 Юй ши чжун чэн инь（王世贞 Ван Ши-чжэнь）
御书 Юй шу（①乾隆 Цянь-лун; ②赵佶 Чжао Цзи）
御书房鉴藏宝 Юй шу фан цзянь цан бао（乾隆 Цянь-лун）
御书画图留与人看 Юй шу хуа ту лю юй жэнь кань（王原祁 Ван Юань-ци）
御书之宝 Юй шу чжи бао（赵佶 Чжао Цзи）
御题漱玉 Цин ти шу юй（蒋廷锡 Цзян Тин-си）
寓酒轩 Юй цзю сюань（许初 Сюй Чу）

寓意于物 Юй и юй у（乾隆 Цянь-лун）
园公 Юань гун（唐寅 Тан Инь）
园叟 Юань соу（吴伟业 У Вэй-е）
远安堂印 Юань ань тан инь（陆深 Лу Шэнь）
愿学 Юань сюэ（王震 Ван Чжэнь）
月到天心风来水面 Юэ дао тянь синь фэн лай шуй мянь（朱伦瀚 Чжу Лунь-хань）
月舫 Юэ фан（张宗苍 Чжан Цзун-цан）
月潭 Юэ тань（黄易 Хуан И）
月作邻 Юэ цзо линь（倪元璐 Ни Юань-лу）
岳雪楼 Юэ сюэ лоу（孔广陶 Кун Гуан-тао）
岳雪楼鉴藏金石书画图籍之章 Юэ сюэ лоу цзянь цан цзинь шу хуа ту цзи чжи чжан（孔广陶 Кун Гу-ан-тао）
岳雪楼印 Юэ сюэ лоу инь（孔广陶 Кун Гуан-тао）
云持 Юнь чи（金俊明 Цзинь Цзюнь-мин）
云静庐 Юнь цзин лу（吴允楷 У Юнь-кай）
云林 Юнь ли（张笃行 Чжан Ду-син）
云门客子 Юнь мэнь кэ цзы（周亮工 Чжоу Лян-гун）
云明馆 Юнь мин гуань（刘墉 Лю Юн）
云起楼 Юнь ци лоу（恽寿平 Юнь Шоу-пин）
云容 Юнь жэ（柯九思 Кэ Цзю-сы）
云外赏 Юнь вай шан（李因 Ли Инь）
云卧阁 Юнь во гэ（陆师道 Лу Ши-дао）
云无心而出岫 Юнь у синь эр чу сю（梅清 Мэй Цин）
云霞思 Юнь ся сы（乾隆 Цянь-лун）
云行水流 Юнь син шуй лю（虚谷 Сюй-гу）
云阳 Юнь ян（改琦 Гай Ци）
云在 Юнь цзай（恽寿平 Юнь Шоу-пин）
恽 Юнь（恽格 Юнь Гэ）
缊真斋 Вэнь чжэнь чжай（柯九思 Кэ Цзю-сы）
再壬申以后书 Цзай жэнь шэнь и хоу шу（永瑆 Юн Син）
在芙山房 Цзай фу шань фан（朱耷 Чжу Да）
在山水间 Цзай шань шуй цзянь（法若真 Фа Жо-чжэнь）
在水一方 Цзай шуй и фан（华嵒 Хуа Янь）
枣园 Цзао юань（李鳝 Ли Шань）
藻野堂 Цао е тан（王时敏 Ван Ши-минь）
造物是吾师 Цзао у ши у ши（邹一桂 Цзоу И-гуй）
造物为吾师 Цзао у вэй у ши（邹一桂 Цзоу И-гуй）
则古昔斋 Цзэ гу си чжай（汪昉 Ван Фан）
曾鼎山房法书名画 Цзэн дин шань фан фа шу мин хуа（陈骥德 Чэнь Цзи-дэ）
展也大成 Чжань е да чэн（余集 Юй Цзи）
张次公 Чжан цы гун（张宗苍 Чжан Цзун-цан）
长房后裔 Чан фан хоу и（费丹旭 Фэй Дань-сю）
朝朝染翰 Чао чао жань хань（①蒋廷锡 Цзян Тин-си; ②查士标 Чжа Ши-бяо）
赵 Чжао（①赵孟頫 Чжао Мэн-фу; ②赵之谦 Чжао Чжи-цянь）
赵俶 Чжао шу（文俶 Вэнь Шу）
赵氏书印 Чжао ши шу инь（赵孟頫 Чжао Мэн-фу）
赵氏文印 Чжао ши вэнь инь（文俶 Вэнь Шу）
鹧鸪 Чжэ гу（郑燮 Чжэн Се）
贞 Чжэнь（王世贞 Ван Ши-чжэнь）
珍秘 Чжэнь ми（耿昭忠 Гэн Чжао-чжун）
珍玩 Чжэнь вань（华嵒 Хуа Янь）
真 Чжэнь（张问陶 Чжан Вэнь-тао）
真寄 Чжэнь цзи（王时敏 Ван Ши-минь）
真乐 Чжэнь лэ（项圣谟 Сян Шэн-мо）
真趣 Чжэнь цюй（王时敏 Ван Ши-минь）
真赏 Чжэнь шан（①耿昭忠 Гэн Чжао-чжун; ②华夏 Хуа Ся; ③汤贻汾 Тан И-фэнь; ④朱耷 Чжу Да）
真州 Чжэнь чжоу（尤荫 Ю Инь）
枕香亭 Чжэнь сян тин（米汉雯 Ми Хань-вэнь）
振衣千仞 Чжэнь и цянь жэнь（奚冈 Си Ган）
正味 Чжэн вэй（高翔 Гао Сян）
郑 Чжэн（郑燮 Чжэн Се）
郑大 Чжэн да（郑燮 Чжэн Се）
郑兰 Чжэн лань（郑燮 Чжэн Се）
郑为东道主 Чжэн вэй дун дао чжу（郑燮 Чжэн Се）
之而 Чжи эр（华嵒 Хуа Янь）
芝房 Чжи фан（龚贤 Гун Сянь）
芝寿堂 Чжи шоу тан（陆师道 Лу Ши-дао）
芝音馆 Чжи инь гуань（陈铣 Чэнь Сянь）
枝隐 Чжи инь（华嵒 Хуа Янь）
知书不如我 Чжи шу у жу во（高翔 Гао Сян）
知我贵希 Чжи во гуй си（李鳝 Ли Шань）
知足不辱 Чжи цзу бу жу（张问陶 Чжан Вэнь-тао）
织扇 Чжи шань（改琦 Гай Ци）
直南书房讲官 Чжи нань шу фан цзян гуань（朱彝尊 Чжу И-цзунь）
直上云门一放歌 Чжи шан юнь мэнь и фан гэ（梅清 Мэй Цин）
直心道场 Чжи синь дао чан（郑燮 Чжэн Се）
指挥如意 Чжи хуй жу и（朱伦瀚 Чжу Лунь-хань）
指头画 Чжи тоу хуа（①罗聘 Ло Пинь; ②高其佩 Гао Ци-пэй）
指头生活 Чжи тоу шэн хо（高其佩 Гао Ци-пэй）
指头蘸墨 Чжи тоу чжань мо（朱伦瀚 Чжу Лунь-хань）
志僧 Чжи сэн（瑛宝 Ин Бао）
中充 Чжун чун（邵弥 Шао Ми）
中和 Чжун хэ（乾隆 Цянь-лун）
中郎 Чжун лан（高凤翰 Гао Фэн-хань）
中心止水静 Чжун синь чжи шуй цзин（乾隆 Цянь-лун）
中有 Чжун ю（邹一桂 Цзоу И-гуй）
忠孝第 Чжун сяо ди（李世倬 Ли Ши-чжо）
忠孝子孙 Чжун сяо цзы сунь（汤贻汾 Тан И-фэнь）
终与俗违 Чжун юй су вэй（华嵒 Хуа Янь）
钟山梅筑 Чжун шань мэй чжу（萧云从 Сяо Юнь-цун）
众香之祖 Чжун сян чжи цзу（罗聘 Ло Пинь）
周印 Чжоу инь（周之冕 Чжоу Чжи-мянь）
朱 Чжу（朱德润 Чжу Дэ-жунь）
朱十 Чжу ши（朱彝尊 Чжу И-цзунь）
珠林重定 Чжу линь чун дин（乾隆 Цянь-лун）
竹北簃 Чжу бэй и（黄宾虹 Хуан Бинь-хун）
竹窗 Чжу чуан（李方膺 Ли Фан-ин）
竹懒 Чжу лань（郑燮 Чжэн Се）
竹坞草庐 Чжу у цао лу（文点 Вэнь Дянь）
竹西 Чжу си（恽冰 Юнь Бин）
竹仙 Чжу сянь（李方膺 Ли Фан-ин）
竹轩 Чжу сюань（倪元璐 Ни Юань-лу）
竹意斋 Чжу и чжай（方塘 Фан Тан）

竺坞 Чжу у（文点 Вэнь Дянь）
煮茶亭长 Чжу ча тин чжан（项元汴 Сян Юань-бянь）
煮石亭 Чжу ши тин（沈周 Шэнь Чжоу）
筑邪民 Чжу се минь（改琦 Гай Ци）
追琢其章 Чжуй чжо ци чжан（乾隆 Цянь-лун）
子孙保之 Цзы сунь бао чжи（朱之赤 Чжу Чжи-чи）
子孙世昌 Цзы сунь ши чан（项元汴 Сян Юань-бянь）
子孙永宝 Цзы сунь юн бао（项元汴 Сян Юань-бянь）
子真之裔 Цзы чжэнь чжи шан（梅清 Мэй Цин）
子子孙孙永保 Цзы цзы сунь сунь юн бао（项圣谟 Сян Шэн-мо）
紫宸殿御书宝 Цзы чэнь дянь юй шу бао（赵佶 Чжао Цзи）
紫阳之裔 Цзы ян чжи и（朱之赤 Чжу Чжи-чи）
自渡 Цзы бо（张问陶 Чжан Вэнь-тао）
自家冷暖自家知 Цзы цзя лэн нуань цзы цзя чжи（闵贞 Минь Чжэнь）
自乐 Цзы лэ（陆时化 Лу Ши-хуа）
自强不息 Цзы цян бу си（乾隆 Цянь-лун）
自食其力 Цзы ши ци ли（李方膺 Ли Фан-ин）
自怡悦斋书画录 Цзы и юэ чжай шу хуа лу（张大镛 Чжан Да-юн）
自娱 Цзы юй（方士庶 Фан Ши-шу）
自在室 Цзы цзай ши（顾沄 Гу Юнь）
宗伯学士 Цзун бо сюэ ши（①董其昌 Дун Ци-чан；②邹一桂 Цзоу И-гуй）
邹古 Цзоу цзи（邹喆 Цзоу Чжэ）
邹生 Цзоу шэн（邹一桂 Цзоу И-гуй）
邹子 Цзоу цзы（邹一桂 Цзоу И-гуй）
奏宣使者 Цзоу сюань ши чжэ（张祥河 Чжан Сян-хэ）
足下冰凌 Цзу ся бин лин（朱彝尊 Чжу И-цзунь）
槜李 Цзуй ли（项元汴 Сян Юань-бянь）
槜李项氏士家宝玩 Цзуй ли сян ши ши цзя бао вань（项元汴 Сян Юань-бянь）
醉风入诗画 Цзуй фэн жу ши хуа（项圣谟 Сян Шэн-мо）
醉酒 Цзуй цзю（禹之鼎 Юй Чжи-дин）
醉梦间 Цзуй мэн цзянь（项圣谟 Сян Шэн-мо）
醉石 Цзуй ши（吴云 У Юнь）
醉乡侯之章 Цзуй сян хоу чжи чжан（吴伟 У Вэй）
尊古斋 Цзунь гу чжай（黄易 Хуан И）
左臂 Цзо би（高凤翰 Гао Фэн-хань）
作于庚寅 Цзо юй гэн инь（余集 Юй Цзи）
坐处独净 Цзо чу ду цзин（华嵒 Хуа Янь）
坐华醉月 Цзо хуа цзуй юэ（①邵弥 Шао Ми；②瑛宝 Ин Бао）

主要参考文献

Абулайти Махэсути. Буддийская монументальная живопись на территории Западного Китая: автореф . дис . канд . искусствоведения . СПб., 2008.

Акимов В.И. Кустарно-художественные промыслы КНР: современное состояние и некоторые проблемы // ИБ . 1985. № 39, с. 103-110.

Алексеев В.М. Актеры-герои на страницах китайской истории // Алексеев В.М. Китайская литература: Избр . тр . М ., 1978, с . 353-365.

Алексеев В.М. Китайская народная картина: духов-ная жизнь старого Китая в народных изображениях / Предисл . Б.Л. Рифтина, М.Л. Рудовой; коммент . Б.Л . Рифтина . М ., 1966.

Алешина И. Современная китайская лубочная картина // Искусство . М ., 1987. № 10, с . 52-56.

Антология даосской философии: [Тексты, VI в . до н.э . — XVII в.] / Сост ., предисл ., пер ., введ . к разд . и коммент. В.В. Малявина, Б.Б. Виногродского. М ., 1994. [Из содерж .: Разд . 5. Все радости жизни: Жизнь — творчество, с. 371-445].

Арапова Т.Б. Китайские расписные эмали: собрание Государственного Эрмитажа . М ., 1988.

Арапова Т.Б. Китайский фарфор в собрании Эрмитажа, конец XIV — первая треть XVIII века: Каталог . Л ., 1977.

Арапова Т.Б. Современная лаковая живопись Ки-тая // Творчество . М ., 1987. № 5, с . 30-32.

Арапова Т.Б. Фарфор и керамика : из собрания Шанхайского музея . СПб ., 2007.

Арапова Т.Б., Кудрявцева Т.В. Дальневосточный фарфор в России, XVIII — начало XX века: Каталог выставки Гос . Эрмитажа . СПб ., 1994.

Арзаманов Ф. О некоторых особенностях многоголосия в китайской народной музыке // Музыка народов Азии и Африки . М ., 1987. Вып. 5, с . 241-252.

Ащепков Е.А. Архитектура Китая: очерки. М., 1959.

Бай Хуа. Устремясь к Вратам Дракона: [Киносценарий] / Пер . и примеч . Н.Ю . Демидо // Книга о Великой Белизне . Ли Бо: поэзия и жизнь . М ., 2002, с . 73-132.

Бай Хуа, Пэй Нин. «Горькая любовь»: (Лит . киносценарий) / Пер . С.А . Торопцева // Киноискусство Азии и Африки . М ., 1984, с . 173-219.

Бежин Л.Е. Под знаком «ветра и потока»: Образ жизни художника в Китае III-VI вв . М ., 1982.

Белецкий И. Китайское искусство: очерки . Киев, 1956.

Белозерова В.Г. Искусство китайской каллиграфии . М ., 2007.

Белозерова В.Г. История музеев и реставрационного дела в КНР (до «культурной революции») // Худож . наследие . 1980. № 6, с . 152-169.

Белозерова В.Г. Китайский свиток . М ., 1995. 272 с . В кн . также пер . текста: Фэн Пэн-шэн. Руко-водство по оформлению произведений ки-тайской каллиграфии и живописи, с . 114-249.

Белозерова В.Г. Мебель и интерьеры Китая: пер-вый в современной России альбом по истории традиционной китайской мебели и интерьера . М ., 2009.

Белозерова В.Г. Творчество Дэн Шижу: Противостояние ортодоксов и реформаторов в китайской каллиграфии периода династии Цин // XXXIII НК ОГК . 2003, с . 237-250.

Белозерова В.Г. Традиционная китайская мебель . М ., 1980.

Березкин Р.В. Иллюстрации в китайской простонародной литературе жанра баоцзюань и религиозная живопись Китая XIV-XX вв . // Вестн . С.-Петерб . ун-та . Сер . 9. 2008. Вып . 2, ч. 1, с . 106-110.

Бертин-Гест Ж. Традиционная китайская вышивка: История . Техника . Мотивы . М ., 2007.

Богачихин М.М. Керамика Китая: история, легенды, секреты . М ., 1998.

Бунин А .В., Саваренская Т.Ф. История градостроительного искусства. 2-е изд. Т. 1. М., 1979. [Из содерж.: Градостроительство в феодальном Китае, с . 183-199].

Ван Аньши [1021-1086]. Рассуждение о ритуале и музыке / Пер . и коммент . А.Б . Калкаевой // ИБ . 2000. № 3, с . 117-126.

Ван Вэй. Тайны живописи / Пер . В.М . Алексеева // Ван Вэй . Стихотворения . М ., 1979, с . 22-27.

Ван Юй-чэн. Ода музыке великого единства / Пер ., предисл . «Китайский поэт о китайской музыке» и примеч . В.М . Алексеева // Алексеев В.М. Китайская литература . М ., 1978, с . 242-245; он же . Труды по китайской литературе . М ., 2002. Кн . 1, с . 294-298.

Васильченко Е.Н. Музицирование на цине и его место в китайской культуре // Музыкальные традиции стран Азии и Африки . М ., 1986, с. 99-129.

Виноградов В.С. Музыка в Китайской Народной Республике . М ., 1959.

Виноградова Е.В. Ли Чэн . «Тайна пейзажной живописи»: Пер ., предисл . и коммент . // ВИМК. 1961. № 6, с . 183-187.

Виноградова Е.В. О шести законах китайской живописи [Се Хэ . V в.] // Искусство . 1962. № 8, с . 57-64.

Виноградова Е.В. Современное прикладное искус-ство Китая . М ., 1959.

Виноградова Е.В., Ду И-син. Китайский художникпортретист о тайне своего мастерства: [Трактат Шэнь Цзэ-чжоу «Заметки о портрете»: Пер. и коммент.] // НАА . 1963. № 4, с . 137-145.

Виноградова Н.А. Архитектурные памятники Пекина XIV-XIX вв . // ВИМК . 1959. № 1, с . 132-150.

Виноградова Н.А. Искусство Китая: [Альбом]. М., 1988.

Виноградова Н.А. Искусство средневекового Китая . М ., 1962.

Виноградова Н.А . Китайская пейзажная живопись . М ., 1972.

Виноградова Н.А. Китайские сады . М ., 2004.

Виноградова Н.А. Пань Тянь-шоу и традиции живописи гохуа . М ., 1993.

Виноградова Н.А. Средневековый Китай: Пекин как художественное целое // Художественные модели мироздания . М ., 1997. Кн . 1, с . 51-65.

Виноградова Н.А. Стиль китайского традиционного архитектурного ансамбля // Эпохи . Стили . Направления . М., 2007, с . 522-554.

Виноградова Н.А. Сто лет искусства Китая и Японии . М ., 1999.

Виноградова Н.А . Сюй Бэйхун: альбом . М ., 1980.

Виноградова Н.А. Цзян Чзао-хэ . М ., 1959.

Виноградова Н.А. Николаева Н.С. Искусство стран Дальнего Востока . М., 1979. [Из содерж.: Китай, с . 9-152].

Виноградова Т.И. Акварельные миниатюры и Китайская театральная народная картина // XXXIV НК ОГК . 2004, с . 205-211.

Виноградова Т.И. Династия Чжоу в интерпретации пекинской музыкальной драмы и театральной народной картины // XXVIII НК ОГК . 1998. Ч . 2, с . 403-409.

Виноградова Т.И. Культ Чжун Куя — повелителя бесов: Народная картина, литература, театр, ритуал // КЭТ . 1994. Вып . 4, с . 53-71.

Виноградова Т.И. Надписи и тексты китайских народных картин няньхуа // Зап . Вост . отд-ния Рос . археол . о-ва (ЗВОРАО): Н.С . СПб., 2002. Т . 1(26), с . 82-94.

Виноградова Т.И. «Немузыкальные» иллюстрации к музыкальному театру // XXXI НК ОГК . 2001, с . 243-247.

Виноградова Т.И. Происхождение жанра китайской театральной народной картины // КЭТ . 1995. Вып . 7, с . 38-56.

Виноградова Т.И. Театральная народная картина и запреты на драму в империи Цин // XIX научная конференция по историографии и источниковедению истории стран Азии и Африки . СПб ., 1997, с . 25-26.

Виногродский Б.Б. Китайские благопожелательные орнаменты: Избранные лекции и переводы . М., 2004.

Возвращение Будды: памятники культуры из музеев Китая: каталог выставки: Пер . с кит . / Ред . О . Федосенко . СПб ., 2007. (Год Китая в России. 2007). Текст рус ., кит .

Воинова З.В. Некоторые вопросы современного китайского классического театра // Ежегодник Института истории искусств, 1958. Театр . М., 1958, с . 369-408.

Воронин С.Н. Проявление живописных образов в со-знании древних китайцев // Родное и вселенское в судьбе России. Барнаул, 2007, с . 146-155.

Воронкова Ю. Китай: архитектура 80-х // Архитектура СССР . М ., 1988. № 3, с . 108-113.

Всеобщая история архитектуры: в 12 т. 2-е изд . М ., 1970-1977. Т . 1: Архитектура Древнего мира . 1970. [Из содерж.: Глухарева О.Н. Архитектура Китая, с. 419-441]. Т . 9: Архитектура Восточной и Юго-Восточной Азии до середины XIX в . 1971. [Из содерж.: Глухарева О.Н., Дубовский Е.С., Лазарев Г.З. Архитектура Китая, с . 335-499]. Т . 10: Архитектура капиталистических стран XIX — начала XX в . 1972. [Из содерж.: Лазарев З.Г. Архитектура Китая, с . 477-486]. Т . 12, кн . 2: Архитектура зарубеж- ных социалистических стран . 1977. [Из со - держ.: Лазарев Г.З. Архитектура Китайской Народной Республики, с. 407-444].

Всеобщая история искусств: в 6 т . М ., 1956–1966. Т . 1: Искусство Древнего мира . 1956. [Из содерж.: Виноградова Н.А. Искусство Древнего Китая, с. 439-467]. Т , 2, кн . 2: Искусство средних веков . 1961. [Из содерж.: Виноградова Н.А. Искусство Китая, с . 319-424]. Т . 6, кн . 2: Искусство 20 века . 1966. [Из содерж.: Виноградова Н.А. Искусство Китая, с . 375-393].

Вэй Яньгэ. Новая музыка Китая 20-40-х годов // Китайская культура 20-40-х годов и современность . М ., 1993, с . 143-172.

Вяткин Р.В. Музеи и достопримечательности Китая. М ., 1962.

Гайда И.В. Время и драматургия: театр КНР начала 90-х годов // ИБ . 1995. № 1, с . 48-72.

Гайда И.В. Каким быть театру сицюй // ИБ . 1990. № 8: Социальная действительность КНР в отображении литературы и искусства 80-х гг., с . 108-122.

Гайда И.В. Китайский традиционный театр сицюй . М ., 1971.

Гайда И.В. Новая китайская опера и Центральный экспериментальный оперный театр КНР // ВИМК . 1960. № 2, с . 110-124.

Гайда И.В. Первые шаги театра Китая по переходу на рельсы рыночных отношений // Информ . материалы . Сер.: О-во и государство в Китае в ходе реформ / РАН . Ин-т Дал . Востока . 1998. Вып . 2, с . 70-77.

Гайда И.В. Театр // Судьбы культуры КНР (1949-1974). М ., 1978, с . 233-279.

Гайда И.В. Театр // Литература и искусство КНР, 1976-1985. М ., 1989. Гл . 3, с . 100-133.

Гайда И.В. Театр китайского народа. М., 1959.

Гайда И.В. Театр КНР в зеркале китайской прессы // Соврем. драматургия. М., 1988. № 5, с. 190-197.

Гайда И.В. Театральная политика и практика деятельности театра КНР на современном этапе: (Обстановка, проблемы) // ИБ. 1985. № 39, с. 83-95.

Гайда И.В. Театральное искусство Китайской Народной Республики // ВИМК. 1958. № 6, с. 114-122.

Ганевская Э.В. и др. Пять семей Будды: металлическая скульптура северного буддизма, IX-XIX вв.: Из собрания ГМВ / Э.В. Ганевская, А.Ф. Дубровин, Е.Д. Огнева. М., 2004.

Гаранин И.П. Китайский благожелательный лубок из коллекции В.М. Алексеева // Ежегодник Музея истории религии и атеизма. М.-Л., 1961. Т. 5, с. 315-327.

Глухарева О.Н. Искусство народного Китая: Живопись. Графика. Скульптура. Прикладное искусство. М., 1958.

Глухарева О.Н. Художник Ван Вэй и его творчество // Сообщ. ГМИНВ. 1972. Вып. 5, с. 11-22.

Го Мо-жо. Гунсунь Ни-цзы (конец V — IV в. до н.э.) и его теория музыки // Го Мо-жо. Бронзовый век. М., 1959, с. 226-256.

Глухарева О.Н. Искусство народного Китая: Живопись. Графика. Скульптура. Прикладное искусство. М., 1958.

Глухарева О.Н. Постоянная выставка китайского искусства: Путеводитель / ГМВ. М., 1958.

Глухарева О., Денике Б. Краткая история искусства Китая. М.-Л., 1948.

Го Жо-сюй. Записки о живописи: что видел и слышал / Пер., предисл. и коммент. К.Ф. Самосюк. М., 1978.

Голосова Е.В. Ландшафтное искусство Китая. М., 2008.

Голыгина К.И. Концепция творческой личности в конфуцианской эстетической теории // Изучение китайской литературы в СССР. М., 1973, с. 194-205.

Голыгина К.И. Символический орнамент на керамике Древнего Китая: (Образы и символы рисованного календаря). М., 2007. 127 с.: ил.

Городецкая О.М. Дэ как энергетическая потенция китайского императора в символах ицзинистики и образах искусства // От магической силы к моральному императиву: Категория дэ в китайской культуре. М., 1998, с. 178-185.

Городецкая О.М. Об истоках формирования пор-трета в Китае // XXIV НК ОГК. 1993. Ч. 1, с. 75-82.

Городецкая О.М. Культурный феномен древнего Чу: истоки китайской живописи / Предисл. С. Кучеры // В. 1993. № 1, с. 62-72.

Городецкая О.М. «Лицо», «личность» и «портрет» на Западе и Востоке // ПДВ. 2003. № 3, с. 135-147.

Гультяева Г.С. Китайская народная картина нянь-хуа в современной художественной культуре (1980-90-е гг.) / Изв. РГПУ. 2007. № 10, с. 46-50.

Гуревич И.С. Театр великого народа // Театр за рубежом. М.-Л., 1958. Т. 1, с. 78-106.

Гэ Ихун, Цзо Лай. Становление и развитие современного драматического театра после «движения 4 мая» // Китайская культура 20-40-х годов и современность. М., 1993, с. 30-58.

Деннике Б.П. Китай: [Архитектура Китая]. М., 1935.

Дун Ци-чан. Рассуждения об антикварных вещах / Пер. и предисл. В.В. Малявина // ПДВ. 1994. № 1, с. 133-137; то же // Книга мудрых радостей. М., 1997, с. 321-324.

Духовный опыт Китая / Сост., пер. и коммент. В.В. Малявина. М., 2006.

Желоховцев А.Н. Иероглиф в искусстве // Искусство стран Востока. М., 1986, с. 240-268.

Живые импульсы искусства: [Стенограмма дискуссии, посвященной гастролям Мэй Ланьфана в СССР в 1935 г.] / Публ. Л. Клеберга // Искусство кино. М., 1992. № 1, с. 132-139.

Журавлев В.А. Командировка в КНР: (Из воспоминаний кинорежиссера) // ПДВ. 1987. № 1, с. 114-125. Послесл.: С открытым сердцем / С.А. Торопцев, с. 125-129.

Живые импульсы искусства: [Стенограмма дискуссии, посвящ. гастролям Мэй Лань-фана в СССР в 1935 г.] // Искусство кино. 1992. № 1, с. 132-139.

Завадская Е.В. «Беседы о живописи» Ши Тао. М., 1978.

Завадская Е.В. Выдающийся памятник национального искусства: росписи пещерных храмов Дуньхуана // ВИМК. 1958. № 2, с. 135-145.

Завадская Е.В. Даосская поэтика странствий // Дао и даосизм в Китае. М., 1982, с. 217-228. [Гу Кай-чжи, Ми Фу, Цзун Бин].

Завадская Е.В. Ихэюань — сад, творящий гармонию // Сад одного цветка. М., 1991, с. 235-244.

Завадская Е.В. Категория высшей эстетической ценности (и-пинь) в традиционной китайской аксиологии // Эстетические ценности в системе культуры. М., 1986, с. 36-41.

Завадская Е.В. Китай // История эстетической мысли: Становление и развитие эстетики как науки. Т. 2: Средневековый Восток. Европа XV- XVIII вв. М., 1985, с. 30-55.

Завадская Е.В. Лицо как лик и как личина в китайском портретном искусстве // VI НК ОГК. 1975. Ч. 1, с. 83-84.

Завадская Е.В. Мудрое вдохновение: Ми Фу,

1052–1107. М., 1983. Прил.: Ми Фу. История живописи: Крат. содерж., с. 160-176.

Завадская Е.В. Традиции философии Лао-цзы и Чжуан-цзы в китайской эстетике живописи // Роль традиций в истории и культуре Китая. М., 1972, с. 61-73.

Завадская Е.В. Три разговора о дэ // От магической силы к моральному императиву: Категория дэ в китайской культуре. М., 1998, с. 186-199.

Завадская Е.В. Ци Байши. М., 1982.

Завадская Е.В. Эстетические проблемы живописи старого Китая. М., 1975.

Завадская Е.К. Юаньский мастер Ли Кань о тайне живописи бамбука // Китай: история, культура и историография. М., 1977, с. 216-221.

Завидовская Е.А. Охрана памятников нематериальной культуры в Китае: неделя традиционной драмы в провинции Шаньдун // ПДВ. 2008. № 4, с. 169-178.

Запретный город: сокровища китайских императоров / Авт. вступ. ст. Чжан Жун. М., 2007.

Згура В.В. Китайская архитектура и ее отражение в Западной Европе. М., 1929.

Ипатова А.С. «Чародей Грушевого Сада» в СССР: (гастроли Мэй Ланьфана. 1935 г.) // ПДВ. 1995. № 2, с. 125-130.

Исаева Л.И. Жизнь среди символов. М., 2006.

Искусство Китая: путеводитель / ГМИНВ; вступ. ст. Л.И. Кузьменко. М., 1980.

История искусства зарубежных стран.: Средние века. Возрождение: учеб. 2-е изд. М. 1982. [Из содерж.: Виноградова Н.А. Искусство Китая, с. 125-138].

История эстетики: памятники мировой эстетической мысли: хрестоматия: в 5 т. М., 1962. Т. 1: Античность. Средние века. Возрождение. [Из содерж.: Китай: Се Хэ, Ван Вэй, Чжан Янь-юань, Ли Чэн, Су Ши, Чэнь Шань, Ван И, Мо Ши-лунь / вступ. ст. Е.В. Виноградовой, с. 344-386].

Калкаева А.Б. Понятийный комплекс «ритуал и музыка» в философии культуры Лян Шумина // Человек и духовная культура Востока. М., 2003, с. 70-87.

Капица Л.Л. Древний город Пекин: (Заметки архитектора). М., 1962.

Карапетьянц А.М. Изобразительное искусство и письмо в архаических культурах: (Китай до середины I тысячелетия до н.э.) // Ранние формы искусства. М., 1972, с. 444-467.

Карпов М.В. История и культура старого Пекина в китайской научно-популярной литературе // В. 2007. № 1, с. 184-193.

Келдер П.А. Философская детерминированность сунской живописи // XXI НК ОГК. Ч. 1. 1990, с. 168-172.

Китай // Музыкальная эстетика стран Востока. М., 1967, с. 140-244.

Китайская живопись: [Альбом] / Отв. ред. О. Кох-Коханенко. Ростов н/Д, 2006.

Китайская культура 20-40-х годов и современность: [Театр, кино, музыка, изобразит. искусство, литература] / Отв. ред. В.Ф. Сорокин. М., 1993.

Китайская народная картина: Каталог выставки / Авт. вступ. ст. и сост. Л.И. Кузьменко; пер. и расшифровка сюжетов Б.Л. Рифтина / ГМИНВ.М., 1987.

Китайские памятники мирового наследия: Пер. с кит. / Гл. ред. Го Чанцзянь. Пекин: Межконтинент. изд-во Китая, 2003.

Китайские трактаты о портрете / Пер. и комментарии К.И. Разумовского. Л., 1971.

Китайское изобразительное искусство: По материалам выставки 1950 года в Москве / Акад. художеств СССР. М., 1952.

Китайское искусство: принципы, школы, мастера / Сост., пер. с кит. и англ., вступ. ст., очерки и коммент. В.В. Малявина. М., 2004.

Китайское экспортное искусство из собрания Эрмитажа, конец XVI — XIX век: [Каталог выставки] / Т.Б. Арапова и др. СПб., 2003.

Книга мудрых радостей / Сост. и пер. В.В. Малявин. М., 1997. [Из содерж.: Разд.: Счастливцы праздные; Три совершенства: поэзия, каллиграфия, живопись; Вещи, вестники радости; Волшебный мир сада; Последняя радость, с. 202-430].

Книга прозрений / Сост., авт. ст. и пер. В.В. Малявин. М., 1997.

Кожин П.М. Гармония (ритм, структура, цвет, число) в древнейшем китайском искусстве: (Роспись керамических и металлических сосудов) // XXI НК ОГК. 1990. Ч. 1, с. 6-10.

Кожин П.М. О приемах художественного оформления серебряных изделий в эпоху Тан: (К вопросу о типологии танского серебра) // XII НК ОГК. 1981. Ч. 2, с. 42-48.

Кожин П.М. Этнокультурная специфика древнекитайского искусства // XV НК ОГК. 1984. Ч. 1, с. 18-22.

Комиссаров С.А. и др. Очерки истории китайской архитектуры: Учеб. пособие: С.А. Комиссаров, А.А. Кулагин, Н.А. Кривошеева. Новосиб., 2007.

Кочетова С.М. Фарфор и бумага в искусстве Китая: Краткий исторический очерк. М.-Л., 1956.

Кравцова М.Е. История искусства Китая: Учеб. пособие. СПб., 2004.

Кравцова М.Е. История культуры Китая: Учеб. пособие. СПб., 1999. [Из содерж.: Изобразительное и декоративно-прикладное искусство, с. 348-375].

Краски Китая. Народный костюм и ремесла: Каталог выставки. СПб., 2007.

Кречетова М.Н. Резной камень Китая в Эрмитаже. Л., 1960.

Кречетова М.Н. Сюжеты росписи китайского фарфора для экспорта в Европу конца XVII — XVIII века // Культура и искусство Индии и

стран Дальнего Востока. Л., 1975, с. 86-97.
Кривцов В.А. К вопросу об эстетических взглядах Лю Се // ПДВ. 1978. № 1, с. 158-164.
Кривцов В.А. Китайская художественная культура как система: традиция и современность: К по-становке проблемы // ИБ. 1985. № 39, с. 6-17.
Кривцов В.А. Представления о прекрасном в древнем Китае // ПДВ. 1982. № 1, с. 159-163.
Кривцов В.А. Чжан Янь-юань и его «Записки о знаменитых художниках минувших эпох» (1847 г.) // ПДВ. 1976, № 1, с. 187-190.
Кузьменко Л.И. Жанр «цветы-птицы» («хуаняо») в росписях китайского фарфора XVIII в. // Науч. сообщ. / ГМИНВ. 1977. Вып. 9, с. 56-66.
Кузьменко Л.И. «Европейский стиль» в искусстве Китая XVIII в. // XI НК ОГК. 1980. Ч. 2, с. 112-118.
Кузьменко Л.И. Керамика и фарфор Китая: Каталог выставки / ГМИНВ. М., 1980.
Кузьменко Л.И. Китайская народная картина нянь-хуа // ПДВ. 1988. № 4, с. 201-205.
Кузьменко Л.И. Китайский фарфор с конца XVI до 80-х годов XVII в. // Грани творчества. М., 2005. Вып. 2, с. 188-222.
Кузьменко Л.И. Труд народа-мастера: (Прикладное искусство Китая) // ПДВ. 1986. № 2, с. 168-175.
Кузьменко Л.И. Ци Байши // Художник. М., 1987. № 9, с. 49-51.
Кузьменко Л.И., Сычев В.Л. Искусство Китая: [Краткий очерк-путеводитель по постоянной экспозиции Музея] / ГМИНВ. М., 1990.
Кульнев Б. Два года среди китайских актеров: (Из дневника режиссера) // Театр. 1958. № 5, с. 166-174.
Кухарский В.Ф. О музыке и музыкантах наших дней. М., 1979. [Из содерж.: Китайская традиционная музыкальная драма, с. 392-489].
Кучера С. Древнекитайское «варьете» // V НК ОГК. 1974. Вып. 1, с. 49-59.
Кучера С. Из истории китайского танцевального искусства «ци-пань у» // Китай: история, культура и историография. М., 1977, с. 158-199.
Лазарев Г.З. Основные особенности развития архитектуры Китая и Японии в период раннего и развитого феодализма (VI-XII вв.) // НАА. 1972. № 4, с. 104-111.
Лазарев Г.З. Сравнительный анализ развития архитектуры Китая и Японии в VI-XII вв.: Автореф. дис. ... канд. архитектуры. М., 1972.
Левина Л.М. Сюй Бэй-хун. М., 1957.
Лепковская Е.К. В Шанхайском театральном институте: (Из опыта работы с молодыми китайскими артистами) // Записки о театре. М.-Л., 1960, с. 217-240.
Ли Фанпин. Китайская пейзажная живопись жанра «горы-воды» («шаньшуйхуа»): эволюция и некоторые параллели: Автореф. дис. ... канд. искусствоведения. М., 2003.

Ли Чэн. Тайна пейзажной живописи / Предисл., пер. и коммент. Е.В. Виноградовой // ВИМК. 1961. № 6, с. 183-187.
Линник Г. Лига левых театральных деятелей в Китае // Пробл. востоковедения. 1959. № 5, с. 123-128.
Литература и искусство КНР, 1976-1985 / Отв. ред. В.Ф. Сорокин. М., 1989.
Ло Шии. Место симфонической музыки в китайской культуре // История и традиции в современных культуре, политике и средствах массовой информации. М., 2005, с. 87-94.
Ло Шии. Музыка и оркестровая культура буддизма в Китае // Культура Дальнего Востока и стран АТР: Восток-Запад. Владивосток, 2005. Вып. 11, 12, с. 38-43.
Ло Шии. Роль традиционных оркестров в музыкальной культуре Китая // Грани культуры: Актуальные проблемы истории и современности. М., 2008, с. 168-196.
Ло Шии. Симфонические жанры в контексте китайской музыкальной культуры: Автореф. дис. ... канд. искусствоведения. М., 2003.
Лоу Цинси. Десять этюдов по китайской архитектуре. М., 2009.
Лоу Цинси. Классические сады и парки Китая: Пер. с кит. Пекин: Межконтинент. изд-во Китая, 2003.
Лубо-Лесниченко Е.И. Древние китайские шелковые ткани и вышивки V до н.э. — III в. н.э. в собрании Государственного Эрмитажа: Каталог. Л., 1961.
Лубо-Лесниченко Е.И. Изучение искусства Китая в СССР // Основные итоги и задачи советского китаеведения: Докл. и сообщ. 2-й Всесоюз. конф. китаеведов / АН СССР. Ин-т Дал. Востока. М., 1984. Вып. 6, ч. 1, с. 77-87.
Лубо-Лесниченко Е.И. Из истории техники производства художественных шелковых тканей в древнем Китае // ТГЭ. Л. 1958. Т. 2, с. 214-225.
Лукичева П. Природа и традиции в теоретическом и художественном творчестве Дун Ци-чана // XXXIII НК ОГК. 2003, с. 200-218.
Лю Лю. Теория и практика актерского тренинга в современной китайской театральной школе: Автореф. дис. ... канд. искусствоведения. СПб., 2009.
Лю Су-цзи. Императорские дворцы и сады // Мировое наследие. М., 2005. № 2, с. 6-9.
Люй Цзечжан. История и художественно-технологические особенности китайского расписного фарфора «цинхуа» // Изв. РГПУ. 2006. № 5(23), с. 53-57.
Люй Янь. Современные и традиционные методы обучения сценической речи в китайской театральной школе: из опыта преподавания в Шанхайской театральной академии: Автореф. дис. ... канд. искусствоведения. СПб., 2005.

Ляо Цзинвэнь. Мои воспоминания [о Сюй Бэй-хуне] / Пер. и примеч. В.Л. Сычева; Предисл. О.Б. Рахманина // ПДВ. 1984. № 4, с. 149-159; 1985. № 1, с. 143-152.

Мальцева Е.В. Из истории разговорной драмы в Китае 20-30-х годов // Тр. / БКНИИ. 1965. Вып. 16. Сер. востоковедения. Материалы по истории и филологии Центральной Азии. Вып. 2, с. 145-150.

Мальцева Е.В. «Театральная ассоциация» и Хун Шэнь // Там же, с. 151-161.

Малявин В.В. Китай в XVI-XVII веках: традиции и культура. М., 1995.

Малявин В.В. Китайская цивилизация. М., 2000. То же. 2001.

Малявин В.В. Молния в сердце: [Книга прозрений: духовное пробуждение в китайской традиции]. М., 1997.

Малявин В.В. Сумерки Дао: Культура Китая на пороге Нового времени. М., 2003.

Мастера искусства об искусстве: Избранные отрывки из писем, дневников, речей и трактатов: в 7 т. М., 1965–1970. Т. 1: Средние века. 1965. [Из содерж.: Китай: [Се Хэ, Ван Вэй, Цзин Хао, Го Си, Су Ши, Дун Цичан, Ши Тао] / Предисл., пер. и примеч, С. Кочетовой, с. 59-115, 12 л. ил.]. Т. 5, кн. 2: Искусство конца XIX — начала XX в. 1969. [Из содерж.: Китай: [У Чан-ши, Хуан Бинь-хун, Ци Бай-ши] / Предисл., пер. и примеч. С.Н. Соколова, с. 485-515].

Маяцкий Д.И. Чжэн Чжэньдо и его версия о происхождении китайского классического театра и драмы // Проблемы литератур Дальнего Востока: Сб. материалов III Междунар. науч. конф. СПб., 2008. Т. 1, с. 34-39.

Меньшиков Л.Н. Китайская коллекция академика В.М. Алексеева (лубок, эстампаж, почтовая бумага и художественный конверт) // СНВ. 1959. Вып. 1, с. 302-313.

Меньшиков Л.Н. Реформа классического театра и драмы // Вопросы культурной революции в Китайской Народной Республике. М., 1960, с. 230-250.

Меньшикова М.Л. Атрибуция портрета китайского чиновника // Эрмитажные чтения, 1995-1999 гг. СПб., 2000, с .193-200.

Меньшикова М.Л. Драгоценная филигрань Востока XVII-XIX веков из собрания Государственного Эрмитажа. Екатеринбург, 2009.

Меньшикова М.Л. Китайские резные лаки XIV-XVII вв. в собрании Эрмитажа // ТГЭ. 1989. Т. 27, с. 96-107.

Меньшикова М.Л. Китайские экспортные веера. СПб., 2004.

Меньшикова М.Л. Серебряная филигрань Востока XVII-XIX веков в собрании Эрмитажа: Каталог. М., 2005.

Меньшикова М.Л. Сокровища древнего искусства Китая: из собрания Шанхайского музея. СПб., 2007.

Место и функция национальных художественных традиций в современном искусстве: По материалам советско-китайской научной конференции (Пекин, 1-4 сент. 1989 г.). М., 1991.

Музыкальные инструменты Китая: иллюстрированный очерк: Авториз. пер. с кит. / Под ред. и доп. И.З. Алендера. М., 1958.

Муриан И.Ф. Китайская раннебуддийская скульптура IV-VIII вв. в общем пространстве «классической» скульптуры античного типа. М., 2005.

Муриан И.Ф. Картина Лян Кая «Поэт Ли Бо» // Сокровища искусства стран Азии и Африки. М., 1976. Вып. 2, с. 87-98.

Муриан И.Ф. Китайский народный лубок. М., 1960.

Муриан И.Ф. Пути развития бытового жанра в старом китайском лубке: Автореф. дис. ... канд. искусствоведения. М., 1956.

Муриан И.Ф. Символика и изобразительные мотивы в древнем искусстве Китая // Науч. сообщ. / ГМИНВ. 1977. Вып. 9, с. 67-74.

Муриан И.Ф. Современный китайский лубок. М., 1958.

Мэй Лань-фан. Новое в китайском театре // Под знаменем ленинизма. М., 1959, с. 329-332.

Мэй Лань-фан. Сорок лет на сцене / Предисл. В. Комиссаржевского; примеч. В. Таскина. М., 1963.

Мэй Лань-фан и китайский театр: К гастролям в СССР. М.-Л., 1935.

Мэй Лань-фан о встречах с Сергеем Эйзенштейном / Публ. и пер. Р. Белоусова // Искусство кино. М., 1961, № 4, с. 124-126.

Неглинская М.А. Китайские перегородчатые эмали XV — первой трети XX века: собрание Государственного музея Востока. М., 2006.

Неглинская М.А. Китайские расписные эмали в коллекции Государственного музея искусства народов Востока. М., 1995.

Неглинская М.А. Китайские ювелирные украшения периода Цин (XVII—начала XX века): история, семантика, эстетика. М., 1999.

Нестерова О.А. Игра и карнавализация в культуре России и Китая // Метафизика креативности. М., 2007. Вып. 2, с. 154-162.

Ни И-лэ. Поэзия в живописи «гохуа»: о новых работах Пань Тянь-шоу // Искусство. М., 1961. № 10, с. 46-49.

Николаева В.Б. Маньчжурский костюм эпохи династии Цин: Автореф. дис....канд. ист. наук. М., 2006. Николаева Н. Ци Бай-ши. М., 1958.

Николаева Н.С. Художник, поэт, философ Ма Юань и его время. М., 1968.

Никольская Л.А. Тянь Хань и драматургия Китая XX века. М., 1980.

Новикова Е.В. Китайский сад — модель взаимоотношений человека и природы // Человек и природа в духовной культуре Востока. М., 2004, с. 396-417.

Новикова Е.В. Традиции садово-паркового искусства в контексте истории китайской культуры: Автореф. дис. канд. культурологии. М., 2006.

Новиков Е.В. Человек и природа в китайском пейзаже и садово-парковом искусстве // Вопросы истории и экономики. М., 2000, с. 41-53.

О китайской музыке: статьи китайских композиторов и музыковедов / Сост., ред. и предисл. Г. Шнеерсона. Вып. 1. М., 1958.

Образцов С.В. Театр китайского народа. М., 1957.

Ольденбург С.Ф. Буддийское искусство // Новый энциклопедический словарь. 2-е изд. СПб.: Брокгауз и Ефрон, 1913. Т. 8, с. 410-420; Гумилев Л.Н. Древний Тибет. М., 1996, с. 416-432.

Осенмук В.В. Историко-художественная эволюция китайской пейзажной живописи южно-сунского периода (XII-XIII вв.): Автореф. дис. канд. искусствоведения. М., 1993.

Осенмук В.В. Чань-буддийская живопись и академический пейзаж периода Южная Сун (XII-XIII вв.) в Китае. М., 2001.

Петриченко А.М., Петриченко А.А. Китайские художественные вырезки / науч. консультант Б.Л. Рифтин. М., 2005.

Пещеры тысячи будд: российские экспедиции на Шелковом пути: к 190-летию Азиатского музея: Каталог выставки / Гос. Эрмитаж, Ин-т вост. рукописей РАН. СПб., 2008.

Померанцева Л.Е. Китай // История эстетической мысли: Становление и развитие эстетики как науки. Т. 1. Древний мир и средние века. М., 1985, с. 129-145.

Померанцева Л.Е. Поздние даосы о природе, обществе и искусстве («Хуайнань-цзы». II в. до н.э.). М., 1979.

Попова П.А. Символика китайской народной картины // Oriental'я: Культура, менталитет, религия. СПб., 2007, с. 79-93.

Пострелова Т.А. Академия живописи в Китае в X-XIII вв. М., 1976.

Пострелова Т.А. В.М. Алексеев и Сюй Бэй-хун // Традиционная культура Китая. М., 1983, с. 176-193.

Пострелова Т.А. Живопись цветов и птиц Чжао Цзи (XII в.) — источник для изучения средневековой китайской живописи // Историография и источниковедение истории стран Азии и Африки. Л., 1975. Вып. 4, с. 95-102.

Пострелова Т.А. Жэнь Бонянь [1840-1896] как продолжатель традиции китайской классической живописи // XV НК ОГК. 1984. Ч. 2, с. 184-187.

Пострелова Т.А. Из переписки Сюй Бэйхуна с И.Э. Грабарем: (По материалам архива Гос. Третьяков. галереи) // Историография и источниковедение истории стран Азии и Африки. Л., 1982. Вып. 6, с. 101-108.

Пострелова Т.А. Творчество Сюй Бэй-хуна и китайская художественная культура XX в. М., 1987.

Пострелова Т.А. Традиции живописи Чжан Цзэдуаня в лубочных картинах из собрания МАЭ // Сборник Музея антропологии и этнографии. 1969. Т. 26, с. 41-73.

Пострелова Т.А. Художник У Чаншо [1844–1927]: Страницы жизни и творчества // XVI НК ОГК. 1985. Ч. 3, с. 197-200.

Преснякова Л.В. Особенности организации творческого процесса в традиционном китайском театре в конце XIX — начале XX в. // Дальний Восток России: исторический опыт и пути развития региона. Владивосток, 2001, с. 319-323.

Преснякова Л.В. Традиционный китайский театр на русском Дальнем Востоке и в полосе отчуждения КВЖД в конце XIX — начале XX в. // Вестн. Дальневост. отд-ния РАН. Владивосток, 2006. № 2, с. 114-124.

Приходько П.И. Архитектурный ансамбль в ландшафтной среде стран Дальнего Востока: (На историческом опыте народов Китая, Вьетнама и Японии в эпоху феодализма): Автореф. дис. д-ра архитектуры. М., 1984.

Пчелин Н.Г. Женские образы в китайской народной картине конца XIX в. // Кюнеровские чтения. СПб., 1998. Вып. 2: 1995–1997 гг., с. 176-180.

Пчелина М.Л. Народная картина няньхуа как источник для изучения духовной культуры Китая: Автореф. дис. канд. ист. наук. М.-Л., 1968.

Пэн Чэн. Китайская традиционная ладовая система и ее применение в XX веке: Исследование. М., 2006.

Редкие китайские народные картины из советских собраний: [Альбом] / Сост. и авт. вступ. ст. Б.Л. Рифтин, Ван Шу-цунь, Лю Юй-шань. Ленинград-Пекин, 1991.

Рифтин Б.Л. Актуальные проблемы изучения народного творчества Китая // Основные итоги и задачи советского китаеведения: Докл. и сообщ. 2-й Всесоюз. конф. китаеведов / АН СССР. Ин-т Дал. Востока. М., 1984. Вып. 6, ч. 1, с. 42-53.

Рифтин Б.Л. Праздничные картинки няньхуа: Редкие китайские лубки из фондов РГБ // Вост. коллекция. 2002. № 2, с. 104-119: ил.

Рифтин Б.Л. Символика китайского народного искусства // Проблемы изучения, сохранения и использования искусства вырезки: Материалы междунар. симпозиума / Домодед. ист.-худож. музей. Домодедово, 2006, с. 75-85.

Рифтин Б.Л. Функции китайских народных картин // Кирпичики: Фольклористика и культурная антропология сегодня. М., 2008, с. 390-400.

Розеншильд К. История зарубежной

музыки: Учебник. Изд. 4-е. Вып. 1. До середины XVIII в. М., 1978. [Из содерж.: Древнекитайская музыка, с. 26-29].

Роули Дж. Принципы китайской живописи / Пер. с англ. и послесл. В.В. Малявина. М., 1989.; то же // Книга прозрений. М., 1997, с. 212-339. Вступ. слово «Душа китайского художника», с. 172-211; то же // Китайское искусство: Принципы, школы, мастера. М., 2004, с. 78-244.

Рудова М.Л. Китайская народная картинка. СПб. - Калининград, 2003.

Рудова М.Л. Китайская театральная лубочная картина // ТГЭ. 1958. Т. 2: Культура и искусство античного мира и Востока. Вып. 1, с. 239-251.

Рудова М.Л. Символика в китайском искусстве по народным новогодним картинам «няньхуа» // ТГЭ. 1969. Т. 10: Культура и искусство народов Востока. Вып. 7, с. 249-266.

Румянцева О.В. Государственный музей искусства народов Востока: краткий обзор коллекции. М., 1982. [Из содерж.: Искусство Китая, с. 92-119].

Рядчикова Ю. Устные и письменные формы развития эстетики традиционного китайского портрета // XXXV НК ОГК. 2005, с. 257-262.

Самосюк К.Ф. Буддийская живопись из Хара-Хото XII-XV веков: между Китаем и Тибе- том: [Коллекция П.К. Козлова]. СПб., 2006.

Самосюк К.Ф. Го Жо-сюй. «Записки о живописи: что видел и слышал» (XI в.): Исслед. и пер.: Автореф. дис. ... канд. филол. наук. Л., 1973.

Самосюк К.Ф. Го Жо-сюй о двух стилях в буддийской живописи // IV НК ОГК. 1973. Вып. 1, с. 157-169.

Самосюк К.Ф. Го Жо-сюй «О трех школах в пейзажной живописи» и «О различии между стилями Хуана и Сюя» // Культура и искусство Индии и стран Дальнего Востока. Л., 1975, с. 81-85.

Самосюк К.Ф. Го Си. Л., 1978.

Самосюк К.Ф. Личность художника: (К биографии Чжу Да) // Новое в изучении Китая. М., 1987. Ч. 1, с. 44-53.

Самосюк К.Ф. Портретный жанр I-IX веков: (По «Запискам о знаменитых картинах прошлого» Чжан Яньюаня) // XVII НК ОГК. 1986. Ч. 3, с. 154-159.

Самосюк К.Ф. Трактат Чжан Яньюаня как источник по истории живописи // XII НК ОГК. 1981. Ч. 1, с. 237.

Семененко И.И. Цзи Кан. «Ода лютне» // Проблемы восточной филологии. М., 1979, с. 56-72.

Семененко И.И. Цзи Кан об истории искусства: [По произведению «В звуке нет ни печали, ни радости»] // IX НК ОГК. 1978. Ч. 1, с. 130-137.

Семененко И.И. Эстетический трактат Цзи Кана «В звуке нет ни печали, ни радости» (III в. н.э.) // Вестн. Моск. ун-та. Сер. 13, Востоковедение. 1978. № 2, с. 54-62.

Серова С.А. Даосская концепция жизни и театр // Дао и даосизм в Китае. М., 1982, с. 229-243.

Серова С.А. «Зеркало Просветленного духа» Хуан Фань-чо и эстетика китайского классического театра. М., 1979.

Серова С.А. Китайский театр и традиционное ки-тайское общество (XVI-XVII вв.). М., 1990.

Серова С.А. Китайский театр — эстетический образ мира. М., 2005.

Серова С.А. Пекинская музыкальная драма (сере-дина XIX — 40-е годы XX в). М., 1970.

Серова С.А. Театральная концепция Мейерхольда и китайская театральная теория // Теоретические проблемы изучения литератур Дальнего Востока. М., 1970, с. 140-148.

Серова С.А. Театральная культура Серебряного века в России и художественные традиции Востока (Китай, Япония, Индия). М., 1999.

Слово о живописи из Сада с горчичное зерно / Пер. и коммент. Е.В. Завадской. М., 1969; то же. М.: Шевчук, 2001.

Соколов С.Н. Памяти выдающегося китайского художника [Цзян Чжаохэ. 1904-1986] // Искусство. М., 1988. № 2, с. 60-65.

Соколов С.Н. Пейзаж Ни Цзяня // Сокровища искусства стран Азии и Африки. М., 1975. Вып. 1, с. 114-127.

Соколов С.Н. Символическая тема «четыре совер-шенных» («сы цзюньцзы») в прикладном искусстве Китая // Науч. сообщ. / ГМИНВ. 1977. Вып. 9, с. 114-122.

Соколов-Ремизов С.Н. Восемь янчжоуских чудаков: Из истории китайской живописи XVIII в. М., 2000.

Соколов-Ремизов С.Н. Еще раз о коммуникативной миссии китайской каллиграфии // Искусство как сфера культурно-исторической памя-ти. М., 2008, с. 227-248.

Соколов-Ремизов С.Н. Живопись и каллиграфия Китая и Японии на стыке тысячелетий в аспекте футурологических предположений: Между прошлым и будущим. М., 2004.

Соколов-Ремизов С.Н. Китайская каллиграфия как выражение универсального через национально-своеобразное // Искусство Востока: Проблемы эстетического своеобразия. СПб., 1997, с. 97-128.

Соколов-Ремизов С.Н. Ключевая роль темы «сы цзюньцзы» — «четыре совершенных» — в структуре китайской духовной культуры // Искусство Востока: художественная форма и традиции. СПб., 2004, с. 97-109.

Соколов-Ремизов С.Н. Литература-каллиграфия-живопись: К проблеме синтеза искусств в ху-дожественной культуре

Дальнего Востока. М., 1985.

Соколов-Ремизов С.Н. От средневековья к новому времени: из истории и теории живописи Китая и Японии конца XVII — начала XX в. М., 1995.

Соколов-Ремизов С.Н. Хуан Гун-ван и его картина «В горах Фучуньшань» // Сокровища искусства стран Азии и Африки. М., 1979. Вып. 3, с. 65-85.

Сокровища Музея Императорского дворца Гугун: Пер. с англ. / Гл. ред. А.Р. Вяткин. М., 2007.

Соломоник И.Н. Невидимое в зримом: (Магический аспект народного театра кукол Китая) // Живая старина. М., 2006. № 1, с. 9-12.

Соломоник И.Н. Представления кукол на воде в средневековом Китае и современном Вьетна-ме // СЭ. 1991. № 1, с. 120-132.

Соломоник И.Н. Традиционный театр кукол Востока: Основные виды театра объемных кукол. М., 1992.

Соломоник И.Н. Традиционный театр перчаточной куклы в Китае // СЭ. 1985. № 5, с. 113-125.

Сорокин В.Ф. Алексеев и изучение китайского театра и драматургии // Традиционная культура Китая. М., 1983, с. 52-57.

Сорокин В.Ф. Из истории российско-китайских театральных связей (первая половина XX в.) // Востоковедение и мировая культура: К 80-летию акад. С.Л. Тихвинского. М., 1998, с. 345-352.

Сорокин В.Ф. Китайская классическая драма XIII-XIV вв.: Генезис, структура, образы, сюжеты. М., 1979.

Сорокин В.Ф. Основные этапы развития драматического театра в Китае // Вопросы культурной революции в Китайской Народной Республи- ке. М., 1960, с. 251-270.

Сорокин В.Ф. Памяти великого артиста [Мэй Лань-фана] // ПДВ. 1995. № 2, с. 119-124.

Сорокин В.Ф. Трактат «Рассуждение о пении» [XIII-XIV вв.] // Историко-филологические исследования. М., 1967, с. 487-492.

Сорокин В.Ф. Человек и судьба в юаньском театре // Теоретические проблемы изучения литератур Дальнего Востока. М., 1977, с. 146-155.

Спешнев Н.А. Китайская простонародная литература: песенно-повествовательные жанры. М., 1986.

Спешнев Н.А. Китайское народное представление сяншэн // Жанры и стили литератур Китая и Кореи. М., 1969, с. 188-193.

Спирин М.П. Храмовые комплексы в исторической структуре градостроительного ансамбля Пекина // Архитектурная наука и образование. М., 2007, с. 111-112.

Стариков В.С. Современная северо-китайская глиняная игрушка: [Пекин и пров. Хэбэй] // СНВ. 1959. Вып. 1, с. 194-203.

Стратанович Г.Г. Китайские бронзовые зеркала: их типы, орнаментация и использование // Восточно-Азиатский этнографический сборник М., 1961. Вып. 2, с. 47-78.

Сухоруков С.А. Особенности китайского театра в период Цинн // Искусство нового и новейшего времени. СПб., 2006. Вып. 1, с. 146-151.

Сценарии китайского кино / Сост. В.Н. Журавлев. М., 1959.

Сычев В.Л. Изобразительное искусство в поисках путей обновления // Литература и искусство КНР, 1976-1985. М., 1989, с. 163-195.

Сычев В.Л. Изобразительное искусство // Судьбы культуры КНР (1949–1974). М., 1978, с. 320-366.

Сычев Л.П., Сычев В.Л. Китайский костюм: Символика. История. Трактовка в литературе и искусстве. М., 1975.

Сюй Чэнбэй. Пекинская опера: Пер. с кит. Пе-кин: Межконтинент. изд-во Китая, 2003.

Сяо Мо. Архитектурный плюрализм: тенденции развития новой китайской архитектуры // Место и функция национальных художественных традиций в современном искусстве. М., 1991, с. 127-143.

Сяо Сухуа. Обучение классическому танцу в Китае: История, проблемы, перспективы // Современные зарубежные театральные школы. М., 1987, с. 170-184.

Тарасова М.В. Судьба китайского театра // ПДВ. 1972. № 2, с. 150-160.

Тарасова М.В. Театр КНР «культурной революции» // Изучение китайской литерауры в СССР. М., 1973, с. 306-318.

Терентьев А.А. Исследования иконографии северного буддизма в ФРГ // НАА. 1990. № 6, с. 151-154.

Терентьев А.А. Определитель буддийских изображений. СПб., 2004.

Терентьев-Катанский А.П. Иллюстрации к старинным китайским географическим сочинениям // СНВ. 1969. Вып. 8, с. 85-98.

Ткаченко Г.А. Космос. музыка, ритуал: Миф и эстетика в «Люйши чуньцю». М., 1990.

Ткаченко Г.А. Культура Китая от А до Я: Словарь-справочник. М., 2008.

Ткаченко Г.А. Три главы из «Весен и осеней» Люй Бувэя: [«Начало музыки», «Основы музыки», «О миропорядке»] // Проблемы восточной филологии. М., 1979, с. 42-50.

Торопцев С.А. Кинематография Тайваня. М., 1998.

Торопцев С.А. Кино // Судьбы культуры КНР (1949-1974). М., 1978, с. 280-319.

Торопцев С.А. Кино и «культурная революция» в Китае. М., 1978 (ИБ; № 5).

Торопцев С.А. Китай // История зарубежного кино. М., 2005. Гл. 10, с. 520-546.

Торопцев С.А. Китай — во мне и на киноэкране: Опыт синтеза исследования и мемуаров //

Китай в диалоге цивилизаций: К 70-летию акад. М.Л. Титаренко. М., 2004, с. 688-693.

Торопцев С.А. Китайское кино в «социальном поле», 1949-1992. М., 1993.

Торопцев С.А. Лу Синь в кинематографе // Проблемы восточной филологии. М., 1979, с. 181-189.

Торопцев С.А. «Международный брэнд» китайского кино: режиссер Чжан Имоу. М., 2008.

Торопцев С.А. От «кино нового Китая» к китайскому «новому кино» // Китай на пути модернизации и реформ, 1949-1999. М., 1999, с. 546-558.

Торопцев С.А. Очерк истории китайского кино, 1896-1966. М., 1979.

Торопцев С.А. Познание человека: (Типы героев в китайском кино) // Киноискусство Азии и Африки. М., 1984, с. 48-61.

Торопцев С.А. Свеча на закатном окне. Заметки о китайском кино. М., 1987.

Торопцев С.А. Стратагема китайской эстетики // Восток-Россия-Запад: Исторические и культурологические исследования. М., 2001, с. 435-439.

Торопцев С.А. Ся Янь и китайское киноискусство // ПДВ. 1985. № 3, с. 177-182.

Торопцев С.А. Трудные годы китайского кино. М., 1985.

Торопцев С.А. Юань Мучжи [1909–1978] — актер, режиссер, сценарист, драматург // Азия и Африка сегодня. М., 1979. № 3, с. 49-50.

Традиционное искусство Востока: терминологический словарь: А-Я / Сост. Н.А. Виноградова и др. М., 1997.

Тянь Хань. Гуань Хань-цин: Пьеса / Пер. О. Фишман. М., 1959.

Тянь Хань. За здоровое развитие драматического искусства // Театр за рубежом. Л.-М., 1958. Вып. 1, с. 119-131.

Федоренко Н.Т. Гуань Хань-цин — великий драматург Китая. М., 1958.

Фессен-Хенъес И. Драматическая литература и современный драматический театр // ИБ. 1990. № 8: Социальная действительность КНР в отображении литературы и искусства 80-х гг. С. 91-107.

Флуг К.К. История китайской печатной книги сунской эпохи X-XIII вв. М.-Л., 1959.

Фу Вэйфэн. История и опыт применения «системы» Станиславского в китайской театральной школе: Автореф. дис. … канд. искусствоведения. СПб., 2009.

Фу Вэйфэн. Влияние учения Станиславского на воспитание актеров в Китае в 20-40 гг. XX в. // Изв. РГПУ. 2007. № 16, с. 295-300.

Хань Линьфэй. Некоторые проблемы современного градостроительства в Китае // ПДВ. 1997. № 6, с. 93-94.

Художественная выставка Китайской Народной Республики: Каталог / Гос. Третьяковская галерея. М., 1950.

Цзо Чжэньгуань. Некоторые особенности исторического развития музыкального инструментария в Китае // XVI НК ОГК. 1985. Ч. 2, с. 150-153.

Цзо Чжэньгуань. Новое в изучении истории китайской музыки // XV НК ОГК. 1984. Ч. 1, с. 206-207.

Цзо Чжэньгуань. О музыкально-теоретической сис-теме «люй» в китайской музыке // Музыка народов Азии и Африки. М., 1987. Вып. 5, с. 257-272.

Цзян Ши-лунь. О каллиграфической основе китайской традиционной живописи «гохуа» // IX НК ОГК. 1978. Ч. 3, с. 149-157.

Цзян Шилунь. О развитии традиционной китайской живописи в VII-XIV вв. («гун би хуа» — «шуй мохуа» — «се и хуа» — «вэнь жэнь хуа») // XI НК ОГК. 1980. Ч. 1, с. 212-218.

Ци Бинь. Основы творческого метода китайского художника Сюй Вэя (1521–1593): Автореф. дис. канд. искусствоведения. СПб., 2007.

Цюй Лэй Лэй. Искусство китайского рисунка кистью. М., 2008.

Чан Лиин. Народная песня как феномен китайской музыкальной культуры: Автореф. дис. … канд. искусствоведения. СПб., 2007.

Чао Лии. Пекинская опера: Источниковедение и исторический генезис: Лекция по традиционному китайскому музыкальному театру. СПб., 2000.

Червова Н.А. Выдающийся мастер китайской книжной иллюстрации Чень Хун-шоу [1598-1652] // Пробл. востоковедения. 1960. № 4, с. 155-163.

Червова Н.А. Гу Юань: (Очерк жизни и творчества) М., 1960.

Червова Н.А. Из истории искусствознания в Китае // НАА. 1963. № 2, с. 137-148.

Червова Н.А. Из истории минской книжной гравюры // XIII НК ОГК. 1982. Ч. 1, с. 215-227.

Червова Н.А. Из истории сунской и юаньской книжной гравюры // XI НК ОГК. 1980. Ч. 1, с. 205-211.

Червова Н.А. Китайская книжная миниатюра // НАА. 1983. № 1, с. 89-96.

Червова Н.А. «Предложения относительно распространения искусств» Лу Синя // НАА. 1971. № 5, с. 91-98.

Червова Н.А. Современная китайская гравюра, 1931-1958. М., 1960.

Чжан Аньчжи. История китайской живописи. Ростов н/Д, 2008.

Чжань Янь. Китайский костюм эпохи Мин: орнамент, декоративные особенности и символика: Автореф. дис. канд. искусствоведения. М., 2003.

Чжоу Син. Живопись периода Сун (X-XII) и китайская народная картина няньхуа // Изв. РГПУ: Аспирант. тетради. 2008. № 26(60), с. 294-299.

Чжу Цзинсюань. Записи о прославленных

художниках династии Тан / Вступ., пер. и коммент. В.В. Малявина // НАА. 1989. № 6, с. 101-111.

Чжуан Цзяи, Не Чунчжэн. Китайская живопись — отражение истории: Пер. с кит. Пекин: Межконтинент. изд-во Китая, 2000.

Чэн Юйлин. Китайское искусство терракотовой скульптуры династии Хагь в стиле романтизма и «сеи» // Искусствознание и педагогика. СПб., 2008. Вып. 5, с. 96-102.

Чэнь Янь-цяо. Лу Синь и гравюра на дереве. М., 1956.

Шаренкова А.В. Некоторые особенности осмысления музыкального творчества в культуре Древнего Китая // Метафизика музыки и музыка метафизики. СПб., 2007, с. 185-196.

Шелестова Е.Н. О понимании «духа» в пейзажном искусстве Китая и Японии // Проблема человека в традиционных китайских учениях. М., 1983, с. 243-259.

Шмотикова Л.А. Классическая живопись Китая: Альбом. М., 1981.

Шнеерсон Г. Музыкальная культура Китая. М., 1952.

Шнейдеров В. Под небом древних пустынь: (Рассказ о путешествии советско-китайской киноэкспедиции). М., 1961.

Эйдлин Л.З. Мэй Лань-фан и «условность» китайского театра // Театр. 1960. № 12, с. 167-174.

Эйдлин Л.З. О великом артисте: К 75-летию Мэй Лань-фана // Театр. 1970. № 10, с. 141-145.

Эйдлин Л.З. Чунцинский цирк: [Гастроли в СССР] // Сов. цирк. 1960. № 10, с. 20-21.

Эйзенштейн С.М. Чет-нечет: раздвоение единого / Публ. и коммент. Н.И. Клеймана // Восток-Запад: Исследования. Переводы. Публикации. М., 1988. Вып. 3, с. 234-278, 8 л. ил. Послесл.: Иванов Вяч.В. Эйзенштейн и культуры Японии и Китая. С. 279-290.

Юткевич С. В театрах и кино свободного Китая: Записки советского режиссера. М., 1953.

Яковлев Е.Г. Искусство и мировые религии. М., 1977. [Из содерж.: Буддизм и искусство. С. 100-130].

Составитель В.П. Журавлева

年代表①

Ся 夏 约公元前 21 世纪–前 17 世纪
Шан-Инь 商殷 约公元前 17 世纪–前 11 世纪
Чжоу 周 前 1046–前 256
    Си Чжоу (Западная Чжоу) 西周 前 1046–前 771
    Дун Чжоу (Восточная Чжоу) 东周 前 770–前 256
        Чунь-цю (Вёсны и осени) 春秋时代 前 770–前 476
        Чжань-го (Сражающиеся царства) 战国时代 前 475–前 221
Цинь 秦 前 221–前 206
Хань 汉 前 206–220
    Си Хань (Западная Хань) 西汉 前 206–25
    Дун Хань (Восточная Хань) 东汉 25–220
Сань-го (Троецарствие) 三国 220–280
    Вэй 魏 220–265
    Шу 蜀 221–263
    У 吴 222–280
Цзинь 晋 265–420
    Си Цзинь (Западная Цзинь) 西晋 265–317
    Дун Цзинь (Восточная Цзинь) 东晋 317–420
Лю-чао (Шесть династий) 六朝 222–589
Нань-бэй-чао (Южные и Северные династии) 南北朝 420–589
    Нань-чао (Южные династии) 南朝 420–589
        Сун 宋 420–479
        Ци 齐 479–502
        Лян 梁 502–557
        Чэнь 陈 557–589
    Бэй-чао (Северные династии) 北朝 386–581
        Бэй Вэй (Северная Вэй) 北魏 386–534
        Дун Вэй (Восточная Вэй) 东魏 534–550
        Си Вэй (Западная Вэй) 西魏 535–556
        Бэй Ци (Северная Ци) 北齐 550–577
        Бэй Чжоу (Северная Чжоу) 北周 557–581
Суй 隋 581–618
Тан 唐 618–907
У-дай (Пять династий) 五代 907–960
    Хоу Лян (Поздняя Лян) 后梁 907–923
    Хоу Тан (Поздняя Тан) 后唐 923–936
    Хоу Цзинь (Поздняя Цзинь) 后晋 936–947
    Хоу Хань (Поздняя Хань) 后汉 947–950
    Хоу Чжоу (Поздняя Чжоу) 后周 951–960
Ши-го (Десять царств) 十国 902–979
Сун 宋 960–1279
    Бэй Сун (Северная Сун) 北宋 960–1127
    Нань Сун (Южная Сун) 南宋 1127–1279
Ляо (кидани) 辽 907–1125
Си Ся (тангуты) 西夏 1038–1227
Цзинь (чжурчжэни) 金 1115–1234
Юань 元 1206–1368
Мин 明 1368–1644
Цин 清 1616–1911
Китайская Республика 中华民国 1912–1949
Китайская Народная Республика 中华人民共和国 1949 年成立

---

① 本表为俄文原版表格，编译过程中，据《现代汉语词典》（第7版）"我国历代纪元表"及《辞海》（第7版）相关词条对本表表内文字及朝代时间进行了订正。——译者注

本卷作者名单

И.А. 阿利莫夫 Алимов И.А. （Алимов, Игорь Александрович）	风水	
Т.Б. 阿拉波娃 Арапова Т.Б. （Арапова, Татьяна Борисовна）	瓷器；画珐琅（"工艺珐琅"）	
Ц.Б. 巴德马扎波夫 Бадмажапов （Бадмажапов, Цогто Гармаевич）	造型艺术和建筑中的佛教风格（"佛教艺术"）	
В.Г. 别洛焦罗娃 Белозерова В.Г. （Белозерова Вера Георгиевна）	艺术传统；卷轴绘画的传统技艺；书法美学；家具；碑；笔法；王铎；王宠；翁方纲；文徵明（第二部分，与 М.Е. 克拉夫佐娃合著）；骨筋血肉；工笔；大足石刻；董其昌（第二部分）；邓散木；邓石如；任伯年；伊秉绶；康里崾崾；康有为（第二部分）；刻帖；李东阳；李瑞清；李骆公；临；林散之；刘墉（第二部分）；李邕（第二部分）；李阳冰；柳公权；罗振玉；毛泽东；米芾（第二部分）；米友仁（与 М.Е. 克拉夫佐娃合著）；墨法；摩崖；欧阳询；邢侗；宋克；孙过庭；苏轼（第二部分）；徐渭（第一部分）；鲜于枢；谭延闿；吴大澂；吴宽；吴昌硕；傅山；怀素；黄庭坚；黄绮；何绍基；蔡襄；蔡邕；卷；秦刻石；张瑞图；张隆延；张旭；张芝；张雨；赵孟頫（第三部分）；赵佶（第二部分）；赵之谦；智永；钟繇；祝允明；褚遂良；陈淳（与 М.Е. 克拉夫佐娃合著）；沙孟海；石鼓文；书体；沈尹默；二王；虞世南；于右任；永字八法；杨维桢；杨凝式；颜真卿；康有为（第二部分）	
А.Б. 瓦茨 Вац А.Б. （Вац, Алла Борисовна）	产生与发展（"舞蹈"）；龙舞；狮子舞	
Н.А. 维诺格拉多娃 Виноградова Н.А. （Виноградова, Надежда Анатольевна）	景观建筑；太庙（与 Н.Ю. 杰米多合著）；承德避暑山庄；十三陵；社稷坛（与 Н.Ю. 杰米多合著）	
Т.И. 维诺格拉多娃 Виноградова Т.И. （Виноградова Татьяна Игоревна）	《点石斋画报》（Д.Н. 华克生补充）；插图	
В.Б. 维诺格罗茨卡娅 Виногродская В.Б. （Вероника Брониславовна Виногродская）	茶文化（第一部分）	
Б.Б. 维诺格罗茨基 Виногродский Б.Б. （Виногродский, Бронислав Брониславович）	茶壶	
Д.Н. 华克生 Воскресенский Д.Н. （Воскресенский, Дмитрий Николаевич）	《点石斋画报》（与 Т.И. 维诺格拉多娃合著）	

И.В. 盖达 Гайда И.В. （Гайда, Ирина Владимировна）	新剧的产生，1949年以后的戏剧（第1、3部分）（"新剧"）；白峰溪；高行健；过士行；革命样板戏（与C.A. 谢罗娃、C.A. 托罗普采夫合著）；徐晓钟；夏衍（与Л.A. 尼科利斯卡娅、C.A. 托罗普采夫合著）；田汉；洪深；曹禺；金山；焦菊隐；沙叶新；阳翰笙；侯孝贤
Д.Г. 格拉韦娃 Главева Д.Г. （Главева Диана Георгиевна）	传统绘画美学（与А.И. 科布杰夫、М.А. 涅格林斯卡娅根据Е.В. 扎瓦茨卡娅的著作整理编撰）
В.Ц. 戈洛瓦切夫 Головачёв В.Ц. （Головачёв, Валентин Цуньлиевич）	歌仔戏；郎世宁（第二部分）
Н.Ю. 杰米多 Демидо Н.Ю. （Демидо Нина Юрьевна）	建筑艺术；安济桥；宝塔；北京；故宫；斗拱；《营造法式》；颐和园；《考工记》；孔庙；牌楼；四合院；须弥座；太庙（与Н.А. 维诺格拉多娃合著）；天坛；九龙壁；秦始皇陵；阙；长城；社稷坛（Н.А. 维诺格拉多娃补充）；《园冶》；洋风
С.В. 德米特里耶夫 Дмитриев С.В. （Сергей Викторович Дмитриев）	敦煌石窟
В.Е. 叶列梅耶夫 Еремеев В.Е. （Еремеев Владимир Евстигнеевич）	音乐（补充）；律（参与创作）
Д.В. 叶尔绍夫 Ершов Д.В. （Ершов, Дмитрий Викторович）	玉雕；玉衣
А.Н. 热洛霍夫采夫 Желоховцев А.Н. （Алексей Николаевич Желоховцев.）	音乐（В.Е. 叶列梅耶夫补充）；实用造型艺术、建筑和音乐（与А.И. 科布杰夫、М.Е. 克拉夫佐娃、М.А. 涅格林斯卡娅、Б.Л. 李福清、С.Н. 索科洛夫－列米佐夫合著）；李延年；刘诗昆；马思聪；聂耳；冼星海；赵元任；朱践耳
Е.В. 扎瓦茨卡娅 Завадская Е.В. （Завадская, Евгения Владимировна）	传统绘画美学（据其著作整理编撰）
Е.А. 扎维多夫斯卡娅 Завидовская Е.А. （Завидовская Екатерина Александровна）	梆子调；评剧；莆仙戏；西皮；谭鑫培；曲牌；二黄；余三胜；粤剧；越剧；秧歌
Ю.М. 伊利亚欣 Иляхин Ю.М.（Юрий Иляхин）	京剧
М.В. 伊萨耶娃 Исаева М.В. （Исаева, Марина Валентиновна）	律（与А.М. 高辟天合著，В.Е. 叶列梅耶夫参与创作）
А.М. 高辟天 Карапетьянц А.М. （Карапетьянц, Артемий Михайлович）	律（与М.В. 伊萨耶娃合著，В.Е. 叶列梅耶夫参与创作）

中国精神文化大典

艺术卷

А.И. 科布杰夫 Кобзев А.И. （Кобзев, Артём Игоревич）	内容与形式，复古与创新（与 Г.А. 特卡琴科合著）；在世界汉学中的反映；概念（"传统绘画概念和理论"）；传统绘画美学（与 Д.Г. 格拉韦娃、М.А. 涅格林斯卡娅据 Е.В. 扎瓦茨卡娅的著作整理编撰）；传统与创新（"舞蹈"，С.А. 谢罗娃补充）；木偶戏，影戏，木偶戏的历史地位（"木偶戏和影戏"，В.В. 马良文补充）；杂技（В.В. 科什金补充）；烹饪和餐桌艺术（与 В.В. 马良文合著）；实用造型艺术、建筑和音乐（与 А.Н. 热洛霍夫采夫、М.Е. 克拉夫佐娃、М.А. 涅格林斯卡娅、Б.Л. 李福清、С.Н. 索科洛夫－列米佐夫合著）；传统戏剧（"舞台艺术与屏幕艺术"，与 С.А. 谢罗娃合著）；李焕之；梁思成（与 М.А. 科兹洛娃合著）；胡正言；《唱论》（与 В.Ф. 索罗金合著）；春画
М.А. 科兹洛娃 Козлова М.А. （Козлова, Мария Алексеевна）	梁思成（与 А.И. 科布杰夫合著）
В.В. 科什金	杂技（与 А.И. 科布杰夫合著）
М.Е. 克拉夫佐娃 Кравцова М.Е. （Кравцова, Марина Евгеньевна）	佛教造型艺术的佛像规范（"佛教艺术"）；玉；青铜器；陶器；漆器；丝绸；服饰；金银；玻璃（与 М.А. 涅格林斯卡娅合著）；实用造型艺术、建筑和音乐（与 А.Н. 热洛霍夫采夫、А.И. 科布杰夫、М.А. 涅格林斯卡娅、Б.Л. 李福清、С.Н. 索科洛夫－列米佐夫合著）；八宝；辟邪；望都墓；王蒙；王希孟；王庭筠；王诜；韦偃；文人画；文徵明（第二部分，与 В.Г. 别洛焦罗娃合著）；高克恭；郭熙；关仝；鬼神画；顾恺之（第二部分）；顾闳中；戴进；董其昌（第一部分）；董源（第二部分）；任仁发；蓝瑛；李冰石像；李公麟；李唐；李昭道；李成；洛阳；刘胜墓；马王堆；马麟；马远；米芾（第一部分）；米友仁（与 В.Г. 别洛焦罗娃合著）；墨梅（第一部分）；墨竹；牧溪（与 М.А. 涅格林斯卡娅合著）；三星堆；宣德画院；许道宁；徐熙；夏圭；唐寅（第二部分）；吴道子；武宗元；吴镇；范宽；韩幹；韩滉；霍去病墓；黄公望；黄筌；画院；荆浩；镜子；曾侯乙墓；巨然；清四王；崔白；仇英（第二部分）；钱选；钱树；长安；张萱；张择端；展子虔；赵孟頫（第二部分）；周昉（第二部分）；竹林七贤与荣启期砖画；中山国的艺术；楚国的艺术；陈淳（与 В.Г. 别洛焦罗娃合著）；狮子；沈周；二里岗；玉涧；永泰公主墓；扬州八怪；阎立本
М.Е. 库兹涅佐娃－费季索娃 Кузнецова Фетисова М.Е. （Кузнецова-Фетисова Марина Евгеньевна）	殷商艺术
В.В. 马良文 Малявин В.В. （Малявин, Владимир Вячеславович）	木偶戏，影戏，木偶戏的历史地位（"木偶戏和影戏"，与 А.И. 科布杰夫合著）；烹饪和餐桌艺术（与 А.И. 科布杰夫合著）；劲
Д.Е. 马尔蒂诺夫 Мартынов Д.Е. （Мартынов, Дмитрий Евгеньевич）	康有为（第一部分）
А.А. 马斯洛夫 Маслов А.А. （Маслов, Алексей Александрович）	武术（与 А.Г. 尤尔克维奇合著）；形意拳

А.О. 米良纽克 Милянюк А.О. （Милянюк Андрей Олегович）	太极拳
М.А. 涅格林斯卡娅 Неглинской М.А. （Неглинская Марина Александровна）	传统绘画美学（与 Д.Г. 格拉韦娃、А.И. 科布杰夫根据 Е.В. 扎瓦茨卡娅的著作整理编撰）；当代视觉艺术；发展阶段（"工艺美术与工艺品"）；錾胎珐琅和景泰蓝（"工艺珐琅"）；珠宝首饰；玻璃（与 М.Е. 克拉夫佐娃合著）；实用造型艺术、建筑和音乐（与 А.Н. 热洛霍夫采夫、А.И. 科布杰夫、М.Е. 克拉夫佐娃、Б.Л. 李福清、С.Н. 索科洛夫－列米佐夫合著）；波臣派（与 В.Л. 思乔夫合著）；王致诚；王家卫（与 С.А. 托罗普采夫合著）；如意馆；牧溪（与 М.Е. 克拉夫佐娃合著）；钟表；中国风；圆明园
Л.А. 尼科利斯卡娅 Никольской Л.А. （Никольская Лидия Александровна）	宋之的；夏衍（与 И.В. 盖达、С.А. 托罗普采夫合著）
И.Е. 佩特鲁什金 Петрушкин И.Е. （Игорь Евгеньевич Петрушкин）	茶文化（第二部分）
И.Ф. 波波娃 Попова И.Ф. （Попова, Ирина Фёдоровна）	外销画；民俗画
Б.Л. 李福清 Рифтин Б.Л. （Рифтин, Борис Львович）	实用造型艺术、建筑和音乐（与 А.Н. 热洛霍夫采夫、А.И. 科布杰夫、М.Е. 克拉夫佐娃、М.А. 涅格林斯卡娅、С.Н. 索科洛夫－列米佐夫合著）；阿理克——第一位收藏年画的学者；年画
Б.П. 雷奇洛 Рычило Б.П. （Борис Петрович Рычило）	王府（与 М.В. 索恩采夫合著）；卢沟桥（与 М.В. 索恩采夫合著）
К.Ф. 萨莫秀克 Самосюк К.Ф. （Самосюк Кира Фёдоровна）	理论（"传统绘画概念和理论"）；《历代名画记》；《图画见闻志》
С.А. 谢罗娃 Серова С.А. （Серова Светлана Андреевна）	传统与创新（"舞蹈"，与 А.И. 科布杰夫合著）；传统戏曲；传统戏剧（"舞台艺术与屏幕艺术"，与 А.И. 科布杰夫合著）；汪笑侬；革命样板戏（И.В. 盖达、С.А. 托罗普采夫补充）；梅兰芳；周信芳；程砚秋
С.Н. 索科洛夫－列米佐夫 Соколовым-Ремизовым С.Н. （Соколов-Ремизов Сергей Николаевич）	实用造型艺术、建筑和音乐（与 А.Н. 热洛霍夫采夫、А.И. 科布杰夫、М.Е. 克拉夫佐娃、М.А. 涅格林斯卡娅、Б.Л. 李福清合著）；造型艺术；顾恺之（第一部分）；董源（第一部分）；李可染；李思训；梁楷；倪瓒（与 В.Л. 思乔夫合著）；潘天寿；四君子；徐悲鸿；傅抱石；黄宾虹；蒋兆和；齐白石；赵佶（第一部分，与 В.Л. 思乔夫合著）；周昉（第一部分）；朱耷（第二部分）；郑燮（与 В.Л. 思乔夫合著）；石涛（与 В.Л. 思乔夫合著）；于非闇
М.В. 索恩采夫 Солнцев М.В. （Солнцев, Вадим Михайлович）	王府（与 Б.П. 雷奇洛合著）；卢沟桥（与 Б.П. 雷奇洛合著）
В.Ф. 索罗金 Сорокиным В.Ф. （Владислав Федорович Сорокин）	《唱论》（与 А.И. 科布杰夫合著）

В.Л. 思乔夫 Сычев В.Л. （Вадим Львович Сычев）	波臣派（与 M.A. 涅格林斯卡娅合著）；边维祺；边景昭；王维；王翚；汪士慎；王原祁；文徵明（第一部分）；改琦；高翔；高凤翰；高其佩；管道升；大小米；郎世宁（第一部分）；娄东派；罗家梅派；刘墉（第一部分）；明四家；没骨派；墨梅（第二部分）；缪嘉蕙；南北宗；倪瓒（与 С.Н. 索科洛夫－列米佐夫合著）；西泠八家；新安派；苏轼（第一部分）；四僧；四才子；徐渭（第二部分）；项元汴；小四王；唐寅（第一部分）；吴派；邢上五朱；后四王；黄山派；华喦；金陵八家；金农；清末三大家；清初六大家；仇英（第一部分）；乾隆；张问陶；赵伯驹；赵孟頫（第一部分）；赵佶（第一部分，与 С.Н. 索科洛夫－列米佐夫合著）；周文矩；朱耷（第一部分）；郑燮（与 С.Н. 索科洛夫－列米佐夫合著）；浙派；石涛（与 С.Н. 索科洛夫－列米佐夫合著）；沈铨；元四家；恽寿平
А.Э. 捷列霍夫 Терехов А.Э. （Антон Эдуардович Терехов）	龙
Г.А. 特卡琴科 Ткаченко Г.А. （Ткаченко Григорий Александрович）	内容与形式，复古与创新（与 А.И. 科布杰夫合著）
С.А. 托罗普采夫 Торопцев С.А. （Торопцев Сергей Аркадьевич）	电影；电影艺术；王家卫（M.A. 涅格林斯卡娅补充）；革命样板戏（与 С.А. 谢罗娃、И.В. 盖达合著）；阮玲玉；李安；李白纪念园；李行；李小龙；李翰祥；谢晋；孙瑜；夏衍（与 Л.А. 尼科利斯卡娅、И.В. 盖达合著）；费穆；胡金铨；姜文；张艺谋；张石川；钟惦棐；郑正秋；陈凯歌；水华；袁牧之
Р.Г. 沙皮罗 Шапиро Р.Г. （Роман Георгиевич Шапиро）	中国南方木偶戏和影戏传统（"木偶戏和影戏"）；1949 年以后的戏剧（第二部分）（"新剧"）
Е.К. 舒伦诺娃 Шулунова Е.К. （Шулунова Евгения Константиновна）	话剧（"舞台艺术与屏幕艺术"）；孟京辉
А.Г. 尤尔克维奇 Юркевич А.Г. （Юркевич Александр Геннадьевич）	武术（与 А.А. 马斯洛夫合著）

主要参考文献——В. П. 茹拉夫列娃
中国南方木偶戏和影戏、武术、茶文化、太极拳、京剧的补充参考文献——А. И. 科布杰夫

人名索引——В. Л. 思乔夫
版本样式设计——А. И. 科布杰夫

插图选编——В. Г. 别洛焦罗娃；В. Е. 叶列梅耶夫；М. Е. 克拉夫佐娃；А. И. 科布杰夫；М. А. 涅格林斯卡娅；С. А. 托罗普采夫

本卷索引——В. Б. 维诺格拉茨卡娅；Д. Г. 格拉韦娃；Н. Ю. 杰米多；В. Е. 叶列梅耶夫；Е. А. 卡缅涅娃；И. П. 卡列津娜；Н. Л. 克瓦尔塔洛娃；Р. И. 科托娃；А. А. 索洛维约娃；А. С. 费多托娃

（佟宝慧译）

中国精神文化大典 艺术卷

北京天安门广场

宫殿和庙宇建筑的装饰元素

泰山上的庙宇

万寿山之巅的宝云阁和佛香阁（颐和园）

瘦西湖小金山钓鱼台（扬州）

何园池边的凉亭（扬州）

私家园林中的海棠门（中国南方）

北海公园静心斋小玉带桥

颐和园宝云阁（北京）

北海公园静心斋（北京）

寄畅园的凉亭（无锡）

"园中园"——颐和园中的谐趣园（北京）

环秀山庄的"石景"（苏州）

圆明园建筑群景观

（纸本，铜版画，朱塞佩·伽斯底里奥内，即郎世宁绘）

《观世音菩萨毗沙门天王像》
(纸本,设色,五代时期)

阿弥陀佛造像碑
（河北派，6世纪）

释迦牟尼佛造像碑
（山西派，6世纪）

禅定佛像（局部）
（彩塑，敦煌莫高窟第259窟，北魏时期）

观音像
（重庆市大足石刻，晚唐五代）

文殊菩萨
（彩塑，山西佛光寺，唐代）

阿弥陀佛
（彩塑，山西隰县小西天，明代）

千手观音
（彩塑，山西双林寺，明代）

敦煌莫高窟第 427 窟的雕塑和壁画（隋代）

敦煌莫高窟第 285 窟壁画《五百强盗成佛因缘故事》（局部）（西魏）

敦煌莫高窟第 428 窟壁画（局部）（北周）

敦煌莫高窟第 272 窟壁画（局部）（北凉）

东方阿閦佛（局部）
（金装、绘彩，山西上华严寺，明代）

青铜人头像

(四川三星堆,商代)

女铜人
（青铜器，西周）

人面纹方鼎（大禾方鼎）
（青铜器，商代）

折觥
（青铜器，西周）

亻朕匜
（青铜器，西周）

伯各卣
（青铜器，西周）

牛尊
（青铜器，西周）

透雕龙虎饰谷粒纹玉璧
（玉雕，东周）

玉飞天
（玉雕，唐宋时期）

玉蝉（玉雕，汉代）

玉舞人（玉雕，汉代）

花形杯（玉雕，清代）

彩绘陶鬲和彩绘四系陶罍（夏家店下层文化）

曲折雷纹白陶罍（商代）

涡纹彩陶罐（马家窑文化）

白陶鬶（大汶口文化）

神兽尊（青瓷，西晋）

四神纹彩绘带盖陶壶（西汉）

青釉刻花倒灌壶（耀州窑，北宋）

唐三彩双峰骆驼俑

五彩鱼藻纹盖罐（明代）

粉彩象驮宝瓶（瓷塑，清乾隆时期）

达摩渡海像（瓷塑，德化窑，明代）

绿彩花卉纹瓷盘
（景德镇窑，18世纪初叶，俄罗斯国立艾尔米塔什博物馆藏）

黄地粉彩双耳炉
（景德镇窑，清代）

欧洲风格画碟
（珐琅彩画、铜胎，广州作坊，18世纪初叶，俄罗斯国立艾尔米塔什博物馆藏）

粉彩婴戏图尊
（清乾隆时期）

粉彩百鹿图双耳尊
（清乾隆时期）

仿定窑白釉印花蕉叶纹花觚
（清雍正时期）

豇豆红釉太白尊
（清康熙时期）

青花海水龙纹碗
（景德镇窑，16世纪，俄罗斯国立艾尔米塔什博物馆藏）

"陈鼎和"款东坡提梁壶
（宜兴紫砂，20世纪初叶）

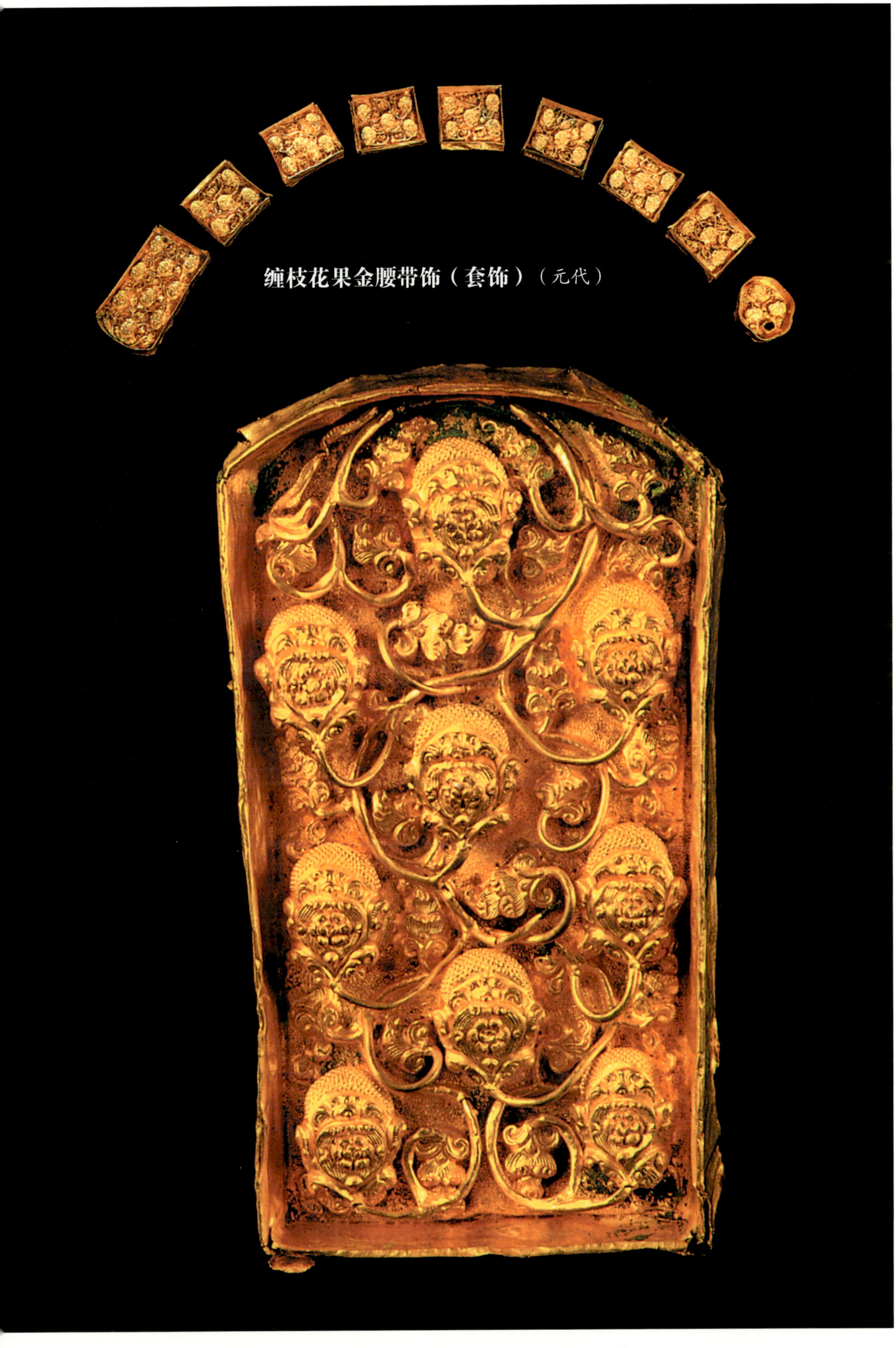

缠枝花果金腰带饰（套饰）（元代）

兽形金带钩（战国时期）

凤纹金坠饰（錾刻，明代）

金蝉玉叶（雕琢、錾刻，明代）

"羽人驭龙"金饰（焊珠工艺，东晋）

龙形金片饰（焊珠工艺，东汉）

金兽(西汉)

"文王访贤"金带饰(錾刻,元代)

和合人形金耳环(明代)
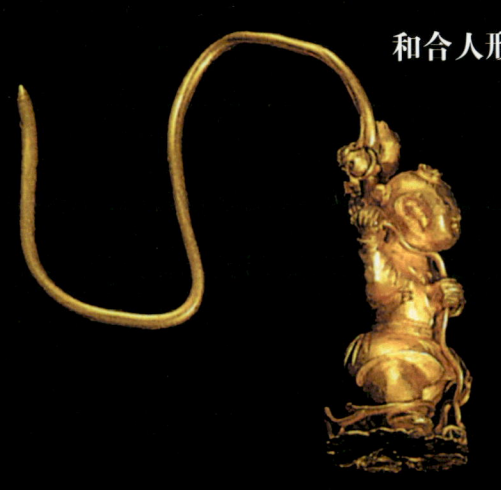

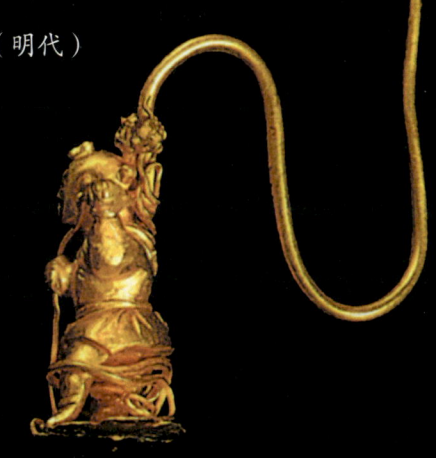

点翠钿子
(黄色金属,翠羽,镶嵌,清代)

嵌珊瑚珠银手镯(清代)

铜胎掐丝珐琅烛台（清代）

御制铜胎掐丝珐琅缠枝莲纹大英雄双联瓶
（清乾隆时期）

铜胎掐丝珐琅蟠螭狮纹
（贲巴瓶，清代）

掐丝珐琅喜鹊摆件（清代）

铜胎掐丝珐琅"一路连科"纹龟鹤形三足双耳大香炉（清代）

铜胎掐丝珐琅缠枝葡萄纹
（兽耳簋，明代）

铜胎掐丝珐琅缠枝莲纹
（玉壶春瓶，明代）

铜胎掐丝珐琅花鸟纹象足熏炉
（清乾隆时期）

彩绘云鸟纹漆圆盆（秦代）

漆方耳耳杯（楚国）

曾侯乙墓漆木衣箱（公元前5世纪后半叶）

剔彩龙凤纹圆盆（明代）

剔彩花卉纹盏托（明代）

剔彩笔筒（17世纪）

琉璃三足香炉（清乾隆时期）

黄料雕花方盘（清代）

白料加彩螭龙缠枝花卉包袱瓶
（清乾隆时期）

宝石红色琉璃瓶（清中晚期）

金佛塔（清代）

球路双鸟纹锦夹袍（北宋）

缂丝花鸟纹织品（元代）

武官官补绣兽图案（明代）

缂丝花鸟纹织品
（11—12世纪）

紫檀雕花书案（清中期）

顾闳中《韩熙载夜宴图》(局部)

(绢本,设色,五代时期)

红木嵌云石靠背椅(20世纪初叶)

红木雕花套凳（清代）

雕漆龙纹柜（清乾隆时期）

檀木雕花大四件柜（清乾隆时期）

嵌螺钿双门小橱（明代）

浮雕龙纹官皮箱（明代）

紫檀明珠宝盒（清代）

剔红八仙祝寿挂屏（清乾隆时期）

储秀宫的内部布置（清末）
（北京故宫）

沈周《杖藜远眺图》
（山水小品，纸本，设色）

仿古端砚

（20世纪初叶）

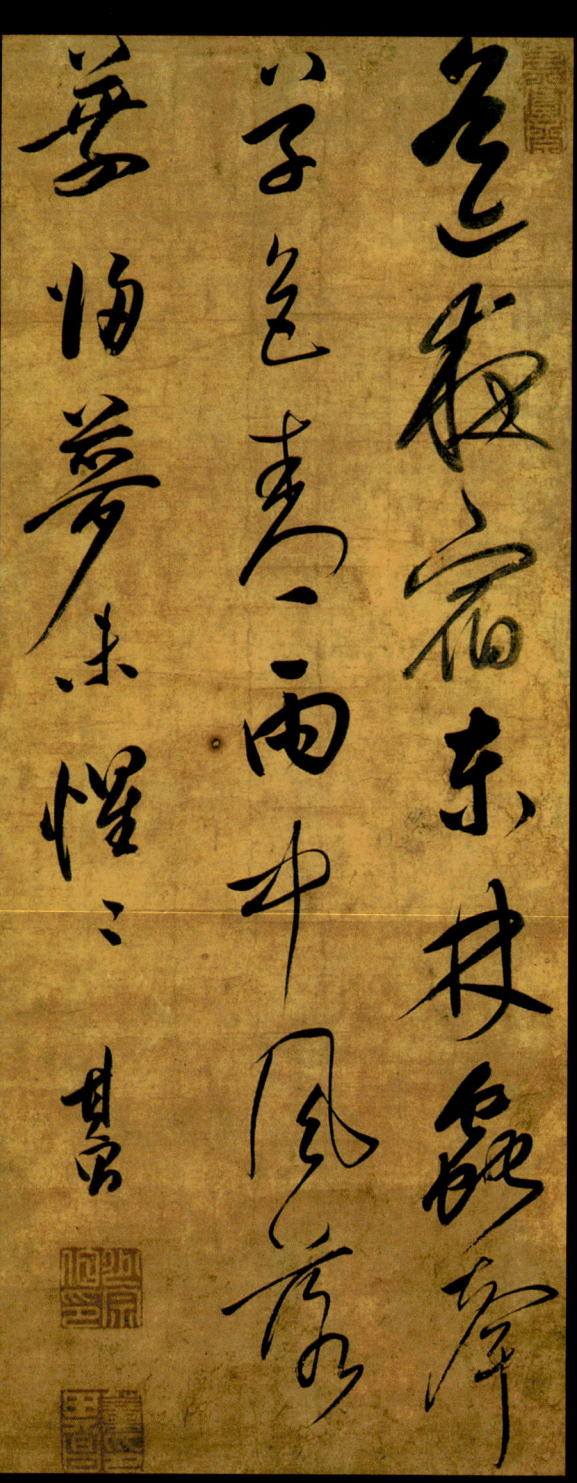

董其昌《五绝诗轴》

（行书，纸本）

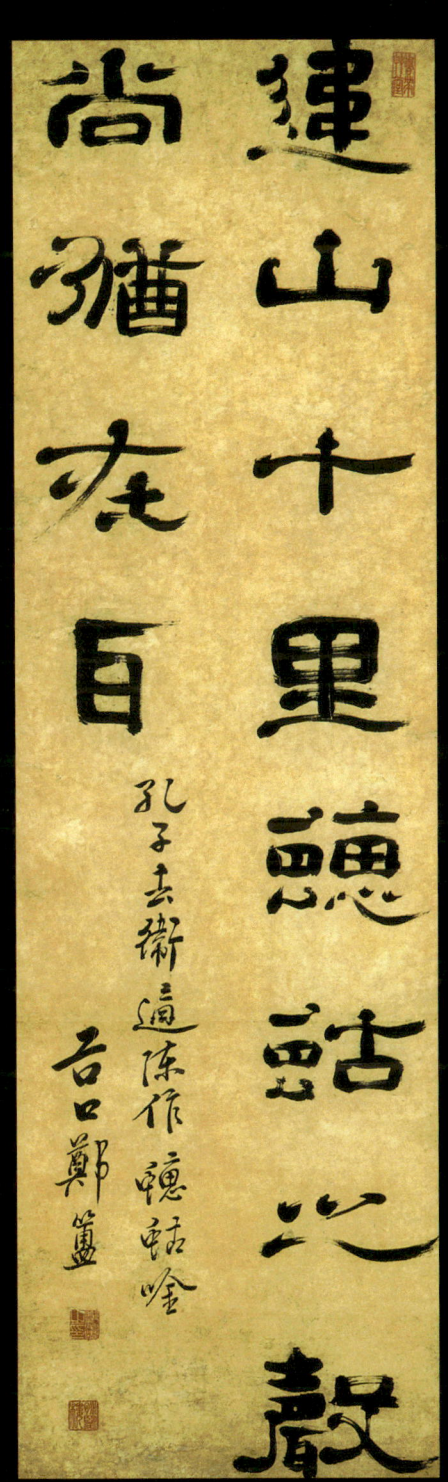

郑簠书法轴
（隶书，纸本）

印章
（装饰用石，雕刻、篆刻，从上到下：
1.晋代；2、3.清代）

米万钟草书扇面（纸本）

金农隶书轴（绢本）

沈尹默行书联（纸本）

吴大澂篆书轴（纸本）

邓石如隶书扇面（绢本）

巨然《秋山问道图》
（绢本，水墨）

高克恭《春山欲雨图》（局部）
（绢本，墨笔，淡设色）

许道宁《秋江渔艇图》（局部）
（绢本，水墨，淡设色）

荆浩《匡庐图》
（绢本，水墨，设色）

吴镇《渔父图》（局部）
（绢本，水墨）

夏圭《临流抚琴图》
（绢本，水墨，淡设色，南宋）

李成《瑶峰琪树图》（绢本，水墨，设色）

李唐《采薇图》（绢本，水墨，设色）

马麟《静听松风图》

（绢本，水墨，设色，南宋）

吴历《岑蔚居产芝图》
（纸本，水墨，设色）

郎世宁与乾隆《临项圣谟雪景》
(绢本,水墨)

石涛山水册页
(纸本,水墨,设色)

王原祁《仿倪瓒山水图》
（纸本，水墨，设色）

文徵明《古木寒泉图》
（绢本，水墨，设色）

王时敏《杜甫诗意图》
（纸本，水墨，设色）

王翚《春山飞瀑图》
（纸本，设色）

髡残《报恩寺图》
（纸本，水墨，设色）

蓝瑛《华岳高秋图》（绢本，水墨，设色）

韩幹《照夜白图》（纸本，水墨，淡设色，唐代）

赵孟頫《红衣罗汉图》
（纸本，水墨，设色）

任仁发《九马图》（局部）
（绢本，水墨，设色）

仇英《汉宫春晓图》
（绢本，水墨，设色）

文徵明《真赏斋图》
（纸本，水墨，设色）

唐寅《四美图》　　　　　　　**冷枚《雪艳图》**
（绢本，水墨，设色）　　　　　（绢本，水墨，设色）

崔白《寒雀图》（局部）
（绢本，水墨）

恽寿平《牡丹图》（局部）
（绢本，水墨，设色）

马远《倚云仙杏图》
（绢本，水墨，设色，南宋）

赵孟頫《幽篁戴胜图》
（纸本，水墨，设色）

牧溪《竹鹤图》（三轴画部分）

（绢本，水墨，设色，南宋）

吕纪《雪梅锦鸡图》（绢本，设色）

林良《山茶白羽图》(绢本,设色)

恽寿平花鸟图册页
（绢本，水墨，设色）

王冕《南枝春早图》
（纸本，水墨）

徐渭《墨竹图》（纸本，水墨）

任伯年《紫藤翠鸟》
（纸本，水墨，设色）

郎世宁《花鸟图》轴
（绢本，设色）

齐白石《葫芦》（纸本，水墨，设色）

孙其峰《春在枝头》

（纸本，水墨，设色，1988）

吴冠中《玉龙山下古柏》

（纸本，水墨，1984）

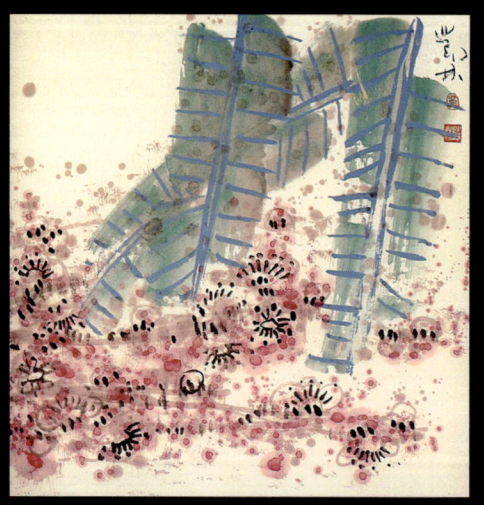

邓林《芭蕉梅花》

（纸本，水墨，设色，1990）

林风眠《裸女》

（纸本，水墨，设色，1955）

吴作人《双牦图》

（纸本，水墨，1990）

李可染《西风旋落叶》

（纸本，水墨，设色，1989）

黄岩《夏季山水》纹脸

（照片，2005）

年画《武门神》

(套版彩绘,佛山,19世纪末—20世纪初,李福清藏)

《磐河大战》

(长篇小说《三国演义》中的一个情节,套版彩绘,杨柳青,19世纪末—20世纪初,萨拉托夫拉吉舍夫艺术博物馆藏)

《新刻天津紫竹林跑自行洋车》

(套版彩绘,杨柳青,19世纪末—20世纪初,圣彼得堡俄罗斯民族学博物馆藏)

长篇小说《红楼梦》中的两个场景
（套版彩绘，杨柳青，19世纪末—20世纪初，萨拉托夫拉吉舍夫艺术博物馆藏）

《赵彦求寿》
（套版彩绘，杨柳青，1908年，萨拉托夫拉吉舍夫艺术博物馆藏）

《芥子园画传》经典木刻版插图

俄罗斯科学院东方手稿研究所藏民俗画

此中国石匠之图其人自学成手艺专钻石人石马各样走兽等多係王公伯一二品大员家故後坟地两傍站石人石马石羊等类以留後世羡慕也

雕刻石像

堆山石

镀金

卖乐谱
制作木版画
绣补服

卖法帖
造景泰蓝
刻版

戏剧《寒江关》中的一个场景
(套版彩绘,杨柳青,1904—1905年,
喀山大学民族学博物馆藏)

《取桂阳》,长篇小说《三国演义》中的一个情节
(套版彩绘,杨柳青,1904—1905年,
喀山大学民族学博物馆藏)

乐师和舞者
（永乐宫壁画，元代）

顾闳中《韩熙载夜宴图》侍女局部（绢本，水墨，设色）

彩绘散乐图浮雕（五代）

散乐图（宣化辽墓壁画）

元代杂剧演出场景（摹绘，取材于山西洪洞明应王殿壁画）

清人绘"明人演戏图"

郑长符绘传统戏曲人物

曹操

姚期

阎惜姣与张文远

专诸

焦赞与杨排风

白素贞

戏曲《狸猫换太子》场景

京剧角色

戏曲《西厢记》场景

京剧角色

戏曲《白蛇传》场景

戏曲《杨门女将》场景

戏曲《拾玉镯》场景

张艺谋导演的电影《英雄》中的秦王（陈道明饰演）

李安导演的电影《卧虎藏龙》中的俞秀莲（杨紫琼饰演）

张艺谋导演的电影《满城尽带黄金甲》中的王后和大王（巩俐和周润发饰演）

电影博物馆中的陈列品
（北京）

电影《霸王别姬》镜头
（1993）

电影博物馆中的陈列品
（北京）

电影《儿子的大玩偶》镜头
（1983）

电影《原野》镜头
（1988，据曹禺剧本改编）

电影《秦颂》镜头
（1996）

电影《十面埋伏》镜头
（2004）

电影导演吴天明

2005年的女演员田华
（1950年出演电影《白毛女》）

电影艺术的革新者、
导演张艺谋

演员和电影导演姜文

国家出版基金项目
NATIONAL PUBLICATION FOUNDATION

ДУХОВНАЯ КУЛЬТУРА КИТАЯ

ЭНЦИКЛОПЕДИЯ

ИСКУССТВО

主 编：
М.Л.季塔连科　　А.И.科布杰夫
С.А.托罗普采夫　　В.Е.叶列梅耶夫
С.М.阿尼克耶娃　　М.А.涅格林斯卡娅
А.Е.卢基扬诺夫

译 者：
王志耕　李春雨　周立新　刘玉颖　张　猛　王玉珠
姜　敏　许　力　白　雪　佟宝慧

译 校：王志耕

中国精神文化大典

艺术卷

四川大學出版社
SICHUAN UNIVERSITY PRESS

中

己部 程式类艺术

中国精神文化大典

武　术

特征概要

中国武术是世界文化中一种独特的现象。这一概念不仅指称运用器械或徒手格斗技巧，以及掌握这些技巧的方法，还包含了复杂的文化和精神现象。依据西方世界观的标准，其中许多属于不可比拟的文化实践层面，大多与搏击艺术范畴没有直接关系。同时，在中国，这一概念又涵盖了某些提升自我素养和训练身心的方法，与原始狩猎、搏击术有明确联系的祭祀舞蹈、传统戏剧和杂技表演中的舞蹈—技巧性节目，由节日游行参与者完成的器械操练，以强身健体为目的的综合练习，以及体育项目——体操和一对一搏斗。尽管武术的表现形式多样，但从广义上讲，它们几乎都与仪式有关——都是作为一种调节人与周围环境、人与人之间关系，以及协调内心世界的一种手段。

在大多数文化中，武术的仪式—组织功能随着文明的发展已经退居次要位置，具有阶级性或狭隘的专业性。例如，和兵器相关的行为规范与礼仪成为欧洲的贵族、日本的武士、俄罗斯的哥萨克，以及其他国家军旅阶层的专有属性。而在中国的古代、近代以至现代，有相当一部分人或多或少在从事多种形式的武术练习，而不仅限于实战性质的格斗，因此武术的仪式—组织功能在各个社会阶层和文化领域得到了发挥。有赖于武术的固定场馆体系，其传统得以传承，虽然这些场馆的生存方式一代一代在不断改变，但它们已经成为传播传统文化和精神价值、树立行为规范的重要渠道。融合民俗、神话、文学，以及武术实践的交互性和哲学沉思的特点，一种特殊的亚文化得以形成。它成为中华民族鲜活历史记忆的独特形式，成为中华民族文化的模型。武术的这一作用很大程度上是由于中国人世界观的特殊性，根据这种世界观，中国人在对立的宇宙原则的相互作用下确立了自然和文化现象的多样性。这种多样性在社会上的投影之一，表现在"文"与"武"两种范畴的根本对立上。最宽泛意义上的"文"（"文化""文学""文本""文字"等）指的是文化秩序原则协调人类生活与宇宙之间的联系，特别是哲学经典、文学、诗歌以及书法艺术、礼仪等方面的知识，而这些是"君子"依照古代"圣明"的统治者所传承下来的天道模式参与社会组织所必需的。

搏击舞蹈

"文"作为一种文明的"民事"原则，与其对立的是"军事"原则——武，意味着搏斗、战斗、战争和暴力。武从属于文，它的破坏性力量应当指向那些阻挠文化发展的因素，这就是"文武相辅"的理论，也即"文/民事"与"武/军事"两大原则彼此协调的相互作用。周朝统治者、"圣明君主"成王曾说过："文武俱行，威德乃成。""文武相辅"的思想决定了人们把搏击艺术视为一种神圣的价值，一种通过其最基本的方面获得存在基础的方式。至少从中世纪起，武术就被认为是一种神圣的技能，而掌握武术则被认为是通往存在深处和获得超自然能力的路径。

中国搏击艺术现象具有以下几个特点：①包括许多现象，远远超出使用冷兵器或徒手进行战斗的技能，即武术本身；②具有一般文化而非阶级专业性质的仪式—组织视角；③与决定世界和人类命运的崇高力量之宗教仪式相结合。

与所有中国文化一样，武术走过了漫长的发展与变革道路，并且远没有结束——武术仍旧是一种在中国和海外华人聚居地拥有文化基础的鲜活传统。

总体名称

在西方文化中根深蒂固的"搏击艺术"（martial arts），在中国文化中也可以找到其直接的对应词。这一法英词组或许可以翻译成"武术"，该术语自20世纪80年代起就在中国境外流行。汉字"武"的意思是"军事、英勇、暴力、暴烈、好战"（比较：martial spirit——"尚武精神"），这些义项囊括了广义上的"尚武/武力"所代表的领域——从单打独斗到搏击技艺和刑罚。与西方类似术语一样，"武术"与表示战争的理论和实践的"搏击艺术"有间接关系，它的语义场中只有一部分包含了搏击行为（比较：英语martial law——"戒严"，汉语"武官""武艺")的义项，但是在语言学和文化学上，它都与艺术世界密切相关。汉字"术"意为"技术、技能、手艺、艺术、方法、技巧"，作为类属词素构成了艺术、科学、技术技能的名称（战术、算术、医术），其中包括与艺术技能有关的名称（美术）。"术"与"艺"（"才能、艺术、技艺、技巧、能力"）组合，形成了现代术语"艺术"。因此，西方和中国的"搏击艺术"概念都与一种崇高的、文化上重要的、具有审美意义的技艺观念相关联。

如果说在西方文化中，搏击艺术的美学化是通过对骑士（军事）功绩的艺术诠释传统及随后数代击剑艺术与贵族阶层活动的联系而得到巩固，那么在中国历史上，武术与传统创作形式之间的联系要直接得多。它不仅表现在有关武术大师的源远流长的传说中，也表现在那些对英雄的战斗和武艺进行艺术描述的文学作品中。古代礼仪性的武术舞蹈，在戏剧演出和民间节庆时使用器械进行的无声表演，使用器械或不用器械完成的程式化训练套路（在竞技场合完成的这种表演会得到技术造诣和艺术表现力两方面的评价）——这些都只是最明显的，远远不能穷尽武术美学之内涵。

在中世纪，指称中国搏击艺术的专有名词有将近30种。公元3世纪，出现了第一个通用名称——武艺，该名词的第二个字"艺"接近"高雅艺术"的概念。这样一来，这一领域已经超出了单纯的搏击技艺或粗浅的娱乐的范畴。公元3—5世纪，"武术"作为"武艺"的同义词被使用，该名词直到20世纪才成为一个总括性的专有名词。该概念与"搏击原理/战斗精神"（"武"）作为某种神圣的"艺术"（"术"）的实现有关，而这种"艺术"本身又从属于道术，也即信奉"道"的先贤所具有的神秘能力。"武术"成为"道术"的身体显现。

在公元第一个千年，拳术还没有进入"高超技艺"的范畴。然而到了第二个千年的后半期，"拳"开始被视为搏击艺术的标志。这是因为从16世纪开始，徒手格斗技术被视为使用器械的习武者需要掌握的基本技术。

大约从17世纪开始，搏击艺术的通用名称变成了"功夫"。该词的古老含义为"时间"以及"运用独特技艺完成的长时间工作"。从11世纪起，理学中的"功夫"被认为是一种导向精神上的自我实现、自我启示和内心觉悟的道德力量。在民间文化中，"功夫"是一种普遍的品质——在一件事情中获得功夫之后，它可以被运用于生活的所有其他领域。"无为之功"体现了"道教的修行"，意为"为无为，则无不治"。"功夫"这个概念在讲求冥想的"内功"民间流派中尤其时兴，这些派别从事心理实践，调节体内"气"的循环，以及为了"唤醒人的本来面目"而进行"精气"与环境的交换。对于宗派的普通成员来说，集体练习搏击艺术往往是礼仪实践的基本形式之一。正是在这种环境下，"功夫"成为在搏击艺术中特殊技能的专有名词。在大众意识中，"功夫"被广泛认为是一种神奇的能力——不畏严寒、刀枪不入、千里眼顺风耳、隔空打牛、瞬移、斩妖除魔等。

20世纪20年代，搏击艺术方面出现了一个新的名称——国术，其构词方法类似于"国语"、"国画"等，成为民族、国家和文化自强的象征。既有"国术"这一名称，便不难理解国民政府时期（1928—1949）曾对体育进行的标准统一并推广到国立学校教学纲要中。

1949年之后，中国正式采用"武术"来称呼这个民族体育运动项目，包括用于训练"套路"和"攻防格斗功夫"的"踢、打、摔、拿、跌、击、冷兵器的刺与劈，以及其他动作"，以"强身健体、锻炼意志和练习格斗技巧"。在中国香港以及20世纪40年代末之前的侨民（东南亚国家、夏威夷、美国本土等地）开办的武术学校中，普遍使用在西方广为人知的"功夫"一词。40年代末的侨民们还区分了"传统武术"和"体育武术"，但是，一方面，第一个词也用于指称竞技性项目；另一方面，标准化的"体育武术"的代表们也希望能够遵循传统。

武术宣传画

形成与历史发展

中国搏击艺术作为一种文化现象，起源于搏击与狩猎舞蹈、搏击与狩猎巫术、实战演习。或许，正是古代集体生活中这些元素的不可分割性，在很大程度上决定了中国人对武术/功夫的认识。仪式舞蹈将搏击演练与对现实的神话体验统一了起来。如今，在中国某些少数民族中依然保留着搏击艺术古老的舞蹈形式。

搏击舞蹈"武舞"演变成了规模宏大的神秘剧，是民间和宫廷节庆表演的重要组成部分。从公元前11世纪—前9世纪，神秘剧《大武》以变形的形式存在，直到唐朝。其情节是公元前11世纪周武王伐纣。直到公元12世纪，在河北、山东两省都有"蚩尤戏"，表现的是神话中的黄帝与南方部落首领之一、头顶长角的巨人蚩尤之间的战斗。"游戏"参与者戴着有角的头盔，有可能对彼此造成严重的伤害。

逐渐地，从舞蹈性仪式中分离出了军事训练程式，也就是单纯的舞蹈——徒手或使用器械的动作套路、仪式性的单打独斗、戏剧化的搏斗招式、祭祀仪式上的行为等。这些在不同时代占据主流的成分的不同组合并行存在，它们中的一部分，如剑舞、扇子舞、舞狮、舞龙等，一直保留至今。

祭祀舞蹈产生了传统上被称为"舞"的使用器械完成的动作套路，如剑舞、刀舞等。它们是后来那些形式化的进攻与防守动作组合（武术练习的基本要素之一）——"套路"的雏形。

最早的一对一格斗形式是角力和角抵，根据可靠资料，这些名称在公元前一千纪末开始使用。这些词语的含义随着历史发展发生了变化。譬如，角力可能专门指代上文提到的徒手或使用器械的"有角"搏击者的格斗，力量和节庆性质的竞技，伴随着搏击舞蹈的仪式性表演。角抵可能是角力的近义词，也可能有更广泛的含义，包括与仪式联系不太紧密的"手搏"、不使用击打动作的摔跤（现在称为"摔跤运动"）、徒手格斗、戏剧表演（"角抵戏"）等。公元3—4世纪，摔跤有了新的名称——相扑。搏击舞蹈与竞技成为民间和宫廷庆典的重要组成部分。以游牧民族为主的中国北方政权的显贵们随身携带兵器，就连那里的宫廷妇女也会使用剑和轻型长矛。公元4—6世纪，佛教寺院中首次出现关于搏击艺术的介绍。但是，僧侣们最初研习它，完全是出于功利目的——保卫寺院免遭盗匪劫掠，与精神修行并没有关系。这个层面上的搏击艺术是一种观赏的对象和审美体验手段，在某些方面具有宗教色彩，但还未被视为通往精神圆满的途径，没有成为哲学思考的对象。

经历了从公元3世纪开始的政治分裂时期，6世纪末，隋朝统一了南北。随后，唐朝取代了它，为中华民族文化生活一体化创造了十分有利的条件。隋朝曾颁布禁令，禁止在军队之外携带和使用武器。但"搏击性"礼仪行为本身没有被禁止，如徒手搏斗被归为民间风俗。唐玄宗时期施行了募兵制，开始出现固定镇戍于某地的军队。有赖于此，军事操练进入民间，并与民间仪式结合在一起。搏击舞蹈、持兵器体操以及对打仍旧是民间节庆和宫廷表演的一部分。也就是在这个时期，会使用兵器成为美学家和神秘论者、诗人、书法家和剑术大师等知识分子理想形象的特征之一。编年史与传说中曾提到过李白、杜甫、高适等唐朝著名诗人在武术方面的才能。但是从公元702年开始，职业军人需要通过射箭、马枪、举重等方面的考试。专业武师被雇佣授课，以准备考试。也有一些徒手搏击的专业人士：宫廷里除了有舞者和杂技演员团体，还有拳击和摔跤的表演者。

"蚩尤戏"

"角抵"（源自敦煌壁画）

"相扑"（源自敦煌壁画）

　　宋朝，搏击表演与竞技被称为"相扑"。譬如，宫廷中曾进行过富有戏剧色彩的竞技"左右军相扑"表演——每队参与竞技者达120人。宫廷礼仪和庆典活动在民间广为流传。一批优秀的相扑竞技者，尤其是来自南方相扑世家的人的名字随史书流传至今。徒手或使用武器的擂台竞技赛成为一种习俗，至今仍在沿用。套路和格斗在客栈的瓦舍和集市的广场上被演示，以吸引顾客。在城镇，这种表演被称为"瓦舍"，而农村集市上的表演则被称为"村落百戏"。杂耍艺人需要通过考试才能进入杂耍队伍，考试内容有射箭（其中包括马上射箭）、马枪以及队列练习。无地的农民和流民被收编进庞大的军队，这解决了剩余劳动力的问题，但也给训练和规范管理带来了困难。

数量上的优势弥补了质量上的不足——每户出一人，组建了地方民兵组织"团练"。他们奉命每周都进行训练。或许，正是这种状况促进了民间武术团体——"社"的出现，其中一些比较著名的如"英雄""弓箭手""健壮"等。它们聚合了乡村自卫、互助会、宗教团体等功能，对于地方上层势力显然起到了武装支持的作用。"社"可能拥有专业职能，譬如，为射弩或操练马枪和长杆制作

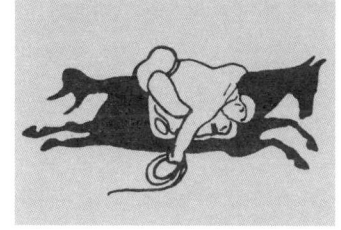

搏击舞蹈与招式（源自壁画）

靶台，组织角抵，等等。"社"中的成员是民间节庆和仪式的主要参与者。他们经常因为携带和制作武器、散播"邪教"崇拜而被政府通缉，但在11世纪末，由于复杂的形势，某些活跃在边境线上的社团得以合法化。从这些社团中产生了"武馆"，也即第一批武术学校。

宋朝，支持民间搏击艺术传统的社会结构基础已经形成。与此同时儒、释、道"三教合一"的宗教哲学体系也基本形成。这为武术传统的社会思想与理论的共同概括创造了先决条件。

少林武术之棍法练习

元朝颁布了一些限制汉人，尤其是南方人权利的法令，如禁止他们"集会"，禁止他们传授搏击技艺，禁止他们夜间出行，限制汉人参与朝政，等等。平民不准携带和私藏武器；甚至连围猎、射箭、使用棍棒操练、骑马等行为也会被通缉。违令者一律处以死刑。哪怕是进行节庆娱乐和角抵表演，也有可能受到惩罚。在这种情况下，"社"的活动变得十分隐秘。剧团也是研习搏击艺术的中心。携带武器进行的优美动作成为舞台表演的重要组成部分，这种练习没有被元朝统治者禁止。

元末明初出现了描写搏击艺术高手英勇事迹的作品——罗贯中的《三国演义》与施耐庵的《水浒传》。如果说《三国演义》讲述了公元2世纪末—3世纪上半叶上层社会之间的矛盾，那么《水浒传》的叙事中心则是一群"强盗"，宋代著名的宋江起义的参与者。这是一则关于格斗高手的逸闻。许多武术流派和套路都与其主人公的名字联系在一起，譬如武松（武松脱铐、武松打虎、武松醉打蒋门神等）。后来上演了关于《水浒传》的几十种戏剧，关于他们的口头故事广为流传。对"梁山好汉"们生活的美化，表达了民间环境所特有的对皇权价值观的排斥。

元朝统治者在全国范围内对中国传统文化的压制激起了民众的反抗，尤其表现在搏击艺术上。当时出现了一些秘密组织和宗教团体，这些组织和团体研习搏击艺术，以宗教教义和互助利益为纽带联合起来。随着宗教主义者发动起义，蒙古政权灭亡，而起义军首领朱元璋建立了新的朝代——明。在这个朝代，搏击艺术发展为一种完整的亚文化，遍及文化的所有"层面"，拥有专门的机构，可以将技艺代代相传。明朝统治者在全国范围内恢复了传统的价值观念。关于搏击艺术的理论著作开始出现，其中使用了古典哲学的概念和形象。这个时代流传下来的著述中，最知名的作品出自著名将领俞大猷和戚继光之手。俞大猷在《剑经》中主要写了棍的使用技巧及决斗原则。戚继光对于纯粹的军事艺术（军队的准备及部署、队伍类型、军事谋略）以及作战艺术，即兵器的使用和格斗技巧，提出了建议，并描写了徒手作战的技能。他的作品汇编——《纪效新书》《练兵实纪》以及单独刊印的部分，譬如《拳经》，是16—17世纪几十种类似著作的范本，其中包括茅元仪辑《武备志》。戚继光首次界定了"武术"的经典原则："其拳也，为武艺之源。"而在此之前人们总是倾向于武器的使用。他描写了《拳经》的三十二式，这些招式后来融入了许多武术门派之中。他的后人研习"戚家拳"，这套拳法一直流传至今。戚继光还作为一个武器使用风格与技巧的搜集者而闻名，这些风格与技巧都是从民间高手那里汲取的。以自己论述搏击技艺的著作而闻名的还有军事家何良臣（字惟圣，号际明，16世纪，《军权》《利器图考》《制胜便宜》《阵纪》四部著作的作者，其中最后一部最为知名。——编者注）和程冲斗（程宗猷，《耕余剩技》《射史》的作者。——编者注）。一些历史学家认为，对民间武术高手予以书面记载的传统开始于吴殳，但根据各种门派的传说，存在着比这更早的文本。

明初，形成了对习武者标准技艺予以概括的概念——"十八般武艺"，即掌握从数百种传统武器中精选出的各种武器的使用方法。十八这个数字和象数之学及格斗的需要并没有直接关系。十八种武器的名称不是固定的，在不同的文献中有不同的表述。17世纪时武术理论家们已经不再讲"十八般武器"，而是根据搏击技巧和练习性质区分为"十八般武艺"：①刀一类的劈砍型武器；②枪一类的冲刺型武器；③棍一类的"围堵—击打"武器；④盾一类的防御型武器；⑤斧头一类的"按压—击打"武器；⑥棒一类的"击打"武器；⑦钩、戟一类的"钩抓"武器；⑧木剑、"硬鞭"一类的"阻截型"武器；⑨匕首、短剑等近距离搏斗武器；⑩流星锤、尾部拴重物的绳索之类的"追击型"武器；⑪剑、弩之类的射击型武器；⑫"飞镰"、矛之类的投掷型武器；⑬套索类的"连接型"武器；⑭没有归入上述十三种形式的附加武器；⑮碗筷等"身边用具"之类的"暗"器；⑯拳术；⑰力量练习（举重）；⑱马术。诸如此类的所有分类系统都没有涉及搏击艺术的精神方面。

包括著名的少林寺（河南省）在内的寺庙也有自己的"十八般武艺"，譬如一端为凸出刀刃、另一端为凹陷刀刃的"禅杖"及大刀等。但尽管外界众说纷纭，在佛教寺院中研习武术与其说是一种惯例，不如说是一种例外。除了上述的北少林寺，这种寺庙还有南少林寺（福建省）、普照寺（四川省）、崇福寺（福建省）、南山寺（山西省）、慈恩寺（广东省）、潭柘寺（北京市）等。事实上，关于上述某些寺庙，譬如南少林寺，研习武术的信息在文献中上并没有得到证实。

北少林寺的编年史手稿中记载了一个著名的传说，将少林武术的起源与5世纪末或6世纪初在中国传道的印度僧人菩提达摩联系起来。据说他在嵩山上的少林寺"坐禅"九年，向僧侣传授禅修的方法，并嘱咐禅修要结合身体锻炼，包括徒手练习与禅修结合的套路、呼吸和冥想的方法等。少林寺的"大事记"在搏击高手名单中列举的住持和僧人姓名最早的可追溯到6世纪。但是，这些资料不能得到其他资料的佐

表现少林寺内僧侣为河南省行政长官、文学家完颜麟庆（1791—1846）表演格斗术的版画，农历1828年三月二十五日；出自完颜麟庆《鸿雪因缘图记》（主要由陈敏绘图）

证，而编年史中甚至对于10世纪信息的记载也存在不少错讹。就连据传由达摩所著《易筋经》（该书介绍了一套冥想塑形的功法，今天被认为是少林武术的基础）中也存在不少错误，虽然该书是在受到道教影响的民间产生的强身健体练习的集成。有关达摩是寺院武术之"父"的民间传说可能是在17—19世纪进入少林寺编年史的。军事将领、武道理论家俞大猷和戚继光曾拜访过北少林寺，对于僧人的武功水平很失望，甚至还给他们上过课。但是少林武僧的辉煌在17—18世纪初著名小说家蒲松龄笔下就曾被提及。据记载，14世纪时至少有三位日本僧人在少林寺修行，同时学习武术。

显然，武术练习是逐步进入修行者的培养进程之中的。它可能在16—17世纪开始兴盛。武术不是所有人的必修课，而只是与佛学、医学和"文科"并列，是四门学习课程之一。武术致力于依照禅宗在任意时刻、任意实践活动过程中实现思想上的更高境界的学说，达到"澄明"。

关于少林寺的传说将自己的发源归为民间文化中佛教形象和思想体系的特殊作用。一些规模巨大的民间宗教流派将自己的神学思想建立在佛教净土宗思想基础之上，追求在净土——西方极乐世界中获得重生。对弥勒佛——未来佛的崇拜在佛教教派中占有特殊地位；弥勒佛的出现预示着教派成员将得到救赎，而其他人则必将灭亡。不时有宗教组织领袖宣称自己是弥勒佛，并煽动追随者发动起义。这些起义最终导致了元朝的覆灭。

正是在秘密社团和宗派中产生了众多风格各异的武术流派，民间传统将它们都归为"少林功夫"。民间也产生了有关达摩与作为武术圣地的少林寺的传说。关于少林寺传闻的广泛播散，也促使社会上出现了许多流浪的"武僧"。他们中的许多人谎称来自少林寺，其中包括那些伪装成僧人以提升自己威望的"假武僧"——武术高手。这给人造成了一种印象：在鼎盛时期也容纳不下二三百人的少林寺，出来了数千名武僧。1555年，当戚继光在南方与倭寇作战时，一队"少林僧人"曾被收编进他的军队。在这些人中，只有两人是被认可的少林僧人，但就连这两人也互相指责对方是冒名顶替。

电影《少林寺传奇》剧照

1644年，清军入关，武术在

秘密社团和宗教团体的反清环境中获得了较大的发展。武术结合了繁复的冥想与心理训练类型，成为身体和灵魂通往未来体验的准备形式。武术成为信仰者日常生活必不可少的仪式，体悟精神教义的必由之路。在武术的世俗化仪式中，一些神秘信仰的符号至今还保留着。譬如，表示问候的抱拳礼以左手掩右拳，代表阴与阳的统一，日月同辉。正是这相应的图解式成分构成了汉字"明"——被清朝取代的朝代名称。这种抱拳礼被认为是反清斗争的象征。

至少从18世纪开始，秘密社团内部就分化出两个主要的等级群体。隶属"武"的阶层主要通过格斗实践来认识"教义的真理"。隶属"文"的阶层由宗教团体的首领们、"神秘知识"的传承者占据。他们之中有著名的武术大师，如1774年发动起义的八卦教教主王伦，天理教首领冯克善，"清初八大拳勇"之一甘凤池等。民间观念常常不对宗教团体和同名的武术流派做出区分。譬如，1899—1900年发动起义，以"义和拳"和"义和团"的名义载入史册的秘密组织和宗教团体。官方文献称这些起义者为"拳"，徒手格斗者的传统名称；而外国人则蔑称他们为"拳击手"。在山东省盛行的武术流派"义和神拳"或称"义和拳"，赋予了这次运动总括性的名称。起义者被一种激情联合起来，共同抗击中国的侵略者——"大鼻子""洋鬼子"，即外国人。对抗他们最主要的手段是神圣的武术。起义者将研习武术的场所称为"坛"。"大师兄"在锣、鼓和笛子的伴奏下，向习武者演示动作。人们开始按照统一的节奏移动，高喊着神圣的咒语，以宣扬功夫的威力，招来神灵惩治"洋鬼子"，整个人群陷入迷狂状态。在这种状况下，几乎手无寸铁的起义者在枪声炮火之下向前猛冲，意识不到恐惧和疼痛，最终有时会取得代价沉重的胜利。

秘密社团和宗教团体与社会融为一体，与合法的社会机构相互作用或合流。"武馆"或是普通的"馆"被开设，或半合法地存在着。这是一些面向农村、街区等地方居民的武术学校。在师父家中院

少林寺武僧团

子里进行的功课，主要是群体授课的方式（很少有超过50人的情况，一般是20人或更少）。这种授课方式的特点是单调乏味，甚至一些最简单的动作和套路也要无休止地重复练习。练习的节奏由锣鼓的声音、整齐的呐喊声、师父的喊声共同决定。师父要确保操练者相互之间的距离不超过一只伸开的胳膊——"要能感觉到相邻的人皮肤上的汗毛"。步伐一致的习武者会陷入一种迷狂的状态。在馆中学习的是传统的城市和农村节日表演"奏会"或者"武术会"的成员。他们成长于集市的"瓦舍"表演。成员们完成携带兵器的集体操练和拳法套路，根据"非凡神人"的历史故事表演小品。业务"演员"被分成若干个队——"五虎棍"队、"少林棍"队、"白蜡杆"队等。每个队的建制像传授武功绝学一样，由家族代代相传。

从17世纪开始，鉴于武术结合了心理技术、控制机体内"气"的方法以及机体与环境之间的"气"的交换，"功夫"这一术语确立了下来。无论是在"馆"里，还是在"门"里，功夫的教学都采用了心理技术的手段，注重对学徒心理和意识的作用。这些手段被整合进套路，作为"神圣"和"真实"的仪式形式。与这一本源基础息息相关的是固定在意识最深层的团体的态度和价值观。在"真正的传统"依靠"心心相传"来完成的门派之中，这种相互作用依靠徒弟与师父精神的和谐来实现。其目的是引导学徒理解师父已经揭示的内在真实。

习武的动机有时是功利性的——它们提供了护卫、保镖所需的技能，这些服务由武馆提供。使用冷兵器的技能在军队中受到重视，尽管清朝进入国家武举考试体系的主要是射箭、舞刀、举重，而徒手格斗技巧很少受到重视。在军队统领中也有武艺高强之人，尽管他们一般求教于民间高手。任何武术练习都或多或少地和"高手"的理念相联系——"功夫"是一种神圣的价值。

少林武功传人潘国静

至少在清朝，这些活动主要是集体活动。在宗教团体中，大量的训练使人进入集体狂喜状态。他们似乎被一种预示着战无不胜、攻无不克的未知力量控制，这种力量在流血的起义中找到了出口,那些秘密社团和宗教团体就会适时崛起。作为协调人与宇宙法则关系的内在仪式的"功夫",与联系强大的、不可预测的神灵的"战斗"仪式,两者之间的边界有时会变得摇摇欲坠。

武术流派都有自己的"圣典"。这些书通常是从武术理论家的著述中摘录,加上哲学经典、道教和佛教典籍引文而成。这些汇编的作品被注释,得到评论,而注释和评论本身成为研究的主题和创作的契机。在这种环境下产生的大多数文本属于该门派的"秘密"传统,熟悉这些文本就意味着进入该传统。用于熟记和练习时复述而编写"歌"或者"秘诀"就属于这类著作。它们取代了民间理论论述,对大部分的练功者来说,它们体现了功夫的全部智慧。

武术渗透到社会的各个"阶层"。功夫的不同方面在不同的社会阶层中凸显出来:职业军人、戍卫、保镖、集市擂台上的表演者所看重的搏击性;道教、佛教流派和秘密社团的成员所看重的宗教—神秘性和社交功能;渴望获得刀枪不入能力与神灵庇佑的起义平民看重它所具有的"功利"—神秘性;医生和他的病人看重的是它治病—健体的一面;而知识精英则看到了它能够洞悉存在的深刻动因和世界的完美。武术传统以这样那样的方式综合了上述所有方面。

从19世纪开始,以武术流派"内功"为基础的著述开始公开出版。由武术大师王宗岳编写的《太极拳论》和《太极拳十三势歌》,以及19世纪太极拳大师杨健侯编写的《杨氏太极拳谱歌》《枪歌》等,得到了广泛的传播。这些著作的出版往往是基于讨论不同体系和流派的长短,并以此提升自身的权威和名望。17世纪末—20世纪初,从黄百家[原名百学、字主一,号不失,黄宗羲的第三子,《内家拳法》《王征南先生传》的作者。——编者注]到孙禄堂(字福全,太极拳、形意拳、八卦掌大师)等人的著作中蕴含着武术理论系统的、概括性的信息。如今传统的武术风格或流派大多数在18—19世纪最终形成或确立名称。如果说16世纪戚继光只能列举出十

武术动作演示

几个流派的话，那么在20世纪这个数量已经达到了数百种之多。

20世纪初，兼具教学机构与文化体育中心功能的新型武术组织开始建立。其中一些组织的运营受到了国家及政治或社会团体的支持。在第一批武术组织中，1910年创办于上海的精武会（最初的名称为精武体操学校）赫然在列。该武会制定教学计划、认证和结业标准，颁发证书，并开始出版武术方面的学习资料。与此同时，它也保留了许多传统武术学校的特征：该组织以秘密同盟机构为基础，凡入会者须发誓，穿着相同的服装，现代教学形式与传统教学形式相结合。

20世纪20年代，武术获得了一个新的名称——"国术"。1927年，国民党在南京成立国民政府，为武术的国家化指明了方向。在政府的鼓励和支持下，1927年国术研究所在南京创建，在此基础上形成了中央国术馆。附属该研究馆开设了中央国术馆体育传习所，专门培养教师人才。20世纪30年代，根据地方政府的倡议，各地开始兴建"国术馆"，履行教学中心和地方武术协会的职能。最初的武术比赛包括单人、双人和团体综合比赛（套路），以及摔跤和散打，使用传统兵器的打斗等。

武术不可避免地受到文化思想潮的影响。许多知识分子认为引进西方科学的标准与方法是使国家摆脱落后状况的道路，尽管西方的科学与中国的"形而上学"——传统理论和思维方式是相对立的。对科学与形而上学的讨论也扩展到了武术领域。然而革新派对武术的科学方法没有任何明确的概念。他们的批评仅限于武术世家和门派的封闭性，抨击"玄学"的不可理解性，以及庸俗化的解释。"新"武术致力于大班的统一教学，教师顾不上学生精神和心理状态的微妙之处。尽管如此，"国术"还是牢固地进入了国家教育大纲，它和体操、田径、足球甚至围棋一样，也被称为体育。所有的军校、大学和中小学都会教授"国术"。与国家教学形式并存的还有传统的"国术"学校，通常以"研究所"和"研究会"的形式出现。在中国共产党的军队中，武术训练也没有被禁止：武术被认为是保持战士精神的方法之一。

20世纪50年代，中国开始把新武术作为国家体育教育体系的一个部分。改革的轮廓主要由中华人民共和国体育运动委员会武术运动管理中心勾勒，当时决定从传统武术中遴选官方提倡的体育文化类型，编写"套路"。传授武术和格斗因可能危及社会秩序而被禁止。20世纪50年代末建立标准武术的努力催生了统一的运动体操风格的"长拳"，其中加入了一些灵巧敏捷的动作。体育武术形成了统一的技术基础——具有类型学特征和术语的招式、动作和踢法。以标准技术为基础,形成了使用枪、棍、剑、刀的标准套路。随着时间的推移,竞技系统中引入了运动员及其教练根据某些规则编写的自由动作套路。传统套路可以在示范表演中展示。教学方法、形式与训练都模仿了运动体操。如果说拳术和使用器械的运动只适合年轻运动员习练,那么新武术主要的强健身体的类型则是太极拳。为了便于大众掌握,专门编制了以杨氏(杨健侯)太极拳为基础的"二十四式"太极拳和"四十八式"太极拳。规范套路的教学在高校、中学甚至是幼儿园、企业中被广泛推广。

武术的新方法和组织基础促生了一种与传统武术有质的不同的现象。标准化教学方法的产生已经破坏了传统,在传统上教学方法和门派本身的具体体现即作为独特效仿对象的师父。精神上的权威使其成为地方社会的重要人物,常常还是非正式的领导者。而体育教练的地位则完全不同。他们将掌握

少林寺里的中世纪壁画(局部)

的标准降低到如何正确地完成动作和运动取胜方面,使得在武术的范围之外出现了一整套特定的精神和道德要求、形象、协同和世界观。它们在一些传统的武术学校继续存在,这些学校越来越封闭,数量也越来越少。

"文化大革命"期间,武术被视为封建残余。民间武术家被禁止从事教学,与表演武术节目有关的民间节日也被取缔。传统风格的名称,甚至是那些能够使人联想到"封建思想残余"的专有名词,如"太极拳""发劲"等,都不允许在印刷物中出现。训练时呐喊的古老口号换成了新的,如"高举毛泽东思想的旗帜!"等。当时创造出一批新的套路甚至新的"风格",如"语录拳"(该名称与著名的"红宝书",即以传统的"语录"体裁编写的毛泽东著作摘录编选《毛主席语录》有关)等。许多武术高手被关进监狱和劳改农场。

20世纪70年代初,对于武术的限制开始松动,公开表演重新恢复。从70年代末开始,有关武术的学术会议开始召开,出版和发表了图书和文

章，出现了定期的出版物。1982年起，散打邀请赛开始举办，运动员们戴着轻便的拳击手套和头盔，在无护栏的台子上比赛。打斗中可以使用双手和双腿踢、打、摔。1974—1984年竞赛规则被制定出来，尝试在"国家"武术和民间武术之间达成妥协。尽管比赛项目中包括传统拳法与携带器械操练，但它的基础还是统一的、人为创造的运动风格：长拳、南拳、太极拳。风格或流派在这里被理解为一套动作及其表演的具体特点，而不是历代武术大师的精神统一。民间武术与"国家的"武术成为价值观、理想与教育方法都没有可比性的两种不同的文化实践。

20世纪80年代，开始举办有外国运动员参加的"邀请赛"，并派队到其他国家进行公开表演。1991年，国际武术联合会成立，成员包括中国、美国、法国、墨西哥、波兰、俄罗斯和其他一些国家的武术联合会。还有许多国际组织以中国为基地，旨在传播和发展中国武术，其中包括国际少林拳联合会、世界精武体育会联谊机构等。传统武术的形式和生存方式影响了许多邻邦的武术，尤其是儒家文化区的日本、朝鲜和越南。在那里，国家都有结合武术训练和仪式动作的武术舞蹈，都有自己训练战士和传授战斗艺术的方式。受中国文化的影响，他们不仅借鉴了武术方法（正规化的复合动作、严格模仿老师的训练），中国古典哲学和部分佛教哲学在其宗教仪式的文本中也有体现。在那些与中国人有日常接触的国家，也引进了封闭或半封闭式的地方武术学校。

香港著名演员洪金宝

但是在这些国家，武术具有自己的特点，在文化和大众意识中发挥了与中国不同的作用。中国的传统武术在国外主要是在华人华侨中流传，其中一个重要组织形式是与武术密切相关的秘密社团。随着时间的推移，中国的武术学校出现了商业化倾向，开始接收外国人，向西方介绍功夫。产生了不少与传统中国武术不同的流派和风格。功夫名气大振肇始于20世纪70年代初，当时出现了一批宣传武术的机构、图书、杂志和电影。80年代初，中国武术在苏联掀起热潮。俄罗斯武术联合会得到了政府机构的支持，自1999年以来一直出版《武术——搏击艺术与健康体系》杂志，发展中国武术的运动形式。各种社会组织，包括国际联盟的成员（传统武术精武总会、少林武术联合会等），也从事中国武术的研究和传播。

（А.А. 马斯洛夫、А.Г. 尤尔克维奇撰，张猛译）

风格与门派

要区分武术中"风格"与"门派"并不是很容易。这种区分与传统中国文化无关，它主要在这一现象的现代理解中才有意义。"门派"在汉语中一般用"门"或"家"来表示。如果说"馆"指代武术传统外在的、公开的层面，它的深奥层面则主要由室内的、封闭的"门"来体现。从宗教派别中发展起来的流派可以被称作"教"或"道"。"风格"指的是"拳""拳派"，或"派""流派"。专有名词"式"包括技法以及完成这些技法的动作总和。在日常生活中，"门派"与"风格"常常不做区分，而门派和风格的名称也有可能会重合（譬如，"虎拳"可以用"虎派"或"虎门"表示；"陈氏太极拳"表示陈氏拳法的风格、流派或手法）。

但是，"风格"与"门派"之间既存在形式上的区别，也存在心理上的不同。"风格"是一个更为宽泛的概念，在内容上与所涵盖现象的神话式起源有关，如来源于某个半传奇的或著名的（出于其他原因）人物、机构或地方。譬如，太极拳的传说始于神秘道士张三丰，而少林拳则与禅宗的创始人菩提达摩有关。还有一些拳种可追溯到孔子、神话中的始祖黄帝、古代战略家孙子等。这种风格的创始人总是会被神话化、象征化。它体现了亘古以来的精神力量。其起源说的神话成分或许和动物有关：那些故事讲述了武术风格产生于对螳螂、猴子、鸟与蛇等动物搏斗的观察。这是图腾崇拜的反映，也是对蕴含在武术中的自然智慧和力量的信仰的表达。全国各地流行的名称相同的武术（如"螳螂拳"）之间或许存在极少的相似之处，它们只在传说上具有亲缘性。足足有三分之一的武术流派将自己的起源归为少林派，而事实上少林派是十分独特的。许多流派选择著名道教圣地——湖北省的武当山，或者是具有同等声望的四川省的峨眉山作为自己的象征。与"风格"不同，处于"门派"中心地位的是体现数百年传统的某位具体的师父。风格再现了来自一个祖先的家族的传承,而门派则再现了氏族的结构。各个门派的武功秘诀主要通过家族传承,从外族接收的学生也会被录入他们的家谱——只有被掌门人承认是"真传"传承人的那些成员,其姓名才会被收录。除了具体传承人的不同特点,以师父为首形成一个阶层,拥有成熟的传承方式、神圣的著述和家族典籍。该门派还具有技术与理论假设、形式化的套路和训练方法统一的特点。与传授人鲜明个性相关的技法和传承方式的改变,会导致新门派的产生。

张三丰

在历史上门派作为实际交往的群体,比假定性交往群体的风格更早形成。风格的形成以不同门派神秘性统一的主观感受为基础,也是一个或几个同宗门派分裂的结果。在16—17世纪的编年史中,只有对某个特定大师领导的门派的介绍,并没有提到一个半世纪或两个世纪之后才形成的"风格"。18世纪之前,门派和风格都是匿名的,它们都被称作"拳"或"长拳"。最初的门派和风格显然出自洪拳、罗汉拳等著名套路的名称。对它们的结构、相互关系以及教学体系产生影响的,一方面是传统的家族组织,另一方面是宗教团体的生活原则。

门派的出现早于公元10—12世纪产生的,通常与宗教秘密团体融为一体的民间武术团体("社"或"拳社")。17—19世纪,这些团体尤为普遍,这与清政府统治时期民众对传统社会结构和国家统治的反抗日益激烈有关。从"社"之中发展出了"武馆",以及构成其核心部分的"门"。16世纪,军事将领戚继光将"门派"或"风格"作为编纂搏击技法和战斗原理的构架。后来,对于门派成员来说,"门"代表了一种完整性——历代师徒的团结,"真传"的延续。"传"这个词也可以被表述为致力于获得功夫的"传统"。在门派信徒的心目中,"真传"是继承功夫的唯一道路,因为它自身包含了"道"以及某种精神动力——"德"。它体现在奠基者——通常是具有传奇色彩的门派创始人身上,经由"明师"或"师父"的更迭,在门派统一的体系中传承。德的传承是一种不求回报的馈赠,尽管如此,也还是需要某些回应,首先便是绝对的真诚,准备进一步传播所感知、处于外部行为和技术背后的"真"。一位师父可能有几十个徒弟,其中只有一两位将会得到"真传",而他们的名字将会被记入门派的谱系。由于"真传"是在隐秘的精神交流中传承，它也被称作"秘传"。"秘传"的一些单独组成部分有可能成为对传统的认知达到某种层次的标志，譬如，技法的危险性：对对手要穴或心理的特殊影响，对药剂的使用等。然而十分离奇的是，徒弟从习武一开始就了解到的一些技法、套路、原理和练习，也可能属于秘传的内容，因为传统武术门派的秘密不仅包括那些不能公开宣讲的东西，也包括那些说不出来的东西。秘传反映了"道"的隐秘性，它不需要刻意隐藏，但并不是所有人都能领悟，只有在徒弟的对于所完成"套路"的反应中，在他对于门派神秘文本的回应中，秘密才会显现。

"螳螂拳"招式

练习武术之人的行为受到武德的约束，武德被认为是比武者的道德戒律更重要的概念。武德与普通的以及专业的礼仪标准等同，为门派、秘密组织、宗教团体所遵守。师父履行责任，不将功夫传授给酒鬼、赌徒、小偷等"不仁"之人，是"武德"的重要部分。"武德"的准则可能会限制战斗方法，譬如对于对手的进攻点到为止，不能使其受到重伤。与此同时，"武德"的要求也可能具有极端的实用主义特点：放过冒犯者，不予理睬；但一旦参与战斗，就要一招致命。如无必要，不得展示本门派武功；如果没有关系到"家族荣誉"，也不与其他门派成员决斗。"武德"的要求还包括根据打招呼的方式、吃饭时使用筷子的方式、拄杖方式、配饰、文身、特殊的扎袖子与裹腿方式等识别本门派成员的能力。这些道德规范包括禁止饮酒、吃肉，节制性欲，以及宗教教义规定的其他事项。在不同的时代，规则有所不同。譬如，在清朝，增加了类似"光复大明"等口号。

传统上有几种主要的武术风格和门派分类系统。最有名的是将之分为"内家"和"外家"。影响最大的一个风格，确切地说是风格流派，是"太极拳""八卦掌"和"形意拳"，民间传统将其归为"内家"。同时，还存在独立的、与上述拳法没有关系的"内家拳"。著名的"少林拳"通常被归入"外家拳"。"内家"风格与"外家"风格的不同之处在于："内家"风格主要是"运用体内的气"，是外部行为引发内部剧烈变化的结果；而"外家"风格则强调身体（肌肉）力量。还有人认为，"外家拳"的特点是动作刚硬、快速，而"内家拳"的特点是动作柔和、流畅，强调借力打力。然而，任何一个武术门派都有控制内部"气"的方法。这类技术的多样性和复杂性以原始少林拳为代表，通常被称为"外家拳"。一些"内家"风格的套路充满了尖锐、坚硬的打击。将拳法分为"内家"和"外家"是受某些文化和心理的制约，是对最初在几个不同流派中发生的对功夫内在本质认识的"突破"的呼应。

少林武僧的表演

大约在17世纪，一些门派的武术的技术储备开始有目的地与"内功"的精神能量练习相结合。人们开始从"气"的调节和"内心的顿悟"角度来理解武术的技巧和动作。16世纪著名武术理论家的论著中还没有任何关于搏击术这些方面的提示，而这些方面后来被认为是最重要的。正是在形意拳、太极拳和八卦掌等拳种中，人们首次发现了这种联系，这些拳种的捍卫者在强调其优点的同时，指责其他拳种"不正宗"。在中国文化的范畴中，这些抨击之词看似将流派分为"内家"和"外家"，"内家"是指那些依附于传统核心的流派，"外家"则是指那些依附于传统外部的流派。但到了19世纪，当绝大多数关于武术的论战性著作问世后，这种对立已不再明显："内功"和"先天素质"的原则和方法早已为所有武术流派所采用，无论其动作是刚硬还是轻柔，剧烈还是舒缓，舒展还是短促。这种与一般文化传统相对应的划分已经获得了正式的论证，这本身已经成为传统。只有一些"外家"风格门派的理论家还对此不能认同。他们对于"内"和"外"有自己的标准，譬如，他们认为少林寺中遵循僧侣传统的功夫为"内家"，而寺院外居士所习练的一切的功夫都称为"外家"。

另一种分类是将武术分为少林、武当和峨眉三派。这些派别名称将起源地（少林寺、武当山与峨眉山）看作神圣的中心。这些派别下的风格与门派因其起源的神奇传说而联系在一起。"少林派"的概念要比"少林拳"宽泛。前一个名词指代直接在少林寺中修行的门派，以及一系列从少林拳套路中衍生的风格——洪拳、罗汉拳、梅花拳、炮拳等。但有可能在这些名称之下，指称的是技术上不同的门派，包括与少林寺没有关系的门派。将它们归入少林派的唯一标准是该派别的内部传统，其来源可追溯到菩提达摩及其传说中的居所。武当派通常被认为是道教门派——湖北省的武当山自古以来就被认为是道教的中心。它还常常被等同于"内家"风格，实际上，"内家"风格并不产生于湖北省。将某

武当派之师徒传授

个风格或门派列入这一派别，有时候甚至传说也无法解释。譬如，形意拳因为属于"内家拳"而被认为是武当派的代表，而习练者将其传奇历史追溯到少林寺。在这里，道教用语在某一门派的理论建构中的印记起了作用。只有峨眉派极其狭义，尽管依照部分假定，可以将其确定为以道教和禅宗所在地而知名的四川峨眉地区所产生的风格和门派的总和。

有时也会见到有关武术风格起源于"道教"和"佛教"的说法。前者包括以传统的宇宙学、数字命理学和道教思想为范畴的理论发达的风格与学派。而那些前者理论较弱的流派通常被归入"佛教"源头。事实上，绝大多数的武术风格既与道观无关，也与佛寺无关。

此外，还有"长拳"和"短打"之分。这种分类方法16世纪时就已闻名。著名军事家、军事理论家程宗猷（程冲斗）在《耕余剩技·问答篇》中写道："长拳有太祖温家之类，短打则有绵张任家之类。"可以归入"长拳"的通常有笔直的击打动作和舒展的姿势，动作幅度大，主要用于较远距离的打斗。"短打"风格的动作密度大，在出击过程中四肢通常不会完全伸直，使用多种俯冲、闪躲以及以肘部与膝盖出击等一切在近距离搏击中使用的动作发起攻击。上述两种纯粹的风格几乎不会出现，但传统上认为，短打在南方流传较广，而在北方会将两者混合使用。这种划分是16—17世纪武术理论家的典型观点，当时风格和门派被当作搏击技术和格斗原则的综合体，而其精神内容并没有被考虑进去。将风格分为"南方"和"北方"两类大概产生于17世纪，显然，这种分类并不准确。一种说法认为，"南方"派系主要的代表是武当派，而"北方"派系主要代表则是少林派。被归入"南

方"派系的还有"内家"和"道教"风格,而"北方"派系则包括"外家"和"佛教"风格,等等。这种分类在逻辑上是无法解释的,它完全是基于文化和心理因素。在传统的二元对立中,"南方"高于"北方",内高于外。从这一点出发,"南方"与"内家"被相提并论。另一种说法是,"南方"派系更多地使用手臂,而"北方"派系多用双腿。但即便是这种标准,也只能反映一般趋势,譬如,"南方"派系也有一些明显使用双腿较多的武术风格。

20世纪20年代,上海精武会的理论家们以传统的文化地域特征观点为基础,提出了自己关于风格流派的划分方法,确定了黄河流域、长江流域和珠江流域的武术风格。然而这种分类方法仅适用于那些在武会内部实践的风格,在武会之外还有许多其他的风格和门派。

西方学者在中国的分类系统中发现了许多矛盾之处:其中使用了特殊的象征性语言以指代意义上的细微差别,而在外国文化观念中并不存在这种差别,但对特定世界模式的承载者来说它们却是原则性的。

(А. А. 马斯洛夫、А. Г. 尤尔克维奇撰,张猛译)

哲学和理论视角

与西方普遍的观点相反,中国武术并没有自己的哲学。功夫传统使用了各种宗教和哲学体系的概念、学说和思想——道教、佛教、儒学,甚至是伊斯兰教(主要在回族——中国的穆斯林中流传的武术中)。在不同的门派和风格中,占主导地位的可能是不同的精神和哲学学派。譬如,太极拳主要是以新儒学和道教哲学为基础,少林拳是佛教的"应用型"表达,查拳在回族的生活环境中形成。但是,大部分风格和门派都是在宗教和哲学交融的决定性影响下形成的。

这里的理论思考主要涉及技击和单个动作、身体和精神行为的实际目标、意义和原则。将哲学学说与各流派的实践有目的地联系起来,显然不会早于17—18世纪,当时武术开始被视为一种精神自我实现的手段,一种教育人获得终极真理的手段。这种联系是通过整合在宗教或准宗教实践中发展起来的心理技术和影响信众意识的技术而形成的。这些技术和方法的理论理解方式来自新儒家、道家和佛教的论著,在民间环境中与"武术"仪式相关,并被感知和转化。例如,所有武术流派都或多或少地赞同太极拳大师陈仲甡（19世纪）的说法：武术之道，汇于中道。武术的意义在于参透"道"，即万物的普遍之道。"道"孕育着世间万物和现象，寓于万物的最深处，不显露，不可见。然而，如果一个人能够参透"道"，那么"道"就会体现在他的生活、思想和行为中。武术就是这种参悟的工具之一，同时也是"道"的冲动的表现形式。

中国思想中关于宏观世界和微观世界同态性（相似性）的基本认识，是由描述包括武术在内的过程和现象时使用统一的宇宙学和天体演化学语言所决定的。任何一种过程都与宇宙的演化相似：在"道"的绝对完整性与不可分割性之中——在无极之中——产生了完全对立的阴与阳的并存、动与静的共生——太极。一旦运动破坏了这些原点的绝对平衡，"道"的螺旋就开始越转越快，太极体系的自身得以实现。阴与阳到了极限，就会变成自己的对立面。在武术中，阴与阳的概念用于对状态或动作的两极性质进行分类：动与静、前进与后退、能量的"虚"与"实"等。譬如，"阳"可以被描述为前进、伸展、向上或向左的动作，而"阴"则指代后退、压缩、向下或向右的动作，并且每种动作与状态也可以分解为"阴"与"阳"两个方面。

电影《功夫》海报

宇宙"两仪"中的每一个自身也可以分为"阴"与"阳"（"微弱"与"强盛"的阴称为"少阴""太阴"，"微弱"与"强盛"的阳称为"少阳""太阳"），从而产生"四象"。宇宙演变的下一个阶段——产生"五行"，以描述世界循环的结构和程序。一方面，"五行"是"四象"向空间—程序结构（该结构的中心对应五行中的"土"）展开的结果；另一方面，它也是二元或三元矩阵的聚合。最后一点——"三才"是对阴阳对立的补充，与天和地之间的反向对应相关，处于二者之间的"中"对应宇宙建构中最重要的第三个组成部分——"人"。除此之外，这个"三位一体"的组合还表明：与天相关的是日、月和星辰，与地相关的是水、火和风（或河流、山谷和高山），而与人相关的是能够决定其存在的生理和心理功能的物质——精、气、神。在关于武术的文献中，"三才"有各种各样的解释：身体的划分——上（头）、中（手臂）、下

（腿）或者头、上身、下身与腿；面部的划分——前额、面颊、下巴；四肢的三个关节；"三个中心"——心脏或颅顶、掌心、脚心；习武的三个阶段；等等。"四象"通常与空间和时间——地球的方位和一年四季相对应。在武术中，"四象"对应四肢、内脏、前后左右的移动、"四梢"（舌头、牙齿、指甲、头发）等。"五行"连接了偶数和奇数分类矩阵，表现为人类经济生活中最重要的物质（金、木、水、火、土），被认为是宇宙内容最为丰富的象征之一。它们与各种事物和现象相对应：从行星、年轮和日轮到人体内脏器官和组成部分——静脉、血管、肌肉、皮肤和骨骼，以及情绪、声音，等等。这种普遍的象征意义在武术中被广泛使用。

对"四象"的进一步二分产生了"八卦"，这是对包罗整个世界的"易""变""化"系统的编码。具有许多时空相关性的"卦"，在武术中可被视为下列成分的象征类比物：身体部位、机体功能系统、肉体和"能量"的"连接"和"断裂"、运动和努力的质量、成套的技术动作、不同身体部位的状态以及"人类现实世界"的其他方面。例如，八卦中的"乾"（创作、强度、天空、金属、父亲、头、太阳）对应满月、夏至、一天

武术表演

中的子时和辰时。而在武术通用的示意图中，"乾"对应：头（在身体与"能量"方案中）；四肢的"八大关节"之一；颈部（通过伸直脖子来实现）、口腔（闭口）、丹田的"三个能量连接"；肩部、肘部与手部；左手从手腕到肘部的部分；等等。

以圆形或方形沿着天地的方位点以及半方位点排列的八卦，与中央部分一起构成了数字占卜的形状"九宫"。"九宫"与"九天"、地上的九州、人体的九窍等相对应，而表示其方位的数字与"魔法十字"河图和"魔法方阵"洛书的数字相对应。在传统科学中，人们借助"九宫"，结合其他数字和逻辑结构进行运算。例如，这些运算在医学上有助于确定治疗方法，依据疾病、病人状况、时间等因素确定针灸穴位。在武术中，这一图形可以作为空间位置移动线路图。譬如，将九根木桩插入土中以标记对手，而习练者要想出移动的方法，按照该路线从一根木桩移动到另一根

木桩，模拟宇宙的进程。

"五行"图也以相似的方式被使用：习武之人在插入地下的木桩上来回移动，或者躲避相应悬挂的沙袋等。以"五行"为模式还形成了一整套的武术风格——形意拳。它最基本的五套拳法也以"五行"的名字命名，并根据原则相互关联，其中最主要的两个原则"生"与"克"，也是"五行"相互作用的主要方面。譬如，"劈掌"对应"金"，"金克木"。这使人联想到用金属斧头砍伐木头的形象。与"金"对应的内脏器官是肺，外部呼吸器官是鼻子。做这个动作时，应当用特殊的方法调动肺部的"气"，并集中精力使其通过鼻腔。

八卦的组合形成了六十四爻，它们在武术中也有特定的对应关系（例如八卦掌中的六十四手）。在八卦掌式中，每一式都在一个圆圈中（象征"天"）完成，包括变掌的七种方式，最终返回原点，每一次"变掌"都在三个层次上进行，对应"三才"。这样就有了56套动作和168个造型。除了普遍的"八度"，还有与"七星"相对应星象符号：北斗七星，以及一星期的七天（包括168小时；或三个部分，每部分56小时）。

这样一来，例行训练过程中的任何元素都会变成促进人与天地和谐的宇宙仪式。习武之人的任何动作，甚至是姿势，都与宇宙范畴相对应。譬如，双手垂地站立象征着"无极"，而举起双臂则代表"太极"以及世界变化的开始；整套运动做完，应当回归最初的"无极"状态。

武术手法

将对"道"的参悟作为习练武术的目标，这种思想来宗教中的道教。相应地，习武的阶段、中间和最终的任务、展现武术的过程，往往是依照道教自我完善的思想制定的。例如，炼金术的目的是逆转生命的自然进程，在道教创造生命的环境中，将趋向死亡的运动转变为通往永生的道路。以这一"逆转"运动为象征，在传统武术套路中模拟宇宙的进程。与此类似的是，一些武术门派借鉴了佛教使意识回归"虚空"，实现"觉悟"的思想。"统一的气"的概念概括地表达了返回一切现实的本源深度的可能性，它代表了"道"的绝对统一性的实质。在这一普遍统一性的基础上，"内丹术"的任务是将构成"身体/人格"的"内气"通过一系列转化形成"仙胎"或"内丹",然后发展成由"纯阳之气"或"神气"构成的不朽人格。

追求类似目标的还有武术门派的成员,他们通过"内功"——一种源自道教、佛教和民间宗教组织的完善生理心理的方法、"养生"的实践——实现这一目标。"内功"可以解释为"气功"(尽管现代中国的武术大师们在这一概念的理解上有时会出现分歧,"内功"在狭义上可以被理解为一种肌肉工作和意识活动的微妙方面)。这种实践活动可以控制体内的"能量"流,调节"气"与外部环境之间的交换。今天的气功对于武术而言,仅仅是一种应用型训练,用于提高习武者的身体机能,强身健体,锤炼特定的身体素质,如抗击打能力、徒手或徒脚击碎硬物的能力等。培养高水平武者的方法之一是所谓的硬气功,其目的正是发展上述一系列的非凡能力。但在传统武术中,除了应用型训练方法(如获得对身体外部作用的抗击打能力、强身健体的"铁布衫"等),"内功"包括冥想的技巧,在广义上指的与其说是"功",不如说是致力于"功夫"的"内部实现"和"内在成就",以领悟事物的真谛,成为"道"的化身。在中国武术门派中,尤其是在"内家"派别中,"内功"实际上与套路融为一体。由"气"的转化所形成的人格结构,由"内功"实践联系起来的精神进程,以及武术的其他方面,都在道家的"内丹术"与古典人体宇宙观的概念中得到了理解。

少林武僧的表演

"内功"最重要的因素之一是"意"。武术高手们认为,"凡事先动于心,后露于形"。"意"不意味着意志的紧张,而是指任何有目的的心理行为,其条件为"虚空",某种意识的"无动于衷"。这样"意"就成为"道"本身的回声,在绝对自然和恰当的此时此地的行动(该行动是意、气、力三个"内在对应"的结果和表现)中实现。

武术理论中也存在一些特定的概念，如"劲"。西方语言中没有类似的概念，也不能将其归结为身体上或精神上的力量，有时候它甚至与这些概念相矛盾，因为它可能不涉及身体压力，更不用说消除心理压力。"劲"并非来自身体或肌肉组织的某个部分，而是源于整体的心理物理和"能量"配置。它不是基于"肌肉和骨骼"这样的身体力量，而是源于肌腱，能够被能量之"气"填满的"虚空"。同时"发劲"代表击打或其他技术动作。在不同的武术门派中，存在着几十种不同的"劲"。譬如，"推劲"意味着以弧线改变对手的运动轨迹；"粘劲"指与对手保持密切接触，并跟随对手做螺旋运动；"捻劲"则指将对手的力量压制在自己控制的空间内；等等。所有情况下都潜伏着某种不由自主的、促进该场景中动作必须完成的内部推动力。

诸种武术理论本身的界限很难界定。哲学与宗教体系的概念机制不仅可用来解释目标和实现目标的方法，还可作为加入神圣价值的标志（这种价值就是"文"）。受过教育的人并不太多，甚至在那些得到武术门派"真传"的人中也寥寥无几，绝大多数习武之人没受过教育或者教育程度很低。对他们来说，功夫的"理论"智慧就在那些生硬的、远不是每次都能被理解的口诀中。尽管如此，系统化的图像和具有普遍文化或宗教意义的符号还是被有机地编入复杂的仪式结构中。它的难解和神秘不仅没有妨碍，反而促进了其在门派纲领和价值意识中的巩固，促进了意识的重建及意识深层的再构造，消除了自然或文化性质的精神与心理屏障，这些屏障阻碍了心灵和身体潜在可能性的释放与利用。那些在诸如套路（缠丝拳、伏虎式、鹰爪锁喉等）、这种或那种风格以及完成动作原则（"稳如泰山""白鹤亮翅"等）的名称中描述的、具有哲学和文化内涵的形象，均具有类似的"心理能量"内部模式的作用。

武术的"原理"与传统的神话结构交织在一起。"原理"和传说的形象使武术家体验到与武术流派的神秘主体合一，并融入存在的深处，尽管不同社会和文化背景的人对这种体验可能有不同的理解。例如，现代的理性主义知识分子可能会被人类宇宙进程的多维模式所吸引，从而使意识陷入"真正的现实"的深处，而传统则作为一种情感背景，甚至可能被批判性地分析。大多数习武者更愿意接受那些拥有神奇力量的大师的传说。

相比武术的"原理"，武术传说的界限也同样难以确定。这些传说源于编年史，融合了整个中国以及地方的神话传说、宗教团体（包括混合的民间教派）的传说。譬如，一些门派自称"少林"，事实上与少林寺毫无关系，只是编造了一些有关菩提达摩是其祖师的传说。还有一些门派将其产生与真实的历史人物联系在一起，如大将岳飞。另有一些流派甚至宣称某些动物为其创始者的老师，据说他们从这些动物身上学到了格斗技巧。这尤其可以解释许多"模仿性"流派的起源，尽管在大多数情况下，该流派的手法完全使人联想不到动物的动作。这些动物形象充当了内在的"精神能量"范式，确证招式具有自发的精确性和自然性，就像不会言语而本能地接受和体现"道"的力量的动物那样。如果传说中提到两物相斗——通常是鸟类与陆地上的动物（如鹤与蛇）——则体现了宇宙的两种相互对立的力量"阴—阳"之间的相互作用、相互转化，是天地"能量"的运用。在任何情况下，不管传说是关于

武术难度表演

神圣的苦行者、民间英雄还是动物，说的都是对一种形式的继承。在这种形式中，"道"得以完整显现。甚至连醉酒的形象也不例外，这是一种"仙"，或者类似于武松的"武士"形象："醉酒"在这里意味着对在自发的自然冲动的道路上由反思意识设置的"安全装置"的拆解。

那些描述武林高手神奇能力与壮举的传说，不只是提供了榜样。它与世界的宗教和哲学图景一起，构建了生活规则和价值观的等级体系。这些价值观与武术流派相一致，并通过冥想和训练过程以及对武术大师的严格模仿而得到内化和巩固。武术大师展示了武术流派及其表现形式的完整性，并超越了这些形式，达到了"拳术之外的拳术""万形之外的形式"的境界。武术和功夫的练习变得普遍，成为文化价值观、世界观、体验方式、思维方式和行为方式的社会化及其传播工具。甚至经过唯物主义解释的各种气功和武术（同时在中国被允许），也具有回归传统神秘主义的趋势。

*尊我斋主人《少林拳术秘诀》，1915年；《武术·手擘录》，北京，1990年；徐长青《少林寺与中国文化》，郑州，1993年；孙禄堂《孙禄堂武学录》，北京，2001年；B. B. 马良文、Б. Б. 维诺格拉多夫斯基编译《神奇的拳术·道学文选》，莫斯科，1994年。

**Н. В. 阿巴耶夫、И. В. 加尔布诺夫《孙禄堂论武术内家流派》，新西伯利亚，1992年；吕宏军、滕磊《少林：中国精神与搏击艺术》，莫斯科，2007年；B. B. 马良文《"内家功"传统》，莫斯科，1993年；A. A. 马斯洛夫《武术：穿透神话棱镜的真实》，莫斯科，1990年；A. A. 马斯洛夫《武术：中国的精神与肉体教育的传统》，莫斯科，1990年；A. A. 马斯洛夫《搏击艺术的天朝之路：中国武术的精神艺术》，圣彼得堡，1995年；A. A. 马斯洛夫《东方搏击艺术百科全书：中国武术的传统与秘密》，莫斯科，2000年；斯尼萨连科《形意拳、八卦掌和太极拳大师孙禄堂》，顿河畔罗斯托夫，2002年；张幼坤《武术100问》，基辅，1995年；王西乾、刘振海《少林传统套路精选》，郑州，1996年；王俊雄等《点穴绝技》，长春，1989年；王建斌《穴位点打拳术》，石家庄，1988年；王中才《武术实战技术》，北京，1989年；德虔《少林功夫词典》，北京，1988年；德虔《少林武僧志》，北京，1988年；德虔《少林武术大全》，北京，1991年；德虔《少林拳术秘传》，北京，1989年；德虔、德炎《正宗少林绝技》，北京，1991年；德虔、德炎《少林棍法大全》，北京，1990年；德虔、素法《少林拳法精粹》，北京，1990年；解守德、李文英《英汉汉英武术常用词汇》，北京，1989年；康戈武《中国武术实用大全》，北京，1990年；李影尘《国术史》，北京，1932年；李诚《习武必读》，北京，1991年；刘峻骧《中国武术文化与艺术》，北京，1991年；马青海《象形拳集锦》，北京，1988年；习云太《中国武术史》，北京，1985年；素法、德虔《少林看家拳》，北京，1988年；徐长青《少林寺与中国文化》，郑州，1993年；吴图南《国术概论》，北京，1984年；李天骥《武当绝技》，第1—2卷，长春，1988年；江百龙《武当拳之研究》，北京，1991年；李诚《武术大全》，北京，1990年；《武术入门》，杭州，1983年；蔡云《武术基本训练图解》，香港，1987年；旷文楠等《中国武术文化概论》，成都，1990年；章乃器《科学的内功拳》，北京，1986年；张纯本、崔乐泉《中国武术史》，台北，1993年；李春生《中国功夫辞典》，郑州，1987年；吴忠农《中国名拳》，杭州，1989年；马贤达《中国武术大辞典》，北京，1990年；方金辉、王培锟、孙崇雄、李道节等《中华武术辞典》，合肥，1987年；郑勤、田云清《神奇的武术》，南宁，1993年；Chaj K.T., Weakland J. E. Secret Techniques of Wing Chun Kung-fu. L., 1981; Chinese Martial Arts. Beijing, 1987; Da Liu. Tai Chi Ch'uan and I Ching: A Choreography of Body and Mind. N.Y., 1972; Medeiros Earl C. The Complete History and Philosophy of Kung Fu. Rutland, 1974; Shi Ming, Yao Weijia. Wing over Matter. Higher Martial Arts. Berk., 1994; Smith R. Secrets of Shaolin Temple Boxing. Tokyo, 1975; Wong K.K.

中
国
精
神
文
化
大
典

艺
术
卷

Introduction to Shaolin Kung-fu. L., 1981; Wushu among Chinese Moslems. Shenzhen, 1984.

（А.А. 马斯洛夫、А.Г. 尤尔克维奇撰，张猛译）

*В.В. 马良文翻译、注释《格斗艺术：中国，日本》，莫斯科，2002年。

**Е. 格列波夫《少林寺武术》，顿河畔罗斯托夫，2002年；郭永泰（音，Го Юнтай）《少林洪拳》，莫斯科，2003年；李苏建（音，Ли Суцзянь）《少林炮拳》，莫斯科，2004年；李苏建（音，Ли Суцзянь）《七星螳螂拳》，莫斯科，2004年；吕宏军、滕磊《少林：中国精神与搏击艺术》，莫斯科，2007年；马济人《中国气功学》，М.М. 鲍加齐辛译，1—2卷，圣彼得堡，1996年；А. 马斯洛夫《起舞的凤凰·武术内功秘笈》，顿河畔罗斯托夫，2003年；А. 马斯洛夫《武德：中国搏击艺术探秘》，顿河畔罗斯托夫，2004年；Е. 切尔托夫斯基、А. 特拉夫尼科夫《武术》，顿河畔罗斯托夫，2005年；许禹生《国术理论》，北京，1938年；唐豪《中国武艺图籍考》，上海，1940年；《拳剑指南》，上海，1937年；《中国武术史料集刊》，台北，1973、1975、1976、1979、1980年；吕光荣《中国气功辞典》，北京，1991年；林中鹏《中华气功学》，北京，1989年；《十八般武艺全书》，上海，1936年。

另参见词条"形意拳""太极拳""劲"。

（А.И. 科布杰夫补充，张猛译）

茶文化

茶树的原产地最早在汉朝被纳入中央王朝的管辖之下，现隶属云南省。该地茶叶的使用可以追溯到远古时代，与传说中的神农氏有关。相传神农氏是中华原始农业和医药学的始创者。《华阳国志》一书中记载，蜀国（今四川省）将茶叶作为礼物送给周文王。顾炎武在《日知录》中写道："自秦人取蜀而后（公元前316年），始有茗饮之事。"然而，茶真正走进中国人的日常生活是在汉代。汉代贵族的墓葬中就已发现茶叶。茶在文学作品中也被明确提及。与此同时，酒在中国文化中仍独占鳌头：祭祀仪式、官方接待、友好交流、表达强烈的情感和激发诗意的灵感都离不开它。起初，茶只用于烹饪和医疗。著名医师华佗在《食论》一书中，总结了当时的实践经验："苦茶久食，益意思。"茶的地位慢慢提升，人们开始把它当作一般饮品。茶，高尚优雅，鼓舞人心，能够体现谨慎和勤奋的美德。茶备受赞扬：它可完美替代不胜酒力的官员所喝的酒；可融入知识分子的圈内，如魏晋时期的"清谈"（"清言"）之风；可进入推崇简约生活的儒家知识分子阶层，相对于昂贵的酒，他们更青睐物美价廉的茶。茶吸引了知识阶层的目光，成为中国文化的一部分。

"茶"最初名为"荈"，随后"茶"或者"茗"才被广泛接纳。在晋代文人杜育所作《荈赋》中，"荈"就被传唱。这篇赋作也首次描写了制茶、饮茶的全过程。虽然作者按照传统没有将茶归为"木"，而是归为"草"，即一种食用或药用植物，但是它仍作为一种可口的饮品而被人们赞誉。

早期茶叶在泡制前并未经过加工，但到了唐代产生了制作茶叶半成品——"饼茶"的新技术，还产生了特殊的烹茶法——"煎茶"及更胜一筹的"煮茶"。这是茶成为独立文化现象的物质基础。茶有助于集中注意力，帮助冥想。它成为佛教徒最喜爱的饮品，由此产生了"禅茶一味"的说法。茶是佛教僧侣严格规范生活中唯一的"兴奋剂"，深得他们的认可。但是，僧侣在茶的种植及传播过程中所起的作用还是有限的。

直到陆羽的专著《茶经》出现，茶的生产、使用才得以迅速普及。茶是七大生活必需品（"柴、米、油、盐、酱、醋、茶"）之一，同时也成为一种彰显社会地位及不俗品位的高雅物品。由此逐渐产生了供应皇室宫廷的上等茶叶——"贡茶"的制度。还出现了给国家科举考试的优胜者赠送高档茶叶作为奖励的做法。

在此阶段，茶酒之争越发明显。王敷在《茶酒论》中提到中国文化两大主要饮品之争，主要表现为茶酒所体现的不同品格性情的辩论——谁更好，谁更重要。然而在这场文化之争中获胜的不是茶酒，而是二者的基本成分——水。尽管如此，从后续史料中

刘松年《茗园赌市图》（局部）

可知，茶还是取代了酒，成为最主要、最受推崇的饮品。这些日常物品在中华文化传承者的意识中，有着特殊意义。它们之中脱颖而出的不单有"茶"，还有"酒"（含酒饮品的总称）和"菜肴"。只是后两者的文化背景远不及前者那么丰富。最终，茶被视为体现民族精神的饮品，深受中国各民族、社会各界及不同哲学观点和宗教信仰的代表的喜爱。它同样成功地激发了儒家知识分子的社会活跃性，促进了佛教徒的顿悟以及道家与天地的融合。在中国，茶可以与任何一种意识形态轻易结合，能融入社会各个阶层，体现物质与精神的不可分割性及中国传统世界观所反映的完整统一。

自唐代起，茶这个主题在造型艺术及文学领域（尤其是诗歌）得到普及，产生了"茶诗"。例如，白居易有六十多首诗作与茶有关，苏轼有七十多首诗作与茶相关。茶与中国古典诗歌的重要部分息息相关，它是难以捉摸的境界的理想指南。随着时间的推移，它成为传统主题之一和常见的灵感来源。从那时起，茶就被列为具有高度文化和美学意义的概念之一。明代诗人曹臣在《舌华录》中写道："松声，涧声，山禽声，夜虫声，鹤声，琴声，棋子落声，雨滴阶声，雪洒窗声，煎茶声，皆声之至清者也，而读书声为最。"[①]

刘松年《斗茶图》

如今在日常生活、现实语境及历史背景下，饮茶不仅被理解为"茶事"，更是出现了"茶道"。"茶道"中蕴含了深刻的个人思想，这使得"茶道"成为讲究过程的艺术形式之一，融入了日常生活。宋代文人认为行"四艺"之事是高雅的，"四艺"是指点茶、焚香、挂画、插花。无论此后饮茶在物质层面发生了多大变化，自唐代起人们将茶视为艺术的主体和客体这种态度一直未变。饮茶涉及诸多方面：茶叶、水、制茶和饮茶的方法、茶具和饮茶的环境。这些方面都以各种形式被审美化了。

一种单一的植物物种，或者是中国的山茶，可能会有种类繁多的栽培

---

① 此为宋代学者倪思所云。参见倪思：《经鉏堂杂志》卷二。

品种。目前按六种茶汤颜色分类,最常见的类别有白茶、绿茶、黄茶、乌龙茶(青茶)、红茶、黑茶。制作好的白茶最大限度地保留了茶叶的新鲜度,选取幼芽和嫩叶制成,成品满披白毫,如银似雪。它们不经过杀青和揉捻,只经过蒸气轻微熏烫①。绿茶则要经过轻微加工:嫩叶和幼芽在特制的锅里经过杀青,以去除鲜叶的"草木味";同时,手工揉捻茶叶,使其统一成形。相对于绿茶而言,黄茶则多了一道"闷黄"的工序,其目的是使茶叶由绿变黄,茶汤呈现清亮的黄色,滋味浓醇。乌龙茶则经过高湿度和高温度的半发酵过程,因此它兼具绿茶和红茶的特点,其表现程度取决于具体的工艺。通常是浓茶,茶香醇厚,味道纯粹,入口回甘。红茶为全发酵茶("普洱"是其变种),黑茶为后发酵茶。黑茶通常(但不一定)选用成熟、硬挺的叶片,制成的大片茶叶呈油润的黑色或红褐色。此茶具有强烈的功效,味道浓郁,风味独特。

此外,茶叶可以不同方式调味、压制,各种手法揉捻或切割,各地、各杂交品种、各种品质及品级的茶叶也可混合。据各种数据统计,有两千到六千种茶叶有自己的名字,如经过甄选的高档"西湖龙井"。不同品种的茶叶在细节和美感方面各不相同。传统上那些被称为"名茶"的品种,总是和丰富多彩的传说有关,甚至有些适合长期储存的干茶都成为收藏品,如能够长时间保存的"普洱"。现今在中国会在一些专门的拍卖会上销售茶叶,就像拍卖艺术品一样。水是"茶之母",正确选择泡茶的水,可以使平庸的茶叶提高品质;相反,若水不适合,则优等名茶的品质也会被破坏。因此,有不少章节甚至独立著述讨论泡茶之水,如《煎茶水记》(张又新,唐代)就评价了泡茶之水的品质,其中的描述富有感情,十分详细。在一些有趣而抒情的民间传说中,就对特定水源之水与特定茶园之茶的完美结合大为赞赏。

从整体上看,制茶和饮茶的方式传统上具有多样性和变异性的特点。只有基本的"烹茶法"被区分为五种:作为食物烹煮(最常见的是煮茶)、作为饮料烹煮(最常见的是煎茶)、沏茶(点茶)、冲泡(泡茶)和浸泡(功夫茶)。"饮茶"和"品茶"的组合反映了日常饮茶与"茶道"的区别,这两个词沿用至今。尽管功能性和舒适度始终是最重要的,但饮茶的仪式往往以刻板的形式出现。

唐代末期,煮茶逐渐被点茶取代。也正是在这两种方法盛行的时期形成了茶文化的基础,或者说是"茶道"的经典形式的基础。点茶推动了

---

① 只经过晒或文火干燥。

"斗茶"的发展,"斗茶"结合了竞技和行为艺术的精髓。点茶传统在日本保存至今,在俄罗斯和中国,它被视为日本茶礼仪或者说是"日本茶道"。而在中国,由于元代废除了榷茶制度,加上散茶技术盛行,这种传统逐渐失传。泡茶手法在各地的传播过程中产生了一些地方性的变化:有的仍旧保持地方传统;另一些地方即使没有采用常见的手法,那也变成了广为人知的手法;只有少数上升到了"茶道"的境界。功夫茶—半发酵茶—乌龙茶,在不同类型的茶文化中,饮茶伴随着最大的审美化。

赵孟頫《斗茶图》(局部)

茶具作为茶艺的一部分,品种繁多。唐代陆羽在《茶经》中描写了24种茶具,它们皆是从"煮茶"到"品茶"全过程的必需品。这套工具在当时就被视为具有美学价值的器具。宋代讲究茶碗,茶碗在点茶手法中占有重要地位。到了明代,功夫茶技艺占据优势,茶壶的地位被提到首位,开始被誉为"茶之父"。当时在江苏宜兴的作坊形成了生产紫砂壶之风,它渐渐在功夫茶不同等级的材料中占据了至高地位。宜兴陶土制成的茶壶沿用至今,还有一些价格相对低廉的大众产品。总的来说,茶具生产正在蓬勃发展。茶碗、茶盘和其他配件的多样性增加,艺术家们也竞相设计外形独特、精美的茶具。

饮茶的环境,无论是在户外还是在家,对于"茶人"来说一直都很重要。他们对选择和自己一起饮茶的朋友也是非常挑剔的。今天人们更多地关注茶室的内部装饰,它们在很大程度上具有民族文化特征。因此,具有特定主题,与茶室环境相适应的绘画和书法作品的需求量较大。音乐也要符合饮茶的氛围。

中国茶文化的空间对所有可能的变革敞开怀抱,从而呈现了两个极端趋势:一种体现了对仪式化的渴望,另一种则是对自由地表达自我的渴望。茶道的展示需要遵守各种礼仪规则，如今在各种茶艺比赛、高级的茶艺培训学校或者文化活动中都能看到茶艺的展示。但是，如果说中国"茶道"只有一种固定程式，则是不可思议的：它允许有意识的偏离规范的要求，只要这不会损害茶饮质量和品茶状态。这种两极分化与饮茶文化本身一样古老。早在陆羽的《茶经》中，在提到全套茶具的同时，也列举了一些必不可少的精简后茶具。因此，在中国茶文化中追求唯美和精致的程度不及日本茶道：中国人不会在家中设立专门的茶室，中国的"茶人"也极少将毕生心血都奉献给茶，他们通常是在自己的核心活动领域获得名气。

20世纪的中国，与其说是对茶的需求出现了些许下降趋势，不如说是对这种传统本身的需求度下降。然而20世纪70年代末以来，茶在中国大陆和台湾地区都经历了一场复兴。中国人越来越多地谈论"茶文化"，很快一个新的名称在台湾地区产生，并得到广泛传播——"茶艺"。现在它的使用频率几乎和"茶事""茶道"持平。如今中国兴建了许多茶博物馆，其中最早、最大的是中国茶叶博物馆（浙江杭州）和坪林茶业博物馆（台湾地区），在陆羽的故乡建成了陆羽纪念馆（湖北省）。

四川老茶馆

茶叶贸易和茶业日益繁荣，像煎茶一类已经被忘却的饮茶方法正在复兴。尤其像普洱、乌龙之类的茶叶行业蓬勃发展。与茶文化未来发展方向相关的实验不仅在中国，而且在世界上许多国家都开展起来。就其本身而言，中国茶文化也在吸收外来影响（比如西式饮茶已开始流行）。20世纪90年代末，"茶道"在俄罗斯盛行。到21世纪初，俄罗斯的中国茶已经开始成为具有独立风格的茶文化变种。

*王缵叔、王冰莹《茶经·茶道·茶药方》，西安，1996年；陆羽《茶经》，А.Т.加布耶娃、Ю.А.德列伊吉斯翻译，莫斯科，2007年；陆羽《茶经·五之

煮》，В.Б.维诺格罗茨卡娅翻译，见《东方人与东方文化·研究与翻译》，莫斯科，2008年；唐岩《论茶》，В.Б.维诺格罗茨卡娅翻译，见《东方人与东方文化·研究与翻译》，莫斯科，2008年。

**E.艾吉斯托夫《中国茶叶与茶道》，莫斯科，2003年；王玲《中国茶文化》，莫斯科，2003年；В.Б.维诺格罗茨卡娅《茶文化的变迁与传统记忆》，见《东方人与东方文化·研究与翻译》，莫斯科，2008年；В.Б.维诺格罗茨卡娅《茶叶之国或简约的文雅》，莫斯科，2008年；Б.Б.维诺格罗茨基《茶道》，莫斯科，2007年；Б.Б.维诺格罗茨基《茶道·器与人》，莫斯科，2008年；Б.Б.维诺格罗茨基、В.Б.尤加伊《传统之精细》，见《变迁的文化：茶室文选》，莫斯科，2002年；В.Б.尤加伊（В.Б.维诺格罗茨卡娅）《南方奇树》，莫斯科，2006年；王立英《茶文化》，北京，1998年；黄晓燕《图说茶文化》，北京，2009年。

（В.Б.维诺格罗茨卡娅撰，张猛译）

尽管茶在很早的时候就在中国被饮用，但是首次系统地介绍有关茶的知识，如茶叶、茶产地、泡茶用水的制备尤其是现在所谓的茶道等，是在陆羽的著作《茶经》之中。陆羽出生于唐代文化鼎盛时期的福州，其童年在佛教寺院中度过，但他在十二岁的时候从那里逃了出来，在竟陵（湖北省）的一个演员剧团里工作。十年后，他开始远游，收集当地各种茶叶，学习地方饮茶习俗，品尝泡茶用水。七年后，陆羽做了山中隐士，完成了自己的著作《茶经》及其他一些作品。相传唐朝统治者代宗不止一次拜访陆羽，请他出仕，但每次陆羽都拒绝了，他更偏爱"山水"之间的宁静生活。

烹茶画像砖，
北宋

北京街头卖茶人，
晚清

陆羽死后被尊为"茶圣"，是"茶道"的守护神。在进行茶仪式时，陆羽的画像经常被放在茶具旁，第一杯茶是供奉给他的。陆羽奠定了天门茶文化的基础，在此后的1200年间，茶文化经历了极其重要的发展和变化：茶叶加工技艺和茶具制造水平都得以发展，茶事这一行为本身也发生了变化。现代茶艺是在明末清初形成的。从那时起，一些统一的饮茶方式开始分化，出现了从古老的煮茶到各种在茶盘上泡茶的方法并存的局面。与此同时，在中国不同的省份保留着多种不同的地方制茶习俗。

泡茶时，中国人常常将水的质量放在首位。有几个传说是关于陆羽评价茶和水的神奇能力的。湖州刺史倾慕陆羽已久，一次他到陆羽家中做客。听说南零之水品质优异，于是他派人去那里取水以泡茶。被差遣的人说，他雇了船，到河中心取了最好的水回来。陆羽舀了一瓢水倒入锅中，发现这是临岸之水。随后，他舀到一半的时候突然停下，大声说道："这才是真正的南零水呀！"此时，被差遣之人吓得跪下来承认，船快靠岸的时候，他不小心洒出了一部分水，于是舀了一些岸边的水来充数。

行茶事中第二重要的程序是烧沸水。陆羽将烧水分为几个步骤：首先是发出轻微的"松风"之声；然后在水面出现小气泡，谓之"蟹眼"；随后气泡变大，谓之"鱼目"；当"缘边如涌泉连珠"之时，需要将沸水从火上移开，这是泡茶的最佳时刻；若等到水沸如"腾波鼓浪"之时，就已经老了，不适合泡茶，只适合煮汤了。

陶器是最古老、最传统的茶具。中国最好的茶具是江苏宜兴生产的，那里生产独特的彩陶。著名的宜兴茶具耐高温，不施釉却不渗水（目前除中国外，其他地方还没有成功模仿这一工艺）。著名宜兴紫砂大师的作品历来价值连城，虽然从明代起瓷器才开始在茶道中扮演重要角色。瓷器的发明让中国闻名世界，正如我们所见，正是饮茶中流行使用瓷器，极大地促进了瓷器在西方的传播。茶杯的颜色通常会强

宜兴陶器

唐代琉璃茶具，考古发现于法门寺（陕西省）

调或轻微改变茶的高贵色调，欣赏茶汤的颜色也是品茶礼仪的重要组成部分。12世纪后盛行黑色茶具，而到了14世纪，当茶艺接近现代时，白瓷开始使用，正如我们今天一样。世界上最早的琉璃茶具是在陕西省佛教寺院法门寺进行考古发掘时发现的，其年代为唐代。使用透明的琉璃茶具便于观察煮茶的所有步骤，但相对来说，它易碎且温度升高很快，制作上不如陶瓷器具那么方便。正如许多论著中提到的，陶器的特点是保温性好，瓷器的特点是散热快，因此人们喝茶时更倾向于大陶杯或者小瓷杯。至于冲泡茶叶，就完全取决于茶叶的种类：瓷器可以更好地保留和传递茉莉花茶的香气；泡制乌龙茶最好用宜兴陶器；红茶则应该使用带盖的瓷碗（盖碗）或者宜兴茶壶；泡制绿茶和白茶则建议用瓷器或者琉璃器皿。泡制绿茶"龙井"和黄茶"君山银针"则建议使用高脚透明玻璃杯，此时，银针的嫩芽会呈垂直状态在杯中沉浮三次，直至沉底。这一奇妙的画面让爱茶之人赏心悦目。

很早以前，茶叶就可做药草用，它的功效在许多药理学著作中都有提及。《神农本草经》是现存最早的中药学著作，成书于东汉。此书认为："茶味苦，饮之使人益思、少卧、轻身、明目。"正确挑选的茶叶会促进元气在经络中的运行，平衡体内的阴阳。饮茶的这个过程本身能够使人心静，是抗压的好方法。影响茶叶选择的外部因素，则主要是天气。传统上认为，轻发酵的白茶和绿茶属阴性，建议夏天热的时候饮用，红茶和普洱则适合冬天寒冷的时候饮用。茉莉花茶和大部分的乌龙茶可以很好地平衡阴阳，最适合在春天和秋天饮用。不过主导茶叶选择的还是"内因"，即人自身的状态。体内过热，心气过盛，气冲头部，易造成高血压，如果要祛除它们，则应选择"阴"茶；相反，精神不振，体弱无力，血压低，是体内阳气不足造成的，则需要饮用红茶来补充。不过，以上所说的都是针对高品质的热性茶。现代传统医学家认为，西方流行的凉性茶会导致寒滞和痰浊。

由于其独特的特性，茶已传遍世界各地。说到非中国的茶文化，亚洲的两个国家值得关注：日本和越南。欧洲最早从日本学习茶道，而日本则是从中国唐朝借鉴了这门艺术，并引进了茶树。由于两国文化的特殊性，茶道的在两国的发展走上了不同的路径。在中国，茶道的重点是最大限度地发挥茶本身的味道、香气和能量，体会它们的益处。而在日本，重点则放在高度完美的仪式上，茶本身并不是那么重要，重要的是茶会的准备工作。与日本不同，越南并没有创造出自己的茶文化，而是完全借鉴了北方邻国的茶文化。不过，越南的气候造就了其独特的茶叶品种，其品质甚至临近的中国南方的茶叶都无法相比。虽然越南茶在世界市场上并不占优势，但该国的名茶品种值得鉴赏家特别关注。

17世纪初，由于葡萄牙和荷兰商人的努力，欧洲开始饮用茶叶。但是，茶叶在西方成为大众消费品始于英国东印度公司参与茶叶贸易。这个公司开始在印度和斯里兰卡种植茶叶，其目的是打破中国对茶叶供应的垄断，并降低茶叶价格。这些国家的茶叶生产形成了一条流水线。英国人致力于最大限度地简化茶叶生产全过程，使从采摘茶叶到成品茶包装都实现了机械化。1872年，爱德华·穆尼在自己的文章《茶的培育和制作》中说道："幸运的是通过完善茶叶的手工作坊，制作优质茶叶变成了一个简单的过程。"因此印度的茶叶生产甚至赶超了中国（现居世界第二位），不过"数量上的胜利"导致了"质量上的悲剧"：现在的商店被廉价的低品质茶叶占领，这些茶叶都是经过机械选茶和加工而制成的。在欧洲，对茶叶口味的最后一击发生在世界第一次大战期间，当时兴起茶包的生产。

茶叶传入俄罗斯的时间不比西欧早。1638年，在蒙古大汗赠送给俄罗斯沙皇米哈伊尔·费奥多罗维奇（1596—1645，1613年开始执政）的礼物中就有茶叶。自此茶在俄罗斯快速流行起来，到18世纪末，俄罗斯每年要消费300万磅茶叶。后来的发展与欧洲相同：建立了自己的茶树种植园，减少了从中国的进口。此后，茶叶的空缺几乎完全被格鲁吉亚和阿塞拜疆的廉价茶叶填满。但如今在克拉斯诺达尔的土地上也能培育出不错的茶叶。

**И. Е. 彼特鲁什金《今日茶道》，载《道德》，圣彼得堡，2008年第4期；唐新宇《中国茶：从草药到饮品》，载《中国》，2005年第11—12期；吴如松等《〈孙子兵法〉与疗愈之术》，莫斯科—彼得堡，2004年；唐存才《茶与茶艺鉴赏》，上海，2004年；Liu Toung. Chinese Tea. Beijing, 2005.

（И. Е. 佩特鲁什金撰，张猛译）

*关于茶和丝绸的介绍，选自中国书籍，音译为《万宝卷》，A. 列昂节夫翻译，圣彼得堡，1775年。

**Д. Г. 格莱伊《古代中国历史》，莫斯科，2006年；Г. 杰姆列尔《茶及其在中国、印度、日本和高加索的种植》，莫斯科，1889年；M. B. 克留科夫、M. B. 索夫罗诺夫《中世纪初的中国民族》，莫斯科，1979年；M. B. 克留科夫、M. B. 索夫罗诺夫《中世纪的中国民族》，莫斯科，1984年；冈仓天心《茶之书》，莫斯科，2002年。

另参见"茶壶"。

(А. И. 科布杰夫补充，张猛译)

烹饪和餐桌艺术

约翰·弗里德里希·席勒（1759—1805）有一句名言："推动世界的乃是饥饿和爱情。"而在这之前两千多年，公元前4世纪的哲学家告子有类似的名言："食色，性也。"（《孟子·告子上》）这个主题贯穿了中国几千年的历史。例如，17世纪著名文学家李渔在其作品集《闲情偶寄·声容部·选姿第一》中也提到了它。诚然，中国古代思想家们认为这两种人类生存因素是对立的，并且最重要的无疑是前者。1973年，在公元前168年的马王堆（湖南长沙）汉墓中发现了一部公元前3世纪的著述《天下至道谈》，书中有这样一句话："故贰生者食也，损生者色也。"在马王堆还出土了另一部公元前3世纪的论著《养生方》，这本书中也提到："益生者食也，损生者色也。"因此，两千多年后的20世纪初，不仅是杰出的思想家，而且是执业医师的孙逸仙先生在其著作《建国方略》（1917—1920；俄译本，1964）第一部分《心理建设》中，把饮食的问题放到了第一位。他认为："中国烹调之妙，亦足表文明进化之深也。"他还强调："中国近代文明进化，事事皆落人之后，惟饮食一道之进步，至今尚为文明各国所不及。中国所发明之食物，固大盛于欧美；而中国烹调法之精良，又非欧美所可并驾。"同时代的英国传教士亚瑟·史密斯客观地肯定了中山先生的评价，他说中国的烹饪艺术（烹调术，烹饪法）已经"达到了精确科学的高度"[亚瑟·史密斯《中国人的性格》，符拉迪沃斯托克（海参崴），1907，1916]。

"民以食为天"，其本质反映了儒家经典《尚书》中古老的典范。根据《尚书》中的说法，中国人从远古时代就把食物变成了真正的崇拜、精致的艺术和纯粹的快乐的源泉。采用一种合理的方式，它既带来了美味，又带来了健康益处。传统的问候语"你吃饭了吗"指的是"你怎么样"。这种问候方式不仅与物质因素有关，更与精神因素相关。形成这种心理语言学事实的原因：一方面，几百年来由于频繁的自然灾害和社会灾难、外来入侵和国家内部人口过剩所形成的对饥饿根深蒂固的恐惧；另一方面，当时集体主义占主导地位，而集体主义最自然的表现之一就是一起吃饭。解决饥饿问题一直是可以中断任何事情，甚至是最重要的事情的最佳借口，而传统上对食物摄入缺乏严格规律，更是加剧了这种情况。

相传饮食文化的创造者是神话中人类的始祖、文化上的重要领袖伏羲。认真地对待食物，是君子必备的特征。孔子就是这种"君子"的典范，他严格遵守关于进食的规则和餐桌礼仪。对于军事领域的提问，他回答说他不擅长军事，但是他深谙肉食烹饪方法。他还为民主教育奠定了基础——只需要交纳"束脩"（一捆干肉）。孔子吃得不多，他只吃新鲜的、精心烹饪的食物。相对于肉，他更喜欢谷物（食）。对于喝酒没什么限制，但是不能喝到不省人事（乱）。有时候，他也会吃一点儿姜。（《论语·乡党第十》）孔子的一位主要追随者孟子赋予饮食哲学思想："民为贵，社稷次之，君为轻。"（《孟子·尽心下》）"富岁，子弟多赖；凶岁，子弟多暴"（《孟子·告子上》）。

食物对于中国人而言不仅是一种必需品和仪式，也是一种节日，每次都能给人带来独特的乐趣。美食家细致周全地将不同的食物与不同的季节、地域和身体器官循环对应起来，美食鉴赏家则会提前准备宴会，挑选最合适的美酒、佐酒菜和设宴地点。皇宫里历代祖先的供品每日都要更新。许多著名的诗人和学者为自创的菜肴命名，并将其编入菜谱。

需求和实用主义教会了中国人吃几乎所有能吃的东西：地里长的，地上爬的，等等。他们不挑剔任何爬行动物、昆虫、动物内脏，或者像鸡爪这样的"废料"。这种宽泛的饮食范围的另一个极端是一些美食甚至超出了人类的极限，如熊掌（孟子认为熊掌是高级满足感的象征），还有猴脑。就这样，需求变成了美德，天马行空的美食想象力催生了世界上最丰富（约五千种）的美食（山珍海味），以满足口味。

首先，食物可以分为两类：主食和副食。第一类包括谷物和淀粉类食品，它们始终是饮食的基础，被认为可以提供主要营养，因此被简单地称为"食物"。在中华文化的核心发源地——黄河流域，农耕始于种植谷粟，新石器时代仰韶文化（公元前5000—前3000年）聚落的居民见证了这一点。殷商时期的农耕是建立在仰韶文化基础之上的。因此,殷商时期甲骨文中反映农耕的象形文字变成了汉字"禾",其意义是"结穗的谷类作物总称"。这个字变成了一系列谷物名称的主要部分(部首),比如"稷",这个字意指黍,放置祭祀禾黍和"五谷"之灵的神坛,也象征着五谷之神、文化英雄、周族的始祖——后稷(稷神/农神)。因此,在古代主要的农作物是粟和黍,还有燕麦和大麦。在早期的那些朝代,小麦也曾在主要谷物中占有一席之地,但是受西方影响用小麦制作的面包真正在中国流行起来是在20世纪。从周朝起就开始使用一些统称:五谷、六谷、八谷、九谷、百谷。五谷是由世界观分类的基础五行对应系统整合而成的,可能意味着不同的组合:麻、麦、秬(黑黍)、黍、菽;稻、黍、秬(黑黍)、麦、菽;麦、黍、稷、稻、菽。但是,在后续与五行和五方的关联中,它们被标准化了:土居中,对应黍和后来出现的高粱(稷);木居东,对应稻或麦;火居南,对应豆;金居西,对应麻;水居北,对应黍/稷或大麦。这反映了公元前一千年前半期的现实。在《诗经》的15种谷类作物的名称中,稷和秬(黑黍)出现的次数最多,小麦出现的次数是前两者的一半,水稻出现的次数是小麦的一半。

庖厨画像砖,汉代

同时,与中华文明联系最为紧密的就是米,它的地位非常重要,以至于"饭"这个词就像俄罗斯的"面包"一样,既可以泛指食物,蒸熟的谷物,更确切地说,是煮熟的米饭。根据第一部系统地分析汉字字形和考究字源的字典《说文解字》中的定义:"饭,食也。""食,亼米也。"在这个意义上食"饭"被用于问候语中:"你吃饭了吗?"而"米"则成为一种重要元素,有助于维持人身体和精神的基本要素——"精"和"气"。早在一万多年前的新石器时代,野生水稻就在中华文明的另一个摇篮——长江流域被驯化。一直到殷商时期,水稻的种植才传播到中原地区。长期以来,米都是南方珍贵的食物。孔子将"稻"和"锦"相提并论(《论语·阳货》),将其视为奢侈品。在为父母守丧的三年期间是不能吃稻米饭的,这期间只能喝粥。粥是歉收时端上桌的吃食,而如今在盛大的宴会上也会有粥。古代广泛存在一个对立的特征:北方产小米或黍,南方产稻米。由于农业技术的发展，作物产量提高，到了宋朝，稻米就逐渐征服了整个中原王朝。那时还形成了现代意义上的中餐，稻米成为公共饮食的主角。根据相关统计，到明代，以稻米为食的人口占70%，以小麦和黍米为食的人口占30%。随后在16—17世纪，稻米在公共饮食中所占比例下降，因为出现了一些颇具竞争力的"对手"：高粱、红薯，以及肉、蔬菜等附加饮食。肉类中需求量最大的是猪肉（有种特别的美味是猪蹄），淡水鱼中需求量最大的是鲤鱼和鲈鱼，海鱼中需求量最大的是鲑鱼、比目鱼和金枪鱼。蔬菜和调料的种类繁多，无法一一列举。把"主食"和"副食"结合起来的菜属于"复合"菜肴范畴，比如：如今广泛流传的配有蔬菜和肉类的面条，它是世界快餐的主流；或者蔬菜和肉类馅料的饺子，这是从唐代起效仿游牧民族的菜式，它的专有名称叫"馄饨"，从词源学角度出发，它与神话中的"混沌"有关。在有些朝代，尤其是唐代和宋代，在游牧民族的影响下，奶制品也进入了人们的生活，但没有成为传统饮食的一部分，虽然如今在西方的影响下许多中国人爱喝牛奶、吃乳制品了。据《新唐书·西域传》（"摩揭陀国"）和诗人陆游的记载，唐太宗时期，用甘蔗制成的砂糖从伊朗人、阿拉伯人或者印度人那里传入中国。爱德华·谢弗（1913—1991，《唐代的外来文明》，1963年版，俄文译本1981年）认为，这是一种颗粒状，但未经提炼的"赤砂糖"的优良品种。公元7世纪，阿拉伯人得到了这种糖。虽然，据洪迈《容斋随笔》记载，四川中部地区有一位俗姓邹的和尚在公元760—770年间就开始制糖，但是中国从9世纪末才开始生产精制结晶糖（"糖霜"或者"冰糖"）。7—13世纪，许多外国香料丰富了中国的烹饪，特别是印度的各种胡椒、南洋的豆蔻和地中海的白芥子（西洋芥末）。所有这些香料都被积极地用于医药。如此一来，像豆腐这样基本的国民食物，或许也是由国外传到中国的，后来被朝鲜和日本引进。豆腐的制作方法第一次被提及是在宋代，比如陆游，最初它叫别的名字（"犁祁"或"黎祁"），这也许是其他语言的音译。总而言之，当时已经形成了接近现代的烹饪品种，服务于社会上层的精品菜单中包含一百多种菜肴。

农民的日常食物通常是

宴饮图（使用筷箸），取材于汉代画像石

加入蔬菜调料煮的米饭,肉在他们的饭桌上是非常罕见的。粮食要经过手工脱粒,这是一项繁重的劳动,据《墨子》记载,这项工作由被俘虏的妇女承担。自古以来,人们还用面粉制作食物。面粉通常是在家里用磨子手工磨出来的。用面粉可以做面条,这是最受人们喜欢的食物之一。后来在7—13世纪出现了用小麦粉或者米粉制作的饼,非常受欢迎。其中有一种饼在汉代就被称为"胡饼",因为它是从西部地区(中亚)传入中国的,北部地区的许多大城市有来自异乡的"胡人"卖这种饼。这种饼表面通常会撒一层芝麻,里面还有肉或者蔬菜的馅料。唐代还出现了馒头,这是一种无咸味的蒸制面食。另一种早餐常吃的用面粉制作的食物是油条,这是一种放在油中炸过的长纽带形面食。

  从古代起,肉类、鱼类及蔬菜类的菜品种类繁多,贵族阶层的菜肴更是精致。例如,《礼记》中记载了"八珍":炮豚(煨烤炸炖乳猪)、捣珍(烧牛、羊、鹿里脊)、渍珍(酒糖牛羊肉)、淳熬(肉酱油浇饭)等。西周时期,主要的肉类美食之一是狗肉。狗肉是为祭祀准备的,也供应乡村和宫廷宴会。当时的贵族交换祭肉,被称为"肉食者"(《左传》庄公十年,昭公四年,哀公十三年)。马王堆汉墓还出土了一些动物骨骼:兔、鹿、猪、鸭、竹鸡、雁、雉、鹤等;还有一些淡水鱼:鲤鱼、刺鳊、鲫鱼、鳜鱼等。古代肉类大多晒干后储存——将肉切片放在屋顶风干或者放在炭火上烤干;还可以通过烟熏或者腌制来保存。总之,使用各种方法来保存食物(从肉类、鱼类到水果)是中国饮食的特色之一。鱼和肉可以生吃。3—6世纪在南方有一种备受人们喜爱的"鱼脍",如今以其为源头的日本生鱼片闻名于世。甚至在7世纪末,有一位游历各国的僧人义净就指出,与印度习俗形成鲜明对比的是,在他的国家,普通人大多生吃鱼和蔬菜。后来这种做法就变得不可能了。这也符合古代的世界观:烹饪食物是一种文化,而生食是野蛮的行为。关于这一点,词源学上汉字"食"可以证明:甲骨文中的象形字"食"就是一个容器中盛放着食物,很可能是煮熟的食物。

  正如爱德华·谢弗在《中国饮食文化》(*Food in Chinese Culture*,1977)中记载的一样,早在唐代就形成了一套传统的烹饪方法。①在沸水中加工,加工后食物会收缩在一起,这就是"煮";或者加热水浸泡,这就是"烹"。第二种方法是用各种谷物制作粥和米汤,这两种食物几乎构成了农民饮食的大部分。②"蒸"是一种古老的烹饪方法,可以追溯到新石器时代。这种方法需要用到"甑",这是一种在仰韶文化中就已经闻名的底部有孔格的蒸锅。后来它成为一种重要的炼金化工设备之一，促进了蒸馏的发明。早在公元前一千纪，相对于古老的水煮法，"蒸"这种烹饪方法更加受到重视。刘向在《说苑》中就提到，孔子的一个学生认为水煮法显得寒碜，配不上他的老师。"蒸"常常用来蒸米饭和其他一些常见的食物，如馒头、包子等。与此同时，"胡人"发明了一种类似的烹饪小米的方法。还有一个著名的故事"黄粱美梦"：小米饭还没蒸熟，主人公就在梦里度过了自己的一生。这是沈既济在其短篇小说《枕中记》中创作的故事，后来蒲松龄借用了这个情节。③明火加工：大块燔烤，小块炙烤。通常是放在烤肉叉子或三齿叉上烤（炙）；或包一层外膜烘烤（炰），比如，把没清理过羽毛的鸟类用泥包好烘烤。④油炒：锅上刷一层油叫"煎"；锅内放少许油叫"炒"；把食物放进大量热油中叫"炸"。⑤在汤汁中加热的叫"浇溜"，在烤箱中烹饪的叫"烤"，还有一种技法叫"炖"，等等。

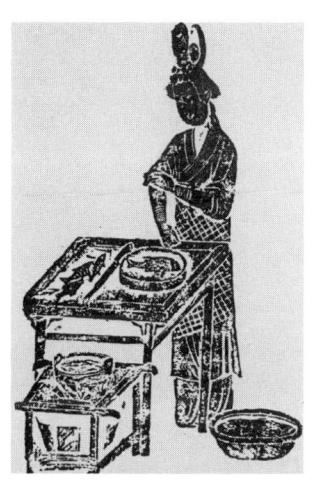

斫鲙画像砖，北宋

远古时期的中国人并不知道"油炒"这种烹饪方法，这种方法直到唐代才开始传播，由此还带来了厨具的变革。在此之前只有陶瓷厨具。6—7世纪初，出现了铸铁器皿，其中比釜更重要的是锅。用釜煮谷物更方便，而用锅可以煎饼，做肉菜和素菜。当时还形成了一套传统的刀具（菜刀、切肉刀），其中最大的菜刀形状接近长方形。蒸馒头和包子用的则是一种圆形的盒子，底部有方格，类似筛子。从宋代到20世纪中叶，更常见的是三孔灶炉，五孔的很少见。厨房还有一些必备的用具——菜板和铁锅。

烹饪艺术基于"主材"和"辅材"相结合原则，就像把米和蔬菜或者肉和蔬菜的组合。将不同的食材搭配在一道菜中体现了"和"，就像阴阳两种对立力量找到了平衡点。据《左传》（昭公二十年）记载，公元前522年，晏子（晏婴）在与其国君齐景公的对话中，指出了"相似"和"同一"的差异："和如羹焉，水、火、醯、醢、盐、梅以烹鱼肉，燀之以薪。宰夫和之，齐之以味，济其不及，以泄其过。君子食之，以平其心。"这段话表明，两极事物的和谐表现在烹饪艺术中就是平衡水火、酸咸、鱼和其他肉类。补不足及限过量在《诗经》（《诗经·商颂·烈祖》）关于制作"和羹"以除"争"的描写中也有体现。《左传》（昭公二十及二十五年）中还有一个论述，根据这个论述可知"五味"生于天之"六气"和地之"五行"。作为平衡心灵的"五味"的补充，先王协调了"五声"，就是古代五声音阶。《尚书》的方法论卷《洪范》（С. И. 库切拉译，1972）中记载了"五行"是与"五味"对应关系：水—咸，火—苦，木—酸，金—辛，土—甘。分别有五种调料与之相对应：盐、酒、醯（醋）、姜和蜜。古代文献中提到了几种汤："基础汤"是以九种肉类为原材料制成的，"清汤"则是以十二种肉类（野禽、鱼类）及蔬菜制成，还有"荠菜汤""萝卜汤"等。后来，汤便成为菜单中重要的一项。调味料也起到了"补充"作用，尤其是在肉菜和鱼类菜肴中。从中世纪起，最受欢迎的调料大概是酱油了。

厨师还要考虑菜肴的五种基本属性：形、色、香、味及食材特性，其中用于评价菜肴的最重要的属性是色、香、味。比如，对嫩竹笋的喜爱不外乎是美食家们相信它们脆嫩而不卡牙。厨师烹饪的艺术在于他们能够将菜肴的所有成分完美和谐地结合在一起，从而使菜肴兼具美味与健康。每种成分所特有的气味使菜肴散发出独特的香味。关于这些香味，每个行家都有自己独到的见解。比如，李渔认为，以螃蟹制成的菜肴就色、香、味俱全。竹笋将自己的味道"传"给了肉，而其自身的口感也变得如肉一般。就像绘画或者建筑物一样，菜肴不是各个独立元素的简单堆积，而是不同食物和味道的和谐统一。这些菜符合"真假虚实"相融合的哲学原则，由此产生

厨灶，陶制厨具，取材于汉代文物

了独有的烹饪传统，即将素食做成具有肉菜或者鱼类菜肴的味道和形状。这在佛教寺院中尤其常见。今天在许多地区都能尝到用豆腐做的烧烤类"肉"菜或者用蛋做的"鱼"。厨师隐藏原料的目标就是不让食客猜到食物的成分。烹饪艺术深受阴阳理论的影响。所有食物本身和特定菜肴都与宇宙或阴或阳的某种力量相关，这种极端力量的互补原则尤其体现在食物与调料的配比上。因此，煮米饭时不应该加酱油一点儿也不奇怪，因为它们都属于"阳"的范畴。将食物分为"冷"和"热"也是非常重要的。

不同地区居民经济生活方式的差异，以及烹饪理论和实践在产品组合

方面的广泛可能性,导致了许多地方性的饮食传统。北方和南方之间的差异尤其大。比如,北方居民不太熟悉海鲜,而南方居民则对饺子和馒头没那么了解。南方饮食大体上更偏重于辣和甜。几乎每个省,有时甚至是一个单独的城市都有自己的特色美食菜,如北京烤鸭、天津煎饼、扬州蒸饺、苏州蟹壳黄等。北方最有名的菜系是北京菜和山东菜,面条、饺子、馄饨、烙饼、北京烤鸭、涮羊肉等都很受欢迎。南方几乎每个省都有自己的特色菜肴,其中最负盛名的是川菜。它和湖南菜一样,都会使用大量的辣椒。广东菜和福建菜的特点是大量使用海产品,以及烹制一些奇特的菜式。其中最出名的一道菜是"龙虎斗",它是由三蛇肉、豹狸等制成。清真菜(按穆斯林习俗烹饪)地位特殊,几乎各地都有清真餐厅和小吃店。它的特点是有种类繁多的羊肉菜肴、特色小吃、汤和面包等。美食家对奇异食材的偏爱促生了一些珍奇菜肴,如用鱼翅、燕窝等制作的菜肴。这些美食的名气远远超过了它们的营养价值和风味。中国饮食文化的主要成就体现在日常饮食中,这些食物营养均衡而味美价廉。就连只吃谷物和蔬菜的穷人每天都能摄入3400卡路里的热量——体力劳动者正常工作所需热量。

在农民的生活中,热米汤是最重要的饮品。北方人认为在寒冷的季节喝上一碗热米汤是保持良好状态和温暖的最佳方式。绿豆汤是一种传统饮品,南方的绿豆汤中经常会加入一些咸菜。南方人最爱的饮品是甘蔗汁。文豪司马相如早就提及甘蔗("诸柘")。各地盛行而品类繁多的饮料还是果汁。不过茶是过去的1500年间最受欢迎的饮品。用于配茶的小吃有豆饼、瓜子、干果等。蜜饯是小孩子最爱的甜品小吃。

滤酒,取材于汉代浮雕

在节日宴席上应该有酒相伴。"酒"这个古老的汉字很早就出现在了占卜的龟甲上,它最早是象形文字,描绘的是一个细长的容器。广义上的"酒"涵盖所有的酒精饮料,包括家酿烈酒、伏特加、葡萄酒、啤酒、家酿啤酒、药酒等。相传最初的酒精饮料是神话中的皇帝(先祖)禹的大臣发明的。它的酒精度数4—5度,是用不同的谷物——小米、大麦、小麦、大米等酿造的。殷商文化留下的重要遗产是大量的品种丰富的青铜酒器,酷爱饮酒是这个朝代的重要特点。用酒曲进行原始发酵以及用特殊方法对谷物进行发酵能使酒达到较高度数，这种高度酒被日本清酒继承。《神农本草经》中提到了自酿葡萄酒。公元前126年，出使西域，穿行伟大的"丝绸之路"的第一人张骞从大宛（古西域国名，今费尔干纳盆地）带回了这种自酿酒的样品。但是它的广泛传播还是得益于20世纪对西方的模仿。从6世纪起，中国人还在效仿游牧民族制作烈酒的方式——"冻酒"，但从7世纪起，就已经开始用蒸馏的方式制作"烧酒"。现今这种酒的度数从30到70度不等。人们用不同种类的谷物来酿酒，以获得不同的口感。这对中国白酒来说是非常重要的。最简单、最常见、最便宜的具有特殊风味的酒是二锅头。它的名字源于制作过程中的二次蒸馏。自古以来，端上桌的只是一种稍稍加热的酒。独自饮酒被认为是很不体面行为。盛宴上每个人都要给邻座的酒杯斟满酒，并按照敬酒的习俗要向其致敬，说祝酒词，毕竟一味地自我炫耀反而会自损声誉。一般伴随着"干杯"的呐喊，被敬酒的人要将杯中的酒一饮而尽，并展示一下倒立的空酒杯，以证明自己的豪爽和诚实。与斟茶不同，斟酒要斟满。有一句谚语：茶倒一半，酒满敬人。还有一句谚语是这样说的：无三不成礼。也就是说要敬对方三杯酒：一为表示尊敬，二为表示赞同，三为友好地结束交谈。农民常常会在寒冬喝一些酒，但是一般不会酗酒。用于佐餐的酒中最著名的是绍兴米酒，白酒中最著名的是茅台酒，而最著名的啤酒是青岛啤酒（采用德国工艺生产）。

　　在古代，人们主要用手吃饭。而从公元前一千纪的最后几个世纪起，人们开始用单手握住两根筷子吃饭（箸，现代语言中的通用名称为"筷子"）。起初，筷子的边缘是圆滑的，在长度方面和日韩非常不同，而且并不适用于所有菜肴。比如，在《礼记》中就有记载："饭黍毋以箸。"（不能用筷子吃煮熟的谷物。）后来，筷子也作为一种工具被用于炼金实验。公元前3世纪，韩非在《韩非子》（第二十章《喻老》）中就有记载，随后司马迁在《史记》（《殷本纪第三》）中也有记述，最初的筷子是纣辛用象牙制成的（象箸）。纣辛是商朝最后一位统治者，非常残暴。为此，商纣王的近亲，贤明的大臣箕子还曾向他进谏（《尚书·洪范》中有所提及）。因为箕子从象箸上预见了这是奢侈浪费、荒淫无度的象征。同时，这也证明了饮食及其工具有非常重要的意义："彼为象箸，必为玉杯；为杯，则必思远方珍怪之物而御之矣。舆马宫室之渐自此始，不可振也。"（《史记·宋微子世家》）在韩非的记述中，箕子从此事就看出了纣辛必将覆灭，果然五年后商朝灭亡了。韩非在《韩非子》中做了哲理性的总结："故箕子见象箸以知天下之祸，故曰：见小曰明。"这种尺寸上不算长的日用品，也曾经出现在公元前3世纪荀子的著述中："从山下望木者，十仞之木若箸。"（《荀子·解蔽》）在重要性上次之的饮食工具是勺。从汉代开始，"勺"就是一个很小的容积单位（在不同的时期一勺约合2—11毫升）。在唐代，"勺"还被药房用作计量单位（一勺约合30毫升）。因为中国人吃饭的时候不用刀，所以被端上来的食物都是已经切好的。但鱼是一个例外。在古代，人们把食物放在大锅中烹制，放在盘子上，再用椭圆形的浅碗进食，这个碗可以盛固体食物和汤。人们用容积约为半升的陶瓷杯喝酒。后来锅和杯被更精致的盘和杯取代。每一道菜都是给所有人食用的，每个人可以凭自己的喜好用筷子把菜夹进自己的碗中。从离自己较远的碗盘中夹菜或者把筷子放在碗上都不是体面的做法。为了使席间的每个人都能品尝到每道菜，现在的餐桌中间部分都是可以旋转的。只有米饭是分装在各自的碗里。在《礼记》中还记载了周代的一些用餐礼仪：不要把夹起的菜再放回菜盘中，不要喝得满嘴淋漓，不要啃骨头，不要把骨头扔给狗，不要当众剔牙；用餐前后都要洗手，洗手之后都要用毛巾擦干；等等。

屠宰牲畜，取材于汉代浮雕

每天都要吃三餐，而没有禁食。在农村通常在黎明时分吃早饭，然后再去田间劳动。中午的时候吃午饭。在过去，午饭之后，人们沉浸于两个小时的午睡之中。晚餐一般在傍晚六点的时候食用。

因为吃饭对中国人来说不仅是必需的，更是一种享受，所以吃饭的时候不要着急，要尽兴地品尝各式各样的美食。在节日宴会上，有数十种菜肴。上菜顺序大致如下：传统的"八大凉菜"——通常是凉拌鸡、豆制品、松花蛋、虾和各种蔬菜；然后是"八大热菜"，其中最后一道通常是煮或炸的全鱼。米饭通常在开餐一段时间后盛上（南方通常一开始就上米饭）。与欧洲的用餐习惯刚好相反的是，中国人是在用餐快结束时喝汤，然后用几道甜品或者水果，结束用餐，最后还会给用餐者提供热毛巾，以供其擦拭手上的油污和脸上的汗渍。席间还会有一些使用特殊道具的杂技表演，如顶碗、盘、杯子等杂耍。

关于烹饪和餐桌艺术的重要书籍或章节如下：宋代陶谷《清异录》，宋代林洪《山家清供》；元代延祐年间（1314—1320）饮膳太医忽思慧《饮膳正要》；明代成化年间（1465—1487）进士陆容《菽园杂记》，明代学者杨慎《升庵外集》，明代龙遵《食色绅言》，明代万历年间（1573—1620）养生专家高濂《饮馔服食笺》，明代宋诩《宋氏养生部》；清代李渔《闲情偶寄》，清代著名学者、诗人朱彝尊《食宪鸿秘》，清代名医王士雄《随息居饮食谱》。在文学作品中，有大量篇幅涉及饮食领域的著作是16世纪的长篇小说《金瓶梅》（B.C.马努辛译，1977，1994）。

*王士雄《随息居饮食谱》，周三金注释，北京，1985年；高濂《饮馔服食笺》，成都，1985年；高濂《饮馔服食笺》，陶文台注释，北京，1985年；林洪《山家清供》，乌克注释，北京，1985年；李渔《闲情偶寄·饮馔部》，叶定国注释，北京，1985年；陶谷《清异录·饮食部分》，李益民等注释，北京，1985年；忽思慧《饮膳正要》，北京，1985年；忽思慧《饮膳正要》，刘玉书点校，北京，1986年；忽思慧《饮膳正要》，李春方译注，北京，1988年；忽思慧《饮膳正要》，上海，1990年；朱彝尊《食宪鸿秘》，邱庞同注释，北京，1985年；陆容《菽园杂记》，王仁湘注释，北京，1989年；杨慎《升庵外集》，焦竑校，北京，1989年；龙遵《食色绅言》，陈光文注释，北京，1989年；宋诩《宋氏养生部·饮食部分》，陶文台注释，北京，1989年；《金瓶梅》，B.C.马努辛译，莫斯科，1993年；《金瓶梅》，B.C.马努辛等译，А.И.科布杰夫编，伊尔库茨克，1994年；李渔《肉蒲团》，Д.Н.瓦斯克列先斯基译，莫斯科，1995年。

**Н.Я.比丘林《中国的国民和道德状况》，莫斯科，2002年；Ф.И.瓦西里耶夫《中国饮食250道菜》，莫斯科，1959年；Н.В.扎哈洛娃《中国的烹饪艺术》，莫斯科，1992年；Л.И.伊萨耶娃《符号中的生活》，莫斯科，2006年；И.卡缅纳洛维奇《古典的中国》，莫斯科，2006年；М.В.克留科夫、М.В.索夫罗诺夫、Н.Н.切博克萨夫《古代中国人：民族起源问题》，莫斯科，1978年；М.В.克留科夫、В.В.马良文、М.В.索夫罗诺夫《中世纪初的中国民族》，莫斯科，1979年；М. В. 克留科夫、В. В. 马良文、М. В. 索夫罗诺夫、Н. Н. 切博克萨洛夫《中央集权王朝时期的古代中国人》，莫斯科，1983年；М. В. 克留科夫、В. В. 马良文、М. В. 索夫罗诺夫《中世纪的中国民族》，莫斯科，1984年；М. В. 克留科夫、В. В. 马良文、М. В. 索夫罗诺夫《中世纪与近代之交的中国民族史》，莫斯科，1987年；В. С. 库兹涅佐夫《吃饭不是件私事：孔子论"多吃素食"》，《第10—11届"东亚地区的哲学与现代文明"全俄学术研讨会论文集》，第2卷，莫斯科，2006年；В. С. 库兹涅佐夫《一切来自土地：传统中国精神生活里的食物》，莫斯科，2009年；С. И. 库切拉《中国周朝的饮食与祭祀问题：以〈周礼〉为例》，《第34届"中国社会与国家"学术研讨会论文集》，莫斯科，2004年；С. И. 库切拉《中国古代文化中的酒》，《第35届"中国社会与国家"学术研讨会论文集》，莫斯科，2005年；В. В. 马良文《中华文明》，莫斯科，2000年；В. С. 斯塔里科夫《中国东北省份的物质文明》，莫斯科，1967年；Г. А. 特卡琴科《中国文化》，莫斯科，1999年；Ю. А. 乌沙科夫《您家门口的中国饮食》，莫斯科，1989年；Э. 舍费尔（薛爱华）《撒马尔罕的金桃：唐代舶来品研究》，莫斯科，1981年；王文斗、杜介生、晓娟《家庭食物疗法》，沈阳，1990年；林孟良、张瑞琴《食物与性保健》，北京，1989年；林乃燊《中国饮食文化》，上海，1989年；孟庆轩、陈国珍《食物养生200题》，北京，1989年；张有寯、陈祖瑞等《中国养生大全》，天津，1988年；M. 信多达《中国饮食历史学》，东京，1974年；Food in Chinese Culture / Ed. by K.C. Chang. New Haven-London, 1977; Lao Yanshuan. Notes on NonChinese Terms in the Yuan Imperial Dietary Compendium // Bulletin of the Institute of History and Philology. Academia Sinica. Vol. 39. 1969; Swann N. L. Food and Money in Ancient China. Princ. N.J., 1950.

（А. И. 科布杰夫、В. В. 马良文撰，张猛译）

庚部 俄罗斯的中国艺术研究

中国精神文化大典

实用造型艺术、建筑和音乐

俄罗斯与中国的艺术交流可以追溯到15—16世纪之交，当时，中亚商人作为贸易中介，不定期地将各类产品从远东地区运往俄罗斯，尤其是奢侈品、陶瓷和纺织品。17世纪末，沙皇俄国与清政府签订《尼布楚条约》（1689）后，直接的商队贸易得以建立，极大地扩展了中国商品的流入量。这类贸易促进了莫斯科克里姆林宫历史文化博物馆中的一系列中国花纹织物图片集锦的形成，那里收藏着万历年间（1573—1620）制作的织锦和锦缎（双面图案的单色丝织物），这些丝织物用于装饰神职人员和贵族阶层的衣物，它们是17世纪俄罗斯宫廷生活和官方仪式的常用物品。当时俄罗斯的旗帜是用锦缎制成的；锦缎被用作面部的刺绣装饰（其上用金线、丝线和珍珠串绣出花样）的底布，白色锦缎被用于高级神职人员的头饰。克里姆林宫收藏了一卷白色的中国丝织品（长484厘米），上面刻有"西伯利亚伟大君主贸易印章"的圆形小印章，直接表明了17世纪中国丝织品进入俄罗斯宫廷的途径。锦缎表面硬挺，穿着时能保持良好的版型，被用来制作贵族服装和宗教仪式服装（例如，中国织锦被用来制作祭服——高级神职人员的无袖披风式法衣）。一些罕见的丝织物在莫斯科克里姆林宫历史文化博物馆展出，其中有一部分刊载在И.И.维什涅夫卡娅的画册《珍贵丝织品》中（莫斯科，2007）。总体而言，少量有趣的中国工艺品已经是克里姆林宫历史文化博物馆的重要藏品，主要是17—19世纪的作品，包括金属制品、画珐琅和景泰蓝，以及石雕等（其收藏者是И.А.扎戈罗德尼娅）。

在17—18世纪之交，彼得一世和他的近臣在模仿欧洲时尚——迷恋"中国风"的同时，致力于收集中国的进口物品，创建"东方"陈列室。18世纪，中国艺术作品通过东印度公司流入俄罗斯。彼得一世的圣彼得堡夏宫、普列奥布拉任斯基村，以及А.Д.缅希科夫（1673—1729）、Ф.М.阿普拉克辛（1661—1728）、Ф.А.格罗温（1650—1706）、П.П.沙非罗夫（1669—1739）等人手中，都有大量的中国藏品。18世纪下半叶，莫斯科附近的贵族府邸——阿尔汉格尔斯科耶庄园（先后为戈利岑公爵和尤苏波夫公爵所有，1918年后成为博物馆）以及舍列梅捷夫伯爵所有的库斯科沃庄园（1918年以后成为博物馆，1938年被命名为"陶瓷博物馆和18世纪库斯科沃庄园"）——都收藏有中国陶瓷珍品。

有目的地建造中国藏品博物馆开始于18世纪初叶。1725年8月15日，叶卡捷琳娜一世正式将宫廷收藏的大部分物品移交给了1714年由彼得一世建造的"珍宝陈列馆"（今天的"彼得大帝人类学与民族学博物馆"，圣彼得堡），并计划将其建成一个国家公共博物馆。1736年和1741年Я.勃留斯的藏品和一些被查封充公的物品，1756年Ф.叶拉齐从中国带回的实用艺术品，扩充了珍宝陈列馆中国藏品的规模。18世纪末，珍宝陈列馆的藏品数量超过了所有现代欧洲博物馆。此后，馆内藏品不断丰富。在20世纪50年代，即苏联和新成立的中华人民共和国之间关系最为友好时期，大量中国艺术品被收入馆中。

今天，珍宝陈列馆中的中国藏品（由东亚和东南亚部门的工作人员监督保管）有4万多件，其中包括15—18世纪的瓷器、佛教青铜雕像、玉器、漆器、骨器、其他宗教物品和服饰样品等（Р.Ф.伊特斯和В.Н.基斯利亚科夫的文章中详细记载了这些物品的收藏过程）。

19世纪，艾尔米塔什博物馆成为俄罗斯中国藏品最丰富的博物馆，藏品主要是宫廷用品。1852年艾尔米塔什博物馆向公众开放，举办了藏品展。随后的收藏与"东方民族文化部"（最初的名称为"苏联和东方国家民族文化艺术史部"）密不可分，该部于1926年在И.А.奥尔别利（1887—1961）的倡议下成立。目前，艾尔米塔什博物馆东方部有一个独立的博览区，其藏品（超过15万件）包括中国艺术品，同时还有其他东方国家（印度、中亚各国、阿拉伯半岛东部国家）的艺术品。П.К.科兹洛夫在考察13—14世纪的"死亡之城"哈拉浩特城（位于戈壁沙漠南部边缘）期间（1908，1909，1926）收集的艺术品在该博览区藏品中占有特殊地位。这些艺术品共有近3500件（其中约有280件绘画和雕塑作品）。另一部分值得注意的收藏品是由С.Ф.奥尔登堡（1863—1934）从今新疆维吾尔自治区带回的（包括137幅绢帛和43幅纸质佛教绘画）。在圣彼得堡的博物馆中，令人印象深刻的中国艺术藏品是祭祀用品，是由国家宗教历史博物馆收藏的。该馆在成立之初（20世纪30年代初），就从珍宝陈列馆和艾尔米塔什博物馆接收了部分展品，包括1200幅年画、约1000件雕塑作品

艾尔米塔什博物馆
"中国藏品参观指南"

（大多具有祭祀性质）和画卷。从20世纪50年代到90年代中期，由东方宗教部策划的常设展览"中国宗教"一直在该博物馆举办。现在国家宗教历史博物馆的员工已着手开发更新的展览方式，力争通过这些展品揭示中国的宗教生活，并将其打造成最具表现力的展览之一。在圣彼得堡（А.Д.缅希科夫的宫殿）及其周边地区的宫殿（在彼得宫城、巴甫洛夫斯克、"皇村"、奥拉宁鲍姆、加特契纳）中都收藏有中国艺术品，但已经是室内装饰品。这些收藏品迄今大部分尚未公开。可喜的是也有一些例外，比如，"奥拉宁鲍姆"国家文物博物馆保护区的藏品目录，在名为"东方藏品"的展览期间出版。展览理念的提出者是М.П.列别金斯卡娅——她名下的藏品不多但非常有趣，来自各类机构的员工组成了学术顾问会——来自俄罗斯科学院东方学研究所圣彼得堡分所的А.М.卡巴诺夫，来自知名的国立博物馆——艾尔米塔什博物馆的Т.Б.阿拉波娃和М.Л.缅希科娃，以及来自国立东方民族艺术博物馆的М.А.涅格林斯卡娅。

　　莫斯科最大的中国艺术品收藏机构是国立东方民族艺术博物馆，该馆于1918年以"亚洲艺术博物馆"（以前也叫"东方文化博物馆"）为名成立。远东藏品约有18000件（绘画、版画、雕塑、服装和各种实用艺术品），大部分是通过1918—1940年的几次收藏活动获得的。其中有前斯特罗加诺夫学院博物馆（1919），无产阶级第一博物馆（1923—1924），莫斯科克里姆林宫军械库（1927），新西方艺术博物馆（收集了С.И.休金的藏品，1926—1928），圣像画和绘画博物馆（收集了И.С.奥斯特鲁霍夫的藏品，1929年转入国立东方民族艺术博物馆），第一莫斯科国立大学人类学博物馆（1932），苏联人民博物馆（1934和1939），伊万诺沃－沃兹涅先斯克州博物馆和塔甘罗格市博物馆（20世纪30年代初）。当时和后来的一些中国艺术品是通过国家博物馆基金从私人或古董店购得的。博物馆藏品中也有一部分来自国家机构（如中华人民共和国文化部，1957）和私人收藏家如Д.М.梅尔尼科夫（1949）、В.С.卡拉布什金（1978）、М.А.巴龙－图鲁比纳和Л.А.巴龙－图鲁比纳（1990）的捐赠。捐赠给国立东方民族艺术博物馆的一些藏品，过去属于鲁缅采夫博物馆（1831年在圣彼得堡开馆，1861年迁至莫斯科，并更名为莫斯科鲁缅采夫公共博物馆，题词为"来自伯爵尼·彼·鲁缅采夫的美好启示"）。因此，鲁缅采夫博物馆的藏品最终被归入国家历史博物馆（在乌瓦罗夫伯爵的倡议下于1873年建成，作为俄罗斯国立皇太子继承人博物馆，并于1881年更名为历史博物馆）；1919年，后者的部分藏品转入国立东方民族艺术博物馆。尽管如此，国家历史博物馆以及一些为国立东方民族艺术博物馆补充展品的省级博物馆（如伊万诺沃-沃兹涅先斯克州博物馆，现为伊万诺沃联合历史艺术博物馆），现在仍拥有自己的中国艺术品收藏，包括雕塑、石制品、金属器、珐琅器、家具和珠宝等。俄罗斯许多城市的博物馆收藏的中国艺术品质量与数量不尽相同[如阿斯特拉罕、符拉迪沃斯托克（海参崴）、扎赖斯克、佩列斯拉夫尔-扎列斯基、里宾斯克]。

18—19世纪，大规模的中国艺术品收藏通常发生在培养汉学家的学术研究中心，以及与中国有贸易往来的城市——恰克图、米努辛斯克、布拉戈维申斯克、托木斯克、鄂木斯克和伊尔库茨克等。在当地商人和赞助人的努力下，这些城市对中国物品的收集（最初是自发的）逐渐转化为一种对于小型但精挑细选的博物馆藏品。而1917年创建的国家博物馆基金在博物馆的未来命运及圣彼得堡和莫斯科藏品的历史中，都发挥了重要作用。该基金征集了相当数量的私人藏品，将它们转交给了国家博物馆。以鄂木斯克州博物馆的中国藏品为例，它建立在国家博物馆基金征集的当地私人收藏品的基础上，共有2000件藏品，尽管这些藏品的价值相对而言不算太高，但却汇集了清朝各种装饰和实用艺术品。

利用博物馆藏品进行中国艺术研究的尝试，开始于19世纪末20世纪初。

Н.И.维谢洛夫斯基

其中包括Н.И.维谢洛夫斯基（1848—1918）的文章《饰品中的中国符号》（1911）和А.И.伊万诺夫（1878—1937）的《中国的象征性装饰》（1914）。А.И.伊万诺夫还著有一系列有关民族志、博物馆学的文章，包括《从博物馆藏品看中国生活》（1916）、《从博物馆藏品看中国宗教》（1916），这些文章都对装饰和实用艺术品做了描述。这些研究显示了俄罗斯的中国艺术史研究后来的一些典型特征——对事物的实质性研究与其语义分析相结合，这意味着要在文化传统的背景下对事物做出解读。

杰出的语言学家阿理克（1881—1951）院士开创了俄罗斯的中国艺术基础研究。他的文化活动在广度和深度上均独树一帜，为科学地全面研究中国艺术提供了强大动力。

阿理克对司空图、黄钺和杨景曾论著的精彩翻译（在对中国原创作品理解的深度和细腻程度上，时至今日，无人能出其右），以及他对王维作品的翻译和对诗人黄山谷（黄庭坚）书法风格的分析，奠定了艺术史研究的汉学文化基础，指明了研究中国艺术精神最适当的方法，展示了他对中国诗歌、书法和绘画进行综合考察后所取得的丰硕成果，概括了全面掌握中国艺术特点所需的科学标准（参见阿理克《东方学》，莫斯科，1982）。

阿理克翻译并给出规范性注解的诗歌评论三部曲《中国诗人论诗：司空图的〈诗品〉》（1916，1978，2003）、《中国诗画家谈个人灵感与景物描写·18世纪中国论著中的中国画：黄钺的〈二十四画品〉》（1945，2003）、《书法家与诗人谈书法艺术的奥秘：杨景曾的〈书品〉》（1947，1978，2003），具有永恒的价值。与这些作品比肩的，还有他翻译的王维的《画学秘诀》（附录有荆浩画论的部分片段；1934，2003）。后来的艺术史学家和汉学家（Е.В.扎瓦茨卡娅、К.Ф.萨莫秀克、С.Н.索科洛夫－列米佐夫、В.Г.别洛焦罗娃等）对中国古典和现代艺术文献的翻译，延续了阿理克的传统。这些翻译以专著和论文集的形式出版（《美学史·世界美学思想遗产》《艺术大师论艺术》）。

阿理克撰写的文章《我国汉学家眼中的11世纪中国诗人、书法家山谷（黄庭坚）》（内附对诗歌《松风阁》的分析；1978，2003）对于理解中国诗词与书法的亲缘关系和有机联系至关重要。此外，不能不提及阿理克为在艾尔米塔什博物馆和莫斯科举办的中国绘画展所撰写的大量介绍性文章（1934），以及在莫斯科有关艺术史的学术会议上所做的报告（1940）。

以个人收藏和专著《中国民间绘画：民间图像中旧中国的精神生活》（莫斯科，1966，在其去世之后出版）为基础，阿理克对中国年画进行了系统研究。这些研究在其关于中国艺术文化的研究中，具有重要的意义。谈到年画在中国艺术生活中的作用时，阿理克认为，"从中国艺术的角度来看，几乎没有什么比这种以小见大的艺术样式更具有典型性，这证明了中国绘画深厚的民族性和整体性"（《东方学》，第142页）。

阿理克所强调的"小"是指，造型艺术的日常形式可以看作一个有前途的研究方向，这些形式除年画外，还包括剪纸、扇面和海报上的书法、绘画——书迷、对子（尤其是新年对联）、信笺等。阿理克在中国艺术文化，特别是造型艺术领域所做的无与伦比的、意义重大的研究，为俄罗斯不同时代的众多研究人员的工作奠定了基础。

阿理克对中国书籍文化及相关艺术传统的兴趣被继承下来，其继承者是从事中国书刊印刷历史研究的К.К.弗鲁格（1893—1942）。弗鲁格的博士论文《中国的图书印刷》是其巅峰之作，后来以专著的形式出版。在艺术史研究领域，可以算作阿理克弟子的有К.И.拉祖莫夫斯基（1905—1942）、С.М.科切托娃（1907？）、В.Н.卡津（1907—1942），他们都是艾尔米塔什博物馆东方部的研究人员。К.И.拉祖莫夫斯基是俄罗斯第一位研究中国美学思想的学者，这首先表现在中国传统的自然哲学思想背景下的肖像画理论领域（研究相术学说，其基础是相信人的面部结构与宇宙结构的相互对应关系）。К.И.拉祖莫夫斯基以自己翻译的一系列画论（王绎《写像秘诀》，14世纪；蒋骥《传神秘要》，18世纪；丁皋《写真秘诀》，18世纪）为基础，以"中国封建时期的肖像画理论"为题进行研究，其中包含对这一画种的哲学思想基础的全面重构，并于1938年将其作为副博士论文进行学位答辩。答辩委员之一阿理克（其他委员分别是Н.И.康拉德和艺术史学家Н.Н.普宁）给出的评语是，鉴于该论文的理论意义和新颖性，完全可以授予其博士学位（《东方学》，第105页）。遗憾的是，它的文本并没有被完整保留，直到1971年才以专著《中国肖像画论》出版。与此同时，К.И.拉祖莫夫斯基对中国古代艺术遗产产生了兴趣。1940年6月，他在莫斯科东方文化博物馆（现为国立东方民族艺术博物馆或国立东方博物馆）召开的学术会议上宣读了两篇论文——《中国古代艺术》《中国汉代艺术》，指出了俄罗斯（苏联）汉学研究的新方向，引发了广泛的共鸣。在俄罗斯，发表在杂志上的研究中国艺术史的第一篇概述性文章《中国艺术》（与А.斯特列尔科夫合著）和随笔《中国艺术》就出自拉祖莫夫斯基之手。这两篇作品于1940年首次发表，1949年修改后再版。后一篇随笔论及中国古代艺术（新石器时代的陶器）和中世纪艺术（建筑，造型艺术——佛教雕塑，世俗绘画及其主要流派和代表人物，民族戏剧）的一般信息，以及20世纪初叶中国的艺术生活（作者考察了当时最著名的画家任伯年、齐白石、徐悲鸿的作品以及国家电影的成就）。

В.Н.卡津（他和К.К.弗鲁格一样，在列宁格勒保卫战中牺牲）是东方部的研究人员之一，属于第一批研究哈拉浩特历史材料的学者。1940年，卡津在莫斯科举办的中国艺术展上宣读了报告（后以《关于哈拉浩特的历史》为题发表），准备了一篇关于艾尔米塔什博物馆中的中国藏品以及博物馆指南（与М.Н.克列切托娃合著）的文章，并为列宁格勒艺术学院的学生撰写了关于中国文化艺术史的讲座教程。

C.M.科切托娃在理论艺术史领域成果斐然,她致力于中国美术、装饰艺术和传统美学思想的研究。1945—1947年她为列宁格勒大学东方系汉语教研室的学生编写了中国艺术史教程,此事促使阿理克在他所领导的教研室成立了一个独立的中国艺术史小组。科切托娃的学术成果包括一系列的专著和文章:以中国佛教祭祀艺术中神像绘画原则为背景对哈拉浩特文物的研究;陶瓷史研究(专著《中国瓷器艺术》,1956);发表在专题论文集《美学史·世界美学思想遗产》《艺术大师论艺术》上的中国绘画理论家(郭熙、董其昌、莫是龙、谢赫、苏轼、荆浩、张彦远、石涛)经典作品全译或节译。

Э.K.克维尔费力德(1877—1949)和Э.X.维斯特法连(1877—1942)同属艾尔米塔什博物馆东方部的第一代研究人员,他们是中国实用造型艺术,尤其是陶瓷研究的先驱。克维尔费力德是专著《瓷器简史》和一般理论性研究著作《中国艺术中的主体》《中国艺术中的现实主义特征》的作者。维斯特法连的主要成果是专著《中国瓷器》,由她的学生和接班人——M.H.克列切托娃筹备印刷和出版(1947)。M.H.克列切托娃(1904—1965)的博物馆科研活动的对象是在她之前中国陶瓷研究中罕见的、几乎未曾触及的领域,譬如在广州的手工作坊进行的出口瓷器的生产活动。她从艾尔米塔什博物馆大量的欧洲和中国瓷器中挑选出了"东印度瓷器"藏品,并通过自己的努力使这部分收藏定期得到补充,最终成为整个俄罗斯的中国出口瓷器中数量最大的藏品。该藏品系列包括770件瓷器,约300件所谓的"广东"珐琅,以及18世纪初叶生产的罕见的丝绸壁纸。1946年,M.H.克列切托娃通过了她的博士学位论文答辩,论文题目是《16—18世纪末出口到欧洲的中国瓷器》,其中一部分随后由Б.T.阿拉波娃筹备刊印,文章名称为《17—18世纪末出口到欧洲的中国瓷器绘饰》。尽管该文篇幅不长,但对于理解中欧艺术之间的相互影响,以及中国实用造型艺术面向欧洲的艺术风格的形成有着重要的意义。M.H.克列切托娃也是画册《苏联博物馆中的中国艺术古迹》的作者之一

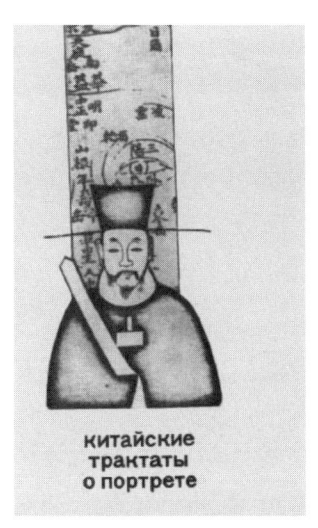

К.И.拉祖莫夫斯基的著作《中国肖像画论》

（与Н.О.格鲁哈廖娃合著，莫斯科，1959）。

除了上述20世纪20—40年代的学者，还有一大批研究人员在俄罗斯的中国艺术史研究的不同方向上成果斐然。其中包括Б.П.杰尼凯（1885—1941），他是东方文化博物馆（国立东方民族艺术博物馆/国立东方博物馆，莫斯科）的负责人（1925—1929），并于1935年出版了相关专著，实际上开启了对中国建筑的研究。Б.П.杰尼凯促进了俄罗斯博物馆事业的发展，推动了中国艺术在俄罗斯的宣传与传播。他撰写了许多关于非常设展览的文章和一部专著（《中国》），并编写了与中国艺术相关的词条，这些词条被收录在《苏联大百科全书》（1937）的第一版中。Н.М.波波夫—塔基瓦（1883—1937，日本学家与汉学家，东方民族研究所教授）和Л.А.尼基京（1896—1942）在中国美学思想、画架绘画和书法研究中做出了重要的贡献。前者曾发表《论远东书法和绘画的研究方法》（1924）、《关于中国绘画六法的几点看法》（1930），这些文章在很大程度上使后来的俄罗斯专家更加关注中国绘画和书法艺术的艺术统一性问题。Л.А.尼基京是画家和戏剧艺术家，他没有受过专门的东方学或艺术史的教育，却在知识分子中第一个关注远东绘画形态学主题，并指出其与象形文字的亲缘关系（如他的文章《日本绘画中的表意象形法》，1924）。他认为，象形文字使中国观众能够感知的不是虚幻或真实的图像，而是传统的符号（事实上，这些符号决定了民族绘画作品的所有结构和符号学特征）。这一观点在莫斯科专家的研究中得到了进一步发展。这一研究方向在以下几位学者的研究中得到了进一步拓展：Е.Ф.扎维茨卡娅（如她的文章《中国画的形态》，1973）和В.Г.别洛焦罗娃。在早期关于实用造型艺术的研究中，值得一提的是М.И.拉夫罗夫的文章《汉代的中国镜子》，该文为研究中国镜子这一种特殊的艺术和民族学现象奠定了基础。

20世纪50年代，俄罗斯（苏联）的中国艺术史研究进入了新阶段。其特点是，一方面延续了战前的研究，另一方面拓展了研究主题和研究范围。一些博物馆新进的藏品，促进了由阿理克开创的年画研究。在这种背景下，20世纪70年代，民族志学家В.С.斯塔里科夫将自己30—40年代在哈尔滨生活期间收集的年画（约100张）转交到艾尔米塔什博物馆。著名汉学家Б.И.潘克拉托夫（1892—1979）曾在中国工作多年，在他去世之后，他收藏的所有木版画也都捐献给了艾尔米塔什博物馆。1981年，艾尔米塔什博物馆为纪念阿理克一百周年诞辰，举办了建馆以来第一次大型年画展"民间绘画中的新年"。

在列宁格勒的艺术史学家和博物馆研究人员中，对年画研究起到关键作用的最初是阿理克的一名女学生、艾尔米塔什博物馆东方部的研究人员 М.Л.普切琳娜－鲁多娃，她在20世纪50年代末就发表了第一批相关研究成果（包括文章《中国木偶戏图片》）。此后，普切琳娜坚持不懈地研究了年画的分类、归属和展览问题（文章《阿理克院士的收藏》《列宁格勒所藏中国年画的分类》），以及作品的艺术和思想特点［文章《财神——关羽》《年画与宗教主题（以列宁格勒的收藏为例）》《从民间年画看中国艺术的象征意义》］。与此同时，普切琳娜还根据С.Ф.奥尔登堡收集的敦煌资料积极研究中国佛教艺术作品，这一点在她的一些文章中也有反映（如《艾尔米塔什博物馆中的敦煌文物》《敦煌文物中的观音菩萨》）。她还为这些藏品编写了目录（与Л. Н. 孟列夫合作），这些目录共六卷，在上海出版。

2003年，普切琳娜举办了一场大型年画展，展出了209幅作品，主要来自阿理克的收藏。展品目录《艾尔米塔什馆博物馆收藏的中国年画》和普切琳娜的专著《中国民间绘画》已经出版。她与Н.Г.普切林一起对国立奥拉宁鲍姆博物馆保护区基金收藏的年画（部分为阿理克的收藏）进行了鉴定，并出版了藏品目录（圣彼得堡，2007）。普切林也撰写了多篇相关文章，如《19世纪晚期中国民间绘画中的女性形象》，探讨了少有人研究的年画主题——"美人"（包括描绘新娘、贤惠女性或与之相反的举止轻浮的少女，以及与她们交往的方式、准则的作品）。普切林对记录耶稣会在中国传教活动的材料表现出研究兴趣，这一点可以从他的博士论文《耶稣会在中国的传教（1579—1842）》（圣彼得堡，1999）及其后的作品［包括博物馆藏品目录收入的文章《艾尔米塔什博物馆收藏的16世纪末至19世纪的中国出口艺术品》（圣彼得堡，2003）］中看出。普切林负责保管的部分玉石雕刻藏品在"永冻冰：艾尔米塔什藏品中的水晶石"展览中展出，他撰写的《天朝不朽的石头》被收录于展览目录（圣彼得堡，2006）。

Т.И.维诺格拉多娃在俄罗斯科学院的圣彼得堡图书馆工作，并从事中国民间绘画和水彩画研究。她在20世纪80—90年代发表了20多篇文章和摘要，内容涉及年画创作新领域和细微的艺术差别：山水和城市景观在年画中的表现方式（《中国戏剧年画中的山水》《中国民间戏剧绘画中的传统城市建筑》）、历史人物绘画的特点（《年画里的中国文人形象》）以及其他主题。维诺格拉多娃也关注了与这种艺术传统起源相关的基础性问题（《中国民间戏剧绘画流派的起源》），年画与版画的关系

庚

(《中国民间戏剧年画中表现神怪小说〈封神榜〉内容的图画》），论述了将"木版画"作为"年画"同义词的不恰当之处（《中国民间年画：分类与分期问题》）。维诺格拉多娃认为，术语"木版画"既与年画的材料不符（不是在木板，而是在纸上完成的），也与其存在的场合不符（不只是出现在农民生活中，在平民的生活里也随处可见），而且两者的主题、风格和意象也都不同。2000年，维诺格拉多娃以"中国民间绘画中的中国民间戏剧"为题通过了副博士论文答辩。在论文中，她对"戏剧年画"这一"民间绘画"构成中最丰富、最普遍的主题进行了细致的分析。为理解"年画"的本质，作者还得出了一些根本性的结论。其中之一就是，年画按文化和社会属性被归入民间艺术是有条件的，因为它们是直接面向市场的、高度发达的手工业的产物。针对"戏剧绘画"本身，维诺格拉多娃提出了一种观点，认为它是由平面艺术、戏剧艺术和戏剧文学相互交融而形成的一种综合艺术类型。

在介绍阿理克藏品的特点及其对中国艺术品收藏的看法的基础上，Л.Н.孟列夫（1926—2005）也曾关注年画研究，并撰写了数篇相关主题的文章，如《阿理克院士的中国收藏（木版画、印刷品、信笺和艺术信封）》（1959）和《作为收藏家的阿理克》（1972）。20世纪50年代，И.П.格拉宁对国家宗教历史博物馆的藏品进行研究，对阿理克带回来的反基督教主题的绘画做了详细描述。在И.П.格拉宁英年早逝后，博物馆再没有人专门从事相关藏品的研究。然而，2006年，为庆祝中国新年，国家宗教历史博物馆举办了一次年画临时展览（由Д.А.泽利尼茨基筹备）。尽管这次展览没有引发与

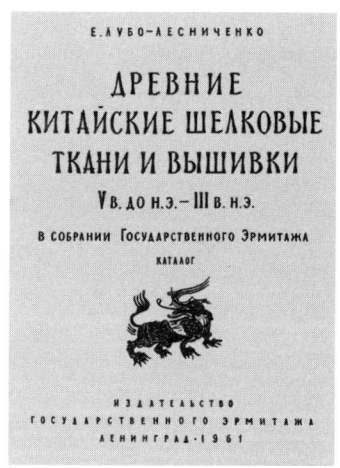

Е.И.卢博－列斯尼钦科的著作《古代中国的织物和刺绣》

之前提及的艾尔米塔什博物馆举办的展览那样广泛的反响，但是这次展览的举办，本身就反映了不同人文学科领域的代表对这一艺术传统的兴趣，这使人们期待在这一领域能够展开新的研究。列宁格勒博物馆研究人员所取得的毋庸置疑的成就还应该包括，1951年9月在珍品陈列馆举办的展览，这次展览共展出了180幅年画，不仅有古代年画，还有中苏友好协会赠与博物馆的现代年画作品。此次展览的相关信息后来见诸媒体（文章作

者为Н.В.久涅尔和Г.А.格洛瓦茨基);以此次展览的资料为素材,一套精心设计、详细注释的明信片"中国古代木版画"问世。艾尔米塔什博物馆东方部的工作人员继续从事中国实用艺术和装饰艺术领域的研究。这一领域的主要专家有Т.Б.阿拉波娃、Е.И.卢博-列斯尼钦科(1929—2001)和М.Л.缅希科娃(在近几十年声名鹊起)。

Т.Б.阿拉波娃是中国陶瓷研究领域的世界级专家。她出版的主要著作有:《艾尔米塔什博物馆收藏的中国瓷器》(目录,1977)、《17—20世纪俄罗斯的远东瓷器》(目录,1994),专著《中国陶瓷》(2007)。阿拉波娃在文章中对俄罗斯艺术史文献中瓷器发展的主要阶段进行了极为详细的分析,其中包括该工艺品在工艺上的细微差别。阿拉波娃还对彩绘珐琅(《中国的彩绘珐琅》,1988)和鼻烟壶(《中国鼻烟壶》,目录,1993)等中国特色工艺品进行了研究。在这些出版物中,除了对相关工艺品进行详细分析,她还介绍了欧洲艺术家在中国的艺术活动及形成的特殊风格——对欧洲艺术传统的模仿和变异,即对欧洲的"中国风"进行系统分析。阿拉波娃的其他作品中值得一提的有:《17—18世纪初叶俄国室内装饰中的中国手工艺品》(1989),介绍了中国产品在俄罗斯传播的初级阶段及其在室内装饰中的具体使用;《艾尔米塔什博物馆的中国出口到暹罗的手工艺品》(2003),重点介绍了此前很少被研究的一类中国出口陶瓷。东方部工作人员和艾尔米塔什博物馆其他中国艺术方面的专家凭借其丰富的知识,促成了缅希科夫宫内的一场独特的展览——"中国出口艺术展"(2003年9月—2004年),展出各类工艺品(珠宝首饰、金属器、骨雕、陶瓷器等)共200多件。

Е.И.卢博-列斯尼钦科的研究主题是中国丝绸的历史及西伯利亚和远东各民族文化互动过程。起初,他研究的是艾尔米塔什博物馆收藏的织物样本[专辑《艾尔米塔什博物馆收藏的古代中国织物和刺绣(前5—3世纪)》,1961]。后来他的研究范围逐渐扩大,涉及丝绸织造的起源和主要发展阶段,织物的种类,纹饰的演变,中国古代丝绸之路的形成、作用和具体路线,等等。他的专著《丝绸之路上的中国》(1994)涵盖了所有这些主题。这本书中提到,丝绸织造史从

Т.Б.阿拉波娃的著作
《中国的彩绘珐琅》

新石器时代就已经开始。卢博—列斯尼钦科的众多出版物中最值得一提的有：论文《织锦与缂丝》（1975），首次（甚至比1994年的专著更详细一些）描述了一种使用花毡工艺制成的特殊类型的花纹织物（织锦）；《中世纪早期中国丝织品纹饰中的西方神灵》（1998），继续研究了中国丝绸织造中对外来图案的借鉴。卢博—列斯尼钦科在另一本书《米努辛斯克盆地的外来镜子》（1975）中更加详细地论述了上述地区的文化和艺术交流问题。他还撰写了关于哈拉浩特的首批专著之一（认知性质）（《死亡之城哈拉浩特》，莫斯科，1968）和一系列关于各种工艺品（瓷器、铜镜等）的文章（《元代青花瓷》《艾尔米塔什博物馆所藏瑞兽葡萄纹铜镜》，1971），这些作品中也涉及了外来艺术对中国艺术的影响。

  М. Л. 缅希科娃于20世纪80年代初进入艾尔米塔什博物馆工作，现在是中国工艺美术藏品保管员，同时也是多种艺术品鉴定专家。她在博物馆藏品研究方面出版了有关漆器（雕漆）和丝织品的文章（《明清时期雕漆"剔红"的一些特点》《艾尔米塔什馆藏中的14—17世纪中国雕漆》《来自埃及的中国丝织品》）。她从馆藏的远东银饰中挑选出一部分，举办了展览（出版了目录）——"艾尔米塔什博物馆的东方银饰"（2005年7月—2006年1月），展出了来自中国、印度和东南亚地区的超过一百件藏品。此次展览不仅在俄罗斯举办，还在国外（阿姆斯特丹）成功举办。她还对中国出口的扇子藏品进行了系统分类（《中国出口的扇子》，2004）。她还参与了《上海博物馆珍品》（2007）的出版工作（翻译和编辑中文文本）。此外，缅希科娃积极参与藏品的鉴定，包括本馆藏品以及来自其他博物馆的卷轴画（文章《李鸿章与尼古拉二世：艾尔米塔什馆藏中某些中国物品的历史》，1995；《中国朝廷官员的肖像画》，2001）。在她的努力下，彼得一世收藏的后来在火灾中遭到严重损坏的一些中国绘画和其他物品得以出现在珍宝陈列馆的中国藏品区。这些藏品包括10件"机械玩具"——以珠宝制成的精致的船舶模型（文章《珍宝陈列馆中彼得一世收藏的中国物品》《一些中国奇物》《彼得一世收藏的中国缂丝挂毯的历史》）。这些模型中，有一件（"天舫"）曾在珍宝陈列馆的一次特别展览上展出（2009），这很有可能引发了中国艺术史研究的另一个主题——中国机械玩具研究。此外，此次展览还是珍宝陈列馆工作人员实验性展览活动的一个范例。此次展览另一个令人难忘的创新性成果就是，在"春宫帷帐后：东亚和东南亚人民的爱情文化"研讨会（1998）的框架内举办的具有情色象征或性用途的藏品展览。

Т. А. 波斯特列洛娃（1931—2010）和 К. Ф. 萨莫秀克代表了列宁格勒（圣彼得堡）学院派在造型艺术领域的汉学研究传统。波斯特列洛娃是专业的汉学研究学者、艺术史学家（1954年，她从列宁格勒国立大学远东国家历史系毕业，1965年就读于列宁格勒绘画、雕塑和建筑研究院的艺术理论与历史系），从事科研工作（1980—1990年，任职于俄罗斯科学院东方学所列宁格勒分所）与教学工作（任教于列宁格勒大学、列宁格勒赫尔岑师范学院和列宁格勒列宾绘画、雕塑和建筑研究院）多年。她同时从事两个主要的艺术史课题研究：一个研究主题是北宋和南宋时期的学院派绘画传统以及相关的国家机构——画院。波斯特列洛娃的专著《10—13世纪的中国画院》（1976）至今仍是该领域最全面的研究成果。这部专著追溯了画院的历史，介绍了它的组织结构和教学流程，详细描述了上述时间段内画院大部分画家的生活和创作经历，以及主要的绘画体裁和流派。文章附录了画院成员的现存作品（及其摹本）清单和经典画家名单，其中也包括唐代的画家。波斯特列洛娃在俄罗斯艺术史学家中首先注意到北宋皇帝赵佶（宋徽宗，1100—1126年在位）的绘画及其在花鸟画的发展演变中起到的作用（其学术论文有专章介绍，并发表文章《赵佶的创作对10—18世纪中国花鸟画形成的重要影响》，1975）。波斯特列洛娃的第二个研究主题是20世纪上半叶的中国艺术和著名的艺术大师徐悲鸿的创作，相继出版了研究成果（包括文章《关于徐悲鸿》，1972；《20世纪上半叶中国绘画中现实主义倾向的形成问题》，1976；《徐悲鸿的创作特点和性格特点》，1980；《作为教育家的徐悲鸿》，1985）。其专著《徐悲鸿的创作和20世纪的中国艺术文化》（1987），以当时的历史、政治和文化进程为背景，展示了徐悲鸿的生平和创作背景。书后还有详细的附录（徐悲鸿全部作品的系年表和他的个人画展清单），这使得该书具有百科全书式的特点。

К. Ф. 萨莫秀克（艾尔米塔什博物馆东方部的研究员）以更为广泛的研究兴趣著称。她完成了对中国最重要的绘画历史和理论著作之一、郭若虚的论著《图画见闻志》的翻译和解析工作，即她的副博士论文（1973）和专著郭若虚《图画见闻志》（1978），主要内容有对这位中国理论家有关国画历史的观点、美学思想的分析，对其论著完成之前主要的画论家（包括谢赫、张彦远、王维、荆浩、苏轼、郭熙）的综述，并附有艺术家姓名、绘画题材和术语的注释列表（词典—索引）。换句话说，除了学术意义，这部著作还是一部关于3—4世纪以来中国美学思想和绘画实践的词典。萨莫秀克的另一个研究课题是古典（北宋时期）山水画。除了对这一题材及其主要代表人物（专著《郭熙》，1976）的作品进行深入分析，她还多次探讨了中国绘画史上的其他问题：人物画题材演变的特点（论文《公元1—9世纪中国的人物画》，1987），艺术家在皇权社会中的地位（论文《艺术家与宋朝社会》，1970），外国艺术家在中国绘画艺术形成过程中的作用（论文《6—7世纪外国艺术家在中国》，1989）。大约自20世纪70年代以来，受郭若虚论著的影响，萨莫秀克对中国佛教绘画产生了兴趣（文章《郭若虚论佛教绘画的两种风格》，1973）。萨莫秀克首先对艾尔米塔什博物馆收藏的世俗艺术家创作的佛教题材绘画进行了分析（文章《仇英〈十八罗汉〉图》，1989），然后着手对哈拉浩特城的资料和党项人（该民族创建了西夏国，1038—1227）的艺术进行广泛深入的研究。在发表了一系列关于西夏绘画的文章（包括《西夏皇帝的画像》，1993；《来自哈拉浩特城的12世纪星魔圈》，1995；《描绘西夏皇帝的两幅木版画》，2000）之后，她通过了博士论文答辩并出版了具有开创性的著作《哈拉浩特城的12—14世纪佛教绘画》（2006）。该专著分为两部分：第一部分以西夏国的历史和宗教状况为背景探讨了西夏的绘画艺术；第二部分是哈拉浩特城的绘画藏品目录，在228幅藏品中，有许多藏品是首次出版。萨莫秀克还是在艾尔米塔什博物馆举办的两次最大规模的中国佛教艺术展览的策展人与合作者："佛陀回归：中国博物馆文物展"（2007年10月—2008年1月）和"千佛洞"（2008年12月—2009年4月）。展品来自艾尔米塔什博物馆和俄罗斯科学院东方学研究所圣彼得堡分所。第一个展览（"佛陀回归：中国博物馆文物展"，由中国艺术展览委员会举办）不仅展出了许多佛教雕塑，同时还展出了实用和装饰艺术品及绘画（天津博物馆的藏品）。展览目录中还包括萨莫秀克的一篇文章——《中国绘画的美学现象》，她在文章中表达了一系列关于中国绘画发展史的规律性及其思想基础的新的思考。在配合同名展览而出版的集体著作《千佛洞·丝绸之路上的俄罗斯考察队·纪念亚洲博物馆成立190周年展览》（圣彼得堡，2008）中，收录了М.Л.普切琳娜－鲁多娃的文章（《敦煌文化与艺术》）和Н.Г.普切林的文章（《吐鲁番的文化和艺术》）。这再一次证实了阿理克关于年画与古典绘画艺术的亲缘关系的正确论断。他的这一论断也促使现代研究人员将民间绘画与中国传统的纪念性绘画，以及受到中国艺术影响的邻近国家的绘画研究相结合。

在圣彼得堡汉学家最近出版的艺术史作品中，М.Е.科拉夫佐娃（现为国立圣彼得堡大学哲学系中国哲学与文化研究室教授）编写的教科书《中国艺术史》也值得一提。虽然不具备专业的艺术史知识和博物馆工作经验，作者仍试图重构一幅时间范围尽可能广（从新石器时代到20世纪）、题材与种类多样性的中国艺术图景。该书有些章节专门介绍了古代艺术遗产，丧葬礼仪和宗教艺术（与民间信仰相关联的原始宗教、道教、佛教），美学和理论思想，画架绘画，主要的手工艺品类型（丝织品、陶瓷、漆器、珐琅器和珠宝），建筑与建筑艺术，园林艺术和音乐创作等。这本书在理论上基于作者提出的一个假设（参考中国文学史的资料）：中国古代和帝制时期艺术创作最初的地域性和社会文化的异质性，并假设中国文化中存在可追溯到不同思想体系的要求，这些要求制约着地方艺术的所有领域和传统的思想—艺术特征。

在莫斯科，博物馆学派的О.Н.格鲁哈廖娃（1897—1986）开启了对中国艺术在历史和艺术批评方面的理论研究，并将其纳入科学和科普文献。她与Б.П.杰尼凯（1885—1941）共同撰写的《中国艺术简史》（1948），是首部系统研究从远古时代到20世纪中叶中国艺术现象的著作，多年来一直是俄罗斯研究中国造型艺术和建筑的重要参考资料。在О.Н.格鲁哈廖娃的众多作品中，值得注意的有：专辑类型的出版物《中国的艺术遗产》（1952），《中国造型艺术》（1956），《徐悲鸿》（1957），《国立东方民族艺术博物馆》（1978）；专著《中国民间艺术》（1958）；论文《中国的艺术》（与С.Н.索科洛夫合著，收入《世界各国和各民族艺术》，百科全书，1965），《王维》（1973）。她还撰写过一些基础性专著（《朝鲜艺术》，莫斯科，1979）。在О.Н.格鲁哈廖娃的引导下，И.Ф.穆里安、Н.С.尼古拉耶娃、Т.В.诺里娜、С.Н.索科洛夫－列米佐夫、В.Л.思乔夫、Л.А.什莫季科夫、Л.И.库兹明科等莫斯科国立东方民族艺术博物馆的艺术史学家们迈出了中国艺术研究的第一步。

至今仍在从事研究工作的老一代艺术史学家Н.А.维诺格拉多娃，是莫斯科学院派当之无愧的最具权威性的人物，她撰写了众多有关中

纪念亚洲博物馆成立190周年展览·艾尔米塔什博物馆的展品目录，2008年

国艺术总体问题及个别艺术家的文化史和专题研究报告。维诺格拉多娃的所有研究著作均具备高度的专业性,她严格遵循历史比较方法,并以诗意的方式呈现材料及其艺术分析。以下出版物在其众多的著作中占有重要地位:《艺术通史》中的"中国艺术"部分(1961)及《艺术简史》(1979);《东方传统艺术》术语词典中的中国部分(1997);《蒋兆和》(1959),《中世纪的中国艺术》(1962),《中国山水画》(1972),《徐悲鸿》(1980),《中国艺术》(收录于国立文化大学"造型艺术"丛书,1988),《潘天寿与国画传统》(莫斯科,1993),《上古至中世纪中国艺术》(青少年百科全书,莫斯科,1996),《中国及日本艺术百年》(莫斯科,1999),《中国园林》(莫斯科,2004),《中国画中的花鸟》(莫斯科,2009)。在其优秀的专题研究著作之一《中国山水画》中,维诺格拉多娃创新性地提出,山水题材及花鸟题材由于对自然世界的共同抒情感知而结合在一起。作者得出一个合理的看法,这种诗意地对待自然的态度和希望表现对象贴近观众世界感受的愿望不仅仅在诸如吴昌硕和陈师曾这样的大师作品中有所体现,在石涛、朱耷及"扬州八怪"等一批富有表现力且创造性地诠释其作品细节的画家那里也得到了验证。考察维诺格拉多娃的学术研究领域,发现她很早就开始涉猎日本的造型艺术,这也使得她能够将对中国传统的深刻理解与从日本"子"文化的"外部"视角结合起来。

另一位老一辈莫斯科学院派学者——H.C.尼古拉耶娃的研究从一开始就涉及中国艺术领域。其早期出版的著作中有《齐白石》(1958)及《画家、诗人、哲学家马远及他所处的时代》(1968)。随后尼古拉耶娃的研究方向转至日本艺术文化领域。该学者的学术研究特点主要是将历史研究方向与深刻的理论概括以及对世界艺术的考察结合在一起。

汉学流派在俄罗斯艺术理论研究中的繁荣,与学者E.B.扎瓦茨卡娅(1930—2002)的诸多领域研究密不可分。她曾是莫斯科国立罗蒙诺索夫大学出色的中国艺术研究者及教师。在其专著《中国古代绘画的美

E.B. 扎瓦茨卡娅

学问题》（莫斯科，1975，博士学位论文）中，扎瓦茨卡娅首次向俄罗斯学术界揭示了书法和绘画在艺术形式建构及美学内容层面上的联系。能够直接接触来自中国的第一手资料激发扎瓦茨卡娅创作了一系列历史理论专著：《芥子园画传》（1969）、《石涛〈画语录〉》（1978）、《齐白石》（1982）、《米芾的奇思妙想》（1983）。这些作品通常包括对原文的翻译以及注释。扎瓦茨卡娅众多文章（数百篇）都以将中国画论译作同自己的理论思考相结合而独具特色，包括：《图像与文字》（1969），《中国美学及绘画中的老庄哲学传统》（1972），《中国绘画的形态学》（1973），《艺术家生活的美学典范——风流》（1973），《哲学和美学范畴的阴影》（1974），《美学范畴的回忆》（1977），《中国画中石头的诗学》（1977），《元代大师李衎的〈竹谱〉》（1977），《中国艺术中灵芝的哲学和美学含义》（1977），《颐和园——充满和谐的园林》（1991），《作为中国传统绘画特殊色彩的性》（1993）。在扎瓦茨卡娅最新的文章之一，与来自南京的艺术学家陈传席（著有《中国山水画史》，1988）合著的《共生的"我"——陈洪绶的创作之路》（1992）中可以找到其对后来一篇专题论文《明末怪杰·陈洪绶的生平与艺术》（1994）的影响。在有关石涛、齐白石及米芾作品的著作中，扎瓦茨卡娅针对中国绘画与书法之间的联系，以自己翻译的中国文献的片段为佐证，作出了简洁而又精彩的论述。

B.A.克里夫佐夫进一步拓展了对道家美学概念及其在中国皇家艺术中的体现的研究。通过专著《道教美学》（莫斯科，1993），他在一定程度上发展并完善了E.B.扎瓦茨卡娅提出的理论。

C.H.索科洛夫（索科洛夫－列米佐夫）来自H.O.格鲁哈廖娃创建的博物馆学派，他对书法主题的研究做出了重要贡献。索科洛夫在20世纪80—90年代出版了一系列对俄罗斯学术界具有重要意义的著作，他致力于进一步拓展由阿理克奠基的传统理论。索科洛夫在1972年便通过其副博士答辩论文《远东古典绘画艺术遗产问

E.B. 扎瓦茨卡娅的著作《中国山水画》（1972）

题研究——文人画方向》（导师Н.И.康拉德），在俄国艺术学领域首次指出文人画在中国绘画艺术中的关键作用。之后他又发表了一系列著作，将文人画视为中国传统绘画艺术（一直到20世纪）的主导方向，对其进行了详细的研究。他认为，这种现象以中国文学、绘画及书法艺术的综合思想为基础，并以艺术家高尚的思想和高雅的审美文化作为支撑。索科洛夫将方法上的创新与对待文献的严谨态度相结合，延续了中国学者[蒋毅（音，Цзян И）、陈志梅（音，Чэнь Чжи—май]]和М.萨里万在该领域的研究。他在更高的学术层面上展开了进一步的研究，这体现在他的著作《文学—书法—绘画：远东文化中的艺术融合问题》（1995）、《从中世纪到近代：17世纪末至19世纪初中日的绘画历史与理论》（1995）、《扬州八怪：中国十八世纪绘画史略》（2000，引用高莽刊载于2003年第4期《中国书画》上的评述）、《过去与未来之间：未来学意义上的中日书法与绘画艺术》（2004），以及一系列的文章《倪瓒的山水画》（1975）、《黄公望的〈富春山居图〉》（1979）、《中国古典及现代绘画艺术传统研究》（1986）、《张旭的"狂草"》（1991）、《中国书法——造型的理想典范》（1995）、《现代中国文化进程中的书法艺术》（1995）、《四君子概念在中国精神文化建构中的重要作用》（2004）、《作为中国气质独特性反映的指画》（2004）、《书法的韵律——论中国书法的感知方式》（2007）、《从统一到特殊——中国篆刻书法艺术》（2007）、《再谈中国书法的交际功能使命》（2008）等中。由此可以看出，索科洛夫对揭示中国思想和精神文化"精髓"的一系列问题深感兴趣，他始终关注艺术的综合问题，以及将古典诗词"翻译"成书法语言的造型问题。

近年来旅居中国台湾地区的学者В.В.马良文致力于另外一个汉学及文化学的方向——对书法与绘画艺术的一般理论的分析：《中国画家的精神世界》、《意识的山峰——论艺术的灵性》（1997）、《中国书法：相似性的空间—生命的空间》（2008）。在其著作《16—17世纪的中国：传统和文化》及《道的黄昏：新时期中国文化》中，马良文对中国艺术的形象—象征意义（从单个物品装饰元素的语义学到图像构成的意义）以及园林艺术进行了详细的文化分析。在《道的黄昏：新时期中国文化》一书中，马良文分析了董其昌（明代后半期最伟大的艺术理论家）的美学体系，阐述了其关于中国一系列美学思想重要地位的见解。

莫斯科的汉学家们在颇为宽泛的中国艺术理论研究范畴内首次试图通

过对中国艺术概念的理解及其特点所揭示的相关思想来建立准确的术语体系。这一方向的成果，体现在如下著述之中：莫斯科国立大学亚非国家研究所的学者Л. Е. 帕梅兰采娃的专著《晚期道教信徒论自然、社会及艺术（〈淮南子〉——公元前2世纪）》中的"艺术"章节（莫斯科，1979；该部分后收入她的译作《淮南子》，莫斯科，2004，学者Г. А. 特卡琴科（1947—2000）的专著《宇宙、音乐与礼仪》（莫斯科，1990）中的"艺术及技艺"章节，以及词典《中国文化》（莫斯科，1999）中的"艺术"词条，哲学家А. И. 科布杰夫（俄罗斯科学院东方学研究所中国思想与文化室副主任）的文章《中国艺术特点在其绘画中的反映》（2010），等等。

俄罗斯国立人文大学的教授В. Г. 别洛焦罗娃在中国艺术研究的诸多方面都做出了重大贡献，她也是Е. В. 扎瓦茨卡娅的学生和学术的衣钵传人。别洛焦罗娃著有关于书法的一系列文章及报告，包括：《邓石如的创作》（2003）、《董其昌书法遗产中的〈阴符经〉卷册》（2002）、《中国书法美学中的记忆范畴》（2008），以及以其博士论文为基础撰写的图文并茂的专著《中国书法艺术》（2007）等。别洛焦罗娃敏锐地注意到，相较于远东地区的其他艺术形式，借由外国文化方法论对书法艺术进行的研究较少，因此她旨在从传统的完整性及历史演变的角度对书法艺术进行研究。别洛焦罗娃发现中国文化范畴内严格且单一的定向有所弱化，这也使得她能够运用现代艺术理论、历史类型学及文化哲学研究方法等跨学科工具来更加深入地对书法素材进行分析。她采用了协同的方法，认为该方法与书法艺术的性质及传统中国艺术研究的一些手法相适应，这种方法给研究带来了积极的效果。

В. Г. 别洛焦罗娃还撰写了《中国传统家具》（莫斯科，2008）及《中国家具及室内陈设》（莫斯科，2009）。由于她的努力，中国传统家具第一次成为俄罗斯学术研究的对象。在其著作中，她阐释了上千年来家具传统形成的重要标志，分析了不同时期的人

В.Г. 别洛焦罗娃的著作
《中国家具及室内陈设》

们在家具的材料、结构、装饰图案等方面的偏好,概述了中国家具收藏及研究的历史。作者的材料研究策略使得她能够同时将书法(中国艺术的基本形式)及家具(艺术雕刻的重要领域之一)进行对比,为理解中国艺术传统整体原则的统一性创造了有利条件。别洛焦罗娃通过对这两种艺术形式的结构、礼仪—实用性及社会学功能的分析得出结论:中国传统家具样式的形成以象形文字的结构为前提,并表现出中国艺术思维的一般规律性。别洛焦罗娃有关画架绘画艺术实用性的著作《中国卷轴画》(1995)同样将对事物具体的、鉴定性的分析与跨学科方法相结合,揭示了艺术现象演变的规律及其在中国艺术等级体系中的地位。

И.Ф.穆里安的研究确立了艺术学研究中的都市学院派方法论,他也成为该学派年画研究的首位代表。学者在其著作《中国传统木版画》(莫斯科,1960)中将其观点与同时代的列宁格勒专家们的观点相比较,更加突出了这项传统艺术的新视点。她概括出那些"流行年画"的生产中心的特点,对其生产的年画的艺术性和实用性以及对于考证其作品必不可少的若干特点进行了探索。穆里安早期关于绘画创作的一些文章已经体现出深刻的理论分析的特点,如《远东水墨画艺术的装饰基础》(1969)、《现代欧洲观赏者对远东水墨画艺术的接受问题研究》(1972)。这一准则在关于中国文化最具创造性的一些人物,如梁楷、李可染及牧溪的大量研究文章中同样有迹可循。穆里安的研究成果之一《古典雕塑艺术范畴中的4—8世纪中国早期佛教塑像艺术》(2005)将视角转向了上古与中古之交雕塑艺术流派在形象及形式上的相似性,这些雕塑在广袤的土地上("从地中海到太平洋")都有遗存。应当指出的是,这部有关中国雕塑艺术研究的著作所关注的主题,在俄罗斯的中国学研究中还很少被注意到。穆里安旨在证明,受印度佛教影响的中国古典人像雕塑艺术在11—13世纪达到了顶峰,但随后让位于中国自古就有的绘画类艺术形式佛像画,并退出了历史舞台。作者考察了中国雕塑艺术与埃及、希腊、印度、尼泊尔及印度尼西亚的雕塑艺术,总结了中国唐朝及更早时期佛教雕塑艺术的特点,认为其惊人的表现力源于"人性的完整性及高度的精神性"。此外,穆里安还出版了一系列有关越南、尼泊尔及印度尼西亚艺术的研究性著作。

学者В.В.奥辛穆克的著作《中国禅宗绘画与南宋画院山水》从属于Е.В.扎瓦茨卡娅开创的学术研究范畴。该著作(成书于作者执教期间并曾作为其莫斯科国立大学历史系副博士学位论文)使得中国绘画艺术研究的一种途径得以实现。该方法之前在其文章（如《中国文化中的禅宗绘画艺术》，1993）中被尝试性提出。以涉及创作心理学的专著为基础，该学者将中国画尤其是山水画鼎盛时期所采用的，用于理解和阐释"山水画样式"的可以相互替代的两种准则进行了对比。在其文章《中国水墨画艺术——艺术作品创作过程中的心理机制》（2007）中，他继续深化了这一研究。

В. Л. 思乔夫在其对20世纪中国造型艺术的研究中（1978，1983，1986），对中国艺术文化的现代发展方式进行了思考。思乔夫发表在国立东方民族艺术博物馆集刊中的一系列文章，涉及一些对绘画作品的考证和几件最吸引人的博物馆文物的鉴定问题（如对公元4世纪女诗人苏若兰织锦回文诗《璇玑图》的考证，2001），有力地证明了其不愧为当今中国古典绘画艺术研究领域莫斯科专家中的佼佼者。思乔夫还统编过《俄罗斯国立东方民族艺术博物馆藏品中的中国当代版画》（目录，1996）及《国立东方民族艺术博物馆藏品中的中国绘画》。因此，该学者的研究可以被视为架设在理论与应用科学之间独具特色的桥梁，反映了博物馆工作的特殊性，俄罗斯的中国艺术藏品考证也必须以此为基础。

除中国绘画艺术之外，В. Л. 思乔夫对中国传统服饰也有所涉猎，并与Л. П. 思乔夫合著了一部学术水平甚至超出中国同类出版物的专著（1975）。Л. П. 思乔夫的文章《曹雪芹小说〈红楼梦〉中事物和名称的传统象征意义》（1970）及《作为宇宙象征统一体系组成部分的中国装饰艺术》（1977），以及В. Л. 思乔夫的文章《中国女性服饰历史研究：从上古至宋代》（1996），都对该主题的部分分支进行了探讨。Л. П. 思乔夫与В. Л. 思乔夫的研究以尊重中国艺术文化的价值、充分理解创作者所处环境为基础，认为在传统环境下，高雅艺术的杰作——古典绘画和书法并不能详尽地展现任何一个时代的面貌，而只能不断地借助于装饰艺术作品。

М. А. 涅格林斯卡娅同样以国立东方民族艺术博物馆藏品为研究对象，在研究结果中表达了类似的观点。该学者延续了Л. П. 思乔夫与В. Л. 思乔夫对中国传统服饰的研究，出版了著作《中国清代的珠宝饰品：历史、寓意、审美》（1999）。该书也成为俄罗斯该领域第一部专题研究著作。国立东方民族艺术博物馆通过《国立东方民族艺术博物馆收藏的中国画珐琅》（1995）及《15—20世纪初叶的中国景泰蓝：国立东方民族艺术博物馆藏品》(2006)的出版,完成了对中国艺术珐琅藏品的考证工作。对莫斯科最丰富的中国艺术藏品长达二十年的研究经验使得涅格林斯卡娅成为在莫斯科克里姆林宫举办的北京故宫博物院展览的学术顾问,同时也成为《展览目录》(2007)的作者和编辑之一。她的博士论文《康雍乾盛世时期金属及珐琅艺术品风格——传统与创新》于2007年通过答辩,内容涉及清代艺术发展中的西方影响,而这种融合使得中国艺术成为20世纪世界艺术的有机组成部分。

由Н. И. 康拉德(1891—1970)院士在研究中提出的中西方艺术相互影响的议题,在许多俄罗斯艺术史学家的著作或多或少都有所涉及。Е. В. 扎瓦茨卡娅的两部专著《西方的东方主义》(1970)和《现代西方世界中的东方文化》(1977,1993),研究了东方艺术传统与欧洲艺术传统的互动过程,揭示了两者之间的分歧和类型学上的重合,这一方面引发了19世纪末20世纪初东方艺术在欧洲的流行热潮,另一方面使西方艺术影响中国艺术成为可能。目前,我们可以合理地认为,18世纪的西方艺术不仅希望借鉴中国文化特有的题材,而且希望借鉴中国文化特有的造型技巧,这标志着西方艺术经验与中国艺术经验之间在深层次上相互影响的第一阶段,这种影响一直延续到新艺术时期和整个20世纪。莫斯科研究学者Н. Н. 纳乌缅科娃的文章对"中国风"和中法艺术关系进行了具体阐述,这些文章于20世纪80年代收录在《"中国社会与国家"学术研讨会论文集》(1982,1986)中。Н. С. 尼古拉耶娃的著作《日本—欧洲的艺术对话》(1996)中用较大的篇幅讨论了"中国风"。俄罗斯科学界第一部专门研究"中国风"的专著是《神话与现实:欧洲人眼中的中国(13—18世纪)》,作者是著名的中国文学翻译家和鉴赏家О. Л. 费什曼(1919—1986),该书在作者去世多年后(2003年)才在圣彼得堡出版。该书提出了一个后来非常有成效的想法,即有必要撰写一部与已出版书籍"对称"的关于"中国人眼中的欧洲"的专著,以展示这座虚拟"桥梁"的另一面。这部专著的文学背景让费什曼从"中国风"现象中看到的首先是"欧洲对中国文学作品的模仿,其特点是呈现具有异域风情的中国"。在工艺品领域,作者与其他研究者一样,在著作第二部分的长篇章节中专门用了几个段落,对"天朝上国"面向国外市场制作的装饰和实用工艺品样品以及它们在欧洲的仿制品进行了分级。费什曼的著作首次向俄罗斯读者介绍了如此丰富的关于"中国风"的知识,由于该书在时间上与

"艾尔米塔什博物馆藏品中的中国出口艺术品展：16世纪末至19世纪初"（2003）的展览目录基本重合，它也促成了艾尔米塔什博物馆另外一次专题展览——"西方的世界与东方的神话——早期麦森瓷器中的东西方主题"（2007）。

在莫斯科从事中国艺术研究的不仅有博物馆的专家，还有学术研究机构的汉学家。例如，学者Б. Л. 李福清借助俄罗斯博物馆及私人藏品，多年来对年画进行了卓有成效的研究。他曾从内容与形式上精准地鉴别了一系列非常稀有的年画作品。1986年，李福清在北京出版了他在列宁格勒发现的小说《红楼梦》的早期抄本的影印版，这是苏中合作出版的首次尝试，也由此产生了从苏联各博物馆中甄选稀有的中国木版年画，由圣彼得堡的阿芙乐尔出版社与中国的人民美术出版社合作出版画册的提议（Б. Л. 李福清，王树村，1990）（Б. Л. 李福清后来为该书作序《中国木版画及其俄罗斯收藏者》）。1987年在俄罗斯国立东方民族艺术博物馆举办了中国年画展，Б. Л. 李福清是该展览的目录编纂者之一。此次展览上共展出了包括私人藏品在内的各种来源的154幅画作，总共将近500张。莫斯科的展览完美地展现了1972年购于私人收藏者，经过巧妙修复的杨柳青木版年画。国立东方民族艺术博物馆"中国民间绘画展"的目录前有一篇Л. И. 库兹明柯的文章，其中以黑白的形式转载了这次展览所展出的三分之一的画作（53幅）。Л. И. 库兹明柯目前是国立东方民族艺术博物馆中国瓷器研究方面的首席专家（曾于1999年完成副博士论文《17—18世纪中国瓷器的风格》），同时也是专著《17—18世纪的中国瓷器》（2009）的作者。

А. И. 科布杰夫首次对俄罗斯大型博物馆及私人收藏中非常罕见的情色主题年画进行了研究，并发表了著作。该学者的这项研究是在1989年启动的中国古代情色学、情色文学作品与艺术研究大型创新项目的框架内进行的。该学者尤其对艾尔米塔什博物馆、俄罗斯国立东方民族艺术博物馆、俄罗斯科学院（圣彼得堡）东方手稿研究所及俄罗斯国家图书馆的相关藏品进行了研究，并将其引入学术交流领域。他最重要的研究成果都体现在插图版的科学和艺术文集《中国情色》（1993）以及相关系列其他图文并茂的著作中，如专著《长城那边的情色》（2002），文章《房中术》（2003）、《"春宫币"——情色秘戏》（2002）、《中国文学"第一奇书"的插图》（2010）及百科全书中的"情色"章节（2009）等。在这些出版物中，作者对实用艺术中一种独特的现象给予了特别关注——"春宫币"，也就是一种类似于传统铜钱，但上面刻有男女不同交媾姿势的硬币。同样引起他关注的是中国著名的情色小说《金瓶梅》中插画的形成历史。《金瓶梅》中的插画出自徽派艺术插画师之手，来自画家顾见龙创作于宫廷中的、具有极高艺术价值的系列画作《清宫珍宝皕美图》，以及曹涵美创作的、未及完成的一系列优秀画作（1934—1942）。

俄罗斯对徽派木刻画的研究始于1977年《金瓶梅》译作的首次出版，最先开展研究的是Б. Л. 李福清（1988）。在其文集《中国性学》中刊出了《清宫珍宝皕美图》中的11幅作品，这是这些画作首次在俄罗斯出版，О. М. 戈罗杰茨卡娅（布林诺娃）为其做了题解《几句话……》。同时也出现了一系列俄罗斯汉学家关于中国情色艺术的开创性文章，如Е. В. 扎瓦茨卡娅、维诺格罗多娃的《作为中国传统绘画特殊色彩的性》及О. М. 戈罗杰茨卡娅的《"春宫"的艺术》。此外，《清宫珍宝皕美图》中更多地表现情色细节的摹绘本（后者也是已失传彩色原图的黑白副本）出现在由А. И. 科博瑟夫主编的《金瓶梅》三卷本（伊尔库茨克，1994）中。该学者也首次将高罗佩（1910—1967）的著作《中国古代的性生活》中有关情色艺术的章节翻译成俄文，发表在《今日亚非》杂志上（1993年第5、7、9、10期；1994年第1期，后来又分别由А. М. 卡巴诺夫在2000年、Н. Г. 卡西娅诺娃在2003年翻译）。而在《东方收藏》（2003年第1期）杂志中作者介绍了俄罗斯国家图书馆特别藏品中的部分中国情色艺术藏品（18幅画作）。这些藏品是著名藏书家、莫斯科国立大学图书馆副馆长Н. В. 斯科罗杜莫夫于1948年被非法没收的书籍、绘画和版画藏品的一部分（他于1947年去世）。作为插图的中国色情艺术作品也出现在以下书籍《中国性学秘史：帷幕后的目光》[Charles Human，王武（音，Ван У），莫斯科，1995]、《中国情色诗歌：16世纪禁书〈金瓶梅〉中的诗歌》（О. М. 戈罗杰茨卡娅译，圣彼得堡、莫斯科，2000）、《性爱之道》[林辽毅（音，Линь Ляо И）主编，莫斯科，2007]，以及文章《中国的仪式》（Е. И. 茨耶娃对А. И. 科布杰夫的采访，《红磨坊》2003年第2期）、В.Н.乌索夫《天朝交际花》（《东方收藏》2003年第3期）中。

Э. П. 斯图任娜的学术专著《16—18世纪的中国手工业》（1970）极大地补充了对中国装饰和实用艺术（制瓷业、织造业）的主要类型的技术和应用方面的研究，其中包含了关于生产组织结构、工艺流程及相关设备和工具（缂丝及织造机床、陶器砂轮、窑炉等）的大量信息。她的另外两部专著《12—13世纪的中国封建王朝城市：以开封及杭州为例》（1964）和《11—13世纪的中国城市：经济和社会生活》（1979）除涉及中国城市中的经济及文化生活问题，还对城市建筑体系的研究做出了重大贡献，并对中国建筑学研究做了补充。

在该研究领域，前期出现了И. В. 莫佐列夫斯基（1928）、В. В. 兹古拉（1929）、Б. П. 杰尼凯（1935）、Н. И. 布鲁诺夫（1935，1937）、О. Н. 格鲁哈廖娃（1952）、Б. Н. 库里科夫（1952）、П. 普利霍季科（1956）等人的简要评述，И. Г. 巴拉诺夫（1926，1938）和С. В. 基谢列夫（1959）的研究成果，以及相关中国专家（如梁思成，1952、1953、1954；朱畅中，1955；翟立林，1956；杨鸿勋，1957）的一批文章译作，而之后著名建筑历史学家Е. А. 阿谢普科夫在1958—1960年发表的一系列文章及专著《中国建筑》（1959）可以说是具有开创性的研究著作。该书尤其重视建筑的构造及风格特点。20世纪80年代，В. Н. 特卡切夫对中国建筑工程技术方面的研究进一步深化，其中包括他的文章《"中国屋顶"的形态学》（1986）。作者认为，飞檐的外观形态不仅与美学吸引力以及迷信思想（鬼怪只能直线运动，如果遇到屋顶的弯角必然会绕行）有关，同时还与这种形态的空气动力学特性有关。在以下的一系列集体著作中，对建筑（在很大程度上与其说是艺术学的，更多的是从民俗学角度的规划，包括从宅院开始的工程学视角、建筑体系规划原则）、手工艺术、内部装饰及服饰进行了概述：《古代中国人：民族起源问题》（М. В. 克留科夫、М. В. 索夫罗诺夫、Н. Н. 切博克萨洛夫，1978）、《中世纪初的中国民族》（М. В. 克留科夫、В. В. 马良文、М. В. 索夫罗诺夫，1979）、《中央集权王朝时期的古代中国人》（М. В. 克留科夫、Л. С. 别列洛莫夫、М. В. 索夫罗诺夫、Н. Н. 切博克萨洛夫，1983）、《中世纪的中国民族》（М. В. 克留科夫、В. В. 马良文、М. В. 索夫罗诺夫，1984）及《中世纪与新时代之交的中国民族史》（М. В. 克留科夫、В. В. 马良文、М. В. 索夫罗诺夫，1987）。教学参考书《中国建筑史概要》（2007）篇幅不长（140页），内容却非常丰富，包含47幅图纸和方案。该书的集体作者С. А. 科米萨洛夫、А. А. 古拉金和Н. А. 克里沃舍英娜及参编者Е. В. 季莫诺娃、Ю. А. 阿扎连科聚焦于Е. А. 阿谢普科夫作品的文献价值和Р. В. 越特金、С. Т. 科冉诺夫对北京的描述，介绍了对俄罗斯文献中有关这一主题的史料的考证，阐释了传统城市建设中的宫廷建筑、祭祀建筑及园林建筑艺术，其构造（斗拱）及规范特征——这主要体现在对经典论著《营造法式》的阐释上，同时还有跨文化交流在建筑上的体现，尤其是新疆的交河古城，西藏西部的洞穴神庙，布达拉宫（西藏），广州、泉州、西安、北京等地的清真寺，中国南方的吊脚楼及澳门的建筑。20世纪70年代，苏联的汉学研究又增添了一个新的跨学科方向，就是从艺术价值的视角对考古文献的研究。这一领域的初步研究成果包括В. Л. 思乔夫的副博士论文《公元1—2世纪中国殡葬地形考》（1970）。这篇文章对今山东省境内的主要古迹（武梁祠、沂南古墓葬）进行了详尽的阐述，并从艺术考量及表现手法，甚至石面雕刻的细微差别等角度对其画像石的构造进行了深度分析，进而对中国古代丧葬文化发展的分期进行研究。П. М. 科任（苏联科学院远东研究所研究员）在其著述《中国古代艺术中的和谐（韵律、结构、色彩和数量）》（1990）中，对中国古代艺术品（新石器时代彩绘陶器）的审美标准进行了有趣的观察。在其另外一篇有关公元前2世纪"兵马俑"的文章《汉代军队装备及服饰研究（以杨家湾陶俑为考察对象）》（1985）中，作者关注这些陶俑中个体塑像以及它们构成的整体所展现出的艺术价值，证明陶俑在色彩选择上的自觉意识。在远古及古代中国艺术研究领域，西伯利亚学派的学者（苏联科学院新西伯利亚分院研究者及新西伯利亚大学的教师）可以说做出了最有分量的贡献。由Т. И. 卡申娜的《仰韶文化的陶器》（合著，1997）和《中国东部新石器时代文化的陶器研究》（1984）对新石器时代地域性陶器最重要的（当时所知的）传统进行了系统的研究。这两部著作对陶器的类型给出了定义，并详细介绍了其技术—实用的特征（新石器时代陶器制作工艺），指出了这些制品的装饰手法并对其装饰元素进行了归纳。Т. И. 卡申娜对陶器装饰的研究显示出巨细无遗的特点：她修复了一整套陶器造型装饰图案的体系，确定了具有特色的地域性题材及样式规范，并对其中的许多情节和外形进行了语义学上的解释。对新石器时代制品进行语义学分析这一研究方向也体现在В. В. 叶夫修科夫的专著《中国新石器时代的神话学》（1988）中。在这本书中，作者阐述了新石器时代陶器语义学研究的历史，确认了研究的准则和方法，并对一系列装饰的情节做了原创性的（并非没有争议的）解释。С. А. 科米萨罗夫的著作对于理解中国建筑学起源，包括它的符号学标准，都有重要的意义。比如他的文章《西周考古学研究》（1985）及《汾水流域的西周考古遗迹》（1986）就总结了由中国考古学家发现的古代城市、宫殿及庙宇遗址的特征。

汉学研究的一个独立领域是音乐艺术。这方面最早的研究（匿名）刊登在19世纪30—40年代的俄国杂志上，而最早的短评则是来自对英文版本的翻译（R. Timythy, 1904；刘大钧, 1924）。著名音乐家 Р. И. 格鲁别尔（1895—1962）曾任列宁格勒音乐学院教授（1935年起）以及莫斯科音乐学院教授（1941年起，并担任音乐通史教研室主任），他的两卷本著作《音乐文化史》（1941）中对"中国古代音乐文化"的概述至今仍然具有学术价值。Р. И. 格鲁别尔利用向阿理克当面请教的机会，对中国古代音乐进行了连贯而清晰的描述。同时，他也对中国音乐的音律及乐器进行了分析，提出了一系列重要的理论观点，如关于音乐创作的文化决定因素（根据作者表述，这与中国语言和文字的"多义性"相似），新石器时代的中国音乐艺术（这也被最近几十年的考古学发现证实）等。

对中国音乐艺术的研究有两个主要的方向：致力于音乐学本身的研究方向和致力于揭示音乐创作的宗教、哲学和社会基础的音乐文化学研究方向。后一个研究方向形成于20世纪80年代，主要体现在一些学者的论著中，如 М. В. 伊萨耶娃，Г. А. 特卡琴科（首先是他的专著《宇宙、音乐和仪式》，1990），В. Е. 耶列米耶夫（《〈易经〉中的符号与数字》，2002，2005及其他版本）。另有一批经典论著的译作为研究打下了基础，如：《礼记》中的《乐记》（В. А. 鲁宾译, 1967），荀子的《乐论》（В. Ф. 费奥克季斯托夫译, 1976），《吕氏春秋》第五至六卷（Г. А. 特卡琴科译, 2001年），司马迁《史记》中的《乐书》（Р. В. 越特金译, 1986）及《律书》（Р. В. 越特金译, 1986），嵇康的《琴赋》（И. И. 谢缅年科译, 1979），王禹偁的《大合乐赋》（阿理克译, 1933—1934），苏洵的《乐论》（阿理克译, 1941, 1945），《唱论》（В. Ф. 索罗金译注, 1967），以及该领域的奠基性作品《国语》（В. С. 塔斯金译, 1987）与《淮南子》（Л. Е. 帕梅兰采娃译, 2004）。

1949年中华人民共和国成立后，同中国专家及其翻译著作的密切接触[如李元庆，1954；马可，1956；杨荫浏，1956；阴法鲁、杨荫浏，1957；贺绿汀，1957；《论中国音乐：中国作曲家及音乐学家文集（阴法鲁、马可、贺绿汀、柳青、马思聪、李焕之）》，1958]，使得俄罗斯对中国音乐的研究在20世纪下半叶以后得到蓬勃发展。首先，这在Г. М. 什涅耶尔松的专著《中国的音乐文化》（1952）中得到了充分的体现。这部著作一直到20世纪末都是该研究领域的唯一专著。其次，随笔集《中国乐器》（1958）的问世也体现了这一研究动向。该书是由И. З. 阿连德尔编辑及补充的中文授权译本，也是由中央音乐学院民族音乐研究所编纂的中国音乐史三种插图版著作之一。书中收录了有关弦乐器、管乐器、簧片乐器、笛子、膜鸣乐器及自鸣乐器的64幅插图，是所有俄文版中国音乐著作中最为严谨的作品之一。20世纪80年代左贞观发表了一系列非常有趣的文章，如《中国音乐史研究新论》（1984）、《中国乐器发展历史的几个特点》（1985）、《几种乐器名称的由来》（1986）、《论中国音乐中的吕氏音乐理论体系》（1987）等。21世纪以来还出现了Н. Ю. 阿格耶娃的几篇短文：《论一些中国弦乐器的外来起源》（2008）及《宋元时期的中国民族器乐及乐器》（2009）。此外，还值得一提的是汇编集《亚非国家的民族音乐》（В. 维诺格拉多夫编写，莫斯科，1987）、《亚非国家的音乐传统》（莫斯科，1986）及翻译作品《新中国大百科全书》（莫斯科，1989）中有关中国音乐艺术的章节。由Е. В. 瓦西里琴科撰写的《音乐百科辞典》（莫斯科，1990）及《音乐大百科辞典》（莫斯科，1998）的有关章节的内容也非常详细。该学者也撰写过涉猎广泛的文章《琴的弹奏艺术及其在中国文化中的地位》（1986），并在教学参考书《世界音乐文化：传统东方文明中的声音文化（近东及中东、南亚、远东、东南亚）》（2001）中收录了相关信息。

在本出版物出版之前，有关中国艺术研究的史料仅见于俄罗斯汉学综述中的简短注释：Sorokin V. F. *Two and a Half Centuries of Russian Sinology* // *Europe Studies China.* L., 1995, p. 119-120; С.И.库切拉《古代中国史料研究》，见《古代东方史料研究：伊朗、中亚、印度、中国》，圣彼得堡，2002年，第296页；А. И. 科布杰夫《全球化与汉学总体》，见《第37届"中国社会与国家"学术研讨会论文集》，莫斯科，2007年，第269—271页。

*刘大钧《中国音乐》，И. Г. 巴拉诺夫翻译注释，哈尔滨，1924年；梁思成《中国的建筑遗产与我们的任务》，载《人民中国》，1952年第24期；梁思成《现代建筑》，载《苏联建筑》，1954年第5期；梁思成《中国伟大的建筑传统与遗产》，载《苏联建筑》，1953年第8期；李君《小人书》，载《人民中国》，1953年第21期；叶圣陶《中国彩色木雕的制作》，载《人民中国》，1954年第17期；艾利《民间艺术在中国的复兴》，载《人民中国》，1955年第2期；金伟诺《敦煌壁画》，载《人民中国》，1956年第3期；马可《中国民间歌曲》，载《人民中国》，1956年第24期；马可《论中国音乐》，第1册，莫斯科，1958年；马可《新中国歌剧》，载《人民中国》，1957年第16期；杨荫浏《古代中国音乐遗产研究》，载《人民中国》，1956年第8期；翟立林《中国建筑的形式》，载《人民中国》1956年第14期；贺绿汀《中国音乐中的民族形式问题》，载《苏联音乐》，1957年第1期；阴法鲁、杨荫浏《传统音乐的继承与发展》，载《人民中国》，1957年第7期；张文君《剪纸》，载《友谊》，1957年第2期；杨鸿勋《10—13世纪的中国建筑》，载《友谊》，1957年第3期；王朝闻等《齐白石研究》，С. Н. 索科洛夫－列米佐夫译，1959年；谢赫、李成、苏轼、陈善、王墀《芥子园画传》，Е. В. 维诺格拉多娃、扎瓦茨卡娅译；《王维》，阿理克译，见《美学史·世界美学思想遗产》，第1卷，莫斯科，1962年；《谢赫、荆浩、郭熙、苏轼、董其昌、石涛》，С. М. 科切托娃；《王维》，阿理克译，见《艺术大师论艺术》，第1卷，莫斯科，1965年；《吴昌硕、黄宾虹、齐白石》，С. Н. 索科洛夫－列米佐夫译，见《艺术大师论艺术》，第2卷，莫斯科，1969年；《东方国家音乐美学》，莫斯科，1967年；《中国古代哲学》，第1、2卷，1972、1973年；司马迁《史记》，Р. В. 越特金译，莫斯科，1986年；《国语》，В. С. 塔斯金译，莫斯科，1987年；《中国古代哲学·汉代》，莫斯科，1990年；《乐记》，В. А. 鲁宾《古代中国的个性与权力》，莫斯科，1999年；《吕氏春秋》，Г. А. 特卡琴科译，莫斯科，2001年；苏洵《乐论》，阿理克《中国文学论文集》，第1册，莫斯科，2002年；阿理克《诗人—画家—书法家论灵感的奥秘》，见《中国文学论集》，莫斯科，2003年；《淮南子》，Л. Е. 帕梅兰采娃译，莫斯科，2004年；《上海博物馆珍品》，上海，2007年；《丝绸之路：丝绸艺术五千年》，圣彼得堡，2007年。

**Н. Ю. 阿格耶娃《宋元时期中国民族器乐和乐器》，见《第39届"中国社会与国家"学术研讨会论文集》，莫斯科，2009年；Н. Ю. 阿格耶娃《一些中国弦乐器的外来起源》，见《第38届"中国社会与国家"学术研讨会论文集》，莫斯科，2008年；阿理克《东方学》，莫斯科，1982年；И. А. 阿利莫夫，И. В. 苏斯洛娃《天朝的帆船：中国的机械玩具》，彼得堡，2009年；Т. Б. 阿拉波娃《17—18世纪初叶俄国室内装饰中的中国手工艺品》，见《国立艾尔米塔什博物馆通讯》，第27辑，列宁格勒，1989年；Т. Б. 阿拉波娃《中国鼻烟壶》，彼得堡，1993年；Т. Б. 阿拉波娃，О. П. 杰什潘捷《艾尔米塔什博物馆的中国出口到暹罗的手工艺品》，见《珍宝馆：民族志札记》，第13册，彼得堡，2003年；И. Г. 巴拉诺夫《哈尔滨的极乐寺与孔夫子·建筑历史和简要介绍》，见《北满大学法律系学报》，第12卷，哈尔滨，1938年；И. Г. 巴拉诺夫《阿什河沿岸的中国寺庙》，哈尔滨，1926年；Н. Ю. 巴赫金娜《远东国家艺术作品基金会在国立东方博物馆形成的历史（1918—1940）》，见《国立东方博物馆学术通讯》，第21辑，莫斯科，1992年；А. 别努阿《奥拉宁鲍姆中国宫》，见《俄国艺术珍品》，第10辑，1901年；М. М. 鲍加齐辛《中国的陶瓷：历史、传说、秘密》，莫斯科，1998年；Н. И. 布隆诺夫《中国和日本的建筑》，见《建筑历史概要》，莫斯科，1937年；Н. И. 布隆诺夫《中国园林艺术》，载《建筑学院》，1935年第3期；Е. В. 瓦西里琴科《中国音乐》，见《音乐百科全书词典》，莫斯科，1990年；Е. В. 瓦西里琴科《世界音乐文化：传统东方文明中的声音文化（近东及中东、南亚、远东、东南亚）》，莫斯科，2001年；Б. Б. 瓦赫廷《音乐不会说谎·汉朝》，列宁格勒，1959年；Н. 维谢洛夫斯基《饰品中的中国符号》，彼得堡，1911年；Э. Х. 威斯特法连，М. Н. 克列切托娃《中国瓷器》，莫斯科—列宁格勒，1947年；Е. В. 维诺格拉多娃《当代中国漫画》，载《漫画》，1954年第6期；Н. А. 维诺格拉多娃《中国艺术》，见《艺术简史·远东国家艺术》，莫斯科，1979年；Н. А. 维诺格拉多娃《朝鲜艺术》，见《艺术简史·远东国家艺术》，莫斯科，1979年；Н. А. 维诺格拉多娃《中国山水画中的花鸟》，莫斯科，2009年；Т. И. 维诺格拉多娃《中国戏剧年画中的传统城市建筑》，见《东方城市艺术文化》，莫斯科，1990年；Т. И. 维诺格拉多娃《中国戏剧年画中表现神怪小说〈封神榜〉内容的图画》，见《第26届"中国社会与国家"学术研讨会论文集》，莫斯科，1995年；Т. И. 维诺格拉多娃《中国民间年画：系统化和分期问题（作为中国传统文化研究文献的戏剧年画）》，见《第17届"中国社会与国家"学术研讨会论文集》，莫斯科，1986年；Т. И. 维诺格拉多娃《中国年画中的中国戏剧（作为中国传统文化研究文献的戏剧年画）》，圣彼得堡，2000年；Т. И. 维诺格拉多娃《民间年画论著中的中国文化活动家形象》，见《第23届"中国社会与国家"学术研讨会论文集》，莫斯科，1991年；Т. И. 维诺格拉多娃《中国戏剧年画中的山水》，见《东方各民族文化史典籍与问题：苏联科学院东方学研究所列宁格勒分所第21届年度学术会议（报告与通讯）》，第一卷，莫斯科，1987年；Б. Б. 维诺格罗茨基《中国玉器：时间之纹饰》，莫斯科，2006年；《中国的声乐》，见《戏剧剧目与戏台》，第11册，1847年；见《东方藏品·国立奥拉宁鲍姆博物馆展览目录》，彼得堡，2007；И. В. 盖伊达《古代中国的音乐文化》，见《东方集刊》，第1册，莫斯科，1947年；О. Н. 格鲁哈廖娃《复活的技艺》，载《苏联民族学》，1959年第4期；О. Н. 格鲁哈廖娃《中国造型艺术》，莫斯科，1956年；О. Н. 格鲁哈廖娃《朝鲜艺术》，莫斯科，1982年；О. Н. 格鲁哈廖娃《徐悲鸿》，莫斯科，1957年；О. 格鲁哈廖娃，М. 克利切托娃《苏联博物馆中的中国艺术藏品》，莫斯科，1959年；О. Н. 格鲁哈廖娃，С. Н. 索科洛夫《中国艺术》，见《世界各国和民族的艺术》，莫斯科，1965年；О. М. 戈罗杰茨卡娅《心地温柔的好战者》，载《东方收藏》，2003年第4期；О. М. 戈罗杰茨卡娅《"春宫"艺术》，见《中国情色》，莫斯科，1993年；О. М. 戈罗杰茨卡娅《中国与世界其他文化中的肖像画艺比较分析》，载《东方》，2003年第4期；О.М.戈罗杰茨卡娅《浅谈长篇小说〈金瓶梅〉的插图》，载《东方》，2003年第4期（同时收入《金瓶梅》，В.С.马努辛等译，А.И.科布杰夫主编，第一卷，伊尔库茨克，1994年；О.М.戈罗杰茨卡娅《长江上的初雪》，《东方收藏》，2004年第2期；Р.И.格鲁别尔《中国音乐文化》，见《音乐文化的历史》第一卷，莫斯科—列宁格勒，1941年；Р.丹诺夫斯卡娅《中国造型艺术的成就》，载《艺术》1955年第1期；А.С.达赫诺维奇《18世纪奥拉宁鲍姆的宫殿博物馆》，莫斯科—列宁格勒，1932年；Б.П.杰尼凯《中国建筑》，莫斯科，1935年；Б.П.杰尼凯《中国艺术展览》，载《文学报》，1940年1月10日；Б.П.杰尼凯《中国艺术展览与中国新考古文物》，载《古代史学报》，1940年第2期；Б.П.杰尼凯《中国艺术》，见《苏联大百科全书》，第一版，第32卷，莫斯科，1937年；О.П.杰什潘捷，И.Ф.波波娃《千佛洞·丝绸之路上的俄罗斯考察队：纪念亚洲博物馆成立190周年展览》，圣彼得堡，2007年；С.М.杜京《中国西部佛教洞窟和寺庙里的壁画和雕刻艺术》，彼得格勒，1917年；В.В.叶夫修科夫《中国新石器时代的神话学》，新西伯利亚，1988年；В.Е.叶列梅耶夫《中国传统科学的和谐结构》，见《第18届"中国社会与国家"学术研讨会论文集》，莫斯科，1987年；В.Е.叶列梅耶夫《中国古代关于十二律的研究》，载《音乐与时代》，2006年第5期；В.Е.叶列梅耶夫《琴及其弦数》，见《科学与艺术中的数字》，莫斯科，2007年；Е.В.扎瓦茨卡娅《现代西方世界中的东方文化》，莫斯科，1977年；Е.В.扎瓦茨卡娅《美学范畴的回忆》，见《中国：社会与国家》，莫斯科，1977年；Е.В.扎瓦茨卡娅《西方的东方主义》，莫斯科，1970年；Е.В.扎瓦茨卡娅《图像与文字》，见《中国和朝鲜的文学体裁和风格》，莫斯科，1969年；Е.В.扎瓦茨卡娅《中国绘画形态学》，见《中国：社会与国家》，莫斯科，1973年；Е.В.扎瓦茨卡娅《中国画中石头的诗学》，见《东方与古典艺术》，莫斯科，1977年；Е.В.扎瓦茨卡娅《作为中国传统绘画特殊色彩的性》，见《中国情色》，莫斯科，1992年；Е.В.扎瓦茨卡娅《哲学和审美范畴的阴影》，见《远东文学研究的理论问题》，莫斯科，1974年；Е.В.扎瓦茨卡娅《中国艺术中灵芝的哲学和美学含义》，见《国立东方博物馆学术通讯》，第9辑，莫斯科，1977年；Е.В.扎瓦茨卡娅《艺术家生活的美学典范——风流》，见《关于标准的问题》，莫斯科，1973年；Н.А.扎哈洛娃《东方部特殊藏品仓库的收藏历史》，见《艾尔米塔什博物馆的历史及其藏品》，列宁格勒，1989年；А.И.伊万诺夫《博物馆藏品中有关中国人信仰的材料》，见《俄罗斯科学院人类学和民族学博物馆丛刊》，第3辑，1916年；А.И.伊万诺夫《博物馆藏品中有关中国人日常生活的材料》，见《俄罗斯科学院人类学和民族学博物馆丛刊》，第3辑，1916年；А.И.伊万诺夫《中国的象征性图案》，莫斯科，1914年；Л.И.伊萨耶娃《八仙》，莫斯科，2006年；Л.И.伊萨耶娃《符号中的生活》，莫斯科，2006年；Л.И.伊萨耶娃《古代中国的美女》，莫斯科，2006年；М.В.伊萨耶娃《〈汉书·律历志〉中的音乐流变模型》，见《全俄人文科学领域学术研究竞赛材料（1994年）·哲学、文学、文化学》，莫斯科，1996

年；М. В. 伊萨耶娃《音乐理论体系"律"与中国传统史学的方法论》，见《东亚和东南亚历史与文化》，莫斯科，1986年；М. В. 伊萨耶娃《音乐体系"律"在中国传统科学中的地位》，见《第17届"中国社会与国家"学术研讨会论文集》，莫斯科，1986年；М. В. 伊萨耶娃《音乐体系"律"与中国总体认知理论的相互关系》，见《第19届"中国社会与国家"学术研讨会论文集》，莫斯科，1988年；《历史与文化》，莫斯科，1998年；Р. Ф. 伊茨《俄罗斯的首批中国藏品》，见《珍宝馆：民族志》，第1册，圣彼得堡，2003年；В. Н. 卡津《中国封建社会文化与艺术展》，见《国立艾尔米塔什博物馆通讯》，第1辑，1940年；В. Н. 卡津《哈拉浩特的历史》，见《国立艾尔米塔什博物馆丛刊》，第5辑《东方民族的文化与艺术》，1961年；В. Н. 卡津、М. Н. 克列切托娃《中国封建社会的文化与艺术》，列宁格勒，1939年；Т. И. 卡申娜《仰韶文化陶瓷》，新西伯利亚，1977年；Э. К. 克维尔力德《中国艺术中的物》，列宁格勒，1937年；Э. К. 克维尔费力德《瓷器简史》，莫斯科—列宁格勒，1949年；Э. К. 克维尔费力德《中国艺术中的现实主义特点》，列宁格勒，1937年；С. В. 基谢廖夫《中国瓦片的历史》，载《苏联考古学》，1959年第3期；В. Н. 基斯利亚科夫《俄罗斯科学院人类学和民族学博物馆藏19世纪30—40年代俄罗斯使团成员带回的中国藏品》，见《屈纳研读会（1998—2000）》，圣彼得堡，2001年；В. Н. 基斯利亚科夫《俄罗斯科学院人类学和民族学博物馆藏20世纪50年代末中国民族藏品》（纪念Г. А. 格洛瓦茨基诞辰95周年），见《拉德洛夫研读会：俄罗斯科学院人类学和民族学博物馆2006年科研及馆立项目》，圣彼得堡，2007年；В. Н. 基斯利亚科夫《十月革命以后俄罗斯科学院人类学和民族学博物馆中国藏品的收藏者们》，见《珍宝陈列馆的昨天、今天和明天》，第1卷，圣彼得堡，1997年；В. Н. 基斯利亚科夫《人类学和民族学博物馆中国民族传统文化藏品的收藏者们》，见《彼得一世珍宝陈列馆的信使》，第4—5册，圣彼得堡，1996年；《国立奥拉宁鲍姆博物馆藏阿理克收藏的中国年画》，М. П. 列别金斯基主编，Н. Г. 普切林、М. Л. 普切琳娜—鲁多娃注释，圣彼得堡，2007年；М. Л. 鲁多娃、Н. Г. 普切林《艾尔米塔什博物馆收藏的中国年画》，圣彼得堡，2003年；《中国民间画》，Л. И. 库兹缅科主编，李福清翻译及注释，莫斯科，1987年；《古老的中国版画》，Г. А. 格洛瓦茨基、Э. Е. 弗拉德金文字主编，列宁格勒，1959年；А. И. 科布杰夫《中国情色》，莫斯科，1993年；А. И. 科布杰夫《"春宫币"——情色秘戏》，见《第32届"中国社会与国家"学术研讨会论文集》，莫斯科，2002年；А. И. 科布杰夫《中国文学"第一奇书"的插图》，见《第40届"中国社会与国家"学术研讨会论文集》，莫斯科，2010；А. И. 科布杰夫《房中术》，载《东方收藏》，2003年第1期；А. И. 科布杰夫《反映在自身意义之中的中国艺术的特点》，载《东方收藏》，2003年第1期；А. И. 科布杰夫《长城那边的情色》，圣彼得堡—莫斯科，2002年；С. Т. 科扎诺夫《北京的五次漫步》，新西伯利亚，1998年；П. М. 科任《汉代军队装备及服饰研究：以杨家湾陶俑为考察对象》，见《中国的古代文化：旧石器时代、新石器时代和金属器时代》，新西伯利亚，1985年；С. А. 科米萨洛夫《汾水流域的西周考古遗迹》，见《第17届"中国社会与国家"学术研讨会论文集》，莫斯科，1986年；С. А. 科米萨洛夫《西周考古：以20世纪70年代的研究资料为考察对象》，见《中国的古代文化：旧石器时代、新石器时代和金属器时代》，新西伯利亚，1985年；Н. И. 康拉德《西方与东方》，莫斯科，1966年；И. 科洛斯托维茨《中国的戏剧和音乐》，载《欧洲学报》，1894年6月；С. М. 科切托娃《神性之光照耀哈拉浩特绘画：圣像画中众神殿的混合性》，见《国立艾尔米塔什博物馆东方部论文集》，第4卷，1947年；С. М. 科切托娃《哈拉浩特出土的佛教圣像画》，列宁格勒，1946年；С. М. 科切托娃《哈拉浩特圣像画中的乐器》，见《国立艾尔米塔什博物馆东方部论文集》，第3卷，1940年；В. А. 克里夫佐夫《顾恺之——中国古典绘画大师》，见《东方集刊》，第1辑，莫斯科，1947年；В. А. 克里夫佐夫《新中国画家古元》，见《东方集刊》，第1辑，莫斯科，1957年；В. А. 克里夫佐夫《道家美学》，莫斯科，1993年；А. В. 克雷日茨基《中国画：国立东西方艺术博物馆东方艺术部目录》，基辅，1965年；М. В. 克留科夫、В. В. 马良文、М. В. 索夫罗诺夫《中世纪与新时代之交的中国民族史》，莫斯科，1987年；М. В. 克留科夫、В. В. 马良文、М. В. 索夫罗诺夫《中世纪的中国民族》，莫斯科，1984年；М. В. 克留科夫、В. В. 马良文、М. В. 索夫罗诺夫《中世纪初的中国民族》，莫斯科，1979年；М. В. 克留科夫、Л. С. 佩列洛莫夫、М. В. 索夫罗诺夫、Н. Н. 切博克萨洛夫《中央集权王朝时期的古代中国人》，莫斯科，1983年；М. В. 克留科夫，М. В. 索夫罗诺夫，Н. Н. 切博克萨洛夫《古代中国人：民族起源问题》，莫斯科，1978年；Л. И. 库兹缅科《17—18世纪的中国瓷器》，莫斯科，2009年；Б. Н. 库利科夫《中国的建筑学与建筑》，载《列宁格勒建筑学与建筑》，1956年第2期；屈纳、Г. А. 格洛瓦茨基《中国版画展》，载《苏联民族学》，1952年第1期；М. 拉夫罗夫《汉代的中国镜子》，见《民族学资料》，第1辑，列宁格勒，1927年；И. С. 利谢维奇《古代中国诗歌和民歌：公元前3世纪末至公元3世纪初的乐府诗》，莫斯科，1969年；Е. И. 卢博－列斯尼琴科《艾尔米塔什博物馆所藏瑞兽葡萄纹铜镜》，见《国立艾尔米塔什博物馆通讯》，第32辑，列宁格勒，1971年；Е. И. 卢博－列斯尼琴科《中世纪早期中国织物图案上的西方神灵》，见《欧亚古代文明》；Е. И. 卢博－列斯尼琴科《丝绸之路上的中国》，莫斯科，1994年；Е. И. 卢博－列斯尼琴科《米努辛斯克盆地的外来镜子》，莫斯科，1975年；Е. И. 卢博－列斯尼琴科《元代青花瓷》，见《国立艾尔米塔什博物馆通讯》，第37辑，列宁格勒，1973年；Е. И. 卢博－列斯尼琴科《织锦与缂丝》，见《印度和远东国家文化与艺术》，列宁格勒，1975年；Е. И. 卢博－列斯尼琴科、Т. Н. 沙夫拉诺夫斯卡娅《死亡之城哈拉浩特》，莫斯科，1968年；П. 卢基乔娃《张大千的〈庐山图〉》，见《第32届"中国社会与国家"学术研讨会论文集》，莫斯科，2002年；Л. В. 利亚霍娃《西方的世界与东方的神话——早期麦森瓷器中的东西方主题》，圣彼得堡，2007年；《中国画师的画坊》，载《图书阅览馆》，1844年第67期；孟列夫《作为收藏家的阿理克》，见《中国文学与文化》，莫斯科，1972年；М. Л. 缅希科娃《彼得一世收藏的中国缂丝挂毯的历史》，见《国立艾尔米塔什博物馆通讯》,第62辑,圣彼得堡,2004年;М. Л. 缅希科娃《来自埃及的中国丝织物》,《国立艾尔米塔什博物馆通讯》,第57辑,圣彼得堡,1997年;М. Л. 缅希科娃《李鸿章与尼古拉二世:艾尔米塔什馆藏中某些物品的历史》,《珍宝馆:民族志札记》,第7辑,圣彼得堡,1995年;М. Л. 缅希科娃《关于中国的一些稀有物品》,见《屈纳研读会(1995—1997)》,圣彼得堡,1998年;М. Л. 缅希科娃《明清时期雕红漆"剔红"的一些特点》,见《第14届"中国社会与国家"学术研讨会论文集》,莫斯科,1983年;М. Л. 缅希科娃《中国皇室官员的肖像画》,见《屈纳研读会(1998—2000)》,圣彼得堡,2001年;М. Л. 缅希科娃《彼得一世珍品博物馆收藏的中国静物画》,见《屈纳研读会(1998—2000)》,圣彼得堡,2001年;И. В. 莫佐列夫斯基《中国建筑的主要特点》,载《满洲里学报》,1928年第4期;И. Ф. 穆里安《梁楷的〈李白行吟图〉》,见《亚非国家艺术瑰宝》,第2辑,莫斯科,1976年;И. Ф. 穆里安《古松八哥图》,见《独秀苑》,莫斯科,1991年;Н. Н. 纳乌缅科娃《"中国风"与远东艺术在18世纪上半期法国艺术中的地位》,见《第13届"中国社会与国家"学术研讨会论文集》,莫斯科,1982年;Н. Н. 纳乌缅科娃《中国服装在法国洛可可风格绘画中的表现》,见《第17届"中国社会与国家"学术研讨会论文集》,莫斯科,1986年;М. А. 涅格林斯卡娅《"故宫·中国皇帝的珍宝"展览:清朝宫廷文化》(《"故宫·中国皇帝的珍宝"展览目录》),莫斯科,2007年;М. А. 涅格林斯卡娅《中国先锋派艺术家展览〈中国……前进!〉》,见《第39届"中国社会与国家"学术研讨会论文集》,莫斯科,2009年;М. А. 涅格林斯卡娅《17—18世纪生活在北京的基督教传教士——中国宫廷文化中欧洲"中国风"风格的创造者》,载《莫斯科国立文化艺术大学学报》,2005年;М. А. 涅格林斯卡娅《清朝的机械表》,见《第35届"中国社会与国家"学术研讨会论文集》,莫斯科,2005年;М. А. 涅格林斯卡娅《佛教在中国地位确立背景下的多神铜像佛龛》,见《第34届"中国社会与国家"学术研讨会论文集》,莫斯科,2004年;Г. А. 涅多什文《古老的中国绘画》,莫斯科,1940年;Г. А. 涅多什文《绘画与书法》,莫斯科,1925年;Г. А. 涅多什文《日本绘画中的写意手法》,见《东方文集·文学与艺术》,第1辑,莫斯科,1924年;Н. С. 尼古拉耶娃《中国青年画家》,载《创作》,1957年第7期;Н. С. 尼古拉耶娃《日本—欧洲的艺术对话》,莫斯科,1996年;Т. В. 诺林娜《中国艺术》,莫斯科,1968年;《中国当代绘画》,见《祖国之子》第7辑,1848年;《中国绘画》,见《俄罗斯地理学会东方部札记》,第9—10册,第2部分,1867年;В. В. 奥森穆克《中国文化背景下的禅宗绘画》,见《东西方艺术》,莫斯科,1993年;Н. М. 波波夫-塔基瓦《论远东书法和绘画的研究方法》,见《东方文集·文学与艺术》第1辑,莫斯科,1924年;Н. М. 波波夫-塔基瓦《关于中国绘画"六法"的几个问题》,见《东方民族与国家文化学院学术札记》,第2卷,1930年;Т. А. 波斯特列洛娃《10—13世纪的中国画院》,莫斯科,1976年;П. 普里霍季卡《中国建筑中的典型化和集成性》,载《苏联建筑》,1956年第4期;Н. Г. 普切林《天朝不朽的石头》,见《永冻冰·艾尔米塔什博物馆藏品中的水晶石》,圣彼得堡,

2006年；Н. Г. 普切林《耶稣会在中国的传教（1579—1842）》，圣彼得堡，1999年；Н. Г. 普切林、М. Л. 鲁多娃《国立奥拉宁鲍姆博物馆藏阿理克收藏的中国年画》，圣彼得堡，2007年；К. И. 拉祖莫夫斯基《中国肖像画论》，列宁格勒，1971年；К. И. 拉祖莫夫斯基《中国艺术》，见《中国：历史·经济·文化》，莫斯科—列宁格勒，1940年；К. И. 拉祖莫夫斯基，А. 斯特列尔科夫《中国艺术》，载《艺术》，1934年第5期；《中国的宗教：国立宗教历史博物馆展览指南》，列宁格勒，1956年；李福清、王树村《苏联藏中国民间年画珍品集》，列宁格勒—北京，1990年；М. Л. 鲁多娃《敦煌文物中的观音菩萨》，见《国立艾尔米塔什博物馆丛刊》，第17辑，列宁格勒，1989年；М. Л. 鲁多娃《中国艺术》，见《大汉王朝》，列宁格勒，1959年；М. Л. 鲁多娃《阿理克院士的藏品》，见《国立艾尔米塔什博物馆通讯》，第19辑，1960年；М. Л. 鲁多娃《宗教题材的年画：以列宁格勒藏品为例》，见《印度和远东国家文化与艺术》，列宁格勒，1975年；М. Л. 鲁多娃《国立艾尔米塔什博物馆的敦煌文物》，见《全苏佛学研讨会论文摘要》，莫斯科，1987年；М. Л. 鲁多娃《列宁格勒收藏的中国年画类型》，见《国立艾尔米塔什博物馆通讯》，第5辑，1961年；М. Л. 鲁多娃《财神——关羽》，《东方国家与民族》，第11辑，莫斯科，1971年；Б. П. 雷奇洛、М. В. 索恩采夫《北京：俄罗斯游客中国首都名胜新指南》，莫斯科，2000年；Ю. В. 里亚德奇科夫《中国肖像画的传统术语和类型学》，见《第36届"中国社会与国家"学术研讨会论文集》，莫斯科，2006年；《中国园林建筑》，见《东南亚国家建筑》，莫斯科，1960年；К. Ф. 萨莫秀克《两幅描绘皇帝的唐古特版画》，见《纪念В. Г. 卢科宁艾尔米塔什研读会（1995—1999）》，圣彼得堡，2000年；К. Ф. 萨莫秀克《哈拉浩特出土文献中十二世纪的"星魔圈"》，见《国立艾尔米塔什博物馆通讯》，第56辑，圣彼得堡，1995年；К. Ф. 萨莫秀克《唐古特帝王像》，《纪念Б. Б. 皮奥特洛夫斯基艾尔米塔什研读会》，圣彼得堡，1993年；К. Ф. 萨莫秀克《仇英〈十八罗汉〉图》，见《国立艾尔米塔什博物馆通讯》，第27辑，列宁格勒，1989年；К. Ф. 萨莫秀克《宋代画家与社会》，《第2届"中国社会与国家"学术研讨会论文集》，莫斯科，1970年；К. Ф. 萨莫秀克《公元六至七世纪生活在中国的外国画师（根据九世纪张彦远的记载）》，见《国立艾尔米塔什博物馆通讯》，第27辑，列宁格勒，1989年；К. Ф. 萨莫秀克《中国绘画的美学现象》，见《佛陀回归·中国博物馆文物展》，圣彼得堡，2007年；В. И. 西苏阿里《中国和日本的仪典音乐》，圣彼得堡，2008年；М. 斯科布利科夫《中国人绘制瓷器的用彩》，载《手工业和矿业通讯》，1853年第一6期；С. Н. 索科洛夫－列米佐夫《张旭的"狂草"》，见《独秀苑》，莫斯科，1991年；С. Н. 索科洛夫－列米佐夫《印章上的书法》，见《独秀苑》，莫斯科，1991年；С. Н. 索科洛夫－列米佐夫《中国书法——造型理想典范》，莫斯科，1995年；С. Н. 索科洛夫－列米佐夫《过去与未来之间：未来学意义上的中日书法与绘画艺术》，莫斯科，2004年；С. Н. 索科洛夫－列米佐夫《诗歌、绘画与书法融合的传统》，见《从中世纪走向新时代》，莫斯科，1995年；《中国的100个奇迹》，莫斯科，2007年；Г. 斯特拉塔诺维奇《中国民间版画》，载《现代民族学》，1953年第2期；А. 斯特尔科夫《中国绘画展》，列宁格勒，1934年；Э. П. 斯图任娜《16—18世纪的中国城市：经济和社会生活》，莫斯科，1979年；Э. П. 斯图任娜《12—13世纪的中国封建王朝城市：以开封和杭州为例》，莫斯科，1964年；Э. П. 斯图任娜《16—18世纪的中国手工业》，莫斯科，1970年；В. Л. 思乔夫《中国女性服装的历史（从上古时代至宋代）》，见《国立东方博物馆学术通讯》，第22辑，莫斯科，1996年；В. Л. 思乔夫《根据照片鉴定中国古画的经验》，见《国立东方博物馆学术通讯》，第22辑，莫斯科，1996年；В. Л. 思乔夫《如何对中国古画进行首次鉴定》，见《国立东方博物馆学术通讯》，第22辑，莫斯科，1996年；В. Л. 思乔夫《中国传统绘画的鉴别方法》，见《国立东方博物馆学术通讯》，第24辑，莫斯科，2001年；В. Л. 思乔夫《公元一至二世纪中国的丧葬浮雕》，莫斯科，1970年；В. Л. 思乔夫《国立东方民族艺术博物馆收藏的中国现代版画》，第1—2卷，莫斯科，1996年；В. Л. 思乔夫《作为整个宇宙起源象征体系组成部分的中国装饰》，见《国立东方博物馆学术通讯》，第9辑，莫斯科，1977年；В. Л. 思乔夫《曹雪芹长篇小说〈红楼梦〉中物与名的传统象征意义》，见《世界文学中的教育问题研究》，莫斯科，1970年；В. Н. 特卡切夫《"中国屋顶"的形态学》，见《第17届"中国社会与国家"学术研讨会论文集》，莫斯科，1986年；А. 乌斯宾斯基《奥拉宁鲍姆中国宫》，见《俄国艺术珍品》，第10辑，1901年；О. Л. 费什曼《神话与现实：欧洲人眼中的中国（13—18世纪）》，圣彼得堡，2003年；左贞观《几种乐器名称的由来》，见《第17届"中国社会与国家"学术研讨会论文集》，莫斯科，1986年；А. Д. 切戈达耶夫《中华人民共和国的艺术》，莫斯科，1952年；Н. А. 切尔沃娃《陈洪绶为长篇小说〈水浒传〉所作插图》，1968年；Н. 什曼斯卡娅《中国的音乐艺术》，见《列宁格勒大学学生论文集》，列宁格勒，1954年；Г. 什涅尔松《冼星海》，莫斯科，1956年；Arapova T. Chinese & Japanese Porcelain in the Peterburg's Palaces in the 18th and 19th cc. // Collections and Their Collectors. The International Ceramic Fair and Seminar. L., 2000; Riftin B. über die chinesische Buchgraphik und die Illustrationen zum 'Djin Ping Meh' // Kin Ping Meh / übertr. von F. Kuhn. Leipzig-Weimar, 1988; Rudova M. Pranid_hi // Turfan Revisited: The First Century of Research into the Arts and Cultures of the Silk Road. B., 2004; Samosyuk K. The Reassessment of the Meaning of an Icon from Khara_Khoto in the Light of Tibetan Text from Dunghuang // Buddist Art and Tibetan Patronage / Ed. by D. Klimburg_Salter & E. Allinger. Leiden, 2002; Timythy R. Китайская музыка / Пер. С. Коптяева. Владивосток, 1904.

（А. Н. 热洛霍夫采夫、А. И. 科布杰夫、М. Е. 克拉夫佐娃、М. А. 涅格林斯卡娅、Б. Л. 李福清、С. Н. 索科洛夫－列米佐夫撰，张猛译）

舞台艺术与屏幕艺术

传统戏剧

俄罗斯对中国舞台剧的认知源于19世纪初叶。1829年，《阿特涅》杂志刊登了两部元杂剧短戏剧脚本的译作：关汉卿所著《窦娥冤》与曾瑞卿所著《王月英元夜留鞋记》。1847年，某匿名人士（托名为В. М.）出版了译自法文的中国戏剧剧本《琵琶记》（作者高明）的相对完整的译作。19世纪中叶，《俄罗斯与欧洲戏剧文萃》（1840，1847，1853）、《剧目与戏剧文萃》（1847）、《军事院校学员读物》（1849）也刊登了有关中国戏剧的简短介绍。随后，Ш. 拉瓦勒撰写的《中国戏剧》一文发表在《祖国纪事》（1852）上，之后该篇文章再次刊登在《文萃》（1853）上。这位法国旅行者在该文中指出，中国人缺少亚里士多德提出的"三一律"原则（要求戏剧创作在时间、地点、情节三者之间保持一致）。

著名的东方学家、外交家И. Я. 科罗斯托维茨（1862—1933）在著名的《欧洲导报》上（1894）开启了一个认知中国戏剧的新阶段，即从第一手资料来了解中国戏剧。他在《中国戏剧与音乐》这篇内容丰富的文章中描述了演员的状况、剧团生活、编剧、舞台布景、脸谱、服装等，并援引了剧本片段。军事地形学家М. Н. 列维茨基也于1908年和1910年出版了有关其在吉林与哈尔滨获得的类似见闻的文章。列维茨基在他撰写的《中国戏剧》中，特别介绍了剧场结构、戏剧演员收入及四出剧作的内容。"白银时代"的俄罗斯文化发展激发了俄国人对中国及中国戏剧艺术的兴趣。俄罗斯戏剧改革家（主要是В. Э. 梅耶荷德和А. Я. 塔伊拉夫）主张不要把中国艺术传统视为外来文化，而应将其视为多种文化的综合体，其中俄罗斯的象征主义起到了决定性作用，它使人们更容易理解中国戏剧的基本象征意义。《戏剧与艺术》杂志刊载的一些文章是对这一探索的回应，如：Г. 艾拉斯托夫的《中国戏剧》（1905年）、П. 涅夫洛多夫的《中国戏剧与艺术家》（1911）、Н. Н. 叶夫列伊诺夫编写的附有35种书目的《墨尔波墨涅与明皇》（1913）。此外，П. 格拉德基在公共讲座中也印证了这一点，讲座内容被整理成了一篇长文《中国戏剧的起源、历史发展及现状》，并发表在了《亚洲导报》上（1914）。

20世纪前几十年，大量中国移民涌入俄罗斯远东地区，中国的戏班也随之一同进入俄罗斯。在20世纪20年代的哈巴罗夫斯克及符拉迪沃斯托克

（海参崴），曾经有一百多名中国演员成为艺术家工会成员。В. 柳策（1926）与 И. 列文（1935）曾就此现象做过统计报告。这一现象出现后，一些著名的俄罗斯文化活动者开始远赴中国亲身感受中国戏剧。之后也相应地出现了一些著作，如：艺术家А. Е. 雅科夫列夫（1887—1938）在远东旅行时，曾发表过《中国戏剧》图文册（1922年于巴黎出版，文字为法文）；作家С. М. 特列季亚科夫（1892—1937）在北京大学任教时，也曾完成过类似标题的著作（1926年）；女演员В. Л. 尤列涅娃（1876—1962）完成了《我的中国戏剧笔记》小册子（1928年）。此外，С. М. 特列季亚科夫以中国戏剧使用"特殊的标识—符号体系对观众产生影响"来解释其程式化，并将其视为宗教替代品，这个替代品可以弥补宗教仪式的不足。В. Л. 尤列涅娃注意到了戏剧中完整的演艺程式化与"超自然方法"的结合，以及"超原始"的历史剧各个片段结构与"超复杂"情节设定的结合。阿理克在1907年赴中国旅行时，收集了世界上最多的"年画"（民间绘画），其中就有描述戏剧情节的绘画。阿理克在此基础上得出总论：戏剧是中国文化中最复杂的领域，同时也是理解中国文化最重要的领域。最终，他完成了《中国戏剧与中国民间绘画中的中国戏剧》（1929）、《中国戏剧讲义与课程》（1928，1935）等著作。他去世后，在这些著作的基础上人们还编写了《中国戏剧与中国民间绘画》（1966）以及《中国历史上的演员与角色》（1935）。这些书中提出了"中国——戏剧之国"这一论断，讲述了戏剧与戏剧艺术的历史，阐释了作为戏剧思想基础的儒家思想，指出了戏剧与观众之间紧密的联系。此外，书中还指出宗教和寺庙是戏剧的摇篮，阐述了表演艺术的历史和特点，以及年画中人们对戏剧的热爱。

有赖于阿理克的研究活动，20世纪20年代末至30年代初的中国戏剧研究更加深入，这主要体现在他的学生Б. А. 瓦西里耶夫的著作《中国戏剧》（1929）、《现代中国戏剧》

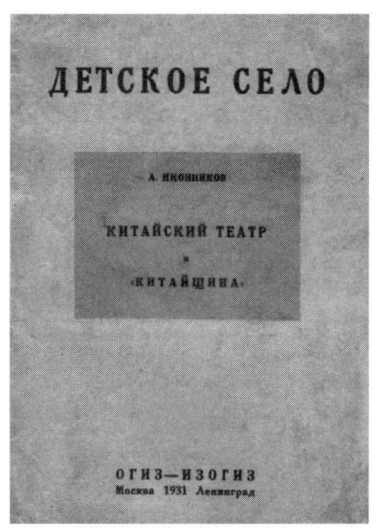

А. 伊孔尼科夫关于中国戏剧的专著

（1930）、《中国古典戏剧——论梅兰芳的演出》（1935）、《"梨园"艺术》（1936）中。还有一本译自K.加格曼的《民族演艺》（1924）一书的德文译本，其中一节介绍了中国戏剧艺术，А.伊孔尼科夫将其作为"中国风"的要素引用到介绍涅耶洛夫剧院的小册子中（1931）。中国戏剧研究的一个重要的促进因素是梅兰芳大师1935年在苏联巡回演出的成功。演出引发了强烈的反响，学者Б.А.瓦西里耶夫、С.М.特列季亚科夫、С.М.爱森斯坦也被其深深打动。一些文章尤其值得关注，如《梨园巫师》（1935）、《场景、音乐与对位剪辑的命运》（1964）。前者不仅描述了演员表演给作者留下的深刻印象，还说明了演员如何创造与观众交流时使用的新语言。后者出版较晚，作者将其所见所闻与对位剪辑理论相结合，根据这一理论，音乐、旋律与视觉次序会影响电影的每个画面的意义与表达效果。

著名导演С.И.尤特克维奇（1950）与С.В.奥布拉兹佐夫（1952）在访问中国后，分别出版了《新中国的戏剧与电影》（1953）与《中国人民的戏剧》（1957）。在50年代的"伟大的友谊"时期，诸如梅兰芳（1955）、李超（1957）等也在其国内出版物中谈到过这个话题。梅兰芳所著回忆录《舞台生活四十年》一书的主要部分曾被翻译成俄文在苏联出版（1963），著名汉学家Е.И.罗日杰斯特文斯卡娅和В.С.塔斯金为其做了详细的评论，并由知名中国戏剧家周松源编辑。1956年年底上海京剧团在苏联进行巡回演出，著名演员Б.П.奇尔科夫（1957）及著名汉学家Л.З.艾德琳（1957）对他们的表演做了评论。随后Л.Н.孟列夫编写了第一部有关中国戏剧艺术的专著《中国古典戏剧的改革》（1957）。之后，一系列直接译自原文的古典剧本译作相继问世。И.С.格鲁别夫、Т.А.玛林诺夫斯卡娅、Б.Б.玛斯金斯卡娅、Л.Н.孟列夫、В.И.谢曼诺夫、Е.А.谢列布利亚科夫、В.Ф.索罗金、Н.А.斯别什涅夫、О.Л.费什曼、Г.В.雅罗斯拉夫采夫在这些译作的编译出版过程中发挥了重要作用。此外，Б.Л.李福清所作《中国戏剧理论（12—17世纪初）》（1964）及В.Ф.索罗金的注解性译作《唱论》（1967）也说明20世纪60年代苏联对中国戏剧的研究兴趣日益浓厚。20世纪70年代，这一研究取得重要成果，出现了一些革新性专著，如：С.А.谢罗娃的《京剧》（1970）、И.В.盖达的《中国传统戏剧》（1971）以及В.Ф.索罗金的《13—14世纪中国古典戏剧：起源、结构、形象、情节》（1979）。其中С.А.谢罗娃的著作致力于对流传景广的剧种——京剧的研究,该剧种至今仍是中国戏剧文化的代表。而 И. В. 盖达还首次尝试借助原始资料编写传统戏剧史。通过研究戏剧发展的时间框架(7—14世纪),可以追溯戏剧表演与其文学形式发展的各个重要阶段,了解表演技巧与舞台艺术的特点。В. Ф. 索罗金对中国艺术成就的杰出代表——元杂剧做了详细的描述。随后,Т. А. 玛林诺夫斯卡娅延续了前辈对元杂剧的研究,编写了《中国古典戏剧之元杂剧的历史概况(14—17世纪)》(1996)。

1979年,С. А. 谢罗娃在国内外汉学界首次译注了黄旛绰的《明心鉴》(一说该书作者为18世纪末的戏曲艺人俞维琛及龚瑞丰),研究了表演职业的美学基础及其表现范畴。此外,她在《16—17世纪的中国戏剧与传统中国社会》(1990)一书中分析了汤显祖剧本中的社会乌托邦,在其戏剧美学和演员表演中反映出来的、当时起到主导作用的个性准则,以及与之伴随的生死观念、情感和感知力;在《俄罗斯白银时代的戏剧文化与东方艺术传统(中国、日本、印度)》(1999)一书中,她研究了俄罗斯戏剧从中国戏剧中汲取的经验:将空间的空无作为审美原则,在场景中剔除细节,吸引观众共同参与创作,将场景还原到原初时空的完整性并对其予以神话化;在其所著的《中国戏剧——世界的美学样貌》(2005)一书中,他描述了戏剧的一般文化地位,以及它在消除文化与自然的对立和"天—地—人"三位一体世界中的作用。

《梅兰芳与中国戏剧》
(1935)书影

**阿理克(Алексеев В. М.)《中国历史上的演员及角色》,见阿理克《中国文学史》,莫斯科,1978年;阿理克《在旧中国:1907年旅行日记》,莫斯科,1958年;阿理克《中国舞台》,载《艺术生活》,1923年第5期;阿理克《中国戏剧与中国民间绘画》,见阿理克《中国民间绘画》,莫斯科,1966年;阿理克《东方科学》,莫斯科,1982年;А. 阿纳斯塔西耶娃《中国戏剧·旅行杂记》,莫斯科,1957年;Б. А. 瓦西里耶夫《"梨园"艺术》,载《星星》,1936年第4期;Б. А. 瓦西里耶夫《中国古典戏剧——以梅兰芳剧作为例》,载《工人与戏剧》,1935年第8期;Б. А. 瓦西里耶夫《中国戏剧》,见《东方戏剧:文集汇编》,А. М. 梅尔瓦尔特主编，列宁格勒，1929年；Б. А. 瓦西里耶夫《中国现代戏剧》，载《外国文学学刊》，1930年第1期；К. 加格曼《民族演艺》第三辑《中国，非洲》，列宁格勒，1924年；И. В. 盖达《中国传统戏剧》，莫斯科，1971年；П. 格拉特基《中国戏剧的起源、历史发展及现状》，载《亚洲导报》，1914年第25—27期；Н. 叶夫列伊诺夫《墨尔波墨涅与明皇》，载《戏剧与艺术》，1913年第38期；А. 伊孔尼科夫《上海京剧院》，载《苏联音乐》，1957年第2期；英诺肯季辅祭修士《浣水湖的戏剧》，载《中国传教士》，1904年第15—16期；《中国戏曲：〈琵琶记〉》，高东嘉作，В. М. 译，圣彼得堡，1847年；《中国经典戏曲》，圣彼得堡，2003年；《中国戏剧》，《剧目与戏剧文萃》，1847年第9期；《东方古典戏剧》，莫斯科，1976年；Ш. 拉瓦勒《中国戏剧》，载《祖国纪事》，1852年第10期（并刊登于《文萃》1853年第4期）；М. Н. 列维茨基《中国戏剧概况》，载《戏剧与艺术》，1908年第24—28期；М. Н. 列维茨基《中国戏剧概况》，见《满洲里的荒凉地》，敖德萨，1910年；И. 列文《苏联的中国戏剧》，载《苏联戏剧》，1935年第5—6期；李超《在中国的剧院》，载《外国文学》，1957年第9期；В. 柳采《中国戏剧在苏联（来自远东的信）》，载《苏联艺术》，1926年第2期；П. 涅夫罗多夫《中国戏剧与演员》，载《戏剧与艺术》，1911年第13期；Т. А. 玛林诺夫斯卡娅《中国古典戏剧之元杂剧的历史概况（14—17世纪）》，圣彼得堡，1996年；Л. Н. 缅什科夫《中国古典戏剧的改革》，莫斯科，1959年；梅兰芳《论京剧》，载《人民中国》，1955年第12期；梅兰芳《舞台生活四十年》，莫斯科，1963年；С. В. 奥布拉兹佐夫《中国人民的戏剧》，莫斯科—列宁格勒，1957；Т. 奥希波娃《魔术影子和童话娃娃》，载《戏剧》，1957年第3期；К. И. 拉祖莫夫斯基《中国艺术》，见《中国：历史·经济·文化》，莫斯科，1940年；李福清《中国戏剧理论（12—17世纪初）》，见《文学理论与东方国家美学问题》，莫斯科，1964年；В. 卢德曼《中国戏剧》，载《艺术与生活》，1940年第12期；В. 卢德曼《中国的戏剧》，载《知识学刊》，1935年第6期；В. 卢德曼《新中国的戏剧艺术》，载《苏联艺术》，1950年第4期；С. А. 谢罗娃《京剧》，莫斯科，1970年；С. А. 谢罗娃《黄幡绰的〈明心鉴〉与中国古典戏剧美学》，莫斯科，1979年；С. А. 谢罗娃《16—17世纪的中国戏剧与传统中国社会》，莫斯科，1990年；С. А. 谢罗娃《俄罗斯白银时代的戏剧文化与东方艺术传统（中国、日本、印度）》，莫斯科，1999年；С. А. 谢罗娃《中国戏剧——世界的美学形象》，莫斯科，2005年；В. Ф. 索罗金《俄中戏剧关系史（20世纪上半叶）研究》，见《东方学与世界文化》，莫斯科，1988年；В. Ф. 索罗金《13—14世纪中国古典戏剧：起源、结构、形象、情节》，莫斯科，1976年；В. Ф. 索罗金《唱论》，索罗金译注，见《哲学历史研究》，1967年；《中国人的戏剧》，载《俄罗斯全欧戏剧文萃》，1840年第11辑，1847年第9辑，1853年第4辑；С. 特列季亚科夫《中国戏剧》，载《苏联艺术》，1926年第8—9期；С. 特列季亚科夫《五亿观众》，见《梅兰芳与中国戏剧》，莫斯科，1935年；К. 乌格列夫《满洲里的戏剧》，载《戏剧》，1946年第5—6期；张元和《"昆曲"的复兴》，《人民中国》，1957年第6期；Б.奇尔科夫《程式化和真理》，见《电影艺术》，1957年；《上海京剧团巡演》，苏联巡演，1956年11—12月，莫斯科；Л.З.艾德林《戏剧和演员——为上海京剧团巡演而作》，载《戏剧》，1957年第2期；С.М.爱森斯坦《场景、音乐和与对位剪辑的命运》，见《С.М.爱森斯坦选集》第3卷，莫斯科，1964年；С.М.爱森斯坦《梨园巫师》，见《梅兰芳与中国戏剧》，莫斯科，1935年；Н.恩格里加尔特《远东的戏剧》，载《彼得格勒国立剧院周报》，1922年第4期；Г.艾拉斯托夫《中国戏剧之旅》，载《戏剧与艺术》，1905年第10期；《元杂剧》，莫斯科，1966年；В.尤列涅娃《我的中国戏剧笔记》，莫斯科，1928年；С.И.尤特克维奇《中国古典戏剧中的面具和形象》，载《戏剧》，1951年第10期；С.И.尤特克维奇《新中国的戏剧和电影》，莫斯科，1953年；Jacovleff A., Tchou Kia-kien. Le théâtre chinois.1922.

（А.И.科布杰夫、С.А.谢罗娃撰，白雪译）

话　剧

直到20世纪，中国戏剧艺术还停留在传统戏剧的框架内。话剧的历史可以追溯到一百多年前。1906年，在中国出现了第一个话剧剧团。该剧团是在19世纪80年代兴起的日本新话剧的影响下产生的。最早的话剧艺术在中国被称为新剧，随后更名为话剧。

中国出现的新剧种不能不引起俄罗斯汉学家的注意，继而出现了专门研究中国话剧的文章、书籍中的专章以及专著共计二十余种。从事上述研究工作的俄罗斯学者大多数是研究文学大类或戏剧的专家，有些是专门研究中国文学和戏剧的专家，其中重要的学者有А.Н.阿纳斯塔西耶娃、В.С.阿吉玛穆多娃、И.В.盖达、Л.Н.尼科尔斯卡娅、В.В.彼得罗夫、К.И.拉祖莫夫斯基、С.А.谢罗娃、В.Ф.索罗金、Н.Т.费德林、С.И.尤特克维奇等。

К.И.拉祖莫夫斯基于1940年发表的《戏剧》一文是最早研究中国戏剧的著作之一。作者指出，在启蒙性质的文明戏的剧目中，讽刺已被推翻的清王朝、爱国主义及爱情三个主题占有非常重要的位置。在拉祖莫夫斯基的著作中，最重要的莫过于作者对20世纪20年代至30年代初期中国戏剧理论与戏剧历史的研究。

1956年，费德林在《话剧艺术》一文中研究了现代中国话剧理论的整体发展及一系列著名剧作家的创作，尤其是田汉、洪深、曹禺、夏衍、陈其通的作品。《话剧艺术》的出版开启了俄罗斯国内对中国话剧的科学研究。

1960年，В. Ф. 索罗金完成了《中国戏剧发展的主要阶段》一文，专门研究话剧在中国的形成。这篇论文涵盖了话剧形成时期的各个阶段：从1909年上海"通鉴"话剧学校排演的第一部话剧《黑奴吁天录》（其他一些研究指出，第一批话剧节目是成立于1906年的"春柳社"排演的），一直到50年代末，话剧的发展进入新阶段。剧目中不仅有大型作品，而且出现了独幕剧。作者追溯了剧团的发展，研究了剧团在艺术史与国家历史（第一次国内革命战争时期、第二次国内革命战争时期、抗日战争时期）中的作用和地位。

С. А. 谢罗娃研究中国传统戏剧的相关著述在俄罗斯的意义尤为重要，1965年，她撰写了《新剧的起步与中国革命运动（19世纪末—20世纪初）》一文。在该文中，作者向读者介绍了中国话剧形成时期出现的"进化团""春阳社""南开新剧社""民众戏剧社""开明社"等剧团的作品，并分析了这些剧团的活动。谢罗娃通过深入了解中国戏剧的发展进程，确立了20世纪初话剧在中国革命运动中的作用。

В. В. 彼得罗夫和Л. А. 尼科利斯卡娅在他们的专著中不仅考察了中国剧作家创作中的历史题材，还考察了他们创作中的现代题材。彼得罗夫在关于艾青的人物传记中，强调了艾青的两篇文章《论秧歌剧的形式》和《论秧歌剧的创作和演出》的重要性。这两篇文章是艾青分别于1944年和1946年以陕北农民的劳动歌曲和舞蹈"秧歌剧"为基础创作的。

1980年，Л. А. 尼科利斯卡娅的著作《田汉与20世纪的中国戏剧》出版。在俄罗斯汉学研究领域，作者第一次以专著的形式尝试以中国现代戏剧发展的基本规律为背景，揭示田汉的创作过程，指明剧作家根据民族和社会的条件审视个性，选择民主的主题，力求使戏剧更贴近生活。

1984年，Л. А. 尼科利斯卡娅撰写了一本关于曹禺作品的作品——《曹禺创作概论》。这部著作的写作目的是展现曹禺作品中的中国现代艺术的文化精神和美学价值。为了实现这个目标，尼科尔斯卡娅不仅向读者介绍了剧作家的大量剧作，而且还从中国的象征主义和哲学角度对这些作品进行了分析，并将其与契诃夫的作品进行了对比。

与此同时，外国学者I. 费森—海恩斯在苏联报刊发表了一篇关于中国戏剧的文章《为四个现代化服务的戏剧》，描述了20世纪70年代末中国丰富的戏剧生活，分析了戏剧作品的现代性和历史问题。

I. 费森－海恩斯在他的第二部著作《戏剧文学与现代戏剧》中，以20世纪80—90年代剧作家的作品和观点为例，展示了中国戏剧的发展趋势。这些剧作家包括高行健、沙叶新、宗福先、马中骏、贾鸿源、刘树纲、白峰溪、沈虹光、张莉莉、燕燕、李杰、刘锦云等。

毫无疑问，И. В. 盖达所从事的研究工作奠定了俄罗斯中国戏剧研究的基础。她的大量著作对中国戏剧进行了基础性的介绍和深入的研究。1989年，盖达在《戏剧》一文中提出了话剧的形成历史问题。为了解决这个问题，作者分析了从中华人民共和国成立直至20世纪80年代初的话剧形成的历史轨迹。她注意到话剧的作家们对中国复杂现实的认真思考，20世纪80年代剧作中对人的关注，以及对人物的刻画问题。盖达于2004年发表的文章《戏剧》，是她一系列作品的集大成之作。这些作品如《当代中国戏剧政策与戏剧活动实践》《中国媒体镜像中的中国戏剧》《时间与戏剧艺术：20世纪90年代初期的中国戏剧》《中国剧院向市场关系转型的第一步》《中国剧院进入市场的艰难道路》等都发表于20世纪80—90年代末。作者在文章中写道，对"文化大革命"进行强烈谴责的"伤痕戏剧"的出现，推动了戏剧的现代化进程。当时涌现出这样一类作品，剧作家将注意力集中在个人身上，探究其内心世界，分析其行为动机。盖达还分析了市场经济下戏剧的发展，市场经济的影响从根本上反映在戏剧艺术的组织和财务问题上。作者指出，这一时期的戏剧经常表现个人在新的社会经济现实中的困惑。

在中国话剧传统这一领域研究的，还有Е. К. 舒隆诺娃。21世纪初，她发表了一些文章，介绍中国现代剧作家孟京辉的作品、中国著名导演林兆华的戏剧《恐怖分子》和沙叶新的剧本《耶稣·孔子·披头士列侬》。

**И. В. 盖达《时间与戏剧艺术：20世纪90年代初期的中国戏剧》，载远东科学院《信息通报》，1995年第1期；И. В. 盖达《中国剧院向市场关系转型的第一步》，见《现代中国的社会政治问题》，莫斯科，1998年；И. В. 盖达《中国媒体镜像中的中国戏剧》，载《现代话剧》，1988年第5期；И. В. 盖达《戏剧》，见《中华人民共和国成立55年：政治·经济·文化》，莫斯科，2004年；《戏剧》，见《中国的文学与文化（1976—1985）》，莫斯科，1989年；Л. А. 尼科利斯卡娅《田汉与20世纪中国戏剧》，莫斯科，1980年；Л. А. 尼科利斯卡娅《曹禺创作概论》，莫斯科，1984年；В. В. 彼得罗夫《艾青·生平简介》,莫斯科,1954年;К. И. 拉祖莫夫斯基《戏剧》,见《中国:历史·经济·文化》,莫斯科,1940年;С. А. 谢罗娃《新剧的起步与中国革命运动(19世纪末—20世纪初)》,见《苏联科学院东方民族研究所短讯》,莫斯科,1965年;В. Ф. 索罗金《中国戏剧发展的主要阶段》,见《中华人民共和国的"文化大革命"问题》,莫斯科,1960年;М. 塔拉索娃《北京的双面文化政策》,载《戏剧》,1981年第1期;Н. Т. 费德林《戏剧·中国文学》,见《中国文学史概要》,莫斯科,1956年;И. 费森-海恩斯《戏剧文学与现代戏剧》,载《情报简报》,1990年第8期;И. 费森-海恩斯《为四个现代化服务的戏剧》,载《远东问题》,1981年第2期;Е. К. 舒隆诺娃《林兆华导演和他的作品〈恐怖分子〉》,见《第13—14届"东亚地区的哲学与现代文明"全俄学术研讨会论文集》,莫斯科,2007—2008年;Е. К. 舒隆诺娃《中国现代剧作家孟京辉的作品》,《第13—14届"东亚地区的哲学与现代文明"全俄学术研讨会论文集》,莫斯科,2007—2008年;С. И. 尤特克维奇《新中国的戏剧和电影》,莫斯科,1953年。

(Е. К. 舒伦诺娃撰,白雪译)

电影艺术

俄罗斯对中国电影的研究历史并不长,中国电影的发行机制也不够成熟。它们都有一个共同的主导原则——随机性。先是政治选择,后是政治沉默,再到民间自发的时代,看不到任何研究和发行政策。无论是以前还是现在,中国电影都没有被视为艺术,尽管一些电影史学家公开指出了某些中国电影的艺术价值。直到著名的电影史学家А. С. 普拉霍夫在他的一部著作中将张艺谋列入世界33位杰出电影人之列,全俄国立电影学院(VGIK)向张艺谋导演颁发了荣誉博士证书,随后经过政治审查的相关程序之后,决定在外国电影教科书中引入中国部分。

苏联(俄罗斯)与中国的70年电影交往可以分为四个时期:①浪漫的相识(20世纪30年代);②政治和谐期(20世纪50—60年代初);③对立时期(20世纪60年代中期—70年代);④迈向分析的、小心翼翼的第一步,造成这种状况的原因是对中国电影空间的无知和公然不愿意了解中国电影。这个如今依然在延续的阶段或许可以称为"务实"阶段,如果它不被同样明显的、随机的选择所模糊的话。因此,我们称它是"实用—偶然性阶段"。

第一阶段。距离1905年北京摄影师任景丰拍摄中国第一部国产影片

中国精神文化大典 艺术卷

《定军山》30年之后，中国电影首次参加国际电影节（1935年3月于莫斯科举办的首届莫斯科国际电影节）并获得第一个国际奖项。著名的《恰巴耶夫》是此次电影节的胜出者，而联华影业公司蔡楚生导演的中国电影《渔光曲》获得第九名，并被授予特别证书。该证书由评审团成员签署，他们是爱森斯坦、普多夫金、杜甫仁科、亚历山大罗夫等世界著名电影工作者。证书中指出，该电影呈现了生活的真实图景，具有高超的艺术水平。除《渔光曲》外，还有两部中国影片参加竞赛。而参加电影节的中国代表团成员，也包括华语区著名女演员胡蝶。代表团带了八部电影到莫斯科，但是这些影片既没有公开放映，也没有进入评审阶段，仅在首映大厅放映。

20世纪二三十年代中国电影业杰出代表欧阳予倩在1932—1933年旅行欧洲时，访问了苏联，与苏联文化工作者相识，并会见了普多夫金。1935年，伟大的演员梅兰芳成功访问苏联，他带去了几部自己的剧作。爱森斯坦拍摄了一部关于梅兰芳巡演的纪录影片（20世纪50年代，莫斯科电影制片厂参与在中国拍摄的一部纪录影片《梅兰芳的舞台艺术》）。在对外文化交流协会举办的座谈会上，苏联文化工作者与梅兰芳进行了有意义的对话，许多电影工作者参加了这次座谈会，特别是爱森斯坦——他对东方文化表现出浓厚的兴趣，他曾学习日语，尝试探索作为多语义符号系统的象形文字的奥秘。他在与梅兰芳的交流中表示，电影艺术应从中国传统京剧程式化结构中汲取更多经验。1978年，梅兰芳回忆录的部分译文在《远东问题》杂志（第3期）上发表，其中记录了他在国外巡演并与西方电影工作者会面的往事。

20世纪40年代初，中国最著名的电影制片人之一袁牧之与爱森斯坦一起在哈萨克斯坦拍摄了《伊凡雷帝》，这是两国电影交流史上值得特别关注的一件事。对于袁牧之，这是与电影大师进行创造性对话的宝贵经历。总结这次经验之后，袁牧之于1945年在阿拉木图独立拍摄了一部关于哈萨克斯坦著名诗人的纪录片《江布尔》（这部电影至今没有在档案中找到）。

20世纪30年代，在莫斯科杂志《国际文学》上，几乎每一期都会出现有关中国电影艺术的信息。这个远东邻国以其独特的文化、生活方式及思想引起了苏联极大的兴趣。

早在1925年，苏联观众就通过在电影院上映的B.A.施奈德罗夫拍摄的纪录片《伟大的飞行和中国内战》了解了现代中国的银幕形象。（1958年，导演还专门为中国的杂志《中国电影》撰写了一篇关于影片拍摄的回忆录——《1925年我如何在中国拍摄电影》，发表在该杂志的第2期和第3期上。）1928年，Я. М. 布利奥赫的电影《山海经》上映。影片中没有传统的"东方异域风情"，而是尝试以正确的方式看待人类生活。爱森斯坦想根据С. М. 特列季亚科夫的剧本拍摄一部艺术影片《中国》，但是这个想法没有得到完全实现，И. З. 特劳贝格在电影《蓝色报刊》（1929）中使用了这个剧本的片段。两年后，影片《上海快车》在美国拍摄，在许多方面重复了苏联的版本。1928年，Б. 皮利尼亚克关于中国的随笔出版，随笔中谈到了电影艺术（他本人参与了田汉电影《到民间去》的拍摄）。1941年，摄影师Р. Л. 卡尔缅在中国拍摄了很多作品并出版了自己的随笔《在中国的一年》。

С.М.爱森斯坦、С.М.特列季亚科夫与梅兰芳交谈，
莫斯科，1935 年

第二阶段。1949年中华人民共和国成立以后，以马克思主义为指导思想的政治思想路线确立，电影领域的相互交流急剧增加并趋于稳定。20世纪50—60年代初这一时期可以被称为"政治和谐期"。这是基于政治路线和意识形态观念的一致性——当时这两点对于两国的文化政策具有十分明确的意义。

1950年8月1日，中华人民共和国的第一部电影《中华女儿》在苏联上映，共发行了600份电影拷贝。1950年秋，在苏联30多个城市举办了大规模的中国电影纪念周活动。仅在莫斯科10天内就有100多万观众观看，对这些电影的评论被概述性地记载到了大事记中。

必须指出的是,观看这些电影不仅被看作庆典、纪念日的必备节目,这些活动还被用作研究资料。莫斯科电影之家定期举办中国电影讨论会,在那里不仅可以听到赞美之词,称赞中国电影高度的意识形态和对时事的及时反应,肯定中国电影的情节"简洁,如口号一般抛向大众"(《电影年鉴》,莫斯科,1955年,第87页),也会有电影艺术上的分析,批评其电影语言表现力不足、人物模式化及剧情冗长等(《电影年鉴》,莫斯科,1955,第79页)。评论家们初识中国电影就得出了令人吃惊的准确结论:这种细微心理差别的缺失难道不是受中国古典戏剧传统的影响?影片的重心没有落实到人物的心理上,而是侧重于人物在特定条件下的行为细节(Б. 多里宁,В. 梁赞诺夫《电影年鉴》,莫斯科,1960年,第139页)。当然,对中国艺术的特点完全不了解对此也有影响。事实上,在中国艺术中,心理上的细微差别不是通过人物的直观感受,而是通过象征性的手势、化妆、服装等体现的。在速记稿中保留了电影领域一些响当当的姓名,如В. А. 施奈德罗夫、Э. К. 蒂塞、А. М. 马里亚莫夫、М. Э. 恰乌列利、А. М. 罗姆、А. В. 加利佩林。这一时期对中国电影的专门研究尚未开始,但是已经出现了访问过中国的电影工作者创作的小品性质的作品。早在1952年,导演С. А. 格拉希莫夫就出版了《人民民主国家的电影艺术》一书。第二年,С. И. 尤特克维奇出版了《新中国的戏剧和电影》。在这一阶段的末期,出现了有关中国电影的更具深度的出版物。1959年,《中国电影剧本》翻译出版。在1960年的《中华人民共和国的"文化大革命"问题》论文集中,收录了一篇А. Н. 热洛霍夫采夫的论文《中国电影发展的主要阶段》和译自夏衍的一篇文章《中国电影的历史和党的领导》。

第三阶段。20世纪60年代,随着政治关系恶化,两国之间的电影交流开始减少。1964年,中国电影仍在苏联银幕上放映(拍摄于1962年之前)。1964年以后,中国电影在苏联已经不再上映。然而,在中国著名活动家的纪念日,苏中友好协会还是会组织放映档案馆中留存的中国电影。也正是在这个时候,俄罗斯科学院远东研究所批准将中国电影艺术作为科研课题。С. А. 托罗普采夫仔细研究档案馆保存的印刷资料,观看保存在全苏国家影片档案总库的电影,在发表了一系列分析中国电影艺术的文章后,就该主题进行了副博士论文答辩,后来又通过了博士论文答辩。1975年,他出版了《中国电影的艰难岁月》一书,概述了"文化大革命"

期间的中国电影发展状况，并在1979年出版了《中国电影史概论（1896—1966）》——这是苏联第一部研究远东邻国电影艺术史的著作（1982年，该书在北京被翻译成中文，但由于作者的评价与当时尚未弱化的意识形态教条之间存在分歧，该书并未公开发行，而是保留在电影学院作为内部参考）。

因此，正是在两国政治意识形态对立时期，苏联开始对中国电影进行科学的分析研究，不仅将其作为意识形态工具，还将其作为一种艺术现象。

第四阶段。20世纪80年代，随着两国的关系升温，从研究苏联留有的档案资料到了解中国电影实际进程的变化成为可能。两国之间电影接触的第四个阶段开始了。然而，可以说这是一个艰难的过渡时期，从以前的社会学研究过渡到了深入的分析研究，并以艺术标准来评价一部作品。

1981年，剧本《苦恼人的笑》删节版发表在莫斯科杂志《记者》上，这为苏联读者打开了一扇窗，使他们第一次真正接触到中国电影在70年代末出现的新趋势。遗憾的是，这部电影拷贝无法买到，因为当时仍存在着一种官僚作风的余波：这部电影过于公开地展示了极权主义领导层奉行的意识形态教条，从而使民众丧失独立思考能力。变革的时机还没有到来。

1982年毕业于北京电影学院的年轻摄影师们促进了中国电影艺术的根本性创新，他们陆续推出了一系列"新电影"（《一个和八个》《黄土地》等），这些创新和新电影在苏联并未被忽视。1989年，"新电影"的先驱之一张军钊的电影《弧光》参加莫斯科国际电影节，电影节的媒体强调了女主人公的一个重要特征——具有"跨越限制性障碍"的能力（《电影节通讯》，1989年第6期）。

1984年，电影剧本《苦恋》的译文被刊载在《亚非电影艺术》一书中。几年前，该影片曾在中国国内引发了一场激烈的讨论，讨论的主题是对爱国主义认识的"正确观点"和"错误观点"问题。1993年，С. А. 托罗普采夫出版《"社会原野"上的中国电影》一书，分析了中国电影的社会政治地位。同一时期，Д. Л. 卡拉瓦耶夫在俄罗斯联邦电影历史与理论学院通过了副博士论文答辩，该论文的部分内容是基于对中国当代电影的艺术分析。

С. А. 托罗普采夫在中国台北的电影档案馆认识了台湾电影，他从台北带回李行的电影《秋决》。这部电影成为俄罗斯电视台播出的第一部台湾电影（1995年）。1997年，电影博物馆发行了一本С. А. 托罗普采夫的小册子——《台湾新电影》，向参加定期举办的旧片重映的观众介绍了台湾青年电影人。1998年，他还出版了《台湾电影》一书，这是俄罗斯第一部研究宝岛电影艺术史的著作。台湾电影与大陆电影有很多不同之处。

陈凯歌的不少电影出现在商业电影领域和电视上。特别值得注意的是他的电影《霸王别姬》（国外译为《再见了，我的情人》）和《荆轲刺秦王》（国外译为《皇帝和杀手》）。电影《霸王别姬》获得戛纳国际电影节金棕榈奖，А.С.普拉霍夫在关于世界杰出导演的著作中写道：所谓的"第五代"电影人形成了一个强有力的导演流派，由两位领头人领导，由具有强大潜力的导演构成其"支撑力量"。

另一位领头人就是张艺谋，从他的第一部作品《红高粱》开始，他就一直停留在俄罗斯评论家的视野中。1989年，该电影被翻译后，与大批观众见面。我们在不同的场合又看到了张艺谋的其他作品：《菊豆》、《大红灯笼高高挂》、《活着》（尽管这部影片至今未获准上映）、《摇啊摇，摇到外婆桥》、《一个都不能少》。张艺谋还有一部优秀之作——《英雄》，《远东问题》杂志（2005年第5期）专门刊载文章高度评价《英雄》。文章指出，这是一部充满哲理的反思性的影片，生动地展现了中国电影在其百年历程中所达到的高超水平。全俄国立电影学院授予张艺谋荣誉博士证书，以此表明俄罗斯电影界对中国导演专业水平的认可。

2008年，С.А.托罗普采夫出版了《中国电影的"国际品牌"——导演张艺谋》一书，以广阔的视野展示了中国电影艺术发展到顶峰的全景。顶峰是张艺谋的作品，然后是极具魅力的演员兼

介绍张艺谋创作的图书

优秀导演姜文的作品。姜文执导的《鬼子来了》在戛纳国际电影节上大放异彩。该片摆脱了通常的中国式情节叙事的束缚，发展了张艺谋的人文主义路线。姜文的新片《太阳照常升起》则呈现出超现实主义的构图特点。

如今，活跃在艺术圈的"第六代"年轻电影人等待着我们将其视为完

全不同的艺术流派进行新的分析，这一流派将中国传统的艺术元素与世界电影的前卫探索完美地结合在了一起。

*《中国电影剧本》，莫斯科，1959年；杨延晋、薛靖《苦恼人的笑》，载《记者》，1981年第9期；白桦、彭宁《苦恋》（文学电影剧本），《亚非电影艺术》，莫斯科，1984年；莫言、朱伟、陈剑雨《红高粱》，载《电影剧本》，1989年第5期；黄蜀芹《人·鬼·情》，载《电影剧本》，1989年第2期。

**С.格拉希莫夫《人民民主国家电影艺术》，莫斯科，1952年；А.Н.热洛霍夫采夫《中国电影发展的主要阶段》，《中华人民共和国的"文化大革命"问题》，莫斯科，1960年；Р.卡尔缅《中国的一年》，莫斯科，1941年；《电影百科词典》，莫斯科，1986年；《亚非电影艺术》，莫斯科，1984年；《电影词典》，莫斯科，1966年；Б.皮利尼亚克《中国中篇小说》，莫斯科，1929年；А.С.普拉霍夫《33位国际著名电影导演》，文尼察，1999年；Ж.萨杜里《电影通史》，第6卷，莫斯科，1963年；Ж.萨杜里《电影艺术史》，莫斯科，1957年；夏衍《中国电影的历史和党的领导》，见《中华人民共和国的"文化大革命"问题》，莫斯科，1960年；Е.杰普里茨《电影艺术史》，第1—4卷，莫斯科，1968—1974年；С.А.托罗普采夫《寻找现实主义——中国创作方法的问题》，载《文学问题》，1982年第4期；С.А.托罗普采夫《中国"新电影"的图景和语言》，载《远东问题》，1998年第4期；С.А.托罗普采夫《台湾电影》，莫斯科，1998年；С.А.托罗普采夫《外国电影历史·中国》，莫斯科，2005年；С.А.托罗普采夫《"社会原野"上的中国电影》，莫斯科，1993年；С.А.托罗普采夫《电影艺术中的鲁迅》，见《东方语言学的问题》，莫斯科，1979年；С.А.托罗普采夫《中国电影的"国际品牌"——导演张艺谋》，莫斯科，2008年；С.А.托罗普采夫《从大纲到性格——中国文学艺术中的人物形象》，载《文学问题》，1983年第10期；С.А.托罗普采夫《中国电影史概论》，莫斯科，1979年；С.А.托罗普采夫《作为中国现代化一面镜子的谢晋》，《今日亚非》，1999年第10期；С.А.托罗普采夫《日落时分烛映窗：中国电影札记》，莫斯科，1987年；С.А.托罗普采夫《"灰发姑娘"和联合创作法》，见《苏联的中国文学研究》，莫斯科，1973年；С.А.托罗普采夫《中国电影》，载《今日亚非》，1996年第4期；С.А.托罗普采夫《传统与革新交汇的台湾电影：导演侯孝贤创作风貌》，载《远东问题》，1997年第3期；С.А.托罗普采夫《中国电影的"三度提升"与现实过滤》，载《亚非民族》，1978年第6期；С.А.托罗普采夫《中国电影的艰难岁月》，莫斯科，1975年；С.А.托罗普采夫《袁牧之——演员、导演、编剧、剧作家》，《今日亚非》，1979年第3期；А.С.茨维特克《苏中文化联系》，莫斯科，1974年；С.И.尤特克维奇《新中国的戏剧和电影》,莫斯科,1953年;托罗普采夫《笑是一件严肃的事情——谈中国喜剧电影问题》,载《当代电影》,1988年第5期;С. А. 托罗普采夫《中国电影史概要》,北京,1982年;Toroptsev S. The Viewer Viewed // Cinemaya. Delhi, 1991, No.12; id. The Space of the Subjective // Cinemaya. Delhi, 1992, No. 16.

(С. А. 托罗普采夫撰,白雪译)

《中国民间戏剧》《中国传统戏曲》书影

阿理克——第一位收藏年画的学者

中国民间年画的海外收藏中,俄罗斯收藏量最大,其中,首屈一指的是艾尔米塔什博物馆的藏品,藏有瓦西里·米哈伊洛维奇·阿列克谢耶夫(阿理克,1881—1951)院士收藏的年画。作为一位涉猎广泛的学者,阿理克对中国文学、美学和哲学思想著述做了大量研究,出版了译作,撰写了语言学、词汇学以及民俗学方面的研究专著和文章。在学养深厚的汉学家中,他是第一位关注中国民间艺术并将其视为有重要学术研究价值的课题的人。当阿理克还是圣彼得堡大学东方语言学院一年级学生时(1898),他无意中接触了一幅植物学家В. Л. 科马洛夫1897年去满洲里考察时带回的木版年画,图形晦涩难懂的年画吸引了阿理克,兴趣变成了持续其一生的迷恋。在1906—1909年来华进修期间和1912年到南方出差期间,阿理克开始收集年画,并在日记中记录了购买年画的情况。正是在中国,当时受过教育的人对民间艺术嗤之以鼻,因而阿理克经常遭到他人的误解。他本想将年画用于自己的学位论文,然而皇家科学院拒绝资助其出版文集，阿理克不得不另选课题。他在不同时期撰写的有关年画的文章很少发表，仅在1966年被M. B. 班科夫斯卡娅收录在《中国年画：民间绘画中旧中国的精神生活》一书中并出版。

阿理克收集的年画约有3000件，至今无人能及。有2000件现收藏于艾尔米塔什博物馆，1000件现藏于国家宗教历史博物馆（圣彼得堡）。藏品包含了北京、上海、广州市及山东等省市一百多家大小作坊的作品。数量最多的是天津附近最大的年画制作中心杨柳青的年画。

阿理克1906年在北京购买的第一批年画中，就有"自1898到1903年曾造成很多煎熬的画作"。显然，这种煎熬是由于不理解画中隐含的深意所致。在这种被先生的功课塞得满满的进修课程中，解读年画的主题和象征意义成为他的主要课程之一。对年画做出最详细、最接近原创描述的是他的老师孟锡珏。时过多年，阿理克回忆道，艺术家的古怪想象常常让孟老师为难，因为"解释民间年画之谜，这是很难的，即使是经验丰富的中国文人也很难解读……经过大量的咨询和查阅，我的老师们才可以解读年画"。但并不是他的所有老师都愿意解读年画，他们蔑视"普通百姓粗糙的精神食粮"，而且也不明白，为什么他们的学生（阿理克）需要这个。1907年3月，阿理克在日记中写道："我收集了400幅北京的和100幅山东题有祝福文字的年画……孟先生详细地向我解释它们，并写出了年画的细节和含义。我与他深入探讨他所写的内容，出于对细节的挑剔，我让他详细解释这些细节，结果，我收集到了一套完整的、清晰无误的、富有学术性解读的年画藏品，大约涉及以下主题：①以善意的典故为主题的谐音游戏，一般类型是儿童手持饰品，饰品的名称与某些格言谐音；②新年祭祀习俗的插图，尤其是敬奉财神；③最受欢迎的故事情节插图；④以'封神演义'为主题的插图、幻象书，一种各种起源的图像和寓言的混合体等。"他还写道："我收集了一套所谓的'百份儿'，即粗略的神灵图像，一种粗略绘制的物质崇拜和传统的神秘崇拜的混合物。"（百份儿——完整的"百神图"）

年画及以其为元素设计制作的邮票

购买木版画的同时，阿理克用铅笔在上面标注编号。去中国华北旅行前，他已购得433幅木版画。孟老师和其他老师在他题为"粗略图片说明"的笔记本中对此做了介绍。旅行期间购买的年画大致也有这么多。由老师们在活页纸上做的编号434—1452的木版画简介，现存于俄罗斯科学院档案馆圣彼得堡分馆。这些手稿不仅是研究中国年画，也是研究中国文化和艺术诸多方面的珍贵资料。

1907年5月，阿理克与法国著名汉学家埃玛纽埃尔－爱德华·沙畹（1865—1918）一道去中国北方旅行。沙畹此行的目的是考察汉代文物古迹，因为他当时从事司马迁《史记》的翻译工作。考察路线：从北京到天津，然后沿大运河乘船到达德州，再经山东北部和河南到达西安，然后继续北上至山西太原。此次旅行中，阿理克饶有兴趣地遍寻并收集民间绘画。第一站就是距离杨柳青镇四十里的天津。阿理克和沙畹去了很多印刷所，在他的日记中，这些印刷所被称为工厂："（我们）去了绘图工厂。沙畹咨询能否购买一幅，好像是用于国家图书馆收藏。为什么要这么做？出于谨慎吗？"与老师的交流，对于年轻的收藏者来说是有益的："沙畹告诉我的原则我已经知道。财力允许，就悉数购买。比如，所有的戏出儿（年画）。"戏出儿——一种描绘戏剧舞台场景的年画，沙畹对此尤感兴趣，阿理克稍逊。阿理克对民俗习俗和信仰更感兴趣。显而易见，他尤其痴迷于描绘仁慈的神灵形象的绘画："民间创作领域，尤其吸引我的是木版年画，它们就像日常书信的插图；它们彼此紧密相连，相辅相成。木版年画是一种非常奇特的民间艺术形式，为我提供了观察和研究领域的沃土。我想作为自己学术论文选题的正是这一吸引人的课题，并对考察期间收集资料抱有很大希望。"

在山东泰安，阿理克在日记中写道："……我们去店铺买'画儿'——木版画。我们有不少次被蒙骗（因为我们是欧洲人），但问题不在于此。我们购买了张天师施咒的年画和他的护身符。年画是由木板印刻而成，是一种非常粗俗而充满趣味和想象力的产物。"在中国孔子的故乡、伟大哲学家安息之地——曲阜，阿理克也在寻找民间年画："在孔庙的另一面，与其并排坐落着最大的木版年画店铺。总的来说，令我高兴的是，在曲阜，我发现这些年画是如此的多样，这是我怎么也没指望能在此碰到的。"就像在其他地方一样，在这里，他也买到了一些拓片——从木版上拓印的，没有彩绘，只有黑白印痕的作品。他在自己编著的《瓦·米·阿理克收藏品目录》中写道：曲阜、北京、西安及其他地方木版雕刻年画的拓片包含以下内容：①驱鬼镇宅咒语。张天师在中国是世袭的宫廷法师，借助于张天师受命于天的威望和特许的专门说辞，保护宅院免受邪恶侵害；其次，借助老虎、猎鹰（吞食狼人），以及"驱魔真君"钟馗的形象。②长寿、幸福、高官厚禄的祝愿。表现形式：a. 南极仙翁，象征极度长寿；b. 松树、鹳、鸟、灵芝；c. 各种字体书写的"寿"与"福"字；d. "八仙贺寿"图；e. 象征性图案；f. 铭刻在古代宫殿瓦片、古器皿、钱币、砚台等上面的类似祝愿的惯用语句。③纯粹民间性质的道德教育插图，以表现儒家智慧的历史故事为基础，部分采用佛教图案。这里列举的并非都应归入民间绘画，如刻有祝福语的木板，但很多都应归入民间绘画——取自用于年画的木版上的拓印。

到达开封后，他便打听，"哪里印画儿——那就是我要寻找的中心。说是城南40里远的朱仙镇……我给了一个代办人5角（500钱）让他买500张，其中包括戏出儿，这是买给沙畹的，因为我觉得这里没有我必须要买的。[没有画儿，只有字儿（？）]（纸符——李福清注释）。"过了几天，阿理克自己去了趟朱仙镇，在那里不仅买到了与其他地方年画不同的木版画，主要样式是绘有以门神为主角的、被赋予史诗般壮举和传说的英雄形象，而且还同绘制木版画的健谈的艺术家聊了聊

B.M. 阿理克（1898年）

天。日记中记录了民间艺人——木版画创作者的特征,他们是"半学者半工匠的典范,处在两者之间:他们既不是工人,也不是学者。这种状态反映在他们的所有作品中"。他在朱仙镇购买的木版画保存于艾尔米塔什博物馆、奥拉宁鲍姆中国宫、国家宗教历史博物馆,以及巴黎亚洲协会的沙畹收藏品中。

从开封到洛阳之行,路过登封,这里有著名的佛教寺院少林寺。沙畹和阿理克在这里预定了石雕版画。旅行者们参观了河南省灵宝著名的木版画中心,在这里阿理克获得了"十五种钟馗收藏品"。阿理克在世界科学界发表的第一篇关于民间绘画的文章,描绘了伏魔者钟馗及其形象(《根据民间绘画和护身符谈中国法术图像的几种主要类型》,1910年)。

离开河南,旅行者们来到了陕西省。在西安,他们碰到了法国人莫里斯神父。原来,莫里斯神父也对木版画感兴趣:"莫里斯神父健谈而客气。他吩咐带来画儿的样品,其中一些非常有趣,尤其是土地堂(土地神庙堂的图案——李福清注释)……我跟莫里斯神父和西班牙人扎拉奥南迪亚聊了很久。我请求他们看管好我收藏的年画,并尽可能一并寄往北京……"同样,在西安,阿理克请求一家店铺的老板在新年前订购画儿:"他不太热情地答应了。总的来说,在他的帮助下,我能指望在中国新年前拿到兰州、厦门、广州和福州发来的画儿。"他不仅向打过交道的人寻求帮助,还就类似请求给不同的人写过信。他在1907年底结束考察回国后写的一份报告中,罗列了一些省份(陕西、山西、福建、甘肃)、城市(上海、汉口)及其他地点,正如他所期盼的,他的代办人将从这些地方给他寄出木版画。

阿理克不断提醒人们木版画应挂在哪里,它们有什么功能。路过山西省绛县时,他写道:"应当说,最有趣的是刘海儿(钱财之神——李福清注释)及门上取代门神的这些角色。"这个信息之所以有意思,是因为以门神为主角的木版画在河南省久负盛名,朱仙镇就有印制,但这种习俗在山西却闻所未闻。到达赵家村后,阿理克走进住户家:"在厨房里,我本想好好地观察一番灶王爷

阿理克(北京,1907年)

（灶台之神——李福清注释），却看到了一幅不雅的印制画儿——对我来说，这是件新鲜事。"过了几天，在姚集镇这个地方，他发现了类似情况。许多年后，阿理克写道："顺便说一下，民间绘画的功利性导致了一个奇怪的现象。1907年，我在中国北方旅行时，经常在酒馆里看到挂在炉灶上的情色木版画，旁边还有灶王爷的神像。对于我满是疑惑的问题，得到的答复是'为了祈雨'。一般认为，中国人称之为'云雨'交合［因为两性关系就像天（男性起源）与地（女性起源）的关系，即产生雨］，为了预防火灾，人们把画贴在最容易发生火灾的灶台上。"（读了阿理克日记的中译本后，作家冯骥才写道：没想到这是俄罗斯学者观察到的，现代中国人都未必知道这个习俗。）阿理克强调，木版画也张贴在牛棚和马厩里："在牲口棚里，牲口槽上方做了个凹槽，里面是带有牛马图案的画和两行题词（对子，对联），意思是愿牛越来越兴旺，愿马像龙一样强壮等。另一张画上绘制的是牛的保护神牛王和庇护棚舍的众神。"一般来说，木版画中，与牛王成对张贴的不是马王，而是棚舍的庇护者，这是一个有趣的发现。这种木版画的记载在其他地方从未有过。

1909年初，阿理克利用中东铁路中学（他曾在此教授俄语）的假期前往南方，游览了上海、苏州、杭州、汉口。"在我的收藏中，中国北方已经粗具规模。现在该说说南方了。我对此一无所知，但我知道，有别于所有其他文章中的北方，这篇有关民间艺术的文章中将介绍某些新的、更加完美的东西。然而我错了：北方的木版画更好！"在江南著名版画中心苏州，他购买了"大量有趣的画儿"，而在杭州，"画儿买得不顺利，而且信封非常糟糕"（买画儿的同时，他也买了些艺术信封，尤其是小版画类型的。他收集了大约700个样本，打算就此写点东西及出版画册）。

阿理克与他在北京的老师张逸廷

根据其写给沙畹的书信判断，阿理克的版画收藏得以不断充实。他在1909年3月13日的信件中写道，他的画儿收藏品约有1000件，而5月3日他又写道："我又增加了民间绘画藏品数量，现在已达到了1500多幅不同的画儿。所有的镇宅图（辟邪的画儿——李福清注释）、门神图、灶王码儿（灶王神像——李福清注释）、手艺保护神、家庭供奉祈祷的神，构成了我藏品中的独特部分。"

1909年底回圣彼得堡途中，阿理克与曾经从满洲里带回版画的 В. Л. 科马洛夫同乘一个包厢。后来他写道："我向他表达了我对他恢复我的"教授"（当时的称呼）学术准备工作的感激之情，并告诉他这种恢复对我来说是多么有益和富有成效。我现在构思着一篇新的论文，无论在内容上还是在精神上，它都将向科学界展示中国的文化不仅仅存在于它的学者（按照瓦西里耶夫的说法是"智者"）身上。分析和描述这种厚重的文化可能并不比翻译中国经典容易，例如，中国经典中的每一个字都是经过解释、权衡才确定的，因此对其的翻译是非常被动的。而给中国民间绘画加上注解，尤其是历史注解，无论如何都不是一件轻而易举的事，而且远不是所有人都能胜任。我和科马洛夫开始制订出版多卷本图册的计划，类似于罗文斯基的画册（Д. А. 罗文斯基，1824—1895，著名的俄罗斯民间木版画收藏家和研究者——李福清注释），这件事对我们来说十分新鲜，令人兴奋。然而当我将出版计划提交给科学院时，我立即被告知，这种想法完全不切实际，罗文斯基是自费出版自己收藏的木版画，而科学院资金匮乏。我们的所有计划都泡汤了，我不得不为自己的学位论文寻找新的题目。"一开始阿理克甚至计划了不止一篇，而是两篇学位论文：硕士论文为《中国民间图腾》，博士论文为《中国民间绘画》。

1910年，在俄罗斯地理学会正式会员、未来的院士 А. Н. 萨莫伊洛维奇的支持下，阿理克得以在地理学会组织了全世界首次大型中国民间绘画展。这次画展为期整整一个月，阿理克本人每天都会去给参观者讲解。在地理学会1910年刊印的年鉴和地理学会的档案资料中，都没有关于这次展览的记载。但是资料中可以查到的是，阿理克曾在地理学会做过讲座——《中国寺庙》和《财神——中国聚财之神，民间绘画和辟邪物中的财神像，以及对财神的崇拜与信仰象征》。据年鉴记载，这些讲座"以幻灯片、照片、拓本的形式展示了书法、纹饰、民间版画与信封上描绘的佛像"。因为这些讲解，他被地理学会授予"小金质奖章"。1912年夏，阿理克受中亚与东亚研究委员会以及人类学与民族学博物馆派遣前往中国东南部沿海城市（上海、厦门、汕头、福州与广州）收集民族学资料。阿理克在为博物馆购买女性饰品、新娘被服等物件时，也没有忘记木版画。在5月23日到7月31日这段时间内，他没能找到大量的民间绘画。1940年4月22日，阿理克在地理学会所做的讲座中回忆道："在上海我收集到一些财神像。购买起来很困难：售货员害怕遭到欧洲人的嘲笑，不愿意向我展示。通过第三方交涉也没有任何效果（他们对我做的事情不理解）。"这件事的困难还在于，他到访这些地区是在夏天，而年画通常是在临近新年时才出售。阿理克总结此次南方之行时说："我想要补充自己在北方收集的藏品，但没能如愿！不过，我还是把所有能够收集到的东西集中起来，带到了人类学与民族学博物馆。"这里"所有的东西"共计1083件，其中包括福建和广东（佛山）的版画。

B.M. 阿理克和他北京的老师们

阿理克多年来屡次向出版社致函，申请将自己带回的年画以大型和小型画册的形式出版。例如，1932年他曾向儿童文学出版社的С. Я. 马尔沙克发去"科学普及性图书的清单，配图尺寸参考作者藏品原件"，希望以最大版面刊印。在他建议出版的69种书目中，有27种是关于版画的，如《中国民间绘画中的中国戏剧》《中国民间绘画中的欧洲怪人》《中国民间绘画中的中国历史》。然而，他并没有得到答复。

当时很少有人重视阿理克在中国民间绘画研究方面的贡献。1939年，在艾尔米塔什博物馆工作的阿理克的学生К. И. 拉祖莫夫斯基在给自己老师的信中说："我将会一次又一次返回到民间绘画的课题中来，因为您，据我所知，受到了全社会难以言喻的漠然之影响，没能够恰如其分地评价您在中国学研究上的巨大功绩。您带到科学领域的材料，其重要性不亚于敦煌壁画，只有从它的新颖性来解释为什么至今您仍然不被理解。"由М. Л. 卢多娃编撰的阿理克收藏的版画的第一本彩色画册于1988年出版。1991年，李福清与知名的版画大师王树村合编的《苏联藏中国民间年画珍品集》在北京出版，其中刊出了中国没有收藏的年画，包括阿理克收藏的42幅作品。2003年，艾尔米塔什博物馆在组织中国版画展前夕制作了一个画册，其中包含了阿理克收藏的许多作品，不仅有他从中国带来的画作，还有20世纪20—30年代他的学生和熟人寄给他的版画。在20卷本《中国木版年画集成·俄罗斯藏品卷》（2009）中，收录了一百多幅阿理克的藏品。阿理克开创的事业被世界各国的学者继承。无怪乎日本的中国版画研究学者三山陵将一篇文章的标题命名为"向阿理克脱帽致敬！"

*阿理克《1907年日记》，М. В. 班科夫斯卡娅私人档案，圣彼得堡；阿理克《中国民间绘画的内容及其科学应用前景》，М. В. 班科夫斯卡娅私人档案，圣彼得堡；阿理克《1908年日记（1—3月的成果）》，М. В. 班科夫斯卡娅私人档案，圣彼得堡；阿理克《中国学学者1912年的民族学使命》，地理协会，1940年4月22日，第4次讲座，М. В. 班科夫斯卡娅私人档案，圣彼得堡；阿理克《中国学学者1912年的民族学使命·中国沿海（1912年5月4日—8月19日）》，1940年4月22日，М. В. 班科夫斯卡娅私人档案，圣彼得堡；阿理克《我1912年夏天中国之行的详细报告》，М. В. 班科夫斯卡娅私人档案，圣彼得堡；阿理克《根据中国民间绘画和护身符谈中国法术图像的几种主要类型》，载《俄罗斯考古协会东方研究所纪要》，1910年第20卷；阿理克《植物学家В. Л. 卡马洛夫与俄罗斯的中国研究》，载《国家地理学会通讯》，1939年第71卷第10期；阿理克《在旧中国：1907年旅行日记》，莫斯科，1958年；阿理克《中国年画：民间绘画中旧中国的精神生活》，莫斯科，1966年；阿理克《给爱德华·沙畹与波利·佩里奥的信》，И. Э. 齐别罗维奇译自法文并注释，圣彼得堡，1998年。

**М. Л. 鲁多娃、Н. Г. 普切林《艾尔米塔什博物馆收藏的中国年画》，圣彼得堡，2003年；《俄罗斯皇家地理学会1910年年鉴》，圣彼得堡，1911年；Л. Н. 孟列夫《作为收藏家的阿理克》，见《中国文学与文化》，莫斯科，

1972年；Б. Л. 李福清《阿理克院士——第一位中国年画研究者和收藏家》，载《历史、文学、艺术通讯》，第5卷，莫斯科，2008年；李福清、王树村《苏联藏中国民间年画珍品集》，北京—列宁格勒，1991年；冯骥才《倾听俄罗斯》，北京，2003年；李福清编《中国木版年画集成·俄罗斯藏品卷》，北京，2009年；Chinese Popular Prints. Leningrad, 1988.

（Б. Л. 李福清撰，张猛译）

辛部 词条

中国精神文化大典

安济桥

安济桥又称赵州桥，是世界上现存第一座敞肩石拱桥，建成于610年，位于河北省赵县洨河之上。该桥的设计与建造者为著名工匠李春。桥的外形被建造成匀称弯曲成弧线的大型拱形结构，整座大桥由28道各自独立的拱券并列组合而成，每个拱券的宽度约为34厘米。桥拱高出河面约6.5米。桥面跨度为54米，宽9.6米。桥面下方两端各分布着两个敞肩拱，用于汛期泄洪，预防洪水对桥体的冲击。这种综合性的解决方法极大地减轻了跨度为37.02米的主拱荷载。

1954年对该桥进行修缮时，在河底发现了刻有大量龙形浮雕的石栏残片。现今，桥栏已按照所发现的石雕进行了彻底修复。安济桥位于重要的南北商路上，在建成后的几个世纪里一直具有战略意义。中国北方还保留着7座同时代类似结构的石桥，它们是先进的工程建筑系统知识和技术水平高度发展的见证。

**E.A.阿谢普科夫《中国建筑》，莫斯科，1959年；O.H.格鲁哈廖娃《19世纪中叶之前的东亚和东南亚建筑·中国建筑》，见《建筑通史》，第9卷，莫斯科—列宁格勒，1971年；王世瑛、朱德明《中国古代建筑文化》，北京，2005年；《中国历代名人辞典》，南昌，1986年。

（H. Ю. 杰米多撰，周立新译）

中国精神文化大典

艺术卷

八宝

八宝是规范化的一整套艺术形象的总称,通常有三种说法:"吉祥八宝""道教八宝""佛教八宝"。

"吉祥八宝"包括:

自然界的珍贵物品。可以是普通的珍珠,或者传说中的"龙珠"、珊瑚和玉。

象牙或者犀角。有观点认为,古代中国人学会了驯化大象,将其用作劳动力和战争工具。象的形象见诸公元前14世纪—前11世纪(殷商后半期)的艺术品中,已知的有象形玉件和青铜器皿。但象在古代中国文化中的象征意义至今仍不明确。与八宝中的其余七宝一样,象牙之所以被列入八宝,还因为它是一种珍贵的饰品原料,自公元前5000年至前4000年即开始在中国使用。该时期的出土文物即有象牙嵌绿松石的饰品。公元前5世纪—前3世纪,中国工匠已经掌握了多种象牙加工工艺:透雕、镂空雕刻、彩绘、使用绿松石和黄金镶嵌。公元7—10世纪,象牙雕刻流行开来,主要是一些佛教人物雕像,且通常饰以彩绘。从古至今,用象牙制成了各种首饰(发夹、梳子、戒指、手镯),后来又出现了象牙餐具(筷子)、锦匣和室内装饰品,包括宝塔模型、帆船和著名的"镂空球"。

犀牛在古代中国文化中显然是威武、英勇和力量的象征,这一点反映在武器装备和武官官阶标志中。犀角用于制造冷兵器,犀牛皮用于制造盔甲。周朝时曾设置武官头衔——"犀首",授予战功卓著的统帅。

清朝,犀牛的形象以刺绣或贴布的方式出现在官服的前胸后背,作为七品和八品武官的官阶标志。犀角被视为一种珍贵原料,被雕刻师和珠宝师用于装饰高级饰品、礼仪器皿和奢侈品。带有美丽花纹和纹理的犀角被认为是最珍贵的,这种犀角在打磨之后会呈现出新奇别致的线条,仿若奇珍异兽。和世界上其他很多古老民族一样,中国人也赋予犀角治病和驱邪的功能,将其视为解毒药,碾成粉末食用。或许正是由于这种迷信,用犀角凿制的酒樽才如此受欢迎。很有可能,这种被称为"觥"的

酒樽也是从上古时代就开始制作了。约在7世纪时，犀角杯被造型更加优美的雕刻杯子所取代，这些杯子由各种原料制成，是更加典型的中国餐具。与此同时也出现了玉质和瓷质酒樽，沿用了觥的造型。八宝中的象牙和犀角被视为荣华富贵、健康长寿的象征。

银锭——财富的象征。

圆胜和方胜。有些是单个的，但更多的是成对的。圆胜为圆形方孔状，仿照古代钱币，象征财富。方胜似乎是仿造了古代高级饰品，是皇帝和贵族的发饰，因此象征身份高贵，官运亨通。

如意。寓意万事如意。在造型艺术中既可以完整出现，即一个微微弯曲的如意棒；也可以简化出现，即如意头，轮廓似云，让人联想起灵芝。灵芝是一种菌类植物，兼有伞形科蘑菇（生长于中国部分地区，如黄山）、木耳和苔藓的特性。该形象也可能源自某些现实的蘑菇，据文献记载，灵芝自公元3—4世纪被用于炼制长生不老之药。在文学作品中，灵芝还被赋予了一些普通蘑菇所没有的特性，比如可以开花。因此，在俄罗斯文献中灵芝经常被称为"仙草"。在中国的文学作品和绘画中，灵芝寓意健康长寿。这一寓意也保留在如意这一形象当中，扩充了其万事如意的内涵。

古代石质打击乐器——磬。磬与"庆"同音，故八宝中的磬寓意家庭幸福，喜庆连连。

书卷（古代书本，写于丝绢之上）或者两本装订书（书籍印刷出现之后的书本样式），象征博学和仕途顺利，这是象征性的财富，可以带来真正的收入。

丝绸或者镜子，这两个形象与中国家庭的女性相关，是家庭幸福的标志。丝之所以被视为恩爱的象征还因其与"思"字同音（取"相思"之意）。纺织丝绸时将丝线缠绕交织的过程本身也容易让人联想到恩爱缠绵。与此同时，丝绸常被用于官方和外交馈赠，也是财富的象征。

综上所述，吉祥八宝标志着价值取向，是中国文化所特有的幸福观念，这一观念还体现在中国人所讲究的五福之中。五福包括长寿、健康（身心两方面的）、财富、官运亨通、多子多福（八宝中象征家庭幸福的形象也包含此寓意）。

道教八宝包括中国民间传说中"八仙"的法宝，分别是钟离权的扇子、吕洞宾的宝剑、铁拐李的拐、张果老的渔鼓、曹国舅的拍板、韩湘子的笛子、蓝采和的花篮、何仙姑的莲花。这个组合里还可以加上葫芦，其状如梨，果皮坚硬，密不透水，因此中国用内部掏空的葫芦作为盛放液体的容器。葫芦的形象早在新石器时代的艺术中就已出现（作为陶器的装饰画），可能当时葫芦就已经被赋予了神奇的特性，与万物有灵信仰有关。

后来葫芦获得了新的宗教及宇宙学意义。在道教传说中，葫芦经常作为储存长生不老药的容器，因此成为中国文化中最广为流传的健康长寿的象征。葫芦的轮廓很像女性身体的曲线，其形状像两个嵌在一起的球，这使得葫芦成为生育行为的隐喻。在盛行的传说中还提到了住在葫芦里的仙人，他们可以帮助人们实现梦寐以求的愿望。葫芦还进入了佛教形象体系：僧侣在化缘时常用葫芦做水壶，这样葫芦就成了僧侣生活的代名词，象征持守清规戒律、虔诚修行。

佛教八宝，又称八吉祥，作为佛像艺术中的装饰物，其形象为佛教众神所使用的宝物或者其化身。

其中包括：宝盖，由巨伞状的布幔制成，象征佛的王室出身以及对邪恶力量的抵御（转义）；宝伞，是须弥山的语义替代物（神山，按照印度佛教的传说，该山位于世界中心，是神的居所），象征佛法无边和喜乐；两条金鱼象征佛的双眼，是先师摆脱了人类生活的两大主流——欢乐与痛苦，从而获得精神解脱的标志；盘长，由相互缠绕的线条编织而成，寓意佛法无穷无尽。其余四宝为宝瓶——宝物；莲花——最重要的佛教花卉，象征纯洁；法螺，原为佛事活动使用的一种乐器（后来其寓意被极大拓展）；法轮，又称金轮，是生命轮回和八大戒律最重要的宗教象征之一。

在佛教的祭祀艺术中（特别是在北方佛教的古迹中），这一系列形象也与象征性地供奉佛体的各部分器官相对应：法轮代表心脏，宝盖代表肺，宝伞代表脾，宝瓶代表胃，盘长代表肠，莲花代表肝，法螺代表胆囊，两条鱼代表两个肾脏。

在中国世俗艺术中，部分象征符号与视觉上相似的形象——真实的动物、植物、物体等结合起来，这些形象自古以来就是民族造型艺术体系中的一部分。鱼的形象被广泛运用于新石器时代陶器的装饰，这使我们有理由推测，鱼在新石器时代的观念中被视为神物——图腾动物，作为水神的化身，或者像其他民族所信仰的一样，是人神两界的中介。商周时代玉质的王权标志和高级饰品经常采用鱼的形状。约在周朝后半期，鱼的形象开始获得固定的意义，变成了幸福爱情和多子多福（因为鱼卵数量繁多）的象征。与此同时，在艺术创作中鱼的象征性概括形象得以确立，不必区分品种，并出现了固定的双鱼组合，该造型两千年来一直存在于各种物品的装饰图案中——陶器（绘画和浮雕图案）、青铜器、镜子、日用装饰品（以女性用品为主）。

后来，鱼的形象又获得了几个新的意义，主要是按照谐音原则演绎或者由道家、儒家的形象体系衍生而来的。鱼和"余"同音，因此鱼又被当作物质丰富的象征，广泛见诸中国的艺术和节庆习俗中。在儒家学说中，鲤鱼是一个很著名的形象。鲤鱼是鱼的一个品种，在产卵期它可以逆流而上，克服一切可能的障碍，象征着人为达成既定目标的坚定执着，同时也蕴含着顺利通过科举考试、节节高升、人生成功的祝愿。在道家的形象体系中，鱼（通常是一群在水里自由游弋的鱼）象征大自然的无拘无束以及人离群索居，走上了精神完善的道路。捕鱼在道家著作中常常与悟道的过程有关，而捕鱼人——常常被称为渔父——则是道家智者最常见的形象之一。以上所列举的鱼的象征意义出现在一定的艺术

语境中。比如，当与其他吉祥象征一起出现时，鱼也象征广义的幸福、物质丰裕和飞黄腾达。当成对出现在女性饰品（耳环、手镯、吊坠）中时，寓意夫妻恩爱，早生贵子。

莲花的象征意义同样历史悠久，寓意多样。它实际上结合了两种植物——莲和荷（莲，也包括莲子、睡莲）。莲在保留了远古释义的中国艺术体系和诗文体系中，与佛像艺术中的含义不同，粉红色的花朵（象征阳）和绿色的宽大圆形的叶子（象征阴）以及深入水底（水也属阴）的长而结实的茎，使得莲的形象带有情色意味。莲是季节性植物，夏季开花，体现了自然最旺盛的生命力和繁衍力。莲是6月生长，这时是夏季最主要的月份，也是夏至出现的月份，这个月的24日被认为是莲花的生日。莲之所以被联想为阳和繁衍还因其果实——半圆形（圆形以及所有由圆形衍生的几何图形都象征着天和阳）的莲蓬里长满了莲子，莲子与"连子"谐音，寓意连生贵子，因此莲成了深受欢迎的多子多孙的象征和祝愿。荷与术语"和"同音，后者寓意"和平""和谐"，其内涵甚广，既包括个体的内心平和，也包括夫妻和爱、家庭和睦，乃至国家和谐。

甚至连一些专门的佛教物象在世俗艺术文化中也发生了某些意义上的变化。比如，宝盖变成了达官显贵和飞黄腾达的象征；盘长变成了长寿的象征；宝瓶开始与普通的花瓶产生联想（"瓶"与"平"谐音，寓意"平安""平静"）。

三种八宝出现在瓷器、漆器、珐琅器等多种材质的工艺美术品、日常用品以及家具、私人装饰品、刺绣和纺织品的图案中。吉祥八宝和佛教八宝还出现在雕刻图案中，如祭祀建筑、室内装饰，八宝也成为当代中国的艺术纪念品之一。

**阿理克（Алексеев В.М.）《中国民间绘画》，莫斯科，1966年；Н. 维谢洛夫斯基《饰品中的中国象征》，圣彼得堡，1911年；Б. 维诺格罗茨基《中国吉祥图案》，莫斯科，2003年；Ю. И. 叶利辛那《罗曼诺夫王朝的佛教馈赠——珠宝艺术和

物质文化》，圣彼得堡，2006年；М. Е. 克拉夫佐娃《中国艺术史》，圣彼得堡，2004年；М. А. 涅格林斯卡娅《中国清代珠宝饰品：历史、寓意、审美》，莫斯科，1999年；М. А. 涅格林斯卡娅《康雍乾盛世时期金属及珐琅艺术品风格——传统与创新》，莫斯科，2007年；Л. Д. 思乔夫、В. Л. 思乔夫《中国服饰：象征、历史、文学与艺术诠释》，莫斯科，1975年；Э. 舍费尔《撒马尔罕的金桃——唐代舶来品研究》，译自英文，莫斯科，1981年；Burkhard V.R. Chinese Creeds and Customs. Hong Kong, 1953; The Encyclopedia of Eastern Philosophy and Religion. N.Y., 1999; Fang Ch. Animals and Birds in Chinese Art. Catalogue of an Exhibition at China House. N.Y., 1967; Scott H. The Golden Age of Chinese Art. The Lively T'ang Dynasty. Tokyo, 1970; Williams C. Encyclopedia of Chinese Symbolism and Art Motives. N. Y., 1960; idem. Outlines of Chinese Symbolism and Art Motives. N. Y., 1976; Wirgin J. Sung Ceramic Designs. Stockh., 1970.

（М. Е. 克拉夫佐娃撰，李春雨译）

白峰溪

白峰溪，1934年生，剧作家、演员、社会活动家。毕业于华北人民革命大学。自1950年起于该校工作，1954年任职于中国青年艺术剧院。1977年开始戏剧创作。20世纪80年代末开始参加国际戏剧论坛，应邀在国外教育机构讲学。

白峰溪是著名的女性题材大师，非常注重揭露人的内心世界。其作品中取得重大成就的当属"女性三部曲"：《明月初照人》《风雨故人来》《不知秋思在谁家》。其剧作在全国许多城市上演。1988年《白峰溪剧作选》出版，该选集被翻译成英文，部分内容被翻译成法文。

*《有争议的话剧剧本选集》，第1卷，北京，1986年。

（И. В. 盖达撰，刘玉颖译）

梆子调

梆子调，亦称梆子腔，中国地方戏曲音乐，四大传统声腔之一（与皮黄、高腔、昆腔齐名）。梆子腔的前身被认为是吹腔。

从音乐创作的特点来看，中国地方戏剧主要分为两种类型。第一种类型：戏剧作品的每一折都严格按照一定宫调和排列顺序进行组合，同一部作品中的律会发生变化（"旋"，意为"旋转"）（元杂剧和昆曲属于此类）。第二种类型（梆子调属于此类）：音乐伴奏主要依靠打击乐器的节奏，它们的音乐组合更加自由。一部作品以一支曲调为基础，通过改变节奏最终产生同一曲调的多个变体。曲调由诸多上下句组成，它们完全可以灵活地结合为一个整体。曲文通常为七言或十言句。

梆子调中存在几种打拍子的类型：原板（二四拍）、慢板（四四拍）、流水（一四拍）、散板、摇板等。通过拍子来确定戏剧事件的节奏，表达氛围的紧张度，传递角色的情感和心情。在伴奏中起主导作用的是一种木质响板，通常以枣木制成。

梆子调起源于陕西省和山西省的交界地区，此地古属秦国，因此梆子调亦被称为秦腔。此地的民歌皆以高亢激越的嗓音演唱，正因如此，该剧种的剧目中存在许多战争题材的作品。清代，这种"梆子调"在中国许多地区广泛流行。至乾隆年间（1736—1795），梆子调已在十多个省份流行，每到一地便很快与当地曲调结合起来，为地方戏曲的形成奠定了基础。

陕西省境内存在梆子调的几个分支流派："东路"（以同州为中心），"中路"（西安），"南路"或称"汉调桄桄"（汉中、安康一带），"西路"（原凤翔府所在地区）。山西省共有四个基本分支流派。流传到河北省后，梆子调结合了大量当地方言发音。梆子调在河南的变体——河南梆子被称为豫剧，这种戏剧体裁在河南的周边地区流行甚广，豫剧团在全国各地演出。甚至在山东、江苏、安徽等省都形成了梆子调的地方剧种。梆子调对汉剧（湖北省）、川剧（四川省）、赣剧（江西省）等其他戏剧流派也产生了不小的影响。

剧本内容多取材于历史，在舞台上再现了各个朝代的故事和帝王将相的征战厮杀。

**С. А. 谢罗娃《京剧》，莫斯科，1970年；《16—17世纪的中国戏剧与传统中国社会》，莫斯科，1990年；В. Ф. 索罗金《13—14世纪中国古典戏剧：起源、结构、形象、情节》，见《东方古典戏剧》，莫斯科，1976年；《中国戏剧》，北京，1998年；《中国戏曲曲艺词典》，上海，1981年。

(Е. А. 扎维多夫斯卡娅撰，刘玉颖译)

宝塔

塔是一种佛教建筑，以"宝塔"之名著称。宝塔多为带有伞状塔刹的覆钵式或楼阁式建筑，宝伞是佛教"八宝"——八吉祥的象征物之一。宝塔起源于印度佛塔，最初的功能是存放佛的肉身火化后的骨灰，后来用来存放供品、舍利、佛经以及僧人的骨灰。中国的宝塔作为一种建筑类型，形成于汉朝兴建多层建筑"楼阁"之时，虽然直接受到印度佛塔的影响，并保留了宗教功能，但是其建筑形式却具有民族传统风格。塔的主要构造包括塔基、塔身、塔刹，分别象征"感知世界""有形世界""无形世界"。

塔从外形上分为方形、六角形、八角形，通常为偶数角。起先塔的层数（通常为单数）为三层，后来增加到九层及以上。建筑材料为木、石、砖、釉陶和金属。塔的外形有带波浪式房檐和外置走廊的多层楼阁式及精练的密檐式等。

中国现存最古老的塔是嵩岳寺砖塔。该塔建于523年，坐落在嵩山（河南省）之上。这是中国唯一平面呈十二角形的古塔。从外形上看，该塔近似于印度笈多帝国的宗教建筑。外来的影响既体现在塔的整体复杂造型中，又体现在砖质塔顶的攒尖收尾之处——源于印度的饰有圆盘的刹杆。该塔共十五层，高约40米，层与层之间以叠涩檐隔开。高大的第一层为宏伟的基台，分上下两部分。上面部分的十二个角上立有倚柱，柱头饰以莲花花瓣，柱下为砖砌柱础。十五层

塔的每一面塔壁都装饰有精致佛龛和方形券门。塔的内部空间以空筒八角形状向上收缩，其间不设楼板，直达塔顶。

唐代的木塔没有保存下来。唐代砖石结构的塔具有雄伟、端庄和简洁的特点。唐塔通常为四面结构，其独特的垂直结构被塔檐所柔化。这让人相信，真正的中国式宝塔已经出现，是在"楼阁"类建筑的强烈影响之下产生的。此类塔中最为卓越的建筑当属大雁塔，该塔由大唐高僧玄奘于652年主持修建。最初建筑为5层60米高，塔基25平方米。701—704年对宝塔进行了修葺，增建了两层，高度增加了4米。塔身矗立于一座约5米高的四方形塔基上。大雁塔的外形似一座拔地而起的锥形体，塔刹位于佛塔的顶端。塔身的每一层都以砖叠涩出檐，檐下砌有斗拱，塔檐由檐柱分开，檐柱的数量自下而上依次递减。大雁塔的比例协调均衡，用烧砖建成的墙体色彩浅淡，因而尽管身躯庞大，看起来却不笨重。矗立在塔基上的宝塔与其周围的景观形成了不可分割的有机整体。707—709年建造的小雁塔也属于此种类型。小雁塔平面呈方形，高约45米，有高高的方形塔基，塔身简洁挺拔，庄严肃穆。宝塔的塔檐为砖质，各个细节精雕细琢。可见唐朝建筑师对简洁明快风格的追求。两座宝塔名字中都有"雁"字，其中一个含义指佛轮回550次，其中一次即以大雁为外形。

746年，中国第一座八角形宝塔建成，这种造型在历经百年之后成为宝塔的经典造型。该塔是为净藏禅师所修的墓塔，坐落于嵩山之上，称净藏禅师塔，保存至今，可以作为早期八角形塔的例证。

10—13世纪的宝塔为平面八角形或六角形，造型纤细修长，丧失了原来雄伟、简洁的特点。著名的云岩寺塔即为此类宝塔，该塔位于苏州附近的虎丘山上。据传说，公元前6世纪有白虎在此地守护君王的陵墓。云岩寺塔始建于959年，976—979年重建。佑国寺铁塔也是宋朝佛塔的典型代表，1041—1044年建于北宋都城汴梁（开封市）佑国寺内。隽秀的铁塔挺拔高耸，平面结构呈八角形，塔高57.34米，

13层塔身之上矗立着塔刹。数量众多的小窗户在厚实的塔身上构成圆形壁龛。早期砖塔用黏土勾缝，铁塔则与之不同，用砖建好主体之后，通身用褐色琉璃装饰，犹如铁质，"铁塔"的名称也由此而来。冲天而起的铁塔身姿秀丽，视觉上向上稍微变细的塔身表现了10—12世纪中国建筑学形成的新美学原则。

宋代，随着建筑技术的提高、冶金技术的发展，中国具备了建造铁塔和铜塔的能力。这种塔的塔基用石头或者黏土筑成，用绘有浮雕的浇铸铁板装饰，铁板之间用铸件或者特殊的锁扣连接。湖北省当阳市的13层铁塔（建于1061年）可以作为例证。挺秀典雅的宝塔由生铁浇铸的铁板建成，高度为17.9米。铁塔的每一层由塔檐分割，塔檐以波浪状曲线、指向天空的飞檐和环绕整个外围空间的镂花栏杆突出了自身的特点，它们同时起到了支撑纤细塔身的作用。环绕塔基的是各种铸铁像，它们为铁塔的第一层主体提供支撑。铁塔以铸有精美图案的铁板装饰，塔身比例协调、体态轻盈。坐落于宋辽交界地区的开元寺（河北省，建于1001—1055年）的料敌塔为中国现存最高的古塔，塔高83米多。该塔建造目的之一是观察辽国的军队动向，故在塔的最高处设置了许多孔眼。

在中国北方女真族政权——金国存在的最后几十年中，塔的建筑风格向强调装饰性、华丽性演变，坐落于广惠寺（河北省）的华塔就是一个典型例证。该塔平面呈八角形，主体为三层，每层之间隔以宽大的飞檐，飞檐则以紧密扣合在一起的斗拱为支撑。华塔的第三层上面是高大的塔刹，塔刹周身以浮雕覆盖，这些浮雕多为小型宝塔和佛教神话中的狮子。伞状锥形宝盖冠于塔顶。

明代出现了五塔。该建筑形式源于印度。1473年，在坐落于北京西北方向的大正觉寺修建的宝塔即采用了这种风格，这是该建筑风格在中国的首次运用。形体不大的五塔用白色大理石建成，宝座状似正方体，由环带状水平塔檐分隔。塔檐之间的墙体上均匀排列小佛龛，佛龛内雕刻佛像。

在塔座之上建有五座小塔，每座塔的外形都仿照石塔的密檐样式从立方体过渡到锥体。位于中间的塔略高于其他四座。尽管五塔原型源于印度，但是其中却充满纯粹的中国元素，比如大理石制作的飞檐和斗拱。该类型的宝塔在清代得到发展。

中国最早的藏式佛塔是坐落于北京市西城区妙应寺的白塔。该塔建于1271年，由尼泊尔建筑师阿尼哥主持修建。这是一座高51米、直径30多米的大型建筑。基座在方形平台上由不高的墙体围起，台基中心是两层结构的方形须弥座塔基。1465年，在塔基周围安装了108座铁灯龛。须弥座上置覆莲，覆莲向上为圆锥体塔身。塔刹上由13个叠在一起的轮盘组成的圆锥形相轮代表天国世界。再向上是华盖，其周围悬垂着饰以镂花和铃铛的铜片。宝塔冠以高5米、重达4吨的铜质鎏金塔刹。塔主体由黏土筑成，外层以砖砌加固，涂以白垩。

另一座与此类似，而且经常被提及的著名宝塔坐落于藏传佛教寺院永安寺，该寺庙位于古代皇家苑园北京北海公园内的琼华岛上。30余米高的白塔是公园建筑群的主体建筑。该塔建于1651年，依照藏式喇嘛塔的形制建成。白塔由三个主要部分组成：两级构造的石塔基、巨大的塔身和圆锥形的塔刹。塔刹上划分的条层象征天国的层级。装饰有镂花和铃铛的双层金属宝盖覆盖于塔刹之上，宝盖之上冠以葫芦状宝顶。白塔主体以黏土建成，外层砌砖，以白色粉刷。塔身的南面开一巨大壁龛，以陶瓷砌面，内刻藏文经咒。白塔为实心塔，没有内室。但是据传说，内部藏有经文和藏传佛教其他圣物。坐落在旁边的亭子内保存着一块石碑，碑文记录了该塔的建造历史。1679年、1731年和1976年，白塔因地震受损严重，先后修复重建。矗立在45米高的山丘上的白塔历经几百年，在城市建筑体系中起着独特的地标作用。

17—19世纪，人们已经不似从前那样专注于建塔。建塔技术的局部创新并未改变已经形成的整体特点。18世纪，小型宝塔开始流行。这种塔表面以彩色琉璃砖镶砌，以琉璃构件装饰。主要起装饰功能的此类宝塔开始在皇宫和皇家园林里兴建。1751年，在皇家园林颐和园建造了16米高的琉璃塔。该塔平面呈八角形，上下七层，塔基不大。琉璃塔的顶部覆以三层叠加的塔檐，塔身四个比较宽的侧面指向天地间的四个方向。塔身的每一层被不是很宽大的琉璃瓦塔檐隔开，每一层的中心位置设有佛龛，佛龛内放置佛塑像。以蓝色和绿色为主色调的琉璃砖创造了一种无与伦比的色彩效果。在另一座皇家园林圆明园中也造有类似的宝塔，其装饰使用了红、蓝、黄、绿等多种颜色的琉璃砖。

除了独塔，中国还建造了塔群。在青铜峡的牛首山（宁夏回族自治区）上就造有108座塔（108是佛教的神圣数字，象征消除无穷无尽的烦恼）。最大的塔群被称为"塔林"，位于河南省的少林寺。塔林由220余座造型各异的砖质或石质墓塔组成，均在7—19世纪的寺院住持和僧人墓地上建造。中国古代层级数最多的宝塔是位于云南大理的16檐千寻塔（69.13米），该塔与坐落于其两侧的两座塔合称为"大理三塔"，成为旅游胜地。坐落于北京市郊西山上灵光寺〔始建于大历年间（766—779）〕的宝塔在八国联军入侵北京（1900年）时被毁，后来该处发现了佛家圣物——释迦牟尼佛牙舍利，1958—1964年，该塔重建。

**Е.А.阿辛科夫《中国建筑》，莫斯科，1959年；Р.В.越特金《中国的博物馆和名胜古迹》，莫斯科，1962年；О.Н.格鲁哈廖娃《19世纪中叶之前的东亚和东南亚建筑·中国建筑》，见《建筑通史》，第9卷，莫斯科—列宁格勒，1971年；О.Н.格鲁哈廖娃、Б.П.杰尼凯《中国艺术简史》，莫斯科—列宁格勒，1948年；《中国的宝塔》，载《中国报道》第54期，北京，1985年；Б.П.雷奇洛、М.В.索恩采夫《北京：俄罗斯游客中国首都名胜新指南》，莫斯科，2000年；王其明《塔》，见《中国大百科全书·建筑、园林、城市规划》，北京—上海，1988年；夏志峰、张斌远《中国古塔》，杭州，1996年；王世瑛、朱德明《中国古代建筑文化》，北京，2005年。

（Н.Ю.杰米多撰，刘玉颖译）

碑

碑，指刻有文字和图案、呈现为不同形状的固定建筑物，出现于公元前一千纪后半期。制作工艺包括：在磨平的石头表面贴上一张纸，书法家在纸上写下题词或者抄写著名篇章。有时，书法家使用与石头颜色差别很大的墨直接书写。而后，工匠雕刻出文字，加深石头上的线条，力图传达书法作品的所有细节。雕刻好的字符或是涂以红色或黑色颜料，或是不涂。人们会在国家机构、寺庙、墓穴中见到带有书法作品的碑。

碑分为两种：一种是安放在墓地前"神道"末端、镌刻悼文的"墓碑"，另一种是纪念性的"文碑"，例如，纪念杰出的文艺界人物的碑。

文碑——竖立的大型（高约2米）扁平的方形石板，一般安置在专门的亭阁之中。对古碑的碎片则重新用石头镶补。随着时间的推移，最珍贵的石碑被运送到官方收藏地——碑林，碑林不仅设在首都，同时也设在省会城市。最大的石碑群位于西安（陕西省）——西安碑林。这一碑林建立于唐朝末年，包含从汉到清的2300余座石碑。不那么具有代表性，但同样闻名的碑林还有祖庵碑林和昭陵碑林（均位于陕西省）。这些碑林多为露天放置，也有在大厅中成排、近距离放置的，所以在其中穿行时好似身处森林之中，因而得名"碑林"。

大收藏家是纪念性石碑的主要订制者，他们希望绢本或纸本的书法经典流传千古。石碑上也会雕刻与国家事务有关的皇帝诏令及宫殿、寺庙、桥梁建造的依据、法令，甚至经文。最后一种被称为"石经"。文碑的建造是彰显对朝廷有功的某个人或某个家族的功绩。在类似的情况下，国家是订制者，而完成者是宫廷书法家，他们按照皇帝的命令制作。宋明时期的碑，以石质为范本，有时也以青铜铸成。

墓碑是丧葬建筑群的必要元素。它们的订制者是富裕的家庭。这些碑为方形，垂直安放，但与文碑不同，碑的上部呈圆形，并有龙形图案装饰。碑的底座安放在石龟的背上。汉碑的上部有一个圆孔，是一种独特的计时器——日晷。在之后的朝代，这种圆孔消失了。碑文是列举逝者功绩的墓志铭。这种碑的书法可以由匿名或知名书法家完成。一般情况下，刻在碑上的字符都被认为是真迹，文碑上的文本则经常根据名家手稿"临摹"上去。在古代，墓碑放置于室外，导致其表面受到侵蚀。要确定从什么时候起给墓碑加盖亭子已不可考。

石碣是墓碑的变体——截面为圆形或方形的半高石碑，放置于墓冢之前，或者在墓穴之前的祠堂入口处。这些碑上写有逝者的名字、称号和生卒日期。在"神道"两侧矗立的成对石柱顶部的石额上刻有类似文字。与墓碑相似的还有墓志，是刻有悼词的方形石板，与棺木一起放置于墓穴当中。

石碑的另一种罕见变体为石幢——刻有佛经的圆形石柱。这种石幢与4—6世纪佛教的传播有关，佛寺周围环绕石幢的风俗在后世仍非常流行。

石碑上的书家从古代匿名作者到唐代著名大师，继而持续发展，书写碑文成为专业书法家收入的重要组成部分。石碑在接下来的几个世纪一直存在，比如人民英雄纪念碑。从石碑上复制下来的刻帖成为中国艺术和古玩市场的重要组成部分。

**华人德《中国书法全集·三国两晋南北朝墓志》，北京，1995年；宫大中《中国书法全集·隋唐五代墓志》，北京，2002年；何应辉《中国书法全集·秦汉刻石》两卷本，北京，1993年；《杨守敬评碑评帖记》，北京，1990年。

（B.Г. 别洛焦罗娃撰，王玉珠译）

辛

北京

俄文习惯书写为Пекин。据不完全考证，北京作为城市在这片土地上出现的最早时间可追溯至公元前1045年。据中国书面文献资料记载，春秋战国时期该城市为燕国的首都，称为蓟。作为都城的北京曾拥有下列名称：南京（辽国）、中都（金国）、大都（元朝）、北京（明清时期）、京师（1912—1928）、北京（中华人民共和国，自1949年起）。在一些历史时期还曾被称为北平。

1421年，明成祖（永乐年间在位，1403—1424）正式宣布将首都由南京迁往北京。北京的城市建设一直持续到15世纪中叶，在此期间沿北京中轴线建成了布局整齐匀称的主体建筑群。明朝首都整体保留了此前元朝首都——大都的规整建筑布局。

整座城市具有鲜明的几何学构图特征，最初是由三个独立的长方形区域组成：紫禁城（宫城）、皇城和内城。设有城门的高大而结实的砖墙和注满水的壕沟护卫着内城。城市自南向北中轴线长度约为8千米，另外还有两条东西主干道。在中轴线北端矗立着两座塔楼：钟楼和鼓楼。这是两座用于标识街道，并装点美化城市的木结构拱门牌楼。主要的商业中心位于钟鼓楼和什刹海一带。

清晰的街道布局将整个市区划分成长方形的网格状街区，大量自西向东的窄街又将这些街区分成众多独立的地块。15世纪中期，内城是一个包括中心皇城在内的6.3千米×5.1千米的长方形区域。内部由两排城墙和一条运河围成的紫禁城是皇宫建筑群所在地。天安门是紫禁城的南界，为重檐歇山式琉璃瓦顶的城楼。天安门前安放着两对巨大的石狮和两对用白色大理石雕刻的华表。自天安门向东和向西分别设有太庙和社稷坛，御道从天安门向北延伸，通向午门，其后是皇宫、豪华的大殿和寝宫等。过了宫殿的北大门神武门，中轴线上接续分布的是景山公园。

皇城以内有宫殿衙署、坛庙建筑群、上层

贵族的府邸和"三海"宫苑——人工湖周围分布着园林式皇家宫苑。17—18世纪在宫殿建筑群东北部建成的北海得到快速发展，建成了白塔、五龙亭、九龙壁等著名景观。

皇城之外本身就是一座城市，有商业街区和民居街区，有豪华的王府庄园和城市宅院——四合院。内城墙外是一些皇家祭坛，南部有天坛和先农坛，北部有地坛，东部有日坛，西部有月坛。

内城之外的南部城区明显向北发展。16世纪时围之以坚固的城墙，被称为外城，其城墙和城门在高度和坚固性等方面均逊色于内城城墙与城门。该区域为7.9千米×3.1千米的长方形地块，街区没有明显的规划，只有直阔的主干街道，中心大街通向天坛和先农坛。外城区内主要居住的是手工艺人、商人和城市贫民。清代，外城被称为"汉城"，因为这里居住的多是汉族居民。16世纪末17世纪初，北京周边地区的郊外皇家官邸建筑迅猛发展。豪华的宫殿园林建筑群圆明园和颐和园成为首都的点缀与装饰。

**Е.А.阿谢普科夫《中国建筑》，莫斯科，1959年；Р.В.越特金《中国的博物馆和名胜古迹》，莫斯科，1962年；О.Н.格鲁哈廖娃、Б.П.杰尼凯《中国艺术简史》，莫斯科—列宁格勒，1948年；В.В.马良文《中国文明》，莫斯科，2001年；Б.П.雷奇洛、М.В.索恩采夫《北京：俄罗斯游客中国首都名胜新指南》，莫斯科，2000年；В.Я.西季赫梅诺夫《中国：历史之页》，莫斯科，1987年；Н.А.斯佩什涅夫《北京——我童年的故乡》，圣彼得堡，2004年；《天安门广场导游》，北京，2002年；程敬琪《北京》，载《中国大百科全书·建筑、园林、城市规划》，北京—上海，1988年；王世瑛、朱德明《中国古代建筑文化》，北京，2005年。

（Н.Ю.杰米多撰，周立新译）

笔法

笔法，即书法的用笔方法。在专业的书法词典中，"描"和"写"这两个术语存在明显区别。与"写"不同，"描"与创作者手中毛笔的运行特点无关。在临摹经典作品的训练过程中，初学者的职责并非描其形，而是再现古时书家的运笔方法，因为正是这些笔法产生了书法艺术。

在中国古今文献中，笔法和墨法都是独立论述的，这一点就要求初学者能够在前人的艺术实践甚至自身的创作中正确认识二者的关系。

中国用毛笔进行创作的技巧的独特之处在于，书法家的身体——从脚掌到握笔的手指都将参与整个书写过程，因此为求高质量的笔画，书法家必须讲究所有动作的协调。在书写的过程中，书法家的整个身体应当是放松的，否则肌肉的紧张将阻断血脉中的血液和气脉中气的运转。保持肢体动作和呼吸的自然状态，毫无疑问是最重要的。如果在书写过程中感到疲乏，则是未消除肌肉紧张的明确信号。理想状态下，在进行书法创作的过程中不仅不会产生疲乏，还会对书法家的整个身体产生强烈的增健效果。

笔法包括持笔的方法（执笔）、手腕的运用（运腕）、用笔技巧（运笔）、毛笔倾斜样式（方笔、圆笔）和毛笔运行轨迹（连笔）。持笔方法在古代常常被称为"拨镫法"。"镫"指的是手指蜷握至虎口足以放入鸡蛋的程度。手指的这种状态可保证毛笔在书写时运行自如，并有助于积蓄能量，这种能量从书法家的身体传达到手部，并在手掌中产生热量。依据手掌是否保持"镫"形，持笔方式可分为规范执笔（正确执笔）和非规范执笔（不正确执笔）。

规范执笔时大拇指、食指和中指指肚紧压笔杆。此姿势称为"双苞"（双钩），适用于书写楷书、行书和草书。在书写篆书和八分书时，一些书法家倾向于使用"单苞"（单钩）：毛笔紧压于大拇指和食指之间，中指置于无名指上。初学者掌握规范执笔是学好各种书体技法的必要条件。只有经过数十年反复的练习，书法家才可选用非规范执笔方法进行创作。

运腕分为三种：枕腕——手腕以另一只手为支撑，适用

于初学者书写小楷；提腕——肘部支撑桌面，腕部用力，使毛笔书写自如；悬腕——手悬空执笔，并可自由挥洒。第三种方法为书法家所喜欢。

中国的书法家创作时一般采用坐姿或站立于桌旁，需要在地板上进行大幅作品创作时，则通常是蹲着或单膝跪地，身体的倾斜主要发生在胯部。不管采用何种创作姿势，书法家都要尽量保持脊柱挺直和身体平衡，以达到不压迫膈肌，同时又保持自然平稳深呼吸的状态。书法家以站立姿势创作时，经常将身体的重心从一条腿移至另一条腿，此时其胯部有不太明显的波动，这种波动上传给手部并转至毛笔。以坐姿创作时，手上积蓄着始于腿部的整个身体的能量循环。几乎不能被外人感觉到的书法家的身体微动作构成了复杂的舞蹈整体，书法造型由此产生。书法的本质是"舞"，书法"舞蹈"的精髓在于从左脚到右前臂以及从右脚到左手的波浪式交替跃动。在教学过程中，有经验的书法家会像武术师父或者中医按摩师和物理康复医生一样尽心地检查书法初学者的肢体动作。

运笔指的是持笔的力度（压力）和行笔的快慢（速度）。毛笔的笔毫可分为笔尖、笔肚和笔根，它们不仅直径不同，因毛的种类不同，其弹性也不同。

用笔的力度指提和按的用力程度，笔按或多或少会对纸或绢造成损害。下按越重，线条越宽且越重，因为大量的墨水从毛笔中流出，过强的按压会使毛笔失去弹性，笔毫需要时间来恢复弹性。笔提则墨水渐渐流出，线条轻薄。与阴阳两极对应，书法美学以"重轻"来阐述这种相对性。下笔的轻重说明了书法家对力的掌控。杰出的书法家能精准地控制用笔，或轻如游丝，或力透纸背，皆游刃有余。

在书法中运笔速度比力度更为重要，因为这决定了基底的着色程度。行笔慢时，线条宽且具有明显的轮廓，行笔快时，线条不清晰且更窄。如果行笔速度过慢，那么就会流出很多墨汁，留下洇痕，相反如果速度过快，则过量的留白将破坏线条的形状。所以，行笔要注意快慢结合，巧妙运用。

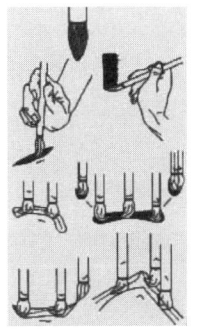

毛笔的运笔方向分为垂直式和倾斜式。线条匀称，线条

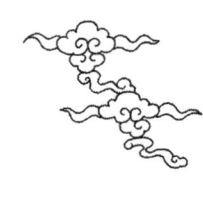

形状（其中也包括收尾处）均匀圆润，称为"圆笔"。当毛笔垂直立于纸面，笔尖的着力点落在线条中部，其边缘平滑清晰，这种书写方法称为"中锋"，或者"藏锋"，或者"直锋"。毛笔呈垂直式可以使书法家自由地在各个方向运笔，并同时控制线条的粗细，适合书写篆书。圆的造型与"阳"极对应。

"方笔"的写法是横截而下，横画带竖势，竖画带横势；或者是逆锋折笔，露锋而有棱角。笔尖偏向一侧会形成"侧锋"，或"偏锋"，或"露锋"，线条一边齐另一边毛。这种笔法可用于行书和草书，以及除篆书之外的所有字体。与棱角造型对应的是"阴"极。

露锋成尖状的书写方式称为"尖笔"。书法家兼用露锋与藏锋，还交错使用笔杆平行的使转和笔锋上下的提按。

与"圆笔"和"方笔"对应，毛笔的运行轨迹有两种方式。按照圆形轨迹改变运行方向称为"转笔"，如在书写直角和锐角线条时，毛笔回转，这种方法叫作"折笔"。许多论著中也提及了其他更多用毛笔创作的个别方法。

书法家大都方、圆兼备，每一个优秀的书法家在交相运用"圆笔"和"方笔"时形成了自己的风格，这一过程带有创作身心状态相对立的两极转换的复杂性。除了完美的品位和高超的技巧，书法家还需要具备对阴阳两极相互转化的深刻理解和体验。

连笔包括两种运笔方式：开放型——线条的动态持续到线条之外，因此这种动态也被视为某种大的整体的一部分；封闭型——所有的动态效果保持在线条之内，并且线条本身是一个封闭的造型单元。书法的各种字体正是通过这些不同的造型原则而彼此区分的。

运笔的封闭型方法简化为"三折法"，也称为"骨法"。起笔和收笔时笔画的封闭是由毛笔的反向运行完成的，在书写规范字体时，这必不可少的缓慢运笔能够保持线条的饱满。沈宗骞在《芥舟学画编》中说道："作书发笔，有欲直先横，欲横先直之法。作画开合之道亦然。如笔将仰，必先作俯势，笔将俯，必先作仰势，以及欲轻先重，欲

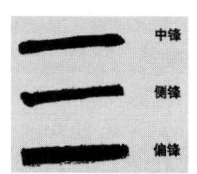

重先轻,欲收先放,欲放先收之属,皆开合之机。"

同样,顾凝远在《画引》中也给出了类似的说明:"凡势欲左行者,必先用意于右;势欲右行者,必先用意于左;或上者势欲下垂,或下者势欲上耸。"

"三折法"涉及书法家的全身,与反向平衡的原理类似。当毛笔在左肩区域时,身体的重量转移到右脚,对右肩的力道加重;当毛笔在右肩区域时,身体的重量转移到左脚,对左肩的力道加强。书法造型与中国的武术和中医一样立足于阴阳两极互补的原则,调整气息以顺应行笔的节奏。

**C. H. 索科洛夫－列米佐夫《文学—书法—绘画:远东文化中的艺术融合问题》,莫斯科,1985年;王冬龄《书法艺术》,杭州,1986年;沃兴华《临书指南》,上海,2004年;Gao Jianping. The Expressive Act in Chinese Art // From Calligraphy to Painting. Acta Universitatis Upsaliensis. Uppsala, 1996; Kwo Dawei. Chinese Brushwork. Montclair (N.J.), 1981; L.,1990; Yee Chiang. Chinese Calligraphy: An Introduction to Its Aesthetic and Technique. L., 1938; 3rd ed., rev. and enl. Cambr. (Mass.), 1973.

(В. Г. 别洛焦罗娃撰,王玉珠译)

边景昭

边景昭,字文进(一些资料认为,这是他的本名),沙县(今福建沙县)人,出生年不详,约卒于1429年,明代著名画家。永乐年间任武英殿待诏,至宣德年间仍供奉内廷。最早的有明确日期的作品创作于1413年,最晚为1428年(根据O. 西林的说法)。

边景昭主要从事花鸟画创作,偏爱禽鸟花果。与吕纪齐名,被认为是明代初期著名的花鸟画大师。他使用宋代画院派的技法,以工笔技法进行细节处理,创作出妍丽工致的装饰性构图。发展了赵昌(10—11世纪)和多彩勾勒花鸟画创始人黄筌的传统(勾勒花鸟画是11—13世纪画院的标尺,与徐熙的绘画技法相对立)。边景昭的传世作品大多是立轴装饰画卷，例如《三友百禽图》轴。他在印鉴中经常使用地名陇西（甘肃省），因而有传闻称其祖辈出自那里。

边景昭有三个儿子：边楚祥、边楚芳、边楚善，他们也于15世纪上半期从事创作。后两个儿子在宫廷创作花鸟画（俞剑华认为，楚祥即楚芳）。

**О. Н. 格鲁哈廖娃、Б. П. 杰尼凯《中国艺术简史》，莫斯科—列宁格勒，1948年；В. Л. 思乔夫《中国传统绘画的鉴别方法》，见《国立东方博物馆学术通讯》，第24辑，莫斯科，2001年；В. Л. 思乔夫《根据照片鉴定中国古画的经验》，见《国立东方博物馆学术通讯》，第24辑，莫斯科，2001年；Siren O. A History of Later Chinese Painting. Vol. 1-2 . N.Y., 1978; idem. Chinese Painting. Leading Masters and Principles. Vol. 1-7. L.-N.Y., 1956-1958.

另参见词条"改琦"的参考文献。

（В. Л. 思乔夫撰，王玉珠译）

边维祺

边维祺，字寿民，更字颐公，号渐僧、墨仙、苇间居士，又号绰绰老人。1684年生于山阳（今江苏淮安），1752年去世（由白坚考证）。清代画家、书法家、诗人。按黄宾虹等人的说法，他应归入"扬州八怪"，而按О. 西林的说法，他是"扬州八怪"的继承者。他与著名文学家、画家郑燮交好，郑燮曾为他作诗，他本人也经常在画卷上留下诗歌题词。

他在创作初期（18世纪20年代至30年代初）集中精力于书法和山水画，18世纪30年代末在绘画中专攻泼墨芦雁，这些芦雁经常出现在其书房周围，他也因画芦雁闻名。根据О. 西林的统计，在其17部画卷和册页中，有10部出现了芦雁。《中国书画家印鉴款识》（1987年）中提到有明确日期的15部画卷和册页中,有13部涉及了其他创作内容。

边维祺在其钤印和题词中常署颐公和寿民,署山阳人的钤印至少出现在四部作品当中,其中的两部作品分别创作于1728年和1733年。他还经常署苇间、苇间居士、苇间主人等,这些从他住所的名称"苇间书室"得来。另有老画师、写生、水云乡。他有时将自己的名字拆开,或者只用一个字(例如寿和民),或者与其他字组合:老颐、臣维、祺印、老寿。印鉴中用"臣"字,对于不在朝廷为官的画家来说是不常见的。

**Б. Л. 思乔夫《根据照片鉴定中国古画的经验》,见《国立东方博物馆学术通讯》,第24辑,莫斯科,2001年;白坚《诗情画意竞生辉——谈边寿民〈鱼雁花卉〉册页》,载《江苏画刊》,1980年第5期;《中国书画家印鉴款识》,北京,1987年;Siren O. Chinese Painting. Leading Masters and Principles. Vol. 1-7. L.-N.Y., 1956-1958.

另参见词条"浙派"的参考文献。

(Б. Л. 思乔夫撰,王玉珠译)

波臣派

波臣派是明末清初的绘画流派,除使用传统绘画方法外,还借鉴欧洲艺术成就。

流派名称来自其创立者之一曾鲸(1567/1568—1647/1650,福建莆田人)的字。曾鲸是著名画家、肖像大师,主要在南京创作,因将中国传统绘画技巧与欧洲绘画经验相结合而闻名,这些欧洲绘画经验是时人通过西方传教士1579年在广州举办的意大利画家画展而获得的。在创作肖像画时,曾鲸最开始用淡墨勾出轮廓,之后用墨汁连续不断地烘染数十层,显露出凹凸,随后敷彩。他的作品非常真实,评论家称其

画作如镜取影，形神兼备。这些评价准确体现在天津博物馆藏的《王时敏像》（1616年，立轴，绢本，水墨，设色，64厘米×42.7厘米）中。肖像画描绘的是25岁的著名山水画画家、"清四王"之一王时敏（传统上也把他归入"清初六大家"）。画卷中保留了波臣的印鉴：曾鲸之印、波臣氏。

波臣派体现了时代的潮流，除了其创始人，清初其他画家也受到这股潮流的影响，其中包括焦秉贞（字尔正，17世纪末至18世纪初，山东济宁人），他是清代著名的宫廷画家，是使用西方绘画方法表现空间效果和明暗关系的肖像画大师，而这些方法是由曾鲸引入并被广泛使用的。焦秉贞同时还创作山水画和花鸟画，后世称之为使用欧洲绘画技巧的先驱。他的绘画风格非常成功，因而被大量仿绘到清代的瓷器、玻璃和金属制品上。为注明自己的作品，焦秉贞将名字与印鉴"恭绘"相组合。在宫廷任职期间，焦秉贞如其他宫廷画家一样，在印鉴和款识中加入"臣"字。

清代，按照皇帝的命令，中国传统艺术与西方技法有机结合的问题得以解决，并在宫廷成立传教士画家的画院如意馆。清朝这一艺术上的创新被列入时代文化成就。意大利人郎世宁（1688—1766）和法国人王致诚（1702—1768）在这一领域取得了最高的成就，中国宫廷画家中有很多他们的弟子，但后期保存的作品大多数为匿名。

**《佛陀回归·中国博物馆文物展》，圣彼得堡，2007；《明清人物肖像画选》，上海，1982；Chang Lin-sheng. Introduction to the Historical Development of Ch'ing Dynasty Painted Enamelware // National Palace Museum Bulletin. 1990, Vol. XXV, No. 4-5; China: The Three Emperors, 1662-1795. L., 2005; Contag V., Wang Chich'ien. Seals of Chinese Painters and Collectors of the Ming and Ch'ing Periods. Hong Kong, 1982.

另参见词条"改琦"的参考文献。

（М. А. 涅格林斯卡娅、В. Л. 思乔夫撰，王玉珠译）

蔡襄

蔡襄（1011/1012—1066/1067），生于兴化（今福建省仙游县），字君谟，谥忠惠。宋代著名书法家、诗人。蔡襄与黄庭坚、苏轼、米芾一起被称为北宋最著名的四大书法家。他们为宋代乃至整个中国书法史开创了各自的独特风格。

蔡襄出身于普通家庭，于1030年中进士，在仁宗皇帝在位期间（1022—1063）担任要职，仁宗经常命他为高官显贵书写墓志铭。蔡襄写了很多书法文章，统一收录于《蔡忠惠公文集》。他还写过关于茶叶和灵芝的文章。

蔡襄的书法特点是五体皆擅，运笔自然流畅，无论何种字体均独具特色，变化多端。其楷书从容淡定，架构完美，这从其传世杰作《洛阳桥碑》（1060）的拓本就可见一斑。其蝇头小楷杰作是卷轴《谢赐御书诗》（1052，东京书道博物馆藏）。书法家以自己独有的轻盈、精致和灵动，折射出楷书蹈唐人规矩的深刻表现力。与此同时，他还将颜真卿作品的雄浑风格与王羲之作品的灵动风格巧妙而和谐地结合起来。蔡襄以此奠定了宋代楷书——宋楷或行楷——的基础。这一字体结构简明，基本字体和笔画又有所改变，在书写时，规矩的藏锋与自由的出锋相结合，因此备受欢迎。蔡襄的楷书风格后来为很多南宋书法家所继承，包括宋高宗、张即之。

蔡襄的行书具有独特的温雅端丽之风，其书法作品《扈从帖》天下闻名，现存局部（北京故宫博物院藏）。帖中每一笔都创造性地融合了王羲之行书本身以及唐代对王羲之书法的诠释。台北故宫博物院收藏的书法作品《脚气帖》是蔡襄的行草代表作。得益于从晋代大师那里悟到的轻盈灵动之风，蔡襄草书的线条飘逸动人。为了营造这种效果，他不使用唐代斜笔技法，而用中锋。蔡襄运笔十分优雅，同时又不乏力量，得益于对笔力的精确控制，整幅作品显得笔风流畅从容。

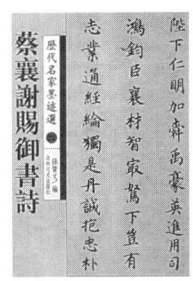

蔡襄谢赐御书诗

*沈鹏《中国美术全集·书法篆刻编·宋金元书法》，北京，1986年。

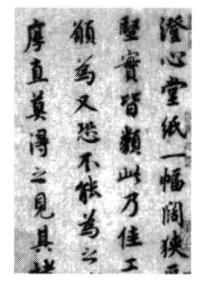

**B. Г. 别洛焦罗娃《中国书法艺术》，莫斯科，2007年；徐邦达《古书画过眼要录：晋、隋、唐、五代、宋书法》，长沙，1987年；曹宝麟《中国书法史·宋辽金卷》，南京，1999年；朱仁夫《中国古代书法史》，北京，1992年；王镛《中国书法简史》，北京，2004年；水赉佑《蔡襄书法史料集》，上海，1983年；马国权《沈尹默论书丛稿》，香港，1981年；Chang Leon L.-Y., Miller P. Four Thousand Years of Chinese Calligraphy. Chic.-L., 1990; Nair Amy Mc. The Sung Calligrapher Ts'ai Hsiang // Bulletin of Sung-Yuan Studies, XVIII. Ithaca (N.Y.), 1986.

（B. Г. 别洛焦罗娃撰，李春雨译）

蔡邕

蔡邕（132/133—192），字伯喈，世称蔡中郎，陈留郡（今河南省）人，东汉经学家、文学家、音乐家、天文学家、书法家。他作为著名书法家载入中国艺术史，从他开始出现了笔法传承的传统，汉朝的书法家中有几位可以得此殊荣：陈遵（西汉），杜度（1世纪后半期从事书法创作），曹喜（东汉），崔瑗（77/78—142/143）、崔寔（2世纪）父子二人和张芝等。历史的选择落到蔡邕身上，这在很大程度上与其所书《熹平石经》——将经文刻在石碑之上——有关。灵帝（168—189年在位）时，蔡邕曾任议郎。后遭到诬陷，流放朔方，遇赦后流亡12年之久。汉献帝（189—220年在位）时返回朝廷，任中郎将，因而在书法典籍中被称为中郎。其后被捕死于狱中，成为暴乱的牺牲品。从蔡邕起开始了中国书法史的传记传统，其中准确的信息与虚构的情况混杂在一起，这些虚构的情况也是诠释人物成就必不可少的部分。渐渐地，这种虚构成为后世大师传记的固有部分。同时还增添了逼真的细节，以证明过去所发生事件的真实性。蔡邕被认为是"八分"体的作者。相传，这位书法家在嵩山石室中得到素书一部，用篆书记载着李斯、史籀用笔的态势和构造。惊喜莫名的蔡邕三天没吃饭。而后他用三年时间研读该书，深得书中奥秘，继而创"飞白"书体，并应用于篆书当中，形成了独特的"飞白篆"和"飞白草"。梁武帝（502—549年在位）称蔡邕的书法"骨气洞达，爽爽如有神力"。

175年蔡邕等奏请于石碑上镌刻儒家经典篇章，即《周易》《鲁诗》《尚书》《仪礼》《春秋》《公羊传》等。经过几个世纪传诵积累下来的多版本经文常因文字异同引起争端，灵帝便任命包括蔡邕在内的八位学者来校对经文。蔡邕用朱笔隶书将经文写在石碑上，而后由刻工精镌细刻。183年，由46块石碑组成的《熹平石经》刻成。碑两面刻文（每面35行），刻成后立于当时的洛阳太学入口处，置于石龟背上，四周围绕大理石栏杆。该石经存放时间不长，189年都城遭遇叛军洗劫，石碑被毁。后来一些残存石经被用作佛教宝塔的地基，也用作不同的建筑材料。宋朝，古玩家和收藏家试图搜寻该石经的碎片。所有今天已知的残片都没有署名，因而无法确定其确切作者。据资料记载，这部石经的作者只有蔡邕一人，但保留下来的残片证明石经是大师们集体创作的结果。石经用笔以方笔为主，兼用圆笔，结体方正，点画平厚，让人联想到当时刚刚形成的楷书。这一风格在曹魏书法家的作品中得到延续。

蔡邕著有一些书法论文，包括《笔赋》《笔论》《篆势》《九势》。其中保留至今的片段证明，书法美学的形成始于对令书法造型更鲜明、更有灵性的气的循环现象的了解。蔡邕在《九势》中指出，"夫书肇于自然，自然既立，阴阳生焉；阴阳既生，形势出矣。藏头护尾，力在字中，下笔用力，肌肤之丽。故曰：势来不可止，势去不可遏，惟笔软则奇怪生焉。凡落笔结字，上皆覆下，下以承上，使其形势递相映带，无使势背"。蔡邕在其论著中从书法结构与阴阳二气变化流动的共性原则出发，主张观察自然，取法自然。书法形态源于自然万象，其运笔与形体皆遵循阴阳的对立统一。在《笔论》中，蔡邕指出："书者，散也。欲书先散怀抱，任情恣性，然后书之。"个人只有涤荡心中杂念，心无旁骛，才能成为世界所有关系的容器和通道。

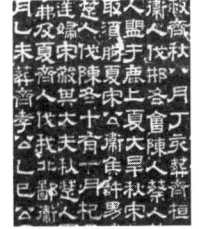

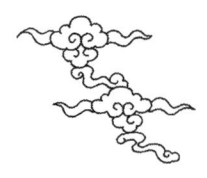

*启功《中国美术全集·书法篆刻编·商周至秦汉书法》，北京，1987年；何应辉《中国书法全集·秦汉刻石》，第2卷，北京，1993年；苏士澍《中国书法艺术·秦汉》，北京，2000年；潘运告《汉魏六朝书画论》，长沙，2006年。

**В.Г. 别洛焦罗娃《中国书法艺术》，莫斯科，2007年；Е.В. 扎瓦茨卡娅《米芾的奇思妙想》，莫斯科，1983年；В.В. 马良文《中国艺术：准则·流派·大师》，莫斯科，2004年；马国权《沈尹默论书丛稿》，香港，1981年。

（В.Г. 别洛焦罗娃撰，王玉珠译）

曹禺

曹禺，1910年9月24日生于天津，1996年卒于北京，经典话剧剧作家、教育家、戏剧活动家、社会活动家。

他接受的是家庭教育，主要学习儒家经典，同时还接触古代的诗文小说，阅读国外文学作品的译本。1922—1928年就读于南开中学（同时在天津汉英译学馆学习英语），尝试诗歌和散文创作，还积极参与业余话剧团的排演（在亨·易卜生的《娜拉》《国民公敌》，盖·霍普特曼的《织工》，丁西林的《压迫》，田汉的《获虎之夜》，洪深根据王尔德著作改编的《少奶奶的扇子》等话剧中出演女性角色，表现出表演天赋）。1928年考入南开大学经济系，但很快转入清华大学外文系，在那里学习英语、法语、德语和俄语，研读外国文学作品（对安·契诃夫和尤金·奥尼尔特别感兴趣），翻译和改编外国剧本。大学时代继续参演话剧，同时在导演话剧方面一展身手（他执导的《娜拉》获得了很高的评价）。

20世纪30年代，曹禺开始了重要的戏剧创作。他的悲剧《雷雨》（1933）、《日出》（1935）得到巴金、叶圣陶和其他著名作家的高度评价，在一些剧院成功上演之后，他迅速跻身著名话剧大师之列。1936年，他完成了剧本《原野》的创作。1936—1941年积极与南京国立戏剧学校合作，在那里教授"戏剧创作""现代戏剧与戏剧批评"课程。抗日战争时期被选为中华全国戏剧界抗敌协会理事；与宋之的合作创作了《全民总动员》，并执导了这部雄壮的宣传话剧。《蜕变》也是抗战题材剧作。1940年完成了剧本《北京人》的创作，1942年完成了剧本《家》（根据巴金的同名小说改编）的创作，1943年翻译并创造性地改编了莎士比亚的《罗密欧与朱丽叶》。从1945年起开始创作的剧本《桥》最后没有完成。

1946年，曹禺与老舍一同赴美讲学。十个月后回国，创作了电影剧本《艳阳天》，在剧中他再现了国统区的黑暗环境。1949年来到胶东解放区；同年4月作为以郭沫若为团长的代表团成员出席了在捷克斯洛伐克召开的第一次世界保卫和平大会；参与筹备和举办中华全国文学艺术工作者联合会，当选为中华全国文学工作者协会、中华全国戏剧工作者协会常务委员。1952年，任著名的话剧团体——北京人民艺术剧院院长。

在对非无产阶级出身、搞创作的知识分子进行群众性思想改造时期（1950—1951），曹禺积极参与"文艺整风"运动和北京高等院校教师思想改造运动，对自己的剧作《雷雨》和《日出》进行修改。1952年这两部剧作又改回最初的版本。1954年曹禺完成剧本《明朗的天》，这是一部关于知识分子接受思想改造的作品。1956年加入中国共产党。他最后的戏剧作品（"新历史剧"）是《胆剑篇》（1961）和《王昭君》（20世纪60年代初—1978）——一部作品的创作开始与完成时间间隔如此之大，是因为当时号召"大写十三年"，禁止创作"新历史剧"。

"文化大革命"时期，曹禺被划入文艺界的"黑五类"，遭受迫害。1974年，曹禺恢复自由，1979年得以平反，并被选为中国戏剧家协会主席。

*《中国话剧艺术家传》第2辑，北京，1986年。

（И. В. 盖达撰，姜敏译）

插图

插图是传统书籍插画的基本形式，早在手抄书卷中就出现了，后来在木版印刷书籍中得到发展。敦煌石窟中绘有佛教题材的壁画（变相）同样可以被视作插图，因为这些壁画完全符合敦煌发现的变文。变文是一种佛教讲经体裁，形成于8世纪，是一种结合了散文和诗歌的独立体裁。很有可能，僧侣在教众面前演唱变文时会站在壁画前，并根据情节发展，从一幅画移动到另一幅画。在宋代，变相开始指代佛经中作为插图的木刻版画。

最早的书籍插图称为扉画（当代术语称为"卷首画"），为一整页图画，通常被置于卷轴或书的开头，如果扉画不止一幅则置于每章正文之前。这在敦煌藏经洞发现的手抄佛经中经常会看到，在后世的世俗文学出版物中则十分少见。

传统的书籍插图自木版印刷术引入之后得到迅速发展。木刻板技术出现于10世纪上半叶，但其实际应用则至少要提前一个世纪。在同一块木板上（材质为李木或枣木）同时雕刻文本和图案（版画）。

木版印刷书籍所使用的最早的插图今天被称为"上图下文"，图案置于文本之上，即所谓的"全相书"。该类型早在敦煌时期的手抄本中就出现了，但自元代开始，才流行于大众文学出版物。福建建阳虞氏书坊于1320年刊刻的《全相平话五种》是中国现存最早的"全相"文学作品。版画置于每页上端，约占三分之一，其下为文本。明代，平话为更发达的文学形式——通俗历史小说所取代，如《三国演义》《水浒传》，这些书籍在刊刻时也采用此类插图。以同样形式刊刻的还有一些著名戏剧和诗集，戏剧如1498年刊刻的《西厢记》（作者王实甫），诗歌如《千家诗》。在18世纪之前，这些书籍主要在福建省刊刻。其中占主要地位的是文本，而插图只起到辅助阐释的作用。"上图下文"发展成后来的连环画，即图画描述的事件在同一页用文本加以阐释，这种形式适用于为那些大型的、事件内容丰富的历史题材作品做插图。插图是最晚的类型，可能是由扉画发展而来，这一点可由将图画放入画框的方式得到证明。起初图案和文本分布在同一页，后来出现了占据整个纸面空间的图画。刻制

小尺寸图画比刻制扉画简单，既可以由专门的工匠完成，也可以由刻制文本的工匠一并完成（大多数情况下文字漂亮，插图不好，相反的情况较少）。最初插图出现在科学文献、百科全书（类书）中，只是到后来才出现在文学书籍中。与"上图下文"的类型相比，文学书籍中的插图更加抽象：画家需要分析文本，从中选取最重要的情节，挑出主要人物，为其画像。插图在书中的位置并不固定，通常将所有主要人物的肖像放在开头。后来，插图逐渐成为书籍中的主要图画类型；在现代汉语中，这一术语指代所有的图画类型。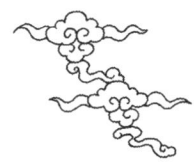

很多个世纪以来，版画都是单色的，最早的彩色纸画出现在宋代：版画由一块同时涂了多种颜色的木板制成。这一技术早在唐代就已存在，但起初主要用于染布。彩色木版印刷书籍出现在16—17世纪之交。为了获得彩色版画，先要制作几个同样的套版，然后依次压在同一张纸上。所有其他彩色的印刷方法都是在这一方法基础上加以变化和完善。

后来逐渐形成了几个专门制作插图书籍的中心，主要是在那些造纸业发达的地区，因为纸张质量决定了书籍质量。在建阳（今福建省北部），早在唐代就开始造纸，且纸张远销省外。其主要生产原料是竹子，和中国很多地方一样。竹质纸张细腻，但颜色发黄，纤维纹路明显，不适用于绘画书法，却适合印书。当时相对方便的交通促进了地区的经济发展，正是这一地区最早具备了商务印刷的条件，形成了所谓的建阳版画风格。在徽州（在今安徽省）形成了与建阳迥异的书籍版画风格。这里生产的纸张全国最优，可用于印刷艺术水准极高的插图，明代大部分书籍印刷和销售商均汇集于此（仅仅一个黄氏家族就参与制作了近半数的明代书籍插图）。徽派以雕刻精致，注重细节而闻名。这里的书籍插图最早脱离文本独立制作，甚至还带有画家签名，因此受到推崇。徽派的木版印刷书籍通常更重视插图，而文本则相对粗略。安徽作坊制作的书籍插图，其底稿作者包括一些著名画家，如唐寅、仇英和陈洪绶。明代插图画作者大多为无名氏，只有印刷作坊主的名字流传后世。

中国商务印刷的"黄金时代"是明神宗万历年间

（1573—1620）。全国各地形成了多个书籍印刷中心，构成了一个完整的书店网络。最大的书籍出版中心是北京、杭州、苏州、吴兴、武陵等。印刷过程在技术上得到完善，研发了彩色印刷技法，印刷业分工趋势加强，由专业画家绘制版画图案，通常以名家名作为蓝本。

19世纪末期，书籍出版逐渐采用石版印刷术，不过出版商在印书和插图时倾向于模仿木版印刷效果，将所有插图集中在书卷开头。20世纪初期，学者们开始对中国传统版画进行科学研究，插图作品被从书籍中摘出来单独研究。其中很多作为独立作品单独出版，如今也是这样被接受的，尽管实际上插图是艺术整体——插图木版印刷书籍的一部分。

**Т. И. 维诺格拉多娃《书籍印刷史上的民间版画》，见《第37届"中国社会与国家"学术研讨会论文集》，莫斯科，2007年；Б. Л. 李福清《16—17世纪插画中的〈三国演义〉》，见《东方词语与智慧：文学·哲学·文化——А. Б. 库杰林院士60周年纪念文集》，莫斯科，2006年；К. К. 弗卢戈《10—13世纪宋代中国书籍印刷史》，莫斯科，1959年；阿英《中国连环图画史话》，北京，1957年；郭味蕖《中国版画史略》，北京，1962年；Bussotti M. Gravures de Hui. Étude du livre illustré chinois de la fin du XVI-e siècle à la première moitié du XVII-e siècle. P., 2001; Gohen M. Le livre illustré en Chine des Ming au Qing (XV-XIX s.) // Le livre et l'imprimerie en Extrême-Orient et en Asie du Sud. Bordeaux, 1986; Hegel R. Reading Illustrated Fiction in Late Imperial China. Stanf., 1988.

（Т. И. 维诺格拉多娃撰，李春雨译）

茶壶

茶壶是用于沏茶的器具，历史悠久。早先壶用于盛水（水壶）和温酒（酒壶）。最早的茶壶由一种特殊的黏土制成，后来也开始使用瓷土、玻璃和特种铸铁来制作。

陶器（参见总论）很早就在中国生产。考古发现的、最早的黏土陶器约产生于公元前6000年。新石器时代仰韶文化遗址中出土了大量各种用途的黏土质器皿。这些器皿类型丰富的装饰符号反映了陶器制作工艺的成熟，虽然烧制黏土器皿的基本方法到了新石器时代晚期龙山文化时期，才在黄河上游附近的部落最终形成。公元7世纪时人们学会了制作瓷器的方法。白色透明的精致器皿极其纤薄，如同花瓣一般，为饮茶增添了不少美感。这种"人工玉"的制作方法长久以来都是一个秘密，直到1708年萨克森的实验者契恩豪斯（1651—1708）与伯特格尔（1682—1719）成功制作出欧洲的瓷器。在这之前欧洲宫廷里的一切瓷器都是从中国运输过去的。小城宜兴（今属江苏省）是当之无愧的"中国陶都"。这里有丰富的特殊黏土。公元前6世纪—前5世纪，政治家、军事家、思想家、经济学家范蠡在宜兴郊区，建立了烧制陶器的作坊，开始生产陶器。宋代这里生产的陶器被运出江苏，到了明代已经畅销全国。也正是在明代，茶壶居于饮茶用具的主要地位。明朝的开国皇帝朱元璋追求经济利益，命令生产散茶，以促进茶叶价格和各种税费的下调。此前蒙古人在内地用马匹换得相应分量的饼茶，朱元璋认为，用轻便的散装茶叶和他们交易，比饼茶更加划算，从此以后散装茶叶的生产渐渐成为主流，而饼茶的生产规模则急剧缩小。这种茶更便于在陶器和瓷器中泡制，而不是像从前那样，在金属器皿中泡制。

正德至嘉靖年间，宜兴地区开始烧制陶器，在色泽上深褐、紫褐乃至浅黄色的黏土都被称作"紫砂"，它们是烧制著名的宜兴紫砂壶的主要材料。万历年间，欧子明在这里生产以他的姓氏命名的"欧窑"陶器，或称为宜兴均陶。宜兴均陶是宋代最著名的五种陶器之一，其名称源于钧州（今河

南省禹州市）的地名。①钧窑制造有棱角的、带有细小冰裂纹的茶壶和花瓶，首次将不同颜色的陶土混合使用，其工艺至今还在使用。

公认的制造茶壶最好的材料为宜兴近郊出产的紫色陶土。这里的陶土呈微颗粒状，即由细小的颗粒构成，很容易粘连在一起形成薄壁制品，做成密实的器皿，甚至在不上釉的情况下也不会渗水。紫砂的质地使得宜兴的陶器具有透气性，以其制成的茶具能够"呼吸"而不至于"窒息"。陶土的这种性质在泡茶时十分重要，而茶壶的疏松侧壁则有利于保留茶叶的香味，因此说"壶与茶相得益彰"。茶水中应当含有氧气，但不可过多，否则液体就会被氧化。正是为了使茶水能"呼吸"，瓷茶壶（在结构上比陶器要密实得多）就需要具有敞开的顶部（盖碗类型）或与壶身连接不太紧密的壶盖（茶壶类型）。

由于材料、尺寸、形状和颜色以及装饰图案等的不同，茶壶种类繁多。曾经有专门的茶壶目录，列出过最普遍的茶壶样式，称为"紫砂百壶图谱"。目前可见的茶壶有半球状、半瓦状、平坦的石头状、盆状、井状、勺状、屋顶状等。茶壶的外壁可以描绘多种花纹，或饰有雕塑、镶嵌物，或题字。茶壶的柄也是多种多样的：结状、根状、竹节状等。

**И.巴尔米娜《茶》，莫斯科，2002年；E.B.巴雷宾《茶艺》，顿河畔罗斯托夫，2005年；Б.Б.维诺格罗茨基《茶道·器与人》，莫斯科，2008年；Б.Б.维诺格罗茨基《茶道·传统之精妙》，莫斯科，2008年；Ю.伊万诺夫《茶典》，斯摩棱斯克，2001年；В.В.波赫列布金《茶及其历史、性能与应用》，莫斯科，1981年；М.艾弗利《茶道》，А.吉列维奇译自英文，北京，2004年；石顺华《当代中国紫砂图典》，上海，2003年；李正中、刘玉华《中国紫砂壶》，天津，1995年；罗文华《紫砂茗壶最风流》，北京，2003年；孙仲威《古茶器》，北京，2002年；史俊棠、盛畔

---

① "宜兴均陶"也叫宜兴均釉陶器，因明代宜兴地区生产的一种特殊釉水（均釉）而得名。

松《紫砂春秋》，上海，1991年；Li Jingduan, Wang Aopan. Charm of Dark-red Pottery Teapots. Nanjing, 1992.

（Б. Б. 维诺格罗茨基撰，张猛译）

长安

长安是中国最古老的城市之一，今陕西省西安市的古称。长安拥有3000多年的历史，在1000多年的时间内曾作为13个不同朝代的都城。它是世界四大古都之一。

最早出现在长安地区的居民点是新石器时代的半坡遗址，是同一文化时期（前4500—前3500）最著名的考古遗址。半坡遗址总面积约5万平方米，包含45座房屋遗址，布局较为复杂（呈自北向南椭圆形延伸），外部被河流包围。长安的历史起源于丰京（丰邑），由周人的领袖周文王建立（前11世纪）。他率领周人打败了商纣王并建立了自己的政权——周朝[①]。20世纪50—70年代的考古发现证实了西安附近两座古城的存在（共占地17平方千米），两座古城遗址位于沣水河两岸，其中一个是丰京，另一个是周朝都城镐京（镐京由文王的儿子武王修建）。两座古城外围是黄土夯筑的城墙，内部有宫殿和宗庙群，以及集中石器、骨器、陶器和青铜器等作坊的手工业街区。也就是说，早期中国的都城已经具备了国家主要政治中心和文化—手工业中心的职能。

自周朝迁都洛阳（前770）之后，丰、镐二京便日益衰落。长安历史的新阶段要追溯到公元前2世纪—前1世纪，自西汉在周朝旧都再次建都之日起，都城第一次被称作"长安"（意为"永久的安宁"）。汉长安城遗址保护区总面积65平方千米，城市平面呈不规则的正方形，周围有高12米、宽12—16米的城墙。每面城墙有3个城门，每门有3个6—8米宽的门道，城门上方建有木质的塔楼。城墙之外，都城被8米宽的护城河环绕，河上设有石桥。城市

---
① 灭商立周为武王时期。——译者注

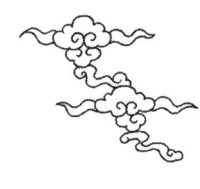

结构的主干由9条交错的大街构成，每条街道宽20米，其中包括主街在内的6条街道呈南北纵向分布，其余3条则呈东西横向分布。未央宫城区位于都城的南部。它的宫殿、塔楼和公共平台占地约5平方千米，并被高墙环绕。据史料记载，中央宫殿高11.7米，自东向西长170米。正面是雕花石柱组成的柱廊。木质的房椽和横梁上刻有各种花纹，门上镶有金玉制成的装饰物，宫墙内部表面嵌有金条，上面以珠玉串装饰，微风拂过便会发出悦耳的声音。地板是木质的，并且漆有红色油漆。20世纪90年代初期的考古发现表明，长安的范围不仅局限在城市地区，它的建设路线长74千米，始于子午谷（秦岭中的重要通道），径直向北穿越长安的宫殿行政区，随后经过两座古墓。这两座古墓埋葬的是汉朝的创始人——高祖皇帝和他的妻子吕后，它们共同构成了长陵古墓群。长陵旁边还有两座皇家陵墓，分别是汉惠帝的安陵和汉景帝的阳陵。经过清河（渭河支流）的河湾，在河湾的南岸坐落着汉朝的都城，建筑线的终点是一座庄严的砌有石板的圆槽型建筑物（槽深约32米，直径约260米）。城市的寿命并不长，这是因为城市被规划建设在远离大型水路的地方，而大型水路才可以进行大批货物的贸易周转。除此之外，饮用水不足也是原因之一。

公元1世纪，洛阳再次成为中国的首都。4—6世纪，北方的几个少数民族政权先后在汉代的长安地区建都，有前秦、后秦、西魏、北周。到了这一时期结束后的统一国家隋朝时，它的创建者隋文帝杨坚于公元582年决定建造都城。宫廷占卜师认为自汉朝分裂起800年间汉朝旧都积攒了太多怨气，因此决定寻找新的地点建都。经过多次占卜，最终选择了距离汉朝旧都东南方向大约10千米的龙首山下的一片低地建都。此地具有战略性地理优势：山川将低地包围起来，形成天然的防线；地形和充足的水源有利于修建都城生产生活必备的水库——曲江水库。新都城被杨坚命名为"大兴城"（意为"伟大和繁荣的城市"），也是为了纪念杨坚从北周得到

的封号——大兴公。皇帝居住的宫城——大兴宫和其中的主要建筑大兴殿也获得了同样的名称。大兴城首期建设工程持续了将近半年,到583年2月,陆续建造了宫殿群、行政建筑群和城墙。此时城市的规模和外观轮廓已经成型。城市建设最密集的阶段是公元7世纪初叶,当时大兴城已经成为唐朝的都城。公元618年,大兴城恢复"长安"一名。

唐代长安城原本的建筑几乎没有保存下来,只能通过当时的文学资料和之后的城市规划了解长安城的规模及布局,其中于1080年被雕刻在石碑上的《长安图》被认为是最重要的城市规划图。唐朝游历中国的外国人的手记中有关于长安城的描写,如阿拉伯的行者伊本·瓦哈卜曾于公元876年参观过长安城。很多城市的建筑细节要归功于考古发现。通过考古发掘,我们了解到唐朝的长安城面积为84.1平方千米,遵循了中国古代都城的建造方式,平面略呈方形。城墙长度达36千米(东西长9721米,南北长8652米),高5.3米,城墙地基的深度为3—12米,有些地段的地基甚至深达20米。城墙由黄土夯筑而成,又用切割过的石板和砖块砌面,这在中国工程建筑实践中尚属首次。有12个城门,对称地分布在城墙的四面(每面有3门)。主城门南门明德门非常雄伟,由18.5米宽的锥形黏土底座、5条通道、外廊式的城门建筑和单层的门顶组成。

长安城的城市布局遵循十字和轴心相结合的原则。十字构造原则体现在将城市划分为三个主要部分:位于城市南部、占据城市一半以上面积的外城,行政机构聚集的皇城和宫殿区域——宫城。被独立的城墙包围和被广场所分隔的皇城和宫城是长安城市布局的核心。和以往的都城相比,长安城布局的主要创新点是皇帝的居住地位于四边形的城区之外:它位于北城墙外的东北部,是一片独立的区域。这片区域是一个皇家园林,平面呈梯形,位于阳泉附近。公元634年此地开始兴建宫殿,635年建成大明宫。大明宫

占地面积3.2平方千米，宫内有各式各样的建筑，分三个主要建筑群：含元殿（主要负责接待外国使臣，并举办朝贺仪式）、翔鸾阁、栖凤阁。含元殿位于大明宫中心，朝向正南，有六间副殿，均位于巨型平台之上，和主殿之间有走廊连接。含元殿建筑群呈U形分布，坐落在20米高的台基之上，台基由砖砌成，其中心是雄伟的台阶。大明宫被独立的城墙所包围，城墙南部有五个大门，北部有一个大门。除了宫殿之外，大明宫内建有园林，园林位于人工水池太液池（又名蓬莱池）畔，太液池自北面和含元殿相连。值得一提的是兴庆宫，它是唐玄宗做藩王时期的府邸。宫殿旁边是一片带有人工水池的园林区，水池名为龙池。玄宗执政期间，兴庆宫是举办宫廷盛宴的地方，之后则成为年老的皇室宗亲的居住地。一条南北走向的中轴线则凸显出长安城南部规划的清晰性。这一点主要体现为一条宽150米、直线连接明德门和皇城的主干道。两条平行且宽度几乎相同的街道从南侧门直通皇城。东市和西市两个市场在长安城的布局中也起到了相同的作用，两个市场与三条主干道的间隔相等。每一个市场占地面积约为1平方千米（几乎相当于当时伦敦的城市面积）。整个城市的南部呈现出三段交叉的面貌，与此同时，城市布局也遵循镜像对称的原则。

城市形态的主干仍然由交错的直角形街道构成，但是这一布局后来有所改变。街道的数量有所增加：纵向街道的数量增至11条，而横向街道的数量增至14条。纵向街道的长度为7千米，而横向街道的长度为9千米。街道上铺设了白砂石，道路两旁种上了果树。相应地，都城的基本单位变成了一个个由直角街道所构成的街区。街区的住户则根据社会地位和职业进行划分。贵族住在都城的西面（主干道以西），平民百姓住在城市的东面。人口最为稠密的北面的街区紧邻行政区和市场。无论街区居民的收入有多少，社会地位有多高，每个街区都建起了3米高的围墙，围墙沿线形成了人行通道。长安城规模的扩大和城市规划的不断完善也

促进了城市行政管理制度的强化。许多建筑和城市规划的元素也有着非同一般的实践意义。这种街区建设体系阻止了私自的建筑活动,并且简化了对城市居民的管理:每个街区只需委派一名维护秩序的官员,到了晚间就关闭街区的大门。城市东部和西部的划分维护了社会等级体系:东部街区的居民无法进入西部贵族的街区。

唐代的长安在10世纪的内乱中毁于一旦,之后又遭受许多破坏。明朝初期才开始城市的修复工作,此时长安已更名为西安。修建了宏伟的宫墙,但只复原了唐朝都城的六分之一,修建了一系列用于行政办公及举办仪式的建筑。到了20世纪西安才重新获得原有的地位,成为中国最重要的文化和经济中心之一,成为陕西省的省会和一座占地面积9983平方千米、居民数量超过820万的超大城市。1992年,国务院正式批准西安市为内陆对外开放城市。

**М. Е. 克拉夫佐娃《中国艺术史》,圣彼得堡,2004年;М. В. 克留科夫、В. В. 马良文、М. В. 索夫罗诺夫《中世纪的中国民族》,莫斯科,1984年;Э. М. 司徒雷娜《中国的城市》,莫斯科,1979年;傅熹年《隋唐长安洛阳城规划手法的探讨》,载《文物》,1995年第3期;王仲荦《隋唐五代史》第1卷,上海,2004年;《西安名胜古迹》,西安,1986年;秦建明、张在明、杨政《陕西发现以汉长安城为中心的西汉南北向超长建筑基线》,载《文物》,1995年第3期;陈桥驿主编《中国都城辞典》,南昌,1999年;《中国艺海》,上海,1994年;杨鸿勋《唐长安城明德门复原探讨》,载《文物》,1996年第4期;Boyd A. Chinese Architecture and Town Planning. Chic., 1962; Scott H. The Golden Age of Chinese Art. The Lively T'ang Dynasty. Tokyo, 1970; Steinhard N. Sh. Chinese Imperial City Planning. Honolulu, 1990; Xi'an-Legacies of Ancient Chinese Civilization. Beijing, 1992; Xi'an: Places of Historical Interest. Memories of Chang'an. Xi'an, 2000.

(М. Е. 克拉夫佐娃撰,姜敏译)

长城

长城，又称万里长城。长城是中国建筑无与伦比的丰碑。它是一个包括自身墙体、城堡、关隘、烽火台、兵营和居民点在内的完整防御体系。在漫长的历史时期内，长城历经了兴盛和衰落时期，其轮廓、地理位置和长度不断发生变化，但其建造始终是沿着天然的边界而进行的。长城的建筑最大限度地利用了地形的优势，专门挑选难以攀登的地方。在这些地段，墙体沿山脊蜿蜒，如北京郊区的司马台。以西周时期零散的城堡墙体为基础，在战国时期（前5世纪—前3世纪）建成了统一的墙体建筑，这便是最初的长城片段。公元前221年，中国第一个中央集权国家的缔造者秦始皇为保卫北部边境不受游牧民族匈奴的侵犯，下令将零散的地段连接起来，筑成相连的墙体。皇帝派大将蒙恬负责修筑这一规模浩大的工程，其建筑持续了10年，参与修建长城的士兵达30万人，还有为数众多的工匠、农民及其他劳动者。主要建筑材料为夯土和石材，据现有材料，建筑墙体大约用了1.8亿立方米的夯土。每经过100米修建一座塔楼，每经过一定的间隔墙体上就会被开出一条宽度为3—4米的通道。据传说，病（累）死者或者试图逃跑而被杀害的劳动者，其尸体都被砌入墙体中。有关建筑者及被迫与其分离的妻子们的悲惨命运被编写成了很多歌曲。

秦长城自西向东长达一万里，"万里长城"的称呼便由此而来。

汉朝对长城持续进行了大规模的建设。将长城防护墙向西积极"推进"的原因之一，除了防备游牧部落的侵袭，还为了保障"丝绸之路"贸易的安全。汉代长城的总长已达约一万千米。沿长城兴建起一些居民点，建起守望哨卡、军队驻区等。其后，在两个世纪的时期内，长城处于荒芜状态，逐渐失去其战略意义。

北魏和东魏时期，长城如同一块坚固的盾牌持续保护国家不受外族侵袭。隋朝，国家北部又出现了长约2000千米的新建防御墙。唐朝、元朝和清朝沿长城一带风平浪静，人烟稀少。元朝和清朝顺利地控制了面积辽阔的北部草原和沙漠地区，因此，加固或者建设新的防护墙都已不具现实意义。

保留至今的长城基本上是明朝的建筑。与秦长城相比，明长城向南移动了几百千米。明长城自西向东的长度超过了6700千米。它跨越了现今的9个省、自治区和直辖市：辽宁、河北、天津、北京、山西、内蒙古、陕西、宁夏和甘肃。东起山海关（名为"天下第一关"），西至甘肃省嘉峪关。在长城整个墙体的长度范围内，在相对固定的距离内建有可以互相传递敌人接近信号的烽火台。在特别重要的地段和要隘建有城堡和关隘。一些具有重要战略意义的关隘有几条防御线路，例如，距离北京东北70千米处的八达岭城堡是居庸关的前哨。该城堡建在约1000米高的山上，墙体高8米，宽约6米。明长城建筑不同于上述其他朝代，所使用的材料为碎石、黏土、石砖。重达半吨的大块花岗石被运送到陡峭的悬崖上。长城在北京、河北、山西、甘肃一些地段内，在宽度为4—5米的情况下，其平均高度达到7—8米。朝向外面的墙体上建有瞭望口和射击孔，高于内墙约2米。长城上还修建有敌楼，一般为两层，上层是平台，下层用于居住和储存物品。明长城一些地段还有一个明显的特征，就是增设了"障墙"，用于防卫那些试图爬上墙体的侵袭者。

明朝衰落和清朝建立之后，长城重新失去了国家防御前哨的作用。很多地段被沙土掩埋或破败。长城线路的整体性在铺设新的公路和铁路时受到破坏。1961年，经国务院批准，山海关、八达岭和嘉峪关等20余处长城被列为第一批全国重点文物保护单位。之后一段时期，长城作为封建社会的产物没有受到相关部门的重视，附近村庄的居民陆续拆除其墙体用于修建自家的"四壁"。改革开放以后，政府开始修复这些历史关隘，禁止在长城地带范围内自由建筑新项目。1987年，长城被联合国教科文组织列入《世界文化遗产名录》。

**E. A. 阿谢普科夫《中国建筑》，莫斯科，1959

年；Р. В. 越特金《中国的博物馆和名胜古迹》，莫斯科，1962年；《中国的世界遗产》，北京，2003年；Б. П. 雷奇洛、М. В. 索恩采夫《北京：俄罗斯游客中国首都名胜新指南》，莫斯科，2000年；И. 斯特拉热娃《长江奔流的地方》，莫斯科，1986年；罗哲文《长城》，见《中国大百科全书：建筑·园林·城市规划》，北京—上海，1988年；《长城》，载《辞海》，上海，1947年；朱耀廷、郭引强、刘曙光《古代长城》，大连，1996年。

（Н. Ю. 杰米多撰，周立新译）

《唱论》

《唱论》是一部由元代笔名为"燕南芝庵"的人创作的论著（作者真实姓名不可考）。这本书和元代张炎的《词源》一样，是总结声乐艺术经验，解决一系列音乐及戏曲舞台问题的最早尝试成果之一。由于当时极度缺乏戏曲表演方面的总结性著作，因此这本书具有极重要的意义。自古以来戏曲表演由四个要素组成——歌唱（唱）、舞台动作（做）、念白（念）和武打（打）。演员应当同时掌握所有的技能，尽管某些要素对于个别行当更加重要（例如，武打对于武生更加重要）。戏曲的观众和理论家认为声乐艺术在表演技巧中十分重要。无论台上的表演多么丰富，中国人还是习惯听戏，而不是看戏。自古以来，"曲"这一术语始终存在于不同时期戏曲的名称之中（元曲——元代的戏剧，昆曲——昆山的唱腔），现今则笼统地表示传统的音乐剧（"戏曲"）。

《唱论》中讲述了曲，尤其是元朝发展迅速的散曲的表演方法。散曲通常是有伴奏的个人表演，并且是分成几个小段的歌曲（小令）或是成套的歌曲表演，一般与表演的内容和情绪、韵脚和整套曲子的调性（套数）有关。"套数"一词最早记录在《唱论》之中，现代与之相近的词语是"套曲"。但在元代最流行的杂剧中，唱段本质上是四个（个别情况下是五个）大套数和一两个小套数的结合。大套数是每

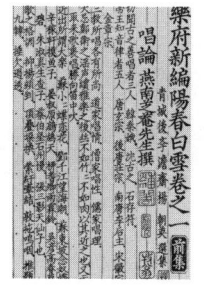

段表演的基础——"折",小套数则是引子和插曲——"楔子"。可见,关于散曲的记述大多也适用于戏曲。当然,人们常说戏剧表演的最大特点是演员应当活在角色中,但当时表演艺术的发展程度还不够高,两种在宋代形成的戏曲流派——舞乐派和念白派演员的表演方法依旧区分得十分清晰。杂剧表演中,只有一个演员负责演唱,这对演员的舞台表现、角色刻画能力的要求远不如对声音掌控的要求高。这一点在保存至今的山西明应王殿元杂剧壁画中得到了证实,壁画用多种静态的姿势表现了演员在舞台上的形象,而剧烈的身体动作如跳跃、跌打等则由喜剧角色(净、丑)承担,他们通常没有唱腔,只有对白。

《唱论》最早是因《燕南芝庵论曲》这一缩减版而出名的,这本书附在臧懋循于17世纪初编纂的《元曲选》之后。元代官员、文学家杨朝英在《乐府新编阳春白雪》中首次收录了《唱论》。而在新中国,中国戏曲研究院于1959年在著名戏曲及俗文学研究家傅惜华的参与下编录了《唱论》。当时由于存在太多的专业术语,无论是中国学者还是西方的学者,基本没有仔细研究过这一著作,故而恢复那些专业术语的意义是不可能的。这一情况直到1962年中国戏剧史家、戏剧理论家,在戏剧领域有丰富实践经验的周贻白编写的《戏曲演唱论著辑释》面世才有了较大的改观。在这以后,《唱论》进入了学术研究的范畴,并且被翻译成了俄语(В.Ф.索罗金译注,1967)。时至今日,许多术语的意思仍很难理解,为破解这一难题,需要进行更多的研究。

周贻白把这部论著分成了27节。第1节列举了三个古代杰出的歌唱家:韩秦娥、沈古之和石存符。其中,韩娥(后代称韩秦娥)在张华的《博物志》中曾被提及,而其余两人则一无所知。第2节列举了五个知晓音和律的帝王:唐玄宗、后唐庄宗、南唐后主李煜、宋徽宗和金章宗。第3节指出:"三教所唱,各有所尚:道家唱情,僧家唱性,儒家唱理。"

第4节指出了孔子在《论语》中标注的郑卫之"淫声"对古典音乐的危害;收录了《晋书》中记录的乐器品级:丝

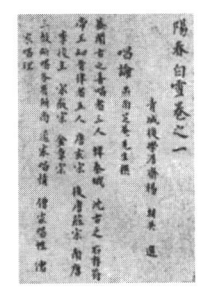

（弦乐）不如竹（管乐），竹（管乐）不如肉（声乐，人的歌喉）；列举了谚语"取来歌里唱，胜向笛中吹"。第5节名为"大乐"，列举了10个最流行的词牌的名称和作者，包括：5世纪名伶苏小小所作《蝶恋花》（柳永所作《蝶恋花》较晚），苏东坡的《念奴娇》（元朝萨都剌曾作《念奴娇·登石头城次东坡韵》），朱熹的侄女朱淑真所作《生查子》，以及其他宋金词人的作品（邓千江、辛弃疾、晏几道、柳永、吴激、蔡松年、张先）。

第6—10节讲述了歌唱时发音（格律、声韵）和呼吸（气）的技巧。歌曲中每一声都有四节：起末、过度、搵簪、撅落（第8节）。每一句结尾时都要有韵律（韵），要平整（平），要反复（背），要圆滑（圆）（第9节）。每一曲要想有表现力就应当采用六种声音：变声、敦声、杌声、喔声、困声及根据歌词、旋律和音色不断改变的声音，即"三过声"；以及六种气息：偷气、取气、换气、歇气、就气和爱者有一口气。

第11节列举了"套数"的九种普通曲调（如慢曲、快曲）和八种尾声形式（如三煞、七煞）。"套数"这一体裁多由歌舞剧"大曲"所组成。第12节将歌曲分为三大类：成文章为"乐府"，有尾声为"套数"，还有平民百姓的"小令"（又被称作"叶儿"）。套数可以有乐府的风格（气味），但乐府不能像"套数"，街市小令的特点是内容的新奇（或针砭时弊）和精致（"尖歌倩意"，索罗金的译本中解释为旋律简单、容易记住的抒情歌曲）。第13节列举曲的九个演唱门派，包括：小唱（有响板伴奏的简短歌唱）、慢唱（缓慢的歌唱）、坛唱（佛教祭拜时的歌唱）、步虚（道家"遁入空门"的思想）、道情（道家的想法与感受）等。

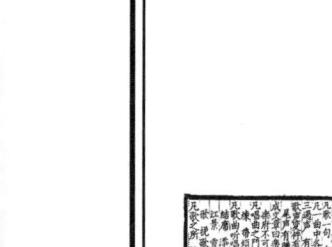

依照第14节的内容，根据曲的主题（题目）将曲分为爱情类、勇武类、历史情节类、带有叠字的四行抒情曲（采莲）、民歌（击壤，一种与这种游戏有关的古老歌曲）、货郎歌曲、宴会和祝福的歌曲；词分为宫词、禾词、花词、汤词、酒词和灯词；景分为江景、雪景、夏景、冬景、秋景和春景；歌分为凯歌、棹歌、渔歌、挽歌、楚歌（参见"楚国

的艺术")和杵歌。

第15节写到了歌曲的表演时间、地点(环境)和表演者：桃花扇(暗示晏几道,讲述皇室妃嫔的诗词),竹叶樽,柳枝词(分离时赠柳枝),桃叶怨(向桃叶吐露与爱人分手时心中的怨言),尧民鼓腹(像神话时期尧的居民一样拍击腹部,以应歌节),壮士击节(成年人击打节拍,周贻白认为是击打管乐——竹的声音),牛僮马仆,闾阎女子,天涯游客,洞里仙人,闺中怨女,江边商妇,场上少年,阛阓优伶(市场上的艺人),华屋兰堂(充满香气的华丽的地方),衣冠文会,小楼狭阁,月馆风亭,雨窗雪屋,柳外花前。

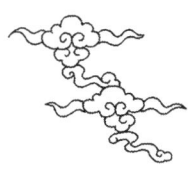

第16节反映了古代乐理(律吕,或称"律")在当时典型的应用实践,该实践以五音和十二律,共计六十(5×12)种音调为基础。隋朝的万宝常于590年在七音的基础上提出了八十四调(7×12)理论。在此基础上,唐朝在演奏旋律时发明了二十八调。到了宋朝,出现了十八调(与"大曲"相对应)。到了元朝,正平调已经不再和大曲对应,因此被称作十七宫调,即六宫十一调：①仙吕调唱,清新绵邈；②南吕宫唱,感叹伤悲；③中吕宫唱,高下闪赚；④黄钟宫唱,富贵缠绵；⑤正宫唱,惆怅雄壮；⑥道宫唱,飘逸清幽；⑦大石唱,风流酝藉；⑧小石唱,旖旎妩媚；⑨高平唱,条物滉漾；⑩般涉唱,拾掇坑堑；⑪歇指唱,急并虚歇；⑫商角唱,悲伤宛转；⑬双调唱,健捷激袅；⑭商调唱,凄怆怨慕；⑮角调唱,呜咽悠扬；⑯宫调唱,典雅沉重；⑰越调唱,陶写冷笑。

元朝后半期,并非所有上述音调都能被听众接受,这一点在中国最早的一部北曲曲韵和北曲音乐论著——《中原音韵》中得到了证实,元代文学家周德清为北曲作者和演唱者撰写了此书。书中335首乐府词只使用了十二宫调(缺少了第六、九、十一、十五、十六宫调——道宫、高平、歇指、角调和宫调)。之后,宫调的数量不断减少。如今,根据周贻白的著述,元杂剧表演中只运用九宫调(五宫四调,排除

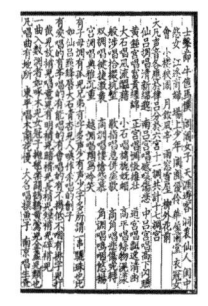

了三调：第八小石、第十般涉和第十二商角）。

第17节给出了关于和谐的解释，指出了音调之间的关系：被应用于五声音阶的通用术语表示最密切的关系——"子母调"，"姑舅兄弟"则表示比较疏远的关系。列举了不同歌曲"字多声少"和"声多字少"的区别，以及两首最流行的唱段：仙吕调的《点绛唇》和大石调的《青杏子》，这两首歌因过于简洁而被称作"杀唱的刽子"。第18节将歌唱分成了四个等级："爱唱的"（爱），"学唱的"（学）、"能唱的"（能）和"会唱的"（会）；并且指出了演唱时的九个弊病：从不正确的发音（"排字儿"）到如同喝醉了般的不连贯（"醉艰儿"）。第19节列举了一些用不同音调演唱的唱段实例。第20节讲述了不同唱曲的分布地点：东平（今山东省东平县）、大名（今河北省大名县）、南京（今河南省商丘市）、彰德（今河南省安阳市）、陕西（今陕西省）。第21节讲述了歌唱时的禁忌（忌）："子弟不唱作家歌，浪子不唱及时曲；男不唱艳词，女不唱雄曲；南人不曲，北人不歌。"第22节指出了不同人声音的优点（"长"）和缺点（"失"）。第23节列举了歌唱时12种节奏方面的毛病（"歌节病"）并分析了它们产生的原因。第24节列举了歌唱时14种声音上的毛病（"唱声病"）和10种不雅的举止。第25节列举13种进入曲的口语化表达方法，这些表达方法破坏了唱曲句尾（"衬字"）的基本韵律结构，被称作"添字病"。词比曲更具文学性，因此这些口语的表达不应当进入词中。第26节列举了"金门"和"舞对"两个戏班，前者在演出中负责开场，后者则负责押班。第27节为结论："词山曲海，千生万熟。三千小令，四十大曲。"

*傅惜华《古典戏曲声乐论著丛编》，北京，1957年；中国戏曲研究院《中国古典戏曲论著集成》，北京，1959年；《唱论注释》，见周贻白《戏曲演唱论著辑释》，北京，1962年；《唱论》，В. Ф. 索罗金译注，见《哲学历史研究》，莫斯科，1967年。

**С.А.谢罗娃《京剧》，莫斯科，1970年；В.Ф.索罗金《13—14世纪中国古典戏剧：起源、结构、形象、情节》，1979年；陈应时《芝庵》，见缪天瑞《音乐百科词典》，北京，1998年。

（В.Ф.索罗金、А.И.科布杰夫撰，姜敏译）

陈淳

陈淳（1483—1544），字道复、复甫，号白阳山人。长洲（今江苏苏州）人。明朝画家、书法家、诗人，吴派杰出的代表人物之一。

陈淳出身于官宦世家，受到良好的家庭教育。书画师从文徵明（当时吴派的主要大师），成为其得意门生和志同道合的朋友，但在陈淳痴迷于道教之后，两人分道扬镳。年轻时陈淳成功通过科举考试，但拒绝入朝为官；家庭条件不仅使他生活富足，还可以资助其他画家。陈淳的慷慨确立了他在吴派和苏州创作圈内的威望。

作为画家，陈淳最初在某种程度上受到元朝画家的影响，主要是高克恭，之后开始掌握彩墨山水画的技法，主要遵行的是米友仁的风格。陈淳在花鸟画中取得了很高成就。在创作中陈淳继承了吴派创始人——沈周的风格，采用"没骨画法"，拒绝墨线勾勒，更多使用墨色渲染技法。除此之外，他将黑白水墨技法加以变化，在构图中加入蓝色和暗黄色调；在其作品中冷淡的单色与丰富的色调相结合。因其在色彩的表现上追求更强的表现力，陈淳与徐渭的绘画并称"白阳青藤"。陈淳的作品今存于安徽省博物馆和上海博物馆。其技法特征不仅表现于小幅作品中，如《墨花册》（上海博物馆藏），同时也在大幅画卷中展现出来，如《山茶水仙图》（纸本，水墨，上海博物馆藏）。陈淳的技法很快引起当地画家和艺术鉴赏家的注意，纷纷对他在绘画传统上的创新予以肯定。

陈淳的书法以楷书和行书为主。其楷书的特点是线条流畅，结构合理，秀丽大气。行书则更显随性和豪放，笔势苍

健，构图疏朗，富有张力。无论是楷书还是行书，都注重用笔稳重、用墨浓重，给人以静中有动的美感。

**В. Г. 别洛焦罗娃《中国书法艺术》，莫斯科，2007年；徐利明《中国书法风格史》，郑州，1992年；黄惇《中国书法史·元明卷》，南京，2001年；朱仁夫《中国古代书法史》，北京，1992年；《中国艺海》，上海，1994年；邵洛羊《中国美术大辞典》，上海，2002年；《中国美术全集·绘画编》，第5卷，北京，1986年；王镛《中国书法简史》，北京，2004年；《上海博物馆藏品精华》，上海，2004年；马国权《沈尹默论书丛稿》，香港，1981年；Cahill J. Parting at the Shore: Chinese Painting of the Early and Middle Ming Dynasty, 1368-1580. N. Y., 1978; Chang Leon L. -Y., Miller P. Four Thousand Years of Chinese Calligraphy. Chic. -L., 1990; Eight Dynasties of Chinese Painting. The Collection of the Nelson Gallery -Atkins Museum, Kansas City, and the Cleveland Museum of Art. Cleveland, 1980; Fu Shen C.Y Chinese Calligraphy in the Jade Studio Collection // The Jade Studio: Masterpieces of Ming and Qing Painting and Calligraphy from the Wong Nan-p'ing collection. New Haven, 1994; Hyland A. R. M. The Literati Vision: Sixteenth-century Wu School Painting and Calligraphy. Memphis, 1984; Ninety Years of Wu School Painting. Taibei, 1975; Paintings in Chinese Museums // Arts of China. Vol. 3. Tokyo, 1970; Siren O. Chinese Painting. Leading Masters and Principles. Vol. 5-7. L., 1958; The Shanghai Museum of Art / Ed. by Zhen Zhiyu. N. Y., 1981.

（В. Г. 别洛焦罗娃、М. Е. 克拉夫佐娃撰，王玉珠译）

陈凯歌

陈凯歌，1952年出生，电影导演，毕业于北京电影学院。其电影处女作《黄土地》（在洛迦诺、伦敦、南特电影节获奖）被视为中国电影新浪潮开端的里程碑。其他电影作品如：《大阅兵》（在蒙特利尔电影节获奖），《孩子王》（曾参加戛纳电影节的角逐），《霸王别姬》（国家历史背景下传统戏剧演员的悲剧故事，在戛纳电影节获奖），以及

《风月》《和你在一起》《无极》等。1996年，应邀担任北京电影制片厂艺术顾问。曾尝试在美国拍摄英文电影。

**《当代中国电影》1—2卷，北京，1989年。

（C. A. 托罗普采夫撰，许力译）

承德避暑山庄

承德避暑山庄，又名热河行宫，是位于北京以北250千米处的一座宫殿、园林建筑群，始建于康熙年间（1662—1722）。承德周边山区一直以风景如画、植被丰富而闻名。

承德避暑山庄包括一系列的雄伟建筑和众多不同的景观，它们都位于由一面围墙环绕的园林之内，该园林是按照南方园林的建筑风格建造的。在现存的湖边建筑群中，主要建筑有三座位于交错的湖堤之上且相互连通的水心榭、清朝《四库全书》七大藏书馆之一的文津阁和位于青莲岛的烟雨楼等。作为清朝皇帝夏宫之一的宫殿，连同大规模的湖岛园林，都沿同一山谷于两侧山麓分布，周围环绕着汉藏风格的寺庙。12座规模宏大的寺庙中，保留至今的有7座，其中包括1755年仿效拉萨布达拉宫所建的普宁寺。中华人民共和国成立之后，这座离宫建筑群得到了修复，并成为国家级风景名胜区。

**B. B. 马良文《16—17世纪中国的传统与文化》，莫斯科，1995年；《芥子园画传》，E. B. 扎瓦茨卡娅译，莫斯科，1969年。

（H. A. 维诺格拉多娃撰，周立新译）

程砚秋

程砚秋（1904—1958），著名的创新派演员，自20世纪20年代初期便享有盛名。他自幼被送去学习演戏，学艺伊始，就表现出对未来职业的深思熟虑。他17岁时结识梅兰芳，后者成为他的榜样。梅兰芳曾与他一起仔细研究自己最好的剧目之一——《贵妃醉酒》。程砚秋的嗓子受损后，演唱时就用含蓄深厚的所谓"脑后音"。这种嗓音不符合青衣角色固有的演唱标准，但却使他形成了自己的演唱流派，并跻身中国戏剧杰出大师的行列。

1918—1919年，他出演了自己剧目中最好的一部戏——《窦娥冤》，这部戏讲述了一个女性的悲惨命运。20世纪20年代，他在戏曲中塑造了若干悲剧女性形象（《鸳鸯冢》《荒山泪》《春闺梦》）。20世纪30年代，他作为一名教育家宣传戏剧的教育使命，思考戏剧发展的未来之路。程砚秋注意到，演艺技巧在传达感受时所有元素都是比例相称的，从而发现了自己艺术道路上的主要美学任务。1949年后，他退出舞台活动，全身心投入教学工作。

*《程砚秋文集》，北京，1959年。

**C. A. 谢罗娃《京剧》，莫斯科，1970年；《程砚秋的舞台艺术与生活》，北京，1962年。

（C. A. 谢罗娃撰，许力译）

楚国的艺术

楚国（前11世纪—前3世纪）是先秦时期的一个诸侯国。传统中国历史研究通常认为，楚国是公元前11世纪由传说中的帝王——颛顼的后代建立的，颛顼的领地位于长江中游地区。早在先秦时期的文献中就强调了楚国文化和精神生活的独特性，楚国在很多方面迥异于周王朝及其他黄河流域中原地区的诸侯国。这一观点得到绝大多数当代学者的认同，但也有人认为，楚国是由少数民族建立的；还有人认为，其统治阶级来自楚国之外，对当地原有居民——新石器时代部落的后代实施了统治。

考古发现只能帮助我们了解楚国公元前8世纪以后的历史，而且其中大部分文物属于公元前5世纪—前3世纪。当时楚国国力鼎盛，占领了大片领土：从四川盆地（今四川省）到华东地区（今安徽、江苏省）。如今已知约1500处楚国古迹，它们在习惯上根据区域和考古原则被分成几个古迹群。第一个在信阳（今属河南），这里据说是楚国的发源地，发现了几个贵族墓葬，包括楚国王子墓（公元前6世纪中期）。其随葬器具包括500余件青铜器（礼器、武器、编钟等），还有约200个金箔碎片，用途不详。不过这些东西证明，早在公元前7—前6世纪，黄金就已经在楚国文化中占据重要地位了。

第二个古迹群包括在今湖北省南部地区发现的古迹，在当阳、宜昌、枝江、江陵、荆州等地，这里在公元前7世纪—前6世纪时是楚国的属地。这里发现了三个古城遗址，其中一个被认为是书面文献中多次提及的楚国都城——郢。还有为数众多的墓葬，大部分属于公元前5世纪—前4世纪。另一个古迹群由位于湖北省其他地区（如1977年发掘的古墓群，由35个墓葬组成）和湖南省东北部地区的古迹组成。这个古迹群中最重要的一个古墓群位于长沙东南部郊区，由209个公元前5世纪—前3世纪的墓葬组成，1952—1956年发掘。从20世纪30年代开始，在今安徽省西北部和东北部相继发现了大量古迹。此地曾经坐落着楚国最后一个都城——寿春（前241—前222）。

楚国文化艺术的独特性表现在很多领域。首先是青铜铸造业——中国古代最重要的工艺（参见总论部分"青铜器"）。楚国工匠掌握了一种复杂的青铜铸造工艺——失蜡法。该工艺的基础是制造模型，在模型上涂一层蜂蜡，完全仿照模型的每个细节，厚度与器具壁一致，然后在模型上覆上黏土。加热之后，黏土变硬，蜂蜡则从专门的孔中流出。在蜂蜡腾出的空间内注入青铜合金，然后再敲掉黏土，取下模型。①借助这一工艺可以制造规模巨大（高近60厘米，重达200千克）、形状奇特、装饰精美的器具。使用该工艺的最古老器具发现于信阳的公元前7世纪—前6世纪的楚国王子墓，而其杰出的代表作品是曾侯乙墓出土的器具。楚国青铜器风格独特、形象生动，研究者将其与巴洛克风格进行对比。其纹饰包括各类浅浮雕、高浮雕图案和雕塑形象，构成了令人费解的组合。得益于精致程度和高超的铸造工艺，这些器具仿佛不是用青铜，而是用陶瓷、金属等脆弱的材料制成的。楚国青铜铸造风格与当时中国中部地区的主体风格大相径庭，后者倾向于造型简洁、纹饰庄重。

与中国古代其他地区相比，楚国的艺术成就在当时其他主导产业中同样显而易见。比如，漆器制造（参见总论部分"漆器"）、丝绸织造（参见总论部分"丝绸"）、铜镜制造等。楚国工艺美术和雕塑艺术最普遍、最鲜明的特点是虚构动物风格广为流行，这是当地工匠丰富的创作想象力的成果。他们致力于创造奇异的图案装饰背景，以便突出形形色色的幻想动物形象。比如，在一幅丝织品上描绘着很多蛇、鸟、兽，它们彼此纠缠，仿佛在观众眼前相互转化一般。

在今湖北省出土的公元前4世纪—前3世纪的剑鞘（长130厘米）和玉带扣也反映了类似的现象。这些文物表面布满了彼此纠缠的蛇形生物和幻想动物的面孔。在构图的每个局部

---

① 失蜡法是一种流传千年的精密铸造工艺，主要用于铸造青铜等金属器物。具体流程包括制芯、蜡模制作、制型、出蜡和焙烧、熔化、浇注以及铸件加工等步骤。其特点在于使用容易熔化的材料（如蜂蜡、动物油等）制成铸器的模型，然后在模型表面用细泥浆浇淋形成泥壳，并涂上耐火材料使其硬化。经过高温烘烤后，蜡油融化流出，形成空心腔膛，再向其中浇铸铜液。待铜液凝固冷却后去除泥壳，即可得到精密的铸件。

又会产生新的幻想形式。楚国工艺美术的精品还有前5—前4世纪的一面青铜镜（直径19.6厘米），采用金银镶嵌工艺装饰。镜子背面描绘着六条龙，其中三条在外圈，金质鳞片，银线轮廓；其余三条为银质鳞片，金线轮廓。龙身交错的位置装饰着用银线圈起来的金色圆片。镜子中间用银质轮圈标出一个圆，分成六个区域，每个区域又各有一个圆。外圈有九个金银圆片，彼此间的间隙以三角和螺纹纹饰填充。这个使用复杂符号图案的构图具有特定的视觉规律：标志龙身交错位置的圆片一起构成了等边三角形，每个等边三角形下面又有另外三个三角形，它们的边与外部轮廓线重合。除了神奇动物的无穷变幻，楚国装饰传统还倾向于对动物纹饰进行抽象，后逐渐接近几何图形和植物纹饰。这一进程在铜镜、刺绣和漆器绘饰上表现得最为明显，由此产生了众多新的花纹样式，比如在前4世纪—前1世纪工艺美术的装饰纹样中占有重要位置的"云纹"。该纹饰源自丝绸刺绣图案中经常出现的"鸟龙"图案，一种幻想的鸟与龙的结合物。起初鸟身演化为内带涡旋的菱形，长尾演化为加粗的螺旋线和心形尾端，脖子变得短而弯曲，头部变得抽象。后来，该图案抽象为一个S型杆，杆身延伸出螺旋纹、涡纹，象征鸟龙身体的各部位。这一图案最终演变为结构复杂的植物元素构图：叶片、藤蔓、象征性的花蕾，长在弯曲的枝茎上。

幻想动物风格在楚国雕塑艺术（包括青铜雕塑和木雕）中也得到了独特展现，主要用于制作成套乐器或者单件祭祀器具。乐器中的典范是一个支架鼓，由两对彩漆木雕作品组成。雕塑造型为站在猫科动物身上的长腿鸟，通常被认为是楚国工匠对鹤和虎的幻化想象。①

青铜雕塑中也有类似例子。1991年出土了一对公元前6世纪—前5世纪中叶的青铜器（高48厘米），用途应该与上面的彩漆木雕器相同。其造型是一头猛兽，身如虎，颈如蛇，头部则结合了蛇与猛兽的特征。怪兽张开的巨口中垂下一条蛇芯子一样的长舌头；头上长有分叉的角，类似鹿角，由蜷曲

---
① 该器物为虎座凤架悬鼓。

的蛇和鸟组成。在每个雕塑背部还带有一个三维图案，同样是幻想生物。就连怪兽身体也装饰着由蛇和怪鸟组成的图案，以铜和宝石镶嵌而成。

楚国造型艺术最具特色的作品是一些带有漆纹的木雕，再现的是奇幻动物的上半身或者头部，鹿角蛇芯。这些动物形象经常被科学文献称为"楚俑"，显然是当地葬礼仪式的必备品。它们可能是楚国工匠对坟墓守护神或者阴间鬼神的想象。

出土于楚国后期墓葬（安徽省）的祭祀雕塑中还有一种神异动物，龙身，虎头，虎爪（长约1.5米，高1—1.4米）。它是由一整块原木雕刻而成，其三维图像同样以彩漆描绘，多呈虎皮斑纹状。楚国墓葬经常出土彩漆木雕，造型为站立或飞翔的鸟，鸟翅通常类似于"楚俑"的犄角。飞鸟雕塑被悬挂于墓室顶部。

在楚国艺术遗产中还包含所谓的随葬雕塑——作为随葬器具的人像。其出现应与古代中国公元前5世纪—前4世纪葬礼仪式的变化有关。这种现象不仅见诸楚国，在其他王国也有发现。黄河中游附近的居民在墓穴中放置的是非常粗糙的仆人或舞女塑像（高7—8厘米）。它们由黑色黏土制成，经过抛光，并用红漆颜料画出服装，但人物面部几乎不加修饰。简洁的外表丝毫不影响人像的动感：人物姿态各异，有些舞女翩翩起舞。与此相反，楚国的随葬雕塑全为木雕，尺寸巨大（高近70厘米）。其中有些人偶身披丝绸衣服，有些木雕涂着五彩漆饰，人物外貌刻画细致入微，面部、发型、头饰、衣服纹饰等细节清晰可辨。此外，人像全部为站立姿态，因而表现出静态。

各地区随葬雕塑传统的独特性直至中国政治一统的汉朝初期仍十分明显。在黄河流域，随葬雕塑的主要材料依然是黏土，以手工或借助陶轮制成，但雕塑尺寸增长至0.5米，艺术水准也极大提升。雕塑一般覆以白釉，并用褐色、淡蓝色、红色或者红褐色颜料描绘。在中国南方地区，仍以木雕为主，涂以彩漆或身披丝绸衣服。在马王堆和一些前2世纪—前1世纪的南方墓葬中都发现了数量惊人的随葬雕塑。

值得一提的是24个彩绘木俑（高40—50厘米），出土于今湖北省的一座西汉墓葬中。

楚国的祭祀造型艺术还包括高度发达的绘画工艺，有两幅帛画为证。它们同时也是中国绘画最古老的作品。这两幅画都出土于长沙附近的墓葬。

其中一幅（31.5厘米×26厘米，公元前5世纪—前4世纪，1958年出土）描绘着三个形象，用黑红两种颜料以线性技法完成。画面右下部是一个穿着盛装，直身站立的女性，中部是一只怪鸟的侧面像，爪子长而弯曲，尾羽巨大飘逸。鸟的左侧是一个竖立的类似蜥蜴的生物，身长如蛇，尾巴卷曲。画作线条优雅而流畅，艺术布局高超，所绘客体形态自然，外表细致入微。

第二幅画（37.5厘米×28厘米，前4世纪—前3世纪，1973年出土）内容和构图与第一幅类似，绘制手法相同。一男子侧身站立，其周围环绕着幻想动物。该男子的面部表情和周围生物刻画得十分精细：男人衣服及地，站在一条龙身上，龙身盘踞，宛如一驾马车。在画的左下角，仿佛在龙身下方，有一条鱼；画面中心，右侧画着一只水鸟。

值得注意的是，两幅画的主要人物都采用彻底的现实主义风格，不仅没有丝毫的幻象细节，还具备某些个性化特征，酷似肖像画。画面中的幻想动物使得两幅画通常被认定为神话体裁的插图画。比如，第二幅画中的男子经常被认为是河伯——文学作品中著名的河神。不过，不久前有人提出了另一种更为可信的说法，认为上面画的是墓主的肖像。两幅画在画面布局和彩绘技法上的相似之处表明，楚国当时已经形成了画派，这或许正是中国画架画的真正始祖。

综上所述，目前已知的作品让我们确定，楚国的艺术确实有其独特传统，在中国古代的艺术创作中占有独特地位。

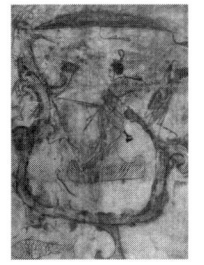

**M.E.克拉夫佐娃《中国艺术史》，圣彼得堡，2004年；曹者祉、孙秉根《中国古代俑》，上海，1996年；李学勤、徐吉军《长江文化史》，南昌，1995年；《长沙楚墓帛画》，北京，1973年；张正明《楚文化史》，上海，1987年；《中国大百科全书》，北京—上海，1986—1988年；《中国艺海》，上

海，1994年；邵洛羊《中国美术大辞典》，上海，2002年；The Cambridge History of Ancient China. From the Origins of Civilization to 221 B.C. / Ed. by M. Loewe, Ed. Shaughnessy. N.Y., 1999; Defining Chu. Image and Reality in Ancient China / Ed. by C. A. Cook, J.S. Major. Honolulu, 1999; Fontein J., Wu Tung. Unearthing China's Past. Bost., 1973; Hulemann Th. O. Jinan: Die Chu-Haupstadt Ying im China. München, 1986; Lawton Th. Chinese Art of the Warring States Period. Change and Continuity. Wash., 1982; Mysteries of Ancient China. New Discoveries from the Early Dynasties / Ed. by J. Rawson. L., 1996; New Perspective on Chu Culture during the Eastern Zhou Period / Ed. by Th. Lawton. Wash., 1991.

（M. E. 克拉夫佐娃撰，李春雨译）

褚遂良

褚遂良（596—658），字登善。钱塘（今浙江杭州）人。唐初三大书法家中最年轻的一位，另外两位是虞世南和欧阳询。

褚遂良出身于名门望族。在虞世南去世之后，褚遂良在唐太宗身边担任官职。传说，一日唐太宗问任宫廷史官的褚遂良，是否会在《起居注》中记载关于皇帝不成体统的行为。褚遂良的回答均是肯定的，这一点获得了皇帝的称赞。高宗皇帝登基之后，封褚遂良为河南县公。女皇武则天篡夺皇位后，她采取的政治镇压引起了社会的不满。褚遂良为表示抗议将其官服送回京城，并等待处决。①但褚遂良的威望很高，最终免于死罪，被贬职南方，最开始是潭州（今湖南长沙），而后是桂州（今广西桂林），再到爱州（今越南清化）。武则天死后，他才恢复名誉。褚遂良的原则性使其作为恪守儒家伦理、坚持履行公民责任的典范被载入史册。

在书法学习阶段，褚遂良临摹了汉代和魏晋时期的篆书、隶书和章草碑帖。而后他集中精力研究手稿，主要对象

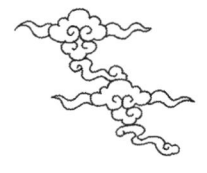

---

① 永徽六年（655），褚遂良等反对高宗废黜王皇后，立武昭仪为后，并不惜放下官笏，摘下官帽。

是虞世南的手稿，通过分析其风格试图了解"二王"楷书的笔法。他多次临摹皇家收藏中王羲之和王献之的真迹。最后他的字体具有鲜明的动感，充满灵性且风格多样，笔势非同寻常，富有力量。褚遂良的书法遗迹很多，但遗憾的是，其手稿真迹已散佚。在其创作的诸多碑文中，保留至今的有13部。

褚遂良的创作分为两个阶段。第一阶段的代表作是《孟法师碑》（642），以楷书完成，保留有769字。碑文的书法笔力遒劲，其技法是对北碑的直接继承。字右部的折笔可以感觉到与唐以前楷书的联系。大约649年，褚遂良的创作出现了根本的改变，其风格达到了顶峰，书写技法更为高超。褚遂良后期的最好作品是《雁塔圣教序》，创作于653年，与用来收藏佛教僧人玄奘647年从印度带回佛经的大雁塔的创建有关。该作品分为两个部分：第一块石碑，21行，每行42字；第二块，20行，每行40字。褚遂良的楷书特点是线条纤细，富有弹性，一些笔画收笔处较重，线条中段有微小弯曲，线条结构更具空间感。其字体与之前的雄浑不同，更为突出柔美和雅致，有评论家赞其书法作品云"美人婵娟，似不任乎罗绮"。

褚遂良的书法在国内外广泛传播。在8世纪的日本，他的书法影响较大。宋朝皇帝赵佶从师法褚遂良开始，逐渐完善了自己独特的楷书技法。

*杨仁恺《中国美术全集·隋唐五代书法》，北京，1989；王靖宪《中国书法艺术·隋唐五代》，北京，1998；刘大成《中国书法全集·隋唐五代墓志》，北京，2002。

**В. Г. 别洛焦罗娃《中国书法艺术》，莫斯科，2007年；包备五《中国书法简史》，上海，1983年；朱关田《中国书法史·隋唐五代卷》，南京，1999年；朱仁夫《中国古代书法史》，北京，1992年；Chang L. L. -Y., Miller P. Four Thousand Years of Chinese Calligraphy. Chic. -L., 1990; Ch'en Chih-mai.

Chinese Calligraphers and Their Art. Melbourne, 1966; Tseng Yuho. A History of Chinese Calligraphy. Hong Kong, 1998.

（В.Г.别洛焦罗娃撰，王玉珠译）

春画

春画又称春册、春宫、春宫画、春宫图、秘戏图，是表现在传统情色造型艺术各种体裁、技艺和材料上的图像。显然，它与裸体模特科学的或艺术的形象有原则上的差异。这一点也反映在鲁迅的随笔《对于批评家的希望》（写作于1922年，1925年刊载于其文集《热风》）中。

在古代文学作品，尤其是《诗经》（《国风·召南·野有死麕》）中，汉字"春"就具有"感性、爱欲、激情"的含义。一千年以后的明代，出现了专业名词"春画"。从公元前10世纪中期开始，汉字"宫"用来指代女性的居所（《周礼》）和"子宫"，宋代出现了情色题材的画册《春宫秘戏图》，这种题材最先表现的是宫闱生活。

明朝文学家、藏书家、古史专家郎瑛在他最著名、论述范围极为广泛的百科全书式作品《七修类稿》中辟专章论述，指出在汉朝成帝时出现了第一幅春画，描绘的是殷商最后一位统治者纣辛与宠妃妲己。这一说法显然是对生活于成帝时的刘向所著《古列女传》考证的推衍。该著作描述，环绕纣辛和妲己寝床四周的屏风上尽是情色主题的绘画。

在郎瑛之后，文学家沈德符在他包罗万象的随笔集《万历野获编》中也专设章节考察了春画的源头，认为它与广川王的统治（其统治开始于公元前155年汉广川县的设置，该县位于今河北省枣强县以东）有关。沈德符的说法是对班固在《汉书》中描写的景帝后裔——广川王刘去、刘海阳父子

荒淫无度场景的改编。

司马迁在《史记》中将发生在后宫（宫廷闺房）之中，景帝在宠臣周仁在场的情况下所进行的情事称作"秘戏"。出自该书的专有名词"秘戏"以及与之相近的"春画"和"春宫"在明朝成为日常用语，尽管早在唐朝，画家周昉就曾经创作过情色题材的绘画《春宵秘戏图》。明朝著名学者杨慎则在其著作《艺林伐山·春宵秘戏图》中认为，这一名称出现于宋朝。

上述所有记载均显示情色艺术在古代社会上层阶级一开始所具有的功能。沈德符在《敝帚斋余谈》中，记述春画的起源时，提到了广川王刘海阳，东昏侯（齐废帝）萧宝卷，隋炀帝杨广，唐高宗李治以及他的妻子、后来成为中国历史上唯一女皇帝的武则天等。然而，从足够翔实的资料中可以看到，情色艺术不仅仅局限于上流社会。在著名文学家、学者张衡描写新婚初夜的著名诗歌《同声歌》（俄文译者M. E. 克拉夫佐娃，2004）中，提到了与"性学导师"素女有关的"列图陈枕"的说法。汉朝就开始以介绍房事的"女儿图"（又称"枕边书""嫁妆画"）作为新娘的嫁妆。20世纪70年代出土的公元前2世纪马王堆（湖南省）墓葬文字和图画显示，情色学在形成的初期，采用了艺术插图的形式。这也体现在后来的性学典籍中，尤其是《素女经》中的"九法"、《洞玄子》中的"卅法"，都是对交媾姿势和方式的介绍。

但是直到20世纪的最后几十年，对于明朝之前的情色艺术，人们还所知甚少。这一形势得以改观，有赖于西方的研究。20世纪50年代，在严格的道德检查制度下，高罗佩（R. H. van Gulik，1910—1967）于1951年（东京）、L. E. Girchner于1957年（美国），以个人的收藏热忱以及私人出版物，推动了这一研究潮流。20世纪60年代出现"性革命"思潮之后，形势变得更加乐观，促进该领域发展的有R. Étiemble、A. N. Franzblau、M. Beurdeley、F. Bertholet等学者。在这方

面做出重大贡献的，当属中国具有划时代意义的考古发现，以及上海社会学家、被称为"中国的金赛博士"的刘达临教授积极的研究、收集和出版活动。尤其是他出版的两卷本《中国性史图鉴》（2000年，内有600幅彩色插图），以及一系列相关文章；他本人也收藏了从新石器时代直到20世纪大量的中国性文化用品、情色文化作品。从1993年起，他开始展出自己的藏品，并于1995年在上海创办了中国第一个性文化博物馆。在医学博士胡宏霞的协助下，十年之后，这里的展品达到了1600件，而藏品超过了400件。2004年，主展馆搬迁到了距离上海一百多千米的同里古镇（江苏省）。还在中国开设了五家分馆（上海、武汉、九江、桐庐以及广东丹霞山）。

中国的情色艺术在远古时代，艺术诞生之初就已存在，传统的尤其是古代的样本不断被复制，而模仿或吸收欧洲样本的新的艺术品也不断被创造出来。从一开始以玉器和新石器时代陶器上的动物或类人图案作为男性生殖崇拜和女性生殖崇拜的象征，发展到商朝和周朝青铜器上更为逼真的图案、汉代的石雕形象，且从汉代开始又主要以标准书写材料——丝绸、纸张上的绘画和图形作为表现方式，情色艺术走过了漫长的历史道路。唐宋时期，随着木版印刷和陶瓷生产的发展，情色艺术因其广泛的流通性和流行性而获得了新的品质。它继续在上层社会发展，并开始走向大众，从宫廷向农舍扩展。其创作者不再像以往那样隐匿姓名，开始出现一些著名的作者。这一情形到明朝末年达到了顶峰。随后由于清朝严格的审查制度，情色艺术质量出现滑坡，但艺术产品的数量增加，其形式和材料更加多样，尤其是在装饰领域和日常仪式领域。20世纪初，这一艺术形式出现了官方纯粹主义（禁止或半禁止）与新形式的广泛应用之间的分裂。当时的情色艺术继续停留在以作者匿名为主导的状态下，与半地下性质的古董市场和仿造品产业密切相关，这一现象也大体上与古老的传统相符。20世纪末至21世纪初，一些年轻的职业画家试图借助于高知

名度画廊的展览和艺术刊物，给那些以西方油画和国画以及所有其他表现手法和装饰实用艺术形式完成的情色作品正名。

　　古代的人体和性爱场面的自然描绘主要具有功能性、日常性或宗教仪式性的特点，并在医学和性学文献中作为视觉辅助工具。在医学实践中也会用到骨质材料雕刻的裸体人身。情色文化的另一个方面是佛教中的情色艺术，这一领域使用极其直白和丰富多样的形式（唐卡、纸画片、仪式性——一般为铜质的人体塑像）展现了"乐空双运"或"男女双修"，也即"欢喜佛"或象征"女性"（"阴"）的"智慧"与"男性"（"阳"）的"方便"相结合的"双身佛"之"文静"与"威猛"的统一。这些绘画和雕塑同时在中国和印度流传，后来到了8世纪，又在西藏密宗流传，出现在众多的佛教（藏传佛教）寺庙，包括北京的雍和宫中，甚至在某些寺庙中一度占据主导地位。

　　西方第一位研究中国情色文化的学者高罗佩（R. H. van Gulik）曾经得出过一个结论，认为在中国传统中，"情色图画不仅用于性教育和娱乐，还具有护身符的作用。因为在性行为中，作为一切生命起源的'阳'达到了顶峰，人们认为，这时候需要那些表现交合的图画，以消除'阴'的有害影响。"这一象征作为文化因素持续发挥作用，并显现在日常生活中，这一点在阿理克1966年出版的日记中有所记载。他曾于1907年到中国北方旅行，目睹"小旅店里的炉灶上方，悬挂着情色主题的版画，与灶王爷神像挂在一起"，作为防范火灾的手段，因为版画上的情色场景代表了"阴"，根据"相互关联"的法则，与它们所代表的"水"相联系，从而能够抵御火。阿理克同时指出，"中国的淫秽图画与日本的不同，譬如，上面没有任何淫秽的文字"。类似的"防火物"还被用于其他火灾易发地，例如书店。正因为此，产生了专业术语"避火图"。

　　不同于汉朝至唐朝中国情色作品的学术唯理论用途，在明朝末期的情色散文中，占据主要地位的是对性欲进行全方位的审视之后，对应当受谴责的放荡淫欲行为进行宗教伦理

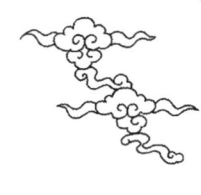

方面的考量，最为直观的造型艺术也被列入考察的范围。在当时最著名的情色小说——匿名作者的《金瓶梅》（16世纪；俄文译者В. С. 马努辛，1969、1977、1994）和李渔的《肉蒲团》（俄文译者Д. Н. 沃斯克列夫斯基，1995）中，情色图画的流通可见一斑，这些图画构成了完整的系列（多达几十幅），在情爱嬉戏时被使用。譬如，《金瓶梅》第13回中，男主人公获得了一幅从宫廷流出的卷轴画，由12幅图组成，用来激发妻妾们的情欲，有文字为证："内府衢花绫裱，牙签锦带妆成。大青小绿细描金，镶嵌斗方干净。女赛巫山神女，男如宋玉郎君。双双帐内惯交锋，解名二十四，春意动关情。"

更为详细、平常，甚至还有署名的情色作品是《汉宫遗照》，据说其作者是元代著名画家、宋朝建立者宋太祖第十一世孙赵子昂（赵孟頫）。据《肉蒲团》第3回描述，这本画册由36幅画组成，男主人公用它来引发妻子的情欲。

据高罗佩研究，唐朝，"春画就已经脱离了'性指南'的功能，先前专于此道的图画大约也是在这个时候消失的。从这时起，春画不再仅仅用于指导教育，它们也成为怡情娱乐的源泉"。明朝，情色主题的造型艺术品获得了独立性，开始具有产业规模，这在很大程度上要归功于版画产业的发展。在西方，高罗佩率先对其进行研究，1951年他在东京自费出版著作50册，仅仅面向高等学校、研究中心和博物馆。该作品为插图本，并包含了中文的选集《秘书十种》、三卷本《明朝彩色情色版画·汉代至清代的中国性生活》。他在自己最著名的图书《中国古代的性生活》（1961）的第10章，对主要的研究成果进行了总结。这本书被翻译成了几乎所有的主要语种，包括中文（花山文艺出版社，1994）和俄文（节译：А. Д. 吉卡列夫，1993；А. И. 科布杰夫，1993—1994。全译：А. М. 卡巴诺夫，2000；Н. Г. 卡西娅诺娃，2003）。他指出，元代该领域最著名的代表是赵孟頫；创作于大约1570—1650年的情色版画，水平最为高超；而在该领域做出最大贡献的是南方的画家和篆刻家、出版家，最突出

的是唐寅、仇英和胡正言。高罗佩得出结论："明末彩色情色版画以其高超的艺术技艺,对中国乃至国外情色艺术的发展,都产生了巨大的影响。"

在南方摆脱了禁锢的知识分子圈层,还形成了情色小说的传统,奠定其基础的即是那本经典作品《金瓶梅》,系中国古代长篇小说中最具个性、最传奇的代表。或许,它也是16世纪第一部完全由一位至今不能考证其真实姓名(该书作者署名"兰陵笑笑生")的作者创作的小说。因此,300多年来,这本书还一直被称作"第一奇书"。在谢五知1939年发表、1990年重刊的论文《春画——由〈金瓶梅〉图像谈到春宫画》中,他称这本书是情色造型艺术发展最重要的推动因素之一,因为"只有在淫书存在的前提下,才会出现春画"。

长泽规矩也(1948)和孙楷第(1957)的研究表明,17世纪时存在着15种不同版本的《金瓶梅》,包括一本手稿抄本,它们通常被分为三个系统:第一个系统包括最早的、内容冗长的小说版本,而第二、三系统则囊括了时间稍晚、内容精简、经过仔细编辑的版本。第一个系统(1617—1618)中最为古老的版本是词话本,1931—1932年出现于山西省,1933年根据订阅者需要,以影印的方式刊印,印数为100—120份。"古佚小说刊行会"选取了古代版本的200幅插图,于1957年在北京重印(印数2000册),1989年又小规模地进行了影印。第二个系统所处的时期大致为崇祯年间(1628—1644),该时期最有特点的是"绣像本"。"绣像本"最知名的版本共计36册,有200帧插图(每章两帧),由马廉收藏,藏于北京大学图书馆。1989年北大出版社影印该藏本。第三个系统为张竹坡(张道深,1670—1698)评本。1987年齐鲁书社重新排版、再版了"本衙藏版本"的删节本,共计36册,有200帧插图。

在最初的简装本中,那些特意在标题中标出的插图起到了重要的作用,这些插图与每一章节内容相关的有一至两幅,散布在文中,或作为独立章节的导引。现代首次出版的《词

中国精神文化大典

艺术卷

话》（1933）中，与最古老的文本搭配的是明朝末年创作的、第二个系统刊印的最为古老的一套插图。这套插图由200幅艺术水平精湛的图片组成，其中相当部分（接近总量的1/4）为情色图解式插画。这本书1988年在西方出版了F. Kuhn（1884—1961）的德文译本，由李福清注释；1985年出版了A. Lévy的法文译本；1977年苏联也出版了B. C. 马努辛（1926—1974）翻译的俄文删节本，并于1986年和1993年重印。郭味蕖在《中国版画史略》（1962）中曾简要描述过这套插图，李福清（1988）也曾做过详细的解读。其中的19幅版画（第1、2、4、7、22、30、31、35、37、38、41、44、46、47、48、59、64、82、83章）上标记了16世纪后半期形成于徽州的徽派版画五位成员的名字：来自著名的版刻世家黄家的黄子立（黄建中，第2、4、35章）、黄汝耀（第31、48章）以及刘启光（第7、22、46、47、59、64、83章）、洪应祖（第1章）和洪国良（第30、37、38、41、44、82章）。

有史以来艺术上水平最高、情色方面最为开放的200幅彩色插图，或许要数苏州画家顾见龙1660—1680年在圣祖皇帝（康熙）宫廷作画期间的作品。这套插图上有高宗（乾隆）的印章，保存在清宫内，直到清朝灭亡，后来散佚，被称为《清宫珍宝皕美图》。如今这套图仅存一套20世纪初的黑白照片副本，曾于1935年刊印在施蛰存点校的《金瓶梅词话》中，部分图片（其中情色图片被删除）于1993年在中国单独印刷出版。俄罗斯的读者可以看到这些插图的大部分（63个章节中的126幅），但是线条画能够看到的只有1994年最初的一部分，到了第3章就终止了（从此处开始作品出现删减），该片段完全翻译自"词话本"，而主题汇编《中国情色》（1993）则以十分接近最初影印本的形式，收录了其中一小部分（11幅）表现情色主题的插画，穿插在两个完整的（首次没有经过删减）章节（51、52章）中。

另一本没有完成（至36章开头）的是《金瓶梅全图》，由曹涵美（原名张美宇）所作，单线白描技艺精湛，1934—

1942年在上海首次出版，近年来有再版（2002，2003）。

18—19世纪日本杰出的艺术家在春画上的创作，是对明朝高超的情色版画技艺的继承，很可能也是全世界最好的范本。相反，清朝由于相关的审查限制，以及普遍的压抑和纯粹主义氛围，出现了"流派衰落"的状况，一些在制作工艺和美学品质上都进行了极度简化，但具有独特的民俗学色彩和时事性特点的民间绘画（年画）得到广泛流传。

由于其草根出身、地下流通方式以及材料的脆弱性，这些图画如今已极为罕见，在俄罗斯的首次印刷出现在А. И. 科布杰夫编纂的《中国情色》中，这本书也呈现了来自国立艾尔米塔什博物馆、莫斯科国立东方民族艺术博物馆、俄罗斯科学院东方学研究所（圣彼得堡）特别档案馆以及私人收藏中的珍品，以及有关"春画"的三篇文章（Е. В. 扎瓦茨卡娅以及О. М. 戈罗杰茨卡娅）。十年之后，А. И. 科布杰夫出版专著《长城那边的情色》（2002），以画册的形式收入大量情色绘画和素描经典作品。他在《东方收藏》（2003年第1期）杂志上介绍了俄罗斯国立图书馆特别档案馆收藏的部分（18幅）中国情色作品，在《红磨坊》（2003年第2期）杂志上刊印了私人藏品的原作，而其文章《"春宫币"——情色秘戏》（2002）则首次在俄罗斯汉学界研究了实用艺术中一个特别的现象——"春宫币"，即一种古代的铜钱，上面绘有男女不同体位的交媾图像。作为插图的情色艺术作品还反映在下列在俄罗斯出版的书中：《中国性学秘史》[Ч. 休曼、王武（音，Ван У），1995]、О. М. 戈罗杰茨卡娅《中国情色诗歌》（2000）；林辽毅（音，Линь Ляо И）《性爱之道》（2007）以及В. Н. 乌索夫的《天朝交际花》（2003）。

中国情色艺术品在西方最大的收藏场所是法国国家图书馆、美国印第安纳大学金赛性学研究所（伯明顿）；另有一部分是如L. 柯克纳（华盛顿）和F. 贝尔托列特（阿姆斯特丹）等的个人收藏。

*《金瓶梅词话》，施蛰存点校，上海，1935年；《金瓶梅词话》，沈亚公校订，第1卷，上海，1935年；《金瓶梅词话》，第1卷，北京，1957、1989年；《新刻绣像批评金瓶梅》，北京，1989年，济南，1989年；《清宫珍宝艳美图》，太原，1993年；《金瓶梅》，В. С. 马努辛译，莫斯科，1993年；《金瓶梅》，В. С. 马努辛等译，А. И. 科布杰夫编，3卷本，伊尔库茨克，1994年；李渔《肉蒲团》，Д. Н. 戈罗杰茨基翻译，莫斯科，1995年；《中国情色诗歌：16世纪禁书〈金瓶梅〉中的诗歌》，О. М. 戈罗杰茨卡娅译，圣彼得堡—莫斯科，2000年；《中国情色小说》，Д. Н. 华克生译，圣彼得堡，2004年；Li-Yu. Jeou-P'ou-T'ouan ou la Chair comme tapis de prière / Tr. par P. Klossowski. P., 1962, 1989; Li Yü. The Before Midnight Scholar (Jou Pu Tuan) / Tr. by R. Martin. N.Y., 1963; idem. L., 1965, 1967; Fleur en Fiole d'Or (Jin Ping Mei cihua) / Tr. par. A. Lévy. Vol. 1, 2. P., 1985; Kin Ping Meh oder Die abenteuerliche Geschichte von His Men und seinen sechs Frauen / Übertr. von F. Kuhn. Bd 1, 2. Leipzig-Weimar, 1988; Li Yu. De la chair à l'extase / Tr. par C. Corniot. Arles, 1991, 1994; idem. The Carnal Prayer Mat / Tr. by P. Hanan. Honolulu, 1996; Le sublime discourse de la fille candide, Manuel d'érotologie chinoise (Sunü miaolun) / Tr. par A. Lévy. Arles, 2000.

**阿理克（Алексеев В. М.）《中国民间绘画·民间绘画中旧中国的精神生活》，莫斯科，1966年；О. М. 戈罗杰茨卡娅《"春宫"艺术》，见《中国情色》，А. И. 科布杰夫主编，莫斯科，1993年；О. М. 戈罗杰茨卡娅《浅谈长篇小说〈金瓶梅〉的插图》，见《中国情色》，А. И. 科布杰夫主编，莫斯科，1993年；高罗佩《中国古代的性生活》，А. М. 卡巴诺夫翻译，圣彼得堡，2000年；高罗佩《中国古代的性艺术》，Н. Г. 卡西娅诺娃翻译，莫斯科，2003年；Е. В. 扎瓦茨卡娅《作为中国传统绘画特殊色彩的性》，见《中国情色》，А. И. 科布杰夫主编，莫斯科，1993年；《金刚乘圣像画》，Ц. Б. 巴德马扎波夫主编，莫斯科，2003年；Л. И. 伊萨耶娃《符号中的生活》，莫斯科，2006年；А. И. 科布杰夫《中国文学"第一奇书"的传奇命运》，载《东方》，2008年第2期；А. И. 科布杰夫《中国文学"第一奇书"的插图》，见《第40届"中国社会与国家"学术研讨会论文集》，莫斯科，2010年；Ч. 休曼、王武（音）《中国

性学秘史：帷幕后的目光》，莫斯科，1995年；郭味蕖《中国版画史略》，北京，1962年；刘达临《中国性史图鉴》，长春，2003年；刘达临《中国情色文化史》，第1—2卷，北京，2004年；刘达临、胡宏霞《中华性文化博物馆馆藏精品图录》，香港，2005年；谢五知《春画——由〈金瓶梅〉图像谈到春宫画》，见周钧韬《金瓶梅资料续编（1919—1949）》，北京，1991年；孙楷第《中国通俗小说书目》，北京，1957年；曹涵美《金瓶梅全图》，第1—5卷，杭州，2002年；曹涵美《金瓶梅画集》，第1—2卷，上海，2003年；吉布《唐卡的故事之男女双修》，西安，2005年；Bertholet F. H. Dreams of Spring: Erotic Art in China. Collection Bertholet. Amsterdam-Kuala Lumpur, 1997; idem. Rêves de Printemps, l'art érotique en Chine. Arles, 1998; idem. Les jardins du plaisir, érotisme et art dans la Chine ancienne. P., 2003; Beurdeley M. L'Amateur chinois. Fribourg, 1967; Beurdeley M., Schipper K., Chang Fujui, Pimpaneau J. Jeux des nuages et de la pluie: l'art d'aimer en Chine. P., 1969; idem. The Clouds and the Rain. The Art of Love in China. Fribourg-London, 1969; idem. Chinese Erotic Art. Fribourg, 1969; Bussotti M. Illustrations des Biographies de femmes exemplaires // JA. 2004, t. 292, livr. 1-2; Byron J. Portrait of a Chinese Paradise: Erotica and Sexual Customs of the Late Qing Period. L., 1987; Cahill J. Erotische Malerei in China // Liebeskunst: Liebeskunst und Liebesleid in der Weltkunst. Zürich, 2002; Cahill J. et al. Le Palais du printemps. Peintures érotiques de Chine. Collection Bertholet. P., 2006; Chang J. S. Sex Histories: China's First Modern Treatise on Sex Education / Tr. by H.S. Levy. Yokohama, 1967; idem. The Tao of Love and Sex: The Ancient Chinese Way to Ecstasy. L., 1977; Chou E. The Dragon and the Phoenix: Love, Sex and the Chinese. L., 1971; Denis A. The Perfect Union: The Chinese Methods. Hertfordshire-Fribourg, 1984; Despeux C. Visual Representations of the Body in Chinese Medical and Daoist Texts from the Sung to the Qing Period // Journal of Asian Medicine. Vol. 1, No.1. Leiden, 2005; Eberhard W. Lexikon chinesischer Symbole. Köln, 1983; idem. A Dictionary of Chinese Symbols / Tr. by G.L. Campbell. L. N. Y., 1986; Étiemble. Yun yu. Essai sur l'érotisme et l'amour dans la Chine ancienne. Genève-Paris-Munich, 1969; Fang Fu Ruan. Sex in China: Studies in Sexology in Chinese Culture. N.Y. -L., 1991; Franzblau A.N. Erotic Art of China. N. Y., 1977; Girchner L. E. Erotic Aspects of Chinese Culture. [S.l.], 1957; Gulik R. H.

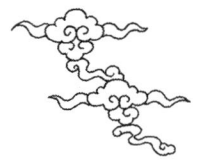

van. Erotic Colour Prints of the Ming Period, with an Essay on Chinese Sex Life from the Han to the Ch'ing Dynasty, B.C. 206-A.D. 1644. Tokyo, 1951; idem. Sexual Life in Ancient China. Leiden, 1961; idem. La vie sexuelle dans la Chine ancienne / Tr. par L. Üvard. P., 1977; Lévy A. De l'érotisme dans la civilization chinoise // Cahill J. et al. Le Palais du printemps; Liang E. J. Erotic Themes and Romantic Heroines Depicted by Ch'iu Ying // Archives of Asian Art. Vol. 49, 1996; idem. Qiu Ying's Delicate Style // Ars Orientalis. Vol. 27, 1997; McMahon K. Erotism in Late Ming, Early Qing Fiction: The Beauteous Realm and the Sexual Battlefield // TP. Vol. 73, 1987; Rawson P. The Art of Tantra. L., 1988; Rawson P., Legeza L. Tao: The Chinese Philosophy of Time and Change. L., 1973; Riftin B. Über die chinesische Buchgraphik und die Illustrationen zum 'Djin Ping Meh' // Kin Ping Meh / Übertr. von F. Kuhn. Leipzig-Weimar, 1988. Bd 2, S. 507-522; Smedt M. de. Chinese Erotism / Tr. by P. Lane. Fribourg-Genève, 1981; idem. L'Art d'aimer en Chine. Genève-Paris, 1993; Sommer M. H. Sex, Law, and Society in Late Imperial China. Berk., 2000; Valensin G. La vie sexuelle en Chine communiste. [S.l.], 1977; Vitiello G. The Dragon's Whim: Ming and Qing Homoerotic Tales from "The Cut Sleeve" //TP. Vol.78, 1992; idem. The Fantastic Journey of an Ugly Boy: Homosexuality and Salvation in Late Ming Pornography // Positions: East Asia Cultures Critique. Vol.4, No.2, 1996; Wang Yaot'ing. Images of the Heart: Chinese Painting on a Theme of Love / Tr. by D.A. Sommer. Taipei, 1987; Wu Cuncun. Homoerotic Sensibilities in Late Imperial China. [S.l.], 2004; Wu Yenna. The Chinese Virago, a Literary Theme. Cambr. (Mass.), 1995.

（А. И. 科布杰夫撰，张猛译）

崔白

崔白（生卒年不详），濠梁（今安徽凤阳）人，字子西，北宋著名的花鸟画画家。

崔白曾在画院学习，在宋仁宗执政的最后几年被召入画院。关于其创作和绘画风格在《图画见闻志》（郭若虚，11世纪）中有所记载。和当时的大部分画家一样，崔白同时擅长卷轴画和壁画（经常为寺庙和宫殿创作壁画）。除花鸟画之外，他对当时所有绘画体裁均有涉猎：山水画、人物画，尤其擅长宗教题材绘画。比如，在1060—1070年，崔白受皇室命令，参与了道观装饰，又绘制了宫廷屏风。或许由于画院任务过于繁重，崔白被迫递交辞呈，开始从事个人的绘画实践。他继续完成宫廷的各种订单，并收了很多弟子。12世纪初编撰的皇家图画收藏目录——《宣和画谱》中记录了他的241幅画作，充分证明了崔白难以遏制的创作激情及其作品的受欢迎程度。

尽管拥有多样才华，但在中国绘画史上，崔白主要作为花鸟画大师而闻名，且特别擅长其中的两种题材——禽鸟和墨竹。他最喜欢画鸭子、鹅、天鹅、鹭，在植物方面则最喜欢画柳树和竹，尽管他也画其他花鸟。据书面文献记载，崔白对很多生物的习性了如指掌，创作时成竹在胸。崔白在同时代的中国花鸟画奠基人之一——黄筌的继承者中拔得头筹，继而创造出了比黄筌更加直接、更富表现力的构图。这让我们有理由将崔白的创作视为花鸟题材发展的新阶段，其主要表现就是艺术空间扩大，表达手法多样。据崔白保存下来的作品（约10件，包括真品和相似度较高的摹本）可知，他掌握了多种绘画技法。比如，卷轴《芦雁图》（纵138.1厘米，横52.3厘米，绢本，设色，台北故宫博物院藏）明显继承了黄筌的风格，同时又具有工笔画的典型特征：细节逼真，色彩浓重，整体装饰性强等。《寒雀图》（纵25.5厘米，横101.4厘米，绢本，设色，北京故宫博物院藏）的处理则完全不同，画中描绘了一群冻得缩头缩脑的麻雀，停在光秃秃的树枝上。

崔白最著名的两幅作品收藏于台北故宫博物院，分别是《竹鸥图》（纵101.3厘米，横49.4厘米，绢本，设色）和《双喜鹊图》（纵193.7厘米，横103.4厘米，绢本，设

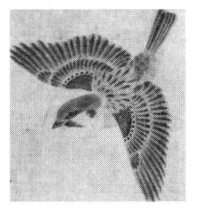

色），后者在俄罗斯文献中被称作《双鹊搏兔图》。《竹鸥图》展现了风暴来临前的一刻：高高的竹子被狂风吹弯，一只白鸥逆风而行，其外表看上去更像是一只鹭，而不是鸥（因此在俄罗斯文献中，这幅画通常被称作《竹鹭图》）。鸟逆风而动的效果是借助几种艺术技巧达成的：首先是鸟身与竹子色彩的对比，长长的竹叶迎风摆动；同时也得益于新颖的构图——白鸥的运动方向是向着观众的，其背景是"深远"的空间，整个构图的中心在画的左下角，由此营造出一种从画轴的左下方移动而出的感觉。

如果说《竹鸥图》让观者有一种风雨欲来的紧张感，那么《双喜鹊图》则带有欢快甚至戏谑的情绪，投射在树林里的小动物们的生活中。两只喜鹊，一只站在粗壮的树枝上，另一只在上空盘旋，一起向惊扰到它们的兔子尖叫示威；而兔子则蹲坐着，耳朵耷拉下来，紧张地看着两只受惊的鸟。喜鹊在中国文化中是幸福和恩爱的象征，其名字寓意"幸福鸟"，"双鹊"象征着"双喜临门"。因此，崔白的画作后来被赋予了吉祥的寓意，在当代艺术研究文献中经常被简称为《双喜图》。此后，在花鸟画构图中引入具有象征意义的动物和植物逐渐成为一种通用的艺术手法，在明代和清代尤为盛行。

*郭若虚《图画见闻志》，К. Ф. 萨莫秀克翻译、注释，莫斯科，1978年。

**М. Е. 克拉夫佐娃《中国艺术史》，圣彼得堡，2004年；Т. А. 波斯特列洛娃《10—13世纪的中国画院》，莫斯科，1976年；《故宫博物院馆藏珍宝》，莫斯科，2007年；《中国艺海》，上海，1994年；《中国历代绘画·故宫博物院藏画集》，第3卷，北京，1982年；邵洛羊《中国美术大辞典》，上海，2002年；《中国美术全集·绘画编》，第3卷，北京，1986年；Barnhart R. Peach Blossom Spring: Gardens and Flowers in Chinese-Painting. N.Y., 1983; Bickford M. Ink Plum. The Making of a Chinese Scholar-Painting Genre. Cambr., 1996; Paintings in Chinese Museums // Arts of China. Vol. 3. Tokyo, 1970; Siren O. Chinese Painting. Leading Masters and Principles. Vol. 2-3. L., 1958.

（М. Е. 克拉夫佐娃撰，李春雨译）

大小米

大小米，又称"二米"，即米芾和他的儿子米友仁——"米点山水"风格的创立者。从董其昌开始，传统上将此二人称为南宗的代表。

"二米"中的大米——米芾（1051—1107），为北宋著名的书法家、画家、诗人、收藏家、艺术鉴赏家和理论家，主要从事山水画创作，在风格上以天真自然为特点，在技法上，采用先泼墨，再以水墨横点代皴的"米点"法。米芾虽在朝廷为官，但其创作不具有正统派特征，属于以其友苏轼为代表的文人画派。

在西方和俄罗斯的文献中，其名读音有两种——fu和fei，后一种的出现与他将原名"黻"改为"芾"有关。早在1938年，高罗佩就表示更偏向于第一种读音。这种发音被E. B. 扎瓦茨卡娅写入自己的著作（1983）当中，但是她所提及的米芾的生卒年代，是按照著名汉学家S. 布什和L. 利杰罗斯看上去更为准确的从阴历转为欧洲历法的日期，这不应该被认为是准确的。根据北京出版的辞典（1987），他出生于皇祐三年，即1051年。

第二位艺术家，米友仁（1074—1153），是米芾的长子，南宋画家和书法家，主要从事山水画创作，延续并发展了其父的风格，因此二人的作品在文献中被称为米家山水。米友仁在朝廷为官，为皇家画院成员，任翰林待诏直长。其生平中基于原始材料的准确日期不明，其生卒年有几种说法：1072—1151年，1086—1165年。

**Н. А. 维诺格拉多娃《中国山水画》，莫斯科，1972年；Н. А. 维诺格拉多娃、Н. С. 尼古拉耶娃《远东国家艺术》，见《艺术简史》，莫斯科，1979年；E. B. 扎瓦茨卡娅《米芾的奇思妙想》，莫斯科，1983年；В. Л. 思乔夫《中国传统绘画的鉴别方法》，见《国立东方博物馆学术通讯》，第24辑，莫斯科，2001年；Siren O. Chinese Painting. Leading Masters and Principles. Vol. 1-7. L. -N.Y., 1956-1958.

（В. Л. 思乔夫撰，王玉珠译）

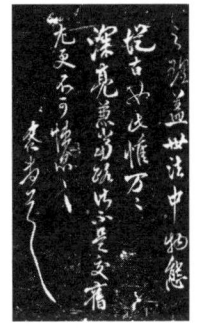

大足石刻

大足石刻，佛教摩崖石刻建筑群，因重庆市近郊的地名而得名。大足石刻凿于7—19世纪，在周围的山坡和人为凿成的石窟里，共存有75处摩崖、6万多尊造像、10万余字铭文。石刻的主群（5万尊）修建于10—13世纪。

现存最大的别具特色又保存较好的雕像群位于宝顶山，该山的崖壁刻有石刻造像一万余尊、刻文24篇、舍利宝塔2座。雕像群表达了19个佛教故事。13世纪建造的"释迦涅槃圣迹图"因30余米长的佛像而闻名于世。北山上有凿建于9—12世纪的长约500米的290窟雕像群，包括7000尊左右以佛教为主题的雕像、55篇题词。山顶坐落着一座建于12世纪，高33米，共12层的寺庙。南山和石篆山的浮雕以刻画道教、佛教主题作品为主。大足石刻塑像的内容反映了中国古代宗教观点的广泛混杂。

大足石刻反映了来自印度的佛教造像经典中国化的不同阶段。当地岩石质软的特性，使得雕刻工匠们能够将主要形象的舒缓飘逸风格与细节上的精致考究结合起来。很多石刻上还保留着鲜亮的多色彩绘。技艺精湛的雕塑家的创作和民间能工巧匠的劳动结合起来。很多作品都体现出生活的细节，雕塑风格极具中国特点。

1961年，大足石刻部分点位进入第一批全国重点文物保护单位名单，1999年进入联合国教科文组织《世界遗产名录》。对于建筑群的研究和修复工作开始于20世纪80年代。

**刘长久、胡文和、李永翘《大足石刻研究》，成都，1985年；李巳生《四川石窟雕塑》，北京，1988年；汝信《全彩中国雕塑艺术史》，银川，2000年；李再钤《中国佛教雕塑》，台北，1998年。

（В. Г. 别洛焦罗娃撰，张猛译）

戴进

戴进（1388—1462），字文进，号玉泉山人，钱塘（今浙江杭州）人。明代前期最著名的画家之一，浙派绘画奠基人。戴进受过专业的艺术教育，很早就在创作界和刚刚坐稳江山的明朝统治者那里获得名气。在北京恢复画院之后不久（15世纪20年代中期），戴进就进入画院领导层。他积极从事人物画和花鸟画创作，但在其创作中占据最重要位置的是山水画。通常认为，其山水画延续了南宋的"马夏风格"（马远、夏圭），但也带有元代画家的笔意。

戴进从马夏二人那里借鉴了构图模式、绘画手法（湿笔用力点染，并结合纤细优雅的线条）以及主要的人物形象——独自观察广袤无垠的大自然的主人公。其名画《春山积翠图》（141.3厘米×53.4厘米，纸本，墨笔，1449年创作，上海博物馆藏）便是如此。画作描绘的是一位老者，在一名侍童的陪伴下在春山漫步。和马远画中一样，两个人物都被放置在近景的一棵松树下，松树则画得很有夏圭风格。二人面前是一条伸向远方的道路。中景是郁郁葱葱的山体，远景是高耸入云的雄伟山峰，被画轴右端边缘突然截断。画作的艺术感染力源自秀润的山峰（轮廓依稀可辨，仿佛云雾缭绕）与苍劲树木（被置于近景处，线条沉重、粗犷、有力）之间的反差。在中景和远景处隐约可见一个小村庄，隐于山谷中。

在戴进的作品中很容易观察到来自其他风格流派的影响，主要是北宋画院派山水画。比如《雪岩栈道图》（横173厘米，纵89厘米，绢本，墨笔，淡设色，天津艺术博物馆藏）。画中高耸入云的山峰是北宋画家的典型风格，岩面多褶皱，山峰被卷轴边缘齐齐截断。与此同时，画作又充满精雕细琢的元素，如山石、树木、建筑。

戴进最别出心裁的作品当属《灵谷春云图》（纵31.6厘米，横124.2厘米，绢本，设色，柏林亚洲艺术博物馆藏）。构图中心是一个松树环绕的院落，松树与院落对称分布，背景处为挺立的山峰。画面右侧是绵延远去的山脉，被瀑布截断；左侧则是一片开阔水面，为云雾缭绕的山脊所环绕。画面为冷色调，遵循唐代画院派绘画"青绿山水"的审美原则。

自戴进入京之后，"浙派"逐渐自成一派，主要由职业画家组成，并确立了日益壮大的画院风格。浙派的代表人物在画院备受青睐，只有在退休之后或者自愿暂别京城生活的情况下才能够回到家乡。至明朝中期，浙派的主要特点是趋于保守性、共生性，模仿马夏风格，高度重视绘画创作的形式层面，强化作品的外部装饰性，这完全符合画院派绘画的理论和审美原则。

或许正因如此，尽管该流派贯穿明代始终，且一直拥有较高的社会威望，但在中国绘画史上，只有两个代表人物留名：戴进，以及浙派最后一任领袖——蓝瑛。

**《佛陀回归·中国博物馆文物展》，圣彼得堡，2007年；M. E. 克拉夫佐娃《中国艺术史》，圣彼得堡，2004年；R. 库珀、J. 库珀《中国艺术杰作》，译自英文，明斯克，1997年；《故宫博物院馆藏珍宝》，莫斯科，2007年；《中国艺海》，上海，1994年；邵洛羊《中国美术大辞典》，上海，2002年；《中国美术全集·绘画编》，第5卷，北京，1986；陈芳妹《戴进研究》，台北，1981年；《上海博物馆藏品精华》，上海，2004年；Barnhart R. Painters of the Great Ming. The Imperial Court and the School. Dallas, 1993; Cahill J. Parting at the Shore: Chinese Painting of the Early and Middle Ming Dynasty, 1368-1580. New York-Tokyo, 1979; Lidderose L. Orchiden und Felsen. Chinesische Bilder im Museum fu..r Ostasiatische Kunst Berlin. B., 1998; Paintings in Chinese Museums // Arts of China. Vol. 3. Tokyo, 1970; Siren O. Chinese Painting. Leading Masters and Principles. Vol. 4, 6-7. L., 1958; The Shanghai Museum of Art / Ed. by Zhen Zhiyu. N.Y., 1981.

（M. E. 克拉夫佐娃撰，李春雨译）

邓散木

邓散木（1898—1963），学名士杰，小名菊初，号钝铁、老铁、一足等。上海人。书法家、篆刻家。

邓散木于传统书法经典广收博取，并在此基础上开创了自己的独特风格。他特别注重篆刻，并使用金属、碧玉、水晶、玻璃、骨头、琥珀等非传统材料。20世纪30年代加入上海艺术团体"杯水书画篆刻义卖展览会"。会员出售作品所筹集的资金全部用于捐助抗击日本侵略军。50年代在出版社工作并教授书法，曾为毛泽东的著作做插图镌版。生命的最后阶段身染重疾，左腿截肢，右手不听使唤，遂改用左手写字，直至生命最后一刻也没有放下毛笔。

专家认为邓散木的书法无矩而方，无规而圆，笔画坚如铁石，字体飘逸如飞。既能够模仿先贤，又能别具一格。他尝试使用少见的材料和尺寸，仍能创作出耀眼的杰作，令人信服，绝不会从传统审美角度引起他人质疑。

他还是一位杰出的教育家和中国书法史学家，编撰了多部教材、教参和各种书法字体字典，这些书籍成为初级书法爱好者和专业书法家的案头必备之书，如《篆刻学》《书法学习必读》《三长两短斋印存》《钢笔字写法》《邓散木诗词选》等。

**朱仁夫《中国现代书法史》，北京，1996年；马国权《沈尹默论书丛稿》，香港，1981年。

（В.Г. 别洛焦罗娃撰，李春雨译）

邓石如

邓石如（1739/1743—1805），初名琰，字顽伯，号完白山人、古浣子等，安徽怀宁人。书法家、篆刻家，清代碑学派的核心人物。他出身于清寒的书香门第，17岁时就开始了靠篆刻、写字谋生的艺术生涯。沉重的家庭负担使他无法接受传统的教育，但凭借自身的天赋和勤奋，他终成高水平的书法大师。邓石如的大部分时间都在中国东部和东南部

观摩书法作品，这使得他成为碑学大家。他不仅访寻了那些享有盛名的石刻与碑碣，还发现了若干鲜为人知的作品，在搜寻这些作品的过程中，他探寻出让人意想不到的路线，此后，这些路线成为文人的必经之地。他记录下在游历中的所见所感，临摹了汉魏时期数以百计的碑碣。他并不是通过"描"来临摹，而是一笔一笔去写。其区别在于，第一种情况下临摹者只是再现了文字的形状，第二种情况下却重复了塑造线条时的笔法。

邓石如在其作品中结合了汉代、南北朝、唐朝篆书和隶书的书法成果，同时发扬了在宋、元、明三朝被忽略的篆隶书体。邓石如融合古代篆书的独特笔法，并注入隶书笔意，线条如绵裹铁，行笔以中锋为主，笔锋在运行中逐渐调整，结体上字形拉长，一字之中，形成疏与密的对比。他创造了多种线条疏密结合的动态平衡方式。邓石如称，线条的处理应该"疏处可以走马，密处不使透风"，具有轻盈、刚健、优雅、生动的特点。隶书及八分在邓石如的创作中处于第二位，源出汉碑。他是清代书法家中用软性羊毫笔创作的第一人，能够表达出汉代书法家用"硬笔"创作的雄浑书风。邓石如以篆书笔意写隶书，笔画转折处圆活流畅，一派浑朴气象。邓石如的隶书在笔画上不太注重粗细的反差，字势平稳，结构紧密坚实。

邓石如开创了自己的艺术风格，这源于他能够在创作中习古法而不囿于古法，最终成为"出神入化"的杰出书法大家。邓石如并无意建立流派，却自成一派。其追随者有28人，其中包括康有为、吴昌硕以及近两个世纪以来的其他杰出书法家。邓石如完成了对建构于正统体系之上的基础原型和民族造型思想准则的重新调整，这对于中国艺术来说是切合实际的，从而赋予传统书法新的富有成效的推动力。他曾说过一句广为流传的话："字书如河海，不得其航，终望洋而兴叹也。"

现存邓石如的作品有70余种，其中著名的有《万绿阴中》（篆书）；《山居早起》（草书，日本博物馆藏）；《赠肯园四体书册》（1799，篆书、隶书、楷书、草书，96章，周家收藏）等。

*刘正成编《中国书法全集》，第67卷，北京，1995年；《邓石如印谱》，北京，2007年。

**B. Г. 别洛焦罗娃《中国书法艺术》，莫斯科，2007年；刘恒《中国书法史·清代卷》，南京，1999年；徐利明《中国书法风格史》，郑州，1997年；朱仁夫《中国古代书法史》，北京，1992年；王镛《中国书法简史》，北京，2004年；马国权《沈尹默论书丛稿》，香港，1981年；Chang Leon L. -Y., Miller P. Four Thousand Years of Chinese Calligraphy. Chic. -L., 1990; Ch'en Chih-mai. Chinese Calligraphers and their Art. Melbourne, 1966; Ledderhose L. Die Siegelschrift (Chuan-shu) in der Ch'ing-Zeit. Ein Beitrag zur Geschichte der Chinesischen Schriftkunst. Wiesbaden, 1970.

（B. Г. 别洛焦罗娃撰，王玉珠译）

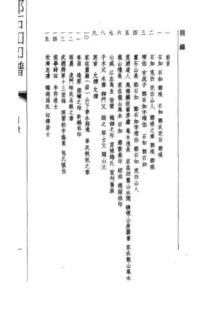

《点石斋画报》

　　《点石斋画报》是中国第一份时事新闻画报。该画报作为中国第一份日报《申报》——由英国企业家美查兄弟（E. Major, F. Major）于1872年创办，1949年停刊——的画报副刊，于1884年至1898年发行，是E. 美查以欧洲插图期刊，首先是1844年开始发行的《伦敦新闻画报》（*Illustrated London News*）为蓝本创办的。杂志以石版印刷术每旬刊行8页——每月的6号、16号和26号发行，每12期装订成一卷。该画报共出版44卷，528期，刊出图画四千余幅。供职于该杂志的画家有20人左右，他们或署真名，或署笔名。这些人里最著名的插画师是吴友如（？—1893/1897）。他最初是苏州年画画家。1860年太平军占领苏州时，他迁居上海，创作了大量风俗题材绘画，风行一时。他在《点石斋画报》上所作的画以社会政治生活、民风民俗为主题。由于吴友如的年画画家背景，他被认为是中国报刊艺术石印题材的奠基人。他与他的同行们成功地在《点石斋画报》形成了独特的艺术风格，该风格以"海派"闻名，把传统的线描绘画与新的石印技术结合起来，有机地吸收西方表现艺术的某些手

法，譬如阴影和透视的使用。题材的选择由完全是中国人的编辑委员会来确定。画报的任务是使用最少的文字，借助图画向读者展示当时的社会时事和世界新知等，减少对口头评论的需求。这本杂志没有鲜明的结构或主题，现代生活的各个方面，尤其是与中国人风俗习惯有关的情节引起了作者们的特别注意。画报的主题涉及社会政治生活的各个方面，国家机构的工作以及发生在国内不同城市的重大事件、国外的生活、与欧洲人的交往（这对于上海具有现实意义）、社会批评（尤其是关于清朝官员贪污腐败的批评）等，都是画报反映的内容。从中还可以看到著名人物的肖像画（文字画和写生画）。中法战争、西方国家技术成就（水下器械方面的经验、水雷和鱼雷的使用、热气球的升空飞行）占了大量的版面。杂志中还涉及刑法纪要、军事主题，以及外国人在中国生活的内容。这些图画以及附加的注释，是研究19世纪末期社会历史和物质文化最为珍贵的史料来源。

像通常版刻出版物那样，《点石斋画报》的图画和文字只印了双页纸中的单面。一个主题可能配有几幅图片。文字精确而细致，许多汉字不是特别标准，带有上海本土的味道。每则消息的标题通常为四个字。每条消息都指出了事件的确切地点、当事人姓名。这种细致不仅反映了报纸行业的专业性，还反映出传统中国文学的特点：文学事实常常被认为是现实。画报中的文本经常充满关于道德义务、子女孝顺的格言警句。摘录这些儒家经典或者古代作品并不是偶然的，这样画报就不仅是传递信息，还起到教育作用，而这完全符合传统的要求。

事实上画报很快便掀起了一阵模仿的热潮，譬如中国最早的文学刊物之一《绣像小说》（1903—1906）中的插图风格和设计就与《点石斋画报》很相似，这本杂志首次刊载了著名文学家、杂志主编李宝嘉的小说《官场现形记》，以及刘鹗的《老残游记》。

**Т. И. 维诺格拉多娃《英雄的邂逅——旧传统的新生活》，

《第32届"中国社会与国家"学术研讨会论文集》,莫斯科,2002年;Д. Н. 华克生《光绪时代的中国画报》,《东方收藏》,2004年;阿英《晚清文艺报刊述略》,上海,1958年;Dianshizhai hua-bao. Photo-offset reproduction. Vol. 1-44. Гуанчжоу, 1983-1984; Wang Juan. Officialdom Unmas-ked: Shanghai Tabloid Press, 1897-1911 // Late Imperial China. 2007. Vol. 28, No. 2.

(Т. И. 维诺格拉多娃撰,Д. Н. 华克生补充,张猛译)

董其昌

董其昌(1555—1636),字玄宰,号思白、香光居士。华亭(今上海松江区)人。政治家、画家、书法家,明朝后半期重要的山水画理论家之一。

董其昌出身贫寒,但祖上曾经做过官。良好的家庭教育使他在16世纪80年代的科举考试中金榜题名,考中进士。几十年里他在省级行政机构中担任要职,后来官至南京礼部尚书。为官使得他家境殷实,从而收集了大量的艺术品。董其昌在官场上竭力避开尔虞我诈的事,倾心于诗词、书法、绘画创作以及收藏古物、四处游历,游历使他有机会体验隐士的生活。在辞去官职的很长一段时间里,董其昌在华亭专心从事绘画和书法创作,这个地点与明朝统治末期最重要的艺术流派"华亭派"(也称"松江派")有关,这一画派决定了17—18世纪中国绘画的发展趋势。

董其昌醉心于道教和佛教禅宗,他称自己曾体验过佛家的"顿悟"境界,但他立下遗嘱要穿着道服下葬,同时,他还完全赞同儒家的伦理道德价值观念。他的同时代人以及好友赞扬并震惊于他精神上取得的成就:他不是和尚却达到了佛教的顿悟;不是道士却领悟了自然之理;不宣扬儒家的金科玉律,却培养自己具备儒家的"君子"品质。其审美理念的本质源自其世界观的多样共生。

董其昌在《画旨》《画眼》等著作中表达了他的审美理论观点。他在理论上取得的最大成就,首先在于他对绘画史

的规律性的思索,这使得他提出"南宗"和"北宗"的理论,确定了绘画的两大方向,他认为这两个方向发展的历史构成了绘画进程的本质。他还将"文人画"[业余艺术创作传统,与正统艺术(主要是画院艺术)相对立]作为一种独立的艺术现象加以区分和理解。

其次,董其昌提出了一个全面的美学体系,其中涉及对于中国的美学思想来说普遍存在的绘画艺术的性质、绘画创作的本质和功能问题。在以往绘画理论家——首先是荆浩与苏轼——依据自然哲学思想、道教哲学和禅宗学说建立的论断基础上,董其昌看到画家的真正目的不在于追求描摹的物体和周围现实存在之间的外在相似,而是在其中注入"创作的力量",在他看来,天地的灵气是作品能够获得"生气"的唯一路径。同时,他又坚持画家的"拙",即对专业技能的舍弃,因为只有这样的艺术家创作出的作品才会是"淡"的,脱去了"专业人士绘画"固有的雕饰。

另一方面,董其昌也论证了过去的艺术经验以及所有同时代人使用的表现技巧所具有的独特意义。他认为绘画中的每个特点都有其传统,并证明了致力于创新的无意义:在"仿"过去大师的创作时,画家能够汲取他们的天赋,因此达到"形似"或"神会"。董其昌告诫画家不要单纯复制前人或者直接模仿他们,而是要传达出这些杰作中的"古意",这是他美学体系的另一个原则,只有通过艺术创作的路径才能够达到,即借助个人能力由"仿"生出"变",避免艺术创作上的重复。通过对传统绘画的分析,他对于绘画主题、情节、形象提出了更为详细(与前辈理论家相比,譬如郭熙)的分类,并列出每一类的著名例证。譬如,在确定山水画的总轮廓时应使用董源的手法,描绘松树以马远的风格为范本,树叶则借鉴李成的画法。遵循了董其昌的表述方案之后,画家能够完成美术的"拼贴画",这样作者的个性便表现在对所使用的入画元素的选择、对它们的处理以及组合原则上。董其昌的理论建构对许多实质上的绘画问题以及作品的评价(比如怎样区分"拙"和有意的不求精细;统一创作个性和传统承继的问题)都没有做出答复,因此对其理

论的研究需要评论家和专家具备十分优秀的画家所具有的绘画才能和创作上的品质。

当代研究者经常批评董其昌的教条主义和偏见，指出他的观点与其说源于绘画创作传统本身，不如说是源于元朝统治后，由于明朝提倡民族精神价值而出现的现象。董其昌所宣扬的"师古"理论以及在这个基础上形成的美学体系，确实成为从14世纪起就覆盖社会文化生活各个领域的"明代复古主义"的化身和理论论证。而他的"业余"绘画（文人画）艺术体系又为学院艺术提供了另外一种思想上的辩词。

董其昌在自己的绘画中成功地实现了这些美学要求，轻松地变换不同画家的风格，避免对某些画作的直接模仿，又加入作品的原创效果，就像他的册页《秋兴八景图》（纸本，设色，上海博物馆），充满了传达秋色斑斓的色阶。在作画的风格上与之相近的是册页《仿古山水图·仿王蒙山水》（62.3厘米×40.6厘米，纸本，设色，纳尔逊·艾京斯艺术博物馆，堪萨斯城），这幅画被认为是董其昌最出色的仿作之一，仿画的山水在结构的密实和色彩的饱和度上都符合王蒙的风格，但同时作者又别具匠心地在构图中融入了其他艺术传统的元素和形象。例如，在后景中的由层层叠叠的石头堆积成的峭壁，被画纸的上部边缘切断，这种画法借鉴自北宋主流画家的学院派山水画，前景是树干弯曲的奇形怪状的松树，这一下子就能让人想到马远的绘画风格来。山与树的轮廓变化形成了画面的韵律，图像部分的饱和度、空气环境刻意的不加修饰，以及整体形式上的平面化使得绘画的古意和程式性进一步加强了。

董其昌的另一幅图《奇峰白云图》（65.6厘米×30.4厘米，纸本，设色，台北故宫博物院）临摹倪瓒的风格，保留了云雾烟霭；它描摹了立在岩石陡峭的岸边的几棵树，以隐入雾中的群山为背景，这幅画凭借形象的简洁，以及由云雾填充空间而带来的和谐感受，引人入胜。《山川出云图》（124.1厘米×50.4厘米，绢本，设色，北京故宫博物院藏）极富原创色彩，在这幅图中，董其昌同样注重"云雾风格"，用来表达河流的宽阔、透过烟雾显现的山川，但画家

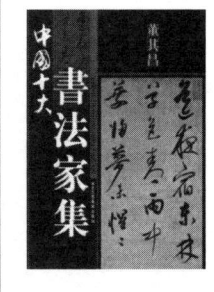

放弃了传统的单色山水画传统,采用饱满的色彩,在树冠处用鲜绿色渲染。

**E. B. 扎瓦茨卡娅《中国古代绘画的美学问题》,莫斯科,1975年;M. E. 克拉夫佐娃《中国艺术史》,圣彼得堡,2004年;R库珀、J. 库珀《中国艺术杰作》,译自英文,明斯克,1997年;B. B. 马良文《16—17世纪中国的传统与文化》,莫斯科,1995年;B. B. 马良文《道的黄昏:新时期中国文化》,莫斯科,2003年;刘道广《中国古代艺术思想史》,上海,1998年;《中国艺海》,上海,1994年;邵洛羊《中国美术大辞典》,上海,2002年;《中国美术全集·绘画编》,5卷本,北京,1986年;《上海博物馆藏品精华》,上海,2004年;Bush S. Chinese Literati on Painting: From Su Shi (1037-1101) to Tung Ch'i-ch'ang (1556-1636). Cambr., 1971; Cahill J. The Restless Landscape: Chinese Painting of the Late Ming Period. Berk., 1971; The Century of Tung Ch'i-ch'ang. 1555-1636 / Ed. by Ho Wai-kam. Kansas City, 1992; Eight Dynasties of Chinese Painting. The Collection of the Nelson Gallery-Atkins Museum, Kansas City, and the Cleveland Museum of Art. Cleveland, 1980; Possessing the Past. Treasures from the National Palace Museum, Taipei. Taipei, 1996; Siren O. Chinese Painting. Leading Masters and Principles. Vol. 5-7. L., 1958; The Shanghai Museum of Art / Ed. by Zhen Zhiyu. N.Y., 1981.

(M. E. 克拉夫佐娃撰,张猛译)

董其昌的生平由于其仕途与创作的完美结合而令人称奇。在松江府会考中,他因为书法不及堂侄而屈居第二,这促使他发奋练习书法。这位书法家毕生都在"临"前辈大师的书法作品,并提倡只用其意,不求形似,喜仿久负盛名的书法家杨凝式欹侧中寓平正的章法。他的原创书法作品通常是以某个古代作者的风格为主题的即兴之作。在其草书杰作里,董其昌展示了他对于书法笔画呈现自然天成美感的理性调控能力。不像某些怪才大师,他的毛笔随着充满思索的冒险尝试而移动。董其昌用笔善于提按:从力度最大的笔力,到刚刚能感觉到的轻触,形成鲜明的对比。毛笔由行笔开始时的浓重湿润，到最后变得轻软、几乎无色。董其昌书法风格的独特性在于，行与行、字与字之间的距离较宽，疏朗清旷，笔画圆劲秀逸。在反驳那些持不同意见的人时，董其昌认为："作书须提得笔起，自为起，自为结，不可信笔。"他按照此规则从事书法创作，达到了作品内部的气韵连贯，在严守法度的前提下，使一笔一画有来有往，有放有收，充满巨大的能量。董其昌指出："作书之法，在能放纵，又能攒捉。每一字中，失此两窍，便如昼夜独行，全是魔道矣。"（《画禅室随笔》）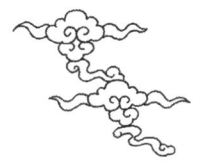

董其昌认为，"天真平淡"的思想无论是对于过去的还是现在的大师来说，都不啻抵御趋于折中的形式主义的普遍屏障。艺术达到至善的标志是，在可以感知的技艺炉火纯青的基础上，从"熟"转向"生"，也即达到艺术形式上最大程度的自然。这一点是董其昌在创作道路的最后阶段才掌握的，他将艺术形式与创作自由相结合，这也使得他成为明朝最为杰出的书法家。他的著名作品如《天马赋》（1612，行书）、《阴符经》（1624，楷书）、《放歌行》（1630，草书）、《自书敕诰》（1636，楷书），如今珍藏于上海博物馆。

除了有文集《画旨》和《画眼》，董其昌还著有《画禅室随笔》，在书中他对评判某个书画家和整个流派的意义进行了精确而丰富的阐述。

**黄惇《中国书法史·元明卷》，南京，2001年；朱仁夫《中国古代书法史》，北京，1992年；The Century of Tung Ch'i-chang, 1555-1636 / Ed. Wai-kam Ho, with essays by Wai-kam Ho, Dawn Ho Delbanco, Wen C. Fong et al. Kansas City: Nelson-Atkins Museum of Art. Vol. I-II. Seattle-London, 1992.

（В. Г. 别洛焦罗娃补充，张猛译）

董源

董源（900？—962？），字叔达，又称"董北苑"，钟陵（今江西南昌）人。五代时期的著名画家。

其创作主要发扬了王维所创立的水墨山水画派传统，使用丰富多样的点苔法，独创披麻皴技法，使用浅色点缀。其山水画带有独特的柔和抒情格调，为南方山水画派（南宗）的典范，这一特点后来为众多著名山水画家所继承发扬。

（C. H. 索科洛夫－列米佐夫撰，李春雨译）

据郭若虚（11世纪）著名画论《图画见闻志》记载，董源曾在五代时期的南唐宫廷担任翰林图画院北苑副使。从事绘画创作，涉猎多种体裁：山水画、动物画（"兼工画牛、虎，肉肌丰混，毛毳轻浮，具足精神，脱略凡格"）、人物画。还有记载称，他兼工单色和多色画法，但其多色山水画、动物画和人物画作品均未流传下来。

董源的几幅画作有摹本留存于世。如《潇湘图》（纵50厘米，横141.4厘米，绢本，墨笔，设色，北京故宫博物院藏），《夏山图》（纵49.2厘米，横311.7厘米，绢本，墨笔，上海博物馆藏），《夏景山口待渡图》（纵50厘米，横320厘米，绢本设色，沈阳辽宁省博物馆藏），《龙宿郊民图》（纵156厘米，横160厘米，绢本，墨笔，淡设色，台北故宫博物院藏）。这些画作描绘的都是中国南方地区的典型风景，展现了流水（湖，更多为河）从远方奔流而来，四周为云雾缭绕的平缓山坡所环绕。其构图也较为一致，比如，《夏景山口待渡图》清晰地分成三个景物层次：近景是树林，远景是伸向远方的山峦、平缓升高的山峰，中景则整个被流水所占据。

尽管董源作品中描绘的也是全景式山水，但就山体形状和绘画手法来看，这些作品不同于北宋画院画派所确立的全景式山水画。董源可能是中国画家中第一个对水墨山水画进行上色的，他拒绝使用尖锐的几何线条，开创了独特的绘画技巧（有可能是其独创），其中最值得注意的是"披麻皴"和点苔法。后者先用干笔布点，然后将画纸打湿，使墨点晕开，传递出烟雾缥缈的感觉。在传统中国美学思想（从董其昌的作品开始）和当代艺术研究中，董源的创作均被视为中国山水画两大流派之一的"南方山水画派"（南宗）的开端。

*郭若虚《图画见闻志》，К.Ф.萨莫秀克翻译、注释，莫斯科，1978年。

**H. A. 维诺格拉多娃《中国山水画》，莫斯科，1972年；М. E. 克拉夫佐娃《中国艺术史》，圣彼得堡，2004年；В. В. 奥辛穆克《中国禅宗绘画与南宋画院山水》，莫斯科，2001年；《中国艺海》，上海，1994年；《中国历代绘画·故宫博物院藏画集》，第1卷，北京，1982年；邵洛羊《中国美术大辞典》，上海，2002年；《中国美术全集·绘画编》，第2卷，北京，1986年；《上海博物馆藏品精华》，上海，2004年；Barnhart R. M. Marriage of the Lord of the River. A Lost Landscape by Tung Yuan. Ascona, 1970; Paintings in Chinese Museums // Arts of China. Vol. 3. Tokyo, 1970; Possessing the Past. Treasures from the National Palace Museum, Taipei. Taipei, 1996; Siren O. Chinese Painting. Leading Masters and Principles. Vol. 1-3. L., 1958; Sullivan M. Symbols of Eternity: Landscape Painting in China. Stanf., 1979.

（М. E. 克拉夫佐娃补充，李春雨译）

斗拱

斗拱，是由斗和拱所构成的一种叠加式悬臂柱顶复杂构造，斗是立方体斗形木垫块，拱是弓形承重结构。其功用是将垂直荷载均匀地分配到梁和柱上，以及支撑大面积的屋顶悬挑。这是一种古老的建筑构件，早在春秋时期就已出现。斗拱位于梁柱之间，是一组能够起到缓冲和减少梁柱震动的部件，同时也是支柱的顶端。斗拱的结构装置非常复杂，同一种结构方案有许多变体，它们通过不同数量的标准构件相

互区别，并通过连接件相互连接。斗拱所在的位置不同（柱上、梁上、边角等），其构造方案也会不同，其中以建筑物拐角处的构造最为复杂。

斗拱的主要结构部件有：拱——自下向上弯曲成弓形的长方形小梁木，向上的一方有两个凹槽，与建筑物墙体平行；翘——形状与拱相同的构件，只不过是与墙体垂直；昂——斗拱向外突出的构件部分；升和斗——上部带圆形榫槽的方形部件，用来插放拱，每种规格都有相应的比例尺寸——材。斗和升凹口的宽度有一个标准的测量单位——斗口，但该量度各个朝代不尽相同。

斗拱构造通常包括斗和拱等几个部件。所有的斗尺寸相同，而每一个紧接其后的拱都比前一个拱稍长。支撑着上拱的下拱，与上拱之间通过升这一部件相连。上述构件的数量不同，斗拱亦有差别，有一斗二升式、一斗三升式等。

斗拱是建筑外部的必要结构元素，也是建筑内部不可或缺的结构和装饰细节；它用于实现从墙壁和柱子到天花板的过渡。多排重复的斗拱构件，连同同样复杂的檐口系统，形成了建筑物顶部特殊的装饰效果。斗拱构造就像奋力向上的树枝，而动态的瓦盖屋顶则强化了这种印象。木构架建筑中特有的斗拱形式，在砖石结构建筑中被用作单纯的装饰结构。

通过比较不同时代的斗拱，可以看出这种设计的演变过程。宋代的斗拱具有与柱子和整个建筑的规模相对应的厚重和庞大的形式。到了清朝，构成穹隆顶下部结构的构件变得更小更薄，数量也有所增加。柱子也变得更轻、更细长，斗拱与柱子更加分离，强化了从柱子向飞檐过渡的轻盈感。

斗拱构件通常被漆成一种浅色，其轮廓边缘则被涂以深色，有时饰以金色。此类上色方法非常清晰地突出了斗拱系统的独特轮廓。一些情况下，还会在斗拱构件的浅色背景上绘制各种装饰图案，多为植物纹饰。

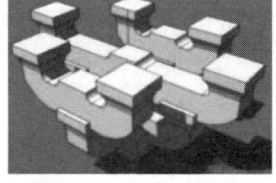

斗拱源于民间建筑，后来逐渐演变为宫殿和庙宇的专用建筑构件，严禁用于其他类型的建筑。

**E. A. 阿谢普科夫《中国建筑》，莫斯科，1959年；《建筑通史》，第9卷，莫斯科—列宁格勒，1971年；徐伯安《斗拱》，见《中国大百科全书·建筑、园林、城市规划》，北京—上海，1988年；王世瑛、朱德明《中国古代建筑文化》，北京，2005年。

（Н. Ю. 杰米多撰，周立新译）

敦煌石窟

敦煌石窟，指莫高窟佛教石窟建筑群。该建筑群名称首次出现是在隋朝的一份手稿（6世纪末）中，称为敦煌石窟、千佛洞。它位于今甘肃省敦煌市东南25千米处。生活于4世纪到14世纪的不同民族、不同艺术潮流的代表都参与了这一建筑群的建造。几百年间，敦煌一直是"丝绸之路"上的一个极其重要的站点，是中原王朝的西大门。佛教、摩尼教、景教正是通过敦煌传入中国的。

石窟以其绘画、雕塑以及在这里发现的规模和价值都独一无二的古代写本、刻本轰动于世。其中包括4万册写本，最早的日期标注为405年，最晚的则为1002年。绝大多数文书用汉文书写，也有一些文书用藏文、梵文、于阗文、粟特文、回鹘文、龟兹文写成。这些文书大多数是佛教经书，同时还有道教、儒学、摩尼教、景教典籍，以及艺术作品、历史地理著述和珍贵的农业文献。敦煌写本的发现通常被称为20世纪东方学领域最伟大的发现，对于东方历史和文化研究具有无与伦比的价值，形成了一门独立学科"敦煌学"（敦煌研究）。

莫高窟在近千年的历史长河中存在、演变，控制这一区域的每个朝代都会为其绘画和雕刻做出贡献，山腰上开凿出一批又一批新洞窟。莫高窟的石窟逐渐形成了几种典型的类型：最早的一批几乎没有装饰；随着佛教的发展，它们逐渐被其他富有装饰性、建筑性、雕塑性的石窟所取代。这些石窟的中央都立有一尊佛像。这片建筑群的鼎盛时期是以登

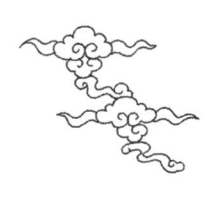

峰造极的绘画和雕塑作品闻名的唐朝。14世纪末至20世纪初，石窟逐渐被废弃，并被山体滑坡覆盖。有735座石窟保留到了今天，其中492座石窟中的壁画和造像幸存。幸存遗迹中有超过4.5万平方米的壁画、3000多件彩塑（包括造像和浮雕）、5座唐宋木构窟檐，上面覆盖一层起保护作用的红色陶土，其中一座属晚唐，另外几座属宋代。石窟沿山坡绵延近千米，建筑群的中心位置为上下五层叠加。在20世纪中期的考古发掘中，发现了几个以前未知的石窟，其中一个属于北魏统治时期，其洞口比现在的地平面低4米多。这说明，石窟存在的早期，山坡比现在高得多。

建筑。这个建筑群由大小不一、形状各异的石窟组成，它们的入口都面向东方。面积最大的石窟纵深为13米，高度超过35米，从山下一直贯穿到山上，与寺庙连接。最小的石窟仅能容下一个人的头部。学者把这些石窟分成三大类：①僧侣居住的洞窟。石窟平面呈正方形或长方形，里面两侧有2—4个更小的石窟。这些小石窟是僧侣居住和打坐的地方。小石窟中通常没有壁画和造像，而在与其连接的大石窟中则有，大石窟是僧侣们一起修行和举行宗教仪式的地方。在居住的石窟中经常可以发现炉灶、暖床和烟囱的痕迹。②中心塔柱式寺庙石窟。这类石窟平面呈长方形，其前面部分为中国风格的雕塑装饰屋顶，后面部分在中央凿出直通窟顶的方形塔柱，塔柱支撑起一个浮雕装饰的拱形门。塔柱上一般设有多个祭坛，石窟南、北墙壁上装饰着壁画、造像和浮雕。这类石窟最早出现在敦煌，它把"丝绸之路"上流行的早期佛教寺庙的特点和中国传统建筑的特点相结合，前者的特征是在中央部位竖立

塔柱，后者体现在石窟带有装饰的房檐上。在中央位置设置祭坛的依据是佛教的仪式，这种仪式指示信徒顺时针绕行祭坛。这些石窟兴建于寺庙历史的早期。③覆斗式寺庙石窟。平面一般呈正方形，在入口对面的墙壁上设置祭坛（有时会在除了东面的所有墙壁上设置祭坛，东面墙上凿出一个入口）。中央的自由空间是

为了举行人员可多可少的仪式而设。这类石窟还受到中国传统建筑的影响,因为祭坛设置在入口对面的墙上,这与早期传统佛教寺庙并不完全相同,但是却符合中国寺庙建筑传统。石窟顶部经常使用雕梁画柱以及"藻井"等中国寺庙建筑传统装饰。"藻井"自古以来就在中国广泛使用,作用是装饰寺庙或者宫殿的大型圆顶。不可否认,欧亚大陆游牧民族的传统居所蒙古包的建筑形式也可能对石窟的建造产生了影响,在石窟上反映出来的是穹隆状圆顶。这种类型的石窟在敦煌非常常见,并在这个建筑群发展的历史过程中不断复建。在更早期的石窟中,祭坛呈半圆形,让人想起它被安置在中央塔柱上的那个时期。唐朝,祭坛则是中国传统的长方形。

第二类和第三类石窟通常有一个"前堂"——这是一个不大的空间,用来把主室和外界分开。有时还在通道上建有一堵保护墙或两根柱子,柱子通常以浮雕装饰。在20世纪后半期的考古发掘中,在布满石窟的山坡脚下发现了20多座建于10—13世纪的建筑。其中一部分建筑是石窟的一种特殊的"前门"。这是在砖砌台基上建造的颇具规模的砖结构建筑,西墙紧邻山坡和石窟的入口,南北两侧夯筑山墙,前墙中部设有一门,沿着台阶到达此门后,再穿过一个宽敞的、以彩砖铺地的空间,便可进入石窟内部。这些建筑中最大的南北长21.6米,东西宽16.3米。石窟洞口矗立着两尊护卫者的造像,其高度约为7米(造像没有保存下来,但是发现了它们站立的台基和八个小许多的造像的残迹)。另外一些则是在土石平台上建造的小型建筑,建筑内地面未铺砌。

在建筑群最高处的石窟里有一尊30余米高的巨型弥勒佛造像。这是一个正方形石窟,空间向上逐渐变窄。窟内开有两个长形洞口,其高度位于造像面部和膝盖处,能让信徒看到巨

中国精神文化大典 艺术卷

大的佛像。同时开有采光口,光线从采光口投射到造像的面部和腰部。据资料记载,整个石窟的外部为规模宏大的多层木结构建筑,像中国传统的楼阁。木构窟檐靠山崖而建,一直延伸至上方与岩石相接。第一座窟檐在晚唐时已改建为5层,于966年重建。在寺庙被遗弃的时期,窟檐被毁坏,直到清朝末期重新发现之后才又重建。1935年窟檐再次重建,现高9层。这是一座令人印象深刻的建筑,经常被视为莫高窟的象征,只不过是对原建筑一定条件下的复原。

造像。莫高窟处于异质岩(砾岩)构造山体,实际上不允许使用石雕技术,所以在制作绝大多数造像时采用了中国传统方法:在填充稻草的木制骨架上,用黏土制作模型,再涂上多种颜料,其中以矿物质颜料为主。

在建筑群产生时期(4—6世纪),最普遍的造像是弥勒佛像和释迦牟尼像。包括佛教故事中的经典情节,讲述释迦牟尼前生故事。早期典型的造像经常描绘弥勒佛在菩萨及其弟子的陪同下,被天上的歌神(紧那罗)、舞神(乾闼婆)簇拥环绕的情景。这一时期的造像分为两种风格:"西方"造像群,拥有欧洲人的面孔,赤脚,有准确的解剖学刻画,身体部分裸露,仅以一块布遮盖,造像上可见布的褶皱,明显受到犍陀罗艺术的影响(贵霜王朝时期的艺术流派);"东方"造像群,把犍陀罗元素与中国传统相结合,造像具有蒙古人的面部特征,身着宽大的服装(雕刻家们按照儒家的礼仪学说,尽量避免塑造裸体),穿鞋,发髻高束,有时饰以发冠。研究人员认为这些造像的出现

与北魏孝文帝(471—499年在位)的改革有关,他宣布宫廷只接受汉文化,这也反映在艺术上。"东方风格"成为敦煌石窟造像的主要风格。莫高窟辉煌时期的造像特点是圆雕,经常在祭坛中沿墙壁放置(在覆斗式石窟中),或者放置在中央塔柱周围(在中心塔柱式石窟中)。在绝大多数情况下,我们谈论的造像群(由3—11个造像组成)是各种形式的佛像(释迦牟尼佛、弥勒佛、阿弥陀佛),"三身"佛,"七佛",观世音菩萨(阿弥陀佛的弟子,慈悲的化

身，中文为观音），大势至菩萨（代表佛的智慧），释迦牟尼佛的大弟子阿难陀和阿罗汉迦叶，四大天王，力士，供养人和僧侣。这一时期的造像风格统一，符合唐代雕塑发展的总体趋势。其中有两尊著名的弥勒造像："北大像"（695年，高33米，中国第三高弥勒佛像）和"南大像"（8世纪上半叶，高26米）。这座最大的造像群的中心位置是一尊保存完好的睡佛像（长约16米），周围是他的72名弟子，他们脸上表情各异，呈现出不同的性格特点。

这座建筑群还有很多深浅不一的圆雕和浮雕，高度从10厘米到33米不等。保存完好的雕塑有将近1400尊，很多经过多次修复或上色，但通常每个石窟中的雕塑和彩绘都是同时创作的。

壁画。壁画是莫高窟装饰的主要瑰宝，与造像成为不可分割的整体。壁画被认为是在干燥的土上涂上黏性颜料。莫高窟正是由于其壁画的独创性和亮丽的色彩而成为中国名胜古迹之一。研究者把敦煌壁画的创作分为四个阶段。

（1）4—6世纪的壁画多为水平分布的组图，主题多是描绘佛本生故事，即释迦牟尼前世的种种善行故事[这类题材的早期绘画中，最著名的是北周时期（557—581）绘制的80多个场景的系列组画]。此类壁画用赭石作为底色和背景色，主要颜色有蓝色、绿色、红色、白色和青绿色。这种独特而鲜艳的色彩，在寺庙建设的最初阶段就已经使用。这种色彩成为敦煌壁画的标志，不管风格如何变化，色彩始终保持不变。也许这种色彩的选择是由在建筑群附近就能找到的作为其原料的矿物决定的。因此莫高窟的壁画中没有纯红色，只有赭石的不同色调，以及大量深浅不一的石绿、石青色。初期，壁画主要倾向于印度传统风格，人物具有高鼻深目的面部特征，并采用表现明暗的"凹凸"晕染法来形成立体感。这些壁画大部分描绘了印度神话中的各种形象（龙王、夜叉、大蟒神、阿修罗、迦

楼罗、紧那罗等）。北魏时期，中国传统的伏羲和女娲形象的绘画非常流行，却不是莫高窟建筑群的特有绘画。创世纪的象征还有青龙、白虎、朱雀、玄武，甚至还有雷神和闪电神等。

这些主题说明了当时折中主义的宗教意识形态，以及佛教学说与道教学说的紧密交织。从6世纪中叶开始，浓墨重彩的画风被精雕细琢替代。敦煌壁画中有丰富的建筑装饰图案（拱梁、柱子、入口的框架和窗格）。这个时期的装饰图案经常使用莲花、忍冬、云彩、火焰、漩涡、菱格、龟背、云龙、对虎、孔雀、鸵鸟、鹦鹉等题材。其中一些题材属于中国传统绘画艺术，有些则源于印度绘画艺术。

（2）6世纪末到8世纪，敦煌的壁画艺术达到顶峰。这一时期的壁画开始在白色背景上绘制，并运用全景式构图，其主题置于佛教极乐世界的框架中，更多的是表现风景和日常生活。早期壁画的原始性和风格的异质性被精致典雅的绘画风格所取代，阴郁的表现性色彩被淡雅的色彩方案所取代。所有人物都具有当地民族特征。最受欢迎的题材包括佛陀生平和佛教教义传播史（尤其是在中国），以及对各种佛陀和菩萨的描绘，其中最受尊崇的佛陀和菩萨的肖像画达到了非常复杂和精致的程度。

在绘画方式上，中国传统绘画的影响显而易见。总体而言，这些壁画与长安和洛阳的寺庙及墓葬中著名的唐代绘画遥相呼应。最令人感兴趣的是对建筑物以及供养人肖像的细致描绘，其中既有中国人，也有外国人。在许多石窟中，供养人以群体像的形式出现，从几十人到上千人不等。群像中的每个人物常配以说明文字，以记录他的虔诚和慷慨。这些图像不仅具有艺术价值，而且具有历史价值，特别是它们详细描绘了贵族、普通大众以及外国人的服饰。绘画的色彩由各种色调的绿和赭红构成。装饰图案的主题同样以中国传统元素为主，如联珠、动物、卷草、

天马、双凤、狩猎、兽头、双龙、三兔、葡萄、茶花、百花、卷草等。

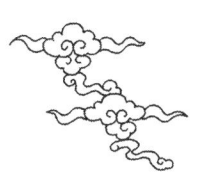

（3）8世纪下半叶至11世纪初期，莫高窟进入地方割据政权时期。即便如此，石窟仍然得到了张姓和曹姓两大显贵家族的慷慨资助。正因为如此，许多之前朝代修建的石窟经常被整体改造。供养人画像成为当时最受欢迎的主题之一，其中包括几位著名的历史人物，而对每一位供养人的记述也更加详尽。这一时期产生了莫高窟最大的一幅壁画作品（高5米，长13.5米）。这是一幅关于佛教圣地五台山的绘画，文殊菩萨（文殊师利）曾经在此修行。这幅配有说明文字的巨幅全景图详细描绘了五台山和山上所有的寺庙。这些壁画都是为那些不能到达圣地的敦煌佛教徒而作，其中以中国佛教徒为主。全景图为他们提供了在冥想中前往圣地的可能性。这一时期也创造了大量以佛本生故事为主题的绘画（超过130幅）。

（4）11世纪中期到13世纪末期，一些古老的石窟被改建。西夏王朝时期的绘画，风格接近此前的朝代。其中最具价值的是西夏人、回鹘人和蒙古族供养人的画像，这是因为后世对他们的外貌和服饰知之甚少。在西夏王朝末期，中原绘画风格开始被藏族风格所取代。在元朝建造的为数不多的石窟中，就存在藏族风格的绘画（例如观音菩萨的画像）。几乎所有的绘画都配有说明文字，而且藏文排在汉文之上。这可能说明一点：当时居住于寺庙中的僧侣大多数是藏传佛教弟子，其中包括藏族人。这一时期的敦煌壁画是现存最古老的藏传佛教图画之一，表明藏传佛教基本教义在这一时期已经形成。绘画色彩也发生了变化，其底色和背景色变成了绿色，为了突出轮廓而使用赭红色。后期的装饰图案主要为团花、团龙、团凤和垂幛等。绘画主题以汉藏风格为主。

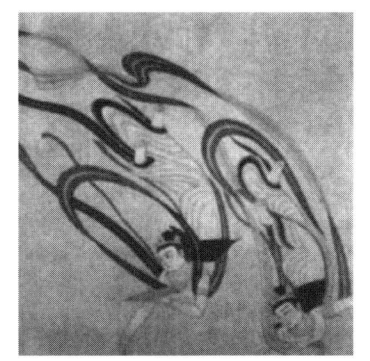

在敦煌各个时期的壁画中，最令人感兴趣的是对日常生活的描绘。这些壁画描绘了来自中原王朝和西域的不同社会和民族群体的生活

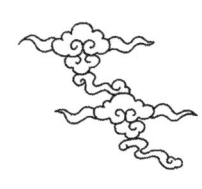场景、城市、房屋、寺庙、狩猎、捕鱼、农耕、畜牧、各种手工艺、军事演练和国家庆典仪式等。这种类型的绘画以其题材的广泛性和描绘的细致性而彰显价值,让人们得以重构过去时代生活的方方面面,这是其他形式的资料所不具备的独特功能。千佛洞石窟包含了大量的民族艺术杰作,反映了千年来中国佛教和传统艺术思想在建筑、雕塑、绘画方面的演变过程。

对于这些古迹的系统研究直到20世纪初期才展开,这是在1900年道士王圆箓(1849—1931)发现石窟中的古代文书、木刻、纸上和丝绸上的绘画、织物、刺绣等而轰动一时之后开始的。西方科学家A. 斯坦因(1862—1943)和伯希和(1878—1945)把大量艺术作品和几十箱文书运到西方,其中一部分于1907—1920年在巴黎出版。斯坦因的藏品(约1.3万件)现藏于大英博物馆,伯希和的藏品(1万件)现藏于法国国家图书馆。1911—1912年,有近600件敦煌文书被运到日本,成为日本敦煌馆藏的基础,现在保存在东京大学和几个私人收藏馆中。1914年俄国科学院院士奥登堡(1863—1934)的科考队把大量资料和艺术品(约1.8万件)运回俄国,这也构成了俄罗斯科学院东方手稿研究所敦煌馆藏的基础。中国敦煌文书的一大部分(约1万件)现藏于中国国家图书馆。

1943年莫高窟被宣布为国家资产。然而,对该建筑群的系统研究和修复工作要晚得多。1963—1966年,超过400个石窟得到加固修整,山体也得到加固,为方便游客铺设了台阶和道路。1966年,建筑群周围将近10平方千米的区域被宣布为保护区。20世纪60年代初期,英国、日本学者对现有的资料进行研究和系统化。20世纪90年代,中国科学家的研究异常活跃。20世纪中期,在敦煌成立了研究所,其任务(除了对古迹进行艺术和历史研究)是保护和修复建筑群,为流失的石窟壁画建立副本或进行复原,同时在敦煌博物馆展出。1961年,敦煌莫高窟被列为全国重点文物保护单位,1987年被联合国教科文组织列入《世界遗产名录》。

*《敦煌壁画》，天津，1956年；《敦煌艺术画库》，1—12卷，北京，1957年；《敦煌彩塑》，北京，1960年；《敦煌遗书总目索引》，北京，1962年，第2版，1983年；《中国石窟：敦煌莫高窟》，1—5卷，北京—东京，1981—1984年；
《俄藏敦煌艺术品·俄罗斯国立艾尔米塔什博物馆藏艺术品》，魏同贤、孟列夫等主编，1—6卷，上海，1998—2003年；《俄藏敦煌文献》，1—17卷，上海，1999—2001年；《亚洲民族研究所藏敦煌汉文写本注记目录》，М. И. 沃罗比耶娃－杰西亚托夫斯卡娅、И. С. 古列维奇、孟列夫，第一辑，莫斯科，1963年，第二辑，莫斯科，1967年；The Jàtaka, or Stories of the Buddha's Former Births / Ed. E.B. Cowell. Vol. 1-6. Cambr., 1895-1907. Repr. New Delhi, 1990, 2002; Pelliot P. Les Grottes de Touen Houang. Vol. 1-6. P., 1920-1924; Tissus de Touen-Houang, conservés au Musée Guimet et à la Bibliothèque nationale par K. Reboud et G. Vial avec le concours de M. Hallade. P., 1970; Bannières et peintures de Touen-Houang, conservées au Musée Guimet par Nicolas-Vandier avec le concours de Mmes Gaulier, Leblond et Maillard et M. J. Bezard. P., 1974; Banniéres et peintures de Touen-Houang, conservées au Musée Guimet. Planches. P., 1976; Grottes de Touen Houang, Carnet de notes de P. Pelliot. Vol. 1-6. P., 1980-1992.

**孟列夫《敦煌藏本》第四辑，圣彼得堡，1993年；И. Ф. 波波娃《奥登堡第二次中亚考察(1914—1915)》，见《千佛洞·丝绸之路上的俄罗斯考察队·纪念亚洲博物馆成立190周年展览》，圣彼得堡，2008年；И. Ф. 波波娃《敦煌藏经洞文书》，见《千佛洞·丝绸之路上的俄罗斯考察队·纪念亚洲博物馆成立190周年展览》，圣彼得堡，2008年；М. Л. 鲁道娃《敦煌的文化与艺术》，见《千佛洞·丝绸之路上的俄罗斯考察队·纪念亚洲博物馆成立190周年展览》，圣彼得堡，2008年；段文杰《莫高窟》，见《中国大百科全书·美术》，第1卷，北京，1991年；荣新江《归义军史研究》，上海，1996；马世长《敦煌石窟》，见《中国大百科全书·考古学》，北京，1998年；马世长《榆林石窟》，见《中国大百科全书·考古学》，北京，1998年；萧默《敦煌石窟》，见《中国大百科全书·建筑、园林、城市规划》，北京—上海，1988年；Basil G. Buddhist Cave Paintings at Tunhuang. L., 1959; Frédéric L. Les dieux du bouddhisme. Guide iconographique. P., 1992, 2001;

Hamilton J. R. Les Ouighours àl'époque des Cinq dynasties d'après les documents chinois. P., 1955; Hopkirk P. Foreign Devils on the Silk Road: The Search for the Lost Cities and Treasures of Chinese Central Asia. Amherst, 1980; Pelliot P. Carnets de route 1906-1908. I. Textes. P., 2008; Soothill W. E., Hodous L. A Dictionary of Chinese Buddhist Terms. L., 1937; Repr. New Delhi, 2005; Stein A. Serindia: Detailed Report of Explorations in Central Asia and Westernmost China. Vol. 1-5. L. -Oxf., 1921; Repr. Delhi, 1980; Stein A. (et al.) . Wall Paintings from Ancient Shrines in Central Asia. L., 1948; idem. Innermost Asia: Detailed Report of Explorations in Central Asia, Kan-su and Eastern Iran. Vol. 1-5. Oxf., 1928; Repr. New Delhi, 1981.

（C. B. 德米特里耶夫撰，刘玉颖译）

二黄

二黄是一种戏曲声腔，在它的基础上，形成了多种形式的中国地方戏曲。二黄与西皮并用，形成了一种声腔体系，合称皮黄，即中国传统戏曲四大声腔之一（还有梆子调、高腔、昆曲）。二黄可以归属于二十多种戏曲。据说，二黄始于湖北省黄冈地区，并因此得名。清朝初期，二黄在流行于陕西和山西等地的民间秦腔的基础上形成，南北曲以及相邻地区的戏曲形式也对其产生了影响。二黄属于秦腔的"南路"，西皮则属于"北路"。各种地方戏曲在旋律和唱腔上各不相同，例如二黄的表演和节奏就发生了变化。于是，京剧中用这种风格演绎的部分，有许多独特的板式——"慢板""原板""散板"和"摇板"，其曲调和唱腔被认为是深沉、稳重、平和与严肃的。还有一种"反二黄"腔调，旋律的升降起伏变化明显，发声有间歇。在一个剧目里，可以兼有二黄和西皮两种风格的声腔。

**章诒和《中国戏曲》，北京，1999年；《中国戏曲曲艺词典》，上海，1981年。

（E. A. 扎维多夫斯卡娅撰，许力译）

二里岗

二里岗，古代都邑，1951年在今河南省郑州市东南郊发掘，属于公元前2000年上半期遗址的重大考古发现。

科学文献中，通常将二里岗文化的重要遗址郑州商城与中国古代最古老的国家殷商的第一个都城——亳视为同一，这在晚些时候的一些书面史料中亦多次提及。该都邑内城占地3.2平方千米，平面近似长方形，被夯土墙所环绕，墙体总长度为6960米（西段长1690米，北段长1870米，南段和东端各长1700米）。墙基处宽达36米，而墙体高度为9.1米。据中国学者的统计数字（一些欧美专家对此数字持不同看法），这种墙体的建筑，从建材的准备开始，需要动用1万名工匠，如果每年工作330天，需要花费12年的时间才能完成。

这种高水平的中国古代城市建设表明，到建造二里岗时，中国城市建设已走过了一段漫长的发展之路。据考证，城市建设传统起源于公元前4000年至公元前3000年，即新石器时代。当时人们已经掌握了夯土技术，而夯土技术是后来完成诸如城墙建筑等城市建设任务的核心技术，也用于建造建筑物基座等。该工艺流程可分为以下几个阶段：将深达2米的斜坡面土沟逐步填满黏土层（每层6—8厘米或10—20厘米），夯实后再填土，再次夯实，如此直至夯土层达到所需的高度。该技术（早先认为只是从殷商时期才开始著名）的特殊性被认为是中国城市夯土墙墙基厚重、侧面整体呈梯形的原因。

中国最古老的城市建筑遗址，现在通常认为是20世纪末发现于长江中游地区的几处建筑群，这些地方都具有南方新石器时代聚落遗址的共性。例如，城内面积近15万平方米的鸡叫城（1998年发现于湖南省北部），平面近似长方形，有围墙环绕。根据对墙体残垣的研究，该墙体是使用夯土技术筑造的（墙高2—5米，墙基宽40—60米），并且在筑墙之前挖掘了壕沟，将聚落变成了城堡。新石器时代城市建设发展顶峰的特点与山东境内的龙山文化（公元前3000年）的特点相吻合。中国国家形成的初始阶段正是与其相关联的。20世纪90年代之前共发现了17处龙山文化城址，面积1.1万—5.7

辛

万平方米不等。在二里头遗址同一区域也发现了一些城址，一些学者，首先是中国的历史学家，将二里头遗址与传说中的夏朝（前21—前16世纪）都城等同起来。王城岗城址是其中最著名的遗迹之一。该遗址于20世纪70年代发掘，位于二里头遗址东南35千米处的登封地区，距郑州市不远。王城岗城址由夯土城墙围绕，已挖掘的西段城墙长92米，而南段城墙长度在80米以上。

更加引人注意的是，在二里岗附近后来还发现了其他一些严格遵守同样的建筑原则而建造的城市，其中包括尸乡沟。这是一个由厚重城墙围成的长方形城址。如此多的古代城堡遗址密集地出现在殷商初期，对此现象，科学文献中存在着不同的解释。一些研究者根据书面材料记载，考证已发现的这些城堡是殷商前期（公元前14世纪之前）几次迁移的都邑。而另一些研究者则将这些城市视为驻军的城堡，是为了监管被殷人所征服的当地居民，也就是殷商的一些部族而建。另一种对立的说法是，这些城堡是一些著名氏族首领的居住地。无论怎样，从中国城市建筑史的角度来看，更重要的是，要注意每个建筑群在结构和建造技术上的一致性，这显示，早在公元前3000年末至公元前2000年初，中国就已经有了发达的建筑学，并且已经掌握了具有固定设计原则的工程技术。

二里岗围墙之内及其周边地区，发现了为数众多的民居建筑遗址，以及按照行业特征集中在一起的陶器、青铜器和石器等手工制品作坊遗址，这标志着手工业已经从一般性的经济活动中分离出来，并已出现内部分工。最引人注目的是出土文物中发现了用高岭土制作的施釉陶器、玉石制品、青铜器等，并且有些器物的规格巨大（如其中的两个鼎，重量分别为52公斤和63.4公斤，高度分别为81厘米和100厘米）。青铜制品大多为厨具和餐饮用具，这些最能代表中国生产特征的产品证明，公元前17—前16世纪中国已进入了青铜时代。

**М.Е. 克拉夫佐娃《中国艺术史》，圣彼得堡，2004年；С.И.库切拉《中国考古》，莫斯科，1977年；王玉哲《中华远古史》，上海，2004年；《中国大百科全书》，北京—上海，1986—1988年；陈桥驿《中国都城辞典》，南昌，1999年；The Cambridge History of Aneient China. From the Origins of Civilization to 221 B.C. / Ed.by M. Loewe, Ed. Shanghnessy. N.Y., 1999; Chang Kwang-chih. Shang Civilization. New Haven-London, 1980; Fitzgerald-Huber L. The Bo Capital and the Questions concerning Xia and Early Shang // Early China. 1988, No. 13; Steinhard N.Sh. Chinese Imperial City Planning. Honolulu. 1990; Wu Hung. Monumentality in Early Chinese Art and Arehitecture. Stanf., 1995.

（М.Е. 克拉夫佐娃撰，周立新译）

二王

"二王"在中国艺术史上通常指两位著名的书法家、文学家、书法理论家——王羲之和王献之父子。王羲之（约307—365），字逸少，号澹斋，世号"王右军"，琅琊（今山东临沂）人，世居会稽山阴（今浙江绍兴）。王献之（344—386），字子敬，小字官奴，人称"王大令"。

王氏家族无论是在艺术天才的数量上，还是在影响力上，在中国书法史上都占据独一无二的地位。公元3—4世纪，这个家族的四代男女在晋朝乃至整个中国树立了书法典范。第一个因为书法而闻名的王家人，是西晋时期在朝廷身居要职的王正。他的族侄王敦、侄子王导、儿子王旷（王羲之的父亲）和王廙（王羲之的叔父）均名列书法史。

王羲之在中国书法史上居于中心地位，他的书法遗产奠定了中国书法的基础。王羲之的名声远比他的所有作品更具生命力。尽管在最近三百多年的时间里，没有发现一幅王羲之的真迹，但直到今天，所有的书法家还在研究其作品的临摹本。王羲之的一生是一个传奇，今天已经不可能辨别出有关他的传说的真伪。与塑造一个传统创始人的典范的文化需要相比，王羲之生平故事的可信度居于次要位置。王羲之的

中国精神文化大典 艺术卷

生卒年月已经无法确定，不同作者对于他出生和死亡时间的记载有明显的出入。父亲王旷去世的时候，王羲之还年幼，叔父王廙承担了教育幼侄的任务。王廙的孙子王茂之也是当时著名的书法家。王家收藏了大量艺术珍品，其中包括前世书法家的范本。王羲之具有罕见的过目不忘的本领：任何书法作品，他只要看一眼，便可以摹拟其风格。传统观点认为，王羲之的另一位老师是八分书的大师卫夫人。通过对隶书的学习，初习书法的王羲之掌握了线条的转换，熟悉了字体的结构。他钻研了秦汉石碑上的篆刻，学会了如何运笔。成年以后，王羲之在朝中任高官，但历史文献中并没有记载他在政治上的独特功勋。最终全身心投入书法创作的渴望战胜了仕途上的进取之心，王羲之弃官还乡。传说王羲之练习书法十分勤奋，以至于他家门口用于濯洗毛笔的池塘也被墨汁染黑了。他自己研磨，自制毛笔。他偶尔也从事绘画。关于这一点有一些比较著名的轶事，比如他曾对着镜子画自画像，还曾在扇子上绘不同题材的画。

王羲之自己的书法理论著作没有流传下来，但其中的一些段落在唐代被写作者广泛引用。从摘录中可以看到，这位书法家经常使用军事术语。与军事艺术有关的联想至关重要，在书法美学形成初期更是如此。譬如下面的一些典型例子："夫纸者阵也，笔者刀矟也，墨者鍪甲也，水砚者城池也，心意者将军也，本领者副将也，结构者谋略也，飏笔者吉凶也，出入者号令也，屈折者杀戮也"。王羲之认为，在进行创作活动之前，深思熟虑是必不可少的："夫欲书者，先干研墨，凝神静思，预想字形大小、偃仰、平直振动，令筋脉相连，意在笔前，然后作字。"

今天人们只能凭借王羲之作品的摹本来评价其创作，而大部分摹本属于双钩廓填本，即先在底图上勾勒轮廓，然后用墨汁将轮廓填满。这种摹本准确传达了字的外形轮廓，但无法反映其动态和力度。唐太宗收藏了2200余件王羲之的作品。《宣和书谱》统计的数据仅涉及王羲之作品243件。明朝末年，王羲之的真迹已经所剩无几，收藏家为之支付的价格令人难以置信。中国专家界定了王羲之作品的早期风格和成熟风格，两个时期的分界线应为公元4世纪40年代中期。清朝，随着按照社会订单创作的大型纪念碑刻作品的出现，书信和札记取得了书法艺术纪念品的地位。这些小型作品常常跨越朋友间交流的圈子，成为艺术生活的一个重要组成部分。留存下来的有《初月帖》（辽宁省博物馆）摹本，《平安》《何如》《奉橘》三帖合装摹本（台北故宫博物院），《丧乱帖》《二谢帖》《得失帖》三联合一（皇室收藏，日本），《远宦帖》摹本（台北故宫博物院）。长期以来，《快雪时晴帖》被认为是王羲之的原作，但鉴定结果表明，这其实是一幅摹本。以不同的拓本编绘而成、名为《十七帖》的29帖拓本，被认为是王羲之书法最好的范本。所有书帖均以行书或草书写就。而王羲之的楷书精品当属《黄庭经》，目前仅有刻本流传于世。

　　王羲之的晚年，是穆帝当政的时期（344—361）。书法家远离尘世，在会稽山阴近郊定居。《兰亭诗集》的诞生——王羲之曾为其撰写序言，即书法史上著名的《兰亭序》，全称《三月三日兰亭诗序》——使得"曲水流觞"成为他生活中一个标志性事件。直到公元7世纪初期，《兰亭序》的原作都归书法家的后代所有。手稿后来转到唐太宗手中，并在他死后随他一起埋葬。根据皇帝的旨意，八位宫廷书法家，包括欧阳询、虞世南、褚遂良等，临摹了这幅举世无双的瑰宝。唐朝《兰亭序》的摹本通过勾勒底图边线、以墨填充的方式完成。宋朝，王羲之的书法作品被刻在石头、木材上。迄今为止，一共有117个版本的《兰亭序》流传于世。对它们的研究和比较自宋朝起就已经开始，现在已经构成中国艺术学派一个独立的分支。目前保存的摹本中，最优秀的版本当属褚遂良的"神龙本"（卷轴，纸本，24.5厘米×69.9厘米，北京故宫博物院藏）①。在众多版样之中，中国的鉴赏家尤其推崇宋朝发现于定武的石刻临本。这一刻本很有可能取自欧阳询的书法作品，在书法史上被称为"定武本"。由于唐宋时期的石刻没有保存下来，这些石刻的印本成为王羲之精妙作品的唯一证据，因此得到收藏者的高度评

---

① "神龙本"出自冯承素，非褚遂良。

价。后世的杰出书法家们正是凭借对这些印本的临摹,创造了新的《兰亭序》摹本,这些摹本自身又成为收藏的对象。在18世纪末的某些汇编中,提到这一前朝书法作品的摹本、拓本有120—230种。

《兰亭序》以行书写成,这正是王羲之臻于完善的字体,全文28行、324字。王羲之的行书展示了楷书的"涩"与草书的"疾"之间难以把握的平衡。现代书法家、理论家沈尹默评价王羲之的作品是名副其实的珍品:"既不泥于古,也不囿于今。"在中国文化的语境中,这即是说长盛不衰。

王羲之的妻子郗夫人出身于书法世家,她是一位有天分的书法家,因此她的名字在有关书法史的文章中经常被提到。这对著名的夫妇育有七子一女。王羲之的儿子(均生活于4世纪)大都成了有名的书法家。后世书法理论家认为,"凝之得其韵,操之得其体,徽之得其势,涣之得其貌,献之得其源"。王献之在书法史上位列王羲之之后,排名第二。他奠定了公开书法活动的传统,这一传统在唐代书法家张旭、怀素的作品中达到顶峰。这位年轻的书法家第一次在历史上被称作"书圣"①。中国的论著中将"破体"归功于他。他创立了一系列堪为典范的、具有过渡风格的字体:行草、"一笔书"。王献之能够在草书方面取得创新,得益于他在楷书上的精深造诣,他曾创作小楷《洛神赋》。这幅书法作品受到同时代书法家的高度赞誉,以至于时人将其刻于玉片之上。然而不久之后,这些原作及其刻本都遗失了。北宋年间曾出现保存着前九行文字的拓本,后来又出现了另外四行文字的拓本。所有发现的片段被刻印在一块新的石头上,称为"十三行"。

普遍认为,"二王"之中,父亲最为擅长真行,而儿子最精通的是行草。王献之行草书法唯一的真迹,或许要算《鸭头丸帖》的手稿。该手稿共两行十五字(上海博物馆藏)。遗憾的是,王献之久负盛名的草书作品《十二月帖》

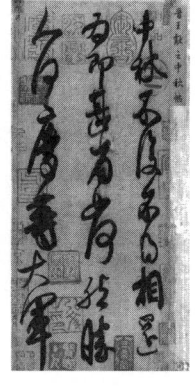

---

① 王羲之被尊为"书圣"。

目前看到的只有宋拓本。

"二王"是艺术上"风流"派在书法领域的杰出代表。他们创立了新的书法技艺，从而能够表达出隐秘的个性心理感受，取代宫廷、家族流派的个人风格道路至此开启。

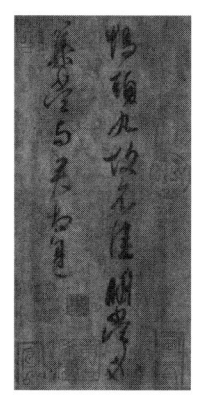

*刘涛《王羲之·王献之》，北京，1993年；王靖宪《中国书法艺术·魏晋南北朝》，北京，1996年；刘正成《中国书法全集·魏晋南朝名家》，北京，1997年。

**В.Г.别洛焦罗娃《中国书法艺术》，莫斯科，2007年；Е.В.扎瓦茨卡娅《中国古代绘画的美学问题》，莫斯科，1975年；王元军《六朝书法与文化》，上海，2002年；刘涛《中国书法史·魏晋南北朝卷》，南京，2002年；潘运告《汉魏六朝书画论》，长沙，2006年；马国权《沈尹默论书丛稿》，香港，1981年；杨再春《行书笔法与兰亭序帖》，北京，1987年；Chang Leon L. Y., Miller P. Four Thousand Years of Chinese Calligraphy. Chic. -L., 1990; Ch'en Chih mai. Chinese Calligraphers and Their Art. Melbourne, 1966; Fu Shen C. Y., Fu M., Niell M.G., Clark M. J. Traces of the Brush: Studies in Chinese Calligraphy. New Haven, 1977; Tseng Yuho. A History of Chinese Calligraphy. Hong Kong, 1998; Willets W. Chinese Calligraphy. Its History and Aesthetic Motivation. Hong Kong, 1981.

（В.Г.别洛焦罗娃撰，张猛译）

范宽（950—1027），原名中正，字中立，华原（今陕西耀州）人。北宋初期山水画大师。

范宽出身官宦之家，绘画师法李成。他一生隐居，常在黄河中游地区游历。据说，范宽敢于向画院派提出质疑，对临摹古代大师作品的做法表示怀疑，主张沉浸于大自然之中，凝神静思，这样才能领悟绘画艺术的奥秘。据传说，他可以静坐几个小时，观察展现在他眼前的大自然图景。虽然没有加入画院派，并对官方的绘画传统表示质疑，但范宽的作品却具有该流派特有的被称为全景式山水画的特点。

绘画理论专著《图画见闻志》的作者郭若虚首次提及范宽的作品接近于画院派山水画。他在这部专著中称范宽为三大家之一（与关仝和李成一起），三人在文献中经常被称为"10世纪三大山水画大师"，他们的创作与山水画三大流派的形成密切相关。郭若虚如是评价范宽的创作技法特点："宽仪状峭古，进止疏野，性嗜酒好道。尝往来雍雒间，天圣中犹在，耆旧多识之。""故人呼为范宽也。"

郭若虚关于范宽绘画内在表现力和外在完美性的公正评价，在流传下来的范宽作品摹本中得到证实，首先是《溪山行旅图》（206.3厘米×103.3厘米，绢本，水墨，淡设色，台北故宫博物院藏）和《雪景寒林图》（193.5厘米×160.3厘米，绢本，水墨，设色，天津博物馆藏）。第一幅画最接近范宽的真迹。前景中，画面底部是被奇形怪状的石块环绕的小路，小路通向河流并消失在树林当中。水面右边可辨认出下马的行人，树林高一点的地方可以看见寺庙的屋顶。画卷的后景山脉高耸，占据画卷高度的四分之三：山脉很高，以至于无法完全容纳在画卷上，被画卷的边缘截断。山峰上的石阶和斜坡被灌木丛覆盖，陡坡上有瀑布直泻而下，瀑布飞溅的水雾遮蔽山体，水流漫开，在前景处汇成一条河流。所有构图以"高空"视角凝聚，使用"高空鸟瞰"与其他视角相结合，使得画家可以展示山峰、寺庙屋顶和行人。观者也仿佛同时立于近景的石堆之前，那里是河流的弯曲处和接近于画卷中心的灌木丛。画卷明暗对照，层次分明，浑然一体。这一技法同样应用在《雪景寒林图》当中。该画的前景是一片宽阔的冰封水域，（从观者视角看）远岸上，积雪覆盖的坡石与长着光秃树枝的灌木相映成趣，灌木丛后面（中景）耸立着一座雪山，山顶上建有寺庙，后景是巍峨起伏、无边无际的深山全景。

与李成类似，范宽采取了新的绘画技巧和方法：在描绘山峰形状时，他使用了特殊的皴法，后得名"雨点皴"；用6—7层的淡墨反复渲染来表现天空和雪景。保存于台北故宫

博物院的画卷中山峰和坡石以浓墨、点皴完成，飞瀑和雾气则利用绢面的自然颜色，补充的细节用深墨完成。

*郭若虚《图画见闻志》，К.Ф.萨莫秀克翻译、注释，莫斯科，1978年。

**Н.А.维诺格拉多娃《中国山水画》，莫斯科，1972年；М.Е.克拉夫佐娃《中国艺术史》，圣彼得堡，2004年；R.库珀、J.库珀《中国艺术杰作》，译自英文，明斯克，1997年；Т.А.波斯特列洛娃《10—13世纪的中国画院》，莫斯科，1976年；К.Ф.萨莫秀克《郭熙》，莫斯科，1976年；《故宫博物院馆藏珍宝》，莫斯科，2007年；庄嘉怡、聂崇正《中国绘画》，北京，2000年；《中国艺海》，上海，1994年；《中国历代绘画》，天津，1985年；邵洛羊《中国美术大辞典》，上海，2002年；《中国美术全集·绘画编》，第3卷，北京，1986年；Paintings in Chinese Museums // Arts of China. Vol. 3. Tokyo, 1970; Possessing the Past. Treasures from the National Palace Museum, Taipei. Taipei, 1996; Siren O. Chinese Painting. Leading Masters and Principles. Vol. 1-3. L., 1958; Sullivan M. Symbols of Eternity: Landscape Painting in China. Stanf., 1979; Xu Yanzhong. Selected Poems and Pictures of the Song Dynasty. Beijing, 2005.

（М.Е.克拉夫佐娃撰，王玉珠译）

费穆（1906—1951），导演。曾在天津法文高等学堂学习，掌握了法语、英语、德语、意大利语和俄语。在电影领域，从1930年起，费穆开始担任翻译，从1932年起开始做导演。他拍摄的电影有《城市之夜》《狼山喋血记》《孔夫子》《小城之春》《生死恨》。费穆的影片中出现隐晦的寓言式表达和细腻的心理描写，这是在电影形式方面的大胆试验。《小城之春》（讲由生病的丈夫、寂寞的妻子、前来拜访的朋友形成的"三角"关系的室内情节剧）是中国最优秀的电影之一，富含心理描写和人道主义思想。

**《中国大百科全书·电影》，北京，1991年；《中国电影大辞典》，上海，1995；程季华《中国电影发展史》第1—2卷，北京，1963年。

（C. A. 托罗普采夫撰，姜敏译）

风水

风水，中国的一门玄术，根据高延（J. J. M. de Groot）的表述，"是一种伪科学系统，旨在教导人们如何选址及建造墓穴、寺庙和住宅，以福佑死者、生者和神灵，使他们居于其中只会感受到，或最大限度地感受到自然环境的有利影响"。按照中国的传统概念，每个地方都有自己的地貌特点，这些特点决定了不同地方乃至宇宙整体的能量——气如何影响居住者。影响风水形成的因素中最重要的是山的形状和河流的流向，同时，建筑物的高度及形状、道路和桥梁的方向也很重要，所有这些都应该严格考虑到特定地区的天体位置。风水学认为，即使一个地方具有明显的不利特征，也不能说它是完全没有希望的。在某种程度上，情况可以得到改善，例如，通过人工的途径或者使用对景观产生有益影响的其他手段。

总体上，风水学依赖于中国所有传统科学在不同程度上都具有的准则：天、地、人合一——因为人类社会是自然的有机部分，两者之间相互作用，紧密联系，这种相互作用排除了自然对人的主导地位，反之亦然；和谐——作为整体的一部分，自然与人和谐共存是通往成功和繁荣的唯一途径；阴阳平衡——世界万物都应该处于阴阳平衡的状态之下，所以在风水的实践中必须严格遵照阴阳平衡；丰富与多样——这直接取决于具体地方的自然特征，特殊且独一无二。风水大师（风水先生、风水师）依据经典论著，在具体地点工作时应该首先关注该地的特点，如地貌、方位（这里特别重视"山环水抱"的"宝地"，即水和陆地自然形成一种有利的组合）、河流（水势不应过于湍急，流向不应太直，否则视为不利）、朝向（地势向光）、土壤（沙质和多石地被视为不利）。

风水的概念源自远古,最初与丧葬礼仪有关。尊重祖先的风俗产生了将逝者安放于墓地的传统,墓地应该保持最大程度的安静和舒适——对逝者最好的墓地与该地的地貌、天穹、星星和朝向等紧密相关,即理想中的墓穴应该处于大自然最有利的条件下。

据已知的资料记载,术语"风水"在郭璞(276—324)的著作《葬书》中首次使用,但这一体系的形成更早,因为关于占卜师、堪舆家早在《诗经》中就已经提及。风水学的实际形成应该是在三国时期。流传至今的最早的风水论著被认为是王微(420—479)的《黄帝宅经》,但可能为7世纪的托名之作。此后关于风水的著作有几十种。

在中国古代,风水的黄金时期传统上被认为是最杰出的预测家和风水大师郭璞生活的年代,他不仅是这一领域的最高权威之一,也成为风水学的鼻祖。风水下一个繁荣期的情况如下:7世纪,根据皇帝的命令成立由百余位学者组成的机构,他们仔细研读已有的风水文献,并选出最好的范本,力图从最高的国家层面遏制对风水学的误传,将之与大量的迷信、伪学说和投机相隔绝。

唐朝时产生并形成了著名的风水流派"形法派"(江西派),其最著名的代表人物是9世纪后半期的杨筠松,他以能够找到为后代带来富足和成功的墓地而闻名。形法派特别重视对山峰、冈丘以及河流的观察。晚期出现了与之相对立的理气派(福建派),形成于13世纪,在非正统派的影响之下,该派认为八卦和干支更为重要,较少关注地形地貌。这一流派以实际使用罗盘为特征。在某种程度上,时至今日这两种流派仍皆存在。

根据李约瑟的描述:"风水的历史在很大程度上也是罗盘的历史。"现代研究者对中国的罗盘首先应用于风水实践的情况并未怀疑。在古代使用的占卜盘由两块板组合而成,上部是代表天的圆盘形,下部是象征地的方形。占卜盘刻有天文符号和天干地支。风水大师的主要工具之一是罗盘,呈中号茶碟大小,集合所有对风水学有影响的宇宙中各种信息于一体,并将这些具有象征意义的刻度和字词,围绕盘中心

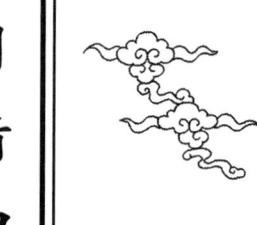

放置，盘中心是不大的磁针。正是唐朝时期罗盘的完善带来了两种风水流派的分离。

**《传统风水：中国风水绪论》，M. E. 叶尔马科娃主编、作序、翻译、注释和索引，圣彼得堡，2003年；何晓昕《风水探源》，南京，1990年；Groot J. J. M., de. The Religious System of China. Leiden, 1892-1906.

（И. А. 阿利莫夫撰，王玉珠译）

傅抱石

傅抱石（1904—1965），江西南昌人。中国山水画大师，同时也从事人物画创作，是杰出的绘画理论家、书法篆刻家。1933年留学日本，攻读东方美术史学，并研究雕版篆刻。回国后（1935年）积极在南京和重庆的艺术院校从事艺术教学工作。1960年任江苏国画院院长（南京）。傅抱石所作山水画，构图灵活多样，善于将水、墨、彩融为一体，在墨色运用上，喜用泼墨，对雾、雨、瀑布等十分拿手。著有若干理论作品。

*叶宗镐《傅抱石美术文集》，南京，1986年。

**徐建融《当代十大画家》，上海，1995年；《傅抱石画选》，北京，1983年。

（С. Н. 索科洛夫－列米佐夫撰，王玉珠译）

傅山

傅山（1607—1684），字青竹、青主，号石道人、朱衣道人等。生于山西太原。明末清初书画家、诗人，其兴趣还包括历史和医学。

明朝灭亡时傅山38岁，已经是著名学者和教育家。入清后出家为道，取名石道人，但1678年被迫就博学鸿词科之荐。

傅山在学习书法时曾认真研习晋唐书法泰斗的楷书典范，还专门学习了古青铜器铭文和碑文。其楷体书法的特点是笔画末端呈圆形或弯曲，行书和草书为拉长的方形字体。他曾说："宁拙毋巧，宁丑毋媚，宁支离毋轻滑，宁真率毋安排。"

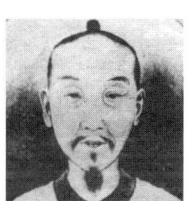

**В. Г. 别洛焦罗娃《中国书法艺术》，莫斯科，2007年；黄惇《中国书法史·元明卷》，南京，2001年；朱仁夫《中国古代书法史》，北京，1992年；Bai Qianshen. Fu Shan's World. The Transformation of Chinese Calligraphy in the Seventeenth Century. Cambridge-London-Harvard University Asia Center, 2003.

（В. Г. 别洛焦罗娃撰，李春雨译）

改琦

改琦（1773/1774—1828/1829），字伯韫，一字香白，号伯子、七芗、雪巷生、横池渔父、玉壶生、玉壶外史、玉壶山人。清代画家、书法家、诗人。

最早入籍地为松江（今上海），应指明的是，改琦的远祖为西域人，即今新疆人。

改琦主要生活在松江，从事山水画、花鸟画和人物画创作。在山水画上遵循"明四家"中仇英和唐寅的画风。但尤以仕女画和佛教人物画著名，其山水画、兰花画和竹子画（大部分为小幅）亦有一定造诣。印鉴有雪篷轩、听雨词人、集虚、九兰画舫、旧山楼、七香、词画轩印等。

改琦1816年为曹雪芹长篇小说《红楼梦》创作的插画尤为著名，著名的木版画也被认为是中国传统文学木版印刷插图的典范。

**薛锋、王学林《简明美术辞典》，哈尔滨，1982年；俞剑华《中国美术家人名辞典》，上海，1987年；《中国书画家印鉴款识》，北京，1987年。

（В. Л. 思乔夫撰，王玉珠译）

高凤翰

高凤翰（1683—1749），字西园，号檗琴翁、檗琴老人、归云老人、老笔、老阜等，山东胶州人。清代著名画家、书法家、篆刻家、艺术品收藏家和鉴赏家、诗人。曾在朝廷任职，后因忌妒者诽谤入狱，遭到迫害，1737年右臂病废，但他继续用左手创作（在其一系列的印鉴款识中体现出来）。文献中未提及高凤翰1716年以前的作品。作为画家，他偏爱山水画和花鸟画。印鉴有高翰、高仲子、老秀才、左臂、石之农、石痴、游戏等。仅在《中国书画家印鉴款识》（1987）中提及的高凤翰的印鉴就有190种。

高凤翰还喜欢在石砚上雕刻，并为此写有专门的论述。平生喜好砚台，收集砚台千余件，更令人惊讶的是其印鉴的收藏（一万余件）。在生活风格和创作观点上，高凤翰与其他扬州大家（例如汪士慎、华嵒等）一致，因而被一些研究者，例如C. H. 索科洛夫－列米佐夫，归入"扬州八怪"之列。

**C. H. 索科洛夫－列米佐夫《扬州八怪：中国十八世纪绘画史略》，莫斯科，2000年；《中国书画家印鉴款识》，北京，1987年；《扬州八怪书画展》，东京，1986年；《扬州八家画集》，北京，1959年。

另参见词条"改琦"的参考文献。

（В. Л. 思乔夫撰，王玉珠译）

高克恭

高克恭，字彦敬，号房山道人，1248年生于大都（今北京）房山，卒于1310年。政治家、画家，元代六大家之一（与王蒙、倪瓒、吴镇、黄公望和赵孟頫齐名），其先祖为西域人。元朝建立之后不久被委以官职，官运亨通，直至刑部尚书。

在宫中任职时，高克恭与包括赵孟頫在内的汉族显贵过从甚密。高克恭擅作山水画、墨竹。一般认为，其墨竹构图延续了竹石一体画法传统以及以王庭筠为首的文人画风格。现存几幅高克恭的此类画作，包括纸本单色的卷轴《雨竹图》（又作《墨竹坡石图》，121.6厘米×42.1厘米，北京故宫博物院藏）。

高克恭的山水画与其墨竹画相比，风格更为多样。他以米芾及其他南宗画派（今称南方山水画派）代表者的创作经验为基础，同时借鉴了北宋画院山水画家（如李成）之长，其最著名的作品《春山欲雨图》（107厘米×100.5厘米，绢本，墨笔，淡设色，上海博物馆藏）即是明证。该画描绘了云雾烟霭风格最典型的风景，群山从云雾缭绕中高耸而出，前景处树木清晰可辨，远景微微上扬，云气充沛，占据整个画面的上部，将前景与后景分割开来，营造出一种深邃幽远的空间感，加上特写部分的精细工致，体现出对米芾构图基本技巧的掌握，而中部高耸的群山为董源风格。高克恭流传至今的另一幅画作《云横秀岭图》也表现出类似的构图风格。该卷轴纵182.3厘米，横106.7厘米，绢本墨笔，淡设色，现藏于台北故宫博物院。

这两幅画形象逼真，看似真实风景的写生画，但对前人技法的明显借鉴又指向了构图的设计性。高克恭的画作亦体现出元代艺术的一个基本趋势。

**M.E.克拉夫佐娃《中国艺术史》，圣彼得堡，2004年；《中国艺海》，上海，1994年；邵洛羊《中国美术大辞典》，上海，2002年；《中国美术全集·绘画编》，第4卷，北京，1986年；《上海博物馆藏品精华》，上海，2004年；Cahill J. Hills beyond a River: Chinese Paintings of the Yuan Dynasty 1279-

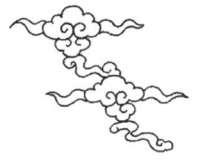

1368. N.Y., 1974; Lee Shekman E, Ho Wai-kam. Chinese Art under the Mongols: The Yuan Dynasty (1279-1368) . Cleveland, 1968; Paintings in Chinese Museums // Arts of China. Vol. 3. Tokyo, 1970; Siren O. Chinese Painting. Leading Masters and Principles. Vol. 4. L., 1958; Sullivan M. Symbols of Eternity: Landscape Painting in China. Stanf., 1979; The Shanghai Museum of Art / Ed. by Zhen Zhiyu. N.Y., 1981.

（M. E. 克拉夫佐娃撰，李春雨译）

高其佩

高其佩（1660/1672—1734），字韦三，一作韦之，别号古狂、南村、铁岭、铁岭道人、铁岭人、且园、且道人，辽宁铁岭人。清代著名画家、指（头）画大师，以传统方式作画。

高其佩官至高位。俞剑华的《中国美术家人名辞典》（1987）提及，高其佩得授谥号"恪勤"，但其"恪勤"印鉴出现在1708年，这样看来，"恪勤"是他的别号之一。高其佩擅画人物画和花鸟画。印鉴有不是画、一尖、以手为长、白文、非我所能为者、全无成见、指头画、指头生活等，一些印鉴带有循环性字符。北京故宫博物院馆藏中有一套12开的高其佩所画钟馗图册（绢本，水墨，26.6厘米×30.6厘米），这些画是画家以指头代笔完成的。

高其佩的外甥、明代王室后人、著名书画家朱伦瀚（字涵斋、亦轩，号一三、涵道人，1680—1760，山东历城人）也因绘画技巧闻名于世。朱伦瀚1712年考取进士，在军队任职，娴于技勇，能够用左右手射箭。4岁时，以石炭涂壁，肖诸鬼神鸟兽像。一日攀石炭车取炭，坠地伤右手中指，愈后此指甲独厚而锐，有微凹能容墨，遂以指代笔，后擅长指画。也许，关于指头受损的故事只是传说，但对朱伦瀚在职业定位上有心遵循家族传统有一定意义。朱伦瀚传世之作很少，所有作品可追溯到1740—1750年。印鉴有一笑而已、青山淡而忘舍等。他对绘画特殊技法的偏爱可以在其两个印鉴——"指头蘸墨"和"指挥如意"中体现出来。

**潘天寿《中国绘画史》，上海，1983年；俞剑华《中国美术家人名辞典》，上海，1987年；杨永青《傅山的指头画》，《美术》，1988年第6期；China: The Three Emperors, 1662-1795. L., 2005.

另参见词条"邗上五朱"的参考文献。

（В. Л. 思乔夫撰，王玉珠译）

高翔（1688—1753/1754），字凤冈，号阿凤、西唐、西唐山人、山林外臣，江苏扬州人。清代著名画家、书法家、篆刻家、诗人。文献中未提及高翔1712年以前的作品。高翔主要从事山水画和花鸟画创作，笔法简练，创作题材多从写生中来。暮年，因右手残疾，用左手作画。高翔的印鉴有高生老、五岳草堂、法王、知书无如我、正味、赏异等。

参见词条"汪士慎"的参考文献。

（В. Л. 思乔夫撰，王玉珠译）

高行健，1940年出身于江西省的一个戏剧爱好者和鉴赏家家庭，是文化"新浪潮"和"戏剧探索"的典型代表，剧作家、散文作家、戏剧理论家。

高行健在还是学生的时候就已经表现出对戏剧的兴趣。因没有机会在北京戏剧学院学习而进入外语学院法语系。在那里，他积极参加了戏剧活动，创建了青年剧团"海鸥"社，对斯坦尼斯拉夫斯基的作品产生了强烈兴趣，晚些时候还研究了

В. Э. 梅耶荷德、Е. Б. 瓦赫坦戈夫、布莱希特的作品，以及传统戏剧艺术。1982年开始，高行健成为北京人民艺术剧院专职剧作家。自1985年后，他多次到德国、法国实习，结识了欧洲现代主义戏剧流派和著名戏剧活动家，创建东方新戏剧的构想自此形成。他把戏剧舞台规则和现代东方戏剧元素相结合，这些创作原理在其戏剧《绝对信号》《野人》《彼岸》《模仿者》《车站》等中得以反映。1985年，其第一部戏剧汇编作品《高行健戏剧集》出版。他还创作了系列中短篇小说，撰写了大量戏剧、文学、电影评论以及相关理论文章。1987年后移居海外。2000年获得诺贝尔文学奖。

*《高行健戏剧集》，北京，1985年；高行健《用自己感知世界的方式来创作》，见《新剧本》，1986年第3期；许国荣《高行健戏剧研究》，北京，1989年。

（И. В. 盖达撰，刘玉颖译）

歌仔戏

歌仔戏，台湾戏剧，是唯一起源于台湾的中国传统戏剧。19世纪末起源于宜兰县，20世纪20至30年代达到繁盛时期，几乎完全取代了包括京剧在内的其他风格的戏剧。歌仔戏在中国南方很受欢迎，尤其是在福建省。该戏剧集歌曲、舞蹈、杂技、武术于一体，演员的服装和化妆基本上和京剧相同，但相比更为简单。演出中使用8种乐器，经常由至多5位乐师演奏。在台湾最著名的歌仔戏流派（自1929开始）"明华园"的表演中，有10多位乐师同台演奏。

100多年前，来自大陆的居民把自己的歌舞和台湾当地的民族歌舞相结合，这种艺术风格的早期形式非常简单、短小，在宗教节日和传统节日上表演。在节庆活动中，表演爱好者们在地上插起四根杆子作为假定舞台，在上面表演情节简单的节目。他们的表演编排简单，全凭个人经验及即兴创作方面的能力。后来表演从"地上"转移到临时搭建的台子上，舞台布景小巧，且临时简易。舞台的后方挂一块彩布，放一张普通的桌子寓意高山。歌仔戏从未给岛上的居民造成语言和文化上的障碍，演出时使用当地方言，且真声演唱，不似京剧那样用假嗓。台湾被日本侵占时期，演员们在台湾戏剧中使用了11种唱腔，其中最为流行的是"哭腔"。当时的整体舞台氛围是忧伤的，表达了伤痛之情以及对殖民制度的愤怒和不满。从1937年开始，日本侵略者企图把中国传统文化所保留的部分完全从台湾岛排挤出去，加快"日本化"进程。歌仔戏被禁演，但是演员仍秘密演出，有时他们身着普通服装表演，看到警察时则迅速躲藏。在那个时期，他们像其他演员一样，探寻着其他表演途径。

1945年以后，台湾戏剧迎来一个新的繁荣时代。到50年代中期，台湾有500个演出团体，每个团体30—60人不等。这些演出团体曾经到亚洲许多国家巡演。1956年拍摄了第一部歌仔戏电影并取得巨大成功。然而随着新娱乐形式的发展，这种艺术形式逐渐势衰直至消失。1964年，岛上只剩下不到100个剧团。从70年代中期开始，台湾戏剧在剧院、电视节目、无线电节目和电影中经常出现。

如今，歌仔戏成为集各种戏曲风格于一体的综合表演形式。现代剧团通过各种手段提高了戏剧的观赏性，例如设置绚丽的舞台布景，对节目进行多样化改编——从"令人哀叹"的悲剧转向喜剧，等等。戏剧的剧目一般取材于中国文学作品及福建方言区（闽南话）民间故事、传说等。歌仔戏的本土根源成为其在21世纪初复兴的催化剂。中学和大学把对该剧种的学习、研究纳入教学计划。数以百计的剧团正在从事继续发展、完善歌仔戏特有形式及其传统等工作。

**瓦连京·刘《台湾广播答"国际广播电台"听众100问》，莫斯科，2005年；林鹤宜《台湾歌仔戏》，台北，2001年。

（В. Ц. 戈洛瓦切夫撰，刘玉颖译）

革命样板戏

"革命样板戏"是"文化大革命"（1966—1976）期间创作的戏剧作品，以传统京剧风格为基础，但是没有使用传统的戏剧内容，而是采用了革命宣传的风格。20世纪60年代，出现了对历史学家、剧作家吴晗的文章以及他编写的明朝官员海瑞的剧本的尖锐批评（先是《海瑞上疏》，该剧在上海京剧院上演，随后是《海瑞罢官》，这部剧引起了观众的强烈反响和上层思想界严厉的政治批判）。中共中央委员会全体会议（1962年）呼吁与"现代修正主义"做斗争，并开展"社会主义再教育"运动。"社会主义再教育"的武器之一就是"戏剧革命化"。江青领导了戏剧界的所谓"纠正"行动，从"再创作"和把传统节目"现代化"开始，一直深入到作品的全部内容以及舞台创作的精神价值。在"在社会主义制度下的阶级斗争"这一主题的统领下，"个人幸福"的主题被认为是"不符合人民大众和革命利益"的，完美的英雄形象被大力宣传。

毛泽东的批示（1963年、1964年）成为对戏剧进行进一步批评的信号。第一份批示批评了文学艺术的整体状况，特别表现出对戏剧的不满；第二份批示呼吁对各种创作团体及那一时期的出版物进行"严肃改造"。在京剧现代戏观摩演出人员座谈会上（1964年），江青把当时的戏剧定性为"不保护社会主义经济基础"，认为创作团体"缺乏应有的阶级立场"和"良心"。《部队文艺工作座谈会纪要》（1966年）认为，应该"破除对30年代文艺的迷信"，"破除对中外古典文学的迷信"，给"写真实"论、"中间人物"论、反"题材决定"论等观点的流行画上句号，在摧毁"旧的"基础上创造出所谓"开创人类历史新纪元的最光辉灿烂的新文艺"。全国的戏剧舞台上演了被称为"革命样板戏"的戏剧，剧中充满慷慨激昂的情绪和对起宣传鼓动作用人物的描绘（《沙家浜》《智取威虎山》《红灯

记》等)。为了让更多的民众看到这种戏,从1973年开始"样板戏"转移到电影领域。这些"样板戏"经过审查后,被认为是必要且必需的,各地有组织地进行轮流观看。

20世纪70年代初,出现了对"文化大革命"进行重新评判的趋势,要求克服它的缺陷。1974年,北京重新举办了华北艺术节,除了演出"革命样板戏",还上演了京剧经典剧目以及其他传统戏剧。80年代,"革命样板戏"逐渐退出舞台,但有时电影还会播放。

**《中国文学与艺术:1976—1985》,莫斯科,1988年;《中华人民共和国文化的命运(1949—1974)》,莫斯科,1978年。

(С. А. 谢罗娃撰,И. В. 盖达、С. А. 托罗普采夫补充,刘玉颖译)

工笔

工笔是中国传统绘画的一种技法,适用于写生风格绘画,用工整精细的笔触描绘客观物像,力求刻画入微。不仅用于写生,同时也用于展示结构或整个作品的独立成分。皴是工笔技法的基础,数十种皴法的每一种都与毛笔倾斜的角度、按的力量和笔触的方向对应。皴有严格的固定顺序。技法意味着多层次的结合,这使得绘画具有多色调效果。工笔技法应用于中国画的多种体裁。与减笔技法相对(参见总论中的"卷轴绘画的传统技艺")。

*Е. В. 扎瓦茨卡娅《中国古代绘画的美学问题》,莫斯科,1975年;Kwo Dawei. Chinese Brushworks. L., 1981.

(В. Г. 别洛焦罗娃撰,王玉珠译)

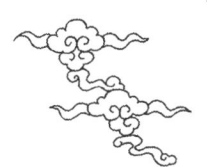

骨筋血肉

骨、筋、血、肉，是反映书法艺术生命力的术语。

传统美学赋予书法造型真实鲜活身体的所有属性，其中包括机体的统一，这种统一是中国宇宙观整体上具有的。人体在结构上是统一的，同时是由多元素构成的，书法造型结构以之为原型。中医将人体看成带有阴阳两极的能量循环系统。书法家也用有差别的阴阳两极来彰显书法造型的生命力，比如骨、筋、血和肉。

阳极元素负责笔画的力度和柔韧度。"骨"作为结构的框架，保证造型的稳固和力量，是书法形式的主要成分。"骨"应带有力量，力量的来源建立在正确执笔之上，过慢的运笔会损耗力量。"筋"是造型的张力，像弓上的弦，用内部联系的柔韧度将骨架结构的各个元素连接起来。"筋"应具有弹性，其形成依靠正确的运笔姿势。运笔时过度的延缓会导致"筋"的缺失。

阴极元素负责笔画的粗细及浓淡。"肉"作为造型的元素，应该是立体的，不肥不瘦。笔力不够会产生"鹤膝"。"血"是造型内部的循环，主要指水墨的运用，如果涨墨过度，则会产生"墨猪"。

每个术语都表达了固定的造型特征，这些特征由大量专门的笔法和墨法构成。书法造型的四大元素造就了"生机"，使书法形式具有生命。书法造型评价的主要准则是其生命力的水平。根据美学标准，印刷的铅字是"死的"，因为它们没有生命体的构造。只有书法家通过运笔将生命注入书法形式当中，"骨、筋、血、肉"才会产生。

将生命形态结构拟喻应用于书法实践在中国古代一些论著中已被提及。晋代著名的《笔阵图》写道："下笔点画波撇屈曲，皆须尽一身之力而送之。""善笔力者多骨，不善笔力者多肉；多骨微肉者谓之筋书，多肉微骨者谓之墨猪；多力丰筋者圣，无力无筋者病。"梁武帝言："纯骨无媚，纯肉无力。"当书法具有生命力时，才能说书法造型和谐了。这一准则为世代中国书法大师和评论家所遵循。

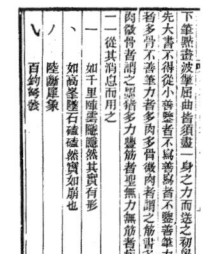

**В.Г. 别洛焦罗娃《中国书法艺术》，莫斯科，2007年；С.Н. 索科洛夫－列米佐夫《文学—书法—绘画：远东文化中的艺术融合问题》，莫斯科，1985年；王冬龄《书法艺术》，杭州，1986年；姚淦铭《汉字与书法文化》，南宁，1996年；Gao Jianping. The Expressive Act in Chinese Art. From Calligraphy to Painting. Uppsala, 1996.

（В.Г. 别洛焦罗娃撰，王玉珠译）

故宫

故宫，北京紫禁城的前身，是皇家宫殿建筑群的总称，被列入世界文化遗产，为明朝和清朝的皇家宫殿，1911年该宫殿才获得现今使用的故宫名称[①]。宫殿建筑群的总面积约为72万平方米，建筑面积约15万平方米。整个紫禁城由高达10米的紫红色宫墙围护，同时有宽约52米的护城河环绕。四个坚固的城角处耸立着用作防御的角楼。四面都设有进入紫禁城的城门，其中主要的有南门午门。包括一些独立的"小宫殿"在内，整个宫殿建筑群有近9000个建筑物，这些建筑物有帝王使用的金碧辉煌的寝宫、宫殿和不计其数的亭台楼阁、主仆居所等。

宫殿的建设始于1406年，是按照明成祖的命令开始建造的，建设过程一直持续到1420年。后来，很多建筑多次进行扩建和改造。清朝统治时期，宫殿建筑群形成了现在的外观。宫殿布局严格遵守以南北向的中轴线来对称分布的要求，极好地表达了"中庸"的思想。紫禁城是一个规模宏大、布局完美的宫殿建筑群，宫殿之间通过庭院、通道和宫门彼此相连。所有房屋都建在高高的石台之上，为木制建筑。

根据宫殿法式，整个建筑群分为两个部分：官方部分是外朝，占全部面积的三分之二，居所部分称内廷，是皇帝及其家庭的私人住所。建筑群主要遵守的是"三大殿三大宫"的布局原则，这些宫殿都建在大理石台基之上。"三大殿"

---

① 1925年经清室善后委员会议定，原清宫内廷定名为"故宫博物院"，故宫之名非始于1911年。

分别为太和殿、中和殿和保和殿，为外朝的中心，象征着皇帝和皇权的各种金龙是大殿的主要装饰图案。太和殿是外朝的主要建筑，其高度为26.92米，建筑总面积约为2300平方米。重檐庑殿顶使用72根木柱作为支撑，顶棚梁上装饰着各种颜色的绘画，重檐屋顶覆盖着黄瓦。大殿是一个巨大的厅堂，皇帝在此举行隆重的仪式，签署命令，宣布登第进士名次（传胪），安排每年的节日庆典，宣布战争的开始等。殿前有青铜铸成的乌龟和长腿仙鹤（为长寿的象征），并排放置着巨大的铜鼎（为皇权稳固之象征）。整个院落范围之内，所有建筑均呈轴线对称分布：向东为文华殿建筑群，向西有武英殿，它们与"三大殿"一同构成了外朝。

外朝之后是内廷。"三大宫"乾清宫、交泰殿、坤宁宫位于北部的中心。乾清宫是皇帝办公和接见外国使臣的地方。皇帝的御玺存放在交泰殿里，皇后生日这天在这里接受祝贺。皇帝的婚礼仪式在坤宁宫举行，皇帝的婚房设于此处。内廷的房间和院落规模要比外朝的三大殿小得多，图案装饰和室内装修上使用龙凤图形，它们是皇帝与皇后的象征。皇帝的寝殿后面是御花园，花园里长满高大的松柏，砌有假山，建有戏楼。

故宫建筑群的北门是神武门，从神武门向北矗立着人工山景山，万春亭在景山山顶。

主要建筑元素对称且和谐地重复——双层曲檐和三层曲檐大殿是宫殿建筑群的特色。采用建筑物序列分布的建筑设计艺术，既让故宫富丽堂皇，雄伟壮观，也使得其室内结构精巧，赋予每个建筑客体无与伦比的风貌。

**E. A.阿谢普科夫《中国建筑》，莫斯科，1959年；P. B.越特金《中国的博物馆和名胜古迹》，莫斯科，1962年；O. H.格鲁哈

廖娃、Б.П.杰尼凯《中国艺术简史》，莫斯科—列宁格勒，1948年；《中国的世界遗产》，北京，2003年；Б.П.雷奇洛、М.В.索恩采夫《北京：俄罗斯游客中国首都名胜新指南》，莫斯科，2000年；В.Я.西季赫梅诺夫《中国：历史之页》莫斯科，1987年；潘谷西《故宫》，载《中国大百科全书·建筑、园林、城市规划》，北京—上海，1988年。

（Н.Ю.杰米多撰，周立新译）

顾闳中

顾闳中，10世纪著名画家、人物画大师。

943—961年，顾闳中在五代时期的南唐（今江苏地区）宫廷中从事创作，并得到李煜的厚待。他因《韩熙载夜宴图》而载入中国绘画史。李煜听说韩熙载过着放浪的生活，在自己家中举办夜宴，因而命令顾闳中暗中观察，记录所见。据资料记载，多位画家都创作了同类题材的作品，其中包括当时最著名的人物画大师周文矩（10世纪）的同名画，周文矩同样也是南唐的宫廷画家。有一些摹本较为著名，其中一幅创作于16世纪的日本。最接近于真迹的——或许就是出自顾闳中手笔的真迹——是北京故宫博物院典藏中的一幅（28.7厘米×335.5厘米，绢本，设色，水墨）。

这一横轴画由表现韩熙载所处不同情境的五个独立场景构成，在构图上类似于古代的壁画。画卷由主人公聆听教坊副使妹妹弹奏琵琶展开。其次是更为复杂的多人场景：描绘了舞女在韩熙载的击鼓声中翩翩起舞，并引起了宾客——神态自若的四个身着官服的男性和两位女性以及一位僧人的关注。研究者认为，这一场景开创了人物画宫廷情节框架下独立的主题题材流派——夜宴和类似的娱乐场景绘画。第三个场景中，韩熙载在几位侍女的簇拥下坐在内室的卧榻边洗手。第四个场景是韩熙载倾听身着粉色、绿色衣裙的乐伎们的长笛五重奏。第五个场景是主人公与宾客送别，宾客与诸

伎调笑。尽管每个场景都是有意地采用闭合结构，但所有五个场景形成了一个完整的画面叙事，其中贯穿着流畅自如的感受、淡淡的幽默和画家因这个欢快无忧的团体而感受到的热情。人物描绘的准确性和生动性成功地与群景的巧妙布局结合，这些群景包含很多有趣的细节，并诱发观者的想象。

顾闳中在画家和显贵之中颇受欢迎，对其绘画题材的多部摹本和变体证实了这一点。但是中国传统美学对待该类绘画持有批评甚至否定的态度。刘道醇创作于11世纪的《宋朝名画评》阐释了五代时期和北宋初期的绘画创作，但对顾闳中只字未提。郭若虚（11世纪）的《图画见闻志》则写道："不知何许人，工画人物。"后世的著作则表示，此类描绘隐私生活的画卷应当直接抛弃。可以推断，这种对顾闳中的态度，与其说是因为其绘画的质量，不如说是因为类似的内容与传统道德规范不符。与此同时，该画会让人产生宫廷日常生活画日渐衰落之感，这种绘画是唐朝人物画中独立的主题分支，表现了当时中国社会的颓唐情绪和享受奢华的氛围。失去了提供养分的环境，这种传统必然失去以往的活力，向有意的装饰性方向发展。文化符号的堆砌（如增加大量精美的器具）与多色渲染的结合加深了绘画外观的华丽性，却损害了作品的内在蕴涵——灵性或气。

尽管如此，顾闳中的画仍是中国绘画史上最好的宫廷生活题材的作品之一，继承并发展了由唐代著名画家张萱和周昉确立的此类风格主题。

*郭若虚《图画见闻志》，К. Ф. 萨莫秀克翻译、注释，莫斯科，1978年；Evaluations of Sung Dynasty Painters of Renown: Liu Tao-ch'un's Sung-ch'ao ming-hua p'ing / Tr. with an Introd. by Ch. Lachman. Leiden-New York, 1989.

**Н. А. 维诺格拉多娃《中世纪中国的艺术》，莫斯科，1962年；Н. А. 维诺格拉多娃《中国艺术》，莫斯科，1988年；М. Е. 克拉夫佐娃《中国艺术史》，圣彼得堡，2004年；Т. А. 波斯特列洛娃《10—13世纪的中国画院》，莫斯科，

1976年；《中国艺海》，上海，1994年；《中国历代绘画·故宫博物院藏画集》，第2卷，北京，1982年；邵洛羊《中国美术大辞典》，上海，2002年；《中国美术全集·绘画编》，第2卷，北京，1986年；《中国绘画全集》，第2卷，杭州，1999年；Lancman E. Chinese Portraiture. Tokyo, 1966; Paintings in Chinese Museums // Arts of China. Vol. 3. Tokyo, 1970; Siren O. Chinese Painting. Leading Masters and Principles. Vol. 1. L., 1958.

（М. Е. 克拉夫佐娃撰，王玉珠译）

顾恺之

顾恺之（约346—407），东晋诗人、书法家、绘画理论家，在晋陵无锡（今江苏无锡）生活和任职。顾恺之是传统绘画大家、人物画大师，同时也从事山水画创作。除了卷轴画，还进行壁画创作。曾为参军，后为东晋通直散骑常侍。与陆探微（约卒于485年）和张僧繇（6世纪初）并称为"六朝三杰"。

顾恺之绘画的特点是用线紧劲连绵"如春蚕吐丝"，"笔迹周密"，色调淡雅，塑造人物注重传神写照。如中国传统评论家所指出的那样，顾恺之善于传"神"。顾恺之在其绘画理论专著（《论画》《画云台山记》《魏晋胜流画赞》）中的一系列理论是后世绘画理论和实践的基础。顾恺之在创作中确定了传神论、以形写神、迁想妙得等观点。

**Л. Е. 巴德尔金《4—5世纪的诗歌与绘画中的山水》，见《远东文献研究的理论问题》，莫斯科，1978年；马采《顾恺之研究》，上海，1958年；潘天寿《顾恺之》，上海，1958年。

（С. Н. 索科洛夫－列米佐夫撰，王玉珠译）

顾恺之，字长康，小字虎头，晋陵无锡人。中国绘画始祖和理论家之一，他的两幅画最为出名，至今有摹本保存：《洛神赋图》和《女史箴图》。

　　《洛神赋图》现存三幅宋代摹本。其中的两幅保存于中国（北京故宫博物院、沈阳辽宁省博物馆），第三幅摹本在弗利尔美术馆（华盛顿）。这三幅摹本在风格、色调和细节处理上极为不同。现代艺术家认为最接近于真迹的是藏于辽宁省博物馆的摹本，这一摹本应是由12世纪中叶的宫廷画家按照皇家收藏的真迹绘制的。在风格上，它接近于6世纪著名佛教莫高窟（敦煌或千佛洞）的壁画，与宋朝的绘画风格完全不同。存于北京和美国的摹本，则保留了许多宋代典型的绘画元素。存于北京的摹本以书法技巧完成，这是12世纪许多画家的特点。存于美国的摹本则使用了艺术空间的对角线布局，这是12—13世纪绘画所常见的。这两个摹本大概是顾恺之绘画早期摹本的变体。尽管存在差异，但三个摹本还是相对准确和完整地还原了真迹。显而易见，这幅画采用多色调技法，为细长横轴（辽宁和美国的摹本分别是27.1厘米×582.8厘米和25厘米×347厘米），但并不排除原迹是更大的尺寸：在一部论著中顾恺之规定，他所有的作品绢幅宽度是二尺三寸，也就是74厘米。

　　《洛神赋图》的内容是根据2—3世纪著名诗人曹植的《洛神赋》而作。众所周知，顾恺之的真迹在宋代还保存着，并被多次临摹。该画具有明显的插画特点，类似于古代（1—2世纪）的壁画，整幅画分解为一系列独立的结构片段，每一个片段都表现了赋中这样或那样的情景。辽宁摹本由五部分构成，依次再现了美丽的洛神出现在抒情主人公面前的场景。画卷以被其他神话人物簇拥的洛神乘马车飞向天空而结束。洛神出现在石窟壁画和浮雕所特有的以山水和树木为背景的画面上，是整幅画的中心，背景则为一座座奇形怪状的小山、平静的小溪、树木稀少的树林。树木的描绘不仅与古代壁画和浮雕相似，而且也类似于5世纪中叶的古墓砖画、包含荣启期和竹林七贤肖像的《竹林七贤与荣启期》砖画。在"写实"构图中，顾恺之惊人地引入了神异动物——作为"洛神"归属神界标志的龙和象征着抒情主人公内心的、彼此充满热情的一对水鸟。仙女的形象以精细的、可以微微感觉到带有韵律的重复线条勾勒，富有表现力和

动态性：凌波远去之时转身，看向河岸上为她的美貌惊呆的曹植和侍从们。画中女主人公的外貌以写实为主，但其画像展现出了超凡脱俗的神韵，柔弱的、飘飘若仙的少女身着宽袖阔摆长裙，衣带被风吹起。尽管构图不连续，但整幅画具备贯通的风格和意境。精致的线条与绿色、褐色和浅红色的色调相协调，忠实地传达了赋中表现的温柔与无尽悲伤相结合的矛盾。

现存顾恺之第二幅画的摹本（伦敦大英博物馆藏）大概完成于6世纪，为窄幅横轴画卷（高25厘米），画作结合局部场景，按照平列构图组织起来，但这一次带有主题和内容上的独立性。画卷的体裁特征，是作为张华富有启发性的文章《女史箴》的插画。该画由八个部分构成（最初是九个）①，表现了古代宫廷妇女的生活片段，充分体现了顾恺之提倡的绘画理论。

第一段画面描绘汉元帝的宠妃冯婕妤的无私举动。据传说，她救了自己的君王，使其免受熊的攻击，当时皇帝和众宫女在场，而因于牢笼的熊突然挣脱了锁链。画面中，皇帝因害怕而呆住，冯婕妤冲上去挡在皇帝和扑来的熊之间，其他女官和持矛的侍卫杀掉了熊。所有人物都被赋予了不同的特征，传达出各异的性格特点。冯婕妤的形象是果断和无畏的化身，勇于直面危险，被风吹起的衣裙突出强调了其动作的迅速，头高傲地抬起，脸上满是激昂的热情。与之对照，另一位面对熊的女士仿佛还在怀疑所发生的事，虽然她的脸上带着假装的痕迹。侍卫们神态惊慌，熊的形象也很奇怪，绝对不是凶猛残暴的野兽。

画卷的第二段画面讲述的是，为了不使汉成帝因女色而贻误国事，班婕妤辞辇的故事。第三段画面展现的是冈峦重叠，人物在山间射猎。第四段画面是对"人咸知修其容，莫知饰其性"的表现。箴文配有叙事场景，画面中有两位女子以及替其中一女子梳头的侍女。其中一女子跪坐于垫子上，面前是放于镜架上的镜子，地上放着梳妆盒；另一位女子正

---

① 《女史箴图》共十二段，前三段已遗失，尚存九段。

对镜自理,镜中映出整个面容。两位女子的脸上都保持着贞静之态,但在画家精巧的刻画下,她们的姿态、手势和眼神都传达出孤芳自赏和灵魂的空虚。

接下来的第五段画面也是以一段名言为基础:"出其言善,千里应之;苟违斯义,同衾以疑。"画家通过展现男子坐于床榻外侧,一足着鞋,女子侧面坐于床内,赋予主题艺术处理上新的内容转折。显然,这位女子不谨慎的言行引起了男子的愤怒,这在男子的眼神和尤为明显的表情中得到体现。女子的紧张则表现在她战栗着握着床板的手上。人物好似在进行着无声的对话,观者是其意外的见证者。顾恺之所使用的艺术方法为之后创作宫廷画的大师们(例如周昉、顾闳中)所继承。

第六段画面是夫妇并坐,妾侍围坐,小儿罗膝。与其他结构完整的场景不同,这一段画分为三个独立的部分:夫妻端正而坐,妾侍为孩子梳好头发,家庭教师教导大点的孩子们学习。夫妻外表冷淡,这符合传统礼仪规范。画家通过一些细节来暗示人物的性格:父亲的嘴唇紧闭,脸上是劝诫的表情,母亲明显在为小儿子分神,并尽力用玩具与他逗趣,同时孩子在悲伤地哭泣,尽力挣脱妾侍的手。小儿子的"外形"带着独有的活泼和天真。

第七段画面再现了帝王拒绝想要寻欢专宠的妃子。顾恺之在此画中表达了女子不能刻意争宠,专宠必生傲慢。君主冷静宽容的神情显示出,他是在履行自己的职责,劝导妃子,并不是真的对这位身材窈窕的妃子生气。这位妃子察觉到了这一点:在恭敬专注的伪装和双手叠在一起的体面姿态下,隐藏着她对自己魅力的自信。妃子的嘴唇不易察觉地委屈地噘起,毫无疑问的是,在受到斥责之后她可以找到让帝王补偿她的方法。

画卷最后一个场景,好似对整个艺术创作的归纳总结:宫廷女官劝导嫔妃们慎言善行,观者的脑海中不由自主地重现之前所有的片段。

中国当代的研究者认为,顾恺之的另一幅画——巨幅横轴《列女仁智图》(25.8厘米×417.8厘米,绢本,设色,

北京故宫博物院藏）在内容和构图上与前两幅画类似。大家认为，首先这幅画由15个独立场景构成，但现存版本只保留了10个根据刘向《古列女传》所作的插画。这幅画卷显然是晚于4世纪的摹本，在表现28个人物的绘画技巧上与其他两幅画完全不同。因此一些学者认为，它与顾恺之的作品相距甚远，或者是另一位画家的绘画摹本，只知道他是南齐时期的画家。如果这幅画属于另一位画家，那么则是其利用顾恺之的平列构图布局（在4—6世纪卷轴画和侍女题材中流行）的有力证明。许多研究者（例如李雪曼、威廉·瓦特逊）认为，类似的作品中包含明显的教化成分，宣传有关女性的儒家理想，需要其外在美和内在美的结合，即端庄优美和品德高尚。因为传统绘画形成之初是处于儒家伦理道德的深刻影响之下的，在这种情况下，任何创作活动都带有社会功能，并用于传播道德伦理价值观。

顾恺之的画证明了其不凡的人物画才能：人物姿态自然，面部表情富于表现力，面部特征用精准的黑色线条细致勾勒，嘴唇以红色填充，男士的胡须用稍微明显的阴影勾勒。除此之外显而易见的是，画家具备表现不同布料和其他材料特质的能力，这些材料构成了服饰和布景，例如，由丝绸制成的妇女裙装上的不同褶皱，以及覆盖在帝王木床上的厚布帘。在其绘画中，这些褶皱与浅着色和细线条结合在一起。

顾恺之的创作明显符合卷轴画形成过程的特点，也体现了石窟壁画对它的影响，其绘画注重平列构图，用线连绵，连环式插图保证了叙事的有序。顾恺之作品中的主人公多为传说、历史或者文学人物，其绘画创作亦多与文字书写传统有机结合。与此同时，大师的绘画俨然已经是艺术思想、韵律和情绪的统一体。所有这些都使我们确信，顾恺之的画开启了中国绘画史上的新阶段，他在绘画中使用的技法技巧一直为后世画家所沿袭：运笔时注重书法技巧的使用，保证图形的骨气、完美和线条的流畅；以构图的条理性为前提对认知规整化的追求，建构于韵律谐和之上；利用巧妙的艺术构思，有效传达了空间环境。

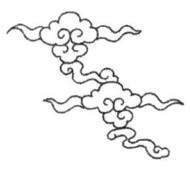

顾恺之的画为仔细研究中国绘画的塑形流派——从属于传统人物画的肖像、日常生活和宗教神话题材的绘画——提供了可能,并使山水画的起源成为一个开放性问题。顾恺之画中起辅助作用的景观部分以及完成它们的简洁手法使得一些中国绘画史学家和现代研究者怀疑山水画是否出现在4—5世纪。但是《洛神赋图》中所涉及的山水画细节的风格特点是对古代艺术范本有意模仿的结果,目的是赋予画面一种虚幻和古朴的意境,以与曹植诗赋中的内容和创作时代相符。因此,与指定时代艺术生活相关的大部分已知事实证明了山水画的起源。当时最著名的绘画理论著作首先是宗炳(375—443)的《画山水序》,无论如何都涉及了与山水画相关的问题。顾恺之也有类似的作品,即保留在他人引述中的文章《画云台山记》。其中出现的山名令人惊奇:云台山一作昆仑山的别名,根据道教代表人物的说法,西王母曾在此逗留;现实的山脉(位于四川省)是传说中道教的天师道创始人张道陵的隐居地。按照研究者的观点,这些山峰的绘画一定是通过道教对自然认知的论述再现其景观的。

可以肯定的是,张彦远《历代名画记》以及之后的绘画史论著中提及的近40幅创作于4—6世纪的山水画中,《庐山图》《雪霁望五老峰图》等五部作品出自顾恺之。因而有理由相信,山水画在道教世界观和美学的影响之下产生于4—5世纪,顾恺之是其创立者之一。

**Л. Е. 别任《风流原则:3—4世纪中国艺术家形象》,莫斯科,1982年;Н. А. 维诺格拉多娃《中国山水画》,莫斯科,1972年;М. Е. 克拉夫佐夫娃《中国艺术史》,圣彼得堡,2004年;R. 库珀、J. 库珀《中国艺术杰作》,译自英文,明斯克,1997年;罗宗真《魏晋南北朝文化》,上海,2000年;傅抱石《中国古代山水画史的研究》,上海,1960年;《中国艺海》,上海,1994年;《中国美术全集·绘画编》,第1卷,北京,1986年;Biography of Ku K'ai-chih / Tr. Chen Shih-Xiang. Berk., 1953; Chen Pao-chen. The Goddess of the Luo River: A Study of Early Narrative Handscrolls. Ph.D. Dissertation. Princeton

Univ., 1985; Lancman E. Chinese Portraiture. Tokyo, 1966; Lee Sh.E. A History of Far Eastern Art. 4th ed. N. Y., 1982; Siren O. Chinese Painting. Leading Masters and Principles. Vol. 1, 3. L., 1958; Sullivan M. The Birth of Landscape Painting in China. L., 1962; idem. The Arts of China. Berk-Los Ang. -L., 1984; Watson W. Art of Dynastic China. N. Y., 1981.

（M. E. 克拉夫佐娃撰，王玉珠译）

关仝

关仝，长安（今陕西西安）人，生卒年不详。10世纪著名画家，山水画大师。师法荆浩，早在唐朝末年就开始做职业画师。唐朝灭亡之后，曾一度隐居。后唐时期成为宫廷画师。在郭若虚的画史名著《图画见闻志》（11世纪）中，关仝与李成、范宽并称"北宋三大家"。这三人被认为是山水画中独特流派的奠基人，当代研究者称其风格为"全景山水"。该种画法在北宋的官方画院绘画中占据主导地位。郭若虚的著作对关仝的创作技巧做出了令人信服的概括："石体坚凝，杂木丰茂，台阁古雅，人物幽闲者，关氏之风也。"郭若虚尤其赞叹其山水画功力："关画木叶，间用墨揾，时出枯梢。笔踪劲利，学者难到。"这些评论的公正性在一些关仝名作的摹本中即可得到印证。这些摹本中与原本最为接近的是《关山行旅图》，又名《画关山行旅》（摹本作于11世纪中期，纵144.4厘米，横56.8厘米，绢本墨笔，淡设色，台北故宫博物院藏）。这两个名字中都带有原作者的姓氏，或许就是对著作权的一种暗示，又或者是对生命的一种隐喻式理解——人生如关山行旅。整个画作的表面都被竖直聚拢的山脉所占据，构成了仿佛要塞塔楼的山体，高耸直上，刺入画卷的顶部边缘，仿佛延续到了画卷之外，仍在继续。沟壑纵横的山体以三种技法绘制而成：外缘以线条勾勒，由宽窄交替的线条组成；岩石表面用笔快速刷成；山体使用墨色线条和泼墨，由此营造出三维立体的光学效果以及空间纵深。卷轴中的山体外缘仍然比其早期画作更为平缓，

高不可攀的感觉减弱了。研究者认为，关仝的创作在透视技法和构图原则方面前进了一步，由此帮助后代继承者解决了将平面空间和立体空间结合在一起的问题。

*郭若虚《图画见闻志》，К.Ф.萨莫秀克译，莫斯科，1978年。

**Н.А.维诺格拉多娃《中国山水画》，莫斯科，1972年；М.Е.克拉夫佐娃《中国艺术史》，圣彼得堡，2004年；Т.А.波斯特列洛娃《10—13世纪的中国画院》，莫斯科，1976年；К.Ф.萨莫秀克《郭熙》，莫斯科，1976年；《中国艺海》，上海，1994年；邵洛羊《中国美术大辞典》，上海，2002年；《中国美术全集·绘画编》，第2卷，北京，1986年；Paintings in Chinese Museums // Arts of China. Vol. 3.Tokyo, 1970; Possessing the Past. Treasures from the National Palace Museum, Taipei. Taipei, 1996; Siren O. Chinese Painting. Leading Masters and Principles. Vol. 1-3. L., 1958; Sullivan M. Symbols of Eternity: Landscape Painting in China. Stanf., 1979.

（М.Е.克拉夫佐娃撰，李春雨译）

管道升

管道升（1262—1319），字仲姬，一字瑶姬，号栖贤山人，湖州吴兴人。元代画家、书法家，著名书画家赵孟頫之妻。

1289年出嫁，婚后迁居大都，其夫在那里任职，后期随夫到处游走。因赵孟頫官职变化的几次迁居较为详细地体现在日本学者外山军治的赵孟頫编年体研究中。1318年末管道升病重，1319年5月10日于返乡途中去世。后来被追封为"魏国夫人"[1]。

管道升首先以兰花画家和书法家闻名，还创作竹子、梅

---

[1] 据《魏国夫人管氏墓志铭》，延祐四年（1317），赵孟頫官翰林承旨，管道升加封魏国夫人，可知她非死后被追封为"魏国夫人"。

花、石景和佛教题材的绘画。资料显示，与著名画家苏轼类似，她用朱砂画红竹。湖州的一个寺院中保留着由她创作的大型竹子和巨石壁画（高3米多）。在书法上，她经常模仿丈夫的技巧，甚至达到二人真假难辨的程度。她还多次抄录著名佛经《金刚般若波罗蜜经》。

保留下来的管道升的绘画遗作不多，O. 西林（1958）整理的目录中有18种，其中仅4种是毫无疑问的真迹。管道升在作品上署其名"道升"，《中国书画家印鉴款识》（1987）中收录了她的两个印鉴：道升和魏国夫人赵管。后一个（出自夫妻二人共同完成的画卷）引人怀疑，赵孟頫在死后的1322年被封为魏国公，他的妻子去世更早，不可能署以魏国夫人。①带有管道升题词和款识的两部作品收藏于国立东方博物馆（莫斯科）。

**B. Л. 思乔夫《中国传统绘画的鉴别方法》，见《国立东方博物馆学术通讯》，第24辑，莫斯科，2001年；B. Л. 思乔夫《国立东方博物馆藏的两幅苏若兰回文诗画卷》，见《国立东方博物馆学术通讯》，第24辑，莫斯科，2001年；《书法大全》，卷1—26，东京，1974年；薛锋、王学林《简明美术辞典》，哈尔滨，1982年；俞剑华《中国美术家人名辞典》，上海，1987年；《中国书画家印鉴款识》，北京，1987年。

（B. Л. 思乔夫撰，王玉珠译）

① 据《魏国夫人管氏墓志铭》，管道升于1317年被封为魏国夫人，时间早于赵孟頫被封为魏国公，"魏国夫人赵管"这个印鉴应无问题。

鬼神画

鬼神画，是人物画主题的一种，包括民间信仰的神灵以及未进入道教与佛教神话体系本身的崇拜对象所对应的绘画形象，产生于唐代。

据称，该主题的创始人为西南地区（四川省）的梁令瓒（8世纪），他在玄宗在位（712—756）的前半期为朝廷的天文学家。梁令瓒创作了一幅在诸多方面都造诣精深的绘画作品——描摹五星和二十八星宿的《五星二十八宿神形图》（27.5厘米×489.7厘米，绢本，设色，水墨，日本大阪市立美术馆藏）。图画以其形象的表现力和各异的形态吸引了观者的眼球：有些形象以人形呈现，带有某些想象的特征，另一些形象表面看起来是神话人物或怪物，外表和佛教里的"恶魔"颇为相近。

10世纪、11世纪之交，鬼神画成为一个独立的主题方向，刘道醇（11世纪）编纂的《宋朝名画评》将其作为独立的题材门类，即可证明这一点。作者还根据自己的见解，列举了当时四位最为杰出的擅画鬼神的艺术家，其中包括李雄和高益（10世纪后半期），郭若虚（11世纪）的《图画见闻志》中也提到了他们。关于李雄，书中介绍说，他的画取自佛教题材，尤擅长描摹厉鬼和神灵。对于高益的介绍更为详细：此人为中国契丹涿郡人，在10世纪70年代初抵达刚建

立的北宋首都，贩卖药材，每次出售必定以画有鬼神的纸包裹药材。由于其画卷《鬼神搜山图》得献太宗皇帝，高益被授予翰林院待诏，进入画院。作为画院画家，高益在首都的佛教寺院作画，继续创作鬼神题材的作品。其中最有名的作品是《钟馗》，钟馗在中国文化中是凶神恶煞的克星，保护人们免于邪恶势力的侵袭。需要指出的是，正是在太宗朝，统治阶级对于玄学和起源于地方宗教传统的信仰表现出兴趣。根据太宗的命令，学者们编纂了一部《太平广记》，共收录了数百篇以"奇异"为主题的散文全文或节选，所搜集的文章年代从汉朝（前3世纪—3世纪）起直到977年。因此，鬼神画的逐渐盛行，同北宋朝

廷的宗教政策是分不开的。这一主题类别在11世纪中期（武宗元创作时期）达到顶峰，后来逐渐丧失了独立性，汇流进了宗教题材特色绘画的大潮。南宋末期，鬼神画获得了一种相对新颖的形式，这种形式在龚开（1222—1304?）的作品中表现出来，他在作品里构建的神灵、鬼魂形象与风俗画相似。在失去了题材上的独立性之后，鬼神传统成为中国年画艺术的源头之一。在19世纪下半期以一种削弱了的形态被使用到"新潮"画家、"白描国画"奠基者的创作中。

*郭若虚《图画见闻志》，К. Ф. 萨莫秀克翻译、注释，莫斯科，1978年；Evaluations of Sung Dynasty Painters of Renown: Liu Tao-ch'un's Sung ch'ao ming hua p'ing / Tr. with an Introd. by Ch. Lachman.Leiden-New York, 1989.

**Т. А. 波斯特列洛娃《10—13世纪的中国画院》，莫斯科，1976年；邵洛羊《中国美术大辞典》，上海，2002年；《中国绘画全集》第1卷，杭州，1997年；Siren O. Chinese Painting. Leading Masters and Principles. Vol. 1-3. L., 1958.

（M. E. 克拉夫佐娃撰，张猛译）

郭熙（1020/1023—约1085），字淳夫。温县（今河南省温县）人。北宋最为著名的山水画家、绘画理论家。

关于郭熙前半生的经历无从考证，有些人认为他出生于1001年。11世纪60年代末，为画院艺学，后晋升为最高职位待诏。郭熙在有生之年就已经被公认为才能卓著的艺术家，郭若虚（11世纪）的绘画历史著作《图画见闻志》中有关他创作特色的评述尤其说明了这一点："工画山水寒林，施为巧瞻，位置渊深……多多益壮，于今之世为独绝矣。"

众所周知，郭熙善为寺庙、厅堂、宫闱屏风作画，这些绘画是介于卷轴画和壁画之间的艺术形式，在廊架上、桌面

或者屏风表面完成，它们在规模上接近壁画（屏风的嵌板高过人头），也具有壁画的装饰性实用功能。譬如，现存资料记载一个小殿的三扇屏风中央保留了他的真迹（1068年），屏风图案的主题是宫廷人物（属于人物画）。为了庆祝他的儿子郭思通过科举考试，11世纪80年代他在孔庙的墙壁上画了四幅规模巨大、神思飘逸的山水画，他将这些画看作自己最好的作品。1078—1085年，他为都城内的一座庙宇创作了12幅巨幅山水画（高约7米），这些画使他的同代人叹为观止。

和郭熙的名字相关联的绘画共12幅，根据专家的鉴定，其中3幅是郭熙的真迹，其余为高仿作品，临摹了他的创作风格和特色。

郭熙早期的画风与李成以及10世纪的山水画泰斗关仝、范宽十分相似。他效仿前辈，大量使用对角线构图，临摹李成"弯曲伸展"的树，但比他的前辈们更有意识地将传达不同视角的高远、深远和平远结合起来。郭熙第一次显露出创作上的独立意识的画作或许是他的《早春图》（158.1厘米×108.2厘米，绢本，淡设色，水墨，1072年，台北故宫博物院藏）。这幅画遵循山水画的传统，山高耸于水之上，但在画布上可以探寻到郭熙对待空间的新视角，以及构图风格上的重要创新。这幅画的构图建立在繁复的石头形态和蜿蜒曲折的山势之上：这些笨重的石头不停地改变形态，"攀升"向高处，而后隐藏于雾霭之中，再从乳白色的雾团中生长出来，形成山的顶峰。这样，像往常一样占据高处的群山，已经不再浮于画卷的上层。左右两方的留白使画家实现了"向远处的延伸"，赋予静态山峦一种动态感。郭熙大胆地运用墨色的浓淡来表现明暗对比，连同造型的张力，一起营造了画面的戏剧性和艺术表现力。

郭熙在创作上进一步的探索，表现在他的画作《溪山秋霁图》（在俄罗斯文献中又称《黄河河谷秋色图》，26厘米×206厘米，绢本，设色，弗利尔美术馆，华盛顿）之中，这幅作品被公认为郭熙最好的画作。呈现在观者面前的是一幅雄伟的山河全景图，画家不力求勾勒一个特定的场所，以及回忆中的山水景物，其中要传达的是画家对于一个多次洞见、深刻感知的世界的印象。观者眼前浮现出自然意象妙不可言的众多物体，它们以不同的节奏逐次呈现，使得看画者浮想联翩。在悬崖峭壁后面，层叠的山脉轮廓浮现出来，隐匿于雾蒙蒙的远处，山脉尽头的松树和茅屋点缀着起伏不平的河岸，而河水绕过在雾霭中若隐若现的山脉顶峰，山峰在视野的尽头与河流融为一体。郭熙的绘画在空间上没有明确界定的边线：远方接着远方，形象仿佛"虚无缥缈"，在水墨笔的勾勒下消失于地平线之下。那些描摹精致的单独的石头和树木，形体一点点延伸增大，有时不能够完全呈现于画布的空间上，被画卷的边缘切断。不高的山丘逐渐进入一种静止的状态，缓缓铺开，和绢布的表面融为一体。由单独的巨石、松树树干、灌木草丛构成的前景分布在画布的最边缘。中景几乎可以说是没有的，一组山的形象向这个部分推进，但只是在左侧部分，几乎整个的背景都被移走了。结果导致中景的空间根据反透视法的原则被最大限度地向宽阔和纵深扩展了。画面韵律的动态变化由于环境的变换而得到加强，其中的浓雾变化成轻烟，弥散在河面之上。郭熙创作中的山中景色气势恢宏，不仅能从中感受到动态效果，还能体会到浓郁的感情色彩。

郭熙的绘画理论收录于《林泉高致》中，由其儿子郭思根据其言传与笔记整理而成，使其山水画的方法和原则更加系统化。这部作品多次被译成俄语和欧洲语言，在其三个主要部分的第一部分中详细阐明了自然风景和全国东西南北各方位四季不同的山水特点："东南之山多奇秀"，"西北之山多浑厚"，"春山烟云连绵人欣欣，夏山嘉木繁阴人坦坦，秋山明净摇落人肃肃，冬山昏霾翳塞人寂寂"，"山朝看如此，暮看又如此，阴晴看又如此，所谓'朝暮之变态不同'也"，"水，活物也，其形欲深静，欲柔滑，欲汪洋，欲回环"。郭熙依托关于景物随地理环境和四季改变而不同的论述，提出对山水画进行情节主题上的分类，划分出一百多个根据主题而归类的题材，主要依据季节、昼夜时刻（譬如黎明和黄昏）、单独的天气条件——云雾的多寡、自然景

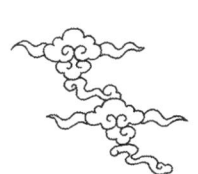

物（树、石头等）的状态等。每个题材类别都有对应的"形象体系"，甚至里面的人物形象也被要求完全符合季节天气条件和景物特征。譬如，春景中的人物应该呈现出喜悦、欢欣的精神状态，无忧无虑的形象和夏日景物更加搭配，而秋天和冬天常常令人物陷入一种悲伤沉思的或者悒郁沉闷的情感。与人物活动相关的物体也应该被赋予确定的意义，以表明它们在画中的存在与重要性。"水之津渡桥梁以足人事，水之渔艇钓竿以足人意……村落依陆不依山，依陆以便耕，不依山以为耕远。或有依山者，山之间必有可耕处也。"

　　第二部分用于阐述特定角度的观察技巧，这些方法被命名为"三远法"，是郭熙最为重要的理论成就。"山有三远：自山下而仰山颠，谓之高远；自山前而窥山后，谓之深远；自近山而望远山，谓之平远。高远之色清明，深远之色重晦；平远之色有明有晦。""三远"的有机结合要依靠移动着的视线，譬如一个在路上行走的人，看到了河的平远，当他从村子里沿着弯曲的道路爬到山后的寺庙时，看到了山的高远。为了确定尺寸比例，论著中提到利用山、树和人的尺寸指定的"三大"："山有三大，山大于木，木大于人……木之所以比夫人者，先自其叶，而人之所以比大木者，先自其头。木叶若干可以敌人之头，人之头自若干叶而成之。"郭熙的理论建构和从中发散的使用建议都是以他先前的绘画实践为基础（"三远"法则早已在之前山水画家的作品中不言自明）的，同样作为其基础的还有5—6世纪的山水诗，这些诗歌对自然环境的描写在很大程度上考虑到了肉眼观测的合理性。

　　郭熙的创作体现了中国绘画追求作品标准化的趋势，完美表现了画院派山水画确立的审美原则，如其论著中出现的，有时完全是细节上的形式规则："凡经营下笔，必合天地。何谓天地？谓如一尺半（约为48厘米）幅之上，上留天之位，下留地之位，中间方立意定景……山水先理会大山，名为主峰。主峰已定，方作以次，近者、远者、小者、大者……"同时郭熙又坚持画家的专业学习，目的是全面掌握精湛的专业技艺。

*郭熙《林泉高致集》，见于安澜《画论丛刊》，北京，1960年；郭熙《林泉高致》，C. M. 科切托娃译《艺术大师论艺术》，第2卷，莫斯科，1965年；郭熙《林泉高致集》，《中国艺术》，B. B. 马良文翻译、注释、作序，莫斯科，2004年；Bush S., Shih Hsiao-yen. Early Chinese Texts on Painting. Cambr., 1985; Vandier Nicolas N. Esthetique et peinture de paysage en Chine (des origines aux Song). P., 1987.

**H. A. 维诺格拉多娃《中国山水画》，莫斯科，1972年；H. A. 维诺格拉多娃《中国艺术》，莫斯科，1988年；M. E. 克拉夫佐娃《中国艺术史》，圣彼得堡，2004年；T. A. 波斯特列洛娃《10—13世纪的中国画院》，莫斯科，1976年；К. Ф. 萨莫秀克《郭熙》，莫斯科，1976年；《故宫博物院馆藏珍宝》，莫斯科，2007年；《中国艺海》，上海，1994年；邵洛羊《中国美术大辞典》，上海，2002年；《中国美术全集·绘画编》，3卷本，北京，1986年；Hu-Sterk F. Tang Landscape Poetry and 'Three Distances' of Guo Xi // Recarving the Dragon: Understanding the Chinese Poetics / Ed. by O. Lomova. Prague, 2003; Loehr M. The Great Painters of China. Oxf., 1980; Siren O. Chinese Painting. Leading Masters and Principles. Vol. 1-2. L., 1958; idem. The Chinese on the Art of Painting. N.Y., 1963; Sullivan M. Symbols of Eternity: Landscape Painting in China. Stanf., 1979.

（M. E. 克拉夫佐娃撰，张猛译）

过士行

过士行，1952年生于北京，20世纪80—90年代的新戏剧代表人物。他出身于银行职员家庭。"文化大革命"期间偷偷收集被破坏的图书馆藏书籍，阅读大量外国文学作品（以俄罗斯、苏联作品为主）。以"文化大革命"为背景，于70年代初创作首部中篇小说《皮球的故事》。1978年参加《北京日报》编辑部下设的培训班，1979年成为《北京晚报》记者，负责报道戏剧方面的新闻。凭借著作《鱼人》（1989）、《鸟人》（1991）、《棋人》（1994）、《坏话

一条街》（1998）成为话剧创作大家。其作品由北京最具影响力的剧团搬上舞台。人们对这些作品的评价褒贬不一，但多数评论承认这是现代戏剧创作的新现象。过士行在创作中注重挖掘人的内心世界和现代人的行为动因，其作品把超现实主义、现代派、荒诞派元素进行了有机结合。1999年出版戏剧汇编《坏话一条街》。

*《坏话一条街》，北京，1999年。

（И. В. 盖达撰，刘玉颖译）

邗上五朱

邗上五朱，清代一个同姓兄弟和同乡团体的名称，包括朱龄、朱文新、朱本、朱鹤年和朱沆，他们生活在江苏省，邗沟河从此处流过。

朱龄，字菊坨，号黄华道人，19世纪上半期出生于上元（今江苏南京），画家，主要从事花鸟画和山水画创作，师法徐渭和石涛。喜画山水古木，亦得蓝瑛之趣，其人物画与唐寅的风格类似。印鉴：兴酣落笔摇五岳。

朱文新，字涤斋，18世纪中叶—19世纪初出生于江苏扬州，画家，主要体裁皆有创作。人物画学唐寅。"长安三朱"之一，其余二位是其弟朱本和朱鹤年。

朱本（1761—1819），字素人，号溉夫、竹西，出生于江苏扬州，画家、书法家。作为画家从事所有体裁的创作，遵循华喦的技法。书法学赵孟頫，得其神韵。印鉴：邗上朱生。

朱鹤年（1760—1834），字野云，号野堂、野云山人，出生于江苏泰州，画家、书法家。他从事不同绘画体裁的创作，其山水画有石涛和"明四家"之一沈周的遗风，擅画人物、仕女、花卉、竹石。印鉴有白下复庵、钓鱼湾、鹤等。朱鹤年的作品在朝鲜受到广泛欢迎。其名字中的"鹤"也读作"hào",这是O.西林所使用的读音,将画家称为"hào nián",这也符合奥沙宁《汉俄辞典》中的发音标注。根据《中国书画家印鉴款识》(1987年),带有朱鹤年印鉴的作品出现在1804年、1807年和1810年,他更偏爱简化的书写符号。

朱沆,字达夫,号浣岳,又号完岳、浣芳,19世纪上半期出生于顺天大兴(今属北京),画家、书法家。作为画家,从事山水画、人物画创作,在书法上偏爱草书。

**B. Л. 思乔夫《中国传统绘画的鉴别方法》,见《国立东方博物馆学术通讯》,第24辑,莫斯科,2001年;《简明美术辞典》,哈尔滨,1982年;俞剑华《中国美术家人名辞典》,上海,1987年;《中国书画家印鉴款识》,北京,1987年;Siren O. Chinese Painting. Leading Masters and Principles. Vol. 1-7. L., 1956-1958.

(B. Л. 思乔夫撰,王玉珠译)

韩幹

韩幹,生卒年月不详,居于大梁(今河南开封市郊区)。唐代著名画家,动物画体裁的奠基人之一。

韩幹出身贫寒,自学成才,十岁即善画,以极高天赋引起高官显贵的注意。他作为宫廷画师的职业生涯始于天宝初期,由唐玄宗亲自召入图画院。图画院彼时刚成立不久(738),隶属翰林院。很快韩幹就被封为供奉——翰林院的最高官职。据《唐朝名画录》和《图画见闻志》等书面文献记载,韩幹创作了各种体裁的壁画和卷轴画,包括人物肖像画和动物画。根据中国传统分类,二者均属于人物画。不过,在中国造型艺术史上,韩幹首先是以一位无与伦比的画马大师而闻名的。他最著名的两幅画作为《牧马图》(纵27.5厘米,横34.1厘米,绢本,设色,台北故宫博物院藏)和《照夜白图》(纵30.8厘米,横33.5厘米,绢本,墨笔,淡设色,美国纽约大都会艺术博物馆藏)。第一幅画描绘的是一对并肩站立的跑马,近景处为黑马,较远处为白马,白

辛

马上坐着一个少数民族马倌，长着宽而密的胡子。马倌的形象以纤细遒劲的线条勾勒而成，画家借此展示了人物外貌和服饰的微小细节，甚至是裹着肥胖身躯的宽大衣服上的褶皱。马身骨肉停匀。此画不仅技法高超，且构图合理，色调处理效果突出，主要采用黑白对比，黑马特意被置于白马和白袍骑者之前。黑马的健美身形在带有红色装饰的白色马鞍和马肚带的映衬之下愈加凸显。同理，白马和白衣骑士的身形在构图上的统一也因黑色细节诸如马肚带、马鞍、胡子、马倌的腰带和帽子的衬托而更加明显。

画作左上角还保留着北宋皇帝宋徽宗（赵佶）的题词——"韩幹真迹，丁亥御笔"，此可证明，10—12世纪该画藏于皇宫。然而，尽管宋徽宗（他本人也是一位杰出的绘画家）断定画作为韩幹真迹，但中国后世的很多评论家和当代艺术学家认为这是一幅摹本，应该是北宋上半期所作，而且仅仅复制了韩幹巨幅画作的局部——根据书面记载，韩幹原作描绘了周穆王的八匹神马。

韩幹的第二幅画描绘的是唐玄宗的爱马，外号"照夜白"。以未染色的丝绢为背景，用纤细遒劲的线条再现了马的毛色和身形，画家以高超技艺及对解剖学和马的气质习性的充分了解，塑造了一匹脾气暴躁、意欲挣脱绳络的骏马的形象。欧洲艺术研究文献中经常会指出这幅画的写意性，并认为这是中国动物画与古希腊罗马以及欧洲艺术传统的一个本质性区别，然而这并不妨碍专家一致肯定画作的丰富表现力和创新精神。

*郭若虚《图画见闻志》，К.Ф.萨莫秀克翻译、注释，莫斯科，1978年；朱景玄《唐朝名画录》，见《中国艺术》，В.В.马良文翻译、注释、作序，莫斯科，2004年。

**М.Е.克拉夫佐娃《中国艺术史》，圣彼得堡，2004年；Б.罗兰德《西方与东方艺术》，译自英文，莫斯科，1958年；《中国艺海》，上海，1994年；邵洛羊《中国美术大辞典》，上海，2002年；《中国绘画全集》，第1卷，杭州，1997年；

Possessing the Past. Treasures from the National Palace Museum, Taipei. Taipei, 1996; Siren O. Chinese Painting. Leading Masters and Principles. Vol. 1-2. L., 1958; Sullivan M. The Arts of China. Berk. -Los Ang. -L., 1984.

(M. E. 克拉夫佐娃撰，李春雨译）

韩滉

韩滉（723—787），字太冲，世称韩晋公，长安（今陕西西安）人，唐朝大臣、著名画家。

韩滉于德宗皇帝在位时，任镇海军节度使，被封晋国公。据朱景玄《唐朝名画录》和郭若虚的《图画见闻志》等文献记载，韩滉曾为独立画家，创作不同题材的绘画，弟子众多。在作品的真实性和表现力方面，他做出了特殊贡献，同时他对日常生活题材也很感兴趣。因此，朱景玄称："六法之妙，无逃笔精。能图田家风俗，人物水牛，曲尽其妙。议者谓驴牛虽目前之畜，状最难图也，惟晋公于此工之，能绝其妙。"

按照现代专家的说法，韩滉是唐代最著名的动物画大师之一，作有《五牛图》（20.8厘米×139厘米，纸本，设色，11—12世纪的摹本，北京故宫博物院藏）。除此之外，一些艺术论著将《照夜白图》也归为他的作品，传统上认为这幅画的作者是唐代另一位动物画大师韩幹。

《五牛图》在写实性和艺术技巧上均是令人惊奇的佳作，该画形神俱佳地表现了五头牛，图画中心正面描绘了一头牛，好似盯着观者。其余四头牛形态各异，各富动姿，于中心两侧左右对称布局。每只牛都有独特的毛色，色调自然真实。

韩滉还有一幅保存至今的《文苑图》（37.5厘米×58.5厘米，绢本，水墨，设色，北京故宫博物院藏），描绘了四个坐在松树下交谈的官员。在形象和意境的描绘上，这幅画在很大程度上使人想到"万物静观"的场景，这一场景于12至13世纪首先在李唐、马远和夏圭的绘画中流行起来。

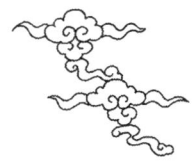

*郭若虚《图画见闻志》，К.Ф.萨莫秀克翻译、注释，莫斯科，1978年；朱景玄《唐朝名画录》，见《中国艺术》，В.В.马良文翻译、注释、作序，莫斯科，2004年；《中国艺海》，上海，1994年；邵洛羊《中国美术大辞典》，上海，2002年；《中国美术全集·绘画编》，第2卷，北京，1986年；《中国绘画全集》，第1卷，杭州，1997—1999年；Siren O. Chinese Painting. Leading Masters and Principles. Vol. 1. L., 1958.

（M. E. 克拉夫佐娃撰，王玉珠译）

何绍基

何绍基（1799—1873），字子贞，号东洲、东洲居士、蝯叟等，道州（今湖南道县）人，清代著名的经学家、文学家、宋诗派领袖、书法家。在书法史上，他是继邓石如、伊秉绶之后的第三位碑学派代表人物。

何绍基出身于书香门第，家有藏书数千卷，并拥有丰富的刻帖收藏，这使得年轻的何绍基受到了良好的书法教育。37岁时，他考取进士，并成为翰林院编修。历任文渊阁校理、国史馆提调等职。

何绍基继承了家族收藏的传统，不遗余力收集书法真迹和刻帖，遍寻金石碑刻，这也给他提供了游历的契机。其书法初学唐代书家颜真卿，每天悬腕练习藏锋，书写下茶碗大小的五百字。评论家认为，千年之间，没有一个书法家能像何绍基这样如此完美地掌握颜真卿的书法技巧。成年之后，他多用行书和草书创作，60岁之后，集中精力于篆、隶。对何绍基来说具有特殊意义的是《张迁碑》，他临摹了100多遍。著名收藏家和书法家谭延闿在20年的时间里多方收集何绍基的摹本，而后选取了其中最好的10部单独成集。何绍基的创作笔法源于东汉和北魏碑刻，用笔逆入平出，因而不会加粗而形成"蚕头"之势。按照董其昌的遗风，何绍基的创作不求形似，只求与古代书法的内在契合。

何绍基的个人风格是在其人生的最后阶段形成的。他用柔软的羊毫书写,而笔道劲健,非同凡响。自言"老夫聊发少年狂"。对于书法用笔,何绍基说:"这事切要握笔时提得起丹田工,高著眼光,盘曲纵送,自运神明,方得此气。"

何绍基创作时采用"悬肘"和"回腕"的执笔方法,可使通身之力聚于笔端。何绍基解释道:"每一临写,必回腕高悬,通身力到,方能成字。约不及半,汗浃衣襦矣。"回腕执笔限制了手腕的活动,只允许轻微的回转,而基本的移动则依靠肘关节和肩关节。其结果是很难保持笔尖居中,但可以轻松且毫不费力地书写撇捺。回腕法需要扩大运动范围,并克服手关节的自然限制和书法家怕犯错的心理。尽管复杂,但这种书写技法在清代书法家中仍然盛行。

**B. Г. 别洛焦罗娃《中国书法艺术》,莫斯科,2007年;刘恒《中国书法史·清代卷》,南京,1999年;徐利明《中国书法风格史》,郑州,1997年;朱仁夫《中国古代书法史》,北京,1992年;王镛《中国书法简史》,北京,2004年;马国权《沈尹默论书丛稿》,香港,1981年。

(B. Г. 别洛焦罗娃撰,王玉珠译)

洪深

洪深(1894—1955),常州人,杰出的电影活动家、话剧活动家、导演体系创立者、剧作家和戏剧理论家。洪深接受的是典型的私塾教育,12岁时在上海接触到了"新剧"(话剧的前身)。1915年,他创作了独幕剧《卖梨人》("新剧"史上以固定对话形式创作的首部作品),1916年创作了五幕剧《贫民惨剧》。随后赴美学习,主攻陶瓷工程。对戏剧的深入了解及对这门艺术的热爱促使他转入哈佛大学,在那里受到多方面的戏剧教育。1922年返回上海后,洪深积极投身于剧社的活动中,推动了男女合演的实践,确立了导演的主导地位。1924年,洪深根据中国观众的喜好,对奥·王尔德的剧本《温德米尔夫人的扇子》做了修改和润色,执导了演出,这也成为当时中国执导欧式风格戏剧的标准。1925年,洪深成为第一个培养电影人才的正规教学机构——中华电影学校的校长。但是戏剧一直是他感兴趣的主要领域。1928—1929年,加入"南国社"电影戏剧团体,积极与田汉合作。

"无产阶级戏剧"运动兴起后,洪深加入了中国左翼戏剧家联盟。30年代初,他创作了具有重大社会意义的话剧《农村三部曲》,让他跻身一流剧作家之列。随着抗日战争全面爆发,他投身到抗敌运动之中,创作了剧本《飞将军》,还和其他作家一起创作了《保卫卢沟桥》等作品,并且和他人一起参与多个抗敌演剧队的组建工作。1937年,洪深与田汉等人在武汉发起成立中华全国戏剧界抗敌协会,演出抗日戏剧。1943年与马彦祥和吴祖光等人主编《戏剧时代》杂志,完成了《戏剧导演的初步知识》。抗日战争结束后,洪深在1945年创作了剧本《鸡鸣早看天》,揭露了抗日战争之后凸显的尖锐的社会问题和政治问题。1948年末,洪深来到东北解放区。1949年被选为中华全国戏剧工作者协会常务委员。从1949年开始,洪深负责主持对外文化交流工作。1953年,洪深赞成保留和发扬20—30年代戏剧创作和舞台的优良传统。洪深一生共创作约80个话剧及电影剧本,执导50多场演出。

*《中国话剧艺术家传》第1辑,北京,1984年。

(И. В. 盖达撰,姜敏译)

侯孝贤

侯孝贤，1947年生于广东省，导演，电影新浪潮的领军人物。1948年举家迁居台湾。从艺术学院毕业后师从李行。1975年，侯孝贤开始创作电影剧本。《早安，台北》《小毕的故事》，获得台湾电影金马奖等一系列奖项。1980年，他导演了个人第一部电影——滑稽喜剧《就是溜溜的她》。接下来还执导了《在那河畔青草青》、《儿子的大玩偶》（执导与电影同名的第一段，讲述了没有资金养活家人的"三明治人"的痛苦）、《冬冬的假期》（讲述了小男孩在祖母那里度夏的故事，该影片在南特三大洲电影节和洛迦诺国际电影节上获奖）、《童年往事》（讲述了承受失去双亲痛苦的小男孩艰难地长大成人的故事；获台湾金马奖最佳剧本奖，还在柏林国际电影节和鹿特丹国际电影节上获奖）、《恋恋风尘》（主要讲述了一段无疾而终的爱情故事，在葡萄牙国际电影节获最佳导演奖）、《尼罗河女儿》（在都灵国际电影节获奖）、《悲情城市》（1989年获得威尼斯国际电影节金狮奖）、《戏梦人生》（讲述了在台湾历史变化的背景下布袋戏演员的真实命运）、《好男好女》、《南国再见，南国》。

**C. A. 托罗普采夫《传统与革新交汇的台湾电影：导演侯孝贤创作风貌》，载《远东问题》，1997年第3期。

亦参见词条"李翰祥"的参考文献。

（И. В. 盖达撰，姜敏译）

后四王

"后四王",中国艺术理论划分的与"清四王"相似的画家团体。传统上认为"后四王"包括王三锡、王廷元、王廷周和王鸣韶。

资料显示,王三锡(1716—1795之后),字邦怀,号竹岭,江苏太仓人,是"小四王"中山水画大师王昱的侄子,也有资料表明,王三锡是"清四王""清初六大家"之一王翚的远房亲戚。王三锡主要从事山水画创作,师从其叔父。又善作花卉,其石上松树画在当时受到极大好评,在人物画上偏爱写意风格。需要指出的是他完成于1793年的山水画作品是对黄公望的模仿。其画上的印鉴款识经常为全名,有时也会署号。印鉴有"画中诗""二乐斋"。

王廷元(18世纪末),字赞明,寓吴县(今江苏苏州),是"小四王"王玖之子,在个人绘画中也遵循王玖的创作技法。

王廷周,字恺如,号鹅池,从事创作的时间为18世纪中叶至19世纪初,是王玖的另一个儿子,王廷元的弟弟,画家、书法家、收藏家。和他的兄长一样,王廷周也遵循父亲的技法进行山水画创作。他收藏了明清众多大师的作品真迹。

王鸣韶(1732—1788),字夔律,号鹤溪、鹗起,新阳(今江苏昆山)人,画家、诗人。

"后四王"的创作(同其他"团体"的艺术一起,如小四王、娄东派、虞山派等)在中国艺术史上被认为从属于"清四王"一脉,因为他们发展了明代画家和理论家董其昌的观念,注重笔墨技巧,主张临摹和模仿经典,推崇"元四家"。他们在统治集团的支持下发展,或多或少与正统派或宫廷派有所联系。这一流派与野逸派画家(四僧)形成对比,在整个清朝画坛占据主导地位。传统中国评论家肯定了"后四王"对掌握前辈技法的追求,但同时也指出其运笔的结构弱点和其绘画中迹近庸俗的审美。

**《〈大百科全书〉条目选萃：绘画分支条目·清代部分》，《故宫博物院院刊》，1987年第4期。

另参见词条"改琦"的参考文献。

(B. Л. 思乔夫撰，王玉珠译)

胡金铨

胡金铨，出生于1932年，20世纪60—70年代台湾地区四大著名导演之一。曾就读于北平（北京）国立艺术专科学校。从1949年起在香港与李翰祥一起工作，然后转赴台湾。他主要致力于拍摄充满动感和神秘色彩、画面感强、注重心理刻画的武打功夫片。电影《侠女》在戛纳国际电影节上获奖。他执导的影片还有《忠烈图》《山中传奇》《龙门客栈》。

*陈飞宝《台湾电影史话》，北京，1988年；《当代台湾电影》，第1—2卷，北京，1989年。

另参见词条"李翰祥"的参考文献。

(C. A. 托罗普采夫撰，姜敏译)

胡正言

胡正言（1582—1671/1672），生于徽州休宁县（今属安徽），字曰从，号十竹主人。明末清初杰出书画篆刻家、出版家、木版印刷和压印大师、藏书家，是多色木版套印（饾版）及拱花技术的发明者之一，该技术的基础是根据画稿色泽分色，刻成多个印版，再依先后轻重进行套印或叠印。他在明朝南都——南京居住和工作，因其位于鸡笼山侧的住宅前种着十

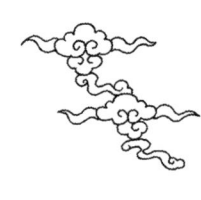

余株竹子，故名其书房为十竹斋。胡正言的两部主要创作也因此得名——《十竹斋书画谱》和《十竹斋笺谱》。

据权威的《中国美术全集》（1988），《十竹斋书画谱》是中国版画史上划时代的创作。该书共计160余幅彩色版画，单幅纵20厘米，横23.6厘米，创作于1619—1627年。杨文骢（1597—1646）——画家、诗人、学者和官员（1618年中举）——在该书序言中称他"巧心妙手，超越前代"。该书自1633年整套刻印完成后流传至今，现存于中国国家图书馆。其中共有8个题材分类，包括书画、梅、兰、竹、石、墨华、果、翎毛，各有20幅版画，每幅图画都配有书法题词。图画出自胡正言和其他画家之手，其中有临摹著名的前代画家赵孟頫、唐寅、文徵明、沈周之作，也有同时代人吴彬、倪瑛等人之作。J. Tschihold于巴塞尔出版的书籍中（1943）复制了16幅彩色版画，熊小明出版的书籍中（2007）复制了2幅，《中国美术全集》中复制了1幅（插图第155），但图片更大、更清晰。

由于赵孟頫和唐寅分别是元代和明代最著名的春画画家，而且在《十竹斋书画谱》中还吸纳了其他春画代表人物的诗歌，因此高罗佩（1951，1961；俄译本2000、2003）推测，胡正言也属于明末随着道德风气开化而形成的喜欢创作言情小说和春宫画的文人画家团体。除此之外，胡正言还发展了徽州派插图传统，该传统是16世纪下半叶在其家乡附近形成的，徽州派的大师们积极参与艳情文学的插图创作（如经典小说《金瓶梅》），以及独具一格的情色文学艺术画册的创作。古利克认为，该艺术在1570—1650年达到了空前绝后的高度繁荣，而胡正言在刻印技术方面的功劳首屈一指。

《十竹斋笺谱》于1644年问世。此前近20年，现存最古老的同类书籍——《萝轩变古笺谱》也在南京出版（1626），作者吴发祥（号萝轩，1579年生）。《萝轩变古笺谱》十分珍贵，共收画笺178幅，版心纵21厘米，横14.5厘米，大部分为彩色版画，于1963年在浙江省被发现，现存于上海博物馆；其中的两幅版画被收入《中国美术全集》

(插图第154),一幅被收入熊小明出版的书籍中(2007,插图第166)。《十竹斋笺谱》共四卷,收入289幅版画,每笺纵21厘米,横14厘米,分为33类。同样,其中两幅被收入《中国美术全集》(插图第156),一幅被收入熊小明著作(2007,插图第167)。李克恭为该书作序,介绍了其创作史,并泛泛讲述了"笺"的印刷,谈及了彩色木版印刷的特点和难度。其中特别提到了这种笺的原始样本最早出现于嘉靖(1522—1566)和隆庆(1567—1572)之前,在万历(1573—1620)中期得到改良,后期臻至完善,最终在天启(1621—1627)和崇祯(1628—1644)年间达到完善。而这首先要归功于胡正言的努力,他将前人经验与自我创新完美结合。《中国美术全集》称这部作品"是中国图版画史上一部划时代的作品"。1952年该书由著名的荣宝斋以影印方式再版,由著名文学和艺术史学家郑振铎作序。胡正言还为以下书籍刻制了印版:《皇明表忠纪》《诗谭》《伤寒秘要》《千文六书统要》《六书正讹》等。清统治之后,胡正言远离政治,开始隐居生活。

*胡正言《十竹斋笺谱》,郑振铎作序,北京,1952年;王伯敏编《中国美术全集·绘画编》,第21卷,上海,1988年;Tschihold J. Neue chinesische Farbendrücke aus der Zehnbambushalle.Basel, 1943.

**高罗佩《中国古代的性生活》,圣彼得堡,2000年;高罗佩《中国古代的性艺术》,莫斯科,2003年;А. И. 科布杰夫《彩色印刷之父胡正言》,载《第40届"中国社会与国家"学术研讨会论文集》,莫斯科,2010年;李茂增《宋元明清的版画艺术》,郑州,2000年;缪咏禾《明代出版史稿》,南京,2000年;熊小明《中国古籍版刻图志》,武汉,2007年;Gulik R. H. van. Erotic Colour Prints of the Ming Period, with an Essay on Chinese Sex Life from the Han to the Ch'ing Dynasty, B.C. 206-A.D. 1644. Tokyo, 1951.

(А. И. 科布杰夫撰,李春雨译)

华喦

华喦（1682/1683—1756/1762），字秋岳，一字空尘，号白沙、白沙道人、布衣生、东园、离垢居士、新罗、新罗山人，福建上杭人，著名的画家、书法家、诗人。

作为画家，华喦涉足了各种体裁，其中尤为出名的是花鸟画和人物画，这并不足为怪，因为他年轻时曾经在景德镇做过画匠，专门画瓷器。文献中并没有提到华喦1697年之前的绘画作品。他在作画时常使用粗笔干墨。在创作花鸟画时，华喦以明代和清代早期的写意画为基础，创造了独特的画风，并对后世花鸟画的发展产生了极大的影响。其钤印有碧梧疏雨、布衣生、顽生、工拙随意、也可、临汀、眉州、南阳山中樵子等。

华喦与"扬州八怪"之一的汪士慎关系密切，一些研究者（С. Н. 索科洛夫－列米佐夫）也将华喦列为"扬州八怪"成员。

**С. Н. 索科洛夫－列米佐夫《扬州八怪：中国十八世纪绘画史略》，莫斯科，2000年；《扬州八怪书画展》，东京，1986年。

另参见"小四王"参考文献。

（В. Л. 思乔夫撰，张猛译）

画院

画院是中国古代具有教育和学术研究性质的国家机构，旨在培养专业的画家和协调宫廷画师的活动。

这一机构的历史可以追溯到唐代的中央人文机构翰林院，其雏形为621年成立的文学馆。翰林院的建设持续了将近一个世纪，在8世纪时经过了几次改革，以扩大职能和职权范围，形成了以翰林待诏、翰林供奉职衔授以技艺人之制。加入翰林院和直接进入绘画部门，以及官职上的提拔，均由君主下令安排。当时有一大批唐代著名的画家入编在册，其中包括吴道子、韩幹、周昉。除了对画家予以官职提拔，还对其进行专门的奖赏,这一制度在后世的几个朝代一直保留了下来。首先是服饰赏赐制度,其中包括紫色或红色长袍,饰有玉、金、银的腰带(根据奖赏的程度而定)以及鱼袋——这是一种荣誉勋章。

在之后的五代时期,仿效翰林院的国家机构存在于西蜀和南唐两个政权中。其中南唐的书画部门获得了最大的组织自主性。正是这一部门后来成为北宋建立翰林图画院的典范,尽管在形式上,这个机构仍旧是五代初期重建的翰林院的一部分。

北宋在西蜀和南唐旧制的基础上建立了翰林图画院,设待诏、艺学、祗候、画学正、画学生、供奉等职。北宋画院成为绘画教育和实践的中心。画院成员与高级官员地位相当,特定的官职和奖励制度也保存了下来。院中的画师根据宫廷命令完成画作,经常得到额外的赏赐。院中的画师也从事教学活动,从理论与应用的角度进行绘画教学和研究。在公务外的时间,他们有权承接私人订单,作画用于出售。由于宫廷画师的作品必定会进入所有的绘画图册,因此他们的创作在绘画市场的销路颇具优势。鉴于上述有利条件,画院的画家有可能会对京城以至全国观者的审美品位和需求的形成起到关键作用。所以说,虽然画院里的画师人数相对不多(960—1127年,画院内成员共计76人),画院却能对全社会的艺术生活发挥重大作用。画院的教学方法基本上是对古代大师的作品进行理解和临摹,以掌握他们的技巧和风格。这样一来,画院无疑保留了国画的传统,促进了不同代际画家风格的直线传承。然而,从另一个角度来说,这样的教育方法也不可避免地造成了学院画派的传统和保守。

在画院体系中,中国经典绘画的主要体裁——人物画(符合中国传统,包含历史题材和宗教题材的绘画、肖像画、动物画等体裁绘画)、花鸟画以及北宋时占据主要地位的山水画,都获得了高度的发展。被中国传统美学思想定义为"北宗",现代艺术学术语称为"北方山水画派"或"全景宏大风格"(主要在欧洲学者中流行)的独特山水画风格流派,也在此时得以确立。该流派起源于唐代的画院山水画,其形成初期与10世纪的两位画家——荆浩及关仝的作品密不可

分。北宗作品的突出特点是，再现了中国中部地区（黄河中游、中原地区）雄伟壮阔的山川景致，构成这种风景的有高耸入云的山峰、垂直的峡谷陡坡、飞泻的瀑布和蜿蜒曲折的小溪、群山环抱下烟雾缭绕的山谷。

有理由推断，"全景宏大风格"的绘画在画院中的出现和确立，与其说是由绘画本身决定的，倒不如说是文化意识形态因素作用的结果。这一画派的思想纲领为古代自然哲学，在这种哲学中，自然各成分间的相互关系应该是宇宙和谐的体现。在北宋时形成的新儒学思想的影响同样不可忽视。因为在这种思想中出现了道德准则的本体论，并将其基本范畴转化为一种"宇宙的道德框架"，体现在诸如"天理"之类的自然法则中。新儒学思想家坚称，只有通过对自然现实的认知，人才能够获得"天人合一"的状态，从而掌握宇宙、人类社会和个人的最高伦理法则。因此，"全景宏大风格"绘画的创作不拘泥于单个画家的价值取向和创作目的，从语义学的角度来看，它是对宇宙世界秩序场景的再现。这种再现应能够对观者施以伦理影响，促进社会的道德教育，强化国家观念。在现代艺术学家看来，中国山水画，尤其是以"全景宏大风格"创作的那部分山水画，与典范性的表达有关，具有造像画的类型学特征。它们的标准布景主要以垂直或水平建构，抑或将两者结合，实质上再现了人类认知所达到的宇宙"坐标轴"（沿水平和垂直两个方向）。景观的纪念性和场景的宏大，是由体现作为人类栖居地的世界完整性的强力感受所决定的。使用细节填充的艺术空间的高密度性，以及绘画的极度精确之所以能够实现，其前提条件是认识到宇宙"画布"赖以构成的每个自然元素、每个瞬间的重要性。正面的高山以及其他自然景物的突出，依赖于对于宗教艺术来说一个广泛应用的观点，即只有通过与本真"直接"交流，才能深入其本质，参透隐藏于其中的更高层次的规律性，将它们展示给观者。在这一语境中，显然应当考虑风景中所谓散点透视方法（这种特征最先出现在李成的作品中）的运用，这种方法在现代科学开启的宏观和微观世界的转换中找到了意想不到的解释，借助于它，中国山水画家采用的"灵活多变"视角显示了空间的转换，不仅使观赏者产生了景

色宏伟的印象，还令他们获得身临其境之感。上述画院山水画具备的宇宙学内涵，常常因为源自具体历史政治事件的寓意而被进一步拓宽。论证该问题最具说服力的论据，大概要算"全景宏大风格"大师郭熙著名的《早春图》轴（158.1厘米×108.2厘米，绢本，水墨，淡设色，1072年，台北故宫博物院藏）。这幅作品外部形式和风格方面的特点给人一种"普通"山水画的印象，但它创作于得到神宗皇帝支持的重大经济改革之初，这使得一些研究者认为这幅画暗喻了政治的"春天"，暗示了年轻君主统治下的光明未来（"夏天"）指日可待。

赋予绘画作品宇宙意蕴、寓意和特殊的社会功能，可以更好地理解北宋皇帝徽宗在以太师蔡京为首的高官支持下实行画院改革的原因。这次改革与国家宗教体系的革新同时进行，当时国内面临着极为严峻的社会政治和经济危机，金人进犯的威胁又日趋加剧，因此改革具有了明显的政治意识形态特征。1104年改革伊始，国家开设了四个教学门类——书法、绘画、数学和医学，在原来由毕业和鉴定（参加考核以晋升仕途）测试构成的考试体系中，增加了入学考试和每学年教学完成后的考试。画院进行的各级考试的主要形式，是按照指定的主题作画，考试时间为一天一夜：应试生和画学生必须在这段时间内完成画作，在给出命题的第二天将作品交给主持考试的礼部。1100年，画院成为独立的机构，成为朝廷的机关部门，由皇帝直接管理。

徽宗采取的举措不仅改变了画院的地位和结构，还改变了画院派绘画体裁的主题构成和风格。体现宇宙和谐、歌颂国家秩序的"全景宏大风格"显然丧失了其现实性。徽宗下令将这些装饰宫墙的绘画拆除留作备用，或直接废弃。这种"迫害"甚至也涉及郭熙的画作，而就在不久前他的画还受到普遍赞誉：据目击者的回忆，这些画后来被用来铺工作间或仆人住处的桌子。小幅绘画，尤其是花鸟画，天然地跃居绘画体裁的首位，这种绘画重在美学感染力，排除了被画家情感笼罩的、经常表现自然的盛大庄重风格。徽宗本人也是著名的花鸟画大师，他在很大程度上革新了这一体裁的绘画

风格，使花鸟画画家重视水墨的使用，注重作品形象的简洁。他还促进了代表宫廷高官显贵独立流派的士大夫画家和文人画家在创作中形成的审美原则进入画院派。当时最主要的非职业绘画创作理论家苏轼绘画思想的影响在考试制度的改革中得到了清晰的体现：考生收到的命题是从诗词作品（最常见的是唐代和北宋文人的诗词）中摘录的，这可看作苏轼"诗画结合"论题的体现。同时这种命题也使得初习者赋予绘画以插图的性质，无论如何也不表现其个性经验，有些情况下还能够将文学的意象性转化为一系列可视性画面。譬如，关于孤独的诗句可以再现为晴空下的一只小舟或者一个被遗弃的鸟巢。

画院在体裁主题和风格构成上的革新反映在宫廷藏画目录《宣和画谱》中。这套画谱的编纂也是徽宗及其同道者在画院改革框架下意义最为重大的事件之一。该书依据主题编纂，进行了当时最为详细的体裁分类（共分十门），收录了魏晋至北宋231位画家的6396幅画作的名称。可以看出，参与该名录编纂工作的不仅有画院成员，还有其他方面的代表，尤其是最优秀的文人画家米芾。

徽宗的改革并没有使画院派摆脱掉已经约定俗成的审美范式。宫廷的艺术家们依然处于官方艺术规则和观念的压力之下，其中还增加了给自己冠以主考官和艺术专家身份的皇帝个人的艺术趣味：宋徽宗认为自己的画作已达到顶级水平，因此画院艺术家们被责令必须对其进行模仿。M. 沙利文（M. Sullivan）曾将徽宗时期和路易十四时期的宫廷艺术家的境况做了对比，结果证实了这一情况。但不管怎样，徽宗的改革是画院历史上最重要的一个里程碑，给官方画派带来一些重大的改变，在南宋王朝建立之后，促成了南宋初期官方画派的繁荣。

1138年（北宋灭亡十余年之后）画院重建，南宋建立者高宗对绘画创作给予了特殊的庇护。许多学者（如J. R. Murray）认为，这是新的政权在12世纪20年代靖康之难后制定的旨在维护社会统一及巩固南宋政权的政策的重要组成部分。画院的地位亦有所提升，并获得了位于西湖对面、距离首都（临安城，今浙江杭州）8—9千米的一块土地，即首都附近风景最优美的地方之一作为院址。尽管教学方法仍旧是以临摹古代大师的作品为主,且必须要在皇帝的长期监督下,遵循"经典"绘画的传统,按照给定的命题创作,但南宋画家在某个时间段里的创新趋势仍突破了传统保守之风。南宋画院发展的鼎盛阶段在高宗执政的后半期到来,这一时期采用"绍兴"纪年(1131—1162),因此当时的画院机构有时也被称为"绍兴画院"。在出现了一批杰出的画家(其中包括马远和夏圭)之后,南宋画院在12世纪末走向了衰落。

画院作为国家机构中重要的独立机构,存在于后来的历史时期中(元朝除外),它不断地促进着官方绘画风格的复生。这种绘画风格尽管自身存在着种种弊端(在正统和僵化的绘画语言程式下表现出确定性和保守性),但始终在中国造型艺术中扮演着奠基者的角色。

**М.Е.克拉夫佐娃《中国艺术史》,圣彼得堡,2004年;Т.А.波斯特列洛娃《10—13世纪的中国画院》,莫斯科,1976年;К.Ф.萨莫秀克《郭熙》,莫斯科,1976年;Bischoff F.A. La forêt des pinceaux, étude sur l'Académie du Han'lin sous la dynastie des T'ang et traduction du Han lin tche. P., 1963; Bush S., Hsioyen Shih. Early Chinese Texts on Painting. Cambr., 1985; idem. Chinese Literati on Painting: From Su Shi (1037-1101) to Tung Ch'i-ch'ang (1556-1636). Cambr., 1971; Cahill J. The Art of Southern Sung China. New York-Tokyo, 1962; idem. The Lyric Journey. Poetic Painting in China and Japan. Cambr., 1996; Murck A. Poetry and Painting in Song China. The Subtle Art of Dissent. Harvard, 2000; Murray J.R. Sung Gao-Tsung as Artist and Patron: The Theme of Dynastic Revival // Artists and Patrons. Some Social and Economic Aspects of Chinese Painting / Ed. by Cahill J., Wai-kam Ho. Kansas-Hong Kong, 1980; Paintings in Chinese Museums // Arts of China. Vol. 3. Tokyo, 1970; Siren O. Chinese Painting. Leading Masters and Principles. Vol. 1-2. L., 1958; Sullivan M. An Introduction to Chinese Art. L.,1961; idem. Symbols of Eternity: Landscape Painting in China. Stanf., 1979; Yang S. Issues of Public Service in the Themes of Chinese Court Painting. Ph. D. diss. Berk., 1989.

(М.Е.克拉夫佐娃撰,张猛译)

怀素

怀素（约735—800），字藏真，零陵（今属湖南省）人，唐代书法家。虽然有《茶经》作者陆羽所作的《僧怀素传》，但关于其生平，研究者们所知并不多。怀素具有极高的书法天赋，因无力购买书法用品，这位年轻的僧人便在风干的芭蕉叶或者漆盘上练字，这种漆盘能够擦拭，可在上面反复书写。和智永（6世纪）的传说一样，怀素将自己的旧笔收藏于笔冢之中。地方上有学识的人注意到这位才华横溢的和尚，靠着他们的照顾，40岁的怀素得到京城文人的青睐。他在书法上师法张旭，常常公开展示其书法创作：当着众人的面，他在墙壁和屏风上用蘸墨的大毛笔写字。怀素嗜酒，喜醉后狂书，其创作被称为"酒神书法"。

在西方，《自叙帖》（台北故宫博物院藏）仍是目前最知名的中国书法作品。该作品生动的自发表达使人联想到20世纪的先锋派绘画，但是字符外形的相似令对狂草书法原本内容的理解变得更加困难。《自叙帖》的风格对中国历代书法家都产生了不同程度的影响：从宋代黄庭坚到明代董其昌，继而到毛泽东，以及20世纪、21世纪之交的中国书法家。大多数研究者认为台北故宫博物院的藏品是真迹，也有人认为它是高水平的摹本。文本完成于尺寸为28.3厘米×775厘米的纸上，共698字，126行，每行2~7个字。卷后有10—18世纪名家题跋多则（30.3厘米×608.7厘米）。怀素在《自叙帖》中简要讲述了自己的生平，首先是他如何成为书法家并来到京城，继而是权贵对自己的颂词。怀素的文本不能仅仅看作普通的自序，这更是某种面向潜在庇护者的自我推荐，这些人不关心其早年的经历，却看重权贵的意见。《自叙帖》在笔尖急速运转下完成，这表明怀素对文本了然于胸。怀素可以自由地改变字形的大小和每行的规模。其中有21行完全由"一笔书"完成，由始到末，书写时笔不离纸，一笔写就。其他行有一个或多个停顿。这些停顿的设置与文本的语法无关，完全出于造型的考虑。后世书法家既将之视为固定的词汇组合，也将其看成单独的字符元素。有16行，怀素写下了尤为大的字符，这与其语义并不相关。在一些行中，怀素写下了一系列较宽的字体，

它们超过并占用了临近行的空间。怀素的笔法特点是笔力雄劲，飞白奋跃，由此产生了运笔如飞、狂放挥洒的效果。其草书结字奇险，神秘莫测，气势恢宏。在怀素之前从事草书创作的书法家，倾向于以王羲之的书法为标准，怀素不受成法束缚，创造性地形成了自己的狂草风格。怀素的草书与佛教禅宗没有直接的关系，他本人从未说过自己信奉禅宗学说，陆羽所作传记中也未包含这方面的明确内容。大概，他转变为禅宗美学大师是在唐朝末年。怀素曾自言深得"草圣三昧"。

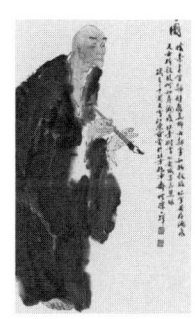

专家按照与真迹的相似程度将怀素作品的摹本分成几类。除了《自叙帖》，属第一类的是《食鱼帖》。这一作品线条硬朗、锐利，充满力量。与《自叙帖》相比，用笔较舒缓；字迹极少连绵，字形大小差别不是很大；每行字符相近，行与行之间气韵贯通。书法家通过对造型的强调达到聚集线条形状相似的不同字符的目的。此帖使转灵活，提按起伏得当，运笔以中锋为主，时有收笔出锋。

上海博物馆收藏的《苦笋帖》属于第三类的摹本。作品中两行之间缺少气韵的连贯，一些线条的书写干枯，缺乏力量。用墨色调奇怪，上部较浅，下部较深。然而按照传统观点，这一作品常常作为怀素的书法作品摹本出现，这与它在风格上更为接近怀素的真迹有关。

*杨仁恺《中国美术全集·书法篆刻编·隋唐五代书法》，北京，1989年；王靖宪《中国书法艺术·隋唐五代》，北京，1998年。

**В. Г. 别洛焦罗娃《中国书法艺术》，莫斯科，2007年；徐邦达《古书画过眼要录：晋、隋、唐、五代、宋书法》，长沙，1987年；启功《论怀素〈自叙帖〉墨迹本》，《文物》，1983年第12期；朱关田《中国书法史·隋唐五代卷》，南京，1999年；朱仁夫《中国古代书法史》，北京，1992年；马国权《沈尹默论书丛稿》，香港，1981年；Chang Leon L. -Y., Miller P. Four Thousand Years of Chinese Calligraphy. Chic. -L., 1990; Ch'en

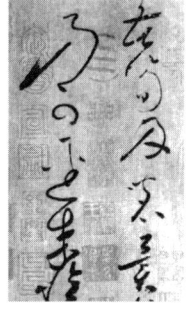

Chih-mai. Chinese Calligraphers and Their Art. Melbourne, 1966; Schlombs A. Huai-su and the Beginnings of Wild Cursive Script in Chinese Calligraphy. Stuttgart, 1998; Tseng Yuho. A History of Chinese Calligraphy. Hong Kong, 1998.

(В.Г. 别洛焦罗娃撰,王玉珠译)

黄宾虹

黄宾虹（1865—1955），浙江人，近代山水画大师、著名艺术理论家、教育家、诗人、绘画鉴赏家和收藏家。曾在杭州工作，在上海和北京任教。黄宾虹游历甚广，并在其作品中将写生的生动和工笔的精细相结合，创造了在天才画家的启发下才能触及的令人震撼的自然世界。其绘画性通过水墨技法及粉赭石色、蓝色和浅绿色的淡设色完成，富于抒情性。他还创作了一系列理论著作，是多卷本艺术典籍《美术丛书》的编者之一。杭州设有黄宾虹纪念馆。

**《艺术大师论艺术》，第2卷，1969年；《吴昌硕、齐白石、黄宾虹、潘天寿四大家研究》，杭州，1992年；徐建融《当代十大画家》，上海，1995年；《黄宾虹山水写生册》，北京，1962年。

(С.Н. 索科洛夫－列米佐夫撰,王玉珠译)

黄公望

黄公望（1269—1354），本名陆坚，字子久，号大痴、大痴道人、大痴学人、一峰、一峰道人、黄山谷、井西道人、静坚道人、净墅，生于江苏常熟。元代最著名的六大画家之一（与王蒙、高克恭、倪瓒、吴镇、赵孟頫齐名），通常也被列为"元四家"之一。

据书面记载，除常熟之外，其出生地亦作富阳（浙江省西北部）或衢州（浙江省西部）。关于黄公望，流传着大量传说轶事，据说，他在童年时被一个黄姓人家领养，此家主人是一位90岁高龄的老者，膝下无子。养父母给他取名黄公望，意为"黄公望子久矣"。黄公望天赋异禀，被誉为神童。

23岁时，黄公望被任命为县衙书吏，尽管元朝统治者不喜欢让中国南方人当官。黄公望的仕途于1315年中止：由于受高官牵连而身陷囹圄，四年之后才得以出狱，此后开始隐居（先是在今杭州郊外，随后在今浙江省境内的其他地方），并成为全真教的俗家弟子。

50岁之后才专攻山水画，且主要从事水墨山水画创作，师法南方山水画派画家及该派创始人董源和巨然。黄公望独树一帜，为中国山水画开创了新的风格流派。他有26幅画作传世，包括真迹和后世摹本。

其公认杰作是巨幅卷轴《富春山居图》，关于此画的创作过程有很多传说。据画家本人所言，他是在突如其来的灵感中看到了这幅未来的画作，创作历时三年（1347—1350），只有灵感来临时才动笔作画。这幅画有两个版本，均为纸本水墨画，收藏于台北故宫博物院。一者为"子明卷"，一者为"无用师卷"，二者分别是画作的仿本和真迹。"无用师卷"纵33厘米，横636.9厘米，是中国山水画史上最为宏大的作品之一。这幅画描绘的虽是现实风景（浙江省北部的富春山，黄公望曾在这里居住过几年），但又像是对宋代画院山水"南派"和"北派"的演绎，同时融合了两个流派的元素。从南派那里，画家借鉴了以淡墨晕染表现山体轮廓的柔和及水天一色的空灵，从北派那里则借鉴了全景式构图、细腻的描摹，以及对山峦和树木质感的表现。

他的其余山水画作仿佛都是对《富春山居图》局部的复制。比如，墨笔淡设色卷轴《九珠峰翠图》（绫本，纵79.6厘米，横58.5厘米，台北故宫博物院藏），运笔技巧炉火纯青。黄公望还创作了一些模仿前人的作品，比如，与董源作品十分接近的《天池石壁图》（纵139.4厘米，横57.3厘

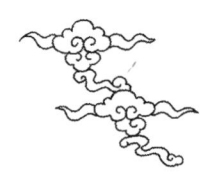

米，绢本，墨笔，1341年作，北京故宫博物院藏；同名摹本被收藏于台北故宫博物院和日本大阪博物馆）。《九峰雪霁图》（纵117厘米，横55.5厘米，绢本，墨笔，淡设色，北京故宫博物院藏）整体而言是黄公望作品中较为独特的：山体从近景开始，逐渐升高，山体中央凸显出褶皱纹理，而远景的山峰则是柱状的，很像马远《踏歌图》中所描绘的山。光秃秃的树枝，像编织的神奇花边一样将雪景框起来，细腻的线条画与白色山体的结合为整个景致赋予了虚幻色彩。

尽管部分作品带有虚幻色彩，且其创作明显带有折中主义，但黄公望的山水画描绘的基本上是中国自然地理中现实存在的风景，是由画家亲自感受并再现出来的。这使其与那些抽象思辨的景致截然不同。而在元代绘画中，对于抽象景致的描绘极为流行（比如在赵孟𫖯和王蒙的创作中）。因此，当代艺术研究通常将黄公望的创作视为对宋代山水画原则复兴与反思的开端。

**H. A. 维诺格拉多娃《中国山水画》，莫斯科，1972年；M. E. 克拉夫佐娃《中国艺术史》，圣彼得堡，2004年；R. 库珀、J. 库珀《中国艺术杰作》，译自英文，明斯克，1997年；《10—17世纪艺术家故事》，见《中国艺术》，B. B. 马良文翻译、注释、作序，莫斯科，2004年；潘天寿、王伯敏《黄公望与王蒙》，上海，1958年；《中国艺海》，上海，1994年；《中国历代绘画·故宫博物院藏画集》，第3卷，北京，1982年；邵洛羊《中国美术大辞典》，上海，2002年；《中国美术全集·绘画编》，第4卷，北京，1986年；Cahill J. Hills beyond a River: Chinese Paintings of the Yuan Dynasty 1279-1368. N.Y., 1974; Gyss-Vermande C. La vie et l'oevre de Huang Gongwang（1269-1354）. P., 1984; Lee Shekman E., Ho Wai-kam. Chinese Art under the Mongols: The Yuan Dynasty（1279-1368）. Cleveland, 1968; Paintings in Chinese Museums // Arts of China. Vol. 3. Tokyo, 1970; Possessing the Past. Treasures from the National Palace Museum, Taipei. Taipei, 1996; Siren O. Chinese Painting. Leading Masters and Principles. Vol. 4. L., 1958; Sullivan M. Symbols of Eternity: Landscape Painting in China. Stanf., 1979.

（M. E. 克拉夫佐娃撰，李春雨译）

黄绮（1914—2005），原名匡一，号九一，出生于安徽省安庆市。他是书法家、篆刻家、画家，是黄庭坚第32代传人。

黄绮5岁开始学习书法，1940年毕业于西南联合大学，1947年在安庆首次举办个人书画展。20世纪80年代，其创作达到鼎盛时期。黄绮起初在清华大学工作，随后又在安徽和河北省的高校以及南开大学（天津市）任教。曾担任中国书法家协会副主席及河北省书法家协会主席。自1992年起，每年举办个人书画展。在日本的展览（1992）令大师获得了国际声誉。他在海口（1993）和桂林（1994）也曾举办个展。1994年，为庆祝大师80岁寿辰，在河北省博物馆举办了展览。其间出版三部书法、篆刻和绘画作品集，发表了多篇中国书法方面的论文。

黄绮精通各种字体，尤好篆、隶、草书。在篆书方面自创"铁戟磨沙体"，模仿公元前一千纪中叶武器上的铭文。金属因经常使用而被打磨的效果主要借由浓墨技法体现，墨迹时而密实厚重，时而形成稀疏的空白。浓墨阻滞运笔，构成一定的塑形压力，仿佛使用刀笔在金属上刻字。黄绮将自己的行书和楷书风格称为"三间书"，因其位于"篆隶之间，汉魏之间，行草之间"。他以另外五种字体的风格特点丰富行书，而楷书则主要采用于新旧纪元之交和公元4—6世纪出现的两种历史变体。这种熔各种字体风格于一炉的特点证明了书法家的高超技艺。黄绮草书的特点是留白多，笔画细，笔画的均衡性时常被打破，有时借助飞白，有时则借助顿笔。大师使用浓墨，因此，尽管笔画线条纤细，但在纸张的白色背景下仍然十分醒目。

黄绮的绘画作品积极借鉴书法美学，最大限度地将绘画的线条与汉字笔画的动感联系起来。将绘画与书法结合起来的尝试早在宋代就开始了，20世纪下半叶尤其突出。但只有那些明白书画"通而不同"原则的大师，才能有所成就。黄绮认为，书法是最崇高、最特别的艺术，是通过线条及其组合对意象的精湛表现，即便在20世纪也无法打破书法作为个性养成的不二艺术的传统观念。他相信，在书法家去世之

黄绮

后，其生命能在书法作品中得到延续。

*《黄绮论书款跋》，郑州，1989年；《黄绮八十寿辰书画展览作品选》，北京，1995年；《黄绮书法论文选》，保定，1995年。

**В.Г.别洛焦罗娃《中国书法艺术》，莫斯科，2007年；朱仁夫《中国现代书法史》，北京，1996年。

（В.Г.别洛焦罗娃撰，李春雨译）

黄筌

黄筌（约900—965），字要叔，四川成都人，花鸟画创始人之一。

黄筌出身于名门望族，五代西蜀画家。据包括郭若虚的著名绘画史论著《图画见闻志》在内的文献记载，黄筌从事卷轴画和壁画创作，体裁涉及山水、人物（具象绘画，包括肖像、宗教、日常生活题材和动物画），但是能最鲜明地展现其风格的是花鸟画。黄筌最大规模的作品是他在蜀宫一座偏殿的墙壁上绘制的六只不同姿态的仙鹤（每个姿态都有独立的名称，例如"唳天""舞风"等）。根据现存摹本，仙鹤的体态以黑白水墨完成，没有过多的特征或华美的细节，但是仙鹤的外部形态精雕细琢，从而展现了飞禽最细微的变化。该画备受赞誉，以至于实质上确定了该宫殿的名称——六鹤殿。

黄筌的绘画创作遗迹非常丰富：12世纪编纂的《宣和画谱》中提到其349部作品，根据这些作品的名称，这位画家是花鸟画体裁中一些分支的创始人，如牡丹花，他创作了16幅该题材的绘画。但是至今只保留了两幅11—12世纪的摹本，收藏于北京故宫博物院：《溪芦野鸭图》（26.4厘米×27厘米，绢本，水墨，设色）和《写生珍禽图》（41.5厘米

×70.8厘米，绢本，水墨，设色）。第一幅画是小幅抒情画卷，又极为写实：在一条安静的小溪中，野鸭漂浮在平静的水面，用喙梳理着羽毛，同时岸上芦苇叶下羞答答的雄鸭似乎在欣赏这只雌鸭。此图技法精湛，用笔精细，同时也使用了艳丽的色彩。显然，黄筌的这些风格特点可以追溯到唐朝宫廷绘画，整体上以设色浓丽和精细描绘为特征。第二幅画描绘了包括乌龟在内的20多只不同的动物。它们之间并无关联，皆描绘精细，这些形象证明了画家对自然的熟知程度和传达千姿百态的不同动物造型的能力。

其子黄居寀（字伯鸾，933—约993）继承了黄筌的衣钵，成为北宋著名的画师，他身居高位，任翰林待诏，为画院成员。黄氏父子画风富丽，他们的花鸟画风格被称为"黄家富贵"，这种风格直至11世纪中期仍占据传统绘画的主导地位。之后在发展中加强了色彩表现性和装饰性，使之不仅在宫廷画中，同时也在京城名流界（士大夫画）个别画家中受到欢迎。

花鸟画的吸引力在很大程度上以题材内容的欣赏性为条件，这使得绘画在情感上更为"轻松"，有时也与山水画有技术上的关联。同时，这种结构同样用于小幅画册和装饰宫廷墙壁的大幅作品。以艺术空间的"凝聚"和"展开"为基础的类似方法，在花鸟画中得到认可，继而进入中国绘画的美学宝库。需要巨幅画布的全景山水画转变为"自然的一角"，并被安置于小尺寸的画布当中，而由一些细节构成的山水素描（例如花鸟的构图）也具有了雄伟的特征。

黄筌的创作也表明，从形成之初，花鸟画中就体现着题材细化的趋势。这种趋势要以单个动植物的出现，或者某种固定角色参与的自然片段的再现为条件，例如涉禽（鹤、鹭）或者水禽（鸭子）、水生（虾、鱼）、花间昆虫（最常见的是蝴蝶）。题材细化的过程使得花鸟画的内容和风格变体更为多样，这些变体由理论家分成不同类别，并规定了专业的名称。其中最重要的是翎毛画——专门画鸟类的绘画，畜兽画——描绘小家畜（猫、狗）和野生动物（野兔），偏向于动物画，以及墨竹画、墨梅画、莲花画、兰花画、牡丹画等。

*郭若虚《图画见闻志》，К. Ф. 萨莫秀克翻译、注释，莫斯科，1978年。

**Н. А. 维诺格拉多娃《中国艺术》，莫斯科，1988年；Т. А. 波斯特列洛娃《10—13世纪的中国画院》，莫斯科，1976年；《中国艺海》，上海，1994年；邵洛羊《中国美术大辞典》，上海，2002年；《中国美术全集·绘画编》，第2卷，北京，1986年；Barnhart R. Peach Blossom Spring: Gardens and Flowers in Chinese Painting. N.Y., 1983; Bickford M. Ink Plum. The Making of a Chinese Scholar-Painting Genre. Cambr., 1996; Gao Jiaping. The Expressive Act in Chinese Art: From Calligraphy to Painting. Stockh., 1996; Laing E. J. The Development of Flower Depiction and the Origin of the Bird-and-Flower Genre in Chinese Art // BMFEA. 64 (1992); Paintings in Chinese Museums // Arts of China. Vol. 3. Tokyo, 1970; Siren O. Chinese Painting. Leading Masters and Principles. Vol. 2-3. L., 1958.

另参见词条"墨竹""墨梅"的参考文献。

（М. Е. 克拉夫佐娃撰，王玉珠译）

黄山派

黄山派，按照中国传统艺术研究对现实艺术进程的粗略划分，该派是明末清初山水画流派之一，其代表人物有梅清、石涛、弘仁。三人以描绘黄山美景而闻名：石涛得黄山之灵，梅清得黄山之影，弘仁得黄山之质。

梅清（1623—1697），生于安徽宣城，字远公、润公、渊公，号老瞿、梅痴、雪庐、凡父、瞿硎、瞿硎山人、瞿山人。他是清代著名书画家、诗人，专攻山水画，同样擅长巨幅卷轴和册页小品画，擅画古松怪石，也画梅花。梅清成长于官宦之家，自幼博览群书（家中藏书近万卷），诗、书、画均工。1654年30岁时，通过考试得中举人。其书法学习颜真卿，绘画学习元代大师，特别注重写生。为创作山水画，与石涛一起在黄山隐居数年。印鉴有白发老顽皮、柏枧山口人家、柏枧山中人、问道渔樵、古欢、东山草堂、得句自长吟、然犀野史等。在中国艺术研究中，梅清被推为明末清初写生画家之首。不过，在鉴别真伪方面需要指出的是，其画作标注的创作日期在1661—1695年，因此完全排除了出现17世纪上半期画作的可能性。梅清的创作通常也被纳入新安派。

黄山派的另外两位大师——石涛和弘仁（1610—1664）均为僧侣画家，创作山水画。在传统中国艺术史上他们也被归入"四僧"。

**Б. Л. 思乔夫《中国传统绘画的鉴别方法》，见《国立东方博物馆学术通讯》，第24辑，莫斯科，2001年；潘天寿《中国绘画史》，上海，1983年；《宋元明清名画》，卷1—2，东京，1931年。

另参见"小四王"参考文献。

（Б. Л. 思乔夫撰，李春雨译）

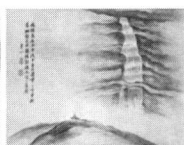

黄庭坚（1045—1105），字鲁直，号山谷道人、涪翁，江西修水县人，宋代书法家、诗人。20余岁即考中进士，担任要职，任职期间经常从事书法和诗歌创作。黄庭坚为北宋书法四大家之一。

这位书法家的一生堪称儒家美德的典范。当他的母亲病重时，他放下了所有的公务，衣不解带，守在病榻前一年没有离开。凭借诸如此类的孝子行为，黄庭坚名列二十四孝之

一。同时他又是禅宗的信徒。在黄庭坚及其同时代人的生活中，儒家的伦理道德与禅宗的心性之学以及道教宇宙观有机地结合在了一起。

黄庭坚在学书法的三十年里对王羲之的书法用功极深，此后他将其称为自己跨越时代的挚友。颜真卿也对黄庭坚的书法产生过显而易见的影响。同时，黄庭坚也像苏轼一样，跳出晋代书法大家的影响，形成了自己的独特风格。他在自己的理论作品中提到，周朝青铜器上的书法作品为其书法结构创新提供了灵感。他研究了汉代以及南北朝时期碑刻文字的运笔技巧。50岁时，他从船夫荡桨的动作中获得笔法启发，形成了个性化的书写技巧，凭借运笔时的独特手法加强了字的力度。他确定了自己的书法原则，如"笔中用力""字中有笔"，即在运笔时需要尽笔心之力，结字能聚字心之势。在行书的字法和结体上，黄庭坚与苏轼不同的是，其字呈现出雅致和恣放的一面。黄庭坚的草书用笔结合了古代的"蝌蚪文"以及篆书和隶书的一般特点，随意使转。这种独一无二的综合字体使他的书法有别于唐代伟大书法家的作品。中国的评论家强调黄庭坚的书法风格和禅宗审美之间的联系，并指出，黄庭坚比唐代书法大家更多地表现出随书法韵律而呈现的情感意趣。黄庭坚本人阐释了"三奇"的必要性：用笔奇、结构奇、禅意奇。

黄庭坚在其晚年的作品中极力将楷书和草书的风格相结合，以凸显字体形态的优美。他的字体如翻滚的浪花一般频繁更替，但与此同时，这些字又像松针一样在空间中敞开。其书法作品的用笔以一种奇崛的方式向绘画接近，一些字体看起来似乎是绘画中的线条。在运笔时，他在"折钗股"和"屋漏痕"两种瑕疵笔法的边缘保持了平衡。前一种瑕疵笔法与字体的弯折有关，而后一种则缘于用墨太过充盈。书法家最高的专业境界在于，他能够从这些缺点中提取出最为丰富的艺术效果，这也只有在书法经验臻于纯熟时才有可能实现。①

现存黄庭坚的原作有《诸上座帖》（草书，北京故宫博

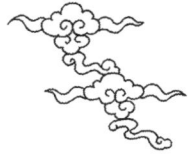

---

① "折钗股"与"屋漏痕"非瑕疵之笔，"折钗股"指钗股虽经折曲而其体仍圆，是对书法转折处用笔要求及艺术效果的形象比喻。"屋漏痕"指书写竖画的笔法，要求竖画行笔时不能直泻而下，需时左右顿挫而行，像屋漏蜿蜒而下的痕迹。

物院藏)、《花气诗帖》(1087年,草书,台北故宫博物院藏)、《松风阁诗帖》(行书,台北故宫博物院藏)等。黄庭坚的审美主张主要反映在他的文章《论书》及其大量的诗文(收录于《山谷集》)中。

*沈鹏《中国美术全集·书法篆刻编·宋金元书法》,北京,1986年。

**В.Г.别洛焦罗娃《中国书法艺术》,莫斯科,2007年;徐邦达《古书画过眼要录:晋、隋、唐、五代、宋书法》,长沙,1987年;曹宝麟《中国书法史·宋辽金卷》,南京,1999年;朱仁夫《中国古代书法史》,北京,1992年;王镛《中国书法简史》,北京,2004年;马国权《沈尹默论书丛稿》,香港,1981年;Chang Leon L. -Y., Miller P. Four Thousand Years of Chinese Calligraphy. Chic. -L., 1990.

(В.Г.别洛焦罗娃撰,张猛译)

霍去病墓

霍去病墓,霍去病(前140—前117年)的墓葬,是中国古代造型艺术的重要文物,位于汉武帝陵墓东北部约1千米处,同处茂陵。这一位置也体现了霍去病的出身和战功。他是深得武帝宠爱的皇后和太子母亲卫子夫的外甥,尽管年轻,却战功赫赫,在公元前123—前121年的战役中,曾几次击溃匈奴军队的进攻。资料显示,汉武帝因自己的爱将过早离世(24岁)极度悲伤,为了使其流芳百世,命人在他的陵墓前建造了史无前例的大型石雕群。根据皇帝的想法,大型石雕群应该与今甘肃省北部的天山山脉分支祁连山形似,以纪念年轻的将军在祁连山一带取得的辉煌战果,一说(根据另外的传说)是因为他在那里因战事伤病逝世。霍去病墓的地上部分为一个土丘,附设有石像,这点在书面文献中并未提及。

已知有16件石雕，其中7件于20世纪50年代被发现并修复。这些雕像是用铁或钢制工具以花岗石雕成，按照完成方式分为三类。一类是刻有动物形态的石雕——蟾蜍（长154厘米，高74厘米）、青蛙（长285厘米）和鱼（长110.5厘米，宽41厘米，高70厘米）。蟾蜍石雕使用外形似蟾蜍的石头加工而成，石材本身为墨绿色，布满麻纹。另一类是卧式石雕——卧牛（160厘米×260厘米）、伏虎（84厘米×200厘米）、卧马（114厘米×260厘米）和卧象（宽103厘米，长189厘米，高58厘米）。所有的石雕都仔细雕琢了头部细节——耳朵、眼睛、鼻孔，虎面上有龇牙的嘴。最具表现力的是卧象：石头的光滑质感和深灰色颜色使它看起来十分自然，垂到前脚的鼻子形成温顺可爱的艺术效果，因此通常认为这件卧象不是雕刻的成年动物，而是幼象。

最后一类是具有一定艺术性和动态性的石雕。例如，第一件是怪兽吞羊石雕（长274厘米，宽220厘米）——躯干粗笨，腿很长，头上有一对触角，嘴里衔着一只羊。第二件是打斗的熊和人（高277厘米，宽172厘米），虽然画面具有想象性，但表现出的打斗高潮时刻仍然令人印象深刻：石人有力的脚掌压在试图挣脱的熊身上。第三件是主题性石雕"马踏匈奴"（168厘米×190厘米），巧妙地再现了威武雄健的战马和马蹄之下充满恐惧的匈奴人的脸。

这些雕塑中还有一个头部庞大、长身站立的石人（高222厘米），比正常人的身体大很多且不成比例。石雕脸部清晰，可见巨大的、圆的、睁开的眼睛和咧开的大嘴。上述细节使得该石雕看上去像是神灵。还有一些石雕因保存不完整而无法辨认。

霍去病将军墓因一些考察队的活动于20世纪初开始闻名于欧洲科学界，考察队的成员首先是1914年到达中国的法国学者色伽兰（V. Segalen）、拉蒂格（J. Lartique），他们详细记录了所发现的石雕。从那时开始，关于建造这样一座墓的真正原因、单个石雕所具有的寓意和解释的讨论就没有停止过。很多问题悬而未决，例如，最初是在哪里放置的石雕，是在墓穴的斜坡还是墓穴之前？这种结构是否有某种符

号学的意义?"马踏匈奴"是最引人注意的石雕。根据其中一种观点(A. Paludan),它位于通往墓冢道路的东南,正好从南面挡住墓冢,也就是说,在墓葬的艺术－符号性上起着主导作用。石雕朝向的特殊性为这一论断提供了依据:石雕的所有细节只面向从北部走进墓穴的人。也有如下的观点(K. C. Chang),认为石雕寓意作为世界起源的女性(阴)和男性(阳)之间的对立,而没有描绘出让人联想起霍去病建立功勋的战斗场景。无论如何,霍去病墓雕塑群在中国造型艺术史上占据着特殊的地位。作为第一批中国陵墓石雕群像,它们同时开创了"神道"石雕传统——始于2世纪的特殊雕塑群(个别历史阶段除外),是帝王陵墓地上部分的必要部分。

**M. E. 克拉夫佐娃《中国艺术史》,圣彼得堡,2004年;M. E. 克拉夫佐娃《霍去病将军和中国石墓建筑产生的历史》,载《宗教学和东方学·学术会议资料集》,圣彼得堡,2004年;《匈奴历史资料》,B. C. 塔斯金翻译、注释、作序,莫斯科,1968年;王仁波、张廷皓、罗忠民、李西兴《秦汉文化》,上海,2001年;《西安名胜古迹》,香港,1989年;《西安名胜古迹》,西安,1986年;《中国艺海》,上海,1994年;邵洛羊《中国美术大辞典》,上海,2002年;Chang K. C. Art, Myth and Ritual: The Path to Political Authority in Ancient China. Harvard, 1983; Lartique J. Au tombeau de Huo K'iu-Ping // Artibus Asiae. 2 (1927); Luo Zhewen. China's Imperial Tombs and Mausoleums. Beijing, 1993; Paludan A. The Chinese Spirit Road. The Classical Tradition of Stone Tomb Statuary. New Haven-London, 1991; Segalen V. China: La grand statuaire. P., 1972; idem. Les origines de la statuaire de Chine / Ed. by A. Joly-Segalen. P., 1976; Segalen V., Voisin G. de, Lartique J. Mission Archéologique en Chine (1914) . L'Art Funéraire à l'Epoque des Han. P., 1935; Sickman / L., Soper A. The Art and Architecture of China. Harmondsworth, 1956; Xi'an-Legacies of Ancient Chinese Civilization. Beijing, 1992; Xi'an: Places of Historical Interest. Memories of Chang'an. Xi'an, 2000; Wu Hong. Monumentally in Early Chinese Art and Architecture. Stanf., 1995.

(M. E. 克拉夫佐娃撰,王玉珠译)

姜文

姜文,本名姜小军,1963年出生于河北,著名演员、导演。毕业于中央戏剧学院表演系,曾在中国青年艺术剧院工作。出演的影片有《末代皇后》(饰演溥仪)、《芙蓉镇》(荣获百花奖最佳男演员奖)、《红高粱》(饰演"我爷爷")、《春桃》(荣获百花奖最佳男演员奖)、《本命年》、《大太监李莲英》、《秦颂》、《有话好好说》、《绿茶》等。1994年,导演电影《阳光灿烂的日子》。2007年,用中国电影中罕见的魔幻现实主义手法导演了电影《太阳照常升起》。

**C.A.托罗普采夫《自由的高粱地》,载《新时代》,2000年第31期;C.A.托罗普采夫《中国电影的"国际品牌"——导演张艺谋》(论姜文的一章),莫斯科,2008年;李尔葳《汉子姜文》,沈阳,1998年。

(C.A.托罗普采夫撰,姜敏译)

蒋兆和

蒋兆和(1904—1986),四川人,画家。主要创作人物画。他从父亲那里学到书画的基础技能,20世纪20年代在上海学习西洋油画、素描和雕塑。在南京和上海任教(图案系教员、素描教授)。1935年开始在北京生活和工作,1950年起任中央美术学院教授。

蒋兆和成功地继承了由徐悲鸿开创的中西艺术融合的传统,将中国写意绘画传统与建构于明暗关系之上的欧洲素描相结合。蒋兆和试图将其作品的艺术语言与文人画流派中文学、绘画和书法综合的传统相融合,从而创建新的肖像绘画流派。其最著名的作品是巨幅多人物横轴画卷《流民图》(1942—1943),同时还创作了大量中国古典文化人物、科学和艺术活动家(作于50年代和70年代)的肖像。

**H.A.维诺格拉多娃《蒋兆和》,莫斯科,1959年;C.H.索

科洛夫－列米佐夫《杰出的中国艺术家》，载《艺术》，1986年第11期；刘曦林《艺海春秋·蒋兆和传》，上海，1984年。

（C. H. 索科洛夫－列米佐夫撰，王玉珠译）

焦菊隐

焦菊隐，1905年出生于天津，卒于1975年，著名戏剧导演、教育家。他曾在燕京大学（北京）学习，课余时间从事外国剧作的翻译工作，并尝试诗歌创作。1930—1935年担任北平戏曲专科学校校长，推行新的演员培养体系，该体系把学习旧戏剧的传统方法与学习普通科目结合起来。1935—1938年赴法国进修期间，焦菊隐通过了题目为《今日之中国戏剧》的博士论文答辩，并完成了一些戏剧史方面的著述。抗日战争期间，他返回中国，任教于广西大学文史专修科，并在当地导演了一系列话剧。1941—1945年他任教于国立戏剧专科学校，导演了夏衍、曹禺的剧作及莎士比亚的《哈姆雷特》等作品，并翻译了涅米罗维奇－丹钦科的回忆录和契诃夫的戏剧集。

1946年焦菊隐到北平后担任北平师范大学西语系主任。在创办于1947年的北平艺术馆（该馆设有戏剧、电影、造型艺术、音乐、舞蹈表演等分部）兼职，并组织了一些演出：由夏衍编剧的话剧《上海屋檐下》、新京剧《桃花扇》（欧阳予倩编剧）及《铸情记》（改编自《罗密欧与朱丽叶》，该剧是中国最早用传统戏剧手段改编莎士比亚作品的尝试之一）。1949年在北平师范大学音乐戏剧系的教学计划中引入"斯坦尼斯拉夫斯基体系"及"西方戏剧概论"两门课程。

新中国成立之初，焦菊隐在不同类别的剧院组织了京剧（《九件衣》）及话剧演出。1952年他被任命为北京人民艺术剧院副院长，1955年成为北京人民艺术剧院总导演。在创作方面，他借鉴民族戏曲的传统经验，力求改进导演手法。这一思想在其《略论话剧的民族形式和民族风格》和《守格·破格·创格》等著述中体现得淋漓尽致。在创新探索的背景下，焦菊隐执导了多部"新历史剧"：郭沫若的《虎

符》《武则天》《蔡文姬》，田汉编剧的《关汉卿》，曹禺的《胆剑篇》《明朗的天》，迄今仍为保留剧目的老舍编剧的《茶馆》，夏衍编剧的《考验》，等等。1960年，焦菊隐被任命为北京艺术学院话剧导演系主任。"文化大革命"时期遭受迫害离世。

**苏民等《论焦菊隐导演学派》，北京，1985年。

（И. В. 盖达撰，姜敏译）

金陵八家

金陵八家，在中国艺术史上，通常指17世纪在金陵（今南京）出生或创作的画家团体。其中包括龚贤、樊圻、高岑、邹喆、吴宏、叶欣、胡慥和谢荪。

龚贤（1618—1689），字半千、半亩，号野遗、半山野老、柴丈人、钟山野老，江苏昆山人，画家、书法家、文学家。主要在南京生活和创作，靠卖画为生。明朝灭亡之后隐居山林，在那里开辟了一块空地，取名"半亩园"，并取了相应的号。作为画家，龚贤擅作山水画，发展了董源及其追随者的风格，并形成了自己独特的绘画技法：大量使用皴擦，层层积染，成功传达出雨后湿润清新的感觉。印鉴有安节堂、不能言斋、龚处士等，共9个。

樊圻（1616—1694年后），字会公，江宁（今江苏省南京）人，画家、书法家。他主要创作山水画和人物画，同时也画花草。在山水画上，樊圻深受宋元画家的影响，其绘画技法接近于龚贤。

高岑，字蔚生，钱塘（今浙江杭州）人，创作于1643—1679年，画家，擅画山水画和水墨花鸟画。

邹喆，字方鲁，吴县（今江苏苏州）人，创作于1640—1680年，画家、书法家。主要创作山水画，描绘松林中的孤屋。他同时也用"工笔"画花草。O. 西林认为其生卒年是1636—1708年左右。其卒年得来的依据大概是，研究者认为邹喆的一些作品要么是作于1647年，要么是作于1707年，O. 西林选了后一个。有确定日期的绘画作品体现了邹喆的非凡才能，他在12岁时就创作了令人瞩目的作品。俞剑华认为其《深林琴思图》《山居图》完成于1647年，其山水册完成于1679年。据北京出版的一部辞典记载，其最晚的作品出现于1683年。根据这一材料，说邹喆出生于1636年是值得怀疑的，更为可能的年份是约1620年。画家逝世大概是在17世纪末。因此上述关于其创作活动期的资料更为准确。印鉴：邹子。

吴宏，字远度，号竹史，江西金溪人，卒于1679年后，画家、山水画大师，同时创作竹子画和石头画。印鉴：江左江右青溪金溪。

叶欣（17世纪），字荣木，华亭（今上海松江）人，画家、书法家，以山水画闻名。作画时，他通常先用线条勾勒出总体结构，这种手法在其作品中可以看出来。他的绘画技法接近"金陵八家"第一位的龚贤。

胡慥（17世纪中期），字石公，金陵（今江苏南京）人，画家、诗人。他偏爱小幅构图，从事山水画和花鸟画创作，尤以画菊闻名。

谢荪，号天令，山水画画家，在风格上接近于"明四家"之一的文徵明。"金陵八家"创作的总体特点是拒绝直接临摹经典范本，而以自然为艺术灵感的来源。他们均不入朝为官，过着隐居生活，靠卖画为生，彼此之间极为友好，经常聚在一起谈论艺术和诗歌。

**参见词条"小四王"的参考文献。

（B. Л. 思乔夫撰，王玉珠译）

金农

金农（1687—1763/1764），字寿门、司农、吉金，号百二砚田富翁、百砚翁、冬心、冬心先生等，仁和（今浙江杭州）人，著名画家、书法家、诗人。金农53岁开始从事绘画创作，偏爱小品画，擅画风景、竹、马，同时也涉及佛教题材。终身布衣。印鉴有布衣三老、光风霁月、一日清闲一日仙、己卯以来之作、龙虎丁卯、努力加餐饭等。

**参见词条"汪士慎"的参考文献。

（В. Л. 思乔夫撰，王玉珠译）

金山

金山（1911—1982），原名赵默，导演、戏剧演员和电影演员、剧作家、编剧。他学习过绘画，曾以票友的身份参加过戏剧团体"蓝衣剧社"具有强烈社会倾向的演出。1935年创立了东方剧社，教授表演技巧方面的课程。同年，开始在上海业余剧人协会演出的外国经典戏剧中扮演角色。金山在夏衍创作的话剧《赛金花》中出演19世纪的清朝大臣李鸿章，赢得了巨大的荣耀，轰动一时。他在表演中听从了导演洪深的建议：观众对反面人物的理解不仅仅根据其外在表现，演员不仅要"演戏"，更要"演人"。

抗日战争期间，金山领导了流动的"中国救亡剧团"上海的一个分队，还在越南、新加坡、马来西亚的华侨中进行爱国宣传。1941年，金山在香港出演了弗·沃尔夫的话剧《马门教授》中的主人公。1942年回到重庆后，他在郭沫若的话剧《屈原》中扮演了屈原一角，他的表演在爱国知识分子中引起了共鸣。1949年之后，在《保尔·柯察金》、《万尼亚舅舅》、《红色风暴》（编剧兼导演）等话剧中出演主角，还导演了田汉的《丽人行》《文成公主》和夏衍的《上海屋檐下》、阳翰笙的《李秀成之死》等话剧。

金山从20世纪30年代开始拍电影，主演了《狂欢之夜》（由果戈理《钦差大臣》改编的影片）和《夜半歌声》。

1947年，自编自导了影片《松花江上》。1955年，导演了《黄花岭》。1958年，导演了影片《十三陵水库》（《十三陵水库畅想曲》）。1959年，导演了影片《风暴》（根据自己的话剧《红色风暴》改编）。"文化大革命"期间金山遭受迫害，坐监七年有余。在其演艺生涯中，他任导演或出演的话剧近50部、电影10部，创作和改编的话剧和电影剧本有15部。担任过中国戏剧家协会副主席、中央戏剧学院院长等职。

**冼济华、赵云声《话剧皇帝——金山传》，北京，1987年。

（И. В. 盖达撰，姜敏译）

劲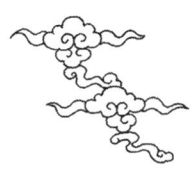

劲，内力，中国武术的核心概念之一，包含身体和精神两方面。"劲"在组词时，常用"劲风""劲草"，意在突出其柔韧性。"劲"类似于结合了弹力、张力、屈力和扭力的力气，源自身体的整体，依靠合一的机体进行维系。它不需要随意紧张的"作用力"，相反，按照传统观点的理解，它作为"放松""解放""自我放空"的结果而呈现。"劲"与表现为"真力"的表面的、机械的"力"有如下的区别：①身体的力量局限于机体的某一部分，而"劲"则源自身体的整体，最终归于完全划一的"虚"。②身体的力量凭借的是"外气"，取决于身上的肌肉和骨骼，而"内力"源自"精气"，主要以筋中的气为基础，如果肌肉的作用在于收缩，那么相反地，筋的作用则在于拉伸，筋的力量通过身体的关节形成整体性的劲。③体力的运用服从于主观意愿，而"内力"的运用则受制于世界能量运动的普遍节奏，它需要某种停顿，即"聚力"的阶段，这样由"时间状态"的组合给出的严格确定的瞬间才会出现。④体力会在使用中被逐渐消耗，而"内力"的运用则具有一种脉动的性质，尽管在其运动中存在着可见的中断，但它的那些各自独立的瞬

间是互相连续的。

内力的作用伴随着意识的加强，这里的"劲"还涉及一种感觉（术语称之为"听劲"）——感觉到对手运动的冲力，直到这一运动的外部形态呈现出来。

拳术中区分出多种不同的"劲"，以对应各种各样的技术动作（譬如太极拳中的"劲"超过40种）。在古代的武术流派中，击打动作通常被命名为"发劲"或"用劲"。八卦掌区分了"劲"的8种基本形式，其中最有名的有4种："滚""钻""争""裹"。"滚"指以圆形旋臂动作迎接对手的力量；"钻"指以向前的螺旋形动作追击后退的对手；"争"对应的是猛烈的直击，以便于快速进入对方的空间；而最后的"裹"意思是将对手的冲力引诱进自己的空间，以将其制服。

这四个"内力"的动作成对组合，因为根据拳术的规则，任何动作都要实现与相反动作的平衡。譬如，为了适应范围（螺旋状）内动作的完整和现实性，在做"滚"的动作时必须引入"钻"，而如果内部没有蕴含"争"，"裹"也不会有那么高的价值，反之亦然。所以通常来说，"内力"处于一种稳定的刚与柔彼此转换、互相渗透的状态，也即"完整的力"体现在力的"会聚"和"分散"上：第一步对应的是高度集中力气和精神准备出击（并保持静态），第二步对应的是动作变换，转成新的姿势。体内状态的完整性要求对于整个身体的"动力构形"具有精准的了解。

从"内力"的表面来看，在武术的传统上，可以将操练分为三种层次。第一种方法称为"明劲"。这一层次要求的是动作的平衡与协调。在武术训练中，它指的是"方者以正其中"，即身体动转要和顺，手足起落要整齐。习武的第二种方式，或者说武功的第二个层次，是"暗劲"。"暗劲"的重点在于神气的舒展和动作的轻盈。它指的是"圆者以应其外"，对应着"圆活无滞"（它本身要求手掌的放松）。第三个层次称之为"化劲"，意指内部状态和外部形式的完全统一，即所有动作被赋予灵性，不可着力，全以神意运用，但形式规矩仍如前两种。在"化劲"阶段，肩部要保

持饱满，手掌和肘部要放松；古代的武术大师们曾说："化劲在身。"最后一点，"听劲"属于精神状态，要靠意志来培养。

**В. В. 马良文《八卦掌·中国武术经典门派》，莫斯科，1996年。

（В. В. 马良文撰，张猛译）

京剧

京剧，是著名的中国传统舞台综合艺术，被称为中国国粹。"京剧"这一名称首次正式出现于公元1876年，然而这个艺术种类在此之前100年就已经产生了。1790年，乾隆皇帝八十寿辰时，全国最好的戏班进京为他祝寿，其中就有来自安徽省的徽剧（徽调）戏班演员。他们在京城安顿下来，与在那里巡演的以曲调丰富著称的湖北省地方剧种汉剧（汉戏、汉调）同台演出，自此奠定了京剧的基础。京剧主要以昆山地方戏昆曲（昆山腔、昆剧）已经取得的成就为依托（角色、台步、故事情节、人物、乐器），同时吸取陕西戏曲流派秦腔的特点。元末明初，昆曲在江苏省（昆山地区）出现。秦腔则从明朝开始广泛流行于北部地区的陕西、甘肃、青海一带。在创造与更迭共同发生的过程中，京剧逐渐形成自己原创性的戏剧体裁。它把细致优雅的昆曲以及长江、黄河流域活力激昂的传统民间戏曲流派相融合。到19世纪中期，经过京剧大师程长庚（1811—1880）、余三胜（1802—1866）、张二奎（1814—1864）等人的辛勤耕耘，京剧走向成熟。他们的成就被谭鑫培（1847—1917）、孙菊仙（1841—1931）、汪桂芬（1860—1906）等人继承并发扬光大。到20世纪20年代，京剧进入繁荣时期，当时赫赫有名的大师有杨小楼（1878—1938）、梅兰芳（1894—1961）、余叔岩（1890—1943）。在梅兰芳率领下，京剧第一次海外巡回演出于1919年在日本举行，1930年剧团在美国成功演出，1935年在苏联巡演。30年代初期，随着抗日战争的到来，京剧开始衰落。"文化大革命"时期只允许十余部"革命样板戏"演出，其中包括"革命现代京剧"《平原作战》《红灯记》《杜鹃山》等。

传统京剧中，人物的内心世界和性格可以在外部特征上鲜明地表达出来，其形象性可以达到极致。现实性在戏剧中被完全排除，这里不存在所谓的"现实主义"，正如绘画中的"写意"（表达/描写思想）一样。京剧之于观众，是让他们在假设和象征形式中最大限度地展开想象空间。图像、象征物、符号、世代相传的道德及生活楷模，通过真实或虚构的人物形象深深扎根于广阔深厚的中华文化沃土之中，构建了一个极其复杂的"文化密码"。这个"文化密码"与本土独特的音乐相结合，使得很多中国人自己都难以理解。而对于其他文化背景的人来说，理解起来则更为艰难。这个问题对于现代中国的年轻人同样存在。于他们而言，理解京剧的特点并非易事。依照演出传统，观众是活动的直接参与者。他们可以在自己喜爱的演出进行的时候，为男女演员大声鼓掌叫好，以表达自己的赞美之情。与西方戏剧相反，京剧剧院里不设置把观众席和舞台分隔开的幕帐。

京剧的四个主要角色是生、旦、净、丑。男性角色"生"被划分为"老生""小生"和"武生"。"老生"通常是中年人或老年人，他们诚实稳重、严谨踏实，且一定要蓄有长髯。胡须的颜色表示了人物的年龄：黑色象征着蓬勃的力量，白色代表耄耋之年。老生的表演细腻，舞台动作庄重。"小生"是没有胡须的年轻男性。演员在表演时采用多种演唱技巧相结合的办法，把真声和假声巧妙融合。其动作、外形富有吸引力，强调优雅和自然从容。演唱不是小生的强项，但他们必须具备灵活的舞台移动和舞剑等技能。需要具备更多体能的演员是武生，他们的强项是舞台打斗、击剑、杂技。因此，传统上由他们扮演可塑性非常强的角色，如孙悟空，即小说《西游记》中的"美猴王"。表现孙悟空历经磨难的剧目占据京剧剧目相当大的一部分。

在女性角色旦角中，有一种角色出身高贵、庄重典雅。她们身为贤妻良母，却经常遭受苦难，这种角色叫"正旦"（女性正面角色）或青衣（穿黑色衣服的女性），因为她们出现在舞台上的时候，大多数情况下身着这种颜色的衣服。演唱技巧对于她们来说是最重要的。正旦的唱腔要优雅精致、舒缓绵长，动作要平静柔和。梅兰芳能够取得国际声誉，正是因为他出色地演绎了正旦这个角色（虽然他也出演其他角色，其成就不亚于正旦，例如刀马旦）。京剧中的年轻女子被称为"花旦"（花季少女），她们通常天真率直、大胆娇媚，多为活泼伶俐的侍女或寻常百姓家的女子。她们在舞台上的主要表演技能是做工和唱白，且大多使用北京方言口语。该类角色的典型代表是一个活泼的侍女"红娘"，该人物出自戏剧《西厢记》。饰演"老旦"的演员为了强调其年龄特征，表演中特意让自己的步态缓慢，双脚或稍微向外分开或向里并拢。她们特别注重唱腔部分，以真嗓演唱，无任何特别的声音加入。在武打上面胜出一筹的年轻女性角色被称为"武旦"或者"刀马旦"，她们扮演女军人、女统帅、女神、女妖、女巫等形象。武旦的服装几乎与男性军人一样，其表演伴随着强烈的锣鼓声，制造出一种厮杀的气氛。

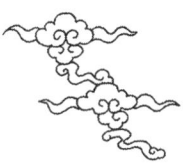

各种行当可以进一步细化："小生"中还可分出"袍带小生"（穿长袍的青年）或者"纱帽生"（戴官帽的青年），这类小生具有稳重、彬彬有礼、严肃等特征。与此类小生不同的是"扇子生"（拿扇子的青年），或称褶子生（穿绣花长袍的青年），即读书人，准备参加科举的考生。"扇子生"手里一成不变的扇子和身上的绣花长袍表现出他们风流倜傥的人物特征。随着京剧的发展，20世纪20年代杰出的旦角演员们又创造出了一些新形象，比如花衫（杂色/色彩鲜艳的装束），集青衣、花旦和刀马旦角色特点于一身，即兼具青衣的端庄、花旦的活泼和刀马旦的耍剑技巧，要求演员同时具备唱、念、做、打的技能。比如，京剧《霸王别姬》中的美女虞姬就是这类角色。

净，或称"花脸""花面"，被认为是京剧中最富有特色的角色。这个角色通常表现的是拥有不同寻常外貌或者性格的男性，可以是将领或者神话中的传奇人物，又或者是出身高贵、地位显赫、勇猛彪悍的人。这个角色用本嗓演唱，声音质朴、刚劲高亢。喜剧角色"丑"也叫"小花脸"，他们和高贵的"净"一样脸上都涂有鲜艳的油彩，但表演方式不同：丑角滑稽可笑、乐趣横生。丑角分为两个类型：文职丑角（文丑）和武职丑角（武丑）。武丑是土匪、侠盗、小偷，他们机智灵活，性格鲜明，展示出高超精湛的武术功底。文丑是相对次要的角色，可以是游手好闲的纨绔子弟、狱吏、饭馆掌柜、守夜护卫、退伍军人等。他们的言语粗鲁直白，不懂京剧的观众都能够理解。

京剧演员自一开始就严格遵循角色规范。曾经存在一种行当等级表，根据等级表，占据统治地位的是中年或者老年男性角色的扮演者，紧随其后是女性角色的扮演者，再往后是"花脸"和丑角。每一代演员中都会出现其所在行当的明星。比如，20世纪20年代最著名的是"四大名旦"：梅兰芳、尚小云（1900—1976）、程砚秋（1904—1958）、荀慧生（1900—1968），他们主导京剧舞台长达几十年。以前改行当是不被接受的，从生理角度来讲往往也是不可行的。比如，稳重的女性角色需要的是完全不同的训练，首先是演唱方面的。女性角色与武丑角色不同，后者演唱和念白都少，但是他们需要能够熟练掌控身体以便完成复杂的表演，其难度可与杂技相提并论。这种技艺是演员从童年开始便每天进行刻苦训练而练就的。

京剧中演员的表演包括唱、念、做、打。演唱方法取决于角色，存在大约10种基本的发声方式，合唱的方式不被采用。一些唱段成为表演中的瑰宝，为内行听众所期望和熟知。听众对这些唱段烂熟于心，并连声叫"好！"比如京剧《霸王别姬》中虞姬的经典唱段："看大王在帐中和衣睡稳，我这里出帐外且散愁情。轻移步走向前荒郊站定，猛抬头见碧落月色清明。"

演唱按照规定的声韵格律进行。通常一行有7个或10个音节，末尾音节的声调在奇数行（3声和4声）和偶数行（1

声和2声）交替变化。念白有两种基本形式：普通人角色（花旦和丑角）用北京方言（京白），身份尊贵的人物用押韵语言（韵白）。韵白（独白和对白）对演员有严格的要求：发音应清晰，富有感情，便于听众感知。

在创造感情饱满的背景音方面，男性角色的特别笑声值得关注，这类男性角色包括侠客、克敌制胜的统帅、发现投敌叛变者的威严男子。笑声大得夸张，声音上升到高处，又陡然变低，常常发出雷鸣般的具有震慑力的声音。这种笑声意在彰显英雄人物处于危险时刻的英勇气魄，以及他对敌人、灾难的蔑视和对小人物凄惨境遇的理解。

做，即舞台上被细致规范的动作。精确的手势、体态、眼神、步态——所有这些都应该极其清晰、快速地反映出人物的性格。关于京剧中的手势有这样的说法：手是人的第二张脸。手势可表达深思熟虑、拒绝、禁止、无助等含义。净角行当里演员五指伸展张开称为"虎爪势"，意指尚武和骁勇。手指以一种特殊的方式交叉在一起则是著名的手势"兰花指"，象征纯洁、温柔与和谐。

武打艺术包括徒手搏斗、剑术（剑、盾牌、矛）、全身性动作、一对一搏斗以及多人厮杀。正是这种场景被现代京剧积极地应用到适应外国观众需求的剧目中。

京剧中不仅有程式化的表演，还有程式化的舞台布景和道具。经典的舞台布景只有几把椅子和一张桌子。它们可以是帝王的宝座、路旁小客栈里的床铺、主人公要攀登的山峰。现今，舞台的布景可能非常豪华，道具相当多样，乐队中增加了非传统乐器（比如大提琴）。舞台场面伴有灿烂的灯光和音效，例如现代京剧《袁崇焕》。该剧讲述了一个英雄将领的故事：他抗击后金，后被敌人陷害以致被明朝皇帝处死，但到清朝乾隆皇帝年间得到平冤昭雪，美名得以传扬。然而，京剧基本的舞台道具一百多年来一直保持不变。比如，带流苏的棍子意味着鞭子，它的颜色同时代表着马的毛色。主人公手中持鞭表示纵马疾驰，演员持鞭在舞台上挥动转圈，表示主人公走过了"千山万水"的征程。旗帜可以象征火、风、海、河等。如果演员挥动着旗帜做波浪式运

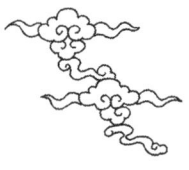

动，就代表着汹涌的洪水淹没了四周的一切。将领腰上或背上的小旗子代表着他身后的千军万马。京剧《三岔口》中的一个片段可以作为动作表意的一个范本。剧中演员精湛的技艺使人相信，两位主人公在客栈院子里的舞剑打斗确实发生在漆黑的夜里。

京剧化妆源于需要面对众多观众进行表演的特点。演员必须突出脸部特征，才能让后排观众在男女主人公出场的一瞬间，明白他们是谁。化妆艺术要遵循严格的准则，即兴作品例外。京剧中的化妆有两种基本类型：一种是简单化妆——略施脂粉，或称"素面""洁面"，适用于所有旦角和生角，一般为打底色，揉红，描眉勾眼。另一种是起源于唐朝舞者面具、现今举世闻名的净角和丑角的脸谱。这是一种象征性化妆，其中人物的性格特征由"主要色彩"（主色）表示。常见的红色代表着忠义，紫色表示刚正、稳练、沉着，白色代表阴险、奸诈，黑色代表刚毅、无私，黄色代表彪悍、凶暴，蓝色代表刚强、骁勇、有心计，绿色代表顽强、急躁好动，银色和金色代表善良或凶恶的神佛鬼怪等。白脸和长眼角代表着阴险残暴的将领，比如丞相曹操，他是著名长篇小说《三国演义》中的一个主要人物。相反，高尚并忠于职守的将领关羽被神化为关帝。在舞台上，关羽是以红色面孔出现的（容易脸红，意味着有良心）。以公平正义著称、备受尊敬的传奇人物包公——包青天（包拯）就以黑红两色的面孔令坏人闻风丧胆，他额头上的月牙代表哪怕在阴曹地府他也要伸张法律正义。脸谱的基本类型包括如下三种：第一种"整脸"，全脸涂以体现人物性格的基本颜色，突出眼睛、嘴巴和鼻子；第二种"三块瓦脸"，以主色大块突出额头和两个脸颊；第三种"十字门脸"，黑色的竖线从额顶一直勾到鼻尖，横线穿过鼻梁和双眼。这些基本类型的脸谱又因大量的亚类型、辅助线条、图案、装饰和各种符号而得以补充，比如，蝴蝶双翼、蝙蝠或者太极。丑角和不重要人物的脸谱，其突出特点是覆盖鼻子和双眼的白粉块，被称为"豆腐块脸"。

京剧的服装也有严格规定，大多以明清时期的样式为基础。服装显示出人物的民族、社会地位和性格，因此其式样、图案、材质和颜色都应该符合人们所熟知的程式。最初京剧的服装分成文服和武服，后来分类变得复杂，主要分为四大类：第一类是"蟒"，皇帝及皇室成员、王公、统帅、丞相等显贵穿的华美礼服。这类服饰一般是宽大的长袍，圆领，阔袖，从后面或侧边可以将人裹起来，衣服上一般绣有龙（男蟒）或凤（女蟒）的图案。第二类是较为素朴的长袍"帔"，正面是从上到下一块布料，非盛大典礼时的装束，在一般场合中使用。第三类是军人和军队统帅的服装"靠"，其原型是中国古代士兵的铠甲。插在背后的四面旗子意指该人物对军队的绝对统领权，这源于古代固定在骑马将领身后的"令旗"，在京剧中用于表达人物正在指挥军事行动。第四类是日常穿用的长袍"褶"，有斜掩襟和宽大"水袖"，适于不同类型的人物。"褶"上绣有不同的图案，有的仅是纯色，比如令人敬重的女性角色"青衣"的"褶"即为纯色。

其他所有的服装都属于一个共同范畴——"衣"，可分为长襟衣服"长衣"（比如弓箭手的服装——窄袖"箭衣"，该样式来源于满族骑手服装，是他们无论骑马狩猎还是在家休息时都穿的一种服装）、不同社会阶层男女角色所穿的短襟衣衫"短衣"、"专用衣"（特殊服装，用于仙女、恶魔、和尚、尼姑、"猴王"孙悟空等角色）以及用不同布片连缀而成的"百家衣"。鞋子和头饰精致奢华，其使用也要严格遵循角色规范。

一些装饰性元素用以突出民族属性和社会地位：插在头饰上的狐尾表明人物是来自北方的异族人。而两根插入盔帽的微微摆动的雉翎则是军人的象征，或者象征高尚的青年，但后者的情形较为少见。

京剧是在二黄、西皮两种唱腔的基础上发展而来的，因此京剧有时又名"皮黄"。每一种唱腔都要遵循一定的严格节奏来表演，每种节奏都有其名称。二黄和西皮主要有以下几种板式：原板、导板、慢板、快板、散板、二六、流水。"二黄"的唱腔一般平稳舒缓，抒发细腻的情感，其中多有

即兴表演。"西皮"唱腔活泼欢快，充满活力。京剧中除了二黄、西皮这两种基本的唱腔，也使用其他腔调，如南梆子、四平调。

一支乐队由8至10人演奏，由管弦乐队和打击乐队组成。打击乐队通常为打斗场面伴奏，整个乐队由一名乐师来掌控，他在小鼓上敲击出节奏，或者用木板击出节奏，以控制舞台上剧情的节奏。打击乐队中的乐器有鼓、钹、大锣、小锣。乐队中的主导乐器是二弦琴"京胡"，琴筒是用一节竹子做的，前口包了一层蛇皮。琴的弓子是用马尾做的。京胡是乐队的灵魂，在乐队中起主导作用。京胡琴师不只要演奏出曲调，还要使演奏出的曲调契合舞台上表演者的情感走向。许多著名的京剧演员都有自己个人的京胡琴师。管弦乐队中还有月琴、三弦、琴体很大的四弦阮、琵琶、竹笛、唢呐和笙。

一场京剧演出时长为2至3个小时，但也有持续数天的。如展现《三国演义》中"赤壁之战"片段的《群英会》，即包含了多场独立内容。

京剧中的故事主要取材于历史题材作品、人物传记、神话传说以及流传甚广的文学作品和戏剧作品。不同时期的传统京剧剧目一共有1300多个，现存200多个最受欢迎的剧本，一共可分为七类：道德训诫题材（劝谕类）、忠义题材、历史题材、宫廷题材、司法题材、爱情题材、魔幻题材。在京剧演出呈现的浩如烟海的故事中，道德训诫题材备受青睐，最终善会战胜恶，即使是悲剧情节也以幸福圆满为结局。最著名的京剧剧目有《赵氏孤儿》《白蛇传》《霸王别姬》《三岔口》《大闹天宫》《将相和》《西厢记》《贵妃醉酒》《梁山伯与祝英台》《牡丹亭》《空城计》《六月雪》。

自京剧产生以来，大多数戏班都会在北京传统娱乐区域天桥表演，该区域位于北京中心广场天安门广场南侧。1796年，位于该区域大栅栏街的广德楼戏园开始营业。就它在中国文化生活中的意义来说，京剧爱好者将其与巴黎歌剧院、米兰斯卡拉歌剧院、莫斯科大剧院相提并论，它成为

独具特色的京剧大观园。广德楼的戏台上,在不同时期有诸如程长庚、梅巧玲、余三胜、汪桂芬等大师表演过,当然梅兰芳是必不可少的。一直到20世纪初京剧都明确地遵循着这样一条规则:男性和女性不得同台演出,一个戏班要么全是男性,要么全是女性。后来才出现男女混合的戏班。一些杰出的女性表演者成为传统戏班的成员,最负盛名的是孟小冬(1907—1977),她出身京剧世家,工老生。

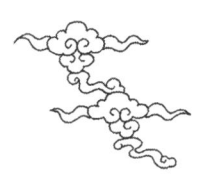

不同京剧流派的表演风格各有千秋,一些流派以其创始人的名字命名。这样的流派有谭鑫培创建的谭派、梅兰芳创建的梅派(继承了其祖父梅巧玲创建的表演传统)、周信芳(1895—1975)创建的麒派、程砚秋创建的程派、马连良(1901—1966)创建的马派。

剧院周围出现了京剧"票友会",票友们以自己的热忱支持专门从事京剧表演的大师们。他们自己也在私人府邸或公共演出场所举办京剧演出。

京剧职业表演者自6—7岁就开始学习表演技艺。现今在中国的戏剧学院可以学习从初级到研究生的全部京剧课程。中国政府努力保留京剧传统,对很多剧院给予财政支持,举办京剧比赛和京剧节,在中小学设置相应的课程。

**阿理克(Алексеев В. М.)《在旧中国:1907年旅行日记》,莫斯科,1958年;李海志、冯凌宇、史伟民《中国》,见 Н. Х. 阿赫麦特申编著《了解古代文化》,莫斯科,2007年;С. А. 谢罗娃《京剧》,莫斯科,1970年;С. А. 谢罗娃《中国戏剧——世界的美学形象》,莫斯科,2005年;徐城北《京剧》,《中国精神文化》系列,桑华、何茹译,北京,2003年;Н.Т.费德林《中国札记》,莫斯科,1958年;喻东、钟芳、林小凌《中国文化》,Ю. М. 伊利亚欣译,北京,2004年;刘琦《京剧形式特征》,天津,2003年;梁燕《读京剧》,北京,2004年;解玺璋、张景山《京剧常识》,上海,2008年;孙淑英《悦读京剧》,天津,2009年;徐城北《京剧的知性之旅》,北京,2009年;谭元杰《中国京剧服装图谱》,北京,2008年;田志平《京剧知识 声腔艺术赏析》,北京,2009年;和宝堂《画说京剧》,北京,2009年;齐如山

《京剧之变迁》，沈阳，2008年；张永和、钮骠、周传家、秦华生《打开京剧之门》，北京，2009年；《中国大百科全书·戏曲、曲艺》，北京—上海，1983年；《又见梅兰芳》，北京，2009年；颜少奎《京剧脸谱》，南京，1987年；Du Feibao, Du Bai. Things Chinese. Beijing, 2001; Goldstein J. S. Drama Kings: Players and Publics in the Re-creation of Peking Opera, 1870-1937. Berk., 2007; Halson E. Peking Opera: A Short Guide. Hong Kong-Oxford, 1966; Mackerras C. Peking Opera (Images of Asia). Oxf., 1997; Mackerras C. Wichmann E. Chinese Theatre: From Its Origin to the Present Day. Honolulu, 1988; Xu Chengbei. Old Peking. People, Houses and Lifestyles. Beijing, 2001.

（Ю. М. 伊利亚欣撰，刘玉颖译）

荆浩

荆浩（855/899—915/923），字浩然，号洪谷子（意为"来自洪谷的先生/智者"），沁水（今河南济源）人，公元9世纪、10世纪之交最著名的山水画家之一，绘画理论家。

关于荆浩的生平与创作，都记载于郭若虚（11世纪）著名的绘画史著作《图画见闻志》中。据该书记载，荆浩在唐朝时即已开始作画，唐朝灭亡后，他在洪谷（山西省、河北省交界处）隐居了一段时间。与此同时，他仍然在同代人中享有声望，并教授学生。后来他又重操专业画家的旧业，至后梁都城开封双林寺作壁画。

要了解荆浩的绘画水平，只能依据其现存作品，如卷轴《匡庐图》（公元11—12世纪时期摹本，185.8厘米×106.8厘米，绢本，水墨，台北故宫博物院藏）进行评判。他显然因袭了唐朝画院派（参照李昭道的创作）在创作山水画和描绘崇山峻岭全景时的典型风格。荆浩的画中有消隐于云雾中肃穆耸立的山峦，高不可攀，让人感叹大自然的鬼斧神工。高山裂纹处的谷地，自令人目眩的高处落下的若隐若现的一线瀑布，山坡和顶峰上渺小的树木——这些都是唐代山水画的典型细节。与此同时，荆浩创造出比前代大师更为震撼的

效果，也实现了画面的结构统一。尽管能够佐证荆浩艺术造诣的材料比较匮乏，他仍然被公认为是中国山水画独特风格流派的奠基者。这一流派在北宋画院（正统）艺术中居于主导地位，后世理论家（如董其昌）将其称为"北宗"，也称"北方山水画派"，而欧洲文献则称其为"全景宏大风格"绘画。

荆浩主要的绘画理论作品《笔法记》是揭示中国传统美学规范的重要论著。这部论著虽然字数不多，但内容极其丰富，以年轻画家和一位神秘老叟的对话形式组织行文，老叟在对话中回答了年轻人关于绘画的本质、特性、功能以及评价标准的问题。继谢赫（公元5世纪）的"六法"之后，荆浩提出了绘画新准则"六要"：首先是"气"，取决于画家本人的"灵性"（他的天赋、个性、道德情操以及情感心理状态）；第二是"思"，即决定作品内容的创作意图；第三是"韵"，指作品外在的完善，这一点又具体体现在余下的三点要义之中——景、笔、墨，并且最后两点与绘画的技法直接相关。也就是说，荆浩理论建构的中心是绘画作品内容与形式的相互关系问题，而证明创作的三方特性则是其目的。这本论著还提出划分绘画创作品级的原则，主要为五个审美范畴：神、妙、奇、巧、能。① "巧"与"能"显示的是专业画家的低级水平，凭借这两点他只能"临其外形"。在这种前提下，荆浩认为画家所能达到的最高水平是作品审美上的完善——"美"，"美"是画家专业性不可分割的一个特征。"巧者，雕缀小媚，假合大经"，但若是出现在画匠的作品中，这种情况反倒会成为画作的不足之处——"华"。"奇"代表着绘画创作的下一个层次，以显露画家独特个性为特点。画家获得了必备的知识和技能，就能够显示出独特的个性风格，在这种风格中表达出审美和当时的心情。荆浩认为，达到这一绘画水平的画家具有创作自由，能够进行一些创作实验，"荡迹不测，与真景或乖异"，但是，如果画家"有笔无思"，则奇异的绘画也会成为怪异的劣作。

---

① 荆浩《笔法记》就山水画提出了"神、妙、奇、巧"四品，无"能"品。

"妙"表现的是绘画造诣、画家个性和精神结合的最佳状态。"神"是画家创作达到的完美水平,画家在这种境界中,能够顺其自然,"任运成象"。这种境界只有那些"思经天地,万类性情,文理合仪,品物流笔"的画家才可达到。后来绘画审美思想经常将"妙"和"神"列为艺术共同的自我实现的最高水平。画作完善的最高境界是"逸"——用来证明画家能够"去其繁章,采其大要。先能知此是非,然后受其笔法"。

在评价绘画的不足(排除明显可见的具体缺陷)方面,荆浩提出了总体的类型学,将其分成两类:"有形病者"和"无形之病"。

他所定义的划分绘画创作品级的原则,促使后人按照画家属于"真正的绘画大师"还是"画匠"对其进行分级。

*《荆浩〈笔法记〉》,见于安澜《画论丛刊》,北京,1960年;郭若虚《图画见闻志》,К. Ф. 萨莫秀克翻译、注释,莫斯科,1978年;Bush S., Shih Hsiao-yen. Early Chinese Texts on Painting. Cambr., 1985; Vandier-Nicolas N. Esthétique et peinture de paysage en Chine (des origines aux Song). P., 1987.

**Н. А. 维诺格拉多娃《中国山水画》,莫斯科,1972年;Е. В. 扎瓦茨卡娅《中国古代绘画的美学问题》,莫斯科,1975年;М. Е. 克拉夫佐娃《中国艺术史》,圣彼得堡,2004年;Т. А. 波斯特列洛娃《10—13世纪的中国画院》,莫斯科,1976年;《中国艺海》,上海,1994年;邵洛羊《中国美术大辞典》,上海,2002年;《中国美术全集·绘画编》,第2卷,北京,1986年;Possessing the Past. Treasures from the National Palace Museum, Taipei. Taipei, 1996; Siren O. Chinese Painting. Leading Masters and Principles. Vol. 1, 3. L. 1958; Sullivan M. Symbols of Eternity: Landscape Painting in China. Stanf., 1979.

(М. Е. 克拉夫佐娃撰,张猛译)

镜子

镜子在中国的艺术和文化中占有独特的地位。中国的铜镜共有两面——反射面与用于装饰的涂层面，为双层金属结构。绝大多数的镜子为圆形。

镜子的象征和功能意义远远超出了它作为盥洗用具或实用装饰艺术品的实用价值。在中国的宗教信仰、仪式和风俗中，它被赋予起死回生、照出自然现象和人畜的原形、祛除污秽、驱散邪恶的功能。道教认为，在死者的胸前放一块镜子，喉咙上放一粒还魂丹，然后用艾草焚烧药丸四周，可以让其复活。如果在镜子表面撒上碾碎的珍珠粉末，则它所照射的光线可以穿过墙体；如果用香料熏镜子，再用浸泡过玉石的水将其洗净，则从镜中可以看到人和动物体内的器官。镜子被认为是针对邪祟最好的防御用品，因为从镜子中可以显示出恶魔和妖精的真实面目。作为辟邪物，镜子被挂在房间的墙上，甚至是住室、宫殿和寺庙的房顶上。佛教对镜子也持有特殊的态度。它是佛教形象比如观音菩萨肖像的通用标志之一。镜子被用作寺庙圣坛法器，还在获取"圣水"的仪式中被使用：镜子被放在能够映照出佛像的位置，然后将水倒在镜子上，仿佛水沿着佛的面庞流下来，这样它就获得了神圣的洁净。镜子与实现长生不老，以及与月亮之间的联想关系体现在一种特定的仪式——收集月华上。在月圆之夜，类型独特的"月镜"被置于街上。镜子上的露水汇聚在一起，被用作祭祀的食物和治病的药剂。作为月亮的普遍象征，镜子同时还和太阳、天上的火联系在一起。中国的迷信认为，日食期间，所有的镜子都将会变得暗淡，失去反光的能力。而镜子里的闪电则被认为是来自电母两面神镜中的光束。

最后，镜子还是夫妻和睦以及多子多福的象征。从6世纪起，它就成为婚礼上新郎新娘互相馈赠的必备礼品。稍晚一些，这一习俗中又增加了一项单独的婚礼仪式：新郎和新娘走进新郎的家中时，要将两根绳子在"新婚"镜子上打一个结，寓意永结同心。还有一些寓意相近的习俗：在先后去世的夫妇墓里各放上事先断开的一半镜子，以使他们借此在阴间找到彼此。

　　与镜子相关的观点在中国文化中十分盛行，这一点在考古发现的材料中获得了详尽的佐证。从公元前5—前4世纪直到公元14—15世纪，镜子频繁地出现于陵墓中，经常扮演着独立的宗教仪式物品的角色。最初镜子被置于死者的胸前，公元9—13世纪时，镜子被放置于棺材上面或者墓室的正中。这是由镜子这种历史久远的人工制品的大众性所决定的。因此，仅台北历史博物馆收藏的镜子就超过了200面。镜子的装饰图案囊括了所有基本的形象系列：从几何图形到表达良好祝愿的汉字，再到人物图像和宗教神话题材的壮阔场景，也就是说，镜子已经成为一种中国艺术形象和精神文化的"百科全书"。

　　传说镜子的发明者是神话里的中华民族始祖、中国国家制度的奠基人黄帝。据说为了观测月亮的相位，他铸造了12面规格巨大的铜镜，这些镜子具有不同寻常的精湛工艺：当有直射的太阳光线进入时，铜镜可直接被透光穿过。镜子在中国确实历史久远，最早可知的样本是一种小型圆片（直径9厘米），出土于齐家文化的陵墓中，约为公元前20世纪。它被置于死者胸前，背面配以七角星以及由斜线组成的装饰图案。

　　现在已知的公元前20世纪的镜子仅有四面，它们均出土于中国古代商朝君主武丁（前1250—前1192）之妻妇好的陵墓中。这些镜子背面的装饰图形是由最简单的几何元素构成的圆形或"十"字结构。这些图案与同时期其他青铜用具上的装饰有明显的区别。

　　还有一些镜子在发掘公元前11—前8世纪的文物时被发现，其存在年份应为周朝（前11—前3世纪）的第一个世纪。所有出土的文物规格都很小，这表明了它们纯粹的仪式化意义。与更为古老的镜子相比，它们缺少纹饰，或者刻有极其简陋、无法与同时代艺术层次相提并论的动物轮廓。其中一面镜子上可以分辨出两只龇牙的老虎、一头鹿和一只鸟的形象。人工制品的稀少和装饰的独特性，证明从公元前20世纪到公元前7世纪左右，镜子在中国人的日常生活和丧葬仪式中还完全没有得到普及。

而到了战国时期（前5—前3世纪），随着制镜产业的蓬勃兴起，镜子得到了迅猛普及。还在公元前4世纪时，分散于中国中部（黄河中游，今河南省）、东部（山东半岛）和西南部（四川省）的制镜中心就形成了完整的网络。镜子的生产在长江中游地区的楚国（前11—前3世纪）发展尤为迅速。也正是在战国时期，中国镜子的结构参数和基本生产规格、艺术外观的工艺最终确定下来。

完善镜子构造的第一步即对那些用于固定镜子，以方便其使用的零部件的加工。最初固定镜子的唯一方法是将其悬挂：公元前5—前4世纪初，人们在镜子背面的中央部位（少数情况下在其边沿处）安装凸起的圆环。后来镜子背面用中间穿孔的圆形钮取代了圆环，这样镜子就可以在镜托上固定了。当需要将镜子用作盥洗用品时，可以把它从镜托上取下来，放入专门的套子或匣子中。

公元前5—前4世纪，人们开始对镜子纹饰进行完善。最初花纹覆盖了整个镜背，之后形成了更为严格的纹饰图像。镜背的中心位置被分割成圆形或方形的素面区域，镜子的周边一开始是条状的轮廓，很快又被图案填充，成了花边。虽然战国时期镜子的尺寸仍旧不太大（直径为9—17厘米），但在花纹的加工上已经出现了多种主题，也更加讲究细节。仅楚国在制镜纹饰方面就形成了8种类型，每一种类型又产生出不同的变体。

这些专门类别的纹饰主题中，最为流行的是由凸起的"山"字形（外形类似俄文字母Ш）组成的"四山纹"。"四山纹"结构上通常由对称分布于镜子纹饰中心四边的四个"山"字形图案组成。据称，这种结构象征了代表天下基本方位的"五岳"中的四座，因此，它具有重要的宇宙学和天文学含义。有的镜子饰以五座或六座"山"，以星星的样式作为纹饰的背景，填充了背面剩余的区域，或者是在周围饰以一些单独的几何图形。

还有一些纹饰也很流行，譬如植物形状的纹饰，包括以花朵和幼苗为纹饰的"花纹""荚纹"，由重叠的涡形构成的"云纹"或螺旋状元素构成的"蝉纹"或"蟠螭纹"，

辛

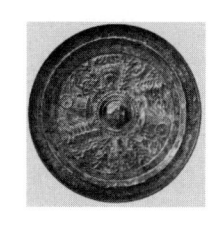
还有将想象中的动物形态结合组成的纹饰，以仿照鸟和神话元素，有时会过渡到几何形状。

公元前4—前3世纪，镜子的纹饰经常使用稀有金属，以镶嵌工艺完成。

到了汉代，镜子成为装饰多种主题场景的用品，对其艺术造型的完善和结构类型的创新也没有停止。譬如1992年在中国南方的陵墓中出土的一面镜子（公元前2世纪，直径18.4厘米），上面饰有32个人、4只虎、4只豹、16棵树、12座山峰、4条龙以及4只位于正中的龟。到了公元1—2世纪，镜子背面增加了以浮雕工艺完成的神仙人物和表达祝福、护佑意愿的镜铭（通常为诗句），诸如"见日之光，长毋相忘"之类的铭文比较常见。这些铭文可能以整体的图案作为语境，也可能作为单独的装饰成分而存在。还有一种新的装饰方法是在镜子背面涂以清漆涂料。

在公元初的几个世纪，人们制造出三种技术构造最为复杂的镜子：花背镜、响镜和"魔镜"。花背镜具有彩色的镜背，其"色调"由生产工艺决定。最常见的颜色搭配有浅灰色和灰黑色组合，灰绿色和灰白色组合，绿黑色和灰白色组合。之所以能够取得多重颜色的效果，是因为在铜合金中添加了特别的成分。标准的制镜材料由以下材料组成：铜（约74%）、锡（约22%）以及能使成品具有典型银色的铅（约3.5%）。将化学成分添加到合金之中，就能改变整个镜子的颜色，使之产生多色组合的效果。花背镜的生产有可能开始于公元1—2世纪。现在可以确知，9—10世纪时，中国许多地区的制镜作坊开始大量生产花背镜，后来这种制作秘法又失传了。响镜为中空结构，其内部粘贴了两个工艺上相互连接、一头焊接的金属薄片。在抖动或者猛烈转动镜子时，薄片自由的一端便会发生颤动，发出叮咚或者镗镗的响声，有时甚至一连持续数个小时。"魔镜"是人类创造的最神奇的东西之一。这种镜子的背面装饰有凸起的花纹、人物造型、铭文或单独的汉字，而其正面由亮铜浇铸，经过了细致的抛光。偶尔光束投射在上面，看不出它与普通镜子有什么区别。然而，如果将镜子放置于明亮的太阳光下，将镜子反射的光投射到没有光亮的墙上，被照亮的区域就会显示出镜子的反面，仿佛铜镜神奇地变为了透明。据史书记载，"魔镜"制作于公元5世纪。但很有可能它们出现的时间比这个要早二三百年。后来，这种镜子的制作工艺也失传了。公元10—11世纪的时候，学者们就已经开始推测古代制镜大师们的秘法。仅有少数的"魔镜"保存到了今天，因此它们被当作传家宝一样珍藏。19世纪30年代，有几面镜子流传到欧洲，立刻引起欧洲科学界的兴趣，他们用了一百年的时间，才借助英国物理学家威廉·劳伦斯·布拉格1932年公布的理论，揭示了"魔镜"的秘密。原来，带有背面花纹的镜子的反射面被浇铸成平面，而特殊的磨面又使它成了凸面。由于磨面和抛光产生的压力作用，镜子表面薄的区域就比厚的地方向外膨胀。另外，汞合金镀层本身也制造了压力。最终那些镜子背面图案所对应的区域形成了凹陷，这些凹陷非常小，肉眼无法分辨，但是当镜子将太阳光反射到墙上时，由于所有纹饰被放大，就产生了翻印的效果。

在这之后，中国镜子制作历史中再也没有出现过如此巨大的技术结构上的革新。镜子的外形和纹饰只是随着整体艺术和历史文化进程的影响，发生着微小的改变。只有在唐代时，"阿拉伯—波斯"风格的镜子曾风靡一时，受人追捧。这种镜子为八棱形，上面的纹饰也是狮子、格里芬（鹰头狮身怪兽）、葡萄藤这类波斯艺术中典型的元素。

公元10—11世纪，镜子制作逐渐衰落了，这在相当程度上与宗教和幻术观念的日渐式微有关。镜子越来越精确地成为实用性的盥洗用品，侧边把手的安装就证明了这一点。与此同时，镜子的装饰性传统还是保存了下来，凭借这一点，一些令人印象深刻的艺术构造被创造出来，其中包括模仿绘画作品的主题场景。13—16世纪，镜子上的纹饰被简化，大部分时候会使用一些具有美好寓意的象征物和形象，花纹变得更小、更细碎。到了15—16世纪，中国出现了玻璃镜，铜镜很快便被淘汰了。

辛

**R. 库珀、J. 库珀《中国艺术杰作》，译自英文，明斯克，1997年；M. 拉夫罗夫《汉代的中国镜子》，载《民族学资料》，第4卷，第1辑，列宁格勒，1927年；Е. И. 卢博—列斯尼琴科《米努辛斯克盆地的外来镜子》，莫斯科，1975年；《古代中国的科学天才·发现和发明史》，载联合国教科文组织《信使》杂志，1988年11月；《文艺》1991年第5期，1997年第2期，1998年第8期；《上海博物馆藏铜镜精品》，上海，2005年；From Neolithic Cultures to the T'ang Dynasty. Recent Discoveries // Arts of China. Vol. 1. Tokyo, 1968; Lawton Th. Chinese Art of the Warring States Period. Change and Continuity. Wash., 1982; Lin D. Bronze Mirrors Reflect Ancient Times. Taipei, 1997; Li Xueqin. The Wonder of Chinese Bronzes. Beijing, 1980; Scott H. The Golden Age of Chinese Art. The Lively T'ang Dynasty. Tokyo, 1970.

（M. E. 克拉夫佐娃撰，张猛译）

九龙壁

九龙壁，指带有龙形图案的防护墙壁，位于皇家宫殿、园林及王府等建筑正门对面。在中国建筑艺术中，图案和装饰性元素所完成的不只是美学功能，还表现了社会伦理价值观念。广泛使用神话中的人物和神兽图形是中国古典建筑装饰和纹饰的突出特点。其中占据最重要地位的就是龙，其图像是皇宫建筑群、宗庙和陵墓建筑群的主要图案。五爪龙作为装饰或纹饰，为皇帝专属，其他人禁止使用。自宋代起，以龙头形状作为屋脊角饰的大脊庑殿顶逐渐成为举行典礼和祭祀建筑的特征。清朝的皇陵旁建起的牌楼，其大部分外表都被象征着皇权、在云中翱翔的龙形图案雕刻所覆盖。北京天安门前矗立着的两根石柱华表用白色大理石雕刻而成，柱上装饰着人工雕刻的云中飞龙图案。故宫建筑群中装饰着大量的龙形图案。

九龙壁属于"影壁"（影壁为一面单独的厚墙壁，伫立于主门之前，被认为可以阻挡凶恶之物侵入居所）一类的建筑。此外，类似的墙壁也用于皇家宫殿、园林以及地方行政长官府邸的装饰。最著名的九龙壁在大同和北京。

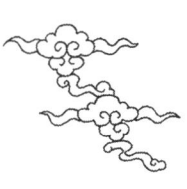

大同的九龙壁是明朝初期的建筑丰碑，直接立于端礼门前，以实现其基本防护功能，防止"凶神恶煞"进入明朝建立者明太祖的第十三位皇子——代王朱桂的府邸。墙壁（长45.5米，高8米，厚2.02米）结构由固定的三部分组成：2.09米高的束腰形巨大底座须弥座、3.72米高的墙体和琉璃瓦顶。朝南的壁面由专门烧制的426块彩色琉璃构件砌成，上有九龙图案浮雕，其姿态或为翱翔于云中，或为嬉戏腾跃于海浪之上，墙壁的左右两边饰以日月图案。居于九龙正中的黄龙（正龙）为"影壁"的中心，位于王府建筑群的中轴线上。从中心的正龙向两边分别分布着行龙或飞龙的侧面雕塑。这些龙被涂饰成各种不同的黄色，从浅至深；还有紫红色。具有表现力的龙形图案、山石水草等图案及丰富的色彩使墙体结构变得完整、动感而鲜艳。

北京有两座保存至今的"九龙壁"。其中之一（壁长20.4米，高3.5米，厚0.45米）于1772年建于故宫的东北部，主要具有美观与象征功能。墙体部分全部使用各种颜色的琉璃砖砌面。布局与颜色的搭配技巧，主要表现在各种复杂的装饰花纹与九条颜色各异的龙雕（黄色、蓝色、白色和紫色）之间的搭配上，这九条龙盘曲蜿蜒在以蓝色天空为背景的壁面中，龙足下塑绿色的海浪。影壁底座上刻有装饰图案，以荷花为主。北京的另外一处"九龙壁"（壁长27米，高5米，厚1.2米）装点着北海公园。该九龙壁由424块各种颜色的琉璃砖砌面，壁顶为雅致的筒瓦庑殿顶。这个18世纪建筑遗产的特点是两面各有清晰而动感十足的戏珠蟠龙雕像九条，还有以黄色、紫色、白色、蓝色、红色、绿色和青色为主的一系列丰富的色彩搭配。

**《建筑通史》，第9卷，莫斯科—列宁格勒，1971年；В. Я. 西季赫梅诺夫《中国：历史之页》，莫斯科，1987年；В. Я. 西季赫梅诺夫

《中国的满族统治者》，莫斯科，1985年；徐乃湘《神龙趣谈》，北京，1988年；《中国大百科全书·建筑、园林、城市规划》，北京—上海，1988年。

(Н. Ю. 杰米多撰，周立新译)

巨然

巨然（僧名，本名不详），江宁（今江苏省南京市）人，10世纪著名的山水画家。

关于巨然生平与创作最完整的记载见诸著名绘画史著作《图画见闻志》（郭若虚，11世纪）。巨然原是五代时期南唐都城江宁（今南京）郊区开元寺的和尚，于寺中从事绘画。后来在不放弃修行诫言的情况下，在南唐宫中住过一段时期，并师法当时著名山水画家董源学习绘画。在北宋建立并攻陷南唐以后，巨然来到当时的都城（汴梁，今河南开封），为僧人画家。据说，学士院北壁上的山水画就是他受命绘制的。

巨然的卷轴绘画因两部作品闻名——《层岩丛树图》（纵144.1厘米，横55.4厘米）和《秋山问道图》（纵165.2厘米，横77.2厘米）。两幅图均为绢本墨笔，真迹失传，台北故宫博物院所藏为11—12世纪的摹本。第一幅图可能是更大型画作的局部。内容风格与董源作品相似，再现了后者山水画的典型风景——云雾中若隐若现的山峦和丛树。《秋山问道图》则相反，明显与中国山水画的另外一个风格流派相近。该流派发轫于唐，最终确立于荆浩及其他一些10世纪初画家（关仝、李成、范宽）的创作，后来成为北宋画院的主导流派。该风格流派被后世理论家（如董其昌）称为"北宗"，也称"北方山水画派"，欧洲文献则将之命名为"全景宏大风格"。《秋山问道图》整个画面几乎被正面描绘的山体占满，山峰高耸入云、怪石嶙峋、郁郁葱葱。画作近景突出，最大限度地靠近观者，画的是巨大石块，间之以李成风格的弯曲树木。画家努力达到了"变动不居"的视觉效果，使山体从低到高不断增长，让观者的视线由山脚看到

山顶,沿着蜿蜒的小道进入大山深处,继而返回到山顶附近的开阔空间。尽管与"全景宏大风格"山水画构图原则有着如上所述的诸多吻合,但此画同时又有其独特的技术风格特点。比如,山体以及整个山岩表面的轮廓都比较平缓,不是用线条勾勒的,而是通过长披麻皴绘成的,营造了一种烟雾缭绕的感觉。与此风格相近的还有另外两幅画作——《万壑松风图》(纵200.1厘米,横77.6厘米,绢本,墨笔,上海博物馆藏)和《溪山兰若图》(纵185.4厘米,横57.6厘米,绢本,墨笔,克利夫兰艺术博物馆藏)。如今这两幅图被认为是后人对巨然作品的模仿,或者由其继承者元代画家所绘。

中国古代理论家和当代艺术学家认为,巨然在山水画领域的技术风格创新与"全景宏大风格"的形式特征有本质性区别,因此可以将其创作看成中国传统山水画风格中的第二个主要流派——"南宗"(也称"南方山水画派")形成的基础。其创作是董源风格及后续风格(如米芾的"云雾烟霭")的中间过渡阶段。

*郭若虚《图画见闻志》,К. Ф. 萨莫秀克翻译、注释,莫斯科,1978年。

**М. Е. 克拉夫佐娃《中国艺术史》,圣彼得堡,2004年;R. 库珀、J. 库珀《中国艺术杰作》,译自英文,明斯克,1997年;《中国艺海》,上海,1994年;邵洛羊《中国美术大辞典》,上海,2002年;《中国美术全集·绘画编》,第3卷,北京,1988年;《中国绘画全集》,第2卷,杭州,1999年;《上海博物馆藏品精华》,上海,2004年;Paintings in Chinese Museums // Arts of China. Vol. 3. Tokyo, 1970; Possessing the Past. Treasures from the National Palace Museum, Taipei. Taipei, 1996; The Shanghai Museum of Art / Ed. by Zhen Zhiyu. N.Y., 1981; Siren O. Chinese Painting. Leading Masters and Principles. Vol. 1, 3. L., 1958; Sullivan M. Symbols of Eternity: Landscape Painting in China. Stanf., 1979.

(М. Е. 克拉夫佐娃撰,李春雨译)

卷

卷，又称卷轴。卷轴是中国书法与绘画艺术的重要载体，它以丝织品或纸质长卷的形式呈现。作为一种文化内容的特殊保存形式，卷轴是为了特殊的文化观察而存在，这与西方的图画或架上画的视觉习惯相反。关于中国卷轴的起源问题尚无定论。在战国时期帛书可能同时存在过卷轴与折叠两种形式。传统卷轴的基本结构元素与美学特征的形成开始于汉代，经过公元4—6世纪的发展，在唐代初期达到完善。早在西汉时期就有了卷轴结构的基本设计。

卷轴的结构既有优点也有缺点。尽管纸张和织物质地脆弱，但装饰材料与作品基底的同一性，有助于保存两晋和唐宋杰出书法家与画家的作品。中国匠人们制作出了具有多层结构的卷轴，在托纸后面的纸张被称为"复背"，加固了脆弱原稿的基础。三层结构（原稿－托纸－复背）保证了使用上可接受的强度。卷轴可以分为立轴与横卷两种类型。在装裱立轴作品时，立轴中部称"芯"，上称"天头"，下称"地头"，这三部分占据了立轴长度的很大部分，组成了立轴基本的结构元素。在横卷中，它们对应于横向的垂直区域（前后立柱）。立轴的横向区域（边）通常比横卷窄。卷束时，立轴缠绕在下面的圆杆（地杆）上；当展开时，它通过"绦带"悬挂，借助于金属环固定到水平的上轴（天杆）上。卷轴在展开的过程中也要拉动这根绳带。横卷有两种固定方式，视两端装裱的宽度差异而不同。横卷从右侧的轴展开，右轴上附有"绦带"和扣（别子），之后分别是天头、引首、书画作品（画芯）、题跋和拖尾（尾子）等部分。所有这些部分被隔界相互隔开。横卷是为了置于桌上观赏而出现的，是最古老的卷轴形式。卷轴形式可以追溯到公元前2000—前1000年的简牍，后来书写材料逐渐由竹、木变为丝织品和纸。通常横卷宽为29厘米至40厘米，长为120厘米至35米。横卷从右至左分部展开，完整的展阅过程包括卷轴的展开与回卷，整个过程可耗时几个小时。因此绘画作品的创作要参照两次不同视角的观察：首先是从右到左，然后从左到右，此外还有观者从上到下的视角。如果书画作品没有被作者划分成片段，那么还要考虑到观者在观赏过程中看到所有片段的概率。立轴有两个意义相近的名称：幅或轴。与

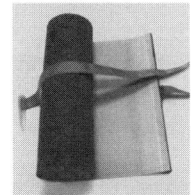

横卷不同的是，立轴的两端有两个突出的手柄。最早的立轴绘画作品出现在唐代，而最早的立轴书法作品和最早的书法作品一样，到宋代才出现。传统卷轴的尺寸和比例是参照人体的尺寸设计的，并适用于中等大小的空间，如书房和住宅。通常立轴的宽度为30厘米至40厘米（有时可达60厘米至90厘米），长度为100厘米至130厘米（有时可达200厘米）。宽度和长度的比例为1∶3或1∶4，1∶2或1∶5的比例比较少见。

垂直卷轴以及水平卷轴的设计适用于双向的观赏过程。当展开卷轴时，观者首先看到构图的顶部，然后看到中心和底部。在回卷卷轴的过程中，对它的观赏以相反的顺序进行，这增强了观者的美学体验，并有助于观者理解其中的艺术信息。

除了垂直挂墙卷轴，还有水平挂墙卷轴（横幅）这一变体，其长宽比例为2∶1。在这类卷轴中，两根轴都呈扁平形状，并垂直放置于墙上。

成对的垂直卷轴有垂直排列和临时陈列的特点，它们悬挂在中心位置的两侧，比如大厅中大幅画作的两侧以及门框上。这种卷轴被称为"联""对联"或"对字"。对联流行于明清。它们可以使房屋陈设结构的轴心部分得以突出，保持对称原则，使所有装饰元素平衡从而造就舒适感。所有临时陈列的卷轴都需要进行定期更换。长时间垂直悬挂不仅会导致卷轴的污损，还会导致纤维材料的过度伸展与干燥。在中国发展起来的临时陈列文化中，也考虑到了物品长期陈列导致的观感钝化因素。如家具、灯具、花盆等的布置是固定的，并按照风水的规定进行，那么墙上的卷轴便给这种固定不变的存在带来了变化，更新了房屋的装饰。

在卷起来保存时，一个或多个卷轴被放在特制的套子"帙"中，这些套子被存放在特制的柳条箱中或直接存放在专用书架上。根据《说文解字》中"帙"这一词条的编入，可以判断"帙"在汉代就已出现。"帙"这个字具有双重意义。首先，它可使卷轴放上书架或从书架上取下时免于损坏。其次，由于"帙"的存在，卷轴不会散落在架子上，而是可以平稳地堆放。由于"帙"是由布料（丝织品、棉布）缝制而成的，所以它们不妨碍卷轴的通风，这对书画作品的保存非常重要。一些收藏家最珍贵的藏品被存放在由檀香木、陶瓷、漆器和其他材料制成的特殊长方形盒子中，这就需要给卷轴另外通风。

除用于临时陈列的卷轴之外，书法和绘画作品也可被固定在屏和板上。虽然根据文字记载和研究可以证明在魏晋时期就出现了书画屏，但由于极为不良的维护条件，现在博物馆中收藏的书画屏多为清代及以后的作品。

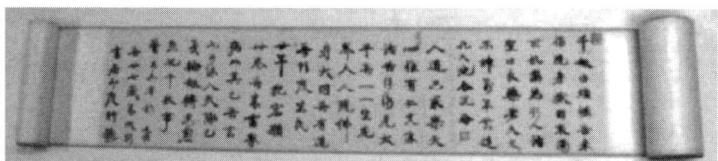

书法和绘画作品被固定于落地的屏风和摆在桌上的插屏上，大多数情况下用它们装饰四折、六折或十二折的屏面（四屏、六屏、十二屏）。从明代开始到20世纪，书画屏在匠人中流行起来，他们偏爱把数幅作品裱在一套屏上。横批被放置在中堂或门窗开口的对联上方。"斗方"是一种中等大小、正方形的书画装裱作品，这种形式起源较晚，在20世纪的书法家中颇受欢迎。

19至20世纪出现了"镜片"，镜片书画可以挂在墙上或摆在书桌上，作品既有立卷也有横卷。"扇面"可以归为混合式书画装裱作品，扇早在古代就已出现。在唐代就已出现固定的扇的装饰规则，即外侧为绘画作品，内侧为书法作品。北宋宫廷出现的团扇也沿袭了这一传统。明代绘有书画作品的团扇被大众普遍接受。常有杰出的书法家与享有盛誉的画家合作完成一幅团扇或折扇的扇面。这些扇面不是当作扇子使用，而是用作装饰，当这些扇面破损之后，它们会被重新装裱成册。扇面册在明清两代广为流行。扇面册通常包含6—30张扇面，有时可达100张。册子的作者可以是一位，也可能是完成同一创作任务的一组书画家。作者按册子的类型把它们集合到几位书画家的作品合辑之中。有时古董商把损毁严重的横卷和立轴作品分割成部分保存，再把这些残片结集精选成册。

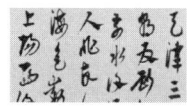

卷轴大部分时间都存放起来，一直摆放在室内作为装饰的多为装裱在屏风和插屏上的书画作品，卷轴只会偶尔挂出。在接触卷轴之前，收藏家和他的客人必须先净手。焚香、抚琴、吟诗都是与卷轴进行交流的传统的、唯美的艺术仪式的一部分。

另见总论部分"卷轴绘画的传统技艺"。

**В. Г. 别洛焦罗娃《中国卷轴》，莫斯科，1995年；冯鹏生《中国书画装裱概说》，上海，1980年。

(В. Г. 别洛焦罗娃撰，姜敏译)

康里巎巎

康里巎巎（1295—1345），字子山，号正斋、恕叟，元代书法家。

在康里巎巎生活的时代，其书法作品的名气不逊于赵孟頫，时人称"南赵北巎"。康里巎巎幼读国学，后入翰林院。在元代宫廷中任礼部尚书、奎章阁大学士。他对于书法的热情甚至令汉人惊叹——坚持每天练习汉字三万字，甚至在精疲力竭时也笔耕不辍。他擅长楷书、行书和草书，追求章草体汉字的复古风格，这种字体的最后一笔要加力来完成。他的这种做法一方面突出了书法与中国传统的联系；另一方面又过于保守，没有和中国文化发展的总趋势协调，因此也没有得到广泛的响应。康里巎巎行草书法作品中最具代表性的是根据李白诗歌创作的《李白古风诗卷》，现藏于日本东京国立博物馆。康里巎巎笔法迅疾直率，但不失重心稳妥，线条末端圆润矫健、雄浑有力。中国书法家对其书法作品的力度和韵律尤为称道。

*沈鹏《宋金元书法》，北京，1986年。

**В. Г. 别洛焦罗娃《中国书法艺术》，莫斯科，2007年；黄惇《中国书法史·元明卷》，南京，2001年；朱仁夫《中国古代书法史》，北京，1992年。

(В. Г. 别洛焦罗娃撰，张猛译)

康有为

康有为，人称康南海，初名祖诒，字广夏，号长素、更甡、明夷、天游化人等，1858年生于广东省南海县，1927年卒于山东青岛。他是晚清思想家、哲学家、新派儒学家、学者、政治家和社会活动家，被誉为清朝末年最著名的书法家和书法理论家之一。

他从祖父康赞修（1807—1877）那里接受了启蒙教育，后师从著名学者朱次琦。朱次琦对于唐代书法和古文都十分精通，自认是阮元、包世臣流派代表。康有为侨居海外期间和1914年返回中国之后，以卖字为生。

其主要书法著作为《广艺舟双楫》，创作于北京（1889），部分章节阐释了石刻文字研究，包含对书体演变历史的评论，是对包世臣著作《艺舟双楫》（1848，共6卷27章）的补充与完善。康有为认为六朝时期是中国金石学和书法的鼎盛时期，而接下来则是衰退期；认为楷书是规范字体。他在书中指出唐碑书法不足取，同时反对古文的正统性，这一思想后来被用于反对整个儒家经典，并为后世经学家所发扬。康有为的著作在日本尤其流行，在其生前就再版六次，而在中国，其一切著述多次以特别命令（1894、1899、1900）的形式遭到封杀，排印版被烧毁。在1917年以后，此书多次再版。

康有为的书法天赋尤其表现在碑学中。他创造了刚毅雄健的风格，却因此招致很多同时代人的批评。他擅长写对联，还培养了一大批书法家，在教授书法的同时也向这些人灌输自己的哲学社会观点。康有为被认为是当代书法流派的先声，然而在金石学中未能开宗立派（或许是由于他兴趣过于广泛，特别是主要从事社会活动）。

*康有为《广艺舟双楫》，上海，1999年；康有为《我史》，罗岗、陈春艳编选，南京，1999年。

**С. Л. 齐赫文斯基《19世纪末中国改革运动与康有为》，载

《齐赫文斯基选集》，卷1，莫斯科，2005年；李星、刘长桂《包世臣全集》，合肥，1991年；王传善、力之《将艺术还归艺术——康有为〈广艺舟双楫〉书学思想探析质疑》，载《钦州学院学报》，2007年第5期；曹建《康有为"帖学大坏"论及其影响》，载《文艺研究》，2006年第11期；《康有为的书法艺术思想——〈广艺舟双楫〉散论》，载《渭南师范学院学报》，2003年第6期；祝嘉《〈广艺舟双楫〉疏证》，成都，1989年；《中国大百科全书·中国文学》，北京—上海，1986年；Calligraphy of Kang Youwei: [Catalog of an exhibition held in Hong Kong, Aug. 30-Oct. 5, 1986] . Hong Kong, 1986; Kang Youwei: A Biography and a Symposium / Ed. with translation by Lo Jung-pang. Tucson: The University of Arizona Press, 1967.

（Д. Е. 马尔蒂诺夫撰，李春雨译）

康有为出身名门望族，祖上13代皆是学者。1895年中进士。其著作《广艺舟双楫》被专家认为是最优秀的书法理论和书法史著作之一。虽然其部分观点引起书法家的广泛争议，但后续研究者均承认其论述的权威性。与其前辈（阮元和包世臣）不同，康有为几乎没有涉及汉代以前的材料。他坚决提倡抛弃所谓正统的传统遗产，呼吁关注汉魏时期的碑刻书法。康有为尤其推崇北魏时期大师王远（6世纪）。在对南北朝时期碑文的艺术特点进行分析之后，他总结了魏碑与南碑书法的十个优点：一曰魄力雄强，二曰气象浑穆，三曰笔法跳越，四曰点画峻厚，五曰意态奇逸，六曰精神飞动，七曰兴趣酣足，八曰骨法洞达，九曰结构天成，十曰血肉丰美。

康有为对于汉魏碑刻的青睐在其创作中显而易见，这有助于他表达激扬澎湃的内心。他倾向于写大幅书法，这样笔端就可随心所欲地自由运转。他以公开卖字而闻名，有时会用扫帚在铺在地上的纸张上写字。运笔速度并非康有为字体造型的决定因素，对他而言，重要的是摆动的幅度要宽泛，要占据大部分的空间，以飞白效果增强字体的空间膨胀感。他的楷体字成就相对较小，不像行书那样挥洒自如，而是展现出深厚的书法功底和学术素养。作为一位杰出的思想家和

政治家，康有为也为书法传统的发展提供了必不可少的改革推力，受到其同时代人的推崇。

**В. Г. 别洛焦罗娃《中国书法艺术》，莫斯科，2007年；朱仁夫《中国现代书法史》，北京，1996年；马国权《沈尹默论书丛稿》，香港，1981年；Chang Leon L.-Y., Miller P. Four Thousand Years of Chinese Calligraphy. Chic. -L., 1990; Ch'en Chih-mai. Chinese Calligraphers and Their Art. Melbourne, 1966.

（В. Г. 别洛焦罗娃补充，李春雨译）

《考工记》

《考工记》，又作《周礼·考工记》。其成书时间和作者尚无定论，现今最流行的观点是，该作品是齐国时期的工艺官书，主要部分属于春秋末、战国初，其余部分则应属于战国中后期。《考工记》的编者应是中国最古老的官办高等学府——齐国临淄稷下学宫成员。今日所见《考工记》从西汉起代替遗失的《冬官》而作为《周礼》的一部分。

《考工记》篇幅不长，但内容丰富，涉及先秦六类"工"官的30个工种：制车、兵器、礼器、钟磬、练染、建筑、水利等手工业的技术规则。《匠人》篇中指明了匠工的三个主要职责：一是"建国"，即给都城选择位置，测量方位，确定高程；二是"营国"，即规划都城，设计王宫、明堂、宗庙、道路；三是"为沟洫"，即规划井田，设计水利工程、仓库及有关附属建筑。同时包括自然科学领域——天文学、生物学、物理学、化学和数学的资料。对《考工记》进行研究和注释的有郑玄（127—200）、戴震（1724—1777）、郑尧天、孙诒让（1848—1908）。

**《考工记图》，北京，1955年；孙诒让《周礼正义》，北京，1987年；郑玄注，贾公彦疏《周礼注疏》，上海，1990年。

**王世仁《考工记·匠人》，《中国大百科全书·建筑、园林、城市规划》，北京—上海，1988年；刘复勋（音，Люй Фу—сюнь）《〈考工记〉与中国传统城市建筑艺术的发展》（俄文译本，附《考工记》解析），莫斯科建筑学院学位论文，莫斯科，1992年。

(Н. Ю. 杰米多撰，王玉珠译)

刻帖

刻帖，是将书法作品摹刻在石版或木版上再拓印出来。与用笔临帖不同，刻帖是通过印刷再现真迹。为了宫廷和省县地区更多的官吏能够使用皇家收藏中的真迹，在唐朝就开始了真迹雕刻。刻帖的成品为黑底白字的拓片，能够再现书法造型的特点是其优点。按照制版用笔创作的摹本，之后又可以雕刻成制版。随着制版数量的增加，复制的效果变差。如果真迹得以保存，那么经过一段时间就可以利用它来雕刻新的制版。如果真迹丢失，那么制版将按照第一批、已经被古玩收藏家高度评价的拓片雕刻。

从10世纪开始，刻帖开始出现丛帖。第一部丛帖是992年的《淳化阁帖》，出版于宋太宗时期。下一部丛帖编纂于1109年，宋徽宗亲自参与，此帖在1185年宋孝宗时期重新雕刻。《淳化阁帖》在接下来的几个世纪中多次再版。清朝乾隆皇帝时出现了大规模丛帖《三希堂法帖》。纪念碑和墓碑，或是刻在墙壁上的书法作品都可以制成刻帖（白拓或白帖）。与从宋代开始就广泛流行的书法字帖不同，书家对刻帖的兴趣时而产生，时而停止，到了18世纪才固定下来。大型纪念碑上题词和文本的刻帖技术与字帖雕刻类似，但更为费力。在石头表面覆盖湿纸，工匠用带颜料的拓包在湿纸上敲打。拓包上的颜料覆盖在石头表面，但印痕并没有被染色。当纸张干燥以后，将之从石头上取下。刻帖需要专门的工匠完成。刻帖的价格不仅取决于册页的尺寸，还在很大程度上取决于制作大师的名望，他们的名字经常在书法论著中被提及。

**蔡瑞芬《书画复制二则》，载《文物天地》，1986年第2期；Billeler J. Fr. L'art Chinois de l'ecriture. Genève, 1989; Chang Leon L. -Y., Miller P. Four Thousand Years of Chinese Calligraphy. Chic. -L., 1990; Oertling S. Painting and Calligraphy in the Wu-tsa-tsu: Conservative Aesthetics in Seventeenth-Century China. Ann Arbor, 1997.

（В.Г.别洛焦罗娃撰，王玉珠译）

孔庙

孔庙，又称文庙，是为孔子所建的庙宇。其中第一座和最主要的一座在今山东省曲阜市，是孔子去世一年后鲁哀公所建的祭孔之庙。汉武帝统治时期，儒学成为中国社会的正统思想，他曾颁布命令，在每个行政中心都要建孔庙并定期祭祀孔子。在曲阜孔庙的历史中，共有11位皇帝19次来此举行祭祀仪式祭奠这位"圣人"。

曲阜孔庙在漫长历史时期内曾多次扩建与重修。孔庙建筑群在明朝才具有了现今的外观，后来在火灾中受损，1725年按照清朝雍正皇帝的命令进行了重建。

孔庙占地面积近10公顷，有类似皇家祖庙（太庙）一样对称规整的建筑布局，宫殿等建筑物沿南北中轴对称分布，共计466座建筑物。建筑群的九进院落通过为数众多的大门和亭台彼此相连。前三进院落中栽满柏树，它们是长寿和道德纯洁的象征。在接近中心建筑的区域内扩大建筑物的规模是其建筑布局的主要特点。

始于主门的石板路，穿过重重院落直达大成门，大成门之后是大成殿（1018年，1724—1730年曾进行修复，该殿高24.8米，宽45.78米，进深24.89米）。就其规模、结构部件和建筑装修复杂程度而言，大成殿毫不逊色于宫廷大殿。整个大殿建于双层大理石须弥座之上，黄色琉璃瓦重檐。有28根大柱擎起出挑的巨檐，构成回廊。正面10根独石圆柱上，从上到下装饰着深浮雕云龙纹。剩余的18根八棱石柱同样饰有龙纹浅雕图形，每面雕刻9条龙。大成殿的石柱上总共雕

有1316条龙形图案。

大殿的内部装修也以庄严肃穆而令人倾倒。天花板上装饰着金龙图案，殿内有32根直径为1米的楠木柱，大厅中间装饰着龙纹的神龛上安放着孔子的坐像，侧面的壁龛里放着孔子信徒及其学生的雕像。祭祀孔子的大典主要在此举行，为此大厅中间摆放着一张巨大的供桌。龙是皇权的象征，用其作为主要装饰图案，以及使用最大"天数"（九），这一切都凸显了孔子独一无二的地位及帝王们对他的特殊敬意。

大成殿前的甬道正中是一座敞亭——杏坛，据传说，这是孔子讲学之地。杏坛呈方形，位于建筑群的中轴线上，重檐瓦顶，亭顶坡脊处安放兽雕。同一院落中，东西大殿之间建有装饰着两排汉白玉栏杆的祭祀舞乐台（高2米），四面都砌有通向舞乐台的台阶。两侧庑殿则奉祀着孔门弟子先贤名儒的牌位。大成殿再往后为圣迹殿，殿中收藏着刻有孔子不同生活场景的石画120幅。

除一些主殿之外，建筑群还包括单独供奉孔子父母牌位的殿堂、13座碑亭、为数众多的与宗教祭祀和生产等相关的场所。奎文阁（1191年重修后改此名，奎星——护文之神，参见奎星）的外观类似两层建筑，但在两层之间暗藏夹层，即实质上为三层。该建筑高约25米，最上层用于收藏各朝皇帝赏赐给孔庙的经书、墨宝，最下层用来存放皇家祭祀时所用的器皿，夹层中暗藏着经书印刷木版。

孔庙属"曲阜三孔"之一，此外，还有孔府（孔子后代的庄园）和孔林——孔子及其后代和得意门生的墓地。

**阿理克（Алексеев В.М.）《中国寺庙》，圣彼得堡，1911年；Л. С. 瓦西利耶夫《中国的祭祀、宗教和传统》，莫斯科，1970年；Р. В. 越特金《中国的博物馆和名胜古迹》，莫斯科，1962年；О. Н. 格鲁哈廖娃《19世纪中叶之前的东亚和东南亚建筑》，载《建筑通史》，第9卷，莫斯科—列宁格勒，1971年；《中国的世界遗产》，北京，2003年；Б. П. 雷奇洛、М. В. 索恩采夫《北京：俄罗斯游客中国首都名胜新指南》，莫斯科，2000年；В. Я. 西季赫梅诺夫《中国：历史之页》，莫斯科，1987年；陆元鼎《曲阜孔庙》，见《中国大百科全

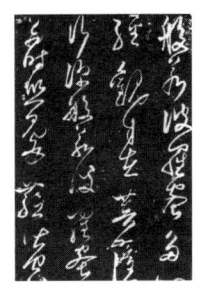

书·建筑、园林、城市规划》，北京—上海，1988年；《中国古代建筑文化》，北京，2005年。

(Н. Ю. 杰米多撰，周立新译)

蓝瑛

蓝瑛（1585—1664/1666），字田叔，号万篆阿主者、蝶道人、蝶叟，又号东郭老农、东苑蝶叟、西湖外史、西湖研民、山公、石头陀。钱塘（今浙江杭州）人。明代著名画家，是戴进所创浙派的主要代表。

蓝瑛为职业画家，主攻山水画，延续了北宋、南宋、元代的绘画精髓。已知共有约90件作品。蓝瑛的创作风格多样，这是众多明代画家的共同特点。既能代表蓝瑛的个人风格，又能反映当时浙派整体风格的最佳画作是《华岳高秋图》（纵311.2厘米，横102.4厘米，绢本，设色，1652年作，上海博物馆藏）。这幅画作将各种渊源各异的元素令人惊奇地融合在一起。其结构借鉴了北宋画院派山水画，就构图的疏密、画面细节的处理和色彩的饱和度而言，又与王蒙的风格接近，而在单个局部和绘画手法上又带有南派山水画的特点（南宗，又称南方山水画派）。而其画中对山岩轮廓和纹理的处理，对色点的布局，以及对水墨和色彩的结合营造了生动的装饰效果，标志着其技法的独树一帜。

北方山水画派的影响可以从以下几方面看出：画作的柔和色调，层叠空间的密集构图，对细节的精心描绘，山体、建筑、树木枝干纹理的细腻传达，等等。这些影响同样反映在《松萝晚翠图》（纵160厘米，横55厘米，绢本，设色，天津博物馆藏）中。画家的个性风格表现在对于近景树木的色彩处理上，精细绘制的树冠枝叶用石青、石绿加以点染。在画家其他的画作中，相反会使用粗笔勾勒的手法来象征性地描绘景观。比如，《白云红树图》（纵190厘米，横48.2厘米，纸本，设色，1658年作，北京故宫博物院藏）。该图由郁郁葱葱的秋日山岩构成，最引人

注目之处在于深绿色和深蓝色山体与褐色树干之间的色彩反差以及红白交替的斑驳树冠。

**《佛陀回归·中国博物馆文物展》，圣彼得堡，2007年；M. E. 克拉夫佐娃《中国艺术史》，圣彼得堡，2004年；《中国艺海》，上海，1994年；邵洛羊《中国美术大辞典》，上海，2002年；《中国美术全集·绘画编》，第5卷，北京，1986年；《上海博物馆藏品精华》，上海，2004年；Cahill J. The Restless Landscape: Chinese Painting of the Late Ming Period. Berk., 1971; Siren O. Chinese Painting. Leading Masters and Principles. Vol. 5-7. L., 1958; The Shanghai Museum of Art / Ed. by Zhen Zhiyu. N.Y., 1981.

（M. E. 克拉夫佐娃撰，李春雨译）

郎世宁

郎世宁，原名Giuseppe Castiglione，1688年7月19日生于米兰，1766年7月17日卒于北京。传教士，意大利人，清代宫廷画师。绘画师从安德烈·波佐（1642—1709）。后者是当时最著名的透视理论家之一，巴洛克风格的建筑绘图、装饰及绘画大师。郎世宁曾经在热那亚工作过一段时间，主要负责为教堂绘画，随后又到葡萄牙，从那里作为传教士被派往中国，成为宫廷画师和建筑师，直至去世。（О. Си'рен将郎世宁去世年份误为1768年）。他在中国生活了50余年，其才华和技艺得到三位中国皇帝的赏识：康熙（1662—1722年在位）、雍正（1723—1735年在位）、乾隆（1736—1795年在位），后二者对其尤为赞赏，均在其画作中留下了御笔题词。

郎世宁的创作体裁范围很广，在继续创作西方油画的同时，将更多的注意力放在对中国传统绘画技巧的运用上，同时结合明暗对比、直线透视等欧洲艺术手法。主要创作花鸟画和人物画，喜欢画肖像、山水、宫廷和日常生活场景，画马的技艺高超。作为建筑师参与了皇家园林圆明园中欧式风

格建筑的设计。可以说，与其他在中国工作的西方画家相比，郎世宁最为成功地融入了中国民族文化语境，创造了与波臣派类似的特殊风格，成为中国绘画史上的著名人物。

郎世宁用工整精致的楷书给自己的画作落款，在署名和印章上都使用汉语名字郎世宁或世宁。总是使用一些宫廷画师所通用的谦辞：臣、恭画。据辞典记录，郎世宁的印章很少，除了三块刻有"郎世宁"或"世宁"的印章，还有一块刻有"润色太平"。因此，还不能够言之凿凿地鉴定郎世宁画作中印章的真伪。其印章形状普通简单，容易辨认，就像他的笔迹一样，很容易仿制。中国学者指出，流传至今的署名郎世宁的画作中有不少伪作，在清代末期及1911年辛亥革命后的最初几年，北京地安门一带生产了大批相似度极高的伪作。

**Contag V., Wang Chich'ien. Seals of Chinese Painters and Collectors of the Ming and Ch'ing Periods. Hong Kong, 1982; Siren O. A History of Later Chinese Painting. Vol. 1-2. N.Y., 1978.

另参见"吴派"词条参考文献。

（В. Л. 思乔夫撰，李春雨译）

郎世宁1707年成为耶稣会会士和热那亚的宗教绘画大师。为了前往中国，他自愿来到葡萄牙，在著名的科英布拉修道院做了两年画师。1714年4月11日来到印度果阿，1715年7月15日来到澳门，开始学习汉语及中国人的生活方式和传统风俗，并取汉名郎世宁。1715年11月22日来到北京，同月面见康熙。在北京曾为几所耶稣会教堂做绘饰，但他在康熙朝的作品没有流传下来。有记录的最早作品是《聚瑞图》（纵173厘米，横86.1厘米，绢本，彩色，1723年作，台北故宫博物院藏）。由画作落款中的"臣"字可以推断，此时郎世宁已在宫廷供职。画家最著名的作品是画马图：《百骏图》（纵94.5厘米，横776.2厘米，绢本，设色，1728年作），《八骏图》（纵139.3厘米，横80.2厘米，绢本，设色，1759年作），《云锦呈才图》（纵59厘米，横35.4厘米，绢本，设色，1759年作）。和郎世宁的大部分画作一样，这些画都收藏于台北故宫博物院。在18世纪40—60年代，郎世宁为乾隆皇帝心爱的御马以及狩猎时用的鹰犬创作了一系列画像。除了绘画，他还讲授油画课，很多中国的宫廷画师都是他的学生。雍正执政期间，郎世宁参与将安德烈·波佐的《绘画与建筑中的透视》由意大利文译成中文，译著于1729年出版，1735年再版，取名《视学》。

法国传教士、《燕京开教略》一书作者樊国梁（1837—1905，原名Pierre Marie Alphonse Favier）盛赞郎世宁在中国对于基督教的庇护。1736年（乾隆元年），正是在郎世宁的一再请求下，皇帝取消了对天主教和传教活动的禁令，并且在此后对传教士一直表现出关心。

作为宫廷画师和建筑师，郎世宁参与了北京郊区夏宫圆明园的建设。带有十二生肖青铜雕塑的大型喷泉及其周边建筑就是由他参与设计的。1754年，郎世宁陪同乾隆皇帝巡游中国东北，以便接受准噶尔王公阿睦尔撒纳（1722—1757）的归附。根据这一事件，郎世宁和其他两位宫廷画师王致诚和艾启蒙共同绘制了规模宏大的纪实性油画，王致诚还给新归附的臣子绘制了系列肖像。

1758年，郎世宁70寿辰按照朝廷高官的礼仪隆重庆祝。1765年，乾隆帝命令欧洲画师创作系列版画，以彪炳其对准噶尔的军事胜利。该系列版画共计16幅，郎世宁绘制了4幅。整个系列于1775年完成，当时郎世宁已不在人世。他于1766年去世，被葬在北京郊外公墓，乾隆帝亲笔题写挽联悼念。

郎世宁经常被与出身西域的唐代著名画师尉迟乙僧相提并论。虽然郎世宁没有著名弟子，但很多宫廷画师都在模仿他的风格和技巧，而他本人的画作亦对中国艺术，特别是18世纪中国风格做出了独特的贡献。作为画家和传教士，他充当了一位文明使者的角色。他对于中欧沟通居功甚伟，对于中国审美观念的发展功不可没。1983年，首位欧洲传教士利玛窦来华400周年之际，台北故宫博物院为郎世宁的藏品制作了专门的目录。2005年，中国中央电视台播放了根据郎世

宁生平拍摄的系列纪录片《宫廷画师郎世宁》。

**В. Ц. 戈洛瓦切夫《中国皇帝宫廷画师郎世宁生平》，见《第26届"中国社会与国家"学术研讨会论文集》，莫斯科，1995年；В. Ц. 戈洛瓦切夫《郎世宁及其画作〈八骏图〉》，载《第28届"中国社会与国家"学术研讨会论文集》，莫斯科，1998年；《艾尔米塔什博物馆收藏的16世纪末至19世纪中国出口艺术品》，圣彼得堡，2003年；Beurdeley C., Beurdeley M.G. Castiglione. Tokyo, 1972; Collected Works of Giuseppe Castiglione. Taipei, 1983; Loehr G. Missionary Artists at the Manchu Court // Transactions of the Oriental Ceramic Society. Vol. 34, 1962 / 1963.

（В. Ц. 戈洛瓦切夫补充，李春雨译）

李安

李安，英文名Ann Lee，1954年出生于台湾，是决然摒弃保守的民族传统的年轻一代导演。毕业于纽约大学艺术学院，《分界线》为其毕业作，并且获得了最佳影片奖及最佳导演奖。他就读于伊利诺斯大学戏剧导演专业时的代表作品《推手》，讲述了一位老父亲与儿子一家生活在美国，但适应不了美国生活方式的故事，该片获得台湾优秀剧作奖与金马奖。《喜宴》讲述了定居在美国的一对台湾同性恋者为打发秉持传统观念的父母，上演了一出假婚姻闹剧的故事，该片获得柏林金熊奖。其著名作品还有《饮食男女》、《理智与情感》（该片在美国拍摄，获得奥斯卡最佳改编剧本奖，女主角是美国演员艾玛·汤普森）、《卧虎藏龙》（该片获得奥斯卡四项大奖）、《断背山》（该片在美国和加拿大用英文拍摄，获得奥斯卡最佳导演奖）等。

**陈飞宝《台湾电影史话》，北京，1988。

（С. А. 托罗普采夫撰，姜敏译）

李白纪念园

　　李白纪念园是为纪念唐代大诗人李白（701—762/763）而建，位于安徽省马鞍山市采石矶公园和当涂李白文化园。

　　采石矶公园位于古老的采石场旁，与佛教寺院广济寺共同位于国家风景区内。李白去世后曾被葬于龙山东麓、姑溪河畔。但817年，李白的一位老友之子寻到了大诗人的荒冢，完成了李白的遗愿，将其墓地迁至青山。诗人先前安葬的地方筑土为丘，变成"李白衣冠冢"。13世纪，人们在李白衣冠冢前建造了太白祠和"捉月台"。当时，在这片遗址上，在那块探出水面的巨石旁，已有一座唐朝时建造的18米高的太白楼。清朝时该地进行了再次改建，1662年将太白祠迁向墓地的后方，而后，1875年建筑群再次重建并被命名为唐李公青莲寺。1987年的建园使公园获得了第二次生命，成为主题纪念园（具有国家文化遗址意义），并在此地创立了李白研究所，随即成立了中国李白研究会。宏伟的李白雕像装点着今日的园区，该雕像为著名雕塑家钱绍武的作品，作者将"昂扬"的思想融进了用不锈钢制作的纪念像。塑像给人这样的感觉：李白张开双手，风鼓起他宽大的衣袖，犹如神鸟大鹏展翅一般。

　　当涂李白文化园的建筑构思严谨，李白青山墓地周围占地面积为6万平方米，距当涂县中心7.5千米。5世纪时的诗人谢朓曾寓居于此，他是李白特别喜爱的一位诗人。12世纪诗人陆游也曾到访青山，《入蜀记》提及此事。园中的"太白碑林"收集了镌刻着李白诗歌的书法作品石碑106方，作者有毛泽东、陈立夫、鲁迅、郭沫若及其他著名人物。园中小溪潺潺，春天布谷鸟声声，夏日荷花绽放，秋日桂花飘香。纪念园塑造了诗人的诗魂，体现出李白所追求的人与自然合一的思想。

**C. A. 托罗普采夫《诗仙李白传》，莫斯科，2009年；《当涂李白文化园》，当涂；《采石矶》《马鞍山》；

余恕诚《李白与长江》,载《文学评论》,2002年第1期,第18—28页。

(C.A.托罗普采夫撰,周立新译)

李冰石像

李冰石像是中国古代石刻人像作品之一。

该雕像高2.9米,用当地白石灰岩雕刻,20世纪70年代中期出土于四川灌县(今都江堰)。石像表面所刻的字表明,这尊雕像表现的是生活在公元前3世纪(约公元前250年左右)的蜀郡(四川)太守李冰。文献资料记载了李冰在建造水利工程中的功绩以及他同洪涝灾害斗争时采取的策略:为了对洪水进行细致入微的监管,凿刻了五头犀牛和三座人型雕塑,将它们放置于长江岸边。或许,李冰的石像同样不只具有纪念意义,还具有偶像崇拜的成分。

石刻纪念雕塑的历史起源于古代秦国(前8—前3世纪)、大秦帝国(前221—前206),石像的发现间接证明了此类文献的正确性。资料显示,秦国国君惠文王(前337—前311)在与邻国蜀国(后被占据和改造,李冰在蜀郡任职)战争时,下令雕刻石牛五头,这是最早的石质雕塑。据说,秦国不想冲击通向蜀国的狭窄山间通道,决定使用诡计(这使人想起"特洛伊木马"这一著名的历史故事)。安放于山间的雕塑以其美丽使人心醉,蜀国人以为这是邻国的礼物,于是将其搬到自己的领土上,在这一过程中又将国界的通道大大加宽了,以至于秦国军队不费吹灰之力就冲破了蜀国的国界线。仿人石像传统的起源也和秦朝艺术相关。据悉,第一个此类雕塑为拥有肖像画特质的翁仲雕像,传说翁仲是秦朝开国皇帝秦始皇的贴身侍卫。后来这位佼佼者的姓名"翁仲"成为一个专用名词,指代此类石刻人物的造型。

李冰石像的艺术特点同样引人注意:这是一个全身像,手臂放于前胸,并靠在垂直竖立的剑柄上。人像的这种处理大概由于中国丧葬艺术的特性。同类石像——文官和武官雕像证明了这一点,这一对雕像最初或许坐落在汉诸侯王鲁王墓前。文官像（高230厘米）又名曲阜石人，1794年即被移入孔庙。第二尊像（高250厘米）出土于20世纪末期。

这三尊石像在形态学上的相似点说明，东汉（1—3世纪）时期中国的造型艺术就已经足够发达，形成了拥有独特肖像图式的人物纪念性石雕传统。

**《中国艺海》，上海，1994年；邵洛羊《中国美术大辞典》，上海，2002年；Paludan A. The Chinese Spirit Road. The Classical Tradition of Stone Tomb Statuary. New Haven-London, 1991.

（M. E. 克拉夫佐娃撰，张猛译）

李成

李成（约919—967），字咸熙，祖籍青州营丘（今山东省），五代至北宋初期杰出的山水画大师。

在知名绘画史典籍郭若虚的《图画见闻志》中，他与关仝和范宽并称"北宋三大家"，作为"10世纪三大山水画大师"被列入研究文献，是北宋山水画宗师，其绘画图式在现代称为"全景式构图"。

12世纪的《宣和画谱》中提到李成的159幅画，根据其他文献，他创作了约300幅作品，但保存下来的只有12—14世纪的一些摹本，最接近真迹的有《读碑窠石图》（126.3厘米×104.9厘米，绢本，水墨，日本大阪市立美术馆藏）、《晴峦萧寺图》（118.8厘米×56厘米，绢本，淡设色，美国堪萨斯城纳尔逊美术馆藏）、《茂林远岫图》（45.5厘米×143.2厘米，绢本，水墨，辽宁省博物馆藏）和《瑶峰琪树图》（24.1厘米×36厘米，绢本，设色，台北故宫博物院藏）。

这些作品的内容和风格并不相同，既采用水墨技法，也采用彩色技法。因红褐色、蓝色和绿色多色调结合使得《瑶峰琪树图》的色彩尤为鲜明。这幅画与上文提及的《晴峦萧

寺图》《茂林远岫图》，均是全景山水画。《读碑窠石图》则相反，在内容上呈现了小型场景：一名骑马者和一名步行的仆人正停驻在一座高大的刻有铭文的碑前，碑周围是几棵从巨石中生长出来的树，类似于小树丛。尽管上文提及了一些差别，但李成的作品中仍体现了他的一些艺术创新，这些创新对当时的绘画艺术产生了重要影响。他属于最早使用"对角线"构图的画家，将图画的大部分内容集中于画面的一角。由此出现的空间"留白"在构图对比中具有一定的美学意义。这一手法在《读碑窠石图》中体现得最为明显，该画的景观主要集中于右半部分，而左半部分则是通向云雾缭绕的山峦的山路。

李成的另一个创新是改变了近景物体绘画准则。荆浩、关仝的山水画中山景直接从画布边缘"长出"，李成与之不同，他只在那里放置被边缘截断的个别细节——老松树的根、干枯的树枝，与展开的深远景观形成对照。最后，李成的山水画，类似于欧洲绘画，特点是从人站立的视角"自下而上"观察事物。这不是中国绘画的典型方式，中国绘画试图同时从多个角度表现物体：近观、远观、从上方看、从下方看和从侧面看。因这种移动视角（散点透视），中国的传统绘画具有一种特殊的光学效果，使观者产生一种在地面自由移动的错觉，从而能够看见物体和景观元素在眼前变化。李成的尝试局限于自我创作的框架，因而对中国绘画来说只是稍微打开了艺术空间结构的新趋势。

李成独创的风格手法使他能够在绘画中贯穿浪漫情怀，因而绘画理论家称之为领悟"烟林清旷之美"的第一位画家。他通过对自然元素诠释的强调达到了独特的情感效果，如画中的树木有着虬屈粗大的树干、奇异弯曲的树枝，这些都以特殊的笔触（所谓"蟹爪"）完成，类似于妖怪的爪子。

李成的创作和教育活动对画院派绘画的发展产生了重大影响：他培养了一大批画家，其中就有北宋中期著名山水画家——郭熙。

**郭若虚《图画见闻志》，К.Ф.萨莫秀克翻译、注释，莫斯科，1978年。

**Н.А.维诺格拉多娃《中国山水画》，莫斯科，1972年；М.Е.克拉夫佐娃《中国艺术史》，圣彼得堡，2004年；Т.А.波斯特列洛娃《10—13世纪的中国画院》，莫斯科，1976年；《中国艺海》，上海，1994年；邵洛羊《中国美术大辞典》，上海，2002年；《中国美术全集·绘画编》，第3卷，北京，1986年；《中国绘画全集》，第2卷，杭州，1999年；Eight Dynasties of Chinese Painting. The Collection of the Nelson Gallery-Atkins Museum, Kansas City, and the Cleveland Museum of Art. Cleveland, 1980; Paintings in Chinese Museums // Arts of China. Vol. 3. Tokyo, 1970; Siren O. Chinese Painting. Leading Masters and Principles. Vol. 1-3. L., 1958; Sullivan M. Symbols of Eternity: Landscape Painting in China. Stanf., 1979.

（М.Е.克拉夫佐娃撰，王玉珠译）

李东阳

李东阳（1447—1516），茶陵（今属湖南）人，字宾之，号西涯。明代学者、诗人、书法家、批评家、"茶陵诗派"的代表人物。他出生于一个拥有深厚书法传统的家庭，4岁即开始写大字，一些字的跨度达到了1尺。16岁考中进士，仕途显达，担任要职达半个世纪。在楷书和行书上，李东阳承继了颜真卿的风格，篆书方面则借鉴了李阳冰。他用篆书题写了大量的横幅书法和画卷。写作篆书时，李东阳喜用以貂毛或兔毛制作的毛笔，同时还喜欢使用湿墨，笔力雄健。写行书时正好与此相反，他使用笔尖进行创作。他的行书在造型上明显具有篆书的弹性。李东阳很少创作独立的作品，一般他的题字会出现在其他艺术家作品的引首、书尾。这种做法既不意味着他的名声会在传承过程中被淹没，也不说明他对古老的匿名创作方式的刻意追求。李东阳卓越的书法艺术素养使得他在中国书法史上占得重要地位，这在某种程度上还可以被称为"元历史"。他不是在创造传统的新

"大门",而是在到达传统的"奥林匹斯山"之后,由一个"大门"自由地游走到另一个"大门"。

**В. Г. 别洛焦罗娃《中国书法艺术》,莫斯科,2007年;黄惇《中国书法史·元明卷》,南京,2001年;朱仁夫《中国古代书法史》,北京,1992年;Chang Leon L. -Y., Miller P. Four Thousand Years of Chinese Calligraphy. Chic. -L., 1990.

(В. Г. 别洛焦罗娃撰,张猛译)

李公麟

李公麟(1049—1106),字伯时,号龙眠、龙眠山人、龙眠居士,舒州(今安徽省舒城县)人,北宋著名画家,文人画创作团体代表人物。

李公麟出身名门望族。其父曾举贤良方正科,任大理寺丞,除此之外,还喜收藏法书名画。李公麟自幼就受到良好的家庭教育,于21岁(1070年)登进士第。之后仕途一路顺利,为中书门下后省删定官,官至朝奉郎。后因病辞官(1100年),退隐家乡龙眠山庄。

李公麟为官之时也从事绘画创作。自幼年起,在父亲的影响下,热衷研究书画,对顾恺之、吴道子和其他擅长人物画的前辈画家的创作非常感兴趣。成为知名的人物画大师之后,李公麟又将精力投入山水画。

据统计,他有画作百余幅,其中有佛教题材、道家和儒家人物,还有日常绘画和鞍马图。除此之外,作为收藏家和绘画大师,他热衷于临摹,巧妙地再现前辈大师的风格和技法。时人称其借鉴前辈的经验,技艺高超地进行不同体裁的创作:画鞍马超过韩幹,画佛像直追吴道子,画山水近似李思训。他能模仿任一种绘画技巧,根据需要使用任意技法。创作的多面性使得李公麟的同代人和后代评论家对其评价不一。他们将其视为北宋最杰出的画家,在技艺上与前辈绘画泰斗顾恺之和吴道子齐名。除此之外,如米芾(整体上对他

敬重友好），公允地评价李公麟，认为他的作品没有达到应有的高度。

李公麟的绘画真迹仅有极少数范本存世，其真实性是毫无争议的。其山水画尝试的有力证明是《山庄图》（28.9厘米×364.6厘米，纸本，水墨，台北故宫博物院藏）。这是龙眠山的全景图，是当时最独特的风景之一。主要以细笔白描而成，借鉴了前代的"白画"。画卷的结构紧密：画中是向高处逸走的陡坡、奇形怪状的岩石、峡谷、瀑布、石窟和洞穴，好似从石块中生长出来的精雕细琢的阔叶树木作为补充。图形的处理有意使用古法（例如画山、悬崖和高地时有意强调的平面性），这使得画面呈现出不真实的感觉，好似画家在展示某个传说中的古迹。

同时，画卷全景忠实还原了龙眠山的地貌。据题跋可知，画卷根据龙眠山著名景观分为20个部分，如观音崖、延华洞等。一眼看去，画卷上没有人物，但是仔细观察会发现其中包括很多人物：坐在小坡上带着学生的老师、山洞入口或喷泉脚下休息的路人、欣赏山景的独身老者。画卷再现了一些建筑物，如亭子和小桥。充满"人造成分"的景观在当时很大程度上更接近界画而不是山水画。

李公麟宗教题材的绘画有关于佛教苦行僧维摩诘的画《维摩诘像》（立轴，绢本，水墨，日本京都国立博物馆藏），画中维摩诘坐于类似"宝座"的榻上，姿势较为放松，身着宽松的袍服。尽管画中有大量的肖像描写，但这幅画并不属于宗教画。画像线条柔和、流畅、优美。维摩诘和拿着水果的侍女则以生动的、富有表现力的白描技法完成，带有大量漂亮褶皱的服装，以及缀满饰品的侍女发型则采用类似唐朝著名画家的手法。维摩诘外形丰润，并非苦修形象，他聚精会神的脸和望向远处的眼神显示了其强大的内心力量。

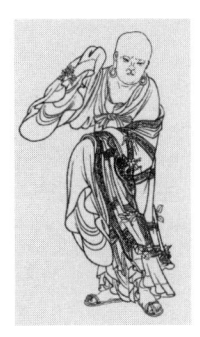

李公麟最具代表性的鞍马画题材作品是临韦偃《牧放图》和《五马图》（29.3厘米×225厘米，纸本，水墨，1086—1087，部分藏于日本）。《五马图》由五个独立的部分构成，其中之一类似韩幹的《照夜白图》。同样以柔和、优美的线条完成，这幅画在人物情绪的处理上与《维摩诘

像》极其不同。画家几乎原原本本地还原了跑马的形态——消沉的步态和低垂的脑袋。富有表现力地描绘了牵马者消瘦疲惫的脸、凸起的颧骨、大鹰钩鼻和向下的卷曲胡须。他的眼神专注、敏锐，同时流露出深深的忧伤。身上破旧的衣服、弯曲的腿和光着的脚掌，所有这些不仅说明其贫穷的生活，还表明他为糊口所做的艰难挣扎。

这些孤本和意外保存下来的真伪存疑的作品表现了李公麟高超的绘画技巧——可以用类似的方法创作完全不同的形象，有机地将准确传达对象的外形和表现其内在本质相结合。李公麟在世时就被认为是人物画流派的创始人，这一流派后来不仅有世俗生活题材的大师加入，也有画僧、神话人物和宗教题材的画家参与。其中包括师法李公麟的乔仲常（11世纪末至12世纪初），书面资料记载，他创作过一系列罗汉图，如《山居罗汉图》，以及描绘古代思想家和文学家的画卷《列子御风》《渊明听松风》《李白捉月》。这些献给传说中的列子、诗人陶渊明和李白的画卷，根据名称判断，均不是简单的肖像画，而是再现人物生活情节或是关于他们的传说题材的作品。这种题材的肖像画在后世中国绘画中很常见。

现今认为李公麟的同时代人何充（11世纪）是与李公麟天赋和绘画才能相近的画家，他是最早为古代诗歌的高峰《楚辞》作画卷插画的创造者。他创作的身着白衣的年轻女性形象（高93厘米，绢本，设色，美国华盛顿弗利尔美术馆藏），可能是保存至今的最早的白衣观音的绘画。

**E. B. 扎瓦茨卡娅《米芾的奇思妙想》，莫斯科，1983年；M. E. 克拉夫佐娃《中国艺术史》，圣彼得堡，2004年；T. A. 波斯特列洛娃《10—13世纪的中国画院》，莫斯科，1976年；邵洛羊《中国美术大辞典》，上海，2002年；Cahill J. Chinese Painting. Geneva-London, 1978; Lancman E. Chinese Portraiture. Tokyo, 1966; Lidderose L. Orchiden und Felsen. Chinesische Bilder im Museum für Ostasiatische Kunst Berlin. B., 1998; Paintings in Chinese Museums // Arts of China. Vol. 3. Tokyo, 1970; Possessing the Past. Treasures from the National

Palace Museum, Taipei. Taipei, 1996; Siren O. Chinese Painting. Leading Mastersand Principles. Vol. 2-3. L., 1958; Sullivan M. The Arts of China. Berk. -Los Ang., 1979.

(M. E. 克拉夫佐娃撰，王玉珠译)

李翰祥

李翰祥（1926—1996），中国香港（1963年前以及1971年之后）、台湾知名导演，共拍摄80余部作品，并多次获得台湾电影金马奖以及亚太国际电影节奖项。影片《杨贵妃》（唐朝皇帝与妃子间的悲剧爱情故事）在戛纳国际电影节上获得了最佳室内彩色摄影奖。由他创建的国联影业公司促进了台湾地区电影私营产业的繁荣发展。他拍摄的优秀影片有《梁山伯与祝英台》（根据中国民间传说故事《梁山伯与祝英台》改编）、《杨贵妃》、《冬暖》、《西施》（古代美女系列影片）、《火烧圆明园》等。香港回归前，李翰祥在影片拍摄期间逝世，葬于北京八宝山公墓。

**C. A. 托罗普采夫《台湾电影》，莫斯科，1998年；焦雄屏《台湾新电影》，台北，1990年；《中国大百科全书·电影》，北京，1991年；《中国电影大辞典》，上海，1995年；Taiwan Films.Taipei, 1993.

(C. A. 托罗普采夫撰，姜敏译)

李焕之

李焕之，1919年生于香港，2000年于北京逝世。著名作曲家、指挥家、音乐理论家。1936年考取上海国立音乐专科学校，师从萧友梅（1884—1940）学习和声学。1938年到达延安，在鲁迅艺术学院音乐系读研究生，师从冼星海学习作曲指挥。李焕之写过有关冼星海的文章，被翻译成俄文出版。毕业后留校任教，抗日战争结束后，在河北省张家口担

任华北联合大学文艺学院音乐系主任。新中国成立后，任中央音乐学院乐团团长、中央歌舞艺术团指导以及中央民族乐团团长。1960年2月组建了其生平最后一个乐团，该乐团由百余人的民族乐队、合唱团和研究创作小组组成。2000年8月该乐团在联合国（纽约）参加了"中华文化美国行"联欢节的开幕式表演。自2002年起，该团在人民大会堂为代表们献上新年音乐会。2003年8月23日在马林斯基剧院（圣彼得堡）演奏了由徐志军改编的阿拉姆·伊里奇·哈恰图良的《马刀舞曲》。自1954年起，李焕之为中国音乐家协会常务理事，并在1985—1999年担任中国音乐家协会主席。

李焕之自幼爱好民间音乐，并在作品中大量使用民间乐器。1935年开始创作歌曲，作品有《牧羊哀歌》（郭沫若词）、《黄花曲》（蒋光慈词）。1937年后，在抗日战争时期参加了抗日救亡歌咏运动，与蒲风等爱国诗人创作了歌曲《厦门自唱》（燕风词）、《保卫祖国》（克锋词）。20世纪40—50年代，他创作了300余首声乐作品，其中包括著名革命歌曲《社会主义好》（希扬词）。他还为电影配乐，如谢铁骊导演的电影《暴风骤雨》（1961年，根据周立波同名小说改编）。1955—1956年创作四段管弦乐《春节组曲》，成为新年音乐会的必演曲目。此外，曾在盛大音乐会上指挥合唱团演出歌剧《白毛女》。1957年在第六届莫斯科世界青年联欢节上，他指挥的北京青年业余合唱团获得金牌。音乐理论著作有《作曲教程》、《怎样学习作曲》（北京，1959）、《音乐创作散论》（北京，1979）、《民族民间音乐散论》（济南，1984）、《论作曲的艺术》（上海，1985）等。

*《李焕之声乐作品选集》，北京，1996年；李焕之《当代中国音乐》，北京，1997年；李焕之、龚琪《李焕之的创作生涯》，北京，1999年；李群《李焕之音乐文论集》，北京，2006年；李焕之《冼星海的创作之路》，载《论中国音乐》第1辑，莫斯科，1958年。

**蔡梦《音乐研究》，北京，2006年；蔡梦《李焕之的理论著述及其历史贡献》，载《音乐研究》，2006年第4期；《中国大百科全书·音乐、舞蹈》，北京，1998年。

（А. И. 科布杰夫撰，姜敏译）

李可染

李可染（1907—1989），江苏徐州人，著名国画大师，擅长山水画。

1923年考入上海美术专科学校，1929年成为西湖国立艺术院（杭州）研究生，在那里他除了学习传统绘画技巧，还掌握了油画的创作方法。1937—1938年积极投身政治宣传画的创作。1943年起，李可染在重庆国立艺术专科学校执教，主要从事山水画创作。1946年他来到北京，在徐悲鸿的帮助下，成为北平艺术专科学校的教师，创作风格受到齐白石和黄宾虹的影响。1950年起任中央美术学院副教授，1981年担任中国画研究院院长。李可染的山水画一般以写生为基础，其特点是运用层层加染的积墨和浓淡干湿交错进行的破墨。这些画用轻盈自然的笔法创作，其温暖、率真和亲近观众的特点令人着迷。他喜爱牧牛图主题，如其作品《童子牧牛图》，充满了儿童的纯洁、天真和直率。直线透视的元素有时会突然出现在传统建构的画布上，但这并没有打破总体平衡、完整的观感，而是作为完全有机的成分被运用。

（С. Н. 索科洛夫-列米佐夫撰，张猛译）

李骆公

李骆公（1917—1992），又名立民，笔名黑沙骆，福建福州人。书法家、篆刻家、画家。

就生平而言，李骆公有着他那一代大师的典型经历。他们都在年轻时崇拜西方艺术，后来却逐渐成为本国传统艺术的忠实信徒。虽然李骆公出身农民家庭，但经过激烈角逐，考入了上海美术专科学校，于1936—1940年在西方油画系学习。在抗日战争时期，李骆公在日本大学高等艺术专科深造，接触了后印象派绘画，特别是野兽派。1944年回到中国时，对于西方欧洲绘画的最新动态了如指掌。1949年以后，李骆公在天津、河北的美术学校和大学教授西方绘画技巧。与此同时，他加强了书法学习，在很短时间内成为著名的篆刻大师。20世纪30年代和50年代安阳古城及其他古城遗址的考古发掘工作让中国的知识分子看到了一大批带有公元前2000年至前1000年书法杰作的文物。李骆公认识到，作为一个中国文化的代表者，想要获得野兽派画家孜孜以求的艺术直觉和直接的审美情绪，必须通过学习中国深奥难懂的古文字——甲骨文和金文。李骆公在野兽派艺术中看到了当代人打破学院派清规戒律的典范，但仅此而已。他开始忘我地投入对本国古代遗产的学习中，通宵达旦地练习书法。然而，1957年他探索自我风格的艰苦工作被反右派斗争中断了。他被下放到农村。1960年他获准返回天津，继续从事篆刻。1969年被下放到广西西南部的一个小城。正是在下放期间，尽管生活艰苦并担任图书管理员的繁重工作，其创作探索终于形成了鲜明独特的个人风格。1972年仍在下放的李骆公篆刻的印章被选中参加东京展览，但直到1978年他才被批准回到自己在桂林的家中居住。20世纪80年代李骆公发表大量作品，并多次参展。他担任河北师范学院美术系主任，随后又先后担任美术家协会天津分会和广西分会的副主席、桂林画院院长等职务。

在李骆公的创作中，毛笔和刻刀相得益彰，充满个人风格。他在塑形方面的自然和自由是其对于架构的一笔一画都认真钻研的结果。尽管他的字排列不工整，而且大小各异，但整体布局仍然显得井然有序。主导元素与次要元素的比例关系是经过深思熟虑的，而且变化多端。李骆公主张使用旧毛笔写字，蘸墨的时候并不全部放进去，而是只蘸笔的两侧。这样一来，墨水仅涂抹笔画边沿，而在中间留下空隙。李骆公经常使用易于水墨渗沁的生宣。他的书法作品墨色变化丰富，很像绘画，但是又不像20世纪许多艺术家尝试的那样打破传统书法的界限而完全融于绘画。在李骆公的笔下，线条和墨点之间的差别消失了，运笔与墨迹自动晕染之间的差别消失了。他不断尝试各种构型，强化了文字中某些元素的表现力，但是又不妨碍它们被辨认出来。他倾向于写大字。他连续多年多次手书曹操的诗歌《龟虽寿》。1978年迁居桂林以后，他用2.6米的长卷书写了这首诗。李骆公所采用的字体无法用传统字体分类进行定义。他专注于中国汉字的原始字形，将商代象形文字与新石器时代晚期的图形文字以及新石器时代早期器皿上的图像结合起来，寻求统一的视觉象征意义。

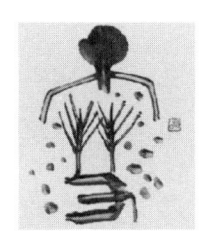

20世纪80年代，李骆公与黄苗子和古干一起，成为现代书法新流派的奠基人。他参与了1985年在北京举办的著名展览。正是在这次展览上，书法界的现代潮流在全国宣告诞生。

得益于李骆公的努力，桂林成为现代书法的中心，他的创作极大地推动了20世纪末期实验派书法的发展。在生命的最后几年，李骆公成为整整一代青年书法家的导师。他要求他们任何创新都要建立在掌握传统的基础之上。他对青年谆谆教导："书法应朝美学方面去研究，不要光去写，要多读书。"书法传统改革的主导者一丝不苟地完成了传统的主要诉求——前进即回归。

*《现代书法：现代书画学会书法首展作品选》，北京，1986年。

**朱仁夫《中国现代书法史》，北京，1996年；Barrass G. S. The Art of Calligraphy in Modern China. L., 2002.

（В. Г. 别洛焦罗娃撰，李春雨译）

李瑞清

李瑞清（1867—1920），字仲麟，号梅庵、梅痴、清道人等。临川（今属江西）人。书画家，中国当代美术教育体系奠基人，金石书派的组织者。坚实的功底和才华使这位才子之乡的代表者在1893年中举，1895年中进士，后成为教育督察员。早在辛亥革命前夕，李瑞清就首开先河，请日本教习讲授数学和自然科学。辛亥革命后居住于上海，被迫靠变卖字画维持生计。

李瑞清对于各种字体均有深厚造诣。他认为，篆书作为书法艺术的源头，是初学书法者塑造构型思维的基础字体；他强调学习篆书要使用秦代以前古青铜器上的文字，亦即统一文字之前的文字。在古代文物中，李瑞清尤其重视公元前9世纪《散氏盘》大篆。这篇铭文共有357个字，他曾多次临摹，每6个字一张纸，抄在单独的册子上。这件著名文物上的铭文吸引李瑞清的地方在于其紧凑而浑圆的架构，以及笔画末端的含蓄。在自己的临摹本中，李瑞清再现甚至加强了线条的金石气，这是由于书法在青铜器皿上铸刻所致。李瑞清致力于掌握古代字体"气"的奥秘，对他而言，古代字形的简洁是书法传统中最为复杂的。在隶书中，李瑞清喜用方切起笔和尖锋收笔。此类技法的典范——汉代书法精品《景君碑》（143）令他称赞不已。通过刻帖，书法家将石碑上的字转移到纸上。与此同时，他完成了将古代无名氏创造的完美字形加以更换物质载体的历史循环。对于历史客观性的热衷正是李瑞清个人风格的标志。他并非单纯模仿，而是在自我创作中再现传统，彰显了他在书法方面的过人禀赋。在此方面，李瑞清的同代人中很少有能与其比肩者。

李瑞清还是一位杰出的教育家，最著名的学生和继承者是胡光炜（1888—1962）和侄子李健（1882—1956）。张大千（1899—1983）也是其弟子。

** В. Г. 别洛焦罗娃《中国书法艺术》，莫斯科，2007年；朱仁夫《中国现代书法史》，北京，1996年；马国权《沈尹默论书丛稿》，香港，1981年；Chang Leon L. -Y., Miller P. Four

Thousand Years of Chinese Calligraphy.Chic. -L., 1990; Ch'en Chih-mai. Chinese Calligraphers and Their Art. Melbourne, 1966.

(В. Г. 别洛焦罗娃撰，李春雨译)

李思训

李思训（651/653/657—716/718），字建睍，甘肃秦安人，唐朝宗室，曾任江都令、宗正卿、左武卫大将军，与王维并称为山水画二宗。与水墨抒情苦行僧的山水画的发展对立，他为装饰性的、工整富丽的金碧山水画风格的形成奠定了基础。李思训用笔遒劲、风骨峻峭，描绘山地使用特殊的皴法。其子李昭道继承了他的传统，父子二人的绘画风格在中国传统的艺术理论中从属北宗（参见南北宗）。存世遗作有《江帆楼阁图》、《明皇幸蜀图》（台北故宫博物院藏）、《海天落照图》（辽宁省博物馆藏）。

(С. Н. 索科洛夫－列米佐夫撰，王玉珠译)

李唐

李唐（11—12世纪），字晞古，河阳（今河南孟州）人，南宋最著名的画家之一。

其生平直到1101年才有记载，后在政和年间考入画院，他在画院考试中递交的画卷受到了亲自主持画院工作的北宋皇帝徽宗（赵佶）的特别称赞。很有可能，他当时已经在高层艺术爱好者中享有很高的知名度。但不管怎样，当金兵南侵时，李唐和朝廷一起逃到南方（长江流域），南宋开国皇帝宋高宗（赵构）在新首都（临安，今浙江杭州）恢复画院之后，亲自任命他为画院待诏。据说，宋高宗高度赏识李唐的绘画学识及创作，将其画作与唐代著名画家的杰作相提并论。南宋时期的书面记载中，有很多宋高宗对李唐创作的称赞之语。

各大博物馆及私人收藏中保存着约40幅署名李唐的画作（卷轴和册页）。根据这些作品和文献可以看出，李唐从事若干不同体裁的绘画创作，包括人物画和山水画，而且都有所建树。

在人物画创作中，其最主要的创新在于转向日常生活场景，创作不落俗套且带有谐趣的风俗场景。此类体裁最杰出的画作是《灸艾图》（又名《村医图》，纵68.8厘米，横58.7厘米，绢本设色，台北故宫博物院藏）。画卷上，医生和患者站在乡村道路中间，道路通向一座桥。医生坐在一张矮凳上，侧身对着围观人群，全神贯注、一丝不苟地在一位老农背上进行艾灸。病人的面部因为刺痛而扭曲，两个年轻农夫（应为患者的儿子）将他按住。他们都神情严肃而专注，大概是意识到了自己在治疗最关键时刻的重要作用。李唐谐趣的另外一个表现是，在描绘如此接地气的生活场景时，他仿照山水画卷细致入微地描绘了树木形象。树木位于画面近景处，几乎占据了整个画面的左端，对于构图作用重大。画作按照对角线原则组织艺术空间，这一原则后来被南宋时期的绘画所采纳。

李唐创作中的一个专门主题是牛，通常以乡村景色或日常画面为背景。这类作品后来引出了一个独特的情节模式，即水牛和牧童。一些研究者（如J. Cahill）认为，此类画作描绘的是人们对于忙忙碌碌的城市生活的逃离。

李唐在山水画体裁方面的创新也很有趣。首先令人想到的就是《万壑松风图》（纵188.7厘米，横139.8厘米，绢本设色，台北故宫博物院藏）。这幅画是李唐在1124年创作的，是他唯一的创作时间可考的作品。卷轴中景部分为山体所占据，山体两侧为单独矗立的山峰。乍一看去，这幅画与10世纪著名山水画家范宽的山水画有异曲同工之妙，而且表现石头和水面质感的技法也与范宽类似，比如绘画理论中所谓的"大斧劈皴"。但仔细观察即可发现，李唐在很多方面不仅有别于范宽，而且和整个北宋山水画都不一样。与前景处厚重的山体对应，他描绘了消融于烟雾之中的远方，树木的纤细树干和雅致树冠，辽远的天空不是垂压在大地之上，

而是升入高远。范宽的作品营造出一种使观众置身于无垠大自然的感觉，而李唐笔下的山水景物则表现为被画幅的边缘所局限，从而将构图与画面的整体意境结合起来，而这种意境是由一种非常优雅而又冷峻内敛的绘画方式传达出来的。当代研究者一致认为，李唐的山水画标志着从以"全景式构图"为主的北宋画院风格向南宋画院风格的转变。包括李唐在内的南宋画院派风格的标志性特点是拒绝将大自然理解为宇宙的化身（在形式上表现为艺术空间的离散性，景致被分割为相对独立的局部），并在减少画面内部张力的同时增强其审美吸引力。李唐绘画的另一重要创新是创造了"万物静观"题材，其中人物处于平静交流或沉思的状态。这些场景的典范是册页《坐石看云图》（纵27.7厘米，横30厘米，绢本设色，台北故宫博物院藏），工笔画，使用蓝绿色调，描绘的是山隘景致，山岩突兀，陡峭的山坡上树木丛生，云雾缭绕。画作右下角画了两个人，坐在石头上，欣赏着眼前的美景。

研究者认为，欣赏风景作为独立的绘画题材出现反映了中国艺术在11世纪、12世纪之交的重要变化，体现了对沉思自然过程本身价值的认识。李唐的创作将这一内容引入绘画实践规范。与后世画家不同，李唐对主体和客体、世界和个人都给予关注，但是画家超脱的倾向使其更加注重研究人——宇宙的主体构成、理解世界的主体。

对该题材的演绎还有一幅著名画作——《采薇图》（纵27.2厘米，横90.5厘米，绢本设色，北京故宫博物院藏）。此图经常被视为历史题材画作，因为它取材于古代著名人物伯夷和叔齐兄弟的故事。二人因为不愿意服务于战败故国殷商的周朝政权，逃进深山，粮断饿死。在后来的传统中，特别是在儒家体系中，兄弟俩被认为是君子的典范，为了精神准则而不惜牺牲生命。当代研究者（如A. Murck）认为李唐的这幅画带有政治现实意义，暗含了对坚守气节的歌颂，因为画作是在伯夷和叔齐被封圣之后创作的。然而，从艺术角度而言，除了名字，画作跟这对殉难兄弟的传说没有任何关系：画面充满了宁静的气息，坐在松树繁茂树冠下的人物似乎在悠闲地交谈，根本没有任何关于他们受难的暗示，也并

不像预示着死亡。李唐的创作中明显可以看出从还原历史事件到虚构历史图景的转变,在这里,采用古代题材仅仅是一种象征性的艺术手法。

李唐对于绘画题材和风格的创新对南宋画院绘画有着重要影响,特别是对其中两位代表性画家——马远和夏圭。

**M. E. 克拉夫佐娃《中国艺术史》,圣彼得堡,2004年;В. В. 奥辛穆克《中国禅宗绘画与南宋画院山水》,莫斯科,2001年;Т. А. 波斯特列洛娃《10—13世纪的中国画院》,莫斯科,1976年;《中国艺海》,上海,1994年;《中国历代绘画·故宫博物院藏画集》,第3卷,北京,1982年;邵洛羊《中国美术大辞典》,上海,2002年;《中国美术全集·绘画编》,第3卷,北京,1986年;《中国绘画全集》,第3卷,杭州,1997年;Cahill J. The Art of Southern Sung China. New York-Tokyo, 1962; Murck A. Poetry and Painting in Song China. The Subtle Art of Dissent. Harvard, 2000; Paintings in Chinese Museums // Arts of China. Vol. 3. Tokyo, 1970; Possessing the Past. Treasures from the National Palace Museum, Taipei. Taipei, 1996; Siren O. Chinese Painting. Leading Masters and Principles. Vol. 2-3. L., 1958; Sullivan M. Symbols of Eternity: Landscape Painting in China. Stanf., 1979.

(M. E. 克拉夫佐娃撰,李春雨译)

李小龙

李小龙(1940—1973),英文名布鲁斯·李,功夫电影演员,被评为世界七大武术家之一。8岁起开始拍电影,1971年开始作为武打演员拍片,后成为武术导演,最为出名的电影是《猛龙过江》。1973年李小龙去世,死因不明。李小龙塑造的人物普通、富于人性,摒除了传统的英雄战无不胜的典型特征,但由于表演者的充沛精力,这些荧幕中的人物周身萦绕着某种神秘的气场。他的这些电影将功夫题材提升到了国际水平,并催生了一大批接班人。

*《中国大百科全书·电影》，北京，1991年；《中国电影大辞典》，上海，1995年；陈墨《百年电影闪回》，北京，2000年。

(C. A. 托罗普采夫撰，张猛译)

李行，1930年出生于上海，台湾著名导演之一。1952年从影当演员，后改做导演。曾用台湾方言拍摄喜剧片，1963年改为普通话拍摄。多次获得台湾电影金马奖。他拍摄的优秀影片有《蚵女》、《汪洋中的一条船》（该片讲述了身残志坚的残疾人故事）、《养鸭人家》（简朴的乡村田园诗）、《秋决》（1995年在俄罗斯电视台播放）、《碧云天》、《路》、《原乡人》等。李行喜欢传统的叙事手法，但同时关注人以及人的心理活动。

**《当代中国电影》，第1—2卷，北京，1989年；杜运志《中国电影史》，第1—3卷，台北，1972年；陈飞宝《台湾电影史话》，北京，1988年；陈墨《百年电影闪回》，北京，2000年。

另参见词条"李翰祥"的参考文献。

(C. A. 托罗普采夫撰，姜敏译)

李延年，西汉汉武帝年间作曲家，中山（今河北省定州）人。汉武帝建立乐府时，被任命为管理者（协律都尉），对乐府搜集的民间乐歌进行整理，编配新曲。公元前111年，将著名文学家司马相如的诗赋谱写成曲。借鉴西域民族的曲调，为汉朝军队创作了军乐，使用长达500余年。

李延年是第一位为丰富中华音乐而广泛借鉴周边民族曲调的中国音乐家。

**《中国大百科全书·音乐、舞蹈》，北京，1989年。

(А. Н. 热洛霍夫采夫撰，姜敏译)

李阳冰

李阳冰（722—785），字少温，赵郡（今河北赵县）人，出身于著名的李氏家族，是李白的族叔，但比李白年轻。良好的教育和过人的禀赋使他身居高位，同时在京城文人圈里享有盛名。李阳冰被称为唐代篆书大师。在隶书和草书盛行的时代，李阳冰有意偏爱篆书。他从小篆开始研究，后期也掌握了大篆。许多知名的石碑题词都是由这位书法大师完成的。其最著名的作品是《三坟记》碑（约767年）。李阳冰精研"玉筯篆"，以中锋运笔，线条瘦细、粗细均匀。李阳冰的书法特点是笔法精到、劲利豪爽，被称为"笔虎"。中国研究者认为，在秦汉之后的篆书大师中，只有李阳冰掌握了书写时垂直握笔、笔尖严格居中的技巧。多部论著中出现了"二李"的固定搭配，指李阳冰和秦代李斯（前3世纪）。李阳冰的《论篆》被认为是最权威的篆书论著。

*杨仁恺《隋唐五代书法》，北京，1989年；王靖宪《中国书法艺术·隋唐五代》，北京，1998年；宫大中《隋唐五代墓志》，北京，2002年。

**В. Г. 别洛焦罗娃《中国书法艺术》，莫斯科，2007年；朱关田《中国书法史·隋唐五代卷》，南京，1999年；朱仁夫《中国古代书法史》，北京，1992年；马国权《沈尹默论书丛稿》，香港，1981年。

(В. Г. 别洛焦罗娃撰，王玉珠译)

李邕

李邕（678—747），字泰和，又名李北海，江苏扬州人，唐代著名的碑文书法家。中国研究者认为，在众多取法东晋著名书法家王羲之的杰出大师之中，他取得了最高成就，有"书中仙手"之称。其书法创作也成为晋代书法大家和元代卓越书法家赵孟頫之间的纽带。其成功之处在于，李邕并不拘泥于对王羲之书法形貌的仿效，而是取其章法而形成自己的风格。如果说王羲之的书法线条追求超凡除尘之"韵"，李邕则是塑造线条的绵密笃实之"气"。他曾说："似我者欲俗，学我者死。"强调书法艺术要塑造自我风格。遗憾的是，李邕的传世作品仅有刻帖和摹本。李邕最好的行书作品之一是《李思训碑》。《李思训碑》约创作于720年，共30行，每行70字。李邕的风格建构于行书和楷书相结合的基础之上。他的书法缺乏严格的规范性——这是唐朝楷书的特点，线条在比例上略有加长，此特点发源于南齐书法家的作品。

*杨仁恺《隋唐五代书法》，北京，1989年；朱关田《李邕书法》，北京，1996年；王靖宪《中国书法艺术·隋唐五代》，北京，1998年；宫大中《隋唐五代墓志》，北京，2002年。

**В.Г.别洛焦罗娃《中国书法艺术》，莫斯科，2007年；朱关田《中国书法史·隋唐五代卷》，南京，1999年；朱仁夫《中国古代书法史》，北京，1992年；马国权《沈尹默论书丛稿》，香港，1981年；Chang Leon L.-Y., Miller P. Four Thousand Years of Chinese Calligraphy. Chic.-L., 1990; Ch'en Chih-mai. Chinese Calligraphers and their Art. Melbourne, 1966; Tseng Yuho. A History of Chinese Calligraphy. Hong Kong, 1998.

（В.Г.别洛焦罗娃撰，王玉珠译）

李昭道

李昭道，唐代著名画家，山水画体裁奠基人之一。

李昭道与其父李思训一起被载入中国绘画史。作为李唐王朝皇室宗亲，父子二人均积极参与国家的政治生活。李思训是7世纪末—8世纪初政治事件的重要参与者。当时女皇武则天退位，在她死后，皇位的争夺十分激烈，李思训官至大将军（713）。李昭道的仕途生涯从唐玄宗执政中期开始有据可查，他在中央部门担任行政职务，官至中书舍人。历史上将父子二人分别称为"大李将军"和"小李将军"。

作为画家，李思训和李昭道传统上被认为是北宗画派或者宫廷山水画派的创始人。在当代艺术研究界，该画派被视为中国山水绘画史上最主要的两个流派之一——北方山水画派。然而，他们的作品传世较少，如11—12世纪的摹本《明皇幸蜀图》（又名《明皇游蜀图》，纵55.9厘米，横81厘米，台北故宫博物院藏）。这幅画描绘的是唐玄宗避难四川途中的情形，一般认为是李昭道所作，也有人认为是父子二人共同创作的。场景描绘的是皇帝等人行走在蜀道上。山水风景在这里虽然只是作为叙事的背景（和顾恺之、展子虔的作品一样），却占据着画卷的大部分空间，而且几乎已经具有独立价值。皇帝仪仗五颜六色，像一条细带子在画卷前景处蜿蜒，与后面庞大的山脉相比显得十分渺小，这部分被认为是构图的次要细节。然而，尽管"豆人寸马"，但画家将人物和马匹都画得纤毫毕现，人物服饰和马匹装饰的细微差别均清晰可辨，甚至能够数清骏马鬃毛的发束。在这幅画上可以看到唐代山水画的一些标志性特点。首先，对于庞大山体的全景式描绘。其次，山峰攒聚，山势陡峭，高耸入云。山体那几乎与整个宇宙媲美的惊人规模，在山顶和山坡处生长的矮小树木的映衬下更为突出。再次，在平面上描绘山水景观的方法本身也值得注意。整幅画展现出对于空间纵深的追求，这主要体现于隐藏在云雾中的山体剪影的远景，以及最重要的高耸山峰的全景仿佛是从鸟瞰的视角描绘的。整幅画作的特点是构图紧凑，十分华丽，这主要取决于其色彩处理。画家采用的是绚丽的蓝绿色颜料（以钴和铜为基础），搭配使用红色、白色、黑色和黄色斑点。画面布满自信而锐

利的线条，色彩丰富饱满，山体和骑手剪影边缘被染上金色。

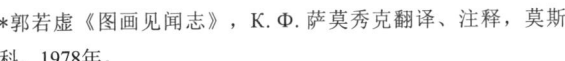

李昭道画作中表现出的所有艺术特征是他所代表的绘画风格的典型特点。该风格起源于画院画派，后来被称为青绿设色或金碧法。这一山水画是"全景式"山水画（当代美术学术语）的源头，在北宋山水画中占据主导地位。

"青绿山水"中也出现了另外一种在意境和诠释方面均稍有不同的山水画，这种山水画可以被看成"万物静观"主题绘画的先声，该主题后来在12世纪的绘画中占有最重要的地位（在李唐、马远和夏圭的创作中）。这一画法在新近考证确认的李思训画作《江帆楼阁图》（纵101.9厘米，横54.7厘米，绢本设色，台北故宫博物院藏）中就能见到。画面描绘了一个学者聚集的江边楼阁，属于唐代绘画中罕见的纵轴画，而且采用了当时十分独特的对角线构图。卷轴左侧是松林覆盖的山坡，右边是浩渺的水面，只有三只渔船。以松林而非阔叶林为主要描绘客体比较少见，而且松林的描绘也别出心裁。画面色调鲜艳，以蓝绿色调为主，这一点与《明皇幸蜀图》一致，但在色调处理上有所不同，主要的色彩对比是绿色的松树与红色的亭顶。

*郭若虚《图画见闻志》，К. Ф. 萨莫秀克翻译、注释，莫斯科，1978年。

**Н. А. 维诺格拉多娃《中国山水画》，莫斯科，1972年；Н. А. 维诺格拉多娃《中国艺术》，莫斯科，1988年；М. Е. 克拉夫佐娃《中国艺术史》，圣彼得堡，2004年；R. 库珀、J. 库珀《中国艺术杰作》，译自英文，明斯克，1997年；《中国艺海》，上海，1994年；邵洛羊《中国美术大辞典》，上海，2002年；《中国美术全集·绘画编》，第2卷，北京，1986年；《中国绘画全集》，第1卷，杭州，1997年；Loehr M. The Great Painters of China. Oxf., 1980; Possessing the Past. Treasures from the National Palace Museum, Taipei. Taipei, 1996; Siren O. Chinese Painting. Leading Masters and Principles. Vol. 1. L., 1958; Watson W. Art of Dynastic China. N.Y., 1981.

（М. Е. 克拉夫佐娃撰，李春雨译）

《历代名画记》

《历代名画记》，唐朝绘画史和绘画理论著作，作者张彦远（约9世纪）。该书完成于847年，是中国第一部绘画通史，并成为之后相关论著如郭若虚《图画见闻志》的范本，是总结历代艺术理论和批评性成果的主要资料，时间跨度从传说"画家"史皇到9世纪中叶。论著中按时间顺序提及372位画家的传记，记载了两京外州寺观壁画，讲述了与政治事件相关的收藏品的命运，以及社会生活中绘画的地位和艺术的道德功能。张彦远的作品对绘画工艺的研究有重大意义：作者分两节介绍了画卷装裱问题、胶料和颜料的制备、作品的保存方法等。《历代名画记》还涉及艺术理论和批评——这非其首创，而是中国古代的传统。论著现存第一版和第二版出现于明朝，后多次再版。

张彦远，字爱宾，出自晋朝世宦书香张华之家。祖辈也是著名的书法家，家中的书画藏品堪比帝王之家。其出生日期在"叙画之兴废"中被提及。张彦远学识渊博，创作该论著时（847年）任员外郎，874年任大理寺卿。

在关于艺术的社会和道德角色、对待先辈的态度、仕途和个人生活等问题上，他遵循的是儒家道德伦理规范，这在下面的表述中得以印证："苟亡德而有艺，虽执厮役之劳，又何兴叹乎！"只有德才兼修才有可能实现个人艺术水平的提升。提及对收藏的热爱，张彦远说："既颓然以忘言，又怡然以观阅。"这些话充分体现了作者的道家心境："忘言"之说是用庄子的典故——"言者所以在意，得意而忘言"。应当注意的是，张彦远"观阅"自己的收藏，是将道家的"无为"之观与儒家的现实之"用"结合起来。佛教在9世纪中国人的精神生活中占据一定位置。张彦远在佛教文献方面的素养和对佛教事迹的了解是毋庸置疑的。其论著创作于会昌灭佛之后一年，当时的寺庙除了长安的两处、洛阳的两处，全部被毁，中国佛教艺术形成和繁荣时期的绘画和雕塑受损严重。张彦远细致地记录下这一切，包括被损害的和被成功挽救的。日本研究者长广敏雄找到了关于张氏家族与佛教久远关系的资料：《历代名画记》作者的祖辈曾捐资修缮寺庙，其曾祖父题词的佛塔和石碑被毁，于861年重建。

全书共10卷。卷1至卷3是历史和理论内容总括，卷4至卷10是画家传记。卷1"叙画之源流"评价了绘画的功能，"成教化、助人伦、穷神变"。"变化"或者"造化"的"化"作为道教特征被移植到绘画艺术中。"变化"或者"升华"成为山水画理论最重要的术语，因为正是"化"吸引了山水画画家。作为最高的艺术，绘画是自然的伟大馈赠，而不是人力的结果。张彦远的书画论按传统从伏羲时期开始。在卷1第2节"叙画之兴废"中，作者综述了起于秦汉时期的绘画艺术史。细数画家、皇室贵族藏画，叙述收藏品因不同原因的聚散兴废。张彦远充满深情地描写了自家珍藏的命运，最后因宫廷倾轧，他的祖父不得不于818年将30卷书画献给了唐宪宗（806—820年在位）。唐朝时期艺术品的收藏成为行家的职业，形成科学的分类、介绍甚至优缺点评价体系。在"叙师资传授南北时代"一节，作者从师资传授的关系追溯了画家们的承继关系。

《历代名画记》研究

"记两京外州寺观画壁"一节包含了关于佛教绘画研究、中国与西域及印度的关系史、外来文化对中国艺术产生影响的历史以及外国传教士、翻译家和画家在唐以前和唐朝时到达中国的资料。从西域来的僧侣画家对5—7世纪中国艺术的影响并非无迹可寻。502—519年中国画家张僧繇在梁武帝宫中创作，张彦远将人物画和造型艺术的革新都归功于他。其继承者之一、初唐的范长寿参与了从印度带来的40卷佛经插画的描图。张彦远将曹仲达称为自立一派的人物。曹派极其深入人心的证明是，在11世纪郭若虚的论著中称曹派和吴派是佛教绘画的两个流派。曹派技法不同于同时代年轻画家张僧繇的绘画和吴道子的纯中国风绘画。关于这种特殊风格的证据，我们可以在丝绸之路西部库车的石窟、中国东方省份山东和西南方省份四川的雕塑中找到。这种风格绝对不是来源于粟特，而是古印度。作者对曹派弟子之一靳智异（7世纪初）有这样有趣的评价："变夷为夏，肇自斯人。"7世纪上半期是中国画家包容度较强的时期。张彦远将来自于阗的尉迟乙僧与唐朝大师吴道子和阎立本列为一类，尉迟乙僧根据佛教密宗创作了寺庙壁画，内容有花子钵

张彦远和《历代名画记》
宿白

曼殊、千钵文殊和降魔变。在尉迟乙僧的绘画中,中国评论家们看到了"堆起绢素","身若出壁","用笔紧劲,如屈铁盘丝"。《历代名画记》第3卷末提及从印度传来的7世纪中期的3卷图画和10卷《行记》。所有这些均保存于皇家宫殿中,经过复刻广泛传播。西域的绘画体系使中国人大为惊奇,并为之吸引,但并未在中国艺术中存续很久,到8—9世纪就成为过去式。

唐朝时的外国人形象和外来事物吸引了中国画家。绘画典籍中最早提及的"南部蛮人"形象出现于三国时期。典籍准确记录了所画人物的民族外貌特征和社会等级。张彦远在《历代名画记》中提到8个描绘进贡者和使臣的画家,其中包括梁元帝、阎立德和阎立本。除此之外,他还提及了《昭陵列像图》。昭陵是唐太宗的陵墓,至今,陵墓之前仍保留着描述皇帝驾崩时出现的外国使臣队伍的雕塑。画家还描述了外国佛教僧侣的外貌,寺庙的壁画中也描绘了"蛮人"的形象。张彦远记录了大量画家的名字,他们描绘了西域日常生活、来自粟特和库恰的音乐家和舞者以及献给朝廷的贡品。

唐以前和唐朝的艺术与来自帝王或佛教团体的订制关系密切。"自由"题材,如山水画和花鸟画在6—9世纪并不常见,属于"自由"画派画家的有宗炳、王维和晋代诗人、书法家和画家。书中呈现了唐朝绘画体裁的发展情况,居于首位的是宗教绘画和人物画,解释了肖像画的若干类型,并对其术语做了分析。第一种是官方教诲类的,表现优秀人物的正面形象,这是想象的典范肖像,即历史人物和当代人的固定模式。如画家郎余令绘制的《历代帝王图》,按照史传想象其"风采"。第二种与道教及后来的禅宗的人格概念对应。这是其同时代人、朋友给他留下的形象,画家与他们有着精神上的亲缘关系。这一类型的代表作品让人想到若干自画像——这是一个令人惊讶的事实。因此,著名书法家王羲之有《临镜自写真图》。任何自画像都是试图看到自我的独特性——那种绘画者意识到自己的个性存在的时代特征。在张彦远创作的形象系列中,他特别强调写生或者凭记忆速写,那时画家的主要目的是传达对描写对象的相似性

和辨识度，而这就是纯艺术的任务。这样的例子很少，但它们弥足珍贵。张彦远阐述了几种肖像的术语："画状"（描绘面容）、"画真"（描绘真象）、"像"、"写貌"、"描"、"影"。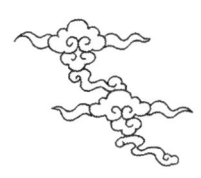

"论画六法""论画山水树石""论顾陆张吴用笔""叙师资传授南北时代"等节中包含了绘画理论和批评的资料。张彦远没有创建某种新的绘画理论。实际上，《历代名画记》的作者观点与谢赫（《古画品录》）和顾恺之在论著中的观点差别不大。但是在他之前，无人能如此全面地论述艺术的社会功能，无人提出对画家来说如此专业的要求。他是第一个提出关于流派的思想、关于传统的师徒传承或者父子传承观点的人。张彦远是大量绘画资料的编纂者，是探究绘画奥秘的大师，他对线条质量、色彩运用能力、现实传达的准确性都提出了专业的要求和具体的说明。他认识到绘画的二元统一：一方面是儒家思想的体现，另一方面则是道家和佛教的展现。作者认为，绘画作品应该具有成教化、助人伦的功能。

**冈村繁译注《历代名画记译注》，俞慰刚译，上海，2002年；张彦远《历代名画记》，第1—2卷，东京，1977年。

**Е. В. 扎瓦茨卡娅《中国古代绘画的美学问题》，莫斯科，1975年；Е. В. 扎瓦茨卡娅《米芾的奇思妙想》，莫斯科，1983年；В. В. 马良文《中国艺术：准则·流派·大师》，莫斯科，2004年；К. Ф. 萨莫秀克《1—4世纪中国的人物画：根据张彦远〈历代名画记〉》，莫斯科，1986年；К. Ф. 萨莫秀克《6—7世纪中国的外国画家：根据张彦远〈历代名画记〉》，列宁格勒，1989年；《芥子园画传》，Е. В. 扎瓦茨卡娅翻译、注释，莫斯科，1969年（2001年再版）；中村茂雄《中国绘画理论的发展》，京都，1965年；俞剑华《中国绘画史》，香港，1962年；Acker W. Some T'ang and Pre-T'ang Texts on Chinese Painting. Vol. 1-2. Leiden, 1954; Bush S., Hsio-yen Shih.

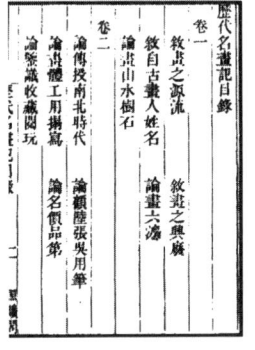

Early Chinese Texts on Painting. Harvard University Press, 1985; Siren O. Chinese Painting: Leading Masters and Principles. Vol. 1-7. L., 1956-1958.

（К. Ф. 萨莫秀克撰，王玉珠译）

梁楷

梁楷（12世纪后半叶—13世纪初），出生于山东省，寓居钱塘（今杭州）。他是南宋画家、减笔画的代表人物之一、画院成员，任画院待诏，曾拒绝皇帝赐予的金带，以放荡不羁、无拘无束的性格而著称（曾有外号梁疯子）。他画过各种体裁和风格的作品，但最成功的还是人物画，他在这种画中发展了"减笔画"的传统。梁楷的画线条简洁、刻画精准，加上其生动的表现力和含蓄的抒情风格，对后世许多画家及日本绘画的发展产生了影响。梁楷现存的作品有《泼墨仙人图》（台北故宫博物院）、《六祖撕经图》（私人收藏，日本）、《六祖斫竹图》、《李白行吟图》（日本东京国立博物馆，东京）。

**И. Ф. 穆里安《梁楷的〈李白行吟图〉》，见《亚非国家艺术瑰宝》第2辑，莫斯科，1976年；李福顺《梁楷》，北京，1982年。

（С. Н. 索科洛夫-列米佐夫撰，张猛译）

梁思成

梁思成，1901年出生于东京，1972年逝世于北京。他是一位杰出的科学家、建筑师和教育家，中国著名建筑史学家，是梁启超的长子，还是一位著名的爱国人士。梁思成是南京国民政府中央研究院院士和中国科学院哲学社会科学学部委员。他受到过良好的教育。1912年，梁思成与父母结束了在日本的流亡生活返回北京，1915年进入清华学校（1928年后为清华大学）学习，1923年以优异的成绩毕业。1924年他与林徽因（1904—1955）一同进入美国宾夕法尼亚大学建筑系学习，1928年二人正式结为夫妻，林徽因后来成为一名建筑师和诗人。在这所大学中，梁思成研究欧洲中世纪和文艺复兴时期的建筑文化遗产——古希腊柱式建筑，开展了复原被毁的古建筑图纸或完成未竣工教堂的制图等工作，在这些方面他显示出了出众的才华。1925年他从父亲手中得到了影响其一生的《营造法式》一书。这是一本诠释宋代建筑的名作。该书的原稿由宋代朝廷官员李诫主持编纂而成，1103年颁行全国，后失传，但在20世纪20年代找到了该书的抄本。1927年，硕士毕业后，梁思成前往哈佛大学研究建筑史，在此他研读了德国建筑师恩斯特·柏石曼（E. Boerschmann）和瑞典艺术理论家奥斯瓦尔德·喜龙仁（O. Siren）的著作。恩斯特·柏石曼在中国进行了多次长期的科学考察，拍摄制作了成百上千张照片、图纸等，搜集了有关中国建筑文物的历史和文学等方面的资料。在此基础上，他写成了有关中国建筑的系列重要著作，其中包括三卷本的《中国的建筑和宗教文化》（1931）。奥斯瓦尔德·喜龙仁研究北京城墙、城门及宫殿建筑的两篇论文分别于1924年和1926年问世。1925年他出版了四卷本的《中国雕塑》，1930年出版了《建筑艺术》（《中国古代艺术史》第4卷）。后来，梁思成指出："他们都不了解中国建筑的'文法'，他们对于中国建筑的描述都是一知半解。在两人之中，喜龙仁较好。他尽管粗心大意，但还是利用了新发现的《营造法式》一书。"

1928年与林徽因成婚之后，梁思成返回中国，为了考察建筑文物，他顺路进行了一次漫长的欧洲之旅。刚一回国，他便立刻接受了沈阳东北大学的邀请——创建和主持中国教育史上的第一个建筑系。在中国，建筑师的作用与西方有别：建筑选址不由建筑师来确定，而是风水大师；就连建筑物的本身也是由工匠、木匠和石匠共同建造的。或许就是由于这一点，直到20世纪，中国人也没有着手研究自身建筑史的尝试。在妻子和两位中国建筑师的帮助下，梁思成创立了

一套保罗·克雷特式课程，并组建了一个建筑事务所。他设计了大学的主楼，并研究了位于沈阳的首批清代故宫建筑群。辽阔的东北大地当时还是一片未开发的土地，发展潜力巨大，其建筑规划和建设极其必要。一些年轻的建筑师被吸引加入教学、城市规划和建筑设计、施工监督中来。但这项活动在1931年日本侵占中国东北各省的战争中被迫终止了。

1931年梁思成一家迁往北京，并成为中国营造学社的领导之一，这确定了其后多年的科学活动方向。该学社1930年创建于北京，其创始人为政治家、企业家和举人、受《营造法式》一书的影响而兴建了中国第一家博物馆的朱启钤。《营造法式》这本举世无双的著作及其在朱启钤倡议下的重印引起了科学界的强烈关注。为研究该著作，他曾罗致一些老学究，但他们并没有专业建筑知识。为此，朱启钤曾用了几个月的时间来劝说梁思成加入该学社并指导学社的活动。

梁思成总结了自己先前对《营造法式》的所有研究结果，但仍对很多专业术语的含义不甚明了。他认为，"唯一可靠的知识来源就是建筑物本身，而唯一可求的教师就是那些匠师"。1932年，梁思成主持了故宫文渊阁的修复工作，那些建造和维修过宫殿的匠师们的经验开始引起他的关注，这些宫殿建筑大多数都在清代被重新修缮过。当时，清代官式建筑的指南类书籍工部《工程做法则例》（1734）已经出版，其中也同样充满了生僻难懂的术语，但是老匠师们谙熟那些传统的术语。在北京匠师们的指点下，梁思成学会了如何辨别各种木料和构件，如何看懂那些复杂的构筑方法和建筑序列，如何解释《则例》中的各种规定等。同年，梁思成写成了自己的第一部作品《清式营造则例》（1934年出版，北京，1981），该书解释了清代建筑的做法。

意识到理解《营造法式》的关键是对保留下来的宋代建筑进行研究之后，梁思成着手进行田野考察。由于战争、洪水冲击及火灾等原因，大城市保留下来的前代建筑范例相对较少，寻找这些建筑需要到一些小城市、村庄和偏远的寺庙建筑群考察。以地方性史志为依据，梁思成和夫人一同在线路图上做出标记。地方志中所提及的古老寺庙、塔楼及引以

为傲的其他建筑等，常与实际情况不符。常见的情况是，有些建筑已被重建或者已被完全毁坏。尽管如此，方志还是指引帮助他们考察了很多地方，甚至是一个个完整的省份。也有一些发现，是在汇集和分析了传统歌谣、口头传说中所提及的古建筑信息的基础上得出的。

考察期间，他们使用了皮尺测量建筑部件并确定其准确的布局。笔记本中的这些测量数据和记录是绘制建筑物平面图、纵剖图、建筑物局部详图的基础，并且，在一些特殊情况下，可以用于模型的制作。梁思成除了拍摄全景照片，还对非常重要的部件进行了拍摄，以便将其补进更早拍摄的同类照片中去。为了测量这些建筑物的规模并用照片将其记录下来，他们不得不经常搭建起临时的平台和脚手架。能够反映出建筑物建造时间和情况的长廊下或寺院里石碑上的题字都被复制了下来，所有这些信息都被记入笔记本中并被送到北京，以便继续整理和发表。

1937年6月，他们发现了佛教寺院佛光寺，该寺院建于857年，这项发现成为那些年考察活动最重要的成果。该建筑位于山西省北部五台山深处，一千多年来保持着良好的状态，正如梁思成所说，这是在当时中国发现的最古老的木构建筑物，是第一座被发现的唐朝木构建筑。梁思成将该寺庙称为中国"古建筑之第一瑰宝"。梁思成的全部发现都刊载在《中国营造学社汇刊》中，这些资料对该建筑物进行了十分详细的描述，配有照片和图表，还有英文注释。

20世纪30年代，以梁思成为首的中国建筑史学家实际上已经总结出了中国特有的建筑艺术。1941年，梁思成总结30年代的田野研究成果说："过去九年，我所在的中国营造学社每年两次派出研究员率领的实地调查小组，遍访各地以搜寻古建遗构，每次二至三个月不等。其最终目标，是为了编写一部中国建筑史。这一课题，向为学者们所未及，可资利用的文献甚少，只能求诸实例。迄今，我们已踏勘15省200余县，考察过的建筑物已逾两千。作为法式部主任，我曾对其中的大多数亲自探访。目前，虽然距我们的目标尚远，但所获资料却具有极重要的意义。"

　　1936年梁思成与从事城市建设规划的美国建筑学家K. 史坦因（C. Stein）结识，唤醒了他从事该领域活动的兴趣。抗日战争时期，梁思成与营造学社成员一同来到云南省昆明市，而后到四川省宜宾郊区的李庄。李庄保留着自2006年起被认定为国家重点文物保护单位的营造学社的一栋普通建筑。梁思成在这里研究了当地的古迹，撰写了《中国建筑史》（1942—1944），并在妻子的帮助下用英文写成了《图像中国建筑史》（*A Pictorial History of Chinese Architecture*）。为了给这些书绘制插图，梁思成与同事们一起利用照片和考察时的测量资料，完成了约70件大幅插图，这些插图包括平面图、剖面图及其所研究的重要文物的局部详图。这些图成为梁思成的重要科学贡献。

　　《图像中国建筑史》中提出了中国宝塔建筑历史演变的分期："古拙时期/方形塔（约500—900年）""繁丽时期/八角形塔（约1000—1300年）"和"杂变时期（约1280—1912年）"。该书还列出了印度和中国古迹的范例，展示了各种类型的演变过程。这本书不仅在中国建筑学史上，甚至在世界建筑学史上也是举足轻重的。

　　1946年，梁思成返回北京成为清华大学建筑系主任。1946年，由于经济原因营造学社停止工作，梁思成受邀作为耶鲁大学客座教授和普林斯顿大学名誉教授前往美国。为了继续工作，他随身携带了考察期间所拍摄的照片、绘图和《图像中国建筑史》文稿，正因如此，这些资料才得以保全。除授课外，梁思成还与一批国际著名建筑师一同参加了联合国大厦的建筑设计工作。由于林徽因生病，梁思成于1947年匆忙返回家中，在这里，他陷入了风云变幻的历史洪流中。

　　1948年，蒋介石的军队在北京和天津被中国人民解放军包围，双方对抗激烈，因此，毛泽东下令攻击这两座城市。得知此事后，梁思成给毛泽东写信，呼吁不要摧毁这两个古老文化中心举世无双的古迹。同时请求国民党将军傅作义，劝其不要将战役进行到摧毁城市的地步。国民党军队没有进行抵抗而撤离，北京和天津幸免于难。

1950年，梁思成负责城市规划、建筑改造以及其他建筑相关疑难问题等方面的工作。甚至重病中的林徽因也参加了该项工作，并一直工作到生命的最后一刻。1959年梁思成加入中国共产党。1963年，梁思成结束了《营造法式》的注释工作，但由于当时国家局势复杂，该书在其去世之后，直到1980年才由清华大学出版。

"文化大革命"期间，梁思成多次站出来保护国家文物。

梁思成留在美国的照片和绘图甚至都没有来得及在其生前归还他本人。由于各种原因，邮寄给他的装有其手稿的邮包在新加坡滞留了很久，其同事，也是其旧相识费慰梅（Wilma Fairbank）——美国著名汉学家费正清（1907—1991）的夫人，于1980年在新加坡找到了这些手稿，并于1984年在美出版。1932年这对夫妻在北京举行婚礼时，正是梁思成为他们取了中文名字：丈夫叫费正清，夫人叫费慰梅。手稿被寄到北京之后，被收入梁思成从教多年的清华大学建筑系的珍贵档案之中。2001年，《图像中国建筑史》中文本问世，其译者为梁思成之子、北大教授梁从诫（1932年生）。

**梁思成《营造法式注释》，北京，1980年；梁思成《图像中国建筑史》，费慰梅编，梁从诫译，香港，2001年；《梁思成全集》（1—10卷），北京，2004年；梁思成《中国建筑史》，天津，2009年；梁思成《中国的建筑遗产与我们的任务》，载《人民中国》，1952年第24期；梁思成《现代建筑》第5集，1954年；梁思成《中国伟大的建筑传统与遗产》，载《苏联建筑》，1953年第8期；Liang Ssu-cheng. A Pictorial History of Chinese Architecture: A study of the development of its structural system and the evolution of its types / Ed. W. Fairbank. Cambr. (Mass.), 1984；王军《城记》，香港，2003年；郭黛姮、高亦兰、夏路《一代宗师梁思成》，北京，2006年；林洙《建筑师梁思成》，天津，1996年；林洙《梁思成、林徽因与我》，北京，2004年；杨永生、刘叙杰、林洙《建筑五宗师》，天津，2005年；Boerschmann E. Die Baukunst und religiöse Kultur der Chinesen. Vol. 1-3. B., 1931; Fairbank W. Liang and Lin: Partners in Exploring China's Architectural Past. Phil., 1994; Wong S. Lin Huiyin and Liang Sicheng as Architectural Students at the University of Pennsylvania (1924-27) // Planning and Development. 2008. Vol. 23, No. 1; Siren O. Chinese Sculpture. Vol. 1-4. N. Y., 1970.

(А. И. 科布杰夫、М. А. 科兹洛娃撰，周立新译)

林散之

林散之（1898—1989），名霖，字散之，号左耳等，安徽省和县乌江镇人。诗人、书画家。

虽出身贫寒，但凭借才华和勤奋，这位农家子弟获得了良好教育。他16岁开始学习书法，起初临摹唐代碑帖。20岁时已经靠卖字画维持生计。1929年来到上海，向黄宾虹学习绘画三年，同时完成了系统的书法学习。之后广采博学，遍临各种碑帖，自成一格，直到60岁才开始专攻草书。除此之外，在20世纪30年代，林散之还笃信佛教，痴迷武术，这些都是他在少林寺接触到的。得益于基本功训练，林散之直到90岁高龄仍能保持罕见的体力。1947年在安徽合肥的一所大学任教，多年只担任小职务，直到1963年才成为江苏省国画院教师。林散之喜欢简单的生活，言行直率。他不喜欢知识分子环境，而青睐僧侣隐士的生活。林散之坚信社会主义能够为普通百姓带来幸福生活，对"文化大革命"感到痛心疾首，亦未能在此期间幸免于迫害。他在安葬了妻子之后，于1966年突然离开南京，居住于扬州和乌江，向为数不多的学生教授书法，教他们写毛泽东的诗词文章。他晚年的草书线条瘦劲，几乎是用不蘸墨水的毛笔写出的。在书法传统中，这种笔法被称作"铁线草"。其书法风格是按照碑学派路径发展的，60岁之前强调笔力（骨），至70岁用笔更加流动自然，75岁时开始对整个书法遗产进行深入思考，90岁时开始进入平和、沉静，达到法无法的境界。

大师使用长锋羊毫毛笔写字，通常先将笔肚在清水中浸透，然后才饱蘸浓墨于笔端。这一技法可使墨色变淡，使有

些字几乎像是用无色墨水写出的。林散之将此技法称为"古瘦漓骊半无墨"。表面上看,这很像"飞白",但能够形成更多的色调变化。他将墨水的量控制在最少,缩小字体,拉大字间距离,以留白强化空间感,使其书法充满了生机与活力。林散之直到80岁才享誉全国,被认为是20世纪最杰出的诗人和书法家之一。在20世纪中国书法史上,他完美地承继了自沈尹默至吴玉如(1898—1982)的传统,并且能像他们一样,将自己的经验传授给年轻一代的书法家。林散之最杰出的弟子是王冬龄。

**В. Г. 别洛焦罗娃《中国书法艺术》,莫斯科,2007年;朱仁夫《中国现代书法史》,北京,1996年;马国权《沈尹默论书丛稿》,香港,1981年;Barrass G. S. The Art of Calligraphy in Modern China. L., 2002.

(В. Г. 别洛焦罗娃撰,李春雨译)

临

临,指对书画作品的一种"再现"行为。中国传统艺术遗产宝库中既有书画作品的原本,同时也有一些相对真迹而言有很大价值的摹本。首先,临是教学的有力手段,不掌握临的技巧就不能形成专业的书法技巧。技艺最高超的书法大师往往直到晚年在临摹。书法论著中曾提到,大师要将一个碑帖临摹300—500次,才能达到与原本极为相似的效果。对于书画泰斗来说,临摹不仅仅是创作的铺垫,同时也可视为特殊的创作形式,准确来说,是与真迹作者的"共同创作"。

在没有真迹的情况下,也可以将摹本制成刻帖来临摹。中国研究者经常要与前人完成的一系列摹本中的摹本打交道,这无疑使作品的鉴定变得更为复杂。临摹的方法多种多样。其中一种是通过描图纸复制,称为摹。将描图纸放到被仿制的作品上,有时透过窗户的光,用浅墨勾勒线条,然后

涂上深墨。这种仿制能够传达出线条的轮廓和结构，但是却束缚了书法造型的动态和韵律。因此这种方法只在初学时和真迹研究初期使用。

第二种方法称为对临。作品置于临摹者面前，虽然力求相似，但即使经验丰富的大师也难免会有细微的偏差，书家需要尽力传达书法造型的动态。临摹技巧混合了第一和第二种仿制方法。透过描摹纸能清晰看到要勾勒的轮廓和上色的线条，但不能很好地目测线条。因此较之于第一种方法，对临使线条更为生动有力。不足之处在于在临得不准确和线条不完全相似的情况下，经常会出现移位，构图也失去了原有的价值。但这种技巧仍被广泛使用，当临摹者是高手时，不看范本，他的创作会使不同时代的鉴赏者产生错觉。

第三种方法为背临，这需要视觉记忆的训练，但就是这种达到完全相似很困难的情况，却可以体现对真迹艺术内容的独特见解，使得摹本独立于原本，并获得更高的价值。

技巧"仿"，又名"摹效"或者"模仿"，意思是自由开放地与原本交流，完成的摹本较之于原本有很大偏差。这种情况下的临摹，只有地道的大师经过多年对作品的细致研究才能成功。对风格的熟知使得临摹者能够再现原本，能够即兴创作出他很久未见的作品。在对作品进行临摹的过程中，原本和摹本就像双雁双飞，如云行万里碧空，各驭其风。大师完成的摹本与原本有同样的价值。在著名书法家的创作中，摹本占据显著地位，并成为他们遗迹的重要组成部分。

书法大师掌握各种临摹手法，并根据不同的目的和能力加以运用。现代研究者朱仁夫写何绍基临碑，"或取其神，或取其韵，或取其度，或取其势，或取其用笔，或取其行气，或取其结构分布，当其有所取，则临写时之精神，专注于某一端，与'书奴'永远绝缘"。只有杰出的大师才能将书法作品中的各个方面完整地传达到摹本当中。

**В. Г. 别洛焦罗娃《临摹在中国艺术传统中的地位》，载《造型艺术作品的鉴定》，莫斯科，1997年；Е. В. 扎瓦茨卡娅《中国古代绘画的美学问题》，莫斯科，1983年；王冬龄《书法艺术》，杭州，1986年；沃兴华《临书指南》，上海，2004；朱仁夫《中国现代书法史》，北京，1996年。

(В. Г. 别洛焦罗娃撰，王玉珠译)

刘胜墓

刘胜墓是西汉早期最重要的艺术考古遗址之一。1968年发现于河北省满城县境内，位于北京西南100千米处。

该墓安葬着刘胜（？—前113年，正式封号为靖王）——汉景帝（前157—前141年）之子，稍晚，其妻窦绾（？—前104年）也葬于该墓。夫妇合葬之后，墓室入口被牢牢封死，构成密不透气的空间，便于室内用具的保存。

刘胜墓属"凿山为陵"的崖墓，这在中国古代丧葬中极为罕见，墓室由几个在岩石层中凿出的空间构成。入口处有一条长墓道，墓道上停放着一些装饰华贵的马车（名为辒车），还有为数众多的餐饮器皿。从主墓道有通向墓室其他空间的甬道。除刘胜夫妇墓室之外，在岩石山体上还开凿了模仿真实豪华套间的一些专用房间，其墙壁用石板建造。刘胜的"房间"像欢宴的大厅，大厅上方挂着巨大的绸缎帷帐。刘胜墓中各种随葬物品共计1000余件，窦绾墓有1200余件，其中有青铜器皿、兵器、日常用具（烛台、香炉）、奢侈品等，还有公元前2世纪最完整的实用装饰艺术品。很多随葬品被公认为中国艺术遗产中的珍品。如，刘胜墓中的镀金青铜灯具（高48厘米），其造型为一位年轻美丽的姑娘手持灯盏。姑娘呈跪坐在双脚后跟上的姿势，古代工匠将其塑造得精准而传神。属于博山炉类的香炉具有重要的美学与文化价值。顾名思义，博山炉是被制作成山峰形状的香炉，山峰表面雕有树木和野兽。香炉上有模仿洞穴的孔眼，藏于山崖中间，燃烧香料生成的烟雾通过这些孔洞散发出来。刘胜墓的青铜香炉（高26厘米）采用错金工艺制作，其炉盖为山形，架于饰有海浪纹的圆形底座之上。窦绾墓的香炉是用镀

金青铜制作的（高32.4厘米），底座较为复杂，结构匀称美观，形状为坐在神兽上的人体。

博山炉最初是以其陶瓷样式而闻名的，引起欧洲学者（其中包括B. Laufer）的注意还是在20世纪初。香炉逐渐变成道教活动的固定器具，是信徒静坐冥思之时在净室中所使用的物品，供静修时燃烧具有致幻效果的植物香料之用。汉代使用的正是这种香炉，在道教成为宗教流派之前使用博山炉的情况不得而知，但香炉在汉代已广泛使用这一事实很值得注意，自刘胜和窦绾墓随葬品中的香炉出土开始，已被发现的香炉样式约有100种。据考古发现，博山炉是汉武帝（前141—前87年在位）统治时期的实用制品标准类型之一，他笃信人可以获得永生。根据他的命令，宫廷中建立了炼制长生丹药（以所谓蜕变为目的的对人体起作用的制剂）的实验室，开创了中国历史之先河。因此，可以说，该类制品不仅是一种艺术品，而且还是一种带有宗教仪式的物品。这些物品证明，追求长生不老的宗教思想观念早在公元前2世纪初就已开始在中国上层社会中广泛流行。

从墓葬中发现的最为引人注目的随葬品是用玉石片制成的殓服。刘胜的金缕玉衣长度为188厘米，窦绾的金缕玉衣长度为172厘米，用2160块玉片组成。两件殓服都是采用金丝固定玉片的方法来造型，然后用玉片牢固地裹住身体。金缕玉衣上预先专门留出了人体的九窍部位——眼、鼻、耳、口、生殖器官、肛门等。汉代采用玉殓服，关于这一点，当时的书面资料中有过多次记载，但在上述文物被发现之前，中国的研究者及紧随其后的欧洲学者们普遍认为，"玉"这个词，是用来比喻古代丧葬殓服颜色（"绿色"）的。因此，金缕玉衣的发现，对中国思想观念的研究者们来说，还具有特别重要的意义，为研究丧葬礼仪的历史带来了新的视角。此外，它们充分证实了"玉"在中国文化中的特殊地位。

目前已发现40多件保存完整或残缺的汉代金缕玉衣，其中结构最复杂的一件是由4000多块玉片制成的，该玉衣1984

年发现于公元前2世纪中期国家东南部（今江苏省）一位皇家亲王的墓葬中。这些发现确认了有关"金缕玉衣"书面记载资料的可靠性，证实了"玉衣"还具有标识官位等级和身份差别的作用，逝者的社会地位不同，用来固定玉片的金属线也不同，存在着金丝、银丝或铜丝之别。

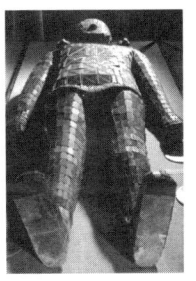

**Н.А.维诺格拉多娃《中国艺术》，莫斯科，1988年；М.Е.克拉夫佐娃《中国艺术史》，圣彼得堡，2004年；М.В.克留科夫、Л.С.佩列洛莫夫、М.В.索夫罗诺夫、Н.Н.切博克萨罗夫《中央集权王朝时期的古代中国人》，莫斯科，1983年；R.库珀、J.库珀《中国艺术杰作》，译自英文，明斯克，1997年；王仁波《秦汉文化》，上海，2001年；《新中国出土文物》，北京，1972年；《中国大百科全书》，北京—上海，1986年—1988年；Fontein J., Wu Tung. Unearthing China's Past. Bost., 1973; From Neolithic Cultures to the T'ang Dynasty. Recent Discoveries // Arts of China Vol. l. Tokyo, 1968; Laufer B. Chinese Pottery of the Han Dynasty. Leiden. 1909; idem. Jade. A Study in Chinese Archaeology and Religion. Chic., 1912; New Archeological Finds in China. Peking, 1972; Schloss E. Art of the Han. N. Y., 1979; Watson W. Art of Dynastic China. N.Y.,1981.

（М.Е.克拉夫佐娃撰，周立新译）

刘诗昆

刘诗昆，1939年出生于天津，钢琴家，曾在中央音乐学院学习。1956年在布达佩斯获李斯特国际钢琴比赛第三名，1958年获莫斯科第一届柴可夫斯基国际钢琴比赛第二名。1960—1962年，在莫斯科音乐学院学习，师从法因贝格。曾在美国、法国和德国成功举办巡回演出。目前，刘诗昆还在创作钢琴作品，并任教于中央音乐学院。

**《中国大百科全书·音乐、舞蹈》，北京，1998年。

（А.Н.热洛霍夫采夫撰，许力译）

刘墉

刘墉，字崇如，号石庵、青原、东武、日观峰道人、溟华、穆庵、香岩，谥号文清。1719年生于山东诸城，卒于1804年（或1803/1805）。清代政治家、诗人、书画家，帖学派代表人物。

刘墉出身于书香门第，1751年中进士，仕途一帆风顺，扶摇直上。据载，刘墉官至体仁阁大学士，成为清朝最显赫的高官之一。其书法初学董其昌，后学苏轼，晚年模仿颜真卿，还受到赵孟頫的影响。据说他晚年经常让自己的三个小妾代笔题词，她们的字迹与刘墉本人字迹难辨真伪。刘墉的钤印有标悟简率、老桂山房、赐衣传茶、希言自然、杏花春雨、仙舫、石、石盦、云明馆等。

参见词条"改琦"参考文献。

（В. Л. 思乔夫撰，李春雨译）

在近乎一个世纪的生命中，刘墉历经四朝，成为清朝宫廷文化水准的标杆之一。他在书法领域达到了极高水平，不仅出色地继承了经典传统，而且引入了一系列创新，在19、20世纪之交的大师中间引起反响。刘墉楷、行、草俱佳，除了他本人的倾向之外，皇帝的偏好也在某种程度上影响了他的创作。起初他在临摹董其昌的字体上下了很多功夫，乾隆年间，他开始模仿乾隆皇帝喜欢的赵孟頫的字体。后来，他经常临摹颜真卿的字，晚年又将兴趣转向了北朝时期的碑帖。但他对于帖的研究是持之以恒的。

刘墉作品的特点是构图清晰，体丰骨劲，章法布局较为疏朗。刘墉笔法多变，下笔时而轻提，时而重按。这一技法可追溯至唐代书法家孙过庭。与此同时，刘墉书法又极具个性。他的笔触时而飘逸，时而凝重，无论在单字内部，还是在字与字之间，字行工整匀称，但字体又大小不一。字体大小和节奏的细微变化营造出一种和谐之美。刘墉擅长从最小的运笔动作中释放最大的表现力。

**刘恒《中国书法史·清代卷》，南京，1999年；徐利明《中国书法风格史》，郑州，1997年；朱仁夫《中国古代书法史》，北京，1992年；马国权《沈尹默论书丛稿》，香港，1981年；

（B. Г. 别洛焦罗娃补充，李春雨译）

柳公权

柳公权（778—865），京兆华原（今陕西铜川）人，字诚悬。唐代书法家、高官。柳公权出身于官宦世家，29岁中进士。他凭借超凡的才智和审时度势的能力，长期在京城担任要职。作为书法家，柳公权专攻楷书，是颜体的继承者。达官显贵竞相委托柳公权为自己的亲人书写墓志铭。他的声名远播朝鲜半岛，在那里，这位唐朝大师的书法被视为正统宫廷风格书法的标准。据传，柳公权在回答穆宗皇帝关于用笔方法的咨询时说："心正则笔正。"这句话后来成为脍炙人口的俗语。柳公权和颜真卿一样，认为书法是用来寄托人的道德操守的，他希望借助书法启发和教化人民。柳公权所有的作品中，最著名的是楷书石碑《玄秘塔碑》（841年）。柳公权和颜真卿的书法风格存在着本质的区别。柳善用斜笔书写，因此其字体收笔处稍尖。他的笔法时而极其倾斜，因此字体粗厚，有"肉"；时而垂直用笔，故字体纤细，有"筋"。这种手法加强了书法的绘画效果，但又没有使其偏于外在的装饰性，因此从两个方面来说都具有强劲的"骨"感。

*吴鸿清《柳公权》，北京，1993年；王靖宪《中国书法艺术·隋唐五代》，北京，1998年；宫大中《隋唐五代墓志》，北京，2002年。

**B. Г. 别洛焦罗娃《中国书法艺术》，莫斯科，2007年；徐邦达《古书画过眼要录：晋、唐、五代、宋书法》，长沙，1987

年；王镛《中国书法简史》，北京，2004年；朱关田《中国书法史·隋唐五代卷》，南京，1999年；朱仁夫《中国古代书法史》，北京，1992年；马国权《沈尹默论书丛稿》，香港，1981年。

（В.Г. 别洛焦罗娃撰，张猛译）

龙

龙是一种神兽，其形象在中国文化和艺术中占有独特地位。该形象的起源可追溯至新石器时代，彼时出现了形形色色的神兽形象，包括在绘画（陶器绘画）和雕塑（包括石雕装饰品、贝壳及石雕物件）中。这些形象被认为是龙的原型（原龙）。根据这些来自不同动物系的形象的相似之处，在新石器时代的形象体系中可以区分出11种原龙类别：蛇形龙、鳄形龙、鱼形龙、鲵形龙、猪形龙、马形龙、牛形龙、鹿形龙、虎形龙、熊形龙、鹰形龙。

最古老的蛇形龙形象见诸辽宁省阜新市附近发现的石刻文物（长19.7米，宽1.8米—2米），属于新石器时代早期查海文化的作品。上面雕刻的生物身子细长，略微弯曲，头微微仰起，张着大嘴。尽管其体型庞大，但据逼真的形象来看，其原型应该是现实存在的蛇。

最鲜明的鳄形龙代表是西水坡（河南濮阳）墓穴遗址中发现的一件公元前4000年的文物，由小贝壳拼接而成（长1.78米，宽0.67米），放置于墓穴地面。其所再现的生物身子很长，后背凸起，脖子弯曲，头大而方，巨嘴微张，舌头伸出，后脑上有一个凸起，不知是角、鬃毛，还是耳朵或者鳍。

鱼形龙形象出现在北首岭遗址（陕西宝鸡）出土的一件陶器外部，该陶器属于公元前五千纪初的文物。上面描绘的生物长着方形脑袋、大而圆的眼睛、弯曲的半圆形躯干，后背覆有鱼鳞，腹部有蛇鳞，长有鱼尾和鱼鳍。在仰韶文化遗址以及甘肃省境内马家窑遗址（前3300—前2050年）发现的一些非陶器上描绘的图案被划分为鲵形龙。

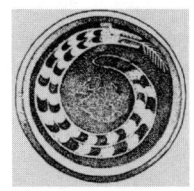

最古老的鹿形龙，在一些专家看来，出现在今山西省境

内发现的公元前8000年的岩画上。上面画的生物长有鹿头、鸟身、双足、鱼尾。

虎形龙出现在中国东南部良渚文化（前3200—前2200）的软玉制品上。其图案整齐划一，都长着一颗猛兽的头颅，巨眼圆睁，大鼻子，张着血盆大口，露出四颗交错的獠牙。

鹰形龙形象发现于象牙制品上，出土于东南部河姆渡文化遗址（公元前5000/4500—前3400）。图案中间是几个同心圆，周围有图纹，似乎象征着火舌。在中心构图的两侧分别画着几个鸟头——长着细长的喙。一些研究者认为，这些形象是凤凰的远古形态，另外一些研究者则坚称，由鸟头演变而来的火舌形花纹是对蛇身的个性化表达。因此，这里描绘的应该是由猛禽演化而来的龙。

对于新石器时代遗址的分析可以得出以下结论。第一，很明显，在新石器时代的中国，所有地区性艺术传统都出现了创造神兽形象的趋势，该趋势完全可以被视为中国艺术最原始的类型学特点之一。第二，这些形象的构成全部遵循同一模式：其基本元素均取自某种现实存在的生物，继而以其他动物的外形特征作为补充。

二里头文化遗址（河南省）出土了一系列带有类龙形图案的文物，其所再现的已经不再是变形的现实生物，而是某种全新的、完全虚构的，并不存在于自然界的形象，集合了不同动物的特征。可以说，这是龙的最终形象出现的前兆。很多研究者认为，龙的最终形象是在殷商时期出现的。流传至今的关于龙的书面记载正是在这一时期出现的，更准确地讲，是出现在甲骨文中的图形文字，这被认为是汉字"龙"的原型。

整体而言，在这一时期的青铜器皿装饰中，可以区分出三种龙的形象：饕餮纹、夔龙和团龙。饕餮纹并不描绘龙，但通常与龙很相近。在稍晚的传统中，饕餮变成龙的九子之一。夔龙是对神兽的风格化描绘，头、口、爪子如猛兽，身子如蛇。远古文献将这一图案追溯到一个叫夔的神话人物，此人是舜帝宫廷中最著名的乐师、音乐艺术的奠基人之一。团龙被画成圆形，与龙山文化遗址出土的盘子上的蛇形龙极为相似，这或许正是团龙的形态来源。团龙有着同样的蛇形身体，身上的纹饰

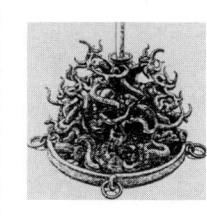
颇令人费解,有些与蛇形龙身上的纹饰类似。

谈到殷商下半期龙形象的艺术体现,不能不提及在三星堆(四川)发现的形象。这是一件青铜圆柱,显然是某种竿子的顶端。上面描绘的生物身如长蛇,四爪如兽,方形脑袋,山羊胡须,嘴巴张开,可以看见尖牙,有两个羊角一样的犄角。这个生物完全可以被界定为龙,但它并不像同时期殷商的龙,而是像更晚时期的,特别是战国时期的龙形象,而且是古代中国南方地区艺术所特有的造像风格(楚国)。这让我们可以推测,此地曾经存在自己独特的龙造型传统,并影响了后续的中国艺术创作。

将龙形图案演变为几何纹饰的趋势早在殷代装饰艺术中就出现了,在西周艺术中成为惯例。大约从西周中期开始,在青铜器装饰中出现了特定的纹饰类型("波浪纹""鳞片纹""兽眼纹"等),一些专家将其视为对龙图案的模拟。至此,龙的形象最终变成一个符号,失去了与其动物原型的联系。然而,也不排除一种可能性,即在古代中国南方地区流传着自己的关于龙这种神兽的传说(与黄河流域地区文化中关于龙的形象的反思不同)。除了装饰图案,还有雕塑中出现的龙的图案。在扶风(陕西省)一座墓穴遗址中发现的青铜爬龙采用相对写实的手法,所描绘的生物长有覆满菱形纹饰的蛇身,背部长有梳状凸起物,尾端弯曲上翘,四只爪子,一只巨大的兽头,头上长着一对花冠状小角,方形大嘴张开,其中的獠牙清晰可辨。然而在青铜器皿纹饰中出现了新的构图,首先是交龙,由两条尾部缠绕在一起的龙构成。在战国时期的艺术中,交龙主题进入了新的革命性阶段,突破了装饰学的框架,获得了造型学表现。最让人印象深刻的一个雕刻构图典范是曾侯乙墓出土的铜建鼓座,其造型是数条龙构成的团形。

汉代是龙形象发展及造型确定最为重要的阶段,龙最终成为皇帝本人和最高权力的象征。龙开始频繁出现于书面文献中,其形象见诸各种物件(比如砖、瓦等建材)以及墓穴的浮雕和壁画上。汉代艺术中主要有两种龙的基本造型,其主要区别在于躯干:第一种像蛇一样细长而弯曲,第二种像野兽一样短而粗壮。还有一种中间型，躯干很细，但不像第一种那样长而弯。

汉代造型艺术中龙最重要的造型特点是长有翅膀，要么从背部长出，要么从前爪长出。另一个特点是龙经常出现于一些故事场景中。最常见的场景是龙被当成坐骑。在龙背上站着或坐着的通常为仙人，相貌与人类无异。

此类构图的流行应该与当时确立的神兽组合有关。首先就是"四灵"——龙、凤、麒麟、龟，以及五方神兽——青龙（守护东方）、白虎（守护西方）、朱雀（守护南方）、玄武（守护北方）和黄龙（守护中央）。因此，完全有理由认为，龙的艺术形象至汉代已经最终确立。

六朝时期曾试图将龙的形象与佛教象征结合起来，这主要体现在黄河流域的北魏艺术中。比如，今陕西省的一个墓穴柱基即为双龙缠绕的莲花座造型，底座上以浮雕刻画阅读经文的少年形象。另外一个物证是装饰着立佛的青铜器皿，佛身周围龙凤环绕。

龙形象的此种应用，是因为其与印度神话中广为流传的巨蛇那伽十分相近。

在隋代和唐代艺术中，龙的形象被广泛用于日常用品装饰，有些器皿的把手、茶壶的嘴也采用龙的造型。对龙的艺术诠释稍有变化：身子更弯，鳞片更加细小。

在装饰构图中，龙经常与云纹和火舌结合。对于"团龙"形象的兴趣再度兴起，一些研究者认为，这象征着龙善于变化。还出现了双龙争夺火珠的形象，流行开来并为后世艺术所接受，但其寓意至今仍无定论。

龙形象演变的另一个关键阶段是宋代，黄龙最终变成了最高权力的象征，因此必须对其造型进行彻底统一。作为皇帝专属的龙的形象，其标志性特点是黄色（原为五色），象征着皇权和君主；爪为五趾，象征对五行乃至整个宇宙的统治。龙的画法也被标准化：确立了一整套的画龙理论，即所谓的三停（三个姿势）①九似（与九种动物相似）。这里使用的数字（5、3、9）在中国数字学（于宋代达到鼎盛）中

---

① 此处原文解释有误。所谓三停是指在画龙时，龙首至前肢、前肢至腰、腰至尾三部分长度相等。

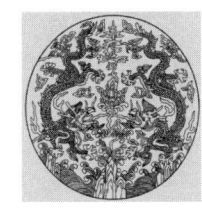

意义非凡，为龙的形象注入了宇宙学的象征性元素。

尽管造型得到标准化且被确立为皇权的象征，但龙的形象仍被广泛用于工艺美术和造型艺术。龙在禅宗绘画中尤为流行，禅宗绘画在南宋时期（参见牧溪）成为独立的流派。很多研究者（如O. Siren）认为，禅宗画家将龙视为一种自然力量的象征（像龙卷风一样强大，像闪电一样迅捷），只有少数拥有慧根、能够感受大自然之伟力的人才能看见。南宋最著名的画龙大师是高官兼诗人陈容（13世纪）。在他的笔下，龙是大自然本身的一种物化，象征着风、云以及隐藏于大山深处的神秘力量。

还需指出的是龙王崇拜的日渐盛行，龙王形象起源于印度的那伽之王。后逐渐形成了"四海龙王"的观念，四海龙王分别统治着人类居住地周围（按照中国传统认识）的四个海洋，居住于龙宫之中。宋朝时期开始修建龙王庙，举行专门的祭祀仪式——祈雨。在当时的佛教和道教中，龙王形象都占据重要地位。

在元代艺术中，五趾黄龙仍然是皇帝的象征；不仅如此，元代帝王不止一次颁布命令，禁止私自将龙形图案用于服饰或装饰，否则将以忤逆罪被判处死刑。在艺术创新方面，出现了坐龙，比如一个小型雕像所描绘的龙，后爪弯曲，前爪伸直，像一条坐着的狗。

在明代，对龙的艺术诠释加入了新的细节。龙身较元代更细，头更大，鬃毛更长，眼睛更大且通常凸起，鼻子的画法，在中国研究者看来，是仿照如意的形状，嘴巴既可以是张开的，也可以是闭合的。

清代龙的画法与明代相似，只不过龙的形貌更加精细，身体更加蜿蜒，鳞片和脊背上的齿排列更加细密，脚趾数量分为四趾（民间的龙）和五趾（皇帝的龙）。

龙的艺术形象持续变化，其身体各部位的画法不断规范化。比如，规定了龙爪的六种标准类型：后蹬爪、亮掌爪、攥云爪、着地爪、前伸爪、凌云爪，以及龙尾的六种标准类型：芒针式、飘带式、条形式、莲花式、马尾式、鱼尾式。

在明清两代的官方艺术（黄袍、祭祀器皿、宫廷日常用

具等的装饰）中确定了几种通用的龙造型和纹饰。其中最主要的有以下几种：一、团龙——身子团成一团，构成一个圆形——世界和谐及统治制度完善的标志；二、行龙——龙的侧面，象征着世界秩序变动不居；三、升龙——身子拉直，自低向高，象征升天的皇帝；四、降龙——自高而低，象征登基继位的新君主。

龙的形象同样被广泛用于民间艺术创作，相比于官方艺术，民间对龙的诠释更加自由。因此，毫不奇怪，在君主制覆灭之后，龙继续成为中国文化中最流行的形象。

当代中国学者将数百年间陆续衍生的龙的形象按照以下原则进行分类：一、根据龙与现实动物的相似性：鳄鼍类龙、蛇类螭龙、鱼类龙鲤、天鼋龟龙、兽类龙和鸟类龙；二、根据与五行的联系：金龙、木龙、水龙、火龙、土龙；三、根据居住环境：山龙、平原龙、洞龙、井龙、泉龙、溪龙、潭龙、湖龙、河龙、江龙、海龙等，共计12种；四、根据所处方位：东龙、南龙、西龙、北龙、中龙，上龙、下龙、右龙、左龙；五、根据形态、状态特征：潜龙、盘龙、蛰龙（睡龙）、行龙、跑龙、飞龙、善龙、恶龙、毒龙、乖龙、蹇龙、病龙等，共计20余种；六、根据颜色：青龙（苍龙）、黑龙（乌龙、墨龙）、黄龙（金龙）、白龙、赤龙（红龙）、绿龙、紫龙、斑龙、彩龙等，不下15种；七、根据制作材料：陶龙、石龙、砖龙、玉龙、竹龙、铜龙、水晶龙、纸龙、花龙等，共计30余种；八、根据亲属关系：龙王、龙母、龙子、龙女、龙孙、龙伯等，共约10种。

特别有意思的是龙的九子，关于它们的传说早在明代就开始流传了。这是九种与龙多少相似的生物，同样广泛用于物品装饰。据说，九个龙子的特性、爱好和能力各不相同。被普遍接受的九子说法如下：一、赑屃，外表似龟，喜驮重物，经常雕刻在石碑底部。二、鸱吻，似鱼，龙首龙角，喜欢眺望远处，多置于房梁屋脊之上。此外它还能吞火，可保房子免受火灾。三、蒲牢，龙形细身，四爪，喜欢吼叫，经常用作钟纽造型。四、狴犴（宪章），像虎，形貌雄伟，好狱讼之事，多放在监狱大门上。五、饕餮，前文已经提及，

贪吃，多描绘在古代祭祀器皿上。一种解释认为，饕餮图纹意在叫人们有所警惕，勿暴饮暴食。六、睚眦，貌如豺狼，喜欢杀戮，用于装饰冷兵器的柄或鞘。七、囚牛，像龙，长有鳞片和角，喜欢音乐，常用于装饰中国的小提琴——胡琴——的琴头。八、狻猊，其名字最初为狮子的别称，喜欢坐着呼吸烟气，因此其形象多描绘于佛像旁或香炉上。九、椒图，像螺蚌，喜欢闭着嘴，多雕刻在大门的铺首衔环上。

龙的形象至今在中国随处可见，因此中国人自称"龙的传人"就不足为奇了。

*王晫《龙经》，载《丛书集成续编》，卷221，台北，1989年。

**М. Е. 克拉夫佐娃《中国艺术史》，圣彼得堡，2004年；А. М. 列舍托夫《中国文化传统中的龙》，载《苏联科学院人类学与民族学博物馆丛刊》，第37辑，列宁格勒，1981年；А. П. 捷连季耶夫－卡坦斯基《关于龙的中国传说》，载《东方国家与民族》，第11辑，1971年；М. В. 费舍尔《中日神话中的龙》，А. Г. 费迅，译自英文，莫斯科，2008年；Э. М. 扬申娜《古代中国神话的形成与发展》，莫斯科，1984年；王大有《龙凤图集》，北京，1988年；王大有《中华龙种文化》，北京，2006年；刘志雄、杨静荣《龙与中国文化》，北京，1992年；欧清煜《中华龙文化词典》，北京，2002年；庞进《中国龙文化》，重庆，2007年；郑军《中国历代龙纹纹饰艺术》，北京，2006年；Diény. J.-P. Le Symbolisme du Dragon dans la Chine Antique. P., 1994; Hayes L. N. The Chinese Dragon. Shanghai, 1923; Siren O. Chinese Painting. Leading Masters and Principles. Vol. 2. L., 1958; Visser M. W. de. Dragon in China and Japan. Amsterdam, 1913.

（А. Э. 捷列霍夫撰，李春雨译）

龙舞

龙舞是中国最古老、最普遍的舞蹈之一。可以确知的是，公元前1世纪时该舞蹈已经存在，并广泛流传：陵墓浮雕上的图案以及文学作品中对于龙舞的描述可以证明这一点，著名的学者、文学家张衡（78—139）的作品中就有相关叙述。随后关于龙舞历史的记载几乎中断了。根据现代中国学者的研究，"龙舞"的最终形式直到清朝才形成。

"龙舞"最广为人知的形式是"布龙舞"和"龙灯舞"。这两种形式的"龙"都是使用木头或竹篾骨架，分为若干段（一般是10段），外面覆以红、白、黑或青色的布，但最常见的还是黄布。龙头重约15千克，是单独制作的，鼻子和眼睛都做得十分精致；眼窝中有时会插入蜡烛。龙身长度可达10米，由棍棒加固，表演者手握木柄，使"龙"完成动作，做出不同的姿势。还有一位表演者，一般用木柄举起红布缠绕的圆球，引导整个表演队伍的动作，使得"龙"看起来像在追逐圆球。"龙灯"内部装有点燃的蜡烛，它们的火焰可以透过外面的布发出光来，因此龙灯一般是在夜间表演。

传统的"龙舞"是由几个演出部分组成的开放表演。表演一开始是"请龙"，观众齐声呼唤龙的出现，这一过程还经常伴随着点爆竹、放炮仗。接着是"出龙"，然后开始"舞龙"。舞龙期间要完成一系列标准动作：圆曲；翻滚，这时候龙仿佛将腹部翻向背部，模仿在波浪中翻转的姿态；绞缠，即龙的身体呈十字交叉；穿插，身体的前部转到尾巴部分；蹿跃，龙的躯干向上完成剧烈的跃起，仿佛飞向天空。还有一些其他的动作，譬如龙腾云间、猛龙甩尾、龙盘云柱等。表演以"送龙"结束。

不同地方舞龙时，龙的形象各具特色。譬如，中国南方地区舞台上的龙用秸秆或树枝编织而成，称为"草龙"，再加上香草的茎秆，就成了"香草龙"。广东省庆祝春节时通常表演"火龙舞"，传说这一舞蹈是为了纪念一个利用魔法帮助战胜喷火的龙，在战斗中受到致命伤害的勇敢少年。①龙的躯干由纸糊成，四周挂满了爆竹。表演开始时引燃爆

---

① 据广东揭阳乔林"火龙舞"来源传说，明代少年神箭手林小龙以一支火箭击退贼兵，乡民以"烟花火龙"的方式庆祝，此后演变为习俗。

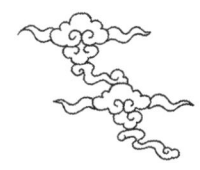

竹，发出震耳欲聋的噼啪声，此时表演者应当绕舞台跑三圈，请求"龙"现身。等它出现时，爆竹燃尽，"龙"周身被火焰包围。这个舞蹈对于表演者来说相当危险，但是人们认为，龙身上的火烧得越旺，来年会越好运。

江苏舞龙一般使用"段龙"，即龙身由若干独立的节段构成，中间由红绸缎（0.32米左右）连接，一般由女孩子表演舞龙。最有创意的是"板凳龙"，其独到之处在于结构上的不同寻常，木质板凳成了龙身体的节段，板凳被蒙上彩色的丝绸或者秸秆篱笆。表演时，两个表演者举着两个板凳作为前爪，一个表演者负责后爪。"板凳龙"表演是浙江省浦江县的典型剧目。由于这里的"龙"一般体积不大，表演时可以有几条"龙"同时参与。"板凳龙"还有另一种形式——由几十个（80个以内）板凳组成高2米、长4米的整体结构。龙的躯干由一段段竹竿连接，固定在由木棍串联起来的板凳上。一些舞龙的人握着板凳腿，另一些人则握着木棍。此外，凳子上还固定着不同形状的蜡烛。舞蹈最重要的部分为迎灯尾，即观众竭力将灯尾摔破，而舞蹈者则保护着灯尾。据称，谁能够摔破灯尾，谁就会获得好运。

浙江省还有一种比较流行的舞龙形式，叫"百叶龙舞"，表演时用荷花形状的灯来呈现龙的形象。表演者手提花灯排列成组，以使灯盏构成"龙"的头、身躯和尾巴形状。湖南省盛行"纸龙舞""香火龙舞"和属于土家族舞蹈一部分的"泼水龙舞"。香火龙舞一般在元宵节表演。四只"龙"的身体里插入点燃的香，因此一般在夜间表演，以便燃烧的香头可以被看到。表演进行到最后，队伍来到河边，将"龙"投入河里。"泼水龙舞"明显起源于祈雨的仪式。这个表演中，"龙"必须由7或9个部分组成。还有一种著名的民族舞蹈"麻龙舞"，来自四川省境内羌族的支脉。表演时，男女手执固定的"龙头"形象和支撑彩球的木棍。此外，表演者的服饰配以缝有铃铛的宽大腰带（紧紧缠在表演者腰部）。在所有形式的舞龙活动中，龙头是一个必备的形象。还有单独的使用木制龙头进行的"舞龙头"表演。资料显示，"舞龙"起源于祭祀祖先的仪式。舞龙者手中举着太

阳和月亮形状的物品，表明了这一活动的古老渊源。

**《东亚民族日常习俗与礼仪》，莫斯科，1985年；《中国民族民间舞蹈集成》，北京，1993年；罗斌、朱梅《舞龙舞狮》，北京，2009年。

（А. Б. 瓦茨撰，张猛译）

娄东派

娄东派，清初画派，主张"正统"、宫廷艺术（宫廷画），尤以建立在明代画家、理论家董其昌美学原则基础上的"清四王"绘画风格为代表。该画派注重笔墨技法、临摹经典画作和仿古，最为推崇"元四家"：黄公望、王蒙、倪瓒和吴镇。

娄东派的领袖人物王原祁（1642—1715），出生于娄江下/东游的太仓（娄东派自此得名）。该派拥护者遵循其代表人物提出的创作原则，继承传统，在"元四家"中最推崇黄公望的创作。娄东派成员众多，其中包括中国传统所称清代"小四王"之一的王宸（1720—1797）、黄鼎、方士庶等。

黄鼎（1650/1660—1730），江苏常熟人，字尊古，号独往、独往客、旷亭、旷园、净垢老人、闲圃。著名画家、山水画大师，注重大自然的观察：旅行和远足成为黄鼎创作上的灵感源泉。画中钤印有爱丘山、爱止山林、万水千山独往来、我心松石青霞里、墨点澄心纸、黄、闲圃印记、千里咫尺、卧游、山水心等。

方士庶（1692—1751），安徽歙县人，字循远，号小师道人、小师老人、天慵、天慵庵主、丰草、环山。著名画家，是黄鼎的学生。相比其他画家，方士庶大器晚成，他最早的作品落款年份是1729年。由他同时代人的评述可知，方士庶在将近40岁时取得巨大成功，从其早期作品来看，这样的成功真是出人意料。我们现在可以看到的他的一些

绘画作品，大多为模仿宋、元、明代画家的山水画。由于方士庶创作时期不连贯，以及存留下来的作品比较少，因此不管是从其个人绘画风格，还是从其钤印喜欢用什么样的号，都很难确定其创作阶段。在缺乏作者创作时间和与创作相关的其他信息的情况下，一般认为其画作完成于18世纪30年代至40年代。方士庶常用的钤印有眉寿、偶然拾得、方洵、自娱、举肥、秋水伊人。

娄东派又分为其他层次的艺术派别："小四王""后四王"以及"虞山派"（清朝早期画派）。最后一个流派被认为是"吴派"（苏州派）的分支，由"清四王"之一的画家王翚（1632—1717）和他的后人创立。

**《〈大百科全书〉条目选萃：绘画分支条目·清代绘画》，载《故宫博物院院刊》，1987年第4期。

另参见词条"改琦"的参考文献。

（В. Л. 思乔夫撰，张猛译）

卢沟桥

卢沟桥，又称芦沟桥，也以马可·波罗桥而闻名，横跨卢沟河（芦沟河），位于北京西南方向10千米处。卢沟桥于1192年建成，是由国家中心通往南部地区的重要贸易通道。著名的威尼斯商人马可·波罗于13世纪来到中国，他的《马可·波罗游记》有关于卢沟桥的记载。"卢沟晓月"从12世纪起便被列为"燕京八景"之一。由清朝乾隆皇帝亲笔题写的"卢沟晓月"被刻在汉白玉石碑上，该石碑高4.5米，位于卢沟桥的东端入口处。卢沟桥被认为是古代华北地区最长的桥梁，桥长266.5米，宽7.5米。卢沟桥共计11孔，属于拱桥。由石板以及淡黄色、灰色和近乎黑色的大砖

块砌筑而成。卢沟桥两侧的望柱（共281根）上都有石狮子做装饰。

1698年，卢沟桥重建竣工，当时在卢沟桥的西端立了一块石碑，碑上记载了重建工程的情况。桥梁可用于高强度汽车运输。目前，卢沟桥已停止使用，根据北京市政府的决议，该桥被列为历史文物。1986—1987年进行了全面修缮，部分还原了卢沟桥古时用石头铺设的路面。

**Б. П. 雷奇洛、М. В. 索恩采夫《北京：俄罗斯游客中国首都名胜新指南》，莫斯科，2000年。

（Б. П. 雷奇洛、М. В. 索恩采夫撰，许力译）

罗家梅派

罗家梅派，主要人物包括罗聘及其妻子方婉仪以及两个儿子罗允绍和罗允缵（后两者都生活在18世纪后半期），酷爱画梅花是该派成员的共同特点。

罗聘（1733—1799），江苏扬州人，字遯夫，号衣云、衣云和尚、两峰、两峰子、蓼洲渔父、喜道人、花之寺僧、金牛山人、竹叟、师莲老人。画家，"扬州八怪"之一，师承金农（1687—1764）。他终生布衣，钟爱禅宗，喜欢游历。除了画梅花（以及竹子、兰花），罗聘还创作了一部分人物画，通常是佛教或道教题材。他尤其喜爱钟馗驱鬼的题材，并用以讽刺当时社会的弊端。与高其佩和朱伦瀚一样，他有时候采用手指作画（指画），甚至还有相应的印章：指头画。他掌握了篆刻印章的技巧，并专门撰写了相关文章。文献中并没有提到罗聘1749年之前的作品。罗聘经常在落款和印章处留下自己的全名或别号两峰。已知属于他的钤印有30多个：白衣门下、冰雪之交、布衣、不借乙床秋兔毫、我是如来最小之弟、得风作笑、人日生人、罗四、罗氏收藏、罗生等。

中国精神文化大典 艺术卷

方婉仪（1732—1779/1799），安徽歙县人，字仪子，号白莲、白莲女史、白莲居士。画家、诗人。她和两个儿子一样，喜欢画梅、兰、竹、石。钤印有闺中诗画、两峰之妻、佛弟子、此生多事等。

**C. H. 索科洛夫－列米佐夫《从中世纪到近代：17世纪末至19世纪初中日绘画历史与理论》，莫斯科，1995年；C. H. 索科洛夫－列米佐夫《扬州八怪：中国十八世纪绘画史略》，莫斯科，2000年；《康熙字典》，北京，1958年；潘天寿《中国绘画史》，上海，1983年；《辞海》，上海，1948年；《扬州八怪书画展》，东京，1986年。

另参见"邗上五朱"的参考文献。

（В. Л. 思乔夫撰，张猛译）

罗振玉

罗振玉（1866－1940），字叔蕴，号雪堂，生于江苏省淮安县。儒家学者、哲学家、语言文字学家、金石学家、书法家、传统教育制度改革家、复辟运动的领袖之一，属于中国传统上层社会，曾在清廷担任高官。1898年在上海创办了东文学社。1901年罗振玉首次前往日本考察教育制度。1909至1912年担任京师大学堂农科（今中国农业大学前身）监督。辛亥革命后，罗振玉作为清朝遗老流寓日本，直到1919年才返回中国，积极参与溥仪复辟。1933—1937年在伪满洲国担任各种职务，但由于对复辟运动感到失望，最终离开政坛。罗振玉学养深厚，有始有终，讲究方法，对殷商时期的甲骨文、简牍以及敦煌遗书的研究做出了巨大贡献。他编著的书籍为语言文字学家和书法家广泛使用，促进了新的书法字体甲骨文的形成与推广。他和吴昌硕（1844—1927）一道，被认为是篆书大家，其创作以商代大篆为主，将甲骨文的特点融入篆书，形态简洁古朴，风格内敛，并不直接复制雕刻在甲骨上的文字效果。他使用少掺水的浓墨，因此在笔画中出现了空隙，类似于甲骨的粗糙不平之处。大量留白强化了字体的塑形感，这不是得益于笔画的质感，而是得益于架构的紧凑。在缩小字形的同时，罗振玉依靠对腕力的精确控制增强了字体的表现力。他以罕见的清晰度和令人信服的准确性通过视觉符号传达了民族思想体系的基本原则。他没有将"原始"风格化，而是体现了民族文化现象的整体概念，将文化现象置于对千百年经验的回溯之中加以反思。罗振玉的作品展现了汉字形象的最初源头，这是当代中国艺术家仍在沿用的思维架构。因此其作品在古今中外的中国文化传承者中间引起了广泛的反响。

**B.Г. 别洛焦罗娃《中国书法艺术》，莫斯科，2007年；朱仁夫《中国现代书法史》，北京，1996年；马国权《沈尹默论书丛稿》，香港，1981年；Chang Leon L.-Y., Miller P. Four Thousand Years of Chinese Calligraphy. Chic.-L., 1990; Ellsworth R.H. Late Chinese Painting and Calligraphy: 1800-1950. Vol. 1-3. N.Y., 1987; Ledderhose L. Die Siegelschrift (Chuan-shu) in der Ch'ing-zeit. Ein Beitrag zur Geschichte der Chinesischen Schriftkunst. Wiesbaden, 1970.

（B.Г. 别洛焦罗娃撰，李春雨译）

洛阳

洛阳，中国最古老的城市之一，曾多次成为不同王朝的都城，位于黄河中游的右岸地区、河南省境内同名现代城市之内。

洛阳的历史可以追溯到传说中的洛邑城（公元前11世纪）。据传，洛邑是中国历史上第一座制定有详细规划，并充分体现古代城市建筑标准的都城，它的建设以建筑群的宇宙符号学思想为基础。洛邑城的平面近于长方形（符合"地方"的概念），占地面积约为11平方千米，黏土墙环绕四

周,从北至南长度为3700米,从东到西长度为2890米。宫殿及官署机构同样呈方形建构,四周都有围墙,位于洛邑的中心,这与"王者居中"的观念相符。宫殿的围墙有四个出口,面向四方,城墙设有十二个大门,每面围墙有三个大门,这些大门不仅彼此对称(正门和侧门),而且还与对面围墙上的大门对称。主干道以南北为轴,设有五个大门,贯通城墙中心南大门与宫廷建筑群南大门。宫殿及官署机构的整个建筑群或者坐落于这条南北轴上,或者位于这条轴的两侧,形成"中枢对立,左右对称"的布局。

从公元前770年起,洛邑成为整个周朝的都城,然而,国家行政领土的分裂过程阻碍了它在建筑方面的进一步发展。洛阳从根本上获得新的建筑规划是在1世纪,当时,在古城遗址上修建了东汉的都城。城市占地面积为14平方千米,平面呈长方形(城墙的北段长3700米,东段长3895米,西段长4200米,南段长2460米),城墙高达5—7米,但是,每段的宽度因空间方位的不同而有很大差异。北段和西段地基的宽度为25—30米和20米,东段和南段的宽度仅为10—14米。或许这样做是为了增强西部和北部城墙的防卫功能,它们把城市与其北部和西部地带"隔离"开来,在古代的宗教和自然哲学观念中,北部和西部区域被视为邪恶力量的集结处,这些邪恶力量与自然现象和灾难(疾病、战争)有关。围墙构成了洛阳形态结构的基础,形成了两个平面为正方形的宫城。这两个宫城被独立的围墙四面包围着,并设有四个

大门。每一个宫城的内部设计都是按照南北轴线和左右对称的原则规划的。外城墙依旧有十二个大门,但是改变了旧有的大门位置方案。在南部城墙上有四个大门,而在北部城墙上只有两个大门。按逻辑推测,上述符号特点反映出中国人世界观的变化,这种变化是1世纪初社会政治冲突的结果(西汉王朝被颠覆、王位被篡

夺、民众起义）。东汉灭亡之后，洛阳依旧是3世纪时多个政权的都城：起初是三国时期魏国的都城，然后成为西晋的都城。魏国时期的洛阳是在第二任皇帝——明帝统治期间（227—239）重建的，参考了古城洛邑的城市规划模式。宫殿建筑群重新被安排到城市的中央，并且被独立的城墙包围。但是，这一次在城墙上造了十三个大门，而不是十二个，这样一来，再次明显地破坏了它们以往的对称：在南段和西段各有四个门，在北段有两个门，在东段有三个门。除此之外，还在洛阳城西北角修建了金墉城，它由三个小城堡组成。西晋政权没有对都城布局进行重大改动，只是修建了城墙、城门。

311年，在被匈奴军队占领时期，洛阳城完全被毁。它的重建是在5世纪末，这得益于北魏王朝历代皇帝的文化思想政策。北魏为拓跋部族所建，他们根据推行的汉化方针，做出迁都至古代都城洛阳的决定（494年）。虽然专家们对北魏时期洛阳的真实面貌存在争议，但普遍认为其布局最终确定了中轴对称原则占主导地位。根据后来的文献记载以及图画可以得知，洛阳城被划分为南、北两个部分，它们中间的界线是从西门（西阳门）贯穿到东门（东阳门）的一条街道。皇宫位于北部地区，面积大约1平方千米（大概是都城面积的十分之一）。第二条建筑轴线是以南城门为起点，并将洛阳分为东西两个部分的主干道，沿着这条干线两侧坐落着官署。南部的其余地域是住宅区，它们呈方形"网格状"分布，在南部还有大量的佛教庙宇。除了城市传统规划原则发生了变化，"北方"城市建设的实践还汲取了很多来自西域的建筑风格。最重要的变化体现在城墙的建造上：在城墙的顶部开始镶嵌镂空的锯齿状结构（雉堞），这是亚洲城市建筑所特有的建筑细节。北魏时期的洛阳毁于南北朝末期的内战。但是，在5至6世纪的建筑工程技艺中形成的理念，在唐代得以进一

步发展，在新王朝的都城长安城的建设中得到了最充分的体现。洛阳变成唐朝的文化之都，这两座城市的地位被赋予另外的称号——西都（西京）和东都（东京）。东都的建设始于隋朝统治时期，由隋朝第二任皇帝杨广（隋炀帝，605—617年在位）下令营建。因为北魏时期都城已成废墟无法修复，便选取了汉魏洛阳城以西18里处营建新城。新洛阳城建成总共耗时两年，在规模上远逊色于长安，但部分结构沿袭了长安城。新洛阳城内，还有皇城和宫城。洛阳的北部和南部位于洛水两岸，洛阳不止有完整的城墙（27.5千米），而且平面呈方形。不仅如此，洛水的河床变成了城市布局的轴线，将洛阳城分为北部（宫殿及官署）和南部（居住区）两个部分。城墙与长安城一样，设有十二个大门，但它们的分布却是不对称的：在东墙和西墙上各有三个城门，而在南墙和北墙上分别有两个和四个城门。[①]洛阳的布局还有一个特别之处，即宫城和皇城位于城市西北隅，这样就破坏了除城市西部地域外轴心结构的整齐度。在洛阳城内，有一条主干道穿行而过，从南门起，经过天津桥，通向皇城的中心大门。皇城和宫城四面皆有城墙，遵循轴对称的原则，皇城呈"凹"字形，从东、西、南三面环绕宫城。中轴线原则体现在穿过皇城的主干道上：沿着它的两侧，正好分布着官署机构。宫城是洛阳城的主体建筑，宫城中所有重要建筑都位于南北轴线上。洛阳城的南部则再次建构了棋盘式里坊体系。唐朝继续以洛阳为东都，洛阳遂成为中国城市建设最具表现力的试验范例之一，也是平面设计标准与地形条件相适应的技术应用之一。

洛阳城在唐朝末期的叛乱和战争中遭到严重破坏，最终在12世纪30年代金人和后来的蒙古人南下（13世纪初期）时被毁坏，未再重建。如今，洛阳是一座相对来说不大的城市，拥有50多万人口，城市内多为现代建筑。

---

① 隋唐洛阳外郭城设有八个城门，南墙、东墙各三门，北墙二门，西墙未设城门。

**М. Е. 克拉夫佐娃《中国艺术史》，圣彼得堡，2004年；М. В. 克留科夫、В. В. 马良文、М. В. 索夫罗诺夫《中世纪初的中国民族》，莫斯科，1979年；Э. П. 斯图任娜《11—13世纪的中国城市：经济和社会生活》，莫斯科，1979年；傅熹年《隋唐长安洛阳城规划手法的探讨》，见《文物》，1995年第3期；王仲荦《魏晋南北朝史》，上海，2004年；王仲荦《隋唐五代史》，第1卷，上海，2004年；《洛阳文物与古迹》，北京，1987年；陈桥驿《中国都城辞典》，南昌，1999年；Boyd A. Chinese Architecture and Town Planning. Chic., 1962; Steinhard N. Sh. Chinese Imperial City Planning. Honolulu, 1990; Wu Hong. Monumentality in Early Chinese Art and Architecture. Stanf., 1995.

（М. Е. 克拉夫佐娃撰，许力译）

律

律是传统音乐体系的基本概念，特指中国半音阶的阳音阶（奇数音阶）、整个半音阶以及与之相对应的十二平均律。

在中国，音乐被认为是达到社会和谐的有效方法之一。除此之外，度量衡和历法也与作为其基础的音乐体系相关联，前者与中国这个国家的运转息息相关，它们的标准化对于实现单一政治组织框架内的领土统一是必要的，这一标准化被看作统治者世界秩序活动的最重要体现。特别是《书》或"志"、正史（朝代史），其"意识形态"部分的核心章节都证明了这一点。这些章节的总称是《律历志》，它们几乎出现在每一个朝代的史书中。

《魏书·律历志》中说："《书》（《舜典》）称'同律度量衡'，论云'谨权量，审法度'。此四者乃是王者之要务，生民之所由。四者何先？以律为首。岂不以取法之始，求天地之气故也。孔子曰：'移风易俗，莫尚于乐。'然则乐之所感，其致远矣。今调音制乐，非律无以克和，然则律者乐之本也。"可见，律这一体系是官方意识形态的基础，并且学习它成为"为官之人"（士）的首要义务。

十二律体系是仪式音乐和仪式编钟制造的基础。因此，它不仅决定了中国音乐本身的特点，还决定了中华文明的整体特色。这一体系和中国人思想观念之间的联系说明了为什么他们如此重视音乐（首先是礼乐），以及"律"对于作为维护国家统一和延续基础的历法体系和度量衡具有决定性作用的依据和原因。

早期的哲学和历史文献（公元前1世纪之前）以及早期朝代史"志"的篇目对研究十二律体系的发展是极为重要的，这些内容反映出它们成书并获得朝代史地位时期的官方意识形态。这些文献包括：《史记》（卷25；前2—前1世纪）、《汉书》（卷21，1世纪）、《后汉书》（志第一，3世纪）、《宋书》（卷11，5世纪）、《魏书》（卷107，6世纪中期）、《隋书》（卷16，7世纪初）、《晋书》（卷16，7世纪中期）。这些章节在朝代史中的作用与"经"在整个中国文化中的作用相同，它们在很大程度上都是以经典为基础。

关于律在音乐中的重要性，上述诸多朝代史中已有记载。例如："言以律吕和五声，施之八音，合之成乐。"（《汉书》）"声有清（高音——作者注）浊（低音；只有用音乐体系的原初含义才能解释现存的专业术语，为了说明音高，关于中国的"高"音和"低"音，只是在新时期和运用到音域时才开始提及——作者注），协以律吕。"（《后汉书》）"于以检摄群音，考其高下（在文本中与清浊相对——作者注），苟非草木（打击乐器鼓和木响板——作者注）之声，则无不有所合。《虞书》（《尚书》之一章——作者注）曰'律和声'，此之谓也。"（《后汉书》）"律以和声（当以律管钟均和其清浊之声）（声，即人之声、乐器之声、五音——作者注），声律相协而八音生。"（《晋书》）"辄部郎刘秀、邓昊、王艳、魏邵等与笛工参共作笛，工人造其形，律者定其声，然后器象有制，音均和协。"（《晋书》）

上述这些文献以及类似的文献，可使我们确定律这一体系在音乐领域中的基本功能：第一，它把音按照音高关系

的原则组合起来；第二，在演奏音乐时，它的音阶为确定音高起着关键作用；第三，律的体系被用于制作和调准乐器。《晋书》作者认为，只有依靠律的知识，才可以创作出与经礼相符的标准"雅"乐。可见，律这一体系，与现代音乐理论的基本概念一致。它作为音乐体系，确定音与音之间的高度关系，是调式结构的素材。

"律"的体系由十二个律构成，其中有六个奇数律（六律，阳律）和六个偶数律（六吕，阴律），名称为双音节词（黄钟、大吕等）。周朝的文献和基于周朝文献资料编撰而成的典籍中已经提到了"律"，如《尚书》（《舜典》中提到律，《虞书·益稷》中提到六律）。对于术语"律"，可以从狭义的角度理解，也可以从广义的角度考虑，即分别指代六个奇数律，或是所有十二律统一形成的"律吕"：《礼记》的《月令》提到十二律，《礼运》提到六律；《周礼·春官》提到六律和六吕；《国语》提到六律和六间。

《国语·周语》中（B.C.塔斯金译，1987年），对仪式编钟的理论进行了最早的详细说明。同时，其中记述到，偶数律被称为"六间"，这是因为它们在奇数律之间起过渡作用。和奇数律不同，偶数律的发声顺序和音高不吻合。这篇文献还首次提到均钟的铸造。关于律的体系的形成不晚于公元前一千纪中期的说法，不仅是上述文献《国语》，还有1978年发现的曾侯乙墓（此考古发掘的意义可以与埃及法老图坦卡蒙之墓的发掘比肩）中成套的编钟、编磬都可以证明，这些出土文物的年代大约为公元前433年，反映了先秦的乐律理论，编钟上还写有音阶的名称。正如冯·法肯豪森所说的那样，可能在公元前2000年就已经按某种音律制造编钟了。在《礼记·月令》中，每个月份都有与之相对应的一个律，它们按照音高的递增来排序，这是参照了包含有关律的数字表达的文献。在《国语》中，奇数律和偶数律［在B.C.塔斯金的翻译中，阳律无射（yì）被误称为无射（shè）］的交替形成了该序列，在《月令》中也是如此。《周礼·春官》中，甚至单独列

出奇数律和偶数律,但是在这里,与其他一些文本不同,偶数律名称的位置有所变化:应钟代替夹钟,南吕代替仲吕。

十二律体系的构建基于音高选择的理论原则。如果不算《管子·地员》,公元前3世纪末《吕氏春秋》(Г. A. 特卡琴科译,2001年)的概述便是记录这一体系数字表达的最早文献。根据《晋书》记载,《吕氏春秋·季夏纪第六》成为后来所有撰写有关音律著作的基础。

根据《吕氏春秋》的记载,六阳律的第一律——黄钟,是音律的基准,其他各律的音高是以黄钟为基础确定的,从而形成十二律的相生:"三分所生,益之一分以上生。三分所生,去其一分以下生。"这里的上生(下生)可以简单地理解为律管长度的增加(减少),音高的下降(上升)正好与之相对应。书中这一节的开头就对相生顺序进行了说明,将律分为"上生"和"下生"的循环,可以得出图1的形态(上面的数字反映音高的渐进变化)。

这样一来,在构建音阶时,从基准音开始,系数2/3和4/3交替出现,2/3出现在"下生"的情况下,与纯五度音相符合,4/3出现于"上生"的情况下,音程转入八度音,以保持在一个八度内(这实际上是将纯五度转化为纯四度)。但是,从理论上看,这个音程是按照纯五度的原则建立的。

需要指出的是,十二律并不是平均划分的。因此,为了便于理解,可以在限定条件下使用现代音乐理论中采用的名称进行大概对照。尽管有这种与非平均性相关的缺陷,但是需要特别强调的是,在中国历史的大部分时期,这一音律体系一直在使用,直到16世纪中国正式确定十二平均律①,比欧洲早了一百年。

---

① 十二平均律:又称"新法密率",由朱载堉创立。

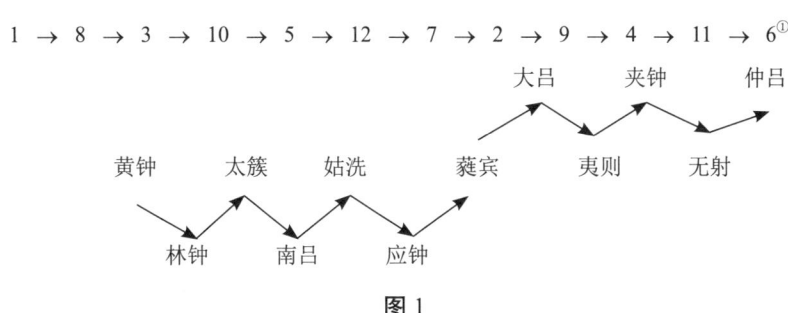

图 1

关于音律体系的音程，列在表1中，纵列第1列序号是按照音高次序排列的，往下的那些格里的序号按生成顺序排列；第2列为律的名称，其下是十二地支（这些中国传统文化中的符号是一种通用描述语言）；第3列为《史记》中的分数值，其下是小数表示形式（精确到小数点后四位）；第4列为律比的分数值，其下是分数值的小数表示形式；第5列为欧洲的分数值，其下是它的小数表示形式；第6列为音程的简称，其下是转位的简称；第7列为音数；第8列为音阶的拉丁语符号，其下为通用符号（从do音开始）。

表1 八度音内的基本音程

1	2	3	4	5	6	7	8
1 1	黄钟 子	1 1	[41/81] [0.5062]	1 0	纯一 纯八	0	c do
2 8	大吕 丑	2048/2187 0.9364	76/81 0.9383	15/16 0.9375	小二 大七	1/2	des re 降半音
3 3	太簇 寅	8/9 0.8̇	72/81 0.8̇	8/9 0.8̇	大二 小七	1	d re
4 10	夹钟 卯	16384/19683 0.8324	68/81 0.8395	5/6 0.83̇	小三 大六	1½	eis mi 降半音
5 5	姑洗 辰	64/81 0.7901	64/81 0.7901	4/5 0.8	大三 小六	2	e mi
6 12	仲吕 巳	131072/177147 0.7400	60/81 0.7̇40̇	3/4 0.75	纯四 纯五	2½	f fa
7a 7	蕤宾 午	512/729 0.7023	57/81 0.7̇03̇	5/7 0.7142	增四 减五	3	fis fa 升半音

---

① 此指十二律生成后的音高顺序，依次为黄钟、大吕、太簇、夹钟、姑洗、仲吕、蕤宾、林钟、夷则、南吕、无射、应钟。

续表

1	2	3	4	5	6	7	8
7b 7	蕤宾 午	2/3 0.$\dot{6}$	57/81 0.7$\dot{0}\dot{3}$	5/7 0.7142	增五 减四	3	ges sol 降半音
8 2	林钟 未	4096/6561 0.6243	54/81 0.$\dot{6}$	2/3 0.$\dot{6}$	纯五 纯四	3½	g sol
9 9	夷则 申	16/27 0.5926	51/81 0.6$\dot{2}\dot{9}$	5/8 0.625	小六 大三	4	as la 降半音
10 4	南吕 酉	32768/59049 0.5549	48/81 0.5926	3/5 0.6	大六 小三	4½	a la
11 11	无射 戌	128/243 0.5267	45/81 0.$\dot{5}$	9/16 0.5625	小七 大二	5	b si 降半音
12 6	应钟 亥	262144/531441 0.4932	43/81 （或者 42/81） 0.5309	8/15 0.5$\dot{3}$	大七 小二	5½	h si
[13] 13			40/81 0.4938	1/2 1/2	纯八 纯一	6	(c) do

需要指出的是，太簇和无射这两个词的第二个字发音很少见。姑洗不应该读为gū xǐ，而应该读为gū xiǎn（在标准字典中，洗字有xiǎn这个读音，用于姓氏被保留了下来）。

从表1可见，中国对调律的假定近似值给出了误差，但不比欧洲该近似值的误差大；司马迁的分数也具有同样的特性。除此之外，可以推测，在某种情况下，普通分数换算成十进制数的过程相当复杂，而且，分母中的符号也并不准确。因此，令人感到疑惑的是，司马迁对待这些数字，就像是对待真正的系数。在此，最主要的是分母的最大值允许获得所有十二律的整数值（参见下文）。《吕氏春秋》在列举律的时候，当"生成"到大吕时，它不是向下而是向上"生"，这时，下生（阳律乘以2/3）和上生（阴律乘以4/3）的交替就被打破了。这样做是因为，大吕大致相当于第二个八度的降re（如果把黄钟视为do，也可以视它为fa），超出了第一个初始的八度，需要额外的八度转位。因此，大吕应对应第一个八度的降re（升do）。这样一来，六吕被分为两部分，各三个，和六律不同，后者按照音高关系排序与按照生律关系排序是一致的。

先秦文献中没有关于律的数值记载。关于十二律的数字的最早记载可以追溯到《淮南子》（公元前2世纪），黄钟的数值被认为是81，带有所有必要的八度转位。在《淮南子》中，十二律按照生成顺序排列，但是可以通过与黄钟（子——十二地支的第一个符号）和林钟（未——地支的第八个符号）对应的地支符号了解音高的递增顺序。

按照《汉书》中的记载，汉武帝（前141—前87年在位）统治时期已经建立了乐府。大概，许多关于十二律的数据都是乐府的成果，这些数据已经写进《汉书》。在书中，五声的数值与《淮南子》中十二律生成的前五律的数值相对应。这部文献还记录了十二律的律管长度，反映了律管长度与十二律的数值之间的对应关系。

从81（九九八十一）开始计数，是十二律的特点（《汉书》中的数值从81开始，表明了初始状态与基准音相符合的可能性，就像在《后汉书》里一样，管从九寸开始，可以使十二律和五行理论相协调）。《管子·地员》中对五声的描述很明显。[有人认为，《地员》中的这一部分是"传注"中的话错入正文，关于这个问题的讨论可参阅《管子集校》（北京，1956年）。而研究这一章的专书——夏纬瑛的《管子地员篇校释》（北京，1958年）却未收录这段话。但是，这个版本并没有充分根据，因为文本的前后部分只是乍一看相互吻合，但其间仍有存疑的部分]。但是，其中十二律的相生"模式"却是另外一种样子——它并不是与黄钟（数字是108和96，而不是54和48）初始的位置相对应，而是与它的中心位置相对应（起始和中心的作用是中国早期系统学的典型特征）。

上述内容如图2所示。在图中，细的实线代表《吕氏春秋》中的五音（前五律，取整数值），粗的实线根据《管子》绘制而成。相应的虚线表示将音增加到七个（粗虚线是有条件限制的，因为根据《管子》的原则，蕤宾可以上生，也可以下生，用两条粗虚线表示转位）。余下五律的生成由

虚线表示，细的虚线按照司马迁的数据绘制而成，粗的虚线根据近似《吕氏春秋》的通用体系绘制而成。

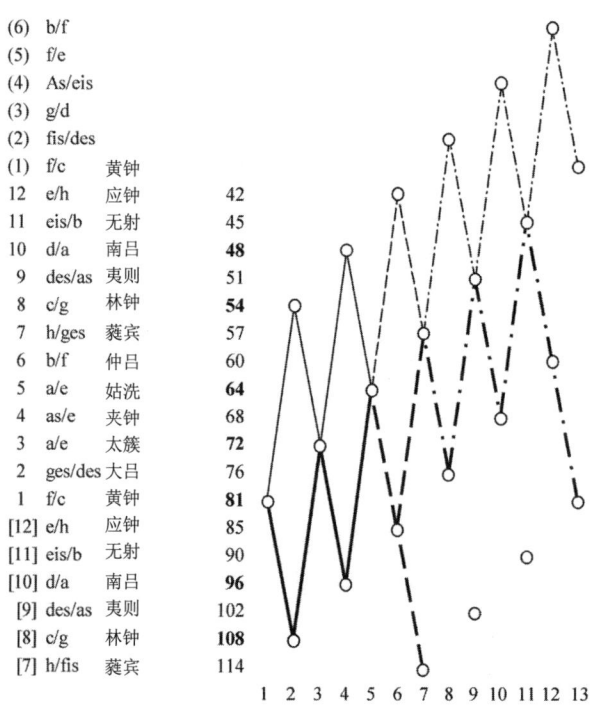

(6)	b/f		
(5)	f/e		
(4)	As/eis		
(3)	g/d		
(2)	fis/des		
(1)	f/c	黄钟	
12	e/h	应钟	42
11	eis/b	无射	45
10	d/a	南吕	**48**
9	des/as	夷则	51
8	c/g	林钟	**54**
7	h/ges	蕤宾	57
6	b/f	仲吕	60
5	a/e	姑洗	**64**
4	as/e	夹钟	68
3	a/e	太簇	**72**
2	ges/des	大吕	76
1	f/c	黄钟	**81**
[12]	e/h	应钟	85
[11]	eis/b	无射	90
[10]	d/a	南吕	**96**
[9]	des/as	夷则	102
[8]	c/g	林钟	**108**
[7]	h/fis	蕤宾	114

图2 十二（十三）律相生示意图

在图2中，第一列是律的生成顺序，第三列是律的名称（从黄钟开始），第二列为音阶的国际符号（斜线左侧——从F音开始，斜线右侧——从C音开始）。从C音开始，我们得到的是增四度音（升F），从F音开始为正常的音阶。但是，类似的测量只不过是为了方便而已。按照音阶系统的逻辑，从F音开始更方便，但是，从需求的观点出发，欧洲音阶系统从C音开始更方便，就像在中国现代标准词典里的一样（值得注意的是词典认为这样做只是权宜之计）。再靠右边的数字对应这些符号。这些数值是通过以下方法得出的，首先是按照生成顺序排列的前五个音的数值：81—54—72—48—64（加粗字体，取整数）。其次是列出一个调内音程的过渡数值：72—（68）—64，54—（51）—48。对于中

心的半音区域，音程"4"和"3"交替出现：64—（60）—（57）—54。八度音程的边缘由音程"4"向下递增：72—（76）—81，从音程"3"向上递减：48—（45）—（43）—[41]或者48—（45）—（42）—[40]。

所有这些数值，大都符合司马迁提出的化整到十分之一寸的管长。在司马迁的理论中，非整数的数值带有补充说明——"又1/3"和"又2/3"。图2中的数字是在"又2/3"的情况下，通过增大十分之一到一的方法获得的。在P. B.越特金的翻译中，为夷则错误地补充了一句话"还有十分之四"。对于应钟，得数是43，这与从64开始生成相一致，64乘以2/3等于42又2/3，约等于43。这样的生成过程也使蕤宾得数为57（43×4/3＝57+1/3；64×8/9＝56+8/9）。

第二种情况与《淮南子》的数据一致。实际上，这个数列是乐律的近似值，这个乐律带有八度音下半部分里的音程"4"和上半部分里的音程"3"，以及在最后变化成单位一。图2右侧表明，"律"与十二地支一致，十二地支是基本的尺度，通过它来实现与其他世界图示系统的连接。

除此之外，司马迁引用了关于音程系数的数据。尽管获得音程系数的方法是依据前一个数值而来（也就是说，每一次都要以上一个数值为出发点），这些系数说明律中每一个音和基准音黄钟的直接关系。这样一来，除了它本身，11个五度音程就产生了八度音内的所有音程：子——纯一；丑——2/3（纯五）；寅——8/9（大二）；卯——16/27（大六）；辰——64/81（大三）；巳——128/243（大七）；午——512/729（增四减五）；未——1024/2187（司马迁没有完成再次下生的计算，如《晋书》的作者提到的那样，结果将是2048/2187——小二）；申——4096/6561（小六）；酉——8192/19683（修正到16384/19683——小三）；戌——32768/59049（小七）；亥——65536/177147（修正到131072/177147——纯四[①]）。

这样一来，按照纯五度向上或者向下运动，产生了

---
① 比纯四度多21.5个部分。

十二音阶的半音结构,而六个五度音程的移动则形成七音阶调式(如果将黄钟视为fa,则为普通音阶,若将黄钟视为do,则为带有增四度的利底亚调式)。此运动(十二个五度音程)的继续,应当使十二律闭合,但是,我们得到的数值为262144/531441,不是1/2,明显小于"理想的"数值265720/531441(1/2)。两者之间的差值为3576/531441(0.0067)——比在严格的调律下大得不多,是可容许的数值。

另一方面,分母为177147的分数出现,实际上意味着十二律的数字构成终究是源于组成3^{11}的数字。所有这些数字都将是质因数2和3的幂积($3^{11}=2^0 \cdot 3^{11}$)。以司马迁的分数为基础得到的数字,按生成序列和十二地支呈现在表2的左侧三列中。上两行从左向右呈现的是从$3^6=729$开始的七级音阶数(也是按生成顺序)及其质底幂积,即律数的除数部分。在最右边的三列里,是律数除以另外三个数字得到的商数:对于易学来说,万物之数为11520,乾(阳)的数字216和坤(阴)的数字144,是易学中极其重要的数字(所有这些数字都被列入《系辞传》)。

表2 律的基本数字和除以若干基数的结果

			729	486	648	432	576	384	512	11520	216	144
			$2^0 \cdot 3^6$	$2^1 \cdot 3^5$	$2^3 \cdot 3^4$	$2^4 \cdot 3^3$	$2^6 \cdot 3^2$	$2^7 \cdot 3^1$	$2^9 \cdot 3^0$	$2^8 \cdot 3^2 \cdot 5^1$	$2^3 \cdot 3^3$	$2^4 \cdot 3^2$
子	177147	$2^0 \cdot 3^{11}$	243									
未	118098	$2^1 \cdot 3^{10}$	162	243	—	—	—	—	—	—	—	—
寅	157464	$2^3 \cdot 3^9$	216	324	243						729	—
酉	104976	$2^4 \cdot 3^8$	144	216	162	243	—	—	—	—	486	729
辰	139968	$2^6 \cdot 3^7$	192	288	216	324	243	—	—	—	648	972
亥	93312	$2^7 \cdot 3^6$	128	192	144	216	162	243	—	8.1	432	648
午	124416	$2^9 \cdot 3^5$	—	256	192	288	216	324	243	5.4	648	864
丑	82944	$2^{10} \cdot 3^4$	—	—	128	192	144	216	162	7.2	384	576
申	110592	$2^{12} \cdot 3^3$	—	—	—	256	192	288	216	9.6	512	384
卯	73728	$2^{13} \cdot 3^2$	—	—	—	128	192	144	6.4	—	512	
戌	98304	$2^{15} \cdot 3^1$	—	—	—	—	—	256	192	—	—	—
巳	65536	$2^{16} \cdot 3^0$	—	—	—	—	—	128	—	—	—	—

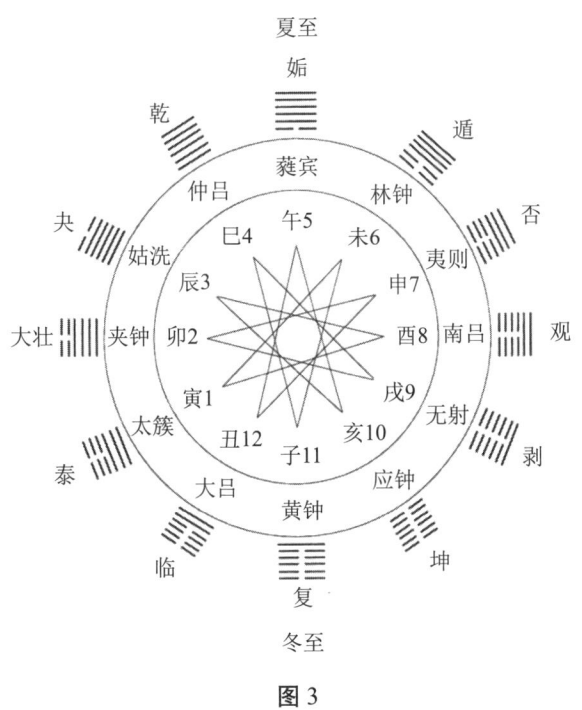

图3

通过对表2的分析可以得出以下结论，在中间部分，整数数值沿着对角线从上到下移动，并且，主要的对角线（不包括一列里最边上两项）是由《易经》传统中的基数216和144（或者是288，从音乐的角度来看，288与144相同，都位于八度音程中；这里再一次表现出阴极的过渡性和不稳定性）设定的。相应地除以216和144，可以得到八个中心律的七级序列的数字。数字11520起到规范作用，能够使后五律获得调谐到相应音调的管长尺寸。

表2中的数据证明，律的体系和《易经》的卦都是同一图解的组成部分，正好立足于律的体系基础。图3所示律的圈与十二卦形成的圈的对应关系充分证实了这一结论，在图3中，十二律是按照音高递增的顺序（按照顺时针走向，从下向上旋转）和生成顺序排列的（按照星星的形状，从下开始）。图中还标出十二个月份（1—12）和十二地支。

十二卦表示在一定的布阵中卦的线条——连续不断的（乾，奇数）和间断的（坤，偶数）的交替进程。正是这些对应关系，诠释了司马迁的数字含义，实际上，最后的三个阴、阳律原来是在不同的八度里。这"在理论上"恰好也是正确的——在两种情况下，线条都按照卦图中的排列顺序从下向上运行。

这一过程的机制如表3所示，同一类卦的排列顺序（第一列），反映连续的（阳）和间断的（阴）线条按照布阵从下向上互相交替的进程。第二列——十二地支；第三列——律的名称；第四列——律数；第五列——分解它们为乘数2和3；第六列——分解它们为"有含义的"乘数144、216、64（卦数）、81和"普通"的乘数8和9，甚至是补充的乘数2—4；第七和第八列都是卦阵。表格里的数字按照横向和纵向安排，明显的规律为：对于阳律，减小到3^1，对于阴律，从2^1开始增加。

表3 同类卦爻和律的生成机制

1	2	3	4	5	6	7	8
䷁	巳	仲吕	65536	$2^{16} \cdot 3^0$	64×64×8×2	上六	
	辰						
䷗	卯	夹钟	73728	$2^{13} \cdot 3^2$	144×64×8	五六	
	寅						
䷒	丑	大吕	82944	$2^{10} \cdot 3^4$	144×64×4	四六	
	子						
䷊	亥	应钟	93312	$2^7 \cdot 3^6$	144×216×3	三六	
䷂	戌	无射	98304	$2^{15} \cdot 3^1$	64×64×8×3		上九
䷪	酉	南吕	104976	$2^4 \cdot 3^8$	144×81×9	二六	
䷀	申	夷则	110952	$2^{12} \cdot 3^3$	216×64×8		五九
䷄	未	林钟	118098	$2^1 \cdot 3^{10}$	81×81×9×2	初六	
䷟	午	蕤宾	124416	$2^9 \cdot 3^5$	216×144×4		四九
	巳	仲吕	131072	$2^{17} \cdot 3^0$			
䷠	辰	姑洗	139968	$2^6 \cdot 3^7$	216×216×3		三九
䷌	卯	夹钟	147456	$2^{14} \cdot 3^2$			
䷉	寅	太簇	157464	$2^3 \cdot 3^9$	216×81×9		二九
	丑	大吕	156888	$2^{11} \cdot 3^4$			
䷀	子	黄钟	177147	$2^0 \cdot 3^{11}$	81×81×9×3		初九

表4 律的数字分解为基础乘数

线条	乾				坤			
1（初始的）	64	64	8	3	64	64	8	2
2	216	64	8		144	64	8	
3	216	144		4	144	144		4
4	216	216		3	144	216		3
5	216	81	9		144	81	9	
6（上面的）	81	81	9	3	81	81	9	2

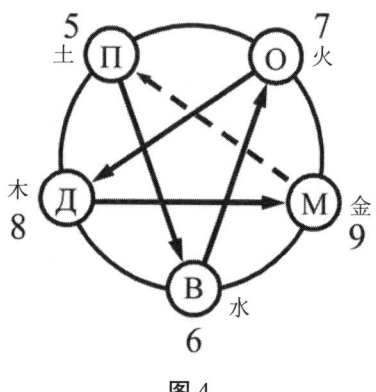

图4

表4表示的是分解为"有含义的"乘数的结构，从中可以很清楚地看到，中心线对应此类数量的最初乘数，数列的末端是"边缘"数字81和64。在中间一列，同乘数8和9一起，向中心延伸，而第三和第四条线得出乘数216和144。

律的体系还是"五行"体系的基础，因为律有两种顺序——按照生成的顺序和按照音高的顺序。在标准的五行和声音的对照中，当"土"行位于木和火之间时（参见图4），五行与数字5、6、7、8、9相对应。这里的数字9，出自《后汉书》中提到的黄钟管长。实际上，$9 \times 2/3 = 6$，$6 \times 4/3 = 8$，$8 \times 2/3 = 16/3 = 5 + 1/3$（约等于5），$(5+1/3) \times 4/3 = 64/9 = 7 + 1/9$（约等于7；5乘以4/3，得数不到7）。在从中心"土"行开始运动也会得到类似的数列，与数字5（10）相对应：$5 \times 4/3 = 20/3 = 6 + 2/3$（约等于7），$(6+2/3) \times 4/3 = 80/9$（约等于9），等等。

看来，在借助更普遍的体系——传统上用于描述各种迥然不同的经验现象的符号——来阐释律的体系时，可以发现它们之间惊人地吻合。显然，对这种吻合可以这样解释，律的体系和形式上的符号语言的基本特征形成于先秦时期，并且反映出中国社会在其发展的特定阶段的统一认识，任何一种音乐体系按其自身的结构，都会与形式语言相近，况且，这种音乐体系还有着明确的数学表达。这样一来，就有了一种可能性，即在律的体系基础之上把用于描述的符号语言的构成要素联合在一起。就这一方面来说，律的体系的作用某种程度上与核心分类方式参伍的功能类似，几乎所有基础的传统分类方式都是参伍的特例。

关于这一点，在由班固完成、续补司马迁《史记》而作的《汉书》里的数据可或明确或隐晦地证明。《汉书·律历志》正文开头即写道："参五以变，错综其数，稽之于古今，效之于气物，和之于心耳……靡不协同。"除了《律历志》所载数字、音律、长度、体积、重量，其余的事物也是以黄钟律为基准的。除了一种情况，所有这些文献都是在章节中介绍音律体系的。它们要早于分类方式的标准符号，分类方式是以它们的结构为基础的。

班固的《汉书·律历志》与《史记》《后汉书》《晋书》的相应章节中，几乎涉及2—6、8、10、12和60要素构成的基本方案。值得注意的是，除了四进制和八进制，都和律的体系一致。其余两种方案和律的体系的一致，得益于与十二进制历法的联系，这种方式的每一个元素都与一个律对应，与四进制和八进制体系在《史记》和《后汉书》中的时间和空间变化的联系相同（就像1985—1986年M. B. 伊萨耶娃著述中的表格、示意图和对其所作的解释）。

在律的基础上，班固统一了其他相似的体系，这些体系认为队列的结构源自两个出发点：数字和度量衡。十二音律的基准音黄钟成为运算的初始点，而黄钟管长的参数成为长度、体积和重量的标准。《汉书·律历志》提出数字、长度、体积、重量及音律皆以黄钟律为基础。

律的体系甚至也用来模拟事物产生的过程。这些朝代史的作者以如下方式为自己的选择提供论据。与气和数字相似的声音，是所有赋形之物（器）中最精致的（精）、最细小的（微）和最美好的（妙）。由于已有定型，它们便可以按照种类划分、安排，从而被认识。"形器精微，义先于律吕。"这提供了理解神秘而无形之物的可能性，就像是感受"万物萌动"，也就是说，可深入现象的本质，并且按照外在的（初始的）表现做出预测。

十二律的结构原则——阴律和阳律的交替相生,是阴和阳相生的具体体现。于是,班固写道:"阴阳之施化,万物之终始,既类旅于律吕,又经历于日辰,而变化之情可见矣。"同时,他不仅以抽象的结构为基础,还基于司马迁音程系数表中的具体数据,该列表是对十二律最详尽的表达。他写道:"此阴阳合德,气钟于子,化生万物者也。"这一倾向的进一步发展在《后汉书·律历志》中有所反映,它的作者认为,自己的著作是对班固《律历志》的补充。在汉元帝统治期间,研究律的专家京房建立了六十律的体系,这一体系是突破十二律界限的结果,其条件是按照纯五度继续推进,能够得以实现是因为十二律的非闭合性。京房把律的体系与伏羲卦爻的分布顺序结合起来,同时将十二律体系向六十律体系的转换与八卦向六十四卦的转变进行比较,他写道:"夫五音生于阴阳,分为十二律,转生六十,皆所以纪斗气,效物类也。"

京房的六十律表格按照音高递增(数值递减)的顺序排列,为《后汉书》所引用。表中不仅标示出律本身的名称和生成律的名称所对应的宫、商、徵(对应按照音高排列的前三个音,与徵的对应与被生成的律一致),还有合于律的天数,以寸为单位的管长(从九寸开始),最后是长度,从九尺精确到万分之一寸。与管长数据相对应的数字不总是吻合的,"九尺"表示更为准确的意义,因此,它被用作"准"的表示符号并非偶然。

表5列出的是京房体系中一些极为重要的数据。表中的每一行与十二律对应。最左侧一列标示的是基础律的名称,向右的一列是与下一个律的百分比偏差(基础律之间的差),单位是百分之一,其下是律数(右侧各列所填的数字),再下是月份中的天数。由此向右的各列中,在音程数值下每个格里是三个数字:先是六十律中部分律的序号,其下是数值,再下是该律对应月份的天数。

表5 六十律体系与每月天数

		21	114	135	135	135	114
黄钟	6366 31	01 1771471	54 1767766	13 1477626	25 1724106	37 1700896	49 1678006
大吕	5084 30			08 1658888	20 1636558	32 1614528	44 1592806
太簇	6366 31	03 1574641	56 1571366	15 1553456	27 1532546	39 1511916	51 1491556
夹钟	5084 30		10 1474566		22 1454718	34 1435138	46 1415828
姑洗	6366 31	05 1399681	58 1396766	17 1380846	29 1362256	41 1343925	53 1325827
仲吕	5084 30			12 1310728	24 1293087	36 1175678	48 1258507
蕤宾	5085 30	07 1244161	60 1241567	19 1127417		31 1210897	43 1194608
林钟	6366 30	02 1180981	55 1178525	14 1165087	26 1149406	38 1133936	50 1118675
夷则	5084 31			09 1105928	21 1091038	33 1076358	45 1061857
南吕	6366 31	04 1049761	57 1047575	16 1035636	28 1021696	40 1007946	52 0994377
无射	5084 31			11 0983048	23 0969818	35 0956767	47 0943888
应钟	5085 30	06 0933121	59 0931177	18 0920568		30 0908178	49 0895956

京房的六十律与建立在十二律基础上的五声音阶相联系，五轮生律后总数正好等于60。实际上，不同的音（真正的律）在这种情况下总共需要16个（对于七声音阶来说则是18个，这是"附加"律的最大值）。表6说明了其产生的方式，在这个表中，音阶垂直分布，并标出《史记》注释中的律（在此之前，他提出了五音的标准数字：宫81，徵54，商

72，羽48，角64）。司马迁指出音阶起始于不同的律：一种情况从林钟开始，一种情况从太簇开始，一种情况从蕤宾和夹钟开始，另一种情况从无射开始。值得注意的是，从夹钟和无射开始的音阶会有音超出十二律的范畴。

表6　五声（七声）音阶调式生成表

			1	2	3	4	5	6	7	8	9	10	11	12
1	黄钟	子	宫						(X	X	角	羽	商	徵)
2	林钟	未	徵	宫						(X	X	角	羽	商)
3	太簇	寅	商	徵	宫						(X	X	角	羽
4	南吕	酉	羽	商	徵	宫						(X	X	角
5	姑洗	辰	角	羽	商	徵	宫						(X	X)
6	应钟	亥	X	角	羽	商	徵	宫						(X)
7	蕤宾	午	X	X	角	羽	商	徵	宫					
8	大吕	丑		X	X	角	羽	商	徵	宫				
9	夷则	申			X	X	角	羽	商	徵	宫			
10	夹钟	卯				X	X	角	羽	商	徵	宫		
11	无射	戌					X	X	角	羽	商	徵	宫	
12	仲吕	巳						X	X	角	羽	商	徵	宫
13	执始	（子）							X	X	角	羽	商	徵
14	去灭	（未）								X	X	角	羽	商
15	时息	（寅）									X	X	角	羽
16	结躬	（酉）										X	X	角
17	变虞	（辰）											X	X
18	迟内	（亥）												X

六十律中每一律对应的天数以及每月的天数与音程的关联度不大。因此，京房的结构具有推测的特点，而根据二进制和三进制的模式，数字60本身无论如何不会和律的生成规律相联系。现在的周期由四个十二律周期和一个五律周期构成，结束于第53律，第54律和初始律差别最小。

京房的六十律按照一年366天来分配。然而，在《淮南子》中出现了更"周全"的近似值——360："故三百六十音以当一岁之日。故律历之数，天地之道也。"三百六十律体系在南朝宋（420—479）由钱乐之确立。关于这一体系的资料，仅以律表的形式，按照音高顺序，存在于《隋书》中。不过，在按照京房对六十律的布局加以补充的基础上，我们能够对它有一个相当清晰的认识。

三百六十律体系整体上借助计算机进行复原后，就有了表7的样子。代替律的名称，在表中列出它们的号码，它们与下面列出的数值的递减相符合（它们与《隋书》中的列举顺序一致），其下是生成号码。表格的纵列与大的循环（21音程，参见表6右侧第一列）一致，除了最后一列，它与数值10相对应。

表7 三百六十律体系

	01 177147 001	02 176777 054	03 176409 107	04 176041 160	05 175674 213	06 175307 266	07 174941 319
	08 174763 013	09 174398 066	10 174034 119	11 173671 172	12 173309 225	13 172948 278	14 172587 331
黄钟	15 172410 025	16 172051 078	17 171692 131	18 171334 184	19 170976 237	20 170620 290	21 170264 343
	22 170090 037	23 169735 090	24 169381 143	25 169028 196	26 168675 249	27 168332 302	28 167972 355
	29 167800 049	30 167450 102	31 167101 155	32 166753 208	33 166405 261		34 166058 314
	01 165388 008	02 165542 061	03 165197 114	04 164852 167	05 164508 220	06 164165 273	07 163823 326
	08 163655 020	09 163314 073	10 162973 126	11 162633 179	12 162294 232	13 161955 285	14 161618 338
大吕	15 161452 032	16 161116 085	17 160780 138	18 160444 191	19 160110 244	20 159776 297	21 159442 350
	22 159280 044	23 158949 097	24 158616 150	25 158285 203	26 157955 256		27 157625 309

续表

太簇	01 157464 003	02 157136 056	03 156808 109	04 156481 162	05 156154 215	06 155829 268	07 155503 321
	08 155345 015	09 155021 068	10 154697 121	11 154374 174	12 154052 227	13 153731 280	14 153410 333
	15 153254 027	16 152934 080	17 152615 133	18 152297 186	19 151979 239	20 151662 292	21 151346 345
	22 151191 039	23 150876 092	24 150561 145	25 150247 198	26 149933 251	27 149621 304	28 149309 357
	29 149156 051	30 148845 014	31 148534 157	32 148225 210	33 147915 263		34 147607 316
夹钟	01 147456 010	02 147148 063	03 146841 116	04 146535 169	05 146229 222	06 145924 275	07 145620 428
	08 145471 022	09 145168 075	10 144865 128	11 144563 181	12 144261 234	13 143960 287	14 143660 340
	15 143513 034	16 143214 087	17 142915 140	18 142617 193	19 142320 246	20 142023 299	21 141726 352
	22 141582 046	23 141286 099	24 140992 152	25 140698 205	26 140404 258		27 140111 311
姑洗	01 139968 005	02 139676 058	03 139385 111	04 139094 164	05 138804 217	06 238514 270	07 138225 323
	08 138084 017	09 137796 070	10 137509 123	11 137222 176	12 136936 229	13 136650 282	14 136365 335
	15 136225 029	16 135941 082	17 135658 135	18 135375 188	19 135092 241	20 134811 294	21 134529 347
	22 134392 041	23 134112 094	24 133832 147	25 133553 200	26 133274 253	27 132996 306	28 132719 359
	29 132582 053	30 132307 106	31 132031 159	32 131755 212	33 131480 265		34 131206 318
仲吕	01 131072 012	02 130799 065	03 130526 118	04 130253 171	05 129982 224	06 129711 277	07 129440 330
	08 129308 024	09 129038 077	10 128769 130	11 128500 183	12 128232 236	13 127965 289	14 127698 342

续表

仲吕	15 127567 036	16 127301 089	17 127036 142	18 126771 195	19 126506 248	20 126242 301	21 125979 354
	22 125850 048	23 125588 010	24 125326 154	25 125064 207	26 124804 260		27 124543 313
蕤宾	01 124416 007	02 124156 060	03 123897 113	04 123639 166	05 123381 219	06 123124 272	07 122867 325
	08 122741 019	09 122485 072	10 122230 125	11 121975 178	12 121720 231	13 121467 284	14 121213 337
	15 121089 031	16 120837 084	17 120585 137	18 120333 190	19 120082 243	20 119832 296	21 119582 349
	22 119460 043	23 119210 096	24 119962 149	25 118714 202	26 118466 255		27 118219 308
林钟	01 118098 002	02 117852 055	03 11766 108	04 11736 161	05 117116 214	06 116871 267	07 116628 320
	08 116508 014	09 116265 067	10 116023 120	11 115781 173	12 115539 228	13 115298 279	14 115058 332
	15 114940 026	16 114701 079	17 114461 132	18 114223 185	19 113984 238	20 113746 291	21 113509 344
	22 113393 038	23 113157 091	24 112921 144	25 112685 197	26 112450 250	27 112215 303	28 111981 356
	29 111867 050	30 111634 103	31 111401 156	32 111168 209	33 110937 262		34 110705 315
夷则	01 110592 009	02 110361 062	03 110131 115	04 109901 168	05 109672 221	06 109443 274	07 109215 327
	08 109103 021	09 108871 074	10 108649 127	11 108422 180	12 108196 233	13 107970 286	14 107745 339
	15 107635 033	16 107410 086	17 107186 139	18 106863 192	19 106740 245	20 106517 298	21 106295 351
	22 106185 045	23 105965 098	24 105744 151	25 105523 204	26 105303 257		27 105083 310
南吕	01 104976 004	02 104757 057	03 104539 110	04 104320 163	05 104103 216	06 103886 269	07 103669 322

续表

南吕	08 103563 016	09 103347 069	10 103131 122	11 102916 175	12 102702 228	13 102487 281	14 102274 334
	15 102169 028	16 101956 081	17 101743 134	18 101531 187	19 101319 240	20 101108 293	21 100897 346
	22 100794 040	23 100584 093	24 100374 146	25 100165 199	26 099956 252	27 099747 305	28 099539 358
	29 099437 052	30 099230 105	31 099023 158	32 098816 211	33 098610 264		34 098405 317
无射	01 098304 011	02 098099 064	03 097894 117	04 097690 170	05 097486 223	06 097283 276	07 097080 329
	08 096981 023	09 096779 076	10 096577 129	11 096375 182	12 096174 235	13 095974 288	14 095773 341
	15 095676 035	16 095476 088	17 095277 141	18 095078 194	19 094880 247	20 094682 300	21 094484 353
	22 094388 047	23 094191 100	24 093994 153	25 093798 206	26 093603 259		27 093407 312
应钟	01 093312 006	02 093117 059	03 092923 112	04 092729 165	05 092536 218	06 092343 271	07 092150 324
	08 092056 018	09 091864 071	10 091672 124	11 091481 177	12 091290 230	13 091100 283	14 090910 336
	15 090817 030	16 090628 083	17 090439 136	18 090250 189	19 090062 242	20 089874 295	21 089686 348
	22 089595 042	23 089408 095	24 089221 148	25 089035 201	26 088849 254	27 088664 307	28 088479 360

总体规律如下。每四个小循环"跑过"所有12个数值，接下来还是一个小循环，仅"跑过"5个数值。这样重复六次，在第七次的时候，在第四个小循环里已有5个数值，在律的生成顺序中的第360律，比任何一个律都更接近黄钟，这些律被归为基础律——这个律在表7的左下角，是第28律应钟（这是它在《隋书》中的位置）。实际上，对应音程21

的数字88479要小于最小的临界值，它应该是加大一倍的，等于176958——数字177147（黄钟的第一律）和176777（黄钟的第二律）之间的数字。此时的音程已经等于5。

这样一来，在律的生成顺序中的第360律，实际上开启了一个新的最大的循环，这一循环被第666律结束，第666律同样属于应钟部，不是在那个八度里，并且最大限度地接近黄钟（偏差的绝对值为8，也就是说，小于0.005%）。在中国的传统中，没有超过360次的生律，但是，三百六十律并没有明显地分布在月份中——在《隋书》中，只是用小字部分标出了某一律部的律对应的天数（例如，黄钟部每律对应34/31日）。

三百六十律体系假设把八度分为360个部分，这纯粹是一种推测。十二律中大小音程之间的差别只有128，这里的高度差别大约是1/9音，人的听力很难分辨。向第13律转化时也会出现同样的差别（精确数值为135）。下一个音程21对应的已经是1/60音，更是完全难以分辨的差别。在建立理想的历法模式时，这一结构实现了最小除数体系的功能，同时推动了数字和度量衡的精细化。

其实，只有十二律以及由此产生的音阶体系才有音乐含义。归根结底，它与欧洲音乐体系没有本质区别，但在构造原则以及实际调式上与欧洲音乐体系大有不同。同时，尽管在两种情况下都可以将七声音阶视为初始音阶，但在欧洲的调式中，分为2—3个主要的音（主音、属音及下属音），其余的音则作为补充，在中国的音乐体系中，是五个正声和两个变声。

**M. B. 伊萨耶娃《音乐理论体系"律"与中国传统史学的方法论》，见《东亚和东南亚历史与文化》，莫斯科，1986年；M. B. 伊萨耶娃《音乐体系"律"在中国传统科学中的地位》，见《第17届"中国社会与国家"学术研讨会论文集》，莫斯科，1986年；M. B. 伊萨耶娃《音乐体系"律"与中国总体认知理论的相互关系》，见《第19届"中国社会与国家"学术研讨会论文集》，莫斯科，1988年；M. B. 伊萨耶娃《〈汉书·律历志〉中的音乐流变模型》，见《全俄人文科学领域学术研究竞赛材料·哲学、文学、文化学》，莫斯科，1996年；M. B. 伊萨耶娃《〈后汉书·律历志〉及谶纬之书中的宇宙结构和谐论》，见《第30届"中国社会与国家"学术研讨会论文集》，莫斯科，2000年；A. M. 高辟天《古代中国的系统科学：总体方案及应用》，1990年，《苏联科学院自然科学和技术史学院通讯》，第44期；Falkenhausen Lothar v. Suspended Music. Berk. -Los Ang, 1993.

（M. B. 伊萨耶娃、A. M. 高辟天撰，B. E. 叶列梅耶夫参与，许力译）

马麟

马麟，生卒年不详，钱塘（今浙江杭州）人，南宋画家。

马麟是著名的马门画家的代表人物、南宋著名画家马远的长子。他继承家族传统，进入画院，在那里跟父亲学画，于宁宗在位期间成为画院成员。父亲的盛名对马麟的创作命运产生了负面影响：根据当时的资料记载，在同时代人中流传的一些消息称，马麟的很多作品实际上是马远所作，他在自己的一些画上署上儿子的名字，希望帮助他在仕途上有更好的发展。类似资料使得后世理论家对马麟的绘画遗作表示怀疑。现代艺术史家也指出，归于马麟的40多部作品在艺术价值上极为不同——既有技艺精湛的作品，也有平庸无奇的画作。马氏父子的一系列作品展示出在技法和风格上的相似性，只在一些小细节的处理上有所不同，例如，表达树木、物体和人物形态的方式上有细微差别。

同时应该承认，马麟的一些作品具有独创性，这些作品可被纳入南宋经典作品之列。最著名的是《静听松风图》（226.6厘米×110.3厘米，绢本，淡设色，台北故宫博物院藏）。这幅作品不同于马远和夏圭作品中典型的"万物静观"主题，而有其创新。马麟拒绝使用传统的、故意为之的艺术空间的不对称，使画卷近景中的两棵松树成为思想和结构的主要部分，这两棵松树高大茂盛，好似画卷容纳不下，部分地方被画卷边缘切断。仿效马远的风格，马麟在描绘

树形奇峭、枝干弯曲的树木时，更多地在树身和树冠的对比中强调树身的强壮。但他所绘坐在老树弯曲枝干上的人物形象，也含有马远所不具备的独特角度。近景描绘了空蒙的河岸和山坡，与细致描绘的松树形成鲜明的对照。最后，画家成功地营造出了一种戏剧场景的效果，体现出某种独特的、仙境般景观的特征。实际上，这幅画是美化风景传统的开始，在明朝绘画中较为普及。

马麟第二幅作品是册页《高士侣鹤图》（21.5厘米×22.5厘米，绢本，淡设色，柏林亚洲艺术博物馆藏），画中很多细节与马远的"万物静观"主题绘画相似。但此时传统的绘画主题中贯穿着道教意蕴，其中鹤被认为是神鸟，是仙人的伴侣或骑鸟，因此类似于上一幅画，该画的构图展现的是美化的风景。马麟所使用的松树和仙鹤——永生的象征——的结合后来成为表达美好祝愿的艺术手法，以及年画构图中的标准搭配。

册页《芳春雨霁图》（27.3厘米×41.5厘米，绢本，淡设色，台北故宫博物院藏）使用了完全不同的另一种技法。这一小型的山水画由几棵老树的形象构成，这些树带有弯曲的、骨节粗大的树干，矗立在多石的河岸上。后景是长着树林的、烟霭中的群山。与美好的图名相反，绘画体现的是可怕的、混乱的、充满悲伤的世界。马麟善于表现困惑和绝望的情绪，这一情绪在金国占领中原大部分地区后笼罩着整个中国社会。

马麟的花鸟画创作也值得注意，例如册页《橘绿图》（23厘米×23.5厘米，绢本，设色，北京故宫博物院藏），是表现自然景物少有的杰作。

马麟还创作了一系列立轴彩墨画，描绘古老的神话人物：伏羲、尧、舜、禹、汤和武王。不考虑艺术特征，这些画的有趣之处首先在于将神话人物形象进行了重塑——马麟描绘的伏羲形象就是很好的证明，这一形象随着时间的推移，已经成为中国文化中众所周知的形象。

**R.库珀、J.库珀《中国艺术杰作》，译自英文，明斯克，

1997年；Т. А. 波斯特列洛娃《10—13世纪的中国画院》，莫斯科，1976年；《故宫博物院馆藏珍宝》，莫斯科，2007年；庄嘉怡、聂崇正《中国绘画》，北京，2000年；邵洛羊《中国美术大辞典》，上海，2002年；《中国绘画全集》，第4卷，杭州，1999年；Cahill J. The Art of Southern Sung China. New York-Tokyo, 1962; Lidderose L. Orchiden und Felsen. Chinesische Bilder im Museum für Ostasiatische Kunst Berlin. B., 1998; Paintings in Chinese Museums // Arts of China. Vol. 3. Tokyo, 1970; Possessing the Past. Treasures from the National Palace Museum, Taipei. Taipei, 1996; Siren O. Chinese Painting. Leading Masters and Principles. Vol. 2-3. L., 1958; Waley A. An Introduction to the Study of Chinese Painting. L., 1923.

（M. E. 克拉夫佐娃撰，王玉珠译）

马思聪

马思聪，1912年出生于广东省海丰市，1987年在美国费城去世，作曲家、小提琴家。马思聪于1923年到法国学小提琴，1928—1929年在巴黎音乐院学习，1929—1930年，在上海、南京、广州举办音乐会。1931年，他再次前往巴黎学习作曲，回到中国后，多次参加音乐会，演奏自己创作的小提琴音乐作品，并从事教学活动。他的音乐作品包括大合唱《祖国》《春天》，两部交响乐，交响乐组曲《山林之歌》，《淮河大合唱》，还有20首抗战歌曲以及小提琴曲和室内音乐。1949年，马思聪从香港回到内地，担任中华人民共和国中央音乐学院院长及中国音乐家协会副主席。1967年1月出国，继续从事音乐会演出、教学及创作活动。

**《中国大百科全书·音乐、舞蹈》，北京，1998年，第422—423页。

（А. Н. 热洛霍夫采夫撰，许力译）

马王堆

马王堆是西汉（前206—前8）时期最重要的考古发现之一。它坐落于长沙市（湖南省）近郊，由继承了中国古代诸侯国楚国（前11—前3世纪）文化传统的当地贵族墓葬组成。其中公认最为重要的考古发现是1972年发掘的长沙国丞相轪侯（任职时间为公元前193—前186年）夫妇陵墓（马王堆一号墓），考察后标注的日期为公元前175年左右。由于逝者姓名不为人知，中国的文献资料中通常称之为"轪侯夫人"墓，欧洲称"轪夫人/公爵夫人"。

轪侯妻子墓基本上符合楚国的丧葬仪式，同时也具有一些独特之处。木构椁室（6.7米×4.81米×2.8米）由内外壁、边箱和棺室组成。墓坑自上而下为锥形渐窄的结构，所占面积约350平方米（上部为19.5米×17.8米），深20米。棺材上覆以厚厚的木炭层（1—1.3米）和白膏泥，保证了其封闭性。或许正因为如此，尸体以特殊的形式被保存下来，在世界历史上属于极少见的内脏器官完好的古尸。这些器官十分完整，以至于中国的医学工作者通过对尸体的解剖与研究，确定墓主生前长期患有多种疾病，54岁时死于冠心病发作。

轪侯夫人的身上穿了20套衣服，上部又覆盖了几层精细的丝绵袍，躺在层层相套的四层涂漆棺椁中，内棺的外部覆盖非衣T字形彩绘帛画。随棺器具有158件漆具（包括厨具、盥洗用品和家具）、48件衣服和大量绸缎布匹、48件陶器（内装食物、酒）以及身着丝质仆人衣服的木俑①。灵柩内的器具符合楚国的丧葬制度，但其摆放位置与古代和公元前2世纪—公元前1世纪中国南方的墓葬都不一样。它们被摆放在边箱中，或者是棺室里（摆放方式有以下三种：灵柩边侧、尸体头部周围或尸体脚下）。轪侯夫人墓中的手工艺品和小雕像几乎平均地分布在墓室的四处，完全模仿了活人的住房特点。北边的边箱按照起居室的规格布置：墙上悬挂着丝绸做成的帷幔，椁底铺着竹席，正中有一个桌子，上面摆放着餐饮具，盛有饭食和饮品，整套器皿符合当时宴席仪式

---

① 据《长沙马王堆一号汉墓发掘简报》，出土于一号墓东、北、南三边箱内的漆具有180多件。

的规则。北箱的西部则模仿了卧室的规格，里面安放有梳妆用具；北箱的东部分别摆放有女仆俑、歌舞俑和乐俑。东边箱、南边箱则是男仆俑。有一部分俑同样根据楚国丧葬礼仪传统，为木制，穿着丝绸衣袍。

墓穴中的器具除了以上器物外，还包括"书"——刻在竹子、木条和写于丝绸卷轴上的文本。其中既有十分出名的作品，也有不为人知的作品，还有颇具研究价值的全新版本《道德经》。在这些帛书文献中，最为引人注目的是一些具有医学和情色性质的文献资料，即写于丝织制品上的9种帛书和刻于竹子、木条上的4种简牍。现在普遍认为，这些文本不仅包含古代中国医学方面的信息，而且包含静坐、体操和性实践方面的一些重要信息，这些信息应该是源于楚国的宗教生活，后来又成为道家内丹术的基础。因此产生了这样一种看法，即轪侯夫人是当地上流阶层的人，这个阶层的代表拥有独特的宗教知识。她的墓葬也很可能因为这一点才显得尤为重要，而不是因为作为丞相夫人的社会地位。

轪侯夫人的棺材是独特的祭祀艺术作品，外棺（295厘米×150厘米×144厘米）为黑漆素地。第二层棺（256厘米×118厘米×114厘米）以黑漆为地，以绿、棕、黄、白、金色漆绘制流动变幻的云气纹和盘旋于其中的图腾物形象。第三层棺（230厘米×92厘米×89厘米）同样有彩色图案，在鲜艳的朱漆底上绘有蛇状动物和想象中的神鸟、鹿以及拟人化的形象（或许是代指神灵），这些物象合在一起构成了几个在艺术关系上相当复杂的情节。第四层棺（201厘米×69厘米×63厘米）的四壁板和盖板以铺绒绣镶边，以羽毛贴花绢为中心装饰，棺盖上有特殊的几何图形，这些图形在轪侯夫人的一件服装上又以刺绣的形式出现。

有一种观点认为，漆层的颜色和图案的情节反映了中国南方的一种信仰，该信仰与获得长生不老的思想有关。外棺的纯黑色象征着轪侯夫人离开人世。第二层棺的纹饰代表死者进入阴间，在那里魂灵守护者和魂灵保卫者迎接了她，两位保护者正是盘旋于祥云中的图腾物。第三层棺的朱漆标志着轪侯夫人起死回生，但是还魂是在阴间一个特殊的、祥和的地方进行的，这一过程也在动物场景中得到再现。第四层棺上的鸟羽（用于长生不老的仙的形象）和几何图形代表死者获得了永恒的幸福，进入了神界。上述注解符合《楚辞》中所反映的楚国的宗教观念，在《楚辞》中存在着一些为了获得彼岸世界的永恒幸福而进行神秘漫游的情节。

"墓葬帛画"的图案在主题和风格上符合棺材本身的艺术装饰原则。帛画再现了红黑配色的、绘画艺术精湛的多图案构图。该构图按照垂直构造的方式，分为三个主要的场景，分别位于帛画的上部、中部和下部。中间的场景由几个人物的侧面构成，这些人物为全身像，看起来像轪侯夫人和仆人们的群体肖像，又像是死者在来到阴间后，准备拜见神灵的场景。帛画下方是准备殡葬的场景，在其下方添加了鬼怪，即生活在阴间的大众形象。上部的场景在内容上和艺术处理上都最令人费解，画面中心是一个长发披散、衣着华丽的女性形象，其身体的末端为巨大的卷曲成圆圈的蛇尾。"女神像"的两侧是"日中三足乌"和"月蟾"（这是中国最古老的太阳和月亮的艺术形象），以及人物和想象之物。对于女神形象的解释存在着不同的观点，她常被等同为女娲或者西方世界的统治者、灵魂不灭的掌权者——西王母。不管怎样，帛画无疑具有宗教仪式性质，和棺材上的图案类似，描述的是轪侯夫人的死以及她在阴间的漫游。在艺术领域将这幅画视为造型艺术的珍品是合理的，透过这些图案可以发现，楚国艺术创作中显露出的绘画传统在这里得到体现。今天所知的两幅最古老的帛画也取材于死者到达阴间的故事情节，采用纵向结构，由红黑两种线条完成。

另外，帛书中的《导引图》也可以被认为是一幅绘画作品。这幅图用红、黑两色展现了44个摆出不同姿势、进行保健运动的人物。从总体艺术水平上来讲，这些画明显要逊于锦帛和棺材上的绘画，即便如此，它们仍旧是证明古代南方画家掌握了描绘人体造型和各种缩略图技巧的唯一作品。

最近几十年在马王堆汉墓群又发掘了一些男性墓穴，其

中的几个墓穴中有丰富的陪葬器具（譬如发掘出200件漆器餐具）、"书籍"和"墓葬帛画"（可惜这些帛画保存得不好）。

马王堆发现的公元前2世纪至前1世纪的艺术作品和物质文化作品，无可争议地证明了该地区的装饰图案已相当成熟，这些装饰图案成为传统绘画形成的基础。同时这些被发现的器物也成为研究地方信仰历史和道教信仰观念、实践形成的初级阶段独一无二的资料。

**M. E. 克拉夫佐娃《中国艺术史》，圣彼得堡，2004年；М. В. 克留科夫、Л. С. 佩列洛莫夫、М. В. 索夫罗诺夫、Н. Н. 切博克萨罗夫《中央集权王朝时期的古代中国人》，莫斯科，1983年；Е. А. 陶奇夫《道教方术》，圣彼得堡，2001年；王仁波、张廷皓、罗忠民、李西兴《秦汉文化》，上海，2001年；《长沙马王堆一号汉墓》，北京，1973年；《中国美术全集·绘画编》，第1卷，北京，1986年；The Cambridge History of China. Vol. 1. The Ch'in and Han Empires, 221 B.C.-A.D. 220 / Ed. by D. Twitchett, M. Loewe. Cambr., 1986; Mysteries of Ancient China. New Discoveries from the Early Dynasties / Ed. by J Rawson. L., 1996; Watson W. Art of Dynastic China. N.Y., 1981; Wu Hung. Art in Ritual Context: Rethinking Mawangdui // Early China. No. 17. 1992.

（M. E. 克拉夫佐娃撰，张猛译）

马远

马远（约1140—约1225），钱塘（今浙江杭州）人，字遥父，号钦山。他是南宋著名画家，传统上被列为"南宋四家"之一。

马远出身于绘画世家，祖籍河中（今山西永济）。这一绘画世家的奠基人是马贲（公元11世纪后半叶—12世纪初），他被同时代的人誉为"佛像马家"，根据其现存的作品名称《百鹿图》《百猿图》《百雁图》判断，他最擅长的是表现庞大的动物群体。马远的祖父马兴祖、伯父马公显、父亲马世荣和哥哥马逵都做过画院的待诏,为宫廷画家。金人攻占宋朝领土并导致北宋灭亡,这些事件对于马家的社会地位影响不大:马氏成员随朝廷迁移到中国东南,在新建立的首都(临安,今浙江省杭州市)定居。马远的父亲、伯父和哥哥在南宋画院供职,而马远继承了家庭传统,在画院里学习,随后也在画院工作。宋光宗(1190—1194年在位)和宁宗(1195—1224年在位)在位期间,马远在画院供职,并且仕途坦荡,也做到了待诏,多次受到重赏。现存马远署名的作品约为90幅(其中一些画作毫无疑问是其真迹),包括卷轴画和画页。这些作品现收藏在中国、日本和西方国家(首先是美国,包括华盛顿的弗利尔美术馆、波士顿的艺术博物馆)的博物馆中。

马远从事创作之初,直接沿袭了北宋画院画家们的风格,尤其是继承了李唐的绘画特点。因此他的早期绘画,譬如卷轴画《雪山图》(182厘米×52.7厘米,绢本,设色,水墨,台北故宫博物院)具有雄伟、繁复和移动透视法构图的特点。

马远模仿李唐又充分显露出独特个性和绘画天赋的最好作品是《踏歌图》(又名《庆祝丰收踏歌图》,192.5厘米×111厘米,绢本,设色,北京故宫博物院)。这幅画表现了丰年时农民欢笑踏歌的场景,描绘了松树参天、山峰呈柱状高耸入云端的壮观景象。画面的前景为几块巨石和淡绿的树木,与远处轻柔的、仿佛浸润着春意的烟云分离开来。在画卷的最下方,以石头为背景,勾勒了几个踏歌而行的人,在山路上铺展开来。人物十分渺小,使得画家无法准确传达出他们的表情和动作。右下角由四个略带醉意的老者构成的一组形象尤其引人注目:其中一个老人竭力舒展心胸,拄着手杖昂然走在前头,而其他三个人躬腰弯腿,步履艰难,互相搀扶着前行。人物与景色的巨大反差,使民间踏歌场景的欢娱性湮没在自然环境的宏伟静谧中,这些都是画家明显的艺术手段,目的是强调春天到来所显现的宇宙难以捉摸的力量,以及大自然被唤醒时无尽的美。尽管马远描摹的景色给人一种仙境的印象,但这些柱状山峰确实有其真实的原型(譬如安徽省的黄山就有这种造型),这说明他不仅能够运

用传统的绘画经验和个人技巧，还能够巧妙利用大自然随处可见的如画景观。

随后描摹熟悉地方的景物逐渐成为他作品的主要方向，有资料考证，他曾经创作过十幅西湖（中国最美丽的湖泊之一）的景色图，南宋的首都即坐落在西湖岸边。同时，"南宗"（也称"南方山水画派"）的绘画风格对马远的影响明显越来越大，米芾、米友仁的"米氏云山"也直接影响了其创作，在他的长卷轴画《雪图》（纸本墨笔，北京故宫博物院）中，这一点表现得尤其明显。在这幅图中，笔墨的痕迹在艺术空间中占据了很小的部分，画家以略图的方式，在画卷左半部分前景位置描绘了岸边孤独挺立的松树和渔舟，而其他的绢本表面几乎都是空白的，只是隐隐约约呈现出雾霭以及其间若隐若现的雪山顶峰。

作为艺术手法的"留白"在表现空间时是一种"减法"的方式，这种表现手法在长卷轴画《寒江独钓图》（绢本，墨笔，东京国立博物馆）中体现得最为明显。这幅画中仅有一舟和舟上俯身垂钓的老人，背景中的水面仿佛因为寒冷的空气而停止流动，烟波杳渺的景象依稀可辨。

尽管马远在艺术上的独特性使他能够卓有成效地发挥"云雾风格"，但逐渐地，他在创作中确立了另一种结构模式和情节、形象类型——主要集中表现山岭、悬崖边的松树、水域、朦胧的远方和低垂在水上的柳枝。而在他的前辈和同时代画家那里也具有类似的意象，因此这些画只是部分地具有原创性。

他的绘画获得进一步发展则是在创作由李唐开始尝试的"万物静观"主题时实现的。马远在这类作品中强调了观察者的孤独情绪，用单个的人物形象替代了李唐经常采用的描画一对友人的做法。这些人物形象本来一般是次要的——常常是侍童形象，马远却将其变成了整个画作中具有独特地位的组成部分。同时他尽可能地缩小绘画本身的地位，释放空间，以使景物变为由若干富有表现力的细节构成的微型结构。他还坚持采用不对称对角线构图的方式，加强背景和景物的地位。借助这些技法和淡雅的色调，马远的绘画呈现出

空间性、轻盈性和抒情性境界。他的此类绘画中最有名的是立轴画《月夜图》（绢本，淡色，墨笔，日本箱根博物馆）以及册页《山径春行》（27.3厘米×43.1厘米，绢本，淡色，墨笔，台北故宫博物院）。

画作《月夜图》引用了中国诗歌中一个十分盛行的主题。它的前景中有一个仰望月亮的诗人，坐于低矮的山脚下。山丘的右侧站立着一个矮小的侍童。画的左边角落处隐约可见一块巨石的剪影，而巨石的坡面上，一棵松树粗壮弯曲的树枝向上方伸展，仿佛要插入夜空之中。画卷的其他部分被天空完全占据，在画面上天空垂得那样低，仿佛诗人的脚已经触到了它的边缘。深色的松树枝的线条沿对角线穿过，高悬在空中的圆月，以及坡度平缓、颜色向下逐渐加深的山丘，共同构成了绘画结构上绝妙的平衡。

在册页《山径春行》中，所有的形象——光秃的枝条、细长的柳树和站在柳树一侧、悬崖边上的诗人（或者是哲人）——均集中于画卷的左侧，背景中隐约可见远处群山的轮廓；画面的右侧是一条消失在烟雾中的朦胧小径。册页右侧留白的空间因为柳树枝条构成的对角线而得到支撑，柳树枝条在思想和构图两个方面，将人物和刚刚从树枝上飞走的鸟儿形象分离开来。

从马远晚期的作品中可以看到，他的艺术潜能体现在了花鸟画及单纯表现单个植物（譬如《倚云仙杏图》，册页，绢本，设色，25.8厘米×27.3厘米，台北故宫博物院）的经典作品中。还有一些作品使用了景物作为背景，这一类型的代表作品是《梅石溪凫图》（绢本，设色，26.7厘米×28.6厘米，北京故宫博物院）。这幅卷轴画的艺术空间与马远的山水画相似，仍然采用了对角线式构图。画面的左侧被巨石形象占据，石头斜坡上逸出蜡梅，蜡梅的树身和枝条呈弯曲状；画面中部的树仿佛在从上向下生长，树枝在平静的水面上舒展，形成了画作基本的对角线；水面居于画作的右侧，而画面下方的前景是一群鸭子，拍打出水花，给静止的树木和石头平添了几分生气。

马远十分精通绘画技巧，能够在不同的手法之间自由转

换,他使用水墨渲染和线条勾勒,线条或流畅自然,或方折刚劲,这也正是马远作为一个卓越的艺术家的独到之处。众所周知,马远在画山石和树木时使用焦墨,描摹树枝和树叶时用夹笔,而为了传达山石的质感,他以带水笔作斧劈皴。在册页和小幅卷轴画上勾勒人物服装时,他使用"如鼠尾"的线描,在大幅画作中则使用留白制造独特效果。他画松树时行笔瘦硬如屈铁,能够展示出松树坚硬如铁的特征,已经成为国画描摹松树的标准。在画松树时,马远还采用"减笔"的方式。他画树干和树枝的方法也有一个专门的名称——斜科偃蹇。这些独创的、精湛的技法的结合,使得马远成为一个独特的书法绘画流派——水墨苍劲派的奠基人之一。马远和他同时代的另一位著名画家夏圭的作品,在他们还在世时即被公认为代表了国画的新方向,是那个时代绘画艺术的卓越成果,因此这两位画家的作品被冠以"马夏风格"的美誉。

**H. A. 维诺格拉多娃《中国山水画》,莫斯科,1972年;H. A. 维诺格拉多娃《中国艺术》,莫斯科,1988年;M. E. 克拉夫佐娃《中国艺术史》,圣彼得堡,2004年;H. C. 尼古拉耶娃《画家、诗人、哲学家马远及他所处的时代》,莫斯科,1968年;B. B. 奥辛穆克《中国禅宗绘画与南宋画院山水》,莫斯科,2001年;T. A. 波斯特列洛娃《10—13世纪的中国画院》,莫斯科,1976年;邓白、吴莆之《马远与夏圭》,上海,1958年;《中国艺海》,上海,1994年;邵洛羊《中国美术大辞典》,上海,2002年;《中国历代绘画·故宫博物院藏画集》,第3册,北京,1982年;《中国美术全集·绘画编》,第3卷,北京,1986年;Cahill J. The Arts of Southern Sung China. New York-Tokyo, 1962; Loehr M. The Great Painters of China. Oxf., 1980; Paintings in Chinese Museums // Arts of China. Vol. 3.Tokyo, 1970; Possessing the Past. Treasures from the National Palace Museum, Taipei. Taipei, 1996; Siren O. Chinese Painting. Leading Masters and Principles. Vol. 2-3. L., 1958; Sullivan M. The Arts of China. Berk. -Los Ang. -L., 1984.

(M. E. 克拉夫佐娃撰,张猛译)

毛泽东

毛泽东（1893—1976），湖南省湘潭市韶山冲人，马克思主义者，中国无产阶级革命家、战略家、理论家、军事家，中国共产党、中国人民解放军和中华人民共和国的主要缔造者，马克思主义中国化的伟大开拓者，毛泽东思想的主要创立者，中国各族人民的领袖。在中国传统中占据很高社会地位的书法艺术上，毛泽东体现出非凡的才能和勤奋精神。

毛泽东一生都在从事书法创作，因为按照他自己的话来说，书法是"养神健脑的健身之法"。甚至1935年红军强渡乌江之时，他还曾即兴为士兵们讲述古代碑文书法。1946年，他亲笔为《人民日报》题写报名，同时提出书法是主要的"思想武器"。他曾说："我要用文房四宝打败国民党的四大家族。"毛泽东创作了大量书法作品，直到去世那一年才停止书法创作。1949年至1955年，毛泽东完成了40多个题词，主要为行书，作为党内刊物、国家机关和革命纪念碑的标题。1950年，毛泽东的首批书法作品之一是北京大学的题词。之后是天安门广场的人民英雄纪念碑和中国人民革命军事博物馆的题词。大部分北京的大型团体和文化机构都有毛泽东的书法题词。1964年，这位领袖为大部分省级报刊书写了新的刊名。毛泽东的书法作品被编纂成集，并在中国大量发行，广泛流传。他的手迹、摹本被安放于中国人民革命军事博物馆、上百个地方博物馆和无数企业与学校办公场所展览区的中心位置。毛泽东的雕塑上也有其书法作品。

尽管没有时间进行专业的学习，毛泽东仍通过自学掌握了传统书法大师们的创作要旨。他尤为感兴趣的是王羲之的作品，他在20世纪50年代潜心研究王羲之的作品，为了临摹废寝忘食。20世纪50年代末，毛泽东对唐朝怀素的草书产生了兴趣。20世纪60年代，他开始专注研究草书。人民大众虽无法皆懂得其草书的文本内容，但可以感受到那些草书笔尖移动的力量和速度，其中表达了毛泽东的革命热情、精神力量和对胜利的信念。在以宣传为目的的创作中，毛泽东不仅书写自己的诗，还书写古代作者的诗词歌赋。他的书法作品中经常出现打破传统标点符号的现象。有时他按照西方的书写方式，从左向右横向书写。

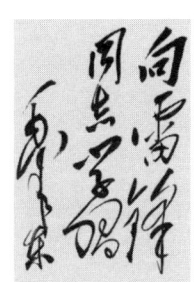

**В. Г. 别洛焦罗娃《中国书法艺术》，莫斯科，2007年；李树庭《毛泽东书法艺术》，武汉，1989年；李树庭等《书家毛泽东》，长沙，1994年；蒋昌诗、谢应成等《毛泽东书艺精粹博览》，成都，1992年；张铁民《翰墨春秋》，北京，1993年；朱仁夫《中国现代书法史》，北京，1996年；马国权编《沈尹默论书丛稿》，香港，1981年；Bai Qianshen. From Wu Dacheng to Mao Zedong. The Transformation of Chinese Calligraphy in the Twentieth Century // Chinese Art. Modern Expressions / Ed. M.K. Hearn, J. G. Smith. N. Y., 2001; Barrass G. S. The Art of Calligraphy in Modern China. L., 2002; Kraus R.C. Brushes with Power. Modern Politics and the Chinese Art of Calligraphy. Berk., 1991.

(В. Г. 别洛焦罗娃撰，王玉珠译)

梅兰芳

梅兰芳（1894—1961），杰出的演艺家、教育家、戏剧和社会活动家。梅兰芳出身于戏剧世家，他的第一任老师并没有发现他的天赋，并拒绝继续给他上课。腼腆的小男孩为自己选择了青衣的角色，这一角色不需要大幅度的动作程式。梅兰芳经常去观看名人演出的戏剧，并向他们学习技艺。1911年，他搭班喜连成首次登台演出[①]。他和老一辈艺人王瑶卿的相识意义重大。对于梅兰芳来说，戏班是一所演艺学校，是一个谨慎对待传统而又富有创造力的课堂。1914年，梅兰芳前往上海这个戏剧艺术创新的中心，这在很大程度上拓宽了他的视野，并唤醒了他"寻找戏剧发展新途径"的意识。

1915—1918年，梅兰芳实现了经过他深思熟虑的变革：减淡妆容，采用新式照明设备，在所扮角色的舞台动作上引用剑术表现手法。他出演了保留传统戏服的新剧《牢狱鸳鸯》，除此之外，梅兰芳也出演了系列"时装新戏"：《孽海波澜》，这部戏揭露了妓院的黑暗生活；《宦海潮》讲述

[①] 梅兰芳搭班喜连成演出是在1907年，1911年，他搭双庆班在北京文明茶园演出。且梅兰芳首次登台演出时间为1904年。

了官僚制度下的阴谋故事；《邓霞姑》《一缕麻》是关于不自由婚姻的故事；《童女斩蛇》讲述了与世俗偏见进行斗争的故事。这些剧目做了很多创新：为传统唱段添加了音乐，这些音乐是作曲家专门为这些剧目创作的；剧中的人物（在最新的剧本中）身穿日常服饰；对传统舞台动作进行了改造。

之后，梅兰芳又回到传统题材上，力求在其中发现新的内容。神话题材《嫦娥奔月》意在模拟古老的画面：主人公出现时，身着古代服饰，仿佛就是古代佳人在翩翩起舞。新的旋律由非传统的管弦乐队来演奏，其中有长笛、二胡等。与此类似的剧目还有《天女散花》《西施》《霸王别姬》等。灵活运用戏剧传统表演程式，在梅兰芳20世纪20—30年代的创作中留下了鲜明的印记。除抒情主人公外，梅兰芳还塑造了从军女子"木兰"的形象——木兰换上男装与外敌作战。艺术家这部戏的上演拓宽了其演出剧目的体裁，丰富了女性角色的表现技巧，开启了旦角艺术的新领域。

1919年，梅兰芳到日本举办巡回演出，受到热情接待。四年后当他再次来到日本时，这里已经有"梅派"之说，有人在学他，模仿他。1930年，梅兰芳赴美国巡回演出，节目单中几乎列入了他所有的剧目：《贵妃醉酒》《霸王别姬》《打渔杀家》《汾河湾》《天女散花》《青石山》等，以及小型舞蹈表演——剑舞、羽舞和杯盘舞。当时的评论中充满了溢美之词，称演员去除了人们对中国戏剧的奇怪看法，为美国观众开启了幻想与感知的新世界。对此，查理·卓别林写道，梅兰芳的表演给他留下了极大的印象。人们公认，梅兰芳的创作使中国戏剧成为世界现象。

1935年，梅兰芳访问苏联，他演出了自己最好的剧目：《打渔杀家》《贵妃醉酒》《虹霓关》《抗金兵》，以及舞蹈节目。这位中国演员的巡回演出在苏联戏剧界产生了热烈的反响，他们赞叹其令人惊奇的技艺、表演的热忱、情感的细腻表达、善于倾听同伴的声音以及每一个动作和姿势的优美。与中国戏剧艺术的直接接触，在苏联戏剧和电影革新者

的创作中留下了深深的印记,如В.Э.梅耶荷德、А.Я.泰罗夫、С.М.爱森斯坦。同时,К.С.斯坦尼斯拉夫斯基的著作也成为梅兰芳的手头必备书籍。

在1937—1945年全面抗战期间,梅兰芳停止了舞台演出,靠卖自己的画作维持生计。1949年后,他积极参与民族戏剧事业的发展,在北京京剧院继续其表演和教学活动。他曾担任全国人大代表及北京的中国戏曲研究院、中国戏曲学院院长。

**《梅兰芳文集》,北京,1926年;梅兰芳《舞台生活四十年》,莫斯科,1963年;梅兰芳《我的电影生活》,载《远东问题》1978年第3期;С.А.谢罗娃《京剧》,莫斯科,1970年;徐兰沅《略谈梅兰芳的声腔艺术》,载《戏剧报》1962年第8期;吴祖光、黄佐临、梅绍武《京剧与梅兰芳》,北京,1981年。

(С.А.谢罗娃撰,许力译)

孟京辉

孟京辉,1964年生于北京,中国当代剧作家、编剧、戏剧和电影导演。1986年毕业于北京师范学院中文系,1991年毕业于中央戏剧学院导演系,获得艺术学硕士学位。1993年,执导的话剧《思凡》在中央实验话剧院演出。话剧作品有《我爱×××》(1994)、魔幻儿童剧《迷宫》。执导荒诞戏剧家欧仁·尤奈斯库作品《秃头歌女》(1991)、廖一梅剧作《恋爱的犀牛》(1999)、让·日奈作品《阳台》(1993),并根据鲁迅中篇小说改编执导戏剧《阿Q同志》(1996)、达里奥·福的喜剧《一个无政府主义者的意外死亡》(1998),以及马雅可夫斯基的话剧《臭虫》(2000)。孟京辉作品所特有的讽刺性语调、强烈的画面感、社会敏锐度、象征性内涵引起了观众极大的兴趣。

他的先锋戏剧充满了生活的风暴和不安的气息。他认为，话剧是反映现代生活的积极的、鲜活的艺术。2007年，保利剧院上演了他根据比利·怀尔德的电影《公寓春光》（1960）改编的话剧《艳遇》。这部话剧的着力点集中于居住在大城市却体验到强烈孤独感的一对男女的复杂情感。孟京辉作为电影导演同样知名，由他执导的电影不止一次在国际电影节上获奖：2002年他凭借电影《像鸡毛一样飞》获得洛迦诺国际电影节（瑞士）评委会"特别关注奖"。

*孟京辉《先锋戏剧档案》，北京，2000年。

（E. K. 舒伦诺娃撰，张猛译）

米芾

米芾（1051/1052—1107/1109），初名米黻，字元章，号海岳外史、襄阳漫士，襄阳人（今湖北襄阳），北宋著名书画家、绘画理论家、文人画派代表人物。

米芾祖籍中国北部的太原（今山西省内），后迁居襄阳，之后米黻自己决定迁居到润州。1091年米黻改名米芾，将指代古代礼服上绣的花纹的黻改成同样是礼仪服饰词汇的芾，芾有两种读音：[fèi]和[fú]，因而对他的称呼也略有不同。

因鲜明出众的个性，米芾在世时就已成了一些故事和传说中的人物，这些传说后来被陈继儒收集到其伪托之作《米襄阳志林》（约1600年出版）中。米芾早年丧父，继承家业后，因不用考虑仕途，能全身心投入艺术创作、艺术品收藏（主要为书画）当中。传说他在母亲的强烈支持下醉心收藏达12年之久，如果儿子急需钱财购买珍宝，母亲可以变卖自己的首饰。他还从事修复工作。收藏和修复需要对古代和同代大师的作品具有深入的了解，多年的收藏和修复经验使米芾成了杰出的鉴定家。当时李公麟也是内行画家，是苏轼志趣相投的朋友，米芾与之相识后，在他的指导下学习绘画技艺，并沉迷于临摹古代绘画，甚至达到了当时无人能辨真假的程度。米芾在成年时期开始进行绘画创作。他天性特立独行，这在日常生活中就能体现出来：行为古怪，穿着晋唐时期的服饰。

根据米芾参与编纂的、记录宫廷所藏绘画作品目录的《宣和画谱》，他研究了墨梅、兰花、菊花和松树题材的花鸟画、山水画。晚年他热衷于仿效顾恺之的技法创作人物画。保存下来的有关资料表明，米芾创作了不少于4幅自画像（其中一幅的题词由他的儿子米友仁完成），他还画有一系列知名文化活动家——过去时代的书法家和诗人的肖像。因其广博的鉴定知识和绘画经验，米芾生前就久负盛名。在12世纪初画院改革时期，徽宗任命他为太常博士、书画学博士，并令他参加《宣和画谱》的编纂。但米芾在京城总共只工作了大约两年：我们认为，原因是"古怪天才"的习惯和行为与宫廷礼仪不相容。米芾的才能最完美地展现在书法和风景绘画中，画的主题主要是烟云雾景中的群山（根据至今仍保存的摹本和记录在册的米芾所作画卷名称推断）。米芾画技的典型代表是至今留存的摹本《春山瑞松图》（纸本，设色，台北故宫博物院藏）。画中只有几簇锥形灰青色山峦，耸立于云雾之中，浓雾覆盖得如此密实，以至于观者只能根据与附近事物的比例对比来猜测山峰的大小和高度。画卷首先描绘了耸立云雾中的小山，山中生长的树木故意用简朴风格完成，其中没有专业绘画技艺的痕迹。我们认为，米芾是在有意使用这种"肤浅"手法（选择的是苏轼要求拒绝学院派习惯的现实化方法），虽然在现实中他用笔高超，不仅使用传统手法，同时还发明了一些常常很难"破译"的技法。为了分析它们，后代的绘画评论家和学者不得不采取形象的评析和比喻，例如，将其"点"的用法称为"米点"；称其画中的浅色部分有如"银汉"，深色部分是能隐能显的、体现出生命能量取之不尽的典范——"神龙"。众所周知，米芾使用极其怪僻的技法，有时用甘草或草茎笔创作。米芾的绘画成就还包括"没骨画"，他拒绝对山水画中的事物进行轮廓勾线，主要使用卧笔"横点"作画。他还创作

了单色画，关于这一点在中村（东京）收藏的纸本水墨山水画摹本中得到证实。米芾的山水画延续了王维和董源（南宗代表）的技法，在中国山水画中创立了独立分支——根据现在的定义——"云雾烟霭"。在明代的理论著作中，米芾的风格与术语"烟云供养"相近，这个术语发源于道教的宗教传统，传达着信徒保持长生的"养生"理念。隐藏在雾霭中的景观形象同时也是道教世界观符号中不可思议的象征和幻象，因此说"云雾烟霭"与道教哲学和宗教思想有着语义联系是合理的。同时米芾的风格完全符合佛教禅宗教义的美学准则，这些准则要求在艺术活动中自发地产生联想，以暗示和轻描淡写的方式表现作品蕴藏的深意。他在南派山水画中形成了自己的独特传统，使原本士人创作中典型的"云雾烟霭"，为京城的士大夫所接受，关于这一点可以在北宋高官画家王诜的遗作中得到证实。米芾风格的影响一直延续到南宋的绘画，同时也影响着正统派代表人物的作品（例如马远和夏圭），以及禅宗山水画(牧溪和玉涧)。

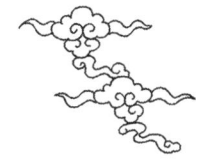

米芾的绘画理论体现在《画史》当中，书中记载了米芾所藏所见书画作品，以及他对书画的见解。《画史》被认为是中国美学思想史上第一部具有高水平鉴赏特征的论著，其中包含绘画艺术作品的风格特征、保存和修复相关等内容，还有关于个别画家的创作风格、技法特性、生平资料及米芾所见名画的品评和关于绘画创作本质的论述。米芾绘画的主要目的被认为是体现"天真"。

*于安澜《画论丛刊》，北京，1960年；《10—17世纪艺术家的故事》，载《中国艺术》，B. B. 马良文翻译、注释、作序，莫斯科，2004年。

**H. A. 维诺格拉多娃《中国山水画》，莫斯科，1972年；E. B. 扎瓦茨卡娅《米芾的奇思妙想》，莫斯科，1983年；M. E. 克拉夫佐娃《中国艺术史》，圣彼得堡，2004年；R. 库珀、J. 库珀《中国艺术杰作》，译自英文，明斯克，1997年；

B.B.奥辛穆克《中国文化背景下的禅宗绘画》，载《东西方艺术》，莫斯科，1993年；B.B.奥辛穆克《中国禅宗绘画与南宋画院山水》，莫斯科，2001年；T.A.波斯特列洛娃《10—13世纪的中国画院》，莫斯科，1976年；《中国艺海》，上海，1994年；邵洛羊《中国美术大辞典》，上海，2002年；《中国美术全集·绘画编》，第3卷，北京，1986年；Ledderose L. Mi Fu and the Classical Tradition of Chinese Calligraphy. Princ., 1979; Paintings in Chinese Museums, Arts of China, Vol. 3. Tokyo, 1970; Siren O. Chinese Painting. Leading Masters and Principles. Vol. 1-3. L., 1958; Sullivan M. Symbols of Eternity: Landscape Painting in China. Stanf., 1979; Vandier-Nicolas N. Art et sagesse en China. Mi Fou (1050-1107). P., 1963; idem. Le Houa-che de Mi Fou (1051-1107). P., 1964.

（M.E.克拉夫佐娃撰，王玉珠译）

米芾的祖上是北宋初年的开国元勋，母亲是英宗皇后高氏的乳娘，这使得他能够"荫补"为官。米芾生来聪慧，10岁时即用楷书撰写碑文。年轻时热衷于击剑，这对他以后的用笔技巧产生了影响。18岁走上仕途，由于性格乖僻，仕途并不平坦，职位轮换，经常被任命为南方省级地方官。米芾死前不久作为鉴定家参加了《宣和谱》中书法典籍《宣和书谱》的编纂，临摹了珍贵的书画范本，因此受到徽宗皇帝的慷慨赏赐。

米芾个性特异，举止狂放，追求魏晋风流。他也是一位狂热的收藏爱好者和当时最好的艺术行家之一，生命的最后几年在中国南方度过，他将收藏品藏于船上，称为米家书画舫。这是独特的"漂浮在水上的博物馆"，米芾邀请朋友到这里观赏收集来的作品。他的论著成为中国美学思想的经典：《宝章待访录》（1086年）、《书史》、《画史》、《砚史》、《评纸帖》和《海岳名言》等，《海岳名言》是后人编纂于17世纪初的米芾题词和跋文汇编。

除了少有的天赋，他研习书法长达十余载，起初研习颜真卿的大字楷书，然后转向褚遂良的风格。某个时期开始临摹3世纪的《金刚般若波罗蜜经》，该版本是由唐代书

法家柳公权写成的。在学习唐代书法作品之后，米芾开始追寻"二王"的遗迹。米芾临摹他们的作品达到了相当高的程度，以至于一些皇家收藏的他的摹本在后世被认为是晋代大师的真迹。苏轼将"二王"和颜真卿风格结合了起来，而米芾在这种综合体上再加入第三种元素——汉代书法家蔡邕的风格。米芾的书法具有独特的韵律，这种韵律类似于马的运动，以无节奏的步伐自由移动。米芾发展了"一笔书"，在他看来，唐代著名的书法家欧阳询、褚遂良和颜真卿的楷书都属于一笔书。一笔书的准则在于能够感知笔尖移动的连绵相续，其结果是单独的"势"通过个别的文字线条表现出来。这种统一性的感觉因书法家的专注而产生，并通过笔尖的挥动自发地体现出来。在米芾的成熟作品当中，字体大小随意变化，一列有时有四个字，有时只有一个字，落笔振迅且跳动，用墨浓淡枯润相间。米芾后期的精品具有爽健、天真和洒脱等特点。

  高要求使得米芾销毁了那些他自己不满意的作品。因此，在30岁时他烧毁了所有早期作品，在逝世前又销毁了一些。后人的收藏（约100幅）相继分散于世。米芾的真迹保留至今的很少，但是所有的作品都是书法艺术的杰作：《苕溪帖》（1088年，行书，北京故宫博物院藏）、《蜀素帖》（1088年，行书，台北故宫博物院藏）、《吴江舟中诗》（1095年，行草，美国纽约大都会博物馆藏）、《虹县诗》（1106年，行书，东京国立博物馆藏）等。众所周知，米芾本人最自豪的是他在小楷上取得的成就，但其小楷真迹并没有保留下来。米芾的书法风格如此独特，他没有直接的前辈，除了他的儿子米友仁，也没有著名的追随者，但是所有后世书法家在某种程度上都不可避免地受到其独特性创作的影响。米芾绘画中"横点"技法的力量传达着"势"内部韵律的统一性，没有这种统一，横点会像成串的豆子或者杂乱无章的斑点。米芾笔下的圆点墨色鲜艳，好似浓雾中的星星，体现了气的循环。

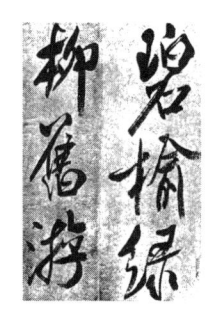

*沈鹏《中国美术全集·书法篆刻编·宋金元书法》，北京，1986年。

**В.Г.别洛焦罗娃《中国书法艺术》，莫斯科，2007年；Е.В.扎瓦茨卡娅《米芾的奇思妙想》，莫斯科，1983年；孙祖白《米芾·米友仁》，上海，1962年；徐邦达《古书画过眼要录：晋、隋、唐、五代、宋书法》，长沙，1987年；曹宝麟《中国书法史·宋辽金卷》，南京，1999年；朱仁夫《中国古代书法史》，北京，1992年；王镛《中国书法简史》，北京，2004年；马国权《沈尹默论书丛稿》，香港，1981年；Chang Leon L.-Y., Miller P. Four Thousand Years of Chinese Calligraphy. Chic.-L., 1990; Siren O. Chinese Painting. Leading Masters and Principles. Vol. 2. L., 1958; Sturman P.C. Mi Fu. Style and the Art of Calligraphy in Northern Song China. New Haven-London, 1997.

（В.Г.别洛焦罗娃撰，王玉珠译）

米友仁

米友仁（1074/1086—1151/1153/1165），初名尹仁，字元晖，小名虎儿，号懒拙老人，襄阳（今湖北）人。他是12世纪著名的山水画画家，知名画家米芾的长子。

大概因为家境衰落，虽身体虚弱，他仍被迫走上仕途，直至北宋末年均担任地方小官。对他及同代人来说，北宋末年的靖康之难是巨大的震动：金国入侵，占据整个黄河地区。60多岁高龄的米友仁来到新政权（南宋，1127—1279）的首都（临安，位于今浙江杭州），在画院任职，这使得他之后主要进行绘画创作。他本人自认为是远远超过同代人的杰出画家，只有经历百年的等待才能得到真正的承认。根据早年中国评论家和现代艺术家的观点，正是米友仁生活的波折和心灵的痛苦使得其创作的作品别具一格。

米友仁主要从事山水画创作，大多数是横轴水墨画，发展了其父"云雾烟霭"风格，因此在后世的绘画理论作品中，二人合称为"大小米"，后来他赋予"横点"更为纤细的形态。

米友仁知名的作品只有几部，主要是摹本，其中包括《潇湘白云图》（28.5厘米×296.7厘米，纸本，水墨，13—14世纪摹本，上海博物馆藏），《潇湘奇观图》（19.8厘米×289.5厘米，纸本，水墨，北京故宫博物院藏），《云山得意图》（43.4厘米×194.3米，绢本，水墨，淡设色，1130年，克利夫兰艺术博物馆藏）①。所有这些作品都描绘了隐藏在浓雾之下、连绵不断的山峰，山脉断裂处出现房子、树木和岩石的"幻影"。现代艺术家（如J. Cahill）认为，米友仁的山水画不仅以道教、佛教思想为基础，同时利用了形而上学的象征意义。因此，这些作品不应该被看作以抽象的方式诠释现实自然事物构成的作品，而应该被看作由符号构成的"文本"，它们实质上接近于中国古代的象形文字。与米芾的作品相较，米友仁的作品更具神秘性和孤独感，其绘画的云雾风格作为独立的样式，被取名为"云山墨戏"。米友仁的一些绘画技巧也非常独特：水平放置笔尖而形成独特形状的点，术语叫"横点"或"米点"，使用水墨烘染——用大量水稀释的墨汁冲刷并晾干。

中国学者对米友仁的评价各不相同。一些人认为，他没能达到其父的水平，另一些人则发掘出了其书法中的成熟、不凡和能量。小米的书法经典是其绘画作品《潇湘奇观图》上的跋文（约1137年，北京故宫博物院藏），画作大概是摹本，但书法作品被认为是真迹。他的书法学其父，但结字更显欹侧，笔力劲健，能感觉到与米芾的创作风格相近。整体而言，米友仁的书写方式被认为具有独特的书画技巧，绘画的"墨戏"风格凸显了他的高超技艺。

*沈鹏《中国美术全集·书法篆刻编·宋金元书法》，北京，1986年。

**В.Г.别洛焦罗娃《中国书法艺术》，莫斯科，2007年；

---
① 克利夫兰艺术博物馆所藏应为《云山图》。

М. Е. 克拉夫佐娃《中国艺术史》，圣彼得堡，2004年；Т. А. 波斯特列洛娃《10—13世纪的中国画院》，莫斯科，1976年；孙祖白《米芾·米友仁》，上海，1962年；曹宝麟《中国书法史·宋辽金卷》，南京，1999年；《中国艺海》，上海，1994年；《中国历代绘画·故宫博物院藏画集》，第3卷，北京，1982年；邵洛羊《中国美术大辞典》，上海，2002年；《中国美术全集·绘画编》，第3卷，北京，1986年；《上海博物馆藏品精华》，上海，2004年；Cahill J. The Lyric Journey. Poetic Painting in China and Japan. Cambr., 1996; Eight Dynasties of Chinese Painting. The Collection of the Nelson Gallery-Atkins Museum, Kansas City, and the Cleveland Museum of Art. Cleveland, 1980; Paintings in Chinese Museums // Arts of China. Vol. 3. Tokyo, 1970; Siren O. Chinese Painting. Leading Masters and Principles. Vol. 1-3. L., 1958; Sturman P. C. Mi Fu. Style and the Art of Calligraphy in Northern Song China. New Haven-London, 1997; Sullivan M. Symbols of Eternity: Landscape Painting in China. Stanf., 1979; The Shanghai Museum of Art / Ed. by Zhen Zhiyu. N.Y., 1981.

（М. Е. 克拉夫佐娃、В. Г. 别洛焦罗娃撰，王玉珠译）

民俗画

民俗画，又称风俗画、老北京画，是反映清朝晚期中国风俗的民间绘画日常题材的变体。民俗画起源于表现市井日常生活的学院画，以及描摹日常用品、工具、服饰、头饰等图案合集的传统（图谱、图示）。在西方传统中，民俗画指的是中国的外销画，因为凭借18世纪末兴起的中国画册出口的风尚，这些作品最先进入了欧洲。19世纪中叶，一些以手工作坊形式生产这种画作进行出售的中心出现了，民俗画的技法也得以形成。大部分的手工作坊位于北京。这些绘画描述了街头的场景，直观地展示了工匠们的工作、他们的工具以及加工好的成品。还有一些展示风俗和礼仪（婚礼、丧葬、祝寿）、农民劳动（耕地、磨面、挖井）、娱乐、刑罚的民俗画也很盛行。画面上的人物等级各异，有官员、商贾、杂耍艺人、乞丐等。中文解释也是画作的一个组成部分。文字一般位于画的右侧，包括必需的解释和专门的术语。每段解释都会以"中国（手艺或工作名称）图"为开头。文本中经常可以见到存在于民间、简化的或不标准的汉字（俗字）。随着时间的推移，民俗画的风格变得十分欧化。描绘街头场景的绘画在日本和朝鲜也得到了流传，民俗画是民族学研究的珍贵史料。

民俗画在欧洲，尤其是在俄罗斯的收藏相当丰富。俄罗斯科学院东方手稿研究所、艾尔米塔什博物馆、俄罗斯科学院彼得大帝人类学与人种学博物馆(珍奇馆)都收藏有大量相同的民俗画。根据比例、色彩和人物方位来判断，这些画是由不同的画家依据示例图片，没有借助任何模板，手工临摹而成的。说明文字的特点和笔迹也能够证明，这些画作来自不同的艺术家和作坊。

俄罗斯科学院东方手稿研究所收藏了1427页民俗画，其中5本画册（H—51/Ⅰ—Ⅴ，ф.Nova）是由时任俄国驻天津领事馆秘书、后担任俄国驻华宗教使团翻译的А.Ф.波波夫（1828—1870）订购的。这些图画是在薄薄的白纸上用水彩绘制完成的。画册封面为墨绿色（人造皮革），书脊和边角处包上了棕色皮革。图中带有中文解释，解释文字通俗，字体粗放随意（楷书）。有几处加上了俄文的翻译（一般是很简短的注释），有时是在画页背面，有时是单独的一页。文字一般是1—10行，每行约10个汉字。这5本画册共有515幅规格为22厘米×35厘米的画，画页的规格为31.5厘米×47.5厘米。所有的画按照主题进行分类，尽管画册所有者没有留下名单或者简要的目录，但从图片的编码和俄语解释显然可以看出来，这些画作是由他本人完成的。想必这种绘画的制作具有十分普遍的性质。俄罗斯科学院东方手稿研究所收藏了类似的中国风俗画。1958年获得的画册（Х—170）共有301幅画（26厘米×34.5厘米），其中有画家和作坊老板周培春的摹本。这里面的很多画和А.Ф.波波夫画册中的内容相同，但一些纹饰和颜色存在差别。Х—170画册中的题字更小、更

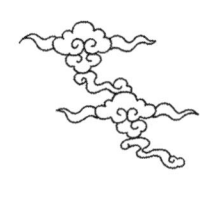

精致，也更工整（一般为1—5行，每行约17个汉字）。画册中的文字大部分与画册H—51中的文字一致。俄罗斯科学院东方手稿研究所东方学家档案馆的埃米尔·布雷特施奈德（1833—1901）基金会同样收藏了一些中国画页：3本植物画册、3本动物画册以及12本北京街景画册。埃米尔·布雷特施奈德去世后，他收藏的画册被转交到亚洲博物馆，和画册一起的还有一张画册主人生前编制的单子。很可能是他将图画装订成册，所有的德语和拉丁语文字也都出自他之手。埃米尔·布雷特施奈德基金会收藏的民俗画共12册，以棕色光面纸和深棕色书脊装订而成，图画规格为22.5厘米×35厘米，画页基本尺寸为26厘米×36.5厘米。图画是在很薄的白纸上用水彩完成的。一些图画上有画册主人用德语写的简短注释。他还在画册封面贴上了题签，这些文字标明了画册编号、图画编号，简要介绍了画作的内容，证明了埃米尔·布雷特施奈德曾经从事过图画系统化的工作。

*佚名绘《北京民间风俗百图》，王克友、王宏印、许海燕译，北京，2003年；康斯坦特（Constant S. V.）《京都叫卖图》，陶立译，陶尚义绘，北京，2004年；《北京风俗图谱》，内田道夫解说，第一、二卷，东京，1976年；《清代北京：民俗画》，И. Ф. 波波娃翻译、注释、作序，圣彼得堡，2009年。

**М. И. 尼基京娜《圣彼得堡收藏的19世纪朝鲜画家金重根作品》，见《朝鲜语言文学中心学刊》第1辑，圣彼得堡，1996年。

（И. Ф. 波波娃撰，张猛译）

"明四家"又称"明四大家",传统上指沈周(1427—1509)、文徵明(1470—1559)、唐寅(1470—1523)和仇英(约1494—约1552)。这几位画家并不属于同一个流派,尽管他们私交甚密,基本上又都住在苏州,并因此被称为"吴门四家"("吴门"或"吴"——苏州的雅称)。在创作上,他们各具特色:沈周和文徵明喜好画风景,为吴派代表,唐寅在风景和人物画上继承了南宋学院派的遗风,而仇英则以"青绿山水"和工笔人物画而知名。

沈周,书法家、诗人、画家,是风景和花鸟画高手,他取法黄公望和吴镇的绘画传统,创立了自己的绘画风格,被认为是吴派的奠基人之一。他在作品署名时一般会留下全名,并附以刻有自己姓名和字号的钤印以及八十一翁、吴郡、煮石亭、水云居、有竹可免俗无钱不厌贫、有竹居、有竹庄等钤印。

文徵明,画家、书法家、诗人、学者。有观点认为,他创造性地运用了郭熙、李唐、赵孟頫和其他著名画家的成就。他与自己同时代的苏州诗人、书法家和画家保持着良好的关系,在将近30年的时间里一直是"四才子"的中心人物,还是文人画吴派的代表人物。东方民族艺术博物馆(莫斯科)收藏有文徵明的绘画、手稿和印章。他常用的钤印有停云馆、悟言室印、玉兰堂、玉兰堂印、玉磬山房等。

唐寅,画家、诗人、书法家。作为画家,他经常从事山水、人物和花鸟画的创作。在山水画方面,他结合了李成、李唐,元代画家赵孟頫、王蒙、黄公望,以及比他年龄大的同时代人沈周的绘画手法。唐寅在世的时候,他的仕女画受到很高的赞誉。从事创作活动之初,唐寅以其字"伯虎"而知名,晚年他醉心佛教,号"六如居士",文献中也常常称他为"唐解元"。钤印有梦墨亭、南京解元、学圃堂、学圃堂印、唐居士、逃禅仙吏、吴郡、吴趋、禅仙、园公。O. 西林认为,唐寅属于16世纪那一批独特的艺术家,他们在生平履历、生活方式和创作成果上不符合文人画或吴派风格,但还是获得了广泛的认可,在声名上不

明四家

逊于沈周、文徵明等人。唐寅在自己的创作上观点独特,一方面他与吴派关系密切,另一方面又承继了南宋画院传统。

仇英,著名山水画家,靠卖画为生,是他所处的那个时代为数不多的几个真正的专业画家之一。他出身于普通的匠人家庭,后来被吸收进围绕文徵明所形成的画家－知识分子团体。他本身不是学者,也不是书法家,因此不会在作品中留下长串的署名,除少数情况外,他不在画中写明创作日期,经常只是写下"仇英制",有时候加上他的字"实父"。现存的仇英作品中常常可以看到他的朋友、鉴赏家在上面的署名:王宠(1494—1533)、文徵明、彭年(1505—1566)、陆师道(约1517—1580)、项元汴(1525—1590)等。他们证明了,保存完好的最早的仇英作品完成于1533年之前(关于其作品更早创作时间的证明不可信)。仇英留下的作品众多(O. 西林列举了120幅卷轴画和册页),但许多题有他名字的画作的真实性尚待商榷,由于仇英作品流传甚广,经常有人模仿或者伪造他的作品。他的大部分作品上都会有一个标志性的葫芦印章,上面刻有其号"十洲"。

* 《缩印百衲本二十四史·明史》,上海,1958年。

** К. Ф. 萨莫秀克《仇英〈十八罗汉〉图》,见《国立艾尔米塔什博物馆丛刊》,第27辑,列宁格勒,1989年;В. Л. 思乔夫《国立东方博物馆藏的两幅苏若兰回文诗画卷》,见《国立东方博物馆学术通讯》,第24辑,莫斯科,2001年;王逊《中国美术史讲义》,北京,1956年;《明清时期中国著名书法作品画册》,第1—2卷,大阪,1985年;单国霖《仇英〈右军书扇图〉鉴赏》,见《上海博物馆藏宝录》,上海,1989年;Tregear M. Chinese Art. L., 1980.

另参见词条"小四王"的参考文献。

(В. Л. 思乔夫撰,张猛译)

摩崖

摩崖，指的是在石壁上的书法或题字。与碑刻不同，摩崖石刻是在自然形成的悬崖地带的石块和峭壁上磨刻而成。摩崖具有记事或者抒情的特点，很少会记录道教经典、佛经片段或全文。摩崖也常见于山路的坡面上，记载修路工事的始末。有些题字标明了悬崖的名字，还有一些则体现了对古代书法的评价。中国著名高山的山坡都会被纪念性的书法所覆盖，而其中最早的题刻可以追溯到秦汉时期。摩崖石刻中的优秀作品在名气上丝毫不逊色于一些声名远播的文献手稿，得到了整个社会的重视与敬仰，供人瞻仰临摹。参观拜谒这些地方，成为那些"读万卷书，行万里路"的读书人的传统。这一传统的最终主旨同样暗含着对自然之美和摩崖石刻的观察体悟。对于摩崖石刻，西方学界还未充分研究，尽管在中国的古典文学中它们经常被提及，并在中国的现代旅游业中相当受关注。中国保存着大量的、没有确切统计数字的摩崖石刻。摩崖石刻的地点要依照风水学来确定，并且要与周围风景相得益彰。碑刻常常成为古迹的中心，它们的作者力图使自己的创造尽可能地接近闻名遐迩的杰作，但并不总是能够获得成功。日本和朝鲜没有悬崖上刻字的传统，虽然他们也有仿效中国的碑刻。这表明摩崖艺术具有中国艺术构思所独有的东西，这些东西不能够移用到其他民族文化之中。摩崖石刻的出现与中国宇宙建构的传统观念有关。在这一观念的本体论中，人有以自己的独创行为完成自然进程的权利和需要。在那些人的地位不同的文化中，要么是不敢用书法作品破坏山水原始的自足性，譬如朝鲜；要么是野外的环境处于人的艺术实践范畴之外，譬如日本。在中华文明发展的晚近成熟期，摩崖石刻文化得到了更加广泛的传播，艺术经验的完整性和审美思想的深度使得作为一门艺术的书法的外形得以最大化，并能够和山石样貌日趋协调。

摩崖石刻中的字符通常利用红色加重字体，较少使用黄色，以使汉字在深色的石头背景上对比明显。字符的庞大外形和创作的艰难条件，需要刻写者具有特殊的专业技能。山岩的表面不能像石碑一样打磨得那样光滑，创作过程中要使用到梯子和高悬的吊篮。由于刻字前无法在岩石上画线构

图，篆刻大师们需要适应岩石表面的凹凸不平。因为这一点，字体的凹凸也赋予了书法独特的自然特点。石头的致密性和曲度与书法结构丰富的空间效果巧妙地结合了起来。年代久远的摩崖书法不断受到自然力量的侵蚀，以及微生物群、苔藓和地衣滋生带来的损害，因此，一般摩崖石刻的完整性远远比不上它们同时代的碑刻，尤其是在这些石碑被长久地埋在地下，后来重新被发现的情况下。摩崖有两种主要类型：凿刻在自然岩石经过平整的矩形部位上的汉字符号，直接凿刻于岩石自然表面上的汉字。有时还可以看到被冲到自然形成或分离出来的瀑布或湖泊底部的水下石刻汉字。

自然中的摩崖石刻，就像城市街道上不计其数的招牌，可以使大多数文化水平不高的平民百姓欣赏到杰出的书法艺术成果，摩崖的宣传功能是题字具有纪念性的结果。关于石刻流传着一系列历史传说，大量的民众拜谒某些石刻，体现出平民大众对于摩崖石刻的景仰之情。摩崖书法的经验在19—20世纪之交传统艺术形式现代化的阶段得到了合理采纳和利用。中国现代城市里的广告牌就是对摩崖书法的继承。与石刻一样，在这些广告牌中，信息功能决定了书写造型的参数，而新材料富有表达力的可能性又服从于艺术形式建构的传统原则。

**В.Г.别洛焦罗娃《摩崖石刻》，《第31届"中国的社会与国家"学术研讨会论文集》，莫斯科，2001年；康有为《广艺舟双楫》，潘运告编，长沙，2003年。

（В.Г.别洛焦罗娃撰，张猛译）

没骨派

没骨派，源自宋代著名画家徐崇嗣（11世纪），他创作了所谓的"没骨图"（没骨法/体），在画中或者线条不起主要作用，或者完全没有线条。还有一些学者认为这种技法来自米芾。

徐崇嗣是10世纪后半期著名花鸟画家徐熙的孙子，他的

142幅作品被《宣和画谱》收录。该画谱根据北宋徽宗皇帝（1101—1125年在位，其在位的年号之一为宣和，即1119—1125年）的圣谕编选。一些中国的艺术评论家认为徐崇嗣继承了其祖父的画风，另一些人则从他的画中看到了黄筌留下的印迹。"没骨画"的传统在明代著名花鸟画家陈淳那里得到发展。随后这一传统的承继者是17世纪著名画家恽寿平，恽寿平既画山水，也画花鸟，并被认为是他那个时代最擅长花鸟画的画家。他在常州出生、工作，因此他及其从学者又被称为"常州派"。"没骨派"这一名称作为专有名词最早被用于指称清代早期花鸟画中使用这一技法的画家们。其中就有恽冰（号清於、兰陵女史、南兰女子、寒闺女史，字浩如，钤印有香雪楼、竹西、消闲），其作品多于1670—1710年在武进（今江苏常州）创作。根据恽冰创作繁盛期的时间段以及关于1686—1698年其作品的介绍可以推知，她是恽寿平的女儿或侄女①。恽冰在花鸟画体裁方面传承了家族传统，后来她的儿子和孙女均继承了她的创作道路。

*《恽寿平画册》，北京，1959年。

**В. Л. 思乔夫《中国传统绘画的鉴别方法》，见《国立东方博物馆学术通讯》，第24辑，莫斯科，2001年；郑振铎《伟大的艺术传统图录》，上海，1955年；李萍《恽寿平〈仿宋人花果册〉介绍》，见《文物》，北京，1997年第3期。

另参见词条"吴派"的参考文献。

（В. Л. 思乔夫撰，张猛译）

---
① 恽冰与恽寿平的关系说法不一，除"女儿或侄女"说，还有曾孙女、侄孙女、玄孙女等说法。

墨法

墨法，指书法中的用墨方法。墨汁的着色程度取决于运笔的速度，同时与染色颜料和稀释墨汁水分的比例有关。水能保证毛笔在纸张或丝绢上的滑动和毛束的紧密性。我们认为，墨汁颜料赋予书法造型以形状，而水使之具备能量——气，"气"的循环使这些形状更加鲜活。

根据墨汁稀释、笔尖蘸墨的程度和书写点线时笔尖的特点，用墨方法可分为六种。所有用墨方法被看作传统上成对的阴阳两极。第一种方法为"浓墨"：笔尖蘸满墨汁，因而线条深重且轮廓清晰；与之相对的是"淡墨"，即大师用稀释过的墨汁创作，控制用墨量，因而线条浓度较低且色调较浅。第二种方法为"湿墨"与"干墨"，湿墨即书法家用深墨或浅墨创作，笔尖含有大量水分；干墨即书法家在墨液不足的条件下创作，这与笔尖的排空或者墨汁的浓度有关。"涨墨"会在纸上留下墨汁的流痕，而在"渴笔"状态下含墨较少，以至会出现很多"飞白"。后两种用墨方法在书法中较少使用。任何一部书法作品都会采用相应的某种用墨方法。与此同时，每一个构成部分可能会综合使用多种用墨方法。

书法美学需要笔（阳极）、墨（阴极）相互协调，这表现在专业术语"有笔有墨"之中。当"有笔无墨"时，书法被约束，就像"丑木枯枝"。如果"有墨无笔"，书法将失去生命力，就像"墨猪"。

**C. H. 索科洛夫－列米佐夫《文学—书法—绘画：远东文化中的艺术融合问题》，莫斯科，1985年；王冬龄《书法艺术》，杭州，1986年；沃兴华《临书指南》，上海，2004；黄鹏《书斋的瑰宝：笔墨纸砚》，成都，1995年；Kwo Dawei. Chinese Brushwork. Montclair (N.J.) -London, 1981, 1990; Mindich J. H. The Four Treasures of the Studio // Exploration in Chinese Culture (I). Taibei, 1990.

（В. Г. 别洛焦罗娃撰，王玉珠译）

墨梅

墨梅，是花鸟画中的重要题材（与墨竹一起），墨梅作品描绘了开花梅树从整体到枝干的不同形态。

梅树是结果树木，有少量酸味果实。梅花属于中国文化系统中的主要形象。从古代开始，它们就作为世间形象的相似物存在于自然哲学当中：带有粉色花瓣的梅花本身类似男性的起源——阳，黑色的枝干和树冠类似女性的起源——阴。花茎与"太极"图相关联，表达了宇宙起源的过程和具有无限潜能的"压缩形式"。梅花五瓣与中国宇宙论中的五个主要空间地带和五行相对应。除此之外，梅花是时令植物，是春节的象征，寓意唤醒自然和万物生长。根据谐音，梅花使人联想到"美"的概念，美即眉（美人相貌中的重要部分），是女性貌美、年轻和爱情的象征。梅花的形象经常出现在文学作品（首先是诗歌）、戏剧、造型和装饰艺术当中。梅花用于多种物品的装饰——彩陶、布匹、绣品、饰物、刻石、骨制品、绘画和镶饰的漆器，图案装饰的组合也很普遍，其中梅的花朵和枝干与竹和蝴蝶最常结合到一起。

"梅花画"的起源之一是歌颂梅花的诗赋作品，梅花题材出现于5世纪（其创始人之一是诗人鲍照，414—466），在6世纪初被用于爱情诗歌，并以宫廷诗而闻名。最主要的梅花题材文学作品是继承皇位的萧纲（503—551）的《梅花赋》，在他之后是何逊（字仲言）的诗。

毫无疑问，梅花的形象当时已经被用于画家的画作：资料显示，当时著名的女诗人谢道韫（4世纪）和梁朝知名画家张僧繇创作了一些梅花画，其中一幅是《咏梅图》，重复了诗歌作品的名称。据文献资料显示，张僧繇采用彩墨技法创作，使用了多种饱和色调，用"红绿重色画山水"，因此可以合理地推测，起初"梅花画"也是以装饰性为特征，在这种意义上沿袭了当时诗歌语言的鲜明性。7—8世纪梅树被引入山水画构图中，例如展子虔（约550—617）《游春图》中的梅树，同样是以彩墨技法完成的。

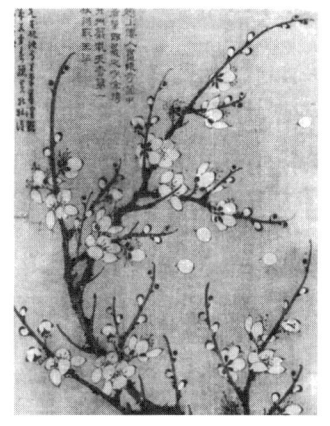

作为中国绘画的独立流派，"梅花画"的最

初形成可追溯到五代时期（907—960）。根据徽宗命人编纂的《宣和画谱》（12世纪初），其中有5位大师的16部作品的名称中包含"梅"字，4部属于徐熙（10世纪后半期）——花鸟画创始人之一。这些作品代表着什么以及采用何种技法完成则不得而知。

"梅花画"最终形成于北宋和南宋，墨梅——梅花水墨画——的第一位大师和理论家传统上认为是佛教法师仲仁，别号"华光"——源自他几乎度过大部分人生的华光寺（今湖南省）。其创作顶峰出现于10世纪末—11世纪初，关于其绘画作品的资料只能在文献典籍中查到，他的作品和摹本并未流传下来。华光撰写了第一部梅花画理论典籍——《华光梅谱》。根据现代研究者的说法，目前所见版本是后人另行编纂的，但是其中也包含着华光原本的部分内容。在南宋和元朝出现了一系列继承这一传统的文集，其中包括张镃（1153—1211）的《玉照堂梅品》、南宋著名诗人范成大（1126—1193）的《范村梅谱》、赵孟坚（13世纪）的《梅谱》、宋伯仁（13世纪初）的《梅花喜神谱》。范成大的作品非常有趣，收录了11种梅花，按照作者的观点，其中最具吸引力的有江梅或野梅，是真正的梅花；早梅——野梅的亚种，冬至前开放，预示着从冬天过渡到春天；官梅，或称官城梅，是家养和移植的梅花；古梅，不限于植物学的种类，指任何一种具有弯曲树冠和枝杈伸展很远的、多骨节粗大树枝的古木；红梅，开鲜红色花，外形像杏花；绿萼梅，在欧洲植物分类中的术语是杏花。

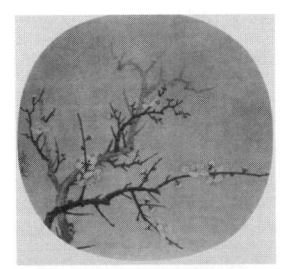

《宣和画谱》证实了到北宋时"梅花画"依然盛行，在该画谱（"花鸟"卷）中已经出现了6位墨梅画家和他们的35部作品，其中的8部属于学院派画家和11世纪中期著名花鸟画家崔白。继而，"梅花画"在学院派中盛行，因而有理由相信，崔白的作品是以黑白水墨技法完成的，尽管当时的学院派中彩墨画占主导地位。但是，整体上，与"竹子画"相比，"梅花画"并没有引起广泛关注，画家们仅将其定位于表现道教美学准则和佛教禅宗教义。开花的梅花在某种程度上被认为是美的化身,是自然生命力的象征,为了掌握梅花"开花的奥秘",并以艺术手段传达其特征,应该用专业的手段观察开花的树木,例如在有月亮的夜晚透过窗户,蒙上薄薄一层纸进行观察。

在"梅花画"中,最具天赋的当属南宋扬无咎(1097—1169)。他的一些作品保留了下来,其中的两幅藏于北京故宫博物院:《雪梅图》(27.1厘米×144.8厘米,纸本,水墨,淡设色)——画中第一次将梅花与雪结合,以及《四梅图》(37.5厘米×358.8厘米,纸本,水墨)——展现了梅树形态各异的缩影。

宋代出现了一系列标准的构图,其中最盛行的是出自文学传统的"梅花美人画"。梅花的形象首次与美人结合是在佚名的民歌《摽有梅》(出自《诗经》)中,这种联想在后世经常被用于爱情主题的诗歌。将美人和梅花结合的最早绘画作品是唐朝的壁画,以宫廷女子的消遣为题材,大概发源于广泛流行"园中美人"内容的中央亚细亚艺术。最终形成于北宋末年的梅花美人构图(常使用彩墨技法)成为南宋绘画最流行的主题之一。

王冕(字元章、元肃,号白衣司马、老村、梅叟、梅花屋主、闲散大夫、饭牛翁、浮萍轩子、会稽外史、会稽山农、句曲司马、九里先生、江南古客、江南野人、竹冠草人、竹堂、竹斋生、煮石山农、山阴野人,1287—1359,浙江人)在墨梅画的后期发展中起到了特殊作用。王冕出身农家,家庭条件无力供其上学,当时著名的会稽学者韩性(13世纪末—14世纪初)收他为学生。作为韩性喜爱的弟子,在韩性去世后,门人弟子视王冕如同老师。王冕孤苦长大,曾屡试不中,有人为其荐官,但遭他拒绝,后隐居会稽九里山(浙江省西部),种梅千枝。王冕绘画构图的特点是既精准传达本质,又富有表现力。他用墨作画,也经常使用淡设色的技法。其所作《墨梅图》传世不止一幅:藏于

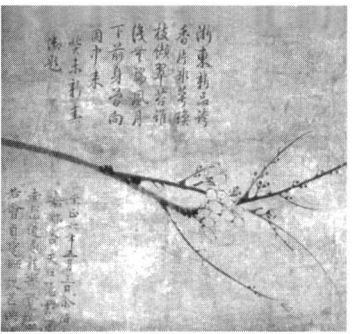

上海博物馆（68厘米×26厘米，纸本，水墨）和藏于北京故宫博物院（31.9厘米×50.9厘米，纸本，水墨）。王冕的主要继承者是陈录（1436—1449年间创作），他创作了这一流派最大的作品之一，画卷与王冕的画同名，但在欧洲艺术界《梅月辉映图》之称更为知名（34.2厘米×778厘米，纸本，水墨，柏林亚洲艺术博物馆藏）。

**M. E. 克拉夫佐娃《中国艺术史》，圣彼得堡，2004年；К. Ф. 萨莫秀克《中国绘画的美学现象》，载《佛陀回归·中国博物馆文物展》，圣彼得堡，2007年；庄嘉怡、聂崇正《中国绘画》，北京，2000年；《中国艺海》，上海，1994年；《中国历代绘画·故宫博物院藏画集》，第2、3卷，北京，1982年；邵洛羊《中国美术大辞典》，上海，2002年；《上海博物馆藏品精华》，上海，2004年；Barnhart R. Wintry Forests, Old Trees. N.Y., 1973; idem. Peach Blossom Spring: Gardens and Flowers in Chinese Painting. N.Y., 1983; Bickford M. Ink Plum. The Making of a Chinese Scholar-Painting Genre. Cambr., 1996; Cahill J. The Art of Southern Sung Dynasty. New York-Tokyo, 1962; Bones of Jade, Soul of Ice. The Flowering Plum in Chinese Art / Ed. M. Bickford. New Haven, 1985; Frankel H. H. The Plum Tree in Chinese Poetry //Asiatische Studien. 1952, No. 6, S. 88-115; idem. The Flowering Plum and the Palace Lady. Interpretations of Chinese Poetry. New Haven-London, 1976; Laing E. J. The Development of Flower Depiction and the Origin of the Bird and Flower Genre in Chinese Art // BMFEA. Stockh., 1992, No. 64; Lidderose L. Orchiden und Felsen. Chinesische Bilder im Museum für Ostasiatische Kunst Berlin. B., 1998; Paintings in Chinese Museums // Arts of China. Vol. 3. Tokyo, 1970; The Shanghai Museum of Art / Ed. by Zhen Zhiyu. N.Y., 1981.

（M. E. 克拉夫佐娃撰，王玉珠译）

"梅花画"在明清时期仍然盛行，除此之外，在17—19世纪另一种构图流行起来，即将梅花与松树、竹子结合起来，并称为"岁寒三友"。该题材最著名的作品之一是藏于北京故宫博物院、由清高宗乾隆帝创作的《岁寒三友图》。

清代有一种特殊的艺术流派，称为"罗家梅派"，包括罗聘（"扬州八怪"之一）、他的妻子方婉仪和两个儿子罗允绍、罗允缵（18世纪），他们酷爱画野梅。清代花鸟画的著名画家为汤贻汾（1778—1853），武进（今江苏常州）人，字若仪，号若翁、老雨、龙公琴隐、琴隐道人、错道人、粥翁、山外山人、师堀主人、雨生，谥贞愍。他是书法家、诗人和文学家，擅吹箫、弹琴、击剑、下棋，研究天文地理。汤贻汾的印鉴有白头翁是羽林儿、我非文士、学书不成、武功将军章、画梅楼等。19世纪中期，在国画的框架下彩墨梅花画得以复兴，同时"梅花画"的两种艺术形式在中国造型艺术中流行起来。

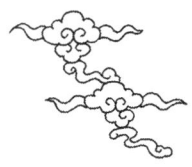

**《清代宫廷生活》，香港，1985年；Siren O. Chinese Painting. Leading Masters and Principles. Vol. 2. L., 1958.

另参见词条"改琦"的参考文献。

（B. Л. 思乔夫撰，王玉珠译）

墨竹

墨竹，花鸟画中的重要题材（与墨梅一起）之一，墨竹作品描绘了竹子从整体到枝干和叶子的不同形态。

墨竹流派在8—9世纪分离出来。一些绘画史著作中将这种分离归功于唐代著名画家吴道子的创作或者在后世被遗忘的画家萧悦（7世纪中叶—9世纪初）。据文献记载，现今已散佚的10世纪初佚名作者的竹子画已经将构图线条与色彩相结合。墨竹画最早的真迹现今被认为是发现于中国东北（辽宁省）一座墓穴中的帛画，创作时间为959—986年。① 该画为彩墨画，因而可以证实，竹子画最初使用了多色技法。竹

---

① 目前所见最早的墨竹画应是陕西乾县唐章怀太子李贤墓中的壁画（706年），该壁画有竹子两竿，纯用水墨。

子画相关的创始人,还有一位五代时期的画家丁谦(10世纪),他生活在中国东南部(今江苏省宜兴市),创作了一系列绘画,名称由"竹"构成,但没有一幅保留下来。

竹子画实际的历史可追溯到文同的创作,他是苏轼的好友,是北宋官员、著名的文化活动家、文人画艺术团体的思想领袖。根据《图画见闻志》作者郭若虚(11世纪)的评语,文同"善画墨竹,富萧洒之姿,逼檀栾之秀,疑风可动,不笋而成者也"。这一评价在文同的《墨竹图》(132厘米×105.4厘米,绢本,水墨,台北故宫博物院藏)中得到充分证实。画中弯曲的枝干由急速的运笔完成,其线条的优美和精致让人吃惊。我们认为,在文同的作品中可以找到竹子画以黑白水墨技法创作的源头,而作为独立的流派,墨竹(这一词组被列入绘画术语)被首次提及是在12世纪初的论著《宣和画谱》中。之后文同及其追随者的创作被归入独立的绘画流派——湖州竹派之中,该流派的名称源自湖州(今浙江省),文同曾任湖州太守。

竹子画在后世的中国绘画中同样占据重要地位。公认的竹子画大师还有郑燮(1693—1765),他创作了千余幅竹子画。郑燮的作品不仅在中国,同时在欧洲博物馆中也有收藏,例如《墨竹石图》(纸本,水墨,170厘米×79厘米,柏林亚洲艺术博物馆藏)和《远山烟竹图》(68.2厘米×179.2厘米,纸本,水墨,纽约地铁博物馆藏)。

"墨竹"如此受欢迎的原因如下:作为中国植物中最具特色的形象之一,竹子成为文学和艺术的重要主题。中国园艺家尤为看重竹子的一些装饰性变体,而其另一些充满传说性的意义则为古典诗歌所赞美。常见的例子如斑竹,它有一个形象的名字——湘妃竹。斑点附着于竹子的叶子和外皮,被认为是两个姐妹——传说中古代帝王舜的遗孀的眼泪,她们因夫君的死而哭泣不止。竹子形象的古代联想源自信仰和神话,后期补充以中国文化广博的象征意义,这些象征意义由这种植物带有强韧的竹干和坚硬外皮的天然特性所决定，常常用来比喻人不屈不挠的特质。

有几部关于竹子外形特征和绘画方法的理论美学著作，编者之一是墨竹画大师李衎(1245—1320)。他的画竹之作有《双钩竹石图》（163.5厘米×102.5厘米，纸本，水墨，北京故宫博物院藏）和《四清图》（35.6厘米×359.8厘米，纸本，水墨，北京故宫博物院藏）等。李衎的画竹理论在多部著作中有所阐述——《画竹谱》《墨竹谱》和《竹品谱》《竹态谱》（合称《竹谱》）。《竹谱》的文本几乎完全按照《芥子园画传》中的相关主题卷来完成。这些著作说明，竹子的形态具有尤为高尚的精神，与画家的内在世界有分不开甚至神秘的联系。因此，画竹要依凭对竹的精神内涵的深悟，在灵感迸发时进行创作。人们认为，画家在创作过程中传达的不仅是其高超的技能，同时也包括其个人的内在品质——心灵的纯洁、思想的高尚、才能的卓越。

进行"竹子画"创作是艺术技巧达到一定高度的证明，因为在创作中会使用所有中国绘画和书法中的用笔技巧。竹干用篆书完成，竹节用隶书皴法完成，竹枝用草书，竹叶用楷书。15—17世纪"竹子画"中又出现了更为复杂的线条体系，该体系考虑到植物的种类和由季节、昼夜时间、光照不同而产生的变化。因此竹干的画法，除了使用书法线条，还应着以阴影使竹节联合，通过点与节的复杂结合来表达竹干的完整和植物生长的动态。

*《芥子园画传》，Е.В.扎瓦茨卡娅翻译、注释，莫斯科，1969年。

**郭若虚《图画见闻志》，К.Ф.萨莫秀克翻译、注释，莫斯科，1978年；В.Г.别洛焦罗娃《中国书法艺术》，莫斯科，2007年；Е.В.扎瓦茨卡娅《元代大师李衎的〈竹谱〉》，莫斯科，1977年；M. E. 克拉夫佐娃《中国艺术史》，圣彼得堡，2004年；R. 库珀、J. 库珀《中国艺术杰作》，译自英文，明斯克，1997年；《故宫博物院馆藏珍宝》，莫斯科，2007年；庄嘉怡、聂崇正《中国绘画》，北京，2000年；《中国艺海》，上海，1994年；邵洛羊《中国美术大辞典》，上海，2002年；Bickford M. Ink Plum. The Making of a Chinese Scholar-Painting Genre. Cambr., 1996; Lidderose L. Orchiden und Felsen. Chinesische Bilder im Museum für Ostasiatische Kunst Berlin. B., 1998; Paintings in Chinese Museums // Arts of China. Vol. 3. Tokyo, 1970; Siren O. Chinese Painting. Leading Masters and Principles. Vol. 1-3. L., 1958.

（M. E. 克拉夫佐娃撰，王玉珠译）

缪嘉蕙

缪嘉蕙，字素筠，19世纪末至20世纪初在云南昆明从事创作，画家、书法家。

她多才多艺，擅长弹琴，精于楷书，绘画也很成功，尤其喜爱画花鸟。她嫁给了自己的同乡陈姓官员，和他一起移居四川。没过多久，丈夫便去世了。19世纪80年代中期，慈禧太后倾心于绘画和书法，想在身边聚集一批精通书画的侍女，作为传统的"代笔"，于是遣令各省督遍寻应征者。四川的地方官对缪嘉蕙的才能极为赞赏，于是推举她前往京城。她到了北京城后，顺利通过了考试，被封官三品，供奉福昌殿。福昌殿大概是如意馆（类似于宋代画院的机构）的分支或分部。慈禧经常赏赐给自己的宠臣、达官、立功之人以"福""寿"等擘窠大字，这些字有的是她亲手所写，有的是由福昌殿的女书法家们题写。在后一种情况下，慈禧只是在写好的作品上盖上自己的印章。太后所有的"代笔"中，最经常入选的是缪嘉蕙（В. И. 谢曼诺夫引用中文文献，称最经常被选用的是侍从画家廖索君，盖因误读姓氏"缪"以及其字"素筠"所致）。

与流传至今的慈禧的大量书法作品（经常出现在书签

和其他纪念品上，其中一部分大概是由缪嘉蕙完成的）不同，缪嘉蕙的个人作品知名度不高，也没有得到很高的评价（O. 西林的研究中甚至没有提到她的名字）。但不管怎样，她的绘画作品仍是19世纪末至20世纪初学院派的典型之作。

**В. И. 谢曼诺夫《慈禧太后的个人生活》，莫斯科，1976年；В. Л. 思乔夫《中国传统绘画的鉴别方法》，见《国立东方博物馆学术通讯》，第24辑，莫斯科，2001年；潘天寿《中国绘画史》，上海，1983年；俞剑华《中国美术家人名辞典》，上海，1987年；Siren O. Chinese Painting. Leading Masters and Principles. Vol. l-7. L.-N.Y., 1956-1958.

（В. Л. 思乔夫撰，张猛译）

牧溪

牧溪（1181/1210—1250/1281），四川人，逝世于临安（今浙江省杭州市），禅画画家主要代表之一，南宋极为杰出的画家。

牧溪法号法常（俗姓李）。最初他接受了传统的教育，渴望成为儒家学者。后来不知出于什么原因，他移居东南，接受佛教，先是做了长庆寺（浙江省）的沙弥，后来成为都城（临安）郊区六通寺的住持。曾拜当时的著名僧人无准（1178—1249）为师，与居住在南宋首都的日本僧人交往密切，因此牧溪相当多的作品很快便出现在日本的佛教寺庙中。

"禅画"既包括在题材和主题上追溯禅宗历史和宗教观念的作品，也包括依据禅宗美学要义（该要义于公元6世纪下半期左右在中国产生，逐渐渗入包括诗歌在内的各种艺术形式之中）完成的绘画。所有最重要的禅宗宗教哲学原理都能在这一要义中得到体现。画家对所有值得关注的创作客体秉持的原则是，他们承认世界万物价值相等，承认抵达真理的道路不可言说、没有规律，承认借助自发的、瞬间的"顿悟"（这种顿悟的产生对信众自己来说常常是无法预料的，

尽管他们会用一生去寻找这种感觉）可以实现对真理隐秘的体认。灵感作为"顿悟"同样可能只是自发产生的。因此那些"一气呵成"创作的绘画作品在捕捉瞬间的印象时，与其说是对真实形式（这种形式在强烈的敏锐性面前可能会被严重扭曲）的假定，倒不如说是对画家瞬间抓住的、客体超验本质的想象，因为这种"顿悟"将他带出时间的洪流，使他置身于事物"本来面目"的源头。对于顿悟行为的认可，是对物的创造和领悟过程的交互关系及同一性的禅宗美学的证实。由对佛的"顿悟"意识催生的作品，首先记录了作者的精神境界。然而这种作品的主要价值在于，在这种情况下，艺术指明了一条通往成就本身的道路，将观众的意识推到预定的方向，引发新"顿悟"的"连锁反应"。基本的审美原则确定了禅宗艺术的形式化语言，在符号学层面影响到作品的组织，决定了对某些绘画技艺的选择。灵感和创作行为本身的自发性质造就了绘画的草创特点和极度的简洁性。有赖于绘画在动力上的充盈，每一根线条都饱含大量明显的艺术规范，以至于能够建立一种思想上自足的感受。在禅宗艺术家的创作中，一根线条有时相当于一个完整的绘画构图，具有一种独特性质，仿佛用一个字"描述"了天地的特性。在所有的艺术技法中较为常用的是水墨单色画，其用墨深浅上具有无数的细微差别，传达出意义的多重性。除了毛笔外，可以任意使用合适的"工具"来书写，比如竹子，有时候甚至是画家的手指或一绺头发，借助于此，画家的个性就如同一支毛笔，实现了禅宗用自身的整个存在完成任意的（创作）活动这一原则。同时，禅宗画家还认为，以这种方式完成的绘画具有最大的自然性和简洁性。这种绘画还具有一种"未完成"的性质，因为它总是在等待和观众直接的对话（甚至这一对话角色并非由其他的人来充当，而是画家周围的环境本身）。也因为这些，禅宗作品（绘画和诗歌）总体上不适用于标准化的解释，而是期待着极其个性化的阐述。

史料文献中多次提到画家为了获得创作的完全自由，即中国传统术语描述的"逸品、逸格"状态，而进行各种实验。唐代后半期，画家多进行这种实践，他们在酩酊大醉和

音乐的相互作用下进行创作，使用手指、脚趾，甚至是浸渍了墨水的头发作为绘画的"工具"。应该注意的一点是，灵感和创作行为的自发性思想、艺术作品的神秘性和单色绘画的审美价值在道教的美学中也获得了认可，该教派对于禅宗的哲学和实践产生了显著的影响，因此使得确认禅画的起源更加困难。

与禅宗思想有关的绘画传统，大约诞生于唐代。唐代的艺术遗产中，有些作品是佛教题材，部分体现了上述审美思想，尽管它们是以彩色绘画的手法完成的。其中的一个例子是李真（公元8世纪）完成的《真言五祖像》（212厘米×152厘米，绢本设色），公元8—9世纪初该画作被运往日本，现存于日本京都教王护国寺。

一般认为，欧洲文献中提到的名为《伏虎罗汉图》（25.3厘米×64.3厘米，纸本水墨，东京国立博物馆）的画作被认为是禅画存在的最早证明。该画作最开始是双联画《二祖调心图》的一部分。专家们认为，这幅画是13—14世纪一幅卷轴画的临摹本，该卷轴画创作时期不晚于10世纪，作者很可能是石恪（10世纪）。现在已知的是，这位画家生于中国西南地区，曾经是宗教画的大师，创作了不少佛教寺院的壁画，目前还没有关于他和禅画艺术联系的直接证明。上述绘画表现了一个神奇的场景：静坐的僧人借助自己的法力驯服了突然闯进寺庙的老虎。人物的脸和服装，以及老虎的头部和躯体借助粗糙、断续、生硬并因此富有表现力的线条描摹出来，而这些线条又是用某些特殊的工具完成的，可能是一簇秸秆或竹片。作者采用的绘画技法使观赏者能够"看到"作品的创作过程，仿佛这一过程被拍摄下来一样：在那些画家的手停顿的地方存留了深黑色墨图，而在没有停顿的地方呈现出独特的纤细条状，那是在用其他工具换掉毛笔时，其工具纤维留下的痕迹。

尽管大体上符合禅宗审美范式的作品出现较早，但作为绘画流派的禅画却是在南宋才得以确立。禅画的确立，一方面由于学院画派的衰落和对于新颖绘画艺术的客观需要；另一方面，禅院寺庙和上层官僚机构的共生关系也促成上层

（包括学院派）绘画对僧侣画产生影响。让人略感疑惑的是，禅画的中心恰好是在牧溪住持的首都寺院，或许这只是一个偶然的巧合。还有非常明显的一点是，牧溪和许多的画院画家一样，在对一些国画里人人皆知的题材进行自己的变形创作时，并没有超出国画的基本体裁：人物画、山水画、花鸟画。同时还存在着一种相反的看法（如B. B. 奥辛穆克），认为牧溪创作的主题多样性是禅画的典型特征，在此前绘画中分属不同谱系的多样性题材在其创作的总体思想场域中形成了统一。

牧溪的人物画以传统方式结合了宗教题材和动物画，其中最为人称道的作品是三联画《观音·猿·鹤图》（收藏于京都大德寺），这一套三联立轴在规格上几乎完全相同（约170厘米×100厘米）。画面的正中为观音（观世音菩萨）形象，画轴左侧和右侧分别为动物形象，欧洲文献中称"抱着幼崽的猿"和"从竹林中出来的仙鹤"。究竟这三幅画是作为统一作品的形象而创作，还是每一个形象都有其单独意义（这几个形象在风格上的明显差异尤其说明了这一点），至今还没有一个可以使人信服的答案。画家用流畅、细致的线条勾勒了坐在巨石或山脊之上一袭白衣的观音形象，布料的褶皱、饰品的细节以及面部特征都被详细地展现出来。猿及从竹林中走出的仙鹤形象则以草图风格完成，具有程式化的特点，以使人惊奇的方式，在表达本质时不失精确性。斜靠在弯曲树枝上怀抱幼崽的猿形象，乍一看以为是一个不规则的黑色斑点。同时，由于画面背景对这一形象的凸显，它立刻就引起观赏者的注意力，使其逐渐分辨出形象的各个细节——一张保持着温柔动人表情的成年动物的脸，一双敏锐的、野兽特有的、智慧的眼睛仿佛正注视着看画的人。这幅画风格上的不统一，造成了对三联画不同的评价。一些研究者（如B. B. 奥辛穆克）认为，这三幅画是偶然被结合在了一起，甚至破坏了对单个图画所具有的禅画玄思的剖析。另一些学者（如H. Munsterberg）则坚持两侧的画与中间画面完美和谐，体现了禅宗的思想精髓：天界与人间的连贯统一。

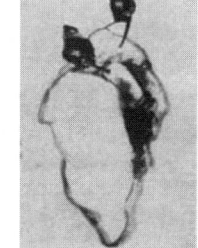

牧溪创作的《潇湘八景》（水墨纸本）系列作品其中的四幅《渔村夕照》（东京国立博物馆）、《平沙落雁》（日本，出光美术馆）、《远浦归帆》（日本，私人收藏）、《烟寺晚钟》，更加明显地突出了画家草草画法和"分离"形式的倾向。每一幅作品都主要是将简单的水墨晕渲与粗犷的笔触相结合，线条的作用被降到最低——仅仅是程式化地标记了树干、房顶以及坐着渔夫的渔船的轮廓。隐没在雾气中的远处群山获得了透明而神秘的状貌，由此整个景物给人一种飘渺不定的印象。画家实际上在邀请看画的人依照图中的暗示，自主"构筑"一个世界。牧溪拒绝使景物结构化，他"卷起"它们的形式，而仅仅暗示某些主宰世界的外部力量的存在。与此同时，他对北宋巨幅山水画经验的应用，使得绘画达到了这样的一种效果，即现象世界不必遵循借助感觉器官实现认识的规律。因此牧溪成功地以事物本来的面目传达出禅学的认知、事物产生和消失的方式，而对于它们经历的衰落或繁荣不置一词（Р. Х. 布莱斯）。牧溪之后的画家玉涧，继续了牧溪在绘画领域的艺术实验。

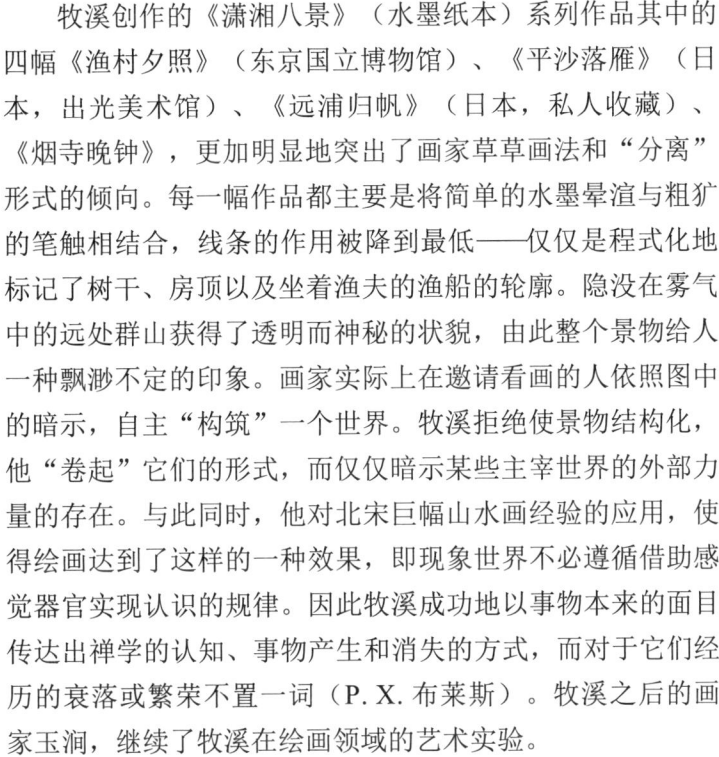

**Н. В. 阿巴耶夫《中世纪中国的禅宗和文化心理传统》，新西伯利亚，1989年；Н. А. 维诺格拉多娃《中国艺术》，莫斯科，1988年；Г. 杰穆连《禅宗历史·印度与中国》，圣彼得堡，1994年；Е. В. 扎瓦茨卡娅《中国古代绘画的美学问题》，莫斯科，1975年；《禅宗的黄金时代·唐代禅宗经典公案选集》，Р. Х. 布莱斯编注，圣彼得堡，1998年；М. Е. 克拉夫佐娃《中国艺术史》，圣彼得堡，2004年；R. 库珀、J. 库珀《中国艺术杰作》，明斯克，1997年；И. Ф. 穆里安《老松八哥图》，见《独秀苑》，莫斯科，1991年；С. П. 涅斯捷尔金《中世纪禅宗中个体"我"的问题》，见《佛教的心理学视角》，Н. В. 阿巴耶夫主编，新西伯利亚，1991年；В. В. 奥辛穆克《中国文化背景下的禅宗绘画》，见《东西方艺术》，莫斯科，1993年；В. В. 奥辛穆克《中国禅宗绘画与南宋画院山水》，莫斯科，2001年；冯友兰《中国哲学简史》，圣彼得堡，1998年；邵洛羊《中国美术大辞典》，上海，2002年；Cahill J. Chinese Painting. Geneva-London, 1960; idem. The Art of Southern Sung China. New York-Tokyo, 1962; Lee Sh. E. A

History of Far Eastern Art. 4th ed. N.Y., 1982; Munsterberg H. Zen and Oriental Art. Tokyo, 1965; Siren O. Chinese Painting. Leading Masters and Principles. Vol. 1-3. L., 1958; Soper A. Shih K'o and the i-p'in // Archives of Asian Art. 29 (1975/1976) ; Xu Yanzhong. Selected Poems and Pictures of the Song Dynasty. Beijing, 2005.

(M. E. 克拉夫佐娃、M. A. 涅格林斯卡娅撰,张猛译)

南北宗

南北宗,指中国书画的"南派"和"北派"。南宗("南派")和北宗("北派")是在中国传统艺术和一些西方作者的著作中广泛使用的术语,尽管最近一段时间中国的学者提出论断,称这些术语与中国艺术的真实历史进程并不相符。这两个术语起源于16世纪,由画家、书法家、诗人、文学家、艺术理论家董其昌提出。他指出,中国的绘画可以分为两个流派——南宗和北宗。这两个名称与地理概念并没有直接联系,而是与唐代在中国盛行的佛教的两个分支有关。董其昌认为,以草书写意和单色技巧完成的绘画作品与南宗禅的思想表达相符合,而工笔风格的彩色画则更接近于北宗禅。区分这两派绘画的主要标准是"顿"和"渐"。有人认为南宗艺术家借助于顿悟和灵感臻于完善,而北宗的继承者则通过长期钻研和刻苦勤奋来实现目标。与此相对

应,前一派能够表达客体内在的、精神上的特性,而后一派则仅仅记录了它的外部特点。董其昌确立王维为南宗的奠基人,李思训为北宗奠基人,并且给予南宗很高的评价,相反,他评价北宗时颇有些轻蔑。这种观念直到现代都一直影响深远。许多画家可能对两种不同的创作风格都曾涉猎,但是他们自己以及中国的画史研究者习惯于根据上述的原则来对每一个画

家进行定性。

王维的后继者和南宗（画派）的代表还有注重写生的杰出山水画家荆浩；师法荆浩，擅长秋冬山水画的关仝[①]；山水和人物画家，以画龙和动物出名的董源；发展了董源的绘画传统，以法号闻名的巨然；书画世家的米芾和他的儿子米友仁。由于中国传统艺术研究将所有这些艺术家归为南宗，因此文献中形成了如下的姓名简称：荆关董巨二米。除此之外，传统上被归为南宗代表的还有元四家：黄公望、王蒙、倪瓒和吴镇，这些艺术家几乎生活在同一个时代，他们的创作，尤其是山水画作品对于中国艺术进一步的发展产生了巨大的影响。这四位画家都特别注重水墨作品的表现力（也有人将倪瓒换作赵孟頫）。

被归为北宗画派和李思训继承人的有他的儿子李昭道和宋代的一批杰出画家：各种绘画题材都有名气的赵伯驹，山水画新流派的奠基人马远和夏圭，以及浙江画派（浙派）的创始人、明代著名画家戴进等艺术家。

**Н. А. 维诺格拉多娃《中国山水画》，莫斯科，1972年；Н. А. 维诺格拉多娃、Н. С. 尼古拉耶娃《远东国家艺术》，见《艺术简史》，莫斯科，1979年；Е. В. 扎瓦茨卡娅《中国古代绘画的美学问题》，莫斯科，1975年；Т. А. 波斯特列洛娃《10—13世纪的中国画院》，莫斯科，1976年；薛锋、王学林《简明美术辞典》，哈尔滨，1982年；邵洛羊《中国美术大辞典》，上海，2002年；俞剑华《中国美术家人名辞典》，上海，1987年；俞剑华《中国画论类编》，第1—2册，北京，1957年；Siren O. Chinese Painting. Leading Masters and Principles. Vol. l-7. L.-N.Y., 1956-1958; idem. A History of Later Chinese Painting. Vol. 1-2. N.Y., 1978.

（В. Л. 思乔夫撰，张猛译）

[①] 荆浩和关仝为北宗（北派山水画）的代表画家，非南宗。

倪瓒

倪瓒（1301—1374），字元镇，号云林、云林子、云林生、云林散人、东海瓒、如幻居士、懒道人、懒瓒、奚元朗、萧闲仙卿、净名居士等，无锡人（今江苏省），画家、诗人、书法家。作为画家，他主要从事山水画创作，同时也画竹和石，与黄公望、王蒙和吴镇并称"元四家"。

倪瓒出身于富裕家庭，崇尚高尚的美学和纯艺术思想，表现出对世俗生活的轻视。他在绘画上师从董源一派，开创了新的皴法——折带皴，用淡墨过渡建构绘画形象。其创作的主题多为明净的、无人小溪或湖泊景色（太湖周围），表达沉寂、安静、孤身一人的诗意，体现灵魂的纯净和内在的和谐，如作品《渔庄秋霁图》（立轴，96.1厘米×46.9厘米，纸本，水墨，上海博物馆藏）和《容膝斋图》（立轴，74.7厘米×35.5厘米，纸本，水墨，台北故宫博物院藏），这两幅作品中，平缓的山峦（这点经常出现在倪瓒的画中）被置于画卷上部，河流的远岸作为后景，中心完全表现水景，而在近景的多岩高地则展现树群，弯曲树枝的线条在表现力上不亚于书法。在画家简洁的绘画当中，冷清和辽阔占主导。这些特点也同样出现在水墨墨竹画当中（例如，北京和台北故宫博物院收藏的画作），既简洁明快，又有书法和诗歌的精致。他在作品中将诗歌题词引入绘画结构，极大地展现了绘画、书法和诗歌之间明显的联系，是文人画的主要特征之一，其论著中对该流派起到重要作用的准则是"聊以自娱"（也即超脱于名望与时尚之外）。

除了上文提到的作品，他最著名的作品部分保存于北京的中国国家博物馆和中国美术馆。

**C. H. 索科洛夫-列米佐夫《倪瓒的山水画》，见《亚非国家艺术瑰宝》第一册，莫斯科，1975年；《故宫博物院馆藏珍宝》，莫斯科，2007年；薛锋、王学林《简明美术辞典》，哈尔滨，1982年；俞剑华《中国美术家人名辞典》，上海，1987年；《中国书画家印鉴款识》，北京，1987年；郑秉珊《倪

云林》，上海，1958年；沈之瑜《倪瓒〈渔庄秋霁图轴〉》，《上海博物馆藏宝录》，上海，1989年。

（С. Н. 索科洛夫－列米佐夫、В. Л. 思乔夫撰，王玉珠译）

年画

年画，指采用木版印刷（以及20世纪20—30年代的石印）技术印刷的中国民间画。"年画"这个词在李光庭的《乡言解颐》（1849年）一书中首次出现，20世纪20—30年代才开始被使用。其他一些古老的名称有：在北京称"卫画"（"卫"指天津卫），在杭州称"欢乐图"，在苏州称"画张"，在中国北方称"画儿"。

木版画主要在农历春节前夕销售，这个时间段人们会打扫庭院，粉刷墙壁，揭下旧画，贴上新年画，或者将旧画重新上色；很少一部分木版画在夏天伊始（端午）和中秋节庆时售卖；有两种版画会全年出售：木版的神像"纸马"以及在婚礼和其他重大庆祝活动时张贴的"喜画"。印刷版画的工坊，同时也是出售版画的店铺。这些版画一般为30厘米×50厘米、50厘米×100厘米规格的纸张。立式版画（100厘米×20厘米）一般由四幅或八幅图构成。尺寸小的版画（30厘米×50厘米）印数更多，这是因为它们价格更便宜（1907年按照当时的卢布核算，每张价值1戈比），更易于出售。根据现在统计的数据，清末民初年画每年的印数达到了100万份。

年画在宋代得到普及，但是什么时候开始印刷的，尚无资料记载。一般说来，这一传统开始于保佑家宅的门神画像。在李嵩（1166—1243）的《岁朝图》中可以看到，穿着官员服饰的门神贴在敞开的大门上。

从事年画制作的有画师、版刻师、印刷工人，在某些制作中心还有涂漆工。在清朝的22个省份

中，19个省份都有年画生产中心。其中最为知名的有杨柳青[北方最大的年画生产中心；阿理克B. M.（阿列克谢耶夫）证明，那里生产年画的人员达到6000人]、苏州（作为南方生产中心的桃花坞即在此）、佛山（靠近广州）、山东省的潍坊和高密以及福建的几个县（这种艺术样式从这里传到台湾）。19世纪末，版画开始在北京和上海印刷。有时候上海的画家将自己的版画在100千米之外的苏州印刷，或者是相反，因此经常会出现将上海版画归入苏州的做法。大多数生产中心使用彩印，每种颜色需要单独刻制一张版，上了色，然后用每一个版在画页上形成印样。但是在杨柳青，印刷了三种颜色——黄、绿、红——之后，还会手工用刷子着色。印刷工作在各个村子里进行，画家在黑白草图上用专门的符号（汉字符号）标记需要的颜色，女工们则将画固定到墙上，按照画家的要求给服饰和其他部位上色。"开脸"的工序要由最有灵性、最有经验的人来做：在人物角色脸上涂以粉色，然后画上眉毛、眼睛、嘴巴和鼻子。绵竹（四川省）首次采取只印刷黑白轮廓，整个上色都用手工完成的做法。

不同地区的民间画不仅在工艺上有所区别，而且艺术手法也不相同。据称，杨柳青的年画受到宋代画院某些传统的影响更为明显。譬如，目前已知，19世纪末上海画家钱慧安曾被邀请到杨柳青作画。而山东（潍坊）年画与杨柳青相比，更多地保留了民间艺术的天真特点（比方说人物形象的反常比例）。在农村绘制和印制的年画没有任何专业绘画影响的痕迹。年画画师和专业画家一样，有自己的绘画规则，这些规则依靠口耳相传的方式流传下来，并且不会外传。

中国年画收集和研究者王树村（1923—2009）有幸从杨柳青的画师们那里记下了不少绘画技巧。事实上年画的绘画类型被严格地统一，一些绘画的规则被确立下来，譬如怎样画军事将领（"蒜头鼻子火盆口，豹眼竖眉好威严"），如何画功勋卓著并将成为执政者的将领以及微不足道的将领、非汉人将领；应该给马选择哪种花色（共15种花色）取决于谁坐在马上——大将应该坐在黑

马上,而敌方将领则应该坐在蓝青马上等。画人(头大身子小)、景物、器具的方法,以及不同颜色的用法都固定了下来。每个作坊都是独立调制植物或矿物质染料,其调制方法也不外传。

由于用途不同,年画形式也各异:保护家宅免受鬼怪侵袭的门画;被贴在灯笼上迎接元宵节到来的灯画;贴在窗棂上长而窄的窗画;圆形的"月光"画;新年时铺在桌子上代替桌布的菱形桌围;贴在水缸上的鱼画或缸画,以保证家中水流不断;轿车围子;用于牛栏和牛槽的"牛子";贴在扇子上的扇画;相亲、结婚或生子时张贴的"喜画"。

根据绘画主题和对象的不同,年画可分为两组:非叙事类和叙事类。属于非叙事类型的有庇佑、施咒、日历、祈福、教谕、日常生活和景物(市井及其他)的图案,"仕女娃娃"的形象,以及花、鸟等单一的装饰图案,神像"纸马"。而叙事类型年画则包括文学-民俗画和戏剧图画。

庇佑题材的年画具有保护主人免受所有灾难和不幸的作用,这种作用主要体现在门神画上。有时候在门神画上还会盖上官印,为的是保护院子不招盗贼,这样的版画要更贵一些。一些防贼的画会贴在柜门的内侧。端午节之前,作坊会印制一些专门消除夏季最危险的"五毒"(蝎子、蛇、壁虎、蜈蚣和蟾蜍)的版画。贴在厨房灶炉旁边(火灾最易引发的地方)的情色内容的绘画,具有预防火灾的功能。普遍认为,就像"云雨"交合(男性的阳和女性的阴)会下雨,雨会将火浇灭。施咒题材的版画在功能上接近于庇佑题材的版画,不同的是其画上会有如张天师这样的形象,他作为恶魔、妖怪以及"五毒"的克星而受到推崇,因此画中的张天师一般手捧一杯黄酒或一个独特的"混元盒"(这个盒子能够把妖精吸进去),或手执一把神奇的剑,剑身擦上施了咒语的水,用来斩妖除魔。这种画和其他施咒题材的画一样,上面会有符咒或者类似于"镇宅驱魔"之类的话,还会有火焰绕鼓形状的五雷象征,五雷可以烧死妖孽。

除了张天师，还有其他人物，如公元3世纪英勇善战的将领关羽（关帝）也是版画中经常出现的施咒除魔形象。

日历版画上通常会有一个灶王或者是灶王和他的妻子（有些地方甚至会画上两个妻子）。没有女人的家庭通常悬挂不带妻子的灶王爷，一些店铺里也是如此。据说，灶王爷会观察房子里发生的一切事情，在腊月二十三日或二十四日，他会前去天庭（送灶王的仪式通常是将这幅有他形象的画烧掉），向最高统治者玉皇大帝（玉帝）禀报一切好事和坏事。为了让他不说坏话，人们用甜粥糊上了他的嘴。在版画的上方印着一整年的日历。根据信奉者的说法，灶王在新年的第一天会回到家中。这一天厨房里会挂上他的新画像。也有一些其他形式的日历画，例如《九九消寒图》（中国北方认为，冬天寒冷的天气将持续81天），在图中一群光屁股的小孩围成一圈，怀抱着白球。在整个寒天季节（共81天），人们根据雪天或晴天，给白球染色。如果是雪天多，则预示着会有好的收成。

祈福题材的版画数量最多，最常见的是祝福早生贵子的版画。传说神话中独角的麒麟会给人送来贵子。山东东平的版画中描画了儿童坐在双角麒麟上的景象。男童右手拿着的银元宝（象征财富）和左手拿着的莲花更强化了祈福的象征。"莲"音同"连"，寓意这样的贵子接连不断地出生。银元宝上画着文昌帝君的侍臣魁星，他一般右手执笔，左手执官印或粮斗（寓意富足），寄托人们对男孩今后考场夺魁、仕途得意的祈盼。

财神、聚宝盆、摇钱树是寓意财富的形象，其中财神形象又分为文财神和武财神。迎财神的活动在农历十二月的最后一晚进行。人们包形状如同银元宝的饺子，通宵不睡等待卖画的人送财神。他们挨家挨户敲门，喊一声："财神到！"有些人买很多幅画，以求发大财。新年第二天要将没有上色的纸马和财神像烧掉。年画中经常描绘财神来到门口挂着版画的人家，或者是在外地发了大财的主人（"活财神"）回家的场景。除此之外，人们在新年第二天如何迎接财神的场景也在年画中出现。在年画中还可以看到在云霄中翻腾的"钱"龙，其鳞甲由铜钱取代，这一形象能赐人以财富。人们祈愿老年人长寿，所以送给他们的年画上一般绘有寿星或道家的"八仙"。绘有牛马保护神的画，如"牛子"——保佑牛马的年画，表达了家畜兴旺的愿望。

教谕性年画在内容上与儒家道德教条或12世纪著名哲学家、宋明理学奠基者朱熹的言论有关，其中有关儒家道德思想最为著名的版画要算根据13—14世纪郭居敬所编《二十四孝》绘制的主人公系列图集。宣扬家庭团结、忍让，或教育人禁止吸食鸦片的图画也应当属于这类年画。

与以往年画传统情节占主要地位不同，19世纪下半叶至20世纪初出现了反映当时历史事件的版画，如太平天国起义、中法战争、中日战争、义和团运动等。作为新事件出现在版画中的还有天津的新桥、上海到苏州的火车通车等。版画中还多次出现自行车，尽管画家们画起它们来十分费力，他们主要画的是骑自行车的女孩，这在当时完全是不同寻常的景象。在版画中还能看到一些其他的海外新奇事物，譬如挂钟，并且根据成双成对的法则，经常会一左一右挂两只钟表在墙上。外国人的形象也在年画中出现了，比如沿上海外滩骑马的法国人，或者在天主教教堂举行的婚礼。有一位化名嵩山道人的画家于1894年创作了72个行当（不同商品的商贩、算命先生等）代表人物的系列版画，也画了令中国人引以为奇的一幕：一名欧洲人的妻子坐在轿内，而丈夫在一旁步行跟随着，画家在上方批注："外洋风俗更稀奇。"如果说民俗画在当时并不算稀奇，而19世纪末在薄纸上绘制的水彩画又是专门卖给外国人（外销画）的，那么将这些图案印制在版画上卖给本地人，其所有内容就都显得十分新奇了。民俗画最常见的内容是迎接新年以及在元宵节时的郊游、游玩等。

从现存的版画来看，18世纪由苏州印制的描绘城市和风景的版画数量较少。这种版画主要表现风景名胜，如苏州万年桥、杭州雷峰塔、南京风景等。这些画（高约1米，宽50厘米）十分精致，从中可以看到欧洲艺术在表现远景时的绘画技巧影响，这些技巧是中国传统绘画所不具备的。苏州18世纪的版画中也能见到表现景色的作品，如《西湖十景》。后期的风景版画风格更为简约质朴。20世纪中期之前的版画中，可以看到关于城市（如天津、北京）和风景的内容。

版画中的"仕女娃娃"（娃娃一般为三四岁的小孩子）起源于宋代绘画，当时这种题材十分盛行。画家们画的是古代著名美女（11—12世纪这种题材最早的作品由Π. К. 科兹洛夫在黑水城的遗址中发掘出来，现藏于艾尔米塔什博物馆）和同时代的美人。一些画可以通过衣着判断人物的时代：古代美人为古风装束，其他的则穿着作画那个时代的衣服。除了富贵人家的梳妆打扮，弹琴弄月，或者是欣赏笼中之鸟，幼子相偎，此外还画有其他女子，譬如提着鱼筐的年轻姑娘，也同样有婴孩相伴。

绘有鲜花、瓶罐、古物和书籍、鸟类、昆虫、水果和蔬菜的画页单独构成一组。这些物品有很多都含有祈福的思想，如桃子象征长寿，鱼与"余"同音，象征富足，石榴寓意多子（"籽"音同"子"），蝴蝶代表长寿（"蝶"音同"耋"）。在民间窗花的装饰图案中，植物图案同样具有不同的祈福寓意。

最为独特的一种版画类型是神像"纸马"。这是不同的神仙，尤其是各个行业庇护神的小型印刷像，譬如木工之神鲁班，染匠之神葛仙翁，文学之神文昌帝君等。这些神像画不像俄罗斯的圣像挂在墙上，人们在向这些神仙祷告时（通常在他们的生日），会将"纸马"连同纸钱（祭祀用）或者金钱仿造物一起烧掉。据说，这种钱神仙们可以在天界使用。

俄罗斯版画中有很多幽默讽刺的内容，而中国民间画中此种类型并不常见。手工作坊中不仅印制版画，还印刷一些桌面玩意儿，譬如描绘有《水浒传》人物或白蛇传说的桌牌。

最早出现的叙事类型年画是描绘古代小说情节的文学－民俗图画。中国的史诗性长篇小说是在民间故事的基础上发展起来的，经过说书人和戏剧导演（他们根据小说情节改编了大量戏剧）的文学加工，这些民间故事重新在群众中受到好评。版画中取材情节最多的作品是《三国演义》（约500幅），小说共120回，其中所有著名的情节几乎在各个地方的民间绘画中都有不同的版本。被描绘最多的部分是第54和55回，即同篡权者曹操斗争的主要人物刘备迎娶孙权妹妹的场景。反映军师诸葛亮智退敌人的情节（"空城计"）也同样十分受欢迎。还有不少版画以《水浒传》和《西游记》的情节为创作内容。小说《红楼梦》由于同民间传说没有联系，描述的又是大贵族家庭的生活，因此未能成为口耳相传的素材，也完全不被农民所知晓，因此取材于这部小说情节的版画仅仅在城市里出售。描绘戏曲场景的戏曲版画很可能出现于19世纪末。作为小说中的同一个场景有可能出现在版画中和小说插图中，或者是在戏剧场景中，但在第二种情况下，阁楼会被桌子所取代，女主角就站在桌子上，或者是用一人摇橹代替船只。戏曲版画的一个特点是其人物脸上涂粉化妆，尽管有时候在小说插图中也能见到这一点。应当指出，早期关于戏剧的版画不属于戏曲版画之列，譬如现存的18世纪依据王实甫的戏曲《西厢记》制作的版画，其情节的描绘和文学－民俗版画中的图画一样，其中并没有对于戏剧舞台的提示。

19世纪末，苏州和上海出现了戏剧海报版画，上面画有该戏剧的场景和主要人物，边侧写着剧团和戏剧的名称。戏曲版画以鲜艳的色彩而与众不同。1913年莫斯科首次举办了各国版画展，报纸上

尤其提到了中国戏曲版画的明艳色彩。

除了普通的戏曲版画外，还有一种版画表现了儿童表演的场景（娃娃戏）。这种戏的演员们被认为是多才多艺的（尽管在古代中国他们地位卑微，演员或者其儿子都不能参加科举考试），因此这种带有儿童演员的版画就具有一种祈愿的性质，希望自己的孩子也能成为才能卓著的人。当然，戏曲版画中的手势和物品都反映出独特的舞台象征性。

对民间画的象征和情节进行阐释是阿理克B.M.（阿列克谢耶夫）第一次中国之行（1906—1909）的主要任务之一，他写道："民间画的解读甚至对于经验丰富的中国知识分子也是个难解的谜。"祈愿主题的象征体系主要以同音异义词为基础。譬如，"鹿"与"禄"是同音字，表达了高官厚禄的愿望；"猴"的同音字是"侯"，画有猴子的画也就表达了成为王侯的愿望；"冠"（头顶的帽子）和"官"同音，因此，如果画中有帽子，也就是希望做官的意思。其他的象征还有：桂象征富贵，葱代表聪明，瓶子表达平安的愿望，扇子（扇）暗指善良，笙表示生子，等等。所有这些象征有时候也和其他词语连用，或作为不同词组形式的一部分。譬

如，中文称"猴子坐在马背上"为"马上猴"，寓意立即封侯。有些象征不以同音字为基础，而是建立在其他的联想和意义上。例如，牡丹在中国被认为是花中之王，画中有牡丹，象征着雍容富贵。鹤是长寿的象征，因为在道教传说中，仙人正是乘坐它飞上云霄。鸳鸯自古就被认为是永不分离的伴侣象征，孔雀则象征幸福。画中的儿童一只脚穿鞋，另一只赤足，这预示着来年晴天和雨雪天气相得益彰。

现在中国开展了多种"拯救和保护民间艺术"的活动，出版了不同地区的版画画册和研究文献。2005年在北京出版的《中国木版年画集成》共20卷，其中18卷介绍中国的版画中心，2卷介绍最重要的国外年画藏品（俄罗斯、

日本）。在一些版画中心，譬如杨柳青、开封朱仙镇、潍坊（山东省）、武强（河北省）、绵竹（四川省）都建有年画博物馆，这些博物馆里也会印制木版画。

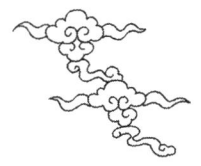

*王树村《杨柳青年画资料集》，北京，1959年；郭立诚等《中华民俗版画》，台北，1977年；王树村《中国美术全集·绘画编》第21卷《民间年画》，北京，1985年；《苏州桃花坞木版年画》，南京—香港，1991年；王树村《中国民间年画史图录》，上海，1991年；王树村《中国古代民俗版画》，北京，1992年；王树村《戏曲年画》，第1—2册，台北，1991年，北京，2004年；喜多祐士等《苏州版画：中国年画的源流》，东京，1992年；马志强、汪稼明《潍坊民间孤本年画》，济南，1999年；王树村《杨柳青年画：民俗·生活卷》，第1—2册，台北，2001年；张继中《朱仙镇木版年画》，郑州，2002年；马志强、彭兴林《潍坊民间孤本年画》，济南，2003年；冯骥才《中国木版年画集成：杨柳青卷·绵竹卷·杨家埠卷·滩头卷·滑县卷·内丘神码卷·武强卷·高密卷·朱仙镇卷·俄罗斯藏品卷》，北京，2005—2009年；Л. И. 库兹缅科《中国民间画》，李福清翻译及注释，莫斯科，1987年；Eliasberg D. Imagerie populaire chinoise du Nouvel an // Arts asiatiques. T. 35. P., 1978; Chinese Popular Prints / Selection and Text M. Rudova. Leningrad, 1988; Laing E. J. Art and Aesthetics in Chinese Popular Prints: Selections from the Muban Foundation Collection. Ann Arbor, 2002.

**Т. И. 维诺格拉多娃《中国民间戏剧年画中的战争描绘》，见《东方各民族文化典籍与文化史问题》，1988年，第1卷，莫斯科，1990年；Т. И. 维诺格拉多娃《中国民间戏剧年画中的动物描绘》，《第19届"中国的社会与国家"学术研讨会论文集》，第2卷，莫斯科，1988年；Т. И. 维诺格拉多娃《中国民间戏剧绘画中的传统城市建筑》，见《东方城市艺术文化》，莫斯科，1990年；Т. И. 维诺格拉多娃《中国民间年画：分类与分期问题》，《第17届"中国的社会与国家"学术研讨会论文集》，第2卷，莫斯科，1986年；Т. И. 维诺格拉多娃《年画体系中的中国民间戏剧绘画》，见《第20届"中国的社会与国家"学术研讨会论文集》，第2卷，莫斯科，1989年；Т. И. 维诺格拉多娃《中国民间绘画中的中国民间戏剧：作为中国传统文化

研究文献的戏剧年画》（副博士论文摘要），圣彼得堡，2000年；Т. И. 维诺格拉多娃《中国民间戏剧画中的题词》，见《东方各民族文化典籍与文化史问题：俄罗斯科学院东方学研究所列宁格勒分所第24届科学年会（报告与通讯）》，第1卷，莫斯科，1991年；Т. И. 维诺格拉多娃《中国戏剧年画中的山水》，见《东方各民族文化史典籍与问题：苏联科学院东方学研究所列宁格勒分所第21届年度学术会议（报告与通讯）》，第一卷，莫斯科，1987年；Т. И. 维诺格拉多娃《戏剧与儿童：以中国戏剧年画为资料》，《第21届"中国的社会与国家"学术研讨会论文集》，第1卷，莫斯科，1990年；Т. И. 维诺格拉多娃《戏剧年画：文学作品插图传统的产生》，《第22届"中国的社会与国家"学术研讨会论文集》，第1卷，莫斯科，1991年；Т. И. 维诺格拉多娃《清朝的戏剧年画和朝廷对戏剧的禁止》，《第19届"亚非国家历史编纂学与史料学学术研讨会"资料（报告摘要）》，圣彼得堡，1997年；Т. И. 维诺格拉多娃《戏剧年画与京剧》，见《东方各民族文化典籍与文化史问题》，1985年，第1卷，莫斯科，1986年；И. П. 加拉宁《19世纪中国的反基督版画》，见《宗教和无神论历史博物馆年刊》，第4卷，莫斯科—列宁格勒，1960年；И. П. 加拉宁《阿理克收藏的中国祈福版画》，见《宗教和无神论历史博物馆年刊》，第5卷，莫斯科—列宁格勒，1961年；孟列夫（Меньшиков Л. Н.）《阿理克院士的中国藏品：版画、拓画、信笺、艺术信封》，见《东方国家与人民》，第1辑，莫斯科，1959年；И. Ф. 穆里安《中国民间木版画》，莫斯科，1960年；И. Ф. 穆里安《古代中国木版画中日常生活体裁的发展途径》（副博士论文摘要），莫斯科，1956年；Е. Б. 奥夫相尼科娃《初期版画展览历史回眸》，见《苏联艺术学》，第20辑，莫斯科，1986年；李福清《俄罗斯国立图书馆藏稀见中国年画》，载《东方文物收藏》，2002年第2（总第9）期；李福清《中国民间年画的象征意义》，多莫杰多沃，2006年；李福清《武松的传说和民间画》，见《远东文学问题：第三届国际学术研讨会论文集》，第2卷，圣彼得堡，2008年；М. Л. 鲁多娃《中国戏曲版画》，见《国立艾尔米塔什博物馆丛刊》，第2辑，列宁格勒，1958年；М. Л. 鲁多娃《阿理克院士的藏品》，见《国立艾尔米塔什博物馆通讯》，第19辑，1960年；М. Л. 鲁多娃《宗教题材的年画：以列宁格勒藏品为例》，见《印度和远东国家文化与艺术》，列宁格勒，1975年；М. Л. 鲁多娃《中国年画艺术中的象征》，见《国立艾尔米塔什博物馆丛刊》，第7辑，列宁格勒，1969年；М. Л. 鲁多娃《列宁格勒收藏的中国年画类型》，见《国立艾尔米塔什博物馆丛刊》，第5辑，列宁格勒，1961年；薄松年《中国年画史》，沈阳，1986年；王树村《中国民间美术史》，广州，2004年；王树村《中国年画发展史》，天津，2005年；王树村《中国年画史》，北京，2002年；李福清《三国故事年画图录》，载《历史文物》，台北，1999年，第9卷第11期，第12期；张道一《中国民间美术辞典》，南京，2001年；Day C. B. Chinese Peasant Cults: Being a Study of Chinese Paper Gods. 2nd ed. Taipei, 1969; Flath J.A. Nianhua, Art, and History in Rural North China, Toronto, 2004; Goodrich A. S. Peking Paper Gods: A Look at Home Worship. Nettetal, 1991 (Monumenta Serica Monograph Series, 23); Lust J. Chinese Popular Prints. Leiden, 1996.

另参见总论中的文章《阿理克——第一位收藏年画的学者》。

（Б. Л. 李福清撰，张猛译）

聂耳

聂耳，1912年出生于云南省昆明市，1935年在日本去世。他是作曲家，是革命运动的积极参加者。他没有受过专业的音乐教育，曾在基础教育学校就读，并向家庭教师学习。23岁时不幸离世。聂耳创作了一些广为流传的大众歌曲，其中包括《义勇军进行曲》（1935），这首歌从1949年起成为中华人民共和国国歌。聂耳总共创作了37首歌曲和歌剧《扬子江暴风雨》，并为戏剧和电影配乐。他为电影创作的抒情歌曲至今广为人知。

**《中国大百科全书·音乐、舞蹈》，北京，1998年。

（А. Н. 热洛霍夫采夫撰，许力译）

欧阳询

欧阳询（557—641），字信本，潭州临湘（今湖南长沙）人。著名的学者、官员，唐代初期最杰出的三位书法家（包括虞世南和褚遂良）之一。欧阳询学识渊博，隋朝时任太常博士。唐朝建立后，他深受高祖李渊器重，在新政权下位列高官。对宫廷的书法事务欧阳询非常认真，就像对待自己的政治职责一样。欧阳询在世时声名远播到国外。朝鲜使臣受命购买他的作品，用作朝鲜学府的教学标准。

欧阳询一直研究篆书和隶书，这有助于他钻研楷书的高水平技法。其独特的风格在于以隶书和"二王"（王羲之和王献之）技法的融合为基础。他创作了一系列理论著作，其中对书法美学发展最具影响的是《三十六法》《八诀》《用笔论》和《传授诀》。

他是大量碑书的作者，至今保留的只有宋朝或更晚期的刻帖。纪念隋朝高官的《皇甫诞碑》碑文于贞观年间用楷书写成。专家高度评价欧阳询的楷书不仅因其无懈可击的书写技巧，还因为书法中体现出来的作者的高度美学标准。后世论著强调，欧阳询用笔刚劲峭拔，若直木曲铁，结体谨严，在平正中蕴藏着险绝之势。76岁的欧阳询在632年按照李世民（唐太宗）的命令为其九成宫创作的碑文尤为出名。《九成宫醴泉铭》由楷书写成，共24行，每行49字。专家评价这一作品"有龙蛇战斗之象"。与之前的碑文相比，这一作品的字迹虽小，但充满能量。每根线条都非常精细，且任意一笔都如绷紧弦的箭，其迸发之势似能"毁山"。欧阳询书法结构的编排技巧更加令人惊奇，既能创作出险峻的字势，又能取得整体上的平衡。欧阳询对每一笔线条都赋予了不同的造型，这使得他的书法作品非常充实。欧阳询成功地将王羲之楷书奥秘中对立的书写方法相融合，中国专家将之称为"似方非方""似圆非圆"。北京的故宫博物院所藏《卜商帖》被认为是欧阳询行书的真迹。因书写时毛笔倾斜，故线条末端尖锐，字体纵向伸长，呈长方形。欧阳询在静态的书法造型中创作出动静相和的平衡美感，这也是书法造型中最难做到的部分。这种精湛的技法表现出欧阳询追求和谐的个性。

**杨仁恺《中国美术全集·书法篆刻编·隋唐五代书法》，北京，1989年；王靖宪《中国书法艺术·隋唐五代》，北京，1998年；刘正成《中国书法全集·隋唐五代墓志》，北京，2002；萧元《初唐书论》，第2版，长沙，2004年。

**В.Г.别洛焦罗娃《中国书法艺术》，莫斯科，2007年；包备五《中国书法简史》，上海，1983年；朱关田《中国书法史·隋唐五代卷》，南京，1999年；朱仁夫《中国古代书法史》，北京，1992年。

（В.Г.别洛焦罗娃撰，王玉珠译）

牌楼

牌楼，又称牌坊，是一种凯旋式（纪念性、装饰用的）拱门。牌楼的雏形早在氏族公社晚期就已出现，那是一种由两根立柱和一根上方横梁所组成的最简单的门式结构，此类建筑通常立于居民点或具有重要意义的建筑物入口的前方。后来的牌楼形状为带有三个或三个以上门洞的拱门，由立于雕花石座之上的立柱及横梁组成，广泛使用木材、砖、石材、琉璃、釉瓦等作为屋顶外形建材。一个建筑风格庄重的牌楼，其建造过程由横梁之间空间的搭建、建柱、建拱形门洞、进行色彩装饰和题词等步骤构成。同一类型的建筑之所以使用了牌楼与牌坊两种称呼，是因为它们顶部外形有别：牌楼具有楼样特征的屋顶。牌楼具有两种装饰性拱门：南方型（轻盈、精致，如同女士，主要用于园林建筑，流行于苏州）和北方型（规整大气，大理石建造，犹如男士，主要用于寺院、宫殿、墓葬等建筑群）。

城市中，牌楼具有的是装饰性功能，用作标识，它们通常被建于主干线的交叉处、行政机构分布的地方及商业街区等地。如，北京保留至今的一些街道名称：东四牌楼街、西四牌楼街等。横梁之上经常放置石板，石板上刻有受到国家表彰的男士姓名，并陈述其生平最重要的事迹，列出其功绩和善行。具有教化之意的牌坊受到社会的赞扬，它们向社会

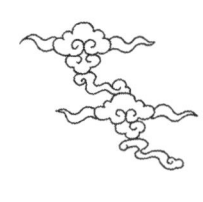

灌输孔子思想和礼教精神，表示对能唤起当地居民自豪感的先人及目前在世者的社会尊重，引起来访者的崇敬之感。同时，牌坊还具有教化意义，因为牌坊题文中还经常包含了一些城市或村庄的居民数量、官员数量、具有美德的女士和孝顺的子女等资料信息。

庄严的拱门是寺庙、宫殿和陵墓等建筑群的重要组成部分。它们或直接建于主建筑入口处的前方，或建于宫殿的主轴之上。为了强调建筑物的地位，有时也会修建一列牌楼，像清朝皇陵西陵（18—19世纪）前的牌楼一样。牌楼的大部分外平面都雕有图案，翱翔于云中、象征着皇权的龙是其图案之一。处于中轴线上的牌楼，其基座上经常安放着神兽雕塑。调查研究发现，4—6世纪，中国的牌楼建筑开始对日本的门建筑产生影响，并逐渐成为日本神道教寺庙建筑群的必要元素。与中国牌楼不同的是，日本的该类型大门全部使用珍贵木材建造，其结构简洁至极。同中国一样，日本有时会在通向寺庙的沿途设置一些大门，营造出一种穿越简易长廊之感。

在园林建筑中，牌楼具有的是纯装饰性功能。既可使用同一种建筑材料（木材、石材），也可同时使用几种建筑材料。北京北海公园的"琉璃牌楼"（18世纪）是砖、大理石和陶器组合搭配使用的典范。

**E. A. 阿谢普科夫《中国建筑》，莫斯科，1959年；O. H. 格鲁哈廖娃《19世纪中叶之前的东亚和东南亚建筑·中国建筑》，见《建筑通史》，第9卷，莫斯科—列宁格勒，1971

年；O. H. 格鲁哈廖娃、Б. П. 杰尼凯《中国艺术简史》，莫斯科—列宁格勒，1948年；郭黛姮《中国传统建筑的文化特质》，见《建筑史研究论文集》（1946—1996），北京，1996年；张秀芳《坊表》，见《中国大百科全书·建筑、园林、城市规划》，北京—上海，1988年；王世瑛、朱德明《中国古代建筑文化》，北京，2005年。

(Н. Ю. 杰米多撰，周立新译)

潘天寿

潘天寿（1897—1971），浙江人，画家，从事山水画和花鸟画创作，还是书法家、篆刻家、诗人、著名的艺术理论家，1958年被聘为苏联艺术科学院名誉院士。20世纪20年代在上海美术专科学校任教。1928年开始在杭州生活和工作，1949年之后任浙江美术学院院长。潘天寿将书法元素应用于绘画当中，采用独特的非对称结构，独创了特殊的雄浑奇崛风格，其特点是刚健、雄伟、厚实、苍劲。其创作中占据主要地位的是指头画，指头画早期著名画家有高其佩和朱伦瀚。同时潘天寿还创作了一系列关于文人画理论和书法篆刻的书籍，以及中国绘画和书法史的学术论文。杭州开设了潘天寿纪念馆。

*《潘天寿美术文集》，北京，1983年。

**Н. А. 维诺格拉多娃《潘天寿与国画传统》，莫斯科，1993年；王靖宪、李蒂《潘天寿书画集》，第1、2卷，北京，1982年；徐建融《当代十大画家》，上海，1995年。

(С. Н. 索科洛夫—列米佐夫撰，王玉珠译)

辟邪

辟邪是虚构臆想的瑞兽,在1—6世纪在中国的陵墓石刻中占有极为重要的地位。辟邪在后期的民间信仰中被认为是"龙子",这一形象的艺术历史与"神道"这一独特的地下墓室群的演变关系紧密。一般认为,该类型墓群在1世纪后半期开始兴建,起源于东汉第二位皇帝明帝推行的丧葬礼仪改革。此后,在陵寝之上开始修造专门的祭祀大殿(上陵礼),该设施包括一条神道,两侧排列着石质建筑——阙、碑以及成对雕像。

据史料记载,第一条"神道"修建于东汉政权奠基者——光武帝的陵寝上方,这也部分地得到了考古发现的佐证:1995年在茔垄附近的地下发掘了辟邪石刻雕像(高180厘米,长290厘米)。2世纪,包括"神道"在内的陵墓群出现于达官贵人的墓葬中,在汉朝的中原地区(今河南省、陕西省、山西省)或都城周围的西南(四川省)、东部(山东省)地区的考古中,曾发掘出大量石质(一般为成对)雕刻。所有当今著名的辟邪雕像(包括光武帝陵墓出土的雕像),尽管细节上各不相同,却都是依照统一的想象类型雕刻而成,其形象构造为行走的猫科猛兽,张嘴吐舌,身体弯曲呈S形,头生双角,鬓须和双翼颀长卷曲。后足和尾巴通常为云纹叠羽所遮住。正是基于辟邪的上述外形特点,西方的学者称其为"神兽"。最有代表性的汉代"神兽"当属出土于东汉首都洛阳(今属河南省)近郊的两尊雕塑(高109厘米,114厘米;长166厘米,172厘米)。目前,这两尊雕塑收藏于河南洛阳博物馆。

此外,当时还创造了一些与"辟邪"成对出现或者是取代它们的其他奇异形态的瑞兽,它们的名字一般被刻在雕塑的顶部:"天禄"以及所谓的中国独角兽麒麟。尽管在文献描写中,这些瑞兽各被赋予独特的外形和象征意义,但反映在雕塑上,它们彼此之间以及与辟邪相比,在相貌特征上并没有实际的差异。譬如,在今南阳市(河南省南部)近郊发掘的汝南太守墓中出土的两件雕塑完全相同,尽管根据雕塑上的刻字,其中一个(高165厘米,长220厘米)名为"天禄",另一个(高165厘米,长235厘米)被标记为"辟

邪"。由此可见，在1—2世纪的陵墓艺术中辟邪形象确实占据首要地位，对其他神兽造像产生了一定影响。由于这一形象的象征意义至今不明，因此对于辟邪为何会如此流行，暂时还没有一个统一的答案。在当时的史料记载中，关于辟邪几乎只字未提。大多数学者持有一个相同的观点，即从"辟邪"和其他神兽造像的外貌特征中，能够找到神话形象的化身，这一形象归属天庭，是拥有长生不死能力的体现。由诸种雕塑组成的"神道"，也就成为独特的人界和神界之间的"主干道"，为亡故之人开启通往永恒幸福的路径。也不排除一种可能，"辟邪"及与其相似的形象被赋予守卫陵墓的功能。关于辟邪形象的形态起源，存在着不少争议。其中一种观点认为，辟邪是受到"翼狮"形象的影响而产生的，该狮子图像起源于斯基泰的"兽类风格"或古代的中东艺术。另有观点认为，"辟邪"形象作为古代艺术传统发展的结果，具有地方性的起源。在古代艺术传统中，公元前2世纪就已经形成了创造"翼兽"虚构物象的趋势。因为，在公元前13—前12世纪的青铜物件之中，出现了带翼老虎造型的器皿。与辟邪雕塑在形态上更为相近的是一尊出自古中山国的艺术遗产——著名青铜小雕像"龙"，其外形为张着大口的带翼猛兽，身体弯曲呈S形（高26.4厘米）。另外已知的是，公元前2—前1世纪的几件玉制器物，其仿照物体的形态形象几乎与石质"辟邪"的典型特征完全一致。因此可以得出结论，尽管辟邪的外形受到了外来文化的影响，但它们和已经为本土艺术所熟悉的固定形象也密不可分。

汉代灭亡之后，中国出现了新的朝代。新政权推行了又一轮的丧葬仪式改革，建造地上陵墓建筑群的传统一度被中断。到了5世纪初，即南朝的刘宋时期（420—479），这一传统得以恢复。"神道"成为该朝开国皇帝武帝（420—422年在位）和第三位君主文帝（424—453年在位）地下陵墓初宁陵、长宁陵（今江苏省南京市）的组成部分。其中出现了成对的神兽雕塑（高3米以上或2.5米左右），它们抑或被认为是麒麟形象，抑或被认定为麒麟（位于"神道"东侧的雕塑）和"天禄"（神道西侧群像）。在随后的南朝数代，

中国精神文化大典

艺术卷

"神道"不仅出现在君主陵墓之中，还出现在王室血统成员和开国功臣的陵墓建筑群里。20世纪末，南朝36位皇帝和王室贵族的陵墓群被完全发现，其中9处建造于南齐，13处建造于梁代，2处建造于陈代，10处南朝陵墓群尚未鉴明朝代。19座陵墓集中分布在南京，其中10座位于南京市内，9座位于毗邻市区的江宁县境内。还有11座陵墓在丹阳市（位于南京以东90千米附近，陵口镇境内）郊区被发掘。

上述陵墓群里的墓碑雕塑与汉代"神兽"形象相比发生了流变，尽管现代学者认为它们是麒麟、天禄和辟邪三个形象的化身。这其中的第一个独特之处在于，这些兽类雕塑具有胡子和一只角，而"天禄"具有两只角。后来学者们认定，麒麟和天禄雕像只出现在皇帝陵墓群的"神道"之中，于是成对的"辟邪"雕塑就成了皇室成员陵墓的标志。抛开主题不谈，所有的雕像都有着形态优美、外观宏伟、形象生动的特点，这得益于精湛的技艺和细节上的专注，首先表现在张口的头部和翘起的羽翼。雕塑的上方覆盖着纹饰，这些图案沿用了古代青铜工艺品的风格，从而赋予雕塑以古典气息，同时又具有独特的装饰性。那些麒麟和天禄雕塑，它们的躯干呈现出缓步徐行中的野兽所具有的优雅舒展的线条，因此显得最为精致典雅、活泼生动。例如，出土自南齐开国皇帝兄长的修安陵的麒麟（高242厘米，长290厘米）就给人这样的印象。有时候在麒麟的形象中可以看到蛇的成分，其中包括伸长的脖子、蛇形的头部，这使得雕塑更加精致，譬如南齐武帝景安陵建筑群的雕塑就是这方面的例子。所有的辟邪雕塑都表现出一种固有的沉重和镇静，这反而给人一种被激怒的猛兽印象。这些雕塑再现了这样一种兽类：头颅巨大、傲然昂起，胸脯圆润宽阔，庞大的身躯由弯曲的短爪支撑；它强有力的爪子似在抓破地面，大张的口好像在发出狂怒的吼声。这是出土于南梁武帝之子萧绩（南康简王，卒于529年）墓群的成对雕塑（高340厘米，333厘米；长385厘米，375厘米）。从梁代制造的"辟邪"外形上可以很清晰地找到"狮子"的特征，但不是现实中的狮子这一动物的特征，而是4—5世纪南朝时所确立的、想象中的狮子形象。

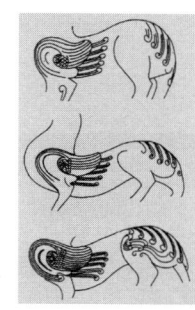

到了唐朝，辟邪的形象在陵墓建筑群构成中完全消失。一个可能的原因是，这一时期陵墓雕塑中狮子形象越来越受欢迎。但无论如何，辟邪不仅仅在中国造型艺术历史上占据了重要位置——许多学者也倾向认为，汉代和南朝陵墓群中的此类雕塑是整个亚洲纪念碑艺术中的杰作。

**M. E. 克拉夫佐娃《中国艺术史》，圣彼得堡，2004年；王仁波、张廷皓、罗忠民、李西兴《秦汉文化》，上海，2001年；《魏晋南北朝雕塑》，《中国美术全集·雕塑编》第3册，北京，1988年；《洛阳关林》，郑州，1985年；《六朝艺术》，北京，1981年；朱希祖《六朝陵墓调查报告》，南京，1935年；《中国艺海》，上海，1994年；邵洛羊《中国美术大辞典》，上海，2002年；Mysteries of Ancient China. New Discoveries from the Early Dynasties / Ed. by J. Rawson. L., 1996; Paludan A. The Chinese Spirit Road. The Classical Tradition of Stone Tomb Statuary. New Haven-London, 1991; Segalen V., Voisin G. de, Lartique J. Atlas. T. I-II. Mission Archéologique en Chine (1914-1917) . P., 1923-1924; Sickman L., Soper A. The Art and Architecture of China. Harmondsworth, 1956; Schloss E. Art of the Han. N.Y., 1979; Till B. Some Observations on Stone Winged Chimeras at Ancient Sites // Artibus Asiae. 1980, 42/4.

（M. E. 克拉夫佐娃撰，张猛译）

评剧

评剧，是流传于中国北方的一种地方戏。清朝末年歌舞节目"莲花落"在河北滦州农村流行起来，后进入唐山演变为一种叫"唐山落子"的唐山曲调。最初是两名演员在舞台上表演，这一点与东北地区的剧种"二人转"类似。

20世纪30年代评剧发展成一种独立剧种，京剧的演唱风格、梆子（参见梆子调）的打击乐以及滦州皮影戏都对其有所影响。著名演员和戏剧革新者成兆才在舞台上的表演确定了评剧典型的表演风格，他为这一剧种改写、创作了唱段和剧本，如最为著名的、以真实事件为基础创作的戏剧《杨三姐告状》。

中国精神文化大典 艺术卷

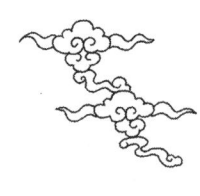

评剧独特的表演风格要求特别关注唱腔，唱词清晰易懂，演员表演自如，与乡村业余艺人的简单表演相似，因此这一剧种在农村地区非常流行。评剧的唱腔属于板腔体，最常见的节拍是慢板、散板和二四板。评剧现有东路评剧和西路评剧两支派别。东路评剧更为普遍。西路评剧也称"北京蹦蹦"，是在东路评剧和地方曲调的影响下形成的，腔调高亢，打击乐器奏出的节奏丰富多变。西路评剧在民国早期流行，后来几乎被遗忘。1949年后评剧经历了一系列革新，其中包括男性角色的唱腔发生了变化。

**C. A. 谢罗娃《京剧》，莫斯科，1970年；C. A. 谢罗娃《16—17世纪的中国戏剧与传统中国社会》，莫斯科，1990年；В. Ф. 索罗金《13—14世纪中国古典戏剧：起源、结构、形象、情节》，见《东方古典戏剧》，莫斯科，1976年；《中国戏曲》，北京，1998年；《中国戏曲曲艺词典》，上海，1981年。

（Е. А. 扎维多夫斯卡娅撰，姜敏译）

莆仙戏

莆仙戏，是福建省的一种地方戏，最初常见于该省莆田和仙游两县，这一剧种就是根据这两个县的名称命名的，用兴化方言演唱。历史文献证明莆仙戏与汉朝出现的百戏具有亲缘关系。莆仙戏保留了许多古代元素。戏剧的曲牌（音乐）和情节（内容）都保留了宋元"南戏"的不少元素，角色数量像宋元南戏一样也是有限的。演唱风格被称为"兴化腔"，其中可以感受到民间滑稽小调、佛曲以及宋朝"大曲"的影响。表演古朴优雅,深受木偶戏和皮影戏的影响。莆仙戏现有剧目5000个左右,其中有80个剧目几乎丝毫未改宋元戏曲的风貌。最著名的剧目有《状元与乞丐》《团圆之后》《春草闯堂》等。

**С. А. 谢罗娃《京剧》,莫斯科,1970年;С. А. 谢罗娃《16—17世纪中国戏剧与传统中国社会》,莫斯科,1990年;В. Ф. 索罗金《13—14世纪中国古典戏剧:起源、结构、形象、情节》,见《东方古典戏剧》,莫斯科,1976年;《中国戏曲》,北京,1998年;《中国戏曲曲艺词典》,上海,1981年。

(Е. А. 扎维多夫斯卡娅撰,姜敏译)

齐白石

齐白石(1864—1957),湖南湘潭人,1919年开始在北京定居。他是中国近现代绘画大师、篆刻大师、书法家、诗人,1953年被授予"人民艺术家"称号,1956年获得1955年度国际和平奖。齐白石以木雕、衣冠像(肖像画)、篆刻起家,20世纪20年代作为画家崭露头角。能够代表他"一挥而就"风格的最佳作品完成于20世纪40—50年代。他的画作将书法笔法的表现力与描摹事物时对特点的细致传达结合了起来,令日常生活的题材(耙子、铲、鱼竿、鸭笼等)获得了诗意。在草虫题材的画作中,写意与工笔手法紧密结合。在人物画和山水画作品中,天真与怪诞的风格随处可见。画家最为人喜爱、知名度最高的一个题材是群虾图(多色水墨画)。齐白石纪念馆建于湖南湘潭的一个小镇上。

*《齐白石研究》,С. Н. 索科洛夫-列米佐夫译,莫斯科,1959年;《艺术大师论艺术》,第2卷,莫斯科,1969年。

**Е. В. 扎瓦茨卡娅《齐白石》,莫斯科,1982年;《吴昌硕、齐白石、黄宾虹、潘天寿四大家研究》,杭州,1992年;徐建

融《当代十大画家》，上海，1995年；胡佩衡、胡橐《齐白石画法与欣赏》，北京，1959年；王朝闻等《齐白石研究》，上海，1959年。

（C. H. 索科洛夫－列米佐夫撰，张猛译）

钱树

钱树是东汉时期典型的随葬品之一，是由很多细节构成的青铜树模型（高1米或更高）。其艺术结构的特殊性在于将圆形的、中间有孔的钱币悬挂在树枝上，这也是中国在公元前1世纪末出现的交换钱币。此"树"较多地出现在今四川省西部，以及毗邻的陕西、云南和贵州省的墓葬中，这也可以看成是公元1—3世纪中国西南和南方地区特有的风俗。

按传统，钱树有一个很高的青铜或石质支架，形状不免让人想到山的风格化形象。在青铜模型顶部固定着一个独立的雕塑形象，通常是一只鸟。有两件出土于陕西的"钱树"顶部最为与众不同。其中一件顶部是建筑结构，这一结构中间安置着女性的形象，根据肖像特征判断是西王母像，作为尘世圣地西方的女王和永生的掌管者。她的两侧有姿态典型的蟾蜍和后脚站立的兔子——在汉朝祭祀文化中经常出现的月蟾和月兔，是与月光崇拜（月亮和永生的观念）有关的形象。与该构图相似的场景可以在画像砖（四川的一座墓葬出土）上发现，其中有端坐宝座之上的西王母和月蟾、月兔以及太阳的象征——三足乌。钱树的结构与永生的思想有关，这可以修正"钱树"的象征意义。可能，固定在树枝上的圆圈，并不是钱币，而是根据中国神话，在能够永生的神奇植物上生长出的果实。在这种意义上，"钱树"指的是长生树。

另一件"钱树"（发现于1994年）顶部是中国艺术中已知最早的佛像（高6.5厘米）。尽管整个形象具有独特性，但它与东汉的佛教题材仍属同一系列。在丧葬文化中使用佛教形象间接表明，在西汉时期印度学说已经传入中国。更为准确的时间可以追溯到汉武帝时期（前141—前87），因为，由汉武帝组织实施的针对西域的军事行动之后，中国人很可能开始与佛教僧侣和祭祀文化纪念物产生接触。显而易见，早期，佛教在中国是作为一种与本土追求永生思想（包括西王母崇拜）类似的宗教体系被人们接受的。

一种在视觉和语义上与"钱树"相似的、出土于中国中部地区（黄河流域）的陶灯非常著名。和"钱树"一样，它们通常也是高一米或更高，形态类似于多枝的树冠，树枝上固定着树叶、花朵、鸟类的塑像，有时是带翅膀的人形的神像，在这一细节上与"永生"的思想一致。灯的底座通常为山形，山坡上有浮雕或单独塑造的野生或家养动物形象，表明这些物品也是"永生"树上的。陶灯往往仿照金属结构：它们的树干和树枝仿佛是由管子组装而成的。

可以合理地推断，这两种物品都有共同的原型，就是发现于三星堆的青铜树。所以，这种与"永生"有关的，表现为西王母崇拜的信仰可能产生于古代中国的西南部族群中。

在汉代墓葬雕塑（明器，除了人和动物的"泥像"外，还有各种物品的模型）的共同背景之下，"钱树"和与之相近的陶灯显得格外突出。据文献记载，帝土陵墓中应放置40多种雕塑，其中有9辆双轮战车，36件陶俑，以及家具、乐器、餐具等模型，总共200余件。随葬品中最流行的是厨房里的灶台、水井、建筑物的模型，偶尔会看到船模和水槽的模型。所有这些物品再现了墓主生前的生活。因而，表现神仙世界的"钱树"和陶灯不仅是中国造型艺术中的杰出作品，也是了解当时宗教思想的宝贵资料。

**M. E. 克拉夫佐娃《中国艺术史》，圣彼得堡，2004年；王仁波、张廷皓、罗忠民、李西兴《秦汉文化》，上海，2001年；曹者祉、孙秉根《中国古代俑》，上海，1996年；Das Alte China. Menschen und Götter im Reich der Mitte 5000 V. Chr. - 220 n. Chr. München, 1995; Ericbon S.N. Money Trees of the Eastern Han Dynasty // BMFEA. 1994, Vol. 66; Mysteries of Ancient China. New Discoveries from the Early Dynasties / Ed. by J. Rawson. L., 1996; Ramon J. Tombs and Eastern Han Period (A.D. 25-220) //

钱选

Ancient Sichuan. Treasures from a Lost Civilization / Ed. by R. Bagley. Wash., 2001.

(М. Е. 克拉夫佐娃撰，王玉珠译)

钱选（约1235—1301），字舜举，号玉潭，又号巽峰，浙江吴兴人。他出身于官宦世家，受到良好教育，乡贡进士。南宋灭亡后，钱选隐居不仕，潜心于文学和绘画创作。

吴兴，今称湖州，距南宋首都临安（今浙江杭州）不远，是当时的文化中心之一，以传统悠久著称：公元4世纪，大书法家王羲之曾在这里生活并创作。吴兴在宋元战争中遭到严重破坏，多达数万卷的私人藏书被毁。战争结束以后，吴兴成立元朝行政机构，主要由蒙古族官员及北方汉人组成。所谓北方汉人，主要指来自北方及东北部地区的人，他们较之"南人"更忠于新政权。这进一步激发了当地知识分子的反抗情绪。钱选正是敌对情绪最强烈的代表之一，他不遗余力地团结志同道合者，最终形成了创作团体"吴兴八俊"，尊鸿儒、哲学家敖继公为精神领袖。该团体吸引了很多前朝官员、吴兴籍名人，包括宋朝皇室成员赵孟頫（后成为元朝大员、著名画家），后者年纪比钱选小很多，后来成为钱选的弟子和密友。（"吴兴八俊"旨在维系传统的精神价值。）在他们看来，达成这一任务的最好途径，是借助绘画创作，恢复古代艺术传统，特别是唐代和北宋时期的绘画传统。"师古"指的是临摹古代名家名作及其绘画风格。人物画（肖像画、日常生活场景和宗教题材绘画、动物画等）师从吴道子、韩幹和李公麟（李龙眠），花鸟画师从黄筌，山水画师从李昭道及宋代画院派代表画家（包括马远和夏圭）。他们尤其重视南方山水画派（参见"南北宗"，当代术语也称"南方山水画派"）的"云雾烟霭"技法。该技法初现于董源的绘画中，在米芾的山水画作中得以确立，"吴兴八俊"将其视为古典之正统。还值得注意的是，他们否定

梁楷和牧溪的禅画，认为该流派不符合传统的艺术价值，扭曲了绘画的本真。

关于"吴兴八俊"的书面记载首次出现在14世纪，如著名诗人张羽的《静居集》。"吴兴八俊"的创作意旨，包括其思想基础和具体建议，见诸与钱选有私交的绘画理论家的论著，首先是钱选的同乡夏文彦的《图绘宝鉴》。"吴兴八俊"大多数成员很快就接受了新政权的邀请，前往首都出任官职。钱选并没有随行，也许是由于年迈。不过，在绘画创作中，不管是钱选、还是其他成员，都贯彻执行了共同的理念。

钱选的绘画遗产直观地展示了"吴兴八俊"艺术创作原则的实现途径，比如山水图轴《归去来辞图》（纵26厘米，横106.7厘米，绢本，设色，美国大都会美术馆藏）。一般认为，钱选是根据公元4—5世纪初著名诗人陶渊明的《归去来兮辞》创作这幅作品的。需要指出的是，在当时的诗歌语言中，"归"不仅指人回到故乡，而且也寓意对个人理想的追求。这应该是出自道教哲学，认为创作个体必须"避世"，回归自然。在元朝统治下，"归"这一概念获得了显而易见的政治倾向，因此，钱选的画作被视为画家对自我愿望的隐晦表达，他不仅渴望回归自然，而且渴望回归"故国"。

画卷由两个相对独立的部分构成：左侧是拟古的象征性河岸，有繁茂的树木和通往庄园的大门，以唐代"青绿山水"技法绘制，该技法的特点在于使用浓重的青绿色调；右侧为水面，远景是若隐若现的连绵山峦，水面漂着一只小船，船上有一名穿着唐代服装的官员（有观点认为，画家描绘的这名官员是陶渊明或者王羲之，此二人被"吴兴八俊"视为中国古代最伟大的文人）。钱选的拟古风格与南宋绘画技法别出心裁地结合在一起，比如对角线式不对称构图，艺术空间的留白，对背景的充分利用。相似的景致呈现在《山居图》（纵26.5厘米，横111.6厘米，绢本，设色，北京故宫博物院藏）中。这幅画同样采用青绿设色，对角线构

图，一些元素以"古拙"的方式呈现，唯独远景的山峰在造型和技法上模仿了南方山水画派代表巨然的风格。

钱选的花鸟题材作品也具有类似的风格特征，比如长卷《牡丹图》（纵29.3厘米，横102厘米，纸本，设色，台北故宫博物院藏）。在类似的作品中，他将北宋画院派的精密写实与唐代多彩绘画的传统性和装饰性结合在一起。钱选与"吴兴八俊"的美学纲领为元代其他艺术家所采纳，引领了元代中国艺术的复古思潮。

**E. B. 扎瓦茨卡娅《吴兴（湖州）——元代艺术文化中心》，见《第17届"中国社会与国家"学术研讨会论文集》，第1卷，莫斯科，1986年；M. E. 克拉夫佐娃《中国艺术史》，圣彼得堡，2004年；R. 库珀、J. 库珀《中国艺术杰作》，译自英文，明斯克，1997年；《中国历代绘画·故宫博物院藏画集》，卷4，北京，1982年；邵洛羊《中国美术大辞典》，上海，2002年；《中国美术全集·绘画编》，第4卷，北京，1986年；陈高华《元代画家史料》，上海，1980年；Cahill J. Hills beyond a River, Chinese Paintings of the Yuan Dynasty, 1279-1368. N.Y., 1974; Hajek L. Chinesische Kunst. Prague, 1954; Hay J. Poetic Space: Ch'ien Hsuan and Associations of Painting and Poetry // Words and Images. Chinese Poetry, Calligraphy and Painting / Ed. by Murch A., Fong Wen C. N. Y. -Princ., 1991; Lee Shekman E., Ho Wai-kam. Chinese Art under the Mongols: The Yuan Dynasty (1279-1368) . Cleveland, 1968; Paintings in Chinese Museums // Arts of China. Vol. 3. Tokyo, 1970; Siren O. Chinese Painting. Leading Masters and Principles. Vol. 4. L., 1958.

（M. E. 克拉夫佐娃撰，李春雨译）